W0353375

DICTIONNAIRE
DE LA PSYCHANALYSE

© Librairie Arthème Fayard, 1997.

Élisabeth Roudinesco
et Michel Plon

DICTIONNAIRE DE LA PSYCHANALYSE

Fayard

Avertissement

Le premier dictionnaire de la psychanalyse, intitulé *Handwörterbuch der Psychoanalyse,* fut réalisé par Richard Sterba entre 1931 et 1938. Cinq fascicules purent être publiés jusqu'au moment où l'occupation de l'Autriche par les nazis mit fin à l'entreprise. Il s'agissait alors de composer un lexique général des termes freudiens, un vocabulaire plutôt qu'un recensement des concepts : « Je ne méconnais pas, soulignait Freud dans une lettre à son disciple, que le chemin qui part de la lettre A et passe par tout l'alphabet est fort long, et que le parcourir signifierait pour vous un énorme fardeau de travail. Ne le faites donc pas si vous ne vous y sentez pas poussé intérieurement. Seulement sous l'effet de cette contrainte, assurément pas sur une incitation extérieure[1] ! »

Qu'un dictionnaire puisse répondre à une contrainte intérieure, à un désir, à une pulsion, Freud le savait sans doute mieux que quiconque. Dans sa fameuse analyse du cas « Dora » (Ida Bauer), il soulignait qu'un dictionnaire est toujours l'objet d'un plaisir solitaire et interdit, où l'enfant découvre, à l'insu des adultes, la vérité des mots, l'histoire du monde ou la géographie du sexe[2].

Obligé de s'exiler aux États-Unis comme la quasi-totalité des psychanalystes européens de langue allemande, Sterba arrêta la rédaction de son *Handwörterbuch* à la lettre L et l'impression du dernier volume au mot *Grössenwahn :* « Je ne sais pas, souligna-t-il une vingtaine d'années plus tard, dans une lettre à Daniel Lagache, si ce terme se rapporte à *ma* mégalomanie ou à celle de Hitler. »

Toujours est-il que le *Handwörterbuch* inachevé servit de modèle aux ouvrages du genre, tous publiés à la même date (1967-1968), c'est-à-dire à une époque où le mouvement psychanalytique international, en proie à des ruptures et à des doutes, éprouvait le

1. Sigmund Freud, « Préface à Richard Sterba, *Dictionnaire général de la psychanalyse* » (1936), *OC,* XIX, 287-289, *GW, Nachtragsband,* 761, *SE,* XXII, 253. Richard Sterba, *Handwörterbuch der Psychoanalyse,* 5 vol., Vienne, Intern. Psychoanalytischer Verlag, 1936-1938.

2. Sigmund Freud, « Fragment d'une analyse d'hystérie (Dora) » (1905), in *Cinq Psychanalyses,* Paris, PUF, 1954, p. 74.

besoin de faire des bilans et de recomposer, à travers un savoir commun, son unité perdue. Diverses dénominations furent utilisées : glossaire, dictionnaire, encyclopédie, vocabulaire.

Le *Glossary of Psychoanalytic Terms and Concepts* (180 entrées, 70 contributeurs), ouvrage collectif publié sous l'égide de la puissante American Psychoanalytic Association (APsaA), exprimait l'orthodoxie d'un freudisme pragmatique et médicalisé. Dans la même optique, l'*Encyclopedia of Psychoanalysis*, réalisée sous la direction de Ludwig Eidelberg (1898-1970), psychanalyste américain né dans la partie polonaise de l'ancien Empire austro-hongrois et installé à New York après avoir fui le nazisme, se montrait plus ambitieuse en allongeant la liste des entrées et en effaçant la notion de contributeur au profit d'un organigramme de réalisateurs (640 entrées, et 40 *editors* assistants ou associés).

A l'opposé, le *Critical Dictionary of Psychoanalysis* (600 entrées) du psychanalyste anglais Charles Rycroft, clair, concis et rationnel, avait l'avantage de ne pas être un ouvrage collectif. D'où sa cohérence et sa lisibilité. Il fut aussi le premier à penser le freudisme sans pour autant renoncer à prendre en considération la terminologie post-freudienne (notamment celle de Melanie Klein et de Donald Woods Winnicott). Au fur et à mesure de ses révisions, il a inclus de manière succincte les courants de la psychanalyse moderne (Heinz Kohut, Jacques Lacan, *Self Psychology*) dans un esprit d'ouverture, loin de tout dogmatisme. L'ouvrage de Rycroft servira de modèle à quelques entreprises du même genre, en France et ailleurs.

Quant au célèbre *Vocabulaire de la psychanalyse* (417 entrées) de Jean Laplanche et Jean-Bertrand Pontalis, il fut le premier et le seul à établir les concepts de la psychanalyse en trouvant les « mots » pour les traduire, selon une perspective structurale appliquée à l'œuvre de Freud. Composé de vrais articles (de 20 lignes à 15 pages) et non de courtes notices techniques comme les précédents, il inaugurait un nouveau style en prenant le parti d'analyser « l'appareil notionnel de la psychanalyse », c'est-à-dire les concepts élaborés par elle pour « rendre compte de ses découvertes spécifiques ». Marqués par l'enseignement de Lacan et par la tradition française de l'histoire des sciences, les auteurs réussirent le tour de force de produire une écriture à deux voix portée par une vigueur théorique qui avait déserté les autres ouvrages. C'est à ces qualités qu'il doit son succès[3].

Les déboires thérapeutiques, l'invasion des langues de bois et des légendes hagiographiques conduisirent à un éclatement généralisé du mouvement freudien, laissant libre cours à l'offensive fin de siècle des technologies corporelles. Reléguée entre magie et scientisme, entre irrationalisme et pharmacologie, la psychanalyse prit bientôt l'allure d'une vieille dame honorable perdue dans ses rêveries académiques. L'universalisme freudien connut alors son crépuscule, plongeant ses adeptes dans la nostalgie des origines héroïques.

C'est dans ce contexte des années 1985-1990 qu'apparut une deuxième génération

---

3. Jean Laplanche et Jean-Bertrand Pontalis, *Vocabulaire de la psychanalyse*, Paris, PUF, 1967. Charles Rycroft, *A Critical Dictionary of Psychoanalysis*, New York, Basic Books, 1968. E. Burness, M.D. Moore, D. Bernard Fine, *A Glossary of Psychoanalytic Terms and Concepts* (APsaA), Library of Congress, 1968. *Encyclopedia of Psychoanalysis*, Ludwig Eidelberg (éd.), New York, The Free Press, et Londres, Collier Macmillan, 1968.

de dictionnaires, fort différente de celle des années 1960. On vit ainsi fleurir d'un côté des ouvrages d'école, dans lesquels les concepts étaient recensés en fonction d'un dogme, et donc coupés les uns des autres, et de l'autre des monstres polymorphes à entrées anarchiques ou surmultipliées, dans lesquels la liste des mots, des articles et des auteurs était allongée à l'infini, prétendant venir à bout de tout le savoir du monde, au risque de noyer dans un terrible magma les bonnes contributions : en bref, d'un côté le bréviaire, de l'autre *Bouvard et Pécuchet*[4].

Le présent *Dictionnaire* va à l'encontre de ces deux tendances sans pour autant renouer avec l'idée du *Vocabulaire,* ce qui reviendrait à le paraphraser inutilement. Il n'est donc ni un lexique ni un glossaire, pas plus qu'il n'est centré exclusivement sur la découverte freudienne : il propose un recensement et un classement de tous les éléments du système de pensée de la psychanalyse et présente la manière dont celle-ci a construit, tout au long du dernier siècle, un savoir singulier à travers une conceptualité, une histoire, une doctrine originelle (l'œuvre de Freud) sans cesse réinterprétée, une généalogie de maîtres et de disciples, une politique.

Dans cette perspective, il est aussi le premier et le seul à prendre en compte à la fois les concepts, les pays d'implantation (vingt-trois), la biographie des acteurs (de la naissance à la mort), les entités psychopathologiques que la psychanalyse a créées ou transformées, les disciplines qu'elle a investies ou dont elle s'est inspirée (psychiatrie, anthropologie, etc.), les cas princeps (ou cures prototypes) sur lesquels elle a construit sa méthode clinique, les techniques de guérison et les phénomènes psychiques sur lesquels elle s'est appuyée, qu'elle a inventés ou qui se sont inspirés d'elle, les discours et comportements qu'elle a modifiés à l'égard de la naissance, de la famille, de la mort, du sexe et de la folie, ou qui se sont construits à partir d'elle, les institutions fondatrices, le freudisme lui-même, ses différentes écoles et son historiographie, ainsi que l'incidence contradictoire de ses découvertes sur d'autres mouvements intellectuels, politiques ou religieux.

Il inclut enfin les membres de la famille de Sigmund Freud, ses maîtres directs, les écrivains et artistes avec lesquels il a eu une correspondance importante ou un contact personnel déterminant, et les vingt-trois livres publiés par lui entre 1891 et 1938, y compris le deuxième, écrit avec Josef Breuer *(Études sur l'hystérie)*, et le dernier, inachevé, et paru à titre posthume *(Abrégé de psychanalyse)*. A quoi s'ajoute un autre ouvrage posthume, *Le Président Thomas Woodrow Wilson,* dont Freud ne rédigea que la préface mais auquel, comme co-auteur aux côtés de William Bullitt, il apporta une contribution essentielle.

Pour éclairer chaque concept, chaque entité clinique et certaines disciplines, méthodes, objets d'étude ou comportements, dont les dénominations ont été inventées par un auteur précis ou dans des circonstances particulières qui la justifient, nous avons fait précéder l'article d'une définition en caractères gras. Quand cela s'imposait absolument, nous avons conservé le terme dans sa langue originale en fournissant chaque fois une explication adéquate.

---

4. Fait exception le remarquable lexique biographique réalisé par Elke Mühlleitner pour la période 1902-1938 sur les pionniers de la Société psychologique du mercredi et de la Société psychanalytique viennoise (WPV). Voir Elke Mühlleitner, *Biographisches Lexikon der Psychoanalyse. Die Mitglieder der psychologischen Mittwoch-Gesellschaft und der Wiener psychoanalytischen Vereinigung von 1902-1938*, Tübingen, Diskord, 1992.

Chaque entrée comporte soit une bibliographie des meilleurs titres, documents ou archives qui ont permis de rédiger l'article, soit un ou plusieurs renvois à d'autres entrées où ces sources sont indiquées (soit les deux).

Pour ce qui concerne les vingt-quatre ouvrages de Freud, nous avons indiqué la date et le lieu de la première publication en langue allemande ainsi que les diverses traductions anglaises et françaises en précisant les noms des traducteurs.

Une chronologie a été ajoutée à la fin de l'ouvrage. On y trouvera les événements majeurs de l'histoire de la psychanalyse dans le monde, depuis ses origines.

E. R. et M. P.

Abréviations bibliographiques

GW : Sigmund Freud, *Gesammelte Werke*, 17 vol., Francfort, Fischer, 1960-1988.

IZP : *Internationale ärztlische Zeitschrift für Psychoanalyse.*

IJP : *International Journal of Psycho-Analysis.*

OC : Sigmund Freud, *Œuvres complètes*, 21 vol., Presses universitaires de France, en cours depuis 1989.

PUF : Presses universitaires de France.

SE : *The Standard Edition of the Complete Psychological Works of Sigmund Freud,* éditée par James Strachey, 24 vol., Londres, Hogarth Press, 1953-1974.

Remerciements

Ce dictionnaire n'aurait pu être réalisé sans la collaboration de nombreux chercheurs français et étrangers qui ont accepté de nous aider ou de nous donner accès à leurs travaux souvent inédits.

Nous remercions Yann Diener, qui a dépouillé revues et ouvrages en langue anglaise et qui a préparé des fiches autorisant la rédaction d'une vingtaine d'articles consacrés aux psychanalystes américains.

Merci également à Per Magnus Johansson, qui nous a donné accès à ses travaux en cours sur l'histoire de la psychanalyse dans les pays scandinaves et a rédigé spécialement pour ce dictionnaire des textes, des commentaires et des indications sur lesquels nous avons pris appui, concernant les psychanalystes nordiques (Danemark, Finlande, Norvège, Suède). Il a également apporté sa contribution à l'entrée suivante : *Mot d'esprit et sa relation à l'inconscient (Le)*.

Nous remercions Julia Borossa, qui nous a constamment éclairés sur l'histoire de la psychanalyse en Grande-Bretagne et sur les problèmes du colonialisme britannique. Elle a également rédigé cinq textes qui nous ont été fort précieux : Girîndrashekhar Bose, Masud Khan, Inde, Wulf Sachs, Donald Woods Winnicott.

Merci à Françoise Vergès, qui nous confié ses articles inédits sur Frantz Fanon et la psychiatrie coloniale.

Merci à tous ceux qui ont apporté leur contribution à l'histoire de la psychanalyse au Canada : Élisabeth Bigras, Hervé Bouchereau, Jean-Baptiste Boulanger, Mona Gauthier, Mireille Lafortune. Merci aussi à Monique Landry et Doug Robinson, qui ont permis à l'un de nous de consulter les imprimés de la Bibliothèque nationale d'Ottawa.

Merci à Didier Cromphout, qui a rédigé pour ce dictionnaire des textes sur la psychanalyse en Belgique et aux Pays-Bas.

Merci à Mireille Cifali, qui nous a confié de nombreuses notes inédites sur la psychanalyse en Suisse, et à Mario Cifali, qui nous a éclairés par ses archives, ses commentaires et sa documentation.

Un grand merci également à Gheorghe Bratescu, qui a bien voulu rédiger pour ce dictionnaire trois textes sur la psychanalyse en Roumanie, tirés de ses travaux publiés en langue roumaine.

Nous remercions également Teodoro Lecman, qui, pendant un an, a fait de nombreuses recherches bibliographiques sur l'histoire de la psychanalyse en Argentine et a en outre effectué des enquêtes sur le terrain, ainsi qu'à Raul Giordano, qui nous a confié sa thèse sur le même sujet.

Merci aussi à Hugo Vezzetti, dont les travaux déjà publiés ou en cours sur la psychanalyse en Argentine nous ont été indispensables.

Merci également à tous ceux qui ont apporté des informations ou des documents pour la rédaction des articles sur la psychanalyse au Brésil : Durval Checchinato, Claudia Fernandez, Ana Maria Gageiro, Catarina Koltaï, Leopold Nosek, Manoel Tosta Berlinck.

Nous remercions Kao Jung-Hsi et Oscar Zambrano, qui ont recherché pour nous des travaux en langue anglaise sur la psychanalyse au Japon.

Merci à Tanja Sattler-Rommel pour ses traductions de l'allemand et sa participation à la rédaction de l'article sur Alexander Mitscherlich.

Merci aussi à Vincent Kaufmann, qui a permis à l'un de nous de travailler à la bibliothèque de l'université de Berkeley en Californie.

Nous remercions Olivier Bétourné et Céline Geoffroy pour leur travail sur le manuscrit.

Nous remercions enfin tous ceux qui, de près ou de loin, nous ont aidés en répondant à nos questions ou en nous confiant généreusement des articles, des ouvrages, des sources inédites et des thèses difficiles à trouver : Anna Maria Accerboni, Eleni Atzina, Franco Baldini, Raphael Brossart, Michel Coddens, Marco Conci, Raffaello Cortina, Alain Delrieu, Horacio Etchegoyen, Ernst Falzeder, Ignacio Garate Martinez, Toby Gelfand, Nadine Gleyen, Ilse Grubrich-Simitis, Claude Halmos, André Haynal, Albrecht Hirschmüller, Norton Godinho Leao, Jacques Le Rider, Patrick Mahony, René Major, Michael Molnar, Juan-David Nasio, Angélique Pêcheux, Antonello Picciau, August Rhus, Régine Robin, Emilio Rodrigué, Peter Schöttler, Harry Stroeken, Pablo Troïanovski, Fernando O. Ulloa, Fernando Uribarri.

A

ABERASTURY Arminda (1910-1972)
psychanalyste argentine

Pionnière du mouvement psychanalytique argentin, Arminda Aberastury naquit à Buenos Aires dans une famille de commerçants du côté paternel et d'intellectuels du côté maternel. Son oncle, Maximiliano Aberastury, était un médecin réputé et son frère Frederico fit ses études de psychiatrie avec Enrique Pichon-Rivière* dont les parents s'étaient installés en Argentine* en 1911 et qui devint son plus cher ami. Frederico souffrait de psychose* et eut plusieurs fois des bouffées délirantes. Mélancolique depuis sa jeunesse, sa sœur Arminda était une femme d'une grande beauté. Par Frederico elle fit la connaissance de Pichon-Rivière qu'elle épousa en 1937. Comme lui, elle voulait offrir à la psychanalyse une nouvelle terre promise afin de la sauver du fascisme qui déferlait sur l'Europe.

Elle s'intégra donc au groupe formé à Buenos Aires par Arnaldo Rascovsky*, Angel Garma*, Marie Langer* et Celes Cárcamo*. Cinq ans plus tard, elle reçut sa formation didactique avec Garma et devint l'une des principales figures de l'Asociación Psicoanalitica Argentina (APA). Dans la droite ligne de l'enseignement de Melanie Klein* (dont elle fut la première traductrice en langue espagnole) et tout en s'inspirant des méthodes de Sophie Morgenstern*, elle développa la psychanalyse des enfants*. Entre 1948 et 1952, elle dirigea, dans le cadre de l'Institut de psychanalyse de l'APA, un séminaire sur ce sujet. Elle formera une génération* d'analystes d'enfants. Au congrès de l'International Psychoanalytical Association* (IPA) de 1957, à Paris, elle présenta une communication remarquée sur la succession des « stades » durant les premières années de la vie, définissant une « phase génitale primitive » antérieure, dans le développement libidinal, à la phase anale.

A l'âge de 62 ans, atteinte d'une maladie de peau qui la défigurait, Arminda Aberastury décida de se donner la mort. Son suicide*, comme plusieurs autres dans l'histoire de la psychanalyse*, suscita des récits contradictoires et fut considéré comme une « mort tragique » par l'historiographie* officielle.

● Arminda Aberastury, *Teoria y técnica del psicoanálisis de niños*, Buenos Aires, Paidos, 1962. Antonio Cucurullo, Haydée Faimberg et Leonardo Wender, « La psychanalyse en Argentine », *in* Roland Jaccard (éd.), *Histoire de la psychanalyse*, vol. 2, Paris, Hachette, 1982, 395-444. Elfriede S.L. de Ferrer, « Profesora Arminda Aberastury », *Revista de Psicoanálisis*, 4, t. XXIX, octobre-décembre 1972, 679-682. Jorge Balán, *Cuentame tu vida. Una biografia colectiva del psicoanálisis argentino*, Buenos Aires, Planeta, 1991. Élisabeth Roudinesco, entretien avec Emilio Rodrigué, le 12 octobre 1995, et avec Claudia Fernandez, le 27 mars 1996.

▷ KLEINISME. MÉLANCOLIE. STADE.

ABRAHAM Karl (1877-1925)

psychiatre et psychanalyste allemand

Le nom de Karl Abraham est indissociable de l'histoire de la grande saga freudienne. Membre de la génération* des disciples du père fondateur, il joua un rôle pionnier dans le développement de la psychanalyse* à Berlin. Il implanta la clinique freudienne dans le domaine du savoir psychiatrique, transformant ainsi le traitement des psychoses* : schizophrénie* et psychose maniaco-dépressive* (mélancolie*). Il élabora aussi une théorie des stades* de l'organisation sexuelle dont s'inspira Melanie Klein*, qui fut son élève. Il forma de nombreux analystes, parmi lesquels Helene Deutsch*, Edward Glover*, Karen Horney*, Sandor Rado*, Ernst Simmel*.

Né à Brême (3 mai 1877) dans une famille de commerçants juifs installés dans le nord de l'Allemagne depuis le XVIIIe siècle, Abraham était un homme affable, chaleureux, inventif, éloquent et polyglotte (il parlait huit langues). Il resta toute sa vie un orthodoxe de la doctrine psychanalytique, un « rocher de bronze » selon les termes de Sigmund Freud*. C'est à la clinique du Burghölzli, où il fut l'assistant d'Eugen Bleuler* avec Carl Gustav Jung*, qu'il commença à se familiariser avec les textes viennois. En 1906, il épousa Hedwig Bürgner. Il eut avec elle deux enfants et analysa sa fille, Hilda Abraham (1906-1971), en décrivant son cas dans un article de 1913 intitulé « La petite Hilda, rêveries et symptômes chez une petite fille de 7 ans ». Hilda Abraham deviendra psychanalyste et rédigera une biographie inachevée de son père.

N'ayant aucune possibilité de faire carrière en Suisse*, Abraham vint s'installer à

Berlin en 1907. Le 15 décembre, il se rendit à Vienne* pour sa première visite à Freud. Ce fut le début d'une belle amitié et d'une longue correspondance – cinq cents lettres entre 1907 et 1925 – dont on ne connaît qu'une partie. Publiée en 1965 par Ernst Freud* et par Hilda, cette correspondance a été malheureusement amputée de nombreuses pièces, notamment des échanges sur les rêves de Hilda, sur les conflits avec Otto Rank* au Comité secret* et sur les désaccords entre les deux hommes.

En 1908, Abraham crée avec Magnus Hirschfeld*, Ivan Bloch (1872-1922), Heinrich Körber et Otto Juliusburger* un premier cercle qui deviendra, en mars 1910, la Société psychanalytique de Berlin. Il en sera le président jusqu'à sa mort. En 1909, Max Eitingon* vint le soutenir, et c'est ainsi que s'amorça, avec la création du Berliner Psychoanalytisches Institut*, l'histoire du mouvement psychanalytique allemand, dont on sait qu'il fut décimé par le nazisme* à partir de 1933.

Pendant la Première Guerre mondiale, après avoir été membre du Comité secret*, Abraham dirigea les affaires de l'International Psychoanalytical Association* (IPA), dont il fut le secrétaire en 1922 puis le président en 1924. Il fut ainsi l'un des grands militants du mouvement, tant comme clinicien que comme organisateur et enseignant.

L'œuvre de ce fidèle est construite en fonction des progrès de celle du maître. Plus clinicien que théoricien, Abraham écrit des articles clairs et brefs où domine l'observation concrète. Trois époques sont à distinguer. Entre 1907 et 1910, il s'intéresse à une comparaison entre l'hystérie* et la démence précoce (que l'on n'appelle pas encore schizophrénie) et à la signification du trauma sexuel dans l'enfance. Pendant les dix années suivantes, il étudie la psychose maniaco-dépressive, le complexe de castration* chez la femme et les relations du rêve* aux mythes. En 1911, il publie une importante étude sur le peintre Giovanni Segantini (1859-1899), atteint de troubles mélancoliques. En 1912, il rédige un article sur le culte monothéiste d'Aton dont Freud se servira dans *L'Homme Moïse et la religion monothéiste**, en oubliant de le citer. Enfin, durant la troisième période, il décrit les trois stades* de la *libido** : anal, oral, génital.

Atteint d'emphysème, Karl Abraham mourut à 48 ans, le 25 décembre 1925, d'une septicémie consécutive à un abcès pulmonaire qui avait pour cause une blessure au pharynx provoquée par une arête de poisson. Cette mort prématurée fut ressentie comme un véritable désastre par le mouvement freudien, et surtout par Freud, qui assista impuissant à l'évolution de l'infection, n'hésitant pas à lui écrire : « J'apprends par Sachs avec étonnement, mais aussi avec déplaisir, que votre maladie n'est toujours pas terminée. Cela ne convient pas à l'image que j'ai de vous. Je ne veux vous imaginer que travaillant sans cesse, infailliblement. Je ressens votre maladie comme une sorte de concurrence déloyale et je vous prie de cesser au plus tôt. J'attends des nouvelles de votre état par votre entourage direct. »

• Karl Abraham, *Œuvres complètes*, 2 vol. (1965), Paris, Payot, 1989. Sigmund Freud et Karl Abraham, *Correspondance, 1907-1926* (Francfort, 1965), Paris, Gallimard, 1969. Hilda Abraham, *Karl Abraham, biographie inachevée*, Paris, PUF, 1976. Guy Rosolato et Daniel Widlöcher, « Karl Abraham : lecture de son œuvre », *La Psychanalyse*, 4, Paris, PUF, 1958, 153-178. Ernst Falzeder, « Whose Freud is it ? Some reflections on editing Freud's correspondance », *International Forum of Psychoanalysis*, à paraître.

ABRAHAM Nicolas (1919-1977)

psychanalyste français

Juif hongrois d'origine, Nicolas Abraham naquit à Kecskemet et émigra à Paris en 1938. Philosophe de formation, marqué par la phénoménologie de Husserl, il parlait plusieurs langues. Après un premier mariage en 1946, dont il eut deux fils, il prit pour compagne Maria Torok, elle aussi d'origine hongroise. Analysé comme elle par Bela Grunberger, dans le sérail de la Société psychanalytique de Paris (SPP), il fit très tôt figure de dissident et sa cure didactique ne fut pas homologuée. Il ne devint jamais membre à part entière de la SPP et resta affilié. En 1959, il noua avec le philosophe Jacques Derrida une solide amitié, fondée sur une passion pour la philosophie et une certaine manière d'analyser les textes freudiens.

C'est avec la publication, en 1976, du *Verbier de l'Homme aux loups*, rédigé conjointement par Maria Torok et préfacé par Derrida, qu'il se rendit célèbre. A la suite de Muriel Gardiner*, il commentait le cas de l'Homme aux loups en montrant le polyglottisme inhérent à toute cette histoire. A la langue russe, ou langue maternelle, à la langue allemande, ou langue de la cure, et à la langue anglaise, ou langue de la nourrice du patient, les auteurs en ajoutaient une quatrième, la française, qui leur permettait de souligner que le moi* clivé du patient comportait une « crypte », lieu de tous ses secrets inconscients. Cette théorie de la crypte mettait l'accent sur le délire de l'homme aux loups et sur le caractère nécessairement délirant et polysémique de la théorie clinique elle-même.

● Nicolas Abraham et Maria Torok, *Cryptonimie. Le verbier de l'Homme aux loups*, précédé de *Fors* par Jacques Derrida, Paris, Aubier-Flammarion, 1976. René Major, *L'Agonie du jour*, Paris, Aubier-Montaigne, 1979. Élisabeth Roudinesco, *Histoire de la psychanalyse en France*, vol. 2 (1986), Paris, Fayard, 1994.

▷ FRANCE. PANKEJEFF Sergueï Constantinovitch.

ABRÉACTION

Allemand : *Abreagieren*. Anglais : *Abreaction*.

Terme introduit par Sigmund Freud* et Josef Breuer* en 1893 pour définir un processus de décharge émotionnelle qui, en libérant l'affect lié au souvenir d'un traumatisme, en annule les effets pathogènes.

Le terme abréaction apparaît pour la première fois dans la « Communication préliminaire » de Josef Breuer et Sigmund Freud, consacrée à l'étude du mécanisme psychique à l'œuvre dans les phénomènes hystériques.

Dans ce texte pionnier, les auteurs annoncent d'emblée le sens de leur démarche : parvenir, en prenant pour point de départ les formes revêtues par les symptômes, à identifier l'événement qui, initialement et souvent loin dans le passé, a provoqué le phénomène hystérique. L'établissement de cette genèse se heurte à divers obstacles émanant du patient, ce que Freud appellera par la suite des résistances*, et que seul le recours à l'hypnose* permet de dépasser.

Le plus souvent, un sujet touché par un événement y réagit, de manière volontaire ou non, sur le mode réflexif : l'affect attaché à l'événement se trouve ainsi évacué pour peu que cette réaction soit suffisamment intense. Dans les cas où la réaction n'a pas lieu ou n'est pas assez forte, l'affect demeure lié au souvenir de l'événement traumatisant et c'est le souvenir – et non pas l'événement lui-même – qui est l'agent des troubles hystériques. Breuer et Freud sont à ce sujet très précis : « ... c'est de réminiscences surtout que souffre l'hystérique. » On retrouve la même précision s'agissant de l'adéquation de la réaction du sujet : que celle-ci soit immédiate, volontaire ou non, ou qu'elle soit différée et provoquée dans le cadre d'une psychothérapie sous la forme de remémorations et d'associations, elle doit être en relation d'intensité ou de proportion avec l'événement incitateur pour avoir un effet cathartique*, c'est-à-dire libérateur. Ainsi de la vengeance, en réponse à une offense, qui, à défaut d'être proportionnelle ou ajustée à l'offense, laisse ouverte la blessure occasionnée par celle-ci.

Dès ce moment, Breuer et Freud soulignent combien il est important qu'à l'acte puisse se substituer le langage « grâce auquel l'affect peut être abréagi à peu près de la même façon ». Ils ajoutent que dans certains cas, plainte ou confession, seules les paroles constituent « le réflexe adéquat ».

Si le terme abréaction demeure lié au travail avec Breuer et à l'utilisation de la méthode cathartique, la mise en place de la méthode psychanalytique et l'usage, en 1896, du mot psycho-analyse ne signifient pas pour autant la disparition du terme abréaction, et cela, ainsi que le précisent les auteurs du *Vocabulaire de la psychanalyse*, pour deux raisons : factuelle d'une part, dans la mesure où, quelle que soit la méthode, la cure demeure le lieu, notamment pour certains patients, de fortes réactions émotionnelles ; théorique d'autre part, puisque la conceptualisation de la cure a recours à la remémoration* et à la répétition*, formes parallèles d'abréaction.

Pourquoi Breuer et Freud ont-ils employé ce mot que ce dernier ne reniera pas lorsqu'il évoquera la méthode cathartique dans son autobiographie ?

Néologisme, le terme abréaction se compose du préfixe allemand *ab-* et du mot réaction, lui-même constitué du préfixe *ré-* et du mot action. La première raison de ce redoublement semble être le souci des auteurs de parer au caractère trop général du mot réaction. Mais, par ailleurs, le mot renvoie à la démarche physiologiste du XIXe siècle, au sein de laquelle il fonctionne comme synonyme de réflexe, par où est désigné l'élément d'une relation ayant la forme d'un arc linéaire – l'arc réflexe – mettant en rapport, terme à terme, un stimulus ponctuel et une réponse musculaire. Cette référence constituait pour Freud, dans les années 1892-1895, une sorte de garantie de scientificité en accord avec son espoir d'inscrire l'approche des phénomènes hystériques dans une continuité avec la physiologie des mécanismes cérébraux. Comme le souligne Jean Starobinski en 1994, la référence au modèle de l'arc réflexe survivra à l'utilisation de ce mot, puisque Freud s'y réfère explicitement dans son texte sur le destin des pulsions* où il distingue les excitations extérieures, qui provoquent des réponses sur le mode de l'arc réflexe, et les excitations intérieures, dont les effets sont de l'ordre d'une réaction.

Par la suite, Freud utilisera le terme réaction en un sens radicalement différent :

au lieu de désigner une décharge libératrice, il sera employé pour évoquer un processus de blocage ou de retenue, la formation réactionnelle.

• Sigmund Freud et Josef Breuer, « Le mécanisme psychique des phénomènes hystériques. Communication préliminaire » (1893), in *Études sur l'hystérie* (1895), *GW*, I, 77-312, *SE*, II, Paris, PUF, 1956, 1-13 ; Sigmund Freud, *Sigmund Freud présenté par lui-même* (1925), *GW*, XIV, 33-96, *SE*, 20, 7-70, Paris, Gallimard, 1984 ; « Pulsions et destins de pulsions » (1915), *OC*, XIII, 161-185, *GW*, X, 209-232, *SE*, XIV, 109-140 ; *Le Moi et le Ça* (1923), *GW*, XIII, 237-289, *SE*, XIX, 1-59, in *Essais de psychanalyse*, 219-252, Paris, Payot, 1981. Georges Canguilhem, « Le concept de réflexe au XIXe siècle », in *Études d'histoire et de philosophie des sciences*, Paris, Vrin, 1968. Marcel Gauchet, *L'Inconscient cérébral*, Paris, Seuil, 1992. Jean Laplanche et Jean-Bertrand Pontalis, *Vocabulaire de la psychanalyse*, Paris, PUF, 1967. Jean Starobinski, « Sur le mot *abréaction* » (1994), *in* André Haynal (éd.), *La Psychanalyse : cent ans déjà*, Genève, Georg, 1996, 49-62.

▷ CATHARSIS. *ÉTUDES SUR L'HYSTÉRIE.* HYPNOSE. HYSTÉRIE. PULSION. RÉSISTANCE. SUGGESTION.

ABRÉGÉ DE PSYCHANALYSE

Ouvrage posthume et inachevé de Sigmund Freud*, rédigé en 1938 et publié pour la première fois en allemand en 1940 sous le titre *Abriss der Psychoanalyse* et en anglais à la même date sous le titre *An Outline of Psycho-Analysis* dans une traduction de James Strachey*. Traduit en français par Anne Berman (1889-1979) en 1949 sous le titre *Abrégé de psychanalyse*.

Commencé le 22 juillet 1938, ce dernier livre de Sigmund Freud resta inachevé et ne comporte que trois parties. Depuis longtemps, Freud avait le projet d'écrire un opuscule destiné à présenter à un large public le condensé de sa doctrine. Il commença ce travail à Vienne* à la veille de son exil en se plaignant d'avoir à écrire des choses qu'il avait déjà dites et auxquelles il n'avait rien à ajouter. Pourtant, il rédigea le texte à vive allure et d'une plume alerte en recourant à des abréviations.

De fait, l'ouvrage est certainement bien meilleur que ce que Freud en pensait. Il s'agit d'une excellente synthèse des grands axes de la pensée freudienne touchant à l'appareil psychique, la théorie des pulsions*, la sexualité*, l'inconscient*, l'interprétation des rêves*, la technique psychanalytique*. Dans certains passages, Freud s'interroge sur de nouvelles directions de recherche, à propos du moi* notamment, et annonce surtout la découverte de substances chimiques qui pourraient agir directement sur le psychisme et rendre désuète la méthode psychanalytique dont il prend pourtant vigoureusement la défense : « Pour le moment néanmoins, nous ne disposons que de la technique psychanalytique, c'est pourquoi, en dépit de toutes ses limitations, il convient de ne point la mépriser. »

• Sigmund Freud, *Abrégé de psychanalyse* (1940), Paris, PUF, 1949, *GW*, XVII, 67-138, *SE*, XXIII, 132-207. Ernest Jones, *La Vie et l'œuvre de Sigmund Freud*, vol. III (New York, 1957), Paris, PUF, 1969. Peter Gay, *Freud. Une vie* (New York, 1988), Paris, Hachette, 1991.

ABSTINENCE (RÈGLE D')

Allemand : *Grundsatz der Abstinenz*. Anglais : *Rule of abstinence*.

Corollaire de la règle fondamentale*, la règle d'abstinence désigne l'ensemble des moyens et attitudes mis en œuvre par l'analyste pour que l'analysant soit dans l'impossibilité de recourir à des formes de satisfaction substitutives, à même de lui économiser les souffrances qui constituent le moteur du travail analytique.

C'est en 1915, alors qu'il s'interroge sur ce que doit être l'attitude du psychanalyste confronté aux manifestations du transfert amoureux, que Sigmund Freud* parle pour la première fois de la règle d'abstinence. Il précise qu'il n'entend pas seulement évoquer l'abstinence physique de l'analyste à l'égard de la demande amoureuse de la patiente, mais ce que doit être l'attitude de l'analyste afin que subsistent chez l'analysant les besoins et les désirs insatisfaits qui constituent le moteur de l'analyse.

Pour illustrer le caractère de duperie que revêtirait une analyse dans laquelle l'analyste répondrait aux demandes de ses patients, Freud évoque l'anecdote du prêtre venu donner les derniers sacrements à un agent d'assurances incroyant : au terme de l'entretien dans la chambre du mourant, il apparaît que l'athée ne s'est pas converti mais que le prêtre a contracté une assurance.

Non seulement, écrit Freud, « ... il est interdit à l'analyste de céder » mais celui-ci doit amener le patient à vaincre le principe de plaisir* et à renoncer aux satisfactions immédiates en faveur d'une autre, plus lointaine, dont il est toutefois précisé qu'elle « peut être aussi moins certaine ».

C'est dans le cadre du Ve congrès de psychanalyse, qui se tient à Budapest en 1918, que Freud revient sur la question, à la suite d'une intervention de Sandor Ferenczi* centrée sur l'activité de l'analyste et sur les moyens auxquels il doit recourir afin de pourchasser et d'interdire toutes les formes de satisfaction substitutives que le patient peut rechercher dans le cadre de la cure, mais aussi à l'extérieur de ce cadre. Pour l'essentiel, Freud marque son accord avec Ferenczi. Il souligne que le traitement psychanalytique doit « autant que possible s'effectuer dans un état de frustration* et d'abstinence ». Il précise cependant qu'il ne s'agit pas de tout interdire au patient et que l'abstinence doit être articulée à la dynamique spécifique d'une cure.

Cette dernière précision fut progressivement perdue de vue, de même que fut oublié l'accent mis par Freud sur le caractère incertain de la satisfaction à long terme. L'émergence d'une conception pédagogique et orthopédique de la cure psychanalytique contribua à la transformation de la règle d'abstinence en un ensemble de mesures actives et répressives visant à donner de la position de l'analyste une représentation en termes d'autorité et de pouvoir.

Dans son séminaire de 1959-1960 consacré à l'éthique de la psychanalyse, ainsi que dans des textes antérieurs traitant des possibles variantes de la « cure type » et de la direction de la cure, Jacques Lacan* revient sur la notion de neutralité analytique qu'il situe dans une perspective éthique. Si Freud se montrait prudent quant à la possible obtention par le patient d'une satisfaction ultérieure, fruit de son renoncement à un plaisir immédiat, Lacan se voulut plus radical en mettant en cause le fantasme d'un « souverain bien » dont la réalisation marquerait la fin de l'analyse.

● Sigmund Freud, « Observations sur l'amour de transfert » (1915), *GW*, X, 306-321, *SE*, XII, 157-171, in *La Technique psychanalytique*, Paris, PUF, 1953, 116-130 ; « Les voies nouvelles de la thérapeutique psychanalytique » (1919), *GW*, XII, 183-194, *SE*, XVII, 157-168, in *La technique psychanalytique*, Paris, PUF, 1953, 131-141 ; et Sandor Ferenczi, *Correspondance, 1914-1919*, Paris, Calmann-Lévy, 1996. Sandor Ferenczi, « La technique psychanalytique » (1919), in *Psychanalyse II, Œuvres complètes, 1913-1919*, Paris, Payot, 1970, 327-338 ; « Prolongements de la "technique active" en psychanalyse » (1921), in *Psychanalyse III, Œuvres complètes, 1919-1926*, Paris, Payot, 1974. Jacques Lacan, *Écrits*, Paris, Seuil, 1966 ; *Le Séminaire*, livre II, *L'Éthique de la psychanalyse* (1959-1960), Paris, Seuil, 1986. Jean Laplanche et Jean-Bertrand Pontalis, *Vocabulaire de la psychanalyse*, Paris, PUF, 1967.

▷ CONTRE-TRANSFERT. RÈGLE FONDAMENTALE. TECHNIQUE PSYCHANALYTIQUE. TRANSFERT.

ACTE MANQUÉ

Allemand : *Fehlleistung*. Anglais : *Parapraxis*.

Acte par lequel un sujet* substitue, malgré lui, à un projet qu'il vise délibérément, une action ou une conduite imprévue.

Comme pour le lapsus*, Sigmund Freud* fut le premier, à partir de *L'Interprétation des rêves**, à attribuer une véritable signification à l'acte manqué en montrant qu'il faut le mettre en rapport avec les motifs inconscients de celui qui le commet. L'acte manqué, ou acte accidentel, devient l'équivalent d'un symptôme dans la mesure où il est un compromis entre l'intention consciente du sujet et son désir* inconscient.

C'est en 1901, dans *Psychopathologie de la vie quotidienne**, que Freud donne, avec beaucoup d'humour, les meilleurs exemples d'actes manqués en utilisant de nombreuses histoires fournies par ses disciples, comme celle racontée par Hanns Sachs* : lors d'un dîner conjugal, l'épouse se trompe et place à côté du rôti, au lieu de la moutarde réclamée par son mari, un flacon dont elle se sert pour soigner ses maux d'estomac. Les Viennois ont toujours eu un goût prononcé pour les interminables récits de lapsus et d'actes manqués qu'ils transformaient en histoires drôles.

A leur suite, Jacques Lacan* se révélera dans ce domaine l'un des meilleurs commentateurs de Freud. Notamment en 1953, dans « Fonction et champ de la parole et du langage en psychanalyse », il donnera de l'acte manqué cette définition : « Pour la psychopathologie de la vie quotidienne, autre champ consacré par une autre œuvre de Freud, il est clair que tout acte manqué est un *discours réussi*, voire assez joliment tourné [...]. »

● Sigmund Freud, *Psychopathologie de la vie quotidienne* (1901), *GW*, IV, *SE*, VI, Paris, Payot, 1973. Jacques Lacan, *Écrits*, Paris, Seuil, 1966.

▷ *MOT D'ESPRIT ET SA RELATION À L'INCONSCIENT (LE).*

ACTING OUT

Allemand : *Agieren*. Français : *Passage à l'acte*.

Notion forgée par les psychanalystes de langue anglaise, puis reprise telle quelle en français, pour traduire ce que Sigmund Freud* appelle mise en acte, d'après le verbe allemand *agieren*. Le terme renvoie à la technique psychanalytique* et désigne la manière dont un sujet* passe à l'acte inconsciemment en dehors ou à l'intérieur de la cure psychanalytique, à la fois pour éviter la verbalisation du souvenir refoulé et se soustraire au transfert*.

C'est en 1914 que Freud propose le mot *Agieren* (peu courant en allemand) pour désigner le mécanisme par lequel un sujet agit des pulsions*, des fantasmes*, des désirs*. Il faut d'ailleurs mettre cette notion en relation avec celle d'abréaction* (*Abreagieren)*. Le mécanisme est associé à la remémoration, à la répétition* et à l'élaboration (ou perlaboration*). Le patient « traduit en actes » ce qu'il a oublié : « Il faut donc nous attendre, dit Freud, à ce qu'il cède à l'automatisme de répétition qui a remplacé la compulsion au souvenir, et cela non seulement dans ses rapports personnels avec le médecin, mais également dans toutes ses autres occupations et relations actuelles, et quand, par exemple, il lui arrive au cours du traitement de tomber amoureux ».

Pour répondre à ce mécanisme, Freud préconise deux solutions : 1) Faire promettre au patient, tant que le traitement se déroule, de ne prendre aucune décision grave (mariage, choix d'amour définitif, profession) avant d'être guéri. 2) Remplacer la névrose* ordinaire par une névrose de transfert* dont le travail thérapeutique le guérira. En 1938, dans l'*Abrégé de psychanalyse,* Freud souligne qu'il est souhaitable que le patient manifeste ses réactions à l'intérieur du transfert*.

Les psychanalystes de langue anglaise distinguent l'*acting in* de l'*acting out* proprement dit. L'*acting in* désigne la substitution d'un agir à la verbalisation, à l'intérieur de la séance psychanalytique (changement de position du corps, ou apparition d'émotions), tandis que l'*acting out* caractérise le même phénomène en dehors de la séance. Les kleiniens insistent sur l'aspect transférentiel de l'*acting in* et sur la nécessité de l'analyser, notamment dans les états-limites*.

Par ailleurs, en 1967, le psychanalyste français Michel de M'Uzan a proposé de distinguer l'*acting out* direct (acte simple sans rapport avec le transfert) et l'*acting out* indirect (acte lié à une organisation symbolique en rapport avec une névrose de transfert).

Dans le vocabulaire psychiatrique français, l'expression passage à l'acte met en évidence la violence d'une conduite par laquelle le sujet se précipite dans une action qui le dépasse : suicide*, délit, agression.

C'est en partant de cette définition que Jacques Lacan*, en 1962-1963, dans son séminaire *L'Angoisse,* instaure une distinction entre acte, *acting out* et passage à l'acte. Dans le cadre de sa conception de l'autre* et de la relation d'objet*, et à partir d'un commentaire de deux observations cliniques de Freud (le cas « Dora » et « Psychogenèse d'un cas d'homosexualité féminine »), Lacan établit en effet une hiérarchie à trois étages. Selon lui, l'acte est toujours un acte signifiant qui permet au sujet de se transformer après-coup*. L'*acting out* est au contraire non pas un acte, mais une demande de symbolisation qui s'adresse à un autre. C'est un coup de folie, destiné à éviter l'angoisse. Dans la cure, l'*acting out* est le signe que l'analyse se trouve dans une impasse où se révèle la défaillance du psychanalyste. Il ne peut être interprété, mais il se modifie si l'analyste l'entend et change de position transférentielle.

Quant au passage à l'acte, il s'agit chez Lacan d'un « agir inconscient », un acte non symbolisable par lequel le sujet bascule dans une situation de rupture intégrale, d'aliénation radicale. Il s'identifie alors à l'objet (petit) a*, c'est-à-dire à un objet exclu ou rejeté de tout cadre symbolique. Le suicide, pour Lacan, se situe du côté du passage à l'acte comme en témoigne la manière même de mourir en quittant la scène par une mise à mort violente : saut dans le vide, défenestration, etc.

● Sigmund Freud, « Fragment d'une analyse d'hystérie (Dora) » (1905), in *Cinq Psychanalyses*, Paris, PUF, 1970, *GW*, V, 163-286, *SE*, VII, 1-122 ; « Remémoration, répétition, élaboration » (1914), in *La Technique psychanalytique*, Paris, PUF, 1970, *GW*, X, 126-136, *SE*, XII, 126-136 ; « Psychogenèse d'un cas d'homosexualité féminine » (1920), in *Névrose, psychose et perversion*, Paris, PUF, 1973, *GW*, XII, 271-302, *SE*, XVIII, 145-172 ; *Abrégé de psychanalyse* (1940), Paris, PUF, 1967, *GW*, XVII, 67-138, *SE*, XIII, 139-207. Jacques Lacan, *Le Séminaire*, livre X, *L'Angoisse*, 1962-1963, inédit. Jean Laplanche et Jean-Bertrand Pontalis, *Vocabulaire de la psychanalyse*, Paris, PUF, 1967. *Encyclopedia of Psychoanalysis*, Ludwig Eidelberg (éd.), New York, The Free Press, et Londres, Collier Macmillan Ltd, 1968. Michel de M'Uzan, *De l'art à la mort*, Paris, Gallimard, 1977. R.D. Hinshelwood, *A Dictionary of Kleinian Thought*, Londres, Free Association Books, 1991.

ADLER Alfred (1870-1937)

médecin autrichien, fondateur de l'École de psychologie individuelle

Celui qui fut le premier grand dissident de l'histoire du mouvement psychanalytique naquit à Rudolfsheim, dans la banlieue proche de Vienne* (7 février 1870). De fait, il n'adhéra jamais aux thèses de Sigmund Freud* dont il se sépara en 1911 sans avoir été, comme Carl Gustav Jung*, son disciple privilégié. De quatorze ans le cadet du maître, il ne chercha pas à le reconnaître comme une autorité paternelle. Il lui attribua plutôt la place d'un grand frère et n'entretint pas avec lui de relation épistolaire intime. Tous deux étaient juifs et viennois, et tous deux étaient issus d'une famille de commerçants n'ayant jamais vraiment connu la réussite sociale. Adler fréquenta le même *Gymnasium* que Freud et poursuivit des études médicales à peu près identiques aux siennes. Cependant, venu d'une communauté du Burgenland, il était hongrois, ce qui faisait de lui le sujet d'un pays dont il ne parlait pas la langue. Il devint autrichien en 1911 et n'eut jamais l'impression d'appartenir à une minorité ou d'être la victime de l'antisémitisme.

Deuxième né d'une famille de six enfants, il était maladif, souffreteux, rachitique et sujet à des crises d'étouffement. En outre, il était jaloux de son frère aîné, qui s'appelait Sigmund, et avec lequel il eut une relation de rivalité permanente, comme plus tard avec Freud. Protégé par son père, rejeté par sa mère et souffrant de sa place de cadet, il attacha toujours plus d'importance aux liens de groupe et de fraternité qu'à la relation entre parents et enfants. A ses yeux, la famille était moins le lieu d'expression d'une situation œdipienne qu'un modèle de société. D'où l'intérêt qu'il porta à l'analyse marxiste.

En 1897, il épousa Raïssa Epstein, la fille d'un commerçant juif originaire de Russie*. Elle appartenait aux cercles de l'intelligentsia et affichait des opinions de gauche qui l'éloignaient du mode de vie de la bourgeoisie viennoise où la femme devait être d'abord une mère et une épouse. Par elle il fréquenta Léon Trotski (1879-1940), et, plus tard, en 1908, il fut le thérapeute d'Adolf Abramovitch Ioffe (1883-1927), futur collaborateur de celui-ci au journal *Pravda.*

En 1898, il publia son premier ouvrage, *Le Manuel d'hygiène pour la corporation des tailleurs.* Il y dressait un sombre tableau de la situation sociale et économique de ce métier à la fin du siècle : conditions de vie déplorables, entraînant des scolioses et des maladies diverses liées à l'usage des teintures, salaires de misère, etc.

Comme le souligne l'écrivain Manès Sperber, son remarquable biographe et un temps son disciple, Adler n'eut pas de sa judéité* la même conception que Freud. Bien qu'il ne fût pas animé, comme Karl Kraus* et Otto Weininger*, d'un sentiment de « haine de soi juive », il préféra échapper à sa condition. En 1904, il se convertit au protestantisme avec ses deux filles. Ce passage au christianisme ne l'empêcha pas de rester toute sa vie un libre penseur, adepte du socialisme réformiste. Notons qu'il n'avait aucun lien de parenté avec Viktor Adler (1852-1918), le fondateur du parti social-démocrate autrichien.

En 1902, après avoir fait la connaissance de Freud, il commença à fréquenter les réunions de la Société psychologique du mercredi*, tout en se liant d'amitié avec Wilhelm Stekel*. Il resta pendant neuf ans dans le cercle freudien et consacra sa première communication, le 7 novembre 1906, au sujet suivant : « Les bases organiques de la névrose ». L'année suivante, il présenta un cas clinique, puis, en 1908, une contribution à la question de la paranoïa*, et, en 1909, une autre encore, « L'unité des névroses ». C'est à cette date que commencèrent à se manifester des divergences fondamentales entre ses positions et celles de Freud et de ses partisans. On en suit la description dans les *Minutes* de la Société transcrites par Otto Rank* et éditées par Hermann Nunberg*.

En février 1910, Adler fit une conférence à la Société sur l'hermaphrodisme psychique. Il y soulignait que les névrosés qualifiaient de « féminin » ce qui est « inférieur », et il situait la disposition à la névrose* dans un sentiment d'infériorité refoulé dès la première relation de l'enfant à la sexualité*. L'apparition de la névrose était à ses yeux la conséquence d'un échec de la « protestation masculine ». De même, les formations névrotiques dérivaient de la lutte entre le féminin et le masculin.

Freud entreprit alors de critiquer l'ensemble des positions d'Adler, lui reprochant de rester attaché à un point de vue biologique, d'utiliser la différence des sexes* en un sens strictement social et enfin de trop valoriser la notion d'infériorité. Notons que l'on retrouve aujourd'hui la conception adlérienne de la différence des sexes chez les théoriciens du *gender**.

Le 1er février 1911, Adler revint à la charge dans une communication sur la protestation masculine, où il mettait en cause les notions freudiennes de refoulement* et de *libido**, jugées peu aptes à expliquer la « psyché déviante et irritée » du moi* dans les premières années de la vie. En fait, Adler était en train d'édifier une psychologie du moi, de la relation sociale, de l'adaptation, sans inconscient* ni détermination par la sexualité. Ainsi s'éloignait-il du système de pensée freudien. Il s'appuyait sur les conceptions développées dans son ouvrage de 1907, *La Compensation psychique de l'état d'infériorité des organes*.

La notion d'organe inférieur existait déjà dans l'histoire de la médecine, où nombre de cliniciens avaient remarqué qu'un organe de moindre résistance risquait toujours d'être le siège d'une infection. Adler transposait cette conception à la psychologie pour faire de l'infériorité de tel ou tel organe chez un sujet la cause d'une névrose transmissible par prédisposition héréditaire. C'est ainsi qu'apparaissent, selon lui, dans des famille de musiciens des maladies d'oreille, ou dans des familles de peintres des maladies des yeux, etc.

La rupture entre Freud et Adler fut d'une violence extrême, comme en témoignent les jugements qu'ils portèrent l'un sur l'autre trente-cinq ans plus tard. A un interlocuteur américain qui le questionnait sur Freud, Adler affirma en 1937 que celui dont il n'avait « jamais été le disciple était un escroc rusé et comploteur ». De son côté, en apprenant la mort de son compatriote, Freud eut ces mots terribles dans une célèbre lettre à Arnold Zweig* : « Pour un garçon juif d'un faubourg viennois, une mort à Aberdeen est une carrière inhabituelle en elle-même et une preuve de son avancement. Le monde l'a réellement et généreusement récompensé pour le service qu'il lui a rendu en s'opposant à la psychanalyse. » Dans « Sur l'histoire du mouvement psychanalytique » (1914), il raconta de manière partiale l'histoire de cette rupture. Ses partisans accablèrent les adlériens, et ceux-ci diabolisèrent les freudiens. Il fallut attendre les travaux de l'historiographie* savante, notamment d'Henri F. Ellenberger*, puis de Paul E. Stepansky, pour pouvoir se faire une idée plus exacte de la réalité de cette dissidence.

En 1911, Adler démissionna de la Société du mercredi, dont il était président depuis 1910, et quitta la *Zentralblatt für Psychoanalyse**, qu'il dirigeait avec Stekel. En 1912, il publia *Le Tempérament nerveux* où il exposait l'essentiel de sa doctrine, et, un an plus tard, il fonda l'Association pour une psychologie individuelle avec d'anciens membres du cercle freudien, parmi lesquels Carl Furtmuller (1880-1951) et David Ernst Oppenheim (1881-1943).

Après avoir combattu durant la Grande Guerre, Adler revint à Vienne où il mit ses idées en pratique en fondant des institutions médico-psychologiques. Réformiste, il condamna le bolchevisme sans pour autant militer en faveur de la social-démocratie. En 1926, son mouvement prit une dimension internationale, notamment aux États-Unis*, seul pays où il connut une véritable implantation. Adler commença alors à s'y rendre de façon régulière pour des séjours prolongés et des conférences.

En 1930, il reçut le titre de citoyen de Vienne, mais quatre plus tard, pressentant que le nazisme* allait déferler sur l'Europe entière, il songea à émigrer aux États-Unis. C'est pendant une tournée de conférences en Europe, alors qu'il se trouvait à Aberdeen en Écosse, qu'il s'effondra dans la rue, victime d'un crise cardiaque. Il mourut dans l'ambulance qui le conduisait à l'hôpital, le 28 mai 1937. Son corps fut incinéré au cimetière de Warriston, à Édimbourg, où l'on célébra un service religieux.

● Alfred Adler, *La Compensation psychique de l'état d'infériorité des organes* (1898), Paris, Payot, 1956 ; *Le Tempérament nerveux : éléments d'une psychologie individuelle et applications à la thérapeutique* (1907), Paris, Payot, 1970. *Les Premiers psychanalystes, Minutes de la Société psychanalytique de Vienne, 1906-1918*, 4 vol. (1962-1975), Paris, Gallimard, 1976-1983. Manès Sperber, *Alfred Adler et la psychologie individuelle* (1970), Paris, Gallimard, 1972. Henri F. Ellenberger, *Histoire de la découverte de l'inconscient* (New York, 1970, Villeurbanne, 1974), Paris, Fayard, 1994. Paul E. Stepansky, *Adler dans l'ombre de Freud* (1983), Paris, PUF, 1992.

▷ COMMUNISME. FREUDO-MARXISME. HISTORIOGRAPHIE. NÉOFREUDISME. PSYCHOTHÉRAPIE. RUSSIE. SCISSION.

ADLER Ida

▷ BAUER Ida, cas « Dora ».

AFRIQUE

▷ ANTHROPOLOGIE. COLLOMB Henri. ETHNOPSYCHANALYSE. FANON Frantz. HISTOIRE DE LA PSYCHANALYSE. LAFORGUE René. MANNONI Octave. SACHS Wulf.

AICHHORN August (1878-1949)

psychanalyste autrichien

Né à Vienne*, August Aichhorn était le fils d'un banquier chrétien et socialiste. Il entreprit des études de construction mécanique qu'il abandonna pour être instituteur puis se consacrer à la pédagogie et aux problèmes de la délinquance infantile et juvénile. En 1918, il devint le directeur de l'institution d'Ober-Hollabrunn, située au nord-ouest de Vienne, puis d'une autre en 1920, avant de travailler avec la municipalité de la ville. Analysé par Paul Federn*, il adhéra à la Wiener Psychoanalytische Vereinigung (WPV) en 1922 et forma un petit cercle d'études sur la délinquance avec Siegfried Bernfeld* et Wilhelm (dit Willi) Hoffer (1897-1967).

Cet homme non conformiste, corpulent, toujours vêtu de noir, un fume-cigarette aux lèvres, avait un tel respect pour Sigmund Freud* qu'il n'osait jamais prendre la parole dans les réunions de la WPV. Pendant de longues années, nul ne soupçonna qu'il était éperdu d'amour pour Anna Freud*, la fille du maître. Il ne révéla à celle-ci son secret qu'à la veille de sa mort. En tout cas, c'est grâce à lui que, durant sa jeunesse viennoise, elle découvrit le monde des marginaux et des exclus.

En 1925, il publia un livre pionnier sur les adolescents, *Jeunesse à l'abandon*, pour lequel Freud rédigea une préface dans laquelle on peut lire : « L'enfant est devenu l'objet principal de la recherche psychanalytique. Il a pris ainsi le relais du névrosé, premier objet de cette recherche. » Aichhorn montrait que le comportement antisocial était analogue aux symptômes névrotiques et situait ses causes premières dans des « liens libidinaux anormaux » de la prime enfance. Il militait pour l'utilisation par les éducateurs de la technique psychanalytique*, en défendant l'idée que le pédagogue pouvait devenir, pour l'enfant, un parent de substitution dans le cadre d'un transfert* positif. En 1932, il prit sa retraite pour exercer dans le privé. En 1938, il n'émigra pas de Vienne, contrairement à la plupart de ses collègues, parce que son fils fut arrêté par les nazis et déporté comme prisonnier politique au camp de Dachau.

C'est la raison pour laquelle il accepta, entre 1938 et 1944, de diriger, en tant que « psychologue traitant », la formation psychanalytique de l'Institut allemand de recherches psychologiques et psychothérapeutiques de Berlin, créé par Matthias Heinrich Göring*. Après la Deuxième Guerre mondiale, il participera, avec l'aide d'Anna Freud, à la reconstruction de la WPV et sera nommé directeur de l'*International Journal of Psycho-Analysis** (*IJP*).

● August Aichhorn, *Jeunesse à l'abandon* (Vienne, 1925), Toulouse, Privat, 1973. Sigmund Freud, *OC*, vol. XVII, 161-163, *GW*, XIV, 565-567, *SE*, XIX, 273-275. Kurt Eissler, « August Aichhorn : a biographical outline », in *Searchlights on Delinquency, New Psychoanalytic Studies*, New York, International Universities Press, IX-XIII. Geoffrey Cocks, *La Psychothérapie sous le IIIe Reich* (1985), Paris, Les Belles Lettres, 1987. Élisabeth Young-Bruehl, *Anna Freud* (1988), Paris, Payot, 1991.

▷ ALLEMAGNE. ANNAFREUDISME. NAZISME. PSYCHANALYSE DES ENFANTS. SOCIÉTÉ PSYCHOLOGIQUE DU MERCREDI.

AJASE (COMPLEXE D')

▷ JAPON. KOSAWA Heisaku.

« AIMÉE » (CAS)

▷ ANZIEU Marguerite.

ALEXANDER Franz (1891-1964)

médecin et psychanalyste américain

D'origine hongroise, Franz Alexander émigra à Berlin en 1920, quand le régime de l'amiral Horthy contraignit la plupart des psychanalystes à quitter le pays. Il connaissait bien l'Allemagne* où il s'était initié à la philosophie en suivant l'enseignement de Husserl. C'est à Budapest qu'il fit ses études de médecine, et c'est avec Hanns Sachs*, venu de Vienne*, qu'il effectua son analyse didactique* en étant le premier élève du prestigieux Institut psychanalytique de Berlin (Berliner Psychoanalytisches Institut*). Devenu enseignant, il y formera ensuite, comme didacticien ou comme contrôleur, de nombreux représentants de l'histoire du freudisme* parmi lesquels Charles Odier*, Raymond de Saussure*, Marianne Kris*. Il sera aussi, au début des années trente, l'analyste d'Oliver Freud*, le fils de Sigmund Freud*.

D'emblée, il accepta la deuxième topique* ainsi que la notion de pulsion de mort* et manifesta toujours un grand intérêt pour la criminologie*. Il avait l'art de mettre en scène les concepts freudiens, comme en témoigne sa communication de 1924 au congrès de l'International Psychoanalytical Association* (IPA) de Salzbourg où il expliqua le problème de la névrose* en terme de « frontière ». Il comparait le refoulement* de la pulsion* venue du ça* à une marchandise prohibée refusée à la frontière d'un État : le pays du moi*. Le surmoi* était figuré sous les traits d'un douanier borné et corruptible, et le symptôme névrotique assimilé à un contrebandier payant le douanier pour passer en fraude.

Cette évocation n'était pas sans rapport avec le destin d'Alexander lui-même, homme en mouvement, adepte des changements et des traversées de territoires. Voyageur infatigable, il songea très tôt à émigrer aux États-Unis*. Après un premier séjour, puis un passage par Boston, il s'installa définitivement à Chicago entre 1931 et 1932, alors que Freud, avec lequel il eut une correspondance (non encore publiée), cherchait à le retenir en Europe tout en se méfiant de lui : « J'aimerais avoir une confiance inébranlable en Alexander, écrivit-il à Max Eitingon* en juillet 1932, mais je n'y parviens pas. Sa simplicité réelle ou feinte l'éloigne de moi ou bien je n'ai pas surmonté ma méfiance vis-à-vis de l'Amérique. »

A Chicago, Alexander créa un institut de psychanalyse (Chicago Institute for Psychoanalysis) aussi dynamique que celui de Berlin et l'anima jusqu'à la fin de ses jours. La psychanalyse*, pour laquelle il avait une véritable passion, fut la principale activité de sa vie. Curieux de tout, de philosophie, de physique, de théâtre et de littérature, il fut ainsi l'initiateur d'un des principaux courants du freudisme américain connu sous le nom d'École de Chicago.

Ce courant, où l'on retrouvait l'inspiration ferenczienne de la technique active, visait à transformer la cure classique en une thérapeutique de la personnalité globale. Se penchant sur le problème de l'ulcère gastro-duodénal, Alexander avait été frappé par sa fréquente apparition chez les personnes actives. A partir de là, il montra qu'à l'origine de la maladie se trouve un besoin de tendresse né dans l'enfance, lequel s'oppose au moi et se traduit par l'émergence d'une intense agressivité. En somme, plus l'activité est importante, plus le sentiment infantile inconscient se déploie. Celui-ci se traduit par une demande de nourriture qui entraîne une trop grande sécrétion gastrique suivie d'un ulcère. Face à de tels symptômes, Alexander préconisa l'association de deux thérapeutiques : l'une relevait de l'exploration de l'inconscient et privilégiait la parole, l'autre, organique, soignait l'ulcère. Cette position le conduisit à inventer une médecine psychosomatique* d'inspiration freudienne et à mettre en cause la durée canonique des cures et des séances, ce qui lui valut des démêlés avec l'American Psychoanalytic Association* (APsaA). En 1956, il participa avec Roy Grinker à la création de l'American Academy of Psychoanalysis (AAP), plus ouverte que l'APsaA à toutes les nouveautés thérapeutiques.

En 1950, au premier congrès de l'Association mondiale de psychiatrie, organisé par Henri Ey* à Paris, il déclara : « La psychanalyse appartient à un passé où elle avait eu à lutter contre les préjugés d'un monde peu préparé à l'envisager [...]. Aujourd'hui, nous pouvons nous permettre de diverger les uns des autres, parce que l'enquête et le progrès ne sont possibles que dans un climat de liberté. »

• Franz Alexander, *The Scope of Psychoanalysis. Selected Papers, 1921-1961*, New York, Basic Books, 1961 ; *La Médecine psychosomatique*, Paris, Payot, 1967 ; et Samuel Eisenstein, Martin Grotjahn (éd.), *Psychoanalytics Pioneers*, New York, Basic Books, 1956. Léon J. Saul, « Franz Alexander, 1891-1964 », *Psychoanalytic Quarterly*, vol. XXXIII, 1964, 420-423.

▷ BETTELHEIM Bruno. CRIMINOLOGIE. KOHUT Heinz. LANGER Marie. MITSCHERLICH Alexander. PSYCHOSOMATIQUE (MÉDECINE). TECHNIQUE PSYCHANALYTIQUE.

ALLEMAGNE

Sans l'avènement du nazisme* qui la vida de la quasi-totalité de ses intellectuels et de ses savants, l'Allemagne serait restée en Europe le plus puissant pays d'implantation de la psychanalyse*. En témoignent, si nécessaire, les noms de ses prestigieux fondateurs, devenus américains quand ils n'étaient pas déjà morts avant de pouvoir émigrer : Karl Abraham*, Max Eitingon*, Otto Fenichel*, Ernst Simmel*, Otto Gross*, Georg Groddeck*, Wilhelm Reich*, Erich Fromm*, Karen Horney*.

Comme dans presque tous les pays du monde, les thèses freudiennes furent regardées en Allemagne comme un pansexualisme*, une « cochonnerie sexuelle », une « épidémie psychique ». Traitée de « psychiatrie de bonne femme » par les milieux de la médecine académique, la psychanalyse fut mal acceptée par les grands noms du savoir psychiatrique, et notamment par Emil Kraepelin*. On lui reprochait son style littéraire et sa métapsychologie*, alors même que Freud avait assimilé dans ses travaux une part importante de la nosologie kraepelinienne. Pourtant, c'est bien sur le terrain du savoir psychiatrique qu'elle finit par être reconnue grâce à l'action de quelques pionniers. Au tournant du XXe siècle, ils commencèrent à découvrir l'œuvre freudienne, en pratiquant l'hypnose* ou en s'intéressant à la sexologie* : parmi eux, Arthur Muthmann (1875-1957). Encouragé par Sigmund Freud* et Carl Gustav Jung* à développer des activités psychanalytiques, il ne s'éloigna guère de la méthode cathartique et rompit avec le freudisme* en 1909. De son côté, Hermann Oppenheim (1858-1918) neurologue juif berlinois, reçut avec faveur les travaux cliniques de la psychanalyse avant de les critiquer durement, comme d'ailleurs Theodor Ziehen (1862-1950), inventeur de la notion de complexe* et titulaire de la chaire de psychiatrie de Berlin.

Sur le terrain universitaire, la résistance se manifesta de façon plus déterminée. Comme le souligne Jacques Le Rider, « la psychologie allemande avait bâti sa réputation sur la recherche en laboratoire, sur une méthode scientifique dont la physique et la chimie restaient le modèle idéal, et dont l'esprit positif prétendait bannir toute spéculation pour ne reconnaître qu'un savoir synthétique : la biologie ». L'École allemande de psychologie réagissait contre la *Naturphilosophie* du XIXe siècle, cette science de l'âme qui avait fleuri dans le sillage du romantisme et dont les travaux freudiens se nourrissaient. Thomas Mann* sera l'un des rares à reconnaître la valeur scientifique de ce freudisme jugé trop littéraire par les psychologues universitaires.

Du côté de la philosophie, la psychanalyse passait pour ce « psychologisme » dénoncé par Edmond Husserl dès ses premiers travaux. Ainsi fut-elle critiquée en 1913 par Karl Jaspers (1883-1969) dans un monumental ouvrage, *Psychopathologie générale*, qui joua un grand rôle dans la genèse d'une psychiatrie phénoménologique, notamment en France* autour d'Eugène Minkowski*, de Daniel Lagache* et du jeune Jacques Lacan*. En 1937, Alexander Mitscherlisch* essaya bien de convaincre Jaspers de modifier son opinion, mais il se heurta à l'hostilité du philosophe qui resta sourd à ses arguments.

Selon Ernest Jones*, l'année 1907 marqua le début de l'essor international de la psychanalyse et la fin du « splendide isolement » de Freud. Or, cette année-là, deux assistants d'Eugen Bleuler* à la clinique du Burghölzli se joignirent à lui : Max Eitingon* et Karl Abraham*, le futur organisateur du mouvement berlinois : « J'ai l'intention de quitter Zurich dans un mois environ, lui écrivait-il le 10 octobre 1907. J'abandonne par là même mon activité antérieure [...]. En Allemagne comme Juif, en Suisse comme non-Suisse, je n'ai pu aller au-delà d'un poste d'assistant. Maintenant, je vais essayer d'exercer à Berlin comme spécialiste des maladies nerveuses et psychiques. » Toujours en quête, depuis la fin de son amitié avec Wilhelm Fliess*, d'un renouveau de la puissance allemande, Freud lui répondit : « Cela ne fait pas de mal à un jeune homme comme vous d'être poussé violemment dans la "vie au grand air", et votre condition de Juif, en augmentant vos difficultés, aura comme pour nous tous l'effet de manifester à plein vos capacités [...]. Si mon amitié avec le docteur W. Fliess subsistait encore, la voie pour vous serait aplanie ; malheureusement, cette voie est maintenant tout à fait fermée. »

Après la Suisse*, l'Allemagne devint ainsi la deuxième « terre promise » de la psychanalyse. L'année suivante ce fut le tour des États-Unis*.

Dès son arrivée, Abraham commença à organiser le mouvement. Le 27 août 1908, il fonda l'Association psychanalytique de Berlin avec Otto Juliusburger*, Ivan Bloch, Magnus Hirschfeld*, Heinrich Körber. Le groupe prit ensuite une importance croissante. Trois congrès eurent lieu dans des villes allemandes : Nuremberg en 1910, où fut créée l'International Psychoanalytical Association* (IPA), Weimar en 1911, où cent seize participants affluèrent, Munich en 1913, où fut consommé le départ de Jung et de ses partisans. Un an plus tard, Freud demanda à Abraham de prendre la succession de ce dernier à la direction de l'IPA.

La défaite des empires centraux modifia le destin de la psychanalyse. Si la Société psychanalytique viennoise (WPV) continuait à être active, en raison de la présence de Freud et de l'afflux des Américains, elle perdit toute son influence au profit du groupe berlinois. Ruinés, les analystes autrichiens émigrèrent en Allemagne pour redresser leurs finances, suivis par les Hongrois, contraints, après l'échec de la Commune de Budapest, de fuir le régime dictatorial de l'amiral Horthy. Vaincue sans être détruite, l'Allemagne pouvait ainsi reconquérir une puissance intellectuelle que l'ancien royaume des Habsbourg avait perdue. Berlin devint donc, selon le mot d'Ernest Jones*, le « cœur de tout le mouvement psychanalytique international », c'est-à-dire un pôle d'épanouissement des thèses freudiennes aussi important que l'avait été Zurich au début du siècle.

En 1918, Simmel rejoignit Abraham et Eitingon, suivi deux ans plus tard par Hanns Sachs*. L'Association berlinoise s'était alors fondue dans l'IPA sous le nom de Deutsche Psychoanalytische Gesellschaft (DPG). La voie était ouverte à la création d'instituts permettant à la fois de former des thérapeutes (« reproduire l'espèce analytique » comme disait Eitingon), et d'ancrer les traitements psychanalytiques sur un terrain social. Dès les débuts de la Société psychologique du mercredi*, l'idée d'une psychanalyse de masse susceptible de soigner les pauvres tout en éveillant les consciences hantait déjà les esprits. Au congrès de Budapest en 1918, Freud avait d'ailleurs donné un élan à ce projet de changer simultanément le monde et les âmes. Il songeait à créer des cliniques dirigées par des médecins ayant reçu une formation psychanalytique et susceptibles d'accueillir gratuitement des patients démunis.

Mis en œuvre par Simmel et Eitingon sous la direction d'Abraham, ce programme reçut le soutien des autorités gouvernementales et des milieux académiques. Des locaux furent aménagés par Ernst Freud* sur la Potsdamer Strasse, et la fameuse Polyclinique ouvrit ses portes le 14 février 1920 en même temps que le Berliner Psychoanalytisches Institut* (BPI).

Non seulement cet institut permettra de mettre au point les principes de l'analyse didactique* et de former la plupart des grands thérapeutes du mouvement freudien, mais il servira de modèle à tous les instituts créés par l'IPA dans le monde. Quant à la Polyclinique, elle fut un véritable laboratoire pour l'élaboration de nouvelles techniques de la cure. En 1930, dans son « Rapport original sur les dix ans d'activité du BPI », Eitingon proposa un bilan chiffré de l'expérience : 94 thérapeutes en activité, 1 955 consultations, 721 cures psychanalytiques parmi lesquelles 363 traitements terminés pour 111 cas guéris, 205 améliorés et seulement 47 échecs. A cette réussite s'ajoutaient les activités de Wilhelm Reich et de Georg Groddeck qui contribuèrent, elles aussi, à la diffusion du freudisme en Allemagne.

Plaque tournante du rayonnement clinique, Berlin demeurait pionnière d'un certain conservatisme politique et doctrinal. Et c'est Francfort qui devint le lieu de la réflexion intellectuelle, donnant naissance au courant de la « gauche freudienne », sous l'influence d'Otto Fenichel*, et à l'institution du Frankfurter Psychoanalytisches Institut.

Créé en 1929 par Karl Landauer* et Heinrich Meng*, cet institut se distinguait de celui de Berlin par sa collaboration intensive avec l'Institut für Sozialforschung dans les locaux duquel il était installé et où travaillaient notamment Erich Fromm*, Herbert Marcuse*, Theodor Adorno (1903-1969), Max Horkheimer (1895-1973). Noyau fondateur de la future École de Francfort, cet institut de recherches sociales fondé en 1923 fut à l'origine de l'élaboration de la théorie critique, doctrine sociologique et philosophique qui s'appuyait à la fois sur la psychanalyse, la phénoménologie et le marxisme pour réfléchir aux conditions de production de la culture au sein d'une société dominée par la rationalité technologique.

En 1942, dans une lettre lumineuse à Leo Lowenthal, Horkheimer expliqua clairement la dette de l'École de Francfort à l'égard de la théorie freudienne : « Sa pensée est l'une des *Bildungsmächte* [pierres angulaires] sans lesquelles notre propre philosophie ne serait pas ce qu'elle est. J'ai à nouveau conscience de sa grandeur ces dernières semaines. On a beaucoup dit, vous vous en souvenez, que sa méthode originale correspondait essentiellement à la nature de la bourgeoisie très raffinée de Vienne à l'époque où elle fut conçue. C'est bien entendu totalement faux dans l'ensemble, mais y aurait-il au fond un grain de vérité là-dedans que cela n'invaliderait en rien l'œuvre de Freud. Plus une œuvre est grande, plus elle est enracinée dans une situation historique concrète. »

Seule institution allemande à diffuser des cours à l'université, l'Institut psychanalytique de Francfort était promis à un bel avenir. Ne formant pas de didacticiens, il se montra plus ouvert aux débats théoriques que son homologue berlinois.

En 1930, grâce à l'intervention de l'écrivain Alfons Paquet (1881-1944), la ville décerna à Freud le prix Goethe. Dans son discours d'allocution, lu par sa fille Anna, celui-ci rendit hommage à la *Naturphilosophie*, symbole du lien spirituel qui unissait l'Allemagne à l'Autriche, et à la beauté de l'œuvre goethéenne, proche à ses yeux de cet *eros* platonicien niché au cœur de la psychanalyse.

Après l'accession de Hitler au pouvoir, Matthias Göring, cousin du maréchal, bien décidé à épurer la doctrine freudienne de son « esprit juif », mit en œuvre son programme d'« aryanisation de la psychanalyse » qui prévoyait l'exclusion des Juifs et la transformation du vocabulaire. Très vite, il s'attira les faveurs de certains freudiens disposés à se lancer dans l'aventure, tels Felix Boehm* et Carl Müller-Braunschweig*, rejoints ensuite par Harald Schultz-Hencke* et Werner Kemper*. Aucun de ces quatre hommes n'était engagé dans la cause du nazisme. Membres de la DPG et du BPI, l'un freudien orthodoxe, le deuxième adlérien et le troisième plutôt neutre, ces gens étaient simplement jaloux de leurs collègues juifs. L'avènement du national-socialisme fut donc pour eux une aubaine qui leur permit de faire carrière.

En 1930, la DPG comptait quatre-vingt-dix membres, juifs pour la plupart. Dès 1933, ils prirent la route de l'exil. En 1935, un tiers des membres de la DPG résidaient encore en Allemagne, parmi lesquels neuf Juifs. Devenus les maîtres de ce groupe amputé de ses meilleurs éléments, Boehm et Müller-Braunschweig fondèrent leur collaborationnisme sur la thèse suivante : pour ne pas donner aux nazis un quelconque prétexte d'interdire la psychanalyse, il suffit de devancer leurs ordres en excluant les Juifs de la DPG, quitte à maquiller cette exclusion en démission volontaire. On donna à cette opération le nom de « sauvetage de la psychanalyse ».

Ernest Jones*, président de l'IPA, accepta cette politique et, en 1935, il présida officiellement la séance de la DPG durant laquelle les neuf membres juifs furent contraints de démissionner. Un seul non-Juif refusa cette politique : il s'appelait Bernhard Kamm et quitta la Société par solidarité avec les exclus. Originaire de Prague, il venait tout juste d'adhérer à la DPG. Prenant aussitôt la route de l'exil, il s'installa à Topeka au Kansas, chez Karl Menninger*.

Comme le souligne fort bien Regine Lockot dans un article de 1995, Freud qualifia de « triste débat » toute cette affaire. Mais dans une lettre à Eitingon du 21 mars 1933, il se montrait surtout préoccupé des « ennemis intérieurs » de la psychanalyse, et notamment des adlériens et de Wilhelm Reich. Aussi concentra-t-il toutes ses attaques contre Harald Schultz-Hencke, jugé plus dangereux du fait de ses positions adlériennes qu'en raison de son engagement pro-nazi. Cette erreur d'appréciation est exprimée en toute liberté dans la relation que fit Boehm, en août 1934, d'une visite à Freud : « Avant de nous séparer, Freud formula deux souhaits concernant la direction de la Société [DPG] : premièrement Schultz-Hencke ne devrait jamais être élu dans le comité de direction de notre Société. Je lui donnai ma parole de ne jamais siéger avec lui. Deuxièmement : "Libérez-moi de W. Reich." »

En 1936, Göring réalisa enfin son rêve. Il créa son Deutsche Institut für Psychologische Forschung (Institut allemand de recherche psychologique et de psychothérapie), bientôt appelé Göring Institut, dans lequel se regroupèrent à la fois des freudiens, des jungiens et des indépendants.

Loin de se contenter de cette forme de collaboration, Felix Boehm se rendit à Vienne en 1938 pour convaincre Freud de la nécessité du « sauvetage » de la psychanalyse en Allemagne. Après l'avoir écouté un long moment, le maître, furieux, se leva et quitta la pièce. Il désapprouvait la thèse du prétendu « sauvetage », et méprisait la bassesse de ses partisans. Néanmoins, il refusa d'user de son autorité auprès de Jones et n'intervint pas pour éviter à l'IPA l'engrenage de la collaboration. Il était trop tard, pensait-il : Jones avait mis en œuvre sa politique à partir d'une position, initialement partagée par Freud, qui consistait à privilégier la défense d'un freudisme pur et dur (contre les « déviations » adlérienne ou reichienne) au détriment d'un refus absolu de toute collaboration dans les conditions offertes par Boehm et Müller-Braunschweig.

Pendant toute la durée de la guerre, une vingtaine de freudiens poursuivirent leurs activités thérapeutiques sous la houlette de l'Institut Göring, contribuant ainsi à détruire la psychanalyse dont ils étaient devenus les maîtres. Ils soignèrent des patients ordinaires, issus de toutes les classes sociales et atteints soit de simples névroses*, soit de maladies mentales : psychoses*, épilepsies, arriération – à l'exception des Juifs, exclus de tout traitement et envoyés d'emblée dans les camps. Boehm se chargea personnellement de l'« expertise » des homosexuels et Kemper de la « sélection » des névrosés de guerre. Quant à Johannes Schultz*, il « expérimenta » dans ce cadre les principes de son *training* autogène.

Dans les rangs de la défunte DPG, John Rittmeister*, August Watermann*, Karl Landauer* et Salomea Kempner* furent assassinés par les nazis, comme d'ailleurs plusieurs autres thérapeutes hongrois ou autrichiens qui n'étaient pas parvenus à s'exiler.

Pendant que se déroulaient les « traitements » de l'Institut Göring, la direction du ministère de la Santé du Reich se chargeait d'appliquer aux malades mentaux des « mesures d'euthanasie ». Après l'épisode du remplacement d'Ernst Kretschmer* par Carl Gustav Jung* à la tête de l'Allgemeine Ärztliche Gesellschaft für Psychotherapie (AÄGP), la psychiatrie allemande avait subi la même aryanisation que la psychanalyse sous la houlette de Leonardo Conti (1900-1945), d'abord président des médecins du Reich, puis de toutes les organisations de santé du parti et de l'État, dont d'ailleurs dépendait le Göring Institut. En octobre 1939, il procéda au recensement des pensionnaires des hospices et des asiles qui furent ensuite classés en trois groupes. Quelques mois plus tard, en janvier 1940, à Berlin, dans l'ancienne prison Brandenburg-Havel, les spécialistes de l'« euthanasie » commencèrent à exterminer ces malades au moyen d'un gaz, le monoxyde de carbone.

Après la victoire des Alliés, l'Institut Göring et le BPI furent réduits en cendres. Toujours président de l'IPA, et jouissant de l'appui de John Rickman*, Jones aida les anciens collaborationnistes à réintégrer l'IPA. A Müller-Braunschweig et Boehm il confia la reconstruction de l'ancienne DPG, et à Kemper la mission de développer le freudisme au Brésil*. Comme en 1933, il se montra plus soucieux de restaurer l'orthodoxie en matière d'analyse didactique* que de procéder à l'exclusion des anciens collaborationnistes. Il valida ainsi après coup la thèse du prétendu « sauvetage », cautionnant pour la génération* suivante une vision apologétique du passé. Mais l'Allemagne devant être punie pour ses fautes, elle fut mise en quarantaine par l'IPA jusqu'en 1985, date à laquelle des historiens commencèrent par ailleurs à publier des travaux critiques, montrant les conséquences désastreuses de la politique de Jones et révélant le passé des cinq principaux responsables de l'« aryanisation » de la psychanalyse.

En 1950, croyant échapper à l'opprobre qui pesait sur la DPG, Müller-Braunschweig se sépara de Boehm pour créer une nouvelle société, la Deutsche Psychoanalytische Vereinigung (DPV). Celle-ci fut intégrée à l'IPA l'année suivante, (la DPG, elle, n'y parvint jamais) tandis que Schultz-Hencke développait sa propre doctrine : la néopsychanalyse. La DPG et la DPV continuèrent à propager la même idéalisation du passé afin de justifier l'ancienne politique de collaboration.

A partir de 1947, seul Alexander Mitscherlich* parvint à sauver l'honneur du freudisme allemand et de la DPV en créant la revue *Psyche*, en fondant à Francfort l'Institut Freud et en obligeant les nouvelles générations à un immense travail de remémoration et de souvenir. Évincée de l'ancienne capitale, la psychanalyse put renaître dans la République fédérale, alors que dans l'Allemagne de l'Est, elle était condamnée en tant que « science bourgeoise ».

C'est donc la ville de Francfort qui fut à l'avant-garde du mouvement psychanalytique allemand durant la deuxième partie du siècle. En redonnant vie à leur école, Adorno et Horkheimer jouèrent un grand rôle auprès de Mitscherlich dans cet essor, d'où émergea une nouvelle réflexion clinique et politique sur la société allemande de l'après-nazisme, ainsi que des travaux érudits : ceux de Ilse Grubrich-Simitis, par exemple, la meilleure spécialiste des manuscrits de Freud. Avec douze instituts de formation répartis dans les principales villes (Hambourg, Fribourg, Tübingen, Cologne, etc.) et environ huit cents membres, la DPV est aujourd'hui une puissante organisation freudienne.

Cependant dès 1970, comme partout ailleurs, l'épanouissement de multiples écoles de psychothérapie* contribua à entamer les positions de la psychanalyse. En outre, étouffée par un système médical qui permettait aux caisses de maladie de rembourser les cures, sous réserve d'une « expertise » préalable des cas, elle se banalisa et devint une pratique parmi d'autres, pragmatique, sclérosée, routinière et inféodée à un idéal technique de guérison rapide. A cette date, Mitscherlich pensa qu'elle était en train de disparaître d'Allemagne.

Quelques années plus tard, l'œuvre de Lacan, imprégnée d'hégélianisme et d'heideggerianisme, fit son entrée sur la scène universitaire allemande, essentiellement dans des départements de philosophie. Sur le plan clinique, jamais le lacanisme* ne put s'implanter autrement que dans des petits groupes marginaux, composés de non-médecins et sans relation avec les grands instituts de l'IPA.

● Sigmund Freud, « Sur l'histoire du mouvement psychanalytique » (1914), *GW*, X, 44-113, *SE*, XIV, 7-66, Paris, Gallimard, 1991 ; Karl Abraham, *Correspondance, 1907-1926*, Paris, Gallimard, 1969. Martin Jay, *L'Imagination dialectique. Histoire de l'École de Francfort, 1923-1950* (Boston, 1973), Paris, Payot, 1977. Hannah Decker, *Sigmund Freud in Germany. Revolution and Reaction in Science, 1893-1907*, New York, New York International Universities Press, 1977. Jacques Le Rider, « La psychanalyse en Allemagne », *in* Roland Jaccard (éd.), *Histoire de la psychanalyse*, vol. 2, Paris, Hachette, 1982, 107-143. Eugen Kogon, Hermann Langbein, Adalbert Rukerl, *Les Chambres à gaz, secret d'État* (Francfort, 1983), Paris, Minuit, 1984. *Les Années brunes. La psychanalyse sous le IIIe Reich*, textes traduits et présentés par Jean-Luc Evard, Paris, Confrontation, 1984. *On forme des psychanalystes. Rapport original sur les dix ans de l'Institut psychanalytique de Berlin*, présentation de Fanny Colonomos, Paris, Denoël, 1985. Chaim S. Katz (éd.), *Nazismo e Psicanálise*, Rio de Janeiro, Editora Taurus, 1985. Geoffrey Cocks, *La Psychothérapie sous le IIIe Reich* (Oxford, 1985), Paris, Les Belles Lettres, 1987. Regine Lockot, *Erinnern und Durcharbeiten*, Francfort, Fischer, 1985 ; « Mésusage, disqualification et division au lieu d'expiation », *Topique*, 57, 1995, 245-257. *Ici la vie continue de manière surprenante*, recueil de textes traduits par Alain de Mijolla, Paris, Association internationale d'histoire de la psychanalyse (AIHP), 1987.

▷ COMMUNISME. FREUDO-MARXISME. HONGRIE. ITALIE. JUDÉITÉ. LAFORGUE René. MAUCO Georges. PAYS SCANDINAVES.

ALLENDY René (1889-1942)

médecin et psychanalyste français

L'œuvre écrite de ce médecin, qui fut en 1926 l'un des douze fondateurs de la Société psychanalytique de Paris (SPP), est aussi considérable que le personnage est étrange et même oublié. Il signa près de deux cents articles et une vingtaine d'ouvrages sur des sujets aussi divers que l'influence astrale, le Kéroubs et les Sphinx, la théorie des quatre tempéraments, le grand-œuvre des alchimistes, les modalités atmosphériques, la table d'émeraude d'Hermès Trismégiste, le traitement de la tuberculose pulmonaire, la *lycosa tarentula*, le rêve*, etc.

Il soutint sa thèse de médecine en novembre 1912, huit jours avant d'épouser Yvonne Nel Dumouchel, dont le poète Antonin Artaud fera, dans sa correspondance, l'une de ses « cinq mères adoptives ». Gazé pendant la Première Guerre mondiale, puis reconnu tuberculeux, Allendy décida de guérir par lui-même. En 1920, il devint membre titulaire de la Société française d'homéopathie et, trois ans plus tard, il rencontra René Laforgue* avec lequel il fit son analyse didactique*. Celui-ci l'introduisit dans le service du professeur Henri Claude* à l'hôpital Sainte-Anne.

Allendy ne forma pratiquement pas d'analystes au sein de la SPP, mais son divan et son hôtel particulier du XVIe arrondissement de Paris furent fréquentés par des écrivains et des artistes, notamment René Crevel (1900-1935) et Anaïs Nin (1903-1977) dont il fut l'amant. Celle-ci ne raconta dans son *Journal* que quelques fragments de cette incroyable cure psychanalytique qui se déroula pendant un an, en 1932-1933, dans des conditions particulièrement transgressives. Et c'est seulement en 1995 que la vérité fut connue grâce à Deirdre Bair, sa biographe, qui reconstitua en détail ce qu'avait été cette relation.

Si Allendy fut séduit par cette jeune femme qui exhibait ses seins pendant les séances, il l'embrassa gentiment sur les deux joues quand elle décida d'arrêter la cure, déclenchant sa fureur. Aussi revint-elle, et l'analyse se transforma alors en séances de masturbation partagée, avant que, dans un hôtel, Allendy se livrât à des pratiques sado-masochistes en sa compagnie.

C'est à la suite de cette « analyse » qu'Anaïs Nin coucha avec son père, Joaquin Nin, lequel s'écria, au moment de l'acte sexuel : « Amenez Freud ici et tous les psychanalystes. Que diraient-ils de ça ? » Quand elle raconta la scène à Allendy, celui-ci fut horrifié et lui raconta toutes sortes d'histoires d'inceste* conduisant au désastre. Il conclut la séance en disant à sa « patiente » qu'elle était un « être contre nature ». A quoi elle répondit fièrement que ce qu'elle éprouvait pour son père était un amour « naturel ». Après cette sinistre farce, elle alla consulter Otto Rank*.

A la fin de sa vie, Allendy relata sa propre agonie, de façon émouvante, dans son *Journal d'un médecin malade*. L'ouvrage paraîtra à titre posthume.

● René Allendy, *Journal d'un médecin malade, ou six mois de lutte contre la mort*, Paris, Denoël et Steele, 1944. Élisabeth Roudinesco, *Histoire de la psychanalyse en France*, vol. 1 (1982), Paris, Fayard, 1994. Deirdre Bair, *Anaïs Nin. Biographie* (New York, 1995), Paris, Stock, 1996.

▷ FRANCE.

ALPHA (FONCTION)

▷ BION Wilfred Ruprecht.

AMBULATORIUM

▷ HITSCHMANN Eduard.

AMERICAN PSYCHOANALYTIC ASSOCIATION (APsaA)

(Association psychanalytique américaine)

Fondée par Ernest Jones* en 1911, l'American Psychoanalytic Association (APsaA) est la seule association régionale (*regional association*) de l'International Psychoanalytical Association* (IPA). Elle regroupe des sociétés psychanalytiques dites « affiliées » (*affiliate societies*) dont dépendent des instituts de formation (*trai-*

ning institutes). Ces sociétés sont reconnues par l'IPA à travers leur affiliation à l'APsaA. Elles sont au nombre de quarante, dont cinq groupes d'études (*study groups*). A quoi s'ajoutent vingt-neuf instituts répartis dans les principales villes des États-Unis*, et quatre sociétés américaines provisoires qui ne font pas partie de l'APsaA mais sont directement rattachées à l'IPA : Institute for Psychoanalytic Training and Research, Los Angeles Institute and Society for Psychoanalytic Studies, The New York Freudian Society, Psychoanalytic Center of California.

Soixante-dix ans après sa fondation, l'APsaA reste la plus grande puissance freudienne de l'IPA avec environ trois mille cinq cents psychanalystes pour deux cent soixante-trois millions d'habitants, c'est-à-dire, un peu plus du tiers de l'effectif global de l'IPA, soit une densité de treize psychanalystes pour un million d'habitants. A quoi s'ajoutent les psychanalystes américains de toutes tendances qui ne font pas partie de l'IPA : environ huit à neuf mille.

Outre l'ApsaA, il existe deux autres grandes organisations qui n'ont pas le statut d'association régionale : la Fédération européenne de psychanalyse* (FEP), en progression grâce à la reconstruction, après 1989, de la psychanalyse dans les anciens pays communistes ; la Federación Psicoanálitica de America Latina* (FEPAL), toujours en expansion, chacune composée d'environ trois mille membres.

- *Roster. The International Psychoanalytical Association Trust*, 1996-1997.

▷ ASSOCIAÇÃO BRASILEIRA DE PSICANÁLISE. ASSOCIATION MONDIALE DE PSYCHANALYSE. AUSTRALIE. CANADA. FREUDISME. HISTOIRE DE LA PSYCHANALYSE. INDE. JAPON. KLEINISME.

AMÉRIQUE

▷ AMERICAN PSYCHOANALYTIC ASSOCIATION. ANNAFREUDISME. ARGENTINE. ASSOCIAÇÃO BRASILEIRA DE PSICANÁLISE. BRÉSIL. ASSOCIATION MONDIALE DE PSYCHANALYSE. CANADA. ÉGLISE. *EGO PSYCHOLOGY*. ÉTATS-UNIS. FEDERACIÓN PSICOANÁLITICA DE AMERICA LATINA. FREUDISME. HISTOIRE DE LA PSYCHANALYSE. HISTORIOGRAPHIE. KLEINISME. LACANISME. *SELF PSYCHOLOGY*.

AMOUR DE TRANSFERT

▷ TRANSFERT.

ANACLITIQUE (DÉPRESSION)

Allemand : *Anlehnungsdepression*. Anglais : *Anaclitic depression*.

Terme créé par René Spitz* en 1945 pour désigner un syndrome dépressif qui survient chez l'enfant privé de sa mère après avoir eu avec elle une relation normale pendant les premiers mois de la vie.

La dépression anaclitique se distingue de l'hospitalisme*, autre terme forgé par Spitz pour désigner cette fois la séparation durable de la mère et de l'enfant engendrée par un séjour prolongé de ce dernier en milieu hospitalier, et qui entraîne des troubles profonds, parfois irréversibles ou de nature psychotique. La dépression anaclitique peut disparaître quand l'enfant retrouve sa mère.

Dans la littérature psychanalytique anglaise et américaine, l'adjectif anaclitique est l'équivalent de l'étayage*.

▷ ÉTAYAGE.

ANALYSE DIDACTIQUE

Allemand : *Lehranalyse* ou *didaktische Analyse*. Anglais : *Training analysis*.

Terme employé à partir de 1922, puis adopté en 1925 par l'International Psychoanalytical Association* (IPA) pour désigner la psychanalyse* de celui qui se destine au métier de psychanalyste. Il s'agit d'une formation obligatoire.

C'est Carl Gustav Jung* qui le premier eut l'idée, en travaillant auprès d'Eugen Bleuler* à la clinique du Burghölzli, de « traiter les élèves comme des patients » et c'est lui aussi, comme le souligne Sigmund Freud* dans un un article de 1912, qui « fit ressortir la nécessité pour toute personne voulant pratiquer l'analyse de se soumettre auparavant elle-même à cette épreuve chez un analyste qualifié ».

Au début du siècle, Freud prit l'habitude de traiter par la psychanalyse certains de ses disciples qui présentaient des troubles psychiques : Wilhelm Stekel* par exemple. Jung fit de même à la clinique de Zurich où certains pensionnaires venus en cure adoptaient ensuite la méthode de traitement qui les avait « guéris » dans le souci d'aider leurs semblables. Par ailleurs, plusieurs des grands pionniers de la psychanalyse, de Poul Bjerre* à Viktor Tausk* en passant par Hermine von Hug-Hellmuth* et même Melanie Klein*, étaient atteints des mêmes maladies psychiques que leurs patients et expérimentèrent, comme Freud avec son auto-analyse*, les principes de l'investigation de l'inconscient*. A cet égard, Henri F. Ellenberger* eut raison de remarquer que l'analyse didactique dérivait à la fois de la « maladie initiatique » qui confère au chamane son pouvoir de guérison, et de la « névrose créatrice » telle que l'avaient vécue et décrite les grands pionniers de la découverte de l'inconscient.

Le principe de l'analyse didactique prit spontanément racine au cœur de la Société psychologique du mercredi*, puis s'élabora à mesure des réflexions du mouvement sur le contre-transfert*. Aucune règle n'étant établie, Freud et ses disciples n'hésitèrent pas à prendre en analyse les proches (amis, amants, maîtresses) ou les membres d'une même famille (femmes, enfants, neveux) et à mêler étroitement les relations amoureuses et professionnelles. C'est ainsi que Jung devint l'amant de Sabina Spielrein*, que Freud analysa sa propre fille et se trouva impliqué dans un incroyable imbroglio avec Ruth Mack-Brunswick*, que Sandor Ferenczi* fut l'analyste de sa femme et de la fille de celle-ci, dont il tomba amoureux, et qu'Erich Fromm* devint le thérapeute de la fille de Karen Horney* dont il avait été le compagnon.

En 1919, au congrès de l'IPA de Budapest, Hermann Nunberg* proposa pour la première fois qu'une des conditions requises pour devenir psychanalyste soit d'avoir fait une analyse. Mais Otto Rank*, appuyé par Ferenczi, s'opposa au vote de la motion. Cependant, l'idée fit son chemin et la création en 1920 du fameux Berliner Psychoanalytisches Institut* (Institut psychanalytique de Berlin, ou BPI), intégré à la Polyclinique du même nom, joua un rôle déterminant dans l'instauration des principes de la cure didactique au sein de l'IPA. En 1925, au congrès de Bad-Hombourg, celle-ci fut donc rendue obligatoire par Max Eitingon* pour toutes les sociétés psychanalytiques, en même temps que l'analyse de contrôle*.

A partir de cette date, on commença à regarder comme des transgressions les coutumes anarchiques de l'époque antérieure. Au yeux des dirigeants de l'IPA, l'instauration des règles standards devait permettre de socialiser les relations de maître à élève, de mettre à distance les pratiques d'idolâtrie et d'imitation de Freud. Or, au fil des années, l'IPA se transforma en un vaste appareil hanté par le culte de la personnalité. En 1948, Michael Balint* compara le système de formation analytique à des cérémonies initiatiques : « Nous savons que le but général de tous les rites d'initiation est de forcer le candidat à s'identifier à son initiateur, à introjecter l'initiateur et ses idéaux, et à bâtir à partir de ses identifications* un surmoi* fort qui le dominera pendant toute sa vie. »

Ainsi se retrouvait dans l'analyse didactique cette puissance de la suggestion* que Freud avait pourtant bannie de la pratique de la psychanalyse. En conséquence, ses héritiers risquaient soit de se transformer en disciples dévots de petits maîtres, soit de se prendre pour de nouveaux prophètes, soit encore d'accepter en silence la sclérose institutionnelle.

Cette crise de la formation psychanalytique marqua tous les débats de la seconde moitié du XXe siècle et fut à l'origine de nombreux conflits dans le mouvement freudien, depuis les Grandes Controverses*, au cours desquelles s'opposèrent les kleiniens et les annafreudiens, jusqu'à la scission* française de 1963 qui conduisit Jacques Lacan* à quitter l'IPA.

A l'intérieur de la légitimité freudienne, aux États-Unis* comme en Grande-Bretagne* ou en Argentine*, de très nombreux psychanalystes contestèrent la rigidité bureaucratique des règles de l'analyse didactique. Parmi eux : Siegfried Bernfeld*, Donald Woods Winnicott*, Masud Khan*, Marie Langer*, etc.

● Sigmund Freud, « Perspectives d'avenir de la thérapeutique analytique » (1910), *GW*, VIII, 104-115, *SE*, XI, 139-151, in *La Technique psychanalytique*, Paris, PUF, 1953, 23-42 ; « Conseils aux médecins sur le traitement psychanalytique » (1912), *GW*, VIII, 376-387, *SE*, XII, 109-120, *ibid.*, 61-71 ; « Analyse terminée, analyse interminable » (1937), *GW*, XVI, 59-99, *SE*, XXIII, 209-253, traduit en français sous le titre « L'analyse avec fin et l'analyse sans fin », in *Résultats, idées, problèmes*, II, Paris, PUF, 1985, 231-269. *On forme des psychanalystes. Rapport original sur les dix ans de l'Institut psychanalytique de Berlin*, présentation de Fanny Colonomos, Paris, Denoël, 1985. Max Eitingon, « Allocution au IXe congrès psychanalytique » (1925), *in* Moustapha Safouan, Philippe Julien, Christian Hoffmann, *Malaise dans l'institution*, Strasbourg, Arcanes, 1995, 105-113. Sandor Ferenczi, « Élasticité de la technique psychanalytique » (1928), in *Psychanalyse IV, Œuvres complètes, 1927-1933*, Paris, Payot, 1982, 53-66 ; « Le processus de la formation psychanalytique » (1928), *ibid.*, 239-245 ; « Le problème de la fin de l'analyse » (1928), *ibid.*, 43-53. Michael Balint, « A propos du système de formation psychanalytique » (1948), in *Amour primaire et technique psychanalytique*, Paris, Payot, 1972, 285-308. Siegfried Bernfeld, « On psychoanalytic training », *The Psychoanalytic Quarterly*, 31, 1962, 453-482. Edward D. Joseph et Daniel Widlöcher (éd.), *L'Identité du psychanalyste*, Paris, PUF, 1979. Serge Lebovici et Albert J. Solnit (éd.), *La Formation du psychanalyste*, Paris, PUF, 1982. Élisabeth Roudinesco, *Histoire de la psychanalyse en France*, vol. 1 (1982), vol. 2 (1986), Paris, Fayard, 1995 ; *Jacques Lacan. Esquisse d'une vie, histoire d'un système de pensée*, Paris, Fayard, 1993. Moustapha Safouan, *Jacques Lacan et la question de la formation des analystes*, Paris, Seuil, 1983 ; *Le Transfert et le désir de l'analyste*, Paris, Seuil, 1988. Ernst Falzeder, « Filiations psychanalytiques : la psychanalyse prend effet », *in* André Haynal (éd.), *La Psychanalyse : cent ans déjà* (Londres, 1994), Genève, Georg, 1996, 255-289.

▷ ALLEMAGNE. ÉCOLE FREUDIENNE DE PARIS. PASSE. SACHS Hanns. TECHNIQUE DE LA PSYCHANALYSE. TRANSFERT.

ANALYSE DIRECTE

Allemand : *Direkte Analyse*. Anglais : *Direct analysis*.

Méthode de psychothérapie* d'inspiration kleinienne inventée par le psychiatre américain John Rosen pour le traitement des psychoses*.

C'est dans le cadre de l'évolution de la technique psychanalytique*, et à la suite des grandes innovations proposées par les différents disciples de Sigmund Freud*, que fut créée cette méthode « active » par laquelle l'analyste intervient de façon directive, et parfois violente, pour donner des interprétations au patient en occupant dans le transfert* la position d'une mère idéalisée ou d'une « bonne mère ». Il s'agit de compenser le moi* faible du sujet* par un environnement langagier renvoyant à la situation prénatale, afin de dépasser les déficiences et les carences de la relation archaïque à la mère.

• John Rosen, *L'Analyse directe* (New York, 1953), Paris, PUF, 1960.

▷ BION Wilfred Ruprecht. ENVIE. ÉTATS-LIMITES. OBJET (BON ET MAUVAIS). POSITION DÉPRESSIVE/POSITION PARANOÏDE-SCHIZOÏDE. SCHIZOPHRÉNIE. *SELF PSYCHOLOGY.*

ANALYSE EXISTENTIELLE (*DASEINANALYSE*)

Terme forgé en langue allemande en 1924 par le psychiatre Jakob Wyrsch pour désigner la méthode thérapeutique proposée par Ludwig Binswanger*. Elle mêle la psychanalyse freudienne à la phénoménologie heideggerienne et prend pour objet l'existence du sujet* selon la triple dimension du temps, de l'espace et de sa relation au monde. Par extension, l'analyse existentielle finira par recouvrir tous les courants phénoménologiques de psychothérapie*.

En France*, en Suisse* et en Autriche s'est développée une école de psychothérapie* marquée par le double courant philosophique de la phénoménologie et de l'existentialisme. Deux formes de pratiques s'y rattachent : la psychothérapie existentielle et la *Daseinanalyse* (*Dasein* : être-là, existence) ou analyse existentielle. La première, dérivée de Søren Kierkegaard (1813-1855) et de l'ancienne cure d'âme chère aux pasteurs protestants, regarde la névrose* comme un « monde inauthentique » dont le malade doit prendre conscience par la rencontre avec un thérapeute. La deuxième, inventée par Ludwig Binswanger à partir des thèses d'Edmund Husserl (1859-1938) et de Martin Heidegger (1889-1976), prend pour objet la structure de l'existence individuelle dans la névrose et la psychose*, afin d'étudier le devenir du temps, de l'espace et de la représentation chez chaque sujet*.

Parmi les partisans français de l'analyse existentielle, on trouve Eugène Minkowski*, le Jean-Paul Sartre de *L'Être et le Néant* et le jeune Michel Foucault (jusqu'en 1954). Quant à Jacques Lacan*, s'il n'adopta pas l'analyse existentielle, il passa bien par la phénoménologie dans l'entre-deux-guerres avant de refondre philosophiquement l'œuvre freudienne sur d'autres postulats.

En Autriche, c'est la théorie personnaliste d'Igor Caruso*, fondée sur l'idée de « psychologie des profondeurs », qui représente le mieux le courant de la psychothérapie existentielle. A quoi s'ajoute la logothérapie (thérapie par la volonté de sens) du psychiatre autrichien Viktor Frankl, qui rejette la doctrine freudienne de la pulsion* et du ça* pour privilégier un inconscient* spirituel ou existentiel, c'est-à-dire la partie dite « noble » du psychisme (le moi*, le conscient*). En Grande-Bretagne*, c'est essentiellement chez Ronald Laing* que l'on retrouve la thématique existentielle.

● Jean-Paul Sartre, *L'Être et le Néant*, Paris, Gallimard, 1943. Ludwig Binswanger, *Le Rêve et l'Existence* (Zurich, 1930), Paris, Desclée de Brouwer, 1954 ; *Discours, parcours et Freud* (Berne, 1947), Paris, Gallimard, 1970. Viktor Frankl, *La Psychothérapie et son image de l'homme*, Paris, Resma, 1970. Jean-Baptiste Fagès, *Histoire de la psychanalyse après Freud* (Toulouse, 1976), Paris, Odile Jacob, 1996. Michel Foucault, « Introduction » (1954), in *Dits et Écrits*, vol. 1, Paris, Gallimard, 1994. Henri F. Ellenberger, *La Psychiatrie suisse*, série d'articles publiés de 1951 à 1953 dans *L'Évolution psychiatrique*, Aurillac, s.d. ; *Médecines de l'âme. Essais d'histoire de la folie et des guérisons psychiques*, Paris, Fayard, 1995.

▷ ANALYSE DIRECTE. GESTALTTHÉRAPIE. MÉLANCOLIE. NÉOFREUDISME. REICH Wilhelm. SCHIZOPHRÉNIE. *SELF PSYCHOLOGY*. THÉRAPIE FAMILIALE.

ANALYSE MUTUELLE

▷ FERENCZI Sandor. TECHNIQUE PSYCHANALYTIQUE.

ANALYSE ORIGINELLE

▷ AUTO-ANALYSE.

ANALYSE PROFANE

Allemand : *Laienanalyse*. Anglais : *Lay-analysis*.

On appelle analyse profane ou analyse laïque, ou encore psychanalyse* profane ou laïque, la psychanalyse pratiquée par les non-médecins. Les deux adjectifs (laïc et profane) signifient aussi que la psychanalyse, dans l'optique freudienne, est une discipline parfaitement distincte de toutes les cures d'âme et de toutes les formes de confessions thérapeutiques liées aux diverses religions. En conséquence, elle doit construire ses propres critères de formation professionnelle sans s'inféoder ni à la médecine (dont fait partie la psychiatrie), ni à une Église*, que celle-ci relève du protestantisme, du catholicisme, du judaïsme, de l'islam, du bouddhisme, ni aux religions animistes ou aux sectes.

A cet égard, la seule formation recevable pour un psychanalyste, quels que soient son cursus universitaire et sa religion, est de se soumettre à une analyse didactique*, puis à une analyse de contrôle*, selon les règles édictées par l'International Psychoanalytical Association* (IPA) à partir de 1925. Ces règles sont d'ailleurs admises, avec des variantes, par la totalité des praticiens qui se réclament du freudisme* dans le monde, qu'ils soient ou non membres de l'IPA, qu'ils appartiennent ou non à ses divers courants : lacanisme*, *Self Psychology**, etc.

Comme la psychanalyse est inscrite dans l'histoire de la médecine en tant qu'elle est l'une des grandes composantes de la psychiatrie dynamique*, elle s'est implantée dans la plupart des pays par la voie de la médecine et de la psychiatrie. En conséquence, elle a essentiellement été pratiquée, depuis l'origine, par des hommes et des femmes ayant reçu une formation médicale ou psychiatrique selon les règles de la transmission du savoir propre à chaque pays. C'est d'ailleurs ce qui, paradoxalement, lui assure sa laïcité puisque la médecine a partie liée avec la science plutôt qu'avec la religion. Dans les pays où la psychiatrie ne s'est pas développée et où la folie* est considérée comme un phénomène d'origine divine ou démoniaque, la psychanalyse ne s'est pas implantée.

Pourtant, il y a une contradiction entre la nécessaire autonomie de la psychanalyse et les critères de sa pratique professionnelle, quand celle-ci relève du métier de psychiatre ou de médecin. C'est cette tension qui a été à l'origine du grand conflit déclenché en 1926 par Sigmund Freud* lui-même avec la publication de *La Question de l'analyse profane**.

Farouche partisan de l'analyse profane et de la pratique de la psychanalyse par les non-médecins, Freud a été combattu très durement par ses propres disciples, notamment Abraham Arden Brill*, et par les membres de la très puissante American Psychoanalytic Association* (ApsaA), qui entendaient réserver la pratique de la psychanalyse à des médecins.

Du fait de l'émigration massive des psychanalystes européens vers les États-Unis* consécutive au nazisme*, Freud et ses partisans ont perdu la bataille de l'analyse profane durant l'entre-deux-guerres. En Europe, à cette période, c'est aux Pays-Bas* que les conflits entre les partisans et les adversaires de l'analyse profane prirent une allure dramatique, teintée d'antisémitisme et de xénophobie.

A partir de 1945, avec le développement considérable de la psychologie et de son enseignement universitaire dans les grands pays démocratiques, la question de l'analyse profane s'est posée en des termes nouveaux. Massivement, la psychanalyse fut en effet alors pratiquée non plus seulement par des médecins ou des psychiatres, mais par des psychothérapeutes ayant reçu une formation de psychologues, en général à l'université. Après avoir été avalée par la psychiatrie, elle risquait d'être engloutie par la psychologie et confondue avec les différentes psychothérapies*. Aussi les psychanalystes réaffirmèrent-ils avec force l'existence de leurs propres institutions, seules capables de définir les critères de la formation psychanalytique : analyse didactique et contrôle (ou supervision).

● Sigmund Freud, *La Question de l'analyse profane* (1926), *OC*, XVIII, 1-92, *GW*, XIV, 209-286, *SE*, XX, 183-258.

▷ HISTOIRE DE LA PSYCHANALYSE. LAGACHE Daniel. PSYCHOLOGIE CLINIQUE. PSYCHOTHÉRAPIE INSTITUTIONNELLE. REIK Theodor.

ANALYSE SAUVAGE

▷ GRODDECK Georg. INTERPRÉTATION.

ANALYSE TRANSACTIONNELLE

Allemand : *Vermittelnd Analyse*. Anglais : *Transactional analysis*.

Méthode de psychothérapie* inventée par le psychanalyste américain Eric Berne (1910-1970), centrée sur l'analyse du moi* dans ses relations à autrui.

Né à Montréal, puis émigré aux États-Unis*, Eric Berne s'écarta du freudisme* classique quand il s'installa à San Francisco après la Deuxième Guerre mondiale. C'est là qu'il mit au point la méthode qui le rendit célèbre. Proche de la thérapie familiale*, elle consistait à rétablir la communication ou « transaction » entre les membres d'une même famille ou d'un groupe social donné à partir d'une analyse des relations du moi avec son entourage.

● Eric Berne, *Des jeux et des hommes. Psychologie des relations humaines* (1964), Paris, Stock, 1966.

▷ ANALYSE EXISTENTIELLE. GESTALTTHÉRAPIE. NÉOFREUDISME. SCHULTZ Johannes. TECHNIQUE PSYCHANALYTIQUE. THÉRAPIE FAMILIALE.

ANDERSSON Ola (1919-1990)

psychanalyste suédois

Pionnier de l'historiographie* savante, Ola Andersson eut un curieux destin dans le mouvement freudien. Le seul livre qu'il écrivit jamais, et qui parut en 1962 sous le titre *Studies in the Prehistory of Psychoanalysis. The Etiology of Psychoneuroses (1886-1896)*, fut complètement ignoré en Suède par le milieu psychanalytique, alors même que l'auteur occupait des fonctions académiques importantes et était responsable de la traduction suédoise des œuvres de Sigmund Freud*.

Né dans le nord du pays, à Lulea, Ola Andersson était issu d'une famille de propriétaires terriens protestants et puritains qui menèrent une vie itinérante avant de s'établir à Stockholm. Le père, Carl Andersson, était fonctionnaire et, comme inspecteur des écoles primaires durant l'entre-deux-guerres, il fut redouté par une génération d'enseignants pour la sévérité de ses jugements.

C'est à Lund qu'Ola Andersson poursuivit ses études de lettres avant d'embrasser la carrière d'enseignant. A partir de 1947, il exerça son métier dans différentes institutions, d'abord dans un centre de formation pour travailleurs sociaux, affilié à l'Église suédoise, puis dans une école de psychothérapie d'inspiration religieuse, et enfin dans le département de pédagogie de l'université de Stockholm.

A l'âge de 20 ans, il s'intéressait déjà à la psychanalyse. En 1948, il prit contact avec l'un des pionniers de la Société psychanalytique suédoise, qui l'envoya chez René De Monchy*, récemment installé en Suède, avec lequel il fit une cure didactique de cinq ans. Il entama ensuite une deuxième tranche avec Lajos Székely (1904-1995), émigré de Hongrie* et lui-même analysant de De Monchy.

Fuyant les conflits internes à la Société psychanalytique suédoise, qui se développèrent après le retour de De Monchy aux Pays-Bas*, Andersson décida de se consacrer essentiellement à l'enseignement, à la recherche historique et à la traduction de l'œuvre freudienne. Et s'il fut membre titulaire de la société, il n'y joua qu'un rôle secondaire.

C'est en décembre 1962 qu'il soutint sa thèse sur les origines du freudisme, ce qui lui valut le titre prestigieux de *Dozent*. Il la fit aussitôt publier et put ainsi, grâce à ce travail magistral, entretenir une relation avec Henri F. Ellenberger* qui, de son côté, commençait à « réviser » l'historiographie* officielle du freudisme dans la perspective de la constitution d'une histoire savante. Sur la lancée de son propre travail, Andersson entreprit alors la première grande révision d'un cas princeps des *Études sur l'hystérie** : le cas « Emmy von N. » . Il découvrit son véritable nom, Fanny Moser*, exposa son histoire au congrès de l'International Psychoanalytical Association* (IPA) d'Amsterdam en 1965 et attendit quatorze ans pour publier un article à son sujet dans *The Scandinavian Psychoanalytic Review*.

Par ailleurs, Andersson renouvela complètement l'étude des relations de Sigmund Freud* avec Jean Martin Charcot*, Hippolyte Bernheim* et Josef Breuer*. Il mit également en évidence les sources de la pensée freudienne, et notamment les emprunts aux travaux de Johann Friedrich Herbart*. Pourtant, contrairement à Ellenberger, il resta attaché, comme membre de l'IPA, à l'orthodoxie issue d'Ernest Jones* dont il admirait le travail biographique, ce qui le retint de s'engager plus avant dans l'histoire savante. Il souffrit beaucoup de son isolement au sein de la Société psychanalytique suédoise, au point de demander en 1976 à Ellenberger de l'aider à émigrer aux États-Unis*. Mais il n'y parvint jamais.

Andersson laissa des instructions pour qu'à sa mort son corps fût incinéré et ses cendres dispersées. Ses deux fils changèrent de patronyme, préférant porter celui de leur mère, comme la loi suédoise le permet. Il n'empêche que le nom de ce psychanalyste, à la fois intégré et marginal, fut bel et bien effacé de l'histoire intellectuelle de son pays, au point de ne pas figurer dans l'*Encyclopédie nationale suédoise*, lui qui avait écrit de si nombreux articles dans diverses encyclopédies suédoises.

● Ola Andersson, *Freud avant Freud. La préhistoire de la psychanalyse* (Stockholm, 1962), Paris, Synthélabo, coll. « Les Empêcheurs de penser en rond », 1997. Henri F. Ellenberger, *Médecins de l'âme. Essais d'histoire de la folie et des guérisons psychiques*, Paris, Fayard, 1995.

▷ PAYS-BAS. PAYS SCANDINAVES.

ANDREAS-SALOMÉ Lou, née Lelia (Louise) von Salomé (1861-1930)
femme de lettres et psychanalyste allemande

Par sa vie plus que par ses œuvres, Lou Andreas-Salomé eut une destinée exceptionnelle dans l'histoire du XXe siècle. Figure emblématique de la féminité narcissique, elle concevait l'amour sexuel comme une passion physique qui s'épuisait une fois le désir* assouvi. Seul l'amour intellectuel, fondé sur une absolue fidélité, était capable, disait-elle, de résister au temps.

Dans son petit opuscule sur l'érotisme paru un an avant sa rencontre avec Sigmund Freud*, Lou commentait un des grands thèmes de la littérature – de *Madame Bovary* à *Anna Karénine* – selon lequel le partage entre la folie* amoureuse et la quiétude conjugale, d'habitude impossible à surmonter, doit être pleinement vécu. « Lou savait bien, écrit H. G. Peters, son meilleur biographe, que ses arguments en faveur d'un mariage permettant à chaque partenaire la liberté régénératrice de festins d'amour périodiques étaient assez fantasques, non seulement parce qu'ils allaient à l'encontre des commandements moraux de la plupart des religions, mais parce qu'ils étaient incompatibles avec le puissant instinct possessif profondément enraciné chez l'homme. »

Et pourtant, elle ne cessa toute sa vie de mettre ce partage en pratique, au prix de laisser croire (à tort) qu'elle était un monstre de narcissisme* et d'amoralité. Elle se moquait des invectives, des rumeurs et des scandales, ayant choisi de ne pas se plier aux contraintes sociales. Après Nietzsche (1844-1900) et Rilke (1875-1926), Freud fut ébloui par cette femme qu'il aima tendrement et qui bouleversa son existence. Ils se ressemblaient en effet : même orgueil, même beauté, même démesure, même énergie, même courage, même manière d'aimer et de posséder fébrilement les objets d'élection. L'un avait choisi l'abstinence sexuelle avec la même force et la même volonté qui poussaient l'autre à satisfaire ses désirs. Ils avaient en commun l'intransigeance, cette certitude que jamais l'amitié ne devait masquer les divergences, ni entamer la liberté de chacun.

Née à Saint-Pétersbourg dans une famille de l'aristocratie allemande, Lou Salomé était la fille d'un général de l'armée des Romanov. A l'âge de 17 ans, refusant d'être confirmée par le pasteur de l'Église évangélique réformée à laquelle appartient sa famille, elle se place sous la direction d'un autre pasteur, Hendrik Gillot, dandy brillant et cultivé, qui s'éprend d'elle alors qu'il l'initie à la lecture des grands philosophes. Elle refuse le mariage, tombe malade et quitte la Russie*. Installée à Zurich avec sa mère, elle cherche dans la théologie, l'art et la religion un moyen d'accéder au monde intellectuel dont elle rêve.

Grâce à Malwida von Meysenbug (1816-1903), grande dame du féminisme allemand, elle rencontre l'écrivain Paul Rée (1849-1901) qui lui fait connaître Nietzsche. Persuadé d'avoir rencontré la seule femme capable de le comprendre, celui-ci demande solennellement à Lou de l'épouser. Elle refuse. Aux deux hommes passionnément amoureux d'elle elle propose alors de constituer une sorte de trinité intellectuelle et, en mai 1882, pour sceller le pacte, ils se font photographier ensemble devant un décor de carton-pâte : Nietzsche et Rée attelés à une charrette dont Lou tient les rênes. L'image fera scandale. Désespéré, Nietzsche invente dans *Zarathoustra* cette phrase fameuse : « Vous allez voir les femmes ? N'oubliez pas le fouet. »

C'est l'adhésion au narcissisme nietzschéen, et plus généralement au culte de l'*ego*, caractéristique de la *Lebensphilosophie* (philosophie de la vie) fin de siècle, qui prépare la rencontre de Lou avec la psychanalyse*. Dans tous ses textes, comme le souligne Jacques Le Rider, elle cherche en effet à retrouver un *eros* cosmogonique capable de combler la perte irréparable du sentiment de Dieu.

En juin 1887, Lou épouse l'orientaliste allemand Friedrich-Carl Andreas, qui enseigne à l'université de Göttingen. Le mariage n'est pas consommé et c'est Georg Ledebourg, fondateur du parti social-démocrate allemand, qui devient son premier amant quelque temps avant Friedrich Pineles, un médecin viennois. Cette deuxième liaison se termine par un avortement et un tragique renoncement à la maternité. Lou s'installe alors à Munich où elle fait la connaissance du jeune poète Rainer Maria Rilke : « Je fus ta femme pendant des années, écrira-t-elle dans *Ma vie,* parce que tu fus la première réalité, où l'homme et le corps sont indiscernables l'un de l'autre, fait incontestable de vie même [...]. Nous étions frère et sœur, mais comme dans ce passé lointain, avant que le mariage entre frère et sœur ne devienne sacrilège. »

La rupture avec Rilke ne met pas fin à l'amour qui les unit mais, comme le soulignera Freud en 1937, « elle fut à la fois la muse et la mère attentive du grand poète [...] qui éprouvait tant de détresse devant la vie ».

C'est en 1911, à Weimar, au congrès de l'International Psychoanalytical Association* (IPA), qu'elle rencontre Freud pour la première fois grâce à Poul Bjerre*. Aussitôt, elle lui demande d'être « initiée » à la psychanalyse. Il se met à rire : « Me prenez-vous pour le Père Noël ? » lui dit-il. Bien qu'elle n'ait que cinq ans de moins que lui, elle se comporte comme une enfant : « Le temps avait adouci ses traits, écrit H. G. Peters, et elle y ajoutait quelque féminité en portant de douces fourrures, des boas, des collets sur ses épaules [...]. Sa beauté physique était égalée sinon dépassée par la vivacité de son esprit, par sa joie de vivre, son intelligence et sa chaleureuse humanité. »

Freud ne se trompe pas. Il comprend aussitôt que Lou désire vraiment se consacrer à la psychanalyse et que rien ne l'en empêchera. C'est pourquoi il l'admet parmi les membres de la Wiener Psychoanalytische Vereinigung (WPV). Sa présence muette témoigne aux yeux de tous d'une continuité entre Nietzsche et Freud, entre Vienne* et la culture allemande, entre la littérature et la psychanalyse. A l'évidence, Freud est amoureux d'elle et c'est pourquoi il soulignera toujours avec force, comme pour se défendre de ce qu'il éprouve, que cet attachement est étranger à toute attirance sexuelle. Dans son article de 1914 sur le narcissisme*, c'est à elle qu'il songe quand il décrit les traits si particuliers de ces femmes qui ressemblent à de grands animaux solitaires, plongés dans la contemplation de soi.

Installée à Vienne en 1912, Lou assiste à la fois aux réunions du cercle freudien et à celles d'Alfred Adler*. Jaloux mais respectueux, Freud la laisse faire sans s'interdire toutefois quelques méchancetés. Un soir, souffrant de son absence, il lui écrit ces mots : « Vous m'avez manqué hier soir à la séance et je suis heureux d'apprendre que votre visite dans le camp de la protestation masculine est étrangère à votre absence. J'ai pris la mauvaise habitude de toujours adresser ma conférence à une certaine personne de mon cercle d'auditeurs et ne cessais hier de fixer comme fasciné la place vide que l'on vous avait réservée. »

Elle embrasse bientôt exclusivement la cause du freudisme*. C'est alors qu'elle tombe amoureuse de Viktor Tausk*, l'homme le plus beau et le plus mélancolique du cercle freudien. Elle devient sa maîtresse. Il a presque vingt ans de moins qu'elle. A ses côtés, elle s'initie à la pratique analytique, visite des hôpitaux, observe des cas qui l'intéressent, rencontre des intellectuels viennois. Avec lui et Freud, elle reconstitue un trio semblable à celui qu'elle avait connu avec Nietzsche et Rée. Une fois encore, l'histoire finira en tragédie.

Introduite dans le cercle familial de la Berggasse, elle devient une habituée de la maison et s'attache tout particulièrement à Anna Freud*. Après chaque réunion du mercredi, Freud la ramène à son hôtel, après chaque dîner il la couvre de fleurs.

L'initiation de Lou à la psychanalyse passe aussi par la longue correspondance avec Freud. Progressivement, elle abandonne l'écriture romanesque pour la pratique de la cure qui lui apporte une satisfaction inconnue. A Königsberg, où elle passe six mois en 1923, elle analyse cinq médecins et leurs patients. A Göttingen, dans sa maison, elle travaille parfois pendant dix heures, au point que Freud la met en garde dans une lettre du mois d'août 1923 : « J'apprends avec effroi – et de la meilleures source – que vous consacrez chaque jour jusqu'à dix heures à la psychanalyse. Je considère cela naturellement comme une tentative suicidaire mal dissimulée, ce qui me surprend beaucoup, car pour autant que je sache vous avez fort peu de sentiments de culpabilité névrotique. Je vous adjure donc de cesser et d'augmenter plutôt le tarif de vos consultations du quart ou de la moitié selon les cascades de la chute du mark. L'art de compter paraît avoir été oublié par la foule des fées rassemblées autour de votre berceau lors de votre naissance. Je vous en prie, n'envoyez pas mon avertissement aux quatre vents. »

Appauvrie par l'inflation qui sévit en Allemagne* et contrainte d'entretenir les membres de sa famille ruinés par la révolution d'Octobre, Lou ne parvient pas à subvenir à ses besoins. Bien qu'elle ne demande jamais rien, Freud lui envoie des sommes généreuses et partage avec elle, comme il le dit, sa « fortune fraîchement acquise ». Il l'invite chez lui à Vienne, où ils passent ensemble des jours « pleins de richesse ». Bientôt, il lui donne en gage de fidélité l'un des anneaux réservés aux membres du Comité secret*, puis il l'appelle sa « très chère Lou » et lui fait part de ses pensées les plus intimes, notamment à propos de sa fille Anna, dont l'analyse se déroule dans des conditions difficiles. Lou devient la confidente de la fille de Freud et même sa deuxième analyste quand le besoin s'en fait sentir. Au fil de leur correspondance, on les voit évoluer, Freud et elle, vers la vieillesse et conserver chacun un courage exemplaire face à la maladie.

Pour son soixante-quinzième anniversaire, elle décide de lui consacrer un livre afin de lui exprimer sa gratitude et d'exprimer quelques désaccords avec lui. Elle critique notamment les erreurs commises par la psychanalyse à propos de la création esthétique, réduite trop souvent, dit-elle, à une affaire de refoulement. Freud accepte sans réserve l'argumentation mais tente d'obtenir qu'elle change le titre de l'ouvrage (*Ma gratitude envers Freud*). Elle ne cède pas : « Pour la première fois, écrit-il, j'ai été frappé de ce qu'il y a d'exquisement féminin dans votre travail intellectuel. Là où, agacé par l'éternelle ambivalence, je préférerais tout laisser en désordre, vous intervenez, classez, mettez de l'ordre et démontrez que de cette manière cela peut être agréable aussi. »

A partir de 1933, Lou assiste avec horreur à l'instauration du régime nazi. Elle sait la haine que lui voue Elisabeth Forster (1846-1935), la sœur de Nietzsche, devenue adepte fervente de l'hitlérisme. Elle connaît les détournements que celle-ci fait subir à la philosophie de l'homme dont elle a été si proche et qu'elle admire tant. Elle n'ignore pas que les bourgeois de Göttingen l'appellent la Sorcière. Elle décide pourtant de ne pas fuir l'Allemagne. Quelques jours après sa mort, un fonctionnaire de la Gestapo débarquera à son domicile pour confisquer sa bibliothèque qui sera déversée dans les caves de la mairie : « On donna comme raison à cette confiscation, écrit Peters, que Lou avait été psychanalyste et avait pratiqué ce que les nazis appelaient la science juive, qu'elle avait été une collaboratrice et une amie intime de Sigmund Freud et que sa bibliothèque était bourrée d'auteurs juifs. »

● Lou Andreas-Salomé, *Fenitschka* (Stuttgart, 1898), Paris, Des Femmes, 1985 ; « Érotisme » (Francfort, 1910, Munich, 1979), in *Eros*, Paris, Minuit, 1984 ; *Rainer Maria Rilke* (Leipzig, 1928), Paris, Marendell, 1989 ; *Ma gratitude envers Freud* (Vienne, 1931, Paris, 1983), Seuil, 1987, coll « Points », traduit sous le titre : *Lettre ouverte à Freud* ; *Ma vie* (Zurich, 1951, Francfort, 1977), Paris, PUF, 1977 ; *L'Amour du narcissisme*, Paris, Gallimard, 1980 ; *Carnets intimes des dernières années* (Francfort, 1982), Paris, Hachette, 1983 ; *En Russie avec Rilke, 1900. Journal inédit*, Paris, Seuil, 1992 ; *Correspondance avec Sigmund Freud* (Francfort, 1966), suivie du *Journal d'une année, 1912-1913* (Zurich, 1958), Paris, Gallimard, 1970. Nietzsche, Rée, Salomé, *Correspondance* (Francfort, 1970), Paris, PUF, 1979. Sigmund Freud, « Lou Andreas-Salomé » (1937), *GW*, XVI, 270, *SE*, XXIII, 297-298. H.F. Peter, *Ma sœur, mon épouse* (New York, 1962), Paris, Gallimard, 1967. Rudolph Binion, *Frau Lou, Nietzsche's Wayward Disciple*, Princeton, Princeton University Press, 1968. Angela Linvingstone, *Lou Andreas-Salomé* (Londres, 1984), Paris, PUF, 1990.

▷ BERNAYS Minna. BONAPARTE Marie. FREUD Martha. JUDÉITÉ. NAZISME. RUSSIE. SEXUALITÉ FÉMININE.

ANDROGYNIE

▷ BISEXUALITÉ.

ANGOISSE

▷ *INHIBITION, SYMPTÔME, ANGOISSE*. PHOBIE.

ANNAFREUDISME

Allemand : *Annafreudianismus*. Anglais : *Anna-Freudianism*.

Dans l'histoire du mouvement psychanalytique, on a donné le nom d'annafreudisme, par opposition à kleinisme*, à un courant représenté par les divers partisans d'Anna Freud*. C'est après la période des Grandes Controverses*, qui aboutit en 1945 à un clivage entre trois tendances à l'intérieur de la British Psychoanalytical Society (BPS), que le terme s'imposa pour désigner une sorte de classicisme psychanalytique post-freudien, incarné par la fille de Sigmund Freud*, et renvoyant à la fois à l'origine viennoise de la doctrine freudienne et à une manière de pratiquer la cure en privilégiant des concepts tels que le moi* et les mécanismes de défense*. La division entre le kleinisme et l'annafreudisme, qui recouvre celle entre psychose* et névrose*, traverse la question de la psychanalyse des enfants*. C'est le courant kleinien et post-kleinien, en effet, qui a étendu la cure psychanalytique, centrée sur les névroses et le complexe d'Œdipe*, aux enfants en bas âge, aux états-limites* et à la relation archaïque à la mère, tandis que les annafreudiens ont conçu le traitement des psychoses à partir de celui des névroses en y introduisant une dimension sociale et prophylactique absente de la doctrine kleinienne, laquelle ne prend en compte que la réalité psychique* ou l'imaginaire* du sujet*.

Comme le kleinisme et l'*Ego Psychology**, dont il est proche, le courant annafreudien s'est développé à l'intérieur de l'International Psychoanalytical Association* (IPA), essentiellement en Grande-Bretagne* et aux États-Unis*, où les Viennois immigrés, très attachés à la famille Freud, s'efforcèrent de le défendre comme une sorte de lien identitaire, par-delà les vissicitudes de l'exil.

L'annafreudisme et le kleinisme font partie, comme le lacanisme* et comme plusieurs autres courants externes à l'IPA, de ce qu'on appelle le freudisme* en tant qu'ils se reconnaissent tous, au-delà de leurs divergences, dans la doctrine fondée par Freud et qu'ils se distinguent clairement des autres écoles de psychothérapie* par l'adhésion à la psychanalyse*, c'est-à-dire à la cure par la parole comme seul lieu de référence du traitement psychique, et aux concepts freudiens fondamentaux : l'inconscient*, la sexualité*, le transfert*, le refoulement*, la pulsion*.

• Anna Freud, Le *Moi et les mécanismes de défense* (Londres, 1936, Paris, 1949), Paris, PUF, 1985. Joseph Sandler, *L'Analyse de défense. Entretiens avec Anna Freud* (New York, 1985), Paris, PUF, 1989.

▷ GÉNÉRATION. INDÉPENDANTS (GROUPE DES). LACANISME. *SELF PSYCHOLOGY*.

« ANNA O. » ou « FRÄULEIN ANNA O. » (CAS)

▷ PAPPENHEIM Bertha.

ANTHROPOLOGIE

Le débat entre les anthropologues et les psychanalystes commença après la publication, en 1912-1913, de l'ouvrage de Sigmund Freud* *Totem et Tabou** et donna naissance à une nouvelle discipline, l'ethnopsychanalyse*, dont les deux grands représentants furent Geza Roheim* et Georges Devereux*. Il eut d'abord pour cadre géographique principal la Mélanésie, c'est-à-dire l'Australie*, où vivaient encore les Aborigènes, considérés à la fin du siècle comme le peuple le plus « primitif » de la planète, et les îles situées au sud-ouest de l'océan Pacifique (Trobriand et Normanby), habitées par les Mélanésiens proprement dit et les Polynésiens. Par la suite, le terrain d'élection fut celui des Indiens d'Amérique du Nord.

A l'exception de l'expérience d'Henri Collomb* à Dakar, des débats sur la colonisation française entre Frantz Fanon* et Octave Mannoni*, et bien entendu du rôle unique de Wulf Sachs* en Afrique du Sud, le continent africain ne fut guère présent dans les travaux d'ethnopsychanalyse et d'anthropologie psychanalytique.

Dérivé du grec (*ethnos* : peuple et *logos* : pensée), le mot ethnologie n'apparaît qu'au XIXe siècle. Mais l'étude comparée des peuples remonte à Hérodote. Si, selon les Anciens, le monde était divisé de façon statique entre la civilisation et la barbarie (extérieure à la cité), la question se posa autrement à l'époque chrétienne. Les missionnaires et les conquistadors se demandèrent en effet si les indigènes avaient ou non une âme.

Au XVIIIe siècle, l'ethnographie se donna pour tâche de rechercher sur le terrain le fondement des différences entre les cultures. Il s'agissait pour la philosophie des Lumières non plus de diviser le monde entre la barbarie et la civilisation, entre une humanité sans Dieu et une humanité habitée par la conscience de sa spiritualité, mais d'étudier le fait humain dans sa diversité à la lumière du principe du progrès. D'où l'idée d'une évolution possible de l'état de sauvagerie à celui de civilisation.

Au XIXe siècle, cette vision progressiste de l'évolution humaine prit une tournure biologique sous l'influence de la pensée darwiniennne. A l'ancienne idée selon laquelle le retour à l'animalité serait la source de toutes les défaillances morales de l'esprit humain Charles Darwin (1809-1882) opposa la thèse de la continuité. Non seulement l'homme n'était plus, par essence ou par nature, exclu du monde animal, mais il devenait lui-même un animal évolué, un mammifère supérieur. Du point de vue ethnologique (au sens moderne du terme), l'évolutionnisme darwinien consista donc à imputer les similarités que l'on décelait dans les cultures distinctes et éloignées géographiquement à des développements indépendants mais identiques des civilisations. De là naquit la thèse selon laquelle le primitif ressemble à un enfant, lequel ressemble à un névrosé. C'est de ce darwinisme que Freud s'inspira, à travers les travaux de James George Frazer (1854-1941) sur le totémisme et de William Robertson

Smith (1846-1894) sur le tabou. Il s'engagea dans la rédaction de *Totem et Tabou* afin de découvrir l'origine historico-biologique (et non plus seulement individuelle) du complexe d'Œdipe*, de l'interdit de l'inceste* et de la religion.

La pensée darwinienne donna naissance à une nouvelle organisation de l'ethnographie en tant que discipline, la terminologie évoluant de façon radicalement différente dans les mondes anglophone et francophone.

En France*, le mot ethnologie apparut en 1838 pour désigner l'étude comparative des coutumes et des institutions dites « primitives ». Dix-sept ans plus tard, il fut supplanté par celui d'anthropologie, auquel le médecin Paul Broca (1824-1881) attacha son nom en en faisant une discipline physique et anatomique débouchant ensuite, dans le cadre de la théorie de l'hérédité-dégénérescence*, sur l'étude des « races » et des « ethnies » concues comme des espèces zoologiques.

Dans le monde anglophone au contraire (Grande-Bretagne*, puis États-Unis*), le mot *ethnology* recouvrait le domaine de l'anthropologie physique (au sens français) tandis que fut forgé en 1908 le terme *social anthropology* pour désigner la chaire d'anthropologie de Frazer à l'université de Liverpool. C'est dans ce contexte purement anglophone, et à travers les débats entre l'anthropologie fonctionnaliste de Bronislaw Malinowski*, le kleinisme universaliste de Geza Roheim* et l'orthodoxie d'Ernest Jones*, que furent discutées les thèses énoncées par Freud dans *Totem et Tabou.* Notons que Charles Seligman (1873-1940) et Williams Rivers (1864-1922), deux anthropologues de formation médicale, furent les premiers à faire connaître dans le milieu académique de l'anthropologie anglaise les travaux freudiens sur le rêve*, l'hypnose* et l'hystérie*. Par la suite, le relais fut pris par l'école culturaliste américaine, de Margaret Mead* à Ruth Benedict (1887-1948), en passant par Abram Kardiner* et le néofreudisme*.

En Grande-Bretagne comme aux États-Unis, les thèses freudiennes furent donc assimilées par l'anthropologie en même temps qu'elles étaient contestées pour leur ancrage dans un modèle biologique dépassé et déjà abandonné. Dans ces deux pays en effet, le savoir anthropologique moderne se construisit au tournant du XXe siècle en rupture avec le darwinisme et l'évolutionnisme : à travers l'enseignement de Franz Boas (1858-1942) d'un côté, véritable père fondateur de l'école américaine, qui critiqua toutes les thèses relatives à l'opposition entre le primitif et le civilisé, le sauvage et l'enfant, l'animal et l'humain, etc., avec celui de Malinowski, Rivers, Seligman de l'autre, qui renoncèrent aux cadres de l'évolutionnisme de Frazer au profit du fonctionnalisme ou du diffusionnisme.

Ainsi se constitua progressivement un courant d'anthropologie psychanalytique, limité sur le plan scientifique au monde anglo-américain et du point de vue géographique à des expériences de terrain menées dans la partie nord du continent américain et en Mélanésie.

En France, seule Marie Bonaparte* se passionna, à titre personnel, pour les questions anthropologiques. Elle apporta d'ailleurs son soutien à la fois à Malinowski et à Roheim. Quant aux ethnologues, ils n'engagèrent aucun débat à propos des thèses freudiennes durant l'entre-deux-guerres, lesquelles furent ignorées, notamment par Marcel Mauss (1872 1951), le fondateur et le plus illustre représentant de l'école française. Comme de nombreux érudits de sa génération, et alors même qu'il abordait tous les thèmes propres à la psychanalyse (le mythe, le sexe, le corps, la mort, le symbolique*, etc.), il se méfiait de Freud et de son système interprétatif. Dans ce domaine, il préféra prendre appui sur les travaux souvent antifreudiens des psychiatres et des psychologues académiques : Pierre Janet*, Théodule Ribot (1839-1916), Georges Dumas (1866-1946). Néanmoins, dans son commentaire de *Totem et Tabou,* il se montra prudent, soulignant que « ces idées ont une immense capacité de développement et de persistance ». Quelques écrivains s'intéressèrent durant ces années-là à l'aspect anthropologique de l'œuvre freudienne : parmi eux, Michel Leiris (1901-1990) et Georges Bataille (1897-1922) valorisèrent la notion de sacré et critiquèrent violemment les principes de la psychiatrie coloniale sans pourtant donner naissance à un courant d'ethnopsychanalyse ou d'anthropologie psychanalytique.

Tandis que l'*anthropology* au sens anglais devenait une science sociale, l'ethnologie au sens français se développait avec la création à Paris en 1927, par Marcel Mauss, Paul Rivet (1876-1958) et Lucien Lévy-Bruhl (1857-1939), de l'Institut d'ethnologie entreprenant des recherches linguistiques, des descriptions de données physiques, des études sur les coutumes et les institutions, et enfin des travaux sur la religion et le sacré. Cet institut englobait donc ce que les anglophones appelaient l'*ethnology* et la *social anthropology.* Dans la même perspective, Paul Rivet créa le musée de l'Homme qui ouvrit ses portes en 1935 au palais de Chaillot remplaçant ainsi le vieux musée ethnographique du Trocadéro, d'allure coloniale, inauguré par Broca en 1878. Les grands fondateurs de l'ethnologie française de l'entre-deux-guerres seront des militants de gauche avant de devenir des héros de la Résistance. Quant à l'ancienne école d'anthropologie, elle évoluera vers le racisme, l'antisémitisme et le collaborationnisme sous l'influence notamment de Georges Montandon, ancien médecin, adepte des thèses du père Wilhelm Schmidt (1868-1954). Fondateur de l'École ethnologique viennoise et directeur en 1927 du musée ethnographique pontifical de Rome, Schmidt accusera Freud de vouloir détruire la famille occidentale. Quant à Montandon, il participera à l'extermination des Juifs sous le régime de Vichy et sera l'ami du psychanalyste et démographe Georges Mauco*.

Il fallut attendre la seconde moitié du XXe siècle pour que fût introduite en France, par Claude Lévi-Strauss, la terminologie anglophone. En 1954, il débarrassa le terme « anthropologie », de toutes les anciennes figures de l'hérédité-dégénérescence afin de définir une nouvelle discipline comprenant à la fois l'ethnographie, comme première étape d'un travail sur le terrain, puis l'ethnologie, désignée comme deuxième étape et première réflexion synthétique. Selon cette nouvelle organisation, l'anthropologie avait un rôle fédérateur : elle prenait en effet pour point de départ les analyses produites par les autres domaines du savoir et prétendait en tirer des conclusions valables pour l'ensemble des sociétés humaines. Dans ce contexte, Lévi-Strauss fut le premier anthropologue de langue française à lire et à commenter l'œuvre de Freud à une époque où celle-ci avait déjà été intégrée depuis plus de trente ans aux travaux de l'anthropologie anglo-américaine. Notons que Georges Devereux, dont l'œuvre fut rédigée essentiellement en langue anglaise, s'orienta vers la psychanalyse à la fin de la Deuxième Guerre mondiale.

Si Marcel Mauss, neveu d'Émile Durkheim, avait dégagé l'ethnologie de la sociologie durkheimienne tout en s'inspirant de ses modèles, Claude Lévi-Strauss passa de l'ethnologie à l'anthropologie en unifiant les deux domaines (anglophone et francophone) autour de trois grands axes : la parenté (au lieu de la famille et du patriarcat*), l'universalisme relativiste (au lieu du culturalisme*), l'inceste*. D'emblée, il se situa commme un contemporain de l'œuvre freudienne, à laquelle il se référa comme au *Cours de linguistique générale* de Ferdinand de Saussure (1857-1913), soulignant dans *Tristes Tropiques* ce qu'elle lui avait apporté : « ... [cette œuvre] me révélait que [...] ce sont les conduites en apparence les plus affectives, les opérations les moins rationnelles, les manifestations déclarées prélogiques qui sont en même temps les plus signifiantes. »

C'est au contact des Indiens du Brésil* (Caduveo, Bororo, Nambikwara) qu'il devint ethnologue entre 1935 et 1939. Mais contrairement à Marcel Mauss d'un côté, qui n'eut pas d'expérience directe du terrain, et à Malinowski de l'autre, dont la rencontre avec le terrain eut un effet de révélation, Lévi-Strauss fut sans aucun doute le premier ethnologue à théoriser le voyage ethnologique sur le modèle d'une structure mélancolique : tout ethnologue rédige une autobiographie ou écrit des confessions, dira-t-il en substance, parce qu'il doit passer par le moi* pour se déprendre du moi. Aussi proposa-t-il de comparer l'expérience de terrain à une analyse didactique*. Exilé à New York pendant la Deuxième Guerre mondiale, il y rencontra un nouveau « terrain » : celui des différentes théories des ethnologues et des linguistes américains (Roman Jakobson, Franz Boas, etc.) dont il allait s'inspirer pour construire une approche structurale de l'anthropologie. A cet égard, il devint en quelque sorte l'ethnologue des ethnologues, au point de regarder les théories anthropologiques comme des mythologies comparables aux mythes élaborés par la pensée sauvage.

C'est dans cette perspective qu'il établit une analogie entre la technique de guérison chamanistique et la cure psychanalytique. Dans la première, disait-il, le sorcier parle et provoque l'abréaction*, c'est-à-dire la libération des affects du malade, alors que dans la seconde, ce rôle est dévolu au médecin qui écoute, à l'intérieur d'une relation où c'est le malade qui parle. Au-delà de cette comparaison, Lévi-Strauss montrait que dans les sociétés occidentales, une « mythologie psychanalytique » tendait à se constituer, faisant office de sytème d'interprétation* collectif : « On voit alors apparaître un danger considérable : que le traitement, loin d'aboutir à la résolution d'un trouble précis, toujours respectueuse du contexte, se réduise à la réorganisation de l'univers du patient en fonction des interprétations psychanalytiques. » Si la guérison survient ainsi par l'adhésion à un mythe, celui-ci agissant comme une organisation structurale, cela signifie que ce système est dominé par une efficacité symbolique. D'où l'idée avancée dès 1947 dans l'« Introduction à l'œuvre de Marcel Mauss » que ce qu'on appelle inconscient* ne serait qu'un lieu vide où s'accomplirait une autonomie de la fonction symbolique.

A partir de 1949, notamment dans *Les Structures élémentaires de la parenté*, Lévi-Strauss donna à la fameuse question de l'interdit de l'inceste un éclairage nouveau. Au lieu de rechercher la genèse de la culture dans un hypothétique renoncement des hommes à la pratique de l'inceste, comme l'avaient fait Freud et ses héritiers, ou au contraire d'opposer à cette origine le florilège de la diversité des cultures (de

Malinowski aux culturalistes), il contourna cette bipolarisation pour montrer que la prohibition accomplissait le passage de la nature à la culture.

Cette nouvelle expression de la dualité nature/culture relança le débat sur l'universalisme sans pour autant donner naissance à un courant français d'anthropologie psychanalytique. Et c'est Jacques Lacan* qui s'inspira de la conceptualité lévi-straussienne pour élaborer notamment sa théorie du signifiant* et du symbolique.

● Pierre Bonte et Michel Izard, *Dictionnaire de l'ethnologie et de l'anthropologie*, Paris, PUF, 1992. Marcel Fournier, *Marcel Mauss*, Paris, Fayard, 1994. Jean Jamin, « L'anthropologie et ses acteurs », in *Les Enjeux philosophiques des années 50*, Paris, Centre Georges-Pompidou, 1989, 99-115. Ernest Jones, *Essais de psychanalyse appliquée*, vol. II (Londres, 1951), Paris, Payot, 1973. Claude Lévi-Strauss, « Introduction à l'œuvre de Marcel Mauss » (1947), *in* Marcel Mauss, *Sociologie et Anthropologie* (Paris, 1950), Paris, PUF, 1968, IX-LII ; *Les Structures élémentaires de la parenté* (Paris, 1949), Paris, Mouton, 1967 ; « Le sorcier et sa magie » (1949), in *Anthropologie structurale*, Paris, Plon, 1958, 183-203 ; *Race et Histoire* (Paris, 1952), Paris, Gonthier, 1967 ; *Tristes Tropiques*, Paris, Plon, 1955 ; *Le Totémisme aujourd'hui*, Paris, PUF, 1962 ; et Didier Eribon, *De près et de loin*, Paris, Odile Jacob, 1988. R. Lowie, *Histoire de l'ethnologie classique* (New York, 1937), Paris, Payot, 1971. Marcel Mauss, « Rapports réels et pratiques de la psychologie et de la sociologie » (1924), in *Sociologie et Anthropologie* (Paris, 1950), Paris, PUF, 1968, 281-310. Werner Muensterberger (éd.), *L'Anthropologie psychanalytique depuis* Totem et Tabou (Londres, 1969), Paris, Payot, 1976. Jean Poirier, *Histoire de l'ethnologie*, Paris, PUF, 1974. Bertrand Pulman, « Aux origines du débat anthropologie et psychanalyse : W.H.R. Rivers (1864-1922) », *L'Homme*, 100, octobre-décembre 1986, 119-141 ; « Aux origines du débat anthropologie et psychanalyse : Seligman (1873-1940) », *Gradhiva*, 6, été 1989, 35-49 ; « Les anthropologues face à la psychanalyse », *Revue internationale d'histoire de la psychanalyse*, 4, 1991, 425-447 ; « Ernest Jones et l'anthropologie », *Revue internationale d'histoire de la psychanalyse*, 4, 1991, 493-521. Élisabeth Roudinesco, *Jacques Lacan. Esquisse d'une vie, histoire d'un système de pensée*, Paris, Fayard, 1993.

▷ ANTIPSYCHIATRIE. AUSTRALIE. ÉGLISE. ELLENBERGER Henri F. FANON Frantz. INDE. ITALIE. JAPON. JUDÉITÉ. LANZER Ernst. MANNONI Octave. RÉEL. SACHS Wulf. SAUSSURE Raymond de. SULLIVAN Harry Stack.

ANTIPSYCHIATRIE

Allemand : *Antipsychiatrie*. Anglais : *Antipsychiatry*.

Bien que le terme antipsychiatrie ait été inventé par David Cooper* dans un contexte bien précis, il servit à désigner un mouvement politique de contestation radicale du savoir psychiatrique qui se développa entre 1955 et 1975 dans la plupart des grands pays où s'étaient implantées la psychiatrie et la psychanalyse* : en Grande-Bretagne*, avec Ronald Laing* et David Cooper, en Italie* avec Franco Basaglia*, aux États-Unis*, avec les communautés thérapeutiques, les travaux de Thomas Szasz et l'École de Palo Alto de Gregory Bateson*. Par certains côtés, l'antipsychiatrie fut la suite logique et l'aboutissement de la psychothérapie institutionnelle*. Si celle-ci avait tenté de réformer l'asile et de transformer les relations entre les soignants et les soignés dans le sens d'une large ouverture au monde de la folie*, l'antipsychiatrie visa à supprimer l'asile et à éliminer la notion même de maladie mentale.

Il n'y eut jamais de véritable unité dans ce mouvement et même si Cooper en fut le principal initiateur, les itinéraires de chacun de ses protagonistes doivent être étudiés séparément. En outre, c'est bien parce qu'elle était une révolte que l'antipsychiatrie eut à la fois une durée éphémère et un impact considérable dans le monde entier. Elle fut en quelque sorte une utopie, celle d'une possible transformation de la folie en un mode de vie, en un voyage, en une manière d'être un autre et d'être de l'autre côté de la raison, comme l'avaient définie le poète Arthur Rimbaud (1854-1891) et, à sa suite, le mouvement surréaliste. Aussi s'intéressa-t-il essentiellement à la schizophrénie*, c'est-à-dire à cette forme majeure de la folie qui avait fasciné tout le siècle depuis Eugen Bleuler* jusqu'à la *Self Psychology**, en passant par le kleinisme*.

De même que le mouvement psychanalytique avait forgé sa légende des origines à travers l'histoire d'Anna O. (Bertha Pappenheim*), de même l'antipsychiatrie revendiqua l'aventure d'une femme : Mary Barnes. Cette ancienne infirmière, reconnue schizophrène et incurable, était âgée d'une quarantaine d'années quand elle entra à l'hôpital de Kingsley Hall où Joseph Berke la laissa régresser pendant cinq ans. A travers cette descente aux enfers et une sorte de mort symbolique, elle put renaître à la vie, devenir peintre puis rédiger son « voyage ».

En tant qu'utopie, l'explosion de l'antipsychiatrie fut radicale et Cooper le souligna quand il s'exprima à Londres, à la tribune du congrès mondial de 1967 qui visait à inscrire l'antipsychiatrie dans le cadre d'un mouvement général de libération des peuples opprimés. Il rendit en effet un vibrant hommage aux communards de 1871 qui tiraient sur les horloges pour supprimer « le temps des autres, celui des oppresseurs, et réinventer ainsi leur temps à eux ».

En France*, il n'y eut aucun véritable courant antipsychiatrique, d'une part parce que la gauche lacanienne occupait en partie le terrain de la révolte contre l'ordre psychiatrique, à travers le courant de la psychothérapie institutionnelle, et d'autre part du fait de Michel Foucault (1924-1984) et de Gilles Deleuze (1925-1995), dont les travaux cristallisaient la contestation « antipsychiatrique » face à la double orthodoxie freudienne et lacanienne.

• Michel Foucault, *Histoire de la folie à l'âge classique* (1961), Paris, Gallimard, 1972. David Cooper, *Psychiatrie et Antipsychiatrie* (Londres, 1967), Paris, Seuil, 1970. Mary Barnes et Joseph Berke, *Mary Barnes. Un voyage à travers la folie* (Londres, 1971), Paris, Seuil, 1973. Gilles Deleuze et Félix Guattari, *L'Anti-Œdipe. Capitalisme et schizophrénie*, Paris, Minuit, 1972. Octave Mannoni, « Le(s) mouvement(s) antipsychiatrique(s) », *Revue internationale de sciences sociales*, XXV, 4, 1973, 538-552. Maud Mannoni, *Éducation impossible*, Paris, Seuil, 1973. Thomas Szasz, *Le Mythe de la maladie mentale* (New York, 1974), Paris, Payot, 1975 ; *Fabriquer la folie*, Paris, Payot, 1976.

▷ CRIMINOLOGIE. CULTURALISME. DIFFÉRENCE DES SEXES. DOUBLE CONTRAINTE. FREUDO-MARXISME. GUATTARI Félix. MANNONI Octave. SECHEHAYE Marguerite. SULLIVAN Harry Stack. SURRÉALISME.

ANZIEU Marguerite, née Pantaine (1892-1981), cas « Aimée »

L'histoire du cas « Aimée », racontée par Jacques Lacan dans sa thèse de médecine de 1932, *De la psychose paranoïaque dans ses rapports avec la personnalité*, occupe dans la genèse du lacanisme* une place à peu près identique à celle du cas « Anna O. » (Bertha Pappenheim*) dans la construction de la saga freudienne. C'est Élisabeth Roudinesco qui révéla pour la première fois en 1986 la véritable identité de cette femme, et qui ensuite, en 1993, reconstruisit la quasi-totalité de sa biographie à partir du témoignage de Didier Anzieu et des membres de sa famille. A cet égard, l'histoire de ce grand cas princeps illustre à merveille combien les « malades » sont, au même titre que les médecins qui les soignent, les acteurs d'une aventure toujours dramatique, où se tissent des liens généalogiques de nature inconsciente.

Marguerite Pantaine était issue d'une famille catholique et terrienne du centre de la France*. Élevée par une mère qui souffrait de symptômes de persécution, elle rêva très tôt, à la manière d'Emma Bovary, de sortir de sa condition et de devenir une intellectuelle. En 1910, elle entra dans l'administration des postes, et sept ans plus tard elle épousa René Anzieu, lui-même fonctionnaire. En 1921, alors qu'elle était enceinte de son fils Didier, elle commença à avoir un comportement étrange : manie de la persécution, états dépressifs. Après la naissance de l'enfant, elle s'installa dans une double vie : d'un côté l'univers quotidien des activités de postière, de l'autre une existence imaginaire faite de délires. En 1930, elle rédigea coup sur coup deux romans qu'elle voulut faire publier et se persuada bientôt qu'elle était la victime d'une tentative de persécution de la part d'Huguette Duflos, comédienne célèbre de la scène parisienne des années trente. En avril 1931, elle tenta de la tuer avec un couteau, mais l'actrice esquiva le coup et Marguerite fut internée à l'hôpital Sainte-Anne où elle fut confiée à Jacques Lacan qui fit d'elle un cas d'érotomanie et de paranoïa* d'autopunition.

La suite de l'histoire de Marguerite Anzieu est un véritable roman. En 1949, son fils Didier, après avoir fait des études de philosophie, décida de devenir analyste. Il fit sa formation didactique sur le divan de Lacan, tout en préparant une thèse sur l'auto-analyse* de Freud sous la direction de Daniel Lagache* et sans savoir que sa mère avait été le fameux cas « Aimée ». Lacan ne reconnut pas en cet homme le fils de son ancienne patiente, et Anzieu apprit la vérité par la bouche de sa mère, alors que celle-ci, par un hasard extraordinaire, avait été placée comme gouvernante dans la maison d'Alfred Lacan (1873-1960), le père de Jacques. Les conflits entre Didier Anzieu et son analyste furent aussi violents que ceux qui opposèrent Marguerite et son psychiatre. Elle accusait en effet Lacan de l'avoir traitée comme un « cas », et non pas comme un être humain, mais surtout elle lui reprochait de ne jamais lui avoir restitué les manuscrits qu'elle lui avait confiés autrefois, lors de son internement à l'hôpital Sainte-Anne.

● Jacques Lacan, *De la psychose paranoïaque dans ses rapports avec la personnalité* (1932), Paris, Seuil, 1975. Didier Anzieu, *Une peau pour les pensées. Entretiens avec Gilbert Tarrab*, Paris, Clancier-Guenaud, 1986. Élisabeth Roudinesco, *Histoire de la psychanalyse en France*, vol. 2 (1986), Paris, Fayard, 1994 ; *Jacques Lacan. Esquisse d'une vie, histoire d'un système de pensée*, Paris, Fayard, 1993 ; *Généalogies*, Paris, Fayard, 1994. Jean Allouch, *Marguerite ou l'Aimée de Lacan* (1990), Paris, EPEL, 1994.

APHANISIS

Terme dérivé du grec (*aphanisis* : faire disparaître), introduit par Ernest Jones* en 1927 pour désigner la disparition du désir* et la crainte de cette disparition aussi bien chez l'homme que chez la femme.

C'est dans son article de 1927 sur la sexualité féminine* présenté au congrès de l'International Psychoanalytical Association* (IPA), « La phase précoce du développement de la sexualité féminine », qu'Ernest Jones explique que la peur de la castration* chez l'homme prend la forme chez la femme d'une crainte de la séparation ou de l'abandon. Il nomme alors *aphanisis* ce qu'il y a de commun dans les deux sexes quant à cette crainte fondamentale, qui relève selon lui d'une angoisse liée à l'abolition du désir ou de la capacité de désirer.

En 1963, Jacques Lacan* a critiqué cette notion pour situer l'abolition du côté d'un évanouissement (ou *fading)* du sujet*.

- Ernest Jones, *Théorie et pratique de la psychanalyse*, Paris, Payot, 1969. Jacques Lacan, *Le Séminaire*, livre XI, *Les Quatre Concepts fondamentaux de la psychanalyse (1963-1964)*, Paris, Seuil, 1973.

▷ CLIVAGE (DU MOI). OBJET (RELATION D'). OBJET (petit) a.

APRÈS-COUP

Allemand : *Nachträglichkeit, Nachträglich.* Anglais : *Deffered action, Deffered.*

Mot introduit par Sigmund Freud* en 1896 pour désigner un processus de réorganisation ou de réinscription par lequel des événements traumatiques ne prennent une signification pour un sujet* que dans un *après-coup*, c'est-à-dire dans un contexte historique et subjectif postérieur, qui leur donne une signification nouvelle.

Ce terme résume l'ensemble de la conception freudienne de la temporalité selon laquelle un sujet constitue son passé en le reconstruisant en fonction d'un avenir ou d'un projet.

Dans l'histoire du freudisme, c'est Jacques Lacan* qui a donné à ce terme, en 1953, sa plus grande extension dans le cadre de sa théorie du signifiant* et d'une conception de la cure fondée sur le « temps pour comprendre ».

- Sigmund Freud, *La Naissance de la psychanalyse* (Londres, 1950), Paris, PUF, 1956. Jacques Lacan, *Écrits*, Paris, Seuil, 1966. Jean Laplanche et Jean-Bertrand Pontalis, *Vocabulaire de la psychanalyse*, Paris, PUF, 1967.

▷ PANKEJEFF Sergueï Constantinovitch. SCÈNE PRIMITIVE. SÉDUCTION (THÉORIE DE LA).

ARCHIVES FREUD ou SIGMUND FREUD ARCHIVES (SFA)

▷ LIBRARY OF CONGRESS.

ARGENTINE

En 1914, dans son article sur l'histoire du mouvement psychanalytique, Sigmund Freud* écrivit ces mots : « Un médecin, probablement allemand, venu du Chili, se déclara en faveur de l'existence de la sexualité infantile au congrès international de Buenos Aires (1910) et loua les succès remportés par la thérapie psychanalytique dans le traitement des symptômes obsessionnels. » Ce médecin chilien s'appelait Germán Greve. Délégué par son gouvernement à ce congrès de médecine, il se montra enthousiasmé par les thèses freudiennes en les exposant sans trop les déformer. Sa conférence n'eut pourtant aucun écho parmi les spécialistes argentins des maladies nerveuses et mentales.

Comme dans tous les pays du monde, la psychanalyse* suscitait à cette époque en Argentine de nombreuses résistances, symptôme de son progrès agissant. Et c'est à travers des polémiques et des batailles qu'elle trouva la voie d'une implantation réussie.

Indépendante depuis 1816, après avoir subi le joug de la colonisation espagnole, l'Argentine vécut sous le règne des *caudillos* pendant tout le XIXe siècle. A partir de 1860, la ville de Buenos Aires, sous l'influence de sa classe dominante, les *porteños*, fut à la pointe de la révolution industrielle et de la construction d'un État moderne. En 1880, l'unité se réalisa entre les différentes provinces et la ville portuaire devint la capitale fédérale du pays. En une cinquantaine d'années (1880-1930), l'Argentine accueillit six millions d'émigrants, italiens ou espagnols pour la plupart : trois fois le volume de sa population initiale. Fuyant les pogromes, les Juifs d'Europe centrale et orientale se mêlèrent à ce mouvement migratoire et s'installèrent à Buenos Aires, faisant de la capitale le bastion d'un cosmopolitisme ouvert à toutes les idées neuves.

Avec la révolution industrielle et l'instauration d'un État moderne se constitua alors, contre la tradition des guérisseurs, une médecine appuyée sur les principes de la science positive importée d'Europe et plus particulièrement des pays latins : France* et Italie*. Fondateur de l'asile argentin, Lucio Melendez répéta pour son pays le geste de Philippe Pinel* en mettant sur pied une organisation de santé mentale, dotée d'un réseau d'hôpitaux psychiatriques, et en édifiant une nosographie inspirée d'Esquirol. Domingo Cabred, son successeur, poursuivit son œuvre en adaptant la clinique de la folie* aux principes de l'hérédité-dégénérescence*. A la même époque commencèrent à s'affirmer les recherches en criminologie* et en sexologie*, tandis que l'enseignement de la psychologie, toutes tendances confondues, prenait une extension considérable avec la création, en 1896, d'une première chaire universitaire à Buenos Aires.

Le terrain était donc prêt à recevoir la pensée freudienne, mais aussi toutes les écoles de psychothérapies* fondées sur l'hypnose*, l'hystérie*, la suggestion*. Et l'intérêt se porta de manière indifférenciée sur les travaux de Freud, de Pierre Janet*, de Jean Martin Charcot* ou d'Hippolyte Bernheim*.

En 1904, José Ingenieros, psychiatre et criminologue, publia le premier article mentionnant le nom de Freud. Par la suite, durant les années 1920, plusieurs auteurs présentèrent la psychanalyse tantôt comme une mode ou une épidémie (Anibal Ponce), tantôt comme une étape de l'histoire de la psychologie (Enrique Mouchet).

En 1930, Jorge Thénon dira de la doctrine qu'elle est trop métapsychologique, sans pour autant nier son intérêt.

Curieusement, alors qu'une remarquable traduction espagnole des œuvres de Freud était en cours à Madrid, sous la direction de José Ortega y Gasset*, les auteurs argentins se référaient à des versions françaises. Du même coup, ils importaient les polémiques parisiennes auxquelles ils adjoignaient – latinité oblige – les critiques italiennes. Ainsi les arguments d'Enrico Morselli (1852-1929) reçurent-ils un écho favorable, tandis que le redoutable Charles Blondel recueillait un franc succès, en déclarant, lors de sa tournée de conférences de 1927, qu'Henri Bergson (1859-1941) était le véritable découvreur de l'inconscient* et Freud une sorte de Balzac ayant raté sa vocation.

En réaction à cette confusion se dessina une autre orientation, avec les publications et les interventions moins critiques de Luis Merzbacher en 1914, de Honorio Delgado en 1918, de Gonzalo Lafora* en 1923 et de Juan Beltrán entre 1923 et 1928.

Professeur de psychologie et de médecine légale, Beltrán publia deux ouvrages, l'un sur l'apport de la psychanalyse à la criminologie, l'autre sur ses fondements, dans lesquels il présentait la doctrine freudienne de façon positive, mais sous l'aspect d'une morale naturaliste d'où devait être évacué tout vestige de pansexualisme*. Quant à Honorio Delgado, psychiatre et médecin hygiéniste péruvien, plus adlérien que freudien, il joua à partir de 1915 un rôle important dans la diffusion de la psychanalyse en Amérique latine. Il échangea quelques lettres avec Freud, rédigea sa première biographie et devint membre de l'International Psychoanalytical Association* (IPA) par une affiliation à la British Psychoanalytical Society (BPS) avant de s'éloigner du mouvement, puis d'affirmer avec force qu'il avait été le « premier freudien » du continent sud-américain.

A partir de 1930, l'Argentine subit le contrecoup des événements européens. La classe politique fut divisée entre partisans et adversaires du fascisme, tandis que dans les débats intellectuels, freudisme et marxisme cristallisèrent le rêve de liberté. Dans cette société construite en miroir de l'Europe, et où désormais les enfants d'émigrés accédaient au pouvoir, la psychanalyse semblait être en mesure d'apporter à chaque sujet une connaissance de soi, des racines, une origine, une généalogie. En ce sens, elle fut moins une médecine de la normalisation, réservée à de vrais malades, qu'une thérapie de masse au service d'une utopie communautaire. D'où son succès, unique au monde, auprès de toutes les classes moyennes urbanisées. D'où aussi son extraordinaire liberté, sa richesse, sa générosité et sa distance à l'égard des dogmes.

Enrique Pichon-Rivière* et Arnaldo Rascovsky*, tous deux psychiatres et fils d'émigrés, l'un de culture catholique, l'autre issu d'une famille juive, s'enthousiasmèrent pour le freudisme dans l'entre-deux-guerres. Comme l'écrivain Xavier Bóveda, qui invita Freud à s'exiler à Buenos Aires, ils rêvaient de sauver la psychanalyse du péril fasciste en lui offrant une nouvelle terre promise. En 1938, ils réunirent autour d'eux un cercle d'élus qui forma le noyau fondateur du freudisme argentin : Luiz Rascovsky, le frère d'Arnaldo, Matilde Wencelblat, sa femme, Simon Wencelblat, le frère de celle-ci, Arminda Aberastury*, et enfin Guillermo Ferrari Hardoy et Luisa

Gambier Alvarez de Toledo. Il n'y avait plus qu'à attendre l'arrivée des émigrés, Angel Garma* et Marie Langer*, et le retour au pays de Celes Ernesto Cárcamo*.

Formés selon les règles classiques de l'analyse didactique*, ils eurent tous trois comme première tâche, au sein du jeune groupe argentin, d'être les didacticiens et les contrôleurs de leurs collègues. D'où une situation très particulière qui détermina sans doute la vivacité propre à cette nouvelle académie d'intellectuels *porteños*. Loin de reproduire la hiérarchie des instituts européens et nord-américains, où dominait la relation maître/élève, les pionniers argentins formèrent plutôt une « république des égaux ».

Fondée en 1942 par cinq hommes et une femme (Pichon-Rivière, Rascovsky, Ferrari Hardoy, Cárcamo, Garma, Langer), l'Asociación Psicoanálitica Argentina (APA) fut reconnue l'année suivante par l'IPA, au moment où paraissait sa revue officielle : la *Revista de psicoanálisis*. Par la suite, Ferrari Hardoy émigrera aux États-Unis*.

Ces pionniers argentins appartenaient à la troisième génération* psychanalytique mondiale, très éloignée du freudisme* classique et ouverte à tous les nouveaux courants. Jamais l'école argentine ne sera inféodée à une seule doctrine. Elle les accueillera toutes dans un esprit d'éclectisme, en les inscrivant presque toujours dans un cadre social et politique : marxiste, socialiste ou réformiste. Au fil des années et à travers ses diverses filiations*, elle conservera l'aspect d'une grande famille et saura organiser ses ruptures sans créer de clivages irréversibles entre les membres de ses multiples institutions.

Durant la période de grand essor de la psychanalyse (1950-1970) se déployèrent de fortes activités littéraires et intellectuelles alors même que le populisme réformiste de Juan Perón (1895-1974) et les politiques conservatrices des régimes militaires instauraient un climat de répression et d'incertitude qui mettait constamment à l'épreuve les fragiles principes d'une démocratie toujours en suspens. Dans un tel contexte, il était impossible aux psychanalystes de l'APA, comme le souligne Nancy Caro Hollander, de ne pas profiter « sans états d'âme » des avantages de la professionnalisation. Ce fut l'époque des grandes migrations à l'intérieur du continent latino-américain, facilitées par le développement de l'aviation civile. Ayant acquis une tradition clinique et une véritable identité freudienne, les Argentins formèrent alors par l'analyse didactique, soit à Buenos Aires, soit sur le terrain, la plupart des thérapeutes des autres pays hispanophones qui, à leur tour, intégreront l'IPA en constituant des groupes ou des sociétés : Uruguay, Colombie, Venezuela.

Après 1968, le mouvement de révolte estudiantin gagna les sociétés psychanalytiques de l'IPA. Soutenus par des didacticiens, les élèves en formation entrèrent en rébellion pour imposer une transformation radicale des cursus, l'abolition du mandarinat des titulaires et l'ouverture de la psychanalyse aux questions sociales. Au congrès de Rome de juillet 1969, alors que la contestation s'organisait autour d'Elvio Fachinelli*, un groupe argentin prit le nom de Plataforma. Sous la houlette de Marie Langer et de Fernando Ulloa, il se donna pour objectif d'étendre la révolte à toutes les institutions psychanalytiques du monde. Uni à la Fédération argentine de psychiatrie (FAP), sous la direction d'Emilio Rodrigué, autre figure éminente de l'école argentine, Plataforma poursuivit ses activités pendant deux ans. Au congrès de l'IPA de Vienne, en juillet 1971, le groupe Plataforma se sépara de l'APA pour continuer la lutte en dehors de l'institution. Un autre cercle prit alors le nom de Documento. Ses membres présentèrent un projet (ou document) de refonte des procédures de l'analyse didactique dans l'APA. Mais à la fin de l'année, face à l'impossibilité de tout dialogue, trente psychanalystes démissionnèrent en compagnie de vingt candidats, créant ainsi la première scission* de l'histoire du mouvement psychanalytique argentin. Jamais ils ne réintégreront l'APA.

Cette rupture eut pour effet de scinder l'APA en deux tendances rivales, qui s'affrontèrent pendant six ans avant de trouver un *modus vivendi*. En un premier temps, le 20 janvier 1975, un groupe séparatiste prit le nom d'Ateneo Psicoanalítico, non pour quitter l'APA mais pour se faire admettre, selon une procédure légale, comme société provisoire de l'IPA. Face à la vieille société éclectique, qui n'avait pas modifié ses méthodes, l'Ateneo voulait impulser une réflexion sur l'analyse didactique largement appuyée sur les principes du kleinisme et du post-kleinisme afin de responsabiliser l'institution. En juillet 1977, au congrès de Jérusalem, le groupe obtint son affiliation sous le nom d'Asociación de Psicoanálisis de Buenos Aires (APdeBA). Par la suite, celle-ci entretiendra des relations cordiales avec l'APA.

A cette date, l'Amérique latine était en passe de devenir le continent freudien le plus puissant du monde, capable en tout cas, sous l'égide de la COPAL (future FEPAL*) et en liaison avec les groupes brésiliens, de rivaliser avec l'American Psychoanalytic Association* (APsaA) et la Fédération européenne de psychanalyse* (FEP).

Présidée par Serge Lebovici, la direction de l'IPA prit acte de ce nouveau partage du monde et proposa un étrange découpage en trois zones : 1) tout ce qui se trouve au nord de la frontière mexicaine ; 2) tout ce qui se trouve au sud de cette même frontière ; 3) le reste du monde.

Les deux scissions se produisirent au moment où l'Argentine basculait d'un régime militaire classique, fondé sur le populisme et hérité du vieux caudillisme, à un système de terreur étatique. Or, si le premier portait atteinte aux libertés politiques, il n'entravait pas la liberté professionnelle et associative dont dépendait le fonctionnement des institutions psychanalytiques. Le second, au contraire, visait à éradiquer toutes les formes de libertés individuelles et collectives. En conséquence, il risquait de détruire la psychanalyse comme autrefois le nazisme*.

En 1973, quand Perón revint au pouvoir, il nomma Isabelita, sa nouvelle épouse, au poste de vice-président et fit de son secrétaire José Lopez Rega le ministre des Affaires sociales du pays. Celui-ci s'empressa de créer la Triple A (Alliance argentine anticommuniste), connue par ses escadrons de la mort qui servirent de forces supplétives à l'armée dans ses opérations de contrôle de la société civile. Un an plus tard, Perón mourut et Isabelita lui succéda, remplacée en mars 1976 par le général Jorge Videla qui instaura pendant neuf ans l'un des régimes les plus sanglants du continent latino-américain avec celui du général Pinochet au Chili : trente mille personnes furent assassinées et torturées sous l'appellation de disparus (*desaparecidos)*.

Installé dans le but d'exterminer tous les opposants à la libre domination du capitalisme de marché, le terrorisme d'État frappait d'abord les masses populaires et leurs représentants organisés. Et c'est au nom de la défense d'un « Occident chrétien » et de la sécurité nationale que les forces armées décidèrent d'éradiquer le freudisme et le marxisme jugés responsables de la « dégénérescence » de l'humanité. Contrairement aux nazis, ils n'érigèrent pas d'institut sur le modèle de celui de Matthias Heinrich Göring* et n'abolirent pas la liberté d'association. La persécution fut silencieuse, anonyme, pénétrant au cœur même de la subjectivité.

Confrontés à la terreur et à la planification de cette stratégie tortionnaire, les psychanalystes réagirent diversement : soit en utilisant le cadre de la cure pour aider les militants et témoigner des atrocités, soit par l'émigration pure et simple, soit par l'exil intérieur et le repli sur une pratique privée de plus en plus honteuse et culpabilisante.

Marxiste et ancienne des Brigades internationales, Marie Langer se trouva, dès son exil au Mexique, à l'avant-garde des combats, entraînant à sa suite tous les psychanalystes politisés du pays. C'est à cette époque que les Argentins, comme autrefois les Juifs européens, émigrèrent en grand nombre aux quatre coins du monde pour y former de nouveaux groupes freudiens ou s'intégrer à ceux qui existaient déjà : en Suède*, en Australie*, en Espagne*, aux États-Unis*, en France*.

La direction de l'IPA décida, quant à elle, de rester « neutre » afin de ne pas donner au régime de prétexte pour détruire ses institutions. Et quand on la pressa d'intervenir dans des cas d'analystes « disparus », les représentants officiels de ses sociétés composantes lui demandèrent de ne rien faire afin d'éviter les représailles. Après trois années de débats, et sur l'initiative de la Société australienne, la violation des droits de l'homme en Argentine fut tout de même condamnée par un vote à main levée au congrès de l'IPA de New York en 1979, en dépit de la position du président en exercice, Edward Joseph, qui n'hésita pas à qualifier de « rumeurs » les exactions commises par le régime du général Videla.

De France, René Major, membre de la Société psychanalytique de Paris (SPP), décida de réagir. En février 1981, il organisa une rencontre franco-latino-américaine au cours de laquelle Jacques Derrida prit la parole pour dénoncer la manière dont la direction de l'IPA découpait le monde en oubliant la « carte située sous la carte », la « quatrième zone », celle de la torture : « Ce qu'on appellera désormais l'Amérique latine de la psychanalyse, c'est la seule zone au monde où coexistent, s'affrontant ou non, une forte société psychanalytique et une société (civile ou étatique) pratiquant à grande échelle une torture qui ne se limite plus à des formes brutalement classiques et facilement identifiables. »

Onze ans plus tard, dans un article de 1992, Leon Grinberg, exilé en Espagne, décrivit les conséquences atroces de cette période en faisant état de témoignages bouleversants.

A partir de 1964, le lacanisme commença à s'implanter après que Pichon-Rivière eut invité Oscar Masotta*, jeune philosophe sartrien, à faire une conférence à son Institut de psychologie sociale. Mentionnée pour la première fois en 1936 dans un article du psychiatre Emilio Pizarro Crespo, l'œuvre de Jacques Lacan* n'était guère connue trente ans plus tard dans le milieu psychanalytique argentin. Mais la situation était mûre désormais pour que fût accueillie dans ce pays ouvert aux avant-gardes européennes une forme de rénovation de la pensée freudienne. En 1967, un psychanalyste de l'APA, Cesar Liendo, cita pour la première fois les travaux de Lacan et de ses disciples dans la *Revista de psicoanálisis.* Par la suite, Willy Baranger* et David Liberman poursuivirent dans la même voie. Des analystes de l'APA organisèrent des rencontres avec Octave Mannoni*, Maud Mannoni et Serge Leclaire*, qui apportèrent également leur soutien à Masotta.

En 1974, dix-neuf psychanalystes fondèrent l'Escuela Freudiana de Buenos Aires (EFBA) sur le modèle de l'École freudienne de Paris*. Parmi eux : Isidoro Vegh et Germán Leopold Garcia. Cette initiative, la première du genre, marqua le début d'une formidable expansion du lacanisme en Argentine, alors même que Masotta s'était exilé en Espagne. Cinq ans plus tard, une scission éclata. De Barcelone, Masotta lança un anathème contre ses anciens amis de l'EFBA et annonça la création d'un nouveau groupe : l'Escuela Freudiana Argentina (EFA). Après sa mort, survenue quelques mois plus tard, l'EFA connut une vie d'autant plus turbulente que l'éclatement de l'ancienne EFP conduisait à une réorganisation mondiale du champ lacanien. Dans ce contexte, l'EFA donna naissance, par scissions successives, à une floraison de groupuscules représentatifs des multiples tendances du lacanisme et du post-lacanisme. Ceux-ci se réorganiseront encore après la chute de Videla.

Durant toute la période de la terreur d'État (1976-1985), l'intérêt pour la pensée de Lacan progressa donc en Argentine d'une curieuse façon. Reçue comme une contre-culture subversive et d'allure ésotérique, la doctrine du maître permettait à ceux qui la faisaient fructifier de se plonger dans des débats sophistiqués sur la passe*, le mathème* et la logique, et d'oublier voire d'ignorer la sanglante dictature instaurée par le régime. Comme leurs collègues politisés de l'IPA, les lacaniens marxistes et militants prirent la route de l'exil ou résistèrent à la terreur. Quant aux autres, ils furent ensuite la cible de nombreuses critiques. On les accusa de n'avoir guère combattu l'oppression et de s'en être accommodés au même titre que la direction de l'IPA.

A partir de 1985, avec le rétablissement de la démocratie, toutes les sociétés psychanalytiques argentines connurent une expansion considérable : trois sociétés composantes de l'IPA et un groupe d'études (APA, ABdeBA, Asociación Psicoanálitica de Mendoza, cercle de Cordoba), regroupant plus de mille membres pour une population de trente-quatre millions et demi d'habitants, soit une densité (rien que pour l'IPA) de vingt-neuf psychanalystes par million d'habitants, l'un des taux les plus élevés du monde.

Quant à l'œuvre de Lacan, elle fut enseignée dans toutes les universités par le biais des départements de psychologie et servit donc de doctrine de référence à des psychologues cliniciens désireux d'accéder au métier de psychanalyste par la voie de l'analyse profane*. Le mouvement se divisa en une soixantaine de groupes répartis en plusieurs villes, soit un total de mille thérapeutes sans doute. A la fin des années 1990, le nombre de psychanalystes, toutes tendances confondues, s'élevait donc à deux mille cinq cents, soit cinquante-sept par million d'habitants, un peu moins qu'en France.

Face au scissionnisme en chaîne et à la perte de la maison mère, qui n'assurait plus l'unité de la doctrine après la mort de Lacan, les anciens fondateurs de l'EFBA, alliés à de nombreux autres Latino-Américains d'Uruguay, du Venezuela, du Brésil*, etc., prirent l'initiative de rompre avec le miroir parisien. Ils se firent appeler les Lacano-Américains. Sous cette appellation fut fédéré un mouvement couvrant l'ensemble du continent américain, méfiant à l'égard de toute rigidité institutionnelle, et soucieux d'amorcer un processus de « décolonisation », d'émancipation par rapport à Paris. De son côté, l'APA intégra l'enseignement de Lacan à ses programmes de formation et accepta dans ses rangs des cliniciens lacaniens respectueux des règles de durée imposées par les standards de l'IPA.

Sous l'influence de Jacques-Alain Miller, une autre voie fut empruntée, l'inverse de celle des Lacano-Américains, avec la création en 1992 de la Escuela de la Orientación del Campo Freudiano (EOL), visant à intégrer le lacanisme argentin et latino-américain à une structure centralisée : l'Association mondiale de psychanalyse*. Mais en dépit d'une puissance réelle, l'EOL est restée minoritaire, du fait sans doute de son sectarisme.

En 1991, pour la première fois depuis sa création, l'IPA tint son congrès annuel à Buenos Aires. A cette occasion, Horacio Etchegoyen fut élu président. Technicien de la cure de tendance kleinienne, analysé par Heinrich Racker* et membre de l'ABdeBA, il fut le premier président hispanophone du mouvement freudien. Dans la grande tradition du freudisme argentin, il mena durant son mandat une politique libérale ouverte à tous les courants.

● *Analitica del Litoral*, 5, dossier « La entrada del pensamiento de Jacques Lacan en lengua española (1) », Santa Fe, 1995. *Asociación Psicoanálitica Argentina (1942-1982)*, documents publiés par le département d'histoire de la psychanalyse de l'APA, Buenos Aires, 1982. *Asociación Psicoanálitica Argentina (1942-1992)*, documents publiés par le comité directeur de l'APA, Buenos Aires, 1992. « Lettres de Sigmund Freud à Honorio Delgado (1919-1934) », présentées par Alvaro Rey de Castro, *Revue internationale d'histoire de la psychanalyse*, 6, 1993, 401-427. Jorge Bálan, *Cuéntame tu vida. Una biografica colectiva del psicoanálisis argentino*, Buenos Aires, Planeta, 1991. Mariano Ben Plotkin, « Freud, politics and the "Porteños" : The reception of psychoanalysis in Buenos Aires (1910-1943) », inédit, 1996. Jacques Derrida, « Géopsychanalyse and the rest of the world » (1981), in *Psyché*, Paris, Galilée, 1987, 327-353. Raúl Giordano, *Notice historique du mouvement psychanalytique en Argentine*, mémoire pour le CES de psychiatrie sous la direction de Georges Lantéri-Laura, université Paris-XII (sans date). Léon Grinberg « La mémoire accuse : des psychanalystes sous les régimes totalitaires », *Revue internationale d'histoire de la psychanalyse*, 5, 1992, 445-472. Nancy Caro Hollander, « Psychanalyse et terreur d'État en Argentine », *Revue internationale d'histoire de la psychanalyse*, 5, 1992, 473-516. Alain Rouquié, *L'État militaire en Amérique latine*, Paris, Seuil, 1986. Enrique Torres, « Psicoanálisis de provincia », conférence inédite prononcée à Buenos Aires en octobre 1994. Hugo Vezzetti, *La Locura en la Argentina* (1983), Buenos Aires, Paidos, 1985 ; « Psychanalyse et psychiatrie à Buenos Aires », *L'Information psychiatrique*, 4, avril 1989, 398-411 ; « Freud en langue espagnole », *Revue internationale d'histoire de la psychanalyse*, 4, 1991, 189-205 ; *Aventuras de Freud en el pais de los Argentinos*, Buenos Aires, Paidos, 1996 ; (éd.), *Freud en Buenos Aires (1910-1939)*, Buenos Aires, Punto Sor, 1989.

▷ ASSOCIATION MONDIALE DE PSYCHANALYSE. BLEGER José. BRÉSIL.

« ARPAD, LE PETIT HOMME-COQ » (CAS)

▷ *TOTEM ET TABOU.*

ASIE

▷ ANTHROPOLOGIE. ETHNOPSYCHANALYSE. HISTOIRE DE LA PSYCHANALYSE. INDE. JAPON. WULFF Moshe.

ASSOCIAÇÃO BRASILEIRA DE PSICANÁLISE (ABP)

(Association psychanalytique brésilienne)

Créée en mai 1967 par Mario Martins et présidée ensuite par Durval Marcondes*, l'Association psychanalytique brésilienne (ABP) est une fédération reconnue par l'International Psychoanalytical Association* (IPA). Trente ans après sa création, elle finira par fédérer six sociétés de l'IPA au Brésil* : deux à Rio de Janeiro (SPRJ et SBPRJ), une à São Paulo (SBPSP), une à Porto Alegre (SPPA), une à Pelotas (SPP), une à Recife (SPR). A quoi s'ajoutent trois groupes d'études : Porto Alegre (GEPdePA), Ribeirao Preto (GEPRP), Brasilia (GEPB). Ces neuf groupes portent à mille quatre cent cinquante-six le nombre des psychanalystes brésiliens membres de l'IPA. En tant que telle, l'ABP n'est pas membre de la Federación Psicoanálitica de America Latina* (FEPAL), laquelle regroupe toutes les sociétés du continent latino-américain, sans avoir le statut, comme l'American Psychoanalytic Association (APsaA)*, d'association régionale.

● *Anuário brasileiro de psicanálise. Ensaios, publicações, calendário, resenhas, artigos,* Rio de Janeiro, Relume Dumara, 1991. *Roster, The International Psychoanalytical Association Trust,* 1996-1997.

ASSOCIATION LIBRE (ou LIBRE ASSOCIATION)

▷ RÈGLE FONDAMENTALE.

ASSOCIATION MONDIALE DE PSYCHANALYSE (AMP)

Fondée en février 1992 par Jacques-Alain Miller, gendre de Jacques Lacan*, l'Association mondiale de psychanalyse (AMP) repose sur un texte auquel ses fondateurs ont donné le nom de pacte de Paris. Elle regroupe cinq institutions qui prennent pour référence l'École freudienne de Paris* (EFP), aucune n'ayant cependant été créée par Lacan : l'École de la cause freudienne (ECF, France*, 1981), la Escuela del Campo Freudiano de Caracas (ECFC, Venezuela, 1986), L'École européenne de psychanalyse (EEP, France, 1990), la Escuela de la Orientación lacaniana (EOL, Argentine*, 1992), la Escola Brasileira de Psicanálise (EBP, Brésil*, 1995).

A l'AMP se rattachent trois autres structures : l'Association de la fondation du Champ freudien (AFCF), qui coordonne des groupes de nombreux pays n'entrant pas dans le cadre des cinq écoles ; la Fédération internationale des bibliothèques du Champ freudien, qui fédère plusieurs organismes chargés de la diffusion de la pensée lacanienne, l'Institut du Champ freudien, organe de la formation psychanalytique divisé en sections selon les différents pays. Cet ensemble regroupe environ mille huit cents membres (parmi lesquels trois cent cinquante se trouvent en France, trois cent dix-huit au Brésil, deux cents en Argentine, une centaine en Espagne*). Centralisée et gouvernée depuis Paris par son président (Jacques-Alain Miller) auquel tous les pouvoirs sont délégués sans contrôle, ni éligibilité, l'AMP est une institution à vocation mondialiste, plus hispanophone que francophone, et plus latino-américaine que réellement internationaliste. Ses membres sont majoritairement des psychologues qui ont bénéficié de l'essor de l'analyse profane* dû au développement des études de psychologie dans la plupart des universités du monde après la Deuxième Guerre mondiale.

L'AMP est un appareil institutionnel qui a pour objectif de centraliser des filiales, de les coordonner et de les contrôler à partir de l'application d'un dogme. Au nom de la théorie de l'objet (petit) a*, l'AMP a ainsi aboli dans ses institutions la notion même d'auteur : les ouvrages publiés sous sa responsabilité sont essentiellement des manifestes collectifs non signés mais accompagnés d'une longue liste de noms regroupés en cartels, sections et sous-groupes, auxquels sont ajoutées des préfaces rédigées par Jacques-Alain Miller et Judith Miller, sa femme.

Des vingt-trois sociétés psychanalytiques issues de la dissolution en 1981 de l'EFP, quatre ont annoncé un projet de type fédératif à vocation européenne ou internationale : l'Association freudienne (AF), fondée en 1981 et devenue internationale en 1992 (AFI), l'Inter-Associatif de psychanalyse (I-Ap), la Fondation européenne pour la psychanalyse (FEpP), créés tous deux en 1991, et enfin l'Association mondiale de psychanalyse (AMP). Aucune de ces sociétés n'applique plus les principes de formation didactique propres à l'EFP, et la plupart d'entre elles ont adopté un modèle d'institution de type associatif proche de celui des sociétés affiliées à l'International Psychoanalytical Association* (IPA).

L'AMP est par ailleurs la seule institution lacanienne au monde à s'être assigné comme tâche d'exporter dans chaque pays un modèle d'enseignement et de formation des thérapeutes obéissant à une doctrine unique. Elle est donc différente de l'IPA, dont le modèle est celui d'une association certes centralisée mais acceptant les tendances, le débat, et procédant à des élections conformes aux réglementations associatives.

A la différence encore de l'IPA, qui incarne naturellement la légitimité freudienne puisque Freud en fut le fondateur, l'AMP tire avant tout sa puissance de la transmission des biens et du droit moral légués par Lacan à sa famille.

Si l'AMP n'admet aucune divergence doctrinale, elle n'impose pour autant aucune règle technique : d'où la généralisation du temps de séance de plus en plus court et surtout l'attribution d'un pouvoir illimité à l'analyste, qui peut imposer au patient ses propres règles, voire son engagement.

● *Annuaire et textes statutaires, École de la Cause freudienne, ACF,* Paris, 1995. *Escola Brasileira de Psicanálise,* Paris, 1995. *Les Pouvoirs de la parole,* textes réunis par l'Association mondiale de psychanalyse, avec une « Note liminaire » de Jacques-Alain Miller et une « Préface » de Judith Miller, Paris, Seuil, 1996.

▷ ANALYSE DIDACTIQUE. CONTRÔLE (ANALYSE DE). HISTOIRE DE LA PSYCHANALYSE. SOCIÉTÉ PSYCHOLOGIQUE DU MERCREDI. TECHNIQUE PSYCHANALYTIQUE.

ASSOCIATION PSYCHANALYTIQUE INTERNATIONALE (API)

▷ INTERNATIONAL PSYCHOANALYTICAL ASSOCIATION.

ASSOCIATION VERBALE (TEST D')

Allemand : *Assoziationsexperiment.* Anglais : *Associative experiment.*

Technique expérimentale utilisée par Carl Gustav Jung* à partir de 1906 pour détecter les complexes* et isoler des syndromes spécifiques à chaque maladie mentale. Elle consiste à prononcer devant le sujet* une série de mots soigneusement choisis en lui demandant de répondre par le premier mot qui lui vient à l'esprit tout en mesurant son temps de réaction.

Historiquement, cette technique se rattache à la notion d'association des idées déjà utilisée par Aristote qui en avait défini les trois grands principes : la contiguïté, la ressemblance, le contraste. Au XIXe siècle, la psychologie introspective et la philosophie empiriste lui accordent une si grande place que l'associationnisme se transformera en véritable doctrine dont s'inspireront tous les courants de la psychologie, et notamment Sigmund Freud* qui s'appuiera sur elle pour fonder une méthode radicalement nouvelle d'exploration de l'inconscient : l'association libre ou libre association*.

Inventé par Francis Galton (1822-1911), le test fut mis en œuvre par Wilhelm Wundt (1832-1920) et Emil Kraepelin* avant d'être introduit par Eugen Bleuler* à la clinique du Burghölzli où Jung l'expérimenta à grande échelle avec pour objectif de définir une nouvelle théorie du complexe. Il distinguait les associations internes ou sémantiques caractéristiques de l'introversion*, d'autres, dites externes ou verbales, se rapportant plutôt à l'extraversion (extériorisation de soi). Après avoir abondamment appliqué le test, Jung renonça, en partie sous l'influence de Freud. Mais il ne le désavoua jamais. Le test est aujourd'hui utilisé par les représentants de l'École de psychologie analytique.

● Carl Gustav Jung, « Diagnostische Assoziationsstudien » (Leipzig, 1906, 1909), *Gesammelte Werke,* II, Zurich, Rascher Verlag. Sigmund Freud et Carl Gustav Jung, *Correspondance,* 2 vol., Paris, Gallimard, 1975. Henri F. Ellenberger, *Histoire de la découverte de l'inconscient* (New York, 1970, Villeurbanne, 1974), Paris, Fayard, 1994.

▷ RÈGLE FONDAMENTALE. RORSCHACH Hermann.

ATTENTION FLOTTANTE

Allemand : *Gleichschwebende Aufmerksamkeit.* Anglais : *Suspended attention.*

Terme inventé par Sigmund Freud* en 1912 pour désigner la règle technique selon laquelle le psychanalyste doit écouter le patient sans privilégier aucun élément du discours de celui-ci et en laissant agir sa propre activité inconsciente.

▷ RÈGLE FONDAMENTALE.

AUBRY Jenny, née Weiss (1903-1987)

psychiatre et psychanalyste française

Née dans une famille de la grande bourgeoisie parisienne, Jenny Aubry était la petite-fille d'Émile Javal, l'inventeur de l'ophtalmomètre. Sa sœur, Louise Weiss (1893-1983) fut une célèbre suffragette. Poussée par sa mère, elle entreprit des études médicales, de neurologie et de psychiatrie infantile, avant d'épouser Alexandre Roudinesco (1883-1974), un médecin d'origine roumaine dont elle divorcera en 1952. Elle eut pour maîtres Clovis Vincent, lui-même élève de Joseph Babinski*, puis Georges Heuyer (1884-1917), l'un des premiers patrons de la médecine française à accueillir la psychanalyse* dans son service. C'est là qu'elle rencontra Sophie Morgenstern*. A la veille de la guerre, elle fut nommée médecin des hôpitaux, devenant ainsi la deuxième femme de France à obtenir ce titre.

Hostile dès juin 1940 au gouvernement de Vichy, elle entra dans un réseau de résistance. Utilisant ses compétences, elle protégea des enfants juifs en les plaçant au collège d'Annel, dans le Loiret, où elle travaillait avec Solange Cassel, et à l'hospice de Brévannes, où elle exerçait des fonctions de chef de service. En 1943 et 1944, à l'hôpital des Enfants-Malades, elle rédigea de faux certificats pour détourner les jeunes recrues du Service du travail obligatoire (STO).

En 1948, elle commença à s'intéresser à la prévention des psychoses infantiles et aux expériences de René Spitz* et de l'école anglaise, celles de John Bowlby* notamment. Après une rencontre décisive avec Anna Freud* et un voyage aux États-Unis*, elle s'orienta vers la psychanalyse. Elle reçut sa formation didactique sur le divan de Sacha Nacht* et fit un contrôle* avec Jacques Lacan*, qu'elle suivit à la Société française de psychanalyse (SFP) puis à l'École freudienne de Paris* (EFP). C'est sous le nom de son deuxième mari (Pierre Aubry) qu'elle publia ses travaux après 1953.

A partir de 1946, elle développa une expérience pionnière en France* en implantant dans un cadre hospitalier non psychiatrique la pratique et la théorie psychanalytiques. A la Fondation Parent-de-Rosan, rattachée à l'hôpital Ambroise-Paré, elle tourna un film sur les enfants atteints d'hospitalisme*. Puis, en 1953, elle publia un livre collectif, plusieurs fois réédité. Elle y relatait l'expérience de son équipe en montrant les résultats inouïs obtenus par la psychanalyse dans la prévention et le traitement des psychoses* en milieu hospitalier.

A la polyclinique du boulevard Ney, rattachée à l'hôpital Bichat, elle étendit ses activités de prévention au domaine des handicaps scolaires en développant une thérapeutique de masse dans les écoles maternelles. Enfin, entre 1964 et 1968, elle créa une consultation de psychanalyse (la première en France) à l'hôpital des Enfants-Malades. A travers toutes ces activités, Jenny Aubry cherchait tout à la fois à prouver l'origine psychique des carences affectives chez les enfants abandonnés ou perturbés par des placements en institution et à y remédier par des traitements psychanalytiques.

Par son travail sur les nourrissons ou les enfants en bas âge, Jenny Aubry forma, comme Françoise Dolto*, mais de façon différente, une génération de pédo-psychiatres hospitaliers qui poursuivront dans la voie tracée. A partir de 1969, installée à Aix-en-Provence, elle forma à nouveau de nombreux élèves, contribuant ainsi à une forte expansion de la psychanalyse dans cette région méditerranéenne qui était restée pendant tant d'années le fief d'Angelo Hesnard*.

- Jenny Aubry, *Enfance abandonnée* (1953), Paris, Scarabée-Métailié, 1983 ; et H.P. Klotz, Jacques Lacan, Ginette Raimbault, P. Royer, « La place de la psychanalyse dans la médecine » (1966), *Le Bloc-Notes de la psychanalyse*, 7, 1987, 9-38. Élisabeth Roudinesco, *Histoire de la psychanalyse en France*, vol. 2 (1986), Paris, Fayard, 1994. Marcelle Geber, « Jenny Aubry », article inédit.

▷ PSYCHANALYSE DES ENFANTS.

AU-DELÀ DU PRINCIPE DE PLAISIR

Ouvrage de Sigmund Freud* publié en 1920 sous le titre *Jenseits des Lustprinzips*. Traduit en français pour la première fois par Samuel Jankélévitch en 1927 sous le titre *Au-delà du principe de plaisir*, puis révisé par Angelo Hesnard* en 1966 et retraduit par Jean Laplanche et Jean-Bertrand Pontalis en 1981 sans changement de titre. Retraduit une nouvelle fois en 1996 sans changement de titre par une équipe de seize traducteurs sous la direction d'André Bourguignon (1920-1996), Pierre Cotet et Jean Laplanche. Traduit en anglais en 1922 par C.J.M. Hubback sous le titre *Beyond the Pleasure Principle*, puis retraduit par James Strachey* en 1950 sans changement de titre.

Au-delà du principe de plaisir, rédigé entre mars et mai 1919, modifié au cours de l'hiver 1920 et publié à l'automne de cette même année, inaugure ce que l'on a appelé la « grande refonte » ou le « grand tournant » des années 1920, remaniement théorique fondamental auquel deux autres livres, *Psychologie des masses et analyse du moi** d'une part, *Le Moi et le Ça** d'autre part, donneront ses dimensions définitives.

Les circonstances dans lesquelles l'ouvrage fut conçu et la destinée initiale que Sigmund Freud semblait lui assigner ont été à l'origine de multiples ambiguïtés.

En mars 1919, alors que Freud rédige la première version d'*Au-delà du principe de plaisir*, Lou Andreas-Salomé* lui écrit pour lui demander où en est sa métapsychologie* dont elle a lu les cinq premières parties. Les autres, on le sait, ne virent jamais le jour, mais on est en droit de penser, à en juger par la réponse de Freud quelque temps plus tard, qu'il n'a pas encore totalement renoncé à ce projet à ce moment-là.

En effet, arguant de la difficulté de la matière, de la partialité de ses expériences et de son manque d'inspiration pour se justifier, il promet d'écrire d'autres contributions s'il survit, psychiquement et matériellement, à la tragique situation de l'Autriche en ces lendemains de défaite. Puis, comme pour confirmer cette résolution, il ajoute que l'une des premières contributions « de ce genre sera contenue dans *Au-delà du principe de plaisir* », à propos duquel il déclare attendre de la part de sa correspondante « une appréciation synthético-*critique* ».

Mais en juillet 1919, dans une nouvelle lettre à Lou, largement consacrée à l'évocation du suicide* de Viktor Tausk*, Freud évoque son travail en cours sur un tout autre ton : « J'ai choisi maintenant comme aliment le thème de la mort, j'y suis venu en butant sur une curieuse idée des pulsions et me voici obligé de lire tout ce qui concerne cette question, comme par exemple, et pour la première fois, Schopenhauer. Mais je ne le lis pas avec plaisir. » Phrase importante, qui aide à cerner la logique de l'élaboration en cours : cette « curieuse idée des pulsions » semble bien être l'indication d'une modification de sa pensée.

Sans doute peu satisfait des remaniements apportés à sa théorie des pulsions en 1914 s'est-il vu contraint de lire, sans plaisir, l'œuvre de Schopenhauer (1788-1860), et de se nourrir du thème de la mort. Cette déclaration peut d'ailleurs être entendue comme une réponse avant la lettre à ceux qui, mal à l'aise avec cette idée de pulsion de mort, ou désireux de lui ôter sa portée théorique, vont s'efforcer de n'y voir qu'une notion circonstancielle, produit du contexte économique et politique déjà évoqué par Freud lui-même, ou effet des disparitions survenues autour de lui à cette époque. Disparition de Tausk, d'Anton von Freund* et surtout, quelques jours plus tard, le 25 janvier 1920, de sa fille Sophie Halberstadt*, dont la mort le bouleverse comme il le dit lui-même dans de nombreuses lettres à Ludwig Binswanger* ou à Oskar Pfister*. Cette idée d'une relation causale entre la mort de Sophie et l'élaboration du concept de pulsion de mort sera notamment développée, en 1923, par le premier biographe de Freud, Fritz Wittels*, auquel Freud fera connaître son désaccord. Soucieux de s'opposer à cette sorte de psychanalyse appliquée*, Freud, comme s'il en avait anticipé l'éventualité, prend soin d'affirmer dans une lettre à Max Eitingon*, du 18 juillet 1920 : « L'*Au-delà* est enfin terminé. Vous pourrez confirmer qu'il était à moitié achevé à l'époque où Sophie vivait et était florissante. » Cette notation n'empêchera pas Max Schur* de continuer à considérer la mort de Sophie comme la cause essentielle de l'élaboration du concept de pulsion de mort. Récemment encore, Peter Gay a soutenu cette interprétation en la relativisant.

Au-delà du principe de plaisir, dont Jean Laplanche a pu dire qu'il était « le texte le plus fascinant et le plus déroutant de l'œuvre freudienne » tant son auteur y manifeste d'audace et de liberté, a été rejeté par de nombreux psychanalystes, enclins à considérer l'audace comme un manque de rigueur et la liberté de ton comme une dérive spéculative.

L'essai s'appuie, conformément à la promesse faite à Lou Andreas-Salomé, sur la conception métapsychologique développée en 1915 : il y est d'emblée question du fonctionnement du principe de plaisir*, selon lequel l'appareil psychique cherche à maintenir aussi bas que possible la quantité d'excitation présente en lui, et de la subordination de ce principe au principe de constance énoncé par Gustav Theodor Fechner*. Si ces idées occupaient déjà une place essentielle dans l'« Esquisse d'une psychologie scientifique » et dans *L'Interprétation des rêves**, ces rappels initiaux sont pour Freud l'occasion de répéter que ce principe constitue, à côté des dimensions topique* et dynamique, la dimension économique de la métapsychologie.

Cette perspective est toutefois rapidement dépassée, puis abandonnée, au profit d'une discussion sur les limites de la domination du principe de plaisir : « Nous devons dire cependant qu'en toute rigueur il est inexact de parler d'une domination du principe de plaisir sur le cours des processus psychiques. Si une telle domination existait, l'immense majorité de nos processus psychiques devrait être accompagnée de plaisir ou conduire au plaisir ; or l'expérience la plus générale est en contradiction flagrante avec cette conclusion. Aussi doit-on admettre ceci : il existe dans le psychisme une forte tendance au principe de plaisir, mais certaines autres forces ou conditions s'y opposent de sorte que l'issue finale ne peut pas toujours correspondre à la tendance au plaisir. » La première limite à cette domination du principe de plaisir est bien connue, il s'agit du principe de réalité*, énoncé dès 1911 dans l'article « Formulations sur les deux principes du cours des événements psychiques ». Le principe de réalité y est conçu comme relais du principe de plaisir sous l'influence des pulsions d'autoconservation du moi*. Une deuxième limitation est également connue sous la forme du refoulement* des pulsions, qui contrarie le développement unitaire du moi. Il pourrait sembler, précise alors Freud, qu'il n'y ait pas lieu de rechercher d'autres limitations à ce principe de plaisir. Or, l'observation des réactions psychiques à certaines formes de danger extérieur – jusque-là il n'a été question que d'organisation à l'égard de pulsions et de conflits internes – conduit à reconsidérer entièrement le problème.

Première forme de danger extérieur, les catastrophes naturelles, les accidents graves ou les faits de guerre, autant de circonstances à même de provoquer des névroses traumatiques ou des névroses de guerre*. Curieusement, les rêves qui accompagnent ce type de névroses ramènent sans cesse les sujets aux circonstances traumatiques de leur accident alors qu'ils n'y pensent pas durant la journée. En un premier temps, cette fixation psychique au traumatisme est assimilée par Freud à ces réminiscences qu'avec Josef Breuer* il avait considérées comme la cause majeure des souffrances des hystériques. Deuxième forme de dangers extérieurs, celle qu'illustre le jeu de certains très jeunes enfants. Freud a observé que son petit-fils (Ernstl), le fils de Sophie Halberstadt, s'amusait, lorsque sa mère s'absentait, à jeter loin de son lit les petits objets qui étaient à portée de sa main. Ce geste était accompagné d'une expression de satisfaction prenant la forme vocale d'un « o-o-o-o » prolongé dans lequel on pouvait reconnaître le signifié allemand *fort*, c'est-à-dire parti. Un jour, raconte Freud, l'enfant se livra à ce même jeu de parti avec une bobine en bois attachée à une ficelle : il lançait la bobine en accompagnant son mouvement du fameux « o-o-o-o », puis, en tirant sur la ficelle, faisait revenir la bobine qu'il saluait d'un joyeux *da*, voilà ! Au moyen de ce jeu, Ernst semble transformer une situation dans laquelle il est passif et subit le danger ou le déplaisir causé par le départ de sa mère en une situation dont il est le maître, quel que soit le caractère douloureux de ce qui s'y répète. A cette première interprétation Freud en ajoute une seconde, complémentaire : l'enfant, à travers ce jeu, trouverait le moyen d'exprimer des sentiments hostiles, inavouables en présence de sa mère, mais à même de satisfaire son désir de vengeance du fait des départs de celle-ci. Autrement dit, l'enfant ne pourrait supporter le désagrément procuré dans ce jeu par la répétition d'une séparation que « parce qu'un gain de plaisir d'une autre sorte, mais direct, est lié à cette répétition ». Peut-on conclure de ces deux observations, regroupées sous l'étiquette de « danger extérieur », à l'existence de tendances psychiques plus originaires, situées au-delà du principe de plaisir ?

Au lieu de répondre immédiatement, Freud effectue un détour par la situation analytique, caractérisée par les résistances* du patient et son transfert* sur la personne de l'analyste. Rendre conscient ce qui est inconscient ne s'y révèle pas chose facile. L'observation l'a montré, la remémoration volontaire est inefficace et le patient est obligé de répéter dans la cure le refoulé, notamment celui de sa vie sexuelle infantile marquée par la phase œdipienne, et cela pour aboutir à s'installer dans une nouvelle névrose*, la névrose de transfert, substitut de celle pour laquelle il était venu consulter. On assiste donc bien dans la cure à l'apparition d'un processus identique à ceux qui sont observés dans l'activité onirique des sujets atteints de névroses traumatiques ou dans le jeu du *fort da,* processus que Freud nomme compulsion de répétition* et dont la juste appréciation implique la mise en question de l'idée de résistance inconsciente.

En ce point, Freud, sans en avertir le lecteur et peut-être sans s'en rendre compte lui-même, anticipe sur le remaniement topique* qui constituera l'objet de son livre *Le Moi et le Ça**, apportant ainsi la preuve que, dès 1919, le grand bouleversement théorique est en marche. Il s'agit en effet, pour avancer dans le raisonnement ébauché, d'abandonner l'opposition conscient*/inconscient* et de la remplacer par la confrontation entre le moi, dont la plus grande partie est inconsciente, et le refoulé, totalement inconscient et toujours menaçant pour le moi. Les résistances de l'analysant sont donc bien inconscientes mais doivent être situées dans ce moi qui n'est déjà plus totalement assimilable au conscient ; la compulsion de répétition, à l'œuvre notamment dans la cure et source de déplaisir pour le moi, doit au contraire être inscrite du côté du refoulé.

Quelle est alors la relation entre cette compulsion de répétition et le principe de plaisir ? Le déplaisir ne contredit pas le principe de plaisir, comme l'a montré l'interprétation du jeu du *fort da,* où la dimension déplaisante est compensée par le plaisir attaché à l'expression de l'hostilité. Mais la compulsion de répétition est aussi l'occasion d'un retour d'expériences antérieures ne comportant aucun plaisir. Pour illustrer son propos, Freud prend l'exemple de ces personnes condamnées à connaître inlassablement l'échec comme si elles obéissaient à une injonction « démoniaque ». Sur ce point, Freud s'appuie sur des observations qu'il a faites quelques semaines avant d'entreprendre la rédaction d'*Au-delà.* Il terminait alors son article « L'inquiétante étrangeté », dans lequel il abordait le thème du double et de l'« éternel retour du même ». Il en vient à reconnaître qu'« existe effectivement dans la vie psychique une compulsion de répétition qui se place au-dessus du principe de plaisir ». Mais quelle est sa fonction, quelles sont les conditions de son intervention, et comment penser sa relation avec le principe de plaisir ?

Les adversaires de ce texte lui ont reproché son caractère spéculatif. Pourtant Freud a averti son lecteur, et la suite de son propos est en effet une pure spéculation motivée par le désir de savoir, au risque de se tromper. Chacun est libre, dit-il, de le suivre ou de ne pas aller plus loin.

Toutefois, avant de se livrer à cette « spéculation », Freud propose un rappel récapitulatif, d'abord du traitement différentiel que l'appareil psychique effectue des excitations extérieures qui sont filtrées par ce qu'il appelle le « pare-excitation » (*Reizschutz*), sorte d'appareil enveloppant l'organisme pour le protéger, puis de la manière dont les effets des pulsions internes se distribuent sur un éventail de sensations allant du plaisir au déplaisir. Tout cela se traduit par une prévalence des sensations plaisir-déplaisir et par un fonctionnement psychique essentiellement dirigé contre ces excitations internes porteuses de déplaisir. D'où une tendance à traiter les excitations internes comme si elles étaient externes pour pouvoir s'en protéger au moyen du pare-excitation : tel est le fondement de ce mécanisme repéré dans l'observation clinique de la névrose auquel on a donné le nom de projection*. Autant d'éléments qui permettent de situer la spécificité du traumatisme constitué par des excitations externes suffisamment fortes pour transpercer le pare-excitation et créer ainsi une perturbation de l'appareil psychique. Dans une telle situation, le principe de plaisir n'est plus d'aucune ressource et il ne s'agit plus pour l'organisme que de tenter de maîtriser cette invasion. Cela suppose une mobilisation de toutes les énergies disponibles qui se fera inévitablement au détriment du bon fonctionnement des autres systèmes psychiques, notamment de ceux normalement mobilisés pour faire face au déplaisir occasionné par les excitations internes. On peut, dans cette perspective, faire l'hypothèse que la névrose traumatique, objet de l'observation initiale, serait due à une effraction importante du pare-excitation.

L'effet traumatisant n'est pas tant le choc en lui-même que l'effroi ou la surprise ressentis, conséquences d'un manque d'angoisse, l'angoisse étant le moyen par lequel les systèmes ayant à faire face aux excitations extérieures demeurent mobilisés. Les rêves dans lesquels les sujets en proie à une névrose traumatique revivent la situation de l'accident « ont pour but la maîtrise rétroactive de l'excitation », ils recréent une situation où l'angoisse, qui fut insuffisante dans la réalité, est cette fois bien présente. On commence ici à percevoir la possible existence d'un mode de fonctionnement de l'appareil psychique indépendant du principe de plaisir. Ces rêves font exception à la loi du rêve comme accomplissement de désir : ils obéissent à la compulsion de répétition, elle-même au service du désir inconscient de laisser revenir ce qui a été refoulé.

Au-delà de la spécificité de chacune de ces situations, les manifestations de la compulsion de répétition dans le jeu de l'enfant comme dans la cure psychanalytique présentent le même caractère pulsionnel, indépendant du principe de plaisir. Mais quelle est la nature de la relation entre le pulsionnel et la compulsion de répétition ?

Pour répondre à cette question, Freud est conduit à faire un pas de plus : c'est le tournant de l'ouvrage. Aux énoncés en forme d'esquisse succède une affirmation explicite : « Une pulsion serait une poussée inhérente à l'organisme vivant vers le rétablissement d'un état antérieur [...] elle serait [...] l'expression de l'inertie dans la vie organique. » Freud est bien conscient de l'audace qu'il y a à reconnaître l'existence, dans le vivant, d'une dimension *conservatrice*. C'est pourquoi la suite de l'essai est consacrée à la recherche d'arguments et de preuves à même de fonder cette hypothèse.

Si l'observation de certains comportements animaux et l'étude de quelques processus embryologiques témoignent de l'existence de ces forces conservatrices, comment rendre compte de leur coexistence avec les forces vitales responsables du développement de l'organisme ? La contradiction n'est qu'apparente : ces mouvements vitaux, ces forces de développement sont des détours sur « le chemin qui mène à la mort », ils demeurent toujours dominés par les pulsions conservatrices, maîtresses du développement global de l'organisme soumis à une finalité régressive. Tout être vivant est appelé à mourir, énonce Freud, et il ajoute : «Le but de toute vie est la mort et, en remontant en arrière, le non-vivant était là avant le vivant. »

Jusque-là, la conception freudienne s'inscrit assez largement dans la continuité de celles qui avaient été développées par de nombreux courants de la philosophie allemande des XVIIIe et XIXe siècles, depuis Gothulf Heinrich von Schubert (1780-1860), affirmant la coexistence chez l'homme d'une « nostalgie de l'amour » et d'une « nostalgie de la mort », jusqu'à Friedrich Nietzsche (1844-1900), en passant par Novalis (1772-1801) et bien sûr Arthur Schopenhauer, auquel Freud se réfère explicitement.

L'originalité de l'apport freudien réside dans la construction d'un nouveau dualisme pulsionnel opposant les pulsions de vie, encore désignées par le terme *eros*, qui regroupent les pulsions sexuelles et les pulsions du moi, aux pulsions de mort, parfois appelées pulsions de destruction ou, lorsqu'il s'agit de spécifier l'orientation de ces pulsions vers l'extérieur, pulsions d'agression. Les pulsions de mort se voient assigner, dans ce cadre, une position fonctionnelle et ne relèvent plus du registre de l'ineffable. Si les pulsions de vie n'échappent pas complètement au mouvement régressif général, dans la mesure où leur satisfaction implique un retour vers un état antérieur, elles n'en sont pas moins résistantes aux influences extérieures et plus encore aux autres pulsions, tout entières tournées vers la mort.

Il s'agit là d'une conception globale de la vie psychique dont le fonctionnement serait rythmé par un mouvement pendulaire faisant alterner des pulsions pressées d'atteindre le but final de la vie et d'autres plus attachées à faire durer le parcours de cette vie.

Dans son avant-dernier chapitre, Freud examine les critiques que ce travail semble devoir provoquer. Il commence par rechercher, dans le champ de la biologie, des arguments susceptibles d'invalider l'hypothèse de l'existence de pulsions de mort. Recherche vaine, qui le conduit à faire retour, dans une perspective cette fois positive, sur les différentes étapes de la construction de la théorie analytique afin de réaffirmer le bien-fondé du dualisme pulsionnel. Ce faisant, il répond à la fois aux accusations de pansexualisme* et à la conception jungienne d'une *libido* générale, non sexuelle, en réaffirmant la permanence de sa conception dualiste et son refus de céder au monisme jungien.

Il reste cependant qu'aucune preuve concluante de l'existence des pulsions de mort n'a pu encore être apportée. Ce constat d'une « obscurité » maintenue dans la théorie des pulsions agira comme un encouragement à poursuivre la recherche. D'où l'examen de questions demeurées en friche, celle de la haine et celle du sadisme, qui ne trouveront leurs réponses définitives qu'en 1924, dans l'article « Problèmes économiques du masochisme ». Ce retour est aussi l'occasion pour Freud de citer le travail de Sabina Spielrein* sur la composante sadique de la pulsion sexuelle qu'elle caractérisait, dès 1911, par sa dimension destructrice.

Les dernières pages du livre témoignent de l'exigence de Freud, de l'angoisse inhérente au travail théorique et du courage intellectuel du savant.

Freud s'acharne à trouver des arguments à l'appui de sa construction théorique, en ce qui concerne tant les pulsions de mort que la compulsion de répétition à l'œuvre dans les pulsions sexuelles, afin de fonder l'idée de la domination ultime et générale des pulsions de mort. Reprenant à son compte la reconnaissance initiale du principe de constance comme fondement économique du principe de plaisir, il ratifie ainsi l'idée, énoncée par la psychanalyste anglaise Barbara Low (1877-1955), d'un principe de nirvana. Celui-ci lui paraît exprimer « la tendance dominante de la vie psychique, et peut-être de la vie nerveuse en général », visant « à la réduction, à la constance, à la suppression de la tension d'excitation intérieure ». Freud pense trouver dans ce fonctionnement l'un de ses « plus puissants motifs de croire en l'existence des pulsions de mort ». Ce parcours, de nouveau qualifié de « spéculation » par son auteur, s'achève sur une évocation du *Banquet* de Platon dans lequel il pense pouvoir discerner l'énoncé d'un primat originaire d'une pulsion destructrice dont les effets pourraient être atténués, sinon effacés, par l'action des pulsions sexuelles. C'est ce passage qui sera commenté par Jacques Derrida dans *La Carte postale*.

Lassé de cette quête d'arguments, Freud en vient alors à dire tout net ce qu'il pense, ce qu'il éprouve et ce qui lui paraît essentiel. Certain de n'avoir convaincu personne, il avoue ne l'être pas lui-même, mais c'est pour dénier aussitôt à l'affect toute valeur dans la discussion scientifique. L'essentiel demeure la curiosité... et les risques qu'elle fait encourir. Reconnaissant volontiers ce qu'il peut y avoir d'intuitif, et même de partisan, dans son travail, Freud n'en reste pas moins décidé à ne pas céder, précisant avec humour que l'autocritique n'exige pas la « tolérance envers les opinions divergentes ».

Dans la mesure où le développement de la biologie risquait de détruire ce bel édifice spéculatif, on peut se demander pour quelles raisons Freud s'est laissé aller à l'exposer au public. Tout simplement, répond-il, parce que certaines des liaisons et des relations ainsi découvertes lui sont apparues « dignes de considération ».

De par sa hauteur de ton, le dernier chapitre annonce la fermeté dont Freud fera preuve par la suite, notamment dans *Le Malaise dans la culture** et dans l'*Abrégé de psychanalyse**, face aux attaques dont cette avancée théorique sera l'objet. Acharné à défendre son point de vue, il précise en quelques lignes, comme s'il s'agissait d'un argument oublié, qu'à la différence des pulsions de vie, bruyantes dans leurs recherches et dangereuses en raison des tensions internes qu'elles provoquent, les pulsions de mort sont silencieuses et comme telles plus difficiles à localiser. Cette ultime remarque lui inspire une profession de foi épistémologique condamnant sans appel les croyances scientistes. Elle donne à ce livre l'ultime touche de cette modernité à laquelle une grande partie de la pensée du XXe siècle ne manquera pas de rendre hommage.

● Sigmund Freud, *L'Interprétation des rêves* (1900), *GW*, II-III, 1-642, *SE*, IV-V, 1-621, Paris, PUF, 1967 ; « Formulation sur les deux principes du cours des événements psychiques » (1911), *GW*, VIII, 230-238, *SE*, XII, 213-226, in *Résultats, idées, problèmes*, vol. I, 135-143, Paris, PUF, 1984 ; « L'inquiétante étrangeté » (1919), *GW*, XII, 229-268, *SE*, XVII, 217-256, in *L'Inquiétante Étrangeté et autres essais*, Paris, Gallimard, 1985 ; *Au-delà du principe de plaisir* (1920), *OC*, XV, 273-339, *GW*, XIII, 3-69, *SE*, XVIII, 1-64 ; *Psychologie des masses et analyse du moi* (1921), *OC*, XVI, 1-83, *GW*, XIII, 73-161, *SE*, XVIII, 65-143 ; *Le Moi et le Ça* (1923), *OC*, XVI, 255-301, *GW*, XIII, 237-289, *SE*, XIX, 12-59 ; « Le problème économique du masochisme » (1924), *OC*, XVII, 9-23, *GW*, XIII, 371-383, *SE*, XIX, 139-145 ; *Le Malaise dans la culture* (1930), *OC*, XVIII, 245-333, *GW*, XIV, 421-506, *SE*, XXI, 64-145 ; *Abrégé de psychanalyse* (1938), *GW*, XVII, 67-138, *SE*, XXIII, 139-207, Paris, PUF, 1967 ; *Nouvelles Conférences d'introduction à la psychanalyse* (1933), *OC*, XIX, 83-268, *GW*, XV, *SE*, XXII, 5-182, Paris, Gallimard, 1984 ; *La Naissance de la psychanalyse* (Londres, 1950), Paris, PUF, 1956 ; *Briefe an Wilhelm Fliess, 1887-1904*, Francfort, Fischer, 1986 ; et Ludwig Binswanger, *Correspondance, 1908-1938* (Francfort, 1992), Paris, Calmann-Lévy, 1995 ; *Correspondance de Sigmund Freud avec le pasteur Pfister, 1909-1939* (Francfort, 1963), Paris, Gallimard, 1966 ; Lou Andreas-Salomé, *Correspondance avec Sigmund Freud, 1912-1936* (Francfort, 1966), suivie du *Journal d'une année, 1912-1913* (Zurich, 1958), Paris, Gallimard, 1970. Jacques Derrida, *La Carte postale*, Paris, Aubier-Flammarion, 1980. Henri F. Ellenberger, *Histoire de la découverte de l'inconscient*, (New York, 1970, Villeurbanne, 1974), Paris, Fayard, 1994. Sandor Ferenczi, Préface à l'édition hongroise d'« Au-delà du principe de plaisir » (1923), *Psychanalyse III, Œuvres complètes, 1919-1926*, Paris, Payot, 1974, 218-219. *Les Premiers psychanalystes, Minutes de la Société psychanalytique de Vienne*, vol. I, *1906-1908* (New York, 1962), Paris, Gallimard, 1976. Peter Gay, *Freud. Une vie* (New York, 1988), Paris, Hachette, 1991. Jean Laplanche et Jean-Bertrand Pontalis, *Vocabulaire de la psychanalyse*, Paris, PUF, 1967. Jean Laplanche, *Vie et mort en psychanalyse*, Paris, Flammarion, 1970. Ernest Jones, *La Vie et l'œuvre de Sigmund Freud*, vol. 3, *1919-1939* (New York, 1957), Paris, PUF, 1969. Max Schur, *La Mort dans la vie de Freud* (1972), Paris, Gallimard, 1975. Sabina Spielrein, *Entre Freud et Jung* (Rome, 1980), Paris, Aubier, 1981. Michel de M'Uzan, *De l'art à la mort*, Paris, Gallimard, 1977.

AUGUSTINE

Dans l'*Iconographie photographique de la Salpêtrière*, éditée par Désiré-Magloire Bourneville (1840-1909) entre 1876 et 1880, Augustine, l'une des figures les plus célèbres de l'hystérie* à la fin du XIXe siècle français, est représentée, non loin de Rosalie Leroux et de la fameuse Blanche Wittmann, que l'on retrouve sur le tableau du peintre André Brouillet (1857-1920) intitulé *Une leçon clinique à la Salpêtrière*, lequel fut exposé au salon des Indépendants de 1887.

Photographiée de nombreuses fois dans des attitudes passionnelles, Augustine suscita les commentaires des écrivains et des poètes. En 1928, André Breton (1896-1966) et Louis Aragon (1897-1982) l'immortalisèrent dans leur célébration du cinquantenaire de l'hystérie de Jean Martin Charcot*, s'opposant ainsi à la révision de Joseph Babinski* : « Nous, surréalistes, tenons à célébrer le cinquantenaire de l'hystérie, la plus grande découverte poétique de la fin du siècle, et cela au moment même où le démembrement du concept d'hystérie paraît chose consommée. »

• *Iconographie photographique de la Salpêtrière*, éditée par Désiré-Magloire Bourneville et Paul Regnard, Paris, Bureaux du *Progrès médical*, Delahaye et Lecrosnier, I, *1876-1877*, II, *1878*, III, *1879-1880*. *La Révolution surréaliste*, 9-10, 1927, Paris, Jean-Michel Place, 1980.

▷ *ÉTUDES SUR L'HYSTÉRIE*. FRANCE. HYPNOSE.

AULAGNIER Piera (1923-1990)
psychiatre et psychanalyste française

D'origine milanaise, Piera Aulagnier vécut en Égypte pendant la Deuxième Guerre mondiale avant de faire ses études médicales à Rome puis de s'installer à Paris où elle reçut sa formation didactique sur le divan de Jacques Lacan*. Elle participa à la fondation de l'École freudienne de Paris* (EFP) qu'elle quitta en 1969, en raison d'un désaccord sur la passe*, pour créer en 1969, avec François Perrier* et Jean-Paul Valabrega, l'Organisation psychanalytique de langue française (OPLF), dite encore Quatrième Groupe. Spécialiste de la clinique des psychoses et représentante de la troisième génération* française, elle a fondé la revue *Topique*.

• Piera Aulagnier, *La Violence de l'interprétation*, Paris, PUF, 1975. Élisabeth Roudinesco, *Histoire de la psychanalyse en France*, vol. 2 (1986), Paris, Fayard, 1994.

AUSTRALIE

Terre d'émigration où les aborigènes furent exterminés sous le feu croisé des colons et des bagnards, eux-mêmes victimes de la barbarie pénitencière, l'Australie fut à la fois la mal-aimée de l'Empire britannique et l'un des continents d'élection de l'anthropologie* moderne. L'implantation du freudisme* s'opéra de deux manières différentes : d'une part à travers des expéditions ethnologiques au cours desquelles furent débattues les thèses freudiennes de *Totem et Tabou** – de Bronislaw Malinowski* à Geza Roheim* –, de l'autre par l'installation d'un mouvement psychanalytique soumis à l'esprit colonial anglais, et qui resta toujours limité à un petit groupe d'hommes. Ni fondateurs, ni chefs d'école, ces pionniers, autochtones ou émigrés, s'installèrent dans la dépendance à l'égard de l'International Psychoanalytical Association* (IPA), avant tout soucieux de ressembler à leurs collègues européens.

C'est en 1909 que Donald Cameron, un ancien pasteur de l'Église presbytérienne devenu médecin, organisa à Sydney un petit groupe de lecture des textes freudiens. Il donna plusieurs conférences qui suscitèrent des réactions hostiles. Deux ans plus tard, Andrew Davidson, un médecin, invita Sigmund Freud* à prononcer une conférence au Congrès médical australien de Sydney en compagnie de Carl Gustav Jung* et de Havelock Ellis*. Les trois hommes ne se déplacèrent pas mais envoyèrent des textes qui furent lus. La communication de Freud, rédigée en anglais, avait pour thème la psychanalyse*, et fut l'occasion d'une nouvelle attaque contre les thèses de Pierre Janet*. Avec une extrême concision, il rappelait que la psychanalyse avait permis de dégager l'hystérie* de toute étiologie héréditaire en lui attribuant pour cause première un conflit psychique lié à une dissociation (clivage*) ayant pour origine le refoulement*.

Après la Première Guerre mondiale commença le processus d'émigration et d'échange entre Londres et Sydney. C'est ainsi que Roy Coupland Winn (1890-1963) revint en Australie après avoir été formé à la British Psychoanalytic Society (BPS). Il fut le premier médecin australien à pratiquer la psychanalyse et à l'introduire dans le milieu hospitalier. Durant l'entre-deux-guerres, plusieurs articles, publiés dans des revues spécialisées, furent consacrés à la sexualité* infantile et à l'importance du freudisme pour la psychiatrie et la médecine.

Malgré les injonctions d'Ernest Jones*, toujours soucieux de diffuser un freudisme d'inspiration médicale et positiviste dans l'Empire britannique, les praticiens d'Europe chassés par le nazisme* ne choisirent pas l'Australie comme terre d'accueil. Seule Clara Lazar-Geroe (1900-1980), venue de Budapest, accepta de s'installer à Melbourne en 1940, devenant ainsi la première didacticienne du pays reconnue apte par l'IPA à former des élèves. Analysée par Michael Balint*, elle créa en 1952, avec Roy Winn et deux autres praticiens hongrois venus de Londres, Vera Roboz et Andrew Peto, la Société australienne de psychanalystes qui fut liée à la BPS jusqu'en 1967. A cette date, au congrès de l'IPA de Copenhague, elle fut admise comme groupe d'études. Enfin, en 1973, au congrès de Paris, elle accéda au rang de société composante sous le nom d'Australian Psychoanalytical Society (APS), disposant bientôt de trois branches (Sydney, Melbourne, Adélaïde) pour organiser un nombre très restreint de membres : soixante-deux seulement au milieu des années 1990 pour une population de dix-huit millions d'habitants.

Comme de nombreuses autres régions du monde (pays scandinaves*, Canada*, etc.), l'Australie fut, à partir des années 1960, le lieu d'un développement de toutes les théories issues de l'école anglaise ou de l'école américaine : kleinisme* (Ronald Fairbairn*), post-kleinisme (Wilfred Ruprecht Bion*), indépendants* (Michael Balint*, Donald Woods Winnicott*), *Self Psychology**.

Quinze ans plus tard, l'entrée en scène du lacanisme*, importé d'Argentine* par Oscar Zentner, modifia le paysage psychanalytique australien. En 1977, celui-ci fonda la Freudian School of Melbourne sur le modèle de la Escuela freudiana de Buenos Aires (EFBP) créée en 1974 par Oscar Masotta*, et elle-même imitée de l'École freudienne de Paris*. Comme dans tous les pays anglophones, la doctrine lacanienne fut alors enseignée à l'université, dans les départements de littérature et de philosophie, ainsi que par des groupes féministes. Sur le plan clinique, elle parvint à se développer, comme en Argentine* et au Brésil*, sur le terrain des psychothérapies* et de la psychologie, c'est-à-dire hors des circuits classiques de la médecine dans lesquels, sous l'influence de la politique jonesienne, le freudisme s'était largement installé. A cet égard, le lacanisme favorisa en Australie, contre une IPA médicalisée, l'essor de l'analyse profane*.

● Sigmund Freud, « On psycho-analysis », *SE*, XII, 205-211. Ernest Jones, *La Vie et l'œuvre de Sigmund Freud*, II (New York, 1955), Paris, PUF, 1961. F.W. Graham,

« Obituary Clara Lazar-Geroe (1900-1980) », *International Review of Psycho-Analysis*, vol. 7, Part 4, 1980, 522-523. Jacquy Chemouni, *Histoire du mouvement psychanalytique*, Paris, PUF, coll. « Que sais-je ? », 1990. Reginald T. Martin, « Australia », in *Psychoanalysis International. A Guide to Psychoanalysis throughout the World*, vol. 2, Peter Kutter (éd.), Francfort, Frommann Verlag, 1995, 27-40.

AUTISME

Allemand : *Autismus*. Anglais : *Autism*.

Terme créé en 1907 par Eugen Bleuler*, et dérivé du grec *autos* (soi-même), pour désigner le repli psychotique du sujet* sur son monde intérieur et une absence de tout contact avec l'extérieur pouvant aller jusqu'au mutisme.

On désigne par l'adjectif autiste une personne atteinte d'autisme et par l'adjectif autistique tout ce qui caractérise l'autisme. Exemple : un délire autistique, un enfant autiste.

C'est dans une lettre de Carl Gustav Jung* à Sigmund Freud*, datée du 13 mai 1907, que l'on découvre comment Bleuler forgea le terme d'autisme. Il refusait l'emploi du mot auto-érotisme* introduit par Havelock Ellis* et repris par Freud, parce qu'il considérait que son contenu était beaucoup trop sexuel. Aussi adopta-t-il le mot autisme par contraction d'auto et d'érotisme, après avoir songé à ipsisme, dérivé du latin. Freud conserva ensuite auto-érotisme pour désigner le même phénomène, tandis que Jung adopta le terme d'introversion*.

En 1911, dans son ouvrage majeur, *Dementia praecox ou groupe des schizophrénies*, Bleuler désigna par ce terme un trouble propre à la schizophrénie* et caractéristique des adultes.

En 1943, le psychiatre américain Leo Kanner (1894-1981), émigré juif et originaire de l'ancien Empire austro-hongrois, transforma l'approche de l'autisme en donnant la première description, à partir de onze observations, de ce qu'il appela l'autisme infantile précoce. Il rédigea un tableau clinique différent de celui de la schizophrénie infantile et regarda l'autisme comme une affection psychogène caractérisée par une incapacité du petit enfant, dès la naissance, à établir un contact avec son environnement. Cinq grands signes cliniques permettaient, selon lui, de reconnaître la psychose* autistique : le début précoce des troubles (dès les deux premières années de la vie), l'isolement extrême, le besoin d'immuabilité, les stéréotypies gestuelles, et enfin les troubles du langage (soit l'enfant ne parle jamais, soit il émet un jargon dénué de signification sans pouvoir distinguer aucune altérité).

Après avoir postulé une origine psychogène à l'autisme et déplacé la question du côté des troubles précoces, et donc des psychoses infantiles, Kanner évolua vers un organicisme qui le conduisit à polémiquer avec le plus grand spécialiste américain du traitement des enfants autistes : Bruno Bettelheim*.

Outre Bettelheim, c'est le courant annafreudien d'une part, avec les travaux de Margaret Mahler* sur la psychose symbiotique, et le courant kleinien de l'autre qui ont le mieux étudié et traité l'autisme, souvent avec succès, à l'aide des instruments que fournit la psychanalyse*. A cet égard, Frances Tustin apporta dans les années 1970 un regard nouveau sur la question en proposant de classer l'autisme en trois groupes : l'autisme primaire anormal, résultant d'une carence affective primordiale et caractérisé par une indifférenciation du corps de l'enfant et de celui de sa mère ; l'autisme secondaire à carapace, correspondant en gros à la définition de Kanner ; l'autisme secondaire régressif, qui serait une forme de schizophrénie sous-tendue par une identification projective*.

A partir de 1980, et malgré l'évolution de la psychiatrie vers le biologisme, le cognitivisme et la génétique, aucun travail de recherche n'est parvenu à apporter la preuve (pas plus d'ailleurs que pour ce qui concerne la schizophrénie et la psychose maniaco-dépressive*) que l'autisme véritable (lorsqu'il n'existe aucune lésion neurologique antérieure) est d'origine purement organique. En conséquence, seule la doctrine psychanalytique (toutes tendances confondues) a été capable dans ce domaine, sans exclure *a priori* l'éventualité de causes multiples, d'expliquer la dimension psychique de cette maladie et surtout de rompre avec le nihilisme thérapeutique des adeptes de l'organicisme, permettant ainsi de prendre en charge les enfants autistes dans des écoles, des cliniques et des centres spécialisés.

● Eugen Bleuler, *Dementia praecox ou groupe des schizophrénies* (Leipzig, 1911), Paris, EPEL-GREC, 1993. Carl Gustav Jung, *Correspondance I (1906-1909)*, Paris, Gallimard, 1975. Leo Kanner, « Autistic disturbances of affective contact », *Nervous Child*, 2, 1943, 217-250. Bruno Bettelheim, *La Forteresse vide* (1967), Paris, Gallimard, 1969. Frances Tustin, *Autisme et psychose de l'enfant* (Londres, 1970), Paris, Seuil, 1977. M. Rutter et E. Schopler (éd.), *L'Autisme. Une réévaluation des concepts et des traitements* (New York, 1978), Paris, PUF, 1991, Phyllis Tyson et Robert L. Tyson, *Les Théories psychanalytiques du développement de l'enfant et de l'adolescent* (New Haven, Londres, 1990), Paris, PUF, 1996. Jacques Postel, « Autisme », in *Grand Dictionnaire de la psychologie*, Paris, Larousse, 1991, 86-87. Pierre Morel (éd.), *Dictionnaire biographique de la psychiatrie*, Paris, Synthélabo, coll. « Les empêcheurs de penser en rond », 1996.

▷ ANNAFREUDISME. AUBRY Jenny. DOLTO Françoise. KLEINISME. OBJET (RELATION D'). PSYCHANALYSE DES ENFANTS. WINNICOTT Donald Woods.

AUTO-ANALYSE

Allemand : *Selbstanalyse*. Anglais : *Self-analysis*.

Dans la doctrine freudienne et dans l'histoire du mouvement psychanalytique, le statut de l'auto-analyse fut toujours aussi problématique que celui de la scientificité de la psychanalyse*. Cette nouvelle « science » inventée par Freud est en effet caractérisée par le fait qu'elle doit son existence aux énoncés d'un père fondateur, auteur et créateur d'un système de pensée.

Comme le fit remarquer Michel Foucault (1926-1984) dans une conférence prononcée en 1969, il faut à cet égard bien faire la différence entre la fondation d'un domaine de scientificité, la science se rapportant alors à l'œuvre de l'instaurateur comme à des coordonnées premières, et la fondation d'une discursivité de type scientifique, à travers laquelle un auteur instaure en son nom propre une possibilité infinie de discours susceptibles d'être réinterprétés. Dans le premier cas, le réexamen d'un texte (de Galilée ou de Darwin par exemple) change la connaissance que nous avons de l'histoire du domaine concerné (la mécanique, la biologie) sans changer le domaine lui-même, alors que dans l'autre cas c'est le contraire : le réexamen d'un texte bouleverse le domaine lui-même. Un débat interminable s'est développé dans cette perspective d'une distinction entre science « naturelle » et discursivité sur la question non pas de l'auto-analyse comme investigation de soi par soi, mais comme moment fondateur, pour Freud lui-même et donc pour le freudisme*, d'un domaine de discursivité : celui de la psychanalyse, de sa doctrine, de ses concepts.

La question de l'auto-analyse comme investigation de soi par soi fut très vite réglée par le mouvement psychanalytique. Le 14 novembre 1897, dans une lettre à Wilhelm Fliess*, Freud déclarait : « Mon auto-analyse reste en plan. J'en ai maintenant compris la raison. C'est parce que je ne puis m'analyser moi-même qu'en me servant de connaissances objectivement acquises comme pour un étranger. Une vraie auto-analyse est réellement impossible sans quoi il n'y aurait plus de maladie. Comme mes cas me posent certains autres problèmes, je me vois forcé d'arrêter ma propre analyse. »

Ces réserves incitèrent Freud à prendre ses disciples en analyse, soit pour qu'ils se soignent comme de vrais malades, soit pour qu'ils deviennent psychanalystes. Ceux-ci mirent ensuite en place les principes généraux de l'analyse didactique* et du contrôle* qui devaient ensuite permettre de donner une assise à l'essor de la profession. En conséquence, l'auto-analyse comme investigation de soi fut bannie des standards de formation, sauf en tant que prolongement de la cure.

Exceptionnellement, Freud s'intéressa à des tentatives d'auto-analyse, comme le montre son commentaire de 1926 d'un article de Pickworth Farrow consacré à un souvenir d'enfance remontant à l'âge de six mois : « L'auteur [...] ne put s'accorder avec ses deux analystes [...]. Il se tourna alors vers l'application conséquente du procédé d'auto-analyse dont je m'étais autrefois servi pour l'analyse de mes propres rêves. Ses résultats méritent d'être pris en considération à cause de sa propre originalité et de celle de sa technique. »

Après avoir solidement défini les principes de l'analyse didactique, la communauté freudienne accepta l'idée que seul Freud, en tant que père fondateur, avait réellement pratiqué une auto-analyse, c'est-à-dire une investigation de soi non précédée d'une cure. Du même coup, elle dressa un tableau des filiations* dans lequel le maître occupait une place originelle : il s'était « auto-engendré ». Ainsi l'auto-analyse cessa d'être une question théorique et clinique pour devenir la grande question historique de la psychanalyse. On s'interrogea alors exclusivement sur l'auto-analyse de Freud et donc sur la naissance et les origines de la doctrine psychanalytique.

Freud changea plusieurs fois d'avis sur la durée de cette auto-analyse, mais, quand on prend connaissance de ses lettres à Fliess, on constate qu'elle se déroula entre le 22 juin et le 14 novembre 1897. Durant cette période cruciale, le jeune médecin abandonna la théorie de la séduction* pour celle du fantasme* et donna sa première interprétation de l'*Œdipe* de Sophocle.

Comme Freud, les différents commentateurs allongèrent la durée de cette expérience originelle pour la faire débuter en 1895, avec la publication des *Études sur l'hystérie**, et en situer la fin en 1899, au moment de la parution de *L'Interprétation des rêves**. Ils soulignèrent que la période de juin à novembre 1897 correspondait à une auto-analyse « intensive ».

Une chose est certaine en tout cas, comme le fit remarquer Patrick Mahony : cette auto-analyse ne fut pas une cure par la parole mais par l'écrit. Son contenu figure dans les 301 lettres envoyées par Freud à Fliess entre 1887 et 1904. Or, cette correspondance fit l'objet d'une censure puis d'un scandale. Publiée une première fois en 1950 par Marie Bonaparte*, Ernst Kris* et Anna Freud* sous le titre *La Naissance de la psychanalyse*, elle ne contenait que 168 lettres dont seulement 30 étaient complètes. Il en manquait donc 133, qui ne seront publiées qu'en 1985, lors de la première édition non expurgée réalisée en langue anglaise par Jeffrey Moussaïev Masson.

L'étude de l'auto-analyse de Freud, de sa durée, de son contenu et de sa signification fut à cet égard l'un des enjeux majeurs de l'historiographie* freudienne, d'abord officielle, avec les travaux d'Ernest Jones* et de Didier Anzieu, puis savante, avec Ola Andersson* et Henri F. Ellenberger*, et enfin révisionniste, avec l'élucidation par Frank J. Sulloway des emprunts de Freud à Fliess.

C'est Jones qui, en 1953, popularisa le terme d'auto-analyse. Il fit de Fliess un faux savant démoniaque et illuminé, n'ayant jamais rien produit d'intéressant. Quant à Freud, il le transforma en véritable héros de la science capable de tout inventer sans rien devoir à son époque. Et pour expliquer l'amour immodéré que ce dieu portait à Satan, il se livra à une interprétation psychanalytique des plus orthodoxes : Fliess aurait occupé auprès de Freud la place d'un séducteur paranoïaque et d'un substitut paternel dont celui-ci se serait vaillamment défait par un « travail herculéen » lui permettant d'accéder à l'indépendance et à la vérité. Cette interprétation était empruntée à la fameuse déclaration de Freud à Sandor Ferenczi* : « J'ai réussi là où le paranoïaque échoue. » Elle fut adoptée, avec quelques variantes, pendant une vingtaine d'années par la communauté freudienne.

En 1959, Didier Anzieu la critiqua en évaluant l'auto-analyse de Freud à la lumière de ses travaux ultérieurs et notamment de *L'Interprétation des rêves**.

Par la suite, les travaux de l'historiographie savante modifièrent radicalement la représentation que l'on pouvait avoir de cet épisode. Ellenberger en fit un moment essentiel de toute forme de « névrose créatrice » et après lui Sulloway fut le premier, en 1979, à changer de terrain et à étudier l'auto-analyse de Freud comme l'épisode dramatique d'une rivalité scientifique entre deux hommes. Néanmoins, dans une perspective continuiste, il refusa l'idée que Freud avait inventé une nouvelle théorie de la sexualité* et de la bisexualité* et en fit un héritier de la doctrine fliessienne.

Marqué par la tradition française de l'histoire des sciences (celle d'Alexandre Koyré), Jacques Lacan* rompit radicalement en 1953 avec la conception de Jones. Dans un beau commentaire du rêve de « L'injection faite à Irma* », et sans connaître l'histoire d'Emma Eckstein*, il montra qu'à l'origine d'une découverte il y a toujours un doute fondateur. Aucun savant ne passe d'un coup de la « fausse » à la « vraie » science et toute grande découverte n'est que l'histoire d'un cheminement dialectique où la vérité est étroitement mêlée à l'erreur. Cette thèse fut également celle de Jean-Paul Sartre dans *Le Scénario Freud,* publié à titre posthume.

Dans une perspective identique, Octave Mannoni* remplaça en 1967 le terme auto-analyse par l'expression, plus juste, analyse originelle. Il souligna la place prise par les théories fliessiennes dans la doctrine de Freud et montra que la relation entre les deux hommes était l'expression d'un partage complexe entre le savoir et le délire, entre la science et le désir*.

● Sigmund Freud, *La Naissance de la psychanalyse* (Londres, 1950), Paris, PUF, 1956 ; *The Complete Letters of Sigmund Freud to Wilhelm Fliess, 1887-1904,* Cambridge, The Belknap Press of Harvard University Press, 1985 ; *Briefe an Wilhelm Fliess, 1887-1904,* Francfort, Fischer, 1986 ; « Remarque à propos d'"Un souvenir d'enfance du sixième mois de la vie" de E. Pickworth Farrow » (1926), *OC,* XVIII, 105, *GW,* XIV, 568, *SE,* XX, 280 ; et Sandor Ferenczi, *Correspondance, 1908-1914,* Paris, Calmann-Lévy, 1992. Ernest Jones, *La Vie et l'œuvre de Sigmund Freud,* 1, *1856-1900* (New York, 1953), Paris, PUF, 1957. Jacques Lacan, *Le Séminaire,* livre I, *Les Écrits techniques de Freud, 1953-1954,* Paris, Seuil, 1975. Didier Anzieu, *L'Auto-analyse de Freud* (1959), Paris, PUF, 1988. Octave Mannoni, « L'analyse originelle » (1967), in *Clefs pour l'imaginaire,* Paris, Seuil, 1969, 115-131. Michel Foucault, « Qu'est-ce qu'un auteur ? » (1969), in *Dits et Écrits,* vol. I, *1954-1969,* Paris, Gallimard, 1994, 789-821. Frank J. Sulloway, *Freud biologiste de l'esprit* (New York, 1979), Paris, Fayard, 1981. Patrick Mahony, « L'origine de la psychanalyse : la cure par écrit », *in* André Haynal (éd.), *La Psychanalyse : cent ans déjà* (Londres, 1994), Genève, Georg, 1996, 155-185.

AUTO-ÉROTISME

Allemand : *Autoerotismus.* Anglais : *Auto-erotism.*

Terme avancé par Havelock Ellis*, et repris par Sigmund Freud*, pour désigner un comportement sexuel de type infantile en vertu duquel le sujet trouve son plaisir avec son propre corps uniquement, sans recourir à quelque objet extérieur que ce soit.

▷ AUTISME. BLEULER Eugen. INTROJECTION. *LIBIDO.* NARCISSISME. SEXOLOGIE. SEXUALITÉ. *TROIS ESSAIS SUR LA THÉORIE SEXUELLE.*

AUTOMATISME MENTAL (ou PSYCHOLOGIQUE)

Ce terme est utilisé en psychiatrie ou en psychologie pour désigner le fonctionnement spontané de la vie psychique normale ou pathologique, en dehors du contrôle de la conscience* et de la volonté. La notion s'inscrit dans une conception organiciste de la maladie mentale et renvoie à une théorie héréditariste ou subliminale de l'inconscient*.

▷ GATIAN DE CLÉRAMBAULT Gaëtan. HÉRÉDITÉ-DÉGÉNÉRESCENCE. HYPNOSE. JANET Pierre. SPIRITISME.

AUTOPRÉSENTATION

▷ *SIGMUND FREUD PRÉSENTÉ PAR LUI-MÊME.*

AUTRE

Allemand : *Andere (der).* Anglais : *Other.*

Terme utilisé par Jacques Lacan* pour désigner un lieu symbolique – le signifiant*, la loi, le langage, l'inconscient*, ou encore Dieu – qui détermine le sujet* tantôt de façon extérieure à lui-même, tantôt de manière intrasubjective dans sa relation au désir*.

Il peut être écrit simplement avec une majuscule et s'oppose alors à autre avec une minuscule, défini comme autre imaginaire, ou lieu de l'altérité en miroir. Mais il peut aussi recevoir la graphie grand Autre ou grand A et s'oppose alors soit au petit autre, soit au petit a, défini comme objet (petit) a*.

Comme tous les freudiens, Lacan pose la question de l'altérité, c'est-à-dire de la relation de l'homme à son entourage, à son désir* et à l'objet dans la perspective d'une détermination inconsciente. Mais plus que les autres, il cherche à montrer ce qui distingue radicalement l'inconscient freudien – comme autre scène* ou tiers-lieu échappant à la conscience* – de toutes les conceptions de l'inconscient issues de la psychologie. C'est pourquoi il a forgé une terminologie spécifique (Autre/autre) pour distinguer ce qui relève du tiers-lieu, c'est-à-dire de la détermination par l'inconscient freudien (Autre), de ce qui relève de la pure dualité (autre) au sens de la psychologie.

C'est le 25 mai 1955, dans le cadre de l'élaboration progressive de sa topique du symbolique*, de l'imaginaire* et du réel*, lors de son séminaire annuel consacré au *Moi dans la théorie de Freud et dans la technique de la psychanalyse*, que Lacan introduit pour la première fois le terme de grand Autre en le distinguant du petit autre : « Il y a deux *autres* à distinguer, au moins deux – un autre avec un A majuscule, et un autre avec un petit a qui est le moi. L'*Autre*, c'est de lui qu'il s'agit dans la fonction de la parole. » Auparavant, en 1953, dans « Fonction et champ de la parole et du langage en psychanalyse », puis en février 1954, dans sa réponse au philosophe Jean Hyppolite (1907-1968), il confondait encore les deux termes, soulignant d'abord que « l'inconscient du sujet est le discours de l'autre » et ensuite que « l'inconscient, c'est le discours de l'Autre ».

Dans sa conception du stade du miroir* de 1936, reprise en 1938 dans *Les Complexes familiaux,* Lacan empruntait au psychologue Henri Wallon (1879-1962) cette notion tout en la transformant à la lumière de la philosophie hégélienne. Il s'agissait alors, à partir d'une théorie de l'altérité centrée sur le spéculaire et l'imaginaire, de désigner l'autre comme un autre soi-même ou comme une représentation du moi* marquée par la prévalence de la relation duelle à l'image du semblable. A quoi s'ajoutait, à travers la lecture faite par le philosophe Alexandre Kojève (1902-1968) de *La Phénoménologie de l'esprit* de Hegel, l'idée d'une dialectique de la négativité, selon laquelle toute reconnaissance de l'autre passe par une lutte à mort. Dans ce cas, l'autre n'a aucune existence puisque le désir de l'homme se définit avant tout comme le désir de chaque individu de faire reconnaître son désir de façon absolue, quitte à annuler l'autre (autrui) au cours d'un processus de mise à mort.

Après 1949, date à laquelle, sur la lancée de sa lecture des *Structures élémentaires de la parenté* de Claude Lévi-Strauss, Lacan théorise sa notion de symbolique, apparaît une autre conception de l'altérité, qui débouche sur l'invention du terme de grand Autre et se sépare de toutes les conceptions post-freudiennes de la relation d'objet* en vigueur à l'époque. Au-delà des représentations du moi, spéculaires ou imaginaires, le sujet est déterminé, selon Lacan, par un ordre symbolique désigné comme « lieu de l'Autre » et parfaitement distinct de ce qui relève d'une relation à l'autre. D'où l'idée affirmée, dans ce même séminaire de l'année 1954-1955, qu'« il n'y a pas de métalangage ». Autrement dit, il n'y a pas de détermination antérieure au langage qui puisse garantir l'existence d'un langage.

Dans le cadre de sa conception structuraliste des années de la maturité (1950-1965), où la théorie de l'inconscient freudien est revue et corrigée à la lumière de la linguistique saussurienne, Lacan établit un lien entre le désir, le sujet, le signifiant* et la question de l'Autre. En 1955, dans « La chose freudienne ou Sens d'un retour à Freud en psychanalyse », il définit l'Autre comme le lieu où se constitue le sujet. Il s'agit alors de montrer que celui-ci est représenté par le signifiant dans une chaîne qui le détermine. En mai 1956, dans son séminaire sur les psychoses, Lacan parle de « l'Autre absolu » comme celui dont nous ne « pouvons jamais savoir s'il ne nous trompe pas ». Il s'agit de montrer sous quelle forme Dieu est interpellé dans le discours délirant de Daniel Paul Schreber*, c'est-à-dire dans la folie* et plus généralement dans cette forme « logique » de folie qu'est la paranoïa*. Schreber, le fou mystique, s'est transformé en femme pour subir l'accouplement avec Dieu. A travers son histoire, on voit que la relation extatique à l'Autre, dans la folie, n'est possible, selon Lacan, que par un auto-anéantissement du sujet et un surgissement de l'hétérogénéité radicale d'un Autre absolu sous la figure d'un Dieu terrifiant.

Deux ans plus tard, dans « La psychanalyse et son enseignement », Lacan ajoute à cette définition l'idée d'une relation de communication inversée : «L'inconscient est le discours de l'Autre où le sujet reçoit sous la forme inversée qui revient à la promesse son propre message oublié. » De même qu'il n'y a pas de garantie à l'existence du langage hors du langage lui-même, il n'y a pas de transparence de la communication. Le langage n'est pas un instrument mais bien la condition de production de toute forme de communication.

En 1957, dans « La direction de la cure et les principes de son pouvoir », Lacan élargit sa définition à la relation transférentielle. L'Autre devient alors cette *autre scène* (l'inconscient) décrite par Freud mais comprise, selon la terminologie lacanienne, comme un « lieu de déploiement de la parole » où le « désir de l'homme est le désir de l'Autre ». Le sujet se demande « que veut l'Autre » et, dans cette interrogation, il interroge sa propre identité, sexuelle notamment.

Il y a cependant une véritable tragédie du désir, que Lacan commente toujours de manière très hégélienne en puisant ses exemples dans la littérature. Durant l'année

1958-1959, dans son séminaire *Le Désir et son interprétation*, il prend pour objet d'étude, à la suite d'Ernest Jones*, le personnage de Hamlet et, en 1964-1965, il s'intéresse au pari de Pascal dans son séminaire *Problèmes cruciaux pour la psychanalyse*. Dans les deux cas, il élabore des variations sur le thème du métalangage impossible et de l'absence de référence originelle susceptible de garantir l'exercice de la vérité : « Il n'y a pas d'Autre de l'Autre. » En effet, la pièce de Shakespeare met en scène l'impossibilité d'agir. Hamlet ne se résout pas à tuer Claudius, le meurtrier de son père et l'amant de sa mère, et ne parvient pas à aimer Ophélie. Quant au père mort, il est condamné à l'errance en quête d'un impossible rachat.

Dans son célèbre dialogue de l'article III des *Pensées*, Pascal conclut à la nécessité pour l'homme de parier sur l'existence de Dieu : « Pesons le gain et la perte en prenant choix que Dieu est. Estimons ces deux cas : si vous gagnez, vous gagnez tout ; si vous perdez, vous ne perdez rien. » Comme à propos de Hamlet, Lacan souligne ici la tragédie du désir dans l'histoire du christianisme : le pari pascalien est une tentative désespérée du jansénisme pour résoudre la question de la défaillance. Celle-ci est à l'image de la défaillance du père, dont la fonction s'est abaissée en Occident. Il y a donc défaillance du lieu de l'Autre. L'Autre (Dieu ou père) ne répond pas, ne donne aucune garantie. Le pari de Pascal est moins l'affirmation de la certitude du salut par la grâce qu'une interrogation pathétique du sujet face à l'absence de Dieu et à son impossible incarnation au lieu de l'Autre.

Cette thèse est reprise en 1968-1969 dans le séminaire *D'un Autre à l'autre,* mais aussi en 1975 dans *Encore*. Dans ce séminaire, Lacan fait le lien entre sa théorie de la sexualité féminine* comme « supplément » impossible à symboliser et la question de la relation extatique à l'Autre. A partir d'un commentaire de la sculpture du Bernin *L'Extase de sainte Thérèse*, il montre que la différence des sexes*, selon la conception freudienne d'une *libido** unique, est une affaire de signification. L'homme et la femme occupent chacun une fonction signifiante et ne sont distincts sexuellement que par référence à un signifiant de la différence : entre fonction phallique et jouissance* féminine (supplément). L'Autre devient alors « l'Autre sexe », c'est-à-dire le lieu à partir duquel s'énonce pour chaque sujet une différence. Dans la mystique chrétienne, qui confine à la folie, Dieu est le support d'une jouissance que l'on peut qualifier de féminine. Le mystique éprouve en effet une jouissance, mais ne peut rien en dire. Il la rapporte à Dieu comme lieu de l'Autre. A cet égard, le discours mystique est « féminin » : il se produit chez l'homme – Jean de la Croix par exemple – *malgré* le phallus*, quand surgit l'idée qu'il y a un « au-delà » de la fonction phallique. De même que Schreber, le paranoïaque, se transforme en femme pour copuler avec Dieu, de même le mystique fait l'épreuve du passage à un supplément pour aller à Dieu. On voit ici de quelle manière, pour forger ses concepts, Lacan utilise sa culture chrétienne – catholique, romaine, baroque – un peu comme Freud mobilise sans cesse l'enseignement issu de la tradition juive.

Dans le cadre de la relève logicienne de ses propres concepts, Lacan aura tendance à donner un contenu de plus en plus algébrique à sa théorie de l'Autre en utilisant des graphes. Ainsi, dès 1960, dans « Subversion du sujet et dialectique du désir », il commence à traduire les formules « Le désir de l'homme est le désir de l'Autre » et

« Il n'y a pas d'Autre de l'Autre », en faisant pivoter les fonctions S (sujet qui peut être ou non « barré »), s (signifiant), a et A. Progressivement, c'est cette algèbre que l'on retrouvera, souvent utilisée de façon dogmatique, dans les ouvrages des différents groupes lacaniens.

• Jacques Lacan, *Écrits*, Paris, Seuil, 1966. *Les Complexes familiaux dans la formation de l'individu* (1938), Paris, Navarin, 1984 ; *Le Séminaire*, livre I, *Le Moi dans la théorie de Freud et dans la technique de la psychanalyse* (1953-1954), Paris, Seuil, 1977 ; *Le Séminaire*, livre III, *Les Psychoses* (1955-1956), Paris, Seuil, 1981 ; *Le Séminaire*, livre XX, *Encore* (1972-1973), Paris, Seuil, 1975 ; *Le Séminaire*, livre VI, *Le Désir et son interprétation* (1958-1959), inédit : les passages sur Hamlet figurent dans *Ornicar ?*, 24, 1981, 25, 1982, 26-27, 1983 ; *Le Séminaire*, livre XII, *Problèmes cruciaux de la psychanalyse* (1964-1965), inédit ; *Le Séminaire*, livre XVI, *D'un Autre à l'autre* (1968-1969), inédit.

▷ MOI. OBJET (BON ET MAUVAIS). OBJET TRANSITIONNEL. ŒDIPE (COMPLEXE D').

AUTRICHE

▷ VIENNE.

AVENIR D'UNE ILLUSION (L')

Ouvrage de Sigmund Freud* publié en 1927 sous le titre *Die Zukunft einer Illusion*. Traduit pour la première fois en français en 1932 par Marie Bonaparte* sous le titre *L'Avenir d'une illusion*, puis en 1994 par Anne Balseinte, Jean-Gilbert Delarbre et Daniel Hartmann sans changement de titre. Traduit en anglais pour la première fois en 1928 par W.D. Robson-Scott sous le titre *The Future of an Illusion*, repris par James Strachey* en 1961 sans modification.

Dans l'œuvre de Sigmund Freud*, *L'Avenir d'une illusion* fait suite à la publication, en 1926, de *La Question de la psychanalyse profane**, et précède la parution, en 1930, de *Malaise dans la culture**. Au cœur de cette trilogie apparaît une thématique commune, comme le montre une lettre de l'auteur à Oskar Pfister*, datée du 25 novembre 1928. Freud précise dans ce courrier qu'en traitant de l'analyse profane* il entendait protéger la psychanalyse* contre les médecins alors que dans *L'Avenir d'une illusion* il cherche à la défendre contre les prêtres.

Le titre du livre est emprunté à la pièce de théâtre de Romain Rolland* *Liluli*, et Rolland s'appuiera sur l'ouvrage de Freud pour soutenir sa thèse d'un « sentiment océanique », forme première d'un besoin de religieux chez tout homme. A son tour, dans le *Malaise*, Freud discutera la validité des positions de Rolland.

Avec *L'Avenir*, il revient en tout cas sur le thème de la religion considérée dans sa dimension d'acte de foi et de croyance, perspective qu'il a déjà examinée en 1907 dans l'article « Actes obsédants et exercices religieux » où il assimilait la religion à une névrose obsessionnelle*.

Dès les premiers chapitres, Freud aborde un domaine beaucoup plus large que celui de la seule religion. Il traite en effet de l'opposition entre la nature et la culture entendue comme l'ensemble des savoirs et des techniques acquis par l'homme pour dominer les forces de la nature. Il observe que la culture, le plus souvent imposée à la masse des hommes par une minorité éclairée, doit, pour s'édifier, mettre en place un système de contraintes destinées à favoriser le renoncement pulsionnel. Même si les hommes trouvent dans la culture une protection contre les forces menaçantes et destructrices de la nature, ils n'en demeurent pas moins hostiles aux privations que leur impose la culture, notamment dans le domaine des relations humaines, et cela au point de se demander parfois si la culture mérite d'être défendue.

Une telle situation, remarque Freud, n'est pas nouvelle : on en trouve le modèle originel dans l'enfance. Le couple parental, le père en particulier, assure un rôle protecteur tout en demeurant redoutable par les interdits qu'il énonce. En outre, comme l'enfant, le sujet humain doit trouver le moyen de se prémunir contre certaines forces de la nature que la culture ne peut contenir, la mort en particulier. Pour cela, il cherche à humaniser ces forces terrorisantes, à en faire des pères, et plus encore des dieux, qui devront lui assurer un dédommagement au regard des souffrances qu'il a endurées du fait des contraintes que la culture lui a imposées.

La question se pose alors du sens de ce mouvement de déification, du fondement de ces idées religieuses et des raisons pour lesquelles elles sont tellement prisées par les hommes.

La seconde partie du livre traite de ces trois points sous la forme d'un dialogue avec un interlocuteur fictif qui n'est autre que le pasteur Pfister, psychanalyste et ami de Freud. Cette forme, dont Freud dit qu'elle est destinée à lui éviter les désagréments propres au monologue, ceux d'une assurance exagérée et du refus de toute objection, paraît en réalité avoir constitué pour lui un moyen de ménager la susceptibilité de Pfister.

Les idées religieuses constituent la réalisation des souhaits les plus anciens de l'humanité, et d'abord celui d'être protégé de la toute-puissance de la nature sans avoir à supporter les limitations et les privations apportées par la culture. Mais un tel résultat est impossible : il ne peut donc s'agir que d'une illusion. En ce point, nouveau souci de ménagement de la sensibilité de Pfister, Freud souligne qu'une illusion n'est pas une erreur et qu'elle n'est pas non plus assimilable à une idée délirante (qui se caractérise par le fait d'être en totale contradiction avec la réalité). L'illusion, précise Freud, n'est pas nécessairement fausse, elle se caractérise par le fait d'être un produit des désirs humains : qu'une jeune fille de condition modeste rêve d'épouser un prince, cela parle du désir de cette jeune fille sans être totalement faux puisqu'il existe toujours une possibilité, si infime soit-elle, que ce rêve se réalise. L'illusion n'a pas besoin, pour se maintenir, d'être confirmée par le réel. Freud souligne en ce point que « les doctrines religieuses sont toutes des illusions » et que l'« on ne peut pas plus les réfuter que les prouver ».

Mais si l'homme a un tel besoin de la religion pour s'illusionner, l'argumentation freudienne, qui dénonce le procédé, ne risque-t-elle pas de le déstabiliser ? A cette question prêtée à son interlocuteur imaginaire Freud s'empresse de répondre que les philosophes des Lumières ont déjà tout dit sur le sujet et que son apport à lui consiste simplement en l'adjonction d'une dimension psychologique à leur argumentation.

Autre question : cette entreprise ne risque-t-elle pas de nuire à la psychanalyse ? La réponse est éloquente, empreinte de positivisme. La psychanalyse est un moyen d'investigation scientifique, « un instrument impartial, semblable, pour ainsi dire, au calcul infinitésimal ». En cela, elle n'est pas plus responsable de ce qu'elle met en évidence que le calcul infinitésimal dans l'hypothèse où il permettrait à un physicien de découvrir l'anéantissement futur de la planète.

Malicieusement, Freud fait observer que la lutte contre l'illusion religieuse devrait parer aux effets négatifs de la pédagogie contemporaine, laquelle, par son souci de retarder le développement sexuel et de renforcer l'emprise de l'influence religieuse, contribue à affaiblir la pensée de ceux qu'elle est censée former.

Enfin, puisque la religion est comparable à une névrose infantile, le psychanalyste, conclut Freud, peut laisser libre cours à son optimisme en supposant que, comme l'enfant, l'humanité parviendra à surmonter cette phase névrotique.

Sans se départir de son humour ni de son admiration pour Freud, Pfister lui répondra dans un article intitulé « L'illusion d'un avenir », paru dans *Imago** en 1928. Il y explique que la critique freudienne confond la religion et la foi, et que la position de Freud est elle-même une illusion.

Cinquante ans plus tard, l'optimisme freudien peut paraître léger comparé au renouveau des forces religieuses à travers le monde. Mais du fait même de ce retour de la religiosité, cet ouvrage, dont Freud, dépressif, soulignait la faiblesse, reprochant à René Laforgue* d'en surestimer la portée, pourrait bien trouver une nouvelle actualité, par-delà les limites positivistes et anticléricales dans lesquelles il a été enfermé.

● Sigmund Freud, « Actes obsédants et exercices religieux » (1907), in *L'Avenir d'une illusion* (1927), *OC*, XVIII, 141-197, *GW*, XIV, 325-380, *SE*, XXI, 5-56 ; *La Question de l'analyse profane* (1926), *OC*, XVIII, 2-92, *GW*, XIV, 209-286, *SE*, XX, 183-258 ; *Le Malaise dans la culture* (1930), *OC*, XVIII, 245-333. *GW*, XIV, 421-506, *SE*, XXI, 64-145 ; *Correspondance de Sigmund Freud avec le pasteur Pfister (1909-1939)* (Francfort, 1963), Paris, Gallimard, 1966 ; « Correspondance entre Sigmund Freud et René Laforgue » (1923-1937), *Nouvelle Revue de psychanalyse*, 1977, XV, 251-314. Peter Gay, *Freud. Une vie* (New York, 1988), Paris, Hachette, 1991. Ernest Jones, *La Vie et l'œuvre de Sigmund Freud* (New York, 1957), vol. 3, Paris, PUF, 1969. Henri Vermorel et Madeleine Vermorel, *Sigmund Freud et Romain Rolland, Correspondance, 1923-1936*, Paris, PUF, 1993.

▷ ÉGLISE. HAITZMANN Christopher.

B

BABINSKI Joseph (1857-1932)
médecin et neurologue français

Né à Paris dans une famille d'émigrés polonais et catholiques, Joseph Babinski fut l'élève préféré de Jean Martin Charcot*. Sur le célèbre tableau d'André Brouillet (1857-1920) *Une leçon clinique à la Salpêtrière,* on le voit, à la gauche du maître, lors d'une séance d'hypnotisme*, retenant une femme hystérique (Blanche Wittmann) plongée dans le sommeil. En 1901, huit ans après la mort de Charcot, il révisa sa définition de l'hystérie* en lui donnant le nom de pithiatisme, du grec *peithos* (persuasion) et *iatos* (guérissable). Ce démembrement, qui évacuait notamment l'étiologie sexuelle construite par Sigmud Freud* et ravivait le débat sur la simulation, était en fait la conséquence de la décision de Babinski de s'engager dans la voie de la fondation de la neurologie moderne.

En effet, pour délimiter avec précision le domaine d'une sémiologie lésionnelle, il fallait dynamiter l'enseignement de Charcot en l'amputant de ses recherches sur l'hystérie, et en laissant ainsi aux psychiatres, et non plus aux neurologues, le soin d'une névrose* considérée dès lors comme une maladie mentale.

A partir de 1908, la notion de pithiatisme fut longuement discutée en France par les grands noms de la psychiatrie dynamique*. Autour de 1925, le mot tomba en désuétude : les surréalistes célébrèrent cette année-là le cinquantenaire de l'hystérie et de l'implantation des thèses freudiennes.

● Élisabeth Roudinesco, *Histoire de la psychanalyse en France*, vol. 1 (1982), Paris, Fayard, 1994. Pierre Morel (éd.), *Dictionnaire biographique de la psychiatrie*, Paris, Synthélabo, coll. « Les empêcheurs de penser en rond », 1996.

▷ *CONTRIBUTION À LA CONCEPTION DES APHASIES*. FRANCE. JACKSON Hughlings. SEXUALITÉ.

BALINT Michael, né Mihaly Bergsmann (1896-1970)
médecin et psychanalyste anglais

Né à Budapest dans une famille de la petite bourgeoisie juive, Michael Bergsmann était le fils d'un médecin généraliste qui avouait sa déception de ne pas avoir accédé à une spécialisation. Aimé de sa mère, une femme simple et intelligente, le jeune Michael entra en opposition avec l'autorité paternelle mais décida néanmoins de faire des études de médecine. Comme de nombreux Juifs hongrois dont les ancêtres avaient adopté des noms allemands, il décida à la fin de la guerre de se « magyariser » pour affirmer ainsi son appartenance à la nation hongroise. Il prit donc le patronyme de Balint. A l'université, il fit la connaissance d'Alice Székely-Kovacs, étudiante en ethnologie, qui éveilla son intérêt pour la psychanalyse*.

La mère de celle-ci, Wilma Prosnitz, mariée très jeune à un homme qu'elle n'aimait pas (Székely), avait épousé en deuxièmes noces Frederic Kovacs, un architecte rencontré dans un sanatorium où elle se faisait soigner de la tuberculose. Lui-même était en traitement chez Georg Groddeck* pour soigner des troubles somatiques divers. Après son mariage, il avait adopté les trois enfants de Wilma, et celle-ci était devenue psychanalyste sous le nom de Wilma Kovacs (1882-1940) après avoir fait une analyse avec Sandor Ferenczi* qui l'avait guérie d'une grave agoraphobie.

En 1921, Michael épousa Alice et tous deux s'installèrent à Berlin. Analysé par Hanns Sachs* et contrôlé par Max Eitingon*, dans le cadre du prestigieux Berliner Psychoanalytisches Institut* (BPI), Balint s'orienta vers la médecine psychosomatique* en soignant des patients à l'hôpital de la Charité. Puis il regagna Budapest où il refit une tranche d'analyse avec Ferenczi. Cinq ans après la mort de celui-ci, il prit la route de l'exil et arriva en 1939 à Manchester avec sa femme et son fils. Obligé, comme tous les émigrés, de refaire ses études de médecine, il eut à affronter, outre l'exil, la douleur de perdre d'un coup presque tous les membres de sa famille. Alice Balint (1898-1939), sa femme, et Wilma Kovacs, sa belle-mère, à laquelle il était très attaché, moururent à un an d'intervalle. Après la guerre, il apprit que ses parents s'étaient suicidés pour échapper à la déportation.

Après quelques années de célibat, Balint se remaria avec une ancienne analysante, Edna Oakeshott, devenue psychanalyste. Sans doute la situation n'était-elle pas bien confortable et le couple ne tarda pas à éprouver des difficultés.

A partir de 1946, Balint changea de vie. Installé à Londres, il commença à travailler à la Tavistock Clinic où il rencontra les grands « ténors » de l'école psychanalytique anglaise : John Rickman*, Wilfred Ruprecht Bion*. C'est là aussi qu'il fit la connaissance d'Enid Albu-Eichholtz, sa troisième femme. Analysée par Donald

Woods Winnicott*, Enid Balint (1904-1994) initia Michael à une nouvelle technique : le *case work.* Il s'agissait de commenter et d'échanger des récits de cas au sein de groupes composés de médecins et de psychanalystes. Cette expérience donna naissance à ce qu'on a appelé les groupes Balint. Malgré leur séparation en 1953, Michael et Enid continuèrent à travailler ensemble.

Dans la double lignée de Ferenczi et de l'école anglaise, Balint définit une notion nouvelle, le « défaut fondamental », désignant sous cette appellation une « zone » préœdipienne caractérisée par l'absence, chez certains sujets, d'une partie tierce structurante et donc de toute réalité objectale extérieure. Le sujet* est alors seul et son principal souci est de créer quelque chose à partir de lui-même. L'existence de ce défaut ne permet pas l'instauration d'un contre-transfert*. L'analyste est donc obligé dans ce cas de procéder à un réaménagement du cadre technique qui permette d'accepter la régression du patient.

Les groupes Balint permirent par ailleurs d'étendre la technique psychanalytique* à une meilleure compréhension des relations entre les médecins et les malades, notamment sur le terrain hospitalier, dans les services de pédiatrie et de médecine générale. Ils contribuèrent également à l'humanisation des deux disciplines. C'est pourquoi ils eurent un tel succès, non seulement en Grande-Bretagne*, mais dans tous les autres pays, et plus particulièrement en France* où la psychanalyse était moins inféodée à la psychiatrie.

En 1954, il fut le premier invité étranger de la Société française de psychanalyse (SFP). C'est à cette occasion que Ginette Raimbault fit sa connaissance. Élève de Jenny Aubry* et membre de l'École freudienne de Paris* (EFP), elle introduisit la pratique des groupes Balint à l'hôpital des Enfants-Malades en 1965, dans le cadre du service du professeur Pierre Royer. Enid et Michael Balint assistèrent à plusieurs réunions. Et c'est Judith Dupont, membre de l'Association psychanalytique de France (APF), petite-fille de Wilma Kovacs, fille d'Olga Dormandi (née Székely) et nièce d'Alice Balint, qui traduisit son œuvre en français tout en devenant exécutrice testamentaire de celle de Ferenczi. Tout cela contribua à l'affirmation de l'école hongroise en France et à l'essor d'un courant particulier de l'historiographie* freudienne, dont on trouve la trace dans la revue *Le Coq Héron,* créée en 1971. En Suisse*, André Haynal, après avoir reçu d'Enid Balint des manuscrits et des correspondances, ouvrit à Genève les Archives Balint.

Grand technicien de la cure, Balint sut allier l'esprit novateur de son maître Ferenczi à la tradition clinique de l'école anglaise. A cet égard, il fut bien le « Hongrois sauvage » de la British Psychoanalytical Society (BPS), dont il critiqua avec beaucoup d'humour les rituels et la sclérose, rendant hommage, à la première occasion, aux mœurs plus libérales de l'ancienne société de Budapest : « Sa gentillesse, son humanité, sa compréhension, écrit André Haynal, sa répugnance aux relations autoritaires ou de dépendance n'avaient d'égale que son indépendance d'esprit. Sa conviction que la psychanalyse doit pouvoir évoluer grâce à l'apport de penseurs indépendants, animés d'un désir exclusif de vérité [...] l'a persuadé qu'elle est l'une des disciplines les plus importantes qui soient, au service de l'homme et de l'humanité. Par conséquent, il fut très affecté par la petitesse de certaines personnes engagées dans ses recherches. »

● Michael Balint, *Le Médecin, son malade et la maladie* (Londres, 1957), Paris, Payot, 1960 ; *Amour primaire et technique psychanalytique* (Londres, 1965), Paris, Payot, 1972 ; *Le Défaut fondamental. Aspects thérapeutiques de la régression* (Londres, 1968), Paris, Payot, 1971 ; *Six Minutes par patient. Interactions en consultation de médecine générale* (Londres, 1973), Paris, 1976 ; et Enid Balint, *Techniques psychothérapeutiques en médecine* (Londres, 1961), Paris, Payot, 1966 ; et E. Balint, E. Gosling, R. et P. Hildebrand, *Le Médecin en formation* (Londres, 1966), Paris, Payot, 1979 ; *La Psychothérapie focale. Un exemple de psychanalyse appliquée* (Londres, 1972), Paris, Payot, 1975. Ginette Raimbault, *Médecins d'enfants*, Paris, Seuil, 1973. André Haynal, *La Technique en question. Controverses en psychanalyse*, Paris, Payot, 1987 ; « Centenaire : Michael Balint 1896-1970 », *Psychothérapies*, vol. XVI, 4, 1996, 233-235.

BARANGER Willy (1922-1994)
psychanalyste argentin

Né à Bône en Algérie, Willy Baranger fit ses études de philosophie à Toulouse et émigra en Argentine* en 1946. A Buenos Aires, il s'intégra à l'Asociación Psicoanálitica Argentina (APA) pour s'installer ensuite en Uruguay où il créa l'Asociación Psicoanálitica del Uruguay (APU). De retour à Buenos Aires en 1966, il publia plusieurs ouvrages d'inspiration kleinienne et s'intéressa tout particulièrement à l'œuvre de Jacques Lacan*.

BASAGLIA Franco (1924-1980)
psychiatre italien

Dans l'histoire de l'antipsychiatrie*, Franco Basaglia occupe une position très différente de celle de Ronald Laing* et de David Cooper*, du fait de la situation très particulière de la psychanalyse* en Italie*. Autant, en effet, Laing et Cooper cherchèrent à détruire l'institution asilaire à partir d'une réflexion existentielle sur le statut de la schizophrénie*, autant Basaglia fut d'abord un militant politique dont la trajectoire s'inscrit dans l'histoire du marxisme et du communisme*. A cet égard, à la différence de Cooper et surtout de Laing, qui furent profondément marqués par l'école anglaise de psychanalyse, Basaglia n'eut pratiquement aucune relation avec le freudisme qu'il considérait comme une doctrine « bourgeoise » et comme le véhicule privilégié d'une conception capitaliste de l'adaptation de l'individu à la société.

Issu d'une famille vénitienne et formé à la psychiatrie à Padoue, Basaglia fut nommé en 1961 directeur de l'hôpital psychiatrique de Gorizia, petite ville italienne située près de la frontière yougoslave. S'inspirant des travaux du psychiatre anglo-américain Maxwell Jones (1907-1990) sur les communautés thérapeutiques, il mit en œuvre une pratique nouvelle de la folie*, considérant celle-ci non pas comme une maladie mentale mais comme le résultat d'une marginalisation économique. Sa critique radicale de toute forme d'institution asilaire le conduisit dix ans plus tard à créer l'association Psichiatria democratica. Ses thèses furent vigoureusement défendues et partagées par une bonne partie de la gauche italienne.

En poste à l'hôpital de Trieste, il poursuivit ses expériences, substitua à l'enfermement des placements thérapeutiques en milieu ouvert (appartements et lieux d'habitation collectifs) et démontra l'inutilité tant de l'asile classique que de l'acharnement pharmacologique dans le traitement de la folie.

En 1979, son expérience fut couronnée de succès : après une large consultation menée par les partis politiques auprès des psychiatres, une loi fut votée par le parlement qui supprimait l'hôpital psychiatrique et réintégrait les malades mentaux soit à l'hôpital général, soit dans des communautés thérapeutiques.

Comme toutes les expériences du mouvement antipsychiatrique, celle de Basaglia fut par la suite mise en cause par le retour des thèses organicistes et par l'utilisation massive de la pharmacologie.

• Franco Basaglia, *L'Institution en négation* (Turin, 1968), Paris, Seuil, 1970. Frank Chaumon et *alii*, « Psychiatrie », *Encyclopaedia universalis*, 1981, 327-333, et « Franco Basaglia (1924-1980) », *ibid.*, 527-528.

▷ BION Wilfred Ruprecht. BURROW Trigant.

BATESON Gregory (1904-1980)
anthropologue américain

Né à Cambridge et fils d'un grand généticien, Gregory Bateson fit d'abord des études de zoologie avant de s'orienter vers l'anthropologie*. Il partit sur le terrain en Nouvelle-Guinée, puis chez les populations du fleuve Sépik où en 1932 il rencontra Margaret Mead* qui deviendra sa femme.

D'abord spécialiste de l'analyse des rituels et des relations entre les hommes et les femmes, Bateson se tourna ensuite vers l'étude de la folie* puis s'installa en Californie, au Veteran's Hospital de Palo Alto, où il se consacra au traitement et à l'observation des familles de schizophrènes, ce qui fit de lui un pionnier de l'antipsychiatrie* et de la thérapie familiale*. Dans la perspective de l'École dite de Palo Alto, il expliquait que la schizophrénie* était le résultat d'un dysfonctionnement fondé sur ce qu'il appelait le *double bind* (double contrainte*). L'expression fit fortune et fut reprise ensuite par tous les cliniciens de la schizophrénie.

• Gregory Bateson, *La Cérémonie du naven* (Cambridge, 1936), Paris, Minuit, 1971 ; *Vers une écologie de l'esprit* (New York, 1972), vol. I, Paris, Seuil, 1977, vol. II, Paris Seuil, 1980 ; *Perceval le fou. Autobiographie d'un schizophrène* (Londres, 1962), Paris, Payot, 1975.

▷ CULTURALISME.

BAUDOUIN Charles (1893-1963)
psychanalyste suisse

Né à Nancy, Charles Baudouin fit des études de lettres puis vint à Genève en 1915, attiré par l'essor de l'Institut Jean-Jacques-Rousseau. C'est là qu'il découvrit la psychanalyse*. Formé par Carl Picht, un jungien, puis par Charles Odier*, il se vit intenter en 1920 un procès pour exercice illégal de la médecine après avoir donné des « cours » d'initiation à la suggestion*. Henri Flournoy* s'opposa à sa candidature à la Société psychanalytique de Paris (SPP).

Auteur d'une trentaine d'ouvrages et d'articles d'inspiration psychobiographique, il fonda les Éditions du Mont-Blanc, où furent publiées les œuvres de certains psychanalystes de la première génération française. Créateur en 1924 d'un institut international de « psychagogie », il chercha à concilier la pratique de la psychanalyse avec celles de la suggestion* et de la méthode d'Émile Coué (1857-1926), lui-même adepte d'une psychothérapie* fondée sur la maîtrise de soi par la volonté et l'autosuggestion. Baudouin voulut toujours rester proche à la fois des théories freudiennes et de celles de Pierre Janet* ou de Carl Gustav Jung*.

● Charles Baudouin, *Psychologie de la suggestion et de l'auto-suggestion*, Neuchâtel, Delachaux et Niestlé 1924 ; *Psychanalyse de Victor Hugo* (Genève, 1943), Paris, Armand Colin, 1972 ; *L'Œuvre de Jung*, Paris, Payot, 1963. Mireille Cifali « De quelques remous helvétiques autour de l'analyse profane », *Revue internationale d'histoire de la psychanalyse*, 3, 1990, Paris, PUF, 145-157.

▷ ANALYSE PROFANE. *QUESTION DE L'ANALYSE PROFANE (LA).*

BAUER Ida, épouse Adler (1882-1945), cas « Dora »

Première grande cure psychanalytique menée par Sigmund Freud*, avant celles de l'Homme aux rats (Ernst Lanzer*) et de l'Homme aux loups (Sergueï Constantinovitch Pankejeff*), l'histoire de Dora, rédigée en décembre 1900 et janvier 1901, et publiée quatre ans plus tard, se déroule entre l'écriture de *L'Interprétation des rêves** et celle des *Trois Essais sur la théorie sexuelle**. A l'origine, Freud voulait donner à ce « Fragment d'une analyse d'hystérie » le titre de « Rêve* et hystérie* ». A travers ce cas, il cherchait à prouver la validité de ses thèses sur la névrose* hystérique – étiologie sexuelle, conflit psychique, hérédité syphilitique – et exposer la nature du traitement psychanalytique, bien différent de la catharsis* et de l'hypnose*, et désormais fondé sur l'interprétation* du rêve et la libre association*.

Au fil des années, le texte a acquis un statut particulier : il s'agit en effet du document clinique le plus commenté depuis sa parution. Des dizaines d'articles, plusieurs livres, un roman et une pièce de théâtre ont été écrits sur Dora, et le cas de cette jeune fille est devenu l'objet privilégié des études féministes. Il a d'ailleurs souvent été rapproché de celui de Bertha Pappenheim*. La plupart des commentateurs ont remarqué que cette cure était moins « réussie » que les deux autres. Freud a eu en effet beaucoup de difficultés avec sa patiente, et il ne les a pas masquées. Comme le remarque Patrick Mahony à propos d'Ernst Lanzer : « Lorsqu'on compare les contre-transferts* de Freud avec ses principaux patients, on a le sentiment qu'il avait plus de sympathie pour l'Homme aux rats qu'à l'égard de Dora ou de l'Homme aux loups. Si Freud fut un procureur avec Dora, il fut un éducateur amical avec Lanzer. »

Pour la publication de cette première cure exclusivement psychanalytique menée avec une jeune fille vierge âgée de 18 ans, Freud prend des précautions inouïes. A cette époque en effet, la croisade menée contre le freudisme* consiste à faire passer la psychanalyse* pour une doctrine pansexualiste ayant pour objectif de faire avouer par suggestion* à des patients (et surtout à des femmes) des « cochonneries » sexuelles inventées par les psychanalystes eux-mêmes. En Grande-Bretagne* et au Canada* par exemple, Ernest Jones* fera les frais de telles accusations.

Dès son introduction, Freud décide donc de répondre par avance à ce type d'objections en montrant que sa théorie n'est pas une diablerie destinée à pervertir les femmes et les jeunes filles : « On peut parler de toutes les questions sexuelles avec les jeunes filles et les femmes sans leur nuire et sans se rendre suspect, à condition toutefois d'adopter d'abord une certaine manière de le faire et ensuite d'éveiller en elles la conviction que la chose est inévitable [...]. La meilleure manière de parler de ces choses est la manière sèche et directe ; elle est en même temps la plus éloignée de la lubricité avec laquelle ces sujets sont traités dans la "société", lubricité à laquelle les femmes et les jeunes filles sont très bien habituées. Je donne aux organes et aux phénomènes leurs noms techniques et je communique ces noms dans les cas où ils sont inconnus. » Et il ajoute en français : « J'appelle un chat un chat. »

L'histoire d'Ida Bauer est celle d'un drame bourgeois tel qu'on en trouve dans les comédies de boulevard de la fin du XIXe siècle : un mari faible et hypocrite trompe sa femme, une ménagère stupide, avec l'épouse d'un de ses amis rencontrée en villégiature à Merano. D'abord jaloux puis indifférent, l'époux trompé essaie d'abord de séduire la gouvernante de ses enfants. Puis, il tombe amoureux de la fille de son rival et lui fait la cour lors d'un séjour dans sa résidence secondaire située au bord du lac de Garde. Horrifiée, celle-ci le rejette, lui flanque une gifle et raconte la scène à sa mère pour qu'elle en parle à son père. Ce dernier interroge alors le mari de sa maîtresse qui nie catégoriquement les faits qu'on lui reproche. Soucieux de protéger sa liaison, le père coupable fait alors passer sa fille pour une affabulatrice et l'envoie se faire soigner chez un médecin qui lui a prescrit quelques années auparavant un excellent traitement contre la syphilis.

L'entrée en scène de Freud transforme cette histoire de famille en une véritable tragédie du sexe, de l'amour et de la maladie. A cet égard, son récit du cas « Dora » ressemble à un roman moderne : on hésite entre Arthur Schnitzler*, Marcel Proust (1871-1922) et Henrik Ibsen (1828-1906). Tout le drame tourne en effet autout de l'introspection à travers laquelle l'héroïne (Ida) s'enfonce progressivement dans les profondeurs d'une subjectivité cachée à sa conscience. Et la force de la narration tient au fait que Freud fait apparaître une formidable pathologie derrière les apparences d'une grande normalité. Ainsi peut-il restituer à Dora une vérité que sa famille lui dérobe en la traitant de simulatrice.

Née à Vienne* dans une famille de la bourgeoisie juive aisée, Ida était le second enfant de Philipp Bauer (1853-1913) et de Katharina Gerber-Bauer (1862-1912). Atteint d'une affection syphilitique avant son mariage, Philipp ne voyait que d'un œil depuis sa naissance. Freud le décrit comme un homme actif et rempli de talent : « La personnalité dominante était le père, écrit-il, aussi bien par son intelligence et par les qualités de son caractère que par les circonstances de sa vie qui avaient conditionné la trame de l'histoire pathologique et infantile de ma cliente. » Grand industriel, il jouissait d'une belle situation financière et était admiré par sa fille. En 1888, il contracta la tuberculose, ce qui l'obligea à s'installer loin de la ville avec toute sa famille. Il choisit alors de résider à Merano, au Tyrol, où il fit la connaissance de Hans Zellenka (M. K.), un homme d'affaires moins fortuné que lui, marié à une belle Italienne, Giuseppina ou Peppina (Mme K.), qui souffrait de troubles hystériques et fréquentait assidûment les sanatoriums. Elle devint la maîtresse de Philipp et le soigna en 1892 quand il souffrit d'un décollement de la rétine.

A cette époque, revenu à Vienne, il s'installa dans la même rue que Freud et le consulta (en tant que médecin) pour un accès de paralysie et de confusion mentale d'origine syphilitique. Satisfait du traitement, il lui adressa sa sœur, Malvine Friedmann (1855-1899). Atteinte d'une névrose grave et plongée dans le malheur d'une vie conjugale tourmentée, celle-ci mourut bientôt d'une cachexie à évolution rapide.

Katharina, la mère d'Ida, était issue comme son mari d'une famille juive originaire de Bohême. Peu instruite et assez stupide, elle souffrait de douleurs abdominales permanentes dont sa fille héritera. Jamais elle ne s'était intéressée à ses enfants et, depuis la maladie de son mari et la désunion qui s'était ensuivie, elle présentait tous les signes d'une « psychose ménagère » : « Sans compréhension pour les aspirations de ses enfants, elle était occupée tout le jour, écrit Freud, à nettoyer et à tenir en état l'appartement, les meubles et les ustensiles de ménage, à tel point que l'usage et la jouissance en étaient devenus presque impossibles [...]. Les rapports entre la mère et la fille étaient depuis des années peu affectueux. La fille ne prêtait aucune attention à sa mère, la critiquait durement et s'était complètement dérobée à son influence. » Et c'est une gouvernante qui soutint Ida. Femme moderne et « libérée », elle lisait des livres sur la vie sexuelle et en informait son élève en secret. Elle lui ouvrit les yeux sur la liaison de son père avec Peppina. Pourtant, après l'avoir aimée et écoutée, Dora se brouilla avec elle.

Quant au frère, Otto Bauer (1881-1938), il songeait surtout à fuir les querelles familiales. Dès qu'il devait prendre un parti, il se rangeait du côté de sa mère : « C'est ainsi que l'attraction sexuelle habituelle avait rapproché d'une part le père de la fille et de l'autre la mère du fils. » A l'âge de 9 ans, il était devenu un enfant prodige au point d'écrire un drame en cinq actes sur la fin de Napoléon. Par la suite il se révolta contre les opinions politiques de son père, dont par ailleurs il approuvait l'adultère. Comme lui, il eut une double vie, marquée par le secret et l'ambivalence. Il épousa une femme de dix ans son aînée, déjà mère de trois enfants, tout en ayant une longue liaison avec Hilda Schiller-Marmorek, sa cadette de dix ans, qui restera sa maîtresse jusqu'à sa mort. Secrétaire du parti social-démocrate de 1907 à 1914, puis adjoint de Viktor Adler au ministère des Affaires étrangères en 1918, il sera l'une des grandes figures de l'intelligentsia autrichienne de l'entre-deux-guerres. Néanmoins, malgré son exceptionnel talent, il ne se remettra jamais de l'effondrement de l'Empire austro-hongrois et consacrera plus d'énergie à attaquer Lénine qu'à se battre contre Hitler : « Cette naïveté, écrit William Johnston, était encore un héritage de l'Empire d'avant-guerre où la tradition protégeait les dissidents. Bauer persista jusqu'en 1934 à mener des croisades d'avant-guerre contre l'Église et l'aristocratie au moment où il aurait dû précisément s'associer avec ses ennemis de naguère pour repousser le fascisme. Peu d'aveuglements ont été aussi lourds de conséquences. »

C'est donc en octobre 1901 qu'Ida Bauer rend visite à Freud pour entreprendre cette cure qui durera exactement onze semaines. Atteinte de divers troubles nerveux – migraines, toux convulsive, aphonie, dépression, tendances suicidaires – elle vient alors de subir un affront terrible.

Consciente depuis longtemps de la « faute » paternelle et du mensonge sur lequel repose la vie familiale, elle a refusé les propositions amoureuses que lui a faites Hans Zellenka (M. K.) au bord du lac de Garde puis elle l'a giflé. Le drame a alors éclaté : elle a été accusée par Hans et par son père d'avoir inventé la scène de séduction. Pis encore, elle est désavouée par Peppina Zellenka (Mme K.) qui la soupçonne de lire des livres pornographiques, et notamment la *Physiologie de l'amour* de Paolo Mantegazza (1831-1901), publiée en 1872 et traduite en allemand cinq ans plus tard. L'auteur est un sexologue darwinien abondamment cité par Richard von Krafft-Ebing*, et spécialisé dans la description « ethnologique » des grandes pratiques sexuelles humaines : lesbianisme, onanisme, masturbation, inversion, fellation, etc. En envoyant sa fille à Freud, Philipp Bauer espère bien que celui-ci lui donnera raison et s'occupera de mettre fin à ses fantasmes* sexuels.

Loin de souscrire à la volonté paternelle, Freud s'engage dans une tout autre direction. En onze semaines et à travers deux rêves – l'un portant sur un incendie dans la maison familiale et l'autre sur la mort du père –, il reconstitue la vérité inconsciente de ce drame. Le premier rêve révèle que Dora s'est adonnée à la masturbation et qu'elle est en réalité amoureuse de Hans Zellenka. Aussi demande-t-elle à son père de la protéger contre la tentation de cet amour. Mais cette tentation réveille aussi un désir incestueux refoulé à l'égard du père. Quant au deuxième, il permet d'aller encore plus loin dans l'investigation de la « géographie sexuelle » de Dora, et notamment de mettre en lumière sa parfaite connaissance de la vie sexuelle des adultes.

Freud se rend bien compte que la patiente ne supporte pas la révélation de son désir pour l'homme qu'elle a giflé. Aussi la laisse-t-il partir quand elle décide d'interrompre le traitement. Comment faire autrement ? Le père, d'abord favorable à la cure, s'aperçoit vite que Freud n'a pas accepté la thèse de l'affabulation. En conséquence, il se désintéresse de la cure de sa fille. De son côté, celle-ci n'a pas trouvé auprès de Freud la séduction qu'elle attendait de lui : il n'a pas été secourable et n'a pas su mettre en jeu avec elle une relation transférentielle positive. A cette date en effet, il ne sait pas encore manier le transfert* dans la cure. De même, comme il le soulignera dans une note de 1923, il est incapable de comprendre la nature du lien homosexuel qui unit Ida (Dora) à Peppina. C'est bien Mme K. pourtant qui a fait lire le livre interdit à la jeune fille pour l'accuser ensuite. C'est elle aussi qui lui parlait de choses sexuelles.

Ce thème de l'homosexualité* inhérente à l'hystérie féminine sera longuement commenté par Jacques Lacan* en 1951, tandis que d'autres auteurs s'attacheront à démontrer tantôt que Freud ne comprenait rien à la sexualité féminine*, tantôt que Dora était inanalysable.

Ida Bauer ne guérit jamais de son horreur des hommes. Mais ses symptômes s'apaisèrent. Après sa courte analyse, elle put se venger de l'humiliation subie en faisant avouer à Mme K. sa liaison avec son père et à M. K. la scène du lac. Elle rapporta ensuite la vérité à son père, puis cessa toute relation avec le couple. En 1903, elle épousa Ernst Adler, un compositeur employé à la fabrique paternelle. Deux ans plus tard, elle accoucha d'un fils qui fit plus tard une carrière de musicien aux États-Unis*.

En 1923, sujette à de nouveaux troubles – vertiges, tintements d'oreille, insomnies, migraines – elle appela par hasard Felix Deutsch* à son chevet. Elle lui raconta toute son histoire, parla de l'égoïsme des hommes, de ses frustrations, de sa frigidité. En écoutant ses plaintes, Deutsch reconnut le fameux cas « Dora » : « De ce moment, elle oublia sa maladie et manifesta une immense fierté d'avoir fait l'objet d'un écrit aussi célèbre dans la littérature psychiatrique. » Elle discuta alors des interprétations faites par Freud de ses deux rêves. Quand Deutsch la revit, les attaques étaient passées.

En 1955, émigré aux États-Unis, Deutsch apprit la mort de Dora, survenue dix ans auparavant. Par Ernest Jones*, il sut qu'elle était morte à New York, et, par un collègue, il apprit comment s'étaient déroulées les dernières années de sa vie. Dora avait dirigé contre son propre corps l'obsession de sa mère : « Sa constipation, vécue comme une impossibilité de "nettoyer ses intestins", lui fit problème jusqu'à la fin de sa vie. Habituée cependant à de tels troubles, elle les traita comme un symptôme familier jusqu'au moment où ils s'avérèrent plus graves qu'une simple conversion. Sa mort – d'un cancer du côlon diagnostiqué trop tard pour qu'une opération pût réussir – survint comme une bénédiction pour ses proches. Elle avait été, ainsi que le formula mon informateur, une des "hystériques les plus rebutantes" qu'il ait jamais rencontrées. »

● Sigmund Freud, « Fragment d'une analyse d'hystérie (Dora) » (1905), in *Cinq Psychanalyses*, Paris, PUF, 1954, 1-91, *GW*, V, 163-286, *SE*, VII, 1-122. Felix Deutsch, « Apostille au "Fragment d'une analyse d'hystérie (Dora)" » (1957), *Revue française de psychanalyse*, XXXVII, janvier-avril 1973, 407-414. Jacques Lacan, « Intervention sur le transfert » (1951), in *Écrits*, Paris, Seuil, 1966, 215-229 ; *Le Séminaire*, livre II, *Le Moi dans la théorie de Freud et dans la technique de la psychanalyse* (1954-1955), Paris, Seuil, 1978 ; *Le Séminaire*, livre XVII, *L'Envers de la psychanalyse* (1969-1970), Paris, Seuil, 1991. Henri F. Ellenberger, *Histoire de la découverte de l'inconscient* (New York, Londres, 1970, Villeurbanne, 1974), Paris, Fayard, 1994. Arnold Rogow, « A further footnote to Freud's "Fragment of an analysis of a case of hysteria" », in *Journal of the American Psychoanalytical Association*, 26, 1978, 311-330. Hélène Cixous, *Portrait de Dora*, Paris, Des femmes, 1986. Charles Berheimer et Claire Kahane (éd.), *In Dora's Case : Freud-Hysteria-Feminism*, New York, Columbia University Press, 1985. Harry Stroeken, *En analyse avec Freud* (1985), Paris, Payot, 1987. William M. Johnston, *L'Esprit viennois. Une histoire intellectuelle et sociale, 1848-1938* (New York, 1972), Paris, PUF, 1985. Hannah S. Decker, *Freud, Dora and Vienna, 1900*, New York, The Free Press, 1991. Lisa Appignanesi et John Forrester, *Freud's Women*, New York, Basic Books, 1992. Jacqueline Rousseau-Dujardin, « L'objet : comment le sujet s'y retrouve. Une lecture (entre autres) de Dora », in *Le Double*, Centre d'arts plastiques de Saint-Fons, 1995, 42-52. Patrick J.

Mahony, *Freud's Dora. A Psychoanalytic, Historical and Textual Study*, New Haven et Londres, Yale University Press, 1996.

▷ DIFFÉRENCE DES SEXES. *ÉTUDES SUR L'HYSTÉRIE*. SÉDUCTION (THÉORIE DE LA). SEXOLOGIE.

BELGIQUE

L'introduction de la psychanalyse* en Belgique suit le même mouvement que dans tous les autres pays d'Europe*. Mais partagé entre deux langues, divisé entre médecins et profanes (les non-médecins), traversé par l'histoire du nazisme*, puis par celle du renouveau lacanien, le mouvement psychanalytique belge a pour caractéristique de ne jamais pouvoir trouver son autonomie. Son destin reste lié à celui de la France*, et, pour partie, à celui des Pays-Bas*.

Dès les années 1900, les polémiques à propos du freudisme* se développèrent parmi les neurologues et les psychiatres. La psychanalyse était alors regardée comme une méthode d'investigation utile dans les enquêtes judiciaires et le dépistage des simulations. On la confondait avec le test d'association verbale* de Carl Gustav Jung*. Surtout, la pratique freudienne n'était guère distinguée de toutes les autres formes de thérapies. Quant au primat de la sexualité*, il fut qualifié de pansexualisme* par l'ensemble du corps médical, comme dans tous les autres pays.

Après la Première Guerre mondiale, Juliaan Varendonck* fut le véritable pionnier de la psychanalyse en Belgique. Formé à Vienne*, reconnu par Sigmund Freud* et membre de la Nederlandse Vereniging voor Psychoanalyse (NVP), il s'installa à Gand et exerça pendant une brève période, avant de mourir sans laisser de postérité.

Il fallut ensuite attendre l'entre-deux-guerres pour que quelques marginaux et des autodidactes fondent véritablement le mouvement belge : Fernand Lechat*, Camille Lechat, son épouse, et Maurice Dugautiez*. Portant le titre de psychistes, ils instituèrent en 1920 un Cercle d'études psychiques où l'on pratiquait aussi bien les sciences occultes, le spiritisme*, l'hypnose* que la psychanalyse. Très vite, Lechat et Dugautiez créèrent la revue *Le Psychagogue*, prirent des contacts avec la Société psychanalytique de Paris (SPP), créée en 1926, et s'initièrent à l'analyse didactique* sur le divan d'Ernst Paul Hoffmann*, venu de Vienne et réfugié en Belgique de 1938 à 1940.

Dès cette époque surgit le conflit autour de l'analyse profane* (entre médecins et non-médecins), qui marquera l'après-guerre en Belgique, mais qui déjà traversait le mouvement international. Lechat et Dugautiez se virent contestés comme des marginaux, voire des « charlatans », par Jacques De Busscher, un médecin membre de la NVP très favorable aux thèses freudiennes. Lui-même ne pratiquait pas la psychanalyse mais luttait pour qu'elle fût réservée aux seuls médecins.

Parallèlement, les milieux intellectuels s'intéressèrent à la pensée freudienne. Ainsi Hendrik (Henri) De Man (1885-1953), futur président du parti ouvrier belge, écrivit à Sigmund Freud en 1925. Par ailleurs, des sociologues, des pédagogues et des universitaires, ainsi que les jésuites proches de l'université catholique de Louvain, commencèrent à commenter les ouvrages de psychanalyse et à s'en inspirer.

En 1924 parut un numéro spécial de la revue *Le Disque vert* entièrement consacré à la psychanalyse. Franz Hellens, son directeur, était parvenu à réunir sur ce thème des noms prestigieux de la littérature et du savoir médical. Ce fut là un véritable événement.

En ouverture, on trouvait une lettre de Freud. Venaient ensuite des articles de psychanalystes et d'écrivains français. Dans son ensemble, le numéro exprimait assez bien les enjeux de la bataille des années 1920 autour du freudisme. Les uns condamnaient une mode éphémère, les autres insistaient sur le sérieux de ce qui leur apparaissait comme une véritable doctrine.

Pendant la période de l'occupation nazie, Lechat et Dugautiez continuèrent à pratiquer la psychanalyse. En mars 1947, sous le patronage de la SPP, ils fondèrent l'Association des psychanalystes de Belgique (APB) qui sera reconnue par l'International Psychoanalytical Association* (IPA) au congrès de Zurich de 1949 avec le ferme appui de Marie Bonaparte*. Cette fondation permit à la psychanalyse de se développer dans la partie francophone du pays.

L'adhésion à l'IPA eut pour effet d'obliger l'APB à se normaliser, c'est-à-dire, dans le contexte belge, à adopter le point de vue de la médicalisation. Ce furent des femmes médecins qui prirent la direction de l'association et écartèrent les fondateurs autodidactes. L'APB changea alors ses statuts et, en 1960, elle prit le nom de Société belge de psychanalyse (SPB). Composée d'une forte majorité de médecins, celle-ci n'eut plus guère le souci de la recherche intellectuelle. A la fin des années 1990, elle compte soixante membres pour une population globale de dix millions d'habitants, soit six psychanalystes (IPA) pour un million d'habitants

Dans ce contexte, les jeunes thérapeutes les plus brillants ont préféré se tourner vers les thèses de Jacques Lacan*, dont la doctrine était bannie de la SBP alors même qu'elle commençait à fleurir en France au sein de la Société française de psychanalyse (SFP, 1953-1963). Marqués par la phénoménologie, les représentants de la jeune génération* psychanalytique – la troisième pour la Belgique – entreprirent des cures didactiques hors de leur pays. En France chez Lacan, en Suisse* chez Gustav Bally (1893-1966) ou Maeder Boss.

Refusant de se plier aux exigences orthodoxes de la SBP, ils finirent, en 1969, par fonder leur propre institution, l'École belge de psychanalyse (EBP), calquée sur l'École freudienne de Paris* et dotée d'un programme d'enseignement identique : retour à Freud, enseignement de la philosophie, de l'anthropologie*, de la linguistique. Favorable à l'analyse profane*, cette école intégra les non-médecins qui y furent dès le départ majoritaires.

Cependant, face à la SBP, soucieuse de respectabilité, l'EBP resta en quête d'une véritable identité. Proches de l'université de Louvain, ses fondateurs favorisèrent l'implantation du lacanisme* en Belgique par une voie catholique et universitaire. Le philosophe Alphonse de Wahlens (1911-1981), lecteur de Husserl, traducteur de Heidegger et ami de Maurice Merleau-Ponty (1908-1967), y joua un rôle important. Membre de l'Ecole freudienne de Paris* (EFP) de 1964 à 1971, il commença par suivre le séminaire* de Lacan, assista à ses présentations de malades, avant de prendre ses distances et de militer plus fermement que jamais en faveur d'une psychanalyse d'inspiration phénoménologique.

En 1980, la dissolution de l'EFP entraîna l'éclatement de l'EBP et la création d'une multitude de groupuscules dépendant des diverses écoles néolacaniennes parisiennes : École de la Cause freudienne (ECF), Association freudienne (AF), etc. A la faveur de cette dissémination, l'EBP, quant à elle, resta liée à l'université de Louvain autour de Jacques Schotte et Antoine Vergote, tout en se voulant pluraliste, ouverte et démocratique, la référence à Lacan et à sa doctrine n'étant pas exclusive.

● *Le Disque vert. Freud et la psychanalyse*, Paris-Bruxelles, 1924. *Variétés. Le surréalisme en 1929*, numéro spécial, juin 1929. Winfried Huber, Herman Piron, Antoine Vergote, *La Psychanalyse science de l'homme*, Bruxelles, Dessart, 1964. *Bulletin interne de l'EPB*, 2 mars 1977. Charles François, *Le Mouvement de l'hygiène mentale en Belgique et la formation des psychothérapeutes*, thèse, université de Liège, 1978-1979. Archives Michel Coddens et Didier Cromphout.

▷ FÉDÉRATION EUROPÉENNE DE PSYCHANALYSE. *QUESTION DE L'ANALYSE PROFANE (LA)*. SCISSION.

BEIRNAERT Louis (1906-1985)

prêtre et psychanalyste français

Né à Ascq, Louis Beirnaert entra dans la Compagnie de Jésus en 1923 et devint professeur de théologie dogmatique. Durant la Deuxième Guerre mondiale, il participa à la Résistance anti-nazie dans un réseau gaulliste. Il s'orienta ensuite vers la psychanalyse et fut analysé par Daniel Lagache* avant de devenir l'un des proches compagnons de Jacques Lacan* et de jouer un rôle important dans l'histoire des relations entre la psychanalyse et l'Église catholique*, notamment à propos de la question du discernement des vocations. Chroniqueur à la revue *Études*, il rédigea plusieurs textes importants sur la mystique, et notamment sur Ignace de Loyola (1491-1556).

● Louis Beirnaert, *Aux frontières de l'acte analytique. La Bible, saint Ignace, Freud et Lacan*, Paris, Seuil, 1987.

▷ ÉGLISE.

BELLEVUE (SANATORIUM DE)

▷ BINSWANGER Ludwig.

BENEDIKT Moriz (1835-1920)

médecin autrichien

L'écrivain Hermann Bahr (1863-1934) soulignait que le « Viennois est un homme qui déteste et méprise les autres Viennois mais ne peut vivre en dehors de Vienne ».

Si cette phrase s'applique à Sigmund Freud*, elle convient sans doute davantage à Moriz (ou Moritz) Benedikt, dont le destin tragique est connu grâce à son autobiographie publiée en 1906 et aux travaux de l'historien Henri F. Ellenberger*.

Ce médecin issu d'une famille juive du Burgenland passa sa vie à faire des découvertes sur les maladies nerveuses et leur traitement sans jamais parvenir à être reconnu comme un novateur. Il fut en quelque sorte un pionnier de l'ombre qui alla de déception en déception, et de conversion en reniement, à la manière de nombreux Juifs viennois à cette époque, toujours en quête d'identité et traversés par la « haine de soi juive ». Benedikt s'identifia à tous les savants maudits oubliés par la science officielle. Non seulement il resta un médecin obscur et pourtant talentueux, mais il souffrit d'être, par son patronyme, l'homonyme d'un journaliste célèbre de la *Neue Freie Press.*

Spécialiste de l'hystérie*, praticien de l'hypnose* et ami de Jean Martin Charcot*, il soutint, dès 1864, que l'hystérie était une maladie sans causes utérines. Quatre ans plus tard il s'intéressa à l'electrothérapie, mais, en 1891, il fit volte-face et commença à militer contre l'hypnotisme. Enfin, il fut l'un des premiers à parler d'hystérie masculine. Erna Lesky, historienne de la médecine viennoise, expliqua en 1965 les raisons de l'échec répété de ce thérapeute brillant à s'affirmer comme un véritable novateur : bien qu'il eût reçu une solide formation, souligna-t-elle, il ne pouvait se résoudre à accepter les faits et se laissait toujours emporter par sa folle imagination. En outre, il préférait la polémique au lent travail de la raison et ne cessa d'attaquer tous ceux qu'il regardait comme des adversaires ou de faux savants : Richard von Krafft-Ebing* ou Wilhelm Fliess*. Il faut ajouter que Benedikt resta tributaire d'une conception du psychisme fondée sur la conscience.

Dans la « Communication préliminaire » de 1893, qui sera incorporée aux *Études sur l'hystérie**, Freud et Josef Breuer* le citent comme ayant publié « occasionnellement » des remarques sur le sujet. Dans *L'Interprétation des rêves** Freud évoque également son ouvrage *Hypnotisme et Suggestion*, paru en 1894.

Sa contribution la plus intéressante à l'histoire de la psychiatrie dynamique* fut un article de 1914 qui portait sur ce qu'il appelait en anglais *the second life,* c'est-à-dire la vie intérieure secrète de chaque sujet. Cette seconde vie, qui était d'ailleurs l'expression même de son propre itinéraire de médecin viennois tourmenté par l'inauthenticité de cette société fin de siècle, se construit, selon lui, comme un système de représentations et de ruminations que l'individu conserve en son for intérieur sans vouloir en faire état. Plus fréquente chez la femme, elle est dominante chez les joueurs, les excentriques, les criminels, les neurasthéniques. Le premier soin du thérapeute est d'en être l'explorateur car elle recèle des secrets pathogènes. Benedikt fut aussi l'un des premiers savants à déceler les causes sexuelles de l'hystérie. Lorsqu'il mourut, solitaire et oublié, il s'était tourné vers les sciences occultes que pourtant il méprisait au début de sa carrière.

● Henri F. Ellenberger, *Médecines de l'âme. Essais d'histoire de la folie et des guérisons psychiques,* Paris, Fayard, 1995.

▷ JUDÉITÉ. PSYCHIATRIE DYNAMIQUE. SEXUALITÉ. WEININGER Otto.

BENUSSI Vittorio (1878-1927)
psychanalyste italien

Né à Trieste, Vittorio Benussi fut toute sa vie partagé entre ses deux patries, l'Autriche et l'Italie*. Après des études de psychologie à Rome, dans le département dirigé par Sante De Sanctis (1862-1935), il étudie plus spécialement la psychologie expérimentale en Autriche et fait une analyse avec Otto Gross* à Graz. Après la chute de l'Empire austro-hongrois, il refuse un poste à Prague pour des raisons politiques et rentre en Italie où il obtient la chaire de psychologie à l'université de Padoue. Rigoureux à l'extrême comme en témoignent ses travaux expérimentaux, Benussi est aussi un poète et une sorte de gourou qui conduit des études sur la suggestion* hypnotique et sur la psychologie du témoignage.

En 1926, dans le climat anti-psychanalytique alimenté par la publication du livre du célèbre psychiatre Enrico Morselli (1852-1929), il donne une série de cours sur les fondements de la psychanalyse et forme un certain nombre d'élèves, dont Cesare Musatti*, qui deviendra son assistant puis lui succédera après sa mort, et Novello Papafava, militant anti-fasciste, ami de cette grande figure de la lutte contre le régime mussolinien qu'est Piero Gobetti (1901-1926), et auteur d'un essai d'inspiration freudienne sur les fondements du fascisme italien. Benussi rencontre à Groningen, en cette même année 1926, Ludwig Binswanger* et Karl Jaspers (1883-1969). Pour des raisons qui demeurent inconnues, il se suicide en 1927, peu de temps avant le congrès de la psychologie italienne qui devait se tenir en son honneur à Padoue.

Ses travaux de psychologie expérimentale furent écrits et publiés en langue allemande, mais c'est en italien qu'il écrivit ses contributions cliniques, réunies et publiées en 1932 sous le titre *Suggestione e Psicoanalisi* par les soins de Silvia Musatti de Marchi qui fut son élève.

● Contardo Caligaris, « Petite histoire de la psychanalyse en Italie », *Critique*, 333, février 1975, 175-195. Michel David, *La Psicoanalisi nella cultura italiana* (1966), Turin, Bollati Boringhieri, 1990 ; « La psychanalyse en Italie », *in* Roland Jaccard (éd.), *Histoire de la psychanalyse*, vol. 2, Paris, Hachette, 1982. Silvia Vegetti Finzi, *Storia della psicoanalisi*, Milan, Mondadori, 1986.

▷ SUICIDE.

BERLINER PSYCHOANALYTISCHES INSTITUT (BPI)
(Institut psychanalytique de Berlin)

Créé par Max Eitingon*, Karl Abraham* et Ernst Simmel* dans le cadre de la polyclinique du même nom, l'Institut psychanalytique de Berlin fut inauguré le 14 février 1920 dans des locaux aménagés par Ernst Freud* sur la Potsdamer Strasse. Véritable laboratoire de la formation des thérapeutes, il joua pendant dix ans un rôle considérable dans l'élaboration des principes de l'analyse didactique* et servit de modèle à tous les autres instituts créés ensuite dans le cadre de l'International Psychoanalytical Association* (IPA). Jusqu'à son départ en Palestine, Eitingon présida la commission de l'enseignement et c'est en 1923 que, pour la première fois au monde, le cursus analytique fut soumis aux trois prescriptions systématiques : analyse didactique, enseignement théorique, analyse de contrôle*.

Venu de Vienne*, Hanns Sachs* fut le premier psychanalyste exclusivement didacticien du BPI. Il forma vingt-cinq personnes, parmi lesquelles les plus brillants représentants du freudisme* international. Au fil des années, et en raison de l'afflux des émigrés hongrois qui fuyaient le régime de l'amiral Horthy puis de celui des Viennois contraints de s'exiler pour des raisons économiques, l'institut devint le plus grand centre de formation psychanalytique du monde en même temps que se développaient à la polyclinique des cures thérapeutiques de toutes sortes : gratuites pour les démunis, payantes à des degrés divers pour les autres patients. En 1930, au moment où Eitingon publia son « Rapport original sur les dix ans du BPI », Berlin était devenu, selon le mot d'Ernest Jones*, « le cœur de tout le mouvement psychanalytique international ».

Après l'avènement du nazisme* en Allemagne*, le BPI fut intégré à l'Institut allemand sous la direction de Matthias Heinrich Göring*, servant ainsi à la sinistre comédie de l'« aryanisation » de la psychanalyse, c'est-à-dire à sa destruction systématique en tant que « science juive ».

● *On forme des psychanalystes. Rapport original sur les dix ans de l'Institut psychanalytique de Berlin*, présentation de Fanny Colonomos, Paris, Denoël, 1985.

BERNAYS Anna, née Freud (1859-1955), sœur de Sigmund Freud

Née à Freiberg et troisième enfant de Jacob et d'Amalia Freud*, Anna était aussi la première des cinq sœurs de Sigmund Freud* et la seule d'entre elles qui échappa à l'extermination des Juifs par les nazis. Dans ses souvenirs, elle manifeste la même jalousie que son frère avait éprouvée à son égard lorsqu'il était enfant. Elle raconte à quel point Amalia privilégiait son fils aîné : il avait droit à une chambre pour lui tout seul alors que ses sœurs s'entassaient dans le reste de l'appartement. Quand Amalia voulut faire donner à Anna des leçons de piano, Sigmund s'y opposa et menaça de quitter la maison. Alors qu'elle était âgée de 16 ans, il l'empêcha de lire les œuvres d'Honoré de Balzac (1799-1850) et d'Alexandre Dumas (1802-1870). Cette attitude tyrannique est liée au fait que Freud avait été jaloux de son frère Julius Freud*, né après lui, puis s'était senti coupable de sa mort. Il avait alors reporté sa rivalité sur sa jeune sœur ressentie comme une « usurpatrice » parce qu'elle lui prenait une part de l'amour de sa mère. Mais cette hostilité montre aussi à quel point Freud obéissait sur certains points à la conception victorienne de l'éducation des filles, propre à la société viennoise de la fin du siècle. Ses relations difficiles avec cette sœur stimulèrent sans aucun doute ses réflexions sur les rivalités œdipiennes et sur les liens familiaux en général. Par la suite, Freud se montra beaucoup plus affectueux avec ses quatre autres sœurs, dont la destinée fut tragique.

En octobre 1883, Anna Freud épousa Eli Bernays, le frère de Martha Bernays, future femme de Freud, avec lequel celui-ci ne tarda pas à se quereller pour une banale histoire d'argent. A nouveau, il manifesta sa jalousie en souhaitant que

Martha, sa fiancée, prît parti pour lui, ce qu'elle ne fit pas. En conséquence, il n'assista pas au mariage de sa sœur. Par la suite, il mit fin à la brouille et aida les Bernays à émigrer aux États-Unis* où Eli devint un homme d'affaires très riche. Anna eut cinq enfants et mourut à New York presque centenaire.

● Anna Freud-Bernays, « My brother S. Freud », *The American Mercury*, 51, 1940. Ernest Jones, *La Vie et l'œuvre de Sigmund Freud*, vol. I (New York, 1953), Paris, PUF, 1957. Lydia Flemm, *La Vie quotidienne de Freud et de ses patients*, Paris, Hachette, 1986. Peter Gay, *Freud, une vie* (New York, 1988), Paris, Hachette, 1990.

▷ BERNAYS Minna. FREUD Martha.

BERNAYS Minna (1865-1941), belle-sœur de Sigmund Freud

Dans l'histoire de la vie privée de Sigmund Freud*, Minna Bernays, sœur cadette de Martha Freud* (née Bernays), occupe une place déterminante, non seulement du fait des liens intimes qu'elle entretenait avec son beau-frère (et qui durèrent toute une vie), mais parce que cette amitié devint l'une des grandes affaires de l'historiographie* freudienne, et notamment du courant révisionniste.

En 1882, quand Freud tomba amoureux de Martha, il se sentit également très attiré par Minna, dont l'intelligence et l'esprit caustique le charmaient. Il lui écrivit des lettres intimes dans lesquelles il lui faisait de nombreuses confidences en l'appelant « mon trésor, ma sœur ». A cette époque, la jeune fille était fiancée à un ami de Freud, Ignaz Schönberg (1856-1886), qui contracta la tuberculose et mourut au commmencement de l'année 1886. Minna se résolut alors à rester célibataire et s'occupa de sa mère à Hambourg tout en travaillant par intermittence comme demoiselle de compagnie.

En 1896, elle s'installa à Vienne* chez sa sœur et son beau-frère dans l'appartement du 19 Berggasse où elle occupa une pièce sans entrée indépendante : elle devait donc passer sans cesse par la chambre du couple Freud pour y accéder. Au fil des années, elle devint « tante Minna » pour les cinq enfants de la famille auxquels elle consacra bien du temps et toute son énergie. Alors que Freud maintenait sa femme et ses enfants à l'écart de sa vie professionnelle, il confiait ses doutes, ses interrogations et ses certitudes à sa belle-sœur tendrement aimée. Il lui arriva même de voyager en sa compagnie, notamment en Italie. Dans ses lettres, il la tenait informée de toutes les affaires de famille, lui parlant aussi bien de Martha que de ses découvertes intellectuelles. Elle répondait avec l'assurance d'une femme qui occupait une position solide au cœur de la maisonnée. En 1938, déjà malade et presque aveugle, elle réussit à s'exiler à Londres où elle mourut deux ans après son beau-frère.

Carl Gustav Jung*, qui refusait la théorie freudienne de la sexualité*, avait pourtant un goût prononcé pour les anecdotes croustillantes de la vie privée. Ayant eu lui-même plusieurs aventures extra-conjugales, notamment avec Sabina Spielrein*, il n'hésitait pas à divulguer des rumeurs, vraies ou fausses, sur les liaisons charnelles de ses amis et de ses contemporains. Il fut donc le premier dans l'entourage de Freud à laisser entendre que peut-être celui-ci avait été l'amant de sa belle-sœur. En 1957, dans un entretien avec John Billinsky, il raconta qu'en mars 1907 Minna Bernays, très « désemparée », lui avait avoué que Freud était amoureux d'elle et que leur « relation était vraiment très intime ». Il déclara se souvenir du « supplice » qu'il avait enduré en entendant cette « révélation ».

Il n'en fallait pas tant pour mettre en émoi la communauté freudienne et relancer ainsi les accusations contre la psychanalyse* : cette doctrine, qui voyait partout le sexe, allait-elle enfin être prise en flagrant délit d'inceste* en la personne même de son hypocrite fondateur ? Ernest Jones*, le biographe officiel du maître, eut beau affirmer à maintes reprises que le grand homme avait été « monogame à un degré inhabituel », il ne put empêcher la rumeur de faire des ravages. D'autant que la correspondance entre Minna Bernays et son beau-frère restait inaccessible à tous les chercheurs et jalousement gardée par le très orthodoxe Kurt Eissler, responsable des Archives Freud déposées à la Library of Congress* de Washington.

A la fin des années 1970, l'historien révisionniste Peter Swales relança l'affaire en lui donnant un contenu théorique. Soucieux de retrouver la trace originelle de toutes les forfaitures commises par le père fondateur, il se mit à enquêter sur la question et donna à New York, en novembre 1981, une conférence qui eut un grand retentissement. Prenant comme point de départ la confidence de Jung, il expliqua que Freud avait eu une liaison sexuelle avec Minna. Il l'aurait même engrossée puis obligée à avorter. La méthode employée n'apportait pas la moindre preuve de la réalité d'une telle liaison. Il s'agissait d'une sorte de parodie d'interprétation psychanalytique qui prétendait trouver dans l'œuvre de Freud des « révélations » autobiographiques susceptibles de cerner au plus près les actes de sa vie privée.

A ce délire d'interprétation* l'historien Peter Gay, nouveau biographe de Freud, répondit en faisant état du trouble qu'il avait éprouvé en consultant, à la Library of Congress, la correspondance entre Freud et Minna Bernays, plus exactement en constatant l'existence d'un *blanc* entre 1893 et 1910 dans la numérotation des lettres. Or c'était précisément durant cette période que la relation sexuelle aurait pu avoir lieu. Gay ne croyait pas à l'existence de cette scène incestueuse originelle, mais il montrait comment des héritiers légitimes, en censurant la vie privée des penseurs, supprimaient inutilement des traces et favorisaient par là même la diffusion des interprétations les plus fantasmatiques.

Pour Albrecht Hirschmüller, spécialiste allemand de la publication de la correspondance de Freud avec les membres de sa famille, Gay aurait commis une erreur et la numérotation des fameuses lettres ne connaîtrait pas d'interruption. La correspondance de Freud avec sa belle-sœur ne contient, selon lui, aucun élément qui puisse attester l'existence d'une telle liaison : « La correspondance est très ouverte et très intime, écrit Hirschmüller. Elle montre que les relations de Freud avec sa belle-sœur font partie d'un réseau de relations familiales [...]. Une relation charnelle aurait posé trop de problèmes et aurait détruit le lien avec Martha qui était fondamental pour Freud, mais différent de celui qu'il entretenait avec Minna. C'est l'opinion que j'ai acquise après avoir dépouillé tout ce que j'ai trouvé dans les archives de Freud sur la famille Bernays. »

La relation charnelle a donc été inventée par Jung à partir d'un témoignage mal compris de Minna avant de devenir un fantasme majeur de l'historiographie révisionniste et anti-freudienne.

● Ernest Jones, *La Vie et l'œuvre de Sigmund Freud*, vol. I (New York, 1953), Paris, PUF, 1957, vol. II (New York, 1955), Paris, PUF, 1961. John M. Billinsky, « Jung and Freud (the end of a romance) », *Andover Newton Quarterly*, X, 1969, 39-43. Max Schur, *La Mort dans la vie de Freud* (New York, 1972), Paris, Gallimard, 1975. *La Maison de Freud, Berggasse 19 Vienne*, photographies et avant-propos d'Edmund Engelman, notice biographique de Peter Gay (New York, 1976), Paris, Seuil, 1979. Peter Swales, « Freud, Minna Bernays and the conquest of Rome : new light on the origins of psychoanalysis », *New American Review. A Journal of Civility and the Arts*, 1, été 1982, 1-23. Janet Malcolm, *Tempête aux Archives Freud* (New York, 1983), Paris, PUF, 1986. Peter Gay, *Freud. Une vie* (New York, 1988), Paris, Hachette, 1990 ; *En lisant Freud, explorations et divertissements* (New Haven, 1990), Paris, PUF, 1995. Élisabeth Roudinesco, *Généalogies*, Paris, Fayard, 1994. Albrecht Hirschmüller, lettre inédite à Élisabeth Roudinesco du 13 septembre 1996.

▷ FLIESS Wilhelm. SÉDUCTION (THÉORIE DE LA).

BERNFELD Siegfried (1892-1953)

psychanalyste américain

Militant sioniste et austro-marxiste, amateur de femmes, fumeur invétéré de cigarettes américaines, grand connaisseur des origines du freudisme*, pionnier de l'analyse profane* et de la psychologie de l'adolescence, Siegfried Bernfeld fut l'une des principales figures du premier cercle psychanalytique viennois avant de devenir, en 1941, le fondateur de la San Francisco Psychoanalytical Society (SFPS).

Né à Lemberg en Galicie dans une famille juive de négociants en textile installée dans la banlieue de Vienne*, il fit des études de botanique et de zoologie, qui lui donnèrent une solide connaissance des sciences de la nature. Puis il s'orienta vers la psychologie et la pédagogie. Dès sa jeunesse, il s'intéressa à l'hypnotisme*, qu'il pratiqua avec son jeune frère, et bientôt à la méthode de la libre association*. Militant sioniste et socialiste, il commença à s'intéresser à la psychanalyse* par la pédagogie, à travers les expériences de Maria Montessori*. En 1915, il épousa Anne Salomon, une étudiante en médecine et militante marxiste, dont il eut deux filles : Rosemarie et Ruth.

En 1918, Bernfeld organisa à Vienne un immense rassemblement de la jeunesse sioniste, durant lequel Martin Buber (1878-1965) prononça un discours célèbre. Un an plus tard, il créa une institution, le Kinderheim Baumgarten, spécialisée dans l'accueil des enfants juifs orphelins de guerre. Celle-ci devait leur donner une formation leur permettant d'émigrer en Palestine. Dès son ouverture, l'institut prit en charge deux cent quarante pensionnaires, parmi lesquels des enfants de moins de 5 ans, affamés, handicapés ou traumatisés. Devenu membre de la Wiener Psychoanalytische Vereinigung (WPV) la même année, Bernfeld rencontra Sigmund Freud* qui le recommanda à Max Eitingon* et à la polyclinique de Berlin. Finalement, en 1922, il s'installa comme psychanalyste à Vienne, devint un intime d'Anna Freud* et forma bientôt un groupe avec ceux qui s'intéressaient à l'enfance et à l'adolescence en détresse : Wilhelm (Willi) Hoffer (1897-1967), Anna Freud, August Aichhorn*. Tous avaient pour objectif d'étendre la doctrine freudienne aux questions sociales.

En 1925, il publia deux ouvrages importants, l'un consacré à la psychologie de l'adolescence, l'autre centré sur le mythe de Sisyphe, dans lequel il dénonçait les méthodes éducatives allemandes qui risquaient, selon lui, de favoriser l'instauration d'une dictature.

Cette année-là, séparé de sa première femme, il se rendit à Berlin et croisa le destin de tous ceux qui s'étaient groupés autour de Karl Abraham* et d'Eitingon. Il fit une analyse de deux ans avec Hanns Sachs*, puis retourna à Vienne en 1932 après avoir épousé la comédienne Élisabeth Neumann, élève d'Erwin Piscator (1893-1966) et future actrice hollywoodienne, dont il se séparera en 1934 pour se marier avec celle qui sera sa troisième femme et sa précieuse collaboratrice : Suzanne Cassirer-Paret. Française d'origine et mère de deux enfants, Peter et Renate, elle avait été formée sur le divan de Freud.

D'une manière générale, Bernfeld insistait sur le fait que l'homme est toujours dans une « position sociale » et que cette dépendance au social est déterminante dans la construction du moi*. D'où cette idée essentielle que la névrose et la délinquance résultent l'une et l'autre de la manière dont les individus ont été éduqués dans leur enfance.

En 1934, après la prise du pouvoir par les nazis, Bernfeld s'exila avec sa fille Ruth, sa mère, Suzanne, Peter et Renate. Installés à Menton, dans le midi de la France*, les Bernfeld passèrent par Paris en 1935, le temps de rencontrer René Spitz* et de faire la connaissance de René Laforgue*. Puis, après un long périple qui les conduisit d'Amsterdam à Londres, ils quittèrent définitivement l'Europe pour les États-Unis*. En septembre 1937, ils s'installèrent à San Francisco. Manfred Bernfeld, le frère de Siegfried, mourut en déportation au camp de Therensienstadt et une partie de la famille de celui-ci fut exterminée à Auschwitz.

Contrairement à de nombreux autres émigrés viennois qui adoptèrent facilement les idéaux pragmatiques du freudisme américain, Bernfeld conserva toute sa vie cet « esprit viennois » contestataire et profondément marqué par la théorie des pulsions*. C'est pourquoi, dès son arrivée en Californie, il fut à la fois ébloui par la beauté sauvage des sites de la côte ouest et fort dépité par la réduction de la psychanalyse à une psychologie du moi, à sa « massification » : « Les "psychanalystes" que j'ai trouvés ici, écrivit-il à Anna Freud en 1937, sont de très petites gens [...]. Le mot psychanalyse est aussi connu ici que dans l'Est profond. Le nom de Freud est moins courant et de préférence, il est prononcé "Frud" [...]. Selon la géographie du cœur des Californiens, Vienne se trouve juste à la frontière américano-européenne. Après un bon nombre de disques de musique viennoise qu'on vous fait entendre pour vous honorer, on n'a pas toujours plaisir à se sentir viennois, et après quelques questions directes sur la situation en Autriche, on n'en éprouve pas beaucoup d'honneur. »

Par attachement à son passé viennois, Bernfeld commença alors à s'intéresser à la vie de Freud et à l'histoire des origines du freudisme*. Ses articles sur le sujet seront d'ailleurs amplement utilisés par Ernest Jones* quand il sera accepté par Anna Freud, au grand regret de tous les Juifs viennois exilés, pour devenir l'historien officiel du père fondateur. Par cette décision, c'est donc à l'école anglaise et non aux Américains comme Bernfeld que fut confiée la charge de s'occuper de l'héritage freudien : James Strachey* comme traducteur des œuvres complètes du maître, Jones comme biographe.

Quelques mois avant de mourir d'un cancer du poumon, il donna, à l'Institut de San Francisco, une conférence sur l'histoire de l'analyse didactique*. Il y critiquait avec férocité les standards de la formation psychanalytique à l'intérieur de l'International Psychoanalytical Association* (IPA). Son discours fit scandale et ne fut publié qu'en 1962, accompagné d'une présentation « officielle » de Rudolf Eckstein qui tentait d'en restreindre la portée en soulignant que Bernfeld n'avait peut-être pas raison de préférer le processus de l'enseignement à celui de l'organisation institutionnelle.

● Siegfried Bernfeld, « Bemerkungen über Subliemierung », *Imago*, 8, 1922, 333-344 ; *The Psychology of the Infant* (Vienne, 1925), New York, Brentano, 1929 ; *Sisyphos oder die Grenzen der Erziehung* (Vienne, 1925), Francfort, Suhrkamp, 1992 ; « Der soziale Ort und seine Bedeutung für Neurose, Verwahrlosung und Pädagogik », *Imago*, 15, 1929, 299-312 ; « An unknown autobiographical fragment by Freud », *American Imago*, 4, 1, 1946 ; et Suzanne Cassirer-Bernfeld, « Freud's early childhood », *Bull. Menninger Clinic*, 1944, 8, 107-115 ; « On psychoanalytic training », *The Psychoanalytic Quarterly*, 31, 1962, 453-482. Jacques Lacan, *Le Séminaire*, livre VII, *L'Éthique de la psychanalyse (1959-1960)*, Paris, Seuil, 1986. Franz Alexander, Samuel Eisenstein et Martin Grotjahn, *Psychoanalytic Pioneers*, New York, Basic Books, 1966, 415-429. Gregory Zilboorg, « S. Bernfeld, Obituary », in *Psychoanalytic Quarterly*, 1953, 22, 571-572. Hedwig Hoffer, « Obituary, Siegfried Bernfeld, 1892-1953 », *IJP*, 1955, 66-69. Moustapha Safouan, *Jacques Lacan et la question de la formation des analystes*, Paris, Seuil, 1983. Karl Fallend et Johannes Reichmayr, *Siegfried Bernfeld oder die Grenzen der Psychoanalyse*, Francfort, Stroemfeld-Nexus, 1992. Nathan G. Hale, *Freud and the Americans, 1917-1985. The Rise and Crisis of Psychoanalysis in the United States*, vol. II, New York, Oxford, Oxford University Press, 1995. Ludger M. Hermanns, « Document inédit : lettre de Siegfried Bernfeld à Anna Freud sur la pratique de la psychanalyse à San Francisco, le 23 novembre 1937 », *Revue internationale d'histoire de la psychanalyse*, 1990, 3, 331-341. Ernst Federn, *Témoin de la psychanalyse* (Londres, 1990), Paris, PUF, 1994.

▷ HELMHOLTZ Hermann Ludwig Ferdinand von. HERBART Johann Friedrich. HISTORIOGRAPHIE. JUDÉITÉ. SCHUR Max.

BERNHEIM Hippolyte (1840-1919)

médecin français

Initiateur de la notion moderne de psychothérapie*, Hippolyte Bernheim renonça à sa situation hospitalière à Strasbourg quand l'Alsace fut annexée à l'Allemagne* en 1871. Nommé alors à l'université de Nancy, il y devint professeur titulaire de médecine interne en 1879. Trois ans plus tard, il adopta la méthode hypnotique d'Auguste Liébeault* à laquelle il donna un contenu rationnel. Contrairement à ce vieux médecin, il ne soigna que des patients capables de se mettre en état d'hypnose* – soldats, ouvriers, paysans – avec lesquels, comme le souligne Henri F. Ellenberger*, il obtenait de meilleurs résultats qu'auprès des malades des classes supérieures. Ainsi put-il montrer que l'hypnose était un état de suggestibilité provoquée par la suggestion*.

Si le marquis Armand de Puységur (1751-1825), à la veille de la révolution de 1789, avait ouvert la voie à l'idée qu'un maître (noble, médecin, savant) pouvait être limité dans l'exercice de son pouvoir par un sujet capable de parler et donc de lui résister, Bernheim montrait au contraire que l'hypnose n'était plus, à la fin du XIXe siècle, qu'une affaire de suggestion verbale : une clinique de la parole se substituait donc à la clinique du regard. En somme, il contribuait à dissoudre les derniers restes du magnétisme en inversant la relation décrite par Puységur et en annihilant l'hypnose dans la suggestion.

D'où la querelle avec Jean Martin Charcot*, qui assimilait l'hypnose à un état pathologique et s'en servait, non comme moyen thérapeutique, mais pour provoquer des crises convulsives et donner un statut de névrose* à l'hystérie*. Bernheim accusa le maître de la Salpêtrière de fabriquer artficiellement des symptômes hystériques et de manipuler les malades. Il regroupa autour de lui, outre Liébeault, deux autres savants : Henri Beaunis (1830-1921) et Jules Liégeois (1833-1908). Ainsi se forma l'École de Nancy, qui livra bataille pendant dix ans à l'École de la Salpêtrière. Tandis que Beaunis s'emploiera à séparer la philosophie de la psychologie en créant, avec Alfred Binet en 1894, la revue *L'Année psychologique*, Liégeois, juriste de formation, s'intéressera aux crimes et délits commis en état d'hypnose en prenant la défense, dans de nombreuses affaires judiciaires, des criminels victimes d'hypnotiseurs.

La logique de cette dissolution de l'hypnose dans la suggestion conduisit donc Bernheim à soutenir que les effets obtenus par l'hypnotisme pouvaient l'être par une suggestion à l'état de veille que l'on nommera bientôt psychothérapie.

De la même façon, peut-on-dire, Sigmund Freud* inventa la psychanalyse* en abandonnant l'hypnose pour la *catharsis** sans même avoir adopté la suggestion. Il ruina à la fois les thèses de Bernheim et celles de Charcot, tout en s'inspirant des deux expériences. A Charcot il emprunta une nouvelle conceptualité de l'hystérie, et à Bernheim le principe d'une thérapie par la parole.

Dans son autobiographie de 1925, Freud raconte la visite qu'il fit à Bernheim et Liébeault, à l'été 1889, en compagnie d'Anna von Lieben* (Frau Cäcilie), juste avant de se rendre à Paris pour assister à deux congrès internationaux, l'un sur la psychologie et l'autre sur l'hypnotisme. A Nancy, il fut témoin des expériences étonnantes du médecin alsacien, eut avec lui de stimulantes discussions et entreprit de traduire son livre. Mais il constata que la suggestion ne marchait qu'en milieu hospitalier et non pas avec la clientèle privée : « J'abandonnai donc l'hypnose, souligne-t-il, et ne retins d'elle que la position couchée du patient sur un lit de repos derrière lequel j'étais assis, de sorte que je le voyais, mais sans être vu de lui. »

● Hippolyte Bernheim, *Hypnotisme, suggestion, psychothérapie* (1891), Paris, Fayard, coll. « Corpus des œuvres de philosophie en langue française », 1995. Henri F. Ellenberger, *Histoire de la découverte de l'inconscient* (New York, Londres, 1970, Villeurbanne, 1974), Paris, Fayard, 1994. Léon Chertok et Raymond de

Saussure, *Naissance du psychanalyste*, Paris, Payot, 1973. Jacques Nassif, *Freud, l'inconscient*, Paris, Gallilée, 1977. Élisabeth Roudinesco, *Histoire de la psychanalyse en France*, vol. 1 (1982), Paris, Fayard, 1994. Jacqueline Carroy, « L'école hypnologique de Nancy, I et II », in *Le Pays lorrain. Journal de la Société d'archéologie lorraine et du Musée historique lorrain*, 2 et 3, 108-116, 159-166. Pierre Morel (éd.), *Dictionnaire biographique de la psychiatrie*, Paris, Synthélabo, coll. « Les empêcheurs de penser en rond », 1996.

▷ BENEDIKT Moriz. BREUER Josef. CHERTOK Léon. *ÉTUDES SUR L'HYSTÉRIE*. MESMER Franz Anton. MEYNERT Theodor. MOSER Fanny. PAPPENHEIM Bertha. PERSONNALITÉ MULTIPLE. *PSYCHOLOGIE DES MASSES ET ANALYSE DU MOI*. *SIGMUND FREUD PRÉSENTÉ PAR LUI-MÊME*. SPIRITISME.

BESOIN

▷ DÉSIR.

BETLHEIM Stjepan (1898-1970)

psychiatre et psychanalyste yougoslave

Né à Zagreb, Stjepan Betlheim était issu d'une famille juive. Il fit son analyse à Berlin avec Sandor Rado*, puis des contrôles avec Helene Deutsch* et Karen Horney*, avant d'adhérer à la Wiener Psychoanalytische Vereinigung (WPV) en 1928, date à laquelle il commença à pratiquer la psychanalyse* à Zagreb. Avec Nikola Sugar*, il essaya pendant l'entre-deux-guerres de créer une association psychanalytique en Yougoslavie. Après avoir combattu en Bosnie aux côtés des partisans, il devint membre de l'International Psychoanalytical Association* (IPA) en 1952 à titre personnel et créa, en 1968, l'Association des psychothérapeutes yougoslaves.

● Elke Mühlleitner, *Biographisches Lexikon der Psychoanalyse : die Mitglieder der psychologischen Mittwoch-Gesellschaft und der Wiener Psychoanalytischen Vereinigung von 1902-1938*, Tübingen, Diskord, 1992.

▷ COMMUNISME. FÉDÉRATION EUROPÉENNE DE PSYCHANALYSE. HISTOIRE DE LA PSYCHANALYSE. KLAJN Hugo.

BETTELHEIM Bruno (1903-1990)

psychanalyste américain

On ne peut évoquer la vie et l'œuvre de Bruno Bettelheim sans prendre en compte le scandale qui éclata aux États-Unis* quelques semaines après sa mort. Suite à la publication, dans certains grands quotidiens, de lettres d'anciens élèves de l'École orthogénique de Chicago qu'il avait dirigée pendant près de trente ans et qui accueillait des enfants classés comme autistiques, l'image du bon « Dr B. », ainsi qu'il était appelé, s'effaçait derrière celle d'un tyran brutal, faisant régner la terreur dans son école. On se rappela alors qu'il n'y acceptait aucun visiteur, sinon, et dans des conditions très restrictives, les familles des enfants qui y séjournaient. Bien vite, les attaques s'étendirent à sa vie et à son œuvre, les termes d'imposteur, de falsificateur et de plagiaire venant s'ajouter à celui de charlatan. Ce tumulte n'eut que peu d'échos en France où il avait joui, par suite du succès de son livre *La Forteresse vide* et de celui de l'émission consacrée à l'École orthogénique, réalisée par Daniel Karlin et Tony Lainé pour la télévision française et diffusée en octobre 1974, d'un immense prestige qui ne fut entamé que par le déclin général des idées philosophiques et psychanalytiques des années 1970.

Sans accréditer la totalité des accusations qui furent ainsi portées contre lui, réfutant notamment celle de plagiat, sa biographe, Nina Sutton, a démontré l'authenticité de certaines d'entre elles, faisant apparaître que la question centrale résidait dans l'interprétation qu'il y avait lieu de faire de ses emportements verbaux, de la brutalité de certains de ses actes, de ses « petits mensonges », de ses « fraudes » et, au-delà, de ses continuels arrangements avec l'histoire. Fidèle aux idées freudiennes, Bruno Bettelheim l'aura été à sa manière, une manière qui, pour l'essentiel, ne pouvait que heurter les tenants et les héritiers de l'*Ego Psychology**, les gardiens d'une orthodoxie incarnée par l'International Psychoanalytical Association* (IPA). Refusant aussi bien le confort du dogmatisme théorique que le pragmatisme, posant que les enfants dont il avait la charge devaient être traités avec un respect et une exigence qui n'admettaient aucun relâchement, Bruno Bettelheim avait conçu un univers « thérapeutique total » qui fit de son travail un combat permanent, dont l'objectif, la sortie de l'enfermement dans lequel ces enfants avaient trouvé refuge, devait justifier les moyens.

Né à Vienne*, le 28 août 1903, dans une famille de la petite bourgeoisie juive assimilée, affligé d'une laideur attestée sans ménagements par une mère qui lui mesura toujours son affection, Bruno Bettelheim manifesta très tôt des tendances dépressives. Deux événements tragiques infléchirent sa jeune existence : l'atteinte syphilitique de son père, maladie « honteuse », tenue cachée, dont il crut longtemps être porteur par transmission héréditaire, et l'éclatement de la Première Guerre mondiale, avec son cortège de récession et de misère débouchant en 1918 sur l'effondrement de l'empire des Habsbourg et la fin de ce que Stefan Zweig* appela « le monde d'hier ». Premières fractures matérielles et morales qui orientèrent sa réflexion sur les possibilités d'adaptation de l'homme confronté à des conditions qui menacent de le détruire. Se destinant à des études littéraires et artistiques, Bruno Bettelheim fréquenta une organisation de jeunesse appelée Jung Wandervogel (Jeunes Oiseaux migrateurs), cadre de sa première rencontre avec les idées de Sigmund Freud* par l'intermédiaire d'un jeune officier démobilisé, Otto Fenichel*.

La mort de son père le contraint à interrompre ses études pour diriger l'entreprise familiale de vente de bois. Après quelques années d'une vie conjugale difficile, il retourne à l'université, entreprend une analyse avec Richard Sterba* et noue une relation avec une jeune institutrice qui deviendra plus tard sa seconde épouse et qui est, comme sa femme, une émule de Maria Montessori*. Il devient docteur en esthétique en 1938 – plus tard il se dira docteur en philosophie –, quelques semaines avant l'entrée des nazis dans Vienne. Pour des raisons confuses qu'il ne clarifiera jamais, il reste à Vienne alors que sa femme et la petite Américaine autiste qu'elle a en charge – plus tard, il laissera croire que c'est lui qui en a la responsabilité – partent pour les États-Unis.

Arrêté par la Gestapo, il arrive à Dachau le 3 juin 1938 après avoir été violemment battu. Transféré ensuite à Buchenwald le 23 septembre 1938, il y rencontre Ernst Federn, le fils de Paul Federn*, compagnon de Freud. Dans cet univers de peur, d'angoisse et d'humiliation permanentes, il entreprend un travail sur lui-même pour résister à l'entreprise mortifère des SS. C'est l'expérience des camps qui est à l'origine du concept de « situation extrême » par lequel Bettelheim entend désigner les conditions de vie face auxquelles l'homme peut soit abdiquer, en s'identifiant à la force destructrice constituée aussi bien par le bourreau ou l'entourage que par la conjoncture, soit résister, en pratiquant la stratégie de la survie – *Survivre* sera le titre de l'un de ses livres – qui consiste à se construire, à l'instar de ce qu'il supposera être à l'origine de l'autisme*, un monde intérieur dont les fortifications protégeront des agressions externes. Libéré le 14 avril 1939 grâce à des interventions qui seront pour lui une nouvelle occasion de fabuler, il émigre aux États-Unis, dépossédé de tous ses biens.

Nouveaux chocs à son arrivée quand sa femme lui annonce son intention de divorcer, et qu'il découvre le peu d'intérêt porté par les Américains à l'horreur des camps. Fidèle à l'engagement pris avec Ernst Federn, au terme duquel le premier libéré devait témoigner des atrocités nazies, il consigne par écrit l'observation minutieuse qu'il a faite du comportement des prisonniers, de celui des bourreaux et des rapports qu'ils entretenaient entre eux. Ce document, qui inspire dans un premier temps indifférence ou résistance, paraît en 1943 ; il retient alors l'intérêt du général Eisenhower, qui entreprend de le faire lire à ses officiers. Du même coup, Bruno Bettelheim devient le spécialiste des camps, statut qui va se révéler lourd de nombreux malentendus, cette fois-ci avec l'ensemble de la communauté juive. Les témoignages des rares rescapés des camps de la mort vont en effet faire apparaître l'insondable écart qui sépare l'univers concentrationnaire de l'entreprise d'extermination systématique dont Auschwitz demeurera à tout jamais le symbole. Cette différence, Bruno Bettelheim mettra des années à l'admettre, refusant d'y voir la tragique limite de sa virulente critique de ce qu'il présentait comme la passivité des Juifs face à leurs tortionnaires.

En 1944, il est nommé directeur de l'École orthogénique qui dépend de l'université de Chicago et dont le fonctionnement ne donne plus satisfaction. Durant trente ans, cette institution va devenir « son » école, théâtre de la mise en œuvre draconienne des conceptions et des méthodes forgées au cours des épisodes douloureux qu'il a vécus. Il s'agira de construire, en chaque instant de la vie quotidienne de cet internat, un univers sécurisant, à même de constituer l'antidote de ces « situations extrêmes » supposées avoir précipité ces enfants dans l'autisme et la psychose*. D'inspiration psychanalytique, l'entreprise est cependant paradoxale, qui va à l'encontre de ces mêmes principes psychanalytiques d'ouverture vers l'extérieur et d'autonomisation des sujets. La démarche ne consiste pas seulement à récuser les doctrines organicistes sur l'autisme et la psychose, elle pose aussi la question des modalités de mise en œuvre de la théorie psychanalytique dans le traitement de l'autisme et de la psychose. Et, en cela, elle demeure totalement d'actualité.

Consacrant ses journées et une partie de ses nuits à son école et à la rédaction de rapports qui vont constituer la matière de ses principaux ouvrages, Bruno Bettelheim devient un personnage médiatique aux États-Unis et dans le reste du monde, support d'adhésions passionnées et cible de violentes polémiques. Après un départ conflictuel à la retraite, il continue d'écrire, s'attachant aussi bien à donner un éclairage analytique aux contes de fées qu'à effectuer une lecture critique de la traduction* anglaise des œuvres de Freud. Atteint par la mort de sa femme et par des ennuis de santé qui limitent son autonomie, dépressif et coléreux, hanté par la peur de l'invalidité, Bruno Bettelheim met fin à ses jours dans la nuit du 12 au 13 mars 1990, cinquante-deux ans après l'entrée des nazis dans Vienne, en s'étouffant à l'aide d'un sac de plastique entouré d'un caoutchouc.

● Bruno Bettelheim, *La Forteresse vide. L'autisme infantile et la naissance du soi* (Glencoe, 1967), Paris, Gallimard, 1969 ; *Parents et Enfants. Freud et l'âme humaine, Psychanalyse des contes de fées, L'amour ne suffit pas, Pour être des parents acceptables, Dialogues avec les mères*, Paris, Robert Laffont, coll. « Bouquins », introduction de Danièle Lévy, 1995. Geneviève Jurgensen, *La Folie des autres*, Paris, Robert Laffont, 1973. Nina Sutton, *Bruno Bettelheim, une vie*, Paris, Stock, 1995.

▷ STRACHEY James.

BIBRING Edward (1894-1959)

médecin et psychanalyste américain

Né à Stanislau en Galicie, Edward Bibring, issu d'une famille juive, eut une vie marquée par de successives émigrations. Après la révolution d'Octobre, il se rendit à Vienne* où il refit ses études médicales tout en étant analysé par Paul Federn*. En 1938, il émigra à Londres en même temps que la famille de Freud. Trois en plus tard, en février 1941, il partit pour les États-Unis* et s'intégra à la Boston Psychoanalytic Society (BoPS), dont il fut président pendant deux ans. Bibring fut avant tout un clinicien orthodoxe de l'International Psychoanalytical Association* (IPA), proche des thèses d'Anna Freud*. En 1943, dans le cadre du développement de la théorie post-freudienne du moi*, il élabora la notion de mécanismes de dégagement (*working-off mechanisms*) pour désigner un processus de résolution des conflits du moi distinct des défenses* et de l'abréaction*. Il mourut de la maladie de Parkinson. Sa femme, Grete Bibring-Lehner (1899-1977), analysée par Hermann Nunberg*, fut également médecin et psychanalyste.

● Jean Laplanche et Jean-Bertrand Pontalis, *Vocabulaire de la psychanalyse*, Paris, PUF, 1967. Elke Mühlleitner, *Biographisches Lexikon der Psychoanalyse. Die Mitglieder der psychologischen Mittwoch-Gesellschaft und der Wiener Psychoanalytischen Vereinigung von 1902-1938*, Tübingen, Diskord, 1992.

BIGRAS Julien (1932-1989)

psychiatre et psychanalyste canadien

Contrairement à François Peraldi* qui s'exila au Québec en conservant la nationalité française, Julien Bigras tenta, comme son compatriote René Major, de s'installer en France*. Il n'y parvint pas et retourna à Montréal où il joua un rôle d'aiguillon dans la Société psychanalytique canadienne (SPC) refermée sur elle-même et en proie à des luttes institutionnelles permanentes entre anglophones et francophones, entre partisans des différents courants de l'International Psychoanalytical Association* (IPA) : kleinisme*, *Ego psychology**, *Self Psychology**.

Né à Saint-Martin, Bigras était issu d'une famille de fermiers pauvres de la province du Québec. Des onze enfants de la fratrie, il fut le seul à faire des études. Il s'orienta d'abord vers la médecine, puis vers la psychiatrie, et travailla dans quatre hôpitaux psychiatriques entre 1963 et 1983 : hôpital Sainte-Justine, Institut Albert-Prévost, Douglas Hospital et Royal Victoria. Après une première psychothérapie* avec Victorien Voyer, il partit pour Paris en 1960 avec sa première femme, Mireille Lafortune. Il y demeura trois ans, le temps d'effectuer sa formation didactique avec André Luquet dans le cadre de la Société psychanalytique de Paris (SPP), puis de nouer une solide amitié avec Conrad Stein (qui sera son contrôleur).

Devenu membre de la SPP, il retourna à Montréal où il tenta de faire évoluer la Société psychanalytique canadienne en instaurant une relation et des échanges avec les dissidents parisiens de la SPP, qui contestaient eux aussi la sclérose de leur institution et établissaient des liens avec des praticiens de la nouvelle École freudienne de Paris* (EFP) fondée par Jacques Lacan*. Après un deuxième contrôle avec Jean-Baptiste Boulanger, Bigras fut intégré non sans difficultés à la SPC dans laquelle il sera toujours regardé comme un *bad boy*, marginal et excentrique. On l'appelait volontiers l'Indien en raison de son intérêt pour l'ethnopsychanalyse* et pour les Amérindiens parqués dans les réserves du Canada*.

C'est dans ce contexte qu'il créa en 1967 la revue *Interprétation*, qui jouera pendant quatorze ans un rôle important à Montréal et à Paris en accueillant des textes venus de tous les horizons du savoir : psychanalyse, littérature, sciences humaines, anthropologie. Parmi les nombreux participants à cette revue franco-québécoise, on relève les noms de Piera Aulagnier*, Conrad Stein, René Major, François Peraldi, le poète Jacques Brault, et aussi des Américains comme Heinz Kohut*, Kurt Eissler, Frieda Fromm-Reichman*, etc.

Cet auteur prolifique et non conformiste, romancier à ses heures, passionné par l'étude de l'inceste* et de la folie*, mourut prématurément d'une maladie cardio-vasculaire après avoir mis fin à l'expérience du groupe et de la revue *Interprétation*, et vu naître une autre revue, *Frayages*, créée par François Peraldi, son rival lacanien.

● Julien Bigras, *Les Images de la mère*, Paris, Hachette, 1971 ; *L'Enfant dans le grenier*, (Montréal, 1976), Paris, Aubier-Montaigne, 1987 ; *Le Psychanalyste nu*, Paris, Laffont, 1979 ; « Histoire de la revue et du groupe *Interprétation* au sein du mouvement psychiatrique et psychanalytique québécois », *Santé mentale au Québec*, 7, juin 1982, 3-16. Élisabeth Bigras, « D'une revue à l'autre ou l'impossible dette », *ibid.*, 16-20. Entretien avec Mireille Lafortune le 21 mai 1996, et avec Élisabeth Bigras le 22 mai 1996.

▷ CANADA. CLARKE Charles Kirk. GLASSCO Gerald Stinson. MEYERS Donald Campbell. PRADOS Miguel. SLIGHT David.

BINSWANGER Ludwig (1881-1966)
psychiatre suisse

Né à Kreuzlingen sur la rive suisse du lac de Constance, Ludwig Binswanger est le descendant d'une dynastie de psychiatres. Son grand-père, Ludwig Senior (1820-1880), était originaire d'une famille juive d'Osterberg, en Bavière. Il quitta l'Allemagne* en 1850 pour diriger l'hôpital psychiatrique d'État de Munsterlingen en Suisse*. Peu de temps après cette prise de fonction, Ludwig Senior acheta le terrain désaffecté d'une ancienne imprimerie, à Kreuzlingen, pour fonder, selon des conceptions que son fils, Robert, et son petit-fils, Ludwig, reconnaîtront avoir été révolutionnaires, la clinique psychiatrique de Bellevue.

De fait, celle-ci se caractérisa d'emblée par le bannissement de tout moyen coercitif, si fréquent à l'époque. En outre, son fondateur inaugura des techniques nouvelles, en mettant notamment au service des malades l'entourage familial du médecin, pratique qui autorise à parler, selon les termes de Ludwig Binswanger évoquant son grand-père, de « thérapie familiale* au sens strict du mot ». Bien avant qu'il soit conduit à rencontrer Ludwig Binswanger, Sigmund Freud* connaissait de réputation la clinique de Bellevue, à laquelle il avait déjà adressé des patients, et que Joseph Roth (1894-1939) évoquait en ces termes dans *La Marche de Radetzky :* « cette maison de santé du lac de Constance où des soins empressés, mais dispendieux, attendaient les aliénés des milieux aisés qui avaient l'habitude d'être choyés et que les infirmiers traitaient avec une délicatesse de sage-femme ». Bien plus tard, en 1933, l'écrivain français Raymond Roussel (1877-1933) aurait dû séjourner à la clinique de Bellevue, ainsi qu'il en avait pris la décision, s'il ne s'était arrêté définitivement à Palerme, par où il avait choisi de faire un détour avant de se rendre en Suisse.

L'oncle de Ludwig Binswanger, Otto Binswanger (1852-1929), qui soigna Friedrich Nietzsche (1844-1900) et rencontra Freud en 1894 lors d'un congrès à Vienne*, publia des travaux sur l'hystérie* et la paralysie générale. Nommé professeur à Iéna, il accueillit son neveu entre 1907 et 1908 dans son service de la clinique psychiatrique de cette ville où le jeune Ludwig allait par ailleurs faire la connaissance de sa future femme, Hertha Buchenberger.

Ludwig Binswanger fut élevé selon les normes de son temps et de son milieu social, c'est-à-dire avant tout dans le respect de la loi dictée par son père, Robert Binswanger (1850-1910), qui avait succédé à son propre père, Ludwig Senior, à la direction de la clinique. Très tôt, le jeune Ludwig choisit de devenir psychiatre afin de succéder à son tour à son père.

Il fait ses études de médecine, mais aussi de philosophie, entre 1900 et 1906 à Lausanne, Zurich, Heidelberg, et Zurich de nouveau. Il fait à cette époque la connaissance d'Eugen Bleuler*, auquel, comme beaucoup de jeunes psychiatres de sa génération, il voue une immense admiration. Il ne tarde pas à travailler comme assistant bénévole au Burghölzli, la clinique zurichoise où il rencontre Karl Abraham*, Max Eitingon* et Carl Gustav Jung*. C'est sous la direction de ce dernier qu'il entreprend une thèse sur les associations verbales*. A cette époque, toute l'équipe du Burghözli est passionnée par la découverte freudienne et Zurich est en passe de devenir, après Vienne, le second centre mondial de la psychanalyse*.

En janvier 1907, Jung effectue sa première visite chez Freud, accompagné de sa femme Emma et du jeune Ludwig Binswanger. Celui-ci ne cache pas son désir d'être initié à la psychanalyse. Le récit par Binswanger de cette première rencontre traduit la sympathie spontanée et réciproque qui s'instaura entre les deux hommes. D'un côté, le maître, figure de père affable et tolérant, bien différente de celle, autoritaire, du père de Ludwig, de l'autre le jeune médecin, son cadet de vingt-six ans, si doué déjà. A la suite de cette visite, porté par son enthousiasme pour Freud et ses idées, Ludwig Binswanger, qui n'a alors qu'une connaissance livresque de la psychanalyse, prend sa première patiente en analyse lors de son séjour dans le service de son oncle à Iéna.

En décembre 1910, après la mort de son père, Ludwig Binswanger prend la direction de la clinique. Pendant quelques années, il considère la psychanalyse comme le recours absolu pour toutes les catégories de patients. Plus tard seulement, il se montrera plus mesuré : « … dix ans de labeur et de déceptions ont été le prix à payer pour arriver à reconnaître que seule une partie déterminée de nos patients institutionnels relève d'une analyse. »

Son attirance croissante pour la philosophie, sa curiosité et la fréquentation assidue d'intellectuels et d'artistes de son temps, parmi lesquels Martin Buber (1878-1965), Ernst Cassirer (1874-1945), Martin Heidegger (1889-1976), Edmund Husserl (1859-1938), Karl Jaspers (1883-1969), Edwin Fischer, Wilhelm Furtwängler, Kurt Goldstein (1878-1965), Eugène Minkowski*, le conduisent à développer une conception distincte de la voie freudienne. Mais cette prise de distance ne le fera pas renoncer à la théorie. Son respect, son admiration et son amitié pour Freud demeureront intacts au fil des années, ce dont témoignent son intervention du 7 mai 1936, à l'occasion du quatre-vingtième anniversaire de Freud, mais aussi son texte de 1956, destiné à la commémoration du centenaire de la naissance de l'inventeur de la psychanalyse, intitulé « Mon chemin vers Freud ». Mais avant tout, c'est la correspondance entre les deux hommes qui atteste le caractère exceptionnel de leur relation. Bien qu'il soit arrivé à Freud, pris dans les premières turbulences de la détérioration de sa relation avec Jung, de porter un jugement réservé sur Binswanger, notamment dans une lettre du 30 mai 1912 relatant à Sandor Ferenczi* la fameuse visite à Kreuzlingen qui fut considérée par Jung comme une offense délibérée, la note dominante sera toujours empreinte d'amitié, de confiance et de respect pour le psychiatre suisse. Le 11 janvier 1929, Freud lui écrit : « A la différence de tant d'autres, vous n'avez pas permis que votre évolution intellectuelle, qui vous a de plus en plus soustrait à mon influence, détruise aussi nos relations personnelles, et vous ne pouvez savoir combien une telle délicatesse fait du bien à l'homme – malgré l'indifférence, si vantée par vous, que l'âge entraîne. »

Dès 1911, Binswanger projette d'écrire un ouvrage traitant de l'influence de Freud sur la psychiatrie clinique. Il se rend compte toutefois qu'une telle entreprise suppose des connaissances dont il est dépourvu. Il décide donc de procéder en deux étapes. Le premier volume sera consacré à l'examen des fondements de la psychologie générale, le second traitera du cœur du sujet. Mais ce dernier ne paraîtra jamais, quand bien même les chapitres s'accumulent et font l'objet d'une correspondance suivie avec Freud. Entre-temps, Binswanger s'est en effet tourné vers la philosophie, celle d'Henri Bergson (1859-1941) d'abord, mais surtout la phénoménologie d'Edmund Husserl qu'il explore systématiquement avant de rencontrer le philosophe en août 1923. Cette rencontre sonne le glas du grand projet épistémologique et marque la naissance d'une nouvelle perspective, sous la forme d'une herméneutique dans laquelle il s'efforce d'inscrire l'interprétation freudienne. Près de quarante ans plus tard, Henri F. Ellenberger*, dans le cadre d'un article consacré à l'ouvrage de Paul Ricœur sur l'herméneutique freudienne, confrontera les deux démarches, celle de Binswanger et celle de Ricœur, reconnaissant à Binswanger le privilège d'avoir été le premier, et le seul en son temps, à reconnaître l'existence d'une herméneutique freudienne fondée sur l'expérience, distincte des herméneutiques philolologique, théologique ou historique.

C'est dans un premier temps sous l'effet de cette influence husserlienne que Binswanger développe sa méthode thérapeutique, l'analyse existentielle* (*Daseinanalyse*) qu'il illustre notamment par la publication du cas « Suzan Urban ». A partir de 1927, date de la parution du livre de Martin Heidegger *Sein und Zeit (Être et Temps)*, il donne une nouvelle inflexion à sa démarche, abandonnant la perspective étroitement phénoménologique pour s'ouvrir à l'ontologie. Dans ce cadre, il publie, en 1930, *Rêve et Existence*, où il mêle la conception freudienne de l'existence humaine à celles de Husserl et de Heidegger. Michel Foucault (1926-1984) rédigera pour cet ouvrage, qu'il traduira avec Jacqueline Verdeaux, une longue préface. En 1983, dans la version anglaise (inédite en français) de la présentation de son livre *L'Usage des plaisirs*, Foucault évoquera sa dette à l'égard de Binswanger et les raisons pour lesquelles il s'en éloigna.

Comme le souligne Gerhard Fichtner dans son introduction à la correspondance entre les deux hommes, Freud ne se serait certainement pas rallié aux critiques et interrogations qui émaillent les hommages que lui rendit Binswanger. Mais il eût sans aucun doute apprécié ces lignes que son ami suisse nota dans son journal à la suite de sa visite à la maison de Freud à Londres, en 1946 : « Freud reste mon expérience humaine la plus importante, c'est-à-dire l'expérience de ma rencontre avec le plus grand des hommes. »

● Ludwig Binswanger, *Rêve et Existence* (1930), Paris, Desclée de Brouwer, 1954 ; *Le Cas Suzanne Urban. Étude sur la schizophrénie* (1952), Paris, Desclée de Brouwer, 1957 ; *Discours, parcours et Freud*, Paris, Gallimard, 1970 ; *Introduction à l'analyse existentielle*, Paris, Minuit, 1971 ; *Mélancolie et Manie* (1960), Paris, PUF, 1987. Henri F. Ellenberger, *Médecines de l'âme*, Paris, Fayard, 1995. Didier Eribon, *Michel Foucault*, Paris, Flammarion, 1989. Jean-Baptiste Fagès, *Histoire de la psychanalyse après Freud* (Toulouse, 1976), Paris, Odile Jacob, 1996. Michel Foucault, *Dits et Écrits*, vol. I, Paris, Gallimard, 1994.

Sigmund Freud et Ludwig Binswanger, *Correspondance, 1908-1938* (Francfort, 1992), Paris, Calmann-Lévy, 1995 ; Sigmund Freud et Sandor Ferenczi, *Correspondance (1908-1914)*, Paris, Calmann-Lévy, 1992. Pierre Morel (éd.), *Dictionnaire biographique de la psychiatrie*, Le Plessis-Robinson, Synthélabo, coll. « Les empêcheurs de penser en rond », 1996. Élisabeth Roudinesco, *Jacques Lacan. Esquisse d'une vie, histoire d'un système de pensée*, Paris, Fayard, 1994. Joseph Roth, *La Marche de Radetzky* (1932), Paris, Seuil, 1982.

BION Wilfred Ruprecht (1897-1979)

médecin et psychanalyste anglais

Clinicien érudit et flamboyant, réformateur de la psychiatrie militaire, grand praticien des psychoses* et des états-limites*, Wilfred Ruprecht Bion fut le disciple le plus turbulent de Melanie Klein* dont il rejeta le dogmatisme pour construire une théorie sophistiquée du *self* et de la personnalité, fondée sur un modèle mathématique et traversée de notions originales – petits groupes, fonction *alpha*, contenant/contenu, objets bizarres, présupposés de base, grille, etc. – qui, par certains côtés, ressemblaient à celles de Jacques Lacan*, son contemporain. Comme lui, il tenta de donner un contenu formel à la transmission du savoir psychanalytique en s'appuyant sur des formules et des algèbres et, comme lui aussi, il se passionna pour le langage, la philosophie et la logique, mais dans une perspective nettement cognitiviste.

Ce grand voyageur fit école non seulement en Grande-Bretagne* mais au Brésil*, et notamment à São Paulo, où il marqua profondément ses élèves. Il eut dans sa jeunesse le privilège d'être le thérapeute de l'écrivain Samuel Beckett (1906-1989), auquel il s'identifia fortement. En France*, il compta quelques adeptes, parmi lesquels Didier Anzieu et André Green.

Né à Muttra, au Pendjab, d'une mère indienne et d'un père anglais ingénieur en irrigation, il fut élevé par une nourrice et passa son enfance en Inde* à la fin de l'ère victorienne et à l'apogée de la période coloniale. Non sans humour, il dira volontiers que les membres de sa famille étaient « complètement timbrés ». Dans son autobiographie, il présente sa mère comme une femme froide et terrifiante qui lui rappelle les courants d'air glacés des chapelles anglaises.

Comme tous les enfants de la haute administration coloniale, il fut envoyé dès l'âge de 8 ans en Angleterre pour être pensionnaire dans un collège. Abandonné par les siens et isolé dans un climat hostile, il poursuivit ses études en rêvant aux somptueux paysages du Pendjab et en développant un fort dégoût pour les choses de la sexualité*. Il n'aimait que les activités sportives et resta vierge jusqu'à son mariage, à l'âge de 40 ans. En janvier 1916, il fut incorporé dans un bataillon de blindés et se retrouva bientôt sur le champ de bataille de Cambrai au milieu des obus et du feu de la guerre. Il en sortit en 1918 avec le grade de capitaine, une solide expérience de la fraternité humaine et des tromperies de la hiérarchie militaire dont il se servira des années plus tard.

C'est à la prestigieuse université d'Oxford qu'il se forma à la philosophie et à la littérature sans négliger pour autant le rugby, mais c'est à Poitiers qu'il acheva ses humanités afin de maîtriser la langue française. Il devint ensuite professeur à Bishop's Stortford, son ancien collège, où il lui arriva une étrange aventure. Après avoir sympathisé avec la mère d'un élève, il fut accusé par elle d'avoir voulu abuser du jeune adolescent et dut quitter l'enseignement. Il entreprit alors des études médicales, qu'il mena à bien.

Après un échec amoureux, il décida de faire une psychothérapie*, ce qui le conduisit à la psychiatrie puis à la psychanalyse*. En 1932, engagé comme médecin assistant à la Tavistock Clinic de Londres, il mena des cures avec des adolescents délinquants ou atteints de troubles de la personnalité, et s'occupa pendant près de deux ans du traitement de Samuel Beckett.

Cette relation thérapeutique eut un effet considérable sur la destinée des deux hommes qui, à cette époque, étaient encore des débutants. Ils avaient pour point commun une relation difficile à la mère. Ami et admirateur de James Joyce (1882-1941) depuis 1928, Beckett s'était brouillé avec lui deux ans plus tard après avoir repoussé les avances de la fille de celui-ci, Lucia Joyce, atteinte de schizophrénie* et soignée par Carl Gustav Jung*. Harcelé par une mère conformiste et abusive qui méconnaissait son talent et désapprouvait sa conduite, il souffrait en 1932 de graves troubles respiratoires, de maux de tête et de diverses affections chroniques liées à l'alcoolisme et à une certaine clochardisation. Aussi s'était-il décidé à entreprendre une psychothérapie sur les conseils de son ami le docteur Geoffrey Thomson. La cure avec Bion fut conflictuelle et difficile. Chaque fois que Beckett retournait chez sa mère à Dublin, il souffrait de terreurs nocturnes, d'hébétude et de furoncles au cou et à l'anus. C'est pourquoi Bion finit par lui demander de ne plus la fréquenter. Beckett n'y parvint pas et interrompit l'analyse après avoir assisté, sur les conseils de Bion, à une conférence donnée par Jung à la Tavistock Clinic, dans laquelle celui-ci affirmait que les personnages d'une fiction sont toujours à l'image de l'état mental de l'écrivain qui les a créés. De là naîtrait *Murphy*, premier roman de Beckett.

En 1937, Bion s'intégra pour de bon à l'histoire du freudisme* anglais en rencontrant John Rickman*. Membre de la British Psychoanalytical Society (BPS), et analysé par Melanie Klein, celui-ci devint son analyste, l'initia aux thèses kleiniennes et lui permit sans doute, à travers cette deuxième cure, de mieux comprendre ses problèmes sexuels. Au début de la guerre, Bion épousa l'actrice Betty Jardine, qui devait mourir d'une embolie pulmonaire quelque temps plus tard, à la naissance de sa fille. Par la suite, Bion se remaria.

Mobilisé lors de l'entrée de l'Angleterre dans la Deuxième Guerre mondiale, il participa avec Rickman et d'autres médecins à la réforme de la psychiatrie anglaise, qui sera saluée par Lacan en 1946, et qui donnera naissance à la fameuse théorie des petits groupes, inspirée par l'expérience de Maxwell Jones (1907-1990) sur les communautés thérapeutiques.

C'est à l'hôpital militaire de Northfield près de Birmingham, où l'on recevait des patients atteints de névroses de guerre*, que Bion et Rickman expérimentèrent le principe du « groupe sans *leader* », qui consistait à organiser en petites cellules des hommes jugés inadaptés ou inutiles. Chaque groupe définissait l'objet de son travail sous l'égide d'un thérapeute, lequel soutenait tous les hommes du groupe sans occuper ni la place d'un chef, ni celle d'un père autoritaire. L'expérience produisit des effets mais elle prit brutalement fin parce qu'elle mettait en cause le principe même de la hiérarchie militaire.

En 1945, proche de la cinquantaine, Bion fit une troisième analyse avec celle qui allait marquer définitivement son orientation : Melanie Klein. La cure dura huit ans et, dès le début, Bion annonça à son analyste son refus de toute idolâtrie et son désir de travailler en toute indépendance. Aussi fut-il un disciple fidèle, mais jamais soumis. A partir de 1960, il commença à publier une série d'ouvrages qui étonnèrent la communauté psychanalytique par leur complexité, et dont l'objectif était ni plus ni moins de réviser philosophiquement l'œuvre freudienne (et sa lecture kleinienne) en concevant un inconscient* fondé sur le langage. S'appuyant sur la philosophie kantienne, il divisa l'appareil psychique en deux fonctions mentales : la fonction *alpha* correspondant au phénomène, la fonction *bêta* au noumène (la chose en soi, l'idée). Pour Bion, la fonction *alpha* préserve le sujet de l'état psychotique, tandis que la fonction *bêta* le met à nu.

L'expérience des petits groupes permit à Bion d'aborder le domaine des psychoses à l'aide de différents concepts kleiniens auxquels il ajouta notamment ceux d'objets bizarres (particules détachées du moi* et menant une vie autonome) ou d'idéogramme (inscription préverbale d'une pensée primitive). Par ailleurs, empruntant à Paul Schilder* la notion d'image du corps*, il développa l'idée selon laquelle les groupes et les individus seraient composés d'un contenant et d'un contenu. Si, pour un sujet donné, le groupe fonctionne comme un contenant, chaque sujet a aussi en lui-même un contenu, ou présupposé de base, qui détermine ses émotions. Quant à la personnalité psychotique, elle est une composante normale du moi. Tantôt elle détruit le moi en empêchant toute forme d'accès à la symbolisation, tantôt au contraire elle coexiste avec d'autres aspects du moi sans devenir un agent de destruction. Bion construisit également un modèle de la cure auquel il donna le nom de grille. Composé d'un axe vertical de huit lettres (de A à H), connotant le degré de complexité de l'énoncé, et d'un axe horizontal de six chiffres (de 1 à 6), représentant la relation transférentielle, la grille devait permettre à la fois d'aider le praticien dans son écoute et de donner une assise dite « scientifique » à la pratique de la psychanalyse.

Refusant, après la mort de Melanie, de transgresser sa doctrine du « groupe sans *leader* » et de se faire le maître à penser de l'école kleinienne, Bion préféra s'installer en Californie. A partir de 1968, il vécut à Los Angeles et, de là, fit de nombreux voyages au Brésil et en Argentine* où l'impact de son enseignement, de sa doctrine et de sa technique psychanalytiques eut une grande importance pour la diffusion de ce qu'on ne tarda pas à considérer comme un néokleinisme (ou postkleinisme). L'œuvre bionienne fut alors traduite dans de nombreuses langues.

A la fin de sa vie, devenu célèbre, il retourna en Angleterre où il mourut, emporté par une leucémie.

● Wilfred Ruprecht Bion, *Recherches sur les petits groupes* (Londres, 1961), Paris, PUF, 1987 ; *Aux sources de l'expérience* (Londres, 1962), Paris, PUF, 1979 ; *Éléments de la psychanalyse* (Londres, 1963), Paris, PUF, 1979 ;

Transformations. Passage de l'apprentissage à la croissance (Londres, 1965), Paris, PUF, 1982 ; *L'Attention et l'Interprétation. Une approche scientifique de la compréhension intuitive en psychanalyse et dans les groupes* (Londres, 1970), Paris, Payot, 1974 ; *Entretiens psychanalytiques* (Rio de Janeiro, 1973), Paris, Gallimard, 1980 ; *A Memoir of the Futur. The Pass Presented,* Rio de Janeiro, Imago Editora, 1977. Gérard Bléandonu, *Les Communautés thérapeutiques*, Paris, Scarabée, 1970 ; *Wilfred R. Bion. La Vie et l'œuvre,* Paris, Dunod, 1990 ; *L'École de Melanie Klein,* Paris, Le Centurion, 1985. R.D. Hinshelwood, *A Dictionary of Kleinian Thought* (1989), Londres, Free Association Books, 1991. Jacques Lacan, « La psychiatrie anglaise et la guerre », *L'Évolution psychiatrique,* 1, 1947, 293-312. Didier Anzieu, « Beckett et Bion », *Revue française de psychanalyse,* 5, 1989, 1405-1414 ; *Beckett et le Psychanalyste,* Paris, Mentha, 1992. Deirdre Bair, *Samuel Beckett* (New York, 1978), Paris, Fayard, 1979.

▷ ANTIPSYCHIATRIE. BASAGLIA Franco. BURROW Trigant. KLEINISME. KOHUT Heinz. MATHÈME. NŒUD BORROMÉEN. PSYCHOTHÉRAPIE INSTITUTIONNELLE. SCHIZOPHRÉNIE. TRANSFERT.

BISEXUALITÉ

Allemand : *Bisexualität.* Anglais : *Bisexuality.*

Terme issu du darwinisme et de l'embryologie, et adopté par la sexologie* à la fin du XIXe siècle (en même temps que ceux d'homosexualité* et d'hétérosexualité) pour désigner l'existence, dans la sexualité* humaine et animale, d'une disposition biologique dotée de deux composantes : l'une mâle ou masculine, l'autre femelle ou féminine. Par extension, on parle de bisexualité pour désigner une forme d'amour charnel entre des personnes appartenant tantôt au même sexe, tantôt au sexe opposé.

Repris par Sigmund Freud* et par tous ses successeurs comme un concept central de la doctrine psychanalytique de la sexualité, avec ceux de *libido et de pulsion*, il fut progressivement utilisé pour désigner une disposition psychique inconsciente propre à toute subjectivité humaine, dans la mesure où celle-ci est fondée sur l'existence de la différence des sexes*, c'est-à-dire, pour le sujet*, sur la nécessité d'effectuer un choix sexuel soit à travers le refoulement* d'une des deux composantes de la sexualité, soit à travers l'acceptation de ces deux composantes, soit à travers un déni* de la réalité de la différence des sexes.**

De même que tous les travaux modernes sur le transsexualisme* prirent pour mythes fondateurs la légende d'Hermaphrodite et les amours de la déesse Cybèle, les réflexions sur la bisexualité eurent toujours pour origine le célèbre récit des malheurs de l'Androgyne fait par Aristophane dans *Le Banquet* de Platon : « Jadis, la nature humaine n'était pas ce qu'elle est aujourd'hui ; elle était bien différente. L'humanité se divisait en premier lieu en trois espèces d'hommes et non en deux, comme présentement. Avec les sexes mâle et femelle, il en était un troisième qui participait des deux. Cette espèce s'appelait alors Androgyne. Le corps de chacun de ces Androgynes était d'apparence arrondie. Ils avaient en cercle le dos et les côtes ; ils possédaient quatre mains, des jambes en nombre égal aux mains, deux visages parfaitement semblables, deux organes générateurs, etc. Zeus coupa les Androgynes en deux [...]. Cette division étant faite, chaque moitié désirait s'unir à son autre moitié. Lorsqu'elles se rencontraient, elles s'enlaçaient de leurs bras et s'étreignaient si fort que, dans le désir de se refondre, elles se laissaient ainsi mourir de faim et d'inertie, car elles ne voulaient rien l'une sans l'autre entreprendre. »

Les sexologues de la fin du XIXe siècle, de Richard von Krafft-Ebing* à Magnus Hirschfeld*, reprirent ce thème en mêlant d'ailleurs étroitement la bisexualité, l'homosexualité, l'hermaphrodisme réel et les phénomènes de transvestisme, encore confondus avec ce qui deviendra le transsexualisme* dans les années 1950. C'est ainsi que fut construit le fameux mythe du « troisième sexe » pour désigner à la fois l'androgyne (le bisexuel), l'inverti (l'homosexuel) et l'hermaphrodite psychosexuel (le transsexuel). Freud récusa ce terme, choisissant dès 1905, dans ses *Trois Essais sur la théorie sexuelle**, de définir l'homosexualité comme un choix sexuel dérivant de l'existence chez tout sujet d'une bisexualité originelle. Il était inutile à ses yeux d'inventer un « troisième sexe », ou un « sexe intermédiaire », pour désigner ce qui relevait d'un universel de la sexualité humaine.

C'est avec la publication en 1871 de *La Descendance de l'homme* de Charles Darwin (1809-1882) que commença à s'effectuer le passage entre le mythe platonicien de l'androgynie et la nouvelle définition de la bisexualité selon les perspectives de la science biologique. Il s'agissait alors de doter l'étude de la sexualité humaine d'une terminologie adéquate en termes de « race », de constitution, d'espèce, d'organicité, etc. L'apport de l'embryologie fut décisif dans la mesure où elle put montrer, grâce à l'utilisation du microscope, que l'embryon humain était doté de deux potentialités, l'une mâle et l'autre femelle. D'où l'idée que la bisexualité n'était plus seulement un mythe, mais une réalité de la nature. A travers l'enseignement de Carl Claus*, puis au contact de son ami Wilhelm Fliess*, Freud adopta vers 1890 la thèse de la bisexualité.

Au darwinisme et à l'embryologie Fliess ajoutait toute la tradition romantique de la médecine allemande, laquelle se retrouvait d'ailleurs chez les écrivains de la fin du siècle marqués par les travaux de Johann Jakob Bachofen (1815-1887) sur le matriarcat et le patriarcat*. D'August Strindberg (1849-1912) à Otto Weininger*, en passant par Karl Kraus* et Daniel Paul Schreber*, le double thème de la nostalgie du féminin et de la hantise de la féminisation de la société alimentait les interrogations fin de siècle, en pleine réflexion sur les conditions d'une refonte de la famille bourgeoise et d'une redistribution des relations d'identité entre les sexes.

Dans son ouvrage de 1896 sur les relations entre le nez et les organes génitaux, Fliess donnait sa double conception de la bisexualité et de la périodicité en établissant un lien entre les douleurs de la menstruation et celles de l'accouchement, toutes étant ramenées à des « localisations génitales » situées dans le nez. De là découlait la thèse de la périodicité, selon laquelle les névroses nasales, les accès de migraine et autres symptômes du cycle féminin obéissaient à un rythme de vingt-huit jours, comme la menstruation.

A ce premier cycle Fliess en ajoutait un second, de vingt-trois jours, qualifié de masculin, et il concluait que les deux cycles se manifestaient chez chacun des deux sexes. Par des calculs, il était possible, selon lui, de prévoir pendant une grossesse quel serait le sexe de l'enfant. La mère transmettait à son fœtus les deux périodes (vingt-huit et vingt-trois), et l'appartenance sexuelle du futur nouveau-né pouvait être déterminée par la nature de la période transmise en premier. En décembre 1897, au cours d'une rencontre à Breslau, Fliess développa une nouvelle idée en affirmant que la bisexualité biologique se prolongeait chez l'homme en une bisexualité psychique allant de pair avec la bilatéralité particulière de l'organisme humain, la gauche et la droite traduisant en quelque sorte l'organisation corporelle et spatiale de la différence des sexes.

Comme de nombreux savants de son temps, Fliess rêvait de transformer la biologie en une mathématique universelle. En un premier temps, Freud le suivit sur ce terrain, non seulement en se livrant à des calculs insensés mais en faisant soigner par son ami la fameuse Emma Eckstein*, puis en se faisant lui-même opérer les sinus dans l'espoir de guérir de sa névrose*. Néanmoins, au moment même où il abandonnait sa théorie de la séduction*, il emprunta à Fliess non pas la thèse de la bisexualité naturelle accompagnée de la bilatéralité, mais celle de la bisexualité psychique. Par la suite, après sa brouille avec lui, il effacera la trace de cet emprunt, notamment à cause de la délirante affaire de plagiat dans laquelle il sera impliqué par l'intermédiaire de Hermann Swoboda*. En 1910, dans une note ajoutée aux *Trois Essais sur la théorie sexuelle**, il dira simplement que Fliess avait revendiqué la paternité de la notion, puis, dans une autre note de 1924, il affirmera : « Dans certains cercles non spécialisés, on considère que la notion de bisexualité humaine est l'œuvre du philosophe O. Weininger, prématurément décédé, qui en a fait le fondement d'un livre passablement irréfléchi (1903). Les indications qui précèdent montrent assez à quel point cette prétention est peu justifiée. » Cette attitude conduira les tenants de l'historiographie* officielle à affirmer que Freud fut l'inventeur de la notion de bisexualité psychique et qu'il ne devait rien sur ce terrain aux thèses fliessiennes, et les partisans de l'historiographie révisionniste à souligner qu'il était un plagiaire et n'avait rien inventé. En réalité, la conceptualisation par Freud de la notion de bisexualité passa par d'autres chemins, plus complexes que ceux décrits par les hagiographes d'un côté et les antifreudiens de l'autre.

Avec Weininger, la thèse de la bisexualité prit une ampleur considérable, d'autant qu'elle servit d'appoint à la question de la judéité* pensée comme haine de soi juive et de la féminité conçue comme un danger sexuel. Dans son livre *Sexe et Caractère*, publié à Vienne en 1903 et qui fut pendant quarante ans un véritable *best-seller*, il suivait le fil rouge de la bisexualité pour étudier l'évolution de la société occidentale. Reprenant l'idée fliessienne de la division des espèces, il fit du pôle masculin l'expression suprême du génie créateur et de l'intellectualité humaine, et du pôle féminin la manifestation de la sensualité, de la mollesse, de la pulsion. D'où cet inégalitarisme et cet antiféminisme qui vantaient les mérites de la virilité « nordique », seule capable, affirmait-il, de sublimation* et de grandeur face au danger social représenté par la féminité. Dans la droite ligne de cette conception infériorisante de la différence des sexes, Weininger assimilait le Juif à la femme, soulignant d'ailleurs que celle-ci était pire que celui-là, puisque le premier, en tant qu'incarnation d'une dialectique négative, pouvait accéder à l'émancipation. Ainsi la notion de bisexualité servait-elle à reconduire, sous une nouvelle forme, les anciens préjugés de l'époque classique.

Dès 1897, Freud adopta une autre position que celle de Fliess. Renonçant à voir dans la bisexualité le substrat du psychique, il pensa celle-ci sous la catégorie d'une pure organisation psychique, quitte à affirmer que les progrès ultérieurs de la biologie confirmeraient son hypothèse. Cette différenciation entre le psychique et le biologique lui permettait de comprendre la dissymétrie qui existe entre les deux domaines : il n'y a pas en effet de continuité entre les deux, ni même de relation terme à terme. Comme Fliess, Freud fit alors de la bisexualité un moteur du refoulement*, mais – et c'est là que se produisit la divergence – au lieu de la regarder comme un conflit entre deux tendances (une *libido* virile, un refoulement féminin), il s'intéressa à la manière dont chaque être sexué refoule ou ne refoule pas les caractères de l'autre sexe.

Il pensa d'abord que le « refoulement émane de la féminité pour se diriger contre la virilité » (lettre à Fliess du 15 octobre 1897). Un mois plus tard, il renonça à cette idée et, à l'été 1899, il affirma que chaque acte sexuel est un « événement impliquant quatre personnes ». Dans les *Trois Essais,* il fit de la bisexualité le fondement de l'inversion (homosexualité) et récusa toutes les thèses sexologiques sur le troisième sexe ainsi que celles de Weininger sur l'inégalité entre les deux pôles. A cet inégalitarisme il substitua dès 1905 l'idée d'une *libido* unique d'essence mâle de façon à inclure la différence des sexes dans le cadre universaliste du monisme sexuel (ou phallocentrisme*) de type égalitariste. En 1919, dans « Un enfant est battu », il récusa sans le nommer les thèses de Fliess et celles d'Alfred Adler* sur la protestation virile, pour montrer que le refoulement des caractères de l'autre sexe est présent aussi bien chez les filles que chez les garçons. Il en tira alors comme conclusion que les motifs du refoulement ne devaient pas être sexualisés.

Après avoir fait de la bisexualité le noyau central de sa doctrine de l'homosexualité et de la sexualité féminine*, Freud pensa que cette notion était d'une totale obscurité dans la mesure où elle ne pouvait pas s'articuler à celle de pulsion. Mais en 1937 il fit volte-face et, dans « Analyse terminée et analyse interminable », il mentionna le nom de Fliess et revint à l'idée de 1919 selon laquelle chaque sexe refoule ce qui concerne le sexe opposé : envie du pénis pour la femme, rébellion pour l'homme contre sa propre féminité et son homosexualité latente : « J'ai déjà mentionné ailleurs que ce point de vue me fut en son temps exposé par Wilhelm Fliess qui était enclin à voir dans l'opposition des sexes la cause véritable et le motif originaire du refoulement. Je ne fais que réitérer mon désaccord d'autrefois en refusant de sexualiser de cette manière le refoulement, et donc de lui donner un fondement biologique et non pas seulement psychologique. »

Cette affirmation était consécutive au grand débat qui s'était déroulé au sein du mouvement psychanalytique à propos du monisme sexuel (sexualité féminine) et avait opposé les partisans de l'école anglaise (Melanie Klein*, Ernest Jones*) à ceux de l'école viennoise (Helene Deutsch*, Jeanne Lampl-De Groot*, Ruth Mack-Brunswick*). La querelle avait montré en effet à quel point il était difficile de concilier l'idée de la différence des sexes et de la bisexualité (au sens psychique) avec celle de *libido* unique (d'essence mâle).

Ce sont les successeurs de Freud, et notamment la troisième génération* psychanalytique mondiale, de Donald Woods Winnicott* à Jacques Lacan* puis à Robert

Stoller*, qui apporteront une solution nouvelle à l'énigme de la bisexualité, soit en creusant, à partir du phallocentrisme, l'étude de la sexualité féminine sous toutes ses formes (Lacan), soit en étudiant les troubles de l'identité sexuelle à partir d'une séparation beaucoup plus radicale que celle opérée par Freud, entre la sexualité au sens biologique et anatomique, d'un côté, et le *gender** (genre) en tant que représentation sociale et psychique de la différence des sexes, de l'autre.

● Sigmund Freud, *Trois Essais sur la théorie sexuelle* (1905), Paris, Gallimard, 1987, *GW*, V, 29-145, *SE*, VII ; « Un enfant est battu. Contribution à la connaissance de la genèse des perversions sexuelles » (1919), *GW*, XII, 197-226, *SE*, XVII, 175-204, in *Névrose, psychose et perversion*, Paris, PUF, 1973, 219-243 ; Sigmund Freud, *Le Malaise dans la culture* (1930), *OC*, XVIII, 245-333, *GW*, XIV, 421-506, *SE*, XXI, 64-145 ; « Analyse terminée, analyse interminable » (1937), *GW*, XVI, 59-99, *SE*, XXIII, 209-253, traduit en français sous le titre « L'analyse avec fin et l'analyse sans fin », in *Résultats, idées, problèmes*, II, Paris, PUF, 1985, 231-269 ; *La Naissance de la psychanalyse* (New York, 1950), Paris, PUF, 1956 ; *Briefe an Wilhelm Fliess, 1887-1904*, Francfort, Fischer, 1986. Wilhelm Fliess, *Les Relations entre le nez et les organes génitaux féminins présentés selon leurs significations biologiques* (Vienne, 1897), Paris, Seuil, 1977 ; *Der Ablauf des Lebens. Grundlegung zur exakten Biologie*, Leipzig et Vienne, Franz Deuticke, 1906. Otto Weininger, *Sexe et Caractère* (Vienne, 1903), Lausanne, L'Age d'homme, 1975. Magnus Hirschfeld, *Vom Wesen der Liebe. Zugleich ein Beitrag zur Lösung der Frage der Bisexualität*, Leipzig, Spohr, 1906. Jean Laplanche et Jean-Bertrand Pontalis, *Vocabulaire de la psychanalyse*, Paris, PUF, 1967. Henri F. Ellenberger, *Histoire de la découverte de l'inconscient* (New York, Londres, 1970, Villeurbanne, 1974), Paris, Fayard, 1994. « Bisexualité et différence des sexes », numéro spécial de la *Nouvelle Revue de psychanalyse*, 7, printemps 1973. Frank J. Sulloway, *Freud biologiste de l'esprit* (New York, 1979), Paris, Fayard, 1981. Jacques Le Rider, *Le Cas Otto Weininger. Racines de l'antiféminisme et de l'antisémitisme*, Paris, PUF, 1982 ; *Modernité viennoise et crises de l'identité* (1990), Paris, PUF, 1994. Érik Porge, *Vol d'idées*, Paris, Denoël, 1994.

▷ FÉTICHISME. GRODDECK Georg. KHAN Masud. PERVERSION. STEKEL Wilhelm. STRACHEY James.

BJERRE Poul (1876-1965)

médecin et psychothérapeute suédois

Ce personnage fantasque à l'orgueil démesuré, à la fois esthète, mystique, philosophe, poète et sculpteur, ressemblait à plusieurs autres pionniers du freudisme* en Europe. Il se voulait nietzschéen et homme de la Renaissance, mais se passionna surtout pour l'hypnose* et le spiritisme*. Finalement, il fut l'introducteur de la psychanalyse* en Suède et dans les pays scandinaves*. Comme les hommes de sa génération*, il était lui-même habité par les symptômes et les errances qu'il traitait chez ses patients. Il laissa une œuvre considérable – des milliers de pages – dans laquelle il se livrait « corps et âme », proclamant que « l'expérience personnelle, vécue et élaborée, permet la compréhension intuitive », la seule qui vaille.

Fils d'un commerçant en beurre, émigré du Danemark, il naquit à Göteborg et fut en proie dès son enfance à des migraines répétées et à des troubles de l'humeur, où alternaient la manie et la dépression. Il admirait son père, un homme doux et économe, incapable de s'adapter aux conventions de la vie bourgeoise, et il méprisait sa mère, beaucoup plus mondaine et dynamique, mais atteinte comme lui d'une sorte de mélancolie chronique. Fréquemment alité pour cause de maladie, le jeune Poul éprouva pour son frère cadet Andreas, dépressif et suicidaire lui aussi, un fort sentiment de jalousie. Pour se sortir de ses tristes ruminations, il prit l'habitude de faire de longues promenades en solitaire dans les forêts et les montagnes enneigées. Après ses études de médecine à Stockholm, il se consacra à l'étude des maladies nerveuses et recourut à l'hypnose et à la suggestion*.

En 1904, Andreas Bjerre (1869-1925), qui allait devenir un brillant criminologue, épousa une jeune fille, Amelie Posse, dont la mère, Gunhild Wennerberg (1860-1925), devint un an plus tard la femme de Poul. Musicienne et cantatrice de talent, elle était issue de l'aristocratie intellectuelle suédoise et avait eu trois enfants de son premier mariage avec Fredrick Posse. Atteinte d'un rhumatisme articulaire aigu et de diverses autres maladies psychiques et somatiques qui allaient la rendre progressivement infirme, elle fut la « muse » de Bjerre, qui proclama toute sa vie que cette union avait un caractère mystique et éveillait en lui des forces créatives. Cependant, les liens de parenté incestueux qui unissaient les deux frères à travers leurs épouses accentuèrent leurs conflits et aggravèrent les symptômes pathologiques.

En 1905, Poul Bjerre publia le cas d'une jeune spirite, Karin, à laquelle il attribuait des dons énergétiques surnaturels liés à sa capacité de retourner à la vie intra-utérine. Deux ans plus tard, il succéda à Otto Wetterstrand (1845-1907), célèbre médecin des maladies nerveuses et adepte des théories d'Auguste Liébeault*, dont il reprit le cabinet et la clientèle. Il abandonna alors en partie la pratique de l'hypnose pour celle de la psychanalyse. En 1909, il présenta pour la première fois la méthode freudienne à l'université d'Helsinki et, en 1911, après avoir rencontré Sigmund Freud* en personne à Vienne*, il commenta ses idées devant les membres de l'Ordre des médecins suédois. Sa conférence intitulée « La méthode psychanalytique » reçut un accueil mitigé et ne fut pas publiée dans la revue de l'Ordre comme le voulait la coutume.

C'est à cette date qu'il rédigea pour le *Jahrbuch** un très long article sur un cas de paranoïa* féminine, le premier du genre dans la littérature psychanalytique. D'abord discuté par Freud, au cours d'un échange de lettres, ce cas fut ensuite commenté en 1936 par le philosophe français Roland Dalbiez dans son ouvrage *La Méthode psychanalytique et la doctrine freudienne.*

La patiente était une femme de 53 ans, célibataire, persuadée d'être poursuivie par des persécuteurs qui lui tiraient la langue ou racontaient à la presse sa liaison avec son amant. Après avoir eu des relations sexuelles avec des hommes, elle s'était tournée vers les femmes et était devenue féministe. Bjerre la reçut quarante fois à raison d'un entretien tous les deux jours. Il la contraignit à fournir de minuscules détails relatifs à son histoire et mit systématiquement en doute ses interprétations. Il affirma bientôt l'avoir guérie.

Freud, qui à cette date était en train d'élaborer sa doctrine de la paranoïa, déclara en décembre 1911 que s'il y avait guérison, c'est qu'il s'agissait d'un cas d'hystérie* de forme paranoïde. S'appuyant sur une expérience identique faite par Sandor Ferenczi*, il maintint son diagnostic : « La patiente devint paranoïaque, dit-il à Bjerre, au moment où toute sa *libido** était dirigée vers la femme. Elle redevint normale dès que, par le transfert, vous lui avez restitué l'ancienne fixation à l'homme. »

Cet échange, qui permet de voir comment se passaient les discussions dont se nourrissait Freud pour élaborer sa clinique, fut à l'évidence décevant pour Bjerre qui se sentit « humilié » par sa rencontre avec celui dont « le regard pénétrant et glacial me transperça au point de me faire sentir bien pire que je n'eusse jamais imaginé l'être ». Quant à Freud, il jugea Bjerre « taciturne, guindé et dépourvu d'humour ». Dans une lettre, avant même de le voir, il fit preuve à son égard d'une ironie mordante : « Sans vous connaître, je pense pouvoir avancer que je vous crois parfaitement incapable du moindre petit larcin ; mais je n'en dirai pas autant d'une invitation à vous joindre ce soir dans votre chambre, adressée à une jolie soubrette que vous venez de rencontrer tout à l'heure dans le couloir de votre hôtel. »

Non seulement Bjerre renonça à l'idée de s'allonger lui-même sur un divan, mais il abandonna progressivement le freudisme et adopta d'autres formes de thérapies à travers lesquelles il cherchait surtout à construire sa propre identité. D'une manière générale, il pensait que le conscient* importait plus que l'inconscient* dans le traitement du psychisme, et que la guérison pouvait être obtenue par persuasion. Au congrès de l'International Psychoanalytical Association* (IPA) de Munich en 1913, il avait déjà insisté sur le primat du conscient.

Sa liaison tumultueuse avec la belle Lou Andreas-Salomé*, qui avait le même âge que sa femme, et qui le quitta au bout de neuf mois, n'arrangea pas les choses. Il fit sa connaissance en août 1911, lors d'une visite à Ellen Key, dans la maison de celle-ci à Alvastra, haut lieu de rencontres intellectuelles. Il admirait Nietzsche (1844-1900) et avait lu l'ouvrage superbe que Lou lui avait consacré. Il préparait alors son intervention pour le congrès international de l'IPA de Weimar. Lou croisa la femme de son amant, qui était paralysée, et remarqua l'étrange relation mystique et coupable qui les unissait. Puis ils se rendirent ensemble à Weimar et très vite, elle entra dans le cercle des intimes de Freud. Au moment où Bjerre doutait toujours du freudisme, Lou le délaissa pour s'engager passionnément aux côtés de Freud.

En mai 1912, elle mit fin à leur liaison amoureuse et lui demanda de brûler les six lettres qu'elle lui avait adressées. Elle donne de lui, dans son *Journal d'une année,* une description cruelle, qui permet de saisir l'orgueil, le narcissisme*, la souffrance et les inhibitions de ce puritain nordique : « Un parvenu qui s'est fait lui-même et qui [...] ne peut rien s'avouer à soi-même [...]. Il utilise les hommes comme un moyen de s'extérioriser et pour s'aider personnellement [...]. Cela s'applique même à sa vie amoureuse : jusqu'à son ménage et son épouse qui sont adaptés à ce schéma d'une façon navrante et singulière, puisqu'il est le garde-malade, le soutien, le sauveur de la vie de sa femme – ce n'est qu'à ce prix qu'il s'est permis l'amour. » A la fin de sa vie, Poul Bjerre, interrogé par H.F. Peters, se montra plus tendre à son égard qu'elle ne l'avait été avec lui : « Dans ma longue vie, je n'ai jamais rencontré personne d'autre qui m'ait compris si vite, si bien et si complètement qu'elle [...]. Quand je l'ai rencontrée, je travaillais à établir les bases de ma psychothérapie, qui est fondée, à l'encontre de celle de Freud, sur le principe de la synthèse. Dans mes conversations avec Lou, des choses que j'aurais pu ne pas trouver moi-même me sont apparues clairement. Comme un catalyseur, elle activait le processus de ma pensée. Il se peut qu'elle ait détruit des vies et des mariages, mais sa compagnie était stimulante. On sentait en elle l'étincelle du génie. On avait l'impression de grandir en sa présence [...]. Je me souviens qu'elle avait commencé à apprendre le suédois parce qu'elle voulait lire mes livres dans l'original. »

Pacifiste durant la Première Guerre mondiale, et persuadé d'être lui-même le missionnaire d'un nouvel ordre spirituel, il s'opposa farouchement à la révolution d'Octobre après s'être rendu à Saint-Pétersbourg pour rencontrer Aleksandr Kerenski (1881-1970).

Paradoxe étonnant : cet introducteur du freudisme dans les pays scandinaves s'éloigna de la doctrine freudienne sans avoir été réellement freudien. De même, il se passionna pour les thèses d'Alfred Adler* et de Carl Gustav Jung* sans y adhérer vraiment. Ainsi, en 1924, il demanda à Freud l'autorisation de traduire en suédois le texte *L'Intérêt de la psychanalyse* (écrit en français). Puis, sans le lui dire, il le publia dans un recueil collectif à côté d'articles d'Oskar Pfister*, Alfons Maeder*, Jung et Adler. Freud se fâcha puis lui recommanda de faire traduire les cinq fameuses conférences sur la psychanalyse prononcées aux États-Unis* en 1909.

Dans le dernier article de cet ouvrage collectif, intitulé « Le chemin qui mène à Freud pour mieux s'en éloigner », Bjerre tentait de montrer les « limites » de toutes les théories des principaux fondateurs de la psychiatrie dynamique* moderne (Freud, Jung, Adler). Mais surtout, il se présentait lui-même comme l'inventeur d'une nouvelle doctrine thérapeutique, la psychosynthèse*, qui avait en réalité été inventée en 1907 par un psychiatre suisse. Il prétendait lui associer la science des religions, l'esthétique et les sciences naturelles afin de montrer à quel point elle était supérieure à toutes les autres. Bjerre se posait en fait comme le fondateur d'un bjerrisme qui n'existera jamais.

A partir de 1925, après la mort de sa femme et le suicide de son frère Andreas qu'il dissimula à sa mère, il vécut avec sa gouvernante, Signhild Forsberg, jusqu'à la fin de ses jours. C'est à cette époque qu'il commença à s'intéresser de manière plus évidente encore à l'âme collective des peuples et à adhérer à une sorte de mystique naturaliste mêlant culte pangermanique et apologie de la mentalité nordique. Bientôt fasciné par le national-socialisme, il prononça en décembre 1933 une conférence ambiguë intitulée « Hitler psychothérapeute ». Partant de l'idée que Hitler avait un véritable génie pour comprendre et capter l'âme des masses, il en déduisait que le nazisme, en tant que doctrine antisémite, était aussi fanatique et extrémiste que le freudisme qu'il qualifiait de « science sémite ». A ces deux fanatismes il opposait sa propre théorie en montrant qu'il avait été l'un des rares à savoir se détacher à temps du dogmatisme psychanalytique, aussi sectaire que l'idéologie hitlérienne. Ainsi, sa croyance en une psychologie différentielle des peuples et des races avait conduit Bjerre à « accepter » la nazification de l'Allemagne*. C'est pourquoi, au cours de sa conférence, il incitait ses collègues à choisir leur camp, autrement dit à avaliser l'« aryanisation » par les nazis de la psychanalyse et de la psychiatrie. Jusqu'en 1942, il se rendit plusieurs fois à Berlin, chercha à faire éditer ses livres et entretint une correspondance avec Matthias Heinrich Göring*.

Cette dérive ne le conduisit pas pour autant à devenir un antisémite militant ou un adepte du nazisme*. Soucieux avant tout de lui-même et de la divulgation de ses œuvres, il fonda en 1941 un Institut de psychologie médicale et de psychothérapie dont il fut le seul maître. Six ans plus tard, faute de disciples, l'institut ferma ses portes et Bjerre se retira définitivement à Varstavi, dans cette magnifique maison qu'il s'était fait construire en 1913, après la mort de sa mère, pour se consacrer à ses œuvres, non sans avoir publié dans la revue de Maryse Choisy (1903-1979), *Psyché*, un article dans lequel il en appelait à un renouveau spirituel de l'« âme nordique » contre les tenants de la psychanalyse, victimes à ses yeux de leur mentalité juive. Il faisait de sa doctrine (la psychosynthèse) une nouvelle religion des temps modernes, supérieure au judéo-christianisme et seule capable de guérir l'humanité souffrante.

Le messianisme de cet étrange freudien qui avait tant méconnu le freudisme ne fit pas plus d'adeptes en Suède qu'ailleurs, et Poul Bjerre mourut solitaire sous le regard bienveillant de sa fidèle gouvernante.

● Poul Bjerre, *Manniskosonens lefnadsdröm* (Le Rêve de vie du fils de l'homme), Stockholm, 1900 ; *La Folie géniale. Une étude à la mémoire de Nietzsche* (Göteborg, 1903), Paris, Mercure de France, 1904 ; « Fallet Karin. An experimental study of spontaneous rappings », *The Annals of Psychical Science*, vol II, 1905, 143-180 ; « Zur Radikalbehandlung der chronischen Paranoïa », *Jahrbuch für psychoanalytische und psychopathologische Forschungen*, III, 1911, 795-847 ; *The History and Practice of Psychoanalysis* (1916), Boston, R.G. Badger, 1920 ; *Död och förnyelse*, Stockholm, Bonnier, 1919 ; *Comment l'âme guérit. Les bases de la thérapeutique psychanalytique* (1923), Genève, Éd. de la Petite Fusterie, 1925 ; *Samlade Psykoterapeutiska Skrifter*, 8 vol., Stockholm, Bonniers, 1933-1944 ; « Hitler som psykoterapeut », *Hygiea*, band 96, 3, 1934, 80-93 ; *Räfst och rättarting*, Stockholm, Centrum, 1945 ; « Point de vue nordique », *Psyché*, 2, 1947, 454-457 ; « Die Psychosynthese », in *Die Vorträge der 2. Lindauer Psychotherapiewoche 1951*, Ernst Speer (éd.), Suttgart, 1952 ; Roland Dalbiez, *La Méthode psychanalytique et la doctrine freudienne*, 2 vol., Paris, Alcan, 1936. H.F. Peters, *Ma sœur, mon épouse* (New York, 1962), Paris, Gallimard, 1967. Lou Andreas-Salomé, *Correspondance avec Sigmund Freud*, suivi du *Journal d'une année (1912-1913)* (Francfort, 1966), Paris, Gallimard, 1970. Jan Bärmark et Ingemar Nilsson, *Poul Bjerre « Människosonen »*, Stockholm, Natur och Kultur, 1983. Jacques Chazaud et A. de La Payonne Lidbom, « A propos d'une correspondance récemment découverte entre Freud et Bjerre », *Frénésie*, 5, printemps 1988, 97-115 ; « Poul Bjerre (1876-1964) », *Évolution psychiatrique*, t. 55, 2, avril-juin 1990, 409-416.

▷ ÉGLISE. FROMM Erich. HORNEY Karen. JUDÉITÉ. LAFORGUE René. PSYCHOTHÉRAPIE. SCHJELDERUP Harald. SULLIVAN Harry Stack.

BLEGER José (1922-1972)

psychiatre et psychanalyste argentin

Marxiste et militant communiste, spécialiste des psychoses*, clinicien des états-limites*, José Bleger fut l'une des figures importantes de la deuxième génération* psychanalytique d'Argentine*. Il suscita autant d'hostilité que d'idolâtrie du fait de son ambivalence, de ses colères et de son double engagement en faveur du communisme* et de la psychanalyse*.

Né à Ceres dans la province de Santa Fe, il était issu d'une famille juive émigrée installée dans une colonie agricole. Il fit ses études de médecine à Rosario et pratiqua la psychiatrie à Santiago del Estero. Puis il s'installa à Buenos Aires, et s'intégra à l'Asociación Psicoanálitica Argentina (APA) après une analyse avec Enrique Pichon-Rivière*. Il fit ensuite une deuxième cure avec Marie Langer*. Préoccupé par les questions sociales et politiques, il adhéra au parti communiste argentin et s'appuya sur les thèses du philosophe français Georges Politzer (1903-1942) pour créer les conditions d'une nouvelle psychologie de la subjectivité. Il évolua ensuite vers le marxisme et publia en 1958 un ouvrage consacré à la relation entre la psychanalyse et le matérialisme dialectique. A la différence de Politzer, qui était passé d'un freudisme* critique à un militantisme stalinien et antifreudien, Bleger cherchait plutôt à faire la synthèse des deux doctrines dans le but de définir une psychologie de la personnalité. Lors d'un voyage en Union soviétique, il critiqua le régime communiste, notamment sur la question de l'antisémitisme et, en 1961, après un violent réquisitoire contre son freudisme considéré comme un « irrationalisme », il fut exclu du parti communiste argentin.

A l'intérieur de l'APA, il joua un rôle important du point de vue de la formation didactique. Sur le plan clinique, il s'orienta vers les thèses de Melanie Klein* et de Ronald Fairbairn*, s'intéressant particulièrement à ce qu'il appelait l'« indifférenciation primitive ». Il théorisa la question des personnalités dites « ambiguës », c'est-à-dire atteintes de troubles de la personnalité.

Au moment de la crise qui traversa l'APA et qui aboutit à la création des deux mouvements de contestation de l'orthodoxie freudienne (Plataforma et Documento), José Bleger, déjà malade, se déclara, en dépit de son engagement à gauche, favorable à la continuité institutionnelle, provoquant ainsi la colère de ses propres élèves, déçus par son attitude.

Il mourut d'une crise cardiaque à l'âge de 49 ans.

● José Bleger, *Psicoanálisis y dialéctica materialista*, Buenos Aires, Paídos, 1958 ; *Psicologia de la conducta*, Buenos Aires, Eudeba, 1964 ; *Symbiose et Ambiguïté. Étude psychanalytique* (Buenos Aires, 1967), Paris, PUF, 1981. David Liberman, « Doctor José Bleger », *Revista de psicoanálisis*, 3, t. XXIX, juillet-septembre 1972, 421-424. Fernando Ulloa, « Recordando a José Bleger », *Diarios clinicos*, 5, 1992, 103-107. Leopoldo Bleger, « Recorrido y huellas de José Bleger », *ibid.*, 109-115. Hugo Vezzetti, « La querella de José Bleger. Psicoanálisis y cultura comunista », *Punto de vista*, 27, février 1991, 21-22. Georges Politzer, *Critique des fondements de la psychologie* (1928), Paris, PUF, 1968 ; *Les Fondements de la psychologie*, Paris, Éditions sociales, 1969.

▷ FREUDO-MARXISME. KLEINISME. MASOTTA Oscar. RUSSIE. SCISSION. *SELF PSYCHOLOGY.*

BLEULER Eugen (1857-1939)

psychiatre suisse

Inventeur des termes schizophrénie* et autisme*, directeur, après August Forel*, de la prestigieuse clinique du Burghölzli, où séjournèrent tous les pionniers du freudisme*, Eugen Bleuler fut le grand initiateur de la nouvelle psychiatrie du XXe siècle et un réformateur du traitement de la folie*, comparable à ce qu'avait représenté, un siècle avant lui, Philippe Pinel (1745-1825). Contemporain de Sigmund Freud*, dont il fut l'ami et le défenseur au-delà des conflits et des désaccords, il fonda une véritable école de pensée, le bleulérisme, qui marqua l'ensemble du savoir psychiatrique jusque vers 1970, date à partir de laquelle se généralisa dans tous les pays du monde un nouvel organicisme né de la pharmacologie.

Né à Zollikon près de Zurich, dans un milieu protestant d'origine paysanne, Bleuler était le fils d'un administrateur de l'école locale : « Son père, son grand-père et tous les membres de sa famille, écrit Henri F. Ellenberger*, gardaient encore un souvenir très vivant de l'époque où la population paysanne du canton était sous la domination des autorités de la ville de Zurich qui limitaient étroitement l'accession des paysans à certaines professions ou emplois [...]. La famille Bleuler prit part aux luttes politiques qui aboutirent en 1831 à la reconnaissance de l'égalité des droits pour les paysans et à la création de l'université de Zurich, en 1833, destinée à promouvoir le développement intellectuel de la jeune génération paysanne. »

Décidé à soigner des aliénés venus de la campagne, en écoutant leur langage et non plus en les regardant comme des objets de laboratoire, Bleuler s'engagea dans des études de psychiatrie, d'abord à Berne puis à Paris, où il suivit l'enseignement de Jean Martin Charcot* et de Valentin Magnan (1835-1916), puis à Londres et à Munich. Après ce périple, il devint interne de Forel à la clinique du Burghölzli et lui succéda en 1898. Il demeura à ce poste pendant trente ans, et ce fut son fils, Manfred Bleuler, qui prit sa succession en 1927.

Au moment où Bleuler arriva au Burghölzli, la psychiatrie de langue allemande était dominée par la nosographie d'Emil Kraepelin*. Contemporain lui-même de Freud et de Bleuler, ce dernier avait apporté une organisation rigoureuse à la clinique des maladies mentales. Inventeur d'un système de codification, Kraepelin restait néanmoins attaché à une conception normative et répressive de la folie, cherchant à classer des symptômes sans améliorer le sort des aliénés, dont le destin se confondait avec celui de l'univers carcéral.

Or, autour de l'année 1900, ce système était déjà en train de se fissurer de toutes parts. Dans la droite ligne d'une certaine tradition française, celle de Charcot d'un côté et d'Hippolyte Bernheim* de l'autre, les principaux spécialistes des maladies mentales et nerveuses cherchaient à élaborer une nouvelle clinique de la folie, fondée non pas sur l'abstraction classificatrice, mais sur l'écoute du patient : ils voulaient entendre la souffrance des malades, déchiffrer leur langage, comprendre la signification de leur délire et instaurer avec eux une relation dynamique et transférentielle.

En 1911, Bleuler publia son grand œuvre, *Dementia praecox ou le groupe des schizophrénies*, dans lequel il présentait cette nouvelle approche de la folie. Les symptômes, les délires, les troubles divers et les hallucinations trouvaient, disait-il, leur signification si l'on se tournait du côté des mécanismes décrits par Freud dans sa théorie du psychisme. Le premier, il proposait au fond d'intégrer la pensée freudienne au savoir psychiatrique. D'où cette analogie : de même que Freud avait transformé l'hystérie* en un paradigme moderne de la maladie nerveuse, de même Bleuler inventait la schizophrénie pour en faire le modèle structural de la folie au XXe siècle.

Sans renoncer à l'étiologie organique et héréditaire, il situait la maladie dans le champ des affections psychologiques : la nouvelle schizophrénie n'était donc pas une *démence* et elle n'était pas *précoce*. Elle était d'origine toxique et se caractérisait par des troubles primaires, la dissociation de la personnalité, ou *Spaltung* (schize), et des troubles secondaires, le repli sur soi ou autisme.

A travers ce déplacement, Bleuler renouvelait le geste de l'aliénisme des Lumières selon lequel la folie était curable puisque tout sujet atteint de déraison conservait en lui un reste de raison accessible par un traitement approprié : le traitement moral. Or à la fin du XIXe siècle, les diverses théories de l'hérédité-dégénérescence* avaient aboli cette idée de curabilité au profit d'un constitutionnalisme de la maladie mentale ayant pour corollaire l'enfermement à perpétuité.

Sous l'impulsion des thèses freudiennes, qui relançaient le débat sur une possible origine psychique de la folie, tous les espoirs de curabilité étaient de nouveau permis. Telle fut donc la véritable rupture de Bleuler avec la psychiatrie de son temps : il renouait avec une conception progressiste de l'asile, qui incluait son abolition. Et pour réaliser cette transformation, il préconisait l'usage de la psychanalyse*, passant des heures à examiner des patients, choisis en vue de prouver la justesse des idées freudiennes.

C'est à travers les traitements élaborés à la clinique du Burghölzli qu'eut lieu, entre 1900 et 1913, l'implantation des thèses freudiennes au cœur du savoir psychiatrique. Trois hommes animés d'une formidable passion y participèrent à travers un long dialogue conflictuel : Freud, Bleuler et le jeune Carl Gustav Jung*, devenu disciple du premier et élève du second.

Hostile à la thèse du primat de la sexualité*, Bleuler cherchait d'abord, pour guérir ses malades, à entrer en contact avec eux, à les comprendre intimement. Il mit au jour la notion d'autisme à partir de celle d'auto-érotisme* créée par Havelock Ellis* et adoptée par Freud. La création de ce néologisme, par contraction de deux mots, lui permettait d'échapper au pansexualisme* freudien qu'il jugeait dangereux. Le terme s'imposera par la suite dans la clinique des psychoses infantiles.

Si Bleuler voulait adapter la psychanalyse à l'asile, Freud rêvait depuis Vienne* de conquérir, *via* Zurich, la terre promise de la psychiatrie de langue allemande qui, à cette époque, dominait le monde. Et il comptait sur la fidélité de Jung, assistant de Bleuler au Burghölzli, pour l'aider dans cette entreprise. Contre Bleuler, il conserva la notion d'auto-érotisme et préféra penser le domaine de la psychose* en général sous la catégorie de la paranoïa* plutôt que de choisir la schizophrénie. Il opposa donc le système de Kraepelin à l'innovation bleulerienne, mais le transforma de fond en comble afin d'établir une distinction structurale entre névrose*, psychose et perversion*.

Quant à Jung, il se sépara d'abord de Bleuler, son maître en psychiatrie, puis de Freud, qui avait fait de lui son dauphin. Il choisit d'utiliser l'expression démence précoce plutôt que celle de schizophrénie, et inventa en 1910 le mot introversion*, qu'il préféra à autisme pour désigner le retrait de la *libido** dans le monde intérieur du sujet*.

La rupture avec les deux hommes conduisit Bleuler à un retournement à peu près semblable à celui de Pinel un siècle auparavant. En se détachant de la psychanalyse, il se montra de plus en plus pessimiste à propos de la curabilité, puis renoua avec l'idée d'une étiologie purement organique. Néanmoins, la rencontre du début du siècle fut une victoire pour les thèses freudiennes, puisque se développa en France* d'abord, puis aux États-Unis* et dans le reste du monde, un vaste mouvement qui déboucha sur l'implantation de la psychanalyse par la voie médicale, à partir d'une approche psychogénique de la folie.

Après avoir été contestée par l'antipsychiatrie*, cette clinique freudo-bleulérienne fut marginalisée, à partir de 1970, par la mise au point d'un *Manuel diagnostique et statistique des troubles mentaux (DSM* III, IV, etc.*)* d'inspiration comportementaliste et pharmacologique.

● Eugen Bleuler, *Dementia praecox ou groupe des schizophrénies* (Leipzig, 1911), Paris, EPEL-GREC, 1993. « Freud-Bleuler, correspondance », *Archives of General Psychiatry,* janvier 1965, vol. XII, 3-5. Sigmund Freud et Carl Gustav Jung, *Correspondance,* I *(1906-1909),* II *(1910-1914),* Paris, Gallimard, 1975. Henri F. Ellenberger, *Histoire de la découverte de l'inconscient* (New York, Londres, 1970, Villeurbanne, 1974), Paris, Fayard, 1994. Jacques Postel et Claude Quétel, *Nouvelle Histoire de la psychiatrie* (1983), Paris, Dunod, 1994. Jean Garrabé, *Histoire de la schizophrénie,* Paris, Seghers, 1992. Manfred Bleuler, « La pensée bleulérienne dans la psychiatrie suisse », *Nervure,* t. VIII, 8, novembre 1995, 23-24. Pierre Morel (éd.), *Dictionnaire biographique de la psychiatrie,* Paris, Synthélabo, coll. « Les empêcheurs de penser en rond », Paris, 1996.

▷ CLIVAGE (DU MOI). EY Henri. MEYER Adolf. MINKOWSKI Eugène. PSYCHIATRIE DYNAMIQUE. PSYCHOTHÉRAPIE INSTITUTIONNELLE. SPIELREIN Sabina.

BLOOMSBURY (GROUPE DE)

▷ GRANDE-BRETAGNE. STRACHEY James.

BOEHM (ou BÖHM) Felix (1881-1958)

psychiatre et psychanalyste allemand

Avec Werner Kemper*, Harald Schultz-Hencke* et Carl Müller-Braunschweig*, Felix Boehm fut l'un des psychanalystes qui acceptèrent de travailler au Deutsche Institut für Psychologische Forschung (ou Göring-Institut, ou Institut allemand de recherche psychologique et de psychothérapie) fondé par Matthias Heinrich Göring* en 1936 dans le cadre de la nazification de la psychanalyse* en Allemagne* et de la politique de « sauvetage » de celle-ci préconisée par Ernest Jones*.

Analysé d'abord par Eugénie Sokolnicka* puis par Karl Abraham*, Boehm travailla au Berliner Psychoanalytisches Institut* (BPI), intégré à la fameuse polyclinique de Berlin fondée par Max Eitingon*, et s'intéressa principalement à la question de l'homosexualité*. Président de la Deutsche Psychoanalytische Gesellschaft (DPG) à partir de 1933, il contraignit, deux ans plus tard, les Juifs de la société à démissionner lors d'une séance présidée par Ernest Jones.

Dans le cadre du Göring Institut, il pousuivit ses « recherches » en devenant « expert » en homosexualité dans la Wehrmacht, et notamment dans la Luftwaffe. En un premier temps, il se contenta de dénoncer le danger homosexuel qui pesait sur l'Allemagne* en demandant au Reich de prendre des mesures de surveillance et de dépistage. Il prétendait ainsi pouvoir s'opposer aux thèses national-socialistes sur l'homosexualité qui conduisaient tout droit à la stérilisation, à l'emprisonnement, à l'assassinat puis à l'extermination. Mais, à partir de 1944, il accepta le programme nazi et envoya donc à la mort programmée les homosexuels dont il s'occupait ou qu'il « expertisait », prétendant alors épargner ceux qui souffraient de psychose* ou d'alcoolisme.

Contrairement à Müller-Braunschweig qui souffrait de crises dépressives et se sentait volontiers coupable de ses actes de collaboration, Boehm était un homme grossier, arrogant et misogyne. En 1946, lorsque John Rickman* se rendit à Berlin pour interroger les freudiens restés en Allemagne sous le nazisme* afin d'évaluer leur capacité à former des candidats didacticiens, il jugea Boehm inapte à exercer cette fonction, non point du fait de sa collaboration avec Göring, mais pour des raisons de détérioration psychique. Ainsi, le représentant de l'International Psychoanalytical Association* (IPA), remarquable réformateur de la psychiatrie anglaise pendant la guerre, participait-il à une politique de reconstruction du freudisme en Allemagne qui consistait non pas à juger les psychanalystes en fonction de leur engagement aux côtés du nazisme mais à évaluer leur prétendue normalité psychique. Dans cette perspective, Rickman se laissa abuser par Kemper qui, lui, ne présentait aucun trouble de la personnalité.

Au moment de la création de la Deutsche Psychoanalytische Vereinigung (DPV) par Müller-Braunschweig, Boehm resta dans la DPG et ne fut donc pas réintégré à l'IPA.

• *Les Années brunes. La psychanalyse sous le IIIe Reich,* textes traduits et présentés par Jean-Luc Evard, Paris, Confrontation, 1984. Chaim S. Katz (éd.), *Nazismo e Psicanalise,* Rio de Janeiro, Editora Taurus, 1985. Geoffrey Cocks, *La Psychothérapie sous le IIIe Reich* (Oxford, 1985), Paris, Les Belles Lettres, 1987. Regine Lockot, *Erinnern und Durcharbeiten,* Francfort, Fischer, 1985. *Ici la vie continue de manière surprenante,* recueil de textes traduits par Alain de Mijolla, Paris, Association internationale d'histoire de la psychanalyse (AIHP), 1987. Ludger M. Hermanns, « Conditions et limites de la productivité scientifique des psychanalystes en Allemagne de 1933 à 1935 », *Revue internationale d'histoire de la psychanalyse,* 1, 1988, 71-95. Karen Brecht, « La psychanalyse sous l'Allemagne nazie : adaptation à l'institution, relations entre psychanalystes juifs et non juifs », *ibid.,* 95-109. « Compte rendu du séjour du docteur John Rickman à Berlin pour interroger les psychanalystes, 14 et 15 octobre 1946 », *ibid.,* 157-163.

▷ BJERRE Poul. JUNG Carl Gustav. LAFORGUE René. MAUCO Georges. MITSCHERLICH Alexander.

BONAPARTE Marie (1882-1962), princesse de Grèce
psychanalyste française

Fille de Roland Bonaparte (1858-1924), lui-même petit-fils de Lucien, frère de l'empereur, Marie Bonaparte (née à Saint-Cloud) était donc l'arrière-petite-nièce de Napoléon Bonaparte (1769-1821). Sa mère mourut à sa naissance et elle connut une enfance et une adolescence tragiques. Élevée par son père, qui ne s'intéressait qu'à ses activités de géographe et d'anthropologue, et par sa grand-mère paternelle, véritable tyran domestique, avide de réussite et de notoriété, Marie a tout d'un personnage romanesque.

Son mariage arrangé avec le prince Georges de Grèce (1869-1957), un homosexuel à la fois débauché, alcoolique et conformiste, fit d'elle une altesse royale comblée d'honneurs et de célébrité, mais toujours hantée par la quête d'une noble cause et surtout par le problème de sa frigidité. Quand elle rencontra Freud à Vienne* en 1925, sur le conseil de René Laforgue*, elle était au bord du suicide* et venait de publier, sous le pseudonyme de Narjani, un article dans lequel elle vantait les mérites d'une intervention chirurgicale, en vogue à l'époque, qui consistait à rapprocher le clitoris du vagin afin de transférer l'orgasme clitoridien vers la zone vaginale. Elle croyait ainsi pouvoir remédier à la frigidité et n'hésitera pas à expérimenter l'opération sur elle-même, sans jamais obtenir le moindre résultat.

Grâce au minutieux travail de Célia Bertin, seul auteur à avoir eu accès aux archives de la famille, on connaît la vie de cette princesse, chérie de Sigmund Freud*, qui régna en maître sur la Société psychanalytique de Paris (SPP) dont elle fut, en 1926, l'un des douze fondateurs, aux côtés de René Laforgue, Adrien Borel*, Rudolph Loewenstein*, Édouard Pichon*, Raymond de Saussure*, René Allendy*, etc. Traductrice infatigable de l'œuvre freudienne, organisatrice du mouvement français, qu'elle finança en partie de ses deniers, Marie Bonaparte consacra sa vie à la psychanalyse* avec un enthousiasme et un courage que lui enviaient tous ses contemporains. Elle lutta en faveur de l'analyse profane* et, face au nazisme*, adopta une attitude exemplaire, refusant tout compromis. Elle paya une rançon considérable pour arracher Freud aux griffes de la Gestapo ; elle sauva ses manuscrits et l'installa à Londres avec toute sa famille. C'est son activité sans faille au service de la cause qui lui valut d'occuper une place centrale en France* et de devenir l'une des personnalités les plus respectées du mouvement freudien.

Après la Deuxième Guerre mondiale, elle deviendra une sorte de monstre sacré, incapable de saisir les ambitions, les rêves et les talents des deux nouvelles générations* françaises (la deuxième et la troisième).

Au cours de la première scission* (1953) et à la veille de la deuxième (1963), elle s'opposa fanatiquement à Jacques Lacan* qu'elle détestait et qui la traitait volontiers de « cadavre ionescien ». Il la dépossédait en effet de son rôle de chef d'école en entraînant dans son sillage la jeunesse psychanalytique française.

Malgré son abondance, l'œuvre écrite de Marie Bonaparte est assez médiocre, à l'exception de quelques très beaux textes, parmi lesquels un ouvrage monumental sur Edgar Poe (1809-1849), illustration des principes freudiens de la psychobiographie, un article de 1927 sur Marie-Félicité Lefebvre (un cas de folie criminelle) et les fameux « cahiers » : les *Cinq Cahiers* d'une petite fille, dans lesquels elle commente son analyse et ses souvenirs d'enfance, et les *Cahiers noirs,* journal intime où elle raconte tous les détails de sa vie et les confidences que lui fit Freud sur divers sujets.

Au contraire de celle des autres disciples, la cure de la princesse fut interminable. Elle se déroula en allemand et en anglais par tranches successives, de 1925 à 1938 : cinq à six mois les premières années, un à deux mois les années suivantes. Dès le début de sa cure, Marie eut droit à une forte interprétation*. A la suite d'un rêve*, où elle se voyait dans son berceau en train d'assister à des scènes de coït, Freud affirma d'un ton péremptoire qu'elle n'avait pas seulement *entendu* ces scènes, comme la plupart des enfants qui dorment dans la chambre de leurs parents, mais qu'elle les avait *vues* en *plein jour*. Ahurie et toujours soucieuse de preuves matérielles, elle récusa cette affirmation et protesta qu'elle n'avait pas eu de mère. Freud tint bon et objecta la présence de la nourrice. Finalement, elle décida d'interroger le demi-frère de son père qui s'occupait des chevaux dans la maison de son enfance. A force d'évoquer devant lui la haute portée scientifique de la psychanalyse, elle lui fit avouer son ancienne liaison avec la nourrice. Un peu honteux, le vieillard raconta comment il avait fait l'amour en plein jour devant le berceau de Marie. Elle avait donc *vu* des scènes de coït, de fellation et de cunnilingus.

Avec cette femme qui le comblait de cadeaux, Freud fit donc la preuve de son extraordinaire génie clinique. Il l'aimait tellement que, pour récompenser sa fidélité, il lui offrit, comme à Lou Andreas-Salomé*, l'un des fameux anneaux réservés aux membres du Comité secret*. Si Lou était *la Femme*, l'amie, l'égale, l'incarnation de la liberté, de la beauté, de l'intelligence et de la créativité, Marie fut l'élève, la disciple soumise, l'admiratrice, l'analysante, l'ambassadrice dévouée.

Au cours de l'analyse, il lui évita une relation incestueuse avec son fils et imposa certaines limites à ses expériences chirurgicales sans parvenir toutefois à l'empêcher de passer à l'acte. Il faut dire que sa situation contre-transférentielle était difficile : pendant toute la durée de cette analyse, il subit lui-même de redoutables opérations de la mâchoire destinées à combattre la progression de son cancer. Comment pouvait-il, dans de telles conditions, interpréter la jouissance* éprouvée par Marie à manier le bistouri ?

Dès la publication en 1931 de l'article de Freud sur la sexualité féminine*, la princesse prit part au débat d'une manière très personnelle en transformant la doctrine psychanalytique en une typologie des instincts biologiques. Elle en tira une psychologie de la femme d'où l'inconscient* était évacué. S'écartant à la fois de l'école viennoise et de l'école anglaise, elle distinguait trois catégories de femmes : les revendicatrices, qui cherchent à s'approprier le pénis de l'homme, les acceptatrices, qui s'adaptent à la réalité de leurs fonctions biologiques ou de leur rôle social, les renonciatrices, qui se détachent de la sexualité. Ces thèses n'auront guère d'échos en France, où le débat sur ce sujet sera mené d'abord par Simone de Beauvoir (1908-

1986), puis par les élèves de Lacan (François Perrier* et Wladimir Granoff) et par Françoise Dolto*. A la SPP, c'est Janine Chasseguet-Smirgel qui les mettra en cause en introduisant les thèses de Melanie Klein*.

Atteinte d'une leucémie foudroyante, Marie Bonaparte mourut en toute lucidité après avoir fait preuve d'un courage exemplaire, trop tôt pour assister à la défaite de Lacan. Pendant dix ans, elle avait lutté de toutes ses forces pour empêcher la réintégration de la Société française de psychanalyse (SFP, 1953-1963) dans l'International Psychoanalytical Association* (IPA).

● Marie Bonaparte, « Considérations sur les causes anatomiques de la frigidité chez la femme », sous le pseudonyme de A.E. Narjani, in *Bruxelles-Médical*, avril 1924, 768-778 ; *Cahiers noirs* (journal), 1925-1939, inédit (archives Élisabeth Roudinesco) ; « Le cas de Mme Lefebvre », *Revue française de psychanalyse*, 1, 1927, 149-198 ; *Cinq Cahiers écrits par une petite fille entre sept ans et demi et dix ans, avec leurs commentaires*, 4 vol., 1939-1951, imprimés pour l'auteur ; « Extraits du cahier I », in *L'Infini*, 2, printemps 1983, 76-89. *Edgar Poe, sa vie, son œuvre. Étude psychanalytique* (1933), 3 vol., Paris, PUF, 1958 ; *Psychanalyse et Biologie*, Paris, PUF, 1952 ; *Psychanalyse et Anthropologie*, Paris, PUF, 1952 ; *Sexualité de la femme* (1967), Paris, UGE, coll. « 10/18 », 1977. Sigmund Freud, « De la sexualité féminine » (1931), *OC*, XIX, 7-27, *GW*, XIV, 517-537, *SE*, XXI, 225-243 ; « Avant-propos à Marie Bonaparte, *Edgar Poe, sa vie son œuvre. Étude psychanalytique* » (1933), *OC*, XIX, 305-307, *GW*, XVI, 276, *SE*, XXII, 254. Janine Chasseguet-Smirgel (éd.), *La Sexualité féminine. Nouvelles recherches*, Paris, Payot, 1964. Célia Bertin, *La Dernière Bonaparte*, Paris, Perrin, 1982. Élisabeth Roudinesco, *Histoire de la psychanalyse en France*, vol. 1 (1982), vol. 2 (1986), Paris, Fayard, 1994. *Marie Bonaparte et la psychanalyse, à travers ses lettres à René Laforgue et les images de son temps*, présenté par Jean-Pierre Bourgeron, Genève, Slatkine, 1993.

▷ ANTHROPOLOGIE. CONTRE-TRANSFERT. CRIMINOLOGIE. INCESTE. PAPPENHEIM Bertha. *QUESTION DE L'ANALYSE PROFANE (LA)*. SIGNIFIANT. TRADUCTION (DES ŒUVRES DE FREUD).

BOREL Adrien (1886-1966)

psychiatre et psychanalyste français

Formé dans le cadre de la tradition psychiatrique française et analysé par René Laforgue*, Adrien Borel fut l'un des douze fondateurs de la Société psychanalytique de Paris (SPP). Comme René Allendy*, mais de manière différente, il se fit une spécialité de l'analyse des écrivains, parmi lesquels Georges Bataille (1897-1962) et Michel Leiris (1901-1990). En 1950, il revêtit la soutane pour jouer le rôle du curé de Torcy dans le film de Robert Bresson *Journal d'un curé de campagne*.

● Élisabeth Roudinesco, *Histoire de la psychanalyse en France*, vol. 1 (1982), Paris, Fayard, 1994. Michel Surya, *Georges Bataille. La mort à l'œuvre* (1987), Paris, Gallimard, 1992.

▷ FRANCE. SCISSION.

BORDER LINE STATES

▷ ÉTATS-LIMITES.

BOSE Girîndrashekhar (1883-1953)

médecin et psychanalyste indien

Par certains côtés, la destinée de Girîndrashekhar Bose ressemble à celle du grand psychanalyste Heisaku Kosawa*. Tous deux furent en effet des pionniers solitaires dans les deux seuls pays d'Asie où la psychanalyse* s'implanta, sans toutefois connaître l'essor qu'elle eut dans les pays occidentaux. Pourtant, il existait entre ces deux hommes une différence radicale. Analysé par Sigmund Freud*, Kosawa fut un internationaliste, un didacticien classique et le fondateur d'une école japonaise de psychanalyse, alors que Bose fut avant tout un autodidacte du freudisme*, défenseur de sa culture, et un formateur d'élèves dont l'enseignement se limita à son cercle de Calcutta. La différence entre les deux pionniers tenait aussi à l'histoire politique de chacun des deux pays. D'où la distance qui sépara le freudisme indien du freudisme japonais : le premier resta toujours marqué par la tradition coloniale anglaise, alors que le second fut une création autonome.

Fils d'un administrateur terrien, Bose était issu d'une riche famille lettrée du Bengale, et c'est à Calcutta, après la retraite de son père, qu'il commença à s'orienter vers la médecine. Il se maria très jeune dans le cadre strict de la religion hindoue, puis se passionna pour la magie. Aussi commença-t-il par ce biais à s'intéresser à l'hypnose* pour se tourner ensuite vers la psychologie. Vers 1914, il soigna des malades souffrant de troubles mentaux. Quelque temps plus tard, il prit connaissance des premiers textes de Freud traduits en anglais et manifesta aussitôt un réel enthousiasme pour la méthode psychanalytique. Il se spécialisa en psychologie et présenta en 1921 un travail sur le refoulement, obtenant ainsi le premier doctorat en cette matière octroyé par l'université de Calcutta. A partir de 1917, il poursuivit une brillante carrière de psychologue universitaire qui s'achèvera en 1949.

Contrairement à Kosawa, Bose décida de ne pas se rendre à Vienne* pour y recevoir une formation psychanalytique. Il commença donc, sans avoir été analysé, à réunir autour de lui des amis et des collègues qui deviendront ses analysants et ses disciples. En 1922, il créa la Société psychanalytique indienne dont il sera le président jusqu'à sa mort. Il en informa Freud, qui se réjouit et lui conseilla d'écrire à Ernest Jones* afin de faire adhérer ce premier groupe à l'International Psychoanalytical Association* (IPA). De fait, ce fut grâce à Owen Berkeley-Hill (1879-1944), psychiatre anglais analysé par Jones et médecin-chef de l'hôpital de Rangi, que le cercle de Bose put être très vite reconnu par l'IPA. D'où, par la suite, de nombreuses tensions au sein du groupe entre les Britanniques ressentis comme des coloniaux et les Indiens. En 1947, Bose fonda la revue officielle de la société, *Samiska*.

Comme de nombreux freudiens de cette génération, il fut donc à la fois un universitaire, un écrivain, un maître à penser et un chef d'école. Il était en outre un grand spécialiste de l'hindouisme. Dans la correspondance qu'il entretint avec Freud de

1920 à 1937, il exprimait son souci d'élaborer une doctrine du psychisme qui tienne compte des particularismes culturels liés à l'hindouisme. Il développa notamment l'idée d'une coexistence, dans le désir humain, d'éléments opposés et rédigea de véritables tableaux nosographiques des différentes dualités oppositionnelles.

Du point de vue de la technique psychanalytique, il considéra, dès 1931, qu'il fallait s'inspirer de la méthode des gourous, selon laquelle l'analyste intervient activement en prenant des notes et en obligeant le patient à dépasser ses résistances* : « Lorsque Bose informe le patient de la direction à prendre par son fantasme, écrit Sudhir Kakar, il n'est pas très éloigné de certaines procédures méditatives utilisées dans les écoles psychophilosophiques hindoues d'autoréalisation. La visualisation tantrique, telle que le *nyasa* ou le *yoganidra* du raja yoga, viennent immédiatement à l'esprit. Ce sont des techniques qui étaient familières à Bose, vu son étude approfondie des yogas. »

Vers la fin des années 1940, les psychanalystes indiens formés par Bose, et notamment T.C. Sinha, son principal disciple, étudièrent les particularismes de la vie psychique indienne dans des textes faisant allusion à la mythologie de Shiva ou de Kali. Puis, dix ans plus tard, cette tradition tomba en désuétude au fur et à mesure de la disparition de la première génération psychanalytique indienne, pour laisser place à l'épanouissement des thèses de l'école anglaise : Melanie Klein* ou Wilfred Ruprecht Bion*. L'enseignement de Bose n'aura donc pas contribué à fonder dans une Inde* encore coloniale une école de psychanalyse semblable à celle du Japon*.

● Girîndrashekhar Bose, « A new technique of psychoanalysis », *IJP*, 1931, 387-388 ; « A new theory of mental life », *Samiska*, 3, 1949, 108-205 ; « The genesis and adjustment of the Œdipus wish », *ibid.*, 3, 1949, 222-240 ; « Nature of the wish », *ibid.*, 5, 1951, 203-214. C.V. Ramana, « On the early history and development of psychoanalysis in India », *Journal of the American Psychoanalytic Association*, 12, 1964, 110-134. T.C. Sihna « Development of psycho-analysis in India », *IJP*, 47, 1966, 427-439. *Samiska*, 9, 1955, « Special issue on Bose ». Sudhir Kakar, « Considérations sur l'histoire et le développement de la psychanalyse en Inde », *Revue internationale d'histoire de la psychanalyse*, 2, 1989, 499-503.

▷ ANTHROPOLOGIE. FANON Frantz. GRANDE-BRETAGNE. HISTOIRE DE LA PSYCHANALYSE. *TOTEM ET TABOU*.

BOUVET Maurice (1911-1960)

psychiatre et psychanalyste français

Comme Daniel Lagache*, Sacha Nacht*, Françoise Dolto* et Jacques Lacan*, Maurice Bouvet appartient à la deuxième génération* psychanalytique française, troisième dans l'histoire mondiale. Analysé par Georges Parcheminey (1888-1953), contrôlé par Nacht et John Leuba (1884-1952), il fut l'un des titulaires les plus respectés de la Société psychanalytique de Paris (SPP) et forma un grand nombre de psychanalystes. Ses travaux, essentiellement cliniques et d'inspiration post-freudienne, portent sur la cure type, la relation d'objet* et la dépersonnalisation.

• Maurice Bouvet, *Œuvres psychanalytiques*, vol.1 et 2, Paris, Payot, 1985. *La Psychanalyse d'aujourd'hui* (coll.), 2 vol., Paris, PUF, 1956. Élisabeth Roudinesco, *Histoire de la psychanalyse en France*, vol. 2 (1986), Paris, Fayard, 1994.

BOWLBY John (1907-1990)
psychiatre et psychanalyste anglais

Membre du groupe des Indépendants*, spécialiste de psychiatrie infantile et directeur de la prestigieuse Tavistock Clinic de Londres, John Bowlby fut l'une des figures majeures du mouvement psychanalytique anglais. Né dans une famille de la grande bourgeoisie anglaise, il était le petit-fils d'un célèbre journaliste du *Times*. Après avoir été pensionnaire dès l'âge de 8 ans, il fut élève du collège naval de Dartnorth, puis étudia la psychologie et les sciences naturelles à Cambridge. Il travailla ensuite comme maître d'école avant de retourner à l'université pour faire des études médicales.

Analysé par Joan Riviere*, contrôlé par Nina Searl puis Ella Sharpe*, il devint membre titulaire de la British Psychoanalytical Society (BPS) à la veille de la Première Guerre mondiale. Melanie Klein* contrôla sa première analyse d'enfant. En 1940, il commença à publier ses travaux sur l'enfant, sa mère et son environnement en s'opposant à la perspective purement psychique de l'école kleinienne. Bowlby, en effet, accordait une grande importance à la réalité sociale et prenait en compte la manière dont l'enfant avait été éduqué. Trois notions marquèrent son enseignement : l'attachement, la perte, la séparation. Après 1950, il leur donna un contenu de plus en plus biologique en comparant le comportement humain à celui des espèces animales. A cet égard, par son intérêt constant pour l'éthologie et la biologie selon Darwin, il fut accusé d'ignorer l'inconscient*.

A partir de 1948, il dirigea une enquête sur les enfants abandonnés ou privés de foyer, dont les résultats eurent des répercussions mondiales sur le traitement psychanalytique de l'hospitalisme*, de la dépression anaclitique* et des carences maternelles, ainsi que sur la prévention des psychoses*. En 1950, il devint consultant pour l'ONU où ses thèses jouèrent un rôle considérable pour l'adoption d'une charte mondiale des droits des enfants. Un an plus tard, il publia son rapport, *Maternal Care and Mental Health*, dans lequel il montrait que la relation affective constante avec la mère est une donnée fondamentale de la santé psychique de l'enfant.

A la fin de sa vie, toujours passionné de biologie et d'éthologie, il rédigea la biographie de Charles Darwin (1809-1882). Il étudia minutieusement la petite enfance du savant, ses maladies psychosomatiques, ses doutes et ses dépressions, tout en brossant un vigoureux tableau de l'époque victorienne et des réactions qu'avait suscitées en Angleterre la révolution darwinienne.

• John Bowlby, *Maternal Care and Mental Health*, Genève, OMS, 1951 ; *L'Attachement, La Séparation, La Perte*, 3 vol. (Londres, 1969, 1973, 1980), Paris, PUF, 1978, 1984 ; *Charles Darwin. Une nouvelle biographie* (Londres, 1990), Paris, PUF, 1995. Eric Rayner, *Le Groupe des « Indépendants » et la psychanalyse britannique* (Londres, 1990), Paris, PUF, 1994. Pearl King et Eric

Rayner, « Obtuary of John Bowlby », *IJP*, 74, 4, 1993, 823-828. Jeremy Holmes, *John Bowlby and Attachment Theory*, Londres, Routledge, 1993.

▷ AUBRY Jenny. DOLTO Françoise. FREUD Anna. GRANDE-BRETAGNE. PSYCHANALYSE DES ENFANTS. SPITZ René. WINNICOTT Donald Woods.

BRENTANO Franz (1838-1917)
philosophe allemand

Brentano renonça à la prêtrise en 1871 après la proclamation par Pie IX du dogme de l'infaillibilité pontificale. Par la suite, il ne cessa d'incarner les valeurs du catholicisme réformé de Bohême. Issu d'une illustre famille marquée par le romantisme, il était le neveu du poète Clemens Brentano (1778-1842), lequel avait épousé Bettina von Arnim (1785-1859). Professeur à Vienne* pendant vingt ans (de 1874 à 1894), avec quelques interruptions, Franz Brentano fut l'ami des esprits les plus fins de l'intelligentsia viennoise, parmi lesquels Theodor Meynert*, Josef Breuer*, Theodor Gomperz (1832-1912). Il épousa Ida von Lieben, la sœur d'Anna von Lieben*, la future patiente de Sigmund Freud*. Indifférent à la nourriture et à l'habillement, il jouait aux échecs avec une passion dévorante et manifestait un talent inouï pour les calembours les plus sophistiqués. En 1879, il publia sous le pseudonyme d'Aenigmatis un recueil de devinettes qui suscita l'enthousiasme dans les salons viennois et donna lieu à de nombreuses imitations.

Confronté au progrès des sciences positives, Brentano cherchait à la fois à sauver la philosophie, menacée à ses yeux de disparition, et à développer une psychologie empirique et descriptive fondée sur l'analyse des modalités réelles de la conscience*, excluant tout subjectivisme. De ce point de vue, il eut une grande influence sur Edmund Husserl (1859-1938), son élève. Mais son enseignement, qui fut également suivi par Sigmund Freud et Thomas Masaryk (1859-1937), joua aussi un très grand rôle dans le développement de la pensée psychanalytique. Brentano fut, en effet, le rénovateur des thèses de Johann Friedrich Herbart*. Il fut un adepte de la psychologie empirique et adjoignit à la notion herbartienne de représentation celle d'intentionnalité (acte par lequel la conscience s'oriente vers un objet). A côté des phénomènes de représentation, il distinguait deux catégories d'actes mentaux : les jugements, qui permettent d'affirmer ou de nier l'existence d'un objet représenté, et les attitudes de haine ou d'amour, qui rendent indiscernables le vouloir et le sentiment.

Loin de fonder une école monolithique comme l'avait fait Herbart, il incita ses élèves à innover dans toutes les directions. Et son enseignement ébranla bel et bien l'emprise de l'herbartisme rigide sur la philosophie autrichienne.

En 1873, le jeune Sigmund Freud, étudiant à l'université de Vienne, entreprit son doctorat de philosophie sous la direction de Brentano. Il contestait son théisme et lui opposait le matérialisme de Ludwig Feuerbach (1804-1872). Dans une lettre du 13 mars, il raconte à son ami et condisciple Eduard Silberstein* une scène de pugilat philosophique au cours de laquelle Brentano fut contraint par ses élèves d'en découdre avec les thèses herbartiennes. Le grand professeur sortit vainqueur du combat mais accepta néanmoins de diriger la thèse de Freud. Ce dernier fut pourtant déçu par la philosophie en général qu'il jugeait trop « spéculative », et par Brentano en particulier pour lequel il éprouvait une admiration mitigée. Il choisit alors la voie de la physiologie, incarnée à Vienne par Ernst von Brücke*. Ainsi Brentano fut-il pour Freud un maître modèle dont l'enseignement lui indiqua la voie à suivre pour concilier spéculation et observation.

Par la suite, Freud ne reconnut pas ses emprunts conceptuels à la doctrine de Brentano, ni ce qu'il devait à ce dernier. Il se contenta d'affirmer, à propos de la philosophie, qu'après avoir été attiré par la spéculation, il y avait courageusement renoncé. Dans une lettre à Wilhelm Fliess* du 2 avril 1896, il écrivit : « Dans mes années de jeunesse, je n'ai aspiré qu'aux connaissances philosophiques, et maintenant je suis sur le point de réaliser ce vœu, en passant de la médecine à la psychologie. » Autant dire que, dans l'esprit de Freud, la nouvelle psychologie dont il se voulait le fondateur était l'équivalent d'une philosophie. D'où le rejet constant du savoir philosophique, qu'il manifestera à nouveau dans ses rapports avec Ludwig Binswanger*. Cependant, en 1905, dans son livre *Le Mot d'esprit et sa relation à l'inconscient**, il cite le nom de son ancien maître en évoquant le fameux recueil de devinettes de 1879.

● Franz Brentano, *La Psychologie du point de vue empirique* (Vienne, 1874), Paris, Aubier, 1944. *Revue internationale de philosophie*, numéro spécial sur Brentano, 78, 1966. Sigmund Freud, *Le Mot d'esprit et sa relation à l'inconscient* (1905), Paris, Gallimard, 1988, *GW*, VI, 1-185, *SE*, VIII ; *La Naissance de la psychanalyse* (Londres, 1950), Paris, PUF, 1956. Henri F. Ellenberger, *Histoire de la découverte de l'inconscient* (New York, 1970, Villeurbanne, 1974), Paris, Fayard, 1994. William M. Johnston, *L'Esprit viennois. Une histoire intellectuelle et sociale, 1848-1938* (New York, 1972), Paris, PUF, 1985. André Haynal, « A la recherche des sources intellectuelles de Freud – philosophiques et biologiques – à travers ses correspondances », *in* id. (éd.), *La Psychanalyse. 100 ans déjà* (Londres, 1994), Genève, Georg, 1996, 229-255.

BRÉSIL

Premier pays d'implantation du freudisme* en Amérique latine, le Brésil a une histoire très différente de celle de l'Argentine*. Loin de mimer l'Europe, de s'approprier ses modèles en les transformant puis en développant une politique massive d'immigration, le Brésil ne s'émancipa de la colonisation portugaise en 1822 que pour se placer jusqu'en 1918 sous la domination économique de la Grande-Bretagne*. Le pays changea ensuite de maître et se plaça dans l'orbite de l'économie nord-américaine. Cette longue période d'industrialisation fut marquée par l'expansion d'une oligarchie terrienne vivant dans d'immenses *fazendas* et régnant à la manière de seigneurs féodaux sur une population analphabète.

Calqué sur celui de la monarchie anglaise, le régime parlementaire instauré en 1824, sous le règne de l'empereur Pedro Ier, fut renversé en 1889 par une junte qui déposa son fils Pedro II. Souverain intellectuel et libéral, celui-ci avait affronté la guerre civile, brisé les révoltes et aboli l'esclavage, sans se soucier du danger que représentait la puissance militaire. Un fois la République proclamée, un régime présidentiel fut instauré tandis que la Constitution de 1891, imprégnée de la philosophie d'Auguste Comte (1798-1857), s'appuyait sur deux principes : ordre et progrès. Tout en imitant le modèle américain, fondé sur le présidentialisme et le fédéralisme, le nouveau régime brésilien actualisait la tradition du caudillisme latino-américain.

Comme partout ailleurs, l'instauration de l'État républicain donna naissance à l'asile moderne et fut accompagnée d'une refonte de la clinique de la folie*. En 1890, l'ancien hospice de Pedro II fut transformé en hôpital des aliénés, dans la plus pure tradition du geste de Philippe Pinel (1745-1826). La force de la nosologie française fut telle, pendant près d'une décennie, que l'expression « être Pinel » passa dans le vocabulaire courant pour signifier « être fou ».

C'est sur le terrain de cette première réforme asilaire que Juliano Moreira*, Bahianais et homme de couleur, introduisit la nosographie allemande. Ami d'Emil Kraepelin* et excellent connaisseur de l'Europe, il fut nommé professeur à l'université de Bahia à l'âge de 23 ans et prit, en 1903, la direction de l'hôpital national des aliénés de Rio de Janeiro. Neuf ans plus tard, grâce à son action, la psychiatrie devint une spécialité autonome dans le cursus des études médicales. Père fondateur de la psychiatrie brésilienne moderne, Moreira fut aussi le premier dans son pays à adopter et à faire connaître la doctrine freudienne.

Entre 1914 et 1930, plusieurs psychiatres contribuèrent à l'implantation progressive du freudisme à Rio de Janeiro, São Paulo et Bahia : Arthur Ramos*, Julio Porto-Carrero* et Francisco Franco Da Rocha*. D'une manière générale, ces auteurs se montrèrent moins critiques à l'égard de la psychanalyse* que leurs collègues des autres pays, notamment à propos de la sexualité. Néanmoins, ils adaptèrent la doctrine viennoise à leurs préoccupations thérapeutiques et firent d'elle une composante essentielle d'une conception culturaliste et organiciste de la folie.

En réalité, comme le montre Gilberto Freyre (1900-1987), le Brésil offrait deux visages antagonistes sous les traits d'une organisation patriarcale rigide, héritée de la colonisation. D'un côté fleurissait l'idéal humaniste de l'Église positiviste qui, pendant tout le XIXe siècle, inspira les grands réformateurs, de l'autre perdurait la culture noire mélangée à la blanche, issue du métissage des esclaves et de leurs maîtres, du maître et de sa concubine, de l'homme blanc et de la femme noire, mais aussi du domestique noir et de la jeune fille blanche. De ces mélanges découlait la place particulière accordée à la sexualité* (et plus tard à la bisexualité*) dans la société brésilienne, où l'attraction des fils de famille pour les femmes de couleur dérivait des relations intimes de l'enfant blanc avec sa nourrice noire : une sexualité charnelle et sensuelle.

De même que sous la monogamie apparaissait toujours la pratique à peine masquée de la polygamie, de même sous le monothéisme se profilaient toutes les variantes d'un polythéisme sauvage. Aussi, quand fut instauré par un homme noir un savoir psychiatrique visant à arracher la folie aux pratiques magiques, le clivage se répéta. Le nouvel ordre ne put mettre un terme aux anciennes traditions thérapeutiques de la transe et des possessions (religion *candomble*).

La psychiatrie fut donc la discipline de la culture blanche, quand bien même elle soignait des malades non blancs. La psychanalyse lui emboîta le pas. Réservée d'abord, dans l'entre-deux-guerres, à la grande bourgeoisie pauliste et à des médecins soucieux de suivre les règles orthodoxes de l'International Psychoanalytical Association* (IPA), elle devint, dans la deuxième moitié du siècle, en s'épanouissant à Rio puis en d'autres villes, la nouvelle psychologie des classes moyennes blanches formées à l'université. Elle prit la suite de l'ancienne sociologie comtienne.

Tandis que les pionniers du freudisme demeuraient des praticiens hospitaliers, Durval Marcondes* passa de la psychiatrie à la psychanalyse, devenant ainsi le premier freudien du Brésil avant même d'avoir été analysé. Esthète francophile et lettré, il se dévoua corps et âme à la cause freudienne, voulant faire de São Paulo le centre névralgique de la nouvelle doctrine.

Le 24 octobre 1927, avec Da Rocha, il fonda à São Paulo la Sociedade Brasileira de Psicanálise (SBP), première société psychanalytique du continent latino-américain. L'année suivante, il créa la *Revista brasileira de psicanálise*, qui fut accueillie avec enthousiasme par Sigmund Freud*, tandis que le 17 juin, Moreira mettait sur pied à Rio de Janeiro, avec Porto-Carrero et en présence de Marcondes, une filiale de la SBP. Mais bientôt la SBP, après avoir été reconnue par l'IPA au congrès d'Oxford de 1929, eut beaucoup de mal à se développer : à cette époque la cure didactique était obligatoire, et Marcondes, qui n'avait pas fait d'analyse, ne pouvait pas former d'élèves. Par ailleurs, il dut se confronter en 1931 à un charlatan du nom de Maximilien Langsner, qui recueillit un beau succès à São Paulo. L'homme arborait un nom viennois et pratiquait la télépathie* en se proclamant le meilleur disciple de Freud. Redoutant que ce spectacle ne discrédite la psychanalyse auprès du milieu médical, Marcondes demanda à Freud de démasquer l'imposteur, ce qu'il fit aussitôt.

La crise de 1929 entraîna la ruine des plantations de café et une dislocation de la fédération brésilienne. L'urbanisation rapide favorisa un mouvement d'indépendance des villes et une méfiance des notables terriens à l'égard du pouvoir central. En 1930, Getúlio Vargas, appuyé par l'armée, fut élu président. Il s'engagea sur la voie du fascisme et réprima le soulèvement pauliste de 1932, auquel participa Marcondes. Cinq ans plus tard, il proclama l'*Estado novo*, sorte d'État mussolinien appuyé sur une Constitution qui supprimait les élections.

Malgré la création par Georges Dumas (1866-1946), en 1934, d'une université, où Claude Lévi-Strauss et Fernand Braudel (1902-1985) formèrent des étudiants aux nouvelles sciences humaines, Marcondes, lié essentiellement au milieu médical, éprouva de grosses difficultés à mettre sur pied un mouvement psychanalytique brésilien. Fuyant le nazisme*, les freudiens d'Europe s'exilaient aux États-Unis*, en Grande-Bretagne et en Argentine, et n'avaient guère la possibilité de s'installer dans un pays où régnait le fascisme. René Spitz* faillit venir en 1932, mais la révolte pauliste entrava les communications et, las d'attendre des nouvelles, il partit pour le Colorado.

Quant aux Américains du Nord, ils ne souhaitaient pas non plus se déplacer au sud pour y former des thérapeutes. Après bien des efforts, Marcondes parvint à faire venir Adelheid Koch*. Analysée dans le cadre du prestigieux Berliner Psychoanalytisches Institut* (BPI), elle présentait toutes les garanties pour initier les

Brésiliens à l'analyse didactique*. En 1936, elle s'installa à São Paulo et fut ainsi la première psychanalyste didacticienne du Brésil. Marcondes lui-même n'hésita pas à s'allonger sur son divan. Un autre émigré se joignit bientôt au groupe : Frank Julien Philips. Australien de naissance, il fit son analyse avec Adelheid Koch avant d'aller se former à Londres auprès de Melanie Klein* et Wilfred Ruprecht Bion*.

Engagés aux côtés des Alliés durant la Deuxième Guerre mondiale, les contingents de l'armée brésilienne trouvèrent illogiques de se battre en Europe pour la démocratie, alors qu'ils supportaient le fascisme dans leur pays. En 1945, Getúlio Vargas dut s'éloigner du pouvoir et la démocratie fut rétablie. Dès lors, le mouvement psychanalytique brésilien commença à s'intégrer à l'IPA et à accepter ses procédures de normalisation tout en se construisant selon le modèle fédéraliste en vigueur dans le pays.

C'est d'abord comme puissance latino-américaine qu'il s'organisa à l'occasion du premier congrès inter-américain de médecine tenu à Rio de Janeiro en 1946. A la tribune, plusieurs psychanalystes argentins présentèrent leurs travaux de psychosomatique*. Les Brésiliens vinrent à leur rencontre et un accord fut conclu pour favoriser les échanges entre les paulistes, les *cariocas* et les *porteños* (Buenos Aires). Ainsi s'amorça le courant d'influence clinique de l'école argentine sur les filiations* brésiliennes.

Dissoute en 1944, la SBP se reconstitua en un groupe purement pauliste, la Sociedade Brasileira de Psicanálise de São Paulo (SBPSP), reconnue par l'IPA au congrès d'Amsterdam de 1951. Dès lors, des échanges eurent lieu entre Londres et São Paulo. Passionnés par les théories de Melanie Klein et de ses disciples, des analystes paulistes traversèrent l'Atlantique pour recevoir une formation à la British Psychoanalytical Society (BPS). Ce fut le cas de Virginia Bicudo. Après cinq ans passés à Londres, elle rapporta ses expériences cliniques de la Tavistock Clinic et les enseigna autour d'elle. De son côté Frank Philips, revenu de Londres, tint au sein du groupe pauliste des séminaires techniques et théoriques d'inspiration kleinienne. A l'influence argentine composite s'ajouta donc celle du kleinisme*, nettement plus implanté à São Paulo qu'à Rio. Par la suite, c'est Wilfred Ruprecht Bion, invité par Philips, qui devint l'un des maîtres à penser du groupe pauliste.

A Rio de Janeiro, l'installation du mouvement fut gravement perturbée par le conflit qui opposa Mark Burke* à Werner Kemper*, ancien collaborateur de Matthias Heinrich Göring*, et mandaté par Ernest Jones* pour développer la psychanalyse au Brésil. En 1953, Kemper fonda la Sociedade Psicanálitica do Rio de Janeiro (SPRJ) reconnue par l'IPA en 1955. Quant aux partisans de Burke, après de violents affrontements, ils s'associèrent à leurs collègues formés en Argentine pour créer un autre groupe en 1959 : la Sociedade Brasileira de Psicanálise do Rio de Janeiro (SBPRJ). Parmi ses quinze fondateurs : Alcyon Baer Bahia, Danilo Perestrello, Marialzira Perestrello, Mario Pacheco de Almeida Prado.

A Porto Alegre, c'est Mario Martins qui constitua en 1947 la Sociedade Psicoanalitica de Porto Alegre (SPPA), reconnue ensuite par l'IPA en 1963. Formé à Buenos Aires par Angel Garma*, il revint avec sa femme Zaira Bittencourt, elle-même analysée par Celes Cárcamo*. Formée à la pratique de la psychanalyse d'enfant* auprès d'Arminda Aberastury*, elle introduisit au Brésil cette tradition clinique. La SPPA évolua vers le kleinisme et le néo-kleinisme, notamment après la visite de Herbert Rosenfeld* en 1974. Elle conserva néanmoins son lien privilégié avec les Argentins.

Cette expansion de la psychanalyse dans les deux grandes villes rivales, la pauliste et la *carioca,* ainsi que dans la partie sud du pays, permit au freudisme brésilien de rattraper progressivement son retard sur son homologue argentin, sans pour autant faire émerger dans ses rangs des chefs d'école de stature comparable à celle des Argentins. Il faut dire que depuis l'origine, la situation au Brésil était différente. L'école brésilienne en effet, en l'absence d'un solide mouvement migratoire durant l'entre-deux-guerres, n'avait pas eu de « père fondateur », à la fois didacticien et théoricien. Et elle ne trouva son identité, d'une ville à l'autre, qu'en se réclamant tantôt de l'école anglaise ou de quelques courants nord-américains, tantôt de sa filiation argentine. Elle développa néanmoins une grande activité clinique dans diverses institutions (hôpitaux et centres de soins). A partir de 1960, avec la création de la COPAL (future FEPAL*) puis de l'Assiociaçáo Brasileira de Psicanálise* (ABP, 1967), elle devint, aux côtés de l'école argentine, la deuxième grande puissance du freudisme latino-américain.

Le 31 mars 1964, après dix années de gouvernement social-démocrate, au cours desquelles le président Kubitschek inaugura la ville de Brasilia, le maréchal Castello Branco, soutenu par les États-Unis* et appuyé par les classes moyennes, renversa le président João Goulart et instaura une dictature qui allait durer vingt ans. Pendant six mois, le nouveau pouvoir se livra à de violentes exactions. Des centaines d'intellectuels, de dirigeants politiques et de syndicalistes furent arrêtés, expulsés, privés de leurs droits civiques et souvent torturés. Fiers de construire un nouveau Brésil, les technocrates, les conservateurs et les anticommunistes affirmèrent leur volonté de gouverner sans le suffrage des masses. Les partis furent dissous, les forces armées réorganisées. Quatre ans plus tard, après le soulèvement des étudiants et les émeutes populaires de Rio, le régime s'engagea sur la voie de la dictature.

Comme elle le fera après l'instauration de la terreur d'État en Argentine, la direction de l'IPA décida de rester « neutre » : ni condamnation, ni intervention dans un sens ou dans l'autre. Selon la tradition des années 1930, l'objectif était toujours le même : ne donner aucun prétexte à un pouvoir quelconque d'interdire la pratique de la psychanalyse.

Au contraire du nazisme, la dictature brésilienne ne toucha pas à la liberté d'association. Par ailleurs, elle n'évolua jamais vers la terreur d'État organisée que connut l'Argentine entre 1976 et 1985. En conséquence, elle fut plus refoulée par l'institution psychanalytique que ne le fut la terreur argentine. Dans son livre sur le nazisme et la psychanalyse, Chaim Samuel Katz montre de quelle manière l'Association brésilienne de psychanalyse* « accepta » le régime.

Dans les articles qu'elle publia pendant vingt ans, la *Revista brasilera de psicanálise* prit soin de toujours présenter la psychanalyse comme une science pure, sans rapport avec les champs social et politique. Si un auteur voulait parler de politique ou d'histoire, il devait se contenter d'évoquer le passé le plus lointain : l'exil de Freud à

Londres, oui, mais le génocide ou la politique de « sauvetage » de la psychanalyse à Berlin, non. Pas question de faire allusion à l'actualité, sauf pour la travestir habilement. Ainsi parlait-on de deuil, de séparation, de castration*, d'angoisse, pour dire exil, éloignement, souffrance, etc. A travers cette censure volontaire, jamais on ne faisait référence, de près ou de loin, à un militant arrêté ou à un psychanalyste torturé ou persécuté. Ces faits-là n'existaient donc que dans l'imaginaire des sujets et, à l'occasion, on pouvait invoquer le « secret professionnel ». A cet égard, la conceptualité kleinienne, centrée sur les processus de violence intrapsychiques, fut exploitée pour présenter la répression politique comme une histoire de mauvais objet* ou d'identification projective*.

A partir de 1973, l'affaire Kemper perturba de nouveau les deux sociétés psychanalytiques de Rio de Janeiro. Avant son départ pour l'Allemagne* en 1967, l'ancien collaborateur de Göring avait analysé l'un des didacticiens les plus actifs de la SPRJ : Leão Cabernite. Devenu président de sa société et lié de près au pouvoir militaire, celui-ci eut ensuite pour élève en formation, de 1971 à 1974, un médecin-lieutenant de la police militaire, Amilcar Lobo Moreira, tortionnaire au service de la dictature. Ce fait fut révélé par un article anonyme, mais parfaitement exact, publié dans le journal clandestin *Voz operária*. Helena Besserman Vianna, psychanalyste d'extrême gauche et membre de l'autre société (SBPRJ), en prit connaissance. Ses opinions radicales étaient connues puisqu'elle s'était un jour exprimée publiquement à la SBPRJ, lors d'un débat avec Bion, en lui demandant s'il accepterait de prendre en analyse un tortionnaire. L'assemblée lui avait alors répondu que cette demande était « provoquante » et « ni scientifique, ni constructive ». Helena envoya à Marie Langer* l'article de *Voz operária* accompagné du nom et de l'adresse de Cabernite rédigés à la main, afin qu'elle le publie dans sa revue *Cuestionamos* et qu'elle demande à la direction de l'IPA l'ouverture d'une enquête. Celle-ci adressa aussitôt l'article à Serge Lebovici, président de l'IPA, et à divers responsables du mouvement psychanalytique. Puis elle le publia dans sa revue. Marie Langer avait un poids considérable dans l'IPA en raison de sa notoriété et de son engagement contre toutes les dictatures latino-américaines.

Inquiet des conséquences de cette affaire pour l'image de la psychanalyse dans le monde, Lebovici prévint Cabernite et David Zimmermann, membre de la SPPA (Porto Alegre) et président de la COPAL, lequel répondit aussitôt que ce journal était une « feuille de chou non digne de respect ». Puis, avec Cabernite et d'autres membres de la SPRJ, il envoya par lettre circulaire un démenti catégorique : « L'affirmation anonyme du journal clandestin est entièrement fausse et sans aucun fondement. » Non seulement les auteurs niaient toute participation d'Amilcar Lobo à ce genre d'activité, mais il accusaient le dénonciateur de fomenter un complot pour déstabiliser la psychanalyse brésilienne au moment même où allait se tenir le IVe congrès de l'ABP.

Identifiée grâce à une expertise graphologique, Helena Besserman Vianna paya cher sa dénonciation du tortionnaire. Sa société refusa pendant deux ans de lui décerner le titre de membre titulaire, alors qu'elle y avait théoriquement droit compte tenu de son cursus. Mais pis encore, le conseil d'administration de la SBPRJ se transforma en tribunal interne pour l'accuser de délation sur la personne d'un innocent (Amilcar Lobo), de plagiat des textes de ses collègues et enfin d'irrespect à l'égard de Bion : une véritable dégradation publique. Par la suite, Helena fut victime d'une tentative d'attentat manqué de la part de la police brésilienne prévenue par Amilcar Lobo. Elle ne fut définitivement réhabilitée qu'en 1980, lorsqu'un ancien prisonnier révéla publiquement les atrocités d'Amilcar Lobo. Cependant ni Cabernite, ni Zimmermann, ni Lebovici ne rendirent compte de leur erreur pendant cette période, ce qui provoqua une véritable tourmente dans les rangs des deux sociétés de Rio.

Pendant toutes les années de la dictature, et au-delà, le freudisme continua de fleurir sur le sol brésilien. En 1975 fut créée à Recife la Sociedade Psicanálitica do Recife (SPR), reconnue par l'IPA en 1988, tandis qu'à Brasilia, la même année, Virginia Bicudo organisait le Grupo de Estudos Psicanaliticos de Brasilia (GEPB), reconnu en 1995. A Pelotas enfin, des psychanalystes venus d'Argentine et de Rio fondèrent en 1987 la Sociedade Psicanalítica de Pelotas (SPP), reconnue en 1995.

Mais le phénomène le plus remarquable de cette époque fut la formidable expansion, notamment à Rio de Janeiro, à São Paulo et à Porto Alegre, de toutes les écoles de psychothérapies*. Liées à l'essor de l'enseignement universitaire de la psychologie clinique* et à celui de l'analyse profane*, ces écoles eurent pour caractéristique, contrairement à leurs homologues d'autres pays, de se réclamer presque toutes de divers courants du freudisme, soit par le biais des cercles de psychologie des profondeurs, rattachés à Igor Caruso*, soit à travers le lacanisme, soit encore par référence à une filiation directe ou lointaine : Sandor Ferenczi* par exemple, ou encore Anna Kattrin Kemper (1906-1978) et Iracy Doyle (Clinica Social de Psicanálise Anna Kattrin Kemper, Sociedade de Psicanálise Iracy Doyle). L'une avait été bannie de l'IPA, l'autre finit par se suicider. Toutes ces associations profitèrent de la rigidité de l'APB qui, jusqu'en 1981, n'accepta dans ses rangs que des médecins.

Dans un tel contexte, le lacanisme s'implanta de façon massive à l'université, notamment dans les départements de psychologie, apportant ainsi une culture et une identité à la profession de psychothérapeute, délaissée par l'IPA. D'où l'éclosion parallèle de multiples groupes aux diverses orientations : vingt-six à Rio, vingt-sept à São Paulo, sept à Rio Grande do Sul, neuf dans le Minas Gerais, en tout soixante-dix associations réunissant environ mille cinq cents psychothérapeutes. Ce qui porta l'effectif total des psychanalystes freudiens à plus de trois mille.

Ces chiffres montrent bien que l'implantation du freudisme au Brésil est resté un phénomène urbain, la psychanalyse connaissant une expansion considérable dans les grandes métropoles et dans les villes de la partie orientale du pays (du nord au sud), de Recife à Pelotas. Autrement dit, en dépit d'un développement de masse lié à l'expansion de la psychologie clinique, la psychanalyse ne concerne donc, après soixante-dix ans d'existence, que la bourgeoisie blanche. En outre, à mesure qu'elle se développait, elle s'est fortement féminisée : 70 % des effectifs sont féminins.

Formé à Strasbourg, auprès de Lucien Israël et de Moustapha Safouan, dans le cadre de l'École freudienne de Paris* (EFP), dont il devint membre en 1973, Durval Checchinato retourna à Campinas, où il enseigna l'œuvre de Jacques Lacan* dans le cadre du département de philosophie. En 1975, avec Luiz Carlos Nogueira (de São

Paulo), Jacques Laberge et Ivan Correa (de Recife), il fonda le premier cercle lacanien du Brésil, le Centro de Estudos Freudiano (CEF), complètement indépendant de l'EFP. Le CEF poursuivit ensuite ses activités à Recife, tandis qu'à Campinas étaient créées les bases d'une future société. Ce groupe, issu de la tradition érudite des jésuites, manifesta une indépendance d'esprit à l'égard des dogmes, évita de se soumettre au centralisme parisien et se tint à l'écart des extravagances chamanistiques du célèbre lacanien brésilien des années 1970, Magno Machado Dias, plus connu sous le nom de MDMagno.

Analysé par Lacan en quelques mois, cet esthète *carioca* cultivé et séducteur, enseignant la sémiologie à l'université, fonda en 1975, avec Betty Milan, autre analysée de Lacan, le Colégio Freudiano de Rio de Janeiro (CFRJ). Il devint le thérapeute de tous les membres de son groupe qui se pressaient sur son divan et à son séminaire. Sans doute retrouvaient-ils en ce lieu cette dialectique « tropicale », décrite par Freyre, du maître blanc et de l'esclave noire. MDMagno donna au lacanisme *carioca* une furieuse expansion, et son Colégio fut le noyau initial de tous les autres groupes formés ensuite à Rio par scissions* successives. Évoluant vers un culturalisme radical, il se posa comme le père fondateur de la psychanalyse « brésilianisée ». Selon la nouvelle généalogie, Freud était l'arrière-grand-père, Lacan le grand-père, MDMagno le père. Quant à la « doctrine » du nouveau prophète, elle ressemblait à celle de ces sectes décrites par Hermann Rorschach*. Elle prônait l'identité des sexes et invitait tout analysant à passer à l'acte : avec une femme s'il était homosexuel, avec un homosexuel s'il était hétérosexuel, etc.

A la fin des années 1980, Jacques-Alain Miller mobilisa d'autres groupes en leur imposant une plus grande discipline et une vision mondialiste de la pratique psychanalytique. Il obtint plus de succès à São Paulo qu'à Rio et, en 1995, il parvint à fonder l'Escola Brasileira de Psicanálise (EBP), rattachée à l'Association mondiale de psychanalyse* (AMP) et composée de quatre-vingt-huit membres à part entière et de deux cent trente membres de sections, répartis en cinq villes ou régions : soit un total de trois cent dix-huit thérapeutes. Face aux mille cinq membres de l'Association brésilienne (IPA) et aux mille deux cents autres psychanalystes répartis dans les différents groupes, l'EBP parvenait ainsi à occuper une position confortable dans le champ du freudisme brésilien sans toutefois réussir à intégrer les autres lacaniens (quatre cents environ). A Porto Alegre, un autre ancien de l'EFP, Contardo Caligaris, sut placer, dans une perspective de décentralisation radicale, l'ensemble des groupuscules lacaniens sous la houlette de l'Association freudienne (AF). Celle-ci ne professe aucun dogme.

A Bahia, Emílio Rodrigué, grande figure de l'école argentine, mena une expérience unique en son genre. Dissident de l'APA, proche de Marie Langer et du groupe Plataforma, il avait reçu sa formation didactique à Londres auprès de Paula Heimann* et de Melanie Klein. Installé en 1974 au cœur même de la civilisation brésilienne, entre négritude et colonisation, marié à une prêtresse de l'aristocratie *candomble*, passionné d'historiographie*, il parvint à réunir autour de lui un groupe composé de toutes les tendances du freudisme. Ainsi fut-il l'un des rares psychanalystes, le seul peut-être, à établir un pont entre toutes les cultures du continent latino-américain sans céder ni à l'universalisme abstrait, ni au culturalisme débridé. D'où sa place de maître socratique, unique dans la psychanalyse en cette fin du XXe siècle.

A la fin des années 1990, le nombre total des psychanalystes atteignait environ quatre mille pour une population globale de cent cinquante-cinq millions d'habitants, soit environ vingt-cinq psychanalystes pour un million d'habitants (dix pour l'IPA).

• Gilberto Freyre, *Maîtres et Esclaves. La formation de la société brésilienne* (São Paulo, 1933, Paris, 1952), Paris, Gallimard, 1974. Jurandir Freire Costa, *História da psiquiátria no Brasil*, Rio de Janeiro, Documentário, 1976. Alain Rouquié, *L'État militaire en Amérique latine*, Paris, Seuil, 1986. Chaim S. Katz (éd.), *Nazismo e Psicanálise*, Rio de Janeiro, Editora Taurus, 1985. Marialzira Perestrello, *História da Sociedade Brasileira Psicanálise do Rio de Janeiro. Suas origems e fundação*, Rio de Janeiro, Imago, 1987 ; *Encontros : psicanalise*, Rio de Janeiro, Imago, 1992. Joel Birman (éd.), *Percursos na historia da psicanálise*, Rio de Janeiro, Taurus, 1988. Roberto Yutaka Sagawa, *Os Inconscientes no divã da história*, Campinas, IFCH-UNICAMP (thèse d'anthropologie), 1989 ; *Redescobrir as psicanálises*, São Paulo, Lemos, 1991. Sérvulo Figueira, *Nos bastidores da psicanálise. Sobre politica história et dinamica do campo psicanálitico*, Rio de Janeiro, Imago, 1991. *Anuario Brasileiro de Psicanálise. Ensaios, publicações, calendário, resenhas, artigos*, Rio de Janeiro, Relume Dumara, 1991. *Album de Familia. Imagems, fontes e idéias da psicanalise en São Paulo*, São Paulo, Casa do Psicologo, 1994. Helena Besserman Vianna, *N'en parlez à personne... Politique de la psychanalyse face à la dictature et à la torture* (Rio de Janeiro, 1994), Paris, L'Harmattan, 1997. Cintia Avila de Carvahlo, *Os Psiconautas do Atlãntico sul. uma etnografia da psicanálise*, thèse de doctorat en sciences sociales, université de Campinas, 1995.

BREUER Josef (1842-1925)

médecin autrichien

Comme Wilhelm Fliess*, Josef Breuer joua un rôle considérable dans la vie de Sigmund Freud* entre 1882 et 1895. Il fut en quelque sorte une figure paternelle pour le jeune savant. Il l'aida financièrement, inventa la méthode cathartique pour le traitement des hystériques, rédigea avec lui l'ouvrage inaugural de l'histoire de la psychanalyse*, *Études sur l'hystérie**, et fut le médecin de Bertha Pappenheim* qui, sous le nom d'Anna O., deviendra le cas princeps des origines du freudisme*. L'image de ce brillant praticien viennois qui soigna Franz Brentano*, Johannes Brahms (1833-1897), Marie von Ebner-Eschenbach et ses collègues médecins, le gynécologue Rudolf Chrobak (1843-1910), Theodor Billroth et Freud lui-même, fut déformée par Ernest Jones*. Dans sa biographie de Freud, celui-ci le présenta comme un thérapeute apeuré et stupide, incapable de comprendre la question de la sexualité*. Il fallut attendre le travail d'Albrecht Hirschmüller, historien de la médecine de langue allemande, pour que s'écrive l'histoire des relations entre les deux hommes, loin des légendes de l'historiographie* officielle.

Fils d'un rabbin connu pour ses opinions libérales, Josef Breuer n'était ni croyant ni pratiquant. Comme Freud, il resta attaché à sa judéité* sans proclamer la moindre foi et tout en défendant les principes de l'assimilation. En 1859, il s'orienta vers la médecine en devenant l'élève de Karl Rokitansky (1804-1878), de Josef Skoda, d'Ernst von Brücke*, et enfin de l'assistant de celui-ci, Johann von Oppolzer (1808-1871), remarquable clinicien interniste, dont il fut à son tour l'assistant. C'est dans le laboratoire de physiologie d'Ewald Hering, rival de Brücke, qu'il commença à travailler sur le problème de la respiration. Cette formation fit de lui l'héritier d'une tradition positiviste, issue de l'école de Hermann von Helmholtz*, par où se réalisait l'union d'une médecine de laboratoire à l'allemande et de la médecine hospitalière viennoise. Devenu célèbre en 1868 par une étude sur le rôle du nerf pneumogastrique dans la régulation de la respiration, il étudia ensuite les canaux semi-circulaires de l'oreille interne.

Vers la fin des années 1870, Breuer passa de la physiologie à la psychologie et s'intéressa, comme de nombreux médecins de cette époque, à l'hypnose*, qu'il expérimenta avec sa patiente Bertha Pappenheim.

En 1877, il fit la connaissance de Freud, et celui-ci suivit ses cours sur les affections rénales à l'institut de physiologie. Très vite, les deux hommes devinrent des intimes. Breuer prit en main l'avenir de ce cadet et le conseilla pour la poursuite de sa carrière. Il lui prêta en outre une forte somme d'argent, nécessaire à son installation comme médecin de ville. Tous deux avaient affaire dans leur clientèle à des malades mentaux, et notamment à des femmes hystériques de la bonne bourgeoisie viennoise. Aussi commencèrent-ils à devenir, chacun à sa manière, des spécialistes des troubles psychiques, ce qui les conduisit à cosigner en 1895 les fameuses *Études sur l'hystérie.* Cependant, dès 1891, de nombreux désaccords avaient déjà surgi entre eux à propos de leur conception de la science, de l'hystérie* et de la sexualité. Freud, en effet, s'orientait de plus en plus vers l'élaboration d'une œuvre théorique absolument novatrice pour son époque, alors que Breuer restait un savant classique attaché aux principes de la physiologie de son temps. Sans méconnaître les avancées de Freud et sans nier notamment l'importance du rôle de la sexualité dans la genèse de la névrose, il ne partageait pas sa position sur la séduction* et ne séparait pas la psychologie de la physiologie. A cet égard, l'évolution des relations entre Freud et Fliess, perturbée par leur désaccord sur la question de la bisexualité*, joua un rôle important dans la rupture entre les deux hommes.

Leur amitié se brisa définitivement au printemps 1896. Néanmoins, la brouille ne fut ni violente ni définitive comme ce fut le cas avec Fliess et plus tard avec Carl Gustav Jung*. Gêné d'avoir à rembourser sa dette financière, Freud se conduisit avec Breuer comme un fils intransigeant et révolté. Il le soupçonna de vouloir le garder sous tutelle et lui reprocha d'être opportuniste et de ne pas avoir le courage de défendre des idées nouvelles. En réalité, Breuer n'avait pas les mêmes ambitions que son cadet. Ne cherchant ni à se faire un nom dans l'histoire des sciences, ni à devenir le prophète d'une doctrine qui allait ébranler le monde, il se montra toujours favorable à la psychanalyse*. Et même s'il ne partageait pas les opinions de Freud et de ses disciples, il resta attaché à son ancien ami dont il avait saisi le génie.

Quant à Freud, il mit un terme à sa rébellion au cours de son auto-analyse*, tout en reconstruisant le passé à la lumière du présent. C'est ainsi qu'il commença à expliquer à son entourage que la rupture avait eu pour enjeu central l'incapacité de Breuer à reconnaître l'existence du primat de la sexualité dans la névrose et à comprendre le transfert amoureux d'Anna O. D'où la version d'une prétendue grossesse nerveuse reprise par Jones à propos de la terminaison de la cure de la jeune fille.

En 1925, à la mort de Breuer, Freud adressa au fils de celui-ci une lettre de condoléances. Dans sa réponse publiée par Albrecht Hirschmüller, Robert Breuer l'assura de l'intérêt que son père avait porté sa vie durant à son œuvre. Apaisé, Freud avoua alors à son correspondant qu'il s'était trompé pendant des années : « Ce que vous avez dit du rapport de votre père à mes travaux plus tardifs était nouveau pour moi et agit comme un baume sur une blessure douloureuse qui ne s'était jamais fermée. »

• Ernest Jones, *La Vie et l'œuvre de Sigmund Freud*, t. 1, *1856-1900* (New York, 1953), Paris, PUF, 1958. Henri F. Ellenberger, *Histoire de la découverte de l'inconscient* (New York, Londres, 1970, Villeurbanne, 1974), Paris, Fayard, 1994. Erna Lesky, *Die Wiener medizinische Schule im 19. Jahrhundert*, Graz, Verlag Böhlau, 1965. William M. Johnston, *L'Esprit viennois. Une histoire intellectuelle et sociale, 1848-1938* (1972), Paris, PUF, 1985. Albrecht Hirschmüller, *Josef Breuer* (Berne, 1978), Paris, PUF, 1991. Frank J. Sulloway, *Freud biologiste de l'esprit* (New York, 1979), Paris, Fayard, 1981.

BRILL Abraham Arden (1874-1948)

psychiatre et psychanalyste américain

Né à Kanczuga en Galicie, et originaire de l'Empire austro-hongrois, Abraham Arden Brill était issu d'une famille juive. Son père, officier de l'armée impériale, lui donna une éducation militaire bien qu'il rêvât de le voir devenir médecin. Sa mère, au contraire, voulait faire de lui un rabbin. Après avoir séjourné dans de nombreuses régions de la Mitteleuropa et appris plusieurs langues, dont l'hébreu, il émigra à l'âge de 15 ans aux États-Unis* : il était alors entré violemment en conflit avec son père. Il parvint difficilement à faire ses études au City College de New York, puis au Columbia College and Surgeons, et fut obligé, pour les payer, de donner des leçons de langues étrangères et de mandoline. D'abord élève d'Adolf Meyer*, il revint en Europe pour se rendre à Zurich et étudier la psychiatrie auprès d'Eugen Bleuler* et de Carl Gustav Jung* à la clinique du Burghölzli. Il y rencontra Ernest Jones* et Karl Abraham*, et devint rapidement un orthodoxe de la théorie freudienne.

Après avoir assisté à Salzbourg, en 1908, au premier congrès de l'International Psychoanalytical Association* (IPA), il se rendit à Vienne* pour rencontrer Sigmund Freud*, avec lequel il commença une analyse. Très désireux de faire connaître son œuvre en langue anglaise, le maître lui donna l'autorisation de traduire ses livres. Le résultat fut désastreux et les neuf traductions effectuées par Brill durent être entièrement revues par James Strachey*. Elles contenaient un grand nombre de contre-sens et d'adaptations fantaisistes. Non seulement Brill ne maîtrisait pas suffisamment la langue anglaise pour être un bon traducteur, mais il avait en tête l'idée qu'il fallait adapter la doctrine viennoise à l'esprit américain. C'est Jones qui intervint auprès de Freud pour lui faire prendre conscience des erreurs.

Grand organisateur et bon propagandiste du freudisme*, Brill supplanta l'esprit pionnier de James Jackson Putnam* en transformant de fond en comble l'idéal freudien. Il réduisit sa doctrine à une technique médicale pragmatique, adaptative et normative. C'est dans cet esprit qu'il fonda en 1911 la prestigieuse New York Psychoanalytic Society (NYPS) et qu'il s'opposa avec force, et contre Freud, à l'admission des psychanalystes non médecins. Aussi fut-il l'un des grands pourfendeurs de l'analyse profane*. Pendant un certain temps, il fut en rivalité avec Jones qui venait de fonder l'American Psychoanalytic Association* (ApsaA), puis il se rallia à lui, devenant ainsi jusqu'à sa mort le principal organisateur du mouvement psychanalytique américain.

Après l'avoir soutenu en affirmant que s'il était complètement américanisé il n'en était pas moins un « bon garçon », Freud tenta de le destituer en soutenant Horace Frink*. Cette politique fut un échec : atteint de troubles psychotiques, celui-ci termina sa vie dans un hôpital psychiatrique.

Fin clinicien et habitué à toutes les formes de communication de masse, Brill consacra tous ses ouvrages à des travaux de vulgarisation du freudisme. Il n'hésita pas à intervenir dans la presse, à aller au-devant du grand public et des journalistes et à lier en permanence la psychiatrie, la neurologie et la psychanalyse*.

● Abraham Arden Brill, *Psychoanalysis. Its Theories and Practical Applications*, Philadelphie, W.B. Sanders, 1913 ; « The adjustment of the Jew to the American environment », in *Mental Hygien*, 2, 1918 ; *Fundamental Conceptions of Psychoanalysis*, New York, Harcourt, Brace & Co, 1921 ; « Unconscious insight ; some of its manifestations », in *IJP*, 10, 1929, 145-161. Clarence Oberndorf, « A.A. Brill », in *Psychoanalytic Quarterly*, 17, 1948, 149-154. May E. Romm, « Abraham Arden Brill, 1874-1948 », *in* Franz Alexander, Samuel Eisenstein, Martin Grotjahn (éd.) *Psychoanalytic Pioneers*, New York 1966, Basic Books, 210-223. Paula S. Fass, *A.A. Brill, Pioneer and Prophet*, thèse de sciences politiques, Columbia University, 1969. Paul Roazen, *La Saga freudienne* (New York, 1971), Paris, PUF, 1986. *L'Introduction de la psychanalyse aux États-Unis. Autour de James Jackson Putnam* (Londres, 1968), Paris, Gallimard, Nathan G. Hale (éd.) 1978, 17-86. Nathan G. Hale, *Freud and the Americans. The Beginnings Psychoanalysis in the United States*, 1876-1917, vol. 1 (1971), New York, Oxford, Oxford University Press, 1995.

▷ *MOT D'ESPRIT ET SA RELATION À L'INCONSCIENT (LE). QUESTION DE L'ANALYSE PROFANE (LA).* TRADUCTION (DES ŒUVRES DE FREUD).

BRÜCKE Ernst Wilhelm von (1819-1892)

médecin et physiologiste allemand

Né à Berlin, ce Prussien rigide et anticlérical, au sourire « méphistophélique » et à la chevelure rousse, selon Moriz Benedikt*, fut l'élève de Johannes Peter Müller (1801-1858) avant de s'installer à Vienne* en 1849. A la chaire de physiologie et à l'institut qu'il fonda, il devint le plus brillant représentant de l'école positiviste, antivitaliste, organiciste et mécaniciste issue de l'enseignement de Hermann von Helmholtz* et d'Emil Du Bois-Reymond (1818-1896). Aussi mérite-t-il d'être regardé comme le fondateur de la physiologie en Autriche. A travers lui et ses élèves s'effectua l'union de la médecine de laboratoire allemande et de la médecine hospitalière viennoise. En 1879, il fut le premier recteur de confession protestante nommé à l'université de Vienne*. Auteur de plusieurs études sur l'anatomie, dont il développa l'enseignement grâce au microscope, il conquit la célébrité par ses travaux sur la physiologie de l'oeil, de la digestion et de la voix. Mal à l'aise dans la société viennoise, il chanta néanmoins les louanges de cette ville qu'il regardait comme la métropole orientale de la culture germanique.

Après avoir été initié au darwinisme par les cours de Carl Claus*, Sigmund Freud* passa six ans, de 1876 à 1882, à étudier la physiologie dans le laboratoire de Brücke. Il considéra ce grand médecin comme son maître vénéré – une « figure paternelle », diront les biographes – au point de donner à son quatrième enfant le prénom d'Ernst puis de décrire dans *L'Interprétation des rêves** l'impression inoubliable que fit sur lui son « regard » : « Brücke avait appris que j'étais arrivé plusieurs fois au laboratoire en retard. Il vint un jour à l'heure où j'aurais dû arriver et m'attendit. [...] L'essentiel fut dans ses terribles yeux bleus dont le regard m'anéantit. Ceux qui se rappellent les yeux merveilleux que le maître avait gardés jusque dans sa vieillesse et qui l'ont vu en colère peuvent imaginer sans peine ce que j'éprouvais alors. »

C'est à l'institut de Brücke que Freud fit la connaissance d'Ernst von Fleischl-Marxow* et de Josef Breuer*, et c'est au contact de cette médecine positiviste qu'il se détacha définivement de la philosophie, et notamment de l'enseignement de Franz Brentano*, pour s'orienter vers une conception à la fois darwinienne et helmholtzienne de la psychologie à laquelle il annexera le modèle herbartien.

● Siegfried Bernfeld, « Freud's earliest theories and the school of Helmholtz », *Psychoanalytic Quarterly*, XIII, 1944, 341-362 ; « Freud's scientific beginnings », *American Imago*, vol. 6, 1949, 163-196 ; « Sigmund Freud M. D. », *IJP*, vol. 32, 1951, 204-217 ; et Suzanne Cassirer-Bernfeld, « Freud's first year in practice, 1886-1887 », *Bulletin of the Menninger Clinic*, vol. 16, 1952, 37-49. Ernest Jones, *La Vie et l'œuvre de Sigmund Freud, t. 1, 1856-1900* (New York, 1953), Paris, PUF, 1958. Erna Lesky, *Die Wiener medizinische Schule im 19. Jahrhundert*, Graz, Verlag Böhlau, 1965. William M. Johnston, *L'Esprit viennois. Une histoire intellectuelle et sociale, 1848-1938* (1972), Paris, PUF, 1985. Peter Gay, *Freud. Une vie* (New York, 1988), Paris, Hachette, 1991. Lucille B. Ritvo, *L'Ascendant de Darwin sur Freud* (1990), Paris, Gallimard, 1992. Pierre Morel (éd.), *Dictionnaire biographique de la psychiatrie*, Synthélabo, coll. « Les empêcheurs de penser en rond », Paris, 1996.

▷ CHARCOT Jean Martin. HAECKEL Ernst. HERBART Johann Friedrich. *HOMME MOÏSE ET LA RELIGION MONOTHÉISTE (L')*. INCONSCIENT. MEYNERT Theodor. REFOULEMENT. *TOTEM ET TABOU*.

BURGHÖLZLI (CLINIQUE DU)

▷ BLEULER Eugen. FOREL August. SUISSE.

BURKE Mark (1900-1975)
médecin et psychanalyste anglais

Juif né en Pologne, Mark Burke émigra en Grande-Bretagne* pour fuir le nazisme* et intégra la British Psychoanalytical Society (BPS) juste avant la Deuxième Guerre mondiale. Il y reçut sa formation didactique de James Strachey*. Après avoir été major dans le Royal Army Medical Corps, il fut envoyé par Ernest Jones* au Brésil* avec pour mission d'organiser à Rio de Janeiro une société psychanalytique conforme aux normes de l'International Psychoanalytical Association* (IPA). Il y arriva en avril 1948 et fut ainsi, douze ans après Adelheid Koch*, le deuxième freudien européen à débarquer dans ce pays. D'emblée, il ne supporta pas le mode de vie *carioca*. La ville de Rio était trop bruyante pour lui, et il redoutait ses agitations. Pour comble de malheur, il fut rejoint quelques mois plus tard, en décembre, par le psychanalyste allemand Werner Kemper*, dont l'itinéraire était à l'opposé du sien. Adepte des thèses nazies, Kemper avait en effet collaboré pendant toute la durée de la guerre avec Matthias Heinrich Göring*, à l'Institut allemand de recherche psychologique et de psychothérapie (dit Institut Göring) qu'avaient rejoint les psychothérapeutes favorables au régime hitlérien.

Pendant quelque temps, ces deux hommes travaillèrent ensemble à Rio de Janeiro, formant des élèves et prenant chacun en contrôle* les analysants de l'autre. Mais bientôt survinrent des conflits. Burke ne tolérait pas le comportement tyrannique de Kemper, et ce dernier accusa Burke d'être fou et d'entraîner ses élèves dans sa folie. En 1953, lassé de tout, Burke regagna l'Angleterre. Certains de ses élèves le suivirent pour terminer leur formation, tandis que d'autres préférèrent chercher un divan à São Paulo ou à Buenos Aires, en Argentine*. Quand ils rentrèrent au Brésil, ils voulurent former leur propre groupe. D'où la création, en 1959, de la Sociedade Brasileira de Psicanálise do Rio de Janeiro (SBPRJ) reconnue par l'IPA et rivale de l'autre société, celle qui avait été fondée par Kemper en 1953 et reconnue elle aussi par l'IPA en 1955 sous le nom de Sociedade Psicanálitica do Rio de Janeiro (SPRJ).

Burke mourut aux États-Unis* où il joua un rôle important dans la diffusion des idées kleiniennes. Il laissa néanmoins une forte empreinte de son passage à Rio où il fut reconnu après-coup comme un maître humaniste et libéral ayant su s'opposer à l'autoritarisme d'un ancien nazi dont il ignorait le passé.

● Helena Besserman Vianna, *N'en parlez à personne... Politique de la psychanalyse face à la dictature et à la torture* (Rio de Janeiro, 1994), Paris, L'Harmattan, 1997.

▷ ALLEMAGNE. JUDÉITÉ.

BURLINGHAM Dorothy, née Tiffany (1891-1979)
psychanalyste américaine

Toute la destinée de Dorothy Burlingham se confond avec celle de la famille Freud et avec l'histoire de la psychanalyse*. Née à New York, elle était la petite fille de Charles Tiffany, le célèbre fondateur des magasins Tiffany & Co. En 1914, à l'âge de 23 ans, atteinte de phobie*, elle devint l'épouse d'un chirurgien, Robert Burlingham, qui sombra bientôt dans des crises de psychose maniaco-dépressive*. Elle le quitta en emmenant leurs quatre enfants et se rendit à Vienne* où elle commença une analyse avec Theodor Reik*.

Anna Freud* prit alors en charge et en cure les enfants de Dorothy, qui furent véritablement adoptés par la famille Freud, tout comme leur mère d'ailleurs. Dorothy se retrouva bientôt sur le divan de Sigmund Freud*, qui l'encouragea à devenir psychanalyste. C'est en l'écoutant, et non pas pendant la cure de sa fille, qu'il comprendra la force du lien qui les unissait et qui donnait à Anna une famille d'adoption : « Notre symbiose avec une famille américaine (sans mari), écrira-t-il en janvier 1929, dont ma fille prend en charge analytiquement les enfants, croît de jour en jour, si bien que nous partageons avec eux nos besoins pour l'été. » Ernstl, le fils de Sophie Halberstadt*, deviendra le meilleur ami de Bob Burlingham.

Quand Anna se retrouva seule à Londres après la mort de son père, Dorothy décida de s'installer auprès d'elle, à Maresfield Gardens, dans une maison toute proche. Les deux amies ne se quittèrent plus et participèrent ensemble à la création, puis à la réalisation, à la gestion et à l'organisation de la fameuse Hampstead War Nursery. Leur amitié était si intense qu'elles se regardèrent bientôt comme des sœurs jumelles et finirent par se ressembler physiquement. Cette amitié sembla suspecte, et quelques mauvaises langues les accusèrent d'être des lesbiennes, ce qui, pour Anna, était l'injure suprême. Elle considérait en effet l'homosexualité* comme une maladie, contrairement à son père. Quand Dorothy mourut, juste après un colloque, elle resta inconsolable et continua à s'occuper de ses enfants comme s'ils appartenaient à sa propre famille. Cette histoire fut en tout cas une belle aventure d'amour et de fidélité réciproques.

● Elizabeth Young-Bruehl, *Anna Freud* (New York, 1988), Paris, Payot, 1991. Michael Burlingham, *The Last Tiffany,* New York, Atheneum, 1989.

BURROW Trigant (1875-1950)

psychiatre et psychanalyste américain

Membre fondateur de l'American Psychoanalytic Association* (APsaA), Trigant Burrow eut un destin orginal dans l'histoire du mouvement psychanalytique américain, qui préfigure à bien des égards celui de Heinz Kohut*. Analysé par Ernest Jones* en 1909, il se consacra essentiellement à l'élucidation clinique des troubles liés au narcissisme* primaire. Après treize années de pratique psychanalytique, il fut de plus en plus attentif à la question des implications sociales de la névrose*.

Poussé par le défi que lui lançait Clarence Shields, l'un de ses analysants, il accepta de « renverser les rôles » et de se confronter, en position de patient, à la question de l'autorité transférentielle émanant de l'analyste. L'expérience le conduisit en 1923 à *inventer* la psychanalyse de groupe. Malgré tous ses efforts, il ne parvint pas à convaincre Sigmund Freud* de la validité de l'expérience groupale. Ce dernier, dans une lettre à Otto Rank du 23 juillet 1924, le traite d'ailleurs d'« idiot incurable », ce qui montre une fois de plus sa férocité à l'égard des thérapeutes américains et de leurs innovations techniques. En 1933, il fut exclu de l'APsaA et s'orienta définitivement vers la dynamique de groupe.

● Trigant Burrow, *The Biology of Human Conflict*, New York, Macmillan, 1937 ; *Preconscious Foundations of Human Experience*, New York, Basic Books, 1964. E. James Lieberman, *La Volonté en acte. La vie et l'œuvre d'Otto Rank* (New York, 1985), Paris, PUF, 1991. Malcolm Pines, « La dissension dans son contexte », in *Topique*, 57, 1995, 191-207.

▷ BION Wilfred Ruprecht. ÉTATS-UNIS. PSYCHODRAME. PSYCHOTHÉRAPIE. TECHNIQUE PSYCHANALYTIQUE. THÉRAPIE FAMILIALE.

BYCHOWSKI Gustav (1895-1972)

psychiatre et psychanalyste américain

Né à Varsovie dans une famille juive, Gustav Bychowski était le fils d'un psychiatre connu : Sigmund Bychowski. Après des études à Varsovie et à Saint-Pétersbourg, il suivit un enseignement de philosophie à Heidelberg, puis s'orienta vers la psychiatrie, travaillant auprès d'Eugen Bleuler* à la clinique du Burghölzli. En 1923 il s'installa à Vienne*, et publia un ouvrage d'inspiration phénoménologique, *Métaphysique et Schizophrénie*. Il fit son analyse avec Siegfried Bernfeld* et participa aux travaux de la Wiener Psychoanalytische Vereinigung (WPV) dont il fut membre entre 1931 et 1938. Comme Ludwig Jekels*, il fut l'un des pionniers de la psychanalyse* en Pologne avant d'émigrer aux États-Unis* où il rejoignit la New York Psychoanalytic Society (NYPS). Il s'intéressa tout particulièrement à la thérapie des psychoses* et plus tard à leur traitement à l'aide du LSD, et rédigea de nombreux articles et plusieurs livres.

● Elke Mühlleitner, *Biographisches Lexikon der Psychoanalyse : die Mitglieder der psychologischen Mittwoch-Gesellschaft und der Wiener psychoanalytischen Vereinigung von 1902-1938*, Tübingen, Diskord, 1992. Jose Barchillon, « Gustav Bychowski (1895-1972) », *IJP*, vol. 54, 1873, 112-113.

C

ÇA

Allemand : *Es*. Anglais : *Id*.

Terme introduit par Georg Groddeck* en 1923, et conceptualisé par Sigmund Freud* la même année, à partir du pronom allemand neutre de la troisième personne du singulier (*Es*), pour désigner l'une des trois instances de la seconde topique* freudienne avec le moi* et le surmoi*. Le ça est conçu comme un ensemble de contenus de nature pulsionnelle et d'ordre inconscient. La traduction française a été introduite par Édouard Pichon* et l'anglaise par James Strachey*.

L'introduction par Freud du concept du ça dans la théorie psychanalytique est intrinsèquement liée à la grande refonte des années 1920-1923. On sait que celle-ci est caractérisée par le remaniement de la théorie des pulsions, par l'élaboration d'une nouvelle psychologie du moi prenant en compte ses fonctions inconscientes de défense* et de refoulement*, et par la définition d'une nouvelle topique dans laquelle le ça vient occuper la place qui était celle de l'inconscient* dans la précédente.

C'est dans son essai *Le Moi et le Ça** que Freud introduit pour la première fois le terme, en insistant sur le bien-fondé de l'acception définie par Groddeck, celle d'un vécu passif de l'individu confronté à des forces inconnues et impossibles à maîtriser.

La première topique était une description commode des processus psychiques. Elle permettait de distinguer entre le conscient* et deux modalités d'inconscient, l'inconscient proprement dit, dont les contenus ne pouvaient que rarement (voire jamais) être transformés en pensées conscientes, et le préconscient*, fait de pensées latentes susceptibles de devenir ou redevenir conscientes.

Progressivement, à partir de 1915, au prix d'une lente maturation fondée sur l'expérience clinique, Freud parvient à la conclusion que de grandes parties du moi et du surmoi sont inconscientes. Dès lors, il devient impossible d'affirmer l'existence d'une identité entre le moi et le conscient d'une part, le refoulé et l'inconscient d'autre part. Il faut donc réviser entièrement la conception des rapports conscient-inconscient exprimée par la première topique. D'où l'introduction du terme ça pour désigner l'inconscient, considéré comme un réservoir pulsionnel inorganisé, assimilé à un véritable chaos, lieu de « passions indomptées » qui, sans l'intervention du moi, demeurerait le jouet de ses aspirations pulsionnelles et irait inéluctablement à sa perte.

Du même coup, le moi perd son autonomie pulsionnelle, le ça devenant le siège de la pulsion* de vie et de la pulsion de mort. A la différence de l'approche descriptive de la première topique, celle, dynamique, de la seconde ne pose aucune séparation radicale entre les instances qui la composent : les limites du ça n'ont plus la précision de celles qui marquaient la séparation entre l'inconscient et le système conscient-préconscient, le moi n'est plus strictement différencié du ça dans lequel le surmoi plonge ses racines.

Dans le cadre de la trente et unième des *Nouvelles Conférences d'introduction à la psychanalyse** consacrée à « La décomposition de la personnalité psychique », Freud inaugure une réflexion sur les devenirs respectifs du moi et du ça, et sur la mission qui incombe de ce point de vue à la psychanalyse*. Il énonce dans ce cadre sa célèbre phrase « *Wo es war soll ich werden* » qui donnera lieu à plusieurs lectures, elles-mêmes articulées aux modalités d'interprétation de la deuxième topique. Une première lecture, celle de l'*Ego Psychology**, privilégie le rôle du moi considéré comme devant dominer le ça au terme d'une analyse bien conduite. A l'inverse, Jacques Lacan* donne de la phrase freudienne une traduction fondée sur sa théorie du langage. Il met l'accent sur l'émergence des désirs inconscients auxquels l'analyse doit frayer un chemin contre les défenses du moi, position qu'il récapitule en 1967 au moyen de sa formule devenue fameuse : « ça parle ! ».

● Sigmund Freud, « L'inconscient » (1915), *OC*, XIII, 203-242, *GW*, 263-303, *SE*, XIV, 159-204 ; *Le Moi et le Ça* (1923), *OC*, XVI, 255-301, *GW*, XIII, 237-289, *SE*, XIX, 12-59 ; *Nouvelles Conférences d'introduction à la psychanalyse* (1933), Paris, Gallimard, 1984, *OC*, XIX, 83-268, sous le titre *Nouvelle Suite des leçons d'introduction à la psychanalyse*, *GW*, XV, *SE*, XXII, 5-182. Jacques Lacan, « La chose freudienne ou Sens du retour à Freud en psychanalyse » (1955), in *Écrits*, Paris, Seuil, 1966, 401-437 ; *Le Séminaire*, livre XI, *Les Quatre Concepts fondamentaux de la psychanalyse* (1964), Paris, Seuil, 1973 ; *Le Séminaire*, livre XIV, *La Logique du fantasme* (1966-1967), inédit, séance du 11 janvier 1967.

« CÄCILIE M. » ou « FRAU CÄCILE M. » (CAS)

▷ *ÉTUDES SUR L'HYSTÉRIE.* LIEBEN Anna von.

CANADA

Sur cet immense territoire successivement colonisé par la France*, l'Angleterre et les États-Unis*, constitué en fédération à partir de 1867, et profondément marqué par la religion catholique et les diverses branches de l'Église réformée (presbytériens, luthériens, baptistes, méthodistes), la psychanalyse* ne s'implanta jamais aussi bien que dans les autres pays du continent américain. Quand Ernest Jones* quitta la Grande-Bretagne* au début du siècle pour s'installer à Toronto dans la province de l'Ontario avec l'espoir d'y développer le freudisme*, il ne rencontra que des échecs. Dans une lettre à Sigmund Freud* datée du 10 décembre 1908, il donna une description effrayante de l'atmosphère qui régnait dans cette ville hantée par un conservatisme étriqué.

C'est à l'invitation de Charles Kirk Clarke*, ancien élève d'Emil Kraepelin*, qu'il se rendit au Canada. Là, il dirigea la première consultation externe en psychiatrie où fut introduite la pratique de la psychanalyse. Deux courants divisaient alors les tenants de la médecine psychique, le premier d'inspiration neurologique, le second d'orientation psychiatrique. Face à Clarke, aliéniste, spécialiste du traitement des psychoses*, adepte de la nosographie allemande et favorable à l'autonomie de la psychiatrie, Donald Campbell Meyers*, ancien élève de Jean Martin Charcot* et clinicien des névroses*, prônait l'intégration de la médecine mentale à l'hôpital général. Il fut critiqué par Edward Ryan, qui avait créé une commission gouvernementale pour transformer les asiles en hôpitaux. Après avoir perdu la bataille, il ouvrira une clinique privée.

Pendant toute la durée de son séjour, Jones ne resta pas inactif. Il se rendit aux États-Unis, organisa des congrès et des rencontres, et fonda en 1911, avec Gerald Stinson Glassco*, l'American Psychoanalytic Association* (APsaA).

Cependant, il eut bientôt à affronter une redoutable campagne orchestrée par l'une de ces ligues puritaines du Nouveau Monde qui assimilaient le freudisme à un démon sexuel et la psychanalyse à une pratique de débauche et de libertinage. En février 1911, dans une lettre à Freud et une autre à James Jackson Putnam*, il raconta les rumeurs extravagantes répandues sur lui. Devenu un véritable bouc émissaire, il était accusé de toutes sortes de crimes imaginaires : il incitait, disait-on, les jeunes gens à se masturber, distribuait autour de lui des cartes postales obscènes ou envoyait des adolescents de bonne famille chez les prostituées…

Bientôt, avec le soutien de Sir Robert Alexander Falconer (1867-1943), ministre de l'Église presbytérienne et président de l'université de Toronto, il fut poursuivi en justice par la célèbre Emma Leila Gordon (1859-1949), première femme médecin du Canada et membre de la très puritaine Women's Christian Temperance Union. Elle l'accusait d'avoir sexuellement abusé d'une femme hystérique, délirante, homosexuelle et morphinomane qu'il avait eue en traitement et à laquelle, d'ailleurs, il avait sottement donné de l'argent pour qu'elle cesse de le faire chanter. L'affaire tourna à la tragédie quand la patiente voulut tuer Jones avec un revolver puis tenta de se suicider. Après avoir été ainsi manipulée par une ligue de vertu, elle fut bannie de l'Ontario.

Il faut dire que Jones était un habitué de ce genre d'histoires. Il parlait de sexualité avec une incroyable brutalité, multipliait les relations charnelles avec les femmes et s'intéressait aux prostituées. A Londres déjà, il avait été accusé par deux enfants dont il s'occupait d'avoir prononcé des mots obscènes, et à Toronto sa réputation fut d'emblée fort mauvaise. Il vivait en effet sans être marié avec une jeune femme morphinomane et excentrique, Loe Kann, que Freud prendra d'ailleurs en analyse. Aussi était-il une cible rêvée pour les puritains en tous genres, hostiles au prétendu pansexualisme* freudien : « L'attitude envers les questions sexuelles au Canada, écrivit-il à Putnam, est presque sans aucun équivalent dans l'histoire du monde ; la boue, la répugnance, le dégoût sont les seuls termes qui puissent l'exprimer. »

Empêché de poursuivre son travail dans ce climat de chasse aux sorcières, Jones songea à s'installer à Boston. En 1910 en effet, Putnam envisageait de lui obtenir un poste à Harvard, tout en hésitant à le soutenir en raison de sa trop forte tendance à parler de sexualité devant un public réticent. Finalement la tentative n'eut pas de suite et Jones quitta le Canada durant l'été 1912 pour s'installer à Londres. Pendant de nombreuses années, il considéra que son départ avait mis fin à toute forme d'expérience psychanalytique sur le territoire canadien. Il n'avait pas entièrement tort, même s'il ne fut jamais vraiment un « père fondateur », contrairement à ce qu'il pensait.

Jusqu'en 1945 en effet, alors que se produisait un grand mouvement de migration des freudiens d'Europe vers les États-Unis*, la psychanalyse ne s'implanta pas au Canada. Et rares furent les médecins, comme Hugh Carmichael, Grace Baker ou Douglas Noble, qui émigrèrent pour se former à l'étranger. Ce fut le cas de Clifford Scott, qui se rendit à Londres en 1927 et rejoignit la British Psychoanalytical Society (BPS) après avoir été formé par Melanie Klein*. La plupart d'entre eux reviendront dans leur pays pour y développer la psychanalyse selon les critères de l'International Psychoanalytical Association* (IPA). Pendant ce temps, David Slight* fit le voyage en sens inverse. Venu d'Europe, il prit la suite de Jones, non pas à Toronto, mais à Montréal, pour s'installer ensuite à Chicago.

C'est grâce à l'activité d'un émigré d'origine espagnole, Miguel Prados*, que fut instituée la première organisation freudienne à Montréal, autrement dit dans la partie francophone du pays. Celui-ci commença par réunir chez lui des internes de l'Allan Memorial Institute of Psychiatry, qui dépendait de la fameuse université McGill, et forma ainsi un petit cénacle sur le modèle de la Société psychologique du mercredi*. A l'automne 1946, il créa le Cercle psychanalytique de Montréal qui invita des conférenciers venus des États-Unis : Edith Jacobson* et Sandor Lorand notamment. Ces réunions permirent de former des psychanalystes, mais aussi de faire connaître le freudisme aux travailleurs de la santé mentale.

A partir de 1948, Prados reçut l'appui du père Noël Mailloux. Dominicain érudit et catholique de gauche, ce dernier ouvrit une large voie à la psychanalyse en fondant à l'université de Montréal un institut de psychologie. Il y dispensa un enseignement rigoureux à partir de références aussi bien françaises qu'anglophones. Il fit notamment étudier à ses élèves, en plus des textes de Freud, les ouvrages d'Otto Fenichel* : « A ma connaissance, écrit André Lussier, il n'y a pas de doute que Mailloux est le premier homme, un religieux, à avoir implanté efficacement la psychanalyse freudienne au Canada [...]. Sa foi religieuse ne l'amenait pas à renier quoi que ce soit d'essentiel chez Freud [...]. Dans les années 1945-1950, il fallait une audace et un courage hors du commun pour enseigner ouvertement la psychanalyse dans une université pontificale ayant à sa tête un recteur ecclésiastique et un chancelier cardinal. »

Mailloux avait d'autant plus d'audace que l'expérience vécue par Jones au début du siècle, dans un pays marqué à la fois par le puritanisme protestant et un catholicisme fanatique, risquait de se renouveler, comme put le constater vers 1950 son élève Gabrielle Clerk quand elle chercha à se procurer des ouvrages de Freud à la bibliothèque du Parlement à Ottawa : « Je me présentai toute confiante au bibliothécaire en chef, un homme charmant, érudit, galant, qui, horrifié, me répondit que les textes de Freud ne pouvaient être mis dans les mains d'une jeune fille : ils se trouvaient d'ailleurs dans une section réservée à laquelle seuls certains lecteurs avaient accès. J'appris par la suite que cette section était réservée aux livres portant sur l'érotisme et la pornographie. »

Pendant toute cette période, le Cercle psychanalytique de Montréal déploya une intense activité et fut marqué par une série de migrations diverses. De nombreux conférenciers américains se déplacèrent de nouveau, parmi lesquels Richard Sterba*, Edward Bibring*, René Spitz* et surtout Gregory Zilboorg*, tandis que des immigrés s'installaient au Canada et que des Canadiens, formés à l'étranger, retournaient au pays.

Parmi eux se trouvaient des thérapeutes qui avaient suivi un cursus à la Société psychanalytique de Paris (SPP). Face à la pensée nord-américaine, ils introduisirent à Montréal une pratique clinique différente, d'inspiration à la fois française, européenne et kleinienne. Ils deviendront en quelque sorte les « pères fondateurs » de la Société psychanalytique canadienne. Ce fut le cas notamment de Theodore Chentrier*, mais aussi de Jean-Baptiste Boulanger, brillant intellectuel de culture à la fois française, anglaise et américaine, et remarquable clinicien kleinien, passionné d'histoire, puis d'André Lussier, ou encore de Roger Dufresne, qui rédigea la première grande bibliographie des œuvres de Freud, connue dans le monde entier, et enfin de Camille Laurin, qui deviendra ministre de la Santé au Québec. En 1951, Georges Zavitzianos, thérapeute d'origine grecque, formé lui aussi à la SPP, rejoignit le cercle tandis qu'Eric Wittkover, Berlinois d'origine et analysé à la BPS, s'y était déjà intégré un an auparavant.

A travers ce cosmopolitisme où se mêlaient tous les courants du freudisme moderne – kleinisme, *Self Psychology**, *Ego Psychology**, médecine psychosomatique*, classicisme à la française – commençaient à se dessiner les contours d'un mouvement psychanalytique proprement canadien. C'est alors que les membres du cercle s'engagèrent dans un processus de reconnaissance par l'IPA qui allait les plonger dans d'épouvantables querelles institutionnelles.

A cette date, en effet, l'IPA était devenue une immense machine bureaucratique en proie, dans le monde entier, à des phénomènes de scissions* en chaîne provoqués par des conflits portant tantôt sur la formation des psychanalystes, tantôt sur la question de l'analyse profane*. Mais si la bataille faisait rage au sein des vieilles sociétés ipéistes (française, anglaise ou américaine), elle touchait peu les groupes non encore affiliés dans l'entre-deux-guerres, qui avaient une bonne génération* de retard par rapport aux autres pays d'implantation freudienne. Or, pour eux, l'intégration à l'Internationale était absolument indispensable, parce qu'elle seule délivrait un label, tant doctrinal que professionnel.

En 1952, cinq membres du Cercle de Montréal décidèrent de fonder la Société des psychanalystes canadiens (SPC) : Theodore Chentrier, Eric Wittkower, Georges Zavitzianos, Alastair MacLeod et Bruce Ruddick. Ils appartenaient tous à l'IPA par le biais d'une adhésion soit à la SPP, soit à la BPS, soit à la New York Psychoanalytic Society (NYPS) et décidèrent d'emblée d'adopter le bilinguisme. La SPC ajouta donc à son intitulé celui de Canadian Society of Psychoanalysts (CSP) et fut affiliée comme groupe d'études à la BPS Ainsi obtenait-elle un début de reconnaissance de la part de l'IPA.

Mais cette démarche fut désavouée par la puissante APsaA, qui revendiqua sa souveraineté sur l'ensemble des groupes nord-américains et n'admit pas que les Canadiens puissent être affiliés à une société européenne, fût-elle anglophone. Malgré l'intervention de Miguel Prados auprès de la direction de l'IPA, l'APsaA eut gain de cause et la BPS renonça à parrainer l'affiliation de la SPC qui passa sous contrôle américain. En octobre 1952, pour mettre fin à la confusion et faciliter le processus d'intégration, Prados prononça la dissolution du Cercle de Montréal. Dès lors, les Canadiens perdirent toute liberté et furent en quelque sorte colonisés par la culture et la politique des associations nord-américaines.

L'année suivante, des discussions s'engagèrent avec l'APsaA, mais de nouvelles difficultés surgirent, à la suite desquelles il fut demandé à chaque membre de la Société canadienne de réclamer une affiliation à titre individuel. Cependant, en octobre 1953, faisant état de leur appartenance au Commonwealth, les Canadiens refusèrent de se soumettre à la procédure imposée et réaffirmèrent leur volonté d'affiliation à la BPS. Du même coup, ils décidèrent de se transformer officiellement en société bilingue et de prendre pour nom : Société canadienne de psychanalyse/ Canadian Psychoanalytic Society (SCP/CPS). Au passage, Mailloux et Chentrier, les deux éminents pères fondateurs, furent contraints de démissionner de leurs postes à responsabilité. N'étant pas médecins, ils risquaient de retarder le processus de reconnaissance du groupe au sein d'une IPA largement dominée par les adversaires de la psychanalyse profane. Ces tractations bureaucratiques paraissent aujourd'hui d'autant plus absurdes qu'en 1954 la Société canadienne ne comptait que douze membres répartis à Toronto et à Montréal. (Parmi eux, deux seulement étaient habilités à mener des cures didactiques.)

En juillet 1957, au congrès de Paris, la SCP/CPS obtint le statut de société composante de l'IPA. A cette date, quelques psychanalystes s'étaient installés à Vancouver. Trois ans plus tard, en octobre 1960, fut créé l'Institut canadien de psychanalyse auquel la société délégua ses fonctions dans le domaine de la formation des didacticiens. Sept ans plus tard, la SCP/CPS fut traversée par une forte revendication d'autonomie, qui aboutit à la fois à fédérer le mouvement en différentes « branches » (provinciales ou urbaines) et à mettre sur pied la Société psychanalytique de Montréal (SPM), exclusivement francophone, qui proposait un cursus différent de celui de la branche anglophone. En fait, en quelques années, la SPM devint le fer de lance d'une rénovation de la clinique et de la théorie freudiennes au Canada grâce à l'action conjuguée et contradictoire de deux hommes : le Canadien Julien Bigras*, fondateur de la revue *Interprétation,* et le Français François Peraldi*, introducteur au Québec de la pensée lacanienne. Parmi les membres de la SCP/CPS, deux personnalités acquirent au fil des années une renommée internationale : Patrick Mahony pour ses travaux sur l'histoire du freudisme, René Major, fondateur de la revue *Confrontation,* pour son rôle de premier plan à la SPP entre 1970 et 1980. Venu de New York, le premier s'installa à Montréal et fit son analyse avec Wittkower, tandis que le second quitta Montréal pour vivre à Paris où il adopta la nationalité française après avoir été formé par Bela Grunberger*.

A partir des années 1970, la SCP/CPS fut confrontée à l'épanouissement sur le territoire canadien de multiples écoles de psychothérapies*. Le nombre de ses membres ne progressa guère par rapport à la fabuleuse expansion des sociétés du nord et du sud de l'Amérique. En 1995, pour une population de vingt-neuf millions et demi d'habitants, le Canada comptait trois cent soixante-six membres (IPA) répartis en quatre grandes branches pour trois villes, Montréal (SPM et Quebec English Branch), Toronto, Ottawa, et quatre petites branches pour les autres provinces, toutes anglophones : la Western Canada (douze membres), la South Western Ontario Psychoanalytic Society (douze membres), la Psychoanalytic Society of Eastern Ontario (six membres), la Société psychanalytique de Québec-Ville (six membres). Soit un taux de douze psychanalystes par million d'habitants.

Après avoir traversé tant de problèmes, la SPC/CPS tenta de surmonter ses difficultés, notamment dans les grandes villes et plus spécifiquement à Montréal, en se déclarant ouverte à tous les courants. D'où l'implantation à la SPM, autour de Jacques Mauger et de Lise Monette, d'un groupe de réflexion sur la pensée de Jacques Lacan*, indépendant de Paris et inspiré au départ par l'enseignement de Peraldi. A l'université, c'est le philosophe Claude Lévesque, proche de Jacques Derrida, qui forma des étudiants dans le même esprit, en les introduisant notamment à l'œuvre de Georges Bataille (1897-1962).

Comme aux États-Unis, mais de manière plus radicale encore, le mouvement psychanalytique canadien eut à subir, à partir de 1985, les assauts conjugués du cognitivisme, du scientisme neuropharmacologique et d'un puritanisme exacerbé semblable à celui qui avait chassé Jones au début du siècle. C'est dans le cadre d'une enquête menée en Ontario en 1988 par Marie-Lou MacPhedran que fut réactivé une fois de plus le fameux article 153 du Code criminel canadien qui interdit tout contact sexuel entre quiconque et un adolescent en état de dépendance à son égard. Convaincue qu'un grand nombre d'abus sexuels étaient commis au sein même de la profession médicale, l'enquêtrice enclencha un processus d'inquisition en faisant campagne auprès des femmes en détresse, victimes ou non de vrais abus, pour qu'elles « avouent » les relations charnelles qu'elles avaient eues avec leurs thérapeutes. Les « victimes » (réelles et imaginaires) portèrent plainte en masse auprès du Collège des médecins, lequel fut ensuite conduit à envoyer devant les tribunaux leurs collègues fautifs.

Sous la pression de certaines ligues féministes (et dans le cadre d'un double mouvement de « correction politique » et de conservatisme qui fit des ravages à cette époque dans la partie anglophone du continent américain), la notion d'« abus », limitée jusque-là au viol, à la contrainte avérée (physique ou morale) et au détournement de mineurs, fut étendue aux relations sexuelles entre adultes pris dans des situations de pouvoir. Si toutes les professions fondées sur cette relation (professeurs et étudiants, médecins et patients, patrons et employés, etc.) se trouvèrent alors soumises à une nouvelle technologie de l'aveu, fondée (le plus souvent malgré elles) sur les diverses théories du *gender**, la corporation médicale fut la plus touchée par le déluge de plaintes : cent vingt poursuites pour « abus » en onze ans, parmi lesquelles treize visaient des psychiatres pratiquant la psychanalyse, soit 5 % de la profession, alors que les cas de transgression de ce type ne dépassent pas 1 %. Quoi qu'il en soit, au sein de la communauté freudienne, qui affirme que la sexualité*, le transfert* et le fantasme* sont au fondement même de la conduite de la cure, l'application de cette loi a eu pour conséquence de transformer en coupables de nombreux praticiens de l'inconscient* sans que l'on puisse jamais savoir de quoi ils l'étaient : abus réels, transgression d'un interdit, banale histoire d'amour, etc.

On sait que dans tous les pays où le freudisme s'est implanté, la question des relations sexuelles entre psychanalystes et patients a toujours été réglée à l'intérieur même de la communauté psychanalytique. Tout simplement parce que l'interdit absolu et nécessaire de la sexualité dans la cure n'est régulé que par l'adhésion à l'éthique de la psychanalyse, elle-même fondée sur l'interdit de l'inceste*, et non pas par les tribunaux. Ces transgressions, il est vrai, ont été souvent refoulées ou masquées par l'histoire officielle, mais pour autant elles ne méritent pas d'être assimilées à des délits.

La confusion entre l'éthique et le droit, l'ingérence de la justice dans la gestion des sociétés psychanalytiques ont ainsi mis récemment en danger, aux États-Unis comme au Canada, l'existence même du freudisme, une fois encore violemment attaqué dans un contexte puritain pour son prétendu pansexualisme*. D'où cette étrange impression de répétition entre les campagnes de calomnies menées contre Jones à Toronto en 1912 et les folles imprécations des années 1990.

● Cyril Greenland, « Ernest Jones in Toronto, 1908-1913 », *Canadian Psychiatric Association Journal*, vol. 6, 1, juin 1961, 132-139. *L'Introduction de la psychanalyse aux États-Unis. Autour de James Jackson Putnam* (Londres, 1968), Nathan G. Hale (éd.) Paris, Gallimard, 1978, 17-86. Jean-Baptiste Boulanger, « Dissidences, sécessions et défections dans l'histoire du mouvement psychanalytique », *Union médicale du Canada*, 112, 1983, 744-746 ; « The critical years (1957-1960) », 77th Annual Meeting of the American Psychoanalytic Association, Montréal, 5 mai 1988, *Oral History Workshop*, 1988 ; Archives de J.-B. Boulanger. Andrew R. Paskauskas, « The Jones-Freud Era 1908-1939 », in *Freud in Exile. Papers on the Origins and Evolution of Psychoanalysis*, Edward Timms and Naomi Segal (éd.), New Haven, Yale University Press, 1988, 109-123. *The Complete Correspondance of Sigmund Freud and Ernest Jones, 1908-1939*, R. Andrew Paskauskas (éd.) introduction par Riccardo Steiner, Cambridge, Londres, Harvard University Press, 1993. Miguel Prados, « Introduction : la psychanalyse au Canada », *The Canadian Psychoanalytic Review* (éd. bilingue), 1, 1954, 3-33. *Frayages*, numéro spécial sur le thème « La naissance de la psychanalyse à Montréal », 1984. Alan Parkin, *A History of Psychoanalysis in Canada*, Toronto, The Toronto Psychoanalytic Society, 1987. Phyllis Grosskurth, *Melanie Klein, son monde et son œuvre* (1986), Paris, PUF, 1989. *Bulletin de la Société psychanalytique de Montréal*, vol. 7, automne 1994. Claude Lévesque, *Le Proche et le Lointain*, Montréal, Vlb, 1994.

▷ ABRAHAM Nicolas. BEIRNAERT Louis. ÉGLISE. ELLENBERGER Henri F. FILIATION. HISTORIOGRAPHIE. SÉDUCTION (THÉORIE DE LA).

CÁRCAMO Celes Ernesto (1903-1990)

psychiatre et psychanalyste argentin

Né à La Plata, Celes Cárcamo était issu d'une famille de la bourgeoisie catholique. Après ses études médicales, il commença à s'orienter vers la psychothérapie* dans le service de médecine générale dirigé par Mariano Castex où il assista aux conférences de James Mapelli, un hypnotiseur intelligent et plein de ressources, qui n'hésitait pas à déclarer : « Je préfère une seule séance d'hypnose à une cure psychanalytique d'un an. » C'est au contact de ce médecin que Cárcamo découvrit la psychanalyse*. Il deviendra un excellent clinicien ouvert à toutes les tendances du freudisme*.

En 1936, il partit pour l'Europe avec l'appui du ministère des Affaires étrangères argentin. Il visita Hambourg puis Vienne*, où il fit la connaisance d'Anna Freud*. C'est à Paris qu'il poursuivit ses études de psychiatrie. Grâce à la recommandation du psychiatre José Belbey, il rencontra Paul Schiff* avec lequel il fit son analyse didactique* tout en travaillant à l'hôpital Sainte-Anne dans le service d'Henri Claude*. Par la suite, en 1943, il recevra une lettre de Paul Schiff. Sous son nom de résistant (Herbelot), celui-ci lui demandait son aide pour émigrer en Argentine. Après lui avoir obtenu une invitation de la faculté de médecine, Cárcamo restera sans nouvelles. Il apprendra plus tard que Schiff avait rejoint les Alliés pour participer à la campagne d'Italie* après un détour par le Maroc.

Il poursuivit deux analyses de contrôle, l'une avec Rudolph Loewenstein* et l'autre avec Charles Odier*, et fut élu membre de la Société psychanalytique de Paris (SPP) après avoir présenté une étude clinique et une autre de psychanalyse appliquée* à propos du serpent à plume dans la religion maya et aztèque. Passionné d'anthropologie*, il fréquentait le musée de l'Homme, où il fit la connaissance de Jacques Soustelle.

Pendant son séjour à Paris, il rencontra Angel Garma*. Tous deux décideront bientôt de fonder une société psychanalytique en Argentine*.

En 1939, il s'installa à Buenos Aires et travailla à l'hôpital Durand tout en donnant des conférences sur la psychanalyse à la Société d'homéopathie. Trois ans plus tard, avec Marie Langer*, Enrique Pichon-Rivière*, Arnaldo Rascovsky*, Guillermo

Ferrari Hardoy et Garma, il fonda l'Asociación Psicoanálitica Argentina (APA). Après la crise des années 1970, il préféra s'en éloigner, sans pour autant démissionner comme le fit Marie Langer, dont il partageait les opinions critiques.

• Celes E. Cárcamo, « Quetzalcoalt, le dieu-serpent à plume de la religion Maya-Aztèque », I, in *Revue française de psychanalyse*, vol. 11, 2, 1939, 273-293, et II, *ibid.*, vol. 12, 1, 1948, 101-124. Antonio Cucurullo, Haydée Faimberg et Leonardo Wender, « La psychanalyse en Argentine », *in* Roland Jaccard (éd.), *Histoire de la psychanalyse*, vol. 2, Paris, Hachette, 1982, 395-444. Jorge Balán, *Cuéntame tu vida. Una biografica colectiva del psicoanálisis argentino*, Buenos Aires, Planeta, 1991. Raúl Giordano, *Notice historique du mouvement psychanalytique en Argentine*, mémoire pour le CES de psychiatrie sous la direction de Georges Lantéri-Laura, université Paris-XII (sans date).

CARUSO Igor (1914-1981)

psychanalyste autrichien

Né en Russie* dans une famille noble d'ascendance italienne, Igor Caruso fut l'un des représentants du courant de la psychothérapie existentielle et le fondateur d'une internationale freudienne originale, l'Internationale Föderation der Arbeitskreise für Tiefenpsychologie*.

Formé à la théologie et à la philosophie à l'université de Louvain en Belgique*, puis analysé par Viktor Emil Freiherr von Gebsattel (1883-1976), psychanalyste allemand ami de Rainer Maria Rilke (1875-1926) et de Lou Andreas-Salomé*, le comte Igor Caruso participa à Vienne*, après la Deuxième Guerre mondiale, à la reconstruction de la Wiener Psychoanalytische Vereinigung (WPV) avec le baron Alfred von Winterstein* et le comte Wilhelm Solms-Rödelheim. Ces trois aristocrates avaient maintenu sous le nazisme* l'esprit freudien sans accepter la politique de collaboration préconisée par Ernest Jones*. Mais en 1947, Caruso se sépara en douceur de la WPV dont l'orientation lui semblait trop médicale, trop matérialiste, en un mot trop « américaine », pour créer le premier Cercle de travail viennois sur la psychologie des profondeurs. Tout en restant freudien, il n'acceptait pas les standards de formation de l'International Psychoanalytical Association* (IPA) et, comme Jacques Lacan*, il voulait donner à la psychanalyse* une orientation intellectuelle, spirituelle et philosophique. Aussi la considéra-t-il, à la lumière de la phénoménologie, comme une méthode d'édification de la personnalité humaine (ou personnalisme) destinée non point à adapter le sujet au principe de réalité*, mais à l'amener à résoudre les tensions résultant de sa relation conflictuelle avec le monde.

Grand voyageur, Caruso enseigna à l'université de Salzbourg et se rendit dans plusieurs pays d'Amérique latine où se développèrent les cercles de travail qu'il avait fondés.

• Igor Caruso, *Psychanalyse et synthèse personnelle* (Vienne, 1952), Paris, Desclée de Brouwer, 1959. Jean-Baptiste Fagès, *Histoire de la psychanalyse après Freud* (Toulouse, 1976), Paris, Odile Jacob, 1996. Raoul Schindler, « L'édification de la personnalité par la psychanalyse : Igor Caruso et les Cercles de travail sur la psychologie des profondeurs », *Austriaca*, 21, novembre 1985, 101-108.

▷ ANALYSE EXISTENTIELLE. ARGENTINE. BRÉSIL. SCISSION. VIENNE.

CASTRATION (COMPLEXE DE)

Allemand : *Kastrationskomplex*. Anglais : *Castration complex*.

Terme dérivé du latin *castratio* et apparu à la fin du XIVe siècle pour désigner l'opération par laquelle on prive un homme, ou un animal, de ses glandes génitales, condition de sa reproduction. A ce titre, il est synonyme du terme, plus récent, d'émasculation, que l'usage contemporain tend à privilégier pour désigner l'ablation réelle des testicules. Le mot ovariectomie est employé pour l'ablation des ovaires.

Sigmund Freud* appelle complexe de castration le sentiment inconscient de menace, éprouvé par l'enfant, lorsqu'il constate la différence anatomique des sexes.

C'est à la grande déesse mère de Phrygie, Cybèle, que fut dévoué le premier rituel de castration. Mère de tous les dieux, elle fut à l'origine de la folie* d'Attis, son amant et son fils. Quand il voulut se marier, elle l'en empêcha, et il se castra lui-même avant de se suicider. En commémorant l'acte d'Attis, les adeptes du culte de cette déesse mère prirent l'habitude de se mutiler dans l'ivresse et l'extase lors des fêtes cultuelles. Pratiquée ensuite dans la Rome impériale, la castration, ou auto-émasculation, consistait en une ablation des testicules et de la verge.

Les progrès du christianisme eurent raison de ces rituels et, en 395, le pape Léon Ier interdit toutes les pratiques d'émasculation volontaire. Le XVIIIe siècle fit exception pour les castrats, et tout au long des Lumières, les voix aiguës de ces jeunes hommes furent mises au service de la liturgie en dépit de la condamnation du pape Clément XIV. A la même époque, la castration était d'ailleurs pratiquée en Russie* par la curieuse secte mystique des Skoptzy (du russe *skopets* : châtré). En Inde*, cette pratique continua à avoir des adeptes au XXe siècle dans la comunauté des Hijras.

Dans une brève lettre à Wilhelm Fliess* datée du 24 septembre 1900, Freud recommande à son ami la lecture d'un livre de Conrad Rieger consacré à la castration.

Le terme apparaît ensuite dans *L'Interprétation des rêves**. Freud, confondant Zeus et Chronos, attribue au premier l'acte d'émasculation du second alors que c'est Chronos qui a castré son père Ouranos. L'année suivante, dans *Psychopathologie de la vie quotidienne**, il analyse son erreur et, en 1911, il ajoute des commentaires à la réédition de *L'Interprétation des rêves*.

Dans un texte de 1908 consacré aux théories sexuelles infantiles, Freud note que la première des théories sexuelles élaborées par les enfants « consiste à attribuer à tous les humains, y compris les êtres féminins, un pénis, comme celui que le petit garçon connaît à partir de son propre corps ». Il observe simultanément l'impossibilité pour le petit garçon de se représenter une personne qui ne posséderait pas cet élément essentiel. Évoquant le cas du « petit Hans » (Herbert Graf*), dont la cure a constitué le cadre clinique de l'introduction du concept de castration dans sa théorie, Freud note que, confronté à l'anatomie de sa petite sœur, l'enfant fait violence à sa perception et prédit, au lieu de constater l'absence du membre, sa croissance. Freud ne parlera à ce sujet de déni* que beaucoup plus tard, en 1923, dans un article intitulé « L'organisation génitale infantile » qu'il intégrera partiellement, en 1930, à ses *Trois Essais sur la théorie sexuelle**.

C'est seulement dans ce même texte de 1923 que le complexe de castration est inséré dans l'ensemble de la théorie freudienne du développement sexuel. Il est alors mis en relation avec le complexe d'Œdipe* et reconnu comme universel. Il a fallu pour cela que soit décrit le stade* phallique, caractérisé par l'absence de représentation psychique du sexe féminin, la différence des sexes s'organisant autour de la possession ou de la non-possession du phallus* : « L'opposition, écrit Freud, s'énonce ici : organe génital masculin ou châtré. »

Le complexe de castration est constitué de deux représentations psychiques. D'une part, la reconnaissance, qui implique le dépassement du déni, observé au départ, de la différence anatomique des sexes. D'autre part, conséquence de ce constat, la remémoration ou l'actualisation de la menace de castration pour le garçon, menace entendue ou fantasmée, à l'occasion notamment d'activités masturbatoires, et qui vient ainsi se manifester dans l'après-coup*. Pour Freud, le père (ou l'autorité parentale) est l'agent, direct ou indirect, de cette menace. Chez la fille, la castration est attribuée à la mère sous la forme d'une privation de pénis.

Le complexe de castration, outre le renoncement partiel à la masturbation, implique l'abandon des désirs œdipiens : en cela, il marque, pour le garçon, la sortie de l'Œdipe et la constitution, par identification au père ou à son substitut, du noyau du surmoi*, ce que Freud résume d'une phrase lapidaire en 1925 : « … le complexe d'Œdipe périt de la menace de castration. » Pour la fille, les choses se passent différemment, ainsi que Freud tente de s'en expliquer dans un autre article, paru la même année et intitulé « Quelques conséquences psychiques de la différence anatomique entre les sexes » : « Tandis que le complexe d'Œdipe du garçon sombre sous l'effet du complexe de castration, celui de la fille est rendu possible et est introduit par le complexe de castration. » C'est cette entrée dans le complexe d'Œdipe, sous l'effet du complexe de castration, qui conduit la fille à s'éloigner de l'objet maternel pour s'orienter vers le désir du pénis paternel et, au-delà, vers l'hétérosexualité.

Dans des écrits plus tardifs, « L'analyse avec fin et l'analyse sans fin » et l'*Abrégé de psychanalyse**, Freud revient sur la question de la castration pour reconnaître l'impossibilité du renoncement total aux premiers désirs, et parle à ce propos du « roc d'origine » que l'on rencontre dans toute analyse.

Bien qu'il ait lui-même ouvert la voie, dans un article de 1917 consacré à l'érotisme anal, à une extension de la figure de la castration au-delà de son cadre originel, posant une équivalence, dans l'ordre de la séparation, entre pénis, excrément et enfant qui naît, Freud s'oppose aux diverses formes métaphoriques de la castration. Dans *Inhibition, symptôme et angoisse**, tout en considérant avec sympathie la thèse d'Otto Rank* sur le traumatisme de la naissance comme forme première de l'angoisse de castration, il s'en tient à distance, insistant, comme l'indiquent Jean Laplanche et Jean-Bertrand Pontalis, pour que le complexe de castration demeure pensé sous la catégorie du fantasme* s'agissant de la menace, sous celle de l'originaire s'agissant de l'articulation avec l'Œdipe. Le complexe de castration, soulignent les mêmes auteurs, doit aussi « être référé à l'ordre culturel », avec ce que cela implique du côté de l'interdit et de la loi constitutive de l'ordre humain.

Dans son séminaire des années 1956-1957, *La Relation d'objet*, Jacques Lacan* traite amplement, par le biais notamment d'une relecture de l'analyse du « petit Hans », du concept de castration qu'il situe dans la perspective de sa théorie du signifiant*. Il distingue ainsi la castration de la frustration* et de la privation en les situant respectivement, au regard de l'agent et de l'objet, dans le cadre des instances, réel*, imaginaire* et symbolique*, de sa topique*. La castration s'oppose à la privation du point de vue de l'agent : le « Père réel », inatteignable et impensable, au sens où l'on peut dire d'un être que l'on ne sait jamais « à qui nous avons réellement affaire », pour ce qui est de la castration ; le « Père imaginaire », père effrayant auquel, à l'inverse, on a tout le temps affaire, dans la vie quotidienne comme dans les textes de Freud, pour ce qui est de la privation.

Du point de vue de l'objet, la castration ne peut être que la représentation symbolique de la menace de disparition, dans la mesure où celle-ci ne concerne pas le pénis, objet réel, mais le phallus, objet imaginaire. Ce déplacement permet à Lacan d'établir une absence de différence entre la fille et le garçon du point de vue du déroulement de l'Œdipe, l'un et l'autre désirant dans un premier temps être le phallus de la mère, position incestueuse dont ils doivent être délogés par le « Père symbolique », marque incontournable du signifiant, avant de se heurter au « Père réel », porteur du phallus et reconnu comme tel par la mère. Au-delà, cette approche ouvre sur la conception lacanienne de la psychose* dans laquelle l'évitement de la castration symbolique conduit à son retour dans le réel.

● Sigmund Freud, *Briefe an Wilhelm Fliess, 1887-1904*, Francfort, Fischer, 1986 ; *Trois Essais sur la théorie sexuelle* (1905), *GW*, V, 29-145, *SE*, VII, 123-243, Paris, Gallimard, 1987 ; « Les théories sexuelles infantiles » (1908), *GW*, VII, 171-188, *SE*, IX, 205-226, in *La Vie sexuelle*, Paris, PUF, 1969, 14-27 ; « Analyse d'une phobie chez un petit garçon de 5 ans (le petit Hans) » (1909), *GW*, VII, 243-377, *SE*, X, 1-147, in *Cinq Psychanalyses*, Paris, PUF, 1954, 93-198 ; « Sur les transpositions de pulsions plus particulièrement dans l'érotisme anal » (1917), *GW*, X, 402-410, *SE*, XVII, 125-133, in *La Vie sexuelle*, Paris, PUF, 106-112 ; « L'organisation génitale infantile » (1923), *OC*, XVI, 303-309, *GW*, XIII, 293-298, *SE*, XIX, 141-145 ; « La disparition du complexe d'Œdipe » (1924), *OC*, XVII, 25-33, *GW*, XIII, 395-402, *SE*, XIX, 173-179 ; « Quelques conséquences psychiques de la différence des sexes au niveau anatomique » (1925), *OC*, XVII, 189-202, *GW*, XIV, 19-30, *SE*, XIX, 248-258 ; « L'analyse avec fin et l'analyse sans fin » (1937), *GW*, XVI, 59-99, *SE*, XXIII, 209-253, in *Résultats, idées problèmes*, vol. 2, Paris, PUF, 1985, 231-268 ; *Abrégé de psychanalyse* (1938), *GW*, XVII, 67-138, *SE*, XXIII, 139-207, Paris, PUF, 1967. Didier Anzieu, *L'Auto-analyse de Freud et la découverte de la psychanalyse* (1959), Paris, PUF, 1988. Michel Erlich, *La Mutilation*, Paris, PUF, 1990. André Green, *Le Complexe de castration*, Paris, PUF, coll. « Que sais-je ? », 1990. Jacques Lacan, *Le Séminaire*, livre IV, *La Relation d'objet (1956-1957)*, Paris, Seuil, 1994. Jean Laplanche et Jean-Bertrand Pontalis, *Vocabulaire de la psychanalyse*, Paris, PUF, 1967. Philippe Levillain (éd.), *Dictionnaire historique de la papauté*, Paris, Fayard, 1994. Michel Poizat, *L'Opéra ou le cri de l'ange*, Paris, Métailié, 1986 ; *La Voix du diable*, Paris, Métailié, 1991. Otto Rank, *Le Traumatisme de la naissance* (1923), Paris, Payot, 1960.

▷ OBJET (RELATION D'). OBJET (petit) a. PULSION. SEXUALITÉ FÉMININE. TRANSSEXUALISME.

CATHARSIS

Mot grec utilisé par Aristote pour désigner le processus de purgation ou d'élimination des passions qui se produit chez le spectateur lorsque au théâtre il assiste à la représentation d'une tragédie. Le terme a été repris par Sigmund Freud* et Josef Breuer* qui, dans les *Études sur l'hystérie, appellent méthode cathartique le procédé thérapeutique par lequel un sujet parvient à éliminer ses affects pathogènes, puis à les abréagir, en revivant les événements traumatiques auxquels ils sont liés.**

La notion de *catharsis* avait été depuis des siècles l'objet d'une discussion interminable aussi bien dans le domaine de l'esthétique que dans celui de la philosophie. En 1857, Jacob Bernays (1824-1881), l'oncle de Martha Bernays, future femme de Sigmund Freud*, publia un ouvrage médical sur la question. S'opposant à Lessing (1729-1781), qui avait donné du terme une interprétation morale en faisant de la *catharsis* une « épuration » ou une « purification », Bernays soulignait qu'Aristote, fils de médecin, s'était inspiré du corpus hippocratique. D'où l'idée que le traitement devait faire surgir l'élément oppressant pour provoquer un soulagement plutôt que de le faire régresser par une transformation éthique du sujet*. Il s'agissait de faire sortir hors du sujet, par la parole, un secret pathogène, conscient ou inconscient, qui le mettait en état d'aliénation.

Entre 1857 et 1880, un nombre considérable de travaux en langue allemande, inspirés de celui de Bernays, furent publiés sur cette notion. A Vienne*, où sévissait le nihilisme thérapeutique, les thèses de Bernays furent soumises à divers examens critiques, et c'est dans la foulée de cette grande vogue de la *catharsis* que Josef Breuer et Sigmund Freud, tous deux marqués par l'enseignement aristotélicien de Franz Brentano*, recoururent à cette notion.

Celle-ci apparaît pour la première fois sous leur plume en 1893, en même temps que celle d'abréaction*, dans la « Communication préliminaire » qui servira, deux ans plus tard, de chapitre inaugural aux *Études sur l'hystérie* : « La réaction du sujet qui subit quelque dommage n'a d'effet réellement “cathartique” que lorsqu'elle est vraiment adéquate comme dans la vengeance. Mais l'être humain trouve dans le langage un équivalent de l'acte, équivalent grâce auquel l'affect peut être “abréagi” à peu près de la même façon. »

Comme le souligne Albrecht Hirschmüller en 1978, les deux auteurs employaient ce terme depuis assez longtemps. Pourtant, c'est à Breuer que revient l'invention de la méthode. Freud l'utilisa à son tour pour le traitement d'Emmy von N. (Fanny Moser*).

En France*, Pierre Janet* avait lui aussi, vers la même époque, inventé une méthode très proche de celle-ci – rappel d'un souvenir et abréaction – à laquelle il donnait le nom de dissociation verbale ou de désinfection morale. Il revendiquait donc une priorité sur son invention. C'est pourquoi, pour éviter une querelle d'antériorité entre Paris et Vienne, Breuer, poussé par Freud, présenta le cas « Anna O ». (Bertha Pappenheim*) comme le prototype d'une cure cathartique. Les travaux de l'historiographie* savante, inaugurés par Henri F. Ellenberger* et poursuivis par Hirschmüller, ont permis de rétablir la vérité à propos de ce cas princeps.

Au-delà de cette querelle de priorité, il existe une différence radicale entre le procédé de Janet et celui de Breuer. Même si, dans les deux cas, le médecin interroge le patient sous hypnose* pour accéder aux représentations inconscientes, Janet procède par suggestion* sans rechercher l'événement initial responsable de l'effet pathogène, alors que Breuer, au contraire, cherche l'élément originel pour le lier aux affects et provoquer l'abréaction. Du point de vue théorique, il n'y a donc que peu de ressemblances entre les deux méthodes.

Dans l'histoire de la psychanalyse*, la méthode cathartique relève du champ de l'hypnotisme. C'est en se dégageant progressivement de la pratique de l'hypnose*, entre 1880 et 1895, que Freud passe par la *catharsis* pour inventer la méthode psychanalytique proprement dite, fondée sur la libre association*, c'est-à-dire sur la parole et le langage.

● Aristote, *Poétique*, Paris, Les Belles Lettres, 1968. Pierre Janet, *L'Automatisme psychologique* (1889), Paris, Alcan, 1973 *(reprint)*. Henri-Jean Barraud, *Freud et Janet. Étude comparée*, Toulouse, Privat, 1971. Jean Laplanche et Jean-Bertrand Pontalis, *Vocabulaire de la psychanalyse*, Paris, PUF, 1967. Pierre Somville, *Essai sur la poétique d'Aristote et sur quelques aspects de sa postérité*, Paris, Vrin, 1975. Henri F. Ellenberger, *Histoire de la découverte de l'inconscient* (New York, Londres, 1970, Villeurbanne, 1974), Paris, Fayard, 1994. Albrecht Hirschmüller, *Josef Breuer* (Berne, 1978), Paris, PUF, 1991.

▷ *ACTING OUT*. ASSOCIATION VERBALE. BENEDIKT Moriz. BERNHEIM Hippolyte. FREUD Martha.

CENSURE

Allemand : *Zensur*. Anglais : *Censorship*.

Instance psychique qui interdit l'émergence dans la conscience d'un désir* de nature inconsciente et le fait apparaître sous une forme travestie.

Le terme de censure est employé pour la première fois par Sigmund Freud* en décembre 1897 dans une lettre à Wilhelm Fliess* où il compare l'absurdité de certains délires au phénomène classique de la censure en politique : « As-tu jamais eu l'occasion de voir un journal étranger censuré par les Russes au passage de la frontière ? Des mots, des phrases, des paragraphes entiers sont caviardés, de telle sorte que le reste devient inintelligible. » Cette idée de caviardage et d'illisibilité est reprise en 1900 dans *L'Interprétation des rêves** pour désigner les déguisements infligés à l'expression du rêve – condensation* et déplacement* – par le processus du refoulement*.

Dans le cadre de la première conception topique* de l'appareil psychique (1900-1920), la censure s'exerce d'une part entre l'inconscient* et le préconscient*, et de l'autre entre le préconscient et le conscient* : ainsi, à chaque progrès vers un stade supérieur d'organisation psychique correspond une nouvelle censure.

Dès 1914, dans « Pour introduire le narcissicisme », Freud commence à identifier la censure à une conscience morale, ce qui le conduira plus tard, dans le cadre de sa deuxième conception topique de l'appareil psychique (1920-1939), à identifier la censure au surmoi*, c'est-à-dire à une instance fonctionnant comme un « censeur du moi* ».

● Sigmund Freud, « Pour introduire le narcissisme » (1914), in *La Vie sexuelle*, Paris, PUF, 1969, 80-105, *GW*, X, 138-170, *SE*, XIV, 73-102 ; « L'inconscient » (1915), *OC*, XIII, 205-243, *GW*, X, 263-303, *SE*, XIV, I59-204 ; *La Naissance de la psychanalyse* (Londres, 1950), Paris, PUF, 1956.

▷ *MOI ET LE ÇA (LE).*

CHARCOT Jean Martin (1825-1993)

médecin et neurologue français

Le nom de Jean Martin Charcot est inséparable de l'histoire de l'hystérie*, de l'hypnose* et des origines de la psychanalyse*, mais aussi de ces femmes folles, exposées, soignées et photographiées à l'hôpital de la Salpêtrière dans leurs attitudes passionnelles : Augustine*, Blanche Wittmann, Rosalie Dubois, Justine Etchevery. Ces femmes, sans lesquelles Charcot n'aurait pas connu la gloire, étaient toutes issues du peuple. Leurs convulsions, leurs crises, leurs attaques, leurs paralysies étaient sans aucun doute de nature psychique, mais elles faisaient suite à des traumatismes subis dans l'enfance, à des viols, à des abus sexuels : en bref, à cette misère de l'âme et du corps si bien décrite par le maître dans ses *Leçons du mardi.*

Cette misère fut saisie sur le vif grâce au talent de Désiré-Magloire Bourneville (1840-1909), dont la destinée est inséparable de celle de Charcot. Médecin, socialiste et anticlérical, il fut l'élève et l'éditeur du « César » de la Salpêtrière et il milita pour l'amélioration du sort des internés. C'est lui qui institua, avec Paul Regnard, l'*Iconographie photographique de la Salpêtrière*, véritable laboratoire des représentations visuelles de l'hystérie.

Dernier grand représentant de la première psychiatrie dynamique* et rival d'Hippolyte Bernheim*, Charcot joua un rôle fondamental dans la formation du jeune Sigmund Freud*, qui assista ébloui à ses démonstrations cliniques de la Salpêtrière entre octobre 1885 et février 1886. Il échangea ensuite avec lui plusieurs lettres, et traduisit le premier volume de ses *Leçons du mardi*. A sa mort en 1893, il lui consacra un bel article nécrologique où l'on peut lire : « Ce n'était pas quelqu'un qui rumine, ni un penseur, mais une nature artistiquement douée selon ses propres termes, un visuel, un voyant. » Plus loin, Freud compare Charcot à Georges Cuvier (1769-1832) et oppose sa démarche expérimentale à celle de la clinique allemande : « Nous étions un jour un petit groupe d'étrangers réunis, qui, élevés dans la physiologie académique allemande, l'importunions en argumentant ses innovations cliniques : "Mais cela ne peut pas être", lui objecta l'un d'entre nous, cela "contredit la théorie de Young-Helmholtz". Il ne répliqua pas : "Tant pis pour la théorie, les faits cliniques ont la préséance", etc., mais il nous dit bel et bien, ce qui nous fit une grosse impression : "La théorie, c'est bon mais ça n'empêche pas d'exister". »

Né à Paris d'un père carrossier qui lui transmet ses talents de dessinateur, Charcot s'oriente vers la médecine avec l'aide de Pierre Rayer, médecin personnel de l'empereur Napoléon III. Médecin des hôpitaux puis agrégé de médecine, il est nommé en 1862 chef de service à la Salpêtrière où il étudie, avec Alfred Vulpian, les maladies neurologiques. Grâce à la méthode anatomo-clinique, il décrit la maladie qui portera son nom : sclérose latérale amyotrophique. Pour ses travaux, il sera nommé professeur de clinique des maladies nerveuses à la chaire de neurologie, la première au monde, créée pour lui par Léon Gambetta (1838-1882).

C'est en 1870 qu'il se tourne vers l'hystérie, à l'occasion d'une réorganisation des bâtiments de l'hôpital. La décision est prise en effet par l'administration de séparer les aliénées des épileptiques (non aliénées) et des hystériques. Comme ces deux dernières catégories de malades présentent des signes convulsifs identiques, on décide de les réunir dans un quartier spécial : le quartier des épileptiques simples.

Dans la droite ligne du regard anatomo-clinique hérité de Claude Bernard (1813-1878), Charcot inaugure ainsi un mode de classification qui distingue la crise hystérique de la crise épileptique et permet à la malade hystérique d'échapper à l'accusation de simulation. Ainsi abandonne-t-il la définition ancienne de l'hystérie pour lui substituer celle, moderne, de névrose*. Il ramène celle-ci à une origine traumatique ayant un lien avec le système génital, puis démontre l'existence de l'hystérie masculine traumatique, très discutée à l'époque, à Vienne* comme à Paris. Il fait, autrement dit, de l'hystérie une maladie nerveuse et fonctionnelle, d'origine héréditaire et organique. Et pour la distinguer une fois pour toutes de la simulation, il recourt à l'hypnose : en endormant les femmes sur la scène de la Salpêtrière, il fabrique expérimentalement des symptômes hystériques pour les faire aussitôt disparaître, prouvant ainsi le caractère névrotique de la maladie. C'est sur ce point qu'il sera attaqué par Bernheim.

Pour expliquer que l'hystérie n'est pas une maladie du siècle, mais un mal structural, relevant d'une nosographie spécifique, Charcot montre que ses stigmates sont repérables dans les œuvres d'art du passé. C'est pourquoi, en 1887, il publie *Les Démoniaques dans l'art* en collaboration avec son élève Paul Richer (1849-1933). Il s'agit pour lui de retrouver dans les crises de possession et les extases, les symptômes d'une maladie qui n'a pas encore reçu sa définition scientifique. L'étude du tableau de Rubens représentant saint Ignace guérissant les possédés lui fournit ainsi l'occasion de décrire, avec une foule de détails, les périodes de la grande attaque hystérique : la « phase épileptoïde », où la malade est ramassée en boule et fait un tour complet sur elle-même, la « phase de clownisme », avec son mouvement en arc de cercle, la « phase passionnelle », avec ses extases, et enfin la « période terminale », avec ses crises de contractures généralisées. A cela Charcot ajoute une variété « démoniaque » de l'hystérie : celle où l'Inquisition voyait les signes de la présence du diable dans l'utérus des femmes.

Sur un tableau célèbre peint par André Brouillet (1857-1920) et présenté au Salon de 1887, sous le titre « Une leçon clinique à la Salpêtrière », on peut imaginer une sorte de roman familial* de la descendance de Charcot, comparable à ce que sera le rêve* de « L'injection faite à Irma* » dans l'histoire de la psychanalyse. On y voit un

Charcot aussi légendaire que le Philippe Pinel (1745-1826) représenté en 1878 par Tony Robert-Fleury (1837-1912) en train de déchaîner les aliénées en 1895. Ce Charcot-là présente un cas de grande hystérie à une assistance composée de médecins et d'intellectuels de renom. Derrière lui se trouve Joseph Babinski*, le favori qui détruira sa théorie pour fonder la neurologie moderne. Il retient une femme évanouie (Blanche Wittmann) prête à tomber sur une civière. Ni Pierre Janet*, ni Freud ne figurent sur ce tableau. Et pourtant, ils seront les principaux héritiers de la doctrine française de l'hystérie.

● Jean Martin Charcot, *Leçons sur les maladies du système nerveux faites à la Salpêtrière*, Paris, Delahaye, 3 vol., *1872-1887* ; *Leçons du mardi à la Salpêtrière*. Polyclinique, t. I, *1887-1888*, t. II, *1888-1889*, Paris, Lecrosnier et Babé, 1892 ; « La foi qui guérit » (1892), in *Les Démoniaques dans l'art*, Paris, Macula, 1984 ; *L'Hystérie*, textes choisis et présentés par Étienne Trillat, Toulouse, Privat, 1971 ; et Paul Richer, *Les Démoniaques dans l'art* (1887), Paris, Macula, 1984. *Iconographie photographique de la Salpêtrière*, Désiré-Magloire Bourneville et Paul Regnard (éd.), Paris, Bureaux du *Progrès médical*, Delahaye et Lecrosnier, t. I, 1876-1877, t. II, 1878, t. III, 1879-1880. Sigmund Freud, « Charcot » (1893), *GW*, I, 21-35, *SE*, III, 7-23, in *Résultats, idées, problèmes*, I, Paris, PUF, 1984, 61-75 ; « Traduction avec préface et notes des *Leçons du mardi* (1892-1894) », Leipzig, Vienne, Deuticke, 1892-1894, *SE*, I, 129-143 ; *Correspondance, 1873-1939* (Londres, 1960), Paris, Gallimard, 1966. Georges Guillain, *J. M. Charcot, sa vie, son œuvre*, Paris, Masson, 1935. Ola Andersson, *Freud avant Freud. La préhistoire de la psychanalyse* (Stockholm, 1962), Paris, Synthélabo, coll. « Les empêcheurs de penser en rond », 1997. Henri F. Ellenberger, *Histoire de la découverte de l'inconscient* (New York, Londres, 1970, Villeurbanne, 1974), Paris, Fayard, 1994. Gladys Swain, *Le Sujet de la folie*, Toulouse, Privat, 1977. Élisabeth Roudinesco, *Histoire de la psychanalyse en France*, vol. 1 (1982), Paris, Fayard, 1994. Georges Didi-Huberman, *L'Invention de l'hystérie. Charcot et l'iconographie photographique de la Salpêtrière*, Paris, Macula, 1982. « Mon cher docteur Freud » : Charcot's unpublished correspondance to Freud, 1888-1893 », annotations, traduction et commentaires de Toby Gelfand, in *Bulletin of the History of Medecine*, 62, 1888, 563-588. Michel Bonduelle, Toby Gelfand, Christopher G. Goetz, *Charcot, un grand médecin dans son siècle*, Paris, Michalon, 1996.

▷ BAUER Ida. ÉGLISE. ELLENBERGER Henri F. *ÉTUDES SUR L'HYSTÉRIE*. FOLIE. HAITZMANN Christopher. LAIR LAMOTTE Pauline. LIEBEN Anna von. MESMER Franz Anton. PAPPENHEIM Bertha. PSYCHIATRIE DYNAMIQUE.

CHENTRIER Théodore (1887-1965)

psychanalyste canadien

Né à Marseille d'un père provençal et d'une mère d'origine espagnole, Théodore Chentrier fut l'ami et l'admirateur des écrivains de l'extrême droite française : Léon Bloy (1846-1917), Charles Maurras (1868-1952), Léon Daudet (1867-1942). Féru de langue, de littérature, de graphologie et de linguistique, il parlait couramment le provençal, le russe, l'anglais, le serbe et le chinois. D'abord professeur de latin et de grec en classe de rhétorique dans un lycée parisien, il s'orienta vers la psychanalyse* durant l'entre-deux-guerres et se passionna pour l'enfance et l'adolescence. Il fréquenta les amis de René Laforgue* – René Allendy*, Juliette Favez-Boutonier*, Maryse Choisy (1903-1979) et surtout l'abbé Paul Jury (1878-1953), dont il devint un très proche ami. En juillet 1931, il commença son analyse avec Rudolph Loewenstein*. Deux ans plus tard, il devint membre adhérent de la Société psychanalytique de Paris (SPP). C'est grâce à Daniel Lagache*, qui le recommanda au père Noël Mailloux, qu'il put obtenir, durant l'hiver 1948-1949, un poste d'enseignant au département de psychologie de l'université de Montréal. Lors de la création de la Société canadienne de psychanalyse en 1952, il fut le seul des cinq fondateurs à être reconnu psychanalyste par l'International Psychoanalytical Association* (IPA). Devenu président de la société, il préféra démissionner de son poste pour ne pas gêner, du fait de son statut de non-médecin, les négociations qui allaient aboutir à la reconnaissance du groupe par l'IPA.

- Archives Jean-Baptiste Boulanger.

▷ BIGRAS Julien. CANADA. CLARKE Charles Kirk. ÉGLISE. GLASSCO Gerald Stinson. MEYERS Donald Campbell. PERALDI François. PRADOS Miguel. SLIGHT David.

CHERTOK Léon, né Lejb Tchertok (1911-1991)
médecin et psychanalyste français

Ce médecin hypnotiseur, haut en couleur et cultivant l'hérésie, naquit à Lida, près de la frontière lituanienne, dans une famille de commerçants juifs. Il parlait déjà trois langues quand il partit pour Prague à l'âge de 20 ans. Il y fit ses études de médecine et, dès 1933, devint un militant actif de la lutte anti-nazie avec pour compagnons des communistes polonais. En juillet 1939, il était à Paris pour continuer le combat, et, en mai 1941, il passa dans la clandestinité sous le nom d'Alex. C'est dans le Mouvement national contre le racisme, émanation de la section juive de la Main-d'œuvre immigrée (MOI) qu'il organisa des filières destinées à sauver les enfants juifs de la déportation. Il fabriqua aussi de faux papiers et rencontra Leopold Trepper, le fameux chef du réseau Orchestre rouge.

A la Libération, il s'orienta vers la psychanalyse* et la psychosomatique et entreprit un cursus classique à la Société psychanalytique de Paris (SPP) : analyse avec Jacques Lacan*, contrôles* avec Marc Schlumberger (1900-1977) et Maurice Bouvet*. La cure se solda par un échec, et Chertok se sentit rejeté par le mouvement freudien. Il décida alors de devenir hypnotiseur et de réhabiliter l'hypnotisme*, niant que Sigmund Freud* ait réellement abandonné cette pratique et accusant ses héritiers de vouloir la méconnaître. Il rédigea avec Raymond de Saussure* un ouvrage consacré aux origines de la psychanalyse et fut associé à l'organisation d'un symposium sur l'inconscient* à Tbilissi, en Géorgie (URSS), qui se déroula en octobre 1979.

- Léon Chertok, *Mémoires d'un hérétique*, Paris, La Découverte, 1991 ; et Raymond de Saussure, *Naissance du psychanalyste* (1973), Paris, Synthélabo, coll. « Les empêcheurs de penser en rond », 1997.

CHESNUT LODGE CLINIC

▷ ÉTATS-LIMITES. ÉTATS-UNIS. FROMM-REICHMANN Frieda. SULLIVAN Harry Stack.

CINQ LEÇONS SUR LA PSYCHANALYSE

▷ *SUR LA PSYCHANALYSE. CINQ CONFÉRENCES.*

CIVILISATION

▷ CULTURALISME. *MALAISE DANS LA CULTURE.*

CLAPARÈDE Édouard (1873-1940)

pédagogue et psychologue suisse

Favorable aux idées freudiennes, Édouard Claparède joua un rôle dans l'histoire de l'introduction de la psychanalyse* en Suisse*. En 1907, il se rendit à la clinique du Burghölzli puis adhéra à la Société Freud, créée par Carl Gustav Jung*. En 1908, il participa au premier congrès de la future International Psychoanalytical Association* (IPA) à Salzbourg. Il fut aussi, avec Théodore Flournoy*, son cousin, l'éditeur des *Archives de psychologie* et fonda à Genève l'Institut Jean-Jacques-Rousseau. Quand parut en français la première traduction d'un ouvrage de Sigmund Freud*, il en rédigea l'introduction. Il s'agissait des cinq conférences données par celui-ci aux États-Unis*. Elles furent réunies dans une traduction d'Yves Le Lay, d'abord dans *La Revue de Genève* sous le titre : « Origines et développement de la psychanalyse », puis publiées chez Sonor (Genève) et chez Payot (Paris) sous le titre : *La Psychanalyse.* Claparède racontait les débuts de l'histoire de la psychanalyse en France* et en Suisse. Dans une « Note additionnelle sur la *libido* », il faisait état du débat entre Freud et lui autour de cette notion.

● Édouard Claparède, « Freud et la psychanalyse », *La Revue de Genève*, 6, décembre 1920, 846-864 ; « Introduction » et « Note additionnelle sur la libido », *in* Sigmund Freud, *Sur la psychanalyse. Cinq Conférences*, Paris, Gallimard, 1991. Henri Flournoy, « Édouard Claparède, 1873-1940 », *Supplément aux archives des sciences physiques et naturelles*, Genève, Kungdig, 58, 1, janvier-mars 1941, 13-20.

▷ *SUR LA PSYCHANALYSE. CINQ CONFÉRENCES.*

CLARKE Charles Kirk (1857-1924)

psychiatre canadien

Né à Elora dans la province de l'Ontario, Charles Kirk Clarke rendit visite en 1907 à Emil Kraepelin* à Munich avant de prendre, l'année suivante, Ernest Jones* comme assistant à l'hôpital psychiatrique de Toronto où il fut pendant trente ans le grand spécialiste du traitement des psychoses* et, à ce titre, l'un des introducteurs de la psychanalyse* dans la partie anglophone du Canada*.

• Alan Parkin, *An History of Psychoanalysis in Canada*, Toronto, The Toronto Psychoanalytic Society, 1987.

▷ AUSTRALIE. GLASSCO Gerald Stinson. MEYERS Donald Campbell.

CLAUDE Henri (1869-1945)
psychiatre français

Clinicien de la schizophrénie*, inventeur du terme de schizose pour désigner les maladies par dissociation, Henri Claude fut l'un des principaux représentants de la tradition psychiatrique française de la première moitié du siècle, terrain privilégié sur lequel s'implanta la psychanalyse*. Élève de Fulgence Raymond (1844-1910), lui-même disciple de Jean Martin Charcot*, il devint, à partir de 1922, le grand patron de la clinique des maladies mentales à l'hôpital Sainte-Anne. Il se fit le protecteur officiel du freudisme* et chargea René Laforgue* d'une consultation de psychanalyse dans son service où furent accueillis Adrien Borel*, Angelo Hesnard*, Eugénie Sokolnicka*. Ainsi occupa-t-il la position privilégiée de maître en psychiatrie pour la troisième génération psychanalytique française, notamment pour Jacques Lacan* mais aussi pour Henri Ey*, qui fut son assistant et qui lui emprunta sa conception de l'organodynamisme.

Chauvin et particulièrement germanophobe, il se voulut, comme Hesnard, l'adepte d'une psychanalyse dite « cartésienne » et adaptée au « génie latin ».

• Paul Bercherie, *Les Fondements de la clinique*, Paris, Navarin, 1980. Élisabeth Roudinesco, *Histoire de la psychanalyse en France*, vol. 1 (1982), Paris, Fayard, 1994.

CLAUS Carl (1835-1899)
médecin et zoologiste allemand

Après des études de médecine et de sciences naturelles, Carl Claus fut l'introducteur en Autriche de la pensée darwinienne. Professeur de zoologie et d'anatomie comparée à l'université de Vienne*, il donna des cours sur l'évolutionnisme et créa à Trieste l'Institut de recherches sur les animaux marins. En 1874, Sigmund Freud* suivit ses cours, alors même que Claus se livrait à une vaste polémique avec un autre disciple allemand de Charles Darwin (1809-1882), Ernst Haeckel*. L'année suivante, il obtint à deux reprises une bourse pour se rendre à Trieste où il effectua des recherches sur les gonades de l'anguille.

En 1990, Lucille Ritvo fut la première à étudier l'importance de l'enseignement de Carl Claus dans la genèse de l'adhésion de Freud au darwinisme, et notamment à la thèse de l'hérédité des caractères acquis.

● Lucille B. Ritvo, *L'Ascendant de Darwin sur Freud* (1990), Paris, Gallimard, 1992. Patrick Tort, «Claus Carl», in Patrick Tort (éd.), *Dictionnaire du darwinisme et de l'évolution*, Paris, PUF, 1996, 612-613.

▷ BRÜCKE Ernst von. *HOMME MOÏSE ET LA RELIGION MONOTHÉISTE (L')*. MEYNERT Theodor. *TOTEM ET TABOU*.

COCAÏNE

▷ KOLLER Carl.

CLIVAGE (DU MOI)

Allemand : *Ichspaltung*. Anglais : *Splitting of the ego*.

Terme introduit en 1927 par Sigmund Freud* pour désigner un phénomène propre au fétichisme*, à la psychose* puis à la perversion* en général, et qui se traduit par la coexistence au sein du moi* de deux attitudes contradictoires, l'une consistant à dénier la réalité (déni*), l'autre à l'accepter.

Les notions de *Spaltung* (clivage), de dissociation et de discordance furent d'abord développées à la fin du XIXe siècle par toutes les doctrines qui étudiaient l'automatisme mental*, l'hypnose* et les personnalités multiples*. De Pierre Janet* à Josef Breuer*, tous les cliniciens de la double conscience (y compris le jeune Freud) voyaient dans ce phénomène de coexistence de deux domaines ou de deux personnalités s'ignorant mutuellement une rupture de l'unité psychique qui entraînait un trouble de la pensée et de l'activité associative et conduisait le sujet* à l'aliénation mentale et donc à la psychose*. C'est dans ce cadre qu'Eugen Bleuler* fit de la *Spaltung* le trouble majeur et primaire de la schizophrénie* (du grec *skhizein* : fendre), c'est-à-dire de cette forme de folie* caractérisée par une rupture de tout contact entre le malade et le monde extérieur. Un an plus tard, le psychiatre français Philippe Chaslin (1857-1923) appela discordance un phénomène identique auquel il donna le nom de folie discordante.

Partant de cette terminologie et de la description, sur le terrain de l'hystérie*, de phénomènes identiques, Freud fut en quelque sorte conduit à introduire la dissociation (*Spaltung*) dans le moi* (*Ich*). Dans le cadre de sa deuxième topique* et d'une réflexion sur le déni et le fétichisme*, il forgea donc le terme de clivage du moi (*Ichspaltung)*. Par là même, il ramenait la discordance au cœur du moi, alors que la psychiatrie dynamique* la situait entre deux instances et la caractérisait comme un état d'incohérence plutôt que comme un phénomène structural.

Melanie Klein* reprit la notion freudienne pour déplacer le clivage vers l'objet et élaborer ainsi sa théorie des bons et des mauvais objets, tandis que Jacques Lacan*, marqué par la tradition psychiatrique française, employa d'abord en 1932 le terme de discordance pour définir une différence (de la folie) par rapport à une norme. Vingt ans plus tard, il forgea une collection de mots pour désigner les différentes modalités d'un clivage non seulement du moi mais du sujet. Dans le cadre de sa théorie du signifiant*, il montrait en effet que le sujet humain est divisé deux fois – une première instance séparant le moi imaginaire du sujet de l'inconscient, et une deuxième s'inscrivant à l'intérieur même du sujet de l'inconscient pour représenter sa division originelle. Cette deuxième division, il l'appelait refente d'après l'anglais *fading* (*to fade* : perdre sa luminosité), afin de rendre l'idée d'évanouissement (du sujet et de son désir*), proche de ce qu'Ernest Jones* appelait *aphanisis**.

Comme Melanie Klein, Lacan étendait la notion de clivage à la structure même de l'individu dans sa relation à autrui, alors que Freud, tout en ouvrant la voie à ce type de généralisation, l'avait essentiellement utilisée dans la clinique de la psychose et de la perversion.

● Sigmund Freud, « L'organisation génitale infantile » (1923), *GW*, XII, 293-298, *SE*, XIX, 139-145, in *La Vie sexuelle*, Paris, PUF, 1959, 113-116 ; « La perte de la réalité dans la névrose et la psychose » (1924), *OC*, XVII, 35-43, *GW*, III, 363-368, *SE*, XIX, 183-187 ; « Le fétichisme » (1927), *GW*, XIV, 311-317, *SE*, XXI, 147-157, in *La Vie sexuelle*, Paris, PUF, 1969. « Le clivage du moi dans le processus de défense » (1938), *GW*, XVII, 59-62, *SE*, XXIII, 271-278, in *Résultats, idées, problèmes*, II, Paris, PUF. Eugen Bleuler, *Dementia praecox ou groupe des schizophrénies* (Leipzig, 1911), Paris, EPEL-GREC, 1993. Philippe Chaslin, *Éléments de sémiologie et cliniques mentales*, Paris, Asselin et Houzeau, 1912. Jacques Lacan, *De la psychose paranoïaque dans ses rapports avec la personnalité* (1932), Paris, Seuil, 1975 ; Le *Séminaire*, livre XI, *Les Quatre Concepts fondamentaux de la psychanalyse* (1964), Paris, Seuil, 1973. Georges Lantéri-Laura et Martine Gros, *Essai sur la discordance dans la psychiatrie contemporaine*, Paris, EPEL, 1992. Ignacio Garate et José Miguel Marinas, *Lacan en Castellano*, Madrid, Quipu Ediciones, 1996.

▷ ANZIEU Marguerite. CASTRATION. DÉNÉGATION. FLOURNOY Théodore. FORCLUSION. MEYER Adolph. OBJET (BON ET MAUVAIS). OBJET (RELATION D'). OBJET (petit) a. PREISWERK Hélène. SPIRITISME.

COLLOMB Henri (1913-1979)

psychiatre français

Après une carrière de médecin militaire, Henri Collomb fut pendant vingt ans à Dakar (Sénégal) le chef de file d'une expérience de psychiatrie transculturelle marquée par les principes de la psychanalyse*.

▷ ANTHROPOLOGIE. DEVEREUX Georges. ETHNOPSYCHANALYSE. FANON Frantz. ROHEIM Geza. SACHS Wulf.

COLONISATION

▷ ANTHROPOLOGIE. ETHNOPSYCHANALYSE. FANON Frantz. INDE. MANNONI Octave.

COMITÉ SECRET (1912-1927)

On appelle Comité secret ou Comité, ou encore Ring (anneau), le cercle formé en 1912 sur l'initiative d'Ernest Jones* et composé des disciples les plus fidèles de Sigmund Freud* : Karl Abraham*, Hanns Sachs*, Otto Rank* et Sandor Ferenczi*. Anton von Freund* fut associé à l'entreprise et considéré comme membre adjoint du Comité jusqu'à sa mort en 1920, et Max Eitingon* rejoignit le groupe en 1919. Pour le maître ainsi entouré de ses six élus et de celui qui finançait la maison d'édition du mouvement psychanalytique (Internationaler Psychoanalytischer Verlag), il s'agissait, après les deux premières dissidences (Alfred Adler* et Wilhelm Stekel*), et sur fond de grave conflit avec Carl Gustav Jung*, de déterminer la manière dont on pouvait préserver la doctrine psychanalytique de toute forme de dérive, de déviation ou de mauvaise interprétation. Inspiré par le modèle romantique et illuministe des sociétés secrètes du XIXe siècle, le Comité fut conçu par Jones comme un cercle d'initiés à la façon des paladins de Charlemagne ou des chevaliers de la Table ronde en quête du Saint Graal. Pour sceller l'union sacrée entre les gardiens du temple, Freud distribua à chacun d'eux une intaille grecque qu'ils firent monter sur un anneau d'or.

Après avoir été le laboratoire imaginaire d'un impossible idéal de pureté doctrinale, et surtout un lieu de pouvoir parallèle à celui de la direction de l'International Psychoanalytical Association* (IPA), le Comité fut à son tour traversé par les conflits qu'il prétendait éviter : entre les disciples juifs et Jones (le seul non-Juif), entre le Nord et le Sud (les Berlinois d'un côté, les Autrichiens de l'autre), entre Ferenczi et Jones, entre Ferenczi et Freud, entre celui-ci et Rank, entre les partisans d'une rénovation de la technique psychanalytique* et les « orthodoxes », entre une politique d'expansion vers les États-Unis* et un repli sur le monde européen, etc. Il fut dissous en 1927. Rank, le plus antidogmatique et le plus tolérant du groupe (avec Ferenczi), qui avait joué un rôle considérable au sein du Comité, quitta alors définitivement le mouvement freudien dans des conditions dramatiques.

La publication des *Rundbriefe* (ou lettres circulaires) des membres du Comité, déposées à New York à l'université Columbia, devrait apporter un éclairage nouveau sur ce que fut la politique du mouvement psychanalytique à cette période clé de son histoire, notamment à propos de l'homosexualité* et de l'implantation de la psychanalyse* en Russie*

• Ernest Jones, *La Vie et l'œuvre de Sigmund Freud*, vol. II, *1901-1919* (New York, 1955), Paris, PUF, 1961. E. James Lieberman, *La Volonté en acte. La vie et l'œuvre d'Otto Rank* (New York, 1985), Paris, PUF, 1991. Phyllis Grosskurth, *Freud, l'anneau secret* (Londres, 1991), Paris, PUF, 1995.

▷ ÉCOLE FREUDIENNE DE PARIS. JUDÉITÉ. MESMER Franz Anton. PASSE. SCISSION. SOCIÉTÉ PSYCHOLOGIQUE DU MERCREDI.

COMMUNISME

Le terme de communisme apparaît à la fin du XVIIIe siècle pour désigner une formation sociale fondée sur l'abolition de la propriété individuelle au profit de la propriété commune des biens de production.

Par extension, le mot renvoie aux différentes doctrines, utopiques ou non, qui tendent à promouvoir ce type de société.

En ce qui concerne la fin du XIXe siècle et tout le XXe siècle, c'est-à-dire l'époque où naît et se déploie la psychanalyse*, le terme de communisme recouvre trois réalités différentes.

En premier lieu, il a partie liée avec le marxisme, doctrine fondée sur les travaux de Karl Marx (1818-1883) et systématisée par Friedrich Engels (1820-1895) vers 1880 pour désigner un corpus théorique et ceux qui s'en réclament. Le marxisme a en quelque sorte redécouvert le communisme en lui apportant un contenu théorique nouveau. A cet égard, un lien s'est instauré entre le marxisme et le freudisme* pour donner naissance à un courant intellectuel désigné sous le nom de freudo-marxisme*, dont les principaux représentants ont été les philosophes de l'École de Francfort et les psychanalystes de la « gauche freudienne » : d'Otto Fenichel* à Wilhelm Reich*, en passant par Erich Fromm* et Herbert Marcuse*.

D'autres ponts ont été jetés entre communisme et psychanalyse pour appréhender de façon critique la réalité sociale et subjective. Ainsi, de nombreux intellectuels du XXe furent à la fois marxistes et freudiens, sans être freudo-marxistes, qu'ils aient ou non adhéré au communisme ou au mouvement psychanalytique. En règle générale, ils furent critiqués à la fois par la corporation psychanalytique, trop conservatrice pour s'intéresser à leurs thèses, et par les partis communistes, souvent trop staliniens pour les accepter.

Freud lui-même manifesta toujours une hostilité, sinon au marxisme, du moins au communisme et surtout aux freudo-marxistes. C'est contre Reich qu'il fut le plus violent, notamment en 1933, au moment où les freudiens de toutes tendances auraient dû se mobiliser contre le nazisme* plutôt que contre les dissidents marxistes de leur propre mouvement. (Freud, néanmoins, ne confondit jamais communisme et nazisme, comme le montre une lettre publiée par Jones et adressée à Marie Bonaparte* le 10 juin 1933 : « Le monde se transforme en une énorme prison. L'Allemagne est la pire de ses cellules. Ce qui se passera dans la cellule autrichienne est tout à fait incertain. Je prédis une surprise paradoxale en Allemagne. Ils ont commencé avec le bolchevisme comme leur ennemi mortel, et ils termineront avec quelque chose qui ne s'en distinguera pas – sauf que le bolchevisme a après tout adopté des idéaux révolutionnaires alors que ceux de l'hitlérisme sont purement médiévaux et réactionnaires. »)

C'est en France*, où le freudo-marxisme était inexistant, que s'effectua avec le plus de richesse la jonction entre l'idéal communiste et l'idée d'une subversion freudienne. D'abord à travers le mouvement surréaliste, qui se mit au service d'un double projet de révolution du langage et de la réalité, puis avec le Collège de sociologie, qui réactiva la problématique du sacré et des pulsions collectives dans les sociétés démocratiques. Citons encore la refonte du marxisme inaugurée par Louis Althusser (1918-1990) en 1964, à partir d'une lecture textuelle largement inspirée des thèses freudiennes.

Dans le domaine clinique, ce fut le mouvement de psychothérapie institutionnelle*, né dans la Résistance antifasciste, qui prit en compte à son tour la problématique d'une révolte articulée autour du marxisme, du freudisme, du mouvement communiste et du surréalisme.

Le mot communisme recouvre une deuxième réalité : celle de la constitution d'un mouvement, et donc d'une internationale et d'un parti communiste. A cet égard, la psychanalyse, en tant qu'elle s'est elle-même constituée en un mouvement international, a pu être comparée à une internationale de type communiste. De même que le freudisme cherche à transformer le sujet* par l'exploration de son inconscient* et que le marxisme vise à changer la société par une lutte collective, de même les deux doctrines ont mis en œuvre un appareil institutionnel destiné à diffuser leurs idées et à organiser des partisans dans le monde entier. Et sans doute y a-t-il un point commun entre les deux premières Internationales socialistes et l'International Psychoanalytical Association* (IPA). Mais entre la troisième Internationale marxiste-léniniste, c'est-à-dire le Komintern (1919-1943), et l'IPA, il n'y a aucune comparaison possible. L'IPA est régie selon le principe de la liberté associative et son appareil ne s'est implanté que dans les États de droit.

Enfin le mot communisme renvoie à une troisième réalité, l'instauration d'un système et d'un pouvoir communistes dans les pays où la psychanalyse s'était ou non implantée au début du siècle : la Russie* d'abord, puis, après la Deuxième Guerre mondiale, tous les pays liés à l'Union soviétique (Hongrie*, Pologne, Tchécoslovaquie) ou simplement attachés au modèle communiste (Roumanie*, Yougoslavie, Chine, etc.).

Dans tous les pays devenus communistes et où la psychanalyse s'était implantée au début du siècle, celle-ci a été interdite et ses représentants persécutés, pourchassés ou contraints à l'exil. Dans ceux où elle n'existait pas encore avant l'avènement du régime communiste, elle a également été interdite. En un premier temps, de 1920 à 1949, et au fur et à mesure de la stalinisation du mouvement communiste et de la transformation du régime soviétique (et de ses satellites) en un système totalitaire, la suppression de toutes les libertés associatives et politiques a entraîné l'extinction pure et simple de la pratique psychanalytique et de ses institutions.

En un deuxième temps, à partir de 1949, la psychanalyse a été condamnée en Union soviétique comme « science bourgeoise » dans le cadre de la croisade lancée après guerre par Andreï Jdanov (1896-1948) en faveur d'une division du monde en « deux camps », l'un porteur du bonheur prolétarien, l'autre voué au passéisme bourgeois. Tandis qu'aux États-Unis* s'annonçait une effroyable chasse aux sorcières antimarxiste, à l'est de l'Europe le discours communiste se figeait dans une dénonciation outrancière des horreurs du capitalisme. Dans la perspective jdanovienne (ou *Jdanovchtchina)*, il existait deux cultures et deux sciences, l'une bourgeoise et impérialiste, qu'il fallait combattre, l'autre prolétarienne, qu'il fallait défendre. C'est donc comme science bourgeoise que la psychanalyse fut condamnée alors qu'elle avait disparu d'Union soviétique depuis vingt ans.

Cette condamnation eut une répercussion immédiate dans tous les partis communistes qui lancèrent alors de virulentes campagnes antifreudiennes dans les pays démocratiques. Et c'est la théorie du conditionnement du physiologiste russe Ivan Petrovitch Pavlov (1849-1936), dont on célébrait le centenaire, qui fut alors réactualisée comme contrepoids aux théories freudiennes. Le pavlovisme devint l'étalon généralisé d'une psychologie dite matérialiste, que l'on opposa à la science bourgeoise freudienne, dite spiritualiste ou réactionnaire. En France, cette campagne se concrétisa par la publication en 1949 d'une pétition antipsychanalytique signée par des psychiatres et des psychanalystes membres du parti communiste : parmi eux, Serge Lebovici, futur président de l'IPA.

Dans tous les autres pays, des phénomènes identiques se produisirent et il fallut attendre l'année 1956 pour que l'attitude des partis communistes satellites de l'URSS s'assouplisse un peu.

C'est seulement après la chute du communisme en 1989 que le freudisme put s'implanter de nouveau en Russie et en Roumanie, ou trouver une nouvelle voie d'introduction en Pologne, en Bulgarie et en République tchèque.

● André Jdanov, *Sur la littérature, l'art et la musique* (1948), Paris, Éd. de la Nouvelle Critique, 1950. « Autocritique. La psychanalyse, idéologie réactionnaire », in *La Nouvelle Critique*, 7, juin 1949, 52-73. Serge Moscovici, *La Psychanalyse, son image et son public*, Paris, PUF, 1961. Ernest Jones, *La Vie et l'œuvre de Sigmund Freud*, t. 3 (New York, 1957), Paris, PUF, 1969. Maurice Nadeau, *Histoire du surréalisme*, Paris, Seuil, 1964. Louis Althusser, *Pour Marx*, Paris, Maspero, 1965 ; *Écrits sur la psychanalyse*, Paris, Stock-IMEC, 1993. Georges Politzer, *Écrits 1. La philosophie et les mythes, Écrits 2. Les fondements de la psychologie*, Paris, Éditions sociales, 1969. Lucien Sève, *Marxisme et théorie de la personnalité*, Paris, 1969 ; et Catherine Clément, Pierre Bruno, *Pour une critique marxiste de la théorie psychanalytique*, Paris, Éditions sociales, 1973. F. Champarnaud, *Révolution et Contre-révolution culturelle en URSS, de Lénine à Jdanov*, Paris, Anthropos, 1976. Dominique Lecourt, *Lyssenko. Histoire réelle d'une science prolétarienne*, Paris, Maspero, 1976. Denis Hollier, *Le Collège de sociologie, 1937-1939* (1979), Paris, Gallimard, 1995, coll. « Folio-Essais ». Lilly Marcou, *Le Mouvement communiste international depuis 1945*, Paris, PUF, coll. « Que sais-je ? », 1980. Georges Labica (éd.), *Dictionnaire critique du marxisme*, Paris, PUF, 1982. Élisabeth Roudinesco, *Histoire de la psychanalyse en France*, vol. 2 (1986), Paris, Fayard, 1994.

▷ ANTIPSYCHIATRIE. BASAGLIA Franco. BLEGER José. DOSUZKOV Theodor. EITINGON Max. HAAS Ladislav. HISTOIRE DE LA PSYCHANALYSE. LANGER Marie. PAYS SCANDINAVES. WORTIS Joseph.

COMPLEXE

Allemand : *Komplex*. Anglais : *Complex*.

Terme forgé par le psychiatre allemand Theodor Ziehen (1862-1950), et utilisé essentiellement par Carl Gustav Jung*, pour désigner des éclats de personnalité détachés ou des groupes à contenu psychique séparés du conscient* et ayant un fonctionnement autonome dans l'inconscient*. De là, ils peuvent avoir une influence sur le conscient.

A en croire les diverses écoles de psychothérapie*, il existe plus d'une cinquantaine de complexes.

Dans la terminologie freudienne, le mot n'est associé qu'à deux ensembles de représentations inconscientes dans la vie psychique du sujet* : le complexe d'Œdipe*, le complexe de castration*.

Dans sa première théorie de l'imaginaire* (1938), Jacques Lacan* relie le terme de complexe à celui d'*imago** et fait de l'ensemble une structure permettant de comprendre l'institution familiale.

COMPULSION

▷ PULSION. RÉPÉTITION.

CONDENSATION

Allemand : *Verdichtung*. Anglais : *Condensation*.

Terme employé par Sigmund Freud* pour désigner l'un des principaux mécanismes du fonctionnement de l'inconscient*. La condensation opère la fusion de plusieurs idées de la pensée inconsciente, dans le rêve* notamment, pour aboutir à une seule image dans le contenu manifeste, conscient*.

Freud l'indique, de nombreux auteurs avant lui avaient signalé l'existence d'un mécanisme de condensation à l'œuvre dans le processus du rêve, sans pour autant s'y attarder.

Dès la première édition de *L'Interprétation des rêves**, la condensation est reconnue comme l'un des processus essentiels du travail du rêve, responsable de la différence entre le contenu manifeste du rêve, caractérisé par sa pauvreté, et les pensées latentes du rêve, dont la richesse et l'ampleur semblent ne pas avoir de limites. Certes, cette différence entre le rêve manifeste et son contenu latent peut varier d'un rêve à l'autre, et l'on ne saurait envisager de déterminer un quelconque « quotient de condensation », mais il n'en reste pas moins vrai – toutes les analyses de rêves en témoignent – que la condensation se produit toujours dans le même sens. Pour décrire son fonctionnement, Freud interprète plusieurs rêves, notamment celui dit de la « Monographie botanique ». Apparaît ainsi la fonction nodale des termes monographie et botanique sur lesquels un certain nombre de pensées latentes du rêve viennent se rassembler comme en une sorte de synthèse impliquant la perte de certaines de leurs caractéristiques propres au profit d'un renforcement d'un ou de plusieurs de leurs aspects communs. En d'autres termes, comme il est dit à l'extrême fin du chapitre de *L'Interprétation des rêves* consacré au travail du rêve, la condensation « ramasse et concentre des pensées éparses du rêve ». Enfin, Freud y revient dans le célèbre chapitre VII de son ouvrage, la condensation est principalement responsable de l'impression d'étrangeté que le rêve produit sur nous. En amalgamant les uns avec les autres des traits anodins ou secondaires de diverses pensées pour produire un contenu manifeste qui les représente toutes, la condensation opère une transposition depuis la cohérence psychique vers des représentations au contenu particulièrement intense. L'opération est comparable à une lecture qui ne retiendrait d'un texte que les termes imprimés en italique ou en gras parce que considérés comme essentiels à l'intelligence du texte.

Le rôle essentiel de la condensation est également mis en évidence dans la *Psychopathologie de la vie quotidienne** et dans *Le Mot d'esprit et sa relation à l'inconscient**. Dans le premier de ces deux ouvrages, Freud, interprétant un lapsus (une dame disant d'un homme qu'il lui suffit pour plaire d'« avoir cinq membres droits ») montre que la condensation s'accomplit en faisant fusionner les idées concernant l'existence de quatre membres et de cinq sens. Il souligne simultanément que ce lapsus, de par son caractère plaisant, est assimilable à un mot d'esprit, rapprochement qui lui paraît pouvoir être généralisé bien au-delà de ce seul exemple.

Dans *Le Mot d'esprit et sa relation à l'inconscient*, la condensation intervient comme l'une des techniques responsables de la production du mot d'esprit, mais elle est susceptible dans certains cas, et c'est là une nouvelle modalité, d'être accompagnée de la formation d'un substitut, c'est-à-dire d'un mot nouveau. L'exemple le plus célèbre concerne la condensation opérée entre les mots familier et millionnaire, soit le néologisme *famillionnaire.* Jacques Lacan, dans son séminaire de 1958, *Les Formations de l'inconscient*, interprète ce mot d'esprit dans le cadre de sa théorie du signifiant*. La condensation s'y trouve identifiée à la métaphore qui intervient là où du sens se dégage à partir du non-sens : depuis le non-sens du terme *famillionnaire* surgit du sens, celui d'être familier avec un millionnaire.

● Sigmund Freud, *L'Interprétation des rêves* (1900), *GW*, II-III, 1-642, *SE*, IV-V, 1-621, Paris, PUF, 1967 ; *Psychopathologie de la vie quotidienne* (1901), *GW*, IV, *SE*, VI, Paris, Payot, 1973 ; *Le Mot d'esprit et sa relation à l'inconscient* (1905), *GW*, VI, 1-285, *SE*, VIII, Paris, Gallimard, 1988. Jacques Lacan, *Écrits*, Paris, Seuil, 1966 ; *Le Séminaire,* livre V, *Les Formations de l'inconscient* (1957-1958), inédit. Jean Laplanche et Jean-Bertrand Pontalis, *Vocabulaire de la psychanalyse*, Paris, PUF, 1967. Howard Shevrin, « Condensation et métaphore », in *Nouvelle Revue de psychanalyse*, 5, 1972, 115-130.

▷ DÉPLACEMENT.

CONGRÈS (DE L'IPA)

▷ INTERNATIONAL PSYCHOANALYTICAL ASSOCIATION.

CONSCIENCE

Allemand : *Bewusstsein, Selbstbewusstsein.* Anglais : *Conscience, Consciousness.*

Terme employé en psychologie et en philosophie pour désigner, d'une part, la pensée elle-même et l'intuition qu'a l'esprit de ses actes et de ses états et, d'autre part, la connaissance qu'a le sujet* de son état et de son rapport au monde et à lui-même. Par extension, la conscience est aussi la propriété qu'a l'esprit humain de porter des jugements spontanés.

Associé au terme de sujet*, celui de conscience se confond, dans l'histoire des sociétés occidentales, depuis René Descartes (1596-1650) et Emmanuel Kant (1724-1804) jusqu'à Edmund Husserl (1859-1938), avec la philosophie elle-même en tant qu'elle suppose une universalité et une singularité de la subjectivité humaine, c'est-à-dire un sujet de la conscience, que cette conscience soit empirique, transcendantale, phénoménale ou divisée en une conscience réfléchie et une subconscience de nature automatique.

A cet égard, le terme de conscience ne fait pas partie du vocabulaire de la psychanalyse*, bien que la théorie freudienne de l'inconscient* ait partie liée avec l'histoire de la philosophie de la conscience, dont elle est l'héritière critique. Du point de vue clinique, la question de la conscience se retrouve dans toutes les écoles de psychothérapies* qui se sont réclamées de la phénoménologie ou de la mobilisation dans la cure de la volonté consciente des patients.

▷ ANALYSE EXISTENTIELLE. AUTOMATISME MENTAL (OU PSYCHOLOGIQUE). CONSCIENT. FOLIE. HISTOIRE DE LA PSYCHANALYSE. MÉTAPSYCHOLOGIE. PRÉCONSCIENT. PSYCHIATRIE DYNAMIQUE. *SELF PSYCHOLOGY.* SIGNIFIANT. TOPIQUE.

CONSCIENT

Allemand : *Bewusste (das)*. Anglais : *Conscious*.

Terme utilisé par Sigmund Freud*, soit comme adjectif pour qualifier un état psychique, soit comme substantif pour indiquer la localisation de certains processus constitutifs du fonctionnement de l'appareil psychique. A ce titre, le conscient est, avec le préconscient* et l'inconscient*, l'une des trois instances de la première topique* freudienne.

Le terme conscient, qu'il s'agisse de l'adjectif ou du substantif, est fréquemment utilisé par Freud comme synonyme de conscience*, sauf lorsqu'il est question de la conscience morale (*Gewissen*), processus psychique en relation avec la constitution de l'idéal du moi* et du surmoi*.

Dans une lettre à Wilhelm Fliess* du 29 août 1888, Freud évoque son introduction au livre d'Hippolyte Bernheim* sur la suggestion* dans laquelle il prend le parti de Jean Martin Charcot* contre celui du maître de Nancy et modère, sur le conseil de ses amis, ses critiques à l'égard de Theodor Meynert*. Dans cette introduction, Freud s'interroge sur le bien-fondé de l'opposition entre phénomènes psychiques et phénomènes physiologiques à propos de l'hypnose*, et précise qu'à son avis « l'état conscient, quel qu'il soit, n'est lié ni à toutes les activités du cortex cérébral, ni à un degré égal à aucune de ses activités particulières. Il ne semble localisé nulle part dans le système nerveux ».

Dans les *Études sur l'hystérie**, commentant le cas « Emmy von N. » (Fanny Moser*) et la promptitude de la patiente (identique en cela à tous les « névropathes ») à rendre le médecin responsable de ses symptômes, Freud parle des conditions propres à susciter l'apparition de « ces fausses associations », et notamment de celle qui est constituée par la « scission du conscient », le plus souvent dissimulée, « soit parce que la plupart des névropathes n'ont aucune notion des causes réelles (ou du moins du motif occasionnel) de leur mal ; soit parce qu'ils refusent d'en prendre connaissance, ne voulant pas qu'on leur rappelle qu'ils en portent la responsabilité ».

Cette question de la « scission du conscient » ou du « clivage* de la conscience » constitue un chaînon essentiel dans le processus de la découverte de l'inconscient. Elle se révèle être un point de désaccord radical entre la conception freudienne de la névrose et celle de Pierre Janet*. Si, pour Janet, le clivage de la conscience est premier dans la constitution de l'affection hystérique, il en va différemment pour Freud – et pour Josef Breuer* – pour qui le clivage du conscient est secondaire, « acquis », effet des représentations qui proviennent des états hypnoïdes et sont coupées des contenus restant dans la conscience. Dans son article de 1894 sur « les psychonévroses de défense », Freud l'affirme très clairement : « Nous voyons ainsi que le facteur caractéristique de l'hystérie n'est pas le clivage de conscience mais la *capacité de conversion...* »

Les fonctions et les caractéristiques du conscient sont progressivement définies au cours de l'année 1896. D'abord en janvier, dans le manuscrit K adressé à Fliess, où, parlant de la névrose obsessionnelle*, l'une des quatre névroses de défense*, Freud fait valoir que le complexe psychique constitué par le souvenir d'un incident sexuel et du blâme qu'il entraîna a commencé par être conscient pour être ensuite refoulé, le conscient n'en portant plus qu'une trace sous la forme d'un « contre-symptôme ». En mai de cette même année 1896, il expose à Fliess les quatre périodes de la vie qui ressortent de l'étiologie des psychonévroses. Il y précise les conditions du conscient, « ou plutôt », dit-il, du fait de « devenir conscient » : parmi celles-ci, Freud retient l'importance des représentations verbales sans lesquelles aucune prise de conscience ne peut s'effectuer, la non-pertinence de la recherche d'une exclusivité, consciente ou inconsciente, dans la responsabilité du phénomène, et enfin l'attribution de ce processus du « devenir conscient » à l'existence d'un « compromis entre les diverses forces psychiques qui, au moment des refoulements, entrent en conflit ».

Dans sa lettre du 6 décembre 1896 au même Fliess, Freud abandonne l'idée, exprimée un an plus tôt dans « L'Esquisse d'une psychologie scientifique », d'un fondement neurophysiologique des processus psychiques. Pour la première fois, il parle d'un « appareil psychique » constitué de trois niveaux, le « conscient », le « préconscient » et l'« inconscient ». Cette élaboration théorique est reprise et développée dans le chapitre VII de *L'Interprétation des rêves**. Elle sera évoquée à nouveau dans *Au-delà du principe de plaisir**, à la veille de la mise en place, dans *Le Moi et le Ça**, de la seconde topique.

Freud rencontre la question de la conscience, du « fait de devenir conscient », en étudiant la déformation dans le rêve*. L'accès à la conscience du contenu du rêve, sous sa forme manifeste, est permis par la censure qui exerce sur le matériel inconscient « les modifications qui lui conviennent ». Cette conception conduit Freud à considérer ce « fait de devenir conscient » comme un acte psychique spécifique, bien distinct de la pensée et de la représentation, la conscience étant considérée comme « un organe des sens » dont la prise en compte est indispensable à la psychopathologie. Cette insistance fait suite au renversement qu'il a opéré précédemment vis-à-vis de la philosophie et de la psychologie traditionnelles. Non sans une certaine jubilation, il reprend à son compte les « fortes paroles » de Theodor Lipps (1851-1914), pour lequel « le problème de l'inconscient en psychologie est [...] moins un problème psychologique que le problème de la psychologie elle-même ». Pendant longtemps, observe Freud, la psychologie a privilégié l'équivalence entre psychique et conscient, se privant des moyens de rendre compte des observations fournies par la clinique psychopathologique qui témoignait d'un clivage entre la conscience d'un sujet et certains processus psychiques complexes dont l'existence est attestée par ses rêves ou ses symptômes.

Mais une fois ce renversement effectué, il importait de parer à un nouveau danger, celui d'une psychologie entièrement organisée autour d'un inconscient pensé comme strictement non conscient, ce qui a été le cas de l'école béhavioriste, objet de l'ironie freudienne dans l'*Abrégé de psychanalyse**. D'où la question formulée dans le dernier chapitre de *L'Interprétation des rêves* : « Quel rôle garde donc, dans notre conception, la conscience jadis toute-puissante et qui recouvrait et cachait tous les autres phénomènes ? »

Pour l'essentiel, et non sans rencontrer quelques difficultés pour donner à son système une cohérence absolue, Freud lie l'activité consciente au processus perceptif. Ce qu'il nomme en 1915, dans l'article de sa métapsychologie* consacré à l'inconscient, le système « perception-conscience » (*Pc-Cs*) reçoit d'une part les excitations extérieures et d'autre part, venant de l'intérieur de l'appareil psychique, des sensations organisées autour de l'axe plaisir/déplaisir. A la différence des autres instances, préconscient et inconscient, les excitations reçues par le système *Pc-Cs*, du fait même qu'elles deviennent conscientes par le biais essentiellement de l'activité verbale, ne laissent aucune trace durable. De ce fait, le système demeure accessible à tout moment à toutes les perceptions nouvelles, ce que Freud illustrera en 1925 au moyen de l'exemple de l'ardoise magique.

Reprenant cette conception dans *Au-delà du principe de plaisir*, Freud résume le processus au moyen d'une formule choc : « *La conscience apparaît à la place de la trace mnésique.* » L'accent est de nouveau mis sur l'aspect dynamique du processus puisque la spécificité du système *Pc-Cs* est posée comme inhérente à son mouvement : il y a simultanéité entre le processus de prise de conscience et le processus d'effacement de la modification provoquée par cette prise de conscience.

Dans *Le Moi et le Ça*, le système *Pc-Cs* fait l'objet d'un nouvel examen, lié à la destruction de l'assimilation, encore en vigueur jusque-là, entre le moi* et la conscience. Cette identité conduisait à concevoir la névrose comme le produit d'un conflit entre le conscient et l'inconscient. La nouvelle topique mise en place dans cet essai modifie radicalement cette conception et conduit à considérer le moi comme une partie modifiée du ça*, cette modification étant le résultat d'une influence extérieure effectuée par l'intermédiaire du système *Pc-Cs*.

● Sigmund Freud, *La Naissance de la psychanalyse* (New York, 1950), Paris, PUF, 1956 ; *Briefe an Wilhelm Fliess, 1887-1904*, Francfort, Fischer, 1986 ; « Les psychonévroses de défense » (1894), *OC*, III, 1-18, sous le titre « Les névropsychoses de défense », *GW*, I, 57-74, *SE*, III, 41-61 ; *L'Interprétation des rêves* (1900), *GW*, II-III, 1-642, *SE*, IV-V, 1-621, Paris, PUF, 1967 ; « L'inconscient » (1915), *OC*, XIII, 203-242, *GW*, 263-303, *SE*, XIV, 159-204 ; *Au-delà du principe de plaisir* (1920), *GW*, XIII, 3-69, *SE*, XVIII, 1-64, in *Essais de psychanalyse*, 41-115, Paris, Payot, 1981 ; *Le Moi et le Ça* (1923), *OC*, XVI, 255-301, *GW*, XIII, 237-289, *SE*, XIX, 12-

59 ; « Note sur le bloc magique » (1925), *OC*, XVII, 137-143, *GW*, XIV, 3-8, *SE*, XIX, 227-232 ; *Abrégé de psychanalyse* (1938), *GW*, XVII, 67-138, *SE*, XXIII, 139-207, Paris, PUF, 1967 ; et Josef Breuer, *Études sur l'hystérie* (1895), Paris, PUF, 1956. Didier Anzieu, *L'Auto-analyse de Freud et la découverte de la psychanalyse* (1959), Paris, PUF, 1988. Jean Laplanche et Jean-Bertrand Pontalis, *Vocabulaire de la psychanalyse*, Paris, PUF, 1967.

CONSTRUCTION

▷ INTERPRÉTATION.

CONTENU (LATENT ET MANIFESTE)

▷ *INTERPRÉTATION DES RÊVES (L')*. RÊVE.

CONTRE-TRANSFERT

Allemand : *Gegenübertragung*. Anglais : *Counter-transference*.

Ensemble des manifestations de l'inconscient* de l'analyste en relation avec celles du transfert* de son patient.

Plus encore que le concept de transfert auquel elle est liée, la notion de contre-transfert, ses acceptions et les utilisations qui en ont été faites ont toujours suscité des polémiques entre les diverses branches du mouvement psychanalytique.

C'est dans une lettre à Sigmund Freud* en date du 22 novembre 1908 que Sandor Ferenczi* mentionne, le premier, l'existence d'une réaction de l'analyste aux dires de son patient : « J'ai beaucoup trop tendance à considérer les affaires des malades comme les miennes. » Freud utilise pour la première fois le terme de contre-transfert avec des guillemets dans une lettre à Carl Gustav Jung* du 7 juin 1909. C'est toutefois en 1910, dans son évaluation des chances d'avenir de la thérapie psychanalytique, qu'il évoque, parlant de la personne du thérapeute, l'existence du contre-transfert qui « s'installe chez le médecin de par l'influence du patient sur la sensibilité inconsciente du médecin ». Le moment est proche, ajoute Freud, où nous serons en droit d'« avancer l'exigence que le médecin doive obligatoirement reconnaître en lui-même et maîtriser ce contre-transfert ». Sachant qu'aucun analyste ne peut aller au-delà de ce que ses résistances* intérieures lui permettent, « nous réclamons par conséquent, poursuit encore Freud, [que l'analyste] commence son activité par son auto-analyse* et approfondisse continuellement celle-ci au fur et à mesure de ses expériences avec le malade ».

En 1913, dans une lettre à Ludwig Binswanger*, il souligne que le problème du contre-transfert « est l'un des plus difficiles de la technique psychanalytique ». L'analyste, et ce doit être une règle selon Freud, ne doit jamais rien donner à l'analysant qui soit issu de son propre inconscient. Il doit à chaque fois « reconnaître et dépasser son contre-transfert pour être libre soi-même ». Quelques années plus tard,

Freud note que le surgissement dans la cure d'un phénomène qu'il nomme amour de transfert* doit être l'occasion pour l'analyste de « se méfier d'un contre-transfert peut-être possible ».

La position de Freud n'évoluera plus après ces propos devenus classiques, et jamais il n'envisagera que le contre-transfert puisse être utilisé de manière dynamique dans le déroulement de la cure.

Le point de vue de Ferenczi sera d'abord calqué sur celui de Freud. Il soulignera la nécessité d'une « maîtrise » par l'analyste de son contre-transfert. Celle-ci ne peut être, à ses yeux, que le résultat d'une analyse et doit être distinguée d'une simple résistance* au contre-transfert, elle-même susceptible d'engendrer une rigidité artificielle chez l'analyste.

Plus tard, dans l'optique de son retour à la théorie du trauma qui occasionnera un relâchement de ses liens avec Freud, Ferenczi ira dans un tout autre sens, opérant un déplacement dans la conception de la cure et préconisant une mise en jeu du contre-transfert de l'analyste.

Sensible aux impasses de certaines cures, Ferenczi développe l'idée d'analyse mutuelle, processus au cours duquel l'analyste livre au patient les éléments constitutifs de son contre-transfert au fur et à mesure qu'ils surgissent, de telle manière que le patient soit libéré de l'oppression liée à la relation transférentielle et que l'artificialité de la situation analytique classique tende à disparaître.

Cette orientation aura une belle postérité. On en retrouve l'empreinte, explicitement ou non, dans les démarches psychanalytiques anglaises (chez Donald Woods Winnicott* et Masud Khan* notamment) et dans les développements de la psychanalyse américaine, aussi bien chez les représentants du courant de la *Self Psychology** que chez un auteur comme Harold Searles, qui développe en particulier l'idée de symbiose thérapeutique.

Dès 1939, c'est un élève de Ferenczi, Michael Balint*, qui introduit l'idée d'une absence de spécificité du contre-transfert, établissant que c'est du côté de l'analysant qu'il faut en repérer les traces : échos des failles de l'analyste ou marques résiduelles du transfert de celui-ci à son propre analyste.

Après la Deuxième Guerre mondiale, au moment où le courant de l'*Égo Psychology** prend son essor aux États-Unis*, le débat sur le contre-transfert connaît ses moments les plus forts, sous l'impulsion notamment de disciples de Melanie Klein*, bien que celle-ci ne consacre aucun développement théorique particulier à cette question.

Partant de la perspective kleinienne qui conçoit la relation analytique comme une dualité inscrite dans l'ordre de l'« ici et maintenant », les interventions de Paula Heimann* et de Margaret Little notamment, pour distinctes qu'elles soient, redéfinissent le contre-transfert comme l'ensemble des réactions et sentiments que l'analyste éprouve vis-à-vis de son patient. Pour Heimann, dans la mesure où l'inconscient de l'analyste englobe celui du patient, l'analyste doit se servir du contre-transfert comme d'un instrument facilitant la compréhension de l'inconscient de l'analysant. Chez Heimann, cette conception du contre-transfert ne doit pas aboutir à une communication des sentiments de l'analyste au patient. A cet égard, son approche se distingue de la notion d'« analyse mutuelle » de Ferenczi. Margaret Little rejette au contraire toute idée de distance, l'analyste et l'analysant étant à ses yeux inséparables, et l'analyste devant communiquer au patient les éléments de son contre-transfert.

C'est par une critique radicale de ce point de vue, développée dans son séminaire de 1953 sur les écrits techniques de Freud, que Jacques Lacan* illustre sa propre position, qui est parfaitement articulée à celle qu'il développera à propos du transfert. Le problème n'est pas de savoir s'il faut considérer le contre-transfert comme un obstacle que l'analyste doit neutraliser, puis dépasser. Il n'est pas plus utile de considérer la question sous l'angle de la communication nécessaire entre le patient et l'analyste pour que celui-ci retrouve ses repères subjectifs. La notion de contre-transfert est donc pour lui sans objet. Elle ne désigne rien d'autre que les effets du transfert qui viennent atteindre le désir* de l'analyste, non comme personne mais en tant qu'il est mis au lieu de l'Autre* par la parole de l'analysant, c'est-à-dire en une tierce position qui rend la relation analytique irréductible à une relation duelle. « Du seul fait qu'il y a transfert, nous sommes impliqués, dit Lacan en 1960, dans la position d'être celui qui contient l'*agalma*, l'objet fondamental [...]. C'est un effet légitime du transfert. Il n'est pas besoin de faire intervenir pour autant le contre-transfert, comme s'il s'agissait de quelque chose qui serait la part propre, et bien plus encore, la part fautive de l'analyste. [...] C'est seulement en tant [que l'analyste] sait ce que c'est que le désir, mais qu'il ne sait ce que ce sujet, avec lequel il est embarqué dans l'aventure analytique, désire, qu'il est en position d'en avoir en lui, de ce désir, l'objet. » Par où l'on retrouve la problématique de la tromperie, inhérente à la conception lacanienne du transfert, exposée dans le commentaire du *Banquet*.

● Sigmund Freud, « Perspectives d'avenir de la thérapeutique analytique » (1910), *OC*, X, 61-73, *GW*, VIII, 104-115, *SE*, XI, 139-151, in *La Technique psychanalytique*, Paris, PUF, 1953, 23-42 ; « Observations sur l'amour de transfert » (1915), *GW*, X, 306-321, *SE*, XII, 157-171, *ibid.*, 116-130 ; et Ludwig Binswanger, *Correspondance* 1908-1938 (1992), Paris, Calmann-Lévy, 1995 ; et Sandor Ferenczi, *Correspondance*, I, *1908-1914*, Paris, Calmann-Lévy, 1992 ; et Carl Gustav Jung, *Correspondance*, vol. 1, Paris, Gallimard, 1975 ; Michael Balint, « Transfert et contre-transfert » (1939), in *Amour primaire et technique psychanalytique*, (Londres, 1952), Paris, Payot, 1972. Serge Cottet, *Freud et le désir du psychanalyste*, Paris, Seuil, 1996. Sandor Ferenczi, « La technique psychanalytique » (1919), in *Psychanalyse 2, Œuvres complètes, 1913-1919*, Paris, Payot, 1970 ; « Elasticité de la technique psychanalytique » (1928), in *Psychanalyse IV, Œuvres complètes, 1927-1933*, Paris, Payot, 1982 ; *Journal clinique*, Paris, Payot, 1985. Paula Heimann, « A propos du contre-transfert » (1950), *in* id., Margaret Little, Lucia Tower, Annie Reich, *Le Contre-transfert*, Paris, Navarin, 1987. Masud Khan, *Le Soi caché* (Londres, 1974), Paris, Gallimard, 1976. Jacques Lacan, *Écrits*, Paris, Seuil, 1966 ; *Le Séminaire*, livre I, *Les Écrits techniques de Freud* (1953-1954), Paris, Seuil, 1975 ; *Le Séminaire*, livre VIII, *Le Transfert* (1960-1961), Paris, Seuil, 1991. Margaret Little, « Le contre-transfert et la réponse qu'y apporte le patient » (1951), *in* Paula Heimann, Margaret Little, Lucia Tower, Annie Reich, *Le Contre-transfert*, Paris, Navarin, 1987. Moustapha Safouan, *Le Transfert et le désir de l'analyste*, Paris, Seuil, 1988. Harold Searles, *Le Contre-transfert* (1979), Paris, Gallimard, 1981. Donald W. Winnicott, *Jeu et Réalité* (Londres, 1971), Paris, Gallimard, 1975.

▷ BLEGER José. HYPNOSE. NÉVROSE DE TRANSFERT. RACKER Heinrich. RÉSISTANCE. SUGGESTION.

CONTRIBUTION À LA CONCEPTION DES APHASIES

Ouvrage de Sigmund Freud* publié pour la première fois en allemand en 1891 sous le titre *Zur Auffassung der Aphasien. Eine kritische Studie.* Traduit en anglais en 1953 par E. Stengel sous le titre *On Aphasia, a Critical Study.* Traduit en français en 1983 par Claude van Reeth sous le titre *Contribution à la conception des aphasies.*

Premier livre publié par Freud, cette *Contribution à la conception des aphasies* est une monographie dans laquelle l'auteur s'appuie sur les théories d'Hughlings Jackson* pour comprendre d'un point de vue fonctionnel, et non plus seulement neurophysiologique, les troubles du langage. A la doctrine des « localisations cérébrales » il substitue celle de l'associationnisme qui ouvre la voie à la définition d'un « appareil psychique » qu'on retrouvera dans sa métapsychologie*. Comme tous les travaux de Freud d'avant la période dite « psychanalytique », cet ouvrage n'a été intégré ni à l'édition allemande (*Gesammelte Schriften, Gesammelte Werke*) ni à la traduction* anglaise (*Standard Edition*) des *Œuvres complètes* réalisée par James Strachey*. Seuls quelques spécialistes se sont intéressés à cette période de la pensée freudienne, et parmi eux Maria Dorer, Kurt Goldstein (1878-1965), Roland Kuhn et Jacques Nassif.

● Sigmund Freud, *Contribution à la conception des aphasies* (Vienne, Leipzig, 1891), Paris, PUF, 1983, précédé d'une préface de Roland Kuhn, 5-38. *La Naissance de la psychanalyse* (Londres, New York, 1950), Paris, PUF, 1956 ; *Briefe an Wilhelm Fliess,* 1887-1904, Francfort, Fischer, 1986. Maria Dorer, *Historische Grundlagen der Psychoanalyse,* Leipzig, Felix Meiner, 1932. Kurt Goldstein, *Language and Language Disturbances,* New York, Grune et Stratton, 1948. Jacques Nassif, *Freud, l'Inconscient* (1977), Paris, Flammarion, coll. « Champs », 1992.

CONTRÔLE (PSYCHANALYSE ou ANALYSE DE) ou SUPERVISION

Allemand : *Kontrollanalyse.* Anglais : *Supervision.*

Terme introduit par Sigmund Freud* en 1919 et systématisé en 1925 par l'International Psychoanalytical Association* (IPA) au titre d'une pratique obligatoire, pour désigner une psychanalyse* conduite avec un patient par un psychanalyste lui-même en cours d'analyse didactique* et qui accepte d'être contrôlé ou supervisé, c'est-à-dire de rendre compte de cette psychanalyse à un autre psychanalyste (contrôleur). Le contrôle porte d'un côté sur l'analyse par le contrôleur du contre-transfert* du contrôlé à l'égard de son patient et de l'autre sur la manière dont se déroule l'analyse du patient.

Le mot contrôle s'est imposé d'abord en allemand puis en français et en espagnol

sous l'influence de Jacques Lacan*, tandis que le mot supervision s'est imposé dans les pays anglophones et dans les sociétés psychanalytiques appartenant à l'IPA où il a remplacé le mot allemand.

Le terme de contrôle fut employé pour la première fois par Freud dans un article en hongrois de 1919 consacré à l'enseignement de la psychanalyse à l'université et indiquant la nécessité pour le futur praticien de s'assurer du conseil ou du contrôle d'un psychanalyste confirmé afin de pouvoir mener lui-même des cures dites thérapeutiques.

L'évolution de cette pratique va de pair avec le développement dans le mouvement psychanalytique d'une réflexion sur le contre-transfert et sur la psychanalyse dite didactique.

C'est en 1925, au congrès de Bad-Hombourg, que l'analyse de contrôle fut rendue obligatoire par Max Eitingon*, en même temps que l'analyse didactique, dans la totalité des sociétés composantes de l'IPA. Sous l'influence progressive de la puissante American Psychoanalytic Association* (APsaA), le mot supervision remplaça vers 1960 celui de contrôle, qui fut restauré en France* par Jacques Lacan et adopté en général par le mouvement lacanien. Notons que le terme anglais *control*, comme les termes français et allemand, met l'accent sur l'idée de diriger et de dominer alors que le mot *supervision* renvoie à une attitude non directive inspirée des méthodes de la thérapie de groupe. Il y a donc une différence entre la terminologie lacanienne (qui réintègre dans l'analyse de contrôle un certain dirigisme interprétatif au point de faire de celle-ci une sorte de deuxième analyse) et la terminologie adoptée par l'IPA (qui suppose que la supervision n'est pas de même nature que l'analyse personnelle ou que l'analyse didactique).

Tous les courants du freudisme (annafreudisme*, kleinisme*, lacanisme*, *Ego Psychology**, *Self Psychology**) admettent comme une règle la nécessité pour le futur psychanalyste de compléter son analyse didactique par au moins une analyse de contrôle, conduite en général par un autre psychanalyste que le didacticien. Cependant, les modalités de ce cursus sont différentes selon l'appartenance ou la non-appartenance de ces courants à l'IPA.

● Sigmund Freud, « Doit-on enseigner la psychanalyse à l'université ? » (1919), *SE*, XVII, 169-173, in *Résultats, idées, problèmes*, I, Paris, PUF, 1904, 239-243. *On forme des psychanalystes. Rapport original sur les dix ans de l'Institut psychanalytique de Berlin*, présentation de Fanny Colonomos, Paris, Denoël, 1985. Max Eitingon, « Allocution au IXe congrès psychanalytique » (1925), *in* Moustapha Safouan, Philippe Julien, Christian Hoffmann, *Malaise dans l'institution*, Strasbourg, Arcanes, 1995, 105-113.

▷ ÉCOLE FREUDIENNE DE PARIS. FILIATION. PASSE. *QUESTION DE L'ANALYSE PROFANE (LA)*. SCISSION. TECHNIQUE PSYCHANALYTIQUE. TRANSFERT.

CONVERSION

▷ HYSTÉRIE.

COOPER David (1931-1986)
psychiatre anglais

Inventeur du mot antipsychiatrie* et principal représentant de ce courant avec Ronald Laing*, David Cooper naquit au Cap en Afrique du Sud* dans une famille qu'il qualifiera d'« ordinaire ». Après des études musicales, il s'orienta vers la médecine et obtint son diplôme en 1955. Il exerça alors dans un centre de médecine réservé aux Noirs tout en adhérant au parti communiste clandestin. Installé ensuite à Londres, il épousa une Française dont il eut trois enfants puis fut pendant un certain temps le compagnon de Juliet Mitchell, figure de proue du mouvement féministe anglo-saxon et spécialiste de la pensée lacanienne.

C'est en 1962 qu'il créa le fameux pavillon 21, à l'intérieur d'un vaste hôpital psychiatrique de la banlieue londonienne. S'appuyant sur les thèses sartriennes, et plus généralement sur la phénoménologie existentielle, il mit en œuvre, en ce lieu inaugural, une pratique de contestation de la nosographie psychiatrique qui allait le conduire à rejeter radicalement la tradition occidentale héritée d'Eugen Bleuler*.

Comme tous les artisans de l'antipsychiatrie, il voyait dans la folie*, et surtout dans la schizophrénie*, non pas une maladie mentale mais une « expérience », un « voyage », un « passage ». Aussi commença-t-il de façon très pragmatique à demander aux soignants de « ne plus rien faire ». Puis, un jour, il dit à un patient interné : « Je vous donne ce truc appelé Largactil afin que nous puissions nous occuper de choses plus pressantes. » Enfin, il décida de laisser s'accumuler des détritus dans les couloirs et les chambres de l'établissement. Grâce à ce passage à l'acte, les malades purent descendre en enfer, régresser, tripoter leurs excréments, retrouver une sorte d'état archaïque, puis remonter ensuite vers le monde des vivants. Cooper suggéra que d'anciens malades deviennent des infirmiers et que les internés aient droit à la sexualité*. Malgré des échecs et des conflits, l'expérience se révéla concluante. Elle montra en tout cas que dans certaines conditions particulières, la schizophrénie, considérée comme incurable, peut guérir.

En 1965, devenu le chef de file du mouvement antipsychiatrique international, Cooper créa avec Laing et Aaron Esterson la Philadelphia Association and Mental Health Charity ainsi que l'hôpital de Kingsley Hall où furent accueillis des schizophrènes. Deux ans plus tard, il participa à Londres, avec Gregory Bateson*, Stokeley Carmichaël et Herbert Marcuse* au grand congrès mondial dit de « dialectique et de libération », destiné à mettre en évidence la « progression de l'enfer dans le monde ». Le colloque dura seize jours et inscrivit l'antipsychiatrie dans la sensibilité libertaire. Il réunit des Noirs américains, des féministes, des étudiants révoltés de Berlin-Ouest et des représentants de tous les mouvements tiers-mondistes. Ainsi l'utopie coopérienne d'une folie désentravée trouva-t-elle une nouvelle bannière : celle des opprimés du monde, en lutte pour leur reconnaissance. Bientôt, Cooper prit la défense des dissidents soviétiques victimes des internements abusifs et proposa la création d'un grand mouvement de « dissidence intellectuelle » fondé sur une nouvelle définition de l'activité créatrice.

A partir de 1972, il s'installa à Paris, où de nombreux psychanalystes du courant lacanien et du mouvement de psychothérapie institutionnelle* avaient accueilli favorablement ses thèses. Parmi eux : Maud Mannoni, Octave Mannoni* et Félix Guattari*. Refusant de pratiquer la psychiatrie ou de s'intégrer à une quelconque institution normative, il vécut d'expédients et participa à tous les combats de la gauche intellectuelle française en faveur des homosexuels, des fous, des dissidents et des prisonniers, aux côtés de Michel Foucault (1926-1984), Robert Castel ou Gilles Deleuze (1925-1995). Mais, identifié aux marginaux et aux exclus de tous bords, il expérimenta sur lui-même les formes d'errance propres à cette grande époque contestataire.

Alcoolique et gourmand, il n'hésita pas, durant les dernières années de sa courte vie, à promener sa silhouette de géant barbu et obèse partout où l'occasion se présentait pour lui d'en découdre avec l'ordre établi. Il mourut d'une crise cardiaque après avoir hautement affirmé : « Rompre de façon suffisamment nette avec le système revient à risquer toutes les structures de sécurité de sa propre vie ainsi que son corps, son esprit, ses biens et son piano. »

● David Cooper, *Psychiatrie et Antipsychiatrie* (Londres, 1967), Paris, Seuil, 1970 ; *Mort de la famille* (Londres, 1971), Paris, Seuil, 1971 ; *Une grammaire à l'usage des vivants* (Londres, 1974), Paris, Seuil, 1977 ; *Le Langage de la folie* (Londres, 1977), Paris, Seuil, 1978 ; *Qui sont les dissidents ?*, Paris, Galilée, 1977 ; *Raison et Violence*, en coll. avec Ronald Laing (Londres, 1964), Paris, Payot, 1976. Marie-Odile Supligeau, « David Cooper, 1931-1986 », *Encyclopaedia universalis*, Paris, 1987, 540. Élisabeth Roudinesco, *Histoire de la psychanalyse en France*, vol. 2 (1986), Paris, Fayard, 1994. Elizabeth Wright (éd.), *Feminism and Psychoanalysis*, Oxford, Blackwell, 1992.

▷ CULTURALISME. DIFFÉRENCE DES SEXES. ETHNOPSYCHANALYSE. FANON Frantz. SEXUALITÉ FÉMININE.

CORIAT Isador (1875-1943)
psychiatre et psychanalyste américain

Pionnier de la psychanalyse* à Boston et sur la côte est des États-Unis*, Isador Coriat naquit à Philadelphie et fit ses études de médecine à l'école médicale du collège de Tuft. Élève d'Adolf Meyer* et de Morton Prince*, il fut élu président de l'American Psychoanalytic Association* (APsaA) en 1924 et 1937, puis vice-président de l'International Psychoanalytical Association* (IPA) la même année. Militant antiraciste, il fut aussi le premier Américain à introduire les thèses de la psychanalyse appliquée* dans son pays en étudiant notamment le personnage de Lady Macbeth dans le drame de Shakespeare.

● Nathan G. Hale, *Freud and the Americans*, vol. 1, *1876-1917* (1971), New York, Oxford, Oxford University Press, 1995.

CRIMINOLOGIE
Allemand : *Kriminologie*. Anglais : *Criminology*.

Terme créé en 1885 par le magistrat italien Rafaele Garofalo (1851-1934) pour dési-

gner une discipline, fondée par son maître Cesare Lombroso (1836-1909), qui prend pour objet les causes du crime, le comportement mental du criminel, sa personnalité et les pathologies liées à l'acte criminel.

Les sociétés ont toujours cherché les moyens d'identifier les criminels, usant, selon les régimes et les époques, de mutilations diverses, depuis l'arrachage des dents jusqu'à l'amputation systématique des organes : nez, oreilles, mains, langue, etc. Sous l'Ancien Régime en France*, la marque au fer rouge constituait la trace infamante du crime, ainsi que l'illustre, dans *Les Trois Mousquetaires* d'Alexandre Dumas, le personnage de Milady de Winter. Chez les puritains de la Nouvelle-Angleterre, le « A » de l'adultère était cousu sur le vêtement des femmes, comme en témoigne le célèbre roman de Nathaniel Hawthorne (1804-1864) *La Lettre écarlate.*

Quand furent abolies ces pratiques, la question se posa d'élaborer une méthode d'identification scientifique et c'est en France, en Allemagne* et en Italie* que se développèrent simultanément deux domaines de recherches : l'anthropologie* criminelle et la criminalistique. Toutes deux s'inspiraient de l'ancienne phrénologie, elle-même issue de la « crânioscopie » de Franz Josef Gall (1758-1828) et qui consistait à déchiffrer le caractère d'un individu à travers les saillies et les reliefs de sa voûte crânienne, et de l'anthropologie physique du médecin français Paul Broca (1824-1880).

La criminalistique mettait les faits criminels en relation avec la théorie de l'hérédité-dégénérescence*. On trouve un large écho de cette nouvelle science des signes, qui se généralise à la fin du XIXe siècle, à la fois dans la méthode de l'inoubliable détective Sherlock Holmes, inventé par Arthur Conan Doyle (1859-1930), et dans l'anthropométrie mise au point par Alphonse Bertillon (1853-1914).

A cet égard, la criminologie se distingue de la criminalistique du fait qu'elle s'intéresse moins à l'identification des criminels qu'à la cause du crime. Bien qu'il n'ait pas employé le terme et qu'il ait conservé celui d'anthropologie criminelle, le vrai fondateur de cette discipline fut le médecin italien Cesare Lombroso qui s'inspira du darwinisme pour construire sa conception du « criminel-né ». Selon lui, le crime est le résultat d'une disposition instinctuelle de certains sujets. Au lieu d'évoluer normalement, ils régressent vers l'état animal.

Après avoir collectionné une quantité impressionnante de crânes et étudié la morphologie de vingt-sept mille « anormaux » (prostituées, assassins, épileptiques, pervers sexuels, etc.), Lombroso publia en 1876 un véritable manifeste, *L'Homme criminel*, dans lequel il décrivait avec soin cette pathologie : son criminel ressemblait au grand singe de la fable de la horde sauvage, dont Sigmund Freud* reprendra le thème dans *Totem et Tabou**.

Médecin des prisons et aliéniste dans le Piémont, Juif et militant socialiste, Lombroso était un hygiéniste intéressé par l'hypnose* et par le spiritisme*. Ses thèses eurent un succès considérable avant de tomber en désuétude après l'effondrement de l'héréditarisme. En France, elles furent admirées puis critiquées par Alexandre Lacassagne (1843-1924), qui fonda à Lyon la *Revue d'anthropologie criminelle.* Il partageait les idées héréditaristes de son rival, et la querelle qui opposa l'école française à l'école italienne portait moins sur une opposition hérédité/milieu social que sur l'adoption par Lacassagne d'un modèle plus lamarckien que darwiniste. Finalement, c'est Hans Gross (1847-1915), dont le fils Otto Gross* deviendra psychanalyste, qui unifia les deux domaines de l'anthropologie criminelle – criminalistique et criminologie – et fonda à Graz, en 1912, le premier institut de criminologie du monde.

En réalité, la criminologie ne fut jamais une discipline indépendante. Pratiquée par des médecins et engagée dans un dialogue avec la justice et les magistrats, elle s'intégra à la psychiatrie dont elle suivit l'évolution en adoptant soit la doctrine des constitutions, soit les principes de la psychanalyse* freudienne et post-freudienne, soit les hypothèses de la phénoménologie selon Edmund Husserl (1859-1938). C'est dans cette dernière perspective qu'il faut situer les travaux du grand criminologue belge Étienne De Greeff (1898-1961). Médecin de l'institut psychiatrique de l'université de Louvain, il chercha à cerner la personnalité du criminel en mettant en relation son vécu intérieur et son mode de communication avec le monde. Daniel Lagache* introduira les thèses de De Greeff en France en les mâtinant de cette psychologie clinique héritée de Pierre Janet*. Aussi parlera-t-il de criminogenèse plutôt que de criminologie.

Sigmund Freud ne s'intéressa guère à la criminologie en tant que telle. Le seul type de crime qui le fascinait était le parricide qu'il liait à l'inceste* et au complexe d'Œdipe* et dont il faisait le paradigme de tous les actes criminels commis par l'homme. Il distinguait de façon assez simpliste l'hystérique du criminel : le premier, disait-il, cache un secret qu'il ne connaît pas, tandis que le second dissimule ce même secret en toute conscience.

C'est à travers une réflexion sur le statut de la méthode psychanalytique dans l'établissement des faits judiciaires puis de son utilité dans les prisons que s'amorça un véritable débat entre les deux disciplines. Contre les tenants des thèses héréditaristes, Sandor Ferenczi* proposa d'appeler crimino-psychanalyse la nouvelle discipline qui permettrait d'appliquer la méthode freudienne à la compréhension des motivations inconscientes du crime et de soumettre les criminels à un traitement : « ... j'ai la conviction que le traitement analytique des criminels avérés présente déjà par lui-même quelques chances de succès, en tout cas beaucoup plus que la rigueur barbare des gardiens ou la cagoterie des aumôniers de prisons ».

Sur ce terrain, l'action menée par Ferenczi, puis par la majorité des disciples et des héritiers de Freud, fut de même nature que le combat livré par la psychiatrie pinélienne pour arracher les fous à une justice qui les envoyait à la mort en les jugeant coupables et donc pleinement responsables de leurs actes. D'où la défense du principe même de l'expertise psychologique ou psychiatrique, qui consistait à « expliquer » le crime et à tenter ensuite de soigner le criminel afin de le réintégrer à la société.

Si les représentants de la psychiatrie dynamique* voulaient, par l'expertise, arracher le fou à la justice et, plus précisément, à la peine capitale, les partisans de la psychanalyse cherchèrent plutôt à expliquer la nature même de la criminalité humaine en fonction d'une conceptualité freudienne (puis kleinienne) centrée autour du complexe d'Œdipe, de la pulsion de mort, du ça* et du surmoi*. La première synthèse de la pensée psychanalytique dans ce domaine fut réalisée par Franz Alexander*. En 1928, il publia à Berlin *Le Criminel et ses juges,* un ouvrage cosigné par l'avocat Hugo Staub, dans lequel il affirmait que l'homme est criminel par nature et qu'il le devient socialement quand il ne parvient pas à évoluer normalement vers un stade génital. En fonction de cette théorie des stades*, Alexander et Staub distinguaient trois types de crimes : les crimes à étiologie psychologique (issus d'une névrose œdipienne), les crimes à étiologie sociologique (découlant d'une identification* du moi* – en général un enfant – au surmoi* d'un adulte criminel) et les crimes à étiologie biologique (provoqués par des maladies mentales).

D'une manière générale, cette criminologie freudienne, d'un biologisme simpliste, fut aussi d'une grande pauvreté théorique. Elle se contenta d'appliquer la théorie psychanalytique à l'élucidation du crime et à la personnalité du criminel. Il faut noter que, à titre individuel, de nombreux psychanalystes, spécialistes en général de la délinquance juvénile, s'intéressèrent au crime et aux criminels sans céder à des théories trop orthodoxes. Parmi eux, August Aichhorn*, Muriel Gardiner* et surtout Marie Bonaparte*. Fascinée par les relations incestueuses, elle se passionna pour l'histoire de Marie-Félicité Lefèbvre, qui avait été condamnée à mort puis graciée pour avoir assassiné la femme de son fils, enceinte de plusieurs mois.

Une telle attitude n'était pas étonnante. En France, en effet, une voie originale s'était dessinée dès 1925, d'une part avec les travaux sur les psychoses passionnelles inspirés par Gaëtan Gatian de Clérambault*, et d'autre part avec le mouvement surréaliste, qui mit à l'honneur un idéal de révolte fondé sur la valorisation imaginaire de la folie* et du crime : « L'acte surréaliste le plus simple, écrivait André Breton en 1930, consiste, revolvers aux poings, à descendre dans la rue et à tirer au hasard tant qu'on peut, dans la foule. Qui n'a pas eu au moins une fois envie d'en finir de la sorte avec le petit système d'avilissement et de crétinisation en vigueur a sa place toute marquée dans cette foule, ventre à hauteur de canon. »

Si Lombroso avait inventé la fausse théorie du « criminel-né », il fut aussi le premier grand théoricien du crime à constituer une documentation sur la criminalité écrite par les condamnés : journaux intimes, autobiographies, témoignages, graffitis de prisonniers, notes sur les livres des bibliothèques. Ainsi la criminologie naissante ne se contentait pas de classer des tares et des stigmates, elle affirmait déjà, comme Freud l'avait fait en luttant contre le nihilisme thérapeutique, la nécessité d'inclure dans l'étude du crime la parole du principal intéressé : le criminel lui-même.

Or en 1930, les surréalistes franchissaient une nouvelle étape. A leurs yeux en effet, le crime individuel et impulsif devenait symboliquement le seul acte rationnel possible dans un monde en proie au crime organisé : chômage, guerres coloniales, exploitation capitaliste, dictatures, violence bourgeoise et démocratique, etc. De cette logique de la folie criminelle agissant à l'intérieur du sujet Jacques Lacan* donnera un bel exemple en 1932 dans sa thèse de médecine consacrée à l'histoire de Marguerite Anzieu*, puis, un an plus tard, dans son commentaire du crime « paranoïaque » des sœurs Papin, deux domestiques du Mans qui avaient sauvagement assassiné leurs patronnes. En matière de criminologie, contrairement à l'école française et à l'ensemble de la communauté freudienne, Lacan contestera toujours l'utilisation de la psychanalyse dans les expertises psychiatriques.

A partir des années 1950, la criminologie mondiale fut traversée de plusieurs courants, dont deux principaux. Le premier, d'inspiration neurologique, réactivait la notion de « criminel-né » en faisant du crime l'expression d'un instinct inné, puis d'une anomalie génétique ; l'autre, d'inspiration phénoménologique ou psychanalytique, regardait le crime à la fois comme un fait social et comme un fait psychique. A partir des années 1960, ces deux courants furent contestés par les divers mouvements d'antipsychiatrie* qui remirent à l'honneur, dans une perspective sartrienne, le thème de la révolte par le crime.

A cette époque, les travaux des historiens de l'école des *Annales*, des anthropologues et des philosophes ouvrirent une nouvelle voie à la recherche, en se proposant d'étudier l'histoire du crime, de la pénalité, des sanctions, des faits divers, des supplices ou des discours, non plus à partir d'un modèle classificatoire, mais en faisant « parler » le crime lui-même sans aucune interprétation psychiatrique ou psychanalytique. Avec la publication en 1973 d'un cas de parricide commis sous la Restauration par le jeune paysan Pierre Rivière, puis de *Surveiller et Punir* deux ans plus tard, Michel Foucault (1926-1984) fut le principal initiateur de ce nouveau regard porté sur le crime et le criminel. Il ne s'imposa jamais dans le domaine de la criminologie, largement dominé à partir des années 1980, notamment aux États-Unis*, par un modèle néo-organiciste et expérimentaliste. D'où la remarque cinglante du psychanalyste et juriste français Pierre Legendre, contenue dans *Le Crime du caporal Lortie* : « ... un meurtre exige toujours que quelqu'un vienne répondre de ce meurtre – le sujet ou, à défaut, la fonction qui l'exempte d'avoir à répondre. Que veut dire répondre ? Pareille question ne saurait être engloutie par les méthodes prétendues scientifiques de l'actuelle criminologie dominée par les idéaux de l'expérimentation sociale. »

● Sigmund Freud, « L'établissement des faits par voie diagnostique et la psychanalyse » (1906), *GW*, VII, 3-15, *SE*, IX, 97-114, in *L'Inquiétante Étrangeté et autres textes*, Paris, Gallimard, 1985, 13-28 ; « Quelques types de caractère dégagés par le travail psychanalytique » (1916), *GW*, 364-391, *SE*, XIV, 309-333, *ibid.*, 137-171 ; « Dostoïevski et le parricide » (1927), *GW*, XIV, 399-418, *SE*, XXI, 177-194, *OC*, XVIII, 207-225, sous le titre « Dostoïevski et la mise à mort du père » ; « L'expertise de la faculté au procès Halsmann », *OC*, XIX, 39-43, *GW*, XIV, 541-542, *SE*, XXI, 251-253. Cesare Lombroso, *L'Homme criminel* (1876), Paris, Alcan, 1887. Sandor Ferenczi, « Psychanalyse et criminologie » (1919), *Psychanalyse III, Œuvres complètes, 1919-1926*, Paris, Payot, 1974, 79-81. Franz Alexander et Hugo Staub, L*e Criminel et ses juges* (Berlin, 1928), Paris, Gallimard, 1934. Marie Bonaparte, « Le cas de Madame Lefebvre », *Revue française de psychanalyse*, 1, 1, 1927, 149-198. Jacques Lacan, « Motifs du crime paranoïaque : le crime des sœurs Papin » (1933), in *De la psychose paranoïaque dans ses rapports avec la personnalité*, Paris, Seuil, 1975 ; et Michel Cenac, « Introduction théorique aux fonctions de la psychanalyse en criminologie » (1950), in *Écrits*, Paris, Seuil, 1966, 125-151. Étienne De Greef, *Amour et crime d'amour* (1942), Bruxelles, Dessart, 1973 ; *Introduction à la criminologie* (Bruxelles, 1946), Paris, PUF, 1948. Daniel Lagache, « Psychocriminogenèse » (1950), in *Œuvres*, II, *Le Psychologue et le Criminel* (1947-1952), Paris, PUF, 1979, 179-205 ; « Réflexions sur De Greef et le crime passionnel » (1956), in *Œuvres*, III, *Le Transfert et autres travaux psychanalytiques* (1952-1956), Paris, PUF, 1980-307-313. Juliette Favez-Boutonier, « Psychanalyse et criminologie », in *La Psychanalyse*, 3, 1957, 1-17. J. Lafon, « Criminologie », *Encyclopaedia universalis*, vol. 5, 1968, 91-100. *Moi, Pierre Rivière, ayant égorgé ma mère, ma sœur et mon frère. Un cas de parricide au* XIX*e siècle présenté par Michel Foucault*, Paris, Gallimard-Julliard, 1973, coll. « Archives ». Michel Foucault, *Surveiller et Punir*, Paris, Gallimard, 1975. Pierre Legendre, *Le Crime du caporal Lortie*, Paris, Fayard, 1989. Laurent Mucchielli (éd.), *Histoire de la criminologie française*, Paris, L'Harmattan, 1994. « Destins de meurtriers », textes réunis par Michel Carty et Marcel Detienne, in *Systèmes de pensée en Afrique noire*, cahier 14, 1996, publié par l'École pratique des hautes études (section des sciences religieuses).

CUERNAVACA (MONASTÈRE DE)

▷ ÉGLISE.

CULTURALISME

Allemand : *Kulturalismus*. Anglais : *Culturalism*.

Par ce terme, on désigne les tendances de l'anthropologie* qui cherchent à découvrir dans la diversité des cultures, des comportements, des attitudes, des mentalités, des mœurs, une explication de l'homme fondée sur la différence et le relatif et mettant en cause l'universalisme propre aux grands systèmes de pensée issus de la tradition du savoir occidental.

Le courant culturaliste est essentiellement américain et représenté par les travaux de l'école dite Culture et Personnalité, où se regroupèrent durant l'entre-deux-guerres Abram Kardiner*, Ruth Benedict (1887-1948), Margaret Mead*, Ralph Linton (1893-1953) et Cora Dubois autour d'un travail collectif d'anthropologie culturelle centré sur deux grandes notions : le *pattern*, la personnalité de base. La première, introduite par Ruth Benedict en 1934, désigne la forme spécifique que prend une culture pour se singulariser par rapport à une autre, et la deuxième, avancée en 1939 par Linton et Kardiner, renvoie aux éléments constitutifs d'une société donnée.

Bien que le courant Culture et Personnalité se soit montré critique à l'égard des thèses freudiennes, il fut l'une des voies de l'introduction de la psychanalyse* aux États-Unis*.

Le débat entre culturalisme et universalisme ne se limite pas aux travaux de ce courant. Il traverse toute l'histoire de la psychanalyse dans ses rapports non seulement avec l'anthropologie mais avec la question de la différence des sexes*, du complexe d'Œdipe*, de la prohibition de l'inceste*, et enfin de l'inconscient* lui-même.

▷ CRIMINOLOGIE. DEVEREUX Georges. FANON Frantz. *GENDER*. JUDÉITÉ. HOMOSEXUALITÉ. MALINOWSKI Bronislaw. ROHEIM Geza. SEXOLOGIE. SEXUALITÉ. SEXUALITÉ FÉMININE. *TOTEM ET TABOU*.

D

DANEMARK

▷ PAYS SCANDINAVES.

DASEINANALYSE

▷ ANALYSE EXISTENTIELLE.

DÉFENSE

Allemand : *Abwehr.* Anglais : *Defence.*

Sigmund Freud* désigne sous ce terme l'ensemble des manifestations de protection du moi* contre les agressions intérieures (d'ordre pulsionnel) et extérieures, susceptibles de constituer des sources d'excitation et d'être ainsi des facteurs de déplaisir.

Les diverses formes de défense, à même de spécifier les atteintes névrotiques, sont généralement regroupées sous l'expression de mécanisme de défense.

En 1894, Freud publie un article intitulé « Les psychonévroses de défense » dans lequel la notion de défense apparaît comme le pivot du fonctionnement névrotique en relation avec les processus d'organisation du moi.

Dès ce moment, et les *Études sur l'hystérie**, écrites en collaboration avec Josef Breuer* le confirment, la question consiste à identifier les modalités selon lesquelles le moi, à cette époque assimilé à la conscience* ou au conscient*, réagit aux diverses sollicitations à même de le perturber en provoquant en lui des effets déplaisants. Ces éléments parasites peuvent avoir une origine extérieure, la possibilité existant alors pour le moi de les fuir ou de procéder à des investissements latéraux. La question est d'emblée plus délicate lorsque les éléments inconciliables sont d'origine interne, pulsionnelle et plus précisément sexuelle. Dans une lettre à Wilhelm Fliess* du 21 mai 1894, Freud le déclare nettement : « C'est contre la sexualité* que se dresse la défense. »

D'abord élaborée dans le cadre de l'étiologie de l'hystérie*, la notion de défense acquiert pour Freud un rôle discriminant entre les diverses atteintes névrotiques, notamment dans l'article de 1896 intitulé « Nouvelles remarques sur les psychonévroses de défense ». Le mécanisme de défense revêt ainsi la forme de la conversion dans la névrose* hystérique, celle de la substitution dans la névrose obsessionnelle*, celle enfin de la projection* dans la paranoïa*. Sous ces divers aspects, liés à la spécificité de l'entité pathologique, la défense poursuit le même objectif : séparer, lorsque cette opération n'a pas pu s'effectuer directement au moyen de l'abréaction*, la représentation perturbante de l'affect qui lui a été originellement lié.

En 1915, au titre de sa métapsychologie*, Freud use de nouveau de l'expression mécanisme de défense dans l'article consacré à l'inconscient* d'une part, pour regrouper l'ensemble des processus de défense (toutes névroses confondues), dans celui consacré aux destins des pulsions ensuite, pour évoquer les diverses formes, refoulement*, retournement, renversement, de l'évolution d'une pulsion*. Dans sa lettre à Wilhelm Fliess du 6 décembre 1896 consacrée à la mise en place de l'appareil psychique, Freud assimilait déjà défense et refoulement : « La condition déterminante d'une défense pathologique (c'est-à-dire du refoulement) est donc le caractère sexuel de l'incident et sa survenue au cours d'une phase antérieure. »

En 1926, dans le supplément à son livre *Inhibition, symptôme et angoisse**, il revient sur cette assimilation en évoquant d'abord les raisons pour lesquelles il a abandonné l'expression processus de défense. Il reconnaît ensuite lui avoir substitué celle de refoulement sans avoir précisé la nature de la relation entre les deux notions. Il propose alors de conserver le terme de refoulement pour désigner certains cas de défense, ceux qui sont liés à des affections névrotiques particulières – il prend l'exemple du lien précis entre refoulement et hystérie –, « le vieux concept de défense » étant utilisé pour englober les processus de même orientation, celle de « la protection du moi contre les exigences pulsionnelles ».

Avec les travaux d'Anna Freud*, la notion de mécanisme de défense redevient centrale dans la réflexion psychanalytique, elle prend même valeur de concept. Pour la fille de Freud, les mécanismes de défense interviennent contre les agressions pulsionnelles mais aussi contre toutes les sources extérieures d'angoisse, y compris les plus concrètes. Le développement de cette perspective globalisante implique une conception du moi marquant un retour en arrière au regard de celle exprimée par Freud dans le cadre de la grande refonte théorique des années 1920. Le moi redevient synonyme de conscient, il est assimilé à la personne et l'objectif de la psychanalyse consiste alors à aider ses défenses pour consolider son intégrité. Cette conception a trouvé à s'épanouir dans le courant de l'*Ego Psychology**. Elle a été fortement combattue, notamment par Jacques Lacan* dans divers articles des années 1950-1960, l'auteur des *Écrits* la dénonçant comme une transformation de la psychanalyse en une démarche adaptative, une forme d'orthopédie sociale contre laquelle il entreprit son « retour à Freud ».

Pour Melanie Klein*, le concept de défense et les formes qu'il peut revêtir sont inscrits dans la phase archaïque, préœdipienne, ils portent aussi bien sur les éléments extérieurs intériorisés, ou soumis à des tentatives de contrôle, que sur les éléments pulsionnels.

● Sigmund Freud, « Les psychonévroses de défense » (1894), *OC*, III, 1-18, sous le titre « Les névropsychoses de défense », *GW*, I, 57-74, *SE*, III, 41-61 ; « Nouvelles remarques sur les psychonévroses de défense » (1896), *OC*, III, 121-146, sous le titre « Nouvelles remarques sur les névropsychoses de défense », *GW*, I, 377-403, *SE*, III, 157-185 ; *La Naissance de la psychanalyse* (New York, 1950), Paris, PUF, 1956 ; *Briefe an Wilhelm Fliess, 1887-1904*, Francfort, Fischer, 1986 ; « L'inconscient » (1915), *OC*, XIII, 203-242, *GW*, 263-303, *SE*, XIV, 159-204 ; *Pulsions et destins de pulsions* (1915), *OC*, XIII, 161-185, *GW*, X, 209-232, *SE*, XIV, 109-140 ; *Inhibition, symptôme et angoisse* (1926), *OC*, XVII, 203-286, *GW*, XIV, 113-205, *SE*, XX, 87-172 ; et Josef Breuer, *Études sur l'hystérie* (1895), Paris, PUF, 1956. Anna Freud, *Le Moi et les mécanismes de défense* (1936), Paris, PUF, 1949. Pierre Kaufmann, « Défense », in Pierre Kaufmann (éd.), *L'Apport freudien. Éléments pour une encyclopédie de la psychanalyse*, Paris, Bordas, 1993. Jacques Lacan, « Variantes de la cure type » (1955), in *Écrits*, Paris, Seuil, 1966, 323-362 ; « La chose freudienne ou Sens du retour à Freud en psychanalyse » (1956), *ibid.*, 401-436. Jean Laplanche et Jean-Bertrand Pontalis, *Vocabulaire de la psychanalyse*, Paris, PUF, 1967.

▷ ANNAFREUDISME. FENICHEL Otto. RÉSISTANCE.

DE LA PSYCHANALYSE

▷ *SUR LA PSYCHANALYSE. CINQ CONFÉRENCES.*

DELAY Jean (1907-1987)

psychiatre français

Né à Bayonne d'une famille de médecins, élève de Pierre Janet*, analysé par Édouard Pichon*, ami et contemporain de Jacques Lacan*, membre enfin de l'Académie de médecine en 1955, puis de l'Académie française en 1959, Jean Delay fut le principal représentant français de l'école de psychiatrie biologique de la seconde moitié du siècle. En cela, il ne fut guère favorable aux théories freudiennes, qu'il connaissait parfaitement bien, et ne manifesta aucune sympathie pour les avancées de la psychiatrie dynamique*. Après avoir été, en 1945, expert au tribunal de Nuremberg pour juger de la responsabilité pénale de certains bourreaux nazis, il fut élu titulaire de la chaire de clinique des maladies mentales et de l'encéphale de l'hôpital Sainte-Anne, où il apporta son aide à Lacan en mettant à sa disposition un amphithéâtre. Il occupa cette fonction jusqu'en 1970 et introduisit en France* les traitements pharmacologiques pour soigner les maladies mentales : notamment les neuroleptiques et les antidépresseurs. En 1956, il publia un remarquable ouvrage psychobiographique, *La Jeunesse d'André Gide*, auquel Lacan consacra un long commentaire.

A l'opposé de la démarche d'Henri Ey*, Delay eut comme lui une renommée internationale. Il forma plusieurs élèves, et notamment Pierre Pichot, adversaire de la psychanalyse et des thèses d'Henri F. Ellenberger*, défenseur en France du fameux *Manuel diagnostique et statistique des troubles mentaux (DSM* I-IV*).* Ce *Manuel* eut un succès considérable dans les sociétés industrielles avancées, du fait qu'il réduit la folie* à un comportement purement mécanique et le sujet pensant à un corps-machine, à rebours du savoir clinique et de la pratique hospitalière accumulés depuis la fin du XIXe siècle, lorsque Sigmund Freud* et Eugen Bleuler* avaient précisément dénoncé toutes les formes de « nihilisme thérapeutique ».

● Jean Delay, *La Jeunesse d'André Gide*, 2 vol., Paris, Gallimard, 1956. Jacques Lacan : « Jeunesse de Gide ou la lettre du désir » (1958), *Écrits*, Paris, Seuil, 1966, 739-764. Pierre Pichot, *Un siècle de psychiatrie* (1983), Paris, Synthélabo, coll. « Les empêcheurs de penser en rond », 1996.

▷ ANTIPSYCHIATRIE. MÉLANCOLIE. SCHIZOPHRÉNIE.

DÉLIRE ET LES RÊVES DANS LA « GRADIVA » DE W. JENSEN (LE)

Ouvrage de Sigmund Freud* publié en 1907 sous le titre *Der Wahn und die Traüme in W. Jensens « Gradiva »*. Traduit pour la première fois en français en 1931 par Marie Bonaparte* sous le titre *Délires et rêves dans la « Gradiva » de Jensen*, précédé de *Gradiva, fantaisie pompéienne* de Wilhelm Jensen (1837-1911), publié pour la première fois en allemand en 1903 sous le titre *Gradiva, ein pompejanisches Phantasiestück* et traduit en 1931 par E. Zak et G. Sadoul. Retraduit en 1986 par Paule Arhex et Rose-Marie Zeitlin, précédé du texte de Wilhelm Jensen traduit par Jean Bellemin-Noël en 1983. Traduit en anglais pour la première fois en 1917 par H.M. Downey sous le titre *Delusion and Dream* et précédé du texte de Wilhelm Jensen en anglais. Retraduit en 1959 par James Strachey* sous le titre *Delusions and Dreams in Jensen's « Gradiva »*.

Ernest Jones* le rapporte avec une pointe de scepticisme : c'est Carl Gustav Jung* qui aurait attiré l'attention de Freud sur le roman de Wilhelm Jensen intitulé *Gradiva, fantaisie pompéienne.* Pour faire plaisir à son disciple, Freud aurait alors rédigé son essai psychanalytique sur cette œuvre, qu'il qualifia en 1925, dans son autobiographie, de « petite nouvelle sans grande valeur par elle-même ».

Si rien, dans la correspondance entre Freud et Jung, n'étaye les affirmations prêtées à Jung, ce dernier, deux de ses lettres à Freud l'attestent, s'enthousiasma pour cet essai. Le 24 mai 1907, il s'écrie : « Votre *Gradiva* est magnifique ! Je l'ai lue dernièrement d'un trait. La clarté de votre exposé est fascinante... » et plus loin dans la même lettre, il ajoute, ce qui ne pouvait qu'enchanter Freud : « De votre *Gradiva* Bleuler dit qu'elle est merveilleuse... »

Natif d'Allemagne* du Nord, Jensen fut un écrivain prolifique. Sa postérité est cependant exclusivement liée à cet ouvrage, *Gradiva*, dont Freud s'empara pour réaliser sa seconde psychanalyse de livre – la première, demeurée inédite, fut envoyée au seul Wilhelm Fliess* et concernait un roman de Conrad Ferdinand Meyer (1825-1898) – inaugurant la collection de psychanalyse appliquée* qu'il avait récemment créée sous le nom de *Schriften zur angewandten Seelenkunde**.

Le roman de Jensen est l'histoire d'un jeune archéologue, Norbert Hanold, amoureux d'une figure de bas-relief découverte à Rome dans une collection d'antiquités et représentant une jeune fille grecque à l'allure séduisante : « Elle marche, raconte Freud, lui-même visiblement sous le charme, et a un peu retroussé son vêtement aux plis nombreux, révélant ainsi ses pieds chaussés de sandales. L'un des pieds repose entièrement sur le sol ; l'autre, pour l'accompagner, s'est soulevé du sol qu'il ne touche que de la pointe des orteils [...]. La démarche inhabituelle et particulièrement séduisante ainsi représentée avait sans doute éveillé l'attention de l'artiste et, après tant de siècles, elle captive maintenant le regard de notre spectateur archéologue. »

Norbert est envahi par les fantasmes* que lui inspire cette jeune fille qu'il a baptisée Gradiva – *Gradiva* : Celle qui avance – au point d'accrocher sur un mur de son bureau une copie du bas-relief, comme le feront plus tard Freud et ses disciples. Dans un cauchemar, Norbert voit la jeune fille victime de l'éruption qui ensevelit Pompéi en 79. A son réveil, laborieusement délivré de la conviction d'avoir lui aussi assisté à la catastrophe, il demeure convaincu de la véracité de son rêve*. Il se penche alors à sa fenêtre et aperçoit dans la rue une silhouette, semblable à celle de son héroïne. Il se précipite pour tenter en vain de la rattraper. Se sentant prisonnier de ses fantasmes, il part pour Pompéi : à l'heure « brûlante et sacrée » de midi, celle où les touristes fuient les ruines pour se mettre à l'ombre, il voit soudain surgir d'une maison sa Gradiva, marchant de son pas léger. La jeune femme n'est pas un fantasme, elle est bien réelle, elle s'appelle Zoé Bertgang – son nom signifie Celle qui brille par sa démarche – et lui demande de bien vouloir parler en allemand, et non en grec ou en latin comme il vient de le faire, s'il veut converser avec elle. Comprenant l'état mental dans lequel se trouve le jeune homme, elle entreprend de le guérir, bien sûr avec succès, en lui révélant progressivement ce qu'il a refoulé, le fait qu'elle habite la même ville allemande que lui et qu'ils ont été, dans leur enfance, compagnons de jeux.

Au lendemain de la publication de *L'Interprétation des rêves** et de sa *Psychopathologie de la vie quotidienne**, Freud découvrait quelque chose d'inespéré : un auteur, ignorant tout de la psychanalyse, avait écrit une fiction dont la construction et le déroulement venaient confirmer et éclairer, sans démonstration ni lourdeur conceptuelle, la vraisemblance de ce qu'il avait si douloureusement théorisé toutes les années précédentes.

La thèse centrale de Freud dans son essai consiste à poser que les rêves inventés par les écrivains sont susceptibles d'être interprétés de la même manière que les rêves réels.

Sa démarche s'organise selon deux dimensions. La première, effet du charme ressenti dans le cours de sa lecture, est d'ordre transférentiel, Freud s'identifiant tantôt à l'auteur, tantôt au personnage de Norbert. La seconde, théorique, est issue du sentiment que ce récit recèle cette vérité : les processus inconscients et l'activité créatrice sont similaires. L'essai sur *Gradiva* ne constitue donc pas, au départ, un exercice d'application rudimentaire de la psychanalyse* à un matériel littéraire, mais la tentative de faire progresser la psychanalyse par l'étude des processus de la création artistique.

La réalisation du projet est loin d'être satisfaisante. Freud est conscient des limites de son entreprise, mais il ne s'y attarde pas et tente même d'aller au-delà, au risque d'ouvrir des perspectives psychobiographiques et psycho-historiques dont il critiquera lui-même le développement.

La principale faiblesse de cet essai réside dans la place qu'y occupe le raisonnement analogique. Analogie globale entre le roman de Jensen et une cure psychanalytique d'abord, d'où découlent une série d'autres analogies. Ainsi celle posée entre les rêves du héros et les rêves réels, qui est en contradiction avec l'affirmation énoncée dans *L'Interprétation des rêves* selon laquelle les rêves inventés par les romanciers et les poètes relèvent de l'interprétation symbolique et non de l'interprétation freudienne fondée sur les associations du rêveur. Analogie entre Norbert Hanold et un patient en analyse, entre Zoé Bertgang et le psychanalyste, analogie la plus centrale et la plus séduisante enfin, à laquelle Freud ne résiste pas, entre le refoulement psychique et l'ensevelissement de Pompéi par les laves incandescentes du Vésuve.

Quelle que soit la prudence de Freud sur ce point, il ne peut s'empêcher d'aller de l'avant et de se livrer au relevé jubilatoire des concordances supposées conforter l'analogie initiale, quitte à solliciter le texte, en qualifiant par exemple de délire les fantasmes de Norbert, alors que le mot n'est jamais employé par Jensen.

Si ce travail souleva l'enthousiasme des disciples, les psychanalystes des générations suivantes n'ont jamais placé cet essai au premier rang des œuvres freudiennes. Jacques Lacan*, dans un débat à l'université américaine Yale en 1975, ne juge pas « spécialement heureuses » les tentatives de Freud de « voir dans l'art une sorte de témoignage de l'inconscient » et cite, au titre d'exemple d'échec, l'essai sur la *Gradiva*.

Cependant Freud veut aller plus loin encore, et s'intéresse « naturellement, comme l'écrit Jones avec une certaine ingénuité, à la possibilité de rattacher les motifs dévoilés de *Gradiva* à la personnalité de l'auteur ». Mais son travail se heurte, sur ce point aussi, à de sérieuses limites. De fait, Freud envoya à Jensen un exemplaire de son livre et reçut en réponse une aimable lettre lui donnant acte de sa parfaite compréhension de ses propres intentions. Freud ne s'en tint pas là. « Encouragé par cette réponse », écrit encore Jones, il demanda à Jensen d'autres informations. L'écrivain s'expliqua de manière évasive sur l'origine de son roman et les conditions dans lesquelles il l'avait écrit. Freud communiqua cette réponse à ses collègues, le 15 mai 1907, lors d'une séance de la Société psychologique du mercredi*.

Par la suite, dans une lettre du 2 novembre 1907, Jung signala à Freud l'existence de deux nouvelles de Jensen dans lesquelles on peut trouver quelques informations relatives à l'enfance de l'écrivain. Au cours de la séance du mercredi 11 décembre, séance occupée par la communication de Max Graf* sur la « méthodologie de la psychanalyse des écrivains », Freud, après avoir comparé les divers textes de l'auteur de *Gradiva*, fit l'hypothèse qu'il avait une sœur cadette, une jeune fille handicapée par un pied bot, pour laquelle l'écrivain aurait ressenti un désir très fort. Jensen répondit à l'envoi de cette interprétation par une lettre datée du 14 décembre 1907. Il y laisse d'abord poindre un certain agacement : « Non, je n'ai pas eu de sœur », mais, comme rasséréné, confie avoir éprouvé, enfant, des sentiments amoureux pour une amie prématurément disparue...

Freud, commente Jean-Bertrand Pontalis, « aurait voulu davantage ». Les choses, pourtant, n'iront pas plus loin puisque Jensen refusera de rencontrer Freud après cette ultime lettre.

● Sigmund Freud, *Le Délire et les rêves dans la « Gradiva » de W. Jensen*, Paris, Gallimard, 1986, précédé de « La jeune fille » de Jean-Bertrand Pontalis, 9-23 ; *Sigmund Freud présenté par lui-même* (1925), *OC*, XVII, 51-122, sous le titre *Autoprésentation*, *GW*, XIV, 33-96, *SE*, XX, 7-70, Paris, Gallimard, 1984 ; et Carl Gustav Jung, *Correspondance I, 1906-1909*, Paris, Gallimard, 1975. *Les Premiers psychanalystes, Minutes de la Société psychanalytique de Vienne, vol. I, 1906-1908* (1962), Paris, Gallimard, 1976. Ernest Jones, *La Vie et l'œuvre de Sigmund Freud* (New York, 1953), Paris, PUF, 1958. Wladimir Granoff, *La Pensée et le Féminin*, Paris, Minuit, 1976. Sarah Kofman, *Quatre Romans analytiques*, Paris, Galilée, 1973. Jacques Lacan, « Conférences et entretiens dans des universités nord-américaines », *Scilicet*, 1976, 6-7, 5-63. Nicolas Rand et Maria Torok, *Questions à Freud*, Paris, Les Belles Lettres-Archimbaud, 1995. Pamela Tytell, *La Plume sur le divan. Psychanalyse et littérature en France*, Paris, Aubier, 1982.

DEMANDE

▷ DÉSIR.

DÉNÉGATION

Allemand : *Verneinung*. Anglais : *Negation*.

Terme avancé par Sigmund Freud* pour caractériser un mécanisme de défense* par lequel le sujet* exprime de façon négative un désir* ou une pensée dont il refoule la présence ou l'existence.

Bien que Freud ait mis en évidence ce mécanisme dans les *Études sur l'hystérie**, ce n'est qu'en 1925, dans un court article sur la négation (*Verneinung*), qu'il en donne une explication métapsychologique pour montrer comment, dans une phrase telle que « ce n'est pas ma mère » prononcée par un sujet à propos d'un rêve*, le refoulé est reconnu de manière négative, sans être accepté. Ainsi la dénégation est-elle un moyen pour tout homme de prendre connaissance de ce qu'il refoule dans son inconscient*. Par ce moyen, la pensée se libère donc, par une logique de la négativité, des limitations que lui impose le refoulement*. Otto Rank* avait déjà employé le terme dans une acception identique. Dans la perspective freudienne, la dénégation est différente du déni* (*Verleugnung)*, introduit en 1923 puis théorisé en 1927 à propos du fétichisme*. Ce dernier terme, composé lui aussi du préfixe *Ver-* (privatif), renvoie à un mécanisme de négation propre à la psychose* et à la perversion*.

En France*, la traduction* de la *Verneinung* freudienne a suscité de nombreuses polémiques qui résultèrent d'abord d'une discussion entre Freud et René Laforgue* à propos de la scotomisation, puis des théories d'Édouard Pichon* sur la négation grammaticale, et enfin de la création par Jacques Lacan* du concept de forclusion*. En 1934, Henri Hoesli adopta, pour rendre le terme freudien, le mot négation. En 1956, dans son débat avec Lacan, le philosophe hégélien Jean Hyppolite (1907-1968) lui préféra dénégation et, en 1967, Jean Laplanche et Jean-Bertrand Pontalis nommèrent (dé)négation la *Verneinung* et déni la *Verleugnung*, rebaptisée désaveu par Guy Rosolato la même année. En 1989, l'équipe de Jean Laplanche et d'André Bourguignon (1920-1996) adoptèrent de nouveau le mot négation.

● Sigmund Freud, « La négation » (1925), *OC*, XVII, 165-171, *GW*, XIV, 11-15, *SE*, XIX, 235-239. Jacques Damourette et Édouard Pichon, « Sur la signification psychologique de la négation en français » (1928), *Le Bloc-notes de la psychanalyse*, 5, 1985, 111-132. Jacques Lacan, *Écrits*, Paris, Seuil, 1966. Jean Laplanche et Jean-Bertrand Pontalis, *Vocabulaire de la psychanalyse*, Paris, PUF, 1967. E. James Lieberman, *La Volonté en acte. La vie et l'œuvre d'Otto Rank* (New York, 1985), Paris, PUF, 1991. Élisabeth Roudinesco, *Histoire de la psychanalyse en France*, vol. 1 (1982), vol. 2 (1986), Paris, Fayard, 1994. André Bourguignon, Pierre Cotet, Jean Laplanche, François Robert, *Traduire Freud*, Paris, PUF, 1989.

▷ FRUSTRATION.

DÉNI

Allemand : *Verleugnung*. Anglais : *Disavowal*.

Terme avancé par Sigmund Freud* en 1923 pour caractériser un mécanisme de défense* par lequel le sujet* refuse de reconnaître la réalité d'une perception négative, et plus particulièrement l'absence du pénis chez la femme.

C'est dans un article de 1923 sur l'organisation génitale infantile que Freud avance pour la première fois la notion de déni. Il en fait ensuite un mécanisme propre à la reconnaissance d'une réalité manquante dans le cadre de la différence des sexes*, et il l'apparente enfin au processus de la psychose* par opposition au refoulement*, caractéristique de la névrose. Si le névrosé refoule les exigences du ça*, le psychotique nie la réalité extérieure pour reconstruire une réalité hallucinatoire.

En 1927, dans son article sur le fétichisme*, et à la suite d'une discussion épistolaire avec René Laforgue* sur la scotomisation, Freud définit le déni comme un mécanisme pervers par lequel le sujet fait coexister deux réalités contradictoires : le refus et la reconnaissance de l'absence du pénis chez la femme. D'où le fait que le clivage* du moi ne caractérise plus seulement la psychose mais également la perversion*.

En 1967, le psychanalyste français Guy Rosoloto proposera de traduire *Verleugnung* par désaveu (au lieu de déni) pour bien marquer la double opération de la reconnaissance et de son refus, et distinguer la réalité que recouvre ce mot de la dénégation*.

● Sigmund Freud, « L'organisation génitale infantile » (1923), *GW*, XII, 293-298, *SE*, XIX, 139-145, in *La Vie sexuelle*, Paris, PUF, 1959, 113-116 ; « La perte de la réalité dans la névrose et la psychose » (1924), *OC*, XVII, 35-43, *GW*, III, 363-368, *SE*, XIX, 183-187 ; « Quelques conséquences psychiques de la différence des sexes au niveau anatomique » (1925), *OC*, XVII, 189-203, *GW*, XIV, 19-30, *SE*, XIX, 248-258 ; « Le fétichisme » (1927), *GW*, XIV, 311-317, *SE*, XXI, 147-157, in *La Vie sexuelle*, Paris, PUF, 1969 ; « Le clivage du moi dans le processus de défense » (1938), *GW*, XVII, 59-62, *SE*, XXIII, 271-278, in *Résultats, idées, problèmes*, II, Paris, PUF, 1985, 283-287. Guy Rosolato, « Étude des perversions sexuelles à partir du fétichisme », in *Le Désir et la Perversion*, Paris, Seuil, 1967, 9-52. Octave Mannoni, « Je sais bien mais quand même », in *Clefs pour l'imaginaire*, Paris, Seuil, 1969.

▷ CASTRATION. FORCLUSION. FRUSTRATION. PANKEJEFF Sergueï Constantinovitch. PICHON Édouard.

DÉPLACEMENT

Allemand : *Verschiebung*. Anglais : *Displacement*.

Processus psychique inconscient* théorisé par Sigmund Freud* dans le cadre notamment de l'analyse du rêve*. Le déplacement transforme, au moyen d'un glissement associatif, des éléments primordiaux d'un contenu latent en des détails secondaires d'un contenu manifeste.

Freud utilise le terme de déplacement dès 1894, dans un article consacré aux psychonévroses de défense, dans une acception qui ne variera plus. Il est question, à la fin de cet article, de « quelque chose », un *quantum* d'énergie, « qui est capable d'agrandissement, d'amoindrissement, de déplacement et d'éconduction, et qui s'étend sur les traces mémorielles des représentations, un peu comme une charge électrique sur la surface des corps ».

Par la suite, dans « L'esquisse d'une psychologie scientifique », la notion de déplacement est posée comme intrinsèquement liée au processus primaire, constitutif du système inconscient caractérisé par le libre déplacement d'une énergie d'investissement*. Dans la célèbre lettre à Wilhelm Fliess* du 6 décembre 1896, Freud progresse dans la conception de ce qu'il appelle pour la première fois l'appareil psychique, parlant, à propos de la mémoire, d'un processus de stratification dans lequel les « traces mnémoniques se trouvent de temps en temps *remaniées* suivant les circonstances nouvelles ».

Le processus de déplacement commence à prendre sa forme définitive en 1899, dans la première version de l'article « Sur les souvenirs-écrans ». Il s'agit de rendre compte des raisons des choix opérés par la mémoire entre les divers éléments d'une expérience vécue. Deux forces psychiques s'affrontent, l'une travaillant à la mémorisation d'événements importants, l'autre, une résistance*, s'y opposant. Le conflit se termine par un compromis : « … au lieu de l'image mnésique originairement justifiée, une autre image mnésique survient, qui est partiellement échangée contre la première par *déplacement* dans l'association. » Cette fonction du déplacement est confirmée lors du remaniement de cet article à l'occasion de la publication de la *Psychopathologie de la vie quotidienne** : le déplacement est bien l'opération responsable de l'existence de ces souvenirs d'enfance portant sur des choses indifférentes ou secondaires. Le déplacement a consisté en une opération de substitution portant sur des impressions importantes dont la mémorisation s'est heurtée à une résistance et dont l'analyse établira l'existence.

Dans *L'Interprétation des rêves**, le déplacement et la condensation* constituent « les deux grandes opérations auxquelles nous devons essentiellement la forme de nos rêves ». L'analyse des rêves fait apparaître de manière assez systématique que certains éléments, essentiels pour le contenu manifeste du rêve, ne jouent qu'un rôle secondaire au niveau des pensées latentes, le mécanisme inverse étant tout aussi fréquent. C'est ce constat qui conduit Freud à considérer ce déplacement d'éléments comme l'une des formes essentielles du processus de déformation, constitutif du travail du rêve. A la différence de la condensation, le déplacement apparaît comme totalement lié à la censure : cette dernière commande en effet le choix d'éléments anodins destinés à en remplacer d'autres, à potentialité conflictuelle.

On retrouve le processus de déplacement à l'œuvre dans l'essai *Le Mot d'esprit et sa relation à l'inconscient**. Mais dans ce cadre, le déplacement intervient selon des modalités diverses, et Freud insiste notamment sur la distinction à effectuer entre le déplacement qui agit au niveau du travail psychique responsable du mot d'esprit et celui qui intervient au niveau du travail nécessaire à sa compréhension.

Freud mentionne à plusieurs reprises les diverses modalités de fonctionnement du déplacement, notamment celles qui sont liées à la proximité et à l'analogie, mais il ne les théorise pas. Le linguiste Roman Jakobson (1896-1982) introduira à cette théorisation en articulant les figures de rhétorique de la métaphore et de la synecdoque avec les processus de la symbolisation fondés sur la ressemblance pour la première, avec la contiguïté ou la proximité pour la seconde, et en faisant observer que ces deux opérations, qui constituent la bipolarité inhérente à tout langage, se retrouvent dans le fonctionnement du rêve décrit par Freud. Jacques Lacan* s'appuie sur cette avancée pour repenser, dans le cadre de sa théorie du signifiant*, la conception freudienne du travail du rêve. Contrairement à Jakobson, Lacan assimile la condensation à la métaphore et le déplacement à la métonymie.

● Sigmund Freud, *La Naissance de la psychanalyse* (New York, 1950), Paris, PUF, 1956 ; *Briefe an Wilhelm Fliess 1887-1904*, Francfort, Fischer, 1986 ; « Les névropsychoses de défense » (1894), *OC*, III, 1-18, *GW*, I, 57-74, *SE*, III, 41-61 ; « Sur les souvenirs-écrans » (1899), *OC*, III, 253-276, sous le titre « Des souvenirs-couvertures », *GW*, I, 529-554, *SE*, III, 299-322, in *Névrose, psychose et perversion*, Paris, PUF, 1973 ; *L'Interprétation des rêves* (1900), *GW*, II-III, 1-642, *SE*, IV-V, 1-621, Paris, PUF, 1967 ; *Psychopathologie de la vie quotidienne* (1901), *GW*, IV, *SE*, VI, Paris, Payot, 1973 ; *Le Mot d'esprit et sa relation à l'inconscient* (1905), *GW*, VI, 1-285, *SE*, VIII, Paris, Gallimard, 1988 ; « L'inconscient » (1915),

OC, XIII, 203-242, *GW*, 263-303, *SE*, XIV, 159-204. Roman Jakobson, *Essais de linguistique générale*, Paris, Éditions de Minuit, 1963. Jacques Lacan, *Écrits*, Paris, Seuil, 1966 ; *Le Séminaire*, livre V, *Les Formations de l'inconscient* (1957-1958), inédit. Jean Laplanche et Jean-Bertrand Pontalis, *Vocabulaire de la psychanalyse*, Paris, PUF, 1967. Élisabeth Roudinesco, *Histoire de la psychanalyse en France*, vol. 2 (1986), Paris, Fayard, 1994 ; *Jacques Lacan. Esquisse d'une vie, histoire d'un système de pensée*, Paris, Fayard, 1994.

DÉPRESSION

▷ MÉLANCOLIE. POSITION DÉPRESSIVE/POSITION SCHIZOÏDE-PARANOÏDE.

DÉSAVEU

▷ DÉNI.

DÉSÊTRE

▷ PASSE.

DÉSIR

Allemand : *Begierde, Wunsch, Wunscherfüllung, Wunschbefriedigung*. Anglais : *Wish, wishfulfilment, desire*.

Terme employé en philosophie, en psychanalyse* et en psychologie pour désigner à la fois la tendance, le souhait, le besoin, la convoitise, l'appétit, c'est-à-dire toute forme de mouvement en direction d'un objet dont l'âme et le corps subissent l'attrait spirituel ou sexuel.

Chez Sigmund Freud*, la notion est employée dans le cadre d'une théorie de l'inconscient* pour désigner à la fois la tendance et la réalisation de la tendance. En ce sens, le désir est accomplissement d'un souhait ou d'un vœu (*Wunsch*) inconscient. Selon cette formulation freudienne classique, on emploie comme synonyme de désir les mots allemands *Wunscherfüllung* et *Wunschbefriedigung* et le mot anglais *wishfulfilment* (désir au sens d'accomplissement ou de satisfaction d'un souhait inconscient).

Parmi les successeurs de Freud, seul Jacques Lacan* a conceptualisé la notion de désir en psychanalyse à partir de la tradition philosophique, pour en faire l'expression d'une convoitise ou d'un appétit qui tendent à se satisfaire dans l'absolu, c'est-à-dire en dehors de toute réalisation d'un souhait ou d'une tendance. Selon cette conceptualité lacanienne, on emploie en allemand le mot *Begierde* et en anglais le mot *desire* (désir au sens du désir d'un désir).

Étant donné la place qu'occupe la notion de désir dans l'histoire de la philosophie occidentale – de Spinoza à Hegel –, on ne s'étonnera pas des polémiques qui ont entouré la traduction* du terme *Wunsch* employé par Freud dans *L'Interprétation des rêves**.

Trois mots recouvrent en allemand la notion de désir, pour laquelle la langue française et la langue espagnole ne disposent que d'un seul terme (désir, *deseo*) : *Begierde, Lust, Wunsch.*

Le terme *Begierde* renvoie à la philosophie de la conscience* et du sujet* telle qu'elle s'est développée au XIXe siècle à partir de la publication de la *Phénoménologie de l'esprit* de Hegel. De là dérivera la phénoménologie husserlienne, puis heideggerienne, dont s'inspirera l'analyse existentielle*, de Ludwig Binswanger* à Igor Caruso*. *Begierde* est utilisé pour définir l'appétit, la tendance ou la concupiscence par lesquels s'exprime la relation à soi de la conscience. Si la conscience tente de connaître l'objet, l'appréhension de celui-ci ne se fait pas par une connaissance mais par une re-connaissance. En d'autres termes, la conscience au sens hégélien reconnaît l'autre* en tant qu'elle s'y retrouve elle-même. La relation à l'autre passe alors par le désir (*Begierde*) : la conscience ne se reconnaît dans un autre, c'est-à-dire dans un objet imaginaire, que dans la mesure où, à travers cette reconnaissance, elle pose cet autre comme objet de désir.

L'autre est donc l'objet du désir que la conscience désire dans une relation négative et en miroir qui lui permet de se reconnaître en lui. Du même coup, lorsque ressort le rapport négatif à l'objet du désir, la conscience, devenue conscience de soi, découvre que l'objet n'est pas à l'extérieur d'elle mais en elle. La conscience a dû passer par l'autre pour revenir à soi sous la forme de l'autre. Telle est la définition hégélienne du mouvement de la *Begierde* qui conduit à la satisfaction (*Befriedigung).* La conscience ne peut dire je que par rapport à un autre qui lui sert de support : je me reconnais dans l'autre dans la mesure où je le nie comme autre.

Négligeant la tradition philosophique, Freud n'emploie pas le terme *Begierde* mais *Wunsch* qui signifie vœu ou souhait sans idée de convoitise ou de reconnaissance de soi par l'autre et de l'autre par soi. Par ailleurs, il emploie le mot *Lust* au sens de passion ou de penchant pour définir ce qu'il appelle le principe de plaisir (*Lustprinzip),* c'est-à-dire une activité qui tend à éviter toute forme de déplaisir : quelque chose de destructeur dont Lacan fera la jouissance*.

Chez Freud, le désir (*Wunsch)* est avant tout le désir inconscient. Il tend à s'accomplir (*Wunschfüllung)* et parfois à se réaliser (*Wunschbefriedigung*). C'est pourquoi, d'emblée, il est lié à la nouvelle conception du rêve*, de l'inconscient*, du refoulement* et du fantasme*. D'où cette définition qui ne variera pas : le désir est désir inconscient et accomplissement du désir. Autrement dit, c'est dans le rêve que gît la définition freudienne du désir : le rêve est l'accomplissement d'un désir refoulé et le fantasme la réalisation hallucinatoire du désir lui-même.

Même s'il ne prend pas en compte la notion de reconnaissance, Freud n'identifie pas le désir au besoin (biologique). Le besoin trouve en effet sa satisfaction dans des objets adéquats comme la nourriture, alors que le désir est lié à des traces mnésiques, à des souvenirs. Il s'accomplit dans la reproduction à la fois inconsciente et hallucinatoire des perceptions, devenues « signes » de la satisfaction. Ces signes ont toujours, selon Freud, un caractère sexuel, puisque le désir a toujours la sexualité* pour enjeu.

On trouve dans *L'Interprétation des rêves* tous les exemples cliniques qui permettent d'illustrer cette théorie freudienne du désir, à laquelle l'école anglaise, de Melanie Klein* à Donald Woods Winnicott*, ajoutera une autre dimension : la relation d'objet*, fondée sur le clivage*, la haine et la destruction (envie*, bon et mauvais objet*), ou sur la transitivité (objet transitionnel*).

Marqué durant l'entre-deux-guerres par l'enseignement d'Alexandre Kojève (1902-1968), commentateur français de la phénoménologie hégélienne, Jacques Lacan est le seul auteur à concilier deux traditions : l'une philosophique, fondée sur la *Begierde,* l'autre psychanalytique, appuyée sur le *Wunsch.*

Avec Kojève, il « anthropologise » le désir humain, tout en mettant l'inconscient freudien à la place de la conscience hégélienne. Aussi renvoie-t-il la découverte viennoise à une notion de désir inconscient revue et corrigée dans une perspective phénoménologique. Lacan n'oppose pas une philosophie du désir à une biologie des passions, mais il utilise un discours philosophique pour conceptualiser la visée freudienne qu'il juge insuffisante. Il établit donc un lien entre le désir fondé sur la reconnaissance (ou désir du désir de l'autre) et le désir inconscient (accomplissement au sens freudien).

Ce faisant, il différencie plus que Freud le désir du besoin. A travers l'idée hégélienne de reconnaissance, il introduit, entre 1953 et 1957, un troisième terme qu'il appelle la demande. Celle-ci s'adresse à autrui, et porte en apparence sur un objet. Mais cet objet est inessentiel, puisque la demande est demande d'amour. Autrement dit, dans la terminologie lacanienne, le besoin, de nature biologique, se satisfait d'un objet réel (la nourriture), tandis que le désir (*Begierde* inconscient) naît de l'écart entre la demande et le besoin. Il porte sur un fantasme, c'est-à-dire sur un autre imaginaire. Il est donc désir du désir de l'autre en tant qu'il cherche à être reconnu absolument par lui au prix d'une lutte à mort que Lacan identifie à la fameuse dialectique hégélienne du maître et de l'esclave.

En français, le *Wunsch* au sens de la psychanalyse a été traduit par désir, notamment dans le *Vocabulaire de la psychanalyse,* puisqu'il n'existe pas d'autre terme pour signifier une telle réalité et qu'il s'agit bien chez Freud d'une théorie (du désir) renvoyant à un concept et non pas à un mot. Néanmoins, en 1989, pour l'édition des œuvres complètes réalisée par Jean Laplanche, André Bourguignon (1920-1996) et Pierre Cotet, cette terminologie a été abandonnée au profit d'une atomisation lexicographique de la conceptualité freudienne.

En anglais, James Strachey* a choisi *wish* et *wischfulfilment.* Les traducteurs allemands de Lacan ont choisi *Begierde* ou *begehren,* et les Anglais *desire.*

● Sigmund Freud, *L'Interprétation des rêves* (1900), *GW,* II-III, *SE,* V, Paris, PUF, 1967. G.W.F. Hegel, *La Phénoménologie de l'esprit* (Bamberg, Würzburg, 1807, Paris, 1941), Paris, Aubier, 1991. Alexandre Kojève, *Introduction à la lecture de Hegel,* Paris, Gallimard, 1947. Jacques Lacan, *Le Séminaire,* livre V, *Les Formations de l'inconscient* (1957-1958), inédit ; *Le Séminaire,* livre VI, *Le Désir et son interprétation* (1958-1959), inédit ; *Écrits,* Seuil, Paris, 1966. Jean Laplanche et Jean-Bertrand Pontalis, *Vocabulaire de la psychanalyse,* Paris, PUF, 1967. Charles Rycroft, *A Critical Dictionary of Psychoanalysis,* New York, Basic Books, 1968. E. Burness, M.D. Moore, Bernard D. Fine, *A Glossary of Psychoanalytic*

Terms and Concepts (APsaA), Library of Congress, 1968. *Encyclopedia of Psychoanalysis*, Ludwig Eidelberg (éd.), New York, Londres, The Free Press, Macmillan, 1968. André Bourguignon, Pierre Cotet, Jean Laplanche, François Robert, *Traduire Freud,* Paris, PUF, 1989. Monique David-Ménard, « Désir », in Pierre Kaufmann (éd.), *L'Apport freudien. Éléments pour une encyclopédie de la psychanalyse,* Paris, Bordas, 1993, 94-96. Dylan Evans, *An Introductory Dictionary of Lacanian Psychoanalysis,* Londres, Routledge, 1996. Ignacio Garate et José Miguel Marinas, *Lacan en Castellano,* Madrid, Quipu Ediciónes, 1996. Guy Rosolato, *La Portée du désir ou la psychanalyse même,* Paris, PUF, 1996.

▷ *AU-DELÀ DU PRINCIPE DE PLAISIR.* ENVIE. IMAGINAIRE. *LIBIDO.* MINKOWSKI Eugène. OBJET (BON ET MAUVAIS). OBJET (petit) a. OBJET TRANSITIONNEL. PULSION. SEXUALITÉ. STADE DU MIROIR.

DESTITUTION SUBJECTIVE

▷ PASSE.

DEUIL

▷ MÉLANCOLIE.

DEUTSCH Adolf Abraham (1867-1943)

médecin autrichien

Né à Czernowitz en Bukovine, ce médecin juif participa entre 1906 et 1909 aux réunions de la Société psychologique du mercredi*. Il fut tué en janvier 1943 au camp de Theresienstadt.

DEUTSCH Felix (1884-1964)

médecin et psychanalyste américain

Viennois d'origine, Felix Deutsch avait été dans sa jeunesse un grand admirateur de Theodor Herzl (1860-1904). Il fut l'un des fondateurs de la Kadimah, organisation des étudiants sionistes de Vienne*, où militait Martin Freud*, le fils de Sigmund Freud*. C'est par lui qu'il se lia d'amitié avec la famille. Après des études de médecine qui lui permirent d'obtenir le titre prestigieux de *Privatdozent,* il devint un excellent clinicien interniste.

Malgré l'amour qu'il lui porta, il eut de nombreuses difficultés à être le mari d'une des femmes les plus célèbres de la saga freudienne : Helene Deutsch*. En 1922, dix ans après son mariage, il adhéra à la Wiener Psychoanalytische Vereinigung (WPV) et entreprit une analyse avec Siegfried Bernfeld*. Il fut aussi à cette époque le médecin personnel de Sigmund Freud. Quand il diagnostiqua, en avril 1923, la lésion cancéreuse de son illustre patient, il refusa de lui dire la vérité mais préconisa une opération. Il expliqua par la suite son attitude en affirmant que Freud n'était « pas suffisamment préparé à affronter une telle réalité ». Il craignait le suicide*. En réalité, il semble bien que Deutsch n'ait pas osé lui-même se confronter à cette terrible découverte. D'où son silence. Freud se brouilla avec lui pendant un certain temps et prit alors Max Schur* comme médecin traitant, en lui faisant jurer de ne jamais lui mentir.

Après son émigration aux États-Unis*, Felix Deutsch poursuivit une brillante carrière de médecin et de psychanalyste. Il s'orienta vers la médecine psychosomatique* et fut, entre 1951 et 1954, président de la prestigieuse Boston Psychoanalytic Society (BoPS). En 1956, il reçut en consultation une patiente qui avait été autrefois à Vienne le fameux cas « Dora » (Ida Bauer*) de Freud. Il s'en aperçut progressivement et rédigea un article pour montrer que la jeune femme n'avait jamais guéri de ses symptômes.

● Felix Deutsch, « Reflections on Freud's one hundredth birthday », *Psychosomatic Medicine,* 18, 1956, 279-283. Max Schur, *La Mort dans la vie de Freud* (New York, 1972), Paris, Gallimard, 1975. Paul Roazen, *Helene Deutsch. Une vie de psychanalyste* (New York, 1985), Paris, PUF, 1992.

DEUTSCH Helene, née Rosenbach (1884-1982)
psychiatre et psychanalyste américaine

Celle que l'on surnomma l'enfant chérie de Sigmund Freud* et qu'Abram Kardiner*, faisant allusion à sa beauté, comparait à Hélène de Troie, était née à Przemysl en Pologne* dans une famille de la bourgeoisie juive assimilée. Dernière venue d'une fratrie de quatre, la petite Hala, de six ans plus jeune que sa sœur Gizela, fut la préférée de son père, brillant juriste, déçu par la médiocrité de son fils Emil, de dix ans plus âgé qu'Helene. Regina Rosenbach, la mère, était une femme autoritaire, conformiste et peu affectueuse. Tout laisse à penser qu'elle était surtout insatisfaite, ce que, curieusement, sa fille, devenue psychanalyste et pionnière de l'émancipation féminine, semble n'avoir jamais voulu prendre en considération.

A 14 ans, en dépit de son intelligence et de sa beauté, Helene est dépressive, marquée par l'hostilité de sa mère à son égard et par la tentative de viol dont elle a été la victime de la part de son frère. Au grand scandale de la famille, elle devient alors l'amie d'un homme marié et connu de toute la ville : Herman Lieberman. Cet éminent dirigeant socialiste, qui sera ministre du gouvernement polonais en exil à Londres en 1940, lui fit rencontrer Rosa Luxemburg, figure historique dont elle parlera encore avec enthousiasme et admiration au soir de sa vie, à 85 ans.

En 1907, le couple s'installe à Vienne* où Helene entreprend des études de médecine. Mais se sentant privée d'avenir, Helene met un terme à cette liaison violente et tumultueuse qui aura duré quatre ans, ce dont Herman souffrira pendant de longues années. En 1911, Josef Reinhold, un ami neurologue qu'elle ne parviendra pas plus tard à arracher aux griffes des nazis, lui donne à lire *L'Interprétation des rêves**. Dans le même temps, elle rencontre Felix Deutsch*, un jeune médecin attiré par les idées freudiennes, qu'elle épouse l'année suivante.

En février 1914, alors qu'elle a commencé sa spécialisation en psychiatrie, elle se rend à Munich dans le service d'Emil Kraepelin*, où elle se heurte à l'hostilité de la fille de celui-ci, prélude à sa rivalité à venir avec Anna Freud*. En avril, elle retourne à Vienne et intègre le prestigieux service de Julius Wagner-Jauregg*, successeur de Richard von Krafft-Ebing*. Désireuse de poursuivre dans la voie de la psychanalyse*, elle fréquente simultanément le séminaire de Viktor Tausk*, qui devient un ami du couple Deutsch. Les années qui suivent marquent le début de sa notoriété.

En 1917, après une succession de fausses couches et des difficultés conjugales croissantes, elle met au monde un garçon, Martin, qui sera son seul enfant et dont on ne connaîtra jamais avec certitude la véritable filiation. Était-il le fils de Felix ou de son ami intime Paul Barnay, acteur et directeur de théâtre ?

Ce sont donc des problèmes personnels autant que l'intérêt théorique et clinique qui poussent Helene à se rapprocher du groupe freudien. A partir de 1918, elle assiste régulièrement aux réunions de la Société psychologique du mercredi* dont elle devient membre le 13 mars 1918. A l'automne, elle entreprend une analyse avec Freud et se rend compte très vite que cette option l'oblige à quitter le service de Wagner-Jauregg. Séduit par l'intelligence et les connaissances de la jeune femme, Freud veut en faire sa principale disciple et accélère le cours des choses. Au bout d'un an, il interrompt la cure, prétextant qu'il a besoin de son heure quotidienne pour un patient étranger qui se révélera être Sergueï Constantinovitch Pankejeff*, l'Homme aux loups.

C'est dans le contexte de cette reconnaissance précipitée que Freud envoie Tausk en analyse chez Helene après l'avoir eu lui-même sur son divan. Il supervise le travail de sa disciple mais l'imbroglio se terminera par le suicide* de Tausk. Par ailleurs, bien que son analyse n'ait pas contribué à la résolution de ses problèmes, Helene s'investit de plus en plus dans la cause du freudisme* dont elle dira, en référence à ses idéaux socialistes, que ce fut sa « dernière révolution », la plus « profonde ».

A partir de 1922, stimulés par l'exemple berlinois, les Viennois ouvrent une polyclinique à la direction de laquelle participe Felix Deutsch, devenu le médecin personnel de Freud. Quand Freud souhaite créer à Vienne un institut sur le modèle de celui de Berlin, c'est Helene qui en assure la fondation. Elle le dirigera de 1924 jusqu'à son départ pour les États-Unis*. Auparavant, elle se rendra à Berlin pour s'informer, mais surtout pour s'éloigner de Felix et reprendre une analyse avec Karl Abraham*. Elle aura alors une liaison avec Sandor Rado*.

Inquiet de ce qu'il resent comme une tentative d'émancipation, Freud n'hésite pas à écrire à son fidèle disciple pour lui demander de veiller à ce que cette cure ne débouche pas sur la séparation d'Helene et de son mari. Docile, Abraham obéit à l'injonction du maître, entravant ainsi le déroulement normal de l'analyse de sa patiente.

Durant son séjour berlinois, Helene rédige son premier travail sur la psychologie des femmes. Elle le présente au congrès de l'International Psychoanalytical Association* (IPA) de Salzbourg le 21 avril 1924. Puis elle écrit son premier ouvrage, *Psychanalyse des fonctions sexuelles de la femme*, prélude à son maître livre, *Psychologie des femmes,* qui sera, en 1949, la référence psychanalytique majeure de Simone de Beauvoir (1908-1986) dans *Le Deuxième Sexe.* La position d'Helene Deutsch sur la sexualité féminine*, inspirée par la thèse de la *libido* unique et du phallicisme, s'inscrit parfaitement dans le courant de l'école viennoise, également représentée par Jeanne Lampl de Groot*, Ruth Mack-Brunswick* et Marie Bonaparte*. A ce courant s'opposera celui de l'école anglaise, centré sur le dualisme sexuel, et représenté par Ernest Jones*, Melanie Klein* et Josine Müller (1884-1930).

Dès 1935, Helene Deutsch discerne le péril nazi et décide, en dépit des nouvelles pressions de Freud, de s'exiler outre-Atlantique avec son mari et son fils. Là-bas elle intégrera la Boston Psychoanalytic Society (BoPS), dont elle deviendra l'une des plus brillantes personnalités.

Les longues décennies qui suivront – elle vivra jusqu'à 98 ans – seront scandées par les tensions et les conflits d'une vie conjugale insatisfaisante et par la nostalgie de la passion amoureuse qui a marqué sa jeunesse. Sans doute faut-il voir là l'une des raisons de son attachement à sa Pologne natale. Elle le manifeste par un fort accent qui fait dire à ses amis qu'elle « parle cinq langues toutes en polonais ». La grande dame d'un freudisme sans concession, critiquant aussi sévèrement l'*Ego Psychology** que la standardisation à l'américaine de l'analyse didactique*, dénuée à ses yeux de cet esprit militant auquel elle a passionnément adhéré dans sa jeunesse, est alors reconnue et célébrée sur le continent américain.

● Helene Deutsch, *La Psychologie des femmes* (New York, 1944), Paris, PUF, 1949 ; *Autobiographie* (New York, 1973), Paris, Mercure de France, 1986 ; *Psychanalyse des fonctions sexuelles de la femme* (New York, 1991), Paris, PUF, 1994. Paul Roazen, *Helene Deutsch. Une vie de psychanalyste* (New York, 1985), Paris, PUF, 1992.

▷ DIFFÉRENCE DES SEXES. *GENDER*. SEXUALITÉ.

DEVEREUX Georges, né Gyorgy Dobo (1908-1985)

psychanalyste et anthropologue américain et français

Les grands freudiens intéressés par la question de l'anthropologie*, Georges Devereux et Geza Roheim*, étaient tous deux juifs hongrois – c'est-à-dire issus d'une région d'Europe où la question du communautarisme et des identités nationales était encore plus marquée que dans les autres territoires du continent – et soucieux d'universalité. Toute sa vie, Devereux fut hanté par la quête d'un nom, d'une identité, d'une nationalité. Il oscillait en permanence entre un désir d'appartenance et une attirance contraire pour la dissidence.

Né à Lugos en Transylvanie, dans une région qui deviendra la Roumanie* avec le traité de Trianon (1920), Gyorgy Dobo fut élevé par une mère allemande et un père hongrois qui s'adressait à lui en français. Dès son jeune âge, il parlait quatre langues (le hongrois, le roumain, l'allemand, le français). Et, plus tard, il en apprendra quatre autres.

En 1926, contre sa mère, germanophile, il choisit la France* pour patrie d'adoption et s'installa à Paris où il entreprit des études de physique et de chimie avec Marie Curie (1859-1906). Il se lia d'amitié avec Klaus Mann (1906-1949), le fils de

Thomas Mann*, puis décida d'entrer à l'École des langues orientales. Il suivit alors l'enseignement de Marcel Mauss (1872-1950) et de Lucien Lévy-Bruhl (1857-1939) et s'orienta vers l'anthropologie.

En 1932, âgé de 24 ans, il commença à écrire des articles pour la prestigieuse revue *American Anthropologist.* Cette année-là, il changea de nom et se fit baptiser catholique. Un an plus tard, il partit sur le terrain : en Arizona chez les Indiens mohaves, puis en Indochine chez les Sedang-Moï. Élève d'Alfred Kroeber (1876-1960), il enseigna alors quelque temps en Californie, à l'université de Berkeley.

L'amour et la haine jouent un rôle fondamental dans l'itinéraire de cet esthète cultivé, conservateur et mélancolique. Haine de soi juive et de la Roumanie, haine de l'Allemagne*, adoration de la France, toutes ces passions se retrouvent dans ses objets d'étude. Ainsi Devereux adorait Athènes, cité civilisée par excellence, et détestait Sparte pour son militarisme. De même, il chérissait ses Indiens mohaves et rejetait les Sedang-Moï. Mais c'est aussi sa mère qu'il cherchait à fuir en se présentant comme « un carencé de l'amour maternel » et en stigmatisant le matriarcat, régime de contrainte et d'oppression. Sans doute aussi fut-il très éprouvé par le suicide* de son frère.

Le passage par le terrain le fit réfléchir aux problèmes de la diversité des maladies mentales selon les cultures. Mais c'est seulement après la Deuxième Guerre mondiale qu'il s'orienta vers la psychanalyse*, d'abord à Paris, où il commença une cure avec Marc Schlumberger (1900-1977), membre de la Société psychanalytique de Paris (SPP), puis à Topeka au Kansas, dans la fameuse clinique de Karl Menninger* où travaillait aussi Henri F. Ellenberger* et où il trouva un nouveau terrain d'expériences transculturelles. Là, il s'initia à la clinique psychiatrique. Il s'intégra ensuite à la Philadelphia Psychoanalytic Society (PPS), puis à la New York Psychoanalytic Society (NYPS) et devint membre de l'International Psychoanalytical Association* (IPA) par le biais d'une affiliation à l'American Psychoanalytic Association* (APsaA). En 1964, de retour à Paris, il s'inscrivit à la Société psychanalytique de Paris (SPP), pratiqua très peu la psychanalyse et fut élu directeur d'études à l'École pratique des hautes études (EPHE) grâce à l'intervention de Claude Lévi-Strauss. Périodiquement, Devereux retournait en Arizona chez ses Indiens mohaves. Il regardait leur culture comme une « culture du rêve » et étudia plus de cent trente cas qu'il rapporta dans son grand livre publié en 1961 : *Ethnopsychiatrie des Indiens mohaves.* A sa mort, et selon son désir, ses cendres furent dispersées suivant les rites mohaves dans le cimetière de Parker aux États-Unis.

Si Geza Roheim fut le fondateur de l'ethnopsychanalyse*, ce fut Devereux qui le premier unifia tous les domaines relatifs à l'étude des maladies mentales dans leur diversité culturelle. Dans son œuvre, la définition de l'ethnopsychiatrie, issue de la tradition d'Emil Kraepelin*, se confond avec celle de l'ethnopsychanalyse. Comme Geza Roheim, il fut donc un thérapeute de terrain, un praticien de la psychanalyse dans des cultures non occidentales, tout en restant un freudien classique et orthodoxe. Contrairement à Roheim, il n'adhéra jamais aux thèses kleiniennes. A la fois proche de l'École de Chicago (Franz Alexander*) et de l'*Ego Psychology**, dont il critiquait pourtant les positions adaptatives, il livra, au nom de l'universalité du genre humain, le même combat anticulturaliste que Roheim, notamment contre Margaret Mead*, Abram Kardiner* et le courant Culture et Personnalité. En fait, il fut le premier à faire la synthèse entre le freudisme* à l'américaine et l'école française d'anthropologie : de Marcel Mauss à Lévi-Strauss.

Son œuvre écrite, rédigée essentiellement en langue anglaise, est considérable : plus de quatre cents titres, de 1927 aux années 1990, si l'on tient compte des publications posthumes. Le principe qui la traverse est celui du complémentarisme, dont on trouve l'énoncé théorique dans l'ouvrage de 1972 : *Ethnopsychanalyse complémentariste*. Devereux montre que tout phénomène humain doit être expliqué au moins de deux manières « complémentaires ». Chaque explication est complète dans son cadre, et il faut donc un double discours pour en rendre compte. Ce double discours ne doit pas être énoncé par le même chercheur. La véritable ethnopsychanalyse, selon Devereux, doit par conséquent proposer une double analyse de certains faits : dans le cadre de l'ethnologie d'une part, et dans celui de la psychanalyse de l'autre. De cette façon seulement, elle peut parvenir à identifier la nature du rapport de complémentarité entre les deux systèmes. Ainsi, par exemple, un sujet doit être observé du « dedans » par un psychanalyste alors qu'il l'est du « dehors » pour l'ethnologue ou le sociologue. D'où l'existence d'un rapport de complémentarité entre les deux explications.

C'est ce modèle, proche de celui de Claude Lévi-Strauss quand il analyse la « pensée sauvage », qui permet à Devereux de critiquer à la fois l'ethnocentrisme et l'universalisme abstrait, qui tend à tout ramener à une explication unique, et le culturalisme*, qui dissout l'universel dans le particulier. Devereux distingue ainsi radicalement les méthodes de cure des chamanes de celles des psychiatres modernes, les unes fondées sur la magie, les autres sur la raison. Dans cette optique, il réaffirme le principe fondateur de l'histoire de la psychiatrie dynamique* : l'ethnopsychanalyste, loin de s'identifier au chamane, doit rendre compte du système de pensée de la communauté qu'il étudie avec le sien propre. S'il veut soigner et guérir, il doit le faire avec sa propre rationalité : ni dénier l'importance de la culture originelle dans la forme prise par la névrose* ou la psychose*, ni vouloir adapter le sujet à sa communauté. D'où l'adoption du terme de transculturalisme, qui respecte l'idée complémentariste. C'est dans cette perspective que Devereux fera de la schizophrénie* (en 1965) une « psychose ethnique », n'hésitant pas à affirmer, contre les thèses organicistes, qu'elle n'apparaît que lorsque des individus sont « assujettis à un violent processus d'acculturation ».

Le psychanalyste français Tobie Nathan, l'un des élèves de Devereux, a rompu avec les positions de son maître en prônant un ethnicisme radical. Dans cette perspective, la science est rejetée au profit de la magie, et le psychanalyste, agissant sur le terrain des populations migrantes du monde occidental (africaines notamment), est appelé à s'identifier au sorcier afin de réparer la faute d'un Occident impérialiste jugé coupable d'avoir détruit les cultures minoritaires. D'où une adhésion à des thèses différentialistes, qui n'ont plus rien à voir avec celles de la psychanalyse ou de la psychiatrie transculturelle.

● Georges Devereux, *Psychothérapie d'un Indien des plaines* (New York, 1951), Paris, J.-C. Godefroy, 1982 ; *Mohave Ethnopsychiatry and Suicide*, Washington,

Smithsonian Institution Press, 1961 ; *Ethnopsychiatrie des Indiens mohaves* (New York, 1961), Paris, Synthélabo, coll. « Les empêcheurs de penser en rond », 1996 ; *Essais d'ethnopsychiatrie générale*, Paris, Gallimard, 1970 ; *Ethnopsychanalyse complémentariste*, Paris, Flammarion, 1972 ; *Tragédies et poésie grecques. Études psychanalytiques*, Paris, Flammarion, 1975 ; *Cléomène, le roi fou*, Paris, Flammarion, 1995. Élisabeth Burgos, « Georges Devereux, Mohave », *Le Coq-héron*, 109, 1988, 71-75. Benjamin Kilborne, « Altérité et contre-transfert : Georges Devereux », *Nouvelle Revue d'ethnopsychiatrie*, 7, 135-147. Marie-Christine Beck, « La jeunesse de Georges Devereux. Un chemin peu habituel vers la psychanalyse », *Revue internationale d'histoire de la psychanalyse*, 4, 1991, 581-600. Simone Valentin-Charasson et Ariane Deluz, « Contrefiliations et inspirations paradoxales : Georges Devereux (1908-1985) », *ibid.*, 605-615. Tobie Nathan, *L'influence qui guérit*, Paris, Odile Jacob, 1994.

▷ ANTIPSYCHIATRIE. DIFFÉRENCE DES SEXES. *GENDER. TOTEM ET TABOU.*

« DICK » (CAS)

▷ KLEIN Melanie. PSYCHANALYSE DES ENFANTS.

DIFFÉRENCE DES SEXES

Allemand : *Geschlechtsunterschied.* Anglais : *Distinction between the sexes, Sexual difference.*

En psychanalyse*, l'élucidation de la question de la différence des sexes découle de la conception freudienne de la *libido** unique (ou monisme sexuel), qui permet de définir à la fois la sexualité masculine et la sexualité féminine*.

Selon Sigmund Freud*, l'existence d'une différence anatomique conduit chaque représentant des deux sexes à une organisation psychique différente, à travers le complexe d'Œdipe* et la castration*. Mais si cette différence existe, elle est pensée par Freud dans le cadre unificateur d'un monisme sexuel : une seule *libido* d'essence mâle définit la sexualité* en général (masculine et féminine). Ce monisme, propre à l'école dite viennoise, a été critiqué à partir de 1920 par les représentants de l'école dite anglaise : Ernest Jones* ou Melanie Klein*. A la thèse de la *libido* unique, d'essence phallique (ou mâle), ils ont opposé celle d'une différence des sexes (ou dualisme sexuel) de type naturaliste, sans pour autant prôner d'ailleurs un quelconque différentialisme, culturel ou politique.

Dans l'histoire intellectuelle du XXe siècle, le premier livre cohérent à prendre pour objet la sexualité féminine à partir de la notion de différence fut l'œuvre d'une femme romancière et philosophe. Quand Simone de Beauvoir (1908-1986) publia *Le Deuxième Sexe* en juin 1949, elle annonça d'emblée que la revendication féministe avait fait son temps. Pour aborder sérieusement ce sujet au lendemain d'une guerre qui avait permis en France* aux femmes d'obtenir le droit de vote, il fallait désormais prendre une certaine distance. Elle ignorait que son livre allait être à l'origine, après un long détour par le continent nord-américain, d'une transformation à la fois des idéaux du féminisme et de ceux du freudisme*. Elle l'ignorait au point qu'en 1968 elle prit le train en marche de ce nouveau féminisme radical, fondé sur une conception maximaliste de la différence des sexes, dont elle avait été, avec ce livre inaugural, la grande inspiratrice.

Pour la première fois, dans une analyse savante, un lien était tissé entre les diverses théories de la sexualité féminine issues de la refonte freudienne et les luttes pour l'émancipation. Beauvoir étudiait la sexualité à la manière d'un historien et prenait parti pour l'école anglaise.

Cependant, elle ajoutait aux thèses anglaises une réflexion politique et idéologique, à travers laquelle elle instaurait une relation entre le sexe au sens anatomique et la situation sexuée de la femme dans les sociétés dominées par le pouvoir masculin et l'ordre patriarcal. Elle reprochait à Freud de calquer le destin féminin sur celui à peine modifié de l'homme. Contre lui, elle affirmait l'existence d'un *deuxième sexe,* différent du premier à la fois par l'anatomie et par l'implication sociale de cette anatomie. Mais, en s'appuyant sur l'existentialisme sartrien, elle s'écartait du préjugé naturaliste : « On ne naît pas femme, disait-elle, on le devient. » La formule, sans aucun doute, était fausse, mais elle avait le mérite d'exprimer fortement la dialectique de l'être et de la subjectivité que la phénoménologie husserlienne, puis heideggerienne, avait su porter à son incandescence. Beauvoir appliquait à l'élucidation du « mystère » de la sexualité féminine une optique qui sera celle des antipsychiatres à propos de la folie*. A ses yeux, la question féminine n'était pas l'affaire des femmes mais de la société des hommes, seule responsable à ses yeux de l'inféodation à des idéaux masculins. En liant la question de la sexualité à celle de l'émancipation, elle renvoyait la notion d'identité sexuelle féminine à un culturalisme* et non plus au naturalisme.

Beauvoir faisait de la sexualité féminine une « différence », à la manière dont l'école culturaliste américaine – de Ruth Benedict (1887-1948) à Margaret Mead* – soutenait le relativisme : à chaque culture son type psychologique, à chaque groupe son identité, à chaque minorité son *pattern.* Si bien que toute société n'est que la somme de ses diverses communautés : les enfants, les Juifs, les fous, les femmes, les nègres, etc.

Mais en même temps, elle prenait en compte le débat sur la dualité de la nature et de la culture tel que le posait en France Claude Lévi-Strauss dans un autre livre inaugural, *Les Structures élémentaires de la parenté,* publié à la même date et à propos duquel elle écrivit un article élogieux. Appliquant la méthode structurale, Lévi-Strauss apportait un éclairage inédit sur la question de l'universalité de la prohibition de l'inceste* qui avait tant partagé les ethnologues anglais et américains depuis la publication par Freud de *Totem et Tabou**.

Dans le contexte du large débat amorcé après-guerre sur la relativité des cultures, le livre de Simone de Beauvoir fut pris comme emblème d'une sexualisation du féminisme et contribua, en sollicitant les idées de son auteur, à l'émergence aux États-Unis* d'un féminisme sexiste et différencialiste. Rappelons que c'est en 1947 que l'American Anthropological Association soumit à la Commission des droits de l'homme des Nations unies un projet de déclaration qui soulignait le caractère relatif des valeurs propres à chaque culture.

Dans ce passage au différencialisme, les thèses de Jacques Lacan* sur la question de la sexualité féminine jouèrent un rôle considérable. En 1958, dans le cadre de la préparation d'un congrès sur la sexualité féminine, qui se tiendra deux ans plus tard à Amsterdam, il élabora des « propos directifs » fondés sur la thèse freudienne du monisme sexuel mais corrigés par l'école anglaise : la publication de l'ouvrage de Simone de Beauvoir avait été pour lui l'occasion de reprendre toute la question.

Tout en maintenant le caractère premier du phallicisme et du monisme sexuel, Lacan proposait à la fois d'introduire la notion de relation précoce à la mère, sous la catégorie d'un « désir maternel », comme l'avaient fait avant lui Melanie Klein* et Donald Woods Winnicott*, et de délivrer la terminologie freudienne de toute équivoque paternalocentriste. Ainsi revisitait-il la doctrine classique viennoise à la lumière de ses révisions successives et de sa propre topique du symbolique*, de l'imaginaire*, du réel*. Lacan fit ainsi du phallus* (écrit Phallus) l'objet central de l'économie libidinale, mais un phallus dégagé de ses connivences avec l'organe pénien. Dans cette optique, le phallus est assimilé à un pur signifiant* de la puissance vitale, partageant à égalité les deux sexes et exerçant donc une fonction symbolique. Si le phallus n'est l'organe de personne, aucune *libido* mâle ne domine la condition féminine. La puissance phallique n'est plus articulée à l'anatomie mais au désir* qui structure l'identité sexuelle sans privilégier un genre au détriment de l'autre.

Dans la perspective lacanienne, la théorie freudienne d'une part et les thèses anglaises de l'autre se traduisent en une même algèbre ternaire. Dans la relation primordiale à la mère, l'enfant est « désir du désir maternel ». Il peut s'identifier à la mère, au phallus, à la mère comme porteuse du phallus ou encore se présenter lui-même comme nanti du phallus. Avec l'Œdipe, on entre dans un ordre différent : le père intervient comme privateur pour l'enfant de l'objet de son désir et comme privateur pour la mère de son objet phallique. Enfin, en un troisième temps, qui correspond au déclin de l'Œdipe, le père intervient pour se faire préférer à la mère, incarnant pour l'enfant le signifiant phallique. Le garçon sort de l'Œdipe par la castration* pour autant que celle-ci n'est pas réelle mais signifiée par le phallus, tandis que la fille y entre par la même voie en renonçant à porter le phallus pour le recevoir comme signifiant.

Cette lecture lacanienne du phallocentrisme* freudien ouvrit la voie en France, entre 1968 et 1974, à des thèses différencialistes que l'on retrouvait sous la plume d'auteurs, femmes en général et psychanalystes, soucieux de définir les caractéristiques d'une identité féminine débarrassée de tout substrat biologique ou anatomique. On assista donc, à la suite de la refonte lacanienne, à l'émergence d'un féminisme psychanalytique français qui, tout en prenant appui sur le livre fondateur de Simone de Beauvoir, chercha soit à le contester radicalement, soit à en corriger l'aspect naturaliste et existentialiste par une nouvelle référence à Freud.

En 1965, Michèle Montrelay, membre de l'École freudienne de Paris* (EFP), prit appui sur l'œuvre de Marguerite Duras, et notamment sur le roman *Le Ravissement de Lol V. Stein*, que Lacan avait commenté, pour définir la jouissance* féminine comme une « écriture », comme un continent noir, comme une « ombre » ou comme un « fémininin primaire », refoulé par la psychanalyse. D'où la nécessité pour l'homme et pour la femme d'inscrire le nom de cette ombre comme marque de la différence.

Neuf ans plus tard, Julia Kristeva, membre du comité de la revue *Tel Quel*, animée par Philippe Sollers, publia un ouvrage, *La Révolution du langage poétique*, dans lequel, reprenant l'idée d'hétérologie chère à Georges Bataille (1897-1962), elle opposait un « ordre sémiotique » à l'ordre symbolique. Cet ordre sémiotique s'apparentait à la notion de réel* élaborée par Lacan : irruption d'une pulsion*, lieu de négativité et de jouissance, il était en quelque sorte impossible à symboliser et renvoyait lui aussi au féminin.

La même année, en se réclamant du travail de Jacques Derrida sur la différence (ou *différance)*, Luce Irigaray, philosophe et psychanalyste, membre de l'EFP, reprit les thèses classiques de l'école anglaise dans *Speculum de l'autre femme*, où était énoncé pour la première fois un différencialisme radical qui fera fortune aux États-Unis. Irigaray définissait une écriture féminine, sexuée, capable de subvertir le langage oppressif des « mâles ». Elle assimilait le phallocentrisme freudien à un logocentrisme et proposait de faire émerger une altérité du féminin. A la thèse du phallocentrisme freudien et lacanien elle opposait l'idée d'une possible « féminisation » de l'ensemble de la sexualité humaine, par surgissement d'une archaïcité socialement et subjectivement refoulée.

Ces thèses, qui menaçaient de réduire la théorie freudienne à un pur culturalisme*, se retrouvent dans l'ouvrage célèbre de Juliet Mitchell *Psychanalyse et Féminisme*, publié en 1974, qui marqua le début d'une relecture lacanienne du freudisme aux États-Unis et dans la littérature psychanalytique anglophone. Opposée aux différents courants de la *Self Psychology**, issus de Winnicott et de Heinz Kohut*, qui restaient attachés à une conception biologiste, anatomiste et naturaliste de la différence des sexes, Mitchell s'appuyait implicitement sur l'œuvre de Lacan – et sur les commentateurs de celle-ci – pour effectuer une sorte de « retour à Freud ». Il s'agissait de montrer que Freud, loin d'avoir adhéré aux idéaux du patriarcat, donnait les outils théoriques pour s'en détacher, et que Lacan, tout en restant inféodé au phallocentrisme freudien, fournissait les moyens d'en sortir par sa critique du biologisme.

En France, à partir de 1980, hormis quelques travaux spécialisés, l'interrogation sur la différence des sexes n'intéressa plus la communauté freudienne. Aux États-Unis, l'implantation du lacanisme dans les hauts lieux de l'enseignement universitaire, à travers les *French studies*, donna naissance à des recherches spécifiques sur l'identité féminine et la constitution d'un possible « sujet féminin » en Occident.

Le culte des minorités, tel qu'il s'est développé aux États-Unis à partir des années 1990, s'inspire de cet héritage, qu'il soit freudien, lacanien ou hostile au freudisme. Le droit à la différence, mythifié, s'est mué en une volonté d'enfermement. Les minorités, autrefois victimes du différencialisme, en sont devenues les championnes à force de revendiquer leur « race », leur « ethnie », leur « sexe ». D'où ce féminisme radical, qui a renoncé tout à la fois à l'universalisme des Lumières et à la conception freudienne de la sexualité. Par antidote, il a d'ailleurs donné naissance à des travaux qui tentent de réfléchir à un nouveau partage entre le *gender**, comme entité morale, politique, culturelle, et le sexe, comme spécificité anatomique.

● Simone de Beauvoir, *Le Deuxième Sexe*, Paris, Gallimard, 1949. Claude Lévi-Strauss, *Les Structures élémentaires de la parenté* (1949), Paris, Mouton, 1967. Jacques Lacan, *Écrits*, Paris, Seuil, 1966 ; *Le Séminaire*, livre IV, *La Relation d'ob-*

jet (1956-1957), Paris, Seuil, 1994. Wladimir Granoff et François Perrier, *Le Désir et le Féminin* (1964), Paris, Aubier, 1991. Jacques Derrida, *L'Écriture et la Différence*, Paris, Seuil, 1967. Julia Kristeva, *La Révolution du langage poétique*, Paris, Seuil, 1974. Luce Irigaray, *Spéculum de l'autre femme*, Paris, Minuit, 1974. Juliet Mitchell, *Psychanalyse et Féminisme* (Londres, 1974), Paris, Des femmes, 1979 ; Jacqueline Rose, *Feminine Sexuality. Jacques Lacan and the École freudienne*, Londres, Macmillan, 1982. Michèle Montrelay, *L'Ombre et le Nom*, Paris, Minuit, 1977. Élisabeth Badinter, *L'un est l'autre. Les relations entre hommes et femmes*, Paris, Odile Jacob, 1986 ; *XY. De l'identité masculine*, Paris, Odile Jacob, 1992. Jane Gallop, *Thinking Through the Body*, New York, Columbia University Press, 1988. Elizabeth Whrigt (éd.), *Feminism and Psychoanalysis. A Critical Dictionary*, Oxford, Basil Blackwell, 1992. Françoise Héritier, *Masculin/Féminin. La pensée de la différence*, Paris, Odile Jacob, 1996.

▷ ANTHROPOLOGIE. BISEXUALITÉ. CULTURALISME. DÉCONSTRUCTION. HOMOSEXUALITÉ. JUDÉITÉ. SEXUATION (FORMULES DE LA).

DISCORDANCE

▷ CLIVAGE (DU MOI). FORCLUSION.

DISSIDENCE

▷ SCISSION.

DISSOCIATION

▷ CLIVAGE (DU MOI).

DOCUMENTO

▷ ARGENTINE. LANGER Marie. SCISSION.

DOLTO Françoise, née Marette (1908-1988)

médecin et psychanalyste française

Avec Jacques Lacan*, elle fut l'autre grande figure du freudisme* français. Née le 6 novembre 1908 dans une famille de polytechniciens et de militaires adepte des idées de Charles Maurras (1868-1952), elle fut élevée selon les principes de cette grande bourgeoisie parisienne dont l'opinion était façonnée par la lecture quotidienne du journal *L'Action française*.

Dès sa plus tendre enfance, Françoise Dolto lut des livres pieux et fut tenue à l'écart des choses de la sexualité humaine. On lui fit croire notamment que les enfants naissaient dans des boîtes envoyées sur terre par le Sacré-Cœur de Jésus, que les choses de l'amour étaient répugnantes, ou encore que les femmes étaient destinées à passer de la virginité à la maternité sans jamais accéder ni à l'intellectualité, ni à une quelconque liberté.

Dès le début de la Première Guerre mondiale, à peine âgée de 7 ans, elle se prit pour la fiancée de son oncle maternel Pierre Demmler (1846-1916), capitaine d'un bataillon de chasseurs alpins, qui trouva la mort en juillet 1916. Encouragée par ses parents, elle se considéra alors comme une veuve de guerre sans pouvoir parvenir à faire le deuil de ce premier amour. Tout au long de cette période, elle fut marquée par la germanophobie, le racisme et l'antisémitisme qui étaient les nourritures spirituelles de sa famille.

Un autre événement contribua à la maintenir dans une situation de deuil, d'ennui et d'ignorance : la mort de sa sœur aînée, atteinte en mai 1920 d'un cancer des os. De cette mort Suzanne Marette (1879-1962), la mère de Françoise, ne se remit pas, malgré la naissance d'un dernier fils en 1922. Aussi l'état dépressif dans lequel elle se trouva plongée, à la suite d'une fièvre cérébrale et de bouffées délirantes, ne fut-il que le point d'orgue de cette mélancolie* dont elle était atteinte depuis longtemps et que seule une vie remplie de tâches domestiques et de devoirs conjugaux avait permis de masquer.

Avec une telle éducation, et au contact d'une mère dépressive qui, pour être dévouée et aimante, n'en était pas moins la victime des idéaux conservateurs, la jeune Françoise Marette aborda sa vingtième année dans un état de grave névrose*. Hantée par un début d'obésité, envahie par des pulsions violentes, elle était incapable d'envisager la moindre relation avec un homme, ni de songer à un vrai métier ou de se construire une identité.

Pour les femmes de cette génération désirant se libérer de la gangue familiale, plusieurs voies étaient possibles au seuil des années 1930 : la prise de conscience politique, l'engagement féministe ou mystique, l'accession à un métier. C'est ce dernier choix que fit Françoise Marette quand, avec quelques années de retard sur son frère Philippe, elle entreprit des études de médecine, à la fois pour se guérir de son éducation et pour ne pas répéter, en devenant à son tour mère et épouse, les erreurs commises par ses parents. Se voulant « médecin d'éducation » au moment où elle traversait un grave échec sentimental, elle croisa alors l'aventure pionnière du freudisme français en la personne de René Laforgue*.

Sa cure psychanalytique débuta en février 1934 et dura trois ans. Elle opéra sur son destin une sorte de miracle qui ressemble à une révolution de la conscience par le travail de l'inconscient*. Françoise devint une *autre* femme : une femme consciente d'elle-même et non plus aliénée, une femme capable de se sentir sexuellement femme au lieu d'avoir d'elle-même une image infantile et mortifère. Ainsi aura-t-elle été réveillée de sa névrose par l'apprentissage d'un savoir clinique et arrachée aux préjugés de son milieu par l'accès à la culture freudienne. De son éducation et de ses origines elle gardera néanmoins une foi catholique ardente, la volonté d'apaiser la souffrance infantile et une manière de parler très particulière. Autant sa foi sera débarrassée des intolérances chauvines de *L'Action française*, autant, au contraire, sa langue sera marquée par le culte très « vieille France » du vocabulaire classique.

Sa faculté d'écoute de l'enfance se révéla au contact de celui qui fut son deuxième maître : Édouard Pichon*. Grâce à lui, et après un passage dans le service de Georges

Heuyer (1884-1977) où elle fréquenta Sophie Morgenstern*, elle soutint sa thèse de médecine en 1939 sur le thème des relations entre la psychanalyse* et la pédiatrie, s'engageant en faveur de l'introduction du freudisme dans la médecine hospitalière et la pédagogie. En 1938, elle rencontra Jacques Lacan et devint sa plus grande amie. Pendant quarante ans, ils feront figure de couple parental pour des générations de psychanalystes français. Le paradoxe le plus étonnant de cette épopée tient au fait que Lacan se révélera toujours plus maternel et féminin que Françoise Dolto qui, au contraire, cultivera un style plutôt paternel.

C'est en 1942 que Françoise Marette épousa Boris Dolto (1899-1981), un médecin russe émigré, né en Crimée, qui fondera une nouvelle méthode de kinésithérapie. Trois enfants sont nés de ce mariage.

En 1953, après la première scission* du mouvement psychanalytique français, elle suivit Daniel Lagache* dans la création de la Société française de psychanalyse (SFP) où elle commença à former de nombreux élèves. En 1960, au congrès d'Amsterdam organisé par la SFP et consacré à la sexualité féminine*, elle fit un exposé original aux côtés de François Perrier* et de Wladimir Granoff. En 1963, au moment de la deuxième scission, elle fut critiquée, non pas à cause de la durée de ses séances, comme Lacan, mais pour son non-conformisme hérité de Laforgue. Aux yeux de la commission d'enquête de l'International Psychoanalytical Association* (IPA), elle faisait figure de gourou, et même le grand Donald Woods Winnicott*, qui lui reconnaissait du génie, lui reprocha d'avoir trop d'« influence » sur ses élèves et de ne pas suffisamment se soucier des règles standards de l'analyse didactique*.

Interdite d'enseignement, elle participa avec Lacan à la fondation en 1964 de l'École freudienne de Paris* (EFP) où elle poursuivit son travail. En octobre 1967, lors d'un colloque consacré aux psychoses infantiles (rencontre organisée par Maud Mannoni dans le cadre de l'EFP, avec la participation de David Cooper* et Ronald Laing*), elle exposa les douzes séances de la thérapie qu'elle avait menée avec un enfant psychotique âgé de 14 ans : le cas « Dominique ». Elle utilisait une technique bien particulière qui permet de la situer dans l'histoire de la psychanalyse des enfants*. Dans la foulée de l'œuvre de Melanie Klein* (qu'elle ne connaissait guère) et en prenant en compte l'expérience d'Anna Freud*, elle inventa un univers spécifique à l'enfance que l'on peut qualifier de « culturaliste ». Elle pensait en effet que le thérapeute doit parler le même langage que l'enfant et non pas jouer avec lui, le faire jouer ou interpréter ses dessins. Ainsi affirmait-elle l'existence d'un peuple des enfants, d'une culture de l'enfance. Ses récits, ses commentaires de cas, ses déclarations sont d'ailleurs peuplés de personnages issus de la tradition du conte populaire.

Durant les quinze dernières années de sa vie, à travers la radio puis la télévision, elle devint la figure la plus populaire de la France freudienne. Elle fut critiquée par le milieu psychanalytique, qui lui reprochait de faire descendre le divan dans la rue et ne put éviter d'être comparée à une « mamie » par les idéologues de la médiatisation. Au moment d'affronter le « passage », elle garda, malgré la maladie qui allait l'emporter (une fibrose pulmonaire), sa lucidité. Elle mourut chez elle, entourée des siens, dans la foi chrétienne.

• Françoise Dolto, *Psychanalyse et Pédiatrie* (1939), Paris, Seuil, 1971 ; *Le Cas Dominique*, Paris, Seuil, 1971 ; *Au jeu du désir*, Paris, Seuil, 1981 ; *Séminaire de psychanalyse d'enfant*, t. 1 et 2, Paris, Seuil, 1982 et 1985 ; *Sexualité féminine, la libido génitale et son destin* (1982), Paris, Gallimard, 1996 ; *Les Étapes majeures de l'enfance*, Paris, Gallimard, 1994 ; *Les Chemins de l'éducation*, Paris, Gallimard, 1994 ; *Correspondance, 1913-1938*, Paris, Hatier, 1991. *Quelques pas sur le chemin de Françoise Dolto* (coll.), Paris, Seuil, 1988. Élisabeth Roudinesco, *Jacques Lacan. Esquisse d'une vie, histoire d'un système de pensée*, Paris, Fayard, 1993. Claude Halmos, « La planète Dolto », in *L'Enfant et la Psychanalyse*, Paris, Esquisses psychanalytiques, CFRP, 1993.

▷ IMAGE DU CORPS.

« DOMINIQUE » (CAS)

▷ DOLTO Françoise. PSYCHANALYSE DES ENFANTS.

DOOLITTLE Hilda, dite H.D. (1886-1961)

femme de lettres américaine

Née à Bethlehem en Pennsylvanie, et mariée au romancier Richard Aldington (1892-1962), la poétesse Hilda Doolittle fut l'une des figures marquantes du mouvement imaginiste, animé par Ezra Pound (1885-1972). Elle publia plusieurs recueils importants et un roman autobiographique qui relate les déchirements de la bisexualité* chez une femme amoureuse d'un homme et d'une autre femme.

Analysée par Sigmund Freud* en 1933-1934, elle fit paraître en 1956 un témoignage de sa cure composé de deux parties : « L'avent », un ensemble de notes prises au quotidien pendant l'analyse, et « Écrit sur le mur. Réminiscences d'une analyse avec Freud », un récit rédigé dix ans plus tard.

● H.D., *Visage de Freud* (1956), Paris, Denoël, 1977.

▷ SCHMIEDEBERG Walter.

« DORA » (CAS)

▷ BAUER Ida.

DOSUZKOV Theodor (1899-1982)

médecin et psychanalyste tchécoslovaque

Né à Bakou en Russie*, Theodor Dosuzkov s'installa à Prague en 1921, après le démantèlement de l'Empire austro-hongrois, d'où était issue la nouvelle Tchécoslovaquie. Ainsi fut-il le deuxième médecin à pratiquer la psychanalyse* dans cette ville, après Nikolaï Ievgrafovitch Ossipov*, venu de Moscou à la même date.

Après des études médicales, il adhéra aux thèses pavloviennes sur le conditionnement puis se tourna vers la psychanalyse et fit sa formation didactique avec Otto

Fenichel* et Annie Reich* lors de leur passage à Prague. Il créa alors autour de lui un groupe d'études, qui fut officiellement reconnu par l'International Psychoanalytical Association* (IPA) lors du congrès de Marienbad en 1936.

Pendant l'occupation nazie, Dosuzkov poursuivit clandestinement ses activités psychanalytiques et, dès la victoire des Alliés, il se rendit au camp d'extermination de Theresienstadt pour mettre ses compétences de médecin au service des survivants. A partir de 1946, il publia plusieurs articles sur le freudisme* et prépara l'ouverture d'un institut de psychanalyse en réunissant autour de lui une vingtaine de thérapeutes. L'arrivée au pouvoir du régime communiste en 1948 l'empêcha de mener à bien cette entreprise.

L'ère de la *Jdanovchtchina*, au nom de laquelle la psychanalyse fut condamnée comme une « science bourgeoise » et remplacée par une psychologie dite pavlovienne, contribua en effet à l'extinction complète du freudisme dans les pays dominés par l'Union soviétique. Malgré cette chape de plomb, qui pesa jusqu'au printemps de Prague, Dosuzkov continua courageusement à analyser des patients et à défendre publiquement la psychanalyse tout en travaillant officiellement à l'Institut de logopédie. Après 1968, il poursuivit de plus belle ses activités aux côtés de ses deux principaux élèves, Ladislav Haas* et Otakar Kucera (1906-1980), l'un émigré à Londres et l'autre demeuré à Prague. Il trouva la mort dans des circonstances tragiques, écrasé par un train alors qu'il traversait une voie interdite au public.

● Michael Sebek, « La psychanalyse, les psychanalystes et la période stalinienne de l'après-guerre. La situation tchécoslovaque », *Revue internationale d'histoire de la psychanalyse,* 5, 1992, 553-565. Eugenia Fischer « Czechoslovakia », in Peter Kutter (éd.), *Psychoanalysis International. A Guide to Psychoanalysis throughout the World,* vol. 1, Stuttgart, Frommann-Holzboog, 1992, 34-50.

▷ BETLHEIM Stjepan. COMMUNISME. FREUDO-MARXISME. HISTOIRE DE LA PSYCHANALYSE. ROUMANIE. SUGAR Nikola.

DOUBLE BIND

▷ DOUBLE CONTRAINTE.

DOUBLE CONTRAINTE (*DOUBLE BIND*)

Le terme de *double bind* fut inventé par Gregory Bateson* en 1956 pour désigner le dilemme (double impasse, double contrainte ou double lien) dans lequel se trouve enfermé un sujet* atteint de schizophrénie*, quand il ne parvient pas à apporter de réponse cohérente à deux ordres de messages contradictoires émis simultanément, soit par deux membres de sa famille, soit par sa famille d'un côté et par la société de l'autre. La contrainte venue de l'extérieur entraîne ainsi une réponse psychotique* de la part du sujet, parce qu'il ne sait pas déchiffrer le message qu'on lui adresse.

DUGAUTIEZ Maurice (1893-1960)
psychanalyste belge

Fondateur avec Fernand Lechat* en 1947 de l'Association des psychanalystes de Belgique* (APB), qui deviendra la Société belge de psychanalyse (SBP) en 1960, Dugautiez était né à Leuze en Belgique*. Après avoir été fonctionnaire, il pratiqua l'hypnose*, s'intéressa à la psychologie et créa en 1930 le Cercle d'études psychique et, un an plus tard, la revue *Le Psychagogue.*

Contrôlé à Paris, dans le cadre de la SPP, par Marie Bonaparte* et John Leuba (1884-1952), il commença une analyse à la fin de l'année 1938 avec Ernst Paul Hoffmann* alors que celui-ci s'était réfugié en Belgique après avoir quitté Vienne* à cause du nazisme*. Dugautiez formera une partie de la deuxième génération psychanalytique belge, puis sera mis à l'écart comme Lechat quand la SPB se médicalisera et se conformera aux standards de l'International Psychoanalytical Association* (IPA).

E

ECKSTEIN Emma (1865-1924)

La relation entretenue par Sigmund Freud* avec cette patiente viennoise, héroïne pour une part du rêve originel de « L'injection faite à Irma* », est l'une des plus étonnantes de la saga psychanalytique. Elle montre que les liens entre les malades et leurs médecins sont d'une importance cruciale dans la genèse des théories cliniques. A cet égard, il existe bien un partage entre le discours de la nosographie, où s'exprime la conscience* du savant, et l'histoire plus souterraine (et souvent masquée) de la folie*, où s'énonce la conscience tragique des patients.

Apparentée par sa famille à Paul Federn*, Emma Eckstein fut soignée par Freud pour des troubles hystériques au moment où celui-ci, dans sa longue correspondance avec Wilhelm Fliess*, avait adhéré à ses thèses à la fois romantiques et organicistes sur les liens entre les muqueuses nasales et les activités génitales. Cherchant à savoir si une pathologie des sinus pouvait expliquer les symptômes abdominaux d'Emma, Freud demanda à son ami de venir à Vienne* pour l'opérer. Après l'intervention, qui se déroula en février 1895, la jeune femme eut des saignements. Freud découvrit alors que Fliess avait oublié par mégarde, dans la cavité laissée par l'enlèvement du cornet et l'ouverture des sinus, une bande de gaze de cinquante centimètres. Il fallut procéder à une autre opération au cours de laquelle la patiente manqua de mourir. Freud faillit s'évanouir. En juillet, il rêva de « l'injection faite à Irma ».

Dans la première édition de sa correspondance avec Fliess, réalisée en 1950 par Ernst Kris*, Anna Freud* et Marie Bonaparte*, les lettres concernant cette affaire ont été omises. Pourtant, à cette date, le neveu d'Emma, Albert Hirst, avait eu avec Kurt Eissler, le responsable des Archives Freud à la Library of Congress* de Washington, plusieurs entretiens à propos de sa tante qui furent aussitôt déposés dans la série Z, réservée aux papiers secrets. Hirst avait également confié à Eissler quatorze lettres écrites par Freud à Emma entre 1895 et 1910.

L'affaire fut révélée pour la première fois par Max Schur* en 1966. Il y revint dans son livre de 1972, *La Mort dans la vie de Freud.* Il montrait qu'Emma, sans doute la première, avait fourni à Freud le matériel qui lui avait permis de renoncer à la théorie de la séduction*, et que c'est à travers elle que ce dernier avait pris conscience que ce qui était décrit comme une entreprise de séduction n'était peut-être que fantasme*. Les lettres de Freud, déposées aux Archives par le neveu d'Emma, furent en partie exhumées par Jeffrey Moussaïev Masson. Elles montrent qu'elle fut la première femme à prendre des patients et à être en quelque sorte « contrôlée » par Freud après avoir été sa malade. Associée à la figure rêvée d'« Irma », cette femme hystérique est devenue, dans la légende noire du mouvement freudien, un personnage mythique.

Elle écrivit des articles jusqu'en 1905, puis se retira du monde pour vivre en solitaire dans une pièce remplie de livres. Paralysée par un mal inexplicable, elle ne quittait pas son lit. Elle mourut d'une apoplexie cérébrale.

Il est possible que Freud se souvint d'elle quand il rédigea en 1937 « Analyse terminée, analyse interminable ». Il évoquait en effet dans ce texte le cas d'une demoiselle hystérique qu'il avait eue en traitement dans les premières années de son activité psychanalytique et qui, après avoir été guérie, rechuta à la suite d'un trauma provoqué par une hystérectomie : « Je serais tenté de croire, disait-il, que sans le nouveau traumatisme, on n'en serait pas venu à une nouvelle irruption de la névrose. »

● Sigmund Freud, « Analyse terminée, analyse interminable » (1937), *GW,* XVI, 59-99, *SE,* XXIII, 209-253, traduit en français sous le titre « L'analyse avec fin et l'analyse sans fin », in *Résultats, idées, problèmes,* II, Paris, PUF, 1985, 231-269 ; *La Naissance de la psychanalyse* (Londres, 1950), Paris, PUF, 1956 ; *Briefe an Wilhelm Fliess, 1887-1904,* Francfort, Fischer, 1986. Max Schur, « Some additional "day residues" of the "specimen dream of psychoanalysis" », in *Psychoanalysis. A General Psychology,* New York, International University Press, 1966, 45-85. *La Mort dans la vie de Freud* (New York, 1972), Paris, Gallimard, 1975. Jeffrey M. Masson, *Le Réel escamoté,* Paris, Aubier-Montaigne, 1984. Michel Schneider, *Blessures de mémoire,* Paris, Gallimard, 1980.

ÉCOLE DE NANCY

▷ BERNHEIM Hippolyte. HYPNOSE. HYSTÉRIE. PSYCHIATRIE DYNAMIQUE. SUGGESTION.

ÉCOLE DE LA SALPÊTRIÈRE

▷ CHARCOT Jean Martin. HYPNOSE. HYSTÉRIE. PSYCHIATRIE DYNAMIQUE.

ÉCOLE FREUDIENNE DE PARIS (EFP)

Fondée par Jacques Lacan* le 21 juin 1964, l'École freudienne de Paris (EFP) est la première institution de l'histoire du freudisme* à mettre en œuvre un système institutionnel fondé sur le principe d'une académie antique, alors que l'International Psychoanalytical Association* (IPA) s'inspire, depuis 1910, d'un modèle de type associatif. A cet égard, l'EFP est la matrice de toutes les institutions du lacanisme* dans le monde, comme la Société psychologique du mercredi* avait été, entre 1902 et 1907, le modèle originel de la Wiener Psychoanalytische Vereinigung (WPV), première association freudienne de l'histoire de la psychanalyse*. En adoptant le mot école au détriment de société ou association, Lacan rend hommage, contre le cursus et la hiérarchie de l'IPA, à la transmission du savoir selon la tradition grecque.

Pendant dix ans, de 1953 à 1963, entouré de brillants disciples, Lacan a enseigné le savoir freudien à la manière d'un philosophe grec, régnant sur une aristocratie intellectuelle composée des meilleurs psychanalystes de la troisième génération* française : Serge Leclaire*, François Perrier*, Piera Aulagnier*, Wladimir Granoff, Jean Laplanche, Jean-Bertrand Pontalis, etc. D'où le choix, en 1960-1961, de commenter l'un des textes majeurs de l'histoire de la philosophie occidentale : *Le Banquet* de Platon. Au cours de ce séminaire, il attribue à Socrate la place du psychanalyste. Entre les deux scissions* du mouvement psychanalytique français, Lacan réinvente donc le dialogue platonicien mis en œuvre par Freud de 1902 à 1907 au sein de la Société du mercredi. Mais à partir de 1964, contraint de quitter l'IPA, il fonde une nouvelle forme d'institution psychanalytique. Au banquet socratique succède l'académie platonicienne : l'école.

Par rapport aux standards de l'IPA, ceux de l'EFP mettent en œuvre, entre 1964 et 1967, trois grandes innovations : 1) annulation de la distinction entre analyse didactique* et analyse thérapeutique ; 2) annulation de la règle des séances à durée fixe ; 3) acceptation dans les rangs de l'école de membres qui ne sont pas psychanalystes. En conséquence, l'EFP propose un modèle de formation psychanalytique où les droits des sujets sont élargis : chaque candidat peut choisir librement son psychanalyste sans avoir à passer par une commission de présélection, chaque analyste a le droit de décider de la durée de la séance comme il l'entend, chaque personne intéressée par le freudisme peut demander son adhésion à l'école, quelles que soient ses activités. A cet égard, les titres d'analyste de l'école (AE) et d'analyste membre de l'école (AME) créés par Lacan ne correspondent pas à ceux de membre titulaire et de membre associé, selon l'IPA, puisque les AE et les AME ont le droit d'effectuer des analyses didactiques. Néanmoins, l'AE se distingue de l'AME dans la mesure où il est membre « titulaire » de l'EFP.

Par son ouverture aux non-analystes, l'EFP réactualise le modèle de la Société du mercredi dont la plupart des membres étaient d'abord des intellectuels. C'est pourquoi elle attire non seulement une foule de jeunes thérapeutes qui refusent la sclérose des autres groupes français, mais aussi une bonne partie de la jeunesse philosophique, et notamment les élèves de l'École normale supérieure de la rue d'Ulm formés par l'enseignement de Louis Althusser (1918-1990) et de Georges Canguilhem (1904-1995) : parmi eux Jacques-Alain Miller, Judith Miller, Jean-Claude Milner, Alain Grosrichard, François Regnault. En 1966, ils créent une revue, *Les Cahiers pour l'analyse*, qui donnera une vigueur nouvelle à la théorie du maître.

En 1967, atteinte de gigantisme, l'EFP connaît sa première grande crise institutionnelle. Lacan propose alors un nouveau modèle de formation des didacticiens : la passe*. Après deux ans de débats internes, une scission se produit autour de Piera Aulagnier, François Perrier et Jean-Paul Valabrega, qui donne naissance en 1969 à une nouvelle institution : l'Organisation psychanalytique de langue française (OPLF) ou Quatrième Groupe.

A partir de 1970, l'introduction par Lacan du mathème* et du nœud borroméen* se conjugue avec la dérive de l'école vers cette sclérose institutionnelle qu'elle avait tant voulu conjurer en 1964. Dès lors éclate une querelle de succession entre les compagnons de route de la troisième génération et les générations suivantes. Parmi elles, c'est Jacques-Alain Miller qui s'impose dès 1974 comme le dauphin de Lacan, non seulement grâce à son talent d'organisateur politique, mais aussi parce qu'il est alors le seul capable de transcrire le séminaire oral de son beau-père.

Atteint de troubles cérébraux qui le rendent bientôt aphasique et incapable d'écrire, Lacan cesse en 1979 de diriger l'EFP. Le 5 janvier 1980, devant un auditoire muet, il lit l'acte de dissolution de son école, rédigé par Jacques-Alain Miller, et dont il a approuvé chaque terme. A cette date, avec six cent neuf membres, l'EFP est devenue la plus grande organisation freudienne de France* : deux cent quatre ving-dix-sept membres pour la Société psychanalytique de Paris (SPP), cinquante pour l'Association psychanalytique de France (APF), trente pour l'Organisation psychanalytique de langue française (OPLF) ou Quatrième Groupe.

La référence à l'académie platonicienne aura donc été de courte de durée : cinq ans seulement, entre 1964 et 1969. Tous les groupes qui dériveront de l'EFP, par scissions successives, adopteront un modèle associatif classique mais conserveront deux des grandes innovations lacaniennes : le libre choix de l'analyste par l'analysant, l'absence de durée chronométrée de la séance (certains même conserveront la passe). Miller sera le seul, parmi les héritiers de Lacan, à fonder une véritable institution internationale comparable à l'IPA, à laquelle il donnera le nom d'Association mondiale de psychanalyse* (AMP).

● Jacques Lacan, *Le Séminaire*, livre VIII, *Le Transfert* (1960-1961), Paris, Seuil, 1991 ; « Acte de fondation de l'École freudienne de Paris », « Note adjointe », « Préambule », « Fonctionnement et administration », in *Annuaire de l'École freudienne de Paris*, 1965 et suivantes. Élisabeth Roudinesco, *Histoire de la psychanalyse en France*, vol. 2 (1986), Paris, Fayard, 1994.

▷ AMERICAN PSYCHOANALYTIC ASSOCIATION. ARGENTINE. ASSOCIAÇÃO BRASILEIRA DE PSICANÁLISE. BRÉSIL. FEDERACIÓN PSICOANÁLITICA DE AMERICA LATINA. FÉDÉRATION

EUROPÉENNE DE PSYCHANALYSE. INTERNATIONALE FÖDERATION DER ARBEITSKREISE FÜR TIEFENPSYCHOLOGIE.

ÉCOLE ORTHOGÉNIQUE DE CHICAGO

▷ BETTELHEIM Bruno.

ÉCRITURE AUTOMATIQUE

▷ AUTOMATISME MENTAL (ou PSYCHOLOGIQUE). FRANCE. JANET Pierre.

EDER David (1866-1936)
psychiatre et psychanalyste anglais

Organisateur avec Ernest Jones* du mouvement psychanalytique anglais, David Eder se rendit à Vienne* en 1913 pour suivre une analyse auprès de Sigmund Freud*. Celui-ci l'envoya à Viktor Tausk*, mais c'est finalement avec Sandor Ferenczi* puis Jones qu'il fera sa formation. Sa belle-sœur, Barbara Low (1877-1955), deviendra psychanalyste et inventera le principe de nirvana.

Il eut avec Jones, qui le jalousait en permanence, de nombreuses divergences doctrinales et, pendant quelques années, il s'écarta de la Société psychanalytique londonienne pour s'intéresser à l'œuvre de Carl Gustav Jung*. Pendant la guerre, il s'occupa des victimes de névroses traumatiques et, en 1923, il réintégra les rangs de la British Psychoanalytical Society (BPS), créée par Jones en 1919.

Homme de combat et militant socialiste, voyageur infatigable, Eder fut l'un des membres fondateurs du London Labour Party, militant de la Fabian Society. Il développa l'hygiène mentale dans les établissements scolaires et lutta contre les lois de ségrégation qui frappaient les malades mentaux. Il fit de nombreux voyages comme médecin dans le monde entier et créa, avec son cousin Israël Zangwill, la Jewish Territorial Organisation, qui avait pour but de promouvoir la recherche d'implantations de colonies juives en dehors d'Israël. En 1939, Freud rédigea une préface à un livre collectif (publié en 1945) dans lequel il rendait hommage à ce pionnier original : « Eder faisait partie de ces hommes que distinguent un rare mélange d'amour absolu de la vérité et un courage intrépide, en même temps que la tolérance et une grande capacité d'aimer [...]. Quand je l'ai rencontré pour la première fois, je me suis senti fier de le compter au nombre de mes élèves. »

● David Eder, *War Shock. The Psycho-Neuroses in War Psychology and Treatment*, Londres, Heinemann, 1917. J.B. Hobman (éd.), *David Eder. Memoirs of a Modern Pioneer*, Londres, Gollancz, 1945.

▷ GRANDE-BRETAGNE.

ÉGLISE

L'histoire des relations entre la psychanalyse* et l'Église catholique romaine est inséparable à ses débuts de celle de l'implantation du freudisme* en Italie*. Elle commence en 1921 avec la campagne antipansexualiste du père Agostino Gemelli (1878-1959), grand organisateur d'une médecine mentale adaptée aux principes religieux, elle se poursuit durant l'entre-deux-guerres avec la croisade antifreudienne et judéophobe du père Wilhelm Schmidt (1868-1954), figure de proue de l'école anthropologique viennoise. Après 1945, elle implique trois papes, Pie XII, Paul VI et Jean XXIII, et deux pays, la France* d'une part (où des prêtres et de nombreux intellectuels catholiques créent un vaste mouvement psychothérapeutique d'aide aux religieux), et le Mexique d'autre part (où un prêtre d'origine belge tente avec des moines une expérience d'analyse collective). Cette histoire a d'abord pour toile de fond la montée du fascisme, puis la guerre froide et le développement du jdanovisme en Russie*, et enfin l'épanouissement du lacanisme*.

Le thème de la religion est omniprésent dans l'œuvre de Sigmund Freud*, qu'il traite de l'origine des sociétés, comme dans *Totem et Tabou**, ou de l'histoire du monothéisme, dans son dernier ouvrage, *L'Homme Moïse et la religion monothéiste**. Mais Freud est athée et matérialiste. C'est pourquoi à ses yeux, la religion en tant que pratique est une névrose*, et il l'apparente à une illusion. Dès 1907, dans son article « Actes obsédants et exercices religieux », il compare d'ailleurs la névrose obsessionnelle* à une religion manquée, c'est-à-dire à ce qu'il appelle le versant « pathologique » de la religion, et il fait de celle-ci en général une « névrose obsessionnelle universelle ». De même, à ses yeux, l'hystérie* est une œuvre d'art déformée et la paranoïa* une théorie ou une philosophie qui échoue.

Par ailleurs, Freud se passionne, comme Jean Martin Charcot*, pour les possessions démoniaques. En 1897, il commande ainsi à son éditeur le *Malleus Maleficarum*, terrible manuel publié en latin en 1487 par Jacob Sprenger et Heinrich Krammer, puis utilisé par l'Inquisition, avec l'approbation du pape Innocent VIII, pour envoyer au bûcher les prétendues sorcières. Plus tard, en 1909, au cours d'une discussion avec Hugo Heller* lors d'une réunion de la Société psychologique du mercredi*, il expose ses idées sur la question en faisant du diable une personnification des pulsions sexuelles refoulées. Enfin, en 1923, il publie un article, « Une névrose diabolique au XVIIe siècle », dans lequel il étudie l'histoire de Christopher Haitzmann*, peintre bavarois qui fut exorcisé après avoir été séduit par le diable et saisi de convulsions. Dans cette affaire, Freud oppose les bienfaits de la psychanalyse, capable à ses yeux de guérir les névroses, aux pratiques religieuses et occultes des temps anciens, peu compatibles avec l'*Aufklärung*.

Si Freud regardait de cette manière la religion, tout en s'intéressant à l'histoire des religions et aux grands cas de possession démoniaque, l'Église eut d'emblée à l'égard de sa doctrine une attitude hostile, non seulement en raison de cette assimilation de la religion à une névrose et de cette condamnation de l'exorcisme, mais surtout parce que la psychanalyse reposait sur une conception de la sexualité* et de la famille irrecevable pour elle. C'est ainsi qu'elle la rejeta en l'assimilant à un pansexualisme*.

Cependant, au cours du XIXe siècle, l'Église avait progressivement adopté les principes de la psychiatrie dynamique* et de la révolution pinélienne en cessant de considérer la folie* comme une possession. En outre, l'encyclique *Rerum novarum*, promulguée en 1891 par le pape Léon XIII, valorisait les recherches savantes au détriment de l'obscurantisme. Elle encourageait même les chrétiens à élaborer une rationalité susceptible de faire face à l'avènement en Europe des États laïcs modernes dont il faudrait bien un jour reconnaître la légitimité.

C'est dans ce contexte d'une opposition très ferme au freudisme, mais d'une acceptation des principes de la psychiatrie dynamique, que le père Agostino Gemmelli fonda en 1921 l'École de psychologie expérimentale au sein de l'université catholique du Sacré-Cœur de Milan. Médecin et moine franciscain, il avait été l'élève d'Emil Kraepelin* et voulait intégrer les travaux de la psychologie à la néoscolastique. Cherchant à insuffler au catholicisme une théorie réaliste de la conscience, il s'appuyait sur le janétisme et sur un vague dualisme accordant autant de place au corps qu'à l'esprit.

Le combat contre le freudisme prit une tournure nettement plus politique avec l'intervention du père Wilhelm Schmidt, qui occupa de 1927 à 1939 la fonction de directeur du musée pontifical d'Ethnologie du Latran à Rome. S'en prenant à *Totem et Tabou** et à *L'Avenir d'une illusion**, il dénonça le freudisme comme une théorie néfaste, responsable au même titre que le communisme* d'une destruction de la famille chrétienne. Dès lors, il ne cessa de pourfendre les deux doctrines accusées d'avoir signé un pacte d'« entente cordiale ». Devant ces attaques, Freud hésita à publier la troisième partie de son livre sur Moïse rédigée à Vienne* avant l'Anschluss : il craignait en effet qu'il ravive l'hostilité de l'Église catholique autrichienne au sein de laquelle le père Schmidt avait une grande influence.

Après la Deuxième Guerre mondiale, l'expérience des prêtres-ouvriers menée en France* par des jésuites ouverts au marxisme exprimait, plus généralement, une aspiration à la réévaluation par l'Église de ses positions à l'égard de la modernité, et notamment de la psychanalyse. Or à cette époque, aux yeux du Saint-Siège, le freudisme était une doctrine aussi dangereuse que le marxisme. Pourtant, si, en effet, il condamna et interdit l'expérience des prêtres-ouvriers, Pie XII fut très prudent à l'égard des théories freudiennes. Entre 1952 et 1956, il continua certes, comme Gemelli et Schmidt, à fustiger le pansexualisme* freudien et à réaffirmer la doctrine traditionnelle de l'Église selon laquelle la sexualité est fondée sur la « faute », mais il ne prononça aucune interdiction officielle : ni du freudisme en tant que tel, ni des expériences de psychothérapie mises en œuvre par des prêtres désireux de traiter les problèmes soulevés par le célibat et la chasteté.

En France, pourtant, de nombreux chrétiens s'insurgèrent contre Rome, comme Maryse Choisy (1903-1979), cette journaliste amie de René Laforgue* et ancienne analysante de Charles Odier*, qui créa en 1946 la revue *Psyché*, comme le père Bruno de Marie-Jésus, responsable de la revue *Les Études carmélitaines*, comme Albert Plé, prêtre dominicain qui créa en 1947 le *Supplément* à *La Vie spirituelle*, où il publia des articles sur le freudisme*, comme Louis Beirnaert*, prêtre jésuite, qui deviendra psychanalyste et lacanien, comme encore l'abbé Marc Oraison (1914-1979), qui fit paraître en 1952 une thèse de théologie consacrée à la vie chrétienne et aux problèmes de la sexualité.

Sans avoir lui-même été analysé, Oraison pratiquait des thérapies pour aider les prêtres en détresse ou les croyants en butte à la rigidité du dogme. Dans son ouvrage intitulé *Vie chrétienne et problème de la sexualité*, il s'appuyait surtout sur les thèses d'Angelo Hesnard* pour aborder frontalement la triple question de la chasteté, du discernement des vocations et de la sexualité « sans péché ». A travers plusieurs études de cas, où se dévoilait une évidente fascination pour l'homosexualité*, Oraison relativisait la notion de faute en faisant de la sexualité une fonction de l'existence humaine. A partir de là, il distinguait la vraie vocation de la fausse. Selon lui, la première reposait sur la grâce divine et permettait au prêtre de choisir librement son destin de chasteté alors que la seconde provenait d'une terreur de la sexualité conduisant le postulant sur la voie d'un renoncement névrotique.

Autrement dit, Oraison cherchait à introduire l'expertise psychologique au sein de l'Église afin d'éliminer du sacerdoce les éventuels « malades sexuels » (névrosés, pervers ou psychotiques) ayant choisi la religion non par vocation mais pour obéir à un choix pulsionnel. Cette position allait dans le sens d'une plus grande laïcisation de la vie religieuse et d'une meilleure définition de la foi dans un monde chrétien traversé par la crise des vocations. De même que l'Église avait fini par accepter une conception non démoniaque de la folie, de même elle devait, selon Oraison, appliquer les principes de la psychanalyse à l'expérience sacerdotale pour mieux saisir sa norme et sa pathologie et faire toute sa place à la spiritualité. Mais comment définir, à la lumière de la psychanalyse, l'essence de la vraie foi et la distinguer du contenu névrotique ou pervers de la fausse vocation dès lors que le freudisme considère toute attitude religieuse comme une névrose ?

Soutenu par Pie XII, le Saint-Office répondit à cette question en ordonnant la mise à l'Index de l'ouvrage du prêtre français, au moment même où celui-ci participait à Rome, avec Beirnaert et Plé, à un congrès organisé par Maryse Choisy. Oraison fut contraint de « corriger ses erreurs » en vue de la deuxième édition de son livre et, en 1955, il fit publiquement son autocritique. Sa condamnation ne mit pas fin au conflit. C'est ainsi que de nombreux prêtres français commencèrent à se faire analyser, suivis par d'autres en Belgique*, et plus tard en Amérique latine, terre d'élection d'une théologie de la libération, d'où surgira encore une interrogation sur le marxisme et les nouvelles formes de spiritualité chrétienne. Pendant vingt ans, entre 1955 et 1975, certains prêtres se défroquèrent pour devenir psychanalystes, d'autres exercèrent la psychanalyse sans se défroquer, et d'autres encore, après une cure, vécurent avec des femmes ou pratiquèrent clandestinement une homosexualité qui avait jusque-là été refoulée.

Dès 1957, un an avant le début du pontificat de Jean XXIII, la Sacrée Congrégation des religieux prit en compte cette situation en édictant sa nouvelle Constitution, *Sedes Sapientiae,* sur la formation apostolique. L'article 33 de ce texte, consacré à l'admission des candidats au noviciat, rendait obligatoire l'expertise psychiatrique afin d'écarter du sacerdoce les postulants atteints de tares et de maladies mentales. Cette mesure normative permit la création d'organismes destinés au discernement des vocations. Et par leur truchement, une pratique jusque-là clandestine put être officialisée. C'est ainsi que fut créée en 1959, sous l'impulsion de Plé et de Beirnaert, l'Association médico-psychologique d'aide aux religieux (AMAR), destinée au clergé régulier. Elle joua un rôle important non seulement en orientant les candidats au sacerdoce vers un ordre qui convenait à leur personnalité, mais en diffusant un savoir freudien à des prêtres venus du monde entier. En 1966, une autre association verra le jour, destinée cette fois au clergé séculier.

Il faut dire qu'entre octobre 1962, date de l'ouverture du concile Vatican II, et juin 1963, date du début du pontificat de Paul VI, l'expérience du monastère bénédictin de la Résurrection près de Cuernavaca, devenue rapidement célèbre, prouva que la psychanalyse apportait une réponse, sinon à la question de la religion, du moins à celle du célibat et de la chasteté des prêtres. Dans ce monastère mexicain, le père Grégoire Lemercier avait entraîné soixante moines dans une thérapie de groupe menée par deux psychanalystes (un homme et une femme) de l'International Psychoanalytical Association* (IPA). Au bout de deux ans, Lemercier lui-même et quarante moines se défroquèrent, soit pour se marier, soit pour avoir des relations sexuelles.

Après avoir condamné l'expérience de Cuernavaca et fermé le monastère, Paul VI adopta en 1973 à l'égard du freudisme une position de neutralité hostile qui sera désormais le credo d'une Église respectueuse de la laïcisation du savoir : « Nous avons de l'estime pour ce secteur désormais célèbre des études anthropologiques, dit-il, bien que nous ne le trouvions pas toujours cohérent avec lui-même ni toujours confirmé par des expériences satisfaisantes et salutaires, ni en accord avec cette science des cœurs que nous avons puisée à l'école de la spiritualité catholique. »

Oskar Pfister*, pasteur protestant devenu psychanalyste, avait accepté en 1909 la thèse du primat de la sexualité et avancé l'idée que la véritable foi pouvait devenir une protection contre la névrose. Freud avait d'ailleurs écrit à ce sujet : « La psychanalyse n'est pas plus religieuse qu'irréligieuse. C'est un instrument sans parti dont peuvent user les religieux et les laïcs au service de la délivrance d'êtres souffrants. Je suis très frappé de n'avoir pas songé moi-même à l'aide extraordinaire que la méthode psychanalytique est susceptible d'apporter à la guérison des âmes ; mais cela tient sans doute à ce qu'étant un vilain hérétique, tout ce domaine de notions m'est étranger. »

Ce domaine ne fut étranger ni à Jacques Lacan*, qui était aussi athée que Freud, ni à Françoise Dolto*, qui était une chrétienne pratiquante. Le rôle de l'un et de l'autre fut considérable dans les relations qui s'instaurèrent en France entre le catholicisme et la psychanalyse, d'abord à l'intérieur de la Société française de psychanalyse (SFP), issue de la première scission* du mouvement freudien, puis à l'École freudienne de Paris* (EFP). Fondée par Daniel Lagache*, la SFP attira les universitaires et les non-médecins, parmi lesquels des prêtres qui trouvèrent dans la doctrine lacanienne des notions philosophiques, voire théologiques, absentes de celle de Freud.

Initié par Alexandre Kojève (1902-1968) et Alexandre Koyré (1892-1964) à l'histoire des religions, fasciné comme Georges Bataille (1897-1962) par la mystique féminine, passionné par l'art baroque et la grandeur du catholicisme romain, Lacan fut conscient en août 1953, au moment de la rédaction de sa fameuse conférence sur la fonction de la parole et du langage, de l'expansion des idées freudiennes hors du milieu médical. Aussi tourna-t-il son regard vers les deux institutions rivales qui s'ouvraient à la psychanalyse dans les années 1950 : l'Église catholique et le parti communiste français. Il n'hésita pas à demander à son frère Marc-François Lacan (1908-1994), moine bénédictin, de lui organiser une audience avec le pape. Et si la rencontre ne se fit pas, l'EFP compta dans ses rangs plusieurs jésuites qui la marquèrent de leur empreinte : parmi eux, le grand historien de la mystique, Michel de Certeau (1926-1986).

● Sigmund Freud, « Actes obsédants et exercices religieux » (1907), in *L'Avenir d'une illusion* (1927), Paris, PUF, 1971 ; « Une névrose diabolique au XVIIe siècle » (1923), in *L'Inquiétante Étrangeté et autres essais*, Paris, Gallimard, 1985, 265-320, *GW*, XIII, 317-353, *SE*, XIX, *OC*, XVI, 213-251 ; *La Naissance de la psychanalyse* (Londres, 1950), Paris, PUF, 1956 ; *Briefe an Wilhelm Fliess, 1887-1904*, Francfort, Fischer, 1986. *Correspondance de Sigmund Freud avec le pasteur Pfister (1909-1939)* (Francfort, 1963), Paris, Gallimard, 1966. Wilhelm Schmidt, « Der Ödipus-K der Freudschen Psychoanalyse und die Ehegestaltung des Bolschevismus. Eine kritische Prüfung ihre ethnologischen Grundlagen », *Nationalwirtschaft*, 2, 1929, 401-436. Marc Oraison, *Vie chrétienne et problème de la sexualité* (1950), Paris, Fayard, 1970. Jacques Lacan, *Écrits*, Paris, Seuil, 1966. Grégoire Lemercier et Françoise Verny, *Dialogue avec le Christ*, Paris, Grasset, 1966. Michel David, *La Psicoanalisi nella cultura italiana* (1966), Turin, Boringheri, 1990. Pierre Legendre, *L'Amour du censeur*, Paris, Seuil, 1974. Michel de Certeau, *L'Écriture de l'histoire*, Paris, Gallimard, 1975. Françoise Dolto, *L'Évangile au risque de la psychanalyse* (1977), Paris, Seuil, 2 vol., coll. « Points », 1982. Élisabeth Roudinesco, *Histoire de la psychanalyse en France*, vol. 2 (1986), Paris, Fayard, 1994 ; *Jacques Lacan. Esquisse d'une vie, histoire d'un système de pensée*, Paris, Fayard, 1993. Yosef Hayim Yerushalmi, *Le Moïse de Freud. Judaïsme terminable, judaïsme interminable* (Yale, 1991), Paris, Gallimard, 1993. Charles Malamoud, « Psychanalyse et science des religions », *in* Pierre Kaufmann (éd.), *L'Apport freudien*, Paris, Bordas, 1993, 587-594. Mélanie Arnal, *Marc Oraison, l'Église et la psychanalyse (1914-1979)*, maîtrise d'histoire, université Paris-I, 1993-1994. Philippe Levillain (éd.), *Dictionnaire historique de la papauté*, Paris, Fayard, 1994.

▷ FREUDO-MARXISME. HISTOIRE DE LA PSYCHANALYSE. JUDÉITÉ. LAIR LAMOTTE Pauline. *QUESTION DE L'ANALYSE PROFANE (LA)*. SPIRITISME.

EGO PSYCHOLOGY (PSYCHOLOGIE DU MOI)

A côté du néofreudisme* culturaliste (Karen Horney*, Abram Kardiner*, etc.) de l'annafreudisme*, de l'École de Chicago (Franz Alexander*) puis de la *Self Psychology** plus tardive, l'*Ego Psychology*, représentée par des émigrés comme Rudolph Loewenstein*, Ernst Kris*, Erik Erikson*, David Rapaport (1911-1960) et surtout Heinz Hartmann*, est l'un des grands courants de l'histoire du freudisme* américain et la principale composante de ce qu'on appelle l'École de New York, la puissante New York Psychoanalytic Society (NYPS) qui lui servit de support. A ce titre, l'appellation française psychologie du moi est impropre. Elle ne rend pas compte du caractère freudien de ce courant, désormais connu dans le monde entier sous sa dénomination d'origine.

L'*Ego Psychology* a pour point commun avec tous les autres courants du freudisme américain d'être fondée sur l'idée d'une possible intégration de l'homme à une société, à une « communauté », voire, après 1970, à une identité sexuelle, à une différence (folie*, marge), à une couleur, à une ethnie. En conséquence, elle n'est pas simplement une imitation servile des idéaux de l'*American way of life,* comme on le souligne trop facilement en France*, à la suite notamment de Jacques Lacan*. Si elle vise l'adaptation pragmatique de tout sujet à la société, elle prend en effet en compte de manière critique les déracinements et les différences liés à l'idéal adaptatif américain. Si orthodoxie il y a, elle est de nature technique.

C'est en effet l'*Ego Psychology* qui a servi de référence doctrinale majeure, dans la deuxième moitié du siècle, à ces cures interminables et minutées, figées dans le silence, réservées à la riche bourgeoisie urbaine et pratiquées par des médecins soucieux de prestige social et de rentabilité financière. Cette technique psychanalytique* sera d'ailleurs violemment critiquée à l'intérieur même de l'International Psychoanalytical Association* (IPA) par tous les rénovateurs du freudisme : de Heinz Kohut* à Donald Woods Winnicott*, en passant par Michael Balint*, Siegfried Bernfeld* et Melitta Schmideberg*.

D'une manière générale, le freudisme américain, toutes tendances confondues, privilégie le moi* (*ego),* le *self* ou l'individu au détriment du ça*, de l'inconscient* et du sujet*. En conséquence, il oppose à la prétendue décadence de la vieille Europe, une éthique pragmatique de l'homme, fondée sur la notion de prophylaxie sociale ou d'hygiène mentale. D'où la généralisation d'une psychanalyse* médicalisée et assimilée à la psychiatrie contre la vieille psychanalyse viennoise profane, hantée par la mort, par l'anéantissement de soi, par le nihilisme thérapeutique.

Les différents courants de ce freudisme américain, quelles que soient ses (nombreuses) variantes, sont donc presque toujours traversés par une religion du bonheur et de la santé, contraire aussi bien à la conception viennoise du malaise de la *Kultur* qu'au recentrement kleinien du sujet* sur une pure réalité psychique, ou à la vision lacanienne du freudisme comme peste* subversive. C'est d'ailleurs en raison de cette contradiction radicale entre les interprétations européennes et nord-américaines de la psychanalyse que le kleinisme*, le lacanisme*, le freudisme « originel » (viennois et allemand) ne purent s'implanter comme tels aux États-Unis*. Quant aux partisans de la « gauche freudienne » (autour d'Otto Fenichel*), ils furent contraints de renoncer à leurs activités parce qu'elles étaient jugées « subversives » sur le sol américain. Après avoir subi les assauts du maccarthysme, ils durent se médicaliser, refouler leur passé européen et devenir des techniciens de l'adaptation. D'où cette orthodoxie bureaucratique qui finira par discréditer l'image de la psychanalyse et laisser le champ libre à la suprématie des laboratoires pharmaceutiques pourvoyeurs de « pilules du bonheur » ou aux diverses thérapies du *New Age* – cures chamanistiques, expériences de spiritisme*, de voyance ou de télépathie*.

Le courant de l'*Ego Psychology* s'est développé à partir de 1939 à l'intérieur de l'IPA. Il est plus proche de la doctrine classique de Sigmund Freud* que la tradition naturaliste, bien qu'il procède à une révision complète de la deuxième topique*. A cet égard, le fait que le *Ich* freudien ait été traduit en anglais par James Strachey* sous le vocable latin *ego* n'est pas sans importance pour l'épanouissement de toutes les théories du moi et de la personne en langue anglaise, et notamment dans le passage de l'*ego* au *self*, puis de l'*Ego Psychology* à la *Self Psychology*.

Alors qu'en 1923 Freud affirme le primat de l'inconscient sur le conscient* et qu'il bouleverse le champ d'étude des pulsions par l'introduction de la pulsion* de mort, les partisans de l'*Ego Psychology* soutiennent une position qui va en sens contraire de ce décentrement. Selon eux, le moi s'autonomise (et devient un moi autonome) en contrôlant ses pulsions primitives, ce qui lui permet d'acquérir son indépendance face à la réalité extérieure. L'autonomie reste pourtant relative : du côté des pulsions, le moi cherche une garantie contre l'esclavage de l'environnement. Du côté de l'environnement, il réclame les mêmes garanties contre les exigences du ça. L'adaptation du moi à la double contrainte du ça et de la réalité passe par un juste milieu qui assure l'équilibre nécessaire à l'épanouissement de la vie humaine. Mais si le moi tend à s'ajuster pour réaliser son autonomie, l'identification cesse d'être un processus inconscient pour devenir un mode imitatif de comportement. La théorie de la sexualité subit, elle aussi, une torsion : reversée dans la sublimation, la libido assure une désexualisation des pulsions agressives. Plus le moi est fort, plus il renforce son quantum d'énergie neutralisé. Plus il est faible, et moins la neutralisation agit. En 1950, dans « Comments on the psychoanalytic theory of the ego », Hartmann introduit une distinction entre le moi (*ego*), comme instance psychique, et le soi *(self)*, pris au sens de personnalité ou personne propre. Le terme sera repris par Winnicott qui lui ajoutera une référence phénoménologique, et par Kohut qui en fera une instance spécifique seule capable de rendre compte des troubles narcissiques.

Ainsi l'*Ego Psychology* contourne-t-elle la pulsion de mort tout en recentrant l'inconscient sur le préconscient*. Quant au concept de transfert*, il subit lui aussi des modifications, puisque, dans la cure, le thérapeute de l'*ego* doit occuper la place de ce moi « fort » auquel le patient veut ressembler pour conquérir l'autonomie du moi. Sur le plan technique, la révision ego-psychologique se traduit par le privilège accordé à l'analyse des résistances* au détriment de l'interprétation des contenus. D'où son lien avec l'annafreudisme.

En France*, Jacques Lacan critiquera l'*Ego Psychology*, cette « psychanalyse américaine » selon ses mots, en effectuant une tout autre lecture de la deuxième topique. Il introduira notamment dans la doctrine freudienne une théorie non phénoménologique du sujet, ce qui lui permettra non pas de distinguer un *ego* et un *self*, mais un *je* et un *moi*, et de construire ainsi la notion de « sujet représenté » par un signifiant*.

• Heinz Hartmann, *La Psychologie du moi et le problème de l'adaptation* (New York, 1939), Paris, PUF, 1968 ; *Essays on Ego Psychology*, New York, International Universities Press, 1964 ; et Ernst Kris, Rudolph Loewenstein, *Éléments de psychologie psychanalytique*, Paris, PUF, 1975.

▷ ANTHROPOLOGIE. DIFFÉRENCE DES SEXES. FREUDO-MARXISME. *GENDER*. HISTOIRE DE LA PSYCHANALYSE. JUDÉITÉ. *QUESTION DE L'ANALYSE PROFANE (LA)*. *SELF* (FAUX ET VRAI). SCISSION. TRADUCTION (DES ŒUVRES DE FREUD). VIENNE.

EITINGON Max (1881-1943)
psychiatre et psychanalyste polonais

N'ayant laissé aucune œuvre théorique importante, Max Eitingon est souvent absent de la liste des auteurs qui ont contribué à l'édification de la doctrine psychanalytique. L'essor des études historiques depuis le milieu des années 1970 a pourtant permis à ce petit homme timide, aux allures de bureaucrate sourcilleux, de retrouver sa place, l'une des plus importantes dans l'histoire du développement et de l'organisation du mouvement psychanalytique international jusqu'à la veille de la Deuxième Guerre mondiale.

Né à Mohilev, en Biélorussie, Max Eitingon était le second fils d'une famille juive orthodoxe qui comptait quatre enfants, deux filles (Esther et Fanny) et deux garçons (Vladimir et Max). Son père, Chaïm Eitingon, fit d'abord le commerce du sucre avant de devenir fourreur et de s'établir, en 1893, à Leipzig où il deviendra le mécène de la communauté juive, faisant bâtir un hôpital et une synagogue qui seront détruits en 1938. Pour des raisons obscures, Chaïm Eitingon prend un temps la nationalité hongroise. Ses affaires prospérant, il ouvre une succursale à New York mais se retrouve ruiné après le krach financier de 1929. Il meurt à Leipzig en 1932.

Max Eitingon a 12 ans lorsque sa famille s'installe en Allemagne*. Il est affecté d'un bégaiement, cause d'une scolarité secondaire perturbée. Ainsi empêché de passer son baccalauréat, il effectue cependant des études supérieures d'histoire de l'art et de philosophie comme auditeur libre dans les universités prestigieuses de Halle, Heidelberg, Marburg. Il revient à Leipzig en 1902 où, après avoir sans doute obtenu une équivalence, il fait ses études de médecine. Il part ensuite pour Zurich, où il devient l'assistant d'Eugen Bleuler* à la clinique du Burghölzli. Il soutient sa thèse sous la direction de ce même Bleuler et rencontre Carl Gustav Jung*, qui fera toujours preuve d'un mépris condescendant à son égard, le considérant, si l'on en croit une lettre qu'il adressera à Freud* le 25 septembre 1907, tout juste capable de faire un bon député à la Douma. A Zurich, il rencontre aussi Karl Abraham*, Ludwig Binswanger* et sa compatriote Sabina Spielrein*.

Max Eitingon est le premier des membres du groupe zurichois à se rendre à Vienne en 1907 pour rencontrer Sigmund Freud. Il assiste alors à certaines réunions de la Société psychologique du mercredi*, à celle du 30 janvier 1907 notamment, où il intervient avec beaucoup de pertinence dans la discussion sur l'étiologie des névroses*. Il rencontre également Freud à cette époque pour lui parler d'un malade dont le traitement se révèle délicat. A ce titre, en 1908 d'abord, puis en octobre 1909, Eitingon fait avec Freud une analyse didactique*, l'une des premières de l'histoire, qui a pour cadre insolite leurs promenades vespérales. La rencontre avec Freud fut pour Max Eitingon le moment décisif de sa vie, qui marqua le début d'une amitié indéfectible. Il sera de tous les combats, y compris sur la question de l'analyse profane* où, après un temps d'hésitation, il se rangera aux côtés du maître, contre les psychanalystes américains. En retour, Freud ne sera pas avare de louanges, prenant systématiquement sa défense contre les attaques – d'Otto Rank* notamment. Il n'aura en outre de cesse de lui rappeler, comme il le dit dans une lettre du 7 janvier 1913, qu'il fut « le premier messager à approcher un homme solitaire ». Plus tard, dans une lettre particulièrement chaleureuse du 24 janvier 1922, il évoque encore cette priorité, inoubliable à ses yeux, en ajoutant : « Vous savez le rôle que vous avez conquis dans mon existence et dans celle des miens. »

En novembre 1909, Max Eitingon quitte Zurich pour Berlin où il participe, avec Abraham qui en sera le président, à la constitution de la société psychanalytique. Le 20 avril 1913, il épouse la comédienne Mirra Jacovleina Raigorodsky à laquelle il demeurera attaché toute sa vie. Elle lui fait rencontrer les milieux artistiques de la capitale allemande, et notamment la cantatrice Plevitskaïa, dont les mésaventures contribueront plus tard à accréditer les accusations d'espionnage dont il sera l'objet.

Les versions ne concordent pas toutes, qui le qualifient pour certaines d'autrichien, comme le serait devenu son père, ou qui affirment, au contraire, que cette nationalité fut son choix au début de la guerre. Combattant courageux, plusieurs fois décoré, il opte en 1919 pour la nationalité polonaise comme tous les rescapés de l'Empire austro-hongrois pouvaient le faire à cette époque.

En cette même année 1919 il revient à Berlin, où il commence à jouer un rôle important au sein du mouvement freudien. En accord avec les ultimes recommandations d'Anton von Freund* demandant que lui soit légué son anneau, Max Eitingon est nommé membre du Comité secret* sur proposition de Freud.

En 1920, il met en œuvre le rêve freudien d'une psychanalyse à caractère social exprimé lors du congrès de Budapest en 1918. Jusqu'en 1929, il finance la polyclinique de Berlin, construite sur les plans d'Ernst Freud*, le fils de Sigmund. Cette polyclinique, qu'il va diriger conjointement avec Abraham de 1920 à 1925, puis avec Ernst Simmel* jusqu'en 1933, fut la première du genre et le modèle des futurs instituts à travers le monde. Il s'agissait tout à la fois d'assurer la formation des analystes – tel fut le rôle dévolu à l'institut, le Berliner Psychoanalytisches Institut* (BPI) – et de rendre accessible le traitement psychanalytique au plus grand nombre et aux plus démunis. Max Eitingon fera de cette entreprise son œuvre, assurant pendant près de treize ans l'accueil, l'admission et l'orientation des patients de toutes origines. Il supervise dans le même temps la formation des analystes et, à ce titre, celle de la plupart des grands noms de la deuxième génération*. L'importance politique de cette position ne lui échappe pas, comme en témoigne sa fameuse déclaration de 1922 : « C'est moi qui ai le contrôle en main. »

Son pouvoir au sein du mouvement psychanalytique ne cesse de se développer. Il dirige de plus en plus les congrès, qu'il s'agisse de leur préparation ou de leur déroulement, et fait ainsi triompher, au congrès de Bad-Hombourg en 1925, avec l'accord silencieux de Freud, les positions berlinoises contre les viennoises en matière de formation et de supervision des analystes, donnant ainsi une impulsion décisive à la bureaucratisation du mouvement freudien. De 1927 à 1932, il est président de l'International Psychoanalytical Association* (IPA). En 1925, il préside l'International Training Commission, principal instrument de pouvoir de l'IPA, chargée de l'harmonisation des règles de l'analyse didactique dans le monde. Éminence grise ou conseiller spécial de Freud, il est chargé par le maître de résoudre les crises qui secouent tel ou tel mouvement psychanalytique, en Suisse* par exemple en

1928, ou d'aider à la naissance ou au développement de tel autre. A ce titre, Freud lui demande de se rendre en France* en 1923 pour rencontrer René Laforgue* afin de créer une société freudienne à Paris.

Après un premier voyage en 1910, il ne cesse de s'intéresser à l'évolution de la Palestine, alors sous mandat britannique, et aux diverses expériences qui y sont conduites dans le domaine de l'éducation et de l'aide aux enfants handicapés. Le 13 juin 1933, lorsqu'il prononce à Budapest l'éloge funèbre de Sandor Ferenczi*, il a déjà décidé de son avenir. Avec l'arrivée des nazis au pouvoir, ce grand germanophile est en effet contraint de renoncer à sa préférence culturelle. Aussi prend-il le chemin de l'exil. Sans doute avait-il deviné que tel serait son destin, lui qui avait ouvert très tôt un bureau d'émigration à l'usage des analystes.

Freud, qu'il vient voir à Vienne en janvier 1933, l'encourage pourtant à demeurer le plus longtemps possible à Berlin. Mais, trois mois plus tard, lors d'un séjour à Menton avec sa femme, il prend connaissance du décret du Reich interdisant à tout étranger d'occuper une fonction dans une société médicale. Felix Boehm*, auquel il avait donné les pleins pouvoirs au cas où la Deutsche Psychoanalytisches Gessellschaft (DPG) devrait se doter d'un président « aryen », s'empressa de demander aux autorités si la psychanalyse était concernée par ce décret. La réponse ne se fit pas attendre, et, à son retour à Berlin, Max Eitingon démissionna de la direction de la polyclinique.

Le 31 décembre 1933, il quitta l'Allemagne pour toujours. Il partit pour la Palestine et s'installa à Jérusalem en avril 1934. Grâce à Freud, qui s'en était entretenu préalablement avec le président de l'université hébraïque de la ville, il devait bénéficier d'un poste de psychologue nouvellement créé. Mais à sa grande déception (et à celle de Freud), le poste fut finalement attribué à un psychologue d'une tout autre orientation, Kurt Lewin (1890-1947), qui deviendra à partir de 1945 le théoricien et l'artisan du développement de la psychologie sociale aux États-Unis*.

Avec Moshe Wulff*, Eitingon fonde la première société psychanalytique de Palestine, qui deviendra la Hachevra Hapsychoanalytit Be-Israel (HHBI), bientôt reconnue par l'IPA. Eitingon fonde ensuite l'Institut de psychanalyse de Jérusalem, où se trouvent aujourd'hui encore, dans la bibliothèque, certains des objets qui firent partie de son cadre de travail du temps où il dirigeait la polyclinique de Berlin.

En juillet 1938, il assiste à Paris au XVe congrès de l'IPA, puis se rend à Londres pour une ultime visite à Freud. Le 20 avril 1939, il reçoit la dernière lettre envoyée par le maître, dont la mort, quelques mois plus tard, l'affectera profondément.

Max Eitingon est enterré au cimetière du Mont-des-Oliviers.

En 1988 est paru dans le *New York Times Book Review*, un article qui reprenait à son compte les allégations développées par John J. Dziak, ancien employé de la CIA, dans son livre *History of the KGB*, paru aux États-Unis en 1987. Max Eitingon y était accusé d'avoir été un agent secret soviétique au service du NKVD puis du KGB, impliqué dans l'enlèvement à Paris du général Miller organisé par un certain Nicolas Skobline, époux de la cantatrice Nadezhda Plevitskaïa, qu'il avait connue dans le passé. On lui reprochait également d'avoir participé à l'assassinat d'un espion russe dissident. Toutes ces accusations reposaient sur l'affirmation de Sandor Rado* selon laquelle Max Eitingon était le frère de Leonid Eitingon, espion soviétique ayant résidé aux États-Unis, puis au Mexique où il avait recruté Ramon Mercader, l'assassin de Léon Trotski (1879-1940).

Theodor Praper, dans un article de la *New York Review* paru peu de temps après, a fait la lumière sur cette affaire en établissant que Max Eitingon n'était pas le frère de Leonid Eitingon et qu'il ne fut jamais mêlé à quelque affaire d'espionnage que ce soit. Seuls des témoignages malveillants et une incroyable confusion d'identités, étayés par un certain nombre de coïncidences – ainsi le soutien financier que Max Eitingon apporta sa vie durant au mouvement psychanalytique et, plus occasionnellement, à la cantatrice Plevitskaïa, le tout grâce à sa fortune personnelle, bien réelle celle-là –, ont pu accréditer cette légende qui continue d'être colportée, non sans quelque légèreté, par certains auteurs, notamment Alexandre Etkind dans son *Histoire de la psychanalyse en Russie*.

● Max Eitingon, « Allocution de Max Eitingon au IXe congrès psychanalytique international » (1925), *in* Moustapha Safouan, Philippe Julien, Christian Hoffmann, *Malaise dans la psychanalyse. Le tiers dans l'institution et l'analyse de contrôle*, Paris, Arcanes, 1995. Sigmund Freud, *Correspondance, 1873-1939* (1960), Paris, Gallimard, 1966 ; et Carl Gustav Jung, *Correspondance, I, 1906-1909* (1975), Paris, Gallimard, 1975. *Les Premiers Psychanalystes, Minutes de la Société psychanalytique de Vienne*, vol. I, *1906-1908* (1962), Paris, Gallimard, 1976. Jacquy Chemouni, *Freud et le sionisme*, Paris, Solin, 1988 ; et Michelle Moreau-Ricaud, « Max Eitingon (1881-1943) », *Frénésie*, 5, 1988, 115-128. Michelle Moreau-Ricaud, « Max Eitingon (1881-1943) et la politique », *Revue internationale d'histoire de la psychanalyse*, 5, 1992, 55-69. Alexandre Etkind, *Histoire de la psychanalyse en Russie* (1993), Paris, PUF, 1995. Peter Gay, *Freud. Une vie* (1988), Paris, Hachette, 1991. Phyllis Grosskurth, *Freud, l'anneau secret* (1991), Paris, PUF, 1995. Ernest Jones, *La Vie et l'œuvre de Sigmund Freud* (New York, 1953), Paris, PUF, 1958. Pierre Morel (éd.), *Dictionnaire biographique de la psychiatrie*, Paris, Synthélabo, coll. « Les empêcheurs de penser en rond », 1996. Paul Roazen, *La Saga freudienne* (1976), Paris, PUF, 1986. Élisabeth Roudinesco, *Généalogies*, Paris, Fayard, 1994.

▷ COMMUNISME. CONTRE-TRANSFERT. CONTRÔLE. HISTORIOGRAPHIE. NAZISME.

« ELISABETH VON R. » (CAS)

▷ *ÉTUDES SUR L'HYSTÉRIE.*

ELLENBERGER Henri F. (1905-1993)

psychiatre et psychanalyste canadien

Né à Nalolo en Rhodésie, Henri Frédéric Ellenberger doit être considéré comme le fondateur de l'historiographie* savante du freudisme*, de la psychanalyse* et de la psychiatrie dynamique*. Il fut aussi criminologue et anthropologue. Issu d'une famille de missionnaires protestants d'origine suisse, il fit ses études de psychiatrie à Strasbourg où il fréquenta les cours de quelques-uns de ceux qui, cinq ans plus tard, allaient se retrouver autour de Lucien Febvre (1878-1956) et de Marc Bloch (1886-1944) dans le sillage de l'école des Annales.

A la fin de ses études médicales, Henri F. Ellenberger vint habiter à Paris. Il y épousa une jeune fille d'origine russo-balte et de religion orthodoxe. Au début des années 1930, il croisa à l'hôpital Sainte-Anne l'histoire de cette psychiatrie dynamique dont, trente ans plus tard, il racontera l'aventure. Il se lia d'amitié avec Henri Ey*, puis s'installa à Poitiers comme psychiatre tout en profitant de sa situation pour étudier les mythes et les superstitions du bocage.

Né de parents français dans une colonie anglaise, il aurait dû avoir la nationalité française. Mais comme son père avait omis de le déclarer au consulat de France, il était porteur d'un passeport anglais. Sa femme apatride, ses enfants et lui-même se firent néanmoins naturaliser français. En 1941, risquant d'être dénaturalisé par le gouvernement de Vichy, il émigra en Suisse*, où il travailla dans plusieurs cliniques tout en s'initiant à la langue allemande. Il fréquenta longuement Carl Gustav Jung*, qui lui transmit la mémoire orale de la première saga de la psychanalyse et de son implantation dans le milieu psychiatrique zurichois, notamment à la clinique du Burghölzli. En 1950, Ellenberger fit son analyse didactique avec Oskar Pfister*, alors âgé de 77 ans. A ce moment, il songea à devenir membre de la Société suisse de psychanalyse (SSP).

Au milieu du siècle, il avait donc acquis une grande connaissance de l'histoire de la psychiatrie et de la psychanalyse en Europe. Il parlait et écrivait fort bien le français, l'allemand et l'anglais, et s'intéressait à l'évolution de toutes les formes de guérison psychique. Il ne lui manquait plus que de s'initier à l'histoire de l'émigration freudienne d'est en ouest. C'est un voyage d'études aux États-Unis*, puis la rencontre avec Karl Menninger* et le séjour dans sa clinique de Topeka au Kansas qui déterminèrent l'orientation de ses travaux ultérieurs.

En 1953, il aurait dû s'installer définitivement aux États-Unis, après avoir reçu le titre de professeur à la Menninger School of Psychiatry. Mais comme son épouse était née en Russie*, elle ne pouvait pas, en cette période de guerre froide, obtenir un visa de séjour de longue durée. Aussi prit-il, en 1959, la décision de vivre à Montréal, où il obtint la chaire de criminologie à l'Allen Memorial Institute de l'université McGill. Le Québec, pays francophone, sera sa dernière terre d'accueil. Il y mourra en mai 1993, après avoir formé par ses travaux une génération entière d'historiens du freudisme, dont la plupart sont aujourd'hui américains.

Après avoir travaillé pendant vingt ans sur des archives*, il rédigea en anglais son ouvrage fondamental : *The Discovery of the Unconscious. The History and Evolution of Dynamic Psychiatry*, qui parut aux États-Unis en 1970, ce qui lui valut une reconnaissance dans la plupart des pays du monde, à l'exception de la France où, lors de sa première traduction en 1974, il n'intéressa que le milieu psychiatrique. Ellenberger effectuait une révolution qui rappelait celle des Annales. S'opposant notamment à l'histoire officielle selon Ernest Jones* et ses héritiers, sa méthode associait le traitement positif des sources, à la façon d'Alphonse Aulard, à l'enquête imaginative telle que la concevait Lucien Febvre.

Selon lui, il existait une dichotomie entre l'histoire de la théorisation de la notion d'inconscient* et celle de son utilisation thérapeutique. La première avait commencé avec les intuitions des philosophes de l'Antiquité, puis s'était poursuivie avec celles des grands mystiques. Au XIXe siècle, la notion d'inconscient s'était précisée avec Arthur Schopenhauer (1788-1860), Friedrich Nietzsche (1844-1900) et les travaux de la psychologie expérimentale : Johann Friedrich Herbart*, Hermann Helmholtz*, Gustav Fechner*. Quant à la deuxième histoire, elle remontait à l'art du sorcier et du chaman, et passait par la confession chrétienne. Deux méthodes thérapeutiques avaient été pratiquées : l'une consistait à provoquer chez le malade l'émergence de forces inconscientes, sous forme de « crises » : possessions ou rêves. La deuxième faisait naître le même processus chez le médecin. De la cure centrée sur le malade découlait la névrose de transfert* au sens freudien, de celle centrée sur le médecin dérivait l'analyse didactique*. Celle-ci héritait en effet de la « maladie initiatique » conférant au chaman son pouvoir de guérison puis de la « névrose créatrice » telle que l'avaient vécue, à la fin du XIXe siècle, les pionniers de la découverte de l'inconscient : Pierre Janet*, Sigmund Freud*, Carl Gustav Jung, Alfred Adler*.

Dans cette perspective, la première grande tentative d'intégrer la recherche de l'inconscient à son utilisation thérapeutique commençait avec les expériences de Franz Anton Mesmer*, initiateur de la première psychiatrie dynamique*. Celle-ci prenait fin avec Jean Martin Charcot*, et c'est alors que naquit, sur les ruines d'un magnétisme devenu hypnotisme, la deuxième psychiatrie dynamique divisée en quatre grands courants : l'analyse psychologique de Pierre Janet, centrée sur l'exploration du subconscient, la psychanalyse* de Freud, fondée sur la théorie de l'inconscient*, la psychologie individuelle d'Adler, la psychologie analytique de Jung. Ellenberger remarquait que le paradoxe de cette deuxième psychiatrie dynamique, dont il arrêtait l'histoire en 1940, était qu'en se scindant en écoles opposées, elle rompait le pacte fondateur qui l'attachait à l'idéal d'une science universelle née des Lumières pour retourner à l'ancien modèle des sectes gréco-romaines.

• Henri F. Ellenberger, *Histoire de la découverte de l'inconscient* (New York, Londres, 1970, Villeurbanne, 1974), Paris, Fayard, 1994 ; *Médecines de l'âme. Essais d'histoire de la folie et des guérisons psychiques*, Paris, Fayard, 1995 ; *Beyond the Unconscious*, New Jersey, Princeton University Press, 1993.

▷ ANTHROPOLOGIE. ETHNOPSYCHANALYSE. HYPNOSE. HYSTÉRIE. PAPPENHEIM Bertha. PERSONNALITÉ MULTIPLE. PREISWERK Hélène. SPIRITISME. SUGGESTION.

ELLIS Henry Havelock (1859-1939)
médecin et écrivain anglais

Fondateur de la sexologie*, avec Albert Moll* et Richard von Krafft-Ebing*, Havelock Ellis, fils d'un capitaine au long cours, fut élevé par sa mère et ses quatre sœurs.

Homosexuel révolté contre les codes moraux de l'Angleterre victorienne, il décida à l'âge de 16 ans de consacrer sa vie à l'analyse de la sexualité* humaine sous toutes ses formes. C'est dans ce dessein qu'il fit ses études de médecine : « Je voulais épargner à la jeunesse des générations futures les soucis et les perplexités que cette ignorance [du sexe] m'avait infligés. » De 1884 à 1889, il devint l'ami intime d'une romancière féministe, Olive Schreiner, dont il avait fait la connaissance par l'intermédiaire de la fille de Karl Marx (1818-1883). Après le mariage de celle-ci, il épousa Edith Lees, une femme de lettres qui sombra progressivement dans la folie*.

Lancé dans la carrière littéraire à l'âge de 30 ans, Ellis se consacra à la réédition des meilleures pièces des contemporains de Shakespeare. En 1890, il entreprit la rédaction de son grand œuvre : *Les Études de psychologie sexuelle.* Édité à Londres un an après le procès d'Oscar Wilde (1856-1900), le premier volume était consacré à l'inversion sexuelle. Il fit scandale, et une action en justice fut déclenchée contre le libraire qui avait vendu l'ouvrage. Par la suite, Ellis sera obligé de faire publier les autres volumes aux États-Unis* : « L'envergure de la documentation d'Ellis dans ces *Studies,* écrit Frank Sulloway, était proprement stupéfiante. Il était incroyablement au fait de toute la littérature médicale de son temps et il cite là plus de deux mille auteurs appartenant à douzes domaines linguistiques différents. Chaque volume est une somme encyclopédique du savoir contemporain sur chacun des sujets qui s'y trouvent traités. »

Contemporain de Sigmund Freud*, Ellis accueillit avec ferveur les ouvrages de celui-ci et les deux hommes échangèrent des lettres toute leur vie, n'hésitant pas à marquer chaque fois leurs désaccords, leur jalousie ou leur admiration réciproque. Freud emprunta à Ellis la notion d'auto-érotisme et lui rendit hommage dans les *Trois Essais sur la théorie sexuelle*.*

● Havelock Ellis, *Studies in the Psychology of Sex. Sexual Inversion,* vol. 1, Londres, The University Press, 1897 ; « Auto-erotism. A psychological study », *The Alienist and Neurologist,* 19, 1898, 260-299 ; *Studies in the Psychology of Sex,* 7 vol., Philadelphie, F.A. Davis, 1900-1928 ; *Études de psychologie sexuelle,* vol. 1 (Londres, 1897), Paris, Mercure de France, 1904 ; *My Life. Autobiography of Havelock Ellis,* Boston, Houghton Mifflin Co, 1939. Vincent Brome, *Les Premiers Disciples de Freud* (Londres, 1967), Paris, PUF, 1978. Frank J. Sulloway, *Freud biologiste de l'esprit* (New York, 1979), Paris, Fayard, 1981. *Sexualités occidentales* (1982), sous la direction de Philippe Ariès et André Béjin, Paris, Seuil, coll. « Points essais », 1984. Phyllis Grosskurth, *Havelock Ellis. A Biography,* New York, New York University Press, 1985.

▷ ALLEMAGNE. HOMOSEXUALITÉ. HIRSCHFELD Magnus. PERVERSION. REICH Wilhelm.

EMBIRICOS Andreas (1901-1975)

écrivain et psychanalyste grec

Né à Braila en Roumanie*, Andreas Embiricos fit des études de philosophie et de littérature à Athènes. Après sa rencontre, en 1927, avec André Breton (1896-1966), il fut fortement marqué par le surréalisme et publia une œuvre poétique très abondante dans laquelle il se réclamait de Rimbaud, des futuristes et de l'écriture automatique : « Embiricos, écrit Gilles Ortlieb, a ouvert la voie à un nouveau mode d'expression débordant d'imagination et de sensualité [...]. A l'image de sa vie, partagée entre la Grèce et les capitales européennes, ses écrits témoignent d'un cosmopolitisme quasi aristocratique. »

Analysé par René Laforgue* lors d'un long séjour à Paris entre 1925 et 1931, il commença à pratiquer la psychanalyse* à Athènes, formant ainsi, avec Dimitri Kouretas*, Georges Zavitzianos et Nicolas Dracoulidis (1900-1986), tous deux analysés par Marie Bonaparte*, le premier groupe freudien de Grèce. Reconnu de façon éphémère par l'International Psychoanalytical Association* (IPA), ce groupe fut contraint de se dissoudre en 1950 dans des circonstances difficiles et non élucidées. Embiricos préféra alors renoncer au métier de psychanalyste pour se consacrer à son œuvre poétique et littéraire.

En 1935, il publia un beau recueil (*Haut Fourneau)* de soixante-trois proses brèves centrées sur la figure d'*Eros.* En 1964, il fit paraître *Argo,* récit érotique dans lequel il mettait en scène le voyeurisme d'un père découvrant les étreintes de sa fille avec son amant.

Pas plus que celle d'Embiricos, la pratique de Dracoulidis, qui était à la fois sexologue et dermatologue, ne fut jugée conforme aux normes de l'IPA. Quant à Zavitzianos, il décida d'émigrer au Canada*, où il joua un rôle important. Seul Kouretas parvint à se maintenir à Athènes, et c'est en 1983 qu'un nouveau groupe d'études put être reconnu par l'IPA.

● Andreas Embiricos, *Haut Fourneau* (Athènes, 1935), Arles, Actes Sud, 1991 ; *Argo ou vol d'arérostat* (Athènes, 1964), Paris, Actes Sud, 1991. Gilles Ortlieb, « Andreas Embiricos », in *Le Nouveau Dictionnaire des auteurs,* Paris, Laffont, t. 1, 1994, 999-1000. Eleni Atzina, *L'Introduction de la psychanalyse en Grèce à travers ses relations avec les institutions psychiatriques (1910-1950),* mémoire de DEA, GHSS, université Paris-VII, 1996.

▷ FÉDÉRATION EUROPÉENNE DE PSYCHANALYSE. FRANCE. HISTOIRE DE LA PSYCHANALYSE. TRIANDAFILIDIS Manolis.

EMDEN Jan Van (1868-1950)

psychiatre et psychanalyste néerlandais

Analysé par Sigmund Freud* et membre en 1911 de la Wiener Psychoanalytische Vereinigung (WPV), Jan Van Emden fut l'un des pionniers de la psychanalyse* aux Pays-Bas* et le cofondateur en 1917 de la Nederlandse Vereniging voor Psychoanalyse (NVP) avec Johan Van Ophuijsen*, August Stärke*, le psychiatre Gerbrandus Jelgersma (1859-1942), l'hypnotiseur Albert Willem Van Renterghem (1845-1939) et le neurologue A. Van der Chijs (1875-1926). En 1941, il s'installera à Amsterdam où il formera un petit groupe de travail, puis déménagera ensuite à La Haye.

▷ MONCHY René De.

EMERSON Louville Eugene (1873-1939)

psychologue américain

Membre de l'American Psychoanalytic Association* (APsaA), Louville Eugene Emerson fut l'un des premiers psychologues américains à s'intéresser aux thèses freudiennes et à étudier, dans le cadre du Massachusetts General Hospital, près de Boston, le rôle des névroses* dans les relations familiales.

▷ ÉTATS-UNIS. PRINCE Morton. PUTNAM James Jackson.

« EMMY VON N. » ou « FRAU EMMY VON N. » (CAS)

▷ MOSER Fanny.

« ENFANT À LA BOBINE (L') »

▷ *AU-DELÀ DU PRINCIPE DE PLAISIR.* HALBERSTADT Sophie.

ENVIE

Allemand : *Neid.* Anglais : *Envy.*

Terme introduit par Melanie Klein* en 1924 pour désigner un sentiment primaire inconscient d'avidité à l'égard d'un objet que l'on veut détruire ou endommager. L'envie apparaît dès la naissance et elle est dirigée d'abord vers le sein de la mère. Dans la position paranoïde-schizoïde ou dépressive*, l'envie attaque le bon objet* pour en faire un mauvais objet, produisant ainsi un état de confusion psychotique.

Comme presque tous les termes du vocabulaire kleinien, celui d'envie s'oppose à un autre : gratitude. Dans la conception freudienne classique, l'envie n'est étudiée que dans le cadre de la genèse de la sexualité féminine* et sous la catégorie de l'envie du pénis. Or Melanie Klein lui donne une extension beaucoup plus grande et centrale dans l'histoire de la relation d'objet*. Ainsi le domaine de la haine, de la mort, de la destruction, et surtout de l'agressivité primaire, est-il repensé de façon plus archaïque, plus radicale et plus interne au sujet* que dans le freudisme* classique. S'il est vrai que Sigmund Freud* fut le grand théoricien de la sexualité* humaine, on peut dire que Melanie Klein, comme d'ailleurs Jacques Lacan*, fut la grande clinicienne de l'agressivité et de la relation haineuse de l'homme à son semblable.

Le terme de gratitude n'apparaît qu'en 1957 pour définir la nature interactive et dialectique du dualisme amour/haine. Dans la perspective kleinienne, l'existence de la gratitude ne permet pas d'imposer la moindre limite à la nature envahissante de l'envie. D'où le scepticisme grandissant de Melanie Klein quant à la possibilité même d'un résultat thérapeutique positif dans les cures où la relation d'objet primaire a été vécue sur un mode destructif.

• Melanie Klein, *La Psychanalyse des enfants* (Londres, 1932), Paris, PUF, 1969 ; *Essais de psychanalyse* (Londres, 1948), Paris, Payot, 1967 ; *Envie et gratitude et autres essais* (Londres, 1957), Paris, Gallimard, 1968. Hanna Segal, *Introduction à l'œuvre de Melanie Klein* (Londres, 1978), Paris, PUF, 1969. Phyllis Grosskurth, *Melanie Klein, son monde et son œuvre* (1986), Paris, PUF, 1990. R.D. Hinshelwood, *A Dictionary of Kleinian Thought*, Londres, Free Association Books, 1991.

ENVIE DU PÉNIS

▷ SEXUALITÉ FÉMININE.

ERIKSON Erik, né Homburger (1902-1994)

psychanalyste américain

Né à Francfort, Erik Homburger ne connut jamais son père biologique, qui abandonna sa mère, Karla Abrahamsen, avant sa naissance. D'origine danoise, celle-ci épousa en 1905 un pédiatre allemand, Theodor Homburger, issu d'une famille de la petite bourgeoisie juive pratiquante. Responsable de la synagogue de Karlsruhe, il y emmena sa femme et donna son nom à l'enfant qui fut alors élevé dans l'ignorance de sa véritable histoire. On lui cacha notamment que son père était danois et qu'il avait abandonné sa mère. D'où le trouble ressenti par le jeune Erik à l'égard de sa judéité*. Tantôt il avait l'impression d'être juif par la filiation de son beau-père, tantôt il attribuait à sa famille maternelle une origine juive. Cet imbroglio le conduira à se convertir au protestantisme et à changer de patronyme.

En 1927, il s'installa à Vienne comme artiste peintre, spécialisé dans les portraits d'enfants. Il s'initia également aux méthodes pédagogiques de Maria Montessori* et, par son ami Peter Blos qui donnait des cours particuliers aux quatre enfants de Dorothy Burlingham*, il entra en contact avec Anna Freud*. Ensemble, avec Eva Rosenfeld (1892-1977), ils créèrent une école, d'abord fréquentée par les enfants de Dorothy, puis par d'autres en traitement analytique, dont les parents suivaient eux-mêmes une analyse. Captivé par cette expérience, mais pauvre comme Job, Erik Homburger fut néanmoins accepté en formation didactique par Anna Freud pour une somme modique. C'est à Vienne qu'il fit la connaissance de sa future femme, Joan Moivat Serson, d'origine américano-canadienne, qui sera analysée par Ludwig Jekels*.

Erik Homburger rédigea alors ses premiers articles sur la pédagogie. Bientôt, il intégra les rangs de la Wiener Psychoanalytische Vereinigung (WPV), dont il trouva l'atmosphère étouffante, puis décida d'émigrer aux États-Unis* après avoir été invité à enseigner et à pratiquer la psychanalyse d'enfant* à Boston. Premier disciple d'Anna Freud, il fut donc aussi le premier homme à se lancer dans cette activité réservée jusque-là aux femmes. Par la suite, il se consacrera plutôt à l'adolescence et enseignera en Californie, à l'université de Berkeley.

Juste avant de quitter l'Europe, il délaissa le nom Homburger et se forgea un nouveau patronyme en utilisant le rituel scandinave qui consistait à fabriquer un nom en ajoutant le suffixe « son » (fils) à un prénom. Il devint donc Erik Erikson, c'est-à-dire Erik fils d'Erik.

L'accès à cette nouvelle identité coïncida avec la découverte des théories du mouvement culturaliste américain, et permit à Erikson de se pencher avec profit sur les problèmes de l'adolescence : « Tandis qu'il travaille dans les réserves indiennes sioux du Dakota du Sud et dans la tribu yourok de la Californie du Nord pendant les années 1930, écrit Pamela Tytell, Erikson se rend compte que l'origine de certains problèmes des Indiens américains adultes est à chercher non pas dans la théorie psychanalytique traditionnelle, mais dans le sentiment de "déracinement" qu'ils éprouvent. Ce sentiment dû à la rupture criante entre leur mode de vie dans les réserves et celui qui est dépeint dans l'histoire de leur tribu est davantage lié au moi*, à la culture et aux interactions sociales qu'aux pulsions* sexuelles sur lesquelles Freud* mettait l'accent. »

C'est donc au contact des conflits liés au communautarisme de la société américaine et aux « failles » de sa conception adaptative qu'Erikson rédigea ses travaux dans le cadre de l'*Ego Psychology*.* Il retrouvait là les problèmes liés à sa propre souffrance d'adolescent en quête d'identité. Dans *Enfance et Société*, ouvrage qui le rendra célèbre, il se démarquait du freudisme classique en montrant que le moi, loin d'être une instance ou un département du ça*, pouvait être réceptif à tous les changements sociaux. D'où la thèse selon laquelle à chaque stade* de son évolution, le sujet* peut faire un choix fondé sur la confiance ou sur la défiance.

Avec cette théorie, Erikson adoptait le projet prophylactique de l'hygiénisme et renonçait à une conception purement psychique de l'organisation de la personnalité. Il liait la notion de stade (au sens freudien) à celle d'évolution biologique et sociale, en soutenant qu'une pédagogie de l'adolescence était nécessaire pour dépasser les conflits de générations. Les freudiens classiques lui reprochèrent de minimiser le poids du psychisme inconscient et de négliger les relations œdipiennes et préœdipiennes. Erikson s'inscrivait pourtant dans une tradition très viennoise développée avant lui par August Aichhorn*.

Après son départ de Berkeley, il fut nommé professeur à l'école de médecine de Harvard, où il créa un centre de recherches portant son nom, puis enseigna au Massachusetts Institute of Technology. Durant toute cette époque, il se passionna pour la psychanalyse appliquée* et rédigea plusieurs psychobiographies d'hommes célèbres : Jésus-Christ, Charles Darwin (1809-1882), Sigmund Freud. Son ouvrage sur Gandhi reçut le prix Pulitzer en 1970, et celui qu'il a consacré à Luther est considéré comme un classique du genre.

Dès ses débuts, la psychanalyse* s'était emparée du personnage de Luther (1483-1546). En 1913, un auteur américain, Preserved Smith, avait fait de lui un « névrosé typique » à travers une psychobiographie terriblement réductionniste. Critiquant à juste titre ce genre de démarche, l'historien français Lucien Febvre (1878-1956) affirma que l'histoire n'avait pas besoin d'un « Luther freudien ». Or, dans son ouvrage de 1958, Erikson fait apparaître un Luther parfaitement recevable. Selon lui, le jeune Luther aurait vécu des conflits violents avec ses parents et aurait eu à affronter une crise profonde dont il ne serait sorti que partiellement au moment de sa découverte de la nouvelle foi. En conséquence, son comportement ultérieur aurait été marqué par la répétition de cette crise – d'où des accès dépressifs et maniaques.

● Erik Erikson, « Configurations in play. Clinical notes », *Psychoanalytical Quarterly*, 6, 1937, 139-214 ; « Observations on Sioux education », *Journal of Psychology*, 1939, 7, 101-156 ; « Hitler's imagery and German youth », *Psychiatry*, 1942, 5, 475-493 ; *Enfance et Société* (New York, 1950), Neuchâtel, Delachaux et Niestlé, 1959 ; *Luther avant Luther* (New York, 1958), Paris, Flammarion, 1968 ; *Éthique et Psychanalyse* (New York, 1964), Paris, Flammarion, 1971 ; *Adolescence et Crise. La quête de l'identité* (New York, 1968), Paris, Flammarion, 1972 ; *La Vérité de Gandhi. Les origines de la non-violence* (New York, 1969), Paris, Flammarion, 1974. Preserved Smith, « Luther's early development in the light of psychoanalysis », *American Journal of Psychology*, 24, 1913, 360-377. Lucien Febvre, *Martin Luther. Un destin* (1928), Paris, PUF, 1988. Eugène Pumpian-Mindlin, « Anna Freud and Erik H. Erikson. Contributions to the theory and practice of psychoanalysis and psychotherapy », in Franz Alexander (éd.), *Psychoanalytic Pioneers*, New York, 1966, 519-533. Robert Coles Robert, *Erik H. Erikson. The Growth of His Work*, Boston, Little Brown, 1970. Paul Roazen, *Erik H. Erikson, The Power Limits of a Vision*, New York, Free Press, 1976. Pamela Tytell, « Erik Homburger Erikson, 1902-1994 », *Encyclopaedia universalis*, Paris, 1995, 500-501. Peter Schöttler, « Note sur Erik Erikson et Luther », 1996, inédit.

▷ CULTURALISME. MEYER Adolph.

ERMAKOV Ivan Dimitrievitch (1875-1942)
psychiatre et psychanalyste russe

Élève du psychiatre Vladimir Petrovitch Serbski (1858-1917), Ivan Dimitrievitch Ermakov consacre ses premiers travaux aux névroses de guerre* en soignant des soldats pendant le conflit qui oppose la Russie* au Japon*. Par la suite, il s'intéresse à l'hypnose* et, à partir de 1913, il se tourne vers la psychanalyse*. Avec Moshe Wulff*, il crée en 1921 l'Association psychanalytique de recherches sur la création artistique et, un an plus tard, devient le président de la Société psychanalytique de Russie. Il participe également avec Vera Schmidt* à la mise sur pied du fameux home expérimental d'enfants. Mais c'est surtout par ses textes sur l'art et la littérature qu'il joue un rôle dans l'introduction du freudisme* en Russie* : la mélancolie* chez Dürer (1471-1528) et des études sur Gogol (1809-1852) et Pouchkine (1799-1837).

La principale activité d'Ermakov fut la gestion de la Bibliothèque de psychologie et de psychanalyse aux côtés d'Otto Schmidt (1891-1956) qui en était le directeur pour les éditions d'État. Entre 1922 et 1928, les deux hommes firent traduire en russe plusieurs ouvrages de Sigmund Freud*, parmi lesquels l'*Introduction à la psychanalyse** et *Totem et Tabou**. Ermakov rédigea des notes et des préfaces.

Démis de toutes ses fonctions entre 1924 et 1928, au cours de la stalinisation du régime soviétique, il parvint à traduire encore l'*Avenir d'une illusion** en 1930. Par la suite, s'il continua à écrire, il ne publia plus rien et cessa toute activité psychanalytique. Arrêté en 1940, il fut déporté dans un camp d'internement où il mourut deux ans plus tard.

● Jean Marti, « La psychanalyse en Russie (1909-1930) », *Critique*, 346, mars 1976, 199-237. Alberto Angelini, *La Psicoanalisi in Russia*, Naples, Liguori Editore, 1988. Alexandre Etkind, *Histoire de la psychanalyse en Russie* (1993), Paris, PUF, 1995.

▷ COMMUNISME. FREUDO-MARXISME. LURIA Aleksandr Romanovitch. OSSIPOV Nikolaï Ievgrafovitch. ROSENTHAL Tatiana. SPIELREIN Sabina. ZALKIND Aron Borissovitch.

EROS

▷ HOMOSEXUALITÉ. *LIBIDO*. NARCISSISME. PERVERSION. PULSION. SEXUALITÉ. SUBLIMATION.

ESPAGNE

Comme dans tous les autres pays d'Europe, et surtout en France*, les thèses freudiennes furent accueillies en Espagne de façon critique, et c'est par les résistances suscitées et les accusations diverses (obscénité, pansexualisme*, métapsychologisme, etc.) qu'elles trouvèrent un écho dans le milieu médical et psychiatrique. Dans sa thèse de 1983, Francisco Carles Egea recense quatre-vingt-quinze travaux consacrés à la psychanalyse* (livres et articles) pour la période 1893-1922. Parmi eux se dégage le rôle pionnier de certains psychiatres qui critiquèrent l'œuvre freudienne tout en lui donnant une place centrale : José Sanchis Banus (1890-1932), réformateur de l'asile et militant socialiste, Gonzalo Rodriguez Lafora*, Enrique Fernandez Sanz (1872-1950), président de la Ligue d'hygiène mentale, formé à l'école française et à la nosographie allemande, Rafael Valle y Aldabalde (1863-1937), engagé à l'extrême droite et mandarin de la psychiatrie madrilène, Emilio Mira y Lopez (1896-1963), président de la Société psychiatrique de Catalogne. Outre cette diffusion par la voie médicale, il faut insister sur le rôle que joua dans cette implantation le philosophe Ortega y Gasset*, initiateur de la première grande traduction des œuvres complètes de Sigmund Freud*.

Alors qu'en France cette première phase d'introduction déboucha en 1926 sur la création de la Société psychanalytique de Paris (SPP), en Espagne rien de tel ne se produisit. En effet, loin de s'orienter vers la pratique de la psychanalyse en créant un groupe freudien, les pionniers espagnols incorporèrent les données du freudisme* au savoir psychiatrique, laissant ainsi la place non pas à la constitution d'un courant critique ou d'une école liée à l'orthodoxie, comme partout ailleurs, mais au seul déferlement d'un antifreudisme largement orchestré par l'Église* catholique.

Dans ce contexte, Angel Garma* ne parvint pas, lors de son retour de Berlin en 1931, à fonder la moindre société psychanalytique en Espagne. Il se heurta en effet à l'indifférence générale puis à une hostilité croissante. Le déclenchement de la guerre civile le contraignit ensuite à s'exiler en Argentine* et fit obstacle à toute institutionnalisation du freudisme.

Du côté littéraire, Ortega y Gasset ne laissa aucun héritage. Quand il revint en Espagne après avoir émigré, il ne s'intéressait déjà plus à la psychanalyse : « On ne peut citer aucun romancier espagnol du second demi-siècle, écrit Christian Delacampagne, pour lequel la psychanalyse ait constitué une source d'inspiration ou de création. Quant aux rares artistes pour lesquels elle semble avoir joué ce rôle – le cinéaste Buñuel, les peintres Dalí ou Clavé – ils appartiennent à une génération déjà ancienne, la génération surréaliste, qui, de surcroît, a accompli une grande partie de son œuvre hors d'Espagne. »

On comprend alors pourquoi dès 1936, Lopez Ibor, représentant d'une conception répressive et réactionnaire de la psychiatrie, parvint à occuper une telle place en publiant un livre d'anathèmes contre Freud, *Vie et mort de la psychanalyse*, qui occultait tous les travaux des pionniers espagnols.

Après la Deuxième Guerre mondiale, la psychanalyse fut bannie d'Espagne pendant trente ans, tandis que le savoir psychiatrique, violemment anti-freudien, prenait une orientation ultra-organiciste, voire policière, en généralisant l'utilisation de la lobotomie, de l'électrochoc et de l'insulinothérapie. A travers les campagnes menées par l'Opus Dei, la psychanalyse fut alors dénoncée comme un « complot judéo-maçonnique » et Freud traité de « génie satanique ». Quant à Lopez Ibor, il devint le porte-parole officiel de cette psychiatrie franquiste de plus en plus hostile à la psychanalyse. En 1951, il réédita son livre sous un nouveau titre (*Agonie de la psychanalyse*), et, en 1975, il renouvela son anathème avec un autre ouvrage : *Freud et ses dieux occultes*. Ces dénonciations rappelaient par leur style les tribunaux de l'Inquisition. Elles soulignaient aussi la détermination du franquisme d'identifier toute forme de modernité à une hérésie.

Exclue des institutions officielles, la doctrine freudienne intéressa néanmoins des cercles de médecins désireux d'étudier des textes et de discuter de questions cliniques.

La première initiative fut prise en 1948 par Molina Nunez, ancienne analysante de Garma, et par Ramón del Portillo. Tous deux entrèrent en contact avec Garma. Ayant été formé en Allemagne*, celui-ci les adressa au président de la Deutsche Psychoanalytische Gesellschaft (DPG). C'est ainsi que Carl Müller-Braunschweig*, tout juste sorti de sa collaboration au Göring-Institut, fut invité à aider les Espagnols à construire le premier cercle psychanalytique du régime franquiste. Il conseilla à ses interlocuteurs de faire venir une de ses élèves, Margarete Steinbach. Elle aussi avait fait partie de l'institut allemand. Installée à Madrid, elle initia à l'analyse didactique* plusieurs thérapeutes réunis en un groupe d'une dizaine de médecins. Elle mourut en 1954.

A Barcelone comme à Madrid, d'autres candidats prirent contact avec des collègues portugais dont la situation sous Salazar était identique à la leur sous Franco. Ils séjournèrent en Suisse* et en Grande-Bretagne* pour y recevoir une formation didactique dans le cadre de l'International Psychoanalytical Association* (IPA). Comme le régime franquiste n'avait ni supprimé la liberté d'association, ni empêché les échanges culturels, ni interdit la pratique des diverses psychothérapies*, il fut possible de fonder une association psychanalytique réunissant le cercle de Madrid et celui de Barcelone.

En un premier temps, un groupe luso-espagnol s'intégra à l'IPA en 1957 au congrès de Paris, sous le parrainage de la Société suisse de psychanalyse (SSP). Puis, en un deuxième temps, après avoir été reconnue comme société composante en 1959, cette société se scinda (1966) en deux associations distinctes : l'une espagnole (Sociedad Española de Psicoanálisis, SEP), l'autre portugaise (Sociedade Portuguesa de Psicanálise). En 1971, un institut fut créé à Barcelone, très influencé par les thèses kleiniennes. Par la suite, les Castillans (Madrid), ouverts à une plus grande diversité de courants, se séparèrent des Catalans (Barcelone), et, en 1979, une nouvelle société composante fut reconnue au congrès de New York : l'Asociación Psicoanálitica de Madrid (APM). Aucun de ces groupes ne parvint à impulser la formation d'un véritable mouvement freudien dans la péninsule Ibérique. Née dans le sérail d'un freudisme orthodoxe, la Société espagnole (avant la séparation entre Madrid et Barcelone) se contenta d'exister sans mettre en cause le régime et en adoptant ses principes hiérarchiques. Elle étendit toutefois ses activités à quelques services psychiatriques et à quelques enseignements universitaires.

Au milieu des années 1990, les deux groupes ne comptaient pas plus de cent praticiens et n'avaient acquis aucune identité intellectuelle ou théorique dans le domaine du freudisme, malgré l'arrivée en 1976 de l'Argentin Leon Grinberg, qui s'était exilé avec sa femme Rebecca. Quant à la petite société portugaise (une trentaine de praticiens), elle faisait figure de groupuscule en voie de développement face à la puissance du freudisme brésilien. Tout se passait donc comme si les anciens colonisés du continent américain prenaient leur revanche sur leurs anciens colonisateurs européens.

Avec l'instauration de la terreur en Argentine*, contemporaine de la fin du franquisme, le lacanisme* commença à s'implanter en Espagne grâce à l'action d'Oscar Masotta*. Après avoir fondé la Escuela Freudiana de Buenos Aires (EFBA), il mit sur pied à Barcelone, en 1976, la Biblioteca Freudiana. Cette association servit à diffuser l'œuvre de Jacques Lacan* en langue castillane. Après la mort de son fondateur, elle donna naissance, par scisions successives, comme d'ailleurs la EFBA, à plusieurs groupes lacaniens qui créèrent, face à l'élitisme de leurs rivaux de l'IPA, une forme de psychanalyse de masse. Dans ce pays où aucune tradition clinique d'inspiration psychanalytique ne s'était implantée dans le milieu psychiatrique pendant toute la durée du franquisme, le lacanisme faisait figure de mouvement d'avant-garde.

Après la mort de Lacan et la réorganisation engagée par Jacques-Alain Miller, la plupart des groupes furent réunis par la création à Barcelone, en septembre 1990, de l'École européenne de psychanalyse (EEF) qui allait bientôt se transformer, à l'intérieur de l'Association mondiale de psychanalyse* (AMP), en un pôle avancé du courant millérien en Europe. A la fin du siècle, l'Espagne est donc devenue le seul pays où cette tendance soit largement majoritaire, contrairement à l'Argentine et à la France : douze groupes répartis en treize villes ou régions (dont Las Palmas aux Canaries) et rattachés à l'École européenne de psychanalyse (EEP), elle-même adhérente de l'AMP.

• Christian Delacampagne, « La psychanalyse dans la péninsule Ibérique », *in* Roland Jaccard (éd.), *Histoire de la psychanalyse*, II, Paris, Hachette, 1982, 383-394. Francisco Carles Egea, *La Introducción del psicoanálisis en España (1893-1922)*, thèse pour l'obtention du grade de docteur en médecine, université de Murcia, 1983. Maria Luisa Munoz et Rebecca Grinberg, « Spain », *in* Peter Kutter (éd.), *Psychoanalysis International. Guide to Psychoanalysis throughout the World*, Stuttgart-Bad Cannstatt, Frommann-Holzboog, 1992.

▷ BRÉSIL. HISTOIRE DE LA PSYCHANALYSE. ITALIE. NAZISME.

ÉTATS-LIMITES (*BORDERLINE STATE*)

La notion de *borderline state* fait partie du vocabulaire clinique américain et anglo-saxon propre au courant de la *Self Psychology** et, à certains égards, au post-kleinisme des années 1960. Elle traverse également le néofreudisme* et le culturalisme*, et a fini par s'intégrer à la terminologie psychanalytique française sous le nom d'états-limites (au pluriel). Le terme *borderline* (frontière) désigne des troubles de la personnalité et de l'identité qui sont à la frontière de la névrose* et de la psychose*. On parle aussi de cas-limites, de personnalités-limites ou encore de pathologies-limites.

Otto Fenichel* fut l'un des premiers, en 1945, à souligner l'existence de ce type de pathologie : « Il existe des personnalités névrotiques qui, sans développer une psychose complète, possèdent des dispositions psychotiques ou encore manifestent des aptitudes à faire usage de mécanismes schizophréniques en cas de frustration*. » La notion fut ensuite considérablement développée dans les travaux de Heinz Kohut* et d'Otto Kernberg, lequel proposa le terme d'organisation-limite pour bien montrer que l'état-limite était stable et durable.

C'est le psychanalyste américain Harold Searles, spécialiste de la schizophrénie*, qui produisit pendant la même période les travaux les plus pertinents sur cette question à partir d'une longue pratique menée à la Chesnut Lodge Clinic, haut lieu du traitement psychanalytique des psychoses où travailla Frieda Fromm-Reichmann* après son émigration d'Allemagne*. Marqué par l'enseignement de Harry Stack Sullivan*, Searles fit éclater la définition classique de la folie* à la manière des artisans de l'antipsychiatrie* en montrant que chez les patients *borderline*, le moi* fonctionne de façon autistique. Dans son célèbre livre de 1965, *L'Effort pour rendre l'autre fou*, il critiqua l'orthodoxie freudienne, soulignant comment la pratique orthodoxe du transfert* peut déboucher sur une stratégie de terreur consistant à rendre le patient dépendant de l'analyste. A cela il opposa une pratique de la cure inspirée du traitement des états-limites, et fondée sur la notion de reconnaissance mutuelle entre le thérapeute et le patient.

• Otto Fenichel, *La Théorie psychanalytique des névroses* (1945), Paris, PUF, 1953. Otto Kernberg, *La Personnalité narcissique* et *les troubles-limites de la personnalité* (New York, 1975), Toulouse, Privat, 2 vol., 1975, 1979 ; et Michael A. Selzer, Harold W. Koenigsberg, Arthur C. Carr, Ann H. Appelbaum, *La Thérapie psychodynamique des personnalités-limites* (New York, 1989), Paris, PUF, 1995. Harold Searles, *L'Effort pour rendre l'autre fou* (New York, 1965), Paris, Galimard, 1981 ; *Mon expérience des états-limites* (New York, 1986), Paris, Gallimard, 1994.

▷ ANALYSE DIRECTE. AUTISME. BATESON Gregory. BION Wilfred Ruprecht. *EGO PSYCHOLOGY.* FEDERN Paul. KLEINISME. NARCISSICISME. NÉOFREUDISME. PERSONNALITÉ MULTIPLE. TECHNIQUE PSYCHANALYTIQUE.

ÉTATS-UNIS

D'excellents travaux ont été consacrés à l'histoire de la psychanalyse* aux États-Unis*, et parmi eux celui de Nathan G. Hale. Cette œuvre monumentale en deux tomes permet de suivre toutes les étapes de l'implantation du freudisme* dans le pays qui a en quelque sorte « sauvé » la psychanalyse du nazisme* en transformant radicalement ses idéaux, sa pratique, son essence et sa technique. Sans la puissance nord-américaine, et sans l'émigration massive durant l'entre-deux-guerres de la quasi-totalité des thérapeutes d'Allemagne*, d'Autriche (Vienne*), de Hongrie*, d'Italie* et d'Europe centrale, jamais le freudisme n'aurait atteint une telle renommée dans l'histoire mondiale.

C'est aux États-Unis que se sont développés la plupart des grands courants freudiens – *Ego Psychology**, annafreudisme*, *Self Psychology**, néofreudisme*, culturalisme* – ainsi que toutes les psychothérapies* inspirées ou non par la doctrine viennoise : gestaltthérapie*, thérapie familiale*, analyse directe*, analyse transactionnelle*, etc. A cela s'ajoute le courant représenté par l'École de Chicago autour de Franz Alexander* et de la médecine psychosomatique*. C'est également sur le continent américain que se sont retrouvés tous les grands dissidents européens du mouvement psychanalytique : Karen Horney*, Wilhelm Reich*, Otto Rank*, Erich Fromm*. On ne s'étonnera donc pas que la psychanalyse dite « américaine » ait tant marqué d'abord les pays anglophones – Canada* et Australie – puis le reste du monde, le Japon* notamment, ainsi que tous les pays sortis du communisme* à partir de 1989 et de nouveau ouverts à la pratique psychanalytique : Russie*, Hongrie, etc.

Trois grands courants du freudisme sont néanmoins restés étrangers à cette puissance nord-américaine : les Indépendants*, le kleinisme* et le lacanisme*. Symbole de la grande force clinique de l'école anglaise (Grande-Bretagne*), le kleinisme s'est surtout implanté dans les pays latino-américains (Argentine*, Brésil*) tandis que les représentants du groupe des Indépendants, de Michael Balint* à Donald Woods Winnicott*, ont fait fructifier partout dans le monde une tradition exemplaire : ni trop inféodée à la psychiatrie, ni trop étrangère à la médecine, ni trop centrée (comme le kleinisme) sur le phantasme* et la réalité psychique*. Quant au lacanisme, né en France*, il a suivi la même voie que le kleinisme et ne s'est implanté que dans les pays latins et latino-américains. Aux États-Unis, l'œuvre de Jacques Lacan* est essentiellement enseignée à l'université, dans les départements de littérature. Largement utilisée par les féministes et les différencialistes, elle a donné une vigueur nouvelle, à partir des années 1970, à tous les débats américains sur la sexualité féminine* et la différence des sexes*. Notons aussi que les principaux débats concernant l'historiographie* se sont déroulés aux États-Unis, du fait du dépôt des archives Freud à la Library of Congress* de Washington.

Pour saisir les modalités spécifiques de l'implantation de la psychanalyse outre-Atlantique, il faut remonter à la fin du XVIIIe siècle et comparer trois conceptions de la démocratie : la française, l'anglaise, l'américaine.

Née en Nouvelle-Angleterre et fondée par les descendants des puritains, la démocratie américaine repose sur la Déclaration d'indépendance signée par les « pères fondateurs » le 4 juillet 1776 et sur la création, dix ans plus tard, des États fédérés, réunion de communautés dont le projet est d'inspiration religieuse. D'essence philanthropique et politique, la Révolution américaine s'appuie sur la prééminence des pouvoirs locaux, contrairement à la Révolution française, qui construira un État centralisateur et se voudra universaliste, soucieuse d'instituer une nouvelle organisation sociale. A travers ses « pères fondateurs », le peuple américain se considère fondamentalement comme le nouvel interprète de la Bible et comme l'héritier de l'ancienne alliance divine avec Israël.

C'est l'avènement d'une nouvelle théorie du droit individuel qui permet d'instituer l'asile moderne et de donner la première impulsion à ce qu'on appelle le traitement moral de la folie. S'inspirant d'un idéal philanthropique que l'on retrouve à la même époque chez l'Anglais William Tuke (1732-1822), créateur de la maison de santé la Retraite à York, et chez le Français Philippe Pinel (1745-1826), réformateur de l'asile de Bicêtre, Benjamin Rush (1746-1813) commence par militer pour l'abolition de l'esclavage avant de signer la Déclaration d'indépendance. Il mène ensuite des recherches sur la maladie mentale qui le conduiront à fonder la psychiatrie américaine.

Pendant toute la première moitié du XIXe siècle, l'épanouissement de la psychiatrie coïncide avec le développement des *state mental hospitals*, véritable système d'assistance qui prend en charge les aliénés indigents, tandis que se créent de multiples fondations et établissements privés spécialement consacrés au traitement de la folie. Prenant le relais de Rush, Dorothée Dix (1802-1887) devient célèbre dans le Massachusetts pour sa piété protestante et sa croisade militante en faveur de l'amélioration du sort des femmes aliénées. Ses multiples activités aboutiront à la création, en 1923, de la puissante American Psychiatric Association (APA), qui jouera un rôle considérable dans l'organisation des soins prodigués aux malades mentaux.

Entre 1870 et 1908, trois grandes orientations se dessinent qui permettront ensuite une vaste implantation de la psychanalyse. Ce sont d'abord les « cures d'âme » menées par les pasteurs et pratiquées spontanément par les communautés villageoises ou urbaines. Transition vers le traitement psychanalytique, elles s'épanouissent avec la vogue du spiritisme* et mélangent le chant, la prière et les incantations pour déboucher ensuite sur l'hypnose* et la suggestion*. Héritées de la technique de l'aveu, chère aux puritains, elles véhiculent un idéal de purification de l'esprit qui doit conduire le sujet* à la maîtrise de ses passions et à l'adoption d'une morale fondée sur la tolérance et le respect des différences.

Par ailleurs, la neurologie et la psychologie influent sur le développement des psychothérapies*. Tandis que le psychiatre Edward Cowles (1837-1907) s'appuie sur une conception fonctionnaliste de la maladie mentale, Morton Prince*, contemporain de Pierre Janet* et de Théodore Flournoy*, met à l'honneur la théorie associationniste de Huglings Jackson* pour imposer le « style somatique » en étudiant des cas de personnalité multiple*. Ainsi donne-t-il aux troubles psychiques une origine neurologique tout en prônant un *educational treatment* (traitement éducatif). Discipline médicale, la neurologie sert donc de substrat à un vaste déploiement de la psychiatrie dynamique*.

Malgré son antifreudisme, Morton Prince participe à la création de la prestigieuse École bostonienne de psychothérapie où s'élabore, entre 1895 et 1909, autour de William James (1877-1910), la méthode de traitement psychique la plus rationnelle du monde anglo-américain. C'est dans ce groupe, et notamment avec Stanley Grandville Hall*, Josiah Royce*, et surtout James Jackson Putnam*, que la doctrine freudienne est accueillie avec un formidable enthousiasme.

A la manière d'Eugen Bleuler*, et dans la droite ligne de la tradition suisse de l'hygiène mentale, Adolf Meyer* critique le style somatique et perpétue l'esprit de Benjamin Rush en introduisant aux États-Unis l'étude et le traitement de la schizophrénie*. A cet égard, il contribue largement, comme Bleuler, à l'extension de la clinique psychanalytique au domaine des psychoses*, tout en refusant la conception freudienne de l'inconscient*.

Dans une perspective à la fois plus freudienne et plus ouverte aux questions sociales, William Alanson White* introduit lui aussi (à Washington) la psychanalyse dans le traitement des psychoses, tout en soulignant la nécessité de prendre des distances à l'égard de la doctrine originelle. Il formera toute une génération de psychiatres, et parmi eux Smith Ely Jelliffe* ainsi que le culturaliste anti-bleulérien Harry Stack Sullivan*.

Toutes ces activités, limitées à la côte est, contribuent à l'expansion des méthodes de psychothérapies, qui sont aussitôt popularisées par les pasteurs, les travailleurs de la santé mentale, les médecins et les éducateurs. En 1904 et en 1906, Pierre Janet fait une tournée de conférences en Nouvelle-Angleterre et recueille un succès triomphal en offrant aux Américains le prestige de la culture européenne. La voie est donc ouverte pour que Sigmund Freud* entreprenne son fameux voyage.

Entouré de Carl Gustav Jung* et de Sandor Ferenczi*, le maître viennois arrive à New York à bord du paquebot *George Washington* le 27 août 1909. Après avoir longuement hésité, il a accepté de faire cinq conférences (*Sur la psychanalyse**) à la Clark University de Worcester, où l'a invité Stanley Hall. Il va connaître un succès énorme sans pourtant apporter la peste* aux Américains comme le dira plus tard Jacques Lacan.

Comme dans tous les autres pays, la doctrine freudienne de la sexualité* est alors assimilée à un pansexualisme*. A partir de 1910 s'ouvrent un peu partout des discussions sur le statut de cette fameuse *libido**. Toujours très pratiques, les Américains cherchent à « mesurer » l'énergie sexuelle, à prouver par des statistiques l'efficacité des cures freudiennes et à mener des enquêtes sociologiques pour savoir si les concepts freudiens sont applicables empiriquement aux problèmes psychiques des individus. Dans ces conditions, la psychanalyse tend à devenir sur le continent américain l'instrument d'une formidable adaptation de l'homme à la société.

L'idée que celle-ci puisse être subversive vient de Freud lui-même, qui se regardait comme un savant spinoziste ayant infligé à l'homme une blessure profonde. Elle fut reprise par les surréalistes, qui parlèrent les premiers de « révolution freudienne », en référence à la tradition française de la Révolution de 1789.

Aux États-Unis, c'est plutôt une vision thérapeutique de la psychanalyse qui envahit le champ de la culture et de la médecine, accordant moins d'importance à son système de pensée qu'à son pouvoir de guérison. La psychanalyse s'impose donc comme un nouvel idéal de bonheur capable d'apporter une solution à la morale sexuelle de la société démocratique et libérale : l'homme n'est pas condamné à l'enfer de ses névroses et de ses passions. Au contraire, il peut en guérir.

Le système freudien remplace ainsi le « style somatique » de la neurologie au point d'envahir tout le champ de la psychiatrie. Bientôt, le mot psychanalyse devient synonyme de psychiatrie dans un pays où la notion même d'analyse profane* n'a aucune signification. Entre 1910 et 1917, la période de l'idéalisme putnamien fait place au pragmatisme d'Ernest Jones* d'une part, et surtout d'Abraham Arden Brill*. La psychanalyse s'organise alors en un véritable mouvement professionnel et corporatiste autour de plusieurs institutions. En 1911, Jones fonde l'American Psychoanalytic Association* (APsaA) ; la même année, Brill met sur pied, avec Horace Frink*, la New York Psychoanalytical Society (NYPS) ; deux ans plus tard, White et Jelliffe font paraître la *Psychoanalytic Review*, première revue américaine de diffusion du freudisme. En 1914, Putnam et Isador Coriat* créent la Boston Psychoanalytic Society (BoPS).

Les traités de Versailles et du Trianon, conclus en 1919 et 1920, marquent l'effondrement de la culture austro-hongroise dans le mouvement psychanalytique international. En Europe, l'Allemagne* porte encore pendant dix ans le flambeau du freudisme, tandis que les Autrichiens, ruinés par la guerre et la défaite, ont du mal à survivre. C'est dans ce contexte que Freud, devenu célèbre, voit affluer à Vienne* de nombreux Américains désireux de faire une analyse avec lui. Il ne les aime guère, les trouve souvent grossiers et incapables de comprendre vraiment ses idées. Cependant, il n'est pas insensible aux grands succès remportés par sa doctrine dans le Nouveau Monde. Et puis il a besoin d'argent pour nourrir sa famille et aider ses amis en difficulté. Aussi n'hésite-t-il pas à former les futurs analystes du mouvement américain qui lui apportent des dollars. Adolph Stern est le premier à arriver en 1920. Viendront ensuite Clarence Oberndorf*, Horace Frink, Monroe Meyer (1892-1939), Leonard Blumgart (1881-1959), Joseph Wortis*, Abram Kardiner*, Roy Grinker, Ruth Mack-Brunswick*.

L'accession au pouvoir d'Adolf Hitler (1889-1945) accélère un processus d'émigration déjà actif et provoque le départ vers le continent américain (entre 1933 et 1938) de la quasi-totalité des pionniers du mouvement psychanalytique européen. Cet exil massif renforce la puissance nord-américaine au sein de l'International Psychoanalytical Association* (IPA). Dominée par l'APsaA, elle met ses structures bureaucratiques au service de la définition des modalités de l'analyse didactique* en fonction de critères de plus en plus adaptatifs, bien éloignés en tout cas de l'élan du freudisme originel.

Entre 1930 et 1951, l'implantation de la psychanalyse (sociétés et instituts) progresse de façon considérable sur l'ensemble du territoire : Chicago (1931), Philadelphie (1931 et 1949), Topeka (1938) (Detroit, 1940), San Francisco (1941), Los Angeles (1946), Baltimore (1946), Californie du Sud (1950). A chaque société est lié un institut de formation (organisé sur le modèle de celui de Berlin) et parfois un « père fondateur » ayant pris la route de l'exil : Siegfried Bernfeld*, Georg Simmel*, Franz Alexander*, par exemple. En 1932, une autre grande revue est créée par des membres de la NYPS, parmi lesquels Gregory Zilboorg*. Elle prend le nom de *Psychoanalytic Quarterly*. Beaucoup plus libérale que l'*International Journal of Psychoanalysis* (IJP)*, elle aura une forte audience et contribuera encore à accentuer la puissance de la psychanalyse sur la côte est.

A partir de 1925, c'est la question de l'analyse profane* qui divise le mouvement psychanalytique international au moment même où sont instaurées dans l'IPA les règles standards de l'analyse didactique* obligatoire. Président de la NYPS, Brill s'oppose fermement aux Européens et à Freud lui-même en refusant l'admission des non-médecins au métier de psychanalyste. L'année suivante, avec le procès intenté à Theodor Reik* et la publication de *La Question de l'analyse profane**, le conflit prend une ampleur considérable. En 1929, au congrès de l'IPA d'Oxford, un accord intervient et la NYPS accepte l'affiliation des analystes profanes. Mais une clause est votée qui permet aux sociétés américaines de refuser l'affiliation des psychanalystes formés en Europe. Elle oblige donc tout émigré non seulement à refaire ses études de médecine selon les lois en vigueur sur le territoire américain, mais aussi à recommencer son cursus psychanalytique.

Tandis que la langue anglaise s'impose dans les congrès de l'IPA, les sociétés nord-américaines, regroupées dans l'APsaA, dominent le mouvement international. En 1934, au congrès de l'IPA de Lucerne, la clause d'Oxford est annulée. Mais cette reconnaissance de la valeur des cursus psychanalytiques européens n'empêchera pas le processus de médicalisation de la pensée freudienne de suivre son cours. A cette époque, aux États-Unis, la psychanalyse devient ainsi, selon le mot de Freud, « la bonne à tout faire de la psychiatrie ».

Inventée par des Européens soucieux d'intégration (Heinz Hartmann*, notamment), l'*Ego Psychology* est le courant qui incarne le mieux l'idéal d'adaptation propre au pragmatisme américain. Il reste attaché à l'universalisme freudien tout en rompant avec la thérapie du bonheur des pionniers protestants. Face à cette psychologie du moi*, qui sera contestée à la fin des années 1960 par les partisans de la *Self Psychology*, le culturalisme est au contraire porteur de dissidence et de contestation. Il critique tous les modèles dogmatiques, normatifs et adaptatifs, au risque de dissoudre l'universel dans le particulier.

Comme partout dans le monde, l'expansion du mouvement freudien conduit les sociétés psychanalytiques à des conflits internes qui se traduisent par une succession de scissions*. Il s'en produit cinq entre 1941 et 1950. Les deux premières au sein de la NYPS, l'une autour de Karen Horney en 1941, l'autre autour de Sandor Rado* six ans plus tard. Elles témoignent de la forte position occupée par la psychanalyse sur la côte est, grâce à l'afflux des émigrés massivement installés à New York.

D'abord dirigé par Monroe Meyer et par Dorothy Ross, l'Institut de New York, fondé en 1931, touche par son enseignement de nombreuses couches de la population : magistrats, policiers, assistantes sociales, professeurs. En 1946, l'influence de la NYPS s'étend encore avec la création d'un centre de traitement (*treatment center)* dépendant de l'institut qui accueille des traumatisés de guerre, puis des adultes et des enfants.

La troisième scission se produit dans la région de Washington où prédominent à la fois la tradition de l'hygiène mentale et celle de White représentée par Sullivan, fondateur de la William Anlanson White Foundation (New York). En 1914, Adolf Meyer avait créé la Washington Psychoanalytic Society (WPS). Dix ans plus tard, une autre société vit le jour, la Washington Psychoanalytic Association. Du coup, en 1926, la WPS changea de nom pour devenir la Washington Psychopathological Society. Les deux groupes rivalisèrent pour se faire admettre dans l'APsaA, et, finalement, une troisième société, beaucoup plus vaste, fut créée en 1930, la Washington-Baltimore Psychoanalytic Society, où se regroupèrent des thérapeutes venus du Kansas et de Virginie sans affiliation européenne.

Au sein de cette société se retrouvèrent, autour de Sullivan, de nombreux freudiens dissidents ou élèves de White qui travaillaient dans les trois grands hôpitaux de la région, spécialisés dans le traitement des psychoses : St. Elizabeth, Chesnut Lodge, Sheppard-Pratt.

C'est dans la Washington-Baltimore Psychoanalytic Society que se produit, en 1947, la troisième scission américaine. Elle met en jeu, de façon caractéristique, des querelles de personnes, des intérêts locaux et des problèmes de formation. Selon Donald Burnham, le principal conflit est celui qui oppose Sullivan à Jenny Wälder-Hall (1898-1989), émigrée viennoise, proche d'Anna Freud.

Jenny Wälder rejoindra la Société de Philadelphie avant de s'installer en Floride, tandis que les partisans de Sullivan se regrouperont à la Fondation White, qui ne sera jamais reconnue par l'IPA. Finalement, deux sociétés distinctes (et un institut qu'elles gèrent en commun) resteront intégrées à l'APsaA, la Washington Psychoanalytic Society (WPS) et la Baltimore Psychoanalytic Society (BaPS).

La quatrième scission se produit en 1948, à la Philadelphia Psychoanalytic Society (PPS) fondée en 1931. Elle porte sur la formation didactique et oppose également des émigrés viennois comme Robert Wälder (1900-1967) à des Américains de souche. En 1949, une deuxième société se crée, la Philadelphia Association for Psychoanalysis (PAP), intégrée elle aussi à l'APsaA.

Enfin, la cinquième scission a lieu en Californie après la mort d'Otto Fenichel* et d'Ernst Simmel. Tous deux avaient défendu l'analyse profane au sein de la Los Angeles Psychoanalytic Society (LAPS). En 1950, leurs élèves sont contraints de créer un nouveau groupe favorable aux non-médecins : la Society for Psychoanalytic Medicine of Southern California, qui deviendra plus tard la Southern California Psychoanalytic Society (SCPS), intégrée à l'APsaA. Elle formera plus d'analystes profanes que tous les autres groupes américains.

Au contraire des autres sociétés, celle de Chicago, fondée par Alexander, parvient à surmonter ses conflits. Spécialisée dans la médecine psychosomatique, elle est le lieu d'accueil d'un courant d'où émergera, avec Heinz Kohut*, une clinique des troubles narcissiques fondée sur la théorie du *self.*

A partir de 1945, le cinéma hollywoodien s'empare de l'épopée freudienne pour en donner une image très différente de celle des sociétés psychanalytiques américaines. Un élément rapproche pourtant les thérapeutes et les cinéastes du Nouveau Monde intéressés par la doctrine viennoise : presque tous sont issus de la vieille Europe. Le savoir freudien leur sert à critiquer les idéaux de la société américaine. En ce sens, leur position à l'égard de la psychanalyse est différente de celle des praticiens, émigrés eux aussi. En effet, aucune théorie de l'adaptation ne se dégage du cinéma hollywoodien de l'après-guerre, et c'est pourquoi, à travers les films d'Alfred Hitchcock (1899-1980), de Charlie Chaplin (1889-1977), d'Elia Kazan, de Vincente Minelli ou de Nicholas Ray (1911-1979), se déploie une représentation du freudisme antagoniste de celle qui est véhiculée par les instituts de l'APsaA : une sorte de retour à la psychanalyse viennoise. Né américain puis retourné en Irlande, John Huston réalisera ainsi un film sur le jeune Freud (*Freud, passion secrète)* à partir d'un magnifique scénario de Jean-Paul Sartre (1905-1980). Cette œuvre profonde heurtera pourtant la sensibilité des tenants de l'orthodoxie annafreudienne, et Marianne Kris* empêchera l'actrice Marilyn Monroe (1926-1962) de jouer le rôle de Bertha Pappenheim*.

Enfin, à partir de 1960, le déploiement des thèses de la *Self Psychology* permet de rénover le débat clinique et donne un second souffle au freudisme américain.

A la fin des années 1990, l'APsaA et les autres sociétés de l'IPA compteront trois mille cinq cents membres (soit plus du tiers de l'IPA) répartis en quarante-quatre sociétés, cinq groupes d'études, et vingt-neuf instituts. A quoi s'ajouteront environ huit mille psychanalystes d'obédience freudienne répartis en diverses associations, et un nombre important de thérapeutes regroupés dans de multiples écoles de psychothérapies implantées sur l'ensemble du territoire. Le sociologue français Robert Castel, pour rendre compte de cette expansion de la psychiatrie dynamique, a qualifié la société américaine de « société psychiatrique avancée ».

Entre 1965 et 1970 s'amorce le déclin de la psychanalyse, aussi bien dans l'opinion publique que dans les hauts lieux de diffusion du savoir psychiatrique. Ce mouvement s'accompagne de la renaissance d'un antifreudisme plus virulent encore que celui du début du siècle.

Cette situation de crise s'explique par plusieurs facteurs. Malgré la force inouïe de son mouvement institutionnel, en dépit de la puissance thérapeutique de ses cliniciens et du talent de ses représentants, émigrés ou non, le freudisme américain a toujours été d'une extrême fragilité : d'une part du fait de son inféodation à un savoir psychiatrique de nature empirique, de l'autre en raison de son idéal adaptatif. Contrairement à la France* et à la Grande-Bretagne, les États-Unis n'ont jamais produit dans le domaine de la psychanalyse un système de pensée capable d'opposer ses règles, ses critères et ses méthodes aux arguments scientistes des différents courants organicistes de la psychologie et de la psychiatrie biologique. Non seulement la psychanalyse dite américaine est restée une psychothérapie parmi d'autres, mais elle n'a pas engendré de théorie forte comparable au kleinisme, au post-kleinisme, aux Indépendants ou au lacanisme. Déployée en divers courants, elle a fini par détruire l'unité même de la pensée freudienne.

En d'autres termes, comme le souligne Nathan G. Hale, les partisans de l'antifreudisme américain des années 1970-1990, et notamment le philosophe Adolf Grünbaum, n'auront aucun mal, au nom d'un matérialisme pur et dur, à recourir aux mêmes arguments que ceux des freudiens enthousiastes du début du siècle. Eux aussi proposeront des évaluations, des preuves, des enquêtes, bref, un arsenal technologique inapte à rendre compte de la réalité conceptuelle de la pratique et de la théorie psychanalytiques.

Cette disparition en douceur de la psychanalyse se sera donc produite dans un pays qui a été la plus grande terre d'accueil des Juifs freudiens d'Europe. Elle ne résulte pas, bien entendu, de l'absence d'un État de droit comme sous le communisme*, mais d'un excès de juridisme et de la psychiatrisation des phénomènes mentaux qui a pour toile de fond l'expansion d'un nouveau communautarisme.

Né de la critique de l'assimilation, ce modèle reprend de la vigueur en 1985 pour contester l'idéal de l'intégration, au nom d'une défense des minorités, des victimes et des exclus (les Noirs, les femmes, les homosexuels). Aussi ramène-t-il le sujet à ses racines, à son groupe (le Noir au Noir, la femme à la femme, et chacun à son *gender**). Au lieu de penser les différences dans une perspective universelle, comme le firent les anthropologues freudiens, de Geza Roheim* à Georges Devereux*, au lieu de lier dialectiquement l'universel et le particulier, il en revient, contre le modèle freudien jugé « impérialiste » ou « abusif », à des formes primitives de psychothérapie. D'où ce culte des thérapies mineures : l'hypnose* contre la psychanalyse, la magie contre la science, les médecines dites parallèles contre *la* médecine, la recherche du trauma réel (théorie de la séduction*) contre celle du fantasme* trop insaisissable, trop impalpable, trop dilué dans l'universel. Ce phénomène est de même nature que celui qui oppose la secte à l'Église*.

Dans le domaine de la psychiatrie dynamique, le communautarisme va de pair avec le développement d'un nouvel organicisme qui tend à faire dériver tous les comportements mentaux d'un substrat génétique ou biologique d'où le sujet est exclu et réduit à un corps en quête de *pharmakos* (de drogue). C'est pourquoi les thérapies mineures en rupture d'universalisme se nourrissent du scientisme pharmacologique. Peut-être ce double mouvement – communautarisme, organicisme – atteindra-t-il, au XXIe siècle, d'autres pays freudiens.

● Alexis de Tocqueville, *De la démocratie en Amérique* (1835-1840), Paris, Laffont, coll. « Bouquins », 1986. Hannah Arendt, *Essai sur la révolution* (New York, 1963), Paris, Gallimard, 1967. Clarence P. Oberndorf, *A History of Psychoanalysis in America*, New York, Grune & Stratton, 1953. Ernest Jones, *La Vie et l'œuvre de Sigmund Freud*, t. 2 (New York, 1955), Paris, PUF, 1961, t. 3 (New York, 1957), Paris, PUF, 1969. *L'Introduction de la psychanalyse aux États-Unis. Autour de James Jackson Putnam* (Londres, 1968), Nathan G. Hale (éd.), Paris, Gallimard, 1978 17-86. Nathan G. Hale, *Freud and the Americans*, vol. 1, *The Beginnings of Psychoanalysis in the United States, 1876-1917* (1971), New York, Oxford, Oxford University Press, 1995, vol. 2, *The Rise and Crisis of Psychoanalysis in United States*, *ibid.*, 1995. Jacques M. Quen et Eric T. Carlson (éd.), *American Psychoanalysis. Origins and Development*, New York, Brunner-Mazel, 1978. Robert Castel, Françoise Castel, Anne Lovell, *La Société psychiatrique avancée. Le modèle américain*, Paris, Grasset, 1979. Jean-Paul Sartre, *Le Scénario Freud*, Paris, Gallimard, 1984. Adolf Grünbaum, *Les Fondements de la psychanalyse* (Berkeley, 1984), Paris, PUF, 1996. Élisabeth Roudinesco, « Sartre, lecteur de Freud », *Les Temps modernes*, 531-533, octobre-décembre 1990, 589-613. Gail S. Reed, « Le développement des instituts freudiens ouverts aux non-médecins à New York », *Revue internationale d'histoire de la psychanalyse*, 3, 1990, 343-359. J. Earman (éd.), *The Dynamic of Theory-Change in Psychoanalysis*, Pittsburgh, University of Pittsburgh Press, 1992. Philip Cushman, *Constructing the Self, Constructing America. A Cultural History of Psychotherapy*, New York, Addison-Wesley Publishing Company, 1995. Nellie L. Thompson, « Les schismes dans le mouvement psychanalytique aux États-Unis », *Topique*, 57, 1995, 257-271.

▷ ANTHROPOLOGIE. HOMOSEXUALITÉ. SEXOLOGIE.

ÉTAYAGE

Allemand : *Anlehnung*. Anglais : *Anaclisis*.

Terme adopté en français (plutôt que celui d'anaclitique) pour traduire le concept d'*Anlehnung* utilisé par Sigmund Freud*, qui désigne la relation originelle entre les pulsions* sexuelles et les pulsions d'auto-conservation, les premières ne devenant indépendantes qu'après s'être étayées sur les secondes. C'est ce même processus d'étayage qui se prolonge au cours du développement psycho-sexuel dans la phase du choix d'objet d'amour, ce dont Freud rend compte en parlant de type de choix d'objet par étayage.

Dès la première version de ses *Trois Essais sur la théorie sexuelle**, Freud définit la fonction d'étayage, littéralement *prendre appui sur*, pour rendre compte du processus de différenciation qui s'opère entre les pulsions sexuelles et les pulsions d'auto-conservation fondées sur des fonctions corporelles.

Le premier exemple retenu est celui de l'activité orale du nourrisson. Dans le cours même de la satisfaction organique du besoin nutritif, obtenue par la succion du sein maternel, le sein, premier objet, devient source de plaisir sexuel, zone érogène. Une dissociation s'effectue, d'où naît un plaisir érotique, irréductible à celui obtenu par la seule satisfaction du besoin. Apparaît à ce moment un besoin de répéter l'activité de succion alors que la satisfaction organique a été atteinte, un besoin qui est en train de devenir pulsionnel sur un mode autonome.

Le processus se répète pour toutes les fonctions corporelles auxquelles correspondent des pulsions d'auto-conservation, avec la constitution des zones érogènes correspondantes, anale, génitale, etc. Dans le cours de ce processus de différenciation, la pulsion sexuelle abandonne l'objet extérieur pour, progressivement, fonctionner sur le mode auto-érotique.

Dans la dernière partie de ses *Trois Essais sur la théorie sexuelle*, Freud va au-delà de cette seule conceptualisation et décrit la mise en place du modèle originel de choix d'objet. Dans un premier temps, l'objet de la pulsion sexuelle est d'abord « extérieur au corps propre ». Plus tard, lorsqu'il « devient possible à l'enfant de former la représentation globale de la personne à laquelle appartient l'organe qui lui procurait la satisfaction », la pulsion sexuelle perd cet objet pour devenir auto-érotique « et ce n'est qu'une fois le temps de latence dépassé que le rapport originel se rétablit [...]. La découverte de l'objet est à vrai dire une redécouverte ».

En 1914, dans son article « Pour introduire le narcissisme », Freud modifie sa conception du dualisme pulsionnel et distingue deux types de choix d'objet. Le premier, qu'il a décrit dès 1905, n'est pas modifié, mais il est désormais appelé choix d'objet par étayage. Il s'effectue bien sur le modèle de l'étayage de la pulsion sexuelle : « Cet étayage, écrit Freud, continue à se révéler dans le fait que les personnes qui ont affaire avec l'alimentation, les soins, la protection de l'enfant deviennent les premiers objets sexuels. » Le second type de choix d'objet, appelé choix d'objet narcissique, s'effectue non pas sur le mode de la recherche d'une relation avec un objet extérieur, mais sur celui de la relation de l'individu à lui-même.

Jean-Bertrand Pontalis et Jean Laplanche relèvent que le concept d'étayage n'a pas toujours reçu l'attention que requiert pourtant son importance dans la doctrine freudienne. A ce titre, ils soulignent que l'essence du processus d'étayage tient dans la simultanéité d'une double opération, « ... une relation et une opposition entre les pulsions sexuelles et les pulsions d'auto-conservation ». Par la suite Jean Laplanche précisera à nouveau l'importance et le sens de ce concept : « Ce qui est décrit par Freud, c'est un phénomène d'appui de la pulsion*, le fait que la sexualité naissante s'étaye sur un autre processus à la fois similaire et profondément divergent : la pulsion sexuelle s'étaye sur une fonction non sexuelle, vitale... »

• Sigmund Freud, *Trois Essais sur la théorie sexuelle* (1905), *GW*, V, 29-145, *SE*, VII, 123-243, Paris, Gallimard, 1987 ; « D'un type particulier de choix d'objet chez l'homme » (1910), *OC*, X, 187-200, *GW*, VIII, 66-77, *SE*, XI, 165-175 ; « Pour introduire au narcissisme » (1914), *GW*, X, 138-170, *SE*, XIV, 67-102, in *La Vie sexuelle*, Paris, PUF, 1969, 81-105. Jean Laplanche, *Vie et mort en psychanalyse*, Paris, Flammarion, 1970 ; et Jean-Bertrand Pontalis, *Vocabulaire de la psychanalyse*, Paris, PUF, 1967.

▷ ANACLITIQUE (DÉPRESSION). AUTRE. NARCISSISME. OBJET (RELATION D'). SEXUALITÉ. STADE.

ETHNOGRAPHIE

▷ ANTHROPOLOGIE.

ETHNOLOGIE

▷ ANTHROPOLOGIE.

ETHNOPSYCHANALYSE

Allemand : *Ethnopsychoanalyse*. Anglais : *Ethnopsychoanalysis*.

L'ethnopsychanalyse, dont Geza Roheim* fut l'initiateur, s'inspire des principes de la psychanalyse* pour étudier aussi bien les troubles psychopathologiques liés à des cultures spécifiques que la manière dont ces différentes cultures classent et organisent les maladies psychiques. Historiquement, l'ethnopsychanalyse est née de l'ethnopsychiatrie fondée par Emil Kraepelin* et définie comme l'étude de la folie* et de la classification des troubles mentaux dans les différentes cultures. Depuis les travaux de Georges Devereux*, qui a unifié les deux domaines, le mot ethnopsychanalyse a le même sens qu'ethnopsychiatrie.

Dès l'Antiquité, la question fut posée de l'existence de maladies spécifiques aux différentes cultures, et c'est dans la collection hippocratique du *Traité des airs, des eaux et des lieux* que l'on trouve la fameuse description de la « maladie des Scythes » (Russie du Sud) qui servira de modèle à la constitution en Occident d'un discours de la psychopathologie* fondé sur le partage entre la rationalité et la magie : « Quand ils échouent dans leurs rapports avec les femmes, la première fois ils [les Scythes] ne s'en inquiètent pas mais conservent leur calme. Au bout de deux, trois ou plusieurs tentatives qui n'aboutissent à rien de plus, croyant avoir commis quelque faute envers la divinité à laquelle ils en attribuent la cause, ils revêtent la robe des femmes en confessant leur impuissance. Puis, ils prennent la voix des femmes et accomplissent aux côtés des femmes les mêmes travaux qu'elles. »

Pour décrire cette conduite magique, l'auteur du traité hippocratique recherchait des arguments rationnels et réfutait toute idée d'une origine divine du mal. A la croyance des Scythes en une « maladie sacrée » il opposait des causes physiques. Constatant que le symptôme atteignait les riches cavaliers, il en déduisait que la pratique quotidienne de l'équitation altérait les voies séminales et provoquait à la longue une impuissance sexuelle.

A cette explication par des causes physiques Hérodote en opposait une autre, qui affirmait l'origine sacrée du mal sans pour autant le faire dériver de la magie. A ses yeux en effet, la déesse Aphrodite avait infligé cette maladie « féminine » aux descendants de certains Scythes coupables d'avoir pillé le temple d'Ascalon en Palestine. La « faute » s'était ainsi transmise de génération en génération. Quant aux descendants des familles maudites, qui avaient autrefois suscité la colère divine, ils étaient frappés d'un destin tragique.

Ce partage entre les causes naturelles et les causes généalogiques, entre le regard médical et le regard historique, entre Hippocrate et Hérodote, se retrouvera sous de nouvelles formes dans l'histoire de la psychiatrie dynamique* du XIXe siècle, et notamment dans tous les débats qui opposeront les partisans de l'organogenèse à ceux de la psychogenèse. Le trouble mental a-t-il pour origine une histoire familiale, un destin *(fatum)*, un roman familial*, ou est-il produit par une déficience physiologique, fonctionnelle ou organique ?

Au moment même où Sigmund Freud* reprenait le flambeau d'Hérodote pour faire entrer la tragédie antique au cœur du drame bourgeois de la famille occidentale, Emil Kraepelin parcourait l'Europe, puis se rendait à Singapour et à Java, pour vérifier la validité des critères nosologiques élaborés par la psychiatrie moderne. Autrement dit, il s'agissait pour la psychopathologie de renouveler le geste hippocratique et de traduire les classifications exotiques et religieuses des maladies de l'âme en un vocabulaire cohérent de type scientifique. C'est ainsi, par exemple, que la « maladie des Scythes » put être assimilée à un transsexualisme* ou encore à une paranoïa*. De même, la « fureur des Berserks » (chez les anciens guerriers scandinaves) ou la « course d'Amok » (chez les Malais) trouvèrent leur place sous les rubriques « états maniaques », « bouffées délirantes » ou encore « psychoses alcooliques ». En 1904, Kraepelin publia les résultats de son enquête et donna à ce domaine le nom de psychiatrie comparée. De là naquit l'ethnopsychiatrie, puis la psychiatrie transculturelle, qui se développa aux États-Unis* et au Canada*, notamment à l'université McGill de Montréal où travaillera Henri F. Ellenberger*.

Durant le XIXe siècle, les principes de la psychiatrie dynamique* issus de Philippe Pinel (1745-1826) et de Franz Anton Mesmer* s'imposèrent non seulement à tous les pays d'Europe, mais à l'ensemble du monde occidental judéo-chrétien puis au Japon*, ce qui autorisa par la suite l'implantation progressive de la psychanalyse dans ces mêmes pays. Cette expansion fut rendue possible par l'instauration d'un regard sur la folie capable de conceptualiser la notion de maladie mentale au détriment de toute idée de possession divine.

A cet égard, l'emploi du terme ethnopsychiatrie montre bien à quels obstacles se heurta le savoir psychiatrique quand il voulut s'universaliser. En effet, l'ethnopsychiatrie eut d'abord partie liée avec la psychologie des peuples, puis avec la psychiatrie coloniale, et enfin avec le développement de l'anthropologie et de l'ethnologie. Elle favorisa, selon les époques, tantôt l'universalisation du discours scientifique sur la maladie mentale, tantôt la reconduction tacite du différentialisme ethnique (s'imposant alors comme une sorte de département de la psychiatrie à l'usage des peuples non civilisés, soignés par des sorciers et encore convaincus de l'origine religieuse de la folie).

Les thèses de l'ethnopsychiatrie furent mises à profit pendant la première moitié du XXe siècle par la médecine coloniale militaire, qu'elle soit anglaise comme en Inde*, où elles marquèrent fortement de leur empreinte les débats autour de la psychanalyse, ou qu'elle soit française, comme dans la plupart des pays d'Afrique, où les idées freudiennes ne s'implantèrent jamais. Avec le grand mouvement mondial de décolonisation des années 1950 et 1960, les principes de la psychiatrie coloniale anglaise furent contestés par les différents artisans de l'antipsychiatrie*, Ronald Laing* et David Cooper*, aidés dans cette tâche par les culturalistes américains, et notamment Gregory Bateson*. Quant à ceux de la psychiatrie coloniale française, ils furent violemment attaqués dans l'entre-deux-guerres par les surréalistes, et notamment par l'écrivain Michel Leiris (1901-1990) qui participa à la première grande mission ethnologique française de 1931, Dakar-Djibouti, animée par Marcel Griaule (1898-1956). Après la Deuxième Guerre mondiale, c'est la psychologie de la colonisation, autre type d'approche du phénomène mental, qui fit l'objet d'un long débat entre Frantz Fanon* et Octave Mannoni*, tandis qu'à Dakar se déroulait l'expérience d'Henri Collomb* et qu'Edmond et Cecile Ortigues travaillaient à la découverte d'un Œdipe africain.

Dans l'entre-deux-guerres, Geza Roheim donna un contenu nouveau au domaine de l'ethnopsychiatrie. Disciple kleinien de Freud, il devint ethnologue par passion et pour répondre aux critiques formulées par Bronislaw Malinowski* contre *Totem et Tabou**. En liant la psychanalyse, l'anthropologie et l'expérience du terrain australien et mélanésien, il sut traiter les pathologies indigènes dans une perspective universaliste, sans jamais servir les intérêts du colonialisme. A sa suite, Georges Devereux, élève de Marcel Mauss (1872-1950), psychanalyste et ethnologue de terrain, réunit les deux disciplines – l'ethnopsychiatrie et l'ethnopsychanalyse – en associant les théories freudiennes et celles de Claude Lévi-Strauss. A ce titre, il posa les fondements d'une sorte d'anthropologie de la folie qui se réclamait tout à la fois de la psychanalyse, de la psychiatrie et de l'ethnologie.

Définitivement émancipée de la psychologie des peuples et de la psychiatrie coloniale, l'ethnopsychanalyse se sépara ensuite de l'anthropologie pour devenir une discipline hostile à tout universalisme et servant à soigner les minorités urbaines et les populations migrantes des pays occidentaux à l'aide de leurs propres techniques chamanistiques. Dans cette perspective, elle évolua vers un culturalisme* radical, hostile à la psychanalyse dont elle était issue et valorisant l'identification du soignant au sorcier.

A cet égard, on doit constater que ni Roheim, ni Devereux n'ont formé de disciples, et que l'anthropologie psychanalytique au sens où ils l'entendaient a cessé d'exister avec eux pour glisser soit du côté de la magie et des médecines parallèles, soit du côté de l'engagement militant anti-occidental.

En revanche, l'étude de la nature de la maladie et de la folie en fonction des différentes cultures a continué de faire l'objet de multiples travaux, de la part surtout des anthropologues. En témoignent, en France, l'ouvrage de Roger Bastide (1898-1974) *Le Rêve, la transe, la folie,* publié en 1972, et les recherches menées par Marc Augé, dans la même perspective que celle de Devereux. Elles tendent à montrer que tout désordre biologique est le signe d'une altération ou d'un désordre social. L'intérêt, de ce point de vue, est alors non pas de comparer la médecine traditionnelle à la médecine biomédicale (occidentale), mais d'étudier le pluralisme du regard médical dans chaque société, l'hétérogénéité des interprétations et enfin les itinéraires des malades, des familles et des thérapeutes. Dans cette optique, c'est l'expression psychiatrie transculturelle qui a fini par s'imposer en lieu et place d'ethnopsychiatrie ou d'ethnopsychanalyse, trop chargées d'ethnicisme.

● Claude Lévi-Strauss, *Race et Histoire* (1952), Paris, Denoël, coll. « Folio Essais », 1987. Henri F. Ellenberger, « Ethno-psychiatrie », *Encyclopédie médico-chirurgicale,* 37725 A 10 et B 10, 1965, 1-13 et 1-22. Edmond et Marie-Cécile Ortigues, *Œdipe africain*, Paris, Plon, 1966. Roger Bastide, *Le Rêve, la transe, la folie,* Paris, Flammarion, 1972. François Laplantine, *L'Ethnopsychiatrie*, Paris, Éditions universitaires, 1973 ; *L'Anthropologie de la maladie*, Paris, Payot, 1986. Marc Augé, « Ordre biologique, ordre social ; la maladie, forme élémentaire de l'événement », *in* id. et C. Herzlich (éd.), *Le Sens du mal. Anthropologie, histoire, sociologie de la maladie,* Paris, Éd. des Archives contemporaines, 1984. Jacques Jouanna, *Hippocrate,* Paris, Fayard, 1992.

▷ ANTHROPOLOGIE. FROMM Erich. HORNEY Karen. HYPNOSE. INDE. KARDINER Abram. MEAD Margaret. PSYCHOTHÉRAPIE. SCHIZOPHRÉNIE. SACHS Wulf. SULLIVAN Harry Stack.

ÉTRANGETÉ (INQUIÉTANTE)

▷ *INHIBITION, SYMPTÔME ET ANGOISSE*. TRADUCTION (DES ŒUVRES DE FREUD).

ÉTUDES SUR L'HYSTÉRIE

Ouvrage de Sigmund Freud* et de Josef Breuer* publié en 1895 sous le titre *Studien über Hysterie.* Republié en 1925 sans les contributions de Josef Breuer et avec des notes de Sigmund Freud, puis en 1995 sous sa forme initiale. Traduit pour la première fois en français par Anne Berman (1889-1979) en 1956 sous le titre *Études sur l'hystérie,* avec les contributions de Josef Breuer et les notes de Sigmund Freud de 1925. Traduit pour la première fois en anglais en 1909 par Abraham Arden Brill* sous le titre *Studies in Hysteria,* sans le récit des cas « Anna O. », « Emmy von N. » et « Katharina » et sans les « Considérations théoriques » de Josef Breuer (chapitre III), puis en 1936 par Abraham Arden Brill en version complète mais sans les notes de 1925 ajoutées par Sigmund Freud. Retraduit en 1955 par James Strachey* et Alix Strachey* sous le titre *Studies on Hysteria,* avec les contributions de Josef Breuer et les notes de Sigmund Freud.

Bien que le mot psycho-analyse n'apparaisse sous la plume de Sigmund Freud qu'en 1896, les *Études sur l'hystérie* furent toujours regardées comme le livre inaugural de l'invention de la psychanalyse* et de la nouvelle définition freudienne de l'hystérie*. Cela tient en partie à la publication dans le corps de l'ouvrage du fameux cas « Anna O. », devenu légendaire dans l'histoire du freudisme*. A travers lui, on a pu attribuer à une femme hystérique l'invention de la méthode psychanalytique. Les différentes révisions de l'historiographie* savante ont permis, à partir de la deuxième moitié du XXe siècle, de porter un tout autre regard sur ces histoires de femmes. Reste que la célébrité bien méritée de ce livre tient surtout à ses extraordinaires qualités littéraires. Les exposés théoriques des deux auteurs sont d'une admirable limpidité, et les histoires de ces malades, transcrites dans un style romanesque, contribuent à donner vie à des figures féminines semblables à celles décrites par Gustave Flaubert (1821-1880) ou Honoré de Balzac (1799-1850).

Quand Félicité s'adresse à Emma Bovary pour lui expliquer le « mal » dont souffre Guérine, fille d'un pêcheur normand, on songe aux huit femmes immortalisées par Freud et Breuer : « Son mal, écrit Flaubert, en faisant parler Félicité à propos de Guérine, était une manière de brouillard qu'elle avait dans la tête et les médecins n'y pouvaient rien ni le curé non plus. Quand ça la prenait trop fort, elle s'en allait toute seule sur le bord de la mer, si bien que le lieutenant de la douane, en faisant sa tournée, souvent la trouvait étendue à plat ventre et pleurant sur les galets. »

On ne s'étonnera donc pas que les *Études* de Freud et de Breuer, où sont magnifiquement racontées les relations intimes entre des pères abusifs, des mères soumises et autoritaires et des filles rebelles et victimes, aient tant fasciné les écrivains. L'ouvrage était (et reste) une sorte de synthèse de toutes les interrogations propres à la société occidentale de la fin du siècle : émancipation des femmes, abaissement du patriarcat, émergence d'une nouvelle forme de différence des sexes*.

De même que les surréalistes, craignant la disparition de l'hystérie, célébraient en 1928 l'Augustine* de Jean Martin Charcot* comme l'emblème oublié de la beauté convulsive, de même Jacques Lacan* dira en 1973 que la psychanalyse risquait de mourir si elle renonçait à ses mythes originels : « Où sont-elles passées, les hystériques de jadis, disait-il, ces femmes merveilleuses, les Anna O., les Emmy von N. ? Elles jouaient non seulement un certain rôle, un rôle social certain, mais quand Freud se mit à les écouter, ce furent elles qui permirent la naissance de la psychanalyse. C'est de leur écoute que Freud a inauguré un mode entièrement nouveau de la relation humaine. »

Le premier chapitre, rédigé par Freud et Breuer, porte en titre « Du mécanisme psychique des phénomènes hystériques » et en sous-titre « Communication préliminaire ». Il s'agit de la réimpression d'un article publié en 1893 dans lequel les auteurs parlent pour la première fois de la méthode cathartique *(catharsis*)* et de l'abréaction*, en soulignant, notamment à propos du cas « Frau Cäcilie », le caractère psychique et traumatique de l'hystérie. Véritable manifeste contre le nihilisme thérapeutique des partisans de l'organogenèse, la « Communication préliminaire » montre que l'hystérie façon Charcot est une maladie psychique et guérissable par une thérapeutique de la parole. Si le sujet souffre de réminiscences, c'est-à-dire de représentations liées à des affects enfouis, et non de troubles organiques, il peut être guéri par la verbalisation desdits affects. D'où l'idée de substituer à la suggestion* une cure par la parole sous hypnose* légère.

Une autre version de cette « Communication préliminaire » fit l'objet, en 1893, d'un exposé oral par Freud seul, dont le compte rendu sténographique sera publié la même année dans la *Wiener medizinische Presse*, puis en 1971 dans *Studienausgabe*.

Après cette vigoureuse défense des principes de la psychogenèse*, et donc de la possible curabilité de la névrose*, il était nécessaire aux auteurs d'affirmer que leurs malades avaient guéri, sinon de leur maladie, du moins de leurs symptômes. Breuer et Freud forcèrent donc le destin et présentèrent leurs huit histoires de femmes hystériques comme l'histoire de huit cas de guérison. Il fallut attendre les révisions de l'historiographie savante et l'identification des diverses patientes pour s'apercevoir qu'aucune d'entre elles n'avait été « guérie », ni vraiment de ses symptômes, ni surtout de sa névrose.

A cet égard, ce grand livre inaugural est bien l'expression d'un partage qui divise l'histoire de la folie* et celle de la psychopathologie*. On sait en effet que la conscience critique du savant n'est pas de même nature que la conscience tragique du malade ou du fou. En conséquence, toutes les études de cas sont construites comme des fictions destinées à valider les hypothèses des savants et le cas n'a valeur de vérité que parce qu'il est rédigé comme une fiction. D'où les nécessaires révisions, qui font en général apparaître combien le malade réel refuse l'habillage de la science et la validité du discours de la science dont il se sent la victime. Ainsi la véritable Bertha Pappenheim* refusera-t-elle toujours d'avoir été « Anna O. », comme Marguerite Anzieu* refusera d'avoir été le cas « Aimée » de Lacan.

Le deuxième chapitre des *Études sur l'hystérie* présente donc l'histoire de cinq grands cas : « Fräulein Anna O. », « Frau Emmy von N. », « Fräulein Lucy R. » (ou « Miss Lucy »), « Katharina », « Fräulein Elisabeth von R. ». A quoi s'ajoutent trois petites histoires de malades : « Fräulein Mathilde H. », « Fräulein Rosalie H. », « Frau Cäcilie ». Une seule malade (Anna O.) est traitée par Breuer, les autres le sont par Freud. Les identités de quatre de ces patientes ont été révélées par les travaux de l'historiographie : Anna O. (Bertha Pappenheim*) par Ernest Jones*, puis par Henri F. Ellenberger*, Emmy von N. (Fanny Moser*) par Ola Andersson*, Katharina (Aurelia Öhm*) par Albrecht Hirschmüller et Cäcilie (Anna von Lieben*) par Peter Swales. Restent alors les quatre autres histoires : Lucy, Elisabeth von R., Mathilde H., Rosalie H.

Hongroise d'origine, Elisabeth vient consulter Freud en 1892, à l'âge de 25 ans, pour des douleurs aux jambes et des difficultés à marcher. Très vite, il attribue les symptômes à des causes sexuelles. Il s'aperçoit qu'en pressant la cuisse de la patiente, il lui fait éprouver un plaisir érotique qu'elle refuse dans la vie consciente. N'utilisant presque pas l'hypnose, il met au point une technique de concentration et appelle analyse psychique la méthode employée, ce qui lui fera dire plus tard qu'Elisabeth a été la première femme traitée et guérie par la psychanalyse. Allongée les yeux fermés, elle est sollicitée par le médecin de se concentrer et de dire tout ce qui lui passe par la tête. Quand elle refuse de répondre, Freud tente de la persuader. Au fur et à mesure du dialogue, il comprend que le mécanisme de rébellion ou d'oubli volontaire fonctionne comme un symptôme. C'est pour lui le premier pas vers la technique de la libre association*, puis vers l'élaboration de la notion de résistance*. Freud s'aperçoit qu'Elisabeth est amoureuse de son beau-frère et qu'elle rejette hors de sa conscience des souhaits de mort éprouvés à l'encontre de sa sœur décédée des suites d'une maladie. La reconnaissance de ce désir* marque pour la jeune fille l'arrêt de ses souffrances. A la fin du traitement, Freud s'entretient avec la mère d'Elisabeth, qui lui confirme l'inclination de sa fille pour son beau-frère, tout en souhaitant qu'elle ne l'épouse pas. Freud invite alors sa patiente à accepter cette réalité et la considère comme guérie : « Au cours du printemps 1894, écrit-il, j'entendis raconter qu'elle allait se rendre à un bal où je pourrais me faire inviter et je ne laissai pas échapper cette occasion d'aller voir mon ancienne malade se laisser entraîner dans une danse rapide. »

Elisabeth s'appelait Ilona Weiss. De nombreuses années après un mariage heureux, sa fille lui posa des questions et laissa un témoignage qui soulignait que l'image donnée d'Elisabeth dans les *Études* était conforme à la réalité. Néanmoins, en parlant de sa cure, l'ancienne patiente affirma que le « médecin barbu » de Vienne* à qui on l'avait envoyée avait essayé, contre son gré, de la convaincre qu'elle était amoureuse de son beau-frère.

Miss Lucy, gouvernante anglaise placée dans une famille viennoise, consulte Freud en 1892 pour une hallucination olfactive accompagnée de crises dépressives. Elle se sent poursuivie par une odeur de dessert brûlé. Utilisant la même méthode qu'avec Elisabeth, Freud emploie le mot refoulement* pour montrer que les symptômes de sa patiente viennent de l'amour inconscient qu'elle porte à son patron.

Le cas de Rosalie H., jeune fille viennoise de 23 ans atteinte d'une sensation d'étranglement alors qu'elle veut devenir cantatrice, est exposé par Freud en quelques pages. Il s'agit d'une histoire où intervient, comme dans celle d'Aurelia Öhm (Katharina), une scène de séduction*. Rosalie guérit par l'hypnose quand elle parvient à se remémorer la manière brutale dont son oncle maltraitait autrefois devant elle son épouse et ses enfants, tout en manifestant ses préférences sexuelles pour les domestiques. Le symptôme de la gorge serrée se transforme alors en un picotement du bout des doigts. Freud va plus loin en faisant surgir une scène ancienne : le méchant oncle, qui souffrait de rhumatismes, avait exigé un jour que sa nièce lui fît des massages. Au moment où elle obéissait, il releva les couvertures et tenta d'abuser d'elle. Elle s'enfuit.

Quant à la quatrième histoire, celle de Mathilde H., jeune fille dépressive âgée de 19 ans et atteinte d'une paralysie partielle de la jambe, elle est exposée en quelques lignes comme un cas de guérison par abréaction*.

Le troisième chapitre des *Études* est un essai de Breuer intitulé « Considérations théoriques » et le quatrième, « Psychothérapie de l'hystérie », une réflexion de Freud où s'expriment à la fois des commentaires théoriques sur les cas et des divergences avec Breuer.

Comme le remarque James Strachey dans sa présentation de l'ouvrage, les divergences entre Freud et Breuer n'apparaissent pas au premier coup d'œil. Pourtant, on sait que la décision de publication fut le résultat d'un compromis, destiné à montrer à la communauté scientifique l'état des travaux menés en commun par les deux hommes jusqu'en 1894, date à laquelle leurs véritables relations scientifiques prirent fin. De ce compromis et de la divergence qui s'était introduite entre les deux points de vue, les auteurs, puis leurs commentateurs en ont retenu trois. D'abord, Freud soutenait que la dissociation mentale rencontrée dans le symptôme hystérique était provoquée par une défense* psychique, alors que Breuer pensait à une physiologie des états hypnoïdes. Ensuite, Breuer refusait d'attribuer comme Freud une étiologie purement sexuelle à l'hystérie. Enfin, ce même Breuer n'acceptait pas la critique faite à ses positions par le neurologue allemand Adolf Strümpell (1853-1925). Ce dernier reconnaissait le caractère psychique de la maladie hystérique et son étiologie sexuelle, mais il doutait de l'efficacité tant de l'hypnose que du traitement cathartique, soulignant que les malades pouvaient fort bien, par leurs symptômes, induire les médecins en erreur.

C'est donc sur la question de la défense, sur celle de la sexualité*, sur le problème de l'état hypnoïde comme cause de l'hystérie et enfin sur une conception générale de la science que se manifestèrent entre les deux hommes les divergences les plus graves qui allaient les conduire à la rupture.

D'une manière générale les *Études* furent favorablement accueillies par le milieu scientifique comme une contribution précieuse à l'élucidation de la vie psychique.

Comme le souligne Albrecht Hirschmüller, les réserves de Breuer sur l'étiologie sexuelle portent sur la fameuse hypothèse de la séduction, selon laquelle un traumatisme sexuel serait à l'origine de la névrose, et sur l'idée freudienne d'une étiologie sexuelle spécifique à chaque névrose. Quant à la conception breuerienne de la science, elle est plus physiologiste que celle de Freud. Ainsi, à propos du principe de constance, Breuer fait dépendre le fonctionnement psychique d'une homéostase, c'est-à-dire d'un équilibre dynamique du corps vivant, alors que Freud se demande quelle est la limite d'un processus primaire, entendant par là la tendance du système psychique à se débarrasser des excitations.

Freud abandonnera la thèse de la séduction en 1897, ce qui montre qu'Ernest Jones*, dans sa version officielle de la brouille entre les deux hommes, néglige la manière dont progresse la vérité en histoire des sciences au profit d'une représentation hagiographique de la réalité. Il fait en effet reposer la rupture sur la méconnaissance radicale qu'aurait eue Breuer à l'égard de la sexualité et décrit celui-ci comme un savant affolé n'ayant rien compris à l'amour de transfert* que lui aurait porté Bertha Pappenheim.

● Sigmund Freud, « Le mécanisme psychique des manifestations hystériques » (1893) in *Studienausgabe,* VI, 9-24, in *Esquisses psychanalytiques*, 19, printemps 1993, 93-108. *Études sur l'hystérie, GW,* I, 77-312, SE, II, Paris, PUF, 1956. Ernest Jones, *La Vie et l'œuvre de Sigmund Freud, t.* 1, *1856-1900* (New York, 1953), Paris, PUF, 1958. « Memorandum for the Sigmund Freud Archives », anonyme mais donné comme provenant d'une des trois filles de Ilona Weiss, 11 janvier 1953, Freud-Museum, Londres. Henri F. Ellenberger, *Histoire de la découverte de l'inconscient* (New York, Londres, 1970, Villeurbanne, 1974), Paris, Fayard, 1994 ; *Médecines de l'âme. Essais d'histoire de la folie et des guérisons psychiques*, Paris, Fayard, 1995. Albrecht Hirschmüller, *Josef Breuer* (Berne, 1978), Paris, PUF, 1991. Frank J. Sulloway, *Freud biologiste de l'esprit* (New York, 1979), Paris, Fayard, 1981. Étienne Trillat, *Histoire de l'hystérie*, Paris, Seghers, 1986. Peter Swales, « Freud, his teacher, and the birth of psychoanalysis », *in* Paul E. Stepansky (éd.), *Freud, Appraisals and Reappraisals*, vol. 1, New Jersey, The Analytic Press, 1986, 3-83 ; « Freud, Katharina and the first "wild analysis" », *ibid.*, vol., 2, 1988, 81-167. Norman Kiell, *Freud Without Hindsight. Reviews of His Work, 1893-1939*, International Universities Press Inc, Madison, 1988. Lisa Appignanesi et John Forrester, *Freud's Women,* New York, Basic Books, 1992. Ilse Grubrich-Simitis, « Urbuch der Psychoanalyse. Die "Studien über Hysterie" », *Psyche*, 12, décembre 1995, 1117-1155.

▷ ECKSTEIN Emma. FLIESS Wilhelm. INCONSCIENT. PRINCIPE DE PLAISIR/PRINCIPE DE RÉALITÉ. TOPIQUE. TRADUCTION (DES ŒUVRE DE FREUD).

EUROPE

▷ ALLEMAGNE. BELGIQUE. BETLHEIM Stjepan. DOSUZKOV Theodor. EMBIRICOS Andreas. ESPAGNE. FÉDÉRATION EUROPÉENNE DE PSYCHANALYSE. FRANCE. GRANDE-BRETAGNE. HAAS Ladislav. HISTOIRE DE LA PSYCHANALYSE. HONGRIE. ITALIE. KOURETAS Dimitri. PAYS-BAS. PAYS SCANDINAVES. SUGAR Nikola. ROUMANIE. RUSSIE. SUISSE. TRIANDAFILIDIS Manolis.

EXCOMMUNICATION

▷ SCISSION.

EY Henri (1900-1977)
psychiatre français

Né à Banyuls-dels-Aspres, en pays catalan, cet homme chaleureux, fin gourmet, grand fumeur de cigares et passionné de tauromachie, occupe dans l'histoire du mouvement psychiatrique français une place équivalant à celle de Jacques Lacan* dans la

France* freudienne. Il fut son camarade d'internat à l'hôpital Sainte-Anne dans les années 1930. Élève d'Henri Claude*, il prit en 1933 la direction de l'hôpital psychiatrique de Bonneval, situé en Beauce, où il mit en œuvre une nouvelle approche des maladies mentales inspirée des travaux de Sigmund Freud* et d'Eugen Bleuler*.

Toute sa vie il défendra vigoureusement une conception humaniste de la psychiatrie : c'est dans cet esprit qu'il dirigera la revue *L'Évolution psychiatrique* à partir de 1945, qu'il fondera en 1950 l'Association mondiale de psychiatrie et qu'il organisera à Bonneval les fameux colloques réunissant des psychanalystes, des psychiatres et des penseurs de toutes tendances dans un esprit d'ouverture et d'éclectisme.

C'est en 1936 qu'il élabore la notion désormais classique d'organo-dynamisme. Inspirée de la neurologie jacksonienne, à laquelle Freud emprunta certains de ses outils théoriques, cette doctrine affirme le primat de la hiérarchie des fonctions sur leur organisation statique. Elle considère les fonctions psychiques comme dépendantes les unes des autres, du haut vers le bas. Ainsi Henri Ey s'oppose-t-il à la doctrine dite des constitutions, issue de la double tradition allemande et française.

Si Hughlings Jackson* a soustrait la neurologie à ses présupposés mécanistes, Freud a abandonné la neurologie pour fonder une nouvelle théorie de l'inconscient* et apporter à la psychiatrie une conception inédie de la folie*. Or, selon Ey, il faut réunir la neurologie à la psychiatrie pour doter cette dernière d'une véritable théorie capable d'intégrer le freudisme.

Pour Ey, la psychanalyse est l'héritière de la psychiatrie. Elle est en vérité une branche de la psychiatrie dynamique*, et toutes deux relèvent de la médecine. A partir de cette position, Henri Ey contestera au cours des années 1960 les principes de l'antipsychiatrie*. De même, il s'opposera aux thèses de Michel Foucault (1926-1984) sur la question de la folie, les jugeant « psychiatricides ».

Malgré tous les efforts qu'il aura déployés en vue du développement d'une psychiatrie humaniste qui tienne compte à la fois de la subjectivité du malade et de la nosographie classique, l'Association mondiale de psychiatrie, devenue entièrement américaine sous le nom de World Psychiatric Association (WPA), ne gardera rien de son héritage clinique et ne jurera plus, à la fin du XXe siècle, que par la pharmacologie, réduisant ainsi le phénomène de la folie à des symptômes purement comportementalistes, dénués de toute signification pour les sujets eux-mêmes : un véritable retour à ce nihilisme thérapeutique que Freud avait combattu en son temps.

● Henri Ey, *Hallucinations et Délires*, Paris, Alcan, 1934 ; (éd.) *Manuel de psychiatrie*, Paris, Masson, 1960 ; *La Conscience*, Paris, Desclée de Brouwer, 1963. *Traité des hallucinations*, Paris, Masson, 1977 ; *Naissance de la médecine*, Paris, Masson, 1981 ; *Schizophrénie. Études cliniques et psychopathologiques*, Paris, Synthélabo, coll. « Les empêcheurs de penser en rond », 1996. Michel Foucault, *Histoire de la folie à l'âge classique (*1961), Paris, Gallimard, 1972. Élisabeth Roudinesco, *Histoire de la psychanalyse en France*, vol. 2 (1986), Paris, Fayard, 1994. Pierre Morel (éd.), *Dictionnaire biographique de la psychiatrie*, Paris, Synthélabo, coll. « Les empêcheurs de penser en rond », 1996.

F

FACHINELLI Elvio (1928-1989)
psychanalyste italien

Éminente figure de la mouvance contestataire et radicale des années 1970 en Italie*, Elvio Fachinelli se fit d'abord connaître comme l'un des initiateurs du contre-congrès qui se tint à Rome en 1969, en même temps que celui de la très puissante et très conservatrice International Psychoanalytical Association* (IPA).

Ce mouvement, qui eut un grand retentissement médiatique, mettait en cause les structures hiérarchiques de la Società Psicoanalitica Italiana (SPI), ainsi que les critères de la formation des analystes. Les résultats se firent sentir quelques années plus tard sous la forme d'une réorganisation de la SPI qui établit une distinction entre les centres, au nombre de six en Italie, qui étaient chargés de la diffusion culturelle et les instituts, au nombre de trois, responsables de la formation.

Influencé par les idées de Jacques Lacan* qu'il contribue à faire connaître en Italie dès 1965, Elvio Fachinelli fut également sensible à toutes les thèses anti-autoritaires, celles de Wilhelm Reich*, celles d'Herbert Marcuse*, celles des différentes composantes des mouvements féministes.

Sensible aux aspirations politiques nouvelles, Fachinelli fit en sorte, avec Enzo

Morpurgo, Diego Napolitani, etc., que la psychanalyse puisse participer, en dehors des structures institutionnelles orthodoxes, à toutes les expériences en cours dans les banlieues des grandes villes, notamment à Milan. Elvio Fachinelli, dont l'un des livres a été traduit en français, fut le fondateur de la revue *L'Èrba voglio,* qui compta jusqu'à deux mille cinq cents abonnés dans les années 1970 et qu'il transforma ensuite en maison d'édition.

● Sergio Benvenuto, « A glance at psychoanalysis in Italy », article inédit. Contardo Caligaris, « Petite histoire de la psychanalyse en Italie », *Critique*, 333, février 1975. Michel David, « La psychanalyse en Italie », *in* Roland Jaccard (éd.), *Histoire de la psychanalyse*, vol. 2, Paris, Hachette, 1982. Elvio Fachinelli, *L'École de l'impossible*, Paris, Mercure de France, 1972. Silvia Vegetti Finzi, *Storia della psicoanalisi*, Milan, Mondadori, 1986.

▷ COMMUNISME. DIFFÉRENCE DES SEXES. FÉDÉRATION EUROPÉENNE DE PSYCHANALYSE. FREUDO-MARXISME. MUSATTI Cesare.

FAIRBAIRN Ronald (1889-1964)

médecin et psychanalyste anglais

Né à Édimbourg, Ronald Fairbairn fit des études de théologie et de philosophie avant de s'orienter vers la médecine et la psychothérapie*. Clinicien en milieu hospitalier, enseignant à l'université, il se consacra à plein temps à la psychanalyse à partir de de 1954 : il était le seul membre de la British Psychoanalytical Society (BPS) à exercer dans cette ville et ne fut jamais vraiment reconnu par ses pairs. D'abord favorable aux thèses kleiniennes, il s'intégra ensuite au groupe des Indépendants*. Théoricien de la relation d'objet*, il élabora une position originale considérant que les objets externes sont transformés par les processus inconscients. En tant que clinicien de la schizophrénie* et de la phobie*, il fut l'un des ardents défenseurs de la doctrine du *self* qu'il contribua à développer largement aux États-Unis*.

● Ronald Fairbairn, *Psycho-Analytic Studies of the Personality*, Londres, Tavistock, 1952. Judith M. Hughes, *Reshaping the Psycho-Analytic Domain,* Berkeley, University of California Press, 1988. R.D. Hinshelwood, *A Dictionary of Kleinian Thought* (1989), Londres, Free Association Books, 1991. Eric Rayner, *Le Groupe des « Indépendants » et la psychanalyse britannique* (Londres, 1991), Paris, PUF, 1994.

▷ KLEIN Melanie. KLEINISME. POSITION DÉPRESSIVE/PARANOÏDE-SCHIZOÏDE. *SELF PSYCHOLOGY.*

FANON Frantz (1925-1961)

écrivain et psychiatre français

Héros de la lutte anti-nazie et figure de proue du combat contre le colonialisme, Frantz Fanon naquit à Fort-de-France en Martinique dans un milieu aisé. Sa mère était d'origine alsacienne, ce qui explique le choix de son prénom, et son père travaillait pour l'administration coloniale. Enfant illégitime d'un couple « sang mêlé », il fut en outre marqué par le fait qu'il était le plus noir des huit enfants de sa famille. Être le plus noir, dira-t-il plus tard, c'est « être le moins blanc ». On ne s'étonnera pas qu'il ait été hanté toute sa vie par la question Blanc/Noir.

Entre 1939 et 1943, il poursuit ses études au lycée Schœlcher où enseigne Aimé Césaire. Puis, hostile à la politique du maréchal Pétain, il se rend à la Dominique pour rallier les Forces françaises libres de la région caraïbe. L'année suivante, à l'âge de 19 ans, il combat sur le front européen et découvre, dans les rangs de l'armée de libération, que la France résistante n'est pas moins raciste que la France pétainiste et antisémite. Après avoir été envoyé en Algérie, il sera décoré de la croix de guerre par le général Raoul Salan, commandant en chef du 6e régiment des tirailleurs sénégalais.

En 1947, grâce à une bourse d'État, il s'inscrit à la faculté de médecine de Lyon et se spécialise en psychiatrie. C'est alors qu'il s'engage dans la rédaction de sa thèse, *Peau noire, masques blancs,* qui est publiée en 1952, l'année où il se retrouve à l'hôpital de Saint-Alban. Là, formé par François Tosquelles, il s'inscrit dans le grand courant de la psychothérapie institutionnelle*, né en France avec la lutte anti-nazie. Anti-freudien, il refuse de faire une analyse et, en décembre 1953, il est nommé médecin-chef de l'hôpital de Blida en Algérie où il passera trois ans à soigner des malades mentaux dans le contexte de la guerre de libération nationale.

Peau noire, masques blancs était une réponse à *Psychologie de la colonisation,* ouvrage du psychanalyste français Octave Mannoni* publié en 1950. Tout en jugeant « sincère » la démarche de son adversaire, Fanon lui reprochait de psychologiser la situation coloniale et de réduire les conflits entre l'homme blanc et l'homme noir à un jeu sophistiqué qui conduisait à maintenir le colonisé sous la dépendance du colon.

La critique était de poids, et, après cette polémique, Mannoni entretint avec son propre livre une relation ambivalente, tantôt reniant certaines de ses thèses, tantôt les revendiquant. A vrai dire, dans ce débat, chacun des protagonistes adoptait des thèses qui avaient déjà été discutées par Bronislaw Malinowski* et Geza Roheim* à propos de *Totem et Tabou** et de la portée, universelle ou non, du complexe d'Œdipe* dans l'ensemble des sociétés humaines. Si Mannoni, avant même de devenir freudien, défendait des positions universalistes, corrigées par la phénoménologie, Fanon, en refusant le freudisme*, adoptait le principe d'un culturalisme* cimenté par l'engagement anticolonial. C'est pourquoi il congédiait la psychanalyse* pour sa prétendue incapacité à prendre en compte la négritude ou l'identité noire : « Ni Freud* ni Adler*, ni même le cosmique Jung*, n'ont pensé aux Noirs au cours de leur recherche [...]. Qu'on le veuille ou non, le complexe d'Œdipe n'est pas près de voir le jour chez les Nègres. »

Pourtant, pour construire sa théorie de l'identité noire, il s'appuyait sur la notion de stade du miroir* empruntée à Jacques Lacan*. Elle lui permettait de critiquer la psychiatrie coloniale fondée sur une classification « raciste », et de distinguer l'approche culturaliste de la subjectivité de la psychologie des peuples et du différentialisme. Autant Mannoni restait tributaire d'une psychologie qui le conduisait à regarder la situation coloniale comme un jeu de rôles ou un marivaudage pervers, autant Fanon intégrait l'acquis de la psychanalyse pour rejeter le freudisme au nom d'une politique. En cela, il anticipait les positions de l'antipsychiatrie*.

Proche du Front de libération nationale (FLN) dont il deviendra membre en 1957, Fanon démissionne de son poste de médecin-chef en 1956 pour se rendre à Tunis et s'engager plus avant dans le combat. Il enseigne à la faculté de médecine et pratique la psychiatrie à l'hôpital de la Manouba, puis, avec Charles Géronimi, à l'hôpital Charles-Nicolle où il ouvre un service de jour.

Il continue par ailleurs à écrire. En 1960, au moment où il rédige son grand livre, *Les Damnés de la terre,* le plus beau manifeste de la révolte anticoloniale, il se sait atteint d'une leucémie. Il meurt en décembre 1961 dans un hôpital de Washington, convaincu du caractère inéluctable de l'indépendance pour laquelle il a tant lutté.

Passionnément lue et commentée dans le monde entier, l'œuvre de Fanon a été mythifiée aux États-Unis* où l'auteur, auréolé d'une légende de héros de la négritude, a été transformé dans les années 1990, du fait de sa référence au stade du miroir, en un « Lacan noir », plus psychanalyste que psychiatre, et surtout théoricien de l'hybridation culturelle, c'est-à-dire d'une non-différenciation entre l'identité noire et l'identité blanche.

● Frantz Fanon, *Peau noire, masques blancs,* Paris, Seuil, 1952 ; *Les Damnés de la terre,* Paris, Maspero, 1968. Aimé Césaire, *Discours sur le colonialisme* (1950), Paris, Présence africaine, 1973. Jock McCullogh, *Black Soul, White Artifact. Fanon's Clinical Psychology and Social Theory,* Cambridge, Cambridge University Press, 1983. Guillaume Suréna, « Psychanalyse et anticolonialisme. L'influence de Frantz Fanon », *Revue internationale d'histoire de la psychanalyse,* 5, 1992, 431-444. Homi Bhabha, *The Location of Culture,* New York, Routledge, 1993. Françoise Vergès, « To cure and to free. The Fanonian project of "decolonized psychiatry" », in *Fanon. A Critical Reader,* Lewis R. Gordon, Renée T. White et T. Denean Sharpley-Whiting (éd.), Oxford, Basil Blackwell, 1996 ; « Creole skin, black mask. Fanon and Disavowal », in *Critical Inquiry,* Chicago University Press, 1996.

▷ ANTHROPOLOGIE. DEVEREUX Georges. DIFFÉRENCE DES SEXES. ETHNOPSYCHANALYSE. *GENDER.* JUDÉITÉ.

FANTASME

Allemand : *Phantasie.* Anglais : *Fantasy* ou *Phantasy.*

Terme utilisé par Sigmund Freud*, d'abord dans le sens courant que lui donne la langue allemande (fantaisie ou imagination), puis comme concept à partir de 1897. Corrélatif de l'élaboration de la notion de réalité psychique* et de l'abandon de la théorie de la séduction*, il désigne la vie imaginaire du sujet* et la manière dont celui-ci se représente à lui-même son histoire ou l'histoire de ses origines : on parle alors de fantasme originaire.

En français, le mot fantasme a été inventé par les premiers traducteurs de l'œuvre freudienne dans un sens conceptuel sans rapport avec le mot fantaisie. Il dérive du grec *phantasma* (apparition, devenue en latin fantôme) et de l'adjectif fantasmatique, autrefois proche par sa signification de fantomatique.

L'école kleinienne a créé le terme *phantasy* (phantasme*) à côté de celui de *fantasy*.

Forte de certaines déclarations sommaires de Freud à ce sujet, l'histoire officielle a longtemps accrédité l'idée d'un abandon définitif de la théorie de la séduction* en 1897, sous la contrainte des faits, au profit d'une théorie du fantasme.

Pourtant, dès les *Études sur l'hystérie**, Freud et Josef Breuer* traitent des manifestations fantasmatiques des hystériques et Breuer, plus encore que Freud, lorsqu'il rend compte du cas « Anna O. » (Bertha Pappenheim*), privilégie le registre de l'imagination, celui des fantasmes de sa patiente, sans attacher beaucoup d'importance aux événements de son vécu. Plusieurs lettres de Freud à Wilhelm Fliess témoignent par ailleurs de la progressive évolution de Freud sur cette question. Ainsi, le 2 mai 1897, il note que si la structure de l'hystérie* est constituée par la reproduction de certaines scènes, il faut parfois, pour les atteindre, passer « par des fantasmes interposés ». Le 25 mai suivant, dans le manuscrit M, un paragraphe entier est consacré aux fantasmes, considérés du point de vue de leur formation et de leur rôle, et cela en des termes voisins de ceux qu'il employait pour parler des rêves. Ce point trouve sa confirmation quelques jours plus tard dans le manuscrit N, où le processus de formation des rêves est évoqué comme modèle de la formation des fantasmes et des symptômes.

En 1964, dans une perspective inspirée par cette tradition de l'histoire des sciences à laquelle Alexandre Koyré (1892-1964), Gaston Bachelard (1884-1962) et Georges Canguilhem (1904-1995) ont donné ses lettres de noblesse, Jean Laplanche et Jean-Bertrand Pontalis entreprirent d'explorer les fondements épistémologiques de ce moment clé de la découverte de la psychanalyse*. Relisant la théorie de la séduction, ces auteurs montraient qu'au-delà du registre empirique du trauma, il s'agissait déjà pour Freud de rendre compte de l'observation clinique du refoulement* et de son action privilégiée sur la sexualité*. L'abandon de la théorie de la séduction, loin d'ouvrir automatiquement à une conception aboutie du développement psychosexuel, laissait au contraire Freud quelque peu désemparé. Il ne parvenait pas à relier sexualité infantile, Œdipe* et fantasme. Le risque existait alors, dans les *Trois Essais sur la théorie sexuelle** et plus encore dans l'article intitulé « Mes vues sur le rôle de la sexualité dans l'étiologie des névroses », d'en revenir à l'ancrage biologique de la sexualité.

Pour sortir de cette aporie d'oppositions inconciliables, le psychique ou le biologique, le réel ou l'imaginaire, l'intérieur ou l'extérieur, dont la persistance impliquait la dissolution silencieuse du registre du fantasme, Freud met en place le concept de réalité psychique dont l'explicitation, notamment dans *L'Interprétation des rêves**, le conduit à distinguer entre la réalité matérielle, réalité extérieure jamais atteignable comme telle, la réalité de ce qu'il appelle « les pensées de transition et de liaison », le registre de la psychologie, et la réalité psychique proprement dite, noyau irréductible du psychisme, registre des désirs inconscients dont le fantasme est « l'expression dernière et la plus vraie ».

« J'en reviens à des pensées que j'ai développées ailleurs [dans la partie théorique de *L'Interprétation des rêves*] », écrit Freud en 1911 pour introduire ce concept de réalité psychique, occasion pour lui d'étendre sa conception de l'activité psychique au-delà du seul axe plaisir/déplaisir, de définir, à côté du refoulement, la notion discriminatoire d'acte de jugement et de distinguer, sous la rubrique de la création de fantasmes, la partie de l'activité psychique qui demeure indépendante du principe de réalité* et soumise au seul principe de plaisir*. La partition qui s'organise au cours de la phase de l'auto-érotisme* entre pulsions* sexuelles et pulsions d'auto-conservation témoigne de la liaison entre les pulsions sexuelles et le fantasme : « La longue persistance de l'auto-érotisme rend possible que la satisfaction fantasmatique liée à l'objet sexuel, immédiate et plus aisée à obtenir, soit maintenue si longtemps, à la place de la satisfaction réelle mais qui exige des efforts et des ajournements. »

Au-delà des questions d'orthographe, il n'existe pour Freud qu'un seul concept de fantasme. De ce point de vue, l'opposition kleinienne, soutenue et développée par Susan Isaacs*, entre phantasme (*phantasy*) inconscient et fantasme (*fantasy*) conscient est totalement contradictoire avec la pensée freudienne.

Dès 1905, dans les *Trois Essais sur la théorie sexuelle*, le fantasme est posé comme relevant des trois localisations de l'activité psychique, conscient*, préconscient* et inconscient*, quelle que soit la structure psychopathologique considérée.

Pour autant, Freud distingue entre les fantasmes conscients, les rêves diurnes et les romans que le sujet se raconte à lui-même, mais aussi certaines formes de création littéraire, et les fantasmes inconscients, rêveries subliminales, préfiguration des symptômes hystériques, néanmoins conçues comme étant en liaison étroite avec les fantasmes conscients.

Ces deux registres de l'activité fantasmatique se retrouvent dans le processus du rêve* : le fantasme conscient participe de ce remaniement du contenu manifeste du rêve que constitue l'élaboration secondaire, et le fantasme inconscient est inscrit à l'origine de la formation du rêve.

En 1915, dans son article métapsychologique consacré à l'inconscient, Freud donne une définition du fantasme qui confirme ses conceptions précédentes : le fantasme y est caractérisé par sa mobilité, il est présenté comme lieu et moment de passage d'un registre de l'activité psychique à l'autre, et il apparaît donc comme irréductible à un seul de ces registres, conscient ou inconscient.

Cette même année 1915, à l'occasion d'un article consacré à un cas de paranoïa* qui semble contredire la théorie psychanalytique, Freud introduit le concept de fantasme originaire : « L'observation du commerce amoureux entre les parents est une pièce rarement manquante dans le trésor des fantasmes inconscients qu'on peut découvrir par l'analyse chez tous les névrosés, et vraisemblablement chez tous les enfants des hommes. Ces formations fantasmatiques, celle de l'observation du commerce sexuel des parents, celle de la séduction, de la castration, et d'autres, je les appelle *fantasmes originaires*... » Par là, Freud revient sur une conception bidimensionnelle jamais abandonnée et déjà rencontrée à propos des rêves typiques et de la symbolique des rêves. Freud cherche une origine à l'histoire individuelle du sujet. Il poursuit, sous une autre forme, ce qui était en question à travers la théorie de la séduction ou théorie du trauma. Mais simultanément, il s'interroge sur le bien-fondé d'une origine, en deçà du sujet individuel : une origine de l'histoire globale de l'espèce humaine. Ce fantasme des origines, dont la recherche est omniprésente aussi bien dans *Totem et Tabou**, en 1912, qu'en 1939 dans *L'Homme Moïse et la religion* *monothéiste**, le conduit à reprendre à son compte l'hypothèse phylogénétique attribuée à Ernst Heinrich Haeckel*. L'importance de cette hypothèse, discutable et discutée, atteint son point culminant avec ce texte métapsychologique, sa « fantaisie phylogénétique », retrouvé et édité pour la première fois par Ilse Grubrich-Simitis qui y voit la tentative théorique d'intégrer l'origine traumatique de la pathologie dans le modèle fantasmatique et pulsionnel.

Outre la perspective kleinienne qui, en privilégiant dans la cure la réalité psychique au détriment de toute forme de réalité matérielle, fait du phantasme le lieu d'intervention unique du travail analytique, le concept de fantasme a fait l'objet d'un travail théorique essentiel dans l'œuvre de Jacques Lacan*.

D'une manière générale, Lacan reprend à son compte le concept freudien de fantasme ; mais il en souligne très tôt la fonction défensive. Dans le séminaire des années 1956-1957, le fantasme est assimilé à ce qu'il appelle désormais un « arrêt sur image », moyen d'empêcher le surgissement d'un épisode traumatique. Image figée, mode de défense* contre la castration*, le fantasme est cependant inscrit par Lacan, différence fondamentale avec la perspective kleinienne, dans le cadre d'une structure signifiante et ne saurait de ce fait être réduit au registre de l'imaginaire*.

Au-delà de la diversité des fantasmes de chaque sujet, Lacan pose l'existence d'une structure théorique générale, le fantasme fondamental, dont la « traversée » par le patient signe l'efficacité de l'analyse, matérialisée par un remaniement des défenses et une modification de son rapport à la jouissance*.

Dès la première formulation, en 1957, de son graphe du désir*, Lacan élabore un mathème* de ce qu'il appelle la logique du fantasme. Il s'agit de rendre compte de l'assujettissement originaire du sujet à l'Autre*, relation que traduit cette question à tout jamais sans réponse : « Que veux-tu ? » (*Che vuoi ?*). Le mathème $\$\diamond a$ exprime le rapport générique, de forme variable mais jamais symétrique, entre le sujet de l'inconscient, sujet barré, divisé par le signifiant* qui le constitue, et l'objet (petit) a*, objet insaisissable du désir qui renvoit à un manque, un vide du côté de l'Autre. C'est dans son séminaire des années 1966-1967 que Lacan développera cette logique du fantasme, expression ultime de la logique du désir. C'est aussi le moment où Lacan infléchit de manière décisive son travail vers la formalisation logique et mathématique de l'inconscient.

● Sigmund Freud, *La Naissance de la psychanalyse* (New York 1950), Paris, PUF, 1956 ; *Briefe an Wilhelm Fliess, 1887-1904*, Francfort, Fischer, 1986 ; *L'Interprétation des rêves* (1900), *GW*, II-III, 1-642, *SE*, IV-V, 1-621, Paris, PUF, 1967 ; *Trois Essais sur la théorie sexuelle* (1905), *GW*, V, 29-145, *SE*, VII, 123-243, Paris, Gallimard, 1987 ; « Mes vues sur le rôle de la sexualité dans l'étiologie des névroses » (1905), *GW*, V, 149-159, *SE*, VII, 269-279, in *Résultats, idées, problèmes*, I, *1890-1920*, Paris, PUF, 1984, 113-122 ; « Les fantasmes hystériques et leur relation à la bisexualité » (1908), *GW*, VII, 191-199, *SE*, IX, 155-166, in *Névrose, psychose et perversion*, Paris, PUF, 1973, 149-155 ; « Le créateur littéraire et la fantaisie » (1908), *GW*, VII, 213-233, *SE*, IX, 141-153, in *L'Inquiétante Étrangeté et autres essais*, Paris, Gallimard, 1985, 29-46 ; « Formulations sur les deux principes du cours des événements psychiques » (1911), *GW*, VIII, 230-238, *SE*, XII, 213-226, in *Résultats, idées, problèmes*, I, *1890-1920*, Paris, PUF, 1984, 135-143 ; *Totem et Tabou* (1913), *GW*, IX, *SE*, XIII,

1-161, Paris, Gallimard, 1993 ; « Communication d'un cas de paranoïa contredisant la théorie psychanalytique » (1915), *OC*, XIII, 305-317, *GW*, X, 234-246, *SE*, XIV, 261-272 ; « L'inconscient » (1915), *OC*, XIII, 203-242, *GW*, 263-303, *SE*, XIV, 159-204 ; « Un enfant est battu » (1919), *GW*, XII, 197-226, *SE*, XVII, 175-204, in *Névrose, psychose et perversion*, Paris, PUF, 1973, 219-243 ; *L'Homme Moïse et la religion monothéiste* (1939), *GW*, XVI, 103-246, *SE*, XXIII, 1-137, Paris, Gallimard, 1986. Didier Anzieu, *L'Auto-analyse de Freud et la découverte de la psychanalyse* (1959), Paris, PUF, 1988. Joël Dor, *Introduction à la lecture de Lacan*, vol. 2, Paris, Denoël, 1992. Dylan Evans, *An Introductory Dictionary of Lacanian Psychoanalysis*, Londres, Routledge, 1996. Ilse Grubrich-Simitis, « Métapsychologie et métabiologie » *in* Sigmund Freud, *Vue d'ensemble des névroses de transfert* (Francfort 1985), Paris, Gallimard, 1986, 97-163 ; « Trauma or drive – drive and trauma », *in* Albert J. Solnit, Peter B. Neubauer, Samuel Abrams et A. Scott Dowling (éd.), *The Psychoanalytic Study of the Child*, Yale, Yale University Press, 1988, vol. 43, 3-32. Susan Isaacs, « Nature et fonction du phantasme », *in* Melanie Klein (éd.), *Développements de la psychanalyse* (Londres 1952), Paris, PUF, 1966. Jacques Lacan, *Le Séminaire*, livre IV, *La Relation d'objet* (1956-1957), Paris, Seuil, 1994 ; « Subversion du sujet et dialectique du désir dans l'inconscient freudien » (1960), in *Écrits*, Paris, Seuil, 1966, 793-827 ; *Le Séminaire*, livre XIV, *La Logique du fantasme* (1966-1967), inédit. Jean Laplanche et Jean-Bertrand Pontalis, *Fantasme originaire, fantasmes des origines, origines du fantasme* (1964), Paris, Hachette, coll. « Textes du XXe siècle », 1985 ; *Vocabulaire de la psychanalyse*, Paris, PUF, 1967. Gérard Le Gouès et Roger Perron (éd.), *Scènes originaires*, monographies de la *Revue française de psychanalyse*, Paris, PUF, 1996.

▷ IDENTIFICATION.

FAVEZ-BOUTONIER Juliette, née Boutonier (1903-1994)
psychanalyste française

Issue d'une famille d'instituteurs du midi de la France, Juliette Boutonier passa l'agrégation de philosophie à l'âge de 22 ans et fit ses études de médecine à Dijon où elle rencontra Gaston Bachelard (1884-1962). Intéressée par la psychanalyse*, elle écrivit une lettre à Sigmund Freud* qui lui répondit le 11 avril 1930. En 1935, nommée à Paris pour enseigner la philosophie, elle fit la connaissance de Daniel Lagache* et entreprit une analyse avec René Laforgue*. Elle fréquenta l'hôpital Sainte-Anne et le service de Georges Heuyer (1884-1977). Après la Deuxième Guerre mondiale, elle créa, aux côtés de Georges Mauco*, le centre psychopédagogique du lycée Claude-Bernard. Mariée en 1952 à Georges Favez (1902-1981), lui-même psychanalyste, elle joua un rôle dans l'histoire des scissions* du mouvement français en fondant avec Lagache en 1953 la Société française de psychanalyse (SFP) puis, avec lui encore, en 1964, l'Association psychanalytique de France (APF). A l'université, et notamment à la chaire de psychologie générale où elle lui succéda en 1955, elle incarna fort bien l'idéal de cette psychologie clinique universitaire, héritée de Pierre Janet*, qui fut l'un des courants du freudisme français.

● Élisabeth Roudinesco, *Histoire de la psychanalyse en France*, vol. 2 (1986), Paris, Fayard, 1994. Claire Doz-Schiff, « In memoriam Juliette Favez-Boutonier

(1903-1994) », *Bulletin du Centre de documentation Henri F. Ellenberger*, 5, 1er trimestre 1994. « Séance du 25 janvier 1955 de la Société française de philosophie », *Métapsychologie et philosophie, IIIe rencontre psychanalytique d'Aix-en-Provence*, Paris, Les Belles Lettres, 1985, 177-228.

FECHNER Gustav Theodor (1801-1887)
médecin et philosophe allemand

Fondateur de la psychophysique puis de la psychologie expérimentale, ce fils de pasteur fut un des représentants tardifs de la tradition du romantisme allemand. Personnage faustien, il expérimenta sur lui-même ses propres découvertes en traversant une sorte de crise mystique à laquelle Henri F. Ellenberger* donna le nom de névrose créatrice. Son œuvre eut sur celle de Sigmund Freud* un impact important : « J'ai toujours été ouvert aux idées de G. Th. Fechner, écrit-il en 1925, et j'ai d'ailleurs pris appui en des points importants sur ce penseur. »

Après des études de médecine et de biologie, Fechner devint, en 1834, professeur de physique à l'université de Leipzig. Pendant les trois années suivantes, il sombra dans un état mélancolique qui le contraignit à renoncer à son enseignement et à vivre presque sans s'alimenter dans une pièce sombre aux murs peints en noir. A la suite de cet épisode, il connut une brève période d'exaltation. Il se croyait l'élu de Dieu et se persuada qu'il avait inventé un principe universel aussi fondamental pour l'univers que celui d'Isaac Newton (1642-1927). En 1848, il lui donna le nom de principe de plaisir*.

Après sa guérison, il échangea sa chaire de physique à l'université contre celle de philosophie et publia de nombreux ouvrages dans lesquels il affirmait que la terre était un être vivant, que la conscience était diffuse dans l'univers et que l'âme était immortelle. C'est pour donner un fondement expérimental à ses travaux sur les relations de l'âme et de la matière qu'il publia en 1860 ses *Éléments de psychophysique*. En 1873, il théorisa le principe de conservation (ou de stabilité) de l'énergie, formulé en 1842 par le physicien Robert Meyer, puis repris et développé en 1845 par Hermann von Helmholtz*. C'est de ce principe, complètement abandonné par la science moderne, que Freud tira, en 1920, le principe de plaisir/déplaisir au début de son livre *Au-delà du principe de plaisir**.

En 1924, Imre Hermann* consacra une étude à Fechner, mais il faudra attendre les travaux de l'historiograhie* savante pour qu'une place soit accordée à ses travaux dans la genèse de la découverte freudienne de l'inconscient*.

● Gustav Theodor Fechner, « Über den Lustprinzip des Handelns », *Fichtes-Zeitschrift für Philosophie und philosophische Kritik*, XIX, 1948, 1-30, 163-194 ; *Einige Ideen zur Schöpfungs und Entwicklungsgeschichte der Organismen*, Leipzig, Breitkopf und Härtel, 1973. *Sigmund Freud présenté par lui-même* (1925), Paris, Gallimard, 1984, *GW*, XIV, 33-96, *SE*, XX, 7-70. Henri F. Ellenberger, *Histoire de la découverte de l'inconscient* (New York, Londres, 1970, Villeurbanne, 1974), Paris, Fayard, 1994 ; *Beyond the Unconscious*, Princeton, Princeton University Press, 1993. Paul-Laurent Assoun, *Introduction à l'épistémologie freudienne*, Paris, Payot, 1981.

FEDERACIÓN PSICOANÁLITICA DE AMERICA LATINA (FEPAL)

(Fédération psychanalytique d'Amérique latine)

La première fédération psychanalytique latino-américaine fut créée en 1960 sous le nom de Conseil coordinateur des organisations psychanalytiques d'Amérique latine (COPAL), avec pour objectif de défendre les intérêts communs à toutes les sociétés psychanalytiques d'Amérique latine affiliées à l'International Psychoanalytical Association* (IPA). En 1979, elle fut dissoute et remplacée en novembre 1980 par une nouvelle organisation qui prit le nom de Federación Psicoanálitica de America latina (FEPAL). Reconnue par l'IPA, elle deviendra, à la fin du XXe siècle, face à l'American Psychoanalytic Association* (APsaA) et à la Fédération européenne de psychanalyse* (FEP), la troisième puissance freudienne du monde, avec dix-huit sociétés composantes ou provisoires représentées et six groupes d'études, le tout réparti en huit pays : Argentine* (quatre sociétés, un groupe d'études), Brésil* (six sociétés, trois groupes d'études), Chili, Colombie, Mexique (deux sociétés), Pérou, Uruguay, Venezuela (deux sociétés). Un peu plus de trois mille psychanalystes en tout, c'est-à-dire un tiers du chiffre global de l'IPA, pour une population de trois cent quatre-vingts millions d'habitants, soit une densité de huit psychanalystes pour un million d'habitants, avec des différences considérables d'un pays à l'autre, l'Argentine et le Brésil connaissant, et de loin, la densité la plus forte.

● *Roster. The International Psychoanalytical Association Trust,* 1996-1997.

▷ ASSOCIÇÃO BRASILEIRA DE PSICANALISE. AUSTRALIE. CANADA. FREUDISME. HISTOIRE DE LA PSYCHANALYSE. INDE. JAPON. KLEINISME.

FÉDÉRATION EUROPÉENNE DE PSYCHANALYSE (FEP)

Créée en 1966 sous le nom de Fédération des sociétés européennes de psychanalyse, pour faire contrepoids à la puissante American Psychoanalytic Association* (APsaA) et à la COPAL (future Federación Psicoanálitica de America Latina*, FEPAL), la Fédération européenne de psychanalyse (FEP) ne commença vraiment à être active qu'en 1969. Reconnue par l'International Psychoanalytical Association* (IPA), elle prit l'habitude de tenir ses congrès en trois langues (allemand, anglais, français).

A partir des années 1990, dix-huit pays furent représentés à la FEP à travers dix-huit sociétés composantes ou provisoires, seize instituts et trois groupes d'études : Allemagne* (douze instituts), Autriche (Vienne*), Belgique*, Danemark, Finlande, Suède, Norvège (pays scandinaves*), Espagne* (deux sociétés) France* (un institut, deux sociétés), Grande-Bretagne*, Grèce (un groupe d'études), République tchèque (un groupe d'études), Hongrie*, Italie* (trois instituts, huit branches pour sept villes), Portugal, Pays-Bas*, Serbie, Suisse*. A ces pays sont venues s'ajouter en 1992 l'Irlande et la Russie*, puis divers pays d'Europe désireux de reconstruire la psychanalyse après leur sortie du communisme* : Pologne, Roumanie*. Grâce à cet apport, la FEP a pu retrouver un élan alors même que la psychanalyse était en déclin dans les divers pays d'Europe.

A la fin du XXe siècle, elle regroupe trois mille membres dans dix-sept pays environ, c'est-à-dire un peu moins d'un tiers de l'effectif global de l'IPA pour une population de quatre cents millions d'habitants, soit une moyenne de sept ou huit psychanalystes pour un million d'habitants, avec des différences considérables d'un pays à l'autre. A cet égard, elle est passée, après l'American Psychoanalytic Association* (APsaA) et la FEPAL, au troisième rang mondial des institutions freudiennes légitimistes.

En raison de la perte d'influence de l'Europe au sein de la communauté psychanalytique internationale, dominée d'abord par la langue anglaise commune à toutes les sociétés de l'IPA (depuis les États-Unis* jusqu'au Japon* et l'Inde* en passant par le Canada* et l'Australie*) puis de plus en plus inféodée au monde américain du fait de la montée en puissance des sociétés latino-américaines, la FEP se consacre au travail scientifique et théorique, laissant à l'IPA le soin de régler les questions politiques.

Afin de tenter de reconquérir par l'élaboration doctrinale sa puissance perdue dans le domaine politique, la FEP consacre l'essentiel de ses forces à réfléchir au statut théorique de la psychanalyse et à ses modes de transmission alors même que celle-ci est largement concurrencée par les diverses psychothérapies*, voire par les diverses pratiques magiques et spiritualistes. L'objectif de la FEP est de jeter un pont vers les pays de l'Europe de l'Est, dominés, après leur sortie du communisme*, non seulement par la langue anglaise, mais encore par les courants issus du monde anglophone : kleinisme* et *Self Psychology**, notamment.

En Europe, la FEP est confrontée à environ six mille lacaniens (dont trois mille se trouvent en France) et à deux mille freudiens non membres de l'IPA.

● Peter Kutter (éd.), *Psychoanalysis International. A Guide to Psychoanalysis throughout the World,* vol. 1, Stuttgart, Frommann-Holzboog, 1992. Élisabeth Roudinesco, *Jacques Lacan. Esquisse d'une vie, histoire d'un système de pensée,* Paris, 1993. *La Psychanalyse et l'Europe de 1993,* monographies de la *Revue française de psychanalyse*, Paris, PUF, 1993. *Roster. The International Psychoanalytical Association Trust,* 1996-1997.

▷ ASSOCIAÇÃO BRASILEIRA DE PSICANALISE. BERLINER PSYCHOANALYTISCHES INSTITUT. FREUDISME. HISTOIRE DE LA PSYCHANALYSE. LACANISME.

FEDERN Paul (1871-1950)

psychiatre et psychanalyste américain

Cinquième membre adhérent à la Société psychologique du mercredi*, ce brillant disciple des premières heures du freudisme se comparait volontiers à l'apôtre Paul ou à un « officier subalterne de l'armée psychanalytique ». Dans la culture allemande, il admirait l'ordre et la discipline, et, dans le premier groupe viennois, il fut non seulement un remarquable clinicien mais aussi un formateur d'élèves. Nombreux sont ceux, plus jeunes que lui, qui passèrent par son divan pour devenir à leur tour les didacticiens des générations ultérieures.

Petit-fils de rabbin et fils d'un médecin généraliste très réputé à Vienne*, Federn était issu de la bourgeoisie juive libérale. Sa mère, une femme très belle, appartenait à une famille de riches marchands.

Dès sa jeunesse, il fut d'humeur dépressive, ce qui ne l'empêcha pas d'être un fringant officier de la cavalerie impériale, d'aimer les femmes et de remporter auprès d'elles de beaux succès. Sa stature imposante, sa voix tonitruante, ses yeux vifs et sa grande barbe noire lui donnaient l'allure d'un calife des *Mille et Une Nuits*. Et comme il n'hésitait pas à se promener dans les rues de Vienne coiffé d'un large chapeau, on le surnomma Harun Al-Rachid.

Obéissant à son père, qui obligea ses deux fils à s'orienter vers la même carrière que lui, Paul Federn étudia la médecine malgré son goût pour la biologie. En 1902, il s'installa comme médecin interniste à Vienne et, deux ans plus tard, épousa Wilma Bauer qu'il connaissait depuis qu'il l'avait soignée, à un âge précoce, pour un rhumatisme articulaire. Elle venait d'une famille protestante, proche de celle de Hermann Nothnagel*, lequel lui fit rencontrer Sigmund Freud*. Comme de nombreux Juifs viennois, Federn envisagea de se convertir et éleva ses trois enfants dans la religion de leur mère.

Avec Freud, il fit une sorte d'analyse avant la lettre, au cours de laquelle il parvint à contrôler son humeur mélancolique. Ses crises dépressives furent moins fréquentes, mais il songeait à se suicider en cas de rechute. Au sein de la Société du mercredi, dont il fut l'un des piliers, il se consacra à l'enseignement en donnant un séminaire particulièrement riche sur *L'Interprétation des rêves**. Il s'intéressa aussi à la télépathie*, et eut, au sein de la Wiener Psychoanalytische Vereinigung (WPV), une activité d'administrateur et d'organisateur. En 1914, il se rendit aux États-Unis pour une série de conférences et joua un certain rôle en prenant en analyse Clarence Oberndorf* et Smith Ely Jelliffe*.

Médecin militaire pendant la Première Guerre mondiale, il adhéra aux idéaux patriotiques de l'Empire et crut dur comme fer à la victoire de l'Allemagne. Après la défaite, il devint membre du parti social-démocrate et commença à s'intéresser, avec August Aichhorn*, Siegfried Bernfeld* et Willi Hoffer*, à la délinquance juvénile, à l'éducation sexuelle, à l'émancipation des femmes.

Au sein de la famille Federn, Wilma joua un rôle éminent. Ernst, le fils de Paul, qui deviendra psychanalyste après une cure avec Hermann Nunberg*, raconte que Freud comparait Mme Federn à Mussolini et Paul au roi Victor-Emmanuel : « A l'époque, ajoute-t-il, nul n'ignorait que le second n'était qu'un fantoche sous le règne du dictateur. Cela valut à ma mère d'être surnommée Mussolina, surnom qu'elle accepta avec une certaine satisfaction. »

Si Federn resta fidèle à la doctrine classique, il s'engagea dès l'entre-deux-guerres, comme beaucoup de freudiens de la deuxième génération*, dans la révision de la théorie du moi* et dans la refonte de la deuxième topique*, travail qui déboucha sur la distinction du moi (*ego*) et du soi (*self*), premier pas vers la *Self Psychology**. Aussi fut-il très affecté de ne pas être vraiment reconnu par les représentants de l'*Ego Psychology**, qui ne citent jamais ses travaux. En fait, c'est à partir d'une réflexion sur le narcissisme* et la clinique des psychoses qu'il élabora sa conception des « frontières du moi ». Il regardait la psychose*, et notamment la schizophrénie*, comme une diminution des investissements du moi conduisant le sujet* à ne plus connaître ses frontières, à ne plus savoir distinguer ses perceptions ou ses sentiments. Il développa l'idée, chère à la psychiatrie classique, selon laquelle le délire est l'expression d'une « fausseté du jugement ». Par ailleurs, il traita lui-même des patients psychotiques et s'intéressa à l'essor de la chimiothérapie.

Cet intérêt porté à la folie* n'était pas sans relation avec sa situation personnelle. En effet, son premier fils, Walter, né en 1910, devint très tôt un enfant difficile. Malgré de brillantes études d'égyptologie, qui lui permirent de faire une belle carrière universitaire, il sombra progressivement dans la schizophrénie.

En 1938, Paul Federn émigra avec sa famille aux États-Unis*. Après avoir refait ses études de médecine et obtenu un nouveau diplôme, il s'intégra à la New York Psychoanalytical Society (NYPS) dont il contesta les règles rigides au point d'être regardé, lui, le freudien orthodoxe, comme un « déviationniste ». Quelques mois avant qu'il n'émigre, son fils Ernst avait été arrêté par la Gestapo pour activités politiques, puis déporté au camp de Buchenwald où il retrouva Bruno Bettelheim*. Ernst et Paul ne se reverront outre-Atlantique qu'en 1946. Mais à cette date, atteint d'une tumeur maligne de la vessie, Paul devra subir une première intervention chirurgicale.

La rechute survint après la mort de Wilma. Plutôt que de subir une atroce agonie, il décida alors de mettre fin à ses jours dans la plus pure tradition antique. Le 3 mai 1950, il rangea ses affaires, laissa des instructions écrites à son ami Edoardo Weiss*, puis se rendit à sa banque d'où il retira un pistolet soigneusement déposé dans un coffre. Il le chargea de deux balles. Toute la journée, il reçut normalement ses analysants et plaisanta même avec sa gouvernante sur les différentes manières de se donner la mort. Au milieu de la nuit, il rédigea une lettre à l'intention de son fils Walter ; il le prévenait de faire attention : une balle pouvait se trouver dans le chargeur. A trois heures du matin, assis dans son fauteuil d'analyste, il n'eut qu'un coup à tirer. « Jusqu'à son dernier souffle, souligna Ernst, il avait été plus attentif aux autres qu'à lui-même. »

En 1968, Walter Federn se suicida en se laissant mourir de faim.

● Paul Federn, « Narcissism in the structure of the ego », *IJP*, 1928, 9, 401-419. « Reality of the death instinct, especially in melancholia », *Psychoanalytical Review*, 1932, 19, 129-151 ; et Heinrich Meng, *Das psychoanalytische Volksbuch*, Stuttgart, Hippokrates Verlag, 1927 ; *La Psychologie du moi et les psychoses* (Londres, 1953), Paris, PUF, 1979. Edoardo Weiss, « Paul Federn, 1871-1950. The theory of the psychosis », *in* Franz Alexander, Samuel Eisenstein et Martin Grotjahn (éd.), *Psychoanalytic Pioneers*, New York, Basic Books, 1966, 142-159. Edoardo Weiss, « Obituary : Paul Federn », *IJP*, 1951, 242-246. Ernst Federn, *Témoin de la psychanalyse* (Londres, 1990), Paris, PUF, 1994. Elke Mühlleitner, *Biographisches Lexikon der Psychoanalyse. Die Mitglieder der psychologischen Mittwoch-Gesellschaft und der Wiener psychoanalytischen Vereinigung von 1902-1938*, Tübingen, Diskord, 1992. Maria Teresa de Melo Carvalho, *Paul Federn. Une autre voie pour la théorie du moi*, Paris, PUF, 1996.

FÉMINISME

▷ BISEXUALITÉ. CULTURALISME. DIFFÉRENCE DES SEXES. *GENDER*. HORNEY Karen. JOUISSANCE. JUDÉITÉ. PATRIARCAT. SEXUALITÉ. SEXUALITÉ FÉMININE. SEXUATION (FORMULES DE LA).

FEMMES

▷ ANDREAS-SALOMÉ Lou. BAUER Ida. BERNAYS Minna. BONAPARTE Marie. DEUTSCH Helene. DOLTO Françoise. FREUD Amalia. FREUD Anna. FREUD Martha. HALBERSTADT Sophie. HOLLITSCHER Mathilde. HORNEY Karen. HUG-HELLMUTH Hermine von. KLEIN Melanie. LANGER Marie. PAPPENHEIM Bertha. PSYCHANALYSE DES ENFANTS. SEXUALITÉ FÉMININE. VIENNE. WEININGER Otto.

FENICHEL Otto (1897-1948)

médecin et psychanalyste américain

Peu connu à l'extérieur du mouvement psychanalytique et trop souvent considéré comme un simple technicien de la cure, Otto Fenichel fut pourtant un très grand freudien. A la fois dissident et anti-autoritaire, hostile à tous les dogmatismes et ouvert à la question sociale, il s'opposa toujours à la politique conservatrice d'Ernest Jones* et critiqua le biologisme reichien comme le culturalisme* des néofreudiens. Au nom de la défense humaniste du sujet*, il défendit les principes d'un universalisme tempéré, respectueux des différences culturelles. En conséquence, refusant d'oublier sa jeunesse socialiste et son passé viennois, il eut du mal à s'intégrer aux idéaux pragmatiques et normalisateurs de la société nord-américaine à laquelle il fut pourtant contraint de s'adapter.

Comme le souligne l'historien Russel Jacoby, Otto Fenichel fit partie avec ses amis et collègues – Annie Reich*, Barbara Lantos (1894-1962), Edith Jacobson*, Kate Friedländer*, Georg Gerö (1901-1981) et quelques autres encore – de ce qu'on appelle la gauche freudienne. Nés juste avant le siècle ou un peu après, ces hommes et ces femmes appartenaient, comme Sandor Rado*, Helene Deutsch*, Ernst Kris*, Rudolph Loewenstein*, Marie Bonaparte*, Melanie Klein* et Karen Horney*, à la deuxième génération* psychanalytique mondiale. Aussi furent-ils marqués par la révolution d'Octobre, la montée du nazisme*, l'exil et la nécessité de s'intégrer à une nouvelle culture. Tantôt ils trouvèrent dans l'International Psychoanalytical Association* (IPA) une nouvelle patrie freudienne et furent alors les artisans du légitimisme, tantôt, au contraire, ils contestèrent l'appareil freudien, allant jusqu'à la scission*, l'exil intérieur, ou bien encore le changement de pratique.

Né à Vienne* dans une famille de la bourgeoisie juive, Fenichel milita activement durant son adolescence dans le Mouvement de la jeunesse autrichienne et dans celui de la jeunesse juive afin de faire converger la révolution politique et la libération sexuelle. En 1916, à partir d'une enquête menée auprès de ses camarades de classe, il rédigea un article sur cette question, ce qui faillit lui valoir le renvoi du lycée.

En 1918, il s'orienta vers la psychanalyse au contact des thèses de Siegfried Bernfeld* et participa aux travaux de la Wiener Psychoanalytische Vereinigung (WPV). Il fit alors une première analyse avec Paul Federn*, puis une deuxième avec Sandor Rado* quand il s'installa à Berlin en 1922. Tout en étant fidèle à la légitimité freudienne en matière de formation didactique, il prit très vite ses distances avec le formalisme bureaucratique de l'IPA, et forma un cercle d'études indépendant (appelé

Séminaire d'enfants) où alternèrent, jusqu'en 1933, les discussions politiques et les enseignements sur la technique psychanalytique. En 1930, Wilhelm Reich* et sa femme Annie se joignirent au groupe, trouvant les analystes berlinois plus avancés que les viennois sur les questions sociales. Ainsi naquit le mouvement des freudiens politiques, qui connut son apogée en 1932, lorsque Fenichel fut nommé vice-président de la Deutsche Psychoanalytische Gesellschaft (DPG).

Malgré plusieurs voyages en Russie* et des sympathies affichées pour le socialisme et le marxisme, Fenichel n'adhéra pas au parti communiste allemand qu'il jugeait trop sectaire. En un premier temps, il eut avec Reich un dialogue fécond, partageant son interprétation de la psychologie de masse du fascisme et son approche de l'analyse des résistances*. Cependant, à partir de 1933, les relations entre les deux hommes devinrent difficiles. Intellectuel subtil et cultivé, aimant les synthèses et les travaux bien ordonnés, Fenichel n'appréciait guère les violences pulsionnelles de Reich, non plus que sa tendance à la persécution et sa mégalomanie dogmatique. En outre, il désapprouvait sa méthode thérapeutique, sa manière de mettre en pièces l'« armure » défensive du patient et sa théorie biologique de la sexualité*.

A partir de l'avènement du nazisme, ce cercle fut contraint de se dissoudre, et ses membres durent quitter l'Allemagne*. Soucieux de conserver l'unité de son groupe, Fenichel inventa alors un système de communication clandestin, les *Rundbriefe* (lettres-circulaires), qui permettaient à tous les membres de la société secrète de se tenir informés de leurs activités respectives. Entre 1934 et 1945, cent dix-neuf *Rundbriefe* furent ainsi échangées sur tous les sujets possibles.

Exilé à Oslo, Fenichel tenta sans succès de donner une certaine unité au mouvement psychanalytique des pays scandinaves*. Il rencontra plusieurs fois Reich, immigré lui aussi, mais finit par voter son exclusion de l'IPA au congrès de Lucerne en 1934. Sur le plan politique, l'opposition entre les deux hommes portait sur le meilleur moyen de lutter contre le nazisme pour sauver à la fois la psychanalyse et le marxisme : Reich préconisait le combat à visage découvert, Fenichel la lutte clandestine. Malgré leurs divergences, ils conservèrent des liens d'amitié.

Pendant quelque temps, en compagnie d'Edith Jacobson, Fenichel accepta la politique d'Ernest Jones* de prétendu « sauvetage » de la psychanalyse en Allemagne. Mais en 1935, quand les Juifs furent exclus de la DPG, il regretta d'avoir adopté cette position et fit volte-face, se montrant, comme l'écrit Jacoby, « scandalisé par la stupidité de l'*establishment* psychanalytique incapable de comprendre la réalité du nazisme ». Sur ce point, Reich fut plus lucide en préconisant la dissolution pure et simple de la DPG dès 1933 et la lutte à outrance contre le nazisme.

De passage à Vienne en 1936, Fenichel fut bien accueilli par les freudiens, devant lesquels il prononca une série de conférences sur la technique psychanalytique. A l'évidence, il rejetait les thèses kleiniennes et préférait les positions annafreudiennes. Pourtant, il n'adopta pas, à l'égard des mécanismes de défense*, le même point de vue qu'Anna Freud*. Il forgea ainsi l'expression défense de défense pour désigner la manière dont un sujet se défend dialectiquement d'une défense qui serait en fait une pulsion*.

De nouveau exilé, Fenichel séjourna quelque temps à Prague où il fit du petit groupe psychanalytique tchécoslovaque une branche de l'IPA. Puis, à l'invitation de son ami Ernst Simmel*, il partit pour les États-Unis* et s'installa à Los Angeles après être passé par Chicago et Topeka au Kansas, où il donna de nombreuses conférences et où il retrouva la diaspora freudienne d'Europe centrale qui, comme lui, avait fui le nazisme. Notamment Bernfeld, installé lui aussi sur la côte ouest à San Francisco.

Sur le continent américain, Fenichel dut affronter une situation délicate pour lui-même et ses proches. Favorable à l'analyse profane* dans un pays où elle s'était entièrement médicalisée, il fut contraint de repasser son diplôme de médecin, non reconnu outre-Atlantique, et donc de se soumettre, à l'âge de 47 ans, à l'année obligatoire d'internat et aux gardes nocturnes. Par ailleurs, il dut renoncer officiellement à afficher ses opinions marxistes. Étant en désaccord avec les transformations que faisaient subir au freudisme classique les partisans de l'École de Chicago ou les néofreudiens, il apparut comme un « orthodoxe » de la vieille école viennoise et allemande, incapable de se reconvertir. Épuisé par le spectacle de l'élimination progressive des non-médecins au sein de la Los Angeles Psychoanalytic Society (LAPS), fondée en 1946, et par la dégradation de la psychanalyse en méthode psychiatrique, il mourut prématurément à l'âge de 48 ans, un an avant son ami Simmel. Ses ouvrages devinrent ensuite une véritable bible pour les techniciens américains de la cure freudienne.

En évoquant le souvenir de ces deux hommes, Max Horkheimer (1895-1973) leur rendit cet hommage : « Ces penseurs étaient opposés à la mentalité d'employé qui tente de transformer toute chose en une “fonction” au service de la machine. Aussi résistèrent-ils à la trahison de la psychanalyse sur son propre terrain par des techniciens pressés. »

● Otto Fenichel, *Problèmes de technique psychanalytique* (New York, 1941), Paris, PUF, 1953 ; *La Théorie psychanalytique des névroses* (New York, 1945), 2 vol. Paris, PUF, 1953 ; *The Collected Papers of Otto Fenichel*, New York, Norton, 1954. Russel Jacoby, *Otto Fenichel. Destins de la gauche freudienne* (New York, 1983). Ronald Portillo, « Otto Fenichel, 1897-1948. L'opposition en sourdine », *Ornicar ?*, 36, printemps 1986, 143-151. Nathan G. Hale, *Freud and the Americans, 1917-1985. The Rise and Crisis of Psychoanalysis in United States*, New York, Oxford, Oxford University Press, 1995.

▷ COMMUNISME. DOSUZKOV Theodor. FREUDO-MARXISME. HAAS Ladislav.

FERENCZI Sandor (1873-1933)
psychiatre et psychanalyste hongrois

Né à Miskolc en Hongrie*, issu d'une famille de Juifs polonais émigrés, Sandor Ferenczi fut non seulement le disciple préféré de Sigmund Freud*, mais aussi le clinicien le plus doué de l'histoire du freudisme*. C'est sous son impulsion que l'école hongroise de psychanalyse*, dont il fut le premier animateur, donna naissance à une prestigieuse filiation* d'artisans du mouvement, parmi lesquels Melanie Klein*, Geza Roheim* et Michael Balint*. L'œuvre écrite de Ferenczi est composée de très nombreux articles, rédigés dans un style inventif et toujours en prise sur la réalité. Grand épistolier, Ferenczi est également l'auteur d'un *Journal clinique* publié en 1969. Un an avant sa mort, il y avait consigné plusieurs histoires de cas, de nombreuses innovations ainsi que les critiques qu'il adressait au dogmatisme psychanalytique.

Ferenczi avait pour père un sympathique libraire qui s'était engagé avec ferveur dans la révolution de 1848 avant de devenir un éditeur militant, favorable à la cause de la renaissance hongroise. Aussi avait-il changé son nom à consonance allemande (Baruch Fraenkel) en un patronyme magyar (Bernat Ferenczi). Il donna à son fils préféré, le huitième dans cette fratrie de douze enfants, une éducation où prévalaient le culte de la liberté et un goût prononcé pour la littérature et la philosophie.

Optant pour la carrière médicale, le jeune Ferenczi travailla à l'hôpital Saint-Roch où, quarante ans auparavant, un autre grand médecin hongrois, Philippe Ignace Semmelweis (1818-1865), avait tenté de faire reconnaître sa découverte du caractère infectieux de la fièvre puerpérale. Comme son illustre prédécesseur, Ferenczi se montra très vite un adepte de la médecine sociale. Toujours prêt à aider les opprimés, à écouter les femmes en détresse et à soulager les exclus et les marginaux, il prit en 1906 la défense des homosexuels dans un texte courageux présenté à l'Association médicale de Budapest. Il y réfutait les préjugés réactionnaires de la classe dominante qui tendait à désigner ceux qu'on appelait les Uraniens comme les responsables dégénérés du désordre social.

Tel était donc l'homme qui, après avoir lu avec enthousiasme *L'Interprétation des rêves**, rendit visite à Freud en février 1908, accompagné de son collègue et ami Fulop Stein (1867-1917). Ce dernier l'avait initié au test d'association verbale* mis au point par Carl Gustav Jung*. A dater de ce jour, Ferenczi échangera avec le maître de Vienne, pendant un quart de siècle, mille deux cents lettres : un véritable trésor d'invention théorique et clinique, agrémenté de confidences privées. D'une curiosité insatiable, Ferenczi fut intéressé toute sa vie par de multiples formes de pensée, des plus savantes au plus irrationnelles. Freud l'appelait volontiers son « Paladin » ou son « Grand Vizir secret ». Quant à lui, il aimait à se présenter dans le milieu analytique comme un « astrologue de cour ».

Partant d'un combat contre le nihilisme thérapeutique, Freud élabore une théorie de la névrose* et de la psychose* qui dépasse largement le cadre de la clinique. Toujours conscient de son propre génie et de l'importance de sa découverte, il sait maîtriser ses affects et se montrer implacable avec ses adversaires. Par-dessus tout, il aime la raison, la logique, les constructions doctrinales. Plus intuitif, plus sensuel et plus féminin, Ferenczi cherche dans la psychanalyse le moyen de soulager la souffrance de ses patients. Il est donc moins attiré par les grandes hypothèses générales que par des questions techniques. Aussi est-il plus inventif que Freud dans l'analyse des relations à l'autre*. En 1908, il découvre l'existence du contre-transfert* en expliquant à son interlocuteur sa tendance à considérer les affaires du malade comme les siennes propres. Deux ans plus tard, Freud conceptualise la notion pour en faire un enjeu essentiel dans la situation analytique. Entre les deux hommes, l'échange épistolaire a donc pour fonction de faire surgir de nouvelles problématiques qui servent ensuite à nourrir la doctrine commune.

Comme de nombreux pionniers du freudisme, Ferenczi expérimente sur lui-même les effets de ses découvertes. En 1904, il est devenu le compagnon de Gizella

Palos, de huit ans plus âgée que lui. Cette liaison est tolérée par le mari de celle-ci, qui refuse cependant de divorcer. Gizella vit avec ses deux filles : Magda, mariée au frère cadet de Sandor, et Elma, née en 1887. Non seulement Ferenczi devient en 1908 l'analyste de sa maîtresse, mais il n'hésite pas, trois ans plus tard, à prendre Elma en cure quand celle-ci présente des symptômes dépressifs.

Freud a beau le mettre en garde contre les dangers d'une telle pratique, il passe outre. Impliqué dans une sorte d'auto-analyse* épistolaire, il cherche alors à défier Freud en lui demandant de le reconnaître comme un père reconnaît son fils, tout en lui signifiant qu'il peut tout à fait se passer de lui. En novembre 1911, après le suicide* par balle du prétendant d'Elma, il annonce à Freud qu'il est tombé amoureux de la jeune fille. Il dit ne plus éprouver de désir sexuel pour Gizella, trop âgée, et vouloir lui faire occuper une position de belle-mère en fondant une famille avec sa fille. En réalité, il veut garder les deux. Bientôt il annonce son intention d'épouser Elma.

Il se rend compte finalement qu'il est pris dans un imbroglio transférentiel et renonce à épouser la jeune fille auprès de laquelle il occupe une position de médecin et d'analyste. Mais, ne pouvant plus mener correctement la cure, il oblige Freud à prendre Elma en analyse puis se fait lui-même analyser à trois reprises par le maître, entre 1914 et 1916. Ce dernier agit alors comme un père autoritaire en contraignant Ferenczi à épouser Gizella et à renoncer à Elma. Ainsi pense-t-il conforter la thèse énoncée dans *Totem et Tabou** en 1912 selon laquelle le désir* d'inceste* est inhérent à l'homme et que seul peut l'en éloigner un interdit formulé comme une loi.

Si Freud se comporte à la manière de ces fameux « marieurs » des histoires juives, Ferenczi a l'impression d'avoir été dépouillé par cette analyse de ses passions et de ses désirs. En un mot, il accepte avec regret d'avoir été « normalisé » par Freud : « … J'ai dit à Gizella que j'étais devenu un autre homme, moins intéressant et plus normal. Je lui ai avoué aussi que quelque chose en moi regrette l'homme d'avant un peu instable mais si capable de grands enthousiasmes (et à vrai dire, souvent inutilement déprimé). »

On voit donc comment se sont jouées dans les rapports entre Freud et Ferenczi toutes les contradictions de la cure psychanalytique qui conduit un sujet* à passer d'un état infantile à l'âge adulte, de la déraison à la raison, de la toute-puissance illusoire à la sagesse, de la jouissance* au vrai désir. Mais au risque que cette perte, loin d'être bénéfique et source d'une nouvelle passion, ne soit rien d'autre que l'expression de la volonté normalisatrice de l'analyste et, au-delà de lui, de la société dans laquelle il vit. Quoi qu'il en soit, l'épisode de cet imbroglio familial et transférentiel peut être compris comme la matrice de toutes les réflexions ultérieures sur le statut incertain de la cure psychanalytique, oscillant toujours entre un excès de conformisme adaptatif, qui sera dénoncé par Ferenczi et ses partisans, et l'absence de loi, ce contre quoi réagiront les héritiers orthodoxes de Freud.

Tout en poursuivant son analyse avec Freud, Ferenczi se dévoue corps et âme à la « cause » freudienne. En 1909, avec Jung, il accompagne Freud aux États-Unis*. Un an plus tard, il voyage avec lui en Italie*, à Florence, à Rome, à Palerme et à Syracuse. La même année, il fonde l'International Psychoanalytical Association* (IPA). Enfin, en 1912, il met sur pied la Société psychanalytique de Budapest avec autour de lui

Sandor Rado*, Isvan Hollos*, Ignotus*. A partir de 1919, ils seront rejoints par Geza Roheim, René Spitz*, Imre Hermann*, Eugénie Sokolnicka*.

Membre du Comité secret* à partir de 1913, il participe à toutes les activités de direction du mouvement freudien, formant avec Otto Rank* et Freud un pôle « sudiste » et austro-hongrois face aux initiatives plus rigides et bureaucratiques des disciples venus de l'Europe du Nord : Karl Abraham*, Ernest Jones*, Max Eitingon*. C'est pendant cette période que se déroule le grand débat sur la télépathie* autour duquel se cristallisent les conflits entre Jones, partisan d'une psychanalyse rationaliste empirique, et Ferenczi, beaucoup plus ouvert à des expériences jugées déviantes, irrationnelles ou extravagantes par son adversaire.

La défaite des empires centraux annonce l'insurrection hongroise. En mars 1919, Bela Kun proclame la république des Conseils, tandis qu'à Budapest est créée, pour la première fois au monde, une chaire d'enseignement de la psychanalyse à l'université. Ferenczi est tout naturellement nommé à ce poste. Mais quatre mois plus tard, la Commune est réprimée dans le sang par les troupes de l'amiral Miklos Horthy. La Hongrie tombe alors sous le joug d'une autre dictature, et les brillants représentants de l'école hongroise de psychanalyse, fleuron du mouvement, commencent à émigrer. Berlin devient alors le centre névralgique du mouvement freudien : c'est en effet à cette époque qu'est créé le Berliner Psychoanalytisches Institut* (BPI).

A partir de 1919, comme Rank, Ferenczi s'engage sur la voie d'une réforme complète de la technique psychanalytique*. Il invente d'abord la technique active, qui consiste à intervenir directement dans la cure par des gestes de tendresse et d'affection, puis l'analyse mutuelle, au cours de laquelle l'analysant est invité à « diriger » la cure en même temps que le thérapeute, avant de renouer avec la théorie du trauma en dénonçant l'hypocrisie de la corporation analytique dans un texte fameux de 1932 intitulé : « Confusion de langue entre les adultes et l'enfant ». A travers cet exposé, qui suscite l'opposition de Jones et de Freud, il relance tout le débat sur la théorie de la séduction*.

En 1926, il fait une tournée de conférences aux États-Unis où quelques thérapeutes comme Clara Thompson (1893-1958), la grande amie de Harry Stack Sullivan*, le reconnaîtront bientôt comme un clinicien génial.

C'est en 1924 que Ferenczi publie *Thalassa. Essai sur la théorie de la génitalité*, ouvrage proche de celui de Rank sur le traumatisme de la naissance. Dans les deux textes en effet se dessine l'abandon de la thèse de la primauté du père au profit d'une recherche sur les origines du lien archaïque de l'enfant à la mère : thème mis en œuvre par Melanie Klein à la même époque. A la différence des kleiniens, Ferenczi se place sur le terrain de l'évolutionnisme darwinien. Il soutient que la vie intra-utérine reproduit l'existence des organismes primitifs vivant dans l'océan. Selon lui, l'homme aurait la nostalgie du sein de la mère, mais il chercherait aussi à régresser à l'état fœtal dans les profondeurs maritimes. Cette approche de la psychanalyse à travers la métaphore de la crypte et des profondeurs s'accompagne d'innovations techniques. Si la séance analytique répète une séquence de l'histoire individuelle et que, par ailleurs, l'ontogenèse récapitule la phylogenèse, la réflexion sur la séance elle-même conduit en effet naturellement à se demander : quel est l'état traumatique que l'ontogenèse répète symboliquement ?

Durement contesté pour ses thèses et ses innovations par les tenants de l'orthodoxie, Ferenczi ne quittera pas le sérail freudien comme Rank. Jones, pourtant, le traitera de psychotique : « Ferenczi avait toujours cru fermement à la télépathie*. Puis ce furent les délires sur l'hostilité présumée de Freud. Vers la fin apparut une violente paranoïa*, accompagnée même d'explosions homicides. Ce fut la fin tragique d'une personnalité brillante... » En réalité, Ferenczi mourut d'une anémie pernicieuse. Freud lui rendit un vibrant hommage tout en soulignant la trop grande importance qu'avait prise à ses yeux le désir de guérir : « Au retour d'une saison de travail en Amérique, il [Ferenczi] sembla se retrancher toujours davantage dans un travail solitaire [...]. On apprit qu'un unique problème avait monopolisé son intérêt. Le besoin de guérir et d'aider était devenu chez lui surpuissant. »

C'est en France* et en Suisse* que l'œuvre de Ferenczi est particulièrement appréciée, grâce à sa traductrice Judith Dupont, nièce d'Alice Balint (1898-1939), et à André Haynal, responsable à Genève des archives de Michael Balint.

● Sandor Ferenczi, *Les Écrits de Budapest, 1899-1907*, Paris, EPEL, 1994 ; *Psychanalyse*, I, *1908-1912, Œuvres complètes*, Paris, Payot, 1968 ; *Psychanalyse*, II, *1913-1919, Œuvres complètes*, Paris, Payot, 1970 ; *Psychanalyse*, III, *1919-1926, Œuvres complètes*, Paris, Payot, 1974 ; *Psychanalyse*, IV, *1927-1933, Œuvres complètes*, Paris, Payot, 1982 ; *Journal clinique, janvier-octobre 1932*, Paris, Payot, 1985 ; et Otto Rank, *Perspectives de la psychanalyse* (Vienne, 1924), Paris, Payot, 1994 ; et Georg Groddeck, *Correspondance*, Paris, Payot, 1982 ; et Sigmund Freud, *Correspondance*, t. 1, *1908-1914*, Paris, Calmann-Lévy, 1992 ; *Correspondance*, t. 2, *1914-1919*, (Francfort, 1992), Paris, Calmann-Lévy, 1996. Sigmund Freud, « Sandor Ferenczi », *GW*, XVI, 267-269, *SE*, XXII, 227-229, *OC*, XIX, 309-314. Ernest Jones, *La Vie et l'œuvre de Sigmund Freud*, t. 3 (New York, 1957), Paris, PUF, 1969. Wladimir Granoff, « Ferenczi : faux problème ou vrai malentendu », *La Psychanalyse*, 6, 1961, 255-283. Claude Lorin, *Le Jeune Ferenczi*, Paris, Aubier-Montaigne, 1983 ; *Sandor Ferenczi, de la médecine à la psychanalyse*, Paris, PUF, 1993. André Haynal « De la correspondance (avec Freud) au *Journal* (de Ferenczi) », *Revue internationale d'histoire de la psychanalyse*, 2, 1989, 167-181 ; « Brefs aperçus sur l'histoire de la correspondance Freud-Ferenczi », *ibid.*, 243-255. Judith Dupont, « La relation Freud-Ferenczi à la lumière de leur correspondance », *ibid.*, 181-201. Eva Brabant-Gerö, *Ferenczi et l'école hongroise de psychanalyse*, Paris, L'Harmattan, 1993.

▷ ANALYSE DIDACTIQUE. CRIMINOLOGIE. GRODDECK Georg. HOMOSEXUALITÉ. INTROJECTION. PATRIARCAT. PSYCHANALYSE DES ENFANTS. TRANSFERT.

FÉTICHISME

Allemand : *Fetischismus. Anglais : Fetishism.*

Terme forgé vers 1750 à partir du mot fétiche (dérivé du portugais *feitiço* : sortilège, artifice) et repris en 1887 par le psychologue français Alfred Binet (1857-1911), puis par les fondateurs de la sexologie*, pour désigner soit une attitude de la vie sexuelle normale consistant à privilégier une partie du corps du partenaire, soit une perver-

sion* sexuelle (ou fétichisme pathologique) caractérisée par le fait qu'une des parties du corps (pied, bouche, sein, cheveux) ou des objets se rapportant au corps (chaussure, bonnet, étoffes, etc.) sont pris comme objets exclusifs d'une excitation ou d'un acte sexuel.

Dès 1905, Sigmund Freud* actualise le terme, d'abord pour désigner une perversion sexuelle caractérisée par le fait qu'une partie du corps ou un objet sont choisis comme substituts d'une personne, et ensuite pour définir un choix pervers, en vertu duquel l'objet d'amour (parties du corps ou objets se rapportant au corps) fonctionne pour le sujet* comme le substitut d'un phallus* attribué à la femme et dont l'absence est refusée par un déni*.

La notion de fétiche est commune à tous les domaines du savoir. A ce titre, elle est devenue un enjeu et l'objet de multiples controverses pour l'anthropologie*, la philosophie, l'économie politique, la sociologie, la religion, la psychiatrie, la littérature et la psychanalyse*. Par ailleurs, il convient de noter que tous les freudiens, quelle que soit leur tendance, ont commenté les textes originaux de Freud sur le sujet et publié de nombreux cas de fétichisme. Plusieurs séances de la Société psychologique du mercredi* lui sont consacrées, et les premiers disciples de Freud sont manifestement fascinés par ce qu'ils apprennent : fétichisme du pied, du vêtement, de l'odorat, de la vue, etc. Ensuite, de Richard von Krafft-Ebing* à Masud Khan* en passant par Michael Balint*, Edward Glover* et bien d'autres encore, chaque courant développera sa propre théorie, soit dans le cadre d'une conception kleinienne de l'objet* (bon ou mauvais*), soit dans l'optique winnicottienne de l'objet transitionnel*, soit encore dans la perspective lacanienne d'une doctrine de la perversion étendue à la « structure perverse » et selon laquelle le fétiche comme objet (petit) a* devient la condition absolue du désir* et le lieu d'une jouissance*.

On attribue généralement au magistrat français Charles De Brosses (1709-1777) la première description du fétichisme comme phénomène religieux. Grand voyageur et adepte de la philosophie des Lumières, De Brosses partageait avec la plupart des penseurs de son temps l'idée que l'étude des peuples dits primitifs permettrait de comprendre l'origine et l'évolution de l'humanité tout entière. Cette « ethnologie », qui donnera naissance à l'anthropologie d'inspiration darwinienne dont Freud se nourrira pour écrire *Totem et Tabou**, regardait le « sauvage » comme un « enfant », et l'enfance comme un stade* antérieur à l'âge adulte. D'où l'idée d'attribuer aux sociétés un principe d'évolution biologique selon lequel elles passeraient toutes progressivement d'un état sauvage « infantile » à un état « adulte » de civilisation. C'est dans cette perspective que De Brosses fait du fétichisme une forme de religion, dont la caractéristique est la transformation en divinités des animaux et des êtres inanimés auxquels on attribue une puissance magique. Le fétichisme du « nègre » est du même coup infériorisé et assimilé à un culte puéril caractéristique d'un « premier âge de l'humanité ».

Cette thèse fut reprise par Hegel en 1831 dans ses *Leçons sur la philosophie de l'histoire,* mais invalidée par Auguste Comte (1798-1857), lequel, comme le montrera lumineusement Georges Canguilhem (1904-1995), n'exclut pas « l'âge du fétichisme » de son histoire des trois états de l'esprit humain, mais au contraire l'intègre comme le premier état *théologique* de l'humanité.

C'est bien en s'inspirant de cet évolutionnisme (non pas comtien mais darwinien) que Freud reprend à son tour l'idée des différents « âges » de l'humanité, notamment dans *Totem et Tabou* en 1912. Or, dès le début du siècle, l'évolutionnisme avait été critiqué par les grands fondateurs de l'anthropologie moderne anglaise et française, tous marqués par l'enseignement d'Émile Durkheim (1858-1917). C'est dans ce contexte que la notion de fétichisme est abandonnée en ethnologie, comme le souligne Marcel Mauss (1872-1950) en 1908 : « La notion de fétiche [...] doit disparaître définitivement de la science [...]. L'objet qui sert de fétiche n'est jamais, quoi qu'on en ait dit, un objet quelconque, choisi arbitrairement, mais il est toujours défini par le code de la magie ou de la religion [...]. Quand on écrira l'histoire de la science des religions et de l'ethnographie, on sera étonné du rôle indu et fortuit qu'une notion du genre de celle de fétiche a joué dans les travaux théoriques et descriptifs. Elle ne correspond qu'à un immense malentendu entre deux civilisations, l'africaine et l'européenne ; elle n'a d'autre fondement qu'une aveugle obéissance à l'usage colonial... »

Évacué de l'anthropologie, le terme, déjà repris par la sexologie et la psychiatrie, va être littéralement investi par la psychanalyse. Si Freud conserve l'idée d'évolutionnisme et continue de comparer l'enfant à un primitif et le fétiche au « dieu incorporé » du sauvage, cette démarche n'a chez lui aucun caractère ethnocentriste ou infériorisant. D'ailleurs l'idée d'incorporation, de sacralisation, voire de terreur à l'idée du fétiche, sera reprise par certains héritiers français de Freud, Guy Rosolato notamment, non pour analyser la religion mais pour expliquer la gnose et le phénomène des sectes religieuses organisées autour d'une mythologie du secret où le bien et le mal, l'extase et l'abjection constituent autant d'oppositions irréductibles entraînant le sujet à servir un fétiche au point de perdre tout contact avec la réalité. Au début du siècle déjà, Hermann Rorschach* avait songé à étudier ce phénomène, et Michel de Certeau (1926-1986) remettra le thème à l'honneur dans son analyse des mystiques.

La conception freudienne du fétichisme se déploie à travers plusieurs textes. En 1905, dans les *Trois Essais sur la théorie sexuelle**, l'ersatz (ou le substitut) est une partie du corps qui se trouve en relation avec la personne sexuelle. La « surestimation » de l'objet, c'est-à-dire un certain degré de fétichisme, existe « normalement » dans toute relation amoureuse. Mais elle ne devient pathologique que lorsque la fixation à l'objet relève d'une *libido** infantile.

Par la suite, dans son étude consacrée à Léonard de Vinci (1452-1519) puis dans son commentaire de la *Gradiva* de Wilhelm Jensen (1837-1911), Freud repère la dimension fétichiste de toutes les formes de perversion (exhibitionnisme, voyeurisme, coprophilie), en montrant que, dans ce cas, le fétiche est porteur de tous les autres objets. Mais il précise que la rencontre avec le fétiche n'est que la réactualisation d'un souvenir précoce refoulé. A propos de Léonard de Vinci et du fantasme* du « vautour », il introduit l'idée que le fétiche (le pied par exemple) est un substitut du phallus manquant à la femme : « La vénération du pied féminin et de la chaussure prend le pied comme symbole du membre jadis manquant de la femme. »

En 1914, avec « Pour introduire le narcissisme », Freud glisse de l'objet au sujet pour conclure à l'absence du fétichisme féminin. A ses yeux en effet, le fétichisme du vêtement est « normal » chez les femmes, puisque c'est l'ensemble du corps qui est fétichisé et non pas un objet. Le fétichisme féminin ne serait donc qu'une « narcissisation » du corps.

Avec l'introduction du terme de déni* en 1923, Freud construit une théorie qui le conduira dans son article de 1927 à comprendre le fétichisme comme la coexistence d'un déni de la perception de l'absence du pénis chez la femme et d'une reconnaissance du manque conduisant à un clivage* permanent du moi* et à la fabrication du fétiche comme substitut de l'organe manquant. Pour illustrer son propos, il raconte le cas d'un homme dont le fétiche consiste en une gaine pubienne qu'il peut porter comme un slip de bain. Elle cache les organes génitaux et masque la différence des sexes. Le fétichiste trouve son plaisir dans le fait que la femme est à la fois châtrée et non châtrée et que l'homme peut aussi être châtré. La création du fétiche obéit donc à l'intention de détruire la preuve de la castration afin d'échapper à l'angoisse de castration. Le fétichisme deviendrait ainsi une sorte de paradigme de la perversion en général.

La thèse de l'absence du fétichisme féminin, largement admise au début du siècle, témoigne de ce que les médecins de l'époque n'avaient pas eu l'occasion d'observer des cas cliniques probants. Mais elle témoigne aussi de l'aveuglement de Freud à l'égard des femmes (et notamment de certaines de son entourage), Marie Bonaparte* par exemple, dont les pratiques et les théories sur la féminité auraient pu l'inciter à réfléchir davantage. Toujours est-il que cette thèse sera mise en question par ses successeurs kleiniens, qui inscriront le fétichisme en général dans le cadre d'une relation archaïque avec la mère partagée par les deux sexes, et par Robert Stoller*, grand spécialiste américain des troubles de l'identité sexuelle, pour lequel le fétichisme masculin (homosexuel et hétérosexuel) serait une fétichisation d'objet ou d'organe, alors que le fétichisme féminin (homosexuel ou hétérosexuel) serait une fétichisation de la relation : ainsi une femme nécrophile tombe amoureuse du cadavre qu'elle désire et dont elle se fait le partenaire érotique, alors qu'un homme nécrophile s'approprie le cadavre comme un morceau du corps.

L'école française, marquée à la fois par l'enseignement de Gaëtan Gatian de Clérambault* et par celui de Jacques Lacan*, contestera aussi l'inexistence présumée du fétichisme féminin et plus généralement de la perversion féminine. L'une des meilleures approches théoriques de la question sera le fait de Wladimir Granoff et de François Perrier*, qui publieront en 1964 le texte d'une conférence prononcée en 1960. Tous deux admettent que le fétichisme n'existe pas chez la femme sous la forme de la construction d'un objet fétiche. Mais la femme peut néanmoins devenir à elle-même son propre fétiche dans une relation érotomaniaque à l'enfant. En tant que mère, elle se construit alors comme une idole toute-puissante et donc comme un fétiche.

● Sigmund Freud, *Trois Essais sur la théorie sexuelle* (1905), Paris, Gallimard, 1987, *GW*, V, 29-145, *SE*, VII ; « De la genèse du fétichisme », séance du 24 février 1909, *Revue internationale d'histoire de la psychanalyse*, 2, 1989, 423-437 ; « Un cas de fétichisme du pied », séance du 11 mars 1914, in *Les Premiers Psychanalystes*, IV, 1912-1918 (New York, 1975), Paris, Gallimard, 1983, 278-280 ; « Le fétichisme » (1927), *GW*, XIV, 311-317, *SE*, XXI, 147-157, in *La Vie sexuelle*, Paris, PUF, 1969. « Le clivage du moi dans le processus de défense » (1938), *GW*, XVII, 59-62, *SE*, XXIII, 271-278, in *Résultats, idées, problèmes*, II, Paris, PUF, 1985, 283-287. Charles De Brosses, *Du culte des dieux fétiches ou Parallèle de l'ancienne religion de l'Égypte avec la religion actuelle de Négritie* (1760), Paris, Fayard, coll. « Corpus des œuvres de philosophie en langue française », 1988. G.W.F. Hegel, *Leçon sur la philosophie de l'histoire*, Paris, Vrin, 1967. Auguste Comte, *Cours de philosophie positive*, vol. V (1841), Paris, Hermann, 1975 ; *Discours sur l'esprit positif* (1844), Paris, UGE, coll. « 10/18 », 1963. Richard von Krafft-Ebing, *Psychopathia sexualis* (Stuttgart, 1886, Paris, 1907), Paris, Payot, 1969. Alfred Binet, « Le fétichisme dans l'amour », *Revue philosophique*, 1887 ; *Études de psychologie expérimentale*, Paris, Doin, 1888. Marcel Mauss, « Résumé de cours » (1906-1807), in *Œuvres*, II, Paris, Minuit, 1969, 244-245. Karl Abraham, « Psychanalyse d'un cas de fétichisme du pied et du corset » (1910), *Œuvres complètes*, 1, Paris, Payot, 1965, 147-155. Michael Balint, « A contribution on fetishism », *IJP*, 16, 4, 1935, 481-483. William Gillespie, « A contribution to fetishism », *IJP*, 21, 1940, 401-415. Daniel Hunter, « Object relation changes in the analysis of a fetishism », *IJP*, 35, 1954, 302-312. Angel Garma, « The meaning and genesis of fetishism », *IJP*, 37, 1956, 414-425. Jacques Lacan et Wladimir Granoff, « Le fétichisme : le symbolique, l'imaginaire et le réel » (1956), in *L'Objet en psychanalyse. Le fétiche, le corps, l'enfant, la science*, Paris, Denoël, 1986, 16-32. Wladimir Granoff et François Perrier, *Le Désir et le féminin* (1964), Paris, Aubier, 1991, précédé de « Le non-lieu de la femme » par René Major. Guy Rosolato, « Étude des perversions sexuelles à partir du fétichisme », in *Le Désir et la Perversion*, Paris, Seuil, 1967, 9-52. Georges Canguilhem, « Histoire des religions et histoire des sciences dans la théorie du fétichisme chez A. Comte », in *Études d'histoire et de philosophie des sciences*, Paris, Vrin, 1968, 81-99. Robert C. Bak, « Le fétichisme » (1953), *Nouvelle Revue de psychanalyse*, 2, automne 1970, 65-77. Masud R. Khan, « Le fétichisme comme négation de soi » (1965), *ibid.*, 77-112. Jean Pouillon, « Fétiche sans fétichisme », *ibid.*, 135-149. Frank J. Sulloway, *Freud biologiste de l'esprit* (New York, 1979), Paris, Fayard, 1981. Robert Stoller, « Dynamiques des troubles érotiques », in *Les Troubles de la sexualité*, monographies de la *Revue française de psychanalyse*, Paris, PUF, 1993, 119-139. Paul-Laurent Assoun, *Le Fétichisme*, Paris, PUF, coll. « Que sais-je ? », 1994.

▷ *DÉLIRE ET LES RÊVES DANS LA « GRADIVA » DE W. JENSEN (LE).* HAITZMANN Christopher. HOMOSEXUALITÉ. HUG-HELLMUTH Hermine von. MALINOWSKI Bronislaw. ROHEIM Geza. SADO-MASOCHISME. *SOUVENIR D'ENFANCE DE LÉONARD DE VINCI (UN).* TRANSSEXUALISME.

FILIATION

Le terme filiation est commun au droit, à l'anthropologie* et à la psychanalyse*. Il désigne la règle en vertu de laquelle un individu acquiert son identité sociale et s'inscrit dans un processus de transmission de type patrilinéaire ou matrilinéaire. Le débat sur la nature de la filiation recoupe ceux qui se sont développés sur le patriarcat* et le matriarcat. Quant à la filiation elle-même, elle est un des objets de l'étude des systèmes de parenté*.

Dans l'historiographie* freudienne, le terme renvoie à la forme particulière d'initiation au savoir et à la pratique de la psychanalyse* qui s'opère entre un maître et son disciple à travers l'expérience de la cure personnelle ou didactique, puis par l'analyse de contrôle*.

L'étude des filiations est essentielle à la constitution de l'histoire de la psychanalyse dans la mesure où le mouvement et ses institutions ont toujours formé une communauté comparable à une famille patriarcale, voire à un système de parenté. Dans cette perspective, l'étude des filiations a pour objectif d'établir qui est analysé (ou contrôlé) par qui et permet de comprendre la nature des relations transférentielles entre psychanalystes.

Après Sandor Ferenczi*, qui fut le premier en 1928 à s'intéresser spécifiquement à l'analyse des analystes, Michael Balint* proposa en 1948 une étude systématique de ce qu'il appela le système de formation des analystes (ou succession apostolique).

En 1975, le psychanalyste français Wladimir Granoff, très marqué par l'enseignement de Ferenczi, introduisit le terme de filiation. Par la suite, l'historien Ernst Falzeder apporta une contribution majeure à ce domaine en établissant une généalogie des filiations freudiennes dans le monde germanique et anglophone, à laquelle il ajouta la liste des pratiques regardées comme « transgressives » au regard des canons de la cure selon l'International Psychoanalytical Association* (IPA), entre 1920 et 1925 : relations sexuelles entre praticiens et analysants, analyse des enfants par leurs parents, etc. En France*, la question fut étudiée par Élisabeth Roudinesco, à partir de l'apport de Wladimir Granoff. Dans tous les pays d'implantation du freudisme (Argentine*, Brésil*, Hongrie*, pays scandinaves*, Italie*, etc.), les recherches généalogiques relèvent de l'histoire savante.

● Sandor Ferenczi, « Le problème de la fin de l'analyse » (1928), *Psychanalyse*, IV, *1927-1933, Œuvres complètes*, Paris, Payot, 1982, 43-53. Michael Balint, « A propos du système de formation psychanalytique » (1948), in *Amour primaire et technique psychanalytique* (Londres, 1952), Paris, Payot, 1965, 285-308. Wladimir Granoff, *Filiations*, Paris, Minuit, 1975. Ernst Falzeder, « Filiations psychanalytiques : la psychanalyse prend effet » (1994), *in* André Haynal (éd.), *La Psychanalyse : cent ans déjà* (Londres, 1994), Genève, Georg, 1996, 255-289. Élisabeth Roudinesco, *Généalogies*, Paris, Fayard, 1994.

▷ GÉNÉRATION. PASSE. PSYCHANALYSE DIDACTIQUE. TRANSFERT.

FINLANDE

▷ PAYS SCANDINAVES.

FLEISCHL-MARXOW Ernst von (1847-1891)

Brillant physiologiste de la génération de Sigmund Freud*, il fut l'assistant d'Ernst von Brücke* à Vienne*. Au cours d'une expérience, il se blessa cruellement à la main et dut être amputé de plusieurs doigts. Il souffrit alors de douleurs insupportables au niveau des moignons, ce qui le conduisit à utiliser de la morphine. Voulant le guérir de sa toxicomanie, Freud le traita avec de la cocaïne, persuadé lui-même que cette drogue permettait de soigner la morphinomanie. Devenu adepte de la cocaïne, Fleischl mourut à l'âge de 44 ans, assisté par son grand ami Sigmund qui évoqua son souvenir dans *L'Interprétation des rêves**.

● Max Schur, *La Mort dans la vie de Freud* (New York, 1972), Paris, Gallimard, 1975.

▷ KOLLER Carl.

FLIESS Robert (1895-1970)
médecin et psychanalyste américain

Fils de Wilhelm Fliess et d'Ida Bondy (elle-même ancienne patiente de Josef Breuer* et sœur de Margarethe Nunberg* et de Marianne Kris*), Robert Fliess fut, comme Anna Freud*, un enfant de la psychanalyse*. Analysé à Berlin par Karl Abraham*, il s'intéressa aux pratiques de musculature et de massages suédois. Après la prise du pouvoir par le nazisme*, il émigra aux États-Unis* et s'installa à New York, où il travailla à la fois comme médecin et comme psychanalyste après une deuxième analyse avec Ruth Mack-Brunswick*. Dans un de ses ouvrages, publié à titre posthume, il adopta l'ancienne théorie freudienne de la séduction* pour souligner que tous les névrosés graves avaient été atteints dans leur enfance de traumatismes réels ou victimes d'abus sexuels. Cette position permettra à l'historiographie* révisionniste, et notamment à Jeffrey Moussaïev Masson, éditeur de la correspondance de Sigmund Freud* et de Wilhelm Fliess, de relancer le débat sur la séduction et de faire l'hypothèse, sans en apporter la preuve, que Robert Fliess avait été sans doute lui-même la victime de son père.

● Robert Fliess, *Symbol, Dream and Psychosis*, New York, International Universities Press, 1973. Jeffrey Moussaïev Masson, *Le Réel escamoté*, Paris, Aubier, 1984.

FLIESS Wilhelm (1858-1928)
médecin allemand

Personnage haut en couleur, ami intime de Sigmund Freud* et théoricien de la bisexualité*, Wilhelm Fliess appartient à la longue lignée de ces savants prométhéens de la littérature romantique dont on retrouve la trace dans l'œuvre de Thomas Mann*. Né à Arswalde, issu d'une famille de Juifs sépharades installés dans le Markbrandeburg depuis le XVIIIe siècle, il résida à Berlin à partir de 1862, où son père, Jacob Fliess (1819-1878), était un commerçant en grains peu doué pour les affaires et sans doute dépressif. On racontait dans la famille qu'il s'était probablement suicidé.

Après des études médicales et plusieurs voyages en Europe, Wilhelm Fliess ouvrit un cabinet de médecine générale à Berlin ainsi qu'une petite clinique dotée de quelques lits. Il se spécialisa en oto-rhino-laryngologie et entreprit bientôt des recherches sur les relations entre le nez et les organes génitaux. Elles aboutiront en 1897 à la publication d'un livre : *Les Relations entre le nez et les organes génitaux féminins présentés selon leurs significations biologiques.*

C'est en octobre 1887, lors d'un séjour à Vienne*, qu'il rencontra Freud par l'intermédiaire de Josef Breuer*. Les deux jeunes médecins étaient alors l'un et l'autre sous l'influence de l'enseignement de l'école allemande de Hermann von Helmholtz*. Tous deux s'intéressaient à la sexualité*, cherchant dans la médecine et dans la science de leur époque les moyens de construire une nouvelle théorie biologique et darwinienne de la vie psychique de l'homme. Leur amitié fut courte mais passionnée comme peuvent l'être ces aventures initiatiques d'une jeunesse en quête d'identité intellectuelle. Elle s'accompagna d'une belle correspondance, dont on ne connaît malheureusement que la partie écrite par Freud.

Merveilleux épistolier, Freud décrit avec délices l'épreuve de ce qu'il appelle son auto-analyse*. Au fil des pages, on découvre comment il emprunta à son ami ses thèses sur la bisexualité pour les transformer, puis comment il élabora ses premières hypothèses sur l'hystérie*, la névrose* et l'Œdipe*. Les lettres mettent aussi en scène la mise à l'écart de la théorie de la séduction*, événement central de la relation entre les deux hommes, puis l'épisode du cas « Emma Eckstein* », et enfin la genèse de *L'Interprétation des rêves**. Elles renferment une multitude de détails sur la vie quotidienne et sexuelle de l'auteur, et contiennent une mine d'autres renseignements en tous genres. L'échange prend fin en septembre 1902.

En septembre 1892, Fliess prit pour femme Ida Bondy (1869-1941), une Viennoise, ancienne patiente de Breuer dont la sœur, Melanie, épousera Oskar Rie*, un ami de Freud : un véritable roman familial* de la psychanalyse dont on retrouve la structure dans le rêve de « L'injection faite à Irma* ». De ce mariage naîtront deux filles, Margarethe, mariée plus tard à Hermann Nunberg*, et Marianne, future épouse d'Ernst Kris*. Toutes deux deviendront psychanalystes et émigreront avec leurs maris aux États-Unis*. Des cinq enfants nés du mariage de Wilhelm et d'Ida, seul Robert Fliess* sera à la fois psychanalyste et médecin, proche par certains côtés de l'imaginaire paternel.

Adepte d'une théorie mystique et organiciste de la sexualité, Fliess était une sorte de double de Freud. Habité par une vision paranoïaque de la science, il brassait les thèses les plus extravagantes (mais aussi les plus novatrices) sans parvenir à les organiser en un système de pensée adéquat à la réalité. Mettant en relation la muqueuse nasale et les activités génitales, il pensait que la vie était conditionnée par des phénomènes périodiques en relation avec la nature bisexuée de la constitution humaine. Déjà, il remarquait le caractère polymorphe de la sexualité infantile.

C'est au contact de Fliess, et à travers un patient travail d'écriture, que Freud rompit progressivement avec la théorie de la séduction et inventa la notion de fantasme*. Tout au long de leur relation (en attestent les rares rendez-vous qu'ils prirent dans des villes dûment choisies – ils appelaient ces rencontres des « congrès »), Freud se laissa littéralement envoûter par Fliess. Or, celui-ci l'enfermait dans une conception de la science où ni l'erreur, ni l'expérience, ni la recherche de la vérité n'avaient de place, tant la certitude gouvernait le travail spéculatif. En renonçant à son hypothèse du trauma, Freud fut donc logiquement conduit à évoluer vers une autre voie : celle d'une science capable de rendre compte de la réalité à laquelle il se confrontait.

La rupture fut violente. Fliess se sentit persécuté et lança contre Freud une accusation de plagiat dans laquelle furent impliqués deux autres hommes : Hermann Swoboda* et Otto Weininger*.

Soucieux de ne pas dévoiler à la postérité sa relation avec Fliess, Freud détruisit les lettres de son ami. Mais en 1936, Charles Fliess (1899-1956), frère aîné de Robert, vendit à un marchand les lettres de Freud que son père avait gardées jusqu'à sa mort. C'est alors que Marie Bonaparte* les racheta et les conserva contre l'avis du maître qui refusait obstinément qu'elles fussent publiées, voire connues. En 1950, avec l'aide d'Ernst Kris* et d'Anna Freud*, elle en fit paraître une partie sous le titre *La Naissance de la psychanalyse.* Il fallut attendre 1985 pour qu'une édition complète soit enfin publiée après un scandale aux Archives Freud.

● Wilhelm Fliess, *Les Relations entre le nez et les organes génitaux féminins présentés selon leurs significations biologiques* (Vienne, 1897), Paris, Seuil, 1977 ; *Der Ablauf des Lebens. Grundlegung zur exakten Biologie,* Leipzig et Vienne, Franz Deuticke, 1906. Sigmund Freud, *La Naissance de la psychanalyse* (New York, 1950), Paris, PUF, 1956 ; *The Complete Letters of Sigmund Freud to Wilhelm Fliess, 1887-1904,* Cambridge, The Belknap Press of Harvard University Press, 1985 ; *Briefe an Wilhelm Fliess, 1887-1904,* Francfort, Fischer, 1986. Karl Abraham, « Six lettres inédites à Wilhelm Fliess », *Revue du Littoral,* 31-32, mars 1991. Peter Swales, « Freud, Fliess and fratricide. The role of Fliess in Freud's conception of paranoïa », in *Sigmund Freud. Critical Assessments,* Laurence Spurling (éd.), vol. 1, Londres, New York, Routledge, 1982. Jean-Paul Sartre, *Le Scénario Freud,* Paris, Gallimard, 1984. Jeffrey Moussaïev Masson, *Le Réel escamoté,* Paris, Aubier, 1984. Érik Porge, *Vol d'idées,* Paris, Denoël, 1994.

▷ LIBRARY OF CONGRESS. PARANOÏA.

FLOURNOY Henri (1881-1956)

psychiatre et psychanalyste suisse

Fils de Théodore Flournoy* et beau-frère de Raymond de Saussure*, Henri Flournoy fit ses études de médecine à Genève avant de devenir l'assistant d'Adolf Meyer* pendant un an à Baltimore. Il fut l'un des artisans actifs du mouvement psychanalytique suisse, tout en étant membre de la Société psychanalytique de Paris (SPP), et joua un rôle important dans son pays pour la légalisation de l'avortement. Il fut analysé d'abord par Carl Gustav Jung*, puis en Hollande par Johan Van Ophuijsen*, et enfin à Vienne* par Sigmund Freud* puis Hermann Nunberg*.

● Élisabeth Roudinesco, entretien avec Olivier Flournoy, juin 1982.

FLOURNOY Théodore (1854-1920)

médecin suisse

Contemporain de Sigmund Freud*, de Pierre Janet* et de Morton Prince*, Théodore Flournoy occupe une place importante dans l'histoire de la découverte de l'inconscient* et du passage du spiritisme* à la psychanalyse*. Né à Genève dans une vieille famille calviniste, il était le neveu d'Édouard Claparède*. Il reçut une formation de médecin et de philosophe. A Leipzig, il suivit l'enseignement de Wilhelm Wundt (1833-1920) avant d'obtenir en 1891, dans sa ville natale, la première chaire de psychologie expérimentale créée spécialement pour lui. La même année, le linguiste Ferdinand de Saussure (1857-1912) entrait dans ses fonctions à la chaire de sanscrit et de langues indo-européennes.

Marqué par les travaux de Frederick Myers*, Flournoy s'intéressa très vite au spiritisme, à l'occultisme* et à cet au-delà de la conscience* (ou inconscient subliminal) que l'on croyait discerner dans les phénomènes de personnalité multiple*. En 1894, après avoir assisté, fasciné, à une séance où s'exprimait une célèbre spirite, Catherine-Élise Müller (1861-1929), il devint pour cinq ans le thérapeute et le confident de cette dernière, au moment même où il commençait à lire les premières publications de Freud. La jeune fille se mit à lui raconter son histoire familiale, et, au fil d'une minutieuse enquête, il découvrit que naguère ses propres parents avaient été en relation avec les siens.

Quelque temps plus tard, Catherine-Élise sombra dans un état de profonde dépression et actualisa les scènes d'une vie antérieure composée de trois cycles. Au cours du premier, elle avait été une princesse indienne du XVe siècle, dans le deuxième, Marie-Antoinette, et, dans le troisième, elle avait vécu sur la planète Mars : elle décrivait ses habitants, ses paysages et parlait et écrivait une « langue martienne ». Flournoy s'aperçut qu'une grande partie des créations de la jeune fille provenait de livres lus dans l'enfance mais ne lui en dit rien, et ignora le poids de la réalité psychique* et du fantasme* pour ne se préoccuper que de la pure expérimentation. En 1900, il décida de publier les résultats de son observation dans un livre qui allait connaître un succès retentissant : *Des Indes à la planète Mars.* Selon lui, chacun des cycles revécus par la spirite (qu'il nomma Hélène Smith) était construit sur une « reversion » de sa personnalité à un âge différent : le cycle de Marie-Antoinette la ramenait à l'âge de 16 ans, le cycle hindou à l'âge de 12 ans, le cycle martien à la prime enfance.

Pour le savant qui ne croyait pas à l'existence des extra-terrestres, aucun doute n'était possible : Catherine-Élise ne communiquait pas avec les Martiens et sa langue appartenait au domaine de la glossolalie, ces langages inventés par les sujets eux-mêmes pour exprimer leurs hallucinations. Mais pour la jeune fille, toute nourrie des rêves d'une époque où les romans de Jules Verne (1828-1905) et de H.G. Wells (1866-1946) semblaient coïncider avec les découvertes de Camille Flammarion (1842-1925), la réalité était différente : la planète Mars existait bel et bien, avec sa langue révélée et ses véritables Martiens.

C'est pourquoi, dès la publication de l'ouvrage, le combat fit rage entre les adeptes du spiritisme qui revendiquaient l'existence d'une « langue révélée » et les hommes de sciences qui la niaient. Tandis que Ferdinand de Saussure se rangeait du côté de Flournoy, le Français Victor Henry, spécialiste du sanscrit, affirma que la demoiselle avait créé sa langue martienne en utilisant un vocabulaire composé de mots hongrois déformés, issus de la langue maternelle de son père.

L'aventure s'acheva dans la tragédie, comme celle de Carl Gustav Jung* avec Hélène Preiswerk*. Se sentant dépossédée de sa langue imaginaire par le discours de la science, Catherine-Élise Müller rejeta en effet Flournoy. Après avoir reçu des dons d'une riche Américaine pour se consacrer à ses expériences, elle sombra dans un isolement somnambulique complet tout en peignant des tableaux mystiques qui seront exposés après sa mort. Quant à Flournoy, qui avait refusé de soigner la jeune fille, ne la considérant pas comme une malade mais comme un sujet d'expérience, il poursuivit ses travaux et accueillit avec enthousiasme la théorie freudienne du rêve*.

Étant resté attaché à la tradition des anciens magnétiseurs, Théodore Flournoy fut une figure originelle de l'histoire du freudisme* en Suisse* : son fils, Henri Flournoy*, devint psychanalyste ainsi que le fils de celui-ci, Olivier Flournoy ; sa fille, Ariane, épousa Raymond de Saussure*.

● Théodore Flournoy, *Des Indes à la planète Mars* (Genève, 1900), Paris. Henri F. Ellenberger, *Histoire de la découverte de l'inconscient* (New York, Londres, 1970, Villeurbanne, 1974), Paris, Fayard, 1994.

FLUSS Gisela, épouse Popper (1859-?)

En 1871, Eduard Silberstein* et Sigmund Freud* passent l'été à Roznau. De là, ils se rendent à Freiberg dans la famille d'Ignaz Fluss, négociant en textile, ami de longue date de Jacob Freud*, et père du jeune Emil Fluss, camarade de Sigmund et d'Eduard. Sigmund tombe alors amoureux de Gisela, la sœur d'Emil.

L'année suivante, passionnément épris, Freud revoit Gisela mais feint l'indifférence et la laisse partir en pension. Il erre dans les bois, inconsolable, rêvant à ce qu'aurait pu être sa vie si ses parents n'avaient pas quitté Freiberg et s'il avait pu épouser sa bien-aimée. Dans une lettre du 4 septembre 1872, il explique pourtant à Eduard Silberstein que l'objet de son amour n'est pas Gisela mais Eleonora, la mère de celle-ci : « Il me semble, écrit-il, que j'ai transféré sur la fille, sous forme d'amitié, le respect que m'inspire la mère. Je suis un observateur perspicace, ou me tiens pour tel : ma vie au sein d'une famille nombreuse, où tant de caractères se développent, a aiguisé mon regard et je suis plein d'admiration pour cette femme qu'aucun de ses enfants n'égale tout à fait. » Suit alors un éloge dithyrambique de cette femme.

Eleonora Fluss possédait des qualités que n'avait pas Amalia Freud*, la mère de Sigmund. Elle était moderne, libérale, cultivée et complètement affranchie de l'esprit du ghetto. Quant à son mari, il s'était montré capable, contrairement à Jacob Freud, de surmonter la crise qui avait frappé le commerce du textile et n'avait pas été contraint de quitter Freiberg pour Vienne. Ainsi l'amour que Freud porta à Gisela Fluss semble s'être accompagné de la construction d'un roman familial* : avoir un père identique à Ignaz et une mère semblable à Eleonora.

Cette aspiration à une autre identité, dont Freud et Otto Rank* théoriseront la signification dans la notion de roman familial, fut l'une des composantes majeures de l'esprit viennois des années 1870-1890, qui contestait tant l'autorité patriarcale. Chez les étudiants juifs, elle prit la forme d'une volonté de surpasser les pères en s'engageant dans le travail intellectuel. On retrouve cette problématique tout au long de la correspondance entre Freud et Silberstein, dans l'identification de Freud à

Hannibal (à propos d'un souvenir d'enfance concernant Jacob Freud), ainsi qu'à travers de nombreux épisodes de la vie de Freud.

Le 27 février 1881, Gisela Fluss épousa à Vienne un commerçant de Presbourg (Bratislava) du nom d'Emil Popper.

En 1899, dans un article intitulé « Les souvenirs-écrans », Freud raconta en partie l'histoire de son amour pour Gisela Fluss en masquant les noms des acteurs et des lieux. C'est Siegfried Bernfeld*, sans connaître encore les lettres de jeunesse de Freud, qui fut le premier, en 1946, à montrer que cet article contenait un fragment autobiographique. Le texte sera ensuite commenté par de nombreux auteurs, de façon plus ou moins fantaisiste.

● Sigmund Freud, « Les souvenirs-écrans » (1899), in *Névrose, psychose et perversion*, Paris, PUF, 1973, 113-132, *GW*, I, 529-544, *SE*, III, 299-322, *OC*, sous le titre, « Des souvenirs-couverture », III, 255-276 ; *Lettres de jeunesse* (1989), Paris, Gallimard, 1990. Siegfried Bernfeld, « An unknown autobiographical fragment by Freud », *American Imago*, 4, 1, 1946. Ernest Jones, *La Vie et l'œuvre de Sigmund Freud* (New York, 1953), vol. 1, Paris, PUF, 1958.

▷ JUDÉITÉ. PATRIARCAT. SOUVENIR-ÉCRAN. VIENNE.

FOLIE

Allemand : *Wahnsinn*. Anglais : *Madness*.

Qu'elle s'appelle fureur, manie, délire, rage, frénésie, aliénation, ou que l'insensé soit désigné par un terme populaire (dingue, frappé, déglingué, folingue, piqué, timbré), la folie a toujours été considérée comme l'*autre* de la raison. Extravagance, perte du sens, dérangement de la pensée, divagation de l'esprit, emprise de la passion : telles sont les figures de ce mal qui frappe les hommes depuis la nuit des temps et dont on cherche l'origine tantôt dans la magie (possession diabolique ou divine), tantôt dans le cerveau ou les humeurs (médecine hippocratique), tantôt dans les mouvements de l'âme (psychologie). C'est avec Descartes, et la fameuse première phrase des *Méditations*, que se concrétise, au XVIIe siècle, l'idée que la folie est peut-être interne à la pensée elle-même : « Et comment est-ce que je pourrais nier que ces mains et ce corps soient à moi, si ce n'est peut-être que je me compare à certains insensés de qui le cerveau est tellement troublé et offusqué par les noires vapeurs de la bile qu'ils assurent constamment qu'ils sont rois lorsqu'ils sont très pauvres ; qu'ils sont vêtus d'or et de pourpre lorsqu'ils sont tout nus ou qu'ils s'imaginent être des cruches ou avoir un corps de verre ? Mais quoi ! ce sont des fous et je ne serais pas moins extravagant si je me réglais sur leurs exemples. »

Il y a trois manières de penser le phénomène de la folie depuis que celle-ci a été arrachée à l'univers de la magie ou de la religion : la première consiste à la faire entrer dans le cadre nosologique construit par le savoir psychiatrique et à la considérer comme une psychose* (paranoïa*, schizophrénie*, psychose maniaco-dépressive*) ; la deuxième vise à élaborer une anthropologie* de ses différentes manifestations selon les cultures (ethnopsychiatrie, ethnopsychanalyse*, sociologie, psychiatrie transculturelle) ; la troisième enfin propose d'aborder la question sous l'angle d'une écoute transférentielle de la parole, du désir* ou du vécu de l'homme fou (psychiatrie dynamique*, analyse existentielle*, phénoménologie, psychanalyse*, antipsychiatrie*).

En fait, ces trois manières de concevoir la folie se sont toujours croisées. Il est difficile en effet de concevoir la vérité de la folie indépendamment de la raison qui la pense, même si cette vérité déborde la raison. Et si la psychanalyse est née d'un grand désir de soigner et de guérir les maladies nerveuses, elle s'est toujours implantée en même temps sur le terrain du traitement de la folie en réaction contre le nihilisme thérapeutique d'une psychiatrie plus soucieuse de classer les entités cliniques que d'écouter la souffrance des malades. En témoigne, si nécessaire, l'expérience princeps d'Eugen Bleuler* à la clinique du Burghölzli à Zurich.

Les disciples et les successeurs de Freud (notamment Karl Abraham*, Melanie Klein* et leurs élèves), les premiers, élaborèrent une clinique de la folie. Jacques Lacan*, de son côté, fut le seul parmi les héritiers de Freud à mener une véritable réflexion philosophique sur le statut de la folie. Dès 1932, il préconisait dans sa thèse de repenser le savoir psychiatrique sur le modèle de l'inconscient* freudien et, en 1946, il commentait la fameuse phrase des *Méditations* en soutenant que la fondation par Descartes de la pensée moderne n'excluait pas le phénomène de la folie.

Vers 1960, la généralisation de la pharmacologie dans le traitement des maladies mentales mit fin à la nosographie issue d'Emil Kraepelin* et à l'approche freudo-bleulérienne en substituant à l'asile la camisole chimique, à la clinique le diagnostic comportemental et à l'écoute du sujet la « technologisation » des corps. D'où l'éclatement du lien dialectique et critique qui unissait les trois anciennes manières de penser la folie. C'est de cette crise et de cette rupture que rend compte le livre de Michel Foucault (1926-1984), *Histoire de la folie à l'âge classique :* « Ce livre n'a pas voulu faire l'histoire des fous à côté des gens raisonnables, en face d'eux, ni l'histoire de la raison dans son opposition à la folie. Il s'agissait de faire l'histoire de leur partage incessant mais toujours modifié. » Partant de cette idée de partage, empruntée à la « part maudite » de Georges Bataille (1897-1962), Foucault en inventait en quelque sorte la scène primitive* : partage entre la déraison et la folie, entre la folie menaçante des tableaux de Bosch et la folie apprivoisée du discours d'Érasme, entre une conscience critique (où la folie devient maladie) et une conscience tragique (où elle ouvre sur la création, comme chez Goya, Van Gogh ou Artaud), partage interne enfin au *cogito* cartésien où la folie est exclue de la pensée au moment où elle cesse de mettre en péril les droits de cette dernière.

A propos du *cogito*, Foucault prenait ici une position inverse de celle de Lacan, ce qui lui vaudra une critique argumentée de la part de Jacques Derrida.

Tout en précipitant le déclin de la psychiatrie classique par un acte « psychiatricide », comme le dira Henri Ey*, ce livre ouvrait la voie à une approche historiographique nouvelle de la folie dont on peut mesurer l'impact à l'accueil négatif qu'il reçut et aux multiples résistances qu'il suscita. Il fut sans aucun doute le point de départ d'un renversement de perspective entre raison et folie, qui fut pris en compte dans la quasi-totalité des travaux ultérieurs sur le sujet, qu'ils soient ou non foucaldiens. Cependant, cette approche n'eut aucun effet sur le traitement psychiatrique de la folie qui évolue de plus en plus, à la fin du XXe siècle, vers un nihilisme thérapeutique et un organicisme comparables à ceux qu'avait combattus Freud il y a cent ans.

● Jacques Lacan, « Propos sur la causalité psychique » (1946), in *Écrits*, Paris, Seuil, 1966. Michel Foucault, *Maladie mentale et psychologie*, Paris, PUF, 1954 ; *Histoire de la folie à l'âge classique* (1961), Paris, Gallimard, 1972. Jacques Derrida, « *Cogito* et histoire de la folie » (1964), in *L'Écriture et la Différence*, Paris, Seuil, 1967, 51-99 ; « Être juste avec Freud » (1992), in *Résistances*, Paris, Galilée, 1996, 89-146. Alphonse de Waelhens, « Folie (phénoménologie) », *Encyclopaedia universalis*, 7, 1968, 92-95. Henri F. Ellenberger, *Histoire de la découverte de l'inconscient* (New York, 1970, Villeurbanne, 1974), Paris, Fayard, 1994. Jeanne Favret-Saada, *Les Mots, la mort, les sorts. La sorcellerie dans le bocage*, Paris, Gallimard, 1977. Gladys Swain, *Le Sujet de la folie*, Toulouse, Privat, 1977 ; *Dialogue avec l'insensé*, Paris, Gallimard, 1994 ; et Marcel Gauchet, *La Pratique de l'esprit humain*, Paris, Gallimard, 1980. Jacques Postel, *Genèse de la psychiatrie*, Paris, Le Sycomore, 1981. Jackie Pigeaud, *La Maladie de l'âme*, Paris, Les Belles Lettres, 1989. Élisabeth Roudinesco, « Lectures de l'*Histoire de la folie* : introduction », in *Penser la folie. Essais sur Michel Foucault*, Paris, Galilée, 1992, 11-34.

▷ BINSWANGER Ludwig. ELLENBERGER Henri F. ÉTATS-LIMITES. FORCLUSION. HAITZMANN Christopher. HYSTÉRIE. MÉLANCOLIE. PSYCHOTHÉRAPIE INSTITUTIONNELLE. SCHREBER Daniel Paul. *SELF PSYCHOLOGY.* ZILBOORG Gregory.

FORCLUSION

Allemand : *Verwerfung*. Anglais : *Foreclosure*.

Concept forgé par Jacques Lacan* pour désigner un mécanisme spécifique de la psychose* par lequel se produit un rejet d'un signifiant* fondamental hors de l'univers symbolique du sujet*. Quand se produit ce rejet, le signifiant est forclos. Il n'est pas intégré à l'inconscient* comme dans le refoulement* et fait retour sous forme hallucinatoire dans le réel* du sujet.

Le terme de forclusion fut introduit pour la première fois par Jacques Lacan le 4 juillet 1956 lors de la dernière séance de son séminaire consacré aux psychoses* et à la lecture du commentaire fait par Sigmund Freud* de la paranoïa* du juriste Daniel Paul Schreber*.

Pour comprendre la genèse de ce concept, il faut le rapporter à l'utilisation faite par Hippolyte Bernheim* en 1895 de la notion d'hallucination négative : celle-ci désigne l'absence de perception d'un objet présent dans le champ du sujet après hypnose*. Freud reprit le terme mais ne l'employa plus à partir de 1917 dans la mesure où, en 1914, il avait proposé une nouvelle classification des névroses*, des psychoses et des perversions* dans le cadre de sa théorie de la castration*. Il donna alors le nom de *Verneinung* au mécanisme verbal par lequel le refoulé est reconnu de manière négative par le sujet sans être pour autant accepté : « Ce n'est pas mon père. » Le terme fut traduit en français en 1934 par négation. Quant au déni* *(Verleugnung)*, Freud le caractérisait comme le refus par le sujet de reconnaître la réalité d'une perception négative : par exemple l'absence de pénis chez la femme.

Parallèlement, en France*, Pichon* introduisait le terme de scotomisation pour désigner le mécanisme d'aveuglement inconscient par lequel le sujet fait disparaître de sa mémoire ou de sa conscience des faits désagréables. En 1925, une polémique opposa Freud et René Laforgue* à propos de ce mot. Laforgue proposait de traduire par scotomisation aussi bien le déni (*Verleugnung)* qu'un autre mécanisme, propre à la psychose et notamment à la schizophrénie*. Freud refusa de le suivre et distingua d'une part la *Verleugnung,* de l'autre la *Verdrängung* (refoulement). La situation que décrivait Laforgue éveillait l'idée d'une annulation de la perception, tandis que celle exposée par Freud maintenait la perception dans le cadre d'une négativité : actualisation d'une perception qui consiste en un déni.

Du point de vue clinique, la polémique entre les deux hommes révélait qu'il restait à inventer un terme spécifique pour désigner le mécanisme de rejet propre à la psychose : ce mot, en effet, ne figurait pas dans le vocabulaire freudien, même si Freud cherchait à en élaborer le concept.

Les choses en étaient là lorsque Édouard Pichon publia en 1928, avec son oncle Jacques Damourette, un article, « Sur la signification psychologique de la négation en français ». A partir de la langue, et non plus de la clinique, il empruntait au discours juridique l'adjectif forclusif pour signifier que le deuxième membre de la négation en français s'applique à des faits que le locuteur n'envisage plus comme faisant partie de la réalité. Ces faits sont en quelque sorte forclos. L'exemple donnée par les deux auteurs ne manquait pas d'humour, s'agissant de deux membres de l'Action française. Ils mentionnaient en effet la citation d'un journaliste extraite du *Journal* du 18 août 1923 à propos de la mort d'Esterhazy : « L'affaire Dreyfus, dit-il [Esterhazy], est un livre qui est désormais clos. Il dut se repentir de l'avoir *jamais* ouvert. » Les auteurs soulignaient que l'emploi du verbe se repentir impliquait qu'un fait, qui avait réellement existé, était *effectivement* exclu du passé. Et ils rapprochaient la scotomisation du forclusif : « La langue française, par le forclusif, exprime ce désir de scotomisation, traduisant ainsi ce phénomène normal dont la scotomisation, décrite en pathologie mentale par M. Laforgue et l'un de nous [Pichon], est l'exagération pathologique. »

Le 3 février 1954, Lacan commença à actualiser la question du forclusif et de la scotomisation à l'occasion d'un débat avec le philosophe hégélien Jean Hyppolite (1907-1968), lui-même confronté à la question par le biais de la *Verneinung* qu'il proposait de traduire par dénégation* et non par négation. Lacan s'inspirait du travail de Maurice Merleau-Ponty (1908-1961), *Phénoménologie de la perception,* et notamment des pages de l'ouvrage consacrées à l'hallucination comme « phénomène de désintégration du réel », composante de l'intentionnalité du sujet.

Dans l'analyse du cas de l'Homme aux loups, publiée en 1918, Freud expliquait que la genèse de la reconnaissance et de la méconnaissance de la castration chez son patient passait par une attitude de rejet (ou *Verwerfung)* consistant à ne voir la sexualité* que sous l'angle d'une théorie infantile : le commerce par l'anus. Pour illustrer son propos, il évoquait une hallucination qu'avait eue dans son enfance son patient Sergueï Constantinovitch Pankejeff*. Celui-ci avait « vu » son petit doigt coupé par son couteau de poche pour s'apercevoir ensuite de l'inexistence de la blessure. A propos du « rejet d'une réalité présentée comme n'existant pas », Freud soulignait qu'il ne s'agissait pas d'un refoulement car « *eine Verdrängung ist etwas anderes als eine Verwerfung* » (un refoulement est autre chose qu'un rejet).

En commentant ce texte dans son dialogue de 1954 avec Hyppolite, Lacan donna pour correspondant français à *Verwerfung* le mot retranchement. Deux ans plus tard, il reprit la distinction freudienne entre névrose et psychose pour lui appliquer la terminologie selon laquelle, dans la psychose, la réalité n'est jamais véritablement scotomisée. Enfin, après avoir longuement commenté la paranoïa de Schreber, puis inventé le concept de nom-du-père*, il proposa de traduire *Verwerfung* par forclusion. Il entendait par là le mécanisme spécifique à la psychose, défini à partir de la paranoïa, consistant en un rejet primordial d'un signifiant fondamental hors de l'univers symbolique du sujet. Lacan distinguait ce mécanisme du refoulement en soulignant que, dans le premier cas, le signifiant forclos ou les signifiants qui le représentent n'appartiennent pas à l'inconscient du sujet mais font retour (dans le réel) à l'occasion d'une hallucination ou d'un délire qui envahissent la parole ou la perception du sujet.

Le concept de forclusion prit par la suite une extension considérable dans la littérature lacanienne, au point que les disciples du maître français finirent par voir (sinon halluciner) son existence dans le corpus freudien. Pourtant, Freud ne conceptualisa jamais ce phénomène de rejet (*Verwerfung)* même si, comme le montre sa polémique avec Laforgue, il fut toujours à la recherche de la définition d'un mécanisme de ce genre propre à la psychose.

● Sigmund Freud, « La négation » (1925), *OC*, XVII, 165-171, *GW*, XIV, 11-15, *SE*, XIX, 235-239. « La correspondance entre Freud et Laforgue, 1923-1937 », présentée par André Bourguignon, *Nouvelle Revue de psychanalyse*, XV, printemps 1977, 235-314. Jacques Damourette et Édouard Pichon, « Sur la signification psychologique de la négation en français » (1928), *Le Bloc-notes de la psychanalyse*, 5, 1985, 111-132. Maurice Merleau-Ponty, *Phénoménologie de la perception*, Paris, Gallimard, 1945. Jacques Lacan, *Écrits*, Paris, Seuil, 1966 ; *Le Séminaire*, livre I, *Les Écrits techniques de Freud* (1953-1954), Paris, Seuil, 1975 ; *Le Séminaire*, livre III, *Les Psychoses* (1955-1956), Paris, Seuil, 1981. Jean Laplanche et Jean-Bertrand Pontalis, *Vocabulaire de la psychanalyse*, Paris, PUF, 1967. Élisabeth Roudinesco, *Histoire de la psychanalyse en France*, vol. 1 (1982), vol. 2 (1986), Paris, Fayard, 1994 ; *Jacques Lacan. Esquisse d'une vie, histoire d'un système de pensée*, Paris, Fayard, 1993. Pierre Macherey, « Le leurre hégélien », *Le Bloc-notes de la psychanalyse*, 5, 1985, 27-51. Joël Dor, *Introduction à la lecture de Lacan*, vol. 2, Paris, Denoël, 1992.

FOREL August (1848-1931)

psychiatre suisse

Hygiéniste, fondateur d'une ligue anti-alcoolique (l'Ordre des bons templiers), August Forel fut l'un des meilleurs représentants de la tradition suisse et protestante de la psychiatrie dynamique* qui contribua, à la fin du XIXe siècle, à transformer de fond en comble le traitement de la folie* et de l'internement.

Né à Morges au bord du lac Léman, il se passionna dans son enfance pour l'entomologie et étudia particulièrement la vie des fourmis. Puis il s'orienta vers la médecine et prépara sa thèse à Vienne sous la direction de Theodor Meynert*. Il obtint ensuite un poste de professeur de psychiatrie à Zurich, ce qui lui permit, en 1879, d'être nommé directeur de la prestigieuse clinique du Burghölzli dont il assura la renommée en s'entourant de brillants élèves : notamment Eugen Bleuler* (qui lui succédera) et Adolf Meyer* (qui développera les théories hygiénistes aux États-Unis*).

C'est en traitant des alcooliques qu'il abandonna les thèses organicistes et comprit que, dans le domaine du psychisme, l'efficacité thérapeutique dépend de la qualité de la relation entre le patient et le médecin. Dès lors, il s'intéressa à l'hypnose*, rendit visite à Hippolyte Bernheim* à Nancy et introduisit sa méthode à Zurich. Au Burghölzli, il organisa des consultations externes aussi bien pour les troubles physiques que pour les affections mentales, et expérimenta l'hypnose sur le personnel soignant. Par ailleurs, il lutta pour une réforme du Code pénal et des asiles et milita pour l'abolition de la prostitution.

• Henri F. Ellenberger, *Histoire de la découverte de l'inconscient* (New York, Londres, 1970, Villeurbanne, 1974), Paris, Fayard, 1994. Pierre Morel (éd.), *Dictionnaire biographique de la psychiatrie*, Paris, Synthélabo, coll. « Les empêcheurs de penser en rond », Paris, 1996.

FORNARI Franco (1921-1985)
psychiatre et psychanalyste italien

Né en Émilie, près de Piacenza, ce médecin neuropsychiatre fut formé à la psychanalyse par Cesare Musatti*.

Très tôt il manifeste son intérêt pour les idées de Melanie Klein* et de Wilfred Ruprecht Bion*. Tout en demeurant fidèle aux institutions psychanalytiques orthodoxes – il sera président de la Società Psicoanalitica Italiana (SPI) de 1974 à 1978 – Fornari aura cherché toute sa vie à confronter la psychanalyse aux autres modes de connaissance des phénomènes psychiques et sociaux. A ce titre, il participe dès 1962, dans le cadre de l'université catholique de Milan que dirige Leonardo Ancona, aux activités du Cèntro Stùdi di Psicoterapia Critica, lieu de rencontre de la psychanalyse avec les sciences humaines en plein développement et avec les courants existentialistes qui commencent de se manifester au sein de la psychiatrie italienne.

En 1968, il est appelé par Francesco Alberoni, alors recteur de l'université de Trente, pour donner des « contre-cours » de psychanalyse à la demande des étudiants du département de sociologie que fréquente Renato Curcio, l'un des fondateurs des Brigades rouges. Il est ensuite nommé professeur à la faculté des lettres et de philosophie de l'université de Milan.

Théoricien audacieux, clinicien tourné vers la psychanalyse d'enfant* et admirateur de la pratique de Donald Woods Winnicott*, auteur d'une vingtaine d'ouvrages, dont un roman, Fornari était aussi un citoyen soucieux de mobiliser le savoir psychanalytique pour affronter les problèmes de son temps.

Préoccupé par la géopolitique de la guerre froide, il développa une réflexion psycho-politique qui traitait en particulier de la transformation de la notion de guerre résultant de l'apparition des armes nucléaires. Il montra que l'éventualité de la destruction de l'humanité ôtait à la guerre classique sa fonction paranoïde d'appropriation et de conservation d'objets d'amour tels que la terre ou la patrie.

Par la suite, ses rencontres avec la sémiologie, la linguistique, l'épistémologie et l'œuvre de Jacques Lacan* le conduisirent à entreprendre une réévaluation de l'œuvre de Freud dont il conserva cependant les concepts majeurs, notamment la pulsion de mort*. Dans la perspective d'une recherche des fondements d'une théorie psychanalytique du langage, il reprit *L'Interprétation des rêves** et élabora un système selon lequel le langage de l'inconscient est constitué par un ensemble de composants liés à la parenté et au corps érotique qu'il nomme *koïnèmes*. Il mit cette thèse à l'épreuve dans divers essais critiques d'œuvres artistiques, dont celui qu'il consacra au roman d'Alberto Moravia *Agostino*. Élargissant son champ d'application, Fornari s'efforça de montrer qu'en identifiant les éléments d'un code constitué de particules renvoyant aux figures parentales, il est possible de repérer les manifestations de l'inconscient dans tout énoncé ou action de la vie humaine.

A la fin de sa vie, dans un ouvrage consacré à la redécouverte de l'âme, le psychanalyste italien tenta de réinterpréter les grands mythes de la philosophie grecque en les référant à la vie intra-utérine.

● Claude Ambroise, « Franco Fornari », *Encyclopaedia universalis*, 1986, 553. Contardo Caligaris, « Petite histoire de la psychanalyse en Italie », *Critique*, 333, février 1975, 175-195. Michel David, « La psychanalyse en Italie », *in* Roland Jaccard (éd.), *Histoire de la psychanalyse*, vol. 2, Paris, Hachette, 1982. Franco Fornari, « Aventures de la psychanalyse », *Silex*, 5-6, 1978, 207-214 ; *Psychanalyse de la situation atomique* (1964), Paris, Gallimard, 1969 ; *I Fondamenti di una teoria psicoanalitica del linguaggio*, Turin, Boringhieri, 1979 ; *La Riscoperta dell'anima*, Bari, Laterza, 1984. Arnaldo Novelletto, « Italy », *in* Peter Kutter (éd.), *Psychoanalysis International. Guide to Psychoanalysis throughout the World*, Stuttgart, Frommann-Holzboog, 1992. Riccardo Steiner et Giorgio Quintavalle, « Franco Fornari », *in* Antonio Alberto Semi (éd.), *Trattato di psicoanalisi*, vol. I, Milan, Raffaello Cortina, 1988, 278-284. Silvia Vegetti Finzi, *Storia della psicoanalisi*, Milan, Mondadori, 1986.

▷ ITALIE. KLEINISME. *SELF PSYCHOLOGY.*

FORSYTH David (1877-1941)

médecin anglais

Médecin-chef au Charing Cross Hospital de Londres et cofondateur, avec Ernest Jones* et David Eder*, de la London Psychoanalytic Society, David Forsyth participa au congrès international de médecine de Londres du 7 au 12 août 1913 et prit contre Pierre Janet* la défense des idées freudiennes. Plus tard, il fut analysé par Sigmund Freud* qui le cite en 1932 dans sa conférence « Le rêve et l'occultisme » et raconte à son propos une histoire de transmission de pensée survenue en 1919.

A l'automne de cette année-là, Forsyth avait déposé sa carte de visite chez Freud alors que celui-ci travaillait avec un patient, lequel, au cours de son analyse, avait pris l'habitude de lui apporter les volumes d'une fiction de l'écrivain John Galsworthy (1867-1963), portant sur une dynastie familiale : les Forsyte. Le jour du passage de Forsyth, le patient avait raconté à Freud qu'une jeune fille qu'il voulait séduire le surnommait *Herr von Vorsicht*, terme qui signifie Monsieur de la Précaution et qui peut se traduire en anglais par *Foresight.*

La semaine précédente, après avoir rendu visite à son ami Anton von Freund*, Freud avait entendu ce patient l'appeler *Freund.* Enfin lors de la même séance, le patient avait raconté un cauchemar en soulignant qu'il avait oublié le mot anglais (*nightmare)*, puis, en sortant du cabinet de son analyste, il avait croisé Ernest Jones*, auteur précisément d'un livre sur le cauchemar.

En 1932, Freud analyse cet exemple qui aurait pu figurer dans *Psychopathologie de la vie quotidienne**. Faute de parvenir à en donner une explication exhaustive, il en conclut à l'existence de la télépathie*, phénomène auquel il avait donné, en 1921, le nom de transfert de pensée.

- Sigmund Freud, *Nouvelles Conférences d'introduction à la psychanalyse* (1933), Paris, Gallimard, 1984, *OC*, XIX, 83-269, sous le titre *Nouvelle Suite des leçons d'introduction à la psychanalyse, GW*, XV, *SE*, XXII, 5-182. Ernest Jones, *Le Cauchemar* (Vienne, 1912), Paris, Payot, 1973. Wladimir Granoff et Jean-Michel Rey, *L'Occulte, objet de la pensée freudienne*, Paris, PUF, 1983.

▷ GRANDE-BRETAGNE. *NOUVELLES CONFÉRENCES D'INTRODUCTION À LA PSYCHANALYSE.* OCCULTISME. SPIRITISME.

FRANCE

Bien que la création de la première société psychanalytique y ait été plus tardive (1926) que dans les autres grandes aires géographiques d'implantation freudienne du début du siècle (Grande-Bretagne*, États-Unis*), la France est le seul pays au monde où ont été réunies sur une longue durée (de 1914 à la fin du XXe siècle), et sans aucune interruption, l'ensemble des conditions nécessaires à l'implantation de la psychanalyse* dans tous les secteurs de la vie culturelle et scientifique, aussi bien par la voie médicale et thérapeutique (psychiatrie, psychologie, psychologie clinique*) que par la voie intellectuelle (littérature, philosophie, politique, université). Cette implantation réussie ne s'est pas opérée sans convulsions et, à cet égard, il convient de noter que la France est aussi l'un des pays où la résistance chauvine à la psychanalyse et la haine de Sigmund Freud* ont été les plus virulentes.

Il existe, de ce point de vue, une évidente « exception française ». Son origine remonte à la Révolution de 1789, qui a doté d'une légitimité scientifique et juridique le regard de la raison sur la folie*, signant ainsi l'acte de naissance institutionnel de la psychiatrie, puis à l'affaire Dreyfus, qui a rendu possible l'instauration d'une conscience de soi de la classe intellectuelle. En se désignant comme « avant-garde », elle a pu s'emparer des idées les plus novatrices et les faire fructifier à sa manière. A quoi s'ajoute la naissance d'une modernité littéraire où s'est énoncée – à travers

Charles Baudelaire (1821-1867), Arthur Rimbaud (1854-1891) et Lautréamont (1846-1870) – l'idée de changer l'homme à partir du « je est un autre ».

L'exception tient aussi au statut accordé depuis l'Ancien Régime à la grammaire, aux mots, au vocabulaire, au lexique. Loin de regarder leur langue comme un pur instrument de communication, les élites françaises l'ont toujours valorisée, faisant de sa forme écrite le symbole d'une nation homogène, puis de la République. Ainsi la langue française est-elle l'idéal enfin atteint de la langue. D'où l'importance donnée non seulement à l'Académie, dont le rôle est de légiférer sur le « bien parler » et le « bien écrire », mais aux écrivains en général. Cette conception de la langue est totalement étrangère à la plupart des autres pays d'Europe. Elle explique en tout cas qu'un grammairien (Édouard Pichon*) ait pu jouer un rôle si important dans la genèse de la conceptualité française du freudisme* et avoir tant d'influence sur les deux grands maîtres de la psychanalyse de ce pays : Jacques Lacan*, formaliste mallarméen d'une langue de l'inconscient, Françoise Dolto*, porte-parole d'un lexique du terroir parfaitement adapté à l'identité nationale.

On connaît le mythe de l'abolition des chaînes des aliénés inventé par Scipion Pinel (1795-1859) et par Jean-Étienne Esquirol (1772-1840) sous la Restauration. Il présente Philippe Pinel (1745-1826), le fondateur de la psychiatrie en France, comme un anti-jacobin opposé aux maîtres de la Terreur, alors qu'en réalité il devait sa nomination à l'hospice de Bicêtre à un décret de la Convention montagnarde du 11 septembre 1793. Le mythe raconte qu'à cette époque Pinel reçut la visite de Couthon (1756-1794), membre du comité de salut public, qui cherchait des suspects parmi les fous. Chacun tremblait à l'aspect du fidèle de Robespierre (1758-1794) qui avait quitté sa chaise de paralytique pour se faire porter à bras d'hommes. Pinel le conduisit devant les loges où la vue des agités lui causa une peur intense. Accueilli par des injures, il se tourna vers l'aliéniste et lui dit : « Citoyen, es-tu fou toi-même de vouloir libérer de pareils animaux ? » Le médecin répondit que les insensés étaient d'autant plus intraitables qu'ils étaient privés d'air et de liberté. Couthon accepta donc la suppression des chaînes mais mit en garde Pinel contre sa présomption. On le transporta jusqu'à sa voiture et le philanthrope put commencer son œuvre : l'aliénisme était né.

Comme le mythe de la peste*, celui de l'abolition des chaînes a été mis en cause par tous les historiens de la psychiatrie, qui expliquèrent que ce geste n'avait tout simplement pas eu lieu. Mais les mythes fondateurs ont comme caractéristique d'avoir plus de poids que la réalité des choses. Contemporain de William Tuke (1732-1822) en Angleterre et de Benjamin Rush (1746-1813) aux États-Unis, Pinel inventa en fait le traitement moral à partir de l'idée que la folie* contient toujours un reste de raison. Cent ans plus tard, à l'hôpital de la Salpêtrière, Jean Martin Charcot* se réclamait pourtant du mythe en recourant à l'hypnose* pour montrer que l'hystérie* est une maladie fonctionnelle et libérer ainsi les femmes de l'accusation de simulation.

Dans l'histoire des origines de la psychanalyse, les mythes liés à la libération, à la servitude, à la Révolution et à l'abolition des chaînes jouent donc un rôle considérable. Lors de son voyage de 1885 à Paris, où il rencontra Charcot, puis lors de son séjour à Nancy, où il rendit visite à Hippolyte Bernheim*, Sigmund Freud était d'ailleurs tout imprégné de ces mythes fondateurs auxquels lui-même aura recours bien des années plus tard.

Après l'effondrement de la doctrine de l'hérédité-dégénérescence* et le démembrement par Joseph Babinski* de l'enseignement de Charcot, c'est Pierre Janet qui incarna, à la suite de Théodule Ribot (1839-1916), la tradition française en psychiatrie dynamique*. Ribot était le promoteur de la psychologie expérimentale, dont l'héritage ira à Alfred Binet (1857-1911), lui-même associé à Henri Beaunis (1830-1921), alors que Janet fut l'artisan de la psychologie clinique, dont se réclameront Daniel Lagache* et Juliette Favez-Boutonier*.

Adepte de l'automatisme mental*, Janet prononça au congrès de médecine de Londres de 1913 sa fameuse conférence sur la « psycho-analyse », grâce à laquelle il popularisa l'idée que celle-ci était un pur produit de la sensualité et de l'immoralité de la ville de Vienne*. Associée à la germanophobie, dans une France hantée par le nationalisme et l'antisémitisme, cette conviction alimentera les attaques contre le pansexualisme* de Freud. Et ainsi considérée comme le fruit de la barbarie germanique, la doctrine de la sexualité* sera jugée peu compatible avec la belle latinité française, symbole de l'esprit cartésien. D'où la réaction des pionniers, comme Angelo Hesnard*, qui chercheront à « franciser » la doctrine de Freud et à l'assimiler aux idéaux de ce qu'on appelle alors le « génie latin ».

Après la Première Guerre mondiale, et l'accentuation de la haine à l'égard de l'Allemagne*, la psychanalyse est traitée de « science boche », comme d'ailleurs la théorie de la relativité d'Albert Einstein (1879-1955). Aux réactions virulentes de la presse s'ajoute l'antifreudisme sauvage de deux grandes figures de la psychopathologie française : Georges Dumas (1866-1946) et Charles Blondel. Élève de Janet et célèbre pour ses remarquables présentations de malades, suivies par les étudiants en philosophie, Dumas ne cesse de se déchaîner contre la nouvelle doctrine « sexuelle ». Quant à Blondel, ami de l'historien Marc Bloch (1886-1944) et professeur à Strasbourg, il consacre en 1924 toute une étude à la psychanalyse en la traitant d'« obscénité scientifique ». Dans un article de la même époque, un membre de l'Institut écrit ces mots : « Ses vues [Freud] s'appliquent aux Juifs, ses frères de race, particulièrement prédisposés au pansexualisme libidineux, congénital, par fatalité ethnique. »

L'un des rares auteurs à échapper à cette vision chauvine est médecin à Poitiers : Pierre Ernest Morichaut-Beauchant (1873-1951). Il est reconnu par Freud, dans une lettre à Carl Gustav Jung* du 3 décembre 1910, comme le premier Français ayant adhéré ouvertement à la « cause » de la psychanalyse. Entre 1912 et 1922, il publie quatre articles, dans lesquels il prend le contre-pied des thèses en vigueur sur le pansexualisme freudien. Il reconnaît par ailleurs explicitement le rôle de la sexualité dans les liens qui unissent le patient à son médecin, et traduit pour la première fois en français le concept freudien de transfert* par l'expression rapport affectif.

Généralement chauvin, le milieu médical n'adhère qu'à une conception thérapeutique de la psychanalyse. Le milieu littéraire, de son côté, fait bon accueil à la doctrine élargie de la sexualité, refuse de considérer le freudisme comme une « culture germanique » et défend volontiers l'analyse profane*. De ce côté-là, toutes tendances confondues, on regarde le rêve comme la grande aventure du siècle, on invente l'utopie d'un inconscient* fait de langage et ouvert à la liberté et à la subversion, et l'on admire par-dessus tout le courage avec lequel un austère savant a osé faire scandale en bravant l'intimité du conformisme bourgeois.

A partir de 1920, la psychanalyse obtient un succès considérable dans les salons littéraires parisiens, et de nombreux écrivains font l'expérience d'une cure. C'est le cas notamment de Michel Leiris (1901-1990), René Crevel (1900-1935), Antonin Artaud (1896-1948), Georges Bataille (1897-1962) ou Raymond Queneau (1903-1976).

Ce sont les revues qui servent de support à la découverte viennoise, et parmi elles la *Nouvelle Revue française (NRF),* autour d'André Gide (1869-1951) et de Jacques Rivière (1886-1925), *La Révolution surréaliste,* au sein de laquelle André Breton (1896-1966) joue un rôle déterminant, et enfin la revue *Philosophies*, où Georges Politzer (1903-1942) conçoit sa psychologie concrète en s'inspirant du freudisme avant de le renier au nom du communisme* puis de s'engager dans la lutte anti-nazie. Deux autres écrivains se tournent vers le freudisme : Romain Rolland*, qui échangera une correspondance avec Freud, et Pierre Jean Jouve (1887-1976), dont la femme, Blanche Reverchon-Jouve (1897-1974), est psychanalyste et traductrice des *Trois Essais sur la théorie sexuelle*.* Jouve utilise la méthode psychanalytique dans son œuvre en prose en s'appuyant sur le matériel clinique que lui fournit sa femme. Ainsi construit-il ses grands romans à partir de figures féminines dont le modèle est tiré de cas de femmes folles. Quant à sa poésie, il la conçoit comme une « catastrophe » directement inspirée par l'inconscient selon Freud.

Psychiatre de formation et interne de Joseph Babinski, André Breton découvre la force de l'automatisme mental auprès de soldats atteints de névrose de guerre*. C'est à partir de cette expérience clinique qu'il conçoit l'existence d'une « surréalité ». Il cherche ensuite à l'atteindre par l'écriture automatique, en publiant avec Philippe Soupault (1897-1990), en 1919, le premier grand texte surréaliste : *Les Champs magnétiques.* En 1921, il se rend à Vienne pour rencontrer Freud, mais la visite est décevante. Attaché à une vision traditionnelle de la littérature et peu ouvert à l'avant-garde française, Freud ne comprend rien à l'ouverture surréaliste et à la conception de l'inconscient défendue par Breton. En 1932, les deux hommes échangeront une correspondance qui témoigne de ce malentendu.

C'est en 1925 que s'organise autour de la revue *L'Évolution psychiatrique* le premier groupe freudien français. Parmi ses différents chefs de file figurent aussi bien des psychanalystes, comme René Laforgue*, Sophie Morgenstern* ou Rudolph Loewenstein*, que des psychiatres marqués par la tradition dynamique ou la phénoménologie, comme Eugène Minkowski*, Paul Schiff*, et plus tard Henri Ey*. La revue et le groupe deviendront l'un des hauts lieux de la diffusion du freudisme médical en France.

En novembre 1926 est créée la première association de psychanalyse, la Société psychanalytique de Paris (SPP), composée de douze membres : René Laforgue*, Marie Bonaparte*, Édouard Pichon*, Charles Odier*, Raymond de Saussure*, Rudolph Loewenstein, René Allendy*, Georges Parcheminey (1888-1953), Eugénie

Sokolnicka*, Angelo Hesnard, Adrien Borel*, Henri Codet (1889-1939). L'année suivante paraît le premier numéro de la *Revue française de psychanalyse.* Il faudra attendre l'année 1934 pour que se forme, grâce à la participation financière de Marie Bonaparte, un institut sur le modèle du Berliner Psychoanalytisches Institut* (BPI).

C'est donc avec une quinzaine d'années de retard, par rapport aux autres pionniers européens et américains, que la première génération* psychanalytique française (deuxième dans l'ordre mondial) s'intègre à l'International Psychoanalytical Association* (IPA) au moment où celle-ci vient d'imposer des règles précises pour l'accès à l'analyse didactique* et au contrôle*. Or, les Français ne sont pas prêts à s'adapter à ce fonctionnement bureaucratique dont ils ne voient pas la nécessité. Aussi la SPP se scinde-t-elle en deux fractions distinctes : les internationalistes d'un côté, formés hors de France et conduits par Marie Bonaparte, Loewenstein et Saussure, les chauvins de l'autre, attachés au terroir psychiatrique français et animés par Pichon, Borel, Codet et Hesnard. Les premiers se montrent favorables à une adaptation rapide du mouvement à l'orthodoxie de l'IPA, tandis que les seconds s'affirment partisans du maintien d'une identité française dans le mouvement, et prétendent « franciser » le vocabulaire et les concepts de la psychanalyse. Au cœur du dispositif, René Laforgue ne parvient ni à occuper la place d'un chef d'école, ni à unifier un mouvement en proie à une querelle insurmontable.

En réalité, aucun des membres de cette première génération n'a l'envergure d'un Ernest Jones*, d'un Sandor Ferenczi*, d'un Otto Rank*, voire d'un Wilhelm Reich*. Aucun d'eux n'a produit une œuvre novatrice, et aucun n'est capable d'unifier le mouvement autour d'une doctrine, d'une parole, d'une politique, d'un enseignement ou d'une filiation*. C'est pourquoi, dès 1932, ce rôle est dévolu à la deuxième génération (la troisième dans l'ordre mondial) : Sacha Nacht*, Daniel Lagache*, Maurice Bouvet*, Jacques Lacan, Françoise Dolto.

Or, au sein de cette nouvelle génération qui émerge à la veille de la Deuxième Guerre mondiale, Lacan est le seul à s'imposer comme l'initiateur d'un système de pensée original fondé sur le freudisme et la philosophie hégélienne. N'étant ni chauvin, ni internationaliste, il va progressivement donner au mouvement une autre solution que celle de la recherche d'une impossible identité. Issu de la tradition psychiatrique, formé par Gaëtan Gatian de Clérambault*, analysé par Loewenstein et marqué par le surréalisme, il est en outre le seul, dès l'entre-deux-guerres, à faire la synthèse entre les deux voies d'implantation de la psychanalyse (médicale, intellectuelle). D'où la position unique qu'il va occuper pendant cinquante ans, aux côtés de Françoise Dolto, qui apparaîtra, dès 1945, comme la fondatrice de la psychanalyse d'enfant*, après les expériences malheureuses de Sokolnicka et Morgenstern.

Grâce à Marie Bonaparte, qui interrompt les activités de la SPP dès 1939, et grâce aussi à Henri Ey et au groupe de l'Évolution psychiatrique, favorable à la résistance, le mouvement français échappe à toute compromission sous l'Occupation. Marginalisé dès 1935, René Laforgue tente en solitaire d'instaurer à Paris un institut « aryanisé » sur le modèle de celui de Matthias Heinrich Göring*. Il n'y parviendra pas. Quant à Georges Mauco*, le seul psychanalyste français adepte du nazisme*, il n'engage que sa personne dans la Collaboration. En conséquence, le mouvement français sort indemne de la période de l'Occupation et peut ainsi s'épanouir au moment où, en Europe, seule la Grande-Bretagne* se trouve à l'avant-garde du freudisme international, grâce notamment à la solidité de son école clinique qui, bien que scindée en trois courants, appartient complètement à l'IPA : kleinisme*, annafreudisme*, Indépendants*.

Comme dans tous les autres pays, l'expansion de la psychanalyse se traduit en France par un phénomène de scissions* en chaîne, qui ont pour enjeu à la fois la question de l'analyse profane* et celle de la formation didactique.

La première scission intervient en 1953 autour de la création d'un nouvel institut de psychanalyse. Les tenants de l'ordre médical s'opposent aux universitaires libéraux, favorables à l'analyse profane. Groupés autour de Nacht et de Serge Lebovici, les premiers veulent assurer la mainmise du pouvoir médical sur la formation des psychanalystes. Représentés par Dolto, Lagache et Lacan (et soutenus par les élèves en révolte contre l'autorité), les seconds sont protégés par Marie Bonaparte. Effrayée par le désordre (et surtout fort hostile à Lacan), celle-ci apportera finalement son soutien au groupe de Nacht, provoquant le départ des libéraux qui fondent la Société française de psychanalyse (SFP) en entraînant avec eux la majorité des élèves de la SPP, c'est-à-dire la troisième génération française (quatrième dans l'ordre mondial).

Pendant dix ans, autour de Dolto, de Lagache et de Lacan, la SFP devient le lieu d'un formidable essor du freudisme français : implantation universitaire, activités de traduction* des textes des écoles anglaise et américaine, création de collections de psychanalyse chez les éditeurs parisiens et surtout d'une revue prestigieuse, *La Psychanalyse.* C'est pendant cette période que naît le lacanisme*, véritable école française du freudisme. Non seulement Lacan forme les meilleurs élèves de cette génération, mais il élabore les grands concepts qui feront de lui un maître à penser à la fois adulé et haï.

Dès sa fondation, la SFP tente de se faire reconnaître comme société composante de l'IPA. Or malgré les efforts de Wladimir Granoff, Serge Leclaire* et François Perrier*, qui consacrent les plus belles années de leur vie à cette politique de réintégration, la direction de l'IPA, après des années de négociation, refuse d'accorder le titre de didacticien à Lacan et à Dolto. Au premier elle reproche ses innovations techniques, et notamment la pratique des séances courtes, non conformes à la durée standard (cinquante minutes), et à la deuxième une pratique trop « charismatique ».

A l'été 1964, la SFP éclate et se scinde en deux groupes, l'École freudienne de Paris* (EFP) fondée par Lacan, et l'Association psychanalytique de France (APF), où se retrouvent, autour de Lagache, Didier Anzieu, Juliette Favez-Boutonier* et Wladimir Granoff, certains des meilleurs élèves de Lacan, et notamment Jean Laplanche et Jean-Bertrand Pontalis (qui fera paraître chez Gallimard la *Nouvelle Revue de psychanalyse*), ainsi que Daniel Widlöcher. Face à la SPP, l'APF devient la deuxième composante française de l'IPA. Plus intellectuelle et plus libérale, elle mettra en œuvre une réforme des cursus en supprimant la distinction entre psychanalyse didactique et psychanalyse personnelle. Quant à l'EFP, elle est formée également d'un nombre important de cliniciens français de la même génération : Moustapha

Safouan, Octave Mannoni*, Maud Mannoni, Jenny Aubry*, Ginette Raimbault, Lucien Israël (1925-1996), Jean Clavreul, etc.

Contrairement à leurs homologues américains et anglais, les thérapeutes français, toutes tendances confondues, ne formeront jamais une école homogène susceptible d'accueillir les grands courants du freudisme international : l'*Ego Psychology**, le kleinisme, l'annafreudisme, ou la *Self Psychology**. C'est le lacanisme et lui seul qui divisera pendant cinquante ans, en deux pôles extrêmes, le champ psychanalytique français : les anti-lacaniens d'un côté, les lacaniens de l'autre. Quant aux « neutres », ils resteront avant tout des cliniciens indépendants (André Green ou Conrad Stein par exemple) sans appartenance précise, soucieux néanmoins d'affirmer leur propre conception de la psychanalyse. On peut citer Michel de M'Uzan, remarquable théoricien de la perversion*, Joyce MacDougall, spécialiste des états-limites* et des troubles de l'identité sexuelle, Nicolas Abraham*, et enfin Julia Kristeva, à la fois psychanalyste, romancière et essayiste, dont les thèses seront reprises par les féministes américaines.

Rejetée du mouvement psychanalytique international, l'œuvre lacanienne va désormais occuper une place centrale dans l'histoire du structuralisme. Dix ans après le moment fécond de son élaboration, le retour lacanien à Freud vient en effet rencontrer les préoccupations d'une sorte de philosophie de la structure issue des interrogations de la linguistique saussurienne et devenue elle-même le fer de lance d'une opposition à la phénoménologie classique. L'effervescence doctrinale, qui se concrétise autour des travaux de Louis Althusser (1918-1990), de Roland Barthes (1915-1980), de Michel Foucault (1926-1984), de Jacques Derrida, et qui prend pour objet d'étude le primat de la langue, l'anti-humanisme, la déconstruction ou l'archéologie, se déploie à l'intérieur de l'institution universitaire, préparant le terrain à la révolte étudiante de mai 1968. La revue *Tel Quel,* animée par Philippe Sollers, joue un rôle identique à celui de l'avant-garde surréaliste de l'entre-deux-guerres.

En 1969, l'application dans l'EFP de la procédure de la passe* donne lieu à une nouvelle scission, la troisième de l'histoire du mouvement français. Hostiles à ce système, François Perrier, Piera Aulagnier*, Cornelius Castoriadis et Jean-Paul Valabrega démissionnent pour fonder l'Organisation psychanalytique de langue française (OPLF) ou Quatrième Groupe. D'inspiration freudienne, celle-ci ne rejoindra pas les rangs de l'IPA mais s'organisera autour d'une nouvelle revue : *Topique.*

Cette scission marque l'entrée du lacanisme dans un processus de bureaucratisation et de dogmatisme, et se distingue nettement des précédentes. Jusqu'alors en effet, Lacan incarnait la rénovation de la doctrine freudienne, et l'on faisait scission « avec » lui. Cette fois-ci, on le quitte pour fonder une école plus libérale.

La crise qui affecte l'EFP après 1968 est le signe d'une massification du mouvement. Contrairement aux autres pays, où la psychanalyse est concurrencée durant cette période par l'expansion de multiples écoles de psychothérapie*, la France demeure presque exclusivement freudienne. Du coup, c'est à l'intérieur même du freudisme que se produit l'expansion qui, ailleurs, se déploie hors de la psychanalyse ou sur ses marges. En conséquence, les groupes psychanalytiques sont tous atteints, à partir de 1970, d'un formidable gigantisme. C'est ainsi que les étudiants formés à la psychologie clinique à l'université forment progressivement la base des écoles psychanalytiques. Ce phénomène est encore plus prégnant à l'EFP que dans les autres associations.

Tandis que l'APF parvient à maintenir une hiérarchie solide en refusant d'accorder aux élèves en formation le statut de membre, la SPP subit au contraire de plein fouet une crise institutionnelle qui va durer dix ans. Membre de la SPP, René Major donne alors un élan théorique et politique à la dissidence des années 1975-1980 qui affecte les quatre grands groupes freudiens. S'appuyant sur les thèses de Jacques Derrida, il crée une revue et un groupe qui prennent le nom de Confrontation. D'où l'émergence d'un courant derridien de la psychanalyse qui servira à critiquer toutes les formes de dogmatisme institutionnel.

Après la dissolution de l'EFP et la mort de Lacan, le paysage de la France freudienne se transforme radicalement tout au long d'un infini processus d'éclatement et d'atomisation des groupes lacaniens.

A la fin des années 1990, à côté des deux sociétés composantes de l'IPA et de l'OPLF, dix-sept associations issues de l'EFP se partagent le territoire du champ freudien français : École de la Cause freudienne (ECF, 1981), Association freudienne internationale (AFI, 1982), Cercle freudien (CF, 1982), Cartels constituants de l'analyse freudienne (CCAF, 1983), École freudienne (EF, 1983), Fédération des ateliers de psychanalyse (FAP, 1983), Convention psychanalytique (CP, 1983), Coût freudien (1983), Errata (1983), École lacanienne de psychanalyse (ELP, 1985), Psychanalyse actuelle (1985), Séminaires psychanalytiques de Paris (SéPP, 1986), Association pour une instance des psychanalystes (Apui, 1990), Analyse freudienne (1992), École de psychanalyse Sigmund Freud (1994), Espace analytique (EA, 1994), Société de psychanalyse freudienne (SPF, 1994). A quoi s'ajoutent deux sociétés d'histoire, la Société internationale d'histoire de la psychiatrie et de la psychanalyse (SIHPP, 1983) et l'Association internationale d'histoire de la psychanalyse (AIHP, 1985), une école d'enseignement, l'École propédeutique à la connaissance de l'inconscient (EPCI, 1985), de nombreux groupes provinciaux et plusieurs associations de type fédératif visant à rassembler d'autres groupes en Europe ou dans le monde. Notons que le lacanisme n'a produit qu'une seule association internationale comparable à l'IPA : l'Association mondiale de psychanalyse* (AMP).

A la fin du siècle, le nombre des psychanalystes français toutes tendances confondues s'élève à environ cinq mille pour une population de cinquante-huit millions d'habitants, dont mille pour les deux sociétés appartenant à l'IPA (élèves compris), soit un taux de quatre-vingt-six psychanalystes pour un million d'habitants, le plus fort du monde. Jacques Lacan aura donc réussi, aidé de Françoise Dolto, à faire de la France le pays le plus freudien, le seul, juste avant l'Argentine*, où la psychanalyse est devenue à la fois une composante majeure de la vie intellectuelle et une réelle thérapeutique de masse.

● Serge Moscovici, *La Psychanalyse, son image et son public*, Paris, PUF, 1961. Maurice Nadeau, *Histoire du surréalisme*, Paris, Seuil, 1964. Robert Castel, *Le Psychanalysme*, Paris, Maspero, 1973. *La Scission de 1953. La communauté psychanalytique en France*, 1, documents édités par Jacques-Alain Miller, supplément au numéro 7 d'*Ornicar ?*, 1976 ; *L'Excommunication. La communauté psychanalytique en France*, II, documents édités par Jacques-Alain Miller, supplément au numéro 8 d'*Ornicar ?*, 1977. Jean-Pierre Mordier, *Les Débuts de la psychanalyse en France*, Paris, Maspero, 1981. Célia Bertin, *La Dernière Bonaparte*, Paris, Perrin, 1982. Élisabeth Roudinesco, *Histoire de la psychanalyse en France*, vol. 1 (1982), vol. 2 (1986), Paris, Fayard, 1994 ; *Jacques Lacan. Esquisse d'une vie, histoire d'un système de pensée*, Paris, Fayard, 1993 ; *Généalogies*, Paris, Fayard, 1994 ; « Histoire de la psychanalyse en France. Entretien avec Philippe Sollers » (1983), *in* Claude Spielmann et Jacques Hassoun (éd.), *Psychanalyse : cent ans de divan, Panoramiques*, Arléa-Corlet, 22, 4e trimestre 1995, 59-71. Alain de Mijolla, « L'édition en français des œuvres de Freud avant 1940. Autour de quelques documents nouveaux », *Revue internationale d'histoire de la psychanalyse*, 4, 1991, 209-270. « Correspondance inédite Sigmund Freud-Gaston Gallimard (1921-1922) », *ibid.*, 271-282. *Marie Bonaparte et la psychanalyse, à travers ses lettres à René Laforgue et les images de son temps*, présenté par Jean-Pierre Bourgeron, Genève, Slatkine, 1993. R. Anthony Lodge, *Le Français. Histoire d'un dialecte devenu langue* (Londres, New York, 1993), Paris, Fayard, 1997. Bernard Foutrier, *L'Identité communiste, la psychanalyse, la psychiatrie, la psychologie*, Paris, L'Harmattan, 1994. Danièle Lévy, « Les sociétés et associations psychanalytiques françaises en 1995 », *in* Claude Spielmann et Jacques Hassoun (éd.), *Psychanalyse : cent ans de divan, Panoramiques*, Arléa-Corlet, 22, 4e trimestre 1995, 24-25. Philippe Forest, *Histoire de « Tel Quel »*, Paris, Seuil, 1995.

▷ ANTHROPOLOGIE. BALINT Michael. BELGIQUE. BRÉSIL. DELAY Jean. DEVEREUX Georges. DIFFÉRENCE DES SEXES. ETHNOPSYCHANALYSE. FANON Frantz. FÉDÉRATION EUROPÉENNE DE PSYCHANALYSE. FÉTICHISME. GUATTARI Félix. IMAGINAIRE. JAPON. PSYCHIATRIE DYNAMIQUE. PSYCHOSOMATIQUE. PSYCHOTHÉRAPIE INSTITUTIONNELLE. RÉEL. SEXUALITÉ FÉMININE. SIGNIFIANT. SYMBOLIQUE. TRADUCTION (DES ŒUVRES DE FREUD).

FREUD Adolfine, dite Dolfi (1862-1943), sœur de Sigmund Freud

Née à Vienne*, et sixième enfant de Jacob et d'Amalia Freud*, Dolfi était la quatrième sœur de Sigmund Freud*, qui l'aimait beaucoup. Elle resta toute sa vie célibataire et servit de gouvernante à sa mère, qui la considéra toujours comme une adolescente et lui infligea de nombreuses humiliations.

Déportée au camp de Theresienstadt avec Mitzi et Paula par le convoi du 28 août 1942, elle y mourut le 5 février 1943 d'hémorragies internes dues à une extrême dénutrition.

● Ernest Jones, *La Vie et l'œuvre de Sigmund Freud*, vol. I (New York, 1953), Paris, PUF, 1957, vol. III (New York, 1957), Paris PUF, 1969. Peter Gay, *Freud. Une vie* (New York, 1988), Paris, Hachette, 1990. Harald Leupold-Löwenthal, « L'émigration de la famille Freud en 1938 », *Revue internationale d'histoire de la psychanalyse*, 2, 1989, 449-460.

▷ FREUD Maria. GRAF Regine Debora. NAZISME. WINTERNITZ Pauline.

FREUD Alexander (1866-1943), frère de Sigmund Freud

Né à Vienne*, Alexander était le huitième et dernier enfant de Jacob et d'Amalia Freud*, leur troisième fils et le plus jeune frère de Sigmund Freud* qui se montra très paternel avec lui et ne fit preuve à son égard d'aucune jalousie. De caractère enjoué, il ressemblait à sa mère. En tant qu'expert des organismes de transports, il s'occupa souvent des voyages de son frère et se rendit avec lui dans ses deux pays de prédilection, l'Italie* et la Grèce. En 1909, Alexander épousa Sophie Schreiber dont il aura un unique fils, Harry. Il devint professeur à l'Exportakademie, une école de commerce située dans la Berggasse, et dirigea la revue *Tarifanzeiger*. En mars 1938, il parviendra à quitter l'Autriche par la Suisse*, et émigrera ensuite avec sa femme au Canada*, Harry Freud s'y trouvant déjà. Naturalisé américain, ce dernier reviendra en Europe dans les rangs de l'armée de libération pour occuper Berlin. Il vivra ensuite à New York et restera très attaché à sa cousine Anna Freud*.

C'est Sigmund, à l'âge de 10 ans, qui choisit le prénom d'Alexander pour ce frère en souvenir d'Alexandre de Macédoine. Quand il deviendra père à son tour, il donnera à ses fils des prénoms de héros qu'il admirait. Ce choix n'était pas anodin. D'une part parce qu'Alexandre le Grand était le fils de Philippe de Macédoine dont le prénom était identique à celui de Philipp Freud* (le demi-frère de Sigmund) et d'autre part parce qu'il confirme l'identification de Freud à des conquérants : Hannibal, Alexandre, Napoléon, Christophe Colomb.

Dans une lettre envoyée à Romain Rolland* en 1936 à l'occasion du soixante-dixième anniversaire de celui-ci, Freud raconta un souvenir de jeunesse qui avait trait à un voyage fait à Athènes avec Alexander en 1904. Durant le séjour, il avait été saisi d'un sentiment d'inquiétante étrangeté en découvrant que la ville n'était pas un fantôme. Autrefois, à l'école, il avait refusé de prendre en compte la réalité historique de l'Acropole, et voilà que la rencontre avec les pierres du Parthénon lui révélait maintenant la nature du refoulement*. Le trouble éprouvé était comparable à celui d'une personne qui tombe malade parce que son désir* s'accomplit : le succès était en quelque sorte la marque d'un échec. Freud expliquait à Rolland qu'il avait douté de l'existence d'Athènes dans son jeune âge parce qu'il avait peur de ne jamais voir l'Acropole. En faisant le récit de ce souvenir, Freud montrait comment un fils doit surpasser son père, ou encore comment Hannibal devait venger Hamilcar humilié par les Romains : Jacob Freud, humilié autrefois par un antisémite, n'avait jamais eu accès à la culture grecque. Devant le Parthénon, Sigmund, devenu un intellectuel maîtrisant parfaitement la culture dominante (gréco-latine), pouvait alors se tourner vers Alexander et prononcer ces mots : « Qu'aurait dit notre père ? » Ce geste était identique à celui de Bonaparte qui s'était tourné vers son frère au moment de son couronnement en prononçant les mêmes paroles.

Finalement ce souvenir exprimait en condensé l'histoire même de cette judéité* viennoise qui fut au cœur de la naissance de la psychanalyse*, l'histoire de ces fils de la bourgeoisie juive commerçante qui s'émancipèrent de leur condition et de leur famille en devenant des intellectuels et en adoptant une nouvelle culture, étrangère au judaïsme.

● Sigmund Freud, « Un trouble de mémoire sur l'Acropole » (1936), *OC*, XIX, 325-339, sous le titre « Un trouble du souvenir sur l'Acropole », *GW, XVI, 250-257, SE*, XXII, 239-248 ; *Chronique la plus brève. Carnets intimes, 1929-1939*, annoté et présenté par Michael Molnar (Londres, 1992), Paris, Albin Michel, 1992. Siegfried

Bernfeld et Suzanne Cassirer, « Freud and archeology », *The American Imago*, 8, 1951, 107-128. Carl Schorske, *Vienne fin de siècle* (New York, 1961), Paris, Seuil, 1983. Yosef Hayim Yerushalmi, *Le Moïse de Freud. Judaïsme terminable et interminable* (New Haven, 1991), Paris, Gallimard, 1993.

FREUD Amalia, née Malka Nathanson (1835-1930), mère de Sigmund Freud

Troisième femme de Jacob Freud*, Amalia Nathanson naquit à Brody dans une famille juive de la Galicie orientale, province polonaise rattachée à l'Autriche. Elle passa une partie de son enfance à Odessa et elle était encore très jeune quand ses parents vinrent s'installer à Vienne*. Son mariage fut célébré en 1855 par le rabin Isaac Noah Mannheimer selon le rite réformé alors que la jeune fille avait vingt ans de moins que son mari. Elle mit au monde un an plus tard le premier de ses huit enfants auquel on donna le prénom de son grand-père paternel (Schlomo), mort trois mois avant la naissance de son petit-fils. Sigmund Freud* ne portera jamais ce prénom.

Ernest Jones* donne un portrait précis de cette femme vive, belle, narcissique, tyrannique avec ses filles, égocentrique, douée d'un humour mordant, et capable de passer ses étés à Ischl à jouer aux cartes avec ses amies jusqu'à une heure avancée de la nuit : « A l'âge de 90 ans, elle refusa de recevoir un magnifique châle dont on voulait lui faire cadeau en disant qu'il "la vieillirait" [...]. Une photographie d'elle ayant paru dans un journal, elle dit en la regardant : "Quel mauvais portrait, j'ai l'air là-dessus d'une centenaire." Les jeunes visiteurs s'étonnaient de l'entendre parler de leur maître vénéré en l'appelant : *mein goldener Sigi* (mon Sigi en or). Quant à Martin Freud*, il décrit sa grand-mère comme une « "Juive polonaise typique avec tous les défauts que cela pouvait comporter" [...]. Elle avait le verbe haut et la langue bien pendue ; une femme d'un caractère résolu, peu patiente et extrêmement intelligente. »

Freud fut donc adoré par sa mère et eut avec elle une relation privilégiée. C'est à son contact qu'il construisit sa théorie du complexe d'Œdipe*, dont on trouve l'évocation dans *L'Interprétation des rêves**. Ébloui par sa nudité à l'âge de 4 ans, il fit, six ans plus tard, un célèbre rêve* d'angoisse : « Ma mère chérie avec une expression de visage particulièrement tranquille et endormie, portée dans sa chambre et étendue sur le lit par deux (ou trois) personnages munis de becs d'oiseaux. »

Selon sa propre interprétation*, les becs d'oiseaux étaient la représentation visuelle de *vögeln* (visser), mot allemand vulgaire qui désigne les rapports sexuels par analogie à *Vogel* (oiseau). Quant aux oiseaux, ils renvoyaient à la divinité égyptienne reproduite dans la bible familiale que le petit Sigmund avait l'habitude de feuilleter. Le rêve traduisait ainsi le désir* sexuel de l'enfant pour sa mère. Notons que Freud reprendra cette thématique en 1910, sous une autre forme, dans *Un souvenir d'enfance de Léonard de Vinci**.

Conscient de l'amour que lui portait sa mère, Freud déclara souvent, et notamment à propos de Goethe, que « lorsqu'on a été le favori incontesté de sa mère, on en garde pour la vie un sentiment conquérant, cette assurance de succès dont il n'est pas rare qu'elle entraîne effectivement après soi le succès ». Rien n'est plus vrai, et le lien qui unit bien souvent tout créateur (écrivain ou artiste) à sa mère est là pour le prouver, notamment dans les cas d'homosexualité* réussie. Freud fut d'ailleurs lui-même la preuve vivante de cette vérité. L'amour de sa mère lui donna tous les courages : non seulement il sut affronter l'adversité avec une incroyable assurance, mais il adopta à l'égard de la mort cette attitude d'acceptation typique de ceux qui se sentent immortels parce qu'ils ont pu faire le deuil du premier objet d'amour : la mère aimante.

On comprend alors l'angoisse qu'il éprouva à l'idée de mourir avant Amalia. Il en fit part à Karl Abraham* dans une lettre du 29 mai 1918 : « Ma mère aura 83 ans cette année et elle n'est plus bien solide. Il m'arrive de penser que si elle meurt, cela me donnera un peu plus de liberté, car l'idée qu'il faudrait lui annoncer que je suis mort a quelque chose qui vous fait reculer. » Du fait de cette angoisse, Amalia fut tenue dans l'ignorance des décès qui avaient frappé sa descendance. Et quand elle mourut à Vienne à l'âge de 95 ans, Freud, atteint de son cancer et déjà invalide, fut soulagé. Opposé aux rites religieux et épuisé par sa propre souffrance physique, il ne se rendit pas aux funérailles : « Pas de douleur, pas de deuil », déclara-t-il à Sandor Ferenczi*. Mais il ajouta aussitôt que, dans les couches profondes de l'inconscient*, cette mort allait bouleverser sa vie. Ce fut le cas en vérité, même si la mort de Jacob Freud avait eu, en 1896, encore plus d'effets sur lui.

On peut ajouter que la constatation que fit Freud sur « l'enfant préféré » fut corroborée de façon négative par les découvertes de Melanie Klein* sur la petite enfance. S'inspirant de sa relation détestable avec sa mère, Klein montrait en effet que la haine primordiale qui liait l'enfant à sa mère était la source de toutes les perturbations psychotiques et névrotiques ultérieures ainsi que la cause première et inconsciente de tous les échecs amoureux et professionnels rencontrés à l'âge adulte. D'où la nécessité d'une analyse précoce.

Ferenczi fut le premier à souligner en 1930 ce que la doctrine freudienne de la sexualité féminine* devait à cette relation entre Amalia et son fils : « On remarque la légèreté avec laquelle il sacrifie aux patients masculins les intérêts des femmes. Ceci correspond à l'orientation unilatérale, androphile de sa théorie de la sexualité. Sur ce point, il a été suivi par presque tous ses élèves, moi inclus [...]. Il est possible que l'auteur ait une répugnance personnelle à l'égard d'une sexualité spontanée de la femme, à orientation féminine : idéalisation de la mère. Il recule devant la tâche d'avoir une mère sexuellement exigente et d'avoir à la satisfaire. A un moment donné, il a dû être placé devant une telle tâche par le caractère passionné de la mère. (La scène primitive peut l'avoir rendu relativement impuissant.) [...]. Dans sa conduite, Freud joue seulement le rôle du dieu castrateur, il ne veut rien savoir du moment traumatique de sa propre castration dans l'enfance ; il est le seul qui ne doit pas être analysé. »

C'est moins le monisme sexuel (*libido** unique) de sa théorie qui révèle la piètre connaissance qu'a Freud de la féminité que l'incapacité, comme le dit Ferenczi, dans laquelle il s'est trouvé d'affronter la sexualité de la femme – et donc de la mère. C'est d'ailleurs sa nourrice (Monica Zajic, dite Nannie), et non pas sa mère, qui fut l'initiatrice dans ce domaine. A l'égard de la sexualité*, Freud adopta dans sa vie une attitude contraire à ce qu'il préconisait dans sa théorie. Il ne fut jamais l'amant des femmes qui le séduisaient par leur intelligence dite « masculine » et avec lesquelles il entretenait des relations transférentielles passionnelles (Marie Bonaparte*, Ruth Mack-Brunswick*, Jeanne Lampl-De Groot*, etc.) et il épousa une femme dont la sexualité se réduisait à assurer le rôle pour lequel elle était biologiquement constituée : celui de mère. Peter Gay a mis en évidence ce dernier point. Avec ses filles, Freud répéta ce clivage : Anna Freud* devint pour lui l'objet d'une véritable passion intellectuelle, tandis que Mathilde Hollitscher* et Sophie Halberstadt* eurent pour seul destin de devenir des mères. Une seule femme parvint à briser le miroir : Lou Andreas-Salomé*.

● Sigmund Freud, *L'Interprétation des rêves* (1900), *GW*, I-II, 1-642, *SE*, IV-V, 1-621, Paris, PUF, 1967 ; « Un souvenir d'enfance de *Poésie et Vérité* » (1917), in *L'Inquiétante Étrangeté et autres essais*, Paris, Gallimard, 1985, 190-207, *GW*, XII, 12-26, *SE*, XVII ; *Chronique la plus brève. Carnets intimes, 1929-1939*, annoté et présenté par Michael Molnar (Londres, 1992), Paris, Albin Michel, 1992. Sandor Ferenczi, *Journal clinique, janvier-octobre 1932*, Paris, Payot, 1985. Ernest Jones, *La Vie et l'œuvre de Sigmund Freud*, vol. I (New York, 1953), Paris, PUF, 1957, vol. II (New York, 1955), Paris, PUF, 1961. *Sigmund Freud. Lieux, visages, objets* (Francfort, 1976), Bruxelles, Complexe-Gallimard, 1979. Marianne Krüll, *Sigmund Freud, fils de Jacob* (Munich, 1979), Paris, Gallimard, 1983. Peter Gay, *Freud. Une vie* (New York, 1988), Paris, Hachette, 1990.

▷ DEUTSCH Helene. DIFFÉRENCE DES SEXES. FREUD Martha. HORNEY Karen. PATRIARCAT. PHALLOCENTRISME. RANK Otto.

FREUD Anna, sœur de Sigmund Freud

▷ BERNAYS Anna.

FREUD Anna (1895-1982), fille de Sigmund Freud

psychanalyste anglaise

Née à Vienne*, Anna Freud était le sixième et dernier enfant de Sigmund et Martha Freud*. Elle n'était désirée ni par sa mère ni par son père, qui décida après sa naissance de rester chaste, faute de pouvoir utiliser des contraceptifs. Aussi dut-elle lutter pour se faire reconnaître avec les qualités dont elle disposait : le courage, la ténacité, le goût pour les choses de l'esprit. N'ayant ni la beauté de sa sœur Sophie Halberstadt*, ni l'élégance de Mathilde Hollitscher*, elle se sentait en état d'infériorité dans sa famille où l'on attendait des seuls héritiers mâles qu'ils fussent doués pour les études.

Rivalisant depuis l'enfance avec sa tante Minna Bernays*, elle passa son adolescence à jalouser la doctrine qui la privait de son père adoré. A l'âge adulte, pour se rapprocher de lui, elle choisit d'entrer dans le cercle de ses disciples. Mais comme il n'était pas question pour elle d'aller à l'université ou de faire des études de médecine, elle devint institutrice. Elle le restera pendant toute la durée de la Première Guerre mondiale, de 1914 à 1920 exactement.

Son premier contact avec le mouvement psychanalytique eut lieu en 1913 : à l'occasion d'un voyage à Londres, elle se retrouva impliquée sans préavis au cœur des relations de son père avec Ernest Jones*. Accompagnant Loe Kann, la maîtresse de Jones alors en analyse avec Freud, Anna fut courtisée par lui. Averti par Loe, Freud le prit très mal et adressa à Jones de solides remontrances tout en interdisant à sa fille de s'engager dans une aventure sans lendemain avec un « vieux célibataire » rusé. Non content de jouer au père autoritaire, il sollicita la cure de Loe pour interpréter le comportement de son disciple : « Jones, dit-il en substance, courtise Anna pour se venger du fait que sa maîtresse veut le quitter, grâce à la réussite de sa cure. » A dater de ce jour, Freud se mit à éconduire tous les prétendants qui osaient faire la cour à sa fille (Hans Lampl*, notamment). Jones attendit une quarantaine d'années pour plaider sa cause auprès d'Anna et lui avouer qu'il l'aimait toujours.

Après la mort prématurée de Sophie et le mariage de Mathilde, Anna Freud devint l'Antigone du foyer paternel, à la fois disciple, confidente et infirmière. Quant à Freud, il n'hésita pas à la prendre en analyse à deux reprises : entre 1918 et 1920, puis entre 1922 et 1924. Dix ans plus tard, il tentera de justifier son choix : « Avec ma propre fille j'ai bien réussi, avec un fils on se heurte à des scrupules particuliers. » En réalité, Freud n'était pas dupe de cette explication œdipienne. Il savait fort bien que cette analyse avait eu pour effet de renforcer l'amour que lui portait Anna et que l'affirmation de la « réussite » de la cure n'était que l'expression d'une passion impossible à dénouer. Et c'est en toute franchise qu'il exprima à Lou Andreas-Salomé* ses véritables sentiments : il était aussi incapable de renoncer à Anna que de se priver de tabac.

De son côté, Anna souffrait du scandale que suscitait cette passion dans le mouvement psychanalytique. C'est pourquoi elle prit pour confidents Max Eitingon* et Lou Andreas-Salomé. Tous deux jouèrent un rôle analytique, le premier en essayant de la détacher de son père, la seconde en la poussant au contraire à assumer cette situation transgressive : « Peu importe le destin choisi, dit-elle, pourvu qu'on l'accomplisse jusqu'au bout. » Lou avait raison puisque c'est finalement dans l'épanouissement complet de cette piété filiale qu'Anna put donner une signification véritable à son existence de femme et de chef d'école dans le mouvement freudien. Elle eut avec son père une correspondance d'environ trois cents lettres (de part et d'autre), non encore publiée mais consultable à la Library of Congress* de Washington.

C'est dans le domaine de la psychanalyse des enfants* qu'Anna Freud fit son entrée dans le mouvement : en 1922, elle présenta à la Wiener Psychoanalytische Vereinigung (WPV) un premier travail intitulé « Fantasmes et rêveries diurnes d'un enfant battu ». Cinq ans plus tard, elle fit paraître son ouvrage principal, *Le Traitement psychanalytique des enfants*. Parallèlement, elle prit en main l'édition des œuvres de son père, les *Gesammelte Schriften*, achevées en 1924. L'année suivante, elle fut élue directrice du nouvel institut de psychanalyse de Vienne, qui venait de s'ouvrir. Ainsi commença-t-elle à prendre ces responsabilités institutionnelles qui allaient faire d'elle la grande représentante de l'orthodoxie viennoise à une époque où Melanie Klein*, sa terrible rivale, entreprenait sa grande refonte théorique de l'œuvre freudienne. Entre les deux femmes, représentantes de deux courants divergents au sein de l'International Psychoanalytical Association* (IPA), aucune entente ne sera jamais possible.

Entourée des plus remarquables disciples viennois de la première heure, Siegfried Bernfeld*, August Aichhorn*, Wilhelm (Willi) Hoffer (1897-1967), Anna créa en 1925 le Kinderseminar (Séminaire d'enfants) qui se réunit dans l'appartement de la Berggasse. Après les expériences malheureuses de Hermine von Hug-Hellmuth*, il s'agissait désormais de former des thérapeutes capables d'appliquer les principes de la psychanalyse* à l'éducation des enfants.

La même année elle rencontra Dorothy Burlingham*, qui devint sa chère et tendre amie pour toute la vie. A travers cette femme, Anna réalisa son désir de maternité. Avec une sorte de dévouement mystique, elle s'occupa en effet des quatre enfants de Dorothy : Bob (Robert), Mabbie (Mary), Tinky (Katrina), Michael (Mickey). Tous étaient atteints de troubles psychiques plus ou moins graves et Anna leur servit de mère, d'éducatrice et d'analyste.

Pour eux, elle créa avec Erik Erikson*, Peter Blos et Eva Rosenfeld (1892-1977), la nièce d'Yvette Guilbert*, une école spéciale qui fut ensuite fréquentée par des enfants dont les parents suivaient une analyse : « Pour ces analystes qui gravitaient autour de Freud et de la famille Burlingham à Vienne, écrit Peter Heller, la psychanalyse était bel et bien une religion, un culte, une Église [...]. Ma vie se déroulait dans l'école très privée des Burlingham-Rosenfeld, marquée par la personnalité d'Anna Freud et par sa conception d'une pédagogie psychanalytique. L'école consistait entre autres, et bien que cela ait été nié par la suite, en une expérience progressive et élitiste d'éducation d'enfants [de parents] suivant une analyse [...]. Une expérience privilégiée, très prometteuse, inspirée et animée par un idéal d'humanité plus pur et plus sincère que tous les autres établissements que j'ai fréquentés. Il s'y diffusait un authentique sens de la communauté. »

Alors que Melanie Klein inventait une nouvelle pratique de l'analyse d'enfant, Anna Freud suivait la voie indiquée par son père depuis la cure de Herbert Graf* (le petit Hans). Considérant qu'un enfant est trop fragile pour être soumis à une véritable analyse (avec exploration de l'inconscient*), elle maintenait le principe de la cure sous la responsabilité de la famille et des parents, et, plus généralement, sous la tutelle des institutions éducatives. Selon elle, le complexe d'Œdipe* ne devait pas être examiné de trop près chez l'enfant en raison d'un manque de maturité du surmoi*. Dans ce domaine, l'approche analytique devait donc être intégrée à l'action éducative.

La faiblesse de la doctrine annafreudienne venait de l'absence de réflexion sur les liens de l'enfant à la mère. Seule comptait aux yeux d'Anna la relation avec le père. D'où la prévalence accordée à la pédagogie du moi* au détriment de l'exploration inconsciente.

Après la rupture avec Otto Rank*, Anna Freud fut admise à sa place au Comité secret*. Elle eut alors l'impression de faire enfin partie des paladins de la « cause » analytique, ce qui la rapprocha encore davantage de son père. Dès lors, elle se fit la gardienne de l'orthodoxie freudienne.

En 1937, grâce à l'argent d'une riche Américaine, Edith Jackson (1895-1977), qui vint à Vienne pour faire une analyse avec Freud, Anna mit sur pied un pensionnat pour enfants pauvres auquel on donna le nom de Jackson Nursery. L'expérience s'inspirait de celle de Maria Montessori*. Elle fut interrompue par l'implantation du nazisme* en Autriche.

Contrainte d'émigrer avec toute la famille, Anna Freud s'installa à Londres en 1938, accompagnée de nombreux Viennois qui s'exileront ensuite aux États-Unis*. Pour les kleiniens, ce débarquement de la « légitimité freudienne » fut ressenti comme une véritable intrusion. Depuis de nombreuses années, la British Psychoanalytical Society (BPS) était en effet dominée par les thèses kleiniennes, qui avaient transformé de fond en comble le freudisme classique. Non seulement les psychanalystes anglais s'étaient éloignés de leurs collègues du continent, mais leur pratique, leur mentalité, leurs orientations cliniques, voire leurs conflits – autour d'Edward Glover* notamment – n'avaient plus rien à voir avec les querelles du monde germanophone. Or à cette date, Anna venait de publier son ouvrage majeur, *Le Moi et les mécanismes de défense,* qui allait à l'encontre des recherches de l'école anglaise. Le conflit était donc inévitable, il aura lieu après la mort de Freud avec le déclenchement en 1941 des Grandes Controverses*.

Proche des positions de l'*Ego Psychology**, Anna Freud reprenait la notion de défense* pour en faire le pivot d'une conception de la psychanalyse centrée non plus sur le ça* mais sur l'adaptation possible du moi à la réalité. D'où l'importance très grande accordée aux mécanismes de défense plutôt qu'à la défense proprement dite. L'ouvrage eut un grand succès aux États-Unis et marqua la naissance de l'annafreudisme*, deuxième grand courant représenté dans l'International Psychoanalytical Association* (IPA).

Épuisée par les controverses et déçue par l'évolution du mouvement analytique qu'elle trouvait de plus en plus éloigné du freudisme originel, Anna Freud conserva néanmoins bien des amis d'autrefois qui l'aimaient pour son dévouement, sa générosité et son sens de la fidélité, et avec lesquels elle pouvait évoquer de façon nostalgique l'ancienne splendeur viennoise. Parmi eux, Ernst Kris*, Marianne Kris*, Heinz Hartmann*, René Spitz*, Richard Sterba*, etc. Isolée à Londres, mais installée dans la magnifique demeure du 20 Maresfield Gardens qui deviendra le Freud Museum*, elle poursuivit sans relâche ses activités en faveur de l'enfance en créant les Hampstead Nurseries, toujours avec l'aide de Dorothy Burlingham. En 1952, elle fonda la Hampstead Child Therapy Clinic, un centre de thérapie et de recherches psychanalytiques où elle appliqua ses théories en étroite collaboration avec les parents des enfants pris en charge.

Garante de l'héritage freudien, elle s'occupa non seulement de la publication des ouvrages de son père et de ses archives, mais aussi des membres de sa famille, notamment ses neveux. Durant les années 1970, elle continua à jouer le rôle de mère auprès des enfants de son amie Dorothy. Deux d'entre eux eurent une fin dramatique : Bob mourut d'une crise d'asthme après avoir traversé plusieurs épisodes dépressifs, et Mabbie finit par se suicider en avalant une forte dose de médicaments.

En 1990, devenu professeur de littérature, Peter Heller publia un émouvant témoignage de ses souvenirs d'analyse avec Anna Freud. Né à Vienne en 1920, il avait suivi un traitement avec elle entre 1929 et 1932. Il avait ensuite épousé Tinky, la fille de Dorothy Burlingham, puis avait passé encore de longues années sur le divan de Kris. Le récit de sa cure accompagné des notes qu'Anna lui avait restituées faisait revivre l'étrange imbroglio des années 1920-1935, durant lequel Anna et son père avaient mêlé si étroitement divan, famille et vie privée. Peter Heller montrait notamment le caractère étouffant de la position « maternelle » occupée par Anna alors même que, dans sa doctrine, elle ne tenait pas compte du lien archaïque à la mère.

Comblée d'honneurs mais incapable de comprendre l'évolution du mouvement psychanalytique, Anna Freud mourut à Londres après avoir été confrontée à la tempête provoquée par les adeptes de l'historiographie* révisionniste à propos de la publication des lettres de son père à Wilhelm Fliess*.

A un jeune analyste qui lui avait envoyé en 1979 un article prévoyant la mort de la psychanalyse, elle répondit par ces mots : « Prédire la mort de la psychanalyse est peut-être à la mode. La seule réponse intelligente est celle que fit Mark Twain quand un journal annonça par erreur la nouvelle de sa mort : “Les nouvelles de ma mort sont très exagérées.” En tout cas, vous dites que les anciens sont restés très indifférents, ce qui est normal puisqu'ils ont toujours eu l'habitude des attaques. A bien des égards, c'est quand on l'attaque que la psychanalyse se porte le mieux. »

● Anna Freud, *Le Traitement psychanalytique des enfants* (Vienne, 1927), Paris, PUF, 1951 ; *Le Moi et les mécanismes de défense* (Vienne, 1936, Londres, 1937, New York, 1966, Paris, 1949), Paris, PUF, 1967 ; *Le Normal et le pathologique chez l'enfant* (Londres, 1965), Paris, Gallimard, 1968 ; *L'Enfant dans la psychanalyse*, Paris, Gallimard, 1976 ; *Les Conférences de Harvard* (Londres, 1992), Paris, PUF, 1994 ; *The Writings of Anna Freud*, 8 vol., New York, International Universities Press, 1966-1980. Joseph Sandler, Hansi Kennedy, Robert L. Tyson, *Techniques de psychanalyse de l'enfant*, conversations avec Anna Freud (Londres, 1980), Toulouse, Privat, 1985. Joseph Sandler, *Entretiens avec Anna Freud* (New York, 1985), Paris, PUF, 1989. Peter Heller, *Une analyse d'enfant avec Anna Freud* (Würzburg, 1983, Madison, 1990), Paris, PUF, 1996. Elisabeth Young-Bruehl, *Anna Freud* (New York, 1988), Paris, Payot, 1991.

▷ ANALYSE DIDACTIQUE. FILIATION. HOMOSEXUALITÉ. PATRIARCAT. SÉDUCTION (THÉORIE DE LA). *SELF PSYCHOLOGY*. SEXUALITÉ FÉMININE.

FREUD Emanuel (1833-1914), demi-frère de Sigmund Freud

Né à Tysmenitz, Emanuel était le fils aîné de Jacob Freud* et de sa première femme Sally Freud* (née Kanner). Comme Sigmund Freud*, son demi-frère, et comme Rosa Graf*, sa demi-sœur, il était d'humeur neurasthénique. Marié en 1852 à Maria Rokach (1834-1921), née à Milow en Russie* et fille d'un rabbin, il prit deux ans plus tard la succession de son père dans le commerce des textiles. En 1859, comme son frère Philipp*, il alla s'établir à Manchester en Grande-Bretagne* avec sa femme et ses trois enfants : Johann, dit John (1855-?), Pauline* et Bertha (1859-1944), nés tous les trois à Freiberg. A Manchester, il aura deux autres enfants, Samuel (1860-1945) et Matilda qui mourra en bas âge. Dans cette ville, Emanuel trouva l'aisance que son père n'avait pas connue. Il fit partie de la bonne bourgeoisie juive commerçante et figura avec son frère, en 1872, parmi les fondateurs de la South Manchester Synagogue. Il se tua accidentellement en tombant d'un train. Sa fille Bertha mourut elle aussi d'une chute accidentelle, au bas d'un escalier.

Freud avait beaucoup d'affection pour ce demi-frère qui aurait pu être son père et qui l'exhorta toujours à la piété filiale en lui rappelant qu'il appartenait à la troisième génération depuis celle de leur père. En 1908, il lui rendit visite en Angleterre. Dans son enfance, il eut pour compagnon de jeux son neveu John âgé de huit mois de plus que lui et qui, à l'âge de 18 ans, disparut sans laisser de traces. En 1979, Marianne Krüll émit l'hypothèse que dans leur enfance, John et Sigmund avaient tenté de déflorer leur jeune cousine Pauline Freud.

● *Lettres de famille de Sigmund Freud et des Freud de Manchester, 1911-1938*, Paris, PUF, 1996. Siegfried Bernfeld et Suzanne Cassirer-Bernfeld, « Freud's early childhood », *Bull. Menninger Clinic*, 1944, 8, 107-115. Renée Gicklhorn, « La famille Freud à Freiberg » (1969), *Études freudiennes*, 11-12, janvier 1976, 231-238. Marianne Krüll, *Sigmund Freud, fils de Jacob* (Munich, 1979), Paris, Gallimard, 1983.

▷ HISTORIOGRAPHIE. SÉDUCTION (THÉORIE DE LA).

FREUD Ernst (1892-1966), fils de Sigmund Freud

Né à Vienne*, Ernst était le quatrième enfant de Sigmund et Martha Freud*, et donc leur troisième et dernier fils après Martin et Oliver. N'étant le préféré ni de son père ni de sa mère, il fut aussi le plus indépendant dans la fratrie : on l'appelait « l'enfant chanceux », et, de fait, il ressemblait beaucoup à son père. Quand on lui demandera pourquoi il était devenu architecte, il dira que c'était parce que son père et les autres membres de sa famille ne connaissaient rien à ce domaine.

Doué d'un véritable talent d'artiste, il s'engagea très tôt dans cette voie. Elle lui permit d'apprendre un vrai métier, de conquérir une identité et surtout de pas dépendre financièrement de son père. Après avoir étudié à Munich, il s'installa à Berlin où il rencontra Lucie Brasch qu'il épousa en 1920. Après une crise grave, dont Freud fut tenu éloigné, le couple trouvera ses assises et vivra uni pendant cinquante ans. Trois enfants naîtront du mariage : Stefan, Lucian, Klemens.

A l'occasion de son trentième anniversaire, il reçut une lettre dans laquelle son père le félicitait de sa réussite : « Tu es le seul de mes enfants à posséder déjà tout ce qu'un homme peut désirer à ton âge : une femme aimante, un enfant superbe, du travail, des revenus et des amis. Tu mérites d'ailleurs tout cela, et comme tout dans la vie ne va pas suivant le mérite, laisse-moi exprimer le vœu que la chance te demeure fidèle. »

En 1933, avec l'arrivée de Hitler au pouvoir, Ernst émigra à Londres avec sa famille. Ayant déjà l'expérience des voyages, exerçant un métier où la mobilité était une habitude, il s'intégra fort bien à la société britannique. Ernest Jones* lui apporta son aide en lui demandant d'aménager une aile de sa maison de campagne. Il le jugea d'une extrême compétence : « Votre reconnaissance de la compétence d'Ernst, souligna Freud, est un baume dans mon cœur de père. Je regrette que mon autre fils [Oliver], qui est à Nice, n'ait retrouvé ni patrie ni situation. »

En 1938, Ernst organisa la venue de ses parents et de sa sœur Anna à Londres en installant le 20 Maresfield Gardens, une « Berggasse reconstruite » et délicieusement aménagée selon ses plans. C'est lui qui sera l'exécuteur testamentaire de son père et qui aura la charge de la publication de ses œuvres à la tête de la Sigmund Freud Copyright Ltd.

A sa mort, Lucie prit sa place après avoir failli succomber à une tentative de suicide*. Elle consacra alors toute son énergie au dernier projet d'Ernst : la réalisation d'un magnifique album illustré, le premier du genre, consacré à la vie de Freud : *Sigmund Freud. Lieux, visages, objets.* Il sera traduit dans le monde entier.

Ami de Francis Bacon (1909-1992), Lucian Freud devint l'un des peintres les plus importants de l'école néofigurative anglaise et fit de sa mère d'étonnants portraits. Quant au troisième fils d'Ernst, Sir Klemens Freud, il fut annobli et poursuivit une brillante carrière d'homme politique libéral et de chroniqueur radiophonique dans le domaine culinaire.

● Sigmund Freud, *La Naissance de la psychanalyse* (Londres, 1950), Paris, PUF, 1956 ; *Chronique la plus brève. Carnets intimes, 1929-1939*, annoté et présenté par Michael Molnar (Londres, 1992), Paris, Albin Michel 1992 ; et Sandor Ferenczi, *Correspondance, 1908-1914*, et *1914-1919*, 2 vol., Paris, Calmann-Lévy, 1992 et 1996. Ernest Jones, *La Vie et l'œuvre de Sigmund Freud*, vol. I (New York, 1953), Paris, PUF, 1957, vol. II (New York, 1955), Paris, PUF, 1961. Martin Freud, *Freud, mon père* (Londres, 1957), Paris, Denoël, 1975. Ernst Freud, Lucie Freud et Ilse Grubrich-Simitis (éd.), *Sigmund Freud. Lieux, visages, objets* (Francfort, 1976), Bruxelles, Complexe-Gallimard, 1979. Élisabeth Young-Bruehl, *Anna Freud* (New York, 1988), Paris, Payot, 1991. Peter Gay, *Freud. Une vie* (New York, 1988), Paris, Hachette, 1990. Jean Clair, « Lucian Freud, la question du nu en peinture », in *Éloge du visible*, Paris, Gallimard, 1996, 171-188.

▷ FREUD Anna. FREUD Eva. FREUD Martin. FREUD Oliver. HALBERSTADT Sophie. HOLLITSCHER Mathilde.

FREUD Eva (1924-1944), petite-fille de Sigmund Freud

Née à Berlin, Eva était la fille unique d'Oliver Freud* et de sa femme Henny. Elle émigra avec eux en France* à la fin du mois d'avril 1933. Après un court séjour à Paris, elle suivit ses parents à Nice où on l'inscrivit au lycée.

Pour Sigmund Freud*, qui avait tant souffert de la perte de son petit-fils Heinerle (fils de Sophie Halberstadt*), Eva était devenue la délicieuse Evchen. Elle lui rendit visite une dernière fois le 24 août 1939 et il se montra particulièrement tendre avec elle, sachant qu'il ne la reverrait jamais.

A la fin de l'été 1940, elle fit la connaissance d'un jeune homme juif né à Saint-Pétersbourg et âgé d'une trentaine d'années. Elle devint sa compagne au moment où il décida d'entrer dans la Résistance. C'est pour ne pas se séparer de lui qu'elle refusa d'émigrer aux États-Unis* avec ses parents en 1943. Prise en charge par René Laforgue*, avec lequel elle avait commencé une analyse, elle se retrouva très isolée à Nice où, bientôt, pour échapper aux persécutions antisémites, elle fut contrainte de vivre sous une fausse identité. Confrontée à une grossesse non désirée, elle se fit avorter clandestinement mais fut emportée par l'infection : soignée à Marseille à l'hôpital de la Timone, elle mourut d'une septicémie le 4 novembre 1944 après une très longue agonie au cours de laquelle elle demanda à recevoir le sacrement du baptême catholique. Revenu des maquis, son fiancé la fit enterrer au cimetière Saint-Pierre. En 1948, ses parents vinrent se recueillir sur sa tombe et, en 1962, ils rencontrèrent son fiancé et quelques-uns de ses amis.

Pendant de nombreuses années, la mort d'Eva Freud fut attribuée par l'histoire officielle à une épidémie de grippe. C'est un psychanalyste français, Pierre Segond, qui révéla la vérité en 1993 à la suite d'une longue enquête menée dans le sud de la France.

● Pierre Segond, « Eva Freud, une vie. Berlin 1924, Nice 1934, Marseille 1944 » (1992), *Trames*, 15, septembre 1993, 76-116.

▷ FREUD Anna. FREUD Martin. FREUD Oliver. HALBERSTADT Sophie. HOLLITSCHER Mathilde.

FREUD Kallamon Jacob (1815-1896), père de Sigmund Freud

Né à Tysmenitz en Galicie orientale, province polonaise rattachée à l'Autriche en 1772, Jacob (ou Jakob) Freud était l'aîné d'une famille de commerçants juifs et faisait partie d'une fratrie composée de quatre enfants, parmi lesquels Josef Freud*, dont l'histoire est désormais connue. C'est Marianne Krüll qui a mis à jour en 1979 la généalogie familiale des Freud, à la suite de Renée Gicklhorn et Josef Sajner. Il est intéressant à cet égard de citer une lettre de Sigmund Freud* à Martha Freud* du 10 février 1886, dans laquelle il décrit ainsi la tragédie d'un de ses oncles nommé Abae : « Il est commerçant et l'histoire de sa famille est bien triste. De ses quatre enfants, seule une fille est normale et s'est mariée en Pologne. Un fils est hydrocéphale et faible d'esprit ; un autre, qui promettait quelque chose dans son jeune âge, est devenu fou à 19 et une fille à 20 ans. »

Le nom *Freud*, qui signifie joie en allemand (*Freude)*, était dérivé de *Freide*, prénom de l'arrière-grand-mère maternelle de Jacob. La famille l'avait adopté en 1789 lorsque l'empereur Joseph II avait promulgué une charte de tolérance qui émancipait les Juifs en leur reconnaissant les même droits et privilèges qu'aux autres sujets de l'Empire. Cette charte les obligeait néanmoins à prendre un patronyme, et donc à renoncer à l'organisation communautaire.

Détaché du hassidisme, tradition mystique de ses ancêtres, Jacob Freud fut un Juif des Lumières qui adhéra aux idées de la Haskala peu après son mariage avec Sally Freud*. Contrairement à ce que dira son fils, il resta attaché aux valeurs traditionnelles du judaïsme et transmit à ses enfants une solide culture juive en leur faisant lire la Bible dans l'édition bilingue illustrée (hébreu-allemand) de Ludwig Philippsohn.

Sa première épouse eut quatre enfants, dont deux seulement survécurent : Emanuel Freud* et Philipp Freud*. En 1848, le couple s'installa à Freiberg (Pribor), dans la partie nord-ouest de la Moravie intégrée à l'Empire austro-hongrois, dont la population tchèque parlait officiellement l'allemand. Négociant en textiles, peu doué pour le commandement, Jacob ne fit guère fortune dans le commerce et resta pauvre toute sa vie.

Après un second mariage avec Rebekka Freud*, Jacob épousa à Vienne*, en troisièmes noces, une jeune fille de 20 ans, Amalia Nathanson (Amalia Freud*), originaire comme lui d'une famille juive de Galicie orientale parlant couramment le yiddish. Elle lui donnera huit enfants, dont Sigismund-Schlomo, l'aîné, en 1856, qui se fera appeler Sigmund.

En août 1859, la famille quitta Freiberg pour Leipzig où elle séjourna quelque temps avant de s'installer définitivement à Vienne en mars 1860, date à laquelle Philipp et Emanuel Freud, les deux demi-frères de Sigmund, émigrèrent en Grande-Bretagne*.

Autant Amalia était une femme énergique et tyrannique, d'une grande vivacité d'esprit, autant Jacob était un homme simple, tranquille et apparemment peu autoritaire : « Optimiste invétéré, écrit Peter Gay, du moins en apparence, c'était un petit commerçant mal préparé à affronter l'industrialisation de son monde. Sympathique, généreux, d'heureuse disposition, il était intimement persuadé des dons éminents de son fils Sigismund. »

Freud fut ainsi le fils chéri de ses parents. C'est donc à partir d'une famille à la fois atypique pour l'époque, du fait des trois mariages successifs de son père, et à peu près « normale » du point de vue affectif, que Freud construira une théorie subversive de la famille patriarcale. Et si la psychanalyse* est bien née du sentiment de déclin du patriarcat* (qui frappait la société viennoise à la fin du siècle) et d'une tentative de revaloriser symboliquement la figure du Père, on peut dire que Jacob Freud fut l'incarnation même de la défaillance.

Les relations de Freud avec son père ont été maintes fois commentées, par Freud lui-même, par ses disciples et par des historiens ou des philosophes, parmi lesquels Henri F. Ellenberger*, Ernest Jones*, Max Schur*, Jean-Paul Sartre (1905-1980), Carl Schorske, Marianne Krüll, Élisabeth Roudinesco, Peter Gay, Yosef Hayim Yerushalmi. Deux événements majeurs doivent être mis en évidence au regard de la théorie freudienne de la paternité. Le premier a trait à la culpabilité du fils (Sigmund) au moment de la mort du père (Jacob). On en trouve la trace dans la correspondance (1897) avec Wilhelm Fliess*. Renonçant à considérer en 1897 qu'à l'origine de la névrose* il y a la séduction* sexuelle de l'enfant par l'adulte, Freud avoue sa culpabilité : il a en effet soupçonné son propre père d'être un séducteur et regrette amèrement que celui-ci soit mort avant l'abandon de cette théorie.

Le second événement a trait à la différence entre la judéité* du père et celle du fils. Il est évoqué dans *L'Interprétation des rêves** sous la forme d'un célèbre souvenir d'enfance. Un jour, raconte le narrateur, Jacob relate à son fils une anecdote ancienne pour lui prouver que le temps présent est meilleur que le passé. Autrefois, dit-il, un chrétien a jeté son bonnet de fourrure dans la boue en criant : « Juif, descends du trottoir. » Comme l'enfant demande à son père ce qu'il a fait, celui-ci répond : « J'ai ramassé mon bonnet. » A cette scène qui lui déplaît le petit Sigmund en oppose une autre, plus conforme à ses aspirations : celle, historique, au cours de laquelle Hamilcar fait jurer à son fils Hannibal qu'il le vengera des Romains et défendra Carthage jusqu'à sa mort.

Ce souvenir contient à la fois la position défaillante du père face à l'antisémitisme et l'itinéraire d'un fils qui se donne pour mission de revaloriser la fonction paternelle par un acte de rébellion hannibalienne. Dans cette perspective, il faut non seulement surpasser le père pour devenir le héros ou le chef d'école d'une nouvelle doctrine, mais encore changer de culture sans trahir sa judéité : telle est bien la destinée des fils de la bourgeoisie juive commerçante de l'Empire austro-hongrois, contraints de se « déjudaïser » pour exister, c'est-à-dire d'adopter la culture grecque, latine et allemande, seules capables de les sortir du ghetto.

● Sigmund Freud, *L'Interprétation des rêves* (1900), *GW*, I-II, 1-642, *SE*, IV-V, 1-621, Paris, PUF, 1967 ; *La Naissance de la psychanalyse* (New York, 1950), Paris, PUF, 1956 ; *Briefe an Wilhelm Fliess, 1887-1904*, Francfort, Fischer, 1986 ; *Correspondance, 1873-1939* (Francfort, 1960), Paris, Gallimard, 1966 ; *Chronique la plus brève. Carnets intimes, 1929-1939*, annoté et présenté par Michael Molnar (Londres, 1992), Paris, Albin Michel, 1992. Siegfried Bernfeld et Suzanne Cassirer-Bernfeld, « Freud's early childhood », *Bull. Menninger Clinic*, 1944, 8, 107-115. Josef Sajner « Sigmund Freuds Beziehungen zu seinem geburtsort Freiberg (probor) und zu Mähren », *Clio Medica*, 3, 1968, 167-180. Renée Glicklhorn, « La famille Freud à Freiberg » (1969), *Études freudiennes*, 11-12, janvier 1976, 231-238. Ernest Jones, *La Vie et l'œuvre de Sigmund Freud*, vol. I (New York, 1953), Paris, PUF, 1957, vol. II (New York, 1955), Paris, PUF, 1961. Carl E. Schorske, « Politique et parricide dans *L'Interprétation des rêves* de Freud », in *Vienne fin de siècle* (New York, 1961), Paris, Seuil, 1983, 177-196. Ernst Freud, Lucie Freud et Ilse Grubrich-Simitis (éd.), *Sigmund Freud. Lieux, visages, objets* (Francfort, 1976), Bruxelles, Complexe-Gallimard, 1979. Marianne Krüll, *Sigmund Freud, fils de Jacob* (Munich, 1979), Paris, Gallimard, 1983. Élisabeth Roudinesco, *Histoire de la psychanalyse en France*, vol. I (1982), Paris, Fayard, 1994. Jean-Paul Sartre, *Le Scénario Freud*, Paris, Gallimard, 1984. Peter Gay, *Freud. Une vie* (New York, 1988), Paris, Hachette, 1990. Yosef Hayim Yerushalmi, *Le Moïse de Freud. Judaïsme terminable et interminable* (New Haven, 1991), Paris, Gallimard, 1993.

▷ COMITÉ SECRET. CULTURALISME. FREUD Alexander. *HOMME MOÏSE ET LA RELIGION MONOTHÉISTE (L')*. ITALIE. JUNG Carl Gustav. PSYCHANALYSE. RANK Otto. ROMAN FAMILIAL. SEXUALITÉ FÉMININE. *TOTEM ET TABOU*.

FREUD Josef (1825-1897), oncle de Sigmund Freud

Dans le quotidien viennois *Neue Freie Press*, en date du 23 février 1866, est relaté le procès qui fut intenté à Josef Freud pour trafic de faux billets de banque : « Selon l'expertise de la Banque impériale russe de Saint-Pétersbourg, les fausses coupures en possession de Josef Freud ont été gravées à la pointe sèche et en lithographie sur du papier ordinaire et sont du type de celles qui inondent tous les marchés d'Europe. » Josef Freud fut condamné à dix ans de pénitentier.

Dans *L'Interprétation des rêves**, Sigmund Freud évoque la figure de cet oncle « malfaiteur » dans « Le rêve de l'oncle » : « Mon ami R. est un oncle. J'ai pour lui une grande tendresse. Je vois son visage devant moi un peu changé. On voit nettement une barbe jaune qui l'encadre. »

Selon Freud, Jacob considérait son frère comme un imbécile et non pas comme un mauvais homme. Cette affaire lui donna beaucoup de chagrin et, en peu de jours, il eut des cheveux gris.

Cette histoire suscita de multiples interprétations, parfois assez fantaisistes, de la part des spécialistes de l'histoire du freudisme.

● Alain de Mijolla, « "Mein Onkel Josef" à la une », *Études freudiennes*, 15-16, avril 1979, 183-192. Marianne Krüll, *Sigmund Freud, fils de Jacob* (Munich, 1979), Paris, Gallimard, 1983. Nicolas Rand et Maria Torok, *Questions à Freud*, Paris, Les Belles Lettres, 1995.

▷ HISTORIOGRAPHIE.

FREUD Julius (1857-1958), frère de Sigmund Freud

Né à Freiberg, Julius était le deuxième enfant de Jacob et Amalia Freud*, et le premier frère cadet de Sigmund Freud* qui éprouva dès sa naissance une forte jalousie à son endroit. Julius mourut à 8 mois. Dans une lettre à Wilhelm Fliess*, datée du 3 octobre 1897, Freud affirme avoir nourri à l'égard de ce frère de « méchants souhaits ». Après sa mort, il éprouva des remords et de la culpabilité. Par la suite, il reporta sa rivalité sur sa sœur aînée Anna Bernays*. C'est à cette date qu'il découvrit le conflit œdipien, autrement dit que la rivalité avec le père déterminait les souhaits meurtriers. Dans *L'Interprétation des rêves**, il indiquera qu'un jeune enfant dont le frère (ou la sœur) cadet est mort peut, après la naissance d'un autre frère, nourrir le souhait de voir le nouveau rival subir le même sort.

En 1917, dans un article consacré à l'autobiographie de Goethe, « Poésie et vérité », il évoqua cette question en montrant que le poète avait éprouvé un sentiment identique à l'occasion de la naissance puis de la mort, d'un petit frère.

Depuis Freud, la question de la place de l'enfant mort dans la fratrie a fait l'objet d'une abondante littérature, notamment de la part des psychanalystes d'enfants.

● Sigmund Freud, « Un souvenir d'enfance de *Poésie et Vérité* » (1917), in *L'Inquiétante Étrangeté et autres essais*, Paris, Gallimard, 1985, 190-207, *GW*, XII, 12-26, *SE*, XVII ; *La Naissance de la psychanalyse* (Londres, 1950), Paris, PUF, 1956. Siegfried Bernfeld et Suzanne Cassirer-Bernfeld, « Freud's early childhood », *Bull. Menninger Clinic*, 1944, 8, 107-115. Max Schur, *La Mort dans la vie de Freud* (New York, 1972), Paris, Gallimard, 1975.

▷ DOLTO Françoise. KLEIN Melanie. LACAN Jacques. ŒDIPE (COMPLEXE D'). PULSION DE MORT. STADE DU MIROIR.

FREUD Marie, dite Mitzi (1861-1942), sœur de Sigmund Freud

Née à Vienne*, Mitzi était le cinquième enfant de Jacob et Amalia Freud*, et la troisième sœur de Sigmund Freud*. En 1886, elle épousa un lointain cousin de Bucarest, Moritz Freud, décédé en 1920. Ils eurent cinq enfants, dont un mort-né. La benjamine, Martha Gertrud, était une artiste douée qui écrivait des livres illustrés pour les enfants. Souffrant de troubles d'identité et ne supportant pas d'être une fille, elle se fit appeler Tom. Elle épousa Jacob Seidmann qui se lança dans l'édition, fit faillite et se suicida en octobre 1929. Un an plus tard, atteinte d'une profonde dépression, Martha se laissa mourir dans un hôpital berlinois à l'âge de 37 ans. Elle avait une fille de 7 ans, Angela, qui, avec sa grand-mère, fut prise en charge par Freud.

Le 29 juin 1942, Mitzi fut déportée avec ses sœurs Pauline Winternitz*, dite Paula, et Adolfine Freud*, dite Dolfi, au camp de Theresienstadt. De là, elle fut transportée le 23 septembre au camp d'extermination de Maly Trostinec où elle disparut, sans doute gazée, en même temps que Paula.

● Harald Leupold-Löwenthal, « L'émigration de la famille Freud en 1938 », *Revue internationale d'histoire de la psychanalyse*, 2, 1989, 449-460. Sigmund Freud, *Chronique la plus brève. Carnets intimes, 1929-1939*, annoté et présenté par Michael Molnar (Londres, 1992), Paris, Albin Michel, 1992.

▷ GRAF Regina Debora. NAZISME.

FREUD Martha, née Bernays (1861-1951), femme de Sigmund Freud

Née à Wandsbeck près de Hambourg, Martha était la sœur de Minna Bernays* et d'Eli Bernays, lequel épousa Anna (Bernays*), la première des cinq sœurs de Sigmund Freud* et la seule d'entre elles qui put échapper à l'extermination nazie.

Issue d'une famille de savants juifs, Martha était la fille de Berman Bernays (1826-1879) qui fut négociant avant de devenir, une fois installé à Vienne* en 1868, le secrétaire de Lorenz von Stein, professeur de droit et d'économie. Le grand-père, Isaac Bernays (1792-1849), avait été le grand rabbin de Hambourg. Quant aux oncles paternels, Jacob Bernays (1824-1881) et Michael Bernays (1834-1897), ils étaient d'éminents intellectuels. Premier philologue juif de renom dans le domaine des études classiques (Grèce aristotélicienne et Antiquité tardive), Jacob fut aussi le premier Juif pratiquant à obtenir un poste universitaire (à Bonn) dans l'Allemagne* du XIXe siècle. De son côté, Michael enseigna la littérature à Munich et fut lecteur du roi Louis II de Bavière.

Dans les familles de stricte obédiance religieuse, les filles étaient élevées de manière étriquée, et Martha n'échappa pas à l'autorité de sa mère, Emilie Philipp (1830-1910), une femme imbue de préjugés, qui ressemblait à ces mères décrites par Freud et Josef Breuer* dans les *Études sur l'hystérie**. Devenue veuve en 1879, elle se montra hostile au choix de Martha : le jeune Sigmund n'avait ni fortune, ni position sociale.

C'est en avril 1882, à l'âge de 26 ans, que Freud rencontra Martha en visite chez sa sœur Anna. La jeune fille était brune, élancée, pâle, réservée, avec de grands yeux noirs expressifs. Il tomba amoureux d'elle dans la minute, comme cela lui était arrivé dix ans auparavant avec Gisela Fluss*. Aussitôt, il la courtisa selon les conventions admises dans leur milieu social. Les fiançailles furent célébrées le 27 juin 1882. Un an plus tard, Martha quitta Vienne pour s'installer à Wandsbeck avec sa mère et sa sœur Minna. Les fiancés vécurent séparés pendant trois ans, jusqu'à la date de leur mariage, le 13 septembre 1886. Pendant cette période, Freud écrivit environ mille lettres à Martha, dont une centaine à peine fut publiée en 1960. Kurt Eissler en effet, gardien des Sigmund Freud Archives à la Library of Congress* après 1945, les rendra inaccessibles aux chercheurs et Harold Blum, son successeur, suivra la même politique.

Si Martha était vierge au moment de ses fiançailles et le resta jusqu'à son mariage, Freud eut au moins une expérience sexuelle lors de sa vie de jeune homme, comme il en fit la confidence à Marie Bonaparte* qui s'empressa de noter ce détail dans son journal intime, sans préciser ni la date, ni la nature, ni la durée de ladite expérience. Toujours est-il que Freud fut obligé pendant quatre ans de se soumettre à un dur régime d'abstinence en se contentant d'échanger avec sa fiancée des lettres et des baisers. Avec l'aide de Minna, il aida Martha à se dégager de l'emprise de sa mère et surtout des pratiques religieuses dans lesquelles elle était enfermée et qu'il considérait comme des « sornettes ». Et c'est en affichant un certain dégoût qu'il accepta de se marier religieusement à Wandsbeck et de réciter les réponses en hébreu. Il faut dire que la loi autrichienne, contrairement à l'allemande, ne laissait pas le choix. Dès le premier vendredi qui suivit ses noces, il interdit à sa jeune épouse d'allumer les chandeliers du shabbat. Il n'eut de cesse ensuite de la détacher de sa famille pour faire d'elle une bourgeoise modèle selon son goût. Et elle accepta ce rôle qui lui convenait à merveille.

Martha était une remarquable femme d'intérieur et une mère attentive qui ne s'intéressait pas aux choses intellectuelles : « En ce qui concerne la psychanalyse*, disait Anna, ma mère n'a jamais coopéré... Elle croyait en mon père, et pas en la psychanalyse. » Elle affichait un calme et une douceur qui contrastaient singulièrement avec le caractère violent et impulsif de Freud. En cela elle ne ressemblait ni à sa sœur Minna, ni à Amalia Freud*, la mère de Sigmund, bien qu'elle l'aimât avec autant de force. Et c'est en raison de cette différence que Freud se félicita toujours d'avoir fait le bon choix : « Dans ce croisement, nous nous entendons mieux, lui dit-il un jour. Deux êtres semblables comme Minna et moi ne seraient pas bien assortis, et deux personnes de caractère facile ne peuvent avoir d'attirance l'une pour l'autre. »

Au contraire de son père, Freud fut un patriarche autoritaire. Strictement monogame, il n'était pas misogyne comme on l'a dit trop souvent. Il vouait une sorte de passion aux femmes intellectuelles et non conformistes, au point de nouer avec certaines d'entre elles (Marie Bonaparte par exemple) des relations viriles ou fraternelles. Dans sa vie privée, il adopta certains des préjugés victoriens de son temps, notamment pour ce qui concerne l'éducation des filles. Aussi se trouva-t-il souvent en contradiction avec les thèses qu'il développait dans sa doctrine, comme en témoignent ses hésitations à propos de la sexualité féminine*. Avec Martha, durant ses longues fiançailles, il se montra d'une jalousie et d'une possessivité dignes des plus célèbres amants romantiques du XIXe siècle.

Après la naissance d'Anna Freud*, son sixième enfant, Martha était épuisée et Sigmund, à peine âgé de 40 ans, décida de vivre dans la continence. Ainsi ce grand théoricien de la sexualité*, qui passa son temps à observer la *libido** humaine, s'obligea-t-il à une abstinence qui allait à l'encontre de ses principes thérapeutiques. Cette attitude n'était pas sans rapport avec ce goût pour la sublimation* qu'il attribuait à l'un de ses créateurs préférés : Léonard de Vinci (1452-1519).

A partir de 1920, c'est avec Anna que Freud se comporta comme autrefois avec Martha. Et sa jalousie à l'égard de sa fille était sans doute la répétition de celle qu'il avait affichée pendant ses fiançailles. Quoi qu'il en soit, Anna fut la « fille de la psychanalyse » et eut à se battre dans son enfance contre cette redoutable rivale qui lui prenait son père : c'est bien à une femme en effet que Freud comparait la psychanalyse à la fin de sa vie dans une lettre à Stefan Zweig* datée de juillet 1938 : « L'analyse est comme une femme qui veut être conquise, mais qui sait qu'on aura peu d'estime pour elle si elle n'oppose pas de résistance. »

● Sigmund Freud, *La Naissance de la psychanalyse* (Londres, 1950), Paris, PUF, 1956 ; *Briefe an Wilhelm Fliess, 1887-1904*, Francfort, Fischer, 1986. *Correspondance, 1873-1939* (Londres, 1960), Paris, Gallimard, 1966 ; et Stefan Zweig, *Correspondance* (Francfort, 1987), Paris, Rivages, 1991 ; *Chronique la plus brève. Carnets intimes, 1929-1939*, annoté et présenté par Michael Molnar (Londres, 1992), Paris, Albin Michel 1992. Marie Bonaparte, *Cahiers noirs* (journal), *1925-1939*, inédit (archives Élisabeth Roudinesco) ; Ernest Jones, *La Vie et l'œuvre de Sigmund Freud*, vol. I (New York, 1953), Paris, PUF, 1957, vol. II (New York, 1955), Paris, PUF, 1961. Martin Freud, *Freud, mon père* (Londres, 1957), Paris, Denoël, 1975. Élisabeth Young-Bruehl, *Anna Freud* (New York, 1988), Paris, Payot, 1991. Peter Gay, *Freud. Une vie* (New York, 1988), Paris, Hachette, 1990. Detlef Berthelsen, *La famille Freud au jour le jour. Souvenirs de Paula Fichtl* (Hambourg, 1989), Paris, PUF 1991. Paul Roazen, *Mes rencontres avec la famille Freud* (Amherst, 1993), Paris, Seuil, 1996. *Jacob Bernays, un philologue juif*, ouvrage collectif édité par John Glucker et André Laks, Presses universitaires du Septentrion, 1996.

▷ ANDREAS-SALOMÉ Lou. FREUD Ernst. FREUD Jacob. FREUD Martin. FREUD Oliver. HALBERSTADT Sophie. HOLLITSCHER Mathilde. JUDÉITÉ. PATRIARCAT. *SOUVENIR D'ENFANCE DE LEONARD DE VINCI (UN).*

FREUD (Jean) Martin (1889-1967), fils de Sigmund Freud

Né à Vienne*, Martin était le deuxième enfant de Sigmund Freud* et de sa femme Amalia, et donc le premier de ses trois fils avant Oliver et Ernst. Son prénom lui fut donné en hommage à Jean Martin Charcot*, mais on l'appelait Martin. Comme ses autres frères, il ne fut pas circoncis : Freud en effet refusait d'imposer à ses enfants les rituels religieux. Élevé selon la tradition de la bourgeoisie viennoise, Martin aurait dû devenir un patriarche.

Tyrannique avec ses filles, Freud ne fut pas autoritaire avec ses fils et les laissa choisir leur destin. Tous trois, cependant, furent victimes de la dureté de l'époque et de la fin de la monarchie des Habsbourg. Mobilisés durant la Première Guerre mondiale, humiliés ensuite par la défaite de 1918 qui réduisit à néant l'Empire austro-hongrois et ses structures patriarcales, chassés enfin d'Allemagne* et de Vienne par le déferlement du nazisme, ils connurent un destin difficile. Plus écrasé que ses frères et sœurs par l'image paternelle, peu aimé de sa mère qui préférait Oliver, Martin resta plus largement tributaire que les autres de la fortune de son père, puis de son héritage.

Freud donna un jour à Carl Gustav Jung* une explication sur la difficile relation de Martin avec sa mère. Elle était la conséquence, selon lui, des rapports conflictuels qui avaient surgi dans la famille Bernays, et notamment avec Eli, frère de Martha et époux d'Anna Bernays*, la sœur de Freud : « Il [Martin] n'est pas le préféré de sa mère, écrivait-il, mais au contraire il est traité par elle de manière presque injuste. Elle se dédommage sur lui de sa trop grande complicité avec son propre frère, auquel il ressemble, tandis que moi, chose remarquable, je compense auprès de lui ma dureté envers la même personne. »

Dans la fratrie, Martin eut à assumer le rôle de fils aîné en occupant auprès de sa petite sœur Anna la place très paternelle que son père avait prise autrefois auprès de son jeune frère Alexander. Comme Anna, Martin souffrait de son physique ingrat et fut jaloux de la beauté et du charme de son frère Oliver. Il était doté d'un esprit caustique, d'une belle intelligence et d'une merveilleuse capacité à la plaisanterie. Habitué à faire des farces, il se déguisa un jour en astrologue et se présenta au domicile de son père qui le regarda d'un œil tellement furibond qu'il en resta pétrifié. L'auteur du *Mot d'esprit* n'aimait guère être l'objet de telles moqueries. A l'exception de Mathilde, tous les enfants de Freud eurent des difficultés de prononciation, comme leur père dans son enfance : ils avaient un cheveu sur la langue, comme on dit. Aussi eurent-ils recours aux services d'une orthophoniste.

Lorsqu'il était étudiant, Martin devint sioniste en adhérant à la Kadimah, organisation de duellistes qui avait été créée en 1883 pour défendre l'honneur des Juifs et dont Freud finira lui-même par être membre honoraire. Après des études de droit qui auraient pu faire de lui un avocat, Martin préféra entrer dans les affaires, ce qui le conduisit à s'occuper de celles de son père et, plus particulièrement, du Verlag, la maison d'édition du mouvement freudien, dont il redressa les finances. De même, il géra fort bien la fortune de son père, notamment au moment de la prise du pouvoir par les nazis en Allemagne.

En 1919, il épousa Ernestine Drucker (surnommée Esti), une orthophoniste dont il aura deux enfants : Walter et Sophie. Esti était une femme émancipée qui ne se comportait pas comme les bourgeoises de Vienne et donnait notamment des soirées théâtrales. Elle ne plaisait guère à Freud : il la trouva d'abord trop jolie pour entrer dans la famille et, par la suite, la prit pour une folle : « Sa femme [de Martin] n'est pas simplement cinglée de méchanceté, mais elle est vraiment folle au sens médical du terme », disait-il. Ce mariage fut un désastre pour Martin. Séducteur, il collectionnait les femmes, ce qui avait le don d'exaspérer son père : « Dans ma vie privée, dit-il un jour à Marie Bonaparte*, je suis un petit-bourgeois, je n'aimerais pas qu'un de mes fils divorce ou qu'une de mes filles ait une liaison. » Freud était du reste tellement traditionaliste pour ce qui concerne l'éducation de ses enfants, qu'il leur laissa croire, sans être démenti par Martha, que les bébés naissaient dans les choux.

En mai 1938, Martin réussit à quitter Vienne, tandis que son fils Walter partait pour l'Australie sur un bateau qui faillit ne jamais arriver à destination. En Angleterre, Martin rencontra de nombreuses difficultés pour retrouver une activité. Il se lança dans la production d'articles de toilette et d'un dentifrice commercialisé sous le nom de *Martin A.* Après la guerre, il fut employé comme expert-comptable puis ouvrit un débit de tabac dont l'arrière-boutique était louée à un coiffeur. Au moment de la célébration du centenaire de la naissance de Freud, contre l'avis de sa sœur Anna, il rédigea un livre de souvenirs remplis d'anecdotes passionnantes sur les différents membres de sa famille. Ayant pris l'habitude de circuler en Vespa, il fut un jour victime d'un accident dont il ne se remit jamais vraiment. Il mourut dans une maison du sud de l'Angleterre où il s'était retiré avec sa deuxième femme.

Quant à Esti, elle émigra de son côté avec sa fille Sophie. En septembre 1940, toutes deux arrivèrent à Nice à bicyclette depuis Paris pour retrouver Oliver Freud* et sa famille. C'est là que Sophie rencontra Paul Loewenstein, son futur mari. Originaire d'Allemagne*, celui-ci avait été interné au camp des Milles d'où il s'était évadé. En juillet 1942, Sophie et Esti purent gagner Tanger, puis elles s'embarquèrent sur un bateau à destination de Baltimore.

Considérée comme la « brebis galeuse de la famille », Esti garda le nom de Freud et s'installa à New York dans un modeste appartement où elle continua à exercer le métier d'orthophoniste. Sa fille, Sophie Freud deviendra assistante sociale et enseignante à Boston. Elle manifestera souvent une attitude hostile au freudisme*.

● Sigmund Freud, *La Naissance de la psychanalyse* (Londres, 1950), Paris, PUF, 1956 ; *Chronique la plus brève. Carnets intimes, 1929-1939*, annoté et présenté par Michael Molnar (Londres, 1992), Paris, Albin Michel 1992. Sigmund Freud et Sandor Ferenczi, *Correspondance, 1908-1914*, et *1914-1919*, 2 vol., Paris, Calmann-Lévy, 1992 et 1996. Ernest Jones, *La Vie et l'œuvre de Sigmund Freud*, vol. I (New York, 1953), Paris, PUF, 1957, vol. II (New York, 1955), Paris, PUF, 1961. Martin Freud, *Freud, mon père* (Londres, 1957), Paris, Denoël, 1975. Célia Bertin, *La Dernière Bonaparte*, Paris, Perrin, 1982. Élisabeth Young-Bruehl, *Anna Freud* (New York, 1988), Paris, Payot, 1991. Peter Gay, *Freud. Une vie* (New York, 1988), Paris, Hachette, 1990. Detlef Berthelsen, *La Famille Freud au jour le jour. Souvenirs de Paula Fichtl* (Hambourg, 1989), Paris, PUF, 1991. Sophie Freud, *My Three Mothers and other Passions*, New York, New York Universities Press, 1991. Paul Roazen, *Mes rencontres avec la famille Freud* (Amherst, 1993), Paris, Seuil, 1996.

▷ FREUD Anna. FREUD Ernst. FREUD Eva. HALBERSTADT Sophie. HOLLITSCHER Mathilde.

FREUD Mathilde, fille de Sigmund Freud

▷ HOLLITSCHER Mathilde.

FREUD MUSEUM

En 1938, après l'annexion de l'Autriche par l'Allemagne nazie, Sigmund Freud* fut contraint de s'exiler à Londres. Au mois de septembre de cette même année, il emménagea avec sa famille au 20 Maresfield Gardens à Hampstead, dans une jolie maison que son fils Ernst Freud*, architecte, avait reconstituée sur le modèle de son appartement viennois du 19 Berggasse. Il y passa la dernière année de sa vie et y mourut le 23 septembre 1939. Sa fille Anna Freud* vécut dans cette maison jusqu'à sa mort en 1982, et laissa des dispositions pour qu'elle fût ensuite transformée en musée.

En 1980, les Archives Sigmund Freud firent l'acquisition du terrain et de la maison grâce aux ressources que la New-Land Foundation, fondée par Muriel Gardiner*, avait mises à la disposition d'Anna. En 1986, le Freud Museum ouvrit ses portes. Accessible aux visiteurs, qui peuvent y voir le divan de Freud, sa bibliothèque, ses collections, il contient aussi de nombreuses archives : vingt-cinq mille documents en tout, composés de photographies, de lettres et de photocopies de manuscrits et de correspondances dont les originaux sont conservés à la Library of Congress* de Washington.

● Lynn Gamwell et Richard Wells, *Sigmund Freud and Art. His Personal Collection of Antiquities*, introduction par Peter Gay, Londres, Freud Museum, 1988. Yann Le Pichon et Roland Harari, *Le Musée retrouvé de Sigmund Freud*, Paris, Stock, 1991. Michael Molnar, « Exposer Freud. Histoire, musée, vie privée », conférence inédite, colloque international de l'Institut français de Vienne, sur le thème « Psycho-analyse, premier siècle », juin 1996.

FREUD Oliver (1891-1969), fils de Sigmund Freud

Né à Vienne*, Oliver était le troisième enfant de Sigmund et de Martha Freud*, et donc leur deuxième fils après Martin et avant Ernst. Il portait ce prénom en hommage à Cromwell (1599-1658), chef militaire, régicide et puritain qui avait renversé la dynastie des Stuart, proclamé la République et permis aux Juifs de revenir en Angleterre. Freud admirait autant Cromwell qu'Alexandre le Grand, Hannibal et Christophe Colomb (1450-1506). Mais son choix exprimait aussi son anglophilie, qui remontait à l'époque où ses deux demi-frères, Philipp et Emanuel, s'étaient installés dans ce pays.

Oliver fut toujours l'enfant préféré de sa mère. Le jeune homme était un perfectionniste, passionné de chiffres, de mécanique et de bricolage, mais il ne put jamais trouver un vrai métier et demeura dépendant financièrement de son père. Au début de la Première Guerre mondiale, alors qu'il était mobilisé après des études d'ingénieur dans le génie civil, il se maria une première fois avec Ella Haim, une étudiante en médecine. Elle le suivit dans les Carpates, fut enceinte et avorta en mars 1916. En septembre, ils divorcèrent. Selon Freud, les raisons du divorce tenaient au caractère de la jeune femme, incapable de « concilier ses études médicales avec sa vie d'ingénieur à lui ». Après la défaite des empires centraux, Oliver s'installa à Berlin. A cette époque Freud analysait sa fille Anna, sans jamais avoir songé à faire de même avec son fils. A ses yeux en effet, un patient risquait toujours, dans ce type particulier de relation transférentielle, d'être plus hostile à un parent du même sexe qu'à un parent du sexe opposé. Il en avait fait l'expérience durant la cure de Herbert Graf* menée sous sa direction par le père de celui-ci.

Quand Oliver exprima le désir d'entrer en analyse, il s'adressa à Max Eitingon* qui habitait Berlin. Se sentant trop proche de la famille, celui-ci se récusa. « Il est particulièrement difficile pour moi d'être objectif, lui dit Freud, parce qu'il [Oliver] fut longtemps ma fierté et mon espoir secret, jusqu'à ce que son organisation anale-masochiste apparaisse nettement [...]. Je souffre beaucoup de mon sentiment d'impuissance. » Finalement c'est Franz Alexander*, en 1921, qui sera l'analyste du fils de Freud.

En 1923, Oliver épousa Henny Fuchs, la fille d'un médecin berlinois. Le couple n'aura qu'un enfant, Eva Freud*. Malgré un relatif bonheur conjugal, Oliver ne parvint pas à s'assurer une situation stable en Allemagne*. Contraint d'émigrer en 1933, il tenta sa chance en France* avec sa famille. Il résida quelque temps en Bretagne, dans le charmant village de Saint-Briac, puis à Paris, où il ne réussit jamais à s'établir. Arnold Zweig*, qui lui rendit visite avant de partir pour la Palestine, fut le témoin de ses difficultés : « Je pense beaucoup à votre fils, écrivit-il à Freud. Il a des sentiments trop généreux pour pouvoir prendre sur lui l'adaptation à la vie [...]. C'était presque bouleversant de remarquer qu'il montrait le plus de vie et de chaleur quand il me parlait de ses années de guerre, tout comme d'autres hommes de sa génération qui s'aperçoivent maintenant qu'il leur faut tout recommencer, à une époque où ils sont fermement engagés dans leur façon de penser. »

Dans le courant de l'année 1934, après un bref séjour à Paris, Oliver partit pour Nice, où il prit la direction d'un commerce de photographie. Quatre ans plus tard, il obtint la nationalité française. Grâce à l'argent de son père, il put acheter un magasin et s'intéresser à son nouveau métier. Dans la région, il fréquenta des intellectuels en exil venus d'Allemagne et d'Autriche.

A partir de novembre 1942, après l'invasion de cette partie de la zone libre par les troupes italiennes, Oliver et Henny durent songer à une nouvelle terre d'exil. Grâce à René Laforgue*, ils purent quitter la France par l'Espagne* après que leurs biens eurent été séquestrés dans le cadre de la politique d'« aryanisation » des entreprises juives. Ils émigrèrent aux États-Unis* sans leur fille. Fiancée à un jeune résistant, celle-ci refusa en effet de les suivre et mourut ensuite à Marseille dans des circonstances dramatiques.

Après avoir vécu l'effondrement de l'Autriche, Oliver Freud échappa comme ses frères et sœurs à l'extermination des Juifs par le nazisme*. Mais sa fragilité et sa douceur ne s'accordèrent jamais à la dureté d'une époque qui l'avait condamné à un perpétuel exil. Aussi ne trouva-t-il pas outre-Atlantique l'élan nécessaire à une nouvelle existence.

● Sigmund Freud, *La Naissance de la psychanalyse* (Londres, 1950), Paris, PUF, 1956 ; et Arnold Zweig, *Correspondance, 1927-1939* (Francfort, 1968), Paris, Gallimard, 1972 ; *Chronique la plus brève. Carnets intimes, 1929-1939*, annoté et présenté par Michael Molnar (Londres, 1992), Paris, Albin Michel, 1992. Sigmund Freud et Sandor Ferenczi, *Correspondance, 1908-1914*, et *1914-1919*, 2 vol., Paris, Calmann-Lévy, 1992 et 1996. Ernest Jones, *La Vie et l'œuvre de Sigmund Freud*, vol. I (New York, 1953), Paris, PUF, 1957. Martin Freud, *Freud, mon père* (Londres, 1957), Paris, Denoël, 1975. Élisabeth Young-Bruehl, *Anna Freud* (New York, 1988), Paris, Payot, 1991. Pierre Segond, « Eva Freud, une vie. Berlin 1924, Nice 1934, Marseille 1944 » (1992), *Trames*, 15, septembre 1993, 76-116. Paul Roazen, *Mes rencontres avec la famille Freud* (Amherst, 1993), Paris, Seuil, 1996.

▷ FREUD Anna. FREUD Ernst. FREUD Martin. HALBERSTADT Sophie. HOLLITSCHER Mathilde.

FREUD Pauline (1856-1944), nièce de Sigmund Freud

Née à Freiberg cinq mois après Sigmund Freud*, Pauline était la fille d'Emanuel Freud* et la sœur de John (1855-?), compagnon de jeux de Sigmund. Il semble qu'elle fut atteinte de surdité et de confusion mentale. Dans une lettre à Wilhelm Fliess*, Freud raconta que dans son enfance, avec John, il avait parfois traité la petite fille avec cruauté.

En 1899, dans un article intitulé « Les souvenirs-écrans », il raconta en partie l'histoire de leurs relations à trois en appelant John et Pauline « cousin » et « cousine » et en évoquant entre les lignes une scène à connotation sexuelle : deux petits garçons arrachent des fleurs à une petite fille qui tient dans la main un bouquet plus joli que les leurs. C'est Siegfried Bernfeld* qui fut le premier, en 1946, à montrer que cet article contenait un fragment autobiographique à la fois sur Gisela Fluss* et sur l'enfance de Freud. Le texte sera ensuite commenté par de nombreux auteurs de façon plus ou moins fantaisiste. En 1978, Marianne Krüll interpréta le souvenir comme la trace d'une scène de séduction* qui se serait produite vers 1859 : selon elle, John et Sigmund, âgés d'un peu plus de 3 ans, auraient tenté de « déflorer » Pauline ou tout au moins de regarder ou de toucher son sexe.

● Sigmund Freud, « Les souvenirs-écrans » (1899), in *Névrose, psychose et perversion*, Paris, PUF, 1973, 113-132, *GW*, I, 529-544, *SE*, III, 299-322, *OC*, sous le titre « Des souvenirs-couverture », III, 255-276 ; *La Naissance de la psychanalyse* (Londres, 1950), Paris, PUF, 1956 ; *Lettres de famille de Sigmund Freud et des Freud de Manchester*, 1911-1938, Paris, PUF, 1996. Siegfried Bernfeld, « An unknown autobiographical fragment by Freud », *American Imago*, 4, 1, 1946. Marianne Krüll, *Sigmund Freud, fils de Jacob* (Munich, 1979), Paris, Gallimard, 1983.

▷ FREUD Philipp. HISTORIOGRAPHIE. SÉDUCTION (THÉORIE DE LA).

FREUD Pauline, dite Paula, sœur de Sigmund Freud

▷ WINTERNITZ Pauline.

FREUD Philipp (1836-1911), demi-frère de Sigmund Freud

Né à Tysmenitz, Philipp était le fils cadet de Jacob Freud* et de sa première femme Sally Freud*, née Kanner. Il s'installa à Manchester avec son frère Emanuel Freud*, où il épousa en 1873 Matilda Bloomah, ou Bloome (1839-1925), dont il aura deux enfants, une fille, Pauline (1873-1951), qui épousera Frederick Hartwig, et un fils, Morris (1876-1938).

Compagnon de jeu de Sigmund Freud*, John Freud (1855-?), le fils d'Emmanuel, appelait cet oncle « oncle Philipp ». Sigmund en fit autant. Plein d'humour et volontiers caustique, Philipp était à ses yeux le « méchant frère », qui n'avait pas sur lui la même autorité qu'Emanuel. Un jour, Philipp surprit Monika Zajic, la bonne d'enfants surnommée Nannie, en train de voler. Il la fit « coffrer » (mettre en prison), au moment même où Amalia Freud* mettait au monde Anna (future Anna Bernays*), sœur de Sigmund. Celui-ci souffrit cruellement de l'absence de sa Nannie, qui coïncidait avec une impossibilité de voir sa mère. Il chercha Amalia (sa mère) dans tout l'appartement. Philipp ouvrit alors un « coffre » pour prouver à l'enfant que celle-ci n'était pas emprisonnée. En 1897, lors de son auto-analyse*, il analysa cet épisode en expliquant à Wilhelm Fliess* qu'il avait eu peur que sa mère fût « coffrée » elle aussi.

Dans son enfance, Freud soupçonna son demi-frère d'avoir des relations sexuelles avec sa mère d'un an plus jeune que lui. (Jacob Freud, le patriarche, aurait en effet pu être le père de sa troisième femme, Amalia, et le grand-père de Sigmund.) Dans *L'Interprétation des rêves**, Freud fait vaguement allusion à cette angoisse en racontant un rêve où apparaît un personnage, Philippe, fils d'une concierge, qui lui révèle la nature du coït et un objet, la bible de Ludwig Philippsohn, que lui avait autrefois offert son père. Quant au thème du « coffre » comme symbole du ventre maternel, il en parle dans *Psychopathologie de la vie quotidienne** en attribuant la mésaventure de la domestique « coffrée » à un enfant de 3 ans.

En 1978, Marianne Krüll a estimé que Philipp avait sans doute été réellement l'amant de sa belle-mère. Rien ne permet de le prouver.

Morris Freud, le fils de Philipp, émigra en Afrique du Sud en 1910 et mourut dans un accident d'automobile. Quant à sa sœur, Pauline Hartwig, surnommée Polly, elle conserva les lettres que Sigmund Freud avait écrites à sa famille de Manchester, et notamment à son neveu Samuel Freud (1860-1945), le fils d'Emmanuel. Le mari de Polly, Frederick, les léguera à la bibliothèque de l'université John Rylands.

● Sigmund Freud, *La Naissance de la psychanalyse* (Londres, 1950), Paris, PUF, 1956 ; *Lettres de famille de Sigmund Freud et des Freud de Manchester, 1911-1938*, Paris, PUF, 1996. Renée Gicklhorn, « La famille Freud à Freiberg » (1969), in *Études freudiennes*, 11-12, janvier 1976, 231-238. Marianne Krüll, *Sigmund Freud, fils de Jacob* (Munich, 1979), Paris, Gallimard, 1983. Peter Gay, *Freud. Une vie* (New York, 1988), Paris, Hachette, 1990.

▷ HISTORIOGRAPHIE. SÉDUCTION (THÉORIE DE LA).

FREUD Rebekka (1820-?), deuxième femme de Jacob Freud

L'hypothèse d'un deuxième mariage de Jacob Freud* fut avancée pour la première fois en 1968 par Josef Sajner, et reprise ensuite par Marianne Krüll en 1979, à partir de documents incontestables, sans qu'il soit possible de préciser les choses. Ainsi, on ignore la date exacte du mariage de Jacob avec Sally Kanner (dont il eut deux fils, Emanuel, né en 1833, et Philipp, né en 1834), comme celle de son mariage avec Rebekka (dont on ne sait pas ce qu'il advint, si ce n'est qu'elle mourut entre 1952 et 1955).

Ce qui est certain, c'est que Sigmund Freud* ignora toujours ce deuxième mariage de son père. En 1926, quand le psychiatre péruvien Honorio Delgado lui envoya l'ouvrage biographique qu'il venait de publier sur lui, et dans lequel il mentionnait les trois mariages de son père, Freud lui demanda de corriger l'« erreur » : « Mon père n'a été marié que deux fois et pas trois. »

En 1979, Marie Balmary se livra à de fragiles spéculations pour tenter de « christianiser » la destinée de Freud dans sa relation à son père. Elle décela une prétendue « faute cachée » de ce dernier. Elle inventa d'une part que Rebekka s'était suicidée en sautant d'un train et, d'autre part, qu'Amalia Nathanson, la mère de Sigmund, aurait été enceinte avant son mariage avec Jacob, le 29 juillet 1855. Pour donner corps à cette hypothèse, elle s'appuya sur une rumeur selon laquelle Sigmund Freud aurait masqué la date de sa naissance : le 6 mai au lieu du 6 mars. Or, Sigmund Freud est bien né le 6 mai 1856, et n'a jamais dissimulé cette date, comme l'a établi Renée Gicklhorn en 1969.

● Renée Gicklhorn, « La famille Freud à Freiberg » (1969), *Études freudiennes*, 11-12, janvier 1976, 231-238. Marianne Krüll, *Sigmund Freud, fils de Jacob* (Munich, 1979), Paris, Gallimard, 1983. Marie Balmary, *L'Homme aux statues. Freud et la faute cachée du père*, Paris, Grasset, 1979. « Lettres de Sigmund Freud à Honorio Delgado (1919-1934) », présentées par Alvaro Rey de Castro, *Revue internationale d'histoire de la psychanalyse*, 6, 1993, 401-427.

▷ FREUD Amalia. FREUD Emanuel. FREUD Philipp. FREUD Sally. HISTORIOGRAPHIE.

FREUD Regina Debora, dite Rosa, sœur de Sigmund Freud

▷ GRAF Rosa.

FREUD Sally, née Kanner, première femme de Jacob Freud, belle-mère de Sigmund Freud

On ne sait rien de Sally Kanner, sinon qu'elle épousa Jacob Freud* vers le milieu de l'année 1832, alors que celui-ci n'avait pas encore 17 ans. Emanuel Freud*, leur premier fils, naquit très peu de temps après le mariage, et le deuxième, Philipp Freud*, un an et demi plus tard. Deux autres enfants viendront ensuite, un fils et une fille, morts tous les deux en bas âge.

● Marianne Krüll, *Sigmund Freud, fils de Jacob* (Munich, 1979), Paris, Gallimard, 1983.

FREUD Schlomo Sigismund, dit Sigmund (1856-1939)
médecin viennois, fondateur de la psychanalyse

Des centaines d'ouvrages ont été écrits dans le monde sur Sigmund Freud et quelques dizaines de biographies lui ont été consacrées, de Fritz Wittels* à Peter Gay en passant par Lou Andreas-Salomé*, Thomas Mann*, Siegfried Bernfeld*, Ernest Jones*, Ola Andersson*, Henri F. Ellenberger*, Max Schur*, Kurt Eissler, Didier Anzieu, Carl Schorske. Quant à son œuvre traduite en une trentaine de langues, elle est composée de vingt-quatre livres proprement dits (dont deux en collaboration, l'un avec Josef Breuer*, l'autre avec William Bullitt), et de cent vingt-trois articles. A quoi s'ajoutent des préfaces, des notices nécrologiques, des interventions diverses à des congrès et des contributions à des encyclopédies. Les vingt-quatre ouvrages de Freud sont recensés dans le présent dictionnaire.

Kurt Eissler a évalué à quinze mille le nombre de lettres écrites par Freud et à environ dix mille celles qui sont déposées à la Library of Congress* : soit une perte d'environ cinq mille pièces. L'historien allemand Gerhard Fichtner a avancé d'autres chiffres. Selon lui, Freud aurait écrit environ vingt mille lettres. Dix mille auraient été détruites ou égarées, cinq mille sont conservées et cinq mille encore devraient pouvoir être retrouvées au XXIe siècle, soit dix mille en tout. Notons que Freud a détruit, perdu ou égaré une partie des lettres que lui ont envoyées ses correspondants, et notamment celles de Wilhelm Fliess*.

Trois mille deux cents lettres de Freud ont été publiées, parmi lesquelles celles adressées à Eduard Silberstein*, Wilhelm Fliess, Lou Andreas-Salomé, Ernest Jones, Carl Gustav Jung*, Sandor Ferenczi*, Romain Rolland*, Arnold Zweig*, Stefan Zweig*, Edoardo Weiss*, Oskar Pfister* (expurgées), Karl Abraham* (expurgées).

Deux éditions complètes de l'œuvre de Freud en allemand ont été réalisées : l'une de son vivant, les *Gesammelte Schriften*, l'autre après sa mort, les *Gesammelte Werke (GW)*, publiées d'abord à Londres, puis à Francfort. Les *GW* sont devenues, dans le monde entier, l'édition de référence. Elles ont été complétées par deux autres volumes : un *Index* et un volume de suppléments *(Nachtragsband)* réalisé par Angela Richards et Ilse Grubrich-Simitis. A quoi s'ajoute une édition dite d'études, la *Studienausgabe*, mise en chantier par Alexander Mitscherlich* et composée d'un choix de textes. Malgré tous les efforts de Mitscherlich et d'Ilse Grubrich-Simitis, aucune édition dite critique des *GW* (notes, commentaires, présentations, etc.) n'a pu voir le jour en Allemagne.

L'édition anglaise, réalisée par James Strachey* sous le titre de *Standard Edition of the Complete Psychological Works of Sigmund Freud (SE)*, est la seule édition critique de l'œuvre de Freud. C'est pourquoi, plus encore que les *Gesammelte Werke*, elle fait autorité dans le monde entier.

En raison de l'opposition des héritiers (Ernst Freud* et Anna Freud*), aucun des textes de Freud antérieurs à l'année 1886 n'a été intégré aux diverses œuvres complètes. Or, durant cette période dite prépsychanalytique, qui s'étend de 1877 à 1886, Freud a publié vingt et un articles sur des sujets divers : neurologie, médecine, histologie, cocaïne, etc. Ces articles ont été recensés en 1973 par Roger Dufresne.

En 1967, Jean Laplanche et Jean-Bertrand Pontalis ont isolé environ quatre-vingt-dix concepts strictement freudiens à l'intérieur d'un vocabulaire psychanalytique composé de quatre cent trente termes. Ces concepts ont fait l'objet de révisions multiples effectuées par les grands théoriciens et cliniciens du freudisme* : Sandor Ferenczi, Melanie Klein*, Jacques Lacan*, Donald Woods Winnicott*, Heinz Kohut*, etc.

Notons que Freud a publié cinq grands cas cliniques qui ont été commentés ou révisés par ses successeurs : Ida Bauer* (Dora), Herbert Graf* (le petit Hans), Ernst Lanzer* (l'Homme aux rats), Daniel Paul Schreber*, Sergueï Constantinovitch Pankejeff* (l'Homme aux loups). Selon le tableau des filiations* établi par Ernst Falzeder en 1994, Freud a formé à l'analyse didactique* plus de soixante praticiens, en majorité allemands, autrichiens, anglais, hongrois, néerlandais, américains, suisses, auxquels s'ajoutent les patients dont on ignore l'identité.

C'est sans doute Stefan Zweig*, en 1942, qui a rédigé l'un des portraits les plus réalistes de Freud : « On ne pouvait pas imaginer un être plus intrépide d'esprit. Freud osait à chaque instant exprimer ce qu'il pensait, même quand il savait qu'il inquiétait et troublait par ses déclarations claires et inexorables ; jamais il ne cherchait à rendre sa position moins difficile par la moindre concession, même de pure forme. Je suis persuadé que Freud aurait pu exposer sans rencontrer de résistance du côté de l'université les quatre cinquièmes de ses théories, s'il avait été prêt à les draper prudemment, à dire "érotique" au lieu de "sexualité", "*Eros*" au lieu de "*libido*", et à ne pas toujours aller au fond des choses, mais se borner à les suggérer. Mais dès qu'il s'agissait de son enseignement et de la vérité, il restait intransigeant ; plus ferme était la résistance, plus il s'affermissait dans sa résolution. Quand je cherche un symbole du courage moral – le seul héroïsme au monde qui ne réclame pas de victimes – je vois toujours devant moi le beau visage de Freud à la clarté virile, avec ses yeux sombres au regard droit et viril. »

Né à Freiberg en Moravie (ou Pribor en République tchèque), le 6 mai 1856, et prénommé Schlomo (Salomo) Sigismund, Sigmund Freud était le fils d'Amalia Freud* et de Jacob Freud*, et l'aîné du troisième mariage de son père, qui exerçait le métier de marchand de laine et de textiles. Deux frères étaient issus du premier mariage de Jacob avec Sally Freud* : Emanuel Freud* et Philipp Freud*. Du mariage de Jacob et d'Amalia naîtront encore sept enfants : Julius*, Anna*, Debora* (Rosa), Marie* (Mitzi), Adolfine* (Dolfi), Pauline* (Paula), Alexander*.

Circoncis à sa naissance, le jeune Sigmund reçoit une éducation juive non traditionaliste et ouverte à la philosophie des Lumières. Il est adoré de sa mère qui l'appelle « mon Sigi en or » et aimé de son père qui lui transmet les valeurs du judaïsme classique. Il a une affection particulière pour sa gouvernante tchèque et catholique, Monika Zajic, surnommée Nannie, qui lui fait visiter des églises, lui parle du « bon Dieu » et lui révèle un autre monde que celui du judaïsme et de la judéité*. Sans doute joue-t-elle également un rôle dans son apprentissage de la sexualité*.

En octobre 1859, Jacob quitte Freiberg où ses affaires déclinent du fait de l'introduction du machinisme et du développement de l'industrialisation. Il s'installe alors à Leipzig, espérant trouver dans cette ville de meilleures conditions pour le commerce des textiles. De leur côté, Emanuel et Philipp émigrent à Manchester. Un an plus tard, n'ayant rien pu changer à sa mauvaise situation économique, Jacob décide de s'établir à Leopoldstrasse, le quatrier juif de Vienne*. Entre 1865 et 1873, le jeune Sigmund fréquente le Realgymnasium puis l'Obergymnasium où il fait la connaissance d'Eduard Silberstein* avec lequel il entretient sa première grande correspondance intellectuelle, notamment à propos de Franz Brentano*. A cette époque, il tombe amoureux de Gisela Fluss*, la fille d'un négociant ami de son père. Plus tard, il se lie d'amitié avec Heinrich Braun (1854-1927) qui fera naître chez lui un intérêt pour la politique puis s'orientera vers le socialisme.

A l'automne 1873, Freud commence ses études de médecine. Il se passionne pour la science positive et surtout pour la biologie darwinienne (qui servira de modèle à tous ses travaux). En 1874, il songe à se rendre à Berlin pour fréquenter les cours de Hermann von Helmholtz*. Un an plus tard, à l'instigation de Carl Claus*, son professeur de zoologie, il obtient une bourse d'études qui lui permet de se rendre à Trieste pour étudier la vie des anguilles mâles de rivière. Publié en 1877, ce texte montre que Freud travaille à l'élaboration d'une théorie du fonctionnement spécifique des cellules nerveuses (les futurs neurones) dont on retrouvera la trace dans son « Esquisse d'une psychologie scientifique » de 1895.

Après cette expérience, Freud passe de l'institut de zoologie à celui de physiologie pour devenir l'élève d'Ernst Wilhelm von Brücke*, éminent représentant de l'école antivitaliste fondée par Helmholtz. C'est dans cet institut, où il reste six ans, qu'il se lie avec Josef Breuer*. Entre 1879 et 1880, forcé de prendre un congé pour effectuer son service militaire, il trompe son ennui en traduisant quatre essais de John Stuart Mill (1806-1873), sous la direction de Theodor Gomperz (1832-1912), écrivain et helléniste autrichien, responsable de la publication allemande des œuvres complètes de ce philosophe anglais, théoricien du libéralisme politique.

En 1882, après avoir obtenu son diplôme, il se fiance avec Martha Bernays (Martha Freud*) qui deviendra sa femme. Pour des raisons financières, il renonce alors à la carrière de chercheur et décide de devenir praticien. Les trois années suivantes, il travaille à l'hôpital général de Vienne, d'abord dans le service de Hermann Nothnagel* puis chez Theodor Meynert*. Là, il fait la connaissance de Nathan Weiss (1851-1883), et quand ce nouvel ami se suicide par pendaison, Freud est bouleversé : « Sa vie, écrit-il à Martha, semble avoir été celle d'un personnage de roman, et sa mort une catastrophe inévitable. »

Songeant à devenir célèbre et à se libérer de la pauvreté pour pouvoir se marier, il croit découvrir les vertus de la cocaïne et en administre à son ami Ernst von Fleischl-Marxow*, atteint d'une maladie incurable. Il ne perçoit pas la dépendance induite par la drogue et ignore tout de son action anesthésiante, que découvrira Carl Koller*.

En 1885, nommé *Privatdozent* en neurologie, Freud obtient une bourse d'études pour se rendre à Paris. Il brûle de rencontrer Jean Martin Charcot* dont les expériences sur l'hystérie* le fascinent. Ce premier séjour en France* marque le début de la grande aventure scientifique qui le conduira à l'invention de la psychanalyse*. Au théâtre Saint-Martin, Freud assiste émerveillé à la représentation d'une pièce de Victorien Sardou jouée par Sarah Bernhardt : « Jamais actrice ne m'a surpris aussi peu, j'étais prêt à croire tout ce qu'elle disait. » Après Paris, il se rend à Berlin où il suit l'enseignement du pédiatre Adolf Baginsky.

De retour à Vienne, il s'installe comme médecin privé en ouvrant un cabinet sur la Rathausstrasse. Trois après-midi par semaine, il travaille également comme neurologue à la clinique Steindlgasse, premier institut public de pédiatrie dirigé par le professeur Max Kassowitz (1842-1913). En septembre 1886 il épouse Martha, et, le 15 octobre, il donne une conférence sur l'hystérie masculine à la Société des médecins où il reçoit un accueil glacial : non pas en raison de ses thèses (étiologiques), comme il le dira plus tard, mais parce qu'il attribue à Charcot la paternité de notions déjà connues par les médecins viennois.

En 1887, un mois après la naissance de sa fille Mathilde (Hollitscher*), Freud fait la connaissance de Wilhelm Fliess, brillant médecin juif berlinois qui poursuit de vastes recherches sur la physiologie et la bisexualité*. C'est le début d'une longue amitié et d'une superbe correspondance intime et scientifique. Malgré plusieurs tentatives, Fliess ne parviendra jamais à guérir Freud de sa passion pour le tabac : « J'ai commencé à fumer à 24 ans, écrira-t-il en 1929, d'abord des cigarettes puis très vite exclusivement des cigares [...]. J'estime que je dois au cigare un grand accroissement de ma capacité de travail et une meilleure maîtrise de moi-même. »

En septembre 1891, Freud emménage dans un appartement situé au 19 Berggasse. Il y restera jusqu'à son exil de 1938, entouré de ses six enfants (Mathilde, Martin*, Oliver*, Ernst*, Sophie Halberstadt*, Anna*) et de sa belle-sœur Minna Bernays*. En tant que praticien, il s'occupe essentiellement de femmes de la bourgeoisie viennoise qualifiées de « malades nerveuses » et atteintes de troubles hystériques. Délaissant le nihilisme thérapeutique, si courant dans le milieu médical viennois de l'époque, il cherche avant tout à guérir et à soigner ses patientes, à les soulager de leurs souffrances psychiques. Pendant un an, il utilise les méthodes thérapeutiques admises à cette époque : massages, hydrothérapie, électrothérapie. Mais bientôt, il constate que ces traitements n'ont aucun effet. Aussi commence-t-il à utiliser l'hypnose* en s'inspirant des méthodes de suggestion* d'Hippolyte Bernheim*, auquel il rend visite à l'occasion du premier congrès international d'hypnotisme qui se tient à Paris en 1889. En 1891, il publie une monographie, *Contribution à la conception des aphasies**, dans laquelle il s'appuie sur les théories de Hughlings Jackson* pour proposer une saisie fonctionnelle, et non plus seulement neurophysiologique, des troubles du langage. A la doctrine des « localisations cérébrales » il substitue celle de l'associationnisme qui ouvre la voie à la définition d'un « appareil psychique » telle qu'on la trouvera dans la métapsychologie* : il en donne la première formulation en 1896 et en pose les fondements dans le chapitre VII de *L'Interprétation des rêves.*

En travaillant aux côtés de Breuer, Freud abandonne progressivement l'hypnose au profit de la *catharsis**, puis invente la méthode de la libre association*, et enfin la *psycho-analyse :* le mot est employé pour la première fois en 1896, et son invention est attribuée à Breuer. En 1897, sur un rapport favorable de Nothnagel et de Richard von Krafft-Ebing*, Freud est proposé pour recevoir le titre prestigieux de professeur extraordinaire. Sa nomination sera ratifiée par l'empereur François-Joseph le 5 mars 1902.

Contrairement à de nombreux intellectuels viennois marqués par la « haine de soi juive », Freud, Juif infidèle et incroyant, hostile à tous les rituels et à la religion, ne reniera jamais sa judéité. Comme le souligne Manès Sperber, il restera un « Juif conscient ne dissimulant jamais devant personne son origine, la proclamant au contraire avec dignité, souvent avec fierté. Bien des fois, il affirma qu'il détestait Vienne et qu'il se sentait comme libéré chaque fois qu'il s'éloignait de cette cité où il avait grandi et à laquelle il devait rester néanmoins attaché par des liens indestructibles. Sa conscience de l'identité juive demeura sans éclipse parce que son origine ne fut jamais pour lui une source de sentiments d'infériorité, bien qu'elle lui posât des problèmes et lui causât des difficultés supplémentaires, notamment dans sa vie professionnelle ».

Dans le cadre de son amitié pour Fliess se produisent plusieurs événements majeurs de la vie de Freud : son auto-analyse*, un échange de cas (Emma Ekstein*), la publication d'un premier grand livre, *Études sur l'hystérie**, où sont relatées plusieurs histoires de femmes (Bertha Pappenheim*, Fanny Moser*, Aurelia Öhm*, Anna von Lieben*, Lucy, Elisabeth von R., Mathilde H., Rosalie H.), et enfin l'abandon de la théorie de la séduction*, selon laquelle toute névrose* serait explicable par un trauma réel. Ce renoncement, fondamental pour l'histoire de la psychanalyse, intervient le 21 septembre 1897. Freud en fait part à Fliess sur un ton emphatique dans une lettre qui deviendra célèbre : « Je ne crois plus à ma *neurotica.* »

Il commence alors à élaborer sa doctrine du fantasme*, puis il conçoit une nouvelle théorie du rêve* et de l'inconscient*, centrée sur le refoulement* et le complexe d'Œdipe*. Son intérêt pour la tragédie de Sophocle est contemporain de sa passion pour *Hamlet.* Freud est en effet un grand lecteur de littérature anglaise, et il se nourrit particulièrement de l'œuvre de Shakespeare : « Une idée m'a traversé l'esprit, écrit-il à Fliess en 1897, celle que le conflit œdipien mis en scène dans l'*Oedipus Rex* de Sophocle pourrait être aussi au cœur de *Hamlet.* Je ne crois pas à une intention consciente de Shakespeare, mais plutôt qu'un événement réel a poussé le poète à écrire ce drame, son propre inconscient lui ayant permis de comprendre l'inconscient de son héros. »

Après 1926, et malgré une longue discussion avec James Strachey*, Freud finira par céder à la croyance selon laquelle Shakespeare n'était pas l'auteur de son œuvre. Ce thème du déplacement de l'attribution d'une paternité ou d'une identité se retrouvera d'ailleurs à plusieurs reprises dans son œuvre, et notamment dans *L'Homme Moïse et la religion monothéiste**, où il fait de Moïse un Égyptien.

De la nouvelle théorie de l'inconscient naîtra un deuxième grand livre publié en novembre 1899, *L'Interprétation des rêves**, où est raconté le rêve de « L'injection faite à Irma*» survenu alors que Freud séjournait à Bellevue, en juillet 1895, dans un petit château de la forêt viennoise : « Crois-tu, écrit-il à Fliess le 12 juin 1900, qu'il y aura un jour sur cette maison une plaque de marbre sur laquelle on pourra lire : “C'est dans cette maison que le 24 juillet 1895 le mystère du rêve fut révélé au docteur Sigmund Freud” ? L'espoir en reste bien faible jusqu'à ce jour. »

Entre 1901 et 1905, Freud publie son premier cas clinique (« Dora ») et trois autres ouvrages : *Psychopathologie de la vie quotidienne** (1901), *Le Mot d'esprit et sa* *relation à l'inconscient** (1905), *Trois Essais sur la théorie sexuelle** (1905). En 1902, avec Alfred Adler*, Wilhelm Stekel*, Max Kahane (1866-1923) et Rudolf Reitler (1865-1917), il fonde la Société psychologique du mercredi*, premier cercle de l'histoire du freudisme*. Durant les années qui suivent, de nombreuses personnalités du monde viennois se joignent au groupe : Paul Federn*, Otto Rank*, Fritz Wittels*, Isidor Sadger*. C'est au cours de ces réunions que s'élabore l'idée d'une possible application de la psychanalyse à tous les domaines du savoir : littérature, anthropologie*, histoire, etc. Freud lui-même défend la notion de psychanalyse appliquée* en publiant une fantaisie littéraire : *Le Délire et les rêves dans la « Gradiva » de Jensen** (1907).

En 1907 et 1908, le cercle des premiers disciples freudiens s'élargit encore avec l'adhésion à la psychanalyse de Hanns Sachs*, Sandor Ferenczi, Karl Abraham, Ernest Jones, Abraham Arden Brill*, Max Eitingon*.

Durant le premier quart du siècle, la doctrine freudienne s'implante dans plusieurs pays : Grande-Bretagne*, Hongrie*, Allemagne*, côte est des États-Unis*. En Suisse* se produit un événement majeur dans l'histoire du mouvement psychanalytique : Eugen Bleuler*, médecin-chef de la clinique du Burghölzli de Zurich, commence en effet à appliquer la méthode psychanalytique au traitement des psychoses* tout en inventant la notion de schizophrénie*. Une nouvelle « terre promise » s'ouvre ainsi à la doctrine freudienne : elle peut désormais investir le savoir psychiatrique et tenter d'apporter une solution à l'énigme de la folie* humaine.

Le 3 mars 1907, Carl Gustav Jung, élève et assistant de Bleuler, se rend à Vienne pour rencontrer Freud. Après plusieurs heures d'entretien, il est conquis par ce nouveau maître. Il sera le premier disciple non juif de Freud.

En 1909, à l'invitation de Grandville Stanley Hall*, Freud se rend, en compagnie de Jung et de Ferenczi, à la Clark University de Worcester, dans le Massachusetts, pour y donner cinq conférences qui seront réunies sous le titre *Sur la psychanalyse**. Malgré une rencontre fructueuse avec James Jackson Putnam* et un succès considérable, Freud n'apprécie guère le continent américain. Toute sa vie, il se méfiera de l'esprit pragmatique et puritain de ce pays qui accueille ses idées avec un enthousiasme naïf et déconcertant.

Redoutant l'antisémitisme et craignant que la psychanalyse ne soit assimilée à une « science juive », Freud décide de la « déjudaïser » en plaçant Jung à la tête du jeune mouvement. Après un premier congrès, qui réunit à Salzbourg en 1908 toutes les sociétés locales, il crée avec Ferenczi, à Nuremberg en 1910, une association internationale : l'Internationale Psychoanalytische Vereinigung (IPV). En 1933, le sigle allemand sera abandonné. L'IPV deviendra alors l'International Psychoanalytical Association* (IPA).

Entre 1909 et 1913, Freud publie encore deux ouvrages : *Un souvenir d'enfance de Léonard de Vinci** (1910) et *Totem et Tabou** (1912-1913). A partir de 1910, l'expansion du mouvement se traduit par des dissidences ayant pour enjeu à la fois des querelles de personnes et des questions théoriques et techniques. Aux rivalités narcissiques se mêlent des critiques sur la durée des cures, la question du transfert* et du contre-transfert*, la place de la sexualité* et la définition de la notion d'inconscient*. En 1911, Adler et Stekel se séparent du groupe freudien. Deux ans plus tard, Jung et

Freud cessent toute relation. Ne supportant pas les déviations par rapport à sa doctrine, Freud publie à la veille de la Première Guerre mondiale un véritable pamphlet, « Sur l'histoire du mouvement psychanalytique », dans lequel il dénonce les trahisons de Jung et Adler. Puis il crée un Comité secret* composé de ses meilleurs paladins auxquels il distribue un anneau de fidélité.

Loin de prévenir les dissidences, cette initiative conduit à de nouvelles querelles. Soutenus par Jones, les Berlinois (Abraham et Eitingon) préconisent l'orthodoxie institutionnelle, tandis que les Austro-Hongrois (Rank et Ferenczi) s'intéressent davantage aux innovations techniques. Une nouvelle dissidence marque encore l'histoire de ce premier freudisme : celle de Wilhelm Reich*.

Autour de 1930, le phénomène de la dissidence fait place à celui des scissions*, caractéristique de la transformation de la psychanalyse en un mouvement de masse. Ce sont désormais les groupes qui s'affrontent, et non plus les disciples ou les pionniers en rivalité avec leur maître. Isolé à Vienne mais célèbre dans le monde entier, Freud poursuit son œuvre sans pouvoir contrôler la politique de son mouvement. Entre 1919 et 1933, l'IPA se transforme en une véritable machine bureaucratique ayant à charge de régler tous les problèmes techniques relatifs à la formation des psychanalystes.

A la fin de la Première Guerre mondiale, la discussion sur le caractère traumatique des affections psychiques est relancée avec l'apparition des névroses de guerre*. Freud est alors confronté à son vieux rival Julius Wagner-Jauregg*, accusé d'avoir soumis des soldats jugés simulateurs à d'inutiles traitements électriques. Dans ce débat, il intervient de façon magistrale pour démontrer la supériorité de la psychanalyse sur toutes les autres méthodes.

Avec l'effondrement de l'Empire austro-hongrois, Berlin devient la capitale du freudisme, comme en témoignent la création du Berliner Psychoanalytisches Institut* (BPI) et les nombreuses activités de l'institut de Francfort autour d'Otto Fenichel* et de la « gauche freudienne ». Tandis que les Américains affluent à Vienne pour se former sur le divan du maître, celui-ci prend en analyse sa propre fille, Anna Freud. Elle ne tardera pas à devenir un chef d'école et à s'opposer à Melanie Klein*, sa principale rivale dans le domaine de la psychanalyse des enfants*. A cet égard, l'opposition entre l'école anglaise et l'école viennoise, qui se développe dans l'IPA à partir de 1924 et qui tourne autour de la question de la sexualité féminine*, témoigne de la place de plus en plus importante des femmes dans le mouvement psychanalytique. Au cœur de cette polémique, Freud maintient sa théorie de la *libido* unique et du phallocentrisme*, sans pour autant se montrer misogyne. Attaché dans sa vie privée à une conception bourgeoise de la famille patriarcale, il adopte néanmoins dans ses amitiés avec les femmes intellectuelles une attitude parfaitement courtoise, moderne et égalitaire. Par sa doctrine et sa place de thérapeute, il joue bien un rôle dans l'émancipation des femmes.

Dans les années 1920, Freud publie trois ouvrages fondamentaux à travers lesquels il définit sa deuxième topique* et remanie entièrement sa théorie de l'inconscient et du dualisme pulsionnel : *Au-delà du principe de plaisir** (1920), *Psychologie de masse et analyse du moi** (1921), *Le Moi et le Ça** (1923). Ce mouvement de refonte conceptuelle avait déjà commencé en 1914, lors de la publication d'un article consacré à la question du narcissisme*. Il s'était confirmé en 1915, avec l'élaboration d'une métapsychologie* et la parution d'un essai sur la guerre et la mort dans lequel Freud soulignait la nécessité pour le sujet de « s'organiser en vue de la mort afin de mieux endurer la vie ». De cette refonte, centrée sur la dialectique de la vie et de la mort et sur une accentuation de l'opposition entre le moi* et le ça*, naîtront les différents courants du freudisme moderne : kleinisme*, *Ego Psychology**, *Self Psychology**, lacanisme*, annafreudisme*, Indépendants*.

Pour postuler l'existence d'une pulsion* de mort, Freud revalorise deux grandes figures de la mythologie grecque : Eros et Thanatos. Cette révision de la doctrine originelle se produit à un moment où la société viennoise, déjà hantée par sa propre mort depuis la fin du siècle, se trouve confrontée à la négation absolue de son identité : l'Autriche de cette époque, comme le souligne Stefan Zweig, n'est plus sur la carte de l'Europe qu'« une lueur crépusculaire » une « ombre grise, incertaine et sans vie de l'ancienne monarchie impériale ».

En février 1923, Freud découvre du côté droit de son palais une petite tumeur qui doit être aussitôt excisée. En un premier temps, Felix Deutsch*, son médecin, lui cache la nature maligne de cette tumeur. Freud se brouille avec lui. Six mois plus tard, Hans Pichler, chirurgien viennois, procède à une intervention radicale : l'ablation des maxilaires et de la partie droite du palais. Trente et une opérations seront pratiquées par la suite sous le contrôle de Max Schur*. Freud est obligé de supporter une prothèse, qu'il appelle « le monstre » : « Avec son palais artificiel, écrit Zweig, il avait visiblement de la peine à parler [...]. Mais il ne lâchait pas ses interlocuteurs. Son âme d'acier mettait une ambition particulière à prouver à ses amis que sa volonté était demeurée plus forte que les tourments mesquins que lui infligeait son corps [...]. C'était un terrible combat, et toujours plus sublime à mesure qu'il durait. Chaque fois que je le revoyais, la mort avait plus distinctement jeté son ombre sur son visage [...]. Un jour, lors d'une de mes dernières visites, j'amenai avec moi Salvador Dalí, selon moi le peintre le plus doué de la jeune génération, qui vouait à Freud une vénération extraordinaire. Pendant que je parlais, il dessina une esquisse. Je n'ai jamais eu le courage de la montrer à Freud, car Dali, avec sa clairvoyance, avait déjà figuré la mort à l'œuvre. »

La maladie n'empêche pas Freud de poursuivre ses activités, mais elle le tient éloigné des affaires du mouvement psychanalytique, et c'est Jones qui préside aux destinées de l'IPA à partir de 1934, date à laquelle Max Eitingon est contraint de quitter l'Allemagne.

Passionné de télépathie*, Freud n'hésite pas à se livrer avec Ferenczi, entre 1921 et 1933, à des expériences dites « occultes » qui vont à contre-courant de la politique jonesienne visant à donner à la psychanalyse une assise rationnelle, scientifique et médicale. En 1926, à la suite d'un procès intenté à Theodor Reik*, il prend vigoureusement la défense des psychanalystes non médecins en publiant *La Question de l'analyse profane**. L'année suivante, il engage avec son ami Oskar Pfister* une polémique en faisant paraître *L'Avenir d'une illusion**, ouvrage dans lequel il compare la religion à une névrose. Enfin, en 1930, avec *Malaise dans la culture**, il s'interroge sur la capacité des sociétés démocratiques modernes à dominer les pulsions destructrices qui conduisent les hommes à leur perte. Deux ans plus tard, dans un échange avec Albert Einstein (1879-1955), il souligne que le développement de la culture est toujours une manière de travailler contre la guerre. Entre 1929 et 1939, il tient une chronique de ses rendez-vous (*Kürzeste Chronik*, Chronique la plus brève) qui sera publiée par Michael Molnar à Londres en 1992.

De plus en plus pessimiste sur l'avenir de l'humanité, Freud ne se fait aucune illusion sur la manière dont le nazisme* traite les Juifs et la psychanalyse : « En homme vraiment humain, écrit Zweig, il était profondément bouleversé, mais le penseur ne s'étonnait nullement de l'effrayante irruption de la bestialité. » Cependant, au lendemain de l'incendie du Reichstag, il décide avec Eitingon de maintenir l'existence du BPI. Bien qu'il n'approuve pas la politique de « sauvetage » de la psychanalyse préconisée par Jones, il commet l'erreur de privilégier la lutte contre les dissidents (Reich et les adlériens) au lieu de refuser tout compromis avec Matthias Heinrich Göring*, ce qui aurait amené à suspendre toutes les activités psychanalytiques dès l'arrivée de Hitler au pouvoir.

Pourtant, en mars 1938, au moment de l'invasion de l'Autriche par les troupes allemandes, Richard Sterba* agit en sens contraire en décidant de refuser la politique de Jones et de ne pas créer à Vienne un institut « aryanisé » sur le modèle de celui de Göring à Berlin. La décision est alors prise de dissoudre la Wiener Psychoanalytische Vereinigung* (WPV) et de la transporter « là où Freud résidera ». Grâce à l'intervention du diplomate américain William Bullitt (1891-1967) et à une rançon versée par Marie Bonaparte*, Freud peut quitter Vienne avec sa famille. Au moment de partir, il est contraint de signer une déclaration par laquelle il affirme que ni lui ni son entourage n'ont été importunés par les fonctionnaires du parti national-socialiste. A Londres, il s'installe dans une belle maison du 20 Maresfield Gardens, futur Freud Museum*. C'est là qu'il rédigera son dernier ouvrage, *L'Homme Moïse et la religion monothéiste*. Il ne connaîtra jamais le sort réservé par les nazis à ses quatre sœurs, exterminées dans des camps de concentration.

Au début du mois de septembre 1939, il écoute chaque jour la radio. A son entourage qui lui demande si ce sera la dernière guerre il répond simplement : « Ma dernière guerre. » Il entame alors la lecture de *La Peau de chagrin* d'Honoré de Balzac (1799-1850) : « C'est juste ce qu'il me faut, dit-il, ce livre parle de rétrécissement et de mort par inanition. » Le 21 septembre, il prend la main de Max Schur et lui rappelle le souvenir de leur première rencontre : « Vous m'avez promis alors de ne pas m'abandonner quand le moment serait venu. Maintenant ce n'est plus qu'une torture et cela n'a plus de sens. » Puis il ajoute : « Parlez-en à Anna, si elle pense que c'est juste, alors finissons-en. » Consultée, Anna veut reculer l'instant fatal, mais Schur insiste et elle accepte sa décision. A trois reprises, il fait à Freud une injection de trois centigrammes de morphine. Le 23 septembre, à trois heures du matin, après deux jours de coma, le vieil homme s'éteint paisiblement : « Ce fut la sublime conclusion d'une vie sublime, écrit Zweig, une mort mémorable au milieu de l'hécatombe de cette époque meurtrière. Et quand nous, ses amis, fîmes descendre son cercueil, nous savions que nous abandonnions à la terre anglaise ce que notre patrie avait de meilleur. »

Les cendres de Freud reposent au crématorium de Golders Green.

• Sigmund Freud, *Gesammelte Schriften (GS)*, 12 vol., Vienne, Internationaler Psychoanalytischer Verlag, 1924-1934 ; *Gesammelte Werke (GW)*, 17 vol., Imago Publishing Co (Londres, 1940-1952), Francfort, Fischer, 1960-1988 ; *Index*, vol. XVIII, et *Nachtragsband*, vol. de suppléments, réalisé par A. Richards et Ilse Grubrich-Simitis, Francfort, Fischer, 1987 ; *The Standard Edition of the Complete Psychological Works of Sigmund Freud*, éditée par James Strachey, 24 vol., Londres, Hogarth Press, 1953-1974 ; *Œuvres complètes*, 21 vol., Jean Laplanche, Pierre Cotet, André Bourguignon, François Robert (éd.), Paris, PUF, 1989-? (8 vol. parus) ; «Résumé des travaux scientifiques du Dr Sigmund Freud *Privatdozen* 1877-1897», *GW*, I, 461-488, *SE*, III, 223-257, *OC*, III, 181-215 ; « Mon voyage à Paris et à Berlin » (1886), *Cahiers Confrontation*, 9, printemps 1983, 5-17 ; *Contribution à la conception des aphasies* (1891), Paris, PUF, 1983 ; « Esquisse d'une psychologie scientifique » (1895), in *La Naissance de la psychanalyse* (Londres, 1950), Paris, PUF, 1956, 309-404 ; *Sur l'histoire du mouvement psychanalytique* (1914), Paris, Gallimard, 1991, *GW*, X, 44-113, *SE*, XIV, 7-66 ; « Actuelles sur la guerre et la mort » (1915), *GW*, X, 323-355, *SE*, XIV, 274-300, *OC*, XIII, 125-157 ; « Pourquoi la guerre » (1932), *GW*, XVI, 13-27 ; *SE*, XXII, 199-215, *OC*, XIX, 61-83 ; *Cocaine Papers*, Robert Byck (éd.), notes par Anna Freud, New York, Stonehill Publishing Co., 1974 ; *Briefe an Wilhelm Fliess, 1887-1904*, Francfort, Fischer, 1986 ; *Chronique la plus brève. Carnets intimes, 1929-1939*, annoté et présenté par Michael Molnar (Londres, 1992), Paris, Albin Michel, 1992. Stefan Zweig, *Le Monde d'hier. Souvenirs d'un Européen* (Stockholm, 1944), Paris, Belfond, 1993. Ernest Jones, *La Vie et l'œuvre de Sigmund Freud*, t. 1 (New York, 1953), Paris, PUF, 1958, t. 2 (New York, 1955), Paris, PUF, 1961, t. 3 (New York, 1957), Paris, PUF, 1969. Carl Schorske, *Vienne, fin de siècle* (New York, 1961), Paris, Seuil, 1983. Henri F. Ellenberger, *Histoire de la découverte de l'inconscient* (New York, 1970, Villeurbanne, 1974), Paris, Fayard, 1994. Max Schur, *La Mort dans la vie de Freud* (New York, 1972), Paris, Gallimard, 1975. William M. Johnston, *L'Esprit viennois. Une histoire intellectuelle et sociale, 1848-1938* (New York, 1972), Paris, PUF, 1985. Roger Dufresne, *Bibliographie des écrits de Freud en français, allemand et anglais*, Paris, Payot, 1973. Ernst Freud, Lucie Freud et Ilse Grubrich-Simitis (éd.), *Sigmund Freud. Lieux, visages, objets* (Francfort, 1976), Bruxelles, Complexe-Gallimard, 1979. Marianne Krüll, *Sigmund Freud, fils de Jacob* (Munich, 1979), Paris, Gallimard, 1983. Ingeborg Meyer-Palmedo, *Sigmund Freud. Konkordanz und Gesamtbibliographie*, Fischer, Francfort, 1982. Peter Gay, *Un Juif sans dieu* (New York, 1987), Paris, PUF, 1989 ; *Freud. Une vie* (New York, 1988), Paris, Hachette, 1990 ; *En lisant Freud, exploration et divertissements* (New York, 1990), Paris, PUF, 1995. Ilse Grubrich-Simitis, « Histoire de l'édition des œuvres de Freud en langue allemande » (1989), *Revue internationale d'histoire de la psychanalyse*, 4, 1991, 13-71. Gerhard Fichtner, « Les lettres de Freud en tant que source historique », *Revue internationale d'histoire de la psychanalyse*, 2, 1989, 51-80 ; « Bibliographie des lettres de Freud », *ibid.*, 80-108. Patrick Mahony, « Freud's cases : are they valuable today ? », *IJP*, 74, 1993, 1027-1035. Carlo Bonomi, « Pourquoi avons-nous ignoré Freud le pédiatre ? », *in* André Haynal (éd.), *La Psychanalyse : cent ans déjà* (Londres, 1994), Genève, Georg, 1996, 87-153. Ernst Falzeder, « Filiations psychanalytiques : la psychanalyse prend effet », *ibid.*, 255-289. Samuel Guttman (éd.), *Konkordanz zu den « Gesammelten Werken » von Sigmund Freud*, 6 vol., Waterloo, Ontario, North Waterloo Press, 1995.

▷ *ABRÉGÉ DE PSYCHANALYSE*. CASTRATION (COMPLEXE DE). COMMUNISME. DEUTSCH Helene. ÉGLISE. GÉNÉRATION. HAITZMANN Christopher. HISTORIOGRAPHIE. INCESTE. *INHIBITION, SYMPTÔME ET ANGOISSE*. *INTRODUCTION À LA PSYCHANALYSE*. KARDINER

Abram. *NOUVELLES CONFÉRENCES D'INTRODUCTION À LA PSYCHANALYSE.* MANN Thomas. PATRIARCAT. PERVERSION. *PRÉSIDENT WILSON (LE).* PSYCHIATRIE DYNAMIQUE. ROLLAND Romain. SEXOLOGIE. *SIGMUND FREUD PRÉSENTÉ PAR LUI-MÊME.* TAUSK Viktor. TECHNIQUE PSYCHANALYTIQUE. TRADUCTION (DES ŒUVRES DE FREUD). WORTIS Joseph.

FREUD Sophie, fille de Sigmund Freud
▷ HALBERSTADT Sophie.

FREUDISME
Allemand : *Freudianismus.* Anglais : *Freudianism.*

Dans l'histoire de la psychiatrie dynamique*, on appelle freudisme l'école de pensée fondée par Sigmund Freud*. Le freudisme inclut l'ensemble des courants qui se réclament de lui, quelles que soient leurs divergences. L'histoire du freudisme et de son identification théorique, sociologique et politique se confond donc avec l'histoire des interprétations successives de la doctrine originelle telle que Freud en a construit l'architecture.

Ses héritiers, que l'on appelle les freudiens, l'ont modifiée à travers au moins quatre générations* de penseurs, de commentateurs, d'interprètes, de thérapeutes ou de chefs d'école, regroupés ou non en diverses institutions, parmi lesquelles la plus ancienne et de loin la plus puissante : l'International Psychoanalytical Association* (IPA). Depuis sa création en 1910, elle s'est donné pour tâche de définir les règles d'un enseignement théorique et d'une formation dite didactique des thérapeutes appelés psychanalystes, indépendamment de leur autre formation (médicale, psychiatrique, profane).

Le freudisme est l'alliance d'un système de pensée et d'une méthode thérapeutique. Le système freudien est fondé sur une conception de l'inconscient* qui exclut toute idée de subconscience ou de supraconscience, sur une théorie de la sexualité* étendue à toutes les formes sublimées de l'activité humaine, et donc irréductible à la seule activité sexuelle ou à ses transgressions, et enfin sur une appréhension de la relation thérapeutique en termes de transfert*. Bien qu'elle soit née de la médecine et de la psychiatrie – et bien qu'elle soit souvent pratiquée par des médecins ou des psychiatres – la méthode thérapeutique freudienne est la psychanalyse*, et uniquement la psychanalyse. Sa caractéristique est de traiter par la parole, et uniquement par la parole, les maladies de l'âme (psychose*, mélancolie*), des nerfs (névrose*) et de la sexualité (perversion*), en excluant volontairement toute autre forme d'intervention tels que l'examen clinique et les soins corporels adaptés à chaque partie de l'organisme, les massages, la chirurgie, l'hypnose*, l'hydrothérapie, la pharmacologie, la suggestion*, l'enfermement, les thérapies comportementales et cognitives, la contrainte morale par persuasion ou autopersuasion, confession, transe ou exorcisme, la contrainte physique et morale (avec ou non abus sexuel), fondée sur l'embrigadement, l'aliénation, le délire (sectes), l'homéopathie, la bioénergie (médecines parallèles et parapsychologie) et enfin les méthodes liées à l'occultisme* (astrologie, voyance, spiritisme*, télépathie*).

Au regard des autres médecines de l'âme et du psychisme, qui se fondent elles aussi sur la cure par la parole et qui sont regroupées en diverses écoles de psychothérapies*, la psychanalyse est la seule à se réclamer exclusivement du système de pensée freudien et à mettre en œuvre une technique de la cure et de la transmission de la clinique fondée sur le transfert, et sur l'obligation pour le thérapeute d'avoir recours lui-même à la psychanalyse (dite didactique*, puis de contrôle* ou de supervision), ainsi que sur une conception du psychisme où entrent en jeu les définitions freudiennes de l'inconscient et de la sexualité.

A cet égard, le freudisme est divisé en six grandes composantes majeures nées entre 1930 et 1960 : l'annafreudisme*, le kleinisme*, l'*Ego Psychology**, les Indépendants*, la *Self psychology**, le lacanisme*. Les cinq premières sont largement admises et diffusées dans l'IPA, tandis que la sixième a créé, à partir de 1964, son propre modèle institutionnel (l'École freudienne de Paris*). En 1981, celui-ci s'est atomisé en une multitude de courants dont un seul a fondé une nouvelle internationale : l'Association mondiale de psychanalyse* (AMP).

Plusieurs autres méthodes psychothérapeutiques, écoles ou courants se réclament peu ou prou du freudisme sans adopter ni son système de pensée, ni sa technique, ni son principe didactique. Tantôt ils sont nés d'une scission*, d'une dissidence ou d'une collaboration avec le freudisme et ont ou non gardé la trace de cette appartenance (psychologie individuelle, psychologie analytique, néofreudisme*, gestaltthérapie*, néopsychanalyse, analyse existentielle*, ethnopsychanalyse*, psychologie des profondeurs, etc.), tantôt ils existaient indépendamment du freudisme et se sont développés sur ses marges selon une dialectique de l'intériorité et de l'extériorité (psychodrame*, psychologie clinique*, médecine psychosomatique*, psychothérapie institutionnelle*, thérapie familiale*).

En tant que système de pensée, le freudisme a marqué les arts et les domaines du savoir qui lui préexistaient (psychologie, psychiatrie, philosophie, histoire, religion, littérature, peinture) et tous ceux qui se sont constitués en même temps que lui et qui se sont posé des questions comparables (anthropologie*, sexologie*, criminologie*, linguistique). Ayant traversé tout le XIXe siècle, le freudisme a par ailleurs croisé l'histoire de deux grands courants de pensée qui se sont développés dans le monde et ont formé un mouvement : le marxisme et le féminisme. Il a aussi traversé l'histoire du cinématographe, né en même temps que lui.

En tant qu'école de pensée alliant un savoir clinique à une théorie et à un mouvement institutionnel, le freudisme a produit une historiographie* officielle fondée sur l'idéalisation de ses origines (idolâtrie du maître fondateur), et un dogmatisme. Pour les mêmes raisons, il a suscité en son sein, du fait de la diversité de ses écoles et de ses courants, les conditions d'une critique de ce dogmatisme.

● Ernest Jones, *La Vie et l'œuvre de Sigmund Freud*, t. I, *1856-1900* (New York, 1953), Paris, PUF, 1958, t. II, *1901-1919* (New York, 1955), Paris, PUF, 1961, t. III, *1920-1939* (New York, 1957), Paris, PUF, 1969. *Psychoanalytic Pioneers*, Franz Alexander, Samuel Eisenstein, Martin Grotjahn (éd.), New York, Basic Books, 1956. *Freud Dictionary of Psychoanalysis*, Nandor Fodor et Frank Gaynor (éd.), Greenwich (Connecticut), Fawcett, 1958. Jean Laplanche et Jean-Bertrand Pontalis, *Vocabulaire de la psychanalyse*, Paris, PUF, 1967. Charles Rycroft, *A Critical Dictionary of Psychoanalysis*, New York, Basic Books, 1968. *A Glossary of*

Psychoanalytic Terms and Concepts (APsaA), E. Burness, M.D. Moore, Bernard D. Fine (éd.), Library of Congress, 1968. *Encyclopedia of Psychoanalysis*, Ludwig Eidelberg (éd.), New York, The Free Press, Londres, Collier Macmillan, 1968. *L'Inconscient*, Jacques Mousseau et Pierre-François Moreau (éd.), Paris, CEPL, 1976. *Sigmund Freud. Lieux, visages, objets* (1976), Ernst Freud, Lucie Freud et Ilse Grubrich-Simitis (éd.), Bruxelles, Complexe-Gallimard, 1979. Michel Plon, « Les fondements de la psychanalyse », in *Mémoires du xxe siècle*, vol. *1900-1909*, Paris, Bordas, 1991, 27-31. Pierre Kaufmann (éd.), *L'Apport freudien*, Paris, Bordas 1993. Édith Kurzweil, *The Freudians. A Comparative Perspective*, New Haven et Londres, Yale University Press, 1989. Élisabeth Roudinesco, *Généalogies*, Paris, Fayard, 1994.

▷ ADLER Alfred. COMMUNISME. DIFFÉRENCE DES SEXES. ÉGLISE. FREUDO-MARXISME. HISTOIRE DE LA PSYCHANALYSE. HORNEY Karen. JANET Pierre. JUNG Carl Gustav. SEXUALITÉ FÉMININE.

FREUDO-MARXISME

Allemand : *Freudomarxismus*. Anglais : *Freudian marxism*.

Le freudo-marxisme est un courant intellectuel qui traverse toute l'histoire de la pensée freudienne de 1920 à 1975, aussi bien d'un point de vue doctrinal (lien entre freudisme* et marxisme) que d'un point de vue politique (rapports entre le communisme* et la psychanalyse*, en Russie*, en Allemagne*, en Hongrie*, en France*, au Brésil*, en Argentine*, en Italie*, aux États-Unis*). Les représentants de ce courant furent très divers. Les philosophes de l'École de Francfort, et notamment Max Horkheimer (1895-1973), critiquèrent le pessimisme freudien, incompatible à leurs yeux avec les espoirs révolutionnaires suscités par le marxisme, mais parvinrent à lier les deux doctrines de manière très fructueuse.

De Wilhelm Reich* (à la fois marxiste, freudien et communiste) à Otto Fenichel* ou Marie Langer* (représentants d'une gauche freudienne marxiste et social-démocrate) jusqu'aux artisans du néofreudisme* (moins marxistes que culturalistes) en passant par Joseph Wortis* (qui fut stalinien puis antifreudien) et par Herbert Marcuse* (qui relança le débat au milieu des années 1960 par une virulente critique de ses prédécesseurs néofreudiens), tous les freudo-marxistes sont attachés à l'idée que le freudisme et le marxisme sont deux doctrines de la libération de l'homme articulées au paradigme de la Révolution. La première vise à transformer le sujet* par l'exploration singulière de son inconscient*, la deuxième à changer la société à travers la lutte collective et la prise en compte des bouleversements induits par le mouvement de l'économie.

Tous les freudiens qui adhérèrent au marxisme furent persécutés, exclus ou marginalisés par l'International Psychoanalytical Association* (IPA), notamment sous la direction d'Ernest Jones*, qui préféra pactiser avec le nazisme*, au nom d'une politique de « sauvetage » de la psychanalyse en Allemagne, plutôt que de s'intéresser aux freudiens de gauche et d'extrême gauche. Ces mêmes freudiens marxistes furent également rejetés par le mouvement communiste international, qui ne cessa de condamner le freudisme*, assimilé jusqu'en 1940 à une biologie décadente et mortifère des instincts, puis, à partir de 1948, à une « science bourgeoise ».

Par ailleurs, les membres de l'ancienne gauche freudienne allemande, regroupés autour de Fenichel, furent obligés, dès leur exil aux États-Unis* (entre 1933 et 1938), d'abord de dissimuler leur ancienne adhésion au marxisme, puis, en un deuxième temps, d'y renoncer et de se soumettre à l'américanisation de la psychanalyse et à son idéal adaptatif.

▷ ADLER Alfred. ANTIPSYCHIATRIE. BASAGLIA Franco. BLEGER José. ÉGLISE. FROMM Erich. JACOBSON Edith. LACANANISME. MASOTTA Oscar. PESTE. SCHMIDT Vera.

FREUND Anton von, né Antal Freund von Töszeghi (1880-1920)

Ce riche brasseur hongrois né à Budapest fit des études de philosophie et devint l'un des plus proches amis de Sigmund Freud* après que celui-ci l'eut soigné d'une névrose consécutive à une tumeur maligne d'un testicule. Il participa aux réunions de la Wiener Psychoanalytische Vereinigung (WPV) et reçut l'anneau de fidélité distribué par Freud à ses fidèles disciples lors de la création du Comité secret*.

Il aida financièrement la cause psychanalytique en permettant à Freud de fonder la maison d'édition du mouvement, l'Internationaler Psychoanalytischer Verlag (ou Verlag), dont Otto Rank* fut le premier directeur. Au début de l'année 1919, il vint à Vienne se faire soigner au radium après la récidive de son cancer. Freud admira son héroïsme et souligna qu'il en avait fini avec sa névrose, qu'il était désormais raisonnable, intuitif, sage et réaliste.

Il mourut le 21 janvier 1920, parfaitement conscient de son état, après avoir fait verser une somme de 11 000 couronnes à Freud. Selon ses dernières volontés, son anneau devait être restitué à Freud, mais sa veuve refusa de s'en séparer. Aussi Freud donna-t-il à Max Eitingon*, qui lui succéda au Comité, sa propre intaille (à tête de Jupiter).

Freud fut bouleversé par la mort de son ami (qui survint juste avant celle de sa fille Sophie) et rédigea sur lui un article nécrologique.

● Sigmund Freud, « Dr Anton von Freund », *GW*, XIII, 435-436, *SE*, XVIII, 267-268 ; et Sandor Ferenczi, *Correspondance*, II, *1914-1919*, Paris, Calmann-Lévy, 1996. Elke Mühlleitner, *Biographisches Lexikon der Psychoanalyse. Die Mitglieder der Psychologischen Mittwoch-Gesellschaft und der Wiener Psychoanalytischen Vereinigung von 1902-1938*, Tübingen, Diskord, 1992.

▷ PULSION.

FRIEDLÄNDER Kate, née Frankl (1903-1949)

psychiatre et psychanalyste anglaise

Grande spécialiste de la délinquance juvénile, Kate Friedländer était une très belle femme, intelligente, sportive et ambitieuse, douée pour les choses de l'esprit et aimant le risque : elle pratiqua la danse, le tennis, l'alpinisme, le patin à glace et elle se confronta toute sa vie aux multiples souffrances d'une jeunesse en proie à la révolte et au refus des valeurs de la société occidentale.

Elle naquit à Innsbruck dans une famille juive de la moyenne bourgeoisie autrichienne et s'orienta très tôt vers la médecine. C'est à Berlin en 1929-1930, alors qu'elle était psychiatre au tribunal d'enfants, qu'elle croisa l'histoire du freudisme. Elle fit sans doute une analyse avec Hanns Sachs*, puis se lia d'amitié avec Otto Fenichel* et le cercle de la « gauche freudienne » dont elle fit partie avec Barbara Lantos (1894-1962), une psychanalyste hongroise avec laquelle elle poursuivra son travail à Londres.

Émigrée en Grande-Bretagne* en 1933, elle s'intégra à la British Psychoanalytical Society (BPS) grâce à Ernest Jones* et Edward Glover*. Mais elle fut contrainte de repasser tous ses diplômes de médecine. (Elle reçut entre autres le prestigieux *diploma in psychological medecine.*) Proche d'Anna Freud*, elle se rangea à ses côtés au moment des Grandes Controverses* et fit avec elle une analyse de contrôle*. Au lendemain de la guerre, elle la persuada de créer la fameuse Hampstead Child Therapy Clinic.

C'est alors qu'elle se consacra pleinement à son métier en écrivant plusieurs ouvrages sur la délinquance dans lesquels elle différenciait nettement l'asocialité de la névrose*. Pendant la guerre, elle avait travaillé à Londres tout en habitant avec son mari, professeur de sociologie à Oxford, et leur fille Sybil, dans une ferme de la région des Chilterns. Cette expérience de la vie rurale l'aida à créer en 1946 un centre de *guidance*, le West Sussex Child Guidance Service, où elle reçut des enfants perturbés et forma des travailleurs sociaux et des psychothérapeutes à l'approche psychanalytique de la délinquance. Atteinte de métastases cérébrales à la suite d'un cancer du poumon, elle mourut à l'âge de 46 ans, en pleine activité, sans avoir pu achever son œuvre.

Bien que Kate Friedländer ait été l'amie d'Anna Freud, ses travaux furent accueillis avec beaucoup d'hostilité dans le milieu psychanalytique britannique. Son indépendance, son absence de soumission aux normes de l'International Psychoanalytical Association* (IPA), sa liberté d'esprit, son engagement à gauche et enfin sa conception non adaptative de la psychanalyse des adolescents firent d'elle une marginale.

● Kate Friedländer, *The Psycho-Analytical Study of the Child. The Psycho-Analytical Approach of Juvenile Delinquency*, 1947. Barbara Lantos, « Kate Friedländer, 1903-1949. Prevention of juvenile delinquency », *in* Franz Alexander, Samuel Eisenstein et Martin Grotjahn, *Psychoanalytic Pioneers*, New York, Basic Books, 1966, 508-518. Juta Haager, *Kate Friedländer (1902-1949), Leben und Werk*, thèse de l'université de Cologne, 1982. Elisabeth Young-Bruehl, *Anna Freud* (New York, 1988), Paris, Payot, 1991. Sybil Wolfram, « Kate Friedländer et la psychanalyse », *L'Âne*, 51, juillet-septembre 1992, 3-6.

▷ AICHHORN August. ANTIPSYCHIATRIE. GARDINER Muriel. JACOBSON Edith. PSYCHANALYSE DES ENFANTS.

FRINK Horace W. (1883-1935)

psychiatre et psychanalyste américain

Si Sigmund Freud* fut maintes fois accusé à tort de toutes sortes de turpitudes imaginaires, et notamment d'avoir camouflé en réussites des échecs thérapeutiques ou d'avoir « exploité » des patients, on doit à la vérité de dire qu'avec Horace Frink il se comporta vraiment de façon désastreuse. A l'occasion de la rencontre avec cet homme atteint d'une grave psychose maniaco-dépressive* se cristallisa sans doute toute l'horreur consciente et inconsciente que lui inspirait la société américaine, son puritanisme à l'égard de la sexualité*, ses dollars et cette manière de transformer la psychanalyse* en hygiénisme psychiatrique – « la bonne à tout faire de la psychiatrie », comme il le dira à l'occasion du débat sur la *La Question de l'analyse profane**. C'est Paul Roazen qui raconta pour la première fois l'histoire de cette triste expérience analytique.

Brillant psychiatre, Horace Frink, d'abord analysé par Abraham Arden Brill*, se rendit à Vienne* en 1920 pour faire une nouvelle cure chez Freud qui, à l'époque, vivait en grande partie de l'argent que lui donnaient les Américains venus se faire analyser par lui : Clarence Oberndorf*, Leonard Blumgart (1881-1959), Monroe Meyer (1892-1939), Albert Polon, etc. Très vite, Freud manifesta à Frink une confiance démesurée, au point de vouloir faire de lui son principal délégué aux États-Unis* : il s'agissait alors de contrebalancer le trop grand pouvoir de Brill à New York.

Pendant la cure, Frink tomba amoureux d'une de ses anciennes patientes, riche héritière et milliardaire : Anjelika Bijur. Appuyé par Freud, il l'épousa après avoir divorcé de sa première femme, puis l'amena à Vienne. Freud la reçut et lui expliqua que Frink risquait de devenir homosexuel si elle le quittait. Puis il proposa à Frink de participer financièrement à l'essor du mouvement psychanalytique. L'affaire fit scandale : le mari d'Anjelika faillit poursuivre Freud en justice pour avoir manipulé sa femme et brisé son mariage, mais il mourut avant de pouvoir le faire, au même moment que la première femme de Frink.

Frink sombra bientôt dans la mélancolie* et fut soigné par Adolf Meyer* qui le fit hospitaliser et conseilla à Anjelika de le soutenir. Elle refusa et se sépara de lui, reprochant rétroactivement à Freud de l'avoir manipulée. En 1935, Frink se maria pour la troisième fois. Mais, après une nouvelle attaque mélancolique, il fut de nouveau interné et mourut à l'hôpital. Freud avait fait un diagnostic erroné en méconnaissant la folie* de son patient qu'il prenait pour un homosexuel refoulé. Gêné, il eut du mal à reconnaître franchement son erreur. Cette affaire montre bien la difficulté qu'il éprouvait à se confronter à la psychose*. Elle contribua en tout cas à discréditer la psychanalyse aux États-Unis.

Quand Abram Kardiner* parla de Frink à Freud, celui-ci répondit avec sa lucidité habituelle : « Vous avez dit un jour que l'analyse ne pouvait faire de mal à personne. Eh bien, laissez-moi vous montrer quelque chose. » Il sortit alors deux photographies de Frink, l'une prise avant l'analyse, l'autre après. Sur la première il avait l'air normal alors que sur la deuxième il était hagard, décharné, ravagé.

En 1988, la fille de Frink retrouva dans les papiers d'Adolf Meyer la correspondance de son père avec Freud et plusieurs documents dont elle révéla le contenu dans un magazine, en accusant le maître de Vienne d'avoir été un charlatan. Bien des adeptes de l'historiographie* révisionniste en profitèrent pour accuser Freud d'avoir manipulé *tous* ses patients, devenus d'un coup les victimes des perfidies de la psychanalyse.

● Horace W. Frink, *Morbid Fears and Compulsions*, Boston, Moffat, Yard & Co, 1918. Abram Kardiner, *Mon analyse avec Freud* (New York, 1977), Paris, Belfond, 1978. Paul Roazen, *La Saga freudienne* (New York, 1971), Paris, PUF, 1986.

FROMM Erich (1900-1980)
psychanalyste américain

Issu d'une famille de Juifs allemands attachés à la tradition orthodoxe, Erich Fromm milita à l'âge de 15 ans dans le mouvement de la jeunesse sioniste avant de s'engager dans des études de droit et de philosophie à l'université de Francfort. Vers 1922, il se tourna vers la psychanalyse* puis reçut sa formation didactique à Berlin sur le divan de Hanns Sachs* et de Theodor Reik*. De retour à Francfort, il fit un morceau d'analyse avec Karl Landauer* et commença une carrière universitaire en se liant aux philosophes de l'École de Francfort : Herbert Marcuse*, Theodor Adorno (1903-1969) et Max Horkheimer (1895-1973). Comme Otto Fenichel* et Wilhelm Reich*, il s'intégra donc à cette « gauche freudienne » qui fut à l'origine du freudo-marxisme*. C'est dans cette mouvance qu'il fit la connaissance de Frieda Reichmann, qui sera sa quatrième analyste avant de devenir sa femme sous le nom de Frieda Fromm-Reichmann*. Dans l'entre-deux-guerres, il critiqua la thèse classique du complexe d'Œdipe* et valorisa le matriarcat au détriment du patriarcat* en s'inspirant des travaux de Johann Jakob Bachofen (1815-1887) dans une perspective proche de celle de Friedrich Engels (1820-1895). En 1946, il sera durement attaqué par Theodor Adorno pour son « révisionnisme » anti-freudien et, plus tard encore, par Marcuse.

En 1934, fuyant le nazisme*, il s'installa aux États-Unis* où il fut le compagnon de Karen Horney* puis l'analyste de sa fille. Il enseigna alors dans de nombreuses universités, tout en se rapprochant du courant psychanalytique d'inspiration culturaliste. Refusant d'adhérer à un groupe ou à une école, il pratiqua la psychanalyse à New York en renonçant à la plupart des règles techniques en vigueur dans l'International Psychoanalytical Association* (IPA), et notamment aux cures sur le divan. Ainsi privilégia-t-il, comme tous les artisans des écoles de psychothérapie*, la technique du face à face et les expériences de groupe. A partir de 1951, comme Igor Caruso*, il s'installa à Mexico, une ville où le freudisme ne s'était guère implanté, tant il était regardé comme une doctrine impérialiste importée des États-Unis*.

Cosmopolite, culturaliste, passionné d'histoire des religions et toujours tenté par le syncrétisme messianique, seul capable à ses yeux de permettre l'émancipation individuelle, Erich Fromm publia de nombreux ouvrages. Il fit de la psychanalyse l'expression ultime d'une crise spirituelle de l'homme occidental désireux de se libérer de son inconscient*, contesta radicalement l'universalisme freudien et la philosophie des Lumières au nom du relativisme culturel, et prôna les valeurs d'un humanisme individualiste. En conséquence, il se montra hostile à toutes les formes de tyrannie et d'autoritarisme, qu'elles soient politiques ou familiales, tout en faisant de la technique de la cure un instrument d'adaptation à la société.

● Erich Fromm, *La Peur de la liberté* (New York, 1941), Paris, Buchet-Chastel, 1963 ; *L'Homme pour lui-même* (New York, 1947), Paris, Éditions sociales françaises, 1967 ; *L'Art d'aimer* (New York, 1956, Paris, 1967), Paris, Payot, 1972 ; *La Mission de Sigmund Freud. Une analyse de sa personnalité et de son influence* (New York, 1959), Bruxelles, Complexe, 1975 ; *La Conception de l'homme chez Marx* (New York, 1961), Paris, Payot, 1977 ; *La Crise de la psychanalyse* (New

York, 1970), Paris, Anthropos, 1971 ; *La Passion de détruire* (New York, 1973), Paris, Laffont, 1975 ; *Le Langage oublié*, Paris, Payot, 1975. Martin Jay, *L'Imagination dialectique. Histoire de l'École de Francfort, 1923-1950* (Boston, 1973), Paris, Payot, 1977. Jean-Baptiste Fagès, *Histoire de la psychanalyse après Freud* (1976), Paris, Odile Jacob, 1996. Gérard D. Khoury « Erich Fromm, 1900-1980 », *Encyclopaedia universalis*, Paris, 1981, 550-551. Russel Jacoby, *Otto Fenichel. Destin de la gauche freudienne* (1983), Paris, PUF, 1986.

▷ ALLEMAGNE. CULTURALISME. FILIATION. HISTOIRE DE LA PSYCHANALYSE. JAPON. NÉO-FREUDISME. SULLIVAN Harry Stack.

FROMM-REICHMANN Frieda, née Reichmann (1889-1957)

psychiatre et psychanalyste américaine

Originaire d'Allemagne et membre de l'Institut psychanalytique de Francfort, où elle connut Erich Fromm* qui fut son analysant avant de devenir son mari, Frieda Reichmann dirigea également à Heidelberg un sanatorium pour jeunes filles juives orthodoxes. Fuyant le nazisme*, elle émigra aux États-Unis* en passant par Strasbourg et par la Palestine. Elle devint alors, par ses fonctions à la prestigieuse Chestnut Lodge Clinic, l'une des principales introductrices de la psychanalyse* dans le savoir psychiatrique américain d'après-guerre. Elle joua un rôle important auprès de Harry Stack Sullivan* lors de la création de la Washington-Baltimore Psychoanalytic Society. Tabagique, alcoolique et proche des patients psychotiques dont elle s'occupa toute sa vie, elle eut une existence mouvementée et peu conformiste. Elle mourut à l'âge de 68 ans d'une attaque cardiaque massive.

▷ ÉTATS-LIMITES. HORNEY Karen. PSYCHOSE. SCHIZOPHRÉNIE.

FRUSTRATION

Allemand : *Versagung*. Anglais : *Frustration*.

Etat dans lequel se trouve un sujet* lorsqu'on lui refuse, ou lorsqu'il s'interdit, la satisfaction d'une demande d'origine pulsionnelle.

Dans le langage courant, l'utilisation du terme de frustration pour désigner indifféremment le déplaisir, l'insatisfaction, voire la contrariété tend à occulter la portée conceptuelle du mot dans la doctrine freudienne et dans la théorisation lacanienne.

Pour Sigmund Freud*, et cela apparaît dès l'article de 1912 « Sur les types d'entrée dans la névrose », la frustration (*Versagung*) n'implique pas systématiquement l'idée de passivité. Freud regroupe sous ce terme aussi bien l'insatisfaction due au refus d'un agent extérieur de répondre à une exigence libidinale que celle liée à des facteurs internes, inhibition, défenses moïques, aboutissant à des formulations hésitantes, maladroites ou impossibles de la demande.

Après l'importante modification métapsychologique introduite par le concept de narcissisme*, Freud effectue, en 1916, dans l'article « Quelques types de caractères dégagés par le travail psychanalytique », une distinction entre la frustration externe et la frustration interne. « Le travail psychanalytique nous a fait don de cette thèse : les êtres humains deviennent névrosés par suite de la *frustration.* » La névrose résulte du conflit entre les désirs libidinaux de l'être humain et cette partie de lui, son moi*, siège des pulsions d'autoconservation et de ses idéaux, qui veille à lui éviter le déplaisir qu'occasionneraient des états d'excitation excessifs. La frustration d'une satisfaction bien réelle constitue donc l'une des causes de la névrose.

Comment rendre compte alors de ces cas où le sujet tombe malade au moment même où son désir est sur le point de s'accomplir ? Au-delà des exemples cliniques donnés par Freud, on peut évoquer celui de ces athlètes apparaissant comme soudainement atteints par ce que l'on appelle couramment la peur de gagner. Apparemment il y a là une contradiction avec la thèse de la frustration comme cause de l'atteinte névrotique. Résoudre cet obstacle suppose de distinguer entre une frustration externe et une frustration interne. « Si, dans la réalité, écrit Freud, l'objet par lequel la *libido** peut trouver sa satisfaction disparaît, il y a alors une frustration externe. Elle est en soi sans effet, elle reste non pathogène aussi longtemps qu'une frustration interne ne s'y associe pas. »

La frustration interne est toujours présente, marque de la permanence du conflit entre le moi et la *libido*, mais « elle n'entre pas en action avant que la frustration externe réelle lui ait préparé la place ». Dans les situations contradictoires évoquées ci-dessus, la frustration interne est intervenue après que « la frustration externe ait laissé la place à l'accomplissement du désir*». Tant que ce désir, désir de gagner, de réussir, etc., demeurait dans l'ordre du fantasme*, le moi le tolérait : c'est à l'approche de l'accomplissement, au moment où le fantasme est sur le point d'être l'objet d'une transformation réelle, que le moi intervient pour inhiber, anéantir l'opération.

En 1927, dans *L'Avenir d'une illusion**, Freud donne une définition très précise du mot frustration, qu'il met en relation avec interdiction et privation. La frustration est posée comme le résultat de l'insatisfaction d'une pulsion, l'interdiction comme le moyen par lequel la frustration est infligée, et la privation comme l'état produit par l'interdiction. La frustration, explique Freud, dans la mesure où elle est le résultat d'une insatisfaction libidinale, est aussi le produit de cette limitation générale que constitue la culture, modalité de socialisation de l'être humain. La frustration apparaît ainsi comme un état inhérent à la condition humaine.

L'état de frustration est une dimension essentielle dans la cure psychanalytique. Il doit être maintenu par l'analyste, notamment par le respect de la règle d'abstinence*, la frustration constituant l'un des moteurs du déroulement de la cure, un moyen important pour lutter contre les résistances*.

Jacques Lacan* inscrit le concept de frustration dans sa topique* du réel*, du symbolique* et de l'imaginaire*. La frustration constitue la modalité sous laquelle l'enfant vit la seconde phase du déroulement de l'Œdipe*. L'intrusion paternelle prive la mère du phallus* et frustre ainsi l'enfant de sa mère.

Dans son séminaire des années 1956-1957, *La Relation d'objet*, Lacan détermine les registres respectifs de la frustration, de la privation et de la castration*. Il établit le caractère primordial de la relation à l'objet, la nature du manque ainsi constitué, pour distinguer ces trois processus. Si elle spécifie le vécu d'un temps de la phase œdipienne, la frustration, définie par Lacan comme le manque imaginaire de l'objet réel, trouve son origine dans « des traumas, fixations, impressions, provenant d'expériences préœdipiennes ». Elle constitue de ce fait « le terrain préparatoire, la base et le fondement » de l'Œdipe.

Cette inscription de la frustration dans le champ de l'imaginaire, Lacan y revient l'année suivante dans son séminaire *Les Formations de l'inconscient*. La frustration y est étudiée comme l'effet d'une demande excessive, à la limite du formulable, à propos d'un objet réel et comme tel impossible. Le pénis, objet de la frustration de la petite fille, constitue le modèle originel de cet objet impossible, et la découverte par l'enfant de son absence chez la femme provoque la frustration, point d'ancrage de manifestations névrotiques, comme en témoigne l'observation clinique du cas du « petit Hans » (Herbert Graf*).

● Sigmund Freud, « Sur les types d'entrée dans la névrose » (1912), *GW*, VIII, 322-330, *SE*, XII, 227-238, in *Névrose, psychose et perversion*, Paris, PUF, 1973, 175-182 ; « Pour introduire le narcissisme » (1914), *GW*, X, 138-170, *SE*, XIV, 67-102, in *La Vie sexuelle*, Paris, PUF, 1969, 81-105 ; « Quelques types de caractère dégagés par le travail psychanalytique » (1916), *GW*, X, 364-391, *SE*, XIV, 309-333, in *L'Inquiétante Étrangeté et autres essais*, Paris, Gallimard, 1985, 135-171 ; « Les voies nouvelles de la thérapeutique psychanalytique » (1918), *GW*, XII, 183-194, *SE*, XVII, 157-168, in *La Technique psychanalytique*, Paris, PUF, 1953, 131-141 ; *L'Avenir d'une illusion* (1927), *OC*, XVIII, 141-197, *GW*, XIV, 325-380, *SE*, XXI, 5-56. Joël Dor, *Introduction à la lecture de Lacan*, vol. 1, Paris, Denoël, 1985. Pierre Kaufmann « Frustration », in id. (éd.), *L'Apport freudien. Éléments pour une encyclopédie de la psychanalyse*, Paris, Bordas, 1993, 141-143. Jacques Lacan, *Le Séminaire*, livre IV, *La Relation d'objet* (1956-1957), Paris, Seuil, 1994 ; *Le Séminaire*, livre V, *Les Formations de l'inconscient*, inédit. Jean Laplanche et Jean-Bertrand Pontalis, *Vocabulaire de la psychanalyse*, Paris, PUF, 1967.

▷ OBJET (RELATION D'). OBJET (petit) a.

G

GADDINI Eugenio (1916-1985)
médecin et psychanalyste italien

Né à Cerignola, dans la province de Foggia, Eugenio Gaddini fit ses études de médecine à Rome. Analysé à partir de 1951 par Emilio Servadio*, il devient analyste en 1956. Président de la Società Psicoanalitica Italiana (SPI) entre 1978 et 1982, Gaddini consacra une grande partie de son activité à la promotion et à la reconnaissance de la psychanalyse italienne au sein de l'International Psychoanalytical Association* (IPA). Ses travaux, dont plusieurs articles parus dans l'*International Journal of Psycho-Analysis**, traitent principalement des processus psychiques de la première enfance dans la perspective ouverte par Donald Woods Winnicott*.

● Eugenio Gaddini, *Scritti (1953-1985)*, Milan, Raffaello Cortina, 1989. Arnaldo Novelletto, « Italy », *in* Peter Kutter (éd.), *Psychoanalysis International, Guide to Psychoanalysis throughout the World*, Stuttgart, Frommann-Holzboog, 1992. Antonio Alberto Semi (éd.), *Trattato di psicoanalisi*, vol. I, Milan, Raffaello Cortina, 1988.

GARDINER Muriel, née Morris (1901-1985)
psychiatre et psychanalyste américaine

Cette belle et généreuse Américaine, militante de l'antifascisme et des droits de la femme, spécialiste ensuite des enfants criminels, est un personnage de roman. C'est d'ailleurs pour cette raison que Lillian Hellman, la compagne de l'écrivain Dashiell Hammett, s'appropria sa vie dans son récit autobiographique, *Pentimento*, qui fut ensuite porté à l'écran par Fred Zinnemann dans un film superbe, *Julia*, avec Vanessa Redgrave et Jane Fonda.

Née à Chicago, Muriel Morris était issue de deux riches familles d'entrepreneurs qui détenaient les parcs à bestiaux et l'industrie de conservation bovine de la ville. Ses parents étaient cultivés, et elle fit ses études dans l'un des meilleurs collèges de la Nouvelle-Angleterre : le Wellesley College près de Boston. Devenue pacifiste, elle assista au procès de Sacco et Vanzetti puis se mobilisa en leur faveur. Elle soutint ensuite sa thèse de lettres sur Mary Shelley. Mais en 1926, après un échec à l'oral, elle renonça à l'enseignement et s'orienta vers la psychanalyse*.

Comme de nombreux Américains de cette époque, elle se rendit alors à Vienne* pour être analysée par Sigmund Freud* qui l'envoya à Ruth Mack-Brunswick*. Installée dans la capitale de l'Autriche pour plusieurs années, elle épousa Julian Gardiner, dont elle divorcera plus tard, avant d'entreprendre des études de médecine. Chez son analyste, elle fit la connaissance de Sergueï Constantinovitch Pankejeff* (l'Homme aux loups), qui lui donna des leçons de russe et avec lequel elle sympathisa au point de s'occuper de lui.

En 1934, elle s'engagea dans la lutte antifasciste aux côtés des socialistes et milita dans la clandestinité contre le régime du chancelier Dollfuss, en se faisant appeler Mary. Sous ce nom, elle transporta des fonds et contribua à la fabrication de faux passeports tout en devenant psychanalyste et en élevant sa fille. Elle consacra une partie de sa fortune à sauver des Juifs et à les faire évader. C'est ainsi qu'elle rencontra Joseph Buttinger, chef du parti social-démocrate autrichien, responsable des liaisons clandestines avec Otto Bauer et Viktor Adler, exilés à Brno et à Paris. Il deviendra son compagnon et son mari.

En 1939, tous deux quittèrent l'Autriche pour échapper à la Gestapo. Ils se réfugièrent en France*, où Josef fut interné dans un camp. Finalement, ils réussirent à gagner les États-Unis*. Muriel Gardiner se consacra ensuite aux enfants criminels et aux délinquants. Dans un livre à succès qu'elle publia en 1976, elle expliquait la combinaison des éléments tragiques par lesquels des adolescents deviennent des assassins ou des parricides.

Avec Samuel Guttman, elle créa la fondation Psychoanalytic Studies in Aspen. Dans cette ancienne ville minière du Colorado, devenue une station de sports d'hiver recherchée et un haut lieu de la musique classique, se réunissaient l'été, tous les deux ans, des psychanalystes réputés. Ils venaient discuter librement de leur pratique et de l'évolution de la théorie. Les rencontres se poursuivaient l'hiver à Princeton dans des groupes libres de toute affiliation institutionnelle.

Très proche d'Anna Freud*, Muriel Gardiner se montra généreuse avec le mouvement psychanalytique en créant la New-Land Foundation qui aida à l'achat et à la publication des correspondances de Freud (notamment avec Eduard Silberstein*) et permit de financer l'acquisition à Londres d'une maison située au 12 Maresfield Gardens et destinée à être transformée en une école maternelle pilote proposant des consultations psychanalytiques. La fondation joua également un rôle dans la création du Freud Museum*. Dans la même perspective, Muriel Gardiner continua à s'intéresser à l'Homme aux loups. Elle l'aida financièrement en lui faisant rédiger ses Mémoires qui furent traduits dans le monde entier : on trouvait également dans ce volume le texte de Freud sur ce cas et celui de Ruth Mack-Brunswick. Elle y ajouta son propre témoignage.

Consciente du destin exceptionnel de cette femme qui avait tant œuvré pour la « cause », Anna Freud lui écrivit ces mots en 1972 : « J'aime beaucoup ma propre vie, mais si je n'avais pas pu la vivre et s'il m'avait fallu en choisir une autre, je crois que cela aurait été la vôtre. »

• Muriel Gardiner, *L'Homme aux loups par ses psychanalystes et par lui-même* (New York, 1971), Paris, Gallimard, 1981 ; *Ces enfants voulaient-ils tuer ?* (New York, 1976), Paris, Payot, 1978 ; *Le Temps de l'ombre. Souvenirs d'une Américaine dans la résistance autrichienne,* Paris, Aubier, 1981. Joseph Buttinger, *Le Précédent autrichien,* Paris, Gallimard, 1956. Pamela Tytell, « Muriel Gardiner, 1901-1985 », *Encyclopaedia universalis,* 1986, 553-554. Entretien avec René Major, le 22 août 1996.

GARMA Angel, né Angel Juan Garma Zubizarreta, (1904-1993)
psychiatre et psychanalyste argentin

Né à Bilbao, Angel Garma était âgé de 4 ans lorsque ses parents quittèrent l'Espagne* pour s'installer à Buenos Aires, où se produisit la tragédie qui marqua toute son enfance et dont il ne parlait jamais : son père, riche négociant en porcelaines, fut assassiné de deux coups de fusil dans des conditions mystérieuses. Peu de temps après, sa mère épousa le frère de son mari décédé, comme dans la tradition du Lévirat. Garma fut donc élevé par son oncle devenu son beau-père, avec ses deux demi-sœurs issues de ce mariage.

A l'âge de 17 ans, il se rendit à Madrid pour faire ses études de psychiatrie sous la direction de Gregorio Marañon. Il fréquenta l'hôpital de Ciempozuelos où travaillait Miguel Sacristan (1887-1956), disciple et ami d'Emil Kraepelin*. A travers cet enseignement, il s'initia à la nosographie allemande et, en 1927, il passa une année à Tübingen où il eut pour maître Robert Gaupp (1870-1953), spécialiste de la paranoïa* et auteur du célèbre *Cas Wagner,* dans lequel était raconté le crime délirant d'un maître d'école qui avait tué toute sa famille.

Un an plus tard, solidement formé à la psychiatrie, Garma s'installa à Berlin où il croisa l'aventure du freudisme* dont il devint bientôt un fervent défenseur. Analysé par Theodor Reik* dans le cadre du prestigieux Berliner Psychoanalytisches Institut* (BPI), il suivit plusieurs analyses de contrôle* : avec Karen Horney*, Otto Fenichel*, et même le dangereux Jeno Harnik atteint de paranoïa*. En 1932, il devint membre de la Deutsche Psychoanalytische Gesellschaft (DPG) après avoir présenté au BPI son étude sur « La réalité et le ça* dans la schizophrénie* ».

Il n'attendit pas d'être intégré à la DPG pour quitter l'Allemagne* et retourner à Madrid en novembre 1931. Pendant cinq ans, il fut le premier freudien à pratiquer la psychanalyse en Espagne, tantôt comme thérapeute, tantôt comme didacticien. D'où le titre qu'on lui décerna de « premier psychanalyste espagnol ». A ce titre, il se heurta à la vive opposition du milieu psychiatrique madrilène, hostile aux théories de Sigmund Freud*. Malgré les critiques, Garma publia son premier livre, *La Psychanalyse, la névroses et la société,* aux éditions de la revue *Archivos de neurobiologia* (Archives de neurobiologie), faisant ainsi une éphémère percée dans le savoir psychiatrique de l'époque qui s'était fermé à la psychanalyse après avoir manifesté un grand intérêt pour l'œuvre de Freud dans le premier quart du siècle. Devenu membre de l'Association de neuropsychiatrie et de la Ligue d'hygiène mentale, il avait bien l'intention de fonder à Madrid la première société psychanalytique espagnole. Mais la guerre civile l'en empêcha.

Dès 1936, il quitta le pays pour ne plus y revenir. Après un passage à Paris, où il rencontra Celes Cárcamo*, il retourna à Buenos Aires et prépara activement la création d'un groupe argentin. En 1942, aux côtés d'Enrique Pichon-Rivière*, Marie Langer*, Cárcamo, Arnaldo Raskovsky*, il fonda l'Asociación Psicoanálitica Argentina (APA), à laquelle il resta dévoué toute sa vie, d'abord en tant que principal didacticien de la première génération* argentine, et ensuite comme formateur d'élèves. Il militera au sein de l'International Psychoanalytical Association* (IPA) en faveur d'une reconnaissance et d'un regroupement fédératif de toutes les sociétés latino-américaines.

Intéressé à la fois par la médecine psychosomatique*, par la clinique des psychoses et par le rêve*, il s'appuya, pour élaborer son œuvre, sur l'*Ego Psychology** et le kleinisme*. Dès ses premiers travaux, il prit ses distances à l'égard du freudisme* classique, en soutenant que la névrose* et la psychose* expriment un conflit entre le moi* et le ça* qui profite au surmoi*. En conséquence, les troubles somatiques (ulcères, migraines, etc.) doivent être interprétés comme la conséquence de frustrations ou d'agressions que le sujet ne parvient pas à surmonter parce que, dans son enfance, il a été contraint, sous la pression de l'ordre parental, de s'y soumettre au détriment de son équilibre psychique : d'où le masochisme*.

Dans la même perspective, Garma révisa la doctrine freudienne du rêve, renouant avec l'idée de trauma. Aussi avança-t-il l'hypothèse selon laquelle les rêves seraient des hallucinations nées de situations traumatiques refoulées ou masquées, l'équivalent d'un cauchemar permanent.

● Angel Garma, « La realidad y el ello en la esquizofrenia », *Archivos de neurobiologia,* XL, 1931, 598-616 ; *El Psicoanálisis, la neurosis y la sociedad,* Madrid, Ediciónes de *Archivos de neurobiologia,* 1936 ; *La Psychanalyse des rêves* (Buenos Aires, 1940), Paris, PUF, 1954 ; *La Psychanalyse et les ulcères gastro-duodénaux* (Buenos Aires, 1954), Paris, PUF, 1957 ; *Les Maux de tête* (Buenos Aires, 1958), Paris, PUF, 1962 ; *Le Rêve. Traumatisme et hallucination* (Buenos Aires, 1970), Paris, PUF, 1981. Jorge Balán, *Cuéntame tu vida. Una biográfica colectiva del psicoanálisis argentino,* Buenos Aires, Planeta, 1991. Raúl Giordano,

Notice historique du mouvement psychanalytique en Argentine, mémoire pour le CES de psychiatrie, sous la direction de Georges Lantéri-Laura, université Paris-XII (sans date). J.M. Gomez Sanchez-Garnica, *La Aportación de Angel Garma al psicoánalisis actual*, thèse de l'université autonome de Madrid, 1993.

▷ BRÉSIL. FEDERACION PSICOANÁLITICA DE AMERICA LATINA.

GATIAN DE CLÉRAMBAULT Gaëtan (1872-1934)

psychiatre français

Gaëtan (ou Gaétan) Gatian de Clérambault, que Jacques Lacan* désigna en 1966 comme son « seul maître en psychiatrie », fut le clinicien français le plus brillant des années 1920-1930. Après des études de médecine et de droit, il s'engagea dans l'armée du Maroc et se passionna pour le « drapé arabe », décrivant avec minutie l'art des femmes orientales de nouer les étoffes ou de les faire glisser le long du corps. Il passa ainsi les années de la Grande Guerre à fabriquer des figurines de bois drapées dans des tissus, qu'il conservera toute sa vie, et qui font aujourd'hui partie du patrimoine du musée de l'Homme à Paris. Clérambault fut ainsi un colonialiste passionné d'ethnologie.

Misogyne convaincu, conservateur, hostile au freudisme* et au surréalisme*, il demeura, comme médecin-chef de l'infirmerie spéciale des aliénés de la préfecture de police de Paris, le gardien de ce qu'on appelait alors le constitutionnalisme. A ses yeux en effet, la maladie mentale relevait d'une organogenèse* : elle était de nature constitutive, c'est-à-dire à substrat héréditaire. Clérambault fut néanmoins, pour la génération française des psychiatres de l'entre-deux-guerres, adepte des conceptions de Sigmund Freud* et d'Eugen Bleuler*, un clinicien moderne. Il rédigea des certificats d'internement célèbres pour leur formalisme et inventa le syndrome d'automatisme mental pour désigner les troubles d'origine organique frappant le sujet et entraînant chez lui la conviction délirante d'une perte de la volonté et d'une aliénation à une force extérieure agissant à sa place tel un automatisme*. S'appuyant sur ce syndrome, il distingua les psychoses* hallucinatoires des délires passionnels et rangea parmi ceux-ci cette folie* de l'amour chaste nommée érotomanie, dont la source principale réside dans l'orgueil sexuel. L'histoire, constatait Clérambault, est toujours la même : le héros se croit aimé de celle ou de celui qu'il désire chastement et qui est en général un personnage célèbre – acteur, roi ou académicien. Ainsi Mme Dupont est-elle persuadée que le prince de Galles lui fait des avances, la traque, lui donne partout des rendez-vous auxquels il ne vient pas. Elle lui en veut, l'accuse de la tromper et traverse finalement la Manche pour le surprendre en flagrant délit de trahison. De retour à Paris, elle agresse sur la voie publique un policier qui la conduit dans le bureau du patron de l'infirmerie spéciale pour un placement d'office. En 1932, Lacan utilisera la notion d'érotomanie pour décrire le cas de Marguerite Anzieu*, ce qui lui permettra ensuite de construire une théorie de la paranoïa* à travers laquelle il reliera les thèses de l'école allemande – dont Freud s'était lui-même inspiré – à celles de l'école française.

En 1934, atteint d'un glaucome qui le menaçait de cécité, Clérambault se donna la mort. Assis dans un fauteuil qui faisait face à un miroir, il se tira une balle de pistolet dans la bouche.

● Gaëtan Gatian de Clérambault, *Œuvre psychiatrique*, 2 vol., Paris, PUF, 1942 ; *L'Érotomanie*, Paris, Synthélabo, coll. « Les empêcheurs de penser en rond », 1993. Élizabeth Renard, *Le Docteur Gaëtan Gatian de Clérambault, sa vie et son œuvre (1872-1934)* (1942), Paris, Synthélabo, coll. « Les empêcheurs de penser en rond », 1992. Élisabeth Roudinesco, *Jacques Lacan. Esquisse d'une vie, histoire d'un système de pensée*, Paris, Fayard, 1993.

▷ CLAUDE Henri. EY Henri. FÉTICHISME. FORCLUSION. FRANCE. JANET Pierre. NOM-DU-PÈRE. PERVERSION. SCHREBER Daniel Paul. SUICIDE.

GENDER (GENRE)

Terme dérivé du latin *genus et* utilisé par le sens commun pour désigner une catégorie quelconque, classe, groupe ou famille, présentant les mêmes signes d'appartenance. Employé comme concept pour la première fois en 1964 par Robert Stoller*, il a d'abord servi à distinguer le *sexe* (au sens anatomique) de l'*identité* (au sens social ou psychique). Dans cette acception, le *gender* désigne donc le sentiment (social ou psychique) de l'identité sexuelle, alors que le *sexe* définit l'organisation anatomique de la différence entre le mâle et la femelle.

A partir de 1975, le terme fut utilisé aux États-Unis* et dans les travaux universitaires anglophones pour étudier les formes de différenciation que le statut et l'existence de la différence des sexes induisent dans une société donnée. De ce point de vue, le *gender* est une entité morale, politique et culturelle, c'est-à-dire une construction idéologique, alors que le *sexe* reste une spécificité anatomique.

C'est dans la perspective du kleinisme* et de la *Self Psychology**, pour étudier le transsexualisme* et les perversions* sexuelles, que Robert Stoller donna une définition nouvelle au mot *gender*. Selon lui, il manquait au freudisme* classique une catégorie permettant de différencier radicalement l'appartenance anatomique (le sexe) et l'appartenance à une identité sociale ou psychique (le genre), l'une et l'autre pouvant se trouver dans un rapport de dissymétrie radicale, comme le montrait l'étude du transsexualisme masculin et féminin.

En 1975, comme l'affirma l'historienne Natalie Zemon Davis, la nécessité se fit sentir d'une nouvelle interprétation de l'histoire qui prenne en compte la différence entre hommes et femmes, laquelle avait jusque-là été « occultée » : « Nous ne devrions pas travailler seulement sur le sexe opprimé, pas plus qu'un historien des classes ne peut fixer son regard sur les paysans [...]. Notre objectif, c'est de découvrir l'étendue des rôles sexuels et du symbolisme sexuel dans différentes sociétés et périodes. »

Par la suite, la notion de *gender* se généralisa dans les travaux universitaires américains, et notamment chez des féministes qui revisitèrent le kleinisme*, puis le lacanisme* (dans une perspective différencialiste) pour affirmer que le sexe est toujours une construction culturelle (un *gender*) sans rapport avec la différence biologique. D'où l'idée que chaque individu peut changer de sexe selon le genre ou le rôle qu'il s'assigne à lui-même pour sortir de l'assujettissement que lui impose la société. Le premier ouvrage représentatif de cette approche fut celui de Nancy Chodorow en 1978. A partir d'une étude consacrée au maternage, elle revenait sur la thèse classique du bon et du mauvais objet* pour affirmer que le partage entre les sexes des tâches habituellement dévolues aux femmes (maternage, pouponnage, éducation, cuisine, etc.) conduisait à une transformation radicale et positive pour l'enfant de ses identifications, et donc de son identité sexuelle (*gender*), celle-ci n'étant plus déterminée par l'inégalitarisme culturel.

Vint ensuite le livre de Judith Butler, publié en 1990. S'appuyant sur les travaux de Jacques Lacan*, de Michel Foucault (1926-1984) et de Jacques Derrida, elle prônait le culte du *borderline* (états-limites*) en affirmant que la différence était toujours floue et que, par exemple, le transsexualisme pouvait être une manière, notamment pour la communauté noire, de subvertir l'ordre établi en refusant de se plier à la différence biologique, construite par les Blancs. Dans cette perspective, le droit à la différence, mythifié, se mue en désir d'enfermement, soit pour défendre une « non-différence » (le flou transsexuel, le lesbianisme, l'inversion homme/femme dans le couple, etc.), soit pour valoriser la culture identitaire du soi au détriment de tout sujet* universel.

Les travaux les plus intéressants dans le domaine des *gender studies* ne furent pas produits par les adeptes d'une conception radicale de la différence des sexes*, mais par des historiens ou des philosophes plus modérés qui étudièrent tantôt la construction de la notion de genre et de sexe dans l'œuvre de Freud, tantôt un objet (période, texte littéraire, événement) auquel pouvait s'appliquer le *gender*. Il faut ranger dans la première catégorie l'ouvrage exemplaire de Thomas Laqueur *La Fabrique du sexe*, qui s'inspire du travail de Michel Foucault pour étudier le passage de la bisexualité* platonicienne au modèle de l'unisexualité créé par Galien afin de décrire les variations historiques des catégories de genre et de sexe depuis la pensée grecque jusqu'aux hypothèses freudiennes, et, dans la deuxième, le livre de Lynn Hunt *Le Roman familial de la Révolution française*, qui s'appuie sur le mythe forgé par Otto Rank* (roman familial*) pour faire apparaître le régicide comme l'acte de naissance d'une nouvelle société fondée sur l'inégalitarisme entre les hommes et les femmes.

En France*, la notion de *gender* ne s'est pas imposée et l'on préfère parler d'identité sexuelle plutôt que de genre. C'est à Élisabeth Badinter, philosophe et spécialiste du XVIIIe siècle, que l'on doit les meilleurs travaux sur la question, dans une perspective universaliste. En psychanalyse, c'est Joyce McDougall qui a développé cette question.

● Robert Stoller, « A contribution to the study of gender identity », *IJP*, 45, 1964, 220-226. *Recherches sur l'identité sexuelle* (1968), Paris, Gallimard, 1978. Michel Foucault, *Histoire de la sexualité*, t. 1, *La Volonté de savoir*, Paris, Gallimard, 1976. Natalie Zemon Davis « Women's history in transition. The european case », *Feminist Studies*, 3, hiver 1975-1976. Nancy Chodorow, *The Reproduction of Mothering. Psychoanalysis and the Sociology of Gender*, Berkeley, University of California Press, 1978. Joyce McDougall, *Plaidoyer pour une certaine anormalité*, Paris, Gallimard, 1978 ; *Eros aux mille et un visages*, Paris Gallimard, 1996. Élisabeth Badinter, *L'un est l'autre. Les relations entre hommes et femmes*, Paris, Odile Jacob, 1986 ; *XY. De l'identité masculine*, Paris, Odile Jacob,

1992. Joan Scott, « Genre : une catégorie utile d'analyse historique », *Les Cahiers du GRIF*, 37-38, printemps 1988, 125-153. Thomas Laqueur, *La Fabrique du sexe. Essai sur le genre et le corps en Occident* (1990), Paris, Gallimard, 1992. Judith Butler, *Gender Trouble. Feminism and the Subversion of Identity*, Routledge, New York, 1990. Lynn Hunt, *Le Roman familial de la Révolution française* (Berkeley, 1992), Paris, Albin Michel, 1995. John R. Searle, « L'enseignement supérieur des États-Unis est-il en crise ? » (1993), *Le Débat*, septembre-octobre 1994, 177-192. Sander L. Gilman, *The Case of Sigmund Freud. Medecine and Identity at the fin de siècle*, Baltimore et Londres, The Johns Hopkins University Press, 1993.

▷ HOMOSEXUALITÉ. SEXOLOGIE. SEXUALITÉ. *TOTEM ET TABOU*.

GÉNÉRATION

L'étude des générations est commune à différents domaines des sciences humaines et sociales : anthropologie* et histoire notamment. Dans l'historiographie* psychanalytique, cet outil sociologique permet d'établir la généalogie des successeurs de Sigmund Freud*, l'enchaînement des diverses interprétations de l'œuvre originelle, la succession des écoles et la dialectique des conflits conduisant à des scissions*. De ce point de vue, il existe deux modes de numérotation : l'une, à visée mondiale et internationale, concerne les différents membres de la diaspora freudienne éparpillés dans le monde, l'autre, à visée nationale, permet d'inscrire la filiation* des psychanalystes à partir d'un groupe pionnier (susceptible d'être réduit à une seule personne dans certains pays), considéré comme l'introducteur de la psychanalyse* dans un pays donné.

La première génération internationale est composée des premiers disciples de Freud réunis à Vienne* au sein de la Société psychologique du mercredi* : Alfred Adler*, Wilhelm Stekel*, Sandor Ferenczi*, Otto Rank*, Paul Federn*, Siegfried Bernfeld*, Hermann Nunberg*, Hanns Sachs*, Theodor Reik*. A quoi s'ajoutent les disciples non viennois : Max Eitingon*, Karl Abraham*, Ernest Jones*, Carl Gustav Jung*.

La deuxième génération internationale, représentée par Ernst Kris*, Heinz Hartmann*, Rudolph Loewenstein*, Wilhelm Reich*, Otto Fenichel*, Melanie Klein*, etc., est celle qui commença à se former à partir de 1918, soit directement auprès de Freud, soit sur le divan de ses proches. Déjà éloignée de l'esprit de conquête qui caractérisait son aînée, cette génération fut la composante essentielle de l'appareil de l'International Psychoanalytical Association* (IPA) des années 1930. Elle eut pour véritable port d'attache (à quelques exceptions près) non pas une ville ou un maître, mais une organisation légitimiste (l'IPA) qui incarnait le mouvement et la doctrine originelle.

Cette génération eut à affronter, notamment en Allemagne*, en Autriche et en Hongrie*, le déferlement du nazisme* qui la conduisit sur la route de l'exil. D'où le fait que l'IPA devint pour elle à la fois un symbole de résistance à la barbarie et le lieu de tous les conflits doctrinaux. Tantôt les hommes et les femmes de cette génération trouvèrent dans l'IPA une nouvelle patrie freudienne et furent alors les artisans du légitimisme, tantôt, au contraire, ils s'orientèrent vers la contestation de l'appareil, ce qui déboucha tantôt sur la dissidence, tantôt sur l'exil intérieur, tantôt sur une nouvelle pratique clinique.

Cette deuxième génération transforma la doctrine originelle à partir d'une lecture centrée sur la deuxième topique*, soit en s'orientant vers la clinique des psychoses* et en passant d'un intérêt pour la paternité et la sexualité* à une élucidation de la relation archaïque à la mère (Melanie Klein, Karen Horney*), soit en développant une théorie adaptative du moi (*Ego Psychology**, annafreudisme*).

La troisième génération internationale, instruite par les représentants de la deuxième, ou ayant accès au freudisme par la lecture des textes, fut celle des grandes scissions* provoquées entre 1950 et 1970 par la mise en cause des modalités de la formation didactique propre à l'IPA et des querelles d'école autour de l'interprétation de l'œuvre freudienne et de la technique psychanalytique* (*Self Psychology**, Jacques Lacan*, Heinz Kohut*, Donald Woods Winnicott*, Wilfred Ruprecht Bion*, Marie Langer*, Igor Caruso*). A l'histoire de cette troisième génération se rattache celle de l'émergence d'une historiographie* freudienne, d'abord officielle (avec Jones et ses héritiers), puis savante (Ola Andersson*, Henri F. Ellenberger*), et enfin révisionniste. A ce titre, cette génération fut marquée par de vives batailles autour de la traduction* et de la publication des œuvres et des correspondances du maître, ainsi que par un éclatement irréversible de toutes les formes de légitimité organisationnelle. D'où la confrontation avec une kyrielle d'écoles de psychothérapie*.

La quatrième génération internationale est celle, anonyme et impersonnelle, des différents groupes freudiens de toutes tendances répartis dans le monde depuis 1970, qu'ils soient fédératifs, indépendants, rattachés à l'IPA ou en passe de se convertir à des psychothérapies non freudiennes.

▷ HISTOIRE DE LA PSYCHANALYSE. KLEINISME. LACANISME. PARENTÉ. PATRIARCAT. PSYCHIATRIE DYNAMIQUE.

GESAMMELTE SCHRIFTEN (GS)

▷ FREUD Anna. FREUD Sigmund. STERBA Richard. TRADUCTION (DES ŒUVRES DE FREUD).

GESAMMELTE WERKE (GW)

▷ FREUD Sigmund. TRADUCTION (DES ŒUVRES DE FREUD).

GESTALTTHÉRAPIE

Allemand : *Gestalttherapie*. Anglais : *Gestalt Therapy*.

Terme dérivé de la gestalthéorie (ou théorie de la forme) et créé par le psychanalyste américain Frederick Perls (1893-1970) pour désigner une forme de psychothérapie* de groupe dans laquelle le patient doit vivre ses conflits à travers une expression corporelle afin de retrouver l'unité de sa personnalité.

Cette forme de psychothérapie, proche de l'analyse existentielle* (par sa dimension phénoménologique), du psychodrame* de Jacob Levy Moreno* (pour sa technique), et de la végétothérapie de Wilhelm Reich* (pour son côté biologique et libertaire), fut inventée par un personnage singulier. Elle disparut ensuite avant de resurgir dans diverses écoles sous des formes plus ou moins éloignées du dispositif de son créateur.

Berlinois d'origine, Perls se forma à la psychiatrie et à la psychanalyse au contact de Paul Schilder* à Vienne* où, par ailleurs, il rencontra Sigmund Freud* en 1930. Mais c'est à Francfort qu'il adopta la gestaltthéorie en devenant l'assistant du grand neurologue Kurt Goldstein (1878-1965), dont les thèses sur l'unité de l'organisme humain et du fonctionnement cérébral marqueront toute la philosophie du XXe siècle, et notamment les travaux de Maurice Merleau-Ponty (1908-1961) et de Georges Canguilhem (1904-1995).

Analysé d'abord par Wilhelm Reich, puis par Karen Horney*, il se situa d'emblée dans la dissidence du freudisme* classique. Fuyant le nazisme*, il émigra aux Pays-Bas*, puis en Afrique du Sud en 1940, où il rédigea un premier livre dans lequel il révisait la conception freudienne, aspirant à voir davantage solliciter le corps au cours de la cure. C'est à New York en 1946, puis en Californie, qu'il développera ses thèses gestaltistes en animant divers groupes liés à la contre-culture américaine. Après un séjour au Japon*, il associera la gestaltthérapie à la pratique du bouddhisme zen puis deviendra un grand gourou californien, prônant tout à la fois le naturisme, l'orientalisme et l'ouverture à toutes les formes de psychothérapies corporelles qui se développeront dans les années 1970 sur la côte ouest des États-Unis*. Avant sa mort, il fondera une communauté thérapeutique au Canada*.

Comme de très nombreuses psychothérapies dissidentes du freudisme et orientées sur le soi (*self)*, la gestaltthérapie refuse à la fois les notions de ça* et de surmoi*, la première parce qu'elle détournerait le sujet de la pleine conscience de soi, la deuxième parce qu'elle serait une instance d'oppression du moi*. A la deuxième topique* la gestaltthérapie oppose donc une théorie de la personnalité et à la psychanalyse proprement dite une thérapie de groupe orientée vers la « désintellectualisation » du sujet au profit de ses affects ou de ses émotions. D'où la jonction qui s'est effectuée un peu partout dans le monde, après la mort de Perls, entre la gestaltthérapie et toutes les techniques dites bioénergétiques héritées de la végétothérapie de Reich et fondées sur l'idée que la « communication non verbale » (cri, gymnastique, massages, expressions corporelles, etc.) permet un meilleur accès à la guérison que la cure par la parole.

● Frederick Perls, *Ego, Hunger and Agression. A Revision of Freud's Theory and Method* (1942) ; et R. Hefferline et P. Goodman, *Gestalt Therapy*, New York, Dell Publishing Co, 1951. Kurt Goldstein, *La Structure de l'organisme* (1934), Paris, Gallimard, 1951. Claude Allais, « Gestaltthérapie », *L'Inconscient*, sous la direction de Jacques Mousseau et Pierre-François Moreau, Paris, CEPL, 1976, 227-229, et « Les nouvelles thérapies de groupes », *ibid.*, 233-259.

▷ ANALYSE DIRECTE. ANALYSE EXISTENTIELLE. ANTIPSYCHIATRIE. BATESON Gregory. IMAGE DU CORPS. NÉOFREUDISME. *SELF PSYCHOLOGY.* THÉRAPIE FAMILIALE. *TRAINING* AUTOGÈNE.

GLASSCO Gerald Stinson (1871-1934)
psychiatre et psychanalyste canadien

Fondateur avec Ernest Jones*, en 1911, de l'American Psychoanalytic Association* (ApsaA), Gerald Glassco fut aussi l'un des pionniers de la psychanalyse* au Canada*. C'est à Hamilton qu'il pratiqua, après avoir reçu sa formation à Londres dans les rangs de la British Psychoanalytic Society (BPS).

• Alan Parkin, *An History of Psychoanalysis in Canada*, Toronto, The Toronto Psychoanalytic Society, 1987.

▷ AUSTRALIE. CLARKE Charles Kirk. MEYERS Donald Campbell.

GLOVER Edward (1888-1972)
médecin et psychanalyste anglais

Pionnier de la psychanalyse en Grande-Bretagne*, à la fois conservateur et rebelle, marginal et orthodoxe, Edward Glover fut après Ernest Jones* le clinicien le plus puissant de la British Psychoanalytical Society (BPS), mais aussi le principal responsable de son éclatement puisqu'il déclencha, en 1942, les Grandes Controverses* qui allaient aboutir à la division de la société en trois groupes : les annafreudiens, les kleiniens, les Indépendants*. Remarquable technicien de la cure, Glover maniait l'humour avec férocité et la langue anglaise avec un véritable don de comédien. Il inventa la notion de noyau du moi pour définir le schéma comportemental du nourrisson lié aux réflexes affectifs, et celle de sexualisation de l'angoisse pour désigner un processus d'érotisation, propre à la perversion*, et permettant d'annihiler les craintes du *self* par une expérience orgastique.

Né à Lesmaagow près de Glasgow dans une famille presbytérienne, il fut d'abord un écolier « hésitant, rebelle, insolent et obstiné » avant de devenir médecin, comme son frère aîné, James Glover (1882-1926), qu'il admirait et qui était le préféré de ses parents. C'est d'ailleurs sur les conseils de James, lui-même psychanalyste, qu'Edward s'intéressa à la psychiatrie et à la criminologie*. En 1920, il se rendit à Berlin pour faire sa formation didactique avec Karl Abraham*. Il venait alors de perdre sa première femme après dix-huit mois de mariage.

Quand son frère mourut accidentellement en 1926, il en fut si affecté qu'il sombra dans une sorte de mélancolie*. Il demanda alors à Jones l'autorisation de reprendre les fonctions de secrétaire scientifique que celui-ci occupait au sein de la société. D'abord président du comité scientifique, Edward Glover accéda ensuite, en 1934, au poste prestigieux de secrétaire du comité de formation de l'International Psychoanalytical Association* (IPA) où il se montra très actif dans l'aide apportée aux freudiens qui fuyaient le nazisme*.

Avec Jones, président de la BPS, il mena une politique conservatrice à l'intérieur de la société, prétendant tenir la psychanalyse à l'écart des institutions où se pratiquaient diverses formes de psychothérapies*, notamment la prestigieuse Tavistock Clinic. Cette attitude isolationniste lui sera reprochée par les kleiniens, avec lesquels il sera en conflit permanent. Son rigorisme le conduisit en 1933, dans son ouvrage *Guerre, sadisme et pacifisme,* à interpréter les conflits politiques en termes de névrose et à préconiser, pour éviter les guerres, l'entrée massive des diplomates en analyse et la reconnaissance officielle par les États du caractère psychopathologique de la guerre elle-même. Critiqué par Otto Fenichel*, qui lui reprocha de « psychologiser » le domaine des luttes sociales et économiques, il attaqua violemment la « gauche freudienne », l'accusant de vouloir annexer la psychanalyse au marxisme et au communisme*.

D'abord enthousiasmé par les innovations kleiniennes, il les rejeta avec la même radicalité en 1933, à partir du moment où, devenu l'analyste de Melitta Schmideberg*, il épousa la révolte de celle-ci contre sa mère. Il traita alors de spéculation stérile les hypothèses kleiniennes sur la psychose* infantile et prétendit qu'elles ne sauraient être validées tant qu'il ne serait pas démontré qu'elles s'appliquent aussi aux adultes. Cette réserve avait un objectif précis : il s'agissait en effet pour Glover de maintenir le domaine des psychoses sous la domination des analystes médecins et de barrer la route à l'emprise que Melanie Klein, qui n'avait pas de formation médicale, commençait à avoir sur la BPS par le biais de ses élèves. Mais Glover n'était pas seulement un stratège. Il avait aussi la passion de la psychanalyse et souffrait sincèrement de la voir s'enliser dans la rigidité du dogme kleinien. C'est pourquoi il élabora un « Questionnaire sur la technique » pour comprendre ce qui se passait dans la tête des psychanalystes quand ils s'accusaient réciproquement de toutes les turpitudes en brandissant à tort et à travers les concepts freudiens.

En pleine guerre mondiale, il mit à l'ordre du jour l'évaluation des thèses kleiniennes au sein de la BPS. Ce fut le début des Controverses, dont il ne se remit pas. Il ne cessait depuis 1935 de traiter Melanie Klein de « schismatique » et de « déviationniste », de l'accuser de n'être plus freudienne et de dénoncer l'idolâtrie de ses disciples à son égard. A travers ce combat, il tentait de défendre non pas les annafreudiens, ni même Anna Freud* elle-même qu'il jugeait incapable de reprendre le flambeau de la « vraie » psychanalyse, mais une sorte d'utopie. Il rêvait en effet du vieux monde viennois, désormais englouti, et combattait la bureaucratie ipéiste qui avait fini par détruire l'authenticité de l'analyse didactique* : « Les systèmes de formation, dira-t-il en 1956, étaient devenus une forme de pouvoir politique à peine déguisée par des rationalisations… »

En février 1944, il démissionna de la BPS en prédisant à celle-ci un avenir lugubre sous le règne d'un kleinisme et d'un post-kleinisme qu'il qualifiait volontiers de « jungisme », étiquette infamante à ses yeux. Néanmoins il resta membre de l'IPA par le biais d'une affiliation à la Société suisse de psychanalyse (SSP), ce qui lui permit de conserver ses fonctions de secrétaire de l'IPA.

Non content de poursuivre Melanie Klein de ses invectives, il n'hésita pas en 1944, au cours d'émissions radiophoniques, à critiquer la fameuse sélection par les tests d'aptitude (mise au point notamment par John Rickman*) qui avaient bouleversé la psychiatrie anglaise pendant la guerre. Il jugeait ces méthodes inapplicables en temps de paix, soulignant qu'elles ne reposaient pas sur des critères susceptibles de déterminer les compétences professionnelles d'un sujet « normal », fonctionnaire ou ouvrier d'usine : « Les psychiatres de l'armée ont maintenant la grosse tête, disait-il

[...]. Une mesure de précaution consisterait à les soumettre à un cours de réhabilitation (comme on les appelle quand ils l'appliquent aux autres), afin de leur faire retrouver une perspective correcte quant aux droits des civils. Sans garde-fous adéquats, ce système pourrait bien porter en lui les germes du nazisme. » Glover ne se trompait pas. Le test de sélection, naïvement appliqué par John Rickmann en 1946 dans le cadre de la commission d'enquête de l'IPA chargée d'évaluer la dégradation de la personnalité chez les psychanalystes allemands collaborateurs de Matthias Heinrich Göring*, permettra en effet de juger l'ancien nazi Werner Kemper* parfaitement apte à l'exercice de la psychanalyse didactique.

Ayant ainsi fait scandale dans la BPS, en attaquant de façon iconoclaste aussi bien l'immobilisme annafreudien que le sectarisme kleinien et son plus beau fleuron (la sacro-sainte psychiatrie militaire et sa batterie empirique de tests et de mesures), Glover se tourna vers ce qui en réalité l'intéressait le plus, lui, le rebelle orthodoxe. Déjà coprésident depuis vingt ans de l'Institute for the scientific Treatment of Delinquency, il se consacra désormais à la réhabilitation des drogués et des criminels. En 1963, il devint président du comité scientifique du grand Institut de criminologie* de Londres.

A la mort de Melanie Klein, il lui rendit hommage, comme si la fureur dont il avait fait preuve de son vivant n'avait été que le signe d'une blessure secrète.

Car sans aucun doute, l'attitude caustique de cet homme est inséparable de la tragédie qui avait assombri sa vie après la naissance en 1926 de sa fille, atteinte de trisomie. Elle était son unique enfant, et partout il l'emmenait avec lui, en voyage et dans les congrès de l'IPA. Durant l'entre-deux-guerres, elle assista donc à ses côtés aux féroces disputes qui opposèrent les différents courants de l'école anglaise sur la manière de soigner les enfants psychotiques et handicapés.

• Edward Glover, *La Technique de la psychanalyse* (Londres, 1928), Paris, PUF, 1958 ; *War, Sadism, and Pacifism*, Londres, Allen & Unwin, 1933 ; *Freud et Jung* (Londres, 1950), Paris, PUF, 1983 ; *Psycho-Analysis and Child Psychiatry*, Londres, Imago, 1953 ; *On the Early Development of Mind*, Londres, Imago, 1956 ; *La Naissance du moi* (Londres, 1968), Toulouse, Privat, 1979. Charles W. Wahl, « Edward Glover, b. 1888, theory of technique », *in* Franz Alexander, Samuel Eisenstein et Martin Grotjahn (éd.), *Psychoanalytic Pioneers*, New York, Basic Books, 1966. Alexander Bromley, « Edward Glover, 1888-1972, obituary », *Psychoanalytic Quarterly*, 1973, 173-177. « Compte rendu du séjour du docteur John Rickman à Berlin pour interroger les psychanalystes, 14 et 15 octobre 1946 », *Revue internationale d'histoire de la psychanalyse*, 1, 1988, 157-163. Phyllis Grosskurth, *Melanie Klein, son monde, son œuvre* (1986), Paris, PUF, 1990. Eric Rayner, *Le Groupe des « Indépendants » et la psychanalyse britannique* (Londres, 1990), Paris, PUF, 1994. *Les Controverses Anna Freud/Melanie Klein* (Londres, 1991), Pearl King et Riccardo Steiner (éd.), Paris, PUF, 1996.

▷ INTERPRÉTATION. TECHNIQUE PSYCHANALYTIQUE.

GÖRING-INSTITUT (INSTITUT GÖRING)

▷ ALLEMAGNE. GÖRING Matthias Heinrich. NAZISME.

GÖRING Matthias Heinrich (1879-1945)
psychiatre allemand

Luthérien et piétiste convaincu, cousin du maréchal Hermann Göring, Matthias (ou Mathias) Heinrich Göring naquit à Wuppertal-Eberfeld. Après des études de droit, il s'orienta vers la neuropsychiatrie, fut l'assistant à Munich d'Emil Kraepelin*, se passionna pour l'hypnose*, puis adopta les thèses de la psychologie individuelle d'Alfred Adler*. Le 1er mai 1933, il adhéra au parti national-socialiste et devint jusqu'à sa mort un militant modèle de la doctrine nazie et le grand patron de la psychothérapie allemande « aryanisée », c'est-à-dire débarrassée non seulement de ses praticiens juifs, mais de l'« esprit juif » en général.

Göring ne fut guère redouté par ses alliés et ses adversaires, qui lui donnèrent le surnom de Papy ou de Papa Noël en raison de sa longue barbe et de sa générosité apparente. Il camouflait fort bien sa dureté derrière une allure de bon enfant timide souffrant de bégaiement. Fasciné par les phénomènes occultes, il vantait sans cesse les mérites de la religion et de l'amour du prochain, et ne se déplaçait jamais sans sa bible.

Mais Göring était surtout un opportuniste. Il n'embrassa la cause hitlérienne que parce que l'instauration du nouveau régime était pour lui l'occasion d'une promotion institutionnelle à laquelle, en temps normal, il n'aurait jamais pu accéder compte tenu de ses médiocres compétences. Comme Felix Boehm* ou Harald Schultz-Hencke*, comme Werner Kemper* ou Carl Müller-Braunschweig*, il était jaloux de ses brillants collègues juifs, médecins, psychiatres, psychothérapeutes, qui avaient une meilleure situation que la sienne avant 1933. Aussi fut-il un véritable antisémite, autant parce qu'il se persuada de l'influence pernicieuse que pouvait avoir le prétendu « esprit juif » sur les différentes branches de la psychothérapie (psychanalyse* comprise) que parce qu'il se sentait intellectuellement inférieur à ces Juifs, freudiens pour la plupart, qui tenaient les rênes des principales institutions allemandes, de Berlin à Francfort : Max Eitingon*, Ernst Simmel*, Otto Fenichel*, Erich Fromm*, Karl Landauer*, etc. Dans l'ombre il contribua d'abord à leur exil forcé, puis à leur extermination.

Comme tous les antisémites, il expliquait à qui voulait l'entendre qu'il comptait parmi ses proches des « amis juifs » ou encore qu'il « protégeait » de la Gestapo les épouses juives de certains de ses collaborateurs. Il révéla même en 1937 qu'avant l'avènement du nazisme il avait eu en traitement onze patients juifs qu'il respectait profondément. Malheureusement, ajouta-t-il, il n'avait rien pu faire pour eux en raison de la « différence raciale ». Après 1933, il déifia le Führer au point de demander à tous les psychothérapeutes dont il avait la charge de faire de *Mein Kampf* la bible de la nouvelle science psychologique du Reich.

Tel est donc l'homme avec lequel, par l'intermédiaire de Boehm, Ernest Jones* accepta de négocier en 1936 pour mettre en œuvre, au nom de l'International Psychoanalytical Association* (IPA), la politique dite de « sauvetage » de la psychanalyse en Allemagne*, dont l'histoire complexe ne sera révélée publiquement qu'à partir des années 1980 : en Allemagne par Regine Lockot et par des travaux divers menés à l'extérieur et à l'intérieur de l'IPA, en France* par le psychanalyste René Major, aux États-Unis* par l'historien Geoffrey Cocks.

En 1928, Göring commença à noyauter l'Allgemeine Ärztliche Gesellschaft für Psychotherapie (AÄGP), société allemande composée de psychiatres, de psychothérapeutes et de psychanalystes qui sera présidée par Ernst Kretschmer* jusqu'en 1933, puis par Carl Gustav Jung* pendant un an. Par la suite, tandis que Jones acceptait en 1935 l'exclusion de tous les membres juifs de la Deutsche Psychoanalytische Gesellschaft (DPG), il procéda à la nazification complète de l'AÄGP. Enfin, en mai 1936, il créa son chef-d'œuvre institutionnel, le Deutsche Institut für Psychologische Forschung (Institut allemand de recherche psychologique et de psychothérapie) qui ne tarda pas à prendre le nom de Göring-Institut. Un mois plus tard, après avoir rencontré, à Bâle, Jones, Abraham Arden Brill*, Boehm et Carl Müller-Braunschweig, il obtint le rattachement à son institut de la défunte DPG et la reconversion du Berliner Psychoanalytisches Institut* (BPI) en un institut « aryanisé ». Suprême humiliation : il confisqua à son profit les locaux du BPI et de la polyclinique dont l'architecture avait été conçue par Ernst Freud*. Il regroupa alors sous sa houlette divers membres des écoles de psychothérapies qui acceptèrent la nazification de leur doctrine et de leur pratique. Parmi eux se trouvaient des adlériens, des jungiens et des thérapeutes indépendants (Joannes Schultz* par exemple, le fondateur du *training* autogène).

Officialisé en 1938 en présence de hauts dignitaires du régime, le Göring-Institut fut placé sous la protection directe de Hitler et bénéficia, jusqu'en 1945, de moyens financiers considérables avec pour mission principale de déterminer les lois du développement de la personnalité humaine et des phénomènes collectifs conformément à la politique de « hiérarchie des races » mise en œuvre par le nazisme*. C'est dans ce cadre que Felix Boehm déploya ses « travaux » sur l'homosexualité* en envoyant dans des camps les sujets jugés inaptes à l'intégration et que Werner Kemper s'occupa personnellement de la sélection des névrosés dans l'armée de terre. Quant à Schultz-Hencke, il apporta son concours à l'amélioration des capacités de résistance et de commandement des cadres militaires, tandis que Schultz expérimentait des thérapies brèves auprès des officiers de l'armée de l'air traumatisés par les bombardements.

Par ailleurs, le Göring-Institut put se glorifier d'assurer, à la suite de l'ancien BPI, le traitement psychanalytique ou psychothérapeutique gratuit ou remboursé de nombreux patients ordinaires, issus de toutes les classes sociales et atteints soit de simples névroses*, soit de maladies mentales : psychoses*, épilepsie, arriération. A l'exception des Juifs, bien entendu. Tous ces gens furent « soignés » en vue d'une adaptation à la politique *völkisch* du Grand Reich, fondée sur l'idée de suprématie de l'âme germanique. Dans le même esprit, l'institut assura la formation de nombreux psychothérapeutes et psychanalystes, qui deviendront ensuite les praticiens reconnus de l'Allemagne d'après-guerre. Un lien « familial » semblable à celui des premiers disciples fut même reconstitué : Erna, la femme de Göring, entra en cure avec Kemper qui prétendit ensuite l'avoir espionnée pour sauver John Rittmeister*, et son fils Ernst fut formé à l'analyse didactique, contre l'avis de son père, par Müller-Braunschweig. La psychanalyse fut donc « sauvée » par ce groupe d'hommes qui acceptèrent en outre de modifier sa terminologie, jugée trop « juive », et de faire disparaître le nom honni de Freud de toutes les publications et de toutes les réunions officielles. Le mot psychanalyse fut remplacé par psychothérapie des profondeurs, l'Œdipe* fut simplement balayé, la sexualité* supprimée.

En 1945, l'institut fut entièrement détruit par les bombardements alliés. Ainsi disparurent d'un coup les traces du passé : à la fois le bel institut de 1920 et le sinistre souvenir de son « aryanisation ». C'est sur ses décombres symboliques, et sans aucune épuration, que fut reconstruit par Kemper et Schultz-Hencke, dans la partie ouest de Berlin, l'Institut central de psychothérapie financé, par les caisses d'assurance-maladie.

Fait prisonnier par les troupes russes, Göring mourut du typhus quelque part à l'Est dans un camp d'internement.

● *Les Années brunes. La psychanalyse sous le IIIe Reich,* textes traduits et présentés par Jean-Luc Evard, Paris, Confrontation, 1984. Chaim S. Katz (éd.), *Nazismo e Psicanàlise,* Rio de Janeiro, Taurus, 1985. Geoffrey Cocks, *La Psychothérapie sous le IIIe Reich* (Oxford, 1985), Paris, Les Belles Lettres, 1987. Regine Lockot, *Erinnern und Durcharbeiten,* Francfort, Fischer, 1985. *Ici la vie continue de manière surprenante,* recueil de textes traduits par Alain de Mijolla, Paris, Association internationale d'histoire de la psychanalyse (AIHP), 1987. Ludger M. Hermanns, « Conditions et limites de la productivité scientifique des psychanalystes en Allemagne de 1933 à 1935 », *Revue internationale d'histoire de la psychanalyse,* 1, 1988, 71-95. Karen Brecht, « La psychanalyse sous l'Allemagne nazie. Adaptation à l'institution, relations entre psychanalystes juifs et non juifs », *ibid.,* 95-109.

▷ AICHHORN August. BJERRE Poul. LAFORGUE René. MAUCO Georges. MITSCHERLICH Alexander. SUISSE

GRAF Herbert (1903-1973), cas « le petit Hans »

Jusqu'en 1972, date de la parution des « Mémoires d'un homme invisible », transcription des quatre interviews accordées par Herbert Graf au journaliste Francis Rizzo, on ne connaissait pas l'identité de ce « petit garçon de 5 ans », devenu célèbre sous le nom de « petit Hans » grâce au récit qu'avait fait Sigmund Freud* de son analyse, effectuée sous la conduite de Max Graf*, son père.

Considérée comme l'un des grands cas de l'histoire de la psychanalyse*, la cure du petit Hans occupa très vite une place particulière dans les annales du freudisme*, d'abord parce que le patient était (pour la première fois) un enfant, et ensuite parce que Freud, au lieu d'être en position d'analyste, intervenait comme contrôleur.

L'analyse proprement dite du petit Hans se déroule au cours du premier semestre de l'année 1908. Elle est contemporaine de celle d'Ernst Lanzer*, l'Homme aux rats. Freud, avec l'autorisation du père, en publie le compte rendu en 1909, mais il se réfère déjà au petit Hans dans deux articles sur la sexualité infantile, parus en 1907 et 1908. En fait, dès 1906, alors que l'enfant n'a pas encore 3 ans, son père, conquis par la psychanalyse en écoutant son épouse lui parler de sa cure avec Freud, prend des notes sur tout ce qui a trait à la sexualité* de son fils, pour les transmettre au maître dont il est devenu un familier. Max Graf n'était pas le seul à se livrer à ce type d'observation : Freud, ainsi qu'il le rappelle au début de son récit, avait incité ses collègues des réunions de la Société psychologique du mercredi* à s'adonner à ce genre d'exercice afin de lui apporter les preuves du bien-fondé de ses thèses sur la sexualité infantile, exposées quelque temps plus tôt dans les *Trois Essais sur la théorie sexuelle**.

Dès les premières notations du père, le petit Hans apparaît très préoccupé par cette partie de son corps qu'il appelle son « fait-pipi ». Successivement, il demande à sa mère si elle aussi en a un, il en attribue un à la vache que l'on trait, à la locomotive qui lâche de l'eau, au chien et au cheval, mais ni à la table ni à la chaise. Cet intérêt, comme le note Freud avec humour, ne se limite pas à la théorie : il conduit Hans à être surpris par sa mère tandis qu'il se livre à des attouchements de son pénis. La menace brandie par celle-ci de lui faire couper son « fait-pipi » s'il continue de se livrer à ce genre d'activité n'induit encore aucun sentiment de culpabilité mais, note toujours Freud, lui fait acquérir le complexe de castration*. Poursuivant ses explorations, l'enfant s'enquiert de savoir si son père possède, lui aussi, un « fait-pipi », et s'étonne que sa mère, adulte, n'ait pas un « fait-pipi » de la taille de celui d'un cheval.

Durant cette période, « le grand événement de la vie de Hans est la naissance de sa petite sœur Anna alors qu'il a exactement 3 ans et demi ». Les observations du père font apparaître un écart entre les dires de l'enfant, qui semblent accréditer la fable de la cigogne porteuse de bébés, et son attention pour la trousse du médecin et les cuvettes d'eau sanglantes dans la chambre de la parturiente, qui paraît indiquer, note Freud, la présence de premiers soupçons quant à la vérité de la fable. Il faudra environ six mois à Hans pour surmonter sa jalousie et se convaincre de sa supériorité sur sa cadette. Assistant au bain de celle-ci, il constate qu'elle a un « fait-pipi [...] encore petit » et prédit, bienveillant, qu'il deviendra plus grand lorsque Anna grandira. Commentant les observations suivantes, Freud relève des manifestations d'auto-érotisme, bientôt suivies d'un « *choix de l'objet* tout comme chez l'adulte ». Hans fait ainsi preuve d'inconstance, de prédisposition à la polygamie, mais présente aussi des traits d'homosexualité*, toutes choses qui font dire à Freud, manifestement satisfait de suivre ainsi pas à pas la vérification de sa théorie : « Notre petit Hans semble vraiment être un modèle de toutes les perversités. »

Hans traverse ensuite une période marquée par la recherche d'émois érotiques – il est amoureux d'une petite fille et insiste auprès de ses parents pour qu'elle vienne chez lui afin de pouvoir coucher avec elle – prolongement de ceux qu'il a ressentis lors de ses incursions dans le lit de ses parents. Un rêve*, alors qu'il a 4 ans et demi, traduit son désir, désormais refoulé, de se livrer à nouveau à l'exhibitionnisme auquel il s'était adonné l'été précédent devant des petites filles. Cette période se clôt sur la reconnaissance par l'enfant, assistant de nouveau au bain de sa sœur, de la différence entre les organes génitaux masculins et féminins.

Quelques jours après ce rêve et ce constat, la « maladie » du petit Hans se déclare. Les dialogues entre le père et l'enfant, transcrits fidèlement par le père et transmis à Freud, lui permettent de guider la cure, puis, par la suite, de reconstituer l'évolution des troubles et leur disparition, sanction de la « guérison » annoncée dès la première ligne du récit.

Cette période s'ouvre sur une lettre du père, inquiet de l'agitation nerveuse dont l'enfant est soudainement victime et prompt à attribuer cet état au surcroît de tendresse manifesté par la mère. Freud, qui défendra à chaque fois son ex-patiente, la « jolie mère » de Hans, « si bonne et si dévouée », réfute ce point de vue. En analyse, souligne-t-il, il ne s'agit pas de « *comprendre* d'emblée un cas pathologique » ; la compréhension n'est possible « que par la suite », si l'on s'est donné le temps d'observer, d'accumuler les impressions.

Juste avant l'éclosion de l'état anxieux, Hans a fait un rêve, « rêve de punition », dit Freud, dans lequel la mère bien-aimée, avec laquelle il peut « faire câlin », est partie. Ce rêve fait écho aux avantages obtenus lorsque sa mère le prenait dans son lit, l'été précédent, chaque fois qu'il manifestait de l'anxiété et chaque fois aussi que son père était absent. Quelques jours plus tard, Hans, en promenade avec sa bonne, se met à pleurer et demande à rentrer à la maison pour « faire câlin avec sa maman ». Le lendemain, la mère décide de l'emmener elle-même en promenade. Il commence par refuser, pleure, puis se laisse conduire tout en manifestant une peur intense dont il ne parlera qu'au retour : « J'avais peur qu'un cheval ne me morde. » Le soir, nouvelle crise d'angoisse à l'idée de la promenade du lendemain et crainte que le cheval vienne dans sa chambre. La mère lui demande alors s'il lui arrive de toucher avec sa main son « fait-pipi ». Par suite de sa réponse affirmative, elle lui ordonne de cesser, ce qu'il avoue ensuite ne parvenir à faire qu'imparfaitement.

« Voici donc, commente Freud, le début de l'angoisse comme de la phobie*» qu'il faut bien distinguer. La tendresse croissante pour la mère traduit une aspiration libidinale refoulée à laquelle vient répondre l'apparition de l'angoisse. Cette transformation de la *libido** en angoisse est irréversible, et l'angoisse doit trouver un objet de substitution qui constituera le matériel phobique. En ce point, il est encore trop tôt pour comprendre l'origine du matériel de la phobie de Hans, les chevaux et le risque de leur morsure. A ce stade, Freud conseille au père de dire à Hans que cette histoire de chevaux est une « bêtise » – c'est le terme que le père et le fils emploieront désormais pour désigner la phobie – et que sa peur provient de son trop grand intérêt pour le « fait-pipi » des chevaux. Freud suggère en outre que soit entreprise l'initiation sexuelle de l'enfant afin qu'il puisse notamment admettre que « sa mère et toutes les autres créatures féminines – ainsi qu'il pouvait s'en rendre compte d'après la petite Anna – ne possédaient pas du tout de "fait-pipi" ».

Quelque temps plus tard, la phobie fait retour et s'étend à tous les grands animaux, girafes, éléphants, pélicans. A la suite d'une remarque de Hans sur l'enracinement de son « fait-pipi » qu'il espère voir grandir avec lui, Freud explique que les grands animaux lui font peur parce qu'ils le renvoient à la dimension actuelle, insatisfaisante, de son organe pénien. Quant à l'enracinement, il est une réponse, dit encore Freud, à la menace de castration exprimée bien plus tôt par la mère et dont l'effet se manifeste ainsi après-coup*, dans le temps où l'inquiétude de l'enfant s'est accrue, suite à l'annonce officielle de l'absence de « fait-pipi » chez les femmes.

Un matin, Hans rend compte de son incursion nocturne dans le lit de ses parents en expliquant qu'il y avait dans sa chambre une grande girafe et une girafe chiffonnée. « La grande, dit-il, a crié que je lui avais enlevé la chiffonnée. Alors elle a cessé de crier, et alors je me suis assis sur la girafe chiffonnée. » Le père met ce fantasme en relation avec une situation récurrente : tandis qu'il s'oppose à la venue de l'enfant dans le lit conjugal, la mère répond qu'il n'y a rien là de grave pourvu que cela ne dure pas. La grande girafe serait ainsi le grand pénis paternel tandis que la girafe chiffonnée représenterait les organes génitaux féminins. Freud ajoute que le « s'asseoir » sur la girafe chiffonnée représente « une prise de *possession* », fondée sur un fantasme* de défi envers le père et sur la satisfaction d'avoir bravé son interdit, l'ensemble recouvrant la crainte que la mère trouve le « fait-pipi » de l'enfant bien petit en comparaison de celui du père. Surviennent alors une série de fantasmes d'effraction et de non-respect des interdits, dans lesquels le père est associé à l'enfant, marque de la suspicion dans laquelle Hans tient son père de faire avec sa mère des choses dont ce père veut le priver.

Le 30 mars 1908, Hans vient avec son père chez Freud. L'entretien est bref. Freud demande à l'enfant, qui a parlé de noir autour de la bouche des chevaux, si les chevaux portent binocles. Par suite de la réponse négative de l'enfant, Freud lui pose la même question concernant son père. La réponse, contre toute évidence, est également négative. Freud explique alors à Hans qu'il a peur de son père « justement parce qu'il aime tellement sa mère ».

Une amélioration se fait sentir après cet entretien. L'explication donnée à l'enfant, dit Freud, a provoqué l'affaiblissement de ses résistances et cela doit lui permettre de nommer ses craintes. Effectivement, au cours d'une conversation avec son père, alors qu'il manifeste sa peur de voir tomber les chevaux attelés à un omnibus, l'enfant explique qu'un jour où, malgré la « bêtise », il était allé se promener avec sa mère, il avait réellement vu deux chevaux tirant un omnibus tomber dans la rue et avait cru que l'un d'eux était mort. La mère confirme la véracité du récit.

Cette information constitue un tournant dans l'évolution de l'analyse. La phobie se déclare lorsque l'angoisse qui, originairement, n'avait rien à voir avec les chevaux se transpose sur ces animaux, ainsi élevés, commente Freud, « à la dignité d'objet d'angoisse », pour des raisons liées à l'histoire de l'enfant : Hans avait, étant plus petit, une passion pour les chevaux, il avait vu un de ses camarades tomber de cheval et se souvenait de l'histoire d'un cheval blanc susceptible de mordre les doigts. L'éclosion de la phobie datait de l'incident réel du cheval tombé : Hans avait alors éprouvé le désir (et la crainte en même temps) que son père tombât ainsi et soit mort, ce qui eût ouvert la voie à la possession de la mère mais l'eût aussi exposé aux risques d'une comparaison peu avantageuse pour lui. De ce jour, Hans prend plus de liberté avec son père qu'il veut même mordre, preuve qu'il l'a identifié au cheval tant redouté. Il n'empêche, la peur des chevaux persiste.

L'analyse prend alors un autre tour. La mère, momentanément oubliée, revient au premier plan par le biais de fantasmes excrémentiels et de réactions phobiques à la vue de culottes jaunes et noires. Suivent alors le fantasme du plombier qui perfore l'estomac de Hans au moyen d'un foret et la peur de se baigner dans une grande baignoire. Le fantasme du plombier, fantasme de procréation, trouvera sa signification plus tard, lorsqu'il deviendra clair que l'enfant n'a jamais cru à l'histoire de la cigogne mais en a voulu à son père de lui raconter de tels mensonges.

Freud mène l'analyse plus loin en insistant sur la juxtaposition de cette peur de la baignoire avec les fantasmes excrémentiels – l'intérêt, puis le dégoût de Hans pour les fèces, qu'il appelle « loumfs » – eux-mêmes liés au plaisir retiré par l'enfant lorsqu'il accompagnait sa mère aux toilettes. Il apparaît que pour Hans – et Freud se félicite de trouver là, de nouveau, la confirmation de ce qu'il avait écrit quelques années plus tôt – les voitures sont chargées, comme les ventres des mères le sont, d'enfants-excréments : la chute des chevaux, comme celle des « loumfs », est la représentation d'une naissance, et Freud souligne à cette occasion le caractère signifiant de l'expression mettre bas. Le cheval qui tombe n'est donc pas seulement le père qui meurt, c'est aussi la mère qui accouche. Hans va pouvoir verbaliser son souhait de voir son père s'en aller et reconnaître son désir de posséder sa mère. Il trouve toutefois un aménagement à cette situation encore génératrice d'angoisse : son père sera le grand-père des enfants que lui, Hans, a avec sa mère. Pour apaiser la colère toujours possible de ce père ainsi délogé, l'enfant l'imagine marié avec sa propre mère, la grand-mère paternelle de Hans. Un dernier fantasme, dans lequel un plombier lui change son « fait-pipi » pour un plus grand, marque sa sortie de l'Œdipe* et sa victoire sur sa peur de la castration.

A la différence des autres cas princeps exposés par Freud, celui du petit Hans n'a fait l'objet d'aucune révision historiographique exhaustive. Il a cependant donné lieu à de nombreuses lectures critiques.

Dans un premier temps, alors qu'il était impensable d'approcher de si près la légendaire « innocence infantile », les psychanalystes firent de ce cas le paradigme de toutes les cures de psychanalyse d'enfants*. Il fallut les premiers pas effectués en ce domaine par Hermine von Hug-Hellmuth*, et surtout la révolution opérée par Melanie Klein*, pour que cette conception soit dépassée dans le mouvement psychanalytique.

Par ailleurs, certaines lectures prirent comme angle d'attaque l'interprétation freudienne du cas et développèrent une réflexion nouvelle sur le statut de la phobie. Enfin, d'autres travaux ont choisi de réinscrire la cure et le personnage du petit Hans dans le fil de son histoire et de son identité, celles de Herbert Graf, fils de Max Graf et d'Olga König-Graf, amis de Sigmund Freud.

Jacques Lacan* consacra la deuxième partie de son séminaire de l'année 1956-1957, intitulé *La Relation d'objet et les structures freudiennes*, au cas du petit Hans. Son but était d'élaborer une clinique lacanienne de l'analyse d'enfant, dont Jenny Aubry* et Françoise Dolto* étaient les maîtres d'œuvre, susceptible de rivaliser avec l'école anglaise, riche des apports contradictoires de Melanie Klein, Anna Freud* et Donald Woods Winnicott*. Pour Lacan, la phobie de Hans intervient avec la découverte de son pénis réel et sa terreur consécutive d'être dévoré par la mère investie d'une toute-puissance imaginaire. La phobie ne peut alors être dépassée, sinon guérie, que par l'intervention du Père réel (Max Graf), soutenue par le Père symbolique (Freud), qui a pour effet de séparer l'enfant de la mère et d'assurer son avancée de l'imaginaire* vers le symbolique*. Lacan interprète les mythes animaliers à l'œuvre dans la cure en termes lévi-straussiens. Loin de chercher en chacun d'eux une signification particulière, il les met en relation les uns avec les autres afin de saisir la récurrence du semblable dans un système. Le cheval renvoie ainsi tantôt au père, tantôt à la mère et fonctionne comme élément signifiant* détaché du signifié. La torsion que Lacan fait ainsi subir à la théorie freudienne de l'Œdipe* est liée à sa conception du déclin de la fonction paternelle dans la société occidentale, qu'il a exposée en 1938 dans son article sur la famille. Face à ce déclin, dont il fait la cause essentielle de l'apparition de la psychanalyse à Vienne*, Lacan entend revaloriser une notion de paternité fondée sur l'intervention de la parole et dénoncer le danger de la toute-puissance maternelle qu'il stigmatise en parlant de « mère inassouvie et insatisfaite » prompte à dévorer l'enfant.

En 1987, le psychanalyste français Jean Bergeret mit en relation les difficultés de Hans avec celles qu'avait pu connaître Freud lui-même dans son enfance. Observant que les deux seuls textes que Freud n'avait pas publiés de son vivant (celui qu'il avait consacré aux personnages psychopathiques à la scène, dont il avait donné le manuscrit à Max Graf au début de l'analyse de Hans, et celui qui a été retrouvé et publié par Ilse Grubrich-Simitis sous le titre *Vue d'ensemble des névroses de transfert*) ont en commun le thème de la violence irreprésentable, indicible, produit d'une incitation sexuelle précoce trop intense, Bergeret soutient l'hypothèse que la cure du petit Hans aurait été construite sur la base de la dénégation d'un traumatisme connu.

A l'occasion de la publication, au titre de suppléments à la revue *L'Unebévue*, des traductions qu'il avait faites de ce texte de Freud sur les personnages psychopathiques à la scène, de celui de Max Graf consacré à Freud et des Mémoires de Herbert Graf, le psychanalyste français François Dachet publia en 1993, dans cette même revue, une étude visant à élucider la complexité de la relation entre Freud et Max Graf. Il observait notamment que si, dans cette relation, Max Graf est bien évoqué par Freud comme le père du petit Hans, comme le disciple et l'ami qui lui reconnaît un talent artistique dont sont dénués les « bousilleurs d'âme » et comme le destinataire compétent d'un manuscrit traitant de problèmes scénographiques, il ne l'est jamais en tant que mari de la mère du petit Hans, elle-même ex-patiente de Freud. En cela, notait François Dachet, la lecture lacanienne du cas demanderait à « être reconsidérée ».

En 1996, Peter L. Rudnytsky, universitaire américain, proposa de considérer le cas du petit Hans davantage comme un exemple de « thérapie de famille » que comme l'analyse d'un enfant. Son approche du cas se référait aux thèses féministes développées notamment par Luce Irigaray. Elle le conduisait à discerner dans cette analyse les éléments de base de la conception freudienne de la différence des sexes* et de la sexualité féminine* qui apparaîtra sous sa forme définitive en 1933 dans les *Nouvelle Conférences d'introduction à la psychanalyse**. La conclusion de Rudnytsky était sans appel. Il stigmatisait « les préjugés bourgeois » qui sous-tendent, selon lui, les positions théoriques de Freud sur les questions de l'homosexualité et de la sexualité féminine.

Revenant sur ce cas dans son séminaire de l'année 1968-1969 intitulé *D'un Autre à l'autre*, Lacan évoque la guérison proclamée par Freud et s'exclame « … le petit Hans n'a plus peur des chevaux, et après ? »

Après ? En 1922, Freud ajoute un « épilogue » à son texte de 1909 : il y relate brièvement la visite, cette même année, d'un jeune homme qui se présenta à lui comme étant le petit Hans. Pour Freud, cette visite constitue d'abord un démenti cinglant opposé aux sinistres prédictions énoncées à l'époque de la cure. Tout à sa joie, il se félicite, en une phrase ambiguë, que le jeune homme ait pu surmonter les difficultés inhérentes au divorce et au remariage de ses parents et note enfin, avec une gourmandise théorique non dissimulée, que Hans/Herbert a tout oublié de son analyse, jusqu'à son existence même.

Pourtant la lecture du texte de Max Graf « Réminiscences du professeur Sigmund Freud », paru en 1942, et celle des Mémoires (sous forme d'entretiens) de Herbert Graf apportent un certain nombre d'informations à même de relativiser la satisfaction de Freud et de constituer les premiers éléments pour une révision du cas.

Dans son article, Max Graf évoque, de manière à la fois affectueuse et critique, l'atmosphère des soirées du mercredi auxquelles il avait été convié par Freud, la personnalité de celui-ci, les haines, les engouements et les conflits que son intransigeance pouvait susciter. Bien qu'à l'époque l'analyse du petit Hans ait été un sujet fréquemment évoqué lors de ces réunions du mercredi soir, Max Graf n'y fait pas la moindre allusion. Il est plus prolixe s'agissant de ce que le psychanalyste hollandais Harry Stroeken propose d'appeler « La relation entre la famille Graf et Freud ». On apprend ainsi, entre autres choses, que Freud, facilement associé aux fêtes familiales des Graf, apporta au futur petit Hans, en guise de cadeau pour son troisième anniversaire, un... cheval à bascule !

Dans ses Mémoires, Herbert Graf manifeste au soir de sa vie une ferveur et une admiration pour son père d'autant plus frappantes qu'il ne dit pas un seul mot sur sa mère au long de ces quatre entretiens. Ce clivage* semble bien illustrer ce que fut la vie du petit Hans devenu adulte, caractérisée par le contraste entre sa réussite professionnelle et ses échecs affectifs.

Herbert Graf connut en effet dans sa jeunesse, par l'intermédiaire de son père, tout ce que Vienne* comptait comme personnalités du monde artistique de l'époque. Gustav Mahler* fut son parrain, Arnold Schönberg (1874-1951), Richard Strauss (1864-1949), Oskar Kokoschka (1886-1980) furent au nombre de ceux qui fréquentaient la maison des Graf. Lorsque, sous les rires des autres étudiants, qui inscriront cela sur le livre des « stupidités de l'année » – une « bêtise » de plus ? –, Herbert Graf annonça son désir de devenir metteur en scène d'opéra, métier dont il allait être l'inventeur, son père le soutint financièrement. Dans le droit-fil des premiers pas de ce père, il soutint une thèse sur la scénographie wagnérienne qui lui valut la reconnaissance officielle de la famille de l'auteur des *Maîtres chanteurs*. Après s'être essayé, sans succès, à l'art lyrique, il assura la mise en scène à l'Opéra de Münster. Il émigra ensuite aux États-Unis* et devint metteur en scène attitré du Metropolitan Opera de New York où il collabora étroitement avec Arturo Toscanini et Bruno Walter, entre autres. Sa renommée le conduira à Salzbourg et en Italie*, son pays de prédilection, où il réalisera plus de soixante productions à Vérone, Milan, Venise et Florence (où il travaillera avec Maria Callas). Il prendra ensuite la direction de l'Opéra de Zurich, dont il démissionnera en raison du manque de moyens, puis celle du Grand Théâtre de Genève jusqu'à sa mort, en 1973.

A côté de cette éclatante carrière ponctuée par quelques textes audacieux et toujours d'actualité sur la question de l'opéra populaire, la vie privée de Herbert Graf est apparemment jalonnée de souffrances. Contrairement à l'appréciation de Freud, il semble ne s'être jamais complètement remis du choc occasionné par le divorce et le remariage de ses parents. Tourmenté par des conflits conjugaux, il reprend une analyse avec Hugo Solms qui l'incite, en 1970, alors que se tient à Genève un congrès de psychanalyse, à aller se présenter à Anna Freud, visite qui demeurera sans suite.

Atteint d'un cancer au rein qui se révélera incurable, il meurt le 5 avril 1973 des suites d'une chute, probablement due à des vertiges provoqués par son état.

● Sigmund Freud, « Les explications sexuelles données aux enfants » (1907), *GW*, VII, 19-27, *SE*, IX, 129-139, in *La Vie sexuelle*, Paris, PUF, 1969, 7-13 ; « Les théories sexuelles infantiles » (1908), *GW*, VII, 171-188, *SE*, IX, 205-226, in *La Vie sexuelle*, Paris, PUF, 1969, 14-27 ; « Analyse d'une phobie chez un petit garçon de cinq ans (le petit Hans) » (1909), *GW*, VII, 243-377, *SE*, X, 1-147, in *Cinq Psychanalyses*, Paris, PUF, 1954, 93-198 ; « Personnages psychopathiques à la scène » (1906 ; 1942), *GW*, *Nachtragsband*, 655-661, *SE*, VII, 303-310, *Digraphe*, 3, 1974, 61-81, sous le titre « Personnages psychopathiques sur la scène », *Revue française de psychanalyse*, 1980, XLIV, 1, in *Résultats, idées, problèmes*, vol. I, Paris, PUF, 1984, 123-130, supplément à *L'Unebévue*, 3, 1993 ; *Nouvelles Conférences d'introduction à la psychanalyse* (1933), *OC*, XIX, 83-268, *GW*, XV, *SE*, XXII, 5-182, Paris, Gallimard, 1984 ; et Carl Gustav Jung, *Correspondance (1910-1914)*, Paris, Gallimard, 1975. *Les Premiers Psychanalystes, Minutes de la Société psychanalytique de Vienne*, vol. I, *1906-1908*, vol. II, *1908-1910*, (1962), Paris, Gallimard, 1976. Jean Bergeret, *Le « Petit Hans » et la réalité ou Freud face à son passé*, Paris, Payot, 1967. François Dachet, « De la *sensibilité artistique* du professeur Freud », *L'Unebévue*, 3, 1993, 7-38 ; et Mayette Viltard, « Présentation du texte de Freud de 1905. Personnages psychopathiques sur la scène », *L'Unebévue*, 3, 1993, 129-148. Henri F. Ellenberger, *Histoire de la découverte de l'inconscient* (New York, 1970, Villeurbanne, 1974), Paris, Fayard, 1994. Max Graf, « Réminiscences sur le professeur Freud » (1942), *Tel Quel*, 88, 1981, 52-101. Herbert Graf, « Mémoires d'un homme invisible » (1972), supplément au n°3 de *L'Unebévue*, 1993. Henri-Louis de La Grange, *Gustav Mahler, chronique d'une vie*, Paris, Fayard, 1984. Luce Irigaray, *Spéculum de l'autre femme*, Paris, Minuit, 1974. Ernest Jones, *La Vie et l'œuvre de Sigmund Freud* (New York, 1953), Paris, PUF, 1958. Jacques Lacan, *Les Complexes familiaux* (1938), Paris, Navarin, 1984 ; *Le Séminaire*, livre IV, *La Relation d'objet* (1956-1957), Paris, Seuil, 1994 ; *Le Séminaire*, livre XVI. *D'un Autre à l'autre* (1968-1969), inédit. Patrick Mahony, « The dictator and his cure », *IJP*, 74, 1993, 1245-1251. Brigitte et Jean Massin (éd.), *Histoire de la musique occidentale* (1983), Paris, Fayard, 1985. Peter L. Rudnytsky, « Maman, as-tu, toi aussi, un fait-pipi ? La représentation de la sexualité féminine dans le cas du petit Hans », *in* André Haynal (éd.), *La Psychanalyse : cent ans déjà*, Genève, Georg, 1996, 185-205. Harry Stroeken, *En analyse avec Freud*, Paris, Payot, 1987.

▷ PATRIARCAT. PHALLOCENTRISME.

GRAF Max (1873-1958)

critique et musicologue autrichien

Né à Vienne*, dans une famille juive originaire de Galicie, Max Graf était le fils d'un journaliste connu, Josef Graf, qui avait épousé sa cousine Regina Lederer. En 1898, après des études de droit et de musique, il se marie avec une comédienne, Olga

König. Le couple aura deux enfants, un garçon (Herbert*) né en 1903, et une fille (Hanna) née trois ans et demi plus tard, qui se suicidera aux États-Unis* au début des années 1950.

Devenu musicologue, Max Graf rédige notamment deux ouvrages sur Richard Wagner. Le second, consacré au *Vaisseau fantôme*, fut publié par Sigmund Freud* en 1911 dans la série *Schriften zur angewandten Seelenkunde**. Traducteur de Romain Rolland* et de plusieurs ouvrages d'histoire de la musique, Max Graf s'essaya à la composition mais y renonça assez rapidement sur les conseils de Johannes Brahms (1933-1897). Il enseigna l'histoire de la musique et l'esthétique musicale à Vienne puis, lors de son exil aux États-Unis pendant la période du nazisme*, à la New School for Social Research à New York, et à l'université de Philadelphie. Max Graf intervint aussi dans le champ de la politique comme éditorialiste de la *Neue Frei Press*.

Il rencontre Freud en 1900, par l'intermédiaire, expliquera-t-il de manière énigmatique, « d'une dame que je connaissais » et que Freud avait en traitement à cette époque. « Après ses séances avec Freud, écrit encore Max Graf, cette dame me parlait de ce remarquable traitement par le moyen de questions et de réponses. Sur la base des comptes rendus de ces entretiens, je me familiarisai avec la nouvelle façon de considérer les phénomènes psychologiques, avec le dénouage artistique du tissu de l'inconscient et avec la technique de l'analyse du rêve. » Tout conduit à penser que cette « dame », qui introduisit Max Graf auprès de Freud, était Olga, sa femme, que Freud, dans son compte rendu de l'« Analyse d'une phobie chez un petit garçon de 5 ans », appelle la « jolie mère » du petit Hans, Herbert Graf, précisant qu'il put lui apporter quelque secours pour la soulager de la névrose* dont elle était devenue « la proie ».

En 1902, Freud propose à Max Graf de participer aux réunions de la Société psychologique du mercredi*. Graf accepte et assiste régulièrement à ces soirées. Il aura l'occasion d'y présenter plusieurs communications originales. Au cours de celle du 11 décembre 1907, il souligne que « la technique de Freud à elle seule ne rend pas intelligent ou profond », et qu'elle n'est « d'aucune aide à un bousilleur d'âmes ». A cette période, à la fin de l'année 1905, Freud lui confie le manuscrit de l'article « Personnages psychopathiques sur la scène » dont il ne reparlera jamais. Max Graf traduira ce texte en anglais en y effectuant des coupures inexplicables ; il le publiera aux États-Unis en 1942, accompagné de ses « Réminiscences sur le professeur Freud ».

En 1908, Max Graf dirige, sous le contrôle de Freud, l'analyse de son fils Herbert. Le récit du cas sera publié l'année suivante.

Une phrase de Freud, dans une lettre du 2 février 1910 à Carl Gustav Jung*, laisse penser que suite à l'analyse de son fils, Max Graf conduisit la deuxième cure de sa femme : « J'aurais tenu l'analyse de sa propre femme pour absolument impossible. Le père du petit Hans m'a prouvé que cela marche très bien. La règle technique dont j'ai le soupçon depuis peu, "surmonter le contre-transfert"*, devient quand même trop difficile dans ce cas. » Par la suite le couple divorcera et Max Graf se remariera deux fois.

Dans son livre *L'Atelier intérieur du musicien*, publié en 1910, il s'inspire des thèses freudiennes pour expliquer certaines différences entre le classicisme et le romantisme dans l'histoire de la musique. A ses yeux, le compositeur romantique laisse parler en lui les vestiges de son enfance alors que le musicien classique maîtrise son inconscient.

En 1947, à son retour à Vienne, il reprend ses activités de critique dans *Die Weltpress* jusqu'en 1957. En décembre 1952, Max Graf donne à Kurt Eissler, responsable des Sigmund Freud Archives (SFA) déposées à la Library of Congress*, un long entretien sur sa famille et ses enfants. Il laissera de nombreux ouvrages consacrés à la vie musicale viennoise.

● Max Graf, *Die innere Werkstatt des Musikers*, Stuttgart, Ferdinand Encke, 1910 ; *Richard Wagner im « Fliegenden Holländer »*, Leipzig et Vienne, Franz Deuticke, 1911 ; « Réminiscences sur le professeur Freud » (1942), *Tel Quel*, 88, 1981, 52-101 ; « Entretien du père du petit Hans (Max Graf) avec Kurt Eissler », 16 décembre 1952, *Le Bloc-notes de la psychanalyse*, 14, 1996, 123-159. Herbert Graf, *Mémoires d'un homme invisible*, (New York, 1972), supplément au n°3 de *L'Unebévue*, 1993. Sigmund Freud, « Personnages psychopathiques sur la scène » (1942), *Digraphe*, 3, 1974, 61-81, retraduit in *Résultats, idées, problèmes*, vol. 1, Paris, PUF, 1984 ; « Analyse d'une phobie chez un petit garçon de 5 ans » (le petit Hans) (1909), *GW*, VII, 243-377, *SE*, X, 1-147, in *Cinq Psychanalyses*, Paris, PUF, 1954 ; et Carl Gustav Jung, *Correspondance*, II, *1910-1914*, Paris, Gallimard, 1975. François Dachet, « De la "sensibilité artistique" du professeur Freud », *L'Unebévue*, 3, 1993, 7-37 ; et Mayette Viltard, « Présentation au texte de Freud de 1905-1906 : "Personnages psychopathiques sur la scène" », *L'Unebévue*, 3, 1993, 129-148. Henri-Louis de La Grange, *Gustave Mahler. Chronique d'une vie*, Paris, Fayard, 1984. André Michel, *Psychanalyse de la musique* (1951), Paris, PUF, 1984. Elke Mühlleitner, *Biographisches Lexikon der Psychoanalyse. Die Mitglieder der psychologischen Mittwoch-Gesellschaft und der Wiener psychoanalytischen Vereinigung von 1902-1938*, Tübingen, Diskord, 1992. *Les Premiers Psychanalystes, Minutes de la Société psychanalytique de Vienne*, I, *1906-1908* (1962), Paris, Gallimard, 1976.

▷ FILIATION. MÉLANCOLIE. PSYCHANALYSE APPLIQUÉE. PSYCHANALYSE DES ENFANTS. SUICIDE.

GRAF Rosa, née Regina Debora Freud (1860-1942), sœur de Sigmund Freud

Née à Vienne*, troisième enfant de Jacob et d'Amalia Freud*, Rosa était la deuxième sœur de Sigmund Freud*, après Anna Bernays* (née Freud). Elle était aussi sa préférée, et avait comme lui (et comme Emanuel Freud*, son demi-frère) une tendance à la neurasthénie*. Elle eut un destin tragique.

En mai 1896, elle épousa Heinrich Graf, un célèbre juriste viennois, qui mourut peu de temps après le mariage. Son fils unique, Hermann, tomba au combat durant la Première Guerre mondiale et sa fille Caecilia (surnommée Mausi), amie de Hans Lampl* et très liée à sa cousine Anna Freud*, se suicida en 1922, à l'âge de 23 ans, en absorbant du véronal alors qu'elle était enceinte hors mariage.

Au procès de Nuremberg, le 26 février 1946, un témoin raconta comment Rosa Graf avait été gazée au camp d'extermination de Treblinka, vers le mois d'octobre 1942 : « Une femme d'un certain âge s'approcha de Kurt Franz [commandant délégué du camp], présenta un *Ausweis* et dit être la sœur de Sigmund Freud. Elle pria pour qu'on l'employât à un travail de bureau facile. Franz examina avec soin l'*Ausweis* et dit qu'il s'agissait probablement d'une erreur, la conduisit à l'indicateur du chemin de fer et dit que dans deux heures un train retournait à Vienne. Elle pouvait laisser là tous ses objets de valeur et documents, aller aux douches, et après le bain, ses documents et son billet pour Vienne seraient à sa disposition. La femme entra dans la douche et ne revint jamais. »

● Ernest Jones, *La Vie et l'œuvre de Sigmund Freud*, vol. I (New York, 1953), Paris, PUF, 1957, vol. III (New York, 1957), Paris, PUF, 1969. Peter Gay, *Freud. Une vie* (New York, 1988), Paris, Hachette, 1990. Élisabeth Young-Bruehl, *Anna Freud* (New York, 1988), Paris, Payot, 1991. Harald Leupold-Löwenthal « L'émigration de la famille Freud en 1938 », *Revue internationale d'histoire de la psychanalyse*, 2, 1989, 449-460.

▷ FREUD Adolfine. FREUD Jacob. FREUD Maria. NAZISME. SUICIDE. WINTERNITZ Pauline.

GRANDE-BRETAGNE

C'est l'importance accordée au XVIIIe siècle à la liberté individuelle qui conduit William Tuke (1732-1822) à inventer le « traitement moral ». Inspiré par l'idéal philanthropique qui habite à la même époque le Français Philippe Pinel (1745-1826), réformateur de l'asile de Bicêtre, et l'Américain Benjamin Rush (1746-1813), Tuke fonde à York, en 1796, un établissement d'accueil pour les insensés auquel il donne le nom d'York Retreat. L'expérience deviendra célèbre dans le monde entier. Son principe thérapeutique s'inspire de l'idéal des quakers, selon lequel chaque être humain possède au fond de lui une étincelle divine qu'il s'agit de retrouver en soi et de cultiver. Cette thèse est proche de celle de Pinel, qui définit le traitement moral comme la recherche d'un reste de raison au cœur de la folie*.

Fondé sur le respect de la dignité humaine et le contrôle de soi, le traitement moral pratiqué par Tuke consiste à socialiser le malade mental en l'intégrant par la contrainte à une structure hiérarchique de type familial. D'où la mise en œuvre d'un modèle communautaire ou d'« environnement » que l'on retrouvera ensuite dans toutes les expériences thérapeutiques anglaises, aussi bien chez les cliniciens de l'antipsychiatrie* (de David Cooper* à Ronald Laing*) que chez les grands représentants de l'école anglaise de psychanalyse* (de John Rickman* à Wilfred Ruprecht Bion*, en passant par Michael Balint* et John Bowlby*).

Adepte du spiritisme*, et représentant de la psychiatrie dynamique*, Frederick Myers* fut le premier à mentionner le nom de Sigmund Freud* en Angleterre en présentant en 1893, à la Society for Psychical Research, un exposé consacré à la « communication préliminaire » aux *Études sur l'hystérie**. De son côté, Havelock Ellis* fit également connaître les thèses freudiennes en les présentant dans des revues américaines de neurologie lues par des médecins anglais.

Ernest Jones* fut cependant le véritable introducteur de la psychanalyse en Grande-Bretagne. Élève de John Hughlings Jackson*, il découvrit les premiers écrits de Freud grâce à son beau-frère, Wilfred Ballen Lewis Trotter (1872-1939), chirurgien honoraire du roi George V, érudit distingué et épris de philosophie. Celui-ci l'incita à apprendre l'allemand et à étudier *L'Interprétation des rêves** et le cas d'Ida Bauer* (Dora).

En septembre 1907, Jones se rend à Amsterdam aux Pays-Bas* pour assister au premier grand congrès de psychiatrie, de neurologie et d'assistance aux aliénés. Il y rencontre tous les grands noms de la psychiatrie européenne : Otto Gross*, Theodor Ziehen (1862-1950), Hermann Oppenheim (1858-1919), Ludwig Binswanger*, Pierre Janet* et surtout Carl Gustav Jung*. Dans une lettre à Freud du 11 septembre 1907, celui-ci le décrit en ces termes : « A ma grande surprise, il se trouvait parmi les Anglais un jeune homme de Londres, le Dr Jones (un Celte du pays de Galles) qui connaît très bien vos écrits et travaille lui-même psychanalytiquement. Il vous rendra probablement visite plus tard. »

Invité par Jung à travailler à la clinique du Burghölzli, alors dirigée par Eugen Bleuler*, Jones rencontre Freud pour la première fois en avril 1908 à Salzbourg lors du congrès réunissant toutes les sociétés psychanalytiques déjà constituées en Europe. Le mois suivant, il vient à Vienne, et, en septembre, après avoir eu des ennuis avec des patients, il s'installe au Canada*. C'est le début d'une longue amitié et d'une belle correspondance entre le maître et son premier disciple anglais : six cent soixante et onze lettres.

Travailleur acharné, habile politicien, Jones déploie alors une fantastique activité pour installer la cause freudienne dans tous les pays anglophones : Canada*, États-Unis*, Inde* et Grande-Bretagne. Passionné de psychologie des peuples et de folklore, il participe très tôt aux débats de l'anthropologie* anglaise à propos de *Totem et Tabou**. Après avoir créé l'American Psychoanalytic Association* (APsaA), il séjourne encore un an à Toronto dans des conditions difficiles, puis revient à Londres pour se rendre ensuite à Budapest en juin 1913. Là, il fait une analyse de deux mois avec Sandor Ferenczi*. En août, il s'établit définitivement à Londres.

Il participe alors, avec Jung, au congrès international de médecine de Londres, qui réunit les principaux représentants de la psychiatrie dynamique européenne et américaine. Parmi eux : Adolf Meyer*, Isador Coriat*, David Eder*, David Forsyth*, etc. L'enjeu est de taille : la douzième section du congrès a décidé en effet de mettre à l'ordre du jour un débat très attendu sur la psychanalyse, et l'on sait que Pierre Janet, très en vogue à cette époque, doit y présenter un rapport hostile à ce qu'on appelle alors le pansexualisme* freudien : « Il y a à Vienne, dira-t-il, une atmosphère sexuelle spéciale, une sorte de génie, de démon local, qui règne épidémiquement sur la population et dans ce milieu. Un observateur est amené fatalement à accorder une importance exceptionnelle aux questions relatives à la sexualité. »

Fort mal reçue par l'opinion scientifique anglaise, la thèse de Janet sur l'origine de la doctrine sexuelle de Freud ne trouve guère d'échos dans la communauté scientifique anglo-américaine : l'hostilité des protestants et des puritains au pansexualisme est d'une autre nature. Aussi la conférence de Janet contribue-t-elle à renforcer l'impact des thèses freudiennes dans le monde anglo-américain. Du coup, Jones peut se permettre de stigmatiser la jalousie du psychologue français tout en dénonçant l'absurdité de son raisonnement. Trois semaines plus tard, à Munich, au congrès de l'International Psychoanalytical Association* (IPA), le divorce est consommé entre Zurich et Vienne, entre Jung et Freud.

Dès lors, après cette troisième dissidence de l'histoire de la psychanalyse* et à la veille de la Première Guerre mondiale, la Grande-Bretagne commence à jouer un rôle central en Europe pour la diffusion du freudisme. En octobre 1913, Jones fonde la London Psychoanalytic Society (LPS), composée de quatorze membres, parmi lesquels un Canadien, Frederic Davidson (1870-1946), et trois psychiatres coloniaux : le capitaine Owen Berkeley-Hill (1879-1944) et le colonel W.D. Sutherland (?-1920), tous deux résidents en Inde, et Watson Smith, en poste à Beyrouth, auxquels s'ajoutent un Irlandais de Belfast (Dr Graham) et neuf Anglais : David Eder*, Douglas Bryan, David Forsyth*, Bernard Hart (1879-1966), Constance Long, Leslie Mackenzie (Édimbourg), Maurice Nicoll, Maurice Wright, Dr Devine. Invité à se joindre au groupe, Havelock Ellis refuse, préférant garder une certaine distance à l'égard des institutions.

Si Jones reste le principal organisateur du mouvement psychanalytique dans le milieu médical, c'est à travers le groupe de Bloomsbury que se forment, à partir de 1905, deux des plus grands représentants du freudisme anglais : Alix Strachey* et James Strachey*. Réunis autour de Lytton Strachey (1870-1932), de Leonard et de Virginia Woolf (1882-1941), de Dora Carrington (1893-1932), de Roger Fry (1856-1934) et de John Maynard Keynes (1883-1946), les écrivains du groupe adoptent les théories freudiennes un peu à la manière des surréalistes français. Hostiles à la « dictature » puritaine, ils combattent l'esprit victorien en prônant l'« amour libre » et en affichant leur bisexualité* et leur homosexualité*. Face à Jones et aux médecins, ils incarnent le non-conformisme. Le frère de Virginia Woolf, Adrien Stephen (1883-1948), et son épouse, Karin Stephen (1889-1953), deviendront psychanalystes. Quant à Leonard Woolf, il fonde en 1917 la prestigieuse Hogarth Press où seront publiés non seulement les œuvres complètes de Freud dans la traduction* de Strachey, mais aussi de nombreux ouvrages des membres de l'école psychanalytique anglaise. Pendant les années de guerre, Jones poursuit son œuvre de propagandiste mais ne peut éviter les conflits internes à la société londonienne, notamment avec les partisans de Jung (Long et Nicoll) et surtout avec Eder dont il jalouse la renommée et qui, lui aussi, se tourne vers le jungisme. Pour sortir de l'impasse, il décide de dissoudre le groupe et d'en former un autre : à certains anciens se joignent d'autres thérapeutes déjà formés à la psychanalyse.

Le 20 février 1919, il fonde la British Psychoanalytical Society (BPS), qui comptera très vite de nombreux adhérents, parmi lesquels les principales figures de la première génération* psychanalytique anglaise (deuxième dans l'ordre mondial) : Edward Glover*, James Glover (1882-1926), Barbara Low (1877-1955), John Rickman, W.H.B. Stoddart, John Carl Flugel (1884-1955), Eric Hiller, Sylvia Payne (1880-1976), Joan Riviere*, Ella Sharpe*, Susan Isaacs* et les deux Strachey. Un an plus tard, il crée l'*International Journal of Psycho-Analysis* (IJP)*, première revue de psychanalyse en langue anglaise, qui deviendra une sorte d'organe officiel de l'IPA.

En 1924, John Rickman met sur pied un institut de psychanalyse sur le modèle du Berliner Psychoanalytisches Institut* (BPI) et, deux ans plus tard, la BPS parvient, grâce à l'argent d'un mécène américain, à créer une clinique psychanalytique (London Clinic of Psycho-Analysis) pour financer des cures gratuites. Pendant cinquante ans, plus de trois mille personnes bénéficieront des soins données par la clinique : « Il existait un accord mutuel, écrit Pearl King, selon lequel les praticiens devaient consacrer une séance gratuite par jour à la clinique ou bien assurer un autre type de travail équivalent. » A partir de 1930, la deuxième génération psychanalytique anglaise (troisième dans l'ordre mondial) adhère à la BPS : Marjorie Brierley (1893-1984), John Bowlby, William Gillespie, Donald Woods Winnicott*, Wilfred Ruprecht Bion.

Vers 1926, Jones et Glover se confrontent à la question de l'analyse profane*, lorsque l'Association des médecins britanniques décide de mener une enquête sur la validité de la pratique de la psychanalyse par les non-médecins. Trois ans plus tard, une solution positive intervient. Le comité de l'association adopte en effet l'idée que la psychanalyse peut être reconnue comme une discipline indépendante, apte à régler par elle-même, et dans ses propres institutions, ses conflits et ses problèmes de formation.

Après la Première Guerre mondiale, l'apparition des névroses de guerre* relance le débat sur les origines traumatiques des troubles psychiques et conduit à des innovations dans le domaine des psychothérapies*. C'est dans ce contexte que Hugh Crichton-Miller fonde en 1920 la prestigieuse Tavistock Clinic, destinée à traiter ce qu'on appelle les *shell-shocks,* c'est-à-dire les traumatismes nerveux provoqués par des obus : tremblements incontrôlables, paralysies, hallucinations, etc. A partir de 1930, sous la direction de John Rees, les activités de la Tavistock s'élargissent au traitement des délinquants, soit par des thérapies individuelles, soit par la création de communautés thérapeutiques, de groupes, etc. Progressivement, la Tavistock devient l'un des bastions du développement des thèses psychanalytiques : freudiennes d'abord, puis kleiniennes, sous l'influence notamment de Rickman et de Bion. Après la Deuxième Guerre mondiale, à partir de 1946, John Bowlby donnera à la Tavistock une nouvelle orientation, conforme à l'esprit du groupe des Indépendants*. Il y introduira notamment la thérapie familiale*, et Balint viendra y développer sa technique des groupes.

Très différente du freudisme berlinois d'un côté et de la tradition viennoise de l'autre, l'école anglaise de psychanalyse acquiert donc, dès 1920, une grande autonomie à l'intérieur de l'IPA. Si elle est dotée de remarquables cliniciens et met en œuvre une politique de formation et une technique de la cure de type pragmatique, elle manque cependant d'une solide armature théorique. Jones le sait, et c'est pourquoi, dès 1924, il comprend que les innovations kleiniennes sont susceptibles d'apporter aux praticiens anglais le système conceptuel qui leur fait tant défaut.

Il ne se trompe pas. En 1926, l'installation de Klein à Londres bouleverse de fond en comble la situation de la psychanalyse en Grande-Bretagne. Non seulement Melanie donne un essor considérable au groupe déjà constitué, mais elle forme autour d'elle un nouveau courant. Désormais, la BPS est majoritairement kleinienne. En 1929, les divergences sont devenues telles entre Vienne et Londres (notamment sur la psychanalyse d'enfants*, sur la sexualité féminine*, sur les relations archaïques à la mère, sur le complexe d'Œdipe*, le fantasme*, le narcissisme* ou la réalité psychique*) que Jones s'en inquiète. Aussi décide-t-il, en liaison avec Paul Federn*, d'organiser des échanges avec la Wiener Psychoanalytische Vereinigung (WPV) afin que les divergences puissent être mutuellement comprises. Deux exposés tentent d'expliquer, en 1935 et 1936, les positions de chacun des groupes : l'un, de Robert Wälder (futur Waelder, 1900-1967), porte sur la psychologie du moi*, l'autre, de Joan Riviere, est consacré à la genèse du conflit psychique dans la toute première enfance. Ces « échanges de conférences », comme on les appelle, n'évitent ni les oppositions, ni la poursuite des querelles entre les partisans d'Anna Freud* et ceux de Melanie Klein.

L'avènement du nazisme* transforme encore la situation de la BPS. Entre 1933 et 1940, toutes les grandes sociétés psychanalytiques européennes disparaissent. Dans les pays où le fascisme ne les détruit pas, elles sont marginalisées, réduites à la portion congrue ou contraintes de cesser provisoirement leurs activités. En conséquence, la BPS est le seul bastion psychanalytique encore vivant du Vieux Continent – le seul en tout cas à pouvoir assurer la continuité du freudisme face à la puissante école américaine.

Une première brèche est ouverte à la BPS avec l'arrivée en 1932 de Melitta Schmideberg*. Soutenue par Glover, elle commence à attaquer les thèses de sa mère.

L'année suivante, un autre clivage se produit avec l'arrivée de nouveaux exilés à la BPS. Paula Heimann* y entre la première, suivie de Barbara Lantos (1888-1962) et de Kate Friedlander*. A Londres, ces femmes venues de Berlin découvrent un autre discours psychanalytique, une autre conceptualité, un vocabulaire différent de celui de la langue freudienne dans laquelle elles ont été formées.

L'arrivée des Viennois – Willi Hoffer (1897-1967) et Hedwig Hoffer (1888-1961) – puis de la famille Freud aggrave considérablement la situation : « Vieux et fragile, il [Freud] fut si heureux de sa maison de Hampstead, écrit Melitta Schmideberg, et de l'accueil que lui avait réservé l'Angleterre que lorsque mon mari lui rendit visite, il le salua d'un *Heil Hitler* [...]. Chaque mouvement de la mâchoire le faisait souffrir. Mais il fit une remarque que je n'oublierai jamais. C'était à l'époque de Munich et je lui disais : “N'est-ce pas étrange que nous puissions passer des années à tenter d'aider un patient alors que des milliers d'êtres humains peuvent être tués d'une bombe en une seconde ?” La réponse de Freud me laissa interdite : “On ne saurait dire lequel de ces destins l'homme mérite le plus.” [...] Freud lui-même ne s'intéressait plus du tout à la BPS. Il mourut le 23 septembre 1939. Anna était déterminée à s'établir et à rendre la BPS au freudisme. Les quelques analystes allemands réfugiés [...] se joignirent au groupe viennois. »

Décidée à ne pas laisser la BPS aux mains des kleiniens mais sensible à l'accueil que les psychanalystes anglais ont réservé à sa famille, Anna Freud cherche à tout prix à éviter la scission. Toutefois, son désir de pacification s'accorde mal avec les sentiments des Viennois confrontés aux innovations kleiniennes. Tous ont en effet l'impression que le groupe kleinien, en diffusant ses théories sur la destruction, la haine, l'envie*, le morcellement, l'agression, etc., contribue à ruiner de fond en comble le freudisme qu'ils aiment. Or, celui-ci vient justement d'être détruit sous leurs yeux par la peste brune.

Du côté des kleiniens, le regard est aussi sévère : on se représente en effet le groupe viennois comme une tribu statique, attachée au passé et identifiée au cadavre du père mort. Mais bien entendu, nul ne songe à exclure des rangs de la BPS ces émigrés que l'on vient d'accueillir si généreusement et qui incarnent la légitimité freudienne.

Face à ces deux tendances émerge alors une troisième voie, le *middle group*, dont Strachey exprime fort bien l'orientation dans une lettre à Glover de juillet 1940 : « Ces attitudes des deux parties sont bien entendu purement religieuses, et par là antithétiques en elles-mêmes par rapport à la science. Elles sont aussi, des deux côtés, inspirées, je pense, par un désir de dominer la situation et en particulier l'avenir – ce pourquoi chacun attache tellement d'importance à la formation des candidats ; en réalité bien sûr, c'est une illusion mégalomaniaque de penser pouvoir contrôler les opinions de ceux qu'on analyse au-delà d'une limite très étroite [...]. De toute façon, je crois que toute suggestion d'un clivage dans la société doit être condamnée, et il faut s'y opposer au plus haut point. »

En fait, chacun des trois courants revendique une lecture de l'œuvre freudienne et chacun une manière différente de former des psychanalystes. Tous se veulent freudiens et aucun n'a l'intention de quitter l'IPA.

Le déclenchement de la Deuxième Guerre mondiale contraint la communauté psychanalytique anglaise à s'engager contre l'Allemagne nazie. Ainsi, avant même que la BPS n'ait eu le temps d'assimiler les nouveaux venus, elle doit faire face à l'éparpillement de ses membres. Les raids aériens éloignent de Londres plusieurs praticiens, et les autres s'engagent dans la lutte.

Anna Freud et Dorothy Burlingham* ouvrent les Hampstead War Nurseries, tandis que Glover met en place, à la London Clinic, un centre d'aide psychologique pour les traitements d'urgence. D'autres praticiens rejoignent l'Emergency Medical Service pour soigner les victimes des raids aériens. De leur côté, Rees, Rickman, Bion, Ronald Hargreaves, Jock Sutherland, et bien d'autres encore, sont nommés à des postes de conseillers du commandement de l'armée de terre afin de réorganiser la psychiatrie de guerre sous la houlette du War Office Selection Board (WOSB). C'est là que sera élaborée la théorie des petits groupes tant admirée par Jacques Lacan* et reprise ensuite par Bion.

Au cœur des combats, les membres de la communauté psychanalytique anglaise, toutes tendances confondues, comprennent que leur pays est en train de changer et que la guerre accouchera d'un monde différent. La nécessité s'impose donc de faire éclater les conflits théoriques et cliniques entre les divers groupes : si le monde change, la BPS doit elle aussi préparer son avenir.

C'est dans ce contexte qu'a lieu, en octobre 1942, le coup d'envoi des Grandes Controverses* (*Controversial Discussions)* qui aboutiront à la reconnaissance légale de trois tendances : les annafreudiens, les kleiniens, les Indépendants.

Ce refus de la scission*, cette préservation des apparences, est certainement imputable à une conception de la politique qui a sa source dans la tradition anglaise tant admirée par Freud. Ce pays a su en effet se réformer et conserver son rituel monarchique sans recourir, comme la France, à la révolution. Mais de même que cette absence de révolution n'a pas évité à l'Angleterre de violents désordres sociaux, de même l'évitement d'une scission n'a pas empêché la BPS d'être plongée en permanence dans d'interminables conflits qui se sont traduits par une sclérose institutionnelle, par des démissions individuelles (celles de Charles Rycroft, de Ronald Laing ou de Donald Meltzer, par exemple), par le désintérêt ou l'absentéisme (Bion, Bowlby, etc.) et enfin par des exclusions (Masud Khan*).

Dans une lettre du 3 juin 1954, adressée simultanément à Anna Freud et à Melanie Klein, Winnicott dénonce avec férocité la sclérose de la BPS : « Je considère, écrit-il, qu'il est d'une importance vitale absolue pour la Société que toutes deux vous détruisiez vos groupes dans ce qu'ils ont d'officiel [...]. Je n'ai pas de raison de penser que je vivrai plus longtemps que vous, mais avoir affaire aux groupements rigides qui à votre mort deviendraient automatiquement une institution d'État est une perspective qui m'épouvante. »

Il y a donc un grand paradoxe dans la situation anglaise de la psychanalyse. Elle ne doit pas sa notoriété internationale à une institution plus puissante ou mieux organisée que les autres, mais aux talents individuels de ses membres qui ont fini par déserter la BPS pour s'occuper d'autre chose que de formation et de transmission de la doctrine. Après la Deuxième Guerre, Jones collecte ainsi des archives et devient l'historien du mouvement et le biographe de Freud ; Strachey entreprend la *Standard Edition ;* Bowlby, Winnicott et Bion poursuivent leurs travaux cliniques à l'écart des questions institutionnelles.

Melanie Klein, de son côté verra sa doctrine s'implanter dans presque tous les pays du monde, en Argentine* et au Brésil* notamment. Plusieurs de ses élèves développeront ses thèses : Susan Isaacs*, Herbert Rosenfeld*, Hanna Segal, Esther Bick (1901-1983).

A partir des années 1970, comme dans les autres pays, la psychanalyse britannique a été confrontée au développement des diverses psychothérapies, dont certaines se réclament du freudisme (comme la Philadelphia Association ou la Guild of Psychotherapists). Face à cette éclosion, l'école psychanalytique anglaise a choisi de s'ouvrir à certaines d'entre elles, au risque de se transformer radicalement. Quelques groupes lacaniens ont réussi à s'implanter sur le terrain des études de psychologie : le Center for Freudian Analysis and Researchs (CFAR) et le London Circle.

A la fin du XXe siècle, la BPS compte dans ses rangs quatre cent cinq membres (plus cinquante-sept élèves) pour une population de cinquante-huit millions d'habitants : soit huit psychanalystes (IPA) pour un million d'habitants, l'une des densités les plus faibles du monde pour la seule école capable de conquérir l'ensemble de la planète. Les auteurs anglais sont en effet traduits dans toutes les langues, et leurs œuvres sont enseignées dans toutes les universités. La clinique anglaise est en outre devenue un modèle de référence majeur pour la plupart des instituts de psychanalyse. Les cursus ont conservé une grande rigidité : obligation de quatre ou cinq séances par semaine et surveillance stricte de tous les candidats jugés « marginaux » (homosexuels par exemple).

• Pierre Janet, « La psycho-analyse », rapport au XVIIe congrès international de médecine de Londres, *Journal de psychologie*, XI, mars-avril 1914, 97-130.

H.V. Dicks, *Fifty Years of the Tavistock Clinic*, Londres, Routledge & Paul Kegan, 1970. Robert Waelder, « La psychologie analytique du moi » (1935), in *Les Fondements de la psychanalyse*, Paris, Payot, 1962, 167-196. Joan Rivière, « Sur la genèse du conflit psychique dans la toute petite enfance » (1936), *in* Melanie Klein (éd.), *Développements de la psychanalyse* (Londres, 1952), Paris, PUF, 1966, 35-63. Melitta Schmideberg, « Contribution à l'histoire du mouvement psychanalytique en Angleterre » (1971), *Cahiers Confrontation*, 3, printemps 1980, 11-22. Claude Girard, *Ernest Jones*, Paris, Payot, 1972 ; « La psychanalyse en Grande-Bretagne », *in* Roland Jaccard (éd.), *Histoire de la psychanalyse*, vol. 2, Paris, Hachette, 1982, 313-361. Élisabeth Roudinesco, *Histoire de la psychanalyse en France*, vol. 2 (1982), Paris, Fayard, 1994. Jacques Postel et Claude Quétel, *Nouvelle Histoire de la psychiatrie*, Toulouse, Privat, 1983. Phyllis Grosskurth, *Melanie Klein, son monde, son œuvre* (1986), Paris, PUF, 1990. Donald Woods Winnicott, *Lettres vives* (Londres, 1987), Paris, Gallimard, 1989. Pearl King, « Sur les activités et l'influence des psychanalystes britanniques durant la Deuxième Guerre mondiale », *Revue internationale d'histoire de la psychanalyse*, 1, 1988, 133-165. Riccardo Steiner, « C'est une nouvelle forme de diaspora... La politique de l'émigration des psychanalystes d'après la correspondance d'Ernest Jones avec Anna Freud », *ibid.*, 263-321. Eric Rayner, *Le Groupe des « Indépendants » et la psychanalyse britannique* (Londres, 1990), Paris, PUF, 1994. Pearl King et Riccardo Steiner (éd.), *Les Controverses Anna Freud/Melanie Klein, 1941-1945* (Londres, 1991), Paris, PUF, 1996. *The Complete Correspondance of Sigmund Freud and Ernest Jones, 1908-1939*, Andrew R. Paskauskas (éd.), introduction de Riccardo Steiner, Cambridge, Londres, Harvard University Press, 1993. R.D. Hinshelwood, « Le mythe du compromis britannique », in *Topique*, 57, 1995, 229-245. Julia Borossa, *Narratives of the Clinical Encounter and the Transmission of Psychoanalytic Knowledge* (thèse), Cambridge, Newnham College, 1995.

▷ ANALYSE DIRECTE. ANNAFREUDISME. *EGO PSYCHOLOGY*. FAIRBAIRN Ronald. HISTORIOGRAPHIE. IDENTIFICATION PROJECTIVE. LACANISME. MATTE-BLANCO Ignacio. OBJET (BON ET MAUVAIS). OBJET (RELATION D'). OBJET TRANSITIONNEL. PHANTASME. POSITION DÉPRESSIVE/PARANOÏDE-SCHIZOÏDE. *SELF PSYCHOLOGY*. TRADUCTION (DES ŒUVRES DE FREUD). TRANSFERT.

GRANDES CONTROVERSES (*CONTROVERSIAL DISCUSSIONS*)

On a donné le nom de Grandes Controverses ou *Controversial Discussions* à un épisode du mouvement psychanalytique anglais qui se déroula à Londres entre novembre 1940 et février 1944, et au cours duquel s'opposèrent, à travers de longues discussions, les freudiens de toutes tendances réunis en Grande-Bretagne* au sein de la British Psychoanalytical Society (BPS).

Après la destruction par le nazisme* des sociétés psychanalytiques du continent, la BPS devient le dernier bastion de la psychanalyse* en Europe. Entre 1933 et 1939, elle accueille de nombreux émigrés, parmi lesquels les Viennois, dont la famille Freud. Or depuis 1926, l'école viennoise (et notamment les partisans d'Anna Freud*) s'opposent à Melanie Klein* et à son groupe qui représentent le courant majoritaire de l'école anglaise.

Adeptes d'une conception dite orthodoxe (ou continentale) de la psychanalyse, les annafreudiens se veulent les porte-parole de la tradition du père fondateur : un freudisme* classique centré sur le primat du patriarcat*, le complexe d'Œdipe*, les défenses* et le clivage* du moi*, la névrose*, et une pratique de la psychanalyse des enfants* liée à la pédagogie.

Face à ce freudisme, qui, déjà, glisse vers l'annafreudisme*, les freudiens dits kleiniens sont les artisans d'une clinique moderne des relations d'objet*, centrée sur les psychoses* et les troubles narcissiques, sur les phénomènes de régression, les relations archaïques et inconscientes à la mère et l'exploration du stade* préœdipien.

Mais les Controverses n'opposent pas seulement le kleinisme* à l'annafreudisme. Elles mettent aussi en scène une affaire de famille. Fille de Melanie Klein, et analysée dans son enfance par sa mère, Melitta Schmideberg* a engagé le combat contre celle-ci avant l'arrivée des Viennois à Londres, soutenue alors par Edward Glover*, l'un des fondateurs de la BPS. A la fois conservateur et non conformiste, celui-ci défend désormais, contre l'annafreudisme et le kleinisme, un « autre » freudisme : celui de la première génération* anglaise qui va sombrer avec la guerre.

Les Grandes Controverses débutent lorsque les membres de la communauté psychanalytique réunis dans la BPS prennent conscience du changement qui s'opère dans leur pays. Puisque la guerre doit donner naissance à un monde différent de celui qu'ils ont connu, la nécessité s'impose de faire éclater les conflits théoriques et cliniques entre les divers groupes. Un comité est alors créé afin d'examiner les questions de formation (*training committee*)

Déjà émerge une autre tendance, qui se définit comme un *middle group*. Elle réunit les grands cliniciens de la deuxième génération anglaise (Donald Woods Winnicott*, John Bowlby*) qui acceptent à la fois le freudisme et le kleinisme mais refusent de se plier à quelque dogme que ce soit. Ils sont accompagnés par un « ancien », James Strachey*, analysé par Freud et issu de la tradition littéraire des victoriens du quartier Bloomsbury. Jusqu'au bout, Strachey incarnera les vertus d'un juste milieu à la fois soucieux d'esthétique et non conformiste. D'autres cliniciens de la même génération* se rangent dans cette tendance : Ella Sharpe*, Sylvia Payne (1880-1976), Marjorie Brierley (1893-1984).

D'abord kleinien, John Rickman*, réformateur de la psychiatrie anglaise, soutient ensuite le *middle group* avant d'être violemment attaqué par Glover. A travers cette autre controverse s'opposent également deux conceptions de la psychanalyse : l'une (celle de Glover) rebelle à toute psychologisation du freudisme, l'autre (celle de Rickman) issue du pragmatisme adaptatif, qui conduira, il faut bien le dire, à quelques aberrations.

Ernest Jones*, le père fondateur de l'école anglaise, contrôle la situation, tantôt en s'absentant des débats, tantôt en les organisant avec patience et équité. Partisan d'un compromis, il est celui qui, contre Sigmund Freud*, a favorisé la venue de Melanie Klein à Londres. Mais, proche d'Anna Freud, il incarne avec elle la légitimité familiale tout en cherchant à sauvegarder la puissance anglaise qui risque d'être débordée par l'expansion des courants américains.

Pendant quatre ans, les Controverses déchirent la BPS. La scission* est évitée de justesse, au prix de la démission spectaculaire de Glover, de l'émigration de Melitta

Schmideberg aux États-Unis* et de la démission d'Anna Freud du *training committee.* Le groupe britannique s'organise alors autour de la reconnaissance officielle de trois tendances : les annafreudiens, les kleiniens, les Indépendants* (ancien *middle group).* Ainsi la BPS prend-elle le parti de conserver une unité de façade afin de préserver l'appartenance commune à l'IPA qui garantit l'internationalisation des divers courants.

En novembre 1946, un compromis est signé qui met en place deux types de formation : une filière A, majoritaire, regroupe les kleiniens et les Indépendants, une filière B regroupe les annafreudiens. Il s'agit en réalité d'une victoire des kleiniens : le pouvoir revient *de facto* à ceux qui dirigeaient la BPS avant l'arrivée des Viennois.

Publiées en 1991 par les soins de Pearl King et de Riccardo Steiner, les Grandes Controverses sont l'un des documents d'archives les plus passionnants de l'histoire du freudisme.

• *Les Controverses Anna Freud/Melanie Klein, 1941-1945* (Londres, 1991), Pearl King et Riccardo Steiner (éd.), Paris, PUF, 1996. Luiz Eduardo Prado de Oliveira, « Un transfert venu d'ailleurs. Réévaluation des controverses entre Melanie Klein et Anna Freud (du bruit et du silence) », *Psychiatrie de l'enfant*, 1, XXXVIII, 1995, 203-246.

GRATITUDE

▷ ENVIE.

GRODDECK Walter Georg (1866-1934)
médecin allemand

Celui que Sigmund Freud* qualifia un jour de « superbe analyste », et qui se revendiqua lui-même comme un « analyste sauvage », avait le tempérament d'un Wilhelm Fliess* ou d'un Wilhelm Reich*. Il appartenait à cette longue lignée de médecins héritiers de la tradition romantique, dont les théories étaient imprégnées de scientisme, d'illuminisme et de *Naturphilosophie.* Thomas Mann* s'inspira de lui pour créer le personnage du docteur Edhin Krokovski dans *La Montagne magique.* Médecin au Berghof, Krokovski est présenté comme un hypnotiseur à l'ancienne qui n'aurait pas encore accédé aux lumières de la raison mais serait, comme Freud, hanté par la question de la sexualité* humaine : « Le voici qui passe, écrit le narrateur, lui qui connaît tous les secrets de nos dames. Prière d'observer le symbolisme raffiné de ses vêtements. Il s'habille de noir pour indiquer que le domaine particulier de ses études est la nuit. » Krokovski manifeste un pessimisme radical à l'égard de la santé humaine au point de ne voir en l'homme qu'un sujet habité par la maladie. Évoluant entre matérialisme et occultisme*, il se livre à des expériences de télépathie* qui le plongent dans l'univers faustien d'un subconscient désordonné.

En faisant irruption dans le mouvement psychanalytique autour de 1920 en brandissant un mot qui fera fortune, le ça* (*Es),* Groddeck dérangea le conformisme des disciples de Freud, entretint avec celui-ci une relation de fascination et de rejet, pour partager ensuite avec Sandor Ferenczi* une longue complicité fondée sur une croyance commune aux bienfaits « maternants » de la nature biologique de l'homme. Par sa doctrine, il fut l'inventeur d'une médecine psychosomatique* d'inspiration psychanalytique, dont se nourriront après lui, sans le dire, de nombreux héritiers de Freud.

Né à Bad Kösen, Georg Groddeck était le fils de Carl Theodor Groddeck, un médecin réputé qui dirigeait un établissement de bains salins. Après les événements de 1848, celui-ci avait rédigé un livre ultra-conservateur, *De morbo democratico, nova insaniae forma* (La Maladie démocratique, une nouvelle espèce de folie), qui passait pour avoir marqué l'œuvre nietzschéenne. L'auteur assimilait l'idée démocratique à un fléau, à une épidémie susceptible de « contaminer » l'Europe et de faire disparaître chez les individus toute forme de conscience de soi. Cette thèse, que l'on retrouve chez les sociologues des foules et notamment chez Gustave Le Bon (1841-1931), faisait de Carl Theodor Groddeck un partisan du chancelier Bismarck.

La mère de Georg, Caroline, avait pour père August Koberstein, historien connu pour ses travaux sur la littérature allemande. Elle l'admirait tellement qu'elle éleva ses cinq enfants, de manière froide et distante, dans le culte du grand-père vénéré. Georg souffrit de cette éducation et de cette puissance maternelle qui, à ses yeux, éclipsait la figure du père. Freud ne manquera pas de le lui faire remarquer au cours de leur correspondance. Le jeune Georg sera le seul survivant de cette famille nombreuse : ses frères et sa sœur mourront en effet prématurément de diverses maladies organiques.

Poussé par son père, il entra dans la carrière médicale en devenant l'assistant d'Ernst Schweninger (1850-1924) qui s'était rendu célèbre en soignant avec succès le chancelier Bismarck. Ultra-conservateur lui aussi, Schweninger avait transposé dans la médecine les principes de l'autoritarisme prussien en instaurant avec ses patients une relation de suggestion et de soumission absolue dont il faisait dépendre le traitement et la nature même de la guérison. Sa devise : « *Natura sanat, medicus curat* » (« La nature guérit, le médecin soigne ») fut reprise par Groddeck en 1913 lors de la publication de son premier ouvrage, *Nasamecu.*

En 1900, avec sa sœur Lina et sa première femme Else von Goltz-Neumann, Groddeck ouvrit à Baden-Baden un sanatorium de quinze lits. Il y appliqua aussitôt les principes de son maître et mit au point une méthode originale de traitement fondée sur l'hydrothérapie, le régime alimentaire, les massages, les entretiens entre malades et soignants. A sa manière, il combattait comme Freud le nihilisme thérapeutique d'une médecine exclusivement centrée sur le diagnostic et sans aucune compassion pour la souffrance du patient. Comme lui, il cherchait à saisir l'être humain dans sa totalité. D'où le choix d'une médecine psychosomatique attentive à la parole du sujet*.

En 1913, dans *Nasamecu,* Groddeck rendait un vibrant hommage à l'enseignement de Schweninger tout en se livrant à des considérations hygiénistes qui rejoignaient les thèses conservatrices de son père. Dans la plus pure tradition de l'hérédité-dégénérescence* et de la croyance aux valeurs du sang et de la nation, il revendiquait l'idée d'une « pureté de la race » et proposait que tout citoyen allemand marié à un étranger fût déchu de ses droits civiques. En 1929, dans ses

Lebenserinnerungen (Souvenirs de vie), il regretta son attitude d'alors et la corrigea sans jamais renoncer à l'utopie hygiéniste qui la sous-tendait. Dans ce même livre, il attaquait vivement la psychanalyse, mettant en garde le lecteur contre les dangers d'une technique souvent mal maîtrisée par des praticiens incompétents. En 1915, il rencontra une Suédoise, Emmy von Voigt (1874-1961), qui sera son analysante avant de devenir sa deuxième femme et son assistante. Elle sera aussi l'une des premières traductrices de l'œuvre freudienne en Suède.

Très vite, Groddeck fit volte-face et s'adressa directement à Freud à travers un premier échange de lettres. Leur correspondance allait durer de 1917 à 1934. D'emblée, Groddeck interprétait son hostilité à la psychanalyse comme une expression de jalousie à l'égard de son fondateur. Par la suite il se rapprocha des thèses psychanalytiques sur la résistance*, la sexualité* et le transfert*, tout en préservant l'originalité de sa démarche. C'est alors qu'une sorte de bras de fer s'instaura entre les deux hommes. Autant Groddeck s'adressait à Freud comme un disciple attend de son maître approbation et reconnaissance de sa singularité, autant Freud se comportait en souverain préoccupé avant tout de faire entrer ce nouveau venu dans la « horde sauvage » : « Je vous ferais manifestement un grand plaisir si je vous repoussais loin de moi, là où se trouvent les Adler, Jung et autres. Mais je ne puis le faire. Je dois affirmer que vous êtes un superbe analyste qui a saisi l'essence de la chose sans plus pouvoir la perdre. Celui qui reconnaît que transfert et résistance sont les axes du traitement, celui-là, que voulez-vous, appartient irrémédiablement à la horde sauvage. Et qu'il appelle l'inconscient* "ça" ne fait pas de différence. »

Freud appréciait beaucoup ce médecin non conformiste adoré de ses patients mais regardé comme un guérisseur par la médecine officielle. Aussi l'invita-t-il à participer aux activités du mouvement psychanalytique, puis à s'inscrire à l'association berlinoise et à publier ses articles dans les revues de l'International Psychoanalytical Association* (IPA) et enfin à faire éditer ses livres au Psychoanalytischer Verlag de Vienne*. Néanmoins, il ne partageait ni sa conception de la science ni sa technique thérapeutique : à ses yeux en effet, le savant devait s'écarter de la démesure narcissique et des élans du principe de plaisir* pour adhérer à un idéal de scientificité externe à la subjectivité. De même, le psychanalyste doit se distinguer du magnétiseur en renonçant à toute forme de pouvoir occulte ou autoritaire : « L'expérience a montré, écrivit-il un jour à Groddeck, qu'un ambitieux indompté bondit [...] à un moment donné et devient, au dommage de la science et de son propre développement, un solitaire. » A cet égard, jamais le malentendu entre les deux hommes ne sera dissipé. L'un restera un adepte de la médecine parallèle et de la psychothérapie*, tandis que l'autre voudra toujours inscrire la psychanalyse dans le domaine de la science.

Au sanatorium de Baden-Baden, Groddeck recevait des patients atteints de toutes sortes de maladies organiques pour lesquelles la médecine de l'époque se révélait impuissante. Pour les faire participer à leur traitement, il eut l'idée, à partir de 1916, de donner des conférences à leur usage, puis de créer une revue, le *Satanarium*, dans laquelle ils pourraient s'exprimer au même titre que le thérapeute. Groddeck soignait les cancers, les ulcères, les rhumatismes, le diabète, prétendant trouver dans le tracé de la maladie l'expression d'un désir organique. Ainsi voyait-il dans un goitre un désir d'enfant et dans le diabète le désir de l'organisme d'être sucré. Dans la même perspective, il sexualisait les organes du corps en rangeant le nerf optique du côté de la masculinité et les cavités cardiaques du côté de la féminité.

Ce désir dérivait de ce qu'il appelait le "ça". Par ce pronom neutre (le *Es* allemand) emprunté à Nietzsche (1844-1900), Groddeck désignait une substance archaïque, antérieure au langage, une sorte de nature sauvage et irrédentiste submergeant les instances subjectives. La guérison consistait à laisser agir dans le sujet le jaillissement du ça, source de vérité.

Au contact de la psychanalyse, Groddeck modifia ses théories et prit en considération l'efficacité symbolique de la cure par la parole. Mais il conserva l'essentiel de sa doctrine du ça et choisit de l'exprimer par des méthodes narratives empruntées à la littérature.

En 1921, il fit paraître un « roman psychanalytique », *Le Chercheur d'âme,* dans lequel il racontait l'épopée d'un homme transfiguré par la révélation de son inconscient et pourchassant à travers le monde des punaises et des « images d'âme ». Freud admira le style picaresque de l'auteur, qui lui rappelait le *Don Quichotte* de Cervantès. Cependant, l'ouvrage fit scandale, notamment auprès du pasteur Oskar Pfister* qui le jugea trop rabelaisien.

Deux ans plus tard, Groddeck publia le fameux *Livre du ça* dans lequel il mettait en scène sa relation épistolaire avec Freud à travers des lettres fictives adressées par un narrateur, Patrick Troll, à une amie. Il voulait ainsi populariser les concepts de la psychanalyse et sa propre doctrine. En 1923, Freud reprendra le terme dans le cadre de sa deuxième topique*, mais en en changeant radicalement la définition.

En 1931, Groddeck fit paraître un curieux texte, « Le double sexe de l'être humain », où s'exprimait un antijudaïsme déjà visible dans *Le Chercheur d'âme* et renvoyant à certains aspects inversés de la « haine de soi juive » des Viennois de la fin du siècle, de Karl Kraus* à Otto Weininger*. Alors que ces derniers assimilaient la judéité* à une essence féminine responsable de la décadence de la civilisation patriarcale, Groddeck prônait au contraire la nécessité de retrouver dans chaque être humain une bisexualité* originelle refoulée dans la religion juive par la pratique de la circoncision. A ses yeux, cette pratique aurait favorisé l'affirmation d'une unisexualité de l'homme et le rejet de son essence féminine face à un Dieu bisexuel et tout-puissant. Par cette hostilité à la religion du père et au nom d'une quête messianique de la féminité, seule capable de sauver l'humanité, Groddeck rejetait la judéité pour des raisons opposées à celles de Weininger. Pourtant, la problématique était la même : d'un côté le Juif était assimilé à une femme et tout le mal de la civilisation venait de la féminité, de l'autre il incarnait le mal en refoulant les bienfaits du féminin.

Du point de vue clinique, Groddeck annonçait les post-freudiens qui s'interrogeraient sur l'origine des psychoses*, la nature de la bisexualité et les formes préœdipiennes de la relation à la mère. D'où la proximité de sa démarche avec celle des culturalistes américains spécialistes de la schizophrénie*, comme Harry Stack Sullivan*.

En 1934, après avoir sévérement critiqué le régime hitlérien, Groddeck quitta l'Allemagne pour la Suisse* et mourut près de Zurich, assisté par le psychiatre Maeder Boss.

Les grands représentants freudiens de la médecine psychosomatique, comme Franz Alexander* et Alexander Mitscherlich*, ne retinrent rien de la doctrine groddeckienne, jugée extravagante et incompatible avec les développements de la biologie moderne. Et c'est en France*, entre 1975 et 1980, que ce personnage romantique fut finalement exhumé grâce à l'immense travail de son traducteur Roger Lewinter qui dut affronter une polémique injuste sur le prétendu racisme de son héros. Ainsi, en pleine période de crise interne au mouvement psychanalytique français, Groddeck resurgit sous les traits d'un sympathique dissident pris au piège de la redoutable tyrannie du maître. Quant à ses théories, elles furent curieusement rapprochées de celles de Jacques Lacan* sur le langage et la parole. Par la suite, elles tombèrent en désuétude.

● Georg Groddeck, *Un problème de femme* (Leipzig, 1903), Paris, Mazarine, 1979 ; *Le Pasteur de Langgewiesche* (Leipzig, 1903), Paris, Mazarine, 1980 ; *Nasamecu. La nature guérit* (Leipzig, 1913), Paris, Aubier-Montaigne, 1980 ; *Conférences psychanalytiques à l'usage des malades (1915-1916),* 3 vol., Paris, Champ libre-Roger Lewinter ; *Le Chercheur d'âme* (Vienne, 1921), Paris, Gallimard, 1982 ; *Le Livre du ça* (Vienne, 1923, Paris, 1963), Paris, Gallimard, 1973 ; *Lebenserinnerungen* (1929), in *Der Mensch und sein Es,* Wiesbaden, Limes Verlag, 1970 ; « Le double sexe de l'être humain » (1931), *Nouvelle Revue de psychanalyse*, 7, printemps, 1973, 193-199 ; *L'Être humain comme symbole* (Vienne, 1933), Paris, Gérard Lebovici, 1991 ; *La Maladie, l'art et le symbole*, Paris, Gallimard, 1969 ; *Ça et Moi. Lettres à Freud, Ferenczi et quelques autres* (Wiesbaden, 1970), Paris, Gallimard, 1977 ; et Ferenczi, *Correspondance*, Paris, Payot, 1982. Lawrence Durrell, *Groddeck,* Wiesbaden, Limes Verlag, 1961. Carl et Sylvia Grossman, *L'Analyste sauvage Georg Groddeck* (New York, 1965), Paris, PUF, 1978. Roger Lewinter, « (Anti)judaïsme et bisexualité », *Nouvelle Revue de psychanalyse*, 7, printemps 1973, 199-205 ; *Groddeck et le royaume millénaire de Jérôme Bosch. Essai sur le paradis en psychanalyse,* Paris, Champ libre, 1974 ; *L'Apparat de l'âme,* Paris, Mazarine, 1980 ; « Présentation du texte *Du ventre et de son âme* », *Nouvelle Revue de psychanalyse,* 3, 1971, 211-216. François Roustang, *Un destin si funeste,* Paris, Minuit, 1977. *L'Arc,* numéro spécial sur Georg Groddeck, 78, 1980. F. Garnier, « Groddeck (Georg), 1866-1934 », *Encyclopaedia universalis,* supplément, Paris, 1980, 690-691. Jean Laplanche, *L'Inconscient et le Ça. Problématiques,* IV, Paris, PUF, 1981. Pamela Tytell, *La Plume sur le divan,* Paris, Aubier, 1982. Michel Lalive d'Epinay, *Groddeck,* Paris, Éditions universitaires, 1983. *Groddeck-Almanach,* Stroemfeld-Roter Stern, Francfort, 1986. H. Will, *Georg Groddeck. Die Geburt der Psychosomatik,* Munich, Deutscher Taschenbuch Verlag, 1987. Jacques Le Rider, *Modernité viennoise et crises de l'identité* (1990), Paris, PUF, 1994. Jacquy Chemouni, « Psychopathologie de la démocratie », *Frénésie,* 10, printemps 1992, 265-282.

▷ HORNEY Karen. KLEINISME. *MOI ET LE ÇA (LE).* PICHON Édouard. PSYCHANALYSE SAUVAGE. *SELF PSYCHOLOGY.* TRADUCTION (DES ŒUVRES DE FREUD).

GROSS Otto (1877-1920)

psychiatre autrichien

Les relations de Sigmund Freud* avec Wilhelm Fliess* et Hermann Swoboda* montrent à quel point l'histoire du mouvement psychanalytique est marquée, notamment à ses débuts, par une thématique du plagiat, du vol d'idées, de la drogue et de la folie*. L'« affaire Otto Gross », comme celles qui impliquèrent Viktor Tausk* et Sabina Spielrein*, en est un épisode des plus violents.

Né à Feldbach en Styrie (Autriche), Otto Gross était le fils du juriste Hans Gross (1847-1915), l'un des fondateurs de la criminologie*. Dès son enfance, il présenta des signes de déséquilibre mental auxquels son père, très rigide, ne sut apporter aucune réponse. Rêvant de faire de son fils un adepte de ses théories sur le dépistage anthropologique des criminels, il l'orienta vers des études psychiatriques. Mais au lendemain de son doctorat, Otto Gross s'embarqua comme médecin de bord sur les paquebots de la ligne Hambourg-Amérique du Sud. Alors en quête d'identité, il s'adonna à diverses drogues : cocaïne, opium, morphine. A son retour, après différents stages dans des cliniques neurologiques à Munich et à Graz, il se soumit à une première cure de désintoxication à la clinique du Burghölzli où travaillait Carl Gustav Jung* sous la direction d'Eugen Bleuler*.

En 1903, il épousa Frieda Schloffer, et, par elle, il fit la connaissance de Marianne Weber, la femme du sociologue Max Weber (1864-1920), et des deux sœurs von Richtofen, Else et Frieda. L'une était mariée avec l'économiste Edgar Jaffé, l'autre avec le philosophe anglais Ernest Weekley, qu'elle quittera en 1912 pour épouser l'écrivain David Herbert Lawrence (1885-1926).

Nommé *Privatdozent* et agrégé de psychopathologie*, Gross devint l'assistant d'Emil Kraepelin* à Munich et s'enthousiasma pour l'œuvre freudienne. Après avoir rencontré Freud, il s'orienta vers la pratique de la psychanalyse* en fréquentant le milieu intellectuel du quartier de Schwabing où se mêlaient, au début du siècle, les disciples de Stefan George (1868-1933) et de Ludwig Klages (1872-1956) : « Le nietzschéisme y prenait la forme d'une métaphysique de l'"*eros* cosmogonique", écrit Jacques le Rider, où se manifestait la nostalgie d'un dionysisme archaïque inspiré par les recherches mythologiques de Bachofen sur le "matriarcat" des cultures antérieures à l'émergence du rationalisme grec. »

C'est à travers ce culte, et en prônant l'immoralisme sexuel, que Gross milita pour la psychanalyse. A cette époque, il avait une liaison avec chacune des deux sœurs Richtofen. En 1906, à Ascona, il fut mêlé au suicide* de Lotte Chattemer, une militante anarchiste. On le soupçonna d'avoir fourni des drogues à la jeune femme et de l'avoir encouragée dans son projet de se donner la mort. En 1907, trois ans après sa première rencontre avec Freud, il publia un ouvrage, *L'Idéogénité freudienne et sa signification dans l'aliénation maniaco-dépressive de Kraepelin,* dans lequel il mettait en relation le concept freudien de clivage* (*Spaltung*) avec celui de dissociation de Kraepelin. Il proposait de substituer au terme de *dementia praecox* celui de *dementia sejunctiva,* emprunté au psychiatre Karl Wernicke (1848-1905), pour désigner l'idée de disjonction, ouvrant ainsi la voie à l'idée bleulérienne de schizophrénie*. Un an plus tard, à la demande de son père, il fut interné à la clinique du Burghölzli pour une deuxième cure de désintoxication.

En fait, Gross était regardé à la fois comme un disciple de la tribu freudienne et comme un dangereux malade. A la demande de Freud, Jung le prit en analyse et rendit compte à celui-ci, au fil de ses lettres, du déroulement de cette étrange cure. Tout en vantant ses mérites de théoricien, il posa successivement deux diagnostics : névrose obsessionnelle* puis démence précoce. Quant à Ernest Jones*, il parlera plus tard de schizophrénie. Ainsi étiqueté malade mental, Gross devint un cobaye pris entre un maître et un disciple, lui-même futur dissident. Il permit à Jung de soutenir auprès de Freud la validité de la notion de démence précoce à laquelle celui-ci résistait. Le traitement se solda par un désastre : Gross s'enfuit de la clinique et se fit soigner ensuite, sans plus de succès, par Wilhelm Stekel*. Bientôt, les tenants de la cause freudienne le regardèrent comme un dangereux extrémiste susceptible de nuire au mouvement. Débauché, immoral, anarchiste, violemment attaché à la thématique de la révolution par la sexualité*, il fut lâché sans ménagements par Freud : « Il n'y a malheureusement rien à dire de lui ; il est tombé et causera seulement beaucoup de tort à notre cause. »

Malgré cette étiquette, Gross continua à pratiquer la psychanalyse et à se réclamer du freudisme. En 1908, après avoir fait scandale en soignant une jeune fille en révolte contre l'autorité parentale, il vécut avec Sophie Benz, une jeune femme peintre et anarchiste qui se donna la mort en 1911. Accusé de nouveau d'incitation au suicide, puis plusieurs fois interné, et pourchassé enfin par la police qui ne cessera de le harceler pour « activités subversives », Otto Gross terminera sa vie errante sur un trottoir de Berlin, mort de froid et de faim.

Aucun des ténors de la « gauche freudienne » – de Wilhelm Reich* à Otto Fenichel* – ne rendra hommage à cette figure maudite de la révolte anti-autoritaire. Ce sont des écrivains comme Max Brod (1884-1968), Blaise Cendrars (1887-1961) et surtout Franz Kafka (1883-1924) (plus sensible que d'autres à la relation père/fils) qui salueront la mémoire de celui qui avait tant dérangé l'ordre moral du freudisme* naissant et dont l'œuvre fut à l'image du bouleversement subi par la société occidentale au tournant du siècle : « J'ai à peine connu Otto Gross, écrit Kafka, mais j'ai senti que quelque chose d'important tendait la main vers moi sur fond de ridicule. L'air désemparé de sa famille et de ses amis (sa femme, son beau-frère et même le nourrisson mystérieusement silencieux au milieu des sacs de voyage – il ne fallait pas qu'il tombe de son lit quand il restait seul – qui buvait du café noir, mangeait des fruits, mangeait tout ce qu'on voulait) me faisait un peu penser au désarroi des disciples du Christ debout au pied du crucifié. »

● Otto Gross, *Das Freudsche Ideogenitätsmoment und seine Bedeutung im manisch-depressiven Irresein Kraepelins*, Leipzig, 1907 ; *La Révolution sur le divan* (recueil de textes de 1908 à 1920 présentés par Jacques Le Rider), Paris, Solin, 1988. Sigmund Freud et Carl Gustav Jung, *Correspondance*, I, *1906-1909*, II, *1910-1914*, Paris, Gallimard, 1975. Martin Green, *Les Sœurs von Richthofen* (New York, 1974), Paris, Seuil, 1979. Emmanuel Hurwitz, *Otto Gross, Paradies-Sucher zwischen Freud und Jung*, Zurich, 1979. Michel Schneider, *Blessures de mémoire*, Paris, Gallimard, 1980. Pierre Morel (éd.), *Dictionnaire biographique de la psychiatrie*, Paris, Synthélabo, coll. « Les empêcheurs de penser en rond », 1995.

▷ JUDÉITÉ. MATRIARCAT. SCHREBER Daniel Paul. *TOTEM ET TABOU*. VIENNE. WEININGER Otto.

GUATTARI Félix (1930-1992)
psychanalyste français

Né à Villeneuve-les-Sablons, membre de l'École freudienne de Paris* et analysé par Jacques Lacan*, Félix Guattari appartenait à la quatrième génération* psychanalytique française. Engagé à gauche, militant anticolonialiste, notamment pendant la guerre d'Algérie, fondateur de la revue *Recherches* et de diverses associations de contestation de l'ordre psychiatrique officiel, écologiste ensuite, et grand voyageur au service de toutes les formes de tolérance, il insuffla pendant de nombreuses années les plus belles valeurs de l'engagement libertaire au cœur du lacanisme* des années 1970, déjà menacé de dogmatisme. Psychologue de formation, il croisa l'histoire du mouvement psychanalytique de trois manières : comme psychanalyste lacanien, comme thérapeute lié à l'expérience de psychothérapie institutionnelle* menée à la clinique de La Borde, à Cour-Cheverny, sous la houlette de Jean Oury, et enfin comme co-auteur de plusieurs ouvrages écrits avec le philosophe Gilles Deleuze (1925-1995), parmi lesquels *L'Anti-Œdipe,* qui fut, en 1972, le véritable manifeste d'une antipsychiatrie* à la française et connut un succès retentissant.

Les deux auteurs critiquaient l'œdipianisme freudien qui, à leurs yeux, enferme la *libido** plurielle de la folie* dans un cadre bien trop étroit de type familial. Pour sortir de cette impasse « structurale », ils se proposaient de traduire la polyvalence du désir* humain dans une conceptualité adéquate. D'où l'idée d'opposer à la psychanalyse* freudienne et lacanienne, articulée autour du primat de l'Œdipe* et du signifiant*, une psychiatrie matérialiste fondée sur la « schizo-analyse », c'est-à-dire sur la possible libération des flux désirants. Né d'un enseignement oral donné par Gilles Deleuze à l'université Paris-VIII (1969-1972), puis d'une écriture duelle, *L'Anti-Œdipe* prenait ainsi pour cible majeure le conformisme psychanalytique – toutes tendances confondues – en annonçant avec fracas l'épuisement tragique du lacanisme des derniers temps.

● Félix Guattari, *Psychanalyse et Transversalité*, Paris, Maspero, 1972 ; *Chaosmose,* Paris, Galilée, 1992 ; et Gilles Deleuze, *L'Anti-Œdipe. Capitalisme et schizophrénie*, Paris, Minuit, 1972 ; *Rhizome,* Paris, Minuit, 1976 ; *Mille Plateaux,* Paris, Minuit, 1980. Élisabeth Roudinesco, *Histoire de la psychanalyse en France,* vol. 2 (1986), Paris, Fayard, 1994. Yannick Oury-Pulliero, « Félix Guattari, 1930-1992 », in *Encyclopaedia universalis,* 1993, 544-545.

▷ COOPER David. FRANCE. FREUDO-MARXISME. LAING Ronald. REICH Wilhelm. SCHIZOPHRÉNIE.

GUILBERT Yvette (1867-1944)

Le peintre Henri de Toulouse-Lautrec (1864-1901) fit plusieurs fois le portrait de cette chanteuse française de café-concert aux longs gants noirs, célèbre dans le Paris de la Belle Époque pour son répertoire : elle jouait tantôt les écolières séduites, tantôt les « soulardes » ou les prostituées.

C'est sur les conseils de la femme de Jean Martin Charcot* qu'en 1889 Sigmund

Freud* se rendit pour la première fois à un récital d'Yvette Guilbert. Ils échangeront par la suite une correspondance amicale. Freud aimait particulièrement la fameuse chanson *Dites-moi si je suis belle* qu'Yvette Guilbert interpréta en 1938 à l'âge de 71 ans, lors du congrès de l'International Psychoanalytical Association* (IPA) à Paris, devant tous les psychanalystes d'Europe réunis une dernière fois avant la Deuxième Guerre mondiale. Elle épousa un biologiste viennois, Max Schiller, et la nièce de celui-ci, Eva Rosenfeld (1892-1977), amie d'Anna Freud*, deviendra psychanalyste et membre de la British Psychoanalytical Society (BPS).

H

HAAS Ladislav (1904-1985)

médecin et psychanalyste tchécoslovaque

Grande figure du freudo-marxisme* européen, Ladislav Haas, originaire de Slovaquie, demeura toute sa vie un militant communiste et un freudien rigoureux, malgré les tortures, l'exil et la persécution. A côté de Theodor Dosuzkov* et d'Otakar Kucera (1906-1980), il exerça ses activités psychanalytiques dans un pays où le freudisme* ne connut aucun essor.

Après des études secondaires en Hongrie*, Haas s'engagea dans la psychiatrie à Berlin, découvrit les œuvres de Sigmund Freud* puis fréquenta la « gauche freudienne » et notamment Wilhelm Reich*. En 1926, il devint membre du parti communiste allemand. A partir de 1933, installé à Prague, il exerça en tant que médecin généraliste. En 1934, il fut emprisonné pendant six semaines pour son engagement politique. Par la suite, il s'intégra au groupe des psychanalystes pragois, mais au moment de l'occupation de la Tchécoslovaquie par les nazis, il émigra en Grande-Bretagne*.

En 1945, il revint dans son pays et c'est à Kosice, ville proche de la frontière de l'Union soviétique, qu'il travailla comme neurologue dans un hôpital. A cette époque, il soigna le dirigeant politique Klement Gottwald.

Après l'instauration du régime communiste en 1948, il adopta comme Dosuzkov les thèses pavloviennes. Malgré le stalinisme qu'il réprouvait, il demeura un militant. Tout en pratiquant officiellement la psychiatrie (et tandis qu'il présidait l'Institut national de santé à Prague), il recevait des analysants en privé, soit pour les traiter, soit pour les former à devenir psychanalystes. Accusé brutalement de haute trahison en 1952, emprisonné puis torturé, il fut relâché deux ans plus tard. Il reprit alors sa pratique en s'intéressant à des patients suicidaires.

En 1964, il quitta Prague pour s'installer à Londres où il devint membre de la British Psychoanalytical Society (BPS). Il conserva toujours des liens avec son pays et ses amis et ne renia jamais ses choix politiques et idéologiques.

● Michael Sebek, « La psychanalyse, les psychanalystes et la période stalinienne de l'après-guerre. La situation tchécoslovaque », *Revue internationale d'histoire de la psychanalyse,* 5, 1992, 553-565. Eugenia Fischer « Czechoslovakia », *in* Peter Kutter (éd.), *Psychoanalysis International. A Guide to Psychoanalysis throughout the World,* vol. 1, Stuttgart, Frommann-Holzboog, 1992, 34-50.

▷ COMMUNISME. FÉDÉRATION EUROPÉENNE DE PSYCHANALYSE. NAZISME. RUSSIE.

HAECKEL Ernst Heinrich (1834-1920)

médecin et zoologiste allemand

Ernst Heinrich Haeckel naquit à Potsdam dans une famille protestante marquée par le patriotisme prussien. Son père, originaire de Silésie, était juriste et sa mère venait de Rhénanie.

Très tôt passionné par la botanique, Haeckel entreprend des études de médecine à l'université de Würzburg, ville dont l'esprit étroitement catholique contribuera au développement de sa haine du papisme. Il obtient son titre de docteur en médecine à l'université de Berlin en 1857, puis complète sa formation à Vienne* avec Johannes Peter Müller (1801-1858) qu'il reconnaîtra plus tard comme « l'un des plus grands naturalistes du XIXe siècle ».

En 1860, il lit avec passion la première traduction allemande de *De l'origine des espèces* de Charles Darwin (1809-1882), dont il va devenir l'admirateur enthousiaste et le médiateur courageux dans l'ensemble des pays germaniques, mais aussi le propagandiste un peu simplificateur. Nommé à 28 ans professeur extraordinaire de l'université d'Iéna et directeur du musée zoologique de cette même ville, Haeckel devient également l'un des chefs de file les plus célèbres de la philosophie moniste, au service de laquelle il convoque les thèses darwiniennes.

L'œuvre scientifique et philosophique de Haeckel est aujourd'hui dépassée, mais elle eut en son temps une influence considérable dans toute l'Europe, y compris en France* où elle contribua à conforter l'hostilité au darwinisme au profit de la pensée lamarckienne.

En 1866, Haeckel publie une *Morphologie générale*, bientôt suivie d'une *Histoire de la création*. Après d'autres ouvrages et de multiples voyages en Asie et en Amérique, il publie en 1899 un ouvrage de vulgarisation, *Les Énigmes de l'univers*. Le livre sera vendu à quatre cent mille exemplaires en Allemagne* et parviendra jusque sur le bureau de Lénine (1870-1924) qui en appréciera le matérialisme militant.

Haeckel, à la différence de Carl Claus*, de Theodor Meynert*, d'Ernst Brücke* ou de Franz Brentano*, n'a pas été l'un des maîtres de Sigmund Freud*. C'est néanmoins par le biais de sa popularité, par la lecture de ses ouvrages et de ses conférences plusieurs fois réédités, que Freud prend connaissance des idées de Darwin et rencontre la célèbre loi de la récapitulation (« l'ontogenèse répète la phylogenèse »), dont il fera un usage ininterrompu tout au long de son œuvre en dépit des réserves et des critiques de certains de ses disciples, Ernest Jones* ou plus tard Ernst Kris*.

Ces reproches ne sont pas injustifiés mais masquent un malentendu lourd de conséquences dont Lucille B. Ritvo, dans son livre *L'Ascendant de Darwin sur Freud*, a minutieusement reconstitué la trame, celle des modalités sous lesquelles Freud eut accès à la pensée darwinienne et la place spécifique de Haeckel dans ce parcours intellectuel.

Si Haeckel est bien l'inventeur des notions d'écologie, de phylogenèse et d'ontogenèse, il n'est pas l'auteur de cette loi de la récapitulation qui lui est si généralement attribuée (quand bien même il a fait d'elle l'un des pivots de sa conception de l'évolutionnisme). En réalité, les prolégomènes de cette loi sont présentés au chapitre XIII de *De l'origine des espèces*. Mais Darwin dira lui-même que Haeckel et Fritz Müller (1822-1897), tous deux élèves de Johannes Müller, « ont sans aucun doute [...] élaboré [cette loi] de manière plus approfondie, et sous certains aspects plus correctement que je ne l'avais fait ».

A cette confusion s'en ajoute une autre, liée à l'assimilation qui est faite, en 1917, entre cette loi et l'hérédité des caractères acquis : « Contrairement à ce que pense Freud, écrit Lucille B. Ritvo, la théorie de la récapitulation ne dépend pas de l'hérédité des caractères acquis et c'est pouquoi elle va survivre à la chute du lamarckisme [...]. Ceux des disciples de Freud qui lui ont reproché son néo-lamarckisme ne lui reprochent pas ses applications de la récapitulation, ils déplorent qu'il ait fondé la récapitulation sur l'hérédité des caractères acquis. » Toute la discussion scientifique portera sur le point de savoir si la loi de la récapitulation implique ou non l'idée que c'est l'état adulte ancestral qui est répété dans l'embryon. A l'évidence, les réponses de Müller, de Haeckel mais aussi de Darwin sont positives. Freud, à leur suite, pense que c'est cet adulte ancestral qui se reproduit dans le développement psychosexuel de l'enfant.

La thèse de la récapitulation sera abandonnée au cours des années 1930-1940, mais la nostalgie de cette idée séduisante hantera longtemps de nombreux chercheurs.

Fasciné par la portée de cette loi qui fonde la continuité entre le développement psychologique individuel et celui de l'humanité, Freud était conscient des dangers liés à son utilisation trop systématique. D'où son renoncement à poursuivre et à publier son essai métapsychologique « Vue d'ensemble sur les névroses de transfert », cette « fantaisie phylogénétique » retrouvée par Ilse Grubrich-Simitis.

Au-delà des erreurs et des impasses qui jalonnent ce parcours intellectuel et ces joutes entre savants du XIXe siècle, Lucille B. Ritvo et Ilse Grubrich-Simitis, dans des perspectives différentes, témoignent toutes deux du double intérêt de cette aventure théorique et épistémologique. La conviction, l'acharnement et l'abandon freudiens sur cette question illustrent la complexité et le tragique de la recherche scientifique lorsque les exigences de rigueur viennent se heurter à la passion et à la force pulsionnelle de la curiosité. Mais par ailleurs, les questions explorées au moyen du recours à la dite loi de Haeckel demeurent de la plus vivante actualité pour tous ceux, psychanalystes ou biologistes, qui ne se satisfont pas de la seule perspective étroitement organiciste et qui persistent, dans la lignée de Freud et de Darwin, à interroger les mystères des origines.

● Sigmund Freud, *Vue d'ensemble des névroses de transfert* (Francfort, 1985), Paris, Gallimard, 1986 ; *Totem et Tabou* (1913), *GW*, IX, *SE*, XIII, 1-161, Paris, Gallimard, 1993 ; *Sur l'histoire du mouvement psychanalytique* (1914), *GW*, X, 44-113, *SE*, XIV, 7-66, Paris, Gallimard, 1991 ; *L'Homme Moïse et la religion monothéiste* (1939), *GW*, XVI, 103-246, *SE*, XXIII, 1-137, Paris, Gallimard, 1986. Paul-Laurent Assoun, *Introduction à l'épistémologie freudienne*, Paris, Payot, 1981 ; « Freudisme et darwinisme », *in* Patrick Tort (éd.), *Dictionnaire du darwinisme et de l'évolution*, vol. 2, Paris, PUF, 1996, 1741-1763. Françoise Carasso, *Freud médecin*, Arles, Inserm-Actes Sud, 1992. Yvette Conry, *L'Introduction du darwinisme en France au XIXe siècle*, Paris, Vrin, 1974. Henri F. Ellenberger, *Histoire de la découverte de l'inconscient*, (New York, Londres, 1970, Villeurbanne, 1974), Paris, Fayard, 1994. Sandor Ferenczi, « Thalassa. Essai sur la théorie de la génitalité » (1924), *Psychanalyse, 3, 1919-1926*, Paris, Payot, 1974, 250-323. Ilse Grubrich-Simitis, « Métapsychologie et métabiologie », *in* Sigmund Freud, *Vue d'ensemble des névroses de transfert* (Francfort, 1985), Paris, Gallimard, 1986, 97-163 ; « Trauma or drive – drive and trauma », *in* Albert J. Solnit, Peter B. Neubauer, Samuel Abrams et A. Scott Dowling (éd.) *The Psychoanalytic Study of the Child*, Yale, Yale University Press, 1988, vol. 43, 3-32. Dominique Lecourt, *L'Amérique entre la Bible et Darwin*, Paris, PUF, 1992. Liliane Maury, *Les Émotions de Darwin à Freud*, Paris, PUF, 1993. Marie Moscovici, « Un meurtre construit par les produits de son oubli », in *Il est arrivé quelque chose*, Paris, Payot, 1991, 387-416. Lucille B. Ritvo, *L'Ascendant de Darwin sur Freud* (1990), Paris, Gallimard, 1992. Jacques Roger, « Darwin, Haeckel et les Français », in *De Darwin au darwinisme*, actes du congrès international pour le centenaire de la mort de Darwin, Paris, Vrin, 1983. Britta Rupp-Eisenreich, « Haeckel », *in* Patrick Tort (éd.), *Dictionnaire du darwinisme et de l'évolution*, vol. 2, Paris, PUF, 1996, 2072-2114. Franck J. Sulloway, *Freud biologiste de l'esprit* (New York 1979), Paris, Fayard, 1981.

▷ FANTASME. *HOMME MOÏSE ET LA RELIGION MONOTHÉISTE (L')*. SEXUALITÉ. *TOTEM ET TABOU*.

HAITZMANN Christopher (?-1700)

C'est à la demande d'un conseiller aulique, R. Payer Thurn, qui avait découvert dans la bibliothèque des Fidéicommis un manuscrit provenant du monastère de Mariazell où était relatée l'histoire de la guérison « miraculeuse » du peintre bavarois Christopher Haitzmann, que Sigmund Freud* rédigea, puis publia en 1923 un article intitulé « Une névrose diabolique au XVIIe siècle ». Il y étudiait en détail le cas de cet homme, saisi de convulsions en 1677, huit ans après avoir signé un pacte avec le diable, puis guéri grâce à l'exorcisme.

Freud montrait que le diable était pour le peintre un substitut du père. Mais surtout, il tournait en dérision l'exorcisme en soulignant que Haitzmann, devenu frère Chrysostome, n'avait jamais été guéri : dans son monastère de Mariazell, il continua jusqu'à sa mort à être inquiété par le Malin, notamment quand il buvait plus que de raison. Autrement dit, Freud opposait dans cet article les bienfaits de la psychanalyse*, capable à ses yeux de traiter les névroses*, aux pratiques religieuses et occultes des temps anciens peu compatibles avec l'*Aufklärung*.

Déjà dans sa correspondance avec Wilhelm Fliess*, Freud s'était intéressé au diable et, en janvier 1909, lors d'un exposé de Hugo Heller* à la Wiener Psychoanalytische Vereinigung (WPV), il déclara qu'il y voyait non seulement l'essence même de la sexualité* humaine (la *libido** unique), mais un fantasme collectif construit sur le modèle d'un délire paranoïaque.

Malgré toutes les précautions prises par Freud, son étude sur Christopher Haitzmann souffrait d'un défaut propre à tous les travaux de pathographie et de psychanalyse appliquée* auxquels se livraient à cette époque ses disciples. Elle interprétait rétroactivement les phénomènes de possession comme des cas pathologiques que la « science » moderne (la psychanalyse) prétendait éclairer selon une rationalité nouvelle. D'où un certain nombre de spéculations difficilement recevables : celles où Freud, par exemple, « analyse » la réaction mélancolique du peintre après la mort de son père, comme s'il avait affaire à un patient sur son divan.

Comme tous les grands cas freudiens, cette étude fut révisée par les héritiers du maître en fonction de leur appartenance d'école. Ainsi, en 1950, Geza Roheim* souligna que le diable, loin d'être un substitut du père, était plutôt une sorte de surmoi*. Six ans plus tard, deux cliniciens kleiniens, Richard Hunter et Ida Macalpine, qui avaient déjà révisé le cas de Daniel Paul Schreber*, donnèrent une exégèse complète de l'histoire de Haitzmann en publiant son autobiographie et ses œuvres picturales. Ils invalidèrent bien entendu le diagnostic freudien, et, sous leur plume, le peintre devint un parfait schizophrène selon la terminologie bleuléro-kleinienne. Non contents d'assimiler Haitzmann à un nouveau Schreber, en multipliant les interprétations aussi douteuses que celles de Freud, les deux auteurs ajoutèrent à leur révision une analyse du « cas » de Freud, soulignant que ses interprétations* sur le « diable substitut du père » avaient pour origine la question non résolue de la mort de son propre père en 1896.

Il fallut attendre les travaux de l'historien français Michel de Certeau (1926-1986) pour dégager le texte freudien de cette spirale interprétative et lui donner un contenu nouveau. Selon lui, Freud « fabriquait » des fictions à partir de faits historiques et contribuait ainsi, sans le savoir, à réintroduire dans le travail de l'historien un modèle d'intelligibilité subjective que l'historiographie avait exclu en devenant positiviste.

● Sigmund Freud, « Une névrose diabolique au XVIIe siècle » (1923), in *L'Inquiétante Étrangeté et autres essais*, Paris, Gallimard, 1985, 265-320, *GW*, XIII, 317-353, *SE*, XIX, *OC*, XVI, 213-251. *Les Premiers Psychanalystes, Minutes de la Société psychanalytique de Vienne*, II, *1908-1910* (New York, 1967), Paris, Gallimard, 1978, 121-127. Geza Roheim, « Psychologie et histoire ou "La tragédie de l'homme" » (1950), in *Psychanalyse et Anthropologie* (New York, 1950), Paris, Gallimard, 1967, 513-539. Ida Macalpine et Richard A. Hunter, *Schizophrenia 1677. A Psychiatric Study of an Illustrated Autobiographical Record of Demoniacal Possession*, Londres, Dawsson and Sons, 1956. Michel Foucault, « Médecins, juges et sorciers au XVIIe siècle » (1969), in *Dits et Écrits*, vol. 1, Paris, Gallimard, 1994, 753-766. Michel de Certeau, *L'Écriture de l'histoire*, Paris, Gallimard, 1975. Luisa de Urtubay, *Freud et le Diable*, Paris, PUF, 1983.

HALBERSTADT Sophie, née Freud (1893-1920), fille de Sigmund Freud

Née à Vienne*, Sophie était le quatrième enfant de Sigmund Freud* et de sa femme Martha*, et donc sa deuxième fille après Mathilde Hollitscher* et avant Anna Freud*. Son prénom avait été choisi en hommage à Sophie Schwab, une très belle femme qui était la nièce d'Emil Hammerschlag, l'ancien professeur d'hébreu de Freud. Comme sa sœur aînée, elle fut élevée dans les principes de la bourgeoisie viennoise qui fixait comme unique destin aux femmes de devenir des épouses modèles et des mères parfaites. Entre les enfants de Freud, éduqués de cette manière, se répétèrent les conflits et les rivalités qu'avait connus la génération précédente.

Plus belle encore que Mathilde, Sophie fut la préférée de sa mère et eut à affronter la jalousie de sa sœur Anna, qui souffrait d'un physique ingrat et d'une inaptitude presque totale aux travaux de couture et de broderies pour lesquels Sophie était douée d'un talent hors du commun : « Tu devrais être généreuse avec ta sœur, écrivait Freud à Anna, sinon vous finirez toutes les deux comme deux de vos tantes, qui n'ont jamais pu s'entendre dans leur enfance et qui ont été punies en devenant incapables de se séparer – car l'amour et la haine ne sont pas très différents. »

En 1913, Sophie épousa Max Halberstadt, photographe et portraitiste renommé de Hambourg. Le mariage fut préparé avec soin, mais la pauvre Anna, en convalescence à Merano après une appendicectomie, n'eut pas le droit d'y assister. Conscient du malheur de sa dernière fille, Freud lui envoya néanmoins une lettre d'une incroyable cruauté, suggérant que sans doute elle était jalouse de Max qui avait su gagner très rapidement l'amour de Sophie.

En réalité, c'est Freud, patriarche tyrannique compulsivement attaché à l'amour de ses filles, qui ne supportait pas le mariage de Sophie après celui de Mathilde, au point que Sandor Ferenczi* diagnostiqua chez lui un « complexe de Sophie » et l'engagea à accepter normalement cette perte.

Après un avortement thérapeutique qui fit craindre à la famille une stérilité semblable à celle de Mathilde, Sophie mit au monde deux enfants : Ernst (surnommé Ernstl) en 1914, Heinz (surnommé Heinerle) en 1918. Elle semblait faite pour le bonheur conjugal, mais, en 1920, elle mourut subitement, emportée par une épidémie de grippe qui ravageait le nord de l'Allemagne*. Freud venait d'apprendre la mort d'Anton von Freund*. Il n'alla pas à l'enterrement auquel ses deux fils, Ernst et Martin, assistèrent en compagnie de Max Eitingon*, venu de Berlin. Déprimé, mélancolique, Max Halberstadt ne se remit jamais de la mort de sa femme. Tandis que Mathilde prenait en charge le petit Heinerle, qui devait succomber tragiquement à une tuberculose miliaire trois ans plus tard, Anna s'occupa d'Ernstl, songeant même à l'adopter.

A Oskar Pfister* Freud fit part de sa douleur en soulignant la dureté des temps : « Le bonheur [de Max et Sophie] n'était que dans leur cœur, il n'était pas dans leur vie : la guerre, l'appel sous les drapeaux, la blessure, l'amenuisement de leurs ressources, malgré cela, ils étaient restés courageux et gais [...]. La perte d'un enfant paraît être une offense grave, narcissique ; ce qu'on appelle le deuil ne vient probablement qu'ensuite. »

La mort de Heinerle fut pour lui plus terrible encore : « Il est vrai, j'ai perdu une fille chérie âgée de 27 ans, mais je l'ai supporté étrangement bien. C'était en 1920, on était usé par la misère de la guerre, préparé depuis des années à apprendre que l'on avait perdu un fils, ou même trois fils. La soumission au destin était ainsi préparée [...]. Depuis la mort de Heinerle, je n'aime plus mes petits-enfants et je ne me réjouis plus de la vie. C'est aussi là le secret de l'indifférence. On a appelé cela du courage face à la menace qui pèse sur ma propre vie. »

En 1924, Fritz Wittels* voulut démontrer que la théorisation par Freud de la notion de pulsion de mort* dans *Au-delà du principe de plaisir** était le contrecoup de la douleur éprouvée à la mort de Sophie. Il n'en était rien et Freud souligna dans une lettre à Eitingon, de juillet 1920, que l'ouvrage était à moitié achevé bien avant cette tragédie. D'ailleurs l'idée d'un instinct de mort avait déjà été formulée par Sabina Spielrein*.

Dans l'ouvrage, Freud racontait l'histoire d'un enfant aimé de ses parents, qui ne les dérangeait pas la nuit et ne pleurait jamais quand sa mère s'absentait, mais qui avait pris l'habitude de jouer avec une bobine en bois attachée à une ficelle. Il la jetait et la ramenait à lui en criant « *fort-da* », exprimant ainsi la souffrance que lui causait la perte de l'objet et le plaisir qu'il éprouvait à le faire réapparaître. Cet « enfant à la bobine », célèbre dans toute la littérature freudienne, était le fils aîné de Sophie, Ernstl. Après avoir fait des études à Berlin, Ernstl voyagea. Il se rendit à Jérusalem chez Eitingon qui avait émigré, puis à Moscou et enfin il songea à s'installer à Johannesburg où son père s'était exilé. Finalement, en 1938, il s'établit à Londres. Analysé par Wilhelm (Willi) Hoffer (1897-1967), disciple viennois de Freud naturalisé anglais, il devint psychanalyste, membre de l'International Psychoanalytical Association* (IPA), et travailla à la Hampstead Child Therapy Clinic où il se spécialisa dans l'étude des relations précoces entre les bébés et leurs mères. Il s'occupa aussi d'enfants prématurés. A la recherche d'une identité qui le rattache à son grand-père, il adopta le nom de jeune fille de sa mère et se fit appeler Ernest W. Freud. A la mort d'Anna, il renonça à hériter de l'appartement londonien du 20 Maresfield Gardens, qui devint le Freud Museum*, et alla exercer la psychanalyse en Allemagne.

Ainsi « l'enfant à la bobine », qui avait d'ailleurs oublié l'épisode raconté par son grand-père dans *Au-delà du principe de plaisir*, fut-il le seul descendant mâle de la famille Freud à devenir psychanalyste.

● Sigmund Freud, *Au-delà du principe de plaisir* (1920), *OC*, XV, 273-339, *GW*, XIII, 3-69, *SE*, XVIII, 1-64 ; *La Naissance de la psychanalyse* (Londres, 1950), Paris, PUF, 1956 ; *Chronique la plus brève. Carnets intimes, 1929-1939*, annoté et présenté par Michael Molnar (Londres, 1992), Paris, Albin Michel 1992 ; et Sandor Ferenczi, *Correspondance, 1908-1914* et *1914-1919*, 2 vol., Paris, Calmann-Lévy, 1992 et 1996. Ernest Jones, *La Vie et l'œuvre de Sigmund Freud*, vol. I (New York, 1953), Paris, PUF, 1957, vol. II (New York, 1955), Paris, PUF, 1961. Martin Freud, *Freud, mon père* (Londres, 1957), Paris, Denoël, 1975. Max Schur, *La Mort dans la vie de Freud* (New York, 1972), Paris, Gallimard, 1975. Élisabeth Young-Bruehl,

Anna Freud (New York, 1988), Paris, Payot, 1991. Peter Gay, *Freud. Une vie* (New York, 1988), Paris, Hachette, 1990.

HALL Granville Stanley (1844-1924)
psychologue américain

Fondateur américain de la psychologie génétique inspirée du darwinisme et d'une pédagogie évolutionniste, pionnier de l'introduction de la psychanalyse* aux États-Unis*, avec James Jackson Putnam* et Adolf Meyer*, Stanley Granville Hall naquit à Ashfields dans une vieille famille de fermiers puritains de la Nouvelle-Angleterre. Se destinant d'abord à la théologie et au ministère, il s'orienta vers la philosophie après une forte rébellion contre son père et une expérience amoureuse.

C'est avec le psychologue William James (1842-1910) qu'il passa son doctorat à l'âge de 30 ans, et avec James Jackson Putnam qu'il commença à s'intéresser aux enfants déficients et handicapés. Au cours d'un voyage en Europe il se rendit à Leipzig pour étudier la psychologie avec Wilhelm Wundt (1832-1920), et fit le tour des grands maîtres de la pathologie de l'époque : Jean Martin Charcot* à Paris, Theodor Meynert* à Vienne*, Hippolyte Bernheim* à Nancy. Tout en étant passionné d'hypnose*, il enseigna la psychologie à la Johns Hopkins University, puis, de 1889 à 1920, à la Clark University de Worcester. En 1887, il fonda l'*American Journal of Psychology* et eut ensuite une intense activité éditoriale en lançant trois autres périodiques : le *Pedagogical Seminary* (qui allait devenir le *Journal of Genetic Psychology*), le *Journal of Applied Psychology*, et enfin le *Journal of Religious Psychology*.

En 1909, il invita Sigmund Freud* à prononcer des conférences à la Clark University après avoir lui-même donné des cours sur la psychanalyse. Par la suite, il se tourna vers l'école de psychologie individuelle d'Alfred Adler*, puis se consacra à l'étude de la religion et à la gérontologie.

• Granville Stanley Hall, *Life and Confessions of a Psychologist*, New York, D. Appleton and Co, 1923. Dorothy Ross, « G. Stanley Hall, 1844-1924. Aspects of science and culture in the nineteenth century », thèse, Département d'histoire, Columbia University, 1965. *L'Introduction de la psychanalyse aux États-Unis. Autour de James Jackson Putnam* (Londres, 1968), Paris, Gallimard, 1978, précédé d'une « Introduction » par Nathan G. Hale, 17-86. Nathan G. Hale, *Freud and the Americans. The Beginnings of Psychoanalysis in the United States, 1876-1917*, t. 1 (1971), New York, Oxford University Press, 1995. L. Zusne, *Names in the History of Psychology. A Biographical Sourcebook*, New York, Londres, A Halsted Press Book, John Wiley & Sons, 1975, 375-377.

▷ *SUR LA PSYCHANALYSE. CINQ CONFÉRENCES.*

HAMPSTEAD CHILD THERAPY CLINIC

▷ FREUD Anna.

« HANS (LE PETIT) » (CAS)

▷ GRAF Herbert.

HAPPEL Clara, née Pinkus (1889-1945)

médecin et psychanalyste allemande

Née à Berlin dans une famille juive, Clara Happel s'intéressa très tôt à la psychanalyse* et fut formée sur le divan de Hanns Sachs*. En 1920, elle participa à la création de l'Institut psychanalytique de Francfort. Par la suite, elle s'installa à Hambourg pour travailler avec August Waterman*. En 1934, elle émigra aux États-Unis* avec ses deux enfants dans des conditions difficiles. Au consulat américain, on avait noté sur ses papiers : « Femme avec deux enfants. Deviendra une charge pour les États-Unis. » Aussi, dès son arrivée, fut-elle conduite à Ellis Island. Sandor Rado* vint l'y chercher pour la recueillir chez lui et l'aider à s'intégrer. C'est à Detroit, où il n'y avait aucun groupe freudien, qu'elle décida finalement de s'installer et de pratiquer la psychanalyse. En 1941, après l'attaque de Pearl Harbor, elle fut dénoncée à la police comme une ennemie de l'Amérique par un ancien patient psychotique, et passa six semaines en prison. A sa sortie, elle ne parvint plus à exercer son métier et sombra dans la mélancolie*. En 1944, démunie et solitaire, elle partit vivre à New York où elle se donna la mort un an plus tard en avalant une dose massive de barbituriques.

● Volker Friedrich, « Lettres d'Amérique de Clara Happel à son fils Peter : 1936-1945 », *Revue internationale d'histoire de la psychanalyse*, 1, 1988, 323-349.

▷ SUICIDE.

HARTMANN Heinz (1894-1970)

psychiatre et psychanalyste américain

Fondateur du courant de l'*Ego Psychology** et grande figure de l'école new-yorkaise de psychanalyse*, Heinz Hartmann naquit à Vienne* et fut élevé dans un milieu intellectuel sans confession ni appartenance religieuse, phénomène rare pour l'époque. Il était issu de la grande bourgeoisie viennoise élitiste et raffinée. Son père fut professeur d'histoire avant d'être ambassadeur à Berlin, et son grand-père maternel était le fameux gynécologue Rudolf Chrobak (1843-1910), qui avait mis Sigmund Freud* sur la piste d'une étiologie sexuelle de l'hystérie*. Dans sa jeunesse, Hartmann avait été soigné par Josef Breuer*. Ainsi entretenait-il des liens avec la famille freudienne.

Après avoir été l'élève de Julius Wagner-Jauregg*, il se rendit à Berlin où il se familiarisa avec la pensée de Max Weber (1864-1920) et de Kurt Lewin (1890-1947). Parallèlement, il fit une première analyse didactique avec Sandor Rado* dans le cadre du prestigieux Berliner Psychoanalytisches Institut* (BPI). De retour à Vienne, il s'intégra en 1925 à la Wiener Psychoanalytische Vereinigung (WPV) puis entreprit une deuxième analyse avec Sigmund Freud* qui le considéra comme l'un de ses meilleurs élèves dans ce qu'il est convenu d'appeler la deuxième génération*. A partir de 1932, il fut l'un des directeurs de l'*Internationale Zeitschrift für Psychoanalyse**, puis il s'engagea dès 1937 dans la révision de la deuxième topique* freudienne, ce qui le conduira à l'*Ego Psychology*.

De passage à Paris en 1938, il fut mêlé sans le vouloir aux conflits de la Société psychanalytique de Paris (SPP) à propos de l'élection de Jacques Lacan* au titre de membre titulaire. Rudolph Loewenstein* refusait en effet ce titre à Lacan, et Édouard Pichon* s'interposa en échangeant la nomination de Hartmann contre celle de Lacan. Par la suite, Hartmann s'opposera toujours fermement à Lacan lors des deux scissions* du mouvement psychanalytique français. Quant à Lacan, il n'hésitera pas à traiter l'*Ego Psychology* de « chancre constitué par les alibis récurrents du psychologisme » et à qualifier la psychanalyse américaine, incarnée à ses yeux par les travaux de Hartmann, comme une psychologie dévoyée au service de la libre entreprise. Freud n'était d'ailleurs pas plus indulgent quand il reprochait aux Américains, à propos de la *Question de l'analyse profane**, d'avoir fait de sa doctrine la « bonne à tout faire de la psychiatrie ».

Contraint de fuir la France en 1939, Hartmann se réfugia en Suisse*, chez Raymond de Saussure*, où il retrouva Loewenstein. Tous deux émigrèrent aux États-Unis* en 1941, et c'est à New York que Hartmann commença une deuxième vie de chef d'école en devenant le principal représentant de l'orthodoxie freudienne aux côtés d'Anna Freud*. Avec elle et Ernst Kris*, il créa en 1945 la revue *Psychoanalytic Study of the Child*, organe représentatif de l'annafreudisme* dans le domaine de la psychanalyse des enfants*. René Spitz* y publiera de nombreux textes. Directeur de l'Institut de New York de 1948 à 1951, président de la New York Psychoanalytical Society (NYPS) de 1952 à 1954, président de l'International Psychoanalytical Association* (IPA) de 1953 à 1959, il mourut comblé d'honneurs, non sans avoir été violemment critiqué à l'intérieur même de l'internationale freudienne, notamment par Heinz Kohut*, pour l'image désastreuse qu'il donnait de la psychanalyse à travers sa théorie du moi, son orthodoxie et son apologie des cures classiques, minutées, silencieuses et hors de prix.

• Heinz Hartmann, *La Psychologie du moi et le problème de l'adaptation* (Vienne, 1939, New York, 1958), Paris, PUF, 1968 ; « Commentaires sur la théorie psychanalytique du moi » (1950), *Revue française de psychanalyse*, 31, 3, 1967, 339-366 ; « Les influences réciproques du moi et du ça dans le développement » (1952), *ibid.*, 379-402 ; *Essays on Ego Psychology*, New York, International Universities Press, 1964 ; et Ernst Kris, Rudolph Loewenstein, *Éléments de psychologie psychanalytique*, Paris, PUF, 1975. Rudolph Loewenstein, « Obtuary. Heinz Hartmann, 1894-1970 », *IJP*, 51, 1970, 317-419. Élisabeth Roudinesco, *Histoire de la psychanalyse en France*, vol. 2 (1986), Paris, Fayard, 1994 ; *Jacques Lacan. Esquisse d'une vie, histoire d'un système de pensée*, Paris, Fayard, 1993.

HEIMANN Paula (1899-1982)
médecin et psychanalyste anglaise

Née à Dantzig de parents russes, Paula Heimann fit ses études dans plusieurs universités allemandes avant de s'installer à Berlin. Elle s'orienta alors vers la psychanalyse* en suivant une cure avec Theodor Reik*. Membre de la Deutsche

Psychoanalitische Gesellschaft (DPG) en 1932, elle fut contrainte d'émigrer l'année suivante, et Ernest Jones* l'invita à vivre à Londres et à s'intégrer à la British Psychoanalytical Society (BPS). Assez vite elle se lia d'amitié avec Melanie Klein*, dont elle fut la confidente après la mort tragique de son fils aîné. En fait, elle devint en quelque sorte sa fille adoptive. Ensuite, elle fit avec elle une nouvelle analyse et fut une disciple assidue. Pendant la période des Grandes Controverses*, elle la soutint loyalement. Après la Deuxième Guerre mondiale, devenue l'une des didacticiennes importantes de la BPS, elle rédigea de nombreux articles cliniques et se fit notamment remarquer pour ses travaux sur le contre-transfert*, l'identification projective* et les relations d'objet*.

En 1949, un conflit l'opposa à Melanie Klein à propos de la publication de son article sur le contre-transfert. Se sentant traitée « en esclave », elle se rebella et fut rejetée de manière impitoyable par les kleiniens. Elle rejoignit alors le groupe des Indépendants*.

• Paula Heimann, « On counter-transference », *IJP*, 31, 1950, 81-84 ; « Quelques aspects du rôle de la projection et de l'introjection dans les tout premiers stades du développement », *in* Melanie Klein (éd.), *Développements de la psychanalyse* (Londres, 1952), Paris, PUF, 1966 ; *About Children and Children-no-Longer. The Work of Paula Heimann, 1942-1980*, Margaret Tonnesmann (éd.), Londres, Routledge, 1989. Phyllis Grosskurth, *Melanie Klein, son monde et son œuvre* (1986), Paris, PUF, 1990. R.D. Hinshelwood, *A Dictionary of Kleinian Thought*, Londres, Free Association Books, 1991. *Les Controverses Anna Freud/Melanie Klein* (Londres, 1991), Pearl King et Riccardo Steiner (éd.), Paris, PUF, 1996.

HELLER Hugo (1870-1923)

éditeur autrichien

Viennois d'origine hongroise, Hugo Heller participa dès 1902 aux réunions de la Société psychologique du mercredi*. Sa célèbre librairie était un lieu de rencontre d'écrivains et de poètes. Heller fut le premier éditeur de la revue *Imago** et de l'*Internationale Zeitschrift für Psychoanalyse**.

• Elke Mühlleitner, *Biographisches Lexikon der Psychoanalyse. Die Mitglieder der psychologischen Mittwoch-Gesellschaft und der Wiener Psychoanalytischen Vereinigung von 1902-1938*, Tübingen, Diskord, 1992.

HELMHOLTZ Hermann Ludwig Ferdinand von (1821-1894)

physiologiste et physicien allemand

Né à Potsdam, Hermann von Helmholtz fit ses études à l'école des médecins militaires prussiens. Nommé d'abord professeur de physiologie à l'université de Königsberg en 1849, il occupa ensuite, dans la même discipline, la chaire de Heidelberg, avant d'enseigner à Berlin où fut créée pour lui une chaire de physique.

Pour comprendre la place de l'œuvre de Helmholtz dans l'histoire de la découverte de l'inconscient, et plus généralement dans celle des sciences, il faut la rapporter à cette physiologie moderne dont le terrain se constitua à la fin du XIXe siècle à travers les travaux des grands positivistes : « Entre l'expérimentation physiologique du XVIIIe siècle et celle du XIXe siècle, écrit Georges Canguilhem, la différence radicale tient à l'utilisation systématique par celle-ci de tous les instruments et appareils que les sciences physico-chimiques en plein essor lui ont permis d'adopter, d'adapter et de construire, tant pour la détection que pour la mesure des phénomènes. »

Élève de l'embryologiste Johannes Peter Müller (1801-1858), Helmholtz sut allier à l'exigence de mesure et de quantification, qui était étrangère à son maître, le sens philosophique de l'unité de la nature que celui-ci lui avait transmis. Dominant toutes les sciences de son époque, il s'intéressa aux phénomènes de perception et inventa le terme d'*inférence inconsciente* pour désigner le processus de reconstruction permettant à chaque sujet de percevoir une expérience ou un objet à distance de la simple impression des organes.

En 1847, dans son mémoire *Sur la conservation de la force*, il présenta une audacieuse démonstration de l'application à l'ensemble de l'univers physique d'une loi qui allait devenir un principe fondamental de la thermodynamique. Dans la même perspective, il s'intéressa à l'optique et à l'acoustique, et inventa deux appareils : l'ophtalmomètre et l'ophtalmoscope. L'un servait à explorer l'oeil, l'autre à mesurer ses courbures. La voie était ainsi ouverte au développement expérimental de l'optique physiologique.

Siegfried Bernfeld* fut le premier, en 1944, à montrer l'importance des travaux de l'école de Helmholtz dans la genèse de la doctrine freudienne. Si Johannes Müller avait inculqué à ses élèves la conviction que la physiologie devait triompher de la vieille médecine romantique, il restait attaché à la doctrine du vitalisme*. C'est cette doctrine que combattirent précisément Helmholtz et ses compagnons, Emil Du Bois-Reymond (1818-1896), Carl Ludwig (1816-1895) et Ernst Wilhelm von Brücke*, tous élèves de Müller. En 1845, animés par un esprit de croisade, ils formèrent un petit groupe dont l'objectif était d'imposer cette vérité que « seules les forces physiques et chimiques, à l'exclusion de toute autre, agissent dans l'organisme ». En trente ans, ils devinrent les chefs incontestés de la médecine et de la physiologie de langue allemande et imposèrent un courant mécaniciste et organiciste à la neurologie et à la psychologie afin de les détacher de tout modèle philosophique. Ainsi réalisèrent-ils l'union de la neurologie et de la psychologie.

Grand admirateur des travaux de Helmholtz, Sigmund Freud* fut introduit à sa pensée à travers l'enseignement de Brücke. Il emprunta à la physiologie de son époque la référence à la dynamique, que l'on retrouve dans sa première topique*, ainsi que les notions de conflit, d'opposition ou de formation de compromis qui structurent sa description de l'appareil psychique*.

● Siegfried Bernfeld, « Freud's earliest theories and the school of Helmholtz », *Psychoanalytic Quarterly*, XIII, 1944, 341-362. Ernest Jones, *La Vie et l'œuvre de Sigmund Freud*, t. 1, *1856-1900* (New York, 1953), Paris, PUF, 1958. Georges Canguilhem, *Études d'histoire et de philosophie des sciences*, Paris, Vrin, 1868. J.-L. Breteau, « Helmholtz Hermann Ludwig Ferdinand von », *Encyclopaedia universalis* (1968), vol. 8, neuvième publication, janvier 1976, 299-300. Paul-Laurent Assoun, *Introduction à l'épistémologie freudienne*, Paris, Payot, 1981.

HERBART Johann Friedrich (1776-1841)
philosophe allemand

Successeur d'Emmanuel Kant (1724-1804) à la chaire de Köningsberg en 1809 et élève de Johann Fichte (1762-1814), Johann Friedrich Herbart fut l'un des fondateurs de la psychologie moderne. Dans son œuvre principale, *La Psychologie comme science fondée sur l'expérience, la métaphysique et les mathématiques,* il tenta de fonder une science de l'homme sur l'enseignement des sciences naturelles, de l'associationnisme anglais et de l'idéalisme spéculatif allemand.

Bien qu'il n'ait jamais mis les pieds en Autriche, il fut certainement le philosophe le plus admiré dans ce pays où il fit des adeptes et eut des disciples parmi les catholiques, les médecins, et les pédagogues laïcs (qui tentèrent de réformer l'enseignement dans les lycées et les universités à partir de ses théories). Ce fut le cas notamment de Franz Brentano* ou encore de Franz Exner (1802-1853) et de son élève Gustav Adolf Lindner (1822-1877), tous deux auteurs de manuels de psychologie empirique largement diffusés à partir des années 1850.

Avant Herbart, Johann Fichte critiquait le *cogito* cartésien et l'acte de connaissance kantien en tant que prise de conscience de la pensée connaissante. Il définissait le moi* comme un sujet transcendantal qui se pose lui-même pour lui-même. Ce moi est infini et, pour se réaliser, il lui faut, disait-il, un non-moi. C'est ce drame de la relation du moi au non-moi qui caractérisait, selon Fichte, l'identité du sujet moderne, toujours obligé d'affirmer sa réalité par une activité.

A partir de cette conception du moi, Herbart développa une doctrine complète autour des notions de représentation*, de pulsion* et de refoulement*. Il fit éclater l'identité déjà divisée du sujet de la philosophie postkantienne en de multiples représentations définies comme des atomes de l'âme : refoulées au seuil de la conscience, elles luttent les unes contre les autres pour envahir celle-ci.

A travers cette théorie, Herbart décrivait toutes les modalités de l'inconscient dynamique dont Sigmund Freud* s'inspirera dans l'élaboration de sa première topique.

Partisan de l'ordre et du conservatisme politique, Herbart fit œuvre de pédagogue en s'appuyant sur les principes d'une discipline semi-féodale qui convenait à l'idéal conservateur de l'empire joséphiste. Préférant le savoir acquis à l'esprit inventif, il prôna un système éducatif qui favorisait les spécialistes et les connaisseurs au détriment des créateurs. D'où son succès dans le milieu académique viennois.

Dans une conférence de 1911, publiée trois ans plus tard, Luise von Karpinska, une psychologue polonaise, fut la première à étudier l'importance de la doctrine dynamique de Herbart dans la genèse de la pensée freudienne. Après elle, Maria Dorer tenta de montrer que Freud avait été marqué par l'herbartisme à travers l'enseignement de son maître Theodor Meynert*. Par la suite, Siegfried Bernfeld* mit en évidence l'importance qu'avait eue sur le jeune Freud la lecture du manuel de Lindner *Lehrbuch der Psychologie von Standpunkte des Realismus und nach genetischer Methode,* publié en 1875. Enfin, Ernest Jones* et surtout Ola Andersson* étudièrent, de manière plus systématique, la place de l'herbartisme dans la doctrine freudienne.

● Johann Friedrich Herbart, « Psychologie als Wissenschaft, Neugegründet auf Erfahrung, Metaphysik und Mathematik » (1824), in *Sämtliche Werke*, Leipzig, Voss, 1850. Luise von Karpinska, « Über die psychologischen Grundlagen des Freudismus », *IZP*, vol. 2, 1914, 305-326. Maria Dorer, *Historische Grundlagen der Psychoanalyse*, Leipzig, Felix Meiner, 1932. Siegfried Bernfeld, « Freud's scientific beginnings », *American Imago*, vol. 6, 1949, 163-196. Ernest Jones, *La Vie et l'œuvre de Sigmund Freud*, t. 1, *1856-1900* (New York, 1953), Paris, PUF, 1958. Lancelot Whyte, *L'Inconscient avant Freud* (New York, 1960), Paris, Payot, 1971. Ola Andersson, *Freud avant Freud. La préhistoire de la psychanalyse* (1962), Paris, Synthélabo, coll. « Les empêcheurs de penser en rond », 1997. William M. Johnston, *L'Esprit viennois. Une histoire intellectuelle et sociale, 1848-1938* (1972), Paris, PUF, 1985. Paul-Laurent Assoun, *Introduction à l'épistémologie freudienne*, Paris, Payot, 1981. Wilhelm W. Hemecker, *Vor Freud. Philosophiegeschichtliche Voraussetzungen der Psychoanalyse*, Munich, Philosophia, 1991.

HÉRÉDITÉ-DÉGÉNÉRESCENCE

Issu du darwinisme social, le terme d'hérédité-dégénérescence envahit à la fin du XIXe siècle tous les domaines du savoir, de la psychiatrie à la biologie en passant par la littérature, la philosophie et la criminologie*. On en trouve des traces majeures dans les théories sur la sexualité* de Richard von Krafft-Ebing*, dans la nosographie d'Emil Kraepelin*, dans les thèses de Cesare Lombroso (1835-1909) sur le « criminel-né », dans celles de Gustave Le Bon (1841-1931) sur la psychologie des foules et de Georges Vacher de Lapouge sur l'eugénisme, mais aussi dans les ouvrages d'Hippolyte Taine (1828-1893) sur la Révolution française, dans le roman de Karl Huysmans (1848-1907) *A rebours*, paru en 1884, dans celui d'Émile Zola (1840-1902) *Le Docteur Pascal*, publié en 1893, et surtout, la même année, dans le livre célèbre de Max Nordau (1849-1923) *Dégénérescence*, qui imprégna toute la génération des Juifs viennois hantés par la question de la « haine de soi juive » et de la bisexualité*.

L'émergence de cette configuration a été parfaitement décrite en 1976 par Michel Foucault (1926-1984). C'est la fin de la croyance au privilège social qui favorise l'affirmation d'un idéal « biologique », où le culte de la « bonne » race s'appuie sur l'antisémitisme, l'inégalitarisme, la haine des foules (des criminels, des hystériques, des marginaux, etc.) pour proposer une théorie générale des relations entre le corps social, le corps individuel et le domaine du mental, conçus comme des entités organiques et décrites en termes de norme et de pathologie.

La doctrine de l'hérédité-dégénérescence soumet ainsi l'analyse des phénomènes dits pathologiques (folie*, névrose*, crimes, maladies sexuelles, anomalies diverses) à l'observation de stigmates ou de traces qui révèlent les tares (sociales ou individuelles), lesquelles ont pour conséquence de faire sombrer l'homme dans la déchéance et la nation dans la décadence. A partir de ce pivot, deux voies antagonistes se dessinent. L'une prend la dégénérescence au pied de la lettre et annonce la chute finale de l'humanité victime de ses instincts. Elle débouche logiquement sur l'eugénisme et le génocide. Contre le mal radical, le remède doit être radical : sélection d'un côté pour préserver la « bonne race », élimination de l'autre pour faire disparaître la « mauvaise ».

L'autre voie est hygiéniste et progressiste. Elle croit à la guérison de l'homme par l'homme. Aussi se propose-t-elle de combattre les tares et la pathologie par la prophylaxie, la pédagogie, la rééducation des âmes et des corps. Contre l'idée de chute, elle développe celle de la rédemption de l'homme par la science et renoue ainsi avec la tradition de la philosophie des Lumières, d'où est issue la psychiatrie dynamique*.

Par sa rupture radicale avec les théories héréditaristes de l'inconscient* et de la sexualité*, Sigmund Freud* inscrit la psychanalyse dans cette tradition progressiste et hygiéniste, alors même qu'en tant qu'héritier du romantisme sa conscience hésitait entre critique et tragique, entre le discours « rationnel » de la science et l'attachement à l'« irrationnel » de la pulsion*, de la folie, du rêve*.

La doctrine de l'hérédité-dégénérescence a eu en France* un destin particulier dans l'histoire de l'implantation du freudisme* du fait du déclenchement de l'affaire Dreyfus en 1894, de l'irruption d'un fort courant germanophobe et de la constitution, à travers les diverses théories psychologiques, et notamment celle de Pierre Janet*, d'un mode de résistance à la psychanalyse, de nature chauvine, xénophobe et antisémite. D'où la tentative de la première génération* psychanalytique française d'élaborer un freudisme « national » débarrassé de sa prétendue « barbarie allemande ».

● Henri F. Ellenberger, *Histoire de la découverte de l'inconscient* (New York, Londres, 1970, Villeurbanne, 1974), Paris, Fayard, 1994. Yvette Conry, *L'Introduction du darwinisme en France*, Paris, Vrin, 1974. Michel Foucault, *La Volonté de savoir*, Paris, Gallimard, 1976. Zeev Sternhell, *La Droite révolutionnaire*, Paris, Seuil, 1978. Jean Borie, *Mythologies de l'hérédité au XIXe siècle*, Paris, Galilée, 1981. Patrick Wald Lasowski, *Syphilis*, Paris, Gallimard, 1982. Élisabeth Roudinesco, *Histoire de la psychanalyse en France*, vol. 1 (1982), Paris, Fayard, 1994. Jacques Le Rider, *Modernité viennoise et crises de l'identité* (1990), Paris, PUF, 1994. Michel Plon, « Freud et les psychanalyses français », *in* Michel Drouin (éd.), *L'Affaire Dreyfus de A à Z*, Paris, Flammarion, 1994. *Max Nordau, 1849-1923*, textes édités par Delphine Bechtel, Dominique Bourel et Jacques Le Rider, Paris, Cerf, 1996.

▷ HESNARD Angelo. HISTOIRE DE LA PSYCHANALYSE. PANSEXUALISME. PICHON Édouard. PSYCHOLOGIE CLINIQUE. *PSYCHOLOGIE DES MASSES ET ANALYSE DU MOI.*

HERMANN Imre (1889-1984)

médecin et psychanalyste hongrois

Grande figure de l'école hongroise de psychanalyse, Imre Hermann fut le seul (avec Istvan Hollos*) à rester au pays. Du fait de sa longévité, il assura la relève du freudisme* sous le régime communiste à partir de 1945.

Fils d'un cadre dirigeant de la Compagnie des chemins de fer, il passa son enfance à Zagreb. Très tôt, il s'intéressa aux mathématiques et à la psychologie expérimentale, puis choisit de devenir médecin. Membre de la Société psychanalytique de Budapest en 1919, il fut analysé par Erzsebet Revesz (1887-1923), première épouse de Sandor Rado*, puis par Sandor Ferenczi*, et enfin par Wilma Kovacs (1882-1940). En 1922, il épousa Alice Czinner qui deviendra psychanalyste et dont il aura trois filles.

Auteur de dix ouvrages et d'une centaine d'articles, Hermann fut, comme Ferenczi et comme presque tous les représentants de l'école hongroise, un excellent clinicien, partisan de la technique active* et de la nécessité d'un transfert* maternant dans les cas de psychoses*. A cet égard, ses thèses anticipent celles de la *Self Psychology**, notamment dans le domaine de la sexualité féminine* et du narcissisme*.

Il tenta d'élaborer des modèles mathématiques pour étayer la psychanalyse sur des données biologiques. C'est dans cette perspective qu'il forgea le terme d'instinct d'agrippement pour désigner un mode de frustration* consistant pour l'enfant en un renoncement progressif aux habitudes du singe. Selon Hermann en effet, la mère et l'enfant forment une unité biologique qui se défait et donne lieu ensuite à un « cramponnement à distance », c'est-à-dire à une relation d'amour. Melanie Klein* sera fortement marquée par les travaux de Hermann.

● Imre Hermann, *La Psychanalyse comme méthode* (Budapest, 1933), Paris, Denoël, 1979 ; *L'Instinct filial* (Budapest, 1943), Paris, Denoël, 1972 ; *Parallélismes* (Budapest, 1945), Paris, Denoël, 1980 ; *Psychanalyse et Logique*, Paris, Denoël, 1978. Gyorgy Vikar, « L'école de Budapest », *Critique*, 346, mars 1976, 236-252. Eva Brabant-Gerö, *Ferenczi et l'école hongroise de psychanalyse*, Paris, L'Harmattan, 1993.

▷ FECHNER Gustav. HONGRIE. STADE.

HERMAPHRODISME

▷ TRANSSEXUALISME.

HESNARD Angelo (1886-1969)

psychiatre et psychanalyste français

Nul ne peut contester à Angelo Hesnard le titre de premier pionnier de la psychanalyse* en France*. Ce navigateur infatigable, auteur d'un bel ouvrage sur l'univers de la faute, mis à l'index par le Saint-Siège, refusa toute sa vie de se faire analyser. Il fut avant tout un polygraphe opportuniste, marqué par la tradition française de l'hérédité-dégénérescence*. En adoptant d'emblée les thèses de l'école française de psychiatrie, à travers l'enseignement de son maître Emmanuel Régis (1855-1918), il fut un pur représentant de cette « psychanalyse à la française » germanophobe et hostile au prétendu pansexualisme* freudien.

Aussi devint-il, au cœur de la première génération de la Société psychanalytique de Paris (SPP), l'artisan principal d'un courant chauvin dont les thèses peuvent se résumer ainsi : Sigmund Freud* est un savant parmi d'autres, ses thèses sont empruntées à la psychiatrie zurichoise (Eugen Bleuler*, Carl Gustav Jung*), et la notion d'inconscient* n'est qu'une variante de celle de subconscient (Pierre Janet*). Quant à la théorie freudienne de la sexualité*, elle est, comme celle du symbolisme* (dans le rêve*), l'expression d'une mystique germanique et outrancière (et donc pansexualiste), qu'il faut adapter au « génie latin » et à la rationalité « cartésienne ».

D'où cette prétention à vouloir transformer le freudisme* en une doctrine « *pro domo et pro patria* », dont la tradition psychiatrique française serait la meilleure expression : contre Zurich d'une part, contre Vienne* de l'autre. D'où aussi ce paradoxe que l'on retrouve dans plusieurs autres pays : le premier pionnier de la psychanalyse en France, pourtant passionné de freudisme, ne fut ni analysé, ni vraiment freudien.

C'est en 1905 que le jeune Angelo Hesnard entra à l'école principale du service de santé de la marine à Bordeaux. L'école bordelaise de psychiatrie jouissait alors d'une grande renommée grâce à la personnalité d'Albert Pitres (1848-1928), neurologue, élève de Jean Martin Charcot*, et connu pour ses travaux sur la grande hystérie*, et d'Emmanuel Régis, élève de Benjamin Ball (1833-1893), lui-même héritier de la nosographie héréditariste issue de l'enseignement de Valentin Magnan (1835-1916).

Affecté comme médecin au service de santé de la marine de Toulon, puis sur le croiseur-cuirassé *Amiral Charner*, Hesnard commença à travailler avec Régis qui le chargea ensuite d'entreprendre une étude approfondie des travaux de Freud. Grâce à son frère, Oswald, agrégé d'allemand, il put réaliser ce projet, et, en 1912, il adressa à Freud une lettre dans laquelle il s'excusait du mépris de la France à l'égard de la psychanalyse. Deux ans plus tard, il publiait avec Régis le fameux ouvrage *La Psychoanalyse des névroses et des psychoses*, véritable manifeste germanophobe en faveur d'une latinisation de la psychanalyse, qui sera considéré comme le premier texte d'implantation des thèses freudiennes en France par la voie médicale.

Freud accueillit froidement cette « interprétation » de sa pensée, et c'est Sandor Ferenczi* qui se chargea, en pleine guerre, d'attaquer sans ménagements les artisans de ce chauvinisme. Son article de 1915 « La psychanalyse vue par l'école psychiatrique de Bordeaux » tournait en dérision l'argument de la « clarté latine » et opposait au nationalisme des auteurs une argumentation fondée sur la nécessité pour toute science de reconnaître à la fois la complexité des faits et l'autonomie de la conceptualisation.

Membre fondateur en 1926 de la Société psychanalytique de Paris (SPP), Hesnard continua à soutenir les principes de la latinité à l'intérieur du courant chauvin représenté par Adrien Borel*, Henri Codet (1889-1939), et théorisé, dans une nouvelle perspective, par le grammairien Édouard Pichon*. Pourtant, cela ne l'empêcha pas, par opportunisme, de renier l'ouvrage de 1914. En 1929, un an après la mort de Régis, dans une nouvelle édition, il annonça que les chapitres chauvins, si critiqués par Ferenczi, avaient été écrits par son co-auteur, lequel n'était plus là pour se défendre.

Pendant toute la durée de sa vie, Hesnard forma des psychanalystes dans le midi de la France, entre Marseille, Toulon et Montpellier, où il était seul à exercer, jouissant de la renommée qu'il devait à sa réputation de premier pionnier. Il y créa un groupe d'études pour la région méditerranéenne. Il aimait la vie, savait se montrer chaleureux et apparaissait parfois dans des soirées en tenue d'apparat, comme un amiral tout droit sorti des romans de Pierre Loti.

Pourtant, après la Deuxième Guerre mondiale, au moment où la SPP, soucieuse d'oublier son passé chauvin, s'adaptait aux critères de formation en vigueur dans toutes les sociétés composantes de l'International Psychoanalytical Association* (IPA), il fut marginalisé du fait de son refus catégorique d'une analyse didactique*. En 1953, lors de la première scission* du mouvement français, il se retrouva avec René Laforgue* dans les rangs de la Société française de psychanalyse (SFP). Dix ans plus tard, lors de la deuxième scission, il fut interdit de formation en même temps que Jacques Lacan* et Françoise Dolto* par le comité consultatif de l'IPA présidé par Pierre Turquet. En 1964, il fut intégré par Lacan dans les rangs de l'École freudienne de Paris* (EFP) où il poursuivit ses activités de didacticien en rédigeant de nombreux ouvrages de vulgarisation.

La trajectoire d'Hesnard ne ressemble ni à celle d'Édouard Pichon, apôtre lui aussi de la francité de la psychanalyse et membre de l'Action française, ni à celle de René Laforgue, qui ne fut pas chauvin et « rata » sa collaboration avec les nazis, ni enfin à celle de Georges Mauco*, qui fut le seul psychanalyste français à être à la fois un antisémite actif et un collaborationniste adepte du nazisme*. Et pourtant, la prose chauvine d'Hesnard n'est pas exempte de certaines traces d'antisémitisme, comme le montre son article « Sur l'israélisme de Freud », rédigé entre novembre 1942 et mai 1943, et publié en 1946, où le philosémitisme proclamé, au nom d'une psychologie des peuples, fait irrésistiblement penser au bon vieux discours de l'antisémitisme français. De fait, la défense de la prétendue supériorité de la « race latine » est bien l'aveu d'un antisémitisme n'osant pas dire son nom et prenant pour cible la *Kultur* allemande jugée inférieure à la civilisation* française.

Cet antisémitisme refoulé, qui ne se manifesta jamais dans ses publications ou dans ses actes politiques, Hesnard l'exprimait en privé comme on peut le constater dans une lettre envoyée à l'éditeur Bernard Grasset (1881-1955), dont l'analyse avec René Laforgue s'était mal terminée : « Je vous en supplie, écrivait-il en 1932, laissez tous ces oripeaux, toutes ses grandiloquences, ces "œdipes". Vous, Latin subtil et merveilleusement intuitif, ne vous laissez pas égarer plus avant par ces spectres de l'envoûtement judéo-germanique. » En 1990, la publication de cette lettre par Jean Bothorel, biographe de Grasset, suscita des polémiques et frappa de plein fouet les élèves d'Hesnard, qui avaient toujours considéré le discours latinisant de leur maître comme l'expression d'une idélogie commune à toute une époque, sans en analyser le contenu véritable.

● Angelo Hesnard et Emmanuel Régis, *La Psychoanalyse des névroses et des psychoses. Ses applications médicales et extra-médicales* (1914), Paris, Alcan, 1929.

Angelo Hesnard, *L'Inconscient*, Paris, Doin, 1923 ; *La Psychanalyse, théorie sexuelle de Freud*, Paris, Stock, 1924 ; *Manuel de sexologie* (1933), Paris, Payot, 1959 ; *Freud dans la société d'après-guerre. Action et pensée*, Genève, Éd. du Mont-Blanc, 1946 ; *L'Univers morbide de la faute*, Paris, PUF, 1949 ; *L'Œuvre de Freud et son importance dans le monde moderne*, Paris, Payot, 1960. Sandor Ferenczi, « La psychoanalyse vue par l'école psychiatrique de Bordeaux » (1915), *Psychanalyse II, Œuvres complètes, 1913-1919*, Paris, Payot, 1970, 209-232. Élisabeth Roudinesco, *Histoire de la psychanalyse en France*, vol. 1 (1982), Paris, Fayard, 1994 ; « A propos d'une lettre d'Angelo Hesnard », *Les Carnets de psychanalyse*, 2, hiver 1991-1992. Édith Félix-Hesnard, *Le Docteur Hesnard et la naissance de la psychanalyse en France*, thèse de doctorat en philosophie, université Paris-I, 1984. Jean Bothorel, *Bernard Grasset. Vie et passions d'un éditeur*, Paris, Grasset, 1989.

▷ ÉGLISE. JUDÉITÉ. TRADUCTION (DES ŒUVRES DE FREUD).

HÉTÉROLOGIE

▷ RÉEL.

HILFERDING Margarethe, née Hönigsberg (1871-1942)

médecin autrichienne

Née à Vienne* et issue d'une famille juive, Margarethe Hilferding fut la première femme à participer aux réunions de la Société psychologique du mercredi*. Elle y intervint notamment, en novembre 1910, à la suite d'une conférence de Wilhelm Stekel*, intitulée « Choix d'une profession et névrose », dans laquelle celui-ci « appliquait » la psychanalyse* de façon sauvage pour expliquer le choix d'une profession. Il parlait des journalistes et des médecins engagés dans leur métier, les uns par passion pour les prostituées et les autres par sadisme, voyeurisme et exhibitionnisme.

Étant à la fois médecin et femme d'un brillant économiste de la République de Weimar, également journaliste, Margarethe récusa poliment ces sornettes. En janvier 1911, elle exposa à la société ses idées dans « Les fondements de l'amour maternel », montrant que celui-ci n'est pas inné mais acquis. Freud la félicita. Comme son mari, fondateur de la revue *Marx Studien*, elle devint militante social-démocrate et, au moment de la rupture entre Freud* et Adler*, elle suivit ce dernier.

Elle sera déportée par les nazis au camp de Theresienstadt et exterminée à Maly Trostinec. Quant à Rudolf Hilferding, il mourra à Auschwitz.

● Margarethe Hilferding, Teresa Pinheiro, Helena Besserman Vianna, *As Bases do amor materno*, São Paulo, Escuta, 1991.

HIRSCHFELD Magnus (1868-1935)

psychiatre allemand

Né à Kolberg en Poméranie, Magnus Hirschfeld fut l'un des grands spécialistes allemands des maladies nerveuses et l'un des fondateurs de la sexologie*. En 1899, il créa la première revue spécialisée sur la question de l'homosexualité*, le *Jahrbuch für sexuelle Zwischenstufen unter besonderer Berücksichtigung der Homosexualität.* Comme Havelock Ellis*, Richard von Krafft-Ebing* et Sandor Ferenczi*, il milita pour une meilleure compréhension des phénomènes de la sexualité*, notamment en proposant une réforme de la législation allemande sur les homosexuels, considérés à cette époque comme des sodomites dépravés et donc privés des droits les plus élémentaires. Il publia de nombreux ouvrages sur les « états sexuels intermédiaires », le « troisième sexe » et les « travestis ».

Avec Ivan Bloch (1872-1922), Heinrich Körber et Otto Juliusburger*, il fut l'un des fondateurs de l'Association psychanalytique de Berlin en 1908. Il la quittera en 1911, quand elle sera devenue la Deutsche Psychoanalytische Gesellschaft (DPG), intégrée à l'International Psychoanalytical Association* (IPA).

● Pierre Morel (éd.), *Dictionnaire biographique de la psychiatrie*, Paris, Synthélabo, coll. « Les empêcheurs de penser en rond », 1996.

▷ ALLEMAGNE. BISEXUALITÉ. *GENDER*. PERVERSION. TRANSSEXUALISME.

HISTOIRE DE LA PSYCHANALYSE

En 1992, dans un livre collectif, Peter Kutter a recensé quarante et un pays où la psychanalyse a eu un impact (petit ou grand) depuis le début du siècle : Allemagne*, Argentine*, Australie*, Autriche (Vienne*), Belgique*, Brésil*, Bulgarie, Canada*, Chili, Chine, Colombie, Corée (du Sud), Croatie, Espagne*, États-Unis*, France*, Grande-Bretagne*, Grèce, Hongrie*, Inde*, Israël, Italie*, Japon*, Lituanie, Mexique, Pays-Bas*, pays scandinaves* (Danemark, Finlande, Norvège, Suède), Pérou, Pologne, Portugal, République tchèque, Roumanie*, Russie*, Serbie, Slovénie, Suisse*, Uruguay, Venezuela.

L'International Psychoanalytical Association* (IPA), de son côté, affirme être implantée dans trente-deux pays. La différence est due au fait que l'IPA n'a pas encore intégré tous les groupes en voie de formation dans les pays où le communisme* s'est effondré après 1989.

Quoi qu'il en soit, toutes les études montrent que la psychanalyse s'est implantée dans quatre des cinq continents, avec une forte dominante en Europe et en Amérique (Nord et Sud).

Liée à l'industrialisation et à l'affaiblissement des croyances religieuses et du patriarcat* traditionnel, la psychanalyse est partout dans le monde un phénomène urbain. Le freudisme dispense ainsi son enseignement, érige ses instituts et ses associations dans de grandes villes dont les habitants sont en général détachés de leurs racines, repliés sur un noyau familial restreint et immergés dans l'anonymat ou le cosmopolitisme. Sans doute cette solitude est-elle propice à l'exploration de l'inconscient ?

En Afrique, seul un pionnier, Wulf Sachs*, émigré de Russie, a réussi à former un groupe qui s'est ensuite défait. A la fin du XXe siècle, un nouveau groupe est en voie de reconstitution (en Afrique du Sud depuis la fin de l'apartheid).

En ce qui concerne le continent asiatique, la psychanalyse s'est implantée en Inde grâce à un pionnier, Girîndrashekhar Bose*, et par la voie de la colonisation anglaise mais sans prendre la forme d'un véritable mouvement. Au Japon, en revanche, il existe un fort courant de psychiatrie dynamique* et un petit mouvement psychanalytique composé de plusieurs tendances (lacanisme*, freudisme*, kleinisme*). Celui-ci s'est étendu à quelques groupes coréens à partir de 1930, essentiellement autour des travaux de l'école anglaise (Melanie Klein*, Donald Woods Winnicott*, etc.). En Israël, ce sont Max Eitingon* et Moshe Wulff* qui ont fondé (en Palestine) une société psychanalytique, tandis qu'au Liban des Libanais et des Français d'origine libanaise ont créé en 1980 la Société libanaise de psychanalyse (SLP).

En Chine, après un mouvement d'hygiène mentale et de réforme de l'asile marqué par l'introduction de la terminologie d'Emil Kraepelin* et des thèses d'Adolf Meyer*, le régime communiste a empêché après 1949 toute implantation de la psychanalyse. Pourtant, plusieurs ouvrages de Freud ont été traduits et sont lus par des intellectuels ou des thérapeutes : *L'Interprétation des rêves*, Trois Essais sur la théorie sexuelle*, Totem et Tabou*, Malaise dans la culture**.

C'est donc seulement dans l'aire dite de la civilisation occidentale que la psychanalyse s'est épanouie en un mouvement de masse, connaissant des différences considérables d'un pays à l'autre.

En Europe, les différences sont liées à l'évolution des nations et des États entre 1900 et 1990. Au début du siècle, la psychanalyse se développe dans un espace dominé par quatre puissances centrales : au nord l'Empire prussien autoritaire, au centre l'Empire austro-hongrois en déclin, à l'est l'Empire russe à la veille d'une révolution, au sud l'Empire ottoman en voie de dislocation.

Dans les deux premiers empires (et une partie du troisième) sont disséminées des communautés juives traversées par plusieurs courants d'idées. Parmi elles se trouvent les Juifs des Lumières (la Haskalah) où se recruteront la quasi-totalité des premiers freudiens. Qu'ils soient allemands, viennois, hongrois, tchèques, croates, slovaques, polonais ou russes, ces Juifs sont tous de langue et de culture allemandes, même quand ils ont été « magyarisés » (comme en Hongrie). Dans ces empires s'est constitué depuis la fin du XVIIIe siècle un mouvement de réforme du savoir psychiatrique qui a transformé le traitement de la folie* et des maladies psychiques.

Au sud, cinq États ont instauré de nouvelles monarchies tout en restant inféodés à l'Empire ottoman : la Bulgarie, la Roumanie, la Serbie, la Grèce, le Monténégro. Dans ces pays aux frontières incertaines, les minorités juives sont importantes, mais il n'existe pas de mouvement de réforme susceptible de favoriser l'implantation du savoir psychiatrique et l'affirmation d'un nouveau regard sur la folie. En conséquence, la psychanalyse y restera un phénomène marginal, liée à quelques pionniers ouverts à la culture occidentale.

Dans les autres pays d'Europe (France, Grande-Bretagne, Italie, Suisse, Belgique, Pays-Bas, Suède, Norvège, Danemark) se sont constituées des démocraties modernes : monarchies constitutionnelles ou démocraties parlementaires. C'est dans ces pays que la psychanalyse s'épanouira à partir de 1913 en se transformant radicalement à mesure de l'effondrement des anciens empires centraux où elle était née.

Une exception : la péninsule Ibérique (Espagne, Portugal). Au début du siècle, elle est la seule partie de l'ouest de l'Europe à avoir conservé un régime monarchique traditionnel bien que fortement déclinant. Elle ne sera pas une terre d'accueil pour la psychanalyse, et ses partisans émigreront vers l'Amérique latine au moment de la guerre civile (1936-1938). Le franquisme fera ensuite obstacle à l'implantation du freudisme.

Née au cœur de l'Empire austro-hongrois, la psychanalyse a donc d'abord séduit une première génération* de pionniers de langue allemande venus de tous les coins de la Mitteleuropa et issus en général d'un milieu de commerçants ou d'intellectuels juifs. Entre 1902 et 1913, elle a ensuite conquis trois « terres promises » (ou États démocratiques) où s'étaient développés, selon l'idéal de l'éthique protestante, les grands principes de la psychiatrie dynamique* : Suisse, Grande-Bretagne, États-Unis.

A partir de 1913, et surtout après la Première Guerre mondiale, elle a progressé dans deux pays « latins » (la France et l'Italie), puis dans les pays nordiques (Suède, Danemark, Hollande, Norvège, Finlande) où elle s'est heurtée à des résistances spécifiques, liées aux crises politiques de l'IPA.

La défaite des grands empires et la signature des traités de Versailles, de Trianon et de Saint-Germain ont ensuite bouleversé la carte de l'Europe en redessinant les frontières et en faisant émerger de nouveaux États (Pologne, Tchécoslovaquie, Yougoslavie) qui n'auront guère le temps de se structurer avant l'avènement du national-socialisme.

La victoire du stalinisme en Russie et du nazisme en Allemagne modifie les modalités d'implantation et d'organisation de la psychanalyse en Europe. Entre 1933 et 1941, les freudiens de la première et de la deuxième génération quittent l'Europe par vagues successives : Russes et Hongrois réfugiés en Allemagne et en France depuis 1920, Allemands chassés par le nazisme, Italiens et Espagnols persécutés par le fascisme et le franquisme, Autrichiens occupés par les troupes allemandes. A partir de 1939, les Suisses installés en France retournent dans leur pays, certains Français quittent le territoire (Marie Bonaparte*) et les autres se cachent ou cessent toute activité publique.

Le mouvement migratoire draine un quart de la communauté freudienne continentale en Grande-Bretagne, les trois quarts aux États-Unis et une infime minorité sur le continent sud-américain (Argentine, Brésil). L'émigration a trois conséquences : le renforcement de la puissance bureaucratique de l'IPA, l'éclatement du freudisme classique en plusieurs courants (avec des scissions*), et la fin de la suprématie de la langue allemande au profit de la langue anglaise.

Cette distribution géographique montre que l'acceptation ou le rejet de la psychanalyse ne s'expliquent pas d'abord par un obstacle mental ou culturel mais par le contexte historique d'une part et la situation politique de l'autre.

Il y a deux conditions à l'implantation des idées freudiennes et à la formation d'un mouvement psychanalytique : d'une part la constitution d'un savoir psychiatrique, c'est-à-dire un regard sur la folie capable de conceptualiser la notion de maladie mentale au détriment de l'idée de possession divine, sacrée ou démoniaque. De l'autre, l'existence d'un État de droit susceptible de garantir le libre exercice d'un enseignement freudien.

Un État de droit se caractérise par les limites qu'il donne à son emprise sur la société et les citoyens, et par la conscience qu'il a de ses limites. Sans lui, il est impossible à la psychanalyse de s'exercer librement, de se transmettre par la cure ou de s'enseigner dans des institutions spécifiques. Autrement dit, toute implantation de la psychanalyse passe par la reconnaissance consciente de l'existence de l'inconscient*, de même que l'association libre*, comme technique de la cure, passe par le principe politique de la liberté d'association.

C'est en général l'absence d'un de ces éléments (ou des deux à la fois) qui explique la non-implantation ou la disparition du freudisme dans les pays de dictature ainsi que dans les régions du monde marquées par l'Islam ou par une organisation communautaire encore tribale. Notons que les dictatures militaires n'ont pas empêché l'expansion de la psychanalyse en Amérique latine (notamment au Brésil et en Argentine). Cela tient à leur nature, différente de celle des deux autres systèmes (stalinisme, nazisme) qui l'ont détruite en Europe. Les régimes de type caudilliste n'ont pas mis en place un plan d'élimination du freudisme en tant que « science juive », comme ce fut le cas en Allemagne entre 1933 et 1944, ni en tant que « science bourgeoise », comme ce fut le cas en Union soviétique entre 1945 et 1989.

Les conditions d'existence de la psychanalyse semblent répondre à une conception de la liberté humaine qui est en contradiction avec la théorie freudienne de l'inconscient. Celle-ci montre en effet que l'homme n'est pas le maître en sa demeure, tant sa liberté est soumise à des déterminations qui lui échappent. Mais pour qu'un sujet puisse faire l'expérience de cette « blessure narcissique », il faut que la société dans laquelle il vit reconnaisse consciemment l'inconscient. De même que l'exercice de la liberté suppose cette reconnaissance, de même l'histoire de la psychanalyse a partie liée avec la constitution de la notion de sujet dans l'histoire de la philosophie occidentale. Dans l'histoire des révisions successives de la doctrine freudienne et de son modèle biologique, seul Jacques Lacan* a cherché à donner une consistance à ce lien entre la psychanalyse et la philosophie du sujet.

A la fin du XXe siècle, le freudisme recule dans les sociétés occidentales, celles où se sont trouvées réunies pendant cent ans toutes les conditions d'une implantation réussie de la psychanalyse. Cet affaiblissement résulte de l'expansion d'un nouveau type de communautarisme, où le sujet, ramené à ses racines, à son groupe ou à son individualité, opte plus volontiers pour des formes primitives de psychothérapie* (le corps, le cri, le groupe, le jeu, la relaxation, l'hypnose*, la magie, etc.), et de la puissance d'un nouvel organicisme, qui tend à présenter tous les comportements mentaux comme résultant d'un processus cognitif articulé à un substrat génétique ou biologique.

● Gérard Chaliand et Jean-Pierre Rageau, *Atlas politique du xxe siècle*, Paris, Seuil, 1988. Édith Kurzweil, *The Freudians. A Comparative Perspective*, New Haven, Londres, Yale University Press, 1989. Jacquy Chemouni, *Histoire du mouvement psychanalytique*, Paris, PUF, coll. « Que sais-je ? », 1990. André Haynal, *Psychanalyse et Science. Face-à-face*, Lyon, Césura, 1991. Peter Kutter (éd.), *Psychoanalysis International, Guide to Psychoanalysis throughout the World*, 2 vol., Stuttgart-Bad Cannstatt, Frommann-Holzboog, 1992. Michel Foucher (éd.), *Fragments d'Europe,* Paris, Fayard, 1993. *Roster, The International Psychoanalytical Association Trust,* 1996-1997. Élisabeth Roudinesco, *Généalogies,* Paris, Fayard, 1994. Jacques Le Rider, *La Mitteleuropa,* Paris, PUF, coll. « Que sais-je ? », 1994. *L'État du monde, Annuaire économique et géopolitique mondial,* Paris, La Découverte, 1997.

▷ AMERICAN PSYCHOANALYTIC ASSOCIATION. ASSOCIAÇÃO BRASILEIRA DE PSICANALISE. BETLHEIM Stjepan. DOSUZKOV Theodor. EMBIRICOS Andreas. FEDERACIÓN PSICOANÁLITICA DE AMERICA LATINA. HAAS Ladislas. KOURETAS Dimitri. SUGAR Nikola. TRIANDAFILIDIS Manolis. FÉDÉRATION EUROPÉENNE DE PSYCHANALYSE.

HISTORIOGRAPHIE

Les premiers travaux historiques sur la psychanalyse* furent rédigés par Sigmund Freud* lui-même, d'abord en 1915 sous la forme d'un long article « Sur l'histoire du mouvement psychanalytique », puis en 1925 à travers une autobiographie, *Sigmund Freud présenté par lui-même*.*

Ces deux textes, d'une grande qualité littéraire, montrent que Freud, pourtant si attentif à la science historique, ne parvient pas à se détacher, pour raconter son propre destin et celui de son mouvement, d'un modèle historiographique archaïque, fondé sur le mythe de l'auto-engendrement de la psychanalyse par son valeureux fondateur : celle-ci serait née de son propre cerveau, loin des doctrines préscientifiques caractéristiques de l'époque antérieure. Dans le premier cas, Freud, livrant bataille contre deux dissidents (Alfred Adler* et Carl Gustav Jung*), se présente comme le père d'une doctrine qu'il prétend régenter. Dans le deuxième, il écrit une *Bildung* dans la plus pure tradition allemande, selon laquelle l'auteur retrace son itinéraire intellectuel.

Cette volonté de maîtriser l'histoire est constante chez Freud. Jamais il ne cherche à la dissimuler et jamais il ne ment consciemment sur lui-même. C'est pourquoi, dès que quelqu'un entreprend de raconter sa vie, comme le fait Fritz Wittels* par exemple, il se montre soucieux du respect de la stricte exactitude des faits. Néanmoins, il éprouve une certaine jouissance à l'idée que ses biographes futurs puissent s'embrouiller. Aussi tentera-t-il (en vain) de persuader Marie Bonaparte* de ne pas conserver sa correspondance avec Wilhelm Fliess*. Quant à la notion de la longue durée propre à l'historiographie savante du XXe siècle, il ne la prend guère en compte. Lorsqu'il lit, en 1931, l'ouvrage de Stefan Zweig* *La Guérison par l'esprit,* où l'auteur fait le lien entre la méthode de Franz Anton Mesmer* et la psychanalyse, Freud cherche surtout à corriger tout ce qui le concerne sans s'intéresser vraiment à la thèse énoncée.

C'est après la Deuxième Guerre mondiale que naît véritablement l'historiographie psychanalytique sous l'impulsion d'Ernest Jones*, premier grand biographe de Freud. Son magistral ouvrage en trois volumes, publié de 1952 à 1957, étayé sur des archives inédites et patiemment collectées par lui, par Siegfried Bernfeld* et Kurt Eissler, permet de commencer à retracer l'histoire du freudisme*.

A travers Jones en effet, la diaspora freudienne peut désormais se représenter son origine et son mouvement sous la forme non pas d'une hagiographie (comme on le dit trop souvent) mais d'une histoire officielle. Le modèle jonesien n'est pas inspiré par une conception religieuse ou pieuse de l'histoire. Il est pragmatique, rationaliste, positiviste. Il privilégie l'idée que Freud a réussi, par la puissance de son génie solitaire et au prix d'un héroïsme intransigeant, à s'arracher aux fausses sciences de son époque pour dévoiler au monde l'existence de l'inconscient*.

Le vrai problème de cette biographie, c'est qu'elle est écrite par un homme qui fut à la fois un chroniqueur au service d'un roi, le chef d'un mouvement politique et l'adversaire de la plupart des acteurs dont il raconte la saga. Jones veut être Saint-Simon après avoir joué successivement les rôles de Joinville, de Richelieu et de Fouché. Et s'il donne de Freud un portrait convaincant, il n'est guère objectif à l'égard des disciples. Non seulement il se montre d'une injustice flagrante envers Otto Rank*, Sandor Ferenczi* ou Wilhelm Reich*, mais il situe mal l'importance de Wilhelm Fliess et de ses théories dans l'histoire des origines immédiates du freudisme. En outre, en bon stratège politique, il dissimule les événements susceptibles à ses yeux de ternir l'image du mouvement psychanalytique : les suicides*, les errances, les folies*, les transgressions. Enfin, il masque ou ne reconnaît pas les terribles erreurs qu'il a commises, face au nazisme* notamment, lorsqu'il a mis en œuvre sa politique de prétendu « sauvetage » de la psychanalyse.

L'œuvre de Jones est donc à la fois un livre splendide, un événement fondateur, et un monument d'histoire officielle. On y voit le personnage central évoluer depuis l'enfance, tel un héros de légende toujours conscient de son génie, qui invente sa doctrine à partir du néant des « fausses sciences », puis se sépare dans la douleur de ses mauvais disciples, tantôt « renégats », tantôt « déviants », à l'exception du plus fidèle d'entre tous : Jones lui-même.

Pendant dix ans, de 1960 à 1970, l'historiographie freudienne demeure la chasse gardée du légitimisme psychanalytique, en raison notamment de la politique menée par Kurt Eissler, responsable des archives déposées à la Library of Congress*. En 1972, avec son ouvrage *La Mort dans la vie de Freud,* Max Schur* corrige la version jonesienne en donnant une image plus viennoise du maître, lequel commence alors à émerger sous l'aspect d'un savant ambivalent, angoissé par la mort et hésitant entre l'erreur et la vérité. Schur révèle pour la première fois l'existence d'Emma Eckstein*.

A partir de 1970, la langue anglaise domine les travaux historiographiques. Au modèle jonesien succèdent d'un côté un regard dissident, de l'autre une approche savante. Inaugurée par Ola Andersson* en 1962, l'historiographie savante s'épanouit en 1970 avec le travail novateur d'Henri F. Ellenberger*. Son *Histoire de la découverte de l'inconscient* est en effet la première à introduire la longue durée dans l'aventure freudienne et à immerger la psychanalyse dans l'histoire de la psychiatrie dynamique*. Freud en sort décapé et apparaît sous les traits d'un savant faustien, partagé entre le doute et la certitude, entre la raison et l'errance, entre l'aspiration au progrès et l'attirance pour l'occultisme*. Ellenberger fera école et donnera naissance, sans l'avoir voulu, à une historiographie révisionniste.

Parallèlement, les travaux des historiens américains (ou anglais) sur la Vienne* fin de siècle (Carl Schorske, William Johnston, etc.) transforment le regard porté sur les circonstances sociales et politiques qui ont entouré la découverte freudienne. Au Freud jonesien de l'imagerie officielle succède un homme immergé dans le mouvement d'idées qui ébranle l'Empire austro-hongrois des années 1880. Ce Freud-là incarne en quelque sorte toutes les aspirations d'une génération d'intellectuels viennois hantés par la judéité*, la sexualité*, le déclin du patriarcat*, la féminisation de la société et enfin par une commune volonté d'explorer les sources profondes de la psyché humaine.

Quant à l'historiographie dissidente, elle apparaît en 1971, avec la publication par Paul Roazen de *La Saga freudienne*. Né en 1936, l'auteur délaisse l'histoire officielle pour se faire le chroniqueur de la mémoire orale du mouvement. A l'aide des témoignages de survivants, il construit une prosopographie du milieu psychanalytique : réseaux de pouvoir, filiations*, etc. Surtout, il est le premier à faire toute la place aux disciples dont l'histoire officielle avait occulté ou déformé le destin : Hermine von Hug-Hellmuth*, Viktor Tausk*, Ruth Mack-Brunschwick*.

A partir de 1975-1980, en France*, en Allemagne*, aux États-Unis*, en Grande-Bretagne*, les conditions sont donc réunies pour qu'éclose une véritable école historique du freudisme. Dans chaque pays, des archives sont réunies par des chercheurs, soit à l'intérieur, soit hors de l'International Psychoanalytical Association* (IPA), permettant l'élaboration d'ouvrages narratifs relevant de l'histoire savante et traitant de tous les aspects du freudisme : origines, mouvement, acteurs, réseaux, concepts, idées, biographies, etc. Dès lors, les représentants de la légitimité freudienne (IPA) perdent du terrain et ne peuvent plus empêcher les historiens de produire des œuvres échappant à l'imagerie officielle. Ils ne conservent plus qu'un seul monopole : la gestion et le contrôle des fameuses archives déposées à la Library of Congress.

Or, la politique de rétention menée par Eissler, avec l'accord d'Anna Freud*, va se révéler catastrophique comme le souligne l'historien Peter Gay : « Le parti pris du secret auquel Eissler était et reste si fermement attaché ne peut qu'encourager la prolifération des rumeurs les plus extravagantes sur un homme (Freud) dont il veut protéger la réputation. »

C'est cette politique de préservation de l'image du père fondateur qui contribue à l'épanouissement, à partir de 1980, d'une historiographie révisionniste, alors même que le mouvement psychanalytique subit, partout dans le monde, les assauts d'un nouvel organicisme appuyé sur la pharmacologie. Au lieu d'ouvrir les archives à des historiens professionnels, Eissler et Anna Freud décident de confier à Jeffrey Moussaïev Masson, brillant élève dûment analysé dans le sérail, l'établissement de la correspondance de Fliess et de Freud. Or, au milieu de ses recherches, l'heureux élu deviendra un contestataire radical non seulement de la légitimité officielle, mais de la doctrine freudienne elle-même. Se rêvant prophète d'un freudisme « révisé », il se met à croire que l'Amérique a été pervertie par un mensonge freudien originel. Il affirme ainsi que les lettres de Freud révèlent que ce dernier a abandonné par lâcheté la théorie de la séduction*. N'osant révéler au monde les atrocités commises par les adultes sur des enfants innocents (viol, abus, incestes forcés, etc.), il aurait inventé la théorie du fantasme* et serait donc un faussaire.

A cette époque, le courant révisionniste doit son succès au fait qu'il est contemporain d'une vaste remise en cause, dans l'université américaine, de la civilisation dite occidentale. Elle vise à réhabiliter ses victimes. Dans cet esprit, l'école révisionniste assimile le freudisme à une oppression : colonisation abusive des enfants par les adultes, domination des femmes par les hommes, etc.

On assistera ensuite au retour de la tradition biographique, puis à une explosion de différents courants interprétatifs. D'où l'importante production de travaux historiques à la fin du XXe siècle.

● Sigmund Freud, *Sur l'histoire du mouvement psychanalytique* (1914), Paris, Gallimard, 1991, *GW*, X, 44-113, *SE*, XIV, 7-66 ; *La Naissance de la psychanalyse* (Londres 1950), Paris, PUF, 1956 ; *Briefe an Wilhelm Fliess, 1887-1904*, Francfort, Fischer, 1986 ; et Stefan Zweig, *Correspondance* (Francfort, 1987), Paris, Rivages, 1991. Ernest Jones, *La Vie et l'œuvre de Sigmund Freud*, t. 1 (New York, 1953), Paris, PUF, 1958, t. 2 (New York, 1955), Paris, PUF, 1961, t. 3 (New York, 1957), Paris, PUF, 1969. Carl Schorske, *Vienne, fin de siècle* (New York, 1961), Paris, Seuil, 1983. Ola Andersson, *Freud avant Freud. La préhistoire de la psychanalyse* (Stockholm, 1962), Paris, Synthélabo, coll. « Les empêcheurs de penser en rond », 1997. Henri F. Ellenberger, *Histoire de la découverte de l'inconscient* (New York, 1970, Villeurbanne, 1974), Paris, Fayard, 1994. Paul Roazen, *La Saga freudienne* (New York, 1971), Paris, PUF, 1986. Max Schur, *La Mort dans la vie de Freud* (New York, 1972), Paris, Gallimard, 1975. William M. Johnston, *L'Esprit viennois. Une histoire intellectuelle et sociale, 1848-1938* (New York, 1972), Paris, PUF, 1985. Allan Janik et Stephen Toulmin, *Wittgenstein, Vienne et la modernité* (New York, 1973), Paris, PUF, 1978. Frank J. Sulloway, *Freud biologiste de l'esprit* (New York, 1979), Paris, Fayard, 1981. Jeffrey Moussaïev Masson, *Le Réel escamoté*, Paris, Aubier, 1984. Janet Malcolm, *Tempête aux Archives Freud* (New York, 1984), Paris, PUF, 1986. Peter Gay, *Freud. Une vie* (New York, 1988), Paris, Hachette, 1991. Élisabeth Roudinesco, *Généalogies*, Paris, Fayard, 1994.

HITSCHMANN Eduard (1871-1957)

médecin et psychanalyste américain

Ce médecin interniste, inventif et plein d'humour, issu d'un milieu de banquiers juifs, fut introduit à la Société psychologique du mercredi* par Paul Federn* en 1905. Avec Max Graf*, il fut le premier au sein du cercle freudien à s'intéresser à l'application de la psychanalyse à l'histoire des « grands hommes », poètes, écrivains, chefs politiques. Ainsi contribua-t-il à transformer la tradition psychiatrique de la pathographie en psychobiographie* et en psychanalyse appliquée*. Il avait une passion pour Goethe et imitait à merveille son style, au point de pouvoir s'exprimer comme lui.

En 1911, il publia la première étude systématique de la pensée freudienne, dans laquelle il se montrait déjà d'une fidélité infaillible envers Freud*, dont il avait été l'analysant pendant un mois. L'ouvrage était un abrégé de psychanalyse destiné au grand public, et Freud avait demandé à son disciple de s'abstenir de la moindre idée personnelle. En 1922, il devint le directeur de l'Ambulatorium, première clinique psychanalytique ouverte à Vienne* dans les locaux d'un hôpital militaire. Il fut aussi l'un des médecins de la famille Freud. En 1938, comme la plupart des Viennois, il émigra d'abord à Londres puis, deux ans plus tard, aux États-Unis où il devint l'un des membres importants de la Boston Psychoanalytic Society (BoPS). Il eut plusieurs conflits avec Helene Deutsch* qu'il n'hésita pas à traiter de « dictateur ».

Eduard (ou Edward) Hitschmann publia de nombreuses biographies psychanalytiques d'hommes célèbres, d'écrivains et de musiciens, notamment Knut Hamsun (1859-1952), Franz Schubert (1797-1828), Johannes Brahms (1833-1897), Emmanuel Swedenborg (1688-1772), Friedrich Nietzsche (1844-1900), Arthur Schopenhauer (1788-1860). Sur le plan clinique, il s'intéressa particulièrement à la frigidité féminine, à l'impuissance sexuelle et au rêve*. Jamais il n'adopta les principes adaptatifs de l'*Ego Psychology** et, dès la fin des années 1930, quand Anna Freud* devint présidente de la Wiener Psychoanalytische Vereinigung (WPV), il exprima son attachement à la théorie freudienne classique par ce commentaire humoristique : « Freud était assis là et il nous avait enseigné les pulsions, maintenant c'est Anna, et elle nous enseigne les défenses. »

• Paul Roazen, *La Saga freudienne* (New York 1971), Paris, PUF, 1986. Richard Sterba, *Réminiscences d'un psychanalyste viennois* (Francfort, 1985), Toulouse, Privat, 1986. Peter Gay, *Freud. Une vie* (New York, 1988), Paris, Hachette, 1991. Elke Mühlleitner, *Biographisches Lexikon der Psychoanalyse. Die Mitglieder der psychologischen Mittwoch-Gesellschaft und der Wiener psychoanalytischen Vereinigung von 1902-1938*, Tübingen, Diskord, 1992.

HOCH August (1868-1919)

psychiatre américain

Fils du directeur de l'hôpital universitaire de Bâle en Suisse*, Hoch émigra aux États-Unis* à l'âge de 19 ans et fut le premier à introduire la nosographie d'Emil Kraepelin* dans l'approche américaine des psychoses*.

• Nathan G. Hale, *Freud and the Americans. The Beginnings Psychoanalysis in the United States, 1876-1917*, vol. 1 (1971), New York, Oxford, Oxford University Press, 1995.

HOFFMANN Ernst Paul (1891-1944)

médecin et psychanalyste autrichien

Né en Roumanie* dans la province de Bukovine, Hoffmann était issu d'une famille juive. Il fit ses études de médecine à Vienne, et reçut sa formation didactique à la Wiener Psychoanalytische Vereinigung (WPV) avec Paul Federn*. Au moment de l'Anschluss, il se trouvait en Belgique* où il demanda l'asile politique. Il joua un rôle dans la formation des psychanalystes de ce pays. Lors de l'invasion de la Belgique, il fut arrêté puis transféré en France et interné au camp de Gurs. Il ne put émigrer au Mexique comme il le souhaitait, mais parvint à s'enfuir du camp des Mille, près de Marseille, où il avait été de nouveau interné. Il gagna la Suisse* et mourut épuisé des suites d'une intervention chirurgicale à l'estomac.

• Elke Mühlleitner, *Biographisches Lexikon der Psychoanalyse. Die Mitglieder der psychologischen Mittwoch-Gesellschaft und der Wiener psychoanalytischen Vereinigung von 1902-1938*, Tübingen, Diskord, 1992.

HOLLITSCHER Mathilde, née Freud (1887-1978), fille de Sigmund Freud

Née à Vienne*, Mathilde était le premier enfant de Sigmund* et Martha Freud*, et donc à la fois leur fille aînée et l'aîné de leurs six enfants. A ce titre, elle joua un rôle central dans la vie familiale de Sigmund Freud : avec Martha, sa mère, et Minna Bernays*, sa tante, elle forma le noyau féminin de l'entourage privé de son père. Comme le soulignait sa sœur Anna Freud* : « Elle remplissait de façon remarquable le rôle d'aînée dévouée qui lui fut dévolu. Toujours prête à donner un conseil, à apporter son soutien ou à renseigner, son autorité parmi les jeunes n'était pas mise en question. » A sa naissance, son prénom fut choisi en hommage à Mathilde Breuer, l'épouse de Josef Breuer*. Elle était belle, élégante et généreuse. Élevée dans la laïcité comme tous les enfants de Freud, mais selon les principes rigides de la bourgeoisie viennoise, elle n'eut d'autre but dans la vie que de devenir une épouse fidèle comme l'était sa propre mère et ainsi que son père le lui conseilla : « Les plus intelligents parmi les jeunes gens, lui écrivit-il un jour, savent bien ce qu'ils doivent rechercher chez une femme : la douceur, la gaieté et la capacité à rendre leur vie plus belle et plus facile. » Ce mode d'éducation des filles fut admirablement critiqué par Stefan Zweig* : « C'est ainsi que la société d'alors voulait la jeune fille, sotte et niaise, bien élevée et sans identité, curieuse et pudique, dénuée d'assurance et de sens pratique et, grâce à cette éducation étrangère à la vie, destinée d'emblée à être plus tard dans le mariage formée et conduite passivement par l'homme. »

A cet égard, les enfants de Freud se comportèrent entre eux comme s'étaient comportés leurs oncles, leurs parents et leurs tantes dans la famille de Jacob* et d'Amalia Freud*. Non seulement ils furent éduqués selon les mêmes principes immuables, mais ils connurent les mêmes rivalités, les mêmes conflits, les mêmes jalousies que dans toutes les familles nombreuses de cette époque. Surtout, ils se plièrent à un modèle identique de division des sexes et des pouvoirs. Autant Freud laissa ses fils, Martin*, Ernst* et Oliver*, décider librement de leur avenir, autant il se montra tyrannique avec ses filles, Sophie et Mathilde, qui eurent pour seul modèle les qualités ménagères et conjugales de leur mère et leur grand-mère. Autrement dit, il ne fit en rien bénéficier ses filles de ses recherches cliniques et théoriques, qui mettaient en cause l'organisation sexuelle et sociale de la famille occidentale classique. Seule Anna Freud, la benjamine de la maison, espiègle, et souffrant de ne pas être belle et dévouée comme ses sœurs, aura une trajectoire moderne : elle exercera un métier et deviendra une intellectuelle, rompant ainsi avec les idéaux de la société victorienne de la fin du XIXe siècle. Mais elle restera célibataire et entretiendra toujours avec son père une relation passionnelle.

Bien qu'elle ait vécu jusqu'à 90 ans, Mathilde Hollitscher eut une santé déficiente. Dans son enfance, elle faillit succomber à une diphtérie. Puis, en 1905, à l'âge de 18 ans, elle frôla de nouveau la mort à la suite d'une intervention consécutive à une crise d'appendicite pratiquée par le chirurgien qui avait opéré Emma Eckstein*. Les séquelles l'empêchèrent de devenir mère, ce qui lui causa un terrible chagrin.

En 1908, Freud voulut la marier à Sandor Ferenczi* mais, un an plus tard, elle épousa à la synagogue Robert Hollitscher, un homme de son choix, négociant en textile, dont elle était amoureuse et avec lequel elle s'installa tout près de la Berggasse. Quand sa sœur Sophie Halberstadt* mourut de la grippe, elle adopta son neveu Heinz (Heinerle), qui malheureusement décéda à son tour (d'une tuberculose miliaire), à l'âge de 5 ans. Cette disparition fut la cause d'une nouvelle crise de désespoir.

Comme sa mère, elle fut tenue à l'écart de la vie intellectuelle et professionnelle de son père, dont on ne parlait jamais en famille, et surtout pas pendant les repas. Même si elle n'ignorait pas que Freud fût un grand savant, elle ne fut pas mêlée à l'histoire du mouvement psychanalytique. Elle était néanmoins l'amie intime de Ruth Mack-Brunswick*, qui donna à sa fille le prénom de Mathilde.

Avec son mari, elle émigra à Londres en 1938 en même temps que la famille Freud.

● Sigmund Freud, *La Naissance de la psychanalyse* (Londres, 1950), Paris, PUF, 1956 ; et Sandor Ferenczi, *Correspondance, 1908-1914* et *1914-1919*, 2 vol., Paris, Calmann-Lévy, 1992 et 1996. Stefan Zweig, *Le Monde d'hier* (Stockholm, 1944), Paris, Belfond, 1982. Ernest Jones, *La Vie et l'œuvre de Sigmund Freud*, vol. I (New York, 1953), Paris, PUF, 1957, vol. II (New York, 1955), Paris PUF, 1961. Martin Freud, *Freud, mon père* (Londres, 1957), Paris, Denoël, 1975. Élisabeth Young-Bruehl, *Anna Freud* (New York, 1988), Paris, Payot, 1991. Peter Gay, *Freud. Une vie* (New York, 1988), Paris, Hachette, 1990. Paul Roazen, *Mes rencontres avec la famille Freud* (Amherst, 1993), Paris, Seuil, 1996.

▷ DIFFÉRENCE DES SEXES. FREUD Eva. FREUD Pauline. PAPPENHEIM Bertha. SEXUALITÉ FÉMININE.

HOLLOS Istvan (1872-1957)

psychiatre et psychanalyste hongrois

Issu d'une modeste famille juive, et analysé par Paul Federn*, Istvan Hollos fut un pionnier des thèses freudiennes dans le domaine des psychoses* et un artisan de la réforme de l'asile en Hongrie*. Cofondateur en 1913 (avec Sandor Ferenczi*, Sandor Rado* et Hugo Ignotus*) de la Société psychanalytique de Budapest, il raconta en 1927 dans un roman, *Mes adieux à la maison jaune*, ses expériences cliniques auprès des fous dont il avait eu la charge comme médecin-chef de hôpital psychiatrique de Lipotmezo, aux environs de Budapest. Il avait été écarté de ce poste en 1925 à cause de ses origines juives.

Sigmund Freud* lui répondit par cette lettre devenue célèbre : « Je me suis finalement avoué que je n'aimais pas ces malades et que je leur en voulais d'être si différents de moi et de tout ce qu'il y a d'humain. C'est une curieuse sorte d'intolérance qui me rend bien sûr inapte à la psychiatrie [...]. Me conduis-je en l'espèce comme le faisaient les médecins qui nous ont précédés envers les hystériques, est-ce un résultat du parti pris de l'intellect toujours plus clairement affirmé, l'expression d'une hostilité envers le ça ? »

En 1933, Hollos succéda à Ferenczi à la présidence de la Société hongroise et, en 1944, il fut sauvé de la déportation grâce à l'action du diplomate suédois Raoul Wallenberg qui parvint à racheter certains Juifs hongrois aux Croix fléchées, la milice du régime de l'amiral Horthy. Il reprit ensuite ses fonctions, aux côtés d'Imre Hermann*, dans la Société psychanalytique reconstituée.

● Istvan Hollos, *Mes adieux à la maison jaune* (1927), Paris, Éditions du Coq-Héron, 1986. *Chronique la plus brève. Carnets intimes, 1929-1939*, annoté et présenté par Michael Molnar (Londres, 1992), Paris, Albin Michel, 1992. Eva Brabant-Gerö, *Ferenczi et l'école hongroise de psychanalyse*, Paris, L'Harmattan, 1993.

▷ FOLIE. HISTOIRE DE LA PSYCHANALYSE.

« HOMME AUX LOUPS (L') » (CAS)

▷ PANKEJEFF Sergueï Constantinovitch.

« HOMME AUX RATS (L') » (CAS)

▷ LANZER Ernst.

HOMME MOÏSE ET LA RELIGION MONOTHÉISTE (L')

Ouvrage de Sigmund Freud publié à Amsterdam en allemand en 1939 sous le titre *Der Mann Moses und die monotheistische Religion. Drei Abhanlungen.* Traduit pour la première fois en français par Anne Berman (1889-1979) en 1948 sous le titre *Moïse et le Monothéisme,* puis en 1986 par Cornélius Heim sous le titre *L'Homme Moïse et la religion monothéiste. Trois essais.* Traduit pour la première fois en anglais en 1939 par Katherine Jones sous le titre *Moses and Monotheism,* puis par James Strachey* en 1964 sous le titre *Moses and Monotheism. Three Essays.*

Livre de l'exil publié simultanément à Amsterdam et à Londres, l'année même de la mort de son auteur, *L'Homme Moïse et la religion monothéiste* est l'une des œuvres les plus audacieuses de Sigmund Freud*, l'une des plus commentées et celle qui suscita, avec *Totem et Tabou** dont elle est la suite logique, les plus grandes polémiques parmi les spécialistes. L'ouvrage est un chef-d'œuvre, et l'historien Salo Wittmayer Baron ne se trompait pas en le qualifiant, dès sa parution, de « magnifique château suspendu dans les airs » et en déclarant : « Lorsqu'un penseur de la stature de Freud prend position sur une question d'intérêt vital pour lui, le monde se doit de l'écouter. »

Depuis longtemps, Freud était obsédé par la figure du prophète qui avait sorti son peuple de la léthargie en lui imposant des lois, en lui indiquant la terre promise et en édictant les principes d'une nouvelle spiritualité. Devant la montée de l'antisémitisme, il se demandait une fois de plus comment le Juif était devenu juif et pourquoi il s'était attiré une haine éternelle. Il trouva bientôt un style et conçut un projet : celui d'écrire un « roman historique ». Voulant démontrer que Moïse était égyptien, il ne souhaitait ni heurter le catholicisme autrichien, qui protégeait les Juifs du nazisme*, ni déposséder symboliquement le peuple juif de son événement fondateur (la sortie d'Égypte et le don de la Torah au Sinaï), alors que le régime hitlérien commençait à les persécuter. D'abord publiés sous forme d'articles, les trois essais furent réunis en livre une fois Freud installé à Londres.

Dans une lettre à Lou Andreas-Salomé*, datée du 6 janvier 1935, il résume le contenu de son livre et conclut par ces mots : « Les religions doivent leur puissance contraignante au retour du refoulé, ce sont des réminiscences de processus archaïques disparus, hautement effectifs de l'histoire de l'humanité. J'ai déjà dit cela dans *Totem et Tabou.* Et je le condense maintenant en une formule : ce qui rend la religion forte, ce n'est pas sa vérité réelle mais sa vérité historique. »

C'est à travers Rome et le catholicisme que Freud aborda pour la première fois l'histoire de Moïse en visitant en 1909 l'église de Saint-Pierre-aux-Liens où se trouvait la statue sculptée par Michel-Ange (1475-1564) pour le tombeau du pape Jules II : « Aucune œuvre n'a produit sur moi un effet plus intense. » En 1914, il publia un article anonyme dans lequel il inversait l'interprétation classique. La tradition voyait dans cette œuvre l'image d'un Moïse descendant du Sinaï avec les tables de la Loi et prêt à les jeter à terre parce qu'il découvrait son peuple en train d'adorer le veau d'or. Or, Freud montrait que Michel-Ange avait au contraire représenté un Moïse ravalant son courroux et serrant les tables contre lui parce qu'elles risquaient de se fracasser. Et en effet, le sculpteur avait forgé un Moïse tout à fait insolite.

Cependant, dans ce commentaire, Freud parlait d'autre chose que de la statue : il désignait sa propre situation dans l'histoire du mouvement psychanalytique et cela n'échappa à personne. Après avoir voulu faire de Carl Gustav Jung* le garant d'une psychanalyse déjudaïsée (afin de démontrer à ses adversaires que celle-ci n'était pas une « science juive »), il avait changé son fusil d'épaule en revendiquant pour son mouvement une éthique de la fidélité fondée sur un sentiment d'appartenance à la judéité*. L'article sur Moïse traduisait ce retournement et son ambivalence envers sa propre judéité : face à la trahison des siens, le prophète maîtrise sa colère et sauve l'unité de son peuple au nom d'une nouvelle doctrine à laquelle il va désormais se consacrer.

Mais quelle doctrine ? Quelle est la spécificité de ce monothéisme juif qui induit à travers les âges un tel sentiment d'appartenance même lorsque disparaît toute trace de pratique religieuse ? Qu'est-ce que cela veut dire d'être juif quand on ne se réclame plus du judaïsme ?

En 1922, Ernst Sellin avait publié un ouvrage qui avait fait grand bruit : *Moïse et sa signification pour l'histoire israélite et juive.* Historien berlinois, spécialiste de la Bible, il appartenait à l'école exégétique allemande. Selon la tradition du protestantisme libéral, dont il était l'un des représentants, il pensait que la prédication morale, résumée dans les Dix Commandements, était l'essence même de la révélation biblique. Aussi tenait-il Moïse pour le fondateur de la religion d'Israël.

Partant d'une lecture interprétative des livres des prophètes, Sellin avançait l'idée que Moïse aurait été la victime d'un meurtre collectif commis par son peuple, qui refusait son message et préférait le culte des idoles. Devenue une tradition ésotérique, la doctrine mosaïque aurait ensuite été transmise par un cercle d'initiés, dont les successeurs seraient les prophètes du VIIIe siècle av. J.-C. : Osée, Isaïe, Amos, Michée. Sur ce terreau devaient naître la foi de Jésus, prophète assassiné lui aussi, puis le christianisme.

Il n'en fallait pas tant pour fasciner Freud, qui avait adopté, dans *Totem et Tabou**, une thèse a peu près semblable. A cela il ajouta le thème de l'égyptianité de Moïse, affirmée par la tradition de l'*Aufklärung* et par des écrivains, des historiens et des égyptologues soucieux de donner une interprétation historique, et non plus religieuse, à l'histoire du prophète. Il y voyait d'ailleurs l'illustration de ses hypothèses et de celles d'Otto Rank* sur le roman familial*. Dans le cas de Moïse, elles confirmaient l'égyptianité en inversant la légende de l'enfant trouvé : la « vraie » famille était celle du pharaon, et la famille d'adoption celle des Hébreux.

Voici l'essentiel du livre : le monothéisme n'est pas une invention juive mais égyptienne, et le texte biblique n'a fait ensuite que déplacer son origine dans un temps mythique en attribuant sa fondation à Abraham et à ses descendants. En réalité, il est issu du pharaon Amenhotep IV qui en fit une religion fondée sur le culte du dieu solaire Aton. Pour bannir l'ancien culte, il se fit appeler Akhenaton. A sa suite, Moïse, haut dignitaire égyptien et partisan du monothéisme, prit la tête d'une tribu sémite et donna au monothéisme une forme spiritualisée. Pour la distinguer des autres, il introduisit le rite égyptien de la circoncision, voulant ainsi montrer que Dieu aurait « élu », par cette « alliance », le peuple choisi par Moïse. Mais le peuple ne supporta pas la nouvelle religion, tua l'homme qui se voulait prophète, puis refoula le souvenir du meurtre, lequel fit retour avec le christianisme : « L'ancien Dieu, écrivait Freud, le Dieu-père passa au second plan. Le Christ son fils prit sa place comme aurait voulu le faire à une époque révolue chacun des fils révoltés. Paul, le continuateur du judaïsme, fut aussi son destructeur. S'il réussit, ce fut certainement d'abord parce que, grâce à l'idée de rédemption, il parvint à conjurer le spectre de la culpabilité humaine et ensuite parce qu'il abandonna l'idée que le peuple juif était le peuple élu et qu'il renonça au signe visible de cette élection : la circoncision. La nouvelle religion put ainsi devenir universelle et s'adresser à tous les hommes. »

Une fois de plus, Freud racontait dans ce livre l'histoire de « sa » découverte de l'inconscient*, devenue universelle par renoncement à tout ancrage dans une religion élective. Mais, davantage encore, il exposait l'histoire de sa relation ambivalente à sa propre judéité. En déjudaïsant Moïse, il montrait comment un créateur ou un fondateur – en un mot un « grand homme » – est toujours un exilé. Soit étranger à la cité, soit en rupture avec son temps, soit divisé à l'intérieur de lui-même. C'est à cette condition qu'il peut inverser la tradition, surpasser la religion du père, accéder à une autre culture, créer de nouvelles formes.

Mais Freud allait plus loin encore, au risque de reprendre à son compte une thèse majeure de l'antisémitisme. Il affirmait en effet que la haine envers les Juifs était alimentée par leur croyance en la supériorité du peuple élu et par l'angoisse de castration que suscitait la circoncision en tant que signe de l'élection. Ce rite visait, selon lui, à ennoblir les Juifs et à leur faire mépriser les autres, les incirconcis.

Dans la même perspective, Freud prenait à la lettre le grief principal de l'antijudaïsme, à savoir le refus des Juifs d'admettre la mise à mort de Dieu : « Le peuple juif, disait-il, s'obstine à nier le meurtre du père et les chrétiens ne cessent de les accuser d'être déicides. Il conviendrait cependant d'ajouter ceci : "Nous (les chrétiens) avons fait la même chose mais nous l'avons avoué et depuis, nous nous sommes rachetés." » Freud concluait que ce refus exposait les Juifs au ressentiment des autres peuples : « J'ose affirmer qu'aujourd'hui encore la jalousie à l'égard du peuple qui se prétend l'enfant premier-né, favori de Dieu le Père, n'est pas surmontée chez les autres. »

Après avoir soutenu que les Juifs étaient responsables de l'antijudaïsme des chrétiens, Freud expliquait que l'antisémitisme des nations modernes était un déplacement sur les Juifs d'une haine à l'égard du christianisme : « Les peuples qui s'adonnent aujourd'hui à l'antisémitisme ne sont devenus que tardivement chrétiens et y furent souvent obligés par une contrainte sanglante. On pourrait dire qu'ils sont tous "mal baptisés" ; sous une mince teinture de christianisme, ils sont restés ce qu'étaient leurs ancêtres épris d'un polythéisme barbare. Ils n'ont pas surmonté leur aversion pour la religion nouvelle mais l'ont déplacée sur la source d'où leur est venu le christianisme [...]. Leur antisémitisme est au fond de l'antichristianisme, et il n'est pas étonnant que dans la révolution national-socialiste allemande, cette relation intime des deux religions monothéistes trouve si nettement son expression dans le traitement hostile dont l'une et l'autre sont l'objet. »

La nouveauté de la démarche freudienne consistait donc à mettre au jour les racines inconscientes de l'antisémitisme, à partir du judaïsme lui-même et non plus comme un phénomène extérieur à lui. Manière pour lui de retrouver la problématique de *Totem et Tabou*, auquel *L'Homme Moïse* faisait suite.

Si la société avait bien été engendrée par un crime commis contre le père, mettant fin au règne despotique de la horde sauvage, puis par l'instauration d'une loi où la figure symbolique du père était revalorisée, cela voulait dire que le judaïsme obéissait au même scénario. Après le meurtre de Moïse, il engendra le christianisme, fondé sur la reconnaissance de la culpabilité : le monothéisme était donc l'histoire interminable de l'instauration de cette loi du père sur laquelle Freud bâtissait toute sa doctrine de l'interdit de l'inceste* et de l'Œdipe. Au point d'ailleurs d'oublier de citer dans son ouvrage de 1939 l'article que Karl Abraham*, son plus fidèle disciple, avait consacré à Amenhotep IV. Ce texte de 1912 faisait apparaître la religion du pharaon comme une réforme de l'héritage paternel suscitée essentiellement par une influence maternelle, celle de la mère d'Amenhotep. L'oubli de ce détail ne renvoyait-il pas au grand débat qui opposait le kleinisme* au freudisme* classique depuis les années 1920 ?

Freud obéissait à une injonction de revenir à la Bible et à la religion de ses pères. Mais, loin d'adopter la solution de la conversion comme réponse à l'antisémitisme, il se redéfinissait comme un « Juif sans Dieu ». Sans céder à la haine de soi juive, il détachait le judaïsme du sentiment de la judéité propre aux Juifs incroyants refusant l'Alliance et l'élection.

Au moment même où il déjudaïsait Moïse, il assignait à la judéité, comprise comme essence et comme appartenance, une position d'éternité. Ce sentiment, par lequel un Juif reste un Juif dans sa subjectivité, même en étant incroyant, Freud l'éprouvait lui-même et n'hésitait pas à l'assimiler à un héritage phylogénétique.

Comme dans *Totem et Tabou*, et toujours soucieux d'un modèle biologique, il s'appuyait sur la thèse dite « néo-lamarckienne » de l'hérédité des caractères acquis pour affirmer que la judéité se transmettait de génération en génération, « par les nerfs et le sang », c'est-à-dire par la voie d'un inconscient héréditaire.

Empruntée par Darwin à l'évolutionnisme lamarckien, la thèse de l'hérédité des caractères acquis avait été invalidée par August Weismann (1834-1914), dès la fin du XIXe siècle, puis définitivement abandonnée en 1930. Pour fonder le principe de sa judéité perpétuelle et transmissible, Freud allait donc à l'encontre non seulement de toute la science de son époque, mais encore de sa propre conception de l'inconscient.

Placé sous le signe de la passion, ce testament du grand homme donna lieu à de multiples interprétations contradictoires et souvent extravagantes. Trois orientations principales se dessinèrent. La première, due à David Bakkan, inscrit la doctrine freudienne dans la tradition de laïcisation de la mystique juive ; la deuxième, de Marthe Robert (1916-1996) à Peter Gay, fait au contraire apparaître un Freud athée, décentré de sa judéité et en proie à la double problématique de la dissidence spinozienne et de l'intégration à la culture allemande. La troisième enfin, plus interprétative (Ilse Grubrich-Simitis), situe le *Moïse* comme un rêve diurne ayant aidé Freud à surmonter l'angoisse causée par les persécutions nazies.

En 1991, l'historien Yosef Hayim Yerushalmi s'est mis à « l'écoute de Freud » pour publier le commentaire le plus érudit et le plus complet jamais écrit sur cet ouvrage. Il souligne que Freud a fait de la psychanalyse le prolongement d'un judaïsme sans Dieu : une judéité « interminable ».

• Sigmund Freud, « Le Moïse de Michel-Ange » (1914), *GW*, X, *SE*, XIII, in *L'Inquiétante Étrangeté et autres textes*, Paris, Gallimard, 1985, 83-125 ; *L'Homme Moïse et la religion monothéiste* (1939), *GW*, XVI, 101-246, *SE*, XXIII, 1-137, Paris, Gallimard, 1986. Lou Andreas-Salomé, *Correspondance avec Sigmund Freud*, suivie du *Journal d'une année, 1912-1913* (Francfort, 1966), Paris, Gallimard, 1970. Karl Abraham, « Amenhotep IV (Echnaton). Contribution psychanalytique à l'étude de sa personnalité et du culte monothéiste d'Aton » (1912), in *Œuvres complètes* I, *1907-1914*, Paris, Payot, 1965, 232-257. Ernst Sellin, *Mose und seine Bedeutung für die israelitische Religionsgeschichte*, Leipzig, A. Deichertsche Verlagsbuchhandlung, 1922. Salo Wittmayer Baron, « Moses and monotheism », compte rendu, *American Journal of Sociology*, 45, 1939, 471-477. David Bakkan, *Freud et la tradition mystique juive* (New Jersey, 1958), Paris, Payot, 1977. Marthe Robert, *D'Œdipe à Moïse*, Paris, Calmann-Lévy, 1974. René Major, *De l'élection. Freud face aux idéologies allemande, américaine et soviétique*, Paris, Aubier, 1986. Norman Kiell, *Freud without Hindsight. Reviews of His Work, 1893-1939*, Madison, International Universities Press Inc, 1988. Peter Gay, *Un Juif sans Dieu* (1987), Paris, PUF, 1989. Jacques Le Rider, *Modernité viennoise et crises de l'identité* (1990), Paris, PUF, 1994. Yosef Hayim Yerushalmi, *Le Moïse de Freud. Judaïsme terminable et interminable* (New Haven, 1991), Paris, Gallimard, 1993. Ilse Grubrich-Simitis, *Freuds Moses Studie als Tagtraum. Ein biographischer Essay* (1990), Francfort, Fischer, 1994.

▷ PATRIARCAT.

HOMOSEXUALITÉ

Allemand : *Homosexualität*. Anglais : *Homosexuality*.

Terme dérivé du grec (*homos* : semblable) et créé vers 1860 par le médecin hongrois Karoly Maria Benkert pour désigner toutes les formes d'amour charnel entre des personnes appartenant biologiquement au même sexe.

Entre 1870 et 1910, le terme homosexualité s'est progressivement imposé dans cette acception dans tous les pays occidentaux, remplaçant ainsi les anciennes dénominations qui caractérisaient cette forme d'amour, selon les époques et les cultures (inversion, uranisme, sodomie, hermaphrodisme psychosexuel, pédérastie, unisexualisme, homophilie, saphisme, lesbianisme, etc.). Il s'est alors défini par opposition au mot hétérosexualité (du grec *heteros* : différent), forgé vers 1880, et recouvrant toutes les formes d'amour charnel entre des personnes de sexes biologiquement différents.

Ni Sigmund Freud*, ni ses disciples, ni ses héritiers ne firent de l'homosexualité un concept ou une notion propre à la psychanalyse*. En conséquence, le freudisme*, toutes tendances confondues, ne produisit pas de théorie spécifique de cette disposition sexuelle que l'on faisait dériver de la bisexualité*, propre à la nature humaine et animale, et que l'on rattacha d'abord au domaine des perversions sexuelles puis à celui de la perversion* en général, en tant qu'élément d'une structure ternaire englobant la psychose* et la névrose*.

Étant donné la transformation induite par la doctrine freudienne dans le regard que la science et le savoir occidental portent sur la sexualité* humaine, on peut affirmer cependant que Freud, à propos de l'homosexualité et avec les moyens théoriques qui étaient les siens, a bien rompu avec le discours psychiatrique de la fin du XIXe siècle. De Bénédict-Augustin Morel (1809-1873) à Valentin Magnan (1835-1916), en passant par Richard von Krafft-Ebing*, ce discours considérait l'homosexualité comme une tare, une dégénérescence, caractérisant aux yeux de certains d'entre eux une « espèce » ou une « race » toujours maudite, toujours réprouvée. A cet égard, il faut remarquer que la figure de l'homosexuel, d'Oscar Wilde (1856-1900) à Marcel Proust (1871-1922), fut reçue à la fin du siècle, alors que progressait l'antisémitisme, comme un équivalent du Juif : « A la haine du Juif pour lui-même, écrit Hans Mayer, correspond la haine de l'homosexuel pour lui-même. » Et cette haine pouvait fort bien, dans les deux cas, se transformer en haine de soi : haine de soi juive, comme chez Karl Kraus* ou Otto Weininger*, ou haine de la partie « féminine » de soi, comme chez Charlus qui, dans *A la recherche du temps perdu,* tourne en dérision les autres sodomites.

Freud n'ignora jamais le rôle joué par la tradition judéo-chrétienne dans la longue histoire des persécutions physiques et morales infligées pendant des siècles à ceux que l'on accusait de transgresser les lois de la famille et de se livrer à des pratiques sexuelles anormales, démoniaques, déviantes, barbares et hautement réprouvées par la Bible, par Dieu, par les prophètes, par l'Église* et par la justice des hommes. Féru de culture grecque et passionné de littérature, il souligna bien souvent que les grands créateurs étaient homosexuels et il fut toujours sensible à la tolérance du monde de l'Antiquité à l'égard de la pédérastie, au point d'ailleurs d'oublier que même chez les Grecs l'amour des garçons pouvait être réprouvé en tant que vice menaçant la civilisation. Dans son interprétation du mythe d'Œdipe* par exemple, il ne songea jamais à évoquer l'épisode « homosexuel » de Laïos : alors qu'il était roi de Thèbes, celui-ci avait enlevé le beau Chrysippe. Héra, protectrice du mariage, en fut scandalisée et envoya le Sphinx aux Thébains pour les punir d'avoir été trop tolérants à l'égard de cette relation coupable.

Bien qu'il n'ait jamais été un militant de la cause des homosexuels, Freud fut marqué, comme tous les savants de son époque, par les grandes interrogations issues du darwinisme qui visaient à transformer radicalement la représentation que l'on se faisait de la sexualité humaine. D'où l'inspiration qu'il puisa dans la sexologie* avant de s'en détacher entièrement.

En tant que doctrine « progressiste » du comportement sexuel, la sexologie inventa, comme la criminologie*, son vocabulaire : il s'agissait alors de doter d'une définition « scientifique » des pratiques sexuelles dites pathologiques que l'on voulait tantôt classer comme des maladies héréditaires (et non plus comme des péchés) afin de les renvoyer à la nosologie psychiatrique, tantôt définir comme des crimes ou des délits (et non plus comme des actes contraires à la morale chrétienne) afin de les juger au regard de la loi : « L'homosexualité, écrit Michel Foucault (1926-1984), est apparue comme l'une des figures de la sexualité lorsqu'elle a été rabattue de la pratique de la sodomie sur une sorte d'androgynie intérieure, un hermaphrodisme de l'âme. Le sodomite était un relaps, l'homosexuel est maintenant une espèce. » C'est bien dans ce contexte que furent inventés, en Hongrie* et en Allemagne*, les deux termes d'homosexualité et d'hétérosexualité qui s'imposèrent définitivement au XXe siècle.

Au nom de cette théorie héréditariste d'une homosexualité constitutionnelle, innée ou naturelle, plusieurs savants s'attaquèrent aux législations répressives d'Europe qui frappaient l'homosexualité, comme en témoignent les actions menées par Magnus Hirscheld* sur le « sexe intermédiaire », par Havelock Ellis* sur l'« innéité » naturelle de l'homosexualité, mais aussi par un juriste de Hanovre : Carl Heinrich Ulrichs (1826-1895). Homosexuel lui-même, il publia sous le pseudonyme de Numa Numantius une série d'ouvrages dans lesquels il popularisa le terme d'uranisme (issu du dieu de la mythologie grecque Ouranos, castré par son fils Chronos, et d'Uranie, la muse de l'astronomie), pour soutenir que l'inversion sexuelle était une anomalie héréditaire, proche de la bisexualité, qui produisait une « âme de femme dans un corps d'homme ». A sa suite, le psychiatre Carl Westphal (1833-1990) accorda son soutien à la théorie congénitale de l'homosexualité en affirmant l'existence d'un « troisième sexe ». Entre 1898 et 1908 parurent mille publications sur l'homosexualité.

Pour le discours psychiatrique du XXe siècle, l'homosexualité fut toujours regardée comme une inversion sexuelle, c'est-à-dire une anomalie psychique, mentale ou de nature constitutive, un trouble de l'identité ou de la personnalité pouvant aller jusqu'à la psychose et conduisant souvent au suicide*. La terminologie connut de multiples variations : pour les femmes, on employa le terme de saphisme ou de lesbianisme en référence à Sappho, la poétesse grecque de l'île de Lesbos adepte de l'amour entre femmes ; pour les hommes, on parla d'uranisme, de pédérastie, de sodomie, de névropathie, d'homophilie, etc. La nosologie resta beaucoup plus floue sur ce terrain que pour ce qui concerne la folie*, et la législation fut différente selon les pays.

Il fallut attendre les années 1970, puis les travaux des historiens – de Michel Foucault à John Boswell (1947-1994) – et les grands mouvements favorables à la liberté sexuelle, pour que l'homosexualité ne soit plus regardée comme une maladie mais comme une pratique sexuelle à part entière : on parla alors *des* homosexualités et non plus de l'homosexualité pour signifier que celle-ci était moins une structure qu'une composante de la sexualité humaine, dotée d'une pluralité de comportements aussi variés que ceux des névrosés ordinaires. Freud avait du reste indiqué la voie d'une telle approche en faisant dériver l'homosexualité de la bisexualité et en la ramenant à un choix inconscient lié au déni*, à la castration* et à l'Œdipe.

En 1974, sous la pression des « mouvements de libération », l'American Psychiatric Association (APA) décida, par un référendum, de rayer l'homosexualité de la liste des maladies mentales. L'affaire fit scandale. Elle indiquait en effet que la communauté psychiatrique américaine, faute de pouvoir définir scientifiquement la nature de l'homosexualité, avait cédé à la pression de l'opinion publique en faisant voter ses membres sur un problème dont la solution ne relevait pas d'une procédure électorale. Treize ans plus tard, en 1987, sans la moindre discussion théorique, le terme perversion* disparut de la terminologie psychiatrique mondiale et fut remplacé par celui de paraphilie sous lequel n'était plus rangée l'homosexualité.

Dans l'histoire de la sexologie puis de la psychanalyse, Sandor Ferenczi* occupe une place à part. En 1906, avant sa rencontre avec Freud et dans un texte sur les états intermédiaires présenté à l'Association des médecins de Budapest, il prit ouvertement la défense des homosexuels persécutés en Hongrie. Il désapprouva tous les médecins qui les poussaient à se marier pour trouver un « remède » à leur « prétendu » problème. Par la suite, dans ses textes ultérieurs d'inspiration psychanalytique, il se révéla un excellent clinicien de la question.

Entre 1905 et 1915, grâce aux travaux cliniques de ses disciples de la Société psychologique du mercredi*, qui lui rapportèrent de nombreux cas d'homosexualité (Alfred Adler*, Isidor Sadger*, etc.), Freud se dégagea de la sexologie. Ce qui l'intéressa d'emblée, ce ne fut pas de valoriser, d'inférioriser ou de juger l'homosexualité mais de comprendre ses causes, sa genèse, sa structure, du point de vue de sa nouvelle doctrine de l'inconscient*. D'où l'intérêt porté à l'homosexualité latente des hétérosexuels dans la névrose*, et plus encore dans la paranoïa*. Freud conserva le terme perversion pour désigner des comportements sexuels déviants par rapport à une norme structurale (et non plus sociale) et il y rangea l'homosexualité, dont il fit une perversion d'objet caractérisée par une fixation de la sexualité à une disposition bisexuelle. Dans cette perspective, il lui retira tout caractère péjoratif, différentialiste, inégalitariste ou au contraire valorisant. En un mot, il fit entrer l'homosexualité dans un universel de la sexualité humaine et il l'humanisa en renonçant progressivement à en faire une disposition innée ou naturelle, c'est-à-dire biologique, ou une culture, pour la concevoir comme un choix psychique inconscient. En 1905, dans les *Trois Essais sur la théorie sexuelle**, il parle encore d'inversion, mais, en 1910, avec *Un souvenir d'enfance de Léonard de Vinci**, il renonce à ce terme pour celui d'homosexualité. Cinq ans plus tard, dans une note ajoutée aux *Trois Essais,* il signifie clairement son hostilité à toute forme de différentialisme et de discrimination : « La recherche psychanalytique, écrit-il, s'oppose avec la plus grande détermination à la tentative de séparer les homosexuels des autres êtres humains en tant que groupe particularisé. »

En 1920, à propos d'une jeune fille viennoise qu'il avait eue en traitement parce qu'elle aimait une femme et que ses parents voulaient l'obliger à se marier, Freud donna une définition canonique de l'homosexualité, qui récusait toutes les thèses sexologiques sur l'« état intermédiaire », le « troisième sexe » ou « l'âme féminine dans un corps d'homme ». Selon la doctrine de l'Œdipe et de l'inconscient, l'homosexualité, comme conséquence de la bisexualité humaine, existe à l'état latent chez tous les hétérosexuels. Quand elle devient un choix d'objet exclusif, elle a pour origine chez la fille une fixation infantile à la mère et une déception à l'égard du père. Dans ce texte, Freud apportait un éclairage clinique à la question en montrant qu'il était vain de chercher à « guérir » un sujet de son homosexualité quand celle-ci était installée et que la cure psychanalytique ne devait en aucun cas être menée avec un tel objectif. Il ajoutait que, parfois, on pouvait dégager la voie menant vers l'autre sexe : le patient devenait alors bisexuel. Mais, précisait-il, « ... transformer un homosexuel pleinement développé en un hétérosexuel est une entreprise qui n'a guère plus de chances d'aboutir que l'opération inverse... ».

Un an plus tard, dans *Psychologie de masses et analyse du moi**, il donna une définition plus claire de l'homosexualité masculine : elle survient après la puberté, quand s'est instauré durant l'enfance un lien intense entre le fils et sa mère. Au lieu de renoncer à elle, celui-ci s'identifie à elle, se transforme en elle et recherche des objets susceptibles de remplacer son moi* et qu'il puisse aimer comme il a été aimé par sa mère. Enfin, dans une lettre du 9 avril 1935 adressée à une femme américaine dont le fils était homosexuel et qui s'en plaignait, il écrivit ces mots : « L'homosexualité n'est évidemment pas un avantage, mais il n'y a là rien dont on doive avoir honte, ce n'est ni un vice, ni un avilissement et on ne saurait la qualifier de maladie ; nous la considérons comme une variation de la fonction sexuelle, provoquée par un arrêt du développement sexuel. Plusieurs individus hautement respectables, des temps anciens et modernes, ont été homosexuels et parmi eux on trouve quelques-uns des plus grands hommes (Platon, Michel-Ange, Léonard de Vinci, etc.). C'est une grande injustice de persécuter l'homosexualité comme un crime, et c'est aussi une cruauté. Si vous ne me croyez pas, lisez les livres d'Havelock Ellis. » Il ajoutait encore qu'il était vain de vouloir transformer un homosexuel en hétérosexuel. Notons que Freud fut beaucoup plus à l'aise avec l'homosexualité masculine qu'avec l'homosexualité féminine qui resta pour lui d'autant plus énigmatique qu'il eut avec les femmes, et notamment avec sa fille, un complexe paternel dont il se défendait.

Les héritiers de Freud ne suivirent ni ses directives, ni celles de Ferenczi et se montrèrent à l'égard de l'homosexualité d'une extrême intolérance au point qu'elle devint une sorte de « continent noir » dans l'histoire du mouvement psychanalytique.

A partir de décembre 1921, et pendant un mois, la question divisa les membres du Comité secret* qui dirigeaient l'International Psychoanalytical Association* (IPA). Les Viennois se montrèrent beaucoup plus tolérants que les Berlinois. Soutenus par Karl Abraham*, ces derniers considéraient en effet que les homosexuels étaient incapables d'être psychanalystes puisque l'analyse ne les « guérissait » pas de leur « inversion ». Appuyé par Freud, le courageux Otto Rank* s'opposa aux Berlinois. Il déclara que les homosexuels devaient pouvoir accéder normalement au métier de psychanalyste selon leur compétence : « Nous ne pouvons écarter de telles personnes sans autre raison valable, tout comme nous ne pouvons accepter qu'ils soient poursuivis par la loi. » Il rappela également qu'il existait différents types d'homosexualité et qu'il fallait examiner chaque cas particulier. Ernest Jones* refusa obstinément de prendre en compte cette position, appuya les Berlinois, et déclara qu'aux yeux du monde l'homosexualité était « un crime répugnant : si l'un de nos membres le commettait, il nous attirerait un grave discrédit ». Ainsi, celui qui avait été accusé d'abus sexuel lors de son séjour au Canada* devenait-il à son tour, et pour longtemps, le représentant d'une politique de discrimination qui allait peser lourd sur le destin de la psychanalyse dans le monde. Sous la pression de Jones et des Berlinois, les membres du Comité cédèrent – y compris Ferenczi et Freud. L'homosexualité fut donc bannie de la légitimité freudienne, au point d'être de nouveau considérée comme une « tare ».

Au fil des années, et pendant plus de cinquante ans, sous l'influence grandissante des sociétés psychanalytiques nord-américaines, elles-mêmes inféodées aux thèses de l'APA, l'IPA renforça son arsenal répressif. Après s'être détournée des positions freudiennes pour statuer sur l'accès des homosexuels à l'analyse didactique*, elle n'hésita pas, toujours en sens contraire de la clinique freudienne, à qualifier les homosexuels de pervers sexuels et à les juger tantôt inaptes au traitement psychanalytique, tantôt guérissables à condition que la cure ait pour objet de les orienter vers l'hétérosexualité. Pour ne pas être accusée de discrimination, la direction de l'IPA n'édicta aucune règle écrite à ce sujet, mais ses sociétés évitèrent dans le monde entier d'intégrer dans leurs rangs des candidats officiellement homosexuels.

Anna Freud* joua un rôle majeur dans le détournement des thèses de son père. Soupçonnée elle-même par le milieu psychanalytique d'entretenir une liaison « coupable » avec Dorothy Burlingham*, elle milita contre l'accès des homosexuels à l'analyse didactique. Soutenue par Jones et par l'ensemble des sociétés nord-américaines de l'IPA, elle eut dans ce domaine une influence considérable qui ne fut pas contrebalancée par le courant kleinien pourtant plus libéral mais pour lequel l'homosexualité (latente ou accomplie) était surtout envisagée dans sa version féminine comme une identification à un pénis sadique, et dans sa version masculine comme un trouble schizoïde de la personnalité.

Dans sa pratique, Anna Freud eut toujours pour objectif de transformer ses patients homosexuels en bons pères de famille hétérosexuels, d'où un désastre clinique. En 1956, elle invita la journaliste Nancy Procter-Gregg à renoncer à citer dans *The Observer* la fameuse lettre de son père de 1935 : « Il y a plusieurs raisons à cela dont l'une est qu'aujourd'hui nous pouvons soigner beaucoup plus d'homosexuels qu'on ne le croyait possible au début. L'autre raison est que les lecteurs pourraient voir là une confirmation du fait que tout ce que peut faire l'analyse est de convaincre les patients que leurs défauts ou "immoralités" ne sont pas graves et qu'ils devraient les accepter avec joie. »

Jacques Lacan* fut le premier psychanalyste de la deuxième moitié du siècle à rompre radicalement avec la persécution qui visait les homosexuels dans l'IPA. Non seulement il prit en analyse de nombreux homosexuels sans chercher à les rééduquer, sans les traiter de déviants ou de malades et sans jamais les empêcher de devenir psychanalystes s'ils le souhaitaient, mais, quand il fonda en 1964 l'École freudienne de Paris* (EFP), il accepta le principe même de leur intégration en tant que didacticiens. Ainsi le lacanisme* fut-il en France*, puis dans les pays où il s'implanta, le fer de lance d'une réactivation de la tolérance freudienne à l'égard de l'homosexualité. Celle-ci tenait à la personnalité même de Lacan. Libertin et séducteur de femmes, lecteur de Sade et de Bataille, grand admirateur de l'œuvre de Foucault, il n'avait aucun préjugé à l'égard des diverses formes de la sexualité humaine. Du point de vue théorique, il n'apporta guère de modifications à la doctrine freudienne de l'Œdipe et de la bisexualité, mais sur le plan clinique, par l'intérêt particulier qu'il porta à la paranoïa et à la sexualité féminine*, il ouvrit, plus que Freud et Melanie Klein*, une voie originale à l'étude de l'homosexualité féminine.

Aux États-Unis*, à partir de 1975, les thèses psychanalytiques sur l'homosexualité masculine et féminine furent radicalement contestées par les « mouvements de libération » des homosexuels qui, tout en menant une lutte pour l'égalité des droits entre les sexes, recoururent à la notion de *gender** pour explorer ce domaine et montrer que la sexualité en général est une construction idéologique échappant à toute réalité anatomique. Ces études (*gay studies, lesbian studies)* prirent une tournure différentialiste et l'on vit de nouveau apparaître une terminologie qui récusait la notion même d'homosexualité au profit d'une revendication de type identitaire ou communautariste. D'où la création d'un vocabulaire spécifique définissant des catégories favorables ou hostiles aux pratiques homosexuelles : homophobie, hétérosexisme, homophilie, etc.

● Sigmund Freud, *Trois Essais sur la théorie sexuelle* (1905), Paris, Gallimard, 1987, *GW*, V, 29-145, *SE*, VII, 123-243 ; *Un souvenir d'enfance de Léonard de Vinci* (1910), Paris, Gallimard, 1987, *GW*, VIII, 128-211, *SE*, X, 63-129 ; « Sur la psychogenèse d'un cas d'homosexualité féminine » (1920), *GW*, XII, 271-302, *SE*, XVIII, 145-172 ; *Correspondance, 1873-1939* (Londres, 1960), Paris, Gallimard, 1966. Carl Heinrich Ulrichs (Numa Numantius), *« Memnon ». Die Geschlechtsnatur des mannmännlichen Lieben* (1868), Leipzig, Max Spohr, 1898. Sandor Ferenczi, « États sexuels intermédiaires » (1905), in *Les Écrits de Budapest*, Paris, EPEL, 1994, 243-256 ; « L'homoérotisme. Nosologie de l'homosexualité masculine », in *Psychanalyse II, Œuvres complètes, 1913-1919*, Paris, Payot, 1970, 117-130. Claude Lorin, *Le Jeune Ferenczi*, Paris, Aubier, 1983 ; *Sandor Ferenczi, de la médecine à la psychanalyse*, Paris, PUF, 1993. Irving Bieber (éd.), *Homosexuality. A Psychoanalytic Study*, New York, Basic Books, 1962. Jacques Lacan, *Le Séminaire*, livre VIII, *Le Transfert* (1960-1961), Paris, Seuil, 1991. Hans Mayer, *Les Marginaux. Femmes, Juifs et homosexuels dans la littérature européenne* (Francfort, 1975), Paris, Albin Michel, 1994. Michel Foucault, *Histoire de la sexualité*, t. 1, *La Volonté de savoir*, Paris, Gallimard, 1976 ; *Histoire de la sexualité*, t. 2, *L'Usage des plaisirs*, Paris, Gallimard, 1984 ; *Histoire de la sexualité*, t. 3,

Le Souci de soi, Paris, Gallimard, 1984. Frank J. Sulloway, *Freud, biologiste de l'esprit* (New York, 1979), Paris, Fayard, 1981. John Boswell, *Christianisme, tolérance sociale et homosexualité. Les homosexuels en Europe occidentale des débuts de l'ère chrétienne au XIVe siècle* (Chicago, 1980), Paris, Gallimard, 1985 ; *Les Unions du même sexe dans l'Europe antique et médiévale* (New York, 1994), Paris, Fayard, 1996. Philippe Ariès et André Béjin (éd.), *Sexualités occidentales*, Paris, Seuil, coll. « Points », 1982. Pierre Thuillier, « L'homosexualité devant la psychiatrie », *La Recherche*, 213, vol. 20, septembre 1985, 1128-1139. James Lieberman, *La Volonté en acte. La vie et l'œuvre d'Otto Rank* (New York, 1985), Paris, PUF, 1991. Kenneth Lewes, *The Psychoanalytical Theory of Male Homosexuality*, Londres, Quartet, 1988. Élisabeth Young-Bruehl, *Anna Freud* (New York, 1988), Paris, 1991. Judith Butler, *Gender Trouble. Feminism and the Subversion of Identity*, New York, Routledge, 1990. Phyllis Grosskurth, *Freud, l'anneau secret* (Londres, 1991), Paris, PUF, 1995. Élisabeth Badinter, *XY. De l'identité masculine*, Paris, Odile Jacob, 1992.

▷ DIFFÉRENCE DES SEXES. FÉTICHISME. FLIESS Wilhelm. GRODDECK Georg. *LIBIDO*. NARCISSISME. PERALDI François. PULSION. SADO-MASOCHISME. SPANUDIS Theon. STOLLER Robert. STRACHEY James. TRANSSEXUALISME. WEININGER Otto.

HONGRIE

Au cœur de l'Empire austro-hongrois, Budapest fut après Vienne*, sa sœur jumelle, la deuxième ville de l'histoire à s'ouvrir au freudisme*. L'activité psychanalytique y fut d'une grande richesse, non seulement du fait de la place exceptionnelle occupée par Sandor Ferenczi*, intellectuel de haut niveau et remarquable clinicien, mais parce que le milieu littéraire et artistique budapestois manifesta, un peu comme les surréalistes à Paris, un enthousiasme immédiat pour les phénomènes relatifs à l'inconscient*. Immergés dans une société en pleine mutation, les fondateurs du mouvement psychanalytique hongrois eurent ainsi une destinée originale, dénuée de tout conformisme. La plupart d'entre eux produisirent des travaux novateurs, de Melanie Klein* à Geza Roheim* et d'Imre Hermann* à Michael Balint*, en passant par Franz Alexander*, René Spitz* ou Sandor Rado*.

C'est en mars 1849, après la défaite des révolutions en Europe, que François-Joseph supprima la Constitution hongroise pour intégrer le pays à l'Empire. Refusant de se soumettre et encouragés par leur grand poète Sandor Petofi (1823-1849), les Hongrois déclenchèrent alors une insurrection générale à laquelle participa le père de Ferenczi. Ils proclamèrent la déchéance des Habsbourg. Mais la révolte fut bientôt réprimée par l'intervention des armées impériales. Lajos Kossuth (1802-1894) et Gyula Andrassy (1823-1890), organisateurs du mouvement d'indépendance, furent obligés de s'exiler.

Il fallut attendre l'année 1868 pour qu'intervienne un compromis au terme duquel la Hongrie devint un royaume indépendant, tout en restant lié par une union héréditaire à la dynastie des Habsbourg. Favorable à la cause de la liberté, l'impératrice Élisabeth joua un rôle capital dans les négociations avec Andrassy pour la création de ce qu'on appellera désormais la monarchie austro-hongroise. Elle fut couronnée reine de Hongrie.

Le pays s'engagea alors sur la voie d'une modernisation accélérée. L'écart s'accentua entre les villes et les campagnes où régnaient encore des structures héritées du système féodal. Peuplée de minorités, slovaque, allemande, croate, serbe et roumaine, la Hongrie fut agitée par des querelles de nationalités. Chacun revendiquait sa différence et son autonomie tandis que les classes dominantes préconisaient la « magyarisation » qui, en favorisant l'assimilation des Juifs, ferait d'eux les alliés de la bourgeoisie libérale.

C'est dans ce contexte que naquit à Budapest au début du siècle un grand mouvement culturel et littéraire dont l'ambition était de dépouiller l'ancienne Hongrie de ses illusions passéistes et de la transformer en un pays moderne semblable aux démocraties occidentales. Parmi les nombreuses revues comme *Vingtième Siècle (Huszadik Szazad)* ou *Thérapeutique (Gyogyaszat)*, où l'on débattait de la sexualité*, de l'émancipation des peuples, de l'homosexualité*, de l'Art nouveau, des sciences sociales ou des états psychiques, *Nyugat* fut l'une de celles qui s'intéressèrent le plus à la psychanalyse. Fondée en 1908, et animée par Hugo Ignotus*, ami de Ferenczi et traducteur des œuvres de Sigmund Freud*, elle réunit pendant quarante ans une pléiade d'écrivains aux orientations esthétiques diverses : Endre Ady (1877-1919), Mihaly Babits (1883-1941), et plus tard le « poète prolétarien » Attila Jozsef (1905-1937), qui fit trois cures analytiques avant de se suicider en avalant de la soude caustique.

« *Nyugat* ouvrait ses pages à toutes les idées nouvelles venues d'Occident, écrit Zsuza Gombos, à l'art pour l'art, à l'engagement social, au naturalisme, au symbolisme, à l'impressionnisme [...]. Elle trouvait audience et soutien financier auprès de la bourgeoisie urbaine, surtout celle de Budapest, elle-même bastion d'un radicalisme politique. »

Les groupes artistiques se côtoyaient et entretenaient des liens avec Vienne. Ainsi le peintre Robert Bereny, membre du Groupe des huit, devint-il un ami personnel de Ferenczi, tandis que Bela Balazs (1884-1949) suivit les séminaires de Georg Simmel*. Quant à Spitz, il fréquentait le Cercle du dimanche, créé par Georg Lukacs (1885-1971).

Au lendemain de sa rencontre avec Freud, Ferenczi tenta en vain d'intéresser le milieu médical budapestois à la psychanalyse*. Il se heurta à un refus catégorique. Aussi décida-t-il de trouver des appuis dans le milieu littéraire ouvert aux idées d'avant-garde. A partir de 1910, il déploya une intense activité clinique théorique et institutionnelle. Après avoir fondé l'International Psychoanalytical Association* (IPA), il mit sur pied le groupe hongrois. En mai 1913, il créa la Société psychanalytique de Budapest avec Hollos, Rado et Ignotus. Ce fut la troisième institution freudienne après celles de Vienne et de Zurich. Un peu plus tard, Ernest Jones* allait fonder la London Psychoanalytic Society (LPS).

La Première Guerre mondiale entrava les activités de Ferenczi. Néanmoins, après avoir été muté au service de neurologie de l'hôpital Maria Valeria à Budapest, il s'occupa de névroses de guerre*, contribuant ainsi à intéresser les autorités médicales aux thèses freudiennes. Aussi put-il organiser en Hongrie le cinquième congrès de l'IPA. Celui-ci se déroula à l'Académie des sciences de Budapest, les 28 et 29 septembre 1918, en présence de représentants des gouvernements allemand, autrichien et hongrois. Le succès de cette rencontre fut considérable : « Je nage dans la satisfaction, j'ai le cœur léger, écrivit-il à Freud dans une lettre du 30 septembre, car je sais que l'enfant-de-tous-mes-soucis, l'œuvre de ma vie, sera protégé par l'intérêt que vous et d'autres y prenez, et sera ainsi préservé pour l'avenir. Je verrai advenir des temps meilleurs, ne fût-ce que de loin. »

Nommé chef du gouvernement, Mihaly Karolyi (1875-1955) proclama la République. En janvier 1919, il fut élu président mais, trois mois plus tard, Bela Kun (1886-1939), allié aux socialistes, proclama la République des conseils inspirée par la révolution bolchevique : « Nous étions dans une situation très favorable, écrit Georg Lukacs, car, avec ou sans le socialisme, la vie culturelle hongroise était d'une grande richesse [...]. Dès le premier jour, la totalité des intellectuels était disposée à collaborer avec le régime. »

A cette date la Société psychanalytique de Budapest s'enrichit de plusieurs membres : Melanie Klein, Zsigmond Pfeifer, Geza Roheim, Imre Hermann, Erzsebet Revesz (1887-1923). A la faveur de l'instauration de la Première République, les étudiants de la faculté de médecine rédigèrent une pétition par laquelle ils réclamaient l'enseignement de la psychanalyse à l'université. Ils citaient les noms de Freud, d'Eugen Bleuler*, de James Jackson Putnam* pour exiger la création d'une chaire qui serait confiée à Ferenczi. Après le rapport négatif d'un premier expert, qui qualifia la psychanalyse de « pornographie », la candidature de Ferenczi fut acceptée et le décret signé par Lukacs, commissaire du peuple à l'Instruction publique et à la Culture du gouvernement de Bela Kun. Le 10 juin, Ferenczi inaugura ses cours dans un amphithéâtre où se pressaient des étudiants enthousiastes.

A cette occasion, Freud rédigea un article publié directement en hongrois : « Doit-on enseigner la psychanalyse à l'université ? » Il y inventoriait toutes les matières nécessaires au cursus de l'étudiant en psychanalyse. Non seulement il soulignait la nécessité de bien connaître l'histoire des psychothérapies* afin de comprendre les raisons objectives de la supériorité de la méthode psychanalytique, mais il proposait également un programme portant sur la littérature, la philosophie, l'art, la mythologie, l'histoire des religions et des civilisations. Freud soulignait avec force qu'en aucun cas la psychanalyse ne devait limiter son champ d'application aux affections pathologiques. Jamais ce programme ne sera réalisé : ni à Budapest, ni à Vienne, ni dans aucune université du monde.

La chute de la Commune de Budapest et la répression sanglante organisée par les troupes de l'amiral Miklos Horthy (1868-1957), qui se proclama « régent », mirent fin à l'expérience. Ferenczi perdit son poste : « L'aspect le plus répugnant des dix premières années du régime de Horthy, écrit William Johnston, fut assurément la Terreur blanche de 1920. Dans un esprit de vengeance [...] la torture fut employée à tort et à travers et la flagellation publique rétablie, tandis que les assassinats politiques étaient étouffés et que les Juifs réfugiés depuis 1914 étaient expulsés. »

La vague d'antisémitisme et de répression contraignit les psychanalystes à l'exil. La plupart d'entre eux émigrèrent, d'abord à Berlin puis à Londres (Melanie Klein, Michael Balint) ou aux États-Unis* (Sandor Rado, Geza Roheim). Expulsé par ses confrères de la Société médicale, Ferenczi fut contraint de se mettre à l'abri. Il demeura à Budapest, mais renonça à toute activité officielle pour se consacrer à son œuvre et à sa pratique clinique. En dépit du départ de ses meilleurs membres, la petite Association psychanalytique budapestoise parvint à se maintenir tant bien que mal autour d'une vingtaine de membres. En 1931, elle put même ouvrir une polyclinique pour traiter les adultes.

Le fascisme détruisit tous les espoirs de l'école hongroise de psychanalyse. Et c'est dans l'exil que ses meilleurs représentants continueront à servir sa cause.

La Hongrie ne se releva pas du régime Horthy. Après la mort de Ferenczi et l'avènement du nazisme* en Allemagne*, les conditions de l'exercice de la psychanalyse devinrent de plus en plus difficiles. Les séances de la Société furent surveillées par la police. D'abord allié à Mussolini puis à Hitler, le gouvernement du régent s'appuya sur ses milices, les Croix fléchées, pour instaurer la terreur contre les Juifs et les opposants. En 1942, l'association fut interdite et Hollos, qui avait pris la suite de Ferenczi à sa direction, échappa de peu à la déportation grâce à l'action du diplomate suédois Raoul Wallenberg. En mars 1944, après l'invasion de la Hongrie par les troupes allemandes, plusieurs psychanalystes périrent dans des camps d'extermination : Miklos Gimes (médecin et élève en formation), Zsigmond Pfeifer, Geza Dukes (spécialiste de la délinquance infantile), Nikola Sugar*, Josef Eisler (neurologue et critique d'art). Seul Imre Hermann demeura à Budapest : jusqu'à la fin de sa vie, il parvint à y entretenir la flamme en compagnie de quelques autres praticiens.

Après la prise du pouvoir par les communistes, la Hongrie dut subir la croisade menée contre la psychanalyse dans le cadre de la *Jdanovchtchina,* et la Société budapestoise fut dissoute en 1948. Néanmoins, grâce à la présence très « patriarcale » de Hermann, le groupe hongrois parvint à survivre sous couvert de l'Association psychiatrique hongroise.

En 1971, à la suite de discussions avec la direction de l'IPA, Hermann demanda que le groupe fût réintégré comme société composante, ce qui lui fut refusé. Les psychanalystes hongrois, qui avaient tant lutté pour maintenir une pratique à Budapest, furent donc traités comme des débutants et invités à se soumettre à la procédure d'admission classique. Reconnue d'abord comme groupe d'études, la société fut ensuite acceptée comme société provisoire en 1983 au congrès de l'IPA de Madrid, un an avant la mort de Hermann. Elle prit le nom de Magyar Pszichoanalitikus Egyesulet (MPE) et publia une revue : *Psychiatria hungarica.* A la fin du XXe siècle, elle compte quarante-cinq membres, dont les principaux sont des élèves de Hermann, notamment Livia Nemes, Gyorgy Hidas, Gyorgy Vikar, qui se sont efforcés de faire connaître à la jeune génération* l'histoire de la tenace école hongroise.

● Sigmund Freud, « Doit-on enseigner la psychanalyse à l'université ? », (1919), *SE,* XVII, 169-173, in *Résultats, idées, problèmes,* I, Paris, PUF, 1984, 239-243. *Action poétique,* 49, numéro spécial sur la Commune de Budapest, 1972. Gyorgy Vikar, « L'école de Budapest », *Critique,* 346, mars 1976, 237-252. Charles Dautrey et Jean-Claude Guerlain (éd.), *L'Activisme hongrois,* Bayeux, Goutal-Darly, 1979. Livia Nemes, « Le destin des psychanalystes hongrois pendant les années du fascisme », *Le Coq-Héron,* 98, 1986. Jean-Michel Palmier, « La psychanalyse en Hongrie », *in* Roland Jaccard (éd.), *Histoire de la psychanalyse*, vol. 2, Paris, Hachette, 1982, 145-187. William M. Johnston, *L'Esprit viennois. Une histoire intellectuelle et sociale, 1848-1938* (New York, 1972), Paris, PUF, 1985. « Situation de la psychanalyse en Hongrie », entretien avec Gyorgy Hidas, in *Revue internationale d'histoire de la psychanalyse*, 1, 1988, 505-508. Michelle Moreau-Ricaud, « La création de l'école de Budapest », *Revue internationale d'histoire de la psychanalyse*, 3, 1990, 419-437. André Haynal, « La psychanalyse hongroise sous les régimes totalitaires », *Revue internationale d'histoire de la psychanalyse*, 5, 1992, 541-551 ; Eva Brabant-Gerö, *Ferenczi et l'école hongroise de psychanalyse*, Paris, L'Harmattan, 1993.

▷ COMMUNISME. FREUDO-MARXISME. HISTOIRE DE LA PSYCHANALYSE. TECHNIQUE PSYCHANALYTIQUE.

HORDE PRIMITIVE

▷ *TOTEM ET TABOU*.

HORNEY Karen, née Danielsen (1885-1952)

psychiatre et psychanalyste américaine

Née à Eilbeck près de Hambourg en Allemagne*, Karen Horney était issue d'une famille protestante. Son père, d'origine danoise, était capitaine de marine, et sa mère, âgée de vingt ans de moins que lui, l'avait épousé non par amour, mais de peur d'être laissée pour compte. Fille d'un architecte, elle se sentait supérieure à lui socialement et lui reprochait son orthodoxie luthérienne, son conservatisme, ses imprécations et ses prières. Elle s'en sépara en 1904.

Dès sa jeunesse, Karen voua un amour sans partage à sa mère et rejeta son père qui refusait qu'elle fît des études et souhaitait qu'elle se consacrât aux travaux ménagers. Comme toutes les femmes de sa génération, elle dut mener une lutte violente pour accéder à la liberté de faire ses propres choix. Soutenue par sa mère, elle put s'inscrire à la faculté de médecine de Fribourg.

Marquée par la mésentente parentale et soucieuse d'échapper au destin qu'on lui avait assigné, elle manifesta sa rébellion en ayant de nombreuses relations amoureuses. Elle échappait ainsi à une dépression latente. Cependant, contrairement à d'autres femmes de son époque qui préféraient la liberté à la maternité, elle eut très tôt le désir d'avoir plusieurs enfants. En octobre 1909, elle s'installa à Berlin où elle épousa Oskar Horney, qui allait bientôt devenir un riche industriel. C'est là qu'elle fit la connaissance de Karl Abraham*, avec lequel elle entra en analyse. Très vite, il attribua ses symptômes dépressifs à l'attirance qu'elle ressentait pour les hommes forts et à une admiration refoulée pour son père. Abraham appliquait ainsi au cas « Horney » la thèse classique de l'envie du pénis qui sera contestée par Melanie Klein*, Ernest Jones* et l'école anglaise. Il développera cette thèse au congrès de l'International Psychoanalytical Association* (IPA) de La Haye en 1920, en affirmant que les femmes désirent inconsciemment être des hommes parce que, dans leur enfance, elles ont eu envie du pénis et ont souhaité avoir un enfant de leur père. Cette interprétation simpliste eut sur la cure de Karen Horney un effet désastreux. Redoutant d'être soumise à un « transfert paternel », la jeune femme interrompit son analyse. Par la suite, elle ne cessera de valoriser le principe de l'auto-analyse* (contre la cure classique) et regardera comme une insulte faite aux femmes la théorie de la sexualité féminine*. Nul doute qu'à travers sa critique de l'œuvre freudienne elle s'attaquait d'abord à la manière dont Abraham l'avait sauvagement traitée.

Quand son père mourut, alors qu'elle était enceinte de sa première fille (elle en aura trois), elle traversa un état de dépression accrue. Quelques mois plus tard, juste après son accouchement, elle perdit sa mère, le « grand amour de [son] enfance », et songea alors à reprendre une cure avec un autre analyste. Elle y renonça finalement, préférant se réfugier dans l'auto-analyse.

Dès 1912, elle présenta un travail sur l'éducation des enfants, puis, après la guerre, elle choisit le divan de Hanns Sachs* pour faire une analyse didactique*. S'intégrant au mouvement psychanalytique, elle fut la première femme enseignante de l'Institut psychanalytique berlinois et la première aussi à critiquer la fameuse thèse freudienne sur la féminité en répondant à Abraham au congrès de l'IPA de Berlin en 1922.

Dans l'entre-deux-guerres, l'interrogation sur la relation précoce de l'enfant à sa mère, et sur la spécificité de la sexualité féminine, conduisit à la refonte théorique complète du système de pensée freudien dont le kleinisme* fut l'une des composantes majeures. De l'intérêt porté au père, au patriarcat* et à l'Œdipe* classique on passa à une redéfinition du maternel, du féminin et à une critique de ce qui était ressenti comme un pouvoir masculin.

Dans cette perspective, Karen Horney quitta le terrain du freudisme* pour s'orienter vers le culturalisme*. Elle chercha alors à fonder la psychologie de la femme sur une identité propre, en rupture avec la notion d'universalisme du genre humain. En 1926, elle affirma que la société masculine refoulait l'envie de maternité des hommes. Puis, en 1930, elle développa la thèse selon laquelle la psychanalyse elle-même, en tant qu'œuvre du « génie masculin », ne pouvait en aucun cas résoudre la question féminine.

Les positions de Karen Horney n'étaient pas éloignées de celles de Wilhelm Reich* ou d'Erich Fromm*, eux-mêmes en rupture avec le mouvement psychanalytique international. En 1932, séparée depuis cinq ans de son mari et marginalisée dans sa société, elle décida d'émigrer aux États-Unis. Elle s'installa à Chicago où Franz Alexander*, qui avait été son étudiant, la nomma *assistant director* de l'institut qu'il venait de fonder. Un an plus tard, elle obtint la citoyenneté américaine et commença une nouvelle vie, émaillée de nouvelles liaisons amoureuses. En 1934, devenue la compagne d'Erich Fromm, lui-même émigré, elle accepta un poste d'enseignante à la Société psychanalytique de Washington-Baltimore. Mais c'est à New York qu'elle s'installa et, malgré l'opposition virulente de Sandor Rado*, elle fut élue membre de la New York Psychoanalytic Society (NYPS) en 1935 où, pendant plusieurs années, elle eut un succès considérable auprès des étudiants par ses cours et ses publications. Quand Marianne, sa fille, embrassa la carrière de psychiatre, elle n'hésita pas à suivre pendant quatre ans une analyse avec Erich Fromm.

En décembre 1936, à l'occasion d'un passage par Berlin où elle devait se rendre dans le cadre de sa procédure de divorce, Karen Horney donna une conférence à l'Institut de psychothérapie dirigé par le nazi Matthias Heinrich Göring*. Ce dernier se montra ravi de son antifreudisme et, à sa requête, elle lui fit parvenir un exemplaire du texte sur lequel reposait son intervention : « Le besoin névrotique d'amour ».

A cette date, sa soif de reconnaissance avait pris le pas sur son combat en faveur de la féminité. Devenue célèbre, Karen Horney se montrait désormais d'un autoritarisme aussi « masculin » que celui qu'elle critiquait chez les hommes, et c'est sans doute cet amour de soi qui explique son aveuglement à l'égard de Göring. Comme certains psychanalystes hommes, elle transgressa les règles de la cure en ayant une liaison avec l'un de ses analysants.

En 1941, jalousée par ses collègues qui enviaient son succès, elle fut interdite de formation et donc contrainte, comme plus tard Jacques Lacan*, à quitter la NYPS. Elle fonda alors l'Association for the Advancement of Psychoanalysis (AAP) où furent bientôt admis, comme membres ou conférenciers, quelques-uns des grands dissidents du freudisme légitimiste engagés sur la voie du culturalisme : parmi eux, Harry Stack Sullivan*, Margaret Mead*, Abram Kardiner*, Clara Thompson (1893-1958). Mais bientôt, Sullivan et Thompson quittèrent le nouveau groupe à la suite de l'interdiction faite à Fromm d'enseigner parce qu'il n'était pas médecin.

A partir de 1950, Karen Horney développa une nouvelle théorie, « l'autoréalisation de soi », qui n'était pas sans rapport avec d'autres courants du néofreudisme* américain fondés sur la reconstruction du *self* ou l'autonomie du moi. Elle mourut d'un cancer en 1952.

• Karen Horney, *La Psychologie de la femme* (New York, 1967), Paris, Payot, 1969 ; *L'Auto-analyse* (New York, 1943), Paris, Stock, 1993. Susan Quinn, *A Mind of her Own. The Life of Karen Horney*, New York, Summit Books, 1987. Janet Sayers, *Les Mères de la psychanalyse* (Londres, 1991), Paris, PUF, 1995.

▷ ANTHROPOLOGIE. AUTO-ANALYSE. CULTURALISME. *EGO PSYCHOLOGY*. ÉTATS-UNIS. FEMMES. RANK Otto. SEXUALITÉ FÉMININE.

HOSPITALISME

Allemand : *Hospitalismus*. Anglais : *Hospitalism*.

Terme créé par René Spitz* en 1945 pour désigner un état d'altération profonde, physique et psychique, qui s'installe progressivement chez de très jeunes enfants pendant les dix-huit premiers mois de la vie à l'occasion d'un abandon ou d'un séjour prolongé dans une institution hospitalière.

Les signes de l'hospitalisme, différents de ceux de la dépression anaclitique*, se manifestent par un retard du développement corporel, par une incapacité d'adaptation à l'environnement, parfois par un mutisme qui ressemble à un autisme* et peut mener à la psychose*. En cas de carence affective totale, liée à l'absence de tout lien maternel, les troubles peuvent aller jusqu'au marasme et à la mort. Les études menées par René Spitz ont conduit, après 1945, et dans tous les pays du monde, à une réforme des conditions de l'hospitalisation des tout-petits à partir de l'enseignement de la psychanalyse. En France*, c'est Jenny Aubry* qui fut la première à démontrer les carences affectives en milieu hospitalier.

▷ PSYCHANALYSE DES ENFANTS.

HUG-HELLMUTH Hermine von, née Hug von Hugenstein (1871-1924)
psychanalyste autrichienne

Née à Vienne*, Hermine Hug von Hugenstein était la fille d'un officier de l'armée austro-hongroise, dont la famille, nourrie d'antisémitisme, avait été ruinée par la crise boursière et économique de 1873. A l'âge de 12 ans, elle vit mourir sa mère d'une longue maladie et fut marquée toute son enfance par la violente rivalité qui l'opposait à sa sœur aînée Antonia. D'abord institutrice, elle fut admise comme étudiante à l'université de Vienne, où elle soutint une thèse de doctorat consacrée à quelques aspects de la radioactivité. Elle retourna ensuite à son premier métier et c'est alors qu'elle entreprit, à l'âge de 36 ans, une analyse avec Isidor Sadger* qui était aussi son médecin de famille. Avec un tel analyste, Hermine se trouva confortée dans sa pathologie : dogmatisme, rigidité, sentiment de persécution.

En 1913, elle devint membre de la Société psychologique du mercredi* sous le nom de Hermine von Hug-Hellmuth, juste après l'éprouvante rupture entre Sigmund Freud* et Carl Gustav Jung*. Freud lui confia la rubrique consacrée à la psychanalyse des enfants* dans la revue *Imago**. C'est ainsi qu'elle devint, après lui et juste avant Anna Freud* et Melanie Klein*, la première praticienne de ce domaine. Elle développa des activités de jeu et de dessin, et publia des articles sur le sujet.

Fascinés par cette « doctoresse », qui était d'une orthodoxie sans faille, Freud et ses fidèles ne s'aperçurent pas – ou ne voulurent pas voir – que Hermine von Hug-Hellmuth appliquait les thèses du maître au « cas » de son jeune neveu, en se livrant à des interprétations sauvages. Ainsi, quand celui-ci lui raconta dans une lettre qu'il avait tué cinq guêpes à l'aide d'un bâton enfoncé dans un nid, puis qu'il s'était fait piquer, elle commenta cet événement en langue de bois : « Il nous y dévoile une bonne part de sa curiosité sexuelle et de son sadisme qui s'exprime dans l'acte de percer le nid [...]. Il révèle le désir qu'il éprouve pour sa mère et son esprit retors », etc.

Né en 1906, Rolf Hug était le fils naturel d'Antonia, demi-sœur de Hermine. Quand sa mère mourut, il fut envoyé chez une nourrice, changea dix-huit fois de domicile, et eut quatre tuteurs successifs, dont Sadger. A l'âge de 13 ans, il finit par être hébergé chez sa tante. A force d'expérimenter sur lui les thèses freudiennes, celle-ci fut la victime de son cobaye. En septembre 1924, cherchant à lui dérober de l'argent et voyant qu'elle se mettait à crier, Rolf l'étrangla après lui avoir enfoncé un bâillon dans la gorge.

La communauté psychanalytique viennoise fut éclaboussée par ce scandale. Condamné à douze ans de prison, Rolf fut libéré en 1930 et s'empressa d'aller demander de l'argent à Paul Federn*, alors président de la Wiener Psychoanalytische

Vereinigung (WPV). Il voulait ainsi être dédommagé d'avoir servi de matériel humain aux expériences interprétatives de sa tante. En guise de réponse, Edward Hirschmann* lui conseilla de suivre une cure avec Helene Deutsch*.

Hermine von Hug-Hellmuth ne fut pas seulement l'héroïne de ce tragique feuilleton. Pionnière de la psychanalyse des enfants*, elle se montra aussi une remarquable faussaire, en fabriquant de toutes pièces ce qui restera comme son œuvre majeure : *Le Journal d'une adolescente de 11 à 14 ans et demi*. Elle avait d'ailleurs de qui tenir, puisque dans sa famille on avait toujours soigneusement dissimulé la vérité et falsifié l'état civil. Ainsi, Antonia passait pour la sœur de Hermine, alors qu'elle était une enfant illégitime et masquait son âge réel.

Réalisé à partir des véritables souvenirs d'enfance de Hermine, le *Journal* fut présenté au public en 1919, par une éditrice anonyme, comme l'authentique journal d'une vraie adolescente nommée Grete Lainer. Le nom de l'auteur était calqué sur celui de la mère de Hermine (Leiner). L'ouvrage était accompagné d'une lettre-préface de Sigmund Freud, datée de 1915, où l'on pouvait lire qu'il s'agissait d'un joyau témoignant de la sincérité dont était capable l'âme enfantine dans l'état présent de la civilisation. Que Freud se soit laissé abuser par cette supercherie, qui illustrait à merveille ses thèses, n'empêcha pas Cyril Burt, membre de la British Psychoanalytical Society (BPS), de la dénoncer. Il s'y connaissait d'autant mieux qu'il eut lui-même recours à l'usage de faux pour théoriser ses hypothèses sur l'hérédité de l'intelligence.

Salué par Stefan Zweig* et Lou Andreas-Salomé*, le *Journal* eut un succès considérable. A l'occasion de la réédition de 1923, Hermine von Hug-Hellmuth se déclara, dans une nouvelle préface (datée de 1922), comme l'éditrice du document qu'elle présenta comme le « vrai » journal d'une « vraie » adolescente et non pas une fiction écrite par elle. Il fut tout de même retiré par Freud de la circulation.

Après la mort de son auteur, l'affaire du meurtre et du faux journal fut effacée des annales du mouvement freudien, au point qu'à la fin du XXe siècle certains psychanalystes croient encore que le meurtre et la falsification sont des calomnies diffusées par les ennemis de Freud. Il fallut attendre les travaux de l'historien américain Paul Roazen, de l'historien autrichien Wolfgang Huber (1931-1989), de la psychologue suisse Angela Graf-Nold et enfin du germaniste français Jacques Le Rider pour que l'ensemble du dossier soit connu dans ses moindres détails.

Ces trois auteurs n'adoptent d'ailleurs pas le même point de vue. Seule Angela Graf-Nold se place dans la perspective d'une historiographie* révisionniste et antifreudienne pour contester la réalité de la sexualité infantile.

En France, le *Journal* fut traduit par Clara Malraux (1897-1982) et publié en 1928 dans une version abrégée. Il fut ensuite réédité tel quel en 1975 puis en 1987 et 1988. En chacune de ces occasions, il fut présenté, par des psychanalystes peu soucieux d'histoire, comme le « vrai » journal d'une « vraie » adolescente. Dans le volume XII des *Œuvres complètes* de Freud, réalisé par l'équipe de Jean Laplanche et André Bourguignon (1920-1996), la préface de Freud est accompagnée d'une notice qui ne mentionne pas la réédition française de 1975 et confond l'édition viennoise de 1919 avec celle de 1923. L'authenticité du *Journal* n'est pas mise en doute, Cyril Burt est traité de falsificateur et l'histoire du meurtre n'est pas mentionnée.

● Hermine von Hug-Hellmuth, *Journal psychanalytique d'une petite fille* (Vienne, 1919, 1923), Paris, Denoël, 1988, préface de Sigmund Freud, *OC*, XIII, 305, *GW*, X, 456, *SE*, XIV, 341 ; *Essais psychanalytiques. Destin et écrits d'une pionnière de la psychanalyse*, textes réunis, présentés et traduits par Dominique Soubrenie, préface de Jacques Le Rider, postface d'Yvette Tourne, Paris, Payot, 1991. Paul Roazen, *La Saga freudienne* (New York, 1971), Paris, PUF, 1986. Wolfgang Huber, « Die erste Kinderanalytikerin », in *Psychoanalyse als Herausforderung, Festschrift*, Vienne, I.A. Caruso, 1980. Angela Graf-Nold, « Der Fall Hermine Hug-Hellmuth », *Eine Geschichte des frühen Kinder-Psychoanalyse*, Munich-Vienne, Verlag Internationale Psychoanalyse, 1988. George MacLean et Ulrich Rappen, *Hermine Hug-Hellmuth. Her Life and Work*, New York et Londres, Routledge, 1991.

HYPNOSE

Allemand : *Hypnose*. Anglais : *Hypnosis*.

Terme dérivé du grec *hupnos* (sommeil) et systématisé entre 1870 et 1878 pour désigner un état modifié de conscience (somnambulisme ou état hypnoïde) provoqué par la suggestion* d'une personne par une autre personne.

L'hypnotisme est un mot forgé en 1843 par le médecin écossais James Braid (1795-1860) pour définir l'ensemble des techniques qui permettent de provoquer un état d'hypnose chez un sujet à des fins thérapeutiques. La suggestion a lieu alors entre un médecin hypnotiseur et un malade hypnotisé. Les deux mots, hypnose et hypnotisme, sont souvent utilisés dans la même acception.

En 1784, au moment même où à Paris la théorie du magnétisme animal de Franz Anton Mesmer* était condamnée par les experts de l'Académie des sciences et de la Société royale de médecine, le marquis Armand de Puységur (1751-1825) démontrait dans son village de Buzancy la nature psychologique et non « fluidique » de la relation thérapeutique en substituant à la cure magnétique un état de « sommeil éveillé » ou « somnambulisme ». Surtout, il remarquait que Victor Race (son « patient »), loin d'accomplir ses ordres, les devançait et même imposait sa volonté à son magnétiseur par des mots, par la verbalisation de ses symptômes, sans connaître de crise convulsive. C'est ainsi qu'à la veille de la Révolution de 1789 naquit l'idée qu'un maître (un savant, un médecin ou un noble) pouvait être limité dans l'exercice de son pouvoir par un sujet* capable de parler, fût-il son inférieur (un valet, un malade, un paysan, etc.).

En 1813, l'abbé José Custodio de Faria (1756-1819) reprit la même idée après avoir participé au mouvement révolutionnaire. Critiquant toutes les théories du « fluide », il ouvrit à Paris un cours public sur le « sommeil lucide » et démontra que l'on pouvait endormir des sujets en concentrant leur attention sur un objet ou un regard. Le sommeil dépendait alors non de l'hypnotiseur, mais de l'hypnotisé. En 1845, Alexandre Dumas (1802-1870) fit de l'abbé Faria un personnage de légende dans son roman *Le Comte de Monte-Cristo*.

Avant que cette belle idée de liberté de parole, propre à la philosophie des Lumières, fasse son chemin et soit reprise par Sigmund Freud*, il fallut que se déploie, sur les ruines du magnétisme, la longue aventure de l'hypnose.

Progressivement débarrassés du « fluide », les magnétiseurs de la première moitié du XIXe siècle commencèrent à pratiquer un hypnotisme spontané en provoquant chez les malades nerveux des états somnambuliques. Cette méthode d'exploration favorisait le dévoilement des secrets pathogènes nocifs enfouis dans l'inconscient* et responsables du mauvais état psychique des sujets.

A partir de 1840 déferla sur l'Europe et les États-Unis* une grande vague de spiritisme*. Entre les femmes qui se transformaient en voyantes dotées de personnalités multiples et les médecins qui hésitaient à croire à une possible communication avec l'au-delà, l'hypnotisme permit de donner un statut rationnel à la relation thérapeutique. James Braid, qui introduisit le mot, réfuta définitivement la théorie fluidique pour une explication de type physiologique et substitua à la technique mesmérienne des « passes » la fixation sur un objet brillant, à laquelle Faria avait déjà pensé.

C'est Auguste Liébeault* qui reprit l'enseignement de Braid, et, à sa suite, Hippolyte Bernheim*. En 1884, ils fondèrent tous deux l'École de Nancy qui devint la grande rivale de l'École de la Salpêtrière dominée par l'enseignement de Jean Martin Charcot*.

La querelle entre les deux écoles qui eut pour enjeu fondamental la question de l'hystérie* dura une bonne décennie. Tandis que Charcot assimilait l'hypnose à un état pathologique, à une crise convulsive et utilisait l'hypnotisme pour soustraire l'hystérie à la simulation et lui donner le statut d'une névrose*, Bernheim la considérait comme un processus normal. Ainsi voyait-il dans l'hypnotisme une technique de suggestion permettant de soigner des malades. Renouant avec le projet de mettre en œuvre une thérapie fondée sur une pure relation psychologique, il ouvrit la voie à l'épanouissement des diverses psychothérapies* de la deuxième psychiatrie dynamique*. C'est pourquoi il accusa Charcot de « fabriquer » des hystériques par suggestion.

La querelle qui opposa les deux écoles et mobilisa tous les spécialistes européens des maladies de l'âme indiquait combien l'hypnose était porteuse d'un nouvel espoir de guérison, alors même que la nosographie psychiatrique de la fin du XIXe siècle s'épuisait dans le nihilisme thérapeutique à force de préconiser des traitements inutiles – camisoles, baignoires, électricité, etc. – et de construire des classifications rigides d'où la souffrance du sujet était bannie.

Marqué à la fois par l'enseignement de Charcot et par celui de Bernheim, Freud abandonna très vite l'hypnose pour la *catharsis**, comme le montrent les *Études sur l'hystérie**. Les raisons de cet abandon et de ce désintérêt ont fait l'objet de multiples commentaires contradictoires. Elles sont pourtant assez simples. Si Freud n'aimait pas l'hypnose et s'il considérait l'hypnotisme comme une technique barbare ne pouvant s'appliquer qu'à un nombre restreint de malades, c'est parce que l'adoption de la psychanalyse*, comme technique de verbalisation des symptômes par la parole, permettait enfin au malade de parler librement et en pleine conscience sans avoir besoin de se livrer à un sommeil artificiel.

Un siècle après Puységur, et dans la plus pure tradition des Lumières, Freud réactualisait ainsi la grande idée de la liberté de l'homme et de son droit à la parole en ruinant d'un coup les thèses de Charcot et de Bernheim. Le premier n'utilisait l'hypnose qu'à des fins de démonstration, et le second ne soignait qu'au prix d'enfermer le malade dans la suggestion. En se détournant des deux écoles, Freud fut le seul savant de son époque à inventer un traitement qui, en libérant le malade des derniers restes d'un magnétisme devenu hypnotisme et suggestion, proposait une philosophie de la liberté fondée sur la reconnaissance de l'inconscient et de sa voie royale : le rêve*.

Avec l'épanouissement du freudisme* s'amorça le déclin de l'hypnotisme. Mais sa pratique ne disparut pas pour autant. On y recourut entre 1914 et 1918, au moment du premier conflit mondial, pour soigner les symptômes hystériques des soldats atteints de névroses de guerre*. En outre, à chaque crise du mouvement psychanalytique, la question de l'hypnose et de son possible retour se posa de nouveau. Hantés par leurs origines, plusieurs psychothérapeutes formés au freudisme eurent tendance, tout au long du XXe siècle, à revenir à l'hypnotisme, soit pour démontrer l'existence d'un reste de suggestion à l'intérieur de la relation transférentielle, soit pour dénoncer les impasses thérapeutiques de la cure freudienne classique, soit encore pour affirmer, dans une optique révisionniste, que Freud n'aurait rien inventé de nouveau et se serait fait berner par des simulatrices en état d'hypnose.

Quoi qu'il en soit, on continua à pratiquer l'hypnose, notamment en Russie*, après l'extinction du mouvement psychanalytique. Elle s'épanouit sur le terreau de la théorie pavlovienne. Aux États-Unis*, elle connut un renouveau à partir de 1960 avec les travaux du psychiatre Milton Erickson (1901-1980) qui la remit à l'honneur dans une perspective d'efficacité et d'empathie, tant pour soigner les patients atteints de troubles de la personnalité que dans le cadre des thérapies familiales* de courte durée. En France*, la technique du « rêve éveillé dirigé » de Jacques Desoille était un dérivé de l'hypnotisme et de la suggestion, de même que le *training* autogène de Johannes Schultz* en Allemagne*.

● Hippolyte Bernheim, *Hypnotisme, suggestion, psychothérapie* (1891), Paris, Fayard, coll. «Corpus des œuvres de philosophie en langue française », 1995. Joseph Delbœuf, *Le Sommeil et les Rêves,* (1885), Paris, Fayard, coll. « Corpus des œuvres de philosophie en langue française », 1993. Pierre Janet, *Les Médications psychologiques*, Paris, Alcan, 1919. Léon Chertok, *L'Hypnose* (1963), Paris, Payot, 1965. Henri F. Ellenberger, *Histoire de la découverte de l'inconscient* (New York, Londres, 1970, Villeurbanne, 1974), Paris, Fayard, 1994. Léon Chertok et Raymond de Saussure, *Naissance du psychanalyste* (1973), Paris, Synthélabo, coll. «Les empêcheurs de penser en rond », 1997. J-B. Fages, *Histoire de la psychanalyse après Freud* (Toulouse, 1976), Paris, Odile Jacob, 1996. Jacques Nassif, *Freud, l'inconscient*, Paris, Gallilée, 1977. Élisabeth Roudinesco, *Histoire de la psychanalyse en France*, vol. 1 (1982), Paris, Fayard, 1994. Mikkel Borch-Jacobsen, *Le Sujet freudien,* Paris, Flammarion, 1982 ; *Hypnoses*, en coll. avec E. Michaud et Jean-Luc Nancy, Paris, Galilée, 1984. Milton H. Erickson, *L'Hypnose thérapeutique. Quatre conférences*, Paris, ESF, 1986. Jacques-Antoine Malarewicz et J. Godin, *Milton H. Erickson, de l'hypnose clinique à la psychothérapie stratégique*, Paris, ESF, 1988. François Roustang, *Un destin si funeste*, Paris, Minuit, 1976 ; *Qu'est-ce que l'hypnose ?*, Paris, Minuit, 1994. Malcolm Macmillan, *Freud Evaluated*, Amsterdam, Elsevier, 1990. Jacques Postel, « Hypnose », *Grand Dictionnaire de la psychologie*, Paris, Larousse, 1991, 348-349. Marcel Gauchet, *L'Inconscient cérébral*, Paris, Seuil, 1992.

▷ CHERTOK Léon. HISTORIOGRAPHIE.

HYPNOTISME

▷ HYPNOSE.

HYSTÉRIE

Allemand : *Hysterie*. Anglais : *Hysteria*.

Dérivée du mot grec *hustera* (matrice, utérus), l'hystérie est une névrose* caractérisée par des tableaux cliniques variés. Son originalité réside dans le fait que les conflits psychiques inconscients s'y expriment de manière théâtrale et sous forme de symbolisations, à travers des symptômes corporels paroxystiques (attaques ou convulsions d'allure épileptique) ou durables (paralysies, contractures, cécité).

Les deux formes d'hystérie majeures théorisées par Sigmund Freud* sont l'hystérie d'angoisse, dont le symptôme central est la phobie*, et l'hystérie de conversion, où s'expriment par le corps des représentations sexuelles refoulées. A cela s'ajoutent deux autres formes freudiennes de l'hystérie : l'hystérie de défense*, qui s'exerce contre les affects déplaisants, l'hystérie de rétention, où les affects ne parviennent pas à s'exprimer par l'abréaction*.

Le terme d'hystérie hypnoïde appartient au vocabulaire de Freud et de Josef Breuer* pour la période 1894-1895. Il est employé aussi par le psychiatre allemand Paul Julius Moebius (1853-1907). Il désigne un état induit par l'hypnose* et produisant un clivage* au sein de la vie psychique.

Le terme d'hystérie traumatique appartient au vocabulaire clinique de Jean Martin Charcot* et désigne une hystérie consécutive à un traumatisme physique.

Certains termes (hystérie, inconscient*, sexualité*, rêve*) sont tellement liés à la genèse de la doctrine psychanalytique qu'ils sont devenus des « mots freudiens ». Et si les *Études sur l'hystérie**, publiées en 1895, sont regardées comme le livre inaugural de la psychanalyse*, l'hystérie demeure la maladie princeps et protéiforme qui rendit possibles non seulement l'existence d'une clinique freudienne mais aussi la naissance d'un nouveau regard sur la féminité.

A cet égard, la notion renvoie autant aux souffrances psychiques des riches bourgeoises de la société viennoise, secrètement écoutées par Freud, qu'à la misère mentale des folles du peuple, exhibées par Charcot sur la scène de l'hôpital de la Salpêtrière. D'une ville à l'autre, l'hystérie fin de siècle fit tressaillir le corps des femmes européennes, symptôme d'une rébellion sexuelle qui servit de moteur à leur émancipation politique : « L'hystérie n'est pas *une* maladie, souligne Gladys Swain, elle est *la* maladie à l'état pur, celle qui n'est rien par elle-même mais susceptible de prendre la forme de toutes les autres maladies. Elle est *état* plus qu'accident : ce qui fait la femme malade par essence. »

Dans la langue grecque, *hustera* signifie matrice. Dans l'Antiquité, et notamment chez Hippocrate, l'hystérie fut considérée comme une maladie organique d'origine utérine, et donc spécifiquement féminine, qui avait la particularité d'affecter le corps dans son entier par des « suffocations de la matrice ». Dans son *Timée*, Platon reprit la thèse hippocratique en soulignant que la femme, à la différence de l'homme, portait en son sein un « animal sans âme ». Proche de l'animalité : tel fut pendant des siècles le destin de la femme, et plus encore de la femme hystérique.

Au Moyen Age, sous l'influence des conceptions augustiniennes, on renonça à l'approche médicale de l'hystérie, et le mot lui-même ne fut plus guère employé. Les convulsions et les fameuses suffocations de la matrice étaient regardées comme l'expression d'un plaisir sexuel et donc d'un péché. Aussi furent-elles attribuées à des interventions du diable : un diable trompeur, capable de simuler les maladies et d'entrer dans le corps des femmes pour les « posséder ». La femme hystérique devint la sorcière, redécouverte de façon positive au XIXe siècle par Jules Michelet (1798-1874).

A la Renaissance, médecins et théologiens se disputèrent le corps des femmes. En 1487, avec la publication du *Malleus maleficarum*, l'Église* catholique romaine et l'Inquisition se dotèrent d'un redoutable manuel qui permettait de « détecter » les cas de sorcellerie et d'envoyer au bûcher tous ses représentants, et plus particulièrement les femmes. Pendant deux siècles encore, la chasse aux sorcières fit de nombreuses victimes alors même que l'opinion médicale tentait de résister à cette conception démoniaque de la possession. Le médecin allemand Jean Wier (1515-1588) tenta ainsi au XVIe siècle de contrer le pouvoir de l'Église et prit la défense des « possédées » en soulignant qu'elles n'étaient point responsables de leurs actes et qu'il fallait considérer les convulsionnaires de toutes sortes comme des malades mentales. En 1564, à Bâle, en pleine guerre de religion, il publia un livre, *De l'imposture du diable,* qui eut un grand retentissement. Les théologiens y virent l'empreinte du diable, et l'auteur évita de justesse les poursuites grâce à des protections princières. Gregory Zilboorg* considérera Jean Wier comme le père fondateur de la première psychiatrie dynamique*.

En réalité, c'est bien avec Franz Anton Mesmer* que s'opérera, au milieu du XVIIIe siècle, le passage d'une conception démoniaque de l'hystérie, et donc de la folie*, à une conception savante. A travers la fausse théorie du magnétisme animal, Mesmer soutint que les maladies nerveuses avaient pour origine un déséquilibre dans la distribution d'un « fluide universel ». Il suffisait alors au médecin, devenu « magnétiseur », de provoquer des crises convulsives chez les patients, des femmes en général, pour les guérir par le rétablissement de l'équilibre du fluide. De cette conception naquit la première psychiatrie dynamique, qui mit à l'honneur les « cures magnétiques ». L'hystérie échappa alors à la religion pour devenir une maladie des nerfs. Henri F. Ellenberger* souligne que c'est en 1775 que s'effectua le passage du sacré au profane, date à laquelle Mesmer remporta sa grande victoire sur l'exorciste Josef

Gassner (?-1779) en démontrant que les guérisons obtenues par celui-ci relevaient du magnétisme.

Pendant toute cette période, la thèse de la présomption utérine n'avait cessé d'être contestée. Tout en contournant la question de la possession démoniaque, de nombreux médecins pensaient que la maladie venait du cerveau et qu'elle frappait les deux sexes : d'où l'idée de l'existence d'une hystérie masculine que Charles Lepois (1563-1633), médecin français, originaire de la ville de Nancy, fut le premier à établir en 1618. L'hypothèse cérébrale conduisit à une « désexualisation » de l'hystérie sans mettre fin à la vieille conception de l'animalité de la femme. Cependant, au XVIIe siècle, on put invoquer, à la place de l'ancienne suffocation de la matrice, le rôle des émotions, des « vapeurs », des « humeurs », au point d'ailleurs de confondre en une même entité l'hystérie et la mélancolie* : « Jusqu'à la fin du XVIIIe siècle, écrit Michel Foucault, jusqu'à Pinel, l'utérus et la matrice demeureront présents dans la pathologie de l'hystérie, mais grâce à la diffusion par les humeurs et les nerfs et non par un prestige particulier de leur nature. »

En 1859, avant l'entrée en scène des thèses de Charcot, l'hypothèse cérébrale fut affirmée une dernière fois encore par le médecin français Pierre Briquet (1796-1881) qui fit entrer dans l'hystérie des phénomènes « sociologiques » ou « matériels » tels que les conditions de vie et de travail, les cycles de la nature et même les mouvements des astres. L'avènement de la société industrielle (et surtout la généralisation du chemin de fer avec son cortège d'accidents traumatiques qui frappaient *d'abord* les hommes) ouvrit la voie à un large débat sur l'hystérie masculine.

La révolution pinélienne donna naissance à l'aliénisme moderne et mit fin aux thèses démonologiques au profit d'une conception psychiatrique de la maladie mentale incluant l'hystérie. Deux tendances s'affrontèrent : les tenants de l'organicisme d'un côté, les artisans de la psychogenèse de l'autre. Pour les premiers, l'hystérie était une maladie du cerveau de nature physiologique ou à substrat héréditaire, pour les seconds une affection psychique, c'est-à-dire une névrose. Ce terme, qui fera fortune, avait été introduit en 1769 par un médecin écossais, William Cullen (1710-1790). Il y rangeait les affections mentales sans origine organique en les qualifiant de « fonctionnelles », c'est-à-dire sans inflammation ni lésion de l'organe où apparaît la douleur. Ces affections étaient donc des *maladies nerveuses.*

Parallèlement se développait sur les ruines du magnétisme mesmérien un courant thérapeutique qui allait aboutir, *via* l'hypnose*, à l'invention des psychothérapies modernes, parmi lesquelles la plus novatrice : la psychanalyse.

En 1840, tous les grands corps de la médecine découragèrent les études sur le magnétisme, et c'est en Angleterre qu'en 1843 le médecin écossais James Braid (1795-1860) forgea le mot hypnotisme (du grec *hupnos :* sommeil). A l'ancienne théorie fluidique il substitua la notion de stimulation physico-chimico-psychologique, montrant ainsi l'inutilité d'une intervention de type magnétique.

En liant l'hypnotisme et la névrose, Charcot redonna une dignité à l'hystérie. Non seulement il abandonna la thèse de la présomption utérine, au point de refuser de prendre en compte officiellement l'étiologie sexuelle, mais, en faisant de la maladie une névrose, il libéra les femmes hystériques du soupçon de simulation.

La notion moderne de névrose hystérique vit le jour en même temps que se produisait dans le monde occidental, entre 1880 et 1900, une véritable épidémie de symptômes hystériques. Or écrivains, médecins, historiens s'accordèrent pour voir dans les crises de la société industrielle des signes convulsifs de nature féminine. Les masses ouvrières furent ainsi traitées d'hystériques quand elles se mettaient en grève tandis que les foules furent renvoyées à leurs « fureurs utérines » quand elles menaçaient l'ordre établi.

Ramenée à une cause traumatique ayant un lien avec le système génital, l'hystérie de Charcot devint pendant ce temps une maladie fonctionnelle, d'origine héréditaire, affectant aussi bien les hommes que les femmes. D'où la reprise des thèses de Lepois sur l'existence d'une hystérie masculine à laquelle on attribuait une cause traumatique : l'accident ferroviaire par exemple.

Théoricien de la névrose, Charcot utilisait l'hypnose non pas pour guérir ou soigner ses malades, mais pour démontrer le bien-fondé de ses hypothèses. En hypnotisant les « folles » de la Salpêtrière, il fabriquait expérimentalement des symptômes hystériques pour les supprimer aussitôt et démontrer le caractère névrotique de la maladie. Aussi fut-il accusé par Hippolyte Bernheim*, élève d'Ambroise Liébeault* et chef de file de l'École de Nancy, de fabriquer par suggestion* des symptômes hystériques et d'attenter à la dignité des malades, qui, au lieu d'être soignés, servaient de cobayes aux démonstrations d'un maître uniquement préoccupé de classifications.

En fait, deux grands courants de la pensée médicale s'affrontaient dans ce débat. Issue de la neurologie et de la tradition de l'aliénisme, l'École de la Salpêtrière, animée par un idéal républicain et la valorisation des « grands patrons », transformés en monarques du savoir, mettait la recherche théorique au centre de ses préoccupations. Au contraire, l'École de Nancy, plus culturaliste, se réclamait d'une médecine des pauvres et des exclus, et donc d'une tradition thérapeutique dans laquelle le bien-être des malades avait le pas sur tout le reste.

A la fois théoricien et thérapeute, Freud admirait néanmoins beaucoup plus Charcot (qu'il considérait comme un maître) que Bernheim. Cependant, il s'inspira autant de l'École de la Salpêtrière que de celle de Nancy pour revendiquer, contre les médecins de Vienne* (Theodor Meynert* ou Richard von Krafft-Ebing*), les hypothèses françaises. Son cheminement fut dialectique. Il renvoya dos à dos les thèses de Charcot et celles de Bernheim, tout en tirant de l'un et de l'autre des leçons fructueuses. Si le premier avait ouvert la voie à une nouvelle conceptualité de l'hystérie, le second avait montré, *contre* le premier, le principe de son traitement psychique.

Entre 1888 et 1893, Freud forgea donc un nouveau concept d'hystérie. Il reprit à Charcot l'idée de l'origine traumatique. Mais, par la théorie de la séduction*, il affirma que le trauma avait des causes sexuelles, soulignant que l'hystérie était le fruit d'un abus sexuel réellement vécu par le sujet dans l'enfance.

A la fin du siècle, tous les spécialistes des maladies nerveuses reconnaissaient l'importance du facteur sexuel dans la genèse des symptômes névrotiques, et notamment pour l'hystérie. Mais aucun d'eux ne savait comment théoriser cette constatation. Et ce fut Freud qui résolut la question. En un premier temps, jusqu'en 1897, il adopta les idées partagées par de nombreux médecins de l'époque et élabora sa théorie de l'origine traumatique (séduction réelle). Puis, en un deuxième temps, il y renonça pour inventer la notion de fantasme* et arracher celle de *libido** à la sexologie*.

Trois hommes lui avaient suggéré l'idée de l'origine traumatique sexuelle : Charcot, Breuer et le gynécologue viennois Rudolf Chrobak (1843-1906). Le premier lui avait un jour murmuré à l'oreille : « Dans ce cas, c'est toujours la chose génitale, toujours… » Le deuxième lui avait parlé de « secrets d'alcôve ». Quant au troisième, à propos d'une patiente encore vierge après dix-huit ans de mariage, il avait énoncé devant lui, en latin, la prescription suivante : « *Penis normalis, dosim repetatur.* »

Du côté de la technique thérapeutique, Freud reprit à Bernheim l'idée de suggestion, qu'il n'aimait pas. Il l'abandonna ensuite au profit d'une élaboration de la notion de transfert*, après être passé de la méthode cathartique de Breuer à celle de la libre association*.

Dans les *Études sur l'hystérie*, ouvrage magistral tant par son apport théorique que par l'exposé clinique des histoires de malades, furent avancés les grands concepts d'une nouvelle appréhension de l'inconscient* : le refoulement*, l'abréaction*, la défense*, la résistance* et enfin la conversion, grâce à laquelle il devenait possible de comprendre comment une énergie libidinale se transformait en une innervation somatique, en une *somatisation* ayant une signification symbolique.

Après l'abandon de la théorie de la séduction, puis la publication en 1900 de *L'Interprétation des rêves**, c'est le conflit psychique inconscient qui fut reconnu par Freud comme la cause majeure de l'hystérie. Il affirma dès lors que les hystériques ne souffraient plus de « réminiscences », comme dans les *Études*, mais de fantasmes. Même si dans l'enfance elles avaient subi des abus ou des violences, le trauma ne servait plus d'explication unique à la question de la sexualité humaine. A côté de la réalité matérielle, affirmait Freud, il existe une réalité psychique* aussi importante au regard de l'histoire du sujet*. De même, la conversion doit être regardée comme un mode de réalisation du désir* : un désir toujours insatisfait.

La théorisation de la sexualité infantile permit ensuite à Freud de repérer le conflit « nucléaire » de la névrose hystérique (l'impossibilité pour le sujet de liquider le complexe d'Œdipe* et d'éviter l'angoisse de castration*, qui le conduit à rejeter la sexualité) : « Je tiens sans hésiter pour hystérique, déclarait Freud à propos de Dora, toute personne chez laquelle une occasion d'excitation sexuelle provoque surtout et exclusivement un dégoût, que cette personne présente ou non des symptômes somatiques. » L'élaboration de ces divers thèmes est saisissable dans la manière dont Freud rédige en janvier 1901 le récit de la cure menée avec Ida Bauer*. Sous le pseudonyme de Dora, cette jeune fille allait devenir le cas princeps de l'hystérie dans la conception freudienne parvenue à sa maturité. Il sera commenté par toute la littérature post-freudienne autant que le cas « Anna O ». (Bertha Pappenheim*). A cette époque, Freud maintenait toutefois l'idée que l'hystérie, sans avoir sa source dans un trauma, pouvait relever d'un mécanisme héréditaire. Il estimait en effet que les descendants de personnes atteintes de syphilis étaient prédisposés à des névroses graves.

Les épidémies hystériques de la fin du XIXe siècle contribuèrent tellement à la naissance puis à l'essor du freudisme* que la notion même d'hystérie disparut du champ de la clinique. Non seulement les malades ne présentèrent plus les mêmes symptômes, puisque ceux-ci avaient été clairement reconnus et détachés de toute simulation, mais quand, par hasard, ces symptômes revenaient, ils n'étaient plus classés dans le registre de la névrose mais dans celui de la psychose* : on commença alors à parler de *psychose hystérique*, terme que Freud avait écarté, puis on mêla celle-ci à la nouvelle nosographie bleulérienne de la schizophrénie*. A partir de 1914, plus personne n'osa parler d'hystérie tant le mot était identifié à la psychanalyse elle-même.

En France*, la notion fut démembrée par les deux principaux élèves de Charcot : Pierre Janet* et Joseph Babinski*. Le premier la considéra comme « un rétrécissement du champ de la conscience » et le second lui substitua le terme pithiatisme.

Il fallut attendre l'époque troublée de la Première Guerre mondiale et l'entrée en scène d'une nouvelle forme d'étiologie traumatique pour que le débat sur l'hystérie resurgisse à travers celui mené sur les névroses de guerre*. Par la suite, en France, le mouvement surréaliste revendiqua le terme de beauté convulsive pour faire de l'hystérie l'emblème d'un art nouveau tandis que Jules de Gaultier inventait la notion de bovarysme pour désigner une névrose narcissique à connotation mélancolique (et à fort contenu hystérique). Jacques Lacan* l'utilisa avec profit dans son récit du cas « Aimée » (Marguerite Anzieu*). Enfin, après la Deuxième Guerre mondiale, le terme d'hystérie de conversion reprit une vigueur particulière avec le développement des travaux de la médecine psychosomatique d'inspiration psychanalytique (Franz Alexander*, Alexander Mistcherlich*). Quant à l'idée de personnalité hystérique, héritée de celle de personnalité multiple*, elle fit fortune à partir des années 1960, quand débutèrent les grands débats américains et anglais sur la *Self Psychology** et le *bordeline state* (états-limites*).

● Platon, *Timée, Œuvres complètes*, t. II, Paris, Gallimard, « Bibliothèque de la Pléiade », 1943. Jean Martin Charcot, *Leçons sur les maladies du système nerveux (recueillies et publiées par MM. Babinski, Bernard, Féré, Guinon, Marie et Gilles de La Tourette), Œuvres complètes*, t. III, Paris, Lecrosnier & Babé, 1890 ; *Leçons du mardi à la Salpêtrière (notes de cours de MM. Blin, J.M. Charcot et H. Colin)*, 2 vol. *1887-1888* et *1888-1889*, Paris, Progrès médical-Bataille, 1892. Sigmund Freud, « Hystérie » (1888), *Cahiers Confrontation*, 7, 1982, 153-169 ; « Pour une théorie de l'attaque hystérique », en coll. avec Josef Breuer (1892), et « Quelques considérations pour une étude comparative des paralysies motrices, organiques et hystériques » (1893), in *Résultats, idées, problèmes*, I, Paris, PUF, 1984, 25-30 et 45-61 ; « Le mécanisme psychique des manifestations hystériques » (1893) (Francfort, 1971), *Esquisses psychanalytiques*, 19, printemps 1993, 93-108 ; « Les psychonévroses de défense » (1894), *OC*, III, sous le titre « Les névropsychoses de défense », 3-28, *GW*, I, 57-74, *SE*, III, 41-61. « Sur l'étiologie de l'hystérie » (1896), *OC*, III, 147-180, *GW*, I, 423-459, *SE*, III, 187-221 ; « Fragment d'une analyse d'hystérie (Dora) » (1905), in *Cinq Psychanalyses*, Paris, PUF, 1954, 1-91, *GW*, V, 163-286, *SE*, VII, 1-122. Pierre Janet, *L'État mental des hystériques* (1893), Marseille, Laffitte Reprints, 1983. Michel Foucault, *Histoire de la folie à l'âge classique* (1961), Paris, Gallimard, 1972. Ilza Veith, *Histoire de l'hystérie* (Chicago, 1965), Paris, Seghers, 1973. Jean Laplanche et Jean-Bertrand Pontalis, *Vocabulaire de la psy-*

chanalyse, Paris, PUF, 1967. Thérèse Lempérière, « Hystérie », *Encyclopaedia universalis*, t. 8, 1968, 686-690. René Major, « The revolution of hysteria », *IJP*, 55, 1974, 385-392. Henri F. Ellenberger, *Histoire de la découverte de l'inconscient* (New York, Londres, 1970, Villeurbanne, 1974), Paris, Fayard, 1994 ; *Médecines de l'âme. Essais d'histoire de la folie et des guérisons psychiques*, Paris, Fayard, 1995. Mary R. Lefkowitz, *Heroines and Hysterics*, Londres, Duckworth, 1981. Élisabeth Roudinesco, *Histoire de la psychanalyse en France*, vol. 1 (1982), Paris, Fayard, 1994. Albrecht Hirschmüller, *Josef Breuer* (Berne, 1978), Paris, PUF, 1991. Georges Didi-Huberman, *Invention de l'hystérie*, Paris, Macula, 1982. Étienne Trillat, *Histoire de l'hystérie*, Paris, Seghers, 1986. Gladys Swain, *Dialogue avec l'insensé*, Paris, Gallimard, 1994.

▷ AUGUSTINE. BISEXUALITÉ. *CATHARSIS*. DIFFÉRENCE DES SEXES. *GENDER*. JOUISSANCE. LAIR LAMOTTE Pauline. LIEBEN Anna von. MATHÈME. MOSER Fanny. NARCISSISME. ÖHM Aurelia. SEXUALITÉ FÉMININE. SPIRITISME.

HYSTÉRIE D'ANGOISSE

▷ *INHIBITION, SYMPTÔME ET ANGOISSE*. PHOBIE.

HYSTÉRIE MASCULINE

▷ CHARCOT Jean Martin. HYSTÉRIE. MEYNERT Theodor.

I

IDÉAL DU MOI

Allemand : *Ichideal*. Anglais : *Ego ideal*.

Sigmund Freud* utilise ce terme pour désigner le modèle de référence du moi*, à la fois substitut du narcissisme* perdu de l'enfance et produit de l'identification* aux figures parentales et à leurs relais sociaux. La notion d'idéal du moi est un jalon essentiel dans l'évolution de la pensée freudienne, depuis les remaniements initiaux de la première topique* jusqu'à la définition du surmoi*.

La dimension d'un idéal comme modalité de référence du moi apparaît explicitement chez Freud dans le texte de 1914 consacré à l'introduction du concept de narcissisme.

Pour que de l'idéalité puisse se manifester, il faut en effet que la *libido** ne soit plus uniquement objectale et que la perspective d'un rapport du sujet* à lui-même pris comme objet d'amour se dessine. Primitivement, dit Freud, l'enfant « était lui-même son propre idéal ». C'est le renoncement à la toute-puissance infantile et au délire des grandeurs, caractéristique du narcissisme infantile, qui rend possible l'apparition d'un autre idéal. Mais Freud s'interroge sur les modalités de ce renoncement : il est le produit de la soumission aux interdits énoncés par les figures parentales installées en position de modèle au moment où la structure œdipienne amorce son déclin. Ce renoncement se situe donc sur le versant du refoulement*, processus qui a son siège dans le moi et dont l'accomplissement nécessite un critère d'évaluation : « La formation d'idéal, écrit Freud, serait du côté du moi la condition du refoulement. »

En 1917, dans l'*Introduction à la psychanalyse**, Freud modifie sa conception de l'idéal du moi. Celui-ci devient alors une instance du moi* prenant à sa charge les fonctions attribuées jusque-là à cette « conscience morale » (*Gewissen*) qui permettait au moi d'évaluer ses rapports avec son idéal. En outre, l'idéal du moi participe à la formation du rêve puisqu'il est conçu comme responsable de la censure* des rêves.

C'est en 1921, dans *Psychologie des masses et analyse du moi**, que Freud donne à l'idéal du moi une place de premier plan. Il en fait une instance bien distincte du moi, capable de « s'engager dans des conflits avec lui ». Cette instance, récapitule Freud, « nous l'avons appelée *idéal du moi* et lui avons attribué comme fonctions l'autoobservation, la conscience morale, la censure onirique et l'exercice de l'influence essentielle lors du refoulement. Nous avons dit qu'elle était l'héritière du narcissisme originaire, au sein duquel le moi de l'enfant se suffisait à lui-même ». C'est en cette place de l'idéal du moi que le sujet va installer l'objet de sa fascination amoureuse, mais aussi l'hypnotiseur ou le chef, l'idéal du moi devenant ainsi le support de l'axe majeur de la constitution du collectif en tant que phénomène, ce que Freud laissait déjà entendre dans le texte de 1914 sur le narcissisme.

Observant ce changement de statut de l'idéal du moi devenu instance, Paul-Laurent Assoun remarque en 1984 qu'il s'agit là d'une étrange opération puisque toutes les caractéristiques qui viennent de lui être attribuées vont, peu de temps plus tard, caractériser une nouvelle instance, le surmoi. Autrement dit, à peine promu, l'idéal du moi se trouve déjà destitué. « Il n'est sans doute pas fortuit, précise l'auteur avec humour, que ce "discret coup d'état métapsychologique" ait pour cadre ce texte à résonances politiques que constitue l'essai sur la psychologie des masses. »

De fait, deux ans plus tard, dans *Le Moi et le Ça**, nous assistons à une véritable passation des pouvoirs, à la mise entre parenthèses de l'idéal du moi, comme l'indique le titre du troisième chapitre : « Le moi et le sur-moi (idéal du moi) ».

En 1933, dans les *Nouvelles Conférences d'introduction à la psychanalyse**, la mutation est définitivement accomplie. La trente et unième leçon est l'occasion d'une présentation détaillée de la genèse et des fonctions du surmoi, au titre desquelles figure cet idéal du moi « auquel le moi se mesure, à quoi il aspire » et dont il « s'efforce de satisfaire la revendication d'un perfectionnement toujours plus avancé. Sans aucun doute, précise encore Freud, cet idéal du moi est le précipité de l'ancienne représentation parentale, l'expression de l'admiration pour la perfection que l'enfant leur attribuait alors ».

Selon Jean Laplanche et Jean-Bertrand Pontalis, on ne trouve pas chez Freud de « distinction conceptuelle » entre l'idéal du moi (*Ichideal*) et le moi idéal (*Idealich*). Mais comme Freud emploie à plusieurs reprises ces deux termes, certains auteurs les différencient. Dans son séminaire de 1953-1954, *Les Écrits techniques de Freud*, Jacques Lacan* soutient que Freud désigne bien deux fonctions différentes. Lacan inscrit cette distinction dans sa topique : « *L'Ich-Ideal*, l'idéal du moi, c'est l'autre en tant que parlant, l'autre en tant qu'il a avec moi une relation symbolique, sublimée, qui dans notre maniement dynamique est à la fois semblable et différent de la *libido* imaginaire. » Le moi idéal, formation essentiellement narcissique, se construit, selon Lacan, dans la dynamique du stade du miroir* ; il relève alors du registre de l'imaginaire et devient une « aspiration » ou un « rêve ». La comparaison est introduite par Lacan en 1960 dans sa « Remarque sur le rapport de Daniel Lagache* ». Il y répond à l'intervention faite par ce dernier au colloque de Royaumont en juillet 1958.

● Sigmund Freud, « Pour introduire le narcissisme » (1914), *GW*, X, 138-170, *SE*, XIV, 67-102, in *La Vie sexuelle*, Paris, PUF, 1969, 81-105 ; *Introduction à la psychanalyse* (1916-1917), *GW*, XI, *SE*, XV-XVI, Paris, Payot, 1973 ; *Psychologie des masses et analyse du moi* (1921), *OC*, XVI, 1-83, *GW*, XIII, 73-161, *SE*, XVIII, 65-143 ; *Le Moi et le Ça* (1923), *OC*, XVI, 255-301, *GW*, XIII, 237-289, *SE*, XIX, 12-59 ; *Nouvelles Conférences d'introduction à la psychanalyse* (1933), *OC*, XIX, 83-268, sous le titre *Nouvelle Suite des leçons d'introduction à la psychanalyse*, *GW*, XV, *SE*, XXII, 5-182, Paris, Gallimard, 1984. Paul-Laurent Assoun, *L'Entendement freudien*, Paris, Gallimard, 1984. Jacques Lacan, *Le Séminaire*, livre I, *Les Écrits techniques de Freud* (1953-1954), Paris, Seuil, 1975 ; « Remarque sur le rapport de Daniel Lagache : psychanalyse et structure de la personnalité » (1960), in *Écrits*, Paris, Seuil, 1966. Jean Laplanche et Jean-Bertrand Pontalis, *Vocabulaire de la psychanalyse*, Paris, PUF, 1967.

▷ AUTRE. IDENTIFICATION. *INTERPRÉTATION DES RÊVES (L')*. TRANSFERT.

IDENTIFICATION

Allemand : *Identifizierung*. Anglais : *Identification*.

Terme employé en psychanalyse* pour désigner le processus central par lequel le sujet* se constitue et se transforme en assimilant ou en s'appropriant, en des moments clés de son évolution, des aspects, attributs ou traits des êtres humains qui l'entourent.

Si le concept d'identification est essentiel dans la théorie freudienne du développement psychosexuel de l'individu, il ne recevra jamais de définition systématique et ne sera que tardivement élaboré.

De manière encore très descriptive, Sigmund Freud* utilise le terme d'identification à deux reprises dans sa correspondance avec Wilhelm Fliess*. Dans une lettre du 17 décembre 1896, après s'être réjoui de la compréhension qu'a son ami du phénomène de l'angoisse, il lui parle de « l'analyse de quelques phobies », et notamment de l'agoraphobie chez les femmes. « Tu en saisiras le mécanisme, explique Freud à son correspondant, en pensant aux prostituées. » Il s'agit du « refoulement* de la compulsion à aller chercher dans la rue le premier venu, un sentiment de jalousie à l'égard des prostituées et une identification à elles ».

A ce stade, l'identification est conçue comme le désir* refoulé de « faire comme », d'« être comme ». Un peu plus tard, dans le manuscrit L envoyé à Fliess le 2 mai 1897, alors que la théorie de la séduction* commence à être mise en question, Freud évoque la pluralité des personnes psychiques, problème qu'il retrouve dans l'élaboration des rêves*. Il note que la légitimité de cette expression repose sur le processus d'identification.

Dans *L'Interprétation des rêves**, l'identification commence de recevoir un traitement théorique. D'abord dans le cadre de la seconde interprétation du rêve dit de « la belle bouchère ». La rêveuse, la belle bouchère, souhaite que le désir d'engraisser, exprimé par son amie, ne se réalise pas afin que celle-ci ne séduise pas son mari, le boucher, qui a un faible pour les femmes bien en chair. Mais du fait d'une inversion, le rêve prend un sens nouveau : la belle bouchère rêve du non-accomplissement de l'un de ses désirs. La rêveuse, explique Freud, s'est identifiée à son amie, elle rêve qu'il lui arrive ce qu'elle souhaite voir arriver à son amie. Ce point trouve sa confirmation dans la vie réelle de la rêveuse qui refuse de réaliser son désir de manger du caviar.

Il s'agit là d'un cas d'identification hystérique. Freud insiste pour la différencier de ce qui était jusqu'alors appelé imitation hystérique. L'identification hystérique répond à des déductions inconscientes, c'est une « *appropriation* à cause d'une étiologie identique ; elle exprime un "tout comme si" et a trait à une communauté qui persiste dans l'inconscient. L'identification est le plus souvent utilisée dans l'hystérie* comme l'expression d'une communauté sexuelle. L'hystérique s'identifie de préférence, mais pas exclusivement, à des personnes avec qui elle a été en relations sexuelles ou qui ont des relations sexuelles avec les mêmes personnes qu'elle ». Dans le chapitre VI, consacré au travail du rêve, étudiant les processus de figuration du rêve, Freud observe que la ressemblance est la seule relation logique conservée dans le rêve, son expression étant facilitée par le mécanisme de la condensation*. Dans le rêve, la ressemblance apparaît soit sous la forme du rapprochement, soit sous celle de la fusion. Le rapprochement concerne les personnes, et l'on parle d'identification lorsqu'une seule personne représente l'ensemble du groupe. Il s'agit là du procédé de la « personne composite » ou de la « pluralité des personnes psychiques » : une troisième personne, inconnue, irréelle, à même d'échapper pour cela à la censure, est composée de traits appartenant à deux autres personnes, dont l'apparition est susceptible d'être refoulée.

Si l'identification est importante dans le texte de 1914 consacré au narcissisme*, puisqu'elle y sous-tend, à l'opposé du choix d'objet narcissique, le choix d'objet par étayage* grâce auquel le sujet se constitue sur le modèle parental ou sur celui de ses substituts, sa portée métapsychologique est véritablement développée dans le cadre de la grande refonte théorique des années 1920.

Un chapitre entier, le septième, de *Psychologie des masses et analyse du moi** est consacré à l'identification, posée d'emblée « comme expression première d'un lien affectif à une autre personne ». Freud distingue trois types d'identification. En premier lieu, l'identification est conçue comme jouant « un rôle dans la préhistoire du complexe d'Œdipe*». Il s'agit du stade* oral, celui de l'incorporation* de l'objet sur le modèle cannibalique, dont Freud précisera un peu plus tard, dans *Le Moi et le Ça**, qu'il est difficile d'y distinguer l'identification de l'investissement*, de différencier la modalité de l'être de celle de l'avoir.

Deuxième cas, celui de l'identification régressive, repérable dans le symptôme hystérique dont l'une des modalités de formation est constituée par l'imitation, non de la personne, mais d'un symptôme de la personne aimée – Freud cite l'exemple de Dora (Ida Bauer*) qui imite la toux du père. Là, dit Freud, « l'identification a pris la place du choix d'objet, le choix d'objet a régressé jusqu'à l'identification ». Il souligne à ce propos que l'identification, dans de tels cas, peut n'emprunter « qu'un seul trait à la personne objet » ; c'est le fameux trait unique (*einziger Zug*).

Enfin, troisième modalité, celle où l'identification s'effectue en l'absence de tout investissement sexuel. Il s'agit alors du produit de « la capacité ou [de] la volonté de se mettre dans une situation identique » à celle de l'autre ou des autres. Ce cas d'identification se réalise notamment dans le cadre de communautés affectives. C'est cette forme d'identification qui relie les uns aux autres les membres d'un collectif. Elle est commandée par le lien établi entre chaque individu du collectif et le meneur de la masse. Ce lien est constitué par l'installation du meneur en position d'idéal du moi* par chacun des participants de la communauté.

En 1925, dans son article « La disparition du complexe d'Œdipe », Freud établit clairement la distinction entre l'investissement* d'objet et l'identification. Le complexe d'Œdipe offre à l'enfant deux possibilités, active et passive, de satisfaction libidinale. La première consiste à penser se mettre à la place du père pour commercer avec la mère, la seconde à prendre la place de celle-ci. Lorsqu'il apparaît que ces deux formes d'investissement d'objet ne sauraient s'accomplir sans la réalisation de la castration*, perte du pénis par sanction ou constat de son absence dans la position féminine, les investissements sont remplacés (c'est la sortie de l'Œdipe) par une identification : « L'autorité paternelle ou parentale introjectée dans le moi y forme le noyau du surmoi. » Les tendances libidinales sont alors soit inhibées quant à leur but, soit « désexualisées et sublimées, ce qui advient vraisemblablement, ajoute Freud, lors de toute transposition en identification ».

Freud se réfère à cette même conception en 1933 dans « La décomposition de la personnalité psychique », l'une des *Nouvelles Conférences d'introduction à la psychanalyse**, mais en exprimant à son endroit de très nettes réserves. Il déplore le caractère « embrouillé » du processus d'identification, « fondement » de « la transformation de la relation aux parents en surmoi ». Au terme de son exposé sur la question, il répète n'être « absolument pas satisfait [...] de ces développements sur l'identification ». Il dit cependant s'en contenter dans la mesure où ils lui ont permis de mettre en place l'instance du surmoi qu'il considère comme un exemple d'identification réussie avec l'instance parentale.

Comme Freud, Jacques Lacan* place l'identification au cœur de son travail théorique. L'identification est d'abord située par lui dans le registre de l'imaginaire* durant la phase du stade du miroir*. Elle ponctue ensuite les trois temps de la conception lacanienne de l'Œdipe, sous la forme d'une identification à ce qui est pensé être le désir de la mère, puis sous celle de la découverte de la loi du père, et enfin par la symbolisation de cette loi, qui a pour effet d'attribuer sa vraie place au désir de la mère et d'autoriser les identifications ultérieures, constitutives du sujet.

Dans les années 1960, Lacan consacre une année de son séminaire à la question de l'identification. Il construit d'abord son concept de trait unaire qui, pour emprunter au trait unique de l'identification régressive de Freud, en déborde largement le contenu, puisque Lacan y fonde sa conception de l'*un*, support de la différence, elle-même fondement de l'identité, distincte de l'approche logicienne classique qui fait de l'*un* la marque de l'unique. De là, à partir de l'analyse du *cogito* cartésien, il repère le fondement de l'identification inaugurale, celle du sujet distinct du moi, dans ce trait unaire, essence du signifiant*, qu'est le nom propre. Par la suite, il intègre à sa théorie du signifiant les deux autres types d'identification freudienne, l'identification primaire sur le versant du père symbolique, la troisième, l'identification hystérique, celle que l'on retrouve à l'œuvre dans la constitution des foules, ayant pour vecteur le désir du désir de l'Autre* qu'évoque la question « Que veux-tu ? » (*Che vuoi ?*), marque de l'incontournable dépendance du sujet.

● Sigmund Freud, *La Naissance de la psychanalyse* (New York, 1950), Paris, PUF, 1956 ; *Briefe an Wilhelm Fliess, 1887-1904*, Francfort, Fischer, 1986 ; *L'Interprétation des rêves* (1900), *GW*, II-III, 1-642, *SE*, IV-V, 1-621, Paris, PUF, 1967 ; « Pour introduire le narcissisme » (1914), *GW*, X, 138-170, *SE*, XIV, 67-102, in *La Vie sexuelle*, Paris, PUF, 1969, 81-105 ; *Psychologie des masses et analyse du moi* (1921), *OC*, XVI, 1-83, *GW*, XIII, 73-161, *SE*, XVIII, 65-143 ; *Le Moi et le Ça* (1923), *OC*, XVI, 255-301, *GW*, XIII, 237-289, *SE*, XIX, 12-59 ; « La disparition du complexe d'Œdipe » (1924), *OC*, XVII, 25-33, *GW*, XIII, 395-402, *SE*, XIX, 173-179 ; *Nouvelles Conférences d'introduction à la psychanalyse* (1933), *OC*, XIX, 83-268, *GW*, XV, *SE*, XXII, 5-182, Paris, Gallimard, 1984. Joël Dor, *Introduction à la lecture de Lacan*, vol. 1 et 2, Paris, Denoël, 1985, 1992. Pierre Kaufmann, « Identification », *in* id. (éd.), *L'Apport freudien. Éléments pour une encyclopédie de la psychanalyse*, Paris, Bordas, 1993, 170-173. Jacques Lacan, « Le stade du miroir comme formateur de la fonction du Je telle qu'elle nous est révélée dans l'expérience psychanalytique » (1936, 1949), in *Écrits*, Paris, Seuil, 1966, 93-100 ; *Le Séminaire*, livre IV, *La Relation d'objet* (1956-1957), Paris, Seuil, 1994 ; *Le Séminaire*, livre V, *Les Formations de l'inconscient* (1957-1958), inédit ; *Le Séminaire*, livre IX, *L'Identification* (1961-1962), inédit. Jean Laplanche et Jean-Bertrand Pontalis, *Vocabulaire de la psychanalyse*, Paris, PUF, 1967. Élisabeth Roudinesco, *Jacques Lacan. Esquisse d'une vie, histoire d'un système de pensée*, Paris, Fayard, 1993. Joseph Sandler (éd.), *Projection, identification, identification projective* (Londres, Madison, 1988), Paris, PUF, 1991.

▷ FANTASME. FRUSTRATION. IDENTIFICATION PROJECTIVE. OBJET (RELATION D'). PROJECTION. SEXUALITÉ.

IDENTIFICATION PROJECTIVE

Allemand : *Projektionsidentifizierung*. Anglais : *Projective identification*.

Concept introduit en 1946 par Melanie Klein* pour désigner un mode spécifique de projection* et d'identification* consistant à introduire sa propre personne dans l'objet pour lui nuire.

C'est dans une communication de 1946 présentée à la British Psychoanalytical Society (BPS) sous le titre « Notes sur quelques mécanismes schizoïdes » que Melanie Klein invente la notion d'identification projective. Elle rattache le mécanisme au sadisme* infantile : l'enfant ne veut pas simplement détruire sa mère mais prendre possession d'elle. « Cela conduit à une forme d'identification qui établit le prototype d'une relation d'objet* agressive. Je propose pour ces processus le nom d'"identification projective". »

L'identification projective est l'une des modalités de la projection* au sens freudien, mais elle est aussi un mécanisme de nature psychotique que l'on trouve chez tous les sujets. Aussi faut-il le rapporter au processus binaire : position dépressive/position paranoïde-schizoïde*.

La meilleure illustration de la nature clinique de l'identification projective se trouve dans un article de 1955 qui a pour titre « A propos de l'identification » et dans lequel Melanie Klein commente le roman de Julien Green *Si j'étais vous...*, publié en 1947. Dans cet ouvrage, l'écrivain raconte l'histoire d'un Faust moderne, Fabien, qui signe un pacte avec le diable afin de pouvoir prendre l'identité des personnes dont il veut vivre la vie. Ainsi devient-il un autre à l'infini. A la fin du livre, il réintègre son propre corps et meurt apaisé auprès de sa mère. Melanie Klein voit dans la destinée du héros une tentative de surmonter ses angoisses psychotiques mais elle conteste la fin heureuse voulue par l'auteur : « L'explication de cette fin abrupte ne saurait être définitive. »

En lisant ce commentaire, Julien Green fut très étonné de constater que Melanie Klein avait vu juste et deviné la véritable fin du roman. En effet, il avait rédigé une première version pessimiste de *Si j'étais vous...* dans laquelle Fabien, après être redevenu lui-même, rencontrait de nouveau le diable : « L'histoire ne finissait jamais, c'était l'enfer. » Dans la deuxième version au contraire, il réconciliait le héros avec Dieu et le faisait mourir heureux.

● Melanie Klein (éd.), *Développements de la psychanalyse* (Londres, 1952), Paris, PUF, 1966 ; *Envie et Gratitude* (Londres, 1957), Paris, Gallimard, 1968. Julien Green, *Si j'étais vous...* (1947), Paris, Fayard, 1994 ; « La question posée » (1970), in *Œuvres complètes,* III, Paris, Gallimard, « Bibliothèque de la Pléiade », 1973, 1392-1394 ; « Entretien avec Élisabeth Roudinesco », *Le Figaro,* 17 décembre 1991. Jean Laplanche et Jean-Bertrand Pontalis, *Vocabulaire de la psychanalyse,* Paris, PUF, 1967. R.D. Hinshelwood, *A Dictionary of Kleinian Thought* (1989), Londres, Free Association Books, 1991.

▷ INTROJECTION. OBJET (BON ET MAUVAIS). OBJET (RELATION D'). PARANOÏA. PSYCHOSE. SCHIZOPHRÉNIE.

IGNOTUS Hugo, né Vegelsberg (1859-1949)
écrivain hongrois

Rédacteur en chef de la revue *Nyugat* (Occident), ami de Sandor Ferenczi* et traducteur des œuvres de Sigmund Freud*, cet essayiste fut un agent très actif de l'introduction de la psychanalyse* en Hongrie*. Il fut l'un des cofondateurs, en mai 1913, de la Société psychanalytique de Budapest. A partir de 1919, il s'exila à Vienne* puis à Berlin et, en 1938, il émigra aux États-Unis* où il resta dix ans avant de retourner à Budapest. En 1924, Ferenczi lui adressa ces mots : « Où sont ces temps d'autrefois, temps heureux d'avant-guerre sous François-Joseph, époque sans histoire, où il arrivait qu'un poème, un mot juste, une idée scientifique agisse sur la vie d'hommes mûrs avec la force d'un véritable choc émotionnel ? »

● Sandor Ferenczi, « Ignotus, le compréhensif », *Psychanalyse III, Œuvres complètes (1919-1926)*, Paris, Payot, 1974, 248-250.

IMAGE DU CORPS

Allemand : *Körperschema*. Anglais : *Body schema*.

Terme forgé par Paul Schilder* en 1923 et emprunté à la notion de schéma corporel avancée en 1911 par le neurologue anglais Henry Haed (1861-1940).

Paul Schilder emploie ce terme pour désigner une représentation à la fois consciente et inconsciente de la position du corps dans l'espace envisagé sous les trois aspects d'un support physiologique, d'une structure libidinale et d'une signification sociale.

Sans se référer à Schilder, Françoise Dolto* a repris le terme en 1984, dans une perspective lacanienne, pour désigner « l'incarnation symbolique inconsciente du sujet désirant », c'est-à-dire une représentation inconsciente du corps distincte du schéma corporel qui serait sa représentation consciente ou préconsciente.

● Paul Ferdinand Schilder, *L'Image du corps. Étude des forces constructives de la psyché* (Londres, 1935, New York, 1950), Paris, Gallimard, 1968. Françoise Dolto, *L'Image inconsciente du corps*, Paris, Seuil, 1984. Gérard Guillerault, *Le Corps psychique*, Paris, Éditions universitaires, 1989.

▷ *EGO PSYCHOLOGY*. IMAGINAIRE. *IMAGO*. INCORPORATION. INTROJECTION. *SELF PSYCHOLOGY*. STADE DU MIROIR.

IMAGINAIRE

Allemand : *Imaginäre*. Anglais : *Imaginary*.

Terme dérivé du latin *imago (image) et employé comme substantif en philosophie et en psychologie pour désigner ce qui a trait à l'imagination, c'est-à-dire à la faculté de se représenter les choses en pensée et indépendamment de la réalité.**

Utilisé par Jacques Lacan* à partir de 1936, le terme est corrélatif de celui de stade du miroir* et désigne une relation duelle à l'image du semblable. Associé au réel* et au symbolique* dans le cadre d'une topique* à partir de 1953, l'imaginaire au sens lacanien se définit comme le lieu du moi* par excellence avec ses phénomènes d'illusion, de captation et de leurre.

C'est en s'inspirant à la fois des travaux du psychologue Henri Wallon (1879-1962), de la phénoménologie hégélienne et husserlienne et du concept d'*Umwelt*, emprunté à Jakob von Uexküll (1864-1944), que Jacques Lacan construit sa première théorie de l'imaginaire. Ce biologiste allemand se servait du terme *Umwelt* pour définir le monde tel qu'il est vécu par chaque espèce animale. Au début du siècle, il révolutionna l'étude du comportement (sujet* humain compris) en montrant que l'appartenance à un milieu devait être pensée comme l'intériorisation de ce milieu dans chaque espèce. D'où l'idée que l'appartenance d'un sujet à son environnement ne peut plus être définie comme un contrat entre un individu libre et une société mais comme une relation de dépendance entre un milieu et un individu.

Cet emprunt à Uexküll conduit Lacan à construire en 1938, dans *Les Complexes familiaux,* sa théorie de l'imaginaire : non plus simple fait psychique mais *imago,* c'est-à-dire ensemble de représentations inconscientes apparaissant sous la forme mentale d'un processus plus général. En un premier temps, Lacan montre que le stade du miroir est le passage du spéculaire à l'imaginaire puis, en 1953, il en vient à définir l'imaginaire comme un leurre lié à l'expérience d'un clivage* entre le moi et le je (le sujet). Le symbolique est alors défini comme le lieu du signifiant* et de la fonction paternelle, l'imaginaire comme celui des illusions du moi, de l'aliénation et de la fusion avec le corps de la mère, et le réel comme un reste impossible à symboliser.

Lacan assigne au symbolique, jusqu'en 1970, une place dominante dans sa topique. L'ordre des instances est la suivante : S.I.R. Après cette date, il construit une autre organisation centrée sur le primat du réel (et donc de la psychose*), au détriment des deux autres éléments. S.I.R. devient alors R.S.I.

• Jacques Lacan, *Les Complexes familiaux* (1938), Paris, Navarin, 1984 ; « Le stade du miroir comme formateur de la fonction du Je, telle qu'elle nous est révélée dans l'expérience psychanalytique » (1949), in *Écrits,* Paris, Seuil, 1966, 93-101 ; « Le symbolique, l'imaginaire et le réel » (1953), *Bulletin de l'Association freudienne,* 1, 1982, 4-13 ; *Le Séminaire,* livre I, *Les Écrits techniques de Freud* (1953-1954), Paris, Seuil, 1975 ; *Le Séminaire,* livre II, *Le Moi dans la théorie de Freud et dans la technique de la psychanalyse* (1954-1955), Paris, Seuil, 1977 ; *Le Séminaire,* livre III, *Les Psychoses* (1955-1956), Paris, Seuil, 1981 ; *Le Séminaire,* livre IV, *La Relation d'objet et les structures freudiennes* (1956-1957), Paris, Seuil, 1994 ; *Le Séminaire,* livre XXII, *R.S.I.* (1974-1975), inédit. Françoise Dolto, « Notes sur le stade du miroir », 16 juin 1936, inédit. Bertrand Ogilvie, *Lacan. Le sujet,* Paris, PUF, 1987. Élisabeth Roudinesco, *Histoire de la psychanalyse en France,* vol. 2 (1986), Paris, Fayard, 1994 ; *Jacques Lacan. Esquisse d'une vie, histoire d'un système de pensée,* Paris, Fayard, 1993. Joël Dor, *Introduction à la lecture de Lacan,* 2 vol., Paris, Denoël, 1992. Dylan Evans, *An Introductory Dictionary of Lacanian Psychoanalysis,* Londres, Routledge, 1996.

▷ AUTRE. CASTRATION. COMPLEXE. FANTASME. FORCLUSION. IDENTIFICATION. IDENTIFICATION PROJECTIVE. IMAGE DU CORPS. INTROJECTION. MOI IDÉAL. NOM-DU-PÈRE. OBJET (petit) a. ŒDIPE (COMPLEXE D'). PROJECTION.

IMAGO

Terme dérivé du latin (*imago* : image) et introduit en 1912 par Carl Gustav Jung* pour désigner une représentation inconsciente à travers laquelle un sujet désigne l'image qu'il se fait de ses parents.

C'est en 1906 que l'écrivain suisse Carl Spitteler (1845-1924) publia son roman *Imago* qui recueillit un succès considérable au sein de la communauté psychanalytique naissante. Marqué à la fois par le nietzschéisme et le spiritualisme post-romantique, l'auteur racontait l'histoire d'un poète (Viktor) qui s'inventait une femme imaginaire (Imago), conforme à ses désirs, afin de lui faire occuper dans ses fantasmes* et ses rêveries la place de la bourgeoise bien réelle et très conformiste qu'il aimait d'un amour malheureux. Ce thème de la femme à la fois inspiratrice et destructrice fascinait le milieu psychanalytique qui avait déjà célébré en 1903 la parution de *Gradiva*, le fameux récit commenté par Sigmund Freud*. On le retrouvera intact chez les surréalistes.

Jung forgea la notion d'*imago* (paternelle ou maternelle) à partir de la lecture de ce roman. Le terme évoluera sous sa plume pour donner naissance à celui d'*anima*, ou archétype caractéristique de la partie féminine de l'âme du sujet.

Dans sa première théorie de l'imaginaire* de 1938, et notamment dans *Les Complexes familiaux*, Jacques Lacan* associe *imago* à complexe*. Le complexe, dont l'élément constitutif est l'*imago*, est, selon lui, le facteur qui permet de comprendre la structure d'une institution familiale, prise entre la dimension culturelle qui la détermine et les liens imaginaires qui l'organisent. Une hiérarchie à trois étages forme ainsi le modèle d'une interprétation du développement individuel : on y trouve le complexe de sevrage, le complexe d'intrusion, le complexe d'Œdipe*, c'est-à-dire trois positions au sens kleinien du terme. Cette structure complexe-*imago* préfigure ce qui deviendra la topique* du réel*, de l'imaginaire et du symbolique*.

• Carl Spitteler, *Imago*, Iéna, Diederichs, 1906. Carl Gustav Jung, *Métamorphoses de l'âme et ses symboles* (Leipzig-Vienne, 1912, Paris, 1931), Paris, Buchet-Chastel, 1953. Jacques Lacan, *Les Complexes familiaux* (1938), Paris, Navarin, 1984.

▷ *DÉLIRE ET LES RÊVES DANS LA « GRADIVA » DE JENSEN (LE)*. POSITION DÉPRESSIVE/POSITION PARANOÏDE-SCHIZOÏDE. RÊVE. STADE. STADE DU MIROIR.

IMAGO

(Revue pour l'application de la psychanalyse aux sciences de l'esprit)

Revue créée par Sigmund Freud* en 1912 et dirigée par lui avec Hanns Sachs* et Otto Rank*. Le titre avait été emprunté au roman publié en 1906 par l'écrivain suisse Carl Spitteler (1845-1924), prix Nobel de littérature en 1919. Ce livre eut un tel retentissement dans le milieu psychanalytique qu'il donna également naissance à un concept. En 1939, la revue *Imago* fusionna avec l'*Internationale ärztliche Zeitschrift für Psychoanalyse** (*IZP*).

▷ *IMAGO*.

INCESTE

Allemand : *Inzest*. Anglais : *Incest*.

On appelle inceste une relation sexuelle sans contrainte ni viol entre consanguins ou alliés adultes (ayant atteint l'âge de la majorité légale), au degré prohibé par la loi propre à chaque société : en général entre mère et fils, père et fille, frère et sœur. Par

extension, la prohibition peut s'étendre aux relations sexuelles entre oncle et nièce, tante et neveu, beau-père et fille, belle-mère et fils, mère et gendre, père et bru.

Dans la quasi-totalité des sociétés connues, à l'exception de quelques cas parmi lesquels les pharaons d'Égypte ou l'ancienne noblesse hawaïenne, l'inceste a toujours été sévèrement châtié puis prohibé. C'est pourquoi il est si souvent occulté et ressenti comme une tragédie par ceux qui s'y livrent. La prohibition est le versant négatif d'une règle positive : l'obligation de l'exogamie. Dans les sociétés démocratiques de la fin du XXe siècle, elle s'applique moins à l'acte sexuel incestueux lui-même qu'au mariage. L'acte est réprouvé par l'opinion et toujours vécu comme une tragédie issue de la déraison ou conduisant à la folie* ou au suicide*, mais il n'est plus puni en tant que tel si aucune plainte n'est déposée par l'un des partenaires. Les lois modernes, en effet, n'interviennent pas dans la vie sexuelle privée des adultes majeurs. Elles ne poursuivent que la pédophilie (incestueuse ou non), le viol, l'exhibitionnisme ou l'atteinte à la pudeur. Quant au mariage incestueux, il est interdit par la loi dans tous les pays, et aucune filiation n'est admise pour un enfant issu d'une telle relation : seule la mère peut, dans ce cas, reconnaître l'enfant en le déclarant de père inconnu.

Le fait que l'inceste ait toujours été prohibé dans la plupart des sociétés, soit par un châtiment corporel, soit par un interdit légal, met bien en évidence le caractère universel du tabou. Dans ces conditions, tout discours sur l'inceste se présente d'abord comme une réflexion sur sa prohibition et sur la nécessité du fondement éthique de celle-ci pour assurer le passage de la nature à la culture.

Trois arguments ont été invoqués par les anthropologues et les sociologues pour expliquer l'existence de cet interdit. Lewis Morgan (1818-1881) a souligné que la prohibition était une manière de protéger la société des effets néfastes de la consanguinité. Havelock Ellis* et Edward Westermarck (1862-1939) ont affirmé ensuite que l'interdit s'expliquait par le sentiment de répulsion à l'égard de l'acte incestueux. Enfin, Émile Durkheim (1858-1917) a proposé de le comprendre comme la survivance d'un ensemble de règles imposant aux sociétés la loi de l'exogamie.

C'est par le biais de la tragédie d'Œdipe* que Freud aborde la question dans une lettre à Wilhelm Fliess* d'octobre 1897 : « Chaque auditeur fut un jour en germe, en imagination, un Œdipe. » Quinze ans plus tard, dans *Totem et Tabou**, il contredit tous les travaux anthropologiques de son époque en montrant que l'interdit a pour origine non point l'horreur qu'inspire l'inceste, mais le désir* qu'il suscite. Par ce renversement essentiel, qui inscrit l'interdit au cœur de la culture et de la relation du sujet à la loi, Freud amorce le débat sur l'universalité du complexe d'Œdipe*. Sa perspective est évolutionniste et s'appuie sur la fable darwinienne de la horde sauvage.

Après les disputes entre Bronislaw Malinowski* et Geza Roheim*, il faut attendre la publication par Claude Lévi-Strauss des *Structures élémentaires de la parenté* en 1949 pour que le problème de la prohibition soit posé autrement que dans un cadre évolutionniste ou à travers une opposition entre culturalisme* et universalisme. Au lieu de rechercher la genèse de la civilisation dans un hypothétique renoncement des hommes à la pratique de l'inceste (horreur de l'acte), ou au contraire d'opposer à cette genèse le florilège de la diversité des cultures, Lévi-Strauss montre que la prohibition accomplit le passage de la nature à la culture : « Elle n'est ni purement d'origine culturelle ni purement d'origine naturelle. Et elle n'est pas non plus un dosage d'éléments composites empruntés partiellement à la nature et partiellement à la culture. Elle constitue la démarche fondamentale grâce à laquelle et surtout en laquelle s'accomplit le passage de la nature à la culture. En ce sens elle appartient à la nature car elle est une condition générale de la culture, et par conséquent il ne faut pas s'étonner de la voir tenir de la nature son caractère formel, c'est-à-dire l'universalité. »

Si la prohibition de l'inceste est une nécessité structurale interne au passage de la nature à la culture, elle est aussi, du point de vue freudien, l'expression nécessaire de la culpabilité de l'homme à l'égard d'un désir incestueux refoulé.

Notons que le mouvement psychanalytique, soucieux de bonnes mœurs, eut toujours tendance à masquer les tragédies de son histoire – et notamment les transgressions sexuelles, la folie et les suicides des membres de sa communauté. Cependant, à partir de 1925, les disciples de Freud transposèrent dans l'International Psychoanalytical Association* (IPA) la règle de la prohibition de l'inceste en interdisant, sous peine d'exclusion, les pratiques endogamiques : interdiction d'analyser les membres de sa famille ou d'une même famille (enfants, parents, époux, neveux, nièces) ; interdiction de toute forme de relation sexuelle, voire affective, avec un patient ; interdiction de mêler la cure et la vie privée en analysant par exemple un amant ou une maîtresse. Bien entendu, ces règles furent souvent transgressées par ceux-là mêmes qui se posaient en professeurs de vertu. Mais jamais leur existence ne fut mise en cause par aucune institution freudienne, toutes tendances confondues.

Avec Marie Bonaparte*, Freud eut l'occasion d'aborder la question de l'interdit sur le terrain clinique. Dans son *Journal*, à la date du 28 avril 1932, la princesse note que son fils Pierre de Grèce (1908-1979), alors en analyse avec Rudolph Loewenstein*, lui a écrit une lettre où il lui confie sa tentation de l'inceste : « Si je passais la nuit avec toi, peut-être que ça me guérirait. » Le 29 avril, elle écrit que sa propre tentation de l'inceste s'est éteinte dans les bras de son amant. Enfin, le 30 avril, elle note que Freud a répondu à sa lettre par laquelle elle lui demandait de l'éclaircir sur la justification de l'interdit.

Cette lettre fut publiée par Ernest Jones* en 1957, en dehors du contexte dans lequel elle avait été rédigée. Prudent, Freud commençait par souligner que l'habituelle raison du « tabou » était insuffisante à justifier l'interdit. Puis il comparait l'inceste au cannibalisme en soulignant que si rien n'interdit à un sujet de manger de la chair humaine, aucune société moderne n'autorise un homme à tuer son voisin pour le dévorer. Enfin, il soulignait que l'inceste est un acte antisocial comme le serait l'abrogation des restrictions sexuelles nécessaires au maintien de la civilisation. En fait, il donnait à Marie Bonaparte une interprétation* qui justifiait l'interdit sans interdire l'acte lui-même.

Ainsi engageait-il sur le terrain clinique la puissance symbolique d'une parole capable de situer le rapport du sujet à la loi. Et il est bien possible que sans cette parole, la princesse serait passée à l'acte : « Il pourrait se faire, disait Freud, que quelqu'un qui aurait échappé à l'influence des refoulements phylogénétiques pratique l'inceste sans dommage, mais on ne réussirait pas à en être sûr. Ces héritages sont souvent plus puissants que nous avons tendance à le penser, et puis la transgression est suivie de sentiments de culpabilité contre lesquels on est tout à fait impuissant. » On peut rapprocher ce jugement de celui qu'il énonce dans un article de 1912 sur la vie amoureuse : « Pour être dans la vie amoureuse vraiment libre et par là heureux, il faut avoir surmonté le respect pour la femme et s'être familiarisé avec la représentation de l'inceste avec la mère ou la sœur. »

L'exemple de Marie Bonaparte témoigne de ce que Freud fut le grand théoricien de l'interdit et de la culpabilité. Il montra qu'à partir du moment où l'inceste (entre adultes consentants) cessait d'être puni par la loi, l'interdit psychique n'en devenait que plus important. Si Freud n'avait pas compris que la nécessité de l'interdit intériorisé était le seul contrepoids possible à la tout aussi nécessaire déchéance de l'ancienne autorité paternelle, et autrement dit à l'avènement des sociétés modernes, il n'aurait jamais pu élaborer une doctrine dans laquelle la transgression, le désir et la prohibition entretiennent un tel rapport de proximité.

A Vienne à la fin du siècle, il fallait du courage pour inventer une telle dialectique du désir et de l'interdit, au cœur de cette société victorienne où l'inceste était d'autant plus violent et masqué qu'il était officiellement réprouvé et encore puni par la loi. Freud éprouva lui-même à plusieurs reprises ce fameux désir d'inceste : avec sa jeune mère (Amalia Freud*) d'abord, comme le montrent son auto-analyse* et l'interprétation qu'il fit de ses propres rêves, puis avec sa belle-sœur (Minna Bernays*) qui fut sa « sœur chérie », avec sa fille aînée (Mathilde Hollitscher*) encore, quand il abandonna la théorie de la séduction*, avec sa dernière fille (Anna Freud*) enfin, quand il décida de la prendre en analyse. Et c'est bien parce qu'il resta toute sa vie un époux fidèle, capable de s'interdire toute transgression sexuelle, qu'il put décortiquer avec une telle force les détails les plus intimes de la vie sexuelle infantile et adulte.

● Sigmund Freud, « Sur le plus général des rabaissements de la vie amoureuse » (1912), *GW,* VIII, 78-91, *SE,* XI, 177-190, in *La Vie sexuelle,* Paris, PUF, 1969, 55-66 ; *Totem et Tabou. Quelques concordances entre la vie psychique des sauvages et celle des névrosés* (1913), Paris, Gallimard, 1993, *GW,* IX, *SE,* XIII ; *La Naissance de la psychanalyse* (New York, 1950), Paris, 1956. Marie Bonaparte, *Cahiers noirs, 1925-1939,* inédit (archives Élisabeth Roudinesco). Ernest Jones, *La Vie et l'œuvre de Sigmund Freud,* vol. III (New York, 1957), Paris, PUF, 1969. Claude Lévi-Strauss, *Les Structures élémentaires de la parenté* (1949), Paris, Mouton, 1967. Françoise Héritier, *Les Deux Sœurs et leurs mères. Anthropologie de l'inceste,* Paris, Odile Jacob, 1994. Laure Razon, *L'Énigme de l'inceste,* Paris, Denoël, 1996.

▷ CASTRATION (COMPLEXE DE). RANK Otto.

INCONSCIENT

Allemand : *Unbewusste.* Anglais : *Unconscious.*

Dans le langage courant, le terme d'inconscient est utilisé comme adjectif pour désigner l'ensemble des processus mentaux qui ne sont pas consciemment pensés. Il peut aussi être employé comme substantif, avec une connotation péjorative, pour parler d'un individu irresponsable ou fou, incapable de rendre compte de ses faits et gestes.

Employé de manière conceptuelle pour la première fois en langue anglaise en 1751 (avec la signification de non-conscience) par le juriste écossais Henry Home Kames (1696-1782), le terme d'inconscient fut ensuite vulgarisé en Allemagne* à l'époque romantique et défini comme un réservoir d'images mentales et une source de passions dont le contenu échappe à la conscience*.

Introduit en langue française vers 1860 (avec la signification de vie inconsciente) par l'écrivain suisse Henri Amiel (1821-1881), il fut admis dans le *Dictionnaire de l'Académie française* en 1878.

En psychanalyse*, l'inconscient est un lieu inconnu de la conscience : une « autre scène ». Dans la première topique*, élaborée par Sigmund Freud*, il est une instance ou un système (Ics) constitué de contenus refoulés qui échappent aux autres instances du préconscient* et du conscient* (Pcs-Cs). Dans la deuxième topique, il n'est plus une instance mais sert à qualifier le ça* et, pour une large part, le moi* et le surmoi*.

L'historiographie* savante, de Lancelot Whyte à Henri F. Ellenberger*, a démontré que Freud ne fut pas le premier penseur à découvrir l'inconscient ou à inventer le mot pour le définir. Et pourtant c'est bien lui qui finira par en faire le concept majeur de sa doctrine en lui donnant une signification très différente de celle de ses prédécesseurs. Avec Freud en effet, l'inconscient n'est plus une « supraconscience » ou un « subconscient » situé au-dessus ou au-delà de la conscience*, il devient réellement une instance à laquelle la conscience n'a pas accès mais qui se dévoile à elle par le rêve*, les lapsus*, les jeux de mots, les actes manqués*, etc. L'inconscient selon Freud a cette particularité d'être à la fois interne au sujet* (et à sa conscience) et extérieur à toute forme de maîtrise par la pensée consciente.

Depuis l'Antiquité, l'idée de l'existence d'une activité autre que celle de la conscience a toujours fait l'objet de multiples réflexions. C'est cependant avec René Descartes (1596-1650) qu'est posé le principe d'un dualisme entre le corps et l'esprit qui conduit à faire de la conscience (et du *cogito*) le lieu de la raison par opposition à l'univers de la déraison. La pensée inconsciente est alors domestiquée soit pour être intégrée à la raison soit pour être rejetée dans la folie*.

Au XVIIIe siècle, avec l'épanouissement de la première psychiatrie dynamique* se développe l'idée, déjà avancée par Pascal et Spinoza, selon laquelle l'autonomie de la conscience serait nécessairement limitée par des forces vitales inconnaissables et souvent destructrices. Dans cette perspective, la voie est alors ouverte à une thérapeutique fondée sur la théorie du magnétisme. Mise en œuvre par Franz Anton Mesmer*, elle conduira, à la fin du siècle suivant, à regarder l'inconscient comme une dissociation de la conscience : subconscience ou automatisme mental (ou psychologique*), atteignable par l'hypnotisme (hypnose*) ou par la suggestion*.

Par ailleurs, tout au long du XIXe siècle, de Wilhelm von Schelling (1775-1854) à Friedrich Nietzsche (1844-1900) en passant par Arthur Schopenhauer (1788-1860), la philosophie allemande prend en compte une vision de l'inconscient opposée à celle du rationalisme et sans relation directe avec le point de vue thérapeutique de la psychiatrie dynamique. Elle souligne le côté nocturne de l'âme humaine et cherche à faire émerger la face ténébreuse d'une psyché enfouie dans les profondeurs de l'être. C'est sur cet horizon que se déploient les travaux de la psychologie expérimentale, de la médecine, de la physiologie : Johann Friedrich Herbart*, Hermann von Helmholtz*, Gustav Fechner*, Wilhelm Wundt (1832-1920) ou encore Carl Gustav Carus (1789-1869), qui sera l'un des premiers à souligner l'importance des fonctions sexuelles dans le vie psychique.

En mêlant ces deux traditions – psychiatrie dynamique et philosophie allemande –, Freud invente une conception inédite de l'inconscient. Il effectue d'abord une synthèse entre l'enseignement de Jean Martin Charcot*, d'Hippolyte Bernheim* et de Josef Breuer* qui le conduit vers la psychanalyse et, en un deuxième temps, il donne une armature théorique au fonctionnement de l'inconscient à partir de l'interprétation* du rêve*.

En 1893, dans leur « Communication préliminaire » reprise en 1895 pour ouvrir leurs *Études sur l'hystérie**, Freud et Breuer évoquent la « dissociation » de la conscience : « En étudiant au plus près ces phénomènes [hystériques], nous nous sommes toujours davantage convaincus du fait que la dissociation du conscient, appelée "double conscience" dans les observations classiques, existe rudimentairement dans toutes les hystéries. La tendance à cette dissociation, et par là l'apparition des états de conscience anormaux que nous rassemblons sous le nom d'états "hypnoïdes", serait, dans cette névrose, un phénomène fondamental. » Même si, huit ans plus tard, en 1905, Freud, dans le récit du cas « Dora » (Ida Bauer*), rejette l'idée d'état hypnoïde qu'il attribue à Breuer, on peut discerner dans cette déclaration les prémices de l'idée freudienne d'inconscient. Son apparition explicite date de la fameuse lettre à Wilhelm Fliess* du 6 décembre 1896, dans laquelle il évoque pour la première fois l'appareil psychique, formulant déjà les instances constitutives de ce qui deviendra la première topique, le conscient, le préconscient et l'inconscient.

L'idée et le terme d'inconscient reviennent encore à plusieurs reprises dans cette correspondance au cours des années suivantes. En 1898, dans une lettre datée du 10 mars, Freud situe la naissance de l'inconscient entre 1 et 3 ans, période où « se forme l'étiologie de toutes les psychonévroses ». Dans une autre lettre du 7 juillet, il donne une définition amusante de l'inconscient : parlant de l'état d'avancement de son ouvrage *L'Interprétation des rêves**, il écrit : « Mon travail m'a été entièrement dicté par l'inconscient suivant la célèbre phrase d'Itzig, le cavalier du dimanche : "Où vas-tu donc, Itzig ? – Moi, je n'en sais rien. Interroge mon cheval !" » Beaucoup plus tard, développant dans *Le Moi et le Ça** divers aspects de la deuxième topique, Freud se réfère de nouveau à la métaphore du cavalier et de son cheval pour illustrer la relation hiérarchique complexe existant entre le moi et le ça.

Au fur et à mesure du développement de son travail sur le rêve, il ne peut masquer sa crainte d'être devancé par un concurrent, Theodor Lipps (1851-1914), professeur de psychologie à Munich et auteur d'un ouvrage, *Les Faits fondamentaux de la vie psychique*, paru en 1883. Le 31 août 1898, Freud écrit à Fliess à ce sujet : « J'ai retrouvé dans Lipps mes propres principes très nettement exposés, un peu mieux peut-être que je ne l'aurais désiré. [...]. D'après Lipps le conscient ne serait qu'un organe sensoriel, le contenu psychique une simple idéation, et les processus psychiques demeureraient tous inconscients. Il y a concordance jusque dans les détails ; peut-être la bifurcation d'où partiront mes idées nouvelles se révélera-t-elle plus tard. »

Craintes et doutes se dissipent rapidement. En novembre 1899 paraît *L'Interprétation des rêves*, dont le dernier chapitre sert de cadre à l'énoncé de la première topique de l'appareil psychique.

Cette fois-ci, Lipps est bien mentionné au nombre des auteurs qui ont délaissé la psychologie incapable de dépasser l'équivalence entre le psychisme et le conscient et qui ont reconnu dans l'inconscient le fondement de la vie psychique ; mais la filiation s'arrête lorsque Freud parle du désir* que « nous retrouvons dans notre inconscient ». Immédiatement, il rend compte de cette tournure possessive, utilisée à dessein pour indiquer qu'il ne s'agit plus de l'inconscient des philosophes et pas plus de « celui de Lipps ». Là s'opère la rupture en gestation depuis plusieurs années : parti de cet inconscient descriptif cher au romantisme allemand du début du XIXe siècle et dont Eduard von Hartmann (1842-1906) avait fait une récapitulation dans son ouvrage, alors célèbre, *Philosophie de l'inconscient*, paru en 1868, Freud définit « son » inconscient de façon originale (non plus comme l'opposé du conscient). « L'observation de la vie normale de veille » validerait cette conception classique de l'inconscient. Mais « l'analyse des formations psychopathologiques [de la vie quotidienne] et du rêve*» a fait apparaître l'inconscient comme « une fonction de deux systèmes bien distincts ». Il faut désormais concevoir, à côté du conscient, deux sortes d'inconscients, tous deux inconscients au sens descriptif, mais bien différents quant à leur dynamique et quant au devenir de leurs contenus : ceux de l'inconscient proprement dit ne peuvent jamais parvenir à la conscience, alors que les contenus de l'autre, appelé pour cela le préconscient, peuvent y parvenir sous certaines conditions, notamment après le contrôle d'une forme de censure*.

Dans les années suivantes, ce cadre théorique sera enrichi mais ne subira aucune retouche majeure. Puis, dans le sillage de l'introduction du concept de narcissisme*, les préoccupations métapsychologiques reviendront au premier plan et, en 1915, Freud consacrera un long article de sa métapsychologie* à l'inconscient.

Jusque-là, l'inconscient est conçu par Freud comme institué par le refoulement*, et son contenu est assimilé à du refoulé, exception faite de ces données extra-individuelles : le « noyau de l'inconscient », fondement du fantasme* originaire articulé à l'hypothèse phylogénétique. Avec l'article de 1915, les choses changent radicalement, préfigurant les grandes lignes de la deuxième topique. « Tout ce qui est refoulé, précise Freud dès le début de son article, doit nécessairement rester inconscient, mais nous voulons d'entrée de jeu poser comme tel que le refoulé ne recouvre pas tout ce qui est inconscient. L'inconscient a l'extension la plus large des deux ; le refoulé est une partie de l'inconscient. » La suite de l'article est un guide pour qui veut connaître les contenus génériques et les lois de fonctionnement de l'inconscient, étant entendu que seule la cure psychanalytique, dans la mesure où elle permet, une fois les résistances* surmontées, une transposition ou une traduction de l'inconscient en conscient, peut amener un sujet à prendre connaissance des éléments concrets de son inconscient.

Les contenus de l'inconscient, ce sont non les pulsions* comme telles, car elles ne peuvent jamais devenir conscientes, mais ce que Freud appelle des « représentants-représentations », sorte de délégués des pulsions, fondés sur des traces mnésiques. Ces contenus, fantasmes, scénarios, auxquels les pulsions sont fixées, cherchent en permanence à se décharger de leurs investissements* pulsionnels sous la forme de « motions de désir ». Entre ces contenus inconscients, les différences ne portent que sur la nature et la force de l'investissement pulsionnel. Ce mécanisme d'investissement, dont les formes essentielles ont été identifiées lors de l'étude du travail du rêve, la condensation*, le déplacement*, la figuration, constitue le processus primaire, le processus secondaire étant formé par le système préconscient, plus stable et mieux organisé. La différence de fonctionnement et l'incompatibilité entre les deux systèmes sont repérables sous diverses formes, notamment celle du comique ou du rire provoqués par certains lapsus ou certains mots d'esprit, indices de l'irruption d'éléments du processus primaire dans le processus secondaire.

Entre 1920 et 1923, Freud entreprend sa refonte théorique aboutissant à la mise en place d'une deuxième topique dont les instances sont le moi, le surmoi* et le ça. L'inconscient perd alors sa qualité de substantif, pour devenir une manière de qualifier les trois instances de la seconde topique : le ça, le moi et le surmoi.

Doit-on alors parler d'une dissolution du concept d'inconscient ? Même si Freud insiste sur le maintien de l'inconscient comme axe essentiel de sa nouvelle conceptualisation, certains courants du freudisme* (l'annafreudisme* et l'*Ego psychology**) ont progressivement interprété la seconde topique en un sens réducteur et privilégié la partie consciente du moi. Dans cette perspective, le moi doit devenir, grâce au traitement psychanalytique, l'instance la plus forte de la personnalité au détriment du ça et de la partie inconsciente du moi. La reconnaissance par Freud de cette partie inconsciente du moi (« et Dieu sait quelle importante partie du moi ! » s'exclame-t-il dans *Le Moi et le Ça*) qui constituait une avancée théorique essentielle se trouve ainsi recouverte.

D'autres courants, ceux représentés par Melanie Klein* ou Karen Horney*, ont conservé l'inconscient freudien au centre de leurs conceptions, tout en déplaçant leur attention vers la relation archaïque à la mère, au détriment de la sexualité* et du pôle paternel.

En 1953, dans sa conférence sur le symbolique*, l'imaginaire* et le réel*, et dans « Fonction et champ de la parole et du langage en psychanalyse », Jacques Lacan* développe une conception radicalement différente de l'inconscient, appuyée sur sa théorie du signifiant*. Il définit l'inconscient comme « le discours de l'autre*», puis comme l'Autre (grand A), lieu d'un pur signifiant où se marque la division (clivage*) du sujet*. Deux ans plus tard, il précise sa position en optant pour une traduction inédite de la célèbre phrase de Freud « *Wo es war soll ich werden* », énoncée en 1933 dans les *Nouvelles Conférences d'introduction à la psychanalyse** : « Là où c'était, dois-je advenir ». Par cette traduction, Lacan entend redonner à l'inconscient freudien sa place centrale. Il ne s'agit plus de privilégier le moi pour le rendre autonome (*Ego Psychology*) mais de faire émerger, dans le sillage du ça, la venue d'un « je » (ou sujet de l'inconscient) distinct du moi.

En 1958, dans un exposé au colloque de Royaumont intitulé « La direction de la cure et les principes de son pouvoir », Lacan souligne que l'inconscient a « la structure radicale du langage ». Cette idée sera reprise en 1972-1973 dans le séminaire

Encore, lors d'un énoncé fameux : « L'inconscient est structuré comme un langage », suivi d'une autre formule : « Le langage est la condition de l'inconscient ». L'idée lacanienne d'une primauté du langage – et donc du signifiant – repose sur cette donnée première selon laquelle l'individu n'apprend pas à parler mais est institué (ou construit) comme sujet par le langage. L'enfant est donc assujetti d'emblée à un ordre tiers, l'ordre symbolique, dont le support originel est la métaphore du nom-du-père*. Parce qu'il est pris dans un univers signifiant, l'enfant se met à parler bien avant de connaître consciemment ce que sa parole dit : « Le langage, écrit Joël Dor, apparaît donc comme cette activité subjective par laquelle *on dit tout autre chose que ce que l'on croit dire dans ce que l'on dit.* Ce "tout autre chose" s'instituant fondamentalement comme l'inconscient qui échappe au sujet qui parle parce qu'il en est constitutivement séparé. »

C'est au colloque de Bonneval en 1960 que la thèse lacanienne du primat du langage sur l'inconscient sera discutée par deux des plus brillants élèves du maître : Serge Leclaire* et Jean Laplanche. Dans leur exposé intitulé « L'inconscient : une étude psychanalytique », les deux auteurs avancent chacun une position différente. Tandis que Leclaire démontre, par un cas clinique (« l'Homme à la licorne »), la validité de la proposition du primat du signifiant, Laplanche au contraire la renverse en soutenant l'idée que « l'inconscient est la condition du langage ».

Par la suite, Lacan apportera un certain nombre de transformations à sa conception, aboutissant, à la fin de sa vie, à une représentation topologique de l'inconscient exprimée au moyen des nœuds borroméens*.

● Sigmund Freud et Josef Breuer, *Études sur l'hystérie* (1895), Paris, PUF, 1956 ; *La Naissance de la psychanalyse* (New York, 1950), Paris, PUF, 1956 ; *Briefe an Wilhelm Fliess, 1887-1904*, Francfort, Fischer, 1986 ; *L'Interprétation des rêves* (1900), *GW*, II-III, 1-642, *SE*, IV-V, 1-621, Paris, PUF, 1967 ; « Note sur l'inconscient en psychanalyse » (1912), *GW*, VIII, 430-439, *SE*, XII, 255-266, in *Métapsychologie*, Paris, Gallimard, coll. « Idées », 1968, 75-187 ; « L'inconscient » (1915), *OC*, XIII, 203-242, *GW*, 263-303, *SE*, XIV, 159-204 ; « Quelque chose de l'inconscient » (1922), *OC*, XVI, 209-211, *GW*, *Nachtragsband*, 1987, 730, *SE*, XIX, 3-4 ; *Le Moi et le Ça* (1923), *OC*, XVI, 255-301, *GW*, XIII, 237-289, *SE*, XIX, 12-59 ; *Nouvelles Conférences d'introduction à la psychanalyse* (1933), *OC*, XIX, 83-268, sous le titre *Nouvelle Suite des leçons d'introduction à la psychanalyse*, *GW*, XV, *SE*, XXII, 5-182, Paris, Gallimard, 1984 ; *Abrégé de psychanalyse* (1938), *GW*, XVII, 67-138, *SE*, XXIII, 139-207, Paris, PUF, 1967. Joël Dor, *Introduction à la lecture de Lacan*, vol. 1, Paris, Denoël, 1985. Henri F. Ellenberger, *Histoire de la découverte de l'inconscient*, (New York, Londres, 1970, Villeurbanne, 1974), Paris, Fayard, 1994. Henri Ey (éd.), *L'Inconscient. VIe colloque de Bonneval*, Paris, Desclée de Brouwer, 1966. Jacques Lacan, « Le symbolique, l'imaginaire et le réel » (1953), *Bulletin de l'Association freudienne*, 1982, 1, 4-13 ; « Fonction et champ de la parole et du langage en psychanalyse » (1953), in *Écrits*, Paris, Seuil, 1966, 237-322 ; « La chose freudienne ou Sens du retour à Freud en psychanalyse » (1955), in *Écrits*, Paris, Seuil, 1966, 401-436 ; « La direction de la cure et les principes de son pouvoir » (1958), in *Écrits*, Paris, Seuil, 1966, 585-645 ; « Position de l'inconscient » (1960), in *Écrits*, Paris, Seuil, 1966, 829-850 ; « Préface » à Anika Rifflet-Lemaire, *Jacques Lacan*, Bruxelles, Dessart, 1970, 5-16 ; *Le Séminaire*, livre XX, *Encore* (1972-1973), Paris, Seuil, 1975. Jean Laplanche, *L'Inconscient et le Ça. Problématiques IV*, Paris, PUF,

1981 ; et Serge Leclaire, « L'inconscient : une étude psychanalytique » (1960), in Henri Ey (éd.), *L'Inconscient. VIe colloque de Bonneval*, Paris, Desclée de Brouwer, 1966, 95-130 et 143-177 (discussion). Serge Leclaire, *Psychanalyser*, Paris, Seuil, 1968. *L'Inconscient*, Jacques Mousseau et Pierre-François Moreau (éd.), Paris, Retz, CEPL, 1976. Jacques Nassif, *Freud. L'Inconscient* (1977), Paris, Flammarion, coll. « Champs », 1992. Élisabeth Roudinesco, *Histoire de la psychanalyse en France*, vol. 2 (1986), Paris, Fayard, 1994 ; *Jacques Lacan. Esquisse d'une vie, histoire d'un système de pensée*, Paris, Fayard, 1993. Lancelot Whyte, *L'Inconscient avant Freud* (New York, 1960), Paris, Payot, 1971.

INCORPORATION

Allemand : *Einverleibung*. Anglais : *Incorporation*.

Terme introduit par Sigmund Freud* en 1915 pour désigner un processus par lequel un sujet* fait entrer fantasmatiquement un objet à l'intérieur de son corps.

Proche du terme introjection* introduit par Sandor Ferenczi* en 1909, l'incorporation se rapporte à l'enveloppe corporelle. C'est l'intérieur du corps qui est visé avec trois buts : se donner un plaisir par la pénétration de l'objet en soi, détruire l'objet, assimiler les qualités de l'objet.

Le terme incorporation sera largement repris par Melanie Klein* et son école.

• Sigmund Freud, « Pulsions et destin des pulsions » (1915), *OC*, XII, 163-185, *GW*, V, 443-465, *SE*, XIV, 109-140.

▷ IDENTIFICATION. IMAGE DU CORPS. OBJET (RELATION D'). POSITION DÉPRESSIVE/POSITION PARANOÏDE-SCHIZOÏDE. PROJECTION. PULSION. STADE DU MIROIR.

INDE

La tradition médicale indienne (ou *Ayurveda)* a élaboré une étiologie des maladies mentales proche de celle du corpus hippocratique. C'est ainsi qu'à sa manière cette médecine traditionnelle conçoit la folie* non pas sous la catégorie d'une possession démoniaque, comme ce fut longtemps le cas dans l'Occident chrétien, mais comme une pathologie. Dans cette perspective, la folie est regardée comme une accentuation délirante ou maniaque de phénomènes dits normaux. L'obstacle à l'introduction du savoir psychiatrique occidental sur le continent indien ne fut donc pas d'ordre religieux, comme dans d'autres pays, et à partir du début du XIXe siècle les deux médecines cohabitèrent. C'est sur ce terrain que les idées freudiennes commencèrent à s'introduire à partir de 1920.

L'Inde fut le premier pays d'Asie, et le seul avec le Japon*, où la pratique institutionnelle de la psychanalyse* put s'implanter, de façon d'ailleurs très réduite, dans un contexte culturel non occidental. Cette implantation, réalisée par un homme seul, Girîndrashekhar Bose*, et par quelques psychiatres coloniaux, resta limitée à deux grandes villes, Calcutta et Bombay, et à quelques douzaines de praticiens pour une durée de soixante-dix ans.

L'introduction du freudisme sur le territoire indien s'opéra par deux voies distinctes : l'une coloniale, l'autre d'inspiration indienne. C'est dans la province du Bengale, où le colonialisme anglais était installé depuis 1757, que furent mises en place le plus grand nombre d'institutions relatives à l'éducation, à la médecine et à l'urbanisme, et c'est là que les premiers psychanalystes indiens commencèrent à soigner des patients, indiens eux aussi. Ils appartenaient tous à l'élite occidentalisée, adepte des mœurs et du savoir européens.

Au début du XIXe siècle, la réforme asilaire qui touchait toute l'Europe fut introduite en Inde. Des hôpitaux furent alors construits pour accueillir des malades mentaux appartenant à toutes les classes de la société : Européens, Anglo-Indiens, aristocrates ou simples soldats souffrant du mal du pays. Ces asiles devinrent ensuite des institutions étatiques administrées par des médecins militaires appartenant à l'armée britannique.

L'un d'entre eux, Owen Berkeley-Hill (1879-1944), lui-même fils de médecin, fit ses études à Oxford, à Göttingen et à Nancy avant de passer ses examens pour intégrer le service médical de l'armée coloniale. Entre 1910 et 1914, il occupa plusieurs postes en Inde et se fit analyser par Ernest Jones*, auquel il adressa en 1910 une communication sur un cas clinique : « Première psychanalyse d'un sujet indien ». Jugeant le texte trop élémentaire, Jones refusa de le publier. Malgré cela, Berkeley-Hill participa en 1913 à la création de la London Psychoanalytic Society. Durant la Première Guerre mondiale, il servit l'Empire britannique en Afrique orientale et, en 1919, il prit la direction de l'hôpital psychiatrique de Ranchi, au nord-ouest de Calcutta. Après son mariage avec une femme de religion hindouiste, il s'installa définitivement dans le pays. D'autres médecins commencèrent alors à traiter des patients par la méthode freudienne : notamment Claud Bangar Daly (1884-1950), qui écrivit des textes sur le « complexe de menstruation ».

C'est Bose qui doit être considéré comme l'organisateur du mouvement psychanalytique en Inde. Issu d'une grande famille du Bengale, il commença à s'occuper de malades mentaux en 1914 après être passé par la pratique de l'hypnotisme*. Il forma autour de lui un cercle de disciples et fonda en 1922 la Société psychanalytique indienne, dont il présidera les destinées jusqu'à sa mort. Dix ans plus tard, la Société créa un institut et, en 1940, elle contribua à l'installation d'un petit hôpital, le Lumbini Park Mental Health Hospital, dans un immeuble appartenant à l'un des frères de Bose. En 1947, c'est encore Bose qui créa la revue de la société, *Samiska.*

Tandis que Bose cherchait à élaborer une doctrine du psychisme qui tienne compte des particularités culturelles liées à l'hindouisme, Berkeley-Hill promouvait au contraire un différentialisme de type colonial, affirmant par exemple que le sujet indien se distingue structurellement du sujet occidental par une pathologie spécifiquement anale. En bref, il pensait que l'Indien est inférieur à l'Européen du fait de l'arrêt de son développement psychique au stade* anal.

En 1947, l'Inde accéda à l'indépendance et son territoire fut divisé en deux États : l'Inde, gouvernée par une élite nationaliste adhérant à une philosophie politique sécularisée, et le Pakistan, dominé par l'islam et l'esprit religieux. Isolé à Lahore, Israil Latif, un médecin ami de Bose, créa en solitaire un petit groupe puis une revue, *The Journal* *of Psychoanalysis,* qui vit le jour en 1953. Il fut le premier analyste d'un homme qui allait devenir célèbre au sein de la British Psychoanalytic Society (BPS) : Masud Khan*.

Nationaliste modéré, Bose conduisait ses cures en bengali, portait des costumes indiens et tenait à prendre ses distances à l'égard des modes de pensée occidentaux. Ainsi, plutôt que de chercher à universaliser la question œdipienne en créant une modalité spécifique de complexe, comme le proposait Heisaku Kosawa* avec le mythe d'Ajase, il préféra étudier la relation du sujet à la mère en faisant abstraction du père. Dans cette perspective, il revendiquait moins les thèses kleiniennes que la culture de l'hindouisme, peuplée d'une multitude de divinités féminines et masculines exerçant l'autorité à travers une identité fluide et mal définie.

L'avènement de l'indépendance accentua les conflits entre les deux courants antagonistes, colonial d'un côté, culturaliste de l'autre, alors même que les praticiens étaient formés dans un cadre élitiste. Au fil des années, tandis que la psychanalyse continuait à être l'apanage d'un petit groupe, les théories kleiniennes eurent un certain impact, tandis que celles de Jacques Lacan* se développèrent dans les années 1970, essentiellement à l'université, dans les départements de littérature et de cinéma.

La coexistence des deux formes de différentialisme, l'un colonial (qui tendait à prôner l'infériorité de la culture indienne sur la culture anglaise), l'autre indigène (qui cherchait à promouvoir l'indianité), fit finalement obstacle au développement de la psychanalyse en Inde. Après l'indépendance, les quelques disciples formés par Bose pousuivirent leurs recherches dans la voie tracée mais ne purent éviter la stagnation du mouvement. T.C. Sinha, et à sa suite Sudhir Kakar puis l'anthropologue Stanley Kurtz redéfinirent de leur côté le culturalisme* indien en lui donnant comme mission de résister à la mondialisation des formes de savoir issues de l'Occident, universalisme freudien compris. Sur le plan clinique, ce sont les thèses de Melanie Klein* et de Wilfred Ruprecht Bion* qui finirent pas s'imposer à la fin des années 1970.

● Owen Berkeley-Hill, « The anal-erotic factor in the religion, philosophy and character of the Hindus », *IJP,* 2, 1921, 306-338 ; « Hindu-Moslem unity », *IJP,* 6, 1925, 282-287 ; *All Too Human. An Unconventional Autobiography,* Londres, Peter Davies, 1939. Claud Bangar Daly, « Hindu-Mythologie und Kastrationkomplex », *Imago,* 13, 1927, 145-198. C.V. Ramana, « On the early history and development of psychoanalysis in India », *Journal of the American Psychoanalytic Association,* 12, 1964, 110-134. T.C. Sinha « Development of psycho-analysis in India », *IJP,* 47, 1966, 427-439. Sudhir Kakar, « Considérations sur l'histoire et le développement de la psychanalyse en Inde », *Revue internationale d'histoire de la psychanalyse,* 2, 1989, 499-503 ; *Chamans, mystiques et médecins* (New York, 1982), Paris, Seuil, 1997 ; « Encounters of the psychological kind : Freud, Jung and India », *The Psychoanalytic Study of Society,* 19, 1994, 263-272. Christiane Hartnack, « British psychoanalysts in colonial India », in *Psychology in Twentieth Century Culture and Society,* Cambridge, Ash and Woodward, 1987, 233-251 ; « Vishnu on Freud's desk », *Social Research,* 57, 4, 1990, 921-949. Roger-Pol Droit, *L'Oubli de l'Inde. Une amnésie philosophique,* Paris, PUF, 1989. Stanley Kurtz, *All the Mothers are One. Hindu, India and the Cultural Reshaping of Psychoanalysis,* New york, Columbia University Press, 1992. Guy Mazars, *La Médecine indienne,* Paris, PUF, coll. « Que sais-je ? », 1995.

▷ ETHNOPSYCHANALYSE. FANON Frantz. GRANDE-BRETAGNE. HISTOIRE DE LA PSYCHANALYSE.

INDÉPENDANTS (GROUPE DES)

Le conflit entre Anna Freud* et Melanie Klein* à propos de la psychanalyse d'enfants* avait débuté alors que Melanie Klein se trouvait encore à Berlin dans l'entourage de Karl Abraham*; il allait s'amplifier lors de l'installation de Klein à Londres en 1926 à l'invitation d'Ernest Jones* et atteindre son paroxysme après l'arrivée de la famille Freud sur le sol anglais en 1939.

Alors que les bombes allemandes éclairaient le ciel londonien et éventraient les immeubles de la capitale, les affrontements, ou Grandes Controverses*, faisaient rage entre les représentantes des deux clans. La discussion portait sur des questions théoriques et sur la formation des analystes. A la fin de la guerre, cette bataille de la psychanalyse en Angleterre s'acheva sur un *lady's agreement*, laborieusement négocié, qui stipulait le libre choix de sa formation par tout candidat, avec l'obligation d'effectuer un second contrôle* sous la conduite d'un superviseur n'appartenant à aucun des deux groupes.

Ainsi naquit le centre, ou *middle group*, qui allait devenir le groupe des Indépendants, auquel se rattacheraient bientôt un nombre croissant de jeunes analystes rebutés par le sectarisme des annafreudiens et des kleiniens.

A plus d'un titre, le développement de ce groupe des Indépendants s'inscrit dans la tradition philosophique et politique anglaise, qui se caractérise par le refus des catégories totalisantes et du militantisme doctrinal. On peut la résumer par la devise qui fut celle de la nation britannique lorsqu'elle se libéra de l'autoritarisme catholique : « Plaise à Dieu, pas d'enthousiasme ! » L'originalité de ce groupe, unique au monde, est d'avoir réussi à faire école par la qualité de ses cliniciens et de ses travaux sur la relation d'objet* et le contre-transfert*.

Les Indépendants bénéficièrent très tôt de l'apport de Donald Woods Winnicott*. De formation kleinienne, il demeura toujours à distance de l'emprise de Melanie Klein et refusa de se soumettre à sa tyrannie. Se voulant freudiens avant tout, les Indépendants cherchèrent à rester impartiaux à l'égard de chacun des deux camps. Ils ne purent éviter cependant de se rapprocher des idées kleiniennes qui, au fil des années, prirent le pas en Grande-Bretagne* sur celles d'Anna Freud. En témoignent les travaux d'analystes tels qu'Ella Sharpe*, Ronald Fairbairn*, John Bowlby*, Masud Khan* ou encore Enid et Michael Balint*.

A partir des années 1980, la sérénité retrouvée favorisa l'intégration du groupe des Indépendants. Il finit même par dominer les institutions, sans pour autant éclipser complètement les idées de Melanie Klein qui restèrent très présentes, notamment à la Tavistock Clinic.

Mais les apaisements et les compromis eurent aussi pour conséquence l'affaiblissement de l'exigence théorique, ce qui favorisa le retour à la psychologie et à la psychosociologie, bien étrangères à la conceptualité freudienne.

• Phyllis Grosskurth, *Melanie Klein, son monde et son œuvre* (1986), Paris, PUF, 1990. *Les Controverses Anna Freud/Melanie Klein, 1941-1945* (Londres, 1991), Pearl King et Riccardo Steiner (éd.), Paris, PUF, 1996. Éric Rayner, *Le Groupe des « Indépendants » et la psychanalyse britannique* (Londres, 1990), Paris, PUF, 1994. Donald Woods Winnicott, *Lettres vives* (Londres, 1987), Paris, Gallimard,

1989. Julia Borossa, *Narratives of the Clinical Encounter and the Transmission of Psychoanalytic Knowledge*, thèse, Cambridge, Newnham College, 1995.

▷ ANNAFREUDISME. KLEINISME. SCISSION.

INHIBITION, SYMPTÔME ET ANGOISSE

Ouvrage de Sigmund Freud* publié en allemand en 1926 sous le titre *Hemmung, Symptom und Angst*. Traduit en français pour la première fois en 1951 par Paul Jury (1878-1953) et Ernest Fraenkel sous le titre *Inhibition, symptôme et angoisse*, puis en 1965 par Michel Tort sans changement de titre et en 1992 par Janine Altounian, Pierre Cotet, André Bourguignon (1920-1996), Jean Laplanche sans changement de titre. Traduit en anglais en 1927 par L. Pierce Clark *(et al.)* sous le titre *Inhibition, Symptom and Anxiety*, puis en 1935 par H.A. Bunker sous le titre *The Problem of Anxiety* et en 1936 par Alix Strachey* sous le titre *Inhibitions, Symptoms and Anxiety*. Cette dernière traduction fut reprise avec des modifications par James Strachey en 1959.

Dans cet ouvrage sans réelle unité et composé de réflexions cliniques sur des sujets divers, Freud aborde en premier lieu la question de l'inhibition et du symptôme. Certaines observations, notamment sur les inhibitions alimentaires (boulimie, anorexie), feront l'objet de développements considérables par les disciples de Freud, toutes tendances confondues.

En médecine, le symptôme est un trouble qui renvoie à un état morbide. Quant à l'inhibition, elle est définie en général comme une limitation de l'activité émotionnelle ou physiologique. Freud ne s'écarte pas de ces conceptions mais les adapte à sa doctrine. Il définit l'inhibition comme une limitation normale des fonctions du moi*, et le symptôme comme une manifestation (ou un signe) de la modification pathologique de ces mêmes fonctions. Le symptôme peut être lié ou non à une inhibition, et il est en général le substitut d'une satisfaction pulsionnelle qui n'a pas eu lieu : comme le rêve* et l'acte manqué*, il est une formation de compromis entre les représentations refoulées et les instances refoulantes. Il prend des formes particulières selon le type de pathologie : conversion dans l'hystérie*, déplacement* sur un objet externe dans la phobie*.

Freud distingue cinq fonctions sujettes à des inhibitions : fonction sexuelle, alimentation, locomotion, travail social et inhibitions spécialisées. L'inhibition sexuelle masculine prend quatre formes : l'impuissance psychique, l'absence d'érection, l'éjaculation précoce, l'absence d'éjaculation. L'inhibition sexuelle féminine relève essentiellement de l'hystérie (comme l'inhibition de la marche). L'inhibition au travail renvoie aussi bien à l'hystérie qu'à la névrose obsessionnelle.

Freud examine ensuite la perturbation de la fonction alimentaire caractérisée par l'inappétence d'un côté (anorexie) et l'intensification de l'appétit de l'autre (boulimie) : « Une compulsion à manger est motivée par l'angoisse d'inanition ; cette question toutefois a été peu étudiée. Le symptôme du vomissement nous est connu comme défense hystérique contre l'alimentation. Le refus de nourriture découlant de l'angoisse appartient aux états psychotiques (délires d'empoisonnement). »

La majeure partie de l'ouvrage est consacrée à la théorie de l'angoisse. Freud répond notamment aux thèses développées par Otto Rank* dans *Le Traumatisme de la naissance.*

Dans ce qu'on appelle sa première théorie de l'angoisse (1896-1907), Freud associe la genèse de l'angoisse à un coït insatisfaisant. Celle-ci est donc, comme le soulignent Jean Laplanche et Jean-Bertrand Pontalis, « la manifestation du fait qu'une quantité d'énergie n'est pas maîtrisée ».

En 1908, dans sa préface au livre de Wilhelm Stekel* *Les États nerveux d'angoisse et leur traitement,* Freud change d'avis et met en relation l'angoisse et les fantasmes utérins. L'année suivante, dans une note ajoutée à *L'Interprétation des rêves*,* il fait de la naissance le prototype de l'affect d'angoisse. C'est cette idée que reprend Rank en 1924 en faisant de la naissance un véritable trauma. De l'intensité du traumatisme, et donc de la quantité d'angoisse apparue lors de cette situation primordiale, découlerait selon lui l'évolution du sujet vers la normalité ou la pathologie.

En 1924, la discussion autour du thème du traumatisme réel relance le débat sur la théorie de la séduction* : doit-on comprendre la genèse des névroses et des psychoses comme la conséquence de chocs réellement subis (abus sexuels, violences diverses, traumatismes de guerre, etc.) ou doit-on au contraire maintenir l'idée que les traumas restent liés à des questions psychiques ?

Freud prend position par rapport à Rank en créant trois termes : 1. l'angoisse devant un danger réel (*Realangst) ;* 2. l'angoisse automatique (*automatische Angst) ;* 3. le signal d'angoisse (*Angstsignal).* Dans le premier cas, l'angoisse du sujet est caractérisée par ce qui la motive, c'est-à-dire un danger extérieur qui a pour cause l'immaturité biologique de l'homme ; dans le deuxième cas, elle est une réaction à une situation traumatique d'origine sociale par laquelle l'organisme se défend spontanément ; dans le troisième cas, elle est la reproduction, sous une forme atténuée, d'une situation traumatique vécue primitivement. Le signal d'angoisse est alors un mécanisme purement psychique qui fonctionne comme un symbole mnésique et qui permet au moi* de réagir par une défense*.

Cette théorie conduit à prendre en compte la réalité du traumatisme au sens rankien et de mettre en évidence la valeur paradigmatique de l'angoisse liée à la séparation d'avec la mère. Elle permet aussi de ne pas attribuer à l'accouchement lui-même (séparation biologique) la valeur d'un traumatisme en soi : « Le fait que l'homme ait en commun avec les autres mammifères le processus de la naissance, tandis qu'il a sur les animaux le privilège d'une disposition particulière à la névrose, ne plaidera guère en faveur de la doctrine de Rank. Mais la principale objection est encore que cette doctrine plane dans les airs au lieu de s'appuyer sur une observation solide. Nous ne disposons d'aucune bonne étude établissant une relation incontestable entre une naissance difficile et prolongée et le développement d'une névrose. »

Notons que cette mise au point était rendue nécessaire en 1926 par le fait que les psychothérapeutes américains avaient pris à la lettre les thèses de Rank, l'obligeant d'ailleurs lui-même à insister sur l'aspect « psychologique » du traumatisme : « Clarence Oberndorf*, par exemple, écrit James Lieberman, contesta la théorie parce que sa propre naissance avait été particulièrement traumatique d'un point de vue obstétrical : les forceps lui avaient écrasé le crâne et il resta entre la vie et la mort pendant des mois [...]. Il conseilla donc de suivre des enfants nés lors d'un accouchement difficile pour réaliser une étude à ce sujet. »

En 1932, dans ses *Nouvelles Conférences d'introduction à la psychanalyse**, Freud finira par donner raison à Rank en soulignant qu'il avait eu le mérite de comprendre la notion de séparation première d'avec la mère.

Quelles que soient ses qualités cliniques, *Inhibition, symptôme et angoisse* reste l'ouvrage le plus faible de Freud. Cela tient à son refus de lier la question de l'angoisse aux interrogations de la philosophie moderne. C'est ainsi que dans sa préface, Freud tient sur la philosophie des propos bien généraux : « Je suis hostile à la fabrication de visions du monde, dit-il. Qu'on les laisse aux philosophes qui professent ouvertement que le voyage de la vie est impossible sans un Baedecker pour lui donner des informations sur toutes choses. Acceptons avec humilité le mépris avec lequel les philosophes nous toisent du haut de leurs exigences sublimes. »

La notion d'angoisse, au sens de l'angoisse existentielle, est mieux explicitée par Freud dans des textes qui ne traitent pas directement de ce sujet : dans « L'inquiétante étrangeté » par exemple. Dans ce texte de 1919, Freud appelle *Unheimliche* (« étrange familier ») une impression effrayante qui « se rattache aux choses connues depuis longtemps et de tout temps familières ». Cette impression d'étrangeté surgit dans la vie quotidienne et dans la création esthétique quand des complexes infantiles refoulés sont brutalement réveillés. Elle se déploie alors en plusieurs thèmes angoissants : la peur de la castration*, la figure du double, le mouvement de l'automate. Ces trois modalités de l'étrange ont pour trait commun de réactiver des forces primitives que la civilisation semblait avoir oubliées et que l'individu croyait avoir surmontées. Dans la figure du double ou de l'automate, on doute qu'un être en apparence inanimé soit vivant, et l'on pense qu'un objet sans vie est animé. Quant à l'angoisse de castration, elle se dévoile dans les descriptions de cloaques, de vampires, de membres dévorés ou de corps désarticulés propres à la littérature fantastique at au monde du rêve.

Parmi les héritiers de Freud, ce sont les phénoménologues d'un côté et les représentants de l'école anglaise de l'autre qui veilleront à relier, à travers la lecture des œuvres de Kierkegaard et de Heidegger, la question de l'angoisse psychique de l'homme à celle de son angoisse existentielle. L'apport de Jacques Lacan* s'inscrit dans la même perspective. S'appuyant sur l'*Unheimliche*, il montre en effet que l'angoisse surgit quand le sujet est confronté au « manque du manque », c'est-à-dire à une altérité toute-puissante (cauchemar, double aliénant, inquiétante étrangeté) qui l'envahit au point de détruire en lui toute faculté de désir*.

● Sigmund Freud, *L'Interprétation des rêves* (1900), *GW*, II-III, 1-642, *SE*, IV-V, 1-621, Paris, PUF, 1967 ; « L'inquiétante étrangeté » (1919), *GW*, XII, 229-268 ; *SE*, XVII, 217-256, in *L'Inquiétante Étrangeté et autres essais*, Paris, Gallimard, 1985, 209-263 ; *Le Moi et le Ça* (1923), *GW*, XIII, 237-289, *SE*, XIX, 12-59, *OC*, XVI, 255-303. Otto Rank, *Le Traumatisme de la naissance* (Vienne, 1924), Paris, Payot, 1928. Ernest Jones, *La Vie et l'œuvre de Sigmund Freud*, vol. III (New York, 1957), Paris, 1969. Jacques Lacan, *Le Séminaire*, livre X, *L'Angoisse* (1962-1963), inédit. Jean Laplanche et Jean-Bertrand Pontalis, *Vocabulaire de la psychanalyse*,

Paris, PUF, 1967. Jean Kestemberg, Evelyne Kestemberg et Simone Decobert, *La Faim et le Corps. Une étude psychanalytique de l'anorexie mentale*, Paris, PUF, 1972. Ginette Raimbault et Caroline Eliacheff, *Les Indomptables*, Paris, Odile Jacob, 1989. Laurence Igoin, *La Boulimie et son infortune*, Paris, PUF, 1985. E. James Lieberman, *La Volonté en acte. La vie et l'œuvre d'Otto Rank* (New York, 1985), Paris, PUF, 1991. Bernard Brusset et Catherine Couvreur (éd.), *La Boulimie*, monographies de la *Revue française de psychanalyse*, Paris, PUF, 1991. Marie-Claude Lambotte, « Angoisse », *in* Pierre Kaufmann (éd.) *L'Apport freudien*, Paris, Bordas, 1993, 29-36.

▷ ANALYSE EXISTENTIELLE. BAUER Ida. BOWLBY John. FERENCZI Sandor. GRAF Herbert. INCONSCIENT. PSYCHANALYSE DES ENFANTS. REFOULEMENT. SEXOLOGIE. STADE DU MIROIR. TRADUCTION (DES ŒUVRES DE FREUD). WINNICOTT Donald Woods.

INSTINCT

▷ PULSION.

INSTITUT PSYCHANALYTIQUE DE BERLIN

▷ BERLINER PSYCHOANALYTISCHES INSTITUT.

INSTITUTION (PSYCHANALYTIQUE)

▷ ANALYSE DIDACTIQUE. ASSOCIATION MONDIALE DE PSYCHANALYSE. BERLINER PSYCHOANALYTISCHES INSTITUT. ÉCOLE FREUDIENNE DE PARIS. FÉDÉRATION EUROPÉENNE DE PSYCHANALYSE. FEDERACIÓN PSICOANÁLITICA DE AMERICA LATINA. INTERNATIONAL PSYCHOANALYTICAL ASSOCIATION. SCISSION. SOCIÉTÉ PSYCHOLOGIQUE DU MERCREDI.

INTERNATIONAL FEDERATION OF PSYCHOANALYTIC SOCIETIES (IFPS)

▷ INTERNATIONALE FÖDERATION DER ARBEITSKREISE FÜR TIEFENPSYCHOLOGIE.

INTERNATIONAL JOURNAL OF PSYCHO-ANALYSIS (IJP)

Fondé par Ernest Jones* en 1920, l'*IJP* fut la première revue psychanalytique de langue anglaise. Après la destruction de la psychanalyse* par le nazisme* en Allemagne* et en Autriche, et l'extinction concomitante des revues de langue allemande fondées par Sigmund Freud*, l'*IJP* deviendra l'organe officiel de l'International Psychoanalytical Association* (IPA).

INTERNATIONAL PSYCHOANALYTICAL ASSOCIATION (IPA)

Fondée le 30 mars 1910 à Nuremberg par Sandor Ferenczi* et Sigmund Freud*, l'internationale freudienne s'appela d'abord l'Internationale Psychoanalytische Vereinigung (IPV). Elle travailla sous le sigle IPV jusqu'en 1936, date à laquelle la quasi-totalité des psychanalystes d'Europe continentale s'exilèrent en Grande-Bretagne* et aux États-Unis*. Elle devint alors anglophone et prit officiellement le nom International Psychoanalytical Association (IPA). A partir de 1945, le sigle anglais IPA fut généralisé au sein de toutes les sociétés psychanalytiques affiliées à l'IPA, à l'exception de deux sociétés françaises : la Société psychanalytique de Paris (SPP, 1926) et l'Association psychanalytique de France (APF, 1964). Ces deux groupes refusèrent en effet de reconnaître la validité d'un sigle anglophone et obtinrent le privilège de porter un sigle français : API (Association psychanalytique internationale).

L'IPA eut successivement quatre revues officielles : le *Zentralblatt für Psychoanalyse. Medizinische Monatschrift für Seelenkunde** (1910-1913), l'*Internationale ärztlische Zeitschrift für Psychoanalyse (IZP,* 1913-1939*)*, l'*Internationale Zeitschrift für Psychoanalyse und Imago* (IZP-IMAGO,* 1939-1941) et enfin l'*International Journal of Psycho-Analysis* (IJP)* fondé par Ernest Jones* en 1920 et qui prendra le relais des trois précédents à partir de 1941.

C'est à Salzbourg, en 1908, qu'eut lieu la première grande réunion des « psychologues freudiens ». Quarante-deux personnes provenant de six pays, États-Unis, Autriche, Grande-Bretagne, Allemagne*, Hongrie*, Suisse*, y participaient. Deux ans plus tard, lors de la rencontre de Nuremberg, la nécessité s'imposa de créer une véritable association capable d'unir les groupes psychanalytiques des différents pays. On considéra alors que le premier congrès de l'IPV avait été la rencontre de Salzbourg et le deuxième celle de Nuremberg. Désireux de faire sortir la psychanalyse du ghetto viennois afin qu'elle ne fût pas assimilée à une « science juive », Freud décida de confier la direction de l'IPV à un non-Juif : Carl Gustav Jung*. Trois ans plus tard, celui-ci devait rompre avec le freudisme comme l'avait fait avant lui Alfred Adler*.

Dans son texte inaugural de 1910, Ferenczi divisa le mouvement psychanalytique en trois grandes époques : l'époque dite « héroïque » (1896-1907) durant laquelle Freud s'était trouvé seul à Vienne* entouré de quelques disciples ; l'époque dite « de Jung » (1907-1909), qui avait été marquée par l'implantation de la psychanalyse sur le terrain de la psychologie expérimentale ; l'époque dite « américaine » (1909-1913), qui avait débuté avec le voyage de Freud outre-Atlantique. Il affirmait la nécessité de la discipline et de la rationalisation, tout en mettant en garde contre les dangers que recèle toute organisation : « Je connais bien la pathologie des associations et je sais combien souvent, dans les groupements politiques, sociaux et scientifiques, règnent la mégalomanie puérile, la vanité, le respect des formules creuses, l'obéissance aveugle, l'intérêt personnel au lieu d'un travail consciencieux consacré au bien commun. »

Lors du quatrième congrès, qui eut lieu à Munich en septembre 1913, six sociétés psychanalytiques faisaient déjà partie de la future IPA : 1. la Wiener Psychoanalytische Vereinigung (WPV), créée par Freud en 1908 pour remplacer la Société psychologique du mercredi* (1902-1908) ; 2. la Société Sigmund Freud de Zurich, créée par

Jung en 1907 et dissoute en 1913 ; 3. la Deutsche Psychoanalytische Gesellschaft (DPG), fondée par Karl Abraham en 1908 ; 4. la New York Psychoanalytic Society (NYPS), fondée par Abraham Arden Brill* en 1911 ; 5. l'American Psychoanalytic Association* (APsaA), fondée par Jones et James Jackson Putnam* en 1911 ; 6. la Société psychanalytique de Budapest, créée par Ferenczi en 1913 (dissoute en 1948).

Après le départ de Jung et la dissolution de la Société de Zurich, la septième composante de l'IPA sera la London Psychoanalytic Society créée par Jones en 1913 et remplacée en 1919 par la British Psychoanalytical Society (BPS). Viendront ensuite d'autres créations : Nederlandse Vereniging voor Psychoanalyse (NVP, 1917), Société suisse de psychanalyse (SSP, 1919), Association psychanalytique russe (1922-1928), Société psychanalytique indienne (1922), Società Psicoanalitica Italiana (SPI, 1925) dissoute en 1938 et reconstituée en 1946, la Société psychanalytique de Paris (SPP, 1926), la Sociedade Brasileira de Psicanálise (SBP, 1927). A quoi s'ajouteront la Société psychanalytique japonaise (1932), les deux groupes scandinaves (dano-norvégien, finno-suédois, 1934), l'Asociación Psicoanalitica Argentina (APA, 1942) et enfin l'Association des psychanalystes de Belgique* (1949) qui deviendra, en 1960, la Société belge de psychanalyse (SBP).

On peut diviser l'histoire de l'IPA en quatre grandes périodes (par convention, les historiens font commencer l'histoire de l'IPA en 1910). Entre 1910 et 1925, elle n'est qu'un organisme de coordination des différents groupes locaux, lesquels jouissent d'une large autonomie pour ce qui concerne la formation des psychanalystes. Entre 1925 et 1933, elle change radicalement de visage lorsque est instaurée l'obligation de l'analyse didactique* et du contrôle*. Dès lors, elle se transforme en organisation centralisée dotée de règles de formation et d'admission qui visent à normaliser les cures et à écarter de la formation les analystes « sauvages » ou transgressifs, jugés trop psychotiques, trop gourous ou trop sorciers pour avoir le droit de pratiquer. Sont interdites également toutes les pratiques dites « incestueuses » : interdiction pour un analyste d'analyser les membres de sa famille et ceux d'une même famille, interdiction d'avoir des relations sexuelles avec des patients, sous quelque forme que ce soit. Notons que par une décision prise au sein du Comité secret* en décembre 1921, l'accès au métier de psychanalyste a définitivement été refusé aux homosexuels. Cette règle ne sera jamais abolie.

Entre 1933 et 1965, largement dominée par la langue anglaise et par les grands courants d'un freudisme qui n'a plus rien à voir avec le classicisme viennois (annafreudisme*, kleinisme*, Indépendants*, *Ego Psychology*, Self Psychology**), l'IPA doit d'abord affronter l'avènement du nazisme* puis la poursuite de la terrible bataille autour de l'analyse profane* amorcée en 1926 et qui divise l'Europe et les États-Unis. A partir de 1935, l'IPA entre dans l'ère des grandes scissions*, qui affectent d'abord les Pays-Bas*, puis la Grande-Bretagne (les Grandes Controverses*), frappent ensuite les sociétés américaines, et enfin la France et l'Argentine. Elle devient alors un organisme de gestion des intérêts professionnels des différentes sociétés qui lui sont affiliées, et se dote à cette fin de multiples comités, commissions et sous-commissions. C'est dans cet esprit qu'elle impose un cadre technique rigide pour la formation des psychanalystes.

Enfin, à partir de 1965, l'IPA est traversée de crises multiples et cesse progressivement d'être la seule puissance institutionnelle du freudisme dans le monde. Non seulement elle est concurrencée par l'expansion considérable des écoles de psychothérapies*, mais en outre elle perd le monopole de la légitimité freudienne : d'autres courants freudiens se développent en effet en dehors d'elle, notamment le lacanisme*, les cercles de psychologie des profondeurs d'Igo Caruso* (Internationale Föderation der Arbeitskreise für Tiefenpsychologie*), et toutes sortes de groupements indépendants et sans support institutionnel.

L'IPA des années 1990 est composée de quatre types de groupes organisés selon une hiérarchie précise : les groupes d'études (*study groups)*, les sociétés provisoires (*provisional societies)*, les sociétés composantes (*component societies)*, les associations régionales (*regional associations)*, et de trois sortes de membres : les titulaires (*members)*, les associés (*associate members)*, les membres à titre individuel (*direct associate members)*. Le titre de membre titulaire ou associé s'acquiert par l'adhésion personnelle à un groupe d'études, à une société composante ou à une société provisoire. Le titre de membre individuel est octroyé par la direction de l'IPA dans des cas bien précis : absence de société dans un pays donné, crise transitoire d'un groupe menacé de scission, etc. Seule l'APsaA bénéficie du statut d'association régionale, composée non pas de membres mais de sociétés (composantes, provisoires, groupes d'études). Quant à l'Associação Brasileira de Psicanalise* (ABP), elle n'est qu'un simple regroupement des six composantes brésiliennes (sociétés et groupes d'études) de l'IPA. A noter que les élèves en formation dans les sociétés de l'IPA ne sont pas comptabilisés comme membres. Ils sont en général aussi nombreux que les membres.

A ces quatre catégories de sociétés s'ajoutent des instituts de formation, édifiés depuis 1920 sur le modèle du Berliner Psychoanalytisches Institut* (BPI). Ils peuvent faire partie de l'IPA indépendamment de leurs liens avec telle ou telle société.

Enfin, à côté de la puissante APsaA, il existe deux fédérations : la Federación Psicoanálitica de America Latina* (FEPAL), qui regroupe toutes les sociétés psychanalytiques d'Amérique latine, et la Fédération européenne de psychanalyse* (FEP), qui réunit celles d'Europe.

Depuis 1908, les congrès ponctuent la vie de l'IPA. Ils se tiennent tous les deux ans dans les différentes villes du monde où la psychanalyse s'est implantée. Jusqu'en 1975, ils ont été organisés en Europe ; depuis cette date, ils ont lieu en alternance sur le continent américain (nord et sud) et européen.

A partir de 1934, les présidents de l'IPA, élus en général pour un mandat de deux ans renouvelable, furent anglais ou nord-américains, à l'exception d'un Français (Serge Lebovici) et d'un Argentin (Horacio Etchegoyen). C'est Ernest Jones, le plus habile politique de l'histoire du freudisme, qui resta le plus longtemps à la tête de l'association (de 1934 à 1949). Il fut le grand organisateur de ses institutions et l'artisan de son expansion.

A la fin du XXe siècle, l'IPA est implantée dans trente-deux pays : Allemagne, Argentine*, Australie*, Autriche (Vienne*), Belgique, Brésil*, Canada*, Chili, Colombie, Espagne*, États-Unis*, France*, Grande-Bretagne, Grèce, Hongrie*, Inde*, Israël, Italie*, Japon*, Mexique, Pays-Bas, pays scandinaves* (Danemark, Suède, Finlande, Norvège), Pérou, Portugal, République tchèque, Serbie, Suisse, Uruguay, Venezuela.

Dans ces pays sont répartis une association régionale, quarante-cinq sociétés (composantes ou provisoires), neuf groupes d'études et quarante-neuf instituts, pour environ dix mille cinq cents membres (titulaires ou associés). Si l'on ajoute les élèves, cela porte à environ vingt mille le nombre de psychanalystes (IPA) dans le monde. Ces instituts, groupes et sociétés se réclament tous de l'article 2 des statuts de l'IPA qui stipule que « le terme de psychanalyse se rapporte à une théorie de la structure et du fonctionnement de la personnalité, à l'application de cette théorie dans les domaines de la connaissance, et enfin à une technique psychothérapeutique spécifique. Cet ensemble de connaissances repose sur les découvertes fondamentales de Sigmund Freud qui sont à son origine. »

D'inspiration légitimiste, l'IPA se réclame donc de Freud et de la psychanalyse. Mais elle admet en son sein toutes les divergences doctrinales et tous les courants qui se réclament du freudisme. En revanche, elle interdit la transgression des règles techniques, lesquelles se caractérisent par l'obligation pour tout candidat de se soumettre à une cure dont la durée, la périodicité et le didacticien sont contrôlés et imposés par des commissions et un système de standardisation mondiale : la durée des séances est fixée à cinquante minutes, le nombre de séances à quatre par semaine et le nombre des supervisions (en plus de l'analyse didactique) à deux.

Le nombre des freudiens non membres de l'IPA est difficile à établir. L'Association mondiale de psychanalyse* (AMP) regroupe mille huit cents membres. Quant aux autres freudiens (lacaniens ou non), il est difficile de connaître leur nombre : environ trois mille cinq cents en France, moins de mille en Argentine et mille cinq cents au Brésil : soit environ six mille psychanalystes freudiens (non IPA) pour ces trois pays.

● Sandor Ferenczi, « De l'histoire du mouvement psychanalytique » (1911), in *Psychanalyse I, Œuvres complètes, 1908-1912,* Paris, Payot, 162-172. *Die Freudianer auf dem 13. internationalen psychoanalytischen Kongress 1934 in Luzern,* Vienne, Munich, Verlag Internationale Psychoanalyse, 1990. Peter Kutter (éd.), *Psychoanalysis International. A Guide to Psychoanalysis throughout the World,* vol. 1, Stuttgart, Frommann-Holzboog, 1992. Élisabeth Roudinesco, *Jacques Lacan. Esquisse d'une vie, histoire d'un système de pensée,* Paris, Fayard, 1993. *La Psychanalyse et l'Europe de 1993,* monographies de la *Revue française de psychanalyse,* Paris, PUF, 1993. *Roster. The International Psychoanalytical Association Trust,* 1996/1997.

▷ DOSUZKOV Theodor. EMBIRICOS Andreas. HAAS Ladislav. HISTOIRE DE LA PSYCHANALYSE. HISTORIOGRAPHIE. HOMOSEXUALITÉ. KOURETAS Dimitri. NAZISME. SACHS Wulf.

INTERNATIONALE FÖDERATION DER ARBEITSKREISE FÜR TIEFENPSYCHOLOGIE

(Confédération internationale des cercles de travail sur la psychologie des profondeurs)

C'est à Vienne* en 1947 que fut créé par Igor Caruso* le premier cercle de travail pour la psychologie des profondeurs (Wiener Arbeitskreis für Tiefenpsychologie) qui s'étendit aussitôt à plusieurs villes d'Autriche, Innsbrück, Linz, Klagenfurt,

Salzbourg, et devint l'Österreichische Arbeitskreise für Psychoanalyse (ÖAP). Les « cercles Caruso » formèrent ensuite une association internationale, l'Internationale Föderation der Arbeitskreise für Psychologie (IFAP), souvent présentée sous son nom anglais : International Federation of Psychoanalytic Societies (IFPS). D'inspiration freudienne, celle-ci est influente dans de nombreux pays, notamment l'Argentine*, le Brésil*, le Mexique.

INTERNATIONALE PSYCHOANALYTISCHE VEREINIGUNG (IPV)

▷ INTERNATIONAL PSYCHOANALYTICAL ASSOCIATION.

INTERNATIONALE ZEITSCHRIFT FÜR PSYCHOANALYSE UND IMAGO (IZP-IMAGO)

En 1913, après le conflit avec Carl Gustav Jung*, Sigmund Freud* créa l'*Internationale ärztliche Zeitschrift für Psychoanalyse (IZP)* pour remplacer le *Jahrbuch für psychoanalytische und psychopathologische Forschungen**. Cette revue devint l'organe officiel de l'International Psychoanalytische Vereinigung (IPV), l'ancêtre de l'International Psychoanalytical Association* (IPA), jusqu'en 1939, date à laquelle elle ne fut plus publiée à Vienne* mais à Londres. Elle fusionna ensuite (en 1939) avec la revue *Imago** pour donner naissance à l'*Internationale Zeitschrift für Psychoanalyse und Imago (IZP-IMAGO),* laquelle cessera de paraître en 1941. C'est alors l'*International Journal of Psycho-Analysis* (IJP),* fondé par Ernest Jones* en 1920, qui deviendra l'organe officiel de l'IPA.

INTERPRÉTATION

Allemand : *Deutung*. Anglais : *Interpretation*.

Terme tiré du vocabulaire courant et utilisé par Sigmund Freud* dans *L'Interprétation des rêves pour expliquer la manière dont la psychanalyse* peut donner une signification au contenu latent du rêve* afin de mettre au jour le désir* inconscient d'un sujet*.**

Par extension, le terme désigne toute intervention psychanalytique visant à faire comprendre à un sujet* la signification inconsciente de ses actes ou de son discours, que ceux-ci se manifestent par une parole, par un lapsus*, par un rêve, par un acte manqué*, par une résistance* ou à travers le transfert*, etc.

Comme le soulignent Jean Laplanche et Jean-Bertrand Pontalis, l'interprétation est au cœur de la doctrine et de la technique freudiennes. Depuis la publication de *L'Interprétation des rêves**, Freud s'était toujours réclamé d'une longue tradition philosophique (d'Aristote au romantisme allemand) qui affirme que le rêve a une signification. Mais, en mettant l'accent sur l'ancrage du symbolisme dans la personne humaine, il fit du rêve l'expression de la vie fantasmatique de l'homme et la traduction de son désir inconscient. C'est pourquoi il construisit une technique de l'interprétation qui devait faire partie intégrante de la la technique psychanalytique* elle-même, c'est-à-dire de la dynamique de la cure : « Je soutiens, écrit-il dans un article de 1911, que l'interprétation des rêves ne doit pas être pratiquée au cours du traitement analytique comme un art en soi, mais que son maniement reste soumis aux règles techniques auxquelles doit obéir l'ensemble du traitement. »

A cet égard, l'interprétation ne doit relever ni d'un délire, ni d'une sauvagerie, ni d'une manie. Elle n'est ni un jeu gratuit, ni le fruit d'une jouissance* ou d'un principe de plaisir*. Aussi doit-elle être maniée en fonction d'un certain nombre de règles, parmi lesquelles le souci de ne pas céder à une attitude superstitieuse, paranoïaque, interprétative ou suggestive, selon laquelle *tout* serait interprétable. Dans *Psychopathologie de la vie quotidienne**, Freud, parlant des paranoïaques, indique clairement ce que ne doit pas être l'interprétation : ceux-ci, dit-il en substance, interprètent les petits détails du comportement ordinaire de la vie d'autrui et font souvent preuve d'une plus grande lucidité que le sujet normal. Mais cette qualité a pour contrepartie une méconnaissance radicale de soi-même.

Si Freud définit ainsi de façon négative ce que ne doit pas être l'interprétation dans la psychanalyse, c'est que la notion recouvre bien des variantes : depuis la simple explication significative jusqu'au délire, en passant par la sauvagerie et la manie.

Dans la nosographie psychiatrique, on appelle délire d'interprétation une forme de délire chronique caractérisé par la prépondérance d'un motif persécutif et d'un raisonnement mono-idéique qui pousse un sujet à procéder à des constructions hallucinatoires, convaincu qu'il est que toutes les manifestations de la réalité extérieures se rapportent à lui.

Si ce délire d'interprétation est propre à la psychose* en général et à la paranoïa* en particulier, l'interprétation sauvage est une des modalités de fonctionnement du transfert* dans la cure. Et pour la caractériser, Freud emploie le terme psychanalyse sauvage. Dès 1901, dans son article sur la psychothérapie*, il cite une déclaration faite par Hamlet aux deux courtisans (Rosenkranz et Guldenstern) chargés par le roi de le surveiller : « Croyez-vous, dit le prince, qu'il soit plus facile de jouer de moi que d'une flûte ? Prenez-moi pour l'instrument que vous voudrez, vous pourrez bien me froisser, mais vous ne saurez jamais jouer de moi. » Puis, en 1910, à propos d'un médecin néophyte qui a commis l'erreur d'expliquer « sauvagement » à une patiente qu'elle souffrait d'un manque d'activité sexuelle, il appelle pour la première fois « psychanalyse sauvage » une erreur technique commise par un praticien ignorant et consistant à jeter à la tête du patient, dès la première rencontre, les secrets qu'il a devinés. Dans ce cas, qu'elle soit « vraie » ou « fausse », l'interprétation est irrecevable puisqu'elle procède d'une méconnaissance complète de la structure psychique du sujet, de ses résistances, de son refoulé.

En 1929, dans une lettre à l'historien français Maxime Leroy (1873-1957) qui lui demandait d'interpréter trois rêves de René Descartes (1596-1650), Freud soulignait la difficulté qu'il y avait à travailler sur un tel matériel en l'absence du principal intéressé. Dans la même perspective, il condamnait les tentatives de « diagnostic foudroyant » en les assimilant à un véritable abus de pouvoir.

Freud fut toujours attentif à la manie de l'interprétation, tant elle faisait de ravages. (Ses premiers disciples de la Société psychologique du mercredi* n'y échappèrent d'ailleurs pas.) Ce mélange de psychanalyse sauvage, de délire interprétatif et d'utilisation dogmatique de la doctrine freudienne à des fins d'explication de la réalité se manifesta aussi très tôt chez ceux qui prétendaient se servir du freudisme* pour faire surgir d'un texte ou d'un individu des vérités cachées.

La jouissance interprétative, loin de régresser devant les mises en garde de Freud, augmentait même d'intensité à mesure que le mouvement s'intéressait à la clinique des psychoses et des états-limites*. Pour traiter de tels cas, l'analyste, souvent marqué lui-même par la folie*, était conduit à manier l'interprétation en plein transfert fusionnel avec l'analysant. D'où son caractère débridé. Cette passion, qui fut d'ailleurs dénoncée par les psychanalystes eux-mêmes (Edward Glover*, Heinz Kohut* et bien d'autres encore), autorisa les adversaires de Freud à s'appuyer sur les sottises publiées par des auteurs médiocres pour présenter la doctrine viennoise comme une nouvelle variété de charlatanisme : voyance, astrologie, occultisme*, superstitions, etc.

Conscient du danger, Jacques Lacan* entreprit lui aussi, en 1958, dans le cadre de sa théorie du signifiant*, de réviser la notion et son utilisation technique. Il mit l'accent sur la nécessité d'interroger sans cesse, au cours de la cure, le désir* de l'analysant sans pour autant lui assener des vérités toutes faites. Mais ses disciples, eux, cédèrent à la manie de l'interprétation. Tandis que les freudiens faisaient surgir partout des symboles sexuels et que les kleiniens « devinaient » derrière chaque discours la haine archaïque de la mère, les lacaniens inventèrent un nouveau jargon interprétatif fait de jeux de mots, de mathèmes*, de nœuds borroméens*.

Si la doctrine freudienne eut tant de mal à se préserver de cette passion, c'est parce que le mécanisme de l'interprétation est inhérent à son système de pensée. C'est pourquoi Freud chercha toujours à tempérer la toute-puissance de l'interprétation par un autre procédé : la construction.

C'est en 1937 qu'il donna à ce terme un véritable contenu théorique en le définissant comme une élaboration que l'analyste doit absolument réaliser dans la cure (comme un savant dans son laboratoire) pour reconstituer littéralement l'histoire infantile et inconsciente du sujet. A cet égard, on peut dire que la construction est à la fois la quintessence de l'interprétation et une critique de l'interprétation, dans la mesure où elle permet de restituer de façon cohérente la signification globale de l'histoire d'un sujet plutôt que de s'en tenir à la saisie de quelques détails symptomatiques. Ce procédé de construction, Freud en usait lui-même en permanence, aussi bien dans ses cures (celle de Sergueï Constantinovitch Pankejeff* par exemple, durant laquelle il inventa littéralement la scène du « coït *a tergo* ») que dans ses hypothèses sur la métapsychologie* ou la pulsion de mort*, ou dans ses ouvrages littéraires sur Léonard de Vinci (1452-1519) ou Moïse.

Deux courants philosophiques commentèrent la notion freudienne d'interprétation. Le premier, représenté par Karl Popper (1902-1994) et ses héritiers, affirma que la psychanalyse, dans la mesure où elle n'est pas réfutable, ne peut être promue au rang de science. Le second, proche de Paul Ricœur et de la phénoménologie, revendiqua pour le freudisme le statut positif d'une herméneutique, susceptible d'apporter à la philosophie les instruments d'une véritable critique des illusions de la conscience*.

● Sigmund Freud, « De la psychothérapie » (1905), *GW*, V, 13-26, *SE*, VII, 255-268, in *La Technique psychanalytique*, Paris, PUF, 1953, 9-23 ; « De la psychanalyse "sauvage" » (1910), *OC*, X, 205-215, *GW*, VIII, 118-125, *SE*, XI, 221-227 ; « Le maniement de l'interprétation des rêves en psychanalyse » (1911), *GW*, VIII, 350-357, *SE*, XII, 89-96, in *La Technique psychanalytique*, Paris, PUF, 1953, 43-50 ; « Lettre à Maxime Leroy sur un rêve de Descartes » (1929), *OC*, XVIII, 231-233, *GW*, XIV, 558-560, *SE*, XXI, 203-204 ; « Constructions dans l'analyse » (1937), *GW*, XVI, 243-56, *SE*, XXIII, 255-269, in *Résultats, idées, problèmes*, II, *1921-1938*, Paris, PUF, 1985, 269-283. Edward Glover, *La Technique de la psychanalyse* (Londres, 1928), Paris, PUF, 1958. Jacques Lacan, *Le Séminaire*, livre VI, *Le Désir et son interprétation* (1958-1959), inédit. Karl Popper, *Conjectures et Réfutation. La croissance du savoir scientifique* (Londres, 1963), Paris, Payot, 1985. Paul Ricœur, *De l'interprétation, essai sur Freud*, Paris, Seuil, 1965. Jean Laplanche et Jean-Bertrand Pontalis, *Vocabulaire de la psychanalyse*, Paris, PUF, 1967. René Major, « The language of interpretation », *IJP*, 1, 1974, 425-435.

▷ GRODDECK Georg. *HOMME MOÏSE ET LE MONOTHÉISME (L')*. PSYCHANALYSE APPLIQUÉE. *SOUVENIR D'ENFANCE DE LÉONARD DE VINCI (UN)*.

INTERPRÉTATION DES RÊVES (L')

Ouvrage de Sigmund Freud* publié en novembre 1899 sous le titre *Die Traumdeutung*, mais daté de 1900 par l'éditeur. Traduit pour la première fois en français en 1926 par Ignace Meyerson (1888-1983) sous le titre *La Science des rêves*. Traduction révisée et augmentée en 1967 par Denise Berger et rééditée sous le titre *L'Interprétation des rêves*. Traduit en anglais pour la première fois en 1913 par Abraham Arden Brill* sous le titre *The Interpretation of Dreams*, puis en 1953 par James Strachey* sans changement de titre.

Exprimant son admiration pour ce « livre extraordinaire », Henri F. Ellenberger* regrettait que nous ne puissions « nous représenter l'impression » qu'il avait produite lors de sa parution.

Dans sa recherche de la genèse de *Die Traumdeutung*, parcourant le labyrinthe des rêves, des trouvailles et des impasses dont témoignent les lettres à Wilhelm Fliess*, Didier Anzieu fait remarquer que le titre allemand évoque l'interprétation populaire des songes, des diseuses de bonne aventure et de l'astrologie (*Sterndeutung*), bien plus qu'un traité scientifique.

L'Interprétation des rêves, et non pas le rêve* en général comme le précise Freud en 1935 dans une note ajoutée à son autobiographie (*Sigmund Freud présenté par lui-même**), est un livre-charnière qui opère à la façon d'un passeur. Abandonnant comme à regret les rives peuplées de savants fous et d'artistes visionnaires du romantisme allemand, Freud se dirige vers celles, encore avenantes, du modernisme scientifique, celui de la sexualité révélée et de la parole débridée.

L'intérêt de Freud pour ses propres rêves est déjà ancien au moment où il se lance dans cette aventure. Des lettres à sa fiancée, Martha Bernays (Freud*), en font état. Celle du 19 juillet 1883 notamment, dans laquelle il parle d'un « carnet de notes personnelles sur les rêves » composé à partir de son expérience. Cet intérêt se développe à l'écoute de ses patients. Libérés des contraintes de l'hypnose* et de la suggestion*, ils parlent et racontent leurs rêves. En 1894, il annonce fièrement à Josef Breuer* qu'il sait interpréter les rêves. Dans une lettre du 4 mars 1895, il s'ouvre à Wilhelm Fliess de sa thèse sur le rêve comme accomplissement d'un désir* en lui racontant le rêve* de Rudi Kaufmann, jeune médecin, neveu de Breuer, qui déteste se lever tôt. Un matin, il a halluciné une pancarte d'hôpital portant son nom. Il s'est alors rendormi, convaincu d'être déjà à son travail.

Vers la mi-juillet 1895, séjournant avec sa famille sur les hauteurs de Vienne*, Freud fait un rêve, celui dit « L'injection faite à Irma*», dont il donne une interprétation partielle dans « L'esquisse d'une psychologie scientifique ». Ce sera l'exemple inaugural, et l'un des plus importants de son livre.

L'année 1896 est marquée pour lui par la mort de son père, Jacob Freud*. Dans la préface à la deuxième édition de *Die Traumdeutung*, en 1908, Freud dit comment ce travail fut une manière de réagir à cet événement, « la partie la plus déchirante d'une vie d'homme ». Durant les mois suivants, ce thème de la mort du père et les souvenirs qui lui sont liés apparaissent comme la source de plusieurs rêves, et notamment de ceux qu'il appelle « les rêves de Rome ». Parmi ces souvenirs, celui de l'humiliation qu'en tant que Juif son père lui raconta avoir subie sans réagir est lié au quatrième de ces rêves romains, dans lequel se manifeste son désir de voir se dérouler à Rome plutôt qu'à Prague une rencontre prévue avec Fliess. « Ma nostalgie de Rome, écrit Freud dans une lettre à celui-ci, datée du 3 décembre 1897, a un caractère profondément névrotique. Elle est liée à mon amour de collégien pour Hannibal, le héros sémite ; de fait, cette année encore, comme lui, je n'ai pu aller du lac Trasimène à Rome. » Le récit de l'humiliation paternelle avait provoqué chez le jeune Sigmund un report d'admiration sur le personnage d'Hannibal. Didier Anzieu souligne que cette identification* à Hannibal est la première des identifications héroïques de Freud qui « sont en même temps des identifications masochistes », ce dont il se rendra compte quelques mois plus tard, à l'occasion de sa rencontre avec le mythe œdipien. Fliess, précise encore Anzieu, représente alors une image paternelle qui frustre Freud d'un désir dont le rêve constitue l'accomplissement.

Les progrès de sa réflexion sur la dynamique des psychonévroses et l'étiologie de l'hystérie* vont de pair avec ses premiers doutes sur la théorie de la séduction*. Le rêve paraît alors à Freud le seul moyen d'avancer vers la solution dont il a le pressentiment. Le 16 mai 1897, il écrit à Fliess : « Tout bouillonne et fermente en moi et je ne fais qu'attendre de nouvelles poussées [...] je me suis senti obligé de travailler la question des rêves ; là, je me sens très sûr de moi, d'autant que tu m'y encourages. »

Progressivement, la théorie du rêve comme accomplissement d'un désir* inconscient* est étendue à l'élaboration des fantasmes* et à l'apparition des symptômes. Le projet d'un livre sur les rêves est porteur d'une « psychologie entière des névroses », comme il l'écrit à Fliess le 7 juillet 1897. A l'automne 1897, au retour de ce voyage en

Italie au cours duquel il n'a pu atteindre Rome, il adresse à son ami berlinois sa célèbre déclaration : « Je ne crois plus à ma *neurotica.* » Pourtant à la fin de cette même lettre, il énonce ce constat, non moins essentiel : « Dans cet effondrement général, seule la psychologie demeure intacte. Le rêve conserve certainement sa valeur et j'attache toujours plus de prix à mes débuts dans la métapsychologie*. Quel dommage, par exemple, que l'interprétation des rêves ne suffise pas à nous faire vivre ! »

Dans les semaines suivantes, Freud prend acte de ce que furent ses sentiments amoureux pour sa mère et découvre l'universalité du mythe œdipien, accomplissement, comme le rêve, de désirs infantiles inconscients, toutes choses dont il fera état dans le chapitre V de *Die Traumdeutung*.

Une première version du livre est mise en chantier au début de l'année 1898. Freud se plonge sans réserve dans le travail, mais, en juillet, il se heurte à ce qu'il appelle encore la « psychologie du rêve », le futur chapitre VII. Son attention est alors retenue par d'autres phénomènes, étrangement comparables au rêve, les oublis, les actes manqués*, les souvenirs-écrans*, qui constitueront la matière d'un prochain livre, *Psychopathologie de la vie quotidienne**. A l'automne, en proie au doute, il est gagné par un sentiment de mort et annonce à Fliess, le 23 octobre, l'abandon de son projet : « Le livre sur les rêves est irrémédiablement laissé de côté. Je manque de stimulant pour en préparer la publication, mais ses lacunes en psychologie et celles aussi qui subsistent dans l'exemple analysé à fond gênent ma conclusion. Ces obstacles, je ne puis encore les surmonter. » L'espoir renaît dès le début de 1899. Le 3 janvier, toujours à Fliess, il déclare : « … une lueur apparaît, quelque chose d'autre va sûrement surgir dans les jours à venir. […] le schéma du rêve peut avoir une utilisation très générale et […] la clé de l'hystérie se trouve vraiment incluse dans le rêve. Je comprends aussi maintenant pourquoi, malgré tous mes efforts, je n'ai pu donner de solution à la question du rêve. Si j'attends encore un peu, j'arriverai à décrire le processus psychique des rêves, de façon qu'y soit inclus le processus de la formation du symptôme hystérique. Donc, attendons. »

A partir du mois de mai 1899, il s'investit totalement dans l'écriture du livre, au prix d'un travail harassant. Le 11 septembre 1899, il peut enfin écrire à Fliess : « J'ai terminé ; c'est-à-dire que le manuscrit entier a été expédié. Tu peux imaginer dans quel état je suis : celui d'une dépression accrue, ce qui est normal après toute exaltation. » Achevée d'imprimer aux alentours du 20 octobre, *Die Traumdeutung* est mise en vente le 4 novembre 1899.

Freud inaugure dans ce livre une méthode à laquelle il demeurera fidèle dans ses livres suivants, celui qu'il consacrera à la psychopathologie et celui qu'il intitulera *Le Mot d'esprit et sa relation à l'inconscient**. Il s'agit de construire la théorie de son objet à partir de son expérience clinique et des observations recueillies autour de lui. En l'occurrence, la formation du rêve, le travail du rêve, son interprétation, démonstration du bien-fondé de la thèse de l'accomplissement d'un désir inconscient, sont étudiés à partir d'exemples de rêves, tour à tour utilisés comme point de départ, source de formulation des interrogations et comme point d'aboutissement, illustration de la justesse des hypothèses avancées.

Les remaniements multiples dont le livre fera l'objet – Peter Gay observe qu'au terme de plusieurs éditions le sixième chapitre devient à lui seul aussi long que les cinq premiers – en ont rendu parfois l'accès difficile, les traductions ne restituant par ailleurs qu'imparfaitement les multiples aspects de la démarche de Freud, qu'il s'agisse de certaines subtilités théoriques, des allusions aux diverses cultures dont il était imprégné ou de détails renvoyant à la vie viennoise de l'époque.

En dépit de ces obstacles, *Die Traumdeutung* demeure un livre exceptionnel dont l'auteur est tout à la fois le rêveur, l'interprète, le théoricien et le narrateur. Pour mener à bien son entreprise, Freud utilise deux cent vingt-trois rêves : quarante-sept sont les siens, cent soixante-seize proviennent soit de patients, soit de son entourage. S'il est vrai qu'à l'occasion de l'analyse qu'il fait de ses propres rêves Freud révèle bien plus de détails concernant sa vie intime qu'il ne le fait dans son autobiographie par exemple, il est sans doute abusif de voir dans ce livre, comme l'ont soutenu certains commentateurs, « une forme ingénue et retorse d'autobiographie » (Peter Gay) ou « une autobiographie déguisée » (Henri F. Ellenberger). Octave Mannoni* déplace à juste titre la question en expliquant qu'aucun des rêves utilisés par Freud, pas plus les siens que ceux des autres, ne peut faire l'objet d'une interprétation exhaustive parce que « tout rêve a un *ombilic*, par où il communique avec l'inconnu ». De plus, fait observer Mannoni, lorsque Freud analyse ses propres rêves, il s'en tient à la discrétion que l'on doit aux autres. « Ainsi, l'analyse du rêve de l'injection faite à Irma s'arrête juste au moment où Freud nous en a dit assez pour que nous comprenions que sa propre femme était en jeu. »

Que *Die Traumdeutung* soit le premier des vingt-trois ouvrages publiés par l'auteur ne relève pas du hasard. Freud s'explique sur cette priorité dans les premières pages de son analyse du cas « Dora » (Ida Bauer*) qu'il publie en 1905. Il était impossible, dit-il, d'avancer dans la compréhension des psychonévroses sans avoir effectué au préalable « une étude laborieuse et approfondie sur les rêves ».

On peut discerner trois parties dans *L'Interprétation des rêves*. Le chapitre inaugural, recension bibliographique détaillée des travaux sur le rêve effectués avant Freud, forme la première partie. La méthode d'interprétation des rêves, la théorie de la formation du rêve, sa fonction, le travail du rêve composent la deuxième partie, soit cinq chapitres essentiels, plusieurs fois modifiés. Enfin, la troisième partie est constituée du célèbre chapitre VII consacré à l'exposé de la théorie du fonctionnement de l'appareil psychique, dans lequel Freud expose les instances de sa première topique*, conscient*, préconscient* et inconscient.

Freud n'écrivit le premier chapitre de son livre que sur les conseils insistants de Fliess. Il ne manque d'ailleurs pas, durant cet été 1899, de faire savoir à son ami combien la rédaction de ce *pensum* l'a agacé et ne lui masque pas non plus ses doutes quant à l'utilité de cette compilation rébarbative. Ce léger désaccord est rapidement résolu. Le 6 août 1899, Freud le reconnaît, le problème n'est pas celui de la place accordée à cette littérature sur le rêve, il est avant tout celui de cette littérature elle-même qui, écrit-il, « nous déplaît ». L'insertion de cette recension est un mal nécessaire, destiné à « éviter de fournir aux *pontifes* une hache pour pourfendre ce malheureux livre ». En réalité, cet incident et les échanges aigres-doux auxquels il donne lieu participent, avec d'autres, contemporains, de la dégradation amorcée de la relation entre les deux amis.

Dès le début du deuxième chapitre, Freud s'emploie à souligner l'originalité de son approche. Il distingue d'abord entre les conceptions qui ignorent jusqu'à l'idée même d'interprétation*, parce qu'elles ne considèrent pas le rêve comme un acte mental mais comme un fait somatique, et celles, issues du bon sens populaire et des croyances traditionnelles, auxquelles il reconnaît une vraie priorité parce qu'elles serrent « la vérité de plus près que nos doctrines actuelles ». Pour ces conceptions anciennes, le rêve a une signification cachée, à découvrir. Freud discerne là un souci d'interprétation qui a permis, à travers les siècles, le développement de deux méthodes.

La première, l'interprétation *symbolique*, traite le rêve comme un tout auquel elle s'efforce de substituer un autre contenu, analogue mais plus intelligible. Cette méthode, observe Freud, convient bien aux rêves artificiels, ceux qui sont inventés par les romanciers et les poètes. Il cite en note, à ce sujet, le roman de Wilhelm Jensen (1837-1911), *Gradiva,* auquel il consacrera, en 1907, une étude particulière sous le titre *Le Délire et les rêves dans la « Gradiva » de W. Jensen**. L'interprétation *symbolique* exige des dons particuliers, dont parlait déjà Aristote, mais elle n'est d'aucune utilité lorsqu'elle est confrontée à des rêves confus. Une seconde méthode, dite par Freud *méthode de déchiffrage*, traite le rêve comme un écrit codé ou « chiffré », dans lequel chaque signe, ou élément, peut être traduit si l'on possède une clé fixe, la « clé des songes ». Cette méthode, à la différence de la précédente, ne considère pas le rêve comme un tout mais comme un ensemble d'éléments que l'on doit traiter séparément.

Les difficultés propres à ces deux méthodes, la précarité de leur fiabilité, l'absence de garantie attachée aux « clés », quelles qu'elles soient, tout cela a porté atteinte au crédit de l'idée même d'interprétation.

Constatant cette impasse, Freud annonce qu'il a « pu faire un pas en avant ». L'idée lui est venue, en écoutant ses patients lui raconter leurs rêves au même titre que leurs symptômes morbides, que le rêve, à l'instar du fantasme* et du symptôme, était un état psychique susceptible d'être, lui aussi, le point de départ d'associations libres.

Pour des raisons de commodité, liées à la nature d'un exposé écrit, Freud est conduit à choisir ses propres rêves comme matériau de travail, même si cela implique pour lui des moments de gêne difficiles à assumer. Afin de présenter sa méthode d'interprétation, il se réfère sans détour à l'un de ses rêves, celui dit de « L'injection faite à Irma* », le premier, rappelle-t-il, à faire l'objet d'une analyse détaillée. A cette occasion, il met en place un protocole qui restera immuable tout au long du livre.

Avant le récit du rêve proprement dit figure le « récit préliminaire », rappel plus ou moins détaillé du contexte, récent ou ancien, des lieux, événements, personnes auxquels le rêve fait référence. Le récit du rêve constitue le deuxième temps du protocole. L'analyse du rêve, fondée sur les associations appelées par chacun de ses éléments, marque le troisième temps, ponctué d'observations théoriques et méthodologiques.

L'analyse du rêve sur Irma permet à Freud d'affirmer que le rêve « ... a un sens [...] qu'il n'est nullement l'expression d'une activité fragmentaire du cerveau » et qu'il est toujours l'accomplissement d'un désir du jour précédant le rêve.

Mais n'y aurait-il pas d'autres rêves que de désir ? Que faire des rêves à contenu pénible, dans lesquels on ne voit pas la moindre trace de réalisation d'un désir et qui semblent contredire la thèse soutenue ?

Pour répondre à cette objection, Freud énonce une distinction essentielle entre le *contenu manifeste* du rêve, le récit du rêve par le rêveur éveillé, et le *contenu latent* du rêve, progressivement révélé par l'analyse du rêve, c'est-à-dire par la mise en relation des associations appelées par chacun des éléments du contenu manifeste. Pourquoi donc des rêves qui vont se révéler à l'analyse être bel et bien des rêves de désir n'expriment-ils pas plus clairement ce désir ? Parce que le rêve est le lieu d'une *déformation*. Le contenu manifeste est une déformation du contenu latent, ce qui revient à dire que le contenu latent est dissimulé derrière le contenu manifeste. Cette déformation est la marque d'une défense* contre le désir véhiculé par le rêve. Freud compare la déformation du rêve à la politesse qui consiste, bien souvent, à déguiser des pensées agressives ou négatives par des formules aimables. Il s'opère donc dans le rêve une censure* inconsciente d'une motion désirante : « plus la censure est sévère, écrit Freud, plus le déguisement sera complet ».

Un rêve à contenu pénible peut donc être l'accomplissement d'un désir : le contenu pénible est le produit du travestissement, il est la déformation de ce que le rêveur souhaitait. Pour illustrer cette thèse, Freud analyse un certain nombre de rêves dont le contenu manifeste est explicitement pénible. Ainsi du rêve dit de « la belle bouchère », qui illustre le processus d'identification* hystérique et qui sera commenté par Jacques Lacan* en 1958. Ces diverses analyses le confirment, la déformation du rêve est bien le fait de la censure* et Freud peut ainsi affiner sa thèse sur l'essence du rêve : « Le rêve est l'accomplissement (déguisé) d'un désir (réprimé, refoulé). »

Quelles sont les sources du rêve et d'où provient son matériel ? Ces questions font l'objet du chapitre V, lui-même divisé en quatre sections, respectivement consacrées à l'ancienneté du matériel onirique, aux sources d'origine infantile, aux sources somatiques, et enfin à ce que Freud appelle les « rêves typiques ».

La question de l'ancienneté du matériel du rêve est la plus importante de celles qui sont abordées dans ce chapitre. Freud l'affirme, nos rêves sont toujours provoqués « par un événement après lequel nous n'avons pas encore dormi une nuit ». Plus précisément, les sources de nos rêves peuvent bien être inscrites dans un passé plus ou moins lointain, il leur faut, pour que le rêve se produise, être reliées à une impression ou à un événement du jour du rêve. Pour illustrer cette thèse, il a notamment recours à son rêve dit de « la monographie botanique » dont il donne le récit suivant : « J'ai écrit la monographie d'une certaine plante. Le livre est devant moi, je tourne précisément une page où est encarté un tableau en couleur. Chaque exemplaire contient un spécimen de la plante séchée, comme un herbier. »

Ce rêve sera de nouveau utilisé dans ce même chapitre à propos du matériel infantile. Il permet alors d'établir qu'un désir réprimé de la veille ne peut donner lieu à un rêve que s'il est associé à un désir réprimé de l'enfance. Enfin, Freud l'utilise de nouveau dans le chapitre VI, pour illustrer le mécanisme de la condensation*.

« Nous sommes seuls, écrit Freud au seuil de ce chapitre VI tant de fois remanié, à avoir tenu compte de quelque chose d'autre », à ne pas nous être contenté du récit manifeste du rêve pour l'interpréter. Si le rêve est bien un acte psychique chargé de sens, il faut, pour le démontrer, aller au-delà de son contenu manifeste pour atteindre son contenu latent. D'où la question centrale, objet de ce chapitre : quelle est la nature du rapport entre contenu manifeste et pensées latentes ? Par quels processus « celles-ci ont-elles produit celui-là », de quoi est fait ce « travail du rêve » ?

« Le rêve est un rébus, nos prédécesseurs ont commis la faute de vouloir l'interpréter en tant que dessin. C'est pourquoi il leur a paru absurde et sans valeur. »

Peut-on dire du contenu manifeste qu'il serait une *traduction* des pensées latentes, texte original écrit en une autre langue ? Freud emploie bien le verbe traduire (*übertragen*), mais Octave Mannoni fait observer que cette représentation du travail du rêve est un peu réductrice. Il propose l'idée de *reconstitution*, illustrée par une belle image : il s'agirait, explique l'auteur, de reconstituer le latin originel (les pensées latentes) à partir de la version, le contenu manifeste, d'un « mauvais élève », et de retrouver par exemple le texte latent, *summa diligentia*, à partir du texte manifeste, « le sommet de la diligence ». Ce travail permettrait de mettre au jour « selon quelles lois les mauvais élèves traduisent le latin, à la façon dont l'analyse du rêve nous renseigne sur le travail de l'inconscient ».

Ces lois sont au nombre de quatre mais l'accent est mis sur les deux plus fondamentales, le travail de condensation* et le travail de déplacement*, deux processus intrinsèques au fonctionnement de l'inconscient et que l'on retrouve dans d'autres formations.

L'hypothèse du processus de condensation fut suggérée à Freud en 1898 par le constat du laconisme et de la pauvreté du contenu manifeste de certains rêves, comparés à la richesse des pensées latentes de ces mêmes rêves analysés. Examinant divers exemples de rêves, Freud montre que la condensation s'organise autour de certains des termes du contenu manifeste, sortes de points de nouage sous lesquels s'est effectuée une fusion entre plusieurs pensées latentes très différentes les unes des autres. Le mécanisme de la condensation, lorsqu'il s'effectue à propos de mots ou de noms, peut aboutir à la formation de mots ou de noms nouveaux, à la résonance parfois comique.

Freud identifie un deuxième mécanisme dans la formation du rêve, qu'il nomme déplacement. Le déplacement résulte de transferts d'intensités psychiques de certains éléments sur d'autres, de telle manière que certains, riches, deviennent sans intérêt et peuvent ainsi échapper à la censure, alors que d'autres vont se trouver survalorisés.

Il étudie ensuite un troisième mécanisme, les procédés de figuration dans le rêve. Il montre que le rêve, voie royale d'accès à l'inconscient, ne peut représenter des relations logiques entre les éléments qui le composent (alternatives, contradictions ou causalités), mais qu'il peut en revanche les modifier ou les maquiller, l'interprétation ayant pour tâche de rétablir ces relations effacées par le travail du rêve. Dans cette même section, il revient sur l'importance de l'identification dans le rêve, moyen par lequel deux personnes peuvent n'en faire qu'une ou être représentées par une seule chose qui leur est commune. Par ailleurs, l'identification fonctionne dans le rêve comme un moyen pour le rêveur de se déguiser : « C'est la personne même du rêveur, souligne Freud, qui apparaît dans chacun des rêves, je n'ai trouvé aucune exception à cette règle. Le rêve est absolument égoïste. »

Quatrième processus responsable de la formation du rêve, l'élaboration secondaire. Freud constate qu'en certains cas le contenu d'un rêve ne provient pas uniquement des pensées du rêve mais qu'une fonction psychique, par le biais de notre pensée consciente, de nos fantasmes*, peut fournir au rêve d'autres éléments. Cette instance psychique, qui exerce habituellement une fonction de censure, semble pouvoir à l'occasion produire des adjonctions ou des accroissements du rêve, facilement reconnaissables au fait qu'ils sont généralement timidement introduits par le moyen de l'expression « comme si... ».

En 1914, Freud fait un ajout substantiel à son sixième chapitre. Reprenant une section du chapitre précédent consacrée aux « rêves typiques », catégorie sous laquelle il regroupe des rêves supposés avoir la même signification pour tout le monde, il consacre un long développement, illustré de nombreux exemples qu'il doit à Wilhelm Stekel*, à ce qu'il appelle « la figuration par symboles ». Il semble s'être tout de suite rendu compte du danger que représente cette approche, susceptible d'aboutir à la constitution d'une nouvelle « clé des songes » et d'abolir la portée de la rupture constituée par sa propre méthode d'interprétation. Aussi bien fait-il preuve de prudence : s'il est vrai que, confrontés à certains rêves, les sujets peuvent se trouver dans l'impossibilité d'associer ou ne trouver d'autres associations que des symboles répertoriés et impersonnels, « il ne peut être question, pour des motifs de critique scientifique, de s'en remettre au bon plaisir de l'interprétateur, comme l'a fait l'Antiquité et comme procèdent les étranges explications de Stekel. C'est pourquoi nous serons amenés à combiner deux techniques : nous nous appuierons sur les associations d'idées du rêveur, nous suppléerons à ce qui manquera par la connaissance des symboles de l'interprétateur ».

Il n'empêche, « ces limites et ces réserves étant posées... », Freud s'engage dans l'énumération commentée et illustrée d'un véritable catalogue, seulement tempérée par l'énoncé d'un rappel de prudence précisant que si les deux techniques doivent bien se compléter, « la traduction en symboles n'intervient qu'à titre auxiliaire ». Cette section de *Die Traumdeutung* est rarement commentée par les analystes, sauf pour en faire grief à Freud. Il faudrait sans doute aller au-delà pour questionner le sens de cette sorte de dérive, repérable déjà à l'époque de « L'esquisse », mais aussi en d'autres temps et sous d'autres formes, qu'il s'agisse des tentations interprétatives, des applications approximatives, ou encore des « fantaisies phylogénétiques ».

Le dernier chapitre de *Die Traumdeutung* constitue un livre à lui seul, un traité dont la puissance et la portée évoquent celles des ouvrages de la refonte des années 1920, *Au-delà du principe de plaisir** ou *Le Moi et le Ça**. Freud y met en place sa conception de l'appareil psychique en reprenant nombre des éléments contenus dans les « manuscrits » envoyés à Fliess au cours des années précédentes. Pour la première fois, il y développe sa conception de l'inconscient, l'opposition entre processus primaire et processus secondaire, préfiguration de l'opposition entre principe de réalité* et principe de plaisir*, et sa conception du refoulement*.

Pendant longtemps a prévalu l'idée que *Die Traumdeutung* avait été mal accueillie. Accréditée par Freud lui-même, cette présentation des choses fut reprise par Ernest Jones* et par des générations d'analystes. Dans sa préface à la deuxième édition, en 1908, Freud évoque le « silence de mort » qui accueillit son ouvrage. En 1909, dans le premier post-scriptum ajouté au chapitre Ier, il fait part à nouveau de son amertume et se plaint que son travail n'ait été ni évoqué par les autres auteurs, ni pris en considération par les critiques. Quant à ceux qui en ont rendu compte, leurs articles

« sont si pleins d'incompréhension et de malentendus que je ne saurais répondre aux critiques autrement qu'en les priant de relire ce livre. Peut-être devrais-je simplement dire : de le lire ». En 1925 encore, il écrit dans son autobiographie : « *L'Interprétation du rêve*, paru en 1900, fut à peine mentionnée dans les revues spécialisées. »

S'appuyant sur des travaux américains, Henri F. Ellenberger conteste radicalement cette « légende ». L'étude attentive des faits par Norman Kiell invite à la modération. Les chiffres ne confirment pas les dires de Freud : selon Kiell, il y eut vingt-deux recensions de l'ouvrage entre 1899 et 1902, et vingt entre 1903 et 1915. Incontestablement, certains articles furent négatifs, voire désagréables, ce qu'Ellenberger ignore ou passe sous silence. En fait, il semble qu'il y ait à l'origine de ces appréciations antagonistes un malentendu. Les milieux prisés par Freud, ceux dont il attendait de l'enthousiasme, furent incontestablement les moins empressés à saluer l'événement. Mais d'autres milieux, philosophiques, littéraires ou artistiques, auxquels Freud n'accordait pas une grande importance, exprimèrent leur approbation. Ce malentendu est on ne peut mieux illustré par ce qui se passa entre Freud et le mouvement surréaliste français. Freud ne comprit jamais, comme atteste notamment le récit de la visite que lui rendit André Breton (1896-1966) en 1921, le sens de la « révolution surréaliste » pour laquelle *L'Interprétation des rêves* constitua un livre-culte, l'emblème de la « révolution freudienne ».

● Sigmund Freud, *L'Interprétation des rêves* (1900), *GW*, II-III, 1-642, *SE*, IV-V, 1-62, Paris, PUF, 1967 ; « Fragment d'une analyse d'hystérie (Dora) » (1905), *GW*, V, 163-286, *SE*, VII, 1-122, in *Cinq Psychanalyses*, Paris, PUF, 1954, 1-91 ; *Psychopathologie de la vie quotidienne* (1901), *GW*, IV, *SE*, VI, Paris, Payot, 1973 ; *Le Mot d'esprit et sa relation à l'inconscient* (1905), *GW*, VI, 1-285, *SE*, VIII, Paris, Gallimard, 1988 ; *La Naissance de la psychanalyse* (New York, 1950), Paris, PUF, 1956 ; *Briefe an Wilhelm Fliess, 1887-1904*, Francfort, Fischer, 1986 ; « Remarques sur la théorie et la pratique de l'interprétation du rêve » (1923), *OC*, XVI, 165-179, *GW*, XIII, 301-314, *SE*, XIX, 109-121 ; *Sigmund Freud présenté par lui-même* (1925), *OC*, XVII, 51-122, sous le titre *Autoprésentation*, *GW*, XIV, 33-96, *SE*, 20, 7-70, Paris, Gallimard, 1984 ; *Correspondance, 1873-1939* (Londres, 1960), Paris, Gallimard, 1966. Sarane Alexandrian, « Le rêve dans le surréalisme », *Nouvelle Revue de psychanalyse*, 1972, 5, 27-50. Didier Anzieu, *L'Auto-analyse de Freud et la découverte de la psychanalyse* (1959), Paris, PUF, 1988 ; « Étude littérale d'un rêve de Freud », *Nouvelle Revue de psychanalyse*, 1972, 5, 83-100. André Breton, *Les Vases communicants* (1932), Paris, Gallimard, coll. « Idées », 1977. Henri F. Ellenberger, *Histoire de la découverte de l'inconscient* (New York, Londres, 1970, Villeurbanne, 1974), Paris, Fayard, 1994. Peter Gay, *Freud. Une vie* (1988), Paris, Hachette, 1991. André Green, « De l'*Esquisse* à *L'Interprétation des rêves* : coupure et clôture », *Nouvelle Revue de psychanalyse*, 1972, 5, 155-180. Alexander Grinstein, *On Sigmund Freud's Dreams*, Detroit, Wayne State University Press, 1968 ; « Un rêve de Freud : Les trois Parques », *Nouvelle Revue de psychanalyse*, 1972, 5, 57-82. Ernest Jones, *La Vie et l'œuvre de Sigmund Freud* (New York, 1953), Paris, PUF, 1958. Norman Kiell, *Freud without Hindsight. Review of his Work, 1893-1939*, Madison, International Universities Press, 1988. Jacques Lacan, « La direction de la cure et les principes de son pouvoir » (1958), in *Écrits*, Paris, Seuil, 1966, 585-645. Octave Mannoni, *Freud*, Paris, Seuil, 1968 ; *Clefs pour l'imaginaire ou l'Autre Scène*, Paris, Seuil, 1969. Jean-Bertrand Pontalis, « La pénétration du rêve », *Nouvelle Revue de psychanalyse*, 1972, 5, 257-272. Nicolas Rand et Maria Torok,

Questions à Freud, Paris, Les Belles Lettres-Archimbaud, 1995. Élisabeth Roudinesco, *Histoire de la psychanalyse en France*, 2 (1986), Paris, Fayard, 1994.

▷ FRANCE.

INTRODUCTION À LA PSYCHANALYSE

Ouvrage publié par Sigmund Freud* d'abord en trois parties distinctes entre 1916 et 1917, puis en un volume en 1917, sous le titre *Vorlesungen zur Einführung in die Psychoanalyse*. Traduit pour la première fois en français en 1921 par Samuel Jankélévitch sous le titre *Introduction à la psychanalyse*. Traduit pour la première fois en anglais en 1920 sans nom de traducteur mais sous la direction et avec une préface de Stanley Granville Hall* sous le titre *A General Introduction to Psychoanalysis*. Traduit ensuite en 1922 par Joan Riviere* sous le titre *Introductory Lectures on Psycho-Analysis* avec une préface d'Ernest Jones*. La traduction de Joan Riviere fut ensuite rééditée en 1935 sous le titre *A General Introduction to Psychoanalysis* avec les deux préfaces. Traduit en 1964 par James Strachey* sous le titre *Introductory Lectures on Psycho-Analysis*.

Durant l'hiver 1915-1916, alors qu'il vient de remanier sa conception de l'organisation des pulsions* en publiant son narcissisme* et qu'il développe sa métapsychologie*, Freud donne une série de conférences chaque samedi soir à la faculté de médecine de Vienne*. Contrairement à ce qu'il a prévu, le public est nombreux. Anna Freud*, Max Schur* et Edoardo Weiss* (qui traduira en italien, quelques années plus tard, l'ensemble de ces conférences), sont présents eux aussi. L'audience s'accroît au fil des séances et Freud renouvelle l'expérience l'hiver suivant. Cette série de leçons est alors publiée en un volume qui connaît un succès comparable à celui rencontré, près de douze ans plus tôt, par la *Psychopathologie de la vie quotidienne**. Indice de la popularité croissante de la psychanalyse dans le monde, ce nouveau livre sera traduit en seize langues du vivant de son auteur. Il n'empêche : avant même sa parution, Freud manifeste une fois de plus son insatisfaction dans une lettre adressée à Lou Andreas-Salomé* en date du 14 juillet 1916 : « ... mes conférences, écrit-il sur un ton quelque peu désabusé, une matière un peu brute, destinée à la masse, chargée, comme on le sait, de me débarrasser une fois pour toutes de faire des conférences élémentaires. » Passant outre à ces réserves, Lou fait connaître sa réaction positive dès qu'elle reçoit le fascicule consacré aux actes manqués, et Karl Abraham* manifeste son enthousiasme dans une lettre du 2 janvier 1917.

L'*Introduction à la psychanalyse* comprend trois groupes de leçons : les quatre premières concernent les actes manqués* ; les onze suivantes sont consacrées au rêve*, et les treize autres, qui constituent à elles seules la véritable deuxième partie du livre, sont regroupées sous le titre « Théorie générale des névroses ».

La première partie est précédée d'une introduction brève et dense dans laquelle Freud fait alterner avec brio l'humour, la dérision, le sérieux et la rigueur pour présenter la psychanalyse*, ce qu'elle apporte de nouveau (et surtout de dérangeant), à un public qu'il considère comme peu ou mal informé et inévitablement critique, sinon hostile.

D'emblée, Freud cherche à décourager son auditoire de porter un quelconque intérêt à la psychanalyse et souligne les risques sociaux, professionnels et économiques encourus par ceux qui voudraient faire de cette pratique nouvelle leur profession. Quant aux autres, ceux qu'une telle mise en garde n'aurait pas découragés, il déclare qu'il les accueille bien volontiers afin de leur exposer les innombrables difficultés inhérentes à la psychanalyse.

La première de ces difficultés, et Freud change alors de ton pour traiter de questions d'ordre épistémologique, réside dans ce qui distingue la médecine de la psychanalyse.

Les différences se manifestent d'abord au niveau de l'enseignement. Dans le lieu même où Freud est en train de parler, l'étudiant, futur médecin, apprend à voir, à toucher, à manier. Guidé par des praticiens expérimentés, il découvre et apprend à connaître un univers de faits. Or il faut maintenant abandonner ce terrain rassurant car, prévient Freud, « par malheur, les choses se passent tout différemment dans la psychanalyse. Le traitement psychanalytique ne comporte qu'un échange de paroles entre l'analysé et le médecin ». Cette pratique, fondée sur la parole, accordant aux mots une importance exclusive, engendre presque inévitablement le doute et la méfiance de la part de ceux (l'entourage des patients notamment) qui sont habitués à se fier au « visible » et au « palpable ». Ces réactions habituelles ont cependant de quoi surprendre si l'on se donne la peine de penser à l'importance des mots et des paroles dans tous les domaines de l'existence, si l'on songe au bonheur ou au désespoir que de simples mots prononcés par un être aimé, un responsable ou un supérieur peuvent entraîner : « Les mots, souligne Freud, provoquent des émotions et constituent pour les hommes le moyen général de s'influencer réciproquement. »

Débarrassons-nous donc de nos préventions, lance Freud à son auditoire, et contentons-nous d'« assister » à cet échange de mots entre l'analyste et son patient. Mais, nouvelle difficulté, il est impossible d'assister à une séance de psychanalyse alors qu'il est courant d'observer une présentation de malade dans le cadre d'un service de psychiatrie. La psychanalyse suppose en effet la parole spontanée, non contrôlée de la part du patient ; elle traite donc de l'intime, du plus personnel qui ne sauraient se dire en présence d'un tiers.

Comment alors se convaincre de l'intérêt de cette approche psychanalytique si déconcertante ? On peut d'abord procéder à une sorte d'auto-observation, en prenant en compte, et en traitant, au moyen de quelques indications, une série de phénomènes psychiques fréquents et en général connus. Cette première voie, qui annonce sans le dire les leçons à venir sur les actes manqués et le rêve, peut conduire à la conviction du bien-fondé des conceptions psychanalytiques. Mais si l'on veut véritablement être au fait de la justesse de la psychanalyse et de la finesse de sa technique, il faut se laisser « analyser par un psychanalyste compétent », étant entendu, ajoute Freud, qui introduit là une mise en garde surprenante puisque semblant anticiper sur les futurs débordement des thérapies de groupe, que « cet excellent moyen ne peut toujours être utilisé que par une seule personne et ne s'applique jamais à une réunion de plusieurs ».

Un autre obstacle se dresse alors, qui a trait à la déformation d'esprit inhérente aux études médicales. Freud n'oublie décidément pas qu'il s'adresse essentiellement à des médecins. En opposant la conception médicale, organisée autour d'un système de causalités organiques, physiologiques et anatomiques, à la conception psychanalytique, qui se tient à l'écart de cet ensemble de déterminations et ne s'appuie que sur des notions purement psychologiques, il aborde succinctement, mais en des termes déjà radicaux, un sujet qui est source de conflit et sur lequel il reviendra ultérieurement, dans *La Question de l'analyse profane** notamment.

Ménageant ses effets, Freud, dont on peut mesurer les qualités de pédagogue à la lecture de ces quelques lignes introductives, aborde ensuite les deux dernières difficultés que la psychanalyse réserve à ceux qui veulent s'y engager.

Première de ces « désagréables prémisses », la psychanalyse considère l'essentiel des processus psychiques comme étant inconscients. Freud l'admet sans peine, il y a là de quoi s'aliéner la sympathie de tous ceux, la majorité, pour lesquels il n'est de psychisme que conscient, à commencer par les psychologues, qu'ils soient adeptes de la démarche descriptive ou de celle, expérimentale, qui se rattache à la physiologie des sens. Non seulement la psychanalyse ose parler de pensée et de volonté inconscientes, mais elle s'autorise aussi, en la personne du conférencier, à taxer de « préjugé » l'énoncé d'une identité entre le psychisme et le conscient. Le ton, là, n'est plus celui de l'amertume, mais celui de l'ironie mordante. Freud, tout en prenant la précaution de rappeler que l'existence de l'inconscient est de l'ordre de l'hypothèse (prudence toute rhétorique qu'il exprimera de nouveau dans l'une de ses *Nouvelles Conférences d'introduction à la psychanalyse**), évoque en effet les « avantages » (bonne conscience et confort moral) que peuvent retirer de leur position tous ceux qui nient l'existence de l'inconscient. On peut discerner là quelques-unes des idées polémiques qu'il développera plus tard, dans *L'Avenir d'une illusion** en particulier.

Cette audacieuse hypothèse d'un psychisme d'essence inconsciente en annonce une seconde, ultime difficulté, mais bien sûr non la moindre : la psychanalyse « proclame comme une de ses découvertes » l'affirmation que « des impulsions qu'on peut qualifier seulement de sexuelles, au sens restreint ou large du mot, jouent, en tant que causes déterminantes des maladies nerveuses et psychiques, un rôle extraordinairement important et qui n'a pas été jusqu'à présent estimé à sa valeur ». Non seulement la psychanalyse affirme le rôle essentiel de la sexualité dans le fonctionnement psychique, mais elle va plus loin, affirmant que « les émotions sexuelles prennent une part qui est loin d'être négligeable aux créations de l'esprit humain dans les domaines de la culture, de l'art et de la vie sociale ». Cette ultime audace constitue selon Freud, qui fait sur ce point état de son expérience, la raison principale des résistances* auxquelles se heurte la psychanalyse. Pour rendre compte de cet obstacle, il développe une argumentation qu'il reprendra ultérieurement, notamment dans *Le Malaise dans la culture**. Il souligne la menace que ces pulsions sexuelles font peser sur l'ordre social, il évoque leur refoulement* et leur transformation par le mécanisme de la sublimation*, il parle enfin des mesures éducatives prises par la société pour parer au danger d'un retour toujours possible des instincts sexuels, mesures précisément invalidées par les découvertes dans le champ de la psychanalyse. Toutes ces réactions, d'ordre moral ou sentimental, ne sauraient cependant, conclut Freud, tenir lieu d'arguments logiques à même de mettre en doute le bien-fondé d'une avancée scientifique à l'étude de laquelle il convie ceux de ses auditeurs que l'énumération de toutes ces difficultés n'aura pas découragés.

Fidèle à une technique éprouvée, il place alors son public en position d'interlocuteur, un interlocuteur tour à tour attentif et interrogateur, voire critique, et il développe son exposé des objets et des concepts de la psychanalyse sous une forme et à un rythme alertes qui contribueront incontestablement au succès de ces leçons.

Les quatre premières conférences reprennent sous une forme synthétique la matière de *Psychopathologie de la vie quotidienne*. L'étude des actes manqués ne se justifie, précise Freud, que dans la mesure où elle est susceptible d'apporter un enrichissement à la psychanalyse. Plus nettement encore, à la fin de cette première série de leçons, il attire l'attention sur le modèle que doit constituer la manière dont il a traité ces phénomènes : « D'après cette manière, précise-t-il, vous pouvez juger d'ores et déjà quelles sont les intentions de notre psychologie. Nous ne voulons pas seulement décrire et classer les phénomènes, nous voulons aussi les concevoir comme étant les indices d'un jeu de forces s'accomplissant dans l'âme, comme la manifestation de tendances ayant un but défini et travaillant soit dans la même direction, soit dans des directions opposées. Nous cherchons à nous former une *conception dynamique* des phénomènes psychiques. Dans notre conception, les phénomènes perçus doivent s'effacer devant les tendances seulement admises. »

Les leçons suivantes, consacrées au rêve, sont construites sur un mode identique. Même méthode d'exposé recourant au dialogue avec un interlocuteur auquel on prête questions, objections et critiques. Elles constituent une synthèse récapitulative de l'ouvrage pionnier, *L'Interprétation des rêves**, dont la cinquième édition est sur le point d'être publiée.

Freud consacre une de ces leçons à la question, encore controversée aujourd'hui, de la symbolique du rêve qu'il avait amplement développée lors des éditions de 1909 et de 1911 de son livre, en partie sous l'influence de Wilhelm Stekel*. Ce corpus de symboles tend à constituer une sorte de réservoir de traductions permanentes auquel l'analyse doit recourir lorsque le contenu manifeste n'appelle aucune association, ce qui, précise Freud, ne saurait être attribué à un phénomène de résistance mais à la spécificité du matériel. Freud reconnaît que cet ensemble de symboles n'est pas sans évoquer « l'idéal de l'ancienne et populaire interprétation des rêves, idéal dont notre technique nous a considérablement éloignés ». Il renouvelle en ce point, en des termes encore plus nets, la mise en garde ajoutée en 1909 au texte de *L'Interprétation des rêves :* « Mais ne vous laissez pas séduire par cette facilité. Notre tâche ne consiste pas à exécuter des tours de force. La technique qui repose sur la connaissance des symboles ne remplace pas celle qui repose sur l'association et ne peut se mesurer avec elle. Elle ne fait que compléter cette dernière et lui fournir des données utilisables. » Cela étant, la fréquence des analogies symboliques dans le rêve permet à Freud de souligner le caractère universaliste de la psychanalyse, bien différente en ce point comme en d'autres de la psychologie et de la psychiatrie. La prise en compte de cette dimension symbolique est l'occasion pour la psychanalyse de s'ouvrir à d'autres domaines de la connaissance, la mythologie, l'histoire des religions, la linguistique, la psychologie des peuples, ce qui justife amplement la création d'un nouveau périodique, la revue *Imago**, dont Freud assure ainsi la présentation.

La troisième partie du livre, consacrée à la théorie générale des névroses, correspond aux leçons délivrées au cours de l'hiver 1916-1917. A cette occasion, Freud se réjouit de pouvoir reprendre avec ses auditeurs le fil de ces « causeries ». Mais le ton change : l'objet de cette nouvelle série de cours n'ayant plus rien à voir avec des phénomènes facilement observables dans la vie quotidienne, il ne sied plus de discuter, de procéder par questions et réponses, même fictives. Il s'agit désormais d'exposer, sans dogmatisme, sans souci de polémique – il précise au passage qu'en matière scientifique la polémique lui paraît stérile –, la conception psychanalytique des névroses. Le public écoutera, s'imprégnera de la logique de cette conception jusqu'au moment où sa dynamique et sa logique l'emporteront sur la conception « populaire ou psychologique » qui occupe spontanément les esprits.

Cette dernière partie du livre se distingue des précédentes sur un autre point qui ne fait, lui, l'objet d'aucune annonce. Si Freud continue bien à exposer les acquis de la psychanalyse dans l'explication des processus névrotiques, il ne se limite pas à ce travail récapitulatif. Il développe à l'occasion des thèmes ou des conceptions encore pratiquement inédites. En ce sens, l'*Introduction à la psychanalyse* n'est pas seulement un manuel didactique mais constitue, au même titre que la plupart des publications de Freud, une étape dans le développement de son élaboration théorique.

C'est le cas notamment du chapitre sur l'angoisse, où sont reprises un certain nombre de notations cliniques développées précédemment dans le cadre des récits de cas, mais où sont également introduites des conceptions nouvelles annonçant les développements que Freud théorisera dans *Inhibition, symptôme et angoisse* (1926).

De la même manière, le chapitre intitulé « La théorie de la *libido* et le narcissisme », loin de se limiter à la seule évocation des apports contenus dans le texte de 1914, est l'occasion d'introduire pour la seconde fois la notion d'idéal du moi* (qui sera développée dans le cours de la « grande refonte » des années 1920, et d'où émergera l'instance du surmoi*, elle-même conceptualisée dans *Le Moi et le Ça**).

Le dernier chapitre est consacré à la thérapeutique analytique. Freud y reprend la genèse de la méthode psychanalytique, marquée notamment par l'abandon de la méthode hypnotique et le rejet du recours aux procédures de suggestion. Il s'explique en quelques lignes sur sa réticence à donner, sur ce point comme sur d'autres, un « guide pratique pour l'exercice de la psychanalyse », et démontre au moyen d'exemples comment la transmission de cette pratique passe par des voies qui ne sauraient être celles de l'enseignement abstrait.

Se refusant à répondre à toutes les critiques adressées à la psychanalyse, allant même jusqu'à s'amuser à l'évocation de certains échecs du traitement dont il souligne qu'ils sont plus souvent dus à des facteurs externes (l'entourage du patient notamment) qu'à la psychanalyse elle-même, Freud s'exclame, presque serein : « Contre les préjugés il n'y a rien à faire. Il faut attendre et laisser au temps le soin de les user. » Si, au terme de ces deux hivers de leçons, il souligne les abus auxquels l'analyse peut parfois donner lieu du fait notamment de la manipulation du transfert, il n'en conclut pas moins son propos par un trait d'humour, faisant valoir que tout procédé thérapeutique peut donner lieu à des usages abusifs et que le bistouri lui-même, moyen de guérison s'il en est, n'a pas d'autre ressource que de couper.

● Sigmund Freud, *L'Interprétation des rêves* (1900), *GW*, II-III, 1-642, *SE*, IV-V, 1-621, Paris, PUF, 1967 ; *Psychopathologie de la vie quotidienne* (1904), *GW*, IV, *SE*,

VI, Paris, Payot, 1973 ; « Pour introduire le narcissisme » (1914), *GW*, X, 138-170, *SE*, XIV, 67-102, in *La Vie sexuelle*, Paris, PUF, 1969, 81-105 ; *Le Moi et le Ça* (1923), *OC*, XVI, 255-301, *GW*, XIII, 237-289, *SE*, XIX, 12-59 ; *Inhibition, symptôme et angoisse* (1925), *OC*, XVII, 203-286, *GW*, XIV, 113-205, *SE*, XX, 87-172 ; *La Question de l'analyse profane* (1926), *OC*, XVIII, 1-92, *GW*, XIV, 209-286, *SE*, XX, 183-258 ; *L'Avenir d'une illusion* (1927), *OC*, XVIII, 141-197, *GW*, XIV, 325-380, *SE*, XXI, 5-56 ; *Le Malaise dans la culture* (1930), *OC*, XVIII, 245-333, *GW*, XIV, 421-506, *SE*, XXI, 64-145 ; *Nouvelles Conférences d'introduction à la psychanalyse* (1933), *OC*, XIX, 83-268, *GW*, XV, *SE*, XXII, 5-182, Paris, Gallimard, 1984 ; et Karl Abraham, *Correspondance (1907-1926)* (Francfort, 1965), Paris, Gallimard, 1969. Peter Gay, *Freud. Une vie* (1988), Paris, Hachette, 1991. Ernest Jones, *La Vie et l'œuvre de Sigmund Freud* (New York, 1953), Paris, PUF, 1958. Norman Kiell, *Freud without Hindsight. Review of his Work, 1893-1939*, Madison, International Universities Press, 1988. Lou Andreas-Salomé, *Correspondance avec Sigmund Freud (1912-1936)*, (Francfort, 1966), Paris, Gallimard, 1970.

INTROJECTION

Allemand : *Introjektion*. Anglais : *Introjection*.

Terme introduit par Sandor Ferenczi* en 1909 pour désigner, en symétrie avec le mécanisme de projection* et d'introversion* (repli auto-érotique), la manière dont un sujet* fait entrer fantasmatiquement des objets du dehors au-dedans de sa sphère d'intérêt.

C'est dans un article intitulé « Transfert et introjection » que Ferenczi compare le psychisme du névrosé avec celui du psychotique : « ... alors que le paranoïaque projecte à l'extérieur des émotions devenues pénibles, le névrosé cherche à inclure dans sa sphère d'intérêt une part aussi grande que possible du monde extérieur, pour en faire l'objet de fantasmes conscients ou inconscients [...]. Je propose d'appeler ce processus inverse de la projection : introjection. »

Sigmund Freud* adoptera le terme, proche de celui d'incorporation*, mais c'est surtout Melanie Klein* et les kleiniens qui le reprendront pour décrire tous les mécanismes liés à la relation d'objet*, selon une trilogie : introjection, projection, réintrojection d'objets, identification* projective.

• Sandor Ferenczi, *Psychanalyse 1, Œuvres complètes (1908-1912)*, Paris, Payot, 1968, 93-126.

▷ AUTISME. PARANOÏA. POSITION DÉPRESSIVE/POSITION PARANOÏDE-SCHIZOÏDE.

INTROVERSION

Allemand : *Introversion*. Anglais : *Introversion*.

Terme inventé par Carl Gustav Jung* en 1910 pour désigner le retrait de la *libido sur le monde intérieur du sujet*.**

▷ AUTISME. AUTO-ÉROTISME. NARCISSICISME.

INVESTISSEMENT

Allemand : *Besetzung*. Anglais : *Cathexis*.

Terme emprunté par Sigmund Freud* au vocabulaire militaire pour désigner une mobilisation de l'énergie pulsionnelle ayant pour conséquence d'attacher celle-ci à une représentation, à un groupe de représentations, à un objet ou à des parties du corps.

▷ *LIBIDO*. OBJET (RELATION D'). PULSION.

« IRMA (L'INJECTION FAITE À) »

Dans la nuit du 23 au 24 juillet 1897, alors qu'il séjournait au château de Bellevue près de Vienne*, Sigmund Freud fit un rêve* qu'il raconta dans *L'Interprétation des rêves** et auquel il donna le titre « L'injection faite à Irma ». C'est à cette occasion que, pour la première fois, il se mit à interpréter ses rêves.

Ce rêve mettait en scène Freud en train d'observer des taches grisâtres dans la bouche d'une femme nommée Irma. Il appelait à son secours le docteur M., qui confirmait le diagnostic d'infection. Deux autres amis, Leopold et Otto, s'approchaient d'elle. Otto lui faisait alors une injection d'acide de triméthylamine.

Le rêve de « L'injection faite à Irma » fut commenté en treize pages par Freud, puis des dizaines de fois par des psychanalystes de toutes tendances. Comme l'autoanalyse* de Freud*, il devint un mythe parce qu'il contenait une sorte de roman familial* des origines et de l'histoire de la psychanalyse*. On y retrouvait Oskar Rie* (Otto), beau-frère par alliance de Wilhelm Fliess* et médecin de la famille Freud, Ernst von Fleischl-Marxow* (Leopold), Josef Breuer* (le docteur M.) et enfin Irma elle-même, un condensé d'Emma Eckstein* et d'Anna Lichtheim (?-1938), fille de Samuel Hammerschlag (?-1904), le maître d'école et le bienfaiteur de Freud. Devenue institutrice après son veuvage, Anna Lichtheim était l'une des patientes préférées de Freud (il donna son prénom à sa fille).

En juillet 1897, Ida Bondy (1869-1941), épouse de Fliess et ancienne patiente de Breuer, était enceinte de son fils aîné Robert Fliess* qui deviendra psychanalyste. A cette date, Martha Freud* était enceinte elle aussi de son dernier enfant, Anna Freud*, qui sera analysée par son propre père. La fille de Rie, Marianne, troisième et dernière de la fratrie, deviendra psychanalyste (Marianne Kris*) après une analyse avec Freud. Elle épousera Ernst Kris*, futur éditeur en 1950, avec Anna Freud, son analyste, et Marie Bonaparte*, d'une version expurgée des lettres de Freud à Fliess parue sous le titre *La Naissance de la psychanalyse*. Margarethe, une autre fille de Rie, deuxième dans la fratrie, deviendra psychanalyste et épousera Hermann Nunberg* qui se chargera de l'édition des *Minutes* de la Société psychologique du mercredi*, première institution de l'histoire du freudisme*.

• Sigmund Freud, *L'Interprétation des rêves* (1900), *GW*, II-III, *SE*, IV-V, (Paris, 1926), Paris, PUF, 1967 ; *La Naissance de la psychanalyse* (Londres, 1950), Paris, PUF, 1956 ; *The Complete Letters of Sigmund Freud to Wilhelm Fliess, 1887-1904*, Cambridge, The Belknap Press of Harvard University Press, 1985 ;

Briefe an Wilhelm Fliess, 1887-1904, Francfort, Fischer, 1986. Didier Anzieu, *L'Auto-analyse de Freud* (1959), Paris, PUF, 1988. Élisabeth Roudinesco, *Généalogies,* Paris, Fayard, 1994.

▷ *ÉTUDES SUR L'HYSTÉRIE.* FILIATIONS. GÉNÉRATION. INTERPRÉTATION. RÉEL. SÉDUCTION (THÉORIE DE LA).

ISAACS Susan, née Fairhurst (1885-1948)
pédagogue et psychanalyste anglaise

Née dans le Lancashire, Susan Isaacs fit des études de philosophie à l'université de Manchester, puis de psychologie à Cambridge. Elle enseigna la logique, la pédagogie et la psychologie avant de se tourner vers la psychanalyse* et d'intégrer la British Psychoanalytical Society (BPS) en 1921. Analysée d'abord par Otto Rank* puis par John Carl Flugel (1884-1955) et Joan Riviere*, elle devint ensuite une fidèle disciple de Melanie Klein* tout en étant très proche de Donald Woods Winnicott*. Directrice, entre 1924 et 1927, de la Malting House School de Cambridge, école expérimentale destinée aux enfants de moins de 7 ans, elle fut la première thérapeute à introduire les méthodes psychanalytiques dans le domaine du développement infantile. De cette expérience elle tira deux ouvrages qui eurent une influence importante dans le domaine de l'éducation des enfants en bas âge.

La Malting House fut l'objet d'un scandale permanent jusqu'à sa fermeture, au point d'être appelée « le bordel prégénital ». Fréquentée par les enfants de la bourgeoisie non conformiste de Cambridge, elle favorisait l'expression ouverte des intérêts sexuels précoces, à la condition qu'ils fussent canalisés, sous l'œil vigilant de la science. Ce scandale n'empêcha pas Susan Isaacs de poursuivre une longue et illustre carrière de pédagogue, parallèlement à son activité psychanalytique. Membre de l'Institut royal d'anthropologie, elle fut aussi la directrice du département du développement de l'enfant à l'université de Londres.

Susan Isaacs inventa la graphie *phantasy* pour distinguer phantasme* de fantasme* (*fantasy*).

• Susan Isaacs, *Intellectual Growth in Young Children*, Londres, Routledge, 1930 ; *Social Development in Young Children*, Londres, Routledge, 1933 ; « Nature et fonction du phantasme » (1948), in Melanie Klein (éd.), *Développements de la psychanalyse* (Londres, 1952), Paris, PUF, 1966. D.E.M. Gardner, *Susan Isaacs*, Londres, Methuen Educational, 1969. Phyllis Grosskurth, *Melanie Klein, son monde et son œuvre* (1986), Paris, PUF, 1990. R.D. Hinshelwood, *A Dictionary of Kleinian Thought*, Londres, Free Association Books, 1991. *Les Controverses Anna Freud/Melanie Klein* (Londres, 1991), Pearl King et Riccardo Steiner (éd.), Paris, PUF, 1996.

ITALIE

Tourmenté par le doute, aspirant au calme, Sigmund Freud* écrit à Wilhelm Fliess*, le 14 août 1897 : « Pour ce faire, c'est l'Italie qu'il me faudrait. » Entre 1876 et 1923, Freud se rendra près de vingt fois en Italie. Rome, Florence, Orvietto,

Pompéi, l'Antiquité romaine et les artistes de la Renaissance, Léonard de Vinci et Michel-Ange, seront autant de références majeures dans l'œuvre freudienne. Ce qui n'empêchera pas la psychanalyse* d'avoir bien des difficultés à s'implanter et à s'épanouir dans ce pays.

Durant la première partie du XXe siècle, la scène intellectuelle, idéologique et politique italienne est dominée par des courants de pensée qui ont en commun, par-delà leurs différences, le rejet des idées freudiennes.

L'idéalisme spiritualiste, d'inspiration hégélienne, de Benedetto Croce (1866-1952) et de Giovanni Gentile (1875-1944), qui domina sans partage la philosophie italienne jusqu'à la fin des années 1930, conçoit la psychologie comme une ramification de la philosophie. Devenu ministre de l'Éducation au début de l'ère mussolinienne, Gentile concrétise cette idée en supprimant la psychologie de l'enseignement secondaire et en réduisant à deux le nombre de chaires de psychologie expérimentale dans l'enseignement supérieur. Les objectifs et les prétentions de la démarche freudienne sont combattus par tous les moyens, y compris par le recours à des formes de psychologie éloignées autant du positivisme que des idées freudiennes, la psychologie d'Alfred Adler* et celle de Pierre Janet*. Gentile oppose ainsi le subconscient janétien à l'inconscient* freudien, et Croce, de son côté, s'il semble avoir favorisé en 1930 la traduction et la publication de *Totem et Tabou**, ne cache pas son attirance pour les idées de Carl Gustav Jung*.

Fort de l'héritage légué par les théories organicistes de Cesare Lombroso (1835-1909), dont l'audience avait été considérable dans les milieux universitaires et médicaux, le courant de pensée positiviste, en lutte contre la philosophie idéaliste, favorisa le développement d'une psychologie expérimentale qui s'inscrivait dans la perspective ouverte par les travaux de Wilhelm Wundt (1833-1920). Dans le même temps, ceux des psychiatres que l'orientation strictement organiciste ne satisfaisait pas s'orientaient vers l'école allemande d'Emil Kraepelin* à Munich.

La psychanalyse apparaît alors comme une pure spéculation métaphysique à laquelle on reproche son manque de scientificité.

Sur le plan politique, les penseurs et les bureaucrates mussoliniens semblent d'abord avoir ignoré l'existence des thèses freudiennes ainsi que leurs rares représentants italiens. Mais en développant son idéologie volontariste fondée sur le mythe de la virilité conquérante et sur celui de la « saine latinité », le régime fasciste s'oppose vite aux valeurs du freudisme*. A partir de 1934, l'avènement de Hitler et l'alignement du dictateur italien sur les thèses racistes et antisémites des nazis entraînent la disparition de la psychanalyse en Italie.

Puissante et triomphante jusqu'au milieu des années 1950, l'Église* catholique, qui a su passer un compromis avec le régime fasciste, condamne toutes les autres doctrines : le libéralisme, le positivisme, l'idéalisme, et bien évidemment la psychanalyse, à laquelle sont reprochés son athéisme, l'importance qu'elle accorde à la sexualité* (le pansexualisme*), son adhésion aux thèses darwiniennes et l'idée de culpabilité inconsciente opposée à la notion théologique de péché.

C'est en 1908, soit un an avant la mort de Lombroso, que le nom de Freud est évoqué pour la première fois en Italie. Deux articles, l'un de Luigi Baroncini, psychologue à l'hôpital psychiatrique d'Imola, l'autre de Gustavo Modena, psychiatre à Ancona, fondés sur des informations partielles, présentent de manière favorable, mais très prudente, les travaux de Freud, qui est informé de ce premier signe de reconnaissance italienne par Karl Abraham*, dans une lettre datée du 4 octobre 1908. Dans le même temps, un médecin vénitien installé à Florence, Roberto Assagioli, anime un groupe de réflexion sur la sexualité. Il consacre sa thèse à la psychanalyse, et participe en 1910 au congrès de Nuremberg. Il publie ensuite divers articles d'introduction à la psychanalyse dans la *Rivista di psicologia* (qui sera, jusqu'en 1917, l'une des tribunes les plus ouvertes aux idées freudiennes), dans la revue culturelle *La Vóce* (où il présente les thèses de Freud sur la sexualité), et dans un numéro spécial, consacré à la psychanalyse, de la revue *Psyche* (dont il est l'un des animateurs).

Modena et Assagioli avaient découvert la psychanalyse grâce à Ernest Jones* qu'ils avaient rencontré à Munich alors qu'ils effectuaient un stage dans le service de Kraepelin.

A ces pionniers, dont l'intérêt pour la psychanalyse s'émoussa assez rapidement, il faut ajouter le nom de Sante De Sanctis (1862-1935), psychiatre et psychologue d'origine roumaine qui, plus tard, fit venir Edoardo Weiss* à Rome et publia en 1890 une compilation de la littérature consacrée au rêve (que Freud cite dans *L'Interprétation des rêves** et à la fin de son essai *Sur le rêve**).

A la veille de la guerre, alors qu'un sentiment anti-germanique, et plus spécifiquement anti-autrichien, s'installe dans l'ensemble du pays, Freud observe avec lucidité, dans son essai « Sur l'histoire du mouvement psychanalytique », qu'« en Italie, après quelques commencements très prometteurs, la participation au mouvement s'est arrêtée ».

Du fait de sa situation géographique et politique qui la place sous domination autrichienne jusqu'en 1918, la ville de Trieste, voie de passage entre la Mitteleuropa et la péninsule italienne que Freud emprunta de nombreuses fois, est le cadre d'une activité intellectuelle spécifique. Le bilinguisme permet à ses ressortissants d'accéder sans médiation à la culture allemande et autrichienne, et donc aux travaux de Freud ; la priorité qu'accordent les autorités de l'empire des Habsbourg aux diplômes autrichiens sur les diplômes italiens incite en outre les étudiants à quitter la ville julienne pour aller se former à Berlin ou à Munich, mais plus encore à Vienne, ce que fait notamment le jeune Edoardo Weiss.

Au lendemain de la Première Guerre mondiale, l'Italie, humiliée par des faits d'armes peu glorieux, est dominée par un ressentiment nationaliste qui annonce la venue du régime fasciste. De leur côté, les milieux intellectuels sont largement gagnés aux idées positivistes. Dans ce contexte, Marco Levi-Bianchini*, psychiatre juif originaire de la région de Padoue, qui a entrepris dès 1909 de faire connaître la psychanalyse dans le milieu de la psychiatrie italienne, fait figure de pionnier. Esprit bouillonnant mais confus, Levi Bianchini déploie une activité considérable qui le conduit à donner à la psychanalyse ses premiers fondements institutionnels sous la forme de revues et de collections. En 1925, alors qu'il est directeur de l'hôpital psychiatrique de Teramo, petite ville des Abruzzes, il fonde la première Società Psicoanalitica Italiana (SPI).

La même année, Weiss présente les grands axes de la théorie psychanalytique au congrès national de psychiatrie. Son intervention, accueillie avec une grande réserve, est durement critiquée par Enrico Morselli (1852-1929), président de la Société italienne de psychiatrie. Celui-ci publie quelques mois plus tard une somme en deux volumes intitulée *La Psicoanalisi*. Loin de présenter objectivement les thèses freudiennes à un public qui en ignore tout, l'ouvrage de Morselli se veut un essai critique qui emprunte une partie de ses arguments aux adversaires français de la psychanalyse, à Charles Blondel notamment. Il transforme Freud en Satan lubrique et ses thèses sur la sexualité en un catalogue pornographique. Pour dénoncer le caractère décadent et pernicieux du freudisme, Morselli développe une argumentation organiciste et exploite sans vergogne la sensibilité nationaliste fascisante ainsi que l'idéologie de la prétendue « virginité latine », qu'il dit être protégée des « perversions germaniques » grâce à la piété religieuse. Accusant réception du livre, Freud répond aimablement à son auteur et regrette les réserves de celui-ci à l'égard de « notre jeune science », sans toutefois mesurer l'influence qu'en dépit de sa médiocrité intellectuelle ce livre aura en Italie.

C'est autour de Weiss, installé à Rome à partir de 1931, que vont se former les véritables pionniers de la psychanalyse, et, parmi eux, Emilio Servadio*, Nicola Perrotti* et Cesare Musatti* (qui sera l'élève, puis l'assistant de Vittorio Benussi*).

Fondée en 1932 par Weiss, la *Rivista italiana di psicoanalisi* publiera des articles de Jones, de Marie Bonaparte*, de Paul Federn*, des traductions de Freud dues à Weiss et à Servadio, ainsi que les temps forts d'une violente controverse avec certains représentants de la nouvelle génération crocienne. Cette même année voit la réforme de la SPI, dont le siège sera désormais à Rome.

Le mouvement psychanalytique italien naissant – la Société italienne de psychanalyse est reconnue par l'International Psychoanalytical Association* (IPA) en 1935 – n'eut guère le temps de se développer. Très vite, il fut asphyxié, puis détruit, par les assauts conjugués de l'Église catholique et du régime fasciste.

Dès 1925, l'Église pourfend les thèses freudiennes en s'appuyant sur celles de Janet et de Blondel. A partir de 1932, le relais est pris par les idéologues fascistes qui s'inspirent des poncifs de la théorie de l'hérédité-dégénérescence* pour dénoncer le caractère malsain et démoralisant des idées freudiennes. Et si, en 1934, ce sont bien les autorités fascistes qui prennent la décision d'interdire la toute jeune *Rivista italiana di psicoanalisi*, la mesure est en fait inspirée par le Vatican, lui-même conseillé par le père Wilhelm Schmidt (1868-1954), jésuite viennois, adversaire déterminé de la psychanalyse, bien connu de Freud, qui le désignera explicitement comme le responsable de cette mesure dans une lettre à Arnold Zweig*.

Dans ce contexte, un homme influent, le père franciscain Agostino Gemelli (1878-1959), psychiatre, disciple de Lombroso, élève de Kraepelin* et admirateur de Janet, fondateur en 1921 de l'université catholique de Milan que le ministre Gentile reconnaîtra officiellement en 1923, joue un rôle des plus troubles. Si à cette époque il ne se déclare pas explicitement adversaire de la psychanalyse – ce qu'il fera après la Deuxième Guerre mondiale – puisqu'il a été jusqu'à prendre le parti de Weiss et de ses élèves attaqués par des philosophes crociens, Gemelli n'intervient pas non plus en sa faveur en 1934, bien que sa position auprès de la curie romaine et ses entrées dans les cercles fascistes le lui auraient permis.

En 1938, alors que le petit groupe de Weiss est sur le point de se disperser, Gemelli fait paraître le premier numéro de la revue qu'il a rachetée à Levi-Bianchini, *Archivi di neurologia, psichiatria e psicoanalisi,* après avoir remplacé le dernier mot du titre par celui de *psicoterapia.* En fait, Gemelli, avec un grand sens de l'opportunité politique, a fait sienne, dès cette époque, la position de l'Église catholique romaine qui, à la différence de l'Église de France, refuse tout compromis avec la psychanalyse.

Pendant quelques années encore, la SPI tente de survivre. En 1936, à l'occasion du quatre-vingtième anniversaire de Freud, la Bibliotèca Psicoanalitica Internazionale publie ce qui restera comme le seul recueil collectif des psychanalystes italiens de ce temps. Au même moment, les psychanalystes italiens accueillent à Rome le pédiatre berlinois Ernst Bernhardt qui a quitté Berlin pour échapper aux persécutions des nazis. Bernhardt abandonnera par la suite les idées de Freud pour celles de Jung et fondera l'école jungienne italienne qui, en reconnaissance de cet accueil, entretiendra toujours des relations pacifiques avec la SPI.

A partir de 1937, la censure accroît sa pression et les persécutions se multiplient. En 1938, les lois antisémites interdisent aux Juifs d'exercer une profession libérale. Les psychanalystes sont alors conduits à se cacher et à vivre d'expédients (c'est le cas de Musatti ou de Perrotti), ou bien à s'exiler (comme le feront notamment Servadio et Weiss, le premier en Inde*, le second aux États-Unis*).

En septembre 1939, par une étrange ruse de l'histoire et de l'esprit qui n'eût sans doute pas manqué de faire sourire Freud, *L'Osservatore romano*, le journal du Vatican, est le seul organe de presse italien à annoncer sa mort.

A la fin de la guerre, le remaniement politique et idéologique qui fait de l'Italie une pièce maîtresse de la géopolitique de la guerre froide transforme radicalement le paysage intellectuel du pays.

Les deux grands courants de pensée hostiles qui se partagent les esprits s'ouvrent à la psychanalyse : l'Église catholique d'une part, traversée pendant les années 1960 par le séisme du concile Vatican II, le marxisme d'autre part, dont les certitudes seront mises à mal par le radicalisme des révoltes politiques des années 1970.

En 1946, le premier congrès de la SPI se tient à Rome à l'instigation de Joachim Flescher, élève de Weiss, qui vient de publier un livre, *Psicanalisi della vita istintiva*, après être demeuré clandestin dans le pays pendant toute la durée de la guerre. Perrotti est le président de la nouvelle société, Musatti le vice-président, et l'on compte parmi les quelques membres présents, outre Servadio qui est revenu d'Inde, la princesse de Lampedusa, Alessandra Tomasi (1897-1982), femme de l'auteur du *Guépard,* qui, semble-t-il, a été analysée par Felix Boehm* à Berlin.

Le deuxième congrès de la SPI se tient également à Rome en 1950. Il est consacré au thème de l'agressivité.

Durant ces années, Cesare Musatti s'impose comme le patron de la psychanalyse en Italie, grâce notamment à son intense activité éditoriale et institutionnelle.

Avec la mort du pape Pie XII en 1959 et celle, la même année, de Gemelli, s'achève une période marquée, d'un côté, par un assouplissement de la position pontificale vis-à-vis de l'idée de psychothérapie*, exprimé dans le cadre de deux interventions en 1952 et en 1953, et, de l'autre, par des condamnations radicales de la psychanalyse, énoncées par des philosophes catholiques, relayées et amplifiées par Gemelli.

Le concile Vatican II sera l'occasion d'entendre prononcer pour la première fois le nom de Freud sous la coupole de la basilique Saint-Pierre. Car le Vatican a décidé de s'ouvrir à la psychanalyse, ouverture relayée sur le plan universitaire par le successeur de Gemelli à Milan, Leonardo Ancona, ami de Musatti, qui publie, en 1963, *La Psicoanalisa*, ouvrage de réhabilitation des idées de Freud et de présentation des thérapies de groupe appelées à connaître un immense succès en Italie.

La renaissance du mouvement psychanalytique italien, sanctionnée en 1969 par l'intégration officielle de la SPI dans l'IPA (qui tient cette année-là son congrès à Rome), ne doit cependant pas masquer les limites et les faiblesses de son implantation.

A la différence de ce qui se passe en France à la même époque, la psychanalyse n'a que peu d'influence sur les milieux intellectuels où domine la pensée marxiste qui, de par sa fermeture à toute forme de psychologie, apparaît paradoxalement comme l'héritière de la philosophie idéaliste d'avant la guerre. Du fait sans doute des souffrances qu'avait endurées sa femme atteinte de dépression chronique, Antonio Gramsci (1891-1937), le fondateur du parti communiste italien, avait toujours marqué un intérêt ambigu mais réel pour tout ce qui concernait le fonctionnement psychique. Mais ce trait demeura ignoré par ses successeurs, exclusivement préoccupés par la figure de l'intellectuel collectif et militant pour lequel seuls devaient compter le politique et le social.

L'exemple le plus retentissant de cette forme de résistance à la psychanalyse est fourni par l'expérience conduite par Franco Basaglia*. Hostile à la psychanalyse, qu'il considère comme un divertissement bourgeois, Basaglia donne naissance à un courant de pensée, synthèse du marxisme phénoménologique lukacsien, de l'héritage binswangérien de l'École de Francfort et de l'existentialisme sartrien, qui se fixe pour objectif la fermeture des hôpitaux psychiatriques et la création de communautés de soins territoriales. Cette version italienne de l'antipsychiatrie anglaise développe la thèse que la maladie mentale est déterminée par les conditions sociales. La conjoncture politique assurera, en 1979, une éphémère victoire à cette révolte psychiatrique sous la forme de la promulgation de la loi 180, mais la faiblesse des moyens économiques mis au service de la réforme en limitera notoirement la portée.

Repliée sur son orthodoxie ipéiste, isolée des courants intellectuels en pleine effervescence, la SPI n'est pas en mesure de jouer un rôle moteur dans la tourmente idéologique qui s'annonce. La tenue, en 1969, à côté du congrès officiel de l'IPA, d'un contre-congrès dirigé notamment par Elvio Fachinelli*, psychanalyste milanais, constitue la première manifestation d'envergure de ces turbulences.

De cette date, sous la conduite notamment de Massimo Fagioli, Giovanni Jervis, Enzo Morpurgo, Diego Napolitani, tous psychanalystes ou psychiatres gagnés à la contestation et désireux de faire éclater les cadres rigides de la SPI, les formes d'expériences thérapeutiques les plus diverses se multiplient, la plupart du temps inscrites dans une perspective militante. Toutes ces initiatives sont dominées par le radicalisme politique qui caractérise le climat intellectuel italien des années 1970.

Mais ces ouvertures profitent bien davantage à la psychologie en général qu'à la psychanalyse. Ainsi, bien que la SPI soit l'objet de critiques radicales, son pouvoir ne sera jamais menacé par la fondation d'une organisation rivale susceptible de constituer le cadre institutionnel d'un renouveau psychanalytique. La discrétion qui entoure à ce moment-là les travaux du psychanalyste et logicien chilien Ignacio Matte-Blanco*, installé à Rome pendant de longues années, témoigne de ce que la psychanalyse ne préoccupe pas vraiment la nouvelle génération. Le maître livre de Matte-Blanco, *Unconscious as Infinite Set*, publié à Londres en 1973, ne sera traduit en italien qu'en 1981.

La manière dont les idées de Jacques Lacan* sont reçues et utilisées témoigne tout autant de cette ambiguïté. C'est le Lacan critique de l'*Ego Psychology** et de l'ordre médical qui est privilégié (dans le cadre de la « lutte anti-impérialiste »), au détriment du Lacan théoricien, soucieux de réaménager les conditions de la pratique et de l'écoute psychanalytiques. D'ailleurs, si la France*, à l'époque, exporte ses idées, c'est la thématique de la libération du désir telle qu'elle est exprimée par Gilles Deleuze et Félix Guattari* dans *L'Anti-Œdipe* qui a les faveurs des radicaux.

C'est en opposition à cette sorte de néo-freudo-marxisme que se développe, au prix d'une nouvelle ambiguïté, l'aventure de cet analysant de Lacan, Armando Verdiglione, dont le retentissement international éclipsera les travaux moins tapageurs, mais plus rigoureux, de jeunes psychanalystes lacaniens tels que Giaccomo Contri, Sergio et Virginia Finzi, parmi d'autres. Psychanalyste, éditeur, organisateur de colloques multidisciplinaires à travers le monde, Verdiglione, dont le succès est à la mesure des attaques et des procès dont il sera l'objet par la suite, échoue dans sa tentative d'implanter la pensée lacanienne et le structuralisme en Italie.

Au seuil des années 1980, dans une conjoncture marquée par le retour triomphant du positivisme d'une part (sous la forme des neurosciences et de la culture électronique), du spiritualisme d'autre part (qu'il soit religieux ou écologiste), la psychanalyse, pour s'être développée sur le plan institutionnel, n'est cependant pas parvenue à se libérer totalement du provincialisme qui caractérisa la vie intellectuelle italienne durant toute la première partie du XXe siècle.

La SPI, avec ses quelque cinq cents membres, regroupe la majorité des psychanalystes italiens dont elle assure la formation dans ses instituts de Milan et de Rome. Cette implantation et cette organisation, internationalement reconnues, ne doivent toutefois pas faire illusion : il n'existe pas d'école de pensée psychanalytique italienne, et l'essentiel des travaux publiés demeure soumis à l'influence des courants de la psychanalyse anglaise, qu'il s'agisse des idées de Melanie Klein*, de celles de Donald Woods Winnicott*, de Masud Khan* ou de Wilfred Ruprecht Bion*. Cette faiblesse est probablement l'une des causes de la forte et rapide implantation en Italie des diverses formes de psychothérapies : thérapies familiales*, cognitivistes ou encore thérapies collectives les plus diverses.

Les lacaniens italiens, de leur côté, dispersés dans de multiples groupes ou écoles, ne sont pas parvenus à se structurer. Ils ne sont donc pas en mesure de dialoguer avec la SPI ou avec les jungiens qui, héritiers de Bernhardt, sont particulièrement influents dans les milieux culturels et artistiques, comme en témoigna, entre autres célébrités, le cinéaste Federico Fellini.

● Sigmund Freud, *L'Interprétation des rêves* (1900), *GW*, I-II, 1-642, *SE*, IV-V, 1-621, Paris, PUF, 1967 ; « Sur le rêve » (1901), *GW*, II-III, 643-700, *SE*, V, 629-686, Paris, Gallimard, 1988 ; « Sur l'histoire du mouvement psychanalytique » (1914), *GW*, X, 44-113, *SE*, XIV, 7-66, Paris, Gallimard, 1991 ; *La Naissance de la psychanalyse* (New York, 1950), Paris, PUF, 1956 ; et Karl Abraham, *Correspondance, 1907-1926* (Francfort, 1965), Paris, Gallimard, 1969 ; et Arnold Zweig, *Correspondance, 1927-1939* (Francfort, 1968), Paris, Gallimard, 1973 ; *Correspondance, 1873-1939*, Paris, Gallimard, 1966. Anna Maria Accerboni, « Psychanalyse et fascisme. Deux approches incompatibles. Le rôle difficile d'Edoardo Weiss », *Revue internationale d'histoire de la psychanalyse*, 1, 1988, 225-243. Didier Anzieu, *L'Auto-analyse de Freud et la découverte de la psychanalyse* (1959), Paris, PUF, 1988. Sergio Benvenuto, « A glance at psychoanalysis in Italy », inédit. Paolo Boringhieri, « L'édition des *Opere di Sigmund Freud* », *Revue internationale d'histoire de la psychanalyse*, 4, 1991, 323-329. Contardo Caligaris, « Petite histoire de la psychanalyse en Italie », *Critique*, 333, février 1975. Jacquy Chemouni, *Histoire du mouvement psychanalytique*, Paris, PUF, coll. « Que sais-je ? », 1990. Marco Conci, « Psychoanalysis in Italy : a reappraisal », *Int. Forum Psychoanal.*, 3, 1994, 117-126. Michel David, *La Psicoanalisi nella cultura italiana* (1966), Turin, Bollati Boringhieri, 1990 ; « La psychanalyse en Italie », *in* Roland Jaccard (éd.), *Histoire de la psychanalyse*, vol. 2, Paris, Hachette, 1982, 259-313. Franco Fornari, « Aventures de la psychanalyse », *Silex*, 5-6, 1978. Antonietta et Gérard Haddad, *Freud en Italie. Psychanalyse du voyage*, Paris, Albin Michel, 1995. Jacques Nobécourt, « Freud et le "Triskeles" », *Critique*, 435-436, 1983 ; « La transmission de la psychanalyse freudienne en Italie *via* Trieste », *ibid.* Arnaldo Novelletto, « Italy », *in* Peter Kutter (éd.), *Psychoanalysis International Guide to Psychoanalysis throughout the World*, vol. 1, Stuttgart-Bad Cannstatt, Frommann-Holzboog, 1992, 195-213. Michele Ranchetti, « Les *Œuvres complètes* et l'édition des *Opere di Sigmund Freud* », *Revue internationale d'histoire de la psychanalyse*, 4, 1991, 331-355. Giorgio Voghera, *Gli Anni della psicoanalisa*, Pordenone, Studio Tesi, 1980.

J

JACKSON John Hughlings (1835-1911)
médecin et neurologue anglais

Fondateur de la neurologie moderne, Hughlings Jackson fut pendant quarante-cinq ans médecin au National Hospital de Londres. En 1884, il élabora sa théorie de la dissolution des fonctions nerveuses par la maladie, qui fut reprise en partie par Sigmund Freud* et introduite en France* par le psychologue Théodule Ribot (1839-1916). Dans l'histoire du savoir psychiatrique, le jacksonisme jouera un rôle considérable aux États-Unis* en servant de substrat à l'implantation des thèses freudiennes. En France, il sera utilisé par Henri Ey* pour l'élaboration de la notion d'organodynamisme.

La thèse jacksonienne affirme le primat de la hiérarchie des fonctions sur leur organisation statique. Elle considère les fonctions psychiques comme dépendantes les unes des autres, du haut vers le bas. Ainsi la dissolution des activités supérieures entraîne-t-elle une libération ou une déliaison des activités inférieures antérieurement contrôlées par elles.

● John Hughlings Jackson, « Evolution and dissolution of the nervous system », rééd. in *Selected Writings*, Londres, 1931. Jacques Nassif, *Freud, l'inconscient*, Paris, Galilée, 1977.

▷ BABINSKI Joseph. *CONTRIBUTION À LA CONCEPTION DES APHASIES*. SULLIVAN Harry Stack.

JACOBSON Edith (1897-1978)

médecin et psychanalyste américaine

Grande spécialiste de la relation d'objet*, du *self* (*Self Psychology**), de la dépression et des états-limites*, Edith Jacobson naquit en Haute-Silésie. En 1928, après des études de médecine, elle adhéra à la Deutsche Psychoanalytische Gesellschaft (DPG) dont elle intégra le comité d'enseignement. Militante social-démocrate, elle commença, dès 1933, à lutter contre le nazisme* dans le réseau de résistance Neu Beginnen (Recommencer à nouveau) sans que l'International Psychoanalytical Association* (IPA) ni la DPG fussent au courant de son engagement.

Quand elle fut arrêtée par la Gestapo, puis mise en prison le 25 octobre 1935, Ernest Jones*, qui était en train de mettre en place la politique de « sauvetage » de la psychanalyse en Allemagne* avec la collaboration de Felix Boehm* et de Carl Müller-Braunschweig*, fut à la fois furieux et consterné, au point de penser qu'elle était devenue folle : la DPG, pour plaire aux nouveaux dignitaires du régime, avait en effet interdit à ses membres d'analyser des patients engagés dans la Résistance.

Craignant qu'Edith Jacobson ne fût envoyée dans un camp de concentration, Jones s'occupa de sa défense en prenant conseil auprès d'un avocat nazi. Elle fut condamnée à deux ans et demi de prison et poursuivie pour haute trahison. En 1937, bénéficiant d'une permission de sortir pour subir une opération chirurgicale, elle s'enfuit à Prague d'où elle gagna les États-Unis*. Elle rejoignit alors la New York Psychoanalytic Society (NYPS).

● Edith Jacobson, *Le Soi et le monde objectal*, Paris, PUF, 1975 ; *Les Dépressions. États normaux, névrotiques et psychotiques*, Paris, Payot, 1985. *Les Années brunes. La psychanalyse sous le IIIe Reich*, textes traduits et présentés par Jean-Luc Evard, Paris, Confrontation, 1984. Geoffrey Cocks, *La Psychothérapie sous le IIIe Reich* (Oxford, 1985), Paris, Les Belles Lettres, 1987. Regine Lockot, *Erinnern und Durcharbeiten*, Francfort, Fischer, 1985. *Ici la vie continue de manière surprenante*, recueil de textes traduits par Alain de Mijolla, Paris, Association internationale d'histoire de la psychanalyse (AIHP), 1987. Ludger M. Hermanns, « Conditions et limites de la productivité scientifique des psychanalystes en Allemagne de 1933 à 1935 », *Revue internationale d'histoire de la psychanalyse*, 1, 1988, 71-95. Karen Brecht, « La psychanalyse sous l'Allemagne nazie : adaptation à l'institution, relations entre psychanalystes juifs et non juifs », *ibid.*, 95-109. Russel Jacoby, *Otto Fenichel. Destins de la gauche freudienne* (New York, 1983), Paris, PUF, 1986.

▷ COMMUNISME. FENICHEL Otto. FREUDO-MARXISME. GÖRING Matthias Heinrich. RITTMEISTER John.

JAHRBUCH FÜR PSYCHOANALYTISCHE UND PSYCHOPATHOLOGISCHE FORSCHUNGEN

(Annales de recherches psychanalytiques et psychopathologiques)

Créé en 1909 sur l'initiative de Sigmund Freud* et d'Eugen Bleuler*, le *Jahrbuch* fut la première revue officielle du mouvement psychanalytique avant la création de l'Internationale Psychoanalytische Vereinigung (IPV), la future International Psychoanalytical Association* (IPA). Elle cessa d'exister en 1913 après le conflit entre Freud et Carl Gustav Jung*, et Freud créa l'*Internationale ärztliche Zeitschrift für Psychoanalyse (IZP)* qui fusionna ensuite (en 1939) avec la revue *Imago** pour donner naissance à l'*Internationale Zeitschrift für Psychoanalyse und Imago* (IZP-IMAGO)*, laquelle cessera de paraître en 1941. C'est alors l'*International Journal of Psycho-Analysis* (IJP)*, fondé par Ernest Jones* en 1920, qui deviendra l'organe officiel de l'IPA.

JANET Pierre (1859-1947)
médecin et psychologue français

Théoricien de l'automatisme* psychologique et fondateur en France* du courant de l'analyse psychologique, Pierre Janet fut, comme Théodore Flournoy* et Sigmund Freud*, son grand rival, l'un des principaux artisans de la deuxième psychiatrie dynamique*. Jusque vers 1915, ses travaux furent plus célèbres que ceux de Freud et commentés dans le monde entier par tous les spécialistes des maladies nerveuses.

Né à Paris, Pierre Janet était issu d'une famille de la moyenne bourgeoisie où l'on cultivait le rationalisme et les valeurs républicaines. Dès son enfance, il admira son oncle, agrégé de philosophie et normalien, qui l'aida à faire une brillante carrière universitaire. C'est avec son frère Jules Janet, spécialiste en urologie et passionné de psychologie, qu'il commença à s'intéresser aux phénomènes du somnambulisme et des personnalités multiples*. Nommé professeur au lycée du Havre en 1883, il fit la connaissance, deux ans plus tard, du docteur Gilbert qui lui présenta Léonie. Magnétisée dans le passé, cette paysanne revivait sous hypnose* les exploits d'anciens magnétiseurs dont les œuvres étaient tombées dans l'oubli. Aussi recevait-elle facilement des suggestions* auxquelles elle obéissait à merveille.

Le 30 novembre 1885, alors que le jeune Freud séjournait à Paris, Paul Janet présenta à la Société de psychologie physiologique de Paris un rapport de son neveu sur le cas « Léonie ». Le travail fut accueilli avec enthousiasme par Jean Martin Charcot*. Pendant plusieurs années, les passionnés de spiritisme*, Charles Richet (1850-1935) et Frederick Myers* notamment, rendirent visite à la « voyante » du Havre. Celle-ci eut ensuite un curieux destin. En 1895, elle fut amenée par le docteur Gilbert, ardent dreyfusard, à Mathieu Dreyfus qui cherchait alors les « preuves » de l'innocence de son frère, le capitaine Alfred Dreyfus (1859-1935). Mathieu installa Léonie chez lui à Paris et prit l'habitude de l'hypnotiser. Quand elle se trouvait en état de somnambulisme, elle expliquait les « secrets » de l'affaire que personne ne connaissait encore : ainsi, elle affirma que le vrai coupable était un officier du ministère de la Guerre ayant un contact avec un agent allemand.

En juin 1889, Janet soutint sa thèse de philosophie sur l'automatisme psychologique devant un jury présidé par Émile Boutroux (1845-1921), maître incontesté de la philosophie française, professeur d'Henri Bergson (1859-1941), et anti-hégélien. En août, il fit partie, avec Hippolyte Bernheim*, August Forel* et Jules Déjerine (1849-1917), du comité d'organisation du congrès international d'hypnotisme auquel participerait un médecin encore inconnu : Sigmund Freud.

C'est alors que Janet, déjà connu par la publication de sa thèse, entreprit des études médicales et passa une bonne partie de son temps à l'hôpital de la Salpêtrière. En 1893, il soutint sa thèse de médecine, *L'État mental des hystériques (stigmates et accidents mentaux)*, devant un jury composé de Charcot et de Richet. Sa réputation s'étendit alors au-delà de la France, et sa théorie de l'hystérie* s'imposa. Freud en prit conscience et insista auprès de Josef Breuer* pour qu'il accepte de publier les *Études sur l'hystérie**. Il fallait démontrer que Janet n'était pas le premier savant à avoir construit une nouvelle approche de ce domaine. La querelle des priorités commença à cette date, alors que Janet était devenu en France et à l'étranger le grand spécialiste des maladies nerveuses.

C'est entre 1889 et 1893 qu'il élabora sa méthode de psychothérapie* à laquelle il donna le nom d'analyse psychologique. Elle reposait sur trois règles fondamentales : examen du malade en tête à tête et sans témoin, notation rigoureuse des paroles prononcées (ou méthode du stylographe), exploration des antécédents et des traitements auxquels le malade avait été soumis. Janet fondait son analyse psychologique sur *l'enquête* consciente et non sur *l'écoute* d'un discours inconscient. Bien qu'il reconnût l'existence d'un « report affectif », il ne chercha pas à approfondir cette notion (contrairement à Freud avec le transfert*). Enfin, contre la tradition du romantisme allemand, il revendiqua à la place du mot inconscient* celui de subconscient, issu de la philosophie de la conscience* et de l'héritage du cartésianisme français.

Cette substitution eut lieu en deux étapes. En un premier temps, dans *L'Automatisme psychologique* (1889), Janet utilisa le mot inconscient. Mais, quatre ans plus tard (1893), dans *L'État mental des hystériques*, il opta définitivement pour subconscient. D'où le fait qu'il ne put jamais prendre en compte le mécanisme du refoulement*. L'automatisme psychologique janétien était assez proche de la notion d'écriture automatique, inventée par William James (1842-1910) et qui fera fortune grâce aux surréalistes. Il s'agissait bien de définir une activité spontanée ou « inférieure » de la conscience : des associations pré-organisées.

Notons que l'automatisme psychologique de Janet était différent de l'automatisme mental de Gaëtan Gatian de Clérambault*. Chez le premier, l'automatisme était interne à la conscience, alors que chez le second était constitué par un ensemble de symptômes surgissant en dehors de la conscience du sujet à la manière de l'irruption d'un délire.

Quant à l'hystérie*, Janet la considérait comme une maladie purement psychologique. Elle était à ses yeux une affection fonctionnelle liée à une constitution héréditaire. Qu'elle fût dénommée tuberculose « psychique » ou syphilis « mentale », elle ne recevait aucune étiologie sexuelle. Elle témoignait chez le malade d'un « rétrécissement du champ de la conscience » dû à une « faiblesse psychologique ». L'analyse de l'hystérie conduisit Janet à aborder « l'autre » grande névrose* : la neurasthénie*. Il remplaça le terme par celui de psychasténie*, incluant la névrose obsessionnelle*.

A partir de 1903, devenu professeur au Collège de France, Janet s'attacha à faire la synthèse de ses théories. Il en exposera l'essentiel dans *Les Médications psychologiques*, puis dans *La Médecine psychologique* et enfin dans *De l'angoisse à l'extase*. En 1904, il fonda avec Georges Dumas (1866-1946) le *Journal de psychologie normale et* *pathologique*, et, en 1913, il fut élu membre de l'Académie des sciences. Pendant de longues années, il accumula des observations et publia des statistiques portant sur plus de trois mille cinq cents malades : un travail de fourmi qui avait pour objectif de « prouver » l'existence des phénomènes psychiques. Dans cette perspective, il continua à expérimenter les principes de son analyse psychologique sur de nombreux patients, parmi lesquels la célèbre Madeleine Lebouc (Pauline Lair Lamotte*) et l'écrivain Raymond Roussel (1877-1933).

Dès 1895, Janet rejeta très durement les travaux de Freud. Son attitude fut à l'origine d'un courant antifreudien particulièrement virulent qui consista à expliquer d'une part que Freud avait dérobé les concepts janétiens en les dotant d'une nouvelle appellation, et d'autre part que sa doctrine était l'expression d'un esprit viennois obsédé par la sexualité*. Janet reprenait ainsi à son compte la fameuse thèse du *genius loci* popularisée par le psychiatre allemand Adolf Albrecht Friedländer (1870-1949) lors d'un congrès international de médecine tenu à Budapest en 1909. S'attaquant violemment à la psychanalyse, Friedländer avait expliqué que celle-ci devait son succès à la mentalité viennoise qui attribuait une importance considérable aux phénomènes de la sexualité. Cette thèse était devenue en quelques années le cheval de bataille des antifreudiens, qui chargeaient la psychanalyse* de tous les péchés d'un prétendu pansexualisme*.

A Londres, en 1913, se réunirent tous les représentants de la psychiatrie dynamique, de Suisse*, des États-Unis* et de Grande-Bretagne* à l'occasion du XVIIe congrès international de médecine. Janet donna pour titre au rapport qu'il fit à cette occasion : « La psycho-analyse ». Selon lui, Freud et Breuer avaient changé « quelques mots dans leur description psychologique. Ils appelaient psycho-analyse ce que j'appelais analyse psychologique. Ils nommaient *complexus* ce que j'avais nommé système psychologique pour désigner cet ensemble de phénomènes psychologiques et de mouvements soit des membres, soit des viscères, qui restaient associés pour constituer le souvenir traumatique. Ils baptisaient du nom de *catharsis** ce que je désignais comme une dissociation ou une désinfection morale ».

A cette époque, Janet présentait donc Freud et Breuer comme des plagiaires et faisait passer la psychanalyse pour une obscénité viennoise. Et bien qu'il ne fût ni chauvin, ni nationaliste, il contribua pourtant à la diffusion de la thèse, énoncée par Angelo Hesnard*, selon laquelle la théorie freudienne était trop « germanique » pour s'adapter au « génie latin ». Dès son retour de Londres, il ne cessa d'attaquer le freudisme*. Il compara d'abord les psychanalystes à des détectives terrorisant les malades en traquant leurs traumatismes, puis en 1919, dans *Les Médications psychologiques*, il affirma que la psycho-analyse était « une enquête criminelle qui doit découvrir un coupable, un événement passé responsable des troubles actuels, qui le reconnaît et le poursuit sous tous ses déguisements ».

A Londres, l'exposé de Janet fut mal reçu. A cette date en effet, les travaux de Freud avaient conquis le monde scientifique occidental et son école était devenue un puissant mouvement international. En outre, tous les spécialistes des maladies nerveuses savaient que Freud avait pris une autre voie que celle de Janet. L'accusation de détournement des notions janétiennes était donc irrecevable.

Jamais Freud ne pardonna à Janet ses attaques de 1913. En 1925, dans son autobiographie (*Sigmund Freud présenté par lui-même**), il le rendit responsable des accusations portées contre lui par la presse française et il réaffirma que lorsqu'il avait séjourné à Paris, en 1885, il avait déjà été initié par Breuer (entre 1880 et 1882) à la question de l'étiologie des névroses hystériques.

En 1937, Édouard Pichon* écrivit à Freud pour lui demander de recevoir Janet de passage à Vienne*. Freud donna sa réponse dans une lettre envoyée à Marie Bonaparte* et publiée par Jones : « Non, je ne verrai pas Janet. Je ne puis m'empêcher de lui reprocher de s'être conduit injustement à l'égard de la psychanalyse, et envers moi personnellement, et de n'avoir jamais rien fait pour réparer cela. Il fut assez bête pour dire que l'étiologie sexuelle des névroses ne pouvait germer que dans l'atmosphère d'une ville comme Vienne. Puis, lorsque les écrivains français répandirent la rumeur selon laquelle j'aurais suivi ses conférences et lui aurais volé ses idées, il aurait pu d'un mot mettre fin à de tels racontards puisque, en vérité, je ne lui ai jamais parlé, ni n'ai entendu prononcer son nom pendant la période Charcot [...]. Non, je ne le verrai pas. » Grâce à une lettre d'Édouard Pichon à Henri Ey*, datée du 14 juin 1939, on sait qu'en avril 1937 Janet vint tout de même sonner à la porte de la maison de Freud. Il fut éconduit par la gouvernante qui lui répondit que le professeur était absent.

● Pierre Janet, « Note sur quelques phénomènes de somnambulisme », *Bulletin de la Société de psychologie physiologique*, 1, 1885, 24-32 ; *L'Automatisme psychologique* (1889), Paris, Éditions de la Société Pierre-Janet, 1973 ; *L'État mental des hystériques* (Paris, 1893-1894, 1911), Marseille, Laffitte-Reprints, 1983 ; *Névroses et idées fixes*, 2 vol., Paris, Alcan, 1898 ; *Les Obsessions et la Psychasthénie*, 2 vol., Paris, Alcan, 1903 ; *Les Névroses*, Paris, Flammarion, 1909 ; « La psycho-analyse », rapport au XVIIe congrès international de médecine de Londres, *Journal de psychologie*, XI, mars-avril, 1914, 97-130 ; *Les Médications psychologiques*, Paris, Alcan, 1919 ; *La Médecine psychologique* (1923), Paris, Éditions de la Société Pierre-Janet, 1980 ; *De l'angoisse à l'extase. Études sur les croyances et les sentiments*, t. I, Paris, Alcan, 1926, t. II, *ibid.*, 1928 ; *L'Amour et la Haine*, Paris, Maloine, 1932. A.A. Friedländer, « Hysterie und moderne Psychoanalyse », *Psychiatrie*, actes du XVIe congrès international de médecine, Budapest, 1909, section XII, 146-172. Ernest Jones, *La Vie et l'œuvre de Sigmund Freud*, t. III (New York, 1957), Paris, PUF, 1969. Henri F. Ellenberger, *Histoire de la découverte de l'inconscient* (New York, Londres, 1970, Villeurbanne, 1974), Paris, Fayard, 1994. Henri-Jean Barraud, *Freud et Janet*, Toulouse, Privat, 1971. Claude M. Prévost, *La Psycho-philosophie de Pierre Janet*, Paris, Payot, 1973 ; *Janet, Freud et la psychologie clinique*, Paris, Payot, 1973. Élisabeth Roudinesco, *Histoire de la psychanalyse en France*, vol. 1 (1982) et 2 (1986), Paris, Fayard, 1994. Jacqueline Carroy, *Hypnose, suggestion et psychologie*, Paris, PUF, 1991. Jean-Denis Bredin, *L'Affaire*, Paris, Fayard-Julliard, 1993. « Lettre d'Édouard Pichon à Henri Ey du 14 juin 1939 », *Bulletin du Centre de documentation Henri-F.-Ellenberger*, 6, 2e trimestre 1994.

▷ CLAUDE Henri. DELAY Jean. FAVEZ-BOUTONIER Juliette. LAGACHE Daniel. PSYCHOLOGIE CLINIQUE.

JAPON

« En quinze ans, de 1853 à 1868, écrit Maurice Pinguet, le Japon traversa la crise la plus sévère de son histoire, comparable en acuité et en profondeur à la Révolution française. » Cette période, l'ère Meiji, du nom de l'empereur qui en fut l'un des initiateurs, vit l'effondrement de l'ordre féodal après plus de deux siècles de règne des shoguns de la dynastie Tokugawa. L'ordre féodal était symbolisé par le personnage du samouraï. En lui s'incarnaient les idéaux du Japon ancestral, et, parmi ses multiples prérogatives, figurait le *seppuku* : le droit de se donner la mort avec un sabre, par éventration de gauche à droite selon un rite immuable.

Or, avec l'instauration des principes du Code napoléonien et des valeurs du capitalisme occidental, cette pratique de la mort volontaire fut moralement bannie de la société japonaise. Mais surtout, au moment même où s'implantait dans les nouvelles universités impériales la nosographie psychiatrique allemande issue de l'enseignement d'Emil Kraepelin*, elle fut progressivement assimilée à une maladie de l'âme, ou regardée comme l'expression mélancolique d'un nihilisme individuel. Moins d'un siècle après la révolution pinélienne, le Japon entrait ainsi dans l'ère de la psychiatrie dynamique* en regardant l'héroïsme féodal, autrement dit l'une de ses traditions, comme une psychopathologie*.

Comme ailleurs, la psychanalyse* s'implanta au Japon au début du XXe siècle sur le terreau du savoir psychiatrique. A la différence de l'Inde*, deuxième pays du continent asiatique à s'intéresser aux idées freudiennes, le Japon ne connut ni la colonisation, ni le repli sur soi. La psychiatrie s'y développa (comme la pensée psychanalytique) grâce aux voyages d'études que quelques pionniers firent aux États-Unis*, à Vienne*, à Londres, et à travers l'assimilation des thèses occidentales par la culture japonaise.

Kenji Otsuki*, homme de lettres et traducteur de la littérature allemande, fut le premier à mentionner le nom de Sigmund Freud* dans un article de 1912 consacré à l'oubli et à la mémoire. Deux ans plus tard, Yoshihide Kubo (1883-1942), professeur de psychologie à l'université d'Hiroshima Bunri, fit paraître une série d'articles sur le rêve* avant de se rendre à l'université Clark de Worcester où Stanley Grandville Hall*, qui avait reçu Freud en 1905, l'initia aux thèses freudiennes. A son retour, en 1917, il publia le premier grand livre japonais d'introduction à la psychanalyse*. Il y parlait de la sexualité* infantile, du mot d'esprit, des actes manqués*, des lapsus*, de la psychanalyse appliquée*, sans oublier de mentionner tous ceux qui avaient critiqué Freud : Pierre Janet*, Alfred Adler*. Pour traduire le mot psychanalyse, il proposa *seishinbunseki : seishin* contient deux caractères (ou *kanji*) et signifie âme, et *bunseki*, avec deux caractères également, veut dire analyse.

Comme Kubo, le psychiatre Kiyoyasu Marui (1886-1953) se rendit aux États-Unis en 1916, et c'est auprès d'Adolf Meyer* qu'il put constater l'impact de la psychanalyse sur le savoir psychiatrique américain de l'époque. En 1919, il fut nommé professeur de psychiatrie à l'université Tohuku de Sendai, au nord-est du Japon, où il joua un rôle majeur dans l'implantation du freudisme*.

Pendant ce temps, le psychologue Yaekichi Yabe se rendit en Grande-Bretagne* où il effectua un stage sous la direction d'Ernest Jones*. En 1928, avec Kenji Otsuki, il créa à Tokyo le premier Institut psychanalytique japonais qui sera affilié à l'International Psychoanalytical Association* (IPA) en 1932 au congrès de Wiesbaden. En mai 1930, Yabe rendit visite à Freud à Vienne et constata l'intérêt qu'il portait aux objets chinois et asiatiques : deux *kannons*, trois bouddhas, des chameaux, des chevaux, des statuettes, etc. Les deux hommes discutèrent des analogies entre la notion de pulsion* de mort et l'enseignement du bouddhisme. Yabe retourna ensuite en Grande-Bretagne pour faire une analyse avec Edward Glover*, tandis qu'en 1933 ce fut au tour de Marui d'aller à Vienne pour une cure d'un mois avec Paul Federn*.

Durant cette période d'expansion, les résistances à la psychanalyse furent les mêmes que dans les autres pays. Elles portèrent sur le prétendu pansexualisme* de Freud. De même qu'en France* la théorie de la sexualité était jugée trop « germanique » pour s'adapter à la culture dite « latine », et en Suède* trop « latine » pour être assimilée par les pays nordiques, elle fut reçue au Japon comme trop « occidentale » pour être acceptée par une société de tradition bouddhique.

Tandis qu'à Tokyo la psychanalyse prenait son essor grâce à Yabe d'abord, puis à Otsuki qui lui succéda à la tête du groupe, Marui développait à Sendai un cercle de jeunes psychiatres parmi lesquels émergea celui qui allait être le père fondateur du freudisme japonais : Heisaku Kosawa*. En 1932, celui-ci se rendit à Vienne* où il séjourna un an, le temps d'être analysé par Freud et par Richard Sterba*. De retour au Japon, il créa avec Marui à Sendai, en 1933, un groupe d'études aussitôt affilié à l'IPA. Surtout, il engagea une vaste réflexion sur les conditions d'implantation du freudisme au Japon en inventant le complexe d'Ajase, sorte de complexe d'Œdipe* revu et corrigé à la lumière du bouddhisme.

Il s'agissait de tenir compte des différences entre l'organisation de la famille occidentale, où l'enfant est destiné à devenir un sujet* émancipé de sa mère à travers une identification* paternelle, et celle de la famille japonaise, dans laquelle l'appartenance au clan prime sur l'identité individuelle. D'où la dépendance coupable (ou *amae*) de l'homme japonais à l'égard de sa mère (complexe d'Ajase) et une symbiose spécifique à travers laquelle ce lien devient une sorte de « valeur morale », comme le soulignera plus tard Maurice Pinguet : « Notre école [occidentale] des parents, dit-il, culpabilise la dépendance (captation, castration*) et rejette la faute sur la mère possessive et le père abusif. La tendance japonaise est d'établir une intimité étroite et de culpabiliser l'indépendance en rejetant la faute sur le fils infidèle et frivole [...]. En un mot, le surmoi* japonais est la conscience du lien, le surmoi occidental de la loi. »

A partir du milieu des années 1930, l'histoire de la psychanalyse au Japon fut dominée par la figure de Kosawa qui fit école, forma des disciples et organisa le mouvement freudien dans son pays.

Après 1935, en réaction contre l'ère Meiji et la montée du mouvement communiste international, on rêva au Japon au retour de l'ordre ancien. L'instauration d'un régime militaire aux tendances fascisantes fut favorisée par l'avènement en Europe des régimes dictatoriaux et par la crise économique qui s'était emparée du pays à la suite du krach boursier de Wall Street. C'est alors que le nationalisme chauvin prôna la renaissance des vertus guerrières de l'ancien samouraï. Allié à l'Allemagne*, le Japon entra en guerre en 1941, ce qui provoqua la mise en sommeil complète des activités freudiennes. Il fallut que fût anéanti ce songe féodal et que les principaux responsables militaires se fussent donné la mort (selon le rite de l'antique *seppuku* sous les murs du palais impérial, après le bombardement d'Hiroshima) pour que le Japon adopte définitivement les principes de la démocratie dans un esprit d'ouverture à l'Occident semblable à celui de l'ère Meiji. Le mouvement freudien reprit alors son essor.

Après qu'Otsuki eut succédé à Yabe à la tête de l'institut de Tokyo, ses membres se dispersèrent faute d'avoir pu intégrer les psychiatres. En 1953, à la mort de Marui, Kosawa prit la direction du groupe de Sendai et, avec l'accord d'Anna Freud* et d'Ernest Jones, il en déplaça le centre à Tokyo. Deux ans plus tard, il forma la Nippon Seishin-Bunseki Kyoukai (Société japonaise de psychanalyse, NSBK) qui devint une société composante de l'IPA. Elle réunit une trentaine de membres seulement à la fin des années 1990. Parallèlement fut créée, toujours sous l'égide de Kosawa, l'Association psychanalytique japonaise, non affiliée à l'IPA et ouverte à toutes les tendances de la psychiatrie dynamique : du néofreudisme* à la pharmacologie en passant par les diverses thérapies et l'analyse existentielle*. Elle finira par réunir mille cinq cents membres.

Toute cette période fut marquée par une intense activité de traduction. C'est ainsi que les Japonais purent lire dans leur langue les ouvrages des grands auteurs de la saga freudienne : Wilfred Ruprecht Bion*, Anna Freud*, Heinz Hartmann*, et surtout Melanie Klein* et Donald Woods Winnicott* (qui connurent un succès particulier du fait de l'intérêt qu'ils avaient porté à la question du lien archaïque à la mère). L'œuvre de Carl Gustav Jung* fit aussi de nombreux adeptes grâce à l'activité pionnière de H. Kawaï. Formé à Zurich, celui-ci devint en 1965 le premier psychothérapeute jungien de langue japonaise. Comme les freudiens, il s'intéressa tout particulièrement à cette fameuse névrose de dépendance *(amae)* qu'il regardait comme une spécificité de la société japonaise dite matriarcale.

Cette question de l'*amae* prit d'ailleurs une extension considérable chez tous les disciples formés par Kosawa, et notamment chez ses deux principaux héritiers : Doï Takeo et Keigo Okonogi. A partir de 1956, Doï Takeo reprit à son compte les thèses de son maître sur le complexe d'Ajase mais les infléchit dans un sens culturaliste. Autant Kosawa s'était inscrit dans une perspective universaliste, montrant que le complexe d'Ajase était une variante du complexe d'Œdipe propre à une organisation spécifique de la famille japonaise, autant Takeo s'intéressa surtout à la problématique de la différence culturelle. En 1950, lors de son premier séjour sur la côte ouest des États-Unis, il éprouva un véritable choc : s'il fut ébloui par la richesse de l'Amérique, il se sentit aussitôt étranger à ce mode de pensée qui privilégiait l'éthique individualiste au détriment du sentiment d'appartenance. Après être passé par la clinique de Karl Menninger* à Topeka au Kansas, il suivit une formation psychanalytique à San Francisco, puis s'orienta vers la psychiatrie transculturelle.

Par la suite, Doï Takeo tenta d'expliquer les raisons du relatif échec de l'implantation du freudisme au Japon. Selon lui, le freudisme, doctrine judéo-chrétienne, était inassimilable par une société de tradition bouddhique et shintoïste, dans laquelle le désir d'émancipation subjective n'avait aucune place. Tout en restant freudien, il adoptait ainsi, dans ce débat classique, la position qui avait été celle de l'école culturaliste anglo-américaine, de Bronislaw Malinowski* à Ruth Benedict (1887-1948).

De son côté, Keigo Okonogi poursuivit la réflexion sur le complexe d'Ajase en s'appuyant sur l'ouvrage de Marianne Krüll consacré à Rebekka Freud*, la deuxième épouse de Jacob Freud*, et sur les travaux des kleiniens et de Heinz Kohut*. Il chercha à montrer la spécificité de l'*amae* japonaise, moins dans sa différence culturelle que dans son rapport à toutes les formes de symbiose maternelle décrites par les postfreudiens.

A la fin des années 1960, alors que le milieu psychiatrique japonais était traversé par les interrogations nées de l'antipsychiatrie*, un jeune philosophe, Tagatsuku Sasaki, élève de Doï Takeo, commença à s'intéresser à l'œuvre de Jacques Lacan*. En 1969 il entreprit de traduire intégralement les *Écrits,* et c'est à travers cet immense travail de réflexion sur la langue théorique de la psychanalyse et sur la manière de transposer les concepts freudiens dans une culture nouvelle que le lacanisme* s'implanta en terre japonaise.

Lacan, contrairement à Freud, était fasciné par le Japon. En 1963, il découvrit avec émerveillement les grandes œuvres de la statuaire bouddhique dans les temples de Kyoto et de Nara. Au cœur de l'Orient extrême où Alexandre Kojève (1902-1968), son maître en philosophie, avait cru croiser le concept hégélien de « fin de l'histoire », Lacan fut séduit par le raffinement de cette culture ancestrale. Dans sa recherche de l'absolu, privilégiant le mathème* et les nœuds borroméens*, il voulut donner corps à une représentation formalisée du lien social afin de construire un modèle de liberté humaine fondé sur le primat de la structure et du « collectif ». Lui aussi, en quelque sorte, fut saisi, comme Kosawa avant lui, par une réflexion sur l'*amae.*

En 1971, il revint au Japon pour un voyage d'études au moment où Sasaki achevait la traduction de la première partie des *Écrits.* A son retour, il se mit en devoir de définir « la chose japonaise », ce mode spécifique de jouissance* qu'il attribuait au « sujet japonais » et dont il repérait la manifestation dans l'écriture. Il transcrivit par un simple trait horizontal la pureté de cette calligraphie, impossible à atteindre selon lui par le sujet occidental. Ce trait, ou « lettre », il lui donna le nom de *littoral.*

Au fond Lacan ne faisait qu'actualiser la thèse de la fameuse « différence » japonaise, fondée sur le lien maternel, telle qu'elle avait été exposée depuis 1932 par Kosawa. Mais au lieu de situer la différence dans l'organisation des identifications, Lacan la plaçait dans le signifiant*. C'est pourquoi Sasaki, son disciple et traducteur, fit école en s'attachant à transcrire en termes lacaniens ce que Kosawa avait déjà désigné comme la caractéristique de l'identité japonaise : une relation spécifique de dépendance à la mère et au groupe. Dans un livre publié en 1980, *Chichioya hahaoya okite* (Le Père, la mère et la loi), il fit du sujet japonais un être déchiré entre la toute-puissance dite imaginaire de la mère et la faiblesse apparente du père, réduit à une fonction de simulacre. La même année, alors qu'il achevait la traduction intégrale des *Écrits,* il fit paraître un autre ouvrage, *Kai no uchidenokozuchi* (Le Petit Maillet magique du plaisir), dans lequel étaient vulgarisés les principaux thèmes de la pensée lacanienne. Au fil des années, plusieurs groupes lacaniens se constituèrent au Japon. Comme les autres freudiens de toutes tendances, ils ne cessèrent de s'interroger sur les conditions spécifiques de l'organisation mentale du sujet japonais.

Qu'elle soit pensée sous la catégorie de l'*amae* ou sous l'expression « chose japonaise », cette question renvoie sans doute moins à la différence réelle de la famille nippone qu'à la manière dont les psychanalystes japonais ont cherché, consciemment ou non, à adapter le freudisme à une culture non occidentale. En formulant ce paradigme de la dépendance et du lien maternel, ils ont posé les mêmes interrogations que le freudisme occidental. De 1896 à 1920, Freud et ses disciples de la première génération ont en effet pris la fonction paternelle et la paternité comme objets de rélexion, et, à partir de 1920, sous l'impulsion de Melanie Klein, la réflexion s'est déplacée vers l'étude de la relation avec la mère.

● Yoshihide Kubo, *Seishinbuseki ho* (La Psychanalyse), Kinsei shinrigaku Bunko III, Shinrigaku Kenkyukai, 1917. James Clark Moloney, *Understanding the Japanese Mind,* New York, Philosophical Library, 1954. Doï Takeo, « Some aspects of Japanese psychiatry », *American Journal of Psychiatry,* vol. 3, 1955, 691-695 ; *Le Jeu de l'indulgence* (Tokyo, 1971), Paris, L'Asiathèque, 1988. D.T. Suzuki, Erich Fromm et Richard de Martino, *Bouddhisme zen et Psychanalyse* (New York, 1963), Paris, PUF, 1971. George A. de Vos (éd.), *Socialisation for Achievement. Essays on the Cultural Psychology of the Japanese,* Berkeley, Los Angeles, Londres, University of California Press, 1973. M. Yamamura, « Reviewing the 25 years of the Japan psychoanalytical association », *Japanese Journal of Psychoanalysis,* 24, 4, 1975, 215-219. Tooru Takahashi, « La psychanalyse au Japon », *in* Roland Jaccard (éd.), *Histoire de la psychanalyse,* Paris, Hachette, 1982, 363-381. Maurice Pinguet, *La Mort volontaire au Japon,* Paris, Gallimard, 1984. Keigo Okonogi, « Japan », *Psychoanalysis International. A Guide to Psychoanalysis throughout the World,* vol. 2, Peter Kutter (éd.), Stuttgart, Frommann-Holzboog, 1995, 123-142. Takatsugu Sasaki, *Chichioya hahaoya okite* (Le Père, la mère et la loi), Tokyo, Serika, 1980 ; *Kai no uchidenokozuchi* (Le Petit Maillet magique du plaisir), Tokyo, Asahi Shuppan, 1980. Jacques Lacan, « Avis au lecteur japonais », 2 janvier 1972, *Lettre mensuelle de l'ECF,* septembre 1981 ; *Le Séminaire,* livre XVIII, *D'un discours qui ne serait pas du semblant* (1970-1971), inédit, séance du 12 mai 1971 ; « Lituraterre », *Littérature,* 3, octobre 1971. Jacques-Alain Miller (éd.), *Lacan et la chose japonaise,* Paris, Analytica, 1988. Élisabeth Roudinesco, *Jacques Lacan. Esquisse d'une vie, histoire d'un système de pensée,* Paris, Fayard, 1993.

▷ ANTHROPOLOGIE. CULTURALISME. ETHNOPSYCHANALYSE. HISTOIRE DE LA PSYCHANALYSE. HISTORIOGRAPHIE. HORNEY Karen. PATRIARCAT. SUICIDE.

JEKELS Ludwig, né Louis Jekeles (1861-1954)

psychiatre et psychanalyste américain

Disciple de la première génération* viennoise, Ludwig Jekels créa en 1897, à Bistrai en Silésie, un sanatorium pour malades nerveux. En 1908, il participa au congrès de l'International Psychoanalytical Association* (IPA) de Salzbourg et, l'année suivante, aux travaux de la Société psychologique du mercredi*, devenue la

Wiener Psychoanalytische Vereinigung (WPV). Il fut analysé par Sigmund Freud*, d'abord comme patient puis comme élève. Après la mort d'Oskar Rie*, il devint son principal partenaire au jeu de tarot.

Né à Lemberg, en Galicie polonaise, il était le fils d'un avocat juif. Son nom reste associé à l'introduction des idées freudiennes en Pologne. Il fut en effet le premier traducteur des œuvres du maître dans cette langue, et il ouvrit son sanatorium à la pratique de la psychanalyse*.

Jekels se montra toujours pessimiste sur la validité thérapeutique de la psychanalyse. Très tôt, il confia à Richard Sterba* : « Un de ces jours nous devrons payer chèrement les espoirs que nous avons mis dans l'efficacité de notre thérapie. » Il prédit, souligne Sterba, que « le public se sentirait trompé par nos assurances sur le pouvoir curatif de la méthode analytique. Je ne connaissais pas assez Ludwig Jekels pour savoir s'il fallait attribuer cette remarque à un accès de dépression momentané ou à une attitude dépressive générale. Toutefois, je ne me rappelle pas l'avoir vu rire ».

Quoi qu'il en soit, ce freudien de la première heure affichait le fameux nihilisme thérapeutique qui caractérisait la société viennoise de la fin du siècle. Et sur l'avenir de la psychanalyse, il ne se trompait guère : devenu américain, il put assister à la réalisation de ses prédictions aux États-Unis*.

Sur les instances de Freud, il partit pour Stockholm au printemps 1934 avec pour mission de former des didacticiens dans la toute nouvelle Société finno-suédoise de psychanalyse. Cependant, à l'été 1937, il quitta le pays sans être parvenu à accomplir sa tâche. Il regagna Vienne* puis émigra aux États-Unis en passant par l'Australie*. Freud le recommanda à Smith Ely Jelliffe* : « Parmi les émigrés qui sont à New York, il y a le docteur Jekels qui est non seulement un analyste distingué mais un bon ami à moi. J'aimerais savoir que vous pourrez faire quelque chose pour lui faciliter la vie en lui envoyant des patients. »

Aux États-Unis, Jekels resta fort pessimiste tout en s'adaptant à la pratique américaine. Il considérait en effet que tout sujet est atteint d'un masochisme* instinctif à base de régression orale et se plaisait à souligner que cette donnée fondamentale constitue la quatrième blessure narcissique infligée à l'homme (les trois premières ayant été décrites par Freud). Par ailleurs, Jekels s'intéressa à la psychanalyse appliquée* (il publia de ce point de vue un article sur Napoléon) et au marxisme.

● Ludwig Jekels, « Le tournant décisif de la vie de Napoléon » (1914), *RFP*, III, 1929 ; « Psychoanalysis and dialectics », *Psychoanalytical Review*, 28, 1941 ; *Selected Papers*, Londres, New York, Imago Publishing, 1952. Edmund Bergler, « Ludwig Jekels (1867-1954) », *IJP*, vol. XXXVI, 71-73. Richard Sterba, *Réminiscences d'un psychanalyste viennois* (Detroit, 1982), Toulouse, Privat, 1986. Sigmund Freud, *Chronique la plus brève. Carnets intimes, 1929-1939*, annoté et présenté par Michael Molnar (Londres, 1992), Paris, Albin Michel, 1992. Elke Mühlleitner, *Biographisches Lexikon der Psychoanalyse. Die Mitglieder der psychologischen Mittwoch-Gesellschaft und der Wiener psychoanalytischen Vereinigung von 1902-1938*, Tübingen, Diskord, 1992.

▷ HISTOIRE DE LA PSYCHANALYSE. NARCISSISME. PAYS SCANDINAVES. VIENNE.

JELLIFFE Smith Ely (1866-1945)

médecin et psychanalyste américain

Comme Georg Groddeck*, Felix Deutsch* ou Franz Alexander*, Smith Ely Jelliffe s'intéressa tout autant à la psychanalyse* et à la botanique qu'à la médecine psychosomatique* dont il fut l'un des pionniers aux États-Unis*, alors même qu'il défendait, contre Abraham Arden Brill*, les principes de l'analyse profane*. Né à New York d'un père qui dirigeait le lycée baptiste de la ville, il s'orienta rapidement vers la médecine et se rendit en Europe en 1890 où il suivit l'enseignement de Jean Martin Charcot*. Passionné par les théories de Darwin et la géologie, il fut marqué par l'enseignement de William Alanson White* (qui l'éveilla au freudisme*) et par celui d'Adolf Meyer* (qui lui fit connaître l'école de psychiatrie suisse).

C'est en 1912 qu'il s'intégra au mouvement psychanalytique. Il lança alors avec White *The Psychoanalytic Review*, premier organe freudien de langue anglaise sur le continent américain. En 1921, il se rendit à Vienne* pour rencontrer Sigmund Freud*. Il échangea ensuite avec lui une longue correspondance. Il fit son analyse avec Otto Rank*.

Ardent débatteur à l'esprit rabelaisien, Jelliffe publiera plus de quatre cents textes jusqu'en 1937. Il sera un psychanalyste renommé à New York.

● Smith Ely Jelliffe, « Psychopathology and organic disease », *Arch. Neurol. Psychiat.*, 1922, 8, 639-651 ; *Sketches in Psychosomatic Medicine*, « Nervous and Mental Disease Monograph Series », Washington et New York, Nervous and Mental Disease Publishing Company, 69, 1939 ; et Elida Evans, « Psoriasis as an hysterical conversion symptom », *New York Medical Journal*, 104, 1916, 1077-1086 ; « Psychotherapy and tuberculosis », *American Review*, 119, 3, 417-428. Abram Arden Brill, « In memoriam : Smith Ely Jelliffe », *J. Nerv. ment. Dis.*, 106, 1947, 221-227. N.D.C. Lewis, « Smith Ely Jelliffe, 1866-1945. Psychosomatic medicine in America », *in* Franz Alexander, Samuel Eisenstein et Martin Grotjahn (éd.), *Psychoanalytic Pioneers*, New York, Basic Books, 1966, 224-234. Karl Menninger et Georges Devereux, « Smith Ely Jelliffe, father of psychosomatic medicine », *Psychoanalytical Review*, 35, octobre 1948, 351. *L'Introduction de la psychanalyse aux États-Unis. Autour de James Jackson Putnam* (Londres, 1968), Nathan G. Hale (éd.), Paris, Gallimard, 1978, 17-86. Nathan G. Hale, *Freud and the Americans. The Beginnings of Psychoanalysis in the United States, 1876-1917*, t. 1 (1971), New York, Oxford University Press, 1995 ; *Freud and the Americans. The Rise and Crisis of Psychoanalysis in the United States*, t. 2, *1917-1985*, New York, Oxford, Oxford University Press, 1995.

▷ *QUESTION DE L'ANALYSE PROFANE (LA).*

JONES Ernest (1879-1958)

psychiatre et psychanalyste anglais

Père fondateur de la psychanalyse* en Grande-Bretagne*, inventeur du Comité secret*, artisan du débat autour de l'anthropologie*, organisateur et président de l'International Psychoanalytical Association* (IPA) durant deux périodes cruciales (1920-1924 et 1934-1949), excellent négociateur pendant les Grandes Controverses*, initiateur enfin de l'historiographie* psychanalytique et de la traduction* anglaise de l'œuvre freudienne (par James Strachey*), Ernest Jones joua un rôle considérable dans l'histoire politique du freudisme*. Pendant de longues années, il fut le chef incontesté du mouvement, et s'il se compromit avec le nazisme*, croyant ainsi « sauver » la psychanalyse* en Allemagne*, il aida aussi les émigrés allemands, autrichiens et hongrois à trouver une terre d'accueil dans les pays anglophones : aux États-Unis* et en Angleterre. Sigmund Freud* ne l'aimait guère, mais, au fil des années, bien qu'il désaprouvât souvent ses initiatives, il s'en remit à lui pour gérer les affaires politiques du mouvement, notamment après le départ de Max Eitingon* en Palestine.

En dépit de son caractère difficile, de son langage « cru », des complications de sa vie amoureuse (qui lui valurent l'hostilité des ligues puritaines) et enfin de cette façon directe qu'il avait de parler de l'érotisme ou des défectuosités du corps, Jones était un homme attachant et surtout un travailleur acharné, soucieux de maîtriser tous les domaines du savoir. Il avait la passion de la « cause analytique » et voulait la défendre à sa manière, le cas échéant contre Freud lui-même, ce qui explique son soutien aux innovations kleiniennes et ses ambivalences à l'égard de l'analyse profane*.

Conservateur, pragmatique et rationaliste, il se montra injuste envers Otto Rank* et Wilhelm Reich*, intraitable avec la « gauche freudienne » (en Russie* par exemple) et les homosexuels, et très jaloux de son analyste, Sandor Ferenczi*, bien meilleur clinicien que lui et disciple préféré de Freud. Il permit cependant à la psychanalyse européenne de survivre face à la puissance grandissante des États-Unis*.

Né à Gowertown au pays de Galles, Jones était le fils d'un ingénieur des mines qui avait commencé sa carrière comme employé de bureau chez un marchand de charbon. Autoritaire et incapable d'admettre qu'il pût être dans l'erreur, cet homme croyait à la supériorité des adultes sur les enfants. Il n'admettait aucune insubordination. Quant à sa femme, elle était conservatrice, pieuse et fortement attachée à la culture galloise : « Je suis né, écrira Jones, le premier enfant et le seul fils de mes parents, le 1er janvier 1879, dans un village nommé Rhosfelyn. Le grand chemin de fer de l'Ouest l'avait rebaptisé Gower Road, nom que mon père obtint plus tard de faire changer en celui hybride de Gowertown. »

Dès son plus jeune âge, le jeune Jones connut parfaitement toutes les pratiques sexuelles, n'hésitant pas à en parler franchement : « La pratique du coït m'était déjà familière à l'âge de 6 ou 7 ans, écrit-il dans son autobiographie, après quoi je l'interrompis et ne la repris pas avant 24 ans ; c'était une habitude assez répandue chez les enfants du village. »

Après des études à l'université de Cardiff, il s'orienta vers la médecine, fut l'élève de John Hughlings Jackson* et s'installa à Londres. C'est grâce à son futur beau-frère, Wilfred Ballen Lewis Trotter (1872-1939), chirurgien honoraire du roi George V, érudit distingué et épris de philosophie, qu'il s'intéressa aux écrits de Freud et qu'il se mit à apprendre l'allemand pour lire *L'Interprétation des rêves**.

En 1903, il entra au North Eastern Hospital, dont il sera renvoyé six mois plus tard pour insubordination. Classé « mauvais sujet », il connut ensuite de nombreuses difficultés pour s'intégrer à d'autres services hospitaliers. Intéressé par l'hypnose*, la neurologie et les maladies mentales, il commença à pratiquer spontanément la psychanalyse en 1906. L'année suivante, il se rendit à Amsterdam au premier congrès de neurologie, de psychiatrie et d'assistance aux aliénés, et fit la connaissance de Carl Gustav Jung* qui l'invita à travailler à la clinique du Burghölzli dirigée par Eugen Bleuler*. En 1908, il rencontra Freud pour la première fois au congrès de l'IPA de Salzbourg.

Sa nouvelle orientation et la rudesse avec laquelle il évoquait les problèmes de la sexualité* dans une Angleterre encore très victorienne lui valurent de nouveaux déboires. Dénoncé publiquement par le frère d'une de ses patientes désireuse de divorcer après une cure, Jones fut ensuite accusé d'avoir parlé de façon indécente à deux jeunes enfants auxquels il faisait passer des tests. Une plainte fut déposée contre lui, et il passa une nuit en prison avant d'être lavé de tout soupçon par la justice et la presse.

Il décida néanmoins de quitter la Grande-Bretagne et de s'installer au Canada* avec sa jeune compagne, Loe Kann, qu'il fit aussitôt passer pour sa femme. Ce fut le début d'une longue correspondance avec Freud : six cent soixante et onze lettres en tout. Comme le souligne Ernst Falzeder, il manque à cette correspondance « l'intimité, l'ampleur, le dynamisme et le tragique qui caractérisent d'autres correspondances de Freud [...]. Le style inimitable de Freud en souffre... ». On a en effet l'impression que le ton de Freud est celui d'un « homme d'affaires ». Quoi qu'il en soit, si Freud voit en Jones l'allié indispensable, celui-ci se présente à lui comme le Thomas Henry Huxley (1825-1895) de Charles Darwin, c'est-à-dire comme le premier disciple de la doctrine freudienne sur le sol anglais.

Après avoir passé cinq ans à Toronto et s'être de nouveau trouvé en butte à des accusations « sexuelles », Jones rentre à Londres en juillet 1912 avec à son actif la création de l'American Psychoanalytic Association* (APsaA) et un travail important d'implantation des idées freudiennes au Canada et aux États-Unis. En juin 1913, sur le conseil de Freud, il passe deux mois à Budapest pour faire une analyse didactique* avec Ferenczi. C'est alors que se noue l'un de ces imbroglios transférentiels caractéristiques des premières années de la pratique psychanalytique.

A la demande de Jones, Freud a accepté de prendre Loe Kann en analyse. Souffrant de calculs rénaux qui l'obligent à des opérations répétées, la jeune femme a pris l'habitude de prendre de la morphine. Aussi est-elle devenue toxicomane. Par ailleurs, ses relations avec Jones se sont dégradées, notamment quand celui-ci a commencé à avoir une liaison avec l'une de ses amies, Lina. Au fur et à mesure des séances, Freud s'est pris d'affection pour Loe Kann. Quand Jones entreprend sa cure avec Ferenczi, il ignore d'une part que sa compagne est prête à le quitter pour épouser un Américain du nom de Herbert Jones (que l'on appelle Jones II), et d'autre part que Freud informe Ferenczi de tout ce qui se passe au cours des séances avec Loe.

A partir du mois de juin, Ferenczi décrit à son tour à Freud le déroulement de la cure de Jones : « Jones, écrit-il, est très agréable comme ami et collègue. Dans l'analyse, son excès de bonté fait obstacle ; ses rêves ne sont que moquerie et dérision à mon égard, ce qu'il lui faut admettre, sans qu'il puisse réellement croire à ces particularités caractérielles cachées en lui. Il semble aussi craindre que je vous raconte tout ce que j'apprends dans l'analyse. Aussi je vous demande de ne jamais mentionner notre correspondance devant Mme Jones [...]. Il s'interdit toute dépendance, ce qui est compensé ensuite par un penchant à l'intrigue, aux triomphes secrets et à la perfidie. Je crois que les semaines passées lui seront profitables. Je le trouve déjà un peu moins modeste, c'est-à-dire plus franc avec les autres et avec lui-même. » A quoi Freud répond, le 9 juillet : « Ce que vous écrivez sur Jones me réjouit beaucoup. Je me sens maintenant beaucoup moins coupable de l'issue du procès avec sa femme depuis que je la vois s'épanouir dans la liberté. Je me suis extraordinairement attaché à cette Loe et j'ai développé auprès d'elle un sentiment très chaleureux, complètement inhibé sexuellement, comme rarement auparavant (probablement grâce à l'âge). » Loe deviendra l'amie d'Anna Freud*.

En juin 1914, sans le dire à Jones, Freud assiste à Budapest au mariage de Loe avec Herbert Jones. Un mois plus tard, Anna Freud, agée de 18 ans, fait un voyage à Londres. Ernest Jones l'accueille et l'emmène visiter les meilleurs endroits de la ville sans hésiter à la courtiser. Prévenu par Loe, à laquelle Anna raconte tout, Freud intervient durement pour empêcher sa fille de céder aux avances de son nouveau disciple : « Je sais de source sûre [c'est-à-dire par Loe], écrit-il, que le docteur Jones a sérieusement l'intention de te faire la cour. C'est la première fois que cela t'arrive et je n'ai aucune intention de t'accorder la liberté de choix dont ont joui tes sœurs. » Et il ajoute que Jones ne serait pas pour elle un bon mari.

Quarante-neuf ans plus tard, dans une lettre du 3 juillet 1953, Jones plaidera sa cause auprès d'Anna : « Il [Freud] semble avoir oublié l'existence de la pulsion* sexuelle, car je vous avais trouvée et je vous trouve encore très attirante. C'est vrai, je voulais remplacer Loe, mais je n'avais aucun ressentiment vis-à vis d'elle, son départ était pour moi un soulagement. En tout cas, je vous ai toujours aimée et d'une façon assez honorable. »

En 1916, Jones épouse Morfydd Owen (1891-1918), une jeune artiste, professeur à la Royal Academy of Music. Elle se destine à une carrière de pianiste, de chanteuse et de compositeur, mais mourra brutalement deux ans plus tard d'une crise d'appendicite.

C'est en 1919, à l'âge de 40 ans, que Jones parvient à fonder une famille en épousant Katherine Jolk, une Viennoise d'origine tchèque, que lui a présentée Hanns Sachs* et dont il aura quatre enfants : Gwenith, morte d'une pneumonie à l'âge de 8 ans, Mervyn, Nesta, Lewis. Katherine Jones, Gwenith et Mervyn seront analysés par Melanie Klein* en 1926.

A partir de 1913, la vie de Jones est étroitement mêlée à l'histoire du mouvement psychanalytique anglais et international. Pendant la Première Guerre mondiale, il poursuit ses activités, mais à cause de la publication de divers articles dans le *Jahrbuch für psychoanalytische und psychopathologische Forschungen**, il est accusé par le *Times* de collaboration avec l'ennemi. Néanmoins, après une enquête menée par Scotland Yard, il est officiellement autorisé à se faire envoyer (par la Suisse*) des périodiques de langue allemande. Aussi parvient-il à garder le contact avec les psychanalystes des pays belligérants. En 1919, il fonde la British Psychoanalytical Society (BPS). L'année suivante, il crée l'*International Journal of Psycho-Analysis** (*IJP*) et, en 1922, au congrès de l'IPA de Berlin, il lance le grand débat sur la sexualité féminine* qui divisera longtemps l'école anglaise et l'école viennoise. Enfin, en 1926, il aide Melanie Klein* à s'installer définitivement à Londres. Il donne ainsi une forte assise à la BPS et à la psychanalyse des enfants* en Grande-Bretagne. Ce faisant, il irrite profondément Freud et sa fille.

Confronté à la question de l'analyse profane, et notamment à Abraham Arden Brill* qui barre l'accès de la New York Psychoanalytic Society (NYPS) aux non-médecins, Jones tente une conciliation au congrès de l'IPA d'Oxford en 1929. Brill cède et accepte l'affiliation des non-médecins, mais au congrès de Wiesbaden de 1932, l'affaire rebondit. Une nouvelle réglementation est alors adoptée, qui stipule que les critères de sélection des candidats relèveront désormais des sociétés locales devenues plus autonomes.

En décembre 1935, Jones accepte de présider la séance de la Deutsche Psychoanalytische Gesellschaft (DPG) durant laquelle les membres juifs sont contraints de démissionner. Adepte de la thèse du « sauvetage », il soutient ainsi la politique de Felix Boehm* et de Carl Müller-Braunschweig* qui aboutira à l'intégration des freudiens au Deutsche Institut für Psychologische Forschung, fondé par Matthias Heinrich Göring*.

C'est en 1949, après avoir traversé la tempête des Grandes Controverses, puis participé à la réintégration dans l'IPA des anciens thérapeutes allemands collaborationnistes, que Jones prend sa retraite. Malgré une thrombose coronarienne, il commence à rédiger la première grande biographie (en trois volumes) consacrée à la vie et à l'œuvre de Freud. En plus de tous les ouvrages imprimés, il parvient à retrouver et à lire environ cinq mille lettres manuscrites de la correspondance de Freud, apportant ainsi son aide à Kurt Eissler qui, de son côté, est en train de collecter les archives et de réaliser des entretiens avec les grands disciples de la première heure. Ce gigantesque travail, rédigé en sept ans et appuyé sur une impressionnante quantité de documents, fera de Jones le fondateur de l'historiographie freudienne. Traduit dans le monde entier, l'ouvrage servira de point de départ à tous les travaux ultérieurs de l'historiographie savante. Avant même d'avoir achevé son troisième volume, Jones doit subir en urgence l'exérèse d'une tumeur vésicale. En 1957, alors qu'il vient d'avoir une deuxième attaque coronarienne, il ne laisse rien deviner de son état et se rend au congrès de l'IPA à Paris.

Il s'éteint le 11 février 1958 avec le même courage que le héros du livre dont il vient de raconter la mort. Ses cendres reposent au crématorium de Golders Green à proximité de celles de Freud.

• Ernest Jones, *Théorie et pratique de la psychanalyse* (Londres, 1948), Paris, Payot, 1969 ; *Hamlet et Œdipe* (Londres, 1949), Paris, Gallimard, 1967 ; *Essais de psychanalyse* (Londres, 1950), Paris, Payot, 1966 ; *Essais de psychanalyse appliquée*, I, *Essais divers*, II, *Psychanalyse, folklore et religion* (Londres, 1923-1964), Paris, Payot, 1973 ; *Free Associations. Memoirs of a Psychoanalyst*, New York, Basic Books, 1959 ; *La Vie et l'œuvre de Sigmund Freud*, t. 1 (New York, 1953), Paris, PUF, 1958, t. 2 (New York, 1955), Paris, PUF, 1961, t. 3 (New York, 1957), Paris, PUF, 1969. Vincent Brome, *Les Premiers Disciples de Freud* (Londres, 1967), Paris, PUF, 1978 ; *Ernest Jones. Freud's Alter Ego*, New York,

Norton, 1983. Claude Girard, *Jones*, Paris, Payot, 1972. E. James Lieberman, *La Volonté en acte. La vie et l'œuvre d'Otto Rank* (New York, 1985), Paris, PUF, 1991. Phyllis Grosskurth, *Melanie Klein, son monde, son œuvre* (1986), Paris, PUF, 1990 ; *Freud, l'anneau secret* (Londres, 1991), Paris, PUF, 1995. Élisabeth Young-Bruehl, *Anna Freud* (New York, 1988), Paris, Payot, 1991. Riccardo Steiner, « "C'est une nouvelle forme de diaspora..." La politique de l'émigration des psychanalystes d'après la correspondance d'Ernest Jones avec Anna Freud », *Revue internationale d'histoire de la psychanalyse*, I, 1988, 263-321. Sigmund Freud et Sandor Ferenczi, *Correspondance, 1908-1914*, t. 1, Paris, Calmann-Lévy, 1992. *The Complete Correspondance of Sigmund Freud and Ernest Jones 1908-1939*, Andrew R. Paskauskas (éd.), introduction par Riccardo Steiner, Cambridge, Londres, Harvard University Press, 1993. Ernst Falzeder, « Note de lecture sur la correspondance Freud/Jones », *Psychothérapies*, vol. XIV, 2, 1994, 115-116.

▷ ANDERSSON Ola. *APHANISIS*. AUSTRALIE. AUTO-ANALYSE. BERNFELD Siegfried. BREUER Josef. ELLENBERGER Henri F. INDE. JUDÉITÉ. KEMPER Werner. LIBRARY OF CONGRESS. ŒDIPE (COMPLEXE D'). PAPPENHEIM Bertha. RIVIERE Joan. SCHUR Max. TÉLÉPATHIE.

JOUISSANCE

Allemand : *Genuss*. Anglais : *Enjoyment, jouissance*.

Rarement utilisé par Sigmund Freud*, le terme jouissance devient un concept dans l'œuvre de Jacques Lacan*.

Lié d'abord au plaisir sexuel, le concept de jouissance implique l'idée d'une transgression de la loi : défi, soumission ou dérision. La jouissance participe ainsi de la perversion*, théorisée par Lacan comme l'une des composantes structurelles du fonctionnement psychique, distincte des perversions sexuelles.

Ultérieurement, la jouissance est repensée par Lacan dans le cadre d'une théorie de l'identité sexuelle, exprimée en formules de la sexuation*, lesquelles conduisent à distinguer la jouissance phallique et la jouissance féminine (ou jouissance dite supplémentaire).

Le terme jouissance apparaît au XVe siècle pour désigner l'action d'user d'un bien aux fins d'en retirer les satisfactions qu'il est censé procurer. Dans ce cadre, le terme revêt une dimension juridique, liée à la notion d'usufruit qui définit le droit de jouissance sur un bien appartenant à un autre. En 1503, il s'enrichit d'une dimension hédoniste, en devenant synonyme de plaisir, de joie, de bien-être et de volupté.

La langue allemande distingue entre *Genuss*, terme qui recouvre les deux acceptions françaises du mot jouissance, et *Lust*, qui exprime les idées de plaisir, de désir et d'envie. Cette distinction était impossible à établir en langue anglaise où n'existait que le mot *enjoyment* jusqu'à l'apparition, en 1988, du terme *jouissance* dans le *Shorter Oxford English Dictionary*.

Freud utilise une seule fois le terme jouissance dans ses *Trois Essais sur la théorie sexuelle** : à propos des « invertis » (homosexuels) qui, du fait de leur aversion pour l'objet de sexe opposé, ne peuvent retirer « aucune jouissance » d'une relation avec lui. On le retrouve au chapitre VI de son essai *Le Mot d'esprit et sa relation à l'inconscient**.

Freud y examine la situation où, le mot d'esprit étant répété, il risque de ne plus faire rire puisque le ressort de la surprise est supprimé. Il y a cependant lieu de penser, dit-il, que dans un tel cas, « on récupère une part de la possibilité de jouissance manquée par suite de l'absence de nouveauté, en la tirant de l'impression produite par le mot d'esprit sur le nouvel auditeur ». Dans ce cadre, la jouissance n'est pas seulement synonyme de plaisir, elle est sous-tendue par une identification* et articulée à l'idée de répétition* telle qu'elle sera mise en œuvre plus tard dans *Au-delà du principe de plaisir**, à l'occasion de l'élaboration du concept de pulsion* de mort.

Bien qu'il n'en soit pas fait explicitement mention dans cette élaboration, on peut relier l'idée de jouissance au processus de l'étayage*, qui conduit à l'émergence de la pulsion* sexuelle. En reprenant, à la suite de Jean Laplanche, l'exemple de la satisfaction du besoin nutritif par la succion du sein maternel, il est possible de repérer, précisément au moment où l'enfant, son besoin organique étant satisfait, ne se livre plus tant à la succion qu'au suçotement, la naissance de cette activité répétitive de l'ordre de la jouissance qui signe l'entrée dans la phase de l'auto-érotisme*.

Cette même phase du développement psychique, repensée par Lacan à la fin des années 1950, conduit aux prémisses de son concept de jouissance. Élaborant la distinction entre besoin, demande et désir*, Lacan fait observer que c'est l'autre*, la mère ou son substitut, qui confère un sens au besoin organique exprimé sans intentionnalité par le nourrisson. De ce fait, l'enfant se trouve inscrit, à son insu, dans une relation de communication où cet autre (petit autre), de par la réponse qu'il apporte au besoin, institue l'existence présupposée d'une demande. En d'autres termes, dès cet instant, l'enfant est référé au discours de cet autre dont la position exemplaire contribue à la constitution de l'Autre (grand autre). La satisfaction obtenue par la réponse au besoin induit la répétition du processus, sous-tendu par l'investissement pulsionnel : le besoin devient alors demande proprement dite, sans que pour autant la jouissance initiale, celle du passage de la succion au suçotement, puisse être retrouvée. L'Autre originaire demeure inatteignable, barré par la demande qui est devenue illusoirement première. Cet Autre, objet de cette demande impossible, devient, dans le séminaire de l'année 1959-1960, *L'Éthique de la psychanalyse*, la chose (*das Ding*), objet impossible, « hors signifié ».

Lacan fait alors une distinction essentielle entre plaisir et jouissance, la jouissance résidant dans la tentative permanente d'outrepasser les limites du principe de plaisir*. Ce mouvement, lié à la recherche de la chose perdue, manquante à l'endroit de l'Autre, est cause de souffrance ; mais celle-ci n'éradique jamais complètement la quête de la jouissance.

Nourrie par sa fréquentation et sa lecture de Georges Bataille (1897-1962), cette réflexion conduit Lacan à opérer, en 1962, un rapprochement longtemps demeuré incompris, bien qu'il se trouve au fondement de sa théorie de la perversion. En développant l'idée, dans son article intitulé « Kant avec Sade », d'une équivalence entre le *bien* kantien et le *mal* sadien, Lacan entend montrer que la jouissance se soutient de l'obéissance du sujet à une injonction, quels qu'en soient la forme et le contenu, qui le conduit, en abandonnant ce qu'il en est de son désir, à se détruire dans la soumission à l'Autre (grand autre).

A partir du séminaire de l'année 1969-1970 (*L'Envers de la psychanalyse)* jusqu'à celui de l'année 1972-1973 (*Encore*), en passant par *D'un discours qui ne serait pas du semblant* (1970-1971) et ... *Ou pire* (1971-1972), Lacan élabore sa théorie du processus de la sexuation, qu'il exprime au moyen d'un ensemble de formules logiques.

En un premier temps, il fait valoir l'impasse de l'idée de complémentarité résultant de la thèse freudienne de la *libido** unique, thèse phallocentriste que l'on peut résumer par deux axiomes : « Tous les hommes ont le phallus*» et « Aucune femme n'a le phallus ». Une telle position, explique Lacan, conduit à de l'*un*, c'est-à-dire à la négation de la différence et, par là, à celle de la fonction de la castration*.

En reprenant le mythe freudien du père originaire, le père de la horde primitive de *Totem et Tabou**, Lacan fait valoir que si l'ensemble constitué par les fils soumis à la castration (l'interdit jeté sur la possession des femmes du chef de la horde) a un sens, c'est parce que, logiquement, il y en a « au moins un » qui ne l'est pas. Lacan fabrique à cette occasion un mot-valise, comme ceux que produit le phénomène de condensation*, et il appelle « l'au moins un » un « hommoinzin » (homme moins un). Cet « hommoinzin » qui fonde la possibilité d'existence de l'ensemble des autres, ce père originaire, père symbolique selon la conceptualité lacanienne, non soumis à la castration, est ainsi le support du fantasme* d'une jouissance absolue, aussi inatteignable que l'est ce père originaire. Il n'est donc de jouissance pour l'homme qu'une jouissance phallique, c'est-à-dire limitée, soumise à la menace de la castration, jouissance phallique qui constitue l'identité sexuelle de l'homme.

Il n'y a pas pour les femmes d'équivalent du père originaire, pas d'« hommoinzin » échappant à la castration : la jouissance de l'Autre, jouissance espérée, attendue et hors de portée de ce père originaire, pour être également impossible pour la femme, n'est cependant pas frappée de l'interdit de la castration. La jouissance féminine est donc autre et surtout sans limites. Elle est alors une « jouissance supplémentaire » (un supplément), énoncée comme telle dans le flamboyant séminaire *Encore*, dont les contours semblent bien avoir été esquissés quelques années plus tôt par Wladimir Granoff et François Perrier*, en 1960, dans un rapport délivré devant le congrès d'Amsterdam sur la sexualité féminine*. C'est l'existence de cette jouissance supplémentaire, inconnaissable pour et par l'homme, mais indicible par les femmes, qui fonde l'aphorisme lacanien souvent galvaudé selon lequel « il n'y a pas de rapport sexuel », développé dans le cadre du séminaire... *Ou pire*.

En théorisant ainsi une jouissance féminine détachée de toute référence biologique ou anatomique, Lacan ne se contente pas de répondre aux interpellations dont il a été l'objet de la part des mouvements féministes de l'époque. Il se tourne du côté des mystiques en prenant l'exemple de la *Sainte Thérèse* du Bernin à Rome, dont il constate, : « ça ne fait pas de doute » (qu'elle jouit). « Et de quoi jouit-elle ? Il est clair que le témoignage essentiel des mystiques, c'est justement de dire qu'ils l'éprouvent mais qu'ils n'en savent rien. »

En référence à la théorie lacanienne, le concept de jouissance est alors utilisé dans une perspective différentialiste, principalement par des auteurs, femmes en général et psychanalystes, cherchant à élaborer les cadres théoriques d'une identité féminine. Cette démarche, qui a connu un succès important en France* au début des années

1970 (avec les travaux de Luce Irigaray, Julia Kristeva, Michèle Montrelay), prendra la forme, aux États-Unis* plus particulièrement, d'un courant radical inspiré par le culturalisme* et engagé dans des recherches centrées sur la notion de *gender**.

● Sigmund Freud, *Trois Essais sur la théorie sexuelle* (1905), *GW*, V, 29-145, *SE*, VII, 123-243, Paris, Gallimard, 1987 ; *Le Mot d'esprit et sa relation à l'inconscient* (1905), *GW*, VI, 1-285, *SE*, VIII, Paris, Gallimard, 1988 ; *Totem et Tabou* (1913), *GW*, IX, *SE*, XIII, 1-161, Paris, Gallimard, 1993 ; *Au-delà du principe de plaisir* (1920), OC, XV, 273-338, *GW*, XIII, 3-69, *SE*, XVIII, 1-64. Jacques Lacan, « Propos directifs pour un congrès sur la sexualité féminine » (1958), in *Écrits*, Paris, Seuil, 1966, 725-736 ; *Le Séminaire*, livre VII, *L'Éthique de la psychanalyse* (1959-1960), Paris, Seuil, 1986 ; « Subversion du sujet et dialectique du désir dans l'inconscient freudien » (1960), in *Écrits*, Paris, Seuil, 1966, 793-827 ; « Kant avec Sade » (1962), in *Écrits*, Paris, Seuil, 1966, 765-790 ; *Le Séminaire*, livre XVII, *L'Envers de la psychanalyse* (1969-1970), Paris, Seuil, 1991 ; *Le Séminaire*, livre XVIII, *D'un discours qui ne serait pas du semblant* (1970-1971), inédit ; *Le Séminaire*, livre XIX, *... Ou pire* (1971-1972), inédit ; *Le Séminaire*, livre XX, *Encore* (1972-1973), Paris, Seuil, 1975 ; « L'étourdit », *Scilicet*, 4, 1973, 5-53. Georges Bataille, *Madame Edwarda* (1937, 1941), in *Œuvres complètes*, III, Paris, Gallimard, 1971, 9-31. Michel de Certeau, *La Fable mystique*, Paris, Gallimard, 1982. Françoise Dolto, *Sexualité féminine. La libido génitale et son destin féminin* (1982), Paris, Gallimard, 1996. Joël Dor, *Introduction à la lecture de Lacan*, vol. 2, Paris, Denoël, 1992. Dylan Evans, *An Introductory Dictionary of Lacanian Psychoanalysis*, Londres, New York, Routledge, 1996. Wladimir Granoff et François Perrier, *Le Désir et le Féminin* (1964), Paris, Aubier, 1991. Patrick Guyomard, *La Jouissance du tragique. Antigone, Lacan et le désir de l'analyste*, Paris, Aubier, 1992. Luce Irigaray, *Spéculum de l'autre femme*, Paris, Minuit, 1974. Julia Kristeva, *La Révolution du langage poétique*, Paris, Seuil, 1974. Jean Laplanche, *Vie et mort en psychanalyse*, Paris, Flammarion, 1970. Gérard Miller, *Les Pousse-au-jouir du maréchal Pétain*, Paris, Seuil, 1975. Jean-Claude Milner, *L'Amour de la langue*, Paris, Seuil, 1978. Michèle Montrelay, *L'Ombre et le Nom*, Paris, Minuit, 1977. Élisabeth Roudinesco, *Jacques Lacan. Esquisse d'une vie, histoire d'un système de pensée*, Paris, Fayard, 1993. Philippe Sollers, *Femmes*, Paris, Gallimard, 1982. Mayette Viltard, « Jouissance », *in* Pierre Kaufmann (éd.), *L'Apport freudien. Éléments pour une encyclopédie de la psychanalyse*, Paris, Bordas, 1993, 193-195. Elizabeth Whrigt (éd.), *Feminism and Psychoanalysis. A Critical Dictionary*, Oxford, Basil Blackwell, 1992.

▷ BISEXUALITÉ. CULTURALISME. DIFFÉRENCE DES SEXES. ÉTATS-UNIS. FRANCE. HOMOSEXUALITÉ. LANZER Ernst. SEXUALITÉ FÉMININE. SEXUATION (FORMULES DE LA).

JUDÉITÉ

Allemand : *Judesein*. Anglais : *Jewishness*.

On appelle judaïsme la religion monothéiste des Juifs ainsi que la doctrine et les institutions juives.

On distingue dans le judaïsme plusieurs grands mouvements : l'émancipation, qui commence au XVIIe siècle avec la reconnaissance des droits civils ; la *Haskalah*, ou mouvement juif des Lumières, qui s'affirme à la fin du XVIIIe siècle et s'accompagne d'une progressive assimilation ; le judaïsme orthodoxe, né en 1795, qui est hostile à la *Haskala* et à l'émancipation ; le hassidisme, mouvement juif piétiste de renouveau de la foi, né en Europe orientale à la même époque ; le judaïsme réformé inspiré par le protestantisme (d'abord en Allemagne*, puis aux États-Unis*), incite à la pratique libérale de la religion. A quoi s'ajoutent tous les mouvements nés depuis la fin du XIXe siècle : le judaïsme humaniste et laïc, qui se définit par l'abandon de la religion et une tendance à l'athéisme ; le sionisme, qui désigne (depuis 1890) une idéologie et un mouvement politique visant à la renaissance et l'indépendance du peuple juif sur la terre d'Israël ; le judaïsme conservateur, forme américaine du judaïsme orthodoxe, né en 1886, qui insiste sur le renouveau éthique ; enfin le judaïsme reconstructionniste (américain lui aussi), né en 1922, qui considère le judaïsme comme une culture religieuse fondée sur un nationalisme spirituel.

On appelle judéité le fait et la manière de se sentir ou d'être juif indépendamment du judaïsme. Le sentiment de la judéité ou de l'identité juive est une manière de continuer à se penser juif dans le monde moderne à partir de la fin du XIXe siècle, tout en étant incroyant, agnostique, humaniste, laïc ou athée. Cette revendication de judéité rejette la notion d'appartenance énoncée par la jurisprudence rabbinique (*Halakha*, née de la Torah) qui désigne comme Juif toute personne née d'une mère juive ou toute personne convertie au judaïsme dans les conditions requises par la loi religieuse.

Comme le souligne Jacques Le Rider, les intellectuels juifs viennois se sont trouvés dans une situation particulière de crise à la fin du XIXe siècle quand ils furent confrontés au choc de l'antisémitisme qui substituait à l'ancienne judéophobie religieuse une forme dite « scientifique » de hiérarchie des « races ». Issus des communautés disséminées dans les empires centraux, émancipés depuis longtemps du judaïsme traditionnel et identifiés à la culture et à la langue allemandes, ils furent brutalement rappelés à leur identité par leurs ennemis, Houston Stewart Chamberlain (1855-1927), Georg von Schoenerer (1842-1921) et Karl Lueger (1844-1910) notamment, qui voulaient les exclure du corps social, et par les différents mouvements de renouveau juif qui se développèrent en réaction à l'antisémitisme : celui de Theodor Herzl (1860-1904) en particulier. Ils durent alors réinventer la définition du mot Juif et le sens de leur judéité. A cette nécessité répondit une pluralité d'attitudes : conversion, reniement, haine de soi juive, sionisme, rejet de l'assimilation et des Lumières, retour au judaïsme, culte du communautarisme et du différentialisme, ou encore poursuite de l'idéal universaliste.

Contrairement à de nombreux intellectuels juifs viennois comme Karl Kraus* ou Otto Weininger*, Sigmund Freud* a en horreur la haine de soi juive (*Jüdischer Selbsthass)* et la fuite dans la conversion. Incroyant et hostile aux pratiques religieuses, il rejette les traditions, les rites et les fêtes, et combat au sein de sa propre famille les attitudes religieuses de sa femme (Martha Freud*). Il ne reniera pourtant jamais sa judéité, et chaque fois qu'il sera confronté à l'antisémitisme il la revendiquera. En témoigne si nécessaire le souvenir d'enfance impliquant son père (Jacob Freud*) qu'il raconte dans *L'Interprétation des rêves**.

S'il adopte une attitude de savant universaliste et de Juif spinoziste (caractéristique de ce qu'on appelle l'*Aufklärung* sombre) comme le montre Yirmiyahu Yovel, Freud n'est pas épargné par les oscillations et les ambivalences propres à la crise de l'identité juive de la fin du siècle. Celle-ci se reflète dans le vocabulaire qu'il emploie.

Il n'hésite pas en effet à parler de « race juive », d'« appartenance raciale » ou de différences entre les Juifs et les « Aryens ». En outre, il désigne souvent les non-Juifs comme des « Aryens ». Rien ne l'obligeait à reprendre ainsi à son compte la terminologie de son époque et il aurait tout aussi bien pu prendre ses distances à l'égard d'un tel vocabulaire. Néanmoins, l'utilisation de ces expressions ne débouche jamais chez lui sur un différentialisme théorique comme chez Carl Gustav Jung*. Dans une lettre à Sandor Ferenczi* du 8 juillet 1913, il prend d'ailleurs nettement position contre toute psychologie des peuples ou des mentalités : « Certes, il existe de grandes différences entre l'esprit juif et l'esprit aryen. Nous les observons tous les jours. D'où assurément, par-ci, par-là, de petits écarts dans la façon de concevoir la vie et l'art. Mais l'existence d'une science aryenne et d'une science juive est inconcevable. Les résultats scientifiques doivent être identiques quelle que puisse être la façon de les présenter. Si ces différences se reflètent dans l'appréhension des paramètres scientifiques objectifs, c'est qu'il y a quelque chose qui ne va pas. »

Conscient du fait que ses premiers disciples viennois sont tous juifs, Freud redoute que sa nouvelle science ne soit assimilée à une « affaire juive », c'est-à-dire à un particularisme soumis aux lois du *genius loci.* Rien ne lui fait plus horreur que d'entendre ses adversaires réduire la psychanalyse* à un produit de l'« esprit juif » ou de la « mentalité viennoise ».

Mais au lieu d'affirmer clairement cette position, il va osciller entre deux attitudes qui sont en contradiction avec sa conception de la scientificité de la psychanalyse. Jusqu'en 1913, il place Jung à la tête de l'International Psychoanalytical Association* (IPA) et revendique la « déjudaïsation » du mouvement au nom de la science : « Nos camarades aryens nous sont bel et bien indispensables, écrit-il à Karl Abraham* le 26 décembre 1908, sans quoi la psychanalyse serait la proie de l'antisémitisme. »

Après la rupture avec Jung, il fait volte-face et affirme que la judéité du mouvement ne saurait faire obstacle à l'invention d'une science universelle. A Enrico Morselli (1852-1929) il écrit : « Je ne sais pas si vous avez raison de voir dans la psychanalyse un produit direct de l'esprit juif, mais si tel était le cas, je ne m'en sentirais nullement honteux. Quoi qu'étranger depuis bien longtemps à la religion de mes ancêtres, je n'ai jamais perdu le sentiment d'appartenance et de solidarité avec mon peuple et je songe avec satisfaction que vous vous définissez vous-même comme un élève de l'un de mes compagnons de race, le grand Lombroso. »

Seul non-Juif de la première génération* freudienne après le départ de Jung, Ernest Jones*, qui est gallois et appartient comme il le dit à une « race opprimée », se sent proche des Juifs viennois de la première génération freudienne que Carl Gustav Jung traite volontiers de « Bohémiens ». Mais n'étant pas juif, il doit affronter pendant la période du Comité le fanatisme « anti-aryen » qui se manifeste contre Jung : « Ils étaient tous extrêmement sensibles à l'antisémitisme, Freud compris, racontera-t-il à Vincent Brome. Il [Freud] me regardait parfois d'un air railleur : mais que faites-vous parmi nous, vous un non-Juif dont la langue maternelle n'est pas l'allemand ? En tant que Juif, Freud n'avait pas échappé à la persécution, bien au contraire, et il était porté à inverser le mouvement. A une ou deux reprises, on a douté de moi, on m'a même soupçonné ; ainsi je me suis trouvé en conflit avec les autres et, au moins une fois, j'ai pensé que le fait que je n'étais pas juif y était pour quelque chose. »

Jones est accusé d'antisémitisme par ses adversaires à cause d'une conférence, « La psychologie de la question juive », prononcée lors d'un colloque consacré aux Juifs et aux « Gentils » en 1945. A cette occasion, il déclare en effet que les Juifs sont aussi responsables que les antisémites de l'antisémitisme en raison de leur arrogance et de leur conception du peuple élu. Et il ajoute qu'ils ont une particularité : « Le nez hittite qui évoque tellement une difformité et que les Juifs ont malheureusement acquis dans leurs errances ; par malchance, il est associé à un gène dominant. » De fait, Jones s'est rangé en cette occasion sur les positions classiques de la psychologie des peuples, qui conduit presque toujours à ce genre de dérapage (comme cela a été le cas, beaucoup plus gravement, pour Jung).

Quand le nazisme* fera de la psychanalyse une « science juive », Freud revendiquera sa judéité. Rappelons pour mémoire que presque tous les psychanalystes juifs qui ne parviendront pas à émigrer périront dans des camps d'extermination nazis.

C'est en 1938, dans *L'Homme Moïse et la religion monothéiste**, que Freud avance sa troisième thèse sur la question juive en affirmant l'existence d'une possible transmission héréditaire du sentiment de judéité. L'ouvrage donnera lieu à de multiples interprétations.

La question de la judéité traverse toute l'histoire de la psychanalyse, comme celle du culturalisme* et de l'universalisme. Elle est à l'origine de bien des clivages au sein des sociétés psychanalytiques.

● Sigmund Freud, *L'Homme Moïse et la religion monothéiste* (1939), *GW,* XVI, 101-246, *SE,* XXIII, 1-137, Paris, Gallimard, 1986 ; et Karl Abraham, *Correspondance, 1907-1926* (Francfort, 1965), Paris, Gallimard, 1969 ; et Sandor Ferenczi, *Correspondance,* I, *1908-1914,* Paris, Calmann-Lévy, 1992. Ernest Jones, « Psychologie de la question juive » (1945), in *Essais de psychanalyse appliquée,* I, *Essais divers* (Londres, 1923-1964), Paris, Payot, 1973, 230-244 ; David Bakkan, *Freud et la tradition mystique juive* (New Jersey, 1958), Paris, Payot, 1977. Carl Schorske, *Vienne, fin de siècle* (New York, 1961), Paris, Seuil, 1983. Vincent Brome, *Les Premiers Disciples de Freud* (Londres, 1967), Paris, PUF, 1978. William M. Johnston, *L'Esprit viennois. Une histoire intellectuelle et sociale, 1848-1938* (New York, 1972), Paris, PUF, 1985. Allan Janik et Stephen Toulmin, *Wittgenstein, Vienne et la modernité* (New York, 1973), Paris, PUF, 1978. Marthe Robert, *D'Œdipe à Moïse,* Paris, Calmann-Lévy, 1974. Marianne Krüll, *Sigmund Freud, fils de Jacob* (Munich, 1979), Paris, Gallimard, 1983. *Sabina Spielrein entre Freud et Jung,* dossier découvert par Aldo Carotenuto et Carlo Trombetta (Rome, 1980), édition française de Michel Guibal et Jacques Nobécourt, Paris, Aubier-Montaigne, 1981. René Major, *De l'élection. Freud face aux idéologies allemande, américaine et soviétique,* Paris, Aubier, 1986. Peter Gay, *Un Juif sans Dieu* (1987), Paris, PUF, 1989. *Dictionnaire encyclopédique du judaïsme* (Jérusalem, 1989), Paris, Cerf-Robert Laffont, coll. « Bouquins », 1993. Yirmiyahu Yovel, *Spinoza et autres hérétiques* (1989), Paris, Seuil, coll. « Libre examen », 1991. Jacques Le Rider, *Modernité viennoise et crises de l'identité* (1990), Paris, PUF, 1994. Yosef Hayim Yerushalmi, *Le Moïse de Freud. Judaïsme terminable et interminable* (Yale, 1991), Paris, Gallimard, 1993. Michel Plon, « Freud et les psychanalyses français », *in* Michel Drouin (éd.), *L'Affaire Dreyfus de A à Z,* Paris, Flammarion, 1994. Sélim Abou, « L'universel et la relativité des cultures », in *L'Idée d'humanité. Colloque des intellectuels juifs,* Paris, Albin Michel, 1995.

▷ ANTHROPOLOGIE. ÉGLISE. ETHNOPSYCHANALYSE. *GENDER*. GÖRING Matthias Heinrich. HISTOIRE DE LA PSYCHANALYSE. HOMOSEXUALITÉ. ITALIE. JANET Pierre. MAUCO Georges. PANSEXUALISME. SOCIÉTÉ PSYCHOLOGIQUE DU MERCREDI. SPIELREIN Sabina.

JULIUSBURGER Otto (1867-1952)
psychiatre et psychanalyste américain

Avec Ivan Bloch (1872-1922), Heinrich Körber et Magnus Hirschfeld*, Otto Juliusburger fut l'un des fondateurs de l'Association psychanalytique de Berlin, créée en 1908 par Karl Abraham*. Il la quittera puis émigrera aux États-Unis* en 1941 pour s'installer à New York.

▷ ALLEMAGNE.

JUNG Carl Gustav (1875-1961)
psychiatre suisse, fondateur de la psychologie analytique

Fondateur d'une école de psychothérapie*, ami et disciple de Sigmund Freud* de 1907 à 1913, introducteur avec Eugen Bleuler* de la psychanalyse* en Suisse* alémanique, spécialiste des psychoses* et fasciné par l'orientalisme, Carl Gustav Jung eut une œuvre aussi abondante que celle de Freud, dont la traduction française est bien loin d'être achevée. Des dizaines d'ouvrages, d'articles et de commentaires ont été écrits sur Jung, et le jungisme s'est implanté dans plusieurs pays : Grande-Bretagne*, États-Unis*, Italie*, Brésil*.

Né le 26 juillet 1875, à Kesswill, dans le canton de Thurgovie, Carl Gustav Jung était le descendant d'une longue lignée de pasteurs. Son grand-père paternel, Carl Gustav Jung (1799-1864) dit l'Aîné, médecin originaire de Mannheim, avait trouvé refuge en Suisse en 1819 et était devenu recteur de l'université de Bâle. Une légende tenace faisait de lui le fils naturel de Johann Wolfgang Goethe (1749-1832). On racontait dans la famille que Sophie Ziegler-Jung avait eu une liaison avec l'écrivain et que l'enfant illégitime issu de cette aventure avait ensuite été reconnu par son mari, Franz Ignaz Jung, le père de Carl Gustav l'Aîné. Quant à Samuel Preiswerk (1799-1871), grand-père maternel de Carl Gustav Junior, il était également pasteur et adepte du spiritisme*. C'est avec sa cousine, Hélène Preiswerk*, et sa mère, Émilie Preiswerk-Jung (1848-1923), que le jeune Carl Gustav prit l'habitude lui aussi de s'adonner au spiritisme.

En 1895, Jung poursuit à Bâle des études de médecine. En 1900, il devient l'assistant de Bleuler à la clinique du Burghölzli et, deux ans plus tard, soutient sa thèse sur le cas d'une jeune médium dont on découvrira par la suite qu'il s'agissait d'Hélène Preiswerk. En 1903, il se rend à Paris pour suivre l'enseignement de Pierre Janet* et, à son retour, il épouse Emma Rauschenbach, la fille d'un riche industriel de Schaffhouse dont il aura cinq enfants : Agathe, Anna, Franz, Marianne, Emma.

Emma Rauschenbach-Jung (1882-1955) deviendra la disciple de son mari après avoir été analysée par lui. En 1905, Jung est nommé *Privatdozent,* au moment où, au contact de Bleuler, il expérimente le test d'association verbale* qui va le conduire à la psychanalyse.

C'est en avril 1906 qu'il envoie à Freud ses *Diagnostisch Assoziationsstudien* (Études diagnostiques d'association), inaugurant ainsi une longue correspondance : trois cent cinquante-neuf lettres en tout. Pour Freud, cette rencontre est d'une importance cruciale puisqu'elle ouvre à la psychanalyse le « nouveau continent » des psychoses*. Bientôt s'amorce un grand débat entre Freud, Jung et Bleuler sur le statut de la schizophrénie* (que l'on nomme encore *dementia praecox*) ainsi que sur la question de l'auto-érotisme*, puis de l'autisme*.

Quand il rencontre Freud, Jung a déjà une conception de l'inconscient* et du psychisme : il l'a héritée de Théodore Flournoy*, de Janet et de tous les artisans de la subconscience. Non seulement il ne partage pas les hypothèses viennoises, mais il est en désaccord avec la conception freudienne de la sexualité* infantile, du complexe d'Œdipe* et de la *libido*.* Ce qui le rapproche de Freud, c'est d'un côté la fascination pour une œuvre dans laquelle il croit trouver la confirmation de ses hypothèses sur les idées fixes subconscientes, les associations verbales et les complexes*, et, de l'autre, l'attirance pour un être exceptionnel avec lequel il peut enfin se mesurer. Jung est un homme d'une puissante intelligence, habité par un monde intérieur fait de rêves*, d'introspection, de quête de soi et de goût pour les choses occultes. Il est doué d'une grande force physique, apprécie les contacts humains, les exercices corporels et la fréquentation des femmes : il se dit volontiers polygame. Intéressé depuis toujours par les spirites, les fous, les marginaux, les excentriques, il aime les personnages hors du commun. Il adore aussi raconter des histoires, propager des rumeurs, confondre raison et déraison, faire tourner les tables, construire des mythes, bâtir des interprétations*. Et s'il prend parti pour Freud, c'est avant tout parce qu'il regarde ses adversaires comme des médecins rétrogrades, incapables de concevoir une nouvelle théorie psychique.

Pendant sept ans, il va donc s'enthousiasmer pour l'aspect spirituel de l'aventure psychanalytique. Mais au contact du mouvement, il élabore une doctrine tout à fait étrangère au système de pensée freudien, quand bien même elle s'en nourrit. Et il est évident que cette rencontre aura permis à Jung de clarifier ses divergences avec le freudisme*.

Quant à Freud, l'attachement et l'amour qu'il porte à Jung témoignent d'une volonté farouche de sortir la psychanalyse du ghetto de la judéité* viennoise. Si Sandor Ferenczi* est pour lui le meilleur des fils et celui qu'il aimera le plus (avec Otto Rank*), Carl Gustav Jung est promis à un autre destin. Étranger à la tribu viennoise, mais de culture allemande (et donc beaucoup plus proche de lui qu'Ernest Jones*), il est véritablement regardé comme un fils enfin capable de régner sur la cause analytique, voire de la mener vers d'autres conquêtes. Sans aucun doute, Freud soupçonne Jung d'être antisémite. Mais, pour les besoins de la cause, il veut absolument réconcilier les Juifs et les antisémites, comme il l'écrit dans une lettre à Karl Abraham* le 23 juillet 1908 : « Je présume que l'antisémitisme contenu des Suisses se reporte un peu sur vous [...]. Nous devons en tant que Juifs [...] faire preuve d'un peu de masochisme, être disposés à nous laisser faire un peu de tort. »

Entre 1907 et 1909, devenu le prince héritier de la cause, Jung fonde la Société Sigmund Freud de Zurich et le *Jahrbuch für psychoanalytische und psychopathologische Forschungen**, anime le débat sur la démence précoce à travers le cas «Otto Gross*», affronte les péripéties de sa passion pour Sabina Spielrein*, accompagne enfin Freud lorsqu'il entreprend une tournée de conférences aux États-Unis*. Il y retournera d'ailleurs en 1912 et obtiendra un vif succès. En 1909, il quitte le Burghölzli pour se consacrer à sa clientèle privée et se retire dans une belle maison spacieuse construite d'après ses plans et située à Küsnacht sur le lac de Zurich. Il y restera toute sa vie.

En 1910, à Nuremberg, il est élu premier président de l'Internationale Psychoanalytische Vereinigung (IPV), la future International Psychoanalytical Association* (IPA). Aux Viennois jaloux Freud déclare : « Vous êtes juifs pour la plupart, et par là inaptes à gagner des amis à la doctrine nouvelle. Les Juifs doivent se contenter du modeste rôle qui consiste à préparer le terrain. Il est absolument essentiel que je forme des liens avec des milieux scientifiques moins restreints. Je ne suis plus jeune et las d'être toujours sur la brèche. Nous sommes tous en danger. Les Suisses nous sauveront, ils me sauveront, moi, et vous autres tout aussi bien. » Fritz Wittels* rapportera ces mots dans sa biographie de Freud.

En 1912, la fracture entre les deux hommes devient évidente alors que Jung prépare la publication de *Métamorphoses de l'âme et ses symboles* (qui connaîtra de multiples rééditions). Le désaccord est complet sur la théorie de la *libido*. Mais c'est un événement mineur qui met le feu aux poudres. Freud rend visite à Ludwig Binswanger*, opéré d'une tumeur maligne, et il omet de passer par Küsnacht, pourtant situé à cinquante kilomètres de Kreuzlingen. Jung interprète ce geste comme une offense. Après plusieurs escarmouches, au cours desquelles Jung essaie notamment de convaincre Freud de la nécessité de désexualiser sa doctrine (ne serait-ce, dit-il, que pour mieux la faire entendre), la rupture est consommée en 1913. Freud en prend l'initiative après être tombé en syncope à Munich, lors du dîner du congrès de l'IPA.

A partir de 1914, Jung démissionne progressivement de toutes ses fonctions. Dans les sociétés psychanalytiques déjà formées, les jungiens se séparent des freudiens pour organiser leur propre mouvement. Mais celui-ci n'aura jamais l'ampleur de celui de Freud.

Après une longue période de crise intérieure et de dépression, qui coïncide avec la durée de la Première Guerre mondiale, Jung entreprend l'élaboration de son œuvre. Il nomme psychologie analytique le courant de pensée sur lequel repose sa méthode de psychothérapie. Par ce nom, il entend signifier que la psyché n'a aucun substrat biologique. Quant à la clinique qui en découle, elle a pour objectif de ramener le sujet à la réalité et de le libérer de ses « secrets pathogènes », selon l'expression de Moriz Benedikt*. La méthode jungienne prend ainsi le relais des anciennes « cures d'âme » des pasteurs protestants.

En 1919, Jung forge la notion d'archétype, issue de celle *d'imago**, pour définir une forme préexistente inconsciente qui détermine le psychisme et provoque une représentation symbolique apparaissant dans les rêves, l'art ou la religion. Les trois principaux archétypes sont l'*animus* (image du masculin), l'*anima* (image du féminin) et le *selbst* (soi), véritable centre de la personnalité. Les archétypes constituent l'inconscient collectif, base de la psyché, structure immuable, sorte de patrimoine symbolique propre à toute l'humanité. Cette représentation de la psyché est complétée par des « types psychologiques », c'est-à-dire des caractères individuels articulés autour de l'alternance introversion*/extraversion, et par un processus d'individuation conduisant l'être humain vers l'unité de sa personnalité à travers une série de métamorphoses (les stades* freudiens). L'enfant émerge ainsi de l'inconscient collectif pour aller vers l'individuation en passant par l'assomption de l'*anima* et de l'*animus*.

Avec la notion d'archétype, Jung s'écarte radicalement de l'universalisme freudien, même s'il prétend retrouver l'universel dans les grandes mythologies religieuses. En réalité, c'est bien plutôt de l'idée de *pattern* proche de celle des culturalistes qu'il faut rapprocher l'archétype. Et Jung l'approfondit d'ailleurs en s'intéressant de plus en plus à l'étude ethnologique des civilisations dites « archaïques ». A l'occasion de plusieurs voyages, qui le mèneront sur le terrain des tribus indiennes ou africaines (Mexique, Kenya), il adopte les thèses de la psychologie des peuples et affirme qu'il existe des différences radicales entre les « races », les cultures et les mentalités.

C'est à cette époque qu'est créé à Ascona, près du lac Majeur, un groupe d'échanges entre les philosophies orientales et occidentales. Il prend le nom d'Eranos et réunit chaque année autour de Jung des savants, des psychologues, des historiens des religions et des sciences, parmi lesquels Lancelot White, Henry Corbin (1903-1978), Mircea Eliade (1907-1986).

En 1933, alors qu'il est devenu un chef d'école, Jung accepte de remplacer Ernst Kretschmer* à la tête de l'Allegemeine Ärztliche Gesellschaft für Psychotherapie (AÄGP ou Société allemande de psychothérapie). Regroupant des membres de plusieurs pays, mais basée en Allemagne et donc placée sous contrôle nazi, l'AÄGP devient avec Jung une association réellement internationale. Les psychothérapeutes juifs peuvent y adhérer à titre individuel, quand bien même ils sont exclus de la filiale allemande. Jung prétend ainsi les protéger.

Pourtant, en janvier 1934, dans un texte intitulé « La situation présente de la psychothérapie » (« Zur gegenwärtigen Lage der Psychotherapie ») et publié dans la *Zentralblatt für Psychotherapie* (*ZFP),* il prend des positions nettement antisémites. Cette revue de l'AÄGP vient de passer sous le contrôle de Matthias Heinrich Göring*.

Après avoir distingué l'inconscient « aryen » de l'inconscient « juif », Jung souligne que le premier possède un « potentiel supérieur au second », puis ajoute que le Juif « a quelque chose du nomade et qu'il est incapable de créer une culture qui lui soit propre : tous ses instincts et ses dons exigent pour se développer un peuple-hôte plus ou moins civilisé ». Jung reproche à la psychologie médicale d'avoir appliqué aux Allemands des catégories juives. Enfin, évoquant le souvenir de Freud, il note que celui-ci le soupçonnait d'être antisémite : « Ce soupçon émanait de Freud. Or Freud ne comprenait rien à la psyché allemande, pas plus d'ailleurs que ses épigones germaniques. Le grandiose phénomène du national-socialisme que le monde entier contemple les yeux étonnés, les a-t-il éclairés ? »

Attaqué en février 1934 par le psychiatre suisse Gustav Bally (1893-1966), qui s'étonne que Jung puisse présider une association ayant pour fonction d'éliminer les

Juifs et les opposants au national-socialisme, celui-ci tente de se justifier en mars de la même année, dans un article intitulé « Zeitgenössisches » où il évoque les différences entre les « races » et les « psychologies » : « Faudrait-il vraiment penser qu'une tribu qui traverse l'histoire depuis des milliers d'années en tant que peuple élu de Dieu n'ait pas été amenée à une telle idée par une disposition psychologique particulière ? Enfin, s'il n'existe pas de différence, à quoi tient donc qu'on reconnaît les Juifs ? Des différences psychologiques, il y en a entre toutes les nations et toutes les races, et même entre les Zurichois, les Bâlois et les Bernois [...]. C'est pourquoi je combats toute psychologie uniformisante lorsqu'elle prétend à l'universalité comme celle de Freud et d'Adler par exemple. »

Le parcours de Jung restera entaché par cet épisode. En fondant ses hypothèses doctrinales sur une typologie psychologique, il ne peut éviter que son discours soit teinté de racisme et de judéophobie. Et si son antisémitisme ne prendra jamais la forme d'un engagement militant, ses affirmations inégalitaristes le conduiront à se faire l'instrument de la politique de nazification de la psychothérapie allemande.

La communauté internationale jungienne sera divisée sur la question de la responsabilité de Jung, et c'est à Andrew Samuels, psychothérapeute jungien, membre de la Société londonienne de psychologie analytique, que revient le mérite en 1992 d'avoir rédigé l'un des commentaires les plus remarquables sur cet épisode douloureux de l'histoire. Tout en se réclamant lui-même du culturalisme*, il montre que c'est la tentative d'instaurer une psychologie des nations qui conduisit Jung à adhérer à l'idéologie nazie et il appelle les « post-jungiens » à reconnaître la vérité.

En France*, dans le numéro spécial des *Cahiers jungiens de psychanalyse* consacré à cet épisode, l'article de la *Zentralblatt* de janvier 1934 (« Zur gegenwärtigen Lage der Psychotherapie ») a été supprimé de la liste dite « complète » des déclarations de Jung entre 1933 et 1936, ce qui permet aux divers commentateurs de laver Jung de tout soupçon d'antisémitisme.

Carl Gustav Jung mourut dans sa maison de Küsnacht le 6 juin 1961. Ses cendres furent déposées dans le caveau familial qu'il avait lui-même décoré. A cette époque, ses adversaires continuaient à le traiter de collaborationniste tandis que ses amis et ses proches affirmaient que jamais il n'avait participé à la moindre prise de position en faveur du nazisme ou de l'antisémitisme.

• Carl Gustav Jung, *Gesammelte Werke*, 20 vol. (dont un index et un volume de bibliographie), Zurich, Rascher Verlag, et Olten, Walter Verlag, 1960-1991 ; *The Collected Works*, 21 vol. (dont un index, un volume de bibliographie et un supplément), Londres, Routledge et Paul Kegan, 1957-1983 ; *L'Énergétique psychique* (1902-1934, *GW*, I, VIII), Paris, Buchet-Chastel, 1956 ; *Métamorphoses de l'âme et ses symboles* (Leipzig-Vienne, 1912-1952, *GW*, IV, V, Paris 1931, sous le titre *Métamorphoses et symboles de la libido*), Paris, Buchet-Chastel, 1953 ; *Types psychologiques* (1921, *GW*, VI) Paris, Buchet-Chastel, 1967 ; *Dialectique du moi et de l'inconscient* (1928, *GW*, VII), Paris, Gallimard, 1964 ; *Commentaire sur le mystère de la fleur d'or* (1929, *GW*, XIII), Paris, Albin Michel, 1978 ; *La Guérison psychologique* (1929-1934, *GW*, IV, X, XVI), Paris, Buchet-Chastel, 1953 ; *Problèmes de l'âme moderne* (1929-1948, *GW*, VIII, X, XV, XVII), Paris, Buchet-Chastel, 1961 ; *L'Homme à la découverte de son âme* (1931-1948, *GW*, VIII, XVI), Paris, Albin Michel, 1987 ; *Psychologie et Alchimie* (1935-1936, *GW*, XII), Paris,

Buchet-Chastel, 1970 ; *Les Racines de la conscience* (1934-1954, *GW,* IX, XIII), Paris, Buchet-Chastel, 1970 ; *Aspects du drame contemporain* (1936, *GW,* X), Genève, Georg, 1948 ; « Documents inédits en français » (1933-1937, *GW,* X, sous le titre : *Zivilisation im Übergang), Cahiers jungiens de psychanalyse (CJP),* 82, printemps 1995, 5-35 ; « Zur gegenwärtigen Lage der Psychotherapie », *Zentralblatt für Psychotherapie,* 7, 1934, 1-16 (non traduit dans *CJP) ; Psychologie et Religion* (1938-1940, *GW,* XI), Paris, Buchet-Chastel, 1985 ; *Psychologie de l'inconscient* (1943, *GW,* VII) Paris, Buchet-Chastel, 1952 ; *Psychologie du transfert* (1946, *GW,* XVI), Paris, Albin Michel, 1980 ; *Essays on Contemporary Events. Reflections on Nazi Germany* (1946), Princeton, Princeton University Press, 1989, précédé d'une préface d'Andrew Samuels ; *Aion* (1950-1951, *GW,* VIII, IX), Paris, Albin Michel, 1983 ; *Réponse à Job* (1952), Paris, Buchet-Chastel, 1990 ; *Ma vie* (Zurich, 1962), Paris, Gallimard, 1966 ; *Conflits de l'âme enfantine. La rumeur. L'influence du père,* Paris, Aubier-Montaigne, 1935 ; *Le Moi et l'Inconscient,* Paris, Gallimard, 1938 ; *Phénomènes occultes,* Paris, Aubier-Montaigne, 1939 ; *Le Mythe moderne,* Paris, Gallimard, 1961 ; *Mysterium conjunctonis,* I et II (*GW,* XIV), Paris, Albin Michel, 1980-1982 ; et Sigmund Freud, *Correspondance,* vol. I, *1906-1909,* vol. II, *1910-1914,* Paris, Gallimard, 1975 ; *Correspondance, 1906-1961,* 5 vol., Paris, Albin Michel, 1992-1997 ; *Carl Gustav Jung parle. Rencontres et entretiens,* Paris, Buchet-Chastel, 1985. Fritz Wittels, *Freud, l'homme, la doctrine, l'école* (Vienne, Leipzig, Zurich, 1924), Paris, Alcan, 1929. Gustav Bally, « Deutschstammige Psychotherapie », *Neue Zücher Zeitung,* 343, 27 février 1934. Richard Evans, *Entretiens avec Carl Gustav Jung,* Payot, 1964. Henri F. Ellenberger, *Histoire de la découverte de l'inconscient* (New York, Londres, 1970, Villeurbanne, 1974), Paris, Fayard, 1994 ; *Médecines de l'âme. Essais d'histoire de la folie et des guérisons psychiques,* Paris, Fayard, 1995. André Virel (éd.), *Vocabulaire des psychothérapies,* Paris, Fayard, 1977. Vincent Brome, *Carl Gustav Jung. L'homme et le mythe* (Londres, 1978), Paris, 1986. Peter Homans, *Jung in Context,* Chicago, The University of Chicago Press, 1979 ; *A Critical Dictionary of Jungian Analysis,* Andrew Samuels, Bani Shorter et Fred Plaut (éd.), Londres, New York, Routledge et Paul Kegan, 1986. Linda Donn, *Freud et Jung. De l'amitié à la rupture* (New York, 1988), Paris, PUF, 1995. Sonu Shamdasani, « A woman called Frank », *A Journal of Archetype and Culture,* 50, printemps 1990, 26-56. Andrew Samuels, *Jung and the Post-Jugians,* Londres, Routledge et Paul Kegan, 1985 ; « Psychologie nationale, national-socialisme et psychologie analytique : réflexions sur Jung et l'antisémitisme », *Revue internationale d'histoire de la psychanalyse,* 5, Paris, 1992, 183-221. Yosef Hayim Yerushalmi, *Le Moïse de Freud. Judaïsme terminable et interminable* (New Haven, 1991), Paris, Gallimard, 1993. *Cahiers jungiens de psychanalyse,* « Jung et l'histoire, les années 30 », 82, printemps 1995.

▷ GROSS Otto. SPIELREIN Sabina. *SUR LA PSYCHANALYSE. CINQ CONFÉRENCES.*

K

KARDINER Abram (1891-1981)
anthropologue et psychanalyste américain

Contrairement à Margaret Mead*, à Bronislaw Malinowski*, à Geza Roheim* ou à Georges Devereux*, Abram Kardiner ne fut pas un ethnologue de terrain mais un praticien de l'anthropologie* qui s'appuya sur les travaux ethnographiques de ses amis et de ses contemporains, Ruth Benedict (1887-1948), Cora Dubois et Ralph Linton (1893-1953), pour proposer une analyse globale des modalités d'adaptation de l'homme à la société. C'est avec eux, et dans une perspective culturaliste*, qu'il développa durant l'entre-deux-guerres le courant Culture et Personnalité qui fut l'une des voies d'implantation de la psychanalyse* aux États-Unis* à côté du néofreudisme*. A l'idée freudienne d'une structuration psychique propre à chaque sujet* il opposa celle d'une structuration psychologique caractéristique des membres d'une même culture, et il l'appela personnalité de base.

Né à New York, Kardiner s'orienta d'abord vers la psychiatrie avant de suivre une première cure avec Horace Frink*, lui-même analysé par Sigmund Freud* et dont le destin sera tragique. Insatisfait de cette expérience, Kardiner se rendit alors à Vienne* où, pendant presque deux ans, 1921 et 1922, il fit sa formation avec Freud. De cette expérience majeure il tira à la fin de sa vie un ouvrage éblouissant, *Mon analyse avec Freud*, qui est le plus beau témoignage jamais écrit sur l'ordinaire de la pratique du maître. On y découvre un Freud inédit, parlant de son désir*, de son pessimisme, du suicide*, de la folie*, de son complexe paternel, de son contre-transfert* et de son intérêt pour la valeur thérapeutique de la psychanalyse*.

A cette époque, les étrangers affluaient à Vienne pour se faire analyser par le père fondateur. En conséquence, Freud ne recevait plus de « cas » comme autrefois et tous ses patients étaient des élèves en formation : Suisses, Anglais, Américains. Il partageait alors son temps entre ses écrits et ses analyses didactiques, parmi lesquelles celle de sa fille Anna Freud*. Un jour Kardiner lui demanda quel jugement il portait sur sa pratique et sur lui-même : « Je suis content que vous me posiez la question, répondit Freud, parce que, à dire les choses franchement, les problèmes thérapeutiques ne m'intéressent pas beaucoup. Je suis à présent beaucoup trop impatient. Je souffre d'un certain nombre de handicaps qui m'empêchent d'être un grand analyste. En outre, je suis beaucoup trop un père. Deuxièmement, je m'occupe beaucoup trop de théorie [...]. Troisièmement, je n'ai pas la patience de garder les gens longtemps. Je me fatigue d'eux et je préfère étendre mon influence. »

De retour à New York, Kardiner organisa un séminaire sur la psychologie des sociétés dites « primitives » dans le cadre de l'Institut psychanalytique rattaché à la New York Psychoanalytical Society (NYPS) et enseigna aux universités Cornell et Columbia. C'est dans ce contexte qu'il aborda l'anthropologie : il dépouilla alors de nombreux travaux de terrain et réunit autour de lui de brillants ethnologues qui vinrent exposer leurs recherches : Benedict, Linton, Edward Sapir (1884-1939), etc.

Cette problématique marque son premier ouvrage, qu'il consacre en 1939 à l'individu et à la société. Il y développe la notion de personnalité de base, qui sera utilisée avec celle de *pattern* par tous les représentants de l'anthropologie américaine d'orientation culturaliste, et notamment par Margaret Mead. Il s'agit pour lui de mettre en évidence le rôle des institutions dites « primaires » (système éducatif) puis « secondaires » (systèmes de croyances) dans la formation des règles de conduite que chaque société se donne pour fondamentales et qui agissent sur l'individu.

En 1937, Cora Dubois utilisa le test de Hermann Rorschach* dans une étude menée auprès des habitants des îles d'Alor (Indonésie). Aidé d'Emil Oberholzer*, Kardiner effectua un travail d'interprétation de ce matériau pour prouver la validité de ses thèses. Par la suite, il étudia aussi la personnalité de base du Noir américain et de l'Américain moyen.

Avec Sandor Rado*, dont pourtant il ne partageait pas les orientations, il créa en 1942 l'Association de médecine psychanalytique, provoquant une deuxième scission* au sein de la NYPS. Cinq ans plus tard, les deux hommes mirent sur pied un institut psychanalytique de formation intégré à la faculté de médecine de Columbia. Celui-ci fut reconnu par l'American Psychoanalytical Association* (APsaA). Mais, en 1955, Kardiner se sépara de Rado et ouvrit une clinique psychanalytique. Entre 1961 et 1968 il enseigna à l'université Emory à Atlanta, puis mourut en 1981 à New York.

● Abram Kardiner, *L'Individu dans la société. Essai d'anthropologie psychanalytique* (New York, 1939), Paris, Gallimard, 1969 ; et Ralph Linton *(et al.)*, *The*

Psychological Frontiers of Society, New York, Columbia University Press, 1945 ; *Introduction à l'ethnologie* (Cleveland, 1961), Paris, Gallimard, 1966 ; *Mon analyse avec Freud* (New York, 1977), Paris, Belfond, 1976. Olivier de Sardan, « Abram Kardiner », *Encyclopaedia universalis*, vol. 9, 1968, 626-627.

▷ CULTURALISME. HORNEY Karen. *TOTEM ET TABOU.*

« KATHARINA » (CAS)

▷ *ÉTUDES SUR L'HYSTÉRIE.* ÖHM Aurelia.

KEMPER Werner (1899-1976)
psychanalyste allemand

Sans la politique de « sauvetage » de la psychanalyse* soutenue par Ernest Jones* en Allemagne* après la prise du pouvoir par les nazis, Werner Kemper serait resté un fonctionnaire obscur. Mais du fait de l'orientation prise par l'International Psychoanalytical Association* (IPA) en 1933, il fit partie, avec Felix Boehm*, Carl Müller-Braunschweig* et Harald Schultz-Hencke*, de ces psychothérapeutes allemands qui décidèrent de faire carrière sous le nazisme* quand la profession fut interdite à tous les Juifs du pays. Ernest Jones entérina cet état de fait puis refusa en 1945 toute épuration, plus préoccupé par la question de savoir qui dans le passé avait été un bon freudien ou un mauvais freudien, qui était adlérien et donc « déviant », qui avait effectué un bon cursus, etc. Soucieux d'étendre le freudisme au-delà de l'Europe*, il décida même d'envoyer Werner Kemper faire une nouvelle carrière au Brésil*.

Membre en 1933 de la Deutsche Psychoanalytische Gesellschaft (DPG), Kemper avait été analysé par Müller-Braunschweig et contrôlé par Boehm, Otto Fenichel* et Ernst Simmel*. Étonnante filiation, rapprochant deux futurs adhérents du nazisme et deux représentants de la « gauche freudienne » ! Après la démission forcée des psychanalystes juifs, il devint maître de conférences à l'Institut psychanalytique de Berlin puis au Deutsche Institut für Psychologische Forschung (Institut allemand de recherche psychologique et de psychothérapie, ou Göring-Institut) fondé par Matthias Heinrich Göring*. A partir de 1942, il prit la direction de la polyclinique de l'Institut et resta à ce poste jusqu'à la fin de la guerre. Il n'expliqua jamais quel avait été son rôle dans l'arrestation par la Gestapo du militant communiste John Rittmeister*, qui avait été son analysant.

Selon le témoignage donné par Müller-Braunschweig à John Rickman* en 1946, Kemper aurait été l'analyste de la femme de Matthias Göring. Par ailleurs, il aurait été membre du parti communiste allemand alors même qu'il affichait son adhésion au nazisme. Toujours est-il qu'il réussit à persuader Rickman, venu l'interroger en 1946 sur son passé, de son rôle positif à l'égard de la psychanalyse entre 1933 et 1945 : il aurait, dit-il, réussi à préserver l'intégrité du freudisme* sous le nazisme, grâce à l'influence qu'il aurait eue sur la femme de Göring à travers la cure de celle-ci. Contrairement à Müller-Braunschweig et à Boehm, Kemper fut le seul thérapeute que Rickman jugea apte à former des didacticiens dans le cadre de la reconstruction de la psychanalyse en Allemagne. Il fit de lui un portrait élogieux sans jamais s'interroger sur ses ambiguïtés, ses silences et sa capacité à manier les énigmes.

A plusieurs reprises pourtant, Kemper se déclara favorable aux thèses national-socialistes, aussi bien à l'occasion de prises de position natalistes de type eugéniste que sur des problèmes de santé publique. En tant que directeur de l'institut, il participa à l'élaboration des directives de la Wehrmacht à propos des névroses de guerre*. Il fut donc le fonctionnaire zélé de cette politique de sélection inaugurée par le IIIe Reich, qui consistait à envoyer à la mort, dans des bataillons disciplinaires, les sujets présentant des « anomalies psychiques ». Parmi celles-ci, on rangeait l'angoisse, l'asthénie et l'hypocondrie.

Après la capitulation de l'Allemagne, Kemper se transforma en militant marxiste et prit part avec Schultz-Hencke à une réunion de psychiatres dans la partie est de Berlin occupée par les troupes soviétiques. Il contribua ainsi à la reconstruction dans la République démocratique allemande (DDR) d'une école de psychothérapie* de type pavlovien visant à liquider le freudisme. Après avoir collaboré avec le nazisme à la destruction de la psychanalyse pour cause de judéité*, il contribua donc avec autant de zèle à la politique de rejet stalinien des thèses freudiennes qui allait s'étendre à tous les pays dominés par le socialisme d'inspiration soviétique au lendemain du partage de Yalta.

En décembre 1948, Kemper s'installa à Rio de Janeiro en compagnie de sa femme Anna Kattrin (1906-1978) et de leurs trois enfants : Jochen, Mathias, Christian. Comme presque tous les anciens collaborateurs des nazis, il dissimula soigneusement son passé à ses proches et notamment à ses fils, soulignant volontiers qu'il avait été « contraint » de travailler à l'Institut Göring sous peine de sanctions. Sa femme passa elle aussi sous silence les activités anciennes de son époux, qui put ainsi commencer une nouvelle vie freudienne sur un autre continent.

A la même époque, un psychanalyste d'une autre origine, Mark Burke*, vint aussi s'installer à Rio de Janeiro avec l'appui de Jones. Juif polonais devenu anglais, il avait combattu le nazisme* dans les rangs de l'armée britannique et ignorait le passé de son collègue. Tous deux commencèrent à former des élèves afin de créer à Rio une deuxième grande société psychanalytique brésilienne après celle qui avait été fondée par Durval Marcondes* à São Paulo. Bientôt des conflits éclatèrent entre les deux hommes. Après avoir dénoncé le comportement « pathologique » de Burke, Kemper fut accusé d'« exercice illégal de la médecine ». Quant à sa femme, qui pratiquait la psychanalyse, elle ne fut pas acceptée comme didacticienne : on lui reprochait de n'avoir jamais été analysée. Elle dira pourtant avoir fait sa formation avec Harald Schultz-Hencke. Ce qu'elle fit pendant la période nazie est resté encore plus énigmatique que ce que fit son époux.

Lassé des conflits, Burke retourna en Angleterre en 1953, l'année même où Kemper fondait la Sociedade Psicanalitica do Rio de Janeiro (SPRJ), qui sera reconnue par l'IPA deux ans plus tard. En 1959, les élèves de Burke formèrent à leur tour une deuxième société, rivale de la première, qui prit le nom de Sociedade Brasileira de Psicanálise de Rio de Janeiro (SBPRJ).

Marquée par le non-dit et l'occultation du passé de son principal fondateur, la

SBPRJ allait connaître des tourments identiques à ceux qui troublèrent le mouvement psychanalytique allemand après 1945, quand il fut reconstruit sans la moindre épuration. De même qu'en Allemagne plusieurs chercheurs révélèrent progressivement, à partir des années 1980, les activités de ceux qui avaient collaboré avec Göring, de même l'expérience de la dictature militaire au Brésil fut l'occasion de reconsidérer l'itinéraire de Werner Kemper.

Séparé de sa femme au début des années 1960, Kemper retourna vivre en Allemagne en 1967 sans jamais avoir pris la nationalité brésilienne. Il y rédigea une autobiographie apologétique dans laquelle il tentait d'expliquer que pendant la période nazie il avait protégé des Juifs et aidé Wilhelm Reich* et John Rittmeister. Pendant ce temps, Anna Kattrin Kemper, tout en restant muette sur le passé, devint une militante de la gauche brésilienne, féministe et hostile à la dictature. En 1971, elle créa avec l'écrivain et psychanalyste Helio Pellegrino une clinique sociale ouverte aux travailleurs et aux défavorisés : la Clinica Social de Psicanálise Anna Kattrin Kemper.

En 1973, le passé de Kemper commença à faire surface à l'occasion d'une affaire qui allait déchirer la SPRJ pendant vingt ans. En octobre de cette année-là, le journal clandestin *Voz operária* révéla qu'un médecin militaire du nom d'Amilcar Lobo Moreira, psychanalyste en formation chez Leão Cabernite, était un tortionnaire au service de la dictature (qui avait été instaurée en 1964). Or, Cabernite, psychanalyste juif, didacticien et président à cette époque de la SPBRJ, avait été analysé par Werner Kemper. Dix ans plus tard, avec la publication des travaux des historiens allemands sur l'Institut Göring, les activités de Kemper commencèrent à être connues en Europe. Mais il fallut plusieurs années encore pour qu'un lien fût établi au Brésil entre les anciennes activités de Kemper sous le nazisme et le fait qu'il avait fini par former un disciple devenu complice d'un tortionnaire au cours d'une cure à visée didactique. Ce fait sera souligné par le psychanalyste français René Major.

A l'âge de 40 ans, Jochen Kemper, le fils de Werner, devint lui-même psychanalyste. Il adhéra au Circulo Psicanalitico do Rio de Janeiro (CPRJ) fondé en 1969 par un groupe lié à sa mère et affilié ensuite à l'Internationale Föderation der Arbeitskreise für Tiefenpsychologie*. Courageusement, il tentera de défendre la mémoire de son père, tout en refusant de prendre connaissance des documents publiés par les historiens allemands sur l'Institut Göring. C'est Helena Besserman Vianna, psychanalyste de gauche, liée à Anna Kattrin Kemper et membre de la SPRJ, qui révélera en 1994 toute cette affaire de famille dans un livre qui établit que la direction de l'IPA avait, en 1973, sous la présidence du psychanalyste français Serge Lebovici, refusé d'admettre la complicité de Cabernite avec les tortionnaires.

● Werner Kemper, *Psychotherapie in Selbstdarstellungen*, Berne, Stuttgart, Vienne, Hans Huber Verlag, 1973. *Les Années brunes. La psychanalyse sous le IIIe Reich*, textes traduits et présentés par Jean-Luc Evard, Paris, Confrontation, 1984. Chaim S. Katz (éd.), *Nazismo e Psicanálise*, Rio de Janeiro, Editora Taurus, 1985. Geoffrey Cocks, *La Psychothérapie sous le IIIe Reich* (Oxford, 1985), Paris, Les Belles Lettres, 1987. René Major, *De l'élection*, Paris, Aubier, 1986. *Ici la vie continue de manière surprenante*, recueil de textes traduits par Alain de Mijolla, Paris, Association internationale d'histoire de la psychanalyse (AIHP), 1987. Ludger M. Hermanns, « Conditions et limites de la productivité scientifique des psychanalystes en Allemagne de 1933 à 1935 », *Revue internationale d'histoire de la psychanalyse*, 1, 1988, 71-95. Karen Brecht, « La psychanalyse sous l'Allemagne nazie : adaptation à l'institution, relations entre psychanalystes juifs et non juifs », *ibid.*, 95-109. « Compte rendu du séjour du docteur John Rickman à Berlin pour interroger les psychanalystes, 14 et 15 octobre 1946 », *ibid.*, 157-163. Helena Besserman Vianna, *N'en parlez à personne... Politique de la psychanalyse face à la dictature et à la torture* (Rio de Janeiro, 1994) Paris, L'Harmattan, 1997.

KEMPNER Salomea (1880-194?)
médecin et psychanalyste allemande

Née à Plock en Pologne dans une famille juive, Salomea Kempner étudia la médecine en Suisse* et devint membre en 1919 de la Société suisse de psychanalyse (SSP). Elle participa en 1923 aux travaux de la Wiener Psychoanalytische Vereinigung (WPV), et présenta à cette occasion une communication sur l'érotisme oral. Elle adhéra ensuite à la Société psychanalytique de Berlin. Au moment de la nazification de la Deutsche Psychoanalytische Gesellschaft (DPG), elle fut interdite d'enseignement comme « Juive étrangère », puis exclue en 1935 en même temps que tous les autres psychanalystes juifs qui émigrèrent soit en Grande-Bretagne*, soit aux États-Unis*. Elle demeura à Berlin jusque vers 1940, puis disparut dans le ghetto de Varsovie.

● Elke Mühlleitner, *Biographisches Lexikon der Psychoanalyse. Die Mitglieder der psychologischen Mittwoch-Gesellschaft und der Wiener psychoanalytischen Vereinigung von 1902-1938*, Tübingen, Diskord, 1992.

▷ ALLEMAGNE. JUDÉITÉ. NAZISME.

KHAN Mohammed Masud Raza (1924-1989)
psychanalyste anglais

Ami de Donald Woods Winnicott* et membre comme lui de de la British Psychoanalytic Society (BPS), Masud Khan naquit à Jhelum dans une Inde* encore coloniale. Son père était un riche propriétaire terrien, éleveur de chevaux, et sa mère une jeune courtisane et danseuse âgée de 19 ans au moment de sa naissance. Leur mariage avait fait scandale.

Le jeune homme fit ses études de lettres à l'université du Pendjab, à Faisalabad et Lahore, puis soutint sa thèse sur un roman de James Joyce (1882-1941), *Ulysse*. La mort de sa sœur, suivie de près par celle de son père, poussa Masud Khan à suivre une psychothérapie avec un médecin qui l'incita à s'informer sur les activités de la BPS. C'est ainsi qu'il arriva à Londres en 1946 et fut bientôt accepté en formation psychanalytique, avant même d'avoir pu commencer ses études à l'université d'Oxford.

Après les Grandes Controverses*, il eut pour maîtres les membres les plus prestigieux de la BPS : Anna Freud* et Melanie Klein* comme contrôleurs, Ella Sharpe* et John Rickman* comme analystes. Ces deux derniers moururent avant l'achèvement de la cure, et Masud Khan fit alors une autre analyse sur le divan de Donald Winnicott*. Il reçut le titre de didacticien en 1959.

Sa carrière au sein de l'International Psychoanalytical Association* (IPA) est impressionnante. Éditeur de l'*International Psychoanalytic Library*, puis de l'*International Journal of Psycho-Analysis**, et enfin coéditeur de la *Nouvelle Revue de psychanalyse*, il fut aussi un didacticien recherché qui forma certains des analystes les plus connus du groupe des Indépendants*. Ses écrits sont remarquables, notamment *Le Soi caché* et *Figures de la perversion*. Surtout, Masud Khan sut *raconter* les cas, n'hésitant pas à mettre en scène les patients et l'analyste lui-même. Dans ses travaux, on trouve un exposé original des grandes questions de la clinique : la régression*, le transfert*, les états-limites*. Par sa réflexion sur les relations entre le patient et l'analyste, Masud Khan s'inscrit dans la lignée de Sandor Ferenczi*.

Au cours des années 1970, sa pratique commença à être contestée au sein de la BPS. Masud Khan avait l'allure d'un prince et revendiquait ses goûts d'aristocrate. Non conformiste et volontiers extravagant, il n'hésitait pas à faire étalage de sa fortune et de ses aventures sexuelles, dont certaines avec ses patientes. Des plaintes furent portées contre lui et, en 1975, après bien des hésitations, la commission d'enseignement de la BPS lui retira son titre de didacticien alors qu'il était atteint d'un cancer du poumon. Pendant quinze ans, il lutta courageusement contre la maladie, continuant à écrire, à faire son travail d'analyste et protestant à l'occasion contre la sclérose de la BPS (à l'intérieur de laquelle il se sentit toujours un étranger).

En 1988, dans son dernier ouvrage, *When Spring Comes*, consacré à sept études de cas, il se mettait lui-même en scène en train d'insulter un analysant suicidaire, juif et homosexuel. Il justifiait cette attitude par une manière spécifique d'utiliser le contre-transfert* dans la technique de la cure. Le livre fit scandale, et de nombreux membres de la BPS affirmèrent que Masud Khan était devenu fou alors même que sa pratique, proche du *management* winnicottien, n'avait pas changé. On l'accusa aussi d'être bisexuel. D'où de violentes critiques, parfois fondées sur des rumeurs, qui aboutirent à son exclusion.

Ce n'est que trois ans après sa mort qu'il fut réhabilité par un article nécrologique d'Adam Limentani (1913-1994), alors président de l'IPA, dans lequel étaient passés sous silence les enjeux du débat. L'auteur soulignait simplement que Masud Khan avait eu des « relations sociales » avec ses patients. Dans le même état d'esprit, et sans aborder directement les véritables problèmes liés à la nature transgressive d'une telle pratique, son ami Jean-Bertrand Pontalis lui rendit un vibrant hommage en lui consacrant un numéro spécial de la *Nouvelle Revue de psychanalyse*.

● Masud Khan, *Le Soi caché* (Londres, 1974), Paris, Gallimard, 1979 ; *Figures de la perversion* (Londres, 1979), Paris, Gallimard, 1981 ; *Passion, solitude et folie* (Londres, 1983), Paris, Gallimard, 1985 ; *When Spring Comes*, Londres, Chatto and Windus, 1988. Adam Limentani, « Obituary : Masud R. Khan (1924-1989) », *International Journal of Psycho-Analysis*, 73, 1992, 155-159. *Nouvelle Revue de psychanalyse*, « In Memoriam », Paris, Gallimard, 40, 1989. Judy Cooper, *Speak of Me as I Am. The Life and Work of Masud Khan*, Londres, Karnac, 1993. Julia Borossa, *Narratives of the Clinical Encounter and the Transmission of Psychoanalytic Knowledge*, thèse, Cambridge, Newnham College, 1995.

KINGSLEY HALL

▷ ANTIPSYCHIATRIE. COOPER David. LAING Ronald.

KLAJN Hugo (1894-1981)

médecin et psychanalyste yougoslave

Analysé par Paul Schilder*, Hugo Klajn pratiqua la psychanalyse à Belgrade et fut le traducteur des œuvres de Sigmund Freud* en serbo-croate. Passionné de littérature, d'art et de culture, il fut aussi directeur de théâtre.

- Jacquy Chemouni, *Histoire du mouvement psychanalytique,* Paris, PUF, coll. « Que sais-je ? », Paris, 1990.

▷ BETLHEIM Stjepan. HISTOIRE DE LA PSYCHANALYSE. SUGAR Nikola.

KLEIN Melanie, née Reizes (1882-1960)

psychanalyste anglaise

Melanie Klein fut le principal maître à penser de la deuxième génération* psychanalytique mondiale. Elle donna naissance à l'un des grands courants du freudisme* (le kleinisme*) et, grâce à Ernest Jones* qui la fit venir en Grande-Bretagne*, elle contribua à l'essor considérable de l'école anglaise de psychanalyse*. Elle transforma de fond en comble la doctrine freudienne classique et inventa non seulement la psychanalyse d'enfants* mais une nouvelle technique de la cure et de l'analyse didactique* qui firent d'elle un chef d'école. Son œuvre, composée essentiellement d'articles (une cinquantaine) et d'un livre (*La Psychanalyse des enfants*), a été traduite en une quinzaine de langues et réunie en quatre volumes. A quoi s'ajoutent une *Autobiographie* inédite et une importante correspondance. La traduction française réalisée en partie par Marguerite Derrida est d'une exceptionnelle qualité. De nombreux ouvrages ont été consacrés à Melanie Klein, parmi lesquels ceux d'Hannah Segal, sa principale commentatrice, et celui de Phyllis Grosskurth, sa biographe. Un dictionnaire des concepts kleiniens a été réalisé par R.D. Hinshelwood en 1991.

Née à Vienne* le 30 mars 1882, d'un père juif polonais, originaire de Lemberg en Galicie, qui devint médecin généraliste au prix d'une rupture avec des parents traditionalistes, et d'une mère juive slovaque dont la famille, érudite et cultivée, était dominée par une lignée de femmes, Melanie Klein était le quatrième enfant, peu désiré, de ce couple qui ne s'entendait guère. Devenue mère à son tour, elle subira encore, dans sa vie privée, les intrusions de sa mère, Libussa, personnalité tyrannique, possessive et destructrice.

La jeunesse de Melanie Klein est marquée par une série de deuils, très probablement responsables de la culpabilité dont on retrouve la trace dans son œuvre théorique.

Elle a 4 ans lorsque sa sœur Sidonie meurt de la tuberculose à l'âge de 8 ans ; elle en a 18 lorsque son père, diminué depuis déjà de longues années, disparaît, la laissant face à sa mère ; elle a 20 ans enfin lorsque son frère Emmanuel, qui avait une très forte influence sur elle et auquel elle était liée par une relation aux accents incestueux, meurt, épuisé par la maladie, les drogues et le désespoir. Phyllis Grosskurth observe que Melanie se maria peu après ce décès dont elle se sentit coupable, ce qui, ajoute-t-elle, « avait probablement été le but recherché par Emmanuel ».

Les difficultés économiques qui font suite à la mort du père semblent être la cause de son renoncement aux études de médecine qu'elle avait décidé d'entreprendre afin d'être psychiatre. Ces mêmes difficultés expliquent aussi son mariage précipité, en 1903, avec Arthur Klein, ingénieur au caractère ombrageux qu'elle avait connu deux ans auparavant et dont elle divorcera en 1922. En 1910, sur l'insistance de Melanie, chroniquement dépressive, le couple, dont la mésentente est entretenue par les incessantes interventions de Libussa, se fixe à Budapest. L'année 1914 voit la mort de sa mère et la naissance de son troisième enfant, Erich Klein (futur Eric Chyne), qu'elle analysera, comme Hans et Melitta, le frère et la sœur aînés. Mais cette année 1914 est aussi celle de sa première lecture d'un texte de Sigmund Freud*, *Sur le rêve**, et de son entrée en analyse avec Sandor Ferenczi*.

Très vite, Melanie Klein participe aux activités de la Société psychanalytique de Budapest, dont elle devient membre en 1919. Auparavant, les 28 et 29 septembre 1918, sous la présidence de Karl Abraham*, le Ve congrès de l'International Psychoanalytical Association* (IPA) s'est tenu dans cette ville que Freud considère comme le centre du mouvement psychanalytique. C'est la première fois que Melanie Klein voit Freud : elle l'écoute lire à la tribune sa communication « Les voies nouvelles de la thérapeutique psychanalytique » et, fortement impressionnée, prend conscience de son désir de se consacrer à la psychanalyse. En juillet 1919, poussée par Ferenczi, elle présente, devant la Société psychanalytique de Budapest, sa première étude de cas consacrée à l'analyse d'un enfant de 5 ans, lequel est en réalité son propre fils Erich. Une version remaniée de cette intervention, dans laquelle elle masquera l'identité du jeune patient en l'appelant Fritz, constituera son premier écrit, publié dans l'*Internationale Zeitschrift für Psychoanalyse**. Un an plus tard, une troisième version de ce travail paraîtra dans *Imago** : « L'enfant dont il s'agit, Fritz, écrit-elle, est un garçon dont les parents, qui sont de ma famille, habitent dans mon voisinage immédiat. Cela m'a permis de me trouver souvent et sans aucune contrainte auprès de l'enfant. De plus, comme la mère suit toutes mes recommandations, je peux exercer une grande influence sur l'éducation de son fils. »

La terreur blanche et la vague d'antisémitisme qui s'abattent sur Budapest après l'échec de la dictature communiste de Bela Kun (1886-1937) contraignent les Klein à quitter la capitale puis à s'exiler. En 1920, Melanie Klein participe à La Haye au congrès international de l'IPA. Elle y rencontre Hermine von Hug-Hellmuth* et surtout, grâce à la recommandation de Ferenczi, Karl Abraham. Celui-ci vient de fonder, avec l'aide de Max Eitingon*, la fameuse polyclinique du Berliner Psychoanalytisches Institut* (BPI) où sont accueillis de nombreux patients traumatisés par la guerre. Attirée par la personnalité d'Abraham et par la vitalité du groupe d'analystes qui l'entoure, Melanie Klein s'installe en 1921 dans la capitale allemande. Un an plus tard, elle devient membre de la Deutsche Psychoanalytische Gesellschaft (DPG) et, en septembre 1922, elle assiste au VIIe congrès de l'IPA au cours duquel elle participe aux premières passes d'armes sur la question de la sexualité féminine*, suite à la contestation des thèses freudiennes par Karen Horney*.

Au début de 1924, Melanie Klein entreprend une seconde analyse avec Karl Abraham, auquel elle empruntera certaines idées pour développer ses propres perspectives sur l'organisation du développement sexuel. En avril, au VIIIe congrès de l'IPA à Salzbourg, elle présente une communication hautement controversée sur la psychanalyse des jeunes enfants dans laquelle elle commence de mettre en cause certains aspects du complexe d'Œdipe*. Soutenue par Abraham, elle l'est aussi par Ernest Jones, qui, séduit par ce discours contestataire, ira jusqu'à intervenir auprès de Freud pour que celui-ci accepte de prêter attention à ces propos aux accents hérétiques. Le 17 décembre de la même année, Melanie se rend à Vienne* pour y faire une communication sur la psychanalyse d'enfant* à la Wiener Psychoanalytische Vereinigung (WPV) : elle y affronte alors directement Anna Freud. Le débat est désormais ouvert, qui va porter sur ce que *doit* être la psychanalyse d'enfant : une forme nouvelle et améliorée de pédagogie (position que défend Anna Freud) ou bien (comme le soutient Melanie Klein) le lieu d'une exploration psychanalytique du fonctionnement psychique depuis la naissance ?

A Berlin, Melanie Klein s'est liée d'amitié avec Alix Strachey*, elle aussi en analyse avec Abraham. Avec l'aide de son mari, James Strachey*, demeuré à Londres, Alix introduit Melanie à la British Psychoanalytical Society (BPS). Grâce aussi à l'appui d'Ernest Jones, elle va pouvoir donner une série de conférences à Londres en juillet 1925. Ce séjour anglais l'enchante au point d'éveiller en elle le désir de s'établir outre-Manche, ce qui se réalisera plus tôt qu'elle ne l'imagine du fait de la mort de Karl Abraham en décembre 1925. A la demande de Jones, qui l'invite à venir passer un an en Angleterre, Melanie Klein quitte Berlin en septembre 1926. Cette installation londonienne marque en fait l'ouverture des hostilités entre l'école viennoise et l'école anglaise : quels qu'aient pu être les efforts de Jones pour le convaincre que les thèses kleiniennes s'inscrivent dans la logique des siennes, Freud, désireux de soutenir Anna, manifestera un mécontentement croissant.

A Londres, Melanie Klein expérimente ses théories en prenant en cure les enfants perturbés de certains de ses collègues : le fils et la fille de Jones, par exemple. Sa personnalité envahissante provoque autour d'elle passions et rejets. En mars 1927, Anna Freud fait une communication devant le groupe berlinois de la DPG : il s'agit en réalité d'une attaque en règle contre les thèses kleiniennes en matière d'analyse des enfants. En mai de cette même année, les idées d'Anna sont mises en discussion à Londres dans le cadre d'un symposium sur la psychanalyse des enfants. Des critiques s'expriment et Freud s'en irrite. Le différend entre les deux femmes ne cesse de s'accroître, portant notamment sur l'opportunité de l'analyse des enfants : partie intégrante de l'éducation générale de tout enfant, soutient Melanie Klein, nécessaire seulement lorsque la névrose* se manifeste, rétorque Anna, qui circonscrit l'analyse de l'enfant à la seule expression du malaise parental alors que Melanie autonomise l'enfant tant dans sa demande que dans la cure.

En septembre 1927, au cours du Xe congrès international organisé à Innsbruck, le conflit prend de l'ampleur : Klein présente une communication, « Les stades précoces du conflit œdipien », dans laquelle elle expose explicitement ses désaccords avec Freud sur la datation du complexe d'Œdipe, sur ses éléments constitutifs et sur le développement psychosexuel différencié des garçons et des filles. En octobre 1927, forte de la confiance renouvelée de Jones, Melanie est élue à la BPS.

En janvier 1929, elle prend en cure un jeune enfant autiste de 4 ans, fils d'un de ses collègues de la BPS, auquel elle donne le prénom Dick. Très vite, elle s'aperçoit qu'il présente des symptômes qu'elle n'a encore jamais rencontrés. Il n'exprime aucune émotion, aucun attachement et ne s'intéresse pas au jeu. Pour entrer en contact avec lui, elle place deux trains côte à côte et désigne le plus grand par « train-papa » et le petit par « train-Dick ». Dick fait rouler le train qui porte son nom et dit à Melanie : « Coupe ! » Elle décroche le chariot à charbon et l'enfant range alors le jouet endommagé dans un tiroir en s'exclamant : « Parti ! » L'histoire du cas deviendra d'autant plus célèbre qu'il montre comment des psychanalystes peuvent eux-mêmes échouer à donner à leurs enfants l'amour qu'ils attendent d'eux.

Dick restera en analyse chez Melanie Klein jusqu'en 1946, en dépit d'une interruption pendant la Deuxième Guerre mondiale. Quand Phyllis Grosskurth le rencontre, âgé d'une cinquantaine d'années, il n'a plus rien à voir avec le petit garçon renfermé d'autrefois : il est même franchement bavard.

En 1932, Melanie Klein publie son premier ouvrage de synthèse, *La Psychanalyse des enfants*, dans lequel elle expose l'armature de ses futurs développements théoriques, le concept de position notamment (position paranoïde-schizoïde/position dépressive*) ainsi que sa conception étendue de la pulsion* de mort. Mais, en cette même année, qui inaugure une apparente période de calme institutionnel pour elle, sa vie privée est perturbée par des conflits qui auront, quelques années plus tard, de lourdes répercussions sur sa vie professionnelle. Sa fille Melitta Schmideberg*, mariée à Walter Schmideberg*, un familier des Freud et de Ferenczi, est devenue analyste. Sans s'en rendre compte, Melanie a répété avec sa fille le comportement qu'avait eu Libussa vis-à-vis d'elle. C'est à l'occasion d'une reprise d'analyse avec Edward Glover* que Melitta prend ses distances avec Melanie. Elle va bientôt être publiquement soutenue dans son attitude par son analyste qui n'hésite pas à jouer des tensions familiales pour renforcer ses propres positions théoriques face à Melanie.

A partir de 1933, Melanie Klein, qui subit les attaques incessantes de Glover et de Melitta, voit avec effroi l'arrivée à Londres des analystes viennois et berlinois fuyant la montée du nazisme*. Elle confie à Donald Woods Winnicott* qu'elle pressent, dans l'installation de ces réfugiés qui lui sont en majorité hostiles, l'imminence d'un « désastre ». Quelques mois après l'arrivée des Freud à Londres, les hostilités éclatent en effet. En juillet 1942, la tension au sein de la BPS atteint même un point critique. Alors que Londres est bombardé, la décision est prise de tenir des réunions pour discuter des points de désaccord scientifiques et cliniques. Ainsi débute la période des Grandes Controverses*, inaugurée par une attaque en règle d'Edward Glover contre la théorie et la pratique des kleiniens. Ernest Jones, en qui Melanie Klein croyait avoir un fidèle allié, s'éclipse trop souvent d'une scène dont les acteurs sont essentiellement des femmes, les unes regroupées autour de Melanie, les autres autour d'Anna Freud. Les affrontements seront d'une telle intensité que Donald

Woods Winnicott, partisan de Melanie, fut amené un soir à interrompre les débats pour faire observer qu'un raid aérien étant en cours il était urgent d'aller se mettre à l'abri.

En novembre 1946, après d'interminables négociations marquées notamment par la démission d'Edward Glover, un *lady's agreement* intervint – qui ne fut pas toujours respecté –, aboutissant à l'institutionnalisation d'une partition de la BPS entre kleiniens, annafreudiens et Indépendants*.

En 1955, Melanie Klein, qui n'avait rien perdu de son dynamisme et de son agressivité, allait intervenir d'une manière toujours aussi fracassante au congrès de l'IPA à Genève en présentant une communication intitulée « Une étude sur l'envie et la gratitude » dans laquelle elle développait le concept d'envie* qu'elle articulait sur une extension de la pulsion de mort à laquelle elle donnait un fondement constitutionnel. Ce faisant, elle renouait avec celui qu'elle avait toujours considéré comme son maître, Karl Abraham. Melanie Klein venait ainsi de donner le départ à une nouvelle controverse qui, si elle n'eut pas l'ampleur des précédentes, la conduisit à la rupture avec Winnicott et avec Paula Heimann* (qui avait été la plus intelligente et la plus farouche des adversaires de Glover en 1943).

Jamais réconciliée avec sa fille Melitta, laissant inachevée une autobiographie parcellaire et sélective, Melanie Klein mourut d'un cancer du colon à Londres le 22 septembre 1960.

● *The Writings of Melanie Klein,* R.E. Money Kyrle, B. Joseph, E. O'Shaughnessy et Hanna Segal (éd.), 4 vol., Londres, Hogarth Press, 1975. Melanie Klein, *La Psychanalyse des enfants* (Londres, 1932), Paris, PUF, 1969 ; *L'Amour, la haine et le besoin de séparation* (Londres, 1937), Paris, Payot, 1968 ; *Essais de psychanalyse* (Londres, 1948), Paris, Payot, 1967 ; *Envie et gratitude et autres essais* (Londres, 1957), Paris, Gallimard, 1968 ; *Psychanalyse d'un enfant* (Londres, 1961), Paris, Tchou, 1973 ; *Le Transfert et autres écrits* (Londres, 1975), Paris, PUF, 1995 ; et Joan Riviere, *L'Amour et la Haine* (Londres, 1937), Paris, Payot, 1968 ; (éd.), *Développements de la psychanalyse* (Londres, 1952), Paris, PUF, 1966. Hanna Segal, *Introduction à l'œuvre de Melanie Klein* (Londres, 1968), Paris, PUF, 1969. Phyllis Grosskurth, *Melanie Klein, son monde et son œuvre* (New York, 1986), Paris, PUF, 1990. R.D. Hinshelwood, *A Dictionary of Kleinian Thought*, Londres, Free Association Books, 1991. *Les Controverses Anna Freud/Melanie Klein* (Londres, 1991), Pearl King et Riccardo Steiner (éd.), Paris, PUF, 1996.

▷ ENVIE. IDENTIFICATION PROJECTIVE. OBJET (BON ET MAUVAIS). OBJET (RELATION D'). POSITION DÉPRESSIVE/PARANOÏDE-SCHIZOÏDE.

KLEINISME

Allemand : *Kleinianismus*. Anglais : *Kleinism*.

Dans l'histoire du mouvement psychanalytique, on a donné le nom de kleinisme, par opposition à l'annafreudisme*, à un courant représenté par les divers partisans de Melanie Klein*, parmi lesquels on inclut les post-kleiniens se réclamant de Wilfred Ruprecht Bion*. C'est après la période des Grandes Controverses*, qui en 1954 avait débouché sur un clivage en trois tendances de la British Psychoanalytic Society (BPS), que le terme s'est imposé.

A la différence de l'annafreudisme, le kleinisme n'est pas un simple courant, mais une école comparable au lacanisme*. Il s'est en effet constitué en un système de pensée, à partir d'un maître (une femme en l'occurrence), qui a entièrement modifié la doctrine et la clinique freudiennes, en forgeant des concepts nouveaux et en instaurant une pratique de la cure originale d'où a découlé un type de formation didactique différent du celui du freudisme* classique.

A partir de l'enseignement de Karl Abraham*, Melanie Klein et ses successeurs ont fait école en intégrant à la psychanalyse* le traitement des psychoses* (schizophrénie*, états-limites*, troubles de la personnalité ou du *self*), en inventant le principe même de la psychanalyse des enfants* (par un rejet radical de toute pédagogie parentale), enfin en transformant l'interrogation freudienne sur la place du père, sur le complexe d'Œdipe*, sur la genèse de la névrose* et de la sexualité* en une élucidation de la relation archaïque à la mère, en une mise au jour de la haine primitive (envie*) propre à la relation d'objet*, et enfin en une quête de la structure psychotique (position dépressive/position paranoïde-schizoïde*) caractéristique de tout sujet*. Ainsi les kleiniens ont-ils, comme les lacaniens, inscrit la folie* au cœur même de la subjectivité humaine.

Par ailleurs, ils ont défini un nouveau cadre pour la cure, très différent de celui des freudiens, fondé sur des règles précises et surtout un maniement du transfert* tendant à exclure de la situation analytique toute forme de réalité matérielle au profit d'une pure réalité psychique* conforme à l'image que le psychotique se fait du monde et de lui-même. D'où la création du terme *acting in,* pendant de l'*acting out**.

Le kleinisme se définit donc, à côté du lacanisme et à la différence de l'annafreudisme, comme une véritable doctrine ayant sa cohérence propre, une conceptualité spécifique, un savoir clinique autonome et un mode de formation didactique particulier. En tant que refonte de la doctrine freudienne originelle, il fait partie du freudisme dont il reconnaît les fondements théoriques, les concepts et l'antériorité historique. Il est l'une des modalités interprétatives du freudisme, articulé à l'ancien socle biologique et darwinien de celui-ci. A ce titre, il n'a pas révisé ses fondements épistémologiques et n'a proposé aucune théorie du sujet* comme l'a fait le lacanisme.

Sur le plan politique, le kleinisme est l'une des grandes composantes du légitimisme freudien moderne, puisqu'il s'est développé en tant qu'école à l'intérieur de l'International Psychoanalytical Association* (IPA) et sans remettre en cause l'idée propre au freudisme et à la psychanalyse de la nécessité d'une organisation universaliste (et non pas communautariste) du mouvement psychanalytique.

Alors que l'annafreudisme incarne, à travers la figure de la fille du père, le lien identitaire qui relia entre eux les membres de l'ancienne diaspora viennoise exilée aux États-Unis* et en Grande-Bretagne*, le kleinisme est une doctrine en expansion, notamment dans les pays latino-américains (Brésil* et Argentine*), où il aide la psychanalyse à affronter les autres écoles de psychothérapie qui ont commencé à la menacer, à partir des années 1970, du fait de son absence de créativité.

Parce qu'il est une école de pensée alliant un savoir clinique à une théorie, le kleinisme s'est construit sur une critique de la forme dogmatique du freudisme pour produire ensuite, à l'intérieur même du freudisme dont il est né, une nouvelle idolâtrie du maître fondateur, une historiographie* de type hagiographique et un nouveau dogmatisme. Il n'a pas encore suscité, comme le freudisme, les conditions internes d'une critique de ce dogmatisme.

● Phyllis Grosskurth, *Melanie Klein, son monde et son œuvre* (New York, 1986), Paris, PUF, 1990. R.D. Hinshelwood, *A Dictionary of Kleinian Thought*, Londres, Free Association Books, 1991. Elizabeth Whrigt (éd.), *Feminism and Psychoanalysis. A Critical Dictionary*, Oxford, Basil Blackwell, 1992.

▷ ABERASTURY Arminda. ANALYSE DIRECTE. BLEGER José. *EGO PSYCHOLOGY*. GÉNÉRATION. HEIMANN Paula. HISTOIRE DE LA PSYCHANALYSE. INDÉPENDANTS (GROUPE DES). NÉOFREUDISME. OBJET (BON ET MAUVAIS). SCISSION. SEXUALITÉ FÉMININE.

KOCH Adelheid Lucy, née Schwalle (1896-1980)
psychiatre et psychanalyste brésilienne

Juive berlinoise d'origine et formée selon les règles de l'International Psychoanalytical Association* (IPA) par Otto Fenichel*, puis contrôlée par Salomea Kempner*, Adelheid Koch fut la première psychanalyste européenne à s'installer sur le continent latino-américain, alors qu'au Brésil* aucun des pères fondateurs du freudisme (Durval Marcondes*, Francisco da Rocha*, etc.) n'avait encore été analysé. Après un difficile périple, elle arriva au Brésil en octobre 1936 et devint l'une des figures importantes de la Sociedade Brasileira de Psicanálise de São Paulo (SBPSP) qu'elle contribua à faire reconnaître par l'IPA. C'est elle qui initia à la psychanalyse Marcondes lui-même et la génération suivante, notamment Virginia Leone Bicudo et Flavio Rodrigues Dias.

● Durval Marcondes, « Homenagem postuma à Dra. Adelheid Koch », *Revista Brasileira de Psicanálise* (16), 119, São Paulo, 1982.

KOHUT Heinz (1913-1981)
psychiatre et psychanalyste américain

Comme Wilfred Ruprecht Bion*, Jacques Lacan*, Donald Woods Winnicott* et Marie Langer*, Heinz Kohut appartenait à la troisième génération* psychanalytique mondiale. Aussi fut-il confronté comme eux à la sclérose des institutions de l'International Psychoanalytical Association* (IPA) et à la nécessité de rénover le freudisme* classique. C'est dans cette perspective qu'il devint aux États-Unis* un véritable chef d'école et le principal initiateur du courant de la *Self Psychology**, fondé sur une nouvelle clinique des troubles narcissiques.

Né à Vienne* et issu d'une famille juive mélomane et cultivée, Kohut eut une enfance triste et solitaire. Ses parents ne s'occupaient guère de lui, et il en souffrait. Devenu médecin en 1938 après une analyse avec August Aichhorn*, il voulut connaître Sigmund Freud*. C'est pourquoi, le jour du départ du maître pour son exil londonien, il se rendit à la gare et le salua en regardant son train s'éloigner. Freud, dit-on, lui fit un signe amical dont il gardera le souvenir toute sa vie.

Contraint de fuir le nazisme*, il s'installe à Chicago où il fait sa deuxième analyse avec Ruth Eissler-Selke (1906-1989), une Viennoise originaire d'Odessa, elle-même analysée par Theodor Reik* avant son émigration vers les États-Unis* en compagnie de son époux Kurt Eissler.

Neurologue en 1944, psychiatre trois ans plus tard, Kohut intègre alors le prestigieux Institut de Chicago fondé par Franz Alexander* sur le modèle du Berliner Psychoanalytisches Institut*. Il sera président de l'American Psychoanalytic Association* (APsaA) en 1964, puis vice-président de l'IPA entre 1965 et 1973. Il renonce alors aux tâches administratives, préférant se consacrer à la clinique.

Comme tous les freudiens de sa génération, Kohut est confronté dans les années 1960 à une crise généralisée de la clinique psychanalytique. A cette époque en effet, l'annafreudisme*, l'*Ego Psychology** et même le kleinisme* dans sa version dogmatique ne permettent pas d'apporter de solution clinique aux troubles de la personnalité qui ne sont ni de nature névrotique, ni assimilables à une psychose : aussi les appelle-t-on *borderline* (états-limites*). Par ailleurs les règles figées de la cure classique, avec ses rituels, ses silences et son exploration chirurgicale de l'inconscient* et de la *libido**, donnent une image désastreuse de la psychanalyse*. Il devient donc urgent de mettre en œuvre une véritable révolution culturelle à l'intérieur de l'*establishment* freudien afin que la cure renoue avec son inspiration humaniste : « La préoccupation pour l'humanisation et la déshumanisation n'est pas étrangère, écrit Agnès Oppenheimer (1948-1997), à ce que Kohut a vécu au moment du nazisme. »

Formé dans le sérail d'une diaspora soucieuse de s'adapter au pragmatisme de la psychiatrie américaine, Kohut se révolte donc contre un système clinique et théorique qui, pense-t-il, conduit la psychanalyse dans l'impasse normative et adaptative. Il cherche à retrouver la passion qui a animé les premiers freudiens de la Société psychologique du mercredi*. D'où le surnom qu'on lui donnera : Mister Psychoanalysis.

La première génération freudienne avait fait de la sexualité* la clé de l'élucidation des névroses*. Après elle, les kleiniens placèrent la haine et la destruction au cœur de toute relation d'objet* : il s'agissait pour eux d'inventer un traitement psychanalytique approprié à la psychose*. Héritier de ces deux tendances, et marqué par les problèmes propres à la société américaine (puritanisme, individualisme, libéralisme), Kohut propose une troisième voie qui consiste à recentrer la psychanalyse sur des troubles mixtes liés aux représentations et à l'identité de soi. De Freud à Kohut, on passe ainsi de l'idée (freudienne) du clivage du moi* à l'idée (kleinienne) d'un objet clivé façonnant le moi par incorporation* ou introjection*, puis à l'idée (kohutienne) d'un soi (*self)* devenu objet de tous les investissements narcissiques. Chez lui, le mythe de Narcisse supplante celui d'Œdipe* au sein d'un monde dominé par l'éclatement définitif de la famille patriarcale et par la valorisation d'une figure de la subjectivité plongée dans la contemplation infantile et désespérée de soi : « La psychanalyse classique, écrit Kohut en 1978, a découvert le désespoir de l'enfant dans la profondeur de l'adulte – réalité du passé ; la psychologie du *self* a découvert le désespoir de l'adulte dans la profondeur de l'enfant – réalité du futur. »

A la différence de Lacan, qui préconise un retour aux textes de Freud et se veut le garant d'une nouvelle orthodoxie, Kohut propose de « dépasser » ou d'aller au-delà de la doctrine originelle. Et de même que Lacan forge une nouvelle théorie du sujet* à partir de la linguistique et de la philosophie, de même Kohut construit une nouvelle théorie du moi* en ajoutant au *Ich* freudien (traduit en anglais par *ego)* une notion de *self* qui n'est pas étrangère à celle de faux *self* introduite par Winnicott en 1960.

Ayant souffert dans son enfance d'un manque d'affection maternelle, il constate au milieu des années 1950 que de nombreux troubles psychiques ont pour cause une déficience archaïque du *self*. Celle-ci survient chez des sujets qui n'ont pas eu une mère suffisamment aimante et qui sont donc incapables, dans leur vie sociale, de parvenir à une relation vraie avec leur entourage. Ils sont « vides », et pour masquer le noyau central de leur mutilation originelle ils se construisent une armure : un soi de pacotille à caractère purement défensif. Ces sujets se caractérisent par leur malaise relationnel, leur vulnérabilité constante, leur incapacité à instaurer des relations durables avec autrui. Ils cèdent tantôt à un excès d'arrogance, tantôt à un sentiment d'infériorité.

Avec de tels patients, l'analyse classique ne marche pas. Aussi Kohut préconise-t-il, comme Otto Rank* et Sandor Ferenczi*, d'introduire dans la cure l'« empathie » de l'analyste afin de permettre à l'analysant, par un transfert* « créatif », d'avancer vers une restauration de son *self*.

Après avoir défini l'empathie (en 1959) comme un élément central de la technique psychanalytique*, Kohut introduit en 1964 le terme de *self* (ou soi) grandiose. Il définit par là l'*imago** parentale idéalisée, c'est-à-dire une instance pulsionnelle, antérieure à l'idéal du moi*, où se condense un imaginaire* exhibitionniste ayant à charge de surmonter les blessures et les humiliations anciennement infligées au soi archaïque. A la terreur et à l'angoisse succèdent, grâce au soi grandiose, des activités créatrices compensatoires. D'où la nécessité d'instaurer dans la cure un « transfert narcissique » destiné à faire revenir le patient à un narcissisme* normal. L'analyste doit alors s'abstenir de toute ingérence interprétative et laisser le patient régresser vers le stade du « soi archaïque fragmenté ». Kohut distingue trois sortes de relations transférentielles : en premier lieu le transfert idéalisant, qui provient de la mobilisation de l'*imago* parentale idéalisée ; ensuite le transfert en miroir, provenant du soi grandiose ; enfin le contre-transfert* de l'analyste, qui répond au transfert idéalisant.

Le narcissisme selon Kohut est donc un équivalent de la pulsion* de mort freudienne. Il est une maladie de la personnalité, une pathologie, et conduit à une « rage » de destruction de l'autre* qui n'est que la contrepartie de la peur qu'a le *self* d'être victime de son propre anéantissement.

A partir de 1970, Kohut étend son analyse du narcissisme à des phénomènes collectifs (ou *self* groupal), s'intéressant notamment à la manière dont se construisent les relations paranoïdes dans les groupes composés d'un chef et de ses adeptes. Remarquons qu'il n'évitera pas lui-même d'être atteint par ce qu'il dénonce. Très narcissique, il ne supporte guère les critiques qu'on lui adresse et constituera autour de lui une cohorte de fidèles attachés à son image et à sa personne. Obsédé par sa théorie, il l'applique à la littérature, à l'histoire, à la politique, au point d'ailleurs d'attribuer toutes les névroses à une pathologie narcissique. Chaque fois, le schéma est le même : à la place de la déficience archaïque du moi, le sujet, selon Kohut, reconstruit un soi grandiose structuré par une *imago* parentale idéalisée. Dans cette perspective, Kohut transforme le personnage de Hamlet en un héros non pas œdipien mais narcissique, dont le *self* affaibli ne résiste pas aux tragédies d'une société qui a perdu ses valeurs. De même, il fait de Hitler un malade narcissique envahi par la hantise du « microbe juif ». Quant à Œdipe, il devient, dans la version kohutienne, un homme blessé et humilié, annihilé par le désir* de mort de ses parents.

En 1972, alors qu'il est atteint depuis un an d'une leucémie et que sa mère vient de mourir après avoir connu des troubles psychotiques, il doit affronter les attaques de l'orthodoxie freudienne et notamment celles d'Anna Freud*. Après avoir accepté ses innovations, la fille du maître déclare que celles-ci sont « antipsychanalytiques ». Il faut dire que dans l'IPA Kohut fait figure de « gourou » : non seulement il ne respecte pas les règles classiques de la cure mais de surcroît il fait école, entraînant avec lui de nombreux élèves en formation. En outre, il analyse en termes narcissiques l'évolution du mouvement psychanalytique. En 1970, il a qualifié ainsi la sclérose institutionnelle de « défense narcissique » contre la créativité, et, en 1971, il a montré que les enfants des psychanalystes sont atteints de troubles de l'identité au moins aussi graves que ceux des patients qu'ils soignent.

En 1979, devenu célèbre aux États-Unis, il provoque un véritable scandale clinique en publiant un extraordinaire récit de cas, « Les deux analyses de M. Z. », dont certains éléments présentent de fortes similitudes avec ceux de sa propre histoire. Il s'agit d'un homme âgé de 25 ans, orphelin de père et vivant avec sa mère. Il vient en analyse une première fois pour soigner des angoisses, des fantasmes masturbatoires et des accès de rage et de dépression. Durant la première cure, Kohut interprète en termes œdipiens la fixation régressive de son patient à une mère toute-puissante. Quatre ans après la fin de la cure, le même patient revient alors que sa mère est en proie à un délire hallucinatoire. Mais Kohut a changé de théorie. En conséquence, au lieu d'« œdipianiser » M. Z., il laisse faire le transfert idéalisant et la mobilisation du soi grandiose.

Cette publication, la première du genre, valorise sans réserve la problématique transférentielle au détriment de la puissance doctrinale. En outre, elle montre au grand jour la nature des querelles psychanalytiques propres à l'interprétation* elle-même. C'est pourquoi le cas suscita de multiples commentaires et souleva de nombreuses polémiques. La plupart des collègues et amis de Kohut, ainsi que sa femme et son fils, pensèrent que le « cas » traité n'était autre que l'auteur lui-même. Ruth Eissler serait en effet l'analyste de la première cure, tandis que la prétendue deuxième tranche serait une auto-analyse*, entreprise par Kohut lors de la maladie de sa mère et de l'apparition de sa leucémie.

Kohut mourut à Chicago à l'âge de 68 ans. Son fils deviendra historien et publiera un livre sur Guillaume II inspiré des théories de son père.

● Heinz Kohut, « Formes et transformations du narcissisme » (1966), *in* Harold P. Blum (éd.), *Dix Ans de psychanalyse en Amérique,* Paris, PUF, 1981, 117-145 ; *Le Soi* (New York, 1971), Paris, PUF, 1991 ; *The Restoration of the Self,* New York, International Universities Press, 1977 ; *The Search for the Self,* I et II, New York, International Universities Press, 1978 ; *Les Deux Analyses de M. Z.* (1979), Paris, Navarin, 1985 ; *Analyse et Guérison* (Chicago, 1984), Paris, PUF, 1991 ; *The Search of the Self,* III, Madison, International Universities Press, 1990 ; Charles B. Strozier, « Glimpses of a life. Heinz Kohut », in *Progress in Self Psychology,* vol. 2, Arnold Goldberg (éd.), New York, Guilford Press, 1985. *The Curve of Life. The Correspondance of Heinz Kohut, 1923-1983,* Geoffrey Cocks (éd.), Chicago, The University of Chicago Press, 1994. Philip Cushman, *Constructing the Self, Constructing America. A Cultural History of Psychotherapy,* New York, Addison-Wesley, 1995. Agnès Oppenheimer, *Kohut et la psychologie du self,* Paris, PUF, 1996.

▷ ANALYSE DIRECTE. ANALYSE EXISTENTIELLE. IDENTIFICATION. IMAGE DU CORPS. OBJET (RELATION D'). PROJECTION. STADE DU MIROIR. SULLIVAN Harry Stack.

KOLLER Carl (1857-1944)

médecin américain

Viennois d'origine, puis émigré aux États-Unis*, Carl Koller était un ophtalmologue, ami de Sigmund Freud*. Il fut le premier à utiliser les propriétés analgésiques de la cocaïne pour opérer un œil sous anesthésie locale. Freud s'était lui aussi passionné pour cette drogue au point d'en consommer en assez grande quantité (pour lutter contre ses accès de neurasthénie) et d'en donner à sa fiancée Martha Bernays (Freud*) et à son ami Ernst von Fleischl-Marxow*.

En 1883, cherchant à faire une grande découverte pour devenir célèbre, Freud fit des expériences sur l'alcaloïde de la coca. En 1884, il publia un article dans lequel il recommandait l'usage de la cocaïne pour les vomissements et les troubles de la digestion. Il rédigea ensuite cinq autres textes sur le sujet. C'est lui qui suggéra à ses collègues ophtalmologistes, Leopold Königstein (1850-1924) et Carl Koller, de l'utiliser. Le 15 septembre 1884, Koller donna au congrès d'ophtalmologie de Heidelberg la conférence qui lui assura la notoriété et fit de lui le « père » de l'anesthésie locale. L'épisode de la cocaïne, qui fait retour dans le fameux rêve de « L'injection faite à Irma* », fut commenté par Freud lui-même dans son autobiographie et suscita de multiples interprétations de la part des historiens du freudisme* et des psychanalystes, Siegfried Bernfeld* notamment.

● Sigmund Freud, *Cocaine Papers,* Robert Byck (éd.), annoté par Anna Freud, New York, Stonehill Publishing Co., 1974. Siegfried Bernfeld, « Freud's studies on cocaine, 1884-1887 », *Journal of the American Psychoanalytic Association,* 1, 1953, 581-613.

KOSAWA Heisaku (1897-1968)

psychiatre et psychanalyste japonais

Au Japon*, où les idées freudiennes connurent une diffusion à la fois limitée et tardive (après 1950), Heisaku Kosawa occupe sans aucun doute la place d'un maître. Ce pionnier fut en effet le seul de sa génération à recevoir à Vienne* une formation psychanalytique classique, et il sut également réfléchir aux conditions spécifiques d'introduction de la théorie freudienne dans son pays. Aussi fit-il école au Japon comme psychiatre, comme psychanalyste didacticien et comme fondateur d'une doctrine originale à travers laquelle l'Orient dialoguait avec l'Occident, et la tradition bouddhique avec le judéo-christianisme. Sans abandonner les principes de l'universalisme freudien, il posa les bases d'une recherche comparatiste sur les différences entre la famille japonaise et la famille occidentale, et il proposa d'interpréter les mythes de la Grèce antique, tant commentés par Sigmund Freud*, à la lumière des légendes bouddhiques.

D'abord étudiant à l'université de Tohuku à Sendaï, il découvrit le freudisme* grâce à l'enseignement du grand psychiatre Kiyoyasu Marui (1886-1953), qui était allé se former aux États-Unis* auprès d'Adolf Meyer*. En 1925, il prit contact avec Freud et Paul Federn* pour se rendre à Vienne où, finalement, il séjourna de 1932 à 1933. Analysé d'abord par Freud*, auquel il offrit une superbe estampe de Kiyoschi Yoshida représentant le mont Fuji-Yama, il fit une deuxième tranche, didactique, avec Richard Sterba*, puis un contrôle avec Federn.

Avant de retourner dans son pays, Kosawa confia à Freud un travail sur le complexe* d'Ajase (ou *Azaje*) qu'il venait de rédiger et qui allait devenir un classique de la littérature psychanalytique japonaise. Mais le maître viennois ne s'intéressa pas à cette recherche consacrée à un prince mythique dont l'histoire remontait à la légende bouddhique du *Kanmuryojukyo*. Pourtant, ladite légende s'apparentait à toutes celles qu'avait réunies Otto Rank* dans son livre majeur de 1909, *Le Mythe de la naissance du héros*. Elle confortait d'ailleurs la thèse freudienne du roman familial*, tant le personnage d'Ajase ressemblait à ces héros qui fascinaient les pionniers de la Société psychologique du mercredi* : Œdipe*, Hamlet, Moïse, Lohengrin, etc.

Voici le mythe : dans l'ancien royaume de l'Inde*, la reine Idaike, épouse du roi Binbashara, craignait de perdre sa beauté et donc l'amour de son mari. Elle consulta une voyante qui lui prédit qu'un sage vivant dans la forêt mourrait dans trois ans et deviendrait son fils par réincarnation. Impatiente et égoïste, Idaike n'attendit pas d'être enceinte et tua le sage. Avant de succomber, celui-ci fit la prédiction suivante : « Ton fils réincarné tuera un jour son père. » Idaike se trouva enceinte au moment même du meurtre. Craignant la colère du sage réincarné en elle, elle décida de tuer son fils en lui donnant naissance au sommet d'une haute tour. Mais celui-ci survécut à la chute en se brisant un doigt, ce qui lui valut ensuite le surnom d'Ajase : prince au doigt cassé. (Le mot *Ajatasaru* signifie en sanskrit à la fois doigt cassé et rancœur prénatale.) Après une enfance heureuse, durant laquelle il idéalisa sa mère, Ajase apprit la vérité par Daibadatta, l'ennemi du Bouddha. Il fut tant accablé qu'il tenta de tuer Idaike. Alors il éprouva un grand sentiment de culpabilité et fut frappé d'une terrible maladie de peau (un eczéma). La puanteur se développa sur son corps et rendit impossible toute relation avec les autres. Malgré cette punition et les soins attentifs prodigués par Idaike, Ajase ne retrouva pas son équilibre. Il essaya encore de tuer sa mère qui, cherchant l'apaisement, demanda conseil au Bouddha. Les paroles du Bouddha la plongèrent dans un long conflit intérieur au terme duquel, après des années de souffrance, Ajase fut en paix avec lui-même. Il recouvra la santé et devint un souverain respectable.

Selon d'autres versions du mythe, le prince Ajase, devenu roi, emprisonne son père, puis, après la mort de celui-ci, entend sa voix dans le ciel. Il se rend chez Bouddha pour lui demander de l'aide, car il a peur d'aller en enfer. Bouddha le reçoit avec compassion.

Analysant le mythe comme Freud l'avait fait pour Œdipe, Kosawa donna le nom de complexe d'Ajase à un complexe de dépendance du fils à l'égard de la mère. Il en trouvait le fondement dans l'organisation de la famille japonaise, où les relations de dépendance, de discipline, de soumission, de sacrifice de soi et de symbiose de l'enfant avec la mère priment sur l'idée d'individualité ou de liberté. Ce complexe résulte donc, selon lui, d'un sentiment de culpabilité qui n'a pas pour origine le meurtre du père par les fils, mais la dépendance coupable et hostile des fils à l'égard de la mère. Des patients japonais marqués par l'*amae* (ou dépendance), c'est-à-dire par une tradition sociale encore féodale, l'avaient manifesté en cure.

L'invention de ce complexe d'Ajase ne faisait que démontrer comment chaque culture s'approprie le mythe œdipien des origines en lui imprimant une modulation particulière. C'est pourquoi, à travers lui, se dessinaient les conditions d'une implantation possible de la psychanalyse* en dehors de la sphère judéo-chrétienne : une sorte de freudisme oriental.

La montée du fascisme et l'éclatement de la Deuxième Guerre mondiale firent obstacle à la poursuite des travaux de Kosawa, qui reprit ses activités professionnelles en 1945 dans un Japon bouleversé par la défaite et la capitulation du régime militaire. Dès lors, il contribua à l'épanouissement de la psychiatrie et de la psychanalyse qui marqua la société nippone durant la deuxième moitié du siècle et fit d'elle une terre d'accueil pour toutes les doctrines venues des États-Unis* : *Ego Psychology**, *Self Psychology**, pharmacologie, etc.

En 1953, à la mort de Marui, Kosawa prit la direction du groupe d'études de Sendai affilié à l'International Psychoanalytical Association* (IPA) depuis 1933 et créa la Nippon Seishin-Bunseki Kyoukai (Société psychanalytique japonaise), dont le développement fut très limité puisqu'elle ne réunissait qu'une trentaine de membres en 1997. Il y fit école en précisant ses théories sur l'*amae*, il y forma des didacticiens et des disciples, de pure obédience freudienne, tout en assumant des activités de didacticien, d'enseignant et de clinicien à l'Association psychanalytique japonaise, non affiliée à l'IPA, beaucoup plus puissante en nombre d'adhérents et ouverte à tous les autres courants de la psychiatrie dynamique*.

● Sigmund Freud, *Chronique la plus brève. Carnets intimes, 1929-1939*, annoté et présenté par Michael Molnar (Londres, 1992), Paris, Albin Michel, 1992. Heisaku Kosawa, « Two types of guilt consciousness – Oedipus and Azase »,

Tokyo Journal of Psychoanalysis (Seishin Bunseki), mars-avril 1935. James Clark Moloney, « Understanding the paradox of Japanese psychoanalysis », *IJP*, vol. XXXIV, 4, 1953, 292-303. Keigo Okonogi, « Dr Heisaku Kosawa as a great pioneer of Japanese psychoanalysis », *Japanese Journal of Psychoanalysis*, 15, 4, 1969, 1-15 ; « Japan », in *Psychoanalysis International. A Guide to Psychoanalysis throughout the World*, vol. 2, Peter Kutter (éd.), Stuttgart, 1995, 123-142.

▷ ANTHROPOLOGIE. CULTURALISME. HISTOIRE DE LA PSYCHANALYSE. *HOMME MOÏSE ET LA RELIGION MONOTHÉISTE (L')*. OTSUKI Kenji. *TOTEM ET TABOU*.

KOURETAS Dimitri (1901-1985)

médecin et psychanalyste grec

Analysé par Andreas Embiricos*, Dimitri Kouretas adhéra d'abord aux thèses d'Alfred Adler* avant de devenir freudien et de participer à la création du premier groupe psychanalytique grec. Après l'éviction d'Embiricos de ce groupe, il resta dans son pays pour encourager la pratique de la psychanalyse* autour d'un groupe d'études reconnu par l'International Psychoanalytical Association* (IPA).

▷ FÉDÉRATION EUROPÉENNE DE PSYCHANALYSE. FRANCE. HISTOIRE DE LA PSYCHANALYSE. TRIANDAFILIDIS Manolis.

KRAEPELIN Emil (1856-1926)

psychiatre allemand

Père fondateur de la nosographie psychiatrique du XXe siècle et inventeur des termes démence précoce et psychose maniaco-dépressive*, Emil Kraepelin fut l'élève à Leipzig de Wilhelm Wundt (1832-1920) auquel il emprunta les méthodes de la psychologie expérimentale. En 1878, il soutint sa thèse sous la direction de Bernhard von Gudden (1824-1886) en prenant comme sujet « La place de la psychologie dans la psychiatrie ». A partir de 1903, il occupa la chaire de psychiatrie de Munich tout en dirigeant la Königlische Psychiatrische Klinik, qui connaîtra, grâce à lui, une renommée internationale.

Dès cette date, passionné de comparatisme, il se rendit à Java pour étudier la présence chez les indigènes des pathologies mentales observées en Europe. A cette occasion, il forgea l'expression psychiatrie comparée pour désigner ce qui deviendra l'ethnopsychiatrie et l'ethnopsychanalyse* : « On décrit Kraepelin comme un personnage réservé, écrit Pierre Morel, méticuleux, respectueux de l'ordre et de l'autorité, grand admirateur de Bismarck. »

Ce conservateur mit de l'ordre et de la clarté dans la compréhension de la folie* en construisant une classification rationnelle des maladies dites mentales. Il distinguait trois groupes fondamentaux de psychoses* : la paranoïa*, la folie maniaque-dépressive, qui deviendra ensuite la psychose maniaco-dépressive, la démence précoce, dans laquelle il rangeait la psychose hallucinatoire chronique, caractérisée par un délire mal systématisé, l'hébéphrénie, ou psychose de l'adolescence, avec excitation intellectuelle et motrice (bavardage, néologismes, maniérisme), la catatonie, qui se reconnaissait au négativisme du sujet* : mutisme, refus d'aliments, réactions stéréotypées. Selon Kraepelin, la paranoïa se différenciait de la démence précoce par le fait que, dans cette dernière, la personnalité corporelle du sujet était lésée : des forces étrangères semblaient agir sur l'organisme, sur les sensations et sur la pensée à la manière de la télépathie*.

Bien que novateur, Kraepelin restait attaché à la tradition de la psychiatrie médicalisée qui considérait le fou non pas comme un sujet, mais comme un objet à observer et un individu dangereux. Aussi le système kraepelinien sera-t-il contesté par les artisans de la psychiatrie dynamique* et les adversaires du nihilisme thérapeutique : notamment par Eugen Bleuler*, l'inventeur du terme schizophrénie*, et plus tard par les représentants de l'antipsychiatrie*.

Il y a bien eu une ère kraepelinienne dans l'histoire de la psychiatrie, comme il y eut une ère pinélienne (qui marqua l'apogée de l'aliénisme). A cet égard, on a pu comparer le système de pensée freudien à la classification de Kraepelin.

Cependant, si Sigmund Freud* emprunte une partie de ses concepts au maître de Munich, il inscrit sa clinique dans une démarche radicalement inverse de la sienne. Fondant sa pratique sur l'écoute du sujet, il se situe à l'opposé de Kraepelin qui reste l'héritier d'une clinique du regard, fondée sur la prévalence du corps, sur l'absence du malade. Kraepelin pensait en effet que l'ignorance de la langue et de la parole du patient garantit, en médecine mentale, la meilleure observation.

● Emil Kraepelin, *Compendium der Psychiatrie*, Leipzig, Abel, 1883 ; *Introduction à la psychiatrie clinique* (Leipzig, 1901), Paris, Vigot, 1907 ; *Leçons cliniques sur la démence précoce et la psychose maniaco-dépressive* (Leipzig, 1907), Toulouse, Privat, 1970 ; *La Folie maniaque-dépressive* (Leipzig, 1909), Grenoble, Jérôme Millon, 1993. Paul Bercherie, *Les Fondements de la clinique*, Paris, Navarin, 1980. Jacques Postel (éd.), *La Psychiatrie*, Paris, Larousse, 1994. Pierre Morel (éd.), *Dictionnaire biographique de la psychiatrie*, Paris, Synthélabo, coll. « Les empêcheurs de penser en rond », 1996.

KRAFFT-EBING Richard von (1840-1902)

psychiatre autrichien

Né à Mannheim, Richard von Krafft-Ebing fut non seulement l'un des fondateurs de la sexologie* mais aussi un illustre professeur de psychiatrie à Vienne* où il fut nommé en 1889. Trois ans plus tard, il devint titulaire de la chaire de Theodor Meynert*. Avant l'invention par Eugen Bleuler* du mot schizophrénie*, il fut le théoricien de la notion de folie hystérique, qui sera reprise ultérieurement sous l'expression psychose hystérique après que Sigmund Freud* et ses élèves, Karl Abraham* notamment, auront différencié la schizophrénie comme psychose* et l'hystérie* comme névrose*.

Mais c'est surtout par son ouvrage *Psychopathia sexualis*, publié en 1886 et traduit dans le monde entier, que Krafft-Ebing devint célèbre. Il y faisait une description extraordinaire, à partir de cas précis, de toutes les formes possibles de perversions* sexuelles : une sorte de catalogue sophistiqué auquel Freud emprunta plusieurs notions, et que n'aurait pas désavoué le marquis de Sade.

● Richard von Krafft-Ebing, *Manuel de psychiatrie* (1879), Paris, Baillière, 1897 ; *Psychopathia sexualis* (Stuttgart, 1886, Paris, 1907), Paris, Payot, 1969. Jacques Postel (éd.), *La Psychiatrie*, Paris, Larousse, 1994.

▷ FÉTICHISME. HOMOSEXUALITÉ. HYSTÉRIE. SADO-MASOCHISME. SEXUALITÉ. TRANSSEXUALISME.

KRAUS Karl (1874-1936)

écrivain autrichien

Journaliste, écrivain, polémiste et fondateur du journal *Die Fackel* (Le Flambeau), qui s'opposait à la *Neue Freie Presse,* Karl Kraus est l'une des grandes figures de la modernité viennoise de la fin du XIXe siècle. Juif et adepte de la haine de soi juive, il fut antidreyfusard et se convertit au catholicisme qu'il renia ensuite. Il dénonça la corruption de la presse et la féminisation de l'art et de la société qui risquaient de réduire la société à néant et adopta les thèses de la bisexualité*. Mais contrairement à Otto Weininger*, dont il était proche, il pensait que les deux principes du féminin et du masculin devaient se compléter.

Analysé par Fritz Wittels*, qui fit sur son cas une interprétation* sauvage lors d'une réunion de la Société psychologique du mercredi* en le déclarant atteint d'une frustration* œdipienne, Kraus n'eut de cesse de critiquer le ridicule de la psychanalyse* et les manies de ses adeptes néophytes. Il inventa quelques merveilleux aphorismes qui deviendront célèbres : « La psychanalyse est cette maladie de l'esprit dont elle se considère elle-même comme le remède », ou encore : « C'est à lui [Freud] que revient le mérite d'avoir donné une organisation à l'anarchie du rêve, mais tout s'y passe comme en Autriche. »

● « Karl Kraus », numéro spécial de la revue *L'Herne,* 1975. Carl Schorske, *Vienne, fin de siècle* (New York, 1961), Paris, Seuil, 1983. Allan Janik et Stephen Toulmin, *Wittgenstein, Vienne et la modernité* (New York, 1973), Paris, PUF, 1978. Jacques Le Rider, *Modernité viennoise et crises de l'identité* (1990), Paris, PUF, 1994.

▷ JUDÉITÉ. VIENNE.

KRETSCHMER Ernst (1888-1964)

psychiatre allemand

Né à Wurstenrot et fils de pasteur, Ernst Kretschmer eut à affronter, comme de nombreux psychiatres de sa génération*, la question des névroses de guerre*. En 1915, alors qu'il était affecté comme médecin militaire à Tübingen, il fut en effet obligé de renvoyer au front des soldats atteints de traumatismes psychiques qui auraient dû normalement être soignés. Néanmoins, contrairement à Joseph Babinski* et à Julius Wagner-Jauregg*, il n'adhéra pas à l'idéal patriotique de l'armée qu'il servait.

En 1929, il publia un ouvrage sur les hommes de génie, qui vantait l'importance du « mélange des races » pour l'évolution de l'humanité. Quatre ans plus tard, du fait de son hostilité au nazisme*, il fut contraint de démissionner de l'Allgemeine Ärztliche Gesellschaft für Psychotherapie (AÄGP ou Société allemande de psychothérapie) qu'il présidait depuis sept ans. Carl Gustav Jung* le remplaça dans ses fonctions et Matthias Heinrich Göring* liquida la société en 1936. Après la Deuxième Guerre mondiale, soutenu par les autorités françaises et américaines pour ses positions sans équivoque à l'égard du national-socialisme, Kretschmer joua un rôle majeur dans la reconstruction de la psychiatrie allemande aux universités de Marbourg et de Tübingen.

Théoricien d'une morphotypologie qui mettait en cause le constitutionnalisme d'Emil Kraepelin* et qui s'inspirait de certaines hypothèses freudiennes, il mit en relation différents modes d'organisation de la personnalité : ainsi classait-il les « grands maigres » (type leptosome) dans la catégorie de la schizophrénie*, et les petits ronds (type picnique) dans celle de la psychose maniaco-dépressive*. C'est comme clinicien de la causalité psychique qu'il marqua la psychiatrie moderne, et notamment l'œuvre de Jacques Lacan* qui lui rendit hommage dans sa thèse de médecine de 1932.

● Ernst Kretschmer, *Paranoïa et Sensibilité. Contribution au problème de la paranoïa et à la théorie psychiatrique du caractère* (Berlin, 1918), Paris, PUF, 1963 ; *La Structure du corps et du caractère* (Berlin, 1921), Paris, Payot, 1830. Jacques Lacan, *De la psychose paranoïaque dans ses rapports avec la personnalité* (1932), Paris, Seuil, 1975. Paul Bercherie, *Les Fondements de la clinique*, Paris, Navarin, 1980. Jacques Postel (éd.), *La Psychiatrie*, Paris, Larousse, 1994.

KRIS Ernst (1900-1957)

psychanalyste américain

Bien qu'il soit connu comme l'un des fondateurs de l'*Ego Psychology** avec Heinz Hartmann* et Rudolph Loewenstein*, c'est surtout dans le domaine de l'art qu'Ernst Kris produisit des travaux intéressants.

Né à Vienne* dans une famille de la bourgeoisie juive, il poursuivit des études de philosophie, puis fut, comme son ami Otto Kurz (1908-1975) et comme Ernst Gombrich, l'élève de Julius von Schlosser (1866-1938), le célèbre représentant de l'École viennoise d'histoire de l'art. Nommé conservateur du département de sculpture et d'arts appliqués du musée de Vienne, il devint le meilleur spécialiste des joyaux gravés et des intailles de la Renaissance, à propos desquels il publia une étude exemplaire en 1929.

Parallèlement, il adhéra à la Wiener Psychoanalytische Vereinigung (WPV) après avoir épousé Marianne Rie, qui deviendra psychanalyste sous le nom de Marianne Kris*. Ainsi fit-il partie du cercle intime qui entourait la famille de Sigmund Freud*. Analysé par Helene Deutsch* entre 1924 et 1927, il pratiqua la psychanalyse* sans pour autant abandonner ses activités de conservateur : avant 9 heures du matin et après 6 heures du soir il recevait ses patients, et pendant la journée il travaillait à son bureau au musée de Vienne.

En 1932, il rédigea une étude sur le sculpteur baroque autrichien Franz Xaver Messerschmidt, dont l'œuvre s'apparentait à la tradition physiognomonique : cet homme avait sculpté une série de bustes personnifiant divers types de caractères. A travers une analyse minutieuse des visages grimaçants, Kris mit en évidence la folie* du sculpteur. Deux ans plus tard, avec la collaboration de Kurz, il publia un ouvrage consacré à la naissance de la notion d'artiste dans l'histoire de l'art. Les deux auteurs montraient que cette notion s'était construite à travers les mythes et les légendes véhiculés par des biographes ou des hagiographes qui faisaient apparaître l'artiste comme un héros défiant depuis l'enfance jusqu'à la maturité, les normes de son temps.

Poursuivant dans cette voie à la fois interprétative et évolutionniste, Kris entreprit avec Ernst Gombrich une étude sur la caricature. Pour expliquer son apparition tardive, il supposait, comme le soulignera Gombrich lui-même dans un entretien avec Didier Eribon, qu'elle était née avec la fin de la magie : « Tant que l'intention agressive, disait-il, a été liée à une menace d'ordre magique, il était inconcevable de jouer avec la physionomie d'un dignitaire comme le fera Bernin dans sa caricature du pape, par exemple. Tant que l'humanité est restée soumise à la peur de la magie, transformer l'image de quelqu'un n'était pas au sens propre une plaisanterie. La caricature n'a donc pu naître que lorsque la magie eut disparu [...]. Kris, comme Freud lui-même [...] était sous le charme d'une interprétation évolutionniste de l'histoire humaine conçue comme un long parcours depuis l'irrationalité primitive jusqu'au triomphe de la raison. »

Finalement, Gombrich et Kris n'écriront ensemble qu'un article sur ce sujet. Et en 1940, Gombrich fera paraître un ouvrage important sur la caricature rédigé par lui seul (mais signé avec Kris).

Fuyant le nazisme*, Kris et sa famille arrivèrent à Londres en même temps que Freud. Aussitôt, il se mit au service de la radio britannique pour analyser le contenu des émissions national-socialistes. En 1940 il émigra aux États-Unis* où il poursuivit ses activités de dénonciation du totalitarisme. Puis, avec sa femme, il s'intégra à la New York Psychoanalytic Society (NYPS) où il devint l'un des représentants les plus ardents de l'orthodoxie freudienne. En 1945, il participa à la création de la revue *The Psychoanalytic Study of the Child*, et, cinq ans plus tard, avec Marie Bonaparte* et Anna Freud*, il signa la préface de *La Naissance de la psychanalyse*, version expurgée des lettres de Freud à Wilhelm Fliess*.

● Ernst Kris, *Psychanalyse de l'art* (New York, 1952), Paris, PUF, 1978 ; et Otto Kurz, *L'Image de l'artiste, légende, mythe et magie. Un essai historique* (Vienne, 1934, New Haven, 1979), Paris, Rivages, 1987 ; et Ernst Gombrich, « The principles of caricature » (1938), in *Psychanalyse de l'art, op. cit.* ; *Caricature*, Harmondsworth, Middlesex, King Penguin Books, 1940. Ernst Gombrich, « Souvenirs de collaboration avec Ernst Kris », in *Vienne, 1880-1938. La joyeuse apocalypse*, catalogue de l'exposition édité par Jean Clair, Paris, Éditions du Centre Pompidou, 1986 ; et Didier Eribon, *Ce que l'image nous dit. Entretiens sur l'art et la science*, Paris, Adam Biro, 1991.

KRIS Marianne, née Rie (1900-1980)
médecin et psychanalyste américaine

Par son histoire et par sa généalogie familiale, Marianne Kris est d'abord la fille de la psychanalyse*, voire même une héroïne de ce qu'on pourrait appeler le roman familial* de la psychanalyse. Son père, Oskar Rie*, était le partenaire de Sigmund Freud* au jeu de tarots et le médecin de sa famille. Sa mère, Melanie Rie, née Bondy, était la sœur d'Ida Bondy (1869-1941), une ancienne patiente de Josef Breuer*, qui avait épousé Wilhelm Fliess* en 1892.

Liée ainsi à l'histoire de la naissance de la psychanalyse, Marianne Rie, Juive viennoise d'origine, fit des études de médecine avant de s'orienter vers le freudisme*. C'est avec Franz Alexander* qu'elle fit sa formation didactique à Berlin en 1927. A son retour, elle s'intégra à la Wiener Psychoanalytische Vereinigung (WPV) et rencontra Ernst Kris* qu'elle épousa.

Contrôlée par Anna Freud* dont elle devint l'amie, elle fut bientôt adoptée par Sigmund Freud qui l'appelait « ma fille ». En 1938, elle émigra en Grande-Bretagne* avec toute sa famille et, deux ans plus tard, elle quitta définitivement l'Europe pour s'installer à New York où elle devint membre de la New York Psychoanalytic Society (NYPS) tout en poursuivant une brillante carrière de psychanalyste d'adultes et d'enfants dans la mouvance de l'*Ego Psychology** et de l'annafreudisme*. Comme le voulait la coutume instaurée par Freud, elle donna à sa fille un prénom qu'elle affectionnait tout particulièrement : Anna.

Gardienne de l'historiographie officielle, elle empêcha Marilyn Monroe (1926-1962), son analysante, d'accepter l'offre que lui avait faite un jour John Huston de jouer le rôle d'Anna O. aux côtés de Montgomery Clift (1920-1966) dans son film, *Freud, passions secrètes*, tourné en 1962 à partir du scénario de Jean-Paul Sartre (1905-1980) sur les origines de la psychanalyse (Fliess, Breuer, théorie de la séduction*, etc.). Le cinéaste s'était fait éconduire par Anna Freud qui ne tolérait pas la moindre entorse à l'hagiographie dont elle gratifiait son père, et Marianne Kris avait à son tour adopté la même attitude, sans même vouloir lire ni le scénario du philosophe, ni le synopsis du cinéaste.

Avant de se suicider, l'actrice laissa à son analyste une importante somme d'argent en lui demandant de la confier à une œuvre de son choix. Marianne Kris en fit don à la Hampstead Clinic, et Anna lui répondit par ces mots : « Je suis vraiment désolée pour Marilyn Monroe. Je sais exactement ce que vous éprouvez parce qu'il m'est arrivé la même chose avec un de mes patients qui a pris du cyanure avant que je revienne des États-Unis, il y a quelques années. On repasse tout sans arrêt dans sa tête pour trouver ce qu'on aurait pu faire de mieux et cela laisse un terrible sentiment de défaite. Mais vous savez, je pense que dans ces cas-là, nous sommes vraiment vaincus par une chose plus forte que nous et contre laquelle l'analyse, malgré tous ses pouvoirs, est une arme trop faible. »

● Jean-Paul Sartre, *Le Scénario Freud*, Paris, Gallimard, 1984. Elisabeth Young-Bruehl, *Anna Freud* (Londres, 1988), Paris, Payot, 1991. Élisabeth Roudinesco, « Sartre, lecteur de Freud », *Les Temps modernes*, 531-533, octobre-décembre 1990, 589-613.

▷ FILIATION. « IRMA (L'INJECTION FAITE À) ». PAPPENHEIM Bertha.

KULOVESI Yrjö (1887-1943)
médecin et psychanalyste finlandais

Pionnier du freudisme en Finlande, Kulovesi était le fils d'un tailleur. Il se soucia toute sa vie de faire bénéficier les classes populaires des méthodes d'inspiration psychanalytique. C'est en 1924 qu'il se rendit à Vienne* pour la première fois. Analysé par Paul Federn*, il adhéra à la Wiener Psychoanalytische Vereinigung (WPV) en 1931. Il collabora à l'*Internationale Zeitschrift für Psychoanalyse** et participa à un groupe d'études des pays scandinaves* avec Alfhild Tamm* et Harald Schjelderup*, qui allait aboutir en 1934, au congrès de l'International Psychoanalytical Association* (IPA) de Lucerne, à la reconnaissance de la Finsk-Svenska Psykoanalytika Förening (Société finno-suédoise de psychanalyse). Il en devint membre en 1935.

En 1933, il rédigea le premier ouvrage d'initiation à la psychanalyse* en langue finnoise. Il contibua aussi à implanter les idées freudiennes dans les milieux littéraires finlandais.

● Elke Mühlleitner, *Biographisches Lexikon der Psychoanalyse. Die Mitglieder der psychologischen Mittwoch-Gesellschaft und der Wiener psychoanalytischen Vereinigung von 1902-1938*, Tübingen, Diskord, 1992.

L

LACAN Jacques, né Jacques-Marie (1901-1981)
psychiatre et psychanalyste français

Parmi les grands interprètes de l'histoire du freudisme*, Jacques Lacan est le seul à avoir donné à l'œuvre freudienne une armature philosophique et à l'avoir sortie de son ancrage biologique sans verser pour autant dans le spiritualisme. Le paradoxe de cette interprétation novatrice unique, c'est qu'elle a réintroduit dans la psychanalyse* la pensée philosophique allemande dont Sigmund Freud* s'était volontairement écarté. Cette puissante contribution a fait de Lacan le seul véritable maître de la psychanalyse en France*, ce qui lui a valu beaucoup d'hostilité. Mais si certains de ses féroces contempteurs furent injustes, il prêta le flanc à la critique en s'entourant d'épigones jargonnant qui contribuèrent à obscurcir un enseignement certes complexe et souvent énoncé dans une langue baroque et sophistiquée, mais parfaitement compréhensible (au moins jusqu'en 1970).

Lacan souffrait d'inhibitions d'écriture et eut besoin d'aide pour publier ses textes et transcrire le fameux séminaire qu'il délivra en public de 1953 à 1979. Neuf séminaires sur vingt-cinq ont été « établis » et publiés par son gendre, Jacques-Alain Miller, entre 1973 et 1995. Le vingt-sixième séminaire, de l'année 1978-1979, est « silencieux », puisque Lacan ne pouvait plus parler.

Jacques Lacan a rédigé environ une cinquantaine d'articles issus en général de conférences : trente-quatre d'entre eux (les plus importants) ont été réunis par l'éditeur François Wahl en 1966 en un imposant ouvrage de neuf cents pages, intitulé *Écrits*, auquel il faut ajouter les « variantes » réalisées en 1994 par Angel de Frutos Salvador. Un grand article de Lacan, publié en 1938, a été édité en livre par Jacques-Alain Miller en 1984 (*Les Complexes familiaux*), un autre, « L'étourdit », est paru dans la revue *Scilicet* fondée par Lacan. Enfin deux entretiens ont été réalisés, l'un par Robert Georgin pour la radio-télévision-belge (« Radiophonie »), l'autre par Jacques-Alain Miller pour un film du service de la recherche de l'ORTF réalisé par Benoît Jacquot (*Télévision*). Jacques Lacan n'a écrit qu'un seul livre, sa thèse de médecine de 1932, publiée sous le titre *De la psychose paranoïaque dans ses rapports avec la personnalité*, dans laquelle il relate le cas de Marguerite Anzieu*.

Ses autres articles, ainsi que ses nombreuses interventions à des colloques ou à l'École freudienne de Paris* (EFP), sont éparpillés dans diverses revues. Sa correspondance est presque inexistante : deux cent quarante-sept lettres recensées par Élisabeth Roudinesco en 1993. L'œuvre de Lacan est traduite en seize langues, et c'est à Joël Dor que l'on doit la meilleure bibliographie de l'ensemble des titres, publiés et inédits.

Jacques Lacan a réinterprété presque tous les concepts freudiens, ainsi que les grands cas (Herbert Graf*, Ida Bauer*, Sergueï Constantinovitch Pankejeff*, Ernst Lanzer*, Daniel Paul Schreber*) et il a ajouté au corpus psychanalytique sa propre conceptualité.

Il existe deux dictionnaires des concepts lacaniens : l'un en anglais, réalisé par Dylan Evans, l'autre en espagnol, par Ignacio Garate et José Miguel Marinas. Quelques-uns des plus beaux commentaires de l'œuvre de Lacan ont été écrits par des philosophes : Louis Althusser (1918-1990), Jacques Derrida, Christian Jambet, Jean-Claude Milner, Bernard Sichère.

Né à Paris, le 14 avril 1901, dans une famille de vinaigriers orléanais (les Dessaux), Jacques-Marie Émile Lacan était issu de la moyenne bourgeoisie catholique et bien-pensante. Comme aux autres enfants de la fratrie, on ajouta à son premier prénom celui de la vierge Marie. Il y renoncera progressivement dans ses divers écrits de l'entre-deux-guerres. Le père, Alfred Lacan (1873-1960), était un homme faible, écrasé par la puissance de son propre père, Émile Lacan (1839-1915). Quant à la mère, Émilie Baudry (1876-1948), plus intellectuelle, elle était entièrement tournée vers la religion. De ce climat familial plutôt banal le jeune Lacan retira une impression d'horreur.

Après lui viendront une sœur (Madeleine), née en 1903, un frère (Raymond) mort en bas âge et enfin Marc-François (1908-1994), qui aura pour lui une grande affection. En 1929, Marc-François deviendra moine de l'ordre des bénédictins et entrera à l'abbaye de Hautecombe, située au bord du lac du Bourget.

Après des études au collège Stanislas, Lacan rompt avec le catholicisme. A l'âge de 16 ans, il admire *L'Éthique* de Baruch Spinoza (1632-1677). Un an plus tard il se tourne vers le nietzschéisme, puis, pendant quelque temps, il est fasciné par Charles Maurras (1868-1952), dont il adopte l'esthétisme et le goût pour la langue. Enfin, il s'intéresse à l'avant-garde littéraire. Alfred Lacan, qui souhaitait que son aîné prît la suite de ses affaires et donne une impulsion décisive au commerce des moutardes, ne comprend ni n'approuve son évolution. Quant à Émilie Lacan, elle ignore tout de la vie que mène son fils, hors des chemins de la religion et du conformisme bourgeois.

Dans le Paris des années 1920, où il aspire à la gloire, il se compare à Rastignac, fréquente la librairie d'Adrienne Monnier et les surréalistes, assiste avec enthousiasme à la lecture publique de l'*Ulysse* de James Joyce (1882-1941) et se lie avec des écrivains et des peintres. Interne à l'hôpital Sainte-Anne, où il devient l'élève d'Henri Claude* en même temps que son ami Henri Ey*, il s'oriente vers la psychiatrie en suivant les enseignements de Georges Heuyer (1884-1977), Georges Dumas (1866-1946) et Gaëtan Gatian de Clérambault*, dont le style laissera sur lui une forte empreinte. En juin 1932, il commence son analyse didactique* avec Rudolph Loewenstein* et, à la fin de l'année, il publie sa thèse sur l'histoire d'une femme criminelle (Marguerite Anzieu) dont il fait un cas de paranoïa* d'auto-punition (le cas « Aimée »).

Magnifique synthèse de toutes les aspirations freudiennes et anti-organicistes de la nouvelle génération psychiatrique française des années 1920, l'ouvrage est immédiatement salué comme un chef-d'œuvre par René Crevel (1900-1935), Salvador Dalí (1904-1989), et Paul Nizan (1905-1940) notamment – qui apprécient l'utilisation faite par Lacan des textes romanesques de la patiente et la force doctrinale de sa position à l'égard de la folie* féminine. L'année suivante, dans la revue *Le Minotaure,* Lacan consacre un article au crime commis au Mans par deux domestiques (les sœurs Papin) sur leurs patronnes. Il voit dans leur acte, d'une intense sauvagerie, un mélange de délire à deux, d'homosexualité* latente, mais avant tout le surgissement d'une réalité inconsciente qui échappe aux protagonistes elles-mêmes. De ce drame Jean Genet (1910-1986) tirera une pièce, *Les Bonnes,* et Claude Chabrol un film, soixante ans plus tard, *La Cérémonie.*

S'il est estimé comme un brillant intellectuel en dehors du milieu psychanalytique français, Lacan souffre en revanche de n'être pas reconnu par la Société psychanalytique de Paris (SPP), où ses travaux ne sont pas pris en compte et où son anticonformisme agace.

Son analyse avec Loewenstein dure six ans et demi et se solde par un échec et une mésentente durable entre les deux hommes. Et c'est finalement à l'intervention d'Édouard Pichon* que Lacan doit d'être titularisé en 1938. Celui-ci reconnaît son génie et veut faire de lui, malgré son hégélianisme, l'héritier d'une tradition « française » du freudisme : Lacan n'obéira jamais à cette injonction.

En 1934, il épouse Marie-Louise Blondin (1906-1983), la sœur de son ami Sylvain Blondin (1901-1975), surnommée Malou. Le voyage de noces a lieu en Italie*. Pour la première fois Lacan découvre avec ravissement la ville de Rome dont il tombe amoureux, comme Freud. Mais la cité antique le passionne moins que la Rome catholique et baroque. Pendant des heures, il contemple les extases du Bernin et l'architecture des églises et des monuments.

Dès le début, ce mariage est un malentendu. Malou croit épouser un homme parfait, dont la fidélité conjugale sera à la mesure de ses rêves de bonheur. Or, Lacan n'est pas cet homme-là et ne le sera jamais. Trois enfants naîtront de ce mariage : Caroline (1937-1973), Thibaut, Sibylle.

A partir de 1936, Lacan s'initie à la philosophie hégélienne au séminaire qu'Alexandre Kojève (1902-1968) consacre à la *Phénoménologie de l'esprit.* Il fait la connaissance d'Alexandre Koyré (1892-1964), Georges Bataille (1897-1962), Raymond Queneau (1903-1976), puis fréquente la revue *Recherches philosophiques* et participe aux réunions du Collège de sociologie. De ces années d'une grande richesse culturelle et théorique il tire la certitude que l'œuvre freudienne doit être relue « à la lettre » et à la lumière de la tradition philosophique allemande.

En 1936, il croise pour la première fois l'histoire du freudisme international en se rendant à Marienbad au congrès de l'International Psychoanalytical Association* (IPA). Il y présente un exposé sur le stade du miroir*. Mais il ne s'exprime pas depuis dix minutes que déjà Ernest Jones* lui coupe la parole. Il gagne ensuite Berlin où il assiste aux Jeux olympiques. Le triomphe du nazisme* provoque en lui un sentiment de dégoût.

En 1938, à la demande d'Henri Wallon (1879-1962) et de Lucien Febvre (1878-1956), il dresse le bilan très sombre des violences psychiques propres à la famille bourgeoise dans un article de l'*Encyclopédie française.* Constatant que la psychanalyse est née du déclin du patriarcat*, il appelle à revaloriser sa fonction symbolique dans un monde menacé par le fascisme.

Dès 1937, il est tombé amoureux de Sylvia Maklès-Bataille (1908-1993). Séparée à cette époque de Georges Bataille, dont elle est toujours la femme, elle a joué dans le film de Jean Renoir (1894-1979) *Une partie de campagne.* Elle est la mère d'une petite fille, Laurence Bataille (1930-1986), qui deviendra une remarquable psychanalyste.

Issue d'une famille juive roumaine, Sylvia Bataille s'était intégrée à la joyeuse équipe du groupe Octobre, avec Jacques-Bernard Brunius, Raymond Bussières et Joseph Kosma. Sous la houlette de Jacques (1900-1977) et Pierre Prévert, les octobristes cherchaient à renouveler le théâtre populaire en s'inspirant de Bertolt Brecht (1898-1956) et Erwin Piscator (1893-1966). La sœur aînée de Sylvia (Bianca) avait épousé le poète surréaliste Theodor Frankel, la cadette (Rose) se mariera avec André Masson (1896-1987) et la troisième (Simone) deviendra la femme de Jean Piel, directeur de la revue *Critique.*

Lorsque survient la guerre, Sylvia se réfugie en zone libre. Tous les quinze jours Lacan lui rend visite. A Paris, il cesse toute activité publique et ne reçoit que sa clientèle privée. Sans être résistant, il manifeste clairement son hostilité à toutes les formes d'antisémitisme. Il a en horreur le régime de Vichy et tout ce qui a trait, de près ou de loin, à la Collaboration.

C'est néanmoins avant tout de sa vie privée qu'il se préoccupe pendant les deux premières années de guerre. En septembre 1940, Lacan se trouve dans une situation intenable. Il annonce à sa femme légitime, enceinte de lui de huit mois, que Sylvia, sa compagne, attend un enfant elle aussi. Aussitôt, Malou demande le divorce et c'est en pleine crise de dépression qu'elle accouche, le 26 novembre, d'une fille à laquelle on donne le prénom de Sibylle : « Quand je suis née, écrira cette dernière en 1994, mon père n'était déjà plus là. Je pourrais même dire, quand j'ai été conçue, il était déjà ailleurs [...]. Je suis le fruit du désespoir, d'aucuns diront du désir, mais je ne les crois pas. » Huit mois plus tard, le 3 juillet 1941, Sylvia met au monde le quatrième enfant de Lacan, Judith, inscrite à l'état civil sous le nom de Bataille. Elle ne pourra porter celui de son père qu'en 1964. Cette impossibilité de transmettre un patronyme sera l'une des déterminations inconscientes de l'élaboration du concept lacanien de Nom-du-père*.

Au début de l'année 1941, il s'installe au 5 de la rue de Lille : il y restera jusqu'à sa mort. En décembre, son mariage avec Marie-Louise Blondin est dissous par divorce, et, en 1943, Sylvia s'installe au 3 de la rue de Lille avec ses deux filles : Laurence et Judith. En juillet 1953, divorcée de Georges Bataille depuis août 1946, elle épouse Jacques Lacan à la mairie du Tholonet, près d'Aix-en-Provence. Pendant de longues années, à la demande de Malou, Lacan ne révélera pas aux enfants de son premier mariage l'existence de son deuxième foyer où il élève deux filles, la sienne et celle de Bataille. Cet imbroglio aura des conséquences dramatiques pour les deux familles.

« Lacan ne s'est pas du tout donné pour but, écrit Jacques-Alain Miller, de réinventer la psychanalyse. Au contraire, il a placé les débuts de son enseignement sous le signe d'un "retour à Freud" ; il s'est seulement demandé à propos de la psychanalyse : à quelle condition est-elle possible ? » C'est en 1950 que Lacan amorce ce retour aux textes de Freud en s'appuyant à la fois sur la philosophie heideggerienne, sur les travaux de la linguistique saussurienne et sur ceux de Lévi-Strauss. A la première il emprunte un questionnement infini sur le statut de la vérité, de l'être et de son dévoilement ; des deuxièmes, il tire sa conception du signifiant* et d'un inconscient* organisé comme un langage ; de l'enseignement des troisièmes, il déduit la notion de symbolique*, qu'il utilise dans une topique* (symbolique, imaginaire*, réel* : S.I.R.), ainsi qu'une relecture universaliste de l'interdit de l'inceste* et du complexe d'Œdipe*.

En revalorisant l'inconscient et le ça* au détriment du moi*, Lacan s'en prend à l'un des grands courants du freudisme, l'*Ego Psychology**, dont son ancien analyste est devenu l'un des représentants et qu'il assimile à une version édulcorée et adaptative du message freudien. Il l'appelle volontiers « psychanalyse américaine », et lui oppose la peste*, c'est-à-dire une vision subversive de la théorie freudienne, centrée sur le primat de l'inconscient. Comme durant l'entre-deux-guerres, Lacan continue alors à nouer de fortes relations en dehors du milieu psychanalytique : avec Roman Jakobson (1896-1982), Claude Lévi-Strauss, Maurice Merleau-Ponty (1908-1961). Grâce à Jean Beaufret (1907-1982), dont il est l'analyste, il rencontre Martin Heidegger (1889-1976).

A la SPP, Lacan attire à lui de nombreux élèves fascinés par son enseignement et désireux de rompre avec le freudisme académique de la première génération française. Il commence alors à être reconnu à la fois comme didacticien et comme clinicien. Son sens aigu de la logique de la folie*, son approche originale du domaine des psychoses* et son talent lui assurent, à côté de Françoise Dolto*, une place de choix aux yeux de la jeune génération psychiatro-psychanalytique.

En 1951, Lacan achète une maison de campagne, la Prévôté, située à Guitrancourt, à une centaine de kilomètres de Paris. Il s'y réfugie le dimanche pour travailler, mais y reçoit aussi ses patients ou donne des réceptions. Il adore jouer la comédie devant ses amis, se déguiser, danser, faire la fête et porter parfois des tenues extravagantes. Dans cette maison, il collectionne un nombre considérable de livres qui finiront, au fil des années, par constituer une immmense bibliothèque dont la simple consultation donne la mesure de sa passion pour le travail intellectuel. Dans un local donnant sur le jardin, il se fait aménager un bureau rempli d'objets d'art. Dans la loggia qui surplombe l'unique pièce, il accroche le fameux tableau de Gustave Courbet (1819-1877) *L'Origine du monde*, qu'il a acquis grâce aux conseils de Bataille et de Masson.

Comme tous les autres pays, la France freudienne entre, au lendemain de la Deuxième Guerre mondiale, dans l'ère des conflits, des crises et des controverses. La première scission* française se produit en 1953 et se joue autour de la création d'un nouvel institut de psychanalyse et de la question de l'analyse profane*. Groupés autour de Sacha Nacht*, les tenants de l'ordre médical s'opposent aux universitaires libéraux qui entourent Daniel Lagache* et soutiennent les élèves de l'institut révoltés par l'autoritarisme de Nacht.

Contesté tout au long de cette crise pour sa pratique des séances à durée variable (ou séances courtes), qui mettent en cause le rituel de la durée obligatoire (quarante-cinq-cinquante minutes) imposé par les standards de l'IPA, Lacan se range aux côtés des universitaires. Certes, il se montre favorable à l'analyse profane, mais ne partage aucune des thèses de Lagache sur la psychologie clinique*. Récusant toute idée d'assimilation de la psychanalyse à une quelconque psychologie, il considère les études de philosophie, de lettres ou de psychiatrie comme les trois meilleures voies d'accès à la formation des analystes. Il renoue donc avec le programme dessiné par Freud lors du congrès de l'IPA de Budapest en 1918.

Violemment hostile à Lacan et effrayée par l'agitation des élèves, Marie Bonaparte*, pourtant favorable à l'analyse profane, apporte son soutien au groupe de Nacht, provoquant ainsi le départ des libéraux et de la grande majorité des élèves. Lagache fonde alors la Société française de psychanalyse (SFP, 1953-1963) où se retrouvent Lacan, Dolto, Juliette Favez-Boutonier* ainsi que les principaux représentants de la troisième génération psychanalytique française : Didier Anzieu, Jean Laplanche, Jean-Bertrand Pontalis, Serge Leclaire*, François Perrier*, Daniel Widlöcher, Jenny Aubry*, Octave Mannoni*, Maud Mannoni, Moustapha Safouan. A l'exception de Wladimir Granoff, ils sont tous (ou ont été) soit en analyse, soit en contrôle* avec Lacan. Lors du premier congrès de la SFP, qui se tient à Rome en septembre 1953, Lacan fait une intervention remarquée, « Fonction et champ de la parole et du langage en psychanalyse » (ou « Discours de Rome »), dans lequel il expose les principaux éléments de son système de pensée issus de la linguistique structurale et d'influences diverses venues de la philosophie et des sciences. Il élabore plusieurs concepts (sujet, imaginaire, symbolique, réel, signifiant) qu'il développera au fil des années en les enrichissant de nouvelles formulations cliniques, puis logico-mathématiques : forclusion*, nom-du-père, mathème*, nœud borroméen*, sexuation*.

Grâce à son ami Jean Delay*, il obtient un amphithéâtre à l'hôpital Sainte-Anne. Pendant dix ans, deux fois par mois, il y tient son séminaire, commentant de façon systématique tous les grands textes du corpus freudien et donnant ainsi naissance à un nouveau courant de pensée : le lacanisme*. Le « Discours de Rome » est publié dans le premier numéro de *La Psychanalyse* (la revue de la SFP). Chaque année, Lacan donnera à cette revue une livraison de ses meilleures conférences, qui sont chaque fois une sorte de condensé des thèmes du séminaire. Il y fera également publier des articles de Martin Heidegger, Émile Benveniste, Jean Hyppolite (1907-1968) et bien d'autres encore.

Pendant dix ans, l'enseignement de Lacan permet à la communauté freudienne française de connaître un essor considérable : « nos plus belles années », diront les anciens combattants de ce groupe en crise et de ce mouvement en quête de reconnaissance.

En quittant la SPP, les fondateurs de la SFP avaient perdu sans s'en rendre compte leur appartenance à l'IPA. A partir de 1953, des négociations sont donc entamées avec l'exécutif central pour que soit affilié ce deuxième groupe français. A cette époque, nul ne songe à s'émanciper de la légitimité freudienne, Lacan encore moins que les autres. Soutenus par lui, Granoff, Leclaire et Perrier forment une « troïka » dont la tâche est de négocier la réintégration de la SFP. Après des années de discussions et d'échanges, le comité exécutif de l'IPA refuse à Lacan et à Dolto le droit de former des didacticiens. Les raisons de ce refus sont complexes. On reproche à Lacan la transgression des règles techniques, et notamment celles qui déterminent la durée des séances. S'agissant de Dolto, le rejet porte en partie sur sa manière de pratiquer la psychanalyse des enfants*, mais aussi sur sa formation didactique : à cette époque en effet, les élèves de René Laforgue* sont invités à faire une nouvelle analyse.

La deuxième scission (« excommunication » selon Lacan) du mouvement psychanalytique intervient durant l'hiver 1963. Elle est vécue comme un désastre par tous les membres de la SFP, aussi bien par les élèves que par les négociateurs : Leclaire, Lacan, Granoff, Perrier (et Pierre Turquet pour la Grande-Bretagne*).

En 1964, la SFP est dissoute et Lacan fonde l'École freudienne de Paris* (EFP) tandis que la majorité de ses meilleurs élèves se retrouvent aux côté de Lagache dans l'Association psychanalytique de France (APF) reconnue par l'IPA. Contraint de déplacer son séminaire, Lacan est accueilli, grâce à l'intervention de Louis Althusser, dans une salle de l'École normale supérieure (ENS) de la rue d'Ulm, où il peut poursuivre son enseignement.

Dans un article de 1964, Althusser fait de lui un très beau portrait tout en nuances. Il saisit fort bien les grandeurs et les défaillances du personnage, sa rigueur théorique, sa douleur dans les combats : « De là la passion contenue, écrit-il, la contention passionnée du langage de Lacan, qui ne peut vivre et survivre qu'à l'état d'alerte et de prévention. Langage d'un homme assiégé et condamné par la force écrasante des structures et des corporations à devancer leurs coups, à feindre au moins de les rendre avant de les avoir reçus, décourageant aussi l'adversaire de l'écraser sous les siens [...]. Ayant à enseigner la théorie de l'inconscient à des médecins, analystes ou analysés, Lacan leur donne, dans la rhétorique de sa parole, l'équivalent mimé du langage de l'inconscient, qui est, comme chacun sait, en son essence ultime, *Witz*, calembour, métaphore, ratée ou réussie : l'équivalent de l'expérience vécue dans leur pratique, qu'elle soit d'analyste ou d'analysé. »

A l'ENS, Lacan conquiert un nouvel auditoire, celui d'une partie de la jeunesse philosophique française à laquelle Althusser confie le soin de travailler ses textes. Parmi eux se trouve Jacques-Alain Miller, qui épouse Judith Lacan en 1966. Il deviendra le rédacteur des séminaires de son beau-père, son exécuteur testamentaire et l'initiateur, dès 1975, d'un courant néolacanien à l'intérieur même de l'EFP.

En 1965, sous l'impulsion de François Wahl, Lacan fonde la collection « Champ freudien » aux Éditions du Seuil et, l'année suivante, le 15 décembre 1966, il publie ses *Écrits*. L'ouvrage porte la trace de sa difficile élaboration : récriture de Lacan lui-même, corrections multiples de Wahl, commentaires de Miller. Lacan reçoit enfin la consécration attendue et méritée : cinq mille exemplaires sont vendus en quinze jours, avant même que paraissent des comptes rendus dans la presse. Plus de cinquante mille exemplaires seront vendus dans l'édition courante et la vente en poche battra tous les records pour un ensemble de textes aussi difficiles : plus de cent vingt mille exemplaires pour le premier vol., plus de cinquante-cinq mille pour le deuxième.

Désormais, Lacan est reconnu, célébré, haï ou admiré comme un penseur d'envergure, et non plus seulement comme un maître en psychanalyse. Son œuvre sera lue et commentée par de nombreux philosophes, parmi lesquels Michel Foucault (1926-1984) et Gilles Deleuze (1925-1995).

Avant même la parution de l'*opus magnum*, Lacan se rend aux États-Unis*, invité au symposium sur le structuralisme organisé en octobre 1966 par René Girard et Eugenio Donato à l'université Johns Hopkins de Baltimore : « A Baltimore, écrit Derrida, il me parla de la façon dont il pensait qu'il serait lu, en particulier par moi après sa mort [...]. L'autre inquiétude (qu'il me confia) concernait ses *Écrits* qui n'étaient pas encore parus mais dont la publication était imminente. Lacan était soucieux, un peu mécontent, m'a-t-il semblé, de ceux qui, au Seuil, lui avaient conseillé de tout rassembler dans un seul gros volume [...]. "Vous verrez, me dit-il, en faisant un geste de la main, ça ne va pas tenir." » Lacan retournera outre-Atlantique en 1976 pour faire une série de conférences dans les université de la côte est. La lecture de son œuvre restera limitée aux intellectuels, aux féministes et aux enseignants de littérature française.

Confronté au gigantisme de l'EFP, Lacan tente de résoudre les problèmes de formation par l'introduction de la passe*, nouvelle procédure d'accès à l'analyse didactique. Mise en application en 1969, elle provoque le départ d'un groupe d'analystes opposants (Perrier, Piera Aulagnier*, Jean-Paul Valabrega) qui forment une nouvelle école : l'Organisation psychanalytique de langue française (OPLF) ou Quatrième Groupe. Cette scission, la troisième de l'histoire du mouvement français, marque l'entrée de l'EFP dans une crise institutionnelle qui aboutira à sa dissolution le 5 janvier 1980, puis à la dispersion du mouvement lacanien en une vingtaine d'associations.

En 1974, Lacan dirige à l'université Paris-VIII, au département de psychanalyse fondé par Serge Leclaire en 1969, un enseignement du « Champ freudien » dont il confie la responsabilité à Jacques-Alain Miller. Il encourage alors la transformation progressive de sa doctrine en un corps de doctrine fermé, tandis qu'il s'acharne à faire de la psychanalyse une science exacte appuyée sur la logique du mathème* et la topologie des nœuds borroméens*.

Atteint de troubles cérébraux et d'une aphasie partielle, Lacan meurt le 9 septembre 1981 à la clinique Hartmann de Neuilly, après l'ablation d'une tumeur maligne du côlon.

Un jour qu'il devisait avec son amie Maria-Antonietta Macciocchi, Lacan lui avait dit sur le mode de la confidence : « Ah ! chère, les Italiens sont tellement intelligents ! Si je pouvais choisir un lieu pour mourir, c'est à Rome que je voudrais finir mes jours. Je connais de Rome tous les angles, toutes les fontaines, toutes les églises… Et si ce n'était pas Rome, je me contenterais de Venise ou de Florence : je suis sous le signe de l'Italie. »

● Jacques Lacan, *De la psychose paranoïaque dans ses rapports avec la personnalité* (1932), Paris, Seuil, 1966 ; *Les Complexes familiaux* (1938), Paris, Navarin, 1984 ; *Écrits,* Paris, Seuil, 1966 ; « Radiophonie », *Scilicet,* 2-3, 1970, 55-99 ; « L'étourdit », *Scilicet,* 4, 1973, 5-52 ; *Télévision,* Paris, Seuil, 1974 ; *Le Séminaire,* 25 livres (1953-1979), 9 publiés : I, *Les Écrits techniques de Freud* (1953-1954), Paris, Seuil, 1975 ; II, *Le Moi dans la théorie de Freud et dans la technique de la psychanalyse* (1954-1955), Paris, Seuil, 1977 ; III, *Les Psychoses* (1955-1956), Paris, Seuil, 1981 ; IV, *La Relation d'objet et les structures freudiennes* (1956-1957), Paris, Seuil, 1994 ; VII, *L'Éthique de la psychanalyse* (1959-1960), Paris, Seuil, 1986 ; VIII, *Le Transfert* (1960-1961), Paris, Seuil, 1991 ; XI, *Les Quatre Concepts fondamentaux (1964),* 1969-1970, Paris, Seuil, 1973 ; XVII, *L'Envers de la psychanalyse,* Paris, Seuil, 1991 ; XX, *Encore* (1972-1973), Paris, Seuil, 1975. Louis Althusser, « Freud et Lacan », in *Écrits sur la psychanalyse,* Paris, Stock, 1993, 15-53. Anika Lemaire, *Jacques Lacan* (1969), Bruxelles, Pierre Mardaga, 1977. Guy Lardreau et Christian Jambet, *L'Ange,* Paris, Grasset, 1976. Jacques-Alain Miller, « Jacques Lacan » (1979), *Ornicar ?,* 24, automne 1981, 35-44. Bernard Sichère, *Le Moment lacanien,* Paris, Grasset, 1983. Jean-Claude Milner, *Les Noms indistincts,* Paris, Seuil, 1983 ; *L'Œuvre claire,* Paris, Seuil, 1995. Alain Juranville, *Lacan et la Philosophie,* Paris, 1984. Philippe Julien, *Pour lire Jacques Lacan* (Toulouse, 1985), Paris, Seuil, coll. « Points », 1995. Joël Dor, *Introduction à la lecture de Lacan,* vol. 1, Paris, Denoël, 1985, vol. 2, Paris, Denoël, 1992 ; *Nouvelle Bibliographie des travaux de Jacques Lacan,* Paris, EPEL, 1994. Élisabeth Roudinesco, *Histoire de la psychanalyse en France,* vol. 2 (1986), Paris, Fayard, 1994 ; *Jacques Lacan. Esquisse d'une vie, histoire d'un système de pensée,* Paris, Fayard, 1993. Marcelle Marini, *Lacan,* Paris, Belfond, 1986. François Roustang, *Lacan, de l'équivoque à l'impasse,* Paris, Minuit, 1986. Bertrand Ogilvie, *Lacan, le sujet,* Paris, PUF, 1987. John P. Muller et William Richardson (éd.) *The Purloined Poe,* Baltimore, The Johns Hopkins University Press, 1988. Pierre Rey, *Une saison chez Lacan,* Paris, Robert Laffont, 1989. Mikkel Borch-Jacobsen, *Lacan, le maître absolu,* Paris, Flammarion, 1990. Angel de Frutos Salvador, *Los Escritos de Jacques Lacan. Variantes textuales,* Madrid, Siglo XXI, 1990. Jacques Derrida, « Pour l'amour de Lacan » (1990), in *Résistances de la psychanalyse,* Paris, Galilée, 1996. Judith Miller, *Album Lacan. Visages de mon père,* Paris, Seuil, 1991. Malcolm Bowie, *Lacan,* Londres, Fontana, 1991. Sibylle Lacan, *Un père,* Paris, Gallimard, 1994. Patrick Guyomard, « Jacques Lacan », in *Le Nouveau Dictionnaire des auteurs,* II, Paris, Bompiani-Laffont, 1994, 1759-1761. Dylan Evans, *An Introductory Dictionary of Lacanian Psychoanalysis,* Londres, Routledge, 1996. Ignacio Garate et José Miguel Marinas, *Lacan en Castellano,* Madrid, Quipu Ediciones, 1996. Wladimir Granoff, « Entretien sur Jacques Lacan : le fil russe », *L'Infini,* 57, printemps 1997.

▷ ASSOCIATION MONDIALE DE PSYCHANALYSE. BEIRNAERT Louis. BION Wilfred Ruprecht. BOUVET Maurice. CRIMINOLOGIE. DÉSIR. DIFFÉRENCE DES SEXES. ÉGLISE. FANTASME. GUATTARI Félix. HARTMANN Heinz. JAPON. JOUISSANCE. KLEINISME. KOHUT Heinz. MASOTTA Oscar. *MOT D'ESPRIT DANS SA RELATION À L'INCONSCIENT (LE). PSYCHOPATHOLOGIE DE LA VIE QUOTIDIENNE. SELF PSYCHOLOGY.* SEXUALITÉ FÉMININE. TECHNIQUE PSYCHANALYTIQUE.

LACANISME

Allemand : *Lacanianismus*. Anglais : *Lacanianism*.

Dans l'histoire du mouvement psychanalytique, on appelle lacanisme un courant représenté par les divers partisans de Jacques Lacan*, toutes tendances confondues. C'est entre 1953 et 1963 que prit corps en France* la refonte lacanienne, qui déboucha ensuite, avec la création en 1964 de l'École freudienne de Paris* (EFP), sur un vaste mouvement institutionnel puis sur une nouvelle forme d'internationalisation en rupture définitive avec l'International Psychoanalytical Association* (IPA). Après la mort de Lacan en 1981, le lacanisme s'atomisa en une multitude de tendances, de groupes, de courants et d'écoles formant une puissante nébuleuse diversement implantée dans de nombreux pays.

Comme l'annafreudisme*, comme le kleinisme* et comme plusieurs autres courants externes ou internes à l'IPA, le lacanisme appartient à la constellation freudienne dans la mesure où il se reconnaît dans la doctrine fondée par Sigmund Freud* et se distingue clairement des autres écoles de psychothérapie* par son adhésion à la psychanalyse*, c'est-à-dire à la cure par la parole comme seul lieu du traitement psychique, et aux grands concepts freudiens fondamentaux : l'inconscient*, la sexualité*, le transfert*, le refoulement*, la pulsion*.

Cependant, à la différence de l'annafreudisme*, de l'*Ego Psychology** et de la *Self Psychology**, le lacanisme n'est pas un simple courant mais une véritable école. Il s'est en effet constitué en un système de pensée à partir d'un maître qui a entièrement modifié la doctrine et la clinique freudiennes, non seulement en forgeant des concepts neufs mais aussi en inventant une technique originale de la cure d'où a découlé un type de formation didactique différent du freudisme* classique. En ce sens, il est comparable au kleinisme, né dix ans avant lui ; en fait il s'apparente surtout au freudisme lui-même dont il se réclame en ligne directe, par-delà les autres commentaires, lectures ou interprétations de la doctrine viennoise.

Le lacanisme se trouve donc dans une position d'exception. Lacan, en effet, est le seul des grands interprètes de la doctrine freudienne à avoir effectué sa lecture non pour la « dépasser » ou la conserver, mais avec l'objectif avoué de « faire retour littéralement aux textes de Freud ». Parce qu'il surgit de ce retour, le lacanisme est une sorte de révolution à l'envers, non pas un progrès par rapport à un texte originel, mais une « relève orthodoxe » de ce texte.

Le lacanisme se situe donc à contre-courant des autres tendances du freudisme, et notamment de toutes ses variantes américaines qualifiées péjorativement de « psychanalyse américaine ». Sous ce vocable, Jacques Lacan, et après lui ses disciples et ses héritiers désignent le néofreudisme*, l'annafreudisme et l'*Ego Psychology*. Tous ces courants renvoient selon eux à une conception « dévoyée » de la psychanalyse, c'est-à-dire à une doctrine centrée sur le moi* et oublieuse du ça*, à une vision adaptative ou culturaliste de l'individu et de la société.

Le lacanisme a en commun avec le kleinisme d'avoir étendu la clinique des névroses* à une clinique des psychoses* et d'avoir porté plus loin que le freudisme classique l'interrogation sur la relation archaïque à la mère. En ce sens, il a inscrit la folie* au cœur même de la subjectivité humaine. Mais, contrairement au kleinisme, il a poursuivi sans l'abolir l'interrogation sur la place du père, au point de voir dans la défaillance symbolique de celui-ci l'origine même de la psychose. D'où son intérêt pour la paranoïa*, plus que pour la schizophrénie*. Par ailleurs, il a procédé à une refonte complète de la métapsychologie* freudienne en inventant une théorie du sujet* (distinct du moi, de l'*ego*, du *self*, etc.), c'est-à-dire en introduisant une philosophie du sujet et de l'être au cœur même du freudisme. En outre, il a pris appui, pour penser l'inconscient, non plus sur un modèle biologique (darwinien) mais sur un modèle linguistique.

En se voulant plus freudien que les différents courants du freudisme des années 1950, en prétendant même les congédier au nom d'un retour à la pureté originelle, le lacanisme occupe donc une place unique dans l'histoire de la psychanalyse de la deuxième moitié du XXe siècle. Non seulement il n'est pas séparable en théorie de l'œuvre originelle dont il se veut le commentaire, mais il est condamné à devenir l'essence même de ce freudisme dont il rehausse la bannière en l'assimilant à une révolution permanente ou à une peste* subversive. D'où ce paradoxe : le lacanisme n'existe que parce qu'il se constitue historiquement comme un freudisme et plus encore comme l'essence du « vrai » freudisme. Aussi ne peut-il se fonder qu'en surajoutant le nom même de Freud à sa démarche et à ses institutions.

C'est pourquoi, après avoir été expulsé de l'IPA, haut lieu de la légitimité freudienne, le courant lacanien fut obligé, à partir de 1964, de créer un nouveau modèle d'association plus légitime que l'ancienne légitimité : ainsi, il appela école ce que l'on nommait société ou association, pour signifier le caractère platonicien de sa refonte, et il s'empara de l'adjectif freudien pour bien montrer qu'il se réclamait du vrai maître et non pas de ses héritiers.

Sur le plan politique, le lacanisme s'est massivement implanté en important le modèle institutionnel français dans deux pays du continent latino-américain : l'Argentine* et le Brésil*, où il a cependant éclaté en une centaine de groupes et de tendances, et où il cohabite avec un kleinisme lui-même très puissant à l'intérieur de la Federación psicoanálitica de America Latina* (FEPAL), branche latino-américaine de l'IPA. Il a fait une percée importante dans la partie francophone du Canada*. En Europe, le lacanisme a connu un essor variable selon les différents pays. C'est en France qu'il est le mieux implanté. Dans les années 1990, on recensait une cinquantaine de groupes et d'écoles répartis sur l'ensemble du territoire.

Le légitimisme lacanien est incarné en France par Jacques-Alain Miller, exécuteur testamentaire et gendre de Jacques Lacan. C'est lui qui dirige par ailleurs l'internationale lacanienne, l'Association mondiale de psychanalyse* (AMP).

En dehors de la France, de l'Espagne et des pays d'Amérique latine, et notamment dans les pays anglophones (États-Unis*, Grande-Bretagne*, Australie*), le lacanisme s'est peu épanoui. Mais il s'est parfois développé à l'université, dans les départements de philosophie et de littérature, où l'œuvre de Lacan est enseignée et commentée indépendamment de toute formation psychanalytique. C'est le cas dans bien des universités américaines.

Quand il a commencé à s'implanter comme méthode clinique vers 1970, le lacanisme a emprunté partout dans le monde la voie de la psychologie clinique*, devenant ainsi, face à un freudisme largement médicalisé, l'instrument d'une expansion de l'analyse profane* sur le terrain des diverses écoles de psychothérapies, et parfois même à l'intérieur de l'IPA.

Il est intéressant de noter que des courants séparatistes ont émergé à partir de 1990, tendant à faire du lacanisme un mouvement externe au freudisme sans toutefois renier celui-ci. En témoigne par exemple le premier dictionnaire en langue anglaise sur le sujet paru en 1996. Son titre et son contenu laissent entendre qu'il existerait une « psychanalyse lacanienne » (ce dont Lacan n'a jamais voulu).

Comme le kleinisme, le lacanisme a engendré un phénomène d'idolâtrie du maître fondateur, une hagiographie, un dogmatisme spécifique et quelques « sommes » inventoriant ses concepts et son histoire.

● Bice Benvenuto et Roger Kennedy, *The Work of Jacques Lacan*, Londres, Free Association Books, 1986. Joël Dor, *Introduction à la lecture de Lacan*, vol. 1, Paris, Denoël, 1985, vol. 2, Paris, Denoël, 1992 ; *Nouvelle Bibliographie des travaux de Jacques Lacan*, Paris, EPEL, 1994. Élisabeth Roudinesco, *Histoire de la psychanalyse en France*, vol. 2 (1986), Paris, Fayard, 1994 ; *Jacques Lacan. Esquisse d'une vie, histoire d'un système de pensée*, Paris, Fayard, 1993. Slavoj Zizek, *Looking Awry. An Introduction to Lacan through Popular Culture*, Boston, Massachusetts University Press, 1991. Judith Miller, *Album Jacques Lacan. Visages de mon père*, Paris, Seuil, 1991. Elizabeth Whrigt (éd.), *Feminism and Psychoanalysis. A Critical Dictionary*, Oxford, Basil Blackwell, 1992. Pierre Kaufmann (éd.), *L'Apport freudien*, Paris, Bordas 1993. Jean-Louis Henrion, *La Cause du désir. L'agalma de Platon à Lacan*, Paris, Point Hors Ligne, 1993. Jean-Claude Milner, *L'Œuvre claire*, Paris, Seuil, 1995. Bruce Fink, *The Lacanian Subject. Between Language and Jouissance*, New Jersey, Princeton University Press, 1995. Dylan Evans, *An Introductory Dictionary of Lacanian Psychoanalysis*, Londres, Routledge, 1996. Ignacio Garate et José Miguel Marinas, *Lacan en Castellano*, Madrid, Quipu Ediciones, 1996.

▷ AUBRY Jenny. AUTRE. DOLTO Françoise. FORCLUSION. HISTOIRE DE LA PSYCHANALYSE. IMAGINAIRE. JAPON. JOUISSANCE. LECLAIRE Serge. MATHÈME. NŒUD BORROMÉEN. NOM-DU-PÈRE. OBJET (petit) a. PERRIER François. *QUESTION DE L'ANALYSE PROFANE (LA)*. RÉEL. SCISSION. SEXUALITÉ FÉMININE. SIGNIFIANT. SYMBOLIQUE. TECHNIQUE PSYCHANALYTIQUE.

LAFORA Gonzalo Rodriguez (1886-1971)

psychiatre espagnol

Né à Madrid, Gonzalo Rodriguez Lafora fut l'un des introducteurs des thèses freudiennes en Espagne*. Formé à la psychiatrie à Berlin, à Paris et à Munich, il publia dès 1914 des articles favorables à la psychanalyse* et fonda en 1925 l'Institut médico-pédagogique et le sanatorium de Carabanchel.

Comme de nombreux psychiatres à travers le monde, il contribua à faire connaître la psychanalyse en l'abordant de manière critique. Il reprochait à Sigmund Freud* ce qu'il était alors convenu d'appeler son pansexualisme*, le caractère dogmatique de sa théorie, qui devait, selon lui, être réexaminé à la lumière de l'expérience, et il considérait la psychanalyse comme une psychothérapie* parmi d'autres, la comparant même à la confession.

En 1923, il donna à Buenos Aires des conférences de vulgarisation qui contribuèrent fortement à la diffusion de l'œuvre freudienne en Argentine*.

En 1938, fuyant le régime franquiste, il s'exila au Mexique et ne revint en Espagne qu'à la fin de sa vie.

● Gonzalo Rodriguez Lafora, « Teoria psicoanalitica de Freud », *Revista de Medicina y Cir. Praticas*, 116, 3, 1917. Francisco Carles Egea, *La Introducción del Psicoanálisis en España (1893-1922)*, thèse pour l'obtention du grade de docteur en médecine, université de Murcia, 1983. Hugo Vezzetti, « Psychanalyse et psychiatrie à Buenos Aires », *L'Information psychiatrique*, 4, avril 1989, 398-411.

▷ ORTEGA Y GASSET José.

LAFORGUE René (1894-1962)
psychiatre et psychanalyste français

Fondateur du mouvement psychanalytique français, René Laforgue eut une destinée aussi tumultueuse que la plupart des pionniers européens de sa génération. Comme beaucoup d'entre eux, il connut une enfance difficile et trouva dans la psychanalyse* un moyen d'affronter des problèmes personnels. Il fut un remarquable clinicien des psychoses et un excellent praticien de l'inconscient*, à la manière d'un Sandor Ferenczi*. Aussi laissa-t-il sa trace dans l'histoire en formant bon nombre de psychanalystes français, parmi lesquels Françoise Dolto*, sa principale héritière.

Laforgue naquit à Thann en Alsace, quand cette province appartenait encore à l'Allemagne*. D'où ce paradoxe : le premier freudien de France* fut allemand avant d'être français et introduisit la psychanalyse dans le pays le plus germanophobe d'Europe, où la doctrine viennoise était regardée comme une « science boche ».

Laforgue était issu d'une famille modeste marquée par des problèmes de filiations. Son père, ouvrier graveur, n'était pas légalement le fils de son propre père, et sa mère, dépressive et suicidaire, était une fille illégitime dont les parents n'avaient pas pu se marier du fait des conflits opposant les catholiques et les protestants. Aussi naviguait-elle entre trois religions. Elle envoyait son fils tantôt à l'église catholique, tantôt au culte protestant. Le soir, faute de synagogue, elle lui faisait réciter des prières en hébreu.

Laforgue fut toute sa vie un révolté. Après avoir reçu une éducation rigide qui ne lui convenait pas, il fut envoyé dans un sévère internat d'où il fugua. C'est à Berlin, chez Franz Oppenheimer, un physiologiste réputé, qu'il trouva refuge et s'orienta vers la médecine et la psychiatrie. En 1913, il découvrit la doctrine viennoise en lisant *L'Interprétation des rêves** et, un an plus tard, il fut mobilisé dans l'armée allemande sur le front de l'est. Quand l'Alsace redevint française, Laforgue se retrouva interne dans un hôpital psychiatrique de Strasbourg. C'est là qu'il se révéla un remarquable clinicien de la schizophrénie*. Il soutint sa thèse sur le sujet en s'initiant aux travaux de l'école zurichoise : Eugen Bleuler*, Carl Gustav Jung*.

En 1922, il épousa Paulette Erikson, la fille d'un pharmacien de Colmar. Avec elle, il vint s'installer à Paris, où il rencontra Eugénie Sokolnicka*, qui le prit en analyse ainsi que René Allendy* et Édouard Pichon*. Très vite, il réunit autour lui tous ceux qui deviendront en 1926 les fondateurs de la Société psychanalytique de Paris (SPP).

Mais entre-temps, en 1923, il se vit confier par Henri Claude* un poste d'assistant à l'hôpital Sainte-Anne. Il y succéda à Eugénie Sokolnicka, qui venait d'être évincée parce qu'elle n'était pas médecin. C'est alors qu'il entreprit une longue correspondance avec Sigmund Freud* qui se prolongera jusqu'en 1937.

En novembre 1925, un drame le frappa durement : sa femme dut subir une hystérectomie qui l'empêchait désormais d'être mère. Laforgue tenta de lui cacher la vérité le plus longtemps possible et finit par l'envoyer en analyse avec Sokolnicka. Par la suite, Paulette Erikson deviendra psychanalyste après un contrôle avec Heinz Hartmann*.

Les lettres échangées entre Freud et Laforgue contiennent de nombreux renseignements sur les débuts du mouvement psychanalytique français : création de la *Revue française de psychanalyse* et du groupe de l'Évolution psychiatrique, discussion autour de la notion de scotomisation, jugements sur l'analyse de Marie Bonaparte* envoyée par Laforgue à Freud.

L'entrée en scène de la princesse dans l'histoire du mouvement français fut d'une importance considérable. A partir de 1925, aidée par Rudolph Loewenstein* et adulée par Freud, elle supplanta Laforgue dans le rôle de chef de file de ce fragile groupe parisien divisé en deux tendances : les internationalistes d'un côté, désireux d'imposer les règles techniques de l'International Psychoanalytical Association* (IPA) à la formation didactique, les chauvins de l'autre, bien décidés à fonder une « psychanalyse française », débarrassée de toute « germanité ».

Laforgue ne parvint pas à maîtriser les conflits et perdit progressivement son autorité. Son ami Édouard Pichon lui reprochait de ne pas savoir exercer le commandement, et ses adversaires l'accusaient d'être une sorte de gourou, habité par un formidable besoin de reconnaissance, incapable d'échapper à sa névrose* d'échec et trop imbu de lui-même pour se faire respecter.

Après s'être séparé de Paulette Erikson en 1938, il épousa Delia Clauzel, une de ses anciennes patientes. Fille de diplomate, elle était issue de la grande bourgeoisie de droite et passionnée d'orientalisme et d'ésotérisme. A travers elle, il s'éloigna progressivement du freudisme* classique pour se tourner vers des interrogations spiritualistes. Pour comble de malheur, Delia mit au monde, en 1942, une fille handicapée qui devait mourir quatre ans plus tard.

C'est alors que débuta la période la plus noire de la vie de Laforgue. Mobilisé à Saint-Brieuc en 1939 et toujours incapable de choisir son camp, il se persuada que la victoire allemande était acquise et qu'il fallait se « débrouiller » avec l'ennemi au risque de soumettre la psychanalyse au bon vouloir des nazis. Tandis que l'ensemble du mouvement français avait cessé toute activité publique, les uns ayant émigré, d'autres étant passé à la clandestinité, d'autres encore attendant des jours meilleurs, Laforgue prit contact avec Matthias Heinrich Göring* et entama avec lui une importante correspondance. Il lui proposa de faire reparaître la *Revue française de psychanalyse* sous tutelle allemande et de créer à Paris un institut « aryanisé » sur le modèle de celui de Berlin.

La tentative échoua. Les nazis se méfiaient de ce freudien de la première heure, membre de la Ligue contre l'antisémitisme et hostile aux thèses du national-socialisme. A l'été 1942, sentant venir la victoire des Alliés, Laforgue changea une nouvelle fois d'orientation. Réfugié dans sa maison des Chabert, dans le midi de la France, il protégea des Juifs et des réfractaires au Service du travail obligatoire (STO), facilita le départ pour l'étranger d'Oliver Freud* et de son épouse, et dirigea la cure d'Eva Freud*, leur fille, qui refusait de quitter le territoire français.

A la Libération, traîné devant un tribunal d'épuration par John Leuba (1884-1952), nouveau président de la SPP et germanophobe convaincu, Laforgue fut aussitôt relaxé grâce aux différents témoignages de ceux qu'il avait protégés et surtout parce que, à cette époque, aucune preuve n'existait de cette étrange collaboration manquée. Malgré le non-lieu prononcé par le tribunal en 1946, la rumeur persista. Pour ses ennemis, Laforgue était devenu un infâme collaborationniste, voire un antisémite, et pour ses amis, prompts à l'hagiographie, il demeurait un héroïque pionnier, voire un résistant. L'examen minutieux des archives, et notamment de la correspondance avec Göring, exhumées pour la première fois en 1986 par Élisabeth Roudinesco, montre que si Laforgue fut maudit par le mouvement psychanalytique, ce fut moins en raison de sa prétendue collaboration avec l'ennemi, dont personne n'avait la preuve à l'époque, que pour sa pratique didactique, jugée transgressive et inadaptée aux normes de l'IPA.

En 1950, au premier congrès mondial de psychiatrie, organisé par Henri Ey*, Laforgue commença à dénoncer le fanatisme des sociétés psychanalytiques. Trois ans plus tard, au moment de la scission de 1953, il donna sa démission de la SPP pour rejoindre les rangs de la nouvelle Société française de psychanalyse (SFP), fondée par Daniel Lagache* et Juliette Favez-Boutonier*.

Quelque temps plus tard, fuyant les querelles parisiennes, il s'installa à Casablanca où il créa un petit cercle de disciples au centre duquel il occupa la place d'un maître à la fois déchu et admiré, partagé entre l'amour de l'exil et la nostalgie de la patrie perdue. Il étudia la mentalité des populations indigènes et s'intéressa au problème de la rédemption. Mais surtout, il adopta les thèses différentialistes de la psychiatrie coloniale française selon lesquelles la « mentalité indigène » serait « inférieure » à celle de l'Occidental dit « civilisé », et il en tira des analyses psychopathologiques, prétendant par exemple que les modes éducatifs en vigueur chez les Arabes favorisaient l'apparition d'un « moi paranoïaque ». Il partageait ce type d'analyse avec la fraction chauvine de la première génération française : cette thématique avait en effet conduit Angelo Hesnard*, Édouard Pichon, etc., à refuser la « germanité » des théories freudiennes au nom de la « francité » des leurs. Pourtant, on ne peut pas considérer Laforgue comme un véritable raciste ou un antisémite comme l'était son disciple et ami Georges Mauco* (qui collabora avec le nazisme*). Il mourut des suites d'une opération chirurgicale.

Les ouvrages de psychanalyse appliquée* qu'il consacra à Talleyrand ou à Baudelaire sont aussi oubliés que ses écrits cliniques.

• René Laforgue, *Relativité de la réalité*, Paris, Denoël et Steele, 1932. *Psychopathologie de l'échec*, Genève, Mont-Blanc, 1963 ; *Au-delà du scientisme*, Genève, Mont-Blanc, 1963 ; *Réflexions psychanalytiques*, Genève, Mont-Blanc,

1965. « La correspondance entre Freud et Laforgue, 1923-1937 », présentée par André Bourguignon, *Nouvelle Revue de psychanalyse*, 15, printemps 1977, 236-314. Élisabeth Roudinesco, *Histoire de la psychanalyse en France*, vol. 1 (1982) et 2 (1986), Paris, Fayard, 1994 ; « René Laforgue ou la Collaboration manquée, Paris-Berlin, 1939-1942. Documents concernant l'histoire de la psychanalyse en France durant l'Occupation », *Cahiers Confrontation*, 16, automne 1986, 243-278 ; « Réponse à Alain de Mijolla à propos de l'affaire Laforgue », *Frénésie*, 6, 1988, 219-229 ; « Kollaboration ? René Laforgue et Matthias Heinrich Göring », *Psyche*, 42, décembre 1988, 1041-1080. Alain de Mijolla, « La psychanalyse et les psychanalystes en France entre 1949 et 1945 », *Revue internationale d'histoire de la psychanalyse*, 1, 1988, 167-225. Jean-Pierre Bourgeron, *Marie Bonaparte et la psychanalyse, à travers ses lettres à René Laforgue et les images de son temps*, Genève, Champion-Slatkine, 1993. Jalil Bennani, *La Psychanalyse au pays des saints*, Casablanca, Le Fennec, 1996.

▷ ANTHROPOLOGIE. BJERRE Poul. ÉGLISE. ETHNOPSYCHANALYSE. FANON Frantz. FRANCE. INDE. JUNG Carl Gustav. MANNONI Octave. SCISSION. TECHNIQUE PSYCHANALYTIQUE.

LAGACHE Daniel (1903-1972)

psychiatre et psychanalyste français

Comme Sacha Nacht*, Françoise Dolto*, Maurice Bouvet* et bien d'autres, Daniel Lagache appartient à la deuxième génération* psychanalytique française. Dans l'histoire de la psychanalyse* en France*, il joua un rôle important, à la fois comme héritier de Pierre Janet* dans le domaine de la psychologie clinique* et comme introducteur de la psychanalyse à l'université. Contre Nacht, qui prônait le rattachement de la psychanalyse à la médecine, et contre Lacan*, qui voulait détacher la psychanalyse de la psychologie par un retour rigoureux aux textes freudiens, il fut l'artisan de la séparation entre la philosophie et la psychologie et de la synthèse entre celle-ci et la psychanalyse. Il devint ainsi, par l'université, le chef de file d'un courant favorable à l'analyse profane* (ou *Laïenanalyse*), mais qui permit surtout l'accès massif des psychologues au métier de psychanalyste.

Cette politique conduisit Lagache, après une première scission*, à fonder en 1953 la Société française de psychanalyse (SFP), au sein de laquelle, pendant dix ans, il cohabitera avec son plus grand rival : Jacques Lacan. Ils auront en 1958 un débat théorique sur la notion de personnalité. Après une deuxième scission, il sera le cofondateur en 1964 de l'Association psychanalytique de France (APF), aux côtés des psychanalystes les plus prestigieux de la troisième génération, parmi lesquels Didier Anzieu, Wladimir Granoff, Jean Laplanche, Jean-Bertrand Pontalis.

Né à Paris, Daniel Lagache était issu d'une famille bourgeoise originaire de Picardie. Son père, avocat, mourut lorsqu'il avait 13 ans et, très jeune, il souffrit de la préférence de sa mère pour son frère cadet. Il en conçut une terrible jalousie, pathologie à laquelle il portera toute sa vie un intérêt clinique.

C'est en 1924 qu'il entra à l'École normale supérieure dans la même promotion que Jean-Paul Sartre (1905-1980), Paul Nizan (1905-1940), Raymond Aron (1905-

1983) et Georges Canguilhem (1904-1995). Comme de nombreux normaliens de sa génération, il assista aux présentations de malades de Georges Dumas (1866-1946), un ami de Pierre Janet violemment hostile aux thèses freudiennes. Agrégé de philosophie, interne des hôpitaux psychiatriques puis chef de clinique des maladies mentales et de l'encéphale, il fut l'élève de Gaëtan Gatian de Clérambault* à l'infirmerie spéciale. Enfin, en 1934, il soutint sa thèse de médecine sur les hallucinations verbales.

Comme tous les cliniciens français de sa génération – Jacques Lacan, Henri Ey*, Paul Schiff*, etc. – il participa à la refonte de la psychiatrie dynamique* et centra ses premiers travaux sur l'étude des psychoses passionnelles et de la paranoïa*. En même temps que Lacan, dont il était le cadet de deux ans, il s'initia aux textes allemands, s'intéressa à la folie féminine et à la criminologie*, découvrit l'œuvre de Karl Jaspers (1883-1969), la phénoménologie, et suivit l'enseignement d'Henri Claude*.

Contrairement à Lacan et à Nacht, il raconta sa cure avec Rudolph Loewenstein* dans un article publié en anglais en 1966, où il livrait de nombreuses informations sur son enfance et sa vie privée. Cette analyse s'était déroulée entre 1933 et 1936 dans des conditions difficiles, ce qui conduira Lagache à faire une deuxième « tranche » sur le divan de Maurice Bouvet.

Après une première communication à la Société psychanalytique de Paris (SPP) sur le travail du deuil, Lagache fut nommé, en 1937, maître de conférences de psychologie à la faculté de Strasbourg où il succéda à Charles Blondel, un autre professeur violemment hostile à la psychanalyse, ami de l'historien Marc Bloch (1886-1944). A Paris, en juin 1938, il croisa Sigmund Freud* à la réception donnée en son honneur par Marie Bonaparte* avant l'exil londonien.

En 1947, il succéda à Paul Guillaume à la chaire de psychologie générale. C'est alors qu'il entreprit sa thèse *La Jalousie amoureuse,* tout en commençant à jouer un rôle de premier plan au sein du mouvement psychanalytique français. Deux ans plus tard, dans sa leçon inaugurale, *L'Unité de la psychologie*, il réactualisait le terme de psychologie clinique tombé en désuétude depuis que Janet avait voulu doter la psychologie d'une « médecine » qui ne doive rien à l'enseignement médical. Mais, tandis que Janet était un antifreudien convaincu, Lagache était devenu à cette date un freudien de stricte obédience. D'où une position impossible à tenir puisqu'elle consistait à vouloir intégrer le freudisme au janétisme en vertu du principe de l'unité de la psychologie en tant que science. Selon Lagache, il fallait unifier la branche dite naturaliste de la psychologie, comprenant le behaviorisme et les théories de l'apprentissage (avec la statistique et l'expérimentation), et sa branche dite humaine, rassemblant la psychologie clinique et la psychanalyse, elle-même définie comme ultraclinique. Il faisait dériver l'une et l'autre de la phénoménologie de Karl Jaspers.

En 1956, dans une célèbre conférence prononcée au Collège philosophique, Georges Canguilhem, pourtant ami de longue date de Lagache, mit en pièces ce programme en traitant la psychologie de « philosophie sans rigueur », d'« éthique sans exigence » et de « médecine sans contrôle ». Dix ans plus tard, après la rupture entre Lagache et Lacan, cet article sera utilisé par les élèves de Louis Althusser (1918-1990) à l'École normale supérieure, dans le cadre d'une refonte philosophique des concepts freudiens hostile à toute forme de psychologie.

Parallèlement à ses travaux personnels et à ses activités universitaires, Lagache développa un vaste programme éditorial en créant, aux Presses universitaires de France (PUF), la « Bibliothèque de psychanalyse et de psychologie clinique », qui deviendra « Bibliothèque de psychanalyse ». Il y fera publier quarante-deux volumes, parmi lesquels des ouvrages de Freud, la biographie de celui-ci par Ernest Jones* et enfin les œuvres des grands auteurs américains et anglais encore ignorées du public français : Melanie Klein*, Heinz Hartmann*, Otto Fenichel*, Edward Glover*, Helene Deutsch*, René Spitz*, etc. Le fleuron de sa collection sera le fameux *Vocabulaire de la psychanalyse*, réalisé sous sa direction par Laplanche et Pontalis et traduit aujourd'hui en plus de vingt langues.

Bien qu'il n'ait pas joué comme didacticien un rôle équivalant à ceux de Lacan ou de Nacht, Lagache fut aussi un technicien de la cure et un contrôleur. Il travailla beaucoup la question du transfert* et, à la suite d'Edward Bibring*, il théorisa la notion de mécanismes de dégagement dans le cadre de sa doctrine de la personnalité : « Sa qualité psychanalytique principale, écrit Didier Anzieu, fut la fermeté. Il savait certes la tempérer par des moments de bienveillance. Mais ce que tous ses élèves ont appris de lui, moi le premier, est l'importance de la régularité des horaires, d'une durée fixe et suffisamment longue des séances, du maintien de l'austérité des règles et de la situation face aux demandes manipulatoires du patient, d'une interprétation par étapes, précise, sobre, concrète. »

● Daniel Lagache, *Œuvres complètes (1932-1968)*, 5 vol., édition établie et présentée par Eva Rosenblum, Paris, PUF, 1977-1982. Jacques Lacan, *Écrits*, Paris, Seuil, 1966. Georges Canguilhem, *Études d'histoire et de philosophie des sciences*, Paris, Vrin, 1968. Didier Anzieu, « Daniel Lagache (1903-1972) », *Bulletin de psychologie*, 305, XXVI, 10-11, 532-542. *Documents et Débats*, « Hommage à Daniel Lagache », 11, mai 1975. Élisabeth Roudinesco, *Histoire de la psychanalyse en France*, vol. 2 (1986), Paris, Fayard, 1994 ; « Situation d'un texte : qu'est-ce que la psychologie ? », in *Georges Canguilhem, philosophe, historien des sciences*, Paris, Albin Michel, 1993, 135-145.

▷ FREUDISME. LACANISME.

LAING Ronald David (1927-1989)

psychiatre et psychanalyste anglais

Poète, écrivain, militant de toutes les causes en faveur des marginaux, des exclus, des opprimés et des peuples colonisés, Ronald Laing reste l'une des plus belles figures de ce mouvement de révolte qui fit vaciller pendant vingt ans, de 1950 à 1970, l'ensemble des idéaux de la bourgeoisie occidentale. Marqué à la fois par l'heideggerianisme, l'existentialisme et l'expérience de la mescaline et du LSD, il chercha toute sa vie, à travers un long voyage à l'intérieur du moi, le moyen de comprendre la grande énigme de la folie* humaine.

Né à Glasgow, il fut d'abord psychiatre dans l'armée britannique et membre du groupe des Indépendants* au sein de la British Psychoanalytical Society (BPS) avant de fonder avec David Cooper* le mouvement antipsychiatrique anglais. Tous deux créèrent ainsi la Philadelphia Association and Mental Health Charity ainsi que l'hôpital de Kingsley Hall où furent accueillis des schizophrènes.

Proche de Donald Woods Winnicott*, dont il fut l'élève, et analysé par Charles Rycroft, il s'écarta du freudisme* classique et de la psychiatrie à la fin des années 1950 en construisant une doctrine du *self* inspirée à la fois des notions winnicottiennes, de l'existentialisme sartrien et des thèses d'un autre dissident célèbre : Harry Stack Sullivan*.

Comme tous les artisans du mouvement antipsychiatrique, Laing voyait dans la folie l'histoire d'un passage, d'une situation et non pas d'une maladie : « une stratégie inventée par le sujet pour vivre une situation invivable ». Dans son ouvrage de 1960, *Le Moi divisé*, il montrait que lorsque l'individu se sent étranger à lui-même, il se fabrique un « faux *self** » pour lutter contre le désespoir.

Dans la même perspective, la folie n'était rien d'autre à ses yeux qu'une réaction rationnelle de l'homme face à un monde ayant perdu la raison. Quant à l'homme dit normal, il ne serait qu'un malade qui s'ignore. En 1967, Laing rapprocha trois figures : le fou, le criminel et le révolutionnaire. Il les présenta tous trois comme des aventuriers de la mystique contestant un ordre social fondé sur la haine et l'abaissement de l'homme par la technologie.

C'est en 1972, après un séjour en Inde*, que Ronald Laing évolua vers l'orientalisme, trouvant dans le bouddhisme et dans les théories de la réincarnation une philosophie de la souffrance et de la subjectivité capable selon lui de subvertir la rationalité occidentale.

Dans son autobiographie de 1985, il reconnaîtra l'échec de ses méthodes de traitement de la schizophrénie* et reniera la plupart de ses théories antérieures.

● Ronald Laing, *Le Moi divisé* (1960), Paris, Stock, 1970 ; *La Politique de la famille* (1964), Paris, Stock, 1972 ; *La Politique de l'expérience* (1967), Paris, Stock, 1979 ; *Nœuds* (1970), Paris, Stock, 1971 ; *Sagesse, déraison et folie. la fabrication d'un psychiatre* (1985), Paris, Seuil, 1986.

▷ ANTIPSYCHIATRIE. PSYCHOSE. PSYCHOTHÉRAPIE INSTITUTIONNELLE.

LAIR LAMOTTE Pauline (1853-1918), cas « Madeleine Lebouc »

Comme Augustine* ou Blanche Wittmann, Pauline Lair Lamotte fut, sous le nom de Madeleine Lebouc, l'une des hystériques les plus célèbres de l'hôpital de la Salpêtrière*. Son cas fut étudié par Pierre Janet*.

Née à Mayenne, elle était issue de la moyenne bourgeoisie républicaine. A l'âge de 20 ans, deux ans après la Commune de Paris, elle partit pour Londres à la découverte de la misère ouvrière. Refusant de se plier aux exigences de la religion officielle, elle donna libre cours à une parole empreinte de mysticisme, s'identifiant à la destinée errante du sous-prolétariat urbain. Ses écrits « inspirés », comme plus tard ceux de Marguerite Anzieu*, évoquent irrésistiblement certains textes d'Arthur Rimbaud (1854-1891) : « Oui, j'ai senti l'odeur des cadavres corrompus, écrivait-elle, et j'ai vu couler le sang dans les ruisseaux de la nuit. »

Internée à la Salpêtrière en 1896 pour des stigmates, des contractures et des extases, elle fut soignée par Janet qui réduisit son histoire à une pathologie d'origine hystérique, allant même jusqu'à l'identifier à celle d'une autre « folle », Thérèse d'Avila, qualifiée par lui de « patronne des hystériques ». Cette position restrictive, qui niait toute consistance théorique au discours mystique, au risque de dissoudre la folie* dans la pathologie, valut à Janet de redoutables critiques. De la part des surréalistes d'abord, qui, sans citer Madeleine, célébrèrent en 1928 la « beauté convulsive » des hystériques de la Salpêtrière, du père Bruno de Jésus-Marie ensuite qui, en 1931, distingua le vrai mysticisme de Thérèse d'Avila, fondé sur une spiritualité débarrassée de toute illusion, de la folie mystique de Pauline, ancrée dans la jouissance de l'abjection et donc dans l'incapacité d'accéder à la connaissance mystique.

La véritable histoire de Pauline fut mise au jour pour la première fois en 1993 par Jacques Maître.

● Pierre Janet, *De L'angoisse à l'extase,* vol. 1, Paris, Alcan, 1926. Henri F. Ellenberger, *Histoire de la découverte de l'inconscient* (New York, Londres, 1970, Villeurbanne, 1974), Paris, Fayard, 1994. Michel de Certeau, *La Fable mystique,* Paris, Gallimard, 1982. Jacques Maître, *Une inconnue célèbre. La Madeleine Lebouc de Janet,* Paris, Anthropos, 1993.

▷ CHARCOT Jean Martin. ÉGLISE. HYSTÉRIE. PERSONNALITÉ MULTIPLE. SPIRITISME. SURRÉALISME.

LAMPL Hans (1889-1958)
médecin et psychanalyste néerlandais

Juif viennois et camarade de classe de Martin Freud*, Hans Lampl achève ses études de médecine en 1912 et s'oriente vers l'anatomo-pathologie, la sérologie et la bactériologie. Dès 1916, il s'intéresse à la psychanalyse*. Deux ans plus tard, il tombe amoureux d'Anna Freud* et décide de l'épouser. Celle-ci commence alors son analyse avec son père, qui s'oppose formellement à ce mariage. Freud a de l'affection pour Lampl, mais il redoute son caractère et pense même qu'il est atteint de paranoïa*. Anna s'incline. Plus tard, elle se félicitera d'avoir obéi à son père et entretiendra avec Lampl une excellente amitié. Celui-ci était d'ailleurs un homme plein de charme et d'humour, aimant l'art, la bonne cuisine et les voyages.

En 1921, Lampl part se former à Berlin où il fait une analyse avec Hanns Sachs*, tandis que Jeanne De Groot, psychiatre néerlandaise, commence l'année suivante à Vienne* une cure avec Freud (qui durera trois ans). En 1925, Hans Lampl l'épouse. Au fur et à mesure qu'elle se rapproche de Freud et devient l'une de ses disciples préférées, il donne libre cours à sa jalousie et s'en prend à ce qu'il considère comme de l'idolâtrie. Freud, craignant pour Jeanne ces accès de persécution, tente alors de l'envoyer sur un divan. Il refuse.

En 1938, fuyant le nazisme*, Jeanne Lampl-De Groot* et son mari s'installent à La Haye. C'est là-bas qu'ils traverseront les différentes crises qui affectent le mouvement psychanalytique des Pays-Bas*. Ils resteront toujours très amis avec Anna. Hans trouvera la mort en 1958 dans un grave accident de voiture auquel sa femme survivra.

• Maria Montessori, « Dr Hans Lampl », Obituary, *IJP*, vol. XLI, 1960. Élisabeth Young-Bruehl, *Anna Freud* (1988), Paris, Payot, 1991. Sigmund Freud, *Chronique la plus brève. Carnets intimes, 1929-1939*, annoté et présenté par Michael Molnar (Londres, 1992), Paris, Albin Michel 1992. Elke Mühlleitner, *Biographisches Lexikon der Psychoanalyse. Die Mitglieder der psychologischen Mittwoch-Gesellschaft und der Wiener psychoanalytischen Vereinigung von 1902-1938*, Tübingen, Diskord, 1992.

LAMPL-DE GROOT Jeanne, née De Groot (1895-1987)

médecin et psychanalyste néerlandaise

Née à Schieden en Hollande, Jeanne De Groot fut, avant même d'épouser Hans Lampl*, l'une des femmes préférées de Sigmund Freud* avec Marie Bonaparte*, Ruth Mack-Brunschwick* et Joan Riviere*. Après avoir été l'élève de Gerbrandus Jelgersma (1859-1942), elle décida d'écrire à Freud pour le rencontrer. En 1922, elle se rendit à Vienne* pour faire son analyse avec lui. La cure dura trois ans à raison de six jours par semaine avec des séances de cinquante-cinq minutes. En 1927, elle participa au grand débat sur la sexualité féminine*, défendant le point de vue moniste de l'école viennoise.

C'est à Berlin qu'elle rencontra Hans Lampl, qui deviendra son époux. Tous deux restèrent à Vienne jusqu'en 1938, date à laquelle, fuyant le nazisme*, ils s'installèrent à La Haye, aux Pays-Bas*, où vivait encore la mère de Jeanne. Elle adhéra alors à la Nederlandse Vereniging voor Psychoanalyse (NVP) qui venait de réintégrer dans ses rangs la société rivale formée en 1933 par Johan H.W. Van Ophuijsen*. Elle y joua un rôle important.

Installée à Amsterdam en 1943, elle forma autour d'elle un groupe auquel elle apporta sa force de conviction, son orthodoxie et le souvenir très vivace de sa longue complicité avec Freud. Elle était d'ailleurs très proche d'Anna Freud* et de tout le courant viennois en exil. En 1947, alors qu'elle était l'une des personnalités les plus puissantes de la légitimité freudienne, elle affronta une scission* qui faisait suite aux conflits d'avant guerre que René De Monchy* avait réussi à calmer. J.H. Van der Hoop et Westerman Holstijn fondèrent en effet une nouvelle association d'inspiration plus libérale, la Nederlandse Genootschap voor Psychoanalyse (NGP), qui ne sera jamais intégrée à l'International Psychoanalytical Association* (IPA).

Jeanne Lampl-De Groot continua à former de nombreux psychanalystes dans la tradition du freudisme* classique. Aux côtés d'Anna Freud, de Marianne Kris* et de Dorothy Burlingham*, elle fut regardée par les jeunes générations de la psychanalyse* comme l'une des « quatre grandes dames » de la famille freudienne. Les quarante-sept articles qui composent son œuvre, et dont beaucoup portent sur la sexualité et la féminité, furent réunis en 1965 puis mis au jour vingt ans plus tard, lors de la célébration de son quatre-vingt-dixième anniversaire.

• Jeanne Lampl-De Groot, *Collected Papers of Jeanne Lampl-De Groot*, New York, International Universities Press, 1965 ; *Souffrance et jouissance*, Paris, Aubier, 1983. Ilse Bulhof, *Freud en Nederland*, Ambo, Baarn, 1983. Paul-Laurent Assoun, « Freud et la Hollande », *in* Harry Stroeken, *En analyse avec Freud* (1985), Paris, Payot, 1987, 200-235.

LANDAUER Karl (1887-1945)

médecin et psychanalyste allemand

Né à Munich dans une famille juive, Karl Landauer poursuivit des études médicales avant de se rendre à Vienne* pour faire une analyse avec Sigmund Freud*. Il adhéra à la Wiener Psychoanalytische Vereinigung (WPV) puis s'installa à Francfort où il se lia avec des philosophes, et notamment avec Max Horkheimer (1895-1973) dont il fut l'analyste. Après l'arrivée au pouvoir des nazis, il émigra aux Pays-Bas* où il eut des conflits avec ses collègues néerlandais qui ne voulurent pas l'intégrer à la Nederlandse Vereniging voor Psychoanalyse (NVP) parce que ses diplômes médicaux n'étaient pas reconnus par la Hollande. En 1943, pris dans une rafle, il fut déporté au camp d'extermination de Bergen-Belsen où il mourut en janvier 1945.

● *Les Années brunes. La psychanalyse sous le IIIe Reich*, textes traduits et présentés par Jean-Luc Evard, Paris, Confrontation, 1984. *Ici la vie continue de manière surprenante*, recueil de textes traduits par Alain de Mijolla, Paris, Association internationale d'histoire de la psychanalyse (AIHP), 1987.

▷ ALLEMAGNE. NAZISME. OPHUIJSEN Johan Van.

LANGER Marie, née Glas (1910-1987)

psychiatre et psychanalyste argentine

Figure éminente du mouvement psychanalytique latino-américain, Marie Langer, surnommée Mimi par ses proches, épousa les trois grandes doctrines de l'engagement intellectuel du XXe siècle : freudisme*, marxisme, féminisme. Fière, intelligente et courageuse, aussi sensible à la souffrance psychique qu'à la misère économique, elle lutta toute sa vie contre le fascisme et la sclérose du freudisme orthodoxe, tout en conservant ses qualités de clinicienne.

Née à Vienne* et issue d'une famille de la grande bourgeoisie juive assimilée, Marie Glas appartenait à cette génération* de jeunes Autrichiens dont l'enfance fut marquée par la guerre et la lente agonie du vieux monde austro-hongrois. Sa mère, une femme cultivée, souffrait de sa judéité* au point de lui donner un prénom catholique, faute de pouvoir la faire baptiser. Selon Marie, elle ressemblait à la Dora de Sigmund Freud* (Ida Bauer*). Comme elle avait pour amant Eugen Steinach, un ami de son mari, elle se plaisait à entretenir la confusion sur la naissance de sa fille. Traitée de bâtarde, Marie pensa pendant longtemps que son père légal n'était peut-être pas son véritable géniteur. Toujours est-il qu'à l'âge de 13 ans elle entra en rébellion contre sa famille et, après une crise religieuse, elle devint résolument athée.

Soutenue par son père, elle fit ses études dans une école privée dirigée par une femme exceptionnelle, Frau Schwarzwald, militante féministe et social-démocrate formée à Zurich, au début du siècle, parmi les révolutionnaires russes en exil. Et c'est au contact de cette femme que Marie commença à lire les œuvres de Freud et de Marx.

Après deux liaisons amoureuses, elle accepta un mariage expéditif avec un jeune homme de la bourgeoisie catholique et conservatrice, alors que sa famille se trouvait ruinée par la grande crise de 1930. Elle entreprit alors des études de médecine et fit scandale dans son milieu pour ses idées et son comportement de femme libre. De retour à Vienne en 1932, après un voyage en Allemagne*, elle divorça puis adhéra au parti communiste autrichien au moment même où il devenait clandestin. Depuis les émeutes socialistes de 1927 et sous la pression de l'extrême droite et des milices fascistes, le gouvernement populiste de la jeune République autrichienne avait en effet décrété hors la loi tous les partis de gauche. Marie passa ainsi à la lutte clandestine.

D'abord anesthésiste, elle s'orienta ensuite vers la psychiatrie dans le service de Heinz Hartmann* à qui elle demanda de la prendre en analyse. Arguant du prix très élevé de ses séances, celui-ci l'envoya sur le divan de Richard Serba*. Au cours de cette première formation didactique, Marie participa aux travaux de la Wiener Psychoanalytische Vereinigung (WPV) dont elle ne fut jamais membre en raison de ses activités politiques. Afin de ne pas heurter le régime dictatorial du chancelier Dollfuss (1892-1934), qui pourchassait les militants clandestins, Paul Federn* avait en effet interdit tout engagement aux élèves de la WPV, sous peine d'exclusion, acceptant même qu'un policier assiste aux réunions. Marie refusa de se soumettre à ce diktat. Dénoncée par une analysante, elle ne tarda pas à être exclue des rangs des élèves malgré l'intervention en sa faveur de Kurt Eissler. Elle se rendit alors à Berlin pour suivre le séminaire de Helene Deutsch* et faire un contrôle* avec Jeanne Lampl-De Groot*.

Mais le nazisme* l'obligea à s'exiler, et comme la guerre civile débutait en Espagne*, elle décida d'y poursuivre son combat en tant que médecin anesthésiste dans les Brigades internationales. Sur le front, elle rencontra son second mari, Max Langer, chirurgien militaire chargé de plusieurs hôpitaux de campagne. Après la défaite des républicains, ils partirent ensemble pour l'Uruguay, après un détour par le sud de la France*.

Son parcours de freudienne et de marxiste sur le continent latino-américain la mena à Montevideo d'abord, où elle donna des conférences dans le cadre du Comité de solidarité avec les républicains espagnols, à Buenos Aires ensuite, où elle s'installa en 1942. Dès son arrivée, elle prit contact avec Angel Garma*, lui-même venu d'Espagne après un passage de deux ans en France. Intégrée au groupe argentin, elle participa, avec Garma, Celes Cárcamo* et Enrique Pichon-Rivière*, à la fondation de l'Asociación Psicoanálitica Argentina (APA) dont elle restera membre pendant vingt-neuf ans.

Pour ne pas entrer en conflit avec l'APA, comme elle l'avait été avec la WPV, elle décida de séparer radicalement ses activités politiques de sa pratique clinique. Seul Pichon-Rivière, en raison de sa sympathie ancienne pour la République espagnole, fut informé des liens clandestins de Marie avec le parti communiste argentin. Après une deuxième analyse de contrôle avec Cárcamo, elle se lança dans des travaux cliniques.

Mère d'un premier garçon nommé Tomas – elle aura ensuite trois autres enfants (Martin, Ana, Veronica) –, Marie Langer s'intéressa à la condition des femmes de sa génération, soucieuses de concilier leur double désir d'émancipation et de maternité. En 1951, elle publia *Maternidad y Sexo,* qui allait devenir un classique de la littérature psychanalytique argentine. Elle y racontait notamment le cas d'une patiente atteinte de stérilité et qui, après neuf mois de cure, était tombée enceinte.

Surtout, elle se livrait à une longue réflexion historique et théorique sur la sexualité féminine*. Prenant en considération les positions de Karen Horney* et du culturalisme*, elle s'éloignait du relativisme au profit d'une conception unitaire du corps biologique et du corps psychique fondée sur la médecine psychosomatique* et le kleinisme*. Elle en concluait, à l'encontre de toutes les thèses féministes de la deuxième moitié du siècle, que du point de vue de l'inconscient il existait chez la femme une relation constante entre l'acceptation de l'orgasme et du plaisir et le désir de maternité. Seule la psychanalyse pouvait selon elle servir de médiation entre la culture et le déterminisme biologique. C'est à partir de ce travail que Marie Langer épousa la cause du féminisme en étudiant notamment les mythes qui entouraient la vie d'Eva Duarte Perón (1919-1952), la légendaire Evita.

Personnalité rebelle, Marie n'eut de cesse de critiquer la sclérose de l'institution, réclamant que la psychanalyse ne se limite pas à des exercices formels visant à reproduire des générations de thérapeutes conformistes. Comme Wilhelm Reich* autrefois, elle souhaitait que le freudisme fût au cœur de toutes les transformations sociales du siècle. De 1959 à 1970, alors que le caudillisme s'épanouissait de coups d'État en renversements de colonels, elle joua un rôle considérable au sein de l'APA, éveillant les consciences ou formant des élèves à la contestation de l'ordre dominant.

En 1966, Ana, sa fille aînée, lui demanda de participer à une rencontre universitaire d'anciens combattants des Brigades internationales. Pour la jeune fille devenue militante comme sa mère, l'objectif était d'organiser des comités de solidarité pour le Vietnam en lutte contre « l'impérialisme américain » : Marie accepta.

Trois ans plus tard, elle fit partie du groupe Plataforma qui, sur la lancée des grandes révoltes estudiantines, visait à transformer de fond en comble la politique de la psychanalyse et les modalités de formation des thérapeutes. En 1971, au congrès de l'IPA tenu à Vienne, sa ville natale, elle prononça une conférence intitulée « Psychanalyse et/ou révolution » dans laquelle elle en appelait à une mutation radicale de la société : « Cette fois, dit-elle, nous ne renoncerons ni à Freud ni à Marx. » Elle fut vertement critiquée par Hanna Segal, gardienne de l'orthodoxie kleinienne, et se vit refuser la publication de sa conférence par la direction de l'IPA. Elle démissionna alors de l'APA avec trente didacticiens et vingt élèves en formation du groupe Documento. La scission* fut un désastre pour le freudisme argentin : elle intervint en effet au moment où s'opérait dans le pays une radicalisation des luttes contre la domination militaire.

A partir du retour au pouvoir de Juan Perón (1895-1974) en 1973, des groupes paramilitaires commencèrent à pourchasser les opposants politiques, pratiquant l'enlèvement et la torture. Marie Langer chercha alors à intervenir par le biais de la psychanalyse. Elle supervisa ainsi le travail d'un étudiant en psychiatrie désireux de soutenir les prisonniers torturés. Il rendait compte de la situation dans des lettres codées envoyées à sa mère et Marie les décryptait, donnant ensuite ses instructions par la même voie.

Menacée par un escadron de la mort après le retour de Perón au pouvoir, elle émigra à Mexico pour y poursuivre la lutte. A partir de 1976, l'Argentine sombra dans la terreur sous la férule du général Videla. En 1981, Marie forma la Brigade Mexico-

Nicaragua d'internationalistes pour la santé mentale et lança un plan de développement de méthodes curatives inspirées par la psychanalyse. Comme le souligne Nancy Caro Hollander, ce travail de solidarité s'étendit à toutes les formes de répression qui sévissaient en Amérique latine : « Marie Langer et son équipe notèrent les effets psychologiques de la répression politique et de l'exil forcé. Elles remarquèrent, parmi les réfugiés, la multiplication des cas de ce qu'elles appelèrent "douleur gelée". Les gens atteints étaient incapables de pleurer la perte de ceux qu'ils aimaient. » De fait, ils présentaient des symptômes multiples : dépersonnalisation, troubles psychosomatiques, etc.

Enfin, en 1986, Marie Langer se rendit à Cuba et rencontra Fidel Castro pour organiser dans l'île un colloque sur la psychanalyse et le suicide* : « Tu es la cousine de Freud, lui dit-il, la fameuse Autrichienne ! » Et il lui demanda de préparer un strudel. Elle commença à pétrir la pâte puis renonça : « Je suis féministe, dit-elle, et tu me fais faire la cuisine. En plus, tu as dit que tu avais lu les œuvres de Freud et c'est faux. »

Atteinte d'un cancer du poumon, elle retourna mourir à Buenos Aires où son ami Fernando Ulloa, compagnon de toutes les luttes, fut son ultime confident.

● Marie Langer, *Maternidad y Sexo. Estudio psicoanalitico y psicosomatico* (1951), Buenos Aires, Paidos, 1964 ; *Fantasias eternas a la luz del psicoanálisis*, Buenos Aires, Nova, 1957 ; « Vicisitudes del movimiento psicoanalitico argentino », *in* Franco Basaglia (éd.) *Razón, locura y sociedad*, Mexico, Siglo Veintiuno, 1978 ; et Jaime del Palacio, Enrique Guinsberg, *Memoria, historia y diálogo psicoanalitico*, Mexico, Folios Ediciones, 1983 ; (éd.), *Cuestionamos* I, II, Buenos Aires, Granica Editor, 1971 et 1972. Hugo Vezzetti, « Isabel I, Lady Macbeth, Eva Perón », *Punto de Vista*, 52, août 1995, 44-48 ; « Marie Langer. Psicoanálisis y maternidad », inédit. Élisabeth Roudinesco, entretien avec Fernando Ulloa, le 12 octobre 1995.

▷ ABERASTURY Arminda. BLEGER José. COMMUNISME. DIFFÉRENCE DES SEXES. FREUDO-MARXISME. *GENDER*. RACKER Heinrich.

LANZER Ernst (1878-1914), cas « l'Homme aux rats »

Deuxième grande cure psychanalytique menée par Sigmund Freud*, après Dora (Ida Bauer*) et avant l'Homme aux loups (Sergueï Constantinovitch Pankejeff*), l'histoire de l'Homme aux rats est sans nul doute la plus construite, la plus structurée, la plus rigoureusement logique. Elle dura environ neuf mois, d'octobre 1907 à juillet 1908, et Freud en parla à cinq reprises aux réunions de la Société psychologique du mercredi* avant de présenter le cas au premier congrès de l'International Psychoanalytical Association* (IPA) à Salzbourg, le 26 avril 1908, dans un rapport oral de cinq heures. Dans ses Mémoires, publiés en 1959, Ernest Jones* rapporte cet événement : « Assis au bout de la longue table autour de laquelle nous étions réunis, il parlait de sa voix basse mais distincte, comme dans une conversation. Il commença à huit heures du matin et nous l'écoutâmes avec une attention profonde. A onze heures, il s'arrêta en suggérant que nous en avions assez. Mais nous étions tous si intéressés que nous insistâmes pour qu'il continuât, ce qu'il fit jusqu'à une heure. »

Durant cette même année, Freud aida son ami Max Graf* à analyser son fils (Herbert Graf*), ce qui lui permit de vérifier l'exactitude de ses thèses de 1905 sur la sexualité* infantile. Et avec la destinée dramatique de cet homme obsédé qui ressemblait à un personnage du roman de Joseph Roth (1894-1939) *La Marche de Radetzky*, il rencontrait enfin un cas de névrose obsessionnelle* conforme à ses hypothèses et digne d'être raconté. Dans les deux cures, il avait affaire à ce qui le passionnait : une relation entre un fils et son père.

L'identité de l'Homme aux rats fut révélée pour la première fois en 1986 par le psychanalyste canadien Patrick Mahony dans un remarquable travail d'enquête : « Lorsqu'on compare les contre-transferts de Freud avec ses principaux patients, écrit-il, on a le sentiment qu'il avait plus de sympathie et d'empathie pour l'Homme aux rats qu'à l'égard de Dora ou de l'Homme aux loups. Si Freud fut un procureur avec Dora, il fut un éducateur amical pour Lanzer. »

Né à Vienne* dans une famille juive de la moyenne bourgeoisie, Ernst Lanzer était le quatrième enfant dans une fratrie qui en comptait sept. Son père, Heinrich Lanzer, avait d'abord aimé une femme pauvre puis avait fini par épouser la riche Rosa Saborsky, la future mère d'Ernst. En 1897, ce dernier entreprit des études de droit. Bientôt, il tomba amoureux d'une de ses cousines peu fortunée, Gisela Adler, qu'il commença à courtiser contre l'avis de son père Heinrich Lanzer qui préférait pour son fils une femme riche. Pour comble de malheur, la jeune fille dut subir une ovarectomie qui l'empêcha de devenir mère.

Après la mort de Heinrich, survenue en 1898, Ernst embrassa comme son père la carrière militaire en entrant au troisième régiment des tireurs tyroliens de l'armée impériale. C'est en 1901 qu'il commença à être dominé par d'étranges obsessions sexuelles et morbides. Il manifestait en effet un goût particulier pour les funérailles et les rituels de mort, avait pris l'habitude de regarder son pénis dans un miroir pour se rassurer sur son degré d'érection et avait de nombreuses tentations suicidaires fondées sur des reproches et des inculpations dirigées contre lui-même, suivis aussitôt de pieuses résolutions et de prières. Tantôt il voulait se couper la gorge, tantôt il projetait de se noyer.

En 1905, à l'âge de 27 ans, il souffrait donc d'une grave névrose obsessionnelle. Bien qu'il eût refusé le projet de ses parents de lui faire épouser une femme riche, il ne parvenait toujours pas à se décider à se marier avec Gisela. Il consulta alors le célèbre psychiatre Julius Wagner-Jauregg* pour une compulsion à se présenter toujours à un examen trop tôt et sans préparation. Le médecin lui répondit que l'obsession était bien salutaire et ne fit rien pour le jeune homme.

C'est durant l'été 1907 que se produisirent les deux événements majeurs qui seront au centre de sa cure avec Freud. En juillet, au cours d'un exercice militaire en Galicie, il écouta le cruel capitaine Nemeczek, adepte des punitions corporelles, lui raconter l'histoire d'un supplice oriental consistant à obliger un prisonnier à se déshabiller puis à mettre genoux à terre, le dos courbé. Sur les fesses de l'homme était alors fixé au moyen d'une courroie un grand pot percé dans lequel s'agitait un rat. Privé de nourriture et excité par une tige rougie au feu introduite dans un trou du pot, l'animal cherchait à fuir la brûlure et pénétrait dans le rectum du supplicié en lui infligeant de sanglantes blessures. Au bout d'une demi-heure, il mourait étouffé en même temps que lui.

Ce jour-là, Lanzer perdit son pince-nez au cours d'un exercice. Il télégraphia alors à son opticien de Vienne pour en obtenir un autre par retour de courrier. Le surlendemain, il récupéra l'objet par l'intermédiaire du même capitaine qui lui annonça que les frais postaux devaient être remboursés au lieutenant David, surveillant de poste.

Obligé de rembourser, Lanzer eut alors un comportement délirant autour du thème obsédant du paiement de la dette. L'histoire du supplice se mêlait à celle de la dette et faisait surgir dans la mémoire de l'Homme aux rats le souvenir d'une autre affaire d'argent. Son père avait un jour contracté une dette de jeu : il avait été sauvé du déshonneur par un ami qui lui avait prêté la somme nécessaire au paiement. Heinrich avait essayé, après son service militaire, de retrouver cet homme, mais il n'y était pas parvenu. Aussi la dette ne fut-elle sans doute jamais remboursée.

Tel est l'homme obsédé par des rats et par une dette qui entra dans le cabinet du docteur Freud le 1er octobre 1907. D'emblée, il joua le jeu de la libre association* et se mit à évoquer spontanément des souvenirs sexuels remontant à ses 6 ans. Chaque soir Freud rédigeait le journal de cette cure pour en restituer les dialogues exacts. Très vite, Lanzer en vint à l'histoire des rats. Mais, ne supportant pas de décrire les détails du supplice, il se leva prestement du divan et supplia Freud de lui épargner cette tâche. Avec fermeté, celui-ci l'obligea alors à poursuivre le récit tout en lui exposant sa conception de la résistance*. Aussitôt le patient manifesta une incapacité à prononcer certains mots : « Voulait-il parler d'empalement ? écrit Freud. Non, ce n'était pas cela. On attache le condamné (il s'exprimait si obscurément que je ne pus deviner de suite dans quelle position on attachait le supplicié), on renverse sur ses fesses un pot dans lequel on introduit des rats, qui se – il s'était levé et manifestait tous les signes de l'horreur et de la résistance –, qui *s'enfoncent.* "Dans l'anus", dus-je compléter. » Et Freud d'ajouter : « A chaque moment du récit, on remarque sur son visage une expression complexe et bizarre, expression que je ne pourrais traduire autrement que comme étant *l'horreur d'une jouissance* par lui-même ignorée.* »

Contrairement à ce qui se passera dans l'analyse de Sergueï Pankejeff ou de Marie Bonaparte*, dans le cas de Lanzer, Freud n'invente pas une scène sexuelle originelle. Il agit ici véritablement en thérapeute désireux de faire *avouer* à son patient ses tourments, quitte à le rassurer en affirmant qu'il n'a lui-même aucun penchant à la cruauté. C'est par cette technique de l'aveu, dans laquelle il occupe pour Lanzer la place d'un père, qu'il parvient à mettre en relation le complexe paternel et l'obsession des rats. Il émet l'hypothèse selon laquelle, vers l'âge de 6 ans, le petit Ernst aurait commis un méfait d'ordre sexuel en rapport avec la masturbation et aurait été châtié par son père. Lanzer accepte cette interprétation qui correspond à ses souvenirs et évoque une autre scène, racontée par sa mère, alors qu'il avait 4 ans. A cette époque, après avoir mordu quelqu'un, il avait été roué de coups par son père. Furieux, il l'avait injurié en l'affublant de noms d'objets : « Toi lampe ! Toi serviette ! » Heinrich s'était alors exclamé : « Ce petit-là deviendra ou bien un grand homme ou bien un grand criminel. »

En rapportant cette scène dont il n'a aucun souvenir, Lanzer doute des sentiments de rage qu'il a pu avoir pour son père. Mais bientôt, dans ses rêves et dans ses associations, il injurie grossièrement son thérapeute auquel il réclame en même temps un châtiment. Cet épisode permet aussitôt à Freud de montrer à son patient comment la « voie douloureuse du transfert » conduit bien à un aveu de la haine inconsciente à l'égard du père.

Et Freud de résoudre l'énigme : c'est le récit du châtiment par les rats, dit-il en substance, qui a réveillé l'érotisme anal de Lanzer et lui a rappelé la scène ancienne de la morsure racontée par sa mère. En se faisant l'avocat d'une punition corporelle par les rats, le capitaine a pris pour le malade la place du père et attiré sur lui une animosité comparable à celle qui avait jadis répondu à la cruauté de Heinrich. Selon Freud, le rat revêt ici la signification de l'argent, et donc de la dette, qui se manifeste dans la cure par une association verbale « florin/rat » ou « quote-part/rats », puisque dès le début du traitement le patient a pris l'habitude de compter le montant des honoraires sur le mode : « Tant de florins – tant de rats. »

En 1910, Ernst Lanzer épousa sa chère Gisela et en 1913 devint avocat. Enrôlé dans l'armée impériale en août 1914, il fut fait prisonnier par les Russes en novembre et mourut sans avoir eu le temps de profiter des bénéfices que lui avait apportés sa cure. Dans une note de 1923, Freud ajouta ces mots : « Le patient auquel l'analyse qui vient d'être rapportée restitua la santé psychique fut tué pendant la Grande Guerre comme tant de jeunes gens de valeur sur lesquels on pouvait fonder tant d'espoirs. »

Le cas de l'Homme aux rats fut considéré comme la seule thérapie parfaitement réussie de Freud. Ce n'est sans doute pas un hasard, puisque Freud était l'inventeur du terme de névrose obsessionnelle, qu'il s'était décrit lui-même, dans une lettre à Carl Gustav Jung*, comme le prototype du névrosé obsessionnel et qu'il considérait cette névrose comme l'objet le plus « intéressant et le plus fécond de la recherche psychanalytique ». A cet égard, comme le souligne Patrick Mahony, la rencontre entre Freud et l'Homme aux rats « est une version viennoise du drame de Sophocle qui oppose Œdipe* et le Sphinx ». Elle met en scène l'essence de l'amour œdipien pour la mère et de la haine pour le père.

Parmi les très nombreux commentaires qui furent donnés de ce cas figure celui de Jacques Lacan* en 1953 : « Le mythe individuel du névosé ». Appliquant une grille de lecture empruntée aux *Structures élémentaires de la parenté* de Claude Lévi-Strauss, Lacan donne un statut de mythe à la névrose obsessionnelle de l'Homme aux rats, en montrant qu'elle est le modèle même d'une structure complexe et d'un déchirement originel par lesquels chaque sujet se trouve rattaché à une constellation symbolique dont les éléments permutent et se répètent de génération en génération, tel le mémorial d'une histoire généalogique.

● Sigmund Freud, « Remarques sur un cas de névrose obsessionnelle » (1909), in *Cinq Psychanalyses*, Paris, PUF, 1954, 199-261, *GW*, VII, 381-463, *SE*, X, 151-249 ; *L'Homme aux rats. Journal d'une analyse* (notes de Freud transcrites par Elza Ribeiro Hawelka), Paris, PUF, 1974. *Les Premiers Psychanalystes, Minutes de la Société psychanalytique de Vienne, 1906-1918*, 4 vol. (1962-1975), Paris, Gallimard, 1976-1983. Ernest Jones, *Théorie et pratique de la psychanalyse* (Londres, 1913, Paris, 1925), Paris, Payot, 1969 ; *Free Associations. Memoirs of a Psychoanalyst*, New York, Basic Books, 1959. Claude Lévi-Strauss, *Les Structures élémentaires de la parenté* (1949), Paris, Mouton, 1967. M. Kanzer,

« The transference neurosis of the Rat Man », *Psychoanalytic Quarterly,* 21, 1952, 181-189. Elizabeth R. Zetzel, « 1965 : Additional notes upon a case of obsessional neurosis, Freud, 1909 », *IJP,* XLVII, 1966, 123-129. René Major, « Interprétation 1907. Contribution à l'étude de la technique analytique », *Revue française de psychanalyse,* 35, 1971, 527-542. Samuel D. Lipton, « The advantages of Freud's technique as shown in his analysis of the Rat Man », *IJP,* LVIII, 1977, 255-279. Patrick J. Mahony, *Freud et l'Homme aux rats* (New Haven et Londres, 1986), Paris, PUF, 1990. Peter Gay. *Freud. Une vie* (New York, 1988), Paris, Hachette, 1991. Jacques Lacan, « Le mythe individuel du névrosé ou Poésie et vérité dans la névrose » (1953), *Ornicar ?,* 17-18, 1979, 289-307. Élisabeth Roudinesco, *Jacques Lacan. Esquisse d'une vie, histoire d'un système de pensée,* Paris, Fayard, 1993.

▷ *TROIS ESSAIS SUR LA THÉORIE SEXUELLE.*

LAPSUS

Allemand : *Versagen.* Anglais : *Slip of the tongue.*

Terme latin utilisé en rhétorique pour désigner une faute commise par inadvertance soit en parlant *(lapsus linguae)*, soit en écrivant *(lapsus calami)* et qui consiste à substituer un mot à celui que l'on voulait dire.

Sur ce type d'erreurs répertoriées par tous les dictionnaires des procédés littéraires, Sigmund Freud* fut le premier à montrer qu'elles ont une signification cachée et que l'on doit les rapporter aux motivations inconscientes de celui qui les commet. Ainsi, l'épouse qui raconte que son mari malade n'est pas soumis à un régime : « Il peut manger et boire ce que *je* veux. » En allemand, Freud emploie *versagen* (manquer, rater) pour ce qu'on appelle lapsus.

▷ ACTE MANQUÉ. *MOT D'ESPRIT ET SA RELATION À L'INCONSCIENT (LE). PSYCHOPATHOLOGIE DE LA VIE QUOTIDIENNE.* TRADUCTION (DES ŒUVRES DE FREUD).

« LEBOUC Madeleine » (CAS)

▷ JANET Pierre. LAIR LAMOTTE Pauline.

LECHAT Fernand (1895-1959)

psychanalyste belge

Né à Mont-sur-Marchienne en Belgique*, Fernand Lechat exerça divers métiers dont celui d'assureur avant de s'intéresser aux idées freudiennes. Devenu psychotechnicien, il fit la connaissance de Maurice Dugautiez* et calqua son parcours sur le sien : contrôles en France avec John Leuba (1884-1952) et Marie Bonaparte*, analyse avec Ernst Paul Hoffmann*. Comme Dugautiez, il sera écarté de la Société belge de psychanalyse qu'il a fondée en 1947.

LECLAIRE Serge, né Liebschutz (1924-1994)
psychiatre et psychanalyste français

Issu d'une famille juive, Serge Leclaire naquit à Strasbourg sous le nom de Serge Liebschutz. Durant ses études secondaires, il fit la connaissance de Wladimir Granoff qui deviendra psychanalyste comme lui. Dès les accords de Munich, son père, fondateur d'une usine de tricotage, quitta l'Alsace avec toute sa famille pour entreprendre un long périple qui le mena à Marseille. Là, il obtint de faux papiers au nom de Leclaire et, à la Libération, il adoptera légalement ce patronyme qui sera accepté par son fils.

Après des études de psychiatrie, Leclaire entendit parler pour la première fois de psychanalyse* par un moine hindou qui lui conseilla de rencontrer Françoise Dolto*. C'est alors qu'il retrouva son camarade Granoff à l'hôpital de la Salpêtrière et s'engagea avec lui dans la voie du freudisme. Pendant trois ans, il poursuivit sa formation didactique sur le divan de Jacques Lacan*, tout en nouant à la Société psychanalytique de Paris (SPP) des liens étroits avec des hommes et des femmes de la troisième génération* française, notamment Jean Laplanche et Anne-Lise Stern. Progressivement, Serge Leclaire devint le disciple d'un maître exceptionnel, Jacques Lacan, qu'il admira sans courbette ni soumission : il sera le premier lacanien de l'histoire.

En 1953, lors de la première scission* du mouvement psychanalytique français, il suivit la fraction dite libérale et universitaire représentée par Daniel Lagache*, Françoise Dolto et Jacques Lacan, et participa ainsi à la création de la Société française de psychanalyse (SFP, 1953-1963). Il en sera d'abord le secrétaire puis le président, jouissant, entre 1961 et 1965, du statut de membre à titre personnel de l'International Psychoanalytical Association* (IPA).

Avec Wladimir Granoff et François Perrier*, il consacra alors les plus belles années de sa vie à lutter pour l'intégration de la SFP à l'IPA. C'est à lui que revint la tâche de mener la négociation secrète avec la direction de l'internationale freudienne qui refusait non pas le lacanisme comme doctrine, mais la technique psychanalytique* transgressive inaugurée par Lacan et fondée sur la notion de séance à durée variable, dite encore séance courte.

Finalement, en 1963, la politique mise en œuvre par Leclaire aboutit à la rupture définitive entre le lacanisme* et la légitimité freudienne. Désespéré par cet échec, mais profondément fidèle et animé d'une forte passion pour le rêve prophétique et le spiritualisme, il suivit Lacan dans la fondation de l'École freudienne de Paris* (EFP), dont il rédigea en partie les statuts. Devenu le clinicien le plus apprécié de la France* freudienne, il tentera pendant trente ans d'unifier la communauté psychanalytique française, toujours en voie de dispersion et de conflits.

Après avoir été, en 1969, l'initiateur du premier département d'enseignement de la psychanalyse à l'université française (Paris-VIII), il sera aussi, en 1983, le seul psychanalyste d'envergure à oser se confronter au risque de la « cure en direct » à la télévision, dans l'émission *Psy-show*. Quand l'expérience révélera ses limites (la vulgarité et l'exhibitionnisme pervers) il y renoncera. En 1989, une dernière fois, il se mettra au service de son rêve unificateur en créant l'Association pour une instance des psychanalystes (APUI) destinée à préserver la psychanalyse de ses vieux démons : les thérapies corporelles, l'hypnose* et l'occultisme*.

L'œuvre écrite de Serge Leclaire est à l'image des idéaux qui furent les siens. Dans la droite ligne de l'enseignement lacanien, il sut rester un clinicien d'obédience freudienne, doué d'un bel humanisme et d'un esprit de tolérance issu de la philosophie des Lumières. Depuis Freud on sait que le récit de cas, pour éviter la platitude de la littérature à l'eau de rose, doit être construit à la manière d'une fiction. A cet égard, Leclaire fut l'un des rares psychanalystes français, avec Michel de M'Uzan, à avoir su décrire ses cas (dans la tradition anglaise), comme en témoigne son livre inaugural *Psychanalyser*, dans lequel est exposée pour la première fois l'histoire de l'Homme à la licorne : une névrose obsessionnelle* décrite à partir de la conception lacanienne du signifiant. Leclaire l'avait exposée pour la première fois au colloque de Bonneval, durant l'automne 1960, organisé par Henri Ey* à l'hôpital de Bonneval.

• Serge Leclaire, *Psychanalyser*, Paris Seuil, 1968 ; *Démasquer le réel*, Paris, Seuil, 1971. *On tue un enfant*, Paris, Seuil, 1975 ; *Rompre les charmes*, Paris, InterÉditions, 1981 ; *Le Pays de l'autre*, Paris, Seuil, 1991 ; *Écrits pour la psychanalyse*, 1, *1954-1993*, Strasbourg, Arcanes, 1996. Élisabeth Roudinesco, *Histoire de la psychanalyse en France*, vol. 2 (1986), Paris, Fayard, 1994.

LEVI-BIANCHINI Marco (1875-1961)

psychiatre italien

Psychiatre juif originaire de la région de Padoue, Marco Levi-Bianchini avait entrepris dès 1909, au moyen d'articles et de traductions approximatives, de faire connaître la psychanalyse* dans le milieu de la psychiatrie italienne.

Esprit bouillonnant et confus, qui finira par manifester de la sympathie pour le régime fasciste, cet inlassable militant de la cause psychanalytique est l'incarnation de ce que Michel David appelle un « non-psychanalyste malgré lui » : incapable, comme la plupart de ses prédécesseurs, de saisir l'essence de la conceptualité freudienne, il ne se risquera en effet jamais à entreprendre une analyse. L'activité institutionnelle de Levi-Bianchini est cependant considérable, et à ce point appréciée à Vienne* que Sigmund Freud répond à Edoardo Weiss*, qui veut le convaincre des dangers représentés par l'ambivalence et les maladresses du psychiatre italien, que « souvent le contenant précède le contenu ».

En 1915, alors qu'il dirige l'hôpital psychiatrique de Nocera Inferiore, dans la région napolitaine, Levi-Bianchini fonde la « Bibliothèque internationale de psychanalyse » dans laquelle il fait paraître certaines de ses traductions de l'œuvre freudienne, notamment celle de *Cinq Leçons sur la psychanalyse* pour laquelle Freud rédige une brève préface, comme il l'indique dans une lettre à Sandor Ferenczi* du 9 novembre 1914. En 1920, il crée l'*Archivio generale di neurologia e psichiatria* qu'il transforme l'année suivante en *Archivio generale di neurologia, psichiatria e psicoanalisi*, revue à laquelle Weiss collabore. Enfin, en 1925, alors qu'il vient d'être nommé directeur de l'hôpital psychiatrique de Teramo, petite ville des Abruzzes dans laquelle le fils de Freud, Martin, avait passé une partie de sa convalescence en 1919, Levi-Bianchini fonde la Società Psicoanalitica Italiana (SPI) dont Weiss est alors le seul membre authentiquement psychanalyste.

- Michel David, *La Psicoanalisi nella cultura italiana* (1966), Turin, Bollati Boringhieri, 1990. Sigmund Freud et Edoardo Weiss, *Lettres sur la pratique psychanalytique* (1970), Toulouse, Privat, 1975. Sigmund Freud et Sandor Ferenczi, *Correspondance, 1914-1919* (1992), Paris, Calmann-Lévy, 1996.

▷ BENUSSI Vittorio. FREUD Martin. ITALIE. MUSATTI Cesare. PERROTTI Nicola. PSYCHIATRIE DYNAMIQUE. SERVADIO Emilio.

LIBIDO

Terme latin (*libido* : désir*), utilisé d'abord par Moriz Benedikt* puis par les fondateurs de la sexologie* (Albert Moll* et Richard von Krafft-Ebing*) pour désigner une énergie propre à l'instinct sexuel ou *libido sexualis*.

Sigmund Freud* reprit le terme dans une acception entièrement différente pour désigner la manifestation de la pulsion* sexuelle dans la vie psychique et, par extension, la sexualité* humaine en général et infantile en particulier, comprise comme causalité psychique (névrose*), disposition polymorphe (perversion*), amour de soi (narcissisme*) et sublimation*.

C'est avec l'introduction du mot *libido* que Sigmund Freud construisit ce qu'on appelle désormais sa théorie de la sexualité, qui fut énoncée de façon programmatique en 1905 dans les *Trois Essais sur la théorie sexuelle**. Cet ouvrage princeps sera remanié à chaque réédition en fonction de l'évolution des thèses de l'auteur sur la question, et notamment à la lumière de sa réflexion de 1914 sur le narcissisme, puis, avec *Au-delà du principe de plaisir** en 1920, dans le cadre de l'installation de la deuxième topique centrée sur le moi* et le ça*, et enfin avec *Psychologie des masses et analyse du moi** en 1921. Dans un article de 1923 sur la psychanalyse et la *libido*, destiné à une encyclopédie sur la sexologie, Freud rédigera lui-même un historique très clair de la genèse de ce concept dans sa théorie. Ainsi, dans cette théorie, la sexualité en tant que telle ne devient un concept qu'à travers les différentes étapes par lesquelles Freud déploie le terme de *libido*.

A la fin du XIXe siècle, tous les savants et les médecins de l'âme, allemands, français, anglais, étaient hantés par la sexualité, et tous recherchaient une nouvelle définition de l'identité de l'homme qui prenne en compte ses pratiques sexuelles réelles, qu'elles soient regardées comme « normales » ou « pathologiques ». A cet égard, la naissance de la sexologie (ou science de l'activité sexuelle) a partie liée avec celle de la criminologie* (science du comportement criminel), en tant que construction d'une nouvelle anthropologie* fondée sur l'hérédité-dégénérescence* : dans les deux cas, il s'agit de définir l'homme à partir de son « instinct biologique » (sa « race », son hérédité, son sexe) et d'y intégrer une composante dégénérative ou destructive (le crime, les perversions sexuelles). D'où l'idée de donner un nouveau nom (homosexualité*) à la forme la plus connue et la plus ancienne d'« inversion » afin de l'opposer à une nouvelle norme : l'hétérosexualité.

L'adoption du mot *libido* par les savants de la fin du XIXe siècle renvoie à la construction de cette nouvelle manière de dire et de penser la sexualité en l'affublant d'un jargon. En effet, les termes latins ont toujours eu une fonction ambivalente dans l'histoire de la psychopathologie, de la médecine et de la psychiatrie. Sous couvert de science et d'érudition, ils décrivent une réalité brute (le corps, la mort, l'amour, la maladie, etc.) chargée d'interdits et de secrets et dont on veut masquer le contenu au principal intéressé : l'homme lui-même, transformé en malade sexuel, en criminel, en inverti, etc.

C'est dans cette perspective d'appropriation érudite des choses de la sexualité que les sexologues utilisent le mot *libido* pour décrire toutes les variantes possibles de l'activité sexuelle humaine au sens de l'activité génitale. L'emploi généralisé de ce terme indique d'ailleurs la rupture qui s'effectue à cette époque entre ce nouveau discours sur la sexualité (en tant que *libido sexualis*) et l'ancienne terminologie philosophique fondée sur l'*eros* (amour) platonicien dont on ne conserve qu'un adjectif, érogène, pour désigner une zone du corps ou une activité liée à l'excitation sexuelle et qu'un substantif, auto-érotisme*, pour définir une émotion sexuelle sans objet.

La sexologie et ses grands représentants – de Havelock Ellis* à Magnus Hirschfeld* – mettent en place une conception générale de la *libido sexualis* dont l'objectif est de comprendre et de décrire la sexualité sous toutes ses formes, soit pour la sanctionner, soit pour la revendiquer comme une « différence » positive. D'où ces catalogues à la manière de Cuvier (1769-1832) ou de Sade (1740-1814) décrivant les multiples pratiques d'une sexualité désormais exhibée aux yeux des juristes, des médecins, des hygiénistes. Si cette efflorescence nourrit largement la pensée freudienne, cela ne veut pas dire que Freud n'invente rien en ce domaine.

L'initiative de Freud consiste d'abord à sortir la *libido* de ce jardin des délices, à la fois pervers, génital, normatif et littéraire où l'avait enfermée les sexologues, pour en faire une composante essentielle de la sexualité comme source du conflit psychique, puis à l'intégrer à la définition de la pulsion et à la relation d'objet* (*libido* d'objet), et enfin à lui trouver une identité narcissique (la *libido* du moi) à partir de 1914. Au terme de ce parcours, Freud aura donc emprunté à la sexologie sa terminologie afin d'ouvrir la voie à une nouvelle conception de l'*eros* platonicien, dans laquelle la *libido,* identifiée à la pulsion sexuelle, devient une pulsion de vie (*eros)* par opposition à la pulsion de mort (*thanatos).* Le scandale de la théorie freudienne de la *libido,* que l'on nommera pansexualisme*, vient donc du fait que Freud a normalisé un domaine que la science et la médecine s'étaient approprié au détriment du principal intéressé, le sujet lui-même. En abandonnant l'hypnose*, Freud restitue au sujet la liberté de parole et relance l'espoir de guérison contre le nihilisme thérapeutique. De même, en sortant la *libido sexualis* du jardin des sexologues, il en fait le déterminant majeur de la psyché humaine. D'où cette obsession de la sexualité que l'on observe dans la manière dont il mène ses trois grandes cures, Ida Bauer*, Ernst Lanzer* et Sergueï Constantinovitch Pankejeff*, et dont il « dirige » celle du petit Hans. Chez ses premiers disciples, Fritz Wittels* et Isidor Sadger*, comme chez Hermine von Hug-Hellmuth*, cette obsession tournera au délire interprétatif, qui lui-même alimentera la hargne des antifreudiens à l'égard de la *libido* freudienne.

Cette modification de la *libido sexualis* ne s'opère pas linéairement mais à travers des conflits, des refontes, des souffrances, des scissions*, des haines qui, bien souvent, conduisent Freud à se montrer féroce et intolérant à l'égard de ses proches et de ses adversaires. Alfred Adler* et Carl Gustav Jung* feront les frais de cette intransigeance.

En un premier temps, en juin 1894, dans un manuscrit envoyé à Wilhelm Fliess*, Freud emploie le terme au sens d'une *libido* psychique. A cette époque, il attribue encore à l'hystérie* une causalité sexuelle due à une séduction* vécue dans l'enfance et définit, comme Jean Martin Charcot*, une zone hystérogène, c'est-à-dire une région du corps libidinalement investie et dont l'excitation s'accompagne d'un plaisir sexuel susceptible de conduire à l'attaque hystérique. De là, il passe à la notion de zone érogène qu'il emprunte aux sexologues. Après l'abandon en 1897 de la théorie de la séduction, la causalité sexuelle sert à expliquer le conflit psychique qui produit la névrose : l'hystérique souffre de réminiscences, puis de fantasmes* et de rêves*, dont il convient d'explorer la signification par la psychanalyse*. Pour cela, il faut retourner à l'enfance et donc aux premières expériences sexuelles du sujet. C'est ainsi que Freud s'oriente autour de 1900 vers l'élucidation de la sexualité infantile qui devient, à partir de la publication des *Trois Essais* en 1905, le pivot de la sexualité humaine.

En un premier temps, il fait de la *libido* une « énergie », c'est-à-dire la manifestation dynamique, dans la vie psychique, de la poussée (ou pulsion) sexuelle. Cela le conduit à cette redéfinition majeure : la *libido* n'est plus *sexualis*, elle n'est plus une activité somatique mais un désir sexuel cherchant à se satisfaire en se fixant sur des objets. Si elle est un désir, elle n'a qu'une seule essence : d'où l'adoption par Freud, dès 1905, de la thèse du monisme sexuel selon laquelle la *libido* serait de nature masculine, qu'elle se manifeste chez l'homme ou chez la femme.

En janvier 1909, lors d'une séance de la Wiener Psychoanalytische Vereinigung (WPV) consacrée au diable et à ses manifestations dans l'histoire, Freud justifie cette théorie de façon très étrange : « Il faudrait encore attirer l'attention sur le fait que le diable est une personnalité masculine par excellence, ce qui étaye une thèse de la théorie de la sexualité selon laquelle la *libido,* où qu'elle apparaisse, est toujours masculine (la seule créature diabolique féminine est la grand-mère du diable). » La thèse du monisme, qui sera contestée par l'école anglaise dans le cadre du grand débat des années 1920 sur la sexualité féminine*, reste liée pour Freud à cette idée que le diable personnifie dans la tradition occidentale une composante essentielle et refoulée de la sexualité humaine.

Cependant, la *libido,* qui est une dimension majeure de la pulsion, se fixe sur des objets : cette *libido* d'objet peut se déplacer dans ses investissements*, en changeant d'objet et de but. Elle est alors sublimée, c'est-à-dire dérivée vers un but non sexuel où elle investit des objets socialement valorisés : l'art, la littérature, l'intellectualisme, l'activité passionnelle.

A cette théorie de la sublimation, qu'il développera en 1910 dans *Un souvenir d'enfance de Leonard de Vinci**, Freud ajoute une description des zones erogènes, caractéristiques de l'activité libidinale. Si la *libido* peut se déplacer quant à l'objet et quant au but, elle peut aussi se diversifier quant à sa source d'excitation : il y a donc une diversification des zones érogènes, qui se répartissent dans quatre régions du corps :

orale, anale, urétro-génitale, mammaire. A chaque zone correspondent une ou plusieurs activités érotiques, parmi lesquelles Freud range les actes les plus simples de la vie quotidienne des enfants : succion du pouce ou du sein de la mère, défécation, masturbation. Il va même jusqu'à étendre la notion d'érogénéité au corps tout entier, voire aux organes internes.

De cette description de la *libido* conçue comme diversification en zones érogènes découle une organisation « évolutionniste » de la sexualité (la théorie des stades*), aussi centrale dans la refonte freudienne que la relation objectale. En effet, s'il faut retourner à l'enfance pour comprendre la genèse de la sexualité adulte, c'est que la *libido* s'organise de façon différenciée à l'égard de chaque zone selon les âges de la vie. A chaque âge, à chaque stade correspond une modalité de la relation d'objet. Après de multiples refontes, Freud en distinguera quatre : le stade oral, le stade anal, le stade phallique, le stade génital. La théorie des stades sera par la suite maintes fois remaniée par les diverses écoles.

S'il y a diversification des zones érogènes, cela veut dire que la pulsion sexuelle (dont la manifestation est la *libido)* se divise en pulsions partielles : deux d'entre elles se rattachent à des régions du corps (pulsion orale, pulsion anale) tandis que d'autres se définissent par leur but (pulsion d'emprise par exemple). Dans le cadre de la *libido* d'objet de 1905, chaque pulsion partielle cherche sa satisfaction dans le corps propre. D'où l'introduction de la notion d'auto-érotisme empruntée à Havelock Ellis mais que refuse Eugen Bleuler* (qui remplacera le terme par celui d'autisme*).

Que Freud ait préféré le terme auto-érotisme permet de comprendre l'enjeu de la discussion avec Jung, qui intervient dès 1906, soit un an après la publication des *Trois Essais,* et qui aboutira à la rupture entre les deux hommes et… à deux nouvelles définitions de la *libido.*

Jung refuse l'idée freudienne, considérant que la *libido* est une « poussée » volontaire. C'est en 1911, avec la publication d'une première version de ce qui va devenir *Les Métamorphoses de l'âme et ses symboles,* que la divergence devient manifeste. Jung révise l'ensemble de la théorie freudienne, récuse le complexe d'Œdipe* et l'idée du désir d'inceste*, nie toute origine sexuelle à la névrose et enfin identifie la *libido* à une énergie psychique sans pulsion sexuelle : une *libido* originaire qui peut être sexualisée ou désexualisée. Par ailleurs, en 1910, renonçant à l'auto-érotisme, il invente la notion d'introversion* pour désigner le retrait de la *libido* sur le monde intérieur du sujet.

La même année, dans une conférence intitulée « Le trouble psychogène de la vision dans la conception psychanalytique », Freud parle de pulsion du moi pour désigner, par opposition à la pulsion sexuelle, ce qu'il rangeait en 1905 sous la catégorie des fonctions d'autoconservation du moi.

De la *libido* du moi à la pulsion du moi, il n'y a qu'un pas, et Freud le franchit dans ses travaux de métapsychologie* de 1914-1915, où est énoncé un nouveau dualisme pulsionnel (pulsion du moi/pulsion sexuelle), aussitôt mis en question par l'article « Pour introduire le narcissisme ». Dans cette réponse à Jung sur la double problématique de l'introversion et de la *libido*, l'opposition *libido* du moi/*libido* d'objet vient recouvrir l'ancien dualisme pulsionnel, et du coup la pulsion du moi est assimilée à l'amour de soi et donc à une *libido* du moi reconvertie aussitôt en *libido* narcissique, terme qui ouvre la voie à toutes les théories de la *Self Psychology**, à une conception de la névrose narcissique intermédiaire entre la névrose et la psychose, et à l'approche théorique des états-limites*.

On voit donc le chemin parcouru par Freud. Contre les sexologues qui la réduisaient à du sexuel au sens génital, il étend la *libido* à une pulsion sexuelle généralisée, et contre Jung qui veut au contraire la noyer dans une instance asexuelle, il l'inscrit comme composante centrale d'un *eros* enfin retrouvé, celui de l'amour platonicien, à la fois désir, sublimation et sexualité sous toutes ses formes humaines (homosexualité, bisexualité*). On comprend alors pouquoi il s'opposera également à Wilhelm Reich*, héritier de la sexologie, qui voudra resexualiser la *libido* dans le cadre d'une théorie biologique de la satisfaction orgastique.

Dans *Au-delà du principe de plaisir* où est organisé un nouveau dualisme pulsionnel (pulsion de vie/pulsion de mort), la *libido* est assimilée à l'*eros :* « La *libido* de nos pulsions sexuelles coïncide avec l'*eros* des poètes et des philosophes qui maintient la cohésion de tout ce qui vit. » Et dans l'*Abrégé de psychanalyse**, les deux termes fusionnent : « toute l'énergie de l'*eros*, que nous appellerons désormais *libido* ».

Néanmoins, la figure d'*eros* n'abolit pas celle de *libido*, à laquelle Freud tient pardessus tout, dans la mesure où, étant un mot latin, elle traduit l'universalité du concept de sexualité et ne nécessite donc pas une transcription dans d'autres langues. A cet égard, en conservant ce terme latin, Freud a subverti le vieux jargon des spécialistes. Il a fait de la *libido* l'enjeu d'un scandale qui apparaîtra à partir de 1910 dans les multiples résistances opposées dans chaque pays à la psychanalyse, toujours et partout qualifiée de doctrine pansexualiste : trop « germanique » aux yeux des Français, trop « latine » pour les Scandinaves, trop « juive » pour le nazisme*, trop « bourgeoise » enfin pour le communisme*, c'est-à-dire, comme pour Jung, toujours trop « sexuelle ».

● Sigmund Freud, « Le trouble de vision psychogène dans la conception psychanalytique » (1910), *OC*, X, 177-187, *GW*, VIII, 94-102, *SE*, XI, 211-218 ; « Pour introduire le narcissisme » (1914), in *La Vie sexuelle*, Paris, PUF, 1969, 80-105, *GW*, X, 138-170, *SE*, XIV, 73-102 ; « Sur l'histoire du mouvement psychanalytique » (1914), Paris, Gallimard, 1991, *GW*, X, 44-113, *SE*, XIV, 7-66 ; « "Psychanalyse" et "théorie de la *libido*" » (1923), *OC*, XVI, 181-208, *GW*, XIII, 211-233, *SE*, XVIII, 235-259 ; « L'organisation génitale infantile » (1923), *ibid.*, 303-309, 293-298, 141-145 ; « Des types libidinaux » (1931), *OC*, XIX, 1-6, *GW*, XIX, 509-513, *SE*, XXI, 217-220 ; *La Naissance de la psychanalyse* (Londres, 1950), Paris, 1956 ; et Carl Gustav Jung, *Correspondance*, II, *1910-1914* (1975), Paris, Gallimard, 1975. *Les Premiers Psychanalystes, Minutes de la Société psychanalytique de Vienne*, II, *1908-1910* (New York, 1967), Paris, Gallimard, 1978, 121-127. Richard von Krafft-Ebing, *Psychopathia sexualis* (Stuttgart, 1886, Paris, 1907), Paris, Payot, 1969. Albert Moll, *Untersuchungen über die Libido sexualis*, Berlin, Fischers Medizinische Buchhandlung, H. Kornfeld, 1897. Havelock Ellis, *Études de psychologie sexuelle*, vol. 1 (Londres, 1897), Paris, Mercure de France, 1904. Carl Gustav Jung, *Les Métamorphoses de l'âme et ses symboles* (Leipzig-Vienne, 1912, Paris, 1931), Paris, Buchet-Chastel, 1953 ; *Ma vie* (Zurich, 1962), Paris, Gallimard, 1966. Ernest Jones, *La Vie et l'œuvre de Sigmund Freud*, t. II, *1901-1919* (New York, 1955), Paris, PUF, 1961. Jean Laplanche et Jean-Bertrand Pontalis, *Vocabulaire de la psychanalyse*, Paris, PUF, 1967. Henri F. Ellenberger,

Histoire de la découverte de l'inconscient (New York, Londres, 1970, Villeurbanne, 1974), Paris, Fayard, 1994. Frank J. Sulloway, *Freud biologiste de l'esprit* (New York, 1979), Paris, Fayard, 1981.

▷ FÉTICHISME. SADO-MASOCHISME. TRANSSEXUALISME.

LIBRARY OF CONGRESS

Située à Washington, aux États-Unis*, la Library of Congress est l'une des plus grandes bibliothèques du monde. C'est là, au département des manuscrits, que furent déposées les archives de Sigmund Freud* (lettres, manuscrits, etc.) et celles de nombreux autres psychanalystes de différents pays. L'initiative fut prise par Siegfried Bernfeld*. A sa suite, Kurt Eissler, psychanalyste d'origine viennoise lui aussi et auteur de plusieurs livres sur Freud, fut, après la Deuxième Guerre mondiale, le principal responsable de ce grand dépôt de savoir et de mémoire qui prit le nom de Sigmund Freud Archives (SFA) ou Archives Freud. Il collecta des documents passionnants en interrogeant tous les survivants de la saga freudienne et en conservant leurs entretiens sur des bandes magnétiques. En accord avec Anna Freud*, il édicta des règles de conservation draconiennes qui, tout en respectant les volontés des donnateurs, interdisaient à la plupart des chercheurs extérieurs à l'International Psychoanalytical Association* (IPA) d'accéder à ce fonds. C'est sous sa très orthodoxe direction que se produisit, à partir de 1979, en réaction à l'esprit de censure, un tournant révisionniste dans l'historiographie* freudienne, notamment à propos de l'édition des lettres de Freud à Wilhelm Fliess*, confiée par Eissler lui-même à un chercheur peu scrupuleux : Jeffrey Moussaïev Masson. La censure et la méfiance avaient donc abouti à favoriser une entreprise historiographique violemment antifreudienne.

La collection Sigmund Freud, divisée en séries (A, B, E, F, Z), et dont les droits pour la publication dépendent du Sigmund Freud Copyrigths (qui représente les intérêts financiers des ayants droit), est désormais ouverte à tous les chercheurs. Son règlement prévoit certaines restrictions, tantôt justifées et conformes aux lois en vigueur, mais tantôt contestables. Quant à la série Z, soumise à un déclassement progressif s'étendant jusqu'à l'année 2100, elle est censée renfermer des documents concernant la vie privée de personnes (patients, psychanalystes, etc.) qu'il faut protéger.

En réalité, cette série Z contient certains textes qui n'ont rien de confidentiel, d'autres qui ne comportent aucune révélation fracassante même s'ils concernent des secrets de famille ou de divan, et d'autres enfin dont la présence sous ce classement est rien de moins qu'évidente : par exemple des contrats de Freud avec ses éditeurs, des lettres avec une organisation sportive juive, ou des documents sur Josef Freud* déjà connus des historiens. Patrick Mahony et l'historien Yosef Hayim Yerushalmi ont dénoncé le règlement qui préside à l'organisation de cette série dans une remarquable conférence en 1994. Ce dernier souligne que cacher des secrets de Polichinelle conduit bien plutôt à alimenter d'inutiles rumeurs, et que la seule manière de les éviter serait d'ouvrir les archives dites secrètes. Yerushalmi rappelle la phrase de Lord

Acton : « Fermer les archives aux historiens reviendrait à laisser son histoire à ses ennemis. » Et il conclut : « Nous vivons une époque où l'information, dans tous les domaines, nous ensevelit sous un déluge auquel la recherche sur Freud n'échappe pas. Cette dernière est devenue une industrie en soi. Le contrôle d'ordre strictement bibliographique de ses produits est désormais pour ainsi dire impossible. »

● Janet Malcolm, *Tempête aux Archives Freud* (New York, 1984), Paris, PUF, 1986. Jeffrey Moussaïev Masson, *Le Réel escamoté*, Paris, Aubier-Montaigne, 1984. Élisabeth Roudinesco, *Généalogies*, Paris, Fayard, 1994. Yosef Hayim Yerushalmi, « Série Z » (1994), « Une fantaisie archivistique », *Le Débat*, 92, novembre-décembre 1996, 141-152. Jacques Derrida, *Mal d'archive*, Paris, Galilée, 1995.

LIBRE ASSOCIATION (RÈGLE DE LA)

Allemand : *Freie Assoziation*. Anglais : *Free association*.

Procédé défini par Sigmund Freud* entre 1892 et 1898 selon lequel, dans la cure, le patient exprime sans discrimination toutes les pensées qui lui viennent à l'esprit.

▷ ATTENTION FLOTTANTE. AUTO-ANALYSE. AUTOMATISME MENTAL (ou PSYCHOLOGIQUE). RÈGLE FONDAMENTALE.

LIÉBEAULT Ambroise Auguste (1823-1904)

médecin français

Père spirituel de l'École de Nancy, Auguste Liébeault était le douzième enfant d'une famille de paysans lorrains. Alors qu'il étudiait la médecine, il découvrit le magnétisme dans un rapport de 1848 rédigé par Henri-Marie Husson (1772-1853) et s'enthousiasma pour cette méthode à une époque où elle était condamnée par l'ensemble de la profession en Europe. Devenu praticien de campagne à Pont-Saint-Vincent, près de Nancy, il traita gratuitement les pauvres et les démunis par la méthode du sommeil artificiel. Accusé de charlatanisme par ses confrères, il acquit néanmoins une grande réputation d'hypnotiseur en soignant indifféremment les maladies organiques (ulcères, tuberculose pulmonaire) et les affections psychiques. Après s'être retiré pendant deux ans, il créa à Nancy même la fameuse clinique du docteur Liébeault dans laquelle il reçut de nombreux malades.

Sa technique était toujours la même : il endormait les patients en leur demandant de regarder fixement ses yeux, puis il leur ordonnait d'avoir de plus en plus envie de dormir. Cette méthode de suggestion* par fixation du regard et injonction de dormir avait été inventée en 1813 par l'abbé portugais José Custodio de Faria (1756-1819). Comme le marquis Armand de Puységur (1751-1825), Faria avait abandonné toute idée de fluide magnétique au profit des notions de concentration et de sommeil lucide, estimant que le sommeil artificiel provenait de la volonté du patient et non de celle de l'hypnotiseur. Aussi avait-il ouvert la voie à des cures par suggestion hypnotique qui n'avaient plus besoin de se réclamer d'un support tangible (le fluide) pour démontrer l'efficacité thérapeutique d'une relation duelle que James Braid (1795-1860) rangera sous la catégorie de l'hypnotisme et que Sigmund Freud* théorisera beaucoup plus tard sous le vocable de transfert*.

Dans l'histoire de la première psychiatrie dynamique*, Liébeault fut donc, après Puységur, Faria et Braid, le quatrième grand pionnier de l'abandon du magnétisme mesmérien et l'un des inventeurs de cet hypnotisme moderne qui donnera naissance aux diverses psychothérapies* de la deuxième psychiatrie dynamique, parmi lesquelles la plus brillante et la plus novatrice : la psychanalyse*.

C'est en 1882 qu'Hippolyte Bernheim* lui rendit visite. Il se convertit à ses idées, se déclara son élève et son ami, et introduisit la suggestion dans la médecine officielle hospitalo-universitaire, s'opposant bientôt à Jean Martin Charcot*, grand maître de l'école de la Salpêtrière engagé dans une nouvelle approche de l'hystérie*.

Dans son autobiographie de 1925, Sigmund Freud évoqua le souvenir de cet étonnant médecin : « Dans l'intention de perfectionner ma technique hypnotique, je me rendis durant l'été 1889 à Nancy, où je passai plusieurs semaines. Je vis le vieux Liébeault qui était touchant dans le travail qu'il pratiquait sur les femmes et les enfants pauvres de la population ouvrière. »

● Auguste Liébeault, *Du sommeil et des états analogues, considérés surtout au point de vue de l'action du moral sur le physique*, Paris, Masson, 1866. Henri F. Ellenberger, *Histoire de la découverte de l'inconscient* (New York, Londres, 1970, Villeurbanne, 1974), Paris, Fayard, 1994. Léon Chertok et Raymond de Saussure, *Naissance du psychanalyste* (1973), Paris, Synthélabo, coll. « Les empêcheurs de penser en rond », 1997. Pierre Morel (éd.), *Dictionnaire biographique de la psychiatrie*, Paris, Synthélabo, coll. « Les empêcheurs de penser en rond », 1996.

▷ HYPNOSE. MESMER Franz Anton. *SIGMUND FREUD PRÉSENTÉ PAR LUI-MÊME*. SPIRITISME.

LIEBEN Anna von, née von Todesco (1847-1900), cas « Frau Cäcilie M. »

Anna von Lieben est l'une des patientes de Sigmund Freud* et de Josef Breuer* dont le cas est rapporté dans les *Études sur l'hystérie**, sous le nom de Frau Cäcilie M. Souffrant de violentes névralgies faciales, la malade fut traitée sans résultat par toutes les méthodes usuelles : badigeonnages électriques, eaux alcalines, laxatifs, etc. Puis un dentiste procéda sur elle à une cruelle opération chirurgicale, l'extraction de sept dents parfaitement saines, sans obtenir la moindre guérison. C'est alors que Freud utilisa l'hypnose* et jeta sur les douleurs un « très énergique interdit ». Un an plus tard, elle eut de multiples symptômes hystériques. Freud utilisa à nouveau l'hypnose, puis eut recours à la parole. Frau Cäcilie expliqua alors une ancienne scène traumatique, une dispute conjugale, au cours de laquelle son mari l'avait frappée. En racontant cet événement, elle mit sa main sur sa joue et s'écria : « C'est comme un coup reçu en plein visage. »

Freud nota que les douleurs cessèrent en raison d'un processus de symbolisation (ou conversion symbolisante). A la suite de cette découverte, il poursuivit le traitement et parvint à faire raconter à la patiente les affronts qu'elle avait subis depuis son enfance. Ainsi, à l'âge de 15 ans, elle avait ressenti une violente douleur à la tête lorsque sa grand-mère l'avait regardée de ses yeux perçants qui avaient « pénétré » son cerveau. Frau Cäcilie permit à Freud de comprendre la relation entre un symptôme hystérique et une symbolisation. C'est par le langage que sont provoqués, selon lui, les accès de névralgie. Dans cette atteinte hystérique, il y a conversion des paroles en un phénomène somatique.

Durant l'été 1889, lorsqu'il séjourna à Nancy, Freud fit venir avec lui Frau Cäcilie et demanda à Hippolyte Bernheim* de l'hypnotiser : « C'était une hystérique d'une grande distinction, dit-il, génialement douée, qu'on avait remise à mes soins parce qu'on ne savait qu'en faire. Dans mon ignorance d'alors, j'attribuais le fait qu'elle rechutait chaque fois au bout d'un certain temps à ce que son hypnose n'avait jamais atteint le degré du somnambulisme avec amnésie. Alors Berhneim s'y essaya à plusieurs reprises, mais sans plus de résultats que moi. »

En 1986, l'historien Peter Swales identifia pour la première fois Frau Cäcilie et émit l'hypothèse qu'il s'agissait d'Anna von Lieben, riche aristocrate viennoise qui avait d'abord été soignée par Jean Martin Charcot* puis par Theodor Meynert*. Selon Swales, entre 1889 et 1893, elle avait fait avec Freud une longue cure au cours de laquelle il avait élaboré les principes de la méthode psychanalytique. Dans la grande saga des cas princeps, Anna von Lieben peut donc être regardée comme la première femme psychanalysée de l'histoire du freudisme*. Elle aurait ainsi été le « maître » de Freud, sa *prima donna*, en lui apportant l'inconscient* sur « un plateau d'argent ».

● Sigmund Freud, *Sigmund Freud présenté par lui-même* (1925), Paris, Gallimard, 1984, *GW*, XI, 119-182, *SE*, XX, 7-70. Peter Swales, « Freud, his teacher, and the birth of psychoanalysis », *in* Paul E. Stepansky (éd.), *Freud, Appraisals and Reappraisals*, vol. 1, New Jersey, The Analytic Press, 1986, 3-83. Lisa Appignanesi et John Forrester, *Freud's Women*, New York, Basic Books, 1992.

▷ AUGUSTINE. *CATHARSIS*. ECKSTEIN Emma. HISTORIOGRAPHIE. HYSTÉRIE. LIÉBEAULT Auguste. MOSER Fanny. ÖHM Aurelia. PAPPENHEIM Bertha. SEXUALITÉ. SUGGESTION.

LOEWALD Hans (1906-1993)

psychiatre et psychanalyste américain

Né en Alsace d'un père juif disparu très tôt, Hans Loewald est élevé à Berlin par sa mère. A Fribourg, où il fait ses études de philosophie comme élève de Martin Heidegger (1889-1976), il est profondément choqué par le rapprochement de celui-ci avec le parti national-socialiste. Il quitte alors l'Allemagne* pour Rome où il entreprend des études de médecine et de psychiatrie. Fuyant ensuite le fascisme italien, il tente, en vain, de devenir citoyen français et émigre en 1939 aux États-Unis*.

Il effectue sa formation psychanalytique à l'institut de la Baltimore-Washington Psychoanalytic Society (qui se scindera ensuite en deux sociétés distinctes) et publie ses premiers articles psychanalytiques au début des années 1950. Il devient alors l'une des figures éminentes de l'école psychanalytique de la Nouvelle-Angleterre, à New Haven, et enseigne la psychiatrie à l'université Yale.

Dans l'introduction qu'il rédige, en 1980, pour la publication d'un volume rassemblant ses principales contributions, il rappelle que la philosophie fut son « premier amour ». Il souligne sa dette intellectuelle à l'égard de la philosophie de Heidegger, la permanence de son adhésion à certaines des thèses essentielles de l'auteur d'*Être et Temps* (*Sein und Zeit*), et il évoque encore sa rupture définitive avec le maître de la Forêt-Noire.

Ne serait-ce qu'au titre de sa culture philosophique et de cette inspiration heideggerienne, Hans Loewald fait figure d'exception dans le monde psychanalytique américain dont il refuse les options positivistes, se montrant particulièrement critique à l'égard du courant de l'*Ego Psychology**.

Sa formation philosophique, la finesse de sa lecture de l'œuvre de Freud, son refus de toute réduction de la seconde topique* freudienne, sa conception délibérément non biologique de la théorie des pulsions et son intérêt particulier pour la pulsion* de mort, le privilège qu'il accordait au langage sont autant de caractéristiques qui ont accrédité l'idée d'une parenté entre l'approche de Loewald et le système de pensée développé par Jacques Lacan*. Ce rapprochement doit toutefois être tempéré par des différences irréductibles, qu'il s'agisse de l'adhésion de Loewald aux standards de l'International Psychoanalytical Association* (IPA) en matière de pratique psychanalytique ou de l'absence dans ses travaux de référence explicite ou de mise en œuvre directe de sa culture philosophique.

Loewald a développé une problématique d'inspiration phénoménologique centrée sur la dynamique de l'organisation préœdipienne, sur le narcissisme* primaire et la proximité existant durant cette période du développement psychique entre le moi* et la réalité. Dans l'un de ses articles traduit en français, il expose l'idée que la pratique psychanalytique est un art, la névrose* de transfert* étant comparée au registre de la théâtralité. Le lieu d'intervention de l'analyste est constitué, selon Loewald, par l'espace transitionnel entre le fantasme* intérieur et la réalité, sorte de tiers lieu comparable à l'aire du jeu élaborée par Donald Woods Winnicott*.

● Hans Loewald, *Papers on Psychoanalysis*, New Haven, Yale University Press, 1980 ; « La psychanalyse en tant qu'art et la dimension imaginaire de la situation analytique » (1974), *in* Harold P. Blum (éd.), *Dix Ans de psychanalyse en Amérique. Anthologie du* Journal of the American Psychoanalytic Association, Paris, PUF, 1981, 309-328. Martin Heidegger, *Être et Temps* (1927), Paris, Gallimard, 1986. Alan Bass, communication inédite au colloque de Cerisy sur le thème « Depuis Lacan », juillet 1996. Phyllis Tyson et Robert L. Tyson, *Les Théories psychanalytiques du développement de l'enfant et de l'adolescent* (New Haven, Londres, 1990), Paris, PUF, 1996.

▷ ANALYSE EXISTENTIELLE. OBJET (RELATION D'). OBJET (TRANSITIONNEL). *SELF PSYCHOLOGY.*

LOEWENSTEIN Rudolph (1898-1976)
psychiatre et psychanalyste américain .

Né à Lodz, Rudolph Loewenstein était issu d'une famille juive installée en Galicie polonaise (intégrée à l'Empire russe). Il étudia la médecine, puis, fuyant l'antisémitisme, il émigra à Zurich où il refit ses études médicales et découvrit la nouvelle psychiatrie bleulérienne. Intéressé par la psychanalyse*, il se rendit alors à Berlin où, pour la troisième fois, il dut reprendre ses études de zéro.

Analysé par Hanns Sachs*, il ne tarda pas à réaliser un vieux rêve en s'installant en France, patrie des droits de l'homme. C'est grâce à Marie Bonaparte*, dont il fut l'amant pendant une courte période, qu'il put obtenir sa naturalisation, après avoir refait une quatrième fois ses études médicales. A Paris, où il arriva en 1925, il rencontra les pionniers du freudisme français et participa à la fondation du groupe de l'Évolution psychiatrique* et de la Société psychanalytique de Paris (SPP), aux côtés de René Laforgue*, Eugénie Sokolnicka*, Édouard Pichon*, etc.

Entre 1926 et 1939, soutenu par Marie Bonaparte, Raymond de Saussure* et Charles Odier*, Loewenstein devint le représentant du courant orthodoxe de la SPP, puis, face à Laforgue, il fut le principal didacticien du groupe parisien. A ce titre, il eut en formation les trois grands représentants de la deuxième génération psychanalytique française : Sacha Nacht*, Daniel Lagache* et surtout Jacques Lacan* avec lequel les relations furent difficiles, conflictuelles.

Il serait resté français et aurait joué dans ce pays un rôle important si la guerre ne l'avait contraint à une nouvelle émigration. Après avoir été mobilisé en 1939 dans l'armée française, il se réfugia chez Marie Bonaparte à Saint-Tropez et, de là, gagna la Suisse où il retrouva Heinz Hartmann*, lui-même en exil et hébergé chez Saussure. En 1942, les trois hommes intégrèrent la New York Psychoanalytical Society (NYPS). L'année suivante, Loewenstein prit la responsabilité de l'enseignement à l'institut dépendant de la société, puis, de 1959 à 1961, en fut le président. Il assura aussi en 1957-1958 les fonctions de président de la puissante American Psychoanalytic Association* (APsaA).

Après avoir rédigé des articles techniques durant sa période française, il participa, dans le contexte de la grande expansion du mouvement psychanalytique américain, à l'élaboration du courant de l'*Ego Psychology** dont Heinz Hartmann était le fondateur. Il publia également un ouvrage sur l'antisémitisme.

● Rudolph Loewenstein, « La technique psychanalytique », *Revue française de psychanalyse*, II, 1, 1928, 113-134 ; « Remarques sur le tact dans la technique psychanalytique », *Revue française de psychanalyse*, IV, 2, 1930-1931, 266-275 ; *Psychanalyse de l'antisémitisme*, Paris, PUF, 1952. Élisabeth Roudinesco, *Histoire de la psychanalyse en France*, vol. 1 (1982) et 2 (1986), Paris, Fayard, 1994 ; *Jacques Lacan. Esquisse d'une vie, histoire d'un système de pensée*, Paris, Fayard, 1993.

▷ ÉTATS-UNIS. FRANCE. TECHNIQUE PSYCHANALYTIQUE.

LOGOTHÉRAPIE

▷ ANALYSE EXISTENTIELLE.

« LUCY (MISS) » (CAS)

▷ *ÉTUDES SUR L'HYSTÉRIE.*

LURIA Aleksandr Romanovitch (1902-1977)

médecin et neuro-psychologue russe

Né à Kazan, Aleksandr (ou Alexandre) Romanovitch Luria fit des études de médecine avant de se tourner vers la psychologie. Passionné de sciences sociales et de socialisme utopique, il entra en correspondance avec Sigmund Freud* à l'âge de 19 ans et, en mars 1922, décida de fonder la Société psychanalytique de Kazan. Composée d'une majorité de médecins et comprenant sept femmes – ce qui était rare à l'époque –, cette société s'intégra ensuite à celle formée à Moscou par Moshe Wulff* et Ivan Dimitrievitch Ermakov* pour devenir l'Association psychanalytique russe.

Dans son premier exposé devant le cercle de Kazan, Luria parla de la psychologie du costume et de la différence des sexes* : « Les motifs inconscients du costume diffèrent chez l'homme et chez la femme. Les motifs primitifs qui déterminent la forme du costume féminin sont de nature sexuellement passive alors que chez l'homme ils sont de nature active. On rencontre les motifs féminins dans des moments d'affaiblissement de la censure (fêtes, danses et carnavals) et les motifs masculins dans les rangs de l'armée et chez les révolutionnaires. »

La même année, il compara la doctrine psychanalytique et ses méthodes aux théories réflexologiques de Vladimir Bekhterev (1857-1927) pour en conclure que les deux écoles pouvaient se rapprocher sur le terrain du matérialisme. Installé à Moscou à l'automne 1923, il œuvra encore au développement du mouvement psychanalytique russe en publiant plusieurs articles d'information dans l'*Internationale Zeitschrift für Psychoanalyse**. En 1925, avec son ami Lev Semenovitch Vygotski (1896-1934), il rédigea une préface à la traduction russe d'*Au-delà du principe de plaisir**.

Il participa ensuite aux discussions qui opposèrent les freudo-marxistes aux antifreudiens sur la question du matérialisme de la psychanalyse*. Il développa alors l'idée que la psychanalyse pouvait s'intégrer à un système de psychologie « moniste ». Il rêvait d'ériger un pont entre cette nouvelle science du psychisme et la psychologie expérimentale. Sa dernière contribution à la psychanalyse date de 1928. Par la suite, Luria devint l'un des grands spécialistes de l'étude du cerveau et notamment des fonctions corticales supérieures.

Au cours d'une réunion en 1974 à la Société des psychologues de Moscou, il évoqua avec humour et émotion les souvenirs de sa jeunesse freudienne.

● Aleksandr Romanovitch Luria, « Russische psychoanalytische Vereinigung », *IZP*, 1, 1924, 113-115 ; 2, 1924, 126-137 ; 1, 1926, 125-126 ; 2, 1926, 227-229 ; 2, 1927, 226-227 ; « La psychanalyse en tant que système de psychologie moniste » (en russe), *in* M. Kornilov, *Psychologie et Marxisme*, Moscou, Institut de psychologie expérimentale, 1925 ; « Die moderne Psychologie und der dialektische Materialismus », *Unter dem Banner des Marxismus* (Sous la bannière du marxisme), 2, 1928, 506-524. Jean Marti, « La psychanalyse en Russie (1909-1930) », *Critique*, 346, mars 1976, 199-237. Alberto Angelini, *La Psicoanalisi in Russia*, Naples, Liguori Editore, 1988.

M

MACK-BRUNSWICK Ruth, née Mack (1897-1946)
psychiatre et psychanalyste américaine

Comme Marie Bonaparte* et Jeanne Lampl-De Groot*, Ruth Mack-Brunswick appartenait au « cercle des femmes » de Sigmund Freud*. Elle fut sa patiente, puis devint l'une de ses disciples les plus ferventes, à tel point qu'elle entra bientôt dans l'intimité familiale du maître et se retrouva finalement sous sa dépendance, un peu à la manière de sa fille Anna Freud*. Elle connut cependant une destinée beaucoup plus tragique que les autres élèves de Freud. Son analyse fut un désastre et sa morphinomanie, liée à de multiples maladies, l'empêcha de déployer ses véritables talents de clinicienne et de théoricienne.

Née à Chicago et issue de la riche bourgeoisie juive, elle était la fille d'un brillant juriste philanthrope. D'abord diplômée du Radcliffe College, elle entreprit ensuite des études de médecine et de psychiatrie à l'école médicale du collège de Tuft. Mariée très jeune à un médecin, Hermann Blumgart, dont le frère, Leonard Blumgart (1881-1951), s'était rendu à Vienne* pour suivre une analyse avec Freud, elle fit à son tour le voyage en 1922 et commença une cure afin de se guérir d'une grave hypocondrie.

A cette époque, Freud analysait de nombreux Américains qui séjournaient parfois plusieurs années à Vienne pour se soigner ou devenir psychanalystes. C'est dans ces circonstances que Ruth Mack rencontra Mark Brunswick. Amoureux d'elle en secret depuis qu'il avait assisté à son mariage, il était le cousin de sa mère. Atteint de troubles de la personnalité, il suivait une analyse avec Freud en même temps que son frère David qui étudiait la psychologie. Déjà séparée de son mari, Ruth fut d'autant plus séduite par Mark que Freud lui expliquait son cas comme on le fait dans une analyse de contrôle*. Mark avait une liaison avec une jeune fille, mais finalement, en 1928, après quatre ans de cure, il décida d'épouser Ruth. Freud et Oscar Rie* furent choisis comme témoins du mariage.

Entre-temps, Ruth était devenue une véritable freudienne, spécialisée dans le traitement des psychoses* et passionnée par la question des relations préœdipiennes. Comme elle refusait les thèses de Melanie Klein*, Freud la soutenait en lui envoyant de nombreux patients parmi ses proches : Max Schur* et sa femme en 1924, Muriel Gardiner* et Sergueï Constantinovitch Pankejeff* (l'Homme aux loups) en 1926, ainsi que Robert Fliess*, le fils de Wilhelm Fliess*, et Karl Menninger*.

Juste après leur mariage, Ruth et Mark retournèrent pour un an aux États-Unis* où naquit leur fille prénommée Mathilde en hommage à Mathilde Hollister*. A leur retour, ils reprirent chacun leur cure avec Freud. Tandis que les symptômes de Mark empiraient, ceux de Ruth s'aggravèrent également. Accablée par ses troubles digestifs, elle prit l'habitude de calmer ses douleurs par des injections répétées de morphine. Au fur et à mesure de l'avancée de son analyse, sa dépendance transférentielle à l'égard de Freud augmenta en même temps que sa toxicomanie. Malade depuis plusieurs années, le maître n'hésitait pas à se faire soigner tantôt par elle, tantôt par Max Schur, qui deviendra bientôt son médecin traitant.

Déçu par son incapacité à guérir sa chère disciple, Freud continua néanmoins à la maintenir dans sa dépendance tout en lui manifestant des sentiments négatifs et en poursuivant l'analyse de son mari. En 1937, après des années de drames et de conflits liés à cet invraisemblable imbroglio, Ruth et Mark décidèrent de divorcer, pour se remarier aussitôt.

En 1938, Ruth suivit Freud dans son exil londonien. Après sa mort, elle s'installa à New York où elle joua un petit rôle dans l'histoire du mouvement psychanalytique américain. Devenu alcoolique, Mark se sépara d'elle. Elle entreprit alors une autre analyse avec Hermann Nunberg*. Au moment où elle semblait guérie, on la retrouva morte dans sa salle de bains après une chute qui fut attribuée à une « crise cardiaque induite par une pneumonie ».

• Paul Roazen, *La Saga freudienne* (New York, 1971), Paris, PUF, 1986.

MAEDER Alphonse (1882-1971)

psychiatre et psychanalyste suisse

C'est à la clinique du Burghölzli, auprès de Carl Gustav Jung* et dans le contexte de l'essor de la nouvelle psychiatrie dynamique* d'inspiration bleulérienne, qu'Alphonse (ou Alfons) Maeder se passionna pour les thèses freudiennes. Très vite, il se livra sur lui-même à une auto-analyse* et pratiqua la technique de la cure en interprétant ses rêves* et ses actes manqués*. A partir de 1907, il publia des articles en français sur la doctrine psychanalytique dans lesquels il récusait le primat de la sexualité*. Aussi joua-t-il un rôle important pour l'introduction du freudisme* en France* par la voie zurichoise.

En 1912, au moment où commençait la polémique entre Carl Gustav Jung et Sigmund Freud*, il eut avec ce dernier un échange de lettres à propos du rêve et de la question juive. Freud l'avait accusé de ne rien comprendre au symbolisme* du rêve et d'être antisémite. A cette date, le débat sur la judéité* ou la non-judéité de la psychanalyse* était au cœur du conflit interne à l'International Psychoanalytical Association* (IPA) et Freud, après une volte-face, prétendait que la psychanalyse* était « l'affaire des Sémites ». Maeder, comme Jung, croyait à la psychologie différentielle des peuples et revendiqua contre Freud et les Juifs viennois une possible « identité chrétienne » (en l'occurrence protestante) de la psychanalyse.

Après la rupture de 1913, il resta proche de Jung. Par la suite, il adhéra au Réarmement moral, mouvement visant à la « régénération de l'homme » fondé par Frank Buchman. Comme de nombreux pionniers du freudisme, et à la manière de ces médecins hygiénistes, missionnaires, calvinistes ou puritains, il s'intéressa à des techniques thérapeutiques qui n'avaient plus rien à voir avec la psychanalyse et s'apparentaient aux anciennes thérapies de l'âme, d'inspiration religieuse ou culturaliste. Il distinguait trois types de guérisseur : le « profane », faisant appel à la rationalité, le « magicien », agissant par suggestion*, le « religieux », sur lequel le malade peut projeter « l'archétype du Sauveur », ce dernier modèle (très jungien) emportant son adhésion.

● Alphonse Maeder, « Contribution à la psychopathologie de la vie quotidienne », *Archives de psychologie*, VI, avril 1907, 149-152 ; « Essai d'interprétation de quelques rêves », *ibid.*, 354-375 ; « Sur le mouvement psychanalytique, un point de vue nouveau en psychologie », *L'Année psychologique*, 1912, XVIII, 389-418. « Lettres à Sigmund Freud », *Le Bloc-notes de la psychanalyse*, 8, 1988, 219-226 ; *La Personne du médecin, un agent psychothérapeutique*, Neuchâtel, Delachaux et Niestlé, 1953 ; *De la psychanalyse à la psychothérapie appellative*, Paris, Payot, 1970. Jean-Pierre Mordier, *Les Débuts de la psychanalyse en France*, Paris, Maspero, 1981. Marcel Scheidhauer, *Le Rêve freudien en France*, Navarin, Paris, 1985. Jacquy Chemouni, « Entre Vienne et Zurich », *Le Bloc-notes de la psychanalyse*, 8, 1988, 227-252.

▷ ANTHROPOLOGIE. BLEULER Eugen. ELLENBERGER Henri F. ÉTATS-UNIS. ETHNOPSYCHANALYSE. HYPNOSE. PSYCHOTHÉRAPIE. SCISSION. SUISSE. TECHNIQUE PSYCHANALYTIQUE.

MAGNÉTISME

▷ BENEDIKT Moriz. BERNHEIM Hippolyte. BREUER Josef. *CATHARSIS*. CHARCOT Jean Martin. HYPNOSE. HYSTÉRIE. JANET Pierre. LIÉBEAULT Auguste. MESMER Franz Anton.

PERSONNALITÉ MULTIPLE. PSYCHIATRIE DYNAMIQUE. PSYCHOTHÉRAPIE. SPIRITISME. SUGGESTION.

MAHLER Gustav (1860-1911)
compositeur autrichien

Né à Kalischt en Bohême, et issu d'une modeste famille juive, Gustav Mahler connut une enfance marquée par la tragédie. Il était l'aîné de douze enfants dont neuf mourront avant d'avoir atteint l'âge adulte. L'un de ses frères se suicida. Converti au catholicisme, il fut nommé chef d'orchestre, puis directeur artistique de l'Opéra de Vienne* en 1897, où, pendant dix ans, il rénova la mise en scène et la tradition musicale, ce qui lui valut de nombreuses inimitiés : « Il fut le premier chef d'orchestre à diriger debout », écrit William Johnston, et un pionnier dans l'art d'utiliser « des techniques de direction expressive, se servant des deux mains à la fois pour moduler chaque phrase ». En 1902, il épousa une pianiste, Alma-Maria Schindler (1879-1964), dont il eut une fille, Maria-Anna, surnommée Putzi, qui mourut de maladie en 1907.

Malgré l'intensité de son travail de musicien et de compositeur, qui se développa aux États-Unis*, Mahler sombra dans un état mélancolique : « Le mystère de la mort avait toujours été présent à son esprit, écrit Bruno Walter, mais désormais, il était littéralement sous ses yeux. Sur l'univers de Mahler, sur sa vie même, planait désormais l'ombre sinistre et toute proche de la mort. »

Sur le conseil de Bruno Walter, qui avait lui-même consulté Sigmund Freud* pour des inhibitions, Mahler accepta de prendre rendez-vous avec le maître de la psychanalyse* en vacances aux Pays-Bas*. Après plusieurs annulations et actes manqués*, l'entrevue eut lieu à Leyde, le 26 août 1910. L'« analyse » de Mahler dura quatre heures, le temps d'une longue marche dans les rues de la ville : « Je suppose, dit Freud, que votre mère s'appelait Maria. Certaines de vos phrases, dans cet entretien, me le font penser. Comment se fait-il que vous ayez épousé une femme portant un autre prénom, Alma, puisque votre mère a évidemment joué dans votre vie un rôle prédominant ? » Mahler répondit qu'il avait pris l'habitude d'appeler sa femme Maria (et non pas Alma). Au cours de l'entretien, Mahler parvint en outre à comprendre pourquoi sa musique était en quelque sorte « gâchée » par l'intrusion répétitive d'une mélodie banale. Dans son enfance, à la suite d'une scène de ménage particulièrement violente entre son père et sa mère, il s'était enfui dans la rue et avait entendu un orgue de Barbarie jouer un air populaire viennois : cet air s'était fixé dans sa mémoire et faisait retour sous la forme d'une mélodie encombrante.

● Ernest Jones, *La Vie et l'œuvre de Sigmund Freud*, t. 2 (New York, 1955), Paris, PUF, 1961. William M. Johnston, *L'Esprit viennois. Une histoire intellectuelle et sociale, 1848-1938* (New York, 1972), Paris, PUF, 1985. Allan Janik et Stephen Toulmin, *Wittgenstein, Vienne et la modernité* (New York, 1973), Paris, PUF, 1978. Henry-Louis de La Grange, *Gustav Mahler. L'âge d'or de Vienne (1900-1907)*, vol. 2, Paris, Fayard, 1983 ; *Gustav Mahler. Le génie foudroyé (1907-1911)*, vol. 3, Paris, Fayard, 1984. Ginette Raimbault, *Lorsque l'enfant disparaît*, Paris, Odile Jacob, 1996.

MAHLER Margaret, née Schönberger (1897-1985)
médecin et psychanalyste américaine

Grande spécialiste du traitement des psychoses* infantiles, Margaret Schönberger naquit à Sopron en Hongrie* dans une famille de la bourgeoisie juive intellectuelle. Elle commença ses études de pédiatrie à Budapest, où elle rencontra Sandor Ferenczi*, puis s'installa à Vienne* pour s'orienter vers la psychanalyse*.

Analysée par Helene Deutsch* puis par August Aichhorn*, avec lequel elle créa un centre de guidance infantile, elle fut ensuite contrôlée par deux analystes viennois, Robert Wälder (1900-1967) et Grete Bibring (1899-1977). En 1933, elle devint la compagne d'Aichhorn et participa régulièrement aux travaux de la Wiener Psychoanalytische Vereinigung (WPV) tout en s'initiant à la psychanalyse des enfants* dans le cadre du séminaire d'Anna Freud*. En 1936, elle épousa Paul Mahler, un ingénieur chimiste avec lequel elle émigra d'abord en Grande-Bretagne* en 1938, puis aux États-Unis* deux ans plus tard, suivant ainsi la trajectoire classique des freudiens de sa génération*, chassés d'Europe centrale par le nazisme*. A New York, elle fit une autre analyse avec Edith Jacobson*, quand elle sut que sa mère avait été déportée à Auschwitz.

A partir de 1949, elle se consacra à l'étiologie des psychoses et à l'autisme*, publiant plusieurs ouvrages collectifs sur le sujet. En 1957, elle créa avec Manuel Furer un centre d'accueil et de recherches sur le développement des processus d'individuation et de séparation, le Masters Children Center, ainsi qu'un centre thérapeutique pour le traitement des psychoses de l'enfant, le Masters Therapeutic Nursery. Dans ces deux institutions les enfants étaient accueillis avec leurs mères.

Bien qu'elle ait été marquée par les travaux de Melanie Klein*, Margaret Mahler s'inspira d'abord des positions de René Spitz* puis de celles de Donald Woods Winnicott*. Elle demeura fidèle au courant annafreudien et aux thèses de l'*Ego Psychology**, c'est-à-dire à la tradition viennoise de la psychanalyse, reprochant volontiers aux kleiniens leur dogmatisme et leur excès d'imagination qui les conduisaient, disait-elle, à « inventer » une vie fantasmatique au nourrisson.

A partir de ses observations, elle créa la notion de séparation-individuation pour définir un processus intrapsychique qui s'accomplit entre le quatrième et le trente-sixième mois. La séparation est l'émergence de l'enfant hors de la fusion symbiotique avec la mère, et l'individuation est l'acceptation par l'enfant de ses propres caractéristiques individuelles. D'où l'idée d'une « naissance psychologique de l'individu » qui conduit à l'émergence d'une autonomie du moi* telle que la définit l'*Ego Psychology*.

Comme de nombreux freudiens exilés aux États-Unis, Margaret Mahler fut confrontée à la question de l'intégration de la psychanalyse à l'*American way of life*. Elle n'hésita pas à théoriser sa propre intégration à l'aide des notions qu'elle avait elle-même forgées tout au long de son expérience clinique : « Je crois que dans les cas positifs, l'émigration est suivie d'une seconde individuation, une nouvelle naissance psychologique et peut-être une nouvelle vision du monde [...]. Voici donc ce qu'a été pour moi l'émigration : elle m'a arrachée avec mes idées sommeillantes à cette capsule psychologique qu'était alors Vienne, elle m'a exposée à un environnement étranger dont la nouveauté aggravait les vulnérabilités de la transition. Mais une fois maîtrisées l'angoisse et l'insécurité premières, elle m'a amenée à devenir productive et à faire émerger ma théorie du développement. »

● Margaret Mahler et Manuel Furer, *Psychose infantile. Symbiose humaine et individuation* (New York, 1968), Paris, Payot, 1973 ; et Fred Pine, Anni Bergman, *Symbiose humaine et individuation. La naissance psychologique de l'être humain* (New York, 1975), Paris, Payot, 1980. Pamela Tytell et Catherine Tourette-Turgis, « Margaret S. Mahler, 1897-1985 », *Encyclopaedia universalis*, 1986, 576-577. Elke Mühlleitner, *Biographisches Lexikon der Psychoanalyse. Die Mitglieder der psychologischen Mittwoch-Gesellschaft und der Wiener psychoanalytischen Vereinigung von 1902-1938*, Tübingen, Diskord, 1992. Claudine et Pierre Geissmann, *Histoire de la psychanalyse de l'enfant*, Paris, Bayard 1992.

▷ ANNAFREUDISME. AUBRY Jenny. BETTELHEIM Bruno. DOLTO Françoise. HORNEY Karen. HUG-HELLMUTH Hermine von. KLEINISME. MORGENSTERN Sophie. OBJET (RELATION D'). *SELF PSYCHOLOGY.* STADE DU MIROIR.

MALAISE DANS LA CULTURE (LE)

Ouvrage de Sigmund Freud* publié en 1930 sous le titre *Das Unbehagen in der Kultur.* Traduit pour la première fois en français en 1934 par Charles Odier* sous le titre *Malaise dans la civilisation,* puis en 1994 par Pierre Cotet, René Lainé et Johanna Stute-Cadiot sous le titre *Le Malaise dans la culture.* Traduit en anglais par Joan Riviere* en 1930 sous le titre *Civilization and its Discontents,* repris sans modification par James Strachey* en 1961.

Le Malaise dans la culture a longtemps été considéré comme relevant de cette catégorie des écrits freudiens que l'on qualifiait, non sans quelque condescendance, de sociologiques ou d'anthropologiques. Loin d'entériner ce point de vue, Jacques Lacan*, dans le séminaire de l'année 1959-1960 consacré à l'éthique de la psychanalyse, parle de ce livre comme d'une « œuvre essentielle » dans laquelle Freud effectue « la sommation de son expérience » et traite du tragique de la condition humaine. Peter Gay estime pour sa part que *Le Malaise dans la culture* est l'ouvrage « le plus sombre » de Freud, celui où est abordée sans détour, et sur le ton le plus grave, la question de « la misère humaine » à laquelle la crise économique, l'effondrement de la Bourse de New York, survenu quelques jours avant que Freud ne confie son manuscrit à l'éditeur, et la montée du parti hitlérien en Allemagne confèrent toute son ampleur.

Avec cet essai, Freud veut élargir à la culture en général l'examen qu'il fit de la religion dans *L'Avenir d'une illusion**. Comme pour souligner la continuité entre les deux ouvrages, il commence par faire état, pour la critiquer, d'une remarque que la lecture de *L'Avenir d'une illusion* avait suggérée à son ami Romain Rolland*. Écrivant à Freud pour le remercier de l'envoi du livre, l'auteur d'*Au-dessus de la mêlée* regrettait que ne fût pas traitée dans cet ouvrage la question de l'origine du « sentiment religieux ». Rolland désignait par ce terme une « sensation religieuse », c'est-à-dire le

« fait simple et direct de la sensation de l'"éternel" » et il le qualifiait de « sentiment océanique ».

D'emblée, Freud récuse l'idée qu'une telle sensation puisse constituer l'essence de la religiosité : il s'agit bien plutôt, selon lui, d'une répétition de ce sentiment de plénitude qui fut celui du nourrisson avant la séparation psychologique d'avec sa mère, sentiment de plénitude caractéristique du moi* primaire, moi-plaisir dont le moi adulte, moi rétréci par la rencontre du principe de réalité, ressent périodiquement la nostalgie. Si l'on croit trouver dans ce « sentiment océanique » la source du besoin religieux, c'est parce que l'on oublie que ce besoin n'est pas premier, qu'il n'est qu'une reformulation du besoin de protection par le père : le « sentiment océanique » qu'évoque Romain Rolland n'est en définitive qu'une tendance au rétablissement du narcissisme* illimité, spécifique du moi primaire.

Après cette mise au point, Freud récapitule brièvement les thèses développées dans *L'Avenir d'une illusion :* il rappelle que l'existence humaine se caractérise par le fait que les objectifs du principe de plaisir*, la recherche de la jouissance* maximale et l'évitement de la douleur, ne peuvent être atteints en raison même de « l'ordre de l'univers ». Il s'ensuit que l'homme est beaucoup plus apte à faire l'expérience du malheur, celui qui lui est infligé par la souffrance de son corps, par l'hostilité du monde extérieur et par l'insatisfaction que lui procurent les relations avec les autres. De même que le principe de plaisir se soumet au principe de réalité* lorsqu'il est confronté au monde extérieur, l'homme, face à ces obstacles, renonce à ce bonheur pour lequel il n'est à l'évidence pas fait et recherche les moyens d'atténuer ou de supprimer la souffrance. Freud répertorie trois moyens essentiels : la névrose*, l'intoxication et la psychose*, dont les formes sont propres à chaque individu. C'est précisément cette spécificité que la religion cherche à supprimer en proposant une modalité uniforme d'adaptation à la réalité dont les caractéristiques sont une dévalorisation de la vie terrestre, le remplacement du monde réel par un monde délirant et une inhibition intellectuelle.

Des trois causes de la souffrance humaine, Freud choisit d'étudier dans cet essai celle qui naît du caractère insatisfaisant des relations humaines. C'est le rôle de la culture, au moyen des institutions qui la matérialisent – l'État, la famille –, de remédier à cette cause de souffrance, mais dans la mesure où les remèdes proposés par la culture sont contraignants et apparaissent comme autant de limites à la recherche du plaisir, celle-ci apparaît vite comme une nouvelle cause de souffrance. Et, à ce titre, elle fait l'objet de refus fréquemment accompagnés de plaidoyers pour un retour à l'état de nature et d'éloges du mode de vie des primitifs qui n'étaient pas dépendants des progrès de la technologie moderne.

Freud affirme que l'on peut expliquer ce rejet de la culture, mais il se refuse à le justifier parce qu'il est fondé sur l'oubli du caractère protecteur de cette dernière. Cet oubli est avant tout celui du constat déjà ancien, opéré par Hobbes (1588-1679) et confirmé sans hésitation par Freud : « L'homme est un loup pour l'homme. » Or cette dimension, qu'il va falloir nommer et théoriser, donne sa raison d'être à l'aspect contraignant de la culture et confère à l'organisation sociale son statut de compromis précaire : l'homme ne peut y vivre pleinement heureux, mais il ne peut survivre sans elle. L'homme et la femme sont donc prisonniers d'un antagonisme : ils ont besoin des autres mais rêvent de vivre à l'écart de cette société qui limite leurs pulsions sexuelles. Pour tenter d'apaiser les souffrances dont cet antagonisme est la source, la culture s'efforce de créer des liens de substitution : liens d'amour, liens libidinaux détournés de leurs objectifs sexuels. Ainsi de ce commandement que le christianisme a repris à son compte : « Tu aimeras ton prochain comme toi-même », ainsi également de l'utopie communiste dont Freud prononce dans ce cadre une condamnation sans appel. Ces tentatives ne peuvent qu'être vouées à l'échec dans la mesure où elles se fondent sur un déni du constat formulé par Hobbes, sur une ignorance volontaire de l'universalité de l'hostilité des hommes les uns envers les autres, sur un refus de prendre en compte l'agressivité et la cruauté inhérentes au genre humain, dimensions dont l'histoire aussi bien que l'actualité démontrent la permanence.

C'est l'examen de cette dimension de l'agressivité, de l'hostilité et de la cruauté qui constitue l'axe central de la suite de la réflexion de Freud.

Si l'agressivité est inhérente à la nature humaine, c'est parce qu'elle est aussi source de plaisir et, comme telle, complémentaire de l'amour. En témoignent les tentatives faites pour unir les hommes par un lien d'amour détourné de son but sexuel. Elles ne peuvent en effet aboutir qu'à la condition de délaisser d'autres hommes, qui deviendront la cible de l'agressivité. Freud retrouve en ce point la problématique développée dans *Psychologie des masses et analyse du moi**, et notamment la dimension du « narcissisme des petites différences » que Lacan, dans « Situation de la psychanalyse en 1956 », reformule en parlant de « terreur conformiste ». Pour donner à cette dimension de l'agressivité son fondement théorique, Freud prévient le lecteur de la nécessité de prendre en compte cette partie de la théorie psychanalytique dont l'élaboration lui a donné les plus grandes difficultés : la théorie des pulsions. En ce point, la visée de l'essai devient explicite : il s'agit d'analyser la nature du « malaise » à l'aide de la dualité pulsionnelle forgée quelques années plus tôt, dans *Au-delà du principe de plaisir**, celle qui oppose amour et haine, *eros* et mort.

Ces affrontements pulsionnels règnent à la fois sur la vie inconsciente de l'individu et sur sa vie sociale. D'où cette définition de la culture et de son développement : « Le combat de l'espèce humaine pour la vie. »

Il faut alors saisir par quel moyen la culture peut parvenir à contrôler cette agressivité, manifestation explicite de la pulsion* de mort. L'un d'eux est repérable dans l'histoire du développement psychologique de l'homme : on y constate en effet que l'agressivité est retournée contre le moi, qu'elle y est introjectée pour être reprise par une partie du moi, le surmoi*, qui va se mettre en opposition avec la partie restante du moi. Le surmoi, cette « conscience morale », va donc manifester à l'égard du moi l'agressivité que le moi souhaitait exprimer à l'égard des autres et la tension qui s'instaure ainsi entre le moi et le surmoi donne lieu au « sentiment conscient de culpabilité ». Il est par conséquent possible d'affirmer que la culture domine l'agressivité des individus en la faisant surveiller par l'entremise d'un intrus, le surmoi, qui fonctionne comme un gouverneur dans « une ville conquise ».

Qu'en est-il de ce sentiment de culpabilité qui surgit avec une telle constance, que le mal ait été commis ou qu'il soit resté à l'état d'intention ? Il a en fait une double origine. Il est d'abord le produit de l'angoisse ressentie par l'enfant devant l'autorité paternelle (origine externe) : craignant de ne plus être aimé, l'enfant est conduit à renoncer à satisfaire les pulsions qui sont guidées par la seule recherche du plaisir. Mais lorsque l'autorité a été intériorisée dans le surmoi par le biais de l'introjection* de l'agressivité qu'elle suscitait, l'origine du sentiment de culpabilité est interne : désormais, il n'est plus possible de masquer au surmoi ce qui persiste dans le moi de désir de satisfaire la pulsion. Le sentiment de culpabilité, engendré par la culture (représentée par le surmoi), demeure alors en grande partie inconscient, et le plus souvent vécu sous la forme d'un *malaise* auquel on attribue d'autres causes.

Si le surmoi joue bien le rôle qui vient de lui être reconnu dans le processus culturel, ne peut-on être tenté de parler de civilisations ou d'époques « névrosées » qui appelleraient des solutions thérapeutiques ? Freud, qui en de multiples autres occasions s'est révélé un adepte parfois très audacieux du raisonnement analogique, fait preuve ici de la plus grande prudence, rappelant que les concepts, comme les êtres humains, « ne sauraient être arrachés sans danger de la sphère dans laquelle ils sont nés et se sont développés ». En fait, Freud, parvenu à ce point de son essai, sent bien que la question qui se pose à lui ne relève plus de la science mais du pronostic. Ces sociétés civilisées seront-elles capables de dominer la pulsion destructrice susceptible de les conduire à leur perte ? Freud refuse de donner à cette question la réponse consolatrice qu'attendent et que sont prêts à fournir les révolutionnaires et les piétistes réunis dans une même illusion. Il laisse la question ouverte, attribuant l'agitation et l'angoisse croissantes de ses contemporains à leur capacité technologique de s'exterminer mutuellement, jusqu'au dernier. « Et maintenant, conclut-il, il y a lieu d'attendre que l'autre des deux "puissances célestes", l'eros éternel, tente un effort afin de s'affirmer dans la lutte qu'il mène contre son adversaire non moins immortel. »

Un an plus tard, en 1931, alors que le parti nazi vient d'obtenir près de 39 % des voix aux élections, Freud ajoute, comme pour se déprendre d'un reste d'optimisme : « Mais qui peut présumer du succès et de l'issue ? »

● Sigmund Freud, *Le Malaise dans la culture* (1930), *OC*, XVIII, 245-333, *GW*, XIV, 421-506, *SE*, XXI, 64-145 ; *Psychologie des masses et analyse du moi* (1921), *OC*, XVI, 1-83, *GW*, XIII, 73-161, *SE*, XVIII, 65-143 ; *L'Avenir d'une illusion* (1927), *OC*, XVIII, 141-197, *GW*, XIV, 325-380, *SE*, XXI, 5-56 ; *Au-delà du principe de plaisir* (1920), *GW*, XIII, 3-69, *SE*, XVIII, 1-64, in *Essais de psychanalyse*, Paris, Payot, 1981, 41-115 ; Peter Gay, *Freud. Une vie* (New York, 1988), Paris, Hachette, 1991. Jacques Lacan, *Le Séminaire*, livre VIII, *L'Éthique de la psychanalyse* (1959-1960), Paris, Seuil, 1986 ; *Écrits*, Paris, Seuil, 1966. Henri Vermorel et Madeleine Vermorel, *Sigmund Freud et Romain Rolland. Correspondance, 1923-1936*, Paris, PUF, 1993.

▷ TRADUCTION (DES ŒUVRES DE FREUD).

MALINOWSKI Bronislaw (1884-1942)

anthropologue anglais

Fondateur de l'anthropologie fonctionnaliste moderne, inventeur de l'enquête « sur le terrain » et défenseur des principes du culturalisme*, Bronislaw Malinowski était issu d'une famille catholique de la grande bourgeoisie polonaise. Né à Cracovie, et donc sujet de l'Empire austo-hongrois, il commença à étudier la physique, les mathématiques et la philosophie dans sa ville natale sous l'autorité de maîtres formés selon la tradition positiviste d'Ernst Mach (1838-1916) et de Richard Avenarius (1843-1896). Après avoir suivi à Leipzig les cours de psychologie expérimentale de Wilhelm Wundt (1833-1920), il s'orienta vers l'ethnologie. Contre ce maître allemand, qui privilégiait la « psychologie des peuples », il se mit à étudier, d'après les sources écrites disponibles, le fonctionnement de la famille chez les aborigènes australiens. C'est alors qu'il partit pour l'Angleterre où se développaient les grands débats fondateurs du nouveau domaine. A l'université de Cambridge, en 1910, il devint l'étudiant de Charles Seligman (1873-1940), de Williams Rivers (1864-1922) et d'Edward Westermarck (1862-1939).

Adepte d'une conception néopositiviste de l'unité de la science, marqué par les travaux d'Émile Durkheim (1858-1917) qui avait mis à l'honneur l'étude du fonctionnement des sociétés en renonçant à la métaphysique de leurs origines, Malinowski refusait le modèle de l'évolutionnisme darwinien sur lequel Sigmund Freud* s'était appuyé dans *Totem et Tabou**. Choisissant l'empirisme, il privilégiait une méthode fondée sur la description correcte et exacte des faits, tout en conservant l'idée chère à Durkheim selon laquelle toute société est un système intégré où chaque élément joue un rôle « fonctionnel » : coutume, institution, norme, etc.

Néanmoins, pour étudier ce fonctionnement, il manquait au jeune Malinowski l'expérience du terrain. Grâce à son maître Seligman, il réunit les fonds nécessaires à l'organisation d'une mission ethnographique en Nouvelle-Guinée et quitta l'Angleterre au moment où éclatait la Première Guerre mondiale. En tant que citoyen autrichien, il devenait brutalement l'« ennemi » des Anglais. Et surtout, alors même qu'il réalisait son rêve de rejoindre ce monde mélanésien si étranger au sien, il se trouva confronté à la grande querelle des nations qui allait transformer de fond en comble la société occidentale.

Pour Malinowski, l'expérience de terrain auprès des peuples dits « primitifs » fut une véritable quête identitaire. Loin des champs de bataille, il rêvait à l'Europe déchirée : tantôt il se voulait polonais et haïssait l'Angleterre en s'identifiant aux minorités opprimées ou colonisées, tantôt au contraire il rejetait sa Pologne natale pour affirmer son anglophilie. Comme le montre son *Journal,* qui sera publié longtemps après sa mort, il se livra pendant quatre ans, d'abord dans la région des Mailu, puis aux îles Trobriand, à une sorte d'auto-analyse*. Seul « au cœur des ténèbres », il s'observa lui-même aussi bien dans les désirs érotiques qu'il éprouvait pour les femmes indigènes ou pour ses maîtresses lointaines que dans la sensation d'avoir à affronter des forces instinctives communes à tous les hommes. Dans ce contexte, il se persuada de la futilité des hypothèses de Lucien Lévy-Bruhl (1857-1939) sur la mentalité primitive et renonça au postulat d'une conscience collective au profit d'un nouvel humanisme fondé sur l'analyse de l'homme vivant.

Il compléta cette analyse par l'élaboration de la méthode de l'« enquête participante », véritable programme pour l'ethnologie moderne, centrée sur l'expérience de terrain. Avec Malinowski, le travail de l'anthropologue ne se résumait plus à une recherche érudite sur l'origine des mythes et des religions, à la manière de James Frazer (1854-1941), il devenait une science de l'observation liée à une aventure initiatique par laquelle le chercheur met en jeu sa propre subjectivité dans une relation transférentielle avec l'objet observé. D'où la proximité avec la psychanalyse*.

Tandis que Malinowski s'initiait au terrain par le désir*, le fantasme* et le rêve*, Seligman découvrait la psychanalyse en soignant des névroses de guerre*. En 1917, il adressa une documentation à son élève en lui demandant de tester auprès de ses indigènes la validité de la thèse freudienne selon laquelle le rêve est l'expression d'un désir refoulé. Mais à cette date, Malinowski s'apprêtait à quitter les îles Trobriand.

A son retour à Londres, entièrement transformé par son expérience océanienne, il fut nommé chargé de cours en anthropologie sociale. C'est alors qu'au fil d'une belle carrière universitaire, qui le mènera ensuite aux États-Unis*, il prit une part active au débat sur les relations entre l'anthropologie et la psychanalyse en critiquant les thèses énoncées par Freud dans *Totem et Tabou.*

Passionné par la vie sexuelle des Mélanésiens, Malinowski aborda l'œuvre freudienne sans la moindre réticence. Et c'est en cherchant à la fois à appliquer les concepts de la psychanalyse à l'anthropologie et à les modifier à la lumière des données de l'ethnographie qu'il glissa vers une critique et une révision de la doctrine de l'Œdipe* et de l'universalisme freudien.

Il avait remarqué que chez les Trobriandais, l'existence d'une structure sociale de type matrilinéaire conduisait à la non-reconnaissance du rôle du père dans la procréation : l'enfant était conçu par la mère et par l'esprit de l'ancêtre tandis que la place du père demeurait vide. En conséquence, la figure de la loi était incarnée par l'oncle maternel sur lequel se concentrait la rivalité de l'enfant. La prohibition de l'inceste* portait sur la sœur et non sur la mère. Malinowski ne niait pas l'existence d'un complexe nucléaire mais affirmait sa variabilité en fonction de la constitution familiale selon les différentes formes de sociétés. Ainsi rendait-il caduques les deux hypothèses freudiennes d'un Œdipe universel et d'un parricide originel. La première ne s'appliquait qu'à des sociétés de type patrilinéaire et la seconde ne rendait pas compte de la diversité des cultures, puisque, en effet, aucune transition de la nature à la culture ne peut expliquer une telle diversité.

C'est Ernest Jones* qui se chargea en 1924, à l'invitation de Seligman, de critiquer la position de Malinowski. Il lui objecta que l'ignorance de la paternité chez les Trobriandais n'était qu'un déni tendancieux de la procréation paternelle. En conséquence, le complexe d'Œdipe décrit par Freud était bien universel puisque le système matrilinéaire, avec son complexe avunculaire, exprimait par la négative une tendance œdipienne refoulée.

Cette défense orthodoxe des thèses freudiennes ne réglait ni le problème des relations entre l'anthropologie et la psychanalyse, ni la question de l'universalisme œdipien, ni celle de l'opposition du patriarcat et du matriarcat. Et Jones perdit la bataille dans la mesure où il n'était pas en son pouvoir d'entamer l'autorité ethnographique que Malinowski avait acquise par son séjour sur le terrain et par ses méthodes d'enquête. Pour que le débat puisse être relancé sur des bases nouvelles, il faudra attendre les travaux de Geza Roheim*, premier psychanalyste à devenir ethnologue, c'est-à-dire à acquérir la compétence nécessaire pour contester les thèses culturalistes et fonctionnalistes à partir d'une expérience de terrain.

Malgré la dureté des conflits, Malinowski aura toujours à l'égard de Freud une attitude respectueuse, et quand celui-ci arrivera à Londres en 1938, il sera l'un des premiers savants de la communauté anglaise à lui manifester son admiration et à chercher à l'aider. Peu de temps après, il s'installera aux États-Unis où il mourra brusquement d'un accident cardiaque.

● Bronislaw Malinowski, *Les Argonautes du Pacifique occidental* (Londres, 1922), Paris, Gallimard, 1963 ; *La Sexualité et sa répression dans les sociétés primitives* (Londres, 1927), Paris, Payot, 1932 ; *La Vie sexuelle des sauvages au nord-ouest de la Mélanésie* (Londres, 1929), Paris, Payot, 1930 ; *Trois Essais sur la vie sociale des primitifs* (Londres, 1926, Paris, 1933), Paris, Payot, 1968 ; *Les Jardins de corail* (Londres, 1935), Paris, Maspero, 1974 ; *Une théorie scientifique de la culture* (North Carolina, 1944), Paris, Maspero, 1968 ; *Les Dynamiques de l'évolution culturelle* (Londres, 1945), Paris, Payot, 1970 ; *Magic, Science and Religion* (1948), New York, Doubleday, 1954 ; *Journal d'ethnographe* (Londres, 1967), Paris, Seuil, 1985. Michel Panoff, *Bronislaw Malinowski*, Paris, Payot, 1972. Ernest Jones, *Essais de psychanalyse appliquée*, vol. II (Londres, 1951), Paris, Payot, 1973. Jean Poirier, *Histoire de l'ethnologie*, Paris, PUF, 1974. George W. Stocking, « L'anthropologie et la science de l'irrationnel. La rencontre de Malinowski avec la psychanalyse freudienne » (1983), *Revue internationale d'histoire de la psychanalyse*, 4, 1991, 449-491. Bertrand Pulman, « Ernest Jones et l'anthropologie », *Revue internationale d'histoire de la psychanalyse*, 4, 1991, 493-521.

▷ ANTHROPOLOGIE. AUSTRALIE. DIFFÉRENCE DES SEXES. KARDINER Abram. MEAD Margaret. PSYCHANALYSE APPLIQUÉE.

MANN Thomas (1875-1955)
écrivain allemand

Thomas Mann naît à Lübeck, dans le nord de l'Allemagne*, le 6 juin 1875, d'une mère créole d'origine brésilienne, dont la beauté exotique et sensuelle inspirera au romancier certains de ses personnages féminins les plus fascinants, et d'un père issu d'une des plus illustres familles protestantes de la ville.

En 1892, à la suite de la mort du père, des difficultés financières conduisent la famille à s'installer à Munich où Thomas Mann publie sa première nouvelle en 1894. Celui qui va devenir l'un des plus grands écrivains allemands du XXe siècle connaît le succès dès 1901, avec son roman *Les Buddenbrook*, fresque grandiose de la décadence d'une famille bourgeoise, largement inspirée par l'histoire de sa propre famille paternelle.

En 1905, il épouse Katja Pingsheim dont il aura six enfants : Erika, qui deviendra écrivain et recueillera les confidences de sa mère à la fin de sa vie ; Klaus, écrivain également, qui se suicidera en 1949 à Cannes après avoir achevé *Le Tournant*, sa seconde autobiographie ; Golo, journaliste ; Monika, née en 1910, l'année du suicide* de Carla, l'une des sœurs de Thomas Mann ; Elisabeth et Michael.

Héritier du monde prométhéen de la littérature romantique allemande, Thomas Mann se réclamera toute sa vie de la philosophie d'Arthur Schopenhauer (1788-1860), de celle de Friedrich Nietzsche (1844-1890) et de l'univers wagnérien. Cette fascination pour les grandes épopées lyriques, les savants fous et les magiciens, son hostilité aux formes de pensée rationnelles, suspectes à ses yeux de réductionnisme, seront à la source des erreurs et des ambiguïtés qui caractériseront son rapport à la chose politique et à la psychanalyse*.

La haine qu'éprouve Thomas Mann pour les valeurs du monde occidental, dont il exclut l'Allemagne, qu'il s'agisse du parlementarisme, de l'internationalisme, des idéaux socialistes et plus encore de la psychologie, le conduit à prendre parti pour l'impérialisme prussien dès 1914. La guerre lui apparaît alors comme une croisade pour la défense de la culture germanique. Ainsi se brouille-t-il avec son frère aîné, Heinrich (1871-1950), lui-même écrivain et journaliste, amoureux de la France* et de l'Italie*, qui s'est engagé dès 1914 contre l'entreprise militariste de l'Allemagne wilhelmienne. En 1918, Thomas Mann, que la défaite allemande a rendu amer, publie un chef-d'œuvre pamphlétaire, *Considérations d'un apolitique*, aux accents populistes et nationalistes, dans lequel il attaque de nouveau, avec une incroyable violence, la psychologie sous toutes ses formes, à laquelle il reproche de cultiver l'évidence et de ne pas respecter l'art et la création.

En 1924, après s'être réconcilié avec son frère, il achève la publication de l'un de ses ouvrages les plus célèbres, *La Montagne magique* (*Der Zauberberg*), qui lui vaut une réputation internationale : l'écrivain allemand le plus connu au monde reçoit le prix Nobel de littérature en 1929. Au cours de ces années, ses opinions politiques changent. Dès l'apparition des premiers symptômes annonciateurs de la montée du nazisme*, il s'engage auprès des forces de gauche, pesant de tout son prestige dans les campagnes électorales, multipliant les conférences auprès de la jeunesse, collaborant avec les syndicats pour faire obstacle au retour de la barbarie. Consterné, il prend conscience d'un retournement historique : le nazisme triomphant a repris à son compte, sur un mode caricatural mais efficace, ces valeurs de l'Allemagne romantique auxquelles il était si attaché. Le juste combat des philosophes romantiques est devenu anachronique, l'heure n'est plus à l'apologie de l'instinct et de l'irrationnel contre l'aliénation moderne, il faut mobiliser toutes les forces disponibles au secours de la civilisation menacée.

Sans remettre en cause la sincérité et la force de cet engagement, il semble cependant qu'il n'ait pas été aussi spontané et énergique que ce qui est généralement rapporté. En 1996, sa fille Erika, qui fut une résistante au nazisme dès la première heure, fait paraître un livre de souvenirs dans lequel elle publie des lettres échangées avec son père entre 1933 et 1936. Certaines de ces lettres témoignent de la lenteur de l'écrivain, alors en Suisse*, à prendre position publiquement contre les nouveaux maîtres de son pays. A son frère Klaus Erika écrit : « Il nous échoit, malgré notre jeunesse, une lourde responsabilité en la personne de notre père mineur. » En février 1936, Thomas Mann fait paraître dans un quotidien helvétique une prise de position dépourvue d'ambiguïté qui le réconciliera avec sa fille, comme l'atteste le télégramme qu'elle lui adressera alors : « Merci, félicitations, bénédiction. »

A considérer les thèmes dominants de l'œuvre de Thomas Mann, la maladie, la sexualité* et la mort, on pourrait penser que sa rencontre avec l'œuvre freudienne fut rapide et simple. Or, il n'en fut rien.

Contradictoire dans ses déclarations, Thomas Mann ira jusqu'à s'excuser, dans une lettre à Sigmund Freud* du 3 janvier 1930, du caractère tardif de sa compréhension de la théorie psychanalytique et de son adhésion aux valeurs dont elle est porteuse, alors qu'il avait déclaré en 1925 que sa nouvelle *La Mort à Venise*, publiée en 1912, avait été écrite sous l'influence directe de Freud. En fait, il a toujours cultivé l'ambiguïté sur ce point.

Dans la première partie de sa vie et de son œuvre, sa haine de toute espèce de psychologie, sa crainte de la voir s'emparer de l'art et de la littérature, si elles ne permettent pas d'accréditer la thèse d'une ignorance absolue de la découverte freudienne, expliquent néanmoins sa prise de distance à l'égard de la psychanalyse et la dérision avec laquelle il en parle. Jean Finck note sur ce point : « Dans un premier temps, Thomas Mann va reporter sur la psychanalyse, du moins partiellement, ses soupçons à l'égard de l'action prétendument dissolvante et ennemie de la vie qu'il attribue à la psychologie. »

D'un autre côté, il est vrai, et Thomas Mann le reconnaîtra lui-même, que par sa culture et ses lectures, son amour de la philosophie romantique allemande, il était préparé à aborder les idées freudiennes. Il ne manquera d'ailleurs jamais de souligner, parfois à l'excès, la filiation, pour lui évidente, entre Schopenhauer et Freud. Mais il faudra attendre le milieu des années 1920, alors que s'amorce son tournant politique, pour que Thomas Mann se confronte franchement à l'œuvre de Freud dont l'influence est évidente dans *Joseph et ses frères*, cette grande fresque commencée en 1926.

Dès lors, son intérêt, sa sympathie et même son admiration pour la psychanalyse, peut-être plus encore pour la personne de Freud, vont s'exprimer de manière retentissante, un peu comme un engagement moral.

Deux textes célèbres illustrent cette reconnaissance : « Freud et l'avenir », écrit en 1936 à l'occasion du quatre-vingtième anniversaire de l'inventeur de la psychanalyse, et « Freud et la pensée moderne », publié en 1929, l'année du prix Nobel, sans doute l'un des textes les plus admirables jamais rédigés sur Freud, avec certaines lignes de Stefan Zweig*.

« Freud et la pensée moderne » est un texte de combat philosophique et politique. A la manière de Nietzsche, sous les auspices duquel il inscrit sa démarche, Thomas Mann révise certaines de ses positions antérieures mais surtout, en véritable stratège de la lutte des idées, démonte l'utilisation perverse que les forces des ténèbres font des valeurs liées à la culture (et singulièrement celles qui sont issues du romantisme allemand).

Nietzsche avait en son temps analysé et critiqué la démarche des penseurs allemands qui croyaient discerner dans les valeurs de l'*Aufklärung* les germes du progrès et avait appelé à cesser de considérer la philosophie romantique comme une œuvre réactionnaire, en montrant notamment que la philosophie schopenhaurienne faisait en réalité retour aux valeurs tant vantées par Pétrarque, Érasme et Voltaire.

Thomas Mann reprend le flambeau et fait l'éloge de *Totem et Tabou** qu'il vient de relire. Ce livre, écrit-il, « nous incite plus qu'à une simple méditation sur l'effroyable origine psychique du phénomène religieux et sur la nature profondément conservatrice de toute réforme ». Freud, explorateur des profondeurs, s'inscrit à l'évidence dans la lignée des penseurs des siècles précédents qui, plutôt que d'ignorer ou d'idolâtrer la face nocturne de l'être, ont posé les prémisses de sa connaissance. Gardons-nous de laisser croire, poursuit l'auteur de *Mario le magicien*, que Freud, parce qu'il explore l'obscur, analyse le glauque et visite le cloaque, serait un obscurantiste.

En défendant ainsi la pensée freudienne, Thomas Mann est en plein accord avec lui-même. L'inconscient freudien est en effet le coup fatal porté à cette psychologie classique qu'il déteste, et l'antirationalisme de Freud « équivaut à comprendre la supériorité affective et dominante de l'instinct sur l'esprit ; il n'équivaut pas à un prosternement admiratif devant cette supériorité, à une raillerie de l'esprit ». Le narcissisme et la pulsion de mort, Thomas Mann les reconnaît en filigrane dans l'œuvre de Novalis et « ce que l'on a appelé à tort le pansexualisme* de Freud, sa théorie de la *libido*, est, en bref et dépouillé de toute mystique, un romantisme devenu scientifique ». Et Thomas Mann trouve des accents beethoveniens, ceux de l'*Hymne à la joie*, pour conclure son analyse : la psychanalyse « est cette forme de l'irrationalisme moderne qui résiste sans équivoque à tout abus réactionnaire que l'on fait de lui. Elle est, nous nous en déclarons convaincus, l'une des pierres les plus solides qui aient jamais contribué à édifier l'avenir, demeure d'une humanité affranchie et parvenue à la connaissance ».

En 1930, à l'occasion d'une réédition de son autobiographie, Freud ajoute quelques lignes de conclusion par lesquelles il accepte enfin d'être rangé parmi les grands penseurs de l'humanité. Ce faisant, c'est Thomas Mann qu'il salue : « C'est en 1929, rappelle-t-il, que Thomas Mann, l'un des auteurs qui avaient le plus vocation à être le porte-parole du peuple allemand, m'assigna une place dans l'histoire de l'esprit moderne, en des phrases tout aussi riches de contenu que bienveillantes. »

Le 8 mai 1936, alors que les nazis ne font plus mystère de leurs intentions, Thomas Mann prononce à Vienne* un discours lyrique en l'honneur du « psychologue de l'inconscient [...] vrai fils du siècle de Schopenhauer et d'Ibsen au milieu desquels il a pris naissance ». Il fait preuve d'humilité, rappelant en cette occasion que c'est la psychanalyse qui est venue à lui bien plus qu'il n'est allé vers elle, et explique qu'il ose « à peine » parler de Freud dont il annonce qu'il doit être honoré « comme le pionnier d'un humanisme de l'avenir ». Un mois plus tard, le 14 juin 1936, il rend visite à Freud pour lui lire personnellement son texte. Max Schur* raconte comment cet éloge impressionna Freud, qui écrivit, dans une lettre à Arnold Zweig* (du 17 juin 1936), combien il fut touché par cette visite : « Thomas Mann, qui a fait sa conférence sur moi à cinq ou six endroits différents, a eu la gentillesse de me la répéter dimanche 14 de ce mois, pour moi personnellement, dans ma chambre, ici, à Grinzing. Ce fut pour moi et les miens, qui étaient présents, une grande joie. »

Thomas Mann quitte l'Allemagne pour les États-Unis en 1938. Il enseignera à Princeton avant de se fixer en Californie. En 1944, il acquiert la nationalité américaine et consacre à partir de cette date beaucoup de son énergie à découvrir les racines du cataclysme dont son pays natal porte, à ses yeux, la responsabilité collective. Jean-Michel Palmier le rappelle, cette position sera durement critiquée par Bertolt Brecht (1898-1956) qui lui reprochera de confondre allemand et nazi.

En 1945, dans un texte intitulé « Pourquoi je ne rentre pas en Allemagne », il s'explique sur son parcours intellectuel et politique, et sur son abandon progressif de ses racines allemandes : « C'est vrai, dit-il, l'Allemagne m'est vraiment devenue bien étrangère au cours de toutes ces années. C'est, vous en conviendrez, un pays qui fait peur. » Reprochant aux Allemands en général leur participation, fût-elle passive, à cette « effroyable guerre », il s'écrie : « Quel degré d'insensibilité ne fallait-il pas avoir atteint pour entendre le *Fidelio* dans l'Allemagne de Himmler sans se couvrir la face des deux mains et quitter la salle en courant ! »

En 1952, Thomas Mann quitte définitivement les États-Unis et se fixe en Suisse d'où il parcourra l'Europe pour donner des conférences, y compris en Allemagne. Il meurt à Zurich le 12 août 1955.

● Thomas Mann, « Freud et la pensée moderne », in *Sur le mariage. Lessing. Freud et la pensée moderne. Mon temps* (1929), Paris, Aubier-Flammarion, 1970, édition bilingue, 106-149 ; « Freud et l'avenir » (1936), *in* Roland Jaccard (éd.), *Freud. Jugements et témoignages*, Paris, PUF, 1976, 13-43 ; « Pourquoi je ne rentre pas en Allemagne » in *Être écrivain allemand à notre époque*, essais et textes inédits réunis et présentés par André Gisselbrecht, Paris, Gallimard, 1996. Erika Mann, *Mein Vater, der Zauberer*, Francfort, Rowohlt, 1996. Klaus Mann, *Le Tournant* (1982), Paris, Solin, 1984 ; *Journal. Les années brunes, 1931-1936*, Paris, Grasset, 1996. « Thomas Mann et les siens », dossier dirigé par Lionel Richard, *Le Magazine littéraire*, septembre 1996. Jean Finck, *Thomas Mann et la psychanalyse*, Paris, Les Belles Lettres, 1982, précédé de « Thomas Mann et l'irrationnel » par Jean-Michel Palmier, 5-33. Sigmund Freud, *Totem et Tabou* (1913), *GW*, IX, *SE*, XIII, 1-161, Paris, Gallimard, 1993 ; *Sigmund Freud présenté par lui-même* (1925), *OC*, XVII, 51-122 sous le titre *Autoprésentation*, *GW*, XIV, 33-96, *SE*, XX, 7-70, Paris, Gallimard, 1984 ; et Arnold Zweig, *Correspondance, 1927-1939* (Francfort, 1968), Paris, Gallimard, 1973. Max Schur, *La Mort dans la vie de Freud* (1972), Paris, Gallimard, 1975.

MANNONI Octave (1899-1989)

psychanalyste français

Né à Lamotte-Beuvron en Sologne, Octave Mannoni était issu d'une famille d'instituteurs originaires de Corse. Son père était directeur d'une maison de redressement. Après des études de philosophie, il fut nommé professeur au lycée Gallieni de Tananarive à Madagascar où il séjourna pendant vingt ans, de 1925 à 1945. Favorable à l'indépendance de l'île, il fut rappelé à Paris par l'administration. Cinq ans plus tard, en 1950, il publia sa *Psychologie de la colonisation*, qui fit couler beaucoup d'encre. S'inspirant des personnages de *La Tempête* de William Shakespeare, Prospero et Caliban, il tentait de distinguer la personnalité malgache de la personnalité coloniale européenne. Selon lui, la première était caractérisée par un complexe de dépendance et un système religieux hiérarchique dans lequel les morts formaient une instance morale supérieure, un surmoi*, déterminant la conduite des vivants. La seconde au contraire se singularisait par son individualisme et son émancipation à l'égard des coutumes, des traditions, de la religion.

Or, la colonisation tissait des liens entre les deux systèmes. Selon Mannoni, en effet, les Malgaches effectuaient un transfert* de dépendance qui les conduisaient à regarder l'homme blanc (le colonialiste) comme un équivalent de l'ancêtre mort et à lui demander protection et sécurité. De là découlait pour l'Européen l'idée que le Noir colonisé était un inférieur qui acceptait son infériorité. Mannoni qualifiait d'interprétation* abusive cette transformation par le colonisateur d'un sentiment de dépendance en un complexe d'infériorité, et il en concluait que la dépendance des Noirs à l'égard des Blancs était le résultat d'une peur réciproque de nature projective : les Blancs projettent sur les indigènes leurs propres frayeurs, disait-il, et les Noirs projettent un transfert de dépendance sur les Blancs. D'où la formule : « Le Nègre, c'est la peur que le Blanc a de lui-même. »

Mannoni ne faisait que reprendre, dans un esprit universaliste, les thèses de l'ethnopsychanalyse* en y ajoutant une interprétation phénoménologique. L'ouvrage était sans aucun doute anticolonialiste, mais en raison de son psychologisme et d'un certain marivaudage qui laissait entendre que les différences entre les colonisés et les colonisateurs, entre l'homme blanc et l'homme noir, entre le bourreau et la victime, n'étaient que l'effet d'une théâtralité, voire d'une illusion d'optique, il fut reçu à tort comme un manifeste hostile à la libération des peuples opprimés. Mannoni fut notamment accusé par Aimé Césaire d'utiliser une terminologie sophistiquée pour comparer les « pauvres Nègres » à de grands enfants incapables de s'occidentaliser.

C'est surtout Frantz Fanon* qui, en 1952, porta un coup terrible à l'auteur dans un livre militant, *Peau noire, masques blancs,* qui allait devenir un classique de la lutte anticoloniale. Psychiatre formé à la psychothérapie institutionnelle* par François Tosquelles (1912-1994), Fanon adoptait la thèse classique du culturalisme*, revue et corrigée par la phénoménologie sartrienne, pour montrer que la psychanalyse et son complexe d'Œdipe* étaient incompatibles avec la négritude. Octave Mannoni répondit de nombreuses fois à ces critiques, soit en défendant son livre, soit en révisant certaines de ses positions. Il s'orienta ensuite vers la psychanalyse*.

Après une cure avec Jacques Lacan* et son mariage en 1948 avec Maud Van der Spoel (Maud Mannoni), jeune thérapeute néerlandaise formée sur le divan de Maurice Dugautiez*, il s'intégra à la Société française de psychanalyse (SFP) puis à l'École freudienne de Paris*(EFP) dont il devint l'un des brillants didacticiens tout en publiant des textes dans la revue de Jean-Paul Sartre (1905-1980), *Les Temps modernes.*

En 1966, cinq ans après la mort de Fanon et la fin de la guerre d'Algérie, il tenta, dans la revue *Race,* d'expliquer encore, à la lumière de son expérience d'analyste, les défauts et les qualités de sa *Psychologie de la colonisation*, soulignant qu'il avait pris le risque d'entamer certaines « mystiques utiles à la cause anticolonialiste ». Il critiqua néanmoins l'utilisation qu'il avait faite de la notion de dépendance et sa négligence de la question économique, et insista sur la nécessité d'écrire un livre sur la psychologie de la décolonisation.

Anticolonialiste, homme de gauche sensible aux marginalités et aux déviances, il resta un freudien érudit et participa jusqu'à sa mort à toutes les activités de son épouse Maud Mannoni qui acquerra une renommée internationale dans le domaine de la psychanalyse des enfants*. A ses côtés, il fut en France* l'un des défenseurs des thèses de l'antipsychiatrie* anglaise et marqua par sa présence l'expérience de l'école expérimentale de Bonneuil-sur-Marne, commencée en 1969.

Il publia de nombreux ouvrages, parmi lesquels un remarquable essai sur Sigmund Freud* traduit dans le monde entier, plusieurs études de critique littéraire et un article dans lequel il proposait de nommer analyse originelle l'auto-analyse* de Freud.

• Octave Mannoni, *Prospero et Caliban. Psychologie de la colonisation* (1950), Paris, Éditions universitaires, 1985 ; *La Machine* (1951), Paris, Tchou, 1977 ; *Freud* (1966), Paris, Seuil, 1977 ; *Clefs pour l'imaginaire ou l'Autre Scène*, Paris, Seuil, 1969 ; *Fictions freudiennes*, Paris, Seuil, 1978. Frantz Fanon, *Peau noire, masques blancs*, Paris, Seuil, 1952. Michelle Moreau-Ricaud, « Octave Mannoni (1899-1989) », *Revue internationale d'histoire de la psychanalyse*, 3, 1990, 478-479. Guillaume Suréna, « Psychanalyse et anticolonialisme. L'influence de Frantz Fanon », *ibid.*, 5, 1992, 431-444.

▷ ANTHROPOLOGIE. DIFFÉRENCE DES SEXES. MALINOWSKI Bronislaw. ROHEIM Geza.

MARCINOWSKI Jaroslaw (1868-1935)
médecin allemand

Né à Breslau en Pologne, Jaroslaw (Johannes) Marcinowski adhéra aux idées freudiennes au début du siècle et dirigea un sanatorium de convalescence pour malades nerveux dans le Holstein. En juin 1909, il écrivit à Sigmund Freud* pour rejoindre le cercle viennois. Dans le langage militaire qui lui était coutumier, Freud le décrivit ainsi à Carl Gustav Jung* : « Il s'annonce comme un partisan convaincu et un camarade prêt au combat. »

Après la Première Guerre mondiale, Marcinowski acheta une ferme à Bad Heilbrunn en Bavière qu'il transforma en sanatorium. Avec sa femme, une infirmière diplômée, il partageait la vie de ses patients. Lou Andreas-Salomé* lui rendit visite en 1920 et admira la manière dont il organisait ce lieu d'accueil. Il fut membre de la Wiener Psychoanalytische Vereinigung (WPV) entre 1919 et 1925, mais fut avant tout un thérapeute de la vie communautaire. Il est l'auteur de nombreux articles.

• Lou Andreas-Salomé, *Correspondance avec Sigmund Freud*, suivi du *Journal d'une année (1912-1913)* (Francfort, 1966), Paris, Gallimard, 1970. Elke Mühlleitner, *Biographisches Lexikon der Psychoanalyse. Die Mitglieder der psychologischen Mittwoch-Gesellschaft und der Wiener psychoanalytischen Vereinigung von 1902-1938*, Tübingen, Diskord, 1992.

MARCONDES Durval, né Durval Marcondes Bellegarde (1899-1981)
psychiatre et psychanalyste brésilien

Né à São Paulo, Durval Marcondes doit être considéré comme le père fondateur du mouvement psychanalytique brésilien. Ce psychiatre érudit à l'allure aristocratique devint un remarquable clinicien de la cure et occupa le devant de la scène freudienne dans son pays toute sa vie. C'est lui qui fit venir Adelheid Koch* de Berlin à São Paulo afin qu'elle puisse l'analyser et former des didacticiens selon les critères de l'International

Psychoanalytical Association* (IPA). C'est lui encore qui fut le meilleur organisateur du mouvement après que celui-ci fut reconnu par Ernest Jones*. Aussi donna-t-il à São Paulo une position phare par rapport aux autres villes d'implantation du freudisme : Rio de Janeiro notamment, mais aussi Salvador de Bahia, Porto Alegre, Recife, etc.

En 1926, il publia un livre sur le symbolisme* qui ouvrit la voie à une critique littéraire d'inspiration psychanalytique au Brésil*. L'année suivante, il fonda avec Francisco Franco da Rocha* la Sociedade Brasileira de Psicanálise, première société freudienne du continent latino-américain, qui, après avoir été dissoute, renaîtra pour devenir, en juin 1944, le Grupo Psicanálitico de São Paulo, puis, en 1951, au congrès de l'IPA d'Amsterdam, la Sociedade Brasileira de Psicanálise de São Paulo (SBPSP).

En 1928, Marcondes créa la *Revista brasileira de psicanalise* qui fut accueillie avec enthousiasme par Freud. Il rédigea de nombreux ouvrages d'introduction à la psychanalyse*. Il fut également un pionnier de l'hygiène mentale dans les institutions scolaires et inaugura la première chaire de psychologie à l'université de São Paulo.

• Marialzira Perestrello, « Histoire de la psychanalyse au Brésil des origines à 1937 », *Frénésie*, 10, printemps 1992, 283-301.

▷ BURKE Mark. KEMPER Werner. PORTO-CARRERO Julio Pires. RAMOS DE ARAÚJO PEREIRA Arthur. SPANUDIS Theon.

MARCUSE Herbert (1898-1979)
philosophe américain

Né à Berlin, Herbert Marcuse fut d'abord l'élève d'Edmund Husserl (1859-1938) et de Martin Heidegger (1889-1976) avant de participer aux travaux de l'Institut für Sozialforschung où il rencontra Theodor Adorno (1903-1969), Max Horkheimer (1895-1973) et Leo Lowenthal. Noyau fondateur de la future École de Francfort, cet institut de recherches sociales fut à l'origine de l'élaboration de la théorie critique, doctrine sociologique et philosophique qui s'appuyait à la fois sur la psychanalyse*, la phénoménologie et le marxisme pour réfléchir aux conditions de production de la culture au sein d'une société dominée par la rationalité technologique et prête à sombrer dans la barbarie.

Fuyant le nazisme*, Marcuse quitta l'Allemagne* puis émigra aux États-Unis* en 1934 où il enseigna dans diverses universités avant de devenir professeur à celle de San Diego en Californie. Contrairement à Horkheimer, ce n'est qu'après son exil qu'il commença à s'intéresser de près à la pensée freudienne : « Il fallut attendre le choc et les questions troublantes que suscitèrent aussi bien la guerre civile espagnole que les procès de Moscou, écrit Martin Jay, pour que Marcuse entreprenne d'étudier sérieusement Freud. Sa conscience de plus en plus nette des insuffisances du marxisme, même dans sa version hégéliano-marxiste, le poussa, comme Horkheimer et Adorno avant lui, à réfléchir sur les obstacles proprement psychologiques qui s'opposent à un véritable changement social. »

Comme ses amis, Marcuse critiquait le totalitarisme et les échecs du socialisme, mais n'admettait pas pour autant les prétendus bienfaits d'une société libérale tournée vers la technologie et le profit et aliénante pour l'individu en quête de liberté. D'où l'idée de développer une pensée critique, fondée sur l'esprit rebelle, capable de réveiller les consciences.

Pour comprendre la position de Marcuse, il faut la resituer dans le cadre de la polémique lancée par Adorno en 1946 contre le néofreudisme* et le culturalisme*, c'est-à-dire contre la mouvance de ceux qui – de Karen Horney* à Erich Fromm* – « révisaient » la doctrine freudienne dans le sens d'une réduction du ça* au profit du moi*, d'un abandon de la théorie des pulsions* et d'un rejet de la sexualité*. Par cette survalorisation du culturel, les révisionnistes ne faisaient que reconduire, selon Adorno, le principe d'une adaptation sociale conforme aux idéaux de la société industrielle.

En 1955, dans *Eros et Civilisation*, Marcuse reprit cette argumentation tout en renversant la conception freudienne des pulsions. Au lieu de voir dans la pulsion* de mort le principal moteur de la destinée humaine, il soutenait que l'*eros* (ou principe de plaisir*) était la seule force capable de lutter contre l'ordre établi (principe de réalité*) et contre *thanatos,* source de toutes les résignations et de tous les pessimismes. Il s'agissait pour lui, exactement comme le faisait Jacques Lacan* à la même époque, mais par d'autres moyens, de redonner au freudisme* ce statut de doctrine subversive qu'il avait perdu à force de s'édulcorer au contact des psychothérapies* hygiénistes et pragmatiques des sociétés industrielles normalisées.

Marcuse prônait ainsi une théorie de la libération qui le conduisait à imaginer une société fondée sur le dépassement des conflits et la possible « pacification de l'existence ». Cette utopie s'éloignait de la théorie critique d'Adorno et de Horkheimer qui restait attachée à la thèse freudienne de la pulsion de mort. Marcuse remporta un succès mondial auprès des jeunes au moment des grandes révoltes étudiantes des années 1960, par suite de la publication de *L'Homme unidimensionnel.* Dans ce livre prophétique et beaucoup plus freudien malgré les apparences qu'*Eros et Civilisation,* le philosophe, loin de prôner le dépassement des conflits, pourfendait l'unification des consciences et de la pensée. Soulignant que l'homme « unidimensionnel » de la société industrielle avait perdu toute sa puissance de négation à force de se soumettre aux impératifs d'une fausse conscience, il appelait les masses à renouer avec l'éthique du grand refus et à se révolter contre l'ordre social dominant au nom d'une nouvelle esthétique de l'existence.

• Herbert Marcuse, *Eros et Civilisation* (Boston, 1955), Paris, Minuit, 1967 ; *L'Homme unidimensionnel* (Boston, 1964), Paris, Minuit, 1968. Paul Robinson, *The Freudian Left. Wilhelm Reich, Geza Roheim, Herbert Marcuse,* New York, Harper and Row, 1969. Martin Jay, *L'Imagination dialectique. Histoire de l'École de Francfort, 1923-1950* (Boston, 1973), Paris, Payot, 1977.

▷ *AU-DELÀ DU PRINCIPE DE PLAISIR.* FREUDO-MARXISME. REICH Wilhelm.

MASOCHISME

Allemand : *Masochismus.* Anglais : *Masochism.*

Terme inventé par Richard von Krafft-Ebing* en 1886 et forgé à partir du nom de l'écrivain autrichien Leopold von Sacher-Masoch (1835-1895) pour désigner une

perversion* sexuelle – bastonnade, flagellation, humiliation physique et morale – dans laquelle la satisfaction provient de la souffrance vécue et exprimée par le sujet* en état d'humiliation.

Ce terme appartient essentiellement au vocabulaire de la sexologie*, mais il a été repris par Sigmund Freud* et ses héritiers dans le cadre plus général d'une théorie de la perversion étendue à d'autres actes que les perversions sexuelles. En ce sens, il a été couplé au terme sadisme* pour donner naissance à un nouveau vocable, le sado-masochisme*, qui s'est ensuite imposé dans la terminologie psychanalytique.

MASOTTA Oscar Abelardo (1930-1979)

philosophe argentin

Introducteur du lacanisme* en Argentine* puis en Espagne*, Oscar Masotta n'exerça pas la psychanalyse*. Cependant, par son enseignement et ses initiatives institutionnelles, il joua un rôle de didacticien auprès des disciples qu'il forma à la lecture des textes de Jacques Lacan* et à une pratique lacanienne de la cure.

Issu de la petite bourgeoisie de Buenos Aires, il vécut une jeunesse typiquement *porteña* au cœur d'un groupe de fils d'émigrés, marxistes et existentialistes, passionnés de culture française et de cinéma hollywoodien. Masotta aimait les femmes. Ses meilleurs amis, Carlos Correas et José Sebreli, étaient homosexuels. Rejetant violemment le régime péroniste, ils cherchaient, à travers la lecture de Sartre et de Merleau-Ponty, une philosophie de l'homme à la fois universelle et radicale. A l'âge de 25 ans, Masotta commença à publier des articles dans *Clase obrera*, la revue du mouvement ouvrier communiste, à mi-chemin du populisme et du marxisme.

En 1960, il traversa une crise suicidaire, une « maladie mentale », entre hystérie* et schizophrénie*, comme il le dit lui-même, et entra en analyse avec Jorge Carpinacci, un membre de l'Asociación Psicoanálitica Argentina (APA). Dans son premier ouvrage consacré à Roberto Arlt (1900-1942) et publié en 1965, Masotta s'identifiait à l'écrivain pour revendiquer la bâtardise (au sens sartrien), le clivage*, le désespoir et le nihilisme.

Fils d'un immigrant prussien et d'une mère autrichienne, Arlt avait eu une enfance misérable marquée par la révolte contre l'oppression paternelle. Devenu écrivain et journaliste dans l'entre-deux-guerres, il avait créé un comité de soutien en faveur des républicains espagnols, auquel Enrique Pichon-Rivière* avait adhéré. Ses livres donnaient une description violente de la petite bourgeoisie argentine confrontée à des personnages de tricheurs, de truands, de prostituées : un univers proche de celui des films noirs, à la croisée de Faulkner, de Dashiell Hammett et du Sartre de *La Nausée*.

La découverte du structuralisme et la lecture de l'*Anthropologie structurale* de Claude Lévi-Strauss déterminèrent l'évolution de Masotta qui embrassa, sans renoncer au nihilisme, le culte de la structure. Pichon-Rivière fut son initiateur. Il lui confia des numéros de la revue *La Psychanalyse* qui contenaient les textes de Lacan et l'invita en 1964 à faire un exposé à son institut de psychologie sociale, « Lacan et l'inconscient dans le fondement de la philosophie ».

Refusant toute carrière universitaire classique, Masotta réunit autour de lui un groupe d'études fréquenté par des psychologues, des intellectuels et des psychanalystes de l'APA. Par la suite, dans le cadre du Centre supérieur des arts où il donnait des cours, il fit la connaissance de Juan David Nasio, qui s'intéressait lui aussi à l'œuvre de Lacan et aux textes de Louis Althusser (1918-1990) et de Georges Politzer (1903-1942). Ensemble, ils constituèrent en 1968 un groupe lacanien informel. A cette époque, sous la dictature du général Ongania, de nombreux cercles culturels privés fleurissaient en marge de l'université, servant souvent de refuge à des professeurs chassés de leur poste par le coup d'État.

Après avoir créé en 1969 les *Cuadernos Sigmund Freud,* première revue hispanophone de diffusion de la pensée lacanienne, Masotta, soutenu par Serge Leclaire*, Maud Mannoni et Octave Mannoni*, organisa avec eux une table ronde à laquelle participèrent plusieurs membres de l'APA : Marie Langer*, Emilio Rodrigué, Arminda Aberastury*, José Bleger*, Fernando Ulloa. L'objectif était de légitimer le mouvement lacanien en se référant à la tradition éclectique du freudisme* argentin.

Tandis que Masotta commençait à publier des ouvrages d'introduction à la pensée lacanienne, son groupe profitait de la crise institutionnelle de l'APA pour offrir une voie clinique aux thérapeutes non médecins et non diplômés. Un véritable mouvement lacanien émergea de ce contexte au début des années 1970 en même temps que paraissait la traduction espagnole des *Écrits*, réalisée par Tomas Segovia et révisée par Nasio. Ce dernier avait émigré en 1969, après une analyse avec Emiliano del Campo, lui-même analysé par José Bleger, puis s'était intégré à l'École freudienne de Paris* (EFP). En 1986, il créera son propre groupe : les Séminaires psychanalytiques de Paris (SéPP).

Le 28 juin 1974, Masotta fonda, avec dix-neuf psychanalystes, parmi lesquels Isidoro Vegh et Germán Leopoldo Garcia, l'Escuela Freudiana de Buenos Aires (EFBA) dont les statuts, les structures, les modalités de l'analyse didactique étaient calqués sur ceux de l'EFP. Un an plus tard, il se rendit à Paris pour y présenter son école, au moment où la communauté lacanienne était déjà en proie à une crise de succession.

Devenu membre de l'EFP, Masotta quitta l'Argentine quelque temps avant le coup d'État du général Videla. Après un séjour à Londres, il s'installa en 1976 à Barcelone où il déploya une extraordinaire activité éditoriale et institutionnelle, jetant les bases d'une implantation du lacanisme en Espagne* tandis que la fin du régime franquiste et l'avènement de la démocratie rendaient envisageable la restauration du freudisme dans ce pays. Le 18 février 1977, il créa la Biblioteca Freudiana de Barcelona, première institution lacanienne hispanophone d'Europe, et, pendant deux ans, il organisa des colloques et des enseignements dans plusieurs grandes villes, donnant naissance à un véritable mouvement. En 1979, une scission éclata à l'EFBA. De Barcelone, Masotta fonda une nouveau groupe, l'Ecuesla Freudiana de Argentina, d'où dériveront par la suite, à travers plusieurs scissions, tous les groupuscules du lacanisme argentin.

Grand fumeur, il fut emporté en quelques mois, à l'âge de 49 ans, par un cancer du poumon.

● Oscar Masotta, *Sexo y Traición en Roberto Arlt*, Buenos Aires, Ed. Jorge Alvarez, 1965 ; *Conciencia y Estructura*, Buenos Aires, Ed. Jorge Alvarez, 1968 ; *Introducción a la lectura de Jacques Lacan* (1970), Buenos Aires, Editorial Corregidor, 1974 ; *Ensayos lacanianos*, Madrid, Abagrama, 1976 ; « Sur la fondation de l'École freudienne de Buenos Aires », *Ornicar ?*, 20-21, 1980, 227-235. Carlos Correas, *La Operación Masotta (cuando la muerte tambien fracasa)*, Buenos Aires, Catalogos, 1991. Hugo Vezzetti, « Oscar Masotta y Carlos Correas », *Punto de vista*, 41, décembre 1991, 35-37. Raúl Giordano, *Notice historique du mouvement psychanalytique en Argentine*, mémoire pour le CES de psychiatrie sous la direction de Georges Lantéri-Laura, université Paris-XII (sans date). *Analitica del Litoral*, 5, Dossier : « La entrada del pensamiento de Jacques Lacan en lengua española (1) », Santa Fe, 1995.

MATHÈME

Allemand : *Mathem*. Anglais : *Matheme*.

Mot inventé par Jacques Lacan* en 1971 pour désigner une écriture algébrique pouvant rendre compte scientifiquement des concepts de la psychanalyse* et permettant de les transmettre en termes de structure, comme s'il s'agissait du langage même de la psychose*.

C'est dans le cadre de sa dernière relève logicienne, fondée sur une lecture de l'œuvre de Ludwig Wittgenstein (1889-1951) et orientée vers l'analyse de l'essence de la folie* humaine, que Lacan invente simultanément le mathème et le nœud borroméen* : d'un côté un modèle de langage articulé à une logique de l'ordre symbolique* ; de l'autre un modèle de structure fondé sur la topologie et opérant un déplacement radical du symbolique vers le réel*.

Le mot mathème est proposé pour la première fois par Lacan le 4 novembre 1971. Forgé à partir du mythème de Claude Lévi-Strauss et du mot grec *mathema* (connaissance), il n'appartient pas au champ de la mathématique. Évoquant la folie* du mathématicien Georg Cantor (1845-1918), Lacan explique que si cette folie n'est pas motivée par des persécutions objectives, elle a trait à l'incompréhension mathématique elle-même, c'est-à-dire à la résistance* suscitée par un savoir jugé incompréhensible. Lacan compare alors son enseignement à celui de Cantor : l'incompréhension à laquelle se heurte cet enseignement est-elle un symptôme ?

C'est pour répondre à cette question qu'il invente le mathème. En 1972 et 1973, il en donne plusieurs définitions, passant du singulier au pluriel, puis du pluriel au singulier. Mais surtout, il définit comme relevant du mathème les quatre discours (ou quadripodes) dont il a organisé la logique dans son séminaire de l'année 1969-1970, *L'Envers de la psychanalyse* : discours du maître, discours universitaire, discours hystérique, discours psychanalytique. Il montre alors que ce mathème est l'écriture « de ce qu'on ne dit pas mais de ce qui peut se transmettre ». Autrement dit, Lacan prend le contre-pied de Wittgenstein : refusant de conclure à la séparation des incompatibles, il tente d'arracher le savoir à l'ineffable pour lui donner une forme intégralement transmissible. Cette forme est bien le mathème, mais le mathème n'est pas le lieu d'une formalisation intégrale puisqu'il suppose toujours un reste qui lui échappe.

Ainsi défini, le mathème inclut les mathèmes, c'est-à-dire toutes les formules algébriques qui ponctuent l'histoire de la doctrine lacanienne et permettent sa transmission : le signifiant*, le stade du miroir*, le désir* avec ses graphes, le sujet*, le fantasme*, l'Autre*, l'objet (petit) a*, les formules de la sexuation*.

L'inclusion des quatre discours dans le mathème aura une conséquence politique. En 1969, Lacan montrait que le discours universitaire était incompatible avec la psychanalyse, alors qu'à partir de l'introduction du mathème il soulignera au contraire leur compatibilité. Ainsi le mathème lui permettra-t-il en 1974 de soutenir ses partisans, et notamment Jacques-Alain Miller, dans leur volonté d'introduire la psychanalyse à l'université française après la grande vague de contestation de 1968.

● Jacques Lacan, *Le Séminaire,* livre XVII, *L'Envers de la psychanalyse* (1969-1970), Paris, Seuil, 1991 ; *Le Séminaire,* livre XIX, ... *Ou pire (le savoir du psychanalyste)* (1971-1972), inédit ; « L'étourdit », *Scilicet,* 4, 1973, 5-52 ; *Le Séminaire,* livre XX, *Encore* (1972-1973), Paris, Seuil, 1975. Numéro spécial des *Lettres de l'École freudienne* sur le thème « La transmission » (IXe congrès de l'École freudienne de Paris, 9 juillet 1978), 25, 2 vol., 1979. Jean-Claude Milner, *Les Noms indistincts,* Paris, Seuil, 1983 ; *L'Œuvre claire. Lacan, la science, la philosophie,* Paris, Seuil, 1995. Marc Darmon, « Mathème », in *Grand Dictionnaire de la psychologie,* Paris, Larousse, 1991, 454-457. Élisabeth Roudinesco, *Histoire de la psychanalyse en France,* vol. 2 (1986), Paris, Fayard, 1994 ; *Jacques Lacan. Esquisse d'une vie, histoire d'un système de pensée,* Paris, Fayard, 1993. Nathalie Charraud, *Infini et Inconscient. Essai sur Georg Cantor,* Paris, Anthropos, 1994.

▷ FORCLUSION. NOM-DU-PÈRE. PASSE.

« MATHILDE H. » (CAS)

▷ *ÉTUDES SUR L'HYSTÉRIE.*

MATTE-BLANCO Ignacio (1908-1995)

psychiatre et psychanalyste chilien

Né à Santiago du Chili et analysé par Allende Navarro (1890-1981), qui forma quelques freudiens au Chili, Ignacio Matte-Blanco fut d'abord l'un des représentants de l'école anglaise de psychanalyse*, proche du groupe des Indépendants*. Entre 1943 et 1966, il résida à Santiago où il forma un groupe d'études qui sera reconnu par l'International Psychoanalytical Association* (IPA). Par la suite, il émigra en Italie* et s'installa à Rome pour y poursuivre son enseignement et ses activités de praticien. Comme plusieurs freudiens de sa génération*, Matte-Bianco s'intéressa aux troubles narcissiques, à la question du *self* et au traitement de la schizophrénie*. Dans ce cadre, il tenta de penser l'organisation inconsciente à l'aide de la théorie des ensembles afin de définir une logique de la psychose*.

● Ignacio Matte-Blanco, *The Unconscious as Infinite Sets. An Essay in Bi-Logic,* Londres, Duckworth, 1975. Eric Rayner, *Le Groupe des « Indépendants » et la psychanalyse britannique* (Londres, 1990), Paris, PUF, 1994.

▷ KOHUT Heinz. LACAN Jacques. SULLIVAN Harry Stack.

MAUCO Georges (1899-1988)
psychanalyste français

Né à Paris dans un milieu de petits commerçants d'origine provinciale, Georges Mauco fut le seul psychanalyste de l'histoire du freudisme* français à avoir eu, entre 1939 et 1944, des activités collaborationnistes. Non seulement il adhéra au régime de Vichy et publia des textes violemment antisémites, mais il témoigna en août 1941 contre le « danger juif » devant la Cour suprême de justice à Riom.

Après des études d'histoire et l'obtention d'un poste de maître d'internat à l'école normale des instituteurs de la Seine, il s'initia aux travaux de la pédagogie psychanalytique en lisant l'œuvre de René Spitz* puis en suivant une analyse avec René Laforgue*. C'est ensuite comme démographe qu'il se fit connaître, en publiant en 1933 un ouvrage pionnier : *Les Étrangers en France, leur rôle dans l'activité économique.* Il y prônait déjà des thèses racistes et nationalistes sur la « hiérarchie des ethnies » et soutenait que certains étrangers n'étaient pas intégrables à la société française : parmi eux les Africains, les Asiatiques, les Levantins.

Malgré son contenu, l'ouvrage fut accueilli favorablement à la fois par la droite (sensible au préjugé inégalitariste) et par les spécialistes de la démographie (qui trouvèrent là, pour la première fois, une étude réelle des liens entre immigration et identité nationale).

Pendant l'Occupation nazie, Mauco passa du racisme à l'antisémitisme et collabora avec Georges Montandon à la revue *L'Ethnie française*, haut lieu de la propagande antisémite du régime de Vichy, dont tous les articles visaient à dénoncer « le type juif » selon les critères adoptés par le nazisme*. Mauco y publia deux articles prétendant mobiliser la psychanalyse* pour mettre en évidence la « névrose juive ».

A la Libération, il parvint à dissimuler son passé collaborationniste et à se faire nommer par le général de Gaulle secrétaire du haut comité de la population et de la famille. Il devint alors un « autre personnage » : philanthrope, humaniste et soucieux du bonheur de l'enfance et de l'adolescence en détresse. En 1946, il créa la première consultation psychopédagogique de France dans le cadre du lycée Claude-Bernard. C'est ainsi que commença l'aventure française des centres Claude-Bernard qui s'inspirait d'expériences similaires menées en Suisse* avec pour objectif d'agir sur l'inadaptation scolaire par des interventions thérapeutiques hors du terrain hospitalier, médical ou psychiatrique. Dans ce cadre, il milita en faveur de la psychanalyse profane* et mobilisa tous ceux qui s'intéressaient en France à l'expansion de la psychologie clinique et de la psychanalyse des enfants* : Daniel Lagache*, André Berge (1902-1996), Juliette Favez-Boutonier*, Françoise Dolto*, Didier Anzieu.

Au fil des années, et malgré un antisémitisme manifeste qu'il avait du mal à masquer, il parvint à se faire passer pour un résistant et fut reconnu dans le milieu psychanalytique comme un pionnier de la psychopédagogie et un bienfaiteur de l'enfance. Comblé d'honneurs, il publia plusieurs livres de vulgarisation et fut membre de l'International Psychoanalytical Association* (IPA) jusqu'à sa mort par le biais de son appartenance à l'Association psychanalytique de France (APF). Son passé de collaborationniste et d'adepte de l'antisémitisme fut révélé pour la première fois par l'historien Patrick Weil en 1991.

● Georges Mauco, *Les Étrangers en France, leur rôle dans la vie économique*, Paris, Armand Colin, 1932 ; « L'immigration étrangère en France et le problème des réfugiés », *L'Ethnie française*, 6 mars 1942, 6-15 ; « La situation démographique de la France », *ibid.*, 7 janvier 1943, 15-19 ; *L'Inconscient et la psychologie de l'enfant* (1936), Paris, PUF, 1970 ; *Psychanalyse et Éducation* (1968), Paris, Flammarion, coll. « Champs », 1993 ; *L'Évolution de la psychopédagogie*, Toulouse, Pragma-Privat, 1975 ; *Vécu, 1899-1982*, Paris, Émile-Paul, 1982. Patrick Weil, *La France et ses étrangers*, Paris, Calmann-Lévy, 1991 ; « Racisme et discrimination dans la politique française de l'immigration, 1938-1945/1974-1995 », *Vingtième Siècle*, 47, juillet-septembre 1995, 77-102. Élisabeth Roudinesco, « Georges Mauco (1899-1988) : un psychanalyste au service de Vichy. De l'antisémitisme à la psychopédagogie », *L'Infini*, 51, automne 1995, 73-84.

▷ ANTHROPOLOGIE. FRANCE. HESNARD Angelo. JUDÉITÉ. MONTESSORI Maria. SCHMIDT Vera. ZULLIGER Hans.

MEAD Margaret (1901-1978)
anthropologue américaine

Élève de Franz Boas (1858-1942) et de Ruth Benedict (1887-1948) dont elle deviendra l'amie, mariée à Gregory Bateson* qu'elle rencontra en 1933 chez les Chambouli en Nouvelle-Guinée, principale représentante de Culture et Personnalité, ce courant qui fut si violemment critiqué par Geza Roheim* en 1950, Margaret Mead naquit à Philadelphie dans un milieu intellectuel où l'on s'intéressait aux sciences sociales. Après des études de psychologie et d'anthropologie*, elle se rendit sur le terrain, entre 1925 et 1938, pour étudier deux tribus d'Indiens américains et sept sociétés océaniennes : l'une située dans les îles de Samoa en Polynésie, quatre (Mundugumor, Arapesh, Chambouli, Iatmul) en Nouvelle-Guinée (Mélanésie occidentale) et deux autres à Manus et dans les îles de l'Amirauté.

Constatant, à l'intérieur de ces sociétés, l'existence de différences irréductibles de caractère, d'organisation sociale, de sentiments, de mœurs et d'habitudes sexuelles, elle critiqua toutes les thèses de l'anthropologie qui opposaient une mentalité dite « primitive » (des peuples non civilisés) à la mentalité occidentale dite logique ou rationnelle.

Dans une perspective culturaliste, et tout en empruntant à la psychanalyse* un nouveau point de vue sur la sexualité* et les relations de l'enfant à la mère, elle refusait le biologisme freudien et l'assimilation faite dans *Totem et Tabou** du sauvage à l'enfant, ainsi que l'idée d'une possible universalité du complexe d'Œdipe* et des stades* de l'évolution psychique humaine. Préférant les notions de personnalité de base ou de *pattern* (propres au culturalisme* américain) aux concepts de la psychanalyse, elle fit de la personnalité un reflet de la culture, conditionnant l'éducation et tendant à créer un modèle propre à un groupe ou à une communauté. A partir de cette analyse, elle en vint à démontrer le caractère « culturel » de tout comportement et de toute identité. D'où l'idée d'un différencialisme généralisé : sexuel (entre homme et femme), social (entre les communautés, les sociétés, les groupes), psychique (entre les personnalités subjectives).

Dans les années 1940, comme de nombreux anthropologues de sa génération, elle commença à appliquer ses méthodes d'analyse des sociétés océaniennes aux cultures occidentales et prit notamment pour terrain d'expérience la société américaine elle-même. C'est à Samoa, où régnait la liberté sexuelle, qu'elle décida de s'engager pour transformer les modèles éducatifs de son propre pays. Elle lutta alors sur deux fronts : contre le racisme et en faveur de l'intégration des différences ethniques et culturelles. En ce sens, elle fut également l'adepte d'un véritable universalisme fondé sur l'acceptation des différences.

● Margaret Mead, *Mœurs et sexualité en Océanie* (1928-1933), Paris, Plon, 1963 ; *L'Un et l'autre sexe. Les rôles d'homme et de femme dans la société* (New York, 1949), Paris, Gonthier, 1966. M.C. Bateson, *Regard sur mes parents. Une évocation de Margaret Mead et de Gregory Bateson* (New York, 1984), Paris, Seuil, 1989.

▷ DEVEREUX Georges. DIFFÉRENCE DES SEXES. ETHNOPSYCHANALYSE. *GENDER*. KARDINER Abram. MALINOWSKI Bronislaw. SEXUALITÉ FÉMININE.

MÉLANCOLIE

Allemand : *Melancholie*. Anglais : *Melancholy*.

Terme dérivé du grec *melas* (noir) et *kholê* (bile), utilisé en philosophie, en littérature en médecine, en psychiatrie et en psychanalyse* pour désigner depuis l'Antiquité une forme de folie* caractérisée par l'humeur noire, c'est-à-dire par une tristesse profonde, un état dépressif pouvant conduire au suicide* et par des manifestations de crainte et de découragement qui prennent ou non l'aspect d'un délire.

Bien que la mélancolie occupe une place importante dans le dispositif freudien, les plus belles études sur cette question ne furent pas produites par le discours psychiatrique ou psychanalytique, mais par les poètes, les philosophes, les peintres et les historiens qui surent lui assurer un statut théorique, social, médical et subjectif.

Depuis la description par Homère de la tristesse de Bellerophon, héros poursuivi par la haine des dieux pour avoir voulu escalader le ciel, jusqu'à la théorisation par Aristote du « génie mélancolique », en passant par le récit mythique d'Hippocrate sur Démocrite, ce philosophe « fou » qui riait de tout et disséquait les animaux pour y trouver la cause de la mélancolie du monde, cette forme de déploration perpétuelle fut toujours à la fois l'expression la plus incandescente d'une rébellion de la pensée et la manifestation la plus extrême d'un désir* d'anéantissement de soi lié à la perte d'un idéal. D'où cette idée développée par Erwin Panofsky (1892-1968) selon laquelle l'histoire de la mélancolie serait l'histoire d'un transfert permanent entre le domaine de la maladie et celui de l'esprit qui raconterait l'intense et sombre rayonnement du sujet de la civilisation en proie à la défaillance de son désir.

C'est la théorie hippocratique des quatre humeurs qui, pendant des siècles, permit de décrire de façon à peu près identique les symptômes cliniques de ce mal : humeur triste, sentiment d'un gouffre infini, extinction du désir et de la parole, impression d'hébétude suivie d'exaltation, attrait irrésistible pour la mort, les ruines, la nostalgie, le deuil. Ainsi la mélancolie était-elle associée à la bile noire, à côté des trois autres humeurs : « Le sang imite l'air, augmente au printemps, règne dans l'enfance. La bile jaune imite le feu, augmente en été, règne dans l'adolescence. La mélancolie ou bile noire imite la terre, augmente en automne, règne dans la maturité. Le flegme imite l'eau, augmente en hiver, règne dans la vieillesse. »

Maladie de la maturité, de l'automne et de la terre, la mélancolie pouvait aussi se diluer dans les autres humeurs et aller de pair avec la joie et le rire (le sang), avec l'inertie (le flegme), avec la fureur (la bile jaune) : par ces mélanges, elle affirmait ainsi sa présence dans toutes les formes d'expression humaine. De là naîtra l'idée d'alternance cyclique entre un état et un autre (manie et dépression), caractéristique de la nosographie psychiatrique moderne.

Cependant, en tant qu'humeur noire, la mélancolie relevait du mal de Saturne, dieu terrien des Romains, morbide et désespéré, identifié au Chronos de la mythologie grecque, qui avait châtré son père (Ouranos) avant de dévorer ses enfants. On appela donc les mélancoliques des saturniens, mais chaque époque a construit sa propre représentation de la maladie.

Si le médecin anglais Thomas Willis (1621-1675) fut le premier, au XVIIe siècle, à rapprocher la manie de la mélancolie pour définir un cycle maniaco-dépressif, c'est le philosophe Robert Burton (1577-1640) qui donna en 1621, avec *Anatomy of Melancholy,* la version canonique d'une nouvelle conception de la mélancolie déjà entrée dans les mœurs. Dès la fin du Moyen Age, le terme était en effet synonyme de tristesse sans cause, et à l'ancienne doctrine des humeurs s'était progressivement substituée une causalité existentielle. On parlait alors de tempérament mélancolique en songeant à Hamlet, devenu, au tournant du siècle, la figure par excellence du drame de la conscience européenne : un sujet livré à lui-même dans un monde traversé par l'avènement de la révolution copernicienne. Tout en conservant l'ancien vocabulaire humoral, Burton assimilait donc la mélancolie à un désespoir du sujet abandonné par Dieu.

A la fin du XVIIIe siècle, et notamment à la veille de la Révolution française, la mélancolie apparut comme le symptôme majeur d'un ennui distillé par la vieille société. Elle semblait frapper aussi bien les jeunes bourgeois exclus des privilèges de la naissance que les déclassés ayant perdu tout repère. Elle sévissait aussi chez les aristocrates désœuvrés, privés du droit de faire fortune. Ennui du bonheur, bonheur de l'ennui, sentiment de dérision ou aspiration au bonheur de dépasser l'ennui, la mélancolie fonctionnait comme un miroir où se reflétaient la défaillance générale de l'ordre monarchique et l'aspiration à l'intimité de soi : « Toutes les histoires universelles et les recherches des causes m'ennuient, disait Mme du Deffand ; j'ai épuisé tous les romans, les contes, les théâtres ; il n'y a plus que les lettres, les vies particulières et les Mémoires écrits par ceux qui font leur propre histoire qui m'amusent et m'inspirent quelque curiosité. La morale, la métaphysique me causent un ennui mortel. Que vous dirais-je ? J'ai trop vécu. » On pensait aussi que certains climats favorisaient le mal, plus fréquent dans les pays nordiques que dans les contrées méridionales. Enfin, chez la femme, on le rapprochait souvent de la maladie des vapeurs, attribuée tantôt à la rate, source de la bile noire, tantôt à l'utérus, lieu imaginaire de la sexualité féminine*.

Avec l'instauration du savoir psychiatrique au XIXe siècle, la mélancolie fut sujette à de nombreuses variations terminologiques destinées d'abord à transformer cet étrange « bonheur d'être triste » (comme le dira Victor Hugo) en une véritable maladie mentale sans fioritures littéraires ou philosophiques, puis à l'inscrire dans une nouvelle nosographie dominée par la division entre psychose* et névrose*. Appelée lypémanie par Jean-Étienne Esquirol (1772-1840), la mélancolie prit ensuite le nom de folie circulaire sous la plume de Jean-Pierre Falret (1794-1870) et fut alors rapprochée de la manie. A la fin du siècle, elle sera intégrée par Emil Kraepelin* à la folie maniaque dépressive pour se fondre ensuite dans la psychose maniaco-dépressive*.

Si les héritiers de la nosographie allemande eurent tendance à noyer la mélancolie dans le vocabulaire technique du discours psychiatrique, les phénoménologues conservèrent le terme tout en opérant eux aussi un rapprochement avec la manie. Ce fut notamment le cas de Ludwig Binswanger*, qui désigna la mélancolie comme une altération de l'expérience temporelle et la manie comme une défaillance de la relation intersubjective.

Peu intéressé par cette psychiatrisation de l'état mélancolique, Sigmund Freud* renonça à rapprocher manie et dépression, préférant redonner vigueur à l'ancienne définition de la mélancolie : non pas une maladie mais un destin subjectif.

Dès 1895, il s'interrogeait sur la mélancolie et, dans un manuscrit envoyé à Wilhelm Fliess*, il la rapprochait du deuil, c'est-à-dire du « regret de quelque chose de perdu », la comparait à l'anorexie et la mettait en relation avec une absence d'excitation sexuelle somatique. Mais ce n'est qu'en 1917 qu'il publia un texte magistral sur la question : « Deuil et mélancolie », faisant du second terme la forme pathologique du premier. Alors que dans le travail de deuil le sujet parvient à se détacher progressivement de l'objet perdu, dans la mélancolie au contraire il se pense coupable de la mort survenue, la dénie, se croit possédé par le défunt ou atteint de la maladie qui a entraîné sa mort. En bref, le moi* s'identifie à l'objet perdu au point de se perdre lui-même dans l'infini désespoir d'un irrémédiable néant.

Avant publication, il envoya ce texte à Karl Abraham*, grand spécialiste freudien des psychoses, et notamment de la mélancolie sous la forme de la psychose maniaco-dépressive, à laquelle il consacra plusieurs articles.

Tandis que les freudiens associeront les données de la nosographie psychiatrique à la réflexion psychanalytique sur le deuil, l'école kleinienne, marquée au départ par le travail d'Abraham, accentuera la problématique de la perte de l'objet et de la position dépressive* inscrite au cœur de la réalité psychique*.

A la fin du XXe siècle, la dépression, forme atténuée de la mélancolie, devint, dans les sociétés industrielles avancées, une sorte d'équivalent de l'hystérie* de la Salpêtrière exhibée autrefois par Jean Martin Charcot* : une véritable maladie d'époque. Mais si celle-ci était apparue aux yeux des contemporains comme une rébellion du corps féminin contre l'oppression patriarcale, la dépression semblait être au contraire, cent ans plus tard, la marque d'un échec du paradigme de la révolte dans un monde dépourvu d'idéal et dominé par une puissante technologie pharmacologique très efficace sur le plan thérapeutique.

Par ailleurs, il y a un invariant dans la structure mélancolique, comme le montre Freud. Celui-ci réside bien dans l'impossibilité permanente pour un sujet de faire le deuil de l'objet perdu. Et c'est sans doute ce qui explique la présence de ce fameux « tempérament mélancolique » chez les grands mystiques, toujours menacés de s'éloigner de Dieu, chez les révolutionnaires, toujours en quête d'un idéal qui se dérobe, et chez certains créateurs, toujours à la recherche d'un dépassement de soi.

● Sigmund Freud, « Deuil et mélancolie » (1917), *OC*, XIII, 259-278, *GW*, X, 427-446, *SE*, XIV, 237-258 ; *La Naissance de la psychanalyse* (New York, 1950), Paris, PUF, 1956. Aristote, *L'Homme de génie*, préface et présentation de Jackie Pigeaud, Paris, Rivages, 1988. Karl Abraham « Préliminaires à l'investigation et au traitement psychanalytique de la folie maniaco-dépressive et des états voisins » (1912), in *Œuvres complètes*, vol. 1, 1907-1914, Paris, Payot, 1965, 212-227. Ludwig Binswanger, *Mélancolie et Manie* (Pfullingen, 1960), Paris, PUF, 1987. Jean Starobinski, *Histoire du traitement de la mélancolie des origines à 1900*, Geigy S.A., Suisse, novembre, 1960. Michel Foucault, *Histoire de la folie à l'âge classique* (1961), Paris, Gallimard, 1972. Raymond Klibansky, Erwin Panofsky et Fritz Saxl, *Saturne et la Mélancolie* (New York, 1964), Paris, Gallimard, 1989. Julia Kristeva, *Soleil noir. Dépression et mélancolie*, Paris, Gallimard, 1987. Élisabeth Roudinesco, *Théroigne de Méricourt. Une femme mélancolique sous la Révolution*, Paris, Seuil, 1989. Marie-Claude Lambotte, *Le Discours mélancolique*, Paris, Anthropos, 1993. Jacques Hassoun, *La Cruauté mélancolique*, Paris, Aubier, 1995.

▷ ANALYSE EXISTENTIELLE. MOSER Fanny. OBJET (RELATION D'). PARANOÏA. SCHIZOPHRÉNIE.

MENG Heinrich (1887-1975)

médecin et psychanalyste suisse

Pionnier de l'application de la psychanalyse* dans le domaine de l'hygiène mentale, qu'il appelait « hygiène psychique », militant socialiste et antifasciste convaincu, Heinrich Meng était issu d'un milieu d'instituteurs protestants. Il naquit en Allemagne* dans le village de Hohnhurst près de Strasbourg. A l'âge de 2 ans il contracta une longue maladie à laquelle il survécut, selon lui, « grâce à l'amour indéfectible et à la foi religieuse de sa mère ». Végétarien, passionné de nutrition, d'histoire des religions, de philosophie et de physiologie, il entama des études médicales à Fribourg-en-Brisgau en 1907. C'est là qu'il entendit parler pour la première fois de Sigmund Freud*, lors d'une conférence donnée par August Forel*. Après avoir accompli plusieurs stages et entrepris une recherche sur l'alcoolisme, il s'installa à Stuttgart où il ouvrit un cabinet de médecin généraliste. Il pratiqua alors l'hypnotisme, la suggestion* et s'intéressa à l'homéopathie.

Pacifiste durant la Première Guerre mondiale, il servit comme médecin dans des camps de prisonniers et dans des hôpitaux du front. En 1918, il commença à s'intéresser à la psychanalyse et entama une correspondance avec Freud. C'est à Vienne*, au cours d'un séjour de neuf mois, qu'il fit son analyse avec Paul Federn* tout en assistant aux réunions de la Wiener Psychoanalytische Vereinigung (WPV). En 1923, il accepta un poste de médecin-conseil au Kremlin pour étudier les théories pavloviennes. Il tenta en vain d'approcher Lénine, puis quitta Moscou pour regagner Stuttgart où il organisa des conférences auprès des ouvriers pour la prophylaxie des maladies psychiques. De là, il gagna Berlin pour rejoindre l'équipe de la prestigieuse polyclinique du Berliner Psychoanalytisches Institut* (BPI) créée par Max Eitingon* et Ernst Simmel*. Il entreprit alors une deuxième analyse avec Hanns Sachs* tout en suivant l'enseignement de Karl Abraham*.

Adepte d'une conception unitaire de la médecine, il s'intéressa à toutes les formes de psychothérapie* visant à populariser les découvertes de la psychanalyse. A partir de 1928, installé à Francfort avec Karl Landauer*, il dirigea l'Institut de psychanalyse et travailla comme psychothérapeute auprès d'adolescents atteints de divers troubles, et notamment d'anorexie. En 1933, après s'être brouillé publiquement avec Carl Gustav Jung* auquel il reprochait son attitude à l'égard du national-socialisme, il refusa la politique de « sauvetage » de la psychanalyse en Allemagne* préconisée par Ernest Jones* et se solidarisa avec ses collègues juifs chassés par les nazis. Comme eux, il prit la route de l'exil et s'installa à Bâle, où fut créée pour lui la première chaire d'« hygiène psychique » qu'il occupa jusqu'à sa retraite en 1956.

Devenu l'un des grands spécialistes de la pédagogie psychanalytique, il se rendit en Israël en 1959 et rencontra non seulement le philosophe Martin Buber (1878-1965) qui devint son ami, mais aussi les organisateurs de la prévention de la délinquance qui s'inspirèrent de ses travaux.

A la fin de sa vie, il accepta de retourner en Allemagne pour donner des conférences dans plusieurs universités.

● Heinrich Meng, *Strafen und Erziehen*, Berne, Huber, 1934 ; *Protection de la santé mentale* (Bâle, 1940), Paris, Payot, 1944 ; *Leben als Begegnung*, Stuttgart, Hippokrates Verlag, 1971 ; et Paul Federn, *Das psychoanalytische Volksbuch*, Stuttgart, Hippokrates Verlag, 1927. Adolf Friedemann, « Heinrich Meng, b. 1887. Psychoanalysis and mental hygiene », *in* Franz Alexander, Samuel Eisenstein et Martin Grotjahn, *Psychoanalitic Pioneers*, New York, Basic Books, 1966, 333-341. Jeanne Moll, « Heinrich Meng », inédit.

▷ AICHHORN August. BERNFELD Siegfried. JUDÉITÉ. NAZISME. PFISTER Oskar. SUISSE. ZULLIGER Hans.

MENNINGER Karl (1893-1990)

psychiatre et psychanalyste américain

Né à Topeka au Kansas et analysé par Franz Alexander* et Ruth Mack-Brunswick*, Karl Menninger était le fils d'un homéopathe d'origine berlinoise qui avait épousé une femme de religion presbytérienne, elle-même fondatrice d'une école biblique. Avec son frère William, Karl joua un rôle considérable dans l'histoire de l'implantation de la psychanalyse* et de la psychiatrie dynamique* sur le sol américain, à la fois comme président de l'American Psychoanalytic Association* (APsaA) et comme fondateur, à partir de 1926, en plein cœur des États-Unis*, du plus grand centre de formation psychiatro-psychanalytique du monde, auquel il donna son nom : la Menninger School of Psychiatry. A ce centre étaient incorporés l'institut psychanalytique de Topeka, appartenant à l'International Psychoanalytical Association* (IPA), et l'extraordinaire Menninger Clinic, lieu de passage obligé de tous les thérapeutes chassés d'Europe par le nazisme* à partir de 1933.

Grand réformateur de la psychiatrie traditionnelle, Menninger s'inspirait à la fois de l'expérience berlinoise d'Ernst Simmel* et de la tradition suisse d'Eugen Bleuler* pour militer en faveur d'un traitement humaniste de la folie* carcérale. Toute sa vie, il livra un combat chaleureux en faveur du droit des enfants et des femmes, de tous les opprimés, quelle que soit leur couleur de peau. Enfin, il voulut changer radicalement le régime des prisons. Aussi sa célèbre clinique devint-elle, au fil des années, « La Mecque de la psychiatrie et de la psychanalyse », le laboratoire de toutes les théories et de toutes les thérapies, depuis l'ethnopsychiatrie* jusqu'à la *Self Psychology**, en passant par le freudisme classique : belle illustration de son engagement internationaliste. Georges Devereux* y séjourna, de même que Henri F. Ellenberger* qui en donnera une description proprement idyllique : « Il est difficile de trouver des mots, écrira-t-il en 1952, pour exprimer l'extraordinaire perfection de cette organisation [...]. Il y a là une foule de médecins venus de tous pays, des Allemands, des Autrichiens, Hongrois, Suisses, Hollandais, Russes, Tchèques, que sais-je encore ? [...]. On ne perçoit aucune trace de rivalité entre eux et les Américains d'origine [...]. En réalité, il y a plusieurs choses différentes quoique liées ensemble : la fondation proprement dite (la "kaaba" de cette Mecque), anciennement une maison de santé privée dont tout le reste est sorti peu à peu. Puis le Winter Veteran Hospital, gigantesque établissement de mille quatre cents malades avec un immense personnel. Il y a des kilomètres et des kilomètres de galeries, et on ne peut s'y reconnaître au début sans un guide... »

C'est de l'esprit de cette expérience menningérienne que s'inspirèrent plusieurs films hollywoodiens des années 1950 consacrés à l'expansion de la psychanalyse aux États-Unis : par exemple *La Maison du docteur Edwards* d'Alfred Hitchcock (1899-1980) ou encore *La Fièvre dans le sang* d'Elia Kazan.

• Karl Menninger, *Man Against Himself*, New York, Harcourt and Brace, 1938. Nathan G. Hale, *Freud and the Americans, 1917-1985. The Rise and Crisis of Psychoanalysis in the United States*, t. II, New York, Oxford, Oxford University Press, 1995. Henri F. Ellenberger, *Médecines de l'âme. Essais d'histoire de la folie et des guérisons psychiques*, Paris, Fayard, 1995.

MESMER Franz Anton (1734-1815)

médecin autrichien

Né à Iznang, petit village de la rive allemande du lac de Constance, Franz Anton Mesmer fut l'initiateur de la première psychiatrie dynamique*. Ami de Wolfgang Amadeus Mozart (1756-1791), qui lui inspira l'idée que la puissance suggestive de la musique pouvait se retrouver dans l'expérience magnétique, il fut souvent confondu avec son double, Joseph Balsamo (1743-1795) dit Cagliostro, célèbre aventurier immortalisé par Alexandre Dumas (1802-1870).

Ces hommes ne se ressemblaient pas mais tous deux appartenaient aux loges maçonniques et fréquentaient les cercles illuministes : « Ces affiliations, écrit Robert Amadou, leur avaient ouvert les portes des milieux les plus cultivés du siècle des Lumières. Mais Cagliostro [...] ne toucha au magnétisme que par accident et fit surtout figure d'alchimiste faiseur d'or et de nécromant invocateur de fantômes. Sous ce masque, il était un prestidigitateur habile et un escroc à la riche imagination. Mesmer était authentiquement médecin de la faculté de Vienne* et au courant de la physique, de la philosophie et de la théologie de son temps. Il avait ajouté à ses connaissances des sciences défendues comme l'astrologie et la chimie. Comme Faust, il savait trop de choses et n'avait pas assez de génie pour en tirer un système cohérent et acceptable pour les savants au courant des découvertes de Newton. »

En 1773, Mesmer popularise la doctrine du magnétisme animal, qui donnera naissance à l'hypnotisme (hypnose*) inventé par James Braid (1795-1860) puis à la suggestion*, et enfin à la théorie freudienne du transfert*. Il affirme que les maladies nerveuses proviennent d'un déséquilibre dans la distribution d'un « fluide universel » qui s'écoule dans l'organisme humain et animal. Avec Oesterline, une jeune femme âgée de 29 ans et atteinte de troubles hystériques, vomissements, suffocations et cécité, il expérimente pour la première fois une cure dite magnétique.

Mesmer donne ainsi un contenu rationnel à la théorie fluidique. Il apparente en effet le fluide à l'« aimant » dont se servent déjà les médecins pour extirper du corps (par aimantation) le mal psychique (hystérie*, mélancolie*) dont souffrent les patients (des femmes en général), tout en soulignant que l'aimant n'est pas le véritable agent de la guérison. La vertu curative provient selon lui du médecin lui-même, porteur d'un fluide magnétique, émanant (par exemple) de l'éclat des yeux. Pour rétablir l'équilibre de la circulation fluidique, il s'agit donc de mettre le malade en état de somnambulisme et de provoquer en lui des états convulsifs, par une série de manipulations, appelées passes magnétiques.

Attaqué par toutes les académies d'Europe, Mesmer rencontre pourtant un succès grandissant avec ses cures magnétiques. En Bavière, en Slovaquie, en Souabe, en Hongrie*, en Suisse* et à Vienne, il guérit des maladies psychiques, croyant à l'action de son fluide. Le 23 novembre 1775, à la demande du prince-électeur de Bavière soucieux de combattre le pouvoir de l'Église* au nom des Lumières et de mettre fin aux pratiques de sorcellerie, Mesmer est invité à se confronter au père Johann Joseph Gassner (?-1779). Humble curé de campagne et célèbre exorciste du Wurtemberg, Gassner pratique l'expulsion du mal « démoniaque » du corps des hystériques, après avoir expérimenté la méthode sur son propre corps lors d'une confrontation avec le diable. Or, en présence de la cour et des autorités, Mesmer suscite et guérit des convulsions chez un malade sans avoir recours à l'exorcisme. Il déclare que Gassner est un homme honnête, mais qu'il guérit ses malades sans le savoir grâce au magnétisme : « C'est ainsi, écrit Henri F. Ellenberger*, que Franz Anton Mesmer opéra en 1775 le tournant décisif de l'exorcisme à la psychothérapie* dynamique. »

A Vienne, Mesmer soigne alors par le magnétisme Maria-Theresia Paradis, une jeune musicienne aveugle âgée de 18 ans. En un premier temps, elle recouvre la vue mais sa guérison est contestée et elle redevient aveugle. Ébranlé par cet échec, Mesmer sombre dans la dépression puis quitte l'Autriche et s'installe à Paris.

Là, à partir de 1778 et jusqu'à la veille de la Révolution, le magnétisme fait fureur. Devenu une sorte de mage, Mesmer forme des disciples qui fondent la Société de l'harmonie universelle, destinée à rétablir des liens entre les hommes par la force d'un fluide. Grâce à son fameux « baquet », il peut soigner collectivement les nombreux malades qui se pressent dans sa somptueuse demeure. Dans une cuve remplie d'eau sont déposés des éclats de verre, des pierres et des tiges métalliques dont les pointes touchent les patients reliés entre eux par une corde permettant la circulation du fluide.

En 1784, une commission composée d'experts de l'Académie des sciences et de la Société royale de médecine, parmi lesquels Benjamin Franklin (1706-1790) et Antoine de Lavoisier (1743-1794), condamne le mesmérisme et ses pratiques, ainsi que la théorie du fluide, et déclare que les effets thérapeutiques obtenus par Mesmer sont dus à la puissance de l'imagination humaine.

A cette date, le marquis Armand de Puységur (1751-1825) démontre dans son village de Buzancy la nature psychologique et non fluidique de la relation thérapeutique, en substituant à la cure magnétique un état de « sommeil éveillé » ou « somnambulisme ».

En 1931, quand Sigmund Freud* lut l'ouvrage que Stefan Zweig* venait de consacrer à Mesmer et à l'histoire de la « guérison par l'esprit », il fit toute sa place à ce médecin des Lumières dans l'histoire de l'invention de la suggestion : « Je pense comme vous que la véritable nature de sa découverte, c'est-à-dire de la suggestion, n'est toujours pas identifiée. » Elle le sera par les travaux de l'historiographie* savante.

● Franz Anton Mesmer, *Le Magnétisme animal*, œuvres publiées par Robert Amadou, Paris, Payot, 1971. Robert Darnton, *La Fin des Lumières. Le mesmérisme et la Révolution* (Cambridge, 1968), Paris, Perrin, 1984. Henri F. Ellenberger, *Histoire de la découverte de l'inconscient* (New York, Londres, 1970, Villeurbanne, 1974), Paris, Fayard, 1994. Étienne Trillat, *Histoire de l'hystérie*, Toulouse, Privat, 1986. Sigmund Freud et Stefan Zweig, *Correspondance* (Francfort, 1987), Paris, Rivages, 1995.

▷ BERNHEIM Hippolyte. HAITZMANN Christopher. LIÉBEAULT Auguste. PSYCHANALYSE. SPIRITISME.

MÉTAPHORE

▷ CONDENSATION. SIGNIFIANT.

MÉTAPSYCHOLOGIE

Allemand : *Metapsychologie*. Anglais : *Metapsychology*.

Terme inventé par Sigmund Freud* en 1896 pour qualifier l'ensemble de sa conception théorique et la distinguer de la psychologie classique. L'approche métapsycho-

logique consiste en l'élaboration de modèles théoriques qui ne sont pas directement reliés à une expérience pratique ou à une observation clinique ; elle se définit par la prise en compte simultanée des points de vue dynamique, topique* et économique.

C'est dans une lettre à Wilhelm Fliess*, datée du 13 février 1896, que Freud utilise pour la première fois, et sans autre explication, le terme métapsychologie : « La psychologie – ou plutôt la métapsychologie – me préoccupe sans cesse. » Moins de deux mois plus tard, le 2 avril 1896, s'adressant toujours à Fliess, il fournit une première précision à propos de « quelques questions métapsychologiques » qui lui paraissent relever d'un « niveau supérieur » à la seule « psychologie des névroses » : il reconnaît qu'en passant de la médecine à la psychologie il s'est agi pour lui de réaliser son désir initial de s'adonner aux connaissances philosophiques, l'activité de thérapeute n'étant qu'une conséquence annexe et imprévue de ce changement d'orientation. La psychologie classique, la psychologie de la conscience ne sauraient donc constituer l'objet d'une entreprise intellectuelle dont l'accomplissement appelle un cadre théorique et une forme de scientificité qui, en empruntant à la démarche philosophique, conduiront à penser l'articulation des processus psychiques avec les fondements biologiques.

Dans une autre lettre à Fliess du 10 mars 1898, Freud évoque le travail en cours sur l'interprétation* des rêves et écrit : « Il me semble que l'explication par la réalisation d'un désir donne bien une solution psychologique, mais aucune solution biologique, bien plutôt métapsychologique. » Il ajoute entre parenthèses : « D'ailleurs, il faut que tu me dises sérieusement si je puis donner à ma psychologie, qui aboutit à l'arrière-plan du conscient, le nom de métapsychologie. »

Ces quelques notations trouvent une forme d'expression plus élaborée dans la *Psychopathologie de la vie quotidienne** : si la métaphysique constitue bien une sorte de modèle formel pour la métapsychologie à venir, l'objectif n'est pas de s'y enfermer mais d'en prendre la mesure et d'établir que les constructions philosophiques (mythologiques, religieuses), au même titre que toutes les formes de croyances et de délires qui peuvent en dériver, ne constituent rien d'autre qu'« une psychologie projetée dans le monde extérieur ». Et Freud précise immédiatement : « L'obscure connaissance des facteurs et faits psychiques de l'inconscient (autrement dit : la perception endopsychique de ces facteurs et de ces faits) se reflète [...] dans la construction d'une *réalité supra-sensible* que la science retransforme en une *psychologie de l'inconscient.* On pourrait se donner pour tâche de décomposer, en se plaçant à ce point de vue, les mythes relatifs au paradis et au péché originel, au mal et au bien, à l'immortalité, etc., et de traduire la *métaphysique* en *métapsychologie.* »

Une quinzaine d'années plus tard, dans l'article qu'il consacre à l'inconscient*, Freud donne une définition précise du terme métapsychologie : « Je propose de parler de présentation *métapsychologique* lorsque nous réussissons à décrire un processus psychique sous les rapports *dynamique, topique et économique.* Il est à prévoir que, dans l'état actuel de nos connaissances, nous n'y parviendrons que sur des points isolés. » C'est la même définition, énoncée avec plus de force, que l'on retrouve dans les premières lignes d'*Au-delà du principe de plaisir** : « Nous pensons qu'un mode d'exposition où l'on tente d'apprécier le facteur économique en plus des facteurs topique et dynamique est le plus complet que nous puissions nous représenter actuellement et qu'il mérite d'être mis en évidence par le terme de *métapsychologique.* »

A s'en tenir à ces définitions, il faudrait regrouper sous l'étiquette de métapsychologie une grande partie de l'œuvre freudienne. L'usage est un peu plus restrictif qui retient comme écrits métapsychologiques « Esquisse d'une psychologie scientifique », le septième chapitre de *L'Interprétation des rêves**, les « Formulations sur les deux principes du cours des événements psychiques », « Pour introduire le narcissisme », *Au-delà du principe de plaisir**, *Le Moi et le Ça** et l'*Abrégé de psychanalyse**.

Un autre usage, introduit par Freud, veut que l'on regroupe sous cette appellation les cinq exposés de métapsychologie qu'il entreprend de rédiger en 1915. Ces cinq textes, « Pulsions* et destin des pulsions », « Le refoulement* », « L'inconscient », « Complément métapsychologique à la doctrine du rêve* », « Deuil et mélancolie », publiés entre 1915 et 1917, participent du projet de Freud d'écrire les *Éléments pour une métapsychologie*, douze essais qui auraient constitué une sorte de testament. La première rédaction de l'ensemble fut achevée au début du mois d'août 1915. Des lettres à Lou Andreas-Salomé*, datées de l'automne 1915 et du printemps 1916, ainsi qu'une lettre à Karl Abraham* du 11 novembre 1917 attestent que, dans l'esprit de Freud, les sept derniers textes devaient être sérieusement remaniés avant de pouvoir être imprimés. On peut faire l'hypothèse qu'à ce moment-là Freud commençait de concevoir une approche différente, celle qui allait donner naissance, dans les années d'après-guerre, à ce que l'on a appelé la « grande refonte », caractérisée par l'introduction d'une nouvelle dualité pulsionnelle et d'une nouvelle topique qui marquent une rupture avec les idées du projet métapsychologique.

Les manuscrits des sept essais non publiés n'ayant pas été retrouvés, l'hypothèse de leur destruction par Freud lui-même s'imposa.

En 1983, alors qu'elle inventorie à Londres des documents laissés par Sandor Ferenczi* aux soins de Michael Balint*, Ilse Grubrich-Simitis retrouve un manuscrit de Freud : l'ébauche du dernier des douze essais métapsychologiques, celui consacré aux névroses de transfert*. Une lettre à Ferenczi annonce l'envoi du texte et laisse au destinataire le choix de « le jeter ou le conserver ».

Le texte est constitué d'une première partie consacrée aux six facteurs – le refoulement, le contre-investissement*, la formation substitutive et la formation de symptôme, le rapport avec la fonction sexuelle, la disposition à la névrose* – qui interviennent dans les trois névroses de transfert, l'hystérie* d'angoisse (la phobie*), l'hystérie de conversion et la névrose obsessionnelle*. Dans la seconde partie, Freud abandonne le terrain clinique et la perspective ontogénétique pour étudier la part des dispositions héritées dans l'étiologie des névroses. C'est le début de ce qu'Ilse Grubrich-Simitis appelle « l'aventure de la reconstitution phylogénétique », dont la logique conduit Freud à déborder son sujet initial pour y inclure les « névroses narcissiques » (psychoses*). Au cours de cette « aventure », Freud se laisser aller à développer des hypothèses qu'il considère comme autant de « fantaisies ». Il retrouve en ce point la question de l'hérédité des caractères acquis et la fameuse loi, dite loi de récapitulation, attribuée à Ernst Heinrich Haeckel*, références dont il a déjà fait un large usage dans les *Trois Essais sur la théorie de la sexualité** et dans *Totem et Tabou**. Au moment où il rédige l'ébauche de ce douzième essai, sa réflexion phylogénétique est encouragée par Ferenczi qui se livre de son côté à une spéculation « bio-analytique ». Les deux hommes développent abondamment ces questions dans leur correspondance au cours des années 1915-1917. Ce sont notamment les thèses de Jean-Baptiste Lamarck (1744-1829) qui retiennent leur attention, au point que l'idée naît d'un ouvrage commun consacré au thème « lamarckisme et psychanalyse » : au début de l'année 1917, Freud adresse à Ferenczi une « Esquisse pour le travail Lamarck ». Très vite cependant, et sans pour autant abandonner ses références à la phylogenèse, à Haeckel et à Lamarck, dont on retrouve les traces dans ses derniers travaux (*L'Homme Moïse et la religion monothéiste**, l'*Abrégé de psychanalyse**), Freud abandonne ces projets pour en laisser la gouverne à son disciple hongrois qui leur consacrera un développement dans son ouvrage *Thalassa. Essai sur la théorie de la génitalité*, publié en 1924.

La fragilité de certaines références freudiennes, qu'il s'agisse du principe de constance de Gustav Theodor Fechner* et plus généralement des données de la psychophysique de son temps – qu'il ne traite du reste que comme des hypothèses –, ou qu'il s'agisse des spéculations lamarckiennes – qu'il est moins prompt à mettre en doute –, a constitué pour un grand nombre de psychanalystes, et cela bien avant la publication de ce manuscrit égaré, un argument pour mettre en doute la validité et l'utilité de la métapsychologie.

Ces questionnements ont été l'occasion d'un affaiblissement de la théorie psychanalytique, illustré notamment par le courant américain de l'*Ego Psychology**. Et c'est en réaction à ces dérives que Jacques Lacan* entreprit son « retour à Freud » qui allait aboutir au remplacement de l'étayage biologique freudien par le recours à la linguistique moderne, puis, plus tard, à la logique formelle et à la topologie mathématique.

Freud était bien conscient que son objectif asymptotique, la théorisation de l'articulation du psychisme avec le substrat biologique, mettait l'ensemble de son travail à la merci des découvertes futures de la biologie, qui pourraient un jour faire s'effondrer l'édifice qu'il avait patiemment construit. Mais plutôt que de se décourager devant une telle perspective, il semble bien avoir considéré que la réflexion métapsychologique, avec ses inévitables spéculations, constituait le seul rempart épistémologique à même de pouvoir faire obstacle aux dérives psychologistes ou organicistes qui, déjà en son temps, constituaient le principal danger pour cette science nouvelle. C'est ainsi que l'on peut entendre cette déclaration tardive sous forme de profession de foi : « Sans spéculer ni théoriser – pour un peu j'aimerais dire fantasmer – métapsychologiquement, on n'avance pas ici d'un pas. »

● Sigmund Freud, *La Naissance de la psychanalyse* (Londres, 1950), Paris, PUF, 1956 ; *Briefe an Wilhelm Fliess, 1887-1904*, Francfort, Fischer, 1986 ; *L'Interprétation des rêves* (1900), *GW*, II-III, 1-642, *SE*, IV-V, 1-621, Paris, PUF, 1967 ; *Psychopathologie de la vie quotidienne* (1901), *GW*, IV, *SE*, VI, Paris, Payot, 1973 ; *Trois Essais sur la théorie sexuelle* (1905), *GW*, V, 29-145, *SE*, VII, 123-243, Paris, Gallimard, 1987 ; *Totem et Tabou* (1913), *GW*, IX, *SE*, XIII, 1-161, Paris, Gallimard, 1993 ; « Pulsions et destin des pulsions » (1915), *OC*, XIII, 161-

185, *GW*, X, 209-232, *SE*, XIV, 109-140 ; « Le refoulement » (1915), *OC*, XIII, 188-201, *GW*, X, 247-261 ; *SE*, XIV, 141-158 ; « L'inconscient » (1915), *OC*, XIII, 203-242, *GW*, X, 263-303, *SE*, XIV, 159-204 ; « Complément métapsychologique à la doctrine du rêve » (1915), *OC*, XIII, 243-258, *GW*, X, 411-426, *SE*, XIV, 217-235 ; « Deuil et mélancolie » (1915), *OC*, XIII, 259-278, *GW*, X, 427-446, *SE*, XIV, 237-258 ; « Vue d'ensemble sur les névroses de transfert » (1915), [1985], *OC*, XIII, 279-300, *GW*, *Nachtragsband*, 1987, 634-651, et sous le titre *Vue d'ensemble des névroses de transfert*, Paris, Gallimard, 1986 ; « Analyse terminée et analyse interminable » (1937), *GW*, XVI, 59-99, *SE*, XXIII, 209-253, in *Résultats, idées, problèmes*, II, 1921-1938, Paris, PUF, 1985 ; *Abrégé de psychanalyse* (1938), *GW*, XVII, 67-138, *SE*, XXIII, 139-207, Paris, PUF, 1967 ; *L'Homme Moïse et la religion monothéiste* (1939), *GW*, XVI, 103-246, *SE*, XXIII, 1-137, Paris, Gallimard, 1986 ; et Karl Abraham, *Correspondance (1907-1926)* (Francfort, 1965), Paris, Gallimard, 1969. Paul-Laurent Assoun, *Introduction à la métapsychologie freudienne*, Paris, PUF, 1993. Sandor Ferenczi, « La métapsychologie de Freud » (1922), in *Psychanalyse IV, Œuvres complètes*, Paris, Payot, 1974, 253-265 ; « Thalassa. Essai sur la théorie de la génitalité » (1924), in *Psychanalyse III, Œuvres complètes*, Paris, Payot, 1974, 250-323. Ilse Grubrich-Simitis, « Métapsychologie et métabiologie », in Sigmund Freud, *Vue d'ensemble sur les névroses de transfert*, Paris, Gallimard, 1986, 97-163. Jacques Lacan, *Écrits*, Paris, Seuil, 1966. Élisabeth Roudinesco, *Jacques Lacan. Esquisse d'une vie, histoire d'un système de pensée*, Paris, Fayard, 1994. Lou Andreas-Salomé, *Correspondance avec Sigmund Freud (1912-1936)* (Francfort, 1966), Paris, Gallimard, 1970. Daniel Widlöcher, *Métapsychologie du sens*, Paris, PUF, 1986.

▷ INCONSCIENT. MATHÈME. NŒUD BORROMÉEN. PULSION. REFOULEMENT. TOPIQUE.

MÉTHODE CATHARTIQUE

▷ *CATHARSIS*.

MÉTONYMIE

▷ CONDENSATION. DÉPLACEMENT. RÊVE. SIGNIFIANT.

MEYER Adolf (1866-1950)

psychiatre américain

Fils de pasteur et fondateur de l'école américaine de psychiatrie dynamique*, Adolf (ou Adolph) Meyer fut l'un des pionniers de l'introduction de la psychanalyse* aux États-Unis*. Né en Suisse*, à Niederweningen près de Zurich, il s'initia à la psychiatrie à la clinique du Burghölzli auprès d'August Forel*. Après un séjour à Londres où il suivit l'enseignement de Hughlings Jackson*, puis à Paris où il assista à celui de Jean Martin Charcot*, il émigra aux États-Unis en 1893. Jusqu'en 1896, il fut pathologiste à l'Illinois Eastern Hospital for the Insane à Kankakee. A la suite de cette expérience, il enseigna à la Clark University de Worcester, où Sigmund Freud* se rendra en 1909 à l'invitation de Stanley Hall*. Il fut aussi chef de clinique au Worcester Insane Hospital, où James

Jackson Putnam* et William James constatèrent qu'il étudiait chaque cas comme un tout. De fait, dans la tradition de l'école de Zurich, qui donna naissance à cette nouvelle psychiatrie dynamique dont Freud et Eugen Bleuler* furent également les artisans, il regardait l'origine de la maladie mentale à la fois comme une réaction à un milieu pathogène et comme une structure, où se mêlaient l'organogenèse et la psychogenèse.

Entre 1902 et 1910, il dirigea le New York State Psychiatric Institute, où il introduisit pour le traitement de la démence précoce (schizophrénie*) les tests associatifs de Carl Gustav Jung* et la technique de la psychanalyse. Aussi cet institut devint-il l'un des centres les plus importants de la diffusion des idées freudiennes aux États-Unis. Nombreux furent les psychiatres, parmi les élèves de Meyer, qui s'engagèrent ensuite sur la voie de la psychanalyse. En 1913, il poursuivit son enseignement à Baltimore, à la Johns Hopkins University où, là encore, ses élèves en psychiatrie s'orientèrent vers le freudisme*. Bien qu'il fût lui-même membre de l'American Psychoanalytic Association* (APsaA), il n'adopta pas la théorie freudienne de l'inconscient* et resta convaincu que seule la pensée consciente pouvait favoriser l'intégration de l'homme à la société. En cela, il incarnait parfaitement les idéaux de cette psychanalyse à l'américaine – toutes tendances confondues – centrée, malgré son adhésion à la doctrine viennoise, sur le primat de la conscience* et sur une conception de l'adaptation étrangère au freudisme originel.

En 1907, après la parution de l'ouvrage d'un ancien malade mental qui expliquait comme il avait guéri, Meyer commença à définir un programme d'hygiène mentale fondé sur la prévention des désordres de l'âme en milieu hospitalier. Conformément à l'éthique protestante, qui inspira tant l'école suisse de psychiatrie dynamique, de Forel à Bleuler en passant par Jung et Oskar Pfister*, il fut un pédagogue dont les principes moraux opérèrent à merveille dans un pays marqué par la tradition puritaine.

• *L'Introduction de la psychanalyse aux États-Unis. Autour de James Jackson Putnam* (Londres, 1968), Nathan G. Hale (éd.), Paris, Gallimard, 1978, 17-86. Nathan G. Hale, *Freud and the Americans. The Beginnings of Psychoanalysis in the United States*, t. 1, *1876-1917* (1971), New York, Oxford University Press, 1995. Jacques Postel et Claude Quétel (éd.), *Nouvelle Histoire de la psychiatrie*, Toulouse, Privat, 1983.

MEYERS Donald Campbell (1863-1927)

médecin canadien

Né à Trenton dans la province de l'Ontario, Donald Campbell Meyers fit ses études de médecine et de neurologie au Trinity College Medical School de Toronto avant de se rendre en Europe, notamment en France* pour suivre l'enseignement de Jean Martin Charcot*. A son retour en 1894, il fut le premier Canadien à appliquer les principes de la psychanalyse* au traitement des névroses* et à ouvrir une salle pour les malades nerveux à l'hôpital général de Toronto. Il fondera ensuite une clinique privée. Sévèrement critiqué pour cette innovation par le psychiatre Edward Ryan, il fut fermement invité par le gouvernement de la province de l'Ontario à siéger dans une commission de visite et d'études de la psychiatrie en Europe dans laquelle il sera le rival de Charles Kirk Clarke*.

• Alan Parkin, *An History of Psychoanalysis, in Canada,* Toronto, The Toronto Psychoanalytic Society, 1987.

▷ AUSTRALIE. CANADA. GLASSCO Gerald Stinson. JONES Ernest.

MEYNERT Theodor (1833-1892)
psychiatre allemand

Ce maître de la psychiatrie viennoise, amateur de musique, d'art et de littérature, était, comme Hermann Nothnagel*, un élève de Karl Rokitanski (1804-1878). A partir de 1873 jusqu'à sa mort, il occupa le poste de médecin-chef de l'hôpital psychiatrique de la ville. Personnage au caractère difficile et ambivalent, il était connu pour ses colères passionnelles, et sans doute cette attitude ne fut-elle pas étrangère à l'intérêt qu'il porta à l'*Amentia*, c'est-à-dire la confusion mentale. Grand anatomiste du cerveau, il s'inspira du modèle herbartien pour différencier le cortex supérieur, dont il fit une instance socialisée, du cortex inférieur, de nature primitive ou archaïque. Cette description lui permit de formuler, après Wilhelm Griesinger (1817-1869), l'hypothèse d'un moi* primaire et d'un moi secondaire qui sera reprise par Freud en 1895 dans son « Esquisse d'une psychologie scientifique », puis par les fondateurs de l'*Ego Psychology**. Selon Meynert, le moi primaire est la partie génétiquement première et inconsciente de la vie mentale, qui se manifeste au moment où l'enfant prend conscience de la séparation entre son corps et l'environnement. Le moi secondaire est au contraire l'instrument d'une maîtrise de la perception.

A vouloir ramener tous les phénomènes psychologiques à un substrat organique, Meynert finit par élaborer une véritable « mythologie cérébrale ». En conséquence, il adopta le point de vue du nihilisme thérapeutique, méprisant les traitements de l'âme et ne cherchant pas à guérir les aliénés dont il avait la charge.

Sigmund Freud* fut son élève en 1883. Il passa cinq mois dans sa clinique psychiatrique, où pour l'unique fois de sa vie il eut l'occasion d'observer plusieurs dizaines de malades mentaux hospitalisés : « Il y a une très grande différence, écrit Albrecht Hirschmüller, entre la manière dont Freud aborde les cas strictement neurologiques et les cas psychiatriques au sens moderne du terme. En ce qui concerne les premiers, il se montre un clinicien perspicace [...] mais il ne parvient pas à aborder les malades gravement psychotiques d'un point de vue psychologique. »

Grâce à Meynert et au soutien apporté par Nothnagel et Ernst von Brücke*, Freud obtint, en septembre 1885, le poste convoité de *Privatdozent.* Néanmoins, les relations entre les deux hommes furent conflictuelles. Freud ne croyait pas au modèle neuro-anatomique de Meynert ; en outre, il n'aimait pas cet homme colérique dépourvu à ses yeux d'autorité. C'est à Paris, au cours de l'hiver 1885-1886, qu'il rencontrera Jean Martin Charcot*, le maître qu'il cherchait. A la suite de ce voyage en France, Freud entra dans la controverse entre Vienne* et Paris à propos de l'hypnose* et de la nature de l'hystérie* masculine : dès lors, son opposition à Meynert devint de plus en plus violente.

Charcot distinguait une forme classique d'hystérie masculine, déterminée par l'hérédité, et une forme « post-traumatique », dans laquelle l'hérédité ne jouait aucun rôle. Il assimilait les symptômes de celle-ci (notamment les paralysies) à des troubles fonctionnels, dénués de substrat héréditaire ou de lésion organique. Pour la mettre en évidence, Charcot recourait à l'hypnotisme : les paralysies traumatiques présentaient bien, selon lui, une symptomatologie identique à celle des paralysies produites sous hypnose*. Contrairement à l'école française, l'école viennoise refusait cet enseignement pour s'en tenir à la conception classique de l'hystérie masculine, organiciste et héréditariste.

C'est dans ce contexte que, le 15 octobre 1886, Freud donna sa fameuse conférence sur l'hystérie masculine (non publiée) devant la Société des médecins de Vienne, en présence de Meynert et de Heinrich von Bamberger (1822-1888), au cours de laquelle il exposa aux médecins viennois les thèses de Charcot auxquelles il venait d'adhérer. Et dans son enthousiasme, il attribua au maître de la Salpêtrière la paternité de la notion d'hystérie masculine, déjà connue à Vienne. D'où un formidable imbroglio.

A la controverse sur l'hystérie masculine s'en ajoutait une autre, sur l'hypnotisme cette fois. Non seulement Meynert refusait les thèses de Charcot, mais il regardait l'hypnotisme comme une « psychose produite expérimentalement », et condamnait les méthodes thérapeutiques fondées sur la suggestion*. A ses yeux, le sujet en état d'hypnose devenait une créature dégénérée sans raison ni volonté. Ainsi la critique meynertienne de l'école française – de Charcot à Hippolyte Bernheim* – annonçait-elle celle que Freud fera lui-même plus tard de ces différentes méthodes lorsqu'il renoncera à l'hypnose.

En 1932, Maria Dorer fut la première à démontrer le rôle de Meynert dans la genèse de certains concepts freudiens. C'est en partie auprès de lui que Freud prit connaissance des modèles élaborés par Johann Friedrich Herbart*, l'un des fondateurs de la psychologie moderne.

Dans *L'Interprétation des rêves**, Freud raconte qu'en 1892 son vieux maître, à la veille de mourir, lui confia sous le sceau du secret qu'il était lui-même un cas d'hystérie masculine. Ainsi avait-il menti toute sa vie en restant tourmenté par ses symptômes et sa souffrance. De là naquit la légende, reprise par Ernest Jones* et par l'historiographie* freudienne officielle, selon laquelle Meynert et les médecins viennois auraient nié l'existence de l'hystérie masculine, tandis que seul Freud aurait été capable d'en démontrer le mécanisme. En 1968, Henri F. Ellenberger* rétablit la vérité, en mettant en doute la « confidence » de Meynert et en restituant la complexité d'un débat à travers lequel Freud avait pu construire une nouvelle définition de l'hystérie.

S'inspirant de la biographie de Jones, Jean-Paul Sartre (1905-1980) fit de Meynert, dans son *Scénario Freud*, un admirable personnage de médecin romantique, excentrique, alcoolique et névrosé, hanté par la mauvaise foi et traversé par les symptômes de cette maladie hystérique dont il avait tant voulu méconnaître la nature fonctionnelle.

● Theodor Meynert, « L'Amentia », *in* Christine Lévy-Friesacher, *Meynert, Freud, l'Amentia*, Paris, PUF, 1983. Jacques Postel (éd.), *La Psychiatrie*, Paris, Larousse, 1994. Sigmund Freud, « Esquisse d'une psychologie scientifique » (1895), in *La Naissance de la psychanalyse* (Londres, 1950), Paris, PUF, 1956 ; *Sigmund Freud présenté par lui-même* (1925), *GW*, XIV, 33-96, *SE*, XX, 7-70, Paris, Gallimard, 1984. Maria Dorer, *Historische Grundlagen der Psychoanalyse*, Leipzig, Felix Meiner, 1932. Ernest Jones, *La Vie et l'œuvre de Sigmund Freud*, t. 1, *1856-1900* (New York, 1953), Paris, PUF, 1958. Henri F. Ellenberger, *Médecines de l'âme. Essais d'histoire de la folie et des guérisons psychiques*, Paris, Fayard, 1995. William M. Johnston, *L'Esprit viennois. Une histoire intellectuelle et sociale, 1848-1938* (1972), Paris, PUF, 1985. Frank J. Sulloway, *Freud biologiste de l'esprit* (New York, 1979), Paris, 1981. Jean-Paul Sartre, *Le Scénario Freud*, Paris, Gallimard, 1984. Lucille B. Ritvo, *L'Ascendant de Darwin sur Freud* (1990), Paris, Gallimard, 1992. Albrecht Hirschmüller, « Freud, Meynert et Mathilde », *Revue internationale d'histoire de la psychanalyse*, 6, 1993, 271-286.

▷ HAECKEL Ernst. HERBART Johann Friedrich. INCONSCIENT. MOI. PSYCHOSE. REFOULEMENT.

MINKOWSKI Eugène (1885-1972)
psychiatre français

Issu d'un milieu de Juifs lituaniens orthodoxes, Eugène Minkowski, né à Saint-Pétersbourg, avait 7 ans quand ses parents s'établirent à Varsovie. Il fit ses études de médecine et de philosophie à Munich, puis partit pour Kazan où il rencontra sa femme. La déclaration de guerre de 1914 le surprit à Munich où il était retourné. Réfugié en Suisse, il se forma à Zurich à la clinique du Burghölzli auprès d'Eugen Bleuler*, puis émigra en France en 1915 pour s'engager dans l'armée comme médecin militaire. En 1925, aux côtés de sa femme Françoise Minkowska et de Paul Schiff*, il fut l'un des fondateurs du groupe de l'Évolution psychiatrique. Marqué par la philosophie de Husserl, puis par l'analyse existentielle* de Ludwig Binswanger*, il introduisit la phénoménologie dans le savoir psychiatrique français, jouant ainsi un rôle de premier plan pour la génération suivante, notamment Jacques Lacan* et Henri Ey*. Sa femme introduisit en France le test de Hermann Rorschach*.

● Eugène Minkowski, *Traité de psychopathologie*, Paris, PUF, 1966. Henri F. Ellenberger, « La psychopathologie d'Eugène Minkowski », *Dialogue*, vol. IX, Montréal, 1970, n°1, 93-100. Élisabeth Roudinesco, *Histoire de la psychanalyse en France*, vol. 1 (1982), Paris, Fayard, 1994.

MITSCHERLICH Alexander (1908-1982)
médecin et psychanalyste allemand

Intellectuel de gauche, praticien de la médecine psychosomatique*, fondateur de la prestigieuse revue *Psyche*, initiateur d'une longue réflexion sur le nazisme* et la psychanalyse*, Alexander Mitscherlich fut le grand rénovateur du freudisme* dans l'Allemagne* vaincue des années 1950, alors que commençaient à s'épanouir de multiples écoles de psychothérapie* et que la politique d'Ernest Jones* consistait en une réintégration dans l'International Psychoanalytical Association* (IPA) des anciens collaborateurs du Göring-Institut. A cet égard, par ses nombreux travaux et son non-conformisme, il occupa, dans la troisième génération* psychanalytique mondiale, une place comparable à celles de Heinz Kohut* aux États-Unis*, de Wilfred Ruprecht Bion* en Grande-Bretagne* ou de Marie Langer* en Argentine*.

Né à Munich, Mitscherlich était le fils unique d'un ingénieur chimiste lui-même héritier d'une longue lignée de chimistes célèbres, notamment Eilhard Mitscherlich (1794-1863) qui avait découvert l'isomorphie des cristaux. Les relations entre Alexander et son père Harbord furent difficiles et angoissantes : « Mon père, écrira-t-il dans son autobiographie, était un Allemand nationaliste et réactionnaire qui niait tout ce qui était nouveau sans pour autant apporter de solutions à la nouvelle réalité politique. »

Élevé selon des principes autoritaires et rigides, Alexander contesta très tôt les opinions paternelles en s'appuyant sur sa mère, une femme gaie et bonne vivante. En 1928, à l'université de Munich, il s'orienta vers l'histoire, sous la direction d'un professeur juif, Paul Johachimsen. En menant une recherche sur l'image de Luther dans l'historiographie allemande, il découvrit que ce personnage avait autant de visages différents que de biographes. C'est vers cette époque qu'il s'intéressa à l'œuvre freudienne en lisant *Un souvenir d'enfance de Léonard de Vinci** et qu'il devint l'ami de l'écrivain Ernst Jünger dont il partagea pendant quelque temps les opinions de droite.

En 1932, à la mort de Johachimsen, le successeur de celui-ci, Karl Alexander von Müller, qui refusait de patronner les étudiants qui avaient eu un professeur juif, empêcha Mitscherlich de passer son doctorat. Le jeune homme quitta alors l'université, s'installa à Berlin avec sa première femme et sa fille et ouvrit une librairie, tout en commençant des études de médecine. Dans le cercle de Jünger, il fit la connaissance d'Ernst Niekisch qui dirigeait un cercle d'étudiants « national-bolchevique ».

L'avènement du nazisme* le contraignit à fermer sa librairie, à quitter l'Allemagne et à se réfugier à Zurich où sa femme mit au monde deux autres enfants : une fille et un fils. En 1937, il revint à Munich pour aider Niekisch et fut lui-même arrêté par la Gestapo puis emprisonné pendant huit mois. Une fois libéré, il eut la chance de passer le reste des années de guerre comme assistant de Viktor von Weiszäcker à la clinique de Heidelberg, où il fit la connaissance de Karl Jaspers (1883-1969) qui vivait une situation d'« exil intérieur » depuis sa révocation de 1937 : « Mitscherlich, écrit Jacques Le Rider, fit l'amère expérience de la résistance bornée à la psychanalyse dont pouvait faire preuve un grand mandarin de l'université allemande. Malgré de longues discussions, il ne put le convaincre de corriger les jugements sommaires que sa *Psychopathologie générale* portait sur la théorie freudienne. »

En 1945, après un deuxième mariage et la naissance d'un autre fils, Mitscherlich fut nommé par l'armée américaine d'occupation ministre de la Santé et de l'Alimentation dans le *Land* Rhin-Sarre. Il abandonna très vite ce poste après un conflit avec les autorités françaises, qui avaient pris la place des Américains et dont il désapprouvait les méthodes. Un an plus tard, il assista à Nuremberg au procès des médecins accusés de crimes de guerre et de crimes contre l'humanité. Devant toutes ces atrocités, il décida de se consacrer à l'invention d'une nouvelle médecine humaniste, débarrassée de toute technologie contraignante des corps et des esprits. D'où son intérêt pour la psychosomatique, méthode selon laquelle le sujet est conduit, avec le médecin, à établir un lien entre son être et le soma. Pour les mêmes raisons, il se consacra à une longue réflexion sur le passé nazi de l'Allemagne. Ces deux orientations feront de lui un marginal dans le milieu médical et universitaire et un penseur célèbre dans son pays et à l'étranger pour son courage et l'originalité de ses travaux.

En Suisse*, il fit la connaissance de celle qui allait devenir sa troisième femme et sa principale collaboratrice : Margarete Nielsen. Médecin d'origine danoise, elle avait été formée à l'analyse à Londres par Michael Balint*. Par elle, il s'intéressa davantage encore au freudisme, et notamment aux travaux de l'école anglaise. Ensemble, ils fondèrent en 1947 la revue *Psyche* qui sera pendant quarante ans le seul lieu d'expression de la psychanalyse dans un pays vidé de son potentiel créatif par l'émigration massive des Juifs freudiens en 1935. Au départ, il s'agissait d'une revue de psychologie des profondeurs et d'anthropologie, mais progressivement, sous l'influence de Mitscherlich, lui-même analysé à Londres par Paula Heimann*, elle se transforma en revue de psychanalyse et de psychanalyse appliquée*.

Fondateur en 1950 de la clinique psychosomatique de Heidelberg, professeur huit ans plus tard à l'université, fondateur en 1960 du Sigmund Freud-Institut de Francfort, où il élabora toutes ses réflexions sur l'Allemagne d'après-guerre, initiateur enfin d'une nouvelle édition allemande des œuvres de Sigmund Freud* (les *Studienausgabe),* Mitscherlich sauva l'honneur de la psychanalyse dans son pays en adhérant à la Deutsche Psychoanalytische Vereinigung (DPV) affiliée à l'International Psychoanalytical Association* (IPA), puis en instaurant des liens étroits avec les philosophes de l'École de Francfort et en réunissant dans sa revue les plus prestigieuses signatures de la diaspora freudienne exilée aux quatre coins du monde.

En 1970, il porta un jugement très pessimiste sur la situation du freudisme en Allemagne de l'Ouest, allant jusqu'à accuser ses compatriotes d'avoir entièrement méconnu cette nouvelle doctrine : « Soyons net et parlons sans fard : cette science de la psychanalyse fondée par Freud est restée inaccessible et étrangère aux Allemands – je ne dis pas seulement au plus grand nombre, à la plupart des Allemands ; non, aux Allemands tout court. Ils ont développé contre elle une antipathie collective dont ils se sont longtemps glorifiés. »

Dans son livre sur la société sans pères, publié en 1963, il s'intéressa à l'abaissement de la fonction paternelle dans les sociétés occidentales, rejoignant ainsi, à sa manière, les préoccupations de Jacques Lacan* et de l'école kleinienne, c'est-à-dire celles de la troisième génération psychanalytique. En 1967, dans *Le Deuil impossible,* il se livra à une sorte de psychohistoire en analysant, à travers l'exposé des troubles psychosomatiques de certains patients, le refoulement* collectif des souvenirs du IIIe Reich en République fédérale allemande. Le livre fit scandale, d'autant plus que l'année suivante Mitscherlich soutint le mouvement étudiant en révolte contre la société de consommation. Il alla même plus loin en 1970 en dénonçant la brutale répression policière et étatique qui frappait les jeunes étudiants devenus terroristes. Il n'y voyait que haine et intolérance.

Atteint de la maladie de Parkinson, il lutta jusqu'au bout malgré son pessimisme et sa dépression, et mourut au sommet de sa gloire, entouré de respect.

• Alexander Mitscherlich, *Vers la société sans pères* (Munich, 1963), Paris, Gallimard, 1969 ; *Krankheit als Konflikt. Studien zur psychosomatische Medizin*, I, et II, Francfort, Suhrkamp, 1966 et 1967 ; *L'Idée de paix et l'agressivité humaine* (Francfort, 1969), Paris, Gallimard, 1970 ; *Versucht, die Welt besser zu verstehen*, Francfort, Suhrkamp, 1970 ; *Ein Leben für die Psychoanalyse. An Merkungen zu meiner Zeit*, Francfort, Suhrkamp, 1980 ; et Margarete Mitscherlich, *Le Deuil impossible* (Munich, 1967), Paris, Payot, 1972 ; *Gesammelte Schriften*, I-X, Francfort, Suhrkamp, 1983. Jacques Le Rider, « La psychanalyse en Allemagne », *in* Roland Jaccard (éd.), *Histoire de la psychanalyse*, Paris, Hachette, 1982, 106-143. « *In Memoriam Alexandre Mitscherlich* », *Psyche*, 4, 37, avril 1983, et 10, 37, octobre 1983. Hans Martin Lohman, *Psychoanalyse und National-Sozialismus*, Francfort, Fischer, 1984 ; *Alexander Mitscherlich*, Hambourg, Rowohlt, 1987. Ilse Grubrich-Simitis, « Histoire de l'édition des œuvres de Freud en langue allemande » (1989), *Revue internationale d'histoire de la psychanalyse*, 4, 1991, 13-71.

▷ ALEXANDER Franz. BOEHM Felix. FENICHEL Otto. FREUDO-MARXISME. GÖRING Matthias Heinrich. MARCUSE Herbert. MÜLLER-BRAUNSCHWEIG Carl. RITTMEISTER John. SCHULTZ-HENCKE Harald.

MOI

Allemand : *Ich*. Anglais : *Ego*.

Terme employé en philosophie et en psychologie pour désigner la personne humaine en tant qu'elle est consciente d'elle-même et objet de la pensée.

Repris pas Sigmund Freud*, le terme désigne en un premier temps le siège de la conscience. Le moi est alors délimité dans un système appelé première topique* et comprenant le conscient*, le préconscient* et l'inconscient.

A partir de 1920, le terme change de statut pour être conceptualisé par Freud comme une instance psychique dans le cadre d'une deuxième topique comprenant deux autres instances : le surmoi* et le ça*. Le moi est alors en grande partie inconscient*.

Cette deuxième topique (moi/ça/surmoi) a donné naissance à trois lectures divergentes de la doctrine freudienne ; la première met en avant un moi conçu comme un pôle de défense* ou d'adaptation à la réalité (*Ego Psychology, annafreudisme*) ; la deuxième immerge le moi dans le ça, le scinde en un moi et un je (sujet*) lui-même déterminé par un signifiant* (lacanisme*) ; la troisième inclut le moi dans une phénoménologie du soi ou de la relation d'objet* (*Self Psychology**, kleinisme*).**

Henri F. Ellenberger* fait preuve d'une sévérité excessive lorsqu'il écrit, à propos de la seconde topique freudienne, que « le moi n'est qu'un ancien concept philosophique habillé d'un revêtement psychologique nouveau ». Certes, Freud n'a pas davantage inventé le terme moi qu'il n'a créé ceux d'inconscient et de conscient. L'idée de moi, souvent synonyme de celle de conscience, est en effet présente dans les œuvres de la plupart des grands philosophes, allemands notamment, depuis le milieu du XVIIIe siècle. Et au constat des expériences messmériennes, Wilhelm von Schelling (1775-1854) et Johann Gottlieb Fichte (1762-1814) relativisent l'importance du moi dans leur conception du fonctionnement mental. Ces références philosophiques constituent la toile de fond sur laquelle se développent les premières étapes d'une psychiatrie dynamique* cherchant à se dégager des conceptions organicistes du fonctionnement de l'esprit humain.

On peut ainsi considérer Wilhelm Griesinger (1817-1869), inspirateur de Theodor Meynert, comme l'un des ancêtres de Freud. Nommé directeur, en 1860, du tout nouvel hôpital psychiatrique de Zurich, le Burghölzli, Griesinger est l'un des premiers psychiatres à affirmer que la plus grande partie des processus psychologiques relèvent d'une activité inconsciente. Il élabore une psychologie du moi dont les distorsions sont envisagées comme résultant du conflit opposant ce moi à des représentations qu'il ne peut assimiler.

Meynert*, dont Freud suit les cours en 1883, formule de son côté une conception duelle du moi, distinguant entre le moi primaire, partie inconsciente de la vie mentale qui trouve son origine dans l'enfance, et le moi secondaire, lié à la perception consciente.

On retrouve la marque de cet enseignement dans la première grande élaboration théorique de Freud, son « Esquisse d'une psychologie scientifique ». Dès ce moment – et là se situe l'apport freudien –, le moi est inscrit dans la trame de l'analyse du conflit psychique. Ainsi, dans cette première synthèse théorique, évoquant le conflit entre l'« attirance provoquée par le désir*» et la tendance au refoulement* dont le système neuronique concerné par les excitations endogènes est le théâtre, Freud repère l'existence d'une « instance » dont la présence entrave le passage des quantités énergétiques lorsque ce flux est accompagné de souffrance ou de satisfaction. « Cette instance, dit Freud, s'appelle le "moi" [...]. Nous décrivons [...] le moi en disant qu'il constitue à tout moment la totalité des investissements* de ce système neuronique. » Ce moi a un double mode de fonctionnement : il s'efforce de se débarrasser des investissements dont il est l'objet en recherchant la satisfaction et il tente, au moyen de ce procédé que Freud nomme l'inhibition, d'éviter la répétition d'expériences douloureuses.

Avant même la rédaction de l'« Esquisse », Freud traite du rôle du moi dans ces élaborations préliminaires que sont les manuscrits envoyés à Wilhelm Fliess*. Ainsi le 24 janvier 1895, dans le manuscrit H, il parle de la nature des relations conflictuelles avec le moi. Les formes revêtues par ce conflit permettent de distinguer entre les différentes affections psychiques, hystérie*, idées obsessionnelles, confusions hallucinatoires et paranoïa*. Dans une lettre à Fliess du 6 décembre 1896 où, pour la première fois, apparaît l'idée d'appareil psychique, le moi, qualifié d'« officiel », est assimilé au préconscient. Mais cette caractéristique n'est pas reprise dans le chapitre VII de *L'Interprétation des rêves** où la première topique est complètement théorisée.

Par la suite, dès les *Trois Essais sur la théorie sexuelle**, le moi est pensé comme le lieu d'un système pulsionnel d'où se différencieront, par étayage*, les pulsions* sexuelles appelées à devenir complètement distinctes. Les pulsions du moi sont donc au service de l'autoconservation de l'individu, incluant l'ensemble des besoins primaires organiques, non sexuels.

Le remaniement qui commence à s'opérer avec l'introduction, en 1914, du concept de narcissisme* contribue à donner au moi une place de premier plan. A la suite des travaux de Karl Abraham*, l'étude des psychoses* permet d'établir que le moi peut être le siège d'un investissement libidinal, comme n'importe quel objet extérieur. Apparaît ainsi une *libido** du moi, opposée à la *libido* d'objet, Freud avançant l'hypothèse d'un mouvement de balance entre les deux. Désormais, le moi n'a plus seulement le rôle de médiateur vis-à-vis de la réalité extérieure, il est aussi objet d'amour, et devient, du fait de la distinction entre narcissisme primaire – qui suppose l'existence d'une *libido* dans le moi – et narcissisme secondaire, un réservoir de *libido*.

Avec l'article « Deuil et mélancolie » publié en 1917, Freud apporte d'autres modifications importantes et notamment l'idée d'une différenciation fonctionnelle qui s'opère à partir du moi. Une partie du moi, instance d'ordre moral, s'installe dans une position critique vis-à-vis de la partie restante du moi. Cette différenciation, déjà esquissée dans le texte sur le narcissisme, constitue la première version de ce qui deviendra l'idéal du moi*, puis le surmoi.

Le moi est enfin affecté, dans sa constitution même, par le processus d'identification* : dans certains cas, il peut porter la trace, trait unique, d'une relation à un autre. L'identification à ce trait peut aboutir à la transformation du moi sur le « modèle » de cet autre. Dans *Psychologie des masses et analyse du moi**, ce sont les identifications des individus dans leur moi qui, commandées par l'installation d'un seul et même objet dans l'idéal du moi de chacun, vont permettre la constitution d'une foule organisée.

En 1923, dans *Le Moi et le Ça**, le moi devient l'une des instances de cette deuxième topique caractérisée par un nouveau dualisme pulsionnel opposant les pulsions de vie aux pulsions de mort.

Si le moi demeure le point d'ancrage défensif par rapport aux excitations internes et externes, si son rôle consiste bien à mettre un frein aux déchaînements passionnels du ça et à substituer le principe de réalité au principe de plaisir*, si, nanti de ce que Freud appelle une « calotte acoustique », lieu de réception des traces mnésiques laissées par les mots, le moi est au cœur du système de perception, si enfin, aidé par le surmoi, il participe à la censure*, la nouveauté réside d'abord dans le fait qu'une partie du moi, « et Dieu sait quelle importante partie du moi », insiste Freud, est inconsciente. Non pas, précise encore Freud, au sens latent du préconscient, mais bien au sens plein du terme inconscient puisque l'expérience psychanalytique démontre précisément combien il est difficile, voire impossible, de ramener vers le conscient ces résistances* enracinées dans le moi qui se comportent « exactement comme le refoulé ».

Dans cette seconde topique, le moi « est la partie du ça qui a été modifiée sous l'influence directe du monde extérieur par l'intermédiaire du *Pc-Cs* [le système perception-conscience] [...] il est en quelque sorte une continuation de la différenciation superficielle ». Freud ajoute que « le moi est avant tout un moi corporel ». Aussi faut-t-il l'appréhender comme une projection mentale de la surface du corps.

Une fois répertoriées les fonctions respectives du surmoi et du ça, Freud fait retour sur sa conception du moi pour en dresser un tableau tragique, en accord avec sa conception de la condition humaine. Contrairement à la représentation qu'en donne la science, « le moi n'est pas maître en sa demeure » : « Nous voyons maintenant le moi avec sa force et ses faiblesses. Il est chargé de fonctions importantes, en vertu de sa relation au système perception, il établit l'ordonnancement temporel des processus psychiques et il soumet ceux-ci à l'épreuve de réalité. En intercalant les processus de pensée, il parvient à différer les décharges motrices et il domine les accès à la motilité. Cette dernière domination est pourtant plus formelle que factuelle, le moi, dans la relation à l'action, ayant pour ainsi dire la position d'un monarque constitutionnel sans la sanction duquel rien ne peut devenir loi, mais qui y regarde beaucoup avant d'opposer son veto à une proposition du parlement. [...] nous voyons ce même moi comme une pauvre créature, devant servir trois maîtres et subissant par conséquent la menace de trois dangers, de la part du monde extérieur, de la *libido*, du ça et de la sévérité du surmoi. »

A la suite de Freud, le moi, sa conception et les fonctions dont il est censé être le siège vont constituer un enjeu théorique et politique à partir duquel s'institueront des courants contradictoires dans le mouvement psychanalytique.

Deux courants appelés à devenir dominants dans la psychanalyse américaine, l'annafreudisme et l'*Ego Psychology*, se forment ainsi, autour d'Anna Freud* d'une part, de Heinz Hartmann* de l'autre, pour privilégier le moi et ses mécanismes de défense au détriment du ça, de l'inconscient et du sujet*. Ils contribuent de cette façon à faire de la psychanalyse une thérapie de l'adaptation du moi à la réalité.

En réaction à cette normalisation, Heinz Kohut* reprend le concept de *self* (soi), introduit en 1950 par Hartmann pour marquer une distinction avec l'*ego*, et élabore une théorie de l'appareil psychique dans laquelle le *self* devient une instance particulière permettant de rendre compte des atteintes narcissiques.

Deux autres courants, le kleinisme* et le lacanisme*, adoptent une orientation radicalement opposée dans la perspective d'un « retour à l'inconscient » selon des voies par ailleurs bien différentes.

Si Melanie Klein* met l'accent sur la phase préœdipienne du développement psychique, consacrant son attention à l'étude des relations archaïques mère-enfant et à leur contenu pulsionnel négatif, la démarche de Jacques Lacan* est d'emblée tournée vers l'analyse des conditions d'émergence d'un sujet de l'inconscient pris, en son origine, dans le piège du moi, constitutif de ce registre de l'imaginaire* appelé à devenir dès 1953 l'une des instances de sa topique, avec le réel* et le symbolique*.

Pour Lacan, le moi se distingue, comme noyau de l'instance imaginaire, dans la phase dite du stade du miroir*. L'enfant se reconnaît dans sa propre image, cautionné dans ce mouvement par la présence et le regard de l'autre* (la mère ou un substitut) qui l'identifie, le reconnaît simultanément dans cette image. Mais à cet instant le je est pour ainsi dire capté par ce moi imaginaire : en effet, le sujet, qui ne sait pas ce qu'il est, croit qu'il est ce moi qu'il voit dans le miroir. Il s'agit bien d'un leurre puisque le discours de ce moi est un discours conscient qui fait « semblant » d'être le seul discours possible de l'individu alors qu'existe, comme en filigrane, celui, non maîtrisable, du sujet de l'inconscient.

Sur ces bases on peut comprendre l'interprétation lacanienne de la célèbre phrase de Freud dans les *Nouvelles Conférences d'introduction à la psychanalyse** : « *Wo es war soll ich werden* ». Lacan traduit cette phrase de cette manière : « Là où c'était, dois-je advenir. » Il s'agit pour lui de montrer que le moi ne peut pas venir à la place du ça mais que le sujet (je) doit être là où se trouve le ça, déterminé par lui, par le signifiant.

● Sigmund Freud, *La Naissance de la psychanalyse* (New York, 1950), Paris, PUF, 1956 ; *Briefe an Wilhelm Fliess, 1887-1904*, Francfort, Fischer, 1986 ; *L'Interprétation des rêves* (1900), *GW*, II-III, 1-642, *SE*, IV-V, 1-621, Paris, PUF, 1967 ; *Trois Essais sur la théorie sexuelle* (1905), *GW*, V, 29-145, *SE*, VII, 123-243, Paris, Gallimard, 1987 ; « Le trouble de vision psychogène dans la conception psychanalytique » (1910), *OC*, X, 177-186, *GW*, VIII, 94-102, *SE*, XI, 209-218 ; « Pour introduire le narcissisme » (1914), *GW*, X, 138-170, *SE*, XIV, 67-102, in *La Vie sexuelle*, 81-105, Paris, PUF, 1969 ; « Deuil et mélancolie » (1915-1917), *OC*, XIII, 259-278, *GW*, X, 427-446, *SE*, XIV, 237-258 ; *Au-delà du principe de plaisir* (1920), *GW*, XIII, 3-69, *SE*, XVIII, 1-64, in *Essais de psychanalyse*, 41-115, Paris, Payot, 1981 ; *Psychologie des masses et analyse du moi* (1921), *OC*, XVI, 1-83, *GW*, XIII, 73-161, *SE*, XVIII, 65-143 ; *Le Moi et le Ça* (1923), *OC*, XVI, 255-301, *GW*, XIII, 237-289, *SE*, XIX, 12-59 ; et Josef Breuer, *Études sur l'hystérie* (1895), Paris, PUF, 1956. Joël Dor, *Introduction à la lecture de Lacan*, vol. 1, Paris, Denoël, 1985. Henri F. Ellenberger, *Histoire de la découverte de l'inconscient* (New York, Londres, 1970, Villeurbanne, 1974), Paris, Fayard, 1994. Anna Freud, *Le Moi et les mécanismes de défense* (1936), Paris, PUF, 1949. Heinz Kohut, *Le Soi* (New York, 1971), Paris, PUF, 1991 ; *The Restoration of the Self*, New York, International Universities Press, 1977. Jacques Lacan, « Le stade du miroir comme formateur de la fonction du Je telle qu'elle nous est révélée dans l'expérience psychanalytique » (1949), in *Écrits*, Paris, Seuil, 1966, 93-100 ; « Fonction et champ de la parole et du langage en psychanalyse » (1953), in *Écrits*, Paris, Seuil, 1966, 237-322 ; *Le Séminaire*, livre II, *Le Moi dans la théorie de Freud et dans la technique de la psychanalyse* (1954-1955), Paris, Seuil, 1978 ; « Introduction au commentaire de Jean Hyppolite sur la *Verneinung* de Freud » (1954), in *Écrits*, Paris, Seuil, 1966, 369-399 ; « La chose freudienne ou Sens du retour à Freud en psychanalyse » (1955), in *Écrits*, Paris, Seuil, 1966, 401-436 ; « Remarque sur le rapport de Daniel Lagache : Psychanalyse et structure de la personnalité » (1960), in *Écrits*, Paris, Seuil, 1966, 647-684 ; « De nos antécédents », in *Écrits*, Paris, Seuil, 1966, 65-72. Jean Laplanche et Jean-Bertrand Pontalis, *Vocabulaire de la psychanalyse*, Paris, PUF, 1967. Agnès Oppenheimer, *Kohut et la psychologie du self*, Paris, PUF, 1996. Élisabeth Roudinesco, *Histoire de la psychanalyse en France*, vol. 2 (1986), Paris, Fayard, 1994.

MOI AUTONOME

▷ *EGO PSYCHOLOGY*. HARTMANN Heinz.

MOI ET LE ÇA (LE)

Ouvrage publié par Sigmund Freud* en 1923 sous le titre *Das Ich und das Es*. Traduit en français pour la première fois en 1927 par Samuel Jankélévitch sous le titre *Le Moi et le Soi*. Cette traduction fut révisée par Angelo Hesnard* et rééditée en 1966 sous le titre *Le Moi et le Ça*. Nouvelle traduction en 1981 par Jean Laplanche et Jean-Bertrand Pontalis sous le titre *Le Moi et le Ça*, puis en 1991 par Catherine Baliteau, Albert Bloch et Joseph-Marie Rondeau, sans changement de titre. Traduit en anglais pour la première fois en 1927 par Joan Riviere* sous le titre *The Ego and the Id*. Cette traduction fut révisée par James Strachey* et republiée en 1961 sans changement de titre.

Dès sa parution, *Le Moi et le Ça* fut accueilli avec enthousiasme par la communauté psychanalytique, même si certains furent réservés sur l'hommage que Sigmund Freud y rendait à Georg Groddeck*, l'auteur du *Livre du ça*, publié quelques mois plus tôt.

Comme en témoignent des lettres adressées à Sandor Ferenczi* et à Otto Rank* durant l'été 1922, Freud est parfaitement conscient de prolonger, par ce troisième essai, le vaste remaniement théorique entrepris avec *Au-delà du principe de plaisir** et poursuivi avec *Psychologie des masses et analyse du moi**. Cette continuité est affirmée dès les premières lignes du livre mais Freud précise qu'il ne sera fait cette fois « aucun nouvel emprunt à la biologie », son objectif étant de se tenir au plus près de la psychanalyse*.

Le premier chapitre est un rappel du chemin parcouru par la psychanalyse. Celle-ci, par l'étude du rêve* et l'hypnose*, est parvenue à affiner (puis à dépasser) l'opposition classique entre conscient* et inconscient*. Pour cela, elle a distingué l'approche descriptive des processus psychiques de l'approche dynamique (à proprement parler psychanalytique) de ces mêmes processus. Cela vaut notamment pour le terme inconscient, qui, au sens descriptif, désigne des processus psychiques latents, susceptibles de devenir conscients, auxquels la psychanalyse a donné l'appellation de préconscient*, et, au sens dynamique, désigne le matériel psychique refoulé que seule la technique psychanalytique peut rendre conscient en parvenant à vaincre les résistances* opposées à cette transformation. La psychanalyse a ainsi proposé une représentation topique du psychisme comportant trois instances, le conscient *(cs)*, le préconscient (*Pcs*) et l'inconscient (*Ics*), instances « dont le sens n'est plus simplement descriptif ».

La poursuite du travail psychanalytique a cependant démontré l'insuffisance de cette élaboration, du fait de la découverte d'une organisation psychique cohérente et unitaire à laquelle les psychanalystes ont donné le nom de moi*. Dans un premier temps, ce moi fut conçu comme étroitement lié à la conscience* et tenu pour responsable des rapports entre l'organisation psychique et les informations venues de l'extérieur. Puis, l'expérience des cures psychanalytiques a permis de constater l'existence, quelle que soit la bonne volonté dont faisaient preuve les patients dans leurs associations libres*, de résistances inconscientes, opposées à la levée du refoulement et provenant du moi. D'où ce constat, effectué dès 1915 dans l'article métapsychologique consacré à l'inconscient : si tout refoulé est inconscient, l'inconscient ne coïncide pas totalement avec le refoulé. L'existence d'une partie inconsciente dans le moi, opposée, par clivage*, au moi cohérent, impose de reconnaître l'existence de trois inconscients, un inconscient assimilable au refoulé, un inconscient relevant du moi, distinct du refoulé, un inconscient latent, le préconscient. Du même coup, il n'est plus possible de définir la névrose* comme le résultat d'un conflit entre le conscient et l'inconscient.

La recherche psychanalytique témoigne en effet qu'entre ces deux instances il faut impérativement tenir compte du moi, plaque tournante participant de la conscience et des perceptions externes, englobant le préconscient et comportant une partie inconsciente. Comment rendre compte de la complexité de cette nouvelle instance, le moi, dont la place dans l'élaboration théorique est en train de devenir essentielle ?

La réponse à cette question constitue le moment clé de l'ouvrage. S'appuyant sur le livre de Groddeck, Freud met en place une distinction fondamentale entre un moi conscient et le moi « passif » groddeckien, c'est-à-dire un moi inconscient qu'il appelle désormais, « à la façon de Groddeck », le ça. Dans cette perspective, le moi devient une instance intermédiaire, reliée d'un côté au monde extérieur par le système perception-conscience et de l'autre au ça, avec lequel il fusionne mais sur lequel il s'efforce d'exercer une pression pacificatrice : « La perception joue pour le moi le rôle qui, dans le ça, échoit à la pulsion*. Le moi représente ce qu'on peut nommer raison et bon sens, par opposition au ça qui a pour contenu les passions. »

La relation complexe du moi avec le ça ressemble, dit Freud, à celle du « cavalier qui doit refréner la force supérieure du cheval, avec cette différence que le cavalier s'y emploie avec ses propres forces et le moi, lui, avec des forces d'emprunt ». En fait, la comparaison va encore plus loin : « De même que le cavalier, s'il ne veut pas se séparer de son cheval, n'a souvent rien d'autre à faire qu'à le conduire où il veut aller, de même le moi a coutume de transformer en action la volonté du ça, comme si c'était la sienne propre. » Pour protéger cette nouvelle élaboration contre toute forme d'interprétation morale, Freud récuse l'idée d'un inconscient lieu privilégié des passions les plus basses, opposé à une conscience siège des activités intellectuelles les plus nobles. A cette fin il rappelle qu'il arrive fréquemment qu'un travail intellectuel délicat trouve sa solution de manière inconsciente, dans le sommeil notamment. En guise de conclusion, il réaffirme la primauté de l'échelle des valeurs psychanalytiques en déclarant : « Ce n'est pas seulement le plus profond, mais aussi le plus élevé dans le moi qui peut être inconscient. »

Si les choses pouvaient demeurer en l'état, la situation, précise Freud au seuil du troisième chapitre, serait simple. Mais le moi n'a pas seulement le ça comme adversaire et rival : il doit aussi se confronter à cette autre instance, la troisième de cette nouvelle topique en train de prendre forme, le surmoi*.

Cette entité avait fait l'objet d'une première élaboration en 1914, dans « Pour introduire au narcissisme ». Freud donnait alors le nom d'idéal du moi à une fonction du moi. Puis, en 1921, dans *Psychologie des masses et analyse du moi*, la fonction devenait une instance en conservant le même nom. Cette fois-ci, un nouveau terme apparaît, le surmoi, considéré comme un équivalent ou un synonyme de l'idéal du moi. D'où le titre de ce chapitre : « Le moi et le surmoi (idéal du moi) ». Désormais, l'idéal du moi n'est plus conçu comme l'héritier du narcissisme primaire. Dans la perspective ouverte en 1921, l'accent est mis sur la problématique de l'identification*.

Référence est d'abord faite au texte de la métapsychologie* « Deuil et mélancolie », qui présentait l'hypothèse d'une réinscription dans le moi de l'objet perdu, cause de l'affection douloureuse. Le processus, consistant dans le remplacement d'un investissement* d'objet par une identification, est bien vite apparu, explique Freud, comme emblématique du développement psychologique. Les investissements d'objet partent du ça, conçu comme le grand réservoir de la *libido**; ils sont le produit des pulsions sexuelles vis-à-vis desquelles le moi cherche à se défendre au moyen du refoulement*.

A peu près systématiquement, tout abandon de l'objet sexuel se traduit par une modification du moi qui, comme dans la mélancolie*, s'approprie l'objet par identification. Le processus, dit Freud, est suffisamment fréquent pour « concevoir que le caractère du moi résulte de la sédimentation des investissements d'objet abandonnés ». Les premières identifications, celles de la petite enfance, vont avoir un caractère général et durable, et l'une d'entre elles, la première, est responsable de la naissance de l'idéal du moi : il s'agit de l'identification au père.

Deux facteurs doivent être pris en compte dans la genèse de l'idéal du moi/surmoi : le complexe d'Œdipe* et la nature bisexuelle de chaque individu. C'est l'occasion pour Freud d'effectuer un long développement aboutissant, comme cela a été annoncé en 1921 dans *Psychologie des masses et analyse du moi*, à l'exposé de la forme dite « complète » du complexe d'Œdipe. La bisexualité* inhérente à tout être humain intervient de deux manières sur la destinée du complexe d'Œdipe. D'abord à propos de l'identification finale au père ou à la mère : cela dépendra, dit Freud, « de la force relative, dans les deux sexes, des dispositions sexuelles masculine et féminine ». Ensuite, à propos de la forme, positive ou négative, prise par cette structure relationnelle dont est révélée pour la première fois l'extrême complexité : « Le garçon n'a pas seulement une position ambivalente envers le père et un choix d'objet tendre pour la mère, mais il se comporte en même temps comme une fille en manifestant la position féminine tendre envers le père et la position correspondante d'hostilité jalouse à l'encontre de la mère. » L'expérience analytique témoigne, précise Freud, que l'on rencontre le plus souvent des formes intermédiaires du complexe, le praticien ayant à repérer la forme d'agencement à l'œuvre dans tel ou tel profil pathologique.

Mais le surmoi n'est pas seulement la résultante des premiers choix d'objet du ça, il est aussi une formation réactionnelle contre ces objets : il est à la fois injonction, « tu dois être ainsi (comme le père) », et interdiction, « tu n'as pas le droit d'être ainsi (comme le père) ». Quelle que soit la forme, positive, négative ou intermédiaire, du complexe d'Œdipe, quelle que soit sa résolution finale, le surmoi conserve le caractère du père : « Plus le complexe d'Œdipe a été fort et plus son refoulement s'est produit rapidement (sous l'influence de l'autorité, de l'instruction religieuse, de l'enseignement, des lectures), plus sévère sera plus tard la domination du surmoi sur le moi comme conscience morale, voire comme sentiment de culpabilité inconscient. » L'idéal du moi/surmoi apparaît donc comme l'héritier du complexe d'Œdipe, et il est de ce fait l'expression la plus aboutie du développement de la *libido* du ça. Si le moi est bien l'agent de la réalité extérieure, le surmoi se confronte à lui en tant que représentant du monde intérieur, du ça. L'opposition conscient/inconscient a bien été affinée, les conflits névrotiques ont désormais pour protagonistes le moi et le surmoi, ils résultent d'une opposition entre l'extérieur et l'intérieur, entre le réel et le psychique.

Le quatrième chapitre a pour objet la mise en relation de cette nouvelle topique avec le dualisme pulsionnel élaboré dans *Au-delà du principe de plaisir,* dont Freud propose un bref rappel en insistant sur les formes d'union et de désunion des deux types de pulsions, pulsions de vie, pulsions de mort. Le sadisme*, sous sa forme de composante de la pulsion sexuelle, est un exemple d'union pulsionnelle au service d'une fin, mais le sadisme devenu indépendant, et revêtant la forme d'une perversion*, est un exemple tout aussi probant de désunion pulsionnelle. Autres exemples de désunion pulsionnelle, les diverses formes de régression, et plus généralement les formes de névroses graves qui aboutissent à la domination de la pulsion de mort. A l'inverse, le développement harmonieux du psychisme, le passage d'un stade à l'autre témoignent de l'union pulsionnelle.

Ces considérations conduisent à formuler deux questions centrales dont le traitement se révèle être aussi un moyen de tester la validité de l'hypothèse de la pulsion de mort. Peut-on découvrir, se demande Freud, « des relations fécondes entre d'une part les formations dont nous avons admis l'existence, le moi, le surmoi et le ça, et d'autre part les deux espèces de pulsions » ? Qu'en est-il de la position du principe de plaisir* par rapport à la dualité pulsionnelle et à la nouvelle topique que l'on vient de mettre en place ?

Avant de répondre, Freud soumet une fois de plus à l'examen clinique la distinction entre les deux types de pulsions, allant jusqu'à feindre d'espérer trouver des raisons de révoquer ce dualisme. D'où son recours à l'analyse attentive des relations amour/haine dans le cadre de la clinique de la paranoïa*. Si l'on y observe bien diverses modalités de transformation de l'amour en haine, et réciproquement, ces modifications relèvent d'un changement interne et non d'une différence de comportement de l'objet. On ne peut donc parler dans ce cas d'une transformation directe de l'amour en haine dont l'existence eût conduit à mettre en cause le dualisme pulsionnel.

Cette discussion a cependant fait apparaître l'hypothèse de l'existence, dans la vie psychique, d'une énergie déplaçable dont la localisation initiale est inconnue mais que l'on sait capable de passer d'une pulsion érotique à une autre, destructrice, pour venir en augmenter l'investissement total. En fait, l'examen des pulsions sexuelles partielles avait déjà permis de repérer ce processus, et l'on peut faire l'hypothèse que cette énergie déplaçable provient de la réserve de *libido* narcissique, c'est-à-dire une forme de *libido* désexualisée, « sublimée », participant de l'aspiration unitaire du moi.

Freud précise à ce propos que si l'on inclut « dans ces déplacements les processus de pensée au sens large, alors le travail de pensée lui aussi est alimenté par sublimation de forces de pulsion érotique ». On retrouve là une observation faite initialement sur la récupération par le moi des investissements d'objets du ça, et l'on peut mieux cerner la manœuvre du moi qui cherche à s'imposer comme unique objet d'amour. Le moi, observe Freud, se met donc au service des motions pulsionnelles adverses de l'*eros* et l'on peut bien parler ici d'un narcissisme secondaire, narcissisme du moi, au risque de retrouver le danger rencontré dans le texte de 1914, celui d'un abandon de tout dualisme pulsionnel.

En réalité, il s'agit d'un effet de surface, conséquence de l'activisme et du bruit des pulsions de vie qui font écran au silence, déjà observé dans *Au-delà du principe de plaisir*, des pulsions de mort. Freud en veut pour preuve la manière dont le ça se défend contre les tensions provoquées par les revendications des pulsions sexuelles. C'est bien ce qui se passe dans le cadre de la satisfaction sexuelle, dont la finalité est constituée par le rejet des substances sexuelles porteuses des tensions érotiques. Freud note la similitude existant entre l'état qui succède à l'obtention de cette satisfaction et le moment de la mort. Convaincu d'apporter là un argument supplémentaire en faveur de sa nouvelle théorie des pulsions, Freud n'hésite pas à prendre l'exemple des « animaux inférieurs » chez lesquels l'acte de procréation coïncide avec la mort : « Ces êtres vivants meurent de la reproduction, dans la mesure où, *eros* étant mis hors de jeu par la satisfaction, la pulsion de mort a les mains libres pour exécuter ses desseins. »

Le dernier chapitre est consacré au sentiment de culpabilité et aux formes de dépendance du moi. Il s'ouvre sur un rappel des caractéristiques du surmoi dont Freud souligne la propension, au cours de toute l'évolution psychologique, à s'opposer au moi. Le surmoi, écrit-il, est « le mémorial de la faiblesse et de la dépendance qui étaient jadis celles du moi et il perpétue sa domination, même sur le moi maturé ». De par ses origines, le surmoi demeure très proche du ça, il le représente auprès du moi et reste ainsi « plus éloigné de la conscience que le moi ».

Pour illustrer le propos, Freud, fidèle à ce qui avait été annoncé, s'appuie pendant la plus grande partie de ce chapitre sur la clinique psychanalytique. Il commence par revenir sur certaines observations anciennes qui attendaient de recevoir une élaboration théorique. Il pense à certains patients dont l'état s'aggrave lorsque l'analyste se risque à leur faire part de l'évolution positive de la cure : « Non seulement, dit-il, [...] ces personnes ne supportent ni d'être louées ni d'être reconnues, mais [...] elles réagissent aux progrès de la cure de façon inversée. » Il s'agit tout simplement d'une « réaction thérapeutique négative », c'est-à-dire de la manifestation d'un facteur opposé à la guérison vécue comme un danger. Au-delà de la résistance* classique, l'analyste est donc confronté à une « inaccessibilité narcissique », à une opposition de caractère moral, à un « sentiment de culpabilité », marques d'un refus de renoncer à la punition qu'est la souffrance. Une telle explication est encore insatisfaisante puisqu'elle omet de préciser l'absence, dans la conscience du patient, de toute sensation de culpabilité. Le patient se sent malade et demeure inaccessible à l'idée d'un refus de sa part de toute forme de guérison. Un tel état de fait peut être étendu bien au-delà de quelques cas graves, et cette généralisation conduit Freud à proposer de reconnaître dans ce processus un effet du comportement de l'idéal du moi. Le recours à la clinique de diverses formes de pathologie permet de distinguer les divers aspects de cette relation entre le surmoi et le sentiment de culpabilité.

Dans la mélancolie et la névrose obsessionnelle*, le sentiment de culpabilité demeure et correspond à ce que l'on appelle la « conscience morale ». Dans les deux cas, l'idéal du moi sévit contre le moi avec une rare férocité, mais les formes de cette sévérité et les réponses du moi sont différentes. Dans la névrose obsessionnelle, le patient refuse sa culpabilité et demande de l'aide. Confronté à une alliance entre le surmoi et le ça, il ignore les raisons de la répression dont il est victime. Dans la mélancolie, le moi se reconnaît coupable et l'on peut faire l'hypothèse que l'objet de la culpabilité est déjà dans le moi, produit de l'identification.

Dans d'autres cas, la névrose hystérique par exemple, le sentiment de culpabilité est totalement inconscient. Mis en danger par des perceptions pénibles en provenance du surmoi, le moi se sert alors, contre son maître, du refoulement quand d'habitude il le met à son service.

Dans la mesure où la conscience morale trouve son origine dans le complexe d'Œdipe, le sentiment de culpabilité reste pour l'essentiel inconscient. Si l'on peut bien affirmer l'indépendance du surmoi vis-à-vis du moi et l'étroitesse de ses relations avec le ça, comment expliquer cette sévérité du surmoi envers le moi, responsable de ce sentiment de culpabilité ? Là encore les réponses varient en fonction de la clinique. Dans le cas de la mélancolie, le surmoi s'empare du sadisme pour terrasser le moi. Mais il s'agit bien là de cette part du sadisme irréductible à l'amour : son installation dans le surmoi, ses attaques exclusivement dirigées contre le moi constituent le cas unique d'une domination absolue de la pulsion de mort, susceptible de conduire assez fréquemment le moi vers sa fin. Dans la névrose obsessionnelle, le sujet, même s'il est exposé à des reproches aussi durs, ne va pour ainsi dire jamais jusqu'à l'autodestruction : à la différence de l'hystérique, il maintient une relation avec l'objet contre lequel les pulsions destructrices peuvent se retourner en pulsions d'agression.

La mélancolie constitue donc bien ce cas exceptionnel où les pulsions de mort, du fait d'une désunion, se retrouvent seules, à l'état pur, réunies dans le surmoi. Dans les autres cas, les pulsions de mort sont soit transformées en pulsions d'agression tournées vers l'extérieur, soit bridées par leur liaison avec des éléments pulsionnels érotiques.

Pourquoi cette spécificité de la mélancolie dont le tableau clinique semble bien constituer l'argument décisif en faveur de l'existence des pulsions de mort ? Premier élément de réponse, Freud observe, allant en cela à l'encontre du sens commun, que plus un homme limite son agressivité vers l'extérieur, plus il l'augmente à son encontre. On peut même trouver là, précise Freud, les fondements de la conception de l'être supérieur qui punit, du Dieu vengeur et répressif.

Allant plus loin, Freud rappelle la genèse du surmoi : l'identification au modèle paternel s'y accompagne d'une désexualisation, voire d'une sublimation* et d'une désunion pulsionnelle. La pulsion destructrice est alors laissée libre puisqu'*eros*, du fait de la sublimation, ne peut plus lier entre elles les motions pulsionnelles. La cruauté et le sens du devoir impératif qui caractérisent l'idéal peuvent être conçus comme les effets de cette désunion.

Ces avancées permettent de faire le point sur la conception psychanalytique du moi devenu instance à part entière de cette nouvelle topique. Freud se montre alors hésitant, il pense tantôt que le moi peut conquérir le ça, tantôt que le moi reste un serviteur déchiré, complaisant ou obséquieux du ça, du surmoi et de la réalité extérieure. Quant au ça, il tente souvent de le soumettre à la domination muette et puissante des pulsions de mort, au risque de sous-estimer le rôle d'*eros*.

La nature de ces incertitudes montre que la grande refonte de 1920 a en tout cas atteint, avec cet essai, un point de non-retour. Néanmoins, des questions restent en suspens qui ne trouveront leurs réponses plus ou moins définitives qu'ultérieurement : en 1924 dans « Le problème économique du masochisme », en 1930 dans *Le Malaise dans la culture**, en 1933 dans la trente et unième des *Nouvelles Conférences d'introduction à la psychanalyse**. On notera que dans cette dernière conférence, intitulée « La décomposition de la personnalité psychique », Freud attribue une place essentielle au surmoi, tandis que l'idéal du moi n'est plus qu'un aspect du surmoi lié à l'ancienne représentation parentale.

C'est enfin dans ce texte qu'apparaît cette phrase célèbre qui sera traduite diversement selon les écoles psychanalytiques : « *Wo es war soll ich werden.* » Il s'agit pour lui d'assigner une nouvelle tâche à la culture, dont l'importance est, dit-il, comparable à l'assèchement du Zuiderzee.

● Sigmund Freud, *L'Interprétation des rêves* (1900), *GW*, II-III, 1-642, *SE*, IV-V, 1-621, Paris, PUF, 1967 ; « Formulation sur les deux principes du cours des événements psychiques » (1911), *GW*, VIII, 230-238, *SE*, XII, 213-226, in *Résultats, idées, problèmes*, vol. I, Paris, PUF, 135-143, 1984 ; « Pour introduire le narcissisme » (1914), *GW*, X, 138-170, *SE*, XIV, 67-102, in *La Vie sexuelle*, Paris, PUF, 1969, 81-105 ; « Deuil et mélancolie » (1917), *OC*, XIII, 259-278, *GW*, X, 427-446, *SE*, XIV, 237-258 ; « L'inconscient » (1915), *OC*, XIII, 203-242, *GW*, 263-303, *SE*, XIV, 159-204 ; *Au-delà du principe de plaisir* (1920), *GW*, XIII, 3-69, *SE*, XVIII, 1-64, *OC*, XV, 273-339 ; *Psychologie des masses et analyse du moi* (1921), *OC*, XVI, 1-83, *GW*, XIII, 73-161, *SE*, XVIII, 65-143 ; *Le Moi et le Ça* (1923), *GW*, XIII, 237-289, *SE*, XIX, 12-59, *OC*, XVI, 255-303 ; « Le problème économique du masochisme » (1924), *OC*, XVII, 9-23, *GW*, XIII, 371-383, *SE*, XIX, 139-145 ; *Nouvelles Conférences d'introduction à la psychanalyse* (1933), *OC*, XIX, 83-268, *GW*, XV, *SE*, XXII, 5-182, Paris, Gallimard, 1984. Georg Groddeck, *Le Livre du ça* (Vienne, 1923), Paris, Gallimard, 1973. Peter Gay, *Freud. Une vie* (New York, 1988), Paris, Hachette, 1991. Jean-Luc Donnet, *Surmoi. Le concept freudien et la règle fondamentale*, monographies de la *Revue française de psychanalyse*, Paris, PUF, 1995.

MOI IDÉAL

▷ IDÉAL DU MOI.

MOÏSE ET LE MONOTHÉISME

▷ *HOMME MOÏSE ET LA RELIGION MONOTHÉISTE (L').*

MOLL Albert (1862-1939)

médecin allemand

Avec Richard von Krafft-Ebing* et Havelock Ellis*, Albert Moll fut l'un des fondateurs de la sexologie*. Fils d'un marchand juif, il fit ses études de médecine et de neurologie à Berlin, à Vienne* puis à Paris où il fréquenta, comme Sigmund Freud*, le salon de Jean Martin Charcot* avant de s'initier à la pratique de la suggestion* auprès d'Hippolyte Bernheim* à Nancy. En 1889, il publia un livre sur l'hypnose* qui le rendit célèbre dans le monde entier, et par la suite il se consacra au traitement des perversions* sexuelles. C'est en 1897 qu'il fit paraître *Untersuchungen über die Libido sexualis,* ouvrage monumental dans lequel, contrairement à ses prédécesseurs, il incluait le domaine des perversions sexuelles à celui de la sexualité* dite normale, marquant ainsi une étape importante dans l'histoire de la sexologie. Il soulignait aussi qu'il fallait se méfier des accusations d'abus sexuels portées par les enfants contre les adultes.

Freud s'inspira de cet ouvrage pour l'élaboration de sa théorie de la sexualité infantile, mais en modifia complètement la perspective en étendant la notion de sexualité à un autre domaine que celui de la génitalité et en inventant l'idée d'une « disposition perverse polymorphe ». Mécontent, Moll publia en 1908 un livre consacrée à la sexualité de l'enfant dans lequel il passait sous silence l'importance des *Trois Essais sur la théorie sexuelle**. Freud en prit ombrage et, lors d'une séance de la Société psychologique du mercredi*, il attaqua violemment le sexologue, s'attribuant la découverte de la sexualité infantile : « C'est [Moll], dit-il, un individu mesquin, hargneux et borné. Il n'exprime jamais une opinion ferme [...]. Il a su se servir d'un avantage : l'incapacité du grand public d'imaginer que quelques idées peuvent aussi être exprimées dans un nombre restreint de pages. »

● Albert Moll, *Untersuchungen über die Libido sexualis*, Berlin, Fischers Medizinische Buchhandlung, H. Kornfeld, 1897 ; *Das Sexualleben des Kindes*, Berlin, H. Walter, 1908. *Les Premiers Psychanalystes, Minutes de la Société psychanalytique de Vienne*, II, *1908-1910* (New York, 1967), Paris, Gallimard, 1978. Frank J. Sulloway, *Freud, biologiste de l'esprit* (New York, 1979), Paris, Fayard, 1981.

▷ HOMOSEXUALITÉ. *LIBIDO*. SÉDUCTION (THÉORIE DE LA).

MONCHY René De (1893-1969)

médecin et psychanalyste néerlandais

Issu d'une famille de commerçants, René De Monchy rencontra Sigmund Freud* pour la première fois au congrès de l'International Psychoanalytical Association* (IPA) de La Haye en 1920. A partir de 1934, après le départ de Johan Van Ophuijsen* aux États-Unis*, il tenta de régler les terribles conflits survenus aux Pays-Bas* entre la Nederlandse Vereniging voor Psychoanalyse (NVP), fondée en 1917, et la nouvelle Vereniging voor Psychoanalyse in Nederland (VPN), créée l'année précédente. D'abord nettement hostile aux émigrés juifs, il eut à leur encontre des propos antisémites. Puis il changea complètement d'opinion après un an passé à Vienne* à suivre une analyse avec Ruth Mack-Brunswick*. C'est à cette époque également qu'il épousa en premières noces Vera Palmstierna, une femme juive suédoise, elle-même membre fondatrice de l'Association psychanalytique finno-suédoise.

Avec l'appui de Freud auquel il rendit visite en 1938, il parvint à faire fusionner les deux groupes et donc à recréer une NVP unifiée.

En 1939, il écrivit à Anna Freud*, alors à Londres, pour lui proposer de venir habiter à Amsterdam, où la situation serait moins pénible pour elle. Il connaissait ses difficultés avec Melanie Klein*. En 1943, sa femme ne pouvant plus pratiquer la psychanalyse* en Hollande, il s'installa à Stockholm, devenant à son tour un étranger comme ceux que naguère il avait voulu bannir.

En Suède, il joua alors un rôle déterminant en raison de sa position dans l'IPA et de son statut de grand professionnel de la clinique freudienne. En 1952, il retourna en Hollande tout en continuant à avoir des relations avec des analysants suédois.

● Nigel Moore, « Psychoanalyse in Scandinavia. Part one, Sweden and Findland », *The Scandinavian Psychoanalytical Review*, 1, vol. 1, Copenhague, 1978. C. Brjnkgreve, *Psychoanalyse in Nederland*, Amsterdam, De Arbeiderspers, 1984. H. Groen-Prakken, « The Psychoanalytical Society and the analyst », *The Dutch Annual of Psychoanalysis*, 1993. Per Magnus Johansson, entretien avec Maj De Monchy, 1994.

▷ PAYS SCANDINAVES.

MONOGRAPHIES DE PSYCHANALYSE APPLIQUÉE

▷ *SCHRIFTEN ZUR ANGEWANDTEN SEELENKUNDE.*

MONTESSORI Maria (1870-1952)

médecin et pédagogue italienne

Héritière de la tradition des Lumières, Maria Montessori commença à appliquer ses méthodes éducatives de jardins d'enfants en 1906 dans les quartiers populaires de Rome où les femmes travaillaient. Là, elle fonda la Casa dei Bambini (Maison des enfants). Sa méthode, qui consistait à laisser l'enfant libre d'apprendre par lui-même et sans contraintes, fut à l'origine de nombreuses expériences similaires, qu'elles soient ou non d'inspiration psychanalytique. C'est à l'école Montessori de Vienne*, la Haus des Kinder, qu'Anna Freud* sera initiée à la pédagogie. En 1937, grâce à l'argent d'Edith Jackson (1895-1977), une ancienne analysante américaine de son père, elle créera sa *nursery*, destinée aux enfants en bas âge, et fondée selon le modèle Montessori.

▷ BETTELHEIM Bruno. PSYCHANALYSE DES ENFANTS. SCHMIDT Vera.

MOREIRA Juliano (1873-1933)

psychiatre brésilien

Né à Salvador de Bahia mais de culture germanique, Juliano Moreira était un médecin noir. Ami personnel d'Emil Kraepelin*, il introduisit sa nosographie des maladies mentales au Brésil* après avoir voyagé en Europe et s'être formé à la psychiatrie dynamique*. Le premier dans son pays à accorder aux idées freudiennes une place importante, d'abord à Bahia, puis à Rio de Janeiro où il dirigea l'hôpital national des aliénés, il fut également un réformateur de l'asile. Il humanisa les méthodes de traitement des malades mentaux, notamment en supprimant les instruments classiques de l'enfermement. Il ne pratiqua pas lui-même la psychanalyse* mais créa en 1928, à Rio de Janeiro, la première filiale de la Sociedade Brasileira de Psicanálise fondée l'année précédente par Durval Marcondes* à São Paulo.

● A. Passos, *Juliano Moreira, vida e obra*, Rio de Janeiro, Livraria São José, 1975. Marialzira Perestrello, « Histoire de la psychanalyse au Brésil des origines à 1937 », *Frénésie*, 10, printemps 1992, 283-301.

MORENO Jacob Levy, né Jacob Levy (1889-1974)
psychiatre américain

Né à Bucarest, Jacob Levy était issu d'une famille juive sépharade. Son père, Moreno Nissim Levy (1858-1925), d'origine bulgare mais de nationalité turque jusqu'à l'indépendance de la Bulgarie en 1878, s'était spécialisé dans le commerce des objets funéraires. Il passait son temps à voyager dans les Balkans et à naviguer sur la mer Noire. Vers 1896, il s'installa à Vienne* avec sa famille et, en 1904, il s'établit à Berlin. Ses affaires dans le domaine des cercueils se révélèrent désastreuses.

Malheureux en Allemagne*, son fils décida de retourner à Vienne où il suivit des études de psychiatrie sous la direction d'Otto Pötzl (1877-1962), élève et assistant de Julius Wagner-Jauregg*, tout en se passionnant pour la philosophie et surtout le théâtre.

En 1921, il créa le théâtre impromptu (*Stegreiftheater*) où, pendant trois ans, il expérimenta avec des comédiens l'idée du jeu spontané ou de l'improvisation cathartique qui servira de base à sa réflexion future sur le psychodrame*. Après un passage difficile dans la ville thermale de Bad Vöslau, où il commença à se prendre pour un « faiseur de miracles » et à développer ce qu'il appelait sa « mégalomanie existentielle », il réalisa le rêve de sa vie – et celui de son père – en émigrant aux États-Unis* en décembre 1925. Il présenta ses idées à Philadelphie où il reçut l'approbation de William Alanson White*. Il s'installa ensuite à Beacon, sur les bords de l'Hudson, où il ouvrit une clinique psychiatrique et, en 1936, grâce à l'argent de la femme de l'acteur Franchot Tone (1903-1968), il fonda le premier théâtre de thérapie psychodramatique. Par la suite, il poursuivit une carrière internationale en popularisant le psychodrame et la sociométrie (étude des réactions de rejet dans des organisations groupales). En changeant de continent et de nationalité, Jacob Levy transforma son identité, prenant pour patronyme le prénom de son père : désormais, il se fit appeler J. L. Moreno. Par ailleurs, il inspira une incroyable légende sur ses origines en falsifiant sa date de naissance et en racontant que sa mère avait accouché sur un bateau pris dans une tempête lors d'une traversée de la mer Noire : il passa alors pour le « messie du Danube », miraculeusement sauvé des eaux.

De même, il inventa une rencontre à Vienne avec Sigmund Freud* et s'attribua la gloire d'avoir fondé une nouvelle doctrine, supérieure à la psychanalyse* : « Docteur Freud, aurait-il déclaré ce jour-là, je commence là où vous vous arrêtez. Vous rencontrez les gens dans le cadre artificiel de votre bureau. Moi, je les rencontre dans la rue, dans leurs maisons, dans leur environnement naturel. Vous analysez leurs rêves, vous les décomposez en mille morceaux. Je leur donne le courage de rêver encore, d'explorer concrètement leurs conflits et d'être créateurs. »

A la fin de sa vie, atteint de troubles cardiaques, Moreno mit en scène sa propre mort selon le principe du psychodrame. Il cessa de manger, ne parla plus que l'allemand et le roumain et reçut pendant trois semaines à son chevet tous ses fidèles venus du monde entier.

C'est l'historien roumain Gheorghe Bratescu qui, pour la première fois en 1975, a invalidé les légendes forgées par Moreno.

• Jacob Levy Moreno, *Fondements de la sociométrie* (Washington, 1934, Paris, 1954), Paris, PUF, 1970 ; *Psychothérapies de groupe et psychodrame* (Beacon), Paris, Retz, 1975 ; « The autobiographie of J. L. Moreno MD (Abridget) », *Journal of Group Psychotherapy, Psychodrama and Sociometry*, 42, 1, 1989. Gheorghe Bratescu « The date and birth place of J.L. Moreno », *Group Psychotherapy and Psychodrama*, 28, 1975, 2-3. René Marineau, *J.L. Moreno et la troisième révolution psychanalytique*, Paris, Métailié, 1989.

MORGENSTERN Sophie, née Kabatschnik (1875-1940)
psychiatre et psychanalyste française

Née à Grodno en Pologne, Sophie Morgenstern fut la première psychanalyste d'enfants en France aux côtés d'Eugénie Sokolnicka*. Elle eut comme elle un destin tragique. D'abord médecin bénévole à la clinique du Burghölzli* auprès d'Eugen Bleuler*, elle y côtoya Eugène Minkowski*, qu'elle retrouva à Paris en 1924.

Assistante de Georges Heuyer (1884-1977) pendant quinze ans, membre de la Société psychanalytique de Paris et du groupe de l'Évolution psychiatrique, elle développa des thèses sur le dessin, le jeu et la relation des enfants aux parents, qui la situent dans la lignée de l'enseignement d'Anna Freud*. Elle fut l'amie de Françoise Dolto* qui la reconnut toujours comme son inspiratrice. En 1937, elle publia *Psychanalyse infantile :* l'ouvrage, accompagné d'une préface élogieuse d'Heuyer, était dédié à la mémoire de son unique fille, Laure, morte des suites d'une opération chirurgicale. Sophie Morgenstern ne se remit jamais de cette perte. Le jour de l'arrivée des nazis à Paris, le 16 juin 1940, elle décida, comme d'autres Juifs émigrés, de se donner la mort. Ce suicide* ne fut pas mentionné dans la notice officielle que lui consacra Georges Parcheminey (1888-1953) dans *L'Évolution psychiatrique*, de même qu'était bannie de l'article toute référence à sa judéité*. L'auteur mentionnait simplement que cette femme d'origine « polonaise » s'était éteinte « tranquillement » à Paris après avoir « perdu accidentellement sa fille ».

• Sophie Morgenstern, *Psychanalyse infantile. Symbolisme et valeur clinique des créations imaginatives chez l'enfant*, Paris, Denoël, 1937. Élisabeth Roudinesco, *Histoire de la psychanalyse en France*, vol. 1 (1982), Paris, Fayard, 1994. Mireille Fleury, *Sophie Morgenstern. Éléments de sa vie et de son œuvre*, mémoire pour le CES de psychiatrie, université Bordeaux-II, 1988.

MOSER Fanny, née von Sulzer-Wart (1848-1925), cas « Emmy von N. »

Avec Anna O., Lucy R., Katharina, Frau Cäcilie M. et Elisabeth von R., Emmy von N. est l'une des patientes dont l'histoire est présentée par Josef Breuer* et Sigmund Freud* dans les *Études sur l'hystérie*. Freud raconte qu'il utilisa pour la première fois la méthode cathartique (*catharsis**) dans le traitement de cette Livonienne âgée de 40 ans, dont il taisait la véritable identité. Veuve et mère de deux filles, atteintes elles aussi de troubles nerveux, cette femme manifestait une grave phobie* à la vue de certains animaux. La cure dura six semaines, au cours desquelles Freud lui fit des massages du corps, lui prescrivit des bains et chercha par le sommeil artificiel, par l'hypnose* et par un dialogue cathartique à la libérer de ses affects douloureux. Il affirma l'avoir guérie. Le 1er mai 1889, dans une crise de panique, elle lui ordonna de s'écarter d'elle et de ne plus bouger : « Restez tranquille, dit-elle, ne me parlez pas... Ne me touchez pas ! »

Dans l'histoire officielle et mythique des origines de la psychanalyse*, on attribua donc à Emmy von N. l'invention de la scène psychanalytique, comme on attribuait à Anna O. l'invention de la cure psychanalytique (par « ramonage de cheminée »). Emmy avait fabriqué, disait-on, les interdits nécessaires à une nouvelle technique de soins fondée sur le retrait du regard. Après elle, le médecin devenait psychanalyste et s'installait hors de la vue du malade, en renonçant à le toucher et en s'obligeant à l'écouter.

C'est à Amsterdam, en 1965, au congrès de l'International Psychoanalytical Association* (IPA), que l'historien suédois Ola Andersson* présenta la véritable destinée de Fanny Moser. Tenant compte de ce qui était arrivé à Ernest Jones* après le dévoilement de l'identité de Bertha Pappenheim* (Anna O.), il attendit quatorze ans avant de publier sa communication, dans laquelle d'ailleurs il ne révélait pas le nom d'Emmy von N. En 1977, s'appuyant sur le travail d'Andersson, l'historien Henri F. Ellenberger* publia la première révision du cas en livrant l'identité de la jeune femme et en ajoutant une étude sur le destin de ses deux filles : Fanny (Junior) et Mentona.

Grâce à ces travaux, on sait que Fanny Moser n'a pas inventé la fameuse scène de la psychanalyse moderne – même si la phrase est authentique – et qu'elle ne fut jamais guérie de sa névrose*, ni par Freud, ni par ses médecins successifs. Fanny Moser était du reste plus sujette à la mélancolie* qu'à l'hystérie*, et sa vie fut un mélange de roman policier et de récit balzacien.

A l'âge de 23 ans, elle épousa un richissime homme d'affaires, de quarante ans son aîné, et déjà père de deux fils, qui, à sa mort, lui légua toute sa fortune. Aussi fut-elle accusée de l'avoir empoisonné. Le soupçon de meurtre pesa si fort sur elle qu'elle ne parvint jamais à réaliser son vœu le plus cher : être reçue dans les salons de l'aristocratie européenne. Elle mena une vie d'errance, prit des amants parmi ses médecins et finit par s'éprendre d'un jeune homme qui lui déroba une partie de sa fortune.

Ses deux filles furent marquées, chacune à sa manière, par les signifiants de la névrose maternelle : l'une se spécialisa dans la zoologie et l'autre se révolta contre les valeurs de cette classe dominante dont elle était un pur produit. Elle devint une militante communiste puis s'intéressa aussi aux animaux et publia en 1941 un recueil d'histoires destinées aux enfants.

Des travaux récents mettent en cause les différents diagnostics d'hystérie ou de mélancolie posés par Freud et ses successeurs et avancent que Fanny Moser souffrait en fait de la maladie des tics convulsifs décrits par Georges Gilles de La Tourette (1857-1904). Dans ce débat, l'ancienne querelle qui opposa toujours les adeptes de la psychogenèse à ceux de l'organogenèse reprend ses droits.

• Ola Andersson, *Freud avant Freud. La préhistoire de la psychanalyse* (Stockholm, 1961), Paris, Synthélabo, coll. « Les empêcheurs de penser en rond », 1997. Henri F. Ellenberger, *Médecines de l'âme. Essais d'histoire de la folie et des guérisons psychiques*, Paris Fayard, 1995.

MOT D'ESPRIT

▷ *MOT D'ESPRIT ET SA RELATION À L'INCONSCIENT (LE).*

MOT D'ESPRIT ET SA RELATION À L'INCONSCIENT (LE)

Ouvrage de Sigmund Freud* publié pour la première fois en 1905 sous le titre *Der Witz und seine Beziehung zum Unbewussten*. Traduit pour la première fois en français en 1930 par Marie Bonaparte* et Marcel Nathan sous le titre *Le Mot d'esprit et ses rapports avec l'inconscient*, puis par Denis Messier en 1988 sous le titre *Le Mot d'esprit et sa relation à l'inconscient*. Traduit pour la première fois en anglais en 1916 par Abraham Arden Brill* sous le titre *Wit and its Relation to the Unconscious*, puis en 1960 par James Strachey* sous le titre *Jokes and their Relation to the Unconscious*.

Sigmund Freud avait une passion pour les aphorismes, les jeux de mots, les histoires juives et ne cessa de les collectionner tout au long de sa vie. Comme de nombreux intellectuels viennois – Karl Kraus* par exemple –, il était doué d'un humour corrosif et adorait les récits de *Schadhen* (marieurs juifs) ou de *Schnorrer* (mendiants), à travers lesquels s'exprimaient, par le rire, les problèmes majeurs de la communauté juive d'Europe centrale confrontée à l'antisémitisme. A cet égard, comme le souligne Henri F. Ellenberger*, son ouvrage sur le mot d'esprit est un petit monument à la mémoire de la vie viennoise : il y raconte des histoires d'argent et des rêves de gloire, des anecdotes concernant le sexe, la famille, le mariage, etc.

En de multiples occasions, Freud usa du *Witz* (mot d'esprit) autant pour se moquer de lui-même que pour signifier à son entourage combien il pouvait rire des réalités les plus sombres. Ainsi le 21 septembre 1897, après avoir expliqué à Wilhelm Fliess* son renoncement à la théorie de la séduction*, il termina sa lettre par cette allusion à une anecdote de *Schadhen :* « Rebecca, ôte ta robe, tu n'es plus fiancée. » L'adjectif fiancée était écrit en yiddish (*kalle)* et la phrase signifiait que Freud, ayant décidé de changer d'orientation théorique, se retrouvait tout nu comme une jeune fille abandonnée par son fiancé à la veille de ses noces. Quarante et un an plus tard, à la fin de sa vie, forcé de quitter Vienne*, il signa sous la contrainte une déclaration par laquelle il reconnaissait que les fonctionnaires du parti nazi l'avaient correctement traité. Or, selon la légende, reprise par son fils Martin Freud* puis par Ernest Jones*, il aurait ajouté : « Je puis cordialement recommander la Gestapo à tous. »

Freud s'appuie sur des histoires de ghetto pour faire le lien entre le mécanisme du rêve* et les diverses modalités du rire. Autrement dit, il part d'anecdotes spécifiques à une communauté pour proposer une analyse du mot d'esprit dont la visée est universelle. Quelles que soient ses modalités, le *Witz* apparaît en effet à ses yeux comme une expression de l'inconscient* décelable chez tous les individus.

Après *L'Interprétation des rêves** et *Psychopathologie de la vie quotidienne**, *Le Mot d'esprit et sa relation à l'inconscient* est le troisième grand ouvrage de Freud consacré à l'élaboration d'une nouvelle théorie de l'inconscient. Il faut le compléter par les *Trois Essais sur la théorie sexuelle**. Rédigé en même temps et publié la même année, ce quatrième livre ajoute à l'édifice freudien une nouvelle doctrine de la sexualité* et apporte à la question du mot d'esprit un éclairage essentiel puisqu'il souligne l'aspect infantile ou polymorphe de la sexualité humaine que l'on retrouve dans les jeux de langage.

C'est la lecture en 1898 du livre de Theodor Lipps (1851-1914) *Komik und Humor* qui incita Freud à consacrer un ouvrage à ce sujet. Du travail de ce philosophe allemand, héritier du romantisme, Freud retient l'adéquation entre le psychisme et l'inconscient. Cela ne l'empêche pas de trouver d'autres sources d'inspiration : Georg Christoph von Lichtenberg (1851-1914), Cervantès, Molière, Heinrich Heine (1742-1799), entre autres.

L'ouvrage est divisé en trois parties, l'une analytique, la suivante synthétique et la dernière théorique. Freud étudie d'abord la technique du mot d'esprit pour montrer ensuite le mécanisme de plaisir que celui-ci met en œuvre. Il décrit enfin l'aspect social du mot d'esprit et sa relation au rêve et à l'inconscient.

Parmi les différents *Witze*, Freud distingue ceux qui sont inoffensifs de ceux qui sont tendancieux, ces derniers ayant pour mobile l'agressivité, l'obscénité ou le cynisme. Quand ils atteignent leur but, les mots d'esprit, qui nécessitent la présence d'au moins trois personnes (l'auteur de la plaisanterie, son destinataire et le spectateur), aident à supporter les désirs refoulés en leur fournissant un mode d'expression socialement acceptable. Il y a en outre selon Freud un quatrième mobile, plus terrible que les trois autres : le scepticisme. Les mots d'esprit de ce registre mettent en jeu le non-sens et s'attaquent non pas à une personne ou à une institution, mais à la sûreté du jugement. Ils mentent quand ils disent la vérité et ils disent la vérité au moyen du mensonge, comme l'illustre cette histoire juive : « Dans une gare de Galicie, deux Juifs se rencontrent dans un train. “Où vas-tu ? demande l'un. – A Cracovie, répond l'autre. – Regardez-moi ce menteur ! s'écrie le premier, furieux. Si tu dis que tu vas à Cracovie, c'est bien que tu veux que je croie que tu vas à Lemberg. Seulement moi, je sais que tu vas vraiment à Cracovie. Alors pourquoi tu mens ?” »

Tandis que le rêve est l'expression de l'accomplissement d'un désir* et d'un évitement du déplaisir qui conduit à une régression vers la pensée en image, le mot d'esprit est producteur de plaisir. S'il a recours aux mécanismes de condensation* et de déplacement*, il se caractérise avant tout par l'exercice de la fonction ludique du langage dont le premier stade serait le jeu d'enfant et le second la plaisanterie.

Après avoir envisagé toutes les formes du comique, depuis les plus naïves jusqu'aux plus complexes, Freud achève son exposé par une étude de la pratique de l'humour. De Mark Twain (1835-1910) à *Don Quichotte*, il distingue l'humour, le comique et le mot d'esprit proprement dit. Tous trois, dit-il, ramènent l'homme à l'état infantile, car « l'euphorie que nous aspirons à atteindre par ces voies n'est rien d'autre que l'humeur [...] de notre enfance, un âge où nous ignorions le comique, étions incapables d'esprit et n'avions pas besoin de l'humour pour nous sentir heureux dans la vie ».

Freud n'attachait pas une grande importance à ce volumineux ouvrage qu'il considérait comme un essai de psychanalyse appliquée* à la création littéraire, et auquel il n'apporta guère de modifications au fil des années. Il soulignait d'ailleurs volontiers qu'il s'agissait là d'une digression par rapport à *L'Interprétation des rêves*. Le livre ne reçut pas un accueil enthousiaste, et les mille exemplaires de la première édition ne furent épuisés que sept ans plus tard. C'est en s'inspirant de ce livre que le dessinateur Ralph Steadman composera en 1979 un album humoristique sur la vie de Freud dont les images feront le tour du monde.

En 1958, Jacques Lacan* fut le premier grand interprète de l'histoire du freudisme à s'intéresser à cet ouvrage de manière nouvelle et à donner au *Witz* un statut de concept. Dans sa célèbre conférence « L'instance de la lettre dans l'inconscient », il qualifia *Le Mot d'esprit* de texte « canonique » et en fit le dernier volet d'une sorte de trilogie, comprenant *L'Interprétation des rêves* et *Psychopathologie de la vie quotidienne*. La même année, dans son séminaire *Les Formations de l'inconscient*, il traduisit le mot *Witz* par trait d'esprit et proposa une interprétation de son cru de l'histoire racontée par Freud et empruntée aux *Tableaux de voyage* de Heinrich Heine. Ce récit mettait en scène un personnage savoureux, Hirsch-Hyacinth, placeur de billets de loterie et exciseur de cors à Hambourg, qui se vantait auprès du poète d'être traité de façon *famillionnaire* par le riche baron de Rothschild. Dans ce mot d'esprit, forgé par erreur (inconsciemment) à partir de familier et de millionnaire, Freud voyait le résultat d'un processus de condensation semblable à celui que l'on rencontre dans le travail du rêve*.

Voulant mettre en évidence la relation entre l'inconscient et le langage, Lacan effectuait une lecture structurale de la notion freudienne de condensation. Il l'assimilait à une métaphore tout en faisant du trait d'esprit un signifiant*, c'est-à-dire la marque par laquelle surgit dans un discours un « trait » de vérité que l'on cherche à masquer. Dans le cas de Hirsch-Hyacinth, le désir impossible à objectiver d'« avoir un millionnaire dans sa poche » s'exprime par le jeu de mots *famillionnaire*.

Dans cette perspective, le livre de 1905 devenait une étape majeure dans l'élaboration de la théorie freudienne de l'inconscient. Lacan laissait entendre que Freud aurait perçu, avant les découvertes de la linguistique moderne, une relation entre les lois de fonctionnement du langage et celles de l'inconscient.

Comme Freud, Lacan avait un humour corrosif. Il adorait les jeux de mots et les blagues de toutes sortes construites sur le modèle des histoires juives. Il fut un maître du *Witz*, du calembour et de l'aphorisme et surtout il sut, de manière plus féroce que Freud, manier la technique de la « figuration par le contraire » comme en témoigne sa flamboyante formule sur la relation amoureuse : « L'amour, c'est donner ce que l'on n'a pas à quelqu'un qui n'en veut pas. »

La traduction du terme allemand *Witz* fit l'objet de polémiques chez les freudiens de langue anglaise et de langue française. En 1916, Abraham Arden Brill rédigea la première version anglaise de l'ouvrage et choisit le mot *wit* comme équivalent de *Witz*, au risque de restreindre la signification du mot d'esprit à la plaisanterie intellectuelle, au sens où l'on dit de quelqu'un « il a de l'esprit » ou « c'est un bel esprit » ou « il fait de bons mots ». Contre cette réduction, James Strachey préféra en 1960 le vocable *joke* qui élargissait la signification du terme à blague, plaisanterie, farce, au risque de noyer le trait d'esprit, c'est-à-dire le côté intellectuel du *Witz* freudien, dans le champ plus vaste des différentes formes d'expressions du comique. En fait, derrière cette querelle, se profilait une lutte idéologique entre les Anglais et les Américains pour l'appropriation de l'œuvre freudienne. Car Brill avait cherché, dans sa traduction, à « adapter » la pensée freudienne à l'esprit d'outre-Atlantique en transformant certaines blagues juives en plaisanteries américaines. Au contraire, Strachey, contre Brill, revendiqua une plus grande fidélité à la fois au texte freudien, à la langue anglaise (et non pas américaine) et à l'histoire viennoise.

En France, c'est Lacan, contre Marie Bonaparte*, qui chercha à traduire *Witz* par trait d'esprit, dissociant ainsi le trait, comme signifiant, de l'esprit. A sa suite, les lacaniens, fascinés par les jeux de mots du maître, préférèrent parler de *Witz*, plutôt que de mot d'esprit, comme si l'emploi du terme allemand permettait de renvoyer le *Witz* freudien à une fonction symbolique du langage, à un trait signifiant non réductible à la diversité des langues. En 1988, à l'occasion de la parution de l'excellente traduction de Denis Messier, Jean-Bertrand Pontalis rédigea une note dans laquelle il refusait de traduire *Witz* par trait d'esprit. Tout en prenant en compte le caractère positif de l'apport théorique de Lacan, il soulignait à juste titre que le *Witz* au sens freudien avait une signification beaucoup plus large et moins conceptuelle que la lecture qu'en avait proposée Lacan. D'où le choix de traduire l'ouvrage par *Le Mot d'esprit et sa relation à l'inconscient.*

En 1989, les traducteurs de l'édition des *Œuvres complètes*, sous la direction de Jean Laplanche, Pierre Cotet et André Bourguignon (1920-1996), annoncèrent au contraire leur intention de reprendre le terme de Lacan dans une autre perspective. Soutenant l'existence d'une prétendue « langue freudienne » et d'une discipline nommée freudologie, ils concluaient que le *Witz* n'était pas un mot d'esprit mais un trait de l'esprit freudien qu'il fallait faire passer dans la langue française. Au terme de cette élaboration quelque peu byzantine, il fut décidé que l'ouvrage de Freud serait publié sous le titre *Le Trait d'esprit* dans le tome VII des *Œuvres complètes* en français.

● Sigmund Freud, *Le Mot d'esprit et sa relation à l'inconscient* (1905), Paris, Gallimard, 1988, *GW*, VI, 1-285, *SE*, VIII ; *La Naissance de la psychanalyse* (New York, 1950), Paris, PUF, 1956. *Briefe an Wilhelm Fliess, 1887-1904*, Francfort, Fischer, 1986. Georg Christoph von Lichtenberg, *Witzige und satirische Einfälle*, Göttingen, 1853. Theodor Lipps, *Komik und Humor. Eine psychologisch-ästhetische Untersuchung*, Hambourg, L. Voss, 1898. Edmund Bergler, *Laughter and the Sense of Humour*, New York, Intercontinental Medical Book Corporation, 1956. Jacques Lacan, *Écrits*, Paris, Seuil, 1966 ; *Le Séminaire*, livre V, *Les Formations de l'inconscient* (1957-1958), inédit. Résumé de Jean-Bertrand Pontalis in *Bulletin de psychologie*, t. XI, *1957-1958*, 4, 5 ; t. XII, *1958-1959*, 2, 3, 4. Theodor Reik, *Trente Ans avec Freud* (New York, 1956), Paris, Denoël, 1976. Paul Ricœur, *De l'interprétation. Essai sur Freud*, Paris, Seuil, 1965. William M. Johnston, *L'Esprit viennois. Une histoire intellectuelle et sociale, 1848-1938* (1972), Paris, PUF, 1985. Ralph Steadman, *Sigmund Freud* (Londres, 1979), Paris, Aubier-Montaigne, 1980. Joël Dor, *Introduction à la lecture de Lacan*, vol. 1, Paris, Denoël, 1985. Norman Kiell, *Freud Without Hindsight. Reviews of His Work, 1893-1939*, Madison, International Universities Press, 1988. André Bourguignon, Pierre Cotet, Jean Laplanche, François Robert, *Traduire Freud*, Paris, PUF, 1989. *Freudlichkeit. Recueils d'histoires judéo-psychanalytiques*, présentées par François Lévy, Jean-Jacques Ritz, Emmanuel Suchet, Comp'Act, 1991. Peter Gay, *En lisant Freud, explorations et divertissements* (New Haven, Londres, 1990), Paris, PUF, 1995.

▷ TRADUCTION (DES ŒUVRES DE FREUD).

MÜLLER-BRAUNSCHWEIG Carl (1881-1958)

psychanalyste allemand

Avec Felix Boehm*, Werner Kemper* et Harald Schultz-Hencke*, Carl Müller-Braunschweig fut l'un des psychanalystes collaborateurs du Deutsche Institut für Psychologische Forschung (ou Göring-Institut, ou Institut allemand de recherche psychologique et de psychothérapie) fondé par Matthias Heinrich Göring* en 1936 dans le cadre de la nazification de la psychanalyse* en Allemagne* et de la politique de « sauvetage » de celle-ci soutenue par Ernest Jones*.

Analysé par Karl Abraham* puis par Hanns Sachs*, il devint secrétaire du comité d'enseignement de la Deutsche Psychoanalytische Gesellschaft (DPG) de 1923 à 1933 et membre en 1930 du Berliner Psychoanalytisches Institut* (BPI). Freudien du sérail, spécialiste de la métapsychologie* et des relations entre psychanalyse et philosophie, il fut, à partir de l'avènement du nazisme*, le principal artisan de la politique de maintien de la DPG sous le régime hiltérien. En 1935, il contraignit les Juifs de la DPG à démissionner, pour que celle-ci puisse « s'aryaniser », et participa ensuite aux travaux du Göring-Institut. Après de fausses manœuvres visant à garantir l'autonomie de la Wiener Psychoanalytische Vereinigung (WPV) et des Éditions psychanalytiques de Vienne*, il fut interdit d'enseignement et se brouilla avec Göring. A partir de 1938, il sombra dans des crises dépressives. En 1946, avec Felix Boehm et le soutien de Jones et d'Anna Freud*, il reconstruisit la psychanalyse en Allemagne sans aucun souci d'épuration.

Cependant, quand John Rickman* se rendit à Berlin pour interroger les quelques psychanalystes demeurés en Allemagne sous le nazisme afin d'évaluer leur capacité à former des candidats didacticiens, il jugea Müller-Braunschweig (autant que Boehm) inapte à exercer cette fonction, non pour leur collaboration avec Göring, mais pour des raisons de détérioration psychique. Le représentant de l'International Psychoanalytical Association* (IPA), remarquable réformateur de la psychiatrie anglaise pendant la guerre, participait en effet à une politique de reconstruction de la DPG, consistant non pas à juger les psychanalystes en fonction de leur engagement aux côtés du nazisme mais à évaluer leur prétendue normalité psychique.

En 1950, croyant échapper à l'opprobre qui pesait sur la DPG du fait de son passé nazi, Müller-Braunschweig se sépara de Boehm et créa une nouvelle société, la Deutsche Psychoanalytische Vereinigung (DPV), qui fut intégrée à l'IPA l'année suivante au congrès d'Amsterdam, alors que la DPG en restait définitivement écartée. Cependant, les deux sociétés rivales propagèrent pendant quarante ans la même vision apologétique du passé, visant à justifier l'ancienne politique de collaboration.

● *Les Années brunes. La psychanalyse sous le IIIe Reich,* textes traduits et présentés par Jean-Luc Evard, Paris, Confrontation, 1984. Chaim S. Katz (éd.), *Nazismo e Psicanálise,* Rio de Janeiro, Editora Taurus, 1985. Geoffrey Cocks, *La Psychothérapie sous le IIIe Reich* (Oxford, 1985), Paris, Les Belles Lettres, 1987. Regine Lockot, *Erinnern und Durcharbeiten,* Francfort, Fischer, 1985. *Ici la vie continue de manière surprenante,* recueil de textes traduits par Alain de Mijolla, Paris, Association internationale d'histoire de la psychanalyse (AIHP), 1987. Ludger M. Hermanns, « Conditions et limites de la productivité scientifique des psychanalystes en Allemagne de 1933 à 1935 », *Revue internationale d'histoire de la psychanalyse*, 1, 1988, 71-95. Karen Brecht, « La psychanalyse sous l'Allemagne nazie. Adaptation à l'institution, relations entre psychanalystes juifs et non juifs », *ibid.*, 95-109. « Compte rendu du séjour du docteur John Rickman à Berlin pour interroger les psychanalystes, 14 et 15 octobre 1946 », *ibid.*, 157-163.

▷ BJERRE Poul. JUNG Carl Gustav. LAFORGUE René. MAUCO Georges. MITSCHERLICH Alexander.

MUSATTI Cesare (1897-1989)
psychanalyste italien

Né à Dolo, dans la province de Venise, d'une mère catholique et d'un père juif, avocat, militant socialiste et antifasciste qui avait été élu sénateur, Cesare Musatti fit des études de mathématiques et de philosophie à l'université de Padoue où il rencontra Vittorio Benussi*, professeur de psychologie expérimentale qui donnait aussi des conférences sur la psychanalyse*. Il deviendra son assistant, puis son successeur en 1928. Son rapport à la psychanalyse semble toutefois plus ancien. Comme l'indique le titre d'un de ses livres, il se présentait lui-même avec humour comme le « frère jumeau de la psychanalyse », faisant ainsi référence à sa date de naissance : le 20 septembre 1897. Ce jour-là, Sigmund Freud* était passé en train devant sa maison natale, venant de Padoue. Le lendemain, à Vienne*, il avait rédigé sa célèbre déclaration à Wilhelm Fliess*: « Je ne crois plus à ma *neurotica.* »

Professeur et directeur de l'Institut de psychologie expérimentale, Musatti participe avec Emilio Servadio*, Nicola Perrotti* et quelques autres au petit groupe qui se constitue autour d'Edoardo Weiss* à Rome pour former la nouvelle Società Psicoanalitica Italiana (SPI). De 1932 à 1934, il donne un cycle de cours sur la psychanalyse qui constituera le fondement de son futur traité. Le contenu de ce livre mais aussi les origines juives de son auteur formeront, en 1938, la matière du chef d'inculpation principal aboutissant à son éviction de l'université.

Enseignant la psychologie pendant quelques mois à l'université libre d'Urbino, autorisé à demeurer en Italie, il travaille plus ou moins clandestinement durant la guerre dans le cadre de l'entreprise Olivetti où il fonde le premier laboratoire de psychologie industrielle.

En 1945, Musatti réintègre l'enseignement supérieur comme professeur de psychologie à l'université de Milan. Ses recherches portent alors sur des questions d'épistémologie et sur l'étude expérimentale de la perception de l'espace et du mouvement ainsi que sùr la vision des couleurs. Fait remarquable, cet intérêt maintenu pour la psychologie expérimentale ne lui semblera jamais contradictoire avec son travail de psychanalyste. Il cherchera toujours à fonder l'unité de la psychologie sur la notion de rationalité. Assez rapidement cependant, son intérêt pour la psychanalyse prend le pas sur ses autres activités : il reprend ses cours à l'université de Padoue et publie en 1949 son célèbre *Trattato di Psicoanalisi*, exposé rigoureux et orthodoxe de la théorie freudienne qu'accompagnent quelques exemples de ses propres travaux. En 1955, il fait reparaître la *Rivista italiana di psicoanalisi*. Celle-ci remplace les deux éphémères revues nées après la Libération, *Psicoanalisi*, fondée par Joachim Flescher, et *Psyche*, fondée par Perrotti. Elle redevient ainsi l'organe officiel de la SPI dont Musatti sera le président entre 1951 et 1955, puis de 1959 à 1963. En 1963, il entreprend de diriger, chez l'éditeur Boringhieri à Turin, l'édition des œuvres complètes de Freud qui sera achevée en 1980 et demeure un modèle sur le plan philologique. Cette activité institutionnelle et éditoriale, jointe à une production prolifique, a fait de Musatti le véritable « père » de la psychanalyse en Italie, même s'il récusait ce titre qu'il entendait faire attribuer à Edoardo Weiss.

Dans les années 1960, Musatti se trouve confronté à ce qu'il considère comme un double danger pour la psychanalyse en Italie* : qu'elle devienne soit un discours de consolation dans la perspective de l'humanisme chrétien issu du concile Vatican II, soit une arme au service d'une révolution sociale et politique conduite à la lumière d'un marxisme libéralisé. Du même coup, celui qui, en 1949-1950, avait milité pour une psychanalyse libre de toute idéologie, notamment à l'occasion d'une violente polémique menée dans les colonnes du quotidien communiste *L'Unità* avec le philosophe marxiste Antonio Banfi (qui accusait la psychanalyse de n'être qu'une idéologie bourgeoise pansexualiste), devint le défenseur intransigeant d'une psychanalyse parfaitement conforme aux normes de l'International Psychoanalytical Association* (IPA) et comme telle de moins en moins subversive. A ce titre il fut, à partir des années 1970, l'un des plus farouches opposants à la diffusion des idées de Jacques Lacan* en Italie. Il a pu apparaître ainsi comme le représentant des idées les plus conservatrices tandis qu'il était demeuré un homme de gauche ayant son franc parler, fidèle en cela à la tradition familiale.

A la fin de sa vie, usant de son talent pédagogique et de son charisme, Musatti multiplia les interventions dans les médias, popularisant les idées psychanalytiques au moyen d'articles de vulgarisation et de chroniques télévisées qui lui valurent une immense renommée et un énorme capital de sympathie.

● Sergio Benvenuto, *A Glance at Psychoanalysis in Italy*, inédit. Paolo Boringhieri, « L'édition des *Opere di Sigmund Freud* », *Revue internationale d'histoire de la psychanalyse*, 1991, 4, 323-330. Contardo Caligaris, « Petite histoire de la psychanalyse en Italie », *Critique*, 333, février 1975, 175-195. Michel David, *La Psicoanàlisi nella cultura italiana* (1966), Turin, Bollati Boringhieri, 1990. Sigmund Freud, *La Naissance de la psychanalyse* (New York, 1950), Paris, PUF, 1956 ; *Briefe an Wilhelm Fliess, 1887-1904*, Francfort, Fischer, 1986. Cesare Musatti, *Trattato di Psicoanalisi* (1949), Turin, Boringhieri, 1977 ; *Mia sorella gemella la psicoanalisi*, Rome, Editori Riuniti, 1982 ; (éd.), *Opere di Sigmund Freud*, 12 vol., Turin, Boringhieri, 1967-1980. Arnaldo Novelletto, « Italy », *in* Peter Kuetter (éd.), *Psychoanalysis International. Guide to Psychoanalysis throughout the World*, Stuttgart, Frommann-Holzboog, 1992, 195-213. Michele Ranchetti, « Les *Œuvres complètes* et l'édition des *Opere di Sigmund Freud* », *Revue internationale d'histoire de la psychanalyse*, 1991, 4, 330-356. Antonio Alberto Semi (éd.), *Trattato di psicoanalisi*, vol. 2, XXXVI-XLI, Milan, Raffaello Cortina Editore, 1988. Silvia Vegetti Finzi, *Storia della psicoanalisi*, Milan, Mondadori, 1986 ; « Cesare Musatti, 1897-1989 », *Encyclopaedia universalis*, 1990.

▷ COMMUNISME. ÉGLISE. FREUDISME. FREUDO-MARXISME. LACANISME. PANSEXUALISME.

MUSÉE FREUD

▷ FREUD MUSEUM.

MYERS Frederick William Henry (1843-1901)

psychologue et écrivain anglais

Fondateur en 1882 de la Society for Psychical Research et inventeur du mot télépathie*, Frederick Myers fut le principal représentant anglais de ce courant de la psychiatrie dynamique* hérité du magnétisme mesmérien qui allait conduire à l'hypnotisme à travers l'expérience du spiritisme*, c'est-à-dire de la quête d'un au-delà de la conscience* (ou moi subliminal). Soucieux de prouver expérimentalement l'existence du monde spirituel, il admettait l'hypothèse de la vie après la mort et la possibilité de communiquer avec les esprits des défunts. Il fut donc l'un des théoriciens de l'automatisme mental* et, à ce titre, l'un des pionniers de l'histoire de la découverte de l'inconscient*. Il fut également le premier auteur anglais à parler des travaux de Sigmund Freud* en Grande-Bretagne*. Théodore Flournoy* et André Breton (1896-1966) s'inspirèrent de ses thèses.

● Frederick Myers, *La Personnalité humaine, ses survivances, ses manifestations supra-normales* (Londres, 1903), Paris, Alcan, 1919. Jean Starobinski, « Freud, Breton, Myers », *L'Arc*, 34, 1968, 87-96.

▷ HYPNOSE. PERSONNALITÉ MULTIPLE. PREISWERK Hélène. SUGGESTION.

N

NACHT Sacha (1901-1977)
psychiatre et psychanalyste français

Comme Maurice Bouvet*, Daniel Lagache*, Françoise Dolto* et Jacques Lacan* dont il fut l'ami, Sacha Nacht appartient à la deuxième génération* des psychanalystes français. Né à Racaciuni en Roumanie*, il était issu d'une famille de Juifs convertis. C'est en 1919 qu'il émigra à Paris pour poursuivre des études médicales, déjà commencées dans son pays, et en 1922 qu'il découvrit l'œuvre freudienne, lors de la représentation de la pièce d'Henri Lenormand (1882-1951) *Le Mangeur de rêves.* Élève d'Henri Claude* et médecin des hôpitaux psychiatriques, il fit une analyse à l'âge de 27 ans avec Ruldolph Loewenstein*, devenant ainsi, au sein de la Société psychanalytique de Paris (SPP), le plus jeune titulaire de sa génération. Il fut le seul aussi à avoir un contact personnel avec Sigmund Freud*. En effet, juste après le congrès de l'International Psychoanalytical Association* (IPA) de Marienbad en 1936, Nacht se rendit à Vienne* pour demander à Freud de le prendre en analyse. Celui-ci accepta mais Nacht ne parlant pas l'allemand et le maître, à cette époque, ne comprenant plus assez le français pour mener la cure, il fut orienté vers Heinz Hartmann*.

Refusant à la fois l'émigration et le port de l'étoile jaune, Nacht resta en France durant l'Occupation nazie. En 1942, il s'engagea dans un réseau de la Résistance. Après la guerre, il devint au sein de la SPP l'adversaire déclaré de l'analyse profane*, chef de file du courant médical, souhaitant, comme de nombreux psychanalystes américains de l'IPA, réserver aux seuls médecins la pratique de la cure. D'où le rôle « conservateur » qu'il joua lors de la scission* de 1953, face à Daniel Lagache* qui représentait le courant libéral et universitaire ouvert à l'analyse laïque (*Laienanalyse*).

Remarquable clinicien, toujours soucieux de ce qu'il appelait l'« efficacité thérapeuthique », il fut aussi un excellent didacticien. Sacha Nacht laissa son empreinte en France* en formant de très nombreux psychanalystes de la troisième génération française. Dans la SPP, dont il réorganisa l'institut, il s'occupa toute sa vie de l'enseignement de la psychanalyse et de sa transmission auprès des élèves. Ses travaux portent sur la technique psychanalytique*, sur le moi* et sur le masochisme*.

● Sacha Nacht, *Le Masochisme* (1938), Paris, Payot, 1975 ; *De la pratique à la théorie psychanalytique*, Paris, PUF, 1950 ; *La Psychanalyse d'aujourd'hui* (coll.), 2 vol., Paris, PUF, 1956 ; *La Présence du psychanalyste*, Paris, PUF, 1963. Denise Saada, *S. Nacht*, Paris, Payot, 1972. Élisabeth Roudinesco, *Histoire de la psychanalyse en France*, vol. 2 (1986), Paris, Fayard, 1994.

NAESGAARD Sigurd (1885-1956)

psychanalyste danois

Philosophe de formation, Sigurd Naesgaard s'intéressa aux idées freudiennes après la Première Guerre mondiale. Il fait à cet égard figure de pionnier dans son pays, où la psychanalyse* n'eut que de rares représentants. En 1922, il soutint sa thèse de doctorat sur la « structure de la conscience », puis commença à pratiquer la psychanalyse sans avoir reçu la moindre formation. Généreux et passionné de freudisme*, il était en quelque sorte un adepte de la psychanalyse sauvage, n'hésitait pas à prendre des risques considérables, notamment avec des patients psychotiques. En août 1931, il participa, avec Alfhild Tamm*, Harald Schjelderup* et Yrjö Kulovesi* à la fameuse réunion des psychanalystes scandinaves qui allait conduire à la création de deux sociétés, l'une regroupant la Suède et la Finlande, l'autre le Danemark et la Norvège.

En 1933, il publia un ouvrage en deux volumes sur la psychanalyse qu'il envoya à Sigmund Freud*. La même année, il se rapprocha de Wilhelm Reich*, quand celui-ci séjourna à Copenhague, de mai à novembre. Reich lui proposa de faire une analyse mais il refusa, parce qu'il n'en éprouvait pas le besoin. Il lui envoya un patient, qui se donna la mort après quelques semaines de cure. Ce suicide* fut jugé scandaleux, précipitant le départ de Reich, déjà traité de « pornographe » par la presse danoise. Le 10 novembre, le psychanalyste Erik Carsten s'adressa à Freud pour prendre la défense de Reich, souligner que Naesgaard était fou et que son activité portait un tort considérable à la psychanalyse. Il demandait en outre au maître de Vienne* de prendre une position claire sur l'obligation pour les praticiens d'avoir recours à l'analyse didactique*. Freud ne répondit pas, se contentant de confirmer que Reich était bien psychanalyste malgré son « idéologie politique ».

Comme de nombreux autres pionniers de sa génération*, Naesgaard se détourna du freudisme classique et organisa des formations de thérapeutes « sauvages » en encourageant par exemple certains de ses patients à pratiquer la psychanalyse. Il créa à cet effet une association, Psychoanalytisk Samfund, où il transmit un enseignement, tout en s'efforçant de faire venir des orateurs étrangers. Il rédigea en outre une trentaine de livres sur l'éducation, la psychologie, la philosophie.

● *Reich parle de Freud* (New York, 1967), Paris, Payot, 1970 ; Reimer Jensen et Henning Paikin, « On psychoanalysis in Denmark », *Scandinavian Psychoanalytic Review*, vol. 3, 1980, 103-116.

▷ PAYS SCANDINAVES.

NARCISSISME

Allemand : *Narzissmus*. Anglais : *Narcissism*.

Terme employé pour la première fois en 1887 par le psychologue français Alfred Binet (1857-1911) pour décrire une forme de fétichisme* consistant à prendre sa personne comme objet sexuel. Le terme est utilisé ensuite par Havelock Ellis* en 1898 pour désigner un comportement pervers en relation avec le mythe de Narcisse. En 1899, dans son commentaire de l'article d'Ellis, le criminologue Paul Näcke (1851-1913) introduit le terme en allemand.

Dans la tradition grecque, le terme narcissisme désigne l'amour d'un individu pour lui-même. La légende et le personnage de Narcisse ont été rendus célèbres par Ovide dans la troisième partie de ses *Métamorphoses*.

Fils du dieu Céphise, protecteur du fleuve du même nom, et de la nymphe Liriope, Narcisse était d'une beauté sans égale. Il s'attira le désir de plus d'une nymphe, dont Écho qu'il repoussa. Désespérée, celle-ci tomba malade et implora la déesse Némésis de la venger. Au cours d'une partie de chasse, le jeune homme fit halte près d'une fontaine aux eaux claires : fasciné par son reflet, Narcisse crut voir un autre être et, frappé de stupeur, ne parvint plus à détacher son regard de ce visage qui était le sien. Épris de lui-même, Narcisse plongea alors les bras dans l'eau pour étreindre cette image qui ne cessait de se dérober. Torturé par ce désir impossible, il pleura et finit par prendre conscience qu'il était lui-même l'objet de son amour. Il voulut alors se séparer de sa propre personne et se frappa jusqu'au sang avant de dire adieu au miroir fatal et de rendre l'âme. En signe de deuil, ses sœurs, les Naïades et les Dyades, se coupèrent les cheveux. Désireuses d'installer le corps de Narcisse sur un bûcher, elles constatèrent qu'il s'était transformé en une fleur.

Jusqu'à la fin du XIXe siècle, le terme est utilisé par les sexologues pour désigner de façon sélective une perversion sexuelle caractérisée par l'amour qu'un sujet* se porte à lui-même.

En 1908, Isidor Sadger* parle de narcissisme à propos de l'amour de soi comme modalité de choix d'objet* chez les homosexuels ; il se distingue de Havelock Ellis en considérant le narcissisme non comme une perversion*, mais comme un stade normal de l'évolution psychosexuelle chez l'être humain.

Le terme narcissisme apparaît pour la première fois sous la plume de Freud dans une note ajoutée en 1910 aux *Trois Essais sur la théorie sexuelle**. Parlant des « invertis » et n'utilisant donc pas encore le mot homosexuel, Freud écrit qu'ils « se prennent eux-mêmes comme objets sexuels » et que, « partant du narcissisme, ils recherchent de jeunes hommes semblables à leur propre personne, qu'ils veulent aimer comme leur mère les a aimés eux-mêmes ».

En 1910, dans son essai *Un souvenir d'enfance de Léonard de Vinci**, et en 1911, dans l'étude qu'il fait du cas Schreber*, Freud, à l'instar de Sadger, considère le narcissisme comme un stade* normal de l'évolution sexuelle.

C'est en 1914, dans « Pour introduire le narcissisme », que le terme prend valeur de concept. Phénomène libidinal, le narcissisme occupe alors une place essentielle dans la théorie du développement sexuel de l'être humain. L'élaboration de ce texte s'appuie sur l'étude des psychoses*, et principalement sur l'apport de Karl Abraham*. A défaut d'utiliser le mot, le Berlinois, dans un texte de 1908 traitant de la démence précoce, avait décrit le processus de désinvestissement de l'objet et le repli de la *libido** sur le sujet : « Le malade mental consacre à lui-même, comme seul objet sexuel, toute la *libido* que l'homme normal tourne vers l'entourage vivant ou animé. La surestimation sexuelle ne concerne que lui. » Freud adoptera cette définition de la psychose dans la vingt-sixième leçon d'*Introduction à la psychanalyse**.

Dans le texte de 1914, l'observation du délire des grandeurs chez le psychotique conduit Freud à définir le narcissisme comme l'attitude résultant du report, sur le moi* du sujet*, des investissements libidinaux précédemment portés sur des objets du monde extérieur. Freud fait alors observer que ce mouvement de retrait ne peut se produire que dans un second temps, lui-même précédé d'un investissement des objets extérieurs par une *libido* en provenance du moi. On peut donc parler d'un narcissisme primaire, infantile, que l'observation des enfants mais aussi des « peuples primitifs », caractérisés les uns et les autres par leur croyance en la magie des mots et en la toute-puissance de la pensée, viendrait confirmer. Le narcissisme primaire concernerait l'enfant et le choix qu'il fait de sa personne comme objet d'amour, étape qui précède la pleine capacité à se tourner vers des objets extérieurs.

Freud est ainsi conduit, et c'est l'un des temps forts de ce texte, à considérer l'existence permanente et simultanée d'une opposition entre la *libido* du moi et la *libido* d'objet, et à formuler l'hypothèse d'un mouvement de balance entre les deux, tel que si l'une s'enrichit, l'autre s'appauvrit et réciproquement. Dans cette perspective, la *libido* d'objet en son développement maximal caractérise l'état amoureux, alors qu'à l'inverse la *libido* du moi dans sa plus grande expansion donne un fondement au fantasme* de la fin du monde chez le paranoïaque.

Le développement théorique constitué par ce texte impliqua un premier remaniement de la théorie des pulsions*, la séparation entre pulsions du moi et pulsions sexuelles disparaissant et le moi étant défini comme « un grand réservoir de *libido* ».

Mais en deçà de cette avancée théorique, Freud rencontre un obstacle à propos de ce narcissisme primaire lorsqu'il s'agit de définir sa relation avec l'auto-érotisme* identifié dans les *Trois Essais sur la théorie sexuelle*. Il postule alors un développement du moi en deux temps, « une nouvelle action psychique » faisant suite à l'auto-érotisme pour que le stade du narcissisme primaire soit atteint. Si l'on veut établir une correspondance entre ce développement et l'évolution pulsionnelle, le passage des pulsions sexuelles partielles à leur unification, on est conduit à considérer que le narcissisme infantile, ou primaire, est contemporain de la constitution du moi.

Comme on peut le constater, et Freud le reconnaît lui-même, la question de la localisation du narcissisme primaire soulève de nombreuses difficultés. Il est, dit-il, moins facile à observer qu'à déduire. Toutefois, au titre d'une observation indirecte, Freud retient l'admiration parentale pour « *his majesty the baby* » comme la manifestation par les parents de leur propre narcissisme primaire abandonné, à la place duquel s'est progressivement constitué leur idéal du moi. « L'amour des parents, écrit Freud, si touchant et, au fond, si enfantin, n'est rien d'autre que leur narcissisme qui vient de renaître et qui, malgré sa métamorphose en amour d'objet, manifeste à ne pas s'y tromper son ancienne nature. »

Dans le cadre de l'élaboration de la seconde topique*, Freud revient sur cette question de la localisation du narcissisme primaire, qu'il situe alors comme l'état premier de la vie, antérieur donc à la constitution du moi, caractéristique d'une période où le moi et le ça* sont indifférenciés, et dont on pourrait concevoir la représentation concrète sous la forme de la vie intra-utérine. Comme le notent Jean Laplanche et Jean-Bertrand Pontalis, cette nouvelle formulation a pour conséquence d'effacer toute distinction entre l'auto-érotisme et le narcissisme, et l'on « voit mal, du point de vue topique, ce qui est investi dans le narcissisme primaire ainsi entendu ».

La définition du narcissisme secondaire est moins problématique, et la formulation de la deuxième topique n'en modifie pas la conception, même si, à partir de l'écriture d'*Au-delà du principe de plaisir**, Freud délaissera de plus en plus ce concept, dont il faut noter l'absence dans l'*Abrégé de psychanalyse**. Le narcissisme secondaire, ou narcissisme du moi, demeure donc, au début des années 1920, le résultat, manifeste dans la clinique de la psychose, du retrait de la *libido* de tous les objets extérieurs. Mais le narcissisme secondaire n'est pas limité à de tels cas extrêmes, puisque l'investissement libidinal du moi coexiste chez tout être humain avec les investissements d'objets, Freud ayant postulé l'existence d'un processus de balance énergétique entre les deux formes d'investissements qui participent d'*eros*, la pulsion de vie, et de son combat contre les pulsions de mort. Par ailleurs, et cela témoigne du caractère incontournable qu'eut ce concept dans l'évolution de la théorie freudienne du développement psychique, le narcissisme constitue, dès le texte de 1914, la première esquisse de ce qui deviendra l'idéal du moi*.

En dépit de ses insuffisances et de son statut ambigu, le concept de narcissisme a servi de point de départ à de nombreux développements post-freudiens.

Effectuant une analyse spectrale du concept de narcissisme, André Green recense en 1976 le « destin du narcissisme » après Freud, soulignant que les psychanalystes sont « divisés en deux camps, selon leur position à l'égard de l'autonomie du narcissisme ». Au nom de la défense de cette autonomie, il faut signaler l'apport du psychanalyste français Bela Grunberger, qui conçoit le narcissisme comme une instance psychique au même titre que les instances freudiennes de la deuxième topique, et celui du psychanalyste américain Heinz Kohut*, qui, à partir de la clinique des troubles narcissiques, a contribué au développement du courant de la *Self Psychology**. A l'opposé de ces conceptions, Melanie Klein*, en postulant l'existence première de relations objectales, fut conduite à rejeter l'idée de narcissisme primaire ainsi que celle de stade narcissique, ne parlant que d'états narcissiques reliés à des retours de la *libido* sur des objets intériorisés.

C'est sur le point demeuré confus de la localisation du narcissisme primaire et de son rapport avec la constitution du moi que se fonde la conception lacanienne du stade du miroir* développée en 1949. Pour Jacques Lacan*, le narcissisme originaire se constitue à ce moment de la captation par l'enfant de son image dans le miroir, image elle-même fondée sur celle de l'autre, la mère plus particulièrement, constitutive du moi. La période de l'auto-érotisme correspond ainsi à celle de la toute première enfance, période des pulsions partielles et du « corps morcelé », marquée par cette « détresse originelle » du petit d'homme dont le toujours possible retour constitue une menace, au fondement de l'agressivité.

Articulée sur la théorie lacanienne qui reconnaît l'existence du narcissisme primaire avant même le stade du miroir, la réflexion de Françoise Dolto* situe les racines du narcissisme dans le moment de l'expérience privilégiée constituée par des paroles maternelles plus centrées sur la satisfaction de désirs que sur la réponse à des besoins.

● Sigmund Freud, *Trois Essais sur la théorie sexuelle* (1905), *GW*, V, 29-145, *SE*, VII, 123-243, Paris, Gallimard, 1987 ; *Un souvenir d'enfance de Léonard de Vinci* (1910), *OC*, X, 79-164, *GW*, VIII, 128-211, *SE*, XI, 63-129, Paris, Gallimard, 1987 ; « Remarques psychanalytiques sur l'autobiographie d'un cas de paranoïa » (1911), in *Cinq Psychanalyses*, Paris, PUF, 1954, 263-321, *GW*, VIII, 240-316, *SE*, XII, 1-79 ; *Totem et Tabou* (1913), *GW*, IX, *SE*, XIII, 1-161, Paris, Gallimard, 1993 ; « Pour introduire le narcissisme » (1914), *GW*, X, 138-170, *SE*, XIV, 67-102, in *La Vie sexuelle*, 81-105, Paris, PUF, 1969 ; *Introduction à la psychanalyse* (1916-1917), *GW*, XI, *SE*, XV-XVI, Paris, Payot, 1973 ; *Au-delà du principe de plaisir* (1920), *OC*, XV, 273-338, *GW*, XIII, 3-69, *SE*, XVIII, 1-64 ; *Psychologie des masses et analyse du moi* (1921), *OC*, XVI, 1-83, *GW*, XIII, 73-161, *SE*, XVIII, 65-143 ; *Le Moi et le Ça* (1923), *OC*, XVI, 255-301, *GW*, XIII, 237-289, *SE*, XIX, 12-59 ; *Abrégé de psychanalyse* (1938), *GW*, XVII, 67-138, *SE*, XXIII, 139-207, Paris, PUF, 1967. Karl Abraham, « Les différences psychosexuelles entre l'hystérie et la démence précoce » (1908), in *Œuvres complètes*, t. I, *1907-1914*, Paris, Payot, 1965. Lou Andreas-Salomé, *L'Amour du narcissisme*, Paris, Gallimard, 1980. *Dictionnaire des personnages*, Paris, Laffont, coll. « Bouquins », 1986. Françoise Dolto, *Au jeu du désir*, Paris, Seuil, 1981 ; *L'Image inconsciente du corps*, Paris, Seuil, 1984. Pierre Dessuant, *Le Narcissisme*, Paris, PUF, coll. « Que sais-je ? », 1994. André Green, « Le narcissisme primaire, structure ou état ? », *L'Inconscient*, 1966, 1, 127-156, 1967, 2, 89-116 ; « Un, Autre, Neutre : valeurs narcissiques du même », *Nouvelle Revue de psychanalyse*, 1976, 13, 37-79. Bela Grunberger, *Le Narcissisme. Essais de psychanalyse*, Paris, Payot, 1971 ; « Étude sur le narcissisme », *Revue française de psychanalyse*, 1965, 29, 5-6 ; *Narcisse et Anubis*, Paris, Des Femmes, 1989. Heinz Kohut, *Le Soi* (New York, 1971), Paris, PUF, 1991. Jacques Lacan, « Le stade du miroir comme formateur de la fonction du Je » (1949), in *Écrits*, Paris, Seuil, 1966 ; *Le Séminaire*, livre I, *Les Écrits techniques de Freud* (1953-1954), Paris, Seuil, 1975. Marie-Claude Lambotte, « Narcissisme », *in* Pierre Kaufmann (éd.), *L'Apport freudien*, Paris, Bordas, 1993. Jean Laplanche et Jean-Bertrand Pontalis, *Vocabulaire de la psychanalyse*, Paris, PUF, 1967. Jacques Le Rider, *Modernité viennoise et crises de l'identité*, Paris,

PUF, 1990. Michèle Montrelay, « Narcissisme », *Encyclopaedia universalis*, vol. 11, 552-554. Guy Rosolato, « Le narcissisme », *Nouvelle Revue de psychanalyse*, 1976, 13, 5-36. Joël Schmidt, *Dictionnaire de la mythologie grecque et romaine*, Paris, Larousse, 1985. Donald Woods Winnicott, *Jeu et Réalité* (Londres, 1971), Paris, Gallimard, 1975.

▷ HOMOSEXUALITÉ. IDENTIFICATION. IMAGE DU CORPS.

NARCO-ANALYSE

▷ PSYCHOTHÉRAPIE.

NAZISME

Dès son arrivée au pouvoir, Adolf Hitler (1889-1945) mit en œuvre la doctrine national-socialiste (ou nazisme) dont l'un des principaux objectifs était l'élimination de tous les Juifs d'Europe en tant que « race inférieure ». De la même façon, il convenait de se débarrasser, outre des autres « races inférieures », de tous les hommes considérés comme « tarés » ou gênants pour le corps social. Ainsi l'homosexualité* et la folie* furent-elles traitées par le national-socialisme comme des équivalents de la judéité*, le tout fondé sur la théorie de l'hérédité-dégénérescence*.

En 1939 furent créés des instituts d'euthanasie pour exécuter, au moyen de poisons divers, trois catégories de personnes : les malades souffrant de troubles mentaux ou neurologiques (schizophrènes, déments séniles, épileptiques, etc.) ; les patients hospitalisés depuis cinq ans ; les aliénés criminels, et avec eux tous les sujets visés par la législation raciste. C'est dans l'ancienne prison Brandebourg-Havel transformée en institut d'euthanasie qu'eut lieu en janvier 1940 le premier essai de mise à mort par le gaz, qui démontrait la « supériorité » de ce procédé sur les drogues et les autres techniques habituellement employées.

Parmi toutes les écoles de psychiatrie dynamique*, la psychanalyse* était la seule à avoir reçu en tant que telle le qualificatif de « science juive », tant redouté par Sigmund Freud*. C'est dans ce contexte que l'on peut comprendre pourquoi le nazisme ajouta à son programme la destruction radicale de la psychanalyse, de son vocabulaire, de ses concepts, de ses œuvres, de son mouvement, de ses institutions, de ses praticiens.

Ce programme fut progressivement réalisé sous la houlette de Matthias Heinrich Göring* avec la collaboration de psychothérapeutes de toutes tendances (jungiens, freudiens, adleriens, etc.) qui avaient accepté de servir les principes d'une nouvelle « psychologie aryenne » et de travailler, à partir de mai 1936, au Deutsche Institut für Psychologische Forschung (Institut allemand de recherche psychologique et de psychothérapie), plus connu sous le nom de Göring-Institut. De cet institut installé à Berlin était banni tout ce qui pouvait évoquer la judéité sous quelque forme que ce soit : le mot psychanalyse ne devait plus être prononcé. La pratique de la psychothérapie* était interdite aux Juifs et aucune cure ne pouvait être menée avec un patient juif.

Le nazisme transforma radicalement le mouvement psychanalytique en chassant d'Europe (Allemagne*, Hongrie*, Italie*, Autriche) la quasi-totalité des psychanalystes, juifs pour la plupart, qui émigrèrent aux États-Unis*, en Grande-Bretagne* ou dans des pays latino-américains. Et ceux qui ne parvinrent pas à s'enfuir périrent dans des camps de concentration.

• Hannah Arendt, *The Origins of Totalitarianism* (1951), New York, Harcourt Brace & World, Inc., 1966 ; *Le Système totalitaire*, Paris, Seuil, coll. « Points », 1972. Eugen Kogon, Hermann Langbein, Adalbert Rukerl, *Les Chambres à gaz, secret d'État* (Francfort, 1983), Paris, Minuit, 1984. *Les Années brunes. La psychanalyse sous le IIIe Reich*, textes traduits et présentés par Jean-Luc Evard, Paris, Confrontation, 1984. *On forme des psychanalystes. Rapport original sur les dix ans de l'Institut psychanalytique de Berlin*, présentation de Fanny Colonomos, Paris, Denoël, 1985. Chaim S. Katz (éd.), *Nazismo e Psicanálise*, Rio de Janeiro, Editora Taurus, 1985. Geoffrey Cocks, *La Psychothérapie sous le IIIe Reich* (Oxford, 1985), Paris, Les Belles Lettres, 1987. Regine Lockot, *Erinnern und Durcharbeiten*, Francfort, Fischer, 1985. *Ici la vie continue de manière surprenante*, recueil de textes traduits par Alain de Mijolla, Paris, Association internationale d'histoire de la psychanalyse (AIHP), 1987. Ian Kershaw, *Hitler. Essai sur le charisme en politique* (New York, 1991), Paris, Gallimard, 1995 ; « Nazisme et stalinisme », *Le Débat*, 89, mars-avril 1996, 177-191.

▷ BJERRE Poul. BOEHM Felix. COMMUNISME. JONES Ernest. JUNG Carl Gustav. KEMPER Werner. LAFORGUE René. MAUCO Georges. MÜLLER-BRAUNSCHWEIG Carl. SCHULTZ Johannes. SCHULTZ-HENCKE Harald.

NÉOFREUDISME

Allemand : *Neofreudianismus*. Anglais : *Neofreudianism*.

Dans l'histoire du mouvement psychanalytique, on a donné le nom de néofreudisme à des écoles de psychothérapie*, à la fois différentes les unes des autres et en dissidence avec le freudisme*. Ces écoles s'inspirent du culturalisme* et de la psychologie individuelle d'Alfred Adler*. Contrairement à l'annafreudisme* et au kleinisme*, le courant néofreudien s'est développé, après des scissions* ou des ruptures individuelles, en dehors de la légitimité freudienne incarnée par l'International Psychoanalytical Association* (IPA), ce qui signifie qu'il a renoncé à certains des grands concepts freudiens (sexualité*, pulsion*, refoulement*, transfert*, etc.) ou les a modifiés au point de s'installer aux marges du freudisme. Pour les néofreudiens, le freudisme fait figure de doctrine originelle qui, bien que revendiquée historiquement, doit être « dépassée ». Les néofreudiens contestent en effet le dogmatisme freudien et son universalisme. D'où le caractère flou et atomisé de ce mouvement qui, en vertu de ses convictions culturalistes, a toujours récusé le principe même d'une organisation centralisée d'esprit internationaliste.

Parmi les principaux représentants du néofreudisme figurent Karen Horney*, Erich Fromm*, Harry Stack Sullivan*.

Les philosophes de l'École de Francfort, notamment Theodor Adorno (1903-1969) et Herbert Marcuse*, ont durement critiqué le néofreudisme à partir de 1946 en l'assimilant à un « révisionnisme ».

▷ ALLEMAGNE. *EGO PSYCHOLOGY.* HISTORIOGRAPHIE. LACANISME. *SELF PSYCHOLOGY.*

NÉOPSYCHANALYSE

▷ PSYCHOTHÉRAPIE. SCHULTZ-HENCKE Harald.

NEURASTHÉNIE

Allemand : *Neurasthenie.* Anglais : *Neurasthenia.*

Terme introduit en 1879 par le neurologue américain George Beard (1839-1883) pour désigner un état de fatigue psychologique et physique accompagné de divers troubles fonctionnels et propre à la société industrielle du Nouveau Monde.

▷ JANET Pierre. NÉVROSE. PSYCHASTHÉNIE.

NÉVROSE

Allemand : *Neurose.* Anglais : *Neurosis.*

Terme proposé en 1769 par le médecin écossais William Cullen (1710-1790) pour définir les maladies nerveuses entraînant des troubles de la personnalité. Il fut popularisé en France* par Philippe Pinel (1745-1826) en 1785. Repris comme concept par Sigmund Freud* à partir de 1893, le terme est employé pour désigner une maladie nerveuse dont les symptômes symbolisent un conflit psychique refoulé d'origine infantile.

Avec le développement de la psychanalyse*, le concept évolue pour trouver finalement place à l'intérieur d'une structure tripartite au côté de la psychose* et de la perversion*.

En conséquence, d'un point de vue freudien, on classe dans le registre de la névrose l'hystérie* et la névrose obsessionnelle*, auxquelles il faut ajouter la névrose actuelle, qui comprend la névrose d'angoisse et la neurasthénie*, et la psychonévrose, qui recouvre la névrose de transfert* et la névrose narcissique.

L'expression névrose de caractère relève de la terminologie d'Edward Glover* et de la doctrine de Wilhelm Reich*, la notion de névrose d'échec a été forgée par René Laforgue* et celle de névrose d'abandon par la psychanalyste suisse Germaine Guex (1904-1984).

Le terme névrose fut inventé par William Cullen durant la seconde moitié du XVIIIe siècle et témoigne du renouveau du regard clinique qui mit à l'honneur l'ouverture des cadavres et donc l'observation « directe » et *post mortem* des organes ayant subi diverses pathologies. D'où l'idée de créer un mot générique pour désigner l'ensemble des atteintes de la sensibilité et de la motricité sans fièvre et sans relation avec un quelconque organe.

Ainsi naquit la définition moderne de la névrose, qui permettait par la négative de construire une nosographie, excluant de son champ le domaine des maladies pour lesquelles la nouvelle médecine anatomo-pathologique ne trouvait pas d'explication organique. Philippe Pinel reprendra aussitôt le terme et, un siècle plus tard, Jean Martin Charcot* le popularisera en faisant de l'hystérie une maladie fonctionnelle (et donc une névrose) tandis que son élève, Pierre Janet*, s'orientera vers l'idée d'une pure causalité psychique. Dans la terminologie janétienne, qui marquera tous les cliniciens français de l'entre-deux-guerres, la névrose devient une maladie de la personnalité caractérisée par des conflits psychiques perturbant les conduites sociales. Janet distingue deux sortes de névroses : l'hystérie, dans laquelle apparaît un rétrécissement du champ de la conscience, et la psychasthénie*, où se manifeste un abaissement de la fonction d'adaptation à la réalité.

Après sa rencontre avec Charcot, Freud commence à définir lui aussi l'hystérie comme une névrose, mais dans une tout autre perspective que celle de Janet. Il dégage définitivement l'hystérie de la présomption utérine en lui associant une étiologie sexuelle et un enracinement dans l'inconscient*. Dès lors, et après la publication des *Études sur l'hystérie** en 1895, l'hystérie au sens freudien devient le prototype, pour le discours psychanalytique, de la névrose en tant que telle. Celle-ci est désormais définie comme une maladie nerveuse dans laquelle intervient d'abord un trauma. D'où l'idée défendue par Freud selon laquelle les patients atteints de névrose hystérique, des femmes en général, auraient subi des sévices sexuels réels dans leur enfance. Puis, après l'abandon en 1897 de cette théorie dite de la séduction*, la névrose devient une affection liée à un conflit psychique inconscient d'origine infantile et ayant une cause sexuelle. Elle résulte d'un mécanisme de défense* contre l'angoisse et d'une formation de compromis entre cette défense et la possible réalisation d'un désir*.

Parallèlement, à partir de 1894, Freud adopte le terme psychonévrose, qu'il abandonnera par la suite, pour élargir la définition de la névrose. Il classe d'un côté des phénomènes de défense (ou psychonévroses de défense) relevant d'une situation œdipienne (phobie*, obsessions, hystérie), et de l'autre des problématiques narcissiques (ou psychonévroses narcissiques) relevant d'une situation préœdipienne. Les premières seront cataloguées comme des névroses et les secondes se rangeront dans la catégorie des psychoses avec les nouvelles définitions, au début du XXe siècle, de la paranoïa* et de la schizophrénie*.

A côté de l'hystérie et dans le cadre des psychonévroses de défense, Freud met en place dès 1894 une définition de la névrose obsessionnelle : « Il m'a fallu commencer mon travail par une innovation nosographique. A côté de l'hystérie, j'ai trouvé raison de placer la névrose des obsessions (*Zwangneurose)*, comme affection autonome et indépendante, bien que la plupart des auteurs rangent les obsessions parmi les syndromes constituant la dégénérescence mentale ou les confondent avec la neurasthénie. » Quatre ans plus tard, en 1898, Freud emploie le terme de névrose actuelle pour désigner la névrose d'angoisse (ou excitabilité nerveuse) et la neurasthénie qui ne relèvent pas selon lui de la cure psychanalytique. Il s'agit là d'une névrose dans laquelle le conflit émane de l'actualité présente du sujet, et non de son histoire infantile, et où le symptôme ne se manifeste pas de façon symbolisée.

Entre 1914 et 1924, Freud conserve la définition classique qu'il a donnée à la névrose au début de ses découvertes et de ses expériences cliniques. Mais après les grands débats avec Carl Gustav Jung* et Eugen Bleuler* sur la dissociation, l'auto-érotisme* et le narcissisme*, puis avec l'entrée en scène de la deuxième topique* organisée autour de la trilogie du moi*, du ça* et du surmoi*, il donne une organisation structurale au couple formé par la névrose et la psychose, auxquelles il ajoute la perversion.

Partant de la distinction entre le narcissisme* primaire où le sujet investit la *libido** pour elle-même et le narcissisme secondaire où il y a retrait de la *libido* sur les fantasmes*, Freud en vient à définir l'opposition entre névrose et psychose comme le résultat de deux attitudes issues d'un clivage du moi*. Dans la névrose il y a conflit entre le moi et le ça et cohabitation entre une attitude qui contrarie l'exigence pulsionnelle et une autre qui tient compte de la réalité, alors que dans la psychose il y a un trouble entre le moi et le monde extérieur qui se traduit par la production d'une réalité délirante et hallucinatoire (la folie*).

Cet édifice structural, Freud le complète en y introduisant un troisième élément : la perversion. Après avoir fait de la névrose en 1905, dans les *Trois Essais sur la théorie sexuelle**, le « négatif de la perversion », il caractérise celle-ci comme une manifestation brute et non refoulée de la sexualité infantile (perverse polymorphe). Dans cette perspective, les trois termes finiront par être réunis : la névrose comme résultat d'un conflit avec refoulement*, la psychose comme reconstruction d'une réalité hallucinatoire, la perversion comme déni* de la castration* avec fixation à la sexualité* infantile.

A partir des années 1950, ce modèle du freudisme classique est remis en cause, notamment aux États-Unis* et en Grande-Bretagne*, avec l'apparition d'une part de la notion d'états-limites* et de l'autre des nouvelles conceptions de la névrose issues des travaux de Donald Woods Winnicott* et de Heinz Kohut*, centrées autour de la question du *self*.

● Sigmund Freud, « Les psychonévroses de défense » (1894), *OC*, III, 1-19, sous le titre « Les névropsychoses de défense », *GW*, I, 57-74, *SE*, III, 41-61 ; « Obsessions et phobies » (1895), écrit en français, *OC*, III, 19-29, *GW*, I, 343-353, *SE*, III, 69-82 ; « L'hérédité et l'étiologie des névroses » (1896), écrit en français, *OC*, III, 105-121, *SE*, III, 141-156 ; « Nouvelles remarques sur les psychonévroses de défense » (1896), *OC*, III, 121-147, sous le titre « Nouvelles remarques sur les névropsychoses de défense », *GW*, I, 377-403, *SE*, III, 157-185 ; « La sexualité dans l'étiologie des névroses » (1898), *OC*, III, 215-241, *SE*, III, 259-285 ; « Pour introduire le narcissisme » (1914), in *La Vie sexuelle*, Paris, PUF, 1969, 80-105, *GW*, X, 138-170, *SE*, XIV, 73-102 ; « Névrose et psychose » (1924), *OC*, XVII, 1-9, *GW*, XIII, 387-391, *SE*, XIX, 149-153 ; « La perte de la réalité dans la névrose et la psychose » (1924), *OC*, XVII, 35-43, *GW*, III, 363-368, *SE*, XIX, 183-187 ; *La Naissance de la psychanalyse* (Londres, 1950), Paris, PUF, 1956. Pierre Janet, *Les Névroses*, Paris, Flammarion, 1909. Edward Glover, « The neurotic character », *IJP*, VII, 1926, 11-30. Germaine Guex, *La Névrose d'abandon*, Paris, PUF, 1950. Jean Laplanche et Jean-Bertrand Pontalis, *Vocabulaire de la psychanalyse*, Paris, PUF, 1967. Jacques Postel, « Névrose », in *Grand Dictionnaire de la psychologie*, Paris, Larousse, 1991, 512-514. Georges Lantéri-Laura, « Névrose et psychose : questions de sens, questions d'histoire », *Autrement*, 117, octobre 1990, 23-31.

▷ RÉPÉTITION (COMPULSION DE). *SELF PSYCHOLOGY*.

NÉVROSE ACTUELLE

▷ NÉVROSE.

NÉVROSE CRÉATRICE

▷ ELLENBERGER Henri. F.

NÉVROSE D'ABANDON

▷ NÉVROSE.

NÉVROSE D'ANGOISSE

▷ *INHIBITION, SYMPTÔME ET ANGOISSE.* NÉVROSE. PHOBIE.

NÉVROSE DE CARACTÈRE

▷ GLOVER Edward. NÉVROSE. REICH Wilhelm.

NÉVROSE DE CONTRAINTE

▷ NÉVROSE OBSESSIONNELLE. TRADUCTION (DES ŒUVRES DE FREUD).

NÉVROSE D'ÉCHEC

▷ LAFORGUE René. RÉPÉTITION (COMPULSION DE).

NÉVROSE DE DÉFENSE

▷ DÉFENSE. HYSTÉRIE. NÉVROSE. NÉVROSE OBSESSIONNELLE.

NÉVROSE DE DESTINÉE

▷ RÉPÉTITION (COMPULSION DE).

NÉVROSE DE GUERRE

Allemand : *Kriegsneurose.* Anglais : *War neurosis.*

La névrose de guerre n'est pas en soi une entité clinique. Elle relève de la catégorie de la névrose traumatique définie en 1889 par Hermann Oppenheim (1858-1919), qui la décrit comme une affection organique consécutive à un traumatisme réel provoquant une altération physique des centres nerveux, elle-même accompagnée de symptômes psychiques : dépression, hypocondrie, angoisse, délire, etc.

On sait l'usage que Sigmund Freud* fit de cette névrose dans sa discussion de l'étiologie de l'hystérie* à partir de la doctrine fonctionnaliste de Jean Martin Charcot* : la notion de trauma fut alors transposée du domaine physique et organique au plan psychique pour ouvrir sur une nouvelle conception de la névrose, fondée d'abord sur la théorie de la séduction* puis sur celle du conflit défensif. La névrose devenait ainsi une affection purement psychique, rendant caduque la notion de simulateur, aussi bien pour les adeptes de l'organicisme que pour les partisans du fonctionnalisme ou de la causalité psychique.

Avec la Première Guerre mondiale, l'interminable débat sur l'origine traumatique de la névrose reprit ses droits. Les psychiatres de tous bords furent en effet sollicités par les hiérarchies militaires qui cherchaient à démasquer les simulateurs soupçonnés, comme autrefois les hystériques, d'être de faux malades, donc des menteurs, des déserteurs, de mauvais patriotes.

C'est dans ce contexte qu'eut lieu à Vienne* en 1920, à l'occasion d'une polémique retentissante, le premier grand débat sur le statut de la névrose de guerre. La puissance des Habsbourg s'était effondrée, et l'Autriche, comme le souligne Stefan Zweig*, n'était plus sur la carte de l'Europe qu'une « lueur crépusculaire, une ombre grise incertaine et sans vie de l'ancienne monarchie impériale ». L'affaire, qui sera entièrement exhumée par Kurt Eissler, commença par une plainte portée par le lieutenant Walter Kauders contre le psychiatre Julius Wagner-Jauregg* accusé d'avoir utilisé un traitement à l'électricité pour soigner des soldats atteints de névrose de guerre et considérés de fait comme des simulateurs. Freud fut alors convoqué en tant qu'expert devant une commission d'enquête pour donner son avis sur l'éventuelle forfaiture de Wagner-Jauregg.

Dans son rapport, il se montra très modéré à l'égard du psychiatre, mais en revanche critiqua très violemment non seulement la méthode électrique mais aussi l'éthique médicale de ceux qui l'utilisaient. Il rappela que le devoir du médecin est toujours et partout de se mettre au service du malade et non d'une quelconque puissance étatique ou guerrière, et il stigmatisa la notion de simulation, inapte à toute définition de la névrose, qu'elle soit d'origine traumatique ou psychique : « Tous les névrosés sont des simulateurs, dit-il, ils simulent sans le savoir et c'est leur maladie. »

L'implantation progressive de la psychanalyse* dans les différents pays occidentaux transforma le regard psychiatrique sur la question de la névrose de guerre, et c'est en Grande-Bretagne*, pendant la Deuxième Guerre mondiale, que se développa une réflexion nouvelle autour des thèses de John Rickman* et de Wilfred Ruprecht Bion* tandis qu'en Allemagne* plusieurs psychanalystes participèrent, sous la houlette de Matthias Heinrich Göring*, à l'élaboration d'une psychothérapie* de guerre au service du national-socialisme.

Historiquement, la question de la névrose de guerre est aussi ancienne que la guerre elle-même. L'idée que les tragédies sanglantes de l'histoire puissent induire chez des sujets « normaux » des modifications de l'âme ou du comportement remonte à la nuit des temps. Tous les travaux du XXe siècle sur les traumatismes liés à la guerre, à la torture, à l'enfermement ou aux situations extrêmes confirment l'avancée freudienne : ces traumatismes sont à la fois spécifiques d'une situation donnée et révélateurs pour chaque individu d'une histoire qui lui est propre. Autrement dit, les périodes dites de « troubles » favorisent moins l'éclosion de la folie* ou de la névrose que l'épuisement de leurs symptômes reconvertis en un trauma. Ainsi le suicide* explicite, la mélancolie* sont-ils moins fréquents lorsque la guerre autorise un héroïsme de la mort, et les névroses d'autant plus nombreuses et manifestes que la société dans laquelle elles s'expriment donne toutes les apparences de la stabilité. Charcot théâtralise l'hystérie quinze ans après la Commune de Paris, au moment où le calme républicain semble avoir triomphé des « convulsions » révolutionnaires, et Freud identifie les causes sexuelles de la névrose en renonçant au trauma réel, au sein d'une société apparemment plongée dans la quiétude immobile de son rêve bourgeois.

● Sigmund Freud, « Introduction à la psychanalyse des névroses de guerre » (1919), *GW*, XII, 321-324, *SE*, XVII, 205-210, in *Résultats, idées, problèmes*, I, *1890-1920*, Paris, PUF, 1984 ; *Au-delà du principe de plaisir* (1920), *OC*, XV, 273-338, *GW*, XIII, 3-69, *SE*, XVIII, 1-64. Sandor Ferenczi, « Psychanalyse des névroses de guerre » (1918), in *Psychanalyse III, Œuvres complètes, 1919-1926*, Paris, Payot, 1974, 27-44. Kurt Eissler, *Freud sur le front des névroses de guerre* (Vienne, 1979), Paris, PUF, 1992.

▷ BABINSKI Joseph. BETTELHEIM Bruno. PULSION.

NÉVROSE DE TRANSFERT

▷ NÉVROSE. TRANSFERT.

NÉVROSE DIABOLIQUE (ou DÉMONIAQUE)

▷ ÉGLISE. HAITZMANN Christopher. HYSTÉRIE. OCCULTISME.

NÉVROSE NARCISSIQUE

▷ AUTISME. NARCISSISME. NÉVROSE. PARANOÏA. PSYCHOSE. *SELF PSYCHOLOGY*.

NÉVROSE OBSESSIONNELLE

Allemand : *Zwangsneurose*. Anglais : *Obsessional neurosis*.

Forme majeure de névrose* dégagée par Sigmund Freud* en 1894, la névrose obsessionnelle (ou névrose de contrainte) est avec l'hystérie* la deuxième grande maladie nerveuse de la classe des névroses selon la doctrine psychanalytique. Elle a pour origine un conflit psychique infantile et une étiologie sexuelle caractérisée par une fixation de la *libido au stade* anal. Sur le plan clinique, elle se manifeste par des rites conjuratoires de type religieux, par des symptômes obsédants et par une permanente rumination mentale où interviennent des doutes et des scrupules inhibant la pensée et l'action.**

L'aliéniste français Jules Falret (1824-1902) introduisit le terme obsession pour souligner le phénomène d'emprise par lequel un sujet* est assiégé par des idées pathologiques, par une faute qui le traque et l'obsède au point de faire de lui un mort vivant. Le terme fut ensuite traduit en allemand par Richard von Krafft-Ebing* qui choisit le mot *Zwang*, lequel renvoit à une idée de contrainte et de compulsion : le sujet s'oblige à agir et à penser contre sa volonté. C'est cependant à Freud que revient le mérite d'avoir donné le premier un contenu théorique à l'ancienne clinique des obsessions, non seulement en situant la maladie dans le registre de la névrose, mais en faisant d'elle, face à l'hystérie, la deuxième grande composante de la structure névrotique humaine.

Alors que l'hystérie était connue depuis l'Antiquité, l'obsession apparaît tardivement dans la clinique des maladies nerveuses. Pourtant, les deux entités ont partie liée avec l'histoire de la religion en Occident. Toutes deux s'apparentent en effet aux anciens phénomènes de possession et à la division entre l'âme et le corps. Dans le cas de l'hystérie, la possession est plutôt somnambulique, passive, inconsciente et « féminine » : c'est le diable qui s'empare d'un corps de femme pour le torturer. Dans l'obsession, au contraire, elle est active et « masculine » : c'est le sujet lui-même qui est torturé intérieurement par une force diabolique tout en restant lucide sur son état. D'un côté la femme, assimilée à une sorcière, est coupable à travers un corps diabolique offert à la luxure, de l'autre l'homme est envahi par une souillure morale qui l'oblige à devenir son propre inquisiteur. L'hystérie est un art « féminin » de la séduction et de la conversion, l'obsession un rite « masculin » comparable à une religion.

Cette différence entre le féminin et le masculin, entre l'actif et le passif, entre le corps convulsif et la conscience coupable, se retrouve dans la manière dont Freud oppose, dans une lettre à Wilhelm Fliess* d'octobre 1895, la névrose obsessionnelle à l'hystérie : « Imagine, je flaire entre autres le conditionnement étroit qui suit : pour l'hystérie, qu'une expérience sexuelle primaire (avant la puberté) a eu lieu avec dégoût et effroi, pour la névrose obsessionnelle qu'elle a eu lieu avec plaisir [...]. L'hystérie est la suite d'un effroi sexuel présexuel. La névrose obsessionnelle est la suite d'un plaisir sexuel présexuel qui se transforme ensuite en reproche. » Ainsi, jusqu'en 1897, dans le cadre de la théorie freudienne de la séduction* (trauma infantile sexuel), la sexualité* des filles se déroule sous le signe de la passivité et de l'effroi, celle des garçons sous le signe d'un plaisir actif vécu comme un péché.

Après l'abandon de la théorie de la séduction, Freud ne reviendra sur la question de la névrose obsessionnelle qu'en 1907 : il présentera alors pour la première fois à la Société psychologique du mercredi* le début de l'histoire d'un malade atteint de cette névrose : Ernst Lanzer*, devenu célèbre sous le nom de l'Homme aux rats. Ce magistral exposé servira de modèle à tous les commentaires ultérieurs consacrés à la notion d'obsessionnalité.

Bien qu'il maintienne une certaine corrélation entre passivité et hystérie et activité et obsession, Freud rejette pour l'essentiel la bipolarisation, et la remplace par une explication étiologique fondée sur sa nouvelle théorie de la sexualité. La névrose obsessionnelle est alors une névrose qui affecte aussi bien les hommes que les femmes et qui a pour origine un conflit psychique. Le changement principal apparaît en fait avec la publication en 1905 des *Trois Essais sur la théorie sexuelle**, où Freud met en évidence la sexualité infantile, la perversion* polymorphe et l'érotisme anal, qui vont susciter une formidable hostilité de la part des adversaires de la psychanalyse*, d'où l'accusation de pansexualisme* portée contre Freud.

Entre 1907 et 1926, Freud transforme sa conception de la névrose obsessionnelle. Dans l'histoire de l'Homme aux rats, c'est l'érotisme anal qui domine l'organisation sexuelle de l'obsessionnel, et cette analité est également présente, remarque-t-il, dans les « exercices religieux ». Constatant l'analogie entre la religion (dont les rituels sont porteurs d'un sens) et le cérémonial de l'obsession (où ces mêmes rituels ne répondent qu'à une signification névrotique), Freud en vient à caractériser la névrose comme une religion individuelle et la religion comme une obsession universelle.

En 1913, il reprend cette thématique avec la publication d'un livre, *Totem et Tabou**, et d'un article, « La disposition à la névrose obsessionnelle ». Comparée à l'hystérie, définie comme un langage pictural, et à la paranoïa*, regardée comme une philosophie ratée, la névrose de contrainte est à nouveau placée sous le signe de la religion : « Les névroses, d'une part, présentent des concordances frappantes et profondes avec les grandes productions sociales de l'art, de la religion et de la philosophie ; de l'autre, elles apparaissent comme des distorsions de celles-ci. On pourrait se risquer à dire qu'une hystérie est une image distordue d'une création artistique, une névrose de compulsion celle d'une religion, un délire paranoïaque celle d'un système philosophique. » Cependant, l'obsession est également à mettre en relation avec une régression de la vie sexuelle à un stade* anal ayant pour corollaire un sentiment de haine propre à la constitution même du sujet humain. Car, selon Freud, c'est la haine, avant l'amour, qui structure l'ensemble des relations entre les hommes en les obligeant à se défendre contre elle par l'élaboration d'une morale.

En 1926, dans *Inhibition, symptôme et angoisse**, cette théorie est remaniée à la lumière de la deuxième topique* et de la notion de pulsion* de mort. Le déclencheur de la névrose obsessionnelle est alors caractérisé comme la peur du moi* d'être puni par le surmoi*. Tandis que le surmoi agit sur le moi à la manière d'un juge sévère et rigide, le moi est contraint de résister aux pulsions destructrices du ça*, en développant des formations réactionnelles qui prennent la forme de sentiments de scrupule, de pitié, de propreté, de culpabilité. Aussi le sujet est-il plongé dans un véritable enfer dont il ne parvient jamais à s'extirper.

Or, cet enfer n'est rien d'autre que la version pathologique d'un système institutionnel patriarcal et judéo-chrétien, dont Freud, par ailleurs, vante autant les faiblesses que les mérites. Dans son analyse de l'Homme aux rats, puis dans *Totem et Tabou*, il lie en effet les progrès de la science et de la raison à l'avènement du patriarcat*, montrant par là que le freudisme*, comme expression de cette science et de cette raison, peut servir de rempart aux diverses tentatives d'abolition de la famille et à l'inéluctable déclin du père dans la société occidentale du XXe siècle. En 1938, à la dernière étape de la réflexion qu'il mène parallèlement sur la religion et la logique de la structure obsessionnelle, il met en pleine lumière, avec *L'Homme Moïse et la religion monothéiste**, l'ambivalence de l'amour et de la haine, symptomatique à ses yeux de la « relation au père ». Et cette ambivalence renvoie bien entendu à la fonction de l'interdit de l'inceste* tenue par le père dans le monde judéo-chrétien.

Ainsi la névrose obsessionnelle inventée par Freud sera-t-elle toujours pour lui un véritable objet de fascination, dans la mesure où elle met en scène l'essence de la relation œdipienne. Dans une lettre de 1907 à Carl Gustav Jung*, Freud se peint lui-même sous les traits d'un obsessionnel et regarde son dauphin comme un hystérique : « Si vous, un homme sain, vous relevez du type hystérique, je dois revendiquer pour moi le type obsessionnel. » Ailleurs, à propos d'un jeune homme en traitement, il caractérise l'histoire d'Œdipe* comme un cas de névrose obsessionnelle : « C'est un individu hautement doué, type œdipien, amour de la mère, haine du père (l'Œdipe antique est en effet lui-même un cas de névrose obsessionnelle – question du Sphinx), malade dès la onzième année, à la révélation des faits sexuels. »

Au même titre que l'hystérie, la névrose obsessionnelle est donc corrélative à l'histoire de la psychanalyse* dans sa tentative clinique et anthropologique d'apporter une réponse à l'énigme de la différence des sexes* et à l'organisation de la famille et des sociétés.

● Sigmund Freud, « Les psychonévroses de défense » (1894), *OC*, III, 1-19, sous le titre « Les névropsychoses de défense », *GW*, I, 57-74, *SE*, III, 41-61 ; « Obsessions et phobies » (1895), écrit en français, *OC*, III, 19-29, *GW*, I, 343-353, *SE*, III, 69-82 ; « L'hérédité et l'étiologie des névroses » (1896), écrit en français, *OC*, III, 105-121, *SE*, III, 141-156 ; « Nouvelles remarques sur les psychonévroses de défense » (1896), *OC*, III, 121-147, sous le titre « Nouvelles remarques sur les névropsychoses de défense », *GW*, I, 377-403, *SE*, III, 157-185 ; « La sexualité dans l'étiolgie des névroses » (1898), *OC*, III, 215-241, *SE*, III, 259-285 ; « Actes obsédants et exercices religieux » (1907), in *L'Avenir d'une illusion* (1927), Paris, PUF, 1971 ; « La disposition à la névrose obsessionnelle » (1913), in *Névrose, psychose et perversion*, Paris, PUF, 1973, 189-197, *GW*, VIII, *SE*, XII, 313-326 ; « Remarques sur un cas de névrose obsessionnelle » (1909), in *Cinq Psychanalyses*, Paris, PUF, 1954, 199-261, *GW*, VII, 381-463, *SE*, X, 151-249 ; « Pour introduire le narcissisme » (1914), in *La Vie sexuelle*, Paris, PUF, 1969, 80-105, *GW*, X, 138-170, *SE*, XIV, 73-102 ; « Névrose et psychose » (1924), *OC*, XVII, 1-9, *GW*, XIII, 387-391, *SE*, XIX, 149-153 ; « La perte de la réalité dans la névrose et la psychose » (1924), *OC*, XVII, 35-43, *GW*, III, 363-368, *SE*, XIX, 183-187 ; *La Naissance de la psychanalyse* (Londres, 1950), Paris, PUF, 1956 ; et Carl Gustav Jung, *Correspondance*, I, *1906-1909*, Paris, Gallimard, 1975.

Pierre Janet, *Les Obsessions et la Psychasthénie*, 2 vol., Paris, Alcan, 1903. *Confrontations psychiatriques*, numéro spécial sur les obsessions, 20, 1981. Patrick J. Mahony, *Freud et l'Homme aux rats* (New Haven et Londres, 1986), Paris, PUF, 1990. Evelyne Pewzner, *L'Homme coupable. La folie et la faute en Occident*, Toulouse, Privat, 1992. Charles Baladier, « Névrose obsessionnelle », in Pierre Kaufmann (éd.), *L'Apport freudien*, Paris, Bordas, 1993, 270-277.

▷ ANTHROPOLOGIE. *AVENIR D'UNE ILLUSION (L')*. ÉGLISE. PSYCHASTHÉNIE. SCHIZOPHRÉNIE.

NÉVROSE PHOBIQUE

▷ HYSTÉRIE. NÉVROSE. PHOBIE.

NÉVROSE TRAUMATIQUE

▷ HYSTÉRIE. NÉVROSE DE GUERRE. PSYCHOSOMATIQUE (MÉDECINE). SÉDUCTION (THÉORIE DE LA).

NŒUD BORROMÉEN

Allemand : *Borromäische Knoten*. Anglais : *Borromean knot*.

Expression introduite par Jacques Lacan* en 1972 pour désigner les figures topologiques (ou nœuds tressés) destinées à traduire la trilogie du symbolique*, de l'imaginaire* et du réel* repensée en termes de réel/symbolique/imaginairc (R.S.I.), et donc en fonction du primat du réel (c'est-à-dire de la psychose*) sur les deux autres éléments.

C'est dans le cadre de sa dernière relève logicienne, appuyée sur une lecture de l'œuvre de Ludwig Wittgenstein (1889-1951) et tournée vers l'analyse de l'essence de la folie* humaine, que Lacan inventa simultanément le mathème* et le nœud borroméen : d'un côté un modèle de langage articulé à une logique de l'ordre symbolique ; de l'autre un modèle de structure fondé sur la topologie et opérant un déplacement radical du symbolique vers le réel.

Dès 1950, Lacan s'était livré avec son ami Georges Th. Guilbault à des exercices topologiques qui ressemblaient aux jeux sur les nombres et les périodicités que faisaient Sigmund Freud* et Wilhelm Fliess* durant la période dite de l'auto-analyse*. Cette activité ludique consistait à nouer à l'infini des bouts de ficelle, à gonfler des bouées d'enfant, à tresser, à découper, bref à transcrire une doctrine en figures topologiques. La bande de Mœbius sans envers ni endroit donnait ainsi l'image du sujet* de l'inconscient*, de même que le tore ou chambre à air désignait un trou ou une béance, c'est-à-dire un « lieu constituant qui pourtant n'existe pas ».

Pendant vingt-cinq ans, ces figures n'eurent qu'une fonction d'illustration dans la doctrine lacanienne, et c'est le 9 février 1972 qu'apparut pour la première fois dans le discours lacanien l'expression nœud borroméen, qui renvoyait à l'histoire de l'illustre famille Borromée. Les armoiries de cette dynastie milanaise étaient en effet constituées de trois ronds en forme de trèfle symbolisant une triple alliance. Si l'un des anneaux se retire, les deux autres sont libres et chacun renvoie à la puissance d'une des trois branches de la famille.

A partir de cette date, les exercices topologiques fondés sur le tressage des nœuds, symbolisant chacun un élément de la trilogie (réel/symbolique/imaginaire), commencèrent à prendre une place considérable dans l'enseignement lacanien. En 1975, Lacan ajouta au triptyque une quatrième boucle, pour laquelle il forgea un mot-valise, « sinthome », en hommage à *Finnegans Wake* de James Joyce (1882-1941). Il s'agissait de désigner l'écrivain par son « symptôme », c'est-à-dire par sa théorie de la création, l'« épiphanie », ou extase mystique, empruntée à saint Thomas (« saint homme »).

En 1979, atteint de troubles cérébraux, Lacan devint aphasique au point de ne plus pouvoir s'exprimer autrement que par l'exhibition de ses jeux topologiques auxquels participe un groupe de jeunes mathématiciens français de haut niveau, exaltés par les dernières illuminations d'un maître en souffrance.

● Jacques Lacan, *Le Séminaire,* livre XVIII, *D'un discours qui ne serait pas du semblant* (1970-1971), inédit ; *Le Séminaire,* livre XIX, *... Ou pire (le savoir du psychanalyste)* (1971-1972), inédit ; *Le Séminaire,* livre XX, *Encore* (1972-1973), Paris, Seuil, 1975 ; *Le Séminaire,* livre XXI, *Les non-dupes errent* (1973-1974), inédit ; *Le Séminaire,* livre XXII, *R.S.I.* (1974-1975), inédit ; *Le Séminaire,* livre XXIII, *Le Sinthome* (1975-1976), inédit ; *Le Séminaire,* livre XXIV, *L'insu que sait de l'une-bévue s'aile à mourre* (1976-1977), inédit ; *Le Séminaire,* livre XXV, *Le Moment de conclure* (1977-1978), inédit. Jean-Claude Milner, *Les Noms indistincts,* Paris, Seuil, 1983 ; *L'Œuvre claire. Lacan, la science, la philosophie,* Paris, Seuil, 1995. Pierre Soury, *Chaînes et Nœuds,* 3 vol., 1988, éd. par Michel Thomé et Christian Léger. Élisabeth Roudinesco, *Jacques Lacan. Esquisse d'une vie, histoire d'un système de pensée,* Paris, Fayard, 1993.

▷ FORCLUSION. NOM-DU-PÈRE. PASSE. TECHNIQUE PSYCHANALYTIQUE.

NOM-DU-PÈRE

Allemand : *Name-des-Vater.* Anglais : *Name-of-the-Father.*

Terme inventé par Jacques Lacan* en 1953, et conceptualisé en 1956 pour désigner le signifiant* de la fonction paternelle.

Ce concept n'a pas, dans la doctrine lacanienne, le même statut que les autres. En effet, il n'a pas été emprunté à un corpus existant. Il a sa source première et inconsciente dans la vie de Lacan et dans son expérience personnelle et douloureuse de la paternité.

Comme fils d'abord, il eut à souffrir des défaillances de son père, Alfred Lacan (1873-1960), écrasé par la tyrannie de son propre père, Émile Lacan (1839-1915). Par la suite, devenu père pour la quatrième fois en juillet 1941, aux heures les plus sombres de l'Occupation, Lacan ne put donner son nom à sa fille qui fut déclarée à l'état civil sous le patronyme de Bataille, sa mère, Sylvia Bataille (1908-1993), étant encore l'épouse légitime de Georges Bataille (1897-1962). L'infernal imbroglio du nom du père, dû à la législation française sur la filiation, dura jusqu'en 1964 et le plongea, comme il le manifesta à plusieurs reprises, dans une terrible culpabilité.

En témoignent si nécessaire son séminaire de 1961-1962 sur l'identification*, au cours duquel il s'en prend avec violence à son grand-père paternel, « ... cet horrible personnage grâce auquel j'ai accédé à un âge précoce à la fonction fondamentale de maudire Dieu », puis ses conférences de 1975 sur James Joyce (1882-1941), dans lesquelles, évoquant la relation de l'écrivain avec sa fille schizophrène, il parle à mots couverts de son propre drame de père.

Comme Sigmund Freud*, Lacan fut hanté par la question de la paternité. En 1938, dans son article magistral sur la famille, il montrait que la psychanalyse* était née à Vienne* d'un sentiment de déclin de l'*imago** paternelle et de la volonté freudienne de la revaloriser. Il adoptait le même modèle de refonte symbolique de la paternité, tout en intégrant les thèses kleiniennes sur les relations archaïques à la mère.

C'est en 1953, dans un commentaire du cas de l'Homme aux rats (Ernst Lanzer*), qu'apparaît pour la première fois sous sa plume le syntagme nom du père (sans traits d'union). S'appuyant sur l'ouvrage de Claude Lévi-Strauss *Les Structures élémentaires de la parenté*, publié en 1949, Lacan montre que l'Œdipe* freudien peut être pensé comme un passage de la nature à la culture. Selon cette perspective, le père exerce une fonction essentiellement symbolique : il nomme, il donne son nom, et par cet acte il incarne la loi. En conséquence, si, comme le souligne Lacan, la société humaine est dominée par le primat du langage, cela veut dire que la fonction paternelle n'est autre que l'exercice d'une nomination qui permet à l'enfant d'acquérir son identité.

Lacan en vient alors à définir cette fonction comme « fonction du père », puis « fonction du père symbolique », puis « métaphore paternelle », ce qui le conduit à interpréter le complexe d'Œdipe non plus en référence à un modèle de patriarcat* ou de matriarcat mais en fonction d'un système de parenté*. En 1956, lors de son séminaire sur les psychoses* et de son commentaire sur la paranoïa* de Daniel Paul Schreber*, il conceptualise la fonction elle-même en l'écrivant Nom-du-père. Le concept est alors associé à celui de forclusion*. Évoquant la nature de la relation de Daniel Paul Schreber à son père, Lacan fait de la psychose du fils une « forclusion du nom-du-père ». Puis il étend ce prototype à la structure même de la psychose.

Par cette interprétation entièrement nouvelle du cas, il est le premier des commentateurs de Freud à théoriser le lien existant entre le système éducatif d'un père et le délire d'un fils. Il est possible que cette idée lui soit venue du souvenir d'une relation entre son père (Alfred) et son grand-père (Émile) vécue par lui sur un mode dramatique.

Dans cette perspective et dans le cadre de la théorie lacanienne du signifiant, le passage œdipien de la nature à la culture s'opère de la façon suivante : étant l'incarnation du signifiant parce qu'il nomme l'enfant de son nom, le père intervient auprès de celui-ci comme privateur de la mère, donnant naissance à son idéal du moi*. Dans le cas de la psychose, cette structuration n'a pas lieu. Le signifiant du nom-du-père étant alors forclos, il fait retour dans le réel* sous la forme d'un délire contre Dieu, incarnation de toutes les figures maudites de la paternité.

• Jacques Lacan, *Les Complexes familiaux* (1938), Paris, Navarin, 1984 ; « Le mythe individuel du névrosé ou Poésie et vérité dans la névrose » (1953), *Ornicar ?*, 17-18, 1979, 289-307 ; *Le Séminaire*, livre III, *Les Psychoses* (1955-1956), Paris, Seuil, 1981 ; *Le Séminaire*, livre IX, *L'Identification* (1962-1963), inédit ; *Le Séminaire*, livre XXI, *Les non-dupes errent* (1973-1974), inédit ; « Joyce, le symptôme, I » (1975), *in* Jacques Aubert (éd.), *Joyce avec Lacan*, Paris, Navarin, 1987, 21-29 ; « Joyce, le symptôme, II » (1975), *ibid.*, 31-36 ; *Le Séminaire*, livre XXIII, *Le Sinthome* (1975-1976), inédit, publication partielle, in *Ornicar ?*, 6, 7, 8, 9, 10, 11, 1976-1977. Élisabeth Roudinesco, *Jacques Lacan. Esquisse d'une vie, histoire d'un système de pensée*, Paris, Fayard, 1993 ; « Bataille entre Freud et Lacan : une expérience cachée » *in* Denis Hollier (éd.), *Georges Bataille après tout*, Paris, Belin, 1995, 191-212.

▷ ANTHROPOLOGIE. FREUD Ernst. FREUD Jacob. FREUD Martin. IMAGINAIRE. *HOMME MOÏSE ET LA RELIGION MONOTHÉISTE (L')*. PHALLOCENTRISME. SEXUALITÉ FÉMININE. SYMBOLIQUE. *TOTEM ET TABOU*.

NORVÈGE

▷ PAYS SCANDINAVES.

NOTHNAGEL Hermann (1841-1905)

médecin allemand

Élève du grand anatomiste Karl Rokitansky (1804-1878), Hermann Nothnagel, venu de Prusse, exerça les fonctions de professeur de médecine interne à l'université de Vienne* de 1892 à 1905. Hostile au nihilisme thérapeutique prôné par son maître et par une partie du corps médical viennois, il fut un clinicien humaniste, aimé de ses élèves et préoccupé des souffrances des malades. Cela ne l'empêcha pas de dispenser un enseignement fondé sur le diagnostic anatomo-pathologique, s'intéressant à la pathologie du système nerveux, du cœur et des organes digestifs. Sigmund Freud* travailla comme « aspirant » dans sa clinique pendant six mois et demi, d'octobre 1882 à avril 1883.

• Ernest Jones, *La Vie et l'œuvre de Sigmund Freud*, t. 1, *1856-1900* (New York, 1953), Paris, PUF, 1958.

NOUVELLES CONFÉRENCES D'INTRODUCTION À LA PSYCHANALYSE

Ouvrage de Sigmund Freud* publié en allemand en 1933 sous le titre *Neue Folge der Vorlesungen zur Einführung in die Psychoanalyse*. Traduit pour la première fois en français en 1936 par Anne Berman (1889-1979) sous le titre *Nouvelles Conférences sur la psychanalyse*, puis en 1984 par Rose-Marie Zeitlin sous le titre *Nouvelles*

***Conférences d'introduction à la psychanalyse*, puis en 1995 par Janine Altounian, André Bourguignon (1920-1996), Pierre Cotet, Alain Rauzy et Rose-Marie Zeitlin, sous le titre *Nouvelle Suite des leçons d'introduction à la psychanalyse*. Traduit en anglais pour la première fois en 1933 par W. J. H. Sprott, puis en 1964 par James Strachey* sous le titre *New Introductory Lectures on Psycho-Analysis*.**

Au début de l'année 1932, la situation économique de l'Internationaler Psychoanalytischer Verlag, la maison d'édition fondée par Freud en 1918 grâce à la donation de son ami hongrois Anton von Freund*, était au plus bas, conséquence de la grande crise de 1929. Pour tenter d'assainir les finances de l'entreprise, Freud eut l'idée d'écrire une nouvelle série de conférences sur le modèle des leçons d'*Introduction à la psychanalyse**, sachant cependant qu'il ne pourrait pas, cette fois, les prononcer en public du fait de sa maladie.

La continuité entre les deux séries de conférences est évidente. Non seulement elle est matérialisée par la numérotation des nouvelles leçons, dont la première porte le numéro 29, mais elle se manifeste aussi par la permanence des objectifs : ne rien masquer de la complexité des questions abordées, ne rien dissimuler des lacunes et des incertitudes persistantes.

Tout au long de ces sept conférences, la clarté du style et la fermeté de l'argumentation en témoignent, Freud est convaincu, comme l'atteste une lettre à Arnold Zweig* du 27 novembre 1932, qu'il vient d'écrire son dernier livre. Il exprime cette même idée, avec une pointe d'ironie, dans une lettre à Max Eitingon* datée du 20 mars 1932, affirmant que l'on « devrait toujours être en train de faire quelque chose quitte à être interrompu – cela vaut mieux, précise-t-il, que de disparaître en état de paresse ».

Bien qu'il intitule la première de ces conférences « Révision de la théorie du rêve », il reconnaît explicitement que dans ce domaine « il n'y a guère eu de nouvelles découvertes » depuis quinze ans. A l'évidence Freud ignore, ou veut ignorer, le retentissement qu'eut son livre *L'Interprétation des rêves** dans le mouvement surréaliste et l'importance que lui attribua André Breton (1896-1966). Centré sur sa découverte, il se félicite que ses conceptions sur le rêve* aient résisté à l'épreuve du temps. L'étude du rêve lui ayant permis de franchir le pas « menant d'un procédé psychothérapeutique à une psychologie des profondeurs », il est normal qu'elle soit l'objet de la première leçon de ce recueil. Usant, comme il le fait fréquemment, d'une métaphore aux résonances militaires, Freud souligne qu'avec la théorie du rêve la psychanalyse* a conquis « une portion de terre nouvelle, gagnée sur la croyance populaire et la mystique ». L'originalité de l'apport de la psychanalyse en ce domaine a conféré au rêve, dit encore Freud, le rôle d'un *schibboleth*, sorte de mot de passe ou de signe de reconnaissance au moyen duquel s'effectue la partition entre les adeptes de la psychanalyse et ceux pour lesquels elle demeurera à jamais incompréhensible.

Pourquoi donc, si rien n'est venu enrichir la question, en répéter la présentation ? Tout simplement parce que, à bien considérer ce que font et disent à ce propos « les gens prétendument cultivés », et parmi eux « les nombreux psychiatres et psychothérapeutes qui font bouillir leur petite soupe à notre feu », il apparaît que *L'Interprétation des rêves* a le plus souvent été mal lue, voire pas lue du tout.

Après un rappel des grandes avancées exposées dans l'ouvrage pionnier, la distinction entre le contenu manifeste et les pensées latentes du rêve, la fonction du refoulement* et des résistances* dans la formation du rêve, les processus essentiels du travail du rêve, la condensation* et le déplacement*, Freud revient sur la question de la symbolisation, ne renonçant pas à ces correspondances constitutives à ses yeux d'un lien entre l'activité psychique inconsciente individuelle et le registre du patrimoine culturel de l'humanité, sous la forme notamment des mythes et des légendes.

Il répond alors aux objections qui lui ont été faites à propos de sa thèse sur le rêve comme accomplissement d'un désir* inconscient, ses adversaires lui opposant l'existence des rêves de punition et des rêves d'angoisse.

Tout comme il l'avait fait dans un article de 1923, écrit à l'occasion d'une réédition de *L'Interprétation des rêves*, Freud différencie les deux catégories de rêves, rêves de punition et rêves d'angoisse. A défaut de constituer l'accomplissement d'une motion pulsionnelle, les rêves de punition lui apparaissent comme une réponse positive à un réquisit de cette instance qui n'était pas encore connue lors des précédentes versions de la théorie du rêve, le surmoi*. Quant aux rêves d'angoisse, liés aux événements traumatiques, dont on sait qu'ils constituèrent le point de départ, dans *Au-delà du principe de plaisir**, de la notion de compulsion à la répétition*, prémisse de la conceptualisation de la pulsion* de mort, Freud demeure prudent. En 1923, il considérait ces rêves comme la seule exception réelle à sa thèse. Dix ans plus tard, il trouve bien difficile de « deviner » quelle motion de désir serait susceptible d'être satisfaite par le retour d'événements pénibles et admet que sa thèse, pour juste qu'elle soit, puisse néanmoins connaître des modifications liées à l'existence d'autres forces psychiques contradictoires : « Si vous voulez tenir compte des dernières objections, conseille – ou concède – Freud, dites au moins que le rêve *tente* d'être un accomplissement de désir. »

La deuxième conférence traite de la question de l'occultisme*, objet de vives controverses dans le mouvement psychanalytique au cours de la décennie 1920-1930. Toujours ambivalent, Freud tantôt refuse d'aborder la question, se conformant aux désirs d'Ernest Jones* et de Max Eitingon soucieux de préserver la respectabilité scientifique de la psychanalyse, tantôt accepte de promouvoir les manifestations de l'irrationnel, convaincu que la psychanalyse a intérêt à aborder ces zones d'ombre que le monde anglo-américain veut abandonner aux adeptes du spiritisme*.

Outre ses échanges épistolaires, ses discussions et ses séances de spiritisme avec Sandor Ferenczi*, Freud aborde à deux reprises au moins la question de l'occultisme sous la rubrique plus générale de la télépathie* dans les années 1920. La conférence intitulée « Rêve et occultisme » ne s'écarte pas des lignes de force de ces deux interventions, bien au contraire. En 1932 en effet, Freud n'en est plus à son coup d'essai. La question du pouvoir dans l'International Psychoanalytical Association* (IPA) s'est réglée au profit du courant anglo-américain et le vieil homme ne craint plus les remontrances des membres du Comité secret*.

Déclaration de principe non dépourvue d'ironie, il annonce vouloir se départir de tous les préjugés et notamment de la « pusillanimité scolaire » qui freine l'exercice de la réflexion. Il s'agit donc de procéder avec les phénomènes occultes comme avec n'importe quel objet de la science, et d'abord d'établir leur existence pour tenter ensuite de les expliquer.

Trois types de difficultés, intellectuelle, psychologique et historique, font obstacle à cette démarche. Maniant alternativement le bon sens et l'humour, Freud attire d'abord l'attention sur cette déformation intellectuelle qui consiste, au lieu de discuter d'une proposition saugrenue, à juger celui qui la fait. Il rappelle à ce sujet les attaques qu'il eut à subir aux premiers temps de la psychanalyse. Quant à la crédulité humaine, fréquemment invoquée pour rejeter l'occultisme*, elle ne constitue en rien une information sur la nature de l'objet. Enfin, la proximité entre l'occultisme et les religions ne doit pas conduire à rejeter le premier sous prétexte de méfiance envers les secondes.

Ces obstacles écartés, Freud se tourne vers les prétendus rêves télépathiques (une personne rêve d'un événement qui est en train de se produire dans la réalité). Admettant l'hypothèse d'un message télépathique dont l'état de sommeil favoriserait la réception, il soumet néanmoins ce phénomène au travail d'interprétation psychanalytique et démontre que la dimension télépathique fonctionne en réalité comme un reste diurne modifié par le travail du rêve. La conclusion s'impose après l'examen d'un certain nombre d'exemples : en tant que tel, le rêve télépathique demeure hermétique, seul le travail psychanalytique du rêve permet d'en saisir le sens. Le rêve n'étant donc pas un instrument utile pour vérifier l'existence des phénomènes occultes, il convient d'aborder ces phénomènes en dehors des rêves afin de voir si l'explication psychanalytique peut en rendre compte.

Parmi la série d'exemples soumis à l'examen figure l'histoire d'une patiente ayant éprouvé un très fort attachement à son père. Heureuse dans son mariage, cette femme n'a pas réussi à avoir des enfants, elle n'a donc pas pu faire en sorte que son mari soit père. A la découverte de la stérilité de son mari, elle sombre dans une forte dépression. Au cours d'un voyage d'agrément à Paris, en cachette de son mari, elle va consulter un diseur de bonne aventure qui lui prédit qu'elle aura deux enfants à 32 ans. La prophétie ne se réalise pas, mais la patiente s'en souvient avec plaisir. Freud se déplace alors sur le terrain psychanalytique pour interpréter la prophétie : la mère de la patiente s'était mariée très tard et s'était retrouvée à 32 ans avec deux enfants. Le dire du voyant pouvait s'entendre comme suit : « Consolez-vous, vous êtes encore bien jeune. Vous aurez le même destin que votre mère qui a dû aussi attendre longtemps pour avoir des enfants, vous aurez deux enfants à 32 ans. » Avoir le même destin que sa mère signifiait, pour la patiente, prendre la place de sa mère auprès de ce père qu'elle chérissait tant. Une telle prophétie ne pouvait que combler d'aise cette femme. Mais comment rendre compte de l'introduction du chiffre 32 par le mage, qui ne savait rien de cette histoire ? Deux réponses possibles, dit Freud non sans quelque malice : ou bien cette histoire est fausse, ou bien il y a effectivement eu transmission de pensée ! En réalité, l'hypothèse que retient Freud est différente : en racontant cette histoire à son analyste seize ans après qu'elle s'est produite (Freud ne relève pas que 32 est le multiple de 16), il est permis de penser que la patiente a tiré ce chiffre 32 de son inconscient pour l'inscrire dans son souvenir.

L'étude d'autres exemples aboutit à la même conclusion : l'interprétation psychanalytique permet le plus souvent de rendre compte de phénomènes trop facilement portés au crédit de l'occultisme. Il n'empêche, certaines histoires interdisent une analyse par trop hâtive : ainsi le célèbre cas du Dr David Forsyth*. Ayant de nouveau réussi à rendre compte, à l'aide de la psychanalyse, du sens de la succession de coïncidences qui émaillent ce cas, Freud reconnaît néanmoins l'existence d'un résidu inexplicable. Il en vient alors à admettre que, à son « sentiment, la balance penche, ici aussi, en faveur de la transmission de pensée ». A l'appui de ce jugement, il s'empresse de citer un certain nombre d'observations identiques faites par Helene Deutsch*. Prévoyant les objections qui ne vont pas manquer de lui être adressées, Freud laisse poindre sa passion pour l'aventure et le merveilleux, sa curiosité et son audace intellectuelles qui, quelque trente années plus tôt, l'ont conduit à se lancer dans l'épopée psychanalytique en compagnie de Wilhelm Fliess*. Non seulement il s'avoue incapable de se ranger sagement sous la bannière du rationalisme, mais il exhorte ses lecteurs « à penser avec plus de bienveillance à la possibilité objective de la transmission de pensée et par là même aussi de la télépathie ».

Dans un discours prononcé à l'occasion du quatre-vingtième anniversaire de Freud, Thomas Mann* se réfère à la troisième de ces nouvelles conférences : l'inspiration qui s'y manifeste, sa forme et son contenu, la description qui y est faite du « monde mental de l'inconscient et du ça », tout cela témoigne, pour le grand écrivain, de la filiation de Freud avec le « siècle des Schopenhauer et des Ibsen au milieu duquel il a pris naissance ».

En quelques lignes, Freud résume le long chemin parcouru par la psychanalyse : l'attention portée d'abord aux symptômes, qui ouvrit la voie vers l'inconscient*, la vie pulsionnelle et la sexualité*, le conflit entre les motions inconscientes et les résistances, et enfin le grand tournant, caractérisé par le rôle essentiel accordé à ce moi* demeuré jusque-là inscrit dans la perspective de la psychologie populaire. C'est de la nouvelle conception du moi qu'il sera surtout question. Cette conférence constitue ainsi une mise au point définitive et magistrale des thèses qui ont été développées dans les grands ouvrages des années 1920, *Au-delà du principe de plaisir* et *Le Moi et le Ça** notamment. S'appuyant sur des observations cliniques et affinant les développements spéculatifs qui lui furent tant reprochés, Freud revient sur sa découverte du clivage du moi qui permet l'émergence d'une nouvelle instance, une instance observatrice, qui prépare au jugement et à la sanction sans se réduire à la seule conscience morale, une instance qui va prendre le nom de surmoi*.

L'étude des étapes de la formation de ce surmoi le conduit à souligner le rôle essentiel de l'identification* précoce à la structure parentale et lui permet de situer le surmoi comme héritier de l'Œdipe*. A cette occasion, Freud clarifie la relation entre le surmoi et l'idéal du moi*. Moi et surmoi sont en grande partie des instances inconscientes, ce qui implique une révision fondamentale de la conception psychanalytique des rapports entre conscient* et inconscient. Freud explique comment, à partir d'une remise en cause de la première topique*, il fut amené à introduire en 1923 le concept de ça* pour désigner l'inconscient dans sa perspective dynamique. C'est à cette instance, et aux relations entre le ça et le moi, qu'est consacrée la fin de cette conférence.

La question se pose de l'issue de la relation conflictuelle qui se noue entre ces deux instances. Pour l'éclairer, Freud écrit une phrase qui deviendra célèbre dans le monde entier et dont les traductions diverses cristalliseront les fractures du mouvement psychanalytique : « *Wo es war soll ich werden.* » Il s'agit de désigner la tâche nouvelle qui incombe à la culture à travers la psychanalyse et dont l'importance lui paraît aussi grande pour l'humanité que l'assèchement du Zuiderzee.

En France*, Anne Berman opta en 1936 pour une traduction* de type adaptatif fondée sur la prévalance du moi : « Le moi doit déloger le ça. » Vingt ans plus tard, dans une conférence sur la « chose freudienne » donnée à Vienne en 1955, Jacques Lacan* contesta cette traduction et proposa une nouvelle transcription : « Là où c'était dois-je advenir. » Il signifiait par là la primauté du ça sur le moi : là où ça était, le je doit être. Par la suite, deux nouvelles traductions furent retenues, l'une en 1984 («Là où était du ça doit advenir du moi »), l'autre en 1995 («Là où était du ça, du moi doit advenir »).

James Strachey de son côté eut recours, pour la traduction anglaise, à la thèse inverse de celle de Lacan, optant pour l'idée que le moi doit venir à la place du ça : « *Where id was, there ego shall be.* »

La quatrième conférence est consacrée à l'angoisse et à la vie pulsionnelle. La question de l'angoisse avait fait l'objet d'une des leçons de la première série. Freud en reprend les grandes lignes pour exposer à nouveau, avec plus de clarté que dans *Inhibition symptôme et angoisse**, les modifications que le traitement de cette question a connues depuis l'introduction de la seconde topique. Désormais, seul le moi peut produire et ressentir de l'angoisse. Cela conduit à distinguer entre trois formes d'angoisse, l'angoisse réelle (correspondant à la dépendance du moi vis-à-vis du monde extérieur), l'angoisse névrotique (résultant de la dépendance du moi à l'égard du ça), l'angoisse morale (produite par la relation du moi avec le surmoi). Il remanie ensuite sa conception des relations entre l'angoisse, la castration* et le refoulement. Ici, Freud rend un hommage insistant à Otto Rank*, auquel « la psychanalyse doit beaucoup de belles contributions » et qui eut notamment le mérite de montrer l'importance de l'acte de la naissance comme première séparation d'avec la mère. Cette évocation vient conforter ce que de nombreux autres indices laissaient penser, à savoir qu'à la différence des ruptures avec Alfred Adler* ou Carl Gustav Jung* Freud a sans doute davantage subi que souhaité celle qui l'éloigna de Rank.

Si le thème de l'angoisse a ainsi fait l'objet d'un profond remaniement théorique, Freud rappelle que le domaine des pulsions n'a pas été logé à meilleure enseigne, les difficultés sur ce point ayant été et demeurant plus grandes encore. Les étapes de la transformation de la théorie des pulsions sont passées en revue, occasion pour Freud d'insister sur cette pulsion de mort qui « ne saurait être absente d'aucun processus de vie ». Sur ce point, Freud tient à réaffirmer sa position, précisant qu'il n'est nullement gêné de se voir reprocher le profil philosophique de son avancée, dès lors que la philosophie dont il est là question est celle du grand Schopenhauer.

Avec la cinquième conférence, Freud revient sur un terrain où il n'a jamais été très à l'aise, celui de la sexualité féminine*, aspect de ce qu'il appelle plus généralement « l'énigme de la féminité ». Comme dans le texte de 1931 consacré à ce thème, il fait preuve de prudence et dit vouloir se référer essentiellement aux recherches menées par ses « collègues femmes » qui ont travaillé cette question. Sans faire clairement état de ses intentions, Freud semble vouloir amender sa conception en accordant un rôle essentiel à la mère dans la mise en place et la résolution du complexe d'Œdipe* et dans l'évolution du complexe de castration chez la fille. Pour autant ce texte ne bouleverse en rien sa thèse de la *libido** unique et sa conception phalliciste. C'est pourquoi il sera critiqué, notamment lorsque la question de la sexualité féminine sera discutée à nouveau, à partir du congrès d'Amsterdam organisé sur le sujet en 1958 sur l'initiative de Jacques Lacan, puis par la suite dans tous les travaux féministes.

La conférence suivante traite de trois questions d'ordre pratique. Freud évoque d'abord la place de la psychanalyse et son accueil dans la société, ainsi que les réactions des psychanalystes face à cette réalité. Il renouvelle ses mises en garde contre l'utilisation abusive du savoir psychanalytique, contre toutes les formes d'interprétation* sauvage, et plus généralement contre le prosélytisme. Il s'attarde ensuite à reconnaître et à justifier les modalités d'inscription de la démarche analytique dans les domaines des « sciences de l'esprit ». Il s'agit d'un plaidoyer en faveur des divers aspects que peut revêtir la psychanalyse appliquée*, l'accent étant mis sur les questions pédagogiques et éducatives, auxquelles il a été sensibilisé aussi bien par Anna Freud* que par August Aichhorn*. Les problèmes relatifs à la psychanalyse comme thérapie forment le troisième volet de cette conférence. Bien qu'il prenne soin de rappeler son peu d'enthousiasme pour la thérapie, Freud profite de l'occasion pour faire quelques mises au point sur des questions techniques telles que les indications d'utilisation de la psychanalyse ou encore la durée du traitement, dont il prend soin de souligner qu'elle est le plus souvent incompressible. Si la valeur thérapeutique de la psychanalyse n'existait pas, conclut Freud, « elle n'aurait pas été découverte au contact des malades et ne se serait pas développée pendant plus de trente ans ».

La dernière leçon constitue l'un des textes les plus célèbres de Freud. La réflexion qu'il y développe n'est que partiellement nouvelle mais elle se veut une réponse définitive à une question fréquemment posée : la psychanalyse constitue-t-elle une conception du monde (*Weltanschauung*) ou y conduit-elle ? Relevant que le terme *Weltanschauung* est spécifiquement allemand et ne se prête que difficilement à une traduction* rigoureuse, Freud entend d'abord définir ce qu'il désigne sous ce terme : « ... une *Weltanschauung* est une construction intellectuelle qui résout, de façon homogène, tous les problèmes de notre existence à partir d'une hypothèse qui commande le tout, où, par conséquent, aucun problème ne reste ouvert, et où tout ce que à quoi nous nous intéressons trouve sa place déterminée. »

Puis il répond à la question posée, et sa position est nette : en tant que démarche scientifique, en tant que « psychologie de l'inconscient », la psychanalyse n'est pas et ne peut pas être une conception du monde, elle ne peut que faire sienne la *Weltanschauung* de la science dont la définition est beaucoup moins ambitieuse. Nombreux sont ceux qui reprochent à la *Weltanschauung* scientifique de n'être porteuse d'aucun espoir parce qu'elle ignore les exigences de l'esprit humain. Pour Freud, ces objections sont irrecevables puisqu'elles ignorent le rôle de la psychanalyse qui consiste justement à prendre en charge, à l'intérieur du continent scientifique, la part du psychisme.

Ni l'art, bien inoffensif, ni la philosophie, pleine de bonnes intentions mais souvent incohérente et par trop hermétique, ne constituent des ennemis de la science : la religion seule joue ce rôle, elle a une puissance gigantesque et « dispose des émotions les plus fortes des êtres humains ». La religion rassure les hommes en leur donnant l'illusion de pouvoir répondre à leurs questions les plus angoissantes. En quelques pages, Freud s'adonne à la critique systématique de la religion comme il l'a fait dans certains de ses précédents ouvrages, rapprochant à nouveau l'enfance de l'individu et celle de l'humanité. Tout en regrettant son incompétence, Freud s'engage ensuite dans la critique d'une autre conception du monde dont il a esquissé la mise en cause dans *L'Avenir d'une illusion** et dans *Le Malaise dans la culture**. Évaluant ainsi la force et la faiblesse du marxisme, il écrit ceci : « Par sa réalisation dans le bolchevisme russe, le marxisme théorique a maintenant gagné l'énergie, la cohérence et le caractère exclusif d'une *Weltanschauung*, mais en même temps aussi une ressemblance inquiétante avec ce qu'il combat. Initialement conçu lui-même comme une part de science [...], il a cependant édicté un interdit de penser aussi inexorable que le fut en son temps celui de la religion. »

Freud conclut cette ultime conférence en modérant son enthousiasme à l'égard de la *Weltanschauung* scientifique, conscient de l'insatisfaction que ne peut manquer de soulever une démarche dogmatique, par trop soumise aux exigences de vérité et professant le refus de toute illusion.

• Sigmund Freud, *L'Interprétation des rêves* (1900), *GW*, II-III, 1-642, *SE*, IV-V, 1-621, Paris, PUF, 1967 ; *Introduction à la psychanalyse* (1916-1917), *GW*, XI, *SE*, XV-XVI, Paris, Payot, 1973 ; *Au-delà du principe de plaisir* (1920), *GW*, XIII, 3-69, *SE*, XVIII, 1-64, in *Essais de psychanalyse*, Paris, Payot, 1981, 41-115 ; « Psychanalyse et télépathie » (1941), *OC*, XVI, 99-118, *GW*, XVII, 27-44, *SE*, XVIII, 177-193 ; « Rêve et télépathie » (1922), *OC*, XVI, 119-144, *GW*, XIII, 165-191, *SE*, XVIII, 197-220 ; « Remarques sur la théorie et la pratique de l'interprétation du rêve » (1923), *OC*, XVI, 165-179, *GW*, XIII, 301-314, *SE*, XIX, 109-121 ; *Le Moi et le Ça* (1923), *OC*, XVI, 255-301. *GW*, XIII, 237-289. *SE*, XIX, 12-59 ; *L'Avenir d'une illusion* (1927), *OC*, XVIII, 141-197, *GW*, XIV, 325-380, *SE* XXI, 5-56 ; *Inhibition, symptôme et angoisse* (1926), *OC*, XVII, 203-286, *GW*, XIV, 113-205, *SE*, XX, 87-172 ; *Le Malaise dans la culture* (1930), *OC*, XVIII, 245-333, *GW*, XIV, 421-506, *SE*, XXI, 64-145 ; « De la sexualité féminine » (1931), *OC*, XIX, 7-29, *GW*, XIV, 517-537, *SE*, XXI, 225-243 ; *Nouvelles Conférences d'introduction à la psychanalyse* (1933), *OC*, XIX, 83-269, sous le titre *Nouvelle Suite des leçons d'introduction à la psychanalyse*, *GW*, XV, *SE*, XXII, 5-182, Paris, Gallimard, 1984 ; et Arnold Zweig, *Correspondance (1927-1939)*, (Francfort, 1968), Paris, Gallimard, 1973. Piera Aulagnier-Spairani, « Remarques sur la féminité et ses avatars », *in* id., Jean Clavreul, François Perrier, Guy Rosolato, Jean-Paul Valabrega, *Le Désir et la Perversion*, Paris, Seuil, 1967, 53-89. Françoise Dolto, *Sexualité féminine. La libido génitale et son destin féminin* (1982), Paris, Gallimard, 1996, préface de Muriel Djéribi-Valentin, 7-29. Wladimir Granoff et François Perrier, *Le Désir et le Féminin* (1964), Paris, Aubier, 1991 ; et Jean-Michel Rey, *L'Occulte, objet de la pensée freudienne*, Paris, PUF, 1983. Marie-Christine Hamon, *Pourquoi les femmes aiment-elles les hommes et non pas plutôt leur mère ?*, Paris, Seuil, 1992 ; *Féminité mascarade*, Paris, Seuil, 1994. Luce Irigaray, *Speculum de l'autre femme*, Paris, Minuit, 1974. Ernest Jones, *La Vie et l'œuvre de Sigmund Freud* (New York, 1953), Paris, PUF, 1958. Norman Kiell, *Freud Without Hindsight. Review of His Work, 1893-1939*, Madison, International Universities Press, Inc., 1988. Sara Kofman, *L'Énigme de la femme*, Paris, Galilée, 1980. Julia Kristeva, *La Révolution du langage poétique*, Paris, Seuil, 1974. Jacques Lacan, « La chose freudienne ou Sens du retour à Freud en psychanalyse » (1955), in *Écrits*, Paris, Seuil, 1966 ; *Le Séminaire*, livre XI, *Les Quatre Concepts fondamentaux de la psychanalyse* (1964), Paris, Seuil, 1973 ; *Le Séminaire*, livre XIV, *La Logique du fantasme* (1966-1967), séance du 11 janvier 1967, inédit. Thomas Mann, « Freud et l'avenir » (1936), *in* Roland Jaccard (éd.), *Freud, jugements et témoignages*, Paris, PUF, 1976, 13-43. Michèle Montrelay, *L'Ombre et le Nom*, Paris, Minuit, 1977.

▷ DIFFÉRENCE DES SEXES. FREUD Amalia. PHOBIE.

NOUVELLES CONFÉRENCES SUR LA PSYCHANALYSE

▷ *NOUVELLES CONFÉRENCES D'INTRODUCTION À LA PSYCHANALYSE.*

NOUVELLE SUITE DES *LEÇONS D'INTRODUCTION À LA PSYCHANALYSE*

▷ *NOUVELLES CONFÉRENCES D'INTRODUCTION À LA PSYCHANALYSE.*

NUNBERG Hermann (1883-1970)

psychiatre et psychanalyste américain

Né à Brendzin en Galicie, province de la Pologne rattachée à l'Empire russe, Hermann Nunberg était issu d'une famille juive cultivée où l'on parlait l'allemand. Il fit ses études secondaires à Cracovie puis se rendit à Zurich à la clinique du Burghölzli* pour étudier la psychiatrie au contact d'Eugen Bleuler* et de Carl Gustav Jung*. Il s'initia à l'hypnose* et poursuivit sa formation dans d'autres clinique suisses : à Schaffhausen et à Waldau. De retour à Cracovie, il travailla au sanatorium de Ludwig Jekels* où il découvrit l'œuvre freudienne.

C'est en 1915 qu'il devint membre de la Wiener Psychoanalytische Vereinigung (WPV) après une analyse avec Paul Federn*. Auparavant, il avait suivi les réunions comme invité tout en enrichissant le cercle freudien de sa connaissance de l'école psychiatrique zurichoise. En 1932, il publia un ouvrage intitulé *Principes de psychanalyse. Leur application aux névroses*, pour lequel Sigmund Freud* rédigea une préface. Il faisait déjà partie de l'entourage intime de Freud puisqu'il avait épousé en 1929 la fille d'Oskar Rie*, Margarethe, qui deviendra psychanalyste après une cure sur le divan de Freud.

Praticien orthodoxe du freudisme*, Nunberg fut le premier, au congrès de l'International Psychoanalytical Association* (IPA) de Budapest en 1918, à proposer que l'une des conditions requises pour devenir psychanalyste soit d'avoir fait une analyse. Cette motion, qui définissait le statut d'une possible analyse didactique*, fut rejetée par Otto Rank* et Sandor Frenczi*.

Les contributions de Nunberg à l'édification de la doctrine freudienne portent essentiellement sur la fonction du moi*, sur le processus de guérison et sur l'expérience de la cure. Contrairement aux autres représentants du néofreudisme*, Nunberg acceptait la notion de pulsion* de mort.

En 1933, il émigra aux États-Unis*, d'abord à Philadelphie puis à New York, où il s'intégra à la New York Psychoanalytic Society avec beaucoup de difficultés ; Abraham Arden Brill* lui ayant notamment demandé de condamner l'analyse profane* et de ne former que des médecins, il refusa, ce qui ne l'empêcha pas de devenir président de la société en 1950. C'est à lui que Paul Federn confia la charge de la publication des Minutes de la Société psychanalytique de Vienne.

● Hermann Nunberg, *Principes de psychanalyse. Leur application aux névroses* (1932, Berlin), Paris, PUF, 1957 ; *Memoirs, Recollections, Ideas, Reflections*, New York, The Psychoanalytic Research and Development Fund, 1969. Bertram D. Lewin, « Obtuary Hermann Nunberg, 1884-1970 », *IJP*, 51, 1970, 421-423.

▷ « IRMA (L'INJECTION FAITE À) ». SOCIÉTÉ PSYCHOLOGIQUE DU MERCREDI.

O

OBERHOLZER Emil (1883-1958)
psychiatre et psychanalyste américain

Analysé par Sigmund Freud*, Emil Oberholzer fut en 1919 le cofondateur avec Oskar Pfister*, Hermann Rorschach* et Hans Walser de la Société suisse de psychanalyse (SSP). Hostile à l'analyse profane*, il fonda en 1927 avec le psychiatre Rudolf Brun (1885-1969) l'Association médicale de psychanalyse que plusieurs médecins de la SSP viendront rejoindre. Freud prit parti pour Oskar Pfister et pour la SSP, et la nouvelle association ne fut donc pas reconnue par l'International Psychoanalytical Association* (IPA). Elle se disloqua lorsque Oberholzer émigra aux États-Unis* avec sa femme, Mira Oberholzer-Gingburg (1887-1949). Ils devinrent membres de la New York Psychoanalytic Society (NYPS).

▷ SUISSE.

OBERNDORF Clarence Paul (1882-1954)
psychiatre et psychanalyste américain

Issu d'une famille de l'Alabama, dans le sud des États-Unis*, et élevé par une nourrice noire, Oberndorf se rendit en Europe pour faire ses études de psychiatrie. Il fut l'élève d'Emil Kraepelin* puis l'un des fondateurs avec Abraham Arden Brill* de la New York Psychoanalytic Society (NYPS). Par la suite, il fut élu deux fois président de l'American Psychoanalytic Association* (APsaA).

Analysé par Sigmund Freud* à Vienne* en 1921, il faisait partie de ces Américains que le maître traitait avec mépris. Abram Kardiner* a rapporté à son sujet une anecdote. Oberndorf se trouva en mauvaise posture avec Freud dès le premier jour de son analyse, quand il lui raconta un rêve* dans lequel il se voyait en train de circuler dans une calèche tirée par deux chevaux, un noir et un blanc. Freud interpréta le rêve en expliquant à Oberndorf qu'il ne réussirait jamais à se marier parce qu'il n'arrivait pas à se décider entre une femme blanche et une femme noire : « L'interprétation* mit Oberndorf hors de lui, écrit Kardiner, et ils ergotèrent sur ce rêve pendant des mois, jusqu'à ce que Freud mît fin à l'analyse. »

Oberndorf se montra toujours hostile à l'analyse profane*. A ce titre, il fut comme Brill l'un des représentants les plus orthodoxes de ce freudisme* américain fondé sur une assimilation pure et simple de la psychanalyse* au savoir psychiatrique. En 1953, il rédigea le premier ouvrage officiel sur l'histoire de la psychanalyse aux États-Unis.

• Clarence P. Oberndorf, *A History of Psychoanalysis in America*, New York, Grune and Stratton, 1953. Abram Kardiner, *Mon analyse avec Freud* (New York, 1978), Paris, Belfond, 1978.

▷ HISTORIOGRAPHIE. *QUESTION DE L'ANALYSE PROFANE (LA).*

OBJET

▷ OBJET (BON ET MAUVAIS). OBJET (RELATION D'). OBJET (petit) a. OBJET TRANSITIONNEL. PULSION. *TROIS ESSAIS SUR LA THÉORIE SEXUELLE.*

OBJET (BON ET MAUVAIS)

Allemand : *Gutes, böses Objekt*. Anglais : *Good, bad object*.

Terme introduit par Melanie Klein* en 1934 pour désigner une modalité de la relation d'objet* telle qu'elle apparaît dans la vie fantasmatique de l'enfant et qui renvoie à un clivage* de l'objet en bon et mauvais (par exemple : bonne mère, mauvaise mère) selon que cet objet est ressenti comme frustrant ou gratifiant.

Cette notion fera fortune en ouvrant la voie après 1945 à une refonte générale de la notion d'objet en psychanalyse*, d'où découlera aussi bien l'objet transitionnel* de Donald Woods Winnicott* que l'objet (petit) a* de Jacques Lacan*.

C'est à partir de la réflexion de Karl Abraham* sur les stades* de la *libido** que Melanie Klein introduit simultanément, dans la même conférence, les deux concepts de position dépressive* et d'objet (bon et mauvais). Sigmund Freud* ne s'était intéressé à l'objet que dans le cadre de sa théorie des pulsions* et des stades (au sens de l'évolutionnisme) et il réservait au moi* le fait du clivage. Soucieux d'élargir la clinique psychanalytique au domaine des troubles mentaux, Abraham révisa les concepts freudiens pour tenter de décrire les relations archaïques de l'enfant à son entourage, seule manière de comprendre l'origine précoce des états psychotiques. Il fit donc éclater la notion classique d'objet et de stade, et à l'objet total il substitua l'objet partiel. Dans ses *Trois Essais sur la théorie sexuelle**, Freud en avait montré l'importance en soulignant l'existence non pas d'objets partiels, mais de pulsions* partielles. Celles-ci prennent pour objet, selon lui, certaines parties du corps ou des matières détachées du corps : le sein, les fèces (matières fécales), voire le fétiche.

En 1934, partant de la révision d'Abraham, Melanie Klein introduit le clivage dans l'objet afin de le scinder en un bon et un mauvais objet. L'objet partiel, le sein par exemple, est alors clivé en un sein idéal, objet du désir de l'enfant (bon objet), et en un sein persécuteur, objet de haine et de peur perçu comme fragmenté.

Cette terminologie permet de repenser de fond en comble le domaine de la réalité psychique* et de montrer à quel point l'univers fantasmatique infantile, peuplé d'angoisse, de terreur, de haine et d'idéalisation, se retrouve non seulement dans la psychose*, où le sujet ne parvient pas à regarder sa mère comme un objet total et continue à l'appréhender sur le mode d'un clivage entre le bon et le mauvais objet, mais aussi dans l'évolution normale, puisque tout sujet, au sens kleinien, passe par la position dépressive pour sortir de l'état persécutif (paranoïde) propre à la perte de la mère comme objet partiel.

● Melanie Klein, « Contribution à la psychogenèse des états maniaco-dépressifs » (1934), in *Essais de psychanalyse* (Londres, 1948), Paris, Payot, 1967, 311-341. Karl Abraham, « Esquisse d'une histoire du développement de la *libido* fondée sur la psychanalyse des troubles mentaux » (1924), in *Œuvres complètes*, II, *1915-1925*, Paris, Payot, 1965, 170-227. Hanna Segal, *Introduction à l'œuvre de Melanie Klein* (Londres, 1978), Paris, PUF, 1969. Phyllis Grosskurth, *Melanie Klein, son monde et son œuvre* (1986), Paris, PUF, 1990. R.D. Hinshelwood, *A Dictionary of Kleinian Thought*, Londres, Free Association Books, 1991.

▷ ENVIE. IDENTIFICATION PROJECTIVE. INTROJECTION.

OBJET (RELATION D')

Allemand : *Objektbeziehung*. Anglais : *Object-relation*.

Terme employé par les successeurs de Sigmund Freud* pour désigner les modalités fantasmatiques de la relation du sujet* au monde extérieur telles qu'elles se présentent dans les choix d'objets que ce sujet effectue.

Pour comprendre l'extension prise en psychanalyse* par cette problématique durant la deuxième moitié du XXe siècle, il faut partir de la conception freudienne de la pulsion* et de son objet, ce par quoi celle-ci cherche à atteindre son but, « à savoir un certain type de satisfaction, soulignent Jean Laplanche et Jean-Bertrand Pontalis. Il peut s'agir d'une personne ou d'un objet partiel, d'un objet réel ou d'un objet fantasmatique ».

Pour Freud, aucune conceptualisation de la relation n'existe en tant que telle, et la question de la relation du sujet à l'objet est pensée sous la catégorie des stades* aux sens évolutionniste et biologique du terme. En 1924, Karl Abraham* révise cette théorie, en divisant les différents stades jusqu'à leur attribuer une position (structurale) plutôt qu'un cheminement biologique, et en introduisant l'idée que les activités du sujet sont modelées par les objets eux-mêmes ou, plus précisément, par la manière dont le sujet se construit dans une relation à des objets partiels.

La voie est ainsi ouverte à un renversement radical de la perspective freudienne. Au lieu de penser l'évolution du sujet selon les réaménagements successifs de la relation pulsionnelle et sexuelle à l'objet, on cherchera désormais à montrer comment s'organise de façon structurale l'activité fantasmatique précoce, selon des types de relations objectales. En 1934, à la suite d'Abraham, Melanie Klein abandonne la notion de stade pour celle de position et invente en même temps le concept d'objet (bon et mauvais)*. L'accent est mis alors sur le clivage* de l'objet et non plus du moi*.

Deux ans plus tard, en 1936, Jacques Lacan* suit la même voie en théorisant la notion wallonienne de stade du miroir*. Dans un cas comme dans l'autre, il s'agit bien pour le mouvement psychanalytique d'explorer les fondements de la personnalité humaine : le soi (*self)* en tant qu'image ou relation à autrui (l'autre*), l'objet en tant qu'il est incorporé, introjecté, projeté, persécuteur ou au contraire gratifiant. Sur le plan thérapeutique, l'objectif est d'introduire la technique psychanalytique dans le domaine de l'éducation des enfants et de lutter contre le nihilisme thérapeutique de la psychiatrie sur le terrain du traitement de la folie* et de l'autisme*.

Le kleinisme* et le lacanisme* ont ainsi en commun une forte volonté de saisir la vie fantasmatique et inconsciente de l'homme en dehors de l'évolutionnisme biologique. D'où le remplacement de la notion de stade par celle de relation d'objet et l'accentuation portée sur le rôle premier de la mère, tandis que Freud avait toujours privilégié le père.

Après la Deuxième Guerre mondiale, et à la suite des Grandes Controverses* qui divisent en trois courants la British Psychoanalytical Society (BPS), la clinique des relations d'objet prend une telle ampleur qu'elle déborde à la fois le kleinisme et l'annafreudisme* : on parle alors d'une *Object-Relations School* (école des relations d'objet) illustrée par les travaux de Michael Balint*, Wilfred Ruprecht Bion*, Ronald Fairbairn*, Donald Woods Winnicott*, et plus généralement par le groupe des Indépendants*. L'apport kleinien est toujours présent, mais l'analyse des relations objectales ne vise plus la seule réalité psychique ou fantasmatique ; elle s'étend à l'étude de toutes les formes d'environnement (familial, social, etc.). Il s'agira désormais de comprendre les modalités de l'insertion du moi dans la culture (*Ego Psychology**, néofreudisme*), la phénoménologie des transitions entre le non-moi et le moi (objet transitionnel*) et les troubles narcissiques liés à la radicalisation de l'individualisme dans un monde occidental dominé par la raison économique (*Self Psychology**). La relation d'objet devient ainsi le mot d'ordre majeur de l'âge d'or de la psychanalyse anglophone.

En fait, l'extension du terme accompagne l'expansion de la psychanalyse ellemême. En devenant une pratique de masse, le freudisme* de la deuxième moitié du siècle est non seulement confronté à des scissions*, mais aussi forcé de repenser sa doctrine à travers une réflexion sur la manière dont l'homme construit sa personnalité dans ses rapports avec son entourage.

En France*, c'est à cette place croissante du phénomène « relationnel » que Lacan s'attaque dans son séminaire de 1956-1957, l'année même où l'on célèbre le centenaire de la naissance de Freud. Soucieux de retrouver l'objet lui-même (au sens freudien) mais aussi d'épargner les auteurs anglais qu'il admire et dont il s'inspire, Lacan critique violemment les cliniciens de l'école française et notamment Maurice Bouvet*, membre de la Société psychanalytique de Paris (SPP) et auteur d'un article sur la relation d'objet inspiré par les travaux anglo-saxons.

Il donne alors sa propre conception de la relation d'objet, à mi-chemin du freudisme classique, du kleinisme et des thèses de Winnicott. Posant la question de l'objet en termes de manque et de perte, il instaure une sorte de géométrie variable de l'objectalité, où interviennent trois modalités relationnelles : la privation, la frustration*, la castration*, hiérarchisées selon les trois ordres du réel*, de l'imaginaire* et du symbolique*. La privation est définie comme le manque réel d'un objet symbolique, la frustration comme le manque imaginaire d'un objet réel (une revendication sans fin), la castration comme le manque symbolique d'un objet imaginaire (résolution de l'énigme de la différence des sexes* : le pénis manque à la femme sans pour autant l'inférioriser). Trois ans plus tard, comme ses prédécesseurs, Lacan introduira sa propre conception de l'objet : l'objet (petit) a*.

● Karl Abraham, « Esquisse d'une histoire du développement de la *libido* fondée sur la psychanalyse des troubles mentaux » (1924), in *Œuvres complètes*, II, *1915-1925*, Paris, Payot, 1965, 170-227. Melanie Klein, « Contribution à la psychogenèse des états maniaco-dépressifs » (1934), in *Essais de psychanalyse* (Londres, 1948), Paris, Payot, 1967, 311-341. Jacques Lacan, *Le Séminaire*, livre IV, *La Relation d'objet* (1956-1957), Paris, Seuil, 1994. Jean Laplanche et Jean-Bertrand Pontalis, *Vocabulaire de la psychanalyse*, Paris, PUF, 1967. R.D. Eric Rayner, *Le Groupe des « Indépendants » et la psychanalyse britannique* (Londres, 1990), Paris, PUF, 1994. R.D. Hinshelwood, *A Dictionary of Kleinian Thought*, Londres, Free Association Books, 1991.

▷ IDENTIFICATION PROJECTIVE. IMAGE DU CORPS. *IMAGO*. INTROJECTION. KOHUT Heinz. NARCISSISME. ŒDIPE (COMPLEXE D'). PATRIARCAT. PHALLUS. POSITION DÉPRESSIVE/ POSITION PARANOÏDE-SCHIZOÏDE. PROJECTION. PSYCHANALYSE DES ENFANTS. SPITZ René.

OBJET PARTIEL

▷ OBJET (BON ET MAUVAIS). OBJET (RELATION D'). OBJET (petit) a. OBJET TRANSITIONNEL. PULSION. *TROIS ESSAIS SUR LA THÉORIE SEXUELLE.*

OBJET (petit) a

Allemand : *Objekt (klein) a*. Anglais : *Object (little) a*.

Terme introduit par Jacques Lacan* en 1960 pour désigner l'objet désiré par le sujet* et qui se dérobe à lui au point d'être non représentable, ou de devenir un « reste » non symbolisable. A ce titre, il n'apparaît que comme un « manque à être » ou sous une forme éclatée, à travers quatre objets partiels détachés du corps : le sein, objet de la

succion, les fèces (matières fécales), objet de l'excrétion, la voix, le regard, objets du désir* lui-même.

La conception lacanienne de l'objet (petit) a, comme « cause du désir qui se dérobe au sujet », est issue en droite ligne de la réflexion de 1936 sur le stade du miroir* et d'une conception de la relation d'objet* élaborée en 1956-1957 et fondée sur la prise en compte de la trilogie privation/frustration*/castration*. Élément majeur d'une terminologie spécifique relative à l'altérité, l'objet (petit) a est donc l'une des variantes de l'autre* à l'intérieur du couple formé par le grand Autre et le petit autre : « Il y a deux *autres* à distinguer, au moins deux – un autre avec un A majuscule et un autre avec petit *a* qui est le moi. L'*Autre*, c'est de lui qu'il s'agit dans la fonction de la parole. »

Par ailleurs, le concept d'objet (petit) a est inséparable des notions de bon et mauvais objet* et d'objet transitionnel*, telles qu'on les trouve chez Melanie Klein* et Donald Woods Winnicott*. La création lacanienne d'une nouvelle catégorie d'objet entre donc dans le cadre des discussions sur la relation d'objet menées par l'école anglaise de psychanalyse* pendant la deuxième moitié du XXe siècle.

Partant de l'idée de pulsion partielle, qui amène Freud, dans les *Trois Essais sur la théorie sexuelle**, à distinguer les fèces et le sein comme des objets spécifiquement investis, Lacan, dans sa conférence de 1960 sur la dialectique du désir, se réfère à l'objet partiel de Karl Abraham* et à l'objet bon et mauvais de Melanie Klein pour introduire deux autres objets du désir, le regard et la voix : « Observons que ce trait de la coupure n'est pas moins évidemment prévalent dans l'objet que décrit la théorie analytique : mamelon, scybale, phallus* (objet imaginaire), flot urinaire. (Liste impensable si l'on n'y ajoute avec nous le phonème, le regard, la voix – le rien). »

Quelques mois plus tard, à la séance du 1er février 1961 de son séminaire sur le transfert* consacré en partie à un commentaire du *Banquet* de Platon, il introduit pour la première fois son objet (petit) a. On sait que ce grand dialogue sur l'amour tourne autour de la question de l'*Agalma,* défini par Platon comme le paradigme d'un objet représentant l'idée du Bien. Lacan définit donc cet *Agalma* comme le bon objet kleinien, qu'il reconvertit aussitôt en objet (petit) a : objet du désir qui se dérobe et qui, du coup, renvoie à la cause même du désir. Autrement dit, la vérité du désir reste cachée à la conscience parce que son objet est un « manque à être ». En mars 1965, Lacan résumera cette proposition en un aphorisme éblouissant : « L'amour, c'est donner ce qu'on n'a pas à quelqu'un qui n'en veut pas. »

Sans aucun doute, il songe ici à cet article de 1912 intitulé « Sur le plus général des rabaissements de la vie amoureuse », dans lequel Freud montre comment fonctionne l'objet du désir chez certaines personnes dont la vie amoureuse se divise en un « amour céleste » et un « amour terrestre » : « Là où ils aiment, ils ne désirent pas et là où ils désirent, ils ne peuvent pas aimer. Ils cherchent des objets qu'ils n'aient pas besoin d'aimer, afin de maintenir leur sensualité à distance de leurs objets d'amour. »

A partir de 1967, avec l'introduction de la passe*, et au fur et à mesure de l'importance prise par le concept de réel* dans la trilogie du symbolique*, du réel et de l'imaginaire*, Lacan transforme ce petit a (ce rien qui manque toujours où on l'attend) en un reste (un réel hétérogène), impossible à symboliser. L'objet du désir s'identifie alors à la jouissance* pure, à ce qui se détache du symbolique et du signifiant* pour « chuter », au risque de revenir dans le réel sous forme hallucinatoire (forclusion*). D'où l'idée selon laquelle la terminaison d'une analyse place le psychanalyste didacticien dans la position de l'objet (petit) a : il disparaît, il tombe pour laisser le sujet advenir à sa vérité.

• Sigmund Freud, « Sur le plus général des rabaissements de la vie amoureuse » (1912), *GW*, VIII, 78-91, *SE*, XI, 177-190, in *La Vie sexuelle*, Paris, PUF, 1969, 55-66. Jacques Lacan, *Le Séminaire*, livre IV, *La Relation d'objet* (1956-1957), Paris, Seuil, 1994 ; « Subversion du sujet et dialectique du désir dans l'inconscient freudien » (1960), in *Écrits*, Paris, Seuil, 1966, 793-829 ; *Le Séminaire*, livre VIII, *Le Transfert* (1960-1961), Paris, Seuil, 1991 ; *Le Séminaire*, livre X, *L'Angoisse* (1962-1963), inédit ; *Le Séminaire*, livre XI, *Les Quatre Concepts fondamentaux de la psychanalyse* (1963-1964), Paris, Seuil, 1973 ; *Le Séminaire*, livre XII, *Problèmes cruciaux de la psychanalyse* (1964-1965), inédit ; *Le Séminaire*, livre XVII, *L'Envers de la psychanalyse* (1969-1970), Paris, Seuil, 1991. Jean-Louis Henrion, *La Cause du désir. L'Agalma de Platon à Lacan*, Paris, Point Hors Ligne, 1993. Dylan Evans, *An Introductory Dictionary of Lacanian Psychoanalysis*, Londres, Routledge, 1996.

OBJET TRANSITIONNEL

Allemand : *Übergangsobjekt*. Anglais : *Transitional object*.

Expression inventée en 1951 par Donald Woods Winnicott* pour désigner un objet matériel (jouet, animal en peluche ou morceau de tissu) ayant pour le nourrisson et l'enfant une valeur élective qui lui permet d'effectuer la transition nécessaire entre la première relation orale à la mère et une véritable relation objectale.

Cette remarquable conceptualisation d'une réalité que tout parent peut observer chez un enfant en bas âge, qui pendant plusieurs années garde auprès de lui un objet d'élection en refusant souvent de le lâcher, s'inscrit dans le cadre de l'élaboration par le kleinisme* de la question de la relation d'objet*. Elle fut avancée pour la première fois lors d'une conférence à la British Psychoanalytic Society (BPS) le 30 mai 1951.

Remarquable clinicien de l'enfance, Winnicott situe l'objet transitionnel dans l'aire de l'illusion et du jeu. Bien qu'il soit « possédé » par le nourrisson en tant que substitut du sein, cet objet n'est pas reconnu comme faisant partie de la réalité extérieure : il est la « première possession "non-moi" ». Aussi est-il destiné à protéger l'enfant de l'angoisse de séparation dans le processus de différentiation entre le moi* et le non-moi. Un objet est transitionnel parce qu'il marque le passage chez l'enfant d'un état où il est uni au corps de la mère à un état où il peut reconnaître la mère comme différente de lui et s'en séparer : il y a là une transition de la relation fusionnelle (non-moi) vers une symbolisation de la réalité objectale (moi).

C'est d'une lecture phénoménologique de la culture chrétienne que surgit cette conception de l'objet transitionnel, comme le montre Winnicott dans sa préface de 1971 à *Jeu et Réalité*, dans laquelle il évoque la célèbre controverse sur la transsubstantiation. Il fait du changement du pain et du vin en corps et sang de Jésus-Christ un phénomène de type transitionnel.

● Donald Woods Winnicott, « Objets transitionnels et phénomènes transitionnels » (1953), in *De la pédiatrie à la psychanalyse* (Londres, 1958), Paris, Payot, 1971, 80-97 ; *Jeu et Réalité* (Londres, 1971), Paris, Gallimard, 1975.

▷ IMAGINAIRE. OBJET (BON ET MAUVAIS). OBJET a. *SELF* (FAUX ET VRAI). *SELF PSYCHOLOGY*. STADE. STADE DU MIROIR. SYMBOLIQUE.

OCCULTISME

Allemand : *Okkultismus*. Anglais : *Occultism*.

Mouvement néospiritualiste réunissant des thaumaturges, des philosophes, des mages et des mystiques, l'occultisme apparut à la fin du XIXe siècle en réaction contre le positivisme des savoirs enseignés dans les universités des pays occidentaux. Il s'agissait d'une tentative visant à réunir en un syncrétisme populaire, diffusé par différentes sectes, des thèmes communs aux religions occidentales et orientales. L'objectif de ce mouvement était la résurrection des savoirs dits occultes ou refoulés aussi bien par la science officielle que par les religions instituées en Églises.

Dans l'histoire de la psychanalyse* et de ses origines, on emploie l'adjectif occulte ou le substantif occultisme pour désigner un domaine de l'irrationnel à la fois interne et externe à la doctrine freudienne et dans lequel on range le spiritisme* et la télépathie*.

▷ *NOUVELLES CONFÉRENCES D'INTRODUCTION À LA PSYCHANALYSE.*

OCÉANIE

▷ ANTHROPOLOGIE. AUSTRALIE. ETHNOPSYCHANALYSE. HISTOIRE DE LA PSYCHANALYSE. MALINOWSKI Bronislaw. ROHEIM Geza.

ODIER Charles (1886-1954)

psychiatre et psychanalyste suisse

Formé à Vienne* à la psychiatrie par Julius Wagner-Jauregg*, puis analysé à Berlin entre 1923 et 1928 par Karl Abraham* et Franz Alexander*, Charles Odier eut dans l'histoire du freudisme un parcours classique.

Issu d'une famille protestante originaire de Normandie et réfugiée en Suisse* après la révocation de l'édit de Nantes, il participa à la naissance de la psychanalyse à Genève puis, en 1926, avec Raymond de Saussure*, à la fondation de la Société psychanalytique de Paris (SPP) où il forma des didacticiens.

Au moment de la Deuxième Guerre mondiale, il retourna en Suisse et s'installa à Lausanne, où il publia de nombreux articles cliniques dans lesquels il développa une théorie psychogénétique du moi* inspirée des thèses de Jean Piaget (1896-1980). Il mourut prématurément, emporté par un cancer du foie.

• Élisabeth Roudinesco, *Histoire de la psychanalyse en France*, vol. 1 (1982), Paris, Fayard, 1994.

ŒDIPE (COMPLEXE D')

Allemand : *Ödipuskomplex*. Anglais : *Oedipus complex*.

Corrélatif du complexe* de castration*, et de l'existence de la différence des sexes* et des générations*, le complexe d'Œdipe est une notion aussi centrale en psychanalyse* que l'universalité de l'interdit de l'inceste* à laquelle il est lié. Son invention est due à Sigmund Freud* qui a pensé sous le vocable d'*Ödipuskomplex* un complexe* lié au personnage d'Œdipe créé par Sophocle.

Le complexe d'Œdipe est la représentation inconsciente par laquelle s'exprime le désir* sexuel ou amoureux de l'enfant pour le parent du sexe opposé et son hostilité pour le parent du même sexe. Cette représentation peut s'inverser et exprimer l'amour pour le parent du même sexe et la haine à l'encontre du parent du sexe opposé. On appelle Œdipe la première représentation, Œdipe inversé la deuxième et Œdipe complet le mélange des deux. Le complexe d'Œdipe apparaît entre 3 et 5 ans. Son déclin marque l'entrée dans une période dite de latence, et sa résolution après la puberté se concrétise par un nouveau type de choix d'objet.

Dans l'histoire de la psychanalyse*, le mot Œdipe a fini par remplacer le terme complexe d'Œdipe. En ce sens, l'Œdipe désigne à la fois le complexe défini par Freud et le mythe fondateur sur lequel repose la doctrine psychanalytique en tant qu'élucidation des relations de l'homme à ses origines et à sa généalogie familiale et historique.

Plus qu'aucun autre en Occident, le mythe d'Œdipe s'est d'abord confondu avec la tragédie de Sophocle, qui transforme la vie du roi de Thèbes en un paradigme de la destinée humaine (le *fatum)*, puis avec le complexe inventé par Freud qui rapporte le destin à une détermination psychique venue de l'inconscient*.

Dans la mythologie grecque, Œdipe est le fils de Laïos et de Jocaste. Pour éviter que ne se réalise l'oracle d'Apollon qui lui avait prédit qu'il serait tué par son fils, Laïos remet son fils nouveau-né à un serviteur pour qu'il l'abandonne sur le mont Cithérion, après avoir fait transpercer ses pieds avec un clou. Au lieu d'obéir, le serviteur confie l'enfant à un berger qui le donne ensuite à Polybe, roi de Corinthe, et à son épouse Mérope qui sont sans descendance. Ils l'appellent Œdipe (*Oidipos* : Pieds enflés) et l'élèvent comme leur fils.

Œdipe grandit, et entend des rumeurs qui disent qu'il ne serait pas le fils de ses parents. Aussi se rend-il à Delphes pour consulter l'oracle qui lui répond aussitôt qu'il tuera son père et épousera sa mère. Pour échapper à la prédiction, Œdipe voyage. Sur la route de Thèbes, il croise par hasard Laïos qu'il ne connaît pas. Les deux hommes se disputent, et Œdipe le tue. A cette époque, Thèbes est terrifiée par la Sphinge, monstre féminin ailé doté de griffes, qui met à mort tous ceux qui ne résolvent pas l'énigme qu'elle pose sur l'essence de l'homme : « Qui est celui qui marche sur deux, puis trois, puis quatre pieds ? » Œdipe fournit la bonne réponse et la Sphinge se tue. En récompense, Créon, régent de Thèbes, lui donne pour épouse sa sœur Jocaste dont il aura deux fils, Étéocle et Polynice, et deux filles, Antigone et Ismène.

Les années passent. La peste et la famine s'abattent un jour sur Thèbes. L'oracle déclare que les fléaux disparaîtront quand le meurtrier de Laïos aura été chassé de la ville. Œdipe invite alors chacun à s'exprimer. Tirésias, le devin aveugle, connaît la vérité mais refuse de parler. Finalement, Œdipe est informé de son destin par un messager de Corinthe qui lui annonce la mort de Polybe et lui raconte comment il a lui-même recueilli autrefois un enfant des mains du berger pour le donner au roi. En apprenant la vérité, Jocaste se pend. Œdipe se crève les yeux puis s'exile à Colonne avec Antigone, tandis que Créon reprend le pouvoir. Dans *Œdipe roi,* Sophocle n'adapte qu'une partie du mythe (celle qui est relative aux origines de Thèbes) et la coule dans le moule de la tragédie.

Bien que Sigmund Freud n'ait jamais consacré d'article au complexe d'Œdipe, *Œdipe roi* (et le complexe qui s'y rapporte) est présent dans toute son œuvre de 1897 à 1938. La figure d'Œdipe est d'ailleurs presque toujours associée sous sa plume à celle de Hamlet. On la retrouve également dans le travail d'Otto Rank* sur la naissance du héros (roman familial*).

En 1967, dans la préface à un livre d'Ernest Jones*, *Hamlet et Œdipe,* Jean Starobinski a montré que si *Œdipe roi* était pour Freud la tragédie du dévoilement, *Hamlet* était le drame du refoulement* : « Héros antique, Œdipe symbolise l'universel de l'inconscient déguisé en destin, héros moderne, Hamlet renvoie à la naissance d'une subjectivité coupable, contemporaine d'une époque où se défait l'image traditionnelle du Cosmos. »

Freud eut parfaitement conscience de cette différence et à la tragédie antique et au drame shakespearien il ajouta en 1927 un troisième volet : *Les Frères Karamazov.* Selon lui, le roman de Fedor Dostoïevski (1821-1881) est le plus « freudien » des trois. Au lieu de montrer un inconscient déguisé en destin (Œdipe) ou une inhibition coupable, il met en scène, sans masque, la pulsion meurtrière elle-même, c'est-à-dire le caractère universel du désir parricide : chacun des trois frères, en effet, est habité par le désir de tuer réellement le père.

C'est dans une lettre à Wilhelm Fliess* du 15 octobre 1897 que Freud interprète pour la première fois la tragédie de Sophocle en en faisant le point nodal d'un désir* infantile incestueux : « J'ai trouvé en moi comme partout ailleurs des sentiments d'amour envers ma mère et de jalousie envers mon père, sentiments qui sont, je pense, communs à tous les jeunes enfants, même quand leur apparition n'est pas aussi précoce que chez les enfants rendus hystériques (d'une façon analogue à celle de la "romantisation" de l'origine chez les paranoïaques – héros fondateurs de religions). S'il en est bien ainsi, on comprend, en dépit de toutes les objections rationnelles qui s'opposent à l'hypothèse d'une inexorable fatalité, l'effet saisissant d'*Œdipe roi* [...]. La légende grecque a saisi une compulsion que tous reconnaissent parce que tous l'ont ressentie. Chaque auditeur fut un jour en germe, en imagination, un Œdipe, et s'épouvante devant la réalisation de son rêve* transposé dans la réalité. » Dans l'*Abrégé de psychanalyse**, son dernier ouvrage, Freud revendique l'importance de la légende découverte par lui quarante ans auparavant : « Je m'autorise à penser que si la psychanalyse n'avait à son actif que la seule découverte du complexe d'Œdipe refoulé, cela suffirait à la faire ranger parmi les précieuses acquisitions nouvelles du genre humain. »

Le mythe d'Œdipe apparaît donc sous la plume de Freud au moment même de la naissance de la psychanalyse (consécutive à l'abandon de la théorie de la séduction*), pour servir ensuite de trame à tous ses textes et à tous les débats de l'anthropologie* moderne autour de *Totem et Tabou** et de la sexualité féminine*, de Bronislaw Malinowski* à Geza Roheim* en passant par Karen Horney* et Helene Deutsch*. A la veille de sa mort, Freud lui attribue toujours une place souveraine, à tel point que la psychanalyse sera qualifiée plus tard d'œdipienne, par ses partisans comme par ses adversaires.

En psychanalyse, la question de l'Œdipe peut être abordée de deux manières différentes selon que l'on se place du point de vue du complexe (et donc de la clinique) ou du point de vue de l'interprétation du mythe. La définition du complexe nucléaire et de ses révisions successives par le kleinisme*, la *Self Psychology** et le lacanisme* est relativement simple, alors que la discussion interprétative est d'une grande complexité. Des centaines d'ouvrages ont en effet été écrits sur le mythe, la tragédie et leur actualisation par Freud.

Selon la thèse canonique, le complexe d'Œdipe est lié à la phase (stade*) phallique de la sexualité infantile. Il apparaît quand le garçon (vers 2 ou 3 ans) commence à ressentir des sensations voluptueuses. Amoureux de sa mère, il veut la posséder en se posant comme le rival de son père autrefois admiré. Mais il adopte également la position inverse : tendresse à l'égard du père et hostilité envers la mère. Il y a donc en même temps que l'Œdipe un « Œdipe inversé ». Et ces deux positions – positive et négative – à l'égard de chaque parent sont complémentaires, qui constituent l'Œdipe complet que Freud expose dans *Le Moi et le Ça**.

Le complexe d'Œdipe disparaît avec le complexe de castration* : le garçon reconnaît alors dans la figure paternelle l'obstacle à la réalisation de ses désirs. Il abandonne l'investissement* de la mère et évolue vers une identification* au père qui lui permet ensuite un autre choix d'objet et de nouvelles identifications : il se détache de la mère (disparition du complexe d'Œdipe) pour choisir un objet du même sexe.

A l'Œdipe Freud ajoute la thèse de la *libido** unique d'essence mâle qui crée une dissymétrie entre les organisations œdipiennes féminine et masculine. Si le garçon sort de l'Œdipe par l'angoisse de castration, la fille y entre par la découverte de la castration et l'envie du pénis. Chez elle, le complexe se manifeste par le désir d'avoir un enfant du père. Contrairement au garçon, la fille se détache d'un objet du même sexe (la mère) pour un autre de sexe différent (le père). Il n'y a donc pas d'exact parallélisme entre l'Œdipe masculin et son homologue féminin. Néanmoins, une symétrie subsiste puisque pour les deux sexes l'attachement à la mère est l'élément commun et premier.

A partir de la refonte par Karl Abraham* (en 1924) de la théorie des stades*, Melanie Klein* révise entièrement la doctrine œdipienne de l'école viennoise pour s'intéresser aux relations dites pré-œdipiennes, c'est-à-dire d'avant l'entrée dans le complexe. Dans la perspective kleinienne, il n'existe pas de *libido* unique, mais un dualisme sexuel et la fameuse relation triangulaire, qui caractérise l'Œdipe freudien, est délaissée au profit d'une structure antérieure et beaucoup plus déterminante : celle du lien qui unit la mère et l'enfant. En d'autres termes, Klein conteste chez Freud l'idée d'une coupure entre un avant non œdipien (la mère) et un après œdipien (le père). A l'organisation structurale elle substitue une continuité toujours opérante : le monde angoissant de la symbiose, des images introjectées et des relations d'objet*. En bref, un monde archaïque et sans limites où la loi (paternelle) n'intervient pas.

Si le kleinisme déplace la question de l'Œdipe en remontant vers des stades antérieurs, les cliniciens de la *Self Psychology* abandonnent en partie la problématique œdipienne pour se pencher sur le narcissisme* et les troubles qu'il engendre. A partir du milieu des années 1960, de nombreux commentateurs signalent que chez les freudiens américains le mythe de Narcisse est en passe de remplacer l'ancienne mythologie œdipienne. Cette évolution se confirmera avec les travaux de Heinz Kohut*.

En 1953, Jacques Lacan* recentre la question œdipienne sur la triangulation, tout en tenant compte des apports de l'école kleinienne. Dans le cadre de sa théorie du signifiant* et de sa topique (imaginaire*, réel*, symbolique*), il définit le complexe d'Œdipe comme une fonction symbolique : le père intervient sous la forme de la loi pour priver l'enfant de la fusion avec la mère. Dans cette perspective, le mythe œdipien attribue donc au père l'exigence de la castration : « La loi primordiale, écrit Lacan en 1953, est donc celle qui en réglant l'alliance superpose le règne de la culture au règne de la nature livrée à la loi de l'accouplement. Cette loi se fait donc suffisamment connaître comme identique à un ordre de langage. »

L'interprétation freudienne de la tragédie de Sophocle a par ailleurs suscité de très nombreuses discussions chez tous les spécialistes de la mythologie grecque, notamment en France*. Dans un article de 1967 intitulé « "Œdipe" sans complexe », Jean-Pierre Vernant, à l'occasion d'une controverse avec Didier Anzieu, s'est insurgé contre les interprétations sauvages et psychologisantes qu'il décelait à cette époque dans les textes psychanalytiques consacrés à Œdipe. Ces interprétations tendaient en effet à transformer le personnage de Sophocle en un névrosé moderne, habité par un complexe freudien. Si Freud s'était appuyé sur Sophocle pour élaborer son complexe, les psychanalystes avaient fini, soulignait-il, par projeter leurs fantasmes* œdipiens sur le mythe et la tragédie.

Contre cette psychologisation, Vernant proposait une nouvelle interprétation d'Œdipe plus conforme aux représentations de la mythologie grecque : « Son destin exceptionnel, écrit-il en 1980, l'exploit qui lui a donné la victoire sur la Sphinge l'ont placé au-dessus des autres citoyens, au-delà de la condition humaine : pareil et égal à un dieu ; ils l'ont aussi, à travers le parricide et l'inceste, qui ont consacré son accès au pouvoir, rejeté en deçà de la vie civilisée, exclu de la communauté des hommes, réduit à rien, égal au néant. Les deux crimes qu'il a commis sans le savoir ni le vouloir l'ont rendu, lui, l'adulte ferme sur ses *deux pieds,* semblable à son père, s'aidant de son bâton, vieillard à *trois pieds,* dont il a pris la place aux côtés de Jocaste, semblable du même coup à ses petits enfants marchant encore à *quatre pattes,* et dont il est aussi bien le frère que le père. Sa faute inexpiable est de mêler en lui trois générations d'âge qui doivent se suivre sans jamais se confondre ni se chevaucher au sein d'une lignée familiale. »

Ce portrait du véritable Œdipe grec n'était pas éloigné, en réalité, de l'Œdipe freudien, puisque chez Freud le complexe est lié, dès le début, à la double question du désir d'inceste et de son nécessaire interdit afin que ne soit jamais transgressé l'enchaînement des générations.

En 1972, dans un beau livre d'inspiration reichienne, *L'Anti-Œdipe,* Gilles Deleuze (1925-1995) et Félix Guattari* ont critiqué l'œdipianisme freudien qui à leurs yeux réduisait la *libido* plurielle de la folie* (et de la schizophrénie*) à un enfermement familialiste de type bourgeois et patriarcal.

● Sigmund Freud, *L'Interprétation des rêves* (1900), *GW,* II-III, 1-642, *SE,* IV-V, 1-62, Paris, PUF, 1967 ; « Un type particulier de choix d'objet chez l'homme » (1910), *GW,* VIII, 66-77, *SE,* XI, 163-175, in *La Vie sexuelle,* Paris, PUF, 1969, 47-55 ; « La disparition du complexe d'Œdipe » (1924), *GW,* XIII, 395-402, *SE,* XIX, 171-179, in *La Vie sexuelle,* Paris, PUF, 1969, 117-122 ; *Totem et Tabou. Quelques concordances entre la vie psychique des sauvages et celle des névrosés* (1913), Paris, Gallimard, 1993, *GW,* IX, *SE,* XIII ; « Dostoïevski et le parricide » (1927), *GW,* XIV, 399-418, *SE,* XXI, 177-194, *OC,* XVIII, 207-225, sous le titre « Dostoïevski et la mise à mort du père » ; *La Naissance de la psychanalyse* (New York, 1950), Paris, PUF, 1956 ; *Briefe an Wilhelm Fliess, 1887-1904,* Francfort, Fischer, 1986. Félix Guattari et Gilles Deleuze, *L'Anti-Œdipe. Capitalisme et schizophrénie,* Paris, Minuit, 1972. Sophocle, *Œdipe Roi, Œdipe à Colonne,* Paris, Gallimard, 1973. Marie Delcourt, *Œdipe ou la légende du conquérant,* Liège, Bibliothèque de la faculté de philosophie et de lettres de l'université de Liège, 1944. Melanie Klein, « Les stades précoces du conflit œdipien » (1928), in *Essais de psychanalyse,* Paris, Payot, 1968, 229-242 ; « Le complexe d'Œdipe éclairé par les angoisses précoces » (1945), *ibid.,* 370-425. Ernest Jones, *Hamlet et Œdipe* (Londres, 1948), Paris, Gallimard, 1967. Jacques Lacan, « Fonction et champ de la parole et du langage en psychanalyse », in *Écrits,* Paris, Seuil, 1966, 229-322. Claude Lévi-Strauss, *Anthropologie structurale,* Paris, Plon, 1958. Didier Anzieu, « Œdipe avant le complexe, ou de l'interprétation psychanalytique des mythes », *Les Temps modernes,* 245, 1966, 675-715. Jean-Pierre Vernant, « "Œdipe" sans complexe », *in* id. et Pierre Vidal-Naquet, *Mythe et tragédie en Grèce ancienne,* Paris, Maspero, 1972, 75-98 ; « Ambiguïté et renversement. Sur la structure énigmatique d'"Œdipe roi" », *ibid.,* 99-130 ; « Œdipe », *in* Yves Bonnefoy (éd.), *Dictionnaire des mythologies,* vol. II, Paris, Flammarion, 1980, 190-192. Jean Starobinski, « Hamlet et Freud », *in* Ernest Jones, *Hamlet et Œdipe* (Londres, 1948), Paris, Gallimard, 1967, VII-XL ; *La Relation critique,* Paris, Gallimard, 1970. André Green, *Un œil en trop. Le complexe d'Œdipe dans la tragédie,* Paris, Minuit, 1969. Clémence Ramnoux, « Œdipe (complexe d') », *Encyclopaedia universalis,* vol. 11, 1968, 1090-1092. Moustapha Safouan, *Études sur l'Œdipe,* Paris, Seuil, 1974. Jean-Joseph Goux, *Œdipe philosophe,* Paris, Aubier, 1990. Jean Bollack, « *Œdipe roi* et la philologie », *L'Ane,* 49, janvier-mars 1992, 28-35. Marcelle Marini, « Œdipe (complexe d') », *in* Pierre Kaufmann, *L'Apport freudien,* Paris, Bordas, 1993, 283-290.

▷ ÉTATS-UNIS. *HOMME MOÏSE ET LA RELIGION MONOTHÉISTE (L').* IDENTIFICATION PROJECTIVE. IMAGE DU CORPS. *IMAGO.* INTROJECTION. PARENTÉ. PATRIARCAT. PERVERSION. PHALLOCENTRISME. PHALLUS. POSITION DÉPRESSIVE/ POSITION PARANOÏDE-SCHIZOÏDE. PROJECTION. PSYCHANALYSE DES ENFANTS.

ÖHM Aurelia, née Kronich (1875-1929), cas « Katharina »

Aurelia Kronich est l'une des patientes de Sigmund Freud*, dont le cas est présenté sous le nom de Katharina dans les *Études sur l'hystérie**. Freud raconte sous forme d'un dialogue une charmante rencontre en 1893 dans les Alpes autrichiennes (le Raxalpe), alors qu'il est en vacances. Dans une taverne, une jeune serveuse, âgée de 18 ans, demande au docteur Freud des conseils à propos de ses symptômes « nerveux » : souffle court, vertiges, sentiment d'étouffement. Questionnée par lui, elle évoque la scène de séduction* traumatisante à laquelle elle a assisté deux ans auparavant entre son oncle, le patron de l'auberge, et sa cousine Franziska. Tous deux étaient couchés l'un sur l'autre dans un lit et, à la vue de ce spectacle, Katharina fut prise de vomissements et de vertiges. Elle alla ensuite rapporter la scène à sa tante qui décida alors de quitter son mari, tandis que Franziska était enceinte de celui-ci.

En explorant ses souvenirs, Katharina retrouve des scènes antérieures. Elle se souvient que lorsqu'elle avait 14 ans, son oncle avait également tenté de la séduire. Freud conclut, conformément à sa théorie de la séduction* d'avant 1896 : « De ce point de vue, le cas de Katharina est typique. Dans toutes les analyses d'hystérie* fondées sur des traumatismes sexuels, on découvre que certaines impressions ressenties à une époque présexuelle, et qui n'avaient eu aucun effet sur l'enfant, conservent plus tard leur puissance traumatisante en tant que souvenir une fois que la jeune fille ou la femme a acquis la notion de la sexualité. »

En 1924, il ajoutera une note pour préciser que Katharina n'était pas la nièce mais la fille de l'aubergiste.

Albrecht Hirschmüller et Gerhard Fichtner furent les premiers à révéler en 1985 la véritable identité de Katharina. Il s'agissait d'Aurelia Kronich, la deuxième fille d'un couple de riches hôteliers viennois. Le père, Julius Kronich, séduisit en effet Barbara Göschl, sa nièce par alliance, quand elle avait 25 ans. Par la suite, il l'épousa et eut avec elle deux enfants. Quant à Aurelia, elle se maria avec un Hongrois, eut six enfants puis retourna vivre en 1903 dans ses Alpes autrichiennes où elle mourut vingt-six ans plus tard. Peter Swales considéra ce « cas princeps » comme la première psychanalyse sauvage.

● Gerhard Fichtner et Albrecht Hirschmüller, « Freuds "Katharina". Hintergrund, Entstehungsgeschichte und Bedeutung einer frühen psychoanalytischen Krankengeschichte », *Psyche*, 39, 1985, 220-240. Peter Swales, « Freud, Katharina and the first "wild analysis" », *in* Paul E. Stepansky (éd.), *Freud, Appraisals and Reappraisals*, New Jersey, The Analytic Press, vol. 3, 1988, 81-167. Lisa Appignanesi et John Forrester, *Freud's Women*, New York, Basic Books, 1992.

OPHUIJSEN Johan H.W. Van (1882-1950)

psychiatre et psychanalyste américain

Né à Sumatra, Johan Van Ophuijsen fut l'un des pionniers de la psychanalyse* aux Pays-Bas* et un remarquable clinicien. Toute sa vie fut marquée par les conflits institutionnels particulièrement vifs de la Société psychanalytique néerlandaise, qu'il affronta avec courage et intelligence.

Après des études médicales à Leyde et un passage par la clinique du Burghölzli à Zurich, il fonde en 1917 la Nederlandse Vereniging voor Psychoanalyse (NVP) avec August Stärke*, Jan Van Emden*, le psychiatre Gerbrandus Jelgersma (1859-1942), l'hypnotiseur Albert Willem Van Renthergem (1845-1939) et le neurologue A. Van der Chijs (1875-1926).

En 1918, il s'oppose à Jelgersma à propos de l'admission des non-médecins à la NVP. En effet, celui-ci refuse les psychanalystes laïcs et s'associe bientôt avec des jungiens pour fonder un nouveau groupe qui deviendra en 1934 l'Association néerlandaise de psychopathologie et psychanalyse psychiatrique.

Deux ans plus tard, Ophuijsen organise le congrès de l'International Psychoanalytical Association* (IPA) de La Haye et, en 1922, il se rend en Allemagne* pour faire sa formation didactique au Berliner Psychoanalytisches Institut* (BPI) avec Karl Abraham*. Il s'intéresse spécialement à la mélancolie*, à la persécution, au sadisme* et aux troubles de la sexualité* masculine.

Après avoir été vice-président et trésorier de l'IPA, il crée à La Haye en 1930 un institut de psychanalyse sur le modèle de celui de Berlin, qui, traversé de conflits, ne parvient pas à fonctionner correctement. Il sera fermé deux ans plus tard. En 1933, il démissionne de la NVP qui refuse d'admettre dans ses rangs les émigrés qui fuient le nazisme*, notamment August Watermann*, Karl Landauer*, Theodor Reik*. Il fonde alors une nouvelle société, la Vereniging voor Psychoanalyse in Nederland (VPN), aussitôt reconnue par l'IPA, et qui fusionnera en 1938 avec l'ancienne NPV grâce à l'intervention de René De Monchy*.

En 1934, Ophuijsen émigre en Afrique du Sud qu'il quittera un an plus tard pour les États-Unis*. Il s'installera à Detroit, puis à New York.

● Johan H.W. Van Ophuijsen, « Contribution au complexe de masculinité chez la femme » (1917), in *Féminité mascarade. Études psychanalytiques*, réunies par Marie-Christine Hamon, Paris, Seuil, 1994, 13-27. Ilse Bulhof, *Freud en Nederland*, Ambo, Baarn, 1983. Paul-Laurent Assoun, « Freud et la Hollande », *in* Harry Stroeken, *En analyse avec Freud* (1985), Paris, Payot, 1987, 200-235.

▷ *QUESTION DE L'ANALYSE PROFANE (LA)*. SCISSION.

ORAL (STADE)

▷ STADE.

ORGANODYNAMISME

▷ EY Henri.

ORGONOTHÉRAPIE (ou VÉGÉTOTHÉRAPIE)

▷ PSYCHOTHÉRAPIE. REICH Wilhelm.

ORTEGA Y GASSET José (1883-1955)

philosophe espagnol

Inventeur d'un système de pensée (le ratiovitalisme) inspiré en partie par la philosophie heideggerienne, José Ortega y Gasset fut l'un des intellectuels espagnols les plus célèbres de sa génération et, en compagnie de quelques psychiatres, l'un des premiers introducteurs du freudisme* en Espagne*.

Né à Madrid dans une famille de la moyenne bourgeoisie, il fut élève chez les jésuites avant de s'initier à la philosophie allemande en séjournant à Leipzig, Berlin et Marbourg entre 1905 et 1907. Trois ans plus tard, il commença son enseignement à l'université de Madrid qu'il poursuivra jusqu'en 1936.

Fondateur en 1923 de la *Revista de Occidente*, il consacra une partie de son énergie à diffuser dans son pays les divers courants de la philosophie allemande du XXe siècle. C'est ainsi qu'il commença à s'intéresser aux théories freudiennes. En 1911, il publia un article, « La psychanalyse, une science problématique », dans lequel il proposait une interprétation phénoménologique de la pensée freudienne. Dix ans plus tard, il décida d'éditer, chez José Ruiz Castillo, les œuvres complètes de Sigmund Freud* en langue espagnole. Il confia ce travail à Luis Lopez Ballesteros et reçut aussitôt l'approbation de Freud, qui avait une bonne connaissance de la littérature espagnole depuis ses échanges épistolaires sur *Don Quichotte* avec son ami Eduard Silberstein* : dix-sept volumes parurent jusqu'en 1934. Dans la préface au premier volume, Ortega y Gasset soulignait l'importance du savoir freudien pour le domaine de la psychiatrie, ajoutant que la doctrine viennoise avait un bel avenir.

Pourtant, cette entreprise de traduction unique en son genre par sa qualité et sa précocité ne permit pas au freudisme de s'épanouir en Espagne. La guerre civile et surtout la victoire du franquisme marquèrent un coup d'arrêt à l'implantation de la psychanalyse dans le pays. Ortega y Gasset lui-même s'en désintéressa. Après avoir résidé à l'étranger jusqu'en 1945, il revint à Madrid où il poursuivit son enseignement. Pendant ce temps, l'intérêt pour la psychanalyse se déplaçait vers le continent latino-américain, et notamment vers l'Argentine*, où un autre éditeur devait bientôt reprendre à son compte, pour de nouvelles œuvres complètes de Freud, le travail accompli en Espagne avant guerre.

● José Ortega y Gasset, « Prólogo a la primera edición » (1922), *in* Sigmund Freud, *Obras Completas*, t. 1, Madrid, Biblioteca Nueva, 1948. Francisco Carles Egea, *La Introducción del Psicoanálisis en España (1893-1922)*, thèse pour l'obtention du grade de docteur en médecine, université de Murcia, 1983. Hugo Vezzetti, « Freud en langue espagnole », *Revue internationale d'histoire de la psychanalyse*, 4, 1991, 189-207.

▷ HISTOIRE DE LA PSYCHANALYSE. LAFORA Gonzalo Rodriguez. TRADUCTION (DES ŒUVRES DE FREUD).

OSSIPOV Nikolaï Ievgrafovitch (1877-1934)
psychiatre et psychanalyste russe

Élève du grand psychiatre Wladimir Petrovitch Serbski (1858-1917), Nikolaï Ossipov fut l'un des pionniers de la psychanalyse en Russie*. Après son exclusion de l'université de Moscou en 1899 pour sa participation à une grève d'étudiants, il poursuivit ses études de psychiatrie en Suisse*, à Berne, à Zurich et à Bâle. Consterné par le nihilisme thérapeutique, il s'intéressa très vite à l'hypnose*, au traitement moderne des névroses* puis, à partir de 1907, aux thèses de Sigmund Freud*. De retour à Moscou, soutenu par Serbski, il créa avec deux collègues une « ambulance thérapeutique » qu'il conduisait lui-même deux fois par semaine. Il commença ainsi à populariser le traitement psychanalytique des névroses et à diffuser les idées freudiennes. En 1909, avec Moshe Wulff* et Nicolas Vyrubov (1869- ?), il fonda la revue *Psychotherapia.*

Durant l'été 1910, il se rendit à Vienne* pour rencontrer Freud et passa également par Zurich où il alla voir Eugen Bleuler* et Carl Gustav Jung*.

Quand Serbski fut limogé par le régime tsariste en raison de ses opinions libérales, Ossipov le suivit avec la plupart de ses collègues. Ils fondèrent ensemble une petite association de psychiatres indépendants dont les membres se réunissaient le vendredi pour « freudianiser » : « Les séances des "petits vendredis" devinrent vite très appréciées, écrit Jean Marti, et fréquentées par de nombreuses personnes. »

Contrairement à Wulff, Vera Schmidt* et Ivan Dimitrievitch Ermakov*, il n'accepta pas le nouveau pouvoir soviétique et émigra à Prague en 1921 sans participer à la création de la Société psychanalytique de Russie. Il fut donc le premier freudien de la nouvelle Tchécoslovaquie, issue du démantèlement de l'Empire austro-hongrois, et forma à Prague quelques élèves avant l'arrivée d'Otto Fenichel* qui analysera Theodor Dosuzkov*. Comme Ermakov, dont il fut le plus grand rival, il s'intéressait à la littérature et étudia les œuvres de Gogol, Dostoïevski et Pouchkine. Conservateur mais libéral, à la fois antitsariste et antibolchevique, il donna des interprétations psychanalytiques sur le phénomène révolutionnaire, comparant une « nation en état de droit à un individu en état de veille et une nation en état de révolution à un individu en état de rêve*». Il soulignait volontiers que le rêve et la révolution relevaient d'une manifestation de narcissisme* à des degrés divers.

• Nikolaï Ievgrafovitch Ossipov, *La Vie et la Mort. Essai biographique,* édité par Bem, Dosuzkov, Losski, Prague, 1935. Jean Marti, « La psychanalyse en Russie (1909-1930) », *Critique,* 346, mars 1976, 199-237. Alberto Angelini, *La Psicoanalisi in Russia,* Naples, Liguori Editore, 1988. Alexandre Etkind, *Histoire de la psychanalyse en Russie* (1993), Paris, PUF, 1995.

▷ COMMUNISME. FREUDO-MARXISME. LURIA Aleksandr Romanovitch. ROSENTHAL Tatiana. SPIELREIN Sabina. ZALKIND Aron Borissovitch.

OTSUKI Kenji (1891-1952)
psychanalyste japonais

Littéraire de formation, Kenji Otsuki (ou Ohtski) fut l'un des premiers Japonais à faire connaître à ses compatriotes la littérature psychanalytique. Il créa avec Yaekichi Yabe l'Institut psychanalytique de Tokyo, affilié à l'International Psychoanalytical Association* (IPA) au congrès de Wiesbaden en 1932, puis fonda la première revue freudienne au Japon*, la *Seishin-Bunseki.* Il fut surtout le principal traducteur des œuvres de Sigmund Freud* en langue nippone, avec la publication en 1931 de *Psychopathologie de la vie quotidienne*,* puis en 1932 d'un recueil de trois textes sous le titre *Contribution à la psychologie de la vie amoureuse,* et enfin en 1933 de *La Technique psychanalytique.* Il écrivit régulièrement à Freud pour l'informer de ses activités, et celui-ci l'encouragea à vaincre les résistances : « Ce que vous écrivez à propos des résistances que vous rencontrez ne m'étonne pas, dit-il le 20 mai 1933. C'est exactement ce à quoi nous pouvions nous attendre, mais je suis persuadé que vous avez donné une assise sérieuse à la psychanalyse au Japon et qu'elle ne risque pas de disparaître. »

● Kenji Otsuki, « Womanliness of the Japanese spirit », *Tokyo Journal of Psychoanalysis (Seishin-Bunseki)*, juillet-août 1940 ; « Character defects of the Japanese and their cause », *ibid.*, mars-avril 1941. Sigmund Freud, *Chronique la plus brève. Carnets intimes, 1929-1939*, annoté et présenté par Michael Molnar (Londres, 1992), Paris, Albin Michel, 1992. Jacquy Chemouni, *Histoire du mouvement psychanalytique*, Paris, PUF, coll. « Que sais-je ? », 1990. Keigo Okonogi, « Japan », in *Psychoanalysis International. A Guide to Psychoanalysis throughout the World*, vol. 2, Peter Kutter (éd.), Stuttgart, 1995, 123-142.

▷ KOSAWA Heisaku.

P

PALO ALTO (ÉCOLE DE)

▷ BATESON Gregory.

PANKEJEFF Sergueï Constantinovitch (1887-1979), cas de « L'Homme aux loups »

Troisième et dernière grande cure psychanalytique menée par Sigmund Freud*, après Dora (Ida Bauer*) et l'Homme aux rats (Ernst Lanzer*), l'histoire de l'Homme aux loups est unique dans les annales du freudisme. Commentée maintes fois par toutes les écoles psychanalytiques et par les auteurs les plus divers, elle le fut aussi par le patient lui-même qui, après avoir survécu aux deux guerres mondiales, rédigea une autobiographie qui analysait son propre cas tout en révélant sa véritable identité. Cette cure fut aussi la plus longue des trois : elle commença en janvier 1910 et se termina très exactement le 28 juin 1914, jour de l'assassinat à Sarajevo de l'archiduc François-Ferdinand. Le patient ne fut pas « guéri » : il reprit une « tranche » d'analyse avec Freud après guerre, puis avec une élève de celui-ci, Ruth Mack-Brunswick*.

Installé à Vienne* après la défaite du nazisme*, il fut entretenu par le mouvement psychanalytique. Analysé chaque été par Kurt Eissler, soigné par Wilhelm Solms-Rödelheim et aidé enfin par Muriel Gardiner* pour la rédaction de ses Mémoires, il devint un personnage mythique : l'Homme aux analystes plutôt que l'Homme aux loups, symbole en tout cas du caractère « interminable » de la cure freudienne.

Sergueï Constantinovitch Pankejeff naquit en Russie méridionale dans une riche famille de la noblesse terrienne et fut élevé à Odessa, avec sa sœur Anna, par trois gouvernantes (Grouscha, Nania, Miss Owen) et des précepteurs. Sa mère, atteinte de divers troubles psychosomatiques, se préoccupait exclusivement de sa santé, tandis que son père, dépressif, menait la vie active d'un homme politique connu pour ses opinions libérales.

Les membres de la famille, des deux côtés de la généalogie, ressemblaient à des personnages du roman de Dostoïevski *Les Frères Karamazov*. L'oncle Pierre, le premier frère du père, souffrait de paranoïa* et fut soigné par le psychiatre Sergueï Korsakov (1854-1900). Fuyant les contacts humains, il vécut comme un sauvage au milieu des animaux et finit sa vie dans un asile. L'oncle Nicolas, deuxième frère du père, voulut enlever la fiancée d'un de ses fils et l'épouser de force : en vain. Un cousin, fils de la sœur de la mère, fut interné dans un asile de Prague, atteint lui aussi d'une forme de délire de persécution.

En 1896, à l'âge de 10 ans, le petit Sergueï présenta les premiers signes d'une grave névrose*. En 1905, son père se suicida et, deux ans plus tard, ce fut au tour de sa sœur Anna de se donner la mort. A cette époque, Sergueï fréquentait le gymnase. Il rencontra une femme du peuple, Matrona, avec laquelle il contracta une gonorrhée (ou blennorragie). Il sombra alors dans de fréquents accès de dépression, qui le conduisirent bientôt, de sanatorium en asile, et de maison de repos en cure thermale, à devenir un malade idéal pour le savoir psychiatrique de la fin du siècle. Soigné par Vladimir Bekhterev qui utilisa l'hypnose*, puis par Theodor Ziehen (1862-1950) à Berlin, et enfin par Emil Kraepelin* à Munich qui posa un diagnostic de psychose maniaco-dépressive*, il se retrouva au sanatorium de Neuwittelsbach, où il suivit des traitements aussi divers qu'inutiles – massages, bains, etc. Là, il tomba amoureux d'une infirmière, Teresa Keller, un peu plus âgée que lui et mère d'une petite fille (Else). Commença alors une liaison passionnelle à laquelle étaient opposés sa famille (car la jeune fille était une roturière) et son psychiatre (persuadé que la sexualité* était le pire des remèdes dans les cas de folie*). Après avoir rompu puis repris la liaison, Pankejeff retourna à Odessa où il se fit soigner par un jeune médecin, Leonid Droznes (1880-19 ?), qui décida très vite de le conduire à Vienne pour une consultation avec Freud.

En une phrase cinglante, Freud stigmatisa le nihilisme thérapeutique de ses collègues psychiatres : « Jusqu'à présent, dit-il à Pankejeff, vous avez cherché la cause de votre maladie dans un pot de chambre. » L'interprétation* avait une double signification. Freud faisait allusion aussi bien à l'inutilité des traitements antérieurs qu'à la pathologie de Sergueï, qui souffrait de troubles intestinaux permanents et notamment d'une constipation chronique. L'analyse commença. Au lieu d'interdire à l'Homme aux loups de revoir Teresa, Freud lui demanda simplement d'attendre la fin de la cure. Il ne s'opposa pas au mariage : « Teresa, dit-il, c'est la poussée vers la femme. » Dans une lettre à Sandor Ferenczi* de février 1910, il nota la violence des manifestations transférentielles de son patient : « Le jeune Russe riche que j'ai pris à cause d'une passion amoureuse compulsive m'a fait l'aveu, après la première séance, des transferts suivants : Juif escroc, il aimerait me prendre par-derrière et me chier sur la tête. A l'âge de 6 ans le premier symptôme manifeste consistait en injures blasphématoires contre Dieu : porc, chien, etc. Quand il voyait trois tas de merde dans la rue, il se sentait mal à l'aise à cause de la Sainte Trinité et il en cherchait anxieusement un quatrième pour détruire l'évocation. »

Pour la première fois, Pankejeff eut l'impression d'être écouté et non plus traité en malade. Surtout, il entretint avec Freud des relations presque amicales et finit par le vénérer : à la fin de la cure, Freud avait beaucoup de sympathie pour lui. Il rencontra Teresa et donna son accord pour le mariage qui fut célébré à Odessa en 1914. Pankejeff se sentit guéri et souligna que l'analyse lui avait permis d'épouser la femme qu'il aimait.

Deux semaines après l'arrêt du traitement, l'Autriche entra en guerre contre la Russie*. Freud eut alors le fantasme* que son fils aîné, Martin Freud*, qui venait d'être mobilisé, pourrait peut-être tomber au front sous les balles de son ancien patient. C'est dans cet état d'esprit et dans la tourmente de la guerre qu'il rédigea en deux mois, d'octobre à novembre 1914, l'histoire du cas, sans jamais utiliser la dénomination Homme aux loups. Le récit fut publié en 1918 sous le titre « Extrait d'une névrose infantile ».

Contrairement au cas de l'Homme aux rats, où la logique de la cure était exposée de façon implacable, Freud se livra pour écrire l'histoire de l'Homme aux loups à un véritable travail de création romanesque, au point d'« inventer », à coup d'interprétations, des événements qui peut-être n'avaient jamais réellement eu lieu, tout le récit étant centré sur l'enfance du patient et toute la reconstruction de sa vie tournant autour de sa sexualité.

Le tableau familial était composé de la mère, du père, de la sœur et des trois employées : la bonne d'enfants (Nania), la gouvernante anglaise (Miss Owen), la servante (Grouscha). Selon Freud, qui s'appuyait sur les souvenirs de Sergueï, celui-ci avait été l'objet d'une tentative de séduction à l'âge de 3 ans et demi par sa sœur Anna, qui lui avait montré son « popo », tandis qu'il s'était ensuite exhibé devant Nania qui l'avait grondé. Vers l'âge de 10 ans, il voulut à son tour séduire sa sœur, qui le repoussa. Ultérieurement, il préféra choisir des femmes de condition inférieure à la sienne. S'écartant de tous les diagnostics de mélancolie* et de psychose* posés avant lui par les autres médecins, Freud voyait dans ce cas une hystérie* d'angoisse avec phobie* des animaux, qui s'était transformée ensuite en névrose obsessionnelle* ou névrose infantile, d'où le titre donné au texte.

C'est en interprétant un rêve*, fait par Sergueï à l'âge de 4 ans puis raconté et dessiné par lui durant la cure, que Freud reconstruisit l'origine de la névrose infantile : « J'ai rêvé, dit-il, qu'il fait nuit et que je me suis couché dans mon lit [...]. Je sais que c'était l'hiver. Tout à coup la fenêtre s'ouvre d'elle-même et je vois avec grande frayeur que sur le grand noyer devant la fenêtre quelques loups blancs sont asssis. Il y en avait six ou sept. Les loups étaient tout blancs et avaient plutôt l'air de renards ou de chiens bergers, car ils avaient de grandes queues comme les renards et leurs oreilles étaient dressées comme chez les chiens quand ils font attention à quelque chose. Dans une grande angoisse, manifestement, d'être mangé par les loups, je criai et me réveillai. »

A partir de ce rêve et de plusieurs souvenirs du patient concernant sa sexualité infantile, Freud inventa, avec des détails d'une précision inouïe, une stupéfiante scène primitive* qui deviendra célèbre dans les annales de la psychanalyse et maintes fois commentée. Patrick Mahony la résume fort bien : « Par une chaude journée d'été, le petit Sergueï, alors âgé de 18 mois et atteint de malaria, dormait dans la chambre à coucher de ses parents, où ceux-ci s'étaient aussi retirés, à demi vêtus, pour faire une sieste ; à cinq heures de l'après-midi, vraisemblablement à l'acmé de la fièvre, Sergueï se réveilla et, avec une attention soutenue, observa ses parents, à demi vêtus de sous-vêtements blancs, à genoux sur des draps de lit blancs, se livrer par trois fois au coït *a tergo* : remarquant les organes génitaux de ses parents, et le plaisir sur le visage de sa mère, le bébé, habituellement passif, eut un mouvement intestinal soudain et se mit à crier, interrompant ainsi le jeune couple. »

Deux autres épisodes de la vie de Sergueï firent l'objet d'une série d'interprétations. L'un concernait Grouscha, dont les fesses, comparées à des ailes de papillon, puis au chiffre romain V, renvoyaient aux cinq loups du rêve et à l'heure à laquelle aurait eu lieu le fameux coït, l'autre avait trait à une hallucination visuelle. Dans son enfance, Sergueï avait *vu* son petit doigt coupé par un couteau de poche puis s'était ensuite aperçu de l'inexistence de la blessure. Freud en déduisait que son patient avait manifesté dans cette affaire une attitude de rejet (*Verwerfung)* consistant à ne voir la sexualité que sous l'angle d'une théorie infantile : le commerce par l'anus.

Après cette grande plongée dans l'enfance de Sergueï, Freud eut la certitude de l'avoir guéri. Celui-ci entra alors dans la tourmente de la guerre et sa vie s'en trouva modifiée de fond en comble. Jusqu'au printemps 1918, il vécut à Odessa entre sa mère et Teresa qui s'entendaient mal. Il reprit ses études et passa ses diplômes de juriste. Bientôt Teresa fut obligée de sortir de Russie pour rejoindre sa fille qui mourut à Vienne où Sergueï la rejoignit. La révolution d'Octobre l'avait ruiné et l'ancien aristocrate fortuné devint un autre homme, un émigré pauvre et sans ressources, obligé de prendre un emploi dans une compagnie d'assurances où il restera jusqu'à sa retraite.

Les changements intervenus dans sa vie le plongèrent dans une nouvelle dépression qui l'obligea à retourner chez Freud. Celui-ci l'accueillit volontiers, lui fit sans tarder cadeau du texte de son cas qu'il venait de publier, puis le prit à nouveau en analyse, de novembre 1919 à février 1920. Selon lui, cette « post-cure » servit à liquider un reste de transfert* non analysé et à guérir enfin le patient.

En réalité, celui-ci continuait à présenter les mêmes symptômes, aggravés même du fait d'une médiocre situation financière. Freud l'aida sur ce point en collectant pour lui de l'argent dans le cercle de ses disciples viennois. C'est alors que Sergueï Pankejeff commença à s'identifier à l'histoire de son cas et à se prendre vraiment pour l'Homme aux loups. En 1926, atteint des mêmes symptômes, il consulta de nouveau Freud qui refusa de le traiter une troisième fois et l'envoya chez Ruth Mack-

Brunswick. Il fut alors prisonnier d'un incroyable imbroglio transférentiel. Non seulement Freud analysait en même temps Ruth, son mari et le frère de celui-ci, mais de surcroît il envoya cette année-là sur le divan de Ruth une Américaine, Muriel Gardiner, qui allait devenir l'amie et la confidente de Pankejeff au fur et à mesure du déroulement de leurs analyses respectives.

Plus malade que son patient, Ruth Mack-Brunswick avait pris l'habitude de soigner ses douleurs vésiculaires à la morphine. Comme toute la génération* psychanalytique des années 1920, elle s'intéressait aux psychoses et aux mécanismes pré-œdipiens identifiés par Melanie Klein*. C'est pourquoi, après avoir analysé Pankejeff d'octobre 1926 à février 1927, elle identifia chez lui non pas une névrose mais une paranoïa. En 1928, elle publia une deuxième version du cas sous le titre « Supplément à l'extrait d'une névrose infantile ». Pour la première fois, elle attribua au patient le nom qui sera désormais le sien : l'Homme aux loups. Elle le décrivit comme un homme persécuté, antipathique, avare, sordide, hypocondriaque, obsédé par son image et notamment par une pustule qui lui rongeait le nez. A travers ce nouveau diagnostic, le mouvement psychanalytique se divisa en deux camps : les partisans de la psychose d'un côté, ceux de la névrose de l'autre.

Le déclenchement de la Deuxième Guerre mondiale transforma encore la triste existence de Pankejeff. En 1938, quelques jours après l'entrée des nazis à Vienne, il trouva sa femme morte dans leur appartement : elle s'était suicidée.

A partir de 1945, et pour toute la durée de sa vie, l'Homme aux loups, encore et toujours mélancolique, fut pris en charge par le mouvement freudien d'une manière à la fois inédite et spectaculaire. Poussé par Muriel Gardiner et « pensionné » par Kurt Eissler au nom des Sigmund Freud Archives, il se mit à rédiger ses Mémoires et à commenter l'histoire de son cas dans la langue même du discours psychanalytique. Ceux-ci furent publiés en 1971, puis traduits dans le monde entier et mille fois commentés.

Quelques années plus tard, contre l'avis des gardiens du temple freudien, il accepta de répondre à une longue interview d'une journaliste viennoise, Karin Obholzer, qui lui fit raconter sa vie dans un autre style, plus direct et moins compassé. Il déclara alors que la fameuse scène du coït *a tergo* n'avait sans doute pas eu lieu, parce qu'en Russie les enfants ne dormaient jamais dans la chambre des parents. Vénérant toujours le génie thérapeutique de Freud, il prit parti *pour* le diagnostic posé par lui et *contre* celui de Ruth Mack-Brunswick. Au nez et à la barbe des psychanalystes de l'International Psychoanalytical Association* (IPA), qui le transformaient en une sorte d'archive, l'Homme aux loups se métamorphosait encore : il devenait à propos de lui-même plus compétent que la plupart des commentateurs de son cas qui n'avaient pas comme lui le privilège d'être un morceau inaltérable de l'œuvre freudienne.

Il mourut à Vienne assisté de son médecin, le comte Wilhelm Solms-Rödelheim, qui avait été en 1945, avec August Aichhorn* et le baron Alfred von Winterstein*, l'un des refondateurs de l'ancienne Wiener Psychoanalytische Vereinigung (WPV) engloutie par la guerre.

● Sigmund Freud, « A partir de l'histoire d'une névrose infantile », *OC*, XIII, 1-119, *GW*, XII, 27-157, *SE*, XVII, 1-122 ; et Sandor Ferenczi, *Correspondance, 1908-*

1914, Paris, Calmann-Lévy, 1992. Jacques Lacan, *Le Séminaire,* livre III, *Les Psychoses* (1955-1956), Paris, Seuil, 1981 ; *Écrits*, Paris, Seuil, 1966. Serge Leclaire, « A propos de l'épisode psychotique que présenta l'Homme aux loups », *La Psychanalyse*, 4, 1958, 83-111 ; « Les éléments en jeu dans une psychanalyse (à propos de l'Homme aux loups) », *Cahiers pour l'analyse*, 5, novembre-décembre 1966, 1-36. Muriel Gardiner, *L'Homme aux loups par ses psychanalystes et lui-même* (New York, 1971), Paris, Gallimard, 1981. Nicolas Abraham et Maria Torok, *Cryptonymie. Le verbier de l'Homme aux loups,* précédé de *Fors,* par Jacques Derrida, Paris, Aubier-Flammarion, 1976. Karin Obholzer, *Entretiens avec l'Homme aux loups* (Hambourg, 1980), Paris, Gallimard, 1981. Patrick Mahony, *Les Hurlements de l'Homme aux loups* (New York, 1984), Paris, PUF, 1995.

▷ ABRAHAM Nicolas. FORCLUSION. PAPPENHEIM Bertha. *TROIS ESSAIS SUR LA THÉORIE SEXUELLE.*

PANSEXUALISME

Allemand : *Pansexualismus*. Anglais : *Pansexualism*.

En philosophie, le préfixe *pan* est accolé à un grand nombre de termes en deux sens principaux. Il marque en premier lieu que rien n'existe en dehors de ce que désigne le terme joint à ce préfixe, et ensuite il équivaut à l'adjectif universel joint au terme dont il s'agit.

Dans tous les pays où s'est implantée la psychanalyse*, le terme pansexualisme est utilisé pour désigner de façon péjorative la doctrine freudienne de la sexualité* conçue sous la catégorie d'une causalité unique, à la fois parce qu'elle récuserait toute explication du psychisme hors de l'étiologie sexuelle et parce qu'elle se voudrait universelle, c'est-à-dire applicable à toutes les cultures et à tous les individus. A cet égard, les tenants de la critique du pansexualisme de la doctrine freudienne affirment que celle-ci n'est que l'expression d'une culture nationale visant à dominer les autres.

La fameuse thèse du *genius loci* fut popularisée par le psychiatre allemand Adolf Albrecht Friedländer (1870-1949), lors d'un congrès international de médecine tenu à Budapest en 1909. S'attaquant violemment à la psychanalyse, Friedländer expliqua que celle-ci devait son succès à la mentalité viennoise qui attribuait une importance considérable à la sexualité. En quelques années, cette thèse reprise en 1913 par Pierre Janet* devint le cheval de bataille des antifreudiens, leur permettant de charger Sigmund Freud* de tous les péchés d'un prétendu pansexualisme.

Le terme pansexualisme apparut après la publication en 1905 des *Trois Essais sur la théorie sexuelle**. En France*, pays particulièrement germanophobe, ce prétendu pansexualisme freudien servit la thèse du *genius loci* : la théorie sexuelle fut assimilée à une vision barbare de la sexualité dite « germanique », « nordique », « teutonne » ou « boche ». A cette *Kultur* allemande on opposa la luminosité cartésienne et latine de la « civilisation » française, seule capable d'universalité, tandis que dans les pays scandinaves* au contraire on accusa le freudisme* de privilégier une conception « latine » de la sexualité, irrecevable par la « mentalité » nordique.

Dans la préface de 1920 à son ouvrage, Freud récuse le terme : « Dans leur soif de formules retentissantes, dit-il, les gens sont allés jusqu'à parler du "pansexualisme" de la psychanalyse et à lui adresser le reproche absurde de tout expliquer par la sexualité. »

● Adolf Albrecht Friedländer, « Hysterie und moderne Psychoanalyse », in *Psychiatrie*, actes du XVIe congrès international de médecine, Budapest, 1909, section XII, 146-172. André Lalande, *Vocabulaire technique et critique de la philosophie* (1926), Paris, PUF, 1976. Jacques Mousseau et Pierre-François Moreau (éd.), *L'Inconscient*, Paris, CEPL, 1976.

▷ AUTISME. CULTURALISME. JAPON. JUNG Carl Gustav. *LIBIDO*.

PAPPENHEIM Bertha (1860-1936), cas « Fräulein Anna O. »

L'histoire d'Anna O. est l'un des mythes fondateurs de la psychanalyse*. Le récit du cas de cette jeune fille viennoise, âgée de 21 ans au moment de sa maladie, est exposé par Josef Breuer* en 1895 dans les *Études sur l'hystérie**. Depuis cette publication, par laquelle les auteurs proposaient à la fois une nouvelle définition de l'hystérie* comme maladie des réminiscences psychiques et l'invention d'une méthode inédite de traitement (fondée sur la *catharsis** et l'abréaction*), le cas « Anna O. » n'a pas cessé d'être commenté, tant par les historiens que par les cliniciens. Une immense littérature, en plusieurs langues, a été consacrée à cette femme à laquelle fut attribuée l'invention de la psychanalyse*. Soignée par Breuer entre juillet 1880 et juin 1882, Anna O. donne en effet le nom de *talking cure* à une cure qui se fait par la parole et elle emploie le terme *chimney sweeping* pour désigner une forme de remémoration par « ramonage de cheminée ». Quant à Breuer, il nomme *catharsis* ces deux procédés et présente le cas « Anna O. » comme le prototype de la cure cathartique.

Dans les *Études sur l'hystérie*, Anna O. est décrite comme une jeune fille intelligente, énergique et opiniâtre. Douée pour la poésie, elle connaît plusieurs langues et fait preuve d'une grande sensibilité à l'égard des pauvres et des malades. Breuer divise en quatre périodes les phases au cours desquelles se manifestent les divers symptômes hystériques d'Anna, liés à la maladie puis à la mort de son père. Durant la phase dite d'incubation latente, la patiente est sujette à des hallucinations, des contractures et des quintes de toux. Au cours de la phase dite de la maladie manifeste, du 11 décembre 1880 au 1er avril 1881, elle a des troubles de la vision, du langage et de la motricité. Elle mélange plusieurs langues, ne sait plus s'exprimer en allemand et finit par choisir l'anglais. Sa personnalité se dédouble, et Breuer la calme par les procédés de la cure par la parole et du « ramonage de cheminée ». Durant la troisième phase, les symptômes s'aggravent : Breuer fait alors interner Anna O. dans un sanatorium puis la soigne par la méthode de l'auto-hypnose. Enfin, la dernière période se caractérise par la levée progressive des symptômes et par la guérison. Grâce à la remémoration de ses souvenirs traumatiques, Anna O. retrouve son véritable moi, parle à nouveau en allemand et guérit de sa paralysie. « Elle quitta Vienne* pour faire un voyage, écrit Breuer, mais il lui fallut beaucoup de temps pour retrouver son équilibre psychique. Depuis lors, elle jouit d'une parfaite santé. »

C'est en 1953, dans le premier volume de *La Vie et l'œuvre de Sigmund Freud*, qu'Ernest Jones* révéla pour la première fois la véritable identité de cette patiente, ce qui déplut à ses héritiers. Anna O. devint alors Bertha Pappenheim. Issue du milieu de la bourgeoisie juive orthodoxe, elle avait été élevée par une mère rigide et conformiste. Sa famille était étroitement liée à celle de Martha Bernays, la fiancée de Freud, qui était son amie. Après son traitement, elle se tourna vers des activités humanitaires. D'abord directrice d'un orphelinat juif à Francfort, elle voyagea ensuite dans les Balkans, le Proche-Orient et la Russie* pour mener des enquêtes sur la traite des Blanches. En 1904, elle fonda le Judischer Frauenbund (Ligue des femmes juives) puis, trois ans plus tard, un établissement d'enseignement affilié à cette organisation. Très attachée au judaïsme, elle poursuivit des études sur la condition des femmes juives et des criminels juifs. Lorsque Hitler prit le pouvoir, elle se prononça contre l'émigration en Palestine. Après la Deuxième Guerre mondiale, elle devint une figure légendaire de l'histoire des femmes et du féminisme pour son action sociale, au point que le gouvernement allemand honora sa mémoire par un timbre-poste à son effigie. Vers la fin de sa vie, devenue pieuse et autoritaire comme l'était sa mère, elle réédita des ouvrages anciens de religion et rédigea l'histoire d'une de ses ancêtres.

Tout en révélant la véritable identité d'Anna O., Jones donnait une version fantaisiste de la fin de sa cure avec Josef Breuer. Ce dernier, expliquait-il en substance, avait été effrayé par le caractère sexuel du transfert* amoureux de sa patiente à son endroit et notamment par une grossesse nerveuse (*pseudocyesis*) survenue à ce moment. Il interrompit alors le traitement et partit en lune de miel à Venise où fut conçue sa fille Dora. Dix ans plus tard, il appela Freud en consultation pour un cas identique. Quand celui-ci lui signifia que les symptômes de cette malade révélaient un fantasme* de grossesse, il ne put supporter cette répétition d'un fait passé : « Sans prononcer une seule parole, il prit sa canne et son chapeau et s'empressa de quitter la maison. »

Jones construisait cette version de l'histoire à partir de plusieurs souvenirs de Freud et d'un résumé que Marie Bonaparte* lui avait donné de son journal inédit. Or si l'on consulte ce journal ainsi que la correspondance entre Martha Bernays et Freud en 1883, exhumée par John Forrester et Peter Swales, on constate que cette histoire de grossesse hystérique est une reconstruction de Freud à laquelle Jones a donné une légitimité archivistique et médicale en la nommant *pseudocyesis*.

Dans une lettre du 31 octobre 1883, Freud informe Martha de la santé de son amie Bertha, affirmant qu'elle va mieux et qu'elle se débarrasse de son empoisonnement à la morphine. Puis il ajoute que Breuer a arrêté le traitement « parce que celui-ci menaçait son heureux mariage [...]. Peux-tu garder cela pour toi, Martchen ? Ce n'est rien de honteux mais plutôt quelque chose de très intime [...]. Bien entendu, je tiens cela de lui personnellement ». D'après Freud, Mathilde Breuer n'aurait pas supporté l'intérêt porté par son époux à sa patiente et serait tombée malade.

Si, en 1909, dans ses cinq conférences sur la psychanalyse données à la Clark University de Worcester, Freud parle du cas « Anna O. » en suivant la version des *Études sur l'hystérie*, cinq ans plus tard, en revanche, dans sa contribution à l'histoire de la psychanalyse, il reprend la thèse de l'amour de transfert (implicite dans sa lettre du 31 octobre 1883) : « Il se trouve que j'ai de fortes raisons de supposer que Breuer, après avoir écarté tous les symptômes, a dû nécessairement découvrir sur de nouveaux indices la motivation sexuelle de ce transfert, mais que la nature générale de ce phénomène inattendu lui échappa, si bien que frappé par un *untoward event*, il arrêta net sa recherche. Il ne m'en a pas informé directement mais m'a fourni à différentes époques suffisamment de points de repère pour pouvoir justifier cette supposition. » Freud souligne ensuite que Breuer lui exprima sa réprobation à propos de l'étiologie sexuelle des névroses.

Dans son autobiographie de 1925, il reprend cette version, soulignant que Breuer a cessé le traitement à cause d'un amour de transfert de la patiente à son égard. La même idée est reprise dans l'article nécrologique qu'il consacre à Breuer et dans lequel il précise que l'histoire du cas a été « abrégée et censurée par égard pour la discrétion médicale » et que sa publication a été rendue nécessaire pour des raisons scientifiques : il fallait prouver que le traitement d'Anna O. était antérieur à ceux menés par Pierre Janet* avec des patientes identiques. Cependant, sept ans plus tard, dans une lettre du 2 juin 1932 à Stefan Zweig*, il ajoute l'histoire du fantasme de la grossesse de Bertha et affirme que Dora Breuer, la fille de Josef Breuer, a confirmé l'existence de ce fait après avoir interrogé son père : « Le soir du jour où tous les symptômes avaient été surmontés, on l'appela de nouveau ; il la trouva délirante, se tordant avec des crampes au bas-ventre. Comme il lui demandait ce qu'il y avait, elle répondit : "C'est l'enfant que j'attends du Dr. Br. qui arrive". »

En 1927, il avait fait la même confidence à Marie Bonaparte qui rapporte que la « maladie » de Mathilde Breuer avait conduit à une tentative de suicide : « Le 16 décembre, à Vienne, écrit la princesse, Freud me rapporta l'histoire de Breuer. Sa femme tenta de se suicider vers la fin de la cure d'Anna = Bertha. La suite est connue : la rechute d'Anna, son fantasme de grossesse, la fuite de Breuer. »

Ces différentes versions proposées par Freud au fil des années trahissent à l'évidence la fragilité du témoignage humain. Freud a de « faux » souvenirs, il reconstruit les faits et les interprète à sa manière.

La fable de la grossesse nerveuse d'Anna O. fut pourtant reçue comme une certitude par l'ensemble de la communauté freudienne, toutes tendances confondues. Née d'une parole de Freud, elle fut ensuite utilisée par son biographe à des fins d'histoire officielle. En 1953, il s'agissait pour Jones de peindre Freud sous les traits d'un savant héroïque, seul capable, contre la science de son époque, de comprendre l'étiologie sexuelle de l'hystérie et d'inventer une nouvelle théorie de la sexualité*. Un discrédit était ainsi jeté sur le personnage de Breuer présenté comme un peureux et un ignorant. Quant à Anna O., elle devenait, aux côtés d'Emmy von N. (Fanny Moser*), une figure mythique des origines du freudisme, guérie de son hystérie grâce à la méthode cathartique d'où était triomphalement née la psychanalyse.

En 1963, Dora Edinger, qui avait travaillé avec Bertha Pappenheim, rassembla les lettres et les textes de celle-ci, ainsi que des témoignages. Elle donna de Bertha Pappenheim et de sa destinée ultérieure une image différente de celle de Jones, soulignant notamment que la jeune femme s'était toujours abstenue d'évoquer l'époque de sa vie où elle avait été en traitement avec Breuer. Et même, expliqua-t-elle, elle « s'opposait avec véhémence à toute suggestion de traitement psychanalytique pour les personnes dont elle avait la charge, à la grande surprise des gens qui travaillaient avec elle ».

C'est en 1970 que l'historien Henri F. Ellenberger* entreprit les recherches qui allaient permettre de réviser l'historiographie* officielle et de comprendre qui était Bertha Pappenheim et pourquoi son cas avait été raconté de cette façon. Dora Edinger avait conseillé à Ellenberger de visiter les cliniques d'Autriche, d'Allemagne* ou de Suisse*. Intrigué par une photographie de Bertha en amazone sur laquelle était gravé un mot illisible, il la fit examiner par le laboratoire de la police de Montréal. Il vit alors apparaître le nom de la ville de Contance où se trouvait le fameux sanatorium Bellevue à Kreuzlingen, dirigé de père en fils par la dynastie des Binswanger*. C'est là qu'il découvrit un document qui invalidait la thèse de Jones : un rapport inédit de Breuer sur le cas, bien différent du récit qu'en proposent les *Études sur l'hystérie.* En 1972, il publia sa révision de l'histoire qui établissait d'une part que Dora Breuer était née le 11 mars 1882 et ne pouvait donc pas avoir été conçue en juin, et d'autre part que la fameuse grossesse nerveuse n'avait jamais eu lieu.

Le rapport de Breuer fut publié pour la première fois en 1978 par Albrecht Hirschmüller, son rigoureux biographe qui ajouta d'autres éléments à l'enquête d'Ellenberger. Ce document présente Anna O. sous son véritable patronyme et raconte en quelque sorte l'envers de l'histoire idyllique des *Études sur l'hystérie*. Non seulement la vraie patiente n'a pas été guérie de ses symptômes hystériques au cours de la cure mais, de plus, elle n'a pas été traitée par la méthode cathartique. Le terme n'apparaît pas dans le rapport, ni d'ailleurs celui d'abréaction. Breuer eut plutôt recours à l'hypnose* puis, pour soigner les douloureuses névralgies de la patiente, à des doses importantes de chloral et de morphine, qui firent d'elle une morphinomane. C'est seulement beaucoup plus tard, en dehors de toute intervention médicale, qu'elle trouva un équilibre. Autrement dit, si la cure par la parole sert, parfois seulement, à faire disparaître quelques symptômes, elle n'est en rien une méthode clairement identifiée. Même chose pour le « ramonage de cheminée », qui consiste pour Bertha à décharger son esprit d'histoires imaginées les jours précédents. Breuer soulignait aussi que le diagnostic d'hystérie n'était pas évident à établir, songeant à diverses maladies cérébrales.

Ellenberger concluait son enquête en soulignant que le fameux « prototype d'une guérison cathartique ne fut ni une guérison, ni une *catharsis* », peut-être ne s'agissait-il même pas d'une hystérie. L'historien confirmait que Freud et Breuer avaient décidé de publier l'histoire de ce cas sous la forme d'un cas princeps afin de mieux revendiquer, contre Janet, la priorité de la découverte de la cure cathartique. Quant à Bertha Pappenheim, il la présentait comme une femme tragique de la fin du XIXe siècle qui était parvenue à sublimer sa personnalité en s'engageant dans une grande cause en faveur du travail social et des droits de la femme.

Cette remarquable révision ne faisait que conforter l'idée progressivement admise par Freud lui-même selon laquelle la guérison en psychanalyse est une manière pour un sujet de convertir des symptômes pathologiques en une sublimation*. Elle montrait surtout que Breuer et Freud avaient réussi en quelques années, comme presque tous les maîtres de la psychopathologie*, à transformer des histoires de malades en fictions, c'est-à-dire en récits de cas destinés à prouver la validité de leurs thèses.

En 1978, Albrecht Hirschmüller confirma l'hypothèse d'Ellenberger selon laquelle le choix de publier le cas « Anna O. » dans les *Études sur l'hystérie* avait pour fin de souligner l'antériorité de la méthode de Breuer sur celle de Janet (qui avait fait paraître *L'Automatisme psychologique* en 1889). En 1895, Breuer avait depuis longtemps abandonné le terrain de la cure cathartique et était en désaccord avec Freud sur de nombreux points. Néanmoins, il était bien l'inventeur de la méthode, et seule la publication de l'histoire du traitement de Bertha Pappenheim pouvait en apporter la preuve. Conscient des difficultés qu'il avait eues avec la jeune femme, non seulement sur la question de la relation transférentielle mais aussi sur celle de sa guérison, il hésitait à publier le récit. Freud insista et, comme Bertha avait quitté la ville de Vienne où elle était connue, il décida de raconter son histoire dans les *Études sur l'hystérie* sous la forme d'une cure cathartique avec guérison, considérant que même si l'évolution de la santé de Bertha n'était pas satisfaisante, il y avait bien eu, au moment de la cure, une guérison de certains symptômes hystériques par le moyen d'une psychothérapie de type cathartique.

Malgré le travail pionnier d'Ellenberger et l'apport de Hirschmüller, qui montra que Bertha Pappenheim avait surmonté sa maladie par un engagement militant d'où était bannie toute relation charnelle avec les hommes, les psychanalystes les plus sérieux continuèrent à tenir pour vérité intouchable les canons de l'historiographie officielle.

Ce fut le cas notamment du psychanalyste français Moustapha Safouan en 1988. S'appuyant sur un roman de Lucy Freeman consacré à Anna O., il fit l'hypothèse que la « grossesse nerveuse » d'Anna O. avait été induite par un désir* inconscient de Breuer d'associer trois figures féminines portant le prénom de Bertha : sa fille, sa mère, sa patiente. Ce raisonnement renvoyait en partie à celui du psychanalyste américain George Pollock qui avait remarqué en 1968 l'analogie entre les trois prénoms et en avait conclu à la répétition chez Breuer d'une situation œdipienne non résolue. L'usage de la théorie lacanienne du signifiant* venait ainsi conforter la légende inventée par Jones en 1953 et les interprétations plus classiques de l'école américaine.

Aux États-Unis*, à partir de 1985 et sous l'impulsion de l'historiographie révisionniste, plusieurs chercheurs s'attachèrent à démontrer que Freud était un mystificateur. S'appropriant le corps des femmes pour les besoins de sa propagande, il aurait, d'abord avec Breuer puis contre lui, falsifié la vérité pour promouvoir la psychanalyse comme unique méthode de guérison des maladies psychiques. A sa suite, Jones aurait conforté, toujours contre Breuer, l'image officielle du héros solitaire. Dans cette perspective, qui niait l'idée même d'une possible innovation freudienne, Bertha Pappenheim devint une simulatrice. Selon Peter Swales et Mikkel Borch-Jacobsen, adeptes de cette thèse, la patiente aurait fait semblant d'être hystérique pour se moquer de son médecin. Revanche d'une femme et de l'identité féminine contre la science des hommes ! A force de méconnaître l'histoire de la conscience subjective des savants, de réduire les mythes fondateurs à des mystifications et de passer du culte positiviste de l'archive à la dénonciation antifreudienne, l'historiographie révisionniste américaine aura donc fini en 1995 par adopter à propos d'Anna O. la méthode interprétative dénoncée chez Jones et par épouser, au nom de la défense de la différence des sexes*, les thèses les plus rétrogrades des médecins de la fin du XIXe siècle qui regardaient l'hystérie comme une simulation.

• Sigmund Freud et Josef Breuer, *Études sur l'hystérie* (1895), Paris, PUF, 1956. Sigmund Freud, *Sur l'histoire du mouvement psychanalytique* (1914), Paris, Gallimard, 1991, *GW*, X, 44-113, *SE*, XIV, 7-66 ; « Josef Breuer » (1925), *GW*, XIV, 562-563, *SE*, XIX, 279-280, *OC*, XVII, 155-157. Marie Bonaparte, *Cahiers noirs* (journal), 1925-1939, inédit (archives Élisabeth Roudinesco) ; Dora Edinger, *Bertha Pappenheim. Leben und Schriften*, Francfort, D. Edinger (éd.), 1963. George H. Pollock, « The possible significance of childhood object loss in the Josef Breuer-Bertha Pappenheim-Sigmund Freud relationship », *Journal of American Psychoanalytic Association*, 16, 1968, 711-739. Lucy Freeman, *L'Histoire d'Anna O.* (New York, 1972), Paris, PUF, 1977. Ernest Jones, *La Vie et l'œuvre de Sigmund Freud*, t. 1, *1856-1900* (New York, 1953), Paris, PUF, 1958. Henri F. Ellenberger, *Histoire de la découverte de l'inconscient* (New York, Londres, 1970, Villeurbanne, 1974), Paris, Fayard, 1994 ; *Médecines de l'âme. Essais d'histoire de la folie et des guérisons psychiques*, Paris, Fayard, 1995. Albrecht Hirschmüller, *Josef Breuer* (Berne, 1978), Paris, PUF, 1991. Frank J. Sulloway, *Freud biologiste de l'esprit* (New York, 1979), Paris, 1981. John Forrester, « The true story of Anna O. », *Social Research*, vol. 53, 2, été 1986. Peter Swales, « Anna O. in Ischl », *Werkblatt*, 5, 1988, 57-64. Moustapha Safouan, *Le Transfert et le désir de l'analyste*, Paris, Seuil, 1988. Mikkel Borch-Jacobsen, *Souvenirs d'Anna O. Une mystification centenaire*, Paris, Aubier, 1995.

▷ ANZIEU Marguerite. BAUER Ida. ECKSTEIN Emma. FOLIE. LIEBEN Anna von. ÖHM Aurelia. PERSONNALITÉ MULTIPLE. SÉDUCTION (THÉORIE DE LA). SEXUALITÉ FÉMININE. *SIGMUND FREUD PRÉSENTÉ PAR LUI-MÊME. SUR LA PSYCHANALYSE. CINQ CONFÉRENCES.* TRANSFERT.

PARANOÏA

Allemand : *Paranoia*. Anglais : *Paranoia*.

Terme dérivé du grec (*para* : contre, *noos* : esprit) qui désigne la folie* au sens de l'emportement et du délire. Dans la nosographie psychiatrique allemande, le terme est introduit en 1842 par Johann Christian Heinroth (1773-1843) à partir d'un mot forgé en 1772, et dans la nosographie française en 1887 par Jules Séglas (1856-1939). Avec les travaux de Wilhelm Griesinger (1817-1868), d'Emil Kraepelin*, d'Eugen Bleuler* puis de Gaëtan Gatian de Clérambault* la paranoïa est devenue avec la schizophrénie* et la psychose maniaco-dépressive* l'une des trois composantes modernes de la psychose* en général. Elle se caractérise par un délire systématisé, la prédominance de l'interprétation* et l'absence de détérioration intellectuelle. On y range le délire de persécution, l'érotomanie, le délire des grandeurs et le délire de jalousie.

C'est en ce sens que Sigmund Freud* reprend le terme en 1911 en désignant la paranoïa comme une défense* contre l'homosexualité*. Après lui, Melanie Klein* et Jacques Lacan* développeront pour la psychanalyse* une conception structurale de la paranoïa, l'une en la rapprochant de la schizophrénie (position schizoïde-paranoïde*) dans le cadre d'une définition de la relation d'objet*, l'autre en faisant d'elle l'essence même du processus psychotique.

Cette forme de folie, que Freud comparait volontiers à un système philosophique en raison de son mode d'expression logique et de son intellectualité proche du raisonnement « normal », avait déjà été décrite dans l'Antiquité non seulement par Hippocrate mais aussi par les grands auteurs tragiques, Eschyle et Euripide. Il fallut néanmoins attendre le XIXe siècle et les travaux fondateurs de l'école allemande de psychiatrie pour que le terme figure dans une classification générale des maladies mentales. Après Heinroth, qui introduisit le mot, Griesinger, dans le cadre d'une nosographie organiciste, donna en 1845 à ce type de délire le nom de *Verrücktheit* (dérangement de l'esprit). A sa suite, Kraepelin imposa le mot paranoïa pour décrire un phénomène identique.

La nouveauté du système de classification de Kraepelin tenait à ce qu'il mettait de l'ordre et de la clarté dans l'anarchie des nosographies antérieures. Il distinguait trois groupes de psychoses : la paranoïa, la démence précoce, la folie maniaque dépressive ou psychose maniaco-dépressive (héritée de l'ancienne mélancolie*). A quoi s'ajoutait un terme intermédiaire, la paraphrénie, qui désignait un délire chronique se situant entre la démence précoce et la paranoïa.

Dans ce cadre, Kraepelin définissait la paranoïa comme le « développement insidieux, sous la dépendance de causes internes et selon une évolution continue, d'un système délirant, durable et impossible à ébranler, qui s'instaure avec une conservation complète de la clarté et de l'ordre dans la pensée, le vouloir et l'action ». Selon lui, il s'agissait d'une maladie « constitutionnelle », reposant sur deux mécanismes fondamentaux : le délire de référence et les illusions de la mémoire, tous deux producteurs de différents thèmes de persécution, de jalousie, de grandeur. Aussi le paranoïaque est-il un malade chronique qui se prend pour un prophète, un empereur, un grand homme, un inventeur, un réformateur, etc.

S'inspirant de cette classification qu'il ne mettra jamais en cause, Freud proposa une autre approche du mécanisme de la paranoïa dès la fin du siècle, notamment dans un manuscrit envoyé à Wilhelm Fliess* le 24 janvier 1895. Contournant le problème des classifications et cherchant à soigner des patients et à sortir du nihilisme thérapeutique qui caractérisait la psychiatrie de l'époque, il rangeait les idées délirantes à côté des idées obsessionnelles et donnait une définition de la paranoïa qui s'inspirait de sa conception de la défense hystérique : « La paranoïa chronique sous sa forme classique est un mode pathologique de défense comme l'hystérie*, la névrose obsessionnelle* et les états de confusion hallucinatoire. Les gens deviennent paranoïaques parce qu'ils ne peuvent tolérer certaines choses – à condition naturellement que leur psychisme y soit prédisposé. » A cela il ajoutait un mécanisme de projection*, selon lequel le paranoïaque se défend d'une « représentation inconciliable avec le moi*, en projetant son contenu dans le monde extérieur », et une définition des modalités du délire : les paranoïaques « aiment leur délire comme ils s'aiment eux-mêmes, voilà tout le secret ». Dans une lettre de décembre 1899, il distinguait l'hystérie de la paranoïa en montrant que la première est allo-érotique et se manifeste par une identification* à une personne aimée, tandis que la seconde est auto-érotique et scinde le moi en plusieurs personnes étrangères.

C'est seulement en 1911, dans le cadre de sa grande discussion avec Carl Gustav Jung* et Eugen Bleuler, que Freud, soucieux de l'extension du savoir psychanalytique au domaine du traitement des maladies mentales, fut conduit à donner de la paranoïa la définition canonique qui servira de référence à ses commentateurs ultérieurs.

Le débat nosographique qui eut lieu entre les trois hommes mit en jeu une violente relation transférentielle et se solda par une rupture : entre Freud et Jung, entre Jung et Bleuler et entre Freud et Bleuler. Contre le nouveau mot de schizophrénie inventé par Bleuler pour remplacer l'ancienne démence précoce kraepelinienne, Freud choisit celui de paranoïa (au sens de Kraepelin), tandis que Jung préféra maintenir l'ancien vocable de démence précoce. Dans cette perspective, il s'agissait pour Freud non pas de construire une nouvelle nosographie psychiatrique comme le voulait Bleuler, mais de donner à la psychose une définition qui permettait de l'intégrer au cadre structural de la doctrine psychanalytique et donc de la définir par opposition à la névrose d'une part, à la perversion* de l'autre. En un premier temps, Freud reprit donc contre Jung le terme de paraphrénie pour désigner la démence précoce, puis en un deuxième il rangea la schizophrénie de Bleuler sous la catégorie de paranoïa. Enfin, en un troisième temps, il accepta la nosographie bleulerienne et renonça à la fois à désigner la démence précoce comme une paraphrénie et à classer la schizophrénie sous la catégorie de la paranoïa. Ainsi laissait-il le champ libre au possible développement d'une conception psychanalytique de la schizophrénie – ce qui sera fait par ses héritiers, notamment de l'école américaine de la *Self Psychology** –, tout en élaborant une doctrine de la psychose fondée sur la notion de paranoïa, qu'il concrétisa dans sa célèbre étude de 1911 consacrée à l'analyse des Mémoires de Daniel Paul Schreber*.

Ainsi, dans la terminologie freudienne classique, la paranoïa devint le modèle paradigmatique de l'organisation des psychoses en général. Au délire de grandeur, de persécution, d'interprétation et à l'auto-érotisme* Freud ajoutait deux éléments majeurs : la paranoïa était définie désormais comme une défense contre l'homosexualité*, et le paranoïaque n'était plus regardé comme un malade mental au sens de la nosographie psychiatrique. A propos de Schreber, Freud développait en effet cette idée très originale que la connaissance délirante que le fou a de lui-même peut être aussi vraie que celle, rationnelle, construite par le clinicien pour expliquer la folie. Cependant seule la seconde revêt un statut théorique.

C'est en rédigeant son étude sur Léonard de Vinci que Freud avait élaboré une approche de l'homosexualité qui allait servir à l'analyse du cas Schreber, et c'est à l'occasion de sa rupture avec Alfred Adler* et de longues conversations avec Sandor Ferenczi* que lui était venue l'idée de lier la connaissance paranoïaque à un investissement homosexuel et la connaissance théorique à un rejet de cet investissement. Cette rupture avait en effet ravivé chez lui la souffrance éprouvée lors de la séparation d'avec Fliess. D'où ces deux phrases, l'une adressée à Sandor Ferenczi* dans une lettre d'octobre 1910 : « Depuis l'affaire Fliess [...] une partie de l'investissement homosexuel a disparu et je m'en suis servi pour élargir mon propre moi. J'ai réussi là où le paranoïaque échoue », et l'autre à Jung en 1908 : « Fliess a développé une belle paranoïa après s'être débarrassé de son penchant pour moi. C'est à lui que je dois cette idée [de la composante homosexuelle de la paranoïa]. »

Psychiatre de formation, Jacques Lacan aborda la paranoïa et le domaine des psychoses en général d'une façon totalement différente de celle de Freud. Tandis que le maître viennois cherchait toujours à ramener la folie soit dans le cadre des névroses, soit dans celui d'une conception de la psychose échappant au discours psychiatrique, Lacan fit tout le contraire. Ayant abordé le freudisme par la voie de la clinique psychiatrique d'inspiration française et allemande, et étant lui-même un grand praticien de la psychose, il s'intéressa toujours beaucoup plus au domaine de la folie qu'à celui des pathologies ordinaires. Et parmi les psychoses, c'est la paranoïa qui fut pour lui le modèle paradigmatique de la folie en général : il était fasciné par la logique du discours paranoïaque au point de penser que la cure psychanalytique devait ressembler à une paranoïa dirigée. A cet égard, dès la publication de sa thèse de médecine de 1932, consacrée à la personnalité paranoïaque, il rejoignit les positions de Freud par une voie qui n'était pas vraiment celle de Kraepelin mais plutôt celle de Gaëtan Gatian de Clérambault : comme Freud, il liait homosexualité et connaissance paranoïaque. Mais devant décrire avec l'histoire de Marguerite Anzieu*, son cas princeps, une folie criminelle féminine, il fit de l'érotomanie une composante centrale de la paranoïa. Il fera de même un an plus tard dans son article consacré au crime des sœurs Papin.

A partir de 1946, l'école kleinienne s'orienta vers une conception de la paranoïa qui rapportait celle-ci à un processus archaïque où n'apparaissait plus la composante homosexuelle décrite par Freud et Ferenczi. Dans cette perspective, chaque sujet passe forcément dans son enfance par une phase psychotique (ou position paranoïde-schizoïde*) dans la mesure où la psychose est définie comme un état de fixation ou de régression à un stade primaire. Le cas Schreber fut alors commenté et révisé à la lumière des thèses kleiniennes, notamment par Ida Macalpine et Richard Hunter.

Dix ans plus tard, Lacan prit une autre direction et commenta à son tour l'histoire de Schreber, notamment dans son séminaire de l'année 1955-1956 consacré aux psychoses. A l'opposé de l'école kleinienne, il conserva l'essentiel de la doctrine freudienne en lui adjoignant deux concepts qu'il avait forgés, la forclusion* et le nom-du-père*, qui donnèrent naissance à ce qu'il est convenu d'appeler la clinique lacanienne de la paranoïa et de la psychose en général.

• Wilhelm Griesinger, *Die Pathologie und Therapie der psychischen Krankheiten*, Stuttgart, A. Krable, 1845. Emil Kraepelin, *Compendium der Psychiatrie*, Leipzig, 1883-1915. Jules Séglas, « La paranoïa », *Archives de neurologie*, 1887, 221-293. Sigmund Freud, « Remarques psychanalytiques sur l'autobiographie d'un cas de paranoïa » (1911), in *Cinq Psychanalyses*, Paris, PUF, 1954, 263-321, *GW*, VIII, 240-316, *SE*, XII, 1-79 ; « Communication d'un cas de paranoïa en contradiction avec la théorie psychanalytique » (1915), in *Névrose, psychose et perversion*, Paris, PUF, 1973, 209-219, *GW*, X, 234-246, *SE*, XIV, 261-272 ; « Sur la psychogenèse d'un cas d'homosexualité féminine » (1920), *ibid., 245-271*, GW, XII, 309-312, *SE*, XVIII, 263-265 ; « De quelques mécanismes névrotiques dans la jalousie, la paranoïa et l'homosexualité » (1922), *OC*, XVI, 85-99, *GW*, V, 387-399, *SE*, XVIII, 223-232 ; *La Naissance de la psychanalyse* (Londres, 1950), Paris, PUF, 1956 ; et Carl Gustav Jung, *Correspondance I (1906-1909), II (1910-1914)*, Paris, Gallimard, 1975 ; et Sandor Ferenczi, *Correspondance (1908-1914)*, t. 1, Paris, Calmann-Lévy, 1992. Sandor Ferenczi, « Le rôle de l'homosexualité dans la pathogénie de la paranoïa », in *Psychanalyse I, Œuvres complètes (1908-1912)*, Paris, Payot, 1968, 172-188. Eugen Bleuler, *Dementia praecox ou groupe des schizophrénies* (Leipzig, 1911), Paris, EPEL-GREC, 1993. Gaëtan Gatian de Clérambault,

Œuvre psychiatrique, 2 vol., Paris, PUF, 1942 ; *L'Érotomanie*, Paris, Synthélabo, coll. « Les empêcheurs de penser en rond », 1993. Richard Hunter et Ida Macalpine, *Three Hundred Years of Psychiatry*, Oxford, Oxford University Press, 1963. Jean Laplanche et Jean-Bertrand Pontalis, *Vocabulaire de la psychanalyse*, Paris, PUF, 1967. Chawki Azouri, *« J'ai réussi là où le paranoïaque échoue »*, Paris, Denoël, 1990. Jacques Postel et Nicolle Kress-Rosen, « Paranoïa », in *Grand Dictionnaire de la psychologie*, Paris, Larousse, 1991, 543-546. Jacques Postel, *La Psychiatrie*, Paris, Larousse, 1994. Pierre Kaufmann, « Paranoïa », *in* Pierre Kaufmann (éd.), *L'Apport freudien*, Paris, Bordas, 1993, 291-297. Jacques Lacan, *De la psychose paranoïaque dans ses rapports avec la personnalité* (1932), Paris, Seuil, 1975 ; *Le Séminaire*, livre III, *Les Psychoses* (1955-1956), Paris, Seuil, 1981. Élisabeth Roudinesco, *Jacques Lacan. Esquisse d'une vie, histoire d'un système de pensée*, Paris, Fayard, 1993. Luiz Eduardo Prado de Oliveira, *Schreber et la Paranoïa. Le meurtre de l'âme*, Paris, L'Harmattan, 1996.

▷ AUTISME. CRIMINOLOGIE. NARCISSISME. *SOUVENIR D'ENFANCE DE LÉONARD DE VINCI (UN).*

PARAPHRÉNIE

▷ PARANOÏA. SCHIZOPHRÉNIE.

PARENTÉ

Allemand : *Verwandtschaft*. Anglais : *Kinship*.

L'étude de la parenté fut initiée en 1861 par le juriste anglais Henry Maine (1822-1888), et le terme de système de parenté fut introduit en 1871 par l'anthropologue américain Lewis Henry Morgan (1818-1881) pour désigner un ensemble structuré d'attitudes fixées par les normes sociales et observées par les individus apparentés par le sang ou le mariage. Les travaux anthropologiques sur les systèmes de parenté se fondent sur la quadriple étude de l'alliance (le mariage), des liens de filiation*, de la généalogie et des générations*. Selon l'orientation prise (évolutionnisme, fonctionnalisme, structuralisme, etc.), chaque école privilégie un élément par rapport à un autre.

C'est Jacques Lacan*, marqué par les travaux de Claude Lévi-Strauss, qui a introduit en psychanalyse* une réflexion sur les systèmes de parenté en remplaçant les interrogations du freudisme* et du kleinisme* sur les places respectives du père et de la mère dans le complexe d'Œdipe* par une théorisation de la fonction paternelle dans l'inconscient* du sujet*.

▷ ANTHROPOLOGIE. *HOMME MOÏSE ET LA RELIGION MONOTHÉISTE (L').* INCESTE. MALINOWSKI Bronislaw. NOM-DU-PÈRE. PATRIARCAT. SEXUALITÉ FÉMININE. SIGNIFIANT. *TOTEM ET TABOU.*

PASSAGE A L'ACTE

▷ *ACTING OUT.*

PASSE

Allemand : *Passe/Übergang*. Anglais : *Pass*.

Terme employé en 1967 par Jacques Lacan* pour désigner une procédure de passage consistant pour un analysant (passant) à exposer à des analystes (passeurs), qui en rendront compte à un jury dit d'agrément, ceux des éléments de son histoire que son analyse l'a conduit à considérer comme susceptibles de rendre compte de son désir de devenir analyste.

Dans le langage courant, le terme passe comporte plusieurs acceptions. Il peut notamment désigner l'action de passer ou d'avancer ou bien encore le lieu ou le moment précis d'un passage.

Dès le début des années 1950, Lacan met en cause les standards d'accès à l'analyse didactique* énoncés par Max Eitingon* en 1925 au congrès de l'International Psychoanalytical Association* (IPA) de Bad-Hombourg.

En 1964, lorsqu'il fonde l'École freudienne de Paris* (EFP), Lacan abolit la distinction classique entre analyse personnelle (ou thérapeutique) et analyse didactique en instituant un règlement qui ne contraint pas les candidats à choisir leur didacticien sur une liste de titulaires établie par avancc comme cela est la règle dans la quasi-totalité des sociétés psychanalytiques de l'IPA.

Cette abolition vise à redonner une signification réelle au désir* de chaque sujet* de devenir analyste. Plutôt que de se conformer à un cursus préétabli, celui-ci est donc libre de choisir à sa guise son analyste, soit parmi les membres de l'EFP, soit dans d'autres groupes. Il pourra alors être accepté dans les rangs de l'EFP, selon la procédure d'admission définie par les statuts mais sans être obligé de refaire une « tranche » chez un didacticien recommandé par l'institution.

Par cette transformation, Lacan souligne que l'analyse personnelle peut ou non se révéler didactique après-coup*. Nul ne peut décider « par avance » de la validité didactique d'une psychanalyse. Il s'agit donc de redonner une pertinence à deux questions posées par Sigmund Freud* dès l'origine du mouvement : pourquoi devient-on psychanalyste, comment ça se passe ?

C'est le 9 octobre 1967, après une crise dans l'EFP, que Lacan décide de donner un statut institutionnel à cette notion de passage. Aussi prononce-t-il un discours mémorable dans lequel il propose de « fonder dans un statut assez durable pour être soumis à l'expérience les garanties dont notre École pourra autoriser de sa formation un psychanalyste – et dès lors en répondre ».

La passe est alors définie comme un rituel de passage permettant à un simple membre (ME) ayant fait une analyse d'accéder au titre d'analyste de l'école (AE) jusque-là réservé à ceux qui avaient été « titularisés » d'office lors de la fondation de l'EFP. La procédure est la suivante : le candidat à la passe (appelé passant) doit témoigner de ce qu'a été son analyse auprès de deux analystes (appelés passeurs) ayant la charge de transmettre le contenu dudit témoignage au jury d'agrément. Ce jury est constitué de membres élus par l'assemblée générale de l'EFP et ayant déjà reçu le titre d'AE. La « proposition d'octobre » distingue la notion de *gradus* de celle de hiérarchie et inscrit la fin de l'analyse dans une dialectique du « désêtre » et de la « destitution subjective ». Lacan nomme « chute du sujet supposé savoir » la situation de fin d'analyse par laquelle l'analyste se trouve en position de « reste » ou d'objet (petit) a* après avoir été investi tout au long de la cure d'une toute-puissance imaginaire ou d'un « savoir supposé ».

Lacan avance alors une formule qui n'apparaîtra que dans la deuxième version de sa proposition – la seule à être publiée (en 1968) : « Le psychanalyste ne s'autorise que de lui-même. » Il souligne par cette proposition qui fera couler beaucoup d'encre que le passage à l'être-analyste relève d'une épreuve subjective liée au transfert et aboutissant du côté de l'analysant à une « destitution subjective » et du côté de l'analyste à un « désêtre ». Cette épreuve ressemble en quelque sorte à ce que Georges Bataille (1897-1962) appelait l'expérience des limites.

Loin d'être réduite à une sanction institutionnelle, la notion de fin d'analyse chère à Freud redevient donc un objet théorique qu'il faut travailler. En lieu et place de la sacro-sainte liquidation du transfert*, dont on pense selon les règles classiques qu'elle marque l'aboutissement d'une analyse réussie, Lacan décrit un processus plus subtil : celui d'une double épreuve subjective (analysant/analyste) où apparaît un état de perte, de castration, voire même de dépression mélancolique.

Et s'il conserve l'appellation de psychanalyse didactique, c'est pour lui donner une signification nouvelle, fondée sur un renversement : l'ordre institutionnel qu'il (Lacan) appelle « psychanalyse en *extension* » doit en effet être soumis au primat de la théorie, c'est-à-dire à la « psychanalyse en *intension* », seule façon d'éviter la sclérose bureaucratique généralement induite par la hiérarchie traditionnelle entre maîtres et élèves.

La procédure vise d'ailleurs à éliminer toute notion de hiérarchie entre le titre d'AME et celui d'AE, un AME pouvant être un excellent clinicien sans s'être interrogé sur le fameux passage, alors qu'un ME sans la moindre expérience thérapeutique est supposé pouvoir se révéler capable, dans la passe, d'un apport théorique sur la question de l'analyse didactique.

La proposition de Lacan fut amplement discutée dans l'EFP. Séduisante pour certains, incompréhensible à d'autres, elle suscita l'hostilité de plusieurs cadres de l'école, élus ou nommés selon la procédure ancienne. Ceux-là firent rapidement connaître leur opinion sur les risques de laxisme et les dangers d'une procédure permettant à n'importe quel analysant de postuler au titre d'AE.

Le 6 décembre 1967, Lacan répondit aux critiques mais annonça sa décision de laisser la discussion se poursuivre. Il ne voulait pas imposer de force cette procédure. Mais après les événements de mai 1968, il décida de la faire voter en assemblée générale, convaincu qu'il était de recueillir une majorité de voix : la motion fut en effet accueillie avec enthousiasme par la quatrième et la cinquième génération* psychanalytiques françaises qui venaient de participer à la révolte estudiantine et souhaitaient, comme dans les autres sociétés de l'IPA, transformer de fond en comble les cursus habituels.

L'instauration de la passe dans l'EFP provoqua le départ de trois grands disciples de Lacan : François Perrier*, Piera Aulagnier*, Jean-Paul Valabrega. Ils fondèrent ensemble l'Organisation psychanalytique de langue française (OPLF) ou Quatrième Groupe. En désaccord lui aussi avec la passe, Guy Rosolato avait rejoint les rangs de l'Association psychanalytique de France (APF) quelque temps auparavant.

Très vite, les défauts de cette proposition, ses approximations et ses ambiguïtés rendirent son application aléatoire et irrégulière. Atteinte de gigantisme, l'EFP ne parvint pas à empêcher le développement de la sclérose que la passe était censée combattre.

En 1973, au cours des assises de l'EFP, on procéda à une première évaluation. Sans masquer sa désillusion, Lacan souligna qu'il s'était quand même « passé quelque chose ». En quoi il avait raison. C'est dans cet esprit qu'il adressa sa « note italienne » à trois de ses disciples, Muriel Drazien, Giacomo Contri et Armando Verdiglione. Il suggérait que puisse se constituer un groupe uniquement composé d'analystes ayant fait la passe et nommés AE à la suite de cette procédure. Sans aucun doute rêvait-il alors à une société idéale, semblable peut-être à la fameuse Société psychologique du mercredi* : une académie des élus. Quoi qu'il en soit, comme le soulignera Marie-Magdeleine Chatel, il désirait que ce nouveau modèle de groupe ne fût pas immergé dans les rites institutionnels classiques.

En 1978, lors des nouvelles assises de l'EFP, l'échec de la passe fut constaté par Lacan lui-même qui la compara à une « impasse » et déplora que la massification du lacanisme ait fait obstacle à la réalisation de cette belle utopie : « Que peut-il y avoir dans la boule de quelqu'un pour s'autoriser d'être analyste ? J'ai voulu avoir des témoignages, naturellement je n'en ai eu aucun [...] bien entendu c'est un échec complet cette passe. » Quant aux causes de l'échec, elles ne feront jamais l'objet d'une réflexion théorique. Les divers groupes issus de la dissolution de l'EFP se contentèrent soit de reprendre la procédure de la passe, soit d'y renoncer sans que ces attitudes donnent lieu à quelque texte d'importance.

● Jacques Lacan, « Situation de la psychanalyse et formation du psychanalyste en 1956 » (1956), in *Écrits*, Paris, Seuil, 1966, 459-491 ; « Acte de fondation » (1964), *Annuaire de l'École freudienne de Paris*, 1965 ; « Proposition du 9 octobre 1967 sur le psychanalyste de l'École », *Scilicet*, 1968, 1, 14-30, la version initiale a paru dans *Analytica*, 8, supplément à *Ornicar ?*, 15, 1978 ; « Discours à l'EFP », *Scilicet*, 2-3, 1970, 9-29 ; « L'expérience de la passe », *Lettres de l'École freudienne*, 23, 1978 ; « Sur l'expérience de la passe » (1978), *Ornicar ?*, 25, 1982 ; « Note italienne » (1973), *Ornicar ?*, 25, 1982, 7-10, et sous le titre « Lettre adressée à trois psychanalystes italiens » (1974), *Spirales*, 9, 60, 1981, Marie-Magdeleine Chatel, « Passe », *in* Pierre Kaufmann (éd.), *L'Apport freudien. Éléments pour une encyclopédie de la psychanalyse*, Paris, Bordas, 1993, 299-312. Jacques-Alain Miller, « Introduction aux paradoxe de la passe », *Ornicar ?*, 12-13, 1977. Élisabeth Roudinesco, *Histoire de la psychanalyse en France*, vol. 2 (1986), Paris, Fayard, 1994 ; *Jacques Lacan. Esquisse d'une vie, histoire d'un système de pensée*, Paris, Fayard, 1993. Moustapha Safouan, *Jacques Lacan et la question de la formation des analystes*, Paris, Seuil, 1983.

▷ FRANCE. HISTOIRE DE LA PSYCHANALYSE.

PATRIARCAT

Allemand : *Patriarchat*. Anglais : *Patriarchy*.

Le patriarcat est un système politico-juridique dans lequel l'autorité et les droits sur les biens et les personnes obéissent à une règle de filiation* dite patrilinéaire, c'est-à-dire qu'ils se concentrent entre les mains de l'homme occupant la position de père fondateur, notamment dans les sociétés occidentales. Cependant, le système patriarcal se présente rarement avec une telle pureté dans la mesure où il coexiste dans de nombreuses sociétés avec une filiation matrilinéaire qui décide de l'appartenance de l'individu en référence à des liens généalogiques passant par les femmes.

Le débat sur l'opposition entre le patriarcat et le matriarcat est contemporain des hypothèses évolutionnistes du XIXe siècle, de Henry Lewis Morgan (1818-1881) à Friedrich Engels (1820-1895) en passant par Johann Jakob Bachofen (1815-1887). Théoriciens et juristes pensaient que le patriarcat était une forme tardive d'organisation sociale qui avait succédé à un stade plus primitif, ou matriarcat. Engels voyait dans l'avènement du patriarcat la grande défaite du sexe féminin tandis que Bachofen, dont la pensée influença fortement les écrivains viennois de la fin du siècle hantés par la décadence du père, prophétisait le déclin irréversible du patriarcat, symbole de la conscience occidentale, et stigmatisait les dangers d'un matriarcat incarnant la toute-puissance irrationnelle des forces de la nature.

Aucune société n'a réellement fait l'expérience du matriarcat ainsi défini. Pourtant cette thèse est demeurée l'un des mythes fondateurs des systèmes de pensée modernes : tantôt le règne du matriarcat est présenté comme source de chaos, d'anarchie, de désordre, et s'oppose à celui du patriarcat, synonyme de raison et de culture ; tantôt c'est l'inverse, et le règne du matriarcat est alors décrit comme un paradis naturel que le patriarcat aurait détruit par son despotisme autoritaire.

Comme celles du culturalisme* et de la différence des sexes*, cette question traverse toute l'histoire de la psychanalyse*. Cependant, chez Sigmund Freud*, elle se pose moins en termes d'opposition historique ou mythique du patriarcat au matriarcat que comme une réflexion structurale autour du complexe d'Œdipe*.

Dans les différentes écoles, les attitudes varient à l'égard de la structure œdipienne, selon que le privilège est accordé aux positions respectives du père et de la mère à l'intérieur de la configuration parentale. Si le freudisme* classique tend à privilégier le rôle du père, le kleinisme* fait au contraire basculer toute la théorie œdipienne du côté du pôle maternel à travers une conception nouvelle de la relation d'objet*. Quant à Jacques Lacan*, il intègre les deux tendances : relations archaïques à la mère d'une part, revalorisation symbolique de la fonction paternelle de l'autre. Dès 1938, dans *Les Complexes familiaux*, il remarque que la psychanalyse est née du déclin de la fonction paternelle dans la société occidentale. Cette thèse était d'ailleurs partagée par les philosophes de l'École de Francfort comme en témoigne une lettre lumineuse de Max Horkheimer (1895-1973) adressée en 1942 à Leo Lowenthal : « C'est justement la décadence de la vie familiale bourgeoise qui permit à sa théorie de parvenir à ce nouveau stade qui apparaît dans *Au-delà du principe de plaisir** et les écrits qui suivent. »

A partir de 1949, marqué par les travaux de Claude Lévi-Strauss, Lacan introduit en psychanalyse une théorie du signifiant* qui déplace l'étude de la configuration œdipienne dans le champ de la réflexion sur la place des systèmes de parenté* dans l'inconscient du sujet*.

● Johann Jakob Bachofen, *Le Droit maternel. Recherche sur la gynécocratie de l'Antiquité dans sa nature religieuse et juridique* (1861), Lausanne, L'Âge d'homme, 1996. Friedrich Engels, *L'Origine de la famille, de la propriété privée et de l'État* (1884), Paris, Éditions sociales, 1983. Jacques Lacan, *Les Complexes familiaux* (1938), Paris, Navarin, 1984. Martin Jay, *L'Imagination dialectique. Histoire de l'École de Francfort, 1923-1950* (Boston, 1973), Paris, Payot, 1977.

▷ ANTHROPOLOGIE. COMPLEXE. FREUD Jacob. *HOMME MOÏSE ET LA RELIGION MONOTHÉISTE (L').* *IMAGO.* INCESTE. INDE. JAPON. JUDÉITÉ. MALINOWSKI Bronislaw. NOM-DU-PÈRE. SEXUALITÉ FÉMININE. *TOTEM ET TABOU.* WEININGER Otto.

PAVLOVISME

▷ COMMUNISME. FREUDO-MARXISME. RUSSIE.

PAYS-BAS

Sollicité en 1907 par Hugo Heller* pour qu'il lui envoie une sélection de dix livres parmi ses préférés, Sigmund Freud* mit sur la liste de ses auteurs favoris le nom d'un écrivain néerlandais, Edward Douwes Dekker (1820-1887), plus connu sous son pseudonyme de Multatuli. Rationaliste, athée, révolté et atteint d'une certaine manie de la persécution (à la manière d'August Strindberg), Multatuli lutta contre le colonialisme lorsqu'il était fonctionnaire à Java : « Freud a apprécié particulièrement, écrit Paul-Laurent Assoun, la façon à la fois réaliste et rationaliste dont Multatuli a abordé la question du rapport des enfants à la sexualité*. »

Ce n'est pourtant pas sous le signe de la révolte et de la défense de la liberté sexuelle que la psychanalyse* s'implanta aux Pays-Bas au début du siècle, où les valeurs dominantes étaient plutôt le conformisme bourgeois, l'utilitarisme, l'égoïsme individuel et l'acceptation des principes du protestantisme le plus rigoureux. A ce titre, la situation néerlandaise de la psychanalyse est assez unique en Europe, puisque l'histoire de son mouvement est essentiellement marquée par les rapports conflictuels et les scissions* entre des praticiens soucieux de réussite professionnelle et financière, et devenus au fil des années les meilleurs spécialistes du *training* (formation didactique).

Comme dans tous les pays d'Europe, les thèses freudiennes furent introduites principalement par la voie médicale et se heurtèrent à la même résistance* qu'ailleurs : on leur reprocha surtout ce que leurs adversaires appelaient leur pansexualisme*. L'expansion de la psychanalyse resta d'ailleurs limitée à trois villes de la province de Hollande : Amsterdam, La Haye, Leyde.

Après le travail pionnier d'August Stärcke*, qui commença de traduire les œuvres de Freud en néerlandais, un groupe se forma autour de Jan Van Emden*, avec Gerbrandus Jelgersma (1849-1952), A. Van der Chijs (1875-1926) et Albert Willem Van Renterghem (1845-1939).

Professeur à l'université de Leyde, Jelgersma joua un rôle important en 1914 en intitulant son discours rectoral « Vie psychique insue ». Il s'y déclarait favorable à la psychanalyse, ce qui fit dire à Freud un an plus tard : « La première reconnaissance officielle de l'interprétation du rêve* et de la psychanalyse fut l'œuvre du psychiatre Jelgersma, recteur de l'université de Leyde, dans son discours inaugural du 9 février 1914. »

C'est seulement à la fin de la Première Guerre mondiale, le 24 mars 1917, que Johan Van Ophuijsen* fonda à Amsterdam la Nederlandse Vereniging voor Psychoanalyse (NVP) avec les membres du groupe de Van Emden : treize personnes en tout, et pas un seul non-médecin. Six avaient effectué une formation psychanalytique, dont cinq chez Carl Gustav Jung* parce que le prix de ses séances était moitié moins cher que celui de Freud. En 1920, le congrès de l'International Psychoanalytical Association* (IPA) se tint à La Haye : Jelgersma et Stärcke y prirent la parole.

Dès 1921, le groupe hollandais fut traversé par de graves conflits à propos de l'analyse profane*. Comme aux États-Unis*, seuls les médecins, largement majoritaires, étaient considérés comme des membres à part entière. Les autres, n'ayant ni le droit de vote ni celui d'assister aux réunions administratives, ne possédaient aucun statut. Ophuijsen préconisa alors l'obligation pour tous les membres de se soumettre à une analyse didactique*. Cependant, comme il n'existait aucun didacticien en Hollande et que les séjours à l'étranger coûtaient trop cher, le projet fut rejeté.

Les conflits et les difficultés d'intégration des candidats conduisirent Jelgersma à fonder une autre société : la Société de Leyde pour la psychanalyse et la psychopathologie, qui deviendra l'Association néerlandaise en 1934. Ce nouveau groupe prit une part active à la diffusion du freudisme*, alors même que de nombreux psychiatres néerlandais manifestaient leur hostilité à la nouvelle doctrine.

Infatigable, Ophuijsen, qui avait déjà œuvré en faveur de l'analyse profane*, créa à La Haye en 1930 un Institut de psychanalyse sur le modèle du Berliner Psychoanalytisches Institut* (BPI), et pour l'inaugurer, il invita Theodor Reik*. Au bout de deux ans, l'institut ferma ses portes parce qu'il n'intéressait que les non-médecins. A cette date, Jelgersma prit sa retraite de l'université, mettant fin à la collaboration fructueuse entre les activités psychanalytiques et l'enseignement du freudisme. En effet, son successeur n'était guère favorable aux thèses viennoises. En 1932, la situation de la psychanalyse aux Pays-Bas était donc désastreuse, tant en raison des conflits entre les praticiens eux-mêmes que pour des raisons externes. La NVP ne comptait alors que vingt et un membres.

A partir de 1933, avec l'arrivée des exilés chassés par le nazisme* (notamment Theodor Reik, Karl Landauer*, August Watermann* et, plus tard, Anny Rosenberg-Katan, psychanalyste d'enfants) les conflits s'aggravèrent. Deux groupes s'affrontèrent alors avec violence, soutenus l'un et l'autre par deux fondateurs prestigieux de la première génération* : d'un côté les partisans de l'intégration à l'IPA, dirigés par Ophuijsen et favorables à l'analyse profane ; de l'autre, les adeptes de la psychanalyse médicale appuyés par Jelgersma et hostiles à l'admission des immigrés dans la NVP.

A l'automne, Ophuijsen décida courageusement de se battre en faveur des étrangers, mais sa proposition fut rejetée par Jelgersma. Mis en minorité, il démissionna de la NVP et créa à La Haye une deuxième société, la Vereniging voor Psychoanalyse in Nederland (VPN) aussitôt reconnue par l'IPA grâce au soutien d'Ernest Jones*.

Soucieux de faire avancer sa politique de « sauvetage » de la psychanalyse en Allemagne*, celui-ci cherchait également à protéger les Juifs exilés. Aussi critiqua-t-il durement l'étroitesse d'esprit des Néerlandais et leur absence de générosité. Dégoûté, Ophuijsen quitta la Hollande pour les États-Unis, tandis que Reik s'exilait lui aussi.

En 1934, René De Monchy* succéda à Ophuijsen à la direction de la VPN, où il se montra d'abord très hostile aux immigrés juifs, comme en témoigne une lettre nettement antisémite adressée à Westerman Holstijn, et citée par H. Groen-Prakken. Il y laissait entendre que les Juifs avaient opprimé « silencieusement » les « Aryens » et que maintenant le tour de ces derniers était venu : « Je comprends l'attitude du national-socialisme en Allemagne même si je ne suis pas d'accord avec tout. L'oppression juive silencieuse d'une nation aryenne est naturellement inacceptable. Vous me trouverez à vos côtés quand vous voudrez empêcher l'installation des Juifs ici. »

Après son séjour à Vienne* puis son mariage, il changea complètement d'avis et tenta au contraire d'unifier les deux sociétés néerlandaises : l'une à Amsterdam, l'autre à La Haye. En 1938, un compromis fut trouvé qui aboutit à l'intégration de la NVP à la NPV. Néanmoins, les problèmes posés par la pratique profane ne furent pas pour autant résolus. Les non-médecins en effet n'eurent pas tout à fait le même statut légal que les médecins et durent se limiter à recevoir des cas prétendus « non pathologiques », ce qui sur les plans clinique et théorique était évidemment absurde.

Critiqué à la fois pour sa pratique et pour ses travaux théoriques, Westerman Holstijn démissionna de la NVP. Quant à Watermann et Landauer, ils moururent en déportation : l'un à Auschwitz, l'autre à Bergen-Belsen. Anny Rosenberg-Katan et son mari, Maurits Katan, émigrèrent aux États-Unis.

En 1945, la NVP fut reconstituée, mais Holstijn refusa de la rejoindre et, en 1947, après une scission, il créa son propre groupe avec J.H. Van der Hoop, un ancien analysant de Jung : la Nederlandse Genootschap voor Psychoanalyse (NGP). Cette société, qui ressemblait beaucoup à celle de Jelgersma avant la guerre, ne fut jamais admise dans l'IPA. Elle rassembla néanmoins de nombreux praticiens autour d'une perspective moins orthodoxe et plus ouverte que la NVP.

Arrivée en Hollande en 1938, Jeanne Lampl-De Groot* commença à jouer un rôle majeur dans la NVP durant la guerre. Grâce à des dons américains recueillis par Hans Lampl*, elle créa en 1946 un nouvel institut de psychanalyse, inauguré officiellement par Anna Freud* l'année suivante lors du congrès de l'IPA d'Amsterdam.

La NVP devint l'une des sociétés les plus orthodoxes de l'IPA du point de vue de l'obéissance aux règles techniques, ce qui ne l'empêcha pas de s'ouvrir à tous les courants : annafreudisme*, kleinisme*, *Self Psychology**. C'est durant cette période que la psychanalyse déborda les strictes limites de la Hollande : à Groningue notamment où se forma un troisième pôle freudien. Entre 1952 et 1955, des modifications furent apportées aux statuts de la NVP, qui permirent de résoudre en partie le problème de la psychanalyse profane : pour devenir membres titulaires, les non-médecins furent désormais dans l'obligation d'avoir reçu une formation universitaire équivalant à celle des médecins.

A partir de 1958, les psychanalystes de la NVP, déjà rompus aux conflits institutionnels, devinrent, au sein de l'IPA, de grands techniciens du *training*. Ce fut le cas notamment de Pieter Jan Van der Leeuw, qui joua un rôle considérable dans tous les comités pour l'unification des règles de l'analyse didactique en Europe. Il sera élu président de l'IPA au congrès d'Amsterdam de 1965, et occupera cette fonction pendant deux mandats.

Dans la NVP, les conflits se poursuivirent en même temps que les questions psychanalytiques étaient réglées par des décisions administratives. Ainsi, pour éviter la gérontocratie et le mandarinat, la société attribua automatiquement le titre de didacticien à tout praticien âgé de 50 ans, à la seule condition qu'il pût faire la preuve qu'il consacrait plus de la moitié de son temps à la psychanalyse. De même, le titre d'associé fut progressivement accordé à tout praticien ayant fait un exposé théorique et clinique et ayant mené au moins trois cures jugées positives.

Cette démocratisation fut encouragée par la création en 1958 d'une fondation permettant aux candidats à l'analyse didactique de contracter un emprunt pour payer leur formation, puis par le vote en 1967 d'une loi d'aide sociale autorisant le remboursement des traitements psychanalytiques. Ce système contribua largement à l'implantation de l'enseignement du freudisme à l'université. A Leyde, à Amsterdam, à Rotterdam et à Groningue, des psychanalystes occupèrent des chaires de psychiatrie et de psychologie clinique*. Quant à la psychanalyse des enfants*, elle prit un essor important aux Pays-Bas, en partie grâce au soutien personnel apporté par Anna Freud.

A la fin des années 1990, la NVP comptait deux cent treize membres, et la NGP cent cinquante, pour une population de quinze millions et demi d'habitants, soit une densité de vingt-quatre psychanalystes pour un million d'habitants.

Comme dans presque tous les pays du Nord, le lacanisme* ne s'est implanté en Hollande que par le travail minoritaire de certains intellectuels, lecteurs de l'œuvre de Jacques Lacan*. C'est le cas notamment de A.W.N. Mooij, psychiatre et psychanalyste à Utrecht, qui travaille en liaison avec l'École belge de psychanalyse (EBP). Contrairement aux lacaniens de tous les autres pays, les rares praticiens hollandais qui se réclament de ce courant ont maintenu le principe de la séance de quarante-cinq minutes.

● Sigmund Freud, « Antwort auf eine Rundfrage : *Vom Lesen und von guten Büchern* » (1907), *SE*, IX, 245-247 ; *Sur l'histoire du mouvement psychanalytique* (1914), Paris, Gallimard, 1991, *GW*, X, 44-113, *SE*, XIV, 7-66. J. Spanjaard et R.U. Mekking, « Psychoanalyse in die Niederlanden », in *Die Psychologie des 20. Jahrhunderts*, vol. 20, Zurich, Kinder Verlag, 1975. L. Bujhof, *Freud en Nederland*, Baarn, Ambo, 1983. C. Brjnkgreve, *Psychoanalyse in Nederland*, Amsterdam, De Arbeiderspers, 1984. Paul-Laurent Assoun, « Freud et la Hollande », *in* Harry Stroeken, *En analyse avec Freud* (1985), Paris, Payot, 1987, 200-235. Harry Stroeken, « The reception of psychoanalysis in the Netherlands », *The Dutch Annual of Psychoanalysis*, vol. 1, 1993. H. Groen-Prakken, « The Psychoanalytical Society and the analyst », *The Dutch Annual of Psychoanalysis*, 1993.

▷ BELGIQUE. FÉDÉRATION EUROPÉENNE DE PSYCHANALYSE. MAHLER Gustav. *MOI ET LE ÇA (LE). NOUVELLES CONFÉRENCES SUR LA PSYCHANALYSE. QUESTION DE L'ANALYSE PROFANE (LA).* ROUMANIE. TECHNIQUE PSYCHANALYTIQUE.

PAYS SCANDINAVES

Sous cette enveloppe générique sont regroupés cinq pays d'Europe : Danemark, Norvège, Suède, Finlande, Islande. Sur le plan politique, il n'existe que trois États dits scandinaves : Suède, Norvège, Danemark. Géographiquement, on appelle Scandinavie la partie nord de l'Europe qui regroupe la Suède, la Norvège, le Danemark et la Finlande, soit quatre pays en tout, tandis que l'on donne le nom de péninsule scandinave à l'ensemble constitué de la Suède et de la Norvège. On compte par ailleurs quatre langues scandinaves rattachées au groupe des langues germaniques : le danois, le suédois, le norvégien et l'islandais, tandis que le finnois appartient à la famille des langues dites finno-ougriennes.

Comme dans presque tous les pays d'Europe, c'est à la fin du XVIIIe siècle, et sous l'influence de la philosophie des Lumières, que des aliénistes danois et norvégiens instaurèrent l'asile moderne à partir du modèle français mis en œuvre par Philippe Pinel (1745-1826) sous la Révolution. Le mouvement de réforme fut progressivement adopté pendant le XIXe siècle, d'abord en Finlande, puis en Suède avec la création de l'ordre des Séraphins qui eut la charge du système hospitalier jusqu'en 1876. De là s'affirmera un nouveau regard sur la folie*, qui permettra plus tard l'implantation de la nosographie d'origine allemande, issue des travaux d'Emil Kraepelin*, puis celle de la psychiatrie dynamique*.

Faisant suite à ce mouvement, les idées freudiennes s'implantèrent par étapes dans quatre pays scandinaves (Danemark, Suède, Norvège et Finlande) sans pour autant déboucher sur la formation d'un mouvement d'ampleur. La pratique resta limitée à quelques groupes, et le développement doctrinal fut le fait de personnalités marquantes, psychiatres ou professeurs d'université.

C'est en Suède que le freudisme* connut le plus de succès, alors que pour des raisons politiques, liées au fort développement des partis travaillistes, le Danemark et la Norvège furent surtout réceptifs aux thèses de Wilhelm Reich*, autrement dit au matérialisme biologique et à la synthèse entre le freudisme et le marxisme.

Dès le milieu du XIXe siècle, de grands penseurs, écrivains ou philosophes, manifestèrent leur intérêt pour les phénomènes inconscients. Chacun à sa manière, August Strindberg (1849-1912), Georg Brandes (1842-1927), Henrik Ibsen (1828-1906) ou Søren Kierkegaard (1813-1855) surent comprendre les transformations de la société occidentale : l'abaissement de la fonction paternelle au sein de la famille et l'accroissement des interrogations sur la différence des sexes*. Ils critiquèrent avec férocité l'hypocrisie sociale et furent sensibles aux forces destructrices qui traversaient les idéaux de l'humanisme à la veille de l'avènement du monde moderne. Cette attitude se retrouvait chez les peintres scandinaves contemporains tels que Carl Fredrik Hill, Ernst Josefsson ou Edvard Munch (1863-1944). Obsédés par l'exil, hantés par la folie ou par l'étrangeté de l'homme à lui-même, tous cherchaient à capter dans leurs œuvres l'angoisse existentielle d'une époque en proie au scepticisme, à l'irrationalisme et au refus de l'idée de progrès linéaire. C'est sur ce terrain critique, et dans un contexte où le puritanisme luthérien était à la fois une religion d'État et une attitude mentale et spirituelle, que surgirent les premières interrogations sur la doctrine freudienne.

En 1885, un médecin finnois, Konrad Relander, mentionna pour la première fois le nom de Sigmund Freud* dans un article sur l'usage médical de la cocaïne. Huit ans plus tard, en Suède, un professeur de pathologie nerveuse, Frithiof Lennmalm, cita les travaux de Freud, de Pierre Janet*, de Josef Breuer* et de Jean Martin Charcot* dans un texte consacré aux névroses* traumatiques.

A la suite de ces réflexions sur les aspects médical puis neurologique de l'œuvre freudienne, c'est Poul Bjerre* qui le premier introduisit la psychanalyse dans les pays scandinaves. En 1907, il s'installa dans le cabinet d'un célèbre médecin hypnotiseur, Otto Wetterstrand (1845-1907), qui venait de mourir. Adepte de l'École de Nancy et des thèses d'Hippolyte Bernheim*, celui-ci avait favorisé l'essor de la psychothérapie* en Suède en inventant une méthode de « sommeil prolongé » qui lui avait valu une réputation de « magicien ».

Né à Göteborg dans une famille d'émigrés danois, Poul Bjerre joua à son tour un rôle important non seulement par sa rencontre avec Freud en 1911 mais aussi par sa liaison avec Lou Andreas-Salomé* et sa fréquentation du milieu psychanalytique international. Dès 1924 cependant, il se détourna du freudisme, sans même y avoir adhéré et sans avoir pratiqué la psychanalyse. D'où la remarque de Freud en 1923, dans une note ajoutée à la réédition de sa contribution à l'histoire du mouvement psychanalytique : « Ce sont actuellement les pays scandinaves qui se tiennent le plus éloignés de la psychanalyse. »

Contrairement à Bjerre, Emanuel af Geijerstam (1867-1928) accepta de se faire analyser. Lui aussi élève de Wetterstrand, et proche de Strindberg, il commença par pratiquer l'hypnose avant de suivre une analyse didactique* vers 1910 avec Johannes Strømme*. Aussi fût-il le premier psychanalyste suédois formé selon les règles de la filiation* psychanalytique.

C'est en 1905 que Ragnar Vogt (1870-1943), professeur à l'université d'Oslo, publia dans un traité de psychiatrie une étude objective sur la psychanalyse assez éloignée des préjugés défavorables de l'époque. Par ailleurs, en 1920, Sigurd Naesgaard* traduisit en danois les cinq conférences données par Freud aux États-Unis* quinze ans auparavant. Elles furent traduites neuf ans plus tard en norvégien par Kristian Schjelderup (1894-1980). Enfin, en 1923, Georg Groddeck*, lors d'un séjour à Stockholm, éveilla l'intérêt pour le freudisme.

Comme dans d'autres pays, l'avancée progressive des thèses freudiennes se heurta à de fortes résistances, notamment autour de la question du prétendu pansexualisme* de Freud. Alors qu'en France* on se plaisait à affirmer que la théorie freudienne de la sexualité était trop « germanique » (et donc « barbare ») pour s'adapter au « génie latin », on soutenait en Suède la même proposition sous une forme inversée : cette théorie inventée par un Viennois ne pouvait pas, disait-on, s'adapter à la « mentalité nordique ». L'essentiel de ces critiques fut énoncé, en 1913, dans un livre d'Olof Kinberg qui rassemblait toutes les discussions menées à cette époque par Bjerre au sein de la Société médicale suédoise. Elles furent reprises vingt ans plus tard, en 1934, par le psychiatre Bror Gadelius (1862-1938), réformateur humaniste de l'asile, qui soutint, à la manière d'autres représentants de la psychiatrie dynamique, que la doctrine freudienne de la sexualité était plus apte à s'implanter dans les pays latins que dans les pays nordiques parce qu'elle avait été inventée par un homme de « race juive », cette « race » étant elle-même sujette à un « pansexualisme » spécifique.

Durant les années 1930, comme en Belgique* ou en France, les cercles littéraires nordiques s'intéressèrent au freudisme. Ainsi, dans la revue suédoise *Spektrum*, furent publiés des articles d'Anna Freud*, d'Erich Fromm* ou de Wilhelm Reich*. Pehr Henrik Törngren* fut l'un de ses membres actifs. La revue norvégienne *Samtiden* prit parti dans le débat, en publiant des textes mettant en cause la valeur scientifique et thérapeutique de la psychanalyse. Dans *Clarté*, revue d'obédience socialiste, parurent des textes de nombreux pionniers nordiques du freudisme. Par ailleurs, sous l'impulsion du syndicaliste norvégien Erling Falck, qui avait créé en 1921 le groupe *Mot Dag* d'inspiration communiste, se développa un très fort intérêt pour le freudo-marxisme*.

Après la rupture de Bjerre avec le freudisme, il fallut attendre 1931 pour que se développe autour des différents pionniers, et sur l'initiative de la Suédoise Alfhild Tamm*, l'embryon d'un mouvement freudien. Après de nombreuses discussions, auxquelles participèrent Sigurd Naesgaard pour le Danemark, Harald Schjelderup* pour la Norvège, et Yrjö Kulovesi* pour la Finlande, fut créé un groupe scandinave de psychanalyse qui se scinda finalement en deux sociétés : la Société finno-suédoise d'une part (Finsk-svenska Psykoanalytika Förening), la Société dano-norvégienne de l'autre (Dansk-norska Psykoanalytika Förening). Toutes deux furent affiliées à l'International Psychoanalytical Association* (IPA) au congrès de Lucerne de 1934 dans des conditions dramatiques ayant pour toile de fond l'éviction de Wilhelm Reich.

Dans l'entre-deux-guerres, les choses ne se passèrent pas tout à fait de la même façon dans les quatre pays scandinaves. L'arrivée de Reich à Copenhague en mai 1933, puis son séjour à Oslo entre octobre 1935 et août 1939 modifièrent le paysage psychanalytique du Danemark et de la Norvège. Dans ces deux pays, où la tradition socialiste était puissante, la thématique de la révolution sexuelle et de la libération de la *libido** par la bioélectricité fut acceptée facilement par les intellectuels, tout en suscitant des scandales dans la presse puritaine et conservatrice.

Au Danemark, plutôt que d'adopter une position souple, les dirigeants de l'IPA, et notamment Max Eitingon* et Anna Freud, soutenus par Ernest Jones* et Freud, n'accordèrent pas à Reich l'autorisation de pratiquer des analyses didactiques, alors qu'il était membre de l'Internationale par le biais de son appartenance à la Deutsche Psychoanalytische Gesellschaft (DPG). Or, malgré ses divergences techniques et politiques avec les freudiens orthodoxes, il était à cette époque le seul psychanalyste capable de former des praticiens à Copenhague, comme le montre une lettre adressée à Freud, le 10 novembre 1933, par Erik Carstens, et publiée en 1967 dans *Reich parle de Freud*.

Évoquant le rôle désastreux joué par Naesgaard, qui refusait le principe de la formation didactique, Cartens soulignait que l'activité de Reich avait été positive dans ce domaine. Et surtout il se plaignait que le comité de formation de la DPG, sous la responsabilité d'Eitingon, ait accordé à Jenö Harnik, psychanalyste hongrois exilé, et non pas à Reich, le statut de didacticien. Chacun savait que Harnik était atteint de paranoïa* avec bouffées délirantes : beaucoup plus pathologique en tout cas que Reich, et surtout sans la moindre compétence psychanalytique. En 1912, Sandor Ferenczi* avait tenté de le soigner pour son impuissance sexuelle en le dissuadant de devenir psychanalyste. Par la suite, quand Harnik avait voulu adhérer à la Wiener Psychoanalytische Vereinigung, Ferenczi, à la demande de Freud et avec son entière approbation, avait donné un motif d'opposition catégorique : « Zélé, psychiquement impuissant, pathologiquement vaniteux, inapte. Serait à diriger sur une autre voie. » Malgré cet avis défavorable, Harnik avait réussi à s'intégrer au Berliner Psychoanalytisches Institut* (BPI) et à être mandaté comme didacticien par Eitingon pour développer la psychanalyse au Danemark.

Dans sa réponse à Carstens, Freud confirma que Harnik était paranoïaque mais n'apporta aucun soutien à son interlocuteur. Reich protesta contre cette sanction, soulignant combien il était paradoxal de lui interdire le statut de didacticien pour cause de marxisme alors que l'IPA avait toujours eu tendance à orienter les élèves en formation chez des psychanalystes partageant leurs convictions religieuses ou idéologiques : « J'avais considéré comme virtuellement acquis le fait que les théologiens étaient envoyés chez Oskar Pfister*, les philosophes moraux chez Carl Müller-Braunschweig* et les socialistes récupérés chez Siegfried Bernfeld*. »

Accusé lui-même d'être à la fois paranoïaque, bolchevique et antifreudien, Reich fut prié par Anna Freud en juillet 1934 d'accepter que son nom fût radié de la liste des membres de la DPG : « Tout le problème n'a qu'une valeur théorique, ajoutait-elle, puisque la reconnaissance par le congrès du groupe scandinave entraînerait automatiquement votre insertion sur la liste des membres de ce nouveau groupe. » La manœuvre était simple : Eitingon avait obtenu secrètement que Reich fût expulsé de la DPG, et donc de l'IPA. Et pour éviter toute réintégration dans le groupe scandinave, il avait fait dépendre l'affiliation de la Société dano-norvégienne, qui devait avoir lieu à Lucerne en août 1934, d'une promesse de non-intégration de Reich. Mais les Norvégiens refusèrent de se plier à ce diktat, et leur détermination impressionna le comité exécutif qui les admit sans condition. Reich fut donc radié de l'IPA à Lucerne, par le biais de son exclusion de la DPG. Deux mois plus tard, il s'installa à Oslo. En 1935, Eitingon nia toute participation à cette affaire qu'il avait pourtant savamment organisée.

En menant une telle politique, la direction de l'IPA contribua à dévaluer l'image du freudisme au sein de la communauté psychanalytique scandinave, déjà traversée par des phénomènes de dissidence et encore beaucoup trop fragile pour se soumettre aux standards imposés à cette époque par l'orthodoxie freudienne. En 1937-1938, Reich fut victime d'une campagne de presse acharnée en Norvège. Après avoir été traité maintes fois de « charlatan » et de « pornographe juif », il émigra aux États-Unis*, laissant à son tour une empreinte désastreuse sur la communauté psychanalytique nordique. En effet, n'étant plus membre de l'IPA, il ne fut guère défendu contre les attaques (sauf par Schjelderup) et évolua rapidement vers un biologisme exacerbé dans lequel il entraîna Ola Raknes*. Ses conflits avec Otto Fenichel*, exilé à Oslo entre 1933 et 1935, contribuèrent également à la détérioration de la situation du freudisme en Norvège.

Quatre ans plus tard, en pleine guerre, la Société dano-norvégienne de psychanalyse fut bannie de l'IPA. Ernest Jones, nouveau président de l'Association, faisait « payer » à Schjelderup, à Raknes, à Nic Waal (née Hoel, 1905-1960) leur refus d'obéir au diktat de 1934. On reprocha donc au groupe, sans le dire clairement, de s'être montré trop sensible aux thèses reichiennes. Celles-ci continuèrent d'ailleurs à gagner du terrain, grâce à Raknes et Nic Waal. Cette psychanalyste norvégienne, analysée d'abord par Schjelderup puis par Fenichel et Reich, était passée par la clinique de Karl Menninger* à Topeka, au Kansas, avant de fonder à Oslo en 1953 une institution pour enfants.

Un autre psychiatre norvégien, Trygve Braatoy (1904-1953), joua également un rôle important dans son pays après un passage à Topeka. Combinant d'abord les thèses adlériennes à celles de Freud, notamment dans un ouvrage consacré au poète Knut Hamsun (1859-1952), il s'intéressa ensuite à la végétothérapie.

Malgré la présence à Copenhague du Hongrois Georg Gerö (1901-1981), qui émigra aux États-Unis sans avoir eu une grande influence, il fallut attendre 1957 pour que se reconstitue officiellement un groupe psychanalytique danois affilié à l'IPA, la Dansk Psykoanalytisk Selskab (DPS). Par ailleurs, c'est seulement en 1975 que fut créée une nouvelle société norvégienne, la Norsk Psykoanalitisk Forening (NPF). A cette date, les pionniers et les émigrés avaient disparu et les deux groupes, composés de thérapeutes anonymes, se normalisèrent en douceur au prix d'une progressive sclérose.

En Suède, où l'empreinte des thèses reichiennes ne se fit guère sentir, d'autres problèmes surgirent. Alfhild Tamm n'eut pas l'énergie suffisante pour donner vie à la Société psychanalytique suédoise qui, très vite, fut atteinte d'apathie. Malgré l'intervention de Ludwig Jekels*, qui tenta avec l'appui de Freud de donner une impulsion au groupe de Stockholm et de former des didacticiens, il n'y eut guère d'amélioration. Et quand Jekels quitta la Suède, durant l'été 1937, après un séjour de trois années, il exprima son pessimisme sur l'avenir de la psychanalyse dans ce pays. En 1943, à la mort de Kulovesi, la Société finno-suédoise fut dissoute pour être remplacée par une association purement suédoise, la Svenska Psykoanalytiska Föreningen (SPF), qui, pendant de nombreuses années, ne compta que huit membres. A cette date la psychanalyse disparut donc de Finlande où elle n'avait eu d'ailleurs qu'une brève existence en la personne de son fondateur. En 1969, une association finnoise fut de nouveau constituée puis affiliée à l'IPA, la Suomen Psykoanalyyttinen Yhdistys (SPY). Elle connaîtra une progression spectaculaire : cent trente membres en 1993 (autant que la SPF).

En Suède, comme dans les autres pays nordiques, les théories freudiennes furent d'emblée concurrencées par la floraison de multiples écoles de psychothérapie*, nées de la forte implantation de la psychologie au cœur du savoir psychiatrique et de l'université. Elles eurent souvent pour chef de file d'anciens pionniers du freudisme, qui en réalité n'avaient jamais été ni freudiens ni analysés. A cet égard, Poul Bjerre et Sigurd Naesgaard jouèrent un rôle important. En 1932, ils créèrent ensemble en Norvège la Nordisk Psykoanalytisk Samfund et, l'année suivante, participèrent avec Johannes Strømme à la fondation d'une autre association, la Psykoanalytisk Samfund, revendiquant le syncrétisme théorique et formant des psychothérapeutes de diverses obédiences : biologisme, électrothérapie, comportementalisme, thérapies corporelles, etc. En Finlande, cet éclatement se produisit après 1943.

Pendant la Deuxième Guerre mondiale, seule la Suède afficha sa neutralité. Mais pour autant, elle ne servit pas de terre d'accueil aux différents freudiens d'Europe qui préférèrent émigrer en Grande-Bretagne*, aux États-Unis ou en Amérique latine. Tandis que le courageux Harald Schjelderup choisit de s'engager dans la lutte antinazie après avoir refusé la proposition de Matthias Heinrich Göring* de créér à Oslo un institut « aryanisé » sur le modèle de celui de Berlin, Poul Bjerre adopta au contraire une attitude ambiguë en entretenant avec Göring, dès 1933, d'excellentes relations, au nom d'un différentialisme qui assimilait le freudisme à un sémitisme aussi fanatique que l'hitlérisme. De son côté, le psychanalyste Tore Ekman (1887-1971), formé au BPI, demeura en Allemagne* jusqu'en 1943 et travailla à l'Institut Göring. A son retour, il fut accusé par ses collègues de collaboration avec le nazisme. Par la suite, il réussit à étouffer l'affaire et à réintégrer la SPF en masquant son passé.

En 1943, René De Monchy* vint s'installer à Stockholm en compagnie de sa femme, juive et suédoise, Vera Palmstierna, elle-même psychanalyste, qui ne pouvait pas poursuivre ses activités aux Pays-Bas* sous l'occupation nazie. Comme Jekels, de Monchy tenta de donner un essor au freudisme suédois en formant des didacticiens selon les critères de l'IPA, et joua de ce point de vue un rôle déterminant en Suède après la guerre. Lajos Székely (1904-1995), jeune psychologue juif et hongrois, analysé d'abord par Wilma Kovacs (1882-1940) puis par De Monchy, contribua lui aussi à former des didacticiens à Stockholm.

Après 1952, date à laquelle De Monchy retourna en Hollande, la psychanalyse ne connut pas d'expansion significative dans les pays scandinaves. Les groupes affiliés à l'IPA affichèrent un conservatisme étroit au sein de leurs institutions respectives dominées par l'autosatisfaction ou le repli mélancolique. Marquées par leur passé reichien (qu'elles souhaitaient effacer), la DPS et la NPF ne connaîtront pas une forte expansion : trente membres pour la première, quarante-quatre pour la seconde, à la fin des années 1990.

En 1963, quelques membres de la Société suédoise firent scission*, reprochant à leurs collègues leur orthodoxie et se réclamant des thèses de Karen Horney*. Cinq ans plus tard, ils formèrent un groupe de psychothérapie psychanalytique qui chercha à réintégrer l'IPA à la fin des années 1990. D'une manière générale, au fur et à mesure de leur intégration dans l'IPA, les sociétés psychanalytiques nordiques retrouvèrent une certaine unité qui se concrétisa avec la publication en 1978 d'une revue officielle dite « scandinave », éditée en anglais à Copenhague : *The Scandinavian Psychoanalytic Review*. Dans une telle situation, marquée par l'étroitesse d'esprit et le conformisme, seules quelques brillantes personnalités du monde intellectuel et académique apportèrent un élan à la redécouverte de l'œuvre freudienne. Ainsi Ola Andersson*, qui joua un rôle pionnier dans la naissance de l'historiographie* freudienne tout en s'occupant de la traduction suédoise des textes du père fondateur, tandis que Carl Lesche (1920-1993), Finnois émigré en Suède, se distingua par ses travaux d'herméneutique. Il tenta de définir la place de la doctrine psychanalytique face aux sciences de la nature et de distinguer sa méthode des autres types de psychothérapie*. Vers la fin de sa vie, il se convertit à la religion orthodoxe. De son côté, le grand critique littéraire suédois Gunnar Brandell (1916-1995) rédigea sur Freud un ouvrage qui recueillit un vif succès et fut traduit en plusieurs langues. Enfin, le Finnois Mikael Enckell, fils du poète Robbe Enckell (1903-1974), publia des textes sur la littérature et la question de la judéité*.

Dès le début des années 1970, l'œuvre de Jacques Lacan* suscita un certain intérêt dans les pays scandinaves, où plusieurs représentants de l'école structuraliste française étaient déjà traduits : Roland Barthes (1915-1980), Claude Lévi-Strauss. En 1973 parut une première édition danoise des *Écrits*, comportant huit articles sur trente-quatre. D'autres suivirent. Mais il fallut attendre 1981 pour que quelques praticiens isolés s'intéressent réellement à l'œuvre. Et le Danemark fut le seul des quatre pays où se constitua un groupe lacanien.

En 1974, en Suède, sur l'initiative de deux Argentins exilés membres de l'IPA, Dora et Angel Fiasche, fut créée le Göteborg Psykoterapi Institut (GPI). Dans cette ville portuaire de la côte ouest, où était né Poul Bjerre mais où il n'y avait aucun groupe psychanalytique, se développa ainsi un courant dynamique qui permit d'introduire l'œuvre de Melanie Klein* en Suède et plus largement de faire lire les textes de l'école anglaise : ceux de Donald Woods Winnicott* et de Michael Balint* notamment. À la fin des années 1990, le GPI atteindra le chiffre d'une bonne centaine de membres. Par la suite, et à titre individuel, des psychanalystes scandinaves commencèrent à nouer des relations avec la France* et avec les courants divergents du lacanisme*. Néanmoins, aucune des grandes composantes du freudisme moderne (kleinisme*, lacanisme, *Ego Psychology**, etc.) ne s'implanta véritablement dans les pays nordiques ni dans cette « nuit suédoise » où Michel Foucault (1926-1984) fut durement critiqué par le professeur Sten Lindroth (1914-1980), après avoir trouvé en 1959 à la bibliothèque Carolina Rediviva toutes les archives nécessaires à la rédaction de son grand livre *Histoire de la folie à l'âge classique*.

● Sigmund Freud, *Sur l'histoire du mouvement psychanalytique* (1914), Paris, Gallimard, 1991, *GW*, X, 44-113, *SE*, XIV, 7-66. Bror Gadelius, *Tro och helbrägdagörelse jämte en kritisk studie av psykoanalysen* (Croyance et guérison par la foi avec une étude critique sur la psychanalyse), Stockholm, Hugo Gebers Förlag, 1934. Michel Foucault, *Histoire de la folie à l'âge classique* (1961), Paris, Gallimard, 1972. Jacques Lacan, *Écrits*, Paris, Seuil, 1966. Gunnar Brandell, *Freud, enfant de son siècle* (Stockholm, 1961), Paris, Lettres modernes, 1967. Carl Lesche, *A Metascientific Study of Psychosomatic Theories and Their Application in Medicine*, Copenhague, Munksgaard, 1962. *Reich parle de Freud* (New York, 1967), Paris, Payot, 1970. Mikael Enckell, *Det dolda motivet*, Helsinki, Söderström, 1969. Nigel Moore, « Psychoanalysis in Scandinavia », première partie : « Sweden and Finland », *The Scandinavian Psychoanalytic Review*, 1, 1978, 9-64. Reimer Jensen et Henning Paikin, « On psychoanalysis in Denmark », *The Scandinavian Psychoanalytic Review*, 2, vol. 3, 1980, 103-116. Randolf Alnaes, « The Development of Psychoanalysis in Norway. An historical overview », *The Scandinavian Psychoanalytic Review*, 2, vol. 3, 1980, 55-101. Björn Killingmo, *Forut for sin tid ? En vurdering av Harald Schjelderups psykooanalytiske forfatterskap*, Oslo, Universitetsforlaget, 1984. Michael Meyer, *Strindberg August* (Londres, 1985), Paris, Gallimard, 1993. Franz Luttenberger, *Freud i Sverige*, Stockholm, Carlssons Bokförlag, 1989. Bertil Nolin (éd.), *Kulturradikalismen Det moderna genombrottets andra fas*, Stehag, Brutus Östlings Förlag Symposion, 1993. Juhani Ihanus, *Vietit vai henki*, Helsinki, Yliopistopaino, 1994. Finn Hansen et Sverre Varvin, « Norway », *in* Peter Kutter (éd.), *Psychoanalysis International. A Guide to Psychoanalysis Throughout the World*, vol. 2, Stuttgart, Friedrich Frommann Verlag, 1995, 306-319. Per Magnus Johansson, « Ur arkivet, Ola Anderssons insats », *Ord och Bild*, 6, 1994, 65-67. Ola Andersson, *Freud avant Freud. La préhistoire de la psychanalyse* (1962), Paris, Synthélabo, coll. « Les empêcheurs de penser en rond », 1996.

▷ FEDÉRATION EUROPÉENNE DE PSYCHANALYSE. HONGRIE.

PÉDOPHILIE

▷ HOMOSEXUALITÉ. PERVERSION. SEXOLOGIE. *TROIS ESSAIS SUR LA THÉORIE SEXUELLE.*

PÉDOLOGIE

Ce terme fut forgé en Russie* après la révolution d'Octobre pour désigner une « science de l'enfance » visant à créer un « homme nouveau » soviétique. Ses principaux représentants furent des pédagogues et des psychologues comme Pavel Petrovitch Blonski (1884-1941) et Stanislas Theophilovitch Chatski (1878-1948), ou encore Aron Borissovitch Zalkind*. Après avoir été l'emblème d'une utopie révolutionnaire, puis avoir servi de filtre à l'implantation du freudisme* et à son évaluation au cours des discussions des années 1924-1930 entre antifreudiens et freudo-marxistes, la pédologie fut condamnée pour déviationnisme par une résolution du comité central du parti communiste d'Union soviétique, le 4 juillet 1936.

▷ COMMUNISME. PFISTER Oskar. PSYCHANALYSE DES ENFANTS. SCHMIDT Vera.

PÉNIS

▷ PHALLOCENTRISME. PHALLUS. SEXUALITÉ FÉMININE.

PÉNIS (ENVIE DU)

▷ ENVIE. PHALLOCENTRISME. PHALLUS. SEXUALITÉ FÉMININE.

PERALDI François (1938-1993)

psychanalyste français

Ce n'est pas en France* mais au Canada*, et notamment à Montréal, que François Peraldi marqua l'histoire du lacanisme*. D'origine corse, il commença ses études de médecine à Paris mais s'orienta très vite vers la psychanalyse* en suivant une cure à visée didactique avec Simone Decobert, dans le cadre de la Société psychanalytique de Paris (SPP). Intellectuel brillant, Peraldi appartenait à cette génération* psychanalytique française, la quatrième, pour laquelle l'engagement dans le freudisme* était fondé sur la passion intellectuelle, la critique radicale de l'ordre établi et la contestation violente des institutions psychiatro-psychanalytiques.

Un tel engagement ne pouvait que déboucher sur la rupture ou l'exil. Élève de Roland Barthes (1915-1980), lecteur de Louis Althusser (1918-1990), de Michel Foucault (1926-1984) et de Gilles Deleuze (1925-1995), il ne put trouver sa place dans l'univers étroit de la SPP. Homosexuel, il n'avait en effet aucune possibilité de devenir psychanalyste. Après avoir essuyé un refus catégorique, il se tourna vers l'École freudienne de Paris* (EFP), plus libérale à l'égard de l'homosexualité*. Là, il poursuivit sa formation didactique par un contrôle* avec Serge Leclaire* et noua une solide amitié avec Michèle Montrelay, Françoise Dolto* et Luce Irigaray. En 1969, il commença à pratiquer la psychanalyse après avoir eu, dans le Jura, une expérience de psychothérapie institutionnelle* avec des enfants psychotiques.

Sensible à toutes les formes d'exil et de cosmopolitisme, passionné de cinéma, de jazz et de culture américaine, il se sentit bientôt mal à l'aise dans l'atmosphère du lacanisme parisien des années 1970 où l'enseignement du maître tournait au dogmatisme et au culte de la personnalité. Surtout, ses mœurs et ses manières de vivre choquaient le conformisme bourgeois. On le savait passionné de sado-masochisme* et l'on s'étonnait de sa cohabitation avec un python dans son appartement parisien.

Comme les pionniers du freudisme, comme Ernest Jones* au début du siècle, Peraldi rêvait de conquérir l'Amérique pour y implanter la grande rénovation du freudisme mise en œuvre par Jacques Lacan*.

Après avoir songé à enseigner la littérature à l'université Harvard et tissé des liens avec des intellectuels américains, notamment William Richardson et John Muller, futurs fondateurs à Boston du Lacanian Forum, il quitta la France en 1974 pour tenter d'inventer une « autre scène » de la psychanalyse. L'année suivante, à Montréal, il ouvrit donc un séminaire d'initiation à la pensée lacanienne dans le cadre du département de linguistique et de traduction de l'université.

Son talent d'orateur lui permit d'exercer un véritable magistère auprès de jeunes étudiants francophones et anglophones. Non seulement Peraldi fut un remarquable enseignant mais il se révéla également un étonnant clinicien, capable de former des disciples sans jamais céder à cette idolâtrie si caractéristique des groupuscules post-lacaniens. Au fil des années, il joua un rôle majeur aussi bien à l'université où il dirigeait des thèses qu'à l'hôpital ou dans sa pratique privée, et trouva donc sa place dans la « marge » psychanalytique québécoise parmi tous ceux (psychologues anonymes ou étudiants désorientés) qui ne parvenaient pas à s'intégrer à la Société canadienne de psychanalyse (SCP).

Maître doté de vertus socratiques, Peraldi ne voulut en revanche fonder ni d'institution, ni de système de pensée. A la tyrannie du chef il opposait un goût nietzschéen pour la fraternité intellectuelle dont on retrouve la trace dans la plupart de ses articles. Au fil de la plume, et parfois en deux langues, il parle de la mort, des interdits, de la souffrance collective du peuple québécois, du crime, du sexe et des minorités, à la manière des héros des romans de John Steinbeck (1902-1968).

Loin de faire école, il se contenta d'animer un groupe, en fondant en 1986 le Réseau des cartels largement ouvert à des psychanalystes d'horizons divers, et de participer à la création de trois revues nouvelles : *Frayages, Trans, Filigrane.* Quant à son homosexualité, elle ne le gêna nullement dans sa pratique de la psychanalyse. Peraldi ne fut ni un militant du mouvement *gay* affichant des comportements extravagants, ni un homosexuel honteux soucieux de se normaliser. Aussi évita-t-il de créer tout ce qui aurait pu ressembler à un cercle de jeunes initiés ou de ne prendre en cure que des homosexuels. A cet égard, il fut un clinicien d'un genre nouveau. Capable tout à la fois de ne pas rougir de sa différence et d'expérimenter l'extrême en matière sexuelle, il ne transgressa jamais les règles de l'éthique analytique, ce qui lui assura une belle renommée dans une ville pourtant obsédée par les abus sexuels en tous genres : « Quand la rumeur me dit homosexuel, et vous savez qu'elle ne s'en prive pas, expliqua-t-il à Jean Forest en 1988, elle ne dit rien quant à ma sexualité* puisque précisément ceux de qui vient cette rumeur et ceux et celles qui la colportent ignorent tout de ma vie privée que j'ai toujours radicalement séparée de ma vie publique et professionnelle ; par contre, elle est une tentative de maîtriser ce que mon discours "a-doxal" ou paradoxal peut avoir de menaçant, précisément lorsque je m'attaque à la *doxa*, à la parole spéculaire et aliénante des appareils de pouvoir. »

François Peraldi mourut du sida à l'âge de 55 ans. Quand il découvrit sa maladie, il devint enragé, violent, n'acceptant pas la mort. Il continua à pratiquer jusqu'à son dernier souffle tout en rédigeant la chronique de sa généalogie familiale. Il voulait transmettre à ses neveux et à ses amis des fragments de son histoire immergée dans le siècle : « François savait recevoir de façon princière, écrit Régine Robin. Nous nous voyions aux quatre coins de la planète [...]. Il aimait parler de ses lectures, jamais de ses patients. Il les respectait. C'était une zone interdite. Personne ne s'y aventurait. »

● François Peraldi, « La castration sadique-anale de votre père », *Interprétation*, 21, 1978, 87-100 ; « Polysexuality », *in* id. (éd.), *Semiotext (e)*, vol. 4, 10, 1981 ; « La psychanalyse se meurt. La psychanalyse est morte. Vive la GRC psychiatrique », *Santé mentale au Québec*, vol. VI, 2, novembre 1981, 106-117 ; « Voyage dans l'entre-deux-morts », *Frayages, La psychanalyse est-elle mortelle ?*, Montréal, 1984, 17-39 ; « L'exil accompli », *Frayages, Exil*, Montréal, 1985, 173-185 ; « La marge psychanalytique », *Frayages, La Naissance de la psychanalyse à Montréal*, Montréal, 1987, 127-141 ; « 1760 ou Dolto en terre d'exil », in *Quelques Pas sur le chemin de Françoise Dolto*, Paris, Seuil, 1988, 142-162 ; « Le désir de la Chose. Lettres à Jean Forest », *Mœbius*, 38, Montréal, 1988, 7-27 ; « Mais comment peut-on être lacanien ? », *in* Gilles Dupuis, Mona Gauthier Cano, Robert Richard (éd.), *L'Instant freudien. Psychanalyse et culture*, Montréal, VLB, 1989, 37-54 ; « Franco et sa mort », *Trois*, vol. 6, 3-4, 1991, 212-216 ; « Transmission, filiation et institution psychanalytique. Rencontre avec François Peraldi », par Marie Hazan, *Filigrane*, 3, 1994, 135-161. Chantal Saint-Jarre, « Rompre l'interminable silence », *Discours social*, 6, 3-4, 1994, 155-168. Entretiens avec Hervé Bouchereau, Régine Robin, Jacques Mauger, Claude Bossé, Patrick Mahony, Daniel Puskas, Jean-Paul Allaire, 21-22 mai 1996.

▷ ANTIPSYCHIATRIE. BIGRAS Julien. CHENTRIER Théodore. CLARKE Charles Kirk. ÉTATS-UNIS. GLASSCO Gerald Stinson. MASOTTA Oscar. MEYERS Donald Campbell. PRADOS Miguel. SLIGHT David.

PERLABORATION

Allemand : *Durcharbeiten*. Anglais : *Working-through*.

Terme introduit en 1967 par Jean Laplanche et Jean-Bertrand Pontalis pour désigner un travail inconscient propre à la cure psychanalytique.

Ce néologisme fut introduit en 1967 par Jean Laplanche et Jean-Bertrand Pontalis pour traduire en langue française le verbe allemand *durcharbeiten* (élaborer, travailler avec soin), qui est employé par Sigmund Freud* pour désigner le travail de l'inconscient* propre à la cure psychanalytique. Ce verbe et le processus qu'il désigne n'ont pas chez Freud le statut de concept que leur accordent à juste titre les auteurs français. La perlaboration (élaboration inconsciente) permet à l'analysant d'intégrer une interprétation* et de surmonter les résistances* qu'elle suscite. Dans la langue anglaise, *durcharbeiten* a été traduit par *working-through* (littéralement : qui travaille à travers).

La plupart des auteurs estiment que si le travail est bien fait par l'analysant, l'analyste y est pour beaucoup. Melanie Klein* a pourtant amendé cette conception de l'élaboration inconsciente en montrant que celle-ci pouvait se produire sans l'intervention de l'analyste. Il s'agit alors d'une réaction spontanée du sujet* cherchant à remanier ses affects pour dépasser la position dépressive*. Conscients de cette distinction, les traducteurs français de l'œuvre kleinienne ont introduit deux termes distincts pour marquer les deux modalités du *working-through* : la perlaboration et la translaboration.

En 1989, les responsables de la nouvelle traduction* des œuvres de Freud ont remplacé le substantif perlaboration par le verbe perlaborer, pensant ainsi se rapprocher davantage de l'idéal d'une langue dite « freudologique ».

● Jean Laplanche et Jean-Bertrand Pontalis, *Vocabulaire de la psychanalyse*, Paris, PUF, 1967. Melanie Klein, *Envie et Gratitude* (Londres, 1957), Paris, Gallimard, 1968. Victor Smirnoff, S. Aghion, Marguerite Derrida. André Bourguignon, Pierre Cotet, Jean Laplanche, François Robert, *Traduire Freud*, Paris, PUF, 1989.

PERRIER François (1922-1990)

psychiatre et psychanalyste français

Analysé d'abord par Maurice Bouvet*, puis par Jacques Lacan*, François Perrier devint avec Serge Leclaire*, Wladimir Granoff, Jean-Bertrand Pontalis et quelques autres l'un des plus brillants représentants de la troisième génération psychanalytique française. A Amsterdam, en 1960, lors d'un congrès organisé par la Société française de psychanalyse (SFP), il présenta avec Granoff un rapport sur la sexualité féminine* inspirée des thèses de Lacan. Après la deuxième scission* de l'histoire du mouvement français, il suivit Lacan dans la fondation de l'École freudienne de Paris* (EFP), mais il la quittera en 1969 en raison d'un désaccord sur la passe*, pour créer avec Piera Aulagnier* et Jean-Paul Valabrega l'Organisation psychanalytique de langue française (OPLF), dite encore Quatrième Groupe.

● François Perrier, *La Chaussée d'Antin* (1978), Paris, Albin Michel, 1994 ; avec Wladimir Granoff, *Le Désir et le Féminin* (1979), Paris, Aubier, 1991. Élisabeth Roudinesco, *Histoire de la psychanalyse en France*, vol. 2 (1986), Paris, Fayard, 1994

▷ FRANCE. JOUISSANCE.

PERROTTI Nicola (1897-1970)
médecin et psychanalyste italien

Nicola Perrotti sera le seul élève d'Edoardo Weiss* à n'être pas juif et à avoir fait des études médicales. D'abord médecin, il se tourne ensuite vers la psychanalyse* qu'il exerce en s'inspirant de ces guérisseurs que l'on rencontrait dans sa région natale, les Abruzzes, au nord-est de Rome.

Attiré par la philosophie de l'histoire et les questions sociales, il intervient très tôt dans la lutte contre le fascisme en publiant dès 1925, dans la revue marxiste *Critica sociale*, des articles sur la psychologie des foules, dans la lignée des travaux de Sigmund Freud*.

Discernant vite les limites de la démarche de Marco Levi-Bianchini*, mais aussi celles de la pensée de Pierre Janet*, Perrotti collabore à la revue romaine *Il Saggiatore* où il rencontre de jeunes intellectuels en lutte contre la philosophie idéaliste. Avec eux, il rejoint Weiss pour poser les bases de la nouvelle Società Psicoanalitica Italiana (SPI).

Sous l'influence de Weiss, Perrotti donne une plus large place à la psychanalyse dans sa réflexion sociale et politique, avec pour objectif d'aider la conscience humaine en crise à échapper à l'emprise du discours idéaliste qu'il considère comme un obstacle à la prise en compte de la sexualité*.

Combattant antifasciste durant la guerre, Perrotti participe en 1943 à la réorganisation du parti socialiste italien dont il sera l'un des dirigeants à la Libération. Élu député en 1948, il est nommé haut-commissaire à l'Hygiène en 1950. Parallèlement, il contribue à la renaissance de la psychanalyse dans l'Italie* libérée et devient président de la SPI de 1946 à 1951, date à laquelle son ami et camarade de parti Cesare Musatti* lui succède à ce poste. En 1948, lorsque la revue de Joachim Flescher, *Psicanalisi*, cesse de paraître, il fonde la revue *Psiche* qui, un temps, sera en relation avec son homonyme française dirigée par Maryse Choisy (1903-1979) mais qui, très vite, affichera plus nettement sa sensibilité de gauche, développant des thèmes chers à Perrotti, ceux d'une psychanalyse appliquée* tournée vers la vie sociale et artistique, le cinéma et la musique notamment.

● Contardo Caligaris, « Petite histoire de la psychanalyse en Italie », *Critique*, 333, février 1975, 175-195. Michel David, *La Psicoanalisi nella cultura italiana* (1966),

Turin, Bollati Boringhieri, 1990 ; « La psychanalyse en Italie », *in* Roland Jaccard (éd.), *Histoire de la psychanalyse*, vol. 2, Paris, Hachette, 1982. Arnaldo Novelletto, « Italy », *in* Peter Kutter (éd.), *Psychoanalysis International. Guide to Psychoanalysis throughout the World*, Stuttgart, Frommann-Holzboog, 1992. Silvia Vegetti Finzi, *Storia della psicoanalisi*, Milan, Mondadori, 1986.

▷ ÉGLISE.

PERSONNALITÉ MULTIPLE

Allemand : *Umgtauschte Persönlichkeit*. Anglais : *Multiple Personality (Desorder)*.

Trouble de l'identité qui se traduit par la coexistence chez un sujet d'une ou de plusieurs personnalités séparées les unes des autres et dont chacune peut prendre à tour de rôle le contrôle de l'ensemble des manières d'être de l'individu en question au point de lui faire vivre des doubles vies.

La notion de personnalité multiple est issue du magnétisme et relève d'une conception de l'inconscient* antérieure à la doctrine freudienne. Elle est liée aux phénomènes de somnambulisme, de spiritisme* et d'automatisme mental* tels qu'ils apparaissent au milieu et à la fin du XIXe siècle, dans l'histoire de la première psychiatrie dynamique*. Le premier cas fut décrit en 1815 par le médecin américain John Kearsley Mitchell qui raconta l'histoire de Mary Reynolds, jeune fille de 19 ans atteinte d'une dissociation* complète de la personnalité. Elle eut deux vies différentes jusqu'à l'âge de 35 ans, et vécut ensuite dans son état second sans jamais plus en sortir jusqu'à sa mort. Dans son premier état elle était calme et plutôt dépressive, tandis que dans le second elle se montrait maniaque, créative, débordante d'activité et d'imagination.

En France*, le terme fut employé en 1840 par le docteur Despine, omnipraticien d'Aix-en-Provence, qui décrivit de façon à peu près identique le cas d'Estelle, une jeune fille atteinte de différents symptômes hystériques. A sa suite, les représentants de l'école française de psychologie, Pierre Janet*, Théodule Ribot (1839-1916) et Alfred Binet (1857-1911), donnèrent un éclat particulier à cette notion, soit en décrivant des cas de femmes illuminées, mystiques ou spirites, soit en classant les différents types d'altération de la personnalité. Avec la deuxième psychiatrie dynamique et l'entrée en scène massive de l'hypnotisme, qui conduisirent à la refonte freudienne et à une nouvelle description de l'hystérie*, la notion de personnalité multiple tomba en désuétude (vers 1910) et fut remplacée par des concepts issus de la nosographie bleulérienne ou de la psychanalyse* : dissociation, clivage*, dépersonnalisation. C'est Théodore Flournoy* en 1900 qui donna, avec l'histoire de la spirite Catherine-Élise Müller (1861-1929), l'une des meilleures descriptions du phénomène de double vie.

• Théodule Ribot, *Les Maladies de la personnalité*, Paris, Alcan, 1888. Pierre Janet, *L'Automatisme psychologique* (1889), Paris, Alcan, 1973 (rééd.). Alfred Binet, *Les Altérations de la personnalité*, Paris, Alcan, 1892. Théodore Flournoy, *Des Indes à la planète Mars* (1900), Paris, Seuil, 1983. Henri F. Ellenberger, *Histoire de la découverte de l'inconscient* (New York, Londres, 1970, Villeurbanne,

1974), Paris, Fayard, 1994. Jacqueline Carroy, *Les Personnalités doubles et multiples*, Paris, PUF, 1993. Nicole Edelman, *Voyantes, guérisseuses et visionnaires en France, 1785-1914*, Paris, Albin Michel, 1995.

▷ BERNHEIM Hippolyte. BLEULER Eugen. CHARCOT Jean Martin. HYPNOSE. IMAGE DU CORPS. MESMER Franz Anton. SCHIZOPHRÉNIE. SUGGESTION.

PERVERSION

Allemand : *Perversion*. Anglais : *Perversion*.

Terme dérivé du latin *pervertere* (retourner), employé en psychiatrie et par les fondateurs de la sexologie* pour désigner, tantôt de façon péjorative, tantôt en les valorisant, des pratiques sexuelles considérées comme des déviations par rapport à une norme sociale et sexuelle. A partir du milieu du XIXᵉ siècle, le savoir psychiatrique range parmi les perversions des pratiques sexuelles aussi diverses que l'inceste*, l'homosexualité*, la zoophilie, la pédophilie, la pédérastie, le fétichisme*, le sado-masochisme*, le transvestisme, le narcissisme*, l'auto-érotisme*, la coprophilie, la nécrophilie, l'exhibitionnisme, le voyeurisme, les mutilations sexuelles. En 1987, le mot perversion a été remplacé dans la terminologie psychiatrique mondiale par celui de paraphilie, qui recouvre des pratiques sexuelles dans lesquelles le partenaire est soit un sujet* réduit à un fétiche (pédophilie, sado-masochisme), soit le propre corps de celui qui se livre à la paraphilie (transvestisme, exhibitionnisme), soit un animal ou un objet (zoophilie, fétichisme).

Repris par Sigmund Freud* dès 1896, le terme perversion a définitivement été adopté comme concept par la psychanalyse* qui a conservé ainsi l'idée de déviation sexuelle par rapport à une norme. Néanmoins, dans cette nouvelle acception, le concept est dépourvu de toute connotation péjorative ou valorisante et s'inscrit avec la psychose* et la névrose* dans une structure tripartite.

Si le concept de névrose appartient en propre au domaine d'élection de la psychanalyse et celui de psychose participe de l'origine de l'histoire de la nosologie psychiatrique, le terme perversion couvre un champ beaucoup plus large dans la mesure où les comportements, les pratiques et même les fantasmes* qu'il recouvre ne peuvent être appréhendés que par rapport à une norme sociale induisant elle-même une norme juridique. En outre, la perversion a toujours été liée à toutes les formes possibles d'art érotique en Orient et en Occident ; aussi les variations sur le thème des perversions sont-elles multiples selon les époques, les pays, les cultures ou les mœurs. Tantôt celles-ci sont violemment rejetées pour être marginalisées et regardées comme une abjection, tantôt au contraire elles sont valorisées par les écrivains, les poètes et les philosophes qui les considèrent comme supérieures aux pratiques sexuelles dite normales.

Ainsi, dans certaines régions d'Afrique, on admettra un rituel tribal de mutilation sexuelle (excision ou infibulation) qui, en revanche, relèvera du crime en Europe. Même chose pour l'émasculation des hommes dans l'Égypte ancienne ou en Inde*, qui peut d'un coup être considérée comme une perversion si les mœurs traditionnelles sont contestées soit par un mouvement d'émancipation visant à libérer le corps des femmes, soit par une politique coloniale cherchant à psychiatriser des pratiques autrefois regardées comme des coutumes. Tel est d'ailleurs le destin de l'homosexualité. Considérée dans la Grèce antique comme la forme suprême de l'amour, regardée ensuite comme un vice satanique par le christianisme, classée enfin comme une dégénérescence par le savoir psychiatrique du XIXe siècle, elle finira par être reconnue en 1974 comme une forme de sexualité parmi d'autres dans la plupart des pays démocratiques modernes, au point de ne plus figurer dans le catalogue des nouvelles « paraphilies » du troisième *Manuel diagnostique et statistique des troubles mentaux* (*DSM* III) édité en 1987 par l'American Psychiatric Association (APA). C'est à Geza Roheim* et surtout à Georges Devereux* que revient le mérite d'avoir montré, à travers l'ethnopsychanalyse*, comment peut être compris le mécanisme général de ce relativisme culturel dans sa relation à l'universalisme.

A cet égard, la théorie de Freud en matière de perversion (et surtout d'homosexualité) est aussi ambivalente que sa doctrine de la sexualité féminine*. D'un côté, il étend la « disposition perverse polymorphe » à l'homme en général et rejette ainsi toutes les définitions différentialistes et inégalitaristes de la classification psychiatrique de la fin du siècle, selon laquelle le pervers serait un « taré » ou un « dégénéré », mais, de l'autre, il conserve l'idée d'une norme et d'une déviation en matière de sexualité*. D'où l'impossibilité dans laquelle il se trouve de faire de la perversion une structure universelle du psychisme dépassant le cadre des diverses pratiques sexuelles dites perverses.

La classification des perversions (au pluriel) relève traditionnellement du domaine de la psychiatrie et de la sexologie, tandis que la psychanalyse s'attache à donner une définition structurale au concept de perversion (au singulier). Pourtant, chez Freud, les choses ne sont pas si simples. Comme en témoigne son ouvrage inaugural de 1905, *Trois Essais sur la théorie sexuelle**, il emploie le terme plutôt au pluriel (les perversions sexuelles) et parle d'inversions plus souvent que de perversions. Sa terminologie subira par la suite de nombreuses inflexions dans le sens d'une interprétation plus structurale de la notion.

C'est toujours en référence à un processus de négativité et dans un rapport dialectique à la névrose que Freud définit la perversion. D'emblée en effet, dans une lettre à Wilhelm Fliess* du 24 janvier 1897, puis dans les *Trois Essais*, il fait de la névrose « le négatif de la perversion ». Il souligne ainsi le caractère sauvage, barbare, polymorphe et pulsionnel de la sexualité perverse : une sexualité infantile à l'état brut, dont la *libido** se limite à la pulsion* partielle. A l'opposé de la sexualité des névosés, cette sexualité perverse ne connaît ni l'interdit de l'inceste*, ni le refoulement*, ni la sublimation*.

Si la sexualité perverse n'a pas de limites, c'est parce qu'elle s'organise comme une déviation par rapport à une pulsion, à une source (organe), à un objet et à un but. A partir de ces quatre termes, Freud distingue deux sortes de perversions : les perversions d'objet et les perversions de but. Dans les perversions d'objet, caractérisées par une fixation à un seul objet au détriment des autres, il range d'une part les relations sexuelles avec un partenaire humain (inceste, homosexualité, pédophilie, auto-érotisme) et d'autre part les relations sexuelles avec un objet non humain (fétichisme, zoophilie, transvestisme). Dans les perversions de but, il distingue trois sortes de pratiques : le plaisir visuel (exhibitionnisme, voyeurisme), le plaisir de souffrir ou de faire souffrir (sadisme, masochisme), le plaisir par surestimation exclusive d'une zone érogène (ou d'un stade*), c'est-à-dire soit la bouche (fellation, cunnilingus), soit l'appareil génital.

A partir de 1915, Freud apporte de nombreuses modifications à sa première conception de la perversion, en fonction d'abord de sa métapsychologie* et de sa nouvelle théorie du narcissisme*, puis de sa deuxième topique* et de son élaboration de la différence des sexes*. Il passe ainsi d'une description des perversions sexuelles à l'idée d'une possible organisation de *la* perversion en général en tant que paradigme d'une organisation du moi* fondée sur le clivage*. Dans un article de 1923, « L'organisation génitale infantile », puis dans un autre de 1924, « La perte de la réalité dans la névrose et la psychose », il introduit le concept de déni* (*Verleugnung),* pour montrer que les enfants nient la réalité du manque du pénis chez la fille et affirmer que ce mécanisme de défense caractérise la psychose par opposition au mécanisme de refoulement que l'on trouve dans la névrose : alors que le névrosé refoule les exigences du ça*, le psychotique dénie la réalité.

En 1927, dans le cadre d'une discussion avec René Laforgue* sur la question de la scotomisation, Freud aborde le déni à partir du fétichisme, en affirmant que dans cette forme de perversion le sujet fait coexister deux réalités : le déni et la reconnaissance de l'absence du pénis chez la femme. D'où un clivage du moi qui caractérise non seulement la psychose mais également la perversion. Dès lors, la perversion s'inscrit dans une structure tripartite. A côté de la psychose, qui se définit comme la reconstruction d'une réalité hallucinatoire, et de la névrose, qui est le résultat d'un conflit interne suivi d'un refoulement, la perversion apparaît comme un déni ou un désaveu de la castration avec fixation à la sexualité infantile.

De 1905 à 1927, Freud passe donc d'une description des perversions sexuelles à une théorisation du mécanisme général de la perversion, qui n'est plus seulement le résultat d'une disposition polymorphe de la sexualité infantile mais la conséquence d'une attitude du sujet humain confronté à la différence des sexes. A cet égard, la perversion existe aussi bien chez l'homme que chez la femme, mais ne se distribue pas de la même manière pour les deux sexes dans le fétichisme et l'homosexualité.

A partir de cette définition de la perversion, fondée sur le clivage du moi, les héritiers de Freud n'eurent de cesse d'étudier les différentes formes de pratiques sexuelles perverses masculines et féminines, arrachant ainsi à la sexologie le privilège de ses classements sophistiqués. Mais au lieu de conduire le mouvement psychanalytique à une nouvelle approche des perversions, ces travaux eurent en un premier temps, de 1930 à 1960, l'effet contraire. Réputés incurables ou soumis dans la cure à une prétendue normalisation de leur sexualité, les pervers ne furent autorisés à pratiquer la psychanalyse dans aucune des sociétés composantes de l'International Psychoanalytical Association* (IPA). Cet interdit, qui visait essentiellement les homosexuels, fut ressenti comme une discrimination majeure, notamment après 1972, quand l'homosexualité cessa d'être assimilée par la psychiatrie à une maladie mentale et, quinze ans plus tard, à une perversion. La question se posa alors, pour la psychiatrie comme pour la psychanalyse, d'une redéfinition possible du statut de la perversion en général et des perversions sexuelles en particulier.

L'implantation de la psychanalyse dans les grands pays occidentaux avait bien eu pour conséquence de désaliéner les pervers et d'écarter l'homosexualité en tant que telle du domaine des perversions sexuelles. L'apparition dans le *DSM* III du terme paraphilie restreignait le champ des anomalies et des déviances à des pratiques sexuelles contraignantes et fétichistes, fondées sur l'absence de tout partenaire humain libre et consentant. La nécessité se fit donc sentir pour la psychanalyse elle-même d'abandonner toute forme de thérapie « normalisante » au profit d'une clinique du désir* capable de comprendre les choix sexuels des sujets dont les pratiques libidinales n'étaient plus toutes punies par la loi, ni vécues comme un péché, ni même conçues comme une déviance par rapport à une norme.

A cet égard, la révision de la doctrine freudienne originelle avait déjà commencé vers 1960, avant les transformations de la terminologie psychiatrique des années 1970-1980.

Dans la théorie kleinienne, la perversion est toujours décrite en fonction d'une norme et d'une pathologie, mais toute idée de déviance est écartée. Aussi est-elle regardée comme un trouble de l'identité de nature schizoïde lié à une farouche pulsion de destruction de soi-même et de l'objet. Loin d'être l'expression d'une « aberration » sexuelle, elle devient la manifestation à l'état brut de la pulsion de mort, au point de faire naître dans le cadre de la cure une réaction thérapeutique négative (ou perversion de transfert*). Quant à l'homosexualité, elle est ramenée à une fixation à la position paranoïde-schizoïde* pouvant déboucher sur une paranoïa*. Les perversions sexuelles sont assimilées à une organisation pathologique du narcissisme. Ainsi le kleinisme* a-t-il tendance à tirer la perversion vers la psychose, s'éloignant du diagnostic d'incurabilité.

C'est à Jacques Lacan* et à ses disciples français (Jean Clavreul, François Perrier*, Piera Aulagnier*, Wladimir Granoff, Guy Rosolato) que revient le mérite, unique dans l'histoire du freudisme, d'avoir enfin sorti la perversion du domaine de la déviation pour en faire une véritable structure. Ami de Georges Bataille (1897-1962), grand lecteur de Sade, de Henry Havelock Ellis*, de la poésie érotique et de la philosophie platonicienne, Lacan fut beaucoup plus sensible que Freud, que les freudiens et que les kleiniens à la question de l'*eros*, du libertinage et surtout de la nature homosexuelle, bisexuelle, fétichiste, narcissique et polymorphe de l'amour. Libertin lui-même, il pensait volontiers que seuls les pervers savent parler de la perversion. D'où le privilège qu'il accorda d'emblée à deux notions – le désir et la jouissance* – pour faire de la perversion une composante majeure du fonctionnement psychique de l'homme en général, une sorte de provocation ou de défi permanent par rapport à la loi. La formule en fut livrée en 1962 dans un célèbre article, « Kant avec Sade », destiné à servir de présentation à deux ouvrages de Sade, *Justine ou les malheurs de la vertu* et *La Philosophie dans le boudoir.* Lacan faisait du *mal* au sens sadien un équivalent du *bien* au sens kantien pour montrer que la structure perverse se caractérise par la volonté du sujet de se transformer en objet de jouissance offert à Dieu et tournant la loi en dérision, et par un désir inconscient de s'annuler dans le mal absolu et dans l'anéantissement de soi. En sortant ainsi la perversion du domaine des perversions sexuelles, le courant lacanien ouvrait la voie à de nouvelles perspectives thérapeutiques : non seulement la perversion n'était plus frappée du diagnostic d'incurabilité, mais le pervers, n'étant plus forcément catalogué comme un pervers sexuel, pouvait fort bien accéder à la pratique de la psychanalyse sans être un « danger » pour la communauté. Cette conception de la perversion comme structure conduira Lacan et son école à traiter de l'homosexualité dans le cadre de la perversion.

A l'époque où les élèves de Lacan commentaient ainsi la théorie classique de Freud, le grand psychanalyste Robert Stoller* la remettait en question de fond en comble en introduisant notamment la notion de différentiation de sexe et de genre (*gender**). Son livre majeur, *Sex and Gender*, publié en 1968 et traduit en français dix ans plus tard sous le titre *Recherches sur l'identité sexuelle*, ainsi que de nombreux autres travaux renouvelleront l'approche clinique de l'ensemble des perversions (et notamment du fétichisme féminin et du transsexualisme*).

Dans la perspective de la *Self Psychology**, c'est Joyce McDougall, psychanalyste française, qui apporta dès 1972 l'une des meilleures révisions de la doctrine freudienne de la perversion. Dans son *Plaidoyer pour une certaine anormalité*, elle constate que la structure tripartite (névrose/psychose/perversion) est trop rigide pour expliquer les troubles sexuels liés aux différents désordres narcissiques du soi. Aussi donne-t-elle le nom de néosexualité et de sexualité addictive à des formes de sexualité perverses, proches de la drogue et de la toxicomanie, mais qui permettent à certains sujets au bord de la folie* de trouver la voie de la guérison, de la créativité et de la réalisation de soi.

● Sigmund Freud, *Trois Essais sur la théorie sexuelle* (1905), Paris, Gallimard, 1987, *GW*, V, 29-145, *SE*, VII ; « Un enfant est battu. Contribution à la connaissance de la genèse des perversions sexuelles » (1919), *GW*, XII, 197-226, *SE*, XVII, 175-204, in *Névrose, psychose et perversion*, Paris, PUF, 1973, 219-243 ; « L'organisation génitale infantile » (1923), *GW*, XII, 293-298, *SE*, XIX, 139-145, in *La Vie sexuelle*, Paris, PUF, 1959, 113-116 ; « Le problème économique du masochisme » (1924), *OC*, XVII, 9-25, *GW*, XIII, 371-383, *SE*, XIX, 159-170 ; « La perte de la réalité dans la névrose et la psychose » (1924), *OC*, XVII, 35-43, *GW*, III, 363-368, *SE*, XIX, 183-187 ; « Le fétichisme » (1927), *GW*, XIV, 311-317, *SE*, XXI, 147-157, in *La Vie sexuelle*, Paris, PUF, 1969 ; « Le clivage du moi dans le processus de défense » (1938), *GW*, XVII, 59-62, *SE*, XXIII, 271-278, in *Résultats, idées, problèmes*, II, Paris, PUF, 1985, 283-287 ; *La Naissance de la psychanalyse* (Londres, 1950), Paris, PUF, 1956. William H. Gillespie, « Notes on the analysis of sexual perversions », *IJP*, XXXIII, 397, 1952. Jacques Lacan, « Kant avec Sade » (1963), in *Écrits*, Paris, Seuil, 1966. *The Pathology and Treatment of Sexual Deviation* (coll.), Oxford, Oxford University Press, 1964. Wladimir Granoff et François Perrier, *Le Désir et le Féminin* (1964), Paris, Aubier, 1991. Piera Aulagnier-Spairani, Jean Clavreul, François Perrier, Guy Rosolato, Jean-Paul Valabrega, *Le Désir et la Perversion*, Paris, Seuil, 1967. Piera Aulagnier-Spairani, « La perversion comme structure », *L'Inconscient*, 2, 1967. Guy Rosolato, « Généalogie des perversions », *ibid.* Jean Clavreul, *Le Désir et la Loi*, Paris, Denoël, 1987. Horacio Etchegoyen, « Perversión de transferencia. Aspectos teóricos y técnicos » (1977), *in* Leon Grinberg (éd.), *Prácticas psicoanaliticas comparadas en las psicosis*, Buenos Aires, Paidos, 1977, 58-83. Joyce McDougall, *Plaidoyer pour une certaine anormalité*, Paris, Gallimard, 1978 ; *Théâtre du Je*, Paris, Gallimard, 1982. Georges Lantéri-Laura, *Lecture des perversions*, Paris, Masson, 1979. Robert Stoller, *Recherches sur l'identité sexuelle* (New York, Londres, 1968), Paris, Gallimard, 1979 ; *L'Excitation sexuelle* (New York, 1979), Paris, Payot, 1984. Gérard Bonnet, *Les Perversions sexuelles*, Paris, PUF, coll. « Que sais-je ? », 1983 ; « Le sexuel freudien. Une énigme originaire et toujours actuelle », in *Les Troubles de la sexualité*, monographies de la *Revue française de psychanalyse*, Paris, PUF, 1993, 10-46. R.D. Hinshelwood, *A Dictionary of Kleinian Thought*, Londres, Free Association Books, 1991. Michel Erlich, *Les Mutilations sexuelles*, Paris, PUF, coll. « Que sais-je ? », 1991. Joël Dor, « Perversion », *in* Pierre Kaufmann (éd.), *L'Apport freudien*, Paris, Bordas, 1993, 314-321.

▷ BISEXUALITÉ. DÉNÉGATION. FORCLUSION. JOUISSANCE. *LIBIDO*. OBJET (petit) a.

PESTE

Dans une conférence prononcée à Vienne* en 1955, Jacques Lacan* affirma tenir de la bouche de Carl Gustav Jung*, auquel il venait de rendre visite, l'anecdote suivante : en 1909, en abordant le continent américain pour aller à la Clark University de Worcester afin d'y donner ses cinq leçons sur la psychanalyse, Sigmund Freud* aurait murmuré à l'oreille de son disciple : « Ils ne savent pas que nous leur apportons la peste. » Lacan commentait ce propos en soulignant que Freud s'était trompé : il avait cru que la psychanalyse serait une révolution pour l'Amérique, et c'était en réalité l'Amérique qui avait dévoré sa doctrine en lui ôtant son esprit de subversion.

En France*, on croit que cette parole a été réellement prononcée. Pourtant l'étude des textes, des correspondances et des travaux de la totalité des commentateurs de l'histoire du freudisme montre que Jung a réservé cette confidence au seul Lacan. Partout dans le monde, on avance que Freud aurait simplement dit « Ils seront surpris quand ils sauront ce que nous avons à dire. »

Propagée par Lacan, cette parole est devenue en France un mythe fondateur du freudisme* et du lacanisme*. La France est en effet le seul pays au monde où, à travers les surréalistes et l'enseignement de Lacan, la doctrine de Freud a été regardée comme « subversive » et assimilée à une « épidémie » semblable à ce que fut la révolution de 1789 et en tout cas irréductible à toute forme de psychologie adaptative.

• Jacques Lacan, *Écrits*, Paris, Seuil, 1966. Élisabeth Roudinesco, *Jacques Lacan. Esquisse d'une vie, histoire d'un système de pensée*, Paris, Fayard, 1993 ; *Généalogies*, Paris, Fayard, 1994.

▷ ÉTATS-UNIS. HISTOIRE DE LA PSYCHANALYSE. INCONSCIENT. *SUR LA PSYCHANALYSE. CINQ CONFÉRENCES*. SURRÉALISME.

PFISTER Oskar (1873-1956)

pasteur et psychanalyste suisse

« Oskar Pfister, pasteur à Zurich » : c'est ainsi que se présentait cet homme original quand il signait ses contributions à la psychanalyse*. Refusant tous les dogmes et pratiquant la cure d'une manière non conformiste, il eut à affronter dans son pays les adversaires de l'analyse profane*. Il éprouvait un amour véritable pour Sigmund Freud* qui le lui rendait bien et lui fit toujours confiance, malgré sa méfiance à l'égard de la religion. Pfister sut avoir avec le maître viennois une relation dénuée d'obséquiosité ou d'idolâtrie, n'hésitant jamais à polémiquer quand surgissait entre eux un désaccord, notamment à propos de la foi : « Freud avait pour lui [Pfister] une vraie passion, écrit Ernest Jones*, il admirait ses habitudes hautement morales, son altruisme généreux, ainsi que son optimisme à l'égard de la nature humaine. L'idée d'être l'ami d'un pasteur protestant auquel il pouvait adresser des lettres qui commençaient par "Cher homme de Dieu" devait certainement l'amuser d'autant que l'"hérétique impertinent", tel qu'il se définissait lui-même, pouvait toujours compter sur la tolérance du pasteur. »

Pionnier de la psychanalyse en Suisse* alémanique, Pfister mêla la technique freudienne à l'ancienne « cure d'âme » (*Seelsorge*) protestante, avec enthousiasme. Il voulut aussi transformer la pédagogie en une « pédanalyse ».

Né à Wiedikon dans la banlieue de Zurich, Oskar Pfister, fils de pasteur, n'avait que 3 ans quand son père mourut. Après des études de théologie et de philosophie, il eut sa première charge à Wald où il s'installa avec sa première femme, Erika Wunderli, et son fils, qui deviendra psychiatre. En 1902, il fut attaché à la paroisse des Prédicateurs de Zurich, où il resta en fonction jusqu'en 1939. Par la suite, il se maria une deuxième fois avec une veuve, Martha Zuppinger-Urner, qui avait deux enfants, qu'il éleva comme les siens.

Bouleversé par le spectacle de la dégradation morale liée à l'industrialisation, et surtout par l'incapacité de la vieille théologie abstraite et scolastique de répondre aux angoisses de l'homme moderne, Pfister se tourna vers la psychologie. C'est ainsi qu'il eut l'occasion de demander conseil à Carl Gustav Jung* à propos d'une mère de famille tourmentée par des lettres anonymes et des inscriptions insultantes croisées sur son chemin. Jung posa un diagnostic d'état crépusculaire et de manie de la persécution : « L'aide amicale de Jung, écrit Pfister, me permit de progresser dans l'analyse qui promettait d'expliquer ces comportements anormaux. » Une solide amitié se noua alors entre les deux hommes, tous deux fils de pasteurs.

Par l'intermédiaire de Ludwig Binswanger*, Oskar Pfister rencontra Freud à Vienne* le 25 avril 1909. Il lui fit cadeau d'une réplique en argent du mont Cervin que Freud installa aussitôt sur son bureau : « Ce petit morceau de Suisse, un hommage du seul pays où je me sens richement pourvu des biens que représente la sympathie de cœur et d'esprit d'hommes forts et bons. » Une belle correspondance s'ensuivit, dont une centaine de lettres seulement furent publiés en 1963 par Anna Freud* et Ernst Freud*. La censure visait à masquer la charmante histoire d'amour de Pfister avec une jeune femme dont celui-ci parlait très librement à Freud, qui d'ailleurs l'évoquait tout aussi librement dans sa correspondance avec Jung et avec Sandor Ferenczi*.

Bientôt Pfister rejoignit les rangs de l'Association psychanalytique de Zurich (ancienne Société Freud), fondée par Jung. Il participa ensuite à l'implantation des thèses freudiennes en Suisse, que les Helvètes dénonçaient comme des « perversions viennoises ». Plusieurs fois, il dut se soumettre à de sévères enquêtes ecclésiastiques, dont il sortit toujours victorieux. Il mettait en œuvre une pratique qui déplaisait autant aux autorités religieuses qu'à la hiérarchie médicale, consistant en un mélange de pastorat d'âme et de cure psychanalytique, ce qui fera dire à Freud dans un *post-scriptum* à *La Question de l'analyse profane** : « L'analyste non médecin, mais qui a une préparation professionnelle n'aura aucune difficulté à se gagner l'estime et la considération qui lui reviennent en tant que pasteur d'âmes séculier. »

De fait, Pfister considérait que le rôle de l'analyste-pasteur était d'amener le patient en détresse à reconnaître, par la cure, la valeur de la foi chrétienne et de s'y convertir après avoir échappé à la névrose*. La cure d'âme devait donc être enrichie par la psychanalyse.

Au moment de la rupture de 1913, Pfister prit nettement parti pour Freud : « J'ai abandonné complètement la manière jungienne, dira-t-il dans une lettre de juillet 1922. Ces “interprétailleries” qui présentent toutes les immondices comme une marmelade spirituelle d'un genre élevé, toutes les perversités comme des oracles et des mystères sacrés et introduisent frauduleusement un petit Apollon et un petit Christ dans les âmes biscornues ne valent rien. C'est l'hégélianisme traduit en psychologie. »

En mars 1919, il créa la Société suisse de psychanalyse (SSP) avec Emil Oberholzer*, Hermann Rorschach* et Hans Walser. Ainsi parvint-il à reconstruire un mouvement freudien en Suisse. Le nouveau groupe ne tardera pas à connaître des difficultés de fonctionnement. En effet en 1927, la pratique non conformiste de Pfister fut contestée d'une part parce qu'elle n'obéissait pas aux règles standards de l'International Psychoanalytical Association* (IPA) mais aussi et surtout parce que Oberholzer et Rudolph Brun (1885-1949) étaient hostiles à l'analyse profane. Aussi fondèrent-ils une association médicale de psychanalyse qui ne reconnaissait que les médecins. Raymond de Saussure* prit lui aussi parti contre la technique de Pfister, mais sans pour autant quitter la SSP : « Vous pratiquez des psychanalyses qui sont très courtes, lui écrit-il en 1922, et qui ne correspondent pas exactement à ce que Freud entend actuellement par psychanalyse. Il en résulte que les médecins de votre ville, qui tiennent à garder la technique de notre maître de Vienne, éprouvent de grandes difficultés. »

Cette tentative de normaliser la pratique de Pfister au nom du respect du maître de Vienne fut entièrement récusée par Freud qui protégea toujours son cher pasteur, sans pourtant lui épargner son opinion : il était autant opposé, disait-il, à la sous-estimation qu'à la surestimation de la pratique de Pfister mais désapprouvait les « analyses abrégées » (cures courtes).

En 1927, quand Freud publia *L'Avenir d'une illusion**, Pfister lui répondit par un long article critique, « L'illusion d'un avenir », dans lequel il affirmait que la véritable foi était une protection contre la névrose, que la position freudienne était elle-même une illusion puisqu'elle passait à côté de l'attitude authentique du chrétien. A quoi Freud lui répondit : « En soi, la psychanalyse n'est pas plus religieuse qu'irréligieuse. C'est un instrument sans parti dont peuvent user religieux et laïques pourvu que ce soit uniquement au service de la délivrance d'êtres souffrants. »

• Oskar Pfister, *Die psychoanalytische Methode. Eine erfahrungswissenschaftliche systematische Darstellung*, Leipzig, Klinkhardt, 1913 ; *Au vieil Évangile par un chemin nouveau. La psychanalyse au service de la cure d'âme* (1918), Berne,

Bircher, 1920 ; *La Psychanalyse au service des éducateurs*, Berne, Bircher, 1920 ; *Selbstdarstellung*, Leipzig, Felix Meiner, 1927 ; « L'illusion d'un avenir » (1928), *Revue française de psychanalyse*, vol. 40, 3, 1977, 503-546 ; *Psychoanalyse und Weltanschauung*, Leipzig, Vienne, Internationale Psychoanalytisches Verlag, 1928. Sigmund Freud, « Geleitwort zu O. Pfister » (1913), *GW*, X, 448-450, *SE*, 327-331 ; *Correspondance de Sigmund Freud avec le pasteur Pfister, 1909-1939* (Francfort, 1963), Paris, Gallimard, 1966. Ernest Jones, *La Vie et l'œuvre de Sigmund Freud*, t. II (New York, 1955), Paris, PUF, 1961. Mireille Cifali, *Freud pédagogue*, Paris, InterÉditions, 1982 ; « De quelques remous helvétiques autour de l'analyse profane », *Revue internationale d'histoire de la psychanalyse*, 3, 1990, 145-159 ; « La cure des enfants en Suisse. De l'hypnotisme à la psychanalyse », *Études freudiennes*, 36, novembre 1995, 170-188. André Haynal, « "Les Suisses". En psychanalyse », *Le Bloc-notes de la psychanalyse*, 4, 1984, 163-170. Pier Cesare Bori, « Oskar Pfister, "pasteur à Zurich", et analyse laïque », *Revue internationale d'histoire de la psychanalyse*, 3, 1990, 129-145. Patrick Avrane, « Index de la correspondance de Freud avec le pasteur Pfister », *Esquisses psychanalytiques*, 14, octobre 1990, 205-213. Peter Widmer, « Situation de la psychanalyse en Suisse alémanique », *Le Bloc-notes de la psychanalyse*, 10, 1991, 69-81. Laurent Lethiais, *Oskar Pfister et la cure d'âme psychanalytique*, mémoire de DESS de psychologie clinique et pathologique, université Paris-X, juin 1995.

▷ ÉGLISE. ELLENBERGER Henri F. HAITZMANN Christopher. MENG Heinrich. SCHJELDERUP Harald. TECHNIQUE PSYCHANALYTIQUE. ZULLIGER Hans.

PHALLOCENTRISME

Allemand : *Phallozentrismus*. Anglais : *Phallocentrism*.

Ce terme, créé en 1927, appartient au vocabulaire freudien et s'appuie sur la tradition gréco-latine selon laquelle les diverses représentations figurées de l'organe mâle étaient organisées en un système symbolique. Il renvoie à la théorie freudienne de la sexualité féminine* et de la différence des sexes*, et désigne une doctrine moniste selon laquelle il n'existerait dans l'inconscient* qu'une sorte de *libido** d'essence mâle. Cette doctrine a été critiquée par Melanie Klein*, Ernest Jones* et l'école anglaise de psychanalyse, qui lui ont opposé une théorie dualiste de la différence des sexes.

Après la Deuxième Guerre mondiale, avec le développement du mouvement féministe, le mot phallocentrisme prit une signification péjorative en tant qu'il fut assimilé à une doctrine relevant de la « phallocratie », c'est-à-dire d'un mode de pouvoir sexiste fondé sur l'inégalité et sur la domination des femmes par les hommes.

En 1965, le philosophe français Jacques Derrida forgea le terme phallogocentrisme, à partir de phallocentrisme et de logocentrisme, pour désigner le primat accordé par la philosophie occidentale au *logos* platonicien et à la symbolique du phallus*. Le terme fut repris en 1974 par la psychanalyste française Luce Irigaray dans le cadre d'une théorie différentialiste de la sexualité féminine. Il fit fortune ensuite aux États-Unis* auprès des féministes antifreudiennes.

• Sigmund Freud, « Quelques conséquences anatomiques de la différence entre les sexes » (1925), Paris, PUF, 1969, *GW*, XIV, 19-30 ; « De la sexualité féminine » (1931), *OC*, XIX, 7-27. Melanie Klein, *Essais de psychanalyse*, Paris, Payot, 1968.

Ernest Jones, *Théorie et pratique de la psychanalyse*, Paris, Payot, 1969. Jacques Derrida, *De la grammatologie*, Paris, Minuit, 1966. Luce Irigaray, *Speculum de l'autre femme*, Paris, Minuit, 1974. Juliet Mitchell, *Psychanalyse et Féminisme* (Londres, 1974), Paris, Des Femmes, 1979 ; *Feminism and Psychoanalysis. A Critical Dictionary*, Oxford, Basil Blackwell, 1992.

▷ ANTHROPOLOGIE. BISEXUALITÉ. CULTURALISME. DEUTSCH Helene. *GENDER*. HOMOSEXUALITÉ. HORNEY Karen. JUDÉITÉ. SEXUALITÉ. SEXUATION (FORMULES DE LA).

PHALLUS

Allemand : *Phallus*. Anglais : *Phallus*.

On emploie divers mots pour désigner l'organe mâle. Si le mot pénis est réservé au membre réel, phallus, dérivé du latin, désigne plutôt l'organe au sens symbolique, tandis que l'on dit ithyphallique ou ithyphalle (du grec *ithus* : droit) le culte du phallus en tant que symbole de l'organe mâle en érection. Investis d'une puissance souveraine, aussi bien dans la célébration des mystères antiques que dans diverses religions païennes ou orientales, les dieux ithyphalliques et le phallus furent rejetés par la religion monothéiste qui considérait qu'ils renvoyaient à une époque barbare de l'humanité, caractérisée par des pratiques orgiaques.

Hautement revendiqué par Sade au siècle des Lumières, dans une contestation radicale du christianisme, puis par Nietzsche cent ans plus tard, le phallus devint pour les sectes de la période moderne, comme tentera de le montrer Hermann Rorschach*, l'instrument d'un véritable assujettissement des membres de la communauté contraints d'obéir aux injonctions sexuelles du gourou et d'idolâtrer son organe. Dans l'histoire de la psychanalyse*, c'est au nom d'un culte biologique et sexologique de l'organe mâle que furent développées toutes les psychothérapies* de type orgastique.

Le terme phallus ne fut donc employé que très rarement par Sigmund Freud*, à propos du fétichisme* ou du déni*, et souvent comme un synonyme de pénis. En revanche, l'adjectif phallique tient une grande place dans la théorie freudienne de la *libido** unique (d'essence mâle), dans la doctrine de la sexualité féminine* et de la différence des sexes*, et enfin dans la conception des différents stades* (oral, anal, phallique, génital). Le phallocentrisme* freudien fit l'objet d'une vaste discussion, tant à l'intérieur du mouvement psychanalytique, où Melanie Klein*, Ernest Jones* et l'école anglaise contestèrent le monisme sexuel au profit d'un dualisme, que chez les féministes, qui virent dans cette doctrine l'expression d'un « phallocratisme » ou d'un « phallogocentrisme ».

C'est Jacques Lacan*, nietzschéen de culture catholique, admirateur de Sade et ami de Georges Bataille (1897-1962), qui réactualisa le mot phallus dans la plus pure tradition d'un antichristianisme qui empruntait ses sources à l'amour mystique et à la philosophie platonicienne. A la grande différence de Freud et des kleiniens, Lacan s'écarta donc le plus possible de la conception biologique de la sexualité, s'intéressant davantage à la perversion* qu'à la névrose*, à la jouissance* qu'au plaisir, au désir* qu'au besoin, à l'objet (petit) a* qu'à la pulsion*. Fasciné par toutes les formes de transgression, mais habité par la certitude que le phallus est un attribut divin inaccessible à l'homme et non pas l'organe du plaisir ou de la souveraineté virile, Lacan en fit, à partir de juillet 1956, le signifiant* même du désir, en lui appliquant une majuscule et en l'évoquant d'abord comme le « phallus imaginaire », puis comme le « phallus de la mère » avant de passer enfin à l'idée de « phallus symbolique ». Ainsi révisait-il la théorie freudienne des stades, de la sexualité féminine et de la différence des sexes, en montrant que le complexe d'Œdipe* ou de castration* consiste en une dialectique « hamletienne » de l'être : être ou ne pas être le phallus, l'avoir ou ne pas l'avoir.

● Jacques Lacan, *Le Séminaire,* livre III, *Les Psychoses* (1955-1956), Paris, Seuil, 1981 ; *Le Séminaire,* livre V, *Les Formations de l'inconscient* (1957-1959), inédit ; résumé de Jean-Bertrand Pontalis, *Bulletin de psychologie,* t. XI, 1957-1958, 4 et 5 ; t. XII, 1958-1959, 2, 3, 4 ; « La signification du phallus » (1958), in *Écrits,* Paris, Seuil, 1966. Jérôme Taillandier, « Le Phallus. Une note historique », *Esquisses psychanalytiques,* 9, printemps 1988, 199-201.

▷ FREUDISME. *GENDER*. IMAGINAIRE. REICH Wilhelm. SEXOLOGIE. SYMBOLIQUE.

PHANTASME

Allemand : *Phantasie*. Anglais : *Phantasy*.

Graphie adoptée par Susan Isaacs* en 1948 pour distinguer le fantasme* (*fantasy*) dit conscient, écrit avec un *f*, du phantasme (*phantasy*) dit inconscient, écrit avec *ph*.

Le mot fantasme a été adopté en français par les premiers traducteurs de Freud (Marie Bonaparte*, Édouard Pichon*) à partir du grec *phantasma* (apparition, devenu en latin fantôme ou spectre) pour traduire ce qui, dans le mot allemand *Phantasie*, se rapporte à une formation imaginaire, c'est-à-dire à un concept et non pas à une fantaisie au sens de l'activité imaginative. Ainsi, là ou Freud emploie un seul mot allemand (*Phantasie)* pour désigner deux choses différentes (un concept d'une part, une activité de l'autre), la langue française utilise deux termes : fantasme (ou phantasme) et fantaisie. A cet égard, il n'y a donc en français aucune différence entre les deux graphies qui sont utilisées de manière équivalente, y compris par les traducteurs de l'œuvre de Melanie Klein*.

Certains auteurs comme Piera Aulagnier* ont systématisé la graphie *ph* tandis que d'autres ont préféré n'établir aucune distinction. Dans la terminologie anglaise, où le mot *fantasy* signifie comme en allemand à la fois fantasme et fantaisie, l'emploi du mot *phantasy* s'est généralisé seulement chez les post-kleiniens, au point d'ailleurs de remplacer celui de *fantasy.* Il y a là une certaine logique puisque le kleinisme* tend à situer toute la clinique psychanalytique du côté de la réalité psychique* et des phénomènes les plus inconscients et les plus archaïques.

En 1967, Jean Laplanche et Jean-Bertrand Pontalis firent remarquer que la distinction entre les deux graphies était d'ailleurs inutile puisque chez Freud le concept de fantasme appartenait aux deux registres : conscient* et inconscient*. On peut dire néanmoins qu'il existe une différence conceptuelle entre *fantasy* et *phantasy,* c'est-à-dire entre les kleiniens anglophones et les autres freudiens anglophones, alors qu'en

France l'adoption d'une graphie ou d'une autre n'est pas pertinente, sauf quand un auteur se réfère explicitement à la terminologie kleinienne. En allemand, la distinction kleinienne n'entraîne pas non plus de changement graphique.

En 1989, les responsables de la nouvelle traduction* française des œuvres de Freud, dans le but de créer une langue « freudologique », ont banni de la conceptualité psychanalytique le mot fantasme au profit de fantaisie. Ils ont ainsi réduit un concept à un mot. En français, le mot fantaisie ne peut en effet ni recouvrir la dimension conceptuelle du fantasme ni instaurer une distinction de type kleinien entre conscient et inconscient.

● Susan Isaacs, « Nature et fonction du phantasme » (1948), *in* Melanie Klein (éd.), *Développements de la psychanalyse* (Londres, 1952), Paris, PUF, 1966. Jean Laplanche et Jean-Bertrand Pontalis, *Fantasme originaire, fantasme des origines, origine du fantasme* (1964), Paris, Hachette, 1985 ; *Vocabulaire de la psychanalyse*, Paris, PUF, 1967. André Bourguignon, Pierre Cotet, Jean Laplanche, François Robert, *Traduire Freud*, Paris, PUF, 1989.

▷ SÉDUCTION (THÉORIE DE LA).

PHOBIE

Allemand : *Phobie*. Anglais : *Phobia*.

Terme dérivé du grec *phobos* et utilisé dans la langue française comme suffixe pour désigner l'effroi d'un sujet* face à un objet, un être vivant ou une situation.

Utilisé en psychiatrie comme substantif vers 1870, le terme désigne une névrose* dont le symptôme central est la terreur continue et immotivée du sujet qui en est atteint face à un être vivant, un objet ou une situation ne présentant en soi aucun danger réel.

En psychanalyse*, la phobie est un symptôme et non pas une névrose, d'où l'utilisation de l'expression hystérie* d'angoisse à la place du mot phobie. Introduite par Wilhelm Stekel* en 1908 et reprise par Sigmund Freud*, l'hystérie d'angoisse est une névrose de type hystérique qui convertit une angoisse en une terreur immotivée face à un objet, un être vivant ou une situation ne présentant en soi aucun danger réel.

Chez les successeurs de Freud, le mot tend à recouvrir la notion d'hystérie d'angoisse.

Connue depuis la nuit des temps, cette répulsion qui frappe certains individus dans des situations particulières a suscité de nombreux commentaires. Pour conjurer la peur au combat, les Grecs avaient divinisé Phobos, et les guerriers l'honoraient avant de partir à la guerre. Si cette terreur-là renvoyait à un danger bien réel que le XXe siècle retrouvera avec les névroses de guerre*, les maladies de la peur furent traitées en Occident par les médecines traditionnelles : herbes et potions magiques, colliers d'ail, crimes rituels, confection de fétiches, etc. Certaines maladies non identifiées, comme l'hépatite par exemple, appelée jaunisse, entrèrent longtemps dans la catégorie des affections dues à l'effroi. On supposait en effet que le malade changeait de couleur sous l'effet d'une frayeur interne ou externe, liée en général à une manifestation diabolique ou divine. Nombreuses sont toujours les superstitions qui expriment l'angoisse : la peur du chiffre 13 par exemple.

Des dizaines de maladies de la peur ont ainsi été identifiées, parmi lesquelles certaines sont devenues célèbres : hydrophobie (peur de l'eau), agoraphobie (peur des lieux publics), claustrophobie (peur des lieux clos), etc. Au cœur de cet univers de la peur, c'est le plus souvent les représentations de l'animalité qui révèlent l'essence de la phobie. Depuis les fresques infernales de Jérôme Bosch (1450-1516), jusqu'à *La Métamorphose* de Franz Kafka (1883-1924) en passant par le *Dracula* de l'écrivain irlandais Bram (Abraham) Stocker (1847-1912), s'exprime la terreur du passage de l'humain à la bête, de l'ange au démon, de l'âme au corps. L'évolutionnisme darwinien donnera une consistance scientifique à ce fantasme*, comme le souligne Freud dans *Totem et Tabou** en s'appuyant sur le cas du petit Arpad, l'enfant analysé par Sandor Ferenczi* en raison de sa phobie des coqs.

C'est l'arrachement de la frayeur à l'univers de la pensée religieuse qui permet au savoir psychiatrique de la fin du XIXe siècle de faire de la phobie une véritable entité nosographique. Devenant une névrose, la phobie accède à un statut structural tandis que le bestiaire, symptôme des anciennes paniques sacrées, se transforme sournoisement en un mal inéluctable qui détruit l'âme de l'intérieur. Dans cette configuration, le sujet peut être désigné comme phobique sans que l'objet de sa phobie soit identifié. D'où la confusion entre l'angoisse au sens existentiel et la phobie.

On comprend pourquoi Freud lui préfère l'expression hystérie d'angoisse, inventée par Stekel : elle lui permet de placer la sexualité* au centre du symptôme phobique. En un premier temps, en 1894-1895, il constate que les symptômes phobiques sont présents dans toutes sortes de troubles névrotiques ou psychotiques, mais plus particulièrement dans la névrose obsessionnelle* et la névrose d'angoisse (ou névrose actuelle). Ils sont l'expression d'une conversion de l'angoise en terreur chez des patients qui pratiquent la continence et se montrent fanatiques de la propreté parce qu'ils ont horreur des choses de la sexualité.

Ensuite, dans l'analyse du petit Hans (Herbert Graf*) en 1909, Freud constate qu'il existe au moins une névrose dans laquelle le symptôme phobique est central. Il la désigne du nom d'hystérie d'angoisse. Dans ce cas, la *libido** n'est pas convertie mais libérée sous forme d'angoisse. Notons que la phobie est l'un des symptômes que la cure psychanalytique permet de maîtriser le plus facilement en lui substituant l'angoisse.

Les successeurs de Freud se sont beaucoup intéressés aux phobies infantiles et donc essentiellement aux terreurs inspirées par les animaux. Comme dans l'art ou la littérature, elles sont presque toujours le principal vecteur du symptôme phobique et donc de l'angoisse. On en trouve d'ailleurs la trace dans deux autres grands cas freudiens : l'Homme aux loups (Sergueï Constantinovitch Pankejeff*) et l'Homme aux rats (Ernst Lanzer*).

Après Freud néanmoins, la terminologie s'est modifiée, et la phobie a fini par être acceptée moins comme un symptôme que comme une véritable entité clinique. D'où la disparition progressive de l'expression hystérie d'angoisse. Si Melanie Klein* dissout la phobie dans l'angoisse en en faisant un mécanisme archaïque intégré à la position paranoïde-schizoïde*, Anna Freud* au contraire la regarde comme une névrose de transfert*, dans laquelle l'objet phobogène devient le symbole de tous les dangers liés à la sexualité et qu'il faut repousser par des mécanismes de défense*. D'où l'apparition d'une défense maniaque ou l'adoption chez certains individus d'une attitude dite contra-phobique. Du point de vue de la théorie classique (freudienne et anna-freudienne), la claustrophobie serait à interpréter comme le désir et la crainte de la masturbation et l'agoraphobie comme l'expression d'un fantasme de prostitution, etc. Selon l'optique kleinienne, la claustrophobie serait un désir d'échapper à la protection étouffante du bon objet tandis que l'agoraphobie correspondrait au désir de s'évader d'un monde peuplé de mauvais objets.

Grand clinicien des états de terreur liés au surgissement du réel*, Jacques Lacan* est le seul auteur à développer une conception franchement structurale de la phobie en général. D'où l'idée, dans son séminaire *La Relation d'objet*, que l'objet de la phobie serait un signifiant*, c'est-à-dire un élément significatif de l'histoire du sujet* qui viendrait masquer son angoisse fondamentale : « Pour combler quelque chose qui ne peut se résoudre au niveau de l'angoisse intolérable du sujet, celui-ci n'a d'autre ressource que de se fomenter un tigre de papier. » Lacan compare ce signifiant à des lettres de feu, ou « blasons de la phobie », véritables parois de papier devenues pour le sujet aussi infranchissables que la muraille de Chine. Dans cette perspective, il faut donc distinguer l'objet signifiant (ou signifiant phobique) de l'objet fétiche pour montrer que le premier relève d'une symptomatologie névrotique (hystérie, névrose obsessionnelle) et le second d'une clinique de la perversion*. Si le fétiche assure la condition absolue d'une jouissance*, le signifiant phobique protège contre la disparition du désir*.

● Sigmund Freud, « Obsessions et phobies » (1895), écrit en français, *OC*, III, 19-29, *GW*, I, 343-353, *SE*, III, 69-82 ; « Analyse d'une phobie d'un petit garçon de cinq ans (le petit Hans) » (1909), *GW*, VII, 243-377, *SE*, X, 1-147, in *Cinq Psychanalyses*, Paris, PUF, 1954, 93-197. Bram Stocker, *Dracula* (Dublin, 1897), Verviers, Marabout, 1975. Franz Kafka, *La Métamorphose* (1916), Paris, Gallimard, 1938. Wilhelm Stekel, *Nervöse Angstzustände und ihre Behandlung*, Vienne et Berlin, Urban und Schwarzenberg, 1908, avec une préface de Sigmund Freud reprise in *GW*, VII, 467-468, *SE*, IX, 250-251. Sandor Ferenczi, « Un petit homme-coq » (1913), in *Psychanalyse II, Œuvres complètes, 1913-1919*, Paris, Payot, 72-79. Anna Freud, *Le Moi et les mécanismes de défense* (Londres, 1937), Paris, PUF, 1949 ; « Fears, anxieties and phobic phenomena », *Psychoanalytic Study of the Child*, 32, 1977, 85-90. Jacques Lacan, *Le Séminaire*, livre IV, *La Relation d'objet* (1956-1957), Paris, Seuil, 1994 ; *Écrits*, Paris, Seuil, 1966. Jean Laplanche et Jean-Bertrand Pontalis, *Vocabulaire de la psychanalyse*, Paris, PUF, 1967. Charles Rycroft, *A Critical Dictionary of Psychoanalysis* (1968), Londres, Penguin Books, 1995. Jean Delumeau, *La Peur en Occident*, Paris, Fayard, 1978. Annie Birraux, *Éloge de la phobie*, Paris, PUF, 1994.

▷ CASTRATION. FAIRBAIRN Ronald. FÉTICHISME. *INHIBITION, SYMPTÔME ET ANGOISSE. NOUVELLES CONFÉRENCES D'INTRODUCTION À LA PSYCHANALYSE.* OBJET (BON ET MAUVAIS). OBJET (RELATION D'). OBJET (petit) a.

PICHON Édouard (1890-1940)

médecin et psychanalyste français

Pédiatre, médecin des hôpitaux, grammairien, monarchiste, idéologue d'une absolue francisation de la doctrine freudienne, et membre de la ligue Action française, Édouard Pichon reste le personnage le plus original, le plus contradictoire et le plus intelligent de la première génération* psychanalytique française. Gendre de Pierre Janet* sans être janétien, il eut la passion de la psychanalyse* sans être réellement freudien. Après son analyse avec Eugénie Sokolnicka*, il ne forma guère de didacticiens, préférant toujours la médecine hospitalière à la pratique de cabinet. S'il adhéra sans réserve aux thèses antisémites de Charles Maurras (1868-1952), il fut dreyfusard. Il ne publia aucun texte suspect et n'eut jamais, dans la vie quotidienne, la moindre attitude antisémite à l'égard de ses collègues de la SPP et du groupe de l'Évolution psychiatrique. A la différence d'Angelo Hesnard* et de nombreux psychiatres français de sa génération, il ne fut pas germanophobe.

Sa croyance en la supériorité de la « civilisation » française sur toutes les autres cultures relevait moins du chauvinisme que de la politique. En défendant la « civilisation » contre la *Kultur*, Pichon revendiquait un catholicisme rationaliste, seul capable à ses yeux, contrairement au judaïsme et au protestantisme, d'incarner les valeurs d'une spiritualité occidentale susceptible de servir de contrepoids au bolchevisme, au féminisme, au libéralisme, au nazisme*, aux idéaux de la révolution de 1789. D'où ses positions ultra-conservatrices en faveur de la famille traditionnelle, du mariage unique, de la virginité des jeunes filles et de l'éducation des enfants.

Par sa rigueur théorique, et malgré l'échec radical de son programme de francisation de la doctrine viennoise, il joua un rôle considérable dans la genèse d'un freudisme* français, en mettant l'accent très tôt sur la relation entre le langage et l'inconscient*, en animant au sein de la Société psychanalytique de Paris (SPP) une commission pour la traduction et l'unification du vocabulaire freudien, et enfin en introduisant des notions que Jacques Lacan* utilisera par la suite : la forclusion* par exemple. Il fut aussi le maître en pédiatrie de Françoise Dolto*, qui lui devait un style éblouissant et une façon de parler où se mêlent la tradition de la droite maurrassienne et celle d'un réalisme poétique sorti tout droit des films de Jean Renoir (1894-1979).

Né à Sarcelles, dans une famille originaire de Bourgogne, Édouard Pichon fut élevé dans un esprit laïc et républicain. Très tôt, il fut atteint d'un rhumatisme articulaire héréditaire – il en mourra – dont il fera le sujet de sa thèse de médecine. Avec son oncle, Jacques Damourette, grand lettré, fou de langue et de littérature, il entreprit dès son plus jeune âge la tâche la plus importante de sa vie : l'édification d'une grammaire descriptive de la langue française entre 1911 et 1940. L'ouvrage est intitulé *Des mots à la pensée* et comprend sept énormes volumes accompagnés d'un *Glossaire des termes spéciaux* où sont recensés tous les néologismes inventés par les deux érudits.

C'est en 1927 qu'il épousa Hélène Janet, dont il aura un fils Étienne Pichon, et qu'il adressa à Charles Maurras sa lettre d'adhésion à l'Action française : « Monsieur et admirable maître, je ne suis pas un rationaliste pur. Quelque beauté, quelque utilité qu'ait la raison, il me semble que le cœur est, si j'ose ainsi parler, plus divin encore [...]. Le Pape est en train de se faire protestant, c'est la raison de mon humble demande d'adhésion [...]. Un dernier point : je suis psychanalyste. Les résultats obtenus par la méthode freudienne ont obligé ma bonne foi à accepter cette discipline. J'ai écrit récemment un article pour montrer que l'adoption de la psychanalyse comme méthode thérapeutique n'entraînait en rien la renonciation à aucun style métaphysique, moral, ni religieux. »

Durant l'entre-deux-guerres, il publia de très nombreux articles, parmi lesquels trois sont devenus essentiels à la compréhension de la conceptualité propre au mouvement psychanalytique français : « La grammaire en tant que mode d'exploration de l'inconscient », « Sur la signification psychologique de la négation en français » et « La personne et la personnalité vues à la lumière de la pensée idiomatique française ». Ces textes montrent que Pichon fut le premier, avant Lacan, à repérer que la découverte freudienne de l'inconscient posait à la linguistique saussurienne une question fondamentale. Ils soulignent aussi à quel point sa position de grammairien était en contradiction avec sa lecture psychanalytique des textes freudiens. En effet, l'idée d'un primat de la langue sur la pensée conduisait Pichon à soutenir, dans la grammaire, le principe d'un primat de l'inconscient sur la conscience*, alors que, dans son approche de l'œuvre freudienne, il niait l'existence d'un inconscient « psychologique ». C'est donc à travers la grammaire qu'il accéda à la nature de l'inconscient freudien. Aussi fut-il le premier à repérer, à partir de la langue, une jonction entre le langage et l'inconscient. Celle-ci sera reprise par Lacan.

En 1938, Pichon polémiquera avec Lacan à propos d'un texte intitulé « Les complexes familiaux », commandé à ce dernier par Lucien Febvre (1878-1956) et Henri Wallon (1879-1962) pour l'*Encyclopédie française.* Si Pichon partageait avec Lacan l'idée que la famille était un agent de la tradition et non de l'hérédité, il rejetait la démarche de l'anthropologie* culturelle, et c'est dans cette optique qu'il refusait l'anthropologisme lacanien qu'il jugeait « marxiste » et « hégélien ». Autant l'universalisme de Lacan était fondé, dès cette époque, sur l'idée d'une universalité de la raison et de la culture face à la nature, autant l'universalisme pichonien (maurrassien) reposait sur la prétendue supériorité universalisante de la civilisation française. Pichon admirait Lacan avec lucidité et pensait qu'il était le seul à pouvoir assumer après lui la fonction d'idéologue d'un freudisme à franciser.

● Édouard Pichon, « La grammaire en tant que mode d'exploration de l'inconscient », *L'Évolution psychiatrique*, 1, 1925, 238-257 ; « Sur la signification psychologique de la négation en français » (1928), *Le Bloc-notes de la psychanalyse*, 5, 1985, 111-133 ; « La personne et la personnalité vues à la lumière de la pensée idiomatique française », *Revue française de psychanalyse*, 10, 3, 1938, 447-459 ; « A l'aise dans la civilisation », *ibid.*, 10, 1, 1938, 3-49 ; « La famille devant M. Lacan » (1938), *Cahiers Confrontation*, 3, 1980, 179-209 ; et Jacques Damourette, *Des mots à la pensée. Essai de grammaire de la langue française*, D'Artrey, 7 vol., Paris, 1911-1940. Jacques Lacan, *Les Complexes familiaux* (1938), Paris, Navarin, 1975. Élisabeth Roudinesco, *Histoire de la psychanalyse en France*, vol. 1 (1982), Paris, Fayard, 1994 ; *Jacques Lacan. Esquisse d'une vie, histoire d'un système de pensée*, Paris, Fayard, 1993.

▷ ÇA. DÉNÉGATION. FRANCE. JUDÉITÉ. SIGNIFIANT. TRADUCTION (DES ŒUVRES DE FREUD).

PICHON-RIVIÈRE Enrique (1907-1977)
psychiatre et psychanalyste argentin

Véritable père fondateur du freudisme* argentin, Enrique Pichon-Rivière exerça par son enseignement oral (conférences, cours, séminaires), beaucoup plus que par ses écrits (posthumes pour la plupart), un extraordinaire pouvoir de fascination sur ses amis, ses disciples et ses contemporains. Il fut le plus grand analyste argentin, voire, à côté de Marie Langer* dont il était très différent, la figure la plus éminente de l'école psychanalytique latino-américaine.

Né à Genève, il était issu d'une famille d'origine française qui vint s'installer en 1911 dans le Chaco puis à Goya, au nord du pays, région peuplée d'Indiens guarani. Il y passa une enfance mélancolique et dira plus tard que son désir d'être analyste lui vint d'une volonté de voir clair entre deux cultures. Son père, propriétaire d'une plantation de coton, avait déjà cinq enfants d'un premier mariage avec la sœur de sa deuxième femme qui, elle, n'eut qu'un seul enfant : Enrique. Elle créa à Goya l'école professionnelle et le collège national.

A l'âge de 19 ans, il entreprit des études de médecine à la faculté de Buenos Aires. Toujours mélancolique et buvant pour « soigner » ses dépressions, il s'intéressait autant à la la médecine qu'à la politique et à la poésie. En 1934, il commença à écrire des critiques d'art pour la revue *Nervio.* Ayant découvert l'œuvre freudienne en lisant des articles de Carl Gustav Jung* et d'Alfred Adler*, il ouvrit dans la revue une section dc psychanalysc*.

A l'hôpital de Torres, où il pratiquait la psychiatrie, il organisa une équipe de football tout en étudiant les problèmes sexuels des malades mentaux. Il travailla ensuite à l'Institut Charcot puis comme chroniqueur littéraire dans un journal. Durant tout son cursus, il eut à ses côtés son plus cher ami, Frederico Aberastury, psychiatre comme lui, dont il épousa la sœur, Arminda, en 1936. La même année, il s'engagea avec ferveur dans le comité de soutien des républicains espagnols avec l'écrivain Roberto Arlt (1900-1942).

En 1938, il fit la connaissance d'Arnaldo Rascovsky*. Enthousiasmés par la psychanalyse, les deux hommes rêvaient de la sauver du péril fasciste en lui offrant une nouvelle terre promise. Dans ce but, ils réunirent autour d'eux un cercle d'élus, qui forma le noyau fondateur du freudisme argentin : Luiz Rascovsky, le frère d'Arnaldo, Matilde Wencelblat, sa femme, Simon Wencelblat, le frère de celle-ci, Arminda Aberastury* et enfin Guillermo Ferrari Hardoy et Luisa Gambier Alvarez de Toledo. Avec les émigrés, Celes Cárcamo*, Angel Garma*, Marie Langer, et avec ses amis, Pichon-Rivière fonda en 1942 l'Asociación Psicoanálitica Argentina (APA), dont il s'éloignera en 1959. Analysé d'abord par Garma, puis contrôlé par Cárcamo, il se rendra ensuite en Grande-Bretagne* où il fera un deuxième contrôle* avec Melanie Klein*.

Comme tous les représentants de la troisième génération* psychanalytique mondiale, Pichon-Rivière eut accès à l'œuvre freudienne par la lecture et non par un contact direct avec le maître viennois. En conséquence, et aussi par goût de l'indépendance et le refus de s'enfermer dans un dogme, il élabora un enseignement fort peu orthodoxe et tissé de multiples influences : une sorte de paradigme du freudisme argentin.

A la fois socialiste et adepte de la psychiatrie dynamique*, il développa toutes les formes de psychothérapies* des psychoses* qui mettaient en cause la nosographie classique, le nihilisme thérapeutique et l'enfermement. Aussi s'orienta-t-il vers diverses formes de pratiques de groupe, depuis la création en 1947 de ce qu'il appelait le « groupe opérationnel », qui avait pour tâche de répondre aux deux angoisses fondamentales de la vie sociale et institutionnelle (la peur et la perte), jusqu'à la fondation en 1959 de l'École de psychologie sociale, où il put transmettre non seulement sa conception de la « maladie unique » (*enfermedad única*), mais aussi un enseignement original et ouvert aux aspirations de la jeunesse estudiantine.

Par ce terme de maladie unique, créé en 1947, il assignait, comme le souligne Hugo Vezzetti, un cadre psychosomatique* à la psychose en général en rapprochant trois entités : la mélancolie*, l'épilepsie, la schizophrénie*. De la première il faisait le noyau central de toute psychose, décrivant la perte de l'objet comme un équivalent d'une mort induite par un surmoi* sado-masochiste ; de la deuxième dérivait selon lui le prototype d'une crise capable de restaurer provisoirement l'équilibre pulsionnel ; de la troisième enfin Pichon-Rivière tirait le modèle de toutes les formes de régression vers le moi*. Dans cette perspective, la névrose* et la psychose se différenciaient moins par leur structure que par la profondeur des positions régressives qu'elles engendraient.

Sous cette appellation de maladie unique étaient donc réunies plusieurs traditions cliniques que l'on retrouve à la fois dans le kleinisme*, l'antipsychiatrie* et la *Self Psychology**.

Marqué par le surréalisme, Pichon-Rivière rencontra André Breton (1896-1966) et s'intéressa aux deux grands écrivains de la modernité littéraire, qui avaient exprimé, par une nouvelle écriture poétique, l'idée de changer l'homme à partir du « Je est un autre » : Arthur Rimbaud (1854-1891) et Lautréamont (1846-1970). A cet égard, ses travaux contribuèrent à faire le lien entre les deux voies d'implantation de la psychanalyse en Argentine : la voie littéraire et culturelle, la voie thérapeutique (psychologie, psychiatrie).

En 1955, il fit la connaissance de Jacques Lacan*, qui le reçut chez lui en compagnie de Tristan Tzara (1896-1963). Intéressé par l'homme et par cette nouvelle manière de penser le freudisme, il jouera un rôle fondamental, dix ans plus tard, dans l'introduction du lacanisme* dans son pays en incitant le jeune philosophe Oscar Masotta* à lire les textes du maître français.

Vers 1965, il ne s'intéressa plus beaucoup à l'analyse didactique*, mais son séminaire, où se pressait la jeunesse intellectuelle, continua à lui assurer une place incontestée de maître à penser, malgré l'alcool et les médicaments : « Sa vie était une vraie dérive, écrit Masotta, et, quoi qu'il en soit, elle nous concernait tous d'une manière ou d'une autre. Il avait quelque chose de l'image du Saint à qui tout est pardonné. »

● Enrique Pichon-Rivière, *Del psicoanálisis a la psicologia social*, I et II, Buenos Aires, Galerna, 1970 ; *Psicoanálisis del conde de Lautréamont*, Buenos Aires, Argonauta, 1992. Zito Lema, *Conversaciónes con Pichon-Rivière*, Buenos Aires, Timerman Editores, 1976. Oscar Masotta, « Sur la fondation de l'École freudienne de Buenos Aires », *Ornicar ?*, 20-21, 1980, 227-235. Antonio Cucurullo, Haydée Faimberg et Leonardo Wender, « La psychanalyse en Argentine », *in* Roland Jaccard (éd.), *Histoire de la psychanalyse*, vol. 2, Paris, Hachette, 1982, 395-444. Jorge Balán, *Cuéntame tu vida. Una biográfica colectiva del psicoanálisis argentino*, Buenos Aires, Planeta, 1991. Raúl Giordano, *Notice historique du mouvement psychanalytique en Argentine*, mémoire pour le CES de psychiatrie sous la direction de Georges Lantéri-Laura, université Paris-XII (sans date). Hugo Vezzetti, *Aventuras de Freud en el país de los Argentinos*, Buenos Aires, Paidos, 1996. Élisabeth Roudinesco, entretien avec Isidoro Vegh, 16 février 1990.

▷ FRANCE.

« PIGGLE (LA PETITE) » (CAS)

▷ WINNICOTT Donald Woods.

PLATAFORMA

▷ ARGENTINE. LANGER Marie. SCISSION.

POPESCU-SIBIU Ioan (1901-1974)

psychiatre et psychanalyste roumain

Ioan Popescu-Sibiu, médecin militaire, fut avec Constantin Vlad*, l'un des deux pionniers de la psychanalyse en Roumanie*. C'est à l'université de Iaşi qu'en 1927 il soutint sa thèse de médecine sur la doctrine freudienne. Réédité jusqu'en 1946, cet ouvrage servira de source principale d'information à ceux qui voudront s'initier au freudisme*. Après la Deuxième Guerre mondiale, Popescu-Sibiu critiqua le pansexualisme* freudien et s'orienta vers ce qu'il est convenu d'appeler la néopsychanalyse* mais participa avec Vlad à la création de la Société roumaine de psychopathologie et de psychothérapie.

● Gheorghe Bratescu, *Freud si psihanaliza in Romania*, Bucarest, Humanitas, 1994.

POPPER Gisela

▷ FLUSS Gisela.

PORTO-CARRERO Julio Pires (1887-1936)

psychiatre et psychanalyste brésilien

Né à Olinda, Porto-Carrero fut l'un des fondateurs de la psychanalyse au Brésil*. Avec Juliano Moreira*, il mit sur pied en 1927, à Rio de Janeiro, une filiale de la

Sociedade Brasileira de Psicanálise (SBP), créée par Durval Marcondes* à São Paulo. Psychiatre de la marine et criminologue, il consacra son premier ouvrage, *Ensaios de psicanálise,* publié en 1929, à une étude des thèses de Sigmund Freud* et de ses principaux disciples : Karl Abraham*, Wilhelm Stekel*, Carl Gustav Jung*, Alfred Adler*, etc. Quand Freud reçut l'ouvrage, il déclara : « Vos beaux *Ensaios* qui m'ont été dédiés me sont arrivés justement le 5 mai et ont été pour moi le plus heureux cadeau d'anniversaire. Le docteur [Max] Eitingon* de Berlin était en visite chez moi, et j'ai pu lui montrer votre lettre : nous nous réjouissons des bonnes nouvelles sur nos jeunes du groupe brésilien et sommes frappés par la quantité de sujets que votre livre prend en considération. »

Comme tous les fondateurs du freudisme* brésilien, Porto-Carrero ne fut pas analysé, se considérant d'ailleurs publiquement comme un psychanalyste sauvage. Il œuvra pour une réforme de la justice pénale, allant jusqu'à réclamer que les juges se soumettent à une cure afin de s'abstraire, dans l'exercice de leur métier, de tout sentiment de vengeance.

● Julio Pires Porto-Carrero, *Ensaios de psicanálise,* Rio de Janeiro, Flores e Mano, 1934. Marialzira Perestrello, « Histoire de la psychanalyse au Brésil des origines à 1937 », *Frénésie,* 10, printemps 1992, 283-301.

POSITION DÉPRESSIVE/POSITION PARANOÏDE-SCHIZOÏDE

Allemand : *Depressive Einstellung/paranoide-schizoide Einstellung.* Anglais : *Depressive position/paranoid-schizoid position.*

La notion de position dépressive a été introduite par Melanie Klein* en 1934 pour désigner une modalité de la relation d'objet* consécutive à une position persécutive (ou paranoïde). Celle-ci intervient pendant le quatrième mois de la vie puis est surmontée au cours de l'enfance pour être ensuite réactivée durant la vie adulte dans le deuil ou, de façon plus grave, dans des états dépressifs.

En 1942, Melanie Klein introduit, à la place de la notion de position persécutive, celle de position paranoïde-schizoïde, ce qui permet, du point de vue évolutif, de définir le passage de la position paranoïde-schizoïde à la position dépressive comme le trait fondamental pour tout sujet* du passage d'un état archaïque de psychose* à un fonctionnement normal.

Comme Sigmund Freud* et Donald Woods Winnicott*, Melanie Klein construit souvent ses concepts sur une opposition binaire. C'est le cas notamment des notions de bon et de mauvais objet*, d'envie* et de gratitude, et enfin de positions (dépressive d'un côté, paranoïde-schizoïde de l'autre, l'une introduite en 1934, l'autre huit ans plus tard).

Dès ses premiers travaux, Melanie Klein récuse le mot anglais *phase* (stade*) au profit de celui de position. Le mot *phase* suppose en effet un début, une fin et un arrêt définif de l'état décrit, c'est-à-dire une durée précise. Au contraire, le mot *position* montre bien que l'état (dépressif, paranoïde, schizoïde) intervient à un moment donné de l'existence du sujet*, à un stade précis du développement, mais qu'il peut ensuite se répéter, de façon structurale, à certaines étapes de la vie. En outre, le terme exprime l'idée que l'enfant change d'attitude ou déplace sa position quant à la relation d'objet*.

C'est après avoir commencé à étudier les relations archaïques de l'enfant à la mère, puis déplacé la clinique freudienne vers une interrogation sur l'origine des psychoses, que Melanie Klein introduisit le concept de position dépressive en même temps que celui d'objet* (bon et mauvais), au cours d'une conférence de 1934 intitulée « Contribution à la psychogenèse des états maniaco-dépressifs ». Elle venait elle-même de traverser une grave période de dépression à la suite de la mort accidentelle de son fils Hans. S'inspirant des travaux de Freud (sur le deuil et la mélancolie*) et de ceux de Karl Abraham* (sur les états maniaques et dépressifs, sur la dépression primaire), elle faisait entrer progressivement dans le champ de la psychanalyse le domaine que la psychiatrie avait désigné sous la catégorie des maladies mentales. On ne s'étonnera donc pas de trouver dans le couple kleinien position dépressive/position paranoïde-schizoïde les trois adjectifs qui renvoient aux trois grandes composantes modernes de la psychose* au XXe siècle : la schizophrénie (Eugen Bleuler*), la paranoïa (Emil Kraepelin*/Freud), la psychose maniaco-dépressive*, héritée de l'ancienne mélancolie*.

La notion de position dépressive illustre le fait que le développement normal de l'enfant présente une analogie avec le tableau clinique de la dépression. Elle sert à introjecter dans le moi* un objet interne suffisamment bon pour dépasser l'état persécutif (paranoïde) propre à la perte de la mère comme objet partiel. S'il ne parvient pas à regarder la mère comme un objet total, et non plus sur le mode d'un clivage entre le bon et le mauvais objet, l'enfant risque d'évoluer vers la psychose (paranoïa ou dépression). Dans le cas contraire, il surmonte cet état de destruction du moi par la position dépressive qui marque donc, pour tout sujet pris dans une situation pré-œdipienne, un moment capital entre le processus de fixation de la névrose* et celui de la psychose.

En 1946, dans une communication présentée à la British Psychoanalytical Society (BPS) sous le titre « Notes sur quelques mécanismes schizoïdes », Melanie Klein inventa le concept d'identification projective* pour désigner un mode spécifique de projection* et d'identification* consistant à introduire sa propre personne dans l'objet pour lui nuire. Du même coup, elle transformait la notion de position persécutive en concept de position paranoïde-schizoïde. Le terme avait été employé en 1941 par Ronald Fairbairn*, grand spécialiste anglais du traitement de la schizophrénie*, pour décrire le clivage* originel du moi*. Il s'agissait alors d'élargir la clinique psychanalytique en passant d'une théorie du moi à une psychologie du *self.* En 1942, Melanie emprunta le terme à Fairbairn pour mettre en relief la coexistence, dans la position paranoïde-schizoïde, d'un clivage schizophrénique et d'une angoisse de persécution mais surtout pour montrer la cohérence interne de la construction pour le sujet de l'ensemble de ses relations d'objet. Elle précisera sa pensée dans un article de 1952 intitulé : « Quelques conclusions théoriques au sujet de la vie émotionnelle des bébés ».

Avec la conceptualisation des deux notions s'achevait l'édifice de la théorie kleinienne des positions qui permet de penser l'organisation subjective non plus en termes de stades, plus ou moins biologiques, mais selon un système où le monde fantasmatique du moi, du *self*, de l'objet, de la projection, de l'identification et de l'introjection* est organisé en structure cohérente et distincte du monde de la réalité objective. A cet égard, la pensée kleinienne ressemble à la pensée lacanienne dans la mesure où l'une et l'autre, à la différence du système freudien, accordent une place prépondérante à la construction de l'imaginaire* et à la place de la folie* au cœur de la réalité subjective.

● Melanie Klein, *Essais de psychanalyse (1921-1945)*, Paris, Payot, 1968 ; (éd.), *Développements de la psychanalyse* (Londres, 1952), Paris, PUF, 1966. Karl Abraham, « Esquisse d'une histoire du développement de la *libido* fondée sur la psychanalyse des troubles mentaux » (1924), in *Œuvres complètes*, II, *1915-1925*, Paris, Payot, 1965, 170-227. Jean-Bertrand Pontalis, « Nos débuts dans la vie selon Melanie Klein », in *Après Freud*, Paris, Gallimard, 1968, 191-214. Jean Laplanche et Jean-Bertrand Pontalis, *Vocabulaire de la psychanalyse*, Paris, PUF, 1967. Hanna Segal, *Melanie Klein. Développement d'une pensée* (Londres, 1979), Paris, PUF, 1982. Gérard Bléandonu, *L'École de Melanie Klein*, Paris, Le Centurion, 1985. R.D. Hinshelwood, *A Dictionary of Kleinian Thought* (1989), Londres, Free Association Books, 1991.

▷ BION Wilfred Ruprecht. ÉTATS-LIMITES. KOHUT Heinz. NARCISSISME. OBJET TRANSITIONNEL. *SELF* (FAUX ET VRAI). STADE DU MIROIR. SULLIVAN Harry Stack.

POSITION PARANOÏDE-SCHIZOÏDE

▷ POSITION DÉPRESSIVE/POSITION PARANOÏDE-SCHIZOÏDE.

PRADOS Miguel (1894-1969)

psychiatre et psychanalyste canadien

Né à Malaga en Espagne*, Miguel Prados fut l'élève d'Emil Kraepelin* avant de s'engager en 1937 dans le service de transfusion sanguine de l'armée républicaine. Après la victoire du franquisme, il prit la route de l'exil et s'installa à Londres avec sa femme et ses deux filles où il resta jusqu'en 1944. De là, il partit pour Montréal et devint professeur à l'université McGill. En 1946, il fonda le Cercle psychanalytique de Montréal, première institution freudienne du Canada* qui allait s'enrichir au fil des années de plusieurs praticiens formés à l'étranger. Six ans plus tard, après avoir été élu membre de la British Psychoanalytical Society (BPS), Prados créa la Société des psychanalystes canadiens qui fit suite au Cercle de Montréal. En 1953, celle-ci prit le nom français de Société canadienne de psychanalyse, et anglais de Canadian Psychoanalytic Society (SCP/CPS). Elle sera reconnue comme société composante de l'International Psychoanalytical Association* (IPA) au congrès de Paris en juillet 1957.

Après avoir joué un rôle pionnier dans la fondation du mouvement psychanalytique canadien, Miguel Prados retourna en Espagne en 1960. Mais c'est à Montréal qu'il revint se faire soigner d'un cancer dont il mourut à l'âge de 74 ans.

● Archives Jean-Baptiste Boulanger.

▷ CHENTRIER Théodore. CLARKE Charles Kirk. GLASSCO Gerald Stinson. MEYERS Donald Campbell. SLIGHT David.

PRÉCONSCIENT

Allemand : *Vorbewusst*. Anglais : *Preconscious*.

Sigmund Freud* utilise le terme préconscient comme substantif pour désigner l'une des trois instances, avec le conscient* et l'inconscient*, de sa première topique*. Employé comme adjectif, le terme qualifie les contenus de cette instance, ou système, qui, pour n'être pas présents dans la conscience*, lui demeurent accessibles, à la différence des contenus du système inconscient.

Dans le cadre de la seconde topique freudienne, le préconscient, distinct du moi* et notamment de la partie inconsciente de celui-ci, est cependant inscrit dans le domaine de cette instance.

De même que ceux de conscient, d'inconscient ou de moi, le terme préconscient préexiste à Freud. On le rencontre dans les œuvres majeures des philosophes et des psychologues allemands du XIXe siècle, notamment dans l'ouvrage de référence d'Eduard von Hartmann (1842-1906), *Philosophie de l'inconscient*, paru en 1868.

Il apparaît pour la première fois sous la plume de Freud dans la fameuse lettre à Wilhelm Fliess* du 6 décembre 1896, en même temps que l'expression appareil psychique. Dès ce moment, le mot est hissé au rang de concept et reçoit une définition circonstanciée : le préconscient est lié aux représentations verbales et correspond « à notre moi officiel. Les investissements de ce *Précs.* [ultérieurement Freud écrira *Pcs*] deviennent conscients d'après certaines lois ». Dans le dernier chapitre de *L'Interprétation des rêves**, le préconscient fait l'objet de définitions plus précises. Il est d'abord conçu, dans la reformulation de l'appareil psychique, « comme le dernier des systèmes à l'extrémité motrice, pour indiquer que de là les phénomènes d'excitation peuvent parvenir à la conscience sans autre délai, si certaines autres conditions sont remplies, par exemple un certain degré d'intensité, une certaine distribution de la fonction que nous appelons attention. C'est en même temps le système qui contient les clefs de la motilité volontaire ». Par opposition, l'inconscient est situé beaucoup « plus en arrière : il ne saurait accéder à la conscience, *si ce n'est en passant par le préconscient* et durant ce passage le processus d'excitation devra se plier à certaines modifications ». A la fin de ce même chapitre, lorsque Freud établit la distinction entre sa notion d'inconscient et celle de ses prédécesseurs, le préconscient est considéré comme inconscient au sens descriptif, mais se distingue de l'inconscient au sens dynamique, freudien, par le fait que ses contenus peuvent parvenir à la conscience, « peut-être seulement après le contrôle d'une nouvelle censure, mais cela sans avoir égard au système inconscient ».

Cette distinction est reprise près de vingt-cinq ans plus tard, dans *Le Moi et le Ça** où le préconscient est qualifié d'inconscient latent, capable de devenir conscient et distinct de l'inconscient refoulé « qui est en soi, et pour tout dire, incapable de devenir conscient ».

Situé entre l'inconscient et le conscient, le préconscient est séparé de l'inconscient par une censure* sévère. Celle-ci empêche l'accès des contenus inconscients au préconscient dans la mesure où, à l'autre extrémité, la censure entre le préconscient et le conscient est perméable. Freud parle d'ailleurs à ce propos du système « préconscient-conscient » (*Pcs-Cs*). En d'autres termes, du point de vue de l'économie de l'organisation psychique, caractérisée par la recherche de la moindre tension et de l'adaptation au principe de réalité*, le préconscient n'est pas très fiable puisque susceptible de laisser passer trop facilement les motions de désir inconscientes vers le conscient.

Le préconscient agit donc en protecteur du conscient : il trie, sélectionne, aux fins d'écarter les motions désagréables qui pourraient importuner le conscient. En ce sens, il est lié au processus secondaire, mais cette distinction, qui implique une corrélation entre l'inconscient et le processus primaire, est fréquemment remise en cause par Freud, précisément lorsque cette activité organisatrice s'exerce à propos des restes diurnes : notre attention, qui résulte de l'activité préconsciente, peut très bien abandonner certaines pensées, mais celles-ci n'en suivront pas moins leur cours pour réapparaître de manière déformée dans nos rêves : « Nous appelons ce processus *préconscient*, écrit Freud, et nous le considérons comme tout à fait normal. »

Jusqu'à la fin de son œuvre, et notamment dans l'*Abrégé de psychanalyse**, Freud maintiendra cette conception du préconscient en soulignant toujours que l'une des caractéristiques de celui-ci tient à sa proximité à l'égard des « représentations de mots » et donc du langage.

● Sigmund Freud, *La Naissance de la psychanalyse* (New York, 1950), Paris, PUF, 1956 ; *Briefe an Wilhelm Fliess, 1887-1904*, Francfort, Fischer, 1986 ; *L'Interprétation des rêves* (1900), *GW*, II-III, 1-642, *SE*, IV-V, 1-621, Paris, PUF, 1967 ; « L'inconscient » (1915), *OC*, XIII, 203-242, *GW*, 263-303, *SE*, XIV, 159-204 ; *Le Moi et le Ça* (1923), *OC*, XVI, 255-301, *GW*, XIII, 237-289, *SE*, XIX, 12-59 ; *Abrégé de psychanalyse* (1938), *GW*, XVII, 67-138, *SE*, XXIII, 139-207, Paris, PUF, 1967. Pierre Kaufmann, « Préconscient », *in* id. (éd.), *L'Apport freudien. Éléments pour une encyclopédie de la psychanalyse*, Paris, Bordas, 1993. Jean Laplanche et Jean-Bertrand Pontalis, *Vocabulaire de la psychanalyse*, Paris, PUF, 1967.

PREISWERK Hélène (1880-1911)

Dans sa thèse de médecine publiée en 1902, Carl Gustav Jung* raconte l'expérience qu'il mena à bien avec une jeune spirite surnommée S. W., dont le grand-père maternel, un pasteur protestant, avait des hallucinations visuelles, dont le frère était atteint d'arriération, et dont la sœur souffrait d'un certain nombre d'anomalies mentales. Dans sa présentation, Jung n'épargnait pas le côté paternel, soulignant que la grand-mère de la patiente était hystérique et sujette à des crises de somnambulisme, durant lesquelles elle « prophétisait ». Les parents étaient victimes de troubles mentaux, deux frères étaient des excentriques et deux sœurs présentaient des symptômes hystériques.

Pendant les séances de spiritisme*, S. W. revivait des vies antérieures. Ayant lu par hasard le livre de Justinius Kerner (1786-1862) *La Voyante de Prevorst*, racontant un cas de transe magnétique, elle commença à s'hypnotiser elle-même puis à parler plusieurs langues. Au bout d'un certain temps, elle tomba amoureuse de Jung, qui cessa de participer aux séances quand il la prit en flagrant délit de fraude. Dans sa thèse, Jung traitait la spirite de façon méprisante et la réduisait à un pur objet d'observation. Cette thèse, accueillie chaleureusement par Théodore Flournoy* qui venait de faire une expérience identique, souleva néanmoins une tempête d'indignation en raison de la manière dont était présentée l'histoire de S. W.

En 1975, Stéfanie Zumstein-Preiswerk révéla l'identité de sa tante, S. W. : il s'agissait de Hélène Preiswerk, cousine de Jung. La thèse de Jung était en réalité une autobiographie masquée qui contenait une généalogie familiale. Samuel Preiswerk (1799-1871), le grand-père maternel de Jung, pasteur, théologien, hébraïste et adepte du spiritisme, avait vécu toute sa vie auprès d'une chaise spéciale installée dans son bureau et réservée à l'esprit de sa première femme qui venait le « visiter » chaque semaine. Quand il rédigeait ses sermons, sa fille Émilie Preiswerk (1848-1923), la future mère de Carl Gustav, devait se tenir derrière lui afin d'empêcher les esprits de lire par-dessus son épaule. Elle était laide et, après son mariage, elle devint une femme autoritaire et dépressive, passant son temps à des exercices de spiritisme. Son frère, Rudolf Preiswerk, avait deux filles, Hélène et Louise, et c'est avec elles et sa mère que le jeune Jung prit l'habitude dans son adolescence de s'adonner au spiritisme, à l'insu de son père, le révérend Paul Jung (1842-1896), qui ignorait les activités des femmes de la famille. Le père de Paul s'appelait Carl Gustav Jung (1799-1864), dit l'Aîné. Illustre personnage de la ville de Bâle, il avait été emprisonné dans sa jeunesse pour ses idées politiques puis, après une période d'exil, s'était consacré au traitement des maladies de l'âme.

Stéphanie Zumstein-Preiswerk révélait aussi quelle avait été la tragique destinée de Hélène. Après avoir sombré dans un état de totale désintégration psychique, elle était morte de turberculose à Paris. Jamais elle ne pardonna à son cousin de lui avoir ainsi servi de cobaye pour ses expériences. En 1993, Henri F. Ellenberger* rédigea un article sur cette affaire, son dernier texte avant de mourir, où il montrait une fois de plus combien la destinée des patients est différente de l'histoire des cas racontée par les savants.

● Carl Gustav Jung, « Zur Psychologie und Pathologie sogenannter occulter Phänomene. Eine psychiatrische Studie » (Leipzig, 1902), in *L'Énergétique psychique*, Paris, Buchet-Chastel, 1956. Henri F. Ellenberger, « Carl Gustav Jung et Hélène Preiswerk. Étude critique avec documents nouveaux » (1993), in *Médecine de l'âme. Essais d'histoire de la folie et des guérisons psychiques*, Paris, Fayard, 1995.

▷ ANZIEU Marguerite. HYSTÉRIE. PANKEJEFF Sergueï Constantinovitch. PAPPENHEIM Bertha. PERSONNALITÉ MULTIPLE. RORSCHACH Hermann. SPIELREIN Sabina.

PRÉSIDENT THOMAS WOODROW WILSON (LE)

Ouvrage de William Christian Bullitt (1891-1967) écrit en collaboration avec Sigmund Freud* et préfacé par Sigmund Freud en 1930. Publié en anglais à Londres et à Boston en 1967 sous le titre *Thomas Woodrow Wilson. A Psychological Study*. Traduit en français par M. Tadié en 1967 sous le titre *Portrait psychologique de*

***Thomas Woodrow Wilson*. Republié dans la même traduction en 1990 sous le titre *Le Président T. W. Wilson*.**

En 1919, William Bullitt, issu d'une famille aisée de Philadelphie et devenu conseiller du président Wilson (1856-1924), fut envoyé en mission en Russie. Il s'enthousiasma pour la révolution d'Octobre et négocia avec Lénine (1870-1924) en vue du rétablissement des relations diplomatiques entre les deux pays. Wilson rejeta ses propositions, et il démissionna. Après avoir épousé Louise Bryant, la veuve de John Reed (l'auteur des *Dix Jours qui ébranlèrent le monde)*, il connut pendant dix ans une traversée du désert. Il fit du journalisme, écrivit un roman à succès et fréquenta les milieux du cinéma.

C'est par sa femme, alors en analyse avec Sigmund Freud, qu'il rencontra celui-ci pour la première fois à Berlin en mai 1930. Freud séjournait à la clinique du Tegel (chez Ernst Simmel*), et Bullitt le trouva déprimé, tourmenté par ses souffrances et ne songeant plus qu'à la mort. Pour le distraire, il lui parla de l'ouvrage qu'il préparait sur les quatre protagonistes du traité de Versailles : Thomas Woodrow Wilson, Georges Clemenceau (1841-1929), Davis Lloyd George (1863-1945), Vittorio Emanuele Orlando (1860-1952). C'est alors que le visage du vieux maître s'éclaira. Depuis son livre *Un souvenir d'enfance de Léonard de Vinci**, où les archives lui avaient cruellement manqué, il rêvait de consacrer un essai à la destinée d'un personnage sur lequel il disposerait de toute la documentation nécessaire. Il proposa donc à Bullitt d'écrire avec lui un livre sur Wilson, et le prit en analyse.

Pourquoi s'intéressait-il au vingt-huitième président des États-Unis*, presbytérien borné, d'une laideur extrême et d'un tempérament maladif ? La réponse est simple : Freud n'aimait pas cet homme qu'il tenait pour responsable des malheurs de la Mitteleuropa. Il lui reprochait d'avoir ratifié un traité inique par lequel les vainqueurs dictaient leur loi aux vaincus. En effet, par sa soumission aux signataires français et anglais, Wilson était l'artisan d'un traité qui, en humiliant l'Allemagne* et en disloquant les empires centraux, favoriserait la montée du nazisme* et conduirait à la Deuxième Guerre mondiale. Freud avait par ailleurs lu un ouvrage, paru en 1920, où était étudié le style des discours de Wilson.

En octobre 1930, Bullitt apporta à Freud environ mille cinq cents pages dactylographiées de notes sur la vie et l'activité politique de Wilson. Freud en prit connaissance et devint à la fois l'ami et l'analyste du diplomate. Ensemble, ils discutèrent point par point chaque moment important de la vie du président. Freud rédigea alors un premier brouillon de certaines parties du futur manuscrit, Bullitt se chargeant des autres. Une fois le travail accompli, chacun lut les parties de l'autre jusqu'à ce que les morceaux composent une œuvre commune. Pour donner de l'éclat à l'ouvrage, Freud accepta qu'il fût publié aux États-Unis sous la responsabilité de Bullitt. Pour ne pas alourdir le propos, les deux auteurs décidèrent de ne conserver que les notes rédigées par le diplomate concernant l'enfance et l'adolescence de Wilson. Quoi qu'il en soit, le 7 décembre 1930, dans une lettre à Arnold Zweig*, Freud déclara qu'il travaillait à « une introduction d'un ouvrage d'un autre ».

En janvier 1932, Bullitt remit à Freud la somme de deux mille cinq cents dollars à titre d'avance sur l'édition américaine mais, au printemps, une querelle éclata. Freud manifesta une forte insatisfaction et, d'un coup, modifia le texte commun en ajoutant des passages que Bullitt n'approuvait pas. Ni l'un ni l'autre ne révéleront jamais le motif de la querelle ni le contenu des parties ajoutées. Le 28 mai, Marie Bonaparte* nota dans son journal que le livre avec Bullitt était terminé, mais qu'il attendrait les élections américaines. Le diplomate retournait en effet aux États-Unis pour participer à la campagne des démocrates en faveur de Roosevelt. La dispute ne semblait pas avoir affecté Freud outre mesure puisque, le 16 février 1933, il écrivit à Jeanne Lampl-De Groot* : « Bullitt est le seul Américain qui comprenne quelque chose à l'Europe et désire faire quelque chose pour elle. C'est pourquoi je n'arrive pas à espérer qu'on lui confie un poste où il puisse être efficace et agir à sa guise. »

En août 1933, Bullitt fut nommé par Roosevelt ambassadeur des États-Unis en Union soviétique. En décembre, Freud déclara à Marie Bonaparte : « De Bullitt, pas de nouvelles, notre livre ne verra pas le jour. »

Selon Bullitt, tous deux décidèrent, après une vive discussion, d'oublier le texte pendant trois semaines. Quand ils se revirent, au moment du départ du diplomate pour Moscou, ils tombèrent d'accord pour laisser mûrir l'œuvre commune afin d'y revenir ultérieurement. Les deux hommes apposèrent chacun leur signature sur chaque chapitre du manuscrit. Le 20 mai 1935, Bullitt réapparut à Vienne comme un météore et Freud ne parla plus de l'ouvrage.

Le 23 mai 1936, Marie Bonaparte passa la journée à Vienne avec Bullitt et nota dans son journal : « Il est vivant ! Il veut aider le Verlag mais ne cesse de se plaindre que l'analyse lui ôte la joie de vivre. » Désabusé par son séjour en URSS, il attendait une autre affectation. En août, il fut nommé ambassadeur à Paris et, à dater de ce jour, il ne cessa de dénoncer le danger nazi. Dès l'annexion de l'Autriche, il s'assura le soutien personnel de Roosevelt pour se rendre à l'ambassade d'Allemagne à Paris et menacer les nazis de scandale au cas où ils toucheraient à la famille Freud. Quand le maître viennois arriva à Paris, en juin 1938, il l'accueillit avec Marie Bonaparte et l'accompagna à la gare Saint-Lazare, point de départ de son exil vers la Grande-Bretagne*.

C'est à Londres que les deux hommes dénouèrent enfin leur querelle. Selon la version de Bullitt, Freud accepta de supprimer les passages ajoutés, et Bullitt intégra les nouvelles modifications de Freud – nul ne sait lesquelles. Décision fut alors prise en commun de publier l'ouvrage après la mort de la deuxième épouse de Wilson. Le 17 novembre, Marie Bonaparte indique dans son journal que « les manuscrits de Freud avaient été envoyés à Bullitt en Amérique ».

L'étonnante aventure de cet invraisemblable manuscrit ne s'arrête pas là. Au moment de l'invasion de la France*, Bullitt demeura à Paris et ne suivit pas le gouvernement de Paul Reynaud (1878-1966) en exil. Il pensait à juste titre qu'une intervention américaine n'était pas à l'ordre du jour, mais sous-estimait la puissance de résistance de l'Angleterre, ne croyait pas à celle de la France et se trompait sur les possibilités d'alliance avec l'URSS, attitude qui lui sera reprochée par le général de Gaulle. Le 30 juin 1940, il quitta Paris où il reviendra en septembre 1944 avec le grade de commandant dans la première armée française.

En 1956, il fit lire le manuscrit à Ernest Jones* qui souligna qu'il considérait comme un privilège d'en être le premier lecteur : « Bien que ce soit un travail en commun, dit-il, il n'est pas difficile de distinguer la contribution analytique d'un des auteurs de celle politique de l'autre. » Le biographe de Freud n'en dit pas davantage. En 1964, Bullitt s'adressa à Max Schur* qui était en train d'écrire *La Mort dans la vie de Freud.* Celui-ci se montra intéressé et demanda à Bullitt où se trouvaient les notes et documents préparatoires rédigés par Freud. L'ambassadeur répondit qu'en juin 1940 son valet de chambre les avait brûlés par négligence en même temps que des archives de l'ambassade américaine.

Ainsi donc, toutes les traces de la collaboration de Freud et de Bullitt étaient réduites en cendres. Schur suggéra à Bullitt d'envoyer une copie du manuscrit à Anna Freud* afin qu'il soit publié dans le cadre très officiel des Sigmund Freud Copyright. Bullitt expédia le texte sans demander aucune aide à Anna, qui déclara, après l'avoir lu attentivement, que seule la préface était de la plume de son père. Le verdict était sans appel. A dater de ce jour, le *Wilson* fut banni de la communauté psychanalytique internationale au point d'être regardé comme apocryphe. Bullitt se chargea seul, un an avant sa mort, de la publication américaine : elle contient une introduction de Freud, dans laquelle il souligne clairement qu'il a collaboré à l'ouvrage, une autre de Bullitt, des notes de Bullitt sur l'enfance de Wilson et un développement commun sur le destin politique du personnage. Erik Erikson* en 1967 et Ilse Grubrich-Simitis en 1987 (dans la préface à l'édition allemande) donnèrent un avis qui rejoignait celui d'Anna Freud. En conséquence, l'ouvrage ne figure pas dans les éditions complètes des œuvres de Freud (anglaises, françaises et allemandes).

Ainsi, les différentes versions du récit se contredisent. Alors que Marie Bonaparte notait que les manuscrits de Freud avaient été envoyés à Bullitt en Amérique, celui-ci déclarait à Schur que son valet de chambre les avait brûlés à Paris. Quant à Freud, il ne dit jamais quelle partie de l'ouvrage il avait rédigée, mais il soutint toujours le projet en affirmant qu'il y avait collaboré. Anna Freud, Schur et Erikson furent sans doute imprudents de trancher comme ils le firent la question de l'attribution des textes.

L'ouvrage lui-même est remarquable. Au-delà du vocabulaire psychanalytique et conceptuel simpliste, dû à la plume de Bullitt, il propose une étonnante analyse de la folie d'un homme d'État, en apparence normal, dans l'exercice de ses fonctions.

Identifié dès son plus jeune âge à la figure de son « incomparable père », pasteur presbytérien et grand sermonneur, Wilson se prit d'abord pour le fils de Dieu avant de se convertir à une religion de son cru, où il s'attribuait la place de Dieu. Il choisit d'embrasser la carrière politique pour réaliser ses rêves messianiques. Quand il devint président, il n'avait encore jamais franchi les frontières de l'Amérique, qu'il regardait, au même titre que l'Angleterre de Gladstone, comme le plus beau pays du monde. Il ne connaissait pas la géographie de l'Europe et ignorait qu'on y parlait plusieurs langues. C'est ainsi que durant les négociations du traité de Versailles, il oublia l'existence du col du Brenner et livra à l'Italie* les Autrichiens du Tyrol sans savoir qu'ils parlaient l'allemand. De même, il crut sur parole un proche qui lui affirmait que la communauté juive comptait cent millions d'individus répartis aux quatre coins du monde. Haïssant l'Allemagne, il pensait que ses habitants vivaient comme des bêtes sauvages.

Pour mener à bien sa politique internationale, Wilson inventa des syllogismes délirants. Puisque Dieu est bon et que la maladie est mauvaise, il en déduisait que si Dieu existe, la maladie n'existe pas. Ce raisonnement lui permettait de nier la réalité au profit d'une croyance en la toute-puissance de ses discours. Cette dénégation* de la réalité le conduisit, selon les auteurs, au désastre diplomatique. C'est ainsi qu'il créa la Société des Nations avant de discuter les conditions de paix, moyennant quoi les vainqueurs, garantis par la sécurité américaine, purent dépecer l'Europe et condamner l'Allemagne en toute impunité.

Wilson crut alors tenir en quatorze points la clé de la fraternité universelle. Mais au lieu de traiter avec ses partenaires en discutant les questions économiques et financières, il leur fit un sermon sur la montagne. Puis il quitta l'Europe, persuadé de les avoir convaincus et d'avoir instauré sur terre la paix éternelle.

Quel qu'ait été l'enjeu de la querelle entre Freud et Bullitt, cet ouvrage, négligé par les historiens et suspecté d'être apocryphe par la communauté freudienne, traduit pourtant bien une conception freudienne de l'histoire. Il décrit en effet la rencontre entre un destin individuel, où intervient la détermination inconsciente, et une situation historique précise sur laquelle agit cette détermination. Mais il fait aussi penser à une rêverie aristotélicienne sur le héros déchu. Wilson est comparé par Freud à Don Quichotte, c'est-à-dire à l'envers ridicule du Prince de Nicolas Machiavel (1469-1527) : le contraire d'un grand homme.

● Sigmund Freud et William Bullitt, *Le Président Thomas Woodrow Wilson* (Londres, Boston, 1967), Paris, Payot, 1990. Sigmund Freud, « Introduction » à Sigmund Freud et William C. Bullitt, *Thomas Woodrow Wilson, GW, Nachtragsband*, 686-692, *OC*, XVIII, 362-372 ; *Chronique la plus brève. Carnets intimes, 1929-1939*, annoté et présenté par Michael Molnar (Londres, 1992), Paris, Albin Michel, 1992. William Bayard Hale, *The Story of a Style*, New York, B.W. Huebsch, 1920. Marie Bonaparte, *Cahiers noirs, 1925-1939*, inédit (archives Élisabeth Roudinesco). Ernest Jones, *La Vie et l'œuvre de Sigmund Freud*, t. II (New York, 1955), Paris, PUF, 1961. Erik Erikson, « Book Review », *International Journal of Psychoanalysis*, vol. 48, 1967, 462-468. Max Schur, *La Mort dans la vie de Freud* (New York, 1972), Paris, Gallimard, 1975.

▷ FOLIE. PSYCHANALYSE APPLIQUÉE.

PRINCE Morton (1854-1929)

psychiatre et psychothérapeute américain

Contemporain de Sigmund Freud* et de Théodore Flournoy*, Morton Prince occupe dans l'histoire de la psychanalyse* aux États-Unis* la place qui fut celle de Pierre Janet* en France*. Adversaire déclaré du freudisme*, mais brillant adepte de l'hypnose*, il fut l'un des pionniers de l'École bostonienne de psychothérapie*, où, autour de William James (1877-1910), James Jackson Putnam*, Josiah Royce* et quelques autres, s'élabora entre 1895 et 1909 la méthode de traitement des maladies nerveuses la plus rationnelle et la plus scientifique du monde anglo-saxon. C'est sur ce terrain bostonien, et en partie grâce à la conversion freudienne de Putnam, que la doctrine psychanalytique put ensuite s'épanouir sur le continent américain.

Né à Boston, dans une famille aisée de la Nouvelle-Angleterre, Prince obtint son diplôme de médecin à l'université Harvard en 1879. Un an plus tard, il se rendit en France avec sa mère pour consulter Jean Martin Charcot*, celle-ci souffrant de troubles psychiques. Vers le milieu des années 1880, il s'intéressa à la question des personnalités multiples*, s'initia bientôt à la suggestion, rencontra Hippolyte Bernheim*, et découvrit les travaux de Janet puis les *Études sur l'hystérie** publiées par Freud et Josef Breuer* en 1895. A partir de 1902, il entra à la Tufts University avec le titre de professeur des maladies du système nerveux. Dans une série d'articles, il élabora alors une théorie behavioriste des névroses*, montrant que ses symptômes étaient provoqués par des associations accidentelles qui se cristallisaient ensuite en modèles rigides.

En 1901, il participa à Paris au IVe congrès international de psychologie où se retrouvèrent Janet, Flournoy, Théodule Ribot (1839-1916) et bien d'autres encore. Il y présenta le cas de Sally Beauchamp, une jeune fille de 23 ans capable d'acquérir jusqu'à cinq personnalités distinctes et qu'il avait soignée par hypnotisme. Un an plus tard, il raconta son histoire dans un livre consacré au phénomène de la dissociation qui eut un succès retentissant. Transposé au théâtre, le récit du cas fut joué à Broadway devant des salles combles. En 1906, devenu célèbre, Prince fonda le *Journal of Abnormal Psychology*, premier périodique de langue anglaise exclusivement consacré à la psychothérapie, dans lequel parurent de multiples controverses à propos de la nouvelle doctrine freudienne.

Contrairement à son ami Putnam, Prince rejeta la la psychanalyse et lui opposa un *educational treatment* : « La cure peut, a été et pourra se faire sans la psychanalyse ; celle-ci d'ailleurs se sert de la méthode éducative et pas seulement du "principe de la lumière du jour". Je défie quiconque d'utiliser la psychanalyse sans utiliser en même temps la méthode éducative, telle que nous l'utilisons. » Comme de nombreux savants de cette époque, Prince refusait la théorie freudienne de la sexualité*, n'acceptait pas le symbolisme* du rêve* et restait attaché à une conception subconsciente de l'inconscient*. En outre, il critiquait durement le fanatisme des freudiens et leur tendance à construire une sorte de « science chrétienne » de type spiritualiste. Il s'en prit particulièrement à Ernest Jones* qui soutenait que seule la méthode psychanalytique pouvait donner des résultats en matière de traitement des maladies nerveuses. Il se livra ainsi avec Putnam à une intéressante controverse en présentant en mai 1912 devant l'American Psychopathological Association une étude comparative sur le même patient. Puis, sous le pseudonyme de Fiona McLeod, il publia une critique radicale du freudisme.

En 1913, il fit paraître un volumineux ouvrage sur l'inconscient qui recueillit un immense succès éditorial et lui permit d'être considéré comme le plus grand spécialiste américain de la psychiatrie dynamique*. En 1926, il fut nommé professeur associé du New Department of Abnormal and Dynamic Psychology à l'université. Malgré son hostilité à la psychanalyse, il conserva de bonnes relations avec Putnam, grâce auquel il modéra ses critiques au point d'admettre après la Première Guerre mondiale que la psychiatrie dynamique* était redevable à Freud de deux notions majeures : le conflit et le refoulement*.

• Morton Prince, « Genèse et développement des "personnalités" des demoiselles Beauchamp » (1901), *in* Jacques Postel, *La Psychiatrie*, Paris, Larousse, 1994, 385-397 ; *La Dissociation de la personnalité* (New York et Londres, 1908), Paris, Alcan, 1911. A. Murray, « Morton Prince. Sketch of his life and work », *Journal of Abnormal Psychology*, 52, 1956, 291-295. C.G. Jung, « Psychological Types », in *Problems of Personality. Studies Presented to Dr. Morton Prince*, New York, Harcourt, Brace and Co., 1925, 289-302. Henri F. Ellenberger, *Histoire de la découverte de l'inconscient* (New York, Londres, 1970, Villeurbanne, 1974), Paris, Fayard, 1994. *L'Introduction de la psychanalyse aux États-Unis. Autour de James Jackson Putnam* (Londres, 1968), Nathan G. Hale (éd.), Paris, Gallimard, 1978, 17-86. Nathan G. Hale, *Freud and the Americans. The Beginnings of Psychoanalysis in the United States*, t. 1, *1876-1917* (1971), New York, Oxford University Press, 1995.

▷ BRILL Abraham Arden. MEYER Adolf. PANSEXUALISME. *SUR LA PSYCHANALYSE. CINQ CONFÉRENCES.*

PRINCIPE DE CONSTANCE

▷ *AU-DELÀ DU PRINCIPE DE PLAISIR.* FECHNER Gustav.

PRINCIPE DE NIRVANA

Allemand : *Nirwanaprinzip*. Anglais : *Nirvana principle*.

Terme dérivé du bouddhisme et de la philosophie d'Arthur Schopenhauer (1788-1860) proposé par la psychanalyste anglaise Barbara Low (1877-1955), puis repris par Sigmund Freud* dans *Au-delà du principe de plaisir, pour désigner une tendance de l'appareil psychique à anéantir toute excitation et tout désir*.**

• Barbara Low, *Psycho-Analysis. A Brief Account of the Freudian Theory*, Londres, Allen & Unwin, 1920.

PRINCIPE DE PLAISIR/PRINCIPE DE RÉALITÉ

Allemand : *Lustprinzip/Realitätsprinzip*. Anglais : *Pleasure principle/principle of reality*.

Couple de termes introduit par Sigmund Freud* en 1911 pour désigner les deux principes qui régissent le fonctionnement psychique. Le premier a pour but de procurer le plaisir et d'éviter le déplaisir, sans entrave ni limite (le nourrisson au sein de sa mère par exemple), et le second modifie le premier en lui imposant les restrictions nécessaires à l'adaptation à la réalité extérieure.

• Sigmund Freud, « Formulations sur les deux principes du cours des événements psychiques » (1911), *GW*, VIII, 230-238, *SE*, XII, 213-226, in *Résultats, idées, problèmes*, Paris, PUF, 135-143. Jean Laplanche et Jean-Bertrand Pontalis, *Vocabulaire de la psychanalyse*, Paris, PUF, 1967.

▷ *AU-DELÀ DU PRINCIPE DE PLAISIR*. CASTRATION. FECHNER Gustav. JOUISSANCE. PULSION. RÉALITÉ PSYCHIQUE.

PROJECTION

Allemand : *Projektion*. Anglais : *Projection*.

Terme utilisé par Sigmund Freud* à partir de 1895, essentiellement pour définir le mécanisme de la paranoïa*, mais repris ensuite par l'ensemble des écoles psychanalytiques pour désigner un mode de défense* primaire, commun à la psychose*, à la névrose* et à la perversion*, par lequel le sujet* projette sur un autre sujet ou sur un objet des désirs* qui viennent de lui mais dont il méconnaît l'origine en les attribuant à une altérité extérieure à lui.

● Jean Laplanche et Jean-Bertrand Pontalis, *Vocabulaire de la psychanalyse*, Paris, PUF, 1967. Joseph Sandler (éd.), *Projection, identification, identification projective* (Londres, Madison, 1988), Paris, PUF, 1991.

▷ AUTRE. IDENTIFICATION. IDENTIFICATION PROJECTIVE. IMAGE DU CORPS. *IMAGO*. INCORPORATION. INTROJECTION. OBJET (RELATION D'). POSITION DÉPRESSIVE/ POSITION PARANOÏDE-SCHIZOÏDE. STADE DU MIROIR.

PSYCHANALYSE

Allemand : *Psychoanalyse*. Anglais : *Psychoanalysis*.

Terme inventé par Sigmund Freud* en 1896 pour nommer une méthode particulière de psychothérapie* (ou cure par la parole) issue du procédé cathartique (catharsis*) de Josef Breuer* et fondée sur l'exploration de l'inconscient* à l'aide de la libre association* du côté du patient et de l'interprétation* du côté du psychanalyste.

Par extension, on donne le nom de psychanalyse :

1. au traitement conduit selon cette méthode ;

2. à la discipline fondée par Freud (et à elle seule) en tant qu'elle comprend une méthode thérapeutique, une organisation clinique, une technique psychanalytique*, un système de pensée et une modalité de transmission du savoir (analyse didactique*, contrôle*) prenant appui sur le transfert* et permettant de former des praticiens de l'inconscient ;

3. au mouvement psychanalytique, c'est-à-dire à une école de pensée qui englobe tous les courants du freudisme*.

Comme le souligne Henri F. Ellenberger*, la psychanalyse est l'héritière des anciennes cures magnétiques inaugurées par Franz Anton Mesmer*, qui donnèrent naissance, à la fin du XIXe siècle, à travers les débats sur l'hypnose* et la suggestion*, à la deuxième psychiatrie dynamique*. Cependant, parmi toutes les écoles de psychothérapie dérivées d'Hippolyte Bernheim* et de l'École de Nancy, elle est la seule méthode à revendiquer l'inconscient et la sexualité* comme les deux grands universaux de la subjectivité humaine. Sur le plan clinique, elle est aussi la seule à situer le transfert comme faisant partie de cette même universalité et à proposer qu'il soit analysé à l'intérieur même de la cure en tant que prototype de toute relation de pouvoir entre le thérapeute et le patient et, plus généralement, entre un maître et un élève. A cet égard, la psychanalyse renvoie à la tradition socratique et platonicienne de la philosophie. C'est pourquoi elle a mis en œuvre le principe initiatique de l'analyse didactique en exigeant que se soumette à une cure quiconque veut devenir psychanalyste.

Dans l'historiographie* officielle, on a donné une version légendaire de la naissance de la psychanalyse en attribuant son origine à deux femmes : Bertha Pappenheim* et Fanny Moser*. A la première, soignée par Josef Breuer*, on a attribué l'invention de la cure par la parole, et de la seconde, traitée par Freud, on a dit qu'elle avait permis l'invention d'une clinique de l'écoute en obligeant le médecin à renoncer à l'observation directe et à se tenir en retrait, derrière le patient. Cette légende, où sont mêlés les noms des deux auteurs des *Études sur l'hystérie**, véhicule une généalogie de la psychanalyse qui n'est pas étrangère aux énoncés freudiens. Freud fut en effet l'initiateur d'un retournement du regard médical qui consiste à prendre en compte dans le discours de la science les théories élaborées par les malades eux-mêmes sur leurs symptômes et leur malaise. Par ce retournement, la psychanalyse fut à l'origine des grands travaux historiques du XXe siècle sur la folie* et la sexualité.

C'est dans un article de 1896, rédigé en français et intitulé « L'hérédité et l'étiologie des névroses », que Freud emploie pour la première fois le mot psycho-analyse : « Je dois mes résultats à l'emploi d'une nouvelle méthode de psycho-analyse, au procédé explorateur de Josef Breuer, un peu subtil mais qu'on ne saurait remplacer tant il s'est montré fertile pour éclaircir les voies obscures de l'idéation inconsciente. »

Huit ans plus tard, dans un texte destiné à un volume collectif, il donne une excellente définition de sa propre méthode en parlant d'ailleurs à la troisième personne et en se référant toujours à Breuer : « La méthode cathartique avait déjà renoncé à la suggestion*, Freud fit un pas de plus en rejetant également l'hypnose. Il traite également ses malades de la façon suivante : sans chercher à les influencer d'aucune manière, il les fait s'étendre commodément sur un divan, tandis que lui-même, soustrait à leur regard, s'assied derrière eux. Il ne leur demande pas de fermer les yeux et évite de les toucher comme d'employer tout autre procédé capable de rappeler l'hypnose. Cette sorte de séance se passe à la manière d'un entretien entre deux personnes en état de veille, dont l'une se voit épargner tout effort musculaire, toute impression sensorielle capable de détourner son attention de sa propre activité psychique. » Après bien des hésitations, dont on peut suivre le cheminement dans la correspondance entre Freud et Carl Gustav Jung*, le mot psychanalyse s'imposera en français en 1919 (à la place de psycho-analyse) à côté de *Psychoanalyse*, déjà admise en allemand en 1909 (à la place de *Psychanalyse)* et de *psychoanalysis* en anglais (souvent écrit *Psycho-analysis*, ou *Psycho-Analysis*). Entre 1905 et 1914, Freud mène trois grandes cures psychanalytiques : avec Ida Bauer* (Dora), Ernst Lanzer* (l'Homme aux rats) et Sergueï Constantinovitch Pankejeff* (l'Homme aux loups). En outre, il dirige à la manière d'un contrôle auprès du père de celui-ci (Max Graf*) l'analyse de Herbert Graf* (le petit Hans), ouvrant ainsi la voie à la psychanalyse des enfants*. Enfin, en

1911, il publie une étude des Mémoires de Daniel Paul Schreber* dont il fait un cas de paranoïa*. Ces cinq psychanalyses seront commentées sans fin tout au long de l'histoire du freudisme, servant de corpus clinique à l'ensemble du mouvement, au même titre que les cas rassemblés dans les *Études*.

Déjà en 1910, dans « L'avenir de la thérapeutique analytique », Freud délimite un cadre « technique » à la cure en affirmant que celle-ci a pour objectif de vaincre les résistances*. Cette thèse sera maintes fois discutée, et les problèmes de technique feront l'objet de plusieurs autres articles puis de débats et de scissions* dans l'histoire du mouvement psychanalytique, de Sandor Ferenczi* à Jacques Lacan*.

C'est en 1922, dans « "Psychanalyse" et "théorie de la *libido*" », que Freud donne sa définition la plus précise du cadre de la psychanalyse en soulignant que ses « piliers » théoriques sont l'inconscient, le complexe d'Œdipe*, la résistance, le refoulement* et la sexualité : « Qui ne les accepte pas ne devrait pas se compter au nombre des psychanalystes. »

Si les freudiens de toutes tendances ont toujours accepté de se reconnaître dans cette définition de la psychanalyse, ils n'ont pourtant cessé de se combattre et de se diviser sur la question de la technique psychanalytique et sur l'analyse didactique.

S'inspirant du modèle darwinien, Freud voulut ranger la psychanalyse au nombre des sciences de la nature, ou du moins lui assigner un statut de science dite « naturelle ». Or, en tant qu'héritière des médecines de l'âme, elle relevait d'une autre tradition de la science selon laquelle l'art de guérir consiste moins à prouver la validité d'une déduction qu'à élaborer un discours capable de rendre compte d'une vérité symbolique et subjective. Et c'est bien à cause de cette double appartenance de la psychanalyse (au domaine des sciences de la nature et à celui des arts de l'interprétation) que sa réfutation dite « scientifique » se produisit sur le terrain de la thérapeutique. Parmi ces réfutations figure celle de Karl Popper (1902-1994) en 1962, sur laquelle s'appuiera l'ensemble de l'historiographie* révisionniste, qui tentera de montrer que la doctrine freudienne se réduit à une simple herméneutique et que sa méthode est une technique chamanistique de l'influence consistant à agir sur le malade par simple suggestion.

L'argument n'était pas nouveau et, dès 1917, dans le chapitre de son *Introduction à la psychanalyse** consacré à la thérapeutique psychanalytique, Freud avait tenté d'y répondre en insistant une fois de plus sur la distance radicale qui séparait la psychanalyse de toutes les autres méthodes de psychothérapie fondées sur la suggestion. Il réfutait notamment l'idée que le médecin, dans la cure par la parole, puisse suggestionner le malade ; il revendiquait dans ce domaine une rationalité fondée sur l'interprétation vraie, soulignant que la solution des conflits et la suppression des résistances (la « guérison ») ne survenait que lorsque le thérapeute était en mesure de donner au patient des représentations de lui-même correspondant à la réalité : « Ce qui, dans les suppositions du médecin, ne correspond pas à cette réalité se trouve spontanément éliminé au cours de l'analyse et doit être retiré et remplacé par des suppositions plus exactes. »

L'histoire de la psychanalyse* montre que les résistances* qu'on lui opposa, de même que ses conflits internes, furent toujours le symptôme de son progrès agissant, de sa propension à fabriquer des dogmes, et de sa capacité à les réfuter.

● Sigmund Freud, « L'hérédité et l'étiologie des névroses » (1896), *OC*, III, 105-120, *GW*, I, 405-422, *SE*, III, 141-156 ; « Nouvelles observations sur les psycho-névroses de défense » (1896), traduit sous le titre « Nouvelles remarques sur les névropsychoses de défense », *OC*, I, 121-146, *GW*, I, 377-403, *SE*, III, 157-185 ; « La méthode psychanalytique de Freud » (1904), *GW*, V, 3-10, *SE*, VII, 247-254, in *La Technique psychanalytique*, Paris, PUF, 1953 ; « Les voies nouvelles de la thérapeutique psychanalytique » (1918), *GW*, XII, 183-194, *SE*, XVII, 157-168, *ibid.*, 131-141 ; « "Psychanalyse" et "théorie de la *libido*" » (1923), *OC*, XVI, 181-208, *GW*, XIII, 211-233, *SE*, XVIII, 235-259 ; et Carl Gustav Jung, *Correspondance*, I, *1906-1909*, Paris, Gallimard, 1975. Karl Popper, *Conjectures et Réfutation. La croissance du savoir scientifique* (1962), Paris, Payot, 1985. Jean-Bertrand Pontalis, « Du vocabulaire de la psychanalyse au langage du psychanalyste » (1963), in *Après Freud*, Paris, Gallimard, 1968, 126-166. Mireille Cifali, « Entre Genève et Paris : Vienne », *Le Bloc-notes de la psychanalyse*, 2, 1982, 91-133. Jean Laplanche, *Nouveaux Fondements pour la psychanalyse* (1987), Paris, PUF, 1990. Peter Homans, *The Ability to Mourn. Disillusionment and the Social Origins of Psychoanalysis*, Chicago, University of Chicago Press, 1989. Roger Lecuyer, « Psychanalyse », in *Grand dictionnaire de la psychologie*, Paris, Larousse, 1991, 607-609. Michel Plon, « Les fondements de la psychanalyse », in *Mémoires du XXe siècle*, vol. *1900-1909*, Paris, Bordas, 1991, 27-31.

▷ ABSTINENCE (RÈGLE D'). ANALYSE DIRECTE. ANALYSE EXISTENTIELLE. ANNAFREUDISME. ÉCOLE FREUDIENNE DE PARIS. *EGO PSYCHOLOGY.* INTERNATIONAL PSYCHOANALYTICAL ASSOCIATION. KLEINISME. LACANISME. MÉTAPSYCHOLOGIE. PASSE. PSYCHANALYSE APPLIQUÉE. *PSYCHOLOGIE DES MASSES ET ANALYSE DU MOI.* PSYCHOPATHOLOGIE. PSYCHOSOMATIQUE (MÉDECINE). *QUESTION DE L'ANALYSE PROFANE (LA). SELF PSYCHOLOGY.* SPIRITISME. TÉLÉPATHIE.

PSYCHANALYSE APPLIQUÉE

Allemand : *Angewandte Psychoanalyse*. Anglais : *Applied psychoanalysis*.

Que Sigmund Freud* ait eu très tôt le sentiment de développer des idées susceptibles de concerner des domaines extérieurs à l'étude du fonctionnement psychique, comme la création littéraire ou artistique, deux lettres à Wilhelm Fliess* au moins en témoignent. Dans la première, datée du 15 octobre 1897, il note que chaque lecteur ou chaque auditeur de la pièce de Sophocle a été une fois « en germe, en imagination un Œdipe* », et il ajoute : « Mais une idée m'a traversé l'esprit : ne trouverait-on pas dans l'histoire de Hamlet des faits analogues ? » Dans la seconde, du 5 décembre 1898, où il est question du conteur suisse Conrad Ferdinand Meyer (1828-1898) et de l'enthousiasme que lui procure la lecture de ses livres, il demande à Fliess des « renseignements sur l'existence de cet écrivain, sur l'ordre de publication de ses œuvres, ce qui est indispensable, ajoute-t-il, pour l'interpréter ».

C'est d'abord la Société psychologique du mercredi* qui servit de cadre aux exposés et aux discussions, souvent passionnées, traitant de l'application de la psychanalyse aux domaines littéraire, artistique, mythologique et historique. Ainsi, au cours de la séance du 10 octobre 1906, après qu'Otto Rank* eut parlé des fondements d'une psychologie de la création littéraire, Adolf Häutler (1872-1938) le critiqua, affirmant que l'on ne pouvait « appliquer la notion de refoulement* qu'aux individus et non à la vie psychique d'un peuple ». Dans cette même séance, Häutler rejeta l'idée d'une correspondance mécanique entre la vie personnelle du créateur et ses œuvres et mit en garde contre un excès d'interprétation*. Freud intervint pour critiquer à son tour l'usage incorrect qui avait été fait du concept de refoulement. Dans la séance du 24 octobre 1906, consacrée à la seconde partie de l'exposé de Rank, Häutler réitéra ses critiques tout en déclarant qu'« appliquer les théories de Freud à d'autres domaines et découvrir les ramifications de la sexualité dans la littérature et la mythologie est une activité qui mérite d'être encouragée ».

Puis ce fut Alfred Meisl (1868-1942) qui marqua son désaccord, affirmant que les thèses de Rank étaient trop fragiles et que ce genre de publication pouvait constituer un danger : « 1) pour la psychologie en tant que science et 2) pour les théories de Freud », les gens pouvant se servir « des faiblesses des livres de Rank pour rejeter également les théories de Freud ». Max Graf* recommanda la prudence dans l'interprétation des œuvres littéraires, précisant que « c'est seulement quand certains motifs se dégagent très nettement et se répètent souvent qu'on peut les rattacher à la vie sexuelle ». Un an plus tard, le 4 décembre 1907, un exposé d'Isidor Sadger* consacré à Meyer provoqua un sévère affrontement, prélude à l'élaboration d'une sorte de charte, énoncée la semaine suivante, le 11 décembre 1907, à l'occasion de l'exposé de Graf consacré à la « méthodologie de la psychologie des écrivains ». Graf se livrait d'abord à une critique radicale des thèses de Cesare Lombroso (1836-1909) et de celles développées par l'école française de psychologie, adepte de la théorie de l'hérédité-dégénérescence*. C'est dans cette perspective, expliquait Graf, que l'on s'était mis à écrire des pathographies, « analyses d'écrivains sur la base d'expériences pathologiques [...]. La démarche de Freud, ajoutait Graf, est bien différente, qui mène à l'inconscient* et montre que la maladie psychique n'est qu'une variante de la prétendue santé psychique, que les maladies mentales sont une dissociation des éléments psychiques de la personne saine ». Avant d'exposer les principes de la méthode psychanalytique et les règles de « son application aux artistes », Graf concluait : « Lombroso traite les écrivains de la même façon qu'un type de criminel particulièrement intéressant » ; quant aux « psychologues français, [ils] ne voient dans l'écrivain qu'un névrosé ».

La discussion fut l'occasion pour Freud de soutenir une nouvelle fois Graf, qui venait de rappeler avec force : « Qui veut connaître l'écrivain doit le chercher dans ses œuvres. » Reprenant les thèses qu'il avait développées quelques jours auparavant lors d'une conférence, « Le créateur littéraire et la fantaisie », donnée dans les locaux de l'éditeur Hugo Heller*, et qui postulaient un rapport d'identité entre le processus de production littéraire et les mécanismes du rêve éveillé, Freud rappela : « Tout écrivain qui présente des tendances anormales peut être l'objet d'une pathographie. Mais celle-ci, insista-t-il, ne nous apprend rien de nouveau. La psychanalyse, en revanche, renseigne sur le processus de la création [...] elle mérite d'être placée au-dessus de la pathographie. »

L'entreprise de psychanalyse appliquée, distincte de la pathographie, débuta donc très tôt. Elle allait donner lieu aux exercices d'interprétation* les plus divers, de la psychobiographie (interprétation des œuvres en fonction de la vie de l'auteur) à la psychocritique (interprétation psychanalytique des textes), en passant par la psychohistoire (interprétation de l'histoire à l'aide de la psychanalyse). L'objectif de cette extension de la théorie psychanalytique et de son champ d'interprétation ne tarda pas à être exposé. Ludwig Binswanger* en fait état dans ses notes relatant sa seconde visite à Freud, en 1909 : « Freud envisage toujours la psychanalyse comme une science totale, comme le grand et nouveau moyen de recherche qu'il aimerait voir appliqué à la religion, à l'histoire et à l'art. » En 1914, dans son article « Sur l'histoire du mouvement psychanalytique », Freud écrit, à propos de *L'Interprétation des rêves** et d'un autre livre, *Le Mot d'esprit et sa relation à l'inconscient**, que ces deux ouvrages « ont montré d'emblée que les enseignements de la psychanalyse ne peuvent se limiter au domaine médical mais sont susceptibles de s'appliquer à différentes autres sciences de l'esprit ».

Tel est bien l'objectif essentiel : se libérer de la tutelle médicale, échapper au seul registre de la démarche thérapeutique pour n'être pas réduit à servir la psychiatrie et faire ainsi en sorte que la psychanalyse, dont Freud tient à établir qu'elle n'est pas l'une de ces sciences de l'esprit (*Geisteswissenschaften*) qu'elle pourra enrichir, puisse trouver sa place dans l'ordre des sciences de la nature (*Naturwissenschaften*). Plus d'une fois, Freud s'attachera à donner à cet objectif sa légitimité théorique, rappelant, notamment dans la trente-quatrième des *Nouvelles Conférences d'introduction à la psychanalyse**, qu'ayant compris la portée de la psychanalyse comme « psychologie des profondeurs », il fut conduit à admettre que, dans la mesure où « rien de ce que les hommes créent ou exécutent n'est compréhensible sans le concours de la psychologie », il devait en « résulter spontanément des applications de la psychanalyse à de nombreux domaines du savoir, en particulier à ceux des sciences de l'esprit, applications qui s'imposaient et exigeaient d'être élaborées ».

Essentielle au développement de la psychanalyse et à l'acquisition de son statut de discipline scientifique à part entière, l'aventure de la psychanalyse appliquée sera vécue par Freud comme une conquête militaire et coloniale. Les correspondances avec Carl Gustav Jung*, Oskar Pfister* ou Sandor Ferenczi* en témoignent. Ainsi, une logistique sera mise en place, sous la forme de proclamations institutionnelles (la psychanalyse appliquée figure en bonne place dans la déclaration des buts de l'International Psychoanalytical Association* [IPA]), à travers une recherche systématique d'alliance avec des spécialistes des sciences de l'esprit que les psychanalystes ne connaissent que superficiellement, autour, enfin, de moyens éditoriaux. C'est ainsi qu'est créée, en 1907, avec la publication de l'essai de Freud intitulé *Le Délire et les rêves dans la « Gradiva » de W. Jensen**, la collection des *Schriften zur Angewandten Seelenkunde** (Monographies de psychologie appliquée).

Très vite, cette série se révélera trop étroite pour assurer le développement d'un secteur en pleine expansion. Naît alors l'idée d'une revue entièrement consacrée aux travaux de psychanalyse appliquée, « non médicale », comme le précisera Freud dans une lettre à Jung du 27 juin 1911, une revue que Hanns Sachs* et Otto Rank vont fonder en 1912, qui portera le nom d'*Imago** et à laquelle Freud consacrera beaucoup d'énergie et de moyens. Il y publiera notamment les premières versions de *Totem et Tabou**, ainsi que son étude sur « Le *Moïse* de Michel-Ange » qu'il fera paraître anonymement. Quoi qu'ait pu en dire Freud, qui parla à ce sujet dans une lettre à Edoardo Weiss* du 12 décembre 1933 d'un « enfant de l'amour » qui était aussi un « enfant non analytique », cet anonymat est bien le signe de ses hésitations sur la validité de la psychanalyse appliquée. Écrivant à Karl Abraham*, le 6 avril 1914, il évoque cette étude dont il critique le « caractère dilettante », ajoutant que ce dilettantisme est une chose à laquelle « on échappe difficilement dans les travaux pour *Imago* ».

Dans une autre lettre au même Abraham, en date du 4 mars 1915, parlant de ses « Considérations actuelles sur la guerre et sur la mort », il qualifie l'essai de « bavardage d'actualité », précisant : « Tout cela ne va pas bien sûr sans des réticences intérieures. »

L'ambivalence freudienne à l'égard de la psychanalyse appliquée se reflète aussi bien dans les contributions de Freud lui-même que dans les réactions contrastées que ce domaine suscite dans la communauté psychanalytique.

Il faut d'abord remarquer que, en dépit de l'enthousiasme suscité par la psychanalyse appliquée dans l'entourage freudien et au-delà, Freud ne s'est que fort peu livré à la psychobiographie (qu'il exécrait d'ailleurs lorsqu'il en faisait l'objet). A l'exception d'une brève collaboration au livre de Rank *Le Mythe de la naissance du héros*, où il développa la notion de roman familial*, Freud a adopté sur ces questions une position singulière. Dans tous ses travaux considérés comme relevant de la psychanalyse appliquée, on peut en effet constater l'existence d'un second objectif, celui-ci purement théorique, venant le plus souvent se substituer à l'application pure et simple.

Ainsi l'étude sur Léonard de Vinci (1452-1519) s'écarte des psychobiographies habituelles pour marquer un pas en avant dans la théorie de la sexualité, dans l'approche de l'homosexualité* plus particulièrement. De même *Totem et Tabou** dépasse les limites de ses références ethnologiques, déjà périmées au moment de sa publication. Dans *Psychologie des masses et analyse du moi**, Freud recourt à la psychosociologie française de Gustave Le Bon (1841-1931), mais en délaisse très vite le cadre pour élaborer le premier essai théorique consacré aux aspects de ce qu'on appellera le phénomène totalitaire et poser, théoriquement et historiquement, les fondements de la deuxième topique*. Ainsi encore l'ouvrage cosigné avec William C. Bullitt (1891-1967), consacré au président Thomas Woodrow Wilson, demeure à ce jour l'unique tentative pour comprendre les processus sous-jacents à l'émergence du phénomène du « grand homme », thème que l'on retrouve évoqué dans le dernier ouvrage de Freud publié de son vivant, *L'Homme Moïse et la religion monothéiste**.

Aujourd'hui, la psychanalyse appliquée fait l'objet de jugements particulièrement contrastés. Couramment utilisée dans le monde anglophone – des auteurs aussi différents qu'Ernest Jones* et Peter Gay classent tous les deux une partie importante des œuvres de Freud sous l'étiquette de psychanalyse appliquée sans que cela suscite le moindre débat –, l'expression psychanalyse appliquée fait l'objet, dans la communauté psychanalytique française, d'un rejet particulièrement violent.

On peut avancer deux explications à la réaction française. La première correspond au souci de certains psychanalystes, parmi lesquels Daniel Lagache*, de redonner à la psychanalyse une respectabilité que la légèreté d'un grand nombre d'essais de psychanalyse appliquée lui avait fait perdre. En tenant à distance ce type de démarche, illustrée en France notamment par la psychobiographie d'Edgar Poe (1809-1849) due à Marie Bonaparte* et par divers ouvrages de René Laforgue*, en développant des travaux avant tout articulés à la théorie et à la clinique de la cure, ces psychanalystes visaient à obtenir pour leur discipline la reconnaissance universitaire qui lui avait fait jusque-là défaut. L'autre raison fut donnée par Jacques Lacan* dans l'intervention qu'il fit sur la question de la psychanalyse appliquée à l'occasion de sa recension critique de l'ouvrage de Jean Delay* *La Jeunesse d'André Gide*.

Dans cet article, Lacan affirmait notamment : « La psychanalyse ne s'applique, au sens propre, que comme traitement, et donc à un sujet qui parle et qui entende », indiquant par là que toute autre forme d'application ne pouvait l'être qu'au sens figuré, c'est-à-dire imaginaire, fondée sur de l'analogique et, comme telle, sans efficacité.

● Sigmund Freud, *La Naissance de la psychanalyse* (Londres, 1950), Paris, PUF, 1956 ; *Briefe an Wilhelm Fliess, 1887-1904*, Francfort, Fischer, 1986. *Les Premiers Psychanalystes, Minutes de la Société psychanalytique de Vienne*, (New York, 1962), vol. I, *1906-1908*, Paris, Gallimard. Sigmund Freud et Karl Abraham, *Correspondance (1907-1926)* (Francfort, 1965), Paris, Gallimard, 1969. Sigmund Freud et Carl Gustav Jung, *Correspondance (1906-1914)*, 2 vol., Paris, Gallimard, 1975. Sigmund Freud et Edoardo Weiss, *Lettres sur la pratique psychanalytique*, précédées de *Souvenirs d'un pionnier de la psychanalyse*, Toulouse, Privat, 1975. Sigmund Freud et Ludwig Binswanger, *Correspondance (1908-1938)* (Francfort, 1992), Paris, Calmann-Lévy, 1995. Sigmund Freud, *Sur l'histoire du mouvement psychanalytique*, *GW*, X, 44-113. *SE*, XIV, 7-66, Paris, Gallimard, 1991 ; *Nouvelles Conférences d'introduction à la psychanalyse*, *GW*, XV, IV + 207 p. *SE*, XXII, 1-182, Paris, Gallimard, 1984. Jacques Lacan, *Écrits*, Paris, Seuil, 1966. Nicholas Rand et Maria Torok, *Questions à Freud*, Paris, Belles Lettres-Archimbaud, 1995. Guy Rosolato, *Pour une psychanalyse exploratrice de la culture*, Paris, PUF, 1993.

▷ CRIMINOLOGIE. *PRÉSIDENT THOMAS WOODROW WILSON (LE).*

PSYCHANALYSE DES ENFANTS (DE L'ENFANT ou D'ENFANT)

La psychanalyse d'enfant n'est pas un domaine séparé de la psychanalyse*. Dans tous les pays du monde, la formation requise pour devenir psychanalyste d'enfant est la même que celle exigée pour la pratique avec les adultes. Si la psychanalyse d'enfant entretient depuis toujours une relation particulière avec la pédagogie, la médecine (pédiatrie), la psychiatrie (pédopsychiatrie) et la psychologie, aucun terme n'a été créé (identique à pédiatrie ou pédopsychiatrie) pour la désigner comme une spécialité. Oskar Pfister*, qui pratiqua très tôt la psychanalyse d'enfant en Suisse* selon la tradition des pasteurs, inventa le terme de pédanalyse pour désigner la pédagogie psychanalytique ; mais le mot ne s'est pas imposé. Il n'en demeure pas moins que les psychanalystes d'enfant, parce qu'ils sont aussi des psychanalystes d'adulte, ont souvent l'impression d'être différents des autres psychanalystes.

De même que la psychanalyse est née de la médecine puis de la psychiatrie (et de la psychiatrie dynamique*), de même la pratique de la psychanalyse d'enfant est l'héritière de la philosophie des Lumières. Dans tous les pays elle s'est introduite par quatre voies : médecine, psychiatrie, psychologie, pédagogie. Elle a pris en France* la voie de la psychiatrie ou de la psychologie, tandis que dans d'autres pays d'Europe (en général protestants) elle s'est plutôt introduite sur le terrain de la pédagogie et donc de l'analyse profane*. Partout ailleurs, elle s'est mêlée aux disciplines connexes.

C'est à l'officier de santé français Jean-Marc-Gaspard Itard (1774-1838), admirateur de Philippe Pinel (1745-1826), que l'on doit la première description d'un traitement moral mené avec un enfant : Victor de l'Aveyron (1789-1828). Le cas de cet « enfant sauvage » sera considéré comme le prototype d'une cure de psychose* infantile avec autisme*. Il suscitera de nombreux commentaires et sera porté à l'écran par François Truffaut (1932-1984). Capturé dans les bois en 1800, à l'âge de 12 ans, Victor fut conduit à l'Institution des sourds-muets de Paris : Itard tenta de lui apprendre à parler sans jamais y parvenir.

Les travaux de Philippe Ariès (1914-1984) sur l'enfant et la famille dans l'Ancien Régime, de Michelle Perrot sur la famille et la vie privée et d'Élisabeth Badinter sur l'amour maternel ont montré que la place accordée à l'enfant dans la famille est variable selon les sociétés et surtout qu'elle s'est considérablement modifiée à partir du XIXe siècle, sous l'effet du culte de la maternité. C'est à cette époque que finit de s'imposer une vision rousseauiste de l'enfance, et que l'enfant devient l'objet d'un attachement spécifique qui ne fera que croître avec les progrès de la médecine, puis la généralisation de la contraception dans les sociétés industrielles. Il semble aller de soi que plus le taux de la mortalité infantile diminue, plus la perte d'un enfant est douloureuse. De même, plus l'enfant est consciemment désiré ou « programmé », plus sa place est censée devenir importante dans l'affect parental.

C'est dans ce contexte puis dans celui de la crise de la famille bourgeoise que la psychanalyse d'enfant a pris son essor au début du siècle, quand Sigmund Freud*, après avoir mis en évidence le rôle majeur de la sexualité* infantile dans la destinée humaine, proposa à son ami Max Graf* d'analyser son fils Herbert Graf* (le petit Hans).

Dans l'histoire de la psychanalyse, c'est aux femmes que fut d'abord dévolu le rôle d'analyser les enfants. Cette fonction dite « éducative » ne les obligeait pas à faire des études médicales – réservées en général aux hommes – et leur permit d'acquérir très tôt une grande liberté ainsi qu'une place importante dans le mouvement freudien. A cet égard, l'analyse d'enfant favorisa l'émancipation féminine. Mais elle fut aussi le lieu de multiples drames, car les psychanalystes de la première et de la deuxième génération* analysèrent souvent leurs enfants ou confièrent cette tâche à leurs proches collègues. On recense en outre, parmi les femmes psychanalystes d'enfant, un nombre impressionnant de morts violentes : quatre suicides* (Arminda Aberastury*, Sophie Morgenstern*, Tatiana Rosenthal*, Eugénie Sokolnicka*), et un meurtre (Hermine von Hug-Hellmuth*).

Après Sandor Ferenczi*, qui fut l'un des plus grands cliniciens de l'enfance au début du siècle, et August Aichhorn*, qui s'occupa des enfants délinquants à Vienne*, d'autres hommes se consacrèrent à cette branche de la psychanalyse : Erik Erikson*, René Spitz*, Donald Woods Winnicott*, John Bowlby* notamment.

Sur le terrain de l'analyse d'enfant comme sur celui de la sexualité féminine*, deux grandes conceptions s'affrontent à l'intérieur de l'International Psychoanalytical Association* (IPA), après la publication (1909) du cas du petit Hans : celle de l'école viennoise, représentée par Anna Freud*, son père et les premiers disciples de celui-ci ; celle de l'école anglaise, représentée à partir de 1924 par Melanie Klein*. Pour l'école viennoise, l'analyse d'un enfant ne doit pas commencer avant l'âge de 4 ans, ni être menée « en direct » mais par la médiation de l'autorité parentale jugée protectrice. Sigmund Freud soutient cette conception à l'aide d'arguments parfaitement cohérents, comme le montre sa correspondance avec Joan Riviere* : « Nous posons comme préalable, écrit-il le 9 octobre 1927, que l'enfant est un être pulsionnel, avec un moi* fragile et un surmoi* tout juste en voie de formation. Chez l'adulte, nous travaillons avec l'aide d'un moi raffermi. Ce n'est donc pas être infidèle à l'analyse que de prendre en compte dans notre technique la spécificité de l'enfant chez lequel, dans l'analyse, le moi doit être soutenu contre un ça* pulsionnel omnipotent. Ferenczi a fait la remarque pleine d'esprit que si Mme Klein a raison, il n'y a vraiment plus d'enfants. Naturellement, c'est l'expérience qui aura le dernier mot. Jusqu'à présent, ma seule constatation est qu'une analyse sans visée éducative ne fait qu'aggraver l'état des enfants et a des effets particulièrement pernicieux chez les enfants abandonnés, asociaux. »

Pour Melanie Klein au contraire, il faut abolir toutes les barrières qui empêchent le psychanalyste d'accéder en direct à l'inconscient* de l'enfant. La protection dont parle Freud est à ses yeux un leurre, auquel il faut opposer une véritable doctrine de l'*infans* (l'enfant de 2 à 3 ans), c'est-à-dire de l'enfant qui ne parle pas encore, mais qui déjà n'est plus un nourrisson, parce qu'il a refoulé en lui le nourrisson.

Si Freud est le premier à découvrir chez l'adulte l'enfant refoulé, Melanie Klein, par le biais de l'intérêt porté à la psychose et aux relations archaïques à la mère, est la première à repérer chez l'enfant ce qui est déjà refoulé, c'est-à-dire le nourrisson. Du coup, elle propose non seulement une doctrine mais aussi un cadre nécessaire à l'exercice de cures spécifiquement infantiles : « Elle fournit à l'enfant un cadre analytique approprié, écrit Hanna Segal, c'est-à-dire que les horaires de séances sont fixés de façon stricte – cinquante-cinq minutes, cinq fois par semaine. La pièce est spécialement adaptée pour recevoir un enfant. Elle ne contient que des meubles simples et robustes, une petite table et une chaise pour l'enfant, une chaise pour l'analyste, un petit divan. Les murs sont lavables. Chaque enfant doit avoir sa boîte de jeux uniquement réservée au traitement. Les jouets sont soigneusement choisis. Il y a des petites maisons, des petits personnages hommes et femmes, de préférence de deux tailles différentes, des animaux de ferme et des animaux sauvages, des cubes, des balles, des billes et du matériel : ciseaux, ficelles, crayons, papier, pâte à modeler. En outre, la pièce doit être pourvue d'un évier, l'eau jouant un rôle important à certaines phases de l'analyse. »

Freud disait en 1927 que l'expérience aurait le dernier mot. Or, l'expérience semble avoir donné raison dans le monde entier aux théories kleiniennes qui se sont imposées avec force chez tous les praticiens de l'enfance. Elles ont néanmoins été partout revues, corrigées, transformées, modifiées, dans le sens d'une plus large participation des parents au déroulement de la cure. D'un autre côté, l'héritage de l'école viennoise a été recueilli par tous les tenants des expériences sociales et éducatives, de Margaret Mahler* à Bruno Bettelheim*.

Si la France est l'un des rares pays où le kleinisme* n'a pas fait école, elle est en revanche marquée par deux fortes traditions : la première est liée à la psychiatrie hospitalière et à la Société psychanalytique de Paris (SPP) et a été conduite par Serge Lebovici et René Diatkine, la seconde s'est forgée à partir de l'héritage des grandes pionnières : Eugénie Sokolnicka, puis Sophie Morgenstern. Elle a d'abord été représentée par Françoise Dolto*, puis par Jenny Aubry*, Ginette Raimbault et Maud Mannoni, toutes quatre liées à Jacques Lacan* et à l'École freudienne de Paris* (EFP).

Fortement influencée par Winnicott, Maud Mannoni, dont les travaux sont connus dans le monde entier, a créé en 1969 l'École expérimentale de Bonneuil-sur-Marne qui accueille des enfants et des adolescents psychotiques.

● Sigmund Freud, « Analyse d'une phobie chez un petit garçon de cinq ans (le petit Hans) » (1909), *GW*, VII, 243-377, *SE*, X, 1-147, in *Cinq Psychanalyses*, Paris, PUF, 1954 ; « Lettres de Sigmund Freud à Joan Riviere (1921-1939) », présentées par Athol Hugues, *Revue internationale d'histoire de la psychanalyse*, 6, 1993, 429-481. Philippe Ariès, *L'Enfant et la vie familiale sous l'Ancien Régime* (1960), Paris, Seuil, 1973. Michelle Perrot, *Le Mode de vie des familles bourgeoises*, Paris, Armand Colin, 1961. Maud Mannoni, *L'Enfant arriéré et sa mère*, Paris, Seuil, 1964 ; *L'Enfant, sa « maladie » et les autres*, Paris, Seuil, 1967 ; *Éducation impossible*, Paris, Seuil, 1973 ; *Un lieu pour vivre. Les enfants de Bonneuil, leurs parents et l'équipe des soignants*, Paris, Seuil, 1976 ; Ginette Raimbault, *Médecins d'enfants*, Paris, Seuil, 1973. Élisabeth Badinter, *L'Amour en plus*, Paris, Flammarion, 1980. Thierry Gineste, *Victor de l'Aveyron, dernier enfant sauvage, premier enfant fou*, Paris, Le Sycomore, 1981. Mireille Cifali, *Freud pédagogue ? Psychanalyse et éducation*, Paris, InterÉditions, 1981.

▷ ARGENTINE. BRÉSIL. MAUCO Georges. MONTESSORI Maria. ŒDIPE (COMPLEXE D'). PARENTÉ. PATRIARCAT. RAMBERT Madeleine. RUSSIE. SCHMIDEBERG Melitta. SCHMIDT Vera. SEXUALITÉ. *TROIS ESSAIS SUR LA THÉORIE SEXUELLE*. ZULLIGER Hans.

PSYCHANALYSE EXISTENTIELLE

▷ ANALYSE EXISTENTIELLE.

PSYCHANALYSE PROFANE (ou LAÏQUE)

▷ ANALYSE PROFANE. *QUESTION DE L'ANALYSE PROFANE (LA)*.

PSYCHANALYSE SAUVAGE

▷ INTERPRÉTATION.

PSYCHASTHÉNIE

Terme introduit par Pierre Janet* en 1903 pour remplacer celui de neurasthénie* et désigner une névrose* comparable, sur le plan clinique, à ce que Sigmund Freud* appelle la névrose obsessionnelle*.

● Pierre Janet, *Les Obsessions et la Psychasthénie*, vol. 1, Paris, Alcan, 1903.

PSYCHIATRIE

▷ BINSWANGER Ludwig. BLEULER Eugen. DELAY Jean. ELLENBERGER Henri F. EY Henri. FOLIE. KRAEPELIN Emil. PSYCHIATRIE DYNAMIQUE. PSYCHOSE. PSYCHOTHÉRAPIE INSTITUTIONNELLE.

PSYCHIATRIE COLONIALE

▷ ANTHROPOLOGIE. ETHNOPSYCHANALYSE. FANON Frantz. HISTOIRE DE LA PSYCHANALYSE. INDE. LAFORGUE René. MANNONI Octave.

PSYCHIATRIE DYNAMIQUE

Allemand : *Dynamische Psychiatrie*. Anglais : *Dynamic psychiatry*.

Utilisé d'abord par Gregory Zilboorg* en 1941 puis par Henri F. Ellenberger*, le terme psychiatrie dynamique est généralement employé par les historiens pour désigner l'ensemble des écoles et des courants qui s'intéressent à la description et à la thérapie des maladies de l'âme (folie*, psychose*), des nerfs (névrose*) et de l'humeur (mélancolie*), dans une perspective dynamique, c'est-à-dire en faisant intervenir un traitement psychique au cours duquel s'instaure une relation transférentielle entre le médecin et le malade. On range ainsi dans la psychiatrie dynamique toutes les formes de cures psychiques qui privilégient une psychogenèse plutôt qu'une organogenèse des maladies de l'âme et des nerfs, depuis le magnétisme de Franz Anton Mesmer* jusqu'à la psychanalyse*, en passant par l'hypnotisme* et les diverses psychothérapies*.

A cet égard, la psychiatrie dynamique a partie liée d'une part avec la psychiatrie, à laquelle elle emprunte ses classifications et sa clinique, d'une autre avec la psychologie, qui pose un dualisme de l'âme et du corps et propose des techniques d'observation du sujet*, et enfin avec la tradition des anciens guérisseurs d'où a pu émerger l'idée même de guérison transférentielle.

Apparu en 1802, le terme psychiatrie se généralisa au début du XIXe siècle pour remplacer l'ancienne médecine aliéniste, dont Philippe Pinel (1745-1826), fondateur français de l'asile moderne, avait été l'un des grands représentants à l'âge classique, aux côtés de William Tuke (1732-1822) en Angleterre et de Benjamin Rush (1746-1813) aux États-Unis*.

En tant que branche de la médecine, la psychiatrie est devenue au fil des années, et dans tous les pays du monde où elle s'est implantée à la place de la démonologie, de la sorcellerie et des diverses techniques chamanistiques, une discipline spécifique ayant pour objet l'étude, le diagnostic et le traitement de l'ensemble des maladies mentales.

Quant à la psychologie, après avoir constitué une branche de la philosophie consacrée à l'étude de l'âme, elle s'est transformée au XIXe siècle en une discipline éclatée, rattachée tantôt à la biologie, tantôt à la physiologie, tantôt à la médecine (psychiatrie, neurologie) ou encore aux sciences dites « sociales ». En tant que savoir enseigné dans les universités du monde entier, elle est devenue dans la seconde moitié du XXe siècle, avec la psychiatrie et la médecine, l'une des principales voies d'accès aux différentes pratiques thérapeutiques transmises par les écoles de psychiatrie dynamique, dont la psychanalyse.

• Gregory Zilboorg et George W. Henry, *History of Medical Psychology*, New York, Norton, 1941. Georges Canguilhem, *Études d'histoire et de philosophie des sciences*, Paris, Vrin, 1968. Georges Lantéri-Laura, Georges Daumezon, Robert Lefort, « Psychiatrie », *Encyclopaedia universalis*, vol. 13, Paris, 1968, 750-755. Henri F. Ellenberger, *Histoire de la découverte de l'inconscient* (New York, Londres, 1970, Villeurbanne, 1974), Paris, Fayard, 1994. Jacques Postel, *Genèse de la psychiatrie*, Paris, Le Sycomore, 1981. Jan Goldstein, *Console and Classify*, Cambridge, Cambridge University Press, 1987. Philippe Pignarre, *Les Deux Médecines*, Paris, La Découverte, 1995.

▷ FREUDISME. PSYCHOLOGIE CLINIQUE. PSYCHOPATHOLOGIE. PSYCHOSOMATIQUE (MÉDECINE). PSYCHOTHÉRAPIE INSTITUTIONNELLE. *QUESTION DE L'ANALYSE PROFANE (LA)*. TRANSFERT.

PSYCHIATRIE INSTITUTIONNELLE

▷ PSYCHOTHÉRAPIE INSTITUTIONNELLE.

PSYCHIATRIE (ou PSYCHANALYSE) TRANSCULTURELLE

▷ ANTHROPOLOGIE. BATESON Gregory. COLLOMB Henri. CULTURALISME. DEVEREUX Georges. ELLENBERGER Henri F. ETHNOPSYCHANALYSE. FANON Frantz. INDE. JAPON. KARDINER Abram. MANNONI Octave. MEAD Margaret. NÉOFREUDISME. ROHEIM Geza. WULF Sachs.

PSYCHOBIOGRAPHIE

▷ PSYCHANALYSE APPLIQUÉE.

PSYCHOCRITIQUE

▷ PSYCHANALYSE APPLIQUÉE.

PSYCHODRAME

Allemand : *Psychodrama*. Anglais : *Psychodrama*.

Méthode de psychothérapie* inventée par Jacob Levy Moreno*, dérivée de la *catharsis et consistant pour un sujet* à mettre en scène, avec un objectif curatif, une situation conflictuelle, c'est-à-dire à la jouer sur une scène de théâtre improvisée.**

C'est après son émigration aux États-Unis* en 1925 que Jacob Levy Moreno invente le psychodrame afin de dévoiler théâtralement la vérité du patient dans ses relations avec autrui. La session psychodramatique est divisée en trois parties : la *mise en train*, où le patient est invité à expliquer comment il voit son rôle, *l'action,* durant laquelle il présente sa vie sous la forme d'un drame, le *retour*, où il doit expliquer comment il a été « rejoint » par le drame. La session fait appel à toutes sortes de techniques théâtrales : renversement des rôles, jeux de miroirs, dédoublement de la personnalité, utilisation du chœur ou du soliloque. Moreno a également inventé le sociodrame, qui se joue de « groupe à groupe » et met en scène des conflits collectifs : drame des minorités noires, des prisonniers, des marginaux, etc.

En psychanalyse*, le psychodrame est utilisé comme technique d'appoint dans le traitement des psychoses* et des troubles narcissiques de l'enfant. D'où l'invention du terme psychodrame psychanalytique, qui a fait fortune dans de nombreux pays en intégrant certains des concepts freudiens, comme le transfert*, la projection* ou le fantasme*.

● Jacob Levy Moreno, *Fondements de la sociométrie* (Washington, 1934, Paris, 1954), Paris, PUF, 1970 ; *Psychothérapies de groupe et psychodrame* (Beacon, 1946), Paris, Retz, 1975. René Marineau, *J.L. Moreno et la troisième révolution psychanalytique,* Paris, Métailié, 1989. Jean-François Rabain, « Le psychodrame psychanalytique », *in* Alain de Mijolla et Sophie de Mijolla-Mellor, *Psychanalyse,* Paris, PUF, 1996, 629-641.

▷ GESTALTTHÉRAPIE.

PSYCHOGENÈSE

▷ PSYCHIATRIE DYNAMIQUE. PSYCHOTHÉRAPIE INSTITUTIONNELLE.

PSYCHO-HISTOIRE

▷ PSYCHANALYSE APPLIQUÉE.

PSYCHOLOGIE

▷ BRÉSIL. *EGO PSYCHOLOGY.* ÉTATS-UNIS. FRANCE. JANET Pierre. LAGACHE Daniel. MEYER Adolf. PSYCHIATRIE DYNAMIQUE. PSYCHOLOGIE CLINIQUE. PSYCHOPATHOLOGIE. PSYCHOTHÉRAPIE. *SELF PSYCHOLOGY.*

PSYCHOLOGIE ANALYTIQUE (ÉCOLE DE)

▷ JUNG Carl Gustav. PSYCHOTHÉRAPIE.

PSYCHOLOGIE CLINIQUE

Allemand : *Klinische Psychologie*. Anglais : *Clinical psychologie*.

Pratique thérapeutique fondée sur l'entretien direct et sur l'examen de cas à partir de l'observation des conduites individuelles.

Le terme psychologie clinique fut employé pour la première fois en 1896 par le psychologue américain Lightner Witmer qui la définissait comme une méthode de recherche consistant à examiner, dans une perspective de généralisation, les aptitudes des sujets et leurs déficiences. Il ne sera utilisé qu'une seule fois par Sigmund Freud, dans une lettre à Wilhelm Fliess* du 30 janvier 1899 : « Maintenant, écrit-il, la connexion avec la psychologie telle qu'elle se présente dans les *Études [sur l'hystérie]* sort du chaos. J'aperçois les relations avec le conflit, avec la vie, tout ce que j'aimerais appeler psychologie clinique. » Si la méthode psychanalytique repose sur une clinique, celle-ci renonce cependant à l'observation directe du malade pour interpréter les symptômes en fonction de l'écoute de l'inconscient*. Au regard de la voie ouverte par *L'Interprétation des rêves**, la notion ne pouvait donc trouver sa place dans le vocabulaire freudien.

C'est sous le nom de clinique psychologique que Pierre Janet* reprend cette notion dans la droite ligne de l'héritage de l'école francaise de psychologie et de l'enseignement de Théodule Ribot (1839-1916). Il s'agit pour lui de constituer le domaine de la psychopathologie* et de doter la psychologie d'une compétence dite clinique, en ôtant à la médecine le privilège de ce fameux regard exercé au lit du malade. Fondée sur l'enquête et l'approche des conduites, l'analyse janétienne s'occupe moins de structures que de fonctions. Elle exclut de son domaine deux termes essentiels à la pratique psychanalytique : l'inconscient, le transfert*.

La notion est ensuite tombée en désuétude au fur et à mesure que la psychologie comme science du sens intime s'est trouvée supplantée par un savoir freudien introduit sur le terreau même de la psychologie, de la psychiatrie et de la médecine.

Cependant, à partir des années 1960, avec le développement de la psychanalyse de masse et la généralisation des études de psychologie, elle connut un nouvel essor. Daniel Lagache* lui redonna une vigueur particulière en 1949, en imposant son programme d'intégration de la psychanalyse* à la psychologie. Son objectif était de séparer à l'université l'enseignement de la psychologie de celui de la philosophie, et de favoriser l'accès des non-médecins à la psychanalyse. Mais cela aboutit tout simplement à la liquidation d'un véritable enseignement du freudisme à l'université au profit de la psychologie ou d'un freudisme édulcoré. Dans ce cadre, la psychologie clinique qui est enseignée se définit comme l'étude de cas individuels dont la méthode repose sur trois postulats : la dynamique, la totalité, la genèse. Le premier point vise l'investigation des conflits, le deuxième envisage la totalité inachevée de l'être selon un modèle sartrien, le troisième veut saisir l'histoire du sujet en termes d'évolution et de bilan. De ces trois postulats dérivent des buts pratiques : le psychologue clinicien guérit des malades, éduque des enfants, conseille des adultes et reclasse des inadaptés.

• Sigmund Freud, *La Naissance de la psychanalyse* (Londres, 1950), Paris, PUF, 1956. Maurice Reuchlin, *Histoire de la psychologie*, Paris, PUF, coll. « Que sais-je ? », 1957. Daniel Lagache, *L'Unité de la psychologie*, Paris, PUF, 1949. Élisabeth Roudinesco, *Histoire de la psychanalyse en France*, vol. 1 (1982) et 2 (1986), Paris, Fayard, 1994.

▷ ANALYSE PROFANE. BRÉSIL. ELLENBERGER Henri F. ÉTATS-UNIS. FRANCE. LACANISME. PSYCHIATRIE DYNAMIQUE. PSYCHOTHÉRAPIE.

PSYCHOLOGIE DES MASSES ET ANALYSE DU MOI

Ouvrage de Sigmund Freud* publié en 1921 sous le titre *Massenpsychologie und Ich-Analyse*. Traduit pour la première fois en français en 1924 par Samuel Jankélévitch sous le titre *Psychologie collective et analyse du moi*, révisé par Angelo Hesnard* en 1966. Nouvelle traduction en 1981 par Pierre Cotet, André Bourguignon (1920-1996), Janine Altounian et Alain Rauzy sous le titre *Psychologie des foules et analyse du moi*, puis en 1991 sous le titre *Psychologie des masses et analyse du moi*. Traduit en anglais par James Strachey* en 1922 sous le titre *Group Psychology and the Analysis of the Ego*, repris sans modification en 1955.

Écrit en 1920, à la suite d'*Au-delà du principe de plaisir**, *Psychologie des masses et analyse du moi* constitue le deuxième temps de la grande refonte théorique des années 1920, dont *Le Moi et le Ça**, publié en 1923, sera le troisième volet.

Dans une lettre à Romain Rolland* du 4 mars 1923, Freud définit ce que fut son objectif : « Non pas que je considère cet écrit comme particulièrement réussi, précise-t-il, mais il indique le chemin qui mène de l'analyse de l'individu à la compréhension de la société. »

Expliquer en termes psychologiques certains aspects du fonctionnement des sociétés humaines, et notamment ce qu'il advient du psychisme de l'individu inséré dans la masse, correspondait au souci qu'avaient à l'époque des écrivains tels qu'Arthur Schnitzler* et Hugo von Hofmannsthal (1874-1929) d'éclairer les rapports entre la psyché et la politique. La visée sociologique et politique de cet essai, dans lequel Freud se réfère explicitement à la conception aristotélicienne de l'homme comme animal politique, a fréquemment été éclipsée par des traductions approximatives. James Strachey, en traduisant le terme allemand *Massen* par celui de *group* plutôt que par celui de *mass*, ce que déplore l'*Encyclopedia of Psychoanalysis* de Ludwig Eidelberg (1898-1970), optait pour une conception réductionniste du social, caractéristique de la psychologie sociale américaine selon laquelle le groupe constitue le modèle, réduit ou expérimental, de la société. Les diverses traductions françaises ne furent pas plus précises. Jusqu'en 1981, on privilégia la dimension quantitative pourtant réfutée par Freud, en parlant de psychologie *collective*. Travestissement d'autant plus remarquable que pour traduire le terme français foule utilisé par Gustave Le Bon (1841-1931), Freud retient le terme allemand *Massen* plutôt que celui de *Menge*, privilégiant ainsi la connotation politique. Soucieux de maintenir le lien avec l'œuvre de Le Bon, les auteurs de la nouvelle traduction française choisirent d'abord le mot foule pour traduire *Massen* avant de revenir à masse dans leur dernière version, conformément à l'option freudienne.

Dès les premières lignes de son ouvrage, Freud récuse l'opposition classique entre psychologie individuelle et psychologie sociale, ou psychologie des masses, en faisant valoir qu'il y a sans cesse un autre* (modèle, objet, rival) dans la vie psychique de l'individu et que la psychologie individuelle est donc toujours sociale. Il y a cependant une différence, mais à l'intérieur de la psychologie individuelle, entre les actions sociales et les actions narcissiques dans lesquelles la satisfaction pulsionnelle échappe aux effets d'altérité.

Qu'est-ce qu'une masse, d'où tire-t-elle sa capacité de changer l'individu et en quoi consiste un tel changement ? Freud fait d'abord état des réponses apportées à cette question par Gustave Le Bon d'une part, dans son célèbre ouvrage *La Psychologie des foules*, dont la première édition date de 1895, et par l'un des fondateurs de la psychologie sociale américaine d'autre part, William McDougall, dans son livre *The Group Mind*, paru en 1920.

Relevant les apports positifs de ces deux auteurs, Freud se montre néanmoins réservé sur les explications qu'ils donnent de la modification psychologique de l'individu dans la masse. Il observe que ce phénomène se traduit par un accroissement de l'affect et une inhibition de la pensée. Au « mot magique » suggestion* qu'il avait déjà rencontré trente ans plus tôt chez Hippolyte Bernheim* et que Le Bon et McDougall considèrent comme susceptible de rendre compte des processus constitutifs d'une masse, Freud propose de substituer le concept de *libido**, source énergétique des pulsions* à l'œuvre dans tout ce qui a trait à l'amour. Il avance alors l'hypothèse selon laquelle les relations amoureuses constituent l'essence de l'âme des masses et met l'accent sur la fonction du meneur dans la masse, paramètre que Le Bon et McDougall avaient négligé. Freud est ainsi conduit à distinguer entre les masses sans meneur, qu'il appelle également masses spontanées, proches de l'état de nature, et les masses avec meneur, ou masses artificielles, qui sont le produit de la culture. L'Église* et l'armée constituent deux exemples de ces masses organisées avec meneur, masses artificielles puisque construites à partir de contraintes qui font obstacle à leur dissolution spontanée.

L'examen de ces deux exemples fait apparaître l'existence de deux axes structuraux : un axe vertical selon lequel s'organise la relation des membres de la masse avec le meneur, et un axe horizontal représentant la relation des membres de la masse entre eux. Plusieurs observations témoignent en faveur de la nature amoureuse de ces liens. D'abord, dans chacun des deux exemples, le meneur (Christ ou commandant en chef) est censé aimer d'un amour égal chaque membre de la masse. Ensuite, en cas de désagrégation de la masse, l'apparition d'un phénomène de panique dans lequel se mêlent des sentiments de solitude et d'abandon, liés à l'affaiblissement des liens constitutifs de la masse et générateurs d'angoisse. Enfin, toujours à l'appui de cette hypothèse concernant la nature libidinale des liens constitutifs de la masse, Freud note l'existence d'un sentiment d'hostilité, voire de haine à l'égard de ceux qui ne sont pas membres de la masse et qui représentent de ce fait un danger pour sa cohésion.

Ces observations montrent que l'axe vertical, le lien au meneur, est déterminant par rapport à l'axe horizontal, la relation entre les membres de la masse. Elles font surgir d'autres questions. Si le meneur est indispensable au maintien d'une masse, il peut néanmoins être remplacé par une idée ou par un sentiment négatif et unificateur à l'égard de l'objet extérieur à la masse, l'examen de toutes ces questions étant subordonné à la démonstration, distincte de la simple observation, du caractère libidinal des liens qui forment la masse.

Au cours de cette démonstration, Freud est conduit à délaisser un temps son objet, la psychologie des masses, pour se référer à des réflexions théoriques antérieures, exposées notamment dans un article de 1914 (« Pour introduire le narcissisme ») et un autre de 1915 (« Deuil et mélancolie »). Il va ainsi d'une part proposer une théorisation achevée de la question de l'identification*, processus qu'il considère comme le fondement de l'axe horizontal, d'autre part reconsidérer la différenciation du moi* pour effectuer une claire distinction entre le moi et l'idéal du moi*. Cette conceptualisation conduira en 1923 à la mise en place, dans *Le Moi et le Ça**, de la seconde topique*, où l'idéal du moi devient le surmoi*.

Au terme de sa réflexion, Freud établit qu'une masse organisée est le produit d'un double processus. D'une part, de l'installation par plusieurs individus d'un même objet extérieur à la place de leur idéal du moi, soit la constitution de l'axe vertical que Freud assimile au lien entre l'hypnotisé et l'hypnotiseur. D'autre part, de l'identification réciproque entre ces mêmes individus, soit l'axe horizontal, assimilable pour Freud à un lien amoureux dont la dimension sexuelle aurait été sublimée.

Se défiant de l'explication par le phénomène de la suggestion, Freud, pour rendre compte de la transformation psychique de l'individu dans la masse, met en évidence trois mécanismes. La transformation, dit-il, est le produit d'une limitation du narcissisme acceptée par chacun des membres de la masse. Cette limitation résulte de l'installation du meneur en position d'idéal du moi pour chacun des membres de la masse. Le lien d'amour qui s'établit entre les membres de la masse agit comme une compensation en échange de l'atteinte narcissique acceptée.

Plus qu'aucun autre, cet essai de Freud a fait l'objet de multiples interprétations concernant le contexte dans lequel il a été élaboré et l'éclairage qu'il était censé apporter sur certains types de régimes politiques.

Sur les origines du texte, Jacques Lacan* fit remarquer, dans « Situation de la psychanalyse et formation du psychanalyste en 1956 », que Freud théorisait dans cet essai des phénomènes dont les conséquences négatives, si elles lui étaient apparues dix ans plus tôt, l'auraient peut-être conduit à se défier de l'organisation qu'il avait alors mise en place, l'International Psychoanalytical Association* (IPA), censée préserver et transmettre la vérité de sa découverte. Pour Lacan, la nature des liens de masse reconnus par Freud a donné lieu, pour la psychanalyse et sa transmission, à la mise en place d'un impératif assignant comme critère de la fin de l'analyse didactique l'identification au moi de l'analyste, source d'un conformisme et d'une suffisance propres à édulcorer le caractère subversif de la découverte freudienne.

On relèvera à ce propos que Freud a élaboré son texte alors qu'un différend l'opposait à Karl Abraham*. Le désaccord portait sur un point d'organisation et de fonctionnement de la communauté analytique. En mai 1920, Abraham avait proposé à Freud de faire étape à Berlin en septembre, à son retour du congrès de La Haye, pour participer à un cycle de conférences dont le succès serait ainsi assuré. Freud évoqua un « travail difficile » en cours (il s'agissait de *Psychologie des masses*) et répondit en faisant valoir que la mise en place d'un comité devait avoir pour effet que l'on « puisse se passer de plus en plus de [sa] présence ». Abraham insista pourtant sur l'absolue nécessité de sa venue à Berlin, expliquant que Jones* ou Ferenczi* étaient encore des inconnus et que sa présence constituerait « le point de mire de l'attention ». Freud lui répondit le 4 juillet en s'impatientant un peu : « Pour août, j'ai un sujet difficile en chantier, qui exigera une concentration entière [...]. Vous dites que votre manifestation n'a aucune chance de succès si je n'en suis pas. Mais c'est justement là l'attitude contre laquelle je veux lutter. » C'est donc bien au moment où il s'apprêtait à réfléchir sur la nature de la psychologie des masses, sur la fonction des chefs, des meneurs et autres personnages supposés « charismatiques » que Freud fut conduit à refuser d'occuper cette place. La coïncidence vaut d'être soulignée même si, à ce propos, on doit se rappeler qu'à Fritz Wittels*, qui postulait l'existence d'une relation entre la mort de sa fille (Sophie Halberstadt*) et la rédaction d'*Au-delà du principe de plaisir**, Freud répondit : « Probabilité ne signifie pas toujours vérité. »

Les commentateurs de la *Psychologie des masses* se sont par ailleurs livrés à des interprétations ambiguës. Dans le texte déjà cité, Lacan circonscrit d'une phrase définitive la portée de la démarche de Freud, y décelant une « découverte sensationnelle » qui anticipe « de peu les organisations fascistes qui la rendirent patente ». Peu de temps après, Jean-Bertrand Pontalis reprit à son compte l'appréciation lacanienne et parla d'une « première explication psychologique – anticipée – du nazisme* ». Contemporains du climat idéologique de l'après-guerre en France*, où l'ombre des régimes de l'Axe hantait encore tous les discours, notamment après la parution du livre de Max Horkheimer (1895-1973) et Theodor Adorno (1903-1969) *La Dialectique de la raison*, ces jugements prennent des libertés avec l'histoire. Si le texte freudien anticipe en effet « de peu » une forme d'autoritarisme politique, ça n'est pas tant celle des organisations fascistes à venir que celle qui s'installe alors en URSS, au moment même où Freud rédige cet essai. L'autoritarisme se concrétisera notamment par l'adoption de la trop célèbre « résolution sur l'unité du parti », votée au Xᵉ congrès du parti bolchevique en mars 1921, interdisant la formation de fractions à l'intérieur du parti et rendant impossible le débat démocratique. Elle deviendra l'outil majeur de l'exercice de la dictature stalinienne qu'accompagnera la mise en place du « culte de la personnalité ».

Un passage du texte, situé à la fin du chapitre V, laisse d'ailleurs penser que Freud était parfaitement conscient de l'évolution du communisme* soviétique. Évoquant l'affaiblissement du sentiment religieux, cause première de la diminution de l'intolérance et de la cruauté dont l'Église faisait jadis preuve, il écrit : « Si une autre liaison de masse vient à la place de la liaison religieuse, comme la liaison socialiste *[sozialistischen]* semble actuellement y réussir, il en résultera envers ceux qui sont au-dehors la même intolérance qu'à l'âge des luttes de religion... »

Notons que les premiers traducteurs français, Samuel Jankélévitch et Angelo

Hesnard, utilisèrent l'expression « parti extrémiste » pour rendre le *sozialistischen* de Freud alors que Strachey, fidèle sur ce point au texte original, parle de *socialistic tie*. Il faudra attendre 1981, date de la nouvelle traduction, pour que le lecteur français puisse retrouver le sens de ces lignes écrites près de quinze années avant l'arrivée au pouvoir des nazis.

Cependant, quelle que soit la forme de régime politique à laquelle Freud ait pu songer, son insistance à privilégier l'axe vertical du rapport au chef l'a conduit à négliger d'autres modes de fonctionnement du social et de la politique, étudiés notamment par Maurice Merleau-Ponty (1908-1961) à partir des notions d'improbable et d'incertain, et sur lesquels Myriam Revault d'Allonnes, philosophe française, s'est récemment penchée.

En 1938, alors qu'il étudiait le fonctionnement de la famille en constatant le déclin, dans la civilisation occidentale, de l'*imago** paternelle, Lacan soulignait déjà le caractère caricatural de la revalorisation de cette *imago* dans l'idéologie des organisations fascistes qui, selon lui, plaçaient la pulsion de mort au fondement du lien social. Et sept ans plus tard, à l'occasion d'un voyage d'étude en Angleterre, il découvrit les travaux de Wilfred Ruprecht Bion*, et leur utilisation par l'armée anglaise pour consolider son unité. Lacan se rendit compte, comme l'écrira Élisabeth Roudinesco, qu'« une théorie du *pouvoir du groupe sans chef* fondée sur la prévalence de l'axe horizontal était supérieure à une théorie du *pouvoir du chef sur le groupe* fondée sur le privilège de l'axe vertical ». Dans cette perspective, il explora le fonctionnement de cet axe horizontal, quelque peu négligé par Freud, pour montrer que la liberté qui s'y trouvait inscrite dépendait d'une temporalité laissant à chaque sujet la possibilité de faire sienne une décision logique. Cette possibilité est elle-même fonction d'un *temps pour comprendre*, temps de méditation qui précède le *moment de conclure*, celui de la décision proprement dite.

● Sigmund Freud et Karl Abraham, *Correspondance, 1907-1926* (Francfort, 1965), Paris, Gallimard, 1969. Sigmund Freud, *Correspondance, 1873-1939*, (Londres, 1960) Paris, Gallimard, 1966 ; « Pour introduire le narcissisme » (1914), *GW*, X, 138-170, *SE*, XIV, 67-102, in *La Vie sexuelle*, Paris, PUF, 1969, 81-105 ; « Deuil et mélancolie » (1917), *OC*, XIII, 259-278, *GW*, X, 428-446, *SE*, XIV, 237-258 ; *Au-delà du principe de plaisir* (1920), *OC*, XV, 273-338, *GW*, XIII, 3-69, *SE*, XVIII, 1-64, in *Essais de psychanalyse*, Paris, Payot, 1981, 41-115 ; *Psychologie des masses et analyse du moi* (1921), *OC*, XVI, 1-83, *GW*, XIII, 73-161, *SE*, XVIII, 65-143 ; *Le Moi et le Ça* (1923), *OC*, XVI, 255-301, *GW*, XIII, 237-289. *SE*, XIX, 1-59. Paul-Laurent Assoun, « Freud et la politique », *Pouvoirs*, 11, 1981, 155-181 ; *L'Entendement freudien. Logos et Anankè*, Paris, Gallimard, 1984. Charles Bettelheim, *Les Luttes de classes en URSS, 1re période : 1917-1923*, Paris, Seuil-Maspero, 1974. Ludwig Eidelberg (éd.), *Encyclopedia of Psychoanalysis*, New York, Londres, The Free Press, Collier-MacMillan, 1968. Max Horkheimer et Theodor Adorno, *La Dialectique de la raison* (New York, 1944, Francfort, 1969), Paris, Gallimard, 1974. Elias Canetti, *Masse et puissance* (Hambourg, 1960), Paris, Gallimard, 1966. Jean Laplanche et Jean-Bertrand Pontalis, *Vocabulaire de la psychanalyse*, Paris, PUF, 1967. Jacques Lacan, « La psychiatrie anglaise et la guerre » (1947), in *La Querelle des diagnostics*, Paris, Navarin, 1986 ; *Écrits*, Paris, Seuil, 1966. Jacques Le Rider, *Modernité viennoise et crises de l'identité*, Paris, PUF, 1990. René Major, *De l'élection*, Paris, Aubier,

1986. Maurice Merleau-Ponty, *Les Aventures de la dialectique*, Paris, Gallimard, 1955. Michel Plon, « Au-delà et en deçà de la suggestion », *Frénésie*, 8, 1989, 89-114. Jean-Bertrand Pontalis, *Après Freud*, Paris, Gallimard, 1968. Myriam Revault d'Allonnes, « De la panique comme principe du lien social », *Les Temps modernes*, 527, 1990, 39-55 ; « Le doute de Merleau-Ponty », *Les Temps modernes*, 531-533, vol. 2, 1990, 551-568. Élisabeth Roudinesco, *Jacques Lacan. Esquisse d'une vie, histoire d'un système de pensée*, Paris, Fayard, 1993. Carl E. Schorske, *Vienne fin de siècle. Politique et culture* (New York, 1961), Paris, Seuil, 1983.

▷ HYPNOSE. MOI. PSYCHANALYSE APPLIQUÉE. SUGGESTION. TOPIQUE.

PSYCHOLOGIE DES PROFONDEURS (CERCLES DE TRAVAIL DE)

▷ CARUSO Igor. INTERNATIONALE FÖDERATION DER ARBEITSKREISE FÜR TIEFENPSYCHOLOGIE. PSYCHOTHÉRAPIE.

PSYCHOLOGIE DU MOI

▷ *EGO PSYCHOLOGY.*

PSYCHOLOGIE DU SOI

▷ KOHUT Heinz. *SELF PSYCHOLOGY.* WINNICOTT Donald Woods.

PSYCHOLOGIE INDIVIDUELLE (ÉCOLE DE)

▷ ADLER Alfred. PSYCHOTHÉRAPIE.

PSYCHOPATHOLOGIE

Allemand : *Psychopathologie*. Anglais : *Psychopathology.*

Ce terme fut utilisé à la fin du XIXe siècle par la médecine, la psychologie, la psychiatrie et la psychanalyse* pour désigner les souffrances de l'âme, et plus largement les troubles du psychisme humain, à partir d'une distinction ou d'un glissement dynamique entre le normal et le pathologique, variable selon les époques.

▷ ANTIPSYCHIATRIE. FOLIE. PSYCHIATRIE DYNAMIQUE. PSYCHOLOGIE CLINIQUE. *PSYCHOPATHOLOGIE DE LA VIE QUOTIDIENNE.*

PSYCHOPATHOLOGIE DE LA VIE QUOTIDIENNE

Ouvrage de Sigmund Freud* publié en 1901 sous le titre *Zur Psychopathologie des Alltagslebens*. Traduit pour la première fois en français par Samuel Jankélévitch en

1922 sous le titre *Psychopathologie de la vie quotidienne.* Traduit pour la première fois en anglais en 1914 par Abraham Arden Brill* sous le titre *Psychopathology of Everyday Life,* puis par Alan Tyson en 1960 sous le titre *The Psychopathology of Everyday Life.*

Dans sa biographie de Freud, Peter Gay se demande si l'inventeur de la psychanalyse*, pour marquer le « point de départ » de son œuvre, n'a pas été tenté de choisir l'interprétation* de ces menus faits de la vie quotidienne que sont les oublis, les lapsus* et autres actes manqués* plutôt que celle des rêves*. Alors même qu'il rédige *L'Interprétation des rêves**, Freud manifeste en effet un intérêt croissant pour ces phénomènes d'apparence anodine. Le 26 août 1898, dans une lettre à Wilhelm Fliess*, il dit avoir enfin saisi un « petit fait » dont il avait depuis longtemps soupçonné la nature : l'oubli d'un nom et son remplacement « par quelque élément d'un autre que l'on jurerait exact et qui, chaque fois, se révèle faux ». Il déplore cependant ne pouvoir faire publiquement état de cette observation. Un mois plus tard, il se réjouit auprès du même Fliess d'avoir « encore pu expliquer facilement un second exemple d'oubli de nom » mais il s'interroge de nouveau : « Comment et à qui rendre tout cela plausible ? » Huit jours s'écoulent et il annonce avoir écrit un petit article sur cet exemple : il s'agit du texte « Sur le mécanisme psychique de l'oubli » qui paraît, à la fin de cette année 1898, dans la revue *Monatschrift für Psychiatrie und Neurologie.* L'année suivante, il publie dans cette même revue son article « Sur les souvenirs-écrans* » ; puis, en 1901, un troisième article intitulé « Psychopathologie de la vie quotidienne » (« Zur Psychopathologie des Alltagslebens »), titre donné ensuite au volume réunissant l'essentiel de ces trois contributions.

Psychopathologie de la vie quotidienne constitue, avec *L'Interprétation des rêves* et *Le Mot d'esprit et sa relation à l'inconscient**, un triptyque qu'Ernest Jones* regroupe sous l'étiquette de psychanalyse appliquée*, marquant ainsi une différence avec d'autres textes de la même époque, plus précisément consacrés à la théorie et à la clinique, comme les *Trois Essais sur la théorie sexuelle** et le récit du cas « Dora » (Ida Bauer*). L'option de Jones se justifie dans la mesure où ces trois ouvrages comportent effectivement des caractéristiques propres à la psychanalyse appliquée.

Ainsi, en choisissant d'étudier des phénomènes courants, le rêve, le mot d'esprit ou les actes manqués, toutes manifestations psychiques que Jacques Lacan* nommera les « formations de l'inconscient », Freud entend bien démontrer, ainsi qu'il le rappelle à plusieurs reprises dans le livre, que le champ d'action de la psychanalyse ne saurait se limiter au seul domaine de la pathologie.

Il s'agit également d'indiquer, par l'étude des lapsus, des oublis et des actes manqués, l'emprise permanente de l'inconscient* sur l'ensemble de la vie consciente. Freud rappelle ainsi que son but était « précisément d'attirer l'attention sur des choses que tout le monde connaît et comprend de la même manière, autrement dit de réunir des faits de tous les jours et de les soumettre à un examen scientifique. Je ne vois pas pourquoi, poursuit-il, on refuserait à cette sorte de sagesse, qui est la cristallisation des expériences de la vie quotidienne, une place parmi les acquisitions de la science ».

Enfin, Freud soutient la thèse du déterminisme psychique absolu, qui ouvre la voie à un usage illimité de la pratique de l'interprétation*, contre lequel il cherchera plus tard à s'élever, en recourant notamment au procédé de la construction.

En dépit des appréciations négatives que Freud porte sur les premières versions de son travail, entre autres dans une lettre à Fliess du 8 mai 1901 où il dit espérer que l'ouvrage déplaira encore plus aux autres qu'à lui-même, *Psychopathologie de la vie quotidienne* reçoit, dès sa publication, un accueil favorable du grand public. Objet de seize articles, pour la plupart élogieux, au cours des quatre années suivant sa parution, le livre est réédité dès 1907 et recensé en France* par Henri Claude* en 1913, dans *L'Encéphale*, à l'occasion de sa quatrième édition allemande.

A chaque réédition, Freud, qui a accumulé dès 1908 un nombre considérable d'exemples d'oublis et de lapsus (il parle à ce propos de sa « collection »), ajoute de nouveaux cas au texte initial, les uns fournis par des compagnons (Alfred Adler*, Carl Gustav Jung*, Viktor Tausk*, Ernest Jones, Sandor Ferenczi*, Eduard Hitschmann*, Lou Andreas-Salomé*, Otto Rank*, Hanns Sachs*, Wilhelm Stekel*, Theodor Reik*), les autres provenant de lecteurs anonymes.

Psychopathologie de la vie quotidienne est divisé en douze chapitres consacrés aux différentes formes d'oublis, de lapsus, de méprises, de maladresses et d'actes manqués les plus variés. Freud reconnaît que cette répartition est essentiellement descriptive, les phénomènes étudiés ayant en réalité une unité interne dont tout le livre porte témoignage. Dans son *Introduction à la psychanalyse**, il fera d'ailleurs remarquer que cette unité est mise en évidence dans la langue allemande par le préfixe *ver* commun à tous les mots désignant ces « accidents » : *das Vergessen* (oubli), *das Versprechen* (*lapsus linguae*), *das Vergreifen* (méprise de l'action), *das Verlieren* (le fait d'égarer un objet), etc.

Le premier chapitre, traitant de l'oubli des noms propres, s'ouvre sur un exemple devenu célèbre, qui a fait l'objet de l'article de 1898 consacré au mécanisme psychique de l'oubli. Alors qu'il voyage avec un compagnon de rencontre vers une ville d'Herzégovine, Freud ne se rappelle plus le nom de Luca Signorelli (1441-1523), l'auteur des fresques de la cathédrale d'Orvieto qui représentent les quatre « fins dernières ». A la place, deux autres noms de peintres lui viennent à l'esprit, ceux de Sandro Botticelli (1467-1516) et de Giovanni Boltraffio (1441-1523), qu'il sait incorrects. Lorsque le nom recherché lui est fourni par son compagnon de voyage, Freud n'est pas surpris, mais s'attache à rechercher les raisons de son oubli. Il se rappelle alors qu'avant d'évoquer l'Italie avec son interlocuteur ils avaient parlé de la mentalité des Turcs de Bosnie-Herzégovine, notamment de leur résignation face au destin, de leur réaction lorsqu'un médecin par exemple leur annonce que le cas d'un de leurs proches est désespéré : « *Herr* [Seigneur], disent-ils à peu près dans un tel cas, n'en parlons plus, je sais que s'il était possible de le sauver, tu l'aurais fait. » Freud observe que les deux noms Bosnie et Herzégovine, ainsi que le mot *Herr*, trouvent leur place dans une chaîne associative entre *Signorelli-Botticelli* et *Boltraffio*. Le *Bo* de Bosnie se retrouve dans les noms des deux peintres substitués à celui oublié et recherché, quant au *Herr*, on le retrouve dans *Her*zégovine mais aussi, sous sa traduction italienne, dans Signor*elli*. Pour explorer les raisons inconscientes de cet oubli, Freud procède comme il l'a fait pour analyser ses rêves : il s'efforce d'associer à partir du matériau manifeste. Il se souvient d'avoir pensé, au cours de la conversation, à un autre aspect des mœurs de ces Turcs de Bosnie : l'importance qu'ils attachent au plaisir sexuel et leur désespoir lorsqu'ils connaissent des difficultés sur ce point, aspect que Freud ne voulait pas aborder avec un inconnu ; il se rappelle aussi qu'il avait pensé, à ce moment-là, à la nouvelle, reçue à Trafoi dans le Tyrol, qu'un de ses patients, atteint de troubles sexuels incurables, s'était suicidé. La proximité entre *Trafoi* et *Boltraffio* « m'oblige à admettre, écrit Freud, que, malgré la distraction intentionnelle de mon attention, je subissais l'influence de cette réminiscence ». On remarquera dans cet exemple la spécificité de la logique inconsciente qui conduit à remplacer le nom de Signorelli par celui d'un peintre de la même nationalité et de la même époque, Boltraffio, qui contient les phonèmes *Trafoi*, renvoyant aux thèmes de la mort et de la sexualité*, refoulés par Freud dans la conversation précédant son oubli. « Il ne m'est plus possible de voir dans l'oubli du nom Signorelli, écrit Freud, un événement accidentel. Je suis obligé de voir dans cet événement l'effet de mobiles psychiques. [...] Je voulais, il est vrai, oublier autre chose que le nom du maître d'Orvieto ; mais il s'est établi entre cet “autre chose” et le nom un lien d'association, de sorte que mon acte de volonté a manqué son but et que j'ai, *malgré moi*, oublié le nom alors que je voulais *intentionnellement* oublier l'*autre chose.* » Ainsi, commente Octave Mannoni*, « le nom du peintre italien, associé à certaines idées de mort et de sexualité *refoulées*, avait été entraîné avec elles dans l'inconscient. Bien entendu, les idées de mort et de sexualité par elles-mêmes n'ont pas cet effet : Freud n'avait pas oublié le sujet des fresques, ni les quatre fins dernières dont la mort fait partie. Ni les histoires sexuelles turques : le refoulement n'était pas là (il était lié à la nouvelle reçue à Trafoi) ».

Freud en vient alors à énoncer les conditions requises pour parler de l'oubli non accidentel d'un nom, qui sont au nombre de trois : la tendance à oublier ce nom, l'existence d'un refoulement* relativement récent et la possibilité d'établir une association *extérieure* entre le nom en question et l'objet du refoulement. Pour autant, Freud ne se départit pas d'une certaine prudence, précisant, pour clore ce premier chapitre, que tous les cas d'oubli de noms propres ne peuvent pas être rangés dans la catégorie illustrée par l'oubli du nom de Signorelli.

Quels que soient les exemples retenus et la rubrique sous laquelle Freud les répertorie, la démarche est identique, qui consiste à recourir à la méthode des associations libres pour mettre en relation le contenu de l'oubli ou l'objet de l'acte manqué avec un élément refoulé.

Traitant dans le quatrième chapitre des souvenirs d'enfance et des souvenirs-écrans*, Freud se réfère à son article de 1899 qu'il modifie notoirement. Les premiers souvenirs ou les souvenirs les plus anciens concernent le plus souvent des choses secondaires alors que les événements importants semblent n'avoir laissé aucune trace dans la mémoire. Tout se passe, observe Freud, comme si avait eu lieu, par le biais d'un souvenir anodin, une représentation substitutive d'autres impressions importantes dont la reproduction se serait heurtée à une résistance*. De là, l'expression souvenir-écran qui met en jeu, à la manière de ce qui se passe dans les rêves, un mécanisme de déplacement*.

Un rapprochement du même ordre s'opère dans la formation des lapsus. Freud évoque à ce sujet des travaux antérieurs qui faisaient du lapsus un processus de contamination, résultat de la proximité et de la ressemblance entre deux mots, explication très proche de ce mécanisme de la condensation* qu'il a mis en évidence dans son étude des rêves. Le lapsus, par ses effets d'hilarité et de sidération, par sa structure, celle d'une abréviation, présente des affinités avec le mot d'esprit ; comme lui et comme le rêve, c'est un outil précieux dans la cure, un outil « dont j'use, écrit Freud, pour défaire et supprimer les symptômes névrotiques ».

Dans l'une des synthèses récapitulatives dont le livre est ponctué, Freud note que « dans tous les cas l'oubli était motivé par un sentiment désagréable ». Et il évoque alors un conflit douloureux, en même temps qu'il laisse échapper une ruse de son propre inconscient. Il raconte en effet comment, durant l'été 1901, il a oublié que ce n'était pas lui, mais Wilhelm Fliess*, qui avait énoncé l'hypothèse de la bisexualité*. Bien qu'à l'évocation de ce souvenir Freud affirme être devenu « plus tolérant », il n'en omet pas moins dans ce récit le nom de Fliess, parle d'un « ami » avec lequel il dit avoir eu alors « des discussions très vives sur des questions scientifiques ». En 1904, l'amitié avec Fliess n'est déjà plus qu'un lointain souvenir, même si pour l'essentiel la gestation de ce livre s'est accomplie dans le contexte de cette amitié. Peut-être est-ce cette amitié disparue (ou bien les traces de culpabilité que sa destruction a pu laisser) qui se manifeste dans la réapparition, quelques pages plus loin, du nom de Fliess à l'occasion de l'évocation de l'oubli d'un projet anodin. Il s'agit de l'oubli réitéré de l'achat d'une chose désirée, du papier buvard. Cherchant les raisons de cet oubli, Freud est obligé de reconnaître que s'il écrit le mot buvard au moyen du terme allemand *Löschpapier*, il emploie, pour nommer oralement ce même papier buvard, le mot allemand, synonyme du premier, *Fliesspapier* ! « Or, Fliess, souligne Freud, est le nom d'un de mes amis de Berlin, au nom duquel se sont trouvées associées dans mon esprit, ces jours derniers, des idées et préoccupations pénibles. »

Dans la mesure où les actes manqués, qualifiés plus rigoureusement d'actes symptomatiques, « expriment quelque chose que l'auteur de l'acte lui-même ne soupçonne pas et qu'il a généralement l'intention de garder pour lui, au lieu d'en faire part aux autres », on peut affirmer qu'ils sont en réalité des « actes réussis », traduisant la réalisation accomplie d'un désir* inconscient. Mais les méprises et les maladresses peuvent parfois, par leurs conséquences, excéder le registre de l'anodin. Et la question se pose alors de savoir si l'on peut découvrir, par l'analyse, une intention inconsciente lorsque de tels actes engendrent des conséquences dont la gravité peut aller jusqu'à mettre en danger la vie du sujet. Freud sur ce point se montre prudent et ne formule que des hypothèses.

Psychopathologie de la vie quotidienne s'achève sur un chapitre consacré à la question du déterminisme, de la croyance et de la superstition, thèmes qu'il évoquera de nouveau dans l'une des conférences prononcées aux États-Unis* et réunies dans un petit volume intitulé *Sur la psychanalyse**. Freud note que le déterminisme psychique, qu'il appelle par antiphrase le « hasard intérieur », pour l'opposer au « hasard extérieur » dans lequel les déterminations psychiques sont totalement absentes, fait le plus souvent l'objet d'une méconnaissance spontanée de la part de l'être humain. Le superstitieux, souligne Freud, fonctionne à l'envers : il croit au hasard intérieur, hasard psychique, démontrant par là qu'il ne veut rien savoir des manifestations de son inconscient, mais refuse de croire au hasard extérieur, convaincu de pouvoir déceler des intentions ou des relations qui lui sont ordinairement cachées. En ce sens, la superstition constitue une preuve *a contrario* d'une connaissance inconsciente et refoulée de la motivation des actes manqués. La superstition est le produit d'un retournement, comparable à plus d'un titre au mode de fonctionnement du paranoïaque, qui refuse toute idée d'accidentel s'agissant des manifestations en provenance d'autrui mais est incapable de faire preuve d'une perspicacité équivalente pour ce qui concerne son propre inconscient. Le paranoïaque, explique encore Freud, projette sur la vie psychique des autres ce qui se passe dans sa propre vie à l'état inconscient, et c'est pour cela qu'il donne cette impression fréquente d'avoir en partie raison.

Développant son argumentation, Freud avance des idées qu'il étayera plus tard dans *L'Avenir d'une illusion** et dans *Le Malaise dans la culture**. Selon lui, le raisonnement à l'œuvre dans la superstition se retrouve dans les conceptions mythologiques du monde et dans les religions modernes qui ne sont rien d'autre, souligne-t-il, qu'« une psychologie projetée dans le monde extérieur ». Il ajoute que l'on « pourrait se donner pour tâche de décomposer, en se plaçant à ce point de vue, les mythes relatifs au paradis et au péché originel, au mal et au bien, à l'immortalité, etc., et de traduire la *métaphysique* en *métapsychologie**».

Le parallélisme établi entre les mécanismes à l'œuvre dans les actes manqués d'une part et dans les rêves d'autre part fait apparaître l'absence de différence fondamentale entre l'homme névrosé et l'homme normal. Freud est ainsi amené à déclarer que « nous sommes tous plus ou moins des névrosés », soulignant par là la proximité indiquée par le titre même du livre entre le « pathologique » et le « quotidien ».

C'est cette proximité, ainsi que l'ancrage dans la vie de tous les jours qui auront motivé le projet de *Psychopathologie de la vie quotidienne.* A cet égard, il est sans doute l'ouvrage de Freud qui aura reçu l'accueil le plus conforme à l'esprit dans lequel il a été conçu. Deux anecdotes l'attestent. La première concerne l'élaboration du livre. Elle traite de l'erreur d'un garçon de café sur le point de faire payer à Freud une consommation à un prix plus élevé que celui qui est affiché. Dans le même temps où il commet cet acte manqué, le serveur en fait un second, un geste maladroit provoquant la chute d'une pièce de monnaie d'une valeur équivalant à l'augmentation injustifiée. Freud le fait remarquer à l'intéressé qui disparaît, confus, avant de revenir s'excuser. Freud raconte alors qu'il fait don au serveur de la somme excédante, au titre, écrit-il, « de sa contribution à la psychopathologie de la vie quotidienne ». La seconde anecdote illustre le succès du livre, bien au-delà du cercle des lecteurs spécialistes : elle conte le plaisir que Freud éprouva lorsque, sur le bateau qui le menait avec Jung et Ferenczi aux États-Unis, il découvrit un steward plongé dans la lecture de *Psychopathologie de la vie quotidienne.*

● Sigmund Freud, *La Naissance de la psychanalyse,* Paris, PUF, 1956 ; *L'Interprétation des rêves* (1900), *GW,* II-III, 1-642, *SE,* IV-V, 1-621, Paris, PUF, 1967 ; « Sur le mécanisme psychique de l'oubli », sous le titre « Sur le mécanisme psychique de l'oubliance » (1898), *OC*, III, 241-251, *GW*, I, 517-527, *SE*, III, 287-297 ; « Les souvenirs-écrans », sous le titre « Des souvenirs-couvertures » (1899), *OC*, III, 253-276, *GW*, I, 529-554, *SE*, III, 299-322 ; *Psychopathologie de la vie quotidienne* (1901), *GW*, IV, *SE*, VI, Paris, Payot, 1973 ; *Le Mot d'esprit et sa relation à l'inconscient* (1905), *GW*, VI, 1-285, *SE*, VIII, Paris, Gallimard, 1988 ; *De la psychanalyse* (1910), *OC*, X, 1-55, *GW*, VIII, 3-60, *SE*, XI, 7-55, Paris, Gallimard, 1991. Didier Anzieu, *L'Auto-analyse de Freud et la découverte de la psychanalyse* (1959), Paris, PUF, 1988. Peter Gay, *Freud. Une vie* (1988), Paris, Hachette, 1991. Ernest Jones, *La Vie et l'œuvre de Sigmund Freud* (New York, 1953), Paris, PUF, 1958. Norman Kiell, *Freud without Hindsight Reviews of His Work, 1893-1939*, Madison, International Universities Press, 1988. Jacques Lacan, *Le Séminaire*, livre V, *Les Formations de l'inconscient* (1957-1958), inédit. Marcelle Marini, *Lacan*, Paris, Belfond, 1986. Octave Mannoni, *Freud*, Paris, Seuil, 1968. Erik Porge, *Se compter trois. Le temps logique de Lacan*, Toulouse, Eres, 1989.

PSYCHOSE

Allemand : *Psychose*. Anglais : *Psychosis*.

Terme introduit en 1845 par le psychiatre autrichien Ernst von Feuchtersleben (1806-1849) pour remplacer celui de folie* et définir les maladies de l'âme dans une perspective psychiatrique. Les psychoses s'opposent alors aux névroses*, considérées comme des maladies nerveuses et relevant de la médecine, de la neurologie puis de la psychothérapie*. Par extension, le terme psychose a d'abord désigné l'ensemble des maladies dites mentales, qu'elles soient organiques (comme la paralysie générale) ou plus spécifiquement mentales, pour ensuite se restreindre aux trois grandes formes modernes de la folie : schizophrénie*, paranoïa*, psychose maniaco-dépressive*. Le mot apparaît en France* en 1869.

Repris par Sigmund Freud* comme concept dès 1894, le terme est d'abord employé pour désigner la reconstruction inconsciente par un sujet* d'une réalité délirante ou hallucinatoire. Il est ensuite inscrit à l'intérieur d'une structure tripartite dans laquelle il se différencie d'une part de la névrose, d'autre part de la perversion*.

Si le concept de névrose fait partie intégrante du vocabulaire de la psychanalyse*, celui de psychose apparaît d'emblée comme une pièce rapportée, issue du savoir psychiatrique et propre à une médecine asilaire reposant sur une conception du sujet* organisée autour de l'idée d'aliénation et de perte de la raison.

Née d'une écoute « privée » de la souffrance humaine, inventée par un homme qui n'était pas psychiatre et qui n'aimait ni les psychotiques, comme il le dira lui-même à Istvan Hollos*, ni la folie carcérale, la psychanalyse se développa sur le terrain d'une médecine de cabinet, où le dialogue secret entre le thérapeute et le malade primait sur la préoccupation nosographique. A cet égard, la névrose hystérique des femmes de la bourgeoisie viennoise soignées par Freud et Josef Breuer* ne ressemblait en rien à la folie hystérique si proche de la psychose mise en scène par Jean Martin Charcot* à la Salpêtrière. Pourtant, d'un point de vue doctrinal, les deux formes de maladies nerveuses furent rangées sous l'étiquette de névrose.

Freud accordait toute son attention à la névrose considérée comme guérissable, au détriment de la psychose qu'il estimait le plus souvent incurable. Les trois grandes cures réellement menées par lui furent publiées comme des cas de névrose – névrose hystérique pour Dora (Ida Bauer*), névrose obsessionnelle* pour l'Homme aux rats (Ernst Lanzer*), névrose infantile pour l'Homme aux loups (Sergueï Constantinovitch Pankejeff*) –, alors que la seule étude qu'il rédigea sur un cas de psychose fut le commentaire d'un livre, *Mémoires d'un névropathe,* écrit par un homme atteint de paranoïa*, Daniel Paul Schreber*.

D'emblée, Freud sut que sa doctrine de l'inconscient* allait conquérir ce qu'il appelait « la terre promise de la psychiatrie » en apportant un nouveau regard sur la folie et l'organisation des maladies mentales. Et ce furent ses disciples psychiatres, et en premier lieu Karl Abraham* à Berlin et Carl Gustav Jung* à Zurich, qui s'occupèrent de ce domaine à une époque où la nosographie élaborée par Emil Kraepelin* dominait encore le discours psychiatrique de langue allemande. Par la suite, ses héritiers américains, anglais, français et japonais, de Melanie Klein* à Jacques Lacan* en passant par Paul Federn* et Heisaku Kosawa*, prirent le relais d'une écoute psychanalytique de la folie, après avoir été formés soit dans le cadre du courant berlinois, soit sous les auspices de la clinique du Burghölzli dirigée par la famille Bleuler*, soit encore selon les principes de la phénoménologie psychiatrique issue des travaux de Karl Jaspers (1883-1969) ou de Ludwig Binswanger*.

C'est dans la correspondance de Freud avec Jung que l'on saisit le mieux la manière dont s'élabore la doctrine freudienne de la psychose entre 1909 et 1911. Contre Eugen Bleuler*, Freud choisit la terminologie de Kraepelin, adoptant l'idée d'une dissociation de la conscience (qu'il nommera clivage* du moi*) mais privilégiant le concept de paranoïa contre la notion de schizophrénie. Dès lors, il fait de la paranoïa une sorte de modèle structural de la psychose en général, comme il a fait de l'hystérie le prototype de la névrose au sens psychanalytique. En 1911, au moment où Bleuler publie sa grande œuvre *Dementia praecox*, Freud fait paraître ses « Remarques psychanalytiques sur un cas de paranoïa : le président Schreber ». Or, dans cette étude, il donne une théorie à peu près complète du mécanisme de la connaissance paranoïaque qui lui sert à définir la psychose comme un trouble entre le moi et le monde extérieur. Par la suite, dans le cadre de sa seconde topique* et après avoir élaboré une nouvelle théorie du narcissisme*, Freud inscrit la psychose dans une structure tripartite en l'opposant à la névrose d'un côté et à la perversion* de l'autre. Elle se définit alors comme la reconstruction d'une réalité hallucinatoire dans laquelle le sujet est tourné uniquement vers lui-même, dans une situation sexuelle auto-érotique : littéralement, il prend son propre corps (ou une partie de celui-ci) pour objet d'amour (sans altérité possible). A côté de la psychose, la névrose apparaît comme le résultat d'un conflit intrapsychique tandis que la perversion se présente comme un déni* de la castration*.

De l'héritage de Kraepelin Freud conserve donc la notion de paranoïa, dont il fait le concept majeur de toute psychose, puis il accepte, après l'avoir refusé, la définition bleulérienne de la schizophrénie, avec une restriction qui le conduit à ranger ses symptômes dans le cadre de l'hystérie. De fait, en livrant une nouvelle représentation de la psychose, Freud renonce à toute ambition nosographique. D'où ce paradoxe : il différencie soigneusement la psychose des deux autres entités (perversion, névrose), mais dans le même temps il efface le fossé créé par la psychiatrie entre la norme et la pathologie. Sandor Ferenczi* caractérisera de façon remarquable l'effacement de cette distinction dans un texte de 1926 consacré à l'apport de la psychanalyse au mouvement d'hygiène mentale : « C'est l'analyse de l'activité psychique dans le rêve*, dit-il, qui fit complètement disparaître le fossé entre maladie mentale et santé mentale, tenu jusque-là pour insurmontable. L'homme le plus normal devient psychotique pendant la nuit : il a des hallucinations, sa personnalité, tant sur le plan logique qu'éthique et esthétique, subit une transformation fondamentale et prend en général un caractère plus primitif. »

Pendant cinquante ans, les héritiers de Freud s'attacheront à réviser l'ensemble de sa doctrine, soit en insistant comme Lacan sur la place de la paternité dans la genèse de la psychose, soit au contraire en situant comme Melanie Klein l'origine de celle-ci du côté d'une relation archaïque à la mère.

A partir des années 1960, la réflexion sur la nature de la folie prend le pas sur l'approche de la maladie mentale en terme de psychose. En témoignent notamment les travaux de Michel Foucault (1926-1984), Henri F. Ellenberger*, Georges Devereux* et de divers représentants du mouvement culturaliste et antipsychiatrique.

● Sigmund Freud, « Pour introduire le narcissisme » (1914), in *La Vie sexuelle,* Paris, PUF, 1969, 80-105, *GW,* X, *SE,* XIV ; « Névrose et psychose » (1924), *OC,* XVII, 1-9, *GW,* XIII, 387-391, *SE,* XIX, 149-153 ; « La perte de la réalité dans la névrose et la psychose » (1924), *OC,* XVII, 35-43, *GW,* III, 363-368, *SE,* XIX, 183-187 ; et Karl Abraham, *Correspondance, 1907-1926* (Francfort, 1965), Paris, Gallimard, 1969 ; et Carl Gustav Jung, *Correspondance,* I, *1906-1909,* II, *1910-1914,* Paris, Gallimard, 1975. Eugen Bleuler, *Dementia praecox ou groupe des schizophrénies* (Leipzig, 1911), Paris, EPEL-GREC, 1993. Sandor Ferenczi, « L'importance de Freud pour le mouvement d'hygiène mentale » (1926), in *Psychanalyse,* III, *1919-1926,* Paris, Payot, 1974, 385-389. Richard Hunter et Ida Macalpine, *Three Hundred Years of Psychiatry,* Oxford, Oxford University Press, 1963. Franz Alexander et S.T. Selesnick, *Histoire de la psychiatrie* (New York, 1966), Paris, Armand Colin, 1972. Jean Laplanche et Jean-Bertrand Pontalis, *Vocabulaire de la psychanalyse,* Paris, PUF, 1967. Henri F. Ellenberger, *Histoire de la découverte de l'inconscient* (New York, Londres, 1970, Villeurbanne, 1974), Paris, Fayard, 1994 ; *Médecines de l'âme. Essais d'histoire de la folie et des guérisons psychiques,* Paris, Fayard, 1995. Jacques Lacan, *Le Séminaire,* livre III, *Les Psychoses* (1955-1956), Paris, Seuil, 1981. Paul Bercherie, *Les Fondements de la clinique,* Paris, Navarin, 1980. Jacques Postel et Claude Quétel, *Nouvelle Histoire de la psychiatrie* (1983), Paris, Dunod, 1994. Jackie Pigeaud, *La Maladie de l'âme,* Paris, Les Belles Lettres, 1989. Georges Lantéri-Laura, « Névrose et psychose : questions de sens, questions d'histoire », *Autrement,* 117, octobre 1990, 23-31. Jean Garrabé, *Histoire de la schizophrénie,* Paris, Seghers, 1992. Gladys Swain, *Dialogue avec l'insensé,* Paris, Gallimard, 1994. Thierry Vincent, *« Pendant que Rome brûle ». La clinique psychanalytique de la psychose de Sullivan à Lacan,* Strasbourg, Arcanes, 1996.

▷ ALLEMAGNE. ANTIPSYCHIATRIE. AUTISME. CULTURALISME. ÉTATS-LIMITES. ÉTATS-UNIS. ETHNOPSYCHANALYSE. FLIESS Wilhelm. FORCLUSION. FRANCE. HISTOIRE DE LA PSYCHANALYSE. MÉLANCOLIE. NOM-DU-PÈRE. PSYCHANALYSE DES ENFANTS. PSYCHIATRIE

DYNAMIQUE. PSYCHOTHÉRAPIE INSTITUTIONNELLE. RÉALITÉ PSYCHIQUE. SULLIVAN Harry Stack.

PSYCHOSE MANIACO-DÉPRESSIVE

Allemand : *Manio-depressive Psychose*. Anglais : *Manic-depressive psychosis*.

Terme forgé par le savoir psychiatrique du début du XXe siècle à partir des termes psychose*, manie et dépression pour désigner, à côté de la paranoïa* et de la schizophrénie*, la troisième grande composante moderne de la psychose en général. Elle se caractérise par des dérèglements de l'humeur qui prennent la forme d'une alternance entre des états d'agitation maniaque (ou exaltation) et des états mélancoliques (tristesse et dépression).

Le médecin anglais Thomas Willis (1621-1675) fut le premier à lier deux formes de folie déjà décrites depuis l'Antiquité – la manie et la mélancolie* – pour définir un cycle maniaco-dépressif, ce qui permit ensuite de réunir en une même maladie mentale la manie et la mélancolie. En 1852, l'aliéniste français Jean-Pierre Falret (1794-1870) donna le nom de folie circulaire à cette entité unique et, en 1899, Emil Kraepelin* désigna par folie maniaque dépressive cette folie circulaire qui allait devenir, dans le cadre d'une nosographie générale des psychoses, la psychose maniaco-dépressive.

La genèse de la notion de psychose maniaco-dépressive dans la nosographie psychiatrique et dans la clinique psychanalytique, de Sigmund Freud* à Melanie Klein* en passant par Ludwig Binswanger*, se rattache à l'histoire générale de la mélancolie.

▷ POSITION DÉPRESSIVE/POSITION PARANOÏDE-SCHIZOÏDE. SUICIDE.

PSYCHOSOMATIQUE (MÉDECINE)

Allemand : *Psychosomatische (Medizin)*. Anglais : *Psychosomatic (Medecine)*.

Née avec Hippocrate, la médecine psychosomatique concerne à la fois le corps et l'esprit et, plus spécifiquement, la relation directe entre le *soma* et la *psyché*. Elle décrit la manière dont des maladies organiques sont provoquées par des conflits psychiques en général inconscients.

Dans l'histoire de la psychanalyse*, plusieurs courants de médecine psychosomatique se sont développés dans le monde, d'abord avec Georg Groddeck*, son principal inspirateur, puis autour de Franz Alexander* (École de Chicago) aux États-Unis*, d'Alexander Mitscherlich* en Allemagne* et de Pierre Marty (1918-1993) et Michel de M'Uzan en France* (École de Paris).

Alors que la psychiatrie (domaine des maladies mentales) a servi de tremplin pour l'implantation des théories psychanalytiques concernant les psychoses*, c'est souvent par la médecine dite psychosomatique que la clinique freudienne s'est introduite dans la médecine (générale ou spécialisée), et notamment dans les grands services hospitaliers (hématologie, urologie, cancérologie générale, unités spécialisées du sida, etc.)

où l'approche psychanalytique est indispensable au traitement des problèmes psychiques (spécifiques ou non) des sujets (enfants ou adultes) atteints de maladies organiques chroniques ou aiguës.

▷ HYSTÉRIE. PULSION.

PSYCHOSYNTHÈSE

Allemand : *Psychosynthese*. Anglais : *Psychosynthesis*.

Ce terme fut inventé en 1907 par le psychiatre suisse Doumeng Bezzola (1868-1936), puis institutionnalisé en 1926 par le psychiatre italien Roberto Assagioli (1888-1966), dans le cadre de l'Institut de culture et de thérapie psychique de Rome, pour désigner une variété de psychothérapie* fondée sur une conception intégrale et dynamique de l'être humain, et qui ne prend pas en compte les trois concepts freudiens autour desquels s'organise la psychanalyse* : inconscient*, sexualité*, transfert*. Le terme fut également revendiqué en 1924 par le médecin suédois Poul Bjerre*.

PSYCHOTHÉRAPIE

Allemand : *Psychotherapie*. Anglais : *Psychotherapy*.

Méthode de traitement psychologique des maladies psychiques utilisant comme moyen thérapeutique la relation entre le médecin et le malade sous la forme d'un rapport ou d'un transfert*. L'hypnotisme, la suggestion*, la *catharsis, la psychanalyse* et toutes les méthodes thérapeutiques propres à l'histoire de la psychiatrie dynamique* sont incluses dans la notion de psychothérapie.**

Le mot psychothérapie en tant que tel se généralise dans le vocabulaire clinique à partir de 1891, quand Hippolyte Bernheim* fait paraître *Hypnotisme, suggestion, psychothérapie*.

Historiquement, la psychothérapie est issue à la fois de l'ancien « traitement moral », mis au point par l'aliéniste français Philippe Pinel (1745-1826), et de la cure magnétique inventée par Franz Anton Mesmer*. Dans le premier cas, le médecin fait appel chez le malade à un « reste de raison » par lequel une conscience aliénée échappe à la folie* et, dans le second, il attribue à l'existence d'un « fluide » (ou magnétisme animal) la cause du trouble psychique.

En 1784, le marquis Armand de Puységur (1751-1825) démontra le premier la nature psychologique et non fluidique de la relation thérapeutique, en remplaçant la cure magnétique par un état de « sommeil éveillé » ou somnambulisme, que le médecin écossais James Braid (1795-1860) appellera hypnose* en 1843. C'est ensuite Bernheim qui remplacera l'hypnotisme (comme méthode de mise en hypnose) par la suggestion, ouvrant ainsi la voie à l'idée d'une thérapie fondée sur une pure relation psychologique.

En abandonnant l'hypnose, la suggestion et la *catharsis*, puis en appelant transfert* le rapport entre le médecin et le malade, Sigmund Freud* a mis au point avec la psychanalyse* la seule méthode moderne de psychothérapie fondée sur une exploration de l'inconscient* et de la sexualité* (*libido**) considérés comme les deux grands universaux de la subjectivité humaine. Sur le plan clinique, elle est aussi la seule à revendiquer le transfert comme faisant partie de cette universalité et à proposer qu'il soit analysé à l'intérieur même de la cure en tant que prototype de toute relation de pouvoir entre le thérapeute et le patient, et partant entre un maître et un élève. A cet égard, la psychanalyse est l'héritière d'une tradition socratique et platonicienne de la philosophie. Dans cette perspective, la psychothérapie analytique (ou psychanalytique) est une psychothérapie qui s'appuie sur les principes théoriques de la cure freudienne sans adopter toutes les conditions de la technique psychanalytique* classique.

Dès sa naissance, la psychanalyse s'est trouvée en conflit, dans tous les pays du monde, avec les autres formes de psychothérapie, soit parce qu'elle a été amalgamée à celles-ci au point de disparaître en tant que telle, soit parce qu'elle leur a opposé une forte résistance, provoquant des scissions* ou des dissidences. Les deux autres grandes écoles de psychothérapie du XXe siècle sont l'école de psychologie analytique fondée par Carl Gustav Jung* et l'école de psychologie individuelle fondée par Alfred Adler*, nées toutes deux d'une dissidence avec celle fondée par Freud.

Les autres écoles de psychothérapie du XXe siècle sont nées en général du moule freudien. Elles ont pour point commun de refuser les trois grands concepts freudiens d'inconscient, de sexualité et de transfert. A l'inconscient freudien elles opposent un subconscient de nature biologique ou une conscience de type phénoménologique ; à la sexualité au sens freudien elles préfèrent soit une théorie culturaliste de la différence des sexes*, soit une biologie des instincts ; enfin, au transfert elles opposent une relation thérapeutique dérivée de celle de suggestion. D'où la tentation permanente du retour à l'hypnotisme. Se rattachent à ce socle originaire de l'hypnotisme et de la suggestion d'une part la méthode dite du « rêve éveillé dirigé », inventée en 1945 par le médecin français Robert Desoille (1890-1966), et qui a donné naissance à un mouvement, le Groupe international du rêve éveillé dirigé de Desoille (GIREDD), et d'autre part la narco-analyse, ou méthode d'exploration du psychisme par injection de barbituriques provoquant un état de somnolence. Pratiquée à partir de 1932, puis rénovée après la Deuxième Guerre mondiale, la narco-analyse ne relève pas exclusivement du traitement psychique puisqu'elle lui adjoint une pharmacologie et une investigation quasi policière de l'inconscient du sujet.

Toutes les écoles de psychothérapie du XXe siècle – il y en a cinq cents dans le monde en 1995 – sont organisées à l'identique. Qu'elles soient nées de dissidences, de scissions ou de séparations avec le freudisme, elles sont toutes représentées par un chef qui fait office à la fois de guérisseur, de thérapeute et de maître à penser pour son groupe. Créées par des hommes ou des femmes qui ont chacun une doctrine propre et qui, de leur vivant, se posent, à l'égal de Freud, comme les fondateurs d'un système de pensée, ces écoles disparaissent en général après la mort de leur fondateur dont il ne reste alors que l'œuvre. Si parfois elles transmettent une tradition clinique, elles s'évanouissent souvent pour laisser place à d'autres écoles organisées sur le même modèle. En effet, à la mort du maître, la majorité des thérapeutes formés dans son sérail se dispersent, soit pour créer de nouvelles écoles dotées chacune d'un nouveau maître, de nouvelles techniques, de nouvelles méthodes, soit pour rejoindre des écoles déjà existantes.

Parmi les principaux représentants des multiples écoles de psychothérapie, certains ont eu un impact important lié à la force de leur doctrine, comme Wilhelm Reich*, Karen Horney*, Jacob Levy Moreno*, le créateur du psychodrame*, ou encore l'Américain Carl Rogers (1902-1987), l'inventeur de l'analyse dite non directive, cherchant à libérer le moi* de tous ses aspects psychopathologiques par des entretiens informels. A ceux-là s'ajoutent les culturalistes inspirés par le néofreudisme* (Abram Kardiner*, Erich Fromm*), l'école de Palo Alto, où s'affirmèrent, sous la houlette de l'anthropologue Gregory Bateson*, les premières expériences de thérapie familiale* visant à traiter collectivement les membres de la famille du malade, et la thérapie de groupe proprement dite, avec ses multiples variantes ; ses principaux représentants dans l'histoire du freudisme* furent Trigant Burrow* et Wilfred Ruprecht Bion*.

D'autres thérapeutes, en revanche, se sont davantage signalés par leur extravagance que par la qualité de leur doctrine : Poul Bjerre* par exemple, ou encore Harry Stack Sullivan*, brillant psychiatre dissident de toutes les écoles, à la fois culturaliste et tenant d'une approche originale de la schizophrénie*. Il faut aussi noter que deux collaborateurs du Göring-Institut, Harald Schultz-Hencke* et Johannes Heinrich Schultz*, initièrent deux courants de psychothérapie : la néopsychanalyse pour le premier, le *training* autogène, ou méthode de relaxation, pour le second.

• Hippolyte Bernheim, *Hypnotisme, suggestion, psychothérapie* (1891), Paris, Fayard, coll. « Corpus des œuvres de philosophie en langue française », 1995. Henri F. Ellenberger, *Histoire de la découverte de l'inconscient* (New York, Londres, 1970, Villeurbanne, 1974), Paris, Fayard, 1994. Léon Chertok et Raymond de Saussure, *Naissance du psychanalyste*, Paris, Payot, 1973. Gladys Swain, *Dialogue avec l'insensé*, Paris, Gallimard, 1994.

▷ ANALYSE DIRECTE. ANALYSE EXISTENTIELLE. ANALYSE TRANSACTIONNELLE. ANNA-FREUDISME. CARUSO Igor. GESTALTTHÉRAPIE. HISTOIRE DE LA PSYCHANALYSE. INTERNATIONAL PSYCHOANALYTICAL ASSOCIATION. KLEINISME. LACANISME.

PSYCHOTHÉRAPIE EXISTENTIELLE

▷ ANALYSE EXISTENTIELLE. BINSWANGER Ludwig. CARUSO Igor.

PSYCHOTHÉRAPIE INSTITUTIONNELLE

Expression créée en 1952 par le psychiatre français Georges Daumezon (1912-1979) pour désigner une thérapeutique de la folie* fondée sur l'idée de causalité psychique de la maladie mentale (ou psychogenèse) et qui vise à réformer l'institution asilaire en privilégiant une relation dynamique entre les soignants.

Comme son nom l'indique, la psychothérapie institutionnelle est une forme de psychothérapie* qui s'exerce dans le cadre d'une institution : hôpital général, hôpital psychiatrique, clinique, école, hôpital de jour, appartement thérapeutique, etc. A cet égard, la psychothérapie institutionnelle appartient à l'histoire de la psychiatrie dynamique*. L'expérience princeps fut celle de la clinique du Burghölzli à Zurich, au début du XXe siècle. En ce lieu devenu légendaire, Eugen Bleuler* élabora, au contact de Carl Gustav Jung* et de Sigmund Freud*, une nouvelle approche dynamique de la folie* (ou schizophrénie*). Après la création par Georg Simmel* et Max Eitingon* des premières cliniques psychanalytiques allemandes, de multiples expériences de ce genre se développèrent, notamment aux États-Unis* et en Grande-Bretagne*, où la psychanalyse* s'était implantée sur le terrain de la psychiatrie et de l'hygiène mentale, et à travers des lieux de soins ouverts à tous les malades mentaux, comme la Menninger Clinic ou la Tavistock Clinic.

Après la Deuxième Guerre mondiale, la libéralisation généralisée de l'institution psychiatrique donna naissance à de nombreux mouvements de contestation de l'asile, depuis l'expérience des communautés thérapeutiques réalisées par le psychiatre anglo-américain Maxwell Jones (1907-1990), où l'on expérimenta de nouvelles relations hiérarchiques entre soignants et soignés, jusqu'à l'antipsychiatrie*.

En France*, la psychothérapie institutionnelle connut un développement particulier dans la mesure où elle prit son essor en 1940 au cœur de la résistance anti-nazie et donc d'un engagement politique pour lequel le traitement de la folie était associé à une lutte contre la barbarie et la tyrannie. Aussi fut-elle d'emblée moins réformiste que les autres courants, allemand, anglais, suisse ou américain.

Né à Reus en Catalogne, François Tosquelles (1912-1994), militant libertaire, fut le premier inspirateur de ce mouvement. Après avoir fui le franquisme, il accepta un poste à l'hôpital psychiatrique de Saint-Alban en Lozère dirigé alors par Paul Balvet, un psychiatre catholique, bientôt remplacé en 1942 par Lucien Bonnafé, un psychiatre communiste. Là se retrouvèrent pêle-mêle des résistants, des fous, des thérapeutes et des intellectuels de passage, parmi lesquels le philosophe Georges Canguilhem (1904-1995) et le poète Paul Éluard (1895-1952). Au milieu de la guerre, l'espoir d'une libération prochaine conduisit l'équipe de l'hôpital à réfléchir aux principes d'une psychiatrie communautaire qui permettrait de transformer les relations entre les soignants et les aliénés dans le sens d'une plus grande ouverture au monde de la folie. Ainsi fut inventée la psychothérapie institutionnelle française : Georges Daumezon lui donnera ce nom dix ans plus tard.

Par son ancrage dans la psychiatrie dynamique et son refus d'un asile figé, elle participe de ce grand mouvement d'hygiène mentale né, au début du siècle, de l'intégration de la clinique psychiatrique à la psychanalyse*. Elle inspira de nombreuses expériences en France, notamment celle de la psychiatrie de secteur, puis celle de la clinique de La Borde, à Cour-Cheverny à partir de 1953, où s'élabora autour de Jean Oury et de Félix Guattari* une approche à la fois lacanienne et libertaire de la folie.

• Georges Daumezon, « La psychothérapie institutionnelle française contemporaine », *Anais portuguéses de psiquiatria*, 4, décembre 1952. Georges Lantéri-Laura, Georges Daumezon, Robert Lefort, « Psychiatrie », *Encyclopaedia universalis*, vol. 13, Paris, 1968, 750-755. Robert Castel, *Le Psychanalysme*, Paris, Minuit, 1973. François Tosquelles, *Éducation et psychothérapie institutionnelle*,

Paris, Hiatus, 1984. Élisabeth Roudinesco, *Histoire de la psychanalyse en France*, vol. 2 (1986), Paris, Fayard, 1994.

▷ ANTIPSYCHIATRIE. BETTELHEIM Bruno. BINSWANGER Ludwig. BION Wilfred Ruprecht. MENNINGER Karl. MEYER Adolf. RICKMAN John. SUISSE. SULLIVAN Harry Stack.

PULSION

Allemand : *Trieb, Instinkt*. Anglais : *Drive, instinct*.

Terme apparu en France* en 1625 et dérivé du latin *pulsio* pour désigner l'action de pousser.

Employé par Sigmund Freud* à partir de 1905, il devient un concept majeur de la doctrine psychanalytique, défini comme la charge énergétique qui est à la source de l'activité motrice de l'organisme et du fonctionnement psychique inconscient de l'homme.

Le choix du mot pulsion pour traduire l'allemand *Trieb* répondait au souci d'éviter toute confusion avec instinct et tendance. Cette option correspondait à celle de Sigmund Freud* qui, voulant marquer la spécificité du psychisme humain, avait retenu le terme *Trieb*, réservant *Instinkt* pour qualifier les comportements animaux. En allemand comme en français, les termes *Trieb* et pulsion renvoient, par leur étymologie, à l'idée d'une poussée, indépendante de son orientation et de son but. Pour la traduction anglaise, il semble que ce soit la fidélité à l'idée freudienne d'une articulation de la psychanalyse* avec la biologie qui a guidé le choix de James Strachey* du mot *Instinct* plutôt que *drive*.

La notion de pulsion (*Trieb*) est déjà présente dans les conceptions de la maladie mentale et de son traitement développées par les médecins de la psychiatrie allemande du XIXe siècle, préoccupés, comme leurs collègues anglais et français, par la question de la sexualité*. Ainsi des auteurs comme Karl Wilhelm Ideler (1795-1860) ou Heinrich Wilhelm Neumann (1814-1884) insistent sur le rôle central des pulsions sexuelles, le second considérant l'angoisse comme le produit de l'insatisfaction des pulsions.

On sait par ailleurs que Friedrich Nietzsche (1844-1900) concevait l'esprit humain comme un système de pulsions susceptibles d'entrer en collision ou de se fondre les unes dans les autres, et qu'il attribuait lui aussi un rôle essentiel aux instincts sexuels, qu'il distinguait des instincts d'agressivité et d'autodestruction.

Freud n'a jamais fait mystère de ces antécédents. Dans son autobiographie de 1925, il se réfère à Nietzsche et avoue ne l'avoir lu que très tard de peur de subir son influence.

Qu'il s'agisse de son apparition, de son importance et des remaniements dont il sera l'objet, le concept de pulsion est étroitement lié à ceux de *libido** et de narcissisme* ainsi qu'à leurs transformations, ces concepts constituant trois grands axes de la théorie freudienne de la sexualité.

A l'époque prépsychanalytique de la correspondance avec Wilhelm Fliess* et de l'« Esquisse d'une psychologie scientifique » (1895), Freud développe l'idée d'une *libido* psychique, forme d'énergie qu'il situe à la source de l'activité humaine. Il fait déjà une distinction entre cette « poussée », que son origine interne rend imparable par l'individu, et les excitations externes que le sujet* peut fuir ou éviter. A cette époque, il attribue l'hystérie* à une cause sexuelle traumatique, l'effet d'une séduction* subie dans l'enfance.

A partir de 1897, date à laquelle il abandonne cette théorie, Freud entreprend de remanier sa conception de la sexualité mais maintient que le refoulement* des motions sexuelles demeure la cause d'un conflit psychique qui conduit à la névrose*.

En 1898, l'idée d'une sexualité infantile devient explicite. Le texte « La sexualité dans l'étiologie des névroses » est ainsi l'occasion de réfuter la thèse d'une disposition névropathique particulière fondée sur l'indication d'une dégénérescence générale, et Freud insiste sur le fait que l'étiologie de la névrose ne peut résider ailleurs que « dans les expériences vécues de l'enfance, et cela à nouveau – et exclusivement – dans des impressions concernant la vie sexuelle. On a tort, dit-il, de négliger totalement la vie sexuelle des enfants ; ils sont, autant que je le sache, capables de toutes les réalisations sexuelles psychiques et de nombreuses réalisations somatiques ». Après avoir noté que ces expériences sexuelles infantiles ne développent l'essentiel de leur action qu'en des périodes ultérieures de la maturation, Freud précise : « Dans l'intervalle entre l'expérience de ces impressions et leur reproduction (ou bien plutôt le renforcement des impulsions libidinales qui en découlent), non seulement l'appareil sexuel somatique mais également l'appareil psychique ont connu un développement considérable, et c'est pourquoi de l'influence de ces expériences sexuelles précoces résulte maintenant une réaction psychique anormale, et des formations psychopathologiques apparaissent. »

Par la suite, le matériau clinique accumulé dans ses cures conduit Freud à constater que la sexualité n'apparaît pas toujours explicitement dans les rêves* et les fantasmes*, mais fréquemment sous des travestissements qu'il faut savoir décrypter. Aussi est-il conduit à étudier les aberrations, les perversions* sexuelles et les origines de la sexualité, c'est-à-dire la sexualité infantile.

Tel est le propos des *Trois Essais sur la théorie sexuelle** publiés en 1905. C'est dans la version initiale de ce livre que Freud recourt pour la première fois au mot pulsion. Dans un passage ajouté en 1910, il en donne une définition générale qui, pour l'essentiel, ne subira aucune modification : « Par *pulsion*, nous ne pouvons de prime abord rien désigner d'autre que la représentation psychique d'une source endosomatique de stimulations, s'écoulant de façon continue, par opposition à la stimulation, produite par des excitations sporadiques et externes. La pulsion est donc l'un des concepts de la démarcation entre le psychique et le somatique. » Dès la première édition des *Trois Essais*, il est essentiellement question de la *pulsion sexuelle* dont la définition donne à elle seule la mesure de la révolution que Freud fait subir à la conception dominante de la sexualité, qu'elle soit celle du sens commun ou celle de la sexologie*. Pour Freud, la pulsion sexuelle, différente de l'instinct sexuel, ne se réduit pas aux seules activités sexuelles habituellement répertoriées avec leurs buts et leurs objets, elle est une poussée dont la *libido* constitue l'énergie.

De l'enfance à la puberté, la pulsion sexuelle n'existe pas comme telle mais prend la forme d'un ensemble de pulsions partielles, qu'il importe de ne pas confondre avec les pulsions catégorielles (dont Freud a toujours rejeté l'existence comme en témoigne par exemple sa réfutation de l'idée d'une pulsion grégaire dans *Psychologie des masses et analyse du moi**). Le caractère sexuel des pulsions partielles, dont la somme constitue le fondement de la sexualité infantile, se définit en un premier temps par un processus d'étayage* sur d'autres activités somatiques liées à des zones particulières du corps qui acquièrent de cette manière le statut de zones érogènes. Ainsi, la satisfaction du besoin nutritif, obtenue par la succion, a été une source de plaisir, et les lèvres sont devenues une zone érogène, origine d'une pulsion partielle. En un second temps, cette pulsion partielle, dont le caractère sexuel est ainsi lié au processus d'érotisation de la zone corporelle considérée, se sépare de son objet d'étayage pour devenir autonome. Elle fonctionne alors de manière auto-érotique. Ce registre de l'auto-érotisme* constitue la phase préparatoire de la mise en place de ce que Freud appellera, quelques années plus tard, le narcissisme primaire, lui-même résultat de la convergence des pulsions partielles sur le moi* tout entier et non plus seulement sur une zone corporelle particulière. Ultérieurement, la pulsion sexuelle pourra trouver son unité par la satisfaction génitale et la fonction de procréation.

Dans les *Trois Essais*, Freud esquisse une distinction entre les pulsions sexuelles et les autres pulsions, liées à la satisfaction de besoins primaires. Cinq ans plus tard, dans « Le trouble psychogène de la vision dans la conception psychanalytique », il énonce son premier dualisme pulsionnel en opposant les pulsions sexuelles, dont l'énergie est d'ordre libidinal, aux pulsions d'autoconservation, qui ont pour but la conservation de l'individu : « Toutes les pulsions organiques qui sont à l'œuvre dans notre âme peuvent être classées, suivant les mots du poète, en *faim* et en *amour.* » Cette classification ne doit pas éclipser ce qui oppose ces deux sortes de pulsions puisque les pulsions d'autoconservation, appelées aussi pulsions du moi, participent de la défense* du moi contre son envahissement par les pulsions sexuelles.

Dans un texte de 1911, « Formulation sur les deux principes du cours des événements psychiques », Freud distribue ces deux groupes pulsionnels selon les modalités de fonctionnement de l'appareil psychique : les pulsions sexuelles sont sous la domination du principe de plaisir*, les pulsions d'autoconservation sont au service du développement psychique déterminé par le principe de réalité*.

En 1914, le développement du concept de narcissisme bouleverse ce dualisme. A partir de ses propres observations sur les psychoses* et de la lecture des travaux d'Eugen Bleuler*, Karl Abraham* et Emil Kraepelin*, Freud constate que dans ces formes pathologiques, on se trouve en présence d'un retrait de la *libido* des objets extérieurs et d'un retour de cette *libido* sur le moi qui devient ainsi lui-même objet d'amour. Ce remaniement consiste donc en une distribution nouvelle des pulsions sexuelles, sur le moi d'une part, d'où l'appellation de *libido* du moi (ou *libido* narcissique), sur les objets extérieurs d'autre part, d'où l'appellation de *libido* d'objet.

Progressivement, cette nouvelle conception s'impose. Freud indique explicitement, dans « Pour introduire le narcissisme », que « la distinction dans la *libido* d'une part qui est propre au moi et d'une autre qui s'attache aux objets est la suite inévitable d'une première hypothèse qui séparait les unes des autres des pulsions sexuelles et des pulsions du moi ».

Il semble bien qu'en 1914 Freud ait été tenté d'abandonner la conception dualiste au profit d'un retour à une perspective moniste qui l'aurait rapproché de l'idée jungienne de *libido* originaire. Jean Laplanche et Jean-Bertrand Pontalis font observer que Freud ne prend acte de cette dérive qu'après avoir mis en place, en 1920, un nouveau dualisme opposant les pulsions de vie aux pulsions de mort. En fait, ce n'est qu'en 1923, dans « "Psychanalyse" et "théorie de la *libido*" », que Freud évoque ce moment d'hésitation entre l'hypothèse dualiste et la conception moniste.

En 1915, dans le cadre de son grand projet de métapsychologie*, Freud procède, sous le titre « Pulsions et destins des pulsions », à une récapitulation des connaissances acquises à propos du concept de pulsion dont il précise que pour être « encore assez confus pour l'instant », il n'en reste pas moins indispensable « en psychologie ». Il rappelle d'abord le caractère limite (entre le psychique et le somatique) de la pulsion, représentant psychique des excitations issues du corps et parvenant au psychisme. Sont ensuite énumérées et définies les quatre caractéristiques de la pulsion. La « poussée » constitue l'essence même de la pulsion et la situe comme moteur de l'activité psychique. Le « but », c'est-à-dire la satisfaction, suppose la suppression de l'excitation à l'origine de la pulsion ; ce processus peut comporter des « buts intermédiaires » ou même des échecs, illustrés par ces pulsions, appelées pulsions « inhibées quant au but », qui ont partiellement dérivé de leur trajectoire. L'« objet » de la pulsion, moyen pour la pulsion d'atteindre son but et qui n'est pas toujours originellement lié à la pulsion. (Alfred Adler*, cité par Freud, l'avait noté en parlant d'« entrecroisement des pulsions » : un même objet peut servir simultanément à la satisfaction de plusieurs pulsions.) Enfin, la « source » des pulsions est le processus somatique localisé dans une partie du corps ou dans un organe et dont l'excitation est représentée dans le psychisme par la pulsion.

Mais ce texte de 1915 est aussi l'occasion d'un nouveau développement sur le « devenir des pulsions sexuelles ». Freud conserve le dispositif théorique fondé sur le dualisme mais ne prend pas encore la mesure du changement qu'il est en train d'effectuer qui conduira à l'opposition *libido* du moi/*libido* d'objet. Aussi écrit-il : « Il est toujours possible qu'une étude approfondie des autres affections névrotiques (surtout des psychonévroses narcissiques : les schizophrénies*) nous oblige à changer cette formule et, en même temps, à grouper autrement les pulsions originaires. Mais pour l'instant nous ne connaissons pas cette nouvelle formule et nous n'avons même pas d'argument qui viendrait contredire notre opposition entre pulsions du moi et pulsions sexuelles. »

Les pulsions sexuelles peuvent connaître quatre destinées : le renversement, le retournement sur la personne propre, le refoulement et la sublimation*. Dans ce cadre, Freud traite des deux premiers destins et laisse de côté la sublimation. Quant au refoulement, il lui consacre un texte spécifique dans son recueil sur la métapsychologie*.

Traitant du renversement de la pulsion en son contraire, il distingue deux cas de figure. Dans le premier, illustré par l'opposition sadisme*/masochisme* et voyeurisme/exhibitionnisme, le renversement s'opère quant au but. Le second, illustré par la transformation de l'amour en haine, concerne le renversement du contenu. Ce dernier exemple est l'occasion d'observer que la haine ne peut se réduire à la seule figure inversée de l'amour. Sans doute faut-il postuler à ce sujet l'existence d'une configuration plus ancienne que l'amour, « archétype » de ce que sera quelques années plus tard, sous la plume de Freud, la pulsion de mort. L'analyse du retournement de la pulsion sur la personne propre permet à Freud de cerner la relation entre le sadisme et le masochisme, alors envisagé comme le retournement d'un sadisme originaire. En 1924, Freud transformera radicalement cette conception dans un texte intitulé « Le problème économique du masochisme ».

En 1920, avec la publication d'*Au-delà du principe de plaisir**, Freud met en place un nouveau dualisme pulsionnel opposant les pulsions de vie aux pulsions de mort : le retentissement sera immense, tant par ses effets sur la pensée philosophique du XXe siècle que par les polémiques et les rejets que suscitera cette thèse au sein même du mouvement psychanalytique.

La particularité de cette nouvelle élaboration conceptuelle réside dans son caractère spéculatif, souvent dénoncé comme une faiblesse rédhibitoire par ses adversaires. Cependant, c'est à partir de l'observation de la compulsion de répétition* que Freud songe à théoriser ce qu'il appelle la pulsion de mort. D'origine inconsciente et donc difficilement contrôlable, cette compulsion conduit le sujet à se placer de manière répétitive dans des situations douloureuses, répliques d'expériences anciennes. Même si l'on ne peut éliminer toute trace de satisfaction libidinale dans ce processus, ce qui contribue à le rendre difficilement observable à l'état pur, le seul principe de plaisir ne peut en rendre compte.

Freud reconnaît ainsi un caractère « démoniaque » à cette compulsion de répétition, qu'il compare à la tendance à l'agression reconnue par Adler en 1908. A cette époque, Freud avait pourtant refusé de la prendre en compte bien que l'analyse du petit Hans (Herbert Graf*) lui en eût démontré l'existence. Il la rapporte également à cette tendance destructrice et autodestructrice qu'il a repérée dans ses études sur le masochisme. La mise en relation de ces observations avec le constat, d'ordre philosophique, selon lequel la vie est inévitablement précédée d'un état de non-vie conduit Freud à l'hypothèse qu'il existe une pulsion dont la finalité, ainsi qu'il l'exprime dans l'*Abrégé de psychanalyse**, « est de ramener ce qui vit à l'état inorganique ». La pulsion de mort devient alors le prototype de la pulsion, pour autant que la spécificité pulsionnelle réside dans ce mouvement régressif d'un retour à l'état antérieur. Mais la pulsion de mort ne saurait être localisée ou même isolée, à l'exception peut-être, comme il est précisé dans *Le Moi et le Ça**, de l'expérience de la mélancolie*. Par ailleurs, Freud souligne en 1933 dans les *Nouvelles Conférences d'introduction à la psychanalyse**, que la pulsion de mort ne peut « être absente d'aucun processus de vie » : elle se confronte en permanence avec l'*eros*, les pulsions de vie, regroupement des pulsions sexuelles et des pulsions rassemblées naguère sous l'étiquette de pulsions du moi. « De l'action conjuguée et opposée » des deux groupes de pulsions, pulsions de mort, pulsions de vie, « procèdent les manifestations de la vie, auxquelles la mort met un terme ».

Malgré les objections et l'opposition Freud ne se laissera jamais impressionner. Parfaitement conscient, ainsi qu'il le déclare en 1926 dans l'article encyclopédique « Psycho-Analysis », que « la doctrine des pulsions est un domaine obscur même pour la psychanalyse », il revendique cette opacité comme une caractéristique de la pulsion. « La théorie des pulsions est pour ainsi dire notre mythologie, affirme-t-il en 1933. Les pulsions sont des êtres mythiques, formidables dans leur imprécision. » On comprend alors que les critiques, qui arguaient notamment de l'absence de preuves empiriques pour valider l'existence d'une pulsion de mort, lui soient apparues inconsistantes et l'aient conduit à affirmer, dans *Le Malaise dans la culture** : « Je ne comprends plus que nous puissions rester aveugles à l'ubiquité de l'agression et de la destruction non érotisées et négliger de leur accorder la place qu'elles méritent dans l'interprétation des phénomènes de vie. » En 1937, il réaffirmait encore, dans « L'analyse avec fin et l'analyse sans fin », que la seule évocation du masochisme, des résistances* thérapeutiques ou de la culpabilité névrotique suffit à soutenir « l'existence dans la vie de l'âme d'une puissance, que d'après ses buts nous appelons pulsion d'agression ou de destruction, et que nous dérivons de l'originaire pulsion de mort de la matière animée ».

La descendance freudienne n'est pas unanime dans ce rejet de la dernière élaboration de la théorie des pulsions. Ainsi Melanie Klein* opère-t-elle un renversement complet du second dualisme pulsionnel en considérant que les pulsions de mort participent de l'origine de la vie aussi bien sur le versant de la relation d'objet que sur celui de l'organisme. Pour l'organisme, les pulsions de mort contribuent, par le biais de l'angoisse, à installer le sujet dans cette position dépressive* faite de crainte et de destruction.

Dans son séminaire de 1964, Jacques Lacan* considère la pulsion comme l'un des quatre concepts fondamentaux de la psychanalyse. Guidé par une lecture exigeante du texte freudien de 1915, qu'il réintitule « Les pulsions et leurs vicissitudes », Lacan dégage la démarche freudienne de ses assises biologiques et insiste sur le caractère constant du mouvement de la pulsion, mouvement arythmique, qui la distingue de toutes les conceptions fonctionnelles. L'approche lacanienne de la pulsion s'inscrit dans une approche de l'inconscient en termes de manifestation du manque et du non-accompli. A ce titre, la pulsion est envisagée sous la catégorie du réel*. Rappelant ce que dit Freud de l'indépendance de l'objet vis-à-vis de la pulsion et du fait que n'importe quel objet peut être amené à remplir la fonction d'un autre pour la pulsion, Lacan souligne que l'objet de la pulsion ne peut être assimilé à aucun objet concret. Pour saisir l'essence du fonctionnement pulsionnel, il faut concevoir l'objet comme étant de l'ordre d'un creux, d'un vide, désigné de façon abstraite et non représentable : l'objet (petit) a*.

Pour Lacan, la pulsion est donc un montage caractérisé par une discontinuité et une absence de logique rationnelle au moyen duquel la sexualité participe de la vie psychique en se conformant à la « béance » de l'inconscient.

Lacan développe en fait l'idée que la pulsion est toujours partielle. Le terme est ici à entendre en un sens plus général que celui retenu par Freud. En adoptant le terme d'objet partiel, issu de Karl Abraham et des kleiniens, il introduit deux nouveaux objets pulsionnels en plus des fèces et du sein : la voix et le regard. Il les nomme : objets du désir*.

● Sigmund Freud, « Esquisse d'une psychologie scientifique » (1895), in *La Naissance de la psychanalyse* (New York, 1950), Paris, PUF, 1956 ; « La sexualité dans l'étiologie des névroses » (1898), *OC*, III, 215-240, *GW*, I, 491-516, *SE*, III, 259-285 ; *Trois Essais sur la théorie sexuelle*, (1905), *GW*, V, 29-145, *SE*, VII, 123-243, Paris, Gallimard, 1987 ; *Psychologie des masses et analyse du moi* (1921), *OC*, XVI, 1-83, *GW*, XIII, 73-161, *SE*, XVIII, 65-143 ; « Le trouble de vision psychogène dans la conception psychanalytique » (1910), *OC*, X, 177-186, *GW*, VIII, 94-102, *SE*, XI, 209-218 ; « Formulation sur les deux principes du cours des événements psychiques » (1911), *GW*, VIII, 230-238, *SE*, XII, 213-226, in *Résultats, idées, problèmes*, vol. I, Paris, PUF, 1984, 135-143 ; « Pour introduire le narcissisme » (1914), *GW*, X, 138-170, *SE*, XIV, 67-102, in *La Vie sexuelle*, Paris, PUF, 1969, 81-105 ; « Sur les transpositions de pulsions plus particulièrement dans l'érotisme anal » (1917), *GW*, X, 402-410, *SE*, XVII, 125-133, in *La Vie sexuelle*, Paris, PUF, 1969 ; « "Psychanalyse" et "théorie de la *libido*" » (1923), *GW*, XIII, 211-233, *SE*, XVIII, 235-259, in *Résultats, idées, problèmes*, vol. II, Paris, PUF, 1985, 51-77 ; « Pulsions et destins des pulsions » (1915), *OC*, XIII, 161-185, *GW*, X, 209-232, *SE*, XIV, 109-140 ; « Le problème économique du masochisme » (1924), *OC*, XVII, 9-23, *GW*, XIII, 371-383, *SE*, XIX, 139-145 ; *Au-delà du principe de plaisir* (1920), *GW*, XIII, 3-69, *SE*, XVIII, 1-64, *OC*, XV, 273-339 ; *Abrégé de psychanalyse* (1938), *GW*, XVII, 67-138, *SE*, XXIII, 139-207, Paris, PUF, 1967 ; *Nouvelles Conférences d'introduction à la psychanalyse* (1933), *OC*, XIX, 83-268, *GW*, XV, *SE*, XXII, 5-182 ; « Psycho-Analysis » (1926), *GW*, XIV, 299-307, *SE*, XX, 259-270, in *Résultats, idées, problèmes*, vol. II, Paris, PUF, 1985, 153-160 ; *Le Malaise dans la culture* (1930), *OC*, XVIII, 245-333, *GW*, XIV, 421-506, *SE*, XXI, 64-145 ; « L'analyse avec fin et l'analyse sans fin » (1937), *GW*, XVI, 59-99, *SE*, XXIII, 209-253, in *Résultats, idées, problèmes*, vol. II, Paris, PUF, 1985, 231-268. Melanie Klein, *La Psychanalyse des enfants* (1932), Paris, PUF, 1959. Jacques Lacan, *Le Séminaire*, livre XI, *Les Quatre Concepts fondamentaux de la psychanalyse* (1963-1964), Paris, Seuil, 1973. Jean Laplanche et Jean-Bertrand Pontalis, *Vocabulaire de la psychanalyse*, Paris, PUF, 1967. Jean-Bertrand Pontalis, « L'utopie freudienne », in *Après Freud*, Paris, Gallimard, 103-120. Jean Laplanche, *Vie et mort en psychanalyse*, Paris, Flammarion, 1970. Henri F. Ellenberger, *Histoire de la découverte de l'inconscient*, (New York, 1970, Villeurbanne, 1974), Paris, Fayard, 1994.

▷ DÉSIR. OBJET (BON ET MAUVAIS). OBJET (RELATION D'). OBJET TRANSITIONNEL. POSITION DÉPRESSIVE/POSITION PARANOÏDE-SCHIZOÏDE.

PUTNAM James Jackson (1846-1918)

médecin et psychanalyste américain

Pionnier de la psychanalyse* aux États-Unis*, militant de la cause des femmes (et notamment de leurs droits à recevoir une formation médicale), James Jackson Putnam était né à Boston et, comme l'écrivain Nathaniel Hawthorne (1804-1864), il descendait d'une illustre famille puritaine de la Nouvelle-Angleterre autrefois installée à Salem, haut lieu de terreurs sexuelles et de chasses aux sorcières. Élevé dans la confession unitarienne, il rejetait le péché originel, mais ainsi que le souligne l'historien Nathan G. Hale, il acceptait « la réalité du mal, la nécessité d'une lutte morale et le jugement de Dieu. C'est, pensait-il, dans l'effort pour se rendre meilleur et contribuer au progrès – défini comme le "bien du plus grand nombre" et la "découverte de la vérité" – que l'homme donne sa pleine mesure. Cette conception du progrès englobe également la connaissance scientifique et les vérités non reconnues ».

D'abord étudiant à la Harvard Medical School, il voyagea ensuite en Europe, où il fut l'élève de Theodor Meynert* et de Hughlings Jackson*. Puis il consacra sa carrière à la neurologie. Grâce à son ami William James (1877-1910), premier Américain à porter attention aux *Études sur l'hystérie**, Putnam se tourna vers le freudisme* et devint l'un des champions de l'école bostonienne de psychothérapie* aux côtés de Josiah Royce*, William James et beaucoup d'autres.

A partir de 1880, en étudiant les névroses* traumatiques sur des malades d'origine populaire, il constata que les troubles ne relevaient pas de la physiologie mais de causes psychologiques. D'où son intérêt pour les thèses dynamiques de la fin du siècle : hypnotisme, suggestion* et psychanalyse*. A l'égard de la théorie de la sexualité*, il fut toujours réservé. Mais il ne la rejeta jamais et livra un courageux combat contre la morale sexuelle de la société américaine, particulièrement répressive envers ceux qui transgressaient les lois dites sacrées du mariage monogame ou refusaient de limiter l'acte sexuel à la procréation.

Spiritualiste et moraliste, Putnam n'appréciait guère le matérialisme freudien et récusait le biologisme au profit d'une théorie de la volonté créatrice. C'est pourquoi, en 1906, il qualifia de conversion son adhésion à la doctrine viennoise, à laquelle il apporta tout le poids de son idéal religieux et puritain. Sigmund Freud* ne partageait pas son opinion philosophique et, dans une lettre du 8 juillet 1915, à propos de son livre *Human Motives* il lui fit part de ce qu'il pensait de la morale en général et de la morale sexuelle américaine en particulier : « La moralité sexuelle telle que la société – et au plus haut degré la société américaine – la définit me paraît extrêmement méprisable [...]. Quand je me demande pourquoi je me suis toujours efforcé d'avoir honnêtement des égards pour autrui et si possible de la bienveillance envers autrui, et pourquoi je n'y ai pas renoncé quand j'ai remarqué que l'on se fait du tort avec un tel comportement [...], je ne trouve vraiment aucune réponse [...]. Vous pourriez donc citer mon cas comme preuve de votre hypothèse selon laquelle ces impulsions sont une part essentielle de notre nature même. »

En 1908, Putnam rencontra Ernest Jones*, alors assistant de psychiatrie à Toronto au Canada*, et, dix mois plus tard, il assista aux cinq conférences données par Freud à la Clark University de Worcester en présence de William James, Adolf Meyer*, Stanley Grandville Hall* et du grand anthropologue Franz Boas (1858-1942). Il invita alors Freud à séjourner dans son ranch de Keene Valley dans les Adirondacks en compagnie de Sandor Ferenczi* et Carl Gustav Jung*. Sur ce voyage un peu rude au cœur des paysages si bien décrits par Jack London (1876-1916), Freud envoya à sa famille une lettre humoristique : « On se lave dans des bols, on boit dans des sortes de chopes, etc. Mais naturellement rien ne manque et nous avons découvert qu'il y a des manuels spéciaux sur le camping pour apprendre à se servir de tout cet équipement primitif. »

A partir de 1909, Putnam eut une correspondance suivie avec Freud et publia quarante-trois articles, dont vingt-deux exclusivement sur la psychanalyse, qui jouèrent un rôle important pour l'introduction du freudisme sur le sol américain, notamment dans le milieu médical. Par ailleurs, Putnam continua à s'occuper de neurologie tout en pratiquant la psychanalyse avec une vingtaine de patients souffrant de névrose* d'angoisse, d'hystérie* et de troubles obsessionnels.

En 1911, âgé de 65 ans, il traversa l'Atlantique pour se rendre à Weimar au congrès de l'International Psychoanalytical Association* (IPA). En chemin, il s'arrêta à Zurich où Freud, hébergé par Jung, le reçut pour une cure psychanalytique d'une durée de six heures. L'amitié qui unissait les deux hommes dans le respect de leurs divergences dura encore quelques années. Elle témoignait en tout cas d'une sorte d'âge d'or de la psychanalyse, quand les relations conflictuelles ne tournaient pas toutes à la lutte institutionnelle.

L'idéalisme putnamien restait trop proche d'une mentalité de vieux trappeur hygiéniste pour s'imposer comme une composante majeure du mouvement psychanalytique américain, alors en pleine expansion. En 1911, Putnam devint membre de l'American Psychoanalytic Association* (APsaA) créée un an après la fondation de l'IPA. En 1914, il présida aux destinées de la Boston Psychoanalytic Society (BoPs). Mais à cette date, l'époque héroïque était déjà révolue, et ce fut un nouvel acteur, Abraham Arden Brill*, qui fit basculer le mouvement américain vers sa deuxième composante : le pragmatisme adaptatif.

• James Jackson Putnam, *Human Motives*, Boston, Little Brown and Co, 1915 ; *Adresses on Psycho-Analysis*, Londres, International Psychoanalytical Press, 1921. Sigmund Freud, « James J. Putnam », *GW*, XII, 315, *SE*, XVII, 71-72, « Préface à J.J. Putnam », in *Adresses on Psycho-Analysis*, *SE*, XVIII, 269-270, *OC*, XVI, 21-23. *L'Introduction de la psychanalyse aux États-Unis. Autour de James Jackson Putnam* (Londres, 1968), Nathan G. Hale (éd.), Paris, Gallimard, 1978, 17-86. Nathan G. Hale, *Freud and the Americans. The Beginnings Psychoanalysis in the United States, 1876-1917*, vol. 1 (1971), New York, Oxford, Oxford University Press, 1995. Ellie Ragland-Sullivan, « James Jackson Putnam, 1846-1918 », *Ornicar ?*, 47, oct-déc. 1988, 88-104.

▷ *EGO PSYCHOLOGY*. EMERSON Louville Eugène. JELLIFFE Ely Smith. NAZISME. PESTE. *SUR LA PSYCHANALYSE. CINQ CONFÉRENCES*. WHITE William Alanson.

Q

QUESTION DE L'ANALYSE PROFANE (LA)

Ouvrage de Sigmund Freud* publié en allemand en 1926 sous le titre *Die Frage der Laienanalyse*. Traduit pour la première fois en français en 1928 par Marie Bonaparte* sous le titre *Psychanalyse et Médecine*, il fut retraduit en 1985 par Janine Altounian, Odile Bourguignon, Pierre Cotet et Alain Rauzy sous le titre *La Question de l'analyse profane*. Cette traduction fut légèrement révisée en 1994 par la même équipe de traducteurs. Traduit en anglais pour la première fois en 1927 par A.P. Maerker-Branden sous le titre *The Problem of Lay-Analysis*, en 1947 par Nancy Procter-Gregg sous le titre *The Question of Lay-Analysis*, puis en 1959 par James Strachey* sous le titre *The Question of Lay-Analysis*.

La postface, « Nachtwort zur Frage der Laienanalyse », a été publiée en allemand en 1927 puis ajoutée en 1928 à l'ouvrage. Elle a été traduite pour la première fois en français en 1985 et ajoutée à la deuxième édition de l'ouvrage. La traduction française de 1994 la restitue dans son intégralité, incluant le passage supprimé par Freud sur les conseils de Max Eitingon* et de Ernest Jones* qui le jugeaient trop offensant pour les Américains. Cette dernière édition contient en outre des notes de 1935 ainsi qu'un post-scriptum de la même année destinés à une édition américaine qui ne fut

jamais publiée. Ces documents, retrouvés par Ilse Grubrich-Simitis, ne figurent dans aucune édition anglaise ou américaine. La postface a été traduite pour la première fois en anglais en 1927 sous le titre « Concluding remarks on the question of lay analysis », puis en 1950 par James Strachey sous le titre « Postscript to a discussion on lay analysis ».

C'est au printemps 1926, à la suite de la plainte d'un ancien patient, que Theodor Reik* est menacé d'un procès pour exercice illégal de la médecine, en vertu d'une ancienne loi autrichienne réprimant le « charlatanisme ». Les ennuis de Reik ont commencé deux ans plus tôt, lorsque le physiologiste Arnold Durig (1872-1961), membre du Conseil supérieur de la santé de la ville de Vienne*, a demandé à Freud un avis d'expert sur la question de l'analyse pratiquée par les non-médecins. Freud fait état de ces premiers incidents dans une lettre à Karl Abraham* du 11 novembre 1924, inédite en français, dans laquelle il dit son espoir que cette affaire demeure sans suites. L'avis de Freud n'ayant apparemment pas convaincu ses interlocuteurs, Reik, alors membre de la Wiener Psychoanalytische Vereinigung (WPV), se voit interdire l'exercice de la psychanalyse le 24 février 1925. Cette interdiction s'inscrit dans un climat répressif qu'illustrent la limitation de l'accès de la polyclinique psychanalytique de Vienne aux seuls détenteurs d'un diplôme de médecine, suite à un rapport du professeur Wagner-Jauregg*, et aux attaques incessantes de l'Association des analystes médecins indépendants, dirigée par Wilhelm Stekel*, contre la WPV.

A la suite de la sanction qui frappe Reik, Freud intervient de nouveau, auprès de Julius Tandler* cette fois, professeur d'anatomie et rapporteur à la santé publique auprès de la municipalité de Vienne. Dans ce que l'on pense être le texte de cette intervention épistolaire, Freud renverse d'emblée la formulation habituelle de la question : le « laïque » ou le « profane » n'est pas l'analyste non-médecin mais « quiconque n'a pas acquis une formation tant théorique que technique suffisante en psychanalyse*, et cela qu'il possède ou non un diplôme médical ». Pour Freud, « la psychanalyse, bien que née sur un terrain médical, n'est plus depuis longtemps une affaire purement médicale » et si l'on ne peut ni ne doit empêcher personne de s'y intéresser, c'est seulement « en se faisant soi-même analyser et en exerçant l'analyse sur d'autres » que l'on peut acquérir « l'expérience et la conviction en psychanalyse ».

A en juger par la relance de la procédure contre Reik, cette seconde démarche n'eut pas plus de succès que la précédente. Sans doute est-ce pour cela que, sans attendre, dans un contexte émotionnel marqué par le procès de l'affaire Hug-Hellmuth* qui s'était déroulé en mars 1925 et dont la presse viennoise avait largement fait état, Freud rédigea son texte *La Question de l'analyse profane*, sous-titré *Entretiens avec un interlocuteur impartial*, lequel semble être le physiologiste Arnold Durig qui, initialement, lui avait demandé son avis sur la question.

L'ouvrage est publié à l'automne 1926. Son objectif dépasse largement la seule défense de Reik et plus généralement des analystes non-médecins. Le propos de Freud s'inscrit dans un autre débat qui, pour porter sur la question de l'analyse profane, traite en fait de la formation des psychanalystes et concerne au premier chef le mouvement psychanalytique international lui-même. C'est en effet en 1925 que le président de la New York Psychoanalytic Society (NYPS), Abraham Arden Brill*, a annoncé son intention de rompre avec Freud en raison de cette question et c'est à l'automne 1926, au moment de la publication du texte de Freud, que l'État de New York déclare illégale la pratique de l'analyse par les non-médecins. Les enjeux du conflit qui vient d'éclater et qui n'est pas près de se clore concernent donc, au-delà du seul rapport avec la médecine, les contours institutionnels de la psychanalyse, ses fondements épistémologiques et son caractère universaliste, garant d'une question que l'actualité géopolitique va bientôt rendre brûlante, celle de l'émigration. En un mot, celui de Jean-Bertrand Pontalis dans son avant-propos à l'édition française de 1985, on peut dire que « pour Freud, assurément, la question de l'analyse profane, c'est la question de l'analyse elle-même ».

Après une brève introduction, occasion pour Freud de faire remarquer, non sans humour, que pendant longtemps on ne s'était guère soucié de savoir qui pratiquait la psychanalyse parce que l'on était unanime à souhaiter que « *personne* ne l'exerçât », les cinq premiers chapitres du livre présentent la théorie psychanalytique d'une façon didactique, par le biais de questions variées et précises, remarques critiques et objections, que Freud prête à son « interlocuteur impartial ».

C'est à la fin du cinquième chapitre qu'est abordé le domaine institutionnel, lorsque l'interlocuteur, auquel Freud vient d'exposer les principes et les règles qui président au déroulement de la cure, interroge : « Où apprend-on ce dont on a besoin pour pratiquer l'analyse ? » Freud mentionne alors l'existence de l'institut du Berliner Psychoanalytisches Institut* (BPI) dirigé par Max Eitingon*, fait état de la formation dispensée à Vienne, évoquant au passage les multiples difficultés que les autorités créent « à cette jeune entreprise », et annonce l'ouverture, « sous peu », d'un troisième institut d'enseignement à Londres, sous la direction d'Ernest Jones*.

La question du rapport avec la médecine commence à être discutée après que l'interlocuteur a fait valoir que la psychanalyse pourrait fort bien être considérée comme une spécialité médicale parmi d'autres. Freud répond que tout médecin observant l'ensemble des conceptions théoriques et des règles jusqu'ici évoquées sera le bienvenu, mais que force est de prendre acte d'une réalité toute différente, caractérisée par la lutte que l'ensemble des médecins mènent contre l'analyse. Cette attitude, outre qu'elle suffit à ôter au corps médical tout droit historique à se prétendre propriétaire de la psychanalyse, conduit Freud à s'adresser, au-delà de son interlocuteur, au législateur autrichien : le « charlatan » est « celui qui entreprend un traitement sans posséder les connaissances et les capacités requises ». Il précise ainsi qu'à ce titre, en matière d'analyse, ce sont les médecins qui forment le gros du contingent de « charlatans » puisque, le plus souvent, « ils pratiquent le traitement analytique sans l'avoir appris et sans le comprendre ». Freud est ainsi résolument offensif, soulignant que la formation médicale est particulièrement mal adaptée à la préparation à l'exercice de la psychanalyse. Désireux de ne pas abandonner tout à fait le terrain de l'affaire Reik, Freud évoque la question générale de l'intervention des pouvoirs publics quant à la réglementation de la pratique de l'analyse, et met en garde contre la propension à réglementer et à interdire, caractéristique de ce qui se passe en Autriche. Il rappelle qu'en matière de psychologie, et même de parapsychologie, il importe de respecter la liberté intellectuelle, les interdictions n'ayant jamais étouffé l'intérêt des hommes pour les choses mystérieuses ou prétendues telles.

Averti que, sur ces questions, l'unanimité est loin d'être acquise au sein du mouvement psychanalytique, Freud prend les devants : il établit une distinction théorique, dont il minimisera la portée par la suite, entre l'établissement d'un diagnostic, acte médical préalable à la prescription d'une thérapie psychanalytique, et le traitement lui-même, qui doit toujours être le fait du psychanalyste, qu'il soit ou non médecin. Ne pourrait-on pas, propose alors l'interlocuteur, autoriser ceux des analystes non-médecins qui ont fait leurs preuves et décider qu'à l'avenir la formation médicale sera la règle ? Devant cette ultime tentative de compromis, Freud aborde de front la question de la formation des analystes, et affirme que son objectif, la création d'une école supérieure de psychanalyse, suppose la mise en place d'un enseignement qui, bien loin de se limiter aux seules connaissances médicales, engloberait l'histoire des civilisations, la mythologie, la littérature et reposerait sur le postulat de l'autonomie du registre psychique au regard du substrat physiologique.

Mais la connaissance livresque ne peut suffire aux spécialistes des sciences de l'esprit, aux pédagogues notamment, pour réussir dans leur entreprise d'application ; il leur faudra s'être soumis eux-mêmes à une analyse et l'on aura besoin pour cela d'analystes didacticiens dotés d'une formation particulièrement aboutie, bien éloignée des connaissances médicales.

Si Freud insiste tant sur la question de la formation, c'est que, loin de chercher à installer la psychanalyse dans une tour d'ivoire, il veut au contraire la confronter à toutes les formes de connaissance. Il ne s'agit donc pas, en récusant le modèle de la formation médicale, de prôner l'improvisation ou la sauvagerie, mais bien de construire et développer la spécificité de la formation analytique. Il s'agit là d'une question des plus cruciales de l'histoire du mouvement psychanalytique : au cœur des conflits et des scissions*, elle témoigne *a posteriori* de la justesse de la position freudienne. En effet Freud ne s'y trompe pas : l'alternative médecin/non-médecin n'est rien d'autre pour lui, ainsi qu'il le dit à Sandor Ferenczi* dans une lettre en date du 11 mai 1920, que le « masque de la résistance à la psychanalyse et le plus dangereux de tous ».

Reik bénéficia finalement d'un non-lieu. Mais il est certain qu'il le dut davantage à la disqualification du plaignant qu'à l'effet produit par le livre de Freud.

Loin de réduire les contradictions qui commençaient de se manifester dans les milieux psychanalytiques à propos de ces questions, le livre de Freud ne fit en effet au contraire que les renforcer. Il fut alors décidé d'organiser, en prélude au congrès de Psychanalyse qui devait avoir lieu en 1927 à Innsbruck, une discussion générale sur le sujet. Introduit par Jones, le débat opposa notamment Freud et Eitingon. L'ensemble des interventions fut publié la même année dans l'*Internationale Zeitschrift für Psychoanalyse** et dans l'*International Journal of Psycho-Analysis**. Le dossier témoigne de l'âpreté des affrontements et de l'hostilité que suscita la position de

Freud. On y voit se dessiner une première division entre les Américains, unanimement opposés à la pratique de l'analyse par les non-médecins, et les Européens, eux-mêmes divisés entre ceux, Ferenczi, Edward Glover*, John Rickman* parmi d'autres, qui défendaient la position freudienne d'une psychanalyse totalement autonome au regard de la médecine et ceux, Jones et Eitingon entre autres, qui, tout en refusant que la psychanalyse se soumette à quelque autorité que ce soit, souhaitaient qu'elle demeure une profession médicale.

A la suite du congrès d'Innsbruck, Freud, de plus en plus isolé, rédigea ce qui allait devenir la postface à cet essai. Dans cette ultime intervention, il ne fait aucune concession et attaque plus particulièrement ses « confrères américains » auxquels il reproche une argumentation inconsistante qu'il assimile à « une tentative de refoulement ».

Ce souci de défendre la spécificité de sa découverte, de la maintenir irréductible à quelque approche que ce soit, scientifique (la médecine) ou spirituelle (la religion), Freud le réaffirmera sans la moindre ambiguïté, en 1938, alors qu'aux États-Unis* le bruit courait qu'il avait changé d'opinion. « Je ne puis imaginer, répondit-il, d'où peut provenir cette stupide rumeur concernant mon changement d'avis sur la question de l'analyse pratiquée par les non-médecins. Le fait est que je n'ai jamais répudié mes vues et je les soutiens avec encore plus de force qu'auparavant, face à l'évidente tendance qu'ont les Américains à transformer la psychanalyse en bonne à tout faire de la psychiatrie. »

C'est dans la perspective freudienne qu'il faut considérer la position de Jacques Lacan* sur ce sujet, et, au-delà, les contours de l'« exception française ».

Sur le plan juridique, la pratique de l'analyse profane* fut débattue en France à l'occasion de l'affaire Clark-Williams qui, par ses implications, constitua l'un des enjeux de ce qui sera la première scission du mouvement psychanalytique français, en 1953. Dans un premier temps, Margaret Clark-Williams, psychanalyste non-médecin qui effectuait des analyses d'enfants au centre Claude-Bernard, fondé par Georges Mauco*, est relaxée. Mais suite à l'appel de cette décision par l'Ordre des médecins, la neuvième chambre de la cour de Paris condamne la prévenue à une peine de principe tout en rendant hommage à sa moralité et à ses compétences. Ce procès fera jurisprudence jusqu'à l'arrêté du jugement du tribunal correctionnel de Nanterre du 9 février 1978, au terme duquel l'indépendance de la psychanalyse à l'égard de la médecine est juridiquement reconnue. Lacan, qui n'a pas déposé lors du procès, n'en défend pas moins, au cours des discussions qui ont lieu à ce sujet dans les cercles psychanalytiques et psychiatriques, les non-médecins, reprochant à Sacha Nacht*, alors président de la Société psychanalytique de Paris (SPP), de vouloir les abandonner complètement. En fait cette position de Lacan est conjoncturelle, dictée par ce qu'il considère être les intérêts immédiats de la psychanalyse. Très vite, Lacan conseillera à ses élèves de s'engager dans des études de médecine ou de philosophie, considérant que la protection de la formation des psychanalystes et de la psychanalyse elle-même doit s'exercer prioritairement contre la psychologie et le psychologisme qu'il dénonce comme un danger autrement plus périlleux que la médecine. Par la suite, dans la perspective ouverte par Freud, Lacan, à travers notamment des textes consacrés à l'enseignement et à la formation des analystes, cherchera à cerner la spécificité de l'acte psychanalytique et à montrer que si le psychanalyste ne peut être que « profane », c'est d'abord parce que son acte s'inscrit dans l'expérience psychanalytique qu'il a traversée.

● Sigmund Freud, *La Question de l'analyse profane* (1926), *OC*, XVIII, 1-92, *GW*, XIV, 209-286, *SE*, XX, 183-258 ; « Lettre à un correspondant anonyme », *Revue internationale d'histoire de la psychanalyse*, 1990, 3, 13-19. Françoise Carasso, *Freud médecin*, Arles, Actes Sud-INSERM, 1992. Susann Heenen-Wolff, « La discussion sur l'"analyse profane" », *Internationale Zeitschrift für Psychoanalyse* de l'année 1927, *Revue internationale d'histoire de la psychanalyse*, 3, 1990, 71-88. Peter Gay, *Freud. Une vie* (New York, 1988), Paris, Hachette, 1991. Ernest Jones, *La Vie et l'œuvre de Sigmund Freud* (New York, 1957), vol. 3, Paris, PUF, 1969. Harald Leupold-Löwenthal, « Le procès de Theodor Reik », *Revue internationale d'histoire de la psychanalyse*, 3, 1990, 57-69. Jean-Bertrand Pontalis, « Avant-propos », in Sigmund Freud, *La Question de l'analyse profane*, Paris, Gallimard, 1985, 9-21. Élisabeth Roudinesco, *Histoire de la psychanalyse en France*, vol. 2 (1986), Paris, Fayard, 1994. Michel Schneider, « La "question" en débat », in Sigmund Freud, *La Question de l'analyse profane*, Paris, Gallimard, 1985, 157-197. Georges Schopp, « L'affaire Clark-Williams, ou la question de l'analyse laïque en France », *Revue internationale d'histoire de la psychanalyse*, 3, 1990, 199-238. Alain Vanier, « Lacan et la *Laienanalyse* », *Revue internationale d'histoire de la psychanalyse*, 3, 1990, 275-288.

▷ BONAPARTE Marie. FREUDISME. HISTOIRE DE LA PSYCHANALYSE. PSYCHOTHÉRAPIE.

R

RACKER Heinrich (ou Enrique) (1910-1961)
médecin et psychanalyste argentin

D'origine polonaise, Heinrich Racker fit ses études à Vienne*, où il exerçait également l'art de la musique. Analysé d'abord par Jeanne Lampl-De Groot*, il émigra en Argentine* en 1939 et s'installa à Buenos Aires, où il reprit sa formation didactique avec Angel Garma*, puis Maria Langer*. Membre de l'Asociación Psicoanálitica Argentina (APA) en 1947, il s'intéressa à l'anthropologie*, à la philosophie, à l'esthétique et à l'histoire des religions avant de devenir un théoricien du contre-transfert*, attirant l'attention, dans une perspective assez poche de celle de Paula Heimann* et de Margaret Little, sur la nécessité de bien l'analyser au cours de la cure didactique. A sa mort, on donna son nom à un Centre de recherches et de formation à l'analyse didactique* où furent également enseignées les grandes œuvres de l'histoire du mouvement psychanalytique.

• Heinrich Racker, *Estudios sobre técnica psicoanalitica*, Buenos Aires, Paidós, 1968. Horacio Etchegoyen, *Los fundamentos de la técnica psicoanalítica*, Buenos Aires, Amorrortu editores, 1993.

RADO Sandor (1890-1972)
psychiatre et psychanalyste américain

Ami de Sandor Ferenczi* et cofondateur en 1913 de la Société psychanalytique de Budapest, Sandor Rado appartenait à la génération* des pionniers du freudisme*. Amateur de bonne chère et grand séducteur de femmes, il aimait conquérir celles de son entourage immédiat. Il soutenait par ailleurs une conception inégalitariste de la différence des sexes*, allant jusqu'à reprendre de façon caricaturale la thèse du phallocentrisme* pour affirmer que les filles renoncent à la masturbation par reconnaissance de la supériorité du pénis, ou encore qu'elles transforment la déception liée au manque de l'organe masculin par une propension au masochisme*. Cette thèse lui vaudra d'être attaqué par Karen Horney*.

C'est en 1915, après des études de médecine et de droit, qu'il découvrit l'œuvre de Sigmund Freud*, dont il se fit un disciple fanatique. Il se rendit alors à Vienne* pour écouter les leçons du maître, et participa très vite à la vie du mouvement psychanalytique d'Europe centrale. Analysé par Erzsebet Revesz (1887-1923), elle-même analysée par Freud, il tomba amoureux d'elle au cours de sa cure et l'épousa après avoir divorcé de sa première femme. En 1922, il gagna Berlin, où il entreprit une deuxième analyse avec Karl Abraham*. Il joua alors un rôle important au sein du comité de formation de l'Institut psychanalytique, devenant très vite l'un des brillants didacticiens de l'International Psychoanalytical Association* (IPA). Il formera plusieurs psychanalystes, parmi lesquels Wilhelm Reich*, Otto Fenichel* et Heinz Hartmann*. C'est à Berlin qu'il fit la connaissance d'Helene Deutsch*, avec laquelle il eut une liaison orageuse alors qu'il venait d'apprendre la mort brutale de sa femme. Atteinte d'une anémie pernicieuse, Erzsebet était soignée par Felix Deutsch*, qui, en cette occasion, laissa libre cours à la jalousie qu'il éprouvait pour son rival.

Après avoir été marié à sa première analyste, Rado épousera une de ses analysantes, Emmy, ce qui constitue un cas assez rare de transgression répétée dans l'histoire des filiations* psychanalytiques.

Soutenu par Freud, il devint en 1924 rédateur en chef de l'*Internationale Zeitschrift für Psychoanalyse**, puis trois ans plus tard de la revue *Imago**. En 1931, à l'invitation d'Abraham Arden Brill*, il s'installa aux États-Unis* pour organiser le nouvel Institut de la New York Psychoanalytic Society (NYPS) sur le modèle de celui de Berlin, et quand le nazisme* s'imposa en Allemagne il aida de nombreux psychanalystes d'Europe à émigrer sur le continent américain. C'est à cette époque qu'il commença à s'éloigner du freudisme.

Adepte d'un biologisme radical et partisan d'une intégration pure et dure de la psychanalyse* à la médecine, il devint l'un des grands spécialistes américains de la toxicomanie, de l'alcoolisme, des différentes addictions et des troubles dépressifs. Aussi renonça-t-il aux principes classiques de la cure pour développer une technique active, de type comportementaliste, fondée sur la rééducation émotionnelle et sur le renoncement à l'analyse des mécanismes du refoulement* et de la remémoration du passé. En septembre 1935, il commença à critiquer la ville de Vienne, les Viennois en exil et surtout Anna Freud*, au point qu'Helene Deutsch s'inquiéta de sa santé mentale et pensa qu'il était en train de devenir psychotique.

A la suite de conflits incessants, notamment avec Karen Horney, la direction de la NYPS lui refusa le titre de didacticien. Avec Abram Kardiner*, qui n'avait pas la même orientation que lui mais dont les cours étaient aussi suivis que les siens, il créa alors en 1942 une Association de médecine psychanalytique. Cinq ans plus tard, les deux hommes mirent sur pied un deuxième Institut psychanalytique de formation intégré à la faculté de médecine de Columbia. Celui-ci fut ensuite reconnu par l'American Psychoanalytical Association* (APsaA). Rado s'écarta alors nettement de l'orthodoxie freudienne américaine pour organiser à la New York School of Psychiatry un programme d'enseignement clinique d'inspiration biologique.

Dans ses souvenirs inédits déposés à l'université Columbia, il affirma que Max Eitingon* était le demi-frère de Leonid Eitingon, colonel du KGB, ce qui est faux.

● Sandor Rado, « Psychoanalysis of behavior », *Collected Papers of Psychoanalysis*, vol. I, New York, Grune and Stratton, 1956. Franz Alexander, « Sandor Rado, b. 1890, The adaptational theory », in Franz Alexander, Samuel Eisenstein et Martin Grotjahn, *Psychoanalytic Pioneers*, New York, Basic Books, 1966, 240-248. Aaron Karush, « Sandor Rado, 1890-1972, Obituary », *Psychoanalytic Quarterly*, 41, 1972, 613-615. Nathan G. Hale, *Freud and the Americans, 1917-1985 : The Rise and Crisis of Psychoanalysis in the United States*, t. II, New York, Oxford, Oxford University Press, 1995. Paul Roazen, *Helene Deutsch, une vie de psychanalyste* (New York, 1985), Paris, PUF, 1990. Janet Sayers, *Les Mères de la psychanalyse* (Londres, 1991), Paris, PUF, 1995. Ernst Falzeder, « Filiations psychanalytiques : la psychanalyse prend effet » (1994), in André Haynal (éd.), *La Psychanalyse : cent ans déjà* (Londres, 1994), Genève, Georg, 1996, 255-289.

▷ HONGRIE. SCISSION.

RAKNES Ola (1887-1975)

psychanalyste norvégien

Philologue et universitaire, traducteur d'une partie de l'œuvre d'Henri Bergson (1859-1941), Ola Raknes séjourna dans plusieurs pays d'Europe et, contrairement à son compatriote Harald Schjelderup*, fut un freudien toujours en dissidence. Après plusieurs années d'études à Paris, puis à Londres, il retourna en Norvège. En 1927, il soutint sa thèse de doctorat à Oslo sur le thème de la rencontre avec le sacré, manifestant déjà un intérêt très vif pour le freudisme*. C'est à Berlin, l'année suivante, qu'il s'orienta vers la psychanalyse*, après une cure sur le divan de Karen Horney*, dont les thèses, à cette époque, commençaient à s'éloigner du freudisme classique.

Au début des années 1930, aux côtés de Schjelderup, dont il partageait l'intérêt pour la psychologie des religions, il participa au débat organisé à Oslo par le milieu psychiatrique sur l'utilité de la psychanalyse dans le traitement des névroses* et des psychoses*. En 1933, lorsque Otto Fenichel* se réfugia en Norvège pour deux ans,

Raknes fit avec lui une deuxième analyse. Après avoir participé en 1934 à la fondation de la Société psychanalytique dano-norvégienne, il se rapprocha de Wilhelm Reich*, alors immigré à Oslo. Il devint son ami et son collaborateur. Comme d'autres thérapeutes norvégiens, il s'écarta progressivement de la psychanalyse et du freudisme. En 1947, il démissionna de la Norsk Psykoanalytisk Forening (NPF) pour pratiquer l'orgonothérapie.

● Randolf Alnaes, « The development of psychoanalysis in Norway. An historical overview », *The Scandinavian Psychoanalytic Review,* 2, vol. III, 1980, 55-101.

▷ PAYS SCANDINAVES.

RAMBERT Madeleine (1900-1979)
psychanalyste suisse

Fille de pasteur, Madeleine Rambert commença à pratiquer la psychanalyse des enfants* dans l'entre-deux-guerres. Soutenue par Philipp Sarasin*, elle adhéra à la Société suisse de psychanalyse (SSP) en 1942. Trois ans plus tard, elle publia un livre préfacé par Jean Piaget (1896-1980), *La Vie affective et morale de l'enfant.* A travers des récits de cas, elle montrait comment le jeu de guignol (ou thérapie par les marionnettes) peut enrichir la technique psychanalytique*.

● Madeleine Rambert, *La Vie affective et morale de l'enfant. Douze ans de pratique psychanalytique,* Neuchâtel, Delachaux et Niestlé, 1945. Pascal Le Maléfan, « Sur Madeleine Rambert », *Marionnette et Thérapie,* juillet-septembre 1996, 4-6.

▷ SUISSE.

RAMOS DE ARAÚJO PEREIRA Arthur (1903-1949)
psychiatre brésilien

Né à Alagoas, Arthur Ramos fit ses études à la faculté de médecine de Salvador de Bahia puis s'orienta vers la psychiatrie et la criminologie* avant de s'intéresser à l'anthropologie*, aux médecines traditionnelles afro-brésiliennes, et enfin à la doctrine freudienne. En 1926, il publia une thèse sur la folie* dans laquelle il citait les principaux représentants de la psychiatrie dynamique* moderne tout en critiquant le pansexualisme* de Sigmund Freud*. Cela ne l'empêcha pas d'échanger avec lui quelques lettres entre 1927 et 1932 et d'être l'un des pionniers de l'introduction de la psychanalyse dans son pays, et notamment à Bahia, comme avant lui Juliano Moreira*.

● Arthur Ramos de Araújo Pereira, *Primitivo e Loucura,* Thèse de la faculté de médecine, Bahia, 1926 ; *Loucura e Crime,* Livraria do Globo, Porto Alegre, 1937. Gilberto S. Rocha, *Introdução ao nascimento da psicanàlise no Brasil,* Rio de Janeiro, Forense Universitária, 1989. Marialzira Perestrello, « *Importância da Bahia na difusão da psicanálise no Brasil. Juliano Moreira, Arthur Ramos, e outros »*, in Denise de Oliveira Lima (éd.), *60 anos de psicanálise*, Bahia, Agalma, 1993.

▷ BRÉSIL.

RANK Otto, né Rosenfeld (1884-1939)

psychanalyste autrichien

Théoricien de la rénovation de la technique psychanalytique* mettant radicalement en cause la cure classique au profit d'une thérapie dite « active », brillant spécialiste de philosophie, de littérature et de psychanalyse appliquée*, clinicien remarquable, Otto Rank fut le seul autodidacte des disciples freudiens de la première génération*. Esprit indépendant, hostile à tous les dogmatismes, il fut comme Sandor Ferenczi* l'artisan de la première grande dissidence interne à l'International Psychoanalytical Association* (IPA). Contrairement à Alfred Adler*, Carl Gustav Jung* ou Wilhelm Stekel*, il resta freudien. Sa position critique s'affirma à partir de 1923, à une époque où le mouvement psychanalytique, soucieux de conformisme, de normalisation et de pragmatisme, était en train d'adopter des idéaux adaptatifs contraires à ceux du freudisme* originel.

Né à Leopoldstadt, dans la banlieue de Vienne*, Rank était le troisième et dernier enfant de Simon Rosenfeld, un artisan joaillier juif originaire du Burgenland, et de Karoline Fleischner, dont la famille venait de Moravie. Malgré un bon dossier scolaire, il fut contraint à l'âge de 14 ans d'entrer dans un collège technique afin d'acquérir une formation le destinant à travailler dans un atelier d'usinage : « C'est ainsi, écrit-il dans son *Journal d'adolescent* inédit, que je grandis, livré à moi-même, sans éducation, sans amis, sans livres. »

Atteint très tôt d'un rhumatisme articulaire aigu, le jeune Otto souffrait autant de cette douloureuse maladie que de sa laideur physique et d'une relation violente avec son père, alcoolique invétéré et sujet à de graves crises de colère. En outre, victime dans son enfance d'une tentative d'abus sexuel de la part d'un adulte de son entourage, il présenta vers sa vingtième année des signes de névrose* : « Il souffrait d'une phobie*, écrit James Lieberman, son biographe, qui l'empêchait de toucher qui que ce soit sans porter des gants. Cette crainte pathologique des microbes et des rapports sexuels est probablement due à sa première et traumatique expérience du sexe. »

Devenu apprenti tourneur, Otto Rosenfeld poursuivit seul sa formation intellectuelle en se passionnant pour la littérature et la philosophie. Parmi ses auteurs de prédilection figuraient Friedrich Nietzsche (1844-1900), Arthur Schopenhauer (1788-1860) et Henrik Ibsen (1828-1906). En 1903, il adopta le pseudonyme de Rank d'après un personnage de *La Maison de poupée.* En prenant cette nouvelle identité, il voulait affirmer son indépendance à l'égard de son père qu'il détestait. Par la suite, il se convertit au catholicisme pour faire légaliser son nouveau patronyme. Cependant, parfaitement athée et dépourvu de tout sentiment de haine de soi juive, il renonça bien vite au reniement de ses origines et, à la veille de son premier mariage, il choisit de se reconvertir au judaïsme afin d'assumer sa judéité*.

C'est en lisant l'ouvrage d'Otto Weininger*, *Sexe et caractère*, qu'il commença à s'intéresser aux questions soulevées par la psychanalyse*. En 1905, après la découverte de *L'Interprétation des rêves**, il fit la connaissance d'Alfred Adler, qui lui permit de rencontrer Sigmund Freud* et de s'intégrer très vite à la Société psychologique du mercredi*. Il en devint le secrétaire en 1906 après avoir présenté un exposé inaugural sur le thème de l'inceste* où apparaissait déjà la problématique du roman familial* présente dans son grand livre publié en 1909 : *Le Mythe de la naissance du héros.* L'intérêt passionné qu'il porta à la psychanalyse* et la rencontre avec Freud, qui le considéra d'emblée comme son « fils adoptif », décidèrent de la destinée du jeune Rank. Il se mit à écrire, devint un intellectuel, entra à l'université et obtint en 1912 un doctorat de philosophie. A l'âge de 28 ans, il avait déjà publié quatre livres sur la littérature, les mythes et l'inceste. En outre, il fut en quelque sorte le premier archiviste de l'histoire du freudisme : c'est lui en effet qui se chargea de transcrire, au fil des semaines, les procès-verbaux des réunions de la Société du mercredi. Ce travail considérable sera publié en quatre volumes par Hermann Nunberg* entre 1962 et 1975.

Mobilisé à contrecœur en 1915, il servit comme rédacteur dans un journal de Cracovie, ville située dans la partie est de l'Empire austro-hongrois. Là, il fit la connaissance de Beata Mincer, une jeune fille polonaise, étudiante en psychologie, surnommée Tola. En octobre 1918, il l'épousa. Elle deviendra psychanalyste sous le nom de Tola Rank (1896-1967) et lui donnera une fille.

Au lendemain de la Première Guerre mondiale, Rank était devenu un autre homme. L'ancien ouvrier autodidacte habitait désormais au centre de Vienne et pratiquait la psychanalyse grâce à Freud, qu'il vénérait comme un père et qui lui envoyait des patients. Par ailleurs, il faisait partie du petit cercle des élus au sein du Comité secret* et dirigeait le Verlag, la maison d'édition du mouvement psychanalytique créée grâce à l'argent d'Anton von Freund*.

La défaite des empires centraux et la victoire de l'Europe de l'Ouest sur l'Europe centrale eut pour effet de réduire à néant la position prépondérante occupée jusqu'alors par Vienne et Budapest à la direction de l'IPA. Appuyé par les Berlinois (Karl Abraham*, Max Eitingon*), Ernest Jones* s'employa alors à imposer les principes d'une orthodoxie psychanalytique.

C'est dans ce contexte que surgirent de graves conflits entre Rank d'un côté, Jones et Abraham de l'autre. Mélancolique depuis de nombreuses années, Rank traversait souvent des crises dépressives suivies d'états d'exaltation. Aussi fut-il considéré par les notables du mouvement comme un « malade mental », atteint de psychose maniaco-dépressive*. Jaloux de l'affection que Freud lui portait et soucieux de normaliser les modalités de l'analyse didactique*, Jones devint le principal adversaire de Rank au sein du Comité secret. Or, à cette époque, celui-ci commença à s'écarter de la doctrine freudienne classique en publiant, au début de l'année 1924, un livre iconoclaste qui allait le rendre célèbre : *Le Traumatisme de la naissance.* Il soutenait l'idée qu'à la naissance tout être humain subit un traumatisme majeur qu'il cherche ensuite à surmonter en aspirant inconsciemment à retourner dans l'utérus maternel. Autrement dit, il faisait de la première séparation biologique d'avec la mère le prototype de l'angoisse psychique. Cette thèse, proche de celle que commençait à élaborer Melanie Klein*, allait être adoptée, à quelques variantes près, par tous les représentants de l'école anglaise : non seulement par les kleiniens, qui lui donneront un contenu différent en situant l'angoisse de séparation dans la relation ambivalente de l'enfant avec le sein de la mère, mais aussi par les Indépendants*, de Donald Woods Winnicott* à John Bowlby*, qui ne cesseront de s'interroger sur l'aspect biologique et existentiel du phénomène de séparation. Loin de s'en tenir à une conception classique du complexe d'Œdipe*, Rank s'intéressait donc déjà à la relation précoce (et préœdipienne) de l'enfant à sa mère et à la spécificité de la sexualité féminine*. De l'intérêt porté au père, au patriarcat et à l'Œdipe classique, il passait à une définition du maternel et du féminin, et donc à une critique radicale du système de pensée du premier freudisme, trop exclusivement fondé à ses yeux sur la place du père et le phallocentrisme*.

La même année, dans *Perspectives de la psychanalyse*, Otto Rank s'attaqua, avec Ferenczi, à la rigidité des règles psychanalytiques, et, deux ans plus tard, en 1926, il proposa une théorie dite de la « thérapie active », préconisant des cures courtes et limitées par avance dans le temps ainsi qu'un recentrage sur le présent : au lieu de ramener sans cesse le patient à son histoire passée et à son inconscient, en interprétant les rêves et le complexe d'Œdipe, Rank jugeait préférable de solliciter la volonté consciente de celui-ci et de l'appliquer à sa situation présente, afin d'aiguiser son désir de guérir – seule manière de le faire sortir de la passivité masochiste dans laquelle il se réfugiait trop volontiers. Freud s'opposera aux thèses de Rank dans *Inhibition, symptôme et angoisse**, puis il révisera sa position en 1933 dans ses *Nouvelles Conférences d'introduction à la psychanalyse** en soulignant que Rank avait eu le mérite de mettre en évidence l'importance de la séparation première avec la mère.

Il n'en fallait pas tant pour provoquer la colère de Jones, lequel n'hésitait pas pourtant, à la même époque, à soutenir les thèses kleiniennes. Rank n'étant ni médecin ni analysé, Jones et Abraham s'empressèrent d'expliquer que ses théories étaient la conséquence d'un conflit non résolu avec le père. Freud s'en mêla en obligeant son disciple à se soumettre à quelques séances.

Après avoir feint de se soumettre et après un début de carrière fulgurant aux États-Unis*, où il forma des psychanalystes et des disciples en se réclamant du freudisme, Rank fut conduit à rompre avec son maître vénéré. En avril 1926, il lui rendit visite une dernière fois en lui apportant les œuvres complètes de Nietzsche : vingt-trois volumes reliés de cuir blanc. Accablé de douleur, mais toujours aussi féroce dans sa manière de rompre avec ses meilleurs amis, Freud écrivit ces mots dans une lettre à Ferenczi : « On lui a beaucoup donné, mais en retour il a beaucoup fait pour nous. Nous sommes donc quittes ! Lors de sa dernière visite, je n'ai pas eu l'occasion de lui exprimer l'affection particulière que je lui voue. J'ai été honnête et dur. Aussi pouvons-nous faire une croix sur lui. Abraham avait raison. »

Victime d'une formidable campagne de calomnie orchestrée par Jones, Harry Stack Sullivan* et surtout Abraham Arden Brill*, qui le traita publiquement de déséquilibré, Rank fut exclu de l'American Psychoanalytic Association* (APsaA) et donc de l'IPA, le 10 mai 1930, dans des conditions dramatiques. L'attaque eut lieu à Washington, au milieu d'une brillante assemblée de psychanalystes muets et indifférents, parmi lesquels Helene Deutsch*, Sandor Rado* et René Spitz*. Ce jour-là, seul Franz Alexander* refusa de participer à la mise à mort du grand disciple viennois. Par la suite, tous les élèves américains formés par Rank furent sommés de retourner sur un divan.

Devenu indépendant, Rank poursuivit son travail d'analyste sans jamais devenir antifreudien. Installé à Paris avec sa femme et sa fille, il fit la connaissance d'Anaïs Nin (1903-1976), dont il fut le deuxième analyste. Grâce au travail de Deirdre Bair, biographe d'Anaïs Nin, l'histoire de cette relation fut connue en 1995.

Quand Anaïs Nin vint voir Rank, elle sortait d'une cure désastreuse avec René Allendy* qui s'était soldée par un acte d'inceste : elle était devenue la maîtresse de son père, Joaquin Nin.

En un premier temps, Rank lui permit, par ses interprétations, de mettre au jour la culpabilité inconsciente qu'elle éprouvait face à cet inceste et de se détacher de son *Journal* qui lui servait d'opium. Mais bientôt, il tomba éperdument amoureux d'elle et devint son amant. Il la couvrit de cadeaux et lui offrit en gage de fidélité la fameuse intaille que Freud lui avait passée au doigt lors de la création du Comité. Après son départ pour New York, où il traversa une terrible crise dépressive, il la supplia de venir. Elle le rejoignit et chercha à faire carrière comme analyste avec le désir pervers de détruire Rank et la psychanalyse. Installée dans le même appartement que lui, elle reçut des patients et coucha avec certains d'entre eux sur son divan, alors même que Rank s'occupait de ses propres analysants dans la pièce voisine. L'aventure se solda par une rupture lorsque Rank, désormais séparé de Tola, se rendit compte qu'Anaïs ne quitterait pas son mari. Elle retourna à Paris et renonça à la psychanalyse.

Quelques semaines après la mort de Freud, Rank fut emporté par une septicémie consécutive à une agranulocytose due aux effets secondaires des sulfamides avec lesquels il se soignait. Marié une seconde fois, heureux, et définitivement installé aux États-Unis, il souhaitait vivre en Californie, mais mourut avant d'avoir obtenu la citoyenneté américaine.

Dans le troisième volume de sa biographie de Freud, Jones continua à le poursuivre de ses imprécations en le traitant de psychotique, de maniaque et de cyclothymique, ouvrant la voie à la propagation d'une légende selon laquelle il serait mort de folie* dans un asile américain. Malgré les réfutations de sa disciple, Jessie Taft, publiées en 1958, il fallut attendre les travaux de l'historiographie* moderne, et notamment ceux d'Henri F. Ellenberger* et de ses successeurs, pour que Rank se voie accorder la place éminente qui lui revient dans l'histoire de la psychanalyse.

● Otto Rank, *Der Künstler*, Vienne, Hugo Heller, 1907 ; *Le Mythe de la naissance du héros* (Leipzig, Vienne, 1909), Paris, Payot, 1983 ; et Hanns Sachs, *Psychanalyse et sciences humaines* (Vienne, 1913), Paris, PUF, 1980 ; *Le Traumatisme de la naissance* (Vienne, 1924), Paris, Payot, 1928 ; *Don Juan et le double. Études psychanalytiques* (Vienne, 1924, Paris, 1932), Paris, Payot, 1973 ; et Sandor Ferenczi, *Perspectives de la psychanalyse* (Vienne, 1924), Paris,

Payot, 1994 ; *La Technique de la psychanalyse* (Vienne, 1926), en partie traduit en français sous le titre *La Volonté du bonheur*, Paris, Stock, 1934 ; *Grundzüge einer genetischen Psychologie. Auf Grund der Psychoanalyse der Ichstruktur*, 2 vol., Vienne, Deuticke, 1927-1928. *Les Premiers Psychanalystes, Minutes de la Société psychanalytique de Vienne, 1906-1918*, 4 vol. (1962-1975), Paris, Gallimard, 1976-1983. Ernest Jones, *La Vie et l'œuvre de Sigmund Freud*, vol. III (New York, 1957), Paris, PUF, 1969. Jessie Taft, *Otto Rank*, New York, The Julian Press, 1958. Henri F. Ellenberger, *Histoire de la découverte de l'inconscient* (New York, 1970, Villeurbanne, 1974), Paris, Fayard, 1994. Jean Laplanche, *Problématiques II*, Paris, PUF, 1980. E. James Lieberman, *La Volonté en acte. La vie et l'œuvre d'Otto Rank* (New York, 1985), Paris, PUF, 1991. Ernst Falzeder, « 1924. Le traumatisme de la naissance. De nouvelles perspectives en psychanalyse », *Psychotherapies*, vol. XII, 4, 1992, 241-251. Deirdre Bair, *Anaïs Nin. Biographie* (New York, 1995), Paris, Stock, 1996.

▷ ANALYSE EXISTENTIELLE. HOMOSEXUALITÉ. MÉLANCOLIE. SÉDUCTION (THÉORIE DE LA).

RASCOVSKY Arnaldo (1907-1995)
médecin et psychanalyste argentin

Né à Cordoba dans une famille de Juifs russes émigrés en Argentine*, Arnaldo Rascovsky vécut à Buenos Aires à partir de 1914. C'est là qu'il s'orienta vers la médecine, puis vers la pédiatrie et l'endocrinologie. En 1936, il commença à s'intéresser à la psychanalyse* en lisant les œuvres de Sigmund Freud* en allemand et, deux ans plus tard, il fit la connaissance d'Enrique Pichon-Rivière*, avec lequel il travailla à l'hospice de Las Mercedes. Enthousiasmés par la psychanalyse et obsédés par l'idée de la sauver du péril fasciste en lui offrant une nouvelle terre promise, ils réunirent autour d'eux une famille d'élus et de pionniers, qui forma le noyau fondateur de la psychanalyse en Argentine : parmi eux, Luiz Rascovsky, le frère d'Arnaldo, Matilde Wencelblat sa femme, Simon Wencelblat le frère de celle-ci, Arminda Aberastury* l'épouse de Pichon-Rivière, Guillermo Ferrari Hardoy et Luisa Gambier Alvarez de Toledo.

Analysé en 1939 par Angel Garma*, Rascovsky fut l'un des fondateurs de l'Asociación Psicoanalitica Argentina (APA). Il y présenta un travail sur la sexualité* infantile. Par la suite, il eut de nombreuses fonctions à la COPAL (future FEPAL, ou Federación Psicoanálitica de America Latina*), inventa la notion de psychisme fœtal et s'intéressa particulièrement à l'infanticide tout en s'inspirant, dans ses travaux, des thèses d'Hermann Nunberg*.

● Arnaldo Rascovsky, « Esquema autobiografico », *Revista de Psicoanalisis*, XXXI, 1-2, 1974, 277-321. Raúl Giordano, *Notice historique du mouvement psychanalytique en Argentine*, Mémoire pour le CES de psychiatrie sous la direction de Georges Lantéri-Laura, université Paris-XII (sans date). Jorge Balán, *Cuéntame tu vida. Una biografica colectiva del psicoanalisis argentino*, Buenos Aires, Planeta, 1991.

RÉALITÉ PSYCHIQUE

Allemand : *Psychische Realität*. Anglais : *Psychical reality.*

Ce terme employé en psychanalyse* pour désigner une forme d'existence du sujet*, distincte de la réalité matérielle, en tant qu'elle est dominée par le règne du fantasme* et du désir*. Historiquement, la notion est née de l'abandon par Sigmund Freud* de la théorie de la séduction* et de l'élaboration d'une conception de l'appareil psychique fondée sur le primat de l'inconscient*.

Dans l'histoire de la clinique psychanalytique, la notion de réalité psychique a fait l'objet de plusieurs réinterprétations (notamment par Melanie Klein* et Jacques Lacan*) qui ont conduit, dans l'approche des psychoses* et de la relation d'objet*, à accentuer l'importance de celle-ci au détriment de la réalité matérielle.

• Jean Laplanche et Jean-Bertrand Pontalis, *Fantasme originaire, fantasmes des origines, origines du fantasme* (1964), Paris, Hachette, 1985.

▷ BION Wilfred Ruprecht. IMAGINAIRE. JOUISSANCE. KLEINISME. LACANISME. NARCISSISME. PHANTASME. PRINCIPE DE PLAISIR/PRINCIPE DE RÉALITÉ. RÉEL. SCÈNE PRIMITIVE. *SELF PSYCHOLOGY.* TRANSFERT.

RÉEL

Allemand : *Reale (das)*. Anglais : *Real.*

Terme employé comme substantif par Jacques Lacan*, introduit en 1953, et emprunté à la fois au vocabulaire de la philosophie et au concept freudien de réalité psychique*, pour désigner une réalité phénoménale, immanente à la représentation et impossible à symboliser.

Utilisé dans le cadre d'une topique*, le concept de réel est inséparable des deux autres élements de celle-ci, l'imaginaire* et le symbolique*, et forme avec eux une structure. Il désigne la réalité propre à la psychose* (délire, hallucination), en tant qu'il est composé des signifiants* forclos (rejetés) du symbolique.

A partir des années 1920, après la révolution introduite dans la science par la théorie de la relativité d'Albert Einstein (1879-1955), l'opposition classique entre le réel donné et le réel construit se transforma et le mot réel fut alors couramment employé par les philosophes comme synonyme d'un absolu ontologique, un être-en-soi échappant à la perception. Et c'est aux thèses d'Émile Meyerson (1859-1933) sur la science du réel que Jacques Lacan puisa sa première réflexion sur le sujet. Dans *La Déduction relativiste*, ouvrage publié en 1925 et auquel Lacan se réfère dès 1936 dans « Au-delà du principe de réalité », Meyerson soutenait en effet l'existence d'une similitude entre les objets créés par la science et ceux dont la perception pose l'existence.

C'est pourtant beaucoup plus directement à son ami Georges Bataille (1897-1962), et sans jamais l'avouer, que Lacan emprunta la notion de réel à partir de laquelle, en incluant celle (freudienne) de réalité psychique, il forgea un concept dont il fera l'un des trois éléments de sa topique et de sa conception structurale d'un inconscient* déterminé par le langage.

Bataille découvrit l'œuvre de Freud en s'intéressant surtout à *Au-delà du principe de plaisir*, Psychologie des masses et analyse du moi**, et *Totem et Tabou**, c'est-à-dire à la pulsion de mort* et à la question du sacré, de l'identification* des foules avec le chef et de l'origine des sociétés et des religions. D'où la publication en 1933 d'un texte intitulé « La structure psychologique du fascisme », consacré à la fois à la montée du nazisme* et à l'analyse des sociétés humaines et de leurs institutions. Il distinguait deux pôles structuraux : d'un côté l'homogène, ou domaine de la société utile et productive, de l'autre l'hétérogène, lieu d'irruption de ce qui est impossible à symboliser. A l'aide de ce dernier terme, Bataille spécifiait la notion de part maudite, centrale dans sa démarche. Par la suite, entre 1935 et 1936, époque à laquelle, avec Lacan, il suivit le séminaire d'Alexandre Kojève (1902-1968) sur *La Phénoménologie de l'esprit* de Hegel, il inventa le terme d'hétérologie, tiré de l'adjectif hétérologue, servant à désigner en anatomo-pathologie les tissus morbides. L'hétérologie était pour lui la science de l'irrécupérable prenant pour objet l'« improductif » par excellence : les déchets, les excréments, les ordures. En un mot, l'existence « autre », expulsée de toutes les normes : folie*, délire, etc.

C'est en combinant la science du réel, l'hétérologie et la notion freudienne de réalité psychique que Lacan construit sa catégorie de réel. Elle fait sa première apparition en 1953, sans être encore conceptualisée, dans une conférence intitulée : « Le Symbolique, l'Imaginaire et le Réel ». Par la suite, Lacan prendra l'habitude d'écrire les trois mots avec une majuscule.

Entre 1953 et 1960, dans le cadre de sa relève structurale de l'œuvre freudienne, Lacan donne à ce réel un statut très proche de celui que lui avait assigné Bataille. Sous la catégorie du symbolique, il range toute la refonte puisée dans le système saussurien et lévi-straussien ; sous la catégorie de l'imaginaire, il situe tous les phénomènes liés à la construction du moi : anticipation, captation, illusion ; enfin, dans le réel, il place la réalité psychique, c'est-à-dire le désir inconscient et ses fantasmes* connexes, mais aussi un « reste » : une réalité désirante, inaccessible à toute pensée subjective.

L'idée de science du réel apparaît nettement dans la lecture que fait Lacan du rêve de « L'injection faite à Irma* », lors de son séminaire sur le moi de l'année 1954-1955. Commentant ce rêve, il assimile la bouche d'Irma à une terrifiante tête de Méduse, puis souligne que le réel est l'origine et la source d'un doute fondateur nécessaire à la science. A l'origine d'une découverte, dit-il en substance, il n'y a pas un sujet mais un doute, puisque toute découverte est l'expression d'un cheminement où l'erreur se mêle à la vérité. Ce doute fondateur est pour Lacan un équivalent du sexe féminin comme chose réelle, impossible à symboliser. On retrouve ensuite la trace dans la conception lacanienne de la sexualité féminine* : Lacan fait de celle-ci un « supplément » et lui attribue une jouissance* échappant à la rationalité.

En 1955-1956, dans le cadre de sa lecture de l'histoire de Daniel Paul Schreber* et de sa conception d'une clinique de la psychose centrée autour de la paranoïa*, Lacan élabore deux concepts : la forclusion* et le nom-du-père*. Le premier est défini comme le mécanisme spécifique de la psychose, différent du refoulement*, et consistant en un rejet primordial d'un signifiant fondamental hors de l'univers symbolique du sujet. Quant au second, il est le concept de la fonction paternelle, le signifiant fondamental, celui-là même qui est forclos dans la psychose.

A partir de cette nouvelle organisation de la structure du sujet, telle qu'elle apparaît dans la clinique de la psychose, le concept de réel acquiert une autre dimension. Il devient alors le lieu de la folie. En effet, si les signifiants forclos du symbolique font retour dans le réel sans être intégrés à l'inconscient du sujet*, cela veut dire que le réel se confond avec un « ailleurs » du sujet. Il parle et s'exprime à sa place par des gestes, des hallucinations ou des délires, qu'il ne contrôle pas.

L'importance accordée à la psychose, comme paradigme du psychisme humain, sera toujours liée chez Lacan à la question de la science. On retrouve là les deux filiations (la science du réel, l'hétérologie) dont il s'est toujours réclamé (sans le dire clairement) et auxquelles il a ajouté la référence à la réalité psychique.

A partir de 1970, l'intérêt toujours plus grand porté à la science conduit Lacan à tenter de formaliser sa propre conceptualité : d'un côté une *mathesis* des discours (ou mathème*), de l'autre une topologie (le nœud borroméen*), destinée à remplacer l'ancienne topique. Cette volonté de construire une science du réel se traduit alors par une réorganisation des éléments de l'ancienne topique, dans laquelle la place déterminante est occupée, non plus par le symbolique, mais par le réel. En conséquence de quoi, la psychose (forme théorisée de la folie et lieu de l'impossible symbolisation) se voit assigner la tâche de mettre au défi toutes les certitudes de la science. Lacan donne le nom de R.S.I. (Réel, Symbolique, Imaginaire) à ce triptyque où le réel est assimilé à un « reste », impossible à transmettre et échappant à la mathématisation.

● Jacques Lacan, « Au-delà du principe de réalité » (1936), in *Écrits*, Paris, Seuil, 1966, 73-93 ; « Le Symbolique, l'Imaginaire et le Réel » (1953), *Bulletin de l'Association freudienne*, 1, 1982, 4-13 ; *Le Séminaire*, livre II, *Le Moi dans la théorie de Freud et dans la technique de la psychanalyse* (1954-1955), Paris, Seuil, 1977 ; *Le Séminaire*, livre III, *Les Psychoses* (1955-1956), Paris, Seuil, 1981 ; *Le Séminaire*, livre IV, *La Relation d'objet et les structures freudiennes* (1956-1957), Paris, Seuil, 1994 ; *Le Séminaire*, livre XXII, *R.S.I.* (1974-1975), inédit. Émile Meyerson, *La Déduction relativiste*, Paris, Payot, 1925. Georges Bataille, « La structure psychologique du fascisme » (1933-1934), in *La Critique sociale*, réimpression, Paris, La Différence, 1985, 159-165 et 205-211 ; « La valeur d'usage de D.A.F. de Sade (1) et (2) », in *Œuvres complètes II. Écrits posthumes 1922-1940*, Paris, Gallimard, 1970, 54-73 ; « Dossier "Hétérologie" », *ibid.*, 167-178. Jean-Claude Milner, *Les Noms indistincts*, Paris, Seuil, 1983 ; *L'Œuvre claire. Lacan, la science, la philosophie*, Paris, Seuil, 1995. François Roustang, *Lacan, de l'équivoque à l'impasse*, Paris, Minuit, 1986. Élisabeth Roudinesco, *Jacques Lacan. Esquisse d'une vie, histoire d'un système de pensée*, Paris, Fayard, 1993 ; « Bataille entre Freud et Lacan : une expérience cachée », in Denis Hollier (éd.), *Georges Bataille après tout*, Paris, Belin, 1995, 191-212. Claude Lévesque, *Le Proche et le lointain*, Montréal, Vlb éditeur, 1994.

▷ AUTRE. OBJET (petit) a. STADE DU MIROIR. TECHNIQUE PSYCHANALYTIQUE.

REFOULEMENT

Allemand : *Verdrängung*. Anglais : *Repression*.

Dans le langage courant, le mot refoulement désigne l'action de faire reculer ou de repousser quelqu'un ou quelque chose. Il est ainsi employé à l'égard des personnes auxquelles on veut refuser l'accès à un pays ou à une enceinte particulière.

Pour Sigmund Freud*, le refoulement désigne le processus visant au maintien dans l'inconscient* de toutes les idées et représentations liées à des pulsions* et dont la réalisation, productrice de plaisir, affecterait l'équilibre du fonctionnement psychologique de l'individu en devenant source de déplaisir. Freud, qui en modifie plusieurs fois la définition et le champ d'action, considère le refoulement comme constitutif du noyau originel de l'inconscient.

Freud n'est pas l'inventeur de l'idée de refoulement. Il le reconnaît lui-même très clairement dans ses considérations « Sur l'histoire du mouvement psychanalytique » publiées en 1914 : « Dans la théorie du refoulement, je fus à coup sûr indépendant ; je ne connais aucune influence qui aurait pu m'en rapprocher et tins moi-même, pendant longtemps, cette idée comme une idée originale, jusqu'au jour où Otto Rank* nous montra le passage de Schopenhauer, dans *Le Monde comme volonté et comme représentation*, où le philosophe s'efforce de trouver une explication à la folie*. Ce qui est dit dans ce passage sur notre répulsion à admettre un aspect pénible de la réalité recouvre si parfaitement le contenu de mon concept de refoulement qu'il se peut que j'aie dû une fois de plus la possibilité d'une découverte à l'insuffisance de mes lectures. » A la suite de cette mise au point, Freud évoque ses difficultés à lire les œuvres de Friedrich Nietzsche (1844-1900) auquel il emprunte, reconnaît-il, le terme inhibition pour traiter d'un mécanisme qui coïncide avec sa conception du refoulement. Présente dans la philosophie allemande du XIXe siècle, l'idée de refoulement l'est également dans les travaux de psychologie de Johann Friedrich Herbart*, puis dans ceux de Theodor Meynert*, qui fut l'un des maîtres de Freud.

Après avoir reconnu sa dette, Freud ajoute : « La théorie du refoulement est à présent le pilier sur lequel repose l'édifice de la psychanalyse, autrement dit son élément le plus essentiel, qui n'est lui-même que l'expression théorique d'une expérience que l'on peut répéter aussi souvent qu'on veut lorsqu'on entreprend l'analyse d'un névrosé sans le secours de l'hypnose [...] je m'élèverais très violemment contre celui qui prétendrait ranger la théorie du refoulement et de la résistance* parmi les présupposés de la psychanalyse et non parmi ses résultats [...] la théorie du refoulement est une acquisition du travail psychanalytique. »

L'idée de refoulement apparaît très tôt dans l'élaboration de la théorie freudienne de l'appareil psychique, avant même la lettre à Wilhelm Fliess* du 6 décembre 1896, dans laquelle il met en place la définition inaugurale de sa première topique* : dans cette lettre, le refoulement est l'appellation clinique du « défaut de traduction » de certains matériaux qui n'accèdent pas à la conscience*. La raison de cette carence « est toujours la production de déplaisir qui résulterait d'une traduction ; tout se passe comme si ce déplaisir perturbait la pensée en entravant le processus de traduction ».

Durant cette période, la notion de refoulement recoupe fréquemment celle de défense*, même si elle ne lui est pas assimilée.

Dans les articles de 1894 et 1896 que Freud consacre aux psychonévroses de défense, le refoulement est comme éclipsé par la notion de défense qui lui permet de poser une distinction étiologique entre l'hystérie*, la névrose obsessionnelle* et la paranoïa*. Jean Laplanche et Jean-Bertrand Pontalis se sont efforcés de clarifier ces relations complexes, et plusieurs fois modifiées, entre défense et refoulement : « [...] défense, écrivent ces auteurs, est d'emblée un concept *générique*, désignant une tendance générale » et « si le refoulement est, lui aussi, présent universellement dans les diverses affections et ne spécifie pas, comme mécanisme de défense particulier, l'hystérie, c'est que les différentes psychonévroses impliquent toutes un inconscient séparé qu'*institue* précisément le refoulement ». Freud, en 1926, éprouvera encore le besoin de revenir sur ce point, dans son livre *Inhibition, symptôme et angoisse**, sans pour autant le clarifier de manière convaincante.

Constitutif de l'inconscient, le refoulement s'exerce sur des excitations internes, d'origine pulsionnelle, dont la persistance provoquerait un déplaisir excessif. Freud esquisse à ce propos un développement théorique déjà très élaboré dans une lettre à Fliess du 14 novembre 1897. A cette époque, sa fascination pour la théorie « fliessienne » des périodes sous-tend son transfert* et il pense être sur le point de commencer ce qu'il appelle son « auto-analyse* ». Il se surprend à prévoir des événements bien avant qu'ils se produisent : « [...] ainsi j'ai pu t'annoncer cet été, écrit-il à son ami, que j'étais sur le point de découvrir la source du refoulement sexuel normal (moralité, pudeur, etc.) et puis il m'a fallu longtemps pour le trouver. » Freud expose alors à Fliess ses idées sur les zones érogènes infantiles qui ne sont plus, à l'âge adulte, source de décharge sexuelle : la région anale et, emprunt aux idées de Fliess, la région bucco-pharyngienne, régions qui ne doivent plus, normalement, être source d'excitation ou d'apport libidinal, sauf en cas de perversion*. Mais ces zones sont susceptibles de produire une décharge sexuelle « par effet d'après coup du souvenir ». En fait, il s'agit, poursuit Freud, d'une décharge de déplaisir, « une sensation interne analogue au dégoût ressenti dans le cas d'un objet. Pour nous exprimer plus crûment, le souvenir dégage maintenant la même puanteur qu'un objet actuel. De même que nous détournons avec dégoût notre organe sensoriel (tête et nez) devant les objets puants, de même le préconscient* et notre compréhension consciente se détournent du souvenir. C'est là ce qu'on nomme *refoulement* ».

Le refoulement ne traite pas les pulsions elles-mêmes mais leurs représentants, images ou idées, qui, pour être refoulés, demeurent cependant actifs dans l'inconscient sous la forme de rejetons d'autant plus prompts à faire retour vers le conscient* qu'ils sont localisés à la périphérie de l'inconscient. Le refoulement d'un représentant de pulsion n'est donc jamais définitif. Il demeure toujours actif, d'où une grande dépense énergétique.

Dans la cinquième section du chapitre VII de *L'Interprétation des rêves**, Freud décrit le refoulement comme un processus dynamique, lié au processus secondaire qui caractérise le préconscient : « Maintenons solidement – c'est la clef de la théorie du refoulement – que le second système [le processus secondaire] ne peut investir une représentation [c'est-à-dire s'en emparer pour l'acheminer vers le conscient] que lorsqu'il est capable d'inhiber le développement du déplaisir qui peut en venir. »

En 1915, dans le cadre de la métapsychologie*, le refoulement fait l'objet d'un article où l'inconscient n'est plus totalement assimilé au refoulement : « Tout ce qui est refoulé doit nécessairement rester inconscient, mais nous voulons d'entrée de jeu poser comme tel que le refoulé ne recouvre pas tout ce qui est inconscient. L'inconscient a l'extension la plus large des deux ; le refoulé est une partie de l'inconscient. » Cette mise au point appelle une redéfinition du refoulement : elle se trouve au cœur de l'article consacré à ce processus. Freud commence par y redire que le refoulement constitue pour la pulsion* et ses représentants « un moyen terme entre la fuite [réponse appropriée aux excitations externes] et la condamnation [qui sera l'apanage du surmoi*] ». Puis il distingue trois temps constitutifs du refoulement : 1) le refoulement proprement dit, ou refoulement après-coup* ; 2) le refoulement originaire ; 3) le retour du refoulé dans les formations de l'inconscient.

Si l'on veut saisir l'essence de cette construction freudienne, il faut l'aborder par la question du refoulement originaire.

Le refoulement en général porte sur les représentants des pulsions, eux-mêmes objet d'un retrait d'investissement*, c'est-à-dire d'une cessation de prise en charge de la part du préconscient ; dans ce cas, l'inconscient effectue immédiatement un investissement substitutif qui appelle en retour un « contre-investissement » de la part du préconscient, lequel se heurte alors à l'attraction constituée par des éléments de l'inconscient anciennement refoulés. Ce dernier point conduit Freud à postuler l'existence d'un refoulement antécédent, ou refoulement originaire. Ce refoulement est assimilé par Freud à une fixation résultant d'un refus initial de prise en charge d'un représentant d'une pulsion par le conscient. Le représentant ainsi refoulé subsiste de façon inaltérable et demeure lié à la pulsion. On notera que Freud n'est guère explicite quant à la véritable origine du processus : d'où proviennent les éléments attractifs de l'inconscient responsables de cette première fixation ? A défaut de réponse claire, il émet l'hypothèse, en 1926, d'une effraction primordiale résultant d'une force d'excitation particulièrement intense. Le retour du refoulé, troisième temps du refoulement, se manifeste sous la forme de symptômes – rêves*, oublis et autres actes manqués* – que Freud considère comme des formations de compromis.

Dans la seconde topique, le refoulement est rattaché à la partie inconsciente du moi*. En ce sens Freud peut dire que le refoulé fusionne, comme cette partie du moi, avec le ça. « Le refoulé, écrit Freud dans *Le Moi et le Ça**, n'est nettement séparé du moi que par les résistances* du refoulement, tandis que par le ça il peut communiquer avec lui. »

● Sigmund Freud, *La Naissance de la psychanalyse* (New York, 1950), Paris, PUF, 1956 ; *Briefe an Wilhelm Fliess, 1887-1904*, Francfort, Fischer, 1986 ; « Les psychonévroses de défense » (1894), *OC*, III, 1-18, sous le titre « Les névropsychoses de défense », *GW*, I, 57-74, *SE*, III, 41-61 ; « Nouvelles remarques sur les psychonévroses de défense » (1896), *OC*, III, 121-146, sous le titre « Nouvelles remarques sur les névropsychoses de défense », *GW*, I, 377-403, *SE*, III, 157-185 ; *L'Interprétation des rêves* (1900), *GW*, II-III, 1-642, *SE*, IV-V, 1-621, Paris, PUF, 1967 ; *Sur l'histoire du mouvement psychanalytique* (1914), *GW*, X, 44-113, *SE*, XIV, 7-66, Paris, Gallimard, 1991 ; « Le refoulement » (1915), *OC*, XIII, 188-

201, *GW*, X, 247-261, *SE*, XIV, 141-158 ; « L'inconscient » (1915), *OC*, XIII, 203-242, *GW*, 263-303, *SE*, XIV, 159-204 ; *Le Moi et le Ça* (1923), *OC*, XVI, 255-301, *GW*, XIII, 237-289, *SE*, XIX, 12-59 ; *Inhibition, symptôme et angoisse* (1926), *OC*, XVII, 201-286, *GW*, XIV, 113-205, *SE*, XX, 75-174. Jean Laplanche et Jean-Bertrand Pontalis, *Vocabulaire de la psychanalyse*, Paris, PUF, 1967.

▷ RÉPRESSION.

RÈGLE FONDAMENTALE

Allemand : *Grundregel*. Anglais : *Fundamental rule*.

Règle constitutive de la situation psychanalytique selon laquelle le patient doit s'efforcer de dire tout ce qui lui vient à l'esprit et principalement ce qu'il serait tenté d'omettre pour quelque raison que ce soit.

En 1904, pour répondre à la demande du psychiatre Leopold Löwenfeld (1847-1924) qui prépare un ouvrage consacré aux *Phénomènes obsessionnels psychiques*, Sigmund Freud* écrit un bref article : « Sur la méthode psychanalytique de Freud ». Il y évoque les transformations de sa méthode depuis ses premiers travaux avec Josef Breuer* et précise les inconvénients du recours à l'hypnose*, qui ne détruit pas les résistances*, ne fournit que des renseignements partiels et n'aboutit qu'à des succès provisoires. La méthode des associations libres, ou libre association*, permet d'atteindre beaucoup plus facilement selon lui les éléments qui sont à même de libérer les affects, les souvenirs et les représentations. Il faut pour cela inviter les patients à « se laisser aller » et « exiger » d'eux « qu'ils n'omettent pas de révéler une pensée, une idée, sous prétexte qu'ils la trouvent honteuse ou pénible ».

En septembre 1894, Freud commença timidement de recourir à cette méthode et fut ainsi conduit à écouter les rêves* que ses patients se mirent à lui raconter. Il devait ensuite renoncer définitivement à l'hypnose en février 1896.

Dans la deuxième des cinq conférences prononcées lors de son voyage aux États-Unis* en 1909 avec Carl Gustav Jung* et Sandor Ferenczi*, Freud rend hommage à l'École de Zurich, et à Jung en particulier, qui ont développé très tôt le « test de l'association verbale* ». Il évoque ensuite la « principale règle psychanalytique » – elle n'est pas encore « fondamentale » – qui incite le patient à associer et la considère comme aussi importante que l'interprétation des rêves et l'exploitation des actes manqués, moyens techniques pour explorer l'inconscient*. En 1923, dans son article encyclopédique « "Psychanalyse" et "théorie de la *libido*" », il souligne que la règle fondamentale est indispensable à l'accomplissement du travail psychanalytique.

Enfin, dans son autobiographie (*Sigmund Freud présenté par lui-même**), il fait retour sur l'évolution de sa méthode et insiste sur la nécessité du respect de la « règle fondamentale de la psychanalyse » pour parvenir à l'association libre, seul moyen de faire apparaître les résistances* et de permettre leur prise en compte au titre du matériel à interpréter.

En 1919, quand Ferenczi présente la technique psychanalytique*, il rappelle le caractère incontournable de la règle fondamentale, mais en fait apparaître les limites : « Toute la méthode psychanalytique repose sur la *règle fondamentale* formulée par Freud [...]. On ne doit sous aucun prétexte tolérer d'exception à cette règle, et il faut tirer au clair sans indulgence tout ce que le patient, pour quelque raison que ce soit, cherche à soustraire à la communication. Cependant, quand le patient a été éduqué, non sans mal, à suivre cette règle à la lettre, il peut arriver que sa résistance s'empare précisément de cette règle et qu'il tente de battre le médecin avec ses propres armes. » Ferenczi, qui reviendra sur cette question dans un autre texte consacré à la psychanalyse des habitudes sexuelles, évoque le cas de « névrosés obsessionnels » qui font comme s'ils avaient mal compris la règle et produisent « *uniquement* » du matériel absurde en guise d'associations.

Jean Laplanche et Jean-Bertrand Pontalis soulignent que la règle fondamentale inscrit le traitement psychanalytique dans l'ordre du langage et fait « apparaître comme *acting out** » tout ce qui ne s'y rapporte pas. Par ailleurs, dans le sillage de Ferenczi, ces auteurs indiquent que certains patients peuvent utiliser la règle fondamentale pour démontrer l'impossibilité de son application rigoureuse : « Il est clair que la règle psychanalytique invite non à tenir des propos systématiquement incohérents, mais à ne pas faire de la cohérence un critère de sélection. »

En 1958, dans un article consacré à la direction de la cure, Jacques Lacan* fait ressortir que la règle fondamentale conduit le patient à se confronter à une parole libre dont il n'a pas la maîtrise : une parole « pleine », pénible parce que susceptible d'être vraie. Par son silence, l'analyste laisse apparaître qu'au-delà de la demande de guérison le patient est porteur d'une autre demande, « demande intransitive » qui « n'emporte aucun objet » et dans laquelle viennent se répéter les éléments d'une identification* primaire à la toute-puissance maternelle.

Un siècle après son instauration, la question de la règle fondamentale est toujours d'actualité. Le problème peut d'ailleurs être abordé sous un angle plus théorique, comme le fait le psychanalyste français Jean-Luc Donnet qui a étudié les résonances surmoïques, en termes de prescription et d'obligation, de l'énoncé de la règle, et s'est posé la question des conditions permettant de surmonter la contradiction entre ces implications et ce qu'il appelle le « privilège a-surmoïque de l'interprétation », attribut de la neutralité de l'analyste.

● Sigmund Freud, « La méthode psychanalytique de Freud » (1904), *GW*, V, 3-10, *SE*, VII, 255-268, in *La Technique psychanalytique*, Paris, PUF, 1953 ; *Sur la psychanalyse. Cinq conférences* (1910), *OC*, X, 1-56, *GW*, VIII, 3-60, *SE*, XI, 7-55, Paris, Gallimard, 1991 ; « "Psychanalyse" et "théorie de la *libido*" » (1923), *OC*, XVI, 181-208, *GW*, XIII, 211-233, *SE*, XVIII, 235-259 ; *Sigmund Freud présenté par lui-même* (1925), *OC*, XVII, 51-122, *GW*, XIV, 33-96, *SE*, XX, 1-70, Paris, Gallimard, 1984. Jean-Luc Donnet, « Surmoi. Le concept freudien et la règle fondamentale », monographies de la *Revue française de psychanalyse*, Paris, PUF, 1995. Sandor Ferenczi, « La technique psychanalytique » (1919), in *Psychanalyse II. Œuvres complètes, 1913-1919*, Paris, Payot, 1970, 327-338 ; « Psychanalyse des habitudes sexuelles » (1925), in *Psychanalyse III. Œuvres complètes, 1919-1926*, Paris, Payot, 1974, 324-358. Jacques Lacan, « La direction de la cure et les principes de son pouvoir » (1958), in *Écrits*, Paris, Seuil, 1966. Jean Laplanche et Jean-Bertrand Pontalis, *Vocabulaire de la psychanalyse*, Paris, PUF, 1967.

▷ ABSTINENCE (RÈGLE D'). ATTENTION FLOTTANTE. CONTRE-TRANSFERT. TECHNIQUE PSYCHANALYTIQUE. TRANSFERT.

REICH Wilhelm (1897-1957)
psychiatre et psychanalyste américain

L'itinéraire tourmenté du plus grand dissident de la deuxième génération* freudienne, proche de Wilhelm Fliess* pour ses théories biologiques et d'Otto Gross* pour son destin d'éternel persécuté, a été raconté de façon caricaturale par l'historiographie officielle*, et notamment par son principal représentant, Ernest Jones*, responsable avec Max Eitingon*, Anna Freud* et Sigmund Freud* de son exclusion de l'International Psychoanalytical Association* (IPA). Il fut le fondateur du freudo-marxisme*, le théoricien d'une analyse du fascisme qui marqua tout le siècle, et l'artisan d'une refonte de la technique psychanalytique* qui s'appuyait sur une conception de la sexualité* plus proche de la sexologie* que de la psychanalyse*.

Né à Dobrzcynica, en Galicie, Reich était issu d'une famille juive assimilée et fut élevé en dehors de toute tradition religieuse. A l'âge de 14 ans, il joua un rôle important dans le suicide* de sa mère en révélant à son père la liaison de celle-ci avec l'un de ses précepteurs. Trois ans plus tard, Léon Reich mourut d'une pneumonie, et son fils lui succéda à la tête de la ferme familiale et de l'élevage bovin.

C'est à la faculté de médecine de Vienne* qu'il poursuivit ses études et qu'il s'orienta vers la psychanalyse. En 1919, il rencontra Freud et, un an plus tard, il participa aux réunions de la Wiener Psychoanalytische Vereinigung (WPV). Il fit alors la connaissance d'Annie Pink (qui deviendra sa première femme sous le nom d'Annie Reich-Rubinstein*) et d'Otto Fenichel* (dont il partagera pendant quelques années les positions politiques). A cette époque, il présenta à la WPV sa première communication, consacrée à *Peer Gynt,* célèbre drame d'Henrik Ibsen (1828-1906). Ce héros norvégien en quête d'identité, et qui finit par se faire proclamer empereur d'Égypte dans un asile de fous, symbolisait en quelque sorte le malaise du post-romantisme allemand auquel Reich s'identifiait.

En 1921, il commença à pratiquer la psychanalyse sans être passé par un divan et dirigea alors un séminaire de sexologie qui eut beaucoup de succès. Dès cette époque, il évolua vers un énergétisme qui s'accordait mal avec la refonte freudienne mise en œuvre dans la deuxième topique*. D'où l'idée reichienne selon laquelle l'hypothèse de la pulsion* de mort aurait été consécutive à une dépression de Freud causée par l'évolution orthodoxe du mouvement psychanalytique après la Première Guerre mondiale.

Dès 1924, Reich s'intéressa aux œuvres de Marx et de Engels pour tenter de mettre en évidence l'origine sociale des maladies mentales et nerveuses. Dans cette perspective, il cherchait à concilier les concepts marxistes et ceux de la psychanalyse. En 1927, il publia coup sur coup un ouvrage de sexologie, *La Fonction de l'orgasme*, qu'il dédia à « mon maître le professeur Sigmund Freud », et un essai, « De l'analyse caractérielle » (qui deviendra ensuite *L'Analyse caractérielle*), dans lequel s'amorçait l'essentiel de sa divergence théorique et technique avec le freudisme*. Il accusait les psychanalystes d'abandonner la *libido** et de vouloir domestiquer le sexe en acceptant le principe d'une adaptation de l'individu aux idéaux du capitalisme bourgeois. En un premier temps, bien qu'il ne partageât pas les opinions du jeune homme, Freud le trouva plutôt sympathique : « Nous avons ici un docteur Reich, écrivit-il à Lou Andreas-Salomé*, un brave mais impétueux enfourcheur de chevaux de bataille qui maintenant vénère dans l'orgasme génital le contrepoison de toute névrose*. » L'empathie sera de courte durée, et Freud ne tardera pas à détester Reich au point de vouloir l'éliminer du mouvement psychanalytique.

Dans ce débat sur la sexualité*, qui durait depuis la fin du XIXe siècle, la position de Reich était symétrique de celle de Carl Gustav Jung*. Si ce dernier désexualisait le sexe au profit d'une sorte d'élan vital, Reich procédait à une désexualisation de la *libido* au profit d'une génitalité biologique fondée sur l'épanouissement d'un bonheur orgastique d'où la pulsion de mort était exclue.

Après avoir été membre du parti social-démocrate autrichien, Reich adhéra en 1928 au parti communiste et commença à militer avec ardeur tout en construisant une mythologie ouvriériste selon laquelle la génitalité du prolétariat serait exempte du « microbe » bourgeois. Il n'hésita pas à affirmer que les névroses étaient plus rares dans la classe ouvrière que dans les couches supérieures de la société. Cela le conduisit à accentuer encore son refus de la notion de pulsion de mort, déjà exprimé dans *La Fonction de l'orgasme*. Bientôt, il créa une Société socialiste d'information et de recherches sexuelles ainsi que des cliniques d'hygiène sexuelle destinées à l'information des salariés. Parallèlement, il poursuivit ses recherches et, en 1929, il publia dans la revue moscovite *Sous la bannière du marxisme* le manifeste fondateur du freudo-marxisme : « Matérialisme dialectique et psychanalyse ». Dans ce texte, il opérait des rapprochements entre la doctrine freudienne et le marxisme pour montrer, contre les psychologues bolcheviques qui récusaient le caractère « idéaliste » de la psychanalyse, que celle-ci était une « science naturelle » prenant pour objet la vie psychique de l'homme. A ce titre, elle ne pouvait être assimilée à un phénomène de « décomposition issue de la bourgeoisie décadente » comme l'affirmaient ses détracteurs communistes.

Fasciné par la Révolution, Reich se rendit en Russie* en septembre 1929 et s'informa des conflits qui opposaient les freudo-marxistes aux antifreudiens. A Moscou, il rencontra Vera Schmidt* et eut avec elle de longs entretiens. A cette époque, il fut donc le seul intellectuel d'Europe à connaître la réalité des débats russes sur la psychanalyse.

A son retour de voyage, il quitta Vienne pour Berlin. En 1930, il fit une analyse didactique avec Sandor Rado* puis s'intégra à la Société psychanalytique. Il créa alors l'Association pour une politique sexuelle prolétarienne, ou SEXPOL, à travers laquelle il développa une politique d'hygiène mentale en direction de la jeunesse. Il assimilait la lutte sexuelle à la lutte des classes et bravait les mœurs du conformisme bourgeois et du communisme. C'est pourquoi il commença à irriter et le milieu psychanalytique (très conservateur en politique) et les communistes staliniens (opposés à ses thèses libertaires). Exclu du parti allemand au moment même de la prise du pouvoir par Hitler, il s'exila au Danemark, où il dut affronter une campagne de diffamation qui se poursuivra en Norvège.

C'est l'année même de son exil qu'il choisit de critiquer frontalement la psychanalyse classique en publiant un livre, *L'Analyse caractérielle*, dans lequel il adoptait des positions identiques à celles de Sandor Ferenczi* au sujet de la technique active. Cet ouvrage devait paraître à l'Internationaler Psychoanalytischer Verlag, mais Freud s'y opposa en raison de l'engagement politique de l'auteur. Avec ses disciples, Freud avait en effet opté pour une stratégie qui consistait, par crainte d'éventuelles représailles du gouvernement, à exclure de ses rangs les militants d'extrême gauche : Marie Langer* fera elle aussi les frais de cette politique.

L'année précédente déjà, à l'occasion de la publication d'un article de Reich (sur le caractère masochiste) dans l'*Internationale Zeitschrift für Psychoanalyse**, le maître de Vienne avait jugé nécessaire de prendre ses distances avec lui en précisant dans un chapeau introductif : « Dans le cadre de la psychanalyse cette revue accorde, à chaque auteur qui lui adresse un texte pour publication, la pleine liberté de son opinion ; en contrepartie, la revue laisse aux auteurs la responsabilité des opinions qu'ils exposent. Dans le cas du docteur Reich, le lecteur doit être informé que l'auteur est membre du parti bolchevique. Or on sait que le bolchevisme impose, tout comme les organisations ecclésiastiques, des limites à la recherche [...]. L'éditeur aurait fait le même commentaire si on lui avait présenté un texte rédigé par un membre de la SJ (Societas Jesu). »

Ainsi, c'est bien en raison de son adhésion au communisme (et non pour un désaccord technique et doctrinal) que Reich fut persécuté par le mouvement freudien, par Freud lui-même mais aussi par Jones, qui avait d'abord eu des sympathies pour lui.

Du fait dc son anticommunisme et de son conservatisme, Jones ne fut pas assez sensible au danger que représentait le nazisme* pour le freudisme. Aussi accepta-t-il en 1933-1935, avec l'appui tacite de Freud, de soutenir une politique de « sauvetage » de la psychanalyse en Allemagne qui pèsera lourd sur l'IPA. Or Reich pensait au contraire qu'il fallait lutter à outrance contre le nazisme et préconisait, contre cette politique de prétendu sauvetage, la dissolution pure et simple de la Deutsche Psychoanalytische Gesallschaft (DPG) dès 1933. Au congrès de Lucerne de 1934, il sera ainsi exclu des rangs de l'IPA alors même qu'il devenait impossible de lui reprocher son bolchevisme puisqu'il n'était plus membre du parti communiste. Harald Schjelderup* et le groupe norvégien s'opposèrent à cette exclusion qui aura de graves conséquences pour la situation de la psychanalyse dans les pays scandinaves*.

Cette exclusion jouera également un rôle majeur dans l'évolution ultérieure de Reich. En un premier temps, il rejoignit la gauche freudienne non communiste et entama un dialogue fécond avec Otto Fenichel*, en dépit de nombreux désaccords. Entre 1930 et 1933 il rédigea sa plus belle œuvre, qui deviendra un classique : *La Psychologie de masse du fascisme.* Loin de regarder le fascisme comme le produit d'une politique ou d'une situation économique, d'une nation ou d'un groupe, il y voyait l'expression d'une structure inconsciente et étendait la définition à la collectivité pour souligner qu'en définitive le fascisme s'expliquait par une insatisfaction sexuelle des masses. Reich reprenait en fait un thème qui avait été traité autrement par Gustave Le Bon (1841-1931) puis par Freud dans *Psychologie des masses et analyse du moi**, mais en lui donnant un contenu radicalement nouveau au moment même où le nazisme déferlait sur l'Allemagne. L'ouvrage aura un retentissement mondial, et la doctrine reichienne sera reprise par tous les théoriciens du freudo-marxisme, puis, autour des années 1970, par les mouvements libertaires.

A partir de 1933, et surtout après sa double exclusion de l'IPA et du mouvement communiste, Reich se sentit terriblement persécuté. Il se sépara d'Annie Reich, la mère de ses deux filles (Eva et Lore), qui restera membre de l'IPA et amie de Fenichel. Par la suite, Reich vécut pendant plusieurs années avec Elsa Lindenberg, une danseuse qu'il avait rencontrée à Berlin et qui le rejoindra à Copenhague, où elle deviendra l'adepte d'une psychothérapie* fondée sur les mouvements corporels.

En 1936, traité de schizophrène par la communauté freudienne, Reich s'écarta définitivement de la psychanalyse en créant à Oslo un Institut de recherches biologiques d'économie sexuelle dans lequel se regroupèrent des médecins, des psychologues, des éducateurs, des sociologues et des animateurs de jardin d'enfants. Parallèlement, il inventa une nouvelle méthode, la végétothérapie, future orgonothérapie. Il liait la cure par la parole à l'intervention sur le corps et présentait la névrose comme une rigidité ou un rétrécissement de l'organisme qu'il fallait soigner par des exercices de décontraction musculaire afin de faire appaître le « réflexe orgastique ». Par la suite, attiré par la théorie des bions (particules d'énergie vitale), il laissa libre cours à sa fascination pour les théories physico-biologiques, tentant de concilier les thèmes cosmogoniques chers au romantisme avec la technologie quantitative propre à la sexologie.

En 1939, de plus en plus persécuté et toujours déçu par ceux qui l'entouraient, Reich quitta définitivement l'Europe avec sa nouvelle compagne, Ilse Ollendorf, qui deviendra sa deuxième femme et lui donnera un fils. Elsa demeura à Oslo.

Installé dans un chalet du Maine près de la frontière canadienne, il réalisa son rêve : construire une théorie orgastique de l'univers et la mettre en pratique à l'aide des moyens technologiques de son époque. C'est ainsi qu'il crut découvrir l'« Orgone atmosphérique » et, pour le capter, afin de guérir ses patients de leur impuissance orgastique, il fit bâtir un centre de recherches auquel il donna le nom d'Orgonon. Là, tel le *Frankenstein* de Mary Shelley (1797-1851) revu et corrigé par l'esthétique du cinéma hollywoodien, il expérimenta ses « accumulateurs d'orgone », véritables machines destinées à stocker la fameuse énergie. En décembre 1940, Reich demanda un rendez-vous à Albert Einstein (1878-1955), qui le reçut pour un entretien de cinq heures et s'émerveilla de ses « découvertes » au point d'aller vérifier lui-même le fonctionnement d'un accumulateur. Un mois plus tard, il rendit pourtant un verdict négatif sur l'expérience. Reich eut beau protester, Einstein ne répondit pas à ses lettres. Nouvelle déception.

A partir de janvier 1942, attaqué de toutes parts, traité de charlatan par les psychiatres et de schizophrène par le milieu psychanalytique américain, Reich s'enfonça dans la folie*, se croyant victime du grand MODJU, c'est-à-dire des « fascistes rouges ». Ce nom forgé par lui dérivait de MO (cenigo), personnage anonyme qui avait livré Giordano Bruno (1548-1600) à l'Inquisition, et de DJOU (gachvili), alias Staline (1879-1953).

Accusé d'escroquerie pour avoir commercialisé ses accumulateurs d'orgone, Reich fut emprisonné après un lamentable procès et mourut d'une attaque cardiaque au pénitencier de Lewisburg, en Pennsylvanie, le 3 novembre 1957. En mai, alors qu'il travaillait à la bibliothèque de la prison, il écrivit ces mots à l'intention de son fils Peter : « Je suis fier de me retrouver en si bonne compagnie avec les Socrate, Christ, Bruno, Galilée, Moïse, Savonarole, Dostoïevski, Gandhi, Nehru, Mindszenty, Luther et tous les autres qui combattirent contre le démon de l'ignorance, les décrets illégitimes et les plaies sociales… Tu as appris à espérer en Dieu comme nous avons compris l'existence et le règne universels de la Vie et de l'Amour. »

En 1952, Kurt Eissler réalisa pour les Sigmund Freud Archives* un remarquable entretien avec Reich qui fut publié en 1967 sous le titre *Reich parle de Freud.* Mais sans explication, Ernst Freud*, poussé par Eissler, refusa à Mary Higgins, responsable de la publication, le droit de citer les lettres que Freud avait écrites à son ancien disciple. Celles-ci furent même interdites de consultation à la Library of Congress*.

Reich avait pour Freud une admiration sans borne tandis que Freud se montra à l'égard de Reich d'une férocité démesurée. Il est à peu près certain que la publication de cette correspondance donnerait du père fondateur une image peu conforme à l'hagiographie officielle. On connaît en effet par des résumés le contenu probable de ces lettres, qui montrent que Freud eut peur de Reich : de sa folie, de sa célébrité, de son engagement politique. Quant à ses disciples, ils firent tout pour se débarrasser d'un homme qui gênait leur conformisme, dérangeait leurs convictions et renouait avec les origines « fliessiennes » de la doctrine freudienne dont ils cherchaient à gommer l'importance.

Les adeptes de Reich ne furent pas moins sectaires dans l'adoration de leur grand homme, dont ils nièrent la folie pour le présenter comme un héros sans peur et sans reproche, victime de persécutions répétées.

Les thèses reichiennes eurent une postérité importante, tant du côté du biologisme, quand elles firent retour avec la gestaltthérapie*, que dans les années 1965-1975, lorsqu'elles furent remises à l'honneur par la contestation libertaire dans la plupart des grands pays où s'était implantée la psychanalyse.

● Wilhelm Reich, *Die Funktion des Orgasmus. Zur Psychopathologie und zur Soziologie des Geschlechtslebens,* Leipzig, Vienne, Internationaler Psychoanalytischer Verlag, 1927, traduit en français sous le titre *Die Funktion des Orgasmus. Psychopathologie et sociologie de la vie sexuelle,* Paris, Nouveau Monde, 1975 ; « Matérialisme dialectique et psychanalyse » (dans la revue *Unter dem Banner des Marxismus*, 1929, puis en livre à Copenhague, 1934), Paris, La Pensée molle, 1970 ; *La Révolution sexuelle* (Vienne, 1930, Copenhague, 1936, New York, 1962), Paris, Plon, 1968 ; *L'Irruption de la morale sexuelle* (Berlin, 1932), Paris, Payot, 1972 ; *L'Analyse caractérielle* (Vienne, 1933, New York, 1945 et 1949), Paris, Payot, 1971 ; *La Psychologie de masse du fascisme* (Copenhague, 1933, New York, 1946), Paris, Payot, 1972 ; *The Discovery of the Orgone*, 1, *The Function of the Orgasm* (New York, 1942), traduit en français sous le titre *La Fonction de l'orgasme*, Paris, L'Arche, 1952 ; *The Discovery of the Orgone*, 2, *The Cancer Biopathy* (New York, 1948), traduit en français sous le titre *Biopathie du cancer*, Paris, Payot, 1975 ; *Écoute petit homme* (New York, 1948), Paris, Payot, 1973 ; *L'Éther, dieu et le diable* (New York, 1951), Paris, Payot, 1973 ; *Le Meurtre du Christ* (Maine, 1953), Paris, Champ libre, 1971 ; *Reich parle de Freud* (New York, 1967), Paris, Payot, 1970 ; *Premiers Écrits* (New York, 1979),

2 vol., Paris, Payot, 1982. Ilse Ollendorf-Reich, *Wilhelm Reich* (New York, 1970), Paris, Belfond, 1970. David Boadella, *The Evolution of his Work*, Londres, Vision Press, 1973. *L'Arc*, numéro spécial sur Wilhelm Reich, 83, 1982. Russel Jacoby, *Otto Fenichel : destins de la gauche freudienne* (New York, 1983), Paris, PUF, 1986. Élisabeth Roudinesco, *Histoire de la psychanalyse en France*, vol. 2 (1986), Paris, Fayard, 1994.

▷ ANTIPSYCHIATRIE. GUATTARI Félix. PSYCHOSOMATIQUE (MÉDECINE). PSYCHOTHÉRAPIE INSTITUTIONNELLE.

REICH-RUBINSTEIN Annie, née Pink (1902-1971)

psychiatre et psychanalyste américaine

Née à Vienne* dans une famille juive, Annie Pink était la fille d'une militante féministe. Après ses études de médecine, elle s'orienta vers la psychanalyse* et participa aux réunions de la Wiener Psychoanalytische Vereinigung (WPV). C'est au Mouvement de la jeunesse autrichienne qu'elle rencontra Otto Fenichel*, qui la présenta à Wilhelm Reich*, dont elle devint la femme après un début d'analyse avec lui. Elle fit ensuite sa formation didactique avec Hermann Nunberg* et Anna Freud*, puis elle s'installa à Berlin. Intégrée à la « gauche freudienne » et amie d'Edith Jacobson*, elle n'adhéra pas pour autant aux thèses reichiennes et resta membre de l'International Psychoanalytical Association* (IPA). Après sa séparation d'avec Reich, elle quitta Berlin et rejoignit Fenichel installé à Prague. Elle y demeura jusqu'en 1939, puis émigra aux États-Unis* après avoir épousé Arnold Rubinstein, un historien juif d'origine russe. Elle fit ensuite une longue carrière américaine au sein de la New York Psychoanalytical Society (NYPS) et poursuivit une activité clinique à l'hôpital du Mont-Sinaï.

• Annie Reich, *Psychoanalytic Contributions*, New York, International Universities Press, 1973. Russel Jacoby, *Otto Fenichel. Destins de la gauche freudienne* (New York, 1983), Paris, PUF, 1986.

▷ FREUDO-MARXISME.

REIK Theodor (1888-1969)

psychanalyste américain

Ce mélomane viennois amoureux des mélodies de Gustav Mahler*, grand lecteur de Goethe et du poète Richard Beer-Hofmann (1866-1965), érudit en littérature et en anthropologie*, et par ailleurs éminent praticien de la psychanalyse appliquée*, avait pour son maître Sigmund Freud* une telle vénération qu'il ne pouvait s'empêcher de l'imiter en toutes choses. Il s'habillait comme Freud, se taillait la barbe comme Freud et fumait les mêmes cigares que Freud. C'est pourquoi dans le premier cercle viennois on le surnomma « simili-Freud ».

Issu d'une modeste famille juive d'origine hongroise, Theodor Reik souffrit dans son enfance de la dépression de sa mère et des conflits qui éclatèrent entre son grand-père maternel, Juif orthodoxe et savant talmudiste, et son père libre penseur. Celui-ci mourut quand il avait 18 ans. Aussi se trouva-t-il contraint de travailler pour aider sa famille alors qu'il était affecté de crises d'angoisse maladives qui se traduisaient par des auto-accusations aberrantes et des mortifications ascétiques. Il fit néanmoins des études de lettres et de philosophie à l'université de Vienne*, puis consacra sa thèse à l'étude d'un récit de Gustave Flaubert (1821-1880) : *La Tentation de saint Antoine*. Par la suite, il fera éditer une bonne centaine de publications (livres et articles mêlés), en allemand puis en anglais.

Freud aima cet homme névrosé, toujours en quête d'un père, qu'il adopta comme un fils spirituel. En 1911, il le poussa à adhérer à la Wiener Psychoanalytische Vereinigung (WPV) mais refusa de le prendre en analyse et l'envoya à Berlin sur le divan de Karl Abraham*. N'étant pas médecin et n'ayant aucune fortune personnelle, Reik eut du mal à gagner sa vie comme praticien. Aussi fut-il entretenu par Freud, qui lui versa une mensualité et paya son analyse avec Abraham. Au retour de la Première Guerre mondiale, pendant laquelle il avait servi dans l'armée autrichienne, Reik souffrit de troubles cardiaques, ressentant maintes fois la terreur de mourir. Freud accepta alors de le prendre en analyse pour une cure interminable qui se déroula en deux temps.

En 1925 éclata l'affaire du procès pour exercice illégal de la médecine qui allait rendre Reik célèbre et provoquer une véritable tempête au sein du mouvement psychanalytique international, notamment entre Européens et Américains. Attaqué en justice parce qu'il pratiquait la psychanalyse* sans être médecin, Reik fut soutenu par Freud, qui publia à cette occasion un ouvrage, *La Question de l'analyse profane**, dans lequel il prenait la défense des non-médecins tout en soulignant le caractère laïc de la pratique psychanalytique. L'affaire prit aussitôt une ampleur considérable à l'intérieur de l'International Psychoanalytical Association* (IPA), au point de diviser la communauté freudienne : d'un côté les partisans de la psychanalyse dite médicale (américains en général) de l'autre leurs adversaires (plutôt européens) soutenus par Marie Bonaparte*.

Éclaboussé par le tumulte, Reik s'installa à Berlin en 1928 dans l'espoir d'y faire carrière. Mais avec l'arrivée des nazis au pouvoir, il fut contraint d'émigrer, d'abord à Leyde, en Hollande, puis à New York, où il arriva en juin 1938 après avoir rendu une dernière fois visite à Freud, lui-même exilé à Londres.

Sur le continent américain, les difficultés se poursuivirent. Malgré sa notoriété, Reik, n'ayant toujours pas le titre de médecin, ne put jamais s'intégrer à la New York Psychoanalytic Society (NYPS). Comme d'autres psychanalystes émigrés (Wilhelm Stekel* et Franz Alexander* notamment), il contesta les principes orthodoxes de la cure et prôna l'humanisation de la technique en développant la thèse de la « troisième oreille » selon laquelle l'analyste doit jouer de son intuition dans la relation contre-transférentielle avec le patient. Il mourut d'une crise cardiaque.

● Theodor Reik, *Écouter avec la troisième oreille. L'expérience intérieure d'un psychanalyste* (New York, 1948), Paris, Epi, 1976 ; *Fragment d'une grande confession* (New York, 1949), Paris, Denoël, 1973 ; *Variations sur un thème de Gustav Mahler* (New York, 1953), Paris, Denoël, 1972 ; *Trente ans avec Freud* (New York, 1956), Paris, Denoël, 1976. Jean-Marc Alby, *Theodor Reik. Le trajet d'un psychanalyste de Vienne « fin de siècle » aux États-Unis*, Paris, Clancier-Guénaud, 1985.

▷ ANALYSE DIDACTIQUE. ANALYSE PROFANE. CONTRE-TRANSFERT. ÉTATS-UNIS. PAYS-BAS. TECHNIQUE PSYCHANALYTIQUE.

RELIGION

▷ *AVENIR D'UNE ILLUSION (L').* BEIRNAERT Louis. ÉGLISE. HAITZMANN Christopher. LAIR LAMOTTE Pauline. PARANOÏA. PFISTER Oskar. SCHREBER Daniel Paul.

RÉPÉTITION (COMPULSION DE)

Allemand : *Wiederholungszwang.* Anglais : *Compulsion to repeat, Repetition compulsion*

Même s'il n'en développe toutes les implications théoriques qu'en 1920, dans *Au-delà du principe de plaisir, Sigmund Freud* a très tôt relié entre elles les idées de compulsion *(Zwang)* et de répétition *(Wiederholung)* pour rendre compte d'un processus inconscient*, et comme tel immaîtrisable, qui contraint le sujet* à reproduire des séquences (actes, idées, pensées ou rêves*) qui furent à l'origine génératrices de souffrance et qui ont conservé ce caractère douloureux.**

La compulsion de répétition provient du champ pulsionnel, dont elle possède le caractère d'insistance conservatrice.

L'idée de répétition, très tôt rapprochée de celle de compulsion, est l'une des dimensions constitutives de la notion d'inconscient dans la doctrine freudienne.

Dès 1893, dans leur « Communication préliminaire », Freud et Josef Breuer* soulignent l'importance de la répétition dans leur approche de l'hystérie* en parlant de la remémoration d'une souffrance morale liée à un traumatisme ancien et en concluant par le célèbre aphorisme : « C'est de réminiscences surtout que souffre l'hystérique. »

Le terme compulsion est employé par Freud dans une lettre à Wilhelm Fliess* datée du 7 février 1894. Il y parle de sa difficulté à lier la névrose obsessionnelle* et la sexualité*, et évoque, pour illustrer son propos, un cas clinique à propos duquel il parle de « miction compulsionnelle ».

Dans son « Esquisse d'une psychologie scientifique », Freud développe l'idée de frayage, dans laquelle on peut discerner la préfiguration de la compulsion de répétition : certaines quantités d'énergie parviennent à franchir les barrières de contact, occasionnant ainsi une douleur, mais frayant aussi un passage qui tendra à devenir permanent et comme tel source de plaisir en dépit de la douleur à chaque fois ravivée.

Lorsque dans sa lettre à Wilhelm Fliess du 6 décembre 1896 Freud définit pour la première fois sa conception de l'appareil psychique et décrit les superstructures des « psychonévroses sexuelles », il constate la nécessité d'aller plus loin et « d'expliquer pourquoi des incidents sexuels, générateurs de plaisir au moment de leur production, provoquent chez certains sujets, lors de leur réapparition ultérieure sous forme de souvenirs, du déplaisir alors que, chez d'autres, ils donnent naissance à des compulsions ».

L'idée d'une répétition inexorable, assimilable à celle de destin (Freud identifiera par la suite des névroses* de destinée proches des névroses d'échec définies par René Laforgue*), est contemporaine de cette découverte de l'Œdipe* dont il fait part à Fliess dans une lettre du 15 octobre 1897 : « J'ai trouvé en moi, comme partout ailleurs, des sentiments d'amour envers ma mère et de jalousie envers mon père, sentiments qui sont, je pense, communs à tous les jeunes enfants [...]. S'il en est bien ainsi, on comprend, en dépit de toutes les objections rationnelles qui s'opposent à l'hypothèse d'une inexorable fatalité, l'effet saisissant d'*Œdipe roi* [...] la légende grecque a saisi une compulsion que tous reconnaissent parce que tous l'ont ressentie. »

Freud commence à faire de la compulsion de répétition un objet autonome de sa réflexion en 1914, dans un article intitulé « Remémoration, répétition, perlaboration* ». Il a repéré d'une cure à l'autre la permanence de cette compulsion à la répétition : elle a partie liée avec le transfert* même si elle n'est pas tout le transfert. Elle est une manière pour le patient de se souvenir, manière d'autant plus insistante que celui-ci résiste à une remémoration dont la connotation sexuelle lui fait honte. « C'est dans le maniement du transfert, écrit Freud, que l'on trouve le principal moyen d'enrayer la compulsion de répétition et de la transformer en une raison de se souvenir. Nous rendons cette compulsion anodine, voire utile, en limitant ses droits, en ne la laissant subsister que dans un domaine circonscrit. Nous lui permettons l'accès du transfert, cette sorte d'arène, où il lui sera permis de se manifester dans une liberté quasi totale et où nous lui demandons de nous révéler tout ce qui se dissimule de pathogène dans le psychisme du sujet. »

Dans *Au-delà du principe de plaisir*, observant des faits de la vie quotidienne, par exemple son petit-fils qui joue inlassablement à jeter une bobine au-dessus de son berceau pour la ramener ensuite à lui en tirant sur la ficelle et en ponctuant ses gestes de deux exclamations : *Fort* (parti) et *Da* (revenu), mais observant aussi les névroses de guerre* au cours desquelles les sujets ne cessent de revivre des épisodes douloureux, Freud approfondit sa réflexion. Si ces formes de compulsion à la répétition sont bien l'aspect que prend le retour du refoulé, il est impossible de soutenir qu'elles obéissent à la seule recherche du plaisir ; il demeure en effet une sorte de résidu qui échappe à cette détermination, un « au-delà du principe de plaisir ». Freud est ainsi conduit à développer ce qu'il reconnaît lui-même être une spéculation sur laquelle toutefois il ne cédera jamais. Cette compulsion, cette force pulsionnelle qui produit la répétition de la douleur, traduit l'impossibilité d'échapper à un mouvement de retour en arrière, que son contenu soit ou non déplaisant. Ce mouvement régressif conduit par récurrence à postuler l'existence d'une tendance à un retour vers l'origine, vers l'état de repos absolu, l'état de non-vie, celui d'avant la vie, qui suppose le passage par la mort.

Selon la position qu'ils ont adoptée à l'égard du concept de pulsion de mort, les analystes freudiens ont accordé une importance plus ou moins grande à l'idée de compulsion de répétition qui en constitue les prémisses.

Jacques Lacan* occupe de ce point de vue une position exemplaire, faisant de la répétition l'un des « quatre concepts fondamentaux de la psychanalyse », titre donné à son séminaire de l'année 1964. Sensible au lien posé par Freud entre répétition et inconscient, Lacan observe que la répétition inconsciente n'est jamais une répétition au sens usuel de reproduction de l'identique : la répétition est ce mouvement, ou mieux cette pulsation, qui sous-tend la recherche d'un objet, d'une chose (*das Ding*) toujours située au-delà de telle ou telle chose particulière et, de ce fait même, impossible à atteindre. Par exemple, il est impossible de revivre une impression éprouvée à l'occasion d'une première expérience. « Une représentation théâtrale, explique Freud dans *Au-delà du principe de plaisir*, n'arrive jamais plus à produire la seconde fois l'impression qu'elle avait laissée la première ; en fait, il est difficile de décider un adulte qui a beaucoup aimé un livre à le relire aussitôt en entier. La nouveauté sera toujours la condition de la jouissance*. » On sait que, pour Lacan, la jouissance trouve son origine dans la recherche, aussi répétitive que vaine, du temps de la satisfaction d'un besoin qui ne sera constitué en demande que dans l'après-coup de la réponse qui lui a été apportée.

Lacan distingue deux ordres de répétition, qu'il analyse dans une perspective aristotélicienne. La *tuché* d'une part, rencontre dominée par le hasard – elle est en quelque sorte le contraire du *kairos*, la rencontre qui survient au « bon moment » – et que l'on peut assimiler au *trauma*, au choc imprévisible et immaîtrisable. Cette rencontre ne peut être symbolisée, évacuée ou apprivoisée que par la parole, et sa répétition traduit la recherche de cette symbolisation. Car si celle-ci permet d'échapper au souvenir du trauma, elle ne peut s'accomplir qu'à le revivre sans arrêt comme un cauchemar dans le fantasme* ou dans le rêve*. L'*automaton* d'autre part, répétition symbolique, non du même mais de l'origine, proche de la compulsion de répétition freudienne, qui s'articule à la pulsion de mort. Ce second type de répétition, Lacan l'inscrit dans le cadre de sa théorie du signifiant* en tant qu'il est dépositaire de l'origine de la répétition par laquelle tout sujet est non seulement constitué mais guidé vers les diverses « places » qu'il occupera au cours de son existence. Lacan a donné de ce processus répétitif, selon lequel le signifiant assigne au sujet ses places, une des plus belles illustrations qui soient au cours de son célèbre « Séminaire sur "La lettre volée" », lecture psychanalytique de la nouvelle d'Edgar Poe (1809-1849) qui inaugure le volume des *Écrits*.

● Sigmund Freud, *La Naissance de la psychanalyse* (New York, 1950), Paris, PUF, 1956 ; *Briefe an Wilhelm Fliess, 1887-1904*, Francfort, Fischer, 1986 ; « Les psychonévroses de défense » (1894), *OC*, III, 1-18, sous le titre « Les névropsychoses de défense », *GW*, I, 57-74, *SE*, III, 41-61 ; « Nouvelles remarques sur les psychonévroses de défense » (1896), *OC*, III, 121-146, sous le titre « Nouvelles remarques sur les névropsychoses de défense », *GW*, I, 377-403, *SE*, III, 157-185 ; « Actes obsédants et exercices religieux » (1907), *GW*, VII, 129-139, *SE*, IX, 115-127, in *L'Avenir d'une illusion*, Paris, PUF, 1971, 81-94 ; « Remémoration, répétition et perlaboration » (1914), *GW*, X, 126-136, *SE*, XII, 145-156, in *La Technique psychanalytique*, Paris, PUF, 1953, 104-115 ; « L'inquiétante étrangeté » (1919), in *L'Inquiétante Étrangeté et autres essais*, Paris, Gallimard, 1985, *GW*, XII, 229-268, *SE*, XVII, 217-256 ; *Au-delà du principe de plaisir* (1920), *GW*, XIII, 3-69, *SE*, XVIII, 1-64, *OC*, 273-339 ; *Nouvelles Conférences d'introduction à la psychanalyse* (1933), *OC*, XIX, 83-268, *GW*, XV, *SE*, XXII, 5-182, Paris, Gallimard, 1984 ; « L'analyse avec fin et l'analyse sans fin » (1937), *GW*, XVI, 59-99, *SE*, XXIII, 209-253, in *Résultats, idées, problèmes*, vol. II, Paris, PUF, 1985, 231-268 ; et Josef Breuer, *Études sur l'hystérie* (1895), Paris, PUF, 1956. Edson Luiz André De Souza, « Répétition (compulsion de) », in Pierre Kaufmann (éd.), *L'Apport freudien. Éléments pour une encyclopédie de la psychanalyse*, Paris, Bordas, 1993, 353-357. Kurt Eissler, *Freud sur le front des névroses de guerre* (Vienne, 1979), Paris, PUF, 1992. Henri F. Ellenberger, *Histoire de la découverte de l'inconscient*, (New York, Londres 1970, Villeurbanne, 1974), Paris, Fayard, 1994 ; « La notion de kairos en psychothérapie (temps pour comprendre et interprétation vraie) », in *Médecines de l'âme*, Paris, Fayard, 1994, 239-253. Jacques Lacan, « Le séminaire sur "La lettre volée" » (1955), in *Écrits*, Paris, Seuil, 1966, 11-61 ; *Le Séminaire*, livre XI, *Les Quatre Concepts fondamentaux de la psychanalyse* (1964), Paris, Seuil, 1973. Jean Laplanche et Jean-Bertrand Pontalis, *Vocabulaire de la psychanalyse*, Paris, PUF, 1967. Edgar Poe, « La lettre volée », in *Histoires*, Paris, Gallimard, « Pléiade », 1940, 45-64.

▷ RÉSISTANCE.

RÉPRESSION

Allemand : *Unterdrückung*. Anglais : *Suppression*.

Terme employé en psychologie pour désigner l'inhibition volontaire d'une conduite consciente. En psychanalyse*, la répression est une opération psychique qui tend à supprimer consciemment une idée ou un affect dont le contenu est déplaisant.

Cette opération et le mot qui la désigne ne doivent pas être confondus avec le refoulement*, qui relève d'un mécanisme inconscient.

En langue anglaise, le mot *repression* a été utilisé par James Strachey*, sur les conseils de Sigmund Freud*, pour traduire le concept de refoulement (*Verdrängung*). D'où une confusion entre les deux mécanismes.

● Riccardo Steiner, « Une marque internationale universelle d'authenticité. Quelques observations sur l'histoire de la traduction anglaise de l'œuvre de Sigmund Freud, en particulier sur les termes techniques », *Revue internationale d'histoire de la psychanalyse*, 4, 1991, 71-188.

RÉSISTANCE

Allemand : *Widerstand*. Anglais : *Resistance*.

Terme employé en psychanalyse* pour désigner l'ensemble des réactions d'un analysant dont les manifestations, dans le cadre de la cure, font obstacle au déroulement de l'analyse.

Dans le vocabulaire freudien, le mot résistance apparaît selon trois modalités : l'une est inspirée par la réflexion sur la technique et la pratique analytiques dont l'évolution déterminera celle du statut accordé aux formes possibles de résistance du patient ; la deuxième est d'ordre théorique, et sera fortement affectée par la mise en place de la deuxième topique* ; la troisième enfin, immuable durant toute la vie de Sigmund Freud*, est d'ordre interprétatif. Elle a trait aux manifestations d'hostilité et aux formes de rejet dont la psychanalyse a pu être l'objet. A ce sujet, l'historiographie* freudienne est riche en contributions de toutes sortes.

De ce dernier point de vue, l'utilisation que fait Freud du mot est totalement étrangère au cadre thérapeutique. Freud interprète ainsi comme des réponses défensives (des résistances) les oppositions à la psychanalyse, quelles que soient leurs origines et leurs raisons explicites. Il faut noter que cette position est cohérente avec le constat qu'il fait dès 1917, à savoir que la psychanalyse porterait au narcissisme* humain une atteinte comparable aux blessures engendrées par les découvertes de Nicolas Copernic (1473-1543) et de Charles Darwin (1809-1882). Ce rapprochement avait d'ailleurs été fait quelque cinquante années plus tôt par Ernst Haeckel*, comme l'a établi Paul-Laurent Assoun.

Le processus de résistance participe, au même titre que le transfert*, de la naissance de la psychanalyse. Mais il y est encore plus directement associé. Freud emploie en effet le mot dès qu'il se heurte aux premières difficultés dans la pratique de l'hypnose* et de la suggestion*, allant jusqu'à reconnaître comme « légitimes » les résistances des patients confrontés à la « tyrannie de la suggestion ».

Le passage à la méthode psychanalytique ne met certes pas fin aux résistances, mais celles-ci changent de statut. Elles deviennent susceptibles d'interprétation* et peuvent donc être surmontées.

Dès les premiers temps de sa pratique psychanalytique, l'attitude de Freud sur la question du traitement des résistances revêt deux formes. Si la résistance est invariablement reconnue comme une entrave au travail analytique, sous la forme notamment du non-respect de la règle fondamentale*, Freud croit d'abord possible de franchir l'obstacle en expliquant son contenu au patient avec insistance et conviction. Dans un deuxième temps, il en vient à considérer la résistance comme une donnée clinique, symptôme de ce qui est refoulé. Elle participe alors du processus de refoulement* et relève de l'interprétation au même titre que le transfert*, sous la forme duquel elle se manifeste fréquemment.

Dans le cadre de sa deuxième topique, Freud identifie cinq formes de résistance : trois ont leur siège dans le moi*, une dans le ça*, la dernière dans le surmoi*. Les résistances liées au moi peuvent se manifester soit sous la forme du refoulement comme tel, soit sous celle de la résistance de transfert, soit enfin au titre d'un bénéfice secondaire lié à la persistance de la névrose, la guérison étant vécue comme un danger par le moi. La résistance, dont le siège est dans le ça, conduit à la compulsion de répétition*. Elle peut être surmontée quand le sujet intègre une interprétation (perlaboration*). La résistance surmoïque s'exprime en termes de culpabilité inconsciente et de besoin de punition.

Cette classification témoigne du refus freudien de réduire la résistance aux seules défenses du moi. Dans cette perspective, Freud insiste sur l'existence d'éléments résiduels de résistance, éléments irréductibles qu'il interprète diversement mais que l'on peut, à titre d'hypothèse, situer du côté de la pulsion* de mort.

A la différence des concepts de transfert et de contre-transfert*, celui de résistance n'a suscité que fort peu de discussions et de polémiques dans la descendance freudienne, à l'exception de Melanie Klein*, qui assimile à peu près exclusivement la résistance à un transfert négatif. Cette thèse fut l'un des thèmes de débat au cours des Grandes Controverses* qui l'opposèrent à Anna Freud*.

• Sigmund Freud, *La Naissance de la psychanalyse* (Londres, 1950), Paris, 1956 ; *Briefe an Wilhelm Fliess, 1887-1904*, Francfort, Fischer, 1986 ; et Josef Breuer, *Études sur l'hystérie* (1895), *GW*, I, 77-312. *SE*, II, Paris, PUF, 1956 ; *L'Interprétation des rêves* (1900), *GW*, II-III, 1-642, *SE*, IV-V, 1-621, Paris, PUF, 1967 ; « De la psychothérapie » (1905), in *La Technique psychanalytique*, Paris, PUF, 1953 ; *Introduction à la psychanalyse* (1916), Paris, Payot, 1978 ; « Une difficulté de la psychanalyse » (1917), in *L'Inquiétante Étrangeté et autres essais*, Paris, Gallimard, 1985 ; *Au-delà du principe de plaisir* (1920), *GW*, XIII, 3-69. *SE*, XVIII, 1-64, *OC*, XV, 273-339 ; *Psychologie des masses et analyse du moi* (1921), *OC*, XVI, 1-83, *GW*, XIII, 73-161, *SE*, XVIII, 65-143 ; *Inhibition, symptôme et angoisse* (1926), Paris, PUF, 1951. Jean Laplanche et Jean-Bertrand Pontalis, *Vocabulaire de la psychanalyse*, Paris, PUF, 1967. Paul-Laurent Assoun, *Introduction à l'épistémologie freudienne*, Paris, Payot, 1981.

▷ CONTRE-TRANSFERT. HYPNOSE. *NOUVELLES CONFÉRENCES D'INTRODUTION À LA PSYCHANALYSE*. SUGGESTION. TRANSFERT.

RÊVE

Allemand : *Traum*. Anglais : *Dream*.

Phénomène psychique se produisant durant le sommeil, le rêve est principalement constitué par des images et des représentations dont l'apparition et l'agencement échappent au contrôle conscient du rêveur.

Par extension, notamment à partir du XVIIIe siècle, le terme désigne aussi une activité consciente consistant à imaginer des situations dont le déroulement ignore les contraintes de la réalité matérielle et sociale. En ce sens, le mot rêve est synonyme de vision, songerie, idéalisation ou fantasme* dans leurs acceptions les plus courantes.

Sigmund Freud* est le premier à avoir conçu une méthode d'interprétation* des rêves fondée, non sur des références étrangères au rêveur mais sur les libres associations que celui-ci peut faire, une fois éveillé, à partir du récit de son rêve.

Dans le champ psychanalytique, l'impact de l'ouvrage de Freud *L'Interprétation des rêves** (*Die Traumdeutung*) est tel que l'idée même de rêve semble devenue indissociable de celle d'interprétation : « Quand nous lisons la *Traumdeutung*, écrit Jean-Bertrand Pontalis, nous avons tendance à confondre l'*objet* de l'investigation – le rêve – avec la *méthode* et la *théorie* qu'il a permis à son auteur de constituer. [...] La *Traumdeutung* [...] n'est pas pour nous le livre de l'analyse des rêves, encore moins le livre *du* rêve, mais le livre qui, par la médiation des lois du *logos* du rêve, découvre celle de tout discours et fonde la psychanalyse*. »

« Dans les temps que nous pouvons nommer préscientifiques, écrit Freud dans son petit opuscule *Sur le rêve**, les hommes n'étaient pas embarrassés pour expliquer le rêve. Quand ils s'en souvenaient au réveil, ils le tenaient pour une information soit bienveillante soit hostile de puissances supérieures, dieux et démons. Avec l'éclosion du mode de pensée scientifique, toute cette mythologie riche de sens multiples s'est transposée en psychologie, et, de nos jours, il ne reste, parmi les gens cultivés, qu'une infime minorité de personnes qui doutent que le rêve soit une *opération psychique propre* au rêveur. »

De fait, depuis la plus haute Antiquité, les écrits attestent de ce que Jean-François Lyotard appelle le caractère intrinsèque et paradoxal du rêve, l'opposition entre l'universalité de son expérience et sa singularité intransmissible, contradiction dont la résolution ôterait son objet au rêve. S'il n'y a qu'un monde pour les hommes éveillés, constate Héraclite, chacun d'entre eux retrouve la singularité dans le sommeil, comme les rêves en témoignent. Pour celui que Freud appelle, dans son « Complément métapsychologique à la doctrine du rêve », « le vieil Aristote », le rêve est l'activité de l'âme du rêveur, et Freud, dans le premier chapitre de *L'Interprétation des rêves*, se plaît à souligner que pour l'auteur de *L'Éthique à Nicomaque* le rêve était déjà « objet d'investigation psychologique ».

Depuis le Moyen Âge, l'attitude des philosophes à l'égard du rêve est contradictoire : considéré comme faux, absurde et aussi insensé que peuvent l'être les propos d'un dément, l'activité onirique sera dépréciée par René Descartes (1596-1650), qui en fait état pour invalider le témoignage des sens en matière d'établissement de la réalité. A l'opposé, Baruch Spinoza (1632-1677) attribue au rêve une place spécifique. Dans *L'Éthique*, niant que la suspension du jugement puisse être considérée comme un effet de notre libre volonté, Spinoza explique que nous faisons chaque fois l'expérience de cette limite dans nos rêves. « Je ne crois pas qu'il existe un homme, précise-t-il, qui, pendant son rêve, pense avoir le libre pouvoir de suspendre son jugement sur ce qu'il rêve, et de faire qu'il ne rêve pas ce qu'il rêve ; et néanmoins, il arrive que, même dans les rêves, nous suspendions notre jugement lorsque nous rêvons que nous rêvons. »

Si, pour Georg Wilhelm Friedrich Hegel (1770-1831), le rêve est rejeté en tant qu'activité échappant à l'analyse dialectique rationnelle, il se trouve au contraire au cœur des préoccupations, systèmes et théories de la plupart des poètes et philosophes du romantisme allemand et de certains de leurs successeurs, de Wilhelm von Schelling (1775-1854) à Friedrich Nietzsche (1844-1900) en passant par Arthur Schopenhauer (1788-1860).

On retrouve le même intérêt pour le rêve chez les psychiatres pionniers de la psychiatrie dynamique, lointains ancêtres de Freud, notamment dans l'œuvre de Gothulf Heinrich von Schubert (1780-1860).

Avec le déclin du romantisme et le développement d'une pensée positiviste qui inscrit, comme l'a montré Michel Foucault (1926-1984), la déraison dans l'ordre de la maladie, le rêve est relégué au rang de pur produit de l'activité cérébrale et, comme tel, dénué de sens. Freud s'emploiera à combattre cette conception, précédé en cela par les travaux d'Alfred Maury, de Karl Albert Scherner ou du marquis Hervey de Saint Denys (1823-1892), qui s'attachent à l'exploration du rêve en tant que manifestation de l'activité psychique.

L'idée d'interprétation du rêve est contemporaine, dans l'histoire, de la reconnaissance de l'activité onirique. Dans une note du deuxième chapitre de sa *Traumdeutung*, Freud fait état des ouvrages de son époque qui ont recensé cette tradition dans les cultures juive, arabe, japonaise, chinoise et hindoue. Dans les sociétés traditionnelles, le rêve fait écho au mythe, à la légende et au conte, et son interprétation est le fait du sorcier, du chaman ou du chef, relais des puissances cosmogoniques, dont la place, ainsi que l'ont montré les travaux de l'ethnologue Pierre Clastres (1934-1977), est souvent distincte de celle, coercitive, du pouvoir politique.

Le « pas en avant » que Freud, dans le deuxième chapitre de *Die Traumdeutung*, annonce avoir effectué, porte non pas sur l'interprétation du rêve mais sur la nature de l'interprétation. L'apport freudien se distingue d'abord de l'interprétation symbolique et du déchiffrement par le déplacement qu'il opère : le rêveur, par les associations mentales qu'il réalise à partir du récit de son rêve, est désormais à l'origine de l'interprétation. Il s'en découvre le porteur inconscient et n'est donc plus, précise Freud, l'objet « du bon plaisir de l'interprète » comme au temps de l'Antiquité et comme c'est encore le cas, dit-il, avec « les étranges explications de Wilhelm Stekel* ». A ce propos, il faut remarquer que Freud, en dépit de ses conseils de prudence, fait lui aussi une large place à la symbolisation, ouvrant ainsi la voie à des interprétations abusives, mais aussi à la conception jungienne des archétypes, dont l'inaptitude à interpréter les rêves est établie.

Le second apport de la doctrine freudienne est tout aussi subversif que la méthode d'interprétation fondée sur les associations du rêveur : Freud considère en effet le rêve comme l'accomplissement d'un désir* inconscient. Le rêve comme exutoire, comme voie royale d'accès à ce réservoir des passions libidinales qu'est l'inconscient, tel est le cœur de cette révolution que reconnaîtront les surréalistes, et, à leur tête, André Breton (1896-1966). Pour autant, le fait est avéré, cette reconnaissance ne sera pas réciproque et Freud, si prompt à se plaindre du prétendu insuccès de sa *Traumdeutung*, ne parviendra ni à apprécier ni à comprendre ces écrivains et ces poètes pour qui le rêve et son interprétation constituent la grande aventure du siècle.

André Breton, euphorique, rendit pourtant visite à Freud en octobre 1921. Mais la rencontre se déroula dans un climat de parfaite incompréhension. Breton fit de cette entrevue un compte rendu dadaïste dans lequel l'humour et l'ironie masquaient mal la déception. Néanmoins, les surréalistes continuèrent de développer leurs conceptions propsychanalytiques, auxquelles Freud demeura décidément hermétique mais dont le caractère délibérément provocateur alimenta les polémiques avec l'institution psychiatrique française, représentée notamment par Pierre Janet* et Gaëtan Gatian de Clérambault*.

Le rêve demeure la pierre de touche de ce dialogue impossible. En 1932, Breton envoie à Freud un exemplaire de son ouvrage *Les Vases communicants*, dans lequel il auto-interprète le plus systématiquement possible l'un de ses rêves. Cet envoi déclenche une polémique entre les deux hommes. Mais celle-ci porte sur des aspects superficiels, des questions de références ignorées ou mal lues, et non sur l'essentiel, la reconnaissance ou la non-reconnaissance de l'infinitude de l'interprétation, la question désignée plus tard par Octave Mannoni* comme celle de l'« ombilic du rêve ». Freud n'est pas intéressé par ces discussions. Il ne reconnaît pas dans la position de Breton sa conception métapsychologique de l'inconscient, le cloisonnement entre réalité psychique et réalité matérielle, situé à l'opposé de toute idée de « vases communicants ».

En décembre 1937, Breton revient à la charge, proposant à Freud de s'associer à la publication d'un recueil intitulé *Trajectoire du rêve*. Freud, toujours aussi éloigné des conceptions surréalistes, répond aimablement sans pour autant faire la moindre concession : « Un recueil de rêves, écrit-il, sans les associations qui s'y sont ajoutées, sans la connaissance des circonstances dans lesquelles un rêve a eu lieu – un tel recueil pour moi ne veut rien dire et je ne peux guère imaginer ce qu'il peut vouloir dire pour d'autres. »

Malice de l'histoire, la fréquentation du mouvement surréaliste conduira le jeune Jacques Lacan* à effectuer, au milieu des années 1950, un « retour à Freud » aussi provocateur au regard de la sclérose dont le freudisme* commençait d'être atteint que le furent les manifestes surréalistes pour la psychiatrie française des années 1920. En ce sens, Lacan illustrait le propos de son ami Henri Ey*, reconnaissant que c'était à travers le surréalisme, et non dans la littérature médicale, qu'il avait pour sa part découvert l'importance du freudisme. Pour autant on aurait tort, comme le souligne Jean Starobinski, dans un article intitulé « Freud, Myers, Breton », de confondre les thèses lacaniennes sur les rapports entre le langage et l'inconscient avec l'écriture automatique des surréalistes.

● Sigmund Freud, *L'Interprétation des rêves* (1900), *GW*, II-III, 1-642, *SE*, IV-V, 1-621, Paris, PUF, 1967 ; *Sur le rêve* (1901), *GW*, II-III, 643-700, *SE*, V, 629-686, Paris, Gallimard, 1988 ; « Complément métapsychologique à la doctrine du rêve » (1917), *OC*, XIII, 243-258, *GW*, X, 411-426, *SE*, XIV, 217-235. Sarane Alexandrian, *Le Surréalisme et le rêve*, Paris, Gallimard, 1974. Karl Abraham, « Rêve et mythe. Contribution à l'étude de la psychologie collective » (1909), in *Œuvres complètes*, I, *1907-1914*, Paris, Payot, 1965. Ludwig Binswanger, *Rêve et Existence* (1930), Paris, Desclée de Brouwer, 1954. Marguerite Bonnet, *André Breton, Naissance de l'aventure surréaliste*, Paris, José Corti, 1975. André Breton, *Entretiens*, Paris, Gallimard, coll. « Idées », 1969 ; *Les Vases communicants* (1932), Paris, Gallimard, coll. « Idées », 1977. Pierre Clastres, *Recherches d'anthropologie politique*, Paris, Seuil, 1980. Henri Deluy, *Anthologie arbitraire d'une nouvelle poésie*, Paris, Flammarion, 1983. Henri F. Ellenberger, *Histoire de la découverte de l'inconscient* (New York, Londres, 1970, Villeurbanne, 1974), Paris, Fayard, 1994. Jean-François Lyotard, « Rêve », *Encyclopaedia universalis*, vol. XIV, 191-194 ; *Discours Figure*, Paris, Klincksieck, 1971. Octave Mannoni, *Freud*, Paris, Seuil, 1968 ; « Le rêve et le transfert » (1964), in *Clefs pour l'imaginaire ou l'Autre Scène*, Paris, Seuil, 150-160. Jean-Bertrand Pontalis, « La pénétration du rêve » (1972), in *Entre le rêve et la douleur*, Paris, Gallimard, 1977. Élisabeth Roudinesco, *Histoire de la psychanalyse en France*, vol. 2 (1986), Paris, Fayard, 1994. Marcel Scheidhauer, *Le Rêve freudien en France*, Paris, Navarin, 1985. Baruch Spinoza, « L'Éthique » (1677), in *Œuvres complètes*, Paris, Gallimard, Pléiade, 1954, 301-596. Jean Starobinski, « Freud, Myers, Breton », *L'Arc*, 1968, 34, 87-97.

▷ FRANCE. HISTOIRE DE LA PSYCHANALYSE. MYERS Frederick.

RÊVE ET SON INTERPRÉTATION (LE)

▷ *SUR LE RÊVE.*

RÊVE ÉVEILLÉ DIRIGÉ (GROUPE INTERNATIONAL DU)

▷ PSYCHOTHÉRAPIE.

RICKMAN John (1891-1951)

psychiatre et psychanalyste anglais

Membre de la secte protestante des quakers, qui fut à l'origine de la psychothérapie* fondée sur la dynamique des groupes aux États-Unis*, John Rickman est connu à la fois pour son rôle pionnier dans l'organisation de la psychanalyse en Grande-Bretagne*, aux côtés d'Ernest Jones* et d'Edward Glover*, pour son pacifisme militant, pour son action de réformateur de la psychiatrie en temps de guerre et, plus généralement, pour ses idées sur la psychologie des petits groupes. Après avoir terminé ses études de médecine en 1916, il se porta aussitôt volontaire pour aider les victimes de la guerre en Russie*. A son retour, il s'orienta vers la psychiatrie puis vers la psychanalyse*. C'est à Vienne*, en 1920, qu'il poursuivit une cure de formation avec Sigmund Freud* avant de s'intégrer, quatre ans plus tard, à la British Psychoanalytic Society (BPS). Par la suite, il fit encore deux analyses, l'une avec Sandor Ferenczi*, l'autre avec Melanie Klein*. En 1928, il rédigea un *Index Psychoanalyticus*, ouvrage savant dans lequel il recensait et résumait la quasi-totalité des livres et des articles parus sur la psychanalyse entre 1893 et 1926 : un véritable état des lieux du savoir freudien de l'époque.

Analysé par trois des plus brillantes personnalités du mouvement psychanalytique, Rickman n'adhéra à aucun dogme et, bien qu'il fût convaincu de la justesse des théories kleiniennes, il conserva son indépendance à l'égard d'un groupe marqué par le sectarisme et par l'idolâtrie du maître à penser. Il choqua d'ailleurs les kleiniens en déclarant que la figure paternelle avait autant d'importance que celle de la mère dans les fantasmes infantiles. Après les Grandes Controverses*, il s'éloigna de Melanie Klein et s'intégra au groupe des Indépendants*.

Pendant la Deuxième Guerre mondiale, il commença à expérimenter le principe du « groupe sans *leader* » dans le cadre du War Office Selection Board (WOSB). Il s'agissait d'organiser des officiers en petites cellules afin de les sélectionner et d'obtenir d'eux un meilleur rendement. Chaque groupe définissait l'objet de son travail sous l'égide d'un thérapeute, qui soutenait tous les hommes du groupe sans occuper la place d'un chef ni celle d'un père autoritaire. Fort de cette expérience, Rickman mit ensuite en place, selon les mêmes principes, la première communauté thérapeutique de l'armée de terre à l'hôpital militaire de Northfield, près de Birmingham, où étaient envoyés des hommes jugés inutiles ou inadaptés.

Si cette expérience avait été un succès, au point de susciter l'admiration de Jacques Lacan*, elle se révéla désastreuse quand elle fut prise pour modèle par Rickman lors de l'enquête réalisée en 1946 à Berlin auprès des psychanalystes qui avaient poursuivi leurs activités sous le nazisme*, et notamment Carl Müller-Braunschweig*, Felix Boehm*, Harald Schultz-Hencke*, Werner Kemper*. Sans se soucier le moins du monde de l'engagement politique de ces hommes, qui avaient tous collaboré avec le nazisme sous la houlette de Matthias Heinrich Göring*, Rickman se préoccupa d'abord de savoir s'ils pouvaient être réintégrés dans l'International Psychoanalytical Association* (IPA) afin de devenir de bons psychanalystes didacticiens. La théorie des petits groupes servit donc finalement à faire entrer d'anciens nazis dans les rangs de l'IPA au lieu de favoriser l'épuration. Et c'est Werner Kemper qui bénéficia le plus de cette procédure, en vertu du jugement porté par Rickman sur la solidité de sa personnalité psychique.

● John Rickman, *Index Psychoanalyticus 1893-1926*, Londres, Hogarth Press, 1928 ; *Selected Contributions to Psycho-Analysis*, Londres, Hogarth, 1957 ; « Compte rendu du séjour du docteur John Rickman à Berlin pour interroger les psychanalystes. 14 et 15 octobre 1946 », *Revue internationale d'histoire de la psychanalyse*, 1, 1988, 157-163. Sylvia M. Payne, « Obituary, Dr John Rickman », *IJP*, vol. XXXIII, 1954, 54-60. Pearl King, « Sur les activités et l'influence des psychanalystes durant la Deuxième Guerre mondiale », *ibid.*, 133-151. R.H. Ahrenfeld, *Psychiatry in the British Army in the Second World War*, Londres, Routledge, 1955. Phyllis Grosskurth, *Melanie Klein, son monde et son œuvre* (1986), Paris, PUF, 1990. *Les Controverses Anna Freud/Melanie Klein* (Londres, 1991), Pearl King et Riccardo Steiner (éd.), Paris, PUF, 1996. Eric Rayner, *Le Groupe des « Indépendants » et la psychanalyse britannique* (Londres, 1990), Paris, PUF, 1994.

▷ BION Wilfred Ruprecht. NÉVROSE DE GUERRE.

RIE Oskar (1863-1931)

médecin autrichien

Pédiatre, partenaire de Sigmund Freud* au jeu de tarot et beau-frère par alliance de Wilhelm Fliess*, Oskar Rie fut aussi le médecin de la famille Freud à Vienne*. Coauteur de l'article de 1891 « Étude clinique de l'hémiplégie cérébrale de l'enfance », il apparaît sous le nom de Otto dans le célèbre rêve de « L'injection faite à Irma*» rapporté dans *L'Interprétation des rêves**. A partir de 1908, il participa aux réunions de la Société psychologique du mercredi*. Sa première fille, Margarethe, épousa Hermann Nunberg*. Marianne, la cadette, fut analysée par Freud, qui l'appellera sa « fille adoptive ». Elle épousa Ernst Kris*, devint psychanalyste sous le nom de Marianne Kris*, et donna à sa fille le prénom d'Anna.

● Elke Mühlleitner, *Biographisches Lexikon der Psychoanalyse : die Mitglieder der Psychologischen Mittwoch-Gesellschaft und der Wiener Psychoanalytischen Vereinigung von 1902-1938*, Tübingen, Diskord, 1992.

RIKLIN Franz (1878-1938)

psychiatre suisse

Après avoir été secrétaire de l'International Psychoanalytical Association* (IPA) et rédacteur du *Korrespondanzblatt*, il suivra Carl Gustav Jung* dans sa rupture avec Sigmund Freud* en 1913.

RITTMEISTER John (1898-1943)

psychiatre et psychanalyste allemand

L'histoire de John Rittmeister et de ses relations avec Werner Kemper* sous le IIIe Reich compose l'une des pages les plus sombres des annales du freudisme*. Elle participe de l'aventure des militants de l'Orchestre rouge, si bien racontée par l'écrivain Gilles Perrault. Immergés dans l'organisation stalinienne des partis communistes occidentaux, eux-mêmes dominés par un Komintern qui n'hésitait pas parfois à les livrer à l'ennemi, ils furent néanmoins des héros de la lutte antinazie aux prises avec le monde peu ordinaire des agents doubles, des espions, des trahisons et des retournements intempestifs.

Né à Hambourg dans une vieille famille de commerçants aisés, Rittmeister poursuivit ses études médicales à Paris, à Londres et à Zurich, où il passa par la clinique du Burghölzli. Installé en Suisse*, il commença par s'intéresser aux thèses de Carl Gustav Jung* tout en s'affiliant à des cercles marxistes. En 1933, il reprocha au jungisme d'être le « porte-voix de l'âme allemande ». C'est alors qu'il s'orienta vers les idées freudiennes tout en restant un militant de la gauche communiste. Alors même qu'il se voulait l'héritier de la tradition du romantisme allemand et du pessimisme de Schopenhauer, Rittmeister adopta les principes de la pensée freudienne au nom d'un humanisme universaliste auquel il opposait l'égoïsme « bourgeois », mystique et introverti de Jung et de ses partisans.

Menacé d'expulsion pour ses activités militantes, il rejoignit l'Allemagne* pour poursuivre dans la clandestinité sa lutte contre le nazisme*. L'institut « aryanisé » fondé par Matthias Heinrich Göring* servit donc de « couverture » à ses activités. Il y exerça les fonctions de directeur de la polyclinique tout en suivant une formation psychanalytique sur le divan de Werner Kemper et en entrant dans une organisation de résistance. En 1939, il épousa Eva Knieper, une comédienne appartenant au même réseau.

En 1942, tous deux devinrent membres de la fameuse organisation communiste Orchestre rouge, dirigée depuis la France* par Leopold Trepper et à Berlin par Harro Schulze-Boysen, officier de l'armée de l'air qui avait réussi à infiltrer les services de renseignements allemands de la Luftwaffe, et donc du maréchal Hermann Göring, au profit de l'Union soviétique.

Il est difficile de savoir dans quelles conditions Rittmeister fut arrêté par la Gestapo avec sa femme le 26 septembre 1942. A-t-il été dénoncé par Werner Kemper ou fut-il simplement pris dans la rafle déclenchée contre l'Orchestre rouge après l'arrestation de Schulze-Boysen un mois auparavant ? Le rôle joué dans cette affaire par Werner Kemper est loin d'être éclairci. Kemper avait en analyse aussi bien Rittmeister qu'Erna, la femme de Matthias Heinrich Göring. Dans son autobiographie, il prétendra avoir « protégé » Rittmeister en usant auprès de Matthias de l'influence transférentielle qu'il avait acquise sur Erna. Mais si c'était le cas, pourquoi celui-ci ne fut-il pas prévenu de l'imminence de son arrestation ?

Le 13 mai 1943, John Rittmeister fut guillotiné sans autre forme de jugement après avoir tenu un journal de prison dans lequel il écrivit ces mots : « Saint Augustin et la psychanalyse : prendre au sérieux la vie intérieure. Définir les péchés, renvoyer à des textes. Les passions, etc., oui, mais en y incluant le social et la province [...] maintenant, je suis assis là [sous la surveillance de gardiens], face à mon dernier petit bout d'heure. Je suis très calme, tout à moi. Fume des cigarettes, ai reçu encore un petit paquet de beurre et de poudre de cacao [...]. »

Cette affaire contribua à déstabiliser la famille Göring. Aux yeux de Hitler et de la haute hiérarchie nazie, Hermann avait en effet été incapable d'empêcher l'Orchestre rouge de développer ses activités d'espionnage au cœur même de la direction de la Luftwaffe. Quant à Matthias, il tremblait de peur à l'idée de voir ses activités psychothérapeutiques compromises par la Gestapo à cause de l'infiltration de son institut. C'est alors qu'il retourna la situation en sa faveur en expliquant à tous ses collaborateurs que Rittmeister était avant tout un traître à son pays puisqu'il avait livré en temps de guerre des informations à une puissance étrangère. Cette version de l'histoire, qui transformait un communiste antinazi en un traître à sa patrie, fut acceptée par l'ensemble des psychothérapeutes et des psychanalystes de l'Institut Göring et, bien entendu, par Felix Boehm*, Kemper, Harald Schultz-Hencke*, et plus tard par Ernest Jones* et par l'ensemble de la direction de l'International Psychoanalytical Association* (IPA).

Mais il y eut pis encore : après la capitulation de l'Allemagne, Kemper et Schulzt-Hencke prirent part à une réunion de psychiatres dans la partie est de Berlin occupée par les troupes soviétiques. Ils contribuèrent ainsi à la reconstrution, en République démocratique allemande (DDR), d'une école de psychothérapie* de type pavlovien visant à liquider le freudisme*. Après avoir collaboré avec le nazisme à la destruction de la psychanalyse pour cause de judéité*, ces deux hommmes participèrent donc avec autant de passion à une politique de rejet stalinien du freudisme qui allait s'étendre à tous les pays dominés par le socialisme réel au lendemain du partage de Yalta.

Quant à la destinée héroïque de Rittmeister, elle fut transformée en une fiction mensongère. Pour les Allemands de l'Ouest, ce brillant intellectuel freudien fut regardé pendant quarante ans comme un espion soviétique traître à sa patrie, tandis que pour les Allemands de l'Est il devint une figure légendaire et glorieuse, non point du communisme*, mais de l'épopée stalinienne.

● Werner Kemper, *Psychotherapie in Selbstdarstellungen*, Bern, Stuttgart, Vienne, Hans Huber Verlag, 1973. Gilles Perrault, *L'Orchestre rouge*, Paris, Fayard, 1976. *Les Années brunes. La psychanalyse sous le IIIe Reich*, textes traduits et présentés par Jean-Luc Evard, Paris, Confrontation, 1984. Chaim S. Katz (éd.), *Nazismo e Psicanálise*, Rio de Janeiro, Editora Taurus, 1985. Geoffrey Cocks, *La Psychothérapie sous le IIIe Reich* (Oxford, 1985), Paris, Les Belles Lettres, 1987. René Major, *De l'élection*, Paris, Aubier, 1986. *Ici la vie continue de manière surprenante*, Recueil de textes traduits par Alain de Mijolla, Paris, Association internationale d'histoire de la psychanalyse (AIHP), 1987. Ludger M. Hermanns, « Conditions et limites de la productivité scientifique des psychanalystes en Allemagne de 1933 à 1935 », *Revue internationale d'histoire de la psychanalyse*, 1, 1988, 71-95. Karen Brecht, « La psychanalyse sous l'Allemagne nazie : adaptation à l'institution, relations entre psychanalystes juifs et non juifs », *ibid.*, 95-109. « Compte rendu du séjour du docteur John Rickman à Berlin pour interroger les psychanalystes, 14 et 15 octobre 1946 », *ibid.*, 157-163.

▷ BRÉSIL. CHERTOK Léon. FREUDO-MARXISME. JACOBSON Edith. LAFORGUE René. MAUCO Georges. MÜLLER-BRAUNSCHWEIG Carl. RUSSIE.

RIVIERE Joan, née Verrall (1883-1962)
psychanalyste anglaise

Issue de la grande bourgeoisie intellectuelle anglaise, et liée avec le groupe de Bloomsbury, Joan Riviere était d'une beauté mélancolique et victorienne. Élégante et raffinée, affichant volontiers sa fierté d'être aristocrate, elle souffrait pourtant d'insomnies, de migraines, d'angoisses, et ne cessait de se dévaloriser : « Elle ne supporte pas les éloges, dira Sigmund Freud*, pas plus qu'elle n'accepte les défaillances, le blâme ou le rejet. »

Après avoir fait plusieurs séjours dans des maisons de santé, elle entra en analyse avec Ernest Jones* et eut une liaison avec lui. La cure se déroula dans une atmosphère difficile. En 1919, la jeune femme participa à la fondation de la British Psychoanalytical Society (BPS). Puis, sur les conseils de Jones, avec lequel elle était en conflit, elle se rendit à Vienne* pour entreprendre une autre cure avec Freud. Jones se sentait rabaissé par elle et la regardait comme une femme hautaine. Pourtant il la présenta à Freud de façon positive : « C'est une traductrice très valable [...] et je pense qu'elle comprend la psychanalyse mieux qu'aucun autre de nos membres, à l'exception peut-être de Flugel. »

Sa parfaite connaissance des langues allemande et anglaise et son goût pour la littérature firent d'elle une traductrice toute désignée de l'œuvre de Freud. Et quand ce travail sera dévolu à James Strachey*, elle l'aidera et fera partie du comité chargé de réaliser le glossaire terminologique.

L'analyse avec Freud eut sur elle un effet bénéfique, bien qu'elle se déroulât en partie en même temps que celle d'Anna Freud*. Prise en étau entre Anna qui la jalousait, et Jones qui ne cessait à la fois de la décrier et de vanter ses mérites, elle trouva une sortie en s'intéressant aux travaux de Melanie Klein*. Elle tenta alors avec tact et intelligence de convaincre Freud de la justesse des positions kleiniennes sur la psychanalyse d'enfants*. Celui-ci refusa catégoriquement de l'écouter et défendit sa fille Anna. Néanmoins, soucieux de ne pas briser le mouvement psychanalytique, il ne prit pas parti publiquement dans le débat. C'est pourquoi les lettres qu'il échangea avec Joan Riviere sont d'un grand intérêt, notamment celle du 9 octobre 1927, dans laquelle il soutient qu'une analyse sans visée éducative risque de détruire l'enfant, livré ainsi à son être pulsionnel sans aucun soutien du côté du moi*.

En 1929, dans le cadre des grandes discussions sur la sexualité féminine*, Joan Riviere rédigea un bel article, en partie autobiographique, sur la nature de la féminité moderne : « La féminité en tant que mascarade ». Le texte deviendra célèbre. A partir d'un cas, elle montrait que les femmes intellectuelles ayant parfaitement réussi leur intégration sociale et leur vie conjugale et familiale étaient en quelque sorte condamnées à afficher leur féminité comme un masque afin de mieux dissimuler leur véritable pouvoir et donc leur angoisse.

Engagée aux côtés de Melanie Klein, elle saura garder ses distances et ne jamais céder à l'idolâtrie.

● Joan Riviere, « La féminité en tant que mascarade » (1929), in *Féminité mascarade*, Études psychanalytiques réunies par Marie-Christine Hamon, Paris, Seuil, 1994, 197-215 ; *The Inner World and Joan Riviere. Collected Papers 1920-1958*, Londres, Karnac Books, 1991 ; et Melanie Klein, *L'Amour et la haine* (Londres, 1937), Paris, Payot, 1968. « Lettres de Sigmund Freud à Joan Riviere (1921-1939) », présentées par Athol Hugues, *Revue internationale d'histoire de la psychanalyse*, 6, 1993, 429-481. Lisa Appignanesi et John Forrester, *Freud's Women*, New York, Basic Books, 1992. Phyllis Grosskurth, *Melanie Klein, son monde et son œuvre* (1986), Paris, PUF, 1990.

ROCHA Francisco Franco da (1864-1933)

psychiatre brésilien

Fondateur à São Paulo de l'hôpital de Juqueri, Rocha n'exerça jamais la psychanalyse* bien qu'il fût cofondateur, avec Durval Marcondes*, de la Sociedade Brasileira de Psicanálise de São Paulo (SBPSP), première société psychanalytique du Brésil*. En 1920, il publia *O Pan-sexualismo na doutrina de Freud* (Le pansexualisme* dans la doctrine de Freud), qui connut un grand succès. Dans une lettre à Marcondes, il écrivait : « Le jour viendra où la psychanalyse sera une chose fondée, connue, acceptée de tout le monde. Même ses opposants diront : Je ne lui ai jamais été contraire, je l'ai toujours acceptée. Un ou deux sujets seulement suscitaient en moi des doutes, mais j'ai toujours admiré Freud [...] »

● Francisco da Rocha, *O Pan-sexualismo na doutrina de Freud*, São Paulo, Typografia, Brasil de Rotschild, 1920. Marialzira Perestrello, « Histoire de la psychanalyse au Brésil des origines à 1937 », *Frénésie*, 10, printemps 1992, 283-301.

▷ PANSEXUALISME.

ROHEIM Geza (1891-1953)

anthropologue et psychanalyste américain

Premier ethnologue à devenir psychanalyste à part entière, Geza Roheim fut aussi le seul membre de la communauté psychanalytique de l'entre-deux-guerres à acquérir les compétences nécessaires pour contester les thèses de Bronislaw Malinowski* à partir d'une expérience de terrain et non plus au travers de débats théoriques. A ce titre, il donna une véritable légitimité à l'anthropologie* psychanalytique et fonda l'ethnopsychanalyse*, dont il fut avec Georges Devereux* le principal représentant. Son œuvre, écrite en trois langues (hongrois, allemand et anglais), est remarquable : une bonne douzaine de livres et plus de cent cinquante publications rédigées entre 1911 et 1953.

Né à Budapest dans un milieu de commerçants juifs aisés, fils unique choyé à la fois par son père, sa mère et son grand-père, Roheim eut une enfance heureuse – phénomène rare chez les pionniers du mouvement psychanalytique, à l'exception de Sigmund Freud* en personne. Il n'eut jamais d'enfant et fut lui-même un éternel enfant, attaché toute sa vie à sa femme Llonka, qui était associée à son œuvre et ne cessait de se quereller en public avec lui.

Grand buveur et bon gastronome, il aimait à la fois les livres et les activités corporelles. Dès sa jeunesse, guidé par son grand-père, il dévora des ouvrages de mythologie, de folklore et d'ethnographie, tout en pratiquant l'escrime et la natation. Plus tard, sur le terrain, il enseignera le football aux petits Mélanésiens. Nourri de contes et de légendes hongroises, fasciné par les histoires d'enfants trouvés, telles qu'Otto Rank* les racontait dans son ouvrage sur le roman familial*, Roheim s'interrogea très tôt sur les phénomènes psychiques liés à la naissance des enfants, à la perte, à la séparation. Et c'est en conservant cette problématique qu'il entreprit d'étudier une nouvelle discipline, l'anthropologie.

Après des études classiques à Leipzig et à Berlin, il se passionna pour les travaux psychanalytiques. Dès son premier article, en 1911, il recourut au concept freudien de complexe d'Œdipe*. Analysé entre 1915 et 1916, d'abord par Sandor Ferenczi* puis par Wilma Kovacs (1882-1940), il se mit très vite à pratiquer la psychanalyse* tout en préparant la publication de son premier livre sur le totémisme australien, publié en 1925.

Dans cette étude purement livresque, Roheim n'adhérait pas aux positions énoncées par Freud dans *Totem et Tabou**. A la perspective phylogénétique il substituait en effet une hypothèse ontogénétique, en s'inspirant directement des premiers travaux de Melanie Klein* sur les relations archaïques de l'enfant à la mère. C'est donc sous les auspices du kleinisme*, et dans la droite ligne d'une filiation* hongroise représentée par Ferenczi et Imre Hermann*, que se développa la première grande application de la psychanalyse à l'anthropologie. Hostile à toutes les orthodoxies, Roheim ne deviendra pas pour autant un adepte rigide des dogmes kleiniens. Toute sa vie, il conservera son indépendance à l'égard des différentes écoles et une solide admiration pour Freud, qu'il rencontra en 1918 lors du congrès de l'International Psychoanalytical Association* (IPA) de Budapest.

Dans *Australian Totemism,* il transformait la fable darwinienne de la horde sauvage, centrée sur la fonction prépondérante du père, en une sorte de digression sur les stades*, les relations d'objet* et les angoisses infantiles. Selon lui, les fantasmes* de dévoration ne faisaient que répéter une situation plus ancienne d'identification* au corps de la mère : manger le père au cours du festin totémique, c'était donc manger la mère. Quant au totem, Roheim en faisait autant une figure paternelle qu'une représentation de la toute-puissance maternelle.

Grâce à une subvention de Marie Bonaparte*, il entreprit en 1928 son premier grand périple sur le terrain mélanésien, dans l'intention d'invalider la thèse de l'absence du complexe d'Œdipe dans les sociétés matrilinéaires défendue par Malinowski. Avant son départ, il eut avec Freud une discussion sur une autre hypothèse de Malinowski selon laquelle les Trobriandais ignoraient l'érotisme anal. Il se vit alors objecter : « Eh quoi ? Ces gens n'ont donc pas d'anus ? »

Pendant neuf mois, après un passage par Aden et Djibouti, Roheim séjourna dans une tribu de l'île de Normanby à laquelle il s'intégra parfaitement. Sur le terrain, loin d'éprouver la même souffrance mélancolique que Malinowski ou que bien d'autres ethnologues, il eut aussitôt un « transfert positif » à l'égard de ses hôtes et se comporta avec eux à la fois comme un grand frère et comme un analyste kleinien, cherchant toujours à affiner sa méthode et à interpréter les mœurs, les mythes, les comportements, les rêves, les jeux de mots et les histoires quotidiennes à l'aune de la psychanalyse. A son retour, traversant les États-Unis*, il s'arrêta quelque temps en Californie pour étudier les Indiens yumas et, en 1932, il publia ses observations dans un article intitulé « Psychanalyse des types culturels primitifs » dont l'essentiel sera repris en 1950 dans sa grande synthèse sur la question : *Psychanalyse et anthropologie.* Contre Malinowski et en accord avec Freud et Ernest Jones*, il concluait à l'universalité du complexe d'Œdipe par le biais de la place de l'oncle maternel, admettant cependant que les sociétés matrilinéaires étaient organisées sur un modèle préœdipien. Plus tard, il classera d'ailleurs les cultures à partir de ce modèle œdipien, montrant qu'en chacune d'elle le principe universel se manifeste, mais différemment.

Contraint d'émigrer en raison du nazisme*, il s'installa à New York, travailla au Worcester State Hospital sur un cas de schizophrénie* et poursuivit ses travaux d'anthropologie psychanalytique. N'étant pas médecin, il se tint à l'écart de la communauté psychanalytique américaine.

En 1950, il rédigea un texte programmatique, inclus dans *Psychanalyse et anthropologie*, dans lequel il défendait l'universalisme freudien au nom de l'unité du genre humain. Il attaquait avec fermeté tous les représentants du néofreudisme* culturaliste, Abram Kardiner* et Margaret Mead* notamment, leur reprochant d'importer, pour analyser les grandes sociétés occidentales, des modèles différentialistes inadéquats. Il en concluait que le relativisme culturel, avec sa bonne conscience et ses idéaux humanistes, n'était qu'une forme masquée de nationalisme et de rejet de l'autre : « L'idée que les nations sont complètement différentes les unes des autres, et que le rôle de l'anthropologie est simplement de découvrir ces différences, est une manifestation de nationalisme à peine dissimulée. Elle constitue la contrepartie démocratique de la doctrine raciale des nazis ou de la théorie communiste des classes. »

En 1953, ne supportant pas la mort de sa femme, il se laissa mourir dans un hôpital après avoir subi une intervention chirurgicale, sans avoir eu la force d'ouvrir l'exemplaire de son dernier ouvrage, *Les Portes du rêve,* qu'un visiteur venait de lui apporter. Il laissa des instructions pour que son cercueil fût recouvert d'un drapeau hongrois et chargea Raphael Patai, historien du judaïsme, de prononcer son éloge funèbre.

• Geza Roheim, *Australian Totemism,* Londres, Allen et Unwin, 1925 ; *L'Animisme, la magie et le roi divin* (Londres, 1930), Paris, Payot, 1988 ; *L'Énigme du Sphinx* (Londres, 1934), Paris, Payot, 1976 ; *Origine et fonction de la culture* (New York, 1943), Paris, Gallimard, 1972 ; *Héros phalliques et symboles maternels dans la mythologie australienne* (New York, 1945), Paris, Gallimard, 1970 ; *Psychanalyse et anthropologie* (New York, 1950), Paris, Gallimard, 1953. Roger Dadoun, *Geza Roheim et l'essor de l'anthropologie psychanalytique,* Paris, Payot, 1972.

▷ CULTURALISME.

ROLLAND Romain (1866-1944)

écrivain français

Né à Clamecy, dans la Nièvre, d'un père et d'une mère issus de familles de notaires catholiques, Romain Rolland était un enfant de santé fragile, exposé au contrecoup de la mésentente conjugale de ses parents sous la forme d'une emprise maternelle rigoriste ; quant à son père, il était plutôt effacé, bien qu'il fût patriote, et pour tout dire fort chauvin.

Sur l'insistance de sa mère, désireuse de le voir faire de brillantes études, la famille s'installe en 1880 à Paris, où le jeune adolescent fréquente le lycée Saint-Louis, puis le lycée Louis-le-Grand, avant d'être admis, en 1886, à la prestigieuse École normale supérieure (ENS) de la rue d'Ulm, où il se lie d'amitié avec André Suarès (1868-1948) dont il partage déjà la passion pour la musique.

Agrégé d'histoire en 1889, Romain Rolland se détourne de l'enseignement secondaire. Nommé à l'École française de Rome, il découvre l'Italie*, ses musiciens, ses peintres, ses sculpteurs, le *Moïse* de Michel-Ange si cher à Sigmund Freud*, et s'en éprend aussi passionnément qu'il aimera l'Allemagne* et le monde intellectuel et artistique germanique après son retour à Paris en 1891. A Rome, il fait la connaissance de Malvida von Meysenbug (1816-1903), intellectuelle allemande déjà âgée, qui s'est exilée de son pays lors de la révolution de 1848 en faveur de laquelle elle s'était engagée. Dans ce salon qui a reçu des musiciens illustres comme Richard Wagner (1813-1883) et Franz Liszt (1811-1886), des philosophes comme Friedrich Nietzsche (1844-1900) ou encore Lou Andreas-Salomé*, Romain Rolland découvre la culture allemande et l'idée européenne, et devient un fervent admirateur de l'œuvre wagnérienne.

L'enthousiasme et la soif de culture de Romain Rolland sont considérables : grand lecteur de Shakespeare, admirateur de Victor Hugo (1802-1885), adepte sans réserve de la philosophie de Spinoza, il est l'introducteur à l'ENS de la grande littérature russe et il recevra de Léon Tolstoï (1828-1910), auquel il a écrit deux fois, une longue lettre qui le bouleversera. Il sera aussi le premier à faire pénétrer dans l'austère enceinte de la rue d'Ulm un piano, instrument dont il joue remarquablement si l'on en croit Stefan Zweig*. Le grand écrivain autrichien, qui deviendra l'un de ses amis les plus chers, avait découvert l'existence de Romain Rolland à Rome dans le salon de Malvida von Meysenbug. Il brossera plus tard un portrait de Romain Rolland débordant de lyrisme : « Il jouait admirablement du piano, écrit-il, avec un toucher d'une douceur qui reste pour moi inoubliable, caressant le clavier comme s'il voulait en obtenir les sons non par la force mais par la seule séduction. Aucun virtuose – et j'ai entendu dans les cercles les plus étroits Max Reger, Busoni, Bruno Walter – ne m'a donné à ce point le sentiment d'une communion immédiate avec les maîtres aimés. Son savoir faisait honte par son étendue et sa diversité ; ne vivant en quelque sorte que par ses yeux de liseur, il possédait la littérature, la philosophie, l'histoire, les problèmes de tous les pays et de tous les temps. De la musique il connaissait chaque mesure ; les œuvres les plus oubliées de Galuppi, de Telemann, et même de musiciens de sixième ou de septième ordre lui étaient familières. Avec cela, il prenait part avec passion à tous les événements du présent. »

Écrivain prolixe, dramaturge, biographe, musicologue – sa biographie de Beethoven fit longtemps autorité –, essayiste, moraliste, Romain Rolland, comme l'écrivent Henri et Madeleine Vermorel, est cependant « entré dans un purgatoire qui se prolonge : on ne lit plus guère ses romans, sauf *Jean-Christophe*, son œuvre maîtresse ».

De fait, en dehors de ce roman-fleuve, dont la forme préfigure les œuvres de Roger Martin du Gard (1881-1958) ou de Jules Romains (1885-1972), qu'il commença en 1904 et pour lequel il obtint en 1913 le grand prix de l'Académie française, c'est l'essayiste, le moraliste, l'intellectuel diversement engagé et l'ami de Freud qui est passé à la postérité, l'écrivain ayant été relégué au second rang. A cet égard, son destin peut être comparé à celui d'Anatole France (1844-1924), qui fut, parmi les écrivains français, l'un des plus appréciés de Freud.

En 1892, Romain Rolland se marie avec Clotilde Bréa, dont il divorcera douloureusement en 1910. Par ce mariage, il entre dans une famille juive aisée du milieu intellectuel parisien. Si cette union lui apporte la sécurité matérielle, elle n'apaise pas le jeune homme tourmenté, épris d'idéaux nationalistes, influencé par les écrits de Maurice Barrès (1862-1923), et qui aura bien du mal à s'engager clairement aux côtés de son ami Charles Péguy (1873-1914) et d'Émile Zola (1840-1902) au moment de l'affaire Dreyfus.

C'est cette prudence à l'égard de l'engagement militant qui lui vaudra en 1914, après la mort au combat de Péguy et la publication de son célèbre article « Au-dessus de la mêlée », l'hostilité des nationalistes des deux côtés du Rhin et l'admiration des intellectuels européens les plus prestigieux. Cette célébrité rejaillit sur son œuvre entière et il obtient en 1916 le prix Nobel de littérature.

En 1922, Rolland fonde la revue *Europe*. Il commence alors à s'intéresser aux religions, et plus particulièrement à l'hindouisme, auquel il consacrera plusieurs textes. Il discerne très tôt l'importance du ferment antisémite en Allemagne à travers le développement du parti national-socialiste, dont il demeurera un adversaire sans concession, se rapprochant progressivement des idéaux de la révolution bolchevique de 1917 et devenant une figure éminente du mouvement antifasciste des années 1930.

En février 1923, au moment où apparaissent les premiers signes de son cancer, Freud, dans une lettre adressée au décorateur Édouard Monod-Herzen, un habitué du milieu psychanalytique parisien, exprime avec une humilité assez surprenante son désir d'entrer en contact avec Romain Rolland : « Puisque vous êtes un ami de Romain Rolland, écrit Freud, puis-je vous demander de lui transmettre l'admiration respectueuse d'un inconnu ? » Cette coquetterie annonce une relation dont la chaleur puis l'affection en surprendront plus d'un. Rolland est du nombre de ceux qui, à l'instar des surréalistes, Pierre Jean Jouve (1887-1976), André Gide (1869-1951), Jacques Rivière (1886-1925), ont été les artisans de cette voie littéraire par laquelle le freudisme* a pénétré en France*. Aussi bien répond-il à Freud avec ferveur, et le Viennois ne cache pas son émotion : « [...] jusqu'à la fin de ma vie, je me souviendrai de la joie d'avoir pu entrer en relation avec vous, car votre nom est lié pour moi à la plus précieuse de toutes les belles illusions : la réunion dans un même amour de tous les enfants des hommes. J'appartiens certes à une race que le Moyen Âge a rendue responsable de toutes les épidémies nationales et que le monde moderne accuse d'avoir conduit l'Empire autrichien à la décadence et l'Allemagne à la défaite. De telles expériences dégrisent et rendent peu enclin à croire aux illusions. De plus, tout au long de ma vie (je suis de dix ans votre aîné), une part importante de mon travail a consisté à détruire mes propres illusions et celles de l'humanité. »

La passion de l'universalisme, l'adhésion aux valeurs des Lumières, l'amour porté à Shakespeare et à Spinoza sont autant de références qui scellent une forte amitié.

Les deux hommes ne se rencontreront qu'une seule fois, à Vienne*, le 14 mai 1924, par l'intermédiaire de leur ami commun Stefan Zweig, ravi de faire ainsi se connaître deux de ses idoles. En cette occasion, il jouera les interprètes, Freud ayant des difficultés d'élocution. L'entretien porte notamment sur Flaubert et Dostoïevski (que Freud pense atteints d'hystérie et non d'épilepsie). Sans doute aussi sur la passion de Rolland pour l'Inde*, puisque au terme de la rencontre Freud, qui offre à son visiteur un exemplaire de l'*Introduction à la psychanalyse**, lui demande de lui envoyer son dernier livre consacré au Mahatma Gandhi (1869-1948). Visite « inoubliable » pour Freud, dont l'enthousiasme suscitera quelque jalousie dans son entourage, de la part notamment de Theodor Reik*.

Cette relation chaleureuse n'empêchera pas l'expression de divergences, à propos notamment du sentiment religieux et de son statut. En 1927, Freud envoie à son ami un exemplaire de *L'Avenir d'une illusion**, dont le titre semble lui avoir été inspiré par celui d'une pièce de Rolland, *Liluli*. Le romancier répond en soulignant la justesse de l'analyse freudienne des religions, mais en regrettant l'absence de prise en compte du sentiment religieux, de la « sensation religieuse », ce « sentiment océanique » dont il a constaté l'existence chez les grands mystiques asiatiques mais aussi chez les doctrinaires de l'Église* chrétienne. Freud demande alors à son ami la permission de se référer à ce « sentiment océanique », dont il entend faire la critique dans son prochain livre, *Le Malaise dans la culture**. Bien que le Français lui ait donné son accord, Freud ne le citera pas nommément dans cet « opuscule » où il théorise son allergie à toute forme de mystique (« la mystique m'est aussi fermée que la musique », écrira-t-il à Rolland) et ramène le « sentiment océanique » au sentiment de plénitude caractéristique du moi* primaire, celui du nourrisson avant la séparation psychologique d'avec sa mère.

En 1936, pour l'anniversaire de Romain Rolland, Freud rédige son célèbre texte « Un trouble de mémoire sur l'Acropole », dans lequel il analyse le rapport à la figure paternelle et la rivalité entre frères. Dans le paragraphe introductif de cet essai écrit en forme de lettre, Freud exprime à nouveau son admiration pour l'écrivain, évoquant son humanité, son courage et son amour de la vérité, toutes choses au regard desquelles son texte lui paraît pauvre : « J'ai dix ans de plus que vous ; ma production est tarie. Ce que je puis finalement vous offrir n'est que le don d'un homme appauvri, ayant connu jadis des “jours meilleurs”. »

Retiré à Vézelay, où il écrit une biographie de Charles Péguy, Romain Rolland meurt le 30 décembre 1944. Pas plus que Freud il ne verra le retour des “jours meilleurs”.

● Romain Rolland, « Au-dessus de la mêlée » (1914), in *L'Esprit libre*, Paris, Albin Michel, 1953 ; *Jean-Christophe* (1904-1912), Paris, Albin Michel, 1950.

Antoinette Blum, « Romain Rolland (1866-1944) », in Michel Drouin (éd.), *L'Affaire Dreyfus de A à Z*, Paris, Flammarion, 1994, 271-276. Colette Cornubert, *Freud et Romain Rolland. Essai sur la découverte de la pensée psychanalytique par quelques écrivains français*, Thèse pour le doctorat en médecine n° 453, Paris, Faculté de médecine, 1966. Roger Dadoun, « Rolland, Freud et la sensation océanique », *Revue d'histoire littéraire de la France*, 1976. Sigmund Freud, *L'Avenir d'une illusion* (1927), *OC*, XVIII, 141-197, *GW*, XIV, 325-380, *SE*, XXI, 5-56 ; *Le Malaise dans la culture* (1930), *OC*, XVIII, 245-333, *GW*, XIV, 421-506, *SE*, XXI, 64-145 ; « Un trouble de mémoire sur l'Acropole », Lettre à Romain Rolland (1936), *OC*, XIX, 325-338, sous le titre « Lettre à Romain Rolland : Un trouble du souvenir sur l'Acropole » (1936), *GW*, XVI, 250-257, *SE*, XXII, 239-248 ; *Correspondance (1873-1939)*, Paris, Gallimard, 1966. Michel Plon, « Freud et les psychanalystes français », in Michel Drouin (éd.), *L'Affaire Dreyfus de A à Z*, Paris, Flammarion, 1994, 458-462. Élisabeth Roudinesco, *Histoire de la psychanalyse en France*, vol. 2 (1986), Paris, Fayard, 1994. Henri Vermorel et Madeleine Vermorel, *Sigmund Freud et Romain Rolland. Correspondance 1923-1936*, Paris, PUF, 1993. Stefan Zweig, *Romain Rolland, sa vie, son œuvre* (Francfort, 1929), Paris, Editions pittoresques, 1929 ; *Le Monde d'hier, souvenirs d'un Européen* (Stockholm 1944), Paris, Belfond, 1993.

ROMAN FAMILIAL

Allemand : *Familienroman*. Anglais : *Family romance*.

Expression créée par Sigmund Freud* et Otto Rank* pour désigner la manière dont un sujet* modifie ses liens généalogiques en s'inventant par un récit ou un fantasme* une autre famille que la sienne.

Dès 1898, Sigmund Freud remarquait que les névrosés avaient tendance, dans leur enfance, à idéaliser leurs parents et à vouloir leur ressembler. A cette première identification faisaient suite le discernement critique et la rivalité sexuelle. A ce stade, l'imagination enfantine était mobilisée par une nouvelle tâche, consistant à dévaloriser les parents réels et à les remplacer par d'autres, fantasmatiques, plus prestigieux.

En 1909, dans un article rédigé spécialement pour l'ouvrage d'Otto Rank *Le Mythe de la naissance du héros*, Freud utilisa l'expression roman familial pour désigner une construction inconsciente dans laquelle la famille inventée ou adoptée par le sujet est parée de tous les prestiges fournis par le souvenir des parents idéalisés dans l'enfance.

En s'appuyant sur cette notion, Rank étudia les légendes types des grandes mythologies occidentales sur la naissance des rois et des fondateurs de religion. Ainsi, remarqua-t-il, Romulus, Moïse, Œdipe*, Pâris, Lohengrin et même Jésus-Christ sont des enfants trouvés, abandonnés ou « exposés » au fil de l'eau par des parents royaux en raison d'une sombre prédiction. Destinés à mourir, ils sont en général recueillis par une famille nourricière de classe sociale inférieure. A l'âge adulte, ils retrouvent leur identité d'origine, se vengent de leur père et reconquièrent leur royaume.

Cette légende type, souligne Rank, a donné lieu à toutes sortes de variantes. Dans le cas de Romulus la nourrice est une louve, dans celui de Moïse la famille d'origine est modeste et la famille d'adoption royale. Dans l'histoire d'Œdipe, les deux familles sont nobles. Quant à Jésus-Christ, son destin est à part puisque l'enfant est issu de l'accouplement d'un dieu et d'une vierge, elle-même l'épouse du père adoptif. Dans le cas de Pâris, la figure mythique de l'animal protecteur est associée à l'idée de la réalisation d'une prédiction désastreuse. Priam abandonne à la naissance son deuxième fils parce que sa femme Hécube a rêvé qu'elle mettait au monde une torche ardente. L'enfant, nourri par une ourse, est recueilli par un berger qui lui donne le nom de Pâris (fils de l'ourse). A l'origine de la guerre de Troie, Pâris causera la ruine de sa famille. Avec l'histoire de Lohengrin, le thème du secret pathogène, cher à Moriz Benedikt*, va de pair avec celui de l'animal protecteur et de la femme curieuse. Un chevalier errant, voguant sur les eaux, sauve l'héroïne, l'épouse et lui fait des enfants. Il lui promet un bonheur éternel à condition qu'elle renonce à savoir qui il est et d'où il vient. Mais bientôt la reine ne résiste pas au plaisir d'interroger son mari. Lohengrin proclame alors publiquement qu'il est le fils de Parsifal et quitte à jamais le royaume pour s'en retourner au service du Graal dans son embarcation tirée par un cygne.

En rapprochant la légende type du mécanisme décrit par Freud, Rank montra que les récits mythiques peuvent se lire comme des fantasmes dans lesquels les situations réelles sont inversées. Dans le roman familial commun à la plupart des individus, névrosés ou non, c'est en effet l'enfant qui se débarrasse de sa famille d'origine pour en adopter une autre plus conforme à son désir*, tandis que dans le mythe c'est le père qui abandonne le héros, lequel est alors recueilli par une famille adoptive, en général (sauf exception) moins prestigieuse.

La notion de roman familial fut utilisée par Freud dans ses principaux ouvrages de psychanalyse appliquée*, notamment *Un souvenir d'enfance de Léonard de Vinci*, Totem et Tabou*, L'Homme Moïse et la religion monothéiste**. Elle ouvrit la voie à un large débat entre psychanalyse* et anthropologie*, entre psychanalyse et littérature, et entre psychanalyse et religion, dans la mesure où elle faisait apparaître une analogie entre les mythes fondateurs, les récits romanesques modernes, les systèmes délirants ou religieux et un mécanisme fantasmatique de nature subjective.

● Sigmund Freud, « Le roman familial des névrosés » (1908-1909), *GW*, VII, 227-231, *SE*, IX, 235-241, traduction française in Otto Rank, *Le Mythe de la naissance du héros* (Leipzig, Vienne, 1909), Paris, Payot, 1983.

RORSCHACH Hermann (1884-1922)
psychiatre et psychanalyste suisse

C'est l'historien Henri F. Ellenberger* qui rédigea la biographie de ce fascinant médecin de la première génération* freudienne, devenu célèbre dans le monde entier pour avoir inventé le fameux test des taches d'encre.

Né à Zurich dans une vieille famille protestante du canton de Thurgovie, Hermann Rorschach manifesta très tôt un goût prononcé pour le dessin. Chose étonnante, il fut surnommé « Klex » par ses camarades de classe parce qu'il était très habile au jeu de la kleksographie (jeu des taches d'encre), répandu parmi les écoliers et connu depuis que Justinius Kerner* (1786-1862) avait fait éditer en 1857 *Kleksographien*, recueil de dessins obtenus à partir de taches et de poèmes inspirés par elles. Le jeu consistait à faire des taches sur une feuille de papier, que l'on pliait de façon à faire prendre aux taches des formes diverses : objets, animaux, plantes, etc.

Après quelques hésitations, Rorschach s'orienta vers la médecine et fit ses études de psychiatrie auprès d'Eugen Bleuler* et de Carl Gustav Jung* à la clinique du Burghölzli. C'est là qu'il s'enthousiasma pour les idées freudiennes, tout en s'initiant à la technique de l'association verbale*. Par la suite, il devint assistant puis directeur de plusieurs asiles : celui de Munsterlingen près du lac de Constance, puis de Munsingen près de Berne, et enfin à Herisau dans le canton d'Appenzell.

Polyglotte, curieux de toutes les cultures, aimant les arts et les voyages et toujours à la recherche d'un univers autre que celui du monde visible, il se passionna pour l'« âme russe » et fit un premier séjour à Moscou en 1906, puis un deuxième en 1909 à Kazan, où il alla rejoindre sa fiancée, Olga, qui deviendra son épouse et sa collaboratrice.

Comme Sigmund Freud*, il fut marqué par la lecture de l'ouvrage de Dmitri Merejkovski (1861-1941) *Le Roman de Léonard de Vinci*, publié à Saint-Pétersbourg en 1902, et tout particulièrement par le passage dans lequel Giovanni Boltraffio (1467-1516) raconte comment le maître fit surgir, à la manière de la kleksographie, une « chimère à gueule béante » en suivant avec son doigt les taches d'humidité imprégnant un vieux mur : « Souvent sur les murs, disait-il, dans le mélange des pierres, dans les fissures, dans les dessins de la chancissure de l'eau stagnante [...], il m'est arrivé de trouver des ressemblances avec des sites merveilleux, avec des montagnes, des pics escarpés, etc. »

Au moment de la rupture entre Jung et Freud, Hermann Rorschach opta pour le freudisme, ce qui ne l'empêcha pas de continuer à user d'un vocabulaire largement jungien. En 1919, il fonda avec Oskar Pfister* et Emil Oberholzer* la Société suisse de psychanalyse (SSP), au sein de laquelle il joua un rôle important. Comme de nombreux praticiens de cette génération pionnière, il pratiqua la psychanalyse sans être lui-même passé par un divan. C'est à Herisau, pendant les trois dernières années de sa courte vie, qu'il rédigea le grand œuvre qui allait le rendre célèbre : il fut publié en 1921 sous le titre *Psychodiagnostik*. Rorschach y définissait le principe du test projectif, destiné à explorer le mécanisme des représentations imaginaires des enfants et des adultes en les faisant parler par associations verbales à partir des taches. Son traité s'inspirait à la fois de la méthode jungienne, de l'étude expérimentale de Kerner et de la conception freudienne de l'inconscient*.

Le livre exprimait pleinement la véritable fascination de Rorschach pour le domaine du rêve, des hallucinations, du délire, de la folie*. Héritier de la tradition romantique allemande, il cherchait à définir deux fonctions majeures de l'activité psychologique : l'introversion* d'un côté, c'est-à-dire le monde des images intérieures, de la création, et donc de la « *Kultur* », l'extraversion de l'autre, c'est-à-dire le domaine de la relation sociale, des couleurs, des émotions, et donc de la « civilisation ». Dans cette perspective, il pensait que son psychodiagnostic était une clé universelle susceptible de déchiffrer les cultures humaines du passé et du présent. Mais, comme tous les pionniers suisses de cette psychiatrie dynamique* d'inspiration protestante, il aspirait aussi à être un réformateur, un éducateur rationaliste.

Il fut donc à la fois un savant moderne, à la manière de Freud, et un aliéniste à l'ancienne encore tout imprégné de spiritisme*, d'occultisme*, d'histoires de divinations et de boules de cristal. Quand il utilisait son test pour soigner ses malades, il n'hésitait pas à leur montrer d'autres images afin de stimuler leurs réactions : chats verts, grenouilles rouges, bûcherons abattant des arbres de la main gauche, etc.

S'il avait vécu plus longtemps, il aurait sans doute rédigé l'autre grand ouvrage qui lui tenait à cœur et sur lequel il travaillait : une histoire des sectes suisses. Il en parlait avec enthousiasme à ses proches et avait réussi à rassembler une belle documentation sur le sujet. Ayant étudié la secte de de la Waldbruderschaft (Fraternité de la forêt), dont le gourou enseignait à ses adhérents l'inceste*, l'adoration de son pénis et de son urine, il esquissa une conception générale du phénomène, montrant que les sectes apparaissent dans des régions où l'intérêt pour la politique est absent. Il classa les disciples et les prophètes en distinguant les schizophrènes des simples névrosés : plus la folie du chef est importante, plus l'action transférentielle est profonde, et plus la mythologie enseignée exprime des pulsions* inconscientes.

Hermann Rorschach mourut à l'âge de 37 ans des suites d'une crise d'appendicite, avant d'avoir pu être opéré. Dans une lettre à Freud du 3 avril 1922, Pfister souligna que Rorschach était le meilleur analyste du groupe suisse et qu'il adhérait aux idées freudiennes « jusque dans les plus petits détails ». Faisant confiance à son ami pasteur, Freud, qui ne connaissait pas l'œuvre de Rorschach, lui répondit par ces mots : « J'adresse aujourd'hui même quelques mots à sa veuve. J'ai l'impression que vous le surestimez peut-être comme analyste ; par vos lignes, j'apprends avec satisfaction la haute estime en laquelle vous le teniez sur le plan humain. Bien entendu aucun autre que vous n'écrira pour notre revue son éloge funèbre et, s'il vous plaît, le plus vite possible. »

● Hermann Rorschach, *Psychodiagnostic. Méthode et résultats d'une expérience diagnostique de perception, interprétation libre de formes fortuites* (Berne, 1921), Paris, PUF, 1993. *Psychodiagnostic. Atlas des planches en couleur* (Berne, 1921), Paris, PUF, 1976. *Correspondance de Sigmund Freud avec le pasteur Pfister, 1909-1939*, (Francfort, 1963), Paris, Gallimard, 1966. Henri F. Ellenberger, *Médecines de l'âme. Essais d'histoire de la folie et des guérisons psychiques*, Paris, Fayard, 1995.

▷ SCHIZOPHRÉNIE. *SOUVENIR D'ENFANCE DE LÉONARD DE VINCI (UN).* SUISSE.

« ROSALIE H. » (CAS)

▷ *ÉTUDES SUR L'HYSTÉRIE.*

ROSENFELD Herbert (1909-1986)

psychiatre et psychanalyste anglais

Comme Hanna Segal et Wilfred Ruprecht Bion*, Herbert Rosenfeld fut l'un des grands disciples de Melanie Klein*. Né en Allemagne* dans une famille juive, il émigra en Grande-Bretagne* en 1935 et devint, au sein de la British Psychoanalytical Society (BPS), l'un des principaux artisans de la clinique psychanalytique de la schizophrénie*. Ses travaux portent sur les modalités spécifiques du transfert* dans les cures de psychotiques, et notamment sur la nature de l'identification projective*.

● Herbert Rosenfeld, *Les États psychotiques* (Londres, 1965), Paris, PUF, 1976 ; *Impasse et interprétation* (Londres, 1987), Paris, PUF, 1990.

▷ FAIRBAIRN Ronald. KLEINISME. POSITION DÉPRESSIVE/POSITION PARANOÏDE-SCHIZOÏDE. PROJECTION. PSYCHOSE.

ROSENTHAL Tatiana (1885-1921)

psychiatre et psychanalyste russe

Comme de nombreuses femmes russes de sa génération, Sabina Spielrein* ou Alexandra Kollontaï (1872-1952), Tatiana Rosenthal fut marquée à la fois par l'émancipation féminine, par le freudisme* et enfin par le communisme* et le marxisme. Née à Saint-Pétersbourg dans une famille juive, elle s'engagea dès 1905 dans le combat en faveur du mouvement ouvrier. Un an plus tard, elle se rendit à Zurich, où elle découvrit les théories freudiennes. Elle y obtint aussi le titre de docteur en psychiatrie. A son retour, elle consacra toute son énergie à implanter la psychanalyse* en Russie* tout en participant, à partir de 1911, aux réunions de la Société psychologique du mercredi*.

C'est surtout dans le domaine de l'éducation et de la psychanalyse des enfants* qu'elle se fit remarquer, d'abord en 1919 à l'Institut de recherches sur la pathologie cérébrale dirigé par le célèbre psychiatre Vladimir Bekhterev (1857-1927), puis dans une clinique pour enfants handicapés. Elle eut l'idée du Home expérimental qui sera fondé par Vera Schmidt* et fut la première, en 1920, sept ans avant Sigmund Freud*, qui ne la citera pas dans son travail, à étudier l'œuvre de Fedor Dostoïevski (1821-1881) d'un point de vue psychanalytique.

Fragile et inquiète depuis sa jeunesse, elle se donna la mort à l'âge de 36 ans.

● Sigmund Freud, « Dostoïevski et le parricide » (1927), *GW*, XIV, 399-418, *SE*, XXI, 177-194, *OC*, XVIII, 207-225, sous le titre « Dostoïevski et la mise à mort du père ». Sara Neidisch, « Die Psychoanalyse in Russland während der letzten Jahren », *Internationale Zeitschrift für Psychoanalyse*, vol. VII, 1921, 384-385. Jean Marti, « La psychanalyse en Russie (1909-1930) », *Critique*, 346, mars 1976, 199-237. *Les Premiers Psychanalystes, Minutes de la Société psychanalytique de Vienne, 1906-1918*, 4 vol. (1962-1975), Paris, Gallimard, 1976-1983. Anna Maria Accerboni, « Tatiana Rosenthal (1885-1921) : une brève saison analytique », *Revue internationale d'histoire de la psychanalyse*, 5, 1992, 95-109.

▷ COMMUNISME. ERMAKOV Ivan Dimitrievitch. FREUDO-MARXISME. OSSIPOV Nicolaï Ievgrafovitch. SUICIDE. WULFF Moshe.

ROUMANIE

De tous les pays libérés du joug de l'Empire ottoman entre 1829 et 1908 (Grèce, Bulgarie, Albanie, Montenegro), seule la Roumanie a vu s'implanter sur son territoire un embryon de mouvement psychanalytique, au-delà de l'action de pionniers solitaires.

Indépendante en 1885 et ouverte au monde germanique et hongrois par sa proximité avec l'Empire austro-hongrois, auquel sont rattachées la Bucovine et la Transylvanie, la Roumanie du début du siècle cultive également sa latinité en s'intéressant tout particulièrement aux idées venues de France*. Aussi les œuvres de Sigmund Freud* sont-elles lues en langue française, comme en témoigne la transformation du terme roumain *psihoanaliza* en *psihanaliza* dès que « psychanalyse » remplace « psycho-analyse » en France.

C'est Gheorghe Preda (1878-1965), médecin militaire de Bucarest, qui publie en 1912 le premier article en langue roumaine sur la psychanalyse. Il y présente le symbolisme du rêve* et la méthode de psychothérapie* freudienne. L'année suivante, Matyas Ilian (1885-1941), après avoir pris contact avec Otto Rank*, soutient sa thèse de doctorat de médecine sur « L'état actuel de la psycho-analyse de Freud ».

En 1919, au lendemain de la Première Guerre mondiale, le traité de Saint-Germain accorde à l'ancien royaume de Roumanie (Valachie, Moldavie) deux territoires nouveaux : la Transylvanie et la Bessarabie, constituant ainsi la Grande Roumanie, qui ne cessera d'être troublée par des querelles de minorités nationales et un antisémitisme particulièrement violent.

Pendant dix ans, la transformation du royaume en démocratie parlementaire, où sont organisées des élections libres, contribue à faire progresser l'intérêt pour les idées freudiennes. Élève de Jean Martin Charcot* et chef incontesté de l'école neurologique roumaine, Gheorghe Marinescu (1863-1938) joue de son influence en faveur de la psychanalyse, en publiant en 1923 deux articles en langue française dans la *Revue générale des sciences pures et appliquées.*

Mais ce sont surtout Ioan Popescu-Sibiu* et Constantin Vlad* qui introduisent la psychanalyse en Roumanie. Comme de nombreux pionniers, ils pratiquent la cure sans avoir été analysés. Il faut attendre l'arrivée de Heinrich Winnik (1902-1982), venu d'Allemagne* après l'avènement du nazisme*, pour que l'analyse didactique* fasse son entrée en Roumanie. Analysé à Vienne* et à Berlin par Paul Federn*, Jenö Harnik et Helene Deutsch*, Winnik avait toutes les qualités requises pour former des élèves. Mais en raison de la situation politique, il n'y parvint pas. Il émigrera en Palestine en 1941 sans avoir pu former un seul thérapeute, puis s'intégrera à la Hachevra Hapsychoanalytit Be-Israel (HHBI), fondée par Mosche Wulff* et Max Eitingon*.

En 1935, après un premier échec, Vlad s'entoure de médecins et de psychologues pour faire paraître un périodique, la *Revista romana de psihanaliza,* où l'on trouve des articles cliniques, des analyses littéraires, une polémique contre les partisans roumains d'Alfred Adler* : il n'aura qu'une seule livraison. Vers 1937, la psychothérapie et la psychanalyse sont représentées en Roumanie par quatre partisans de Freud, trois de Stekel*, quatre d'Adler, trois de Carl Gustav Jung* et un d'Otto Rank.

L'avènement en 1930 de la dictature fasciste et antisémite de Corneliu Codreanu, entouré de sa « Garde de fer », empêche les psychanalystes freudiens de s'organiser en un véritable mouvement. Quand le roi Carol abdique au profit de son fils Michel, un régime de terreur s'instaure sous le commandement du maréchal Ion Antonescu (1882-1946), qui fera alliance avec l'Allemagne nazie et sera fusillé à la Libération.

En 1946, juste avant la proclamation de la République populaire, Vlad et Popescu-Sibiu fondent avec Justin Neuman (1898- ?), Paul Schwarz (1904-1965) et Ludwig Berghoff (1897-1986) la Société roumaine de psychopathologie et de psychothérapie. Ces cinq hommes pratiquent la psychanalyse mais, par prudence, ils évitent toute référence à Freud, à sa doctrine et à sa technique dans l'intitulé de leur groupe. Précaution inutile : très vite, les fonctionnaires du parti les démasquent en assistant à leurs réunions, et la Société doit cesser toute activité en 1947.

Se développe alors, venue de Russie*, la campagne jdanovienne contre la psychanalyse. Assimilée à une « science bourgeoise » au nom du pavlovisme triomphant, elle est définivement condamnée et disparaît de Roumanie pendant vingt-cinq ans. Sans renier leur adhésion au freudisme, Vlad et Popescu-Sibiu s'orientent vers d'autres activités. Suivant l'exemple de Winnik, Schwarz émigre en Israël.

Soucieux de marquer son indépendance à l'égard du régime soviétique, Constantin Ceauçescu (1918-1989) n'interdit pas la publication, à partir de 1970, de certains livres favorables à la psychanalyse et au freudisme. Cette relative ouverture permet à Popescu-Sibiu et à Victor Sahleanu de publier en 1972 un ouvrage qui se veut « critique » mais qui, en réalité, présente le freudisme comme l'un des grands exploits de la culture du XXe siècle. Par la suite, le psychiatre Ion Vianu et le psychologue Vasile Zamfirescu manifesteront, l'un dans ses leçons cliniques et l'autre dans ses essais et ses traductions, un intérêt évident pour la psychanalyse, dans les limites tolérées par le régime.

Dès la chute de Ceauçescu, le mouvement psychanalytique roumain se reconstitue grâce à des échanges avec la France, les Pays-Bas* et la Suède. En février 1990 se crée la Societatii romane de psihanaliza (SRP) sous l'impulsion notamment de Eugen Papadima (qui a passé quelques années à New York), de Vera Sandor, d'Alfred Dumitrescu et de Vasile Zamfirescu, le seul du groupe à s'intéresser à l'œuvre de Jacques Lacan*. Traducteur, fondateur d'une maison d'édition (Editurii Trei) et d'une revue, *Psihanaliza,* ouverte à tous les courants du freudisme, Zamfirescu va déployer des trésors d'énergie en faveur de la psychanalyse tout en enseignant la philosophie à l'université de Bucarest.

Favorable à une adhésion rapide à l'International Psychoanalytical Association* (IPA) et parrainée par des thérapeutes néerlandais, grands spécialistes du *training* dans l'IPA, la SRP est devenue à la fin du XXe siècle un groupe dynamique et convivial, affichant des aspirations cliniques plutôt anglophones et tourné vers la tradition de Melanie Klein*, de Donald Woods Winnicott* et de la *Self Psychology**. Elle compte dans ses rangs quarante membres. Les quelques tentatives d'implantation du lacanisme* se sont, pour leur part, soldées par un échec complet.

• Gheorghe Marinescu, « Introduction à la psychanalyse, I, Exposé des théories de Freud », *Revue générale des sciences pures et appliquées*, XXXIV, 1923, 456-

457, « II, Critique des théories de Freud », *ibid.*, 510-520. Gheorghe Bratescu, « Un test de mentalité : l'attitude des Roumains à l'égard de la psychanalyse », *Revue roumaine d'histoire*, XXXI, 3-4, 1992, 309-321 ; *Freud si psihanaliza in Romania*, Bucarest, Humanitas, 1994. Uri Lowental et Yechezkiel Cohen, « Israël », in Peter Kutter (éd.), *Psychoanalysis International. A Guide to Psychoanalysis throughout the World*, vol. I, Stuttgart, Frommann-Holzboog, 1992, 188-194. *La Psychanalyse et l'Europe de 1993*, Monographies de la *Revue française de psychanalyse*, Paris, PUF, 1993.

▷ BETLHEIM Stjepan. COMMUNISME. EMBIRICOS Andreas. FÉDÉRATION EUROPÉENNE DE PSYCHANALYSE. HISTOIRE DE LA PSYCHANALYSE. KOURETAS Dimitri. SUGAR Nikola. TRIANDAFILIDIS Manolis.

ROYCE Josiah (1855-1916)

philosophe américain

Né en Californie, Josiah Royce fut l'un des principaux représentants de l'école bostonienne de psychothérapie*. Il entra à l'université Harvard en 1882 grâce à William James (1877-1910), premier Américain à s'intéresser aux *Études sur l'hystérie**, et enseigna la philosophie jusqu'en 1916. Son séminaire devint ainsi un lieu de diffusion et de confrontation des idées nouvelles dans le domaine de la psychiatrie, de la médecine et de la psychanalyse*. Avec James Jackson Putnam*, Adolf Meyer* et Morton Prince*, il fit des recherches sur l'hypnotisme* et participa, à travers le cercle des médecins et des psychologues de Boston, au développement des thèses freudiennes aux États-Unis*.

● *L'Introduction de la psychanalyse aux États-Unis. Autour de James Jackson Putnam* (Londres, 1968), Nathan G. Hale (éd.), Paris, Gallimard, 1978, 17-86. Nathan G. Hale, *Freud and the Americans. The Beginnings of Psychoanalysis in the United States, 1876-1917*, t. I (1971), New York, Oxford University Press, 1995.

RUSSIE (et UNION SOVIÉTIQUE)

Ce sont les réformes du tsar Alexandre II (1818-1881) qui permettent au savoir psychiatrique de commencer à s'implanter en Russie à la fin du XIXe siècle. Il emprunte autant à la tradition de l'aliénisme français qu'à la science allemande (nosographie et physiologie).

Élève de Hermann von Helmholtz* et d'Emil Heinrich Du Bois-Reymond (1818-1896), Ivan Mikhaïlovitch Setchenov (1829-1905) publie en 1863 à Saint-Pétersbourg son étude sur les réflexes du cerveau, qui lui vaudra d'être poursuivi par la police parce qu'il y récuse les principes de la religion. Il soutient en effet une conception matérialiste du cerveau, en expliquant que toute action volontaire ou involontaire est le produit d'une série d'actes réflexes qui se transforment en pensées chez l'homme et en réponses motrices chez l'animal.

C'est sur ce terrain qu'Ivan Petrovitch Pavlov (1846-1936) et son rival Vladimir Bekhterev (1857-1927) poursuivent leurs travaux de réflexologie. Psychiatre formé en

Allemagne* et en France* auprès de Wilhelm Wundt (1832-1920) et de Jean Martin Charcot*, Bekhterev obtient en 1893 la chaire des maladies mentales de l'université petersbourgeoise, qu'il occupera pendant vingt ans : intéressé par l'hypnose* et la suggestion*, il diffuse en Russie les idées d'Hippolyte Bernheim*. Pavlov, quant à lui, reçoit en 1904 le prix Nobel de médecine pour ses travaux sur l'activité digestive et le réflexe conditionné, qui donneront naissance à un modèle de psychologie matérialiste repris par les marxistes (puis par le régime communiste) pour combattre les doctrines dites « spiritualistes », au rang desquelles la psychanalyse*.

Si Sergueï Korsakov (1854-1900) introduit à la fin du siècle des réformes institutionnelles inspirées de celles de Philippe Pinel (1745-1826), c'est sans aucun doute Vladimir Petrovitch Serbski (1858-1917) qui joue le rôle le plus important pour l'implantation en Russie des thèses freudiennes. Formé à Vienne* et élève de Theodor Meynert*, il milite à Moscou pour une réforme radicale de la nosographie psychiatrique en s'opposant violemment au conservatisme. Deux de ses élèves seront les premiers freudiens russes : Ivan Dimitrievitch Ermakov* et Nikolaï Ievgrafovitch Ossipov*.

Durant les dix premières années du XXe siècle, la Russie déploie une immense activité créatrice qui s'accompagne d'une ouverture plus large sur l'Occident : le mouvement freudien, alors lui-même en pleine expansion, se développe vers l'est. A la veille de la Première Guerre mondiale, la psychanalyse, déjà assez bien connue de l'intelligentsia russe, suscite des débats passionnés. A partir de 1911 et jusqu'en 1918, Leonid Drosnés (1880- ?), psychiatre soignant de Sergueï Constantinovitch Pankejeff* (l'Homme aux loups), participe aux travaux de la Wiener Psychoanalytische Vereinigung (WPV).

En 1914, Mosche Wulff*, formé à Berlin, participe avec Nicolas Vyrubov (1869- ?) à la création de la revue *Psychotherapia*, qui diffuse les idées freudiennes. De son côté, Ossipov, soutenu par Serbski, crée une ambulance thérapeutique qu'il conduit lui-même, en alternance avec deux collègues, pour populariser le traitement psychanalytique. Plusieurs ouvrages de Sigmund Freud* sont alors traduits (jusqu'en 1927), notamment *L'Interprétation des rêves*, Trois Essais sur la théorie sexuelle** et *Au-delà du principe de plaisir**, en même temps que des livres d'Alfred Adler*, d'Otto Rank* et de Wilhelm Stekel*.

En 1921, Ossipov, opposé à la Révolution, quitte la Russie pour s'installer à Prague, tandis qu'Ermakov et Wulff, plutôt sympathisants du nouveau pouvoir, fondent à Moscou l'Association psychanalytique de recherches sur la création artistique, à laquelle participe également le mathématicien Otto Schmidt (1891-1956). Parallèlement, sur une idée de Tatiana Rosenthal*, Vera Schmidt* crée une association, Solidarité internationale, et un centre éducatif, le Home expérimental d'enfants, où sont appliquées des méthodes pédagogiques inspirées du marxisme et de la psychanalyse. Un grand souffle de liberté préside à toutes ces initiatives, portées par l'utopie révolutionnaire.

C'est dans ce climat de renouveau que le jeune Aleksandr Romanovitch Luria*, enthousiasmé par les découvertes freudiennes sur la sexualité*, fonde à Kazan, en mars 1922, une Société psychanalytique réunissant essentiellement des médecins. Deux mois plus tard, Mosche Wulff et Ermakov créent à Moscou la Société psychanalytique de Russie, qui compte aussitôt quinze membres, parmi lesquels le psychologue Pavel Petrovitch Blonski (1884-1941) et le psychiatre Youri Kannabikh. Par la suite, Stanislas Theophilovitch Chatski (1878-1948), psychologue, se joindra à eux. Des démarches s'engagent alors pour la reconnaissance des deux groupes (Moscou et Kazan) par l'International Psychoanalytical Association* (IPA).

Les membres du Comité secret* sont divisés sur la conduite à tenir. Ernest Jones* n'aime guère les marxistes de Moscou (notamment Vera Schmidt) et soutient le groupe de Kazan, tandis que Freud est d'un avis contraire. Quant à Sandor Ferenczi*, hostile au communisme* depuis l'expérience de la Commune de Budapest, il ne prend pas position. Au congrès de Berlin, en septembre 1922, la question de l'affiliation est discutée. Une objection administrative est soulevée par un participant anglais qui souligne que le groupe de Moscou ne peut être admis car la direction de l'IPA n'a pas encore eu connaissance des statuts de la Société. Freud s'incline, mais recommande que l'affiliation des Moscovites soit acceptée dès que les conditions seront remplies.

Finalement, en septembre 1923, est créée à Moscou une Association psychanalytique russe qui réunit les Moscovites et le groupe de Kazan. Installé à Moscou, Luria en devient aussitôt le secrétaire, Ermakov le président, Otto Schmidt le vice-président. Ils sont déjà vingt membres en tout. Fraîchement arrivée de Vienne, sur le conseil de Freud, Sabina Spielrein* adhère aussitôt à la nouvelle Association, à laquelle se joindront les groupes de Kiev (avec Aron Borissovitch Zalkind*), d'Odessa (avec Wulff et Drosnés) et de Rostov (avec Spielrein à partir de 1925) : soit une trentaine de membres, ce qui pour l'époque est un chiffre très élevé. Le mouvement psychanalytique russe est alors à son apogée.

De nombreux intellectuels d'avant-garde se passionnent pour le freudisme. C'est le cas notamment du cinéaste Sergueï Mikhaïlovitch Eisenstein (1898-1948), qui se livre à une sorte d'auto-analyse* pour mieux comprendre ses relations complexes avec son maître, Vsevolod Meyerhold (1874-1940). En 1927, lors de son voyage en Russie, Stefan Zweig* fait sa connaissance et lui parle avec émotion de la nouvelle « École d'Athènes » fondée par Freud à Vienne. Il projette une rencontre entre les deux hommes, mais celle-ci n'aura finalement jamais lieu.

En 1923, Léon Trotski (1879-1940), qui a fréquenté à Vienne le cercle d'Alfred Adler*, écrit à Pavlov pour lui expliquer que la psychanalyse a renoncé à croire au primat d'un « abîme de l'âme ». Aussi la théorie freudienne doit-elle être incluse dans une psychologie matérialiste comme un cas particulier de la doctrine des réflexes conditionnés. Quatre ans plus tard, dans le cadre d'une conférence sur le thème « Socialisme et culture », il inscrit le freudisme dans le champ du matérialisme tout en le dépouillant de la théorie de la sexualité*. Trotski considère l'expérimentation pavlovienne comme supérieure à la « conjecture » freudienne, qu'il n'exclut pourtant pas, et déclare finalement la psychanalyse compatible avec le marxisme.

Cette déclaration trahit la manière dont s'oriente le débat sur la psychanalyse depuis la mort de Lénine (1870-1924) et le durcissement du régime – qui conduira d'ailleurs à l'exil de Trotski.

Dès 1925, le Home d'enfants de Vera Schmidt ferme ses portes, et son association est dissoute. Critiquée par le régime, l'expérience ne reçoit pas le soutien de l'IPA, et se trouve donc doublement condamnée. A partir de 1927, avec la suppression des libertés associatives et la stalinisation du système soviétique, le mouvement psychanalytique russe s'éteint progressivement.

Tandis que Mosche Wulff émigre en Palestine en 1927, les autres freudiens sont confrontés au grand débat sur l'édification du socialisme, qui oppose, dans le champ de la littérature et de la philosophie, les partisans et les adversaires du réalisme socialiste. L'ensemble de l'intelligentsia soviétique est invitée par le parti à se mobiliser sur le nouveau front de la lutte des classes afin de chasser les restes de l'ancien esprit « idéaliste » et de construire l'« homme nouveau » soviétique.

Dans le domaine de la psychologie, la discussion sur le statut de la psychanalyse se développe sur le terrain d'un pavlovisme triomphant, érigé en étalon du matérialisme prolétarien. Deux tendances apparaissent : d'un côté, les freudo-marxistes tentent de « sauver » la psychanalyse en démontrant que la doctrine freudienne est compatible avec les principes de la psychologie matérialiste ou pavlovienne à condition de lui retrancher sa théorie sexuelle, trop « bestiale », et la pulsion* de mort, trop « pessimiste ». Luria, Zalkind et Youri Kannabikh publient des articles en ce sens en critiquant l'ancienne orientation, dite « littéraire », de Wulff, Ermakov et Ossipov. L'autre tendance est composée d'antifreudiens authentiques qui s'opposent aux freudo-marxistes en affirmant l'incompatibilité absolue entre le marxisme et la psychanalyse. C'est le cas notamment de Valentin Volochinov, élève du grand théoricien de la littérature Mikhaïl Bakhtine (1895-1975), qui, au nom de son maître, publie en 1927 un pamphlet, *Le Freudisme,* dans lequel il exécute à la fois le « spiritualisme freudien » et le « freudisme réflexologique » des partisans de Freud. (L'ouvrage sera attribué à Bakhtine pour l'édition française et à Volochinov pour l'édition italienne.)

En 1930, on peut dire que la psychanalyse a été éradiquée en URSS, même si une poignée de clandestins pratiquent encore pendant quelque temps. Les anciens freudiens s'orientent vers d'autres activités, tandis que les livres de Freud sont relégués dans des bibliothèques spécialisées. Le modèle pavlovien domine alors toute la psychologie.

A la fin des années 1940 est lancée la croisade contre la science et l'art dits « bourgeois ». L'heure est à l'apologie des thèses antimendéliennes de Trofim Lyssenko (1908-1976) en biologie, et de celles d'Andreï Jdanov (1896-1948) en littérature (*Jdanovchtchina).* La psychanalyse est alors officiellement condamnée, mais en vertu d'arguments nouveaux. En 1949, le freudisme n'est plus un danger pour l'idéal communiste. Cependant, dans le contexte de la guerre froide, il est dénoncé comme une menace venue de l'extérieur. La psychanalyse, alors en pleine expansion aux États-Unis*, après l'exil massif de ses praticiens européens qui ont fui le nazisme*, est perçue par le camp soviétique comme une composante de l'idéologie réactionnaire au service de l'impérialisme américain. Les partis communistes européens s'approprient le mot d'ordre.

Le processus de déstalinisation ne change rien au statut du freudisme en URSS. Entre 1953 et 1970, à la politique de déportation des opposants dans les camps on substitue une forme plus subtile de répression : l'opposition est en effet assimilée à une maladie mentale et ses représentants à des « schizophrènes morbides ». C'est dans les murs d'un Institut de médecine légale de Moscou, qui porte le nom du grand

Serbski, que sont « expertisés » les malheureux dissidents atteints de cette étrange psychose*.

Pendant vingt ans, l'usage de cette terminologie contamine l'ensemble du savoir psychiatrique soviétique, le rendant imperméable à toute influence nouvelle, et notamment au freudisme. En outre, la tradition freudienne, qui a quitté la mémoire collective du peuple russe et qui, en Occident, donne trop souvent l'image d'un dogme et de la fermeture, n'est pas reprise par les dissidents.

C'est dans le champ de la psychologie que surgit un timide regain d'intérêt pour le freudisme, à la faveur d'une critique sévère du pavlovisme.

Vers 1975, le psychologue géorgien Serge Tzouladzé, qui a fait ses études de psychiatrie à Paris et a reçu une formation psychanalytique sur un divan français, prend l'initiative d'organiser en Union soviétique un colloque sur le thème de l'inconscient*. Il regroupe autour de lui des libéraux opposés à la psychiatrie répressive et désireux d'instaurer des liens avec l'Occident, et notamment avec la France, où le lacanisme* donne une représentation non biologique de l'inconscient freudien.

Tzouladzé meurt avant la réalisation de son projet, qui est alors pris en charge par d'autres, parmi lesquels Léon Chertok* et Philippe Bassine, auteur d'un livre sur le problème de l'inconscient publié en 1969 et très représentatif de l'ère post-pavlovienne en URSS. Dans cet ouvrage, Bassine propose de réhabiliter politiquement l'inconscient* freudien pour mieux le réfuter à la lumière des différents acquis de la psychologie. Aussi prend-il en compte les travaux de Jacques Lacan*, en les détournant de leur signification, afin de démontrer que l'utilisation de la linguistique permet de s'écarter de l'inconscient trop « instinctuel » de Freud et donc de rénover la psychanalyse par la psychologie.

Finalement le symposium a lieu à Tbilissi, en Géorgie, en octobre 1979. C'est un véritable événement. D'autant que Roman Jakobson (1896-1982) y participe, effectuant à cette occasion son premier retour au pays natal. Pour la première fois, des chercheurs de nombreux pays viennent en URSS parler de l'inconscient en un lieu éloigné de Moscou. Toutefois, la rencontre n'aura aucun effet sur la situation générale de la psychanalyse en URSS. (Les œuvres de Freud, en particulier, ne seront pas rééditées.)

La venue au pouvoir de Mikhaïl Gorbatchev, puis la mise en œuvre de la politique de la *perestroïka,* favorisent en revanche la reconstruction d'un mouvement psychanalytique russe. En 1989, sous l'impulsion d'un psychiatre, Aron Belkin, est entrepris un travail de retraduction des œuvres de Freud et surtout de classement des archives collectées autrefois par le NKVD sur l'activité des premiers freudiens de Russie. Ces archives devraient apporter un éclairage nouveau sur l'histoire de la psychanalyse en Russie, encore mal connue.

En février 1990, après avoir pris de nombreux contacts avec l'IPA, Belkin fonde une association psychanalytique d'URSS, qui deviendra l'Association psychanalytique russe après l'éclatement de l'ancien empire soviétique.

A la fin du XXe siècle, la Russie compte à nouveau parmi les grands pays d'implantation du freudisme, organisé en deux grandes tendances : d'un côté les médecins, proches de l'IPA et des travaux américains, et de l'autre les psychologues cliniciens, très nombreux et ouverts à toutes les écoles de psychothérapie* du monde occidental.

Notons que s'est créé en Lituanie en 1987, après l'indépendance du pays, le Groupe de psychologie dynamique lituanien, composé d'une vingtaine de membres formés à la psychanalyse par des didacticiens des pays scandinaves*.

● Léon Trotski, *Littérature et révolution* (Moscou, 1924), Paris, Julliard, 1964. Mikhaïl Bakhtine, *Le Freudisme* (1927), Lausanne, L'Âge d'homme, 1980. André Jdanov, *Sur la littérature, l'art et la musique* (1948), Paris, Nouvelle Critique, 1950. Joseph Wortis, *La Psychiatrie soviétique* (New York, 1950), Paris, PUF, 1953. Philippe Bassine, *Le Problème de l'inconscient* (Moscou, 1969), Moscou, Mir (en langue française), 1973. Roy Medvedev, *Le Stalinisme* (New York, 1971), Paris, Seuil, 1972. Vladimir Boukovsky, *Une nouvelle maladie mentale en URSS : l'opposition,* Paris, Seuil, 1971. Jean Marti, « La psychanalyse en Russie (1909-1930) », *Critique,* 346, mars 1976, 199-237. F. Champarnaud, *Révolution et contre-révolution culturelle en URSS, de Lénine à Jdanov,* Paris, Anthropos, 1976. Dominique Lecourt, *Lyssenko, histoire réelle d'une science prolétarienne,* Paris, Maspéro, 1976. Mikhaïl Stern, *La Vie sexuelle en URSS,* Paris, Albin Michel, 1979. P. Bassine, A.E. Sherozia et A.S. Prangishvili (éd.), *The Unconscious,* Tbilissi, Metsniereba Publishing House, 3 vol., 1981. Jean-Michel Palmier, « La psychanalyse en Union soviétique », in Roland Jaccard, *Histoire de la psychanalyse,* vol. II, Paris, Hachette, 1982, 187-237. Élisabeth Roudinesco, *Histoire de la psychanalyse en France,* vol. 2 (1986), Paris, Fayard, 1994. Angiola Massucco Costa, *Psychologie soviétique,* Paris, Payot, 1977. Alberto Angelini, *La psicoanalisi in Russia,* Naples, Liguori Editore, 1988. Alexandre Mikhalevitch, « L'âge d'argent de la psychanalyse russe. Les premières traductions de Freud en Russie pré-révolutionnaire (1904-1914) », *Revue internationale d'histoire de la psychanalyse,* 4, 1991, 399-406. Phyllis Grosskurth, *L'Anneau secret* (Londres, 1991), Paris, PUF, 1995. *La Psychanalyse et l'Europe de 1993,* Monographies de la *Revue française de psychanalyse,* Paris, PUF, 1993. Alexandre Etkind, *Histoire de la psychanalyse en Russie* (1993), Paris, PUF, 1995. Pierre Morel (éd.), *Dictionnaire biographique de la psychiatrie,* Paris, Synthélabo, coll. « Les empêcheurs de penser en rond », 1996.

▷ COMMUNISME. DOSUZKOV Theodor. FENICHEL Otto. FOLIE. FREUDO-MARXISME. HAAS Ladislav. HISTOIRE DE LA PSYCHANALYSE. PÉDOLOGIE. PSYCHIATRIE DYNAMIQUE. REICH Wilhelm. SACHS Wulf. SOCIÉTÉ PSYCHOLOGIQUE DU MERCREDI. WORTIS Joseph.

S

SACHS Hanns (1881-1947)
psychanalyste américain

« Hanns Sachs, écrit William Johnston, fut le plus farouche des Viennois freudiens à s'adonner à l'esthétique. Juif opulent natif de Vienne*, et qui avait désiré devenir écrivain, il redoutait à tel point la publicité qu'il conserva le secret sur sa vie privée, y compris auprès de Sigmund Freud* et d'Otto Rank* [...]. Qu'il s'agisse de Vienne, de Berlin ou de Boston, Sachs célébra toujours la ville dans laquelle il vivait comme la cité la plus agréable du monde. »

Fils d'un juriste renommé à Vienne, Sachs fit des études de droit avant de se passionner pour la psychanalyse* en lisant *L'Interpréation des rêves**. Après avoir assisté à des conférences de Freud, il lui rendit visite en lui apportant une traduction des *Ballades de casernement* de Rudyard Kipling (1865-1936). En 1909, il rejoignit la Société psychologique du mercredi* et devint l'un des disciples orthodoxes du maître. Membre du Comité secret* et fondateur avec Otto Rank de la revue *Imago**, il se consacra essentiellement à des travaux de psychanalyse appliquée* et à la formation des psychanalystes. Aussi fut-il l'un des didacticiens les plus prisés de la première génération* freudienne, alors qu'il n'était pas médecin. Épicurien, gastronome et grand séducteur de femmes, il choisit, après un premier mariage, de demeurer célibataire.

Installé à Berlin en 1920, il forma un nombre impressionnant de psychanalystes dans le cadre du Berliner Psychoanalytisches Institut* (BPI). Il emmenait fréquemment en vacances ses analysants, eux-mêmes accompagnés de leurs analysants, ce qui donne une idée des pratiques de l'époque, avant la réglementation (1925) de l'analyse didactique*. Sachs avait une telle admiration pour Freud qu'il plaça son buste en face du divan où s'allongeaient ses patients.

En 1925, avec Karl Abraham* et contre l'avis de Freud, qui ne comprenait pas grand-chose au nouvel art cinématographique, Sachs participa à l'écriture d'un scénario pour le film muet réalisé en 1926 par Wilhelm Pabst (1885-1967) : *Les Mystères de l'âme.* Dans ce chef-d'œuvre du cinéma expressionniste, l'acteur Werner Krauss, qui avait joué en 1919 le rôle de Caligari dans le film de Robert Wiene, interprétait celui du professeur Matthias, un homme hanté par des désirs de meurtre au sabre et au couteau, et guéri par la psychanalyse. Ce fut le premier film inspiré par les thèses freudiennes et, lors de sa première projection à Berlin, il fut plutôt bien accueilli : « D'image en image, écrit un journaliste de *Film-Kurier,* on découvre la pensée de Freud. Chaque détour de l'action pourrait être une des propositions de la désormais célèbre analyse des rêves [...]. Les élèves de Freud peuvent se réjouir. Rien au monde ne pouvait leur faire de publicité avec autant de tact. »

En 1932, invité par la Boston Psychoanalytic Society (BoPS), qui manquait de didacticiens, Sachs quitta Berlin pour les États-Unis*. N'étant pas médecin et redoutant les attaques américaines contre l'analyse profane*, il réclama qu'on lui garantisse « huit séances par jour ». A Boston, il s'installa dans la maison d'un capitaine de la marine et adopta, avec une certaine exubérance, les manières de la côte est, en se faisant servir par un maître d'hôtel anglais. S'il eut du mal à s'intégrer à la BoPS, il s'adapta fort bien au mode de vie américain. En 1933, lors d'un séjour en Europe, il rendit visite à Freud, qui se montra d'une incroyable férocité à son égard, ainsi que l'atteste une lettre adressée à Jeanne Lampl-De Groot* : « Impression défavorable, écrit Freud, le côté vulgaire qui avait toujours été présent en lui est devenu encore plus net. Un vrai nouveau riche, gras, imbu de lui-même, prétentieux, snob, ravi de l'Amérique et séduit par les grands succès qu'il a remportés. »

Ce témoignage contraste singulièrement avec celui de Sachs, qui fit de son « maître et ami » un portrait hagiographique en 1944.

● Hanns Sachs, « Metapsychological points of view in technique and theory », *IJP*, VI, 1925, 5-12 ; « Zur Psychologie des Films », *Pschoanalytische Bewegung*, 1, 1929, 122-126 ; *Caligula*, Londres, Elin Matthews and Marott, 1931 ; *The Creative Uncounscious, Studies in the Psychoanalysis of Art*, Cambridge (Mass.), Science-Art Publications, 1942 ; *Freud, mon maître et mon ami* (Boston, 1944), Paris, Denoël, 1977 ; « Observations of a training analyst », *Psychoanalytic Quarterly*, 16, 1947, 157-168. Ernest Jones, « Obituary of Hanns Sachs », *IJP*, 27, 1946, 168-169. Rudolph Loewenstein, « In memoriam Hanns Sachs », *Psychoanalytic Quarterly*, 16, 1947, 151-156. Fritz Moellenhoff, « Hanns Sachs 1881-1947. The creative unconscious », in Franz Alexander, Samuel Eisenstein et Martin Grotjahn (éd.), *Psychoanalytic Pioneers*, New York, Basic Books, 1966, 180-199. William M. Johnston, *L'Esprit viennois. Une histoire intellectuelle et sociale 1848-1938* (New York, 1972), Paris, PUF, 1985. Ronald W. Clarke, *Freud, the Man and the Cause*, Londres, Cape Weidenfeld and Nicholson, 1979. Patrick

Lacoste, *L'Étrange Cas du professeur M. Psychanalyse à l'écran*, Paris, Gallimard, 1990. Phyllis Grosskurth, *Freud, l'anneau secret* (Londres, 1991), Paris, PUF, 1995. Sigmund Freud, *Chronique la plus brève. Carnets intimes 1929-1939*, annoté et présenté par Michael Molnar (Londres, 1992), Paris, Albin Michel, 1992. Elke Mühlleitner, *Biographisches Lexikon der Psychoanalyse : die Mitglieder der Psychologischen Mittwoch-Gesellschaft und der Wiener Psychoanalytischen Vereinigung von 1902-1938*, Tübingen, Diskord, 1992.

SACHS Wulf (1893-1949)

médecin et psychanalyste sud-africain

Juif lituanien élevé à Saint-Pétersbourg, médecin et journaliste engagé à gauche, Wulf (ou Wolf) Sachs fut pendant la première moitié du siècle le seul homme à pratiquer la psychanalyse* sur le continent africain. A cet égard, sa position, son itinéraire et ses objets d'étude sont comparables à ceux de Girîndrashekhar Bose* pour l'Inde*, à ceci près que Sachs fut un immigré, formé dans le sérail du premier freudisme*, et non pas un natif du pays où il exerça ses activités.

Élève d'Ivan Pavlov (1849-1936), il quitta la Russie* après la révolution d'Octobre pour faire des études de médecine, d'abord en Allemagne*, à Cologne, puis à Londres, où il obtint son diplôme en 1922. La même année, il émigra avec sa famille en Afrique du Sud et s'installa à Johannesburg. Il entama alors une confortable carrière de généraliste auprès de la riche bourgeoisie blanche.

A l'évidence, Wulf Sachs n'était guère satisfait de sa vie. En 1928, il commença à s'orienter vers la psychiatrie en traitant des malades noirs atteints de psychose* dans un hôpital de Pretoria réservé aux gens de couleur. C'est à ce moment qu'il découvrit les œuvres de Sigmund Freud*, décida de prendre contact avec lui et de se rendre en Europe. En 1929, il passa six mois à Berlin, fit ensuite son analyse avec Theodor Reik* et devint membre, en 1934, de la British Psychoanalytical Society (BPS). Il sera nommé didacticien titulaire en 1946.

De retour à Johannesbourg, il rassembla autour de lui un petit groupe d'études voué à la pensée freudienne, qui fut reconnu par l'International Psychoanalytical Association* (IPA) en 1935, du fait de son affiliation à la BPS. Sachs se dépensa sans compter pour promouvoir la psychanalyse dans son pays d'adoption. Dans le cadre du département de philosophie de l'université de Witswatersrand, il en enseigna les principes. Ses cours furent d'ailleurs réunis en 1934 dans un livre consacré aux applications et à la pratique de la psychanalyse que Freud préfaça d'une courte introduction.

En 1937, il publia son ouvrage principal : *Black Hamlet.* Son objectif était de ruiner les thèses de la psychiatrie coloniale, qui différenciait et infériorisait l'homme noir en prétendant que sa psyché n'était pas de même nature que celle de l'Européen blanc. On affirmait notamment que la psyché noire et « primitive » ne pouvait accéder à la perfection. Dans la même perspective différencialiste et inégalitariste, le psychiatre B.J.F. Laubscher soutenait aussi, en s'appuyant sur la psychanalyse, qu'il existait une similitude entre un Africain dit « normal » et un Européen atteint de psychose* ; autrement dit, le clivage entre la norme et la pathologie ne traversait pas de façon identique les sujets appartenant à des communautés et surtout à des « races » différentes.

C'est pour faire un sort à ces préjugés, d'ailleurs contredits par Freud dans *Totem et Tabou** puis par Geza Roheim*, que Sachs étudia dans *Black Hamlet* le cas d'un sorcier en soutenant l'existence de l'unicité du phénomène psychotique et névrotique quelles que soient la race du sujet et la nature de sa communauté d'origine.

Dernier représentant d'une grande lignée de guérisseurs-sorciers, John Chavafambira, émigré du Zimbabwe, vivait dans la misère à Johannesburg, où Sachs l'avait rencontré grâce à une amie anthropologue. A la mort de son père, sa mère avait épousé le frère de celui-ci, selon la coutume du lévirat. John s'était alors trouvé en rivalité avec cet oncle, sorcier lui aussi. Il était parti dans l'intention de retourner au village et de se venger en démontrant à l'oncle la supériorité de ses pouvoirs de guérison sur les siens. Sachs comparait le cas de Chavafambira à celui d'Hamlet, soulignant que celui-ci souffrait d'une névrose* caractérisée par l'indécision et dont la symptomatologie était universelle.

Black Hamlet se présentait sous la forme d'un dialogue entre les deux hommes, un échange de savoir entre un psychanalyste et un sorcier, à une époque où se préparaient les lois ségrégationnistes qui devaient conduire à l'instauration de l'apartheid en 1949. Or Sachs avait été ébranlé dans ses certitudes psychanalytiques par les propos de son interlocuteur, qui souffrait autant de sa névrose que des persécutions réelles dont il était la vitime. Au cours de l'une de leurs rencontres, Chavafambira, après avoir été maltraité par la police, avait dit à Sachs : « Il m'est venu à l'esprit que vous et le policier êtes très semblables. Vous avez l'air d'être un seul homme. C'est une idée terrible. » Cette idée montrait en effet combien il est difficile, sinon impossible, de pratiquer la psychanalyse dans un pays qui n'est pas un État de droit, fondé de surcroît sur l'inégalité. Sachs y fut sensible ; il aida par la suite Chavafambira à résister à l'oppression et l'encouragea à parfaire son éducation occidentale.

Cette expérience le transforma. Tout en demeurant un praticien du freudisme, Sachs s'engagea à gauche, devint journaliste et adhéra à une organisation sioniste.

L'œuvre de Sachs ne plaisait pas aux représentants conservateurs de l'IPA, qui affirmaient que son engagement émoussait sa pratique clinique et son esprit scientifique. Cela ressort clairement de sa nécrologie publiée par l'*International Journal of Psycho-Analysis** après sa mort. Toutefois, au moment où l'Europe fut décimée par le nazisme*, Ernest Jones* songea à faire émigrer des praticiens en Afrique du Sud pour venir en aide à Sachs – notamment Richard Sterba*. Mais les autorités de Pretoria refusèrent de lui accorder un visa.

Lors de son installation au Cap, Marie Bonaparte* n'arrangea pas les choses. Loin de soutenir Sachs, elle organisa une conférence devant des psychiatres au cours de laquelle elle attaqua ses positions, trop peu orthodoxes à ses yeux. De surcroît, à Johannesburg, Sachs fut alors concurrencé par Frederick Perls (1893-1970), inventeur de la gestaltthérapie* et en dissidence radicale avec le freudisme.

Transformé par son expérience avec Chavafambira, Sachs procéda en 1946 à une révision de son ouvrage. Il supprima certains mots qu'il jugeait d'inspiration trop coloniale, mais surtout renonça à interpréter le refus d'agir du sorcier comme une pathologie « hamletienne ». Il changea le titre et intitula l'ouvrage *Black Anger.* Il mourut soudainement à l'âge de 56 ans, juste avant la mise en place de l'apartheid.

Le groupe psychanalytique dont il avait été le fondateur et l'animateur disparut avec lui : « Il était notre directeur, notre organisateur, notre contrôleur, écrit un témoin, et pour la plupart d'entre nous notre analyste. » Après la mort de Sachs, il devint difficile de poursuivre des activités psychanalytiques en Afrique du Sud. La plupart de ses élèves et collègues prirent la route de l'exil tandis que quelques praticiens continuèrent à faire des analyses sans aucun support institutionnel.

En 1979, un Groupe d'études psychanalytiques fut créé à Johannesburg, sous la houlette de la BPS, dont la politique consista à implanter le kleinisme* à travers des séminaires et des analyses menées par des didacticiens anglais.

● Wulf Sachs, « The insane native : an introduction to a psychological study », *The South African Journal of Science,* 30, 1933, 706-713 ; *Psychoanalysis : Its Meaning and Practical Application,* Londres, Cassel, 1934 ; *Black Hamlet* (1937), Baltimore, Londres, Johns Hopkins University Press, 1996. « Notice nécrologique : Wulf Sachs », *IJP,* 31, 1950, 288-289. Célia Bertin, *La Dernière Bonaparte,* Paris, Perrin, 1982. Megan Vaughan, *Curing Their Ills : Colonial Power and African Illness,* Cambridge, Polity Press, 1991. Sadie Gillespie, « Historical notes on the first South African psychoanalytical society », *Psychoanalytic Psychotherapy in South Africa,* 1, 1992, 1-6. Tony Hamburger, « The Johannesburg psycho-analytic study group : a short history », *Psychoanalytic Psychotherapy in South Africa,* 1, 1992, 62-71. Saul Dubow, *Scientific Racism in Modern South Africa,* Cambridge, Cambridge University Press, 1995 ; « Introduction, part I », in *Black Hamlet,* Baltimore, Londres, Johns Hopkins University Press, 1996, 1-37. Jacqueline Rose, « Introduction, part II », *ibid.,* 38-67.

▷ ANTHROPOLOGIE. ANTIPSYCHIATRIE. COLLOMB Henri. DEVEREUX Georges. ELLENBERGER Henri F. ETHNOPSYCHANALYSE. FANON Frantz. ŒDIPE (COMPLEXE D').

SADGER Isidor Isaak (1867-1942)

médecin et psychanalyste autrichien

Né à Neusandec, en Galicie, province polonaise rattachée à l'Empire russe, Sadger était issu d'une famille juive. Il fit ses études de médecine à Vienne* et adhéra en 1906 à la Société psychologique du mercredi*, dont son neveu, Fritz Wittels*, fut aussi l'un des participants actifs. Véritable graphomane (et spécialiste des pathographies d'écrivains), hanté par l'homosexualité*, la perversion*, le fétichisme* et l'hérédité, il adopta les thèses freudiennes avec un tel fanatisme qu'il exaspéra Sigmund Freud* lui-même : dans une lettre à Carl Gustav Jung* du 5 mars 1908, celui-ci le traite de « fanatique héréditairement taré d'orthodoxie, qui croit par hasard à la psychanalyse au lieu de croire à la loi donnée par Dieu sur le Sinaï-Horeb ». Il lui rendit néanmoins hommage à propos des cas qu'il présenta à la Société sur l'homosexualité.

Sadger appliquait à la lettre la théorie du primat absolu de la sexualité*, au point de traquer les détails les plus scabreux et de poser des questions incongrues dans les dîners viennois, au cours desquels il traitait volontiers de névrosé quiconque osait ne pas penser comme Freud. Il fut, comme son neveu, d'une incroyable misogynie et joua de ce fait un rôle négatif dans la tragique aventure d'Hermine von Hug-Hellmuth*, dont il était à la fois l'analyste, le médecin et le mentor. Tuteur du jeune Rolf Hug, le neveu de celle-ci, il n'hésita pas à témoigner contre lui lors de son procès.

En septembre 1942, n'ayant pu émigrer de Vienne, Isidor Sadger fut déporté au camp de Theresienstadt, où il fut exterminé par les nazis en décembre.

● Sigmund Freud et Carl Gustav Jung, *Correspondance*, I, *1906-1909*, Paris, Gallimard, 1975. *Les Premiers Psychanalystes, Minutes de la Société psychanalytique de Vienne, 1906-1918*, 4 vol. (New York, 1962-1975), Paris, Gallimard, 1976-1983. Elke Mühlleitner, *Biographisches Lexikon der Psychoanalyse. Die Mitglieder der Psychologischen Mittwoch-Gesellschaft und der Wiener Psychoanalytischen Vereinigung von 1902-1938*, Tübingen, Diskord, 1992.

▷ KRAUS Karl. NAZISME.

SADISME

Allemand : *Sadismus*. Anglais : *Sadism*.

Terme inventé par Richard von Krafft-Ebing* en 1886 et forgé à partir du nom de l'écrivain français Donatien Alphonse François, marquis de Sade (1740-1814), pour désigner une perversion* sexuelle – bastonnade, flagellation, humiliation physique et morale – fondée sur un mode de satisfaction lié à la souffrance infligée à autrui.

Ce terme relève essentiellement du vocabulaire de la sexologie*, mais il a été repris par Sigmund Freud* et ses héritiers dans le cadre plus général d'une théorie de la perversion et de la pulsion* étendue à d'autres actes que les perversions sexuelles. En ce sens, il a été couplé au terme masochisme* pour former un nouveau vocable, le sadomasochisme*, qui s'est imposé ensuite dans toute la terminologie psychanalytique.

SADO-MASOCHISME

Allemand : *Sadomasochismus*. Anglais : *Sado-masochism*.

Terme forgé par Sigmund Freud* à partir de sadisme* et de masochisme* pour désigner une perversion* sexuelle fondée sur un mode de satisfaction lié à la souffrance infligée à autrui et à celle provenant d'un sujet* humilié.

Par extension, ce couple de termes complémentaires caractérise un aspect fondamental de la vie pulsionnelle fondée sur la symétrie et la réciprocité entre une souffrance passivement vécue et une souffrance activement infligée.

En 1905, dans ses *Trois Essais sur la théorie sexuelle**, Freud le note déjà, « un sadique est toujours en même temps un masochiste, ce qui n'empêche pas que le côté actif ou le côté passif de la perversion puisse prédominer et caractériser l'activité sexuelle qui prévaut ». A l'appui de cette affirmation, il cite en note Havelock Ellis* qui écrivait en 1903, dans le troisième volume de ses *Études de psychologie sexuelle* :

« Tous les cas de sadisme et de masochisme que nous connaissons, même ceux que Richard von Krafft-Ebing* a cités, nous font toujours retrouver [...] des traces des deux catégories de phénomènes dans le même individu. »

Freud ne remettra jamais en cause cette articulation, qu'il développera et transformera parallèlement à sa théorie des pulsions*.

On peut ainsi parler d'une conception du sado-masochisme liée à la première topique*, dont l'expression la plus aboutie est donnée dans l'article métapsychologique de 1915 « Pulsions et destin des pulsions ». Le sadisme est alors conçu comme premier, antérieur au masochisme ; il exprime une agressivité contre un autrui pris comme objet. Produit d'un changement au niveau de l'objet (la personne propre se substituant, comme cible de l'agressivité, à l'objet extérieur), le masochisme se déduit, à cette étape, du sadisme. Freud souligne la coexistence, à l'intérieur de cette transformation, de deux processus : le retournement de l'agressivité contre le sujet lui-même et le renversement du fonctionnement actif en un fonctionnement passif. Du point de vue clinique, si la névrose obsessionnelle* se caractérise par le fait que le sujet s'impose lui-même la souffrance dont il est victime, le masochisme se caractérise par le fait que la souffrance en question est infligée par un autre. En outre, dans cette première conception, le sadisme n'est pas explicitement inscrit au rang des pulsions* sexuelles mais sous la rubrique de la pulsion d'emprise. C'est dans le cadre de la transformation du sadisme en masochisme que s'opère l'articulation avec la sexualité, le caractère sexuel du sadisme n'apparaissant que lors d'un second retournement au cours duquel le masochisme se retransforme en sadisme. Cette opération ne peut d'ailleurs s'accomplir que par le biais d'une identification* à l'autre dans le registre du fantasme*. Dans le masochisme, précise Freud en 1915, la satisfaction « passe [...] par la voie du sadisme originaire, dans la mesure où le moi passif reprend, sur le mode fantasmatique, sa place antérieure, qui est maintenant cédée au sujet étranger » ; dans le sadisme, on inflige des douleurs à l'autre et l'on en jouit « soi-même de façon masochiste dans l'identification avec l'objet souffrant ». Cependant, quand Freud affirme : « Un masochisme originaire qui ne serait pas issu du sadisme, de la façon que j'ai décrite, semble ne pas se rencontrer », on peut, avec Jean Laplanche et Jean-Bertrand Pontalis, considérer que son expression est un peu en retard sur sa pensée. Car à considérer « le couple masochisme-sadisme dans son sens propre, sexuel, écrivent ces auteurs, c'est bien le temps masochiste qui est déjà considéré comme premier, comme fondamental ».

C'est en tout cas cette thèse, opposée à celle de la première topique, qui va prévaloir à partir du grand tournant des années 1920.

En 1919, dans l'article « On bat un enfant », Freud, outre qu'il pose discrètement les prémisses des modifications théoriques à venir, établit plus nettement le rôle du fantasme dans le fonctionnement du couple sadisme-masochisme, même s'il ne modifie pas encore la thèse du primat du sadisme sur le masochisme. Il introduit cependant à travers l'analyse complexe du fantasme de fustigation, fréquemment évoqué par ses patient(e)s, l'idée que c'est toujours la culpabilité, à l'intérieur de l'acte de refoulement*, qui constitue l'agent de la transformation du sadisme en masochisme.

En 1924, fort de la refonte opérée au travers de ses trois maîtres livres, *Au-delà du* *principe de plaisir**, *Psychologie des masses et analyse du moi**, *Le Moi et le Ça**, Freud revient sur la question du masochisme pour en proposer une théorie définitive.

Il pose l'existence d'un masochisme primaire, originaire et érogène en référence à la pulsion de mort, constitué par la partie de la pulsion de mort que la *libido** n'a pu mettre au service ni de la pulsion de destruction, ni de la pulsion sexuelle pour donner le sadisme proprement dit. Cette composante inutilisée de la pulsion de mort devient ainsi une composante de la *libido*, qui n'a plus d'autre objet que l'être intime de l'individu. Ce masochisme primaire, explique encore Freud, constitue le témoin, le vestige de ce temps primitif où la pulsion de mort et la pulsion de vie étaient totalement mêlées. En tant que partie de la *libido*, ce masochisme érogène se retrouve à l'œuvre dans tous les stades* du développement psycho-sexuel : au stade oral primitif, il prend la forme de l'angoisse d'être dévoré par le père, puis, lors de la phase sadique-anale, il resurgit sous la forme du désir inconscient d'être battu par le père. Enfin, il se manifeste par l'angoisse et le déni* de la castration* au moment de la phase phallique. Au titre de cette constitution du masochisme primaire, il faut relever la possible manifestation d'un masochisme secondaire venant se surajouter au premier, résultat du retournement de la pulsion de destruction ou de la pulsion sadique contre le sujet.

A côté de ce masochisme primaire, Freud distingue deux autres formes de masochisme : le masochisme dit « féminin », qui ne concerne pas spécifiquement la femme, mais vise la position « féminine » partagée par les deux sexes, et le masochisme moral, auquel la psychanalyse a donné le nom de « sentiment (inconscient) de culpabilité ».

La plupart des éléments du masochisme féminin renvoient à la petite enfance, où ils reposent déjà sur un sentiment de culpabilité comme Freud l'avait montré en 1919 dans « On bat un enfant ». Ainsi, le masochisme féminin est entièrement fondé sur le masochisme primaire, érogène, caractérisé par le lien établi entre le plaisir, de nature libidinale, et la douleur, produit de la pulsion de mort.

Qu'il s'agisse de l'expérience clinique ou de la description de la vie quotidienne, Freud considère que c'est la troisième forme de masochisme, le masochisme moral, fondé sur le sentiment de culpabilité, qui est le plus important et le plus destructeur. Il se caractérise d'abord par son éloignement apparent de la sexualité et un relâchement des liens avec l'objet aimé, l'attention se tournant alors vers l'intensité de la souffrance, quelle qu'en soit la provenance.

Freud fait remarquer que l'émergence de cette troisième forme de masochisme peut constituer un obstacle majeur au déroulement de l'analyse, et qu'elle est susceptible, en cas d'apparents succès thérapeutiques, de conduire à des passages à l'acte provoquant de nouveaux troubles : « Une forme de souffrance, écrit Freud, a ici été relayée par une autre, et nous voyons qu'il ne s'agissait que de pouvoir maintenir une certaine quantité de souffrance. »

Cette forme destructrice de masochisme résulte des attaques du surmoi* contre le moi*, mais il importe de distinguer ce sadisme du surmoi, généralement conscient, du masochisme moral, le plus souvent inconscient, dont l'éloignement de la sexualité est une pure apparence. Ainsi, dans le fantasme de l'enfant battu, on peut discerner la forme du masochisme féminin, c'est-à-dire le désir inconscient d'avoir des rapports sexuels passifs. La sexualisation de la relation au couple parental surmontée à la fin de l'Œdipe* à travers le processus conduisant à l'émergence d'une conscience morale, substrat partiel de ce qui deviendra le surmoi, fait ainsi retour sous la forme d'une morale resexualisée. « Le sadisme du surmoi et le masochisme du moi se complètent mutuellement, écrit Freud, et s'unissent pour provoquer les mêmes conséquences. »

Du point de vue des études cliniques, la littérature psychanalytique est pauvre en cas de masochisme érogène témoignant de sévices sexuels graves, sans doute parce que la psychanalyse a progressivement déplacé le sado-masochisme du côté de la conscience morale, l'introduisant au cœur même de l'individu « normal ». Au regard de cette pauvreté, l'école française se distingue par la richesse de ses études en matière de clinique de la perversion.

L'article publié en 1972, par le psychanalyste français Michel de M'Uzan sous le titre « Un cas de masochisme pervers. Esquisse d'une théorie » est particulièrement remarquable. L'histoire de ce cas est celle d'un homme d'apparence tranquille, dont le corps tatoué, brûlé, martyrisé, mutilé, ainsi que les pratiques sexuelles perverses auxquelles il se soumettait, donnent lieu à un ensemble de réflexions cliniques et théoriques qui témoignent du bien-fondé des thèses que Freud avait exposées en 1924.

En 1967, dans sa présentation du texte de Leopold von Sacher-Masoch (1836-1895) *La Vénus à la fourure,* Gilles Deleuze (1925-1995) se place dans une tout autre perspective que celle de Freud. Il pose que le masochisme n'est ni le contraire ni le complément du sadisme, mais « un monde à part » qui échappe à toute symbolisation, un monde hétérogène rempli d'horreurs, de châtiments, de crucifixions et de contrats passés entre bourreaux et victimes. Cette thèse est aussi celle de Georges Bataille (1897-1962). Jacques Lacan* s'en inspirera pour forger son concept de jouissance* et lui donnera de l'extension dans son article « Kant avec Sade ».

● Sigmund Freud, *Trois Essais sur la théorie sexuelle* (1905), *GW*, V, 29-145, *SE*, VII, 123-243, Paris, Gallimard, 1987 ; « Pulsions et destins de pulsions » (1915), *OC*, XIII, 161-185, *GW*, X, 209-232, *SE*, XIV, 109-140 ; « On bat un enfant », traduit sous le titre « Un enfant est battu » (1919), *GW*, XII, 197-226, *SE*, XVII, 175-204, in *Névrose, psychose et perversion*, Paris, PUF, 1973, 219-243 ; « Le problème économique du masochisme » (1924), *OC*, XVII, 9-23, *GW*, XIII, 371-383, *SE*, XIX, 139-145. Charles Baladier, « Masochisme et sadisme », in Pierre Kaufmann (éd.), *L'Apport freudien*, Paris, Bordas, 1993, 228-230. Gilles Deleuze, *Présentation de Sacher-Masoch*, suivi de *La Vénus à la fourrure*, Paris, Minuit, 1967. Richard von Krafft-Ebing, *Psychopathia Sexualis* (Stuttgart, 1886, Paris, 1907), Paris, Payot, 1969. Jacques Lacan, « Kant avec Sade » (1962), in *Écrits*, Paris, Seuil, 1966, 765-790. Jean Laplanche et Jean-Bertrand Pontalis, *Vocabulaire de la psychanalyse*, Paris, PUF, 1967. Michel de M'Uzan, *De l'art à la mort*, Paris, Gallimard, 1977. Wanda Sacher-Masoch, *Confession de ma vie* (Berlin, 1906, Paris, 1907), Paris, Gallimard, 1989. Philippe Sollers, *Sade contre l'être suprême*, Paris, Gallimard. 1996.

SAINT-ALBAN (HÔPITAL DE)

▷ PSYCHOTHÉRAPIE INSTITUTIONNELLE.

SALPÊTRIÈRE (HÔPITAL DE LA)

▷ AUGUSTINE. CHARCOT Jean Martin.

SARASIN Philipp (1888-1968)

psychiatre et psychanalyste suisse

Analysé par Hanns Sachs* et par Sigmund Freud* entre 1923 et 1925, Philipp Sarasin fut l'un des principaux membres de la Société suisse de psychanalyse (SPP), qu'il présida pendant trente-deux ans. Installé à Bâle, il joua également un rôle dans la formation des psychanalystes français de Strasbourg.

▷ SUISSE.

SAUSSURE Raymond de (1884-1971)

psychiatre et psychanalyste suisse

Né dans un site enchanteur, au creux de Genthold, Raymond de Saussure était issu d'une famille protestante de Lorraine venue se réfugier en Suisse* après la révocation de l'édit de Nantes. Son illustre ancêtre, le géologue Horace Bénédict de Saussure (1740-1799), organisa au XVIIIe siècle la première expédition scientifique au sommet du mont Blanc, et son grand-père, Henri de Saussure, fit une brillante carrière d'entomologiste. Quant à son père, Ferdinand de Saussure (1857-1913), il fut le fondateur de cette linguistique structurale sur laquelle Jacques Lacan* s'appuiera pour opérer sa relève de l'œuvre freudienne, lui empruntant notamment le concept de signifiant*.

Ferdinand de Saussure est universellement connu pour son *Cours de linguistique générale*, qu'il n'a pourtant jamais écrit et qui a été publié pour la première fois en 1915, soit deux ans après sa mort, par ses élèves Charles Bally et Albert Sechehaye. Entre 1906 et 1909, au moment même de la gestation de son premier cours de linguistique, il se passionna pour la poésie latine saturnienne. Pensant y trouver les traces d'une activité secrète de la subjectivité du poète, il donna le nom d'anagrammes à des fragments phoniques qui traduisaient selon lui les intentions conscientes ou inconscientes de l'auteur. Ami du médecin Théodore Flournoy*, il s'intéressa au spiritisme* et à la fameuse voyante Catherine-Élise Müller (1861-1929).

Raymond de Saussure avait 19 ans quand son père mourut. Écrasé sous le poids de la figure paternelle, il reprochait à ce père génial, mais absent, son alcoolisme et son désintérêt complet pour le foyer conjugal. En 1916, dans une lettre à Charles Bally qui venait d'éditer le *Cours de linguistique générale,* il souligna la nécessité d'ouvrir un domaine d'investigation commun à la psychanalyse et à la linguistique. Il ne le fera pas et c'est Lacan qui prendra cette direction, d'où une relation très conflictuelle entre les deux hommes.

Après des études de lettres à Genève, Raymond de Saussure s'orienta vers la psychologie et se passionna pour les cours de Théodore Flournoy, qui traitait des théories freudiennes. Il épousera en premières noces la fille de celui-ci, Ariane, dont il aura deux enfants, unissant ainsi le destin des deux grandes familles de l'aristocratie genevoise, dont plusieurs des descendants deviendront psychanalystes.

Ses études de médecine le conduisirent à Zurich puis à Vienne*. C'est au congrès de l'International Psychoanalytical Association* (IPA) de La Haye, en 1920, qu'il rencontra Sigmund Freud*. D'emblée il le regarda comme un maître et, quelques mois plus tard, il entreprit avec lui une analyse. Bien qu'étant fasciné par lui, il lui reprocha des fautes techniques : « Premièrement, il [Freud] avait trop longtemps pratiqué la suggestion* pour ne pas en avoir conservé certains réflexes. Lorsqu'il était persuadé d'une vérité, il avait peine à attendre qu'elle s'éveillât dans l'esprit de son malade ; il voulait le convaincre de suite et à cause de cela, il parlait trop. Deuxièmement, on sentait rapidement par quelle question théorique il était préoccupé car il développait souvent longuement les points de vue nouveaux qu'il était en train de mettre au clair dans sa pensée. C'était un bénéfice pour l'esprit mais pas toujours pour le traitement. » En 1930, à Berlin, Raymond de Saussure fera une deuxième analyse avec Franz Alexander*, puis une troisième à Paris, un peu plus tard, avec Rudolpf Loewenstein*.

Après avoir rejoint la Société suisse de psychanalyse (SSP) fondée en mars 1919 par Oskar Pfister*, Hermann Rorschach* et Emil Oberholzer*, Saussure publia en 1922 *La Méthode psychanalytique*. L'ouvrage, préfacé par Freud, fut malheureusement retiré de la circulation parce qu'il contenait un récit de rêve* comportant de nombreux détails sexuels susceptibles de trahir l'identité du patient. L'ouvrage, d'une grande qualité, présentait pour la première fois à un public francophone une version de la doctrine freudienne dépourvue de toute « latinisation » à la façon d'Angelo Hesnard*.

C'est d'ailleurs en France* que Raymond de Saussure développa ensuite ses activités en participant en 1926, avec son ami Charles Odier*, à la création de la Société psychanalytique de Paris (SPP) dont plus tard Henri Flournoy*, son beau-frère, allait devenir membre. Il s'intéressa alors à la préhistoire du freudisme, à Franz Anton Mesmer*, aux anciens magnétiseurs, aux guérisseurs, ce qui le conduira à acquérir une fabuleuse bibliothèque de livres rares, puis à rédiger avec Léon Chertok* un ouvrage sur la naissance de la pratique psychanalytique. Dans ce domaine, c'est pourtant Henri F. Ellenberger* qui produira l'œuvre la plus novatrice.

Au début de la Deuxième Guerre mondiale, il quitta Paris pour Genève, où il aida Heinz Hartmann* et Erich Fromm* à émigrer. A son tour, en 1940, il rejoignit les États-Unis*, refit ses études médicales et s'intégra à la New York Psychoanalytical Society (NYPS). Il y rencontra Roman Jakobson (1896-1982) qui lui parla de l'œuvre de son père, lui faisant apparaître pour la première fois les liens fructueux qui pouvaient rapprocher la psychanalyse de la linguistique. Par la suite, Jakobson deviendra l'ami de Claude Lévi-Strauss et de Lacan. Quant à Raymond de Saussure, il resta aux États-Unis jusqu'en 1952 puis repartit pour Genève où, durant de nombreuses années, il joua un rôle important dans l'expansion de la psychanalyse en Suisse romande et partout en Europe. Il créa ainsi en 1969 la Fédération européenne de psychanalyse* (FEP), destinée à contrebalancer, à l'intérieur de l'IPA, la toute-puissance du freudisme américain.

Le charme de Raymond de Saussure n'échappa à aucun de ses contemporains. Il aimait les femmes, savait les séduire et refusa toujours de se soumettre au conformisme calviniste de la majorité de ses collègues de la SSP. Bien qu'il fût un rigoureux défenseur de l'orthodoxie de l'IPA, il transgressa les règles, notamment en épousant en troisièmes noces l'une de ses anciennes analysantes. Doué d'une merveilleuse érudition, il écrivit de nombreux articles sur l'histoire de la psychanalyse, sur sa technique et sa théorie. Néanmoins, dans les deux domaines qui le préoccupaient le plus, la linguistique et l'historiographie* freudienne, il n'occupa pas, face à Lacan d'un côté et à Ellenberger de l'autre, la position qu'il aurait souhaité avoir. Il mourut des suites d'un cancer de la prostate après une longue agonie.

● Ferdinand de Saussure, *Cours de linguistique générale* (1915), Paris, Payot, 1967. Françoise Gadet, *Saussure, une science de la langue*, Paris, PUF, 1987. Raymond de Saussure, *La Méthode psychanalytique*, Lausanne, Genève, Payot, 1922 ; et Léon Chertok, *Naissance du psychanalyste*, Paris, Payot, 1973. Élisabeth Roudinesco, *Histoire de la psychanalyse en France*, vol. 1 (1982), Paris, Fayard, 1994 ; *Jacques Lacan. Esquisse d'une vie, histoire d'un système de pensée*, Paris, Fayard, 1993. Mireille Cifali, « Documents pour une histoire de la psychanalyse. Présentation de la lettre de Ferdinand de Saussure à Charles Bally », *Le Bloc-notes de la psychanalyse*, 5, 1985, 145-149 ; « Charles Bally et les psychanalystes », *ibid.*, 6, 1986.

SCÈNE PRIMITIVE (ou ORIGINELLE)

Allemand : *Urszene*. Anglais : *Primal scene*.

Le terme *Urszene* apparaît sous la plume de Sigmund Freud* en 1897. Par la suite, il aura toujours la même signification : il désigne le rapport sexuel entre les parents tel qu'il peut être regardé ou fantasmé par l'enfant qui l'interprète comme un acte de violence, voire de viol, de la part du père à l'égard de la mère. La scène primitive la plus extraordinaire de l'histoire de la psychanalyse a été décrite par Freud à propos de l'Homme aux loups (Sergueï Constantinovitch Pankejeff*).

● Sigmund Freud, *La Naissance de la psychanalyse* (Londres, 1950), Paris, PUF, 1956. Jean Laplanche et Jean-Bertrand Pontalis, *Fantasme originaire, fantasmes des origines, origine du fantasme* (1964), Paris, Hachette, 1985.

▷ FANTASME. SÉDUCTION (THÉORIE DE LA). SEXUALITÉ. *TOTEM ET TABOU.*

SCHIFF Paul (1891-1947)

psychiatre et psychanalyste français

Fils d'un journaliste viennois, ami de Theodor Herzl (1860-1904), Paul Schiff fut membre fondateur du groupe de l'Évolution psychiatrique et membre de la Société psychanalytique de Paris (SPP). Élève d'Henri Claude* et analysé par Rudolph Loewenstein*, il fut un clinicien de la paranoïa* et milita pour une réforme humaniste de la pénalité dans le domaine de la criminologie*, cherchant notamment à introduire les thèses freudiennes dans les expertises psychiatriques.

Il fut aussi le seul freudien de sa génération à s'engager dès 1940 dans la résistance antinazie, puis à devenir médecin de bataillon sur plusieurs fronts entre 1944 et 1945.

• Élisabeth Roudinesco, *Histoire de la psychanalyse en France*, vol. 1 (1982), Paris, Fayard, 1994.

▷ CÁRCAMO Celes Ernesto. FRANCE.

SCHILDER Paul Ferdinand (1886-1940)
psychiatre et psychanalyste américain

Viennois d'origine et issu d'une famille de commerçants juifs, Paul Schilder est connu pour avoir inventé la notion moderne d'image du corps* et décrit la maladie qui porte son nom, une forme diffuse de sclérose en plaques. Ses travaux, qui touchent à la psychiatrie et à la neurologie, portent essentiellement sur l'épilepsie, l'agraphie, l'agnosie, la paralysie générale, la schizophrénie* et la dépersonnalisation. Élève de Julius Wagner-Jauregg*, il reçut en 1921 le titre de *Privatdozent* et, l'année suivante, celui de docteur en philosophie. Il s'intéressait à la phénoménologie husserlienne, quand il entra en contact avec Sigmund Freud*. Celui-ci l'invita à rejoindre les rangs de la Wiener Psychoanalytische Vereinigung (WPV) dont il devint membre, refusant néanmoins de se faire analyser. Au sein des fidèles du cercle viennois, Schilder fut perçu comme un étranger et eut à subir, comme Freud avant lui, une sombre affaire de « vol d'idées ». Federn* en effet l'accusa d'avoir « plagié » l'œuvre du maître vénéré et celle de Sandor Ferenczi* dans un ouvrage sur l'hypnose*.

En 1928, à l'invitation d'Adolf Meyer*, il se rendit aux États-Unis*. L'accueil chaleureux qu'il y reçut l'incita à accepter le poste de professeur de psychiatrie au collège de médecine de l'université de New York. Ses thèses sur l'image du corps qu'il commença à élaborer en 1923 s'appuyaient d'une part sur la phénoménologie et de l'autre sur la gestaltthéorie (ou théorie de la forme). Il les exprima en 1935 dans son ouvrage majeur, *L'Image du corps. Étude des forces constructives de la psyché*, qui eut un grand impact sur le développement du néofreudisme* américain, et notamment sur toutes les doctrines du *self* et de la relation d'objet* ; les fondateurs de l'*Ego Psychology** s'en réclamèrent également.

A cette époque, de nombreux freudiens de la première génération* n'avaient pas été analysés, ce qui ne les empêchait pas de pratiquer la psychanalyse. Mais quand Schilder, en 1935, voulut s'intégrer à l'International Psychoanalytical Association* (IPA) en invoquant son appartenance à la WPV, il dut affronter, au sein de la New York Psychoanalytical Society (NYPS), l'hostilité d'un groupe de jeunes analystes, mené par Lawrence Kubie, qui voulait lui interdire de former des élèves sous prétexte qu'il n'avait pas été analysé. Dans cette affaire il fut soutenu par Ely Smith Jelliffe* et Abraham Arden Brill*, et fit appel au jugement de Freud.

Le maître ne lui apporta aucun soutien, soulignant qu'il n'appartenait pas au cercle des premiers disciples et que c'était donc de son plein gré qu'il avait refusé le principe même de l'analyse didactique*. L'affaire tourna à l'avantage de la jeune génération américaine, soucieuse d'égalitarisme et de normalisation. Brill, désavoué, voulut démissionner de la présidence, mais Ernest Jones* l'en empêcha. Schilder fonda alors son propre groupe, la New York Society of Psychology.

En décembre 1940, alors que sa femme, Lauretta Bender, venait de mettre au monde son troisième enfant, il fut renversé par une voiture et mourut quelques heures plus tard.

● Paul Ferdinand Schilder, *L'Image du corps. Étude des forces constructives de la psyché* (Londres, 1935, New York, 1950), Paris, Gallimard, 1968. Franz Alexander, Samuel Eisenstein et Martin Grotjahn, *Psychoanalytic Pioneers*, New York, Basic Books, 1966, 457-468. Paul Roazen, *La Saga freudienne* (New York, 1976), Paris, PUF, 1986. Elke Mühlleitner, *Biographisches Lexikon der Psychoanalyse. Die Mitglieder der Psychologischen Mittwoch-Gesellschaft und der Wiener Psychoanalytischen Vereinigung von 1902-1938*, Tübingen, Diskord, 1992. Nathan G. Hale, *Freud and the Americans, 1917-1985 : The Rise and Crisis of Psychoanalysis in the United States*, t. II, New York, Oxford, Oxford University Press, 1995.

▷ DOLTO Françoise. FLIESS Wilhelm. PSYCHANALYSE DIDACTIQUE. STADE DU MIROIR. WEININGER Otto.

SCHIZO-ANALYSE

▷ GUATTARI Félix. PSYCHOTHÉRAPIE INSTITUTIONNELLE. SCHIZOPHRÉNIE.

SCHIZOPHRÉNIE

Allemand : *Schizophrenie*. Anglais : *Schizophrenia*.

Terme forgé en 1911 par Eugen Bleuler* à partir du grec *schizeîn* (fendre, cliver) et phrênos (pensée) pour désigner une forme de folie* appelée « démence précoce » par Emil Kraepelin*, et dont les symptômes fondamentaux sont l'incohérence de la pensée, de l'affectivité et de l'action (que l'on appelle *Spaltung* ou clivage*), un repli sur soi (ou autisme*) et une activité délirante.

Contourné par Sigmund Freud*, qui préféra parler de « paraphrénie », ce terme s'est pourtant imposé en psychiatrie et en psychanalyse* pour caractériser, à côté de la paranoïa* et de la psychose maniaco-dépressive* issue de la mélancolie*, l'une des trois composantes modernes de la psychose* en général.

Avant même de recevoir le nom que lui donna Bleuler, cette forme de folie avait été décrite par les médecins du XIXe siècle comme une démence à l'état pur, caractérisée par un retranchement du sujet à l'intérieur de lui-même. Jeune la plupart du temps, le malade, homme ou femme, sombrait sans aucune raison apparente dans un tel état de stupeur et de délire qu'il semblait perdre définitivement pied avec la réalité.

En 1832, Honoré de Balzac (1799-1850) décrivit pour la première fois, dans *Louis Lambert*, la quintessence de ce qui allait devenir le symptôme schizophrénique : « Louis se tenait debout comme je le voyais, jour et nuit, les yeux fixes, sans jamais baisser et relever les paupières comme nous en avons l'habitude [...]. J'essayai de lui parler à plusieurs reprises, mais il ne m'entendit pas. C'était un débris arraché à la tombe, une espèce de conquête faite par la vie sur la mort, ou par la mort sur la vie. J'étais là depuis une heure environ, plongé dans une indéfinissable rêverie, en proie à mille idées affligeantes. J'écoutais Mlle de Villenoix qui me racontait dans tous ses détails cette vie d'enfant au berceau. Tout à coup, Louis cessa de frotter ses jambes l'une contre l'autre et dit d'une voix lente : "Les anges sont blancs." »

Comme le souligne Jean Garrabé, c'est l'aliéniste français Bénédict-Augustin Morel (1809-1873) qui fut le premier à décrire cette forme de folie dans ses *Études cliniques* de 1851-1852, puis à lui donner, dans son *Traité des maladies mentales* de 1860, le nom de démence précoce, qu'il qualifia d'« immobilisation soudaine de toutes les facultés ». L'adjectif précoce signifiait que la démence atteignait des sujets à l'adolescence ou en pleine jeunesse.

Contrairement à la mélancolie, à la manie, à l'hystérie* et à la paranoïa* (déjà connues avant d'être nommées), la démence précoce était donc une nouvelle maladie de l'âme, qui frappait d'impuissance et d'hébétude les jeunes gens de la société bourgeoise révoltés contre leur époque ou leur milieu mais incapables de traduire leurs aspirations autrement que par un véritable naufrage de la raison. La psychiatrie naissante chercha à classer cet état et à le nommer en fonction des autres entités déjà identifiées. C'est pourquoi le terme donna lieu à de nombreuses discussions. S'agissait-il réellement d'une maladie nouvelle ou d'une ancienne affection que l'on baptisait d'un autre nom ? Pendant toute la fin du XIXe siècle et jusqu'à la définition bleulérienne, les avis furent d'autant plus partagés que l'on pouvait parfaitement ranger dans l'hystérie d'une part, dans la mélancolie de l'autre, de nombreux symptômes attribués à la démence précoce. Ainsi, entre 1898 et 1902, le psychiatre allemand Sigbert Ganser (1853-1931) donna le nom d'« hystérie crépusculaire » à un syndrome qui ressemblait à la future schizophrénie bleulérienne : hallucinations, « parler à côté », désorientation spatio-temporelle, confusion, stupeur, amnésie, etc.

Dans sa classification, Emil Kraepelin conserva la notion en distinguant trois groupes de psychoses : la paranoïa, la démence précoce et la folie maniaque dépressive (héritée de l'ancienne mélancolie), qui deviendra la psychose maniaco-dépressive. C'est contre ce système que Bleuler inventa à la fois la notion de *Spaltung* (clivage*, dissociation, discordance) et le mot schizophrénie : « J'appelle démence précoce schizophrénie parce que, comme j'espère le montrer, la scission des fonctions psychiques les plus diverses est l'un de ses caractères les plus importants. Pour des raisons de commodité, j'emploie ce mot au singulier bien que ce groupe comprenne vraisemblablement plusieurs maladies. »

Bleuler, s'insurgeant contre le nihilisme thérapeutique de l'école allemande, plus soucieuse de classer que de soigner, créa le mot schizophrénie pour intégrer la pensée freudienne au savoir psychiatrique : en effet, à ses yeux, seule la théorie du psychisme élaborée par Freud permettait de comprendre les symptômes de cette folie. Tout en lui conservant une étiologie organique, héréditaire et toxique, il ouvrait la voie à une conception selon laquelle les notions de personnalité, de soi, de relation du sujet au monde (intérieur et extérieur) jouaient un rôle considérable. En d'autres termes, cette nouvelle démence n'était plus une démence et elle n'était plus précoce, elle englobait tous les troubles liés à la dissociation primaire de la personnalité conduisant à divers symptômes tels que le repli sur soi, la fuite des idées, l'inadaptation radicale au monde extérieur, l'incohérence, les idées bizarres, les délires sans dépression ni manie ni troubles de l'humeur, etc.

Freud ne reprit pas la définition de Bleuler, préférant penser le domaine de la psychose sous la catégorie de la paranoïa, comme le montre son étude sur Daniel Paul Schreber*. Néanmoins, de même qu'il avait transformé l'hystérie en un paradigme moderne de la névrose*, de même Bleuler fait de la schizophrénie le grand modèle structural de la folie du XXe siècle. Ainsi la deuxième psychiatrie dynamique* sera-t-elle dominée jusque vers 1980 par le système de pensée freudo-bleulérien. Toute une terminologie sera forgée, notamment par l'école française (Henri Claude* et René Laforgue*) puis par Ernst Kretschmer*, pour exprimer diverses modalités de cette « schize » : de la schizomanie, où l'autisme est présent sans la dissociation, à la schizoïdie, caractérisée par un état pathologique sans psychose, en passant par la schizothymie, cette tendance « morphologique » à l'intériorisation.

Ce sont donc les successeurs de Freud qui s'orientèrent vers l'élaboration d'une véritable clinique psychiatro-psychanalytique de la schizophrénie. Celle-ci se développa en France* et en Grande-Bretagne* dans un cadre hospitalier, et aux États-Unis* dans le contexte du mouvement d'hygiène mentale qui permit au bleulérisme et au freudisme de s'implanter massivement sur le terrain de la psychiatrie. D'où la création de nombreuses cliniques spécialisées dans le traitement des psychoses (et plus particulièrement de la schizophrénie), et issues du modèle zurichois originel, le Burghölzli. Parmi les grands cliniciens de la schizophrénie, on retrouve toutes les tendances de la psychanalyse et de la psychothérapie* : du culturalisme* (Harry Stack Sullivan*, Gregory Bateson*, Frieda Fromm-Reichmann*) à la *Self Psychology** (Paul Federn*, Heinz Kohut*, Donald Woods Winnicott*), en passant par le kleinisme* (Herbert Rosenfeld*, Marguerite Sechehaye*, Wilfred Ruprecht Bion*) et la phénoménologie (Ludwig Binswanger*, Eugène Minkowski*).

D'une manière générale, l'approche clinique élaborée après 1945 privilégie *le* schizophrène au détriment de *la* schizophrénie et s'occupe à la fois de l'environnement familial du sujet et de son évolution psychique inconsciente, tout en inventant des techniques thérapeutiques appropriées : l'analyse directe* par exemple. C'est dans la perspective d'une approche générale des psychoses, héritée de l'enseignement de Karl Abraham* et de Sandor Ferenczi*, que Melanie Klein* élabora sa conception de la position dépressive et schizo-paranoïde* pour montrer qu'elle était le lot commun de tout sujet, et que la « normalité » n'était qu'une manière, pour chacun, de dépasser un état psychotique originel.

Du point de vue de la phénoménologie, la schizophrénie fut regardée par Minkowski comme une altération de la structure existentielle du sujet, comme une perte de contact vital avec la réalité, et enfin comme une incapacité à s'inscrire dans une temporalité. Pour Binswanger, qui présenta l'histoire de cinq grands cas, parmi lesquels ceux d'Ellen West et de Suzan Urban, la causalité première de la schizophrénie était l'entrée dans une existence inauthentique conduisant à la « perte du moi dans l'existence », à une grave altération de la temporalité et à l'autisme, c'est-à-dire à un « projet de ne pas être soi-même ».

En devenant la forme paradigmatique de la folie du XXe siècle, la schizophrénie fut également l'objet d'un débat esthétique, puis politique. A partir de 1922, et tout en s'inspirant des pathographies classiques, Karl Jaspers (1883-1969) entreprit d'étudier quatre destins de créateurs qualifiés rétroactivement de schizophrènes : Friedrich Hölderlin (1770-1843), Emmanuel Swedenborg (1688-1772), Vincent Van Gogh (1853-1890) et August Strindberg (1849-1912). Constatant que la notion de schizophrénie était équivoque et que son origine pouvait être attribuée à une lésion cérébrale, Jaspers quittait néanmoins le domaine de la nosographie pour souligner l'existence d'une vie spirituelle propre à cette forme de folie : « Il existe une vie de l'esprit dont la schizophrénie s'empare pour y faire ses expériences, y créer ses fantasmes et les y implanter ; peut-être, après coup, peut-on croire que cette vie spirituelle suffit à les expliquer, mais sans la folie ils n'auraient pu se manifester de la même façon. »

Dès les années 1920, la schizophrénie, comme d'ailleurs l'hystérie, échappait donc à la définition bleulérienne pour devenir l'expression d'un véritable langage de la folie, non pas « pathologique » mais subversif, porteur d'une révolution formelle et d'une contestation de l'ordre établi. Telle fut la signification en 1925 du manifeste surréaliste « Lettre aux médecins-chefs des asiles de fous », inspiré par Antonin Artaud (1896-1948) et rédigé par Robert Desnos (1900-1945) : « Sans insister sur le caractère parfaitement génial des manifestations de certains fous, dans la mesure où nous sommes aptes à les apprécier, nous affirmons la légitimité absolue de leur conception de la réalité et de tous les actes qui en découlent. »

C'est dans la même perspective que le psychiatre allemand Hans Prinzhorn (1886-1933) décida de se consacrer à l'étude des œuvres plastiques produites par les malades mentaux. Dans son livre magistral, *Expressions de la folie*, publié en 1922, il fut le premier à regarder ces productions non pas comme une illustration de la pathologie des auteurs, mais comme des œuvres d'art à part entière. Il les baptisa « art schizophrénique » et les rapprocha des diverses écoles picturales modernes, notamment de l'expressionnisme. Loin de s'en tenir à la définition psychiatrique de la schizophrénie, Prinzhorn étendait le terme à une forme de pensée ou à une structure psychique capable de produire un art « sauvage » semblable à celui des enfants et des peuples primitifs, rejoignant ainsi le débat qui avait lieu, à la même époque, entre l'anthropologie* et la psychanalyse à propos de *Totem et Tabou**.

Cette conception de la schizophrénie sera reprise, à partir de 1955-1960, moyennant quelques modifications, par les artisans de l'antipsychiatrie* (David Cooper* et Ronald Laing*), puis théorisée en France par deux philosophes : Michel Foucault (1926-1984) et Gilles Deleuze (1925-1995). Dans son *Histoire de la folie à l'âge classique*, publiée en 1961, Foucault se refusait à tout diagnostic mais faisait de la folie d'Artaud, de Nietzsche, de Van Gogh et d'Hölderlin l'instant dernier de l'œuvre : « Là où il y a œuvre, il n'y a pas folie ; et pourtant la folie est contemporaine de l'œuvre, puisqu'elle inaugure le temps de sa vérité. » La même année, Jean Laplanche étudiait la schizophrénie d'Hölderlin en la considérant comme un élément inséparable de l'œuvre du poète.

Quant à Deleuze, dans *L'Anti-Œdipe. Capitalisme et schizophrénie*, ouvrage rédigé avec Félix Guattari*, il s'appropriait le terme schizophrénie pour le faire résonner autrement. Les deux auteurs s'efforcaient de repenser l'histoire universelle des sociétés à partir d'un postulat unique : le capitalisme, la tyrannie ou le despotisme trouveraient leurs limites dans les machines désirantes d'une schizophrénie réussie, c'est-à-dire dans les filets d'une folie non entravée par la psychiatrie. A l'impérialisme de l'Œdipe* freudien et à la théorie lacanienne du signifiant*, ils opposaient le principe d'une schizo-analyse fondée sur une psychiatrie dite « matérialiste », dont Wilhelm Reich*, contre Freud et Bleuler, aurait été le premier porte-parole. L'ouvrage, remarquable par sa verve antidogmatique, la beauté de son style, la générosité de l'inspiration et la valeur programmatique de son idéal biochimique et énergétique, ne provoqua aucune réforme du savoir psychiatrique dans le domaine du traitement de la schizophrénie, et s'inscrivit le plus simplement du monde dans l'histoire progressiste de la psychothérapie institutionnelle*.

Tandis que, portée par l'antipsychiatrie, s'épanouissait la grande thématique libertaire de la révolte schizophrénique, les études cliniques sur le traitement de la schizophrénie et de la psychose maniaco-dépressive se poursuivaient à l'ombre des institutions hospitalières du monde entier. A cet égard, une révolution pragmatique et technologique fut apportée par la pharmacologie avec l'invention en 1952 des neuroleptiques. Alors qu'au début du siècle les schizophrènes étaient condamnés à passer leur vie dans un asile, et que de nombreux malades étaient sauvagement traités par la cure d'insuline, inventée en 1932 par Manfred Sakel (1900-1957), puis par la neurochirurgie (ou lobotomie), introduite en 1935 par Egas Moniz (1874-1955), et enfin par l'électrochoc, l'apport de la psychanalyse et des différentes thérapies – kleinienne, freudienne, familiale – permit un progrès considérable dans le traitement de cette forme de folie.

L'introduction des divers traitements pharmacologiques a remplacé l'ancien enfermement carcéral par une camisole chimique et a permis de soigner les patients hors de l'asile. Cette révolution « tranquille », contemporaine de l'essor du grand mouvement de contestation de l'ordre psychiatrique des années 1955-1970, imposa progressivement ses méthodes dans le monde entier au prix de l'anéantissement de toute la conception freudo-bleulérienne de la psychiatrie dynamique.

On peut en saisir l'évolution en comparant les différentes versions du *Manuel diagnostique et statistique des troubles mentaux (DSM)* établi par l'American Psychiatric Association (APA). Publié pour la première fois en 1952, sous le titre *DSM* I, il fut d'abord influencé par les thèses hygiénistes d'Adolf Meyer*. En 1968, sous le nom de *DSM* II, il devint l'expression d'une conception purement organiciste de la maladie mentale d'où était évacuée toute idée de causalité psychique. Douze ans plus tard, après de vastes débats sur les abus de la psychiatrie en Union soviétique, un nouveau manuel fut édité, le *DSM* III, dans lequel se concrétisait un choix délibérément « athéorique ». La notion même de maladie de l'âme, ou de folie, vieille de deux mille ans, était liquidée au profit d'une classification des individus selon le comportement et les symptômes. Du même coup, la schizophrénie et l'hystérie disparaissaient du tableau. Ainsi se trouvaient abolis les deux grands paradigmes de la clinique freudo-bleulérienne, qui avait dominé tout le siècle en donnant une signification nouvelle à l'univers mental de l'homme moderne.

Avec le succès considérable du *DSM* dans les sociétés industrielles avancées, la psychiatrie quitta le domaine du savoir clinique pour se mettre au service des laboratoires pharmaceutiques et devint une psychiatrie sans âme et sans conscience, fondée sur la croyance aux pilules du bonheur et adepte de ce fameux nihilisme thérapeutique tant combattu par Freud et Bleuler.

C'est sur ces nouvelles classifications technologiques, d'inspiration pharmacologique, que s'appuyèrent, à partir de 1990, les nombreux travaux cognitivistes sur la schizophrénie. Sans jamais apporter la moindre solution à la causalité réelle de cette psychose, ils prétendirent lui découvrir un fondement neurologique (le « dysfonctionnement cognitif »), simple retour à la *Spaltung* bleulérienne.

• Sigmund Freud, « Remarques psychanalytiques sur l'autobiographie d'un cas de paranoïa » (1911), in *Cinq Psychanalyses,* Paris, PUF, 1954, 263-321, *GW,* VIII, 240-316, *SE,* XII, 1-79 ; « Pour introduire le narcissisme » (1914), *GW,* X, 138-170, *SE,* XIV, 67-102, in *La Vie sexuelle,* 81-105, Paris, PUF, 1969. Eugen Bleuler, *Dementia praecox ou Groupe des schizophrénies* (Leipzig, 1911), Paris, EPEL/GREC, 1993. Karl Jaspers, *Psychopathologie générale* (1913), Paris, Alcan, 1928 ; *Strindberg et Van Gogh* (Bâle, 1949), Paris, Minuit, 1953. Hans Prinzhorn, *Expressions de la folie* (1922), Paris, Gallimard 1984. Eugène Minkowski, *La Schizophrénie,* Paris, Payot, 1927. Ludwig Binswanger, « Der Fall Ellen West. Studien zum Schizophrenieproblem », *Schweiz. Archiv für Neurologie und Psychologie,* vol. LVIII, LIV, LV, 1945 ; *Le Cas Suzan Urban* (1952), Paris, Desclée de Brouwer, 1958 ; *Schizophrenie,* Pfullingen, Günther Neske, 1957. Jean Laplanche, *Hölderlin et la question du père,* Paris, PUF, 1961. M. Bazot, G. Deleuze, H. Duméry, « Schizophrénie », *Encyclopaedia universalis,* vol. XIV, 1968, 732-736. Gilles Deleuze et Félix Guattari, *L'Anti-Œdipe. Capitalisme et schizophrénie,* Paris, Minuit, 1972. Jacques Postel, « Schizophrénie », in *Grand dictionnaire de la psychologie,* Paris, Larousse, 1991, 692-698. C.D. Frith, *Neuropsychologie cognitive de la schizophrénie* (Hove, 1992), Paris, PUF, 1996. Jean Garrabé, *Histoire de la schizophrénie,* Paris, Seghers, 1992. David F. Allen, *Vers une perspective axiologique de la schizophrénie,* Thèse de psychologie clinique, université Paris-VII, 2 t., 1995.

SCHJELDERUP Harald Krabbe (1895-1974)

psychanalyste norvégien

Ce professeur de philosophie de l'université d'Oslo fut le premier psychanalyste freudien de Norvège. Comme de nombreux pionniers, il se montra curieux de toutes les manifestations de l'inconscient. D'où son intérêt pour la télépathie*, voire pour la parapsychologie. Dès 1922, il joua un rôle majeur dans l'implantation de la psychanalyse dans le milieu académique norvégien. En 1925, après s'être intéressé à l'hypnose*, il se rendit à Vienne*, où il fit une première cure de sept mois avec Eduard Hitschmann* au cours de laquelle les deux hommes s'affrontèrent. Son livre, *Psykology*, publié en 1927, joua un rôle important dans la formation de plusieurs générations de psychologues.

Schjelderup poursuivit ensuite sa formation à Berlin avec Harald Schultz-Hencke*. Mais c'est surtout à Zurich, avec Oskar Pfister*, qu'il fit un travail psychanalytique digne de ce nom, comme en témoignent les confidences faites par le pasteur à Sigmund Freud dans une lettre du 21 octobre 1927 : « Le spirituel Harald Schjelderup, âgé de 32 ans, professeur de philosophie et de psychologie, à qui l'on doit le premier manuel à orientation psychanalytique – il paraîtra bientôt en allemand –, est resté sept mois chez le docteur H. Cependant, ses douloureuses migraines hebdomadaires n'ont cessé de croître jusqu'à ce qu'il fût obligé de regagner Oslo. Or, cet été, il est venu me trouver. Nous avons sérieusement analysé [*sic*] et, au bout de quinze jours à peine, la dernière crise, déjà sensiblement atténuée, fit sa dernière apparition. Depuis, nous analysâmes pendant encore environ trois semaines. »

De son côté, Schjelderup trouva que son analyse avec le pasteur lui avait apporté beaucoup plus que la précédente et il le remercia. Les deux hommes, également intéressés par la religion et la théologie libérale, avaient de réelles affinités. Le frère d'Harald, Kristian Schjelderup (1894-1980), fit aussi une analyse sur le divan de Pfister et favorisa l'introduction du freudisme en Norvège avant de devenir évêque à la fin de sa vie. Les deux frères rédigèrent ensemble un ouvrage sur les relations de la psychologie à la religion, et Harald publia de nombreux articles cliniques sur les résultats de la thérapie psychanalytique.

Avec Alfhild Tamm* et Yrjö Kulovesi*, Harald Schjelderup participa en août 1931 à la fameuse réunion des psychanalystes scandinaves qui allait conduire en 1934, au congrès de Lucerne, à la création de deux sociétés affiliées à l'International Psychoanalytical Association* (IPA), l'une regroupant la Suède et la Finlande, l'autre le Danemark et la Norvège.

C'est lui qui invita Wilhelm Reich* en Norvège en 1934 pour qu'il enseigne sa doctrine de l'analyse caractérielle à l'université d'Oslo. A partir d'octobre 1937, les thèses de Reich sur la révolution sexuelle, qui avaient recueilli un grand succès auprès des étudiants, furent violemment attaquées par les professeurs de médecine et de physiologie de l'université, et le débat fut porté dans la presse. Bien qu'il ne fût pas l'un de ses partisans, Schjelderup fit une analyse avec Reich. Il respectait son apport et son originalité, soulignant que ses expériences s'éloignaient radicalement du freudisme. Cette position lucide lui permit de comprendre que les adversaires de la psychanalyse se servaient de l'affaire Reich contre la doctrine freudienne. A son tour, il entra dans la polémique.

Après l'invasion de la Norvège par les troupes allemandes, Matthias Henrich Göring* se rendit à Oslo pour obtenir de Schjelderup, alors président de la Société psychanalytique norvégienne, la création d'un institut « aryanisé » sur le modèle de celui de Berlin. Celui-ci refusa toute politique de collaboration et réclama la dissolution du groupe. Avec d'autres psychanalystes, il entra dans la résistance antinazie. En 1942, il fut déporté avec son frère au camp de concentration de Grini, près d'Oslo. Tous deux en réchappèrent.

Après la guerre, Harald Schjelderup reprit ses activités de thérapeute au sein de sa société où, jusqu'à sa mort, il s'occupa de questions cliniques tout en formant des analystes. Vis-à-vis de l'analyse didactique* et des règles de formation imposées par l'IPA, il adopta, comme autrefois avec Reich, une position souple en acceptant par exemple un cursus de deux séances hebdomadaires au lieu des cinq obligatoires.

● Harald Schjedelrup, *Psykologi*, Oslo, Gyldendal, 1928. *Correspondance de Sigmund Freud avec le pasteur Pfister 1909-1939* (Francfort, 1963), Paris, Gallimard, 1966. Randolf Alnaes, « The development of psychoanalysis in Norway. An historical overview », *The Scandinavian Psychoanalytic Review*, 2, vol. III, 1980, 55-101.

▷ ALLEMAGNE. NAZISME. PAYS SCANDINAVES.

SCHLOSS TEGEL (SANATORIUM)

▷ SIMMEL Ernst.

SCHMIDEBERG Melitta, née Klein (1904-1983)

médecin et psychanalyste américaine

Il est difficile de ne pas voir dans les relations entre Melitta Schmideberg et sa mère une sorte de caricature des passions que Melanie Klein* s'est évertuée à théoriser – haine, envie*, agressivité, persécution, identification projective*, bon objet ou mauvais objet*. Née dans la psychanalyse* et analysée par sa propre mère, Melitta, fille aînée de Melanie Klein, fut bien l'enfant tragique de la psychanalyse et plus encore le cobaye d'une expérience qui allait donner naissance, non seulement à la psychanalyse des enfants* au sens moderne, mais aussi à l'un des courants les plus riches de l'histoire du freudisme*.

Dans un article de 1923 sur le « Rôle de l'école dans le développement libidinal de l'enfant », Melitta apparaît sous le nom de Lisa, jeune fille de 18 ans présentée comme un cas. Empêtrée dans les lettres de l'alphabet, elle oscille entre le « a » qui représente pour elle le père châtré et le « i » qui renvoie au pénis détesté. « En ce qui la concernait elle-même, écrit Melanie Klein, elle ne reconnaissait que l'organe génital masculin et laissait les organes féminins à ses sœurs. »

Il semble bien, d'après Phyllis Grosskurth, que Melanie redoutait que sa fille devienne une rivale. Aussi se conduisit-elle envers elle comme sa propre mère à son endroit, la maintenant en permanence dans un état de servitude tout en l'élevant dans la passion de la « cause » psychanalytique. Dès l'âge de 15 ans, en effet, Melitta assista aux réunions de la Société psychanalytique de Budapest et dévora les écrits psychanalytiques. Quand elle entreprit ses études de médecine, ce fut pour devenir psychanalyste. Enfin, elle suivit le même itinéraire que sa mère : de Hongrie* en Allemagne*. A Berlin, elle fut analysée trois fois par les ténors du mouvement alors en pleine expansion : Max Eitingon*, Karen Horney* et Hanns Sachs*. C'est là qu'elle rencontra Walter Schmideberg*, son futur époux. Elle s'installa ensuite à Londres, où elle fut élue membre de la British Psychoanalytical Society (BPS). Elle entra alors de nouveau en analyse avec Ella Sharpe* et commença à pratiquer des cures.

Dans un témoignage criant de vérité, rédigé en 1971, elle racontera comment elle fut l'objet de la haine de sa mère, qu'elle avait elle-même haïe, au beau milieu de la BPS transformée en champ de bataille par le sectarisme grandissant des kleiniens puis par l'arrivée des Viennois à Londres. « Pendant quelques années, écrit-elle, j'avais joui d'une certaine popularité. J'avais la réputation d'obtenir de bons résultats cliniques, mes articles étaient considérés comme des contributions valables, on me demandait des conférences et j'avais été à un âge précoce désignée comme analyste didacticienne. Mais bientôt les choses se gâtèrent. Je fus critiquée pour accorder trop d'attention à l'environnement concret et à la situation réelle du patient et pour considérer qu'un peu de réassurance et quelques conseils pouvaient légitimement faire partie de la thérapeutique analytique. »

Appuyée par Edward Glover*, son cinquième psychanalyste, elle livra contre les théories kleiniennes une bataille inouïe qui se poursuivit au moment des Grandes Controverses*. Sa détermination fut avivée quand Jones*, soucieux de neutraliser les conflits, tenta de la persuader que ses réactions étaient « paranoïdes ». Pendant toute la durée de cette grande guerre des clans, sa vie conjugale prit une tournure étrange avec la relation triangulaire que Walter Schmideberg lui imposa par sa liaison avec Winifred Bryher, ancienne maîtresse homosexuelle de Hilda Doolittle*.

En 1945, elle émigra aux États-Unis*, où elle retrouva l'autre famille psychanalytique de sa jeunesse berlinoise, ses cousins d'Amérique. Mais ce fut une nouvelle déception : « Ils m'apparurent beaucoup trop préoccupés de prestige, de publicité et d'honoraires élevés [...]. En Europe, il avait fallu du courage pour devenir analyste. Aux États-Unis, dans les années 1950 et 1960, il en fallut pour ne pas l'être. » Elle se tourna alors vers les autres psychothérapies*, mais grâce à sa connaissance intime de la psychanalyse, elle constata que l'observation scrupuleuse de certaines règles freudiennes protégeait le patient alors que les thérapies trop actives pouvaient se révéler nocives : « En somme, le rejet de la théorie freudienne n'entraînait que la confusion. »

C'est en s'occupant d'adolescents délinquants, blessés par leurs familles et par la société, comme elle l'avait été par la psychanalyse, qu'elle trouva enfin les moyens d'échapper aux fureurs de la saga freudienne. En 1963, elle démissionna de la BPS et cessa de fréquenter le milieu psychanalytique. Jamais elle n'accepta de se réconcilier avec sa mère, ni même de lui parler. Et le jour de son enterrement, elle donna un cours à Londres en arborant de flamboyantes bottes rouges.

● Melitta Schmideberg, « Contribution à l'histoire du mouvement psychanalytique en Angleterre » (1971), *Cahiers Confrontation*, 3, printemps 1980, 11-22. Phyllis Grosskurth, *Melanie Klein, son monde et son œuvre* (1986), Paris, PUF, 1990.

SCHMIDEBERG Walter (1890-1954)

psychanalyste anglais

Viennois cultivé, Walter Schmideberg avait été élevé dans une école de jésuites réservée à l'aristocratie. Destiné à la carrière militaire, il devint capitaine dans l'armée austro-hongroise avant de s'intéresser à l'hypnose* et à la psychologie. C'est pendant la guerre qu'il rencontra Max Eitingon*. Et c'est ce dernier qui le présenta à Sigmund Freud* et à Sandor Ferenczi*. En 1919, il assista aux réunions de la Wiener Psychoanalytische Vereinigung (WPV) et, deux ans plus tard, il partit pour Berlin, où il aida Eitingon à mettre sur pied la polyclinique. C'est au congrès de l'International Psychoanalytical Association* (IPA) de 1922 qu'il rencontra Melitta, la fille de Melanie Klein*. Il l'épousa à Vienne en avril 1924 et participa à tous les conflits qui opposèrent les deux femmes sur la scène de la psychanalyse* anglaise.

Bien qu'il fût alcoolique et homosexuel, il devint membre de la British Psychoanalytical Society (BPS) après avoir émigré à Londres en 1932. Avec l'aide d'Ernest Jones*, il fit en sorte que s'instaurent des relations suivies entre les Anglais et les Viennois au moment où le mouvement psychanalytique allemand commençait à être décimé par les nazis. Au milieu des années 1930, il devint l'amant de Winifred Bryher, ancienne maîtresse de la poétesse américaine Hilda Doolittle* qui avait été analysée par Freud et dont lui-même avait été l'analyste pendant quelque temps. Fille d'un riche armateur, Bryher aidait les psychanalystes juifs à échapper au nazisme et envoyait plus particulièrement les Autrichiens en analyse chez Schmideberg. Une étrange relation triangulaire s'installa entre Winifred, Walter et Melitta jusqu'au départ de celle-ci pour les États-Unis. De plus en plus alcoolique, Schmideberg finit par se retirer en Suisse*, où il mourut d'un ulcère.

• Phyllis Grosskurth, *Melanie Klein, son monde et son œuvre* (1986), Paris, PUF, 1990.

▷ HOMOSEXUALITÉ. SCHMIDEBERG Melitta.

SCHMIDT Vera, née Yanitskaïa (1889-1937)
pédagogue et psychanalyste russe

Mariée à Otto Schmidt (1891-1956), mathématicien et directeur des éditions d'État, Vera Schmidt était issue d'une famille de médecins. Elle fut non seulement une pionnière de la psychanalyse* en Russie* mais aussi l'une des grandes figures du freudo-marxisme* européen. A l'initiative de Tatiana Rosenthal*, et avec le soutien d'Ivan Dimitrievitch Ermakov*, elle créa à Moscou, en août 1921, une maison pédagogique, le Home expérimental d'enfants. Une trentaine d'enfants de dirigeants et de fonctionnaires du parti communiste y furent accueillis afin d'être élevés selon des méthodes combinant les principes du marxisme et ceux de la psychanalyse. L'expérience du Home avait pour cadre un Institut de psychanalyse fondé en même temps que l'Association psychanalytique de recherches sur la création psychanalytique qui prit le nom de Solidarité internationale.

Le système d'éducation traditionnel fondé sur les brimades et les punitions corporelles y était aboli et l'idéal de la famille patriarcale sévèrement critiqué au profit de valeurs éducatives privilégiant le collectif. Les démonstrations affectives, baisers ou caresses, y étaient remplacées par des échanges dits « rationnels », et les enfants, éduqués dans la laïcité, étaient autorisés à satisfaire leur curiosité sexuelle. Quant aux éducateurs, ils étaient invités à ne pas réprimer la masturbation et à instaurer avec les enfants des relations égalitaires. Le programme prévoyait qu'ils devaient tous faire une analyse.

L'idéal pédagogique prôné par Vera Schmidt était la manifestation vivante de cet esprit nouveau des années 1920 où se concrétisait, après la révolution d'Octobre, le rêve d'une fusion possible entre la liberté individuelle et la libération sociale : une véritable utopie pédagogique (ou pédologie*) qui mêlait la passion freudienne et l'idéal marxiste.

En septembre 1923, Vera et Otto Schmidt se rendirent à Berlin et à Vienne* pour obtenir que Karl Abraham* et Sigmund Freud* soutiennent le Home et la Société psychanalytique de Russie, fondée en 1922 et en rivalité avec celle de Kazan. A leur retour, rapportant la discussion qui, notamment, avait porté sur la manière de traiter le complexe d'Œdipe* dans le cadre d'une éducation de type collectif, ils pensèrent que le soutien du Comité secret* leur était acquis.

En réalité, le Comité était très divisé sur l'attitude à adopter. Ernest Jones* soutenait Kazan contre Moscou, et Sandor Ferenczi* ne voulait plus entendre parler, depuis l'échec de la Commune de Budapest, de la moindre expérience en terrain communiste. Seul Freud était prêt à aider les Schmidt.

Isolée du débat sur la psychanalyse des enfants*, Vera Schmidt ne fut donc pas réellement soutenue dans son entreprise par l'International Psychoanalytical Association* (IPA), dont la direction était trop conservatrice pour accepter une expérience de ce type, avec les risques et les excès qu'elle comportait. Pour les mêmes raisons, le Home fut également critiqué par les fonctionnaires du ministère soviétique de la Santé, qui confia à une commission d'enquête le soin de l'expertiser. Après une longue procédure, et en dépit du soutien provisoire de Nadejda Kroupskaïa, la femme de Lénine, l'expérience prit fin dans des conditions complexes : c'est Otto Schmidt lui-même, curateur du Home, qui décida avec sa femme, en novembre 1924, de mettre fin à son activité. En août 1925, l'institut Solidarité internationale fut officiellement liquidé.

Vera Schmidt pratiqua l'analyse à Moscou, tant avec des enfants qu'avec des adultes. En 1927, elle représenta son association au congrès de l'IPA réuni à Innsbruck. Deux ans plus tard, elle reçut la visite de Wilhelm Reich*, qui la critiqua pour son idéal adaptatif mais avec lequel elle noua une relation d'amitié. A partir de cette date, la situation devint difficile pour le mouvement psychanalytique russe, qui cessera toute activité en 1930. Cependant, malgré les difficultés, il semble que Vera Schmidt soit parvenue à recevoir en privé ses patients. Elle mourut d'une pneumonie.

Quant à Otto Schmidt, il continuera, comme le souligne Jean Marti, « à servir la science soviétique en explorant l'Arctique et en développant à partir de 1944, et jusqu'à sa mort, une théorie cosmogonique d'après laquelle la terre et d'autres planètes se [sont formées] à partir de poussières cosmiques, à une époque où le soleil traversait dans l'espace un nuage de poussière ».

● Vera Schmidt et Wilhelm Reich, *Pulsions sexuelles et éducation du corps*, Paris, UGC, coll. « 10/18 », 1979. Wilhelm Reich, *La Révolution sexuelle* (Copenhague, 1936, Francfort, 1966), Paris, Plon, 1968. Jean Marti, « La psychanalyse en Russie (1909-1930) », *Critique*, 346, mars 1976, 199-237. Élisabeth Roudinesco,

Histoire de la psychanalyse en France, vol. 2 (1986), Paris, Fayard, 1994. Alberto Angelini, *La psicoanalisi in Russia*, Naples, Liguori Editore, 1988. Alexandre Etkind, *Histoire de la psychanalyse en Russie* (1993), Paris, PUF, 1995. Élisabeth Roudinesco, entretien avec Irina Manson, le 1er janvier 1997.

▷ COMMUNISME. LURIA Aleksandr Romanovitch. SPIELREIN Sabina. ZALKIND Aron Borissovitch.

SCHNITZLER Arthur (1862-1931)
médecin et écrivain autrichien

Né à Vienne*, Arthur Schnitzler était le fils d'un célèbre laryngologiste juif et il fit lui-même des études médicales. Comme Sigmund Freud*, il étudia l'hypnose* auprès d'Hippolyte Bernheim*, puis fut l'élève de Theodor Meynert* avant de s'intéresser à la psychanalyse*. Chef de file du mouvement Jung Wien (Jeune Vienne), il fut, avec Hugo von Hofmannsthal (1874-1929) et Stefan Zweig*, l'un des grands écrivains viennois de la fin du siècle. Certains cas freudiens (Ida Bauer*, par exemple) semblent tout droit sortis de ses romans : « Freud et Schnitzler, écrit William Johnston, partageaient maints traits de l'esthétisme viennois. Individualistes forcenés [...], ils rejetaient la ville pour la campagne mais n'auraient jamais pu vivre ailleurs qu'à Vienne. Tous deux étaient des voyageurs attentifs assimilant avec avidité des impressions nouvelles. »

La mort, la sexualité*, la névrose*, le monologue intérieur, le dévoilement de l'âme, le suicide* forment chez Schnitzler la trame d'un impressionnisme littéraire auquel Freud fut tellement sensible qu'il lui exprima dans une lettre de 1922 la peur que lui inspirait une rencontre avec son double : « Je vais vous faire un aveu que vous aurez la bonté de garder pour vous par égard pour moi, et de ne partager avec aucun ami ni étranger. Une question me tourmente : pourquoi en vérité durant toutes ses années n'ai-je jamais cherché à vous fréquenter et à avoir avec vous une conversation [...] ? Je pense que je vous ai évité par une sorte de crainte de rencontrer mon double. Non que j'aie facilement tendance à m'identifier à un autre ou que j'aie voulu négliger la différence de dons qui nous sépare, mais, en me plongeant dans vos splendides créations, j'ai toujours cru y trouver, derrière l'apparence poétique, les hypothèses, les intérêts et les résultats que je savais être les miens. » Après avoir souligné que Schnitzler était tout comme lui un investigateur des profondeurs psychiques, Freud ajoutait : « Pardonnez-moi de retomber dans la psychanalyse, je ne sais rien faire d'autre. Je sais seulement que la psychanalyse n'est pas un moyen de se faire aimer. »

• Arthur Schnitzler, *Mademoiselle Else*, Paris, Stock, 1980 ; *Thérèse*, Paris, Stock, 1981 ; *Le Lieutenant Gustel*, Paris, Calmann-Lévy, 1983 ; *La Ronde*, Paris, Stock, 1984 ; *Une jeunesse viennoise*, Paris, Hachette, 1987. Sigmund Freud, *Correspondance, 1873-1939* (Londres, 1960), Paris, Gallimard, 1966. William M. Johnston, *L'Esprit viennois. Une histoire intellectuelle et sociale 1848-1938* (New York, 1972), Paris, PUF, 1985. André Haynal, « Freud, la psychanalyse et son creuset », *Psychanalyse et science. Face à face*, Lyon, Césura, 1991, 149-161.

SCHREBER Daniel Paul (1842-1911)

Bien que l'analyse faite par Sigmund Freud* du cas de Daniel Paul Schreber ne soit pas issue, comme ceux de Dora (Ida Bauer*), de l'Homme aux rats (Ernst Lanzer*) ou de l'Homme aux loups (Sergueï Constantinovitch Pankejeff*), d'une cure réelle, les « Remarques psychanalytiques sur l'autobiographie d'un cas de paranoïa » publiées en 1911 furent toujours considérées comme un exposé d'autant plus remarquable que Freud n'avait jamais rencontré le patient. Il fut commenté, controversé et réinterprété par toute la littérature psychanalytique de langue anglaise et allemande. En France*, il fut particulièrement revisité du fait de l'importance accordée à la paranoïa* dans l'histoire de la pensée lacanienne.

Né en juillet 1842, Daniel Paul Schreber appartenait à une illustre famille de la bourgeoisie protestante allemande, composée de juristes, de médecins et de pédagogues. Son père, le docteur Daniel Gottlieb (Gottlob) Moritz Schreber (1808-1861), s'était rendu célèbre pour avoir inventé des théories éducatives d'une extrême rigidité, fondées sur l'hygiénisme, la gymnastique et l'orthopédie. Dans ses manuels, largement diffusés en Allemagne*, il proposait de corriger les méfaits de la nature et de remédier à la déchéance des sociétés en créant un homme nouveau : un esprit pur dans un corps sain. Zélateur d'une rénovation de l'âme allemande, il fut aussi le promoteur des lotissements ouvriers avec jardin et, à ce titre, il sera soutenu par la social-démocratie puis récupéré par le national-socialisme. En 1861, trois ans après avoir reçu une échelle sur la tête, il mourut d'une perforation d'ulcère.

En 1884, Daniel Paul Schreber, juriste renommé et président de la cour d'appel de Saxe, donna des signes de troubles mentaux après avoir été battu à des élections où il se présentait comme candidat du parti conservateur. Il fut alors soigné par le neurologue Paul Flechsig (1847-1929), qui le fit interner à deux reprises. Promu président de la cour d'appel de Dresde en 1893, il fut frappé d'interdiction sept ans plus tard avec mise sous tutelle de ses biens. Il rédigea alors ses *Mémoires d'un névropathe*, publiées en 1903. Grâce à ce livre, il put sortir de l'asile et récupérer ses biens, non pas pour avoir prouvé qu'il n'était pas fou mais parce qu'il avait su démontrer au tribunal que sa folie* ne pouvait pas être retenue comme motif juridique d'enfermenent. En avril 1910, il mourut à l'asile de Leipzig. Quelques mois plus tard, quand Freud commença à rédiger ses remarques sur l'autobiographie de 1903, il ignorait si l'auteur était encore en vie.

Les *Mémoires* de Schreber présentaient le système délirant d'un homme persécuté par Dieu. Ayant vécu sans estomac et sans vessie, ayant aussi « mangé son larynx », il pensait que la fin du monde était proche et qu'il en était, lui, le seul survivant au milieu d'un monde d'infirmiers et de malades désignés comme des « ombres d'hommes bâclées à la six-quatre-deux ». Dieu lui parlait en « langue fondamentale » (la langue des nerfs) et lui confiait la mission salvatrice de se changer en femme et d'engendrer une nouvelle race. Sans cesse régénéré par des rayons qui le rendaient immortel et émanaient des « vestibules du ciel », Schreber était aussi poursuivi par des oiseaux « miraculés » et lâchés contre lui après avoir été remplis de « poissons cadavériques » : ces oiseaux lui transmettaient les « vestiges » des anciennes âmes humaines. En attendant d'être métamorphosé en femme puis engrossé par Dieu, il hurlait contre le soleil tout en résistant aux complots du docteur Flechsig, désigné comme un « assassin d'âme » ayant abusé sexuellement de lui avant de l'abandonner à la putréfaction.

Ébloui par l'extraordinaire langue schrébérienne, Freud analysa le cas pour démontrer, face à Eugen Bleuler* et à Carl Gustav Jung*, la validité de sa théorie de la psychose*. Aussi vit-il dans les hurlements de Schreber contre Dieu l'expression d'une révolte contre le père, puis dans l'homosexualité* refoulée la source du délire, et enfin dans la transformation de l'amour en haine le mécanisme essentiel de la paranoïa. L'éclosion du délire lui apparaissait moins comme une entrée dans la maladie que comme une tentative de guérison par laquelle Daniel Paul, qui n'avait pas eu de fils pour se consoler de la mort de son père, tentait de se réconcilier avec l'image d'un père transformé en Dieu.

Bien qu'il soulignât le caractère tyrannique de Gottlieb, Freud ne faisait aucun rapprochement entre le système éducatif du père et la genèse de la paranoïa du fils, alors même qu'il avait déjà observé des analogies entre les délires paranoïaques et les grands systèmes visant à réformer la nature humaine. Autrement dit, il voyait dans la « guérison » du fils la conséquence d'un complexe paternel plutôt positif.

Cette faille dans le dispositif freudien fut dénoncée dès les premiers commentaires du cas. En 1955, Ida Macalpine et son fils Richard Hunter, tous deux élèves d'Edward Glover* et dissidents de la British Psychoanalytical Society (BPS), rédigèrent une préface à la traduction anglaise des *Mémoires* qui stigmatisait la négligence de Freud à l'égard des théories éducatives de Gottlieb. A la thèse freudienne ils opposaient une interprétation kleinienne du cas. Selon eux, la paranoïa de Schreber avait pour origine une régression profonde à un stade primitif de *libido** indifférenciée qui aurait réactivé des fantasmes* infantiles de procréation.

A la suite de cette révision, des travaux furent entrepris par d'autres commentateurs qui reconstruisirent progressivement toute la généalogie de la famille Schreber, soit dans une perspective historique ou sociologique, soit pour réexaminer la théorie freudienne de la paranoïa. D'une manière générale, l'école kleinienne critiquait la position freudienne sur la place du père dans la constellation œdipienne et cherchait à déplacer la question de l'origine des psychoses du côté de la relation archaïque et « schizoïde » à la mère.

C'est à l'automne 1955, dans le cadre de son séminaire sur les psychoses, que Jacques Lacan* révisa à son tour le cas, après avoir pris connaissance du travail de Macalpine et Hunter. Sa perspective, comme toujours contraire à celle des kleiniens, le menait plus loin que Freud sur la question de la possible curabilité des psychoses. Cependant, tout en s'occupant des relations archaïques avec la mère, il ne situait pas l'origine des psychoses du côté maternel, mais plutôt du côté de la défaillance paternelle. Ainsi s'attachait-il, dans la droite ligne du freudisme* classique, à revaloriser la fonction symbolique du père pour mieux marquer les effets néfastes liés à sa place « manquante ». D'où l'élaboration de deux concepts majeurs : la forclusion*, le nom-du-père*.

Dans cette optique, au lieu de regarder la paranoïa comme une défense* contre l'homosexualité, Lacan la situait sous la dépendance structurale de la fonction paternelle. Il proposait donc de lire *réellement* les écrits de Gottlieb M. Schreber afin de faire apparaître le lien généalogique entre les thèses pédagogiques du père et la folie du fils. Dans ce cadre, la paranoïa de Daniel Paul Schreber pouvait être définie en termes lacaniens comme une « forclusion du nom-du-père ». Soit l'enchaînement suivant : le nom de D.G.M. Schreber, c'est-à-dire la fonction de signifiant* primordial incarnée par le père dans des théories éducatives visant à réformer la nature humaine, avait été rejeté (ou forclos) de l'univers symbolique du fils et faisait retour dans le réel* délirant du discours du narrateur des *Mémoires*.

Par cette interprétation, Lacan fut le premier des commentateurs du cas à théoriser le lien existant entre le système éducatif du père et le délire du fils : sous la plume de Daniel Paul apparaissait un univers peuplé d'instruments de torture étrangement semblables aux appareillages de normalisation décrits dans les manuels qui portaient sur leur couverture le nom de D.G.M. Schreber, ce « nom du père » exclu ou censuré des *Mémoires* ou de la « mémoire » du fils.

En 1992, le commentaire de Freud fut radicalement mis en cause par un psychanalyste américain, Zvi Lothane, membre de l'International Psychoanalytical Association* (IPA). Il accusait les freudiens et les kleiniens d'avoir fabriqué de toutes pièces des diagnostics faux (paranoïa et schizophrénie) et d'avoir ainsi infligé à Schreber père et fils une « honte » et un « assassinat moral » au nom d'une prétendue homosexualité latente. Il « réhabilitait » Daniel Paul, faisant de lui un mélancolique dont la folie confinait au génie, et Gottlieb Moritz, en qui il voyait le grand penseur d'une médecine humaniste injustement traité de tyran par les psychanalystes et les psychiatres.

● Daniel Paul Schreber, *Mémoires d'un névropathe* (Leipzig, 1903), Paris, Seuil, 1975. Sigmund Freud, « Remarques psychanalytiques sur l'autobiographie d'un cas de paranoïa » (1911), in *Cinq Psychanalyses*, Paris, PUF, 1954, 263-321, *GW*, VIII, 240-316, *SE*, XII, 1-79. *Le Cas Schreber. Contributions psychanalytiques de langue anglaise*, Recueil organisé, traduit et présenté par Luiz Eduardo Prado de Oliveira, Paris, PUF, 1979 ; *Schreber et la paranoïa*, textes réunis et présentés par Luiz Eduardo Prado de Oliveira, Paris, L'Harmattan, 1996. Jacques Lacan, *Écrits*, Paris, Seuil, 1966 ; *Le Séminaire*, livre III, *Les Psychoses* (1955-1956), Paris, Seuil, 1981 ; « Présentation des *Mémoires* du président Schreber en traduction française » (1966), *Ornicar ?*, 38, juillet-septembre 1986, 5-9. Guy Rosolato, *Essais sur le symbolique*, Paris, Gallimard, 1969. Octave Mannoni, *Clefs pour l'imaginaire ou l'Autre Scène*, Paris, Seuil, 1969. Maud Mannoni, *Éducation impossible*, Paris, Seuil, 1973. D. Devreese, H. Israël, J. Qualckelbeen, *Schreber inédit* (1984), Paris, Seuil, 1986. Han Israël, *Schreber père et fils*, Paris, Seuil, 1986. Chawki Azouri, « *J'ai réussi là où le paranoïaque échoue* », Paris, Denoël, 1990. Zvi Lothane, *In Defense of Schreber : Soul Murder and Psychiatry*, Hillsdale, Londres, Analytic Press, 1992. Élisabeth Roudinesco, *Jacques Lacan. Esquisse d'une vie, histoire d'un système de pensée*, Paris, Fayard, 1993.

▷ CLIVAGE (DU MOI). OBJET (RELATION D'). ŒDIPE (COMPLEXE D'). POSITION PARANOÏDE-SCHIZOÏDE. SCHIZOPHRÉNIE.

SCHRIFTEN ZUR ANGEWANDTEN SEELENKUNDE
(Monographies de psychanalyse appliquée)

Les minutes de la Société psychologique du mercredi*, établies par Otto Rank* et confiées par Sigmund Freud* en 1938 à Paul Federn*, qui en sera l'éditeur avec Hermann Nunberg* en 1962, commencent par le compte rendu de la séance du mercredi 10 octobre 1906. Ce soir-là, Freud s'excuse auprès de ses collègues de ne pouvoir leur donner lecture, du fait d'un retard de l'éditeur Hugo Heller*, du texte qu'il a rédigé pour présenter une nouvelle collection destinée à accueillir des essais de psychanalyse appliquée*.

La création de cette collection répond à une demande croissante du public. De fait, durant les années 1906-1907, une grande partie des soirées du mercredi sont consacrées à des travaux de cet ordre, présentation de biographies psychanalytiques, affrontements sur les risques de surinterprétation psychanalytique à tout propos. Au cours de ces discussions, Freud apparaît partagé entre son désir de voir la psychanalyse se développer et conquérir de nouvelles contrées, et celui de doter sa découverte d'un statut de scientificité à toute épreuve.

La collection est inaugurée par l'essai de Freud *Le Délire et les rêves dans la « Gradiva » de W. Jensen**. Suivront des travaux de Carl Gustav Jung*, Karl Abraham*, Otto Rank, Isidor Sadger*, Franz Riklin*, Oskar Pfister*, Max Graf*, Ernest Jones*, Adolf Josef Storfer (1888-1944), Hermine von Hug-Hellmuth* ainsi que l'essai de Freud *Un souvenir d'enfance de Léonard de Vinci**. Dès le troisième volume, la collection, riche en 1913 de quinze volumes, sera éditée par Franz Deuticke, dont la maison est installée à Vienne* et à Leipzig.

Curieusement, cet événement est négligé par les historiens et les biographes, qui font rarement mention du texte de présentation de Freud, inclus dans le premier volume de la collection et dans la *Standard Edition* (mais absent des *Gesammelte Werke* et inédit en français).

Dans ce texte, Freud précise que la collection s'adressera « au public cultivé le plus vaste qui, sans être formé à la philosophie ou à la médecine, est néanmoins capable d'apprécier l'effort de la science de l'esprit humain pour amener à la compréhension en profondeur de l'existence humaine ». Les ouvrages de cette collection, poursuit Freud, constitueront des exemples de l'application des connaissances psychologiques à des questions d'art, de littérature, d'histoire des civilisations et des religions. Chaque volume aura son style propre, relevant soit de l'approche spéculative, soit de la recherche précise, mais tous devront éviter la recension ou la compilation. Il précise enfin que chaque auteur sera responsable de son texte et que la collection, « ouverte à l'expression d'opinions divergentes », donnera « la parole à la plus grande variété de points de vue et de principes de la science contemporaine ».

● Sigmund Freud, *Le Délire et les rêves dans la « Gradiva » de W. Jensen* (1907), *GW*, VII, 31-125, *SE*, IX, 1-95, Paris, Gallimard, 1986 ; et Carl Gustav Jung, *Correspondance*, II, *1910-1914*, Paris, Gallimard, 1975. *Les Premiers Psychanalystes, Minutes de la Société psychanalytique de Vienne*, I, *1906-1908* (1962), Paris, Gallimard, 1976.

SCHULTZ Johannes Heinrich (1884-1970)
médecin allemand

Créateur en 1932 de la méthode du *training* autogène, d'où dériveront par la suite toutes les autres psychothérapies* fondées sur la relaxation, Johannes Schultz avait été l'élève d'Otto Binswanger (1852-1929), oncle de Ludwig Binswanger*, avant de s'orienter vers les thèses de Carl Gustav Jung*. Dès 1933, il adhéra au national-socialisme par conviction et par opportunisme et s'intégra au corps motorisé des SA. Comme Harald Schultz-Hencke*, Werner Kemper* ou Felix Boehm*, il contribua à la nazification de la psychanalyse* et des autres courants de la psychothérapie sous la houlette de Matthias Heinrich Göring* à Berlin. Dans le cadre du Göring-Institut, il exerça notamment les fonctions d'organisateur de l'hôpital de jour, y pratiqua l'hypnose* et la suggestion* tout en développant des cures courtes en fonction des intérêts idéologiques et économiques du régime.

● Johannes H. Schultz, *Le Traitement autogène. Méthode de relaxation par auto-déconcentration concentrative* (Berlin, 1932), Paris, PUF, 1965, adapté par R. Durant de Bousingen et Y. Becker. Geoffrey Cocks, *La Psychothérapie sous le IIIe Reich* (Oxford, 1985), Paris, Les Belles Lettres, 1987.

▷ ALLEMAGNE. LAFORGUE René. MAUCO Georges. NAZISME.

SCHULTZ-HENCKE Harald (1892-1953)
médecin et psychanalyste allemand

Avec Felix Boehm*, Carl Müller-Braunschweig* et Werner Kemper*, Harald Schultz-Hencke fut l'un des psychanalystes à collaborer au Deutsche Institut für Psychologische Forschung (ou Göring-Institut, ou Institut allemand de recherche psychologique et de psychothérapie) fondé par Matthias Heinrich Göring* en 1936 dans le cadre de la nazification de la psychanalyse* en Allemagne* et de la politique de « sauvetage » de celle-ci soutenue par Ernest Jones*.

Né à Berlin d'une mère graphologue et d'un père physicien et chimiste, il participa aux combats de la Première Guerre mondiale et passa de la médecine à la psychanalyse après une cure avec Sandor Rado*. Il s'opposa ensuite très vite aux thèses freudiennes sur la sexualité* pour s'orienter, dès 1927, vers la doctrine d'Alfred Adler*, tout en affichant des opinions socialistes. Comme Poul Bjerre* avant lui, il se voulut le fondateur d'une école de psychothérapie* à laquelle il donna le nom de néo-psychanalyse (ou néo-analyse). En 1926, il fonda l'Allgemeine Ärztliche Gesellschaft für Psychotherapie (AÄGP), société regroupant des psychiatres et des psychanalystes, puis, après l'avènement du nazisme*, il créa la Société allemande des médecins généralistes pour la psychothérapie (DAÄGP), dont le but était d'enseigner une psychothérapie conforme aux conceptions nationales-socialistes. Personnage médiocre, faible et vaniteux, il adhéra au nazisme* et collabora avec Göring, moins par engagement militant que par opportunisme.

Après la capitulation de l'Allemagne, Schultz-Hencke prit part avec Kemper à une réunion de psychiatres dans la partie est de Berlin occupée par les troupes soviétiques.

Il y défendit les principes de sa néopsychanalyse, seule capable à ses yeux de dépasser les querelles du freudisme, et afficha des opinions de gauche favorables au marxisme et au communisme. Ainsi contribua-t-il, au nom du combat contre l'orthodoxie freudienne, à la reconstrution dans la République démocratique allemande (DDR) d'une école de psychothérapie* de type pavlovien visant à liquider le freudisme. Après avoir collaboré avec le nazisme à la destruction de la psychanalyse pour cause de judéité*, il soutint donc avec autant de zèle la politique stalinienne de rejet des thèses freudiennes qui allait s'étendre à tous les pays dominés par le socialisme réel au lendemain du partage de Yalta.

Par la suite, il ne fut pas plus inquiété que Kemper pour son passé nazi, mais férocement critiqué par les freudiens de l'International Psychoanalytical Association* (IPA), notamment Jones et Müller-Braunschweig, pour le caractère « déviationniste » de sa néopsychanalyse.

• *Les Années brunes. La psychanalyse sous le IIIe Reich,* Textes traduits et présentés par Jean-Luc Evard, Paris, Confrontation, 1984. Chaim S. Katz (éd.), *Nazismo e Psicanalise,* Rio de Janeiro, Editora Taurus, 1985. Geoffrey Cocks, *La Psychothérapie sous le IIIe Reich* (Oxford, 1985), Paris, Les Belles Lettres, 1987. Regine Lockot, *Erinnern und Durcharbeiten*, Francfort, Fischer, 1985. *Ici la vie continue de manière surprenante*, Recueil de textes traduits par Alain de Mijolla, Paris, Association internationale d'histoire de la psychanalyse (AIHP), 1987.

▷ COMMUNISME. JACOBSON Edith. JUNG Carl Gustav. KRETSCHMER Ernst. LAFORGUE René. MAUCO Georges. NÉOFREUDISME. RITTMEISTER John.

SCHUR Max (1897-1969)

médecin et psychanalyste américain

Né à Stanislau, en Pologne, et issu de la bourgeoisie juive, Max Schur fit ses études à l'université de Vienne*. A l'âge de 18 ans, il assista aux conférences données par Sigmund Freud* sur la psychanalyse et entreprit aussitôt des études de médecine. Il se spécialisa en médecine interne et entra en analyse avec Ruth Mack-Brunswick* en 1924. Trois ans plus tard, il devint le médecin personnel de Marie Bonaparte* et, l'année suivante, celle-ci insista pour que Freud le prenne lui aussi comme médecin à la place de Felix Deutsch*. Une nouvelle vie commença alors pour Max Schur, qui accompagna Freud tout au long de sa longue maladie, jusqu'en 1939. Le 23 septembre, à Londres, à sa demande et avec l'accord de sa fille Anna Freud*, il administra à Freud trois fois de suite une dose de trois centigrammes de morphine qui mit fin à ses souffrances.

Il émigra ensuite aux États-Unis* et s'intégra à la New York Psychoanalytic Society (NYPS). Tout en continuant à pratiquer la médecine, il s'orienta vers le métier de psychanalyste. Après Ernest Jones*, il fut le deuxième grand biographe de Freud. Il publia en effet en 1972 un remarquable ouvrage, *La Mort dans la vie de Freud,* qui rapportait avec de nombreux détails l'évolution du cancer du maître et interprétait ses textes en fonction de sa relation à la mort.

• Max Schur, *La Mort dans la vie de Freud* (New York, 1972), Paris, Gallimard,

1975. Peter Gay, *Freud. Une vie* (New York, 1988), Paris, Hachette, 1991. Ernst Federn, *Témoin de la psychanalyse* (Londres, 1990), Paris, PUF, 1994.

▷ HISTORIOGRAPHIE.

SCISSION

Allemand : *Trennung*. Anglais : *Scission, shism*.

On donne le nom de scission à un type de rupture institutionnelle survenue à l'intérieur de l'International Psychoanalytical Association* (IPA) à partir de la fin des années 1920. Le scissionnisme est un processus lié au développement massif de la psychanalyse durant l'entre-deux-guerres puis pendant la deuxième moitié du XXe siècle. Il témoigne d'une crise de l'institution psychanalytique et de la transformation de celle-ci en un appareil bureaucratique destiné à gérer les intérêts professionnels de la corporation (analyse didactique* et contrôle*, analyse profane* ou analyse par les médecins) à partir de règles techniques (durée des séances et des cures, cursus, hiérarchies) devenues contestables aux yeux de certains de ses membres, au point de les conduire à les rejeter radicalement puis à faire sécession.

Le scissionnisme se produit en général autour de la parole d'un maître dont la pensée et l'enseignement éveillent les consciences en indiquant à des élèves ou à des disciples la voie d'une possible rénovation de la doctrine. Cet éveil conduit en général à une mise en cause de la machine bureaucratique dont le but est d'abord l'égalité des conditions entre tous ses membres : pas de chef, pas de penseur nouveau, pas de maître susceptible de ressembler à Freud et de réunir autour de lui des épigones ou des idolâtres.

Le scissionnisme est donc le symptôme de l'impossibilité pour la psychanalyse et pour le freudisme* de la deuxième moitié du XXe siècle d'être représentés en totalité par la seule IPA, fût-elle l'association la plus puissante et la plus légitime du monde. Plus le mouvement freudien est important dans un pays, plus les scissions sont fréquentes. C'est pourquoi le scissionnisme est bien un phénomène lié au développement des institutions psychanalytiques.

Les grands pays scissionnistes furent d'abord la Suisse*, où la première scission eut pour enjeu la question de l'analyse profane (1927-1928), puis les Pays-Bas*, où la deuxième éclata à l'occasion de l'émigration des Juifs (1934-1935) chassés par le nazisme*, puis les États-Unis*, la France*, l'Argentine*, le Brésil*. Seule la Grande-Bretagne* parvint à éviter les scissions par un aménagement interne de la British Psychoanalytical Society (BPS) à la suite des Grandes Controverses* : au lieu de conduire à une véritable scission, les conflits aboutirent à une division tripartite de la BPS elle-même (kleinisme*, annafreudisme*, Indépendants*). Il faut dire que l'enjeu était spécifique puisque c'est la fille de Freud qui risquait d'être exclue ou de quitter la société légitime.

Le mot scission revêt une dimension politique. Aussi convient-il parfaitement au mouvement psychanalytique, qui a construit ses associations sur un modèle emprunté à celui des organisations modernes. Il renvoie d'ailleurs au concept freudien de clivage* (*Spaltung*) et à cette idée qu'aucune unité ne peut être atteinte dans l'ordre de l'humain. Le terme est donc différent de celui de schisme, souvent employé dans la terminologie anglaise et qui, bien que désignant la contestation d'une autorité légitime, a une connotation religieuse qui ne convient guère à l'inscription de la psychanalyse dans le siècle.

Le mot dissidence a une autre signification. Il désigne l'action ou l'état d'esprit de celui qui rompt avec l'autorité établie, mais n'implique pas l'idée de partition et de division présente dans le terme scission. C'est pourquoi il est employé en psychanalyse pour désigner les ruptures survenues durant la première moitié du XXe siècle, à une époque où le freudisme n'était pas encore devenu un véritable mouvement de masse, comme ce sera le cas après la mort de Freud. La dissidence est donc un phénomène historiquement antérieur à celui des scissions, contemporaines de l'expansion massive de la psychanalyse dans le monde, et donc de l'avènement de la troisième génération* psychanalytique mondiale (Jacques Lacan*, Heinz Kohut*, Marie Langer*, Wilfred Ruprecht Bion*, Igor Caruso*, Donald Woods Winnicott*). Instruits par les représentants de la deuxième génération, les membres de la troisième n'eurent accès à Freud que par la lecture des textes. Considérant que l'IPA n'était plus une instance légitime inattaquable, ils mirent en cause non seulement l'interprétation classique de l'œuvre freudienne, mais aussi les modalités de la formation didactique auxquelles ils ne voulaient plus se soumettre, entraînant avec eux les générations suivantes.

En général, on emploie le terme dissidence pour qualifier les deux grandes ruptures qui ont marqué les débuts du mouvement psychanalytique : avec Alfred Adler* en 1911, avec Carl Gustav Jung* en 1913. Ces deux ruptures ont conduit leurs protagonistes à abandonner le freudisme et à fonder à la fois une nouvelle doctrine et un nouveau mouvement politique et institutionnel : la psychologie individuelle pour le premier, la psychologie analytique pour le second.

Ces deux dissidences portent en réalité sur des questions théoriques. A cet égard, il y a entre la dissidence et la scission le même écart qu'entre le schisme et l'hérésie. Le schisme (religieux) comme la scission (laïque) est la contestation de l'autorité légitime de l'institution qui représente la doctrine à transmettre (Église* pour la religion, IPA pour la psychanalyse), alors que la dissidence (laïque) comme l'hérésie (religieuse) est une critique de la doctrine transmise qui peut conduire soit à la rupture radicale, soit à l'aménagement ou à la refonte interne de la doctrine originelle.

Les dissidences de Wilhelm Stekel* et Otto Rank* sont à cet égard différentes de l'adlérienne et de la jungienne en ce qu'elles portent sur certains aspects de la doctrine et non sur sa totalité. Il s'agit donc de dissidences internes à l'histoire de la théorie freudienne dont elles conservent soit l'essentiel, soit une partie. La dissidence de Wilhelm Reich* est du même ordre, qui, comme celle de Rank, s'est accompagnée d'une exclusion de l'IPA.

Notons que Jacques Lacan fut le seul à utiliser le mot excommunication pour désigner la manière dont il fut contraint de quitter l'IPA en 1963. Il inscrivait ainsi sa rupture d'avec la légitimité freudienne dans la droite ligne du *herem* de Baruch Spinoza (1632-1677), qui était un châtiment à caractère laïc et non pas religieux. Lacan se comporta d'ailleurs face à l'IPA de la même manière que le philosophe face à sa communauté : il agit lui-même sa propre exclusion. Et l'emploi du mot traduit parfaitement bien la position particulière occupée par le lacanisme* dans l'histoire du freudisme. A l'opposé des autres courants qui cherchent à dépasser le freudisme, Lacan mit en effet en place une relève orthodoxe des textes freudiens. Reprochant à l'institution freudienne (IPA) de n'être plus freudienne, il se trouva *contraint* de fonder un nouveau lieu de légitimité pour l'exercice de la psychanalyse : l'École freudienne de Paris* (EFP), donnant ainsi naissance à un mouvement qui, tout en se voulant freudien, sera appelé lacanien. C'est cette contradiction que traduit le mot excommunication : le jeune Spinoza fut lui aussi *contraint*, par son *herem*, de fonder une philosophie « spinoziste ».

● Sigmund Freud, *Sur l'histoire du mouvement psychanalytique* (1914), Paris, Gallimard, 1991, *GW*, X, 44-113, *SE*, XIV, 7-66. Frances H. Giltelson, « Crise d'identité. Scissions ou compromis. Solutions positives ou constats d'échec », in Edward Joseph et Daniel Widlöcher, *L'Identité du psychanalyste*, Paris, PUF, 1979, 169-188. Pearl King, « Crise d'identité. Scissions ou compromis. Solutions ou constats d'échec », *ibid.*, 189-204. Jean-Baptiste Boulanger, « Dissidences, sécessions et défections dans l'histoire du mouvement psychanalytique », *Union médicale du Canada*, 112, 1983, 744-746 ; Élisabeth Roudinesco, *Histoire de la psychanalyse en France*, vol. 2 (1986), Paris, Fayard, 1994 ; « Lacan et Spinoza. Essai d'interprétation », *in* Olivier Bloch (éd.), *Spinoza au xx*e *siècle*, Paris, PUF, 1993, 577-586. Malcolm Pines, « La dissension dans son contexte », *Topique*, 57, 1995, 191-207. R.D. Hinshelwood, « Le mythe du compromis britannique », *ibid.*, 229-245. Nellie L. Thompson, « Les schismes dans le mouvement psychanalytique aux États-Unis », *ibid.*, 257-271.

▷ ASSOCIATION MONDIALE DE PSYCHANALYSE. HORNEY Karen. SOCIÉTÉ PSYCHOLOGIQUE DU MERCREDI.

SCOTOMISATION

▷ FORCLUSION. LAFORGUE René.

SÉANCE COURTE

▷ TECHNIQUE PSYCHANALYTIQUE.

SECHEHAYE Marguerite, née Burdet (1887-1964)

psychanalyste suisse

Spécialiste de l'approche psychanalytique de la schizophrénie*, Marguerite Sechehaye était née dans une famille protestante issue d'émigrés cévenols. A l'université de Genève, elle suivit l'enseignement de Ferdinand de Saussure (1857-1913), et c'est en partie à partir de ses notes que Charles Bally et Albert Sechehaye, les élèves de Saussure, rédigèrent le fameux *Cours de linguistique générale*.

A l'âge de 19 ans, elle épousa Sechehaye puis s'orienta vers l'Institut Jean-Jacques

Rousseau fondé par Édouard Claparède*. Liée par son mariage à deux illustres familles genevoises, elle suivit une formation psychanalytique d'un an avec Raymond de Saussure*. Dans l'entre-deux-guerres, elle participa à l'essor du mouvement psychanalytique suisse tout en fréquentant les principaux représentants freudiens de la psychanalyse des enfants* : Melanie Klein*, Donald Woods Winnicott*, Anna Freud*, René Spitz*. C'est à cette époque qu'elle commença à concevoir une méthode originale de traitement de la schizophrénie fondée sur la « réalisation symbolique » : elle fut encouragée dans sa recherche par Sigmund Freud*.

En 1950, elle publia un ouvrage inaugural, *Journal d'une schizophrène,* qui avait pour originalité d'associer le témoignage de la malade (Renée) au commentaire du thérapeute. La première partie du livre était rédigée comme une « auto-observation » du cas par la patiente elle-même, tandis que dans la seconde l'auteur présentait une « interprétation » de l'introspection de la patiente. Celle-ci s'appelait en réalité Louisa Duess et, après cette aventure, elle fut adoptée par Marguerite, dont elle porta le nom. Plus tard, elle devint à son tour psychanalyste.

Traduit dans le monde entier, ce document annonçait bien des interrogations de la décennie suivante, et notamment celles de l'antipsychiatrie*, sur le statut de la folie* et sur la possibilité pour les fous d'exprimer par eux-mêmes l'histoire de leur cas en dehors de la nosographie et des pathographies du savoir psychiatrique.

● Marguerite Sechehaye, *Journal d'une schizophrène,* Paris, PUF, 1950. Élisabeth Roudinesco, entretien avec Mario Cifali, le 15 février 1996.

SÉDUCTION (THÉORIE DE LA)

Allemand : *Verführungstheorie.* Anglais : *Theory of seduction.*

Dans l'histoire de la psychanalyse*, la question de l'abandon par Sigmund Freud*, en 1897, de sa théorie de la séduction n'a cessé d'être l'objet de conflits interprétatifs.

Le mot séduction renvoie d'abord à l'idée d'une scène sexuelle où un sujet*, généralement adulte, use de son pouvoir réel ou imaginaire pour abuser d'un autre sujet, réduit à une position passive : un enfant ou une femme en général. Par essence, le mot séduction est chargé de tout le poids d'un acte fondé sur la violence morale et physique qui se trouve au cœur de la relation entre victime et bourreau, maître et esclave, dominant et dominé. C'est bien de cette représentation de la contrainte que part Freud quand il construit, entre 1895 et 1897, sa théorie de la séduction selon laquelle la névrose* aurait pour origine un abus sexuel réel. Cette théorie s'appuie à la fois sur une réalité sociale et sur une évidence clinique. Dans les familles, parfois même dans la rue, les enfants sont souvent victimes de viols de la part des adultes. Or le souvenir de ces traumatismes est si pénible que chacun préfère les oublier, ne pas les voir ou les refouler.

En écoutant des femmes hystériques de la fin du siècle lui confier de telles histoires, Freud se satisfait de l'évidence de leurs discours et bâtit sa première hypothèse du refoulement* et de la causalité sexuelle de l'hystérie* sur la théorie de la séduction. Il pense que c'est parce qu'elles ont réellement été séduites que ces femmes hystériques sont atteintes de troubles névrotiques. Il émet alors des doutes sur les pères en général, Jacob Freud* en particulier et… lui-même : n'a-t-il pas lui aussi éprouvé des désirs* coupables à l'égard de ses propres filles ?

C'est par sa relation avec Wilhelm Fliess*, adepte d'une théorie biologique de la bisexualité* et d'une conception de la sexualité* fondée sur la « trace » réelle, que Freud va progressivement renoncer à la théorie de la séduction. Il se heurte en effet à une réalité irréductible : tous les pères ne sont pas des violeurs, et pourtant les hystériques ne mentent pas quand elles se disent les victimes d'une séduction. Force est donc d'avancer une hypothèse qui puisse rendre compte de ces deux vérités contradictoires. Freud perçoit deux choses : tantôt les femmes inventent, sans mentir ni simuler, des scènes de séduction qui n'ont pas eu lieu, tantôt, lorsque ces scènes ont eu lieu, elles n'expliquent pas l'éclosion d'une névrose.

Pour donner cohérence à tout cela, Freud substitue la théorie du fantasme* à celle de la séduction, ce qui suppose l'élaboration d'une doctrine de la réalité psychique* fondée sur l'inconscient*. Tous ses contemporains avaient songé à sortir de l'idée de causalité réelle et à passer sur une « autre scène ». Mais Freud est le premier à indiquer sa localisation en résolvant l'énigme des causes sexuelles : elles sont fantasmatiques, même quand un traumatisme réel existe, puisque le réel du fantasme n'est pas de même nature que la réalité matérielle. Notons qu'au moment où il accomplit ce pas Freud est en train de se libérer lui-même de la séduction de Fliess, qui pourtant n'avait jamais été un partisan convaincu de sa théorie de la séduction.

Freud annonce qu'il a renoncé à la théorie de la séduction dans une lettre du 21 septembre 1897 adressée à Fliess : « Je ne crois plus à ma *neurotica*, ce qui ne saurait être compris sans explication. » Suit alors un long commentaire des doutes, des hésitations et des soupçons qui l'ont conduit sur la voie de la vérité. Et de conclure qu'il risque de décevoir l'humanité et de ne devenir ni riche ni célèbre, puisqu'il a renoncé à une fausse évidence, qui pourtant arrangeait bien tout le monde : « Me voilà obligé de me tenir tranquille, de rester dans la médiocrité, de faire des économies, d'être harcelé par les soucis, et alors une des histoires de mon anthologie me revient : "Rebecca, ôte ta robe, tu n'es plus fiancée." »

Étant donné l'importance capitale de cet abandon au regard de la naissance de la psychanalyse, la question de la théorie de la séduction a fait l'objet de débats et de commentaires particulièrement vifs.

Trois tendances se sont dessinées chez les freudiens. La première, représentée par les orthodoxes, nie l'existence de séductions réelles au profit d'une surévaluation du fantasme, et conduit donc à ne jamais s'occuper dans la cure des abus subis par les patients, tant dans leur enfance que dans leur vie présente. Notons que le kleinisme*, sans nier l'existence de séductions réelles, a poussé très loin la prévalence de la réalité psychique en faisant dériver les traumatismes d'une relation d'objet* fondée sur une séduction imaginaire de type sadique et jugée beaucoup plus violente que le trauma réel : d'où l'invention de l'objet bon et mauvais*, puis du concept de phantasme* (écrit *ph* au lieu de *f*).

La deuxième tendance est représentée par les adeptes du biologisme et des théories « fliessiennes » de la sexualité : depuis la sexologie* jusqu'à Alice Miller et la neurobiologie en passant par Wilhelm Reich*. Elle consiste à nier l'existence du fantasme et à ramener toute forme de névrose ou de psychose* à une causalité traumatique, c'est-à-dire à un viol (de la pensée ou du corps) réellement vécu dans l'enfance. Les partisans de cette position accusent les freudiens de mentir sur la réalité sociale et surtout de ne pas prendre au sérieux les plaintes et les aveux des patients victimes de viols, de coups, de tortures morales et physiques ou d'abus divers. Ils ont fini par substituer une technologie de l'aveu à la cure et par chercher à faire « avouer » à des patients, par suggestion* ou sous hypnose*, aussi bien des traumatismes réels que des mauvais traitements imaginaires.

La troisième tendance, la seule qui soit conforme à l'éthique et à la théorie freudiennes mais aussi à la réalité sociale, accepte à la fois l'existence du fantasme et celle du trauma. Sur le plan clinique, et aussi bien avec les enfants qu'avec les adultes, un psychanalyste doit être capable de discerner et de prendre en compte les deux ordres de réalité, souvent enchevêtrés. Il est aussi grave en effet de négliger l'abus réel que de confondre fantasme et réalité. A cet égard, la négation de l'ordre psychique est toujours une mutilation aussi importante pour un sujet que la négation d'un trauma réel.

Dans l'histoire du mouvement psychanalytique, le problème est d'autant plus complexe que les psychanalystes de la première génération* furent accusés, notamment dans les pays puritains, d'avoir eux-mêmes abusé sexuellement de leurs patients. Ce fut le cas pour Ernest Jones* en Grande-Bretagne* et au Canada*. Dans ces pays, on assimile volontiers à un abus de pouvoir aussi bien les interprétations* sauvages que les relations sexuelles librement consenties quand l'un des partenaires occupe par rapport à l'autre une place de « dominant » (maître/élève, médecin/patient) ou que les relations transgressives (inceste*).

Du point de vue clinique, c'est Sandor Ferenczi* qui poussa le plus loin la discussion psychanalytique sur ce sujet, en présentant au congrès de l'International Psychoanalytical Association* (IPA) de Wiesbaden en 1932 une intervention qui sera publiée sous le titre de « Confusion de langue entre les adultes et l'enfant ». Il y fustigeait l'hypocrisie de la corporation analytique et ses attitudes de « neutralité bienveillante » en montrant qu'elle répétait l'hypocrisie parentale. En conséquence, loin de guérir ou de se libérer, le patient s'enfermait dans la cure.

Sans abolir la dimension du fantasme, Ferenczi revendiquait que fût prise en compte, dans et par la psychanalyse, l'existence de séductions réelles : « Même des enfants appartenant à des familles honorables et de tradition puritaine sont, plus souvent qu'on n'ose le penser, les victimes de violences et de viols. Ce sont soit les parents eux-mêmes qui cherchent un substitut à leurs insatisfactions de cette façon pathologique, soit des personnes de confiance, membres de la même famille (oncles, tantes, grands-parents), soit les précepteurs ou le personnel domestique qui abusent de l'ignorance ou de l'innocence des enfants. L'objection, à savoir qu'il s'agit des fantasmes de l'enfant lui-même, c'est-à-dire de mensonges hystériques, perd malheureusement de la force par suite du nombre considérable de patients en analyse qui avouent eux-mêmes des voies de fait sur des enfants. »

Il n'en fallait pas tant pour exaspérer l'orthodoxie freudienne. Max Eitingon* et Abraham Arden Brill* prétendirent empêcher Ferenczi de lire sa communication au congrès, et Freud lui-même tenta de le dissuader de la publier. Quant à Jones, il refusa de faire paraître le texte dans l'*International Journal of Psycho-Analysis* (IJP)*, craignant que ne se renouvelle le débat dont il avait lui-même été l'enjeu. En fait, tous quatre étaient aussi hostiles à ce renouveau de la théorie de la séduction qu'à l'évolution férenczienne en matière de technique active. A leurs yeux, la dénonciation de l'hypocrisie psychanalytique risquait de nuire à la « cause ».

L'affaire de la théorie de la séduction devint un véritable scandale au début des années 1980, lorsque Kurt Eissler et Anna Freud* décidèrent de confier la publication intégrale des lettres de Freud à Fliess à un universitaire américain dûment formé dans le sérail de l'orthodoxie. Né à Chicago en 1941, Jeffrey Moussaïev Masson se mit à lire les archives en les interprétant de façon sauvage avec l'idée qu'elles recelaient une vérité cachée, et il affirma que Freud avait renoncé par lâcheté à la théorie de la séduction. N'osant révéler au monde les atrocités commises par les adultes sur les enfants, Freud aurait ainsi inventé le fantasme pour masquer une réalité ; il serait tout simplement un faussaire. En 1984, Masson publia un livre sur le sujet, *Le Réel escamoté*, qui fut l'un des plus grands *best-sellers* psychanalytiques américains de la deuxième moitié du siècle.

L'ouvrage, qui s'appuyait sur la tradition du puritanisme, venait conforter les thèses de l'historiographie* révisionniste. Il s'agissait en effet de montrer que le mensonge freudien avait perverti l'Amérique en se faisant l'allié d'un pouvoir fondé sur l'oppression : colonisation des enfants par les adultes, domination des femmes par les hommes, tyrannie du concept sur l'élan vital, etc. Victime d'une séduction, l'Amérique devait maintenant se libérer du joug de la psychanalyse en avouant au monde que tout homme est toujours victime d'un abus.

A la suite de cette affaire, le courant révisionniste américain se livra à une mise en pièces non seulement de la doctrine freudienne, accusée d'abus de pouvoir, mais aussi de Freud lui-même redevenu un savant diabolique et un démon sexuel, coupable de relations abusives dans sa propre famille et sur son divan.

Dans le contexte des années 1990, le retour à la théorie de la séduction fut donc d'abord une réaction contre l'orthodoxie psychanalytique puis le symptôme majeur d'une forme américaine d'antifreudisme où se mêlaient la victimologie, le culte fanatique des minorités opprimées et l'apologie d'une technologie de l'aveu, largement appuyée sur la pharmacologie.

● Sigmund Freud, *La Naissance de la psychanalyse* (New York, 1950), Paris, PUF, 1956 ; *The Complete Letters of Sigmund Freud to Wilhelm Fliess, 1887-1904*, Cambridge, The Belknap Press of Harvard University Press, 1985 ; *Briefe an Wilhelm Fliess, 1887-1904*, Francfort, Fischer, 1986. Sandor Ferenczi, « Confusion de langue entre les adultes et l'enfant » (1932), in *Psychanalyse IV. Œuvres complètes, 1927-1933*, Paris, Payot, 1982, 125-139. Jean Laplanche et Jean-Bertrand Pontalis, *Fantasme originaire, fantasmes des origines, origine du fantasme* (1964), Paris, Hachette, 1985. Jean-Paul Sartre, *Le Scénario Freud*, Paris, Gallimard, 1984. Alice Miller, *Le Drame de l'enfant doué* (Francfort, 1979), Paris, PUF, 1983. Jeffrey Moussaïev Masson, *Le Réel escamoté*, Paris, Aubier, 1984. Ilse Grubrich-Simitis, « Métapsychologie et métabiologie », in Sigmund Freud, *Vue d'ensemble des névroses de transfert* (Francfort, 1985), Paris, Gallimard, 1986, 97-163 ; « Trauma or Drive – Drive and Trauma », in Albert J. Solnit, Peter B. Neubauer, Samuel Abrams et A. Scott Dowling (éd.), *The*

Psychoanalytic Study of the Child, Yale, Yale University Press, vol. XLIII, 1988, 3-32. Janet Malcolm, *Tempête aux Archives Freud* (New York, 1984), Paris, PUF, 1986. Marceline Gabel (éd.), *Les Enfants victimes d'abus sexuels,* Paris, PUF, 1992. Érik Porge, *Vol d'idées,* Paris, Denoël, 1994.

▷ DIFFÉRENCE DES SEXES. ÉTATS-UNIS. *ÉTUDES SUR L'HYSTÉRIE.* FÉTICHISME. FLIESS Robert. *GENDER.* LIBRARY OF CONGRESS. PAPPENHEIM Bertha. PSYCHANALYSE DES ENFANTS. RANK Otto. SADO-MASOCHISME. SCÈNE PRIMITIVE. *SOUVENIR D'ENFANCE DE LÉONARD DE VINCI (UN).*

SELF

▷ *SELF PSYCHOLOGY.*

SELF (FAUX ET VRAI)

Anglais : *False self/True self.*

L'expression faux *self* a été forgée par Donald Woods Winnicott* en 1960 pour désigner une distorsion de la personnalité qui consiste à s'engager dès l'enfance dans une existence en trompe l'œil (le soi inauthentique) afin de protéger par une organisation défensive un vrai *self* (le soi authentique). Le faux *self* est donc le moyen de ne pas être soi-même selon plusieurs gradations qui vont jusqu'à une pathologie de type schizoïde où le faux *self* est alors instauré comme étant la seule réalité, venant ainsi signifier l'absence du vrai *self.*

Le terme *self* (faux et vrai) s'est imposé en langue française sous sa forme anglaise bien qu'il soit parfois traduit par « soi ».

C'est dans un article de 1960, intitulé « Distorsion du moi en fonction du vrai et du faux *self* », que Donald W. Winnicott introduit son célèbre « faux *self* », qui fera fortune dans l'histoire du freudisme*. Comme toujours sous sa plume, le concept est construit de façon lumineuse à partir d'un cas clinique (l'histoire d'une femme ayant l'impression de n'avoir jamais existé) pour être ensuite étendu à une compréhension générale de la nature existentielle de l'« authentique » et de l'« inauthentique », dans laquelle la relation à la mère se révèle déterminante.

Winnicott tire de cette observation un enseignement fructueux pour la technique psychanalytique*, et montre comment déjouer dans le transfert* les nombreuses ruses par lesquelles le faux *self* recouvre le vrai au point de rendre la cure elle-même inopérante.

● Donald W. Winnicott, *Processus de maturation chez l'enfant* (Londres, 1960), Paris, Payot, 1970. Claude Geets, *Winnicott,* Paris, Édition universitaire, 1981.

SELF (SOI) GRANDIOSE

▷ KOHUT Heinz.

SELF PSYCHOLOGY (PSYCHOLOGIE DU SOI)

D'abord utilisée par Heinz Hartmann* en 1950, dans le cadre de l'*Ego Psychology**, pour différencier le moi* comme instance psychique (traduit en anglais par *ego*) du soi comme personne propre, la notion de *self* (soi) fut ensuite employée pour désigner une instance de la personnalité au sens narcissique : une représentation de soi pour soi, un investissement libidinal de soi.

Le terme fut repris en 1960 par l'école anglaise de psychanalyse* avec Donald Woods Winnicott*, et par l'école américaine avec Heinz Kohut*, c'est-à-dire par la troisième génération* internationale de l'histoire du freudisme*. Pour les Anglais, il s'agissait d'ajouter à la deuxième topique* freudienne un complément phénoménologique de la personne ou de l'être, c'est-à-dire une instance de la personnalité se constituant postérieurement au moi dans une relation à la mère et dans un rapport à autrui. Le *self* servait alors à délimiter la dimension narcissique du sujet*, que celle-ci soit saine ou détruite et que le *self* soit vrai ou faux. Par ce biais, la notion permettait d'aborder des troubles de l'identité dits « inaccessibles » à une psychanalyse centrée sur le moi. Chez les Américains, la connotation phénoménologique disparut et le *self* devint une notion purement empirique qui servit plutôt à définir une clinique spécifique des troubles narcissiques : le « soi grandiose » de Kohut, par exemple, ou encore le « moi faible » de John Rosen, théoricien de l'analyse directe*.

A ce double titre, à partir des années 1960, le terme s'érigea en paradigme d'un courant du freudisme anglophone, la *Self Psychology*. Après s'être développée contre les insuffisances d'une *Ego Psychology* trop centrée sur l'adaptation et sur la clinique des névroses*, celle-ci forma ensuite une nébuleuse aux contours flous où se retrouvèrent pêle-mêle tous les cliniciens américains et anglais spécialistes des troubles de la personnalité, de la dépersonnalisation, des états-limites*, de la névrose narcissique et de la schizophrénie*, qu'ils soient kleiniens, post-kleiniens, annafreudiens ou antipsychiatres, qu'ils appartiennent ou non à l'International Psychoanalytical Association* (IPA).

Contemporain du lacanisme*, le courant de la *Self Psychology* fut comme lui une tentative pour rénover le freudisme classique par une confrontation avec le traitement des psychoses et par l'introduction d'une théorie de la subjectivité étrangère à la métapsychologie*. Il n'eut aucun impact en France*, où le terrain était occupé par la théorie lacanienne et par la psychothérapie institutionnelle*, ni dans le monde germanique, où l'analyse existentielle*, issue de Ludwig Binswanger* et reprise par Igor Caruso* et les phénoménologues, répondait à peu près aux mêmes interrogations. Il n'eut guère d'écho en Amérique latine (Argentine*, Brésil*), où seuls le lacanisme, le kleinisme* et le post-kleinisme se développèrent sous les régimes de dictature à partir de problématiques identiques. Il est intéressant de constater que ce vaste mouvement de quête identitaire correspondit aux États-Unis* à la dernière tentative critique pour sauver la doctrine psychanalytique de la crise d'identité dont elle était frappée en raison de son orthodoxie et du déferlement des psychothérapies*. Né de la contestation des modèles adaptatifs, le mouvement de la *Self Psychology* s'éteignit au début des années 1990 avec la grande réaction puritaine américaine, issue à la fois du conservatisme, du cognitivisme, de l'organicisme et des différents communautarismes hostiles à l'universalisme freudien.

● D.C. Levin, « The self : a contribution to its place in theory and technique », *IJP*, 1, 1969, 40-51. Heinz Kohut, *Le Soi* (New York, 1971), Paris, PUF, 1991 ; *The Restoration of the Self*, New York, N.Y. International Universities Press, 1977. Arnold Goldberg (éd.), *Progress in Self Psychology*, 2 vol., New York, Guilford Press, 1985. Agnès Oppenheimer, « La psychologie du self en question », *Psychanalyse à l'université*, 12, 47, 1987, 487-496 ; « La psychologie du self, dix ans après », *ibid.* 13, 51, 1988, 503-513 ; *Kohut et la psychologie du self*, Paris, PUF, 1996. Philip Cushman, *Constructing the Self, Constructing America. A Cultural History of Psychotherapy*, New York, Addison-Wesley Publishing Company, 1995. Nathan G. Hale, *Freud and the Americans, 1917-1985 : The Rise and Crisis of Psychoanalysis in the United States*, t. II, New York, Oxford, Oxford University Press, 1995.

▷ ANTIPSYCHIATRIE. BION Wilfred Ruprecht. DIFFÉRENCE DES SEXES. FEDERN Paul. *GENDER*. IMAGE DU CORPS. LAING Ronald. NARCISSISME. *SELF* (FAUX ET VRAI). STADE DU MIROIR. SUJET. SULLIVAN Harry Stack.

SERVADIO Emilio (1904-1995)

psychanalyste italien

Né à Sestri-Ponente, dans la province de Gênes, juriste de formation, Emilio Servadio s'intéresse très tôt à la psychologie, à l'hypnose* ainsi qu'aux questions mettant en jeu les rapports entre la philosophie et l'étude des processus mentaux. Il lit très jeune la production scientifique française, Jean Martin Charcot*, Hippolyte Bernheim*, Joseph Babinski* mais aussi Pierre Janet*, dont il critique sévèrement l'aversion pour les thèses de Sigmund Freud*. D'abord influencé par les idées du psychiatre Enrico Morselli (1852-1929), qui combattra violemment la psychanalyse (et plus spécialement Edoardo Weiss*), Servadio se passionne pour la parapsychologie. Une fois devenu psychanalyste, il continuera de s'intéresser activement à ces questions, au point d'en devenir un spécialiste de renommée mondiale. Il ne se souciera jamais des réserves et des critiques que lui adressaient à ce propos ses amis psychanalystes italiens, Cesare Musatti* et Franco Fornari* notamment.

Dès 1924, dans un article consacré à la « médecine psychologique », il cite Freud (dont il traduira plus tard certaines œuvres), reconnaissant à la psychanalyse le mérite d'avoir ouvert un champ nouveau à l'expérience et à la recherche métapsychologiques.

Mais c'est la rencontre avec celui qui devient son analyste, Weiss, qui le conduit à s'orienter définitivement vers la psychanalyse. Devenu analyste, il fera partie du petit groupe des pionniers qui se réunissent autour de Weiss à son domicile romain, via dei Gracchi. Une certaine rivalité avec Nicola Perrotti*, qui dirigera l'Institut de psychanalyse à Rome, pousse Servadio à fonder dans la même ville le Centre de psychanalyse. Victime, comme beaucoup d'autres, des lois antisémites, Servadio quitte l'Italie en 1938 et s'exile à Bombay, mais il ne jouera pas de rôle déterminant pour le freudisme* en Inde*.

A son retour en 1946, il reprend son activité de psychanalyste. Remarquable praticien, multipliant les contributions sur les questions cliniques relatives à la petite enfance, à l'homosexualité* et aux effets des drogues hallucinogènes, passionné de théorie littéraire, Servadio deviendra l'un des thérapeutes italiens les plus actifs et les plus connus.

En 1953, lors de la XXVIe rencontre des Psychanalystes de langues romanes, où Jacques Lacan* expose son texte « Fonction et champ de la parole et du langage en psychanalyse », il présente un rapport sur le « Rôle des conflits préœdipiens » qui sera traduit en français. Au début des années 1960, avec le professeur Leonardo Ancona, il s'attaquera aux conséquences de la condamnation de la psychanalyse par le père Agostino Gemelli (1878-1959). De 1963 à 1969, il est président de la Società Psicoanalitica Italiana (SPI). Soucieux de protéger la psychanalyse de l'invasion des psychothérapies de groupe en Italie, il fonde en 1981 la Société italienne de psychothérapie psychanalytique, destinée à réunir les praticiens n'ayant qu'une formation psychanalytique.

● Emilio Servadio, « La psicoanalisa in Italia. Cenno storico », *Rivista di psicoanalisa*, 11, 1965 ; « Rôle des conflits préœdipiens », *Revue française de psychanalyse*, 1954. Contardo Caligaris, « Petite histoire de la psychanalyse en Italie », *Critique*, 333, février 1975. Michel David, *La psicoanalisi nella cultura italiana* (1966), Turin, Bollati Boringhieri, 1990 ; « La Psychanalyse en Italie », in Roland Jaccard (éd.), *Histoire de la psychanalyse*, vol. II, Paris, Hachette, 1982. Arnaldo Novelletto, « Italy », in Peter Kuetter (éd.), *Psychoanalysis International, Guide to Psychoanalysis throughout the World*, Stuttgart-Bad Cannstatt, Frommann-Holzboog, 1992, 195-213. Silvia Vegetti Finzi, *Storia della psicoanalisi*, Milan, Mondadori, 1986.

▷ ÉGLISE.

SEXOLOGIE

Allemand : *Sexologie*. Anglais : *Sexology*.

Discipline rattachée à la biologie qui prend pour objet d'étude l'activité sexuelle humaine dans un but descriptif et thérapeutique.

Le mot sexologie apparaît pour la première fois en langue anglaise en 1867 puis en langue française en 1911, dans un ouvrage français consacré à la détermination du sexe des enfants avant la naissance. A partir de 1920, il commence à entrer dans les dictionnaires, les traités spécialisés et le vocabulaire courant.

La sexologie, ou « science du sexuel », se constitua à la fin du XIXe siècle avec les travaux érudits des trois pères fondateurs de cette doctrine : Richard von Krafft-Ebing*, qui fit paraître en 1886 son célèbre ouvrage *Psychopathia Sexualis*, Albert Moll*, qui publia en 1897 sa *Libido Sexualis*, et Havelock Ellis*, auteur à partir de 1897 d'une somme sur la question intitulée *Études de psychologie sexuelle.* Par la suite, avec Magnus Hirschfeld* et Ivan Bloch (1872-1922), se développa une école allemande de sexologie dont l'objectif était d'étudier le comportement sexuel humain et de lutter pour l'égalité des droits en matière de pratique sexuelle. Soucieuse à la fois d'hygiénisme, de nosographie et de description des « aberrations », elle se préoccupait moins de thérapeutique que d'érudition et de recherche littéraire sur les différentes formes de pratiques et d'identités sexuelles : homosexualité*, hétérosexualité, bisexualité*, perversion*, transvestisme, transsexualisme*, zoophilie, etc. C'est dans cette perspective que fut créée à Berlin en 1913 la Société médicale pour la science sexuelle et l'eugénique, qui sera dissoute par les nazis.

Comme la criminologie*, la sexologie se construisit à la fin du XIXe siècle sur le terrain de la théorie de l'hérédité-dégénérescence*, quand les médecins et les juristes de langue allemande commencèrent à annexer le domaine jusque-là « privé » de la sexualité* humaine aux fins de définir scientifiquement et juridiquement les conditions d'une possible relation entre la norme et la pathologie au sein d'une société en proie au déclin de la fonction paternelle traditionnelle. Il s'agissait alors d'instaurer un nouveau partage entre l'ordre juridique, ayant à charge de sanctionner les déviances jugées dangereuses ou criminelles pour la société bourgeoise industrielle, et l'ordre psychiatrique, dont l'objectif était le traitement et la prévention (hygiéniste ou eugéniste) de la folie* sexuelle, qu'elle soit criminelle ou simplement déviante.

La naissance de la sexologie fut donc contemporaine de celle de la psychanalyse*. Sigmund Freud* reconnut sa dette à l'égard des sexologues quand il publia en 1905 ses *Trois Essais sur la théorie sexuelle** ; de même, ces derniers feront de lui l'un des fondateurs de la sexologie. Néanmoins, la perspective ne sera jamais la même. En élaborant une théorie universelle de la sexualité humaine fondée sur la notion de *libido**, par laquelle il transformait la signification de l'opposition entre la norme et la pathologie, Freud distinguait théoriquement sa doctrine de toute forme d'étude comportementale, de même qu'il s'écartait cliniquement, par la méthode psychanalytique, de toutes les psychothérapies* fondées sur les notions d'enquête ou de conduite.

Au lendemain de la Première Guerre mondiale, sous l'influence notamment des thèses de Wilhelm Reich*, la sexologie commença à quitter le domaine des descriptions littéraires ou médico-légales : elle se transforma en mouvement politique centré sur l'idée de libération sexuelle et créa une variété de psychothérapie ayant pour objet la fonction de l'orgasme, c'est-à-dire la mesure et la description des phénomènes psychiques, physiologiques et biologiques liés aux différentes modalités de l'acte sexuel, masturbation comprise.

Après la Deuxième Guerre mondiale, la sexologie connut un essor considérable aux États-Unis*. Elle quitta le terrain de l'engagement libertaire pour celui de l'adaptation, substituant à l'étude des inversions et des anomalies une description psychosociologique des comportements sexuels de masse tout en conservant l'idée de la thérapie orgastique. C'est dans cette perspective qu'il faut situer le travail taxinomique d'Albert Kinsey, auteur d'une série d'enquêtes publiées entre 1948 et 1953 sur le comportement sexuel des Américains, ainsi que l'ouvrage de William Masters et Virginia Johnson, paru en 1966 et consacré au même sujet. Ces travaux pragmatiques, réalisés par des gynécologues, des psychologues ou des biologistes, tentaient de donner une assise clinique à la sexologie de l'orgasme et de la masturbation, mais contribuèrent surtout à vulgariser les thèses des partisans d'une libéralisation des mœurs.

Avec cet épanouissement, la sexologie se normalisa et fut dominée par la prolifération des psychothérapies. Elle quitta pour toujours le paradis polymorphe de cette sexualité perverse décrite en mots latins par les pères fondateurs. Au délicieux catalogue des anomalies en tous genres, qui avait tant fasciné les savants de la fin du XIXe siècle, proches encore de la littérature de Sade (1740-1814) et de Sacher-Masoch (1836-1895), succéda une technique descriptive et mécanisée du devoir orgastique, sans rapport avec la nature même de la sexualité. A cet égard, à partir de la fin des années 1970, la sexologie ne contribua plus vraiment à la connaissance, contrairement à ce qui s'était passé au temps de la découverte freudienne. Ce furent les études d'histoire de la sexualité, nées des travaux du philosophe Michel Foucault (1926-1984) et de l'historien Philippe Ariès (1914-1984), qui apportèrent à la psychanalyse, à l'anthropologie*, à la psychopathologie* et à tous les domaines des sciences de l'homme un renouveau comparable à celui qu'avait insufflé Freud au tournant du siècle quand il avait forgé sa doctrine *contre* les classifications de la sexologie tout en se nourrissant de ses descriptions, de son vocabulaire, de ses fantasmes.

● Richard von Krafft-Ebing, *Psychopathia Sexualis* (Stuttgart, 1886, Paris, 1907), Paris, Payot, 1969. Albert Moll, *Der Hypnotismus,* Berlin, Fischer's Medizinische Buchhandlung, H. Kornfeld, 1889 ; *Untersuchungen über die Libido Sexualis,* Berlin, Fischer's Medizinische Buchhandlung, H. Kornfeld, 1897. Havelock Ellis, *Études de psychologie sexuelle,* vol. I (Londres, 1897), Paris, Mercure de France, 1904. Albert Kinsey (éd.), *Le Comportement sexuel de l'homme* (Philadelphie, 1948), Paris, Pavois, 1948 ; *Le Comportement sexuel de la femme* (Philadelphie, 1953), Paris, Amiot-Dumant, 1954. W. H. Masters et V. E. Johnson, *Les Réactions sexuelles* (Boston, 1966), Paris, Laffont, 1968. Frank J. Sulloway, *Freud, biologiste de l'esprit* (New York, 1979), Paris, Fayard, 1981. *Sexualités occidentales* (1982), sous la direction de Philippe Ariès et André Béjin, Paris, Seuil, coll. « Points », 1984.

▷ DIFFÉRENCE DES SEXES. FÉTICHISME. *GENDER*. MASOCHISME. PANSEXUALISME. REICH Wilhelm. SADISME. SEXUALITÉ FÉMININE. STOLLER Robert.

SEXUALITÉ

Allemand : *Sexualität*. Anglais : *Sexuality*.

La notion de sexualité est d'une importance telle dans la doctrine psychanalytique qu'on a pu dire à juste titre que tout l'édifice freudien reposait sur elle. En conséquence, l'idée reçue selon laquelle les psychanalystes donneraient une signification sexuelle à tout acte de la vie, à tout geste, à toute parole, a conduit les adversaires de Sigmund Freud* à faire de sa doctrine l'expression d'un pansexualisme*. En réalité, les choses ne sont pas si simples.

Tous les savants de la fin du XIXe siècle étaient préoccupés par la question de la sexualité, dans laquelle ils voyaient une détermination fondamentale de l'activité humaine. Ils faisaient donc de la sexualité une évidence et du facteur sexuel la cause première de la genèse des symptômes névrotiques. D'où la création de la sexologie* comme science biologique et naturelle du comportement sexuel.

Imprégné des mêmes interrogations que ses contemporains, Freud fut pourtant le seul parmi eux à inventer, non pas l'évidence du phénomène sexuel, mais une nouvelle conceptualité capable de traduire, de nommer, voire de construire cette évidence. Aussi effectua-t-il une véritable rupture théorique (ou épistémologique) avec la sexologie en étendant la notion de sexualité à une disposition psychique universelle et en l'extirpant de son fondement biologique, anatomique et génital pour en faire l'essence même de l'activité humaine. C'est donc moins la sexualité en elle-même qui est importante dans la doctrine freudienne que l'ensemble conceptuel qui permet de la représenter : la pulsion*, la *libido**, l'étayage*, la bisexualité*.

L'élaboration de cette nouvelle conceptualité fut mise en œuvre à partir d'une expérience clinique fondée sur l'écoute du sujet*. Au contact de Wilhelm Fliess*, Freud adopta la thèse de la bisexualité, à laquelle il donna un contenu psychique. Puis il adhéra à l'idée de l'origine traumatique de la névrose* (théorie de la séduction*), à laquelle il renonça en 1897, après avoir, à travers l'enseignement de Jean Martin Charcot* et de Josef Breuer*, attribué à l'hystérie* une étiologie sexuelle.

A partir de 1905, avec la publication de ses *Trois Essais sur la théorie sexuelle**, il étendit sa réflexion au domaine de la sexualité infantile, ce qui lui permit de donner un statut nouveau à ce qu'on appelait les perversions* : homosexualité*, fétichisme* etc. L'étude des grands cas (Ida Bauer*, Herbert Graf*, Ernst Lanzer*, Sergueï Constantinovitch Pankejeff*) donna enfin une assise expérimentale à la doctrine de la sexualité. Après l'introduction de la notion de narcissisme* en 1914, puis l'invention de la deuxième topique*, la question de la sexualité devint un enjeu conflictuel dans les débats du mouvement psychanalytique international. D'où les discussions sur la sexualité féminine* et la différence des sexes*, entre 1924 et 1960, et ensuite sur le transsexualisme* et le *gender**.

La doctrine freudienne classique de la sexualité fut critiquée dans tous les pays et récusée par les deux dissidents les plus célèbres du mouvement freudien, Carl Gustav Jung* et Alfred Adler*. Elle fut ensuite révisée de fond en comble par les successeurs de Freud en fonction de la question du narcissisme : par Melanie Klein* d'abord, puis par les partisans de la *Self Psychology**, de Heinz Kohut* à Donald Woods Winnicott*. Le kleinisme* substitua à l'étiologie sexuelle proprement dite l'impact de la relation archaïque à la mère, privilégiant la haine plutôt que le sexe comme cause première de la névrose et surtout de la psychose*. Quant au second courant, il porta son interrogation sur la constitution de l'identité sexuelle (le genre, ou *gender)* plutôt que sur l'étiologie elle-même.

Freud n'inventa pas de terminologie particulière pour distinguer les deux domaines majeurs de la sexualité : la détermination anatomique d'un côté, la représentation sociale ou subjective de l'autre. Néanmoins, par sa nouvelle conception, il montrait que la sexualité était autant une représentation ou une construction mentale que le lieu d'une différence anatomique. En conséquence, sa doctrine transformait totalement le regard que la société occidentale portait sur sa sexualité et sur l'histoire de la sexualité en général. C'est pourquoi l'épanouissement du freudisme* en Occident donna naissance, à partir de 1970, et souvent contre la psychanalyse*, aux différents travaux français, anglais et américains sur l'histoire de la sexualité, et notamment à celui, inaugural, de Michel Foucault (1926-1984), *La Volonté de savoir*. Sur la lancée de son *Histoire de la folie*, le philosophe français montrait en effet que l'idée même de sexualité avait été construite au XIXe siècle par le discours médical afin d'instaurer un nouveau partage entre la norme et la déviance, au moment où s'effondrait l'idéal du patriarcat*. Il rangeait dans ce discours la doctrine freudienne de la sexualité, tout en reconnaissant qu'elle permettait d'y échapper. D'où sa situation paradoxale – à la fois théorie normalisante et instrument de la contestation permanente de cette norme.

● Sigmund Freud, *Trois Essais sur la théorie sexuelle* (1905), Paris, Gallimard, 1987, *GW*, V, 29-145, *SE*, VII, 123-243. Michel Foucault, *Histoire de la sexualité*, t. 1, *La Volonté de savoir*, Paris, Gallimard, 1976 ; *Histoire de la sexualité*, t. 2, *L'Usage des plaisirs*, Paris, Gallimard, 1984 ; *Histoire de la sexualité*, t. 3, *Le Souci de soi*, Paris, Gallimard, 1984. Frank Sulloway, *Freud, biologiste de l'esprit* (New York, 1979), Paris, Fayard, 1981. John Boswell, *Christianisme, tolérance sociale et homosexualité. Les homosexuels en Europe occidentale des débuts de l'ère chrétienne au XIVe siècle* (Chicago, 1980), Paris, Gallimard, 1985. Jean-Louis Flandrin, *Le Sexe et l'Occident*, Paris, Seuil, 1981. *Sexualités occidentales*, sous la direction de Philippe Ariès et André Béjin, Paris, Seuil, coll. « Points », 1984. Thomas Laqueur, *La Fabrique du sexe. Essai sur le genre et le corps en Occident* (1990), Paris, Gallimard, 1992. Lynn Hunt, *Le Roman familial de la Révolution française* (Berkeley, 1992), Paris, Albin Michel, 1995. Élisabeth Badinter, *X.Y. De l'identité masculine*, Paris, Odile Jacob, 1992. Sander L. Gilman, *The Case of Sigmund Freud. Medicine and Identity at the Fin de Siècle*, Baltimore et Londres, The Johns Hopkins University Press, 1993.

▷ *ÉTUDES SUR L'HYSTÉRIE*. PAPPENHEIM Bertha.

SEXUALITÉ FÉMININE

Allemand : *Weibliche Sexualität*. Anglais : *Female sexuality*.

Dans l'histoire du freudisme*, la question de la sexualité féminine a divisé le mouvement psychanalytique depuis 1920, à mesure que les femmes y ont pris une place centrale.

A la fin du XIXe siècle, comme le montrent les études de cas publiées par Sigmund Freud*, Josef Breuer*, Pierre Janet* ou Théodore Flournoy*, ainsi que les expériences de Jean Martin Charcot* à la Salpêtrière, les femmes sont présentes dans le discours de la psychopathologie* en tant que malades. Femmes hystériques, femmes folles, femmes hypnotisées, elles furent d'abord, quelles que soient leurs origines sociales, des objets destinés à être observés pour faire progresser le savoir médical. Puis, avec le grand mouvement d'émancipation de l'entre-deux-guerres, qui commença à libérer les femmes de l'aliénation religieuse, sociale et sexuelle qui pesait sur elles, elles occupèrent dans l'institution freudienne une place à part entière en devenant médecins ou psychanalystes, et sutout psychanalystes d'enfants. C'est alors qu'elles participèrent à la refonte de la théorie freudienne classique concernant la sexualité*, la différence des sexes*, la *libido**.

A partir de 1905, avec la publication de ses *Trois Essais sur la théorie sexuelle**, Sigmund Freud repensa la question de la sexualité humaine. Empruntant ses modèles à la biologie darwinienne, il soutint la thèse d'un monisme sexuel et d'une essence « mâle » de la *libido* humaine. Cette thèse, fondée sur l'observation clinique qu'il avait faite des théories sexuelles infantiles, n'avait pour objectif ni de décrire la différence des sexes à partir de l'anatomie, ni de trancher la question de la condition féminine dans la société moderne. Dans la perspective de la *libido* unique, Freud montrait qu'au stade infantile la fille ignore l'existence du vagin et fait jouer au clitoris le rôle d'un homologue du pénis. Aussi a-t-elle alors l'impression d'être affublée d'un organe châtré. En fonction de cette dissymétrie, articulée autour d'un pôle unique de représentations, le complexe de castration* ne s'organise pas, selon Freud, de la même manière pour les deux sexes. Le destin de chacun d'eux est différent, non seulement par l'anatomie mais aussi en raison des représentations liées à l'existence de cette anatomie. A la puberté, l'existence du vagin apparaît aux deux sexes : le garçon voit dans la pénétration un but à sa sexualité, tandis que la fille refoule sa sexualité clitoridienne. Mais auparavant, quand il s'aperçoit que la fille ne lui ressemble pas, le garçon interprète l'absence du pénis comme une menace de castration pour lui-même. Au moment du complexe d'Œdipe*, il se détache de la mère pour choisir un objet du même sexe.

La sexualité de la fille s'organise, selon Freud, autour du phallicisme : elle veut être un garçon. Au moment de l'Œdipe, elle désire un enfant du père, et ce nouvel objet est investi d'une valeur phallique. Contrairement au garçon, la fille doit se détacher d'un objet du même sexe, la mère, pour un objet de sexe différent. Pour les deux sexes, l'attachement à la mère est l'élément premier. On voit donc qu'en défendant le monisme sexuel Freud considérait comme erronée l'affirmation de la nature instinctuelle de la sexualité : il n'existe à ses yeux ni instinct maternel au sens strict, ni race féminine.

L'existence d'une *libido* unique n'exclut pas celle de la bisexualité. En effet, dans la perspective freudienne, aucun sujet n'est détenteur d'une pure spécificité mâle ou femelle. En d'autres termes, s'il y a monisme sexuel, cela veut dire que dans l'inconscient* et dans les représentations inconscientes du sujet* (qu'il soit homme ou femme) la différence des sexes n'existe pas. La bisexualité, qui est le corollaire de cette organisation moniste de la *libido,* concerne donc les deux sexes. Non seulement l'attirance d'un sexe pour l'autre ne relève pas d'une complémentarité, mais la bisexualité dissout l'idée même d'une telle organisation. D'où les deux modes de l'homosexualité* : féminine quand la fille reste « soudée » à sa mère au point de choisir un partenaire du même sexe, masculine quand le garçon effectue un choix semblable au point de dénier la castration maternelle.

A travers ce monisme, Freud s'inspirait à la fois de Galien (à son modèle de sexe unique) et de la biologie du XIXe siècle, soucieuse d'établir une différence radicale entre les sexes à partir de l'anatomie.

Cette thèse freudienne de l'école dite viennoise fut soutenue par des femmes, notamment Marie Bonaparte* et Helene Deutsch*, Jeanne Lampl-De Groot* et Ruth Mack-Brunswick*. Elle fut cependant contestée, dès 1920, par d'autres femmes de l'école dite anglaise : Melanie Klein*, Josine Müller (1884-1930). En 1927, au congrès de l'International Psychoanalytical Association* (IPA) à Innsbruck, où se déroula le grand débat sur la question, Ernest Jones* leur apporta son soutien dans un exposé intitulé « La phase précoce du développement de la sexualité féminine ». Il critiquait l'extravagante hypothèse freudienne de l'absence chez la fille du sentiment du vagin. Aussi opposa-t-il un dualisme à la notion de *libido* unique. A cette école anglaise se rattache la position de Karen Horney*, qui soutint, dès 1926, que la prétendue ignorance du vagin était le fruit d'un refoulement* et que l'attachement au clitoris servait à des fins défensives. L'école anglaise prit ainsi le risque de conforter l'idée d'une nature féminine, c'est-à-dire d'un différencialisme anatomique, alors que Freud l'avait en partie évacué en corrigeant le biologisme du XIXe siècle par le recours au modèle du sexe unique. De fait, il prônait la non-différenciation inconsciente des deux sexes sous la catégorie d'un seul principe mâle et d'une organisation œdipienne en termes de dissymétrie.

Dans son organisation œdipienne de la sexualité féminine, Freud (et c'était là sa principale erreur) négligeait tout le domaine des relations archaïques à la mère. A cet égard, le débat sur la sexualité féminine était de même nature que celui qui se développait sur la psychanalyse des enfants*. Hostile aux thèses kleiniennes et révulsé par la manière dont sa fille Anna était traitée par les partisans de Klein, Freud ne voulait pas admettre que la suprématie qu'il accordait au père dans la famille l'empêchait de saisir la nature profonde des relations entre la fille à la mère. En d'autres termes, même si son monisme était théoriquement justifié, il ne rendait compte ni de la réalité concrète de la sexualité féminine, ni de la genèse de la féminité. En outre, sa conception du clitoris comme homologue d'un petit pénis renvoyait davantage à son attirance intellectuelle pour des femmes ressenties par lui comme « masculines » ou « phalliques » qu'à la réalité de la féminité. Sandor Ferenczi* fut le premier à remarquer en 1932, dans son *Journal clinique*, que cette masculinisation par Freud de la sexualité féminine s'expliquait par sa relation à sa mère, Amalia Freud*.

Freud eut cependant l'honnêteté de corriger sa doctrine dans le sens des positions kleiniennes. En témoignent, si nécessaire, ses deux articles de 1931 et 1933 : l'un sur la sexualité féminine et l'autre sur la féminité. Dans le premier, il maintient sa conception du rapport entre le clitoris et le vagin mais reconnaît implicitement que les femmes analystes peuvent comprendre mieux que lui la question de la sexualité féminine, dans la mesure où elles occupent dans la cure la place d'un substitut maternel ; dans le second, il admet qu'on ne peut pas comprendre la femme « si on ne prend pas en considération [la] phase de l'attachement préœdipien à la mère » : en effet, tout ce qui se trouve dans la relation au père provient par transfert* de cet attachement premier.

Il est remarquable de constater que le débat contradictoire qui, dans l'entre-deux-guerres, traversa le mouvement freudien en opposant les partisans du monisme sexuel aux adeptes du dualisme fut contemporain du déploiement du mouvement féministe, qui conduisit, via le suffragisme, à l'émancipation politique et juridique des femmes. A partir de 1945, c'est autour du livre de Simone de Beauvoir (1908-1986) *Le Deuxième Sexe,* puis des thèses de Jacques Lacan*, de Michel Foucault (1926-1984) et de Jacques Derrida, que le débat sur la sexualité féminine évoluera, notamment aux États-Unis*, vers une interrogation plus radicale sur la différence des sexes, puis sur la distinction entre le sexe et le *gender** (genre).

Peu soucieux de féminisme, Freud se montra parfois misogyne et souvent conservateur. Si l'on s'en tient aux apparences, on peut voir en lui un savant étriqué, un bon bourgeois, un mari jaloux, un père incestueux : en bref, un représentant de l'autorité patriarcale traditionnelle. Cependant, à la manière cartésienne dont le fit en 1673 le philosophe François Poulain (Poullain) de La Barre (1647-1725) dans son célèbre ouvrage *De l'égalité des deux sexes*, il faut sans doute dépasser ce type d'évidence et conclure qu'il est peut-être tout aussi vain de traiter Freud de « phallocrate », sous prétexte qu'il ne fut point féministe, que de faire du combat en faveur de l'égalité des sexes le domaine réservé des femmes sous prétexte que ce combat a pour visée leur émancipation.

En réalité, tout se passe comme si, pour édifier sa doctrine, Freud avait dû s'abstraire de tout engagement militant et rejeter les aspirations égalitaires du mouvement féministe. Pourtant sa théorie biologique de la *libido* unique ressemblait par certains côtés à celle, juridique, d'Antoine de Caritat, marquis de Condorcet (1743-1794), le grand théoricien de l'émancipation des femmes. A plus d'un siècle d'intervalle, il s'agissait pour le philosophe français comme pour le savant viennois de montrer que le domaine du féminin devait être pensé en tant que partie intégrante de l'universel humain et donc sous la catégorie d'un universalisme, seul capable de donner un fondement vrai à l'égalitarisme. Pour Freud, en effet, l'existence d'une différence anatomique des sexes ne débouche pas sur une conception naturaliste puisque cette fameuse différence, absente dans l'inconscient*, témoigne pour le sujet d'une contradiction structurale entre l'ordre psychique et l'ordre anatomique. On voit bien comment, par sa théorie du monisme et de la non-concordance entre le psychique et l'anatomique, Freud rejoint les idéaux de l'égalitarisme universaliste, de Descartes aux Lumières.

A cet égard, et malgré les aberrations de sa doctrine originelle, il fut un penseur de l'émancipation et de la liberté, et l'auteur d'une théorie de la sexualité qui, tout en débarrassant l'homme du poids de ses racines héréditaires, ne prétendait pas le libérer des chaînes de son désir*.

● François Poulain de La Barre, *De l'égalité des deux sexes* (1673), Paris, Fayard, coll. « Corpus des œuvres de philosophie en langue française », 1984. Sigmund Freud, « Quelques conséquences psychiques de la différence des sexes au niveau anatomique » (1925), *OC*, XVII, 189-203, *GW*, XIV, 19-30, *SE*, XIX, 248-258 ; « De la sexualité féminine » (1931), *OC*, XIX, 7-27, *GW*, XIV, 517-537, *SE*, XXI, 225-243 ; *Nouvelles Conférences d'introduction à la psychanalyse* (1933), Paris, Gallimard, 1984, *OC*, XIX, 83-269, sous le titre *Nouvelle Suite des leçons d'introduction à la psychanalyse*, *GW*, XV, *SE*, XXII, 5-182. Sandor Ferenczi, *Journal clinique*, janvier-octobre 1932, Paris, Payot, 1985. Melanie Klein, *Essais de psychanalyse*, Paris, Payot, 1968. Ernest Jones, *Théorie et pratique de la psychanalyse* (Londres, 1948), Paris, Payot, 1969. Karen Horney, *La Psychologie de la femme* (New York, 1967), Paris, Payot, 1969. Wladimir Granoff, *La Pensée et le féminin*, Paris, Minuit, 1975. Moustapha Safouan, *La Sexualité féminine*, Paris, Seuil, 1976. Sergio Benvenuto, *La strategia freudiana*, Naples, Liguori Editore, 1984. A. L. Thomas, Denis Diderot et Madame d'Épinay, *Qu'est-ce qu'une femme ?*, préface d'Élisabeth Badinter, Paris, POL, 1989. Helene Deutsch, *Psychanalyse des fonctions sexuelles de la femme* (New York, 1991), Paris, PUF, 1994. Lisa Appignanesi et John Forrester, *Freud's Women, New York*, Basic

Books, 1992. *Féminité mascarade,* Études psychanalytiques réunies par Marie-Christine Hamon, Paris, Seuil, 1994. Élisabeth Roudinesco, *Histoire de la psychanalyse en France*, vol. 2 (1986), Paris, Fayard, 1994. Michel Manassein (éd.), *De l'égalité des sexes,* Paris, Centre national de documentation pédagogique, 1995. Joyce McDougall, *Éros aux mille visages,* Paris, Gallimard, 1996.

▷ ANTHROPOLOGIE. ANTIPSYCHIATRIE. CULTURALISME. DÉNI. ÉTATS-UNIS. *ÉTUDES SUR L'HYSTÉRIE.* FÉTICHISME. HYSTÉRIE. JUDÉITÉ. *NOUVELLES CONFÉRENCES D'INTRODUCTION A LA PSYCHANALYSE.* PATRIARCAT. PERVERSION. PHALLOCENTRISME. PHALLUS. SEXUATION (FORMULES DE LA).

SEXUALITÉ INFANTILE

▷ SEXUALITÉ. *TROIS ESSAIS SUR LA THÉORIE SEXUELLE.*

SEXUALITÉ MASCULINE

▷ BISEXUALITÉ. DIFFÉRENCE DES SEXES. FÉTICHISME. HOMOSEXUALITÉ. PERVERSION. PHALLUS. SEXUALITÉ. SEXUALITÉ FÉMININE.

SEXUATION (FORMULES DE LA)

Allemand : *Formeln der Sexuierung*. Anglais : *Formulae of sexuation.*

Propositions logiques avancées par Jacques Lacan* pour traduire la différence des sexes* et la sexualité féminine*.

Dans le cadre de sa dernière relève logicienne, où apparaissent les notions de mathème* et de nœud borroméen*, Jacques Lacan construit en 1973 un mathème de l'identité sexuelle par lequel il tente de dépasser le phallicisme freudien et d'établir sa propre conception de la sexualité féminine et de la différence des sexes.

Utilisant le carré logique d'Apulée, Lacan énonce ce qu'il appelle les formules de la sexuation, soit quatre propositions logiques. Les deux premières sont des propositions universelles, l'une affirmative : « Tous les hommes ont le phallus*», l'autre négative : « Aucune femme n'a le phallus ». Ces deux propositions résument selon Lacan la position freudienne de la *libido** unique masculine, le phallus étant assimilé à l'organe sexuel masculin. Mais, toujours selon Lacan, cette position est irrecevable car elle cautionne le fantasme* d'une complémentarité entre hommes et femmes et aboutit à une conception de l'Un comme négation de la différence et exclusion de la castration* : quand on dit l'« humanité », par exemple, ou le « genre humain ».

Viennent alors deux autres formules. Une particulière négative : « Tous les hommes, moins un, sont soumis à la castration. » Dans ce cas, l'ensemble donné « tous les hommes » ne peut exister logiquement que s'il existe un autre élément, distinct de l'ensemble, en l'occurrence le père originaire de la horde primitive (*Totem et Tabou*)*, lequel peut posséder toutes les femmes.

La dernière formule est une particulière négative : « Il n'existe pas un x qui fasse exception à la fonction phallique. » Dans la mesure où il n'existe pas pour l'ensemble femme d'équivalent du père originaire échappant à la castration, l'au moins un de l'ensemble hommes, toutes les femmes ont accès sans limite à la fonction phallique. Il y a donc une dissymétrie entre les deux sexes.

C'est à partir de ces deux dernières formules que Lacan définira les formes masculine et féminine de son concept de jouissance*.

- Jacques Lacan, *Le Séminaire,* livre XVII, *L'Envers de la psychanalyse* (1969-1970), Paris, Seuil, 1991 ; *Le Séminaire,* livre XIX, *... Ou pire (le savoir du psychanalyste)* (1971-1972), inédit ; *Le Séminaire,* livre XX, *Encore* (1972-1973), Paris, Seuil, 1975. Joël Dor, *Introduction à la lecture de Lacan,* vol. 2, Paris, Denoël, 1992.

▷ AUTRE. *GENDER.* PATRIARCAT. PHALLOCENTRISME.

SHARPE Ella Freeman (1875-1947)

psychanalyste anglaise

Née près de Cambridge, Ella Freeman Sharpe est initiée dès son enfance à la lecture de Shakespeare par son père. Après la mort de ce dernier, elle deviendra professeur d'anglais. En 1917, très déprimée par la mort de nombreux élèves tués pendant la guerre, elle trouve une aide psychologique auprès de James Glover (1882-1926) à la clinique médico-psychologique de Brunswick Square. Aussitôt passionnée par la psychanalyse, elle abandonne l'enseignement et se rend à Berlin, où elle fait une analyse didactique* avec Hanns Sachs*. De retour à Londres, elle s'intègre à la British Psychoanalytical Society (BPS), dont elle devient membre titulaire en 1923. Elle s'occupe alors de questions techniques et cliniques en exposant des cas et en insistant sur le contre-transfert*. Elle fait aussi montre d'un talent particulier pour raconter le contenu d'une séance et en tirer l'essentiel. Elle poursuit parallèlement des travaux littéraires sur *Hamlet.* Au congrès de l'International Psychoanalytical Association* (IPA) à Oxford en 1928, elle présente un travail, inspiré des thèses kleiniennes, qui soutient l'hypothèse que l'art est une sublimation* enracinée dans les premières identifications* parentales. Elle jouera un rôle modérateur pendant les Grandes Controverses*, après avoir été l'analyste de Melitta Schmideberg* dans des conditions particulièrement difficiles.

- Ella Sharpe, *Collected Papers on Psycho-Analysis*, Londres, Hogarth Press, 1978.

SIGMUND FREUD ARCHIVES (SFA) ou ARCHIVES FREUD

▷ LIBRARY OF CONGRESS.

SIGMUND FREUD PRÉSENTÉ PAR LUI-MÊME

Ouvrage de Sigmund Freud* publié en 1925 sous le titre générique de la collection dirigée par le professeur Dr. L.R. Grote, *Die Medizin der Gegenwart in Selbst-*

***darstellung* (*La Médecine contemporaine présentée par elle-même*). Réédité en 1928 dans les *Gesammelte Schriften*, puis en 1934, sous forme de livre, sous le titre *Selbstdarstellung*. Traduit pour la première fois en français en 1928 par Marie Bonaparte* sous le titre *Ma vie et la psychanalyse*, puis en 1984 par Fernand Cambon sous le titre *Sigmund Freud présenté par lui-même*. Retraduit en 1992 par Pierre Cotet et René Lainé sous le titre *Autoprésentation*. Traduit pour la première fois en anglais en 1927 par James Strachey* sous le titre *An Autobiographical Study*, réédité en 1935 sous le titre *Autobiography*, accompagné d'un post-scriptum, puis en 1959 sous le titre *An Autobiographical Study*.**

Dès les premières lignes de cet essai, Freud s'explique : sa décision de répondre positivement à la proposition des éditions Felix Meiner de présenter le domaine médical dont il est l'inventeur, la psychanalyse*, lui fait courir le risque soit de contredire ce qu'il a déjà écrit sur ce sujet, qu'il s'agisse de ses conférences prononcées aux États-Unis* en 1909 ou de sa « Contribution à l'histoire du mouvement psychanalytique » publiée en 1914, soit de se répéter purement et simplement. Il lui faut donc « essayer de trouver [...] un nouveau dosage entre présentation subjective et objective, entre intérêt biographique et historique ».

En fait, la plupart des commentateurs l'ont souligné, Norman Kiell entre autres, cette présentation de Freud par lui-même – c'est bien ce titre qui est finalement retenu, lors de la seconde édition allemande en 1934 – est surtout remarquable par ce que Freud ne dit pas. Dans son « Post-scriptum » de 1935, il précise et justifie l'option retenue : « Deux thèmes parcourent cet ouvrage : celui de ma propre destinée et celui de l'histoire de la psychanalyse*. Ils sont très étroitement liés. Ma *Présentation de moi-même* montre comment la psychanalyse devient le contenu de ma vie, et se conforme ensuite à ce principe justifié que rien de ce qui m'arrive personnellement ne mérite d'intéresser au regard de mes relations avec la science ». Puis, après avoir rappelé quelques dates importantes dans le cours de ses études et dans sa vie professionnelle, il revient sur la question : « Je peux me permettre de fixer ici un terme à mes communications autobiographiques. En ce qui concerne par ailleurs mes conditions de vie personnelles, mes luttes, mes déceptions et mes succès, le public n'a aucun droit d'en apprendre davantage. Du reste, dans quelques-uns de mes écrits – *Interprétation du rêve, Vie quotidienne* –, j'ai été plus franc et plus sincère que n'ont coutume de l'être des personnes qui retracent leur vie pour les contemporains ou la postérité. » Freud a raison. En matière de confidences et de révélations sur sa vie privée, il a été bien plus disert dans les deux textes qu'il cite, mais aussi dans d'autres articles, « Sur les souvenirs-écrans* » et « Un trouble de mémoire sur l'Acropole » notamment, pour ne rien dire de cette mine d'informations que représente l'ensemble de sa correspondance.

Ainsi, presque totalement silencieux sur la vie de Freud, ce livre est précieux par la récapitulation qu'il propose de l'histoire de la psychanalyse conçue comme le produit de son génie propre. Mettant à jour ses bilans précédents, Freud accorde une large place à la grande refonte théorique du début des années 1920, adressant au passage quelques piques (dont Pierre Janet*, sa « piètre compétence » et ses arguments

« inélégants » font les frais), rappelle le mauvais accueil qu'ont reçu ses premiers travaux, dénonce la « barbarie » de la nation allemande – terme qu'il maintint en dépit des pressions de Max Eitingon* – et le déshonneur de la science allemande, incapable de faire une place à la psychanalyse.

Plusieurs fois confronté à des entreprises biographiques le concernant, Freud a toujours fait preuve sur le sujet d'une grande ambivalence.

En 1993, le psychanalyste français Alain de Mijolla a dressé la liste de ces réactions freudiennes : de la lettre à Martha du 24 avril 1885, dans laquelle il se réjouit par avance des erreurs que ses futurs biographes pourront commettre, jusqu'au projet d'Arnold Zweig* en 1936, dont l'abandon le remplit d'aise, en passant par son accueil fort sec de sa biographie par Fritz Wittels*, ses réticences amicales à la lecture du portrait que Stefan Zweig* brosse de lui dans son livre *La Guérison par l'esprit*, sans oublier sa lettre du 23 avril 1933 au docteur Roy Winn dans laquelle il récuse l'idée, suggérée par son correspondant, d'écrire une autobiographie plus intime. Mais toutes ces réactions négatives ne suffisent pas à rendre compte du véritable sentiment de Freud à l'égard de la biographie. D'autres attitudes le caractérisent, qui nuancent la position de rejet : ainsi, alors qu'il a à peine 30 ans, il pense déjà à d'éventuels biographes ; puis plus tard, il prend l'habitude de relever et de transmettre aux auteurs concernés une longue liste de rectifications des erreurs et les oublis qu'ils ont pu commettre, en vue des prochaines éditions de leur livre. L'un des témoignages les plus frappants de ce souci d'exactitude est la correspondance, d'une extraordinaire précision, qu'il adresse à son élève péruvien Honorio Delgado, auteur d'une biographie de Freud en l'honneur de son soixante-dixième anniversaire.

En fait, la réserve et le malaise de Freud s'expriment différemment, comme le fait observer Alain de Mijolla, selon la méthode adoptée par l'auteur de la biographie. Lorsque sa démarche se limite à la prise en compte des faits objectifs – ceux sur lesquels portent ses rectifications –, c'est-à-dire lorsque l'exercice biographique ne fait pas usage de la psychanalyse, Freud, en dépit d'un certain déplaisir, fait preuve de tolérance. En revanche, lorsqu'un biographe, ou supposé tel, se réfère à la psychanalyse et se livre à des interprétations plus ou moins rigoureuses, il affiche son irritation.

Faut-il voir là une contradiction avec sa propre passion interprétative ? Ne justifie-t-il pas le recours à l'interprétation* dans son essai sur *Un souvenir d'enfance de Léonard de Vinci** ? En fait la contradiction n'est qu'apparente si l'on considère les circonstances qui confèrent sa légitimité à l'interprétation psychanalytique. En dehors du cadre constitué par la cure analytique, le recours à l'interprétation, susceptible de dévoiler des aspects intimes de la vie d'un sujet, a toujours fait l'objet d'une extrême vigilance de la part de Freud. Le critère majeur est le respect dû à la personne vivante, ou à son entourage immédiat lorsque cette personne est décédée. Certes, il est arrivé à Freud de contrevenir à cette règle, notamment à l'époque fiévreuse des premiers pas de la psychanalyse. Ainsi, lors de la naissance de la fille de Wilhelm Fliess*, Pauline, il se laisse aller à faire l'hypothèse qu'elle pourrait bien être la remplaçante de la sœur décédée de son ami. De manière encore plus concertée, il se lance, lors de la séance du 11 décembre 1907 des réunions du mercredi, dans une conjecture sur une hypothétique sœur avec laquelle Wilhelm Jensen (1837-1911), l'auteur de cette *Gradiva* qui a fait l'objet de son essai *Le Délire et les rêves dans la « Gradiva » de W. Jensen**, aurait connu « une relation pleine d'intimité ». Néanmoins, par la suite, seuls les morts lointains, personnages réels ou fictifs, feront l'objet d'interprétations.

Dans une lettre du 2 avril 1928 adressée à Ludwig Binswanger*, qui avait manifesté, dans son livre *Rêve et existence*, son intérêt pour le travail d'Edgar Michaelis, Freud, non sans quelque irritation, indique très clairement sa position : « Peut-être serez-vous étonné d'apprendre que je n'ai pas lu l'analyse faite sur moi par ce Michaelis que vous admirez tant. Analyser un homme vivant est à peine admissible et certainement impoli. On laissera en suspens la question de savoir s'il s'agit d'une aggravation ou d'une diminution de l'impolitesse quand on n'envoie pas le résultat de la vivisection à la victime. Je n'étais pas curieux, car ce Michaelis ne me connaît pas. Nos analyses cliniques présupposent une plus grande familiarité avec leur objet. » Quelques années plus tard, c'est cette même règle qu'il appliquera en exigeant que l'ouvrage écrit en collaboration avec l'ambassadeur américain William C. Bullitt (1891-1967) sur *Le Président Thomas Woodrow Wilson** ne soit pas publié du vivant de la veuve du président.

Cette prudence et ces scrupules freudiens ne doivent cependant pas masquer d'autres questions, plus directement liées au devenir de l'historiographie* psychanalytique. Incontestablement, l'option retenue par Freud dans cet essai, avec ce qu'elle implique d'omissions et de secrets maintenus, qu'ils soient ou non conscients, contient les germes de l'histoire officielle (inaugurée par le premier biographe de Freud, Ernest Jones*), caractérisée par des soucis stratégiques et des choix affectifs difficilement compatibles avec la rigueur et l'éthique d'une historiographie savante. Si l'histoire officielle et ses avatars ont favorisé l'émergence d'une historiographie d'abord dissidente puis révisionniste, qui a trouvé ses alliés chez les adversaires de la psychanalyse, l'historiographie rigoureuse doit pour sa part se soucier de préserver dans sa démarche la spécificité de l'objet de la psychanalyse : l'inconscient*.

● Sigmund Freud, « Sur les souvenirs-écrans » (1899), *OC*, III, 253-276, sous le titre « Des souvenirs-couvertures », *GW*, I, 529-554, *SE*, III, 299-322, in *Névrose, psychose et perversion*, Paris, PUF, 1973, 113-132 ; *L'Interprétation des rêves* (1900), *GW*, II-III, 1-642, *SE*, IV-V, 1-621, Paris, PUF, 1967 ; *Psychopathologie de la vie quotidienne* (1901), *GW*, IV, *SE*, VI, Paris, Payot, 1973 ; *Sur la psychanalyse. Cinq conférences* (1910), *OC*, X, 1-55, sous le titre *De la psychanalyse*, *GW*, VIII, 3-60, *SE*, XI, 7-55, Paris, Gallimard, 1991 ; *Un souvenir d'enfance de Léonard de Vinci* (1910), *OC*, X, 79-164, *GW*, VIII, 128-211, *SE*, XI, 63-129, Paris, Gallimard, 1987 ; « L'intérêt de la psychanalyse » (1913), *GW*, VIII, 390-420, *SE*, XIII, 163-190, in *Résultats, idées, problèmes*, vol. I, Paris, PUF, 1984, 187-213 ; *Sur l'histoire du mouvement psychanalytique* (1914), *GW*, X, 44-113, *SE*, XIV, 7-66, Paris, Gallimard, 1991 ; *Sigmund Freud présenté par lui-même* (1925), *GW*, XIV, 33-96, *SE*, XX, 7-70, *OC*, 51-122, sous le titre « Autoprésentation », Paris, Gallimard, 1984. « Un trouble de mémoire sur l'Acropole », Lettre à Romain Rolland (1936), *OC*, XIX, 325-338, sous le titre « Lettre à Romain Rolland : Un trouble du souvenir sur l'Acropole », *GW*, XVI, 250-257, *SE*, XXII, 239-248, in *Résultats, idées, problèmes*, vol. II, Paris, PUF, 1985, 221-230 ; « Lettre à Fritz Wittels », *OC*, XVI, 357-363, *GW, Nachtragsband*, 754-758, *SE*, XIX, 286-288 ; *Correspondance 1873-1939* (1960), Paris, Gallimard, 1966 ; et William C. Bullitt, *Le Président Thomas Woodrow Wilson* (Londres, 1966, Paris, 1967), Paris, Payot, 1990 ; et Ludwig

Binswanger, *Correspondance 1908-1938* (Francfort, 1982), Paris, Calmann-Lévy, 1995 ; et Arnold Zweig, *Correspondance 1927-1939* (Francfort, 1968), Paris, Gallimard, 1973 ; et Stefan Zweig, *Correspondance* (1987), Paris, Rivages, 1991. *Les Premiers Psychanalystes, Minutes de la Société psychanalytique de Vienne, 1906-1918*, 4 vol. (1962-1975), Paris, Gallimard, 1976-1983. Michel de Certeau, *Histoire et psychanalyse entre science et fiction* (1986), Paris, Gallimard, coll. « Folio », 1987. Jean-François Chiantaretto, *De l'acte autobiographique. Le psychanalyste et l'écriture autobiographique*, Seyssel, Champ Vallon, 1995. Wladimir Granoff, *Filiations*, Paris, Minuit, 1975 ; « Quant à une histoire de la psychanalyse », in *L'Écrit du temps*. Ernest Jones, *La Vie et l'œuvre de Sigmund Freud* (New York, 1953-1957), 3 vol., Paris, PUF, 1958-1969. Norman Kiell, *Freud Without Hindsight. Review of His Work 1893-1939*, Madison, International Universities Press, 1988. Sarah Kofman, *L'Enfance de l'art*, Paris, Payot, 1970. Philippe Lejeune, *Le Pacte autobiographique* (1976), Paris, Seuil, coll. « Points », 1996. Alain de Mijolla, « Freud, la biographie, son autobiographie et ses biographes », *Revue internationale d'histoire de la psychanalyse*, 6, 1993, 81-108. Pierre Nora (éd.), *Essais d'ego-histoire*, Paris, Gallimard, 1987. Érik Porge, *Freud, Fliess. Mythe et chimère de l'auto-analyse*, Paris, Anthropos, 1996. Jean-Michel Rey, « Freud et l'écriture de l'histoire », *L'Écrit du temps*, 6, 1984, 23-42. Élisabeth Roudinesco, *Généalogies*, Paris, Fayard, 1994. Fritz Wittels, *Freud, l'homme, la doctrine, l'école* (Vienne, Leipzig, Zurich, 1924), Paris, Alcan, 1929.

▷ PSYCHANALYSE APPLIQUÉE.

SIGNIFIANT

Allemand : *Signifikant*. Anglais : *Signifier*.

Terme introduit par Ferdinand de Saussure (1857-1913) dans le cadre de sa théorie structurale de la langue pour désigner la partie du signe linguistique qui renvoie à la représentation psychique du son (ou image acoustique), par opposition à l'autre partie, ou signifié, qui renvoie au concept.

Repris par Jacques Lacan* comme un concept central de son système de pensée, le signifiant devient en psychanalyse* l'élément significatif du discours (conscient ou inconscient) qui détermine les actes, les paroles et la destinée d'un sujet* à son insu et à la manière d'une nomination symbolique.

Dans son *Cours de linguistique générale*, Ferdinand de Saussure divise le signe linguistique en deux parties. Il appelle signifiant l'image acoustique d'un concept et signifié le concept lui-même. Ainsi le mot arbre ne renvoie pas, du point de vue linguistique, à l'arbre réel (le référent), mais à l'idée d'arbre (le signifié) et à un son (le signifiant) que l'on prononce à l'aide de cinq phonèmes : a.r.b.r.e. Le signe linguistique unit donc un concept à une image acoustique et non pas une chose à un nom.

Par ailleurs, le signe fait partie d'un système de valeurs. La valeur d'un signe se mesure à sa relation avec tous les autres signes et résulte négativement de leur présence simultanée dans la langue, laquelle est conçue comme la totalité synchronique (c'est-à-dire structurale) de tous les signes qui s'y retrouvent. Différente de la valeur, la signification se déduit du lien qui existe entre un signifiant et un signifié.

Désireux de donner un fondement structural et langagier à la conception freudienne de l'inconscient*, Lacan s'appuie sur cette linguistique saussurienne pour montrer que la deuxième topique* (du moi*, du surmoi* et du ça*) ne relève ni de la biologie ni de la psychologie. Le modèle saussurien de la langue (ou structuralisme linguistique) est donc à Lacan ce que le modèle darwinien de la biologie (ou évolutionnisme) était à Sigmund Freud*.

Avec l'*Ego Psychology** puis la *Self Psychology**, les héritiers anglophones de Freud ont voulu dépasser ou quitter le modèle biologique du maître pour tirer sa deuxième topique* du côté d'une psychologie, c'est-à-dire d'une théorie du moi, de la personne ou de la représentation phénoménologique d'autrui. A partir de 1950, Lacan rejette cette démarche qu'il qualifie de psychologiste et propose une autre lecture des textes freudiens, plus littérale, qui consiste à critiquer le « scientisme » biologique de Freud, à rendre sa primauté à l'inconscient contre la conscience* et à ajouter au moi une théorie de la détermination du sujet par le signifiant.

La notion lacanienne de sujet (du désir*) emprunte à la fois à la philosophie hégélienne, à laquelle Lacan a eu accès par l'enseignement d'Alexandre Kojève (1902-1968), et aux commentaires d'Alexandre Koyré (1892-1964) sur le cogito cartésien.

Quant à sa théorie du signifiant, elle est élaborée en deux temps. Entre 1949 et 1956, elle repose sur une lecture des textes de Saussure consacrés au signe linguistique et de ceux de Claude Lévi-Strauss consacrés à la fonction symbolique (le symbolique*), le tout inscrit dans une problématique heideggérienne de la vérité ontologique ; en un deuxième temps, de 1956 à 1961, Lacan s'appuie sur les thèses avancées par Roman Jakobson (1896-1982) à propos des axes du langage pour donner un statut logique à la théorie du signifiant. Il abandonne alors la référence à l'ontologie heideggérienne.

Tel est le « structuralisme » lacanien, qui repose sur l'idée que la véritable liberté humaine est issue de la conscience que peut avoir le sujet de n'être point libre, du fait de la détermination inconsciente. Aux yeux de Lacan, la forme freudienne d'une conscience de soi divisée (ou clivage* du moi) est plus subversive que la croyance, sartrienne par exemple, à une possible philosophie de la liberté.

C'est Michel Foucault (1926-1984) qui a sans doute le mieux résumé ce que fut pour la génération des années 1950-1960 le passage d'une philosophie de la liberté subjective à une conception structurale du sujet : « La nouveauté était la suivante : nous découvrions que la philosophie et les sciences humaines vivaient sur une conception très traditionnelle du sujet humain et qu'il ne suffisait pas de dire, tantôt, avec les uns, que le sujet était radicalement libre, tantôt, avec les autres, qu'il était déterminé par des conditions sociales. Nous découvrions qu'il fallait chercher à libérer tout ce qui se cache derrière l'emploi apparemment simple du pronom "je". Le sujet : une chose complexe, fragile, dont il est difficile de parler et sans laquelle nous ne pouvons pas parler. »

Saussure place le signifié *sur* le signifiant et sépare les deux par une barre dite de *signification*. Lacan inverse cette position et met le signifié *sous* le signifiant auquel il attribue une fonction primordiale. Puis, reprenant en compte la notion de valeur, il souligne que toute signification renvoie à une autre signification. De cela il déduit que le signifiant est isolé du signifié comme une lettre, un trait ou un mot symbole dénué de signification mais déterminant en tant que fonction pour le discours ou la destinée du sujet. Ce sujet, qui n'est pas assimilable à un moi, Lacan l'appelle « sujet de l'inconscient ». Il n'est pas un sujet « plein », il est représenté par le signifiant, c'est-à-dire par la lettre où se marque l'ancrage de l'inconscient dans le langage.

Mais il est aussi représenté par une chaîne de signifiants dans laquelle le plan de l'énoncé ne correspond au plan de l'énonciation que par des « points de capiton ». Lacan nomme point de capiton le moment par lequel, dans la chaîne, un signifiant se noue au signifié pour produire une signification. C'est la seule opération qui arrête le glissement de la signification en faisant se réunir ponctuellement les deux plans. D'où l'idée que la « ponctuation » est une manière d'intervenir dans le déroulement d'une séance d'analyse en la coupant, en l'interrompant par une production significative : une interprétation* vraie. La théorie du signifiant justifie donc le principe de la séance à durée variable (dite « séance courte ») introduite par Lacan comme innovation dans la technique psychanalytique*.

C'est dans son séminaire du 30 mai 1955 que Lacan illustre cette théorie du signifiant par le commentaire d'un conte d'Edgar Poe (1809-1849), « La lettre volée ». L'histoire se passe en France sous la Restauration. Le chevalier Auguste Dupin doit résoudre une énigme. À la demande du préfet de police, il parvient à retrouver une lettre compromettante dérobée à la reine et cachée par le ministre. Placée en évidence entre les arceaux de la cheminée de son bureau, celle-ci est en fait *visible* pour qui veut bien la voir. Mais les policiers ne la découvrent pas, parce qu'ils sont enfermés dans le leurre de la psychologie. Au lieu de regarder l'évidence qui surgit sous leurs yeux, ils prêtent des intentions aux voleurs. Dupin, lui, préfère agir d'une tout autre manière en demandant poliment audience au ministre. Pendant qu'il lui parle, il observe la pièce d'un œil vigilant en ayant pris soin de dissimuler son regard derrière des lunettes opaques. Il repère immédiatement l'objet, le dérobe sans que le voleur s'en aperçoive et le remplace par un autre, identique. Ainsi le ministre ignore-t-il que son secret a été percé. Il continue à se croire le maître du jeu et de la reine, car posséder la lettre, c'est détenir un pouvoir sur son destinataire. Pourtant, il ne sait pas qu'il ne l'a plus, tandis que la reine sait désormais que son maître chanteur ne peut exercer de pression sur elle vis-à-vis du roi : seule la possession et non l'usage de la lettre crée l'ascendant. Pour expliquer sa découverte au narrateur, Dupin raconte l'anecdote d'un gamin et d'un jeu de pair/impair. L'un des joueurs tient dans la main un certain nombre de billes et demande à l'autre : « Pair ou non ? » Si celui-ci devine juste, il gagne une bille, s'il se trompe, il en perd une. Et il ajoute : « L'enfant dont je parle gagnait toutes les billes de l'école. Naturellement, il avait un mode de divination qui consistait dans la simple observation et dans l'application de la finesse de ses adversaires. »

Le « Séminaire sur “La lettre volée” », qui servira en 1966 d'ouverture aux *Écrits*, témoigne de la manière dont Lacan est passé d'une théorie de la fonction symbolique (de l'inconscient) empruntée à Lévi-Strauss à une « logique » du signifiant. Selon Lacan, *une* lettre arrive toujours à destination parce que *la* lettre, c'est-à-dire le signifiant, tel qu'il s'inscrit dans l'inconscient, détermine l'histoire du sujet, sa relation ou sa non-relation à autrui. Aucun sujet n'est le maître de la lettre (de son destin) et, s'il le croit, il risque de se prendre au même leurre que les policiers du conte ou que le ministre.

L'œuvre saussurienne ne donne pas toutes les clés de la lecture lacanienne de l'inconscient freudien. En 1957, dans sa conférence sur « L'instance de la lettre dans l'inconscient », Lacan ajoute deux éléments à sa théorie : la métaphore et la métonymie. Il les doit à une lecture de *Fundamentals of Language*, publié par Roman Jakobson et Morris Halle à La Haye. Un article contenu dans ce recueil : « Deux aspects du langage et deux types d'aphasie », repris en 1963 dans *Essais de linguistique générale,* lui permet d'organiser de façon structurale son hypothèse de l'inconscient-langage. Jakobson met en évidence la structure bipolaire du langage grâce à laquelle l'être parlant effectue à son insu deux types d'activité : l'un a trait à la *similarité* et porte sur la *sélection* des paradigmes ou des « unités de langue », l'autre renvoie à la *contiguïté* et concerne la *combinaison* syntagmatique de ces mêmes unités. Dans l'activité de sélection, on choisit ou l'on préfère un mot à un autre : on emploie par exemple le vocable bonnet par opposition à toque ou à béret. Dans l'activité de combinaison, on met au contraire en relation deux mots qui forment une continuité : pour décrire l'habillement d'un individu, on associe par exemple le terme jupe à celui de blouse, etc.

A partir de là, Jakobson montre que les troubles du langage consécutifs à une aphasie privent l'individu tantôt de l'activité de sélection, tantôt de celle de combinaison. Puis il convoque l'ancienne rhétorique au service de la linguistique pour souligner que l'activité sélective du langage n'est autre que l'exercice d'une fonction métaphorique et que l'activité combinatoire ressemble au procédé de la *métonymie.* Les troubles de la première empêchent le sujet de recourir à la métaphore, ceux de la seconde lui interdisent toute activité métonymique. Jakobson remarque que les deux procédés se retrouvent dans le fonctionnement du rêve* décrit par Freud. Il range le symbolisme dans l'activité métaphorique, la condensation* et le déplacement* dans l'activité métonymique.

Reprenant cette démonstration, Lacan transcrit autrement la conception freudienne du travail du rêve. Si celui-ci se caractérise par une activité de transposition entre un contenu latent et un contenu manifeste (*L'Interprétation des rêves*)*, cette opération peut se traduire en termes linguistiques comme le glissement du signifié sous le signifiant. Il existe alors deux versants de l'incidence du signifiant sur le signifié : l'un est une condensation ou « surimposition des signifiants » (mots valises, personnages composites), tandis que l'autre ressemble à un « virement » de signification (la partie pour le tout ou la contiguïté) et désigne un déplacement.

Ainsi, contrairement à Jakobson, Lacan assimile la notion freudienne de condensation à une métaphore et le déplacement à une métonymie. Trois formules décrivent alors, selon Lacan, l'incidence du signifiant sur le signifié. 1) La formule générale décrit la fonction signifiante en partant de la barre de résistance à la signification ; 2) La formule de la métonymie traduit la fonction de connexion des signifiants entre eux, l'élision du signifié renvoyant à l'objet du désir qui manque dans la chaîne (signifiante) ; 3) La formule de la métaphore donne la clé d'une fonction de substitution d'un signifiant à un autre, par laquelle le sujet est représenté.

En 1975, dans une conférence intitulée « Le facteur de la vérité », Jacques Derrida commente cette théorie du signifiant en critiquant la lecture faite par Lacan du conte d'Edgar Poe et en montrant qu'une lettre n'arrive pas aussi simplement à destination.

Il souligne que, dans l'écriture même du « Séminaire sur "La lettre volée" », Lacan se renvoie à lui-même l'indivisibilité de la lettre, c'est-à-dire le « tout » ou « l'un » de sa doctrine : un dogme de l'unité. Au « dogme » du signifiant, qui risque de s'organiser en une « poste restante » afin de remettre dans « le droit chemin ce qui est en souffrance », Derrida oppose l'éclatement et la déconstruction de l'Un. Ce débat sur le « primat du signifiant » et sa possible déconstruction par une lecture derridienne sera le point de départ aux États-Unis* d'une vaste polémique sur le structuralisme, le lacanisme* et le post-structuralisme.

● Jacques Lacan, « Fonction et champ de la parole et du langage en psychanalyse », in *Écrits*, Paris, Seuil, 1966, 229-322 ; « Le Séminaire sur "La lettre volée" » (1955), *ibid.*, 9-61 ; « L'instance de la lettre dans l'inconscient ou la raison depuis Freud » (1957), *ibid*, 493-528 ; « Subversion du sujet et dialectique du désir dans l'inconscient freudien » (1960), *ibid.*, 793-827 ; *Le Séminaire*, livre II, *Le Moi dans la théorie de Freud et dans la technique de la psychanalyse* (1954-1955), Paris, Seuil, 1977 ; *Le Séminaire*, livre III, *Les Psychoses* (1955-1956), Paris, Seuil, 1981. Edgar Poe, « La lettre volée », in *Histoires*, Paris, Gallimard, « Pléiade », 1940, 45-64. Ferdinand de Saussure, *Cours de linguistique générale* (1915), Paris, Payot, 1967. Roman Jakobson, *Essais de linguistique générale*, Paris, Minuit, 1963. Jean-Luc Nancy et Philippe Lacoue-Labarthe, *Le Titre de la lettre*, Paris, Galilée, 1973. Michel Plon, *La Théorie des jeux. Une politique imaginaire*, Paris, Maspero, 1976. Jacques Derrida, *La Carte postale*, Paris, Flammarion, 1980. Joël Dor, *Introduction à la lecture de Lacan*, vol. 1, Paris, Denoël, 1985, vol. 2, Paris, Denoël, 1992 ; Élisabeth Roudinesco, *Histoire de la psychanalyse en France*, vol. 2 (1986), Paris, Fayard, 1994 ; *Jacques Lacan. Esquisse d'une vie, histoire d'un système de pensée*, Paris, Fayard, 1993. Françoise Gadet, *Saussure, une science de la langue*, Paris, PUF, 1987. John P. Muller et William Richardson (éd.), *The Purloined Poe*, Baltimore, The Johns Hopkins University Press, 1988. Didier Éribon, *Michel Foucault et ses contemporains*, Paris, Fayard, 1994.

▷ ANTHROPOLOGIE. AUTRE. BONAPARTE Marie. FANTASME. FORCLUSION. IMAGINAIRE. JOUISSANCE. LANZER Ernst. *MOT D'ESPRIT DANS SA RELATION À L'INCONSCIENT (LE).* NOM-DU-PÈRE. *NOUVELLES CONFÉRENCES D'INTRODUCTION À LA PSYCHANALYSE.* OBJET (petit) a. PARANOÏA. *PSYCHOPATHOLOGIE DE LA VIE QUOTIDIENNE.* PSYCHOSE. RÉEL. SCHREBER Daniel Paul. STADE DU MIROIR.

SILBERER Herbert (1882-1923)

écrivain et psychanalyste autrichien

Membre de la Wiener Psychoanalytische Vereinigung (WPV) à partir de 1910, Herbert Silberer était issu de la petite bourgeoisie catholique viennoise. Son père, Viktor Silberer, était propriétaire d'un journal sportif. Lui-même sportif, il encouragea les premiers vols en ballon dans son pays, et, à ce titre, il est considéré comme le fondateur de l'aéronautique austro-hongroise.

Enfant unique, Herbert Silberer aurait dû succéder à son père. Il aimait le sport, gagna des championnats de natation, se produisit comme cycliste acrobate. Cependant, alors qu'il s'était engagé dans la carrière de journaliste, il se tourna, en autodidacte, vers la psychologie, la philosophie et enfin la psychanalyse*. Il s'intéressa d'abord au symbolisme du rêve*, puis à la magie et à l'alchimie. Autant le père était un homme actif, autant le fils fut marqué par la solitude et la dépression suicidaire.

Comme de nombreux jeunes intellectuels de cette époque, il était passionné par la quête d'une autre vie et d'un au-delà de la conscience, et il chercha d'ailleurs dans la nouvelle doctrine freudienne une explication à ses propres problèmes. Aussi fit-il sur lui-même des recherches concernant les états transitoires entre la veille et le sommeil. Son premier article, « Rapport sur une méthode permettant de provoquer et d'observer certains phénomènes hallucinatoires symboliques », fut publié par Freud en 1909 dans le *Jahrbuch**. Selon lui, le texte de Silberer complétait sa théorie du rêve. Par la suite, Silberer écrira une cinquantaine d'articles.

Cependant, Freud se méfia toujours de la pathologie du jeune homme. Dans une lettre à Carl Gustav Jung* datée du 19 juillet 1909, il le traita de « dégénéré » (en français) : « Silberer est un jeune homme inconnu, probablement un dégénéré assez fin. Son père est une personnalité viennoise, conseiller municipal et "faiseur". Mais son affaire est bonne et rend saisissable une partie du travail du rêve. »

A la WPV, Silberer entretint d'excellentes relations avec Wilhelm Stekel*. Après le départ de celui-ci, il continua à le voir, tandis que ses relations avec Freud et le groupe viennois devenaient conflictuelles. Malgré son caractère difficile, Stekel lui envoya des patients. Entre juillet 1920 et juin 1922, tous deux furent codirecteurs de la revue *Psyche and Eros*, publiée à New York. Ils la quittèrent quand elle devint ouvertement antifreudienne.

Dans la nuit du 11 au 12 janvier 1923, Herbert Silberer se donna la mort en se pendant à une croisée de fenêtre dans une pièce fermée à clé. Sa femme ne parvint pas à le sauver.

En 1976, Paul Roazen compara le destin de Silberer à celui de Viktor Tausk* et voulut rendre Freud responsable de ce suicide*, alors même que Stekel, dans la nécrologie qu'il consacra à son ami, avait pris soin d'éviter de le faire.

● Herbert Silberer, « Rapport sur une méthode permettant de provoquer et d'observer certains phénomènes hallucinatoires symboliques » (1909), *Ornicar ?*, 31, Navarin, hiver 1984, 28-40. Wilhelm Stekel, « In Memoriam Herbert Silberer », *Fortschritte der Sexualwissenschaft und Psychoanalyse*, I, 1924, 408-420. Paul Roazen, *La Saga freudienne* (New York, 1978), Paris, PUF, 1986. Bernd Nitzschke, « Freud et Herbert Silberer. Hypothèses concernant le destinataire d'une lettre de 1922 », *Revue internationale d'histoire de la psychanalyse*, 2, 1989, 267-277.

SILBERSTEIN Eduard (1856-1925)

Vers l'âge de 13 ans, Sigmund Freud* se lia d'amitié avec Eduard Silberstein, qui avait le même âge que lui. Fils d'un banquier juif roumain établi à Jassy puis à Braila sur le Danube, il avait été élevé par un père à moitié fou, dans une soumission contraignante à l'orthodoxie talmudique. Ne supportant pas cette rigide éducation, il aspirait à la libre pensée. C'est dans ce contexte qu'il devint le condisciple du jeune Freud au Realgymnasium de Vienne*, puis à l'Obergymnasium.

Des liens se tissèrent alors entre les familles des deux adolescents, qui devinrent les meilleurs amis du monde. Pendant dix ans, entre 1871 et 1881, ils échangèrent des lettres qui révèlent de nombreux aspects de la personnalité de Freud à l'adolescence : il y apparaît comme un matérialiste antireligieux, sensuel et révolté, adepte de l'émancipation des femmes, amoureux de Gisela Fluss* et songeant sérieusement à devenir un grand philosophe. Ces lettres montrent également ce que fut la culture viennoise de Freud et comment il fut marqué par le savoir de son époque : par la pensée allemande d'un côté, à travers la philosophie de Ludwig Feuerbach (1775-1833) et la psychologie de Johann Friedrich Herbart*, et par l'enseignement direct de deux maîtres : Franz Brentano* et Ernst von Brücke*, de l'autre.

Fervents admirateurs de Cervantès (1547-1616), Freud et Silberstein décident à cette époque d'apprendre la langue espagnole sans grammaire ni professeur, en se fondant uniquement sur des textes littéraires. Ils créent alors une institution qu'ils baptisent Academia castellana et qui, par certains côtés, annonce cette fameuse Société psychologique du mercredi* où Freud réunira à partir de 1902 ses premiers disciples viennois. L'académie est un lieu de parole où les deux adolescents se livrent à des plaisirs intellectuels souterrains plus proches de l'initiation que de l'enseignement proprement dit. Ils échangent leurs missives en allemand et parfois en espagnol, tout en truffant les deux langues de mots qui opèrent à la manière d'un code secret. Et pour marquer leur adoration de la littérature picaresque, ils s'attribuent chacun des noms empruntés au célèbre « Colloque des chiens » tiré des *Nouvelles exemplaires* de Miguel de Cervantès.

Dans ce récit, Cervantès met en scène le chien Berganza, narrateur invétéré, et le chien Scipion, philosophe cynique et amer. Tous deux sont les fils de la sorcière Montiela, à laquelle ils doivent leur étonnante faculté de disserter sur les errances de l'âme humaine. Après de multiples aventures qui l'ont conduit de l'univers de la prostitution à la cour des rois en passant par les différentes classes de la société, Berganza a échoué à l'hôpital de Valladolid, où il raconte sa vie à Scipion, dans la chambre de Campuzano, héros malheureux qui a attrapé une maladie vénérienne après avoir été abandonné par son épouse, une ancienne femme galante, en dépit de sa promesse d'un bonheur éternel. A travers ce colloque, Cervantès se livre à une critique féroce des perversions humaines et des injustices sociales de son époque.

Sigmund Freud choisit le prénom de Scipion et prend un malin plaisir à commenter les malheurs de son condisciple Eduard-Berganza. Ce n'est pas un hasard si la révolte de ces deux adolescents juifs s'exprime par cette aspiration à une autre identité à laquelle Freud donnera plus tard le nom de roman familial*. Il s'agit pour eux, dans la Vienne* fin de siècle, de dépasser les pères en accédant au statut d'intellectuel (philosophe, savant, écrivain). Et l'initiation s'effectue ici dans la langue de l'auteur de *Don Quichotte*, c'est-à-dire de l'écrivain qui a su décrire avec le plus de lucidité la folie extrême de se prendre pour un autre.

Progressivement, Eduard Silberstein et Sigmund Freud se perdent de vue, sans pourtant rompre les liens qui les avaient unis dans leur adolescence. Silberstein passe son diplôme de juriste, devient un militant socialiste, retourne en Roumanie et exerce sans conviction le métier de banquier. En 1884, Freud se souvient de lui avec tendresse : « L'année dernière encore, écrit-il, il avait un bateau sur le Danube, se faisait appeler “capitaine” et invitait tous ses amis à des promenades au cours desquelles ils remplissaient l'office de rameurs. »

Le « capitaine » roumain n'eut guère de chance dans ses relations amoureuses. Il épousa une jeune fille mélancolique, Pauline Theiler, qu'il envoya à Vienne en 1891 se faire soigner chez son ancien camarade. Le jour du rendez-vous, elle pria la domestique qui l'accompagnait de l'attendre en bas. Puis, au lieu de monter jusqu'au cabinet de Freud, elle se jeta du troisième étage de l'immeuble.

Silberstein aima ensuite une autre femme, Anna Sachs, originaire de Lituanie, qu'il épousa. Il eut avec elle une fille du nom de Theodora. La fille de celle-ci, Rosita Braunstein Vieyra, rendra visite à Anna Freud* à Londres, en 1982, pour se faire raconter comment la première femme de son grand-père s'était suicidée.

A Braila, Eduard Silberstein, homme des Lumières, milita toute sa vie pour l'émancipation des femmes, pour les droits civiques des Juifs et des minorités. Il conserva pieusement les lettres de Freud. Celles-ci sont particulièrement bien traduites en français par Cornélius Heim.

- Sigmund Freud, *Lettres de jeunesse* (1989), Paris, Gallimard, 1990.

▷ HISTORIOGRAPHIE. TRADUCTION (DES ŒUVRES DE FREUD).

SIMMEL Ernst (1882-1947)

psychiatre et psychanalyste américain

Né à Breslau (Wroclaw), dans une région de la Pologne intégrée à l'Empire allemand, Ernst Simmel passa toute son enfance à Berlin, où sa mère dirigeait une agence de placement. Jusqu'en 1914, il pratiqua la psychiatrie dans un quartier pauvre de la ville, puis fut chargé de la direction d'un hôpital psychiatrique militaire durant la Première Guerre mondiale. C'est là qu'il commença à se familiariser avec l'hypnose* et les théories freudiennes en utilisant, dans le traitement des traumatismes liés à la guerre, un mannequin sur lequel les patients pouvaient décharger leur agressivité. En 1918, il publia un livre sur ce sujet dont Sigmund Freud* fit l'éloge dans une lettre à Karl Abraham* du 17 février : « Voici pour la première fois, écrivait-il, un médecin allemand qui se situe entièrement, sans condescendance protectrice, sur le terrain de la psychanalyse*, qui se fait l'avocat de son utilité éminente dans la thérapie des névroses de guerre*, le prouve par des exemples, et qui fait également montre d'une parfaite honnêteté dans la question de l'étiologie sexuelle. Il n'a pas suivi, il est vrai, la psychanalyse en tout point, s'en tient au fond à un point de vue cathartique, procède par hypnose [...]. Je crois qu'un an de formation ferait de lui un bon analyste. »

En octobre, Simmel commença une analyse avec Abraham, qui tempéra l'enthousiasme de Freud : « Il n'a aucunement dépassé le point de vue Breuer*/Freud. Il a de fortes résistances – dont il n'a lui-même qu'une idée fort confuse – en face de la sexualité* [...]. Peut-être évoluera-t-il. »

Passionné par la médecine hospitalière, Simmel s'intégra au mouvement psychanalytique en participant avec Max Eitingon* à la création du Berliner Psychoanalytisches Institut* (BPI) et à la fondation de la polyclinique. Il y développa des séminaires et des analyses de contrôle* tout en s'occupant de la rédaction d'un ouvrage collectif sur les névroses de guerre* qui contenait des articles des pionniers : Ernest Jones*, Sandor Ferenczi*, etc., et dont Freud rédigea la préface.

A la mort d'Abraham, en 1925, Simmel fut élu président de la Société psychanalytique berlinoise, et l'année suivante il créa son sanatorium, au Schloss Tegel, sur le modèle des grandes cliniques de l'époque : Bellevue, Burghölzli, etc. C'est Ernst Freud* qui fut chargé de l'aménagement intérieur du bâtiment. Le « château » de Tegel devint ainsi l'un des hauts lieux de l'introduction des méthodes freudiennes dans le traitement des toxicomanies, des psychoses* et des névroses* graves. Il servit ensuite de modèle pour l'aménagement des grandes cliniques américaines. Vingt-cinq patients y furent quotidiennement soignés entre 1927 et 1930, et Freud y séjourna quand il se fit soigner pour son cancer à Berlin. Lorsque Simmel rencontra des difficultés financières, il fut aidé par la généreuse Marie Bonaparte*, par Dorothy Burlingham*, par Raymond de Saussure* et, bien entendu, par Freud lui-même, qui lui offrit l'un des anneaux du Comité secret* et se mobilisa en signant avec Albert Einstein (1879-1955) un appel adressé au ministre de la Culture d'Allemagne*.

En dépit de tous les efforts du mouvement freudien, la clinique dut fermer ses portes en 1931. Simmel songea alors à renouveler l'expérience en Californie. Mais, en 1933, il fut arrêté par la Gestapo en raison de son appartenance à l'Association des médecins socialistes. Grâce à Ruth Mack-Brunswick*, qui paya une rançon aux nazis, il parvint à s'enfuir par la Belgique* et l'Angleterre pour gagner ensuite la côte ouest des États-Unis* avec l'aide de Franz Alexander* et de Hanns Sachs*. Les locaux du Tegel furent alors occupés par les SA.

Après avoir été, en 1942, le président de la toute nouvelle San Francisco Psychoanalytical Society (SFPS) fondée par Siegfried Bernfeld* en 1941, Simmel créa cinq ans plus tard, à Los Angeles, une nouvelle société dotée d'un Institut psychanalytique organisé sur le modèle de celui de Berlin : la Los Angeles Psychoanalytic Society (LAPS). Avec Otto Fenichel* et Bernfeld, il milita au sein de l'American Psychoanalytic Association* (APsaA) en faveur de l'analyse profane*. Comme eux, il eut toute sa vie la nostalgie de la vieille Europe, regrettant l'allure « mécaniciste » de la psychanalyse à l'américaine. Cela ne l'empêcha pas de devenir, comme bien d'autres pionniers du freudisme en Allemagne, l'un des meilleurs représentants de la psychanalyse sur le continent nord-américain. Il eut une pratique florissante, notamment dans le milieu du cinéma hollywoodien, où affluaient tous les intellectuels européens chassés par le nazisme*.

En 1993, son œuvre fut redécouverte en Allemagne grâce au travail de plusieurs érudits du freudisme, Michael Schröter, Ludger Hermanns, Ulrich Schultz-Venrath, qui en firent une nouvelle présentation.

● Ernst Simmel, *Kriegsneurosen und psychische Trauma : Ihre gegenseitigen Beziehungen, dargestellt auf Grund psychoanalytischer, hypnotischer Studien*, Munich et Leipzig, Otto Nemnich, 1918 ; *Psychoanalysis and the War Neuroses* (Berlin, 1919), Londres, International Psycho-Analytical Press, 1921 ; « Psychoanalytical treatment in a sanitarium », *IJP*, 1929, 10, 70-89 ; « The psychoanalytical sanitarium and the psychoanalytical movement », *Bull. Menninger*

Clinic, 1, 1937, 133-143 ; « Self-preservation and the death instinct », *Psychoanalytic Quarterly*, 13, 1944, 160-185 ; *Psychoanalyse und ihre Anwendungen. Ausgewählte Schriften*, Francfort, Fischer, 1993. Franz Alexander, Samuel Eisenstein et Martin Grotjahn, *Psychoanalytic Pioneers*, New York, Basic Books, 1966, 373-383. *Ici la vie continue de manière surprenante*, Recueil de textes traduits par Alain de Mijolla, Paris, Association internationale d'histoire de la psychanalyse (AIHP), 1987. Nathan G. Hale, *Freud and the Americans, 1917-1985 : The Rise and Crisis of Psychoanalysis in the United States*, t. II, New York, Oxford, Oxford University Press, 1995. Sigmund Freud, « Einleitung zu *Zur Psychoanalyse des Kriegsneurosen* » (1919), *GW*, XII, 321-324, *SE*, XVII, 205-210 ; *Chronique la plus brève, Carnets intimes 1929-1939*, annoté et présenté par Michael Molnar (Londres, 1992), Paris, Albin Michel, 1992 ; et Karl Abraham, *Correspondance 1907-1926* (Francfort, 1965), Paris, Gallimard, 1969.

SLIGHT David (1899-1985)

psychiatre et psychanalyste américain

C'est dans la partie francophone du Canada* que David Slight joua un rôle important au regard de l'histoire de la psychanalyse* dans ce pays. Écossais d'origine, il arriva à Montréal en 1926 et, deux ans plus tard, fut nommé directeur de la consultation externe de l'université McGill. Durant l'été 1928, il partit en vacances sur la mer Baltique, et il commença une analyse didactique* avec Franz Alexander*. Il la poursuivra à Berlin, puis à Chicago, après l'émigration de celui-ci aux États-Unis*. Installé comme praticien à Montréal pendant dix ans, Slight prépara le terrain à la création du premier groupe psychanalytique canadien, qui sera reconnu par l'International Psychoanalytical Association* (IPA) après la Deuxième Guerre mondiale. Devenu membre de l'American Psychoanalytic Association* (APsaA) en 1932, il voulut se rendre à Vienne* pour continuer sa formation auprès d'Anna Freud* dans le domaine de la psychanalyse des enfants*. Mais, sur les conseils d'Edward Glover*, il resta à Londres et fit une cure peu orthodoxe avec Melanie Klein*. Pendant l'été, il la rejoignit à Saint-Jean-de-Luz, où elle passait ses vacances, pour suivre des séances qui duraient deux heures. C'est à lui que l'on attribue la formule : « Freud a rendu le sexe respectable et Melanie Klein a rendu l'agressivité respectable. » En 1936, il quitta Montréal pour Chicago, où il restera jusqu'à sa mort.

• Alan Parkin, *An History of Psychoanalysis in Canada*, Toronto, The Toronto Psychoanalytic Society, 1987. Phyllis Grosskurth, *Melanie Klein, son monde, son œuvre* (1986), Paris, PUF, 1990.

▷ CLARKE Charles Kirk. GLASSCO Gerald Stinson. MEYERS Donald Campbell.

SOCIÉTÉ PSYCHOLOGIQUE DU MERCREDI (PSYCHOLOGISCHE MITTWOCH-GESELLSCHAFT)

Créée en 1902 par Sigmund Freud*, Alfred Adler*, Wilhelm Stekel*, Rudolf Reitler (1865-1917) et Max Kahane (1866-1923), la Société psychologique du mercredi fut le premier cercle de l'histoire du mouvement psychanalytique. Elle exista pendant cinq ans, de 1902 à 1907, et fut ensuite remplacée par une véritable institution de type associatif, la Wiener Psychoanalytische Vereinigung (WPV), qui servit de modèle à toutes les sociétés regroupées dans l'International Psychoanalytical Association* (IPA) à partir de 1910.

Véritable banquet socratique baigné dans l'esprit viennois du début du siècle, la Société du mercredi fut un laboratoire d'idées freudiennes. Entre 1902 et 1907, des hommes venus de divers horizons se réunirent autour d'un maître, à son domicile de la Berggasse, dans le seul but d'éveiller leur conscience à la lumière de l'intelligence suprême de celui qui avait inventé une nouvelle doctrine : la psychanalyse*.

« Au premier étage, ils sont là une douzaine à se réunir, écrit Michel Schneider, tous les mercredis soir de l'année académique, à neuf heures précises. Tous ont déjà dîné mais on offre du cigare et du café [...]. Presque tous sont juifs ; la plupart médecins mais certains sont philosophes, artistes éducateurs, parfois simplement des esprits érudits et curieux. »

Le rituel est toujours le même : formant un cénacle autour du « père », les hommes du mercredi s'identifient à la fameuse « horde sauvage » que Freud décrira dans *Totem et Tabou** en empruntant le thème à Charles Darwin (1809-1882). Assis autour d'une table ovale, ils ont l'obligation de prendre part aux échanges sans avoir le droit de lire un papier préparé d'avance. A chaque réunion est dressée une urne qui renferme les noms des orateurs. Une fois accompli le tirage au sort, la conférence a lieu, puis la discussion.

Liés par une insatisfaction commune à l'égard de la science de leur époque, les hommes du mercredi donnent une image assez fidèle de la culture de la Mitteleuropa. Comme le monde dans lequel ils vivent, ils sont déchirés par des conflits et, chaque fois qu'ils se rencontrent, quand ils parlent de leurs cas cliniques, de leurs utopies ou de leur aspiration à un monde nouveau, de l'inconscient*, du rêve* ou de la sexualité*, ils se réfèrent aussi à leurs propres problèmes, à leur vie privée, à leurs amours. Ce qui les pousse à comprendre leurs semblables c'est une curiosité pour eux-mêmes, leur enfance, leurs parents, leur identité. Peu de femmes participeront aux expériences de ce cénacle masculin, qui fait parfois montre d'une incroyable misogynie, notamment Isidor Sadger* et Fritz Wittels*.

En 1902, à l'exception de Freud, aucun participant n'est encore psychanalyste. Vers 1904, Stekel et Paul Federn* commencent à exercer, et quatre ans plus tard, une bonne moitié des membres de la Société sont devenus psychanalystes, qui tous ont été analysés par Freud ou par Federn. Les premières cures ne comportent ni cursus ni principe didactique et ceux qui les mènent sont les pionniers d'une pratique non encore codifiée. Ils inventent au jour le jour la technique de la psychanalyse, la clinique de la cure, l'exposé de cas, la conceptualité de la doctrine.

En 1906, le jeune Otto Rank*, nommé secrétaire, se charge d'établir un compte rendu détaillé des séances. Grâce à lui, le groupe accède à un autre statut. Le cénacle devient un lieu de mémoire. Les fameuses Minutes, premières archives de l'histoire du freudisme*, seront soigneusement conservées par Freud, qui les sauvera du nazisme* en les transmettant à Federn, qui lui-même en confiera la garde à Hermann Nunberg*. La lecture de ce *verbatim*, unique dans les annales de la psychanalyse, est fascinante, qui met en scène la naissance d'un mouvement, la dialectique d'une pensée, l'essence d'un dialogue.

En 1907, la Société compte ving-deux membres actifs, et Freud annonce sa dissolution. L'année suivante, elle se transforme en association, la Wiener Psychoanalytische Vereinigung (WPV), première institution psychanalytique du monde. La fièvre des commencements se dissipe alors au profit de la raison institutionnelle : l'Académie succède au banquet. D'où l'abolition de la règle qui obligeait chacun à prendre la parole. Désormais, seuls certains participants font autorité, et parlent en présence d'élèves, auditeurs silencieux.

A la horde active de 1902-1907 succède donc une société libérale moderne régie par la réglementation démocratique du droit à la parole et par la hiérarchie des maîtres et des élèves, le mercredi étant néanmoins maintenu pour respecter la tradition. Quand cette nouvelle société est dissoute en 1910, au moment de la création de l'IPA, elle compte cinquante-huit membres (dont une seule femme), parmi lesquels seulement vingt-sept médecins. La plupart d'entre eux sont des Juifs autrichiens, nés dans diverses provinces de l'Empire austro-hongrois : Galicie (polonaise et russe), Bukovine, etc. Les autres sont russes ou hongrois. On doit au patient travail d'Elke Mühlleitner de connaître leurs noms. Ceux qui n'eurent pas la chance d'émigrer d'Autriche en 1938 périront dans des camps d'extermination nazis.

En 1910, une nouvelle WPV est aussitôt reconstituée. Elle est intégrée à l'IPA. Les séances ne se tiennent plus dans l'appartement de Freud mais dans une salle dite collège des docteurs. A cette date, il ne reste plus rien de l'ancienne Société du mercredi. L'Académie est devenue une institution, livrée aux querelles d'école. Viendront ensuite les clivages et les dissidences, avec Stekel et Adler.

Le compte rendu des Minutes s'achève en 1918, alors que la Vienne impériale qui a vu naître la psychanalyse n'est plus qu'une ville fantôme hantée par le passé. Réduite comme peau de chagrin par les traités de Versailles, de Trianon, de Saint-Germain, l'Autriche cesse d'être le centre névralgique de la psychanalyse et, malgré les espoirs que Freud fonde sur la Hongrie*, c'est désormais le monde occidental anglophone qui va dominer le mouvement.

Ce n'est donc pas un hasard si Freud confie le précieux texte des Minutes à un Viennois (Federn), exilé comme lui, lequel le transmettra ensuite à un autre Viennois (Nunberg) devenu américain. Ces Minutes témoignent de l'existence de ce « monde d'hier » cher à Stefan Zweig*, un monde à jamais perdu : « Nous voulions, écrit Nunberg, laisser le lecteur voir lui-même comment les participants s'influençaient mutuellement, comment ils acceptaient ou rejetaient ce qui leur était offert et combien ils étaient parfois dominés par des influences, des émotions et des préjugés étrangers à l'esprit de la psychanalyse. Nous voulions rendre le lecteur témoin des luttes qui se déroulèrent dans la Société viennoise et qui permirent à ses membres à la fois de surmonter leurs résistances et de devenir des psychanalystes compétents [...]. Je dédie donc cette étude au vieux cercle d'amis auquel elle doit le jour, en souvenir des heures stimulantes vouées en commun à la recherche intellectuelle. »

● *Les Premiers Psychanalystes, Minutes de la Société psychanalytique de Vienne*, I, *1906-1908* (New York, 1962), Paris, Gallimard, 1976, précédé d'une

« Introduction » par Hermann Nunberg, 9-26 ; *ibid.*, II, *1908-1910* (New York, 1967), Paris, Gallimard, 1978 ; *ibid*, III, *1910-1911* (New York, 1967), Paris, Gallimard, 1978 ; *ibid.*, IV, *1912-1918* (New York, 1975), Paris, Gallimard, 1983, avec une présentation de Michel Schneider, « Le trouble des commencements », III-XXIII. Vincent Brome, *Les Premiers Disciples de Freud* (Londres, 1967), Paris, PUF, 1978. Élisabeth Roudinesco, *Histoire de la psychanalyse en France*, vol. 1 (1982), Paris, Fayard, 1994. Elke Mühlleitner, *Biographisches Lexikon der Psychoanalyse : die Mitglieder der Psychologischen Mittwoch-Gesellschaft und der Wiener Psychoanalytischen Vereinigung von 1902-1938*, Tübingen, Diskord, 1992. Edward Shorter, « The two medical worlds of Sigmund Freud », in *Freud and the History of Psychoanalysis*, Toby Gelfand et John Kerr (éd.), Londres, The Analytic Press, 1992, 59-79. Ernst Falzeder et Bernhard Handlbauer, « Freud, Adler et d'autres psychanalystes. Des débuts de la psychanalyse organisée à la fondation de l'Association psychanalytique internationale », *Psychothérapies*, vol. XII, 4, 1992, 219-232.

▷ ÉCOLE FREUDIENNE DE PARIS. HISTOIRE DE LA PSYCHANALYSE. JUDÉITÉ. TECHNIQUE PSYCHANALYTIQUE. SCISSION.

SOI

▷ KOHUT Heinz. *SELF PSYCHOLOGY.*

SOKOLNICKA Eugénie, née Kutner (1884-1934)

psychanalyste française

Pionnière de la psychanalyse des enfants*, membre fondatrice de la Société psychanalytique de Paris (SPP), analyste d'André Gide (1869-1951) et amie des écrivains de *La Nouvelle Revue française (NRF)*, cette Polonaise au destin tragique était née à Varsovie dans une famille juive aisée et libérale. Sa mère fut une militante de l'indépendance polonaise, comme ses oncles et son grand-père paternels. Élevée par une gouvernante française, elle vint à Paris à l'âge de 20 ans et obtint une licence ès sciences à la Sorbonne, tout en assistant aux cours de Pierre Janet* au Collège de France.

C'est en 1911 qu'elle s'orienta vers la psychiatrie dynamique* en se rendant à la clinique du Burghölzli, où elle suivit l'enseignement de Carl Gustav Jung*. En 1913, au moment de la rupture entre Vienne* et Zurich, elle choisit la voie freudienne et entra en analyse avec Sigmund Freud* pour une durée d'un an. Elle participa alors aux réunions de la Société psychologique du mercredi* et, en 1914, sur les conseils du maître, elle s'installa à Munich, où il n'existait pas de cercle freudien. La guerre l'obligea à rentrer en Pologne, puis à retourner à Zurich. En 1918, elle s'établit à Varsovie avec la ferme intention d'y former une société psychanalytique. Elle n'y parviendra pas.

A Budapest, auprès du grand Sandor Ferenczi*, elle reprit une cure dont on trouve la trace dans la correspondance de celui-ci avec Freud. Eugénie se sentait persécutée, et Ferenczi identifia ces troubles à des traits paranoïaques et érotomaniaques. Elle souffrait aussi de dépression et de tendances suicidaires. Face à cette femme difficile, Ferenczi, au contraire de Freud, fit preuve d'un don clinique exceptionnel.

Toujours en partance pour un autre pays, Sokolnicka émit le souhait en 1921 de retourner à Paris. Appuyée par Ferenczi, elle réalisa ce vœu avec l'accord de Freud, qui pourtant ne l'appréciait guère et la traitait d'« horrible personne. » Il se résoudra néanmoins à lui apporter son soutien jusqu'à sa rencontre avec Marie Bonaparte*.

Son passage à l'hôpital Sainte-Anne fut de courte durée. N'étant pas médecin et affichant un caractère difficile, elle eut de grandes difficultés à s'intégrer au milieu psychiatrique français, en dépit du soutien de René Laforgue* et d'Édouard Pichon*. C'est surtout dans le milieu littéraire qu'elle favorisa l'implantation des thèses freudiennes en France*. A l'automne 1921, le groupe de la *NRF* l'accueillit avec ferveur et elle organisa chez elle un cénacle que l'on surnomma le « Club des refoulés » où se réunirent Jacques Rivière (1886-1925), Roger Martin du Gard (1881-1958), Gaston Gallimard, etc.

Dans son roman *Les Faux-Monnayeurs*, publié en 1925, Gide lui donna le nom de Sophroniska et s'inspira de l'article qu'elle avait publié en 1920 dans l'*Internationale ärztliche Zeitschrift für Psychoanalyse** (*IZP)* : « L'analyse d'un cas de névrose obsessionnelle infantile ». Il s'agissait de la cure d'un petit garçon juif de 10 ans, originaire de Minsk. Eugénie l'avait pris en analyse pendant six semaines en appliquant avec succès la technique de l'aveu et de la cure courte. L'histoire de ce cas, l'un des premiers du genre après celui du petit Hans (Herbert Graf*) et les quelques articles d'Hermine von Hug-Hellmuth*, sera commentée à de nombreuses reprises, d'abord par l'école anglaise, puis en France, où il sera traduit pour la première fois en 1968 par Michel Gourevitch avec une présentation de Daniel Widlöcher.

En 1934, marginalisée à la SPP et ne comptant qu'une maigre clientèle, Eugénie Sokolnicka se donna la mort en ouvrant le gaz dans la maison, prêtée par Édouard Pichon, qu'elle habitait.

● Eugénie Sokolnicka « L'analyse d'un cas de névrose obsessionnelle infantile » (1920), *Revue de neuropsychiatrie infantile et d'hygiène mentale de l'enfance*, 16, mai-juin 1968, 473-487. André Gide, *Les Faux-Monnayeurs*, Paris, Gallimard, 1925. Élisabeth Roudinesco, *Histoire de la psychanalyse en France*, vol. 1 (1982) et 2 (1986), Paris, Fayard, 1994. Pascale Duhamel, *Eugénie Sokolnicka (1884-1934), entre l'oubli et le tragique*, Mémoire pour le certificat d'études spéciales de psychiatrie, université Bordeaux-II, 1988.

▷ FRANCE. KLEIN Melanie. MORGENSTERN Sophie.

SOMNAMBULISME

▷ BENEDIKT Moriz. BERNHEIM Hippolyte. BREUER Josef. *CATHARSIS*. CHARCOT Jean Martin. HYPNOSE. HYSTÉRIE. JANET Pierre. LIÉBEAULT Auguste. MESMER Franz Anton. PERSONNALITÉ MULTIPLE. PSYCHIATRIE DYNAMIQUE. PSYCHOTHÉRAPIE. SPIRITISME. SUGGESTION.

SOUVENIR D'ENFANCE DE LÉONARD DE VINCI (UN)

Ouvrage de Sigmund Freud publié en allemand en 1910 sous le titre *Ein Kindheitserinnerung des Leonardo da Vinci*. Traduit pour la première fois en français par Marie

Bonaparte* en 1927 sous le titre *Un souvenir d'enfance de Léonard de Vinci,* puis en 1987 par Janine Altounian, Odile Bourguignon et André Bourguigon (1920-1996), Pierre Cotet et Alain Rauzy sans changement de titre. Traduit en anglais pour la première fois en 1916 par Abraham Arden Brill* sous le titre *Leonardo da Vinci,* puis par Alan Tyson en 1957 sous le titre *Leonardo da Vinci and a Memory of His Childhood.*

Au même titre qu'Hannibal ou Moïse, Léonard de Vinci (1452-1509) appartient à ce panthéon des grands hommes et des héros auxquels Freud voue une admiration particulière.

Dans une lettre à Wilhelm Fliess* du 9 octobre 1898, il manifeste son intérêt pour certains détails de la vie de ce génie de la Renaissance. Il remarque que Léonard est gaucher et qu'on ne lui connaît aucune histoire d'amour. Dix ans plus tard, le 17 octobre 1909, à peine rentré des États-Unis*, il écrit à Carl Gustav Jung* pour lui faire part d'une découverte : l'énigme du caractère de Léonard lui est apparue tout à coup transparente. Selon lui, Vinci était devenu sexuellement inactif ou homosexuel après avoir converti sa sexualité inachevée (infantile) en une pulsion* de savoir. Freud ajoute qu'il vient de rencontrer la même problématique chez un névrosé dépourvu de génie.

Aussitôt, il se met au travail et rédige l'ouvrage entre janvier et mars 1910 pour le faire paraître en mai. Entre-temps, en avril, toujours aussi ambivalent à l'égard de sa production, il écrit à Ernest Jones* : « Ne mettez pas trop d'espoir en ce *Léonard* qui va sortir le mois prochain. Ne vous attendez pas à y trouver le secret de *La Vierge aux Rochers* ni la solution du problème de *La Joconde* ; pour que l'ouvrage vous plaise, placez moins haut vos espérances. »

Il s'agit là d'une belle dénégation, car Freud s'intéresse réellement au sourire de Mona Lisa, l'épouse du Florentin Francesco del Giocondo : il veut même en saisir la quintessence en étudiant le développement psychologique et intellectuel du peintre, dont le destin, dit-il, ne saurait échapper aux « lois qui régissent avec une égale rigueur les conduites normales et pathologiques ».

Conscient que son ouvrage risque de faire scandale en abordant la sexualité* d'un des créateurs les plus célèbres du monde, Freud avertit le lecteur que tout essai biographique se doit d'éviter la pruderie et de ne pas passer sous silence la vie sexuelle du héros choisi. Or, ajoute-t-il, on sait peu de chose de celle de Léonard, qui manifesta une froideur évidente et rare chez un artiste habitué à peindre la beauté féminine.

Le « peu de chose » dont dispose Freud, ce sont quelques lectures : une imposante biographie d'Edmondo Solmi publiée en 1908, celle de Giorgio Vasari (1511-1574), et surtout un roman historique de Dmitri Sergueïevitch Merejkovski (1865-1941). Dans cet ouvrage, l'écrivain russe trace un portrait de Léonard en imaginant qu'un journal est tenu par un élève sur le maître. Dans tous ces textes, il manque un élément central concernant la sexualité du peintre. Freud finit par le trouver dans les *Carnets* de Léonard de Vinci. Il y découvre en effet cette phrase à propos de son intérêt pour le vol des oiseaux : « Il semble qu'il m'était déjà assigné auparavant de m'intéresser aussi fondamentalement au vautour car il me vient à l'esprit comme tout premier souvenir qu'étant encore au berceau, un vautour est descendu jusqu'à moi, m'a ouvert la bouche de sa queue et, à plusieurs reprises, a heurté mes lèvres de cette même queue. »

Freud décide alors de soumettre cette « fantaisie du vautour chez Léonard » à une écoute psychanalytique. Il discerne dans ce souvenir la trace d'une fellation qui n'est que la répétition d'une situation plus ancienne : « A l'âge de la tétée, nous prenions dans la bouche le mamelon de la mère ou de la nourrice pour le téter. L'impression organique que produisit sur nous cette première jouissance* vitale est sans doute restée indestructiblement empreinte [...]. Nous comprenons maintenant pourquoi Léonard reporte dans les années où il recevait la tétée le souvenir de l'expérience prétendument vécue avec le vautour. »

La jubilation de Freud peut se comprendre : il vient de trouver là une réminiscence parfaitement en accord avec les perspectives théoriques développées en 1905 dans les *Trois Essais sur la théorie sexuelle**, puis en 1908 dans son article « Les théories sexuelles infantiles », et illustrées au cours de l'analyse du petit Hans (Herbert Graf*).

Cependant, des interrogations subsistent : pourquoi un vautour et comment articuler cela avec l'homosexualité* de Léonard ? Pour répondre à ces questions, Freud suppose que Léonard de Vinci a pu s'inspirer des mythes de la civilisation égyptienne. Le mot mère, en effet, y était écrit au moyen d'un pictogramme renvoyant à l'image du vautour, animal dont la tête représentait une divinité maternelle et dont le nom se prononçait *Mout* (proche en cela de l'allemand *Mutter* : mère). Par ailleurs, poursuit Freud, dans les légendes d'inspiration chrétienne, le vautour est une espèce qui n'existe que par le genre femelle. A une certaine période, ces vautours femelles s'arrêtent en plein vol, ouvrent leur vagin et sont fécondés par le vent. Elles incarnent ainsi la vierge immaculée.

La réminiscence du vautour et la connotation sexuelle passive qui s'y rattache sont alors mises en relation avec l'enfance du grand peintre. Enfant illégitime élevé par sa mère, Léonard fut l'objet exclusif de son amour. Nul père à qui s'identifier au moment de l'émergence de sa sexualité. Freud établit un rapport de causalité entre la relation infantile du peintre à sa mère et son homosexualité ultérieure : « Nous ne nous risquerions pas à inférer un tel rapport à partir de la réminiscence déformée de Léonard, si nous ne savions par les examens psychanalytiques de nos patients homosexuels qu'un tel rapport existe, et même qu'il s'agit d'un rapport essentiel et nécessaire. »

Freud manifeste là sa sympathie pour les homosexuels, puis reprend pour les développer les étapes de l'organisation de la sexualité infantile et les modalités de cette organisation susceptibles de conduire un sujet masculin à l'homosexualité. Puis il interprète celle-ci comme un repli sur la phase de l'auto-érotisme* au cours duquel l'individu ne peut aimer que des substituts de sa propre personne. Pour la première fois, il parle ici du narcissisme*, qui deviendra ultérieurement un concept.

Reste alors l'énigme du sourire de Mona Lisa. Pour Freud, ce fameux sourire est celui de Catarina, la mère de Léonard. Ainsi les belles têtes d'enfants sont les reproductions de sa propre personne enfantine, et les femmes souriantes des répliques de sa mère, qui affichait autrefois ce sourire que lui avait perdu.

Freud procède à un autre rapprochement. Il note en effet que le tableau de

Léonard de Vinci chronologiquement le plus proche de *La Joconde* est celui de *Sainte Anne en tierce,* où figurent sainte Anne, Marie et l'enfant Jésus. Après avoir observé que ce motif apparaît rarement dans la peinture italienne, Freud discerne dans le tableau, qui représente deux femmes autour d'un enfant, la trace d'un autre souvenir d'enfance de Léonard. Vers l'âge de 3 ans, celui-ci aurait retrouvé son père, qui s'était remarié ; il aurait donc eu deux mères, comme l'enfant Jésus du tableau entouré de deux jeunes femmes au délicat sourire. Comment expliquer autrement cette transfiguration de sainte Anne, s'interroge Freud ? La mère de Marie, et donc la grand-mère du Christ, n'apparaît-elle pas dans le tableau aussi jeune que sa fille ?

Peter Gay observe que Freud n'a jamais prétendu avoir rendu compte du génie de Léonard de Vinci : tout au plus a-t-il cherché à éclairer le processus de sublimation* ayant abouti au développement des pulsions d'investigation et à la mise en sommeil des pulsions sexuelles. De même a-t-il souligné un trait de caractère particulier de Léonard : l'inclination à ne jamais achever les œuvres entreprises, où il y voit l'effet d'une identification au père qui avait abandonné son fils dans sa toute première enfance.

Le 3 juillet 1910, Freud écrit à Karl Abraham* : « J'ai reçu le premier compte rendu du *Léonard,* celui de Havelock Ellis* dans le *Journal of Mental Science* : il est aimable, comme toujours. Il plaît à tous les amis, et j'espère qu'il provoquera l'aversion chez tous ceux qui ne sont pas avec nous. »

En 1923, un lecteur spécialiste de la Renaissance italienne écrit à la direction du *Burlington Magazine for Connoisseurs,* dans lequel avait été publié un article élogieux sur le livre de Freud. Le correspondant signale une erreur qui lui semble gravement hypothéquer la validité de l'interprétation freudienne. Freud, écrit l'auteur de la lettre, semble s'être fié pour sa lecture des *Carnets* de Léonard de Vinci à une version allemande dans laquelle le terme italien *nibbio* est traduit par le mot allemand *Geier* qui signifie vautour. Or l'italien *nibbio* signifie « milan » et non « vautour ».

Cette observation critique fut superbement ignorée par les milieux psychanalytiques de l'époque, et Ernest Jones n'en fit état, trente ans plus tard, qu'en quelques lignes anodines. Comme l'écrit Jean-Bertrand Pontalis dans sa préface à l'une des éditions françaises de l'ouvrage : « Il a fallu surtout que le grand historien de l'art Meyer Schapiro publie son étude "Leonardo and Freud" pour que la communauté psychanalytique s'émeuve. » Si, dans son travail publié en 1956, Schapiro fait preuve d'un immense respect à l'égard de Freud et s'abstient de toute polémique, il fait néanmoins valoir que l'erreur de Freud est réelle et qu'elle est due à une lecture superficielle du souvenir consigné dans les *Carnets.* Schapiro souligne que l'évocation de ce genre de souvenir était un procédé rhétorique courant à l'époque de Léonard pour signifier un présage, et qu'il ne s'agit donc pas d'une véritable réminiscence.

La critique était imparable, mais Kurt Eissler, directeur des Archives Freud* et haute figure de l'orthodoxie psychanalytique, décida de batailler une fois de plus contre les adversaires du maître. Loin de reconnaître les erreurs de Freud et de trouver là matière à réflexion sur les risques inhérents à la psychanalyse appliquée*, Eissler s'attacha à justifier l'ensemble de la démarche de Freud, se mettant donc au service d'une historiographie* officielle. Pontalis résume ainsi l'essentiel de l'argumentation eisslérienne : « L'erreur est minime : substituer "vautour" à "milan" n'altère pas l'essence même du fantasme, sa signification sexuelle d'avidité orale et de passivité. L'erreur est ponctuelle : elle ne met pas en cause l'ensemble des apports de l'ouvrage, qu'ils concernent le narcissisme ici introduit pour la première fois [ou] la genèse de l'homosexualité masculine [...] il s'agit moins d'une erreur que d'un lapsus* [comme si, ajoute Pontalis avec humour, un lapsus n'était pas aussi une erreur...] [...]. Qu'importe une erreur factuelle, qu'elle porte sur le vautour ou sur les événements de l'enfance, si la logique interne – de la construction ou du fantasme, son homologue – et celle de l'écrit qui en témoigne fonctionnent ! Heureux psychanalystes qui retombent toujours sur leurs pieds ! »

La critique de Schapiro ne s'arrêtait pas là. L'historien soulignait une autre erreur de Freud, plus grave celle-là, à propos du tableau représentant *La Vierge à l'enfant avec sainte Anne*. Ce thème, expliquait-il, loin d'être rarement traité à l'époque de Léonard de Vinci, comme Freud semble le supposer, était au contraire l'un des thèmes de prédilection de la Renaissance italienne. Ainsi le culte de sainte Anne fut-il particulièrement développé à l'initiative du pape Sixte IV (1414-1484) entre 1481 et 1510. Et Schapiro de donner une leçon de rigueur : « La première chose à faire quand on veut rendre compte d'une nouvelle image artistique, c'est d'établir sa priorité [...]. Sur ce point, le psychanalyste doit s'adresser à la discipline de l'histoire de l'art et aux domaines culturels voisins, l'histoire de la religion et de la vie sociale. »

Il est difficile de ne pas s'interroger sur le fondement de l'attachement de Freud à cet essai dont il dira, dans des lettres adressées simultanément à Lou Andreas-Salomé* et à Sandor Ferenczi* en février 1919 : « C'est la seule belle chose que j'aie écrite. »

Selon Peter Gay, outre la fascination de Freud pour le grand homme de la Renaissance, il y a des raisons plus souterraines. Gay cite une lettre à Jung, écrite le 2 décembre 1909, au lendemain de l'exposé, dans laquelle Freud affirme s'être délivré d'une « obsession » en faisant un exposé sur Léonard à la Société psychologique du mercredi*. Les traces douloureuses de la relation à Fliess et leur réveil lors de la rupture avec Alfred Adler* témoignent de la persistance en Freud de ce qu'il repère lui-même comme étant « les mêmes choses paranoïdes ».

L'intérêt fondamental de cet ouvrage est d'ordre théorique. Le *Souvenir* est en effet porteur de l'étude, alors en cours, sur les *Mémoires d'un névropathe* de Daniel Paul Schreber*, où Freud énonce sa thèse essentielle selon laquelle la tendance refoulée à l'homosexualité est un élément fondamental de la paranoïa*.

• Sigmund Freud, *La Naissance de la psychanalyse* (New York, 1950), Paris, PUF, 1956 ; *Briefe an Wilhelm Fliess, 1887-1904*, Francfort, Fischer, 1986 ; *Trois Essais sur la théorie sexuelle* (1905), *GW*, V, 29-145, *SE*, VII, 123-243, Paris, Gallimard, 1987 ; *Le Délire et les rêves dans la « Gradiva » de W. Jensen* (1907), *GW*, VII, 31-125, *SE*, IX, 1-95, Paris, Gallimard, 1986 ; « Les théories sexuelles infantiles » (1908), *GW*, VII, 171-188, *SE*, IX, 205-226, in *La Vie sexuelle*, Paris, PUF, 1969, 14-27 ; « Le créateur littéraire et la fantaisie » (1908), *GW*, VII, 213-233, *SE*, IX, 141-153, in *L'Inquiétante Étrangeté et autres essais*, Paris, Gallimard, 1985, 29-46 ; « Analyse d'une phobie chez un petit garçon de cinq ans (le petit Hans) » (1909), *GW*, VII, 243-377, *SE*, X, 1-147, in *Cinq Psychanalyses*, Paris, PUF, 1954, 93-197 ; *Un souvenir d'enfance de Léonard de Vinci* (1910), *OC*, X, 79-164, *GW*, VIII, 128-211, *SE*, XI, 57-137, Paris, Gallimard, 1987, précédé de « L'attrait des oiseaux » par Jean-Bertrand Pontalis, 9-48 ; « Remarques psychanalytiques sur l'autobiographie d'un cas de paranoïa (Dementia paranoïdes) (Le président Schreber) » (1911), *OC*, X, 225-304, sous le titre « Remarques psychanalytiques sur un cas de paranoïa (Dementia paranoïdes) décrit sous forme autobiographique », *GW*, VIII, 40-316, *SE*, XII, 1-79 ; et Karl Abraham, *Correspondance 1907-1926* (Francfort, 1965), Paris, Gallimard, 1969 ; et Sandor Ferenczi, *Correspondance 1914-1919*, Paris, Calmann-Lévy, 1996 ; et Carl Gustav Jung, *Correspondance 1906-1914*, 2 vol., Paris, Gallimard, 1975. Lou Andreas-Salomé, *Correspondance avec Sigmund Freud*, Paris, Gallimard, 1970. *Les Premiers Psychanalystes, Minutes de la Société psychanalytique de Vienne* (1962), Paris, Gallimard, 1976. Kurt R. Eissler, *Léonard de Vinci. Étude psychanalytique* (New York 1961), Paris, PUF, 1980. Peter Gay, *Freud. Une vie* (1988), Paris, Hachette, 1991. Ernest Jones, *La Vie et l'œuvre de Sigmund Freud* (New York, 1953), Paris, PUF, 1958. Norman Kiell, *Freud Without Hindsight. Review of His Work 1893-1939*, Madison, International Universities Press, 1988. Jean Laplanche, « La sublimation », in *Problématiques III*, Paris, PUF, 1980. Philippe Levillain (éd.), *Dictionnaire historique de la papauté*, Paris, Fayard, 1994. Dmitri S. Merejkovski, *Le Roman de Léonard de Vinci* (Saint-Pétersbourg, 1902), Paris, Gallimard, 1934. Meyer Schapiro, « Léonard et Freud » (1956), in *Style, artiste et société*, Paris, Gallimard, 1982. Giorgio Vasari, *La Vie des meilleurs peintres, sculpteurs et architectes italiens* (1550, Florence, 1919), vol. V, traduit sous la direction d'André Chastel, Paris, Berger-Levrault, 1983.

▷ HOMOSEXUALITÉ. ITALIE. LIBRARY OF CONGRESS. ŒDIPE (COMPLEXE D'). PSYCHOSE. SEXUALITÉ.

SOUVENIR-ÉCRAN

Allemand : *Deckerinnerung*. Anglais : *Screen-memory*

Ce mot composé est employé par Sigmund Freud* dans un article autobiographique de 1899, puis dans *Psychopathologie de la vie quotidienne**, pour désigner un souvenir infantile insignifiant qui, par déplacement*, vient masquer un autre souvenir refoulé ou non retenu.

● Sigmund Freud, « Les souvenirs-écrans » (1899), *OC*, sous le titre « Des souvenirs-couvertures », III, 255-276, *GW*, I, 529-544, *SE*, III, 299-322, in *Névrose, psychose et perversion*, Paris, PUF, 1973, 113-132,

▷ FLUSS Gisela. FREUD Pauline. REFOULEMENT. TRADUCTION (DES ŒUVRES DE FREUD).

SPALTUNG

▷ CLIVAGE (DU MOI).

SPANUDIS Theon (1915-1986)

écrivain, médecin et psychanalyste brésilien

Né à Smyrne, Theon Spanudis émigra à Vienne* où, à partir de 1933, il reçut une formation psychanalytique sur le divan de August Aichhorn*. Après une deuxième cure avec Otto Fleischman, il s'intégra à la Sociedade Brasileira de Psicanálise de São Paulo (SBPSP), au sein de laquelle il eut une activité importante. Comme il ne cachait pas son homosexualité* et que la direction de l'International Psychoanalytical Association* (IPA) n'admettait pas les homosexuels dans les rangs de ses sociétés composantes, il fut contraint, à la fin des années 1950, de quitter son groupe et de renoncer à la pratique de la psychanalyse*. Il publia ensuite des recueils de poèmes et se consacra à la critique littéraire.

• Theon Spanudis, *Skizzen und Klänge*, Munich, ORA-Verlag, 1975 ; *Novos Poemas*, São Paulo, Kosmos, 1978.

▷ BRÉSIL.

SPIELREIN Sabina Nicolaievna, épouse Scheftel (1885-1942)
psychiatre et psychanalyste russe

Depuis la publication en 1980 par Aldo Carotenuto et Carlo Trombetta d'un dossier sur Sabina Spielrein, accompagné de sa correspondance avec Sigmund Freud* et Carl Gustav Jung*, de son journal et de plusieurs de ses écrits, cette femme russe, oubliée par l'historiographie* officielle, a fait l'objet de nombreuses études. Devenue un personnage romanesque, elle a acquis une célébrité aussi grande que celles de Bertha Pappenheim* ou d'Ida Bauer*. Il faut dire que son histoire est singulière et révélatrice de tous les enjeux transférentiels du mouvement psychanalytique.

A la fois patiente et étudiante en psychiatrie, Sabina Spielrein participe au début du siècle au débat sur la schizophrénie* autour d'Eugen Bleuler*. Elle expérimente ensuite le principe du transfert* et de la cure par l'amour, puis devient le témoin privilégié de la rupture entre Jung et Freud : l'un est son amant et son analyste, l'autre sera son maître. Elle invente plus tard la notion de pulsion* destructrice et sadique, d'où naîtra celle de pulsion de mort. Elle traverse enfin les deux grandes tragédies qui marquent l'histoire du XXe siècle : le génocide des Juifs en Europe, la transformation du communisme* en stalinisme en Russie*.

Née à Rostov-sur-le-Don, Sabina Spielrein était issue d'une famille juive aisée et cultivée. Élevée selon des principes traditionnels, elle manifeste dès son enfance une imagination débordante jusqu'au jour où elle est victime d'une hallucination : elle voit deux chats menaçants installés sur sa commode, ce qui la conduit ensuite à éprouver des angoisses nocturnes et une phobie* des animaux et des maladies. Vers l'âge de 4 ans, un désordre mental apparaît dans son comportement : « Elle commence à retenir ses fèces, écrit Carotenuto, jusqu'au moment où elle est obligée de déféquer. Plus tard, elle prend l'habitude de s'asseoir sur les talons de manière à fermer l'anus et à empêcher la défécation jusqu'à deux semaines de suite. » A l'âge de 7 ans, elle renonce à ces pratiques mais se livre à la masturbation. A chaque repas, elle songe à la défécation et imagine que tout le monde y pense autour d'elle.

Au fil des années, la situation empire. A l'âge de 18 ans, Sabina est atteinte de crises de dépression avec alternance de larmes, de rires et de cris convulsifs. Un an plus tard, elle traverse un épisode psychotique. Ses parents décident alors de la faire soigner en Suisse*, à la fameuse clinique du Burghölzli de Zurich. Elle y entre le 17 août 1904 et y restera jusqu'au 1er juin 1905.

Soignée par Jung, qui expérimente avec elle les principes freudiens de la cure psychanalytique en la traitant comme un cas d'hystérie*, elle guérit complètement de ses symptômes. Elle poursuit alors des études médicales et s'engage sur la voie de la psychiatrie. Cependant, la cure s'achève par une passion incontrôlable entre le thérapeute et sa patiente. Comme Sandor Ferenczi*, et comme beaucoup de freudiens de cette époque pionnière, Jung ne parvient pas à distinguer clairement l'amour et le transfert, d'autant qu'il a affaire à une jeune fille d'une intelligence exceptionnelle qu'il a réussi à guérir en la séduisant. Étant donné son âge et ses origines, elle pourrait devenir son épouse s'il n'était déjà marié. A la fois polygame, séducteur et hanté par le péché et la folie*, Jung a toujours eu une attirance particulière pour le type de féminité qu'incarne Sabina, comme en témoigne par ailleurs sa relation avec sa cousine Hélène Preiswerk*.

Ne sachant plus comment sortir de cette situation, il confesse sa liaison à Freud dans une lettre du 7 mars 1909 : « Elle m'a fait un vilain scandale, uniquement parce que j'ai refusé le plaisir de concevoir un enfant avec elle. Je suis toujours resté envers elle dans les limites d'un gentleman, mais je ne me sens malgré tout pas très propre aux yeux de ma conscience un peu trop sensible, et c'est cela qui fait le plus mal, car mes intentions ont toujours été pures. Mais vous savez bien que le diable peut employer les meilleures choses pour produire de la boue. »

En un premier temps, Freud prend cette affaire avec humour. Il se moque du style « théologique » de Jung et de sa peur du diable et des bûchers. Puis, quand il reçoit en mai 1909 une lettre de Sabina Spielrein qui sollicite une entrevue, il est obligé d'intervenir, d'autant que son dauphin explique que la jeune fille le persécute.

L'intervention de Freud est magistrale : au lieu de plaindre la victime, il lui conseille de régler son problème par elle-même sans faire appel à un tiers. Au fond, il tente de la persuader le plus rationnellement possible de faire son deuil d'une relation passionnelle sans avenir et d'investir un autre objet d'amour. Mais alors la femme de Jung envoie une lettre anonyme aux parents de Sabina pour les prévenir de la liaison. Sommé de s'expliquer, Jung se décharge de toute responsabilité : il n'a pas, dit-il à la mère de Sabina, l'apanage de la sexualité* de sa fille et voudrait bien se débarrasser de ses prétentions sur lui. De passage à Zurich, le père, comme Freud, conseille à Sabina de se sortir de cette affaire toute seule : ce qu'elle fait.

Diplômée en 1911 grâce à une thèse sur la schizophrénie, elle travaille ensuite avec intensité. Le 25 novembre, elle présente un exposé devant la Wiener Psychoanalytische Vereinigung (WPV). Elle y expose ses thèses sur la pulsion de destruction, dont Freud s'inspirera par la suite dans *Au-delà du principe de plaisir**, et qui seront publiées en 1912 sous le titre « La destruction comme cause du devenir ». Cette année-là, Sabina Spielrein, complètement guérie de son épisode psychotique, épouse un médecin juif russe : Pavel Naoumovitch Scheftel. Freud se réjouit de ce mariage et de la grossesse de Sabina. Il vient de rompre avec Jung et sort aussitôt de sa neutralité pour lui faire part de sa farouche hostilité envers son ancien dauphin, ce qui montre qu'il n'est guère mieux armé que la jeune femme devant la souffrance d'un deuil et d'une amitié passionnelle : « Pour ma part, comme vous savez, lui écrit-il, je suis guéri de toute séquelle de prédilection pour les Aryens et je veux supposer, si votre enfant est un garçon, qu'il deviendra un inébranlable sioniste. Il faut qu'il soit brun ou qu'en tout cas il le devienne ; plus de têtes blondes [...]. Nous sommes et nous restons juifs. »

Pendant dix ans, Sabina Spielrein poursuit ses travaux et ses activités cliniques en Allemagne*, en Suisse et en Autriche, notamment dans le laboratoire d'Édouard Claparède* à Genève. Désormais intégrée au mouvement psychanalytique, elle enseigne la doctrine freudienne. Son élève et analysant le plus célèbre sera le psychologue Jean Piaget (1896-1980). Ses derniers articles connus portent sur le langage enfantin, sur l'aphasie et sur l'origine des mots papa et maman.

En 1923, avec l'appui de Freud, elle décide de retourner en Russie. Elle propose alors sa candidature à l'Association psychanalytique russe qui vient de se créer et qui réunit le groupe de Moscou et celui de Kazan. Installée à Moscou au moment où la situation se dégrade pour la psychanalyse*, elle participe à l'expérience éducative du Home d'enfants créé par Vera Schmidt*, tout en occupant un poste de chef de section en pédologie* à l'université d'État. C'est durant cette période, critique pour le régime soviétique, qu'elle affirme à ses proches « être capable de guérir Lénine de sa maladie ».

En 1924, elle retourne à Rostov-sur-le-Don, où elle rejoint son mari et son père avec ses deux filles, Renata et Eva. Officiellement, elle exerce des fonctions de médecin généraliste mais, en réalité, sous couvert de pédologie, elle s'occupe d'enfants délinquants et difficiles qu'elle traite par la psychanalyse.

A partir de 1935, elle est prise, avec toute sa famille, dans l'engrenage du système totalitaire. Son mari meurt d'un infarctus en 1937 et ses deux frères, emportés par les purges, disparaissent au Goulag.

En 1942, après de nombreux affrontements entre l'Armée rouge et les troupes allemandes, les nazis parviennent à occuper la ville de Rostov, où ils font régner la terreur. Des commandos de la mort exécutent des dizaines de milliers d'habitants puis regroupent les Juifs en colonnes pour les exterminer. Le 27 juillet 1942, Sabina Spielrein est massacrée avec ses deux filles dans le ravin de la Poutre du serpent, au milieu de cadavres recouverts de sang.

Après la publication de l'ouvrage de Carotenuto, l'historiographie* « révisionniste » fera de Sabina Spielrein la victime d'une manipulation « masculine » savamment orchestrée par Jung et Freud.

• Sabina Spielrein, « Über den psychologischen Inhalt eines Falles von Schizophrenie », *Jahrbuch für psychoanalytische und psychologische Forschungen*, 3, 1911, 329-400 ; « La destruction comme cause du devenir » (1912), in *Sabina Spielrein entre Freud et Jung*, dossier découvert par Aldo Carotenuto et Carlo Trombetta (Rome, 1980), Michel Guibal et Jacques Nobécourt (éd.), Paris, Aubier-Montaigne, 1981, 213-256 ; « La genèse des mots enfantins papa et maman » (1922), *ibid.*, 337-342. Sigmund Freud et Carl Gustav Jung, *Correspondance*, I, *1906-1909*, II, *1910-1914*, Paris, Gallimard, 1975. John Kerr, « Beyond the pleasure principle and back again », in Paul E. Stepansky (éd.), *Freud, Appraisals and Reappraisals*, New Jersey, The Analytic Press, vol. 3, 1988, 81-167. Jean Garrabé, *Histoire de la schizophrénie*, Paris, Seghers, 1992. Victor Ivanovitch Ovtcharenko, « Le destin de Sabina Spielrein » (1992), *L'Évolution psychiatrique*, t. 60, janvier-mars 1995, 115-122.

▷ FREUDO-MARXISME. JUDÉITÉ. NAZISME. ROSENTHAL Tatiana. WULFF Mosche.

SPIRITISME

Allemand : *Spiritismus*. Anglais : *Spirit-rapping*.

Terme dérivé de l'anglais *spirit-rapper* (ou esprit frappeur) pour désigner une doctrine selon laquelle les vivants pourraient communiquer avec les morts par l'intermédiaire d'un médium dénommé spirite.

Dans l'historiographie de la psychanalyse*, le spiritisme et la télépathie* (ou transmission de pensée à distance) sont considérés comme relevant du domaine de l'occultisme* ou de l'occulte.

Le spiritisme appartient à l'histoire de la parapsychologie au même titre que l'occultisme, la télépathie ou le somnambulisme. Pourtant, entre l'étude positiviste du psychisme et la tentation faustienne de conquérir le domaine de l'irrationnel, la frontière reste ténue. Le spiritisme fut adopté par de nombreux savants européens du XIXe siècle parmi lesquels Frederick Myers* en Angleterre, Charles Richet (1850-1935) en France* et Théodore Flournoy* en Suisse*. Cinquante ans plus tard, il fascina André Breton (1898-1966) et les surréalistes comme il avait fasciné Victor Hugo (1802-1885). Tous y cherchèrent un moyen d'atteindre cet autre côté de la conscience – subconscient ou moi* subliminal – dont on pensait le fonctionnement en termes d'automatisme* mental ou psychologique.

Certaines des femmes qui furent les grands médiums des hommes de science, des poètes et des romanciers, sont demeurées célèbres : Catherine-Élise Müller (1861-1929) par exemple, héroïne de l'ouvrage *Des Indes à la planète Mars* publié par Flournoy en 1900, ou encore Hélène Preiswerk*, la cousine de Carl Gustav Jung*. Généalogiquement, ces femmes qui faisaient tourner les tables ou inventaient des langues inconnues (glossolalie) étaient les descendantes des voyantes, des guérisseuses, des sorcières ou des prophétesses. Comme elles, elles étaient dotées d'une personnalité multiple* et cherchaient à apporter aux hommes l'art de la divination. Mais avec la naissance de l'aliénisme et de la première psychiatrie dynamique* à la fin du XVIIIe siècle, elles se transformèrent en objets d'étude pour la psychopathologie*. Après avoir été les princesses d'un royaume de la nuit ou les souveraines d'un monde imaginaire fondé sur la magie, elles devinrent des folles, des hystériques, des agitées, des schizophrènes – bref, des malades mentales.

Historiquement, le spiritisme sous sa forme moderne naquit vers 1840 sur les ruines du magnétisme mesmérien et permit à l'hypnotisme de s'épanouir en une nouvelle doctrine de la connaissance de l'inconscient* d'où émergera la psychanalyse à l'aube du XXe siècle.

● Henri F. Ellenberger, *Histoire de la découverte de l'inconscient* (New York, Londres, 1970, Villeurbanne, 1974), Paris, Fayard, 1994. Pascal Le Maléfan, *Les Délires spirites, le spiritisme et la métapsychique dans la nosographie psychiatrique*, thèse de 3e cycle, université Paris-V, 1989 ; « Médiumnité, métapsychique et folie au début du XXe siècle », *L'Évolution psychiatrique*, 56, 4, 1991, 861-874. Nicole Edelman, *Voyantes, guérisseuses et visionnaires en France 1785-1914*, Paris, Albin Michel, 1995.

▷ AUGUSTINE. BENEDIKT Moriz. FOLIE. GRANDE-BRETAGNE. HYPNOSE. HYSTÉRIE. JANET Pierre. LAIR LAMOTTE Pauline. SUGGESTION.

SPITZ René Arpad (1887-1974)

médecin et psychanalyste américain

Célèbre dans le monde entier pour ses travaux sur l'hospitalisme* et sa psychologie dite « génétique », René Spitz naquit à Vienne* dans une famille hongroise et passa son enfance à Budapest, où il fit ensuite ses études de médecine. C'est Sandor Ferenczi* qui l'envoya en 1911 suivre une analyse didactique* avec Sigmund Freud*. A partir de 1926, il participa aux travaux de la Wiener Psychoanalytische Vereinigung (WPV) et, en 1930, devint membre de la Deutsche Psychoanalytische Gesellschaft (DPG). Après un passage à Paris, il émigra aux États-Unis* en 1938. D'abord installé à New York, il se fixa ensuite à Denver, dans le Colorado, où il développa ses recherches selon les principes d'une médecine préventive inspirée par les travaux d'Anna Freud* et de Maria Montessori*. Aussi s'opposa-t-il à la thèse d'Otto Rank* sur le traumatisme de la naissance ainsi qu'à l'idée kleinienne de position dépressive*, pour privilégier l'étude de la dépression anaclitique*, du sevrage et de la formation du moi*.

C'est dans cette perspective d'intégration de la psychanalyse* à la psychologie génétique qu'il s'intéressa aux premières relations d'objet*, aux stades*, aux carences affectives et aux troubles du langage liés aux séjours des enfants en bas âge dans des institutions hospitalières. Il montra que chaque âge est porteur d'une structuration spécifique qui résulte des stades précédents et qui leur succède. A partir de 1945, il devint l'un des principaux rédacteurs de la revue *The Psychoanalytic Study of the Child*, fondée par Anna Freud, Ernst Kris* et Heinz Hartmann* sous l'influence de l'*Ego Psychology**. Spitz amassa de nombreux documents cinématographiques sur les comportements de la petite enfance, donna des conférences dans de nombreux pays et forma des élèves et des collaborateurs au sein de la Denver Psychoanalytic Society (DPS), dont il fut le président en 1962-1963.

● René Spitz, « Hospitalism », *The Psychoanalytic Study of the Child*, I, 1945 ; « Infantile depression and the general adaptation syndrome », in P.H. Hoch et J. Zubin, *Depression*, New York, Grune and Stratto, 1954 ; *Le Non et le Oui. La genèse de la communication humaine* (New York, 1957), Paris, PUF, 1962 ; et Godfrey Cobliner, *De la naissance à la parole. La première année de la vie de l'enfant*, Paris, PUF, 1984.

▷ ANNAFREUDISME. AUBRY Jenny. DOLTO Françoise. PSYCHANALYSE DES ENFANTS. WINNICOTT Donald Woods.

STADE (ORAL, ANAL, PHALLIQUE, GÉNITAL)

Allemand : *Stufe*. Anglais : *Phase*.

La notion de stade est commune à la biologie évolutionniste, à la psychologie et à la psychanalyse*. En effet, les trois disciplines ont eu le souci de différencier des âges de la vie, des étapes ou des moments de l'évolution. C'est dans le cadre de sa théorie de la *libido** et dans les *Trois Essais sur la théorie sexuelle** que Sigmund Freud* commence à apporter une définition du stade – prégénital (oral et anal) et génital – en fonction de l'évolution du sujet* et de sa relation à quatre zones érogènes qui se répartissent sur quatre régions du corps : orale, anale, urétro-génitale, mammaire. A chaque zone correspondent une ou plusieurs activités érotiques parmi lesquelles Freud range les actes les plus simples de la vie quotidienne des enfants : succion du pouce ou du sein de la mère, défécation, masturbation.

Le stade est alors défini comme une modalité de la relation à l'objet. Après de multiples refontes, Freud en définira quatre : le stade oral, où le plaisir sexuel est lié à l'excitation de la cavité buccale et à la succion (manger/être mangé), le stade anal (ou sadique-anal), où l'érotisme se définit (entre 2 et 4 ans) par rapport à l'activité de défécation et selon une symbolique obsessionnelle des fèces, du don et de l'argent, le stade phallique, où l'unification des pulsions* partielles, chez le garçon comme chez la fille, s'effectue sous le primat de l'organe génital masculin, et enfin le stade génital, qui s'institue à la puberté et qui marque le passage à la sexualité* adulte.

La notion de stade phallique n'apparaît que dans un article de 1923, « L'organisation génitale infantile », mais celle de phallicisme est déjà présente en 1915 dans un ajout aux *Trois Essais,* ce qui permet à Freud d'attribuer à la *libido* une essence unique de nature masculine (mâle) aussi bien chez la fille que chez le garçon. De cette thèse dite « phallocentrique » naîtront tous les débats ultérieurs sur la sexualité féminine*, la différence des sexes*, le *gender*,* de Melanie Klein* à Jacques Lacan* en passant par Karen Horney*, Helene Deutsch*, Simone de Beauvoir (1908-1986), les culturalistes et les féministes.

Freud met ainsi en rapport l'évolution de la *libido* et le choix d'objet par lesquels le sujet passe de l'auto-érotisme* au narcissisme*, puis au choix homosexuel et enfin au choix hétérosexuel.

La théorie des stades sera maintes fois remaniée par les diverses écoles. En 1913, Sandor Ferenczi* différencie un stade psychique primaire, caractérisé par une activité liée au principe de plaisir* (rêve*, névrose*, fantasme*) et partagée par les enfants, les animaux et les « sauvages » (primitifs), et un stade psychique secondaire, celui de l'homme normal à l'état de veille.

Karl Abraham*, dans le cadre d'une théorie de la relation d'objet* fondée sur le clivage* entre névrose et psychose*, propose en 1924 de subdiviser le stade oral en un stade oral précoce (succion du sein) et un stade sadique-oral, qui correspond à l'apparition des dents et implique l'idée de morsure ou de destruction de l'objet. De même, il introduit une distinction à l'intérieur du stade anal entre une première phase, où l'érotisme est lié à l'évacuation et à la destruction de l'objet, et une seconde, où l'érotisme est caractérisé par la rétention et le désir de possession de l'objet. Le passage d'une phase à l'autre définit soit un progrès (élan vers un choix d'objet) soit une régression (évolution vers la destruction et le repli sur soi).

A partir de l'héritage d'Abraham, Melanie Klein introduira l'idée de position (dépressive et paranoïde-schizoïde*) pour donner un statut plus structural à l'idée de stade, tandis que Lacan conservera le mot stade (avec son stade du miroir*) en lui donnant un contenu à la fois phénoménologique et proche de la position au sens kleinien.

● Sigmund Freud, *Trois Essais sur la théorie sexuelle* (1905), Paris, Gallimard, 1987, *GW*, V, 29-145, *SE*, VII ; « Contribution à la psychologie de la vie amoureuse »

(1910), *GW*, VIII, 66-77, *SE*, XI, 163-175, in *La Vie sexuelle*, Paris, PUF, 1969, 47-55 ; « Sur les transpositions de pulsions plus particulièrement dans l'érotisme anal » (1917), *GW*, X, 402-410, *SE*, XVII, 125-133, in *La Vie sexuelle*, Paris, PUF, 1969, 106-112 ; « Des types libidinaux » (1931), *GW*, XIV, 509-513, *SE*, XXI, 215-220, in *La Vie sexuelle*, Paris, PUF, 1969, 156-159. Sandor Ferenczi, « Le développement du sens de réalité et ses stades » (1913), in *Psychanalyse II. Œuvres complètes, 1913-1919*, Paris, Payot, 1970, 51-66. Karl Abraham, « Esquisse d'une histoire du développement de la libido fondée sur la psychanalyse des troubles mentaux » (1924), in *Œuvres complètes, II 1915-1925*, Paris, Payot, 1965.

▷ CULTURALISME. LANZER Ernst. NÉVROSE OBSESSIONNELLE. PHALLOCENTRISME. *PHALLUS*. *TOTEM ET TABOU*.

STADE DU MIROIR

Allemand : *Spiegelstadium*. Anglais : *Looking-glass-phase*.

Terme forgé par Jacques Lacan* en 1936 pour désigner un moment psychique et ontologique de l'évolution humaine, située entre les six et les dix-huit premiers mois de la vie, durant laquelle l'enfant anticipe la maîtrise de son unité corporelle par une identification* à l'image du semblable et par la perception de sa propre image dans un miroir.

La fréquentation du séminaire du philosophe Alexandre Kojève (1902-1968) permit à Jacques Lacan, à partir de 1933, de s'initier à la philosophie hégélienne et de s'interroger sur la genèse du moi* par le biais d'une réflexion philosophique concernant la conscience* de soi. C'est ainsi que, comme Melanie Klein*, il fut amené à proposer une lecture de la deuxième topique* freudienne qui allait à rebours de la psychologie du moi. Deux options étaient en effet possibles après la refonte opérée par Sigmund Freud* en 1920-1923. L'une consistait à faire du moi le produit d'une différenciation progressive du ça*, agissant comme représentant de la réalité et chargé de maintenir les pulsions* (*Ego Psychology**) ; l'autre, au contraire, tournait le dos à toute idée d'autonomisation du moi pour étudier sa genèse en termes d'identification.

Autrement dit, dans la première option, qui sera en partie celle du développement de la psychanalyse* aux États-Unis*, on cherchait à sortir le moi du ça pour en faire l'instrument d'une adaptation de l'individu à la réalité extérieure, alors que dans la deuxième, celle du kleinisme* et du lacanisme*, et plus tard de la *Self Psychology**, on le ramenait vers le ça pour montrer qu'il se structurait par étapes, en fonction d'*imagos** empruntées à l'autre* ou d'identifications projectives*.

En 1931, le psychologue Henri Wallon (1879-1962) donna le nom d'« épreuve du miroir » à une expérience par laquelle un enfant placé devant un miroir parvient progressivement à distinguer son corps propre de l'image reflétée de celui-ci. Cette opération dialectique s'effectuait, selon lui, grâce à une compréhension symbolique par le sujet* de l'espace imaginaire dans lequel se forgeait son unité. Dans la perspective wallonienne, l'épreuve du miroir spécifiait le passage du spéculaire à l'imaginaire*, puis de l'imaginaire au symbolique*.

Lors d'une conférence donnée à la Société psychanalytique de Paris (SPP) le 16 juin 1936, Lacan reprit la terminologie de Wallon pour transformer l'épreuve du miroir en un « stade du miroir », c'est-à-dire en un mélange de position au sens kleinien et de stade* au sens freudien. Ainsi disparaissait la référence wallonienne à une dialectique naturelle : dans la perspective lacanienne, le stade du miroir n'avait plus grand-chose à voir avec un vrai stade, ni avec un vrai miroir. Il devenait une opération psychique, voire ontologique, par laquelle se constitue l'être humain dans une identification à son semblable.

Selon Lacan, qui empruntait cette idée à l'embryologiste hollandais Louis Bolk (1866-1930), la portée du stade du miroir devait être rattachée à la prématuration de la naissance attestée objectivement par l'inachèvement anatomique du système pyramidal et à l'incoordination motrice des premiers mois de la vie.

Dès lors, Lacan se séparait de la visée psychologique propre à Wallon en décrivant le processus sous l'angle de l'inconscient et non plus sous celui de la conscience, et en affirmant que le monde spéculaire, où s'exprimait l'identité primordiale du moi, ne contenait pas d'altérité.

C'est au congrès de l'International Psychoanalytical Association* (IPA) de Marienbad en 1936 que Lacan exposa pour la deuxième fois sa thèse sur le stade du miroir. Interrompu au bout de quelques minutes par Ernest Jones*, il oublia de remettre sa communication, qui fut perdue. De ce premier texte seules furent conservées des notes prises par Françoise Dolto* à la SPP. Par la suite, Lacan intégra certains passages de sa conférence à un très long texte consacré à la famille et publié en 1938 dans l'*Encyclopédie française* à la demande d'Henri Wallon. Le thème du stade du miroir fit l'objet d'une nouvelle communication au congrès de l'IPA de Zurich en 1949 sous le titre : « Le stade du miroir comme formateur de la fonction du Je telle qu'elle nous est révélée dans l'expérience psychanalytique ».

● Jacques Lacan, *Les Complexes familiaux* (1938), Paris, Navarin, 1984 ; « Le stade du miroir comme formateur de la fonction du Je telle qu'elle nous est révélée dans l'expérience psychanalytique » (1949), in *Écrits*, Paris, Seuil, 1966, 93-101 ; *Le Séminaire*, livre I, *Les Écrits techniques de Freud* (1953-1954), Paris, Seuil, 1975 ; *Écrits*, Paris, Seuil, 1966. Françoise Dolto, « Notes sur le stade du miroir », 16 juin 1936, inédit. Louis Bolk, « La genèse de l'homme » (Iéna, 1926), *Arguments 1956-1962*, t. 2, Toulouse, Privat, 1-13. Henri Wallon, « Comment se développe chez l'enfant la notion de corps propre », *Journal de psychologie*, novembre-décembre 1931, 705-748 ; *Les Origines du caractère chez l'enfant* (1934), Paris, PUF, 1973. Jean Laplanche et Jean-Bertrand Pontalis, *Vocabulaire de la psychanalyse*, Paris, PUF, 1967. Émile Jalley, *Wallon, lecteur de Freud et de Piaget*, Paris, Éditions sociales, 1981. Bertrand Ogilvie, *Lacan. Le sujet*, Paris, PUF, 1987. Élisabeth Roudinesco, *Histoire de la psychanalyse en France*, vol. 2 (1986), Paris, Fayard, 1994 ; *Jacques Lacan. Esquisse d'une vie, histoire d'un système de pensée*, Paris, Fayard, 1993.

▷ IMAGE DU CORPS. NARCISSIME. OBJET (RELATION D'). POSITION DÉPRESSIVE/POSITION PARANOÏDE-SCHIZOÏDE. SCHILDER Paul.

STANDARD EDITION OF THE COMPLETE PSYCHOLOGICAL WORKS OF SIGMUND FREUD (SE)

▷ FREUD Sigmund. STRACHEY James. TRADUCTION (DES ŒUVRES DE FREUD).

STÄRCKE August (1880-1954)

psychiatre et psychanalyste néerlandais

Pionnier du freudisme* aux Pays-Bas*, August Stärcke (ou Staercke) était issu d'un milieu d'artisans et d'enseignants. Dans la famille, c'est son frère cadet Johan Stärcke (1882-1917), mort prématurément en 1917, qui s'intéressa d'abord à la psychanalyse dès la publication de *L'Interprétation des rêves**.

Membre de la Wiener Psychoanalytische Vereinigung (WPV) entre 1911 et 1917, August Stärcke entreprit de traduire en néerlandais l'œuvre de Sigmund Freud* tout en publiant lui-même des articles sur l'approche psychanalytique des psychoses*. En 1921, dans son étude majeure, « Psychoanalyse und Psychiatrie », il emprunta largement aux thèses de Sandor Ferenczi* pour développer ses propres positions sur le moi* et la répétition*. Par ailleurs, au cours de sa correspondance avec Freud à propos d'*Au- delà du principe de plaisir**, il exprima son désaccord sur la question de la pulsion* de mort.

Comme de nombreux freudiens de sa génération*, Stärcke ne suivit pas d'analyse. Hostile au dogmatisme, il manifesta un vif intérêt pour tous les domaines du savoir – au rang desquels il comptait la psychanalyse. Il fut notamment un grand spécialiste d'entomologie, et publia une centaine de publications sur ce sujet.

● August Stärcke, « The reversal of the libido-sign in delusions of persecution », *IJP*, 1, 1920, 231-234 ; « The castration complex », *IJP*, 2, 1921, 179-201 ; « Psychoanalyse und Psychiatrie », *Beiheft Int. Z. Psychoanal.*, 4, 1921. Franz Alexander, Samuel Eisenstein et Martin Grotjahn, *Psychoanalytic Pioneers*, New York, Basic Books, 1966, 321-332.

STEKEL Wilhelm (1868-1940)

médecin et psychanalyste autrichien

Avec Max Kahane (1866-1923), Rudolf Reitler (1865-1917) et Alfred Adler*, ce médecin fut le quatrième membre du noyau fondateur de la Société psychologique du mercredi*, qui allait devenir en 1908 la Wiener Psychoanalytische Vereinigung (WPV), modèle de toutes les sociétés freudiennes de l'International Psychoanalytical Association* (IPA).

Né à Bojan, dans la province roumaine de Bukovine, Stekel était issu d'une famille de commerçants juifs orthodoxes de langue allemande. Après des études de médecine à Vienne*, il s'installa comme praticien généraliste. En 1895, il publia un article sur les expériences sexuelles précoces (coït) des enfants, qui attira l'attention de Freud, et c'est en lisant *L'Interprétation des rêves**, dont il rédigera un compte rendu enthousiaste en 1902, qu'il devint son fervent disciple. « J'étais l'apôtre de Freud, écrira-t-il dans son *Autobiographie*, et il était mon Christ. »

Écrivain prolixe, il usait d'un style emphatique, et il adopta les thèses freudiennes sur la sexualité* avec un sectarisme qui renvoyait à coup sûr à ses propres problèmes névrotiques. C'est en effet pour soigner son impuissance sexuelle et sa compulsion pathologique à la masturbation qu'il consulta Freud. Il fit avec lui une analyse de quelques semaines qui sembla le soulager sans mettre fin à ses symptômes. Hanté par la question du sexe sous toutes ses formes, il avait en outre une écoute très intuitive de toutes les manifestations de l'inconscient* et un véritable talent d'inventeur et d'agitateur d'idées nouvelles.

A partir de 1902, il fut de tous les grands événements qui marquèrent l'histoire originelle du freudisme*. En 1908, il publia un ouvrage préfacé par Freud, *Les États d'angoisse nerveuse et leur traitement*, bientôt suivi de deux autres en 1911 et 1912 : *Le Langage du rêve* et *Les Rêves des poètes*. La production de Stekel était inépuisable, son activité intense et ses déclarations toujours exaltées, voire exhibitionnistes. Ce disciple encombrant s'intéressait à tous les thèmes qui seront théorisés par son maître, et notamment à *Thanatos*, dont il fut le premier à parler. Il s'interrogea aussi sur la question des « impulsions criminelles retournées contre soi » et sur le « refoulement* dans la religion et la morale ».

Freud admirait l'imagination de Stekel et ses capacités inventives. Très vite, cependant, il fut exaspéré par son manque de tact et son indécence. Dans une lettre du 30 décembre 1908 adressée à Carl Gustav Jung*, il alla même jusqu'à le traiter de « cochon absolu ». De fait, Stekel dut subir les attaques de nombreux disciples du premier cercle viennois, notamment celles de Viktor Tausk*, qui l'accusa d'inventer des cas pour étayer ses hypothèses. La rumeur de mythomanie fut ensuite reprise par Ernest Jones*.

Quand, en juillet 1910, fut créé le *Zentralblatt für Psychoanalyse**, Stekel en devint corédacteur avec Adler. Mais un conflit éclata à propos de Tausk, et Freud décida alors de lui faire quitter la revue. Le 6 novembre 1912, Stekel démissionna de la WPV et, un an plus tard, le *Zentralblatt* cessa de paraître.

Après Adler, Stekel fut donc le deuxième dissident de l'histoire de la psychanalyse* à Vienne. Dans la mesure où il mettait en jeu une affaire de plagiat, ce conflit fut également la répétition de celui qui s'était produit entre Sigmund Freud et Wilhelm Fliess*. Dans son *Autobiographie*, Stekel déclare en effet que Freud lui avait volé ses idées : « Il utilisa mes découvertes, écrit-il, sans mentionner mon nom. Dans ses écrits ultérieurs, il ne se réfère même pas à la première édition de mon livre où j'ai défini l'angoisse comme une réaction de l'instinct de vie contre la poussée de l'instinct de mort. Ainsi, beaucoup croient que l'instinct de mort compte parmi les découvertes de Freud. »

Après la rupture, Stekel tenta de revenir au sein de la société. Mais Freud se montra d'une terrible intransigeance, cherchant désormais à se débarrasser des disciples extravagants de la première heure qui, selon lui, nuisaient au travail scientifique. A la fin de 1923, alors que Stekel lui avait adressé une lettre pour lui souhaiter un prompt rétablissement à la suite de la déclaration de son cancer, il lui répondit : « Je m'inscris en faux contre votre affirmation si souvent répétée que je m'étais séparé de vous par suite de divergences scientifiques. Cela fait très bon effet sur le public mais ne correspond pas à la vérité. Ce sont seulement et uniquement vos qualités personnelles – ce que l'on appelle le caractère et le comportement – qui ont rendu à mes amis et à moi-même toute collaboration avec vous impossible [...]. Je n'éprouverai aucun dépit si j'apprends que vos actions médicales et littéraires vous valent des succès. Je reconnais que vous êtes resté fidèle à la psychanalyse* et que vous lui avez été très utile, mais vous lui avez aussi fait beaucoup de tort. »

Contrairement à Adler et à Jung, Stekel resta en effet un adepte de la psychanalyse tout en poursuivant son activité littéraire, tantôt sous son nom, tantôt sous le pseudonyme de Serenus. Dans ses pièces de théâtre ou ses récits, il relatait des histoires de malades qui apparaissaient plus réelles que ses observations cliniques. Imitant Freud, il réunit autour de lui des disciples et fonda une école. Mais surtout, comme Sandor Ferenczi* et les futurs fondateurs de l'École de Chicago (de Franz Alexander* à Heinz Kohut*), il fut l'un des premiers praticiens à critiquer les analyses interminables des freudiens et à proposer un modèle de cure psychanalytique fondé sur les principes de la technique active.

Quand les nazis annexèrent l'Autriche, il parvint à fuir en Suisse* et dès 1938 gagna l'Angleterre, où l'attendait une brillante carrière. Quand Freud émigra à son tour, il lui adressa une lettre amicale évoquant de façon mélancolique les premiers moments de la psychanalyse viennoise. Une fois encore, il revendiqua son statut d'ancien élève du maître vénéré. Souffrant de diabète et se sachant atteint de gangrène au pied, il se donna la mort à Londres, le 25 juin 1940, dans une chambre d'hôtel, à l'aide d'une forte injection d'insuline : l'entrée des nazis à Paris et la perspective de voir la peste noire gagner l'Europe entière l'avaient plongé dans la mélancolie*.

• Wilhelm Stekel, *Nervöse Angstzustände und ihre Behandlung*, Vienne et Berlin, Urban und Schwarzenberg, 1908, avec une préface de Sigmund Freud reprise in *GW*, VII, 467-468, *SE*, IX, 250-251 ; *Technique de la psychothérapie analytique* (Londres 1938), Paris, Payot, 1975 ; *Autobiography. The Life Story of a Pioneer Psychoanalyst*, Emil A. Gutheil (éd.), New York, Liveright Publishing Co, 1950. *Les Premiers Psychanalystes, Minutes de la Société psychanalytique de Vienne, 1906-1918*, 4 vol. (1962-1975), Paris, Gallimard, 1976-1983. Elke Mühlleitner, *Biographisches Lexikon der Psychoanalyse : die Mitglieder der Psychologischen Mittwoch-Gesellschaft und der Wiener Psychoanalytischen Vereinigung von 1902-1938*, Tübingen, Diskord, 1992. Vincent Brome, *Les Premiers Disciples de Freud* (Londres, 1967), Paris, PUF, 1978. Henri F. Ellenberger, *Histoire de la découverte de l'inconscient* (New York, Londres, 1970, Villeurbanne, 1974), Paris, Fayard, 1994. Paul Roazen, *La Saga freudienne* (New York, 1976), Paris, PUF, 1986. Jean-Baptiste Fages, *Histoire de la psychanalyse après Freud* (Toulouse, 1976), Paris, Odile Jacob, 1996.

▷ BISEXUALITÉ. SEXUALITÉ. SUICIDE. TECHNIQUE PSYCHANALYTIQUE.

STERBA Editha, née Radanowicz-Hartmann von (1895-1986)
psychanalyste américaine

Née à Budapest dans une famille catholique, Editha Sterba fit ses études secondaires à Prague, où son père occupait un haut commandement dans l'armée autrichienne. C'est à Vienne* qu'elle poursuivit ensuite des études de philosophie et de musicologie avant de s'orienter vers la psychanalyse* et de devenir la secrétaire d'Otto Rank* au Verlag. Elle travailla ensuite à la réalisation de la première édition des œuvres complètes (*Gesammelte Schriften)* de Sigmund Freud*, s'occupa d'enfants au contact d'Anna Freud* et d'August Aichhorn*, puis connut le même destin que son mari Richard Sterba*.

▷ PSYCHANALYSE DES ENFANTS. TRADUCTION (DES ŒUVRES DE FREUD).

STERBA Richard (1898-1989)
psychiatre et psychanalyste américain

Né à Vienne* dans une famille catholique, Richard Sterba fut l'un des rares membres de la Wiener Psychoanalytische Vereinigung (WPV) de l'entre-deux-guerres à n'être pas juif. Après des études médicales et son mariage avec Editha von Radanowicz-Hartmann (Editha Sterba*), il s'orienta vers le freudisme*, fit sa cure didactique en 1924 avec Eduard Hitschmann*, puis exerça lui-même la psychanalyse* en formant des élèves.

En 1931, à la demande de l'éditeur Albert Josef Storfer, qui avait réalisé la première édition des œuvres complètes de Sigmund Freud* (*Gesammelte Schriften)*, il entreprit la rédaction d'un dictionnaire de psychanalyse (*Handwörterbuch der Psychoanalyse)* qui devait paraître en seize livraisons. Le premier fascicule sortit le 6 mai 1936 à l'occasion du quatre-vingtième anniversaire de Freud, qui, à cette occasion, avait rédigé une lettre-préface soulignant que le chemin de la lettre A à la lettre Z était fort long. Quatre autres fascicules parurent ensuite, jusqu'au moment où l'occupation de l'Autriche par les nazis mit fin à l'entreprise.

En 1938, Sterba eut le courage de refuser la politique de « sauvetage » de la psychanalyse que lui proposait Ernest Jones* en tant que seul non-Juif du conseil d'administration de la WPV. Jones lui conseilla alors de s'installer à Johannesburg, en Afrique du Sud, afin d'aider Wulf Sachs* à former des élèves. Ce dernier se montra intéressé, rencontra Sterba et sa femme à Paris puis essaya d'obtenir pour eux un visa d'émigration. Les autorités de Pretoria refusèrent.

Après un détour par la Suisse* et l'Italie*, les Sterba émigrèrent aux États-Unis* à la fin du mois de janvier 1939. Installé d'abord à Chicago, Sterba s'intégra ensuite avec son épouse à la Société psychanalytique de Detroit. A la fin de sa vie, il rédigea un beau témoignage sur la pratique de la psychanalyse à Vienne durant les années 1920.

• Richard Sterba, *Handwörterbuch der Psychoanalyse*, 5 vol., Vienne, Internationaler Psychoanalytischer Verlag, 1936-1938 ; *Réminiscences d'un psychanalyste viennois* (Detroit, 1982), Toulouse, Privat, 1986. Sigmund Freud, « Préface à Richard Sterba, *Dictionnaire général de la psychanalyse* » (1936), *OC*, XIX, 287-289, *GW, Nachtragsband*, 761, *SE*, XXII, 253. Elke Mühlleitner, *Biographisches Lexikon der Psychoanalyse. Die Mitglieder der Psychologischen Mittwoch-Gesellschaft und der Wiener Psychoanalytischen Vereinigung von 1902-1938*, Tübingen, Diskord, 1992.

▷ NAZISME. SOCIÉTÉ PSYCHOLOGIQUE DU MERCREDI.

STOLLER Robert (1925-1991)

psychiatre et psychanalyste américain

Né à New York, dans le Bronx, Robert Stoller appartenait à la troisième génération* psychanalytique américaine. Il fit ses études à l'université Columbia puis s'installa sur la côté ouest des États-Unis*. Il passa son doctorat de médecine à San Francisco, et fut nommé en 1954 professeur de psychiatrie à l'université de Californie de Los Angeles, où il créa la Gender Identity Research Clinic.

Passionné d'histoire, d'anthropologie, de littérature, il devint, après la Deuxième Guerre mondiale, le plus grand clinicien américain des perversions* sexuelles, et notamment de la question du transsexualisme*. Analysé par Hannah Fenichel, il intégra la Los Angeles Psychoanalytic Society (LAPS) et c'est sur la côte californienne, véritable laboratoire hollywoodien de la sexualité humaine, qu'il inventa pour la psychanalyse la notion de *gender**. Celle-ci sera ensuite utilisée dans de nombreux domaines du savoir. Stoller fut donc l'initiateur iconoclaste d'une rénovation radicale des interrogations freudiennes sur l'identité sexuelle, la différence des sexes*, le fétichisme* et la sexualité* en général. Il contesta la théorie classique de la sexualité féminine*, et particulièrement la notion de phallocentrisme*, ainsi que celle de perversion polymorphe, en montrant notamment que, loin d'être de simples fixations à un état infantile, les perversions sexuelles sont autant de revanches ou de tentatives de guérison de blessures anciennes reçues dans l'enfance.

Son livre magistral, *Sex and Gender*, publié en 1968, et traduit en français sous le titre *Recherches sur l'identité sexuelle*, le rendit célèbre dans le monde entier et fit de lui, avec Michel Foucault (1926-1984) puis Thomas Laqueur, Élisabeth Badinter et bien d'autres encore, l'un des principaux représentants de l'historiographie moderne en matière d'études sur la sexualité. Il consacra son dernier ouvrage à une enquête sur le sado-masochisme* pratiqué à la fois dans les différents « saunas » de la communauté *gay* de San Francisco et dans les lieux de rencontre pour hétérosexuels. En effet, Stoller ne fut pas seulement un praticien de cabinet, mais aussi un homme de terrain et un remarquable anthropologue des formes modernes de la sexualité humaine. Jamais il ne publia ses cas sans l'accord des patients. Ses thèses novatrices seront contestées par de nombreux psychanalystes.

Il mourut prématurément d'un accident de voiture sur le fameux Sunset Boulevard.

• Robert Stoller, *Recherches sur l'identité sexuelle* (Londres, New York, 1968), Paris, Gallimard 1979 ; *L'Excitation sexuelle* (New York, 1979), Paris, Payot, 1984 ; *Pain and Passion : A Psychoanalyst explores the World of S & M,* New York, Plenum, 1991. Moustapha Safouan, « Contribution à la psychanalyse du transsexualisme », in *Études sur l'Œdipe*, Paris, Seuil, 1974. Agnès Faure-Oppenheimer, *Le Choix du sexe. A propos des théories de Robert J. Stoller,* Paris, PUF, 1980.

▷ HOMOSEXUALITÉ. *LIBIDO.* SEXOLOGIE. *TROIS ESSAIS SUR LA THÉORIE SEXUELLE.*

STRACHEY Alix, née Sargant-Florence (1892-1973)

psychanalyste anglaise

L'itinéraire d'Alix Strachey est inséparable de celui du groupe de Bloomsbury, formé par ces écrivains anglais du début du XXe siècle qui se réunirent autour de Lytton Strachey (1870-1932), Virginia Woolf (1882-1941), Dora Carrington (1893-1932) et Roger Fry (1856-1934) avec la volonté farouche de battre en brèche l'esprit victorien et d'affirmer une nouvelle conception de l'amour où puissent s'épanouir librement les tendances profondes de l'être, notamment la bisexualité* et l'homosexualité*. Tous regardaient le puritanisme comme la forme de dictature la plus menaçante en Grande-Bretagne*, et c'est au cœur de cette contestation esthétique et littéraire qu'émergea la première école anglaise de psychanalyse*, contemporaine de la naissance de la peinture postimpressionniste.

Née à Nutley, dans le New Jersey, Alix était le second enfant de Mary Sargant (1857-1954) et de Harry Smyth (1864-1892), qui avait pris le nom de jeune fille de sa mère (Florence) au moment de son mariage. Il mourut noyé accidentellement quelque temps après la naissance de sa fille.

Peintre et féministe, Mary Sargant poussa contre son gré sa fille à entreprendre des études d'arts plastiques. Comme son frère aîné Philip, Alix s'intéressait à l'anthropologie*, à la philosophie et à la littérature. En 1911, elle entra au Newnham College de Cambridge, et c'est au cours de ses études qu'elle découvrit les œuvres de Sigmund Freud*. Depuis son enfance, elle refusait de porter des vêtements féminins et, à l'âge de 20 ans, après une période d'anorexie mentale, elle connut sa première crise mélancolique. Après un long voyage qui la mena en Finlande et en Russie*, où elle assista au déclenchement de la Première Guerre mondiale, elle revint à Londres et vécut avec son frère dans un appartement du quartier Bloomsbury. C'est dans ce groupe d'intellectuels qu'elle retrouva James Strachey* : elle l'avait connu à Cambridge et en tomba amoureuse. Séduit par son allure de jeune homme mélancolique, James, qui était homosexuel, la trouva délicieuse, comme il en fit la confidence à son frère Lytton : « Les femmes sont détestables à part une délicieuse demoiselle de Bedales [...], un vrai garçon. » Ils se marièrent en juin 1920. Passionnés tous les deux de freudisme*, ils se rendirent à Vienne*, où James, poussé par Ernest Jones*, avait rendez-vous avec Freud pour commencer une analyse.

Après une crise de palpitations, Alix demanda son avis au « Professeur ». Freud n'hésita pas à la prendre elle aussi en analyse et les deux cures se poursuivirent simultanément jusqu'à l'hiver 1921-1922. Durant cette période, Alix et James commencèrent à réaliser la grande œuvre de leur vie : la traduction* complète de l'œuvre de Freud en anglais, future *Standard Edition (SE)*.

C'est à Berlin, auprès de Karl Abraham*, qu'Alix Strachey poursuivit son travail analytique dans de bien meilleures conditions qu'à Vienne. Là, elle découvrit réellement le mouvement psychanalytique en plein essor, en rencontrant au fameux Berliner Psychoanalytisches Institut* (BPI) tous les ténors de la saga freudienne et notamment Melanie Klein*. Elle mena pendant quelque temps une vie trépidante : « Ce qu'elle préférait par-dessus tout à cette époque, écrivent Perry Meisel et Walter Kendrick, c'était la danse, et cela dura toute sa vie ; elle fréquentait un nombre important de bals, toujours à la recherche, hélas la plupart du temps en vain, d'un partenaire convenable qui aurait sa taille et ses talents. Le spectacle d'Alix et de Melanie, l'une en chemise de nuit de soie et avec un panier d'osier en guise de chapeau, l'autre déguisée en Cléopâtre, évoluant sur une piste de danse à quatre heures du matin [...] pourrait donner à penser aux analystes d'aujourd'hui. »

Membre de la British Psychoanalytical Society (BPS) en 1922, elle commença à pratiquer la psychanalyse et, en 1926, elle reprit elle-même une cure avec Edward Glover* puis Sylvia Payne (1880-1976). En 1950, elle était donc depuis trente ans en analyse. Elle-même, comme son mari, gardait ses patients à vie. Pendant les Grandes Controverses*, elle refusera (comme James) de s'affilier à l'un des deux camps et rejoindra le troisième groupe : les Indépendants*.

Comme James, elle demeura ce qu'elle avait été dans sa jeunesse : une non-conformiste. Fidèle à l'idéal Bloomsbury qui avait tant contribué à l'essor de la psychanalyse en Angleterre, elle mena donc une vie contraire à toutes les règles de la BPS et n'hésita pas à afficher sa bisexualité*. Si James aimait les hommes tout en aimant Alix, Alix aima les femmes en restant la meilleure compagne de James.

● Viviane Forrester, *Virginia Woolf*, Paris, L'Équinoxe, 1984. Perry Meisel et Walter Kendrick, *Bloomsbury/Freud. James et Alix Strachey, Correspondance 1924-1925* (Londres, 1985), Paris, PUF, 1990.

▷ ALLEMAGNE. KLEIN Melanie. MÉLANCOLIE.

STRACHEY James (1887-1967)

psychanalyste anglais

Traducteur de l'œuvre complète de Sigmund Freud*, James Strachey ne doit pas au hasard d'avoir réalisé la fameuse *Standard Edition (SE)*, plus lue dans le monde entier, à partir des années 1970, que l'original allemand. Pour réussir une telle entreprise, il fallait être capable d'investir l'œuvre d'un autre au point de la faire sienne tout au long d'une vie. C'est à travers cette exigence d'humilité et grâce à la collaboration de sa femme et d'Anna Freud* que Strachey acquit une véritable identité d'écrivain.

La famille Strachey ressemblait à ces personnages que Lytton Strachey (1870-1932), le frère de James, décrira dans un ouvrage intitulé *Quelques Victoriens célèbres*. Sir Richard, le père, passait ses soirées à lire des romans qu'on lui apportait sur un plateau d'argent, tandis que, pendant la journée, il s'absorbait dans de longs travaux scientifiques. Quant à la mère, elle gouvernait la maison.

Entré au Trinity College de Cambridge en 1905, James fit aussitôt partie du cénacle des Apôtres qui combattait l'hégémonie d'Oxford dans la formation du « goût anglais », puis de la Société de minuit, petit cercle d'intellectuels qui allait ensuite former le groupe de Bloomsbury avec Leonard Woolf, Lytton Strachey, Virginia Woolf (1882-1941), Dora Carrington (1893-1932), Roger Fry (1856-1934) et John Maynard Keynes (1883-1946).

Homosexuel comme son frère, James eut une passion amoureuse pour un étudiant, Rupert Brooke, avant de rencontrer Alix Sargant-Florence, qui allait devenir sa femme. Il découvrit l'œuvre de Freud par la lecture des ouvrages de Frederick Myers*, et c'est grâce à Ernest Jones* qu'il décida de se rendre à Vienne* avec Alix Strachey* pour faire une analyse avec le « Professeur ». Celle-ci débuta en 1920, et très vite James s'engagea dans la grande œuvre de sa vie : traduire Freud. A Londres, il reprendra une analyse avec James Glover (1882-1926).

Les premières traductions*, réalisées avant guerre par Abraham Arden Brill*, étaient plutôt médiocres. Durant l'entre-deux-guerres, afin de faire contrepoids aux États-Unis* au sein de l'International Psychoanalytical Association* (IPA), Jones eut l'idée de réaliser la traduction de l'œuvre complète, grâce au financement des sociétés psychanalytiques américaines, mais en plaçant l'entreprise sous l'égide de la Grande-Bretagne*, bastion avancé du freudisme* en Europe. Aussi s'appuya-t-il sur le talent de Strachey et sur l'audience acquise par les Bloomsbury après la création en 1917, par Leonard et Virginia Woolf, de la prestigieuse Hogarth Press.

En septembre 1939, Marie Bonaparte* proposa de financer ce projet, et Jones le confia à Strachey avec l'idée de faire paraître vingt-quatre volumes en vingt et un ans. Les premiers furent publiés en 1953 et le vingt-troisième en 1966, un an avant la mort du traducteur. Le vingt-quatrième paraîtra en 1974, après la mort d'Alix.

La *Standard Edition* est une réalisation admirable qu'aucun traducteur au monde n'est parvenu à égaler. Les notes et l'appareil critique sont repris dans de nombreuses éditions étrangères de l'œuvre freudienne. Quant à la traduction elle-même, elle n'a jamais cessé d'être attaquée.

Comme tous les bons traducteurs, James Strachey ne s'est pas montré servile à l'égard du texte original. Son travail reflétait ses propres orientations, sa fantastique érudition, sa passion pour la langue anglaise et son attachement à la tradition de Bloomsbury. Il portait aussi la marque de ce qu'était devenue l'école anglaise de psychanalyse après la Deuxième Guerre mondiale. Il avait ainsi tendance à négliger tout ce qui rattache le texte freudien au romantisme allemand et à la *Naturphilosophie*, pour privilégier son aspect médical, scientifique, technique. En fait, Strachey obéissait à la volonté de Freud lui-même de transformer la psychanalyse en une science, quitte à ne pas rendre compte des qualités littéraires du maître. Dans la langue anglaise, cette volonté s'exprime par le choix de certains mots latins et grecs d'un côté, et par une certaine « anglicisation » de l'autre. Ainsi, pour traduire le ça* (*Es)*, le moi* (*Ich)* et le surmoi* (*Uberich*), Strachey utilise les pronoms latins *Id*, *Ego*, *Superego*, et, pour investissement* (*Besetzung)* et acte manqué* (*Fehlleistung)*, il a recours à des termes grecs : *cathexis*, *parapraxis*. Enfin, il commit l'erreur de traduire pulsion* par *instinct* sous prétexte que le terme *drive* n'existait pas en anglais.

Strachey contribua donc à accentuer le processus irréversible d'anglophonicisation de la doctrine freudienne, processus lié à la situation politique : le nazisme* en effet, plus encore que le traité de Versailles, fut responsable de la migration vers la Grande-Bretagne et les États-Unis de la totalité des psychanalystes de langue allemande. Quant aux Russes et aux Hongrois, ils s'étaient déjà germanisés pour des raisons politiques autour des années 1920, et ils devinrent tous anglophones après 1933. En conséquence, il est difficile de reprocher à Strachey d'être seul responsable de cette évolution.

C'est Bruno Bettelheim*, devenu lui-même anglophone par son émigration américaine, qui se montra le plus virulent à l'égard de Strachey. En 1982, dans un ouvrage qui eut un grand retentissement, *Freud et l'âme humaine*, il l'accusa d'avoir privé le texte freudien de son « âme allemande » et de son « esprit viennois ». Mais surtout, il lui reprocha injustement d'être responsable de la sclérose et de la médicalisation des sociétés de l'International Psychoanalytical Association* (IPA). Comme beaucoup d'auteurs, il confondait la problématique de la traduction avec des questions politiques et idéologiques. Il cédait, en outre, à l'idée très discutable selon laquelle une traduction peut être la transcription fidèle de l'âme ou de l'esprit d'un peuple ou d'une nation. En 1987, lors du congrès de l'IPA de Montréal, Emmet Wilson s'opposa à Bettelheim en réclamant du même coup l'établissement d'une nouvelle édition de l'œuvre complète de Freud en langue allemande.

● James Strachey, « Bibliography. List of English translation of Freud's works », *IJP*, XXVI, 1-2, 1945, 67-76 ; « Editor's note », in *The Standard Edition of the Complete Psychological Works of Sigmund Freud*, 24 vol., Londres, The Hogarth Press, 1953-1974, t. III, 1962, 71-73 ; « General preface », *ibid.*, t. 1, 1966, XIII-XXII : et A. Tyson, « A chronogical hand-list of Freud's works », *IJP*, XXXVII, 1, 1956, 19-33. Viviane Forrester, *Virginia Woolf*, Paris, L'Équinoxe, 1984. Perry Meisel et Walter Kendrick, *Bloomsbury/Freud. James et Alix Strachey, Correspondance 1924-1925* (Londres, 1985), Paris, PUF, 1990. Bruno Bettelheim, *Freud et l'âme humaine* (New York, 1982), Paris, Laffont, 1984. Emmet Wilson, « Did Strachey invent Freud ? », *International Revue of Psycho-Analysis*, 14, 1987, 299-315. Ilse Grubrich-Simitis, « Histoire de l'édition des œuvres de Freud en langue allemande » (1989), *Revue internationale d'histoire de la psychanalyse*, 4, 1991, 13-71. Riccardo Steiner, « Une marque internationale universelle d'authenticité. Quelques observations sur l'histoire de la traduction anglaise de l'œuvre de Sigmund Freud, en particulier sur les termes techniques », *ibid.*, 71-188.

▷ BISEXUALITÉ. ÇA. HOMOSEXUALITÉ. *NOUVELLES CONFÉRENCES D'INTRODUCTION À LA PSYCHANALYSE*. ORTEGA Y GASSET José. PICHON Édouard. RIVIERE Joan. WINNICOTT Donald Woods.

STRØMME Irgens Johannes (1876-1961)

psychiatre et psychanalyste norvégien

Analysé par Oskar Pfister*, formé à la clinique du Burghölzli auprès d'Eugen Bleuler*, Johannes Strømme fut l'un des pionniers de la psychanalyse* en Norvège. Un temps proche de Carl Gustav Jung* et d'Herbert Silberer*, il fut marqué par le passage de Wilhelm Reich* dans son pays. Comme beaucoup de Scandinaves, il se détourna de la psychanalyse classique pour lui préférer d'autres pratiques psychothérapeutiques.

Avec Poul Bjerre* et Sigurd Naesgaard*, il participa en décembre 1933 à la création du groupe Psykoanalytisk Samfund. Il y entra en conflit avec Harald Schjelderup*, qui continuait à défendre le freudisme*, et proposa une technique de la cure fondée sur des actes. Il prôna par exemple la masturbation comme moyen thérapeutique. Ces transgressions ne l'empêchèrent pas d'être un bon thérapeute. Il développa sur la maladie mentale des thèses qui seront reprises ensuite par les artisans de l'antipsychiatrie*. En 1927, il prit en analyse pendant un an l'écrivain Knut Hamsun (1859-1952), qui souffrait de dépression et d'inhibition. Le travail se révéla bénéfique. Par la suite, Marie Hamsun, l'épouse de l'écrivain, devint sa patiente.

▷ PAYS SCANDINAVES.

STUDIENAUSGABE

▷ FREUD Sigmund. MITSCHERLICH Alexander. TRADUCTION (DES ŒUVRES DE FREUD).

SUBCONSCIENT

▷ INCONSCIENT.

SUBLIMATION

Allemand : *Sublimierung*. Anglais : *Sublimation*.

Terme dérivé des beaux-arts (sublime), de la chimie (sublimer), et de la psychologie (subliminal) pour désigner soit une élévation au sens esthétique, soit un passage de l'état solide à l'état gazeux, soit un au-delà de la conscience.

Sigmund Freud* a conceptualisé le terme en 1905 pour rendre compte d'un type particulier d'activité humaine (création littéraire, artistique, intellectuelle) sans rapport apparent avec la sexualité* mais tirant sa force de la pulsion* sexuelle en tant qu'elle se déplace vers un but non sexuel en investissant des objets socialement valorisés.

Plutôt que d'utiliser la notion hégélienne de *Aufhebung* (relève), qui désigne le mouvement même de la dialectique dans sa capacité à convertir le négatif en être, Sigmund Freud a adopté le terme plus nietzschéen de sublimation, lui-même issu du romantisme allemand, pour définir un principe d'élévation esthétique commun à tous les hommes, mais dont seuls à ses yeux sont pleinement dotés les créateurs et les artistes.

Sans doute Freud attribue-t-il à la sublimation une place d'autant plus grande qu'il a lui-même déclaré qu'à partir de l'âge de 40 ans, après la naissance de son cinquième enfant, il avait pratiquement cessé toute relation charnelle et mis son activité pulsionnelle au service de son œuvre, s'inscrivant ainsi au panthéon des grands hommes qu'il admirait.

C'est en 1905, dans ses *Trois Essais sur la théorie sexuelle**, qu'il donne sa première définition de la sublimation. Par la suite, dans toute son œuvre, et notamment dans les textes regroupés sous la catégorie de la psychanalyse appliquée*, elle sert à comprendre le phénomène de la création intellectuelle.

Avec l'introduction de la notion de narcissisme* et l'élaboration de sa deuxième topique*, Freud ajoute à l'idée de sublimation celle de désexualisation. Ainsi, dans *Le Moi et le Ça**, il souligne que l'énergie du moi*, en tant que *libido** désexualisée, est susceptible d'être déplacée sur des activités non sexuelles. A cet égard, la sublimation devient dépendante de la dimension narcissique du moi.

Chez les héritiers de Freud, le concept de sublimation n'a guère subi de modification. Néanmoins, les partisans d'Anna Freud considèrent ce mécanisme comme une défense* conduisant à la résolution des conflits infantiles, alors que ceux de Melanie Klein* y voient une tendance à restaurer le bon objet* détruit par les pulsions agressives.

En 1975, le psychanalyste français Cornelius Castoriadis a élaboré une théorie originale de la sublimation en transposant le concept dans le domaine du fait social.

● Anna Freud, *Le Moi et les mécanismes de défense* (Londres, 1937), Paris, PUF, 1985. Melanie Klein, « Les situations d'angoisse de l'enfant et leur reflet dans une œuvre d'art et dans l'élan créateur » (1929), in *Essais de psychanalyse* (Londres, 1947), Paris, Payot, 1968. Baldine Saint-Girons, « Sublimation », *Encyclopaedia universalis*, 15, 1968, 468-471. Cornelius Castoriadis, *L'Institution imaginaire de la société*, Paris, Seuil, 1975.

▷ *DÉLIRE ET LES RÊVES DANS LA « GRADIVA » DE W. JENSEN (LE). SOUVENIR D'ENFANCE DE LÉONARD DE VINCI (UN).*

SUÈDE

▷ PAYS SCANDINAVES.

SUGAR Nikola (1897-1945)

psychiatre et psychanalyste yougoslave

Né à Subotica, en Slavonie, et issu d'une famille juive, Nikola Sugar tenta dans l'entre-deux-guerres, avec Stjepan Betlheim*, d'implanter un mouvement psychanalytique en Yougoslavie. Il fit son analyse à Berlin avec Felix Boehm*, futur collaborateur des nazis, puis devint membre de la Wiener Psychoanalytische Vereinigung (WPV) en 1925 et travailla avec Paul Schilder* avant d'intégrer la Société psychanalytique de Budapest. Déporté en 1944, il mourut au camp d'extermination de Theresienstadt le 15 mai 1945.

● Elke Mühlleitner, *Biographisches Lexikon der Psychoanalyse. Die Mitglieder der Psychologischen Mittwoch-Gesellschaft und der Wiener Psychoanalytischen Vereinigung von 1902-1938*, Tübingen, Diskord, 1992.

▷ HISTOIRE DE LA PSYCHANALYSE. HONGRIE. VIENNE.

SUGGESTION

Allemand : *Suggestion*. Anglais : *Suggestion*.

Terme désignant un moyen psychologique de convaincre un individu que ses croyances, ses opinions ou ses sensations sont fausses et qu'à l'inverse celles qui lui sont proposées sont vraies.

Dans l'histoire de la psychiatrie dynamique*, on donne le nom de suggestion à une technique psychique, héritée d'abord du magnétisme de Franz Anton Mesmer* puis de l'hypnotisme (hypnose*) de James Braid (1795-1860), reposant sur l'idée qu'une personne peut, par la parole, en influencer une autre et modifier ainsi son état affectif.

C'est en abandonnant la suggestion pour la *catharsis que Sigmund Freud* invente la psychanalyse*.**

A la suite de son séjour à Paris dans le service de Jean Martin Charcot* en 1885, Sigmund Freud entreprend de traiter ses patients au moyen des techniques les plus diverses, dont la suggestion hypnotique. Très vite il entend parler des travaux de l'École de Nancy, fondée par Auguste Liébeault*, et des développements que leur apporte Hippolyte Bernheim*. Celui-ci soutient l'idée que l'hypnose est un effet de la suggestion : aussi s'oppose-t-il à Charcot et à sa conception de l'hypnose comme état pathologique propre aux hystériques.

Héritier de la première psychiatrie dynamique, Bernheim invente alors, « contre » Charcot, le principe de la psychothérapie* en passant de la suggestion hypnotique à la suggestion verbale : il montre en effet que le regard n'est plus nécessaire pour plonger un patient dans un état de somnambulisme et que, par la parole, on obtient les mêmes résultats.

En 1889, Freud traduit l'ouvrage de Bernheim sur la suggestion et ses applications thérapeutiques. Il se rend ensuite à Nancy puis à Paris pour assister au Ier congrès international de l'Hypnotisme expérimental et thérapeutique. Jusqu'en 1893, il hésite entre trois orientations thérapeutiques : l'hypnose de Charcot, la suggestion de Bernheim et la catharsis de Josef Breuer*. Finalement, il s'éloigne successivement des unes et des autres, et, dans le dernier chapitre des *Études sur l'hystérie**, expose sa propre conception de la psychothérapie organisée autour de la méthode des associations libres (ou libre association*). L'année suivante, elle prendra le nom de « psycho-analyse » (psychanalyse).

Pour illustrer ce qui distingue cette méthode de toutes celles qui s'inspirent de la suggestion, Freud, dans un article paru en 1905, « Über Psychotherapie », s'appuie sur la différence établie par Léonard de Vinci (1452-1519) entre la peinture et la sculpture. La technique de la suggestion, dit Freud, est comparable à la peinture qui procède *per via di porre*, c'est-à-dire par application, « sans se préoccuper de l'origine, de la force et de la signification des symptômes morbides ». La suggestion est donc supposée suffisamment forte pour pouvoir « entraver les manifestations pathogènes ».

Quant à la méthode analytique, Freud la compare à la sculpture : elle procède *per via di levare*. Autrement dit, elle vise « à enlever, à extirper quelque chose, et pour ce faire elle se préoccupe de la genèse des symptômes morbides et des liens de ceux-ci avec l'idée pathogène qu'elle veut supprimer ». Freud précise alors : « J'ai très vite renoncé à la technique par suggestion et, avec elle, à l'hypnose, parce que je désespérais de rendre les effets de la suggestion assez efficaces et assez durables pour amener une guérison définitive ».

Ce renoncement à la suggestion comme moyen technique n'implique pas l'oubli de l'idée de suggestion comme modalité du fonctionnement psychique, ainsi que le montrent ces propos de Freud sur la question du transfert* : « Une analyse sans transfert est impossible, écrit-il, il ne faut pas croire que c'est l'analyse qui crée le transfert et que celui-ci ne se rencontre que chez elle. » De fait, Freud conserve l'idée du traitement par la parole et montre qu'elle a sa source dans le transfert. En tant que phénomène général de report affectif, induisant une guérison par l'amour ou par l'esprit, le transfert doit être analysé pour ne pas se réduire à la suggestion : « Assez souvent, dit-il, le transfert suffit, à lui seul, à supprimer les symptômes morbides, mais cela temporairement et tant qu'il dure seulement. En pareil cas, le traitement ne peut être qualifié de psychanalyse, il ne s'agit plus que de suggestion. Le nom de psychanalyse ne s'applique qu'aux procédés où l'intensité du transfert est utilisée contre les résistances*. »

En 1920, Freud rencontre une deuxième fois la problématique de la suggestion au moment où, désireux d'ouvrir « le chemin qui mène de l'analyse de l'individu à la compréhension de la société », il entreprend la rédaction de *Psychologie des masses et analyse du moi**. Avant lui, Gustave Le Bon (1841-1931), William McDougall, fondateur de la psychologie sociale américaine, et Gabriel Tarde (1843-1904) avaient abordé ce domaine en expliquant par la suggestion le comportement collectif.

Contrairement à ces auteurs, Freud refuse d'utiliser le mot « magique » de suggestion et souligne que Le Bon ramène à deux facteurs l'ensemble des manifestations sociales (ou foules) : la suggestion réciproque des individus isolés et le prestige des meneurs : « On est ainsi préparé à déclarer que la suggestion (plus exactement l'aptitude à être suggestionné) est justement un phénomène originaire qu'on ne peut réduire davantage, un fait fondamental de la vie psychique de l'homme. C'est ce que pensait aussi Bernheim, des étonnants tours d'adresse de qui j'ai été témoin en 1889. Mais je n'ai pas perdu le souvenir d'une sourde hostilité qu'alors j'éprouvais déjà contre cette tyrannie de la suggestion [...]. Ma résistance s'est alors orientée ultérieurement vers la révolte contre le fait que la suggestion, qui expliquerait tout, devrait elle-même être dispensée d'explication. »

Dans *Psychologie des masses,* Freud préfère donc abolir la frontière entre les phénomènes de psychologie individuelle et ceux relevant de la psychologie collective. C'est pourquoi il formule l'hypothèse selon laquelle « les relations amoureuses (en termes neutres : liens sentimentaux) constituent également l'essence de l'âme des foules » et précise que chez Gustave Le Bon ou chez McDougall « il n'est pas question de ces relations », car « ce qui y correspondrait est manifestement dissimulé derrière l'écran, le paravent de la suggestion ».

Là où l'explication tautologique de la suggestion rendait compte de la transformation psychique de l'individu dans la foule (fascination pour le chef et conduite imitative des individus les uns par rapport aux autres), Freud établit qu'il s'agit en réalité d'une limitation acceptée du narcissisme*, engendrée par le rapport au « chef ». En effet, pour chaque individu immergé dans la foule, le chef occupe la place de l'idéal du moi*, et sa toute-puissance est limitée par l'instauration d'un lien d'amour horizontal entre les membres de la foule.

La suggestion (comme technique psychique) sera conservée sous diverses formes par de nombreuses écoles de psychothérapie. De même, l'idée de suggestion sera périodiquement réactualisée pour expliquer, en termes de tromperie, de fascination ou de simulation, des phénomènes transférentiels.

C'est dans cette impasse que se retrouve l'historien Marc Bloch (1886-1944) en 1924. Ignorant tout de la réflexion freudienne mais cherchant à comprendre la nature du pouvoir thérapeutique des rois thaumaturges auxquels la foule médiévale attribuait des guérisons miraculeuses (et notamment la capacité, par le toucher, de soigner les écrouelles), il dénonce ce prétendu pouvoir comme une pure tromperie et ne parvient pas à saisir l'essence de la guérison psychique induite par le transfert. Il distingue en effet deux sortes de malades : les vrais, les malades « organiques », atteints de scrofules (adénites tuberculeuses) et donc inguérissables par le toucher, et les faux, les malades « psychiques », atteints selon lui de « fausses maladies » et donc simulateurs ou hystériques. Tous auraient été victimes d'une illusion collective, et le miracle royal ne serait qu'une gigantesque fausse nouvelle née de la suggestion.

● Hippolyte Bernheim, *Hypnotisme, suggestion, psychothérapie* (1891), Paris, Fayard, coll. « Corpus des œuvres de philosophie en langue française » 1995. Joseph Delbœuf, *Le Sommeil et les rêves* (1885), Paris, Fayard, coll. « Corpus des œuvres de philosophie en langue française », 1993. Marc Bloch, *Les Rois thaumaturges* (1924), Paris, Gallimard, 1983. Michel de Certeau, *Histoire et psychanalyse entre science et fiction*, Paris, Gallimard, coll. « Folio », 1987. Léon Chertok et Raymond de Saussure, *Naissance du psychanalyste* (1973), Paris, Synthélabo, coll. « Les empêcheurs de penser en rond », 1997. François Duyckaerts, « Sigmund Freud : lecteur de Joseph Delbœuf », *Frénésie*, 8, 1989, 71-88. Henri F. Ellenberger, *Histoire de la découverte de l'inconscient* (New York, 1970, Villeurbanne, 1974), Paris, Fayard, 1994. Sigmund Freud, *La Technique psychanalytique*, *GW*, V, 13-26, *SE*, 7, 255-268, Paris, PUF 1977 ; *Correspondance 1873-1939* (Londres, 1960), Paris, Gallimard, 1966 ; et Karl Abraham, *Correspondance 1907-1926* (Francfort, 1965), Paris, Gallimard, 1969. Gustave Le Bon, *Psychologie des foules*, Paris, Alcan, 1895. Serge Moscovici, *L'Âge des foules*, Paris, Fayard, 1981. Michel Plon, « "Au-delà" et "en deçà" de la suggestion », *Frénésie*, 8, 1989, 89-114. Gabriel Tarde, *Écrits de psychologie sociale*, choisis et présentés par A.-M. Rocheblave-Spenlé et Jean Milet, Toulouse, Privat, 1973.

▷ ABRÉACTION. *AU-DELÀ DU PRINCIPE DE PLAISIR*. HYSTÉRIE. RÉSISTANCE. *SIGMUND FREUD PRÉSENTÉ PAR LUI-MÊME*. TRANSFERT.

SUICIDE

Allemand : *Selbstmord*. Anglais : *Suicide*.

Terme forgé à partir du latin *sui* (de soi) et *caedes* (meurtre), introduit en langue anglaise en 1636, puis en langue française en 1734, pour signifier l'acte de se tuer soi-même au sens d'une maladie ou d'une pathologie par opposition à l'ancienne formulation de « mort volontaire » synonyme de crime contre soi.

Si, à partir du milieu du XVIIe siècle, le mot suicide se substitue progressivement aux autres dénominations employées pour désigner la mort volontaire, il faut attendre la deuxième moitié du XIXe siècle pour que cet acte, considéré comme héroïque dans les sociétés antiques ou dans le Japon* féodal, soit regardé comme une pathologie. A cet égard, la destinée du suicide dans les sociétés occidentales est comparable à celle de l'homosexualité*, de la folie* ou de la mélancolie*. Rejeté par le christianisme comme un péché, un crime contre soi et contre Dieu, ou encore une possession démoniaque, le suicide échappe à la condamnation morale à la fin du XIXe siècle pour devenir le symptôme, non pas d'une nécessité éthique, d'une révolte ou d'un mal de vivre, mais d'une maladie sociale ou psychologique, étudiée avec l'objectivité d'un regard scientifique.

L'instigateur de cette rupture est Émile Durkheim (1858-1917). Contre les adeptes de la théorie de l'hérédité-dégérescence*, il démontre, dans sa magistrale étude de 1897, que le suicide est un phénomène social qui ne dépend ni de la « race », ni de la psychologie, ni de l'hérédité, ni de l'insanité, ni de la dégénérescence morale. A cet égard, Durkheim regarde le suicide comme Sigmund Freud* la sexualité* : il en fait un véritable objet d'étude.

Cependant, la comparaison s'arrête là. En effet, l'approche sociologique de Durkheim ne rend pas compte d'une dimension essentielle du suicide, présente dans toutes les formes de mort volontaire : le désir* de mort, c'est-à-dire l'aspect psychique de l'acte suicidaire. C'est pourquoi l'ouvrage de Durkheim ne s'applique pas aux grands cas de suicide racontés par la littérature, *Emma Bovary* par exemple. En apparence parfaitement intégré dans son milieu, ce personnage de femme constitue un contre-exemple à l'analyse durkheimienne. Pourtant, Gustave Flaubert (1821-1880), pour le composer, s'était livré à une enquête aussi poussée que le sociologue.

Dans la société viennoise du début du siècle, les suicides sont nombreux parmi les intellectuels, et notamment parmi les Juifs, pour lesquels la mort volontaire est une manière d'en finir avec une judéité* vécue sur le mode de la « haine de soi juive ». Freud en est parfaitement conscient, notamment pour ce qui concerne Otto Weininger*. Quant au suicide de son ami Nathan Weiss (1851-1883), jeune neurologue plein d'avenir, qui mit fin à ses jours par pendaison, il l'attribue à une incapacité d'accepter la moindre atteinte à son narcissisme*, comme il l'explique dans une lettre à sa fiancée (Martha Freud*) datée du 16 septembre 1883 : « C'est l'ensemble de ses traits de caractère, de son égocentrisme morbide et néfaste, joint à ses aspirations à de plus nobles buts qui a causé sa mort. »

Bien avant de conceptualiser la notion de pulsion* de mort et de théoriser le narcissisme*, le deuil et la mélancolie, Freud s'intéresse à la question du suicide, très souvent abordée à la Société psychologique du mercredi*. C'est sur l'initiative d'Alfred Adler* que la Wiener Psychoanalytische Vereinigung (WPV) organise le 20 avril 1910 une séance assez terne consacrée au suicide des enfants et des adolescents. Par la suite, Freud reviendra sur cette question en essayant de mettre en rapport forme de suicide et différence des sexes : « Le choix d'une forme de suicide révèle le symbolisme sexuel le plus primitif ; un homme se tue avec un revolver, c'est-à-dire qu'il joue avec son pénis, ou bien il se pend, c'est-à-dire qu'il devient quelque chose qui pend de toute sa longueur. La femme connaît trois façons de se suicider : sauter d'une fenêtre, se jeter dans l'eau, s'empoisonner. Sauter d'une fenêtre signifie accoucher, aller dans l'eau signifie donner naissance, s'empoisonner signifie grossesse [...]. Ainsi la femme remplit sa fonction sexuelle même en mourant. » Freud attribue également certains suicides d'enfants à la peur de l'inceste*.

Dans son article de 1917 « Deuil et mélancolie », il présente le suicide comme une forme d'autopunition, un désir de mort dirigé contre autrui qui se retourne contre soi. Ainsi confirme-t-il les trois tendances suicidaires définies par le discours de la psychopathologie* : désir de mourir, désir d'être tué, désir de tuer. Dans cette perspective, le suicide est l'acte de se tuer pour ne pas tuer l'autre. Le suicide n'est la conséquence ni d'une névrose* ni d'une psychose*, mais d'une mélancolie ou d'un trouble narcissique grave : non pas un acte fou, mais l'actualisation de la pulsion de mort par un passage à l'acte (*acting out**).

Freud et ses disciples n'ont pas véritablement innové sur le sujet. Et le suicide a été mieux compris par les écrivains et les philosophes, suicidaires ou non, que par les psychanalystes ou les sociologues. Cela tient notamment à la gêne qu'a toujours éprouvée le mouvement psychanalytique face aux suicides de certains membres de la communauté freudienne : Viktor Tausk*, Herbert Silberer*, Tatiana Rosenthal*, Clara Happel*, Eugénie Sokolnicka*.

En tant que méthode thérapeutique, la psychanalyse* s'est trouvée confrontée à la conception psychopathologique du suicide, qui réduit celui-ci à une maladie, plutôt qu'à une éthique de la liberté laquelle le valorise comme expression d'un suprême héroïsme. En d'autres termes, la psychanalyse a été contrainte de s'occuper de patients suicidaires considérés comme des dépressifs. D'où la hantise d'avoir à avouer son impuissance à les guérir. On sait en effet que lorsqu'un sujet veut vraiment se donner la mort aucune thérapie ne parvient à l'en empêcher. Cependant, de nombreux témoignages montrent que la question est plus complexe et que l'analyse a permis à certains mélancoliques d'éviter le suicide.

L'un des livres les plus « freudiens » sur la question du suicide a été écrit par Maurice Pinguet en 1984. A partir du cas japonais, il montre comment l'extension du savoir psychiatrique à la fin du XIXe siècle a entraîné la dépréciation d'un acte hautement considéré dans la société des samouraïs.

Plusieurs psychanalystes ont rédigé de fort belles études sur des cas de suicide de nature psychotique. Ernest Jones* a écrit des récits de suicide à deux, et Georges Devereux* a raconté l'histoire de Cléomène, roi de Sparte, dont le suicide fut avant tout un acte de folie : au lieu de se donner simplement la mort, il se soumit lui-même à la torture en labourant de son arme son corps et ses entrailles.

● Sigmund Freud, « Deuil et mélancolie » (1917), *OC*, XIII, 259-278, *GW*, X, 427-446, *SE*, XIV, 237-258 ; *Correspondance 1873-1939* (Londres, 1960), Paris, Gallimard, 1966. Émile Durkheim, *Le Suicide, étude de sociologie* (1897), Paris, PUF, 1990. *Les Premiers Psychanalystes, Minutes de la Société psychanalytique de Vienne*, I, *1906-1908* (New York, 1962), Paris, Gallimard, 1976, précédé d'une « Introduction » par Hermann Nunberg, 9-26 ; *ibid.*, II, *1908-1910* (New York, 1967), Paris, Gallimard, 1978 ; *ibid.*, III, *1910-1911* (New York, 1967), Paris, Gallimard, 1978. Ernest Jones, *Essais de psychanalyse appliquée*, I, *Essais divers* (Londres, 1964), Paris, Payot, 1973. Alfred Alvarez, *Le Dieu sauvage. Essai sur le suicide*, Paris, Mercure de France, 1972. William M. Johnston, *L'Esprit viennois. Une histoire intellectuelle et sociale 1848-1938* (New York, 1972), Paris, PUF, 1985. Maurice Pinguet, *La Mort volontaire au Japon*, Paris, Gallimard, 1984. Christian Baudelot et Roger Establet, *Durkheim et le suicide*, Paris, PUF, 1984. Michel Braud, *La Tentation du suicide dans les écrits autobiographiques*, Paris, PUF, 1992. Georges Minois, *Histoire du suicide*, Paris, Fayard, 1995. Georges Devereux, *Cléomène, le roi fou*, Paris, Aubier, 1995.

▷ ABERASTURY Arminda. BENUSSI Vittorio. BETTELHEIM Bruno. CRIMINOLOGIE. FEDERN Paul. MORGENSTERN Sophie. STEKEL Wilhelm. ZWEIG Stefan.

SUISSE

A de nombreuses reprises, Sigmund Freud* rendit hommage à la Suisse en soulignant son rôle essentiel dans la diffusion de la psychanalyse*. Premier pays à s'ouvrir aux thèses freudiennes dès le début du siècle, la Suisse doit cette situation exceptionnelle à sa stabilité politique, à la puissance de son mouvement psychiatrique décentralisé, à sa tradition pédagogique et enfin à l'originalité et au talent de grands personnages, des freudiens (Oskar Pfister*, Hermann Rorschach*, Emil Oberholzer*, Philipp Sarasin*, Hans Zulliger*, Raymond de Saussure*, Madeleine Rambert*, Henri Flournoy*), des compagnons de route (Eugen Bleuler*, Ludwig Binswanger*) ou des dissidents (parmi lesquels le plus célèbre, Carl Gustav Jung*). Grâce à son bilinguisme, la Suisse fut aussi un lieu de passage privilégié pour l'introduction des idées freudiennes en France*.

Convaincu d'avoir trouvé une « terre promise » prouvant que la psychanalyse pouvait changer la nosographie psychiatrique et s'appliquer au traitement des psychoses*, Freud pensait que l'accueil enthousiaste des protestants allait permettre de démontrer que sa doctrine n'était pas une « science juive » limitée à l'esprit viennois.

Comme le remarque Henri F. Ellenberger*, la psychiatrie se développe en Suisse avec un certain retard par rapport aux autres pays occidentaux : c'est au milieu du XIXe siècle que sont créés des asiles, appelés cliniques ou sanatoriums, répartis dans les différents cantons, avec à leur tête des aliénistes formés dans la tradition nosographique de l'école allemande, celle de Wilhelm Griesinger (1817-1868) notamment.

A la fin du XIXe siècle, deux grands pionniers commencent à critiquer le nihilisme thérapeutique de l'école allemande : August Forel* et Eugen Bleuler. Directeur de la fameuse clinique du Burghölzli à partir de 1879, Forel abandonne les classifications rigides pour se tourner vers l'hypnose* et la psychiatrie dynamique*. Quant à Bleuler, son successeur, il expérimente avec Jung la technique de la psychanalyse pour le traitement de la folie*.

Dans un premier temps, le mouvement freudien prend son essor en Suisse alémanique avec la création par Jung en 1907 de la Société Freud, qui deviendra l'Association psychanalytique de Zurich. Parmi ses membres : Alfons Maeder*, Ludwig Binswanger, Frank Riklin*, qui organisent ensemble le congrès de l'International Psychoanalytical Association* (IPA) de Nuremberg en 1910 au cours duquel est créé le *Jahrbuch für psychoanalytische und psychopathologische Forschungen*. « Nulle part ailleurs, écrit Freud en 1914, les partisans de la psychanalyse ne formaient un groupe, peu nombreux, il est vrai, mais aussi compact ; nulle part ailleurs une clinique officielle ne se trouvait mise au service de la psychanalyse et nulle part ailleurs un professeur de clinique n'aurait eu le courage d'introduire les théories psychanalytiques dans le programme de l'enseignement psychiatrique [...]. La plupart de mes partisans et collaborateurs actuels sont venus à moi en passant par Zurich, même ceux qui géographiquement étaient bien plus proches de Vienne que de la Suisse. »

Après la rupture de 1913, les psychanalystes suisses, déjà partagés entre deux tendances (Jung et Freud), connurent une situation d'autant plus difficile que la doctrine freudienne était violemment attaquée, comme partout ailleurs, pour son pansexualisme*. Il fallut attendre la fin de la Première Guerre mondiale pour voir renaître le mouvement.

Le 24 mars 1919 à Zurich, Oskar Pfister fonda la Société suisse de psychanalyse (SSP), composée de onze membres parmi lesquels Emil Oberholzer et sa femme, Hermann Rorschach et Hans Walser. Lors de la séance d'inauguration présidée par Ernest Jones* et Sandor Ferenczi*, la psychanalyse fut présentée comme un « mouvement spirituel ». Au bout de deux mois, Hanns Sachs*, chargé de parrainer la demande d'adhésion du nouveau groupe à l'IPA, déclencha un conflit. Méfiant à l'égard de Pfister, il reprochait aux membres de la SSP leur tendance à la « jungisation » et l'oubli de la théorie de la sexualité*. Pfister intervint alors auprès de Freud, qui se chargea d'arbitrer le débat en insistant pour que les Suisses ne prennent pas Sachs comme « bouc émissaire de la haute Inquisition chargé de veiller sur la haute orthodoxie ». « Dans un mouvement scientifique, écrit-il le 27 mai 1919, il vaudrait mieux être enclin à se demander s'il n'y aurait pas beaucoup à apprendre d'un homme instruit par l'expérience. »

La SSP comptera bientôt parmi ses adhérents, outre Binswanger, Gustav Bally (1893-1966), Maeder Boss, Heinrich Meng*, Ernst Blum (1892-1981), Zulliger, Max Müller. Par la suite, elle s'enrichira de nouveaux membres venus de Berne et de Bâle.

A Genève, psychologues, pédagogues et moralistes prirent la suite de la tradition inaugurée par Théodore Flournoy*. Le mouvement psychanalytique suisse romand s'organisa alors autour de quelques grandes familles genevoises : les Flournoy, les Saussure, les Bovet.

En septembre 1919 se constitua, sous la présidence d'Édouard Claparède*, le Cercle psychanalytique genevois, composé de médecins et d'analystes profanes et réunissant notamment Charles Odier*, Raymond de Saussure*, Pierre Bovet (1878-1965) et Henri Flournoy*. Tous appartenaient aussi à la SSP, qui regroupa ainsi les romands et les alémaniques, ainsi que Charles Baudouin*, proche à la fois de Jung et des freudiens. En 1927, Saussure et Odier participèrent également à fondation de la Société psychanalytique de Paris (SPP).

Analysé par Sabina Spielrein*, Jean Piaget (1896-1980) commença à s'intéresser à la psychanalyse après avoir suivi l'enseignement de Jung, de Bleuler et de Pfister. En 1921, il adhéra à la SSP, et, l'année suivante, rencontra Freud au congrès de l'IPA de Berlin. Il s'orienta ensuite vers la psychologie et l'épistémologie génétique.

En 1927, une nouvelle crise éclata autour de la question de l'analyse profane*. Cherchant à évincer Pfister, dont le non-conformisme les gênait et dans le but d'écarter les « pseudo-analystes », trop proches à leurs yeux de la religion et de la cure d'âme, les médecins annoncèrent leur intention de faire scission*. Conduits par Oberholzer et Rudolph Brun (1885-1969), ils fondèrent une Association médicale de psychanalyse, qui n'accepta dans ses rangs que les médecins. Mécontent de l'attaque contre son ami Pfister et bien décidé à soutenir l'analyse profane, Freud intervint pour que ce groupe n'obtienne pas la reconnaissance de l'IPA : « Emil Oberholzer est un vieil imbécile têtu, écrit-il, qu'il vaut mieux laisser à son sort. »

L'exécutif de l'IPA réclama en effet que les conflits fussent réglés à l'intérieur du groupe, et la nouvelle Association ne parvint pas à obtenir son affiliation. Favorable aux médecins, Saussure critiqua durement Pfister, mais s'inclina devant le soutien que lui apportait Freud. Après le départ de vingt-deux membres, Philipp Sarasin* fut élu président de la SSP : il conservera ses fonctions pendant trente-deux ans.

Entre 1928 et 1937, la SSP bénéficia du passage des exilés qui fuyaient l'Allemagne* nazie (Hermann Nunberg*, Frieda Fromm-Reichmann*, Heinrich Meng). Quant à l'Association médicale, elle fut dissoute après le départ d'Oberholzer pour les États-Unis*. Ses membres rejoindront finalement la SSP.

Le conflit de 1927-1928 annonçait les crises ultérieures. Dès 1934, une nouvelle tempête s'abattit sur la SSP avec l'adhésion de Gustav Bally. Psychiatre formé par Hanns Sachs* à Berlin et ami de Franz Alexander*, celui-ci prônait, dans la recherche et la pratique, un regard libre et critique à l'égard des dogmes établis. Récusant certains éléments de la doctrine freudienne et s'intéressant comme Binswanger à l'analyse existentielle*, il se vit accusé de trop fréquenter le « Club jungien » : ce à quoi il répondit qu'en effet il connaissait bien les jungiens, mais que cela ne l'avait pas empêché de publier un article hostile aux positions de Jung à l'égard du national-socialisme. Il fut également reproché à Maeder Boss sa trop grande distance à l'égard du freudisme et son intérêt pour l'ontologie heideggérienne.

Après la Deuxième Guerre mondiale, la psychiatrie dynamique*, en Suisse comme partout ailleurs, se tourna vers d'autres traitements : les cures de sommeil et les électrochocs supplantèrent la psychothérapie*. Cependant, Manfred Bleuler, le fils d'Eugen Bleuler, réintroduisit la psychanalyse au Burghölzli, sous la forme non pas du freudisme* classique mais de l'analyse directe* (inspirée par John Rosen). En 1948, il appela à ses côtés Bally et Boss, qui s'orientèrent nettement vers la phénoménologie. Plus tard, l'un et l'autre se désintéresseront de l'analyse didactique* et s'éloigneront de la SSP.

A Zurich, outre l'école jungienne, tous les courants de psychothérapie se développèrent : gestaltthérapie*, thérapie familiale*, méthode de Leopold Szondi*, psychodrame*, etc.

A Genève, c'est Saussure qui réorganisa le groupe romand à son retour des États-Unis en 1952. Il mit sur pied un ensemble de séminaires cliniques et théoriques avec la collaboration de Germaine Guex (1904-1984) – la compagne d'Odier –, de Michel Gressot (1918-1975) et de Marcelle Spira, qui s'intéressait tout particulièrement aux théories kleiniennes. Georges Dubal (1909-1993), analysé par Odier et proche de la revue *Esprit*, fut le premier psychanalyste à exercer à Lyon ; il s'installa ensuite à Genève.

En 1968, la SSP fut traversée par la grande vague de contestation qui frappa l'ensemble des sociétés de l'IPA, provoquant des scissions et des ruptures individuelles. C'est ainsi que fut fondé en 1970 le Psychoanalytisches Seminar de Zurich (PSZ). Sous la houlette de trois anthropologues, Paul Parin, Goldy Parin et Fritz Morgenthaler, spécialistes d'ethnopsychanalyse* en Afrique, le PSZ rassembla tous ceux qui protestaient contre la sclérose de la formation didactique et la vision apologétique du passé que véhiculaient les sociétés de l'IPA (notamment pour ce qui concerne la période du nazisme*). Les membres du séminaire, qui, grosso modo, se réclamaient de la tradition de la gauche freudienne, du freudo-marxisme* et d'Herbert Marcuse*, quitteront finalement la SSP. En 1985, au congrès de l'IPA de Hambourg, ils organisèrent un contre-congrès pour protester contre le silence de la direction de l'IPA sur l'ancienne politique de « sauvetage », au moment même où paraissaient plusieurs livres relatant la collaboration des freudiens avec Matthias Heinrich Göring*. Par la suite, des séminaires semblables furent créés à Bâle et à Berne.

C'est dans ce cadre « alternatif », ouvert à la dissidence, qu'eurent lieu les premiers exposés consacrés à la pensée de Jacques Lacan*. En 1986, Peter Widmer créa la revue *RISS*, destinée à diffuser l'œuvre lacanienne en Suisse alémanique, en liaison avec des groupes allemands : « Le nom *RISS*, écrit Widmer, comporte les initiales des registres lacaniens : le réel*, l'imaginaire*, le symbolique*, le symptôme (ou écriture, *Schrift* en allemand). Dans le même temps, il rappelle Freud (*Abrégé de psychanalyse** ou *Abriss der Psychoanalyse* en allemand) et Marx (*Grundisse der politischen Oekonomie*). »

En Suisse romande, la SSP eut tendance à se replier sur elle-même, révélant un goût prononcé pour l'académisme. Néanmoins, l'historiographie* freudienne se développa sous l'impulsion d'André Haynal. Analysé par Saussure, membre de la rédaction de la revue *Psychothérapies* et responsable des archives de Michael Balint*, Haynal manifesta très tôt un intérêt pour tous les travaux modernes de langue allemande, française ou anglaise.

Analysé par Georges Dubal à Genève et par Jenny Aubry* à Paris, Mario Cifali commença à enseigner l'œuvre de Lacan en Suisse romande en créant en 1975, en marge de la SSP, un séminaire d'études de textes et de formation qui prit le nom, en décembre 1982, de Cercle d'études psychanalytiques (CEP). Parallèlement, il fit paraître avec Mireille Cifali une revue, *Le Bloc-Notes de la psychanalyse,* ouverte à l'historiographie et à tous les courants du freudisme.

Quant au lacanisme d'inspiration millérienne, il est représenté par deux filiales de l'École européenne de psychanalyse (ÉEP), l'une à Genève, l'autre à Lausanne, toutes deux membres de l'Association mondiale de psychanalyse* (AMP). A la fin de ce siècle, la SSP compte cent ving-six membres dans ses rangs, soit un taux de trente psychanalystes (IPA) par million d'habitants pour une population globale de sept millions. A quoi s'ajoutent de nombreux psychothérapeutes de toutes tendances et une quarantaine de freudiens (extérieurs à l'IPA).

● Sigmund Freud, *Sur l'histoire du mouvement psychanalytique* (1914), Paris, Gallimard, 1991, *GW,* X, 44-113, *SE,* XIV, 7-66 ; et Carl Gustav Jung, *Correspondance*, vol. I, *1906-1909*, vol. II, *1910-1914*, Paris, Gallimard, 1975 ; *Correspondance de Sigmund Freud avec le pasteur Pfister, 1909-1939* (Francfort, 1963), Paris, Gallimard, 1966. Henri F. Ellenberger, *La Psychiatrie suisse,* Série d'articles publiés de 1951 à 1953 dans *L'Évolution psychiatrique*, Aurillac, sd. Paul Parin, Fritz Morgenthaler et Goldy Parin-Matthey, *Fürchte deinen Nächsten wie dich selbst,* Francfort, Fischer, 1971. Fritz Meerwein, « Réflexion sur l'histoire de la Société suisse de psychanalyse en Suisse alémanique », *Bulletin de la Société suisse de psychanalyse,* 9, 1979, 40-52. M. Roch, « A propos de l'histoire de la psychanalyse en Suisse romande », *ibid,* 10, 1980, 17-30. Mireille Cifali, *Freud pédagogue*, Paris, InterÉditions, 1982 ; « Le fameux couteau de Lichtenberg », in *Le Bloc-Notes de la psychanalyse,* 4, 171-185 ; « De quelques remous helvétiques autour de l'analyse profane », *Revue internationale d'histoire de la psychanalyse,* 3, 1990, 145-159 ; « La cure des enfants en Suisse : de l'hypnotisme à la psychanalyse », *Études freudiennes,* 36, novembre 1995, 170-188 ; « Les débuts de la psychanalyse en Suisse », *Nervure,* t. VIII, novembre 1995, 11-17. André Haynal, « "Les Suisses" – En psychanalyse », *Le*

Bloc-notes de la psychanalyse, 4, 1984, 163-170. Pier Cesare Bori, « Oskar Pfister, "pasteur à Zurich", et analyse laïque », *Revue internationale d'histoire de la psychanalyse*, 3, 1990, 129-145. Peter Widmer, « Situation de la psychanalyse en Suisse alémanique », *Le Bloc-Notes de la psychanalyse*, 10, 1991, 69-81. Laurent Lethiais, *Oskar Pfister et la cure d'âme psychanalytique*, mémoire de DESS de psychologie clinique et pathologique, université de Paris-X, juin 1995.

▷ BELGIQUE. ÉCOLE FREUDIENNE DE PARIS. FÉDÉRATION EUROPÉENNE DE PSYCHANALYSE. FENICHEL Otto. HISTOIRE DE LA PSYCHANALYSE. KLEINISME. LACANISME. REICH Wilhelm. SECHEHAYE Marguerite.

SUJET

Allemand : *Subjekt*. Anglais : *Subject*.

Terme courant en psychologie, en philosophie et en logique. Il est employé pour désigner soit un individu en tant qu'il est à la fois observateur des autres et observé par les autres, soit une instance à quoi est rapporté un prédicat ou un attribut.

En philosophie, depuis René Descartes (1596-1650) et Emmanuel Kant (1724-1804) jusqu'à Edmund Husserl (1859-1938), le sujet est défini comme l'homme même en tant qu'il est le fondement de ses propres pensées et de ses actions. Il est alors l'essence de la subjectivité humaine dans ce qu'elle a d'universel et de singulier. Dans cette acception propre à la philosophie occidentale, le sujet est défini comme sujet de la connaissance, du droit ou de la conscience*, que cette conscience soit empirique, transcendentale ou phénoménale.

En psychanalyse*, Sigmund Freud* emploie le terme mais seul Jacques Lacan*, entre 1950 et 1965, a conceptualisé la notion logique et philosophique de sujet dans le cadre de sa théorie du signifiant*, en transformant le sujet de la conscience en un sujet de l'inconscient*, de la science et du désir*. C'est en 1960, dans « Subversion du sujet et dialectique du désir dans l'inconscient freudien », que Lacan, s'appuyant sur la théorie saussurienne du signe linguistique, énonce sa conception de la relation du sujet au signifiant : « Un signifiant, c'est ce qui représente le sujet pour un autre signifiant. » Ce sujet est soumis, selon Lacan, au processus freudien du clivage* (du moi).

● Jacques Lacan, « Subversion du sujet et dialectique du désir dans l'inconscient freudien » (1960), in *Écrits*, Paris, Seuil, 1966, 793-827. Bertrand Ogilvie, *Lacan, le sujet*, Paris, PUF, 1987.

▷ *EGO PSYCHOLOGY*. HISTOIRE DE LA PSYCHANALYSE. IDÉAL DU MOI. MÉTAPSYCHOLOGIE. MOI. *SELF PSYCHOLOGY*. SIGNIFIANT. SURMOI.

SULLIVAN Harry Stack (1892-1949)

psychiatre américain

Comme Horace Frink* et beaucoup d'autres de sa génération, Harry Stack Sullivan fut l'un de ces personnages hors du commun qui subirent les mêmes souffrances psychiques que les patients qu'ils soignaient et furent, du fait de leur conduite « déviante », marginalisés par le mouvement psychanalytique et psychiatrique. Ils devinrent des contestaires de l'ensemble des savoirs orthodoxes issus de la psychopathologie*, soit en adoptant les principes de l'antipsychiatrie*, soit en se réclamant du culturalisme*.

Cependant, Sullivan appartient aussi à la longue lignée de ces psychothérapeutes originaux qui, comme Poul Bjerre* et Erich Fromm*, sans fonder vraiment d'école, rejetèrent les principales thèses freudiennes sur l'inconscient*, la *libido**, la sexualité* ou l'Œdipe*. Voulant se poser, à l'égal de Sigmund Freud*, en maîtres à penser, il développèrent leur propre doctrine, soit oralement, soit dans des œuvres écrites.

Né à Norwich, dans l'État de New York, Sullivan était issu d'un milieu rural et d'une famille d'émigrés irlandais. A l'âge de 4 ans, après la mort de sa mère, qui avait été soignée pour une dépression mélancolique, il développa une forte phobie* des araignées qu'il identifiera plus tard à une terreur des femmes. Par la suite, il connu une scolarité difficile, ce qui ne l'empêcha pas d'entrer à l'école de médecine de Chicago et d'en sortir diplômé en 1917. Déjà mélancolique, il fut, dit-il, « sauvé de la dépression » en occupant dans l'armée américaine différentes fonctions thérapeutiques, notamment auprès des vétérans. A partir de 1923, psychiatre au Sheppard and Enoch Pratt Hospital, dans le Maryland, puis enseignant à l'université, il consacra toute son énergie à soigner des patients schizophrènes.

Révolté, alcoolique et homosexuel, il se confronta d'une curieuse manière à la psychalyse* : il affirmait avoir suivi une cure de « soixante-quinze heures » avec un inconnu et incita son amie Clara Thompson (1893-1958), d'origine hongroise, à se faire analyser « à sa place » par Sandor Ferenczi*. Chaque été, celle-ci se rendait à Budapest auprès du grand disciple de Freud et à son retour partageait son expérience de la cure avec Sullivan au cours d'une relation transférentielle de trois cents heures, comme il l'affirmera plus tard.

D'abord élève de William Alanson White*, Sullivan fréquenta ensuite le Zodiac Club, où, dans l'entre-deux-guerres, de nombreux dissidents du freudisme – Erich Fromm et Karen Horney* entre autres – se retrouvèrent et nouèrent des liens avec les culturalistes : Margaret Mead* et Ruth Benedict (1887-1948). Cependant, c'est au contact de l'anthropologue Edward Sapir (1884-1939), dont il devint l'ami en 1926, et en s'inspirant des thèses d'Alfred Adler*, qu'il élabora une doctrine personnelle à laquelle il donnera le nom de *self-system*. A partir de l'observation des tribus indiennes d'Amérique du Nord, Sapir opposait les cultures « authentiques » aux cultures « frelatées », pour démontrer qu'une culture marginale pouvait être supérieure du point de vue de l'authenticité à une culture supposée évoluée et universelle. Il en déduisait que la langue, la culture, l'inconscient et la personnalité forment un « système immergé » qui impose aux membres d'une société donnée des catégories conceptuelles façonnant à leur insu leurs conduites et leurs modes de relation à autrui.

S'inspirant de cette thèse, Sullivan rejeta les concepts freudiens d'inconscient et de sexualité pour mettre au point une nouvelle doctrine psychothérapeutique, la « psychiatrie interpersonnelle », qui insistait sur le conditionnement. Selon lui, le *self* de chaque individu est construit par les reflets que les jugements de ses parents et de ses proches exercent sur lui depuis son enfance. En conséquence, la technique adéquate de traitement consiste à faire prendre conscience au patient, de façon active et dynamique, des modes de pensée qui pèsent sur lui à son insu. Comme praticien du Sheppard and Enoch Pratt Hospital, puis du Saint Elizabeth Hospital de New York, comme fondateur de la Washington School of Psychiatry et enfin comme membre dissident de la Washington-Baltimore Psychoanalytic Society (WBPS), il joua un rôle majeur dans l'une des quatre grandes scissions* du mouvement psychanalytique américain. Sa principale élève, Frieda Fromm-Reichmann*, ancienne épouse d'Erich Fromm, inventa une méthode de traitement des psychotiques, la psychothérapie intensive, inspirée de ses travaux.

Refusant le divan des psychanalystes orthodoxes autant que la nosographie figée de la psychiatrie classique, Sullivan fut, dans le domaine du traitement de la folie*, l'un des artisans les plus brillants de ce courant social de la psychothérapie* dynamique qui deviendra le creuset de la contestation antipsychiatrique. S'inspirant du modèle néojacksonien, il regardait la schizophrénie* comme une régression phylogénétique à l'état « sauvage », d'où son culturalisme. Il fut aussi un militant politique, n'hésitant pas à critiquer ouvertement le puritanisme américain. Il dénonça la barbarie atomique d'Hiroshima, participa à la fondation de l'Organisation mondiale de la santé, en même temps qu'il se ruina dans des opérations financières extravagantes. Il mourut à Paris à l'âge de 57 ans, épuisé par une vie turbulente.

● Harry Stack Sullivan, *Conceptions of Modern Psychiatry*, Washington, William Alanson White Psychiatric Foundation, 1947 ; *The Interpersonal Theory of Psychiatry*, Londres, 1953 ; *The Fusion of Psychiatry and Social Sciences*, 1964. George W. Goethals, « Sullivan, Harry Stack (1892-1949) », in *A Lexicon of Psychology, Psychiatry and Psychoanalysis*, Jessica Cooper (éd.), Routledge, Londres, New York, 1988, 431-434. Edward Sapir, *Le Langage* (New York, 1921), Paris, Payot, 1967. Henri F. Ellenberger, *Histoire de la découverte de l'inconscient* (New York, Londres, 1970, Villeurbanne, 1974), Paris, Fayard, 1994. Nathan G. Hale, *Freud and the Americans, 1917-1985 : The Rise and Crisis of Psychoanalysis in the United States*, t. II, New York, Oxford, Oxford University Press, 1995. Helen S. Perry, *Psychiatrist of America, the Life of Harry Stack Sullivan*, Cambridge, Harvard University Press, 1982. S. P. Fullinwider, *Technicians of the Finite. The Rise and Decline of the Schizophrenic in American Throught 1840-1960*, Westport et Londres, Greenwood Press, 1982. Leonard Zusne, *Names in the history of psychology. A Biographical Sourcebook*, New York, Halsted Pressbook, 1975, 430-432. Philip Cushman, *Constructing the Self, Constructing America. A Cultural History of Psychotherapy*, Reading et New York, Addison-Wesley Publishing Company, 1995. Thierry Vincent, « *Pendant que Rome brûle* ». *La clinique psychanalytique de la psychose de Sullivan à Lacan*, Strasbourg, Arcanes, 1996.

▷ ANTHROPOLOGIE. ÉTATS-UNIS. JACKSON Huglings. *SELF PSYCHOLOGY*.

SUPERVISION

▷ ANALYSE DIDACTIQUE. CONTRÔLE (ANALYSE DE).

SURDÉTERMINATION

Allemand : *Überdeterminierung.* Anglais : *Overdetermination.*

Terme employé en philosophie et en psychologie pour désigner, selon des modalités propres à chaque objet, une pluralité de déterminations pour un effet donné. Ce mot est utilisé par Sigmund Freud*, notamment dans *L'Interprétation des rêves*.*

Si, pour Freud, la notion de surdétermination n'a pas le statut des processus de condensation* et de déplacement* dans le travail du rêve*, elle leur est étroitement liée.

La surdétermination est un effet du travail de condensation. Freud l'expose à propos de l'analyse qu'il fait de son rêve de la « Monographie botanique » : il montre que, dans ce rêve, les éléments « botanique » et « monographie » sont des nœuds, des points de condensation sur lesquels des pensées latentes du rêve ont pu se cristalliser parce qu'ils se prêtaient à des interprétations multiples : « On peut expliquer autrement encore le fait qui explique tout cela et dire : chacun des éléments du rêve est *surdéterminé*, comme représenté plusieurs fois dans les pensées du rêve. »

Lorsqu'il étudie les modalités du travail de déplacement, Freud constate que la fréquence des éléments du rêve n'est pas corrélée avec leur importance. Pour rendre compte de cette apparente contradiction, il explique que l'on est « conduit à penser que, dans le travail du rêve, se manifeste un pouvoir psychique qui, d'une part, dépouille des éléments de haute valeur psychique de leur intensité et, d'autre part, grâce à la surdétermination, donne une valeur plus grande à des éléments de moindre importance, de sorte que ceux-ci peuvent pénétrer dans le rêve ».

La surdétermination, précisent Jean Laplanche et Jean-Bertrand Pontalis, n'implique pas que le rêve puisse faire l'objet d'un nombre infini d'interprétations, elle n'implique pas davantage l'indépendance des significations qu'un même phénomène peut revêtir : « Le phénomène à analyser est une résultante, la surdétermination est un caractère positif, et non la simple absence d'une signification unique et exhaustive. »

● Sigmund Freud, *L'Interprétation des rêves* (1900), *GW*, II-III, 1-642, *SE*, IV-V, 1-621, Paris, PUF, 1967. Jean Laplanche et Jean-Bertrand Pontalis, *Vocabulaire de la psychanalyse*, Paris, PUF, 1967.

SUR LA PSYCHANALYSE. CINQ CONFÉRENCES

Ouvrage de Sigmund Freud* publié pour la première fois en 1910, en anglais, dans l'*American Journal of Psychology* sous le titre *The Origin and Development of Psychoanalysis* dans une traduction de H.W. Chase, puis retraduit par James Strachey* en 1957 sous le titre *Five Lectures on Psycho-Analysis*. Publié en allemand en 1910 sous le titre *Über Psychoanalyse*. Traduit en français en 1920 par Yves Le Lay sous le titre *Origine et développement de la psychanalyse*, avec une introduction d'Édouard Claparède*. Republié en 1921 dans la même traduction et avec la même introduction sous le titre *La Psychanalyse*, puis en 1923 sous le titre *Cinq Leçons sur la psychanalyse*. Retraduit par Cornélius Heim en 1991 sous le titre *Sur la psychana-*

lyse. Cinq conférences, puis en 1993 par René Lainé et Johanna Stute-Cadiot sous le titre De la psychanalyse.

Le 27 août 1909, Freud arrive aux États-Unis*, accompagné de Sandor Ferenczi* et de Carl Gustav Jung* : ce sera son seul voyage sur le continent américain. C'est à ce propos que Jacques Lacan* construira son fameux mythe de la peste*.

Le 30 décembre 1908, Freud annonce à Jung qu'il a reçu de la part de Stanley Granville Hall* une invitation pour donner une série de conférences à la Clark University de Worcester dans le Massachusetts. Il craint que ce voyage ne lui fasse perdre de l'argent et il précise : « Je ne suis pas assez riche pour pouvoir dépenser cinq fois autant pour la stimulation de l'Amérique [...]. Janet*, dont ils invoquent l'exemple, est probablement plus riche ou plus ambitieux ou ne manque rien dans sa pratique. Je regrette cependant que cela échoue pour cette raison, car ç'aurait été très gai. »

Le 7 janvier 1909, Jung répond sur le même ton : « Au sujet de l'Amérique, j'aimerais encore observer que Janet par exemple a amorti par la suite ses frais de voyage par la clientèle américaine qu'il s'est faite. Kraepelin* a dernièrement eu une consultation en Californie pour le modeste pourboire de 50 000 marks. Je crois que ce côté de la question devrait aussi être pris en considération. » Freud redoute également le puritanisme. Il pense en effet que le public américain n'acceptera pas le « noyau dur » de sa théorie de la sexualité*.

Il informe également Karl Abraham*, qui regrette que ce voyage ne puisse se faire. Quant à Ferenczi, il commente ainsi la décision négative de Freud : « Que vous n'ayez que *presque* accepté le voyage en Amérique me console, encore que *je sois bien capable* de vous suivre même là-bas. » Freud répond alors sur le même ton, d'abord le 10 janvier 1909, « Je serais moi aussi *bien capable* de vous inviter à m'accompagner », puis le 17 janvier suivant : « Si, malgré tout ce qu'on peut humainement imaginer, le voyage devait quand même avoir lieu, vous m'accompagneriez, c'est une affaire entendue. »

Quelques semaines plus tard, après une nouvelle invitation qui propose des dates plus commodes et une indemnité plus substantielle, Freud invite Ferenczi à l'accompagner : « Je viens vous demander si vous voulez vous joindre à moi pour ce voyage. Pour moi ce serait un grand plaisir. » Avec le même empressement, Ferenczi fait savoir à Freud, le 2 mars, qu'il « accepte avec gratitude » son aimable invitation. Tout heureux d'emmener Ferenczi avec lui, Freud n'a guère envie en revanche de voyager en compagnie de Jung et celui-ci en conçoit une certaine amertume.

C'est alors que l'affaire rebondit. Le 12 juin, Jung annonce à Freud qu'il est, lui aussi, invité par la Clark University : « C'est une grande chose que j'aille en Amérique, n'est-ce pas ? » Freud ne répondra, aimablement, que le 18 juin, mais auparavant, le 13 juin, il s'adresse sur un ton sibyllin au pasteur Oskar Pfister* : « La grande nouvelle que Jung va à Worcester avec moi, écrit-il, vous a certainement ausi fait de l'effet. » Le même jour, il informe sèchement Ferenczi de la venue de Jung tout en précisant, comme pour éviter de possibles confusions : « Jung vous aura fait savoir lui-même qu'il a également reçu une invitation à notre cérémonie, pour prononcer trois conférences sur un thème qui lui a été imposé. Voila qui rehausse toute l'histoire, et tout en sera pour nous certainement grandi et amplifié. Je ne sais pas encore s'il parviendra à prendre le même bateau que nous, mais en tout cas nous séjournerons ensemble là-bas. »

Le voyage se déroula sans incident. Sur le paquebot *George Washington*, les trois hommes analysèrent mutuellement leurs rêves mais Freud éprouva quelque difficulté à laisser libre cours à ses associations en présence de Jung.

Durant cinq matinées, du mardi au samedi, il prononça ses conférences. A la fin de la semaine, il reçut comme Jung, lors d'une brillante cérémonie, le titre de docteur *honoris causa*.

Unanimement appréciées, les cinq conférences de Worcester reçurent un accueil triomphal dans la presse locale et nationale. Dans un bel article, Stanley Hall, président de l'université, qualifia de « neuves et révolutionnaires » les conceptions freudiennes. Il insista sur l'importance de la sexualité et compara l'apport de Freud en psychologie à celui de Richard Wagner (1813-1883) en musique.

Pour Freud, ce moment marqua la fin de son isolement. Pourtant, en 1914, dans son essai « Sur l'histoire du mouvement psychanalytique », il parla avec une certaine légèreté des cinq conférences, affirmant les avoir improvisées. En fait, et sa correspondance avec Ferenczi l'atteste, il les rédigea pendant tout l'été 1909.

C'est en 1925, dans son autobiographie (*Sigmund Freud présenté par lui-même**), qu'il adopta à propos de son travail une autre attitude. Dans ce retour sur le passé, Freud ne masque en effet ni son émotion, ni l'importance de l'événement : « Je n'avais à l'époque que 53 ans, je me sentais juvénile et bien portant, ce bref séjour dans le Nouveau Monde fut d'une manière générale bénéfique pour mon amour-propre ; en Europe je me sentais en quelque sorte proscrit, ici je me voyais accueilli par les meilleurs comme un de leurs pairs. Ce fut comme l'accomplissement d'un rêve diurne invraisemblable, lorsque je montai à la chaire de Worcester afin d'y donner les *Cinq Leçons sur la psychanalyse* (1910). La psychanalyse* n'était donc plus une formation délirante, elle était devenue une part précieuse de la réalité. »

Publiées d'abord en anglais, ces cinq leçons n'apportent rien de nouveau à qui connaît l'essentiel de l'œuvre freudienne. Néanmoins, par leur clarté exemplaire, elles ont une fonction didactique et constituent une initiation particulièrement simple aux grands principes de la psychanalyse.

La première conférence porte sur la spécificité de l'approche psychanalytique de la névrose*. A ce propos, Freud évoque l'histoire d'Anna O. (Bertha Pappenheim*) et le souvenir de Josef Breuer*. Dans la deuxième conférence, il explique comment l'abandon de l'hypnose* lui a permis de saisir la manifestation des résistances*, du refoulement* et du symptôme, ainsi que leur fonctionnement en rapport avec l'émergence de « motions » de désir* qu'il qualifie de « dérangeantes » pour le moi*.

En fait, cette conférence illustre, de manière peut-être encore plus évidente que les autres, le talent pédagogique de Freud. Pour bien expliquer les fonctions respectives des trois concepts dans sa théorie, Freud évoque la possible présence d'un « gêneur » (ou « motion de désir ») venant perturber le déroulement de ses conférences. Si un tel événement se produisait, des personnes présentes dans la salle (les

« résistances ») ne tarderaient pas à se manifester pour chasser ce gêneur de l'amphithéâtre : il s'agirait là d'un refoulement qui permettrait que le cours puisse se dérouler paisiblement. Mais une fois dehors, l'intrus pourrait faire encore plus de bruit et perturber le conférencier et ses auditeurs de manière différente mais non moins insupportable. Tel est bien ce que Freud appelle le symptôme : une manifestation déplacée de la motion inconsciente refoulée.

Freud compare alors le psychanalyste à un médiateur qui serait capable d'entrer en négociation avec le perturbateur afin qu'il puisse revenir dans l'amphithéâtre après s'être engagé à ne plus déranger les auditeurs. La tâche du psychanalyste est donc de reconduire le symptôme vers le lieu d'où il vient, c'est-à-dire vers l'idée refoulée.

Si l'on en croit Henri F. Ellenberger*, la métaphore du gêneur fut parfaitement entendue. La conférence de Freud du vendredi après-midi fut en effet perturbée par l'intrusion d'Emma Goldmann, la célèbre anarchiste américaine, accompagnée ce jour-là de Ben Reitman, le « roi des clochards ».

Dans sa préface à la traduction française de 1991, Jean-Bertrand Pontalis souligne l'ingéniosité dont Freud fit preuve en usant de cette image du gêneur. Mais il souligne aussi que la tactique qui consiste à désarmer l'adversaire potentiel comporte le risque d'engendrer, à force de modération, trop de malentendus. Ainsi, pour ne pas heurter le public américain, Freud se place ici en retrait par rapport aux positions prises en 1905 dans ses *Trois Essais sur la théorie sexuelle**. Cette concession n'évitera pas cependant que sa doctrine soit assimilée à un pansexualisme*, aux États-Unis comme partout ailleurs.

Cet exemple de glisement épistémologique, responsable d'une certaine édulcoration de la théorie fait aussi l'intérêt de cet ouvrage. On peut y saisir en effet combien fut difficile le combat mené par Freud pour l'usage et le maintien du terme de sexualité. Comme le souligne Jean Laplanche à ce propos : « Céder sur le mot c'est déjà céder aux trois quarts sur le contenu même de la pensée. »

● Sigmund Freud, *Trois Essais sur la théorie sexuelle* (1905), *GW*, V, 29-145, *SE*, VII, 123-243, Paris, Gallimard, 1987 ; *Sur la psychanalyse. Cinq conférences* (1910), *OC*, X, 1-55, sous le titre *De la psychanalyse*, *GW*, VIII, 3-60, *SE*, XI, 7-55, Paris, Gallimard, 1991, précédé de « La rencontre de deux nouveaux mondes » par Jean-Bertrand Pontalis, 9-21 ; *Sur l'histoire du mouvement psychanalytique* (1914), *GW*, X, 44-113, *SE*, XIV, 7-66, Paris, Gallimard, 1991 ; *Sigmund Freud présenté par lui-même* (1925), *GW*, XIV, 33-96, *SE* XX, 7-70, Paris, Gallimard, 1984 ; et Karl Abraham, *Correspondance 1907-1926* (Francfort, 1965), Paris, Gallimard, 1969 ; et Sandor Ferenczi, *Correspondance*, I, *1908-1914*, Paris, Calmann-Lévy, 1992 ; et Carl Gustav Jung, *Correspondance*, I, *1906-1909*, Paris, Gallimard, 1975 ; *Correspondance de Sigmund Freud avec le pasteur Pfister 1909-1939* (Francfort, 1963), Paris, Gallimard, 1966. Henri F. Ellenberger, *Histoire de la découverte de l'inconscient* (New York, 1970, Villeurbanne, 1974), Paris, Fayard, 1994. Norman Kiell, *Freud Without Hindsight. Review of His Work 1893-1939*, Madison, International Universities Press, 1988. Jacques Lacan, « La chose freudienne ou Sens du retour à Freud en psychanalyse » (1955), in *Écrits*, Paris, Seuil, 1966. Jean Laplanche, *Vie et mort en psychanalyse*, Paris, Flammarion, 1970. Élisabeth Roudinesco, *Jacques Lacan. Esquisse d'une vie, histoire d'un système de pensée*, Paris, Fayard, 1994.

SUR LE RÊVE

Ouvrage de Sigmund Freud* publié pour la première fois en allemand en 1901 sous le titre *Über den Traum* dans un recueil collectif dirigé par Leopold Löwenfeld (1847-1924) et Hans Kurella (1858-1916) et intitulé *Grenzfragen des Nerven und Seelenlebens*. Réédité en 1911 sous la forme d'une brochure indépendante, augmenté de notes, de plusieurs paragraphes et d'un chapitre sur le symbolisme des rêves. Traduit pour la première fois en français par Hélène Legros en 1925 sous le titre *Le Rêve et son interprétation*, puis en 1988 par Cornélius Heim sous le tire *Sur le rêve*. Traduit en anglais par James Strachey* en 1953 sous le titre *On Dreams*.

Bien que son grand livre *L'Interprétation des rêves** ait été relativement bien accueilli par les spécialistes de la psychopathologie, Sigmund Freud* fut terriblement déçu par les treize comptes rendus parus dans diverses revues médicales entre 1899 et 1901. Alors qu'il espérait que cette publication lui apporterait une formidable célébrité et une bonne clientèle, ce magnifique ouvrage, qu'il pensait en avance de vingt ans sur son siècle, ne fut pas salué sur le moment comme le monument majeur d'un grand homme de science, mais comme un bon livre écrit par un bon auteur auquel il convenait toutefois d'adresser quelques critiques.

Dans ce contexte et sur la suggestion de Wilhelm Fliess*, Freud accepta d'écrire une version abrégée de *Die Traumdeutung* (57 pages) pour un ouvrage collectif dirigé par le psychiatre Leopold Löwenfeld. Pendant tout le printemps de l'année 1901, il acheva la rédaction de ce texte avec difficulté et, au moment de la correction, il oublia de renvoyer ses épreuves à l'éditeur. Dans *Psychopathologie de la vie quotidienne**, il analyse cet oubli comme une crainte de léser l'éditeur de *L'Interprétation des rêves* et évoque à ce propos les reproches que lui avait adressés Jean Martin Charcot* quand il avait ajouté des notes à la traduction de son livre, sans son autorisation.

Freud poursuit dans cet opuscule son travail d'analyse de ses propres rêves, notamment avec le rêve dit de la « Table d'hôte » : « En société, table ou table d'hôte [...]. On mange des épinards [...]. Mme E.L. est assise à côté de moi, se tourne entièrement vers moi et pose familièrement la main sur mon genou. J'éloigne la main dans un mouvement de défense. Alors, elle dit : "Vous avez toujours eu de si beaux yeux [...]." Je vois alors vaguement quelque chose comme le dessin de deux yeux ou le contour d'une paire de lunettes [...]. »

Il interprète ce rêve comme l'expression de sa difficulté à avoir des dettes, à réclamer son dû et à faire les choses par devoir. Quand il était enfant, il n'aimait pas les épinards : or, le rêve montre qu'il faut quand même en manger. E.L. est identifiée comme étant Bertha, la fille de Josef Breuer* auquel Freud devait de l'argent. Enfin, les lunettes renvoient au médecin ophtalmologiste Hans Rosenberg. Freud lui avait offert une coupe antique décorée d'une occhiale, c'est-à-dire d'un pourtour d'yeux peints servant de protection contre le mauvais œil. Le médecin était en « dette » à l'égard de Freud, qui lui avait adressé une cliente pour qu'il lui prescrive des lunettes.

En 1988, le psychanalyste français Didier Anzieu donnera une interprétation différente de ce rêve qui exprimerait la difficulté éprouvée par Freud à rédiger le livre. A la place de E.L., il voit à la fois Ida Bauer* (le cas « Dora »), dont Freud commence la cure à cette époque, et Minna Bernays*, sa belle-sœur, avec laquelle il s'interdit une relation incestueuse. Selon Anzieu, ce rêve serait une sorte de prolongement de celui de « L'injection faite à Irma*».

• Sigmund Freud, *Sur le rêve* (1901), *GW*, II-III, 643-700, *SE*, V, 629-686, Paris, Gallimard, 1988, avec une préface de Didier Anzieu. Didier Anzieu, *L'Auto-analyse de Freud* (1959), Paris, PUF, 1988. Norman Kiell, *Freud Without Hindsight. Review of His Work 1893-1939*, Madison, International Universities Press, 1988.

SURMOI (ou SUR-MOI)

Allemand : *Über-Ich*. Anglais : *Super-ego*.

Concept forgé par Sigmund Freud* pour désigner l'une des trois instances de la seconde topique*, avec le moi* et le ça*. Le surmoi plonge ses racines dans le ça et exerce, sur un mode impitoyable, les fonctions de juge et de censeur à l'égard du moi.

Dans son texte de 1924 sur l'économie du masochisme, Freud déclare : « L'impératif catégorique de Kant est [...] l'héritier direct du complexe d'Œdipe*. » On ne saurait mieux cerner le concept de surmoi, qui apparaît en 1923 dans *Le Moi et le Ça**. Il est le produit d'une longue élaboration entamée en 1914 dans l'article « Pour introduire au narcissisme ». Freud construisait alors la notion d'idéal, substitut du narcissisme* infantile et supposée être l'instrument de mesure utilisé par le moi pour s'observer lui-même.

La transformation de la conception du moi, à partir de l'examen clinique de la pathologie du deuil et de la mélancolie*, conduit Freud à abandonner progressivement l'idée d'une équivalence entre le moi et le conscient* au profit d'un moi en grande partie inconscient. Il s'agit donc désormais d'un moi divisé, dont une partie semble se détacher pour observer puis juger la partie restante. A cette idée de clivage* Freud substitue celle de composante structurale, l'instance de surveillance et de jugement devenant l'élément du moi dont il s'agit d'étudier les caractéristiques et les fonctions.

Dans *Le Moi et le Ça*, le surmoi est encore mal différencié de l'idéal du moi*, mais il est considéré comme inconscient à l'instar d'une grande partie du moi. Freud est ensuite conduit à préciser la nature de ces relations du surmoi avec le moi : « Tandis que le moi est essentiellement représentant du monde extérieur, de la réalité, le surmoi se pose en face de lui comme mandataire du monde intérieur, du ça. Les conflits entre le moi et l'idéal refléteront en dernière analyse, nous sommes maintenant prêts à l'admettre, l'opposition entre réel et psychique, monde extérieur et monde intérieur. » Cependant, dans la mesure où le surmoi est encore synonyme de l'idéal du moi, ses fonctions demeurent ambiguës. Elles relèvent parfois de l'idéal et de l'interdiction, et à d'autres moments de la fonction répressive.

C'est en 1933, dans la trente et unième leçon d'introduction à la psychanalyse, que Freud, après avoir présenté l'instance surmoïque (dans *Le Malaise dans la culture** notamment) comme un censeur délégué par les instances sociales auprès du moi, donne le tableau exhaustif de la formation du surmoi et de ses fonctions.

Celle-ci est corrélative de l'effacement de la structure œdipienne. En un premier temps, le surmoi est représenté par l'autorité parentale qui rythme l'évolution infantile en alternant les preuves d'amour et les punitions, génératrices d'angoisse. En un deuxième temps, lorsque l'enfant renonce à la satisfaction œdipienne, les interdits extérieurs sont intériorisés. C'est le moment où le surmoi vient se substituer à l'instance parentale au moyen d'une identification*. S'il distingue bien le processus de l'identification de celui du choix d'objet, Freud s'avoue cependant insatisfait de son explication et retient l'idée d'une institution du surmoi « comme un cas réussi d'identification avec l'instance parentale ».

Dans la mesure où le surmoi est conçu comme l'héritier de l'instance parentale et de l'Œdipe, comme le « représentant des exigences éthiques de l'homme », son développement est distinct chez le garçon et chez la fille. Tandis que chez le garçon le surmoi revêt un caractère rigoureux, parfois féroce, qui résulte de la menace de castration* vécue lors de la période œdipienne, chez la seconde, le parcours est différent : le complexe de castration s'est installé bien avant l'Œdipe. Le surmoi féminin sera par conséquent moins oppressant et moins impitoyable.

Bien que Freud ait fréquemment recours aux métaphores de l'héritage et de la descendance pour caractériser la formation du surmoi – depuis *Le Moi et le Ça* jusqu'à l'*Abrégé de psychanalyse** en passant par le texte de 1924 sur l'économie du masochisme* –, cette conception et les représentations qu'elle peut induire doivent être nuancées par deux considérations importantes.

La sévérité et le caractère répressif du surmoi ne doivent pas être conçus comme la pure et simple répétition* des caractéristiques parentales. La sévérité et la tendance répressive du surmoi se manifestent en effet avec autant de force dans les cas où le sujet a reçu une éducation bienveillante excluant toutes formes de brutalité ; ces caractéristiques sont le produit de la mise au pas précoce des pulsions* sexuelles et agressives par un surmoi au service des exigences de la culture.

Freud souligne aussi que le surmoi ne se construit pas d'après le modèle des parents mais d'après celui qui est constitué par leur surmoi. La transmission des valeurs et des traditions se perpétue ainsi par l'intermédiaire des surmoi de génération en génération. Le surmoi est particulièrement important dans l'exercice des fonctions éducatives. A cet égard, Freud reproche donc aux « conceptions dites matérialistes de l'histoire » d'ignorer la dimension du surmoi, véhicule de la culture en ses divers aspects, au profit d'une explication fondée sur la seule détermination économique.

La mise en place du concept de surmoi est achevée : la nouvelle instance est désormais le siège de l'auto-observation, le dépositaire de la conscience morale, elle est enfin « le porteur de l'idéal du moi, auquel le moi se mesure, à quoi il aspire, dont il s'efforce de satisfaire la revendication d'un perfectionnement toujours plus avancé ». Si l'idéal du moi n'est pas complètement effacé de l'outillage conceptuel freudien, il devient néanmoins secondaire au point parfois de s'effacer au profit du surmoi. En témoigne cette modification, apportée dans les *Nouvelles Conférences d'introduction à la psychanalyse**, de la conception du processus de constitution d'une masse : là où il était question, en 1921, d'individus ayant mis « un seul et même objet à la place de leur idéal du moi », le texte de 1933 parle d'« une réunion d'individus qui ont introduit la même personne dans leur surmoi ».

La conception freudienne du surmoi n'a pas fait l'unanimité chez les psychanalystes. En 1925, Sandor Ferenczi* insiste sur l'intériorisation de certains interdits bien avant l'effacement de l'Œdipe, notamment ceux qui ont trait à l'éducation sphinctérienne : « L'identification anale et urétrale aux parents, que nous avons signalée précédemment, paraît constituer une sorte de précurseur physiologique de l'Idéal du moi ou du Sur-moi dans le psychisme de l'enfant. » Melanie Klein* situe les « premiers stades du surmoi » au moment des « premières identifications de l'enfant », lorsque, tout petit, il « commence à introjecter ses objets » ; la peur qu'il en ressent commande des processus de rejet et de projection* dont l'interaction paraît avoir « une importance fondamentale non seulement pour la formation du surmoi, mais pour les relations avec les personnes et pour l'adaptation à la réalité ».

Dans l'œuvre de Jacques Lacan*, le concept de surmoi fait l'objet de multiples élaborations en relation avec la théorisation du couple idéal du moi/moi idéal. Dans cette perspective, le surmoi reste dominant mais, à la différence de Freud, Lacan le conçoit comme l'inscription archaïque d'une image maternelle toute-puissante, qui marque l'échec ou la limite du processus de symbolisation. A ce titre, le surmoi incarne la défaillance de la fonction paternelle et celle-ci est alors située du côté de l'idéal du moi.

● Sigmund Freud, « Pour introduire le narcissisme » (1914), *GW*, X, 138-170, *SE*, XIV, 67-102, in *La Vie sexuelle*, Paris, PUF, 1969, 81-105 ; *Psychologie des masses et analyse du moi* (1921), *OC*, XVI, 1-83, *GW*, XIII, 73-161, *SE*, XVIII, 65-143 ; *Le Moi et le Ça* (1923), *OC*, XVI, 255-301, *GW*, XIII, 237-289, *SE*, XIX, 12-59 ; *Sigmund Freud présenté par lui-même* (1925), *OC*, XVII, 51-122, sous le titre *Autoprésentation*, *GW*, XIV, 33-96, *SE*, 20, 7-70, Paris, Gallimard, 1984 ; « Le problème économique du masochisme » (1924), *OC*, XVII, 9-23, *GW*, XIII, 371-383, *SE*, XIX, 139-145 ; *Le Malaise dans la culture* (1930), *OC*, XVIII, 245-333, *GW*, XIV, 421-506, *SE*, XXI, 64-145 ; *Nouvelles Conférences d'introduction à la psychanalyse* (1933), *OC*, XIX, 83-268, sous le titre *Nouvelle Suite des leçons d'introduction à la psychanalyse*, *GW*, XV, *SE*, XXII, 5-182, Paris, Gallimard, 1984 ; *Abrégé de psychanalyse* (1938), *GW*, XVII, 67-138, *SE*, XXIII, 139-207, Paris, PUF, 1967. Sandor Ferenczi, « Psychanalyse des habitudes sexuelles » (1925), in *Psychanalyse*, III, *1919-1926*, Paris, Payot, 1974. Melanie Klein, *La Psychanalyse des enfants* (Vienne, Londres, 1932), Paris, PUF, 1959. Jacques Lacan, « L'agressivité en psychanalyse » (1948), in *Écrits*, Paris, Seuil, 1966, 101-124 ; « Variantes de la cure type » (1953), in *Écrits*, Paris, Seuil, 1966, 323-362 ; « La chose freudienne ou Sens du retour à Freud en psychanalyse » (1955), in *Écrits*, Paris, Seuil, 1966, 401-436 ; « Remarque sur le rapport de Daniel Lagache : Psychanalyse et structure de la personnalité » (1958), in *Écrits*, Paris, Seuil, 1966, 647-684 ; *Le Séminaire*, livre VII, *L'Éthique de la psychanalyse* (1959-1960), Paris, Seuil, 1986. Jean Laplanche et Jean-Bertrand Pontalis, *Vocabulaire de la psychanalyse*, Paris, PUF, 1967. Bernard Penot, « L'instance du surmoi dans les *Écrits* de Jacques Lacan », in « Surmoi II. Les développements postfreudiens », sous la direction de Nadine Amar, Gérard Le Gouès, Georges Pragier, monographies de la *Revue française de psychanalyse*, Paris, PUF, 1995, 69-94.

SWOBODA Hermann (1873-1963)

juriste autrichien

Docteur en droit et en philosophie, agrégé de psychologie de la faculté de Vienne*, Hermann Swoboda était en 1900 un ami d'Otto Weininger* et un analysant de Sigmund Freud*. Au cours de sa cure, Freud lui exposa sa théorie de la bisexualité*, dont il devait l'essentiel aux travaux de Fliess. Swoboda transmit ces idées à Weininger, qui en fit la matière d'un livre célèbre, *Sexe et caractère*, publié en 1903. Après le suicide* de ce dernier, Swoboda, qui l'avait accusé de lui avoir dérobé ses hypothèses, rédigea à son tour un ouvrage qui déclencha, en 1904, une incroyable affaire de plagiats en chaîne. Encouragé par son ami Richard Pfennig, Fliess accusa en effet Freud de lui avoir « volé ses idées » sur la bisexualité par l'intermédiaire de Swoboda et de Weininger.

● Hermann Swoboda, *Die Perioden des menschlichen Organismus in ihrer psychologischen und biologischen Bedeutung*, Leipzig et Vienne, Franz Deutike, 1904. Otto Weininger, *Sexe et caractère* (Vienne, 1903), Lausanne, L'Âge d'homme, 1975. Érik Porge, *Vol d'idées*, Paris, Denoël, 1994.

▷ AUTO-ANALYSE. JUDÉITÉ.

SYMBOLIQUE

Allemand : *Symbolische*. Anglais : *Symbolic*.

Terme emprunté à l'anthropologie* et employé comme substantif masculin par Jacques Lacan* dès 1936 pour désigner un système de représentation fondé sur le langage, c'est-à-dire sur des signes et des significations qui déterminent le sujet* à son insu en lui permettant de s'y référer consciemment et inconsciemment lorsqu'il exerce sa faculté de symbolisation.

Utilisé en 1953 dans le cadre d'une topique*, le concept de symbolique est inséparable de ceux d'imaginaire* et de réel*, qui forment à eux trois une structure. Il désigne alors aussi bien l'ordre (ou fonction symbolique) auquel le sujet a affaire que la psychanalyse* elle-même, en tant qu'elle est fondée sur l'efficacité d'une cure qui s'appuie sur la parole.

Bien qu'il apparaisse dès 1936 dans le commentaire que fait Jacques Lacan de la notion de stade du miroir*, empruntée au psychologue Henri Wallon (1879-1962), le terme symbolique n'est conceptualisé qu'à partir de 1953. Lacan l'inscrit alors dans une trilogie à côté du réel et de l'imaginaire.

L'idée d'assigner une fonction symbolique aux éléments d'une culture (croyances, mythes, rites) et de leur attribuer une valeur signifiante est propre à la discipline anthropologique elle-même. Mais c'est en France*, avec les travaux de Marcel Mauss (1872-1950), que s'imposent, face au fonctionnalisme et au culturalisme* des écoles anglaise et américaine, les notions de « fonction symbolique » et d'« efficacité symbolique ». A la suite de Mauss, Claude Lévi-Strauss développe cette question, à partir de 1949, en apportant à l'anthropologie les concepts élaborés par la linguistique moderne et notamment par Ferdinand de Saussure (1857-1913) dans son *Cours de linguistique générale,* publié à titre posthume.

Dans les articles qu'il consacre à la découverte freudienne, Lévi-Strauss compare la technique de guérison chamanistique à la cure psychanalytique. Dans la première, dit-il en substance, le sorcier parle et provoque l'abréaction*, alors que dans la seconde ce rôle est dévolu au médecin qui écoute à l'intérieur d'une relation où c'est le malade qui parle. Au-delà de cette comparaison, Lévi-Strauss montre que dans les sociétés occidentales une « mythologie psychanalytique » se constitue, qui fait office de système d'interprétation* : « On voit apparaître alors un danger considérable : que le traitement, loin d'aboutir à la résolution d'un trouble précis toujours respectueuse du contexte, se réduise à la réorganisation de l'univers du patient en fonction des interprétations psychanalytiques. » Si la guérison survient par l'adhésion d'une collectivité à un mythe fondateur, cela signifie que ce système est dominé par une efficacité symbolique. D'où l'idée avancée dans son « Introduction à l'œuvre de Marcel Mauss » que ce qu'on appelle l'inconscient* ne serait qu'un lieu vide où s'accomplirait l'autonomie de la fonction symbolique : « Les symboles sont plus réels que ce qu'ils symbolisent. Le signifiant précède et détermine le signifié. »

En 1953, Lacan s'appuie sur cette définition pour construire sa topique du symbolique, du réel et de l'imaginaire, à laquelle il ajoute la notion de parenté*, empruntée aux *Structures élémentaires de la parenté.* Il peut ainsi analyser la famille, et donc le complexe d'Œdipe*, dans le cadre d'un système structural et non plus dans la perspective évolutionniste du passage du matriarcat au patriarcat* ou de la horde sauvage à la société (façon *Totem et Tabou*)*

De ce renversement de perspective (passage du patriarcat à la parenté) Lacan prend acte en nommant « fonction symbolique » le principe inconscient unique autour duquel s'organise la multiplicité des situations particulières à chaque sujet. Sous la catégorie du symbolique, il fait entrer toute la refonte empruntée au système lévi-straussien : l'inconscient freudien est ainsi repensé comme le lieu d'une médiation comparable à celle du signifiant* dans le registre de la langue. Sous la catégorie de l'imaginaire sont rangés les phénomènes liés à la construction du moi* : captation, illusion, anticipation. Enfin, sous la catégorie du réel est placé le « reste » : une réalité désirante inaccessible à toute symbolisation.

Dans « Fonction et champ de la parole », Lacan inscrit une doctrine de la cure dans son système structural, en se référant à un texte de 1945, « Le temps logique et l'assertion de certitude anticipée », qui exposait sa conception de la liberté à travers une parabole logique mettant en scène trois prisonniers face au directeur du pénitencier. Selon Lacan, l'analyste occupe dans la cure la place de ce directeur : il est celui qui promet la liberté (ou la guérison) à son patient en l'invitant à résoudre, comme la Sphinge avec Œdipe, l'énigme de la condition humaine. L'analyste est bien un maître socratique, mais sa maîtrise est limitée par deux frontières : d'une part il ne peut pas prévoir ce que sera le « temps pour comprendre » de chaque sujet ; de l'autre, il est lui-même inscrit dans un ordre symbolique. Si l'homme parle parce que le symbole l'a fait homme, l'analyste n'est qu'un « supposé maître » : il est un « praticien de la fonction symbolique ». Lacan dira plus tard qu'il est un

« sujet supposé savoir ». En tout cas, il déchiffre une parole comme un commentateur interprète un texte.

Le concept de symbolique est inséparable d'une série composée de trois autres concepts : le signifiant, la forclusion*, le nom-du-père*. Le signifiant est en effet l'essence même de la fonction symbolique (sa « lettre »), la forclusion est le processus psychotique par lequel disparaît le symbolique, et le nom-du-père est le concept par lequel la fonction symbolique s'intègre à une loi signifiant l'interdit de l'inceste*.

Dans le cadre de sa refonte structurale, Lacan assigne au symbolique, jusqu'en 1970, une place dominante dans sa topique. L'ordre des instances est le suivant : S.I.R. Après cette date, il construit une logique différente en mettant l'accent sur le primat du réel (et donc de la psychose*), au détriment des deux autres éléments. S.I.R. devient alors R.S.I.

● Jacques Lacan, *Les Complexes familiaux* (1938), Paris, Navarin, 1984 ; « Le temps logique et l'assertion de certitude anticipée » (1945), in *Écrits*, Paris, Seuil, 1966, 197-215 ; « Fonction et champ de la parole et du langage en psychanalyse » (1953), *ibid.*, 237-323 ; « Le Symbolique, l'Imaginaire et le Réel » (1953), *Bulletin de l'Association freudienne*, 1, 1982, 4-13 ; *Le Séminaire*, livre I, *Les Écrits techniques de Freud* (1953-1954), Paris, Seuil, 1975 ; *Le Séminaire*, livre II, *Le Moi dans la théorie de Freud et dans la technique de la psychanalyse* (1954-1955), Paris, Seuil, 1977 ; *Le Séminaire*, livre III, *Les Psychoses* (1955-1956), Paris, Seuil, 1981 ; *Le Séminaire*, livre IV, *La Relation d'objet et les structures freudiennes* (1956-1957), Paris, Seuil, 1994 ; « Intervention sur l'exposé de Claude Lévi-Strauss », *Bulletin de la Société française de philosophie*, 3, 1956, 113-119. *Le Séminaire*, livre XXII, *R.S.I.* (1974-1975), inédit. Ferdinand de Saussure, *Cours de linguistique générale* (1915), Paris, Payot, 1967. Françoise Dolto, « Notes sur le stade du miroir », 16 juin 1936, inédit. Claude Lévi-Strauss, *Les Structures élémentaires de la parenté* (1949), Paris, Mouton, 1967 ; « L'efficacité symbolique » (1953), in *Anthropologie structurale*, Paris, Plon, 1958, 205-226 ; « Introduction à l'œuvre de Marcel Mauss », in Marcel Mauss, *Sociologie et anthropologie* (1950), Paris, PUF, coll. « Quadrige », 1993, IX-LII. Jean Laplanche et Jean-Bertrand Pontalis, *Vocabulaire de la psychanalyse*, Paris, PUF, 1967. Anika Lemaire, *Jacques Lacan* (1969), Bruxelles, Mardaga, 1977. Joël Dor, *Introduction à la lecture de Lacan*, vol. 1, Paris, Denoël, 1985, vol. 2, Paris, Denoël, 1992.

▷ AUTRE. LACANISME. MALINOWSKI Bronislaw. MATHÈME. NŒUD BORROMÉEN. OBJET (petit) a. SAUSSURE Raymond de. TECHNIQUE PSYCHANALYTIQUE.

SYMBOLISME

Allemand : *Symbolik.* Anglais : *Symbolism.*

Système de représentation fondé sur des symboles et destiné à exprimer des croyances et à transmettre des traditions et des rites.

En psychanalyse*, le terme symbolisme (ou symbolique, au féminin) est employé de façon critique à propos des rêves*.

▷ *INTERPRÉTATION DES RÊVES (L').*

SZONDI Leopold (1893-1986)
psychiatre et psychanalyste suisse

Né à Nytria, en Slovaquie, Leopold Szondi était issu d'une famille juive attachée aux traditions religieuses. Vivant à Budapest depuis son enfance, il participa avec Michael Balint*, Melanie Klein* et Imre Hermann* à l'essor de l'école hongroise de psychanalyse*. Dès l'arrivée au pouvoir de l'amiral Horthy, il fut révoqué de son poste universitaire. Déporté par les nazis au camp de Bergen-Belsen, il parvint à gagner la Suisse* en 1944 et fut hébergé par le fils d'August Forel*, ce qui lui permit ensuite de s'installer à Zurich et d'y exercer la psychanalyse.

Marqué à la fois par le freudisme*, par l'école allemande de psychiatrie et par les travaux de la génétique, il inventa le terme *Schiksalsanalyse* (analyse du destin), analyse des généalogies fondée sur l'inconscient*. Selon lui, chaque sujet*, posséderait un « génotropisme », une sorte d'inconscient familial, qui déterminerait ses choix, non seulement dans le domaine amoureux, où ceux-ci s'effectueraient en fonction de ressemblances latentes inscrites dans le code génétique, mais aussi dans le domaine professionnel, où le choix s'opérerait à partir d'affinités pulsionnelles.

De cette conception généalogique de la destinée, élaborée entre 1937 et 1944, Szondi tira en 1947 un test projectif qui le rendit célèbre dans le monde entier. Constitué de quarante-huit photographies de malades mentaux, le test devait permettre de révéler la personnalité profonde d'un sujet à partir de ses réactions de sympathie ou d'hostilité.

● Leopold Szondi, *Schiksalanalyse*, Bâle, Benno Schwabe, 1944 ; *Experimentelle Triebdiagnostik*, Bâle, Huber, 1947. Jacques Schotte (éd.), *Szondi avec Freud. Sur la voie d'une psychiatrie pulsionnelle*, Louvain, Éditions universitaires, 1991. Pierre Morel (éd.), *Dictionnaire biographique de la psychiatrie*, Paris, Synthélabo, coll. « Les empêcheurs de penser en rond », 1996.

T

TAMM Alfhild (1876-1959)
psychiatre et psychanalyste suédoise

Première femme suédoise psychiatre, Alfhild Tamm s'intéressa d'abord aux troubles du langage, puis aux problèmes de pédagogie. En 1914, elle créa à Stockholm une clinique pour enfants aphasiques tout en se rapprochant de la Wiener Psychoanalytische Vereinigung (WPV), dont elle deviendra membre en 1926. Elle fit trois analyses très courtes : avec Paul Federn*, August Aichhorn* et Helene Deutsch*, puis ouvrit un cabinet privé en 1909. Femme moderne et éclairée, elle fut une pionnière de la psychanalyse* dans son pays. Elle vécut en couple avec une femme à une époque où le mouvement psychanalytique ne tolérait pas l'homosexualité* chez ses praticiens.

En 1930, elle publia un livre sur la sexualité* qui fit scandale. En août 1931, aux côtés de Harald Schjelderup* et Sigurd Naesgaard*, elle fut la représentante de la Suède dans un groupe d'études qui allait conduire en 1934 à la création de la Société psychanalytique finno-suédoise, dont elle sera présidente. Elle en restera membre jusqu'à sa mort en poursuivant une activité didactique limitée. Sur la lancée de ses premiers travaux, cette praticienne s'intéressa au bégaiement, qu'elle regardait comme une névrose* liée à la culpabilité et à une incapacité à la sublimation*.

• Alfhild Tamm, *Ett sexual problem*, Stockholm, Tidens Förlag, 1930. Elke Mühlleitner, *Biographisches Lexikon der Psychoanalyse. Die Mitglieder der Psychologischen Mittwoch-Gesellschaft und der Wiener Psychoanalytischen Vereinigung von 1902-1938*, Tübingen, Diskord, 1992.

▷ PAYS SCANDINAVES.

TANDLER Julius (1869-1936)
médecin viennois

Juif originaire de Moravie, Julius Tandler s'installa à Vienne* comme médecin. Il eut l'occasion de rencontrer Sigmund Freud* à plusieurs reprises, d'abord comme expert à propos des névroses de guerre* alors qu'il était membre de la commission où siégeait Julius Wagner-Jauregg*, puis à propos de l'analyse profane*. Toujours très ouvert à la psychanalyse*, il intervint en sa faveur en tant que conseiller de la ville de Vienne.

• Karl Sablik, « Sigmund Freud et Julius Tandler : une mystérieuse relation », *Sigmund Freud House Bulletin*, 9, 2, hiver 1985, *Revue internationale d'histoire de la psychanalyse*, 3, 1990, 89-103.

TAUSK Viktor (1879-1919)
avocat, psychiatre et psychanalyste autrichien

C'est certainement Lou Andreas-Salomé*, dont il fut l'amant, qui donna dans son *Journal d'une année* le portrait le plus saisissant de Viktor (ou Victor) Tausk. Elle avait perçu en lui la présence d'une force primitive, la « bête de proie » comme disait Sigmund Freud*, et elle était sensible à la manière dont il s'obligeait à penser « analytiquement » : « Dès le début, je sentais chez Tausk cette lutte de la créature humaine et c'est ce qui me touchait le plus profondément. Animal, mon frère, toi. »

Né à Zsilina, en Slovaquie, dans une famille juive de langue allemande, Tausk passa son enfance en Croatie, élevé par un père tyrannique et une mère masochiste et persécutée. Devenu avocat et père de deux enfants (Marius et Victor-Hugo), il se sépara de sa femme, Martha Frisch-Tausk (1881-1957), et s'installa à Berlin, où il essaya de faire carrière dans la littérature. Atteint d'une maladie pulmonaire, il séjourna dans une clinique puis sombra dans une profonde dépression. Quand il en sortit, il alla rejoindre Martha et ses enfants à Vienne* pour entamer une procédure de divorce.

Comme de nombreux pionniers de sa génération*, Tausk se tourna vers la psychanalyse* en espérant que la nouvelle science l'aiderait à surmonter les échecs de sa vie amoureuse et intellectuelle. Plein d'enthousiasme, il entreprit en 1908 des études médicales, en partie financées par des membres de la Société psychologique du mercredi* : Ludwig Jekels*, Paul Federn*, Eduard Hitschmann*. Tausk devint alors l'un des plus brillants freudiens de la première génération. Hanté par la haine du père, il adopta envers Freud une attitude faite à la fois de rébellion, d'adoration et de soumission. Pris dans le tourbillon de cette relation ambivalente, il finit par l'accuser de lui voler ses idées.

Lors de la Première Guerre mondiale, il se retrouva sur le front serbe. Il rentra ensuite à Vienne pour assister à l'effondrement de l'Empire austro-hongrois. Ses multiples liaisons amoureuses s'achevaient bien souvent par des ruptures violentes, ce qui l'enfonçait toujours plus dans le malheur. Aussi, quand la crise économique le frappa de plein fouet, se trouva-t-il dans l'impasse. Il demanda alors à Freud de le prendre en analyse. Celui-ci refusa catégoriquement. Cependant, devant l'obstination et la souffrance de son disciple, Freud mit en œuvre l'un de ces imbroglios transférentiels dont il était coutumier à cette époque : en janvier 1919, il envoya Tausk en analyse chez Helene Deutsch*, qui se trouvait elle-même en cure avec lui.

Ainsi pensait-il pouvoir « contrôler », à travers son élève, le déroulement de l'analyse de Tausk. L'affaire se solda par un désastre. Tausk consacra en effet la plupart de ses séances à déverser ses agressions contre Freud en sachant parfaitement qu'Helene Deutsch lui en rapportait le contenu. En mars 1919, sur le conseil de Freud, elle arrêta la cure au moment où Tausk était sur le point d'épouser Hilde Loewi, l'une de ses anciennes patientes, enceinte de lui.

Trois mois plus tard, le 3 juillet, Tausk mit fin à ses jours en s'étranglant avec un cordon de rideau et en se tirant une balle de revolver dans la tempe. Il venait de rédiger un admirable texte, qui deviendra un classique, intitulé : « De la genèse de l'appareil à influencer au cours de la schizophrénie ». Entre les lignes apparaissait la tragique dépersonnalisation dont il avait été la victime au cours de sa relation triangulaire avec Freud et Deutsch.

Freud rédigea sur Tausk une notice nécrologique élogieuse, et à Lou Andreas-Salomé il écrivit ces mots : « Le pauvre Tausk, que votre amitié a distingué pendant un certain temps, s'est suicidé de la manière la plus radicale. Il était revenu usé, miné par les horreurs de la guerre, s'était vu dans l'obligation de tenter le rétablissement à Vienne dans les circonstances les plus défavorables d'une existence ruinée par l'entrée des troupes ; il avait essayé d'introduire une nouvelle femme dans sa vie, il devait se marier huit jours plus tard – mais en a décidé autrement. Ses lettres d'adieu à sa fiancée, à sa première femme et à moi-même sont toutes également tendres, témoignent de sa parfaite lucidité, n'accusent personne sinon sa propre insuffisance et sa vie ratée, et ainsi ne donnent aucun éclaircissement sur son acte suprême. » Puis il ajouta : « J'avoue qu'il ne me manque pas vraiment. Il y a longtemps que je le considère comme inutile et même comme une menace pour l'avenir. »

En 1926, engagé dans des études médicales, Marius Tausk rencontra Federn, qui l'accueillit chaleureusement et lui parla de son père avec émotion. Par la suite, Victor-Hugo Tausk fit une analyse gratuite avec Hitschmann. Comme cela arrivait souvent, la communauté psychanalytique viennoise prit donc en charge les enfants de leur malheureux compagnon. Désireux de rembourser les dettes de son père, Marius Tausk s'adressa à Freud, qui lui répondit qu'il n'avait aucun souvenir de la somme empruntée et que cela n'avait d'ailleurs aucune importance.

En 1938, au moment de l'entrée des nazis à Vienne, Jelka, la sœur de Tausk, se donna la mort avec son mari et le frère de celui-ci.

Les circonstances du suicide* de Tausk furent soigneusement masquées par l'historiographie* officielle, et la dernière phrase de Freud fut censurée par Anna Freud* lors de la publication de la correspondance de celui-ci avec Lou Andreas-Salomé. Anna redoutait que Marius Tausk ne fût offensé par la dureté de Freud à l'égard de son père.

En 1969, Paul Roazen mit au jour cette terrible histoire dans un livre contestable qui faisait de Tausk la victime d'un complot transférentiel fabriqué de toutes pièces par Freud. Deux ans plus tard, dans *Talent and Genius*, puis en 1983 dans un autre ouvrage, Kurt Eissler lui répondit en glorifiant la bonté de Freud et en présentant Tausk comme un personnage odieux, sadique, exhibitionniste et surtout entièrement « responsable » de son suicide. C'est Marius Tausk qui sut le mieux trouver les mots pour parler de son père et rétablir la vérité.

Cette affaire montre à quel point Freud était ambivalent quand il se trouvait confronté à ce genre de rébellion à l'égard du père, ou de situations qui lui rappelaient les « vols d'idées » de Wilhelm Fliess*. Elle témoigne aussi des errements de la psychanalyse face au suicide en général.

● Victor Tausk, *Œuvres psychanalytiques*, Paris, Payot, 1975. Sigmund Freud, « Viktor Tausk », *GW*, XII, 316-318, *SE*, XVII, 273-275, *OC*, XV, 203-209. Lou Andreas-Salomé, *Correspondance avec Sigmund Freud* (Francfort, 1966), suivi du *Journal d'une année 1912-1913* (Zurich, 1958), Paris, Gallimard, 1970. Paul Roazen, *Animal, mon frère, toi. L'histoire de Tausk et Freud* (New York, 1969), Paris, Payot, 1971. Kurt Eissler, *Talent and Genius : The Fictitious Case of Tausk Contra Freud*, New York, Quadrangle, 1971 ; *Le Suicide de Victor Tausk. Avec les commentaires du professeur Marius Tausk* (New York, 1983), Paris, PUF, 1988.

▷ CONTRÔLE (ANALYSE DE). FRINK Horace. GROSS Otto. MACK-BRUNSWICK Ruth. MÉLANCOLIE. SCHIZOPHRÉNIE.

TAVISTOCK CLINIC

▷ BION Wilfred Ruprecht. GRANDE-BRETAGNE.

TECHNIQUE ACTIVE

▷ FERENCZI Sandor. RANK Otto. TECHNIQUE PSYCHANALYTIQUE.

TECHNIQUE PSYCHANALYTIQUE (ou DE LA PSYCHANALYSE)

Allemand : *Psychoanalytische Technik*. Anglais : *Technique of psychoanalysis*.

Dans l'histoire du mouvement freudien, on appelle technique de la psychanalyse* les procédures d'intervention cliniques, thérapeutiques et interprétatives qui permettent de définir le cadre de la cure psychanalytique. A côté de la réflexion sur le trans-

fert*, le contre-transfert*, la règle fondamentale* ou l'abstinence*, et à l'intérieur même des modalités d'apparition de l'analyse didactique* et du contrôle*, ce cadre est délimité par des règles dites techniques. Durée des séances, durée de la cure elle-même, nombre de séances par semaine, mode d'intervention (actif ou passif) de l'analyste, position de l'analysant (allongé ou en face à face) : toutes ces questions ont fait l'objet de multiples débats qui ont toujours conduit à la définition de nouvelles manières de mener les cures selon que l'on avait affaire à des enfants, à des névrosés ou à des psychotiques, à des psychanalystes en formation, ou que l'on appartenait à l'un des grands courants du freudisme* : annafreudisme*, *Ego Psychology, *Self Psychology**, lacanisme*.**

A cet égard, l'histoire de la psychanalyse au sens clinique et thérapeutique du terme est toujours l'histoire des innovations techniques qui furent apportées par ses grands cliniciens, qu'ils aient été ou non des dissidents de l'International Psychoanalytical Association* (IPA).

La psychanalyse est née de la contestation du nihilisme thérapeutique qui dominait la psychiatrie allemande de la fin du siècle, à travers la nosographie d'Emil Kraepelin*. L'attitude nihiliste conduisait à observer le malade sans l'écouter et à classer les maladies de l'âme sans chercher à les soigner. En conséquence, Freud manifesta dès ses débuts de praticien une volonté farouche de guérir les hommes de leurs souffrances psychiques et surtout de prouver que sa méthode était la plus efficace parce que la plus scientifique et la plus cohérente. Autrement dit, la psychanalyse eut d'abord la visée thérapeutique de guérir vite et bien : d'où la naissance d'une nouvelle utopie corrélative d'une nouvelle doctrine.

Mais bientôt il fallut déchanter : comme toutes les méthodes thérapeutiques, comme toute médecine, la psychanalyse ne parvenait pas à définir les canons de la cure parfaite. Il existait des échecs, des défaillances, des désastres provoqués par la routine, la lenteur, la sclérose de l'écoute. D'où l'idée de réfléchir à une nouvelle temporalité de la cure et donc d'organiser autrement sa durée. C'est ainsi que naquit la notion de « hâte thérapeutique » qui allait marquer l'ensemble des innovations techniques du freudisme pendant cent ans : « La tentation sera double, écrit Jean-Baptiste Fagès : raccourcir le traitement et le précipiter pour en obtenir une efficacité tangible. »

Le premier à contester le caractère interminable de la cure freudienne et à mettre en œuvre une méthode dite « active » fut Wilhelm Stekel*. Il proposa de limiter les cures de cinquante à cent cinquante séances au rythme de trois à six par semaine. Après lui, c'est Sandor Ferenczi*, le plus brillant clinicien de toute l'histoire de la psychanalyse, qui inventa en 1919 le principe de la « technique active » selon lequel, au lieu de se limiter à des interprétations, l'analyste devait intervenir au cours de la séance par des injonctions et des interdictions. Par la suite, Ferenczi poussera l'activisme jusqu'à permettre à certains patients de l'embrasser ou de le caresser afin d'instaurer une identification à un parent aimant qui avait manqué durant l'enfance. En 1932, il alla plus loin encore avec l'idée d'analyse mutuelle, selon laquelle le thérapeute pouvait renverser les rôles : aller chez le patient au lieu de le faire venir chez soi, le laisser mener la cure à sa guise ou encore accepter de s'allonger sur le divan à sa place ou de le payer. En bref, il s'agissait d'instaurer une réciprocité maternante afin d'obtenir toujours de meilleurs résultats. Freud dénonça la *furor sanandi* (folie de guérir) de son disciple préféré.

De son côté, Otto Rank* développa l'idée d'une « thérapie active » : les cures devaient être courtes (quelques mois) et limitées par avance dans le temps. Il soutint aussi qu'au lieu de ramener sans cesse le patient à son histoire passée et à son inconscient, en interprétant les rêves et le complexe d'Œdipe*, il était préférable de faire appel à la volonté consciente de celui-ci, à sa situation présente et à son désir de guérir : seule manière de le faire sortir d'une passivité masochiste. Vinrent ensuite les innovations de Wilhelm Reich*, puis de Franz Alexander* et de l'École de Chicago, et enfin de Michael Balint*, largement inspirées par la filiation* férenczienne.

Freud prit en compte les modifications apportées par ses élèves et souligna, à la fin de sa vie, le caractère « interminable » de la psychanalyse. Renonçant à tout idéal de cure parfaite ou de guérison accomplie, il avança l'idée, aussi bien pour les analystes que pour les patients, de renouveler à l'infini, par tranches successives, l'expérience de la cure si cela était nécessaire.

Parmi les successeurs de Freud adeptes de la « hâte thérapeutique », Jacques Lacan* fut le seul à mettre en acte une innovation technique consistant à raccourcir la durée de la séance plutôt que celle de la cure. Il invoqua la nécessité de ponctuer le discours de l'analysant à partir de l'énoncé d'un signifiant*. Cette innovation conduisit le courant lacanien à un allongement considérable de la durée des cures et se termina pour Lacan lui-même par un défi faustien : la dissolution radicale du temps de la séance.

Ces innovations techniques apportent la preuve que la psychanalyse, loin de rester figée dans une doctrine monolithique, a su modifier sa pratique au fil des années en affrontant aussi bien la concurrence des autres psychothérapies* que les transformations radicales dues à la demande et au désir* des analysants.

L'une des grandes révolutions de la psychanalyse a été d'abolir le partage traditionnel entre le médecin et le malade. En donnant la parole au patient plutôt qu'à la nosographie et en considérant que le sujet pouvait lui-même verbaliser ses symptômes, la doctrine freudienne a permis à des anciens patients de devenir eux-mêmes des thérapeutes. Elle a en quelque sorte effacé la frontière traditionnelle entre le savoir et la vérité, entre la science et la douleur, entre la raison et la folie*. Partant, le statut de la guérison psychique s'est lui-même considérablement modifié en un siècle. Plutôt que de lever les symptômes ou de vouloir les éradiquer, la psychanalyse a indiqué la voie d'une certaine sagesse : la guérison équivaut autant à une transformation qu'à une acceptation de soi.

● Sigmund Freud, « Analyse terminée, analyse interminable » (1937), *GW*, XVI, 59-99, *SE*, XXIII, 209-253, traduit en français sous le titre « L'analyse avec fin et l'analyse sans fin », in *Résultats, idées, problèmes*, II, Paris, PUF, 1985, 231-269. Sandor Ferenczi, « La technique psychanalytique » (1919), in *Psychanalyse II. Œuvres complètes, 1913-1919*, Paris, Payot, 1970, 327-338 ; *Journal clinique*, janvier-octobre 1932, Paris, Payot, 1985 ; et Otto Rank, *Perspectives de la psychanalyse* (Vienne, 1924), Paris, Payot, 1994 ; « Contre-indication de la technique active », in *Psychanalyse III. Œuvres complètes, 1919-1926,* Paris, Payot, 1974, 362-373. Otto Rank, *La Technique de la psychanalyse* (1926), traduit en français sous le titre *La Volonté du bonheur,* Paris, Stock, 1934. Jacques Lacan, « Fonction et champ de la parole et du langage en psychanalyse » (1953), in *Écrits,* Paris, Seuil, 1966, 237-323 ; *Le Séminaire,* livre I, *Les Écrits techniques de Freud* (1953-1954), Paris, Seuil, 1975. Jean-Baptiste Fagès, *Histoire de la psychanalyse après Freud* (Toulouse, 1976), Paris, Odile Jacob, 1996. André Haynal, *La Technique en question. Controverses en psychanalyse,* Paris, Payot, 1987. Élisabeth Roudinesco, *Jacques Lacan. Esquisse d'une vie, histoire d'un système de pensée,* Paris, Fayard, 1993. Ernst Falzeder, « Filiations psychanalytiques : la psychanalyse prend effet » (1994), in André Haynal (éd.), *La Psychanalyse : cent ans déjà* (Londres, 1994), Genève, Georg, 1996, 255-289.

▷ ANALYSE DIRECTE. ANALYSE EXISTENTIELLE. ÉCOLE FREUDIENNE DE PARIS. FENICHEL Otto. FILIATION. GLOVER Edward. KOHUT Heinz. LACANISME. PASSE. *QUESTION DE L'ANALYSE PROFANE (LA).* SPIRITISME. TÉLÉPATHIE.

TEGEL (SANATORIUM DU CHÂTEAU DE)

▷ SIMMEL Ernst.

TÉLÉPATHIE

Allemand : *Telepathie.* Anglais : *Telepathy.*

Terme créé par Frederick Myers* en 1882 à partir du grec *têlé* (loin) et *pathos* (émotion) pour désigner une communication à distance par la pensée (ou transmission de pensée) entre deux personnes réputées en relation psychique. Le phénomène a été décrit par Sigmund Freud* en 1921 sous la catégorie d'un transfert* de pensée.

Dans l'histoire de la psychanalyse* et de ses origines, on range la télépathie et le spiritisme* (ou communication avec les morts par le biais d'un médium) dans la catégorie des phénomènes relevant de l'occultisme*.

En 1921, dans une lettre au psychiatre américain Hereward Carrington, qui lui avait demandé son avis sur les phénomènes occultes, Sigmund Freud* répondit par ces mots : « Si je me trouvais au début de ma carrière scientifique, au lieu d'être à sa fin, je ne choisirais peut-être pas d'autres domaines de recherches. » Puis il demandait à son destinataire de ne pas mentionner son nom parce qu'il ne croyait pas à la « survivance de la personnalité après la mort », et surtout parce qu'il tenait à instaurer une ligne de démarcation très nette entre la psychanalyse comme science et « ce champ de connaissance encore inexploré » afin de ne pas créer le moindre malentendu à ce sujet.

Que Freud ait toujours voulu tenir éloigné de sa doctrine ce qu'il appelait volontiers la « marée noire de l'occultisme » ne l'empêcha pas d'être fasciné par ce domaine, au point de se montrer sur le sujet d'une ambivalence extrême. Cette fascination pour les phénomènes relevant de l'étrange, de l'irrationnel ou de l'inexplicable confirme bien que Freud appartient à la lignée des découvreurs de l'inconscient* et des hommes de science héritiers de l'« *Aufklärung* sombre », pour reprendre le mot du philosophe israélien Yirmiyahu Yovel. Il fut un savant traversé par la division entre le *cogito* et la folie, cheminant par le doute de l'erreur à la vérité et épousant les théories les plus extravagantes de son époque (celles de Wilhelm Fliess* par exemple) pour ensuite les transformer ou les assimiler. Quant à la psychanalyse, qui prit son élan à partir d'une plongée interprétative dans le domaine du rêve*, elle fut selon la belle formule de Thomas Mann* un « romantisme devenu scientifique ».

C'est dans ce mouvement d'hésitation permanent de la doctrine psychanalytique entre l'ombre et la lumière, entre la passion et la raison, entre l'irrationnel et la science, mais aussi entre Sandor Ferenczi* et Ernest Jones*, qu'il faut comprendre l'histoire des relations de Freud avec la télépathie.

Cette « affaire » d'occultisme commence en 1909 à Vienne* lorsque Carl Gustav Jung* déploie sous le regard effaré de Freud ses talents d'illusionniste en faisant cliqueter des objets posés sur les meubles de l'appartement du 19, Berggasse. Après avoir cherché à imiter son jeune disciple, Freud oublie cette affaire, qui resurgit en 1910 quand Ferenczi commence à faire la chasse aux voyantes et aux prophétesses dans les banlieues de Budapest pour prouver à son maître l'existence de la transmission de pensée. Celui-ci fait alors volte-face et raconte à son disciple l'histoire d'un astrologue munichois capable de prédire l'avenir à partir des dates de naissance. Ravi, Ferenczi lui répond : « Quand j'irai à Vienne, je me présenterai comme astrologue de cour des psychanalystes. » En 1913, nouvelle volte-face : Freud clôt le débat en condamnant de façon impitoyable, au nom de la science, les expériences télépathiques d'un certain professeur Roth que Ferenczi avait amené à la Wiener Psychoanalytische Vereinigung (WPV).

A partir de 1920 et jusqu'en 1933, la question de l'occulte surgit de nouveau alors que le mouvement psychanalytique, sous la direction de Max Eitingon*, met en place les grandes règles standard de l'analyse didactique* qui feront de l'International Psychoanalytical Association* (IPA) un mouvement organisé selon les principes du rationalisme positiviste. Dans ce contexte, où l'idéal d'une possible scientificité de la psychanalyse va de pair avec l'institutionnalisation progressive des principes de la cure, Freud prend la défense de la télépathie. Avec sa fille Anna et Ferenczi, il « fait tourner les tables » et se livre à des expériences de transmission de pensée au cours desquelles il joue le rôle de médium en analysant ses associations verbales. Jones et Eitingon tentent alors de freiner ses ardeurs en arguant du fait que la conversion de la psychanalyse à la télépathie accroîtrait les résistances du monde anglo-saxon à la doctrine freudienne et présenterait celle-ci comme une œuvre de charlatan. Afin de faire entrer la psychanalyse dans l'ère de la science et de marquer la fin définitive de son ancrage dans le vieux monde austro-hongrois, peuplé de tziganes et de magiciens, Jones propose de bannir des débats de l'IPA les recherches sur l'occultisme. Freud accepte et empêche Ferenczi de présenter au congrès de Bad-Hombourg une communication sur ses expériences de télépathie.

Cependant, en 1921, il change encore d'avis, en rédigeant un article sans titre qu'il se propose de présenter en 1922 au congrès de Berlin. Eitingon et Jones l'en dissuadent. Il retirera son texte, qui sera finalement publié en 1941, à titre posthume, et intitulé : « Psychanalyse et télépathie ». Après ce refus, il revient à la charge la même année avec un autre article, « Rêve et télépathie », qui va dans le même sens. Il le fait paraître dans *Imago**. Dix ans plus tard, il donnera une conférence sur le thème « Rêve et occultisme » dans laquelle il réintégrera le matériel apporté en 1921, et notamment le fameux cas de David Forsyth* qui devait figurer dans « Psychanalyse et télépathie ». Cette conférence sera publiée en 1933 dans le cadre des *Nouvelles Conférences d'introduction à la psychanalyse**.

Dès le début de « Psychanalyse et télépathie », Freud explique son intérêt pour le sujet. L'occultisme et la psychanalyse ont, selon lui, un point commun : elles ont toutes deux subi de la part de la science officielle un traitement dédaigneux et hautain. Le progrès des sciences (découverte du radium et de la relativité), ajoute-t-il en substance, peut avoir pour double effet de rendre pensable ce que la science antérieure rejetait dans l'occultisme et en même temps de susciter de nouvelles forces obscurantistes. D'où le danger : des irresponsables pourraient se mettre en tête de manipuler certaines techniques relevant de l'occultisme pour endormir la crédulité des hommes à leur profit. Dans la suite du récit, Freud raconte plusieurs prétendues expériences de télépathie, notamment celles d'un diseur de bonne aventure dont les prophéties ne se sont jamais accomplies.

Il raconte aussi l'histoire de ce jeune homme qui avait consulté une prophétesse en lui donnant la date de naissance de son beau-frère. Celle-ci avait aussitôt affirmé que le beau-frère en question mourrait d'un empoisonnement aux huîtres et aux écrevisses. Abasourdi, le jeune homme avait constaté que ce qui était annoncé s'était déjà produit : grand amateur de poisson, le beau-frère avait en effet failli mourir d'un empoisonnement aux huîtres l'année précédente. Freud en conclut qu'un phénomène de télépathie entre le jeune homme et la voyante est à l'origine de la prédiction : « Ce savoir s'est transféré à elle, la soi-disant prophétesse, par des voies inconnues excluant les modes de communication qui nous sont connus. C'est-à-dire qu'il nous faut conclure : il y a du transfert de pensée. »

On voit donc que Freud quitte le terrain de l'occulte et de la croyance à la télépathie pour celui de l'interprétation psychanalytique. Ainsi montre-t-il l'un des aspects les plus fascinants de son talent de clinicien que l'on retrouve aussi bien dans son texte sur Léonard de Vinci (1452-1519) que dans l'analyse de Sergueï Constantinovitch Pankejeff* ou de Marie Bonaparte*. Freud n'hésite jamais en effet à endosser, au nom de la psychanalyse et parce qu'il la regarde comme une science, un véritable rôle de sorcier, de chaman ou de voyant. Comme Faust, il joue avec le diable.

Mais pour Jones, ces histoires de voyance sont de pures élucubrations qui mettent en danger la politique rationnelle menée par l'IPA : « Vous pourriez être bolchevique, écrit-il à Freud, mais vous ne favoriseriez pas l'acceptation de la psychanalyse en l'annonçant. » A quoi Freud répond : « Il est vraiment difficile de ne pas froisser les susceptibilités anglaises. Aucune perspective de pacifier l'opinion publique en Angleterre ne s'ouvre à moi, mais j'aimerais au moins vous expliquer à vous mon apparente inconséquence pour ce qui est de la télépathie [...]. Quand on alléguera devant vous que j'ai sombré dans le péché, répondez calmement que ma conversion à la télépathie est mon affaire personnelle, comme le fait que je sois juif, que je fume avec passion et bien d'autres choses, et que le thème de la télépathie est par essence étranger à la psychanalyse. »

Ces conflits montrent que les incohérences de Freud sont moins le symptôme du rejet ou de l'acceptation de la télépathie pour elle-même que le signe de son statut de savant visionnaire et de sa résistance passive à la ligne politique préconisée par Jones. Celle-ci consiste à appuyer les Américains dans la défense de l'analyse médicalisée au détriment de l'analyse profane* et à faire entrer l'ensemble de la doctrine freudienne dans une sorte de scientisme d'où seraient évacuées toutes les scories de son « irrationalisme » originel : spiritisme, somnambulisme, magnétisme, etc. A cet égard, la crise occultiste qui traverse le mouvement psychanalytique freudien entre 1920 et 1930 renvoie au grand débat sur l'abandon de l'hypnose*, récurrent lui aussi dans l'histoire de la psychanalyse*.

Freud a abandonné la pratique de l'hypnotisme et de la suggestion* pour fonder la psychanalyse sur la méthode de la libre association* et sur l'analyse du transfert*, c'est-à-dire sur une conception du sujet selon laquelle celui-ci accepte consciemment l'existence de son inconscient. De la même façon, il transforme la télépathie, phénomène occulte supposant une intervention de l'au-delà (les astres, la voyance ou le démoniaque), en un pur transfert de pensée auquel il convient de donner une interprétation psychanalytique. Mais en feignant d'adhérer à la télépathie, il joue à retourner à une vision en quelque sorte « préfreudienne », préhypnotique ou magnétique de la relation transférentielle. Car si la transmission de pensée existe indépendamment d'une situation analysable en termes de transfert, elle ne peut être comprise que sous la catégorie d'un « fluide » capable de mettre les sujets en état d'hypnose : un fluide certes virtuel et sans aucun support physico-chimique, mais un fluide tout de même, un fluide occulte, caché, spirituel, digne des gourous et des sectes et agissant à l'insu de l'inconscient lui-même, dans une sorte d'antériorité mythique.

Le jeu auquel se livre Freud, au nez et à la barbe de Jones, confirme qu'à chaque crise de l'histoire du mouvement psychanalytique la question de la télépathie fait retour en même temps que celle de l'hypnose. Il s'agit toujours de revendiquer, contre un primat trop rationnel, trop universaliste, voire trop dogmatique de la science, un savoir régional, magique et surtout libérateur, un savoir échappant aux contraintes de l'ordre établi. Que Freud ait voulu à ce point jouer les prophétesses et les voyantes du vieil Empire austro-hongrois en s'amusant à faire semblant de croire à la télépathie alors même qu'il la ramenait à une manifestation de l'inconscient et du transfert montre bien le statut particulier de la psychanalyse dans sa relation violente, contradictoire et ambiguë à la science, à la folie* et à la médecine, ainsi que le caractère récurrent de son interrogation sur ses origines.

La meilleure traduction* française de « Psychanalyse et télépathie » a été publiée en 1983 par Wladimir Granoff et Jean-Michel Rey, et c'est Jacques Derrida qui en a donné, en 1981, le plus remarquable commentaire : « La psychanalyse alors, écrit-il, [...] ressemble à une aventure de la rationalité moderne pour avaler *et* rejeter à la fois le corps étranger nommé Télépathie, l'assimiler et le vomir sans pouvoir se résoudre à l'un ni à l'autre [...]. La "conversion" n'est pas une résolution, ni une solution, c'est encore la cicatrice parlante du corps étranger. Un demi-siècle déjà commémore le grand Tournant [...] Télépathie vient sur nous [...]. »

● Sigmund Freud, « Psychanalyse et télépathie » (1921), *OC*, XVI, 99-119, *GW*, XVII, 27-44, *SE*, XVIII, 177-193 ; « Rêve et télépathie » (1922), *OC*, XVI, 119-145, *GW*, XIII, 165-191, *SE*, XVIII, 197-220 ; « Rêve et occultisme », in *Nouvelles Conférences d'introduction à la psychanalyse* (1933), *OC*, XIX, 83-269, sous le titre *Nouvelle Suite des leçons d'introduction à la psychanalyse*, *GW*, XV, *SE*, XXII, 5-182 ; *Correspondance 1873-1939* (Londres, 1960), Paris, Gallimard, 1966 ; et Sandor Ferenczi, *Correspondance 1908-1914*, vol. I, Paris, Calmann-Lévy, 1992. Thomas Mann, *Freud et la pensée moderne* (1929), Paris, Aubier Flammarion, 1970. Ernest Jones, *La Vie et l'œuvre de Sigmund Freud*, t. III (Londres, 1957), Paris, PUF, 1969. Jacques Derrida, « Télépathie » (1981), in *Psyché. Invention de l'autre*, Paris, Galilée, 1987, 237-271. Élisabeth Roudinesco, *Histoire de la psychanalyse en France*, vol. 1 (1982), Paris, Fayard, 1994. Wladimir Granoff et Jean-Michel Rey, *L'Occulte, objet de la pensée freudienne*, Paris, PUF, 1983. Luisa de Urtubey, *Freud et le diable*, Paris, PUF, 1983. Yirmiyahu Yovel, *Spinoza et autres hérétiques*, Paris, Seuil, coll. « Libre examen », 1991.

▷ *SOUVENIR D'ENFANCE DE LÉONARD DE VINCI (UN).*

THÉRAPIE ACTIVE

▷ FERENCZI Sandor. RANK Otto. TECHNIQUE PSYCHANALYTIQUE.

THÉRAPIE (ou PSYCHOTHÉRAPIE) DE GROUPE

▷ BION Wilfred Ruprecht. BURROW Trigant. PSYCHOTHÉRAPIE.

THÉRAPIE FAMILIALE

Allemand : *Familie Therapie*. Anglais : *Family therapy*.

La thérapie familiale est une méthode de psychothérapie* collective qui vise à soigner la pathologie psychique d'un sujet* à partir de son histoire familiale et de l'inclusion des membres de la famille dans le traitement, étant entendu que selon les écoles la famille est considérée soit comme une structure normative où s'élabore l'identité du sujet, soit comme un milieu pathogène dominé par un *double bind* (ou double contrainte*), soit comme un système (systémisme) où le sujet est regardé comme le produit biologique, social et psychique d'un ensemble d'éléments en interaction et se gouvernant par ses propres règles.

Dans l'histoire de la psychiatrie dynamique*, la thérapie familiale est née de la transformation du modèle de la famille patriarcale à la fin du XIXe siècle, puis de la généralisation du traitement de la schizophrénie*, et enfin du développement de l'anthropologie* et de l'ethnopsychanalyse*. A cet égard, elle a partie liée avec l'antipsychiatrie*, le néofreudisme*, le culturalisme*, les diverses psychothérapies de groupe et la psychothérapie institutionnelle*, que ces méthodes soient ou non traversées par les principes de la psychanalyse*.

TOPIQUE

Allemand : *Topik*. Anglais : *Topic*.

Terme dérivé du grec *topos* (lieu) et désignant en philosophie, d'Aristote (385-322 av. J.-C.) à Emmanuel Kant (1724-1804), la théorie des lieux, c'est-à-dire des classes générales dans lesquelles peuvent être rangés tous les arguments ou développements.

Sigmund Freud* a utilisé le terme comme adjectif et comme substantif pour définir l'appareil psychique à deux étapes essentielles de son élaboration théorique.

Dans la première conception topique, appelée première topique freudienne (1900-1920), Freud distingue l'inconscient*, le préconscient* et le conscient* ; dans la seconde conception, ou deuxième topique (1920-1939), il fait intervenir trois instances ou trois lieux, le ça*, le moi* et le surmoi*.

L'histoire du mouvement psychanalytique a donné au moins deux lectures de la deuxième topique freudienne. L'une consiste à accentuer le moi au détriment du ça et donne naissance à l'*Ego Psychology**, tandis que l'autre privilégie plutôt le ça pour repenser le statut du moi et lui ajouter un soi (*self*) ou un sujet*, comme dans le kleinisme*, la *Self Psychology** et le lacanisme*.

On désigne également du nom de topique la trilogie lacanienne du symbolique*, de l'imaginaire* et du réel*. Cette topique a connu deux organisations successives : dans la première (1953-1970) le symbolique exerce un primat sur les deux autres instances (S.I.R.), dans la seconde (1970-1978) c'est le réel qui est placé en position dominante (R.S.I.).

• André Lalande, *Vocabulaire tchnique et critique de la philosophie* (1926), Paris, PUF, 1976.

▷ *AU-DELÀ DU PRINCIPE DE PLAISIR*. MATHÈME. MÉTAPSYCHOLOGIE. NŒUD BORROMÉEN. PULSION. REFOULEMENT.

TÖRNGREN Pehr Henrik (1908-1965)

médecin et psychanalyste suédois

Fils de médecin, Pehr Henrik Törngren, qui fit partie du comité de rédaction de la revue suédoise *Spektrum*, fut très tôt passionné de psychanalyse. Formé sur le divan de Ludwig Jekels*, lorsque celui-ci séjourna à Stockholm, il se disputa avec lui.

En 1936, il publia *Striden om Freud* (Querelle à propos de Freud), qui constitue l'un des documents les plus anciens de l'histoire de la psychanalyse en Suède. Il y répondait aux attaques classiques des opposants à la doctrine viennoise et montrait de quelle façon le nationalisme était utilisé contre le freudisme* dans les pays scandinaves*. Comme beaucoup de freudiens du premier cercle viennois, il s'intéressa à l'application de la psychanalyse à des questions sociales. Il devint membre de la Société finno-suédoise en 1938. Il traduisit en outre *L'Homme Moïse et la religion monothéiste**.

Nietzschéen depuis longtemps, il se passionna ensuite pour l'œuvre de Max Stirner (1806-1856), critiqua certains aspects de la doctrine freudienne, puis se tourna vers la réflexologie. Esprit original et indépendant, il était mal considéré au sein de sa société, très conformiste, dont pourtant il demeura membre. Il mourut à Stockholm, seul et oublié.

• Pehr Henrik Törngren, *Striden om Freud*, Stockholm, Albert Bonniers Förlag, 1936. Gösta Harding, « De la psychanalyse à la réflexologie. Quelques mots sur Pehr Henrik Törngren », *Nordisk Medicin*, t. 73, 25, 1965, 615-617.

▷ PSYCHANALYSE APPLIQUÉE. RUSSIE.

TOTEM ET TABOU

Ouvrage de Sigmund Freud* publié pour la première fois en quatre parties dans la revue *Imago (entre 1912 et 1913) sous le titre « Über einige Übereinstimmungen im Seelenleben des Wilden und der Neurotiker », puis en 1913 sous le titre *Totem und Tabu : Einige Übereinstimmungen im Seelenleben des Wilden und der Neurotiker*. Traduit pour la première fois en français par Samuel Jankélévitch en 1924 sous le titre *Totem et Tabou*, puis par Marielène Weber en 1993 sous le titre *Totem et Tabou. Quelques concordances entre la vie psychique des sauvages et celle des névrosés*. Traduit en anglais pour la première fois en 1918 par Abraham Arden Brill* sous le titre *Totem and Taboo*, puis par James Strachey* sous le même titre, d'abord en 1950 puis en 1953 avec quelques modifications.**

Avec *Un souvenir d'enfance de Léonard de Vinci** et *L'Homme Moïse et la religion monothéiste**, *Totem et Tabou* figure parmi les livres les plus critiqués de Freud. Tous trois renferment en effet des erreurs manifestes et des interprétations erronées qui n'échappèrent pas au regard vigilant des spécialistes de l'art, de l'anthropologie* et de l'histoire des religions. Et pourtant, ces trois livres sont de véritables chefs-d'œuvre, autant par leur écriture, digne de la meilleure littérature romanesque du XIXe siècle, que par le défi qu'ils lancent au raisonnement scientifique.

C'est dans la correspondance avec Sandor Ferenczi*, son disciple préféré, que l'on saisit le mieux l'exaltation qui s'empare de Freud quand il aborde le domaine de l'anthropologie pour l'investir à la manière d'un général. Avec cette histoire de totem et de tabou, il croit tenir son meilleur travail depuis *L'Interprétation des rêves** et se réjouit à l'idée de soulever une nouvelle tempête d'indignation. Il faut dire que l'enjeu est de taille.

En 1911, un an après la création de l'International Psychoanalytical Association* (IPA), Freud n'est plus le père primitif d'une horde sauvage mais le maître reconnu d'une doctrine qui vient de se doter d'un appareil politique échappant à son pouvoir. En se décentrant de Vienne*, le mouvement psychanalytique est passé de l'état de tribu primitive à celui de société moderne. D'où une double distanciation du père à l'égard des fils, et de ceux-ci à l'égard du père. Le premier risque l'abandon, l'infidélité, l'hérésie, l'humiliation et la défaite, quand les autres pourraient bien un jour être tentés de se rebeller et de détrôner le despote. Déjà Wilhelm Stekel* et Alfred Adler* ont quitté le navire, bientôt viendra le tour de Carl Gustav Jung*.

Comment éviter ce genre de dissidence ? Comment promulguer des lois qui préservent la liberté de chacun sans entraver celle des autres ? Comment inventer pour la psychanalyse* des règles techniques et éthiques valables dans tous les pays, mais respectueuses des différences culturelles ? Comment donner enfin une signification universelle au complexe d'Œdipe*, pivot conceptuel de l'édifice freudien ? Telles sont alors les questions débattues entre Freud et ses deux principaux lieutenants : Jung et Ferenczi.

Tandis que Jung affirme que le père est toujours celui qui interdit l'inceste*, Ferenczi soutient que l'homme primitif s'est développé, depuis la nuit des temps, en symbiose avec le destin géologique de la terre-mère. Freud, pour sa part, souhaite apporter une explication globale de l'origine des sociétés et de la religion à partir des données de la psychanalyse, autrement dit en donnant un fondement historique au mythe d'Œdipe et à l'interdit de l'inceste et en montrant que l'histoire individuelle de chaque sujet n'est que la répétition de l'histoire de l'humanité elle-même.

Les quatre essais qui composent l'ouvrage furent rédigés durant le second semestre de l'année 1911 et en 1912 pour les trois premiers, puis au printemps 1913 pour le dernier. Ils parurent dans la revue *Imago** pour être ensuite réunis en un livre composé de quatre parties : 1) L'horreur de l'inceste, 2) Le tabou et l'ambivalence des sentiments, 3) Animisme, magie et toute-puissance des pensées, 4) Le retour infantile du totémisme. Freud ne leur apporta aucune modification à l'occasion des éditions ultérieures.

Le titre du livre trahissait l'ambition théorique et inscrivait l'ouvrage dans la tradition de l'anthropologie évolutionniste de la fin du XIXe siècle. Emprunté à la langue algonquine parlée sur les Grands Lacs nord-américains, le mot totem avait été introduit en 1791. Il donna naissance ensuite, à travers l'œuvre de John Fergusson McLennan (1827-1881), à la théorie du totémisme qui passionna la première génération des anthropologues, de même que l'hystérie* fascinait les médecins : « La vogue de l'hystérie et celle du totémisme sont contemporaines, écrit Claude Lévi-Strauss, elles ont pris naissance dans le même milieu de civilisation et s'expliquent d'abord par la tendance commune de plusieurs branches de la science, vers la fin du XIXe siècle, à constituer séparément [...] des phénomènes humains que des savants préféraient tenir pour extérieurs à leur univers moral [...]. » Le totémisme consistait à établir une connexion entre une espèce naturelle (un animal) et un clan exogame afin de rendre compte d'une hypothétique « unité » originelle des divers faits ethnographiques.

Venu de Polynésie et introduit par le capitaine Cook en 1777, le mot tabou (*taboo* ou *Tabu*) avait fait fortune sous un double sens : l'un spécifique aux cultures dont il était issu, l'autre exprimant l'interdit dans sa généralité. Quant au mot sauvage (*Wilden*), utilisé par Freud, il renvoyait à l'histoire même de l'anthropologie évolutionniste et à l'un de ses fondateurs, Lewis Morgan (1818-1881), qui avait divisé l'histoire de l'humanité en trois stades* : la Sauvagerie (la chasse), la Barbarie (poterie et outils de fer), la Civilisation (écriture). Dans ses *Trois Essais sur la théorie sexuelle**, Freud avait déjà repris à son compte la notion de stade pour décrire l'évolution du sujet* en fonction de la *libido**.

Dans la préface de 1913, il présente *Totem et Tabou* comme une application de la psychanalyse à des « problèmes non éclaircis de la psychologie des peuples », tout en prétendant s'opposer à Wilhelm Wundt (1833-1920) d'un côté, et à Jung de l'autre. Le premier, dit-il, met au service de la « même visée les hypothèses et les modes de travail de la psychologie non analytique » et le deuxième, à l'inverse, « s'efforce de venir à bout de problèmes de psychologie individuelle en recourant à du matériel de la psychologie des peuples ». Il ajoute : « Je reconnais volontiers que de ces deux côtés a émané l'instigation la plus immédiate pour mes propres travaux. » En fait, Freud rédigea cette préface en septembre 1913, un mois après le congrès de l'IPA de Munich, qui vit le départ définitif de Jung du mouvement psychanalytique.

Au premier abord, l'ouvrage se présente à la fois comme une rêverie darwinienne sur l'origine de l'humanité, une digression sur les mythes fondateurs de la religion monothéiste, une réflexion sur la tragédie du pouvoir, de Sophocle à Shakespeare, et un long voyage initiatique à l'intérieur de la littérature ethnologique du tournant du siècle.

En voici l'essentiel. En un temps primitif, les hommes vécurent au sein de petites hordes, chacune soumise au pouvoir despotique d'un mâle qui s'appropriait les femelles. Un jour, les fils de la tribu, en rébellion contre le père, mirent fin au règne de la horde sauvage. Dans un acte de violence collective, ils tuèrent le père et mangèrent son cadavre. Cependant, après le meurtre, ils éprouvèrent du repentir, renièrent leur forfait puis inventèrent un nouvel ordre social en instaurant simultanément l'exogamie (ou renoncement à la possession des femmes du clan du totem) et le totémisme, fondé sur l'interdit du meurtre du substitut du père (le totem). Totémisme, exogamie, interdit de l'inceste : tel fut le modèle commun à toutes les religions, et notamment au monothéisme.

Dans cette perspective, le complexe d'Œdipe, mis au jour par la psychanalyse, n'est rien d'autre, selon Freud, que l'expression des deux désirs* refoulés (désir d'inceste, désir de tuer le père) contenus dans les deux tabous propres au totémisme : interdit de l'inceste, interdit de tuer le père-totem. Il est donc universel puisqu'il traduit les deux grands interdits fondateurs de toutes les sociétés humaines.

Pour montrer comment s'effectue dans la société primitive le transfert de la représentation du père mort sur un animal (totem), Freud fait appel à sa théorie de la sexualité infantile, à l'histoire d'Herbert Graf* (le petit Hans) et sourtout à une observation exemplaire fournie par Ferenczi : le cas d'« Arpad, le petit homme-coq ». Mordu au pénis à l'âge de 2 ans et demi alors qu'il urinait dans un poulailler, Arpad avait renoncé au langage humain et s'était transformé lui-même en coq pour caqueter et lancer des cocoricos. A l'âge de 5 ans, il parlait de nouveau mais ne s'intéressait qu'à des histoires de volaille. Tantôt il assistait avec délice à l'égorgement des poulets, et ensuite caressait voluptueusement le cadavre de l'animal, tantôt il affirmait que son père était un coq et lui-même un poussin qui deviendrait d'abord une poule puis un coq. Dans cet exemple, Freud constatait deux analogies avec le totémisme : l'identification* totale avec l'animal-totem et l'ambivalence des sentiments à son égard. Il en concluait que, puisque les deux interdits du totémisme (tuer le totem et user sexuellement d'une femme appartenant au clan du totem) coïncidaient avec les deux crimes d'Œdipe (qui tua son père et épousa sa mère), le complexe d'Œdipe était la condition du totémisme.

En posant ainsi l'existence première d'un complexe universel propre à toutes les sociétés humaines et à l'origine de toutes les religions, Freud prétendait apporter, par la psychanalyse, une solution à l'anthropologie évolutionniste qui voyait dans l'instauration du totem la préfiguration de la religion, et dans celle du tabou le passage de la horde sauvage à l'organisation clanique.

Pour construire cette fable, il s'appuyait sur la littérature évolutionniste. A Charles Darwin, d'abord, il empruntait l'histoire fameuse de la horde sauvage, rapportée dans *La Descendance de l'homme,* puis la théorie de la récapitulation, selon laquelle l'individu répète les principaux stades de l'évolution des espèces (l'ontogenèse répète la phylogenèse), et enfin la thèse de l'hérédité des caractères acquis. Popularisée par Jean-Baptiste Lamarck (1744-1829), reprise par Darwin et par Ernst Haeckel*, cette thèse dite « néolamarckienne » fut mise en cause dès 1883 par August Weismann (1834-1914) pour être définitivement abandonnée en 1930.

A James George Frazer (1854-1941) – l'auteur de la fameuse épopée du *Rameau d'or*, l'histoire de ce roi meurtrier de l'Antiquité latine tué par son successeur alors qu'il tenait lui-même son pouvoir du meurtre de son prédécesseur – Freud empruntait une conception du totémisme comme mode de pensée archaïque des sociétés dites « primitives ». De William Robertson Smith (1846-1894) il reprenait la thèse du repas totémique et de la substitution du clan à la horde. Chez James Jasper Atkinson, il puisait l'idée que le système patriarcal prend fin dans la rébellion des fils et la dévoration du père. Et de l'œuvre d'Edward Westermark (1862-1939) il tirait des considérations sur l'horreur de l'inceste et la nocivité des mariages consanguins.

De même qu'en 1905 Freud utilisait les travaux de la sexologie* pour construire une doctrine de la sexualité fort éloignée de celle des sexologues, de même en 1911-1913 il s'inspirait de l'anthropologie évolutionniste tout en la mettant en contradiction avec elle-même, donnant finalement une nouvelle définition de l'universalité de l'interdit de l'inceste et de la genèse des sociétés humaines.

S'il faisait du sauvage un équivalent de l'enfant et s'il conservait les stades de l'évolution, il abandonnait en revanche toute la théorie anthropologique de la « supériorité » de la civilisation et de l'« infériorité » de l'état primitif, rejoignant en cela l'ethnologie moderne (de Bronislaw Malinowski* à Marcel Mauss), pour laquelle il n'existe pas de hiérarchie des cultures. En conséquence, Freud ne faisait pas du totémisme un mode de pensée magique moins élaboré que le spiritualisme ou le monothéisme : il le regardait au contraire comme une survivance interne à toutes les religions. Et pour la même raison, il ne comparait le sauvage à l'enfant que pour prouver l'adéquation entre la névrose infantile et la condition humaine en général et ériger ainsi le complexe d'Œdipe en modèle universel.

Enfin, s'agissant de l'interdit de l'inceste et de l'origine des sociétés, Freud apportait un nouvel éclairage. D'une part, il renonçait à l'idée même de l'origine, en affirmant que la fameuse horde n'existait nulle part : l'état originel était en fait la forme intériorisée pour chaque sujet (ontogenèse) d'une histoire collective (phylogenèse) qui se répétait au fil des générations ; d'autre part, il soulignait que la prohibition de l'inceste n'était pas née, comme le pensait Westermarck, d'un sentiment naturel de répulsion des hommes à l'égard de cette pratique, mais qu'il y avait au contraire désir d'inceste et que celui-ci avait pour corollaire l'interdit instauré sous la forme d'une loi et d'un impératif catégorique. Pourquoi en effet aurait-on prohibé un acte qui faisait tellement horreur à la collectivité ?

Autrement dit, Freud apportait à l'anthropologie deux thèmes : la loi morale, la culpabilité. A la place de l'origine, un acte réel : le meurtre nécessaire ; à la place de l'horreur de l'inceste, un acte symbolique : l'intériorisation de l'interdit. Dans cette perspective, chaque société était fondée sur le régicide mais ne sortait de l'anarchie meurtrière que si ce régicide était suivi d'une sanction et d'une réconciliation avec l'image du père, elle seule autorisant la conscience*.

Totem et Tabou est davantage un livre politique d'inspiration kantienne qu'un ouvrage d'anthropologie à proprement parler. A ce titre, il propose une théorie du pouvoir démocratique centrée sur trois nécessités : nécessité d'un acte fondateur, nécessité de la loi, nécessité du renoncement au despotisme. Sans doute Freud songeait-il ici à Cromwell, son héros, à la démocratie anglaise, tant admirée, et à l'Empire austro-hongrois, dont il voyait le déclin. Tout en s'inspirant de la grande fresque de Johann Jakob Bachofen (1815-1887) sur le règne de la mère, il n'opposait pas le patriarcat* au matriarcat ni ne valorisait un système au détriment d'un autre. Néanmoins, comme pour sa théorie de la *libido,* il renonçait au dualisme évolutionniste tout en associant la genèse de l'institution sociale à un principe masculin : ce principe est bien la raison, mais le « mâle » n'en est plus le détenteur puisque l'instauration de la société des fils a permis l'abolition du despotisme du père et sa revalorisation sous la forme de la loi.

Totem et Tabou ne fut pas accueilli comme un livre politique mais pour ce qu'il prétendait être : une contribution de la psychanalyse à l'anthropolologie cherchant à conférer à celle-ci un fondement psychanalytique. Il ne souleva pas l'indignation escomptée mais suscita de sévères critiques, souvent justifiées. En effet, non seulement Freud restait attaché aux cadres de l'évolutionnisme dont l'ethnologie du début du siècle était en train de s'émanciper en renonçant aux fables et aux mythes pour étudier méticuleusement les sociétés réelles, mais de plus il avait la prétention de régenter un domaine auquel il ne connaissait rien sans prendre en compte les travaux modernes. Comme James Frazer, Freud passa alors pour un savant d'un autre âge enfermé dans son cabinet et dialoguant avec les adeptes du folklore totémique, au moment où les chercheurs quittaient la chambre close des universités pour les voyages mélanésiens.

La critique développée en 1920 par l'anthropologue américain Alfred Kroeber (1876-1960), spécialiste des Indiens d'Amérique du Nord, allait dans le même sens, qui fut reprise par de nombreux représentants de la discipline. Elle sonna comme un « coup de grâce », bien que Kroeber eût accordé à l'ensemble de l'œuvre freudienne une importance considérable au regard de l'élucidation du psychisme humain.

C'est finalement par les résistances qu'il suscita que *Totem et Tabou* fut le point de départ des passes d'armes entre Malinowski, Ernest Jones* et Geza Roheim*, lesquelles donnèrent naissance à une école anglophone d'anthropologie psychanalytique.

• Sigmund Freud, *Totem et Tabou. Quelques concordances entre la vie psychique des sauvages et celle des névrosés* (1913), Paris, Gallimard, 1993, précédé de « Un acte », par François Gantheret, 9-59, *GW*, IX, *SE*, XIII. Edward Burnett Tylor, *La Civilisation primitive* (Londres, 1871), 2 vol., Paris, Reinwald, 1876-1878. William Robertson Smith, *Lectures on the Religion of the Semites : the Fundamental Institutions* (1889), New York, Macmillan, 1927. Edward Westermarck, *Histoire du mariage humain* (Londres, 1891), Paris, Mercure de France, 1934-1938 ; *L'Origine et le développement des idées morales* (Londres, 1906-1908), Paris, Payot, 1928-1929. James Jasper Atkinson, « Primal Law », in A. Lang (éd.), *Social Origins*, Londres, 1903. Sandor Ferenczi, « Un petit homme-coq » (1913), in *Psychanalyse II. Œuvres complètes, 1913-1919*, Paris, Payot, 1970, 72-79. James George Frazer, *Le Cycle du rameau d'or* (Londres, 1911-1916, Paris, 1925-1935), 4 vol., Paris, Laffont, coll. « Bouquins », 1981-1984. Alfred L. Kroeber, « Totem and Taboo. An ethnologic psychoanalysis » (1920), *American Anthropologist*, 22, 1920, 48-55. Bronislaw Malinowski, *Les Argonautes du Pacifique occidental* (Londres, 1922), Paris, Gallimard, 1963 ; *La Sexualité et sa répression dans les sociétés primitives* (Londres, 1927), Paris, Payot, 1932. Ernest Jones, *Essais de psychanalyse appliquée*, vol. II (Londres, 1951), Paris, Payot, 1973. Claude Lévi-Strauss, *Le Totémisme aujourd'hui*, Paris, PUF, 1962. Eugène Enriquez, *De la horde à l'État*, Paris, Gallimard, 1983. Guy Rosolato, *Le Sacrifice. Repères psychanalytiques*, Paris, PUF, 1987. Norman Kiell, *Freud Without Hindsight. Review of His Work, 1893-1939*, Madison, International Universities Press, 1988. Lucille B. Ritvo, *L'Ascendant de Darwin sur Freud* (New York, 1991), Paris, Gallimard, 1992. Pierre Bonte et Michel Izard (éd.), *Dictionnaire de l'ethnologie et de l'anthropologie*, Paris, PUF, 1991. George W. Stocking, « L'anthropologie et la science de l'irrationnel. La rencontre de Malinowski avec la psychanalyse freudienne » (1983), *Revue internationale d'histoire de la psychanalyse*, 4, 1991, 449-491. Bertrand Pulman, « Ernest Jones et l'anthropologie », *Revue internationale d'histoire de la psychanalyse*, 4, 1991, 493-521.

▷ DEVEREUX Georges. ETHNOPSYCHANALYSE. KARDINER Abram. MEAD Margaret.

TRADUCTION (DES ŒUVRES DE SIGMUND FREUD)

Les œuvres de Sigmund Freud* ont été traduites en une trentaine de langues avec des variations importantes selon les titres (articles ou livres). Elles ont été traduites en totalité en français, aux trois quarts en russe et en suédois, à moitié en roumain, danois et norvégien.

Toutefois, l'établissement systématique d'une œuvre intégrale organisée de façon cohérente et dans l'ordre chronologique n'a été effectué que dans quatre langues : l'anglais, l'espagnol, l'italien et le japonais, ces différentes *Œuvres complètes* n'incluant ni les vingt-deux articles de Freud dits « préanalytiques » (cocaïne, anguille, syphilis, etc.) publiés entre 1877 et 1886 ni son premier livre de 1891, *Contribution à une conception des aphasies**.

C'est José Ortega y Gasset* qui fut à l'origine de la première traduction d'une édition intégrale de l'œuvre freudienne, avant même que celle-ci ne fût achevée. En 1921, il en confia la réalisation à Luis Lopez Ballesteros et reçut aussitôt l'approbation de Freud : dix-sept volumes parurent jusqu'en 1934.

Cette entreprise, unique en son genre par ses qualités littéraires et sa précocité, ne permit pourtant pas au freudisme* de s'épanouir en Espagne*. La guerre civile, et surtout la victoire du franquisme, marquèrent un coup d'arrêt à toute forme d'implantation de la psychanalyse dans ce pays, et c'est en Argentine* que se poursuivit le travail initié par Ortega y Gasset.

En 1942, au moment de la création de l'Asociación Psicoanalítica Argentina (APA), fut mis sur pied à Buenos Aires un nouveau projet en vingt-deux volumes incluant les dix-sept volumes de Ballesteros. C'est à Ludovico Rosenthal que fut confiée la traduction des cinq nouveaux volumes. Né à Buenos Aires d'une mère allemande, il avait été analysé à Vienne* par Heinz Hartmann* : il s'aquitta admirablement de sa tâche, réalisant une édition complète d'une grande qualité. Il apporta quelques modifications à la terminologie de Ballesteros, s'inspira de James Strachey* sans l'imiter servilement et participa à la recherche de textes perdus ou oubliés de Freud : « Il projetait un volume supplémentaire, écrit Hugo Vezzetti, qui ne fut jamais publié et qui devait inclure un dictionnaire de psychanalyse et une bibliographie succinte ajoutée à l'index thématique des vingt-deux tomes. » Cette traduction inachevée fut d'abord « plagiée » par d'autres auteurs, puis délaissée au profit de la *Standard Edition* utilisée par les thépapeutes kleiniens devenus majoritairement anglophones.

En 1975, Horacio Amorrortu entreprit de réaliser une nouvelle version de l'œuvre complète qu'il confia à José Etcheverry, aidé de Santiago Dubrovsky et de Fernando Ulloa. Tout en conservant l'agencement de la *Standard*, les traducteurs s'appuyèrent sur le *Vocabulaire de la psychanalyse* de Jean Laplanche et Jean-Bertrand Pontalis, qui venait de paraître en espagnol et permettait de contrebalancer la toute-puissance de la traduction de Strachey. Ils reconnurent en même temps leur dette à l'égard de Ballesteros et Rosenthal. Fruit d'une rénovation et de l'acceptation de plusieurs héritages, cette traduction, réalisée en partie pendant la dictature militaire, correspondait bien aux modalités de transmission et de filiation* de la psychanalyse en Argentine.

C'est à James Strachey que l'on doit la plus belle traduction critique intégrale, cohérente et unifiée : la *Standard Edition.* Son défaut principal est l'effacement du style littéraire de Freud au profit d'un vocabulaire technique et scientifique. Les concepts ont été latinisés : *ego* (moi*), *superego* (surmoi*), *id* (ça*), *parapraxis* (acte manqué*), *cathexis* (investissement*). Quelques erreurs manifestes, désormais connues, ont été commises : pulsion* (*Trieb)* est traduit par *instinct,* refoulement* (*Verdrängung)* par *repression* (répression*), etc.

Deux éditions complètes de l'œuvre freudienne ont été publiées en langue allemande (entre 1924 et 1952) dans deux villes différentes : les *Gesammelte Schriften* à Vienne entre 1924 et 1934 (du vivant de Freud) et les *Gesammelte Werke* à Londres entre 1940 et 1952. Ces dates montrent que la destruction par le nazisme* (entre 1933 et 1939) de toutes les entreprises éditoriales psychanalytiques germanophones a réussi. C'est à Londres en effet, pendant la Deuxième Guerre mondiale, que fut réalisée la nouvelle version de l'œuvre complète de Freud en allemand. Elle est toujours utilisée à la fin du XXe siècle : « Aujourd'hui, quarante-cinq ans après la fin de la guerre, souligne Ilse Grubrich-Simitis en 1991, on a du mal à s'imaginer à quel point le régime nazi a réussi à faire disparaître du marché allemand du livre les écrits de Freud et à bannir de la conscience collective l'univers conceptuel qu'avait révélé sa superbe prose. »

Après la Deuxième Guerre mondiale, sous l'impulsion d'Alexander Mitscherlich* et du Sigmund Freud Institut de Francfort, l'œuvre de Freud en langue originale fut réintroduite en Allemagne et publiée chez Fischer Verlag. Mitscherlich mit également en chantier une édition de textes choisis (*Studienausgabe)* destinés à des étudiants, et à laquelle collabora James Strachey, qui était alors le meilleur spécialiste de l'œuvre freudienne en anglais et en allemand.

Au début des années 1960, Ilse Grubrich-Simitis, formée dans la tradition de l'école allemande de philologie, commença à s'occuper chez Fischer de l'actualisation des *Gesammelte Werke.* Elle se livra alors à une confrontation minutieuse de l'édition allemande (*GW)* et de la *Standard Edition,* et en conclut que l'édition de Strachey était de très loin supérieure à l'édition allemande. De là naquit le projet de procéder à une nouvelle édition « critique » des *Œuvres complètes* de Freud en allemand. Ilse Grubrich-Simitis souhaitait, à juste titre, inclure les articles préanalytiques et la correspondance, mais les héritiers (Ernst Freud*, Anna Freud*) refusèrent, sous prétexte que Freud n'avait eu d'estime ni pour ses travaux neurologiques ni pour ses talents d'épistolier. C'est ainsi qu'aucune édition critique complète n'a été réalisée en Allemagne. A la fin du XXe siècle, il n'existe en langue allemande qu'une édition critique de textes choisis, les *Studienausgabe,* et une édition intégrale mais non critique, les *Gesammelte Werke,* enrichies d'un index général et d'un volume de suppléments (*Nachtragsband*).

En raison de ses qualités, de la place prépondérante de la langue anglaise dans le mouvement psychanalytique international à partir de la fin des années 1930 et de l'implantation du mouvement dans plusieurs pays anglophones (Canada*, Australie*, Inde*, États-Unis*), la *Standard Edition* est devenue, dans le monde entier, l'édition de référence. Et elle a inévitablement contribué à former le regard que l'on portait sur le freudisme*.

L'appareil critique de Strachey fut donc repris, en partie ou en totalité, dans les autres éditions des œuvres complètes. Cette domination de la langue anglaise aboutit à quelques aberrations. Ainsi les *Obras completas,* publiées au Brésil* entre 1970 et 1977, furent-elles traduites directement de l'anglais, c'est-à-dire de la *Standard.* D'où un certain nombre de divagations linguistiques : « La version brésilienne de Freud, écrit Marilene Carone, se trouve entièrement chargée de termes extravagants, dont le choix s'explique seulement par leur proximité avec le son du terme anglais correspondant ; quoique figurant dans le dictionnaire, ces termes sonnent de manière artificielle à nos oreilles. Ainsi par exemple *relaçoes reciprocas* par *relaçoes mutuais* (*mutuel relationships*), *posse* par *possessao* (*possession), absurdo* par *absurdidade* (*absurdity).* »

En Italie*, l'édition des *Opere* de Freud fut réalisée à partir de 1960 par Cesare Musatti* avec la collaboration de plusieurs traducteurs, dont Elvio Fachinelli*. Tout en reprenant l'appareil critique de Strachey, cette édition a corrigé les erreurs évidentes de celui-ci et a surtout rétabli le style littéraire de Freud. Soigneusement réalisée par de fins connaisseurs de la langue allemande, soucieux également de la langue italienne et de l'inutilité d'ajouter à la conceptualité freudienne un jargon spécifique, elle a bénéficié du recul du temps. Et elle est aussi réussie que les *Obras* de Ballesteros-Rosenthal.

La situation en France* (et par extension dans les pays francophones) est unique au monde. Les œuvres de Freud (livres et articles) sont disponibles en totalité et en plusieurs versions, mais les huit volumes (sur vingt) des *Œuvres complètes (OC)* mises en chantier en 1980 par une équipe d'environ quinze personnes, sous la direction de Jean Laplanche, Pierre Cotet, André Bourguignon (1920-1996) et François Robert, ont pour inconvénient majeur, malgré la bonne volonté et la compétence de l'équipe, d'être difficilement lisibles en français. Cela tient à la fois à l'histoire très particulière de la France freudienne et à la place souveraine accordée au statut de la langue dans ce pays.

En France*, les entreprises de traduction sont presque toujours le fruit de batailles conceptuelles et de querelles d'école sur l'art et la manière de traduire.

Les premiers traducteurs de Freud, Samuel Jankélévitch, Ignace Meyerson (1888-1983), Blanche Reverchon-Jouve (1897-1974), Paul Jury (1878-1953) et surtout Marie Bonaparte*, déployèrent beaucoup d'énergie et de talent mais ne se soucièrent absolument pas d'unifier les concepts. Les termes freudiens furent donc traduits de façon différente selon les auteurs. De son côté, Édouard Pichon* créa au sein de la Société psychanalytique de Paris (SPP) une Commission pour l'unification du vocabulaire psychanalytique français, qui se réunit quatre fois, entre mai 1927 et juillet 1928. Son objectif était de débarrasser la psychanalyse de son prétendu caractère germanique (*Kultur*) en la filtrant au tamis de la *civilisation* française. Sans pour autant être chauvin et adopter la thèse du *genius loci* qui faisait du freudisme l'expression d'un pansexualisme* germanique, Pichon estimait que la différence des mentalités devait se traduire dans la langue. Il inventa donc toute une terminologie : aimance pour *libido**, *actorium* pour *Ich* (moi*), *pulsorium* pour *Es* (ça*), etc. Finalement, il introduisit le pronom neutre (*ça)* pour traduire le concept allemand. D'où cette situation paradoxale au sein de la SPP : Pichon pensait une véritable conceptualité et ne traduisait aucun texte et Marie Bonaparte traduisait des textes sans proposer de réflexion conceptuelle.

Durant les années 1950, le clivage se reproduisit. Jacques Lacan* incita en effet la troisième génération* psychanalytique française à lire en allemand l'œuvre freudienne, actualisant du même coup la traduction des concepts freudiens en langue française, travail dont on trouve la trace dans le *Vocabulaire de la psychanalyse* de Laplanche et Pontalis. Ce renouveau théorique n'eut guère d'effet sur les activités de traduction. Au contraire, entre 1945 et 1963, elles furent moins importantes qu'à l'époque des pionniers. Pourtant, Daniel Lagache*, initiateur du *Vocabulaire*, mit en chantier aux Presses universitaires de France (PUF) un projet d'*Opus magnum* dont Laplanche et Pontalis devaient être les responsables.

Les deux scissions*, puis les désaccords entre les trois protagonistes, empêchèrent la réalisation du projet. Installé aux éditions Gallimard, Pontalis, lui-même excellent traducteur, renonça à publier des œuvres complètes mais fit retraduire, traduire ou réviser un grand nombre d'ouvrages de Freud qui furent publiés dans sa collection « Connaissance de l'inconscient » : *Trois Essais sur la théorie sexuelle**, *L'Homme Moïse et la religion monothéiste**, *La Question de l'analyse profane**, etc. Toutes ces traductions sont remarquables, qui ont été faites en général par de bons professionnels, connaisseurs de l'allemand, de la conceptualité freudienne et de la langue française.

Éditées aux PUF par Bourguignon, Laplanche et Cotet, les *Œuvres complètes* (*OC*) sont loin d'avoir la qualité de celles de Gallimard. En complète contradiction avec le *Vocabulaire de la psychanalyse* (dont Laplanche avait été le coauteur), elles sont le fruit d'un travail d'équipe, ce qui tend à déshumaniser le maniement des mots et de l'écriture au profit d'une sorte d'anonymat du lexique.

En outre, les responsables ont adopté une idéologie inverse de celle de Pichon consistant à retranscrire la prétendue germanité originelle du texte freudien. Aussi se sont-ils donné le titre de « freudologues », convaincus que la langue freudienne n'est pas l'allemand mais le « freudien », c'est-à-dire une « langue freudienne », un « idiome de l'allemand qui n'est pas l'allemand » mais une langue « inventée » par Freud (au sens où les spirites parlaient de la « langue martienne » au début du siècle). Cette théorie les a conduits à quelques aberrations et surtout à inventer eux-mêmes une langue imaginaire, qui n'est plus le français mais un idiome de freudologues censé représenter cette « langue freudienne ».

D'où la suppression de certains termes qui s'étaient pourtant imposés dans le vocabulaire français depuis cinquante ans et sont désormais remplacés : souhait pour *Wunsch* à la place de désir*, fantaisie pour *Phantasie* à la place de fantasme*, trait d'esprit pour *Witz* à la place de mot d'esprit, négation pour *Verneinung* à la place de dénégation*, souvenir-couverture à la place de souvenir-écran*, et mise à mort du père au lieu de parricide. La nouvelle équipe a également supprimé lapsus* (*Versagen*) au profit de défaillance, sous prétexte que Freud ne l'utilise pas ; ils ont enfin réactivé ou fabriqué des néologismes : désirance (désir), animique (âme), frustrané (vain, futile), désaide (détresse), retirement (retrait), vicarier (remplacer), refusement (frustration*), surmontement (action de surmonter, dépasser) ou encore rétrofantasier, fantaste, fantasier, pour toutes les activités liées au fantasme.

Notons que l'adjectif substantivé *Unheimlich* (*uncanny* en anglais), utilisé par Freud dans un célèbre article de 1919 (et qui veut dire à la fois inquiétant, familier et non familier), a été traduit par inquiétante étrangeté puis par inquiétant, alors que François Roustang proposait : l'étrangement familier. De fait, « inquiétante étrangeté » a fini par s'imposer comme un syntagme freudien en langue française au point qu'il est délicat de prétendre le modifier.

● Sigmund Freud, « L'inquiétante étrangeté » (1919), *GW*, XII, 229-268, *SE*, XVII, 217-252, in *L'Inquiétante Étrangeté et autres essais*, Paris, Gallimard, 1985, 211-263 ; « L'inquiétant », *OC*, XV, 147-188 ; *Gesammelte Schriften*, 12 vol., Vienne, Internationaler Psychoanalytischer Verlag, 1924-1934 ; *Gesammelte Werke (GW)*, 17 vol., Imago Publishing Co (Londres, 1940-1952), Francfort, Fischer, 1960-1988 ; *Index*, volume XVIII et *Nachtragsband*, volume de suppléments, réalisé par A. Richards et Ilse Grubrich-Simitis, Francfort, Fischer, 1987 ; *Obras Completas*, 22 vol., Buenos Aires, Amorrortu, 1922-1978 ; *The Standard Edition of the Complete Psychological Works of Sigmund Freud*, éditée par James Strachey, 24 vol., Londres, Hogarth Press, 1953-1974 ; *Opere di Sigmund Freud,* 12 vol., Turin, Boringhieri, 1967-1980 ; *Edição Standard Brasileira das obras completas de Sigmund Freud,* São Paulo, Editora-*Imago,* 1970-1977 ; *Œuvres complètes,* 21 vol., édité par Jean Laplanche, Pierre Cotet, André Bourguignon, François Robert, Paris, PUF, depuis 1989 (8 vol. parus). James Strachey, « Bibliography. List of English translation of Freud's Works », *IJP,* XXVI, 1-2, 1945, 67-76 ; « Editor's note », *SE,* III, 71-73 ; « General preface », *ibid.,* I, XIII-XXII ; et A. Tyson, « A chronogical hand-list of Freud's works », *IJP,* XXXVII, 1, 1956, 19-33. Alexander Grinstein, *Sigmund Freud's Writings. A Comprehensive Bibliography,* New York, International Universities Press, 1977. Ingeborg Meyer-Palmedo, *Sigmund Freud-Konkordanz und – Gesamt-Bibliographie,* Francfort, Fischer, 1982. Bruno Bettelheim, *Freud et l'âme humaine* (New York, 1982), Paris, Laffont, 1984. Antoine Berman, *L'Épreuve de l'étranger. Culture et traduction dans l'Allemagne romantique,* Paris, Gallimard, 1984. Emmet Wilson, « Did Strachey invent Freud ? », *International Revue of Psycho-Analysis,* 14, 1987, 299-315. André Bourguignon, Pierre Cotet, Jean Laplanche et François Robert, *Traduire Freud,* Paris, PUF, 1989. Ilse Grubrich-Simitis, « Histoire de l'édition des œuvres de Freud en langue allemande » (1989), *Revue internationale d'histoire de la psychanalyse,* 4, 1991, 13-71. Riccardo Steiner, « Une marque internationale universelle d'authenticité. Quelques observations sur l'histoire de la traduction anglaise de l'œuvre de Sigmund Freud, en particulier sur les termes techniques », *Revue internationale d'histoire de la psychanalyse,* 4, 1991, 71-188. Hugo Vezzetti, « Freud en langue espagnole », *ibid.,* 189-209. Alain de Mijolla, « L'édition en français des œuvres de Freud jusqu'en 1940 », *ibid.,* 209-271. Michele Ranchetti, « Les *Œuvres complètes* et l'édition des *Opere* », *ibid.,* 331-356. Marilene Carone, « Freud en portugais », *ibid.,* 361-369. Irina Manson, « Comment dit-on psychanalyse en russe ? », *ibid.,* 407-427.

TRAINING AUTOGÈNE

▷ NAZISME. PSYCHOTHÉRAPIE. SCHULTZ Johannes.

TRANSFERT

Allemand : *Übertragung*. Anglais : *Transference.*

Terme introduit progressivement par Sigmund Freud* et Sandor Ferenczi* (entre 1900 et 1909) pour désigner un processus constitutif de la cure psychanalytique par lequel les désirs* inconscients de l'analysant concernant des objets extérieurs viennent se répéter, dans le cadre de la relation analytique, sur la personne de l'analyste mise en position de ces divers objets.

Historiquement, la notion de transfert prend toute sa signification avec l'abandon par la psychanalyse* de l'hypnose*, de la suggestion* et de la *catharsis.**

Le terme transfert n'est pas propre au vocabulaire psychanalytique. Utilisé dans de nombreux domaines, il implique toujours une idée de déplacement, de transport, de substitution d'une place à une autre sans que l'opération porte atteinte à l'intégrité de l'objet.

Tous les courants du freudisme* considèrent le transfert comme essentiel au processus psychanalytique. Mais, selon les écoles, les divergences sont multiples, qui portent sur sa place dans la cure, son maniement par l'analyste, le moment et les moyens de sa dissolution. Un siècle après la naissance de la psychanalyse, le concept de transfert est encore l'objet d'un débat contradictoire, dont l'origine se trouve dans l'histoire de sa reconnaissance, de son évaluation théorique et de son utilisation par Freud depuis l'abandon de l'hypnose et de la catharsis.

On retiendra d'abord, à la suite d'Henri F. Ellenberger*, que l'existence du transfert est attestée, avant Freud, par une terminologie foisonnante : rapport, influence somnambulique, besoin de direction, report affectif, etc.

En fait, l'innovation freudienne consiste à reconnaître dans ce phénomène une composante essentielle de la psychanalyse, au point d'ailleurs que cette nouvelle méthode se distingue de toutes les autres psychothérapies* en ce qu'elle met en jeu le transfert comme instrument de la guérison dans le processus de la cure. Cependant cette reconnaissance ne s'est pas opérée spontanément et, jusqu'à l'extrême fin de sa vie, Freud restera étonné de la récurrence du phénomène (*Abrégé de psychanalyse**).

Au départ, dans les *Études sur l'hystérie** et dans *L'Interprétation des rêves**, il appréhende le transfert sous l'angle d'un déplacement d'investissement au niveau des représentations psychiques plutôt que comme une composante de la relation thérapeutique.

Rétrospectivement, on peut reconnaître la fonction essentielle du transfert dans le récit du cas « Anna O. » (Bertha Pappenheim*) par Josef Breuer*, même si, à y regarder de près, le commentaire qui accompagne ce récit demeure encore bien peu théorique.

C'est à l'occasion de l'analyse de Dora (Ida Bauer*) en 1905 que Freud fait véritablement sa première expérience, négative, de la matérialité du transfert. Il atteste, à son corps défendant, que l'analyste joue bien un rôle dans le transfert de l'analysant. En refusant d'être l'objet du transport amoureux de sa patiente, Freud oppose une résistance*, qui déclenche en retour un transfert négatif de celle-ci. Quelques années plus tard, Freud qualifiera ce phénomène de contre-transfert*.

Dès 1909, Sandor Ferenczi observe que le transfert existe dans toutes les relations humaines : maître et élève, médecin et malade, etc. Mais il note que dans l'analyse, comme dans l'hypnose et la suggestion, le patient met inconsciemment le thérapeute dans une position parentale.

A la même date, dans son compte rendu de l'analyse d'un cas de névrose obsessionnelle* (Ernst Lanzer*), Freud commence à cerner le fait que les sentiments inconscients du patient envers l'analyste sont des manifestations d'une relation refoulée aux *imagos** parentales. En 1912, dans « La dynamique du transfert », premier texte exclusivement consacré à la question, il distingue le transfert positif, fait de tendresse et d'amour, du transfert négatif, vecteur de sentiments hostiles et agressifs. A cela s'ajoutent des transferts mixtes, qui reproduisent les sentiments ambivalents de l'enfant à l'égard des parents. En 1920, dans *Au-delà du principe de plaisir**, Freud s'étonne encore du catactère répétitif du tranfert. Constatant que cette répétition* porte toujours sur des fragments de la vie sexuelle infantile, il lie le transfert au complexe d'Œdipe* et en conclut que la névrose* originelle est remplacée dans la cure par une névrose artificielle, ou « névrose de transfert ». Dans le processus analytique, celle-ci doit conduire le patient à une reconnaissance de la névrose infantile.

Selon la théorie de la séduction*, abandonnée en 1897 mais dont les traces ne seront jamais totalement effacées, le transfert est considéré par Freud comme un obstacle au travail de remémoration et comme une forme particulièrement tenace de résistance, l'indice de la proximité du retour des éléments refoulés les plus cruciaux.

Avec le développement de la théorie du fantasme*, Freud s'écarte de la notion de remémoration. Tout en continuant à lier la résistance au transfert, il met l'accent sur l'importance de son utilisation comme voie d'accès au désir* inconscient.

En 1923, dans « "Psychanalyse" et "théorie de la *libido*" », le transfert est conçu par Freud comme un terrain sur lequel une victoire doit être remportée. Utilisé par l'analyste, il est en effet « le plus puissant moyen adjuvant du traitement ». Dès lors, c'est l'amour de transfert qui retient toute l'attention de Freud. Par ce terme, il désigne les cas où un patient – une femme en général – déclare être épris de son analyste. Après avoir observé qu'il s'agit bien d'un processus transférentiel, puisqu'un changement d'analyste s'accompagne de la répétition du sentiment, Freud souligne l'absolue nécessité pour le thérapeute de respecter la règle de l'abstinence* : non seulement pour des raisons éthiques, mais surtout pour que l'objectif de l'analyse puisse être poursuivi. Dans ce cas, en effet, la résistance à l'analyse revêt la forme d'un amour : le travail aura pour visée de retrouver les origines inconscientes de cette manifestation qui envahit le transfert.

A la suite de Freud, une multiplicité de travaux ont été consacrés à la question du transfert, chacun s'efforçant de repenser le concept en harmonie avec les inflexions ou les modifications successivement apportées à la théorie originelle.

Pour Melanie Klein*, le transfert est conçu comme une remise en jeu (*re-enactment*), pendant la séance, de la totalité des fantasmes* inconscients (ou phantasmes*) du patient. Dans la perspective kleinienne, en effet, le fantasme n'est pas seulement l'expression de défenses* mentales contre la réalité mais la manifestation des pulsions*. En conséquence, le moi* se constitue de manière plus complexe que ne le concevait Freud, et surtout à une période antérieure : « Je soutiens, écrit Melanie Klein, que le transfert a ses origines dans les mêmes processus [d'amour et de haine, d'agression et de culpabilité] qui aux stades les plus précoces déterminent les relations objectales [...]. Pendant des années, et dans une certaine mesure encore aujourd'hui, on a compris le transfert en termes de référence directe à l'analyste. Ma conception d'un transfert enraciné dans les stades* les plus précoces du développement et dans les couches profondes de l'inconscient est beaucoup plus large et entraîne une technique par laquelle, de la totalité du matériel présenté, les éléments inconscients du transfert sont déduits. Par exemple, les dires des patients sur leur vie quotidienne, leurs relations et leurs activités ne font pas seulement comprendre le fonctionnement du moi ; ils révèlent aussi, si nous explorons leur contenu inconscient, les défenses contre les angoisses éveillées dans la situation de transfert. »

Par la suite, les kleiniens et les postkleiniens, Wilfred Ruprecht Bion* notamment, ont construit un nouveau cadre de la cure, très différent de celui des freudiens, avec des règles précises et surtout un maniement du transfert tendant à exclure de la situation analytique toute forme de réalité matérielle au profit de la seule réalité psychique*. Celle-ci est alors conforme à l'image que le psychotique se fait du monde et de lui-même. Pour les kleiniens, tout acte (geste ou parole) qui se produit dans la cure doit être interprété comme l'essence même d'une manifestation contre-transférentielle sans être rapporté à une réalité extérieure. D'où la création du terme *acting in* à côté de celui d'*acting out**. Qu'un patient se gratte la main sur le divan, qu'il ait des maux de tête, cela ne sera pas écouté seulement en fonction de la possible réalité somatique de son irritation cutanée ou de sa migraine, mais rapporté d'abord, par une interprétation*, à l'univers fantasmatique de l'analyste, persuadé lui-même d'avoir « induit » cet acte à son insu. Cette conception kleinienne et postkleinienne du transfert, qui consiste à faire basculer du côté de l'analyste une modalité de la relation d'objet* propre à la psychose* afin de mieux comprendre la nature du transfert psychotique, se rapproche de la suggestion et de la télépathie*, ou plus exactement, comme le dit Freud, du « transfert de pensée ».

En dehors de l'orientation kleinienne, les développements de la réflexion postfreudienne se caractérisent par une prise en compte de plus en plus insistante de l'efficience et de la participation inconsciente de l'analyste dans l'instauration du transfert.

A partir du primat accordé à la relation avec la mère dans l'évolution du sujet*, Donald Woods Winnicott* développe une conception du transfert comme répétition du lien maternel. D'où l'abandon de la stricte neutralité, qui n'est pas sans rappeler la technique active de Ferenczi. Le *management* (gestion, direction) winnicottien consiste à laisser le patient mettre à profit les failles et les défaillances de l'analyste. Il est particulièrement efficace dans les cas de patients fragiles chez lesquels la subjectivité se manifeste par un faux *self**.

Dans les années 1970, Heinz Kohut*, désireux de transformer le cadre de la cure, qu'il jugeait trop orthodoxe, invente une notion de transfert narcissique ou « transfert en miroir ». Dans l'optique kohutienne, l'analyste est vécu par le patient comme un prolongement de lui-même et il lui faut accepter cette relation transférentielle dans la mesure où elle permet une restauration du *self* (ou « soi profond » du patient), dont la blessure, véritable pathologie narcissique, est rapportée aux difficultés rencontrées lors de la relation archaïque à la mère.

Jacques Lacan* a d'abord traité du transfert dans sa lecture du cas « Dora » de 1951 : « Intervention sur le transfert ». Cette année-là, il définit la relation transférentielle comme une suite de renversements dialectiques et souligne que les moments « forts » du transfert s'inscrivent dans les temps « faibles » de l'analyste. A chaque renversement, l'analysant avance dans la découverte de la vérité.

Par la suite, dans son séminaire de l'année 1954-1955, consacré au moi et aux écrits techniques de Freud, Lacan inscrit le transfert dans une relation entre le moi du patient et la position du grand autre* (Autre). Sa problématique n'est pas encore totalement en rupture avec les lectures psychologisantes du texte freudien : l'Autre demeure conçu comme sujet, et si l'analyste peut faire obstacle à l'établissement ou à l'accomplissement du transfert, c'est du fait de la mise en avant de son moi.

C'est dans le cadre de son séminaire de l'année 1960-1961, consacré au transfert, que Lacan introduit le désir du psychanalyste pour éclairer la vérité de l'amour de transfert. Pour sa démonstration, l'une des plus lumineuses sur la question, il prend appui sur le *Banquet* de Platon. Ce dialogue met en scène, autour de Socrate, six personnages exprimant chacun une conception différente de l'amour. Parmi eux, le poète Agathon, élève de Gorgias, dont on célèbre le triomphe, et Alcibiade, homme politique d'une grande beauté, dont Socrate a renoncé à être l'amant pour lui préférer l'amour du Souverain Bien et le désir d'immortalité, c'est-à-dire la philosophie.

Depuis l'Antiquité, les commentateurs avaient mis l'accent sur la manière dont Platon utilisait l'art du dialogue pour faire énoncer par les personnages des thèses sur l'amour relevant toujours d'un désir consciemment nommé. Or, l'originalité de Lacan consiste à mettre Socrate à la place de celui qui interprète le désir de ses disciples. Devenu psychanalyste, Socrate ne choisit pas la tempérance par amour de la philosophie mais parce qu'il détient le pouvoir de signifier à Alcibiade que le véritable objet de son désir ce n'est pas lui (Socrate) mais Agathon. Tel est bien le transfert : il est fait de la même étoffe que l'amour ordinaire, mais il est artifice puisqu'il se porte inconsciemment vers un objet qui en reflète un autre : Alcibiade croit désirer Socrate alors qu'il désire Agathon.

Après cette avancée, Lacan introduit dans son séminaire de l'année 1961-1962, consacré à l'identification, une nouvelle perspective. Le transfert y apparaît comme la matérialisation d'une opération qui relève de la tromperie et qui consiste, pour l'analysant, à installer l'analyste en position de « sujet-supposé-savoir », c'est-à-dire à lui attribuer le savoir absolu.

Enfin, dans son séminaire de l'année 1964, Lacan fait du transfert l'un des quatre concepts fondamentaux de la psychanalyse à côté de l'inconscient, de la répétition et de la pulsion. Il le définit comme la mise en acte, par l'expérience analytique, de la réalité de l'inconscient*. Cette perspective le conduit à nouer le transfert à la pulsion.

● Josef Breuer et Sigmund Freud, *Études sur l'hystérie* (1895), *GW*, I, 77-312, *SE*, II, Paris, PUF, 1956. Sigmund Freud, *L'Interprétation des rêves* (1900), *GW*, II-III, 1-642, *SE*, IV-V, 1-621, Paris, PUF, 1967 ; « Fragments d'une analyse d'hystérie (Dora) » (1905), *GW*, V, 163-286, *SE*, VII, 1-122, in *Cinq Psychanalyses*, Paris, PUF, 1954, 1-91 ; « Remarques sur un cas de névrose obsessionnelle (L'Homme aux rats) » (1909), *GW*, VII, 381-463, *SE*, X, 151-249, in *Cinq Psychanalyses*, Paris, PUF, 1954, 199-261 ; « La dynamique du transfert » (1912), *GW*, VIII, 364-374, *SE*, XII, 97-108, in *La Technique psychanalytique*, Paris, PUF, 1953, 50-60 ; « Observations sur l'amour de transfert » (1915), *GW*, X, 306-321, *SE*, XII, 157-171, in *La Technique psychanalytique*, Paris, PUF, 1953, 116-130 ; *Au-delà du principe de plaisir* (1920), *OC*, XV, 273-338, *GW*, XIII, 3-69, *SE*, XVIII, 1-64 ; « "Psychanalyse" et "théorie de la *libido*" » (1923), *OC*, XVI, 181-208. *GW*, XIII, 211-233, *SE*, XVIII, 235-259 ; *Abrégé de psychanalyse* (1940), *GW*, XVII, 67-138, *SE*, XXIII, 139-207, Paris, PUF, 1949 ; et Sandor Ferenczi, *Correspondance* I, *1908-1914*, Paris, Calmann-Lévy, 1992, II, *1914-1919*, Paris, Calmann-Lévy, 1996. Henri F. Ellenberger, *Histoire de la découverte de l'inconscient* (New York, 1970, Villeurbanne, 1974), Paris, Fayard, 1994. Sandor Ferenczi, « Transfert et introjection » (1909), in *Psychanalyse I. Œuvres complètes, 1908-1912*, Paris, Payot, 1968, 93-126. Pierre Kaufmann (éd.), *L'Apport freudien. Éléments pour une encyclopédie de la psychanalyse*, Paris, Bordas, 1993. Melanie Klein, *Le Transfert et autres écrits*, Paris, PUF, 1995. Heinz Kohut, *Le Soi* (New York, 1971),

Paris, PUF, 1974. Jacques Lacan, *Écrits*, Paris, Seuil, 1966 ; *Le Séminaire*, livre XI, *Les Quatre Concepts fondamentaux de la psychanalyse* (1964), Paris, Seuil, 1973 ; *Le Séminaire*, livre II, *Le Moi dans la théorie de Freud et dans la technique de la psychanalyse* (1954-1955), Paris, Seuil, 1978 ; *Le Séminaire*, livre VIII, *Le Transfert* (1960-1961), Paris, Seuil, 1991. Jean Laplanche et Jean-Bertrand Pontalis, *Vocabulaire de la psychanalyse*, Paris, PUF, 1967. Élisabeth Roudinesco, *Jacques Lacan. Esquisse d'une vie, histoire d'un système de pensée*, Paris, Fayard, 1994. Donald. W. Winnicott, *Jeu et réalité* (Londres, 1971), Paris, Gallimard, 1975.

▷ CONTRE-TRANSFERT. NŒUD BORROMÉEN.

TRANSFERT DE PENSÉE

▷ TÉLÉPATHIE.

TRANSMISSION (DE LA PSYCHANALYSE)

▷ ANALYSE DIDACTIQUE. INTERNATIONAL PSYCHOANALYTICAL ASSOCIATION. PASSE.

TRANSMISSION DE PENSÉE

▷ TÉLÉPATHIE.

TRANSSEXUALISME

Allemand : *Trans-Sexualismus*. Anglais : *Transsexualism*.

Terme introduit en 1954 par le psychiatre américain Harry Benjamin pour désigner un trouble purement psychique de l'identité sexuelle caractérisé par la conviction inébranlable d'un sujet* d'appartenir au sexe opposé.

Le désir de changer de sexe existait bien avant la création du terme « transsexualisme », comme le montre l'histoire de l'abbé Choisy (1644-1734), qui portait des vêtements de femme et se faisait appeler la comtesse des Barres, ou encore celle du chevalier d'Éon de Beaumont (1728-1810), qui servit la diplomatie secrète de Louis XV en s'habillant en homme ou en femme, selon les circonstances. La fameuse maladie des Scythes décrite par Hérodote servit également de point de départ aux réflexions de l'ethnopsychiatrie (ethnopsychanalyse*).

Dans la mythologie grecque, trois personnages rendent compte du phénomène : Cybèle, Attis, Hermaphrodite. Grande déesse mère de Phrygie, Cybèle fut honorée dans l'ensemble du monde antique au point d'être confondue avec Déméter, la mère de tous les dieux. Son amant Attis était à la fois son fils et son parèdre. Quand il voulut se marier, elle le rendit fou : il se castra lui-même puis se donna la mort. Cette légende explique pourquoi les prêtres de la déesse sont des eunuques. C'est en commémoration de l'acte d'Attis que les adeptes du culte de cette déesse mère prirent l'habitude de se mutiler dans l'ivresse et l'extase lors de fêtes rituelles. Quant à Hermaphrodite, fils d'Hermès et d'Aphrodite, il fut aimé par une nymphe qui pria les dieux de les réunir en un seul corps. Le jeune homme fut ainsi pourvu d'un pénis et de deux seins.

Le thème de l'hermaphrodisme, la légende de Cybèle et d'Attis et le mythe de l'androgynie se retrouvent dans les descriptions des différentes pathologies sexuelles recensées par la psychiatrie de la fin du XIXe siècle. Cependant, dans les études de cas, la double anatomie (hermaphrodisme) et l'arrachement à la mère ou au sexe d'origine sont vécus comme des tragédies débouchant sur la mort, la folie* ou le suicide*, alors que la double activivité sexuelle (bisexualité*) semble mieux tolérée, dans la mesure où elle ne met pas en jeu une transformation du corps.

Au XIXe siècle furent rassemblés de multiples cas de transformation de l'identité sexuelle auxquelles on donna le nom de transvestisme (ou travestisme) ou d'hermaphrodisme (ou intersexualité). C'est à l'aliéniste français Jean-Étienne Esquirol (1772-1840) que l'on attribue généralement la première description d'un cas de transsexualisme, et c'est à Richard von Krafft-Ebing* que l'on doit l'établissement d'une échelle des inversions sexuelles allant de l'« hermaphrodisme psychosexuel » à la « métamorphose sexuelle paranoïaque ».

Comme le souligne Michel Foucault en 1978 dans sa présentation de la « vie parallèle » de l'hermaphrodite Herculine Barbin (1838-1868), il y eut une abondante littérature médico-libertine sur ce sujet à la fin du XIXe siècle. Le cas d'Herculine attira l'attention d'Ambroise Tardieu (1818-1879), qui s'était spécialisé dans l'étude des mauvais traitements exercés sur les enfants. Herculine Barbin fut appelée Alexina par ses parents puis élevée dans un couvent de jeunes filles alors qu'elle se sentait un garçon et que son sexe était à la fois masculin et féminin (un petit pénis, un urètre avec une fente, des lèvres). Après avoir réussi à faire transformer son état civil par un tribunal, elle ne put supporter son nouvel état et se suicida à l'aide d'un réchaud à charbon.

Il fallut les progrès de la chirurgie et de la médecine, et surtout les innovations de la génétique permettant en 1956 d'identifier définitivement la formule chromosomique de l'homme (XY) et de la femme (XX) – ou « sexe génétique » –, pour que fussent établies clairement des distinctions entre l'hermaphrodisme, le transvestisme, les anomalies génétiques et le véritable transsexualisme, qui apparut alors comme une fascinante énigme faisant réémerger tous les grands mythes fondateurs des déesses mères. D'où la nécessité d'inventer un mot pour désigner un phénomène qui ne relevait ni du désir de se travestir ni de l'anomalie anatomique. Si le transvestisme (ou éonisme), fort bien décrit par Havelock Ellis* et les représentants de la sexologie*, est un déguisement qui peut conduire à une perversion* ou à un fétichisme*, et si l'hermaphrodisme est un accident des gonades dont le traitement relève de la chirurgie, seul le transsexualisme conduit le sujet non seulement à changer d'état civil, mais aussi à transformer, par une intervention chirurgicale, son organe sexuel normal en un organe du sexe opposé artificiel. Ainsi le transsexuel mâle est-il convaincu d'être une femme, alors qu'il est anatomiquement un homme normal. De même, la femme transsexuelle est persuadée d'être un homme alors qu'elle est anatomiquement une femme.

C'est aux États-Unis* dans les années 1950 que de tels cas commencèrent à être étudiés. Le médecin Harry Benjamin créa le terme et proposa, pour soulager la souffrance morale des patients, un traitement hormonal et un essai de vie sociale, pendant six mois au moins, selon le sexe désiré. A la dernière étape seulement, il envisageait la chirurgie si le désir de changement de sexe se maintenait. A sa suite, le psychanalyste Robert Stoller* fut le premier, dans son ouvrage *Sex and Gender*, publié en 1968 et traduit en français sous le titre *Recherches sur l'identité sexuelle*, à proposer une classification et une étude systématique de ce trouble en révisant la théorie freudienne de la sexualité* infantile et de la différence des sexes*. Il opéra d'abord une distinction radicale entre le transsexualisme, le transvestisme, l'homosexualité* et l'hermaphrodisme. Puis, marqué à la fois par la *Self Psychology** et le kleinisme*, il fit du transsexualisme un trouble de l'identité (et non pas de la sexualité) différent chez les hommes et les femmes, lié à la relation particulière et toujours identique de l'enfant à sa mère. D'où l'idée de différencier le genre (*gender**) comme sentiment social de l'identité (masculine ou féminine), du sexe comme organisation anatomique mâle ou femelle. (Dans le transsexualisme la dissymétrie entre les deux est radicale.) Le mot *gender* sera ensuite repris aux États-Unis dans de multiples travaux historiques et littéraires.

A partir de l'étude de nombreux cas, Stoller dressa le portrait type et quasi structural de la « mère du transsexuel » : une femme dépressive, passive, bisexuelle ou sexuellement neutre, ou encore sans intérêt réel pour la sexualité ni attachement particulier pour le père. Cette mère recherche une symbiose parfaite avec son enfant, qui lui sert à la fois d'objet transitionnel* et de substitut phallique. Quant au père, il est toujours absent, mais son attitude diffère selon que l'enfant est un garçon ou une fille. Autant il se montre indifférent au changement vestimentaire manifesté par son fils quand celui-ci s'habille en fille, autant il favorise les activités masculines chez sa fille, trouvant en elle un complice de sa solitude. Parfois, quand il a deux enfants de sexe opposé, il incite le fils à se féminiser et la fille à se masculiniser. Pour Stoller, le transsexualisme masculin, de loin le plus fréquent et le plus paradigmatique, est proche de la psychose*. Le changement de sexe par la chirurgie n'a donc d'effet bénéfique que dans la mesure où un transsexuel n'accepte jamais son anatomie réelle, laquelle ne correspond pas au *gender* (genre) dont il se sent affecté. Le traitement psychanalytique n'est possible que dans l'enfance, à titre préventif, ou *après* l'intervention chirurgicale : il permet alors au patient d'affronter la tragédie jamais résolue de son impossible identité. Car la chose la plus étonnante est que le transsexuel homme, malgré ses allégations, ses dénégations*, ses dénis*, n'est jamais satisfait de son changement de sexe, alors même qu'il lui a été impossible d'y renoncer.

Avec le développement spectaculaire de la chirurgie plastique et l'extraordinaire publicité qui fut apportée aux grands cas d'émasculation volontaire, de changement d'organe et d'état civil par la télévision, le transsexualisme suscita un vaste débat après 1970. Dans un livre vengeur, la féministe américaine Janice Raymond accusa les hommes de vouloir par ce moyen assujettir davantage les femmes en leur dérobant leur sexe, leur identité, leur anatomie.

En France*, plusieurs travaux furent publiés qui commentaient l'œuvre magistrale de Stoller, notamment ceux d'Élisabeth Badinter. Dans une perspective lacanienne, Catherine Millot donna le nom de « horsexe » au transsexualisme, montrant que chez la femme le désir d'être aimée comme « un » homme relève plutôt d'un processus hystérique, tandis que chez l'homme la volonté d'éradication de l'organe pénien consiste en une identification psychotique à *La Femme*, c'est-à-dire à une impossible totalité. Cette thèse confirmait ce que tous les cas observés avaient déjà montré, notamment dans les histoires d'inceste* : le trouble de l'identité sexuelle est à la fois plus fréquent et plus psychotisant chez l'homme que chez la femme dans la mesure où la symbiose originelle a lieu avec une personne du sexe opposé : la mère.

Si les études sur le transsexualisme confirment la légende d'Attis et la tragédie d'Herculine Barbin, elles ont également permis d'établir un parallélisme entre les travaux de l'embryologie prouvant la primauté de l'embryon femelle sur l'embryon mâle et faisant dériver le second du premier, et les thèses kleiniennes qui voyaient dans l'exercice pathologique de la toute-puissance maternelle l'origine des psychoses et des formes les plus destructrices de la relation d'objet*.

Néanmoins, la théorie freudienne de la *libido** unique et du phallocentrisme* conserve toute sa validité puisque l'étude des cas de transsexualisme féminin montre que les femmes supportent mieux que les hommes la transformation anatomique qui fait d'elles des mâles. En un mot, le transsexualisme féminin semble relever d'un trouble de l'identité de nature hystérique ou perverse, faisant apparaître la manière dont toute femme use de sa « protestation virile », alors que le transsexualisme masculin témoigne plutôt d'une farouche volonté d'émasculation qui n'est que la traduction d'un choix d'anéantissement à travers lequel toute féminité est tournée en dérision : d'où la fétichisation, chez les hommes devenus femmes, des symboles les plus marquants de la différence des genres (vêtements et chaussures de parade, perruques, maquillage outrancier, etc.).

● Harry Benjamin, « Transvestism and transsexualism », *American Journal of Psychotherapy*, 8, 1954, 219-230. Robert Stoller, *Recherches sur l'identité sexuelle* (1968), Paris, Gallimard, 1978. *Herculine Barbin dite Alexina B.*, présenté par Michel Foucault, Paris, Gallimard, 1978. Janice Raymond, *L'Empire transsexuel* (New York, 1979), Paris, Seuil, 1981. Catherine Millot, *Horsexe. Essai sur le transsexualisme*, Paris, Point hors ligne, 1983. Élisabeth Badinter, *L'un est l'autre. Les relations entre hommes et femmes*, Paris, Odile Jacob, 1986 ; *XY. De l'identité masculine*, Paris, Odile Jacob, 1992.

TRANSVESTISME

▷ FÉTICHISME. PERVERSION. STOLLER Robert. TRANSSEXUALISME.

TRAUMA

▷ HYSTÉRIE. NÉVROSE DE GUERRE. RANK Otto. SÉDUCTION (THÉORIE DE LA).

TRIANDAFILIDIS Manolis (1883-1959)
pédagogue grec

Enseignant et grammairien, fondateur en 1910 d'un Cercle pédagogique réunissant des militants favorables à la création d'une langue « démotique » (ou langue du peuple) et d'une éducation nouvelle pour les enfants, Manolis Triandafilidis fut le premier auteur grec à publier, en 1915, un article sur la psychanalyse* qui fera date : « Le principe de la langue et la psychologie freudienne ». Il y exposait comment la théorie de l'inconscient*, en éclairant l'âme et le psychisme, pouvait contribuer à l'essort une nouvelle pédagogie néohellénique. Intéressé autant par les théories socialisantes d'Alfred Adler* que par celles de Sigmund Freud*, il eut avec eux quelques échanges épistolaires.

● Eleni Atzina, « L'introduction de la psychanalyse en Grèce à travers ses relations avec les institutions psychiatriques (1910-1950) », Mémoire de DEA, GHSS, université Paris-VII, 1996.

▷ EMBIRICOS Andreas. FÉDÉRATION EUROPÉENNE DE PSYCHANALYSE. HISTOIRE DE LA PSYCHANALYSE. KOURETAS Dimitri.

TROIS ESSAIS SUR LA THÉORIE SEXUELLE

Ouvrage de Sigmund Freud publié pour la première fois en 1905 sous le titre *Drei Abhandlungen zur Sexualtheorie*. Traduit pour la première fois en français par Blanche Reverchon-Jouve (1897-1974) en 1923 sous le titre *Trois Essais sur la théorie de la sexualité* puis en 1987 par Philippe Koeppel sous le titre *Trois Essais sur la théorie sexuelle*. Traduit en anglais pour la première fois en 1910 par Abraham Arden Brill* et James Jackson Putnam* sous le titre *Three Contributions in the Sexual Theory*, puis en 1949 par James Strachey* sous le titre *Three Essays on the Theory of Sexuality*. Repris sans modification en 1953.

Contrairement à ce que dit Sigmund Freud dans son autobiographie de 1925 et à la légende forgée ensuite par Ernest Jones*, les *Trois Essais sur la théorie sexuelle* ne furent pas accueillis par une volée d'injures et ne rendirent pas leur auteur « universellement impopulaire ». Publié après les multiples travaux des sexologues, dont d'ailleurs il s'était inspiré, et après le fameux *Sexe et caractère* d'Otto Weininger*, le bel essai de Freud fut reçu élogieusement par tous les spécialistes de la question sexuelle. Comme l'ont établi Henri F. Ellenberger* et après lui Norman Kiell, la parution fut saluée par une majorité d'articles favorables, parmi lesquels ceux du criminologue Paul Naecke (1851-1913), de l'écrivain féministe Rosa Mayreder (1858-1938), du neurologue Albert Eulenberg (1840-1917), du journaliste Otto Soyka (1882-1945) et aussi de Magnus Hirschfeld* et Adolf Meyer*.

Freud et les tenants de l'historiographie* officielle parlèrent de réaction de rejet parce que l'ouvrage du maître ne fut pas reçu, lors de sa publication, comme *le* livre inaugural d'une théorie entièrement nouvelle de la sexualité* humaine. Il connut tout simplement une diffusion normale pour l'époque – mille exemplaires vendus la première année et deux cents par an les quatre années suivantes – et fut considéré par les spécialistes comme un ouvrage savant parmi d'autres. Or, depuis 1886, il paraissait chaque année, notamment en Allemagne*, en Autriche et en Angleterre, une multitude de livres consacrés à la sexualité en général et à la sexualité infantile en particulier. D'où l'amertume de Freud et de ses disciples, alors que le maître avait conscience, à juste titre, d'avoir produit une théorie révolutionnaire de la sexualité.

La légende fabriquée par Jones resta si solidement implantée dans le milieu psychanalytique qu'en 1987 le préfacier de la nouvelle traduction française n'hésita pas à présenter Freud comme le héros d'une croisade de la vérité contre l'obscurantisme, capable à l'âge de 49 ans de tout sacrifier – honneur, vie sociale, clientèle, réputation – pour lancer à la face d'une communauté scientifique ignorante et stupide le grand défi de la « vraie » sexualité.

Ce n'est donc pas la parution des *Trois Essais* qui déclencha la croisade antifreudienne visant à assimiler la psychanalyse* à un pansexualisme*, mais des événements plus tardifs. Il fallut d'abord que fût publiée l'analyse du petit Hans (Herbert Graf*), où la théorie freudienne était appliquée en direct à un enfant, puis celle d'*Un souvenir d'enfance de Léonard de Vinci**, où elle touchait à l'enfance d'un peintre universellement sacralisé ; il fallut ensuite que se développât le mouvement psychanalytique, avec la création de l'International Psychoanalytical Association* (IPA) et l'implantation progressive de la psychanalyse dans de nombreux pays et il fallut enfin que s'opérât la rupture avec Carl Gustav Jung* à propos de la *libido**. C'est alors, entre 1910 et 1913, que le freudisme commença à être regardé, partout dans le monde, comme une « obscénité », une « pornographie », une « chose sexuelle », voire une « science boche ». En fait, c'est au moment où la doctrine freudienne accédait à la reconnaissance internationale qu'éclatèrent contre elle les accusations de pansexualisme. La résistance à la théorie de la sexualité fut alors le symptôme évident de son progrès agissant. C'est pourquoi, rétroactivement, les *Trois Essais* furent considérés comme le livre inaugural du « scandale freudien » de la sexualité, notamment en raison des passages sur les théories sexuelles infantiles et sur la disposition perverse polymorphe. En conséquence, cet ouvrage n'a pas le même statut que les autres livres de Freud : il est en quelque sorte déterminé par l'histoire de ses réceptions successives, par l'histoire des commentaires, des interprétations et des violences qu'il suscita.

Cette histoire est d'ailleurs inscrite au cœur même du livre, qui se déploie en plusieurs versions. Jamais Freud en effet n'a récrit, corrigé et rectifié un ouvrage autant que celui-ci, au point qu'on ne sait plus distinguer l'original de ses versions successives. Entre 1905 et 1920, il y eut quatre éditions des *Trois Essais*, des modifications considérables étant à chaque fois apportées par Freud à mesure qu'il affinait sa théorie de la *libido* en fonction de l'évolution générale de sa propre doctrine, qu'il aménageait le « dualisme pulsionnel » et qu'il développait sa conception du narcissisme*.

Le scandale des *Trois Essais* réside dans l'abandon de la conception sexologique de la sexualité (avec description à l'infini des anomalies et des aberrations) pour une approche psychique du sexuel. C'est sa façon de « sexualiser » l'ensemble de la vie individuelle et collective qui provoque le trouble et l'accusation de pansexualisme. En arrachant la *libido sexualis* à la jouissance des médecins, Freud en fait le déterminant majeur de la psyché humaine. Mais il la restitue également à l'homme lui-même (malade, patient, enfant). D'où l'emploi du terme « théorie sexuelle » (*Sexualtheorie)* pour désigner à la fois les hypothèses du savant et les « théories » inventées par les enfants, voire par les adultes, pour résoudre l'énigme de la copulation, de la naissance et de la différence des sexes*.

L'ouvrage est divisé en trois parties. Dans la première, consacrée aux aberrations sexuelles, Freud introduit pour la première fois le mot pulsion* afin de décrire les « déviations par rapport à l'objet sexuel », dans lesquelles il range l'« inversion » et les « immatures sexuels et animaux pris comme objets sexuels ». A travers cette terminologie issue du vocabulaire courant, il désigne trois formes de comportement sexuel considéré comme des « tares » par les médecins de la fin du siècle : l'homosexualité*, la pédophilie (relation sexuelle entre un adulte et un enfant prépubère), la zoophilie (relation sexuelle entre un humain et un animal). Le refus des mots savants dérivés du latin et du grec revêt sous sa plume une signification précise : il s'agit pour lui de montrer que ces « aberrations », si différentes soient-elles les unes des autres, ne peuvent en aucun cas être regardées comme l'expression d'une dégénérescence, et l'homosexualité moins encore que les autres.

Non seulement Freud diversifie les formes possibles de l'homosexualité, mais il fait de celle-ci une composante « acquise » et non pas « innée » de la sexualité humaine. Elle peut ainsi être regardée différemment selon les cultures et les états de la civilisation. Pour élargir encore sa définition, il fait de l'homosexualité, dans le chapitre suivant, un penchant inconscient et universel présent chez tous les névrosés, c'est-à-dire chez tout sujet*. D'où cette formule célèbre à laquelle il avait déjà pensé en 1896 : « La névrose* est pour ainsi dire le négatif de la perversion. » Elle en est d'ailleurs tellement le négatif que Freud soulignera dans sa récapitulation finale de quelle manière, par le refoulement*, une même personne peut passer de l'une à l'autre. Après une intense activité sexuelle perverse dans l'enfance se produit souvent un renversement et la névrose remplace la perversion, selon l'adage : « Jeune catin, vieille dévote. »

Dans la même perspective, il fait de la pédophilie et de la zoophilie des comportements masqués sous l'apparence de la plus grande « normalité ». Ces deux aberrations ne sont pas liées selon lui à une maladie mentale, mais à un état infantile de la sexualité elle-même. D'où le fait que les pédophiles et les zoophiles apparaissent comme des individus lâches mais parfaitement adaptés à la vie sociale bourgeoise ou paysanne.

La suite de cette partie est consacrée à une vaste analyse des autres perversions* (fétichisme* et sado-masochisme*) ainsi qu'aux formes particulières de pratiques érotiques liées à la bouche (fellation, cunnilingus). Toutes sont réintégrées par Freud dans le cadre général d'un fonctionnement pulsionnel organisé autour d'un ensemble de zones érogènes.

La deuxième partie du livre, la plus essentielle, consiste en un exposé, à la fois simple et drôle, des variantes de la sexualité infantile. Véritable matrice de la théorie de la *libido*, cette dissertation magistrale, à laquelle plusieurs passages seront ajoutés, sert aussi à l'élucidation du complexe de castration*, puis à l'idée de l'envie du pénis et enfin à la genèse de la notion de stade* (oral, anal, phallique, génital) empruntée à la biologie évolutionniste. La composante centrale de l'organisation de la sexualité infantile reste ce que Freud appelle « disposition perverse polymorphe ».

En montrant que les activités infantiles – suçotements, masturbation, jeux avec le corps ou les excréments, alimentation, défécation, etc. – sont des sources de plaisir et d'auto-érotisme*, Freud détruit le vieux mythe du « paradis des amours enfantines ». Avant 4 ans, l'enfant est un être de jouissance*, cruel, intelligent et barbare, qui se livre à toutes sortes d'expériences sexuelles, auxquelles il renoncera en devenant adulte. A cet égard, la sexualité infantile ne connaît ni loi ni interdit, et prend en compte, pour sa satisfaction, tous les objets et tous les buts possibles. En témoignent si nécessaire les « théories » fabriquées par les enfants à propos de leur origine : la théorie cloacale, selon laquelle les bébés viennent au monde par le rectum et sont des équivalents des matières fécales, avec sa variante, l'accouchement par le nombril, et la théorie du caractère sadique-anal du coït parental qui fait de l'accouplement un acte de sodomie accompagné d'une violence originelle semblable à un viol. En 1908, dans « Théories sexuelles infantiles », Freud ajoutera plusieurs autres « théories » à celles-ci : l'idée par exemple que les enfants se conçoivent par l'urine ou par le baiser ou qu'ils naissent juste après le coït ou encore que les hommes, comme les femmes, peuvent porter des bébés. La même année, dans « Caractère et érotisme anal », Freud associera l'activité anale au développement ultérieur chez un sujet des meilleurs qualités spirituelles.

Le troisième essai est consacré à une étude de la puberté et donc du passage de la sexualité infantile à la sexualité adulte, à travers le complexe d'Œdipe* et l'instauration d'un choix d'objet fondé en général sur la différence des sexes*. A quoi s'ajoute un chapitre sur la *libido* rédigé en plusieurs étapes, entre 1905 et 1924. C'est là que Freud développe la thèse du monisme sexuel en soulignant que la *libido* est de nature masculine et donc d'essence mâle. Cette thèse, proposée dès 1905 et développée surtout en 1915, sera contestée par les tenants de l'école anglaise dans le cadre du grand débat des années 1920 sur la sexualité féminine*. A ces trois parties Freud ajoute une « récapitulation » dans laquelle il expose les effets du refoulement, de l'hérédité, de la sublimation* et de la fixation sur la sexualité.

Par cet ouvrage majeur, Freud ouvre la voie au développement de la psychanalyse des enfants et à la réflexion sur l'éducation sexuelle : il insiste par exemple pour que les adultes ne mentent jamais aux enfants sur leur origine et pour que la société se montre tolérante à l'égard de la sexualité en général.

● Sigmund Freud, *Trois Essais sur la théorie sexuelle* (1905), Paris, Gallimard, 1987, préface de Michel Gribinski, *GW*, V, 29-145, *SE*, VII ; « Les explications sexuelles données aux enfants » (1907), *GW*, VII, 19-27, *SE*, IX, 129-139, in *La Vie sexuelle*, Paris, PUF, 1969, 7-13 ; « Les théories sexuelles infantiles » (1908), *GW*, VII, 171-188, *SE*, IX, 205-226, in *La Vie sexuelle*, Paris, PUF, 1969, 14-27 ; « Charakter und analerotik (Caractère et érotisme anal) » (1908), *GW*, VII, 203-209, *SE*, IX, 167-175, in *Névrose, psychose et perversion*, Paris, PUF, 1973, 143-149 ; « Contribution à la psychologie de la vie amoureuse » (1910), *GW*, VIII, 66-77, *SE*, XI, 163-175, in *La Vie sexuelle*, Paris, PUF, 1969, 47-55 ; « Pour introduire le narcissisme » (1914), *GW*, X, 138-170, *SE*, XIV, 67-102, in *La Vie sexuelle*, Paris, PUF, 1969, 81-105 ; « Sur les transpositions de pulsions plus particulièrement dans l'érotisme anal » (1917), *GW*, X, 402-410, *SE*, XVII, 125-133, in *La Vie sexuelle*, Paris, PUF, 1969, 106-112 ; « L'organisation génitale infantile » (1923), *GW*, XII, 293-298, *SE*, XIX, 139-145, in *La Vie sexuelle*, Paris, PUF, 1969, 113-116 ; « La disparition du complexe d'Œdipe » (1924), *GW*, XIII, 395-402, *SE*, in *La Vie sexuelle*, Paris, PUF, 1969, 117-122 ; « Des types libidinaux » (1931), *GW*, XIV, 509-513, *SE*, XXI, 215-220, in *La Vie sexuelle*, Paris, PUF, 1969, 156-159. S. Lindner, « Das Saugen an den Fingern, Lippen, bei der Kindern (Ludeln) », in *Jahrbuch für Kinderheitkunde und Physische Erziehung*, Neue Folge, XIV, 1879. Richard von Krafft-Ebing, *Psychopathia Sexualis* (Stuttgart, 1886, Paris, 1907), Paris, Payot, 1969. Albert Moll, *Untersuchungen über die Libido Sexualis*, Berlin, Fischer's Medizinische Buchhandlung, H. Kornfeld, 1897 ; *Das Sexualleben des Kindes*, Berlin, H. Walter, 1908. Havelock Ellis, *Études de psychologie sexuelle*, vol. I (Londres, 1897), Paris, Mercure de France, 1904. Ernest Jones, *La Vie et l'œuvre de Sigmund Freud*, II, *1901-1919* (New York, 1955), Paris, PUF, 1961. Henri F. Ellenberger, *Histoire de la découverte de l'inconscient* (New York, Londres, 1970, Villeurbanne, 1974), Paris, Fayard, 1994. Jean Laplanche, *Vie et mort en psychanalyse*, Paris, Flammarion, 1970. Frank J. Sulloway, *Freud biologiste de l'esprit* (New York, 1979), Paris, Fayard, 1981. Norman Kiell, *Freud Without Hindsight. Review of His Work 1893-1939*, Madison, International Universities Press, 1988.

▷ DOLTO Françoise. ENVIE. FANTASME. FREUD Anna. HYSTÉRIE. KLEIN Melanie. PAPPENHEIM Bertha. ROMAN FAMILIAL. SCÈNE PRIMITIVE. SÉDUCTION (THÉORIE DE LA). *SIGMUND FREUD PRÉSENTÉ PAR LUI-MÊME.* SOKOLNICKA Eugénie. WINNICOTT Donald Woods.

V

VARENDONCK Juliaan (1879-1924)
psychanalyste belge

Membre de la Nederlandse Vereniging voor Psychoanalyse (NVP), ce pionnier de la psychanalyse en Belgique* était docteur en philosophie, en lettres et en pédagogie. Analysé par Theodor Reik* à Vienne en 1922, Juliaan (ou Julien) Varendonck participa au congrès de l'International Psychoanalytical Association* (IPA) de Berlin mais mourut prématurément au cours d'une banale intervention chirurgicale. Sigmund Freud* rédigea en anglais la préface de son ouvrage, *The Psychology of Day-Dreams*, publié en 1921, et Anna Freud* le traduisit en allemand.

● Juliaan Varendonck, *The Psychology of Day-Dreams*, Londres, George Allen and Unwin, 1921. « Introduction de Sigmund Freud », *OC*, XVI, 151-152, *GW*, XIII, 439-440, *SE*, XVIII, 271-272.

VÉGÉTOTHÉRAPIE (ou ORGONOTHÉRAPIE)

▷ REICH Wilhelm.

VIE ET LA PSYCHANALYSE (MA)

▷ *SIGMUND FREUD PRÉSENTÉ PAR LUI-MÊME.*

VIENNE

L'idée que la psychanalyse ne soit qu'un pur produit de l'esprit viennois – et de l'esprit « juif viennois » de surcroît – relève de ces clichés qui exaspéraient Sigmund Freud* et le conduisirent à vouloir « déjudaïser » son mouvement et à placer un non-Juif (Carl Gustav Jung*) à la tête de l'International Psychoanalytical Association* (IPA), afin que nul ne puisse dire que la psychanalyse était une « science juive ». La thèse du *genius loci* ou du *Zeitgeist* (génie des lieux, esprit du temps) servit d'abord à déconsidérer la découverte freudienne et à la réduire à un pansexualisme*, c'est-à-dire à une doctrine « obscène » surgie d'un cerveau dégénéré, au cœur d'une ville « frelatée » et hantée par les démons du sexe. Popularisée par Adolf Albrecht Friedländer (1870-1949) lors d'un congrès international de médecine tenu à Budapest en 1909, et naïvement reprise par Pierre Janet*, elle réduisait la conceptualité freudienne à une mode, à une épidémie psychique ou encore à une affaire culturelle dénuée de rationalité scientifique. A ces critiques Freud répondait volontiers que l'inconscient* était universel, comme l'hystérie* et d'autres entités cliniques.

Quant à la ville de Vienne, il dit un jour à Ernest Jones* qu'il lui vouait une aversion profonde. « Au début de mes relations avec lui, écrit Jones, et avant de connaître son aversion, je lui dis innocemment un jour qu'à mon avis il devait être fort intéressant d'habiter une ville si pleine d'idées nouvelles. A ma grande surprise, il se leva d'un bond et me dit d'un ton sec : “Voilà cinquante ans que je suis ici et je n'y ai jamais rencontré une idée nouvelle !” » Cette remarque prouve que Freud n'était pas intéressé par l'Art nouveau, et l'on sait qu'il n'exprima aucune attirance pour les peintres et les artistes de la Sécession par exemple, préférant s'en tenir aux « classiques » : le XIXe siècle, la Grèce antique, les grands auteurs, Goethe, Shakespeare, Cervantès. De même, il resta étranger à la manière dont les surréalistes appréciaient son œuvre et sa théorie.

Il fallut attendre les travaux des historiens des années 1960 pour dépasser cette problématique et saisir quelles avaient été les véritables relations de Freud à la culture viennoise. Carl Schorske fut le premier, dans un livre admirable, *Vienne fin de siècle,* publié en 1961, à montrer que les contrecoups de la désintégration progressive de l'Empire austro-hongrois avaient fait de cette ville « l'un des plus fertiles bouillons de la culture a-historique de notre siècle. Les grands créateurs en musique, en philosophie, en économie, en architecture et, bien évidemment, en psychanalyse rompirent plus ou moins délibérément tous les liens avec la perspective historique qui était aux fondements de la culture libérale du XIXe siècle dans laquelle ils avaient été éduqués ».

Schorske constatait que, dans la société viennoise des années 1880, le libéralisme était une promesse sans avenir qui écartait le peuple du pouvoir et l'abandonnait aux démagogues antisémites. Face au nihilisme social et au déferlement de haine, les fils de la bourgeoisie rejetaient les illusions de leurs pères et exprimaient d'autres aspirations : fascination pour la mort et l'intemporalité chez Freud, rêve d'une terre promise (État juif) chez Theodor Herzl (1860-1904), déconstruction du moi* chez Hugo von Hofmannsthal (1874-1929), dans sa fameuse *Lettre à Lord Chandos* de 1902, suicide*, reniement ou conversion chez les intellectuels habités par la « haine de soi juive » (Karl Kraus*, Otto Weininger*), invention de nouvelles formes littéraires chez Joseph Roth (1894-1939) et Arthur Schnitzler*. Robert Musil (1880-1942) donnait à Vienne le nom de *Cacanie*, mot forgé à partir de *kaiserlich-königlich* (impériale-royale), et Hofmannsthal la voyait comme la « monstrueuse résidence d'un roi déjà mort et d'un dieu encore à naître ». Quant à Stefan Zweig*, il la décrira avec nostalgie dans *Le Monde d'hier*, à la veille de se donner la mort.

A la suite de Schorske, d'autres travaux, de William Johnston à Jacques Le Rider, apportèrent un regard nouveau sur la modernité viennoise et permirent d'éclairer l'un des fondements de l'invention psychanalytique : le sentiment du déclin de la fonction paternelle et le souci de réévaluer sa position symbolique. En 1986, Jean Clair organisa à Paris une exposition importante sur le thème « Vienne, l'apocalypse joyeuse », qui obtint un grand succès et donna de l'éclat aux travaux historiques sur la question.

C'est bien à Vienne, capitale de l'Empire austro-hongrois, et non pas en Autriche, que se forma le groupe freudien des origines, cette Société psychologique du mercredi* presque exclusivement composée de Juifs nés à Vienne, mais issus des descendants des communautés réparties sur le vaste territoire de la Mitteleuropa. Transformée en Wiener Psychoanalytische Vereinigung (WPV) en septembre 1908, la Société perdit sa position centrale après la Première Guerre mondiale quand Berlin devint la capitale européenne de la psychanalyse, avec la création du Berliner Psychoanalytisches Institut* (BPI). Néanmoins, la présence de Freud et l'autorité des grands Viennois de la première génération (Paul Federn*, Siegfried Bernfeld*, August Aichhorn*, etc.) lui assurèrent pendant vingt ans encore une place importante au sein de l'International Psychoanalytical Association* (IPA).

En mai 1938, deux mois après l'invasion de l'Autriche par les troupes allemandes, Carl Müller-Braunschweig* adressa une lettre à Richard Sterba* dans laquelle il lui proposait de collaborer avec l'Institut Göring pour « sauver » la psychanalyse en Autriche. Comme toutes les missives officielles de l'Institut, cette lettre se terminait par « Heil Hitler ! ». Freud et ses compagnons se réunirent alors pour mettre fin à l'activité de la WPV, et Anna Freud* demanda à Sterba quelles étaient ses intentions. Seul non-Juif du groupe, il pouvait, comme le souhaitaient Ernest Jones* et Müller-Braunschweig, prendre la direction de la politique de « sauvetage » en question. Il refusa. Et Freud prononça ces mots : « Après la destruction par Titus du peuple de Jérusalem, le rabbin Hochanaan ben Sakkaï demanda l'autorisation d'ouvrir à Jahvé une école consacrée à l'étude de la Torah. Nous allons faire la même chose. Nous sommes habitués à être persécutés par notre histoire, nos traditions. » Puis, se tournant vers Sterba, il ajouta : « Avec une exception. »

Le 3 juin 1938, Freud quitta Vienne par l'Orient-Express pour ne plus jamais y revenir. Il laissait derrière lui ses quatre sœurs, Rosa Graf*, Maria Freud*, Adolfine Freud*, Pauline Winternitz*, qui disparaîtront dans les ténèbres de la solution finale.

Freud emportait avec lui sa bibliothèque, ses objets, ses meubles, ses lettres, ses manuscrits : les traces et les souvenirs d'une vie entière. L'appartement du 19, Berggasse fut alors entièrement vidé, et tout ce qu'il contenait fut transféré à Londres dans la nouvelle maison au 20, Maresfield Gardens. Dix jours avant le départ, à la demande d'Aichhorn, qui souhaitait pouvoir un jour ériger un musée dans l'appartement de la Berggasse, Edmund Engelman, jeune photographe viennois, prit une série de clichés des lieux encore intacts. Contraint lui aussi de quitter Vienne, il confia les négatifs à Aichhorn, qui les fera parvenir à Londres : « Je suis retourné à Vienne, écrit Engelman, après le départ du dernier locataire. J'ai vu combien on avait abîmé les lieux : il subsistait peu de traces de leur ancienne dignité ; les beaux poêles en faïence avaient disparu, pour être remplacés par d'affreux appareils de chauffage. » Réunies dans un album intitulé *La Maison de Freud. Berggasse 19*, les photographies d'Engelman furent vendues dans le monde entier : elles apportaient le témoignage vivant de quarante-sept années (1891-1938) de vie consacrées à la science, à l'art, à la culture.

Quand Henri F. Ellenberger* se rendit à la Berggasse le 24 août 1957, il constata que la Fédération mondiale de la santé mentale avait fait apposer une plaque en souvenir de Freud. Mais la locataire des lieux lui déclara : « En effet, c'est ici, mais il n'y a rien à voir. Tout a été changé. On ne peut rien vous montrer. Tout le temps, les gens viennent en demandant à visiter l'appartement. C'est très irritant. Je me suis plainte plusieurs fois aux autorités en demandant qu'on achète l'appartement (en m'en procurant un autre). Mais ils disent qu'ils n'ont pas d'argent. »

C'est en 1969 que fut fondée la Sigmund Freud Gesellschaft dans le but de restaurer l'appartement et d'y créer un musée, qui ne contiendra que des photographies et les meubles de l'ancienne salle d'attente de Freud.

De son vivant, Freud avait refusé la proposition du conseil municipal de Vienne de donner son nom à la Berggasse. Après la Deuxième Guerre mondiale, l'oubli de Freud à Vienne fut tel que les guides touristiques ne mentionnaient même pas son nom : « L'indifférence du public et son hostilité latente laissent songeur, écrit Peter Gay. Freud, qui fut le premier à décrire les mécanismes de l'ambivalence, aurait certes pu trouver dans cette ville, qu'il détestait mais ne pouvait quitter, matière à étudier les sentiments équivoques : Vienne, semble-t-il, a refoulé Freud. »

Pourtant la psychanalyse continua à vivre à Vienne au lendemain de la Libération, grâce à trois aristocrates : le comte Igor Caruso*, le baron Alfred von Winterstein* et le comte Wilhelm Solms-Rödelheim (dernier médecin de Sergueï Constantinovitch Pankejeff*). Avec Aichhorn, ils reconstituèrent la WPV, qui sera présidée par Winterstein jusqu'en 1958.

Dès 1947, cependant, Caruso se sépara en douceur de la WPV, dont l'orientation lui semblait trop médicale, trop matérialiste, trop « américaine » en un mot. Il créa aussitôt le premier Cercle de travail viennois sur la psychologie des profondeurs, qui sera le premier maillon d'une internationale : l'Internationale Föderation der Arbeitskreise für Tiefenpsychologie* (IFAT). Tout en restant freudien, Caruso n'acceptait pas les standards de formation de l'IPA.

A la fin du XXe siècle, dominée par la forte personnalité d'Harald Leupold-Löwenthal, qui incarne l'ancien esprit viennois, la WPV compte dans ses rangs soixante membres, soit un taux de sept et demi par million d'habitants. Les autres thérapeutes freudiens sont répartis à Vienne et dans plusieurs villes d'Autriche (Linz, Salzbourg, Innsbruck, Graz) et font partie des Cercles de Caruso, où certains s'intéressent à l'œuvre de Jacques Lacan*, comme August Ruhs par exemple.

● Hugo von Hofmannsthal, *La Lettre de Lord Chandos et autres textes,* Paris, Gallimard, 1992. Joseph Roth, *La Marche de Radetzky* (Vienne, 1932), Paris, Seuil, 1982. Robert Musil, *L'Homme sans qualités,* 2 vol. (1931-1933), Paris, Seuil, 1979. Ernest Jones, *La Vie et l'œuvre de Sigmund Freud,* t. III (New York, 1957), Paris, PUF, 1969. Henri F. Ellenberger, « Une visite à la Berggasse » (1957), in *Médecines de l'âme. Essais d'histoire de la folie et des guérisons psychiques,* Paris, Fayard, 1995, 91-94. Carl Schorske, *Vienne, fin de siècle* (New York, 1961), Paris, Seuil, 1983. *La Maison de Freud. Berggasse 19, Vienne,* photographies de Edmund Engelman et notice biographique de Peter Gay (New York, 1976), Paris, Seuil, 1979. Wolfgang Huber, *Psychanalyse in Österreich seit 1933,* Vienne, Geyer, 1977 ; « L'histoire de la psychanalyse en Autriche depuis l'exil de Sigmund Freud », *Vienne et la psychanalyse,* numéro spécial de la revue *Austriaca,* 21, novembre 1985, 95-101. William M. Johnston, *L'Esprit viennois. Une histoire intellectuelle et sociale 1848-1938* (New York, 1972), Paris, PUF, 1985. Allan Janik et Stephen Toulmin, *Wittgenstein, Vienne et la modernité* (New York, 1973), Paris, PUF, 1978. Richard Sterba, *Réminiscences d'un psychanalyste viennois* (Detroit, 1982), Toulouse, Privat. 1986. Michael Pollak, *Vienne 1900,* Paris, Gallimard, 1984. Hans-Martin Lohman (éd.), *Psychoanalyse und National-sozialismus,* Francfort, Fischer, 1984. Paul-Laurent Assoun, « Freud et le lien viennois », in *Vienne et la psychanalyse,* numéro spécial de la revue *Austriaca,* 21, novembre 1985, 11-21. Raoul Schindler, « L'édification de la personnalité par la psychanalyse. Igor Caruso et les cercles de travail sur la psychologie des profondeurs », *ibid.,* 101-109. *Vienne 1880-1938. L'apocalypse joyeuse,* catalogue de l'exposition, sous la direction de Jean Clair, Paris, éditions du Centre Georges Pompidou, 1986. Célia Bertin, *La Femme à Vienne au temps de Freud,* Paris, Stock/Laurence Pernoud, 1989. Jacques Le Rider, *Modernité viennoise et crises de l'identité* (1990), Paris, PUF, 1994 ; *Hugo von Hofmannsthal. Historicisme et modernité,* Paris, PUF, 1995. Elke Mühlleitner, *Biographisches Lexikon der Psychoanalyse. Die Mitglieder der Psychologischen Mittwoch-Gesellschaft und der Wiener Psychoanalytischen Vereinigung von 1902-1938,* Tübingen, Diskord, 1992. *Max Nordau, 1849-1923,* Textes édités par Delphine Bechtel, Dominique Bourel et Jacques Le Rider, Paris, Cerf, 1996. Jean Clair, *Malinconia. Motifs saturniens dans l'art de l'entre-deux-guerres,* Paris, Gallimard, 1996.

▷ BAUER Ida. BENEDIKT Moriz. BISEXUALITÉ. BREUER Josef. FREUD MUSEUM. HUG-HELLMUTH Hermine von. JUDÉITÉ. KRAFFT-EBING Richard von. MAHLER Gustav. PAPPENHEIM Bertha. PATRIARCAT. SADGER Isidor. SEXOLOGIE. SEXUALITÉ. WAGNER-JAUREGG Julius. WITTELS Fritz.

VITALISME

Doctrine médicale issue de Paul Joseph Barthez et de l'école de Montpellier d'après laquelle il existe en chaque individu un principe vital, distinct à la fois de l'âme et de la pensée et des propriétés physico-chimiques des organismes vivants.

VLAD Constantin (1892-1971)
psychiatre et psychanalyste roumain

Originaire de Bucovine, province orientale de l'Empire austro-hongrois, Constantin Vlad fut le pionnier de la psychanalyse* en Roumanie*. Il fit ses études de médecine à Vienne*, et c'est par des lectures personnelles qu'il s'initia à la psychanalyse*. En 1923, il soutint sa thèse de doctorat à Bucarest où il présenta six cas d'analyse. Psychiatre du service sanitaire de l'armée, il améliora le traitement des soldats par l'application de la méthode freudienne.

A partir de 1925 il publia plusieurs ouvrages, et notamment, en 1932, une célèbre étude psychobiographique sur le poète Mihail Eminescu (1850-1889). Il créa en 1935 la *Revista romana de psihanaliza,* qui n'eut qu'un seul numéro. En 1946, il fut le premier président de la Société roumaine de psychopathologie et de psychothérapie. Durant les périodes de dictature, il ne renia jamais la psychanalyse.

● Gheorghe Bratescu, *Freud si psihanaliza in Romania,* Bucarest, Humanitas, 1994.

▷ COMMUNISME. HISTOIRE DE LA PSYCHANALYSE. POPESCU-SIBIU Ioan.

W

WAGNER-JAUREGG, Julius, né Wagner Ritter von Jauregg (1857-1940)
psychiatre autrichien

Contemporain et ami de Sigmund Freud*, malgré une opposition radicale à la psychanalyse* au nom de positions organicistes, Julius Wagner-Jauregg fut néanmoins un réformateur de l'asile à Vienne*. Il inventa la malariathérapie, qui permit de soigner la paralysie générale, ce qui lui valut le prix Nobel de médecine en 1927.

Attaqué en 1920 et accusé de forfaiture pour avoir traité de simulateurs des malades atteints de névrose de guerre* auxquels il avait fait subir des traitements à l'électricité, il fut convoqué devant une commission d'enquête à laquelle Freud participa comme expert. A travers ce débat fut relancée la question de la névrose traumatique et de la simulation. Furieux d'avoir été critiqué (pourtant bien modérément) par Freud, Wagner-Jauregg l'accusa par la suite d'avoir profité de cette occasion pour l'attaquer et pour faire valoir sa doctrine.

Conservateur, et désespéré par l'effondrement de la monarchie joséphiste, il embrassa la cause du nationalisme allemand et, à la fin de sa vie, adhéra au parti national-socialiste bien qu'il ne fût jamais antisémite.

• Julius Wagner-Jauregg, *Lebenserinnerungen*, L. Schönbauer et M. Jantsch (éd.), Vienne, Springer, 1950. Magda Whitrow, *Julius Wagner-Jauregg*, Londres, Smith Gordon and Company, 1993. Peter Berner, « Freud et Wagner-Jauregg : psychanalyse, neurologie, psychiatrie », conférence inédite, Colloque international sur le thème « Psycho-analyse, premier siècle », organisé par l'Institut français de Vienne, juin 1996.

▷ BABINSKI Joseph. CHARCOT Jean Martin. HYSTÉRIE. NÉVROSE. SÉDUCTION (THÉORIE DE LA).

WATERMANN August (1880-1944)
médecin et psychanalyste allemand

Après des études de médecine à Göttingen, August Watermann se forma à l'Institut de Berlin puis devint membre, en 1927, de la Deutsche Psychoanalytische Gesellschaft (DPG). En 1930, avec Clara Happel*, il fonda à Hambourg un groupe d'études psychanalytiques. Après la prise du pouvoir par les nazis, il émigra aux Pays-Bas*, où il éprouva des difficultés à s'intégrer à la Nederlandse Vereniging voor Psychoanalyse (NVP). Il s'installa finalement à La Haye. Il épousa une Néerlandaise, Deena Vecht, dont il eut un fils. Après l'invasion de la Hollande par les troupes allemandes, il tenta vainement d'émigrer aux États-Unis* mais fut arrêté et placé au camp de transit de Wremdelingen, à Westerbork. Le 18 janvier 1944, il fut déporté avec sa famille au camp de Theresienstadt, puis à Auschwitz. Tous trois furent exterminés.

• *Ici la vie continue de manière surprenante. Contribution à l'histoire de la psychanalyse en Allemagne* (Hambourg, 1985), Recueil de textes traduits par Alain de Mijolla, Paris, Association internationale d'histoire de la psychanalyse (AIHP), 1987.

WEININGER Otto (1880-1903)
écrivain autrichien

Comme celui de Wilhelm Fliess*, le nom d'Otto Weininger est lié à la construction par Sigmund Freud* de la notion de bisexualité*. Son destin fut symptomatique de la montée en puissance de quelques-uns des grands fanatismes de la fin du XIXe siècle : antisémitisme, antiféminisme, culte de la pureté raciale.

Né à Vienne*, il était le fils d'un artisan d'art juif, antisémite et brutal, qui avait épousé une femme dépressive, malade et soumise à sa férule. Polyglotte et brillant élève, mais taciturne et mélancolique, le jeune Otto admirait August Strindberg (1849-1912) et avait fait siennes les thèses antisémites de Houston Stewart Chamberlain (1855-1927), gendre de Richard Wagner (1813-1883) et théoricien de la supériorité de la « race allemande ».

En 1902, par haine de sa judéité*, il se convertit au protestantisme et, un an plus tard, publia son œuvre unique, *Sexe et caractère*, véritable manifeste de la bisexualité et de la haine des femmes et des Juifs. En octobre de la même année, il mit en scène son propre suicide*. Ayant loué une chambre dans l'ancienne maison de Ludwig van Beethoven (1770-1827), il s'y tira une balle dans le cœur. Traduit en dix langues, son livre fut un fantastique *best-seller* et connut vingt-huit réimpressions juqu'en 1947 avant de tomber dans l'oubli.

Freud fut mêlé à la vie de Weininger à cause d'Hermann Swoboda*. C'est dans une note de 1909, et à propos de l'analyse d'Herbert Graf* (le petit Hans), que Freud porta un jugement sévère sur Weininger : « Le complexe de castration* est la racine inconsciente de l'antisémitisme. Le mépris pour les jeunes femmes n'a pas non plus d'autre racine. Weininger, ce jeune philosophe éminemment doué et sexuellement troublé, qui se donna la mort après avoir écrit son curieux livre *Sexe et caractère*, a, dans un chapitre qui fit sensation, traité du Juif et de la femme avec la même hostilité, les accablant l'un et l'autre des mêmes insultes. Weininger était un névrosé entièrement dominé par des complexes infantiles ; c'est chez lui le complexe de castration qui fait le lien entre le Juif et la femme. »

● Otto Weininger, *Sexe et caractère* (Vienne, 1903), Lausanne, L'Âge d'Homme, 1975. Jacques Le Rider, *Le Cas Otto Weininger. Racines de l'antiféminisme et de l'antisémitisme*, Paris, PUF, 1982 ; *Modernité viennoise et crises de l'identité* (1990), Paris, PUF, 1994. Érik Porge, *Vol d'idées*, Paris, Denoël, 1994.

WEISS Edoardo (1889-1970)

psychiatre et psychanalyste américain

Né à Trieste, Edoardo Weiss était le fils d'un entrepreneur juif de Bohême. Il fit ses études secondaires dans sa ville natale, dont sa mère était originaire.

En 1908, comme nombre de ses contemporains triestins, Weiss choisit d'aller faire ses études de médecine à Vienne*.

Sitôt arrivé dans la capitale autrichienne, il sollicita un rendez-vous auprès de Sigmund Freud*, qu'il rencontra pour la première fois le 7 octobre 1908. A cette occasion, il croisa dans la salle d'attente un enfant de 5 ans dont il devait apprendre bien plus tard qu'il s'agissait du petit Hans (Herbert Graf*), venu rendre visite à Freud quelque temps après avoir fini son traitement. Freud semble avoir manifesté d'emblée une grande sympathie pour ce jeune Italien qui lui annonçait vouloir se consacrer à la psychanalyse*. Est-ce parce qu'il comparait avec humour Wilma Federn à Mussolini et son mari au roi d'Italie, Victor-Emmanuel, que Freud adressa le jeune Weiss à Paul Federn* afin qu'il puisse entreprendre son analyse sans tarder ? L'histoire ne le dit pas… Quoi qu'il en soit, Weiss deviendra l'ami de Federn après avoir été analysé par lui et fera sienne une grande partie de ses conceptions théoriques, notamment en ce qui concerne la psychologie du moi*.

Weiss avait commencé de s'intéresser très tôt à la psychanalyse : encore lycéen à Trieste, il avait lu *L'Interprétation des rêves** et il raconte dans ses « Souvenirs de Sigmund Freud », publiés conjointement avec les lettres que Freud lui adressa, avoir été, dès cette époque, informé de « l'inimitié que les dirigeants de la psychiatrie et de la neurologie nourrissaient à l'égard de la psychanalyse ».

En 1913, avant même d'avoir achevé ses études de médecine, Weiss devint membre de la Wiener Psychoanalystiche Vereinigung (WPV). Lorsque la guerre éclata, il fut mobilisé dans l'armée autrichienne en tant que médecin militaire : cela ne l'empêcha ni de publier ses premiers travaux dans l'*Internationale ärztlische Zeitschrift für Psychoanalyse* (IZP)*, ni de se marier, en 1917, avec Wanda Shrenger, qu'il avait rencontrée au cours de ses études.

Rentré à Trieste en 1919, Weiss fut engagé comme médecin psychiatre par l'hôpital psychiatrique de la province et commença à prendre des patients en analyse, devenant ainsi le premier psychanalyste en exercice en Italie. Bien inserré dans les milieux intellectuels de Trieste, très ouverts à l'influence autrichienne – Giorgio Voghera compare ce que fut la passion de l'intelligentsia triestine pour la psychanalyse à un véritable « cyclone » –, Weiss entretint notamment des relations avec l'écrivain Italo Svevo (1861-1928) et avec le poète Umberto Saba (1883-1957). Il critiquera sévèrement le premier pour son usage incorrect de la psychanalyse dans son célèbre roman *La Conscience de Zeno* et deviendra l'analyste du second en 1929.

L'intensité de cette vie intellectuelle ne doit cependant pas faire oublier les difficultés que rencontra Weiss dans sa ville et, au-delà, dans l'Italie tout entière. A la fin de la guerre, le pays se sentait humilié et, loin de s'intéresser à la doctrine freudienne, la classe dirigeante italienne et les milieux intellectuels se tournaient vers les idéologies nationalistes et les conceptions positivistes de la science. Weiss s'efforça de nouer des liens avec les quelques rares défenseurs de la psychanalyse, notamment Marco Levi-Bianchini*.

Dans le même temps, Enrico Morselli (1852-1929), éminent représentant de la psychiatrie organiciste à Trieste, le sollicita afin d'être initié à la théorie freudienne. Obligeamment, Weiss répondit à sa demande et, en retour, Morselli l'invita à faire une communication dans le cadre du XVIIIe congrès national de Psychiatrie qui se tint à Trieste en 1925. Mais la déception de Weiss fut grande : après un accueil bien froid, il subit les attaques aussi virulentes qu'inattendues du même Morselli.

Quelques mois plus tard, celui-ci publia d'ailleurs un ouvrage en deux volumes intitulé *La Psicoanalisi*, dans lequel la psychanalyse et son fondateur sont franchement caricaturés. Weiss en ressentit une grande amertume. A quoi s'ajoutait la tristesse que lui causait l'attitude ambivalente de Freud à l'égard de son pays. Dans l'espoir de voir ses idées s'implanter en Italie, Freud était prêt à faire des concessions, à feindre d'ignorer l'agressivité ou la sottise de tel ou tel, pour peu qu'ils manifestent un semblant d'intérêt pour la psychanalyse. Ainsi, à propos du livre de Morselli, Freud semble partager la colère de Weiss. Il lui demande en effet de faire une critique impitoyable de cet ouvrage « misérable et méchant », dont l'auteur n'est à ses yeux qu'un « âne ». Mais il n'en écrit pas moins, au même moment, une lettre à Morselli dont le ton demeure des plus aimables. Freud adoptera, à deux reprises, la même attitude à propos de Levi Bianchini. Aux mises en garde que lui avait adressées Weiss à propos du turbulent fondateur des *Archivio di Neurologia, Psichiatria e Psicoanalisi*, qu'il considérait comme peu fiable, Freud répondit de manière bienveillante, de même qu'il insistera auprès de Weiss pour que celui-ci confie au même Levi Bianchini le soin d'éditer (ce que ce dernier fit fort mal) sa traduction en italien de l'*Introduction à la psychanalyse**. De ces divers incidents, des difficultés manifestées plus ou moins explicitement par Freud lorsqu'il était confronté aux effets du transfert de ses élèves sur sa personne, Weiss sera l'un des seuls à parler plus tard sans céder ni à la flagornerie ni à la rancœur.

A partir de 1927, Weiss rencontra de plus en plus d'obstacles : refusant d'italianiser son nom et d'adhérer au parti fasciste, il fut contraint de renoncer à son poste à l'hôpital. Il songea alors à émigrer et s'en ouvrit à Freud, qui lui répondit, le 10 avril 1927, pour le lui déconseiller : « Je sais qu'il est des époques particulièrement défavorables et d'autres où l'on incline au découragement, mais j'espère que les unes et les autres passeront pour vous et que vous vous trouverez encore bien en Italie, où vous êtes le représentant légitime de la psychanalyse ».

En 1930, un dénommé Silvio Tissi, que Weiss, dans une lettre à Paul Federn datée du 16 juin 1930, qualifie de « charlatan », donna à Trieste une conférence sur la psychanalyse qui eut quelque retentissement en dépit de sa médiocrité. Weiss fut alors sollicité par une société médicale locale pour donner, en réponse, un cours de psychanalyse. Il dispensa ainsi, devant un public nombreux et passionné, cinq leçons qui seront bien vite publiées sous le titre *Elementi di psicoanalisi*, accompagnées d'une chaleureuse préface de Freud. Le livre obtint tout de suite un certain succès. Il s'agissait d'une présentation rigoureuse et exhaustive de la doctrine freudienne à laquelle étaient ajoutés des développements sur les travaux de Federn ainsi que quelques notes sur ses propres recherches. En annexe, on trouvait un glossaire des termes psychanalytiques qui demeurera longtemps unique en Italie.

Cette même année 1931, profitant d'une proposition du psychiatre Sante De Sanctis (1862-1935), Weiss quitta Trieste pour Rome, où, très vite, il se lia d'amitié avec Emilio Servadio* et Nicola Perrotti*, qui seront avec lui les pionniers de la psychanalyse en Italie. Cesare Musatti* se joindra à eux un peu plus tard.

En 1932, Weiss refonda sur des bases sérieuses la Societa psicoanalitica italiana (SPI), initialement créée en 1925 par Levi-Bianchini. Le siège de la Société fut transféré à Rome, au domicile de Weiss, via dei Gracchi, et l'International Psychoanalitical Association* (IPA) la reconnaîtra officiellement en 1936. En 1932 également, Weiss fonda la *Rivista italiana di psicoanalisi*, qui publiera des articles d'Ernest Jones*, de Marie Bonaparte*, de Paul Federn, des traductions de Freud dues à Weiss et à Servadio, ainsi que les temps forts d'une violente controverse avec certains représentants de la nouvelle génération crocienne (Benedetto Croce, 1866-1952).

En 1933 se produit un événement dont l'interprétation demeure aujourd'hui encore problématique. Cette année-là, Weiss, comme il le faisait de temps à autre, vint à Vienne pour présenter à Freud une patiente qu'il avait en traitement et qui lui posait quelques problèmes. Weiss et sa patiente étaient accompagnés du père de cette dernière, Gioacchino Forzano, auteur de comédies et ami de Benito Mussolini (1883-1945). Au terme de la consultation, le père demanda à Freud de lui dédicacer un de ses livres pour le Duce. Par égard pour Weiss, Freud y consentit, choisissant le texte « Pourquoi la guerre ? » écrit avec Albert Einstein (1879-1955). Par la suite, Weiss racontera cet événement à Ernest Jones* en le priant instamment de n'en rien publier. Mais dans le troisième volume de sa biographie de Freud, Jones passa outre et donna de l'incident une version qui allait contribuer à en brouiller le sens. Il traduisit en anglais la dédicace de Freud et attribua par ailleurs à Weiss, auquel il prête des contacts étroits avec le dictateur italien, l'indication d'une intervention de Mussolini auprès de Hitler pour assurer la protection de Freud. Avec retenue, Weiss fit alors une mise au point, rappelant son opposition farouche et précoce au fascisme mussolinien, l'interdiction en 1934 de la *Rivista italiana di psicoanalisi* et les persécutions qui allaient le conduire, comme nombre de ses amis, à quitter le pays. Par ailleurs, aidé par Kurt Eissler, alors secrétaire des Archives Freud, Weiss retrouva l'exemplaire du livre dédicacé par Freud et mit en évidence le caractère approximatif de la traduction qu'en avait faite Jones. Si la sincérité et l'authenticité des sentiments antifascistes de Weiss ne sauraient être mises en doute, la prière adressée à Jones témoigne de la gêne qui avait été la sienne lors de la rencontre.

Comparant à partir de l'allemand la vraie dédicace de Freud et celle que Jones donna en anglais, Paul-Laurent Assoun tenta d'interpréter l'intention de Freud. Il souligna que Freud avait délibérément choisi ce livre sur la guerre pour y inscrire cette dédicace : « A Benito Mussolini, avec le salut respectueux d'un vieil homme qui reconnaît en la personne du dirigeant un héros de la culture. » Paul-Laurent Assoun fit valoir qu'il n'y avait pas lieu de relever quelque ambiguïté que ce soit dans cette phrase, tout au plus une certaine naïveté dans le souhait que le « dirigeant » (*Machthaber*) fasse preuve d'héroïsme en mettant la force dont il dispose au service du droit, seule arme à même d'assurer le cheminement de la culture vers la raison.

En 1936, à l'occasion du quatre-vingtième anniversaire de Freud, les psychanalystes italiens, toujours sous la conduite de Weiss, se manifestèrent collectivement pour la première et la dernière fois avant l'exil en consacrant un numéro de leur revue interdite à l'œuvre du fondateur. Freud répondit par des remerciements chaleureux, ajoutant plus personnellement à l'adresse de Weiss : « Les psychanalystes d'Italie ont sous votre direction témoigné en cette occasion d'une façon particulièrement impressionnante de leur appartenance à la communauté des psychanalystes. Le nom d'Edoardo Weiss est le garant d'un riche avenir. » L'histoire, on le sait, allait se charger très vite d'infirmer cette déclaration. Les persécutions racistes se multiplièrent jusqu'au décret de 1938 interdisant aux Juifs toute possibilité d'exercer une profession. Weiss se trouva de fait contraint à l'exil : en janvier 1939, il s'embarqua depuis Naples vers l'Amérique. Comme l'écrit Anna Maria Accerboni, « le rideau était définitivement tombé sur la fin du premier acte de l'histoire de la psychanalyse en Italie ».

Aux États-Unis*, Weiss commença par travailler quelque temps à la clinique de Karl Menninger*, à Topeka, dans le Kansas. Il reprit ses études de médecine afin de pouvoir exercer officiellement la psychanalyse et rejoignit l'équipe de Franz Alexander* à Chicago, où il demeurera jusqu'à sa mort. Mais la guerre et le fascisme demeureront présents dans son esprit et dans son cœur : son beau-frère, sa sœur et la famille de sa femme disparaîtront en effet dans les camps d'extermination nazis, et à Paul Federn, plus que jamais demeuré son ami, qui lui exprimait sa sympathie, Weiss répondra par une lettre du 17 novembre 1942 dans laquelle il exprime tout à la fois sa haine, son désir de vengeance et son accablement.

Avec plus de soixante publications, livres et articles, Weiss a laissé l'esquisse d'une œuvre organisée autour d'une conception de la théorie du moi qu'il emprunte à Paul Federn et qu'il développe à propos de thèmes aussi variés que la clinique de la paranoïa*, l'amour hétérosexuel, la problématique de l'identification* ou l'agoraphobie, à laquelle il consacre un ouvrage paru aux États-Unis en 1964. A la mort de Federn, en 1950, Weiss fera en sorte que les idées de son ami, qui s'était progressivement éloigné des conceptions freudiennes issues de la deuxième topique sans pour autant se rallier aux thèses de l'*Ego Psychology** alors dominantes outre-Atlantique, ne soient pas oubliées : il publia ainsi, sous le titre *Ego Psychology and the Psychoses*, l'ensemble de ses écrits, puis, dans le cadre d'un ouvrage collectif dirigé notamment par Alexander, un chapitre sur la théorie de la psychose* selon Federn.

C'est en 1970, non sans s'être heurté à la farouche opposition d'Anna Freud*, que Weiss publia, avec un soin particulier, les lettres que Freud lui avait adressées, les resituant dans leur contexte originel, conférant ainsi à ce petit recueil une rigueur historique exemplaire.

● Edoardo Weiss, *Elementi di psicoanalisi* (Milan, 1931), Pordenone, Edizioni Studio Tesi, 1995, avec une préface de Sigmund Freud ; *Ego Psychology and the Psychoses*, Edoardo Weiss (éd.), New York, Basic Books, 1952 ; *The Structure and Dynamics of the Human Mind*, New York, 1960 ; *Agoraphobia in the Light of Ego Psychology*, New York, Grune and Stratton, 1964 ; « Paul Federn, 1871-1950, The theory of the psychosis », in Franz Alexander, Samuel Eisenstein et Martin Grotjahn, *Psychanalytic Pionners*, New York, Basic Books, 1966, 142-159 ; et Sigmund Freud, *Lettres sur la pratique psychanalytique* (New York 1970), Toulouse, Privat, 1975. Anna Maria Accerboni, « Psychanalyse et fascisme. Deux approches incompatibles. Le rôle difficile d'Edoardo Weiss », *Revue internationale d'histoire de la psychanalyse*, 1, 1988, 225-243 ; Paul-Laurent Assoun, « Freud et la politique », *Pouvoirs*, 11, 1981, 155-181. Contardo Caligaris, « Petite histoire de la psychanalyse en Italie », *Critique*, 333, février 1975, 175-195. Marco Conci, « Psychoanalysis in Italy : a rappraisal », *Int. forum. Psychoanal.*, 3, 1994, 117-126. Michel David, *La psicoanalisi nella cultura italiana* (1966), Turin, Bollati Boringhieri, 1990 ; « La psychanalyse en Italie », in Roland Jaccard (éd.), *Histoire de la psychanalyse*, vol. II, Paris, Hachette, 1982. Octave Mannoni, *Fictions freudiennes*, Paris, Seuil, 1978. Jacques Nobécourt, « Freud et le "Triskeles" », *Critique*, 435-436, août-septembre 1983, 599-622 ; « La transmission de la psychanalyse freudienne en Italie via Trieste », *Critique*, 435-436, août-septembre 1983, 623-627. Arnaldo Novelletto, « Italy », in Peter Kutter (éd.), *Psychoanalysis International. Guide to Psychoanalysis throughout the World*, Stuttgart-Bad Cannstatt, Frommann-Holzboog, 1992. Michele Ranchetti, « Un pioniere della psicoanalisi », *L'Indice dei libri del mese*, 1985, 10. Paul Roazen, « Questions d'éthique psychanalytique : Edoardo Weiss, Freud et Mussolini », *Revue internationale d'histoire de la psychanalyse*, 1992, 5, 151-167. Silvia Vegetti Finzi, *Storia della psicoanalisi*, Milan, Mondadori, 1986. Giorgio Voghera, *Gli anni della psicoanalisi*, Pordenone, Edizioni Studio Tesi, 1980.

▷ LIBRARY OF CONGRESS. PHOBIE.

WHITE William Alanson (1870-1937)

psychiatre américain

En 1903, William Alanson White fut nommé par Theodore Roosevelt (1858-1919) directeur du Government Hospital for the Insane de Washington. Très tôt, il s'intéressa à la psychanalyse*, dont il introduisit les principales thèses dans le savoir psychiatrique américain. A ce titre, il joua un rôle considérable comme maître à penser, traducteur, écrivain et clinicien auprès des jeunes psychiatres de la génération* suivante, intéressés par le freudisme* puis par une extention sociale de la psychiatrie au domaine de la schizophrénie*. Il fut notamment l'inspirateur de Harry Stack Sullivan*. Avec Ely Smith Jelliffe*, il créa la *Psychoanalytic Review*, première publication en langue anglaise consacrée au freudisme sur le sol américain. Il eut à cœur sa vie durant de garder ses distances avec Sigmund Freud* (qu'il appelait « le pape de Vienne* ») et fit une courte analyse avec Otto Rank*.

● *L'Introduction de la psychanalyse aux États-Unis. Autour de James Jackson Putnam* (Londres, 1968), Nathan G. Hale (éd.), 1978, Paris, Gallimard, 17-86. Nathan G. Hale, *Freud and the Americans. The Beginnings of Psychoanalysis in the United States, 1876-1917*, t. I (1971), New York, Oxford University Press, 1995. E. James Lieberman, *La Volonté en acte. La vie et l'œuvre d'Otto Rank* (New York, 1985), Paris, PUF, 1991.

WINNICOTT Donald Woods (1896-1971)

médecin et psychanalyste anglais

Doué d'un exceptionnel génie clinique, ce grand pédiatre, considéré par ses collègues comme un enfant terrible, et souvent comparé en France* à Françoise Dolto*, fut, avant l'arrivée de Melanie Klein* à Londres, le père fondateur de la psychanalyse des enfants* en Grande-Bretagne*. Position paradoxale, puisque d'ordinaire ce sont des femmes qui occupent cette place dans l'histoire du freudisme*. Par son œuvre et ses prises de position au sein du groupe des Indépendants*, face aux kleiniens d'un côté et aux annafreudiens de l'autre, il laisse un héritage conceptuel fondamental, bien qu'il n'ait jamais fondé ni courant ni école.

Donald Woods Winnicott naquit à Plymouth le 7 avril 1896 dans un milieu non conformiste de la côte ouest de l'Angleterre. Il était le troisième enfant et le fils unique de sir Frederick Winnicott, un riche commerçant annobli qui occupa à deux reprises les fonctions de maire de sa ville. Enfant choyé, entouré de cinq jeunes cousins qui habitaient la maison voisine de la sienne et furent ses meilleurs compagnons de jeux, il grandit dans un univers marqué par la présence des femmes. Sa mère, sa grand-mère, une nourrice, une gouvernante et ses deux sœurs aînées jouèrent un rôle majeur dans son éducation, tandis que la place du père demeurait vacante. Pris par ses affaires et ses diverses fonctions administratives, sir Frederick n'avait en effet guère de temps à consacrer à ses enfants : « Mon père, raconte Winnicott, avait une foi religieuse simple. Un jour, comme je lui posais une question qui aurait pu nous entraîner dans une discussion sans fin, il se contenta de me dire : “Lis la Bible, tu y trouveras la bonne réponse.” C'est ainsi qu'il me laissa, Dieu soit loué, me débrouiller tout seul. »

A l'âge de 13 ans, le jeune Donald fut envoyé à Cambridge pour être élève pensionnaire à la Leys School. Dans ses souvenirs il évoque volontiers la nostalgie qu'il éprouva pour sa ville natale après la séparation, mais aussi cette insouciance qui lui permit de s'adapter à sa nouvelle vie. Il se passionna très tôt pour la biologie darwinienne et décida, à la suite d'une fracture de la clavicule, de poursuivre des études de médecine. Il entra au Jesus College de Cambridge pour se former à la biologie. Pendant la Première Guerre mondiale, il fut affecté comme chirurgien stagiaire à bord d'un destroyer.

C'est en 1923 qu'il s'orienta vers la pédiatrie et la psychanalyse*. A cette date, il fut nommé médecin assistant au Padington Green Children's Hospital, poste qu'il occupera pendant quarante ans en traitant plus de soixante mille cas. La même année, il entreprit avec James Strachey* une cure qui se prolongea pendant dix ans. Il épousa Alice Taylor, une jeune artiste qui se fit une modeste réputation dans le travail de la poterie et de la céramique. Les lettres échangées entre James et Alix Strachey*, entre 1924 et 1925, montrent clairement que « Winnie » souffrait de problèmes sexuels au point de ne pas parvenir à consommer son mariage. La place d'Alice Taylor dans la vie compliquée de Winnicott a été plutôt effacée par l'histoire officielle, mais on sait que la jeune femme fut internée à plusieurs reprises dans des hôpitaux psychiatriques.

En 1951, deux ans après son divorce, Winnicott épousa Clare Britton, une assistante sociale qu'il avait rencontrée pendant la Deuxième Guerre mondiale en s'occupant du placement à la campagne des enfants évacués des villes. Elle-même deviendra psychanalyste sous le nom de Clare Winnicott, tout en poursuivant une brillante carrière d'enseignante à la London School of Economics et au ministère des Affaires étrangères. Winnicott n'aura pas d'enfant.

Au moment où Winnicott commence sa formation psychanalytique, la British Psychoanalytical Society (BPS), fondée par Ernest Jones* en 1913, est en crise. De violents conflits opposent les partisans d'Anna Freud* à ceux de Melanie Klein à propos de la psychanalyse des enfants*. En 1926, à la demande de Jones, Melanie s'installe à Londres. Contre Anna Freud, qui reste attachée à une conception pédagogique de la cure des enfants, elle développe un enseignement centré sur la technique du jeu et l'observation des psychoses* infantiles. Autour de 1930, le conflit théorique débouche sur un conflit institutionnel. Melanie Klein devient tyrannique et sa pratique est dénoncée par sa propre fille, Melitta Schmideberg*, analysée par Edward Glover*.

Au cœur de ce terrible imbroglio familial, Winnicott affirme son indépendance. Bien qu'admirant Melanie Klein, avec laquelle, sur le conseil de Strachey, il poursuit un contrôle entre 1935 et 1941, il refuse de se plier à ses exigences. Ainsi, quand elle veut l'obliger à prendre en analyse son fils Erich, afin de superviser la cure, il le fait mais n'accepte aucune sorte de contrôle*. C'est néanmoins dans le groupe kleinien qu'il poursuivra sa formation en effectuant une autre analyse avec Joan Riviere* entre 1933 et 1938. De son côté, Clare Winnicott sera analysée par Melanie Klein.

Durant la période des Grandes Controverses*, il choisit la voie des Indépendants, ce qui convient fort bien à sa position doctrinale, qui consiste à tenter d'élaborer une conception personnelle et originale de la relation d'objet*, du *self* (soi) et du jeu.

Dans son ouvrage *De la pédiatrie à la psychanalyse,* publié en 1958, il présente l'ensemble de ses positions sur le sujet. A la différence de Melanie Klein, il s'intéresse moins aux phénomènes de structuration interne de la subjectivité qu'à la dépendance du sujet* à l'environnement. Il n'accepte pas l'explication freudienne de l'agressivité en termes de pulsion* de mort et définit la psychose* comme un échec de la relation maternelle. D'où sa croyance à une certaine normalité fondée sur les valeurs d'un humanisme créatif. Selon lui, c'est le « bon fonctionnement » du lien à la mère qui permet à l'enfant d'organiser son moi* de manière saine et stable. On voit ici que Winnicott est moins marqué par la tradition de la psychiatrie que par celle de la pédiatrie. Comme Françoise Dolto plus tard, c'est la médecine éducative, plus que la fascination pour la folie, qui marque son itinéraire.

C'est ensuite son travail pendant la guerre auprès des enfants déplacés, et donc privés de présence maternelle, qui conduit Winnicott à developper un ensemble de notions nouvelles. A ses yeux, la dépendance psychique et biologique de l'enfant à la mère revêt une importance considérable. D'où le célèbre aphorisme de 1964 : « Le bébé n'existe pas. » Winnicott signifie par là que le nourrisson n'existe jamais par lui-même mais toujours et essentiellement comme partie intégrante d'une relation. Si la mère est défaillante, absente ou au contraire trop envahissante, l'enfant risque la dépression ou des conduites antisociales, comme le vol ou le mensonge, qui sont des manières de retrouver, par compensation, une « mère suffisamment bonne ».

Tous les grands concepts winnicottiens construits à partir de 1945 font partie d'un système de pensée fondé sur la notion de relation : la mère dévouée ordinaire (*ordinary devoted mother)*, la mère suffisamment bonne (*good-enough mother)*, le jeu de la spatule ou du gribouillage (*spatula game, squiggle game)* ou encore le faux et le vrai *self** et l'objet transitionnel*.

Par l'importance qu'il attribue à la mère et à la relation maternante, Winnicott s'inscrit dans la logique de ce freudisme de l'entre-deux-guerres où l'intérêt porté au père, au patriarcat* et à l'Œdipe* classique avait été abandonné au profit d'une redéfinition du maternel et du féminin. Dans cette perspective, la *good-enough mother* est bien une mère idéale : attentive à toutes les formes de dialogue et de jeu créatif, elle doit se montrer capable d'inspirer à l'enfant une nécessaire frustration* afin de développer son désir* et sa capacité d'individuation. Cette relation, qui réduit la place du père à la portion congrue, apparaît comme exclusive et non érotisée.

A partir de 1945, l'œuvre winnicottienne prend de l'importance dans le monde anglophone à mesure que les femmes sont encouragées à réintégrer le foyer après l'effort de guerre et le retour des hommes à la vie civile. Quant à Winnicott lui-même, il devient une figure populaire dans son pays après avoir accepté, entre 1939 et 1962, de donner une cinquantaine de conférences radiophoniques à la BBC, presque toutes à l'adresse des parents. Le fameux docteur Benjamin Spock, rénovateur américain de l'idéologie familialiste, se réclamera même de ses théories et préfacera l'un de ses ouvrages posthumes.

Winnicott avait une véritable passion pour l'enfance, comme le montre le compte rendu du traitement de la « petite Piggle » publié après sa mort. Celle-ci avait deux ans quand Winnicott s'occupa d'elle. Il la vit pendant trois années, à la demande, et fit avec elle seize séances mémorables. Il aimait jouer avec les enfants, avec leurs mots, avec leurs jouets en peluche. Pourtant, il ne faisait preuve d'aucune complaisance à l'égard de l'enfance. Il comparait le bébé à un « fardeau porté par les parents », et lorsqu'il hébergea chez lui un garçon fugueur âgé de 9 ans, il écrivit ces mots : « Trois mois d'enfer [...]. Ce qui importe selon moi, c'est la manière dont l'évolution de la personnalité du garçon a engendré la haine en moi et ce que j'en ai fait. »

Sa technique psychanalytique* fut toujours en contradiction avec les standards de l'International Psychoanalytical Association* (IPA). Winnicott ne respectait ni la neutralité ni les durées des séances et il n'hésitait pas, dans la droite ligne de l'héritage férenczien, à entretenir des relations d'amitié chaleureuse avec ses patients, retrouvant toujours l'enfant en eux et en lui-même. Il voyait dans le transfert* une réplique du lien maternel. Aussi offrait-il à ses analysants un « environnement » particulier. Parfois il les prenait dans ses bras ou prolongeait la séance pendant trois heures. Il dédia son dernier ouvrage, *Jeu et réalité*, à ses patients qui « ont payé pour m'enseigner ». Ce non-conformisme, cette absence d'orthodoxie ne lui furent jamais réellement reprochés par ses collègues de la BPS.

Dans ses *Lettres vives*, publiées après sa mort, on découvre à quel point il sut décrire la sclérose qui frappait cette BPS à laquelle il appartenait. Au fil d'une riche correspondance, Winnicott se montre capable de commenter aussi bien les mœurs et les coutumes de son pays que les événements quotidiens de l'institution freudienne dont il était membre et qui était soumise à la tyrannie de deux femmes : Anna Freud et Melanie Klein. Impitoyable, il décrit avec férocité les travers si caractéristiques des groupes psychanalytiques (jargon, idolâtrie, etc.). Ainsi, dans une lettre devenue célèbre, et datée du 3 juin 1954, il dénonce l'hypocrisie des deux « chefs » de l'école anglaise : « Je considère, écrit-il, qu'il est d'une importance vitale pour la Société [BPS] que toutes deux vous détruisiez vos groupes dans ce qu'ils ont d'officiel [...]. Je n'ai pas de raison de penser que je vivrai plus longtemps que vous, mais avoir affaire aux groupements rigides, qui à votre mort deviendraient automatiquement des institutions d'État, est une perspective qui m'épouvante. »

A partir de son expérience thérapeutique, Winnicott transmit un idéal de « non-rupture » qui se répercuta dans ses positions institutionnelles. Dans son optique, aucune institution n'est meilleure ou pire qu'une autre, puisque toutes relèvent du semblant et que seul l'aménagement d'un juste milieu peut favoriser l'expression du vrai. Préservation des apparences, sauvegarde d'une position « transitionnelle », distanciation critique, scepticisme passionné : telles furent les options de Winnicott, qui préféra critiquer l'institution psychanalytique de l'intérieur plutôt que de s'en séparer. Face à Ernest Jones*, et souvent contre lui, il fut l'incarnation même de la situation anglaise de la psychanalyse. Sa position n'est à cet égard qu'en opposition apparente avec celle de Jacques Lacan*, qui, de son côté, ne cessera de mettre en acte, parfois sans le vouloir, une pratique de rupture, de scission* et de refonte, comme si l'art de la révolution permanente était, dans la situation française, la seule voie possible.

Contrairement à la majorité des psychanalystes anglais, et comme Masud Khan*, qui fut son élève et son ami, Winnicott n'ignora pas la doctrine lacanienne. Il eut avec Lacan une relation épistolaire suivie et s'inspira de la notion de stade du miroir* pour écrire son article de 1967 sur « Le rôle de miroir de la mère et de la famille dans le développement de l'enfant ». Mais au moment des scissions du mouvement français il resta prudent, affichant même à l'occasion des positions « orthodoxes », notamment à propos de la pratique de Françoise Dolto, à laquelle il reprocha en 1953 une attitude trop « charismatique », risquant de favoriser des élèves idolâtres. Indépendant sans être pour autant solitaire, il n'aimait pas les sectes, les disciples, les imitateurs. C'est pourquoi, tout en se montrant à la fois transgressif dans sa pratique et rigoureux dans sa doctrine, il n'hésita pas à soutenir les rebelles et les dissidents – notamment Ronald Laing*, l'un des artisans de l'antipsychiatrie*.

Souffrant de problèmes cardiaques depuis 1948, Winnicott mourut subitement en 1971. En France, la revue *L'Arc* et la *Nouvelle Revue de psychanalyse* lui rendirent un vibrant hommage : « Peut-être n'aura-t-il aucun successeur, écrivait Jean-Bertrand Pontalis, personne pour se réclamer de lui. Et c'est très bien ainsi. Avec des maîtres, la psychanalyse peut survivre quelque temps. Sans marteau ni maître, elle a une chance de vivre indéfiniment. »

● Donald Woods Winnicott, *Clinical Notes on Discorders of Childhood*, Londres, Heineman, 1931 ; *L'Enfant et sa famille. Les premières relations* (Londres, 1957), Paris, Payot, 1971 ; *L'Enfant et le monde extérieur. Le développement des relations* (Londres, 1957), Paris, Payot, 1972 ; *De la pédiatrie à la psychanalyse* (Londres, 1958), Paris, Payot, 1971 ; *Processus de maturation chez l'enfant* (Londres, 1965), Paris, Payot, 1970 ; *Jeu et réalité* (Londres, 1971), Paris, Gallimard, 1975 ; *La Consultation thérapeutique et l'enfant* (Londres, 1971), Paris, Gallimard, 1972 ; *Fragment d'une analyse* (Londres, 1975), Paris, Payot, 1975 ; *La « petite Piggle ». Traitement psychanalytique d'une petite fille* (Londres, 1977), Paris, Payot, 1980 ; *Déprivation et délinquance* (Londres, 1984), Paris, Payot, 1994 ; *Le Bébé et sa mère* (Londres, 1987), Paris, Payot, 1992 ; *Lettres vives* (Londres, 1987), Paris, Gallimard, 1989 ; *Conseils aux parents* (Londres, 1993), Paris, Payot, 1995. Madeleine Davis et David Wallbridge, *Winnicott, introduction à son œuvre* (New York, 1981), Paris, PUF, 1992. Perry Meisel et Walter Kendrick, *Bloomsbury/Freud, James et Alix Strachey, correspondance (1924-1925)* (Londres, 1985), Paris, PUF, 1990. *Nouvelle Revue de psychanalyse*, 4, automne 1971. *L'Arc*, 69, 1977.

▷ ÉTATS-UNIS. DIFFÉRENCE DES SEXES. ÉTATS-LIMITES. *GENDER*. KOHUT Heinz. *SELF PSYCHOLOGY*.

WINTERNITZ Pauline, dite Paula, née Freud (1864-1942), sœur de Sigmund Freud

Née à Vienne*, Paula était le septième enfant de Jacob et d'Amalia Freud*, et la cinquième sœur de Sigmund Freud*. Mariée à Valentin Winternitz, dont elle eut une fille, Rose Beatrice, surnommée Rosi, elle fut veuve très tôt. Atteinte de schizophrénie* dès son jeune âge, Rosi épousera néanmoins un jeune poète, Ernst Waldinger, dont elle aura une fille. Elle émigrera à New York et sera analysée par Paul Federn*.

Le 29 juin 1942, Paula Winternitz fut déportée avec ses sœurs Adolfine Freud*, dite Dolfi, et Marie Freud*, dite Mitzi, au camp de Theresienstadt. De là, elle fut transférée le 23 septembre au camp d'extermination de Maly Trostinec, où elle disparut, sans doute gazée, en même temps que Mitzi.

● Ernest Jones, *La Vie et l'œuvre de Sigmund Freud*, vol. I (New York, 1953), Paris, PUF, 1957, vol. III (New York, 1957), Paris, PUF, 1969. Peter Gay, *Freud. Une vie*

(New York, 1988), Paris, Hachette, 1990. Élisabeth Young-Bruehl, *Anna Freud* (New York, 1988), Paris, Payot, 1991. Harald Leupold-Löwenthal « L'émigration de la famille Freud en 1938 », *Revue internationale d'histoire de la psychanalyse*, 2, 1989, 449-460.

▷ FREUD Jacob. GRAF Rosa. NAZISME.

WINTERSTEIN Alfred Freiherr, baron von (1885-1958)

psychanalyste autrichien

Né à Vienne*, Alfred von Winterstein était issu d'une vieille famille de la noblesse catholique. Il fit des études de droit et de philosophie, et participa à partir de 1910 aux réunions de la Wiener Psychoanalytische Vereinigung (WPV). L'année suivante, il se forma à la médecine et à la psychologie à Leipzig, puis à Zurich à la clinique du Burghölzli, où il commença une analyse avec Carl Gustav Jung*. De retour à Vienne il fut mobilisé dans l'armée impériale, et, après la Première Guerre mondiale, il poursuivit sa formation didactique avec Eduard Hitschmann*.

En 1938, comme Richard Sterba* et le comte Wilhelm Solms-Rödelheim, il refusa la politique de « sauvetage » de la psychanalyse* soutenue en Allemagne* par Ernest Jones*. Pendant toute la durée de la guerre il resta à Vienne. Il réduisit sa clientèle, mais fut inquiété et surveillé par la Gestapo, qui lui confisqua ses livres de psychanalyse*.

A la Libération, avec August Aichhorn*, il reconstitua la Wiener Psychoanalytische Vereinigung (WPV), dont il demeura le président jusqu'à sa mort.

● Wolfgang J. A. Huber, « L'histoire de la psychanalyse en Autriche depuis l'exil de Sigmund Freud », *Austriaca*, 21, novembre 1985, 95-100. Elke Mühlleitner, *Biographisches Lexikon der Psychoanalyse. Die Mitglieder der Psychologischen Mittwoch-Gesellschaft und der Wiener Psychoanalytischen Vereinigung von 1902-1938*, Tübingen, Diskord, 1992.

▷ GÖRING Matthias Heinrich. NAZISME.

WITTELS Fritz (1880-1950)

médecin et psychanalyste américain

Comme son oncle Isidor Sadger*, ce médecin viennois, issu d'un milieu de financiers juifs, adopta les théories freudiennes avec un fanatisme qui exaspérait Sigmund Freud* lui-même. En 1906, il adhéra à la Société psychologique du mercredi* et se fit remarquer par de multiples exposés où il « appliquait » les principes de la psychanalyse* à tort et à travers en traquant partout des « causes sexuelles ».

Profondément misogyne, il publia en 1907, dans la revue de Karl Kraus*, *Die Fackel*, un article sous pseudonyme dans lequel il déclarait que les femmes qui cherchaient à devenir médecins (c'est-à-dire à exercer un métier) se détournaient de leur vraie nature. Elles étaient à ses yeux des névrosées, des hystériques, voire des prostituées, incapables en tout cas d'assumer leur rôle de mère. Wittels était obsédé par le mouvement féministe et fasciné par les représentations de la féminité issues des théories d'Otto Weininger* sur l'infériorité du sexe féminin et la bisexualité*. Il ne manquait pas une occasion de pourfendre celles qui, pensait-il, voulaient « devenir des hommes ». Freud le critiqua à maintes reprises, tout en recevant certaines de ses thèses, et lui demanda surtout de se montrer courtois envers les femmes et prudent sur l'avenir de leur condition.

Adepte des pathographies, Wittels prit bientôt pour objet d'étude celui-là même qui avait accueilli son article dans sa revue : Karl Kraus. Il se livra sur son « cas » à des interprétations* caricaturales. Le 12 janvier 1910, au cours d'une conférence prononcée à la Société du mercredi, il expliqua notamment que le fameux journal viennois *Neue Freie Press* était l'« organe du père », c'est-à-dire le pénis paternel de la communauté juive viennoise. D'où son succès. A ce gros pénis s'opposait, selon lui, le « petit pénis » impuissant de Karl Kraus, représenté par le journal *Die Fackel*, tout juste bon à rivaliser de façon névrotique avec le « grand organe » du père.

La même année, il publia un roman à clés sur Karl Kraus. L'ouvrage fit scandale et l'écrivain en profita pour dénoncer une fois de plus les dangers de la psychanalyse. Avec son talent habituel, il rédigea cette phrase terrible qui deviendra célèbre à Vienne : « La psychanalyse est cette maladie de l'esprit dont elle se considère elle-même comme le remède. » Mécontent de cette affaire, Freud se brouilla avec Wittels, qui démissionna aussitôt de la Wiener Psychoanalytische Vereinigung (WPV).

En 1924, il publia la première biographie du maître, qu'il continuait à vénérer de façon ambivalente. L'ouvrage fut traduit en plusieurs langues et assura une solide notoriété à son auteur. Wittels s'y livrait à une critique féroce, et parfois exacte, du fonctionnement du cercle freudien. Il dénonçait la tyrannie du père fondateur et le ridicule des épigones, dont lui-même faisait d'ailleurs partie, depuis sa participation à la Société du mercredi : « Freud, écrivait-il, est devenu un empereur autour duquel se forme déjà une légende. Il règne, reconnu et absolu, sur son royaume [...]. Il est devenu un tyran qui n'admet aucune déviation à ce qu'il enseigne, qui tient ses conseils à huis clos et qui veut obtenir, par une sorte de pragmatique sanction, que les doctrines de la psychanalyse demeurent un tout indivisible. »

Freud fut très irrité par ce livre, qui contenait beaucoup d'erreurs, et envoya à l'auteur une liste de rectifications : manière de prouver qu'en toutes circonstances il était soucieux de l'exactitude des faits. A propos de la genèse du concept de pulsion* de mort, que Wittels attribuait à la disparition de Sophie Halberstadt*, il écrit ainsi : « Assurément, dans une étude analytique sur un autre, je me serais fait l'avocat de la même corrélation entre la mort de ma fille et les cheminements de pensée de l'*Au-delà*. Et pourtant, elle est fausse. L'*Au-delà* fut écrit en 1919, alors que ma fille était d'une santé florissante. Elle mourut en janvier 1920. C'est en septembre 1919 que j'ai confié le manuscrit du petit livre à plusieurs amis de Berlin à fin de lecture. Il n'y manquait que la partie sur la mortalité ou l'immortalité des protozoaires. Le vraisemblable n'est pas toujours le vrai. »

En 1925, Wittels fut réintégré au sein de la WPV avec le soutien de Freud. Mais ses relations avec le groupe viennois s'étaient terriblement détériorées et, en 1928, il émigra aux États-Unis*, où il poursuivit sa carrière à la New York Psychoanalytic Society (NYPS). A la veille de sa mort, il consacra un livre aux femmes américaines.

• Fritz Wittels, *Ezechiel der Zugereiste*, Berlin, 1910 ; *Freud, l'homme, la doctrine, l'école* (Vienne, Leipzig, Zurich, 1924), Paris, Alcan, 1929 ; *Six Habits of The American Women*, New York, 1951. Sigmund Freud, « Lettre à Fritz Wittels », *OC*, XVI, 357-363, *GW, Nachtragsband*, 754-758, *SE*, XIX, 286-288. *Les Premiers Psychanalystes, Minutes de la Société psychanalytique de Vienne, 1906-1918*, 4 vol. (1962-1975), Paris, Gallimard, 1976-1983. Elke Mühlleitner, *Biographisches Lexikon der Psychoanalyse. Die Mitglieder der Psychologischen Mittwoch-Gesellschaft und der Wiener Psychoanalytischen Vereinigung von 1902-1938*, Tübingen, Diskord, 1992. Alain de Mijolla, « Freud, la biographie, son autobiographie et ses biographes », *Revue internationale d'histoire de la psychanalyse*, 6, PUF, 1993, 81-108.

▷ *AU-DELÀ DU PRINCIPE DE PLAISIR*. HISTORIOGRAPHIE. JUDÉITÉ. *SIGMUND FREUD PRÉSENTÉ PAR LUI-MÊME*. VIENNE.

WITZ

▷ *MOT D'ESPRIT ET SA RELATION À L'INCONSCIENT (LE)*.

WO ES WAR

▷ *NOUVELLES CONFÉRENCES D'INTRODUCTION À LA PSYCHANALYSE*.

WORTIS Joseph (1906-1995)
psychiatre américain

Né à New York dans le quartier de Brooklyn, Joseph Wortis était issu d'un milieu d'intellectuels juifs et socialistes. Son père était un immigré russe et sa mère était d'origine française. Très tôt engagé à gauche, et membre pendant quelque temps du parti communiste américain, il fit en 1927 son premier voyage en Europe et rendit visite à cette occasion à Havelock Ellis*, qui allait jouer un rôle considérable dans sa vie. En 1932, fasciné par la personnalité de Sigmund Freud*, il lui envoya une lettre pour lui dire à quel point il voulait le rencontrer, ajoutant toutefois qu'il ne voulait pas abuser de son temps. Avec humour, le vieux maître lui répondit : « Merci de votre mot amical et de la bonne volonté que vous mettez à renoncer à votre visite. »

Un an plus tard, alors qu'il suivait un stage d'interne au Bellevue Psychiatric Hospital, sous la direction de Paul Schilder*, il reçut une lettre de Ellis qui lui proposait une bourse pour effectuer une recherche sur l'homosexualité*. Le projet fut soutenu par Adolf Meyer* et Wortis décida de se rendre à Vienne*. Ellis lui avait déconseillé de faire une cure psychanalytique tout en lui recommandant, au cas où il passerait outre, d'en faire l'expérience avec Freud lui-même : « Quant à être psychanalysé, mon sentiment personnel, décidément, est qu'il vaudrait mieux suivre son exemple [de Freud] que ses préceptes. Il ne commença pas par se faire psychanalyser lui (et ne le fut jamais !) ou par se rattacher à une secte, à une école, mais suivit son propre chemin librement, étudiant les travaux des autres tout en conservant toujours son indépendance. »

Fort de ce conseil et révolté contre toute forme de soumission transférentiellle, Wortis entra en analyse avec Freud pour une durée de quatre mois. L'expérience se traduisit par un corps à corps intellectuel au cours duquel Freud se révéla tantôt féroce à l'égard de ses adversaires ou de ses anciens disciples (comme Wilhelm Stekel*, par exemple), tantôt exaspéré par les résistances du jeune homme, par son engagement communiste, par son fanatisme, mais aussi par le rôle insidieux que jouait dans cette affaire son vieux complice Havelock Ellis. La cure se solda par le choix que fit Wortis de se détourner de la psychanalyse*. Dès 1935, il introduisit aux États-Unis* la méthode du « choc hypoglycémique » (ou insulinothérapie) dans le traitement de la schizophrénie*, méthode que le médecin autrichien Manfred Sakel (1900-1957) venait de mettre au point et qui sera utilisée pendant vingt ans avant l'apparition des neuroleptiques.

Toujours engagé à l'extrême gauche, Wortis apporta son aide aux républicains pendant la guerre d'Espagne* et, dans son pays, il adhéra à la Benjamin Rush Society, une association de psychiatres marxistes créée en 1944. A ce titre, il participa à la campagne antifreudienne organisée par l'ensemble des partis du mouvement communiste international et dénonça la psychanalyse comme « science bourgeoise ».

En 1950, après un voyage en Russie*, il publia la première étude sérieuse et documentée sur la psychiatrie dite « soviétique ». Quatre ans plus tard, il rédigea le récit de son analyse avec Freud, et l'ouvrage connut un grand succès.

A la veille de sa mort, dans un entretien avec Todd Dufresne, il fit preuve une fois encore d'un antifreudisme fanatique qui montrait que le maître de Vienne avait fini par être la figure obsédante de sa longue existence.

● Joseph Wortis, *La Psychiatrie soviétique* (Baltimore, 1950), Paris, PUF, 1953 ; *Psychanalyse à Vienne, 1934. Notes sur mon analyse avec Freud* (New York, 1954), Paris, Denoël, 1974 ; « Entretien avec Todd Dufresne », inédit. Benjamin Harris, « The Benjamin Rush Society and marxist psychiatry in the United States 1944-1951 », *History of Psychiatry*, VI, 1995, 309-331.

▷ COMMUNISME. FREUDO-MARXISME. KARDINER Abram.

WULFF Moshe (1878-1971)

psychiatre et psychanalyste israélien

Né à Odessa, Moshe Wulff (ou Woolf) fut le premier médecin à pratiquer la psychanalyse* en Russie*. C'est à Berlin qu'il fit ses études de psychiatrie en étant, à l'hôpital de la Charité, l'assistant de Theodor Ziehen (1862-1950), l'inventeur de la notion de complexe*. Il s'orienta alors vers la psychanalyse après avoir été ébloui par la lecture des *Études sur l'hystérie** et entra en contact avec Otto Juliusburger*, puis avec Karl Abraham*, qui fut son initiateur plutôt que son analyste. Par la suite, il s'exerça à l'auto-analyse*. Entre 1911 et 1921, il participa régulièrement, à Vienne*, aux travaux de la Wiener Psychoanalytische Vereinigung (WPV), dont il était membre, et en 1909 il créa avec Nicolas Vyrubov (1869- ?) la revue *Psychotherapia*.

De retour en Russie en 1911, il commença à introduire les principes de la psychanalyse dans le milieu psychiatrique, à Odessa puis à Moscou. Parallèlement, il entreprit la traduction des œuvres de Freud en russe.

Favorable à la révolution d'Octobre, il resta dans son pays pour continuer à développer ses activités, notamment en ouvrant à Moscou, dans une grande clinique psychiatrique, un département spécialisé dans le traitement des malades par la psychanalyse. Nommé professeur à l'université, il fonda en 1921, avec Otto Schmidt (1891-1956) et Ivan Dimitrievitch Ermakov*, l'Association psychanalytique de recherches sur la création artistique, qui fut la première société freudienne russe. Elle comprenait huit membres, dont trois médecins psychiatres.

L'année suivante, Wulff participa à la création de la Société psychanalytique de Russie avec sept membres supplémentaires, parmi lesquels Vera Schmidt*, le psychologue Pavel Petrovitch Blonski (1884-1941) et le psychiatre Youri Kannabikh. Par la suite, le psychologue Stanislas Theophilovitch Chatski (1878-1948) se joindra au groupe. Bien vite des conflits éclatèrent entre la Société russe, instaurée à Moscou, et celle de Kazan, fondée par Aleksandr Romanovitch Luria*. Finalement un compromis fut trouvé, qui permit la création à Moscou d'une Association psychanalytique russe réunissant tous les groupes (Moscou, Kazan, Kiev, Rostov).

En 1927, alors que la radicalisation du régime communiste conduisait à l'extinction du mouvement psychanalytique, Moshe Wulff fut contraint d'émigrer en abandonnant ses biens. Il se rendit à Berlin, où il resta jusqu'en 1933, date à laquelle l'avènement du nazisme* l'obligea à un nouvel exil. C'est alors qu'il choisit de s'installer en Palestine, où il créa à Jérusalem, en 1934, avec Max Eitingon* (lui-même exilé) la première société psychanalytique du futur État d'Israël. Elle deviendra la Hachevra Hapsychoanalytit Be-Israel (HHBI). Après la mort d'Eitingon, Wulff en fut le président et forma la première génération* psychanalytique israélienne. Responsable de la traduction des œuvres de Freud en hébreu, enseignant à l'université de Tel-Aviv et clinicien spécialiste de la phobie* et du fétichisme*, il connut donc ce destin typique des pionniers juifs du freudisme européen qui eurent à se confronter, à travers des émigrations successives, aux grands événements de l'histoire du siècle : sionisme, communisme*, nazisme.

● Moshe Woolf, « Fetichism and object choice in early childhood », *Psychoanalytic Quarterly*, 15, 1941, 450-471 ; « Prohibitions against the simultaneous consumption of milk and flesh in Orthodox Jewish law », *IJP*, 26, 1945, 169-177. Ruth Jaffe, « Moshe Woolf, b. 1878, Pioneering in Russia and Israel », in Franz Alexander, Samuel Eisenstein et Martin Grotjahn, *Psychoanalytic Pioneers*, New York, Basic Books, 1966, 200-209. Ruth Jaffe, « Moshe Woolf (1878-1971), Obituary », *IJP*, 1972, 330. Alberto Angelini, *La psicoanalisi in Russia*, Naples, Liguori Editore, 1988. Elke Mühlleitner, *Biographisches Lexikon der Psychoanalyse : die Mitglieder der Psychologischen Mittwoch-Gesellschaft und der Wiener Psychoanalytischen Vereinigung von 1902-1938*, Tübingen, Diskord, 1992. Megan Marshack, « Dr Moshe Wulff and the Wolf Man », *The American Psychoanalyst*, vol. 24, 1, 1990. Hans Lobner et Vladimir Levitin, « Notes on the history of psychoanalysis in the USSR », *Sigmund Freud House Bulletin*, vol. II, 1, 1978, 5-29. Sigmund Freud, *Chronique la plus brève. Carnets intimes 1929-1939*, annoté et présenté par Michael Molnar (Londres, 1992), Paris, Albin Michel, 1992.

▷ COMMUNISME. OSSIPOV Nikolaï Ievgrafovitch. ROSENTHAL Tatiana. SPIELREIN Sabina. ZALKIND Aron Borissovitch.

Z

ZALKIND Aron Borissovitch (1888-1936)
médecin et psychanalyste russe

Élève du psychiatre Vladimir Petrovitch Serbski (1858-1917), réformateur de l'asile russe, Aron Borissovitch Zalkind naquit à Kharkov et commença, avant la Première Guerre mondiale, à s'intéresser aux thèses d'Alfred Adler*. Il s'orienta ensuite vers le freudisme* et publia des articles dans la revue *Psychotherapia*, créée par Nicolas Vyrubov (1869- ?) et Moshe Wulff*. Il exerça la psychanalyse* à Kiev au début des années 1920, et forma autour de lui un petit groupe de psychothérapeutes. Après la révolution d'Octobre, il se tourna vers la réflexologie et surtout vers la pédologie*. Par la suite, dans le cadre du débat qui opposa les freudo-marxistes aux antifreudiens, il adopta les thèses des premiers et se rangea à l'idée que la doctrine viennoise était compatible avec le marxisme à condition d'être amputée de la théorie sexuelle (trop « bestiale ») et de son concept de pulsion* de mort (trop « pessimiste »).

Zalkind fit son autocritique en 1930 lors d'un congrès sur le comportement humain en « avouant » être « objectivement » responsable de la diffusion du freudisme dans son pays. Mais cela ne lui servit à rien : il fut qualifié par ses adversaires de « menchevik idéaliste et éclectique » et perdit son poste de directeur de l'Institut de psychologie, pédologie et psychotechnique. En 1932, il fut violemment critiqué par Wilhelm Reich* à propos d'un article sur la sexualité infantile. Il mourut d'un infarctus après avoir renoncé à toute activité institutionnelle.

● Aron Borissovitch Zalkind, « Freudisme et marxisme », in *Rouges Semailles*, 4, Moscou, 1924 ; « Les sciences neuropsychologiques et l'édification socialiste », *Pedologija*, 3, 1930, 309-322 ; « Einige Fragen der sexuellen Erziehung der Jungpioniere », *Das proletarische Kind*, 12, 1/2, 1932. Wilhelm Reich, *La Révolution sexuelle* (Copenhague, 1936, Francfort, 1966), Paris, Plon, 1968. Alberto Angelini, *La psicoanalisi in Russia*, Naples, Liguori Editore, 1988. Alexandre Etkind, *Histoire de la psychanalyse en Russie* (1993), Paris, PUF, 1995.

▷ COMMUNISME. ERMAKOV Ivan Dimitrievitch. FREUDO-MARXISME. OSSIPOV Nikolaï Ievgrafovitch. ROSENTHAL Tatiana. RUSSIE.

ZENTRALBLATT FÜR PSYCHOANALYSE. MEDIZINISCHE MONATSCHRIFT FÜR SEELENKUNDE

(Feuille centrale de psychanalyse. Mensuel médical de psychologie)

Créé par Sigmund Freud* en juillet 1910, le *Zentralblatt* fut le premier organe officiel de l'International Psychoanalytical Association* (IPA), fondée en mars de la même année. Il eut pour rédacteurs en chef Carl Gustav Jung* et Wilhelm Stekel*. Après le départ de ce dernier de la Wiener Psychoanalytische Vereinigung (WPV), en 1912, il n'eut plus qu'une livraison. Pour le remplacer, Freud créa en 1913 l'*Internationale ärztlische Zeitschrift für Psychoanalyse* (IZP)* qui fusionnera ensuite avec la revue *Imago** pour donner naissance à l'*Internationale Zeitschrift für Psychoanalyse und Imago* (IZP-IMAGO)*, laquelle cessera de paraître en 1941. C'est alors l'*International Journal of Psycho-Analysis* (IJP)*, fondé par Ernest Jones* en 1920, qui deviendra l'organe officiel de l'IPA.

ZILBOORG Gregory (1890-1959)

psychiatre et psychanalyste américain

Gregory Zilboorg était issu d'une famille juive orthodoxe d'Ukraine. Il fit ses études de médecine à Saint-Pétersbourg et fut marqué par l'enseignement de Vladimir Bekhterev (1856-1927), créateur du mot réflexologie. Socialiste, il se montra favorable au gouvernement d'Aleksandr Kerenski (1881-1970) mais violemment hostile au bolchevisme. En 1919 il émigra aux États-Unis*, et en 1930 il s'installa comme psychiatre et psychanalyste à New York. En 1941, il publia, en collaboration avec George W. Henry, le premier grand ouvrage consacré à l'histoire de la psychiatrie. Il forgea l'expression psychiatrie dynamique* pour définir un domaine de la psychiatrie, dynamique ou dialectique, dont l'objectif avait été de séculariser le phénomène mental en l'arrachant à la démonologie d'une part et à l'organicisme de l'autre (c'est-à-dire à la médecine). Le terme sera repris par Henri F. Ellenberger* dans une perspective un peu différente.

Zilboorg se distingua par un comportement extravagant à l'égard de certains patients en les poussant à donner des « cadeaux » en nature et à payer des sommes astronomiques. Aussi fut-il déconsidéré au sein de la New York Psychoanalytic Society (NYPS).

● Gregory Zilboorg et George W. Henry, *History of Medical Psychology*, New York, Norton, 1941. Susan Quinn, *A Mind of her Own. The Life of Karen Horney*, New York, Summit Books, 1987.

ZONE ÉROGÈNE

▷ *LIBIDO*. SEXOLOGIE. SEXUALITÉ. *TROIS ESSAIS SUR LA THÉORIE SEXUELLE*.

ZULLIGER Hans (1893-1965)

psychanalyste suisse

Comme de nombreux médecins ou pédagogues suisses marqués par l'éthique protestante et la tradition de la « cure d'âme », Hans Zulliger s'intéressa au freudisme* dans l'intention de réformer les méthodes éducatives appliquées aux enfants. A cet égard, il s'inscrit dans la lignée de ces missionnaires modernes du psychisme humain qui, de Oskar Pfister* à Adolf Meyer* en passant par Hermann Rorschach* et même Eugen Bleuler*, furent les initiateurs d'une rénovation du traitement de la déviance, de la folie* ou simplement de la normalité, dont les effets se firent sentir jusque dans les années 1970.

Né dans le canton de Berne, Zulliger était issu d'un milieu modeste d'ouvriers horlogers. Pour ne pas être trop longtemps à la charge de ses parents, il renonça à poursuivre des études médicales et songea à devenir enseignant. Au printemps 1912, il fut nommé instituteur dans le bourg d'Ittingen, où il formera pendant près de cinquante ans des générations d'enfants issus de la paysannerie avec l'aide de sa femme, institutrice elle aussi.

C'est à l'école normale de Hofwil-Berne, dirigée par Ernst Schneider (1878-1957), pédagogue d'avant-garde analysé par Carl Gustav Jung* et Oskar Pfister, que Zulliger entendit parler pour la première fois de la doctrine freudienne. L'intérêt qu'il portait aux enfants dont il avait la charge le conduisit alors sur la voie de la psychanalyse*. Après une cure avec Pfister, il s'engagea sur la voie des « petites psychothérapies* d'enfants » destinées à guérir des symptômes tels que le bégaiement, l'énurésie, la compulsion au vol ou à la masturbation.

Encouragé par Sigmund Freud*, auquel il rendit visite deux fois, il fut invité en 1921 à poursuivre son action et à rejoindre la Société suisse de psychanalyse (SSP), qui venait d'être fondée et dont il sera le secrétaire. Auprès de Rorschach, il s'initia à la méthode du *Psychodiagnostik* et, dans la lignée d'Anna Freud*, il adopta la technique du dessin libre et de la thérapie par le jeu mais se démarqua de la technique de l'analyse d'enfant en préférant rester éducateur plutôt que psychanalyste au sens classique. Il publia de nombreux livres qui furent traduits en plusieurs langues.

• Hans Zulliger, *La Psychanalyse à l'école* (Berne, 1921), Paris, Flammarion, 1930 ; *Les Enfants difficiles* (Berne, 1935), Paris, L'Arche, 1959 ; *Le Test Z individuel* (Berne, 1948), Paris, PUF, 1959 ; *Chapardeurs et jeunes voleurs* (Stuttgart, 1956), Paris, Bloud et Gay, 1969 ; *L'Angoisse de nos enfants* (Francfort, 1970), Paris, Salvator, 1975. Adolf Friedemann, « Hans Zulliger, b. 1893. Psychoanalysis and education », in Franz Alexander, Samuel Eisenstein et Martin Grotjahn, *Psychoanalytic Pioneers*, New York, Basic Books, 1966, 342-347.

▷ PSYCHANALYSE DES ENFANTS. RAMBERT Madeleine. SUISSE.

ZWEIG Arnold (1887-1968)
écrivain allemand

Comme Stefan Zweig* ou Romain Rolland*, Arnold Zweig entretint avec Sigmund Freud*, entre 1927 et 1939, une riche correspondance. On y trouve toutes sortes de considérations sur les événements politiques, le communisme*, la judéité*, le nazisme*, la littérature. En outre, les deux hommes évoquent librement des questions touchant à l'inceste* et à l'homosexualité* ainsi que les difficultés rencontrées par l'écrivain au cours de la cure psychanalytique qu'il suivit à Berlin pour de graves symptômes dépressifs, auprès d'un certain docteur K.

En 1968, au moment de la publication de cette correspondance, Ernst Freud* et Adam Zweig (le fils d'Arnold) décidèrent de supprimer vingt-cinq lettres jugées trop confidentielles et pas assez « scientifiques » pour figurer dans cet échange. Cette censure fait penser à celle dont furent frappées deux autres correspondances de Freud : avec Wilhelm Fliess* et avec Oskar Pfister*. Comme le soulignait Marthe Robert (1914-1996) dans la préface à l'édition française, il s'agissait ici d'une censure effectuée par deux fils pour « protéger » la vie dite « privée » de deux pères célèbres : « Ici, comme toujours, l'objet du scandale est évidemment l'analyse – l'analyse non pas certes en tant que bien incorporé depuis longtemps à la culture, mais comme expérience personnelle avec tout ce qu'elle implique d'indiscret, effectivement, et tout ce qu'elle met chaque fois en péril du côté des convenances et des préjugés. »

Né à Glogau, en Silésie, Arnold Zweig était issu d'une famille juive. Son père, d'abord bourrelier, avait acquis une entreprise de camionnage qui fournissait l'armée en fourrage et en charbon. A la suite d'une vague d'antisémitisme, sa vie fut bouleversée et il dut quitter la ville pour reprendre son ancien métier. Cette expérience marqua profondément le destin du jeune Arnold. Après de brillantes études, celui-ci fut mobilisé et participa aux boucheries de la Grande Guerre pour se tourner ensuite vers le sionisme et le pacifisme. A partir de 1925, il se consacra à la littérature en prenant modèle sur Thomas Mann* et les grands auteurs réalistes du XIXe siècle. Il acquit la notoriété après la publication en 1927 du *Cas du sergent Grischa*, roman dans lequel il racontait l'histoire d'un soldat russe évadé puis condamné à mort pour espionnage par le haut état-major allemand alors qu'il était innocent. Zweig abordait la question brûlante des « fusillés pour l'exemple ».

Après la prise du pouvoir par le national-socialisme, il émigra en Palestine. Il restera quatorze ans à Haïfa tout en multipliant les voyages, dont un à New York au cours duquel il rencontra les grandes figures de l'émigration allemande. Ce séjour ne lui apporta pas la satisfaction espérée, et il éprouva bientôt la nostalgie de Berlin et de la nation allemande, à laquelle il s'était identifié. Son roman *De Vriendt kehrt heim* (De Vriendt est de retour) fut mal accueilli par les milieux intellectuels sionistes, qui le jugèrent scandaleux. Zweig y faisait le récit de l'assassinat à Jérusalem, par un sioniste radical, de Jacob Israel De Haan, écrivain juif hollandais, à la fois incroyant, orthodoxe et homosexuel, qui entretenait une relation amoureuse avec un jeune Arabe : « Pour moi, écrit-il à Freud, c'est une vieille histoire. La figure de cet orthodoxe qui maudit "Dieu à Jérusalem" dans des poèmes secrets [...] cette figure importante et compliquée m'a fasciné alors qu'elle était encore d'actualité [...]. Les tendances homosexuelles de ce livre que je dicte avec un déplaisir particulier [...] m'ont conduit aussitôt à me faire des aveux. J'étais les deux personnages en même temps, le garçon arabe (sémite) et l'amant, l'écrivain à la fois orthodoxe et impie. Je crains que la levée de ces choses refoulées ne soit la cause principale de ma dépression. Cela va un peu loin n'est-ce pas ?...»

En 1948, Zweig s'installa à Berlin-Est, devint député de la jeune république socialiste et succéda à Heinrich Mann (1871-1950) à la présidence de l'Académie des arts. Il devint alors un écrivain officiel, compagnon de route du parti communiste, et reçut les plus hautes distinctions dont le prix Lénine, tout en s'efforçant, comme Anna Seghers (1900-1983) et Bertolt Brecht (1898-1956), de frayer la voie à une littérature spécifiquement est-allemande.

• Arnold Zweig, *Le Cas du sergent Grischa* (Berlin, 1927), Paris, Albin Michel, 1930 ; *De Vriendt kehrt heim*, Berlin, Kiepenheuer Verlag, 1932 ; *L'Éducation héroïque devant Verdun* (Amsterdam, 1935), Paris, Plon, 1938 ; et Sigmund Freud, *Correspondance 1927-1939* (Francfort, 1968), Paris, Gallimard, 1973.

ZWEIG Stefan (1881-1942)
écrivain autrichien

Né à Vienne*, dans une famille de la bourgeoisie juive libérale, d'un père industriel dans le textile, originaire de Moravie, et d'une mère descendante de Juifs allemands, Stefan Zweig vécut son enfance et son adolescence dans le bien-être matériel et l'insouciance. De son père il hérita la discrétion et le sens des convenances sociales. De sa mère il avait la sensibilité et une fragilité psychologique qui le laissèrent souvent désarmé et en proie à la dépression lorsqu'il eut à faire face aux tragiques événements qui allaient marquer sa vie d'homme.

De ses études secondaires au Maximilian Gymnasium, Zweig ne retiendra que l'ennui et l'oppression qui, par la suite, inspireront sa critique des méthodes d'éducation autoritaires, répressives et hypocrites prônées par la bourgeoisie viennoise. Dès cette époque, il se passionne pour la musique, Johannes Brahms (1833-1897) en particulier, pour le théâtre et la littérature. Il entreprend des études de philosophie à l'université mais fréquente avec plus d'assiduité encore les cafés, les salles de spectacle et autres lieux de rencontres intellectuelles. Très vite il manifeste du goût pour l'avant-garde, assiste aux premiers concerts d'Arnold Schönberg (1874-1951), devient un admirateur de Rainer Maria Rilke (1875-1926) et plus encore d'Hugo von Hofmannsthal (1874-1929), son modèle. En 1901, Zweig connaît son premier succès avec un recueil de poèmes, *La Corde d'argent*, salué par toute la critique de langue allemande. Bientôt ce sera la consécration avec la publication d'un de ses textes en première page du prestigieux quotidien *Neue Freie Press*, son nom voisinant avec ceux des plus grands écrivains européens du moment, dont beaucoup deviendront ses amis.

Craignant d'être grisé par cette célébrité précoce, se sentant à l'étroit à Vienne, Zweig séjourne un temps à Berlin, où il se lie avec l'intelligentsia de la capitale allemande, découvrant, au hasard de ses rencontres avec de jeunes poètes et écrivains, une autre face de la vie de bohème, marquée par la faim, l'alcoolisme et la misère. Quelque temps après, il se met à voyager. Il parcourt d'abord l'Europe, se prend de passion pour l'Italie* et les côtes méditerranéennes, puis part en Asie avant de découvrir l'Amérique centrale, la côte est des États-Unis* et le Canada*.

Installé dans une belle demeure à Salzbourg, il y recevra pendant vingt-cinq ans tout ce que l'Europe compte d'artistes et d'intellectuels. Zweig est alors devenu un écrivain célèbre, connu pour sa générosité. Pourtant, derrière cette brillante réussite, une fragilité psychologique demeure.

C'est en 1908, peu de temps après s'être lié d'amitié avec Arthur Schnitzler*, que Zweig commence à échanger des lettres avec Sigmund Freud*.

Cette correspondance et cette relation seront jusqu'au bout marquées par l'enthousiasme et l'affection filiale de la part de Zweig et par un mélange de distance, de prudence, parfois même d'irritation de la part de Freud. Durant les premières années, les lettres sont anodines, notamment celles de Freud. Mais en 1920, alors que Zweig est devenu célèbre, Freud lui adresse une très longue lettre. Il vient de recevoir et de lire *Trois Maîtres*, ouvrage regroupant trois essais biographiques que Zweig a consacrés à Honoré de Balzac (1799-1850), Charles Dickens (1812-1870) et Fedor Mikhaïlovitch Dostoïevski (1821-1881). Après quelques lignes laudatives, Freud prend le ton du professeur pas complètement satisfait du travail de son brillant élève : « S'il m'était permis, écrit Freud, de mesurer votre présentation à l'aune la plus sévère, je dirais que vous êtes venu entièrement à bout de Balzac et de Dickens. Mais ceci n'était pas trop difficile, ce sont des types simples, carrés. En revanche, avec ce Russe embrouillé, cela ne pouvait pas se passer de façon aussi satisfaisante. Là, on sent des manques, ainsi que des énigmes qui n'ont pas été résolues. [...] Je crois que vous n'auriez pas dû laisser Dostoïevski avec sa prétendue épilepsie. Il est très improbable qu'il ait été épileptique. Les [...] grands hommes dont on raconte qu'ils étaient épileptiques n'étaient rien d'autre que des hystériques. Je crois que tout le Dostoïevski aurait pu être construit sur son hystérie. » Huit ans plus tard, Freud rédigera sa propre version de l'histoire de Dostoïevski en comparant *Les Frères Karamazov* à la tragédie d'Œdipe*.

En 1931, Zweig publie un essai très audacieux, *La Guérison par l'esprit*, dans lequel il retrace l'histoire des psychothérapies depuis Franz Anton Mesmer*, dont il fait l'ancêtre de la psychanalyse*. Le contraste entre cette démarche et celle de Freud est saisissant. Freud, dans son article « Sur l'histoire du mouvement psychanalytique », néglige ses prédécesseurs. Il est ainsi amené à rectifier dans une lettre à Zweig ce qui lui paraît erroné dans son portrait et dans la présentation de son œuvre par l'écrivain : « Je pourrais contester, écrit-il, la façon dont vous soulignez trop exclusivement la correction trop petite-bourgeoise de mon caractère, le gaillard est tout de même un peu plus compliqué. »

En fait, Freud, qui avait eu connaissance de ce texte avant sa publication, en avait fait état en des termes peu amènes à Arnold Zweig dans une lettre du 10 septembre 1930. Évoquant le lapsus* qui lui avait fait attribuer à ce dernier le titre de docteur qu'il voulait en fait décerner ironiquement à Stefan Zweig, il écrit : « L'analyse immédiate de l'acte manqué* me conduisit naturellement sur un terrain difficile : l'élément perturbateur était l'autre Zweig, dont je sais qu'il est en train de me mettre dans un essai qui doit me faire apparaître au public en compagnie de Mesmer et de Mary Eddy Baker. Durant les six derniers mois, il m'a donné une sérieuse raison de mécontentement. »

A deux reprises, Stefan Zweig donne à nouveau à Freud des raisons d'être mécontent. D'abord en entreprenant des démarches pour lui faire attribuer le prix Nobel, ensuite lorsqu'il fait par erreur voisiner son nom avec celui de Carl Gustav Jung* sur une affiche annonçant une conférence de Charles Emil Maylan (1886- ?). Auteur d'un livre antisémite sur Freud, Maylan soutenait que la psychanalyse était l'expression d'une vengeance des Juifs humiliés contre Rome et le catholicisme…

Au fil des années, la relation entre les deux hommes s'améliore. Zweig continue de manifester à Freud son admiration et sa fidélité. En 1938, il l'accueille à Londres par un petit mot affectueux, puis, peu de temps après, se rend chez lui accompagné de quelques amis dont Salvador Dalí (1904-1989). Le peintre esquisse alors deux portraits du maître que Stefan Zweig n'aura pas le courage de lui montrer tant la mort y est présente. A l'issue de cette visite, Freud écrit à Zweig : « Vraiment il faut que je vous remercie d'avoir amené chez moi les visiteurs d'hier. Car j'étais jusque-là enclin à considérer les surréalistes, qui semblent m'avoir choisi pour saint patron, comme des fous absolus (disons à 95 %, comme pour l'alcool) ».

En 1940, exilé à New York, Zweig entreprend la rédaction de ses mémoires, *Le Monde d'hier*. Dans ce livre chargé d'une nostalgie et d'une mélancolie* qui laissent présager la tragédie finale, il trace l'un des plus beaux portraits de Freud qui aient jamais été écrits : « C'est à Vienne, à l'époque où il était encore qualifié de penseur capricieux, obstiné et difficile, et détesté comme tel, que j'avais connu Sigmund Freud, ce grand et sévère esprit, qui plus qu'aucun autre en ce temps a approfondi et élargi la connaissance de l'âme humaine. Fanatique de la vérité mais en même temps parfaitement conscient des limites de toute vérité […] il s'était aventuré dans ces zones, inexplorées et craintivement évitées, du monde trop terrestre et souterrain des pulsions, donc justement dans cette sphère que ce temps-là avait solennellement déclarée "taboue" […]. Pour la première fois je découvrais un vrai sage, qui s'est élevé au-dessus de sa situation propre, par qui même la souffrance et la mort ne sont plus perçues comme une expérience personnelle, mais comme des objets de considération dépassant sa personne ; sa mort ne fut pas moins que sa vie un exploit moral. »

Le 22 février 1942, alors qu'il est installé depuis six mois à Petropolis, dans la banlieue de Rio de Janeiro, Stefan Zweig se suicide avec sa jeune épouse, Lotte Altmann, en absorbant des comprimés de véronal.

● Stefan Zweig, *Le Monde d'hier. Souvenirs d'un Européen* (Stockholm 1944), Paris, Belfond, 1993 ; *La Guérison par l'esprit* (1931), Paris, Belfond, 1982 ; *Journaux 1912-1940*, Paris, Belfond, 1986 ; *Trois Maîtres* (1920), Paris, Belfond, 1988 ; *Pays, villes, paysages. Écrits de voyage* (Londres, 1980), Paris, Belfond, 1996. Sigmund Freud, *Sur l'histoire du mouvement psychanalytique* (1914), *GW*, X, 44-113, *SE*, XIV, 1-66, Paris, Gallimard, 1991 ; « Dostoïevski et le parricide » (1928), *GW*, XIV, 399-418, *SE*, XXI, 177-194, *OC*, XVIII, 205-225, sous le titre « Dostoïevski et la mise à mort du père » ; et Stefan Zweig, *Correspondance* (1987), Paris, Rivages, 1991. Charles E. Maylan, *Freuds tragischer Komplex : Eine Analyse der Psychoanalyse*, Munich, Ernest Reinhardt, 1929. Donald Prater, *Stefan Zweig* (Oxford, 1972), Paris, La Table ronde, 1988. Serge Niémetz, *Stefan Zweig. Le voyageur et ses mondes*, Paris, Belfond, 1996. Dominique Bona, *Stefan Zweig. L'ami blessé*, Paris, Plon, 1996. Klaus Mann, *Le Tournant* (1960), Paris, Solin, 1984. Jacques Le Rider, *Modernité viennoise et crises de l'identité*, Paris, PUF, 1990. Carl E. Schorske, *Vienne fin de siècle* (New York, 1961), Paris, Seuil, 1983.

▷ FRANCE. JUDÉITÉ. NAZISME. ROLLAND Romain. SUICIDE.

Chronologie

1856

6 mai – Naissance de Sigmund Freud à Freiberg, en Moravie. Il est prénommé Schlomo, Sigismund. Son père, Jacob Freud, né à Tysmenitz le 18 décembre 1815, est commerçant en laines. Sa mère, Amalia Nathanson, née à Brody le 18 août 1835, est la troisième femme de Jacob, qu'elle a épousé le 29 juillet 1855. De son premier mariage, Jacob Freud a eu deux fils : Emanuel, né en avril 1833, et Philipp, né probablement en octobre 1834. Tous deux vivent à Freiberg avec leur père. Emanuel a deux enfants, nés en 1855 et 1856. Du mariage de Jacob Freud avec Amalia Nathanson naîtront encore sept enfants : Julius en octobre 1857, Anna le 31 décembre 1858, Regine Debora (Rosa) le 21 mars 1860, Maria (Mitzi) le 22 mars 1861, Esther Adolfine (Dolfi) le 23 juillet 1862, Pauline (Paula) le 3 mai 1864, Alexander le 19 avril 1866.

1859

27 février – Naissance de Bertha Pappenheim.

1870

7 février – Naissance d'Alfred Adler.

1871

Mars – Jean Martin Charcot s'intéresse à l'hystérie à l'hôpital de la Salpêtrière.

13 octobre – Naissance de Paul Federn.

Décembre – Début de la correspondance entre Sigmund Freud et Eduard Silberstein. Leur dernière lettre est datée du 24 janvier 1881. Tous deux se passionnent pour la pensée de Ludwig Feuerbach. Durant ses études au *Gymnasium*, Sigmund Freud lit le manuel de psychologie empirique de Johann Friedrich Herbart.

1872

Juillet-septembre – Sigmund Freud raconte à son ami Eduard Silberstein son amour pour Gisela Fluss.

1873

26 février – Naissance d'Oskar Pfister à Zurich.

Mars – Franz Brentano accepte de diriger la thèse de Sigmund Freud. Celui-ci abandonne la philosophie pour la physiologie.

7 juillet – Naissance de Sandor Ferenczi.

Octobre – Sigmund Freud entre à l'université de Vienne pour y faire des études de médecine.

1874

1er octobre – Naissance d'Abraham Arden Brill.

1875

26 juillet – Naissance de Carl Gustav Jung.

Durant l'été 1875, Sigmund Freud se rend en Angleterre chez son demi-frère Emanuel.

1876

Mars – Sigmund Freud se rend à Trieste pour mener une recherche sur l'hermaphrodisme des anguilles. Il est l'élève du physiologiste empiriste Ernst Brücke, lui-même héritier de la pensée de Hermann von Helmholtz.

1877

17 mars – Naissance d'Otto Gross.

3 mai – Naissance de Karl Abraham.

1878

Sigismund décide de changer de prénom et se fait appeler Sigmund. Au laboratoire d'Ernst Brücke, il se lie d'amitié avec Ernst von Fleischl-Marxow.

5 octobre – Naissance de Moshe Wulff.

Bourneville et Regnard publient *Iconographie photographique de la Salpêtrière*. Sont présentées dans cet ouvrage les hystériques les plus célèbres examinées par Jean Martin Charcot, notamment Blanche Whittmann et la fameuse Augustine. Les photographies ont été prises depuis 1876. Plusieurs volumes paraîtront jusqu'en 1880.

1879

1er janvier – Naissance d'Ernest Jones.

1880

Janvier – Naissance de Hanns Sachs.

Novembre – Josef Breuer prend en traitement Bertha Pappenheim. Il lui attribue l'invention de la « *talking cure* » (cure par la parole) et du « *chimney sweeping* » (ramonage de cheminée).

1881

Mars – Sigmund Freud devient docteur en médecine.

26 juin – Naissance de Max Eitingon.

1882

2 janvier – Création, à l'initiative de Léon Gambetta, d'une chaire de clinique des maladies nerveuses ; pour la première fois au monde, la neurologie est reconnue comme une discipline autonome. Jean Martin Charcot en est nommé titulaire.

13 février – Jean Martin Charcot présente à l'Académie des sciences sa conférence sur les états nerveux déterminés par l'hypnotisme.

30 mars – Naissance de Melanie Klein.

Avril – Sigmund Freud rencontre Martha Bernays.

27 juin – Fiançailles de Martha Bernays et de Sigmund Freud.

2 juillet – Naissance de Marie Bonaparte.

12 juillet – Bertha Pappenheim est hospitalisée au sanatorium Bellevue de Kreuzlingen près du lac de Constance, lequel est dirigé par Robert Binswanger, fils de Ludwig Binswanger (senior) et père de Ludwig Binswanger (junior).

31 juillet – Sigmund Freud entre à l'hôpital général de Vienne dans le service de Hermann Nothnagel, professeur de médecine interne à l'université.

Georg von Schoenerer commence sa carrière politique à Vienne en adoptant les thèses de l'antisémitisme et du nationalisme allemand.

1883

Mai – Sigmund Freud devient l'assistant de Theodor Meynert, professeur de psychiatrie à l'université de Vienne et chef de file de l'anatomie cérébrale comparée.

1884

Janvier – A Vienne, Sigmund Freud commence à soigner une patiente atteinte de maladie nerveuse.

22 avril – Naissance d'Otto Rank.

Sigmund Freud fait des recherches sur les vertus énergétiques et antidépressives de la cocaïne. C'est son ami Carl Koller qui découvrira les propriétés anesthésiantes de la cocaïne sur l'œil.

14 juin – Naissance d'Eugénie Sokolnicka.

9 octobre – Naissance d'Helene Deutsch.

Novembre – Le juriste Daniel Paul Schreber est soigné pour maladie mentale et nerveuse à Leipzig par le professeur Paul Fleschig.

1885

Janvier – Sigmund Freud soigne son ami Ernst von Fleischl avec des injections de cocaïne. Il provoque chez lui une grave intoxication.

20 juin – Sigmund Freud obtient une bourse de l'université de Vienne pour faire un séjour à Paris.

31 août – Sigmund Freud détruit ses manuscrits.

Septembre – Sigmund Freud est nommé *Privatdozent.*

13 octobre – Arrivée de Sigmund Freud à Paris. Il commence son stage à l'hôpital de la Salpêtrière auprès de Jean Martin Charcot. Il habite un hôtel situé rue Royer-Collard.

7 novembre – Sigmund Freud assiste à une représentation de *Théodora* de Victorien Sardou. Le rôle est tenu par Sarah Bernhardt.

1886

28 février – Sigmund Freud quitte Paris pour Wandsbeck.

Mars – Sigmund Freud se rend à Berlin pour un séjour d'études.

25 avril – Sigmund Freud retourne à Vienne et s'installe comme médecin privé au 7, Rathausstrasse. Il dirige le département de neurologie de la Steindglasse, premier institut public des enfants malades, dirigé par Max Kassowitz.

Juillet – Sigmund Freud termine la traduction des *Leçons du mardi* de Jean Martin Charcot (tome II).

14 septembre – Sigmund Freud épouse Martha Bernays.

15 octobre – Sigmund Freud donne une conférence sur l'hystérie masculine à la Société des médecins de Vienne. L'accueil est hostile parce qu'il attribue à Charcot la paternité de notions qui sont déjà connues à Vienne. Arthur Schnitzler fera un compte rendu de la conférence. Sont présents Heinrich von Bamberger et Theodor Meynert. Le 26 novembre, Sigmund Freud fera une présentation clinique d'un cas d'hystérie masculine.

1887

18 mars – Sigmund Freud est élu membre de la Société médicale de Vienne.

Juillet – Sigmund Freud prend ses vacances dans le Semmering (les Alpes d'Autriche).

16 octobre – Naissance de Mathilde Freud, fille aînée de Sigmund Freud et de Martha Bernays-Freud. Le prénom a été choisi d'après celui de la femme de Josef Breuer. Sigmund Freud aura encore cinq enfants : Jean-Martin (d'après le prénom de Charcot), né le 7 décembre 1889, Oliver (d'après Cromwell), né le 19 février 1891, Ernst (d'après Brücke), né le 6 avril 1892, Sophie, née le 12 avril 1893, Anna (sans doute d'après Anna Lichtheim, patiente de Freud et fille de son professeur d'hébreu), née le 3 décembre 1895.

Novembre – Sigmund Freud fait connaissance de Wilhelm Fliess. Le peintre André Brouillet présente *La Leçon de Charcot* au Salon des indépendants.

1889

1er mai – Sigmund Freud prend en traitement Fanny Moser (le cas « Emmy von N. »).

Juillet – Sigmund Freud se rend à Nancy pour perfectionner auprès d'Hippolyte Bernheim et Ambroise Liébeault la technique de la suggestion hypnotique.

Août – Sigmund Freud assiste au Ier congrès international d'Hypnotisme à Paris. Il va écouter la chanteuse Yvette Guilbert à l'Eldorado.

Novembre – Début de l'émergence à Vienne d'un parti chrétien-social sous la direction de Karl Lueger.

1891

6 mai – Jacob Freud offre à son fils la bible familiale avec une dédicace en hébreu.

Sigmund Freud publie son premier livre : *Sur la conception des aphasies*. Il est dédié à Josef Breuer.

20 septembre – Sigmund Freud s'installe avec sa famille au 19, Berggasse. Il soigne ses patients par la méthode cathartique.

1892

12 mai – Naissance de Siegfried Bernfeld.

4 juillet – Naissance de Marguerite Pantaine (futur cas « Aimée » de Jacques Lacan). Elle épousera René Anzieu en 1917.

Novembre – Sigmund Freud soigne par la méthode cathartique Elisabeth von R., Frau Katharina, Miss Lucy. Progressivement, il élabore la méthode des associations libres. Il collabore avec Josef Breuer et poursuit sa correspondance avec Wilhelm Fliess.

1893

Avril – Sigmund Freud se rend à Berlin pour voir Wilhelm Fliess. Désormais, les deux amis se rencontreront régulièrement pour des « congrès » privés.

30 mai – Sigmund Freud écrit à Wilhelm Fliess à propos des séductions sexuelles commises par les adultes sur les enfants en bas âge. Il y voit la cause principale et traumatique des névroses ultérieures : théorie dite « de la séduction ».

16 août – Mort de Jean Marin Charcot à Quarré-les-Tombes, dans le Morvan. Sigmund Freud rédige un article nécrologique pour la *Wiener Medizinische Wochenschrift*, dans lequel il le compare à Philippe Pinel. Il fait l'éloge de ses qualités visuelles et cite Charcot : « La théorie c'est bon , mais ça n'empêche pas d'exister. »

1894

Avril – Sigmund Freud éprouve des troubles cardiaques et tente d'arrêter de fumer.

2 août – Naissance de Raymond de Saussure.

5 novembre – Naissance de René Laforgue.

25 décembre – Wilhelm Fliess se propose de pratiquer une opération du nez sur Emma Eckstein.

1895

Mai – Sigmund Freud et Josef Breuer publient *Études sur l'hystérie* où sont racontés les cas « Anna O. », « Emmy von N. », « Miss Lucy », etc. Sigmund Freud recommence à fumer.

Juillet – Sigmund Freud séjourne au château de Bellevue, près de Vienne. Dans la nuit du 23 au 24 juillet, il fait un rêve : « L'injection faite à Irma ». Pour la première fois, il interprète ce rêve, qui est en quelque sorte la mise en scène d'un roman familial des origines et de l'histoire de la psychanalyse.

Août – Sigmund Freud voyage en Italie du Nord avec son frère Alexander et sa belle-sœur Minna Bernays (née en 1865).

Septembre – Sigmund Freud rédige l'*Esquisse d'une psychologie scientifique.*

20 octobre – Sigmund Freud envoie à Wilhelm Fliess son schéma de la sexualité.

Décembre – Adhésion de Sigmund Freud à l'association juive B'nai B'rith. Pierre Janet est élu au Collège de France à la chaire de Théodule Ribot.

Karl Lueger est élu bourgmestre de la ville de Vienne. L'empereur François-Joseph refuse de l'investir en raison de ses opinions antilibérales et antisémites.

Gustave Le Bon : *Psychologie des foules*. L'ouvrage sera réédité trente fois jusqu'en 1925.

1896

20 mars – Sigmund Freud emploie pour la première fois le mot psychoanalyse dans un article rédigé en français : « L'hérédité et l'étiologie des névroses ».

21 avril – Sigmund Freud donne sa conférence sur l'étiologie de l'hystérie à l'Association pour la neurologie et la psychiatrie à Vienne. Il y énonce sa « théorie de la séduction » (qu'il abandonnera l'année suivante). Richard von Krafft-Ebing qualifie celle-ci de « conte de fées scientifique ».

23 octobre – Mort de Jacob Freud.

Minna Bernays, inconsolable de la mort de son fiancé, décide d'habiter avec la famille de Freud.

6 décembre – Naissance de Michael Balint.

Dans une lettre à Wilhelm Fliess, Sigmund Freud emploie pour la première fois l'expression appareil psychique et désigne ses trois composantes : le conscient, le préconscient, l'inconscient.

1897

Avril – L'empereur François-Joseph accepte, contre son gré, l'investiture de Karl Lueger à la mairie de Vienne.

Juin – Sigmund Freud commence son « auto-analyse » à travers sa correspondance avec Wilhelm Fliess : « Celui des malades qui me préoccupe le plus, c'est moi-même. »

Septembre – Dans une lettre à Wilhelm Fliess datée du 21, Sigmund Freud explique pourquoi il renonce à sa théorie de la séduction.

Octobre – Dans une lettre à Wilhelm Fliess, Sigmund Freud donne sa première interprétation de la tragédie d'*Œdipe roi*, la pièce de Sophocle : « Chaque auditeur fut un jour en germe, en imagination, un Œdipe. »

Décembre – Dans une lettre à Wilhelm Fliess, Sigmund Freud évoque pour la première fois son amour de Rome et son admiration pour Hannibal, le général sémite.

1898

26 août – Dans une lettre à Wilhelm Fliess, Sigmund Freud analyse pour la première fois l'oubli d'un nom propre. Il s'agit du poète Julius Moser.

1899

3 janvier – Sigmund Freud reçoit le livre de Havelock Ellis : *Hysteria in Relation to the Sexual Emotions.*

Juillet-août – Sigmund Freud rédige *Die Traumdeutung* (*L'Interprétation des rêves*) dans une ferme de Berchtesgaden. L'ouvrage paraîtra le 4 novembre (mais il est daté de l'année 1900).

1900

26 avril – Naissance de Ernst Kris.

12 juin – Dans une lettre à Wilhelm Fliess, Sigmund Freud déclare qu'un jour on apposera une plaque sur la maison de Bellevue avec cette inscription : « C'est dans cette maison, le 24 juillet 1895, que le mystère du rêve fut révélé à Freud. »

Août – Dernière rencontre entre Wilhelm Fliess et Sigmund Freud au Tyrol.

Octobre – Ida Bauer commence une analyse avec Sigmund Freud (cas « Dora »). La cure s'arrête à la fin du mois de décembre.

Hermann Swoboda commence une analyse avec Sigmund Freud. Wilhelm Fliess accuse Sigmund Freud de lui voler ses idées sur la bisexualité et de les transmettre à Hermann Swoboda pour le livre d'Otto Weininger. L'affaire de ce « vol d'idées » se terminera devant les tribunaux en 1906.

1901

13 avril – Naissance de Jacques Marie Émile Lacan.

Juillet – Sigmund Freud publie *Sur la psychopathologie de la vie quotidienne.*

Septembre – Sigmund Freud fait son premier voyage à Rome.

1902

5 mars – Sigmund Freud est nommé professeur extraordinaire. La lettre est signée de l'empereur François-Joseph.

Août – Sigmund Freud voyage en Italie du Sud avec son frère Alexander et sa belle-sœur Minna Bernays. Il découvre Pompéi.

Septembre – Fin de la correspondance entre Sigmund Freud et Wilhelm Fliess.

Octobre – Création à Vienne de la Psychologische Mittwoch Gesellschaft (Société psychologique du mercredi), première société psychanalytique au monde.

1903

Avril – Naissance de Herbert Graf (surnommé le petit Hans). Fils de Max Graf, il sera analysé à l'âge de 5 ans par son père selon les directives de Sigmund Freud. Ce sera la première psychanalyse d'enfant.

4 juin – Suicide d'Otto Weininger à Vienne.

1904

17 août – Sabina Spielrein, étudiante russe née à Odessa en 1885, est hospitalisée à la clinique du Burghölzli à Zurich pour y être soignée et pour étudier. Elle y restera jusqu'au 1er juin 1905. Carl Gustav Jung, assistant d'Eugen Bleuler, la prend en traitement et devient son amant.

25 août – Voyage à Athènes de Sigmund Freud avec son frère Alexander. Trente ans plus tard, dans une lettre à Romain Rolland, il analysera son « trouble de mémoire sur l'Acropole ».

Octobre – Sigmund Freud apprend par Eugen Bleuler que la psychanalyse est pratiquée à la clinique du Burghölzli par Carl Gustav Jung. Sigmund Freud fait la connaissance d'Otto Gross.

1905

Décembre – Sigmund Freud publie *Le Mot d'esprit et sa relation à l'inconscient*, et *Trois Essais sur la théorie sexuelle*.

1906

Avril – Début de la correspondance entre Sigmund Freud et Carl Gustav Jung.

Sandor Ferenczi présente à l'Association des médecins de Budapest un texte sur « Les états sexuels intermédiaires ». Il y prend la défense des homosexuels appelés « uraniens ».

Mai – Pour célébrer l'anniversaire de Sigmund Freud, ses disciples viennois lui offrent une médaille gravée : à l'avers le profil de Freud, au revers Œdipe. Sur la tranche, en grec, le vers de Sophocle : « Qui résolut l'énigme et fut un homme de grand pouvoir. »

1907

30 janvier – Max Eitingon est le premier étranger à participer aux réunions de la Société psychologique du mercredi.

27 février – Carl Gustav Jung rend visite à Sigmund Freud. Il commence à assister aux réunions de la Société psychologique du mercredi en compagnie de Ludwig Binswanger (junior).

Sigmund Freud publie *Le Délire et les rêves dans la « Gradiva » de Jensen.*

1er-7 septembre – Premier congrès de psychiatrie, de neurologie et d'assistance aux aliénés à Amsterdam. Ernest Jones rencontre Carl Gustav Jung.

22 septembre – Sigmund Freud propose, par une lettre circulaire, de dissoudre la Société psychologique du mercredi.

Carl Gustav Jung crée à Zurich la Société Freud, qui deviendra l'Association psychanalytique de Zurich.

1er octobre – Ernst Lanzer (surnommé l'Homme aux rats) commence une analyse avec Sigmund Freud.

15 décembre – Karl Abraham rend visite à Sigmund Freud.

1908

2 février – Première rencontre à Vienne entre Sigmund Freud et Sandor Ferenczi. Début d'une longue amitié et d'une magnifique correspondance.

Avril – Ier congrès international de Psychanalyse à Salzbourg. Titre de la réunion : « Rencontre des psychologues freudiens ». Quarante-deux membres de six pays (États-Unis, Autriche, Angleterre, Allemagne, Hongrie, Suisse) participent à cette réunion. Sigmund Freud présente ses « Remarques sur un cas de névrose de contrainte (l'Homme aux rats) » et parle pendant plusieurs heures devant un public silencieux et ébahi. A cette occasion est créé par Eugen Bleuler et Carl Gustav Jung le *Jahrbuch für psychoanalytische und psychopathologische Forschungen* (abréviation : *Jahrbuch*). Débats entre les Zurichois et les Berlinois sur l'étiologie de la démence précoce. Première rencontre entre Freud et Ernest Jones.

Mai – Abraham Arden Brill et Ernest Jones viennent des États-Unis pour rendre visite à Sigmund Freud.

21 août – Création par Karl Abraham de l'Association psychanalytique de Berlin.

13 septembre – Naissance de Georges Devereux.

26 septembre – Ernest Jones s'installe à Toronto.

La Société psychologique du mercredi devient la Wiener Psychoanalytische Vereinigung (WPV).

6 novembre – Naissance de Françoise Dolto.

A Vienne, Hermine von Hug-Hellmuth commence une analyse avec Isidor Sadger, qui la présente à Sigmund Freud. Elle devient après lui la première psychanalyste d'enfants.

1909

6 janvier – Joseph Babinski prononce à Paris une conférence sur le pithiatisme et le démembrement de l'hystérie selon Charcot.

25 avril – Le pasteur Oskar Pfister rend visite à Sigmund Freud à Vienne.

Août-septembre – Sigmund Freud se rend aux États-Unis en compagnie de Carl Gustav Jung et de Sandor Ferenczi.

Création à Moscou de la revue *Psychotherapia* autour de Nicolas Vyrubov et Moshe Wulff. Le premier numéro paraîtra en janvier 1910. Création par Nicolas Ossipov d'une « ambulance thérapeutique » à Moscou.

1910

Janvier – Début de l'analyse de Sergueï Constantinovitch Pankejeff (1887-1979), surnommé l'Homme aux loups, avec Sigmund Freud.

30-31 mars – IIe congrès international de Psychanalyse à Nuremberg organisé par Carl Gustav Jung. Sandor Ferenczi propose, avec l'accord de Sigmund Freud, de fonder une organisation internationale qui réunirait des sociétés dans différents pays. Elle s'appellera International Psychoanalytical Association (IPA). Progressivement, le sigle s'imposera dans tous les pays, sauf en France. On prendra l'habitude de numéroter les congrès de l'IPA à partir de l'année 1908. La fondation de l'IPA est accompagnée de la création de deux revues, le *Correspondenzblatt* et le *Zentralblatt für Psychoanalyse*, qui fusionneront en septembre 1911. Carl Gustav Jung est élu premier président de l'IPA. Affiliation de l'Association psychanalytique de Zurich.

Juin – Sigmund Freud publie *Un souvenir d'enfance de Léonard de Vinci.*

Juillet-août – Alors qu'il passe des vacances en Hollande, Sigmund Freud répond à un appel de Gustav Mahler. Il le prend pour quelques heures en analyse, parcourant avec lui les rues de Leyde. Il voyage ensuite vers la Sicile en passant par Paris, Rome et Naples en compagnie de Sandor Ferenczi.

A Buenos Aires, German Greve, un médecin chilien, expose pour la première fois en Amérique latine les thèses freudiennes lors d'un congrès de médecine.

1911

Février – Abraham Arden Brill fonde la New York Psychoanalytic Society (NYPS).

Wilhelm Stekel et Alfred Adler quittent leurs fonctions dirigeantes à la WPV.

14 avril – Mort de Daniel Paul Schreber. Sigmund Freud analysera le cas à travers les *Mémoires d'un névropathe.*

Mai – Ernest Jones et James Jackson Putnam fondent l'American Psychoanalytic Association (APsaA).

21-23 septembre – IIIe congrès de l'IPA à Weimar (président : Carl Gustav Jung). L'IPA compte 106 membres. Lou Andreas-Salomé participe au congrès et le médecin suédois Poul Bjerre y fait une intervention.

25 novembre – Sabina Spielrein expose à la WPV ses thèses sur l'instinct de mort. Première formulation de cette notion qui sera reprise ensuite par Sigmund Freud.

Pierre Ernest Morichau-Beauchant : « Le rapport affectif dans la cure des névroses ». Premier article de psychanalyse publié en France et reconnu comme tel par Sigmund Freud.

Eugen Bleuler publie *Dementia praecox ou Groupe des schizophrénies.*

1912

Janvier – Parution de la revue *Imago*, consacrée à la psychanalyse appliquée, sous la direction de Sigmund Freud, Otto Rank et Hanns Sachs.

Juin – Avec l'accord de Sigmund Freud, Ernest Jones fonde autour de celui-ci un Comité secret composé de ses plus proches disciples et chargé de veiller à la diffusion de la cause psychanalytique. Il réunit Sandor Ferenczi, Otto Rank, Karl Abraham, Hanns Sachs, Sigmund Freud, Ernest Jones. Ce dernier passe deux mois à Budapest pour faire son analyse avec Ferenczi.

Septembre – Sigmund Freud fait un voyage à Rome.

Ernest Jones s'installe à Londres.

25 octobre – Arrivée à Vienne de Lou Andreas-Salomé. Elle a été présentée à Sigmund Freud par Poul Bjerre. Elle participera aux séances de la WPV jusqu'en avril 1913.

Wilhelm Stekel quitte définitivement la WPV. Hermine von Hug-Hellmuth est consacrée experte de la psychanalyse des enfants à Vienne par Sigmund Freud.

Décembre – Parution aux États-Unis du premier livre consacré à la psychanalyse.

1913

Janvier – Début du conflit entre Sigmund Freud et Carl Gustav Jung.

1er mai – Création par Sandor Ferenczi de la Société psychanalytique de Budapest. Autour de lui : Sandor Rado, Istvan Hollos, Ignotus. A partir de 1919, ils seront rejoints par Imre Hermann, Melanie Klein, Geza Roheim, René Spitz, Eugénie Sokolnicka.

25 mai – Première réunion du Comité secret. Sigmund Freud offre à ses disciples une intaille grecque de sa collection montée en chevalière.

7 août – Congrès international de médecine à Londres. Pierre Janet présente un exposé, « La psychoanalyse », où il attaque les théories de Freud, en présence, notamment, de Ernest Jones et Carl Gustav Jung.

7 septembre – IVe congrès de l'IPA à Munich (président : Carl Gustav Jung). Les partisans de Sigmund Freud obligent Carl Gustav Jung à démissionner de ses fonctions de rédacteur en chef du *Jahrbuch*. Début de la deuxième dissidence dans le mouvement freudien. L'Association psychanalytique de Zurich sera dissoute.

Sigmund Freud commence à écrire *Pour introduire le narcissisme*, et rédige une préface à *Totem et Tabou* paru l'année précédente.

30 octobre – Ernest Jones fonde la London Psychoanalytic Society avec Douglas Bryan, David Eder, David Forsyth, Bernard Hart et Owen Berkeley-Hill. Havelock Ellis refuse d'en être membre.

Rupture définitive entre Sigmund Freud et Carl Gustav Jung.

Création de l'*Internationale ärztliche Zeitschrift für Psychoanalyse*, nouvel organe de l'IPA. A partir de 1939, elle fusionnera avec *Imago*, puis cessera de paraître en 1941.

Création aux États-Unis de la *Psychoanalytic Review*.

Sigmund Freud publie *L'Intérêt de la psychanalyse*.

Première traduction d'un texte de Sigmund Freud en français. Il a été écrit pour la revue *Scientia* de Bologne.

Au Pérou, Honorio Delgado diffuse les idées freudiennes.

1914

Janvier – Sigmund Freud publie la première étude consacrée à l'histoire du mouvement qu'il a fondé : « Sur l'histoire du mouvement psychanalytique ».

Septembre – Bronislaw Malinowski se rend en Nouvelle-Guinée chez les Mailu, puis aux îles Trobriand.

Novembre – Sigmund Freud publie dans la revue *Imago* « Le Moïse de Michel-Ange », sans nom d'auteur.

Emmanuel Régis et Angelo Hesnard publient *La Psychoanalyse des névroses et des psychoses*.

1917

24 mars – Création aux Pays-Bas de la Nederlandse Vereniging voor Psychoanalyse (NVP).

Mai – Georg Groddeck adhère à la WPV.

Sigmund Freud envisage d'écrire un essai sur les répercussions des théories de Jean-Baptiste Lamarck sur la psychanalyse.

1918

28-29 septembre – V^e^ congrès de l'IPA à Budapest (président : Karl Abraham). Le congrès se déroule à l'Académie des sciences en présence des représentants des gouvernements allemand, autrichien et hongrois. Sigmund Freud considère que le centre de la psychanalyse se trouve en Hongrie. Au cours du congrès, Hermann Nunberg propose pour la première fois qu'une des conditions requises pour devenir psychanalyste soit d'avoir fait une analyse. Otto Rank et Sandor Ferenczi s'opposent au vote d'une motion en ce sens.

1919

Janvier – Création de l'Internationaler Psychoanalytischer Verlag.

Viktor Tausk commence une analyse avec Helene Deutsch, elle-même en analyse avec Sigmund Freud. Il pense que Sigmund Freud lui « vole ses idées ».

20 février – Ernest Jones dissout la Société psychanalytique de Londres et fonde la British Psychoanalytical Society (BPS), septième composante de l'IPA.

28 février – Parution, dans le journal viennois *Der freie Soldat*, d'un article accusant les psychiatres et les neurologues, et notamment Julius Wagner-Jauregg, d'avoir utilisé le traitement électrique comme thérapie des névroses de guerre. Une expertise sera demandée à Sigmund Freud le 11 février 1920.

20 mars – Insurrection en Hongrie. Bela Kun proclame la république des conseils. Sandor Ferenczi obtient à l'université la première chaire d'enseignement de la psychanalyse.

24 mars – Oskar Pfister fonde la Société suisse de psychanalyse (SSP). Parmi ses onze fondateurs : Emil Oberholzer, Hermann Rorschach, Hans Walser.

Mai – Philippe Soupault et André Breton rédigent *Les Champs magnétiques* à l'aide de la technique de l'écriture automatique empruntée à Pierre Janet.

3 juillet – Suicide de Viktor Tausk.

1920

20 janvier – Mort d'Anton von Freund, un ami de Sigmund Freud qui avait consacré une partie de sa fortune au Verlag.

25 janvier – Mort de Sophie Halberstadt (à Hambourg) d'une pneumonie grippale.

Création de l'*International Journal of Psycho-Analysis.*

25 février – Sigmund Freud remet aux autorités médicales viennoises son expertise sur le traitement électrique des névroses de guerre. Il condamne le traitement au nom de la nécessité de reconnaître une cause psychique à ces névroses.

Création de la polyclinique de Berlin et du Berliner Psychoanalytisches Institut (BPI), par Max Eitingon et Ernst Simmel. Berlin devient alors le centre névralgique de la psychanalyse et le lieu de passage et de formation de tous les pionniers du freudisme dans le monde. Parmi eux : Melanie Klein, Wilhelm Reich, Karen Horney, Helene Deutsch, James et Alix Strachey, Sandor Rado, Franz Alexander, Michael Balint, Hanns Sachs, Otto Fenichel, Rudolph Loewenstein, Clara Happel, Siegfried Bernfeld.

Mai – Sigmund Freud achève de rédiger *Au-delà du principe de plaisir.*

8-11 septembre – VIe congrès de l'IPA à La Haye (président : Ernest Jones). Débuts des grands débats sur la thérapie, sa technique et ses méthodes. Sandor Ferenczi présente un exposé sur la « thérapie active ». Georg Groddeck, après la publication de son ouvrage *Le Chercheur d'âme*, se qualifie de « psychanalyste sauvage ».

Décembre – Sigmund Freud achève la rédaction de *Psychologie des masses et analyse du moi.*

Au Brésil, à São Paulo, Durval Marcondes commence à s'orienter vers la psychanalyse.

1921

Janvier – Melanie Klein s'installe à Berlin.

21 mars – Arrivée d'Eugénie Sokolnicka à Paris. A l'automne, elle sera accueillie par les écrivains de la *Nouvelle Revue française.* Elle analysera André Gide, Sophie Morgenstern, Blanche Reverchon, René Laforgue, Édouard Pichon.

Création à Moscou de l'Association psychanalytique de recherches sur la création artistique avec Otto Schmidt, Ermakov, Moshe Wulff.

De nombreux Américains se rendent à Vienne pour faire une analyse avec Sigmund Freud : Horace Frink, Clarence Oberndorf, Monroe Meyer, Abram Kardiner.

Août – Création par Vera Schmidt à Moscou du Home expérimental d'enfants où sont appliquées des méthodes d'éducation fondées sur la psychanalyse et le marxisme. L'expérience prendra fin en 1927.

Sigmund Freud achève la rédaction de « Psychanalyse et télépathie ». Avec Sandor Ferenczi, et contre l'avis d'Ernest Jones, il s'intéresse aux phénomènes occultes.

11 décembre – Discussion entre les membres du Comité sur l'admission des homosexuels dans les sociétés psychanalytiques. Otto Rank et Sigmund Freud ne s'y opposent pas et soutiennent que la décision doit être prise en fonction des compétences. Ernest Jones s'y oppose et souligne que l'homosexualité est un « crime répugnant ». Sandor Ferenczi trouve que les homosexuels sont « trop anormaux » pour être admis dans les sociétés freudiennes.

Création en Bulgarie de la Société psychologique de Sofia. Parmi ses membres figure Ivan Kinkel, professeur de droit à l'université et membre de l'IPA.

1922

11 janvier – Représentation à Genève d'une pièce de théâtre d'Henri Lenormand consacrée à la psychanalyse : *Le Mangeur de rêve.*

Début à Paris de la « saison Freud ». Les milieux littéraires mettent la psychanalyse à la mode.

Mars – Création à Kazan d'une Société psychanalytique placée sous la direction d'Aleksandr Romanovitch Luria et réunissant une majorité de médecins.

Parution à Paris du premier numéro de la revue *Littérature*, comprenant l'« interview » de Sigmund Freud par André Breton, après la rencontre de l'automne 1921.

14 mai – Sigmund Freud écrit à Arthur Schnitzler pour lui avouer qu'il l'a évité, de crainte de rencontrer son double.

Création à Moscou de la Société psychanalytique de Russie par Moshe Wulff et Ivan Dimitrievitch Ermakov (quinze membres).

22 septembre – André Breton, René Crevel et Robert Desnos font des expériences de spiritisme rue Fontaine.

25-27 septembre – VIIe congrès de l'IPA à Berlin (président : Ernest Jones). Début du grand débat sur la sexualité féminine.

Affiliation de la Société indienne de psychanalyse créée par Girîndrashekhar Bose à Calcutta.

Sigmund Freud soutient l'adhésion à l'IPA de la Société psychanalytique de Moscou. Ernest Jones la refuse. Il soutient Kazan contre Moscou, les médecins contre les laïcs, et se méfie des marxistes.

1923

Février – Début de la correspondance entre Sigmund Freud et Romain Rolland.

Première manifestation du cancer de la mâchoire dont Sigmund Freud mourra seize ans plus tard.

20 avril – Sigmund Freud subit une intervention chirurgicale pour une tumeur de la mâchoire supérieure droite et du palais. Felix Deutsch, son médecin, lui cache la nature de la maladie.

Juin – Mort de Heinerle, petit-fils favori de Sigmund Freud.

4 septembre – Parution dans le journal *La Presse* d'un article intitulé « A propos du freudisme : les théories d'un savant boche ». Cette campagne germanophobe fait suite à celle qui vient d'être menée contre Albert Einstein en 1922.

27 septembre – Léon Trotski écrit à Ivan Pavlov à propos des relations entre la doctrine freudienne et celle des réflexes conditionnés. Selon lui, la doctrine freudienne est matérialiste et un cas particulier de la théorie des réflexes.

Création à Moscou de l'Association psychanalytique russe qui réunit le groupe de Moscou et le groupe de Kazan.

4-11 octobre – Sigmund Freud est opéré par Hans Pichler. Il devra désormais porter une énorme prothèse appelée « le monstre ». Il subira encore trente et une opérations.

25 octobre – Début de la correspondance entre Sigmund Freud et René Laforgue, qui se poursuivra jusqu'en 1937.

28 octobre – Première rencontre entre Max Eitingon et René Laforgue en vue de créer une société psychanalytique à Paris.

Geza Roheim se rend en Australie centrale et à l'île Normanby. Contre Bronislaw Malinowski, il soutiendra les théories de Freud.

Otto Rank publie *Le Traumatisme de la naissance.*

Première diffusion des œuvres de Sigmund Freud traduites en espagnol sur le continent latino-américain.

1924

Avril – VIIIe congrès de l'IPA à Salzbourg (président : Ernest Jones). Affiliation de l'Association psychanalytique russe.

Juin – Parution à Bruxelles d'un numéro spécial de la revue *Le Disque vert* consacré à la psychanalyse.

8 septembre – Hermine von Hug-Hellmuth est assassinée à Vienne par son neveu Rolf Hug.

Novembre – Création par Otto Fenichel, dans le cadre de la DPG, d'un « séminaire d'enfants » où sont abordés à la fois les problèmes de la psychanalyse des enfants et la question des liens entre la politique et la psychanalyse.

Rupture entre Sigmund Freud et Otto Rank. Celui-ci vient lui dire adieu à Vienne.

1er décembre – Parution du premier numéro de *La Révolution surréaliste.*

17 décembre – Melanie Klein présente un exposé sur la psychanalyse des enfants à la WPV. Début du grand débat qui l'opposera à Anna Freud.

1925

Février – Samuel Goldwyn propose à Sigmund Freud de collaborer à un film sur les amours célèbres. Il refuse.

Sigmund Freud publie son autobiographie : *Selbstdarstellung.*

Début des discussions, en URSS, entre freudo-marxistes, marxistes et pavloviens sur le statut matérialiste de la psychanalyse. Fin des débats en 1929. Extinction de la psychanalyse en 1930.

Theodor Reik, membre de la WPV, est accusé de charlatanisme parce qu'il pratique la psychanalyse sans être médecin. Sigmund Freud réagit vivement en publiant *La Question de l'analyse profane.*

2-5 septembre – IXe congrès de l'IPA à Bad-Hombourg (président : Karl Abraham). Max Eitingon instaure les règles de la psychanalyse didactique applicables à toutes les sociétés composantes de l'IPA par le biais d'une International Training Commission (ITC). Début de la bureaucratisation de l'IPA.

30 septembre – Marie Bonaparte se rend à Vienne pour entreprendre une analyse avec Sigmund Freud.

25 décembre – Mort de Karl Abraham.

Création de la première société psychanalytique italienne autour d'Edoardo Weiss et Marco Levi-Bianchini.

Au Chili, Fernando Allende Navarro, analysé en Suisse par Emil Oberholzer, commence à former des psychanalystes.

1926

24 mars – Projection à Berlin du film de Wilhelm Pabst *Les Mystères de l'âme*, réalisé avec les conseils de Hanns Sachs.

4 novembre – Création de la Société psychanalytique de Paris (SPP).

1927

25 juin – Parution du premier numéro de la *Revue française de psychanalyse (RFP).*

27 septembre – X[e] congrès de l'IPA à Innsbruck (président : Max Eitingon). Le comité est dissous et se reforme en un comité administratif composé de Sandor Ferenczi, Ernest Jones, Anna Freud, Johan Van Ophuijsen. Melanie Klein présente sa communication sur « Les stades précoces du conflit œdipien », où elle répond aux thèses d'Anna Freud. Ernest Jones présente sa communication sur « La phase précoce du développement de la sexualité féminine ». Débat sur la question du dualisme et du monisme sexuel qui oppose les Viennois et les Anglais. Début des conflits entre les Européens et les Américains sur le statut de la psychanalyse profane et l'admission des non-médecins dans l'IPA.

Création à São Paulo par Durval Marcondes et Franco da Rocha de la Sociedade Brasileira de Psicanálise, première société freudienne du continent latino-américain.

1928

10 janvier – Conflit à la SSP sur la question de la psychanalyse profane. Emil Oberholzer démissionne avec vingt-deux membres et fonde l'Association médicale de psychanalyse, réservée aux médecins. Elle ne sera jamais affiliée à l'IPA. Philipp Sarasin devient président de la SSP.

28 mars – André Breton et Louis Aragon célèbrent le cinquantenaire de l'hystérie, « la plus grande découverte politique de la fin du siècle ».

Création par Durval Marcondes de la *Revista Brasileira de Psicanálise*, première revue freudienne du continent latino-américain.

Création à Tokyo par Yackichi Yabe et Kenji Otsuki d'un Institut psychanalytique japonais.

1929

10 février – Création de l'Institut psychanalytique de Francfort sous la direction de Karl Landauer et Erich Fromm.

Mars – Max Schur devient le médecin personnel de Sigmund Freud.

Juillet – XIe congrès de l'IPA à Oxford (président : Max Eitingon). La NYPS accepte l'affiliation de psychanalystes non médecins, mais une clause est votée qui permet aux sociétés psychanalytiques américaines de refuser l'affiliation de psychanalystes formés en Europe. Affiliation de la Sociedade Brasileira de Psicanálise.

Septembre – Wilhelm Reich, membre du parti communiste autrichien depuis 1928, se rend à Moscou. Il y rencontre Vera Schmidt. A son retour, il quitte Vienne pour Berlin, retrouve la gauche psychanalytique et adhère au parti communiste allemand.

1930

17 octobre – William Bullitt, ambassadeur des États-Unis à Berlin, apporte à Sigmund Freud 1 500 pages de notes sur Thomas Woodrow Wilson. Le texte sera achevé le 4 décembre. Sigmund Freud écrira la préface. L'ouvrage paraîtra en 1967.

1931

22 août – Réunion entre Alfhild Tamm, Harald Schjelderup et Sigurd Naesgaard en vue de fonder un groupe psychanalytique scandinave.

1932

Janvier – Création par Edoardo Weiss à Rome de la Società Psicoanalitica Italiana (SPI), avec Niccola Perrotti et Emilio Servadio.

4 septembre – XIIe congrès de l'IPA à Wiesbaden (président : Max Eitingon). Organisé par Karl Landauer, c'est le dernier congrès de l'IPA à se tenir en Allemagne. Affiliation de l'Institut psychanalytique japonais de Tokyo.

7 septembre – Jacques Lacan achève la rédaction de sa thèse de médecine sur le cas « Aimée », aussitôt publiée sous le titre : *De la psychose paranoïaque dans ses rapports avec la personnalité*. Il en envoie un exemplaire à Sigmund Freud.

1933

Février – Max Eitingon et Sigmund Freud maintiennent l'existence de l'Institut psychanalytique de Berlin. Edith Jacobson, membre de la DPG, entre dans la résistance antinazie.

Ernst Kretschmer démissionne de l'Allgemeine Ärztliche Gesellschaft für Psychoterapie (AÄGP), société composée de psychiatres et de psychothérapeutes. Il est remplacé par Carl Gustav Jung, qui déclarera en décembre que l'inconscient de « la race juive ne peut être comparé à l'inconscient aryen ».

Avril – La terminologie freudienne commence à être bannie du vocabulaire de la psychiatrie et de la psychologie en Allemagne. La psychanalyse est qualifiée de « science juive ».

1er mai – Wilhelm Reich arrive à Copenhague. En novembre, il s'installera à Malmö, en Suède. Il publie *Psychologie de masse du fascisme*.

22 mai – Mort de Sandor Ferenczi.

Septembre – Max Eitingon démissionne de toutes ses fonctions et quitte l'Europe pour la Palestine, où il crée une Société psychanalytique. Il est rejoint par Moshe Wulff. Début de l'émigration massive des psychanalystes allemands vers l'Argentine, l'Angleterre, les États-Unis. Ils seront suivis par les Autrichiens et les Hongrois.

Crise à la NVP à cause de l'arrivée des émigrés en Hollande. Johan Van Ophuijsen démissionne pour créer la Vereniging voor Psychoanalyse in Nederland (VPN), qui fusionnera avec la NVP en 1938.

Les livres de Sigmund Freud sont brûlés en Allemagne.

Création par Heisaku Kosawa à Sendai d'un groupe d'études psychanalytiques.

1934

Janvier – Jacques Lacan suit le cours d'Alexandre Kojève sur la *Phénoménologie de l'esprit* à l'École pratique des hautes études.

Février – Gustav Bally dénonce le rôle de Carl Gustav Jung à la présidence de l'AÄGP, qui a pour mission d'exclure les Juifs de ses rangs. Début de la polémique sur l'adhésion de Jung au nazisme.

Avril – Ludwig Jekels s'installe à Stockholm pour favoriser le développement de la psychanalyse en Suède.

5 mai – Création par Max Eitingon à Jérusalem de la Société psychanalytique de Palestine. Elle deviendra la Hachevra Hapsychoanalytit Be-Israel (HHBI).

19 mai – Suicide d'Eugénie Sokolnicka.

26-31 août – XIIIe congrès de l'IPA à Lucerne (président : Ernest Jones). A cette date, vingt-quatre des trente-six membres de l'Institut psychanalytique de Berlin ont quitté l'Allemagne. Wilhelm Reich est exclu de l'IPA. La langue anglaise commence à s'imposer dans les congrès internationaux. La clause votée au congrès d'Oxford de 1929 est annulée. Affiliation de deux sociétés scandinaves : l'une finno-suédoise, l'autre dano-norvégienne. La première donnera naissance à deux sociétés séparées, l'une suédoise en 1943, l'autre finnoise en 1969 ; la deuxième donnera naissance à deux autres sociétés, l'une danoise en 1957, l'autre norvégienne en 1975.

1935

Décembre – A une séance de la DPG, présidée par Ernest Jones qui défend une politique de « sauvetage de la psychanalyse en Allemagne », les titulaires juifs sont contraints de démissionner. Bernardt Kamm, qui n'est pas juif, se solidarise avec eux. John Rittmeister, membre du réseau Orchestre rouge, sera exécuté par les nazis. Karl Landauer sera déporté. Marie Langer, membre du parti communiste autrichien, émigre en Espagne pour lutter contre le fascisme ; de là, elle ira en Amérique latine.

1936

Juillet – Négociations à Bâle entre Ernest Jones, Abraham A. Brill, Felix Boehm et Carl Müller-Braunschweig pour rattacher la DPG à l'institut de Matthias Göring. L'institut psychanalytique de Berlin sera reconverti en institut « aryanisé ».

2-8 août – XIVe congrès de l'IPA à Marienbad (président : Ernest Jones). Affiliation d'un Groupe d'études tchécoslovaque créé par Theodor Dosuzkov et d'un Groupe d'études hellénique créé par Andreas Embiricos.

Violents conflits entre les Viennois (partisans d'Anna Freud) et les membres de la BPS (qui soutiennent les thèses de Melanie Klein). Conflits entre celle-ci et sa fille Melitta Schmideberg, soutenue par Edward Glover. Jacques Lacan fait son exposé sur le stade du miroir. Ernest Jones lui coupe la parole au bout de dix minutes. Jacques Lacan se rend ensuite aux olympiades de Berlin. De retour à Noirmoutier, il rédige « Au-delà du principe de réalité ».

Octobre – Arrivée à São Paulo d'Adelheid Koch.

Roland Dalbiez publie *La Méthode psychanalytique et la doctrine freudienne*, première thèse d'État de philosophie en France sur Freud.

Thomas Mann publie *Freud et la pensée moderne.*

1937

5 février – Mort de Lou Andreas-Salomé.

Sigmund Freud publie *L'Analyse finie et l'analyse infinie.*

Jacques Lacan rédige pour l'*Encyclopédie française* un texte sur la famille, qui sera corrigé par Lucien Febvre.

Juillet – Ludwig Jekels retourne à Vienne sans avoir pu organiser la psychanalyse en Suède. Il s'installera à New York après être passé par l'Australie.

Septembre – En Norvège débute une vaste campagne de diffamation contre Wilhelm Reich, qui est qualifié de « psychopathe », de « charlatan » et de « pornographe juif ».

1938

31 mars – La WPV décide de se dissoudre et de se transférer « là où Freud résidera ».

3 juin – Grâce à l'intervention de William Bullitt et au paiement d'une rançon par Marie Bonaparte, Sigmund Freud peut quitter Vienne avec sa femme et sa fille. Minna Bernays et deux des enfants de Freud sont déjà à Londres.

5 juin – Sigmund Freud arrive à Paris le matin. Le soir, une réception est offerte en son honneur rue Adolphe-Yvon, chez Marie Bonaparte, et en présence des psychanalystes français. Jacques Lacan n'est pas au rendez-vous.

6 juin – Départ de Sigmund Freud pour Londres. A son arrivée, il s'installe au 20, Maresfield Gardens.

19 juillet – Salvador Dalí rend visite à Sigmund Freud et fait son portrait. Sigmund Freud révise son jugement sur le surréalisme.

29 juillet – XVe congrès de l'IPA à Paris (président : Ernest Jones). Dans son discours de clôture, Ernest Jones annonce le triomphe de sa politique de « sauvetage » en Allemagne et se félicite de l'« autonomie » de la nouvelle DPG. Le soir, une fête est organisée en l'honneur de tous les participants (dont la majorité sont des exilés viennois) à Saint-Cloud, dans la maison de Marie Bonaparte. Yvette Guilbert chante *Dites-moi que je suis belle.*

En Italie sont promulguées des lois antisémites d'exception. Les psychanalystes juifs émigrent.

1939

Janvier – Arrivée de Michael et Alice Balint à Manchester.

Edoardo Weiss quitte l'Italie pour se rendre à Topeka, au Kansas, à la Menninger Clinic (fondée par Karl Menninger). Il rejoindra ensuite Franz Alexander à Chicago.

Avril – Matthias Göring se rend à Oslo pour y créer un institut aryanisé sur le modèle de celui de Berlin. Plusieurs psychanalystes norvégiens entrent dans la résistance antinazie. Harald Schjelderup est interné dans un camp. Paul Bernstein est déporté et meurt en Allemagne dans un camp.

23 septembre – Mort de Sigmund Freud à trois heures du matin dans sa maison de Londres. A sa demande, et avec l'accord d'Anna Freud, Max Schur lui a injecté une dose de trois centigrammes de morphine, à trois reprises.

1940

Janvier – Venu d'Espagne, François Tosquelles accepte un poste à l'hôpital psychiatrique de Saint-Alban en Lozère, dirigé par Paul Balvet. Début du mouvement de psychothérapie institutionnelle.

Décembre – René Laforgue rencontre à Paris des fonctionnaires nazis. Georges Parcheminey réorganise le service psychiatrique de l'hôpital Sainte-Anne sous la direction du professeur Laignel-Lavastine, puis de Jean Delay.

1941

A New York, scission dans la NYPS autour de Karen Horney, qui fonde l'Association for the Advancement of Psychoanalysis (AAP).

1942

Janvier – Phases préparatoires des Grandes Controverses qui opposeront Melanie Klein et Anna Freud au sein de la BPS.

Février – Le psychanalyste Georges Mauco, collaborateur de Georges

Montandon, publie dans *L'Ethnie française* un article raciste et antisémite sur l'« immigration étrangère » en France.

29 juin – Maria Freud, Adolfine Freud et Paula Winternitz sont déportées au camp de Theresienstadt. Le 23 septembre, Maria et Paula seront transférées au camp de Maly Trostinec.

27 juillet – Mort de Sabina Spielrein, exécutée par les Allemands à Rostov-sur-le-Don.

28 août – Rosa Graf, quatrième sœur de Sigmund Freud, est déportée au camp de Theresienstadt.

21 octobre – Déclenchement des Grandes Controverses à la BPS. Edward Glover pose la question de la validité des thèses kleiniennes.

Décembre – Création de l'Asociación Psicoanálitica Argentina (APA) par Celes Ernesto Cárcamo, Angel Garma, Enrique Pichon-Rivière, Marie Langer, Arnaldo Rascovsky, Guillermo Ferrari Hardoy.

1943

Janvier – René Laforgue reçoit la dernière lettre de Matthias Göring. Dans le midi de la France, il a réussi à aider Oliver Freud et sa femme à s'échapper par la frontière espagnole. Il est alors l'analyste d'Eva Freud, fille d'Oliver Freud, petite-fille de Sigmund.

5 février – Mort d'Adolfine Freud au camp de Theresienstadt.

Au Mexique, formation d'un groupe d'études sur la psychanalyse dirigé par Santiago Ramirez, Jose Luiz Gonzales, Ramon Parres.

Au Chili, Ignacio Matte-Blanco consolide le groupe psychanalytique de Santiago.

Dissolution de la Société psychanalytique finno-suédoise et création de la Svenska Psykoanalytisk Föreningen (SPF, Suède).

1944

5 juin – Création du Grupo Psicanálitico de São Paulo par Adelheid Koch, Durval Marcondes, Flavio Dias, Virginia Bicudo, Darci de Mendonça Uchoa et Frank Philips. Il sera affilié comme société composante au congrès de l'IPA à Amsterdam en 1951.

1945

14 juillet – Otto Fenichel tente de convaincre James Strachey de publier la *Standard Edition* aux États-Unis.

Ernest Jones devient le biographe de Sigmund Freud. Constitution par les héritiers directs de Freud d'une histoire officielle fondée sur les archives.

Octobre – Installation de Michael Balint à Londres.

Décembre – Reconstitution de la WPV sous la direction d'August Aichhorn, avec Wilhelm Solms et Alfred von Winterstein.

1946

Janvier – Création par Maryse Choisy de la revue *Psyché*.

Premier congrès pour la reconstitution de la Società Psicoanalitica Italiana autour de Cesare Musatti, Niccola Perrotti, Alessandra Tomasi (princesse de Lampedusa, épouse de l'auteur du *Guépard*).

26 juin – Fin des Grandes Controverses. La BPS se divise en trois groupes : les annafreudiens, les kleiniens, les Indépendants.

Juillet – Création à Bucarest de la Société roumaine de psychopathologie et psychothérapie.

A Rio de Janeiro se tient le Ier congrès latino-américain de Psychanalyse. A cette occasion une jonction est effectuée entre l'APA et le Groupe psychanalytique de São Paulo.

Formé en Argentine, Valentin Pérez Pastorini revient à Montevideo, en Uruguay, pour former des psychanalystes.

1947

20 janvier – Création par Maurice Dugautiez et Fernand Lechat de l'Association des psychanalystes de Belgique. Elle sera affiliée à l'IPA au congrès international de Zurich en juillet 1949, et deviendra la Société belge de psychanalyse (SBP).

Décembre – Création de la revue *Psyche* par Alexander Mitscherlich en vue de promouvoir un humanisme psychanalytique. Début de la réflexion sur le nazisme et la psychanalyse en Allemagne.

Scission dans la Washington-Baltimore Psychoanalytic Society et création de deux sociétés distinctes : la Washington Psychoanalytic Society (WPS) et la Baltimore Psychoanalytic Society (BaPS).

Création de la revue *Samiska* par Girîndrashekhar Bose.

1948

Retour à Bogota, en Colombie, d'Arturo Lizararo, analysé au Chili par Fernando Allende Navarro. Il forme un groupe de psychanalystes qui sera reconnu par l'IPA comme Groupe d'études au congrès de Paris de 1957.

Scission dans la Philadelphia Psychoanalytic Society (PPS) et création un an plus tard de la Philadelphia Association for Psychoanalysis (PAP).

1949

27 janvier – Le journal *L'Humanité* publie, sous la plume de Guy Leclerc, un article intitulé : « La psychanalyse, idéologie de basse police et d'espionnage ». A l'initiative de l'URSS, lancement de la campagne jdanovienne contre la psychanalyse dans le PCF.

Mars – Création de la Deutsche Gesellschaft für Psychotherapie und Tiefen-psychologie, composée de plusieurs tendances : Carl Müller-Braunschweig (freudiens), Harald Schultz-Hencke (néopsychanalyse), auxquels se joignent des indépendants dont Alexander Mitscherlich.

Juin – Publication, dans *La Nouvelle Critique*, de « La psychanalyse, une idéologie réactionnaire », article condamnant la psychanalyse, signé de Serge Lebovici, Lucien Bonnafé, Sven Follin, Jean et Evelyne Kestemberg, Louis Le Gaillant, Jules Monnerot, Salem Shentoub.

15 août – XVIe congrès de l'IPA à Zurich (président : Ernest Jones). Le principe est admis de la reconstitution de la DPG (Allemagne), composée de deux groupes rivaux. Affiliation de l'Asociación Psicoanálitica de Argentina (APA), de l'Asociación Psicoanálitica Chilena (APC) et de la Société belge de psychanalyse (SBP). A cette date, douze sociétés réparties sur dix villes sont affiliées à l'American Psychoanalytic Association (APA) : New York, Washington, Baltimore, Chicago, Boston, Philadelphie, Topeka, Detroit, San Francisco, Los Angeles. Jacques Lacan : « Le stade du miroir comme formateur de la fonction du Je ».

1950

18-27 septembre – Ier congrès de l'Association mondiale de psychiatrie, organisé par Henri Ey à Paris.

Première publication en allemand de la correspondance (1887-1902) de Sigmund Freud avec Wilhelm Fliess, sous le titre : *Aus den Anfängen der Psychoanalyse*. (Version expurgée. Traduction anglaise : 1954. Traduction française : 1956.)

Création par Werner Kemper d'un Centre d'études psychanalytiques qui deviendra la Sociedade Psicanálitica do Rio de Janeiro (SPRJ), affiliée à l'IPA en 1955.

Création par les élèves d'Otto Fenichel et de Ernst Simmel d'un groupe californien de l'IPA favorable à l'analyse profane : Southern California Psychoanalytic Society (SCPS).

Dissolution du Groupe d'études hellénique.

1951

7 août – XVIIe congrès de l'IPA à Amsterdam (président : Leo Bartemeier). Après une scission au sein de la DPG, une nouvelle société allemande, la Deutsche Psychoanalitische Vereinigung (DPV), est affiliée à l'IPA sous la direction de Carl Müller-Braunschweig. La DPG, sous la direction de Harald Schultz-Hencke, reste hors de l'IPA. Affiliation de la Sociedade Brasileira de Psicanálise de São Paulo (SBPSP).

10 novembre – Conférence de Siegfried Bernfeld sur la formation des psychanalystes à l'Institut de psychanalyse de San Francisco.

1952

15 avril – Discours de Pie XII au congrès international de Psychothérapie et de psychologie clinique : évocation des « dangers » de la psychanalyse.

17 juin – Création de l'Institut de psychanalyse. A la SPP, début de la crise qui conduira à la première scission de l'histoire du mouvement psychanalytique français. Épisode de la « Discorde des maîtres » avec l'élection du groupe de Sacha Nacht au comité directeur de l'Institut.

1953

4 avril – Mort de Siegfried Bernfeld.

16 juin – Démission de la SPP de Juliette Favez-Boutonier, Daniel Lagache, Françoise Dolto, Jacques Lacan, Blanche Reverchon-Jouve. Fin de la première scission en France.

18 juin – Annonce officielle de la création par Daniel Lagache de la Société française de psychanalyse (SFP).

8 juillet – Conférence de Jacques Lacan à la SFP : « Le Symbolique, l'Imaginaire et le Réel ».

26 juillet – XVIIIe congrès international de l'IPA à Londres (président : Heinz Hartmann). Celui-ci refuse l'affiliation des démissionnaires de la SPP et confie l'examen de leur candidature à une commission d'enquête composée de Donald W. Winnicott, Jeanne Lampl-De Groot, Phyllis Greenacre, Willi Hoffer. Exposé d'Ernest Jones sur les premiers voyages de Freud.

Août – Jacques Lacan rédige son « Discours de Rome » : « Fonction et champ de la parole et du langage en psychanalyse ».

Octobre – Création de la Canadian Psychoanalytic Society (CPS), qui sera affiliée à l'IPA en 1957.

1955

26 juillet – XIXe congrès de l'IPA à Genève (président : Heinz Hartmann). Refus officiel de reconnaître la SFP. Compte rendu de la commission présidée par Donald W. Winnicott. Affiliation de la Sociedade Psicanálitica do Rio de Janeiro (SPRJ). Créée par Heisaku Kosawa, la Société japonaise de psychanalyse est affiliée à l'IPA.

Septembre – Création par Willy Baranger de l'Asociación psicoanálitica del Uruguay (APU). Elle sera affiliée à l'IPA en 1961.

7 novembre – Conférence de Jacques Lacan à Vienne : « La chose freudienne ou le sens du retour à Freud en psychanalyse ». Il annonce que, selon une information transmise par Carl Gustav Jung, Sigmund Freud aurait dit en arrivant à New York : « Ils ne savent pas que nous leur apportons la peste. » Début du mythe français de la peste dans l'histoire de la psychanalyse.

Décembre – Mise à l'index, par la congrégation du Saint-Office, des ouvrages d'Angelo Hesnard : *Morale sans péché* (1954), *L'Univers morbide de la faute* (1959), *Manuel de sexologie normale et pathologique* (1951).

1956

Mars – Parution du premier numéro de *La Psychanalyse*, revue de la SFP, sur le thème : « De l'usage de la parole et des structures de langage dans la conduite de la cure et dans le champ de la psychanalyse ». Avec Émile Benveniste, Jean Hyppolite, Daniel Lagache, Jacques Lacan.

5-6 mai – Célébration à Londres du centième anniversaire de la naissance de Sigmund Freud.

1957

Janvier – La revue *La Raison*, dirigée par Henri Wallon et Lucien Bonnafé, annonce que la publication de *La Psychanalyse d'aujourd'hui* marque un moment important dans l'évolution de la psychanalyse. Cette déclaration coïncide avec la fin de la campagne du PCF contre la psychanalyse.

28 juillet – XXe congrès de l'IPA à Paris (président : Heinz Hartmann). Affiliation de la Canadian Psychoanalytic Society (CPS) et de la Dansk Psykoanalytisk Selskat (DPS, Danemark). Reconnaissance comme groupe d'études de la Société psychanalytique luso-ibérique, patronnée par la Société suisse de psychanalyse (SSP).

3 novembre – Mort de Wilhelm Reich.

1959

26-30 juillet – XXIe congrès de l'IPA à Copenhague (président : William H. Gillespie). L'exécutif central demande la création d'un nouveau comité consultatif pour examiner la candidature française. Affiliation de la Sociedad Brasileira de Psicanálise de Rio de Janeiro (SBPRJ), fondée par des élèves de Mark Burke et par Danilo et Marialzira Perestrello et Alcyon Baer Bahia.

1960

21 mars – Lettre de William Gillespie, président de l'IPA, à Angelo Hesnard pour annoncer la venue à Paris d'un nouveau comité consultatif composé de Paula Heimann, Ilse Hellman, P. J. Van der Leeuw, et présidé par Pierre Turquet.

Avril – Serge Leclaire entame une longue correspondance avec Pierre Turquet. Début du « grand jeu » qui conduira à la deuxième scission du mouvement psychanalytique français. Constitution de la troïka : Serge Leclaire, Wladimir Granoff, François Perrier.

5-9 septembre – Colloque international à Amsterdam sur la sexualité féminine, avec Jacques Lacan, Daniel Lagache, Françoise Dolto, François Perrier, Wladimir Granoff, Franz Alexander.

22 septembre – Mort de Melanie Klein.

Création d'un Conseil coordinateur des organisations psychanalytiques d'Amérique latine (COPAL) destiné à défendre les intérêts des sociétés psychanalytiques latino-américaines affiliées à l'IPA.

1961

21 mai – Soutenance de thèse de Michel Foucault sur *Folie et déraison. Histoire de la folie à l'âge classique.*

2 août – XXIIe congrès de l'IPA à Édimbourg (président : William Gillespie). La SFP est contrainte de retirer sa candidature à l'affiliation comme société composante pour accepter le statut de groupe d'études sous le parrainage d'un comité *ad hoc*. Dix-neuf recommandations sont émises par l'exécutif central, dont une demande de mise à l'écart de Jacques Lacan, Françoise Dolto et Angelo Hesnard des cures didactiques. Serge Leclaire est admis comme membre de l'IPA à titre personnel. Affiliation de la Sociedad Colombiana de Psicoanalisis et de l'Asociación Psicoanálitica del Uruguay (APU).

Octobre – Ola Andersson publie *Studies in the Prehistory of Psychoanalysis*, première recherche d'histoire savante sur les origines du freudisme par un auteur suédois membre de l'IPA.

1962

5 août – Suicide de Marilyn Monroe : sur les conseils de Marianne Kris, son analyste, elle avait refusé d'interpréter le rôle de Cecily dans le film de John Huston *Freud, passions secrètes*, d'après le scénario de Jean-Paul Sartre.

Novembre – Au monastère bénédictin de Cuernavaca, au Mexique, le père Grégoire Lemercier poursuit une expérience de cure psychanalytique avec de nombreux moines. Au concile, il souligne la nécessité de mettre les religieux en analyse.

1963

31 juillet – XXIIIe congrès de l'IPA à Stockholm (président : Maxwell Gitelson). La SFP conserve son statut de groupe d'études. Wladimir Granoff est admis comme membre de l'IPA à titre personnel. Affiliation de la Sociedade Psicanálitica de Porto Alegre. Elle est issue d'un groupe originel formé par Màrio Martins, David Zimmermann, Zaira Bittencourt Martins.

2 août – Décision de l'exécutif central de l'IPA connue sous le nom de « Directive de Stockholm » : demande de radiation de Jacques Lacan de la liste des didacticiens de la SFP. La radiation doit être effective avant le 31 octobre. Une tranche d'analyse supplémentaire sera exigée pour les candidats encore en formation avec lui.

19 novembre – Fin de la deuxième scission de l'histoire du mouvement psychanalytique français. La troisième génération sera désormais divisée en trois groupes psychanalytiques : deux appartenant à l'IPA, un autre, toujours freudien mais d'orientation lacanienne, hors de la légitimité ipéiste.

20 novembre – Dernière conférence de Jacques Lacan à l'hôpital Sainte-Anne : « Les noms du père ». Il s'installera ensuite à l'École normale supérieure grâce à Louis Althusser. Il accepte la proposition de François Wahl de publier un ouvrage aux éditions du Seuil.

1964

Janvier – Muriel Gardiner : « La vieillesse de l'Homme aux loups ». (Première étape d'un travail sur l'histoire et l'identification d'un grand cas de Freud.)

3 avril – Création de la collection « Le champ freudien », dirigée par Jacques Lacan, aux éditions du Seuil.

26 mai – Création de l'Association psychanalytique de France (APF). Principaux membres : Daniel Lagache, Georges Favez, Juliette Favez-Boutonier, Jean-Bertrand Pontalis, Jean Laplanche, Didier Anzieu, Wladimir Granoff.

21 juin – Création par Jacques Lacan de l'École française de psychanalyse, qui deviendra École freudienne de Paris (EFP) en septembre. Le discours « Je fonde… » a été enregistré au magnétophone.

John Huston tourne *Freud, passions secrètes*. Jean-Paul Sartre a retiré son nom du générique. Son scénario sera publié en 1984, après sa mort.

1965

28 juillet – XXIVe congrès de l'IPA à Amsterdam (président : William Gillepsie). Affiliation de l'APF. A cette date, il existe en France trois sociétés psychanalytiques : la SPP (83 membres), l'APF (26 membres), l'EFP (134 membres). Seules les deux premières sont affiliées à l'IPA, soit 109 psychanalystes. Le freudisme français d'inspiration lacanienne est majoritaire et se trouve en dehors de l'IPA. Avec la fin de la deuxième scission du mouvement psychanalytique français commence l'expansion du mouvement lacanien. Dans une conférence au congrès, Ola Andersson révèle la véritable identité d'Emmy von N., première patiente de Freud soignée par la psychanalyse. En même temps que Muriel Gardiner, il ouvre la voie à l'étude historique des grands cas de Freud. Sa conférence sera publiée en 1979.

1966

Parution à Paris du premier numéro de la revue *Cahiers pour l'analyse*, publiée par le cercle d'épistémologie de l'École normale supérieure.

18-21 octobre – Symposium sur le structuralisme à l'université Johns Hopkins à

Baltimore. Parmi les invités français : Jacques Derrida, Jean-Pierre Vernant, Tzvetan Todorov, Jacques Lacan.

15 novembre – Parution des *Écrits* de Jacques Lacan.

1967

25 juillet – XXVe congrès de l'IPA à Copenhague (président : P. J. Van der Leeuw). Après une scission dans la Société luso-espagnole, trois sociétés sont affiliées : la Sociedad Portuguesa de Psicanálise, la Sociedad Española de Psicoanalisis (Barcelone), l'Associación Psicoanálitica de Madrid.

9 octobre – Discours de Jacques Lacan à l'EFP pour proposer la passe, c'est-à-dire un nouveau mode d'accès au statut de psychanalyste didacticien. Il y aura deux versions de cette proposition. Début de la crise qui conduira l'EFP à la scission.

Parution du *Vocabulaire de la psychanalyse* rédigé par Jean Laplanche et Jean-Bertrand Pontalis. L'ouvrage sera traduit dans le monde entier (22 langues).

1969

17 mars – Création, par les démissionnaires de l'EFP, de l'Organisation psychanalytique de langue française (OPLF), appelée aussi Quatrième Groupe. Fin de la troisième scission de l'histoire du mouvement psychanalytique français. A cette date, deux sociétés d'inspiration freudienne sont hors de l'IPA.

André Stéphane : *L'Univers contestationnaire*. Sous ce pseudonyme, on reconnaît Janine Chasseget-Smirgel et Bela Grunberger, deux psychanalystes conservateurs de la SPP. Les contestataires de mai sont qualifiés de « nouveaux chrétiens » et Daniel Cohn-Bendit de « mauvais Juif » de tendance « anale ». Anne-Lise Stern, membre de l'EFP, proteste dans *Le Nouvel Observateur* en signant de son numéro de déportée.

8 juillet – Création de l'École belge de psychanalyse (EBP) par Antoine Vergote, Jacques Schotte, Paul Duquenne, Jean-Claude Quintart. Président honoraire : Alphonse de Waehlens.

25 juillet – XXVIe congrès de l'IPA à Rome (président : P. J. Van der Leeuw). Affiliation de la Società Psicanalitica Italiana (SPI). Grand mouvement de contestation au sein des sociétés européennes affiliées à l'IPA pour une réforme des cursus et de la formation. En marge du congrès se réunit un groupe de psychanalystes contestataires autour d'Elvio Fachinelli. Formation du groupe Plataforma par des psychanalystes argentins, dont Marie Langer. Il est destiné à étendre la révolte à toutes les sociétés psychanalytiques. Affiliation de la Suomen Psykoanallyyttinen Yhdistys (SPY, Finlande) et de l'Asociación Venezolana de Psicoanálisis (AVP). Création de la Fédération européenne de psychanalyse (FEP), destinée à contrôler la contestation.

12 septembre – Création par Maud Mannoni et Robert Lefort de l'École expérimentale de Bonneuil-sur-Marne. Elle sera agréée comme hôpital de jour le 17 mars 1975.

1970

Février – Henri F. Ellenberger publie *The Discovery of the Unconscious. The History and Evolution of Dynamic Psychiatry*, premier livre d'histoire de longue durée écrit par un auteur n'appartenant pas à l'IPA. Le modèle biographique de l'historiographie officielle est, de fait, mis en cause.

1971

27 juillet – XXVIIe congrès de l'IPA à Vienne (président : Leo Rangell). Premier congrès en Autriche depuis 1927. Les membres du groupe Plataforma quittent l'APA. Un autre groupe prend le nom de Documento pour poursuivre la contestation à l'intérieur de l'APA. A la fin de l'année, trente psychanalystes démissionneront de l'APA avec vingt candidats. Première rupture dans l'APA.

1973

26 juillet – XXVIIIe congrès de l'IPA à Paris (président : Leo Rangell). Élection à la présidence de Serge Lebovici, premier Français à occuper cette fonction. Unité entre les deux composantes françaises de l'IPA, l'APF et la SPP.

Affiliation de l'Australian Psychoanalytical Society (APS).

Octobre – Marie Langer révèle publiquement qu'Amilcar Lobo, psychanalyste en formation à Rio de Janeiro et analysé par Leão Cabernite, est un tortionnaire au service de la dictature. Leão Cabernite, président de la SBPRJ, a été lui-même analysé par Werner Kemper, ancien nazi collaborateur de Matthias Göring. Informé de l'« affaire » par Helena Besserman Vianna, Serge Lebovici, président de l'IPA, écrit à Cabernite.

16-19 décembre – Armando Verdiglione, créateur du groupe Sémiotique et psychanalyse, analysé par Jacques Lacan, organise son premier colloque international à Milan sur le thème « Psychanalyse et politique ». Présence de nombreux psychanalystes et intellectuels français.

Début des réunions de confrontations, animées par René Major et Dominique Geahchan à Paris. Dissidence à la SPP. Le groupe prendra ensuite le nom de Confrontation et ses activités prendront fin en 1982.

1974

28 juin – Fondation par dix-neuf psychanalystes, dont Oscar Masotta et Isodoro Vegh, de l'Escuela Freudiana de Buenos Aires (EFBA) sur le modèle de l'EFP. Début de l'expansion du mouvement lacanien en Argentine.

1975

20 janvier – Un groupe séparatiste à l'intérieur de l'APA prend le nom d'Ateneo Psicoanálitico avec l'intention de proposer une réforme de la formation didactique.

Début d'un processus de scission.

25 juillet – XXIXe congrès de l'IPA à Londres (président : Serge Lebovici). Affiliation de la Norsk Psykoanalytisk Forening (NPF, Norvège).

1977

11 février – Création par Oscar Masotta de la Biblioteca freudiana de Barcelona.

27 juillet – XXXe congrès de l'IPA à Jérusalem (président : Serge Lebovici). La direction de l'IPA avance un projet de nouvelle constitution et définit le nouveau partage du monde psychanalytique en trois zones :

1) tout ce qui se trouve au nord de la frontière mexicaine ;

2) tout ce qui se trouve au sud de cette même frontière ;

3) le reste du monde. Anna Freud adresse au congrès un texte dans lequel elle déclare que le qualificatif de « science juive » pour la psychanalyse fait office, en la circonstance, de titre de gloire.

Le groupe Ateneo Psicoanálitico devient société provisoire sous le nom de Asociación Psicoanálitica de Buenos Aires (ABdeBA). Fin de la scission en Argentine.

Création d'un Institut de psychanalyse au Pérou.

1978

13 novembre – Sur la recommandation de Kurt Eissler, directeur des Archives Freud, Anna Freud donne son accord à Jeffrey Moussaïev Masson pour qu'il s'occupe de la publication de la correspondance entre Sigmund Freud et Wilhelm Fliess. Début d'une vaste tempête aux Archives Freud qui inaugure la « révision » de l'historiographie freudienne.

1979

27 juillet – XXXIe congrès de l'IPA à New York (président : Edward Joseph). A la demande d'un membre de l'APS (Australie), l'IPA condamne, par un vote à main levée, la violation des droits de l'homme en Argentine et l'utilisation des méthodes psychiatriques et psychothérapiques à des fins de privation des libertés.

Dissolution de la COPAL, qui sera remplacée un an plus tard par la Federación psicoanálitica de America latina (FEPAL).

30 septembre – Début du Symposium international sur l'inconscient à Tbilissi, en Géorgie, organisé par Léon Chertok et Philippe Bassine. Assemblée générale de l'EFP marquant le début du processus de dissolution. Jacques Lacan ne parle plus.

1980

5 janvier – A Paris, diffusion d'une lettre de dissolution de l'EFP portant la signature de Jacques Lacan. Elle sera publiée dans *Le Monde*.

8 janvier – Jacques Lacan lit cette lettre à son séminaire et ajoute : « Voilà ce que j'ai signé de mon nom Jacques Lacan, à Guitrancourt, ce 5 janvier 1980. »

Septembre – Colloque à Rio de Janeiro sur le thème « Psychanalyse et fascisme ». Un prisonnier politique témoigne qu'il a vu Amilcar Lobo participer à la torture. Débats dans la presse brésilienne. Helena Besserman Vianna est réhabilitée.

1981

3 janvier – A Paris, la Cause freudienne annonce par courrier la création d'une École de la cause freudienne (ECF). Ses dirigeants appartiennent majoritairement à la cinquième génération psychanalytique française.

Février – Rencontre franco-latino-américaine à Paris, organisée par René Major pour critiquer la politique de l'IPA sur les régimes dictatoriaux. Conférence de Jacques Derrida dénonçant la terreur, les compromis de l'IPA et le partage des « zones ».

25 juillet – XXXIIe congrès de l'IPA à Helsinki (président : Edward Joseph). La nouvelle constitution est adoptée. La psychanalyse est définie comme une thérapie et sa théorie comme émanant des découvertes de Sigmund Freud. Le partage du monde psychanalytique en trois zones (Amérique du Nord, Amérique du Sud, Europe) est entériné.

18-25 août – Parution dans le *New York Times* de deux articles de Ralph Blumenthal sur la publication de la correspondance entre Sigmund Freud et Wilhelm Fliess, et sur les déclarations de Jeffrey Moussaïev Masson à propos du renoncement à la théorie de la séduction. Scandale aux Archives Freud. Masson sera relevé de ses fonctions en novembre.

9 septembre – Mort de Jacques Lacan.

1982

26 juin – Création à Paris par Charles Melman de l'Association freudienne (AF), qui deviendra internationale en 1992.

9 juillet – Création par Octave Mannoni, Maud Mannoni et Patrick Guyomard du Centre de formation et de recherches psychanalytiques (CFRP).

9 octobre – Mort d'Anna Freud à Londres. Sa maison du 20, Maresfield Gardens deviendra le Freud Museum.

1983

26 juillet – XXXIIIe congrès de l'IPA à Madrid (président : Adam Limentani). Affiliation de l'Asociación Psicoanálitica de Mendoza (APM) et d'un nouveau Groupe d'études hellenique.

1984

Avril – Symposium de l'IPA à Taunton (Angleterre) sur le thème « Les changements intervenus chez les analystes et dans leur formation ». A cette occasion, Adam Limentani, président de l'IPA, déclare à propos de Jacques-Alain Miller : « Le gendre de Lacan est extrêmement actif et il a l'intention de s'emparer d'une bonne partie de l'Europe, y compris Londres et en particulier la Tavistock Clinic ».

1985

Janvier – Les membres du Psychoanalytisches Seminär de Zurich envisagent de former un contre-congrès en juillet à Hambourg pour critiquer la ligne officielle de l'IPA et son occultation du passé dans l'affaire du « sauvetage » de la psychanalyse sous le nazisme.

30 mai – Mort de Georges Devereux.

26 juillet – XXXIVe congrès de l'IPA à Hambourg (président : Adam Limentani). Premier congrès en Allemagne depuis 1932. La direction de l'IPA a décidé de ne pas parler de la politique d'Ernest Jones, mais une exposition est organisée sur la période nazie avec publication d'un catalogue.

1987

27 juillet – XXXVe congrès de l'IPA à Montréal (président : Robert S. Wallerstein). A cette date, l'IPA comprend 6 300 membres, 23 sociétés composantes, 4 groupes d'études. La progression est de 500 membres par an. Il est décidé que le XXXVIIe congrès se tiendra dans une ville d'Amérique latine. Affiliation de la Sociedad Peruana de Psicoanalisis.

Début de la reconstruction de la psychanalyse dans les anciens pays communistes, sous l'influence de la politique de Mikhaïl Gorbatchev. Cette reconstruction se fera essentiellement sous l'égide de l'IPA, et par la diffusion des théories de l'école anglaise, kleinienne notamment.

1988

27 août – Mort de Françoise Dolto.

1er novembre – Premier colloque de l'Amicale des psychanalystes de Prague sur la sexualité féminine organisé avec la SPP (Paris). Intégration de l'Amicale comme composante de la branche « psychothérapie » de la section psychiatrique de la Société médicale tchèque.

1989

27 juillet – XXXVIe congrès de l'IPA à Rome (président : Robert S. Wallerstein). La décision est prise de tenir le prochain congrès à Buenos Aires en Argentine.

23 septembre – Cinquantième anniversaire de la mort de Sigmund Freud. Une célébration officielle est organisée au 20, Maresfield Gardens, devenu le Freud Museum depuis 1986 grâce aux fonds de la Fondation New-Land créée par Muriel Gardiner. A cette date, l'IPA est implantée dans quinze pays d'Europe. La Hongrie est le seul pays communiste où se soit maintenu un groupe freudien. En France, l'IPA regroupe deux sociétés composantes : la SPP (431 membres) et l'APF (52 membres). Les associations psychanalytiques issues de la dissolution de l'EFP sont au nombre de dix-sept, auxquelles s'ajoutent deux autres groupes : l'OPLF (1969), le Collège des psychanalystes (1980). Sur les vingt groupes français, neuf fonctionnent par simple cooptation tandis que les onze autres assurent une formation didactique. Deux sociétés d'histoire de la psychanalyse ont été créées : la SIHPP et l'AIHP. A cette date, trente-six revues se partagent le champ du freudisme français.

1990

Février – Création à Bucarest de la Societatii romane de psihanaliza (SRP). Création par Aron Belkin à Moscou d'une Association psychanalytique d'Union soviétique qui deviendra Association psychanalytique russe.

24-27 mai – Colloque international (thème : « Lacan avec les philosophes ») à l'UNESCO, à Paris. Le colloque est organisé par René Major dans le cadre du Collège international de philosophie, avec la collaboration de Philippe Lacoue-Labarthe et Patrick Guyomard. Il rassemble de nombreux chercheurs français et étrangers qui ont travaillé sur l'œuvre de Jacques Lacan.

22-23 septembre – Création à Barcelone, par Jacques-Alain Miller, d'une École européenne de psychanalyse, premier pas du légitimisme lacanien vers une mondialisation de son mouvement. La crise institutionnelle de l'ECF débouche ainsi sur le renforcement du courant dogmatique à l'échelle internationale.

1991

28 juillet – XXXVIIe congrès de l'IPA à Buenos Aires (président : Joseph Sandler). Pour la première fois depuis sa création, l'IPA tient son colloque annuel en Amérique latine, et pour la deuxième fois hors d'Europe (après New York en 1979). A cette occasion est élu président de l'IPA Horacio Etchegoyen, premier président de langue espagnole et de nationalité latino-américaine. Au cours de ce congrès, le conseil exécutif de l'IPA réaffirme que toutes les sociétés composantes sont tenues d'appliquer les standards en vigueur : les supervisions et les analyses didactiques doivent être conduites à raison de quatre séances par semaine de quarante-cinq minutes chacune, réparties sur des jours différents. Une nouvelle catégorie de groupe d'études est créée, les « Invités ». Ce statut permet d'inviter des groupes nouvellement créés dans des pays où la psychanalyse n'existait pas. Il s'agit désormais d'intégrer les groupes qui se forment dans les pays libérés du communisme.

6 septembre – Création à Varsovie de la Société polonaise pour le développement de la psychanalyse, à laquelle s'adjoindra un Institut de psychanalyse et de psychothérapie.

1992

1er février – Création par Jacques-Alain Miller de l'Association mondiale de psychanalyse (AMP). Cette association réunit l'Escuela del Campo Freudiano de Caracas (ECF, Caracas, 1985), l'École européenne de psychanalyse (EEP, Barcelone-Paris, 1990), l'ECF (France, 1981), et l'Escuela de la Orientación lacaniana del Campo Freudiano (Buenos Aires, Argentine, 1992). Le texte législatif par lequel est fondée cette première internationale lacanienne prend le nom de « pacte de Paris ». La langue dominante est l'espagnol.

27 juillet – XXXVIIIe congrès de l'IPA à Amsterdam (président : Horacio Etchegoyen). Affiliation du Groupe d'études tchèque.

Création de la Société psychanalytique de Bulgarie.

1993-1996

Création de la Sociedad Psicoanálitica de Caracas, affiliée à l'IPA (SPC, 1994).

Création à Paris par Maud Mannoni du groupe Espace analytique (EA, octobre 1994) et par Patrick Guyomard de la Société de psychanalyse freudienne (SPF, 1994), issus d'une scission du CFRP.

En juillet 1995, quarante-deux chercheurs envoient une pétition à la Library of Congress de Washington contestant la tenue de l'exposition sur le centenaire de la psychanalyse prévue pour octobre 1996, sur le thème « Freud, conflit et culture ». Ils demandent la reconnaissance de leurs propres travaux. L'exposition est alors repoussée à l'année 1998.

En mars 1996, une pétition internationale est lancée depuis la France pour encourager la tenue de l'exposition et réclamer l'ouverture de toutes les archives à tous les chercheurs de toutes tendances. Elle est signée par quatre cents personnes.

En octobre, le Conseil exécutif de l'IPA refuse d'exclure Leão Cabernite tout en reconnaissant la complicité avec la torture au Brésil. L'affaire rebondit et divise les sociétés affiliées à l'IPA.

1997

Cent ans après la naissance de la psychanalyse, le freudisme est implanté dans quarante et un pays du monde et l'IPA dans trente-deux pays avec quarante-cinq sociétés psychanalytiques, une association régionale et neuf groupes d'études. Ces pays sont majoritairement situés sur deux continents : l'Europe et l'Amérique.

Le freudisme (toutes tendances confondues : annafreudisme, kleinisme, *Ego Psychology*, *Self Psychology*, lacanisme) est adopté par environ vingt-cinq mille praticiens dans le monde, dont dix mille font partie de l'IPA. La France est le pays qui possède le plus grand nombre de psychanalystes par habitant, suivi par l'Argentine, la Suisse, les États-Unis, le Brésil.

L'œuvre de Sigmund Freud est lue majoritairement en anglais. Elle est traduite en une trentaine de langues. Les grands théoriciens de l'école anglaise de psychanalyse ont donné naissance au courant le plus important à l'intérieur de l'IPA, tandis que le lacanisme est le courant dominant à l'extérieur de l'IPA. Celle-ci reste l'internationale freudienne la plus puissante du monde mais elle ne représente plus la légitimité du freudisme dans le monde. Cette situation montre que la psychanalyse est divisée en multiples tendances, et qu'elle tire sa force de l'abandon complet de toute forme de monolithisme doctrinal ou institutionnel. Elle reste la méthode la plus efficace, sur la longue durée, pour le traitement de toutes les affections psychiques.

La psychananlyse est concurrencée par cinq cents écoles de psychothérapie réparties dans presque tous les pays du monde. Elle est violemment attaquée par les partisans de l'organicisme et du traitement pharmacologique des maladies mentales et psychiques qui n'ont jamais pu apporter la moindre preuve sérieuse, comme ils le souhaitaient, de son infériorité par rapport aux autres thérapies.

Index des noms

A

Les chiffres en gras renvoient aux pages d'articles.

B

C

D

E

F

G

H

I

J

K

L

M

N

O

P

Q

R

S

T

U

V

W

Y

Z

Index établi par Catherine Joubaud

Table

B

C

D

E

F

G

H

I

J

K

L

M

N

O

P

Q

R

S

T

V

W

Z

Composition et mise en page : Palimpseste

Aubin Imprimeur
LIGUGÉ, POITIERS

Achevé d'imprimer en février 1997
N° d'édition 0534 / N° d'impression L 53335
Dépôt légal mars 1997
Imprimé en France

ISBN 2-213-59685-9
35-26-9685-01/5